THE
JAMES F. LINCOLN
LIBRARY

LAKE ERIE COLLEGE
PAINESVILLE, OHIO
44077

BIBLIOTHÈQUE
DE LA PLÉIADE

ALBERT CAMUS

Essais

INTRODUCTION PAR R. QUILLIOT
ÉDITION ÉTABLIE ET ANNOTÉE
PAR R. QUILLIOT ET L. FAUCON

GALLIMARD

*Tous droits de traduction, de reproduction et d'adaptation
réservés pour tous les pays.*

*© Éditions Gallimard, 1965
pour l'ensemble des textes, à l'exception de
« Réflexions sur la guillotine »
© Éditions Calmann-Lévy, 1957.*

CE VOLUME CONTIENT :

INTRODUCTION CRITIQUE
par Roger Quilliot.

L'ENVERS ET L'ENDROIT
NOCES
LE MYTHE DE SISYPHE
ACTUELLES I
L'HOMME RÉVOLTÉ
ACTUELLES II
L'ÉTÉ
CHRONIQUES ALGÉRIENNES
RÉFLEXIONS SUR LA GUILLOTINE
DISCOURS DE SUÈDE
[ESSAIS CRITIQUES]

TEXTES COMPLÉMENTAIRES
D'ALBERT CAMUS
COMMENTAIRES
NOTES ET VARIANTES
par Roger Quilliot et Louis Faucon.

INTRODUCTION CRITIQUE

Ce tome II rassemble, comme il était prévu, les Essais publiés de son vivant par Albert Camus.

Devions-nous les produire dans l'ordre chronologique, compte tenu des liens étroits qui les unissent ? Il est bien vrai que Ni victimes ni bourreaux, essais politiques, et l'Homme révolté, essai philosophique, procèdent du même état d'esprit; de même, l'Homme révolté comporte une longue étude sur l'art qui n'est pas sans rapport avec la Préface aux Maximes de Chamfort, l'Artiste en prison ou les Discours de Suède. Enfin, l'Énigme est, sur le mode littéraire, une réflexion sur l'absurde, toute proche, en définitive, des premiers chapitres de l'Homme révolté. C'est dire que toute classification tient un peu de l'arbitraire, la politique ne se séparant jamais chez Camus de la réflexion philosophique et morale, de la méditation sur l'art ou de la recherche littéraire.

D'autres arguments venaient aussitôt à l'esprit, qui contre-battaient les précédents : Camus, lui-même, n'avait-il pas procédé à un choix quand il rangeait dans le même Été des textes que séparaient quatorze ans, comme le Minotaure ou la Mer au plus près ? N'avait-il pas regroupé dans Actuelles III des articles de 1939 et d'autres publiés en 1956, touchant pareillement au problème algérien ?

Le choix était délicat, et, de toute façon, discutable. J'ai préféré, tout compte fait, ne pas rompre la continuité de la pensée de Camus. Il n'est pas sans importance, pour l'idée même qu'on s'en fait, que Noces précède immédiatement le Mythe de Sisyphe ou que les Lettres à un ami allemand et Actuelles I séparent cette réflexion sur l'absurde de l'analyse de la révolte dans ses déformations. Il importe qu'au sortir de l'Homme révolté, le lecteur puisse d'un même pas aborder la polémique qu'il suscita. Tant pis pour notre goût des classifications qui nous conduirait logiquement à distinguer la méditation ouvertement subjective de Noces de la réflexion apparemment objective du Mythe de Sisyphe. Sur ce point, les variantes que nous avons relevées et l'introduction de Louis Faucon réduiront à ses justes proportions le fossé qui les sépare.

Ce choix fait, qui n'allait pas sans scrupules, il nous fallait encore, pour demeurer fidèles à la formule du tome I, rassembler les textes complémentaires les plus significatifs. Il ne pouvait être question d'offrir ici, dans leur totalité, les articles d'Alger républicain ou de Combat. Un tri s'imposait donc, que certains pourront contester : j'ai tenté d'y procéder avec le seul souci d'éclairer la pensée politique ou littéraire de Camus dans sa variété. Le détail de l'affaire Hodent, à la défense duquel Camus s'était attaché en 1939, eût lassé le lecteur : j'en ai présenté le résumé, en détachant çà et là quelques phrases marquantes. Certains articles de Combat se réfèrent à la pure actualité et relèvent de l'historien; d'autres au contraire ont trait au fonctionnement des partis politiques, à la pensée socialiste, au totalitarisme, à la démocratie, voire à la personnalité du général de Gaulle : ils relèvent de l'histoire certes, mais d'une histoire qui nous concerne encore, et pour de longues années; le plus souvent, ils donnent à Camus l'occasion de s'élever aux principes, de définir brièvement sa philosophie politique; ceux-ci, plutôt que ceux-là, entraient dans le cadre de ce volume; ils ne font d'ailleurs qu'y nuancer ou préciser les articles déjà rassemblés par Camus dans Actuelles.

Moins nombreux, les articles de revue trouvaient ici leur place. Camus écrivait peu pour les revues : le plus souvent, il leur confiait des extraits d'un chapitre en gestation ou des textes en prépublication. Je n'ai retenu les uns ou les autres que dans la mesure de leur originalité.

Toute réflexion faite, j'ai cru devoir reprendre la totalité des préfaces* : dans plusieurs cas, il s'agissait d'une courte lettre adressée à l'auteur, que ce dernier plaçait en avant-propos. Le plus souvent, elles témoignent des affections autant que des goûts de Camus : il les écrit pour des camarades ou des amis, et l'amitié, chez lui, va rarement sans une certaine estime pour l'œuvre. De toute façon, sa critique est une critique d'auteur où transparaissent ses conceptions littéraires. Aussi était-il équitable que ces hommages figurent ici, tant il est vrai qu'on ne saurait comprendre Camus si l'on ignore ce qu'ont représenté pour lui à des titres divers Jean Grenier ou René Char, André Gide ou Roger Martin du Gard.

---

* Je me suis contenté de les situer en fonction de leur contenu.

INTRODUCTION CRITIQUE

Restait enfin — et ce ne fut pas la moindre difficulté — à faire le tri des documents : nous avons finalement adopté pour principe, faute de tout pouvoir publier, d'évoquer tous les textes, connus ou non, que nous avions consultés. Une fois encore, les notes introductives rassemblent les divers éléments d'information auxquels nous avons pu accéder, en en précisant l'origine — sauf réserve expresse de nos informateurs.

Cependant les textes regroupés sont forcément d'inégale valeur et on ne saurait accorder une même importance à une œuvre longuement méditée, à un article de journal, ou à une interview improvisée. Dans ce voisinage du journalisme et de la littérature, de l'œuvre élaborée et du document, il appartiendra au lecteur de distinguer entre les propos d'impulsion ou de circonstance et les écrits de réflexion.

Dans cet esprit, j'ai tenté de compléter ou de nuancer certaines données biographiques — tâche délicate, s'agissant d'un auteur qui demeure pleinement notre contemporain. Lui-même avait tenu sa vie privée à l'abri des indiscrétions publicitaires. Quel que soit l'intérêt légitime que la critique puisse attacher aux rapports des sentiments humains et de la création artistique, il est beaucoup trop tôt encore pour esquisser une biographie complète. Pour public que soit un écrivain disparu, ses affections n'en méritent pas moins qu'on les considère comme vivantes.

Ces limites posées, les difficultés ont surgi nombreuses : la mémoire est chose périssable et les souvenirs s'estompent avec les ans. Ceux de ses amis que j'ai pu interroger, et qui, dans leur très grande majorité, ont bien voulu répondre à mes questions, en avaient eux-mêmes conscience. Les recoupements ne suffisent pas toujours, et pas davantage le témoignage de Camus, sujet lui aussi à de semblables défaillances. Quant aux archives qui ont survécu aux événements d'Algérie, elles sont le plus souvent inaccessibles.

Dans la mesure du possible, je me suis reporté aux lettres que des amis ont bien voulu me communiquer. Si Francis Ponge a eu l'obligeance de me donner lecture de la correspondance échangée entre Camus et lui de 1943 à 1945, si René Char a mis ses lettres à mon entière disposition avec la plus grande générosité, éclairant ainsi les années 1947 à 1960, si Guy Dumur a fait de même, la période algéroise ne pouvait relever du même traitement : l'essentiel de la correspondance a disparu; ce qu'on a pu préserver est fait le plus souvent de lettres brèves et rarement datées. J'en dois d'autant plus de reconnaissance à Mme Hié comme à MM. Max-Pol Fouchet, Jean de Maisonseul et Roblès qui m'ont largement ouvert leurs dossiers. Les renseignements glanés çà et là ne constituent qu'un point de départ; d'autres recherches les compléteront utilement.

Pour l'étude des variantes, nous avons disposé de textes de qualité fort différente. Louis Faucon a consulté le manuscrit du professeur Millot pour le Mythe de Sisyphe; *pour* l'Homme révolté, *je me suis contenté de la dactylographie que possède René Char. Texte dactylographié encore pour* le Minotaure, *manuscrit pour* les Amandiers, *et rien pour* la Mer au plus près. *Ainsi de suite.*

Encore fallait-il choisir entre ces variantes. Dois-je rappeler ici, au risque de décevoir d'éminents érudits, que la Pléiade n'a pas la prétention de se substituer aux éventuelles éditions critiques? Elle n'y suffirait pas.

La responsabilité du choix revient donc aux commentateurs. Dans les textes de caractère littéraire, nous avons accordé une égale importance aux variantes de forme et de fond; dans les textes philosophiques, les variantes de fond nous ont paru plus importantes que les variantes de forme; dans les textes politiques enfin, les variantes importent souvent peu. Dirai-je plus? elles présentent le risque d'attirer exagérément l'attention sur un mot que l'auteur a préféré biffer : elles ouvrent la voie à d'aventureuses explications pseudo-psychanalytiques, à ce qu'on peut appeler l'étude des repentirs et des lapsus. Que, dans une polémique, l'auteur ait eu un mot cruel, voire injuste, dont il a perçu lui-même l'injustice puisqu'il l'a retiré, et voici le projecteur braqué sur ce mouvement d'humeur. L'honnêteté critique commandait toutefois qu'il en fût tenu compte, au moins pour des textes aussi importants que la polémique avec Jean-Paul Sartre. Il restera au lecteur attentif à faire la part des choses.

Pour quelques passages, il nous a paru souhaitable de livrer les pages originales dans leur intégralité. Le lecteur sera mieux à même de juger des modifications de forme et des changements de fond que Camus a apportés à son texte.

Enfin, et bien que cette édition n'ait pour objet que de rassembler des textes déjà publiés, j'ai cru bon de joindre en annexe quelques inédits qui avaient un rapport tout particulier avec les œuvres en cause : c'est le cas pour l'Hôpital du quartier pauvre *ou* une défense de l'Homme révolté. *Pour le reste, je me suis contenté d'y faire allusion ; on comprendra le souci des ayants droit, si la publication doit un jour s'en faire, de la réserver pour plus tard : il y faudrait un plan méthodique et un cadre approprié que n'offre pas* la Pléiade.

Un mot encore : l'essentiel de ce volume rassemble des textes qui constituent autant de prises de positions philosophiques ou politiques : sans descendre au fort de la mêlée, sans entrer dans le détail des litiges, Albert Camus n'a cessé de réagir aux problèmes de son temps. Il l'a fait à sa façon, avec une sensibilité souvent à vif et une intransigeance de ton qui masquait de profondes incertitudes ; une fois son parti pris des choses et des hommes, derrière la courtoisie un peu distante dont il se départait rarement, apparaissait le combattant ; il combattait sans haine et sans joie, mais, sitôt certaine limite franchie, sans ménagements et comme avec une violence désespérée.

Je n'ai voulu éluder aucune des polémiques essentielles et n'ai pas cru devoir trancher du fond et de l'accessoire : on trouvera donc en annexes la plupart des propos qu'il tint sur l'Espagne, la Hongrie ou l'Algérie. Il m'a fallu les présenter dans leur contexte : le lecteur voudra bien admettre qu'un commentaire sympathique ne signifie pas nécessairement approbation. Comment en effet retracer un itinéraire intellectuel si l'on se refusait d'avance à en comprendre les moments et les motivations ?

C'est pourquoi j'ai usé parfois de chronologies succinctes, établies en fonction des préoccupations de Camus. Nous avons un peu oublié, les uns et les autres, nos réactions aux principaux événements de notre époque ; il faudrait, pour nous les restituer partiellement, collationner les titres de journaux et de revues, et faire l'histoire des milieux intellectuels et politiques où évolua Camus de 1934 à 1960. Une telle entreprise dépassait largement le cadre de ce volume et nos possibilités. Nous avons pleine conscience, dans ces conditions, de n'avoir pu atteindre à la parfaite impartialité. Mais qui saurait s'en prévaloir ?

Je ne voudrais pas terminer cette introduction sans remercier d'abord Louis Faucon, Inspecteur général de l'Éducation nationale, d'avoir ajouté à ses lourdes responsabilités l'étude minutieuse de Noces *et du* Mythe de Sisyphe. *Sa compétence reconnue en matière d'études camusiennes, sa rigueur et sa culture nous valent ici une remarquable contribution.*

Il me faut aussi dire notre gratitude à tous ceux qui nous ont aidés ; à Mme Camus d'abord, qui a mis à notre disposition toutes ses archives ; à René Char qui nous a confié sans hésitation tous documents en sa possession ; à Jean Grenier qui nous a éclairés de ses souvenirs ; à ceux qui ont connu Camus dans sa jeunesse, Mmes Hié, Dobrenn, Davila, Jaussaud, MM. Max-Pol Fouchet, Fréminville, Belamich, Charlot, Jaussaud, Miquel, Maisonseul, Poncet, Roblès ; à ses amis de Résistance : Mme Jacqueline Bernard, Francis Ponge ; à ses collaborateurs de Combat *: Pascal Pia, Roger Grenier, Georges Altschuler, Jean Bloch-Michel ; à son frère Lucien Camus ; à Mme Agnely qui nous a facilité la tâche dans toute la mesure de ses moyens — me communiquant en particulier toute une série de brouillons manuscrits ; et je saurai gré, une fois encore, à Mme Trougnac d'avoir bien voulu se consacrer avec nous à l'étude minutieuse des variantes.*

Il nous reste à espérer qu'en dépit de ses imperfections, notre travail aura servi l'œuvre et la mémoire d'Albert Camus.

Roger Quilliot.

P.-S. — Pour l'établissement du texte, nous nous sommes limités aux corrections indispensables, plus spécialement dans les premiers ouvrages. Il nous a fallu, en revanche, donner plus d'unité à la ponctuation, inégalement rigoureuse.

L'ENVERS
ET L'ENDROIT

À JEAN GRENIER

PRÉFACE

LES essais qui sont réunis dans ce volume ont été écrits en 1935 et 1936 (j'avais alors vingt-deux ans) et publiés un an après, en Algérie, à un très petit nombre d'exemplaires. Cette édition est depuis longtemps introuvable et j'ai toujours refusé la réimpression de l'Envers et l'Endroit.

Mon obstination n'a pas de raisons mystérieuses. Je ne renie rien de ce qui est exprimé dans ces écrits, mais leur forme m'a toujours paru maladroite. Les préjugés que je nourris malgré moi sur l'art (je m'en expliquerai plus loin) m'ont empêché longtemps d'envisager leur réédition. Grande vanité, apparemment, et qui laisserait supposer que mes autres écrits satisfont à toutes les exigences. Ai-je besoin de préciser qu'[1]il n'en est rien ? Je suis seulement plus sensible aux maladresses de l'Envers et l'Endroit qu'à d'autres, que je n'ignore pas. Comment l'expliquer sinon en reconnaissant que les premières intéressent, et trahissent un peu, le sujet qui me tient le plus à cœur ? La question de sa valeur littéraire étant réglée, je puis avouer, en effet, que[2] la valeur de témoignage de ce petit livre est, pour moi, considérable. Je dis bien pour moi, car c'est devant moi qu'il témoigne[3], c'est de moi qu'il exige une fidélité dont je suis seul à connaître la profondeur et les difficultés[4]. Je voudrais essayer de dire pourquoi.

Brice Parain prétend souvent que ce petit livre contient ce que j'ai écrit de meilleur. Parain se trompe. Je ne le dis pas, connaissant[5] sa loyauté, à cause de cette impatience qui vient à tout artiste devant ceux qui ont l'impertinence de préférer ce qu'il a été à ce qu'il est. Non, il se trompe parce qu'à vingt-deux ans, sauf génie, on sait à peine écrire. Mais je comprends ce que Parain, savant ennemi de l'art et philosophe[6] de la compassion, veut dire. Il veut dire, et il a raison, qu'il y a plus de véritable amour dans ces pages maladroites que dans[7] toutes celles qui ont suivi.

Chaque artiste garde ainsi, au fond de lui, une source unique qui alimente pendant sa vie ce qu'il est et ce qu'il dit[8]. Quand la source est tarie, on voit peu à peu l'œuvre se racornir, se fendiller. Ce sont les terres ingrates de l'art[9] que le courant invisible n'irrigue plus. Le cheveu devenu rare et sec, l'artiste, couvert de chaumes, est mûr pour le silence, ou les salons, qui reviennent au même. Pour moi, je sais que ma source est dans l'Envers et l'Endroit, dans ce monde de pauvreté et de lumière où j'ai longtemps vécu et dont le souvenir me préserve encore des deux dangers contraires qui menacent tout artiste, le ressentiment et la satisfaction.

La pauvreté[1], d'abord, n'a jamais été un malheur pour moi : la lumière y répandait ses richesses. Même mes révoltes en ont été éclairées. Elles furent presque toujours, je crois pouvoir le dire sans tricher, des révoltes pour tous, et pour que la vie de tous soit élevée dans la lumière. Il n'est pas sûr que mon cœur fût naturellement disposé à cette sorte d'amour. Mais les circonstances m'ont aidé. Pour corriger une indifférence naturelle, je fus placé à mi-distance de la misère et du soleil. La misère m'empêcha de croire que tout[2] est bien sous le soleil et dans l'histoire; le soleil m'apprit que l'histoire n'[3]est pas tout. Changer la vie, oui, mais non le monde dont je faisais ma divinité. C'est ainsi, sans doute, que[4] j'abordai cette carrière inconfortable où je suis, m'engageant avec innocence sur un fil d'équilibre où j'avance péniblement, sans être sûr d'atteindre le but. Autrement dit, je devins un artiste, s'il est vrai qu'il n'est pas d'art sans refus ni sans consentement.

Dans tous les cas, la[5] belle chaleur qui régnait sur mon enfance m'a privé de tout ressentiment. Je vivais dans la gêne, mais aussi dans une sorte de jouissance. Je me sentais des forces infinies[6] : il fallait seulement leur trouver un point d'application. Ce n'était pas la pauvreté qui faisait obstacle à ces forces : en Afrique, la mer et le soleil ne coûtent rien. L'obstacle était plutôt dans[7] les préjugés ou la bêtise. J'avais là toutes les occasions de développer une « castillanerie » qui m'a fait bien du tort, que raille avec raison mon ami[8] et mon maître Jean Grenier, et que j'ai essayé en vain de corriger, jusqu'au moment où j'ai compris qu'il y avait aussi une fatalité des natures. Il valait mieux alors accepter son propre orgueil et tâcher[9] de le faire servir plutôt que de se donner, comme dit Chamfort, des principes plus forts que son caractère. Mais, après m'être interrogé, je puis témoigner[10] que, parmi mes nombreuses faiblesses, n'a jamais figuré le défaut[11] le plus répandu parmi nous, je veux dire l'envie, véritable cancer des sociétés et des doctrines.

Le mérite de cette heureuse immunité ne me revient pas. Je la dois aux miens, d'abord, qui manquaient de presque tout et n'enviaient à peu près rien. Par son seul silence, sa réserve, sa *fierté naturelle et sobre, cette famille, qui ne savait même pas lire, m'a donné alors mes plus hautes leçons, qui durent*[1] *toujours. Et puis, j'étais moi-même trop occupé à sentir pour rêver d'autre chose. Encore maintenant, quand je vois la vie d'une grande fortune à Paris, il y a de la compassion dans*[2] *l'éloignement qu'elle m'inspire souvent. On trouve dans le monde beaucoup d'injustices, mais il en est une dont on ne parle jamais, qui est celle du climat. De cette injustice-là, j'ai été longtemps, sans le savoir, un des profiteurs. J'entends d'ici les accusations de nos*[3] *féroces philanthropes, s'ils me lisaient. Je veux faire passer les ouvriers pour riches et les*[4] *bourgeois pour pauvres, afin de conserver plus longtemps l'heureuse servitude des uns et la puissance des autres. Non, ce n'est pas cela. Au contraire, lorsque la pauvreté se conjugue avec cette vie sans ciel ni espoir qu'en arrivant à l'âge d'homme j'ai découverte dans les*[5] *horribles faubourgs de nos villes, alors l'injustice dernière, et la plus révoltante, est consommée : il faut tout faire, en effet, pour que ces hommes échappent*[6] *à la double humiliation de la misère et de la laideur*[7]*. Né pauvre, dans un quartier ouvrier, je ne savais pourtant pas ce qu'était*[8] *le vrai malheur avant de connaître nos banlieues froides. Même l'extrême misère arabe ne peut s'y comparer, sous la différence des ciels. Mais une fois qu'on a connu les faubourgs industriels, on se sent à jamais souillé, je crois, et responsable de leur existence.*

Ce que j'ai dit ne reste pas moins vrai[9]*. Je rencontre parfois des gens qui vivent au milieu de fortunes*[10] *que je ne peux même pas imaginer. Il me faut cependant un effort pour comprendre qu'on puisse envier ces fortunes. Pendant huit jours, il y a longtemps, j'ai vécu comblé des biens de ce monde : nous dormions sans toit, sur une plage, je me nourrissais de fruits et je passais la moitié de mes journées dans une eau déserte. J'ai appris à cette époque une vérité qui m'a toujours poussé à recevoir les signes du confort*[11]*, ou de l'installation, avec ironie, impatience, et quelquefois avec fureur. Bien que je vive maintenant sans le souci du lendemain, donc en privilégié, je ne sais pas posséder. Ce que j'ai, et qui m'est toujours offert sans que je l'aie recherché, je ne puis rien en garder. Moins par prodigalité, il me semble, que par une autre sorte de parcimonie : je suis avare de cette liberté qui disparaît dès que commence l'excès des biens. Le plus grand des luxes n'a jamais cessé de coïncider pour moi avec un certain dénuement. J'aime la maison nue des Arabes ou des Espagnols. Le lieu où je préfère vivre et travailler (et, chose plus rare, où il me serait égal de mourir)*[12] *est la chambre d'hôtel. Je n'ai jamais* pu m'abandonner à ce qu'on appelle la vie d'intérieur (qui est si souvent le contraire de la vie intérieure); le bonheur dit bourgeois m'ennuie et m'effraie. Cette inaptitude n'a du reste rien de glorieux; elle n'a pas peu contribué à alimenter mes mauvais défauts. Je n'envie rien, ce qui est mon droit, mais je ne pense pas toujours aux envies des autres et cela m'ôte[1] de l'imagination, c'est-à-dire de la bonté. Il est vrai que je me suis fait une maxime pour mon usage personnel : « Il faut mettre ses principes dans les grandes choses, aux petites la miséricorde suffit[2]. » Hélas ! on se fait des maximes pour combler les trous de sa propre nature. Chez moi, la miséricorde dont je parle s'appelle plutôt indifférence. Ses effets, on s'en doute, sont moins miraculeux.

Mais je veux seulement souligner que la pauvreté ne suppose pas forcément l'envie[3]. Même plus tard, quand une grave maladie m'ôta provisoirement la force de vie qui, en moi, transfigurait tout, malgré les infirmités invisibles et les nouvelles faiblesses que j'y trouvais, je pus connaître la peur et le découragement, jamais l'amertume. Cette maladie sans doute[4] ajoutait d'autres entraves, et les plus dures, à celles qui étaient déjà les miennes. Elle favorisait finalement cette liberté du cœur, cette légère distance à l'égard des intérêts humains qui m'a toujours préservé du ressentiment. Ce privilège, depuis que je vis à Paris, je sais qu'il est royal. Mais[5] j'en ai joui sans limites ni remords et, jusqu'à présent du moins, il a éclairé toute ma vie. Artiste, par exemple, j'ai commencé à vivre dans l'admiration, ce qui, dans un sens, est le paradis terrestre. (On sait qu'aujourd'hui l'usage, en France, pour débuter dans les lettres, et même pour y finir, est au contraire de choisir un artiste à railler[6].) De même, mes passions d'homme n'ont jamais été « contre »[7]. Les êtres que j'ai aimés ont toujours été meilleurs et plus grands que moi. La pauvreté telle que je l'ai vécue ne m'a donc pas enseigné le ressentiment, mais une certaine fidélité, au contraire, et la ténacité muette. S'il m'est arrivé de l'oublier, moi seul ou mes défauts en sommes responsables, et non le monde où je suis né[8].

C'est aussi le souvenir de ces années qui m'a empêché de me trouver jamais satisfait dans l'exercice de mon métier. Ici, je voudrais parler, avec autant de simplicité que je le puis, de ce que les écrivains taisent généralement[9]. Je n'évoque même pas la satisfaction que l'on trouve, paraît-il, devant le livre ou la page réussis. Je ne sais si beaucoup d'artistes la connaissent. Pour moi, je ne crois pas avoir jamais tiré une joie[10] de la relecture d'une page terminée. J'avouerai même, en acceptant d'être pris au mot, que le succès de quelques-uns de mes livres m'a toujours surpris. Bien entendu, on s'y habitue, et assez vilainement. Aujourd'hui encore, pourtant, je me sens un apprenti auprès d'écrivains vivants à qui je donne la place de leur vrai mérite, et dont l'un des premiers est celui à qui ces essais furent dédiés, il y a déjà vingt ans*. L'écrivain a[1], naturellement, des joies pour lesquelles il vit et qui suffisent à le combler. Mais, pour moi, je les rencontre au moment de la conception, à la seconde où le sujet se révèle, où l'articulation de l'œuvre se dessine devant la sensibilité soudain clairvoyante, à ces moments[2] délicieux où l'imagination se confond tout à fait avec l'intelligence. Ces instants passent comme ils sont nés. Reste l'exécution, c'est-à-dire une longue peine.

Sur un autre plan, un artiste a aussi des joies de vanité. Le métier d'écrivain, particulièrement dans la société française, est en grande partie un métier de vanité. Je le dis d'ailleurs sans mépris, à peine avec regret. Je ressemble aux autres sur ce point[3]; qui peut se dire dénué de cette ridicule infirmité? Après tout, dans une société vouée[4] à l'envie et à la dérision, un jour vient toujours où, couverts de brocards, nos écrivains payent durement ces pauvres joies. Mais justement, en vingt années de vie littéraire, mon métier[5] m'a apporté bien peu de joies semblables, et de moins en moins à mesure que le temps passait.

[6]N'est-ce pas le souvenir des vérités entrevues dans l'Envers et l'Endroit qui m'a toujours empêché d'être à l'aise dans l'exercice public de mon métier et qui m'a conduit à tant de refus qui ne m'ont pas toujours fait des amis ? À[7] ignorer le compliment ou l'hommage, en effet, on laisse croire au complimenteur qu'on le dédaigne alors qu'on ne doute que de soi. De même, si j'avais montré ce mélange d'âpreté et de complaisance qui[8] se rencontre dans la carrière littéraire, si même j'avais exagéré ma parade, comme tant[9] d'autres, j'aurais reçu plus de sympathies car, enfin, j'aurais joué le jeu. Mais qu'y faire, ce jeu ne m'amuse pas! L'ambition de Rubempré ou de Julien Sorel me déconcerte souvent par sa naïveté, et sa modestie. Celle de Nietzsche, de Tolstoï ou de Melville, me bouleverse, et en raison même de leur échec. Dans le secret de mon cœur, je ne me sens d'humilité que devant les vies[10] les plus pauvres ou les grandes aventures de l'esprit. Entre les deux se trouve aujourd'hui une société qui fait rire.

Parfois, dans ces[11] « premières » de théâtre, qui sont le seul lieu où je rencontre ce qu'on appelle avec insolence le Tout-Paris,

---

* Jean Grenier.

j'ai l'impression que la salle va disparaître, que ce monde, tel qu'il semble, n'existe pas. Ce sont les autres qui me paraissent réels, les grandes figures qui crient sur la scène. Pour ne pas fuir alors, il faut se souvenir que chacun de ces[1] spectateurs a aussi un rendez-vous avec lui-même ; qu'il le sait, et que, sans doute, il s'y rendra tout à l'heure[2]. Aussitôt, le voici de nouveau fraternel : les solitudes réunissent ceux que la société sépare. Sachant cela, comment[3] flatter ce monde, briguer ses privilèges dérisoires, consentir à féliciter tous les auteurs de tous les livres, remercier ostensiblement le critique favorable, pourquoi essayer de séduire l'adversaire, de quelle figure surtout recevoir ces compliments[4] et cette admiration dont la société française (en présence de l'auteur du moins, car, lui parti !...) use autant que du Pernod et de la presse du cœur ? Je n'arrive à rien de tout cela, c'est un fait. Peut-être y a-t-il là beaucoup de ce mauvais orgueil dont je connais[5] en moi l'étendue et les pouvoirs. Mais, s'il y avait cela seulement, si ma vanité était seule à jouer, il me semble qu'au contraire je jouirais du compliment, superficiellement[6], au lieu d'y trouver un malaise répété. Non, la vanité que j'ai en commun avec les gens de mon état, je la sens réagir surtout à certaines critiques qui comportent[7] une grande part de vérité. Devant le compliment, ce n'est pas la fierté qui me donne cet air cancre et ingrat que je connais bien, mais (en même temps[8] que cette profonde indifférence qui est en moi comme une infirmité de nature) un sentiment singulier qui me vient alors[9] : « Ce n'est pas cela... » Non, ce n'est pas cela et c'est pourquoi la réputation, comme on dit, est parfois si difficile à accepter qu'on trouve une sorte de mauvaise joie à faire ce qu'il faut pour la perdre. Au contraire, relisant l'Envers et l'Endroit après tant d'années, pour cette édition, je sais instinctivement devant certaines pages, et malgré les maladresses, que c'est cela. Cela, c'est-à-dire cette vieille femme, une mère silencieuse, la pauvreté, la lumière sur les oliviers d'Italie, l'amour solitaire et peuplé, tout ce qui témoigne, à mes propres yeux, de la vérité.

Depuis le temps où ces pages ont été écrites, j'ai vieilli et traversé beaucoup de choses. J'ai appris sur moi-même, connaissant mes limites, et presque toutes mes faiblesses. J'ai moins appris sur les êtres parce que ma curiosité va plus à leur destin qu'à leurs réactions et que les destins se répètent beaucoup. J'ai appris du moins qu'ils existaient et que l'égoïsme, s'il ne peut se renier, doit essayer d'être clairvoyant. Jouir de soi est impossible ; je le sais, malgré les[10] grands dons qui sont les miens pour cet exercice. Si la solitude existe, ce que j'ignore, on aurait bien le droit, à l'occasion, d'en rêver comme d'un paradis. J'en rêve parfois, comme tout le monde[1]. Mais deux anges tranquilles m'en ont toujours interdit l'entrée ; l'un montre le visage de l'ami, l'autre la face de l'ennemi. Oui, je sais tout cela et j'ai appris encore, ou à peu près, ce que coûtait l'amour. Mais sur la vie elle-même, je n'en sais pas plus que ce qui est dit[2], avec gaucherie, dans l'Envers et l'Endroit.

« Il n'y a pas d'amour de vivre sans désespoir de vivre », ai-je écrit[3], non sans emphase, dans ces pages. Je ne savais pas à l'époque à quel point je disais vrai[4] ; je n'avais pas encore traversé les temps du vrai désespoir. Ces temps sont venus et ils ont pu tout détruire en moi, sauf justement l'appétit désordonné de vivre. Je souffre encore de cette passion à la fois féconde et destructrice qui éclate jusque dans les pages les plus sombres de l'Envers et l'Endroit. Nous ne vivons vraiment que quelques heures de notre vie, a-t-on dit. Cela est vrai dans un sens, faux dans un autre. Car l'ardeur affamée qu'on sentira dans les essais qui suivent ne m'a jamais quitté et, pour finir, elle est la vie dans ce qu'elle a de pire et de meilleur. J'ai voulu sans doute[5] rectifier ce qu'elle produisait de pire en moi. Comme tout le monde, j'ai essayé, tant bien que mal, de corriger ma nature par la morale. C'est, hélas ! ce qui m'a coûté le plus cher. Avec de l'énergie[6], et j'en ai, on arrive parfois à se conduire selon la morale, non à être. Et[7] rêver de morale quand on est un homme de passion, c'est se vouer à l'injustice, dans le temps même où[8] l'on parle de justice. L'homme m'apparaît parfois comme une injustice en marche : je pense à moi[9]. Si j'ai, à ce moment, l'impression de m'être trompé ou d'avoir menti dans ce que parfois j'écrivais, c'est que je ne sais comment faire connaître honnêtement mon injustice. Sans doute, je n'ai jamais dit que j'étais juste. Il m'est seulement arrivé de dire qu'il fallait essayer de l'être, et aussi que c'était une peine et un malheur. Mais la différence est-elle si grande[10] ? Et peut-il vraiment prêcher la justice celui qui n'arrive même pas à la faire régner dans sa vie ? Si, du moins, on pouvait vivre selon l'honneur, cette vertu des injustes ! Mais notre monde tient ce mot pour obscène ; aristocrate fait partie des injures littéraires et philosophiques[11]. Je ne suis pas aristocrate, ma réponse tient dans ce livre : voici les miens, mes maîtres, ma lignée ; voici, par eux, ce qui me réunit à tous. Et cependant, oui, j'ai besoin d'honneur, parce que je ne suis pas assez grand pour m'en passer !

Qu'importe ! Je voulais seulement marquer que, si j'ai beaucoup marché depuis ce livre, je n'ai pas tellement progressé.

Souvent, croyant avancer, je reculais. Mais[1], *à la fin, mes fautes, mes ignorances et mes fidélités m'ont toujours ramené sur cet ancien chemin que j'ai commencé d'ouvrir avec* l'Envers et l'Endroit, *dont on voit les traces dans tout ce que j'ai fait ensuite et sur lequel, certains matins*[2] *d'Alger, par exemple, je marche toujours avec la même légère ivresse*[3].

Pourquoi donc, s'il en est ainsi, avoir longtemps refusé de produire ce faible témoignage? D'abord parce qu'il y a en moi, il faut le répéter, des résistances artistiques, comme il y a, chez d'autres, des résistances morales ou religieuses. L'interdiction, l'idée que « cela ne se fait pas », qui m'est assez étrangère en tant que fils d'une libre nature, m'est présente en tant qu'esclave, et esclave admiratif, d'une tradition artistique sévère. Peut-être aussi cette méfiance vise-t-elle mon anarchie profonde, et par là, reste[4] *utile. Je connais mon désordre, la violence de certains instincts, l'abandon sans grâce où je peux me jeter. Pour être édifiée, l'œuvre d'art doit se servir d'abord de ces forces obscures de l'âme. Mais non sans les canaliser, les entourer de digues, pour que leur flot monte, aussi bien. Mes digues, aujourd'hui encore, sont*[5] *peut-être trop hautes. De là, cette raideur, parfois*[6]... *Simplement, le jour où l'équilibre s'établira entre ce que je suis et ce que je dis, ce jour-là peut-être, et j'ose à peine l'écrire, je pourrai bâtir l'œuvre dont je rêve. Ce que j'ai voulu dire ici, c'est qu'elle ressemblera à* l'Envers et l'Endroit, *d'une façon ou de l'autre, et qu'elle parlera d'une certaine forme d'amour. On comprend alors la deuxième raison que j'ai eue de garder pour moi ces essais de jeunesse. Les secrets qui nous sont les plus chers, nous les livrons trop dans la maladresse et le désordre*[7]; *nous les trahissons, aussi bien, sous un déguisement trop apprêté. Mieux vaut attendre d'être expert à leur donner une forme, sans cesser de faire entendre leur voix, de savoir unir à doses à peu près égales le naturel et l'art; d'être enfin. Car c'est être que de tout pouvoir en même temps. En art, tout vient simultanément ou rien ne vient; pas de lumières sans flammes. Stendhal s'écriait un jour: « Mais mon âme à moi est un feu qui souffre, s'il ne flambe pas. » Ceux qui lui ressemblent sur ce point ne devraient créer que dans*[8] *cette flambée. Au sommet de la flamme, le cri sort tout droit et crée ses mots qui le répercutent à leur tour. Je parle ici de ce que nous tous, artistes incertains de l'être, mais sûrs de ne pas être autre chose, attendons, jour après jour, pour consentir enfin à vivre.*

Pourquoi[9] *donc, puisqu'il s'agit de cette attente, et probablement vaine, accepter aujourd'hui cette publication*[10]? *D'abord* parce que des lecteurs ont su trouver l'argument qui m'a convaincu*. Et puis un temps vient toujours dans la vie d'un artiste où il doit faire le point, se rapprocher de son propre centre, pour tâcher ensuite de s'y maintenir. C'est ainsi aujourd'hui et je n'ai pas besoin d'en dire plus. Si, malgré tant d'efforts pour édifier un langage et faire vivre des mythes, je ne parviens pas un jour à récrire l'Envers et l'Endroit, je ne serai jamais parvenu à rien, voilà ma conviction obscure. Rien ne m'empêche en tout cas de rêver que j'y réussirai, d'imaginer que je mettrai encore au centre de cette œuvre l'admirable silence d'une mère et l'effort d'un homme pour retrouver une justice ou un amour qui équilibre ce silence[1]. Dans le songe de la vie, voici l'homme qui trouve ses vérités et qui les perd, sur la terre de la mort, pour revenir à travers les guerres, les cris, la folie de justice et d'amour, la douleur enfin, vers cette patrie tranquille où la mort même est un silence heureux[2]. Voici encore... Oui, rien n'empêche de rêver, à l'heure même de l'exil, puisque du moins je sais cela, de science certaine, qu'une œuvre d'homme n'est rien d'autre que ce long cheminement pour retrouver par les détours de l'art les deux ou trois images simples et grandes sur lesquelles le cœur, une première fois, s'est ouvert. Voilà pourquoi, peut-être[3], après vingt années de travail et de production, je continue de vivre avec l'idée que mon œuvre n'est même pas commencée. Dès l'instant où, à l'occasion de cette réédition, je me suis retourné vers les premières pages que j'ai écrites, c'est cela, d'abord, que j'ai eu envie de consigner ici.

---

* Il est simple. « Ce livre existe déjà, mais à un petit nombre d'exemplaires, vendus chèrement par des libraires. Pourquoi seuls les lecteurs riches auraient-ils le droit de le lire ? » En effet pourquoi ?

L'IRONIE

[1] Il y a deux ans, j'ai connu une vieille femme. Elle souffrait d'une maladie dont elle avait bien cru mourir. Tout son côté droit avait été paralysé. Elle n'avait qu'une moitié d'elle en ce monde quand l'autre lui était[2] déjà étrangère. Petite vieille remuante et bavarde, on l'avait réduite au silence et à l'immobilité[3]. Seule de longues journées, illettrée, peu sensible, sa vie entière se ramenait à Dieu. Elle croyait en lui. Et la preuve est qu'elle avait un chapelet, un christ de plomb et, en stuc, un saint Joseph portant l'Enfant[4]. Elle doutait que sa maladie fût incurable, mais l'affirmait pour qu'on s'intéressât à elle, s'en remettant du reste au Dieu qu'elle aimait si mal.

[5] Ce jour-là, quelqu'un s'intéressait à elle. C'était un jeune homme. (Il croyait qu'il y avait une vérité et savait par ailleurs que cette femme allait mourir, sans s'inquiéter de résoudre cette contradiction.) Il avait pris un véritable intérêt à l'ennui de la vieille femme. Cela, elle l'avait bien senti[6]. Et cet intérêt était une aubaine inespérée pour la malade. Elle lui disait ses peines avec animation : elle était au bout de son rouleau, et il faut bien laisser la place aux jeunes. Si elle s'ennuyait? Cela était sûr. On ne lui parlait pas. Elle était dans son coin, comme un chien. Il valait mieux en finir. Parce qu'elle aimait mieux mourir que d'être à la charge de quelqu'un.

Sa voix était devenue querelleuse. C'était une voix de marché, de marchandage. Pourtant, ce jeune homme comprenait[7]. Il était d'avis cependant qu'il valait mieux être à la charge des autres que mourir. Mais cela ne prouvait qu'une chose : que, sans doute, il n'avait jamais été à la charge de personne[8]. Et précisément il disait à la vieille femme — parce qu'il avait vu le chapelet : « Il vous reste le bon Dieu. » C'était vrai. Mais même à cet égard, on l'ennuyait encore. S'il lui arrivait de rester un long moment en prière, si son regard se perdait dans quelque motif de la tapisserie, sa fille disait : « La voilà encore qui prie ! — Qu'est-ce que ça peut te faire ? disait la malade. — Ça ne me fait rien, mais ça m'énerve à la fin. » Et la vieille se taisait, en attachant sur sa fille un long regard chargé de reproches[1].

Le jeune homme écoutait tout cela avec une immense peine inconnue qui le gênait dans la poitrine. Et[2] la vieille disait encore : « Elle verra bien quand elle sera vieille. Elle aussi en aura besoin ! »

[3]On sentait cette vieille femme libérée de tout, sauf de Dieu, livrée tout entière à ce mal dernier, vertueuse par nécessité, persuadée trop aisément que ce qui lui restait était le seul bien digne d'amour, plongée enfin, et sans retour, dans la misère de l'homme en Dieu[4]. Mais que l'espoir de vie renaisse et Dieu n'est pas de force contre les intérêts de l'homme.

On s'était mis à table. Le jeune homme avait été invité au dîner. La vieille ne mangeait pas, parce que les aliments sont lourds le soir. Elle était restée dans son coin, derrière le dos de celui qui l'avait écoutée. Et[5], de se sentir observé, celui-ci mangeait mal. Cependant, le dîner avançait. Pour[6] prolonger cette réunion, on décida d'aller au cinéma. On passait justement un film gai. Le jeune homme avait étourdiment accepté, sans penser à l'être qui continuait d'exister dans son dos.

Les convives s'étaient levés pour aller se laver les mains, avant de sortir. Il n'était pas question, évidemment, que la vieille femme vînt aussi. Quand elle n'aurait pas été impotente, son ignorance l'aurait empêchée de comprendre le film. Elle disait ne pas aimer le cinéma. Au vrai, elle ne comprenait pas. Elle était dans son coin, d'ailleurs, et prenait un grand intérêt vide aux grains de son chapelet[7]. Elle mettait en lui toute sa confiance. Les trois objets qu'elle conservait marquaient pour elle le point matériel où commençait le divin. À partir du chapelet, du christ ou du saint Joseph, derrière eux, s'ouvrait un grand noir profond où[8] elle plaçait tout son espoir.

Tout le monde était prêt. On s'approchait de la vieille femme pour l'embrasser et lui souhaiter un bon soir. Elle avait déjà compris et serrait avec force son chapelet. Mais il paraissait bien que ce geste pouvait être autant de désespoir que de ferveur. On l'avait embrassée. Il ne restait que le jeune homme. Il avait serré la main de la femme avec affection et se retournait déjà. Mais l'autre voyait partir celui qui s'était intéressé à elle. Elle ne voulait pas être seule. Elle sentait déjà l'horreur de sa solitude, l'insomnie prolongée, le tête-à-tête décevant avec Dieu. Elle avait peur, ne se reposait plus qu'en l'homme et, se rattachant au seul être qui lui eût marqué de l'intérêt, ne lâchait pas sa main, la serrait, le remerciant maladroitement pour justifier cette insistance. Le jeune homme était gêné. Déjà, les autres se retournaient pour l'inviter à plus de hâte. Le spectacle commençait à neuf heures et il valait mieux arriver un peu tôt pour ne pas attendre au guichet.

Lui se sentait placé devant le plus affreux malheur qu'il eût encore connu : celui d'une vieille femme infirme qu'on abandonne pour aller au cinéma. Il voulait partir et se dérober, ne voulait pas savoir, essayait de retirer sa main. Une seconde durant, il eut une haine féroce pour cette vieille femme et pensa la gifler à toute volée.

Il put enfin se retirer et partir pendant que la malade, à demi soulevée dans son fauteuil, voyait avec horreur s'évanouir la seule certitude en laquelle elle eût pu reposer. Rien ne la protégeait maintenant. Et livrée tout entière à la pensée de sa mort, elle ne savait pas exactement ce qui l'effrayait, mais sentait qu'elle ne voulait pas être seule. Dieu ne lui servait de rien, qu'à l'ôter aux hommes et à la rendre seule. Elle ne voulait pas quitter les hommes. C'est pour cela qu'elle se mit à pleurer.

Les autres étaient déjà dans la rue. Un tenace remords travaillait le jeune homme[1]. Il leva les yeux vers la fenêtre éclairée, gros œil mort dans la maison silencieuse. L'œil se ferma. La fille de la vieille femme malade dit au jeune homme : « Elle éteint toujours la lumière quand elle est seule. Elle aime rester dans le noir. »

[2]Ce vieillard triomphait, rapprochait les sourcils, secouait un index sentencieux. Il disait : « Moi, mon père me donnait cinq francs sur ma semaine pour m'amuser jusqu'au samedi d'après. Eh bien, je trouvais encore le moyen de mettre des sous de côté. D'abord, pour aller voir ma fiancée, je faisais en pleine campagne quatre kilomètres pour aller et quatre kilomètres pour revenir.

Allez, allez, c'est moi qui vous le dis, la jeunesse d'aujourd'hui ne sait plus s'amuser. » Ils étaient autour d'une table ronde, trois jeunes, lui vieux. Il contait ses pauvres aventures[1] : des niaiseries mises très haut, des lassitudes qu'il célébrait comme des victoires. Il ne ménageait pas de silences dans son récit, et, pressé de tout dire avant d'être quitté, il[2] retenait de son passé ce qu'il pensait propre à toucher ses auditeurs. Se faire écouter était son seul vice : il se refusait à voir l'ironie des regards et la brusquerie moqueuse dont on l'accablait. Il était pour eux le vieillard dont on sait que tout allait bien de son temps, quand il croyait être l'aïeul respecté dont l'expérience fait poids. Les jeunes ne savent pas que l'expérience est une défaite et qu'il faut tout perdre pour savoir un peu. Lui avait souffert. Il n'en disait rien[3]. Ça fait mieux de paraître heureux. Et puis, s'il avait tort en cela, il se serait trompé plus lourdement en voulant au contraire toucher par ses malheurs. Qu'importent les souffrances d'un vieil homme quand la vie vous occupe tout entier ? Il parlait, parlait, s'égarait avec délices dans la grisaille de sa voix assourdie. Mais cela ne pouvait durer. Son plaisir commandait une fin et l'attention de ses auditeurs déclinait. Il n'était même plus amusant; il était vieux. Et les jeunes aiment le billard et les cartes qui ne ressemblent pas au travail imbécile de chaque jour.

Il fut bientôt seul, malgré ses efforts et ses mensonges pour rendre son récit plus attrayant. Sans égards, les jeunes étaient partis. De nouveau seul. N'être plus écouté : c'est cela qui est terrible[4] lorsqu'on est vieux. On le condamnait au silence et à la solitude. On lui signifiait qu'il allait bientôt mourir. Et un vieil homme qui va mourir est inutile, même gênant et insidieux. Qu'il s'en aille. À défaut, qu'il se taise : c'est le moindre des égards. Et lui souffre parce qu'il ne peut se taire sans penser qu'il est vieux. Il se leva pourtant et partit en souriant à tout le monde autour de lui. Mais il ne rencontra que des visages indifférents ou secoués d'une gaieté à laquelle il n'avait pas le droit de participer[5]. Un homme riait : « Elle est vieille, je dis pas, mais des fois, c'est dans les vieilles marmites qu'on fait les meilleures soupes. » Un autre déjà plus grave : « Nous autres, on n'est pas riche, mais on mange bien. Tu vois mon petit-fils, plus que son père il mange. Son père, il lui faut une livre de pain, lui un kilo il lui faut! Et vas-y le saucisson, vas-y le camembert. Des fois qu'il a fini, il dit : « Han! Han! » et il mange encore. » Le vieux s'éloigna. Et de son pas lent, un petit pas d'âne au labeur, il parcourut les longs trottoirs chargés d'hommes. Il se sentait mal et ne voulait pas rentrer. D'habitude, il aimait assez retrouver la table et la lampe à pétrole, les assiettes où, machinalement, ses doigts trouvaient leur place. Il aimait encore le souper silencieux, la vieille assise devant lui, les bouchées longuement mâchées, le cerveau vide, les yeux fixes et morts. Ce soir, il rentrerait plus tard. Le souper servi et froid, la vieille serait couchée, sans inquiétude puisqu'elle connaissait ses retards imprévus. Elle disait : « Il a la lune » et tout était dit.

Il allait maintenant, dans le doux entêtement de son pas. Il était seul et vieux. A la fin d'une vie, la vieillesse revient en nausées[1]. Tout aboutit à ne plus être écouté. Il marche, tourne au coin d'une rue, bute et, presque, tombe. Je l'ai vu. C'est ridicule, mais qu'y faire. Malgré tout, il aime mieux la rue, la rue plutôt que ces heures où, chez lui, la fièvre lui masque la vieille et l'isole dans sa chambre. Alors, quelquefois, la porte s'ouvre lentement et reste à demi béante pendant un instant. Un homme entre. Il est habillé de clair. Il s'assied en face du vieillard et se tait pendant de longues minutes. Il est immobile, comme la porte tout à l'heure béante. De temps en temps, il passe une main sur ses cheveux et soupire doucement. Quand il a longtemps regardé le vieil homme du même regard lourd de tristesse, il s'en va, silencieusement. Derrière lui, un bruit sec tombe du loquet et le vieux reste là, horrifié, avec, dans le ventre, sa peur acide et douloureuse. Tandis que dans la rue, il n'est pas seul, si peu de monde qu'on rencontre[2]. Sa fièvre chante. Son petit pas se presse : demain tout changera, demain. Soudain il découvre ceci que demain sera semblable, et après-demain, tous les autres jours. Et cette irrémédiable découverte l'écrase. Ce sont de pareilles idées qui vous font mourir. Pour ne pouvoir les supporter, on se tue — ou si l'on est jeune, on en fait des phrases.

Vieux, fou, ivre, on ne sait. Sa fin sera une digne fin, sanglotante, admirable. Il mourra en beauté, je veux dire en souffrant. Ça lui fera une consolation. Et d'ailleurs où aller : il est vieux pour jamais. Les hommes bâtissent sur la vieillesse à venir. À cette vieillesse assaillie d'irrémédiables, ils veulent donner l'oisiveté qui les laisse sans défense. Ils veulent être contremaître pour se retirer dans une petite villa. Mais une fois enfoncés dans l'âge, ils savent bien que c'est faux. Ils ont besoin des autres hommes pour se protéger. Et pour lui, il fallait qu'on l'écoutât pour qu'il crût à sa vie. Maintenant, les rues étaient plus noires et moins peuplées. Des voix passaient encore. Dans l'étrange apaisement du soir, elles devenaient plus solennelles. Derrière les collines qui encerclaient la ville, il y avait encore des lueurs de jour. Une fumée, imposante, on ne sait d'où venue, apparut derrière les crêtes boisées. Lente, elle s'éleva et s'étagea comme un sapin. Le vieux ferma les yeux[1]. Devant la vie qui emportait les grondements de la ville et le sourire niais indifférent du ciel, il était seul, désemparé, nu, mort déjà.

Est-il nécessaire de décrire le revers de cette médaille ? On se doute que dans une pièce sale et obscure la vieille servait la table — que le dîner prêt, elle s'assit, regarda l'heure, attendit encore, et se mit à manger avec appétit. Elle pensait : « Il a la lune. » Tout était dit.

Ils vivaient à cinq : la grand-mère, son fils cadet, sa fille aînée et les deux enfants de cette dernière. Le fils était presque muet; la fille, infirme, pensait difficilement, et, des deux enfants, l'un travaillait déjà dans une compagnie d'assurances quand le plus jeune poursuivait ses études. À soixante-dix ans, la grand-mère dominait encore tout ce monde. Au-dessus de son lit, on pouvait voir d'elle un portrait où, plus jeune de cinq ans, toute droite dans une robe noire fermée au cou par un médaillon[2], sans une ride, avec d'immenses yeux clairs et froids, elle avait ce port de reine qu'elle ne résigna qu'avec l'âge et qu'elle tentait parfois de retrouver dans la rue.

C'est à ces yeux clairs que son petit-fils devait un souvenir dont il rougissait encore. La vieille femme attendait qu'il y eût des visites pour lui demander en le fixant sévèrement : « Qui préfères-tu, ta mère ou ta grand-mère ? » Le jeu se corsait quand la fille elle-même était présente. Car, dans tous les cas, l'enfant répondait : « Ma grand-mère », avec, dans son cœur, un grand élan d'amour pour cette mère qui se taisait toujours. Ou alors, lorsque les visiteurs s'étonnaient de cette préférence, la mère disait : « C'est que c'est elle qui l'a élevé. »

C'est aussi que la vieille femme croyait que l'amour est une chose qu'on exige. Elle tirait de sa conscience de bonne mère de famille une sorte de rigidité et d'intolérance. Elle n'avait jamais trompé son mari et lui avait fait neuf enfants. Après sa mort, elle avait élevé sa petite famille avec énergie. Partis de leur ferme de banlieue, ils avaient échoué dans un vieux quartier pauvre qu'ils habitaient depuis longtemps.

Et certes, cette femme ne manquait pas de qualités. Mais, pour ses petits-fils qui étaient à l'âge des jugements absolus, elle n'était qu'une comédienne. Ils tenaient ainsi d'un de leurs oncles une histoire significative. Ce dernier, venant rendre visite à sa belle-mère, l'avait aperçue inactive, à la fenêtre. Mais elle l'avait reçu un chiffon à la main, et s'était excusée de continuer son travail à cause du peu de temps que lui laissaient les soins du ménage. Et il faut bien avouer que tout était ainsi. C'est avec beaucoup de facilité qu'elle s'évanouissait au sortir d'une discussion de famille. Elle souffrait aussi de vomissements pénibles dus à une affection du foie. Mais elle n'apportait aucune discrétion dans l'exercice de sa maladie. Loin de s'isoler, elle vomissait avec fracas dans le bidon d'ordures de la cuisine. Et revenue parmi les siens, pâle, les yeux pleins de larmes d'effort, si on la suppliait de se coucher, elle rappelait la cuisine qu'elle avait à faire et la place qu'elle tenait dans la direction de la maison : « C'est moi qui fais tout ici. » Et encore : « Qu'est-ce que vous deviendriez si je disparaissais ! »

Les enfants s'habituèrent à ne pas tenir compte de ses vomissements, de ses « attaques » comme elle disait, ni de ses plaintes. Elle s'alita un jour et réclama le médecin. On le fit venir pour lui complaire. Le premier jour, il décela un simple malaise, le deuxième un cancer du foie, et le troisième, un ictère grave. Mais le plus jeune des deux enfants s'entêtait à ne voir là qu'une nouvelle comédie, une simulation plus raffinée. Il n'était pas inquiet. Cette femme l'avait trop opprimé pour que ses premières vues puissent être pessimistes. Et il y a une sorte de courage désespéré dans la lucidité et le refus d'aimer. Mais à jouer la maladie, on peut effectivement la ressentir : la grand-mère poussa la simulation jusqu'à la mort. Le dernier jour, assistée de ses enfants, elle se délivrait de ses fermentations d'intestin. Avec simplicité, elle s'adressa à son petit-fils : « Tu vois, dit-elle[1], je pète comme un petit cochon. » Elle mourut une heure après.

Son petit-fils, il le sentait bien maintenant, n'avait rien compris à la chose. Il ne pouvait se délivrer de l'idée que s'était jouée devant lui la dernière et la plus monstrueuse des simulations de cette femme. Et s'il s'interrogeait sur la peine qu'il ressentait, il n'en décelait aucune. Le jour de l'enterrement seulement, à cause de l'explosion générale des larmes, il pleura, mais avec la crainte de ne pas être sincère et de mentir devant la mort. C'était par une belle journée d'hiver, traversée de rayons. Dans le bleu du ciel, on devinait le froid tout pailleté de jaune. Le cimetière dominait la ville et on pouvait voir le beau soleil transparent tomber sur la baie tremblante de lumière, comme une lèvre humide.

Tout ça ne se concilie pas ? La belle vérité. Une femme qu'on abandonne pour aller au cinéma, un vieil homme qu'on n'écoute plus, une mort qui ne rachète rien et puis, de l'autre côté, toute la lumière du monde. Qu'est-ce que ça fait, si on accepte tout ? Il s'agit de trois destins semblables et pourtant différents. La mort pour tous, mais à chacun sa mort. Après tout, le soleil nous chauffe quand même les os.

ENTRE OUI ET NON[1]

S'IL est vrai que les seuls paradis sont ceux qu'on a perdus, je sais comment nommer ce quelque chose de tendre et d'inhumain qui m'habite aujourd'hui. Un émigrant revient dans sa patrie. Et moi, je me souviens. Ironie, raidissement, tout se tait et me voici rapatrié. Je ne veux pas remâcher du bonheur. C'est bien plus simple et c'est bien plus facile. Car de ces heures que, du fond de l'oubli, je ramène vers moi, s'est conservé surtout le souvenir intact d'une pure émotion, d'un instant suspendu dans l'éternité. Cela seul est vrai en moi et je le sais toujours trop tard. Nous aimons le fléchissement d'un geste, l'opportunité d'un arbre dans le paysage. Et pour recréer tout cet amour, nous n'avons qu'un détail, mais qui suffit : une odeur de chambre trop longtemps fermée, le son singulier d'un pas sur la route. Ainsi de moi. Et si j'aimais alors en me donnant, enfin j'étais moi-même puisqu'il n'y a que l'amour qui nous rende à nous-mêmes.

Lentes, paisibles et graves, ces heures reviennent, aussi fortes, aussi émouvantes — parce que c'est le soir, que l'heure est triste et qu'il y a une sorte de désir vague dans le ciel sans lumière. Chaque geste retrouvé me révèle à moi-même. On m'a dit un jour : « C'est si difficile de vivre. » Et je me souviens du ton. Une autre fois, quelqu'un a murmuré : « La pire erreur, c'est encore de faire souffrir[2]. » Quand tout est fini, la soif de vie est éteinte. Est-ce là ce qu'on appelle le bonheur ? En longeant ces souvenirs, nous revêtons tout du même vêtement discret et la mort nous apparaît comme une toile de fond aux tons vieillis. Nous revenons sur nous-mêmes. Nous sentons notre détresse et nous en aimons mieux. Oui, c'est peut-être cela le bonheur, le sentiment apitoyé de notre malheur.

C'est bien ainsi ce soir. Dans ce café maure, tout au bout de la ville arabe, je me souviens non d'un bonheur passé, mais d'un étrange sentiment. C'est déjà la nuit.

Sur les murs, des lions jaune canari poursuivent des cheiks vêtus de vert, parmi des palmiers à cinq branches. Dans un angle du café, une lampe à acétylène donne une lumière[1] inconstante. L'éclairage réel est donné par le foyer, au fond d'un petit four garni d'émaux verts et jaunes. La flamme éclaire le centre de la pièce et je sens ses reflets sur mon visage. Je fais face à la porte et à la baie. Accroupi dans un coin, le patron du café semble regarder mon verre resté vide, une feuille de menthe au fond. Personne dans la salle, les bruits de la ville en contrebas, plus loin des lumières sur la baie. J'entends l'Arabe respirer très fort, et ses yeux brillent dans la pénombre. Au loin, est-ce le bruit de la mer? le monde soupire vers moi dans un rythme long et m'apporte l'indifférence et la tranquillité de ce qui ne meurt pas. De grands reflets[2] rouges font ondoyer les lions sur les murs. L'air devient frais. Une sirène sur la mer. Les phares commencent à tourner : une lumière verte, une rouge, une blanche. Et toujours ce grand soupir du monde. Une sorte de chant secret naît de cette indifférence. Et me voici rapatrié. Je pense à un enfant qui vécut dans un quartier pauvre. Ce quartier, cette maison! Il n'y avait qu'un étage et les escaliers n'étaient pas éclairés. Maintenant encore, après de longues années, il pourrait y retourner en pleine nuit. Il sait qu'il grimperait l'escalier à toute vitesse sans trébucher une seule fois. Son corps même est imprégné de cette maison. Ses jambes conservent en elles la mesure exacte de la hauteur des marches. Sa main, l'horreur instinctive, jamais vaincue, de la rampe d'escalier. Et c'était à cause des cafards.

Les soirs d'été, les ouvriers se mettent *au balcon*. Chez lui, il n'y avait qu'une toute[3] petite fenêtre. On descendait alors des chaises sur le devant de la maison et l'on goûtait le soir. Il y avait la rue, les marchands de[4] glaces à côté, les cafés en face, et des bruits d'enfants courant de porte en porte. Mais surtout, entre les grands ficus, il y avait le ciel. Il y a une solitude dans la pauvreté, mais une solitude qui rend son prix à chaque chose. À un certain degré de richesse, le ciel lui-même et la nuit pleine d'étoiles semblent des biens naturels. Mais au bas de l'échelle, le ciel reprend tout son sens : une grâce sans prix. Nuits d'été, mystères où crépitaient des étoiles! Il y avait derrière l'enfant un couloir puant et sa petite chaise, crevée, s'enfonçait un peu sous lui. Mais, les yeux levés, il buvait à même la nuit pure. Parfois passait un tramway, vaste et rapide. Un ivrogne enfin chantonnait au coin d'une rue sans parvenir à troubler le silence.

La mère de l'enfant restait aussi silencieuse. En certaines circonstances, on lui posait une question : « À quoi[1] tu penses ? » « À rien », répondait-elle. Et c'est bien vrai. Tout est là, donc rien. Sa vie, ses intérêts, ses enfants se bornent à être là, d'une présence trop naturelle pour être sentie. Elle était infirme, pensait difficilement. Elle avait une mère rude et dominatrice qui sacrifiait tout à un amour-propre de bête susceptible et qui[2] avait longtemps dominé l'esprit faible de sa fille. Émancipée par le mariage, celle-ci est docilement revenue, son mari mort. Il était mort au champ d'honneur, comme on dit. En bonne place, on peut voir dans un cadre doré la croix de guerre et la médaille militaire. L'hôpital a encore envoyé à la veuve un petit éclat d'obus retrouvé dans les chairs. La veuve l'a gardé. Il y a longtemps qu'elle n'a plus de chagrin. Elle a oublié son mari, mais parle encore du père de ses enfants. Pour élever ces derniers, elle travaille et donne son argent à sa mère. Celle-ci fait l'éducation des enfants avec une cravache. Quand elle frappe trop fort, sa fille lui dit : « Ne frappe pas sur la tête. » Parce que ce sont ses enfants, elle les aime bien. Elle les aime d'un égal amour qui ne s'est jamais révélé à eux. Quelquefois, comme en ces soirs dont lui se souvenait, revenue du travail exténuant (elle fait des ménages), elle trouve la maison vide. La vieille est aux commissions, les enfants encore à l'école. Elle se tasse alors sur une chaise et, les yeux vagues, se perd dans la poursuite éperdue d'une rainure du parquet. Autour d'elle, la nuit s'épaissit[3] dans laquelle ce mutisme est d'une irrémédiable désolation. Si l'enfant entre à ce moment, il distingue la maigre silhouette aux épaules osseuses et s'arrête : il a peur. Il commence à sentir beaucoup de choses. À peine s'est-il aperçu de sa propre existence. Mais il a mal à pleurer devant ce silence animal. Il a pitié de sa mère, est-ce l'aimer ? Elle ne l'a jamais caressé puisqu'elle ne saurait pas. Il reste alors de longues minutes à la regarder. À se sentir étranger, il prend conscience de sa peine. Elle ne l'entend pas, car elle est sourde. Tout à l'heure, la vieille rentrera, la vie renaîtra : la lumière ronde de la lampe à pétrole, la toile cirée, les cris, les gros mots. Mais maintenant, ce silence marque un temps d'arrêt, un instant démesuré. Pour sentir cela confusément, l'enfant croit sentir, dans l'élan qui l'habite, de l'amour pour sa mère. Et il le faut bien parce qu'après tout c'est sa mère.

Elle ne pense à rien. Dehors, la lumière, les bruits; ici le silence dans la nuit. L'enfant grandira, apprendra. On l'élève et on lui demandera de la reconnaissance, comme si on lui évitait la douleur. Sa mère toujours aura ces silences. Lui croîtra en douleur. Être un homme, c'est ce qui compte. Sa grand-mère mourra, puis sa mère, lui[1].

La mère a sursauté. Elle a eu peur. Il a l'air idiot à la regarder ainsi. Qu'il aille faire ses devoirs[2]. L'enfant a fait ses devoirs. Il est aujourd'hui dans un café sordide. Il est maintenant un homme. N'est-ce pas cela qui compte? Il faut bien croire que non, puisque faire ses devoirs et accepter d'être un homme[3] conduit seulement à être vieux.

L'Arabe dans son coin, toujours accroupi, tient ses pieds entre ses mains. Des terrasses monte une odeur de café grillé avec des bavardages animés de voix jeunes. Un remorqueur donne encore sa note[4] grave et tendre. Le monde s'achève ici comme chaque jour et, de tous ses tourments sans mesure, rien ne demeure maintenant que cette promesse de paix. *L'indifférence de cette mère étrange!* Il n'y a que cette immense solitude du monde qui m'en donne la mesure. Un soir, on avait appelé son fils — déjà grand — auprès d'elle. Une frayeur lui avait valu une sérieuse commotion cérébrale. Elle avait l'habitude de se mettre au balcon à la fin de la journée. Elle prenait une chaise et plaçait sa bouche sur le fer froid et salé du balcon. Elle regardait alors passer les gens. Derrière elle, la nuit s'amassait peu à peu. Devant elle, les magasins s'illuminaient brusquement. La rue se grossissait de monde et de lumières. Elle s'y perdait dans une contemplation sans but. Le soir dont il s'agit, un homme avait surgi derrière elle, l'avait traînée, brutalisée et s'était enfui en entendant du bruit. Elle n'avait rien vu, et s'était évanouie. Elle était couchée quand son fils arriva. Il décida sur l'avis du docteur de passer la nuit auprès d'elle. Il s'allongea sur le lit, à côté d'elle, à même les couvertures. C'était l'été. La peur du drame récent traînait dans la chambre surchauffée. Des pas bruissaient et des portes grinçaient.

Dans l'air lourd, flottait l'odeur du vinaigre dont on avait rafraîchi la malade. Elle, de son côté, s'agitait, geignait, sursautait brusquement parfois. Elle le tirait alors de courtes somnolences d'où il surgissait trempé de sueur, déjà alerté — et où il retombait, pesamment, après un regard à la montre où dansait, trois fois répétée, la flamme de la veilleuse. Ce n'est que plus tard qu'il éprouva combien ils avaient été seuls en cette nuit. Seuls contre tous. Les « autres » dormaient, à l'heure où tous deux respiraient la fièvre. Dans cette vieille maison, tout semblait creux alors. Les tramways de minuit drainaient en s'éloignant toute l'espérance qui nous vient des hommes, toutes les certitudes que nous donne le bruit des villes. La maison résonnait encore de leur passage et par degrés tout s'éteignait. Il ne restait plus qu'un grand jardin de silence où croissaient parfois les gémissements apeurés de la malade. Lui ne s'était jamais senti aussi dépaysé. Le monde s'était dissous et avec lui l'illusion[1] que la vie recommence tous les jours. Rien n'existait plus, études ou ambitions, préférences au restaurant ou couleurs favorites. Rien que la maladie et la mort où il se sentait plongé... Et pourtant, à l'heure même où le monde croulait, lui vivait. Et même il avait fini par s'endormir. Non cependant sans emporter l'image désespérante et tendre d'une solitude à deux. Plus tard, bien plus tard, il devait se souvenir de cette odeur mêlée de sueur et de vinaigre, de ce moment où il avait senti les liens qui l'attachaient à sa mère. Comme si elle était l'immense pitié de son cœur, répandue autour de lui, devenue corporelle et jouant avec application, sans souci de l'imposture, le rôle d'une vieille femme pauvre à l'émouvante destinée.

Maintenant le feu se recouvre de cendre dans le foyer. Et toujours le même soupir de la terre. Une derbouka fait entendre son chant perlé. Une voix rieuse de femme s'y plaque. Des lumières avancent sur la baie — les barques de pêche sans doute qui rentrent dans la darse. Le triangle de ciel que je vois de ma place est dépouillé des nuages du jour. Gorgé d'étoiles, il frémit sous un souffle pur et les ailes feutrées de la nuit battent lentement autour de moi. Jusqu'où ira cette nuit où je ne m'appartiens plus ? Il y a une vertu dangereuse dans le mot simplicité. Et cette nuit, je comprends qu'on puisse vouloir mourir parce que, au regard d'une certaine transparence de la vie, plus rien n'a d'importance. Un homme souffre et subit malheurs sur malheurs. Il les supporte, s'installe dans son destin. On l'estime. Et puis, un soir, rien : il rencontre un ami qu'il a beaucoup aimé. Celui-ci lui parle distraitement. En rentrant, l'homme se tue. On parle ensuite de chagrins intimes et de drame secret[1]. Non. Et s'il faut absolument une cause, il s'est tué parce qu'un ami lui a parlé distraitement. Ainsi, chaque fois qu'il m'a semblé éprouver le sens profond du monde, c'est sa simplicité qui m'a toujours bouleversé. Ma mère, ce soir, et son étrange indifférence. Une autre fois, j'habitais dans une villa de banlieue, seul avec un chien, un couple de chats et leurs petits, tous noirs. La chatte ne pouvait les nourrir. Un à un, tous les petits[2] mouraient. Ils remplissaient leur pièce d'ordures. Et chaque soir, en rentrant, j'en trouvais un tout raidi et les babines retroussées. Un soir, je trouvai le dernier mangé à moitié par sa mère. Il sentait déjà[3]. L'odeur de mort se mélangeait à l'odeur d'urine. Je m'assis alors au milieu de toute cette misère et, les mains dans l'ordure, respirant cette odeur de pourriture, je regardai longtemps la flamme démente qui brillait dans les yeux verts de la chatte, immobile dans un coin. Oui. C'est bien ainsi ce soir. À un certain degré de dénuement, plus rien ne conduit à plus rien, ni l'espoir ni le désespoir ne paraissent fondés, et la vie tout entière se résume dans une image. Mais pourquoi s'arrêter là ? Simple, tout est simple, dans les lumières des phares, une verte, une rouge, une blanche ; dans la fraîcheur de la nuit et les odeurs de ville et de pouillerie qui montent jusqu'à moi. Si ce soir, c'est l'image d'une certaine enfance qui revient vers moi, comment ne pas accueillir la leçon d'amour et de pauvreté que je puis en tirer ? Puisque cette heure est comme un intervalle entre[4] oui et non, je laisse pour d'autres heures l'espoir ou le dégoût de vivre. Oui, recueillir seulement la transparence et la simplicité des paradis perdus : dans une image. Et c'est ainsi qu'il n'y a pas longtemps, dans une maison d'un vieux quartier, un fils est allé voir sa mère. Ils sont assis face à face, en silence. Mais leurs regards se rencontrent :

« Alors, maman.

— Alors, voilà.

— Tu t'ennuies ? Je ne parle pas beaucoup ?

— Oh, tu n'as jamais beaucoup parlé. »
Et un beau sourire sans lèvres se fond sur son visage. C'est vrai, il ne lui a jamais[1] parlé. Mais quel besoin, en vérité ? À se taire, la situation s'éclaircit. Il est son fils, elle est sa mère. Elle peut lui dire : « Tu sais. »

Elle est assise au pied du divan, les pieds joints, les mains jointes sur ses genoux. Lui, sur sa chaise, la regarde à peine et fume sans arrêt. Un silence.

« Tu ne devrais pas tant fumer.
— C'est vrai. »

Toute l'odeur du quartier remonte par la fenêtre. L'accordéon du café voisin, la circulation qui se presse au soir, l'odeur des brochettes de viande grillée qu'on mange entre des petits pains élastiques, un enfant qui pleure dans la rue. La mère se lève et prend un tricot. Elle a des doigts gourds que l'arthritisme a déformés. Elle ne travaille pas vite, reprenant trois fois la même maille ou défaisant toute une rangée avec un sourd crépitement.

« C'est un petit gilet. Je le mettrai avec un col blanc. Ça et mon manteau noir, je serai habillée pour la saison[2]. »

Elle s'est levée pour donner de la lumière.

« Il fait nuit de bonne heure maintenant. »

C'[3]était vrai. Ce n'était plus l'été et pas encore l'automne. Dans le ciel doux, des martinets criaient encore.

« Tu reviendras bientôt ?
— Mais je ne suis pas encore parti. Pourquoi parles-tu de ça ?
— Non, c'était pour dire quelque chose. »

Un tramway passe. Une auto.

« C'est vrai que je ressemble à mon père ?
— Oh, ton père tout craché. Bien sûr, tu ne l'as pas connu. Tu avais six mois quand il est mort. Mais si tu avais une petite moustache ! »

C'est sans conviction qu'il a parlé de son père. Aucun souvenir, aucune émotion. Sans doute, un homme comme tant d'autres. D'ailleurs, il était parti très enthousiaste. À la Marne, le crâne ouvert. Aveugle et agonisant pendant une semaine : inscrit sur le monument aux morts de sa commune.

« Au fond, dit-elle, ça vaut mieux. Il serait revenu aveugle ou fou. Alors, le pauvre...
— C'est vrai. »

Et qu'est-ce donc qui le retient dans cette chambre,

sinon la certitude que ça vaut toujours mieux, le sentiment que toute *l'absurde* simplicité du monde s'est réfugiée dans cette pièce.

« Tu reviendras ? dit-elle. Je sais bien que tu as du travail. Seulement, de temps en temps... »

Mais à cette heure, où suis-je ? Et comment séparer ce café désert de cette chambre du passé. Je ne sais plus si je vis ou si je me souviens. Les lumières des phares sont là. Et l'Arabe qui se dresse devant moi me dit qu'il va fermer. Il faut sortir. Je ne veux plus descendre cette pente si dangereuse. Il est vrai que je regarde une dernière fois la baie et ses lumières, que ce qui monte alors vers moi n'est pas l'espoir de jours meilleurs, mais une indifférence sereine et primitive à tout et à moi-même. Mais il faut briser cette courbe trop molle et trop facile. Et j'ai besoin de ma lucidité. Oui, tout est simple. Ce sont les hommes qui compliquent les choses. Qu'on ne nous raconte pas d'histoires. Qu'on ne nous dise pas du condamné à mort : « Il va payer sa dette à la société », mais : « On va lui couper le cou. » Ça n'a l'air de rien. Mais ça fait une petite différence. Et puis, il y a des gens qui préfèrent regarder leur destin dans les yeux.

LA MORT DANS L'ÂME

J'arrivai à Prague à six heures du soir. Tout de suite, je portai mes bagages à la consigne. J'avais encore deux heures pour chercher un hôtel. Et je me sentais gonflé d'un étrange sentiment de liberté parce que mes deux valises ne pesaient plus à mes bras. Je sortis de la gare, marchai le long de jardins et me trouvai soudain jeté en pleine avenue Wenceslas, bouillonnante de monde à cette heure. Autour de moi, un million d'êtres qui avaient vécu jusque-là et de leur existence rien n'avait transpiré pour moi. Ils vivaient. J'étais à des milliers de kilomètres du pays familier. Je ne comprenais pas leur langage. Tous marchaient vite. Et me dépassant, tous se détachaient de moi. Je perdis pied.

J'avais peu d'argent. De quoi vivre six jours. Mais, au bout de ce temps, on devait me rejoindre. Pourtant, l'inquiétude me vint aussi à ce sujet. Je me mis donc à la recherche d'un hôtel modeste. J'étais dans la ville neuve et tous ceux qui m'apparaissaient éclataient de lumières, de rires et de femmes[1]. J'allai plus vite. Quelque chose dans ma course précipitée ressemblait déjà à une fuite. Vers huit heures pourtant, fatigué, j'arrivai dans la vieille ville. Là, un hôtel d'apparence modeste, à petite entrée, me séduisit. J'entre. Je fais ma fiche, prends ma clef. J'ai la chambre n° 34, au troisième étage. J'ouvre la porte et me trouve dans une pièce très luxueuse. Je cherche l'indication d'un prix : il est deux fois plus élevé que je ne pensais. La question d'argent devient épineuse. Je ne peux plus vivre que pauvrement dans cette grande ville[2]. L'inquiétude, encore indifférenciée tout à l'heure, se précise. Je suis mal à l'aise. Je me sens creux et vide. Un moment de lucidité pourtant : on m'a toujours attribué, à tort ou à raison, la plus grande indifférence à l'égard des questions d'argent. Que vient faire ici cette stupide[3] appréhension ? Mais, déjà, l'esprit marche. Il faut manger, marcher à nouveau et chercher le restaurant modeste. Je ne dois pas dépenser plus de dix couronnes à chacun de mes repas[1]. De tous les restaurants que je vois, le moins cher est aussi le moins accueillant. Je passe et repasse. À l'intérieur, on finit par prendre garde à mon manège : il faut entrer. C'est un caveau assez sombre, peint de fresques prétentieuses. Le public est assez mêlé. Quelques filles, dans un coin, fument et parlent avec gravité. Des hommes mangent, la plupart sans âge et sans couleur. Le garçon, un colosse au smoking graisseux, avance vers moi une énorme tête sans expression. Vite, au hasard, j'indique sur le menu, incompréhensible pour moi, un plat. Mais il paraît que ça vaut une explication. Et le garçon m'interroge en tchèque. Je réponds avec le peu d'allemand que je sais. Il ignore l'allemand. Je m'énerve. Lui appelle une des filles qui s'avance avec une pose classique, main gauche sur la hanche, cigarette dans la droite et sourire mouillé. Elle s'assied à ma table et m'interroge dans un allemand que je juge aussi mauvais que le mien. Tout s'explique. Le garçon voulait me vanter le plat du jour. Beau joueur, j'accepte le plat du jour. La fille me parle, mais je ne comprends plus. Naturellement, je dis oui de mon air le plus pénétré. Mais je ne suis pas ici. Tout m'exaspère, je vacille, je n'ai pas faim. Et toujours cette pointe douloureuse en moi et le ventre serré. J'offre un demi parce que je sais mes usages. Le plat du jour arrivé, je mange : un mélange de semoule et de viande, rendu[2] écœurant par une quantité invraisemblable de cumin. Mais je pense à autre chose, à rien plutôt, fixant la bouche grasse et rieuse de la femme qui me fait face. Croit-elle à une invite ? Elle est déjà près de moi, se fait collante. Un geste[3] machinal de moi la retient. (Elle était laide. J'ai souvent pensé que si cette fille avait été belle, j'eusse échappé à tout ce qui suivit[4].) J'avais peur d'être malade, là, au milieu de ces gens prêts à rire. Plus encore d'être seul dans ma chambre d'hôtel, sans argent et sans ardeur, réduit à moi-même et à mes misérables pensées. Je me demande, encore aujourd'hui, avec gêne, comment l'être hagard et lâche que j'étais alors a pu sortir de moi[5]. Je partis. Je marchai dans la vieille ville, mais incapable de rester plus longtemps en face de moi-même, je courus jusqu'à mon hôtel, me couchai, attendis le sommeil qui vint presque aussitôt.

Tout pays où je ne m'ennuie pas est un pays qui ne m'apprend rien. C'est avec de telles phrases que j'essayais de me remonter. Mais vais-je décrire les jours qui suivirent ? Je retournai à mon restaurant. Matin et soir, je subis l'affreuse nourriture au cumin qui me soulevait le cœur. Par là, je promenai toute la journée une perpétuelle envie de vomir. Mais je n'y cédai pas, sachant qu'il fallait s'alimenter. D'ailleurs, qu'était cela au prix de ce qu'il eût fallu subir à essayer un nouveau restaurant ? Là du moins, j'étais « reconnu ». On me souriait si on ne m'y parlait pas. D'autre part, l'angoisse gagnait du terrain[1]. Je considérais trop cette pointe aiguë dans mon cerveau. Je décidai d'organiser mes journées, d'y répandre des points d'appui. Je restais au lit le plus tard possible et mes journées se trouvaient diminuées d'autant. Je faisais ma toilette et j'explorais méthodiquement la ville. Je me perdais dans les somptueuses églises baroques, essayant d'y retrouver une patrie, mais sortant plus vide et plus désespéré de ce tête-à-tête décevant avec moi-même. J'errais le long de la Vltava coupée de barrages bouillonnants. Je passais des heures démesurées dans l'immense quartier du Hradschin, désert et silencieux. À l'ombre de sa cathédrale et de ses palais, à l'heure où le soleil déclinait, mon pas solitaire faisait résonner les rues. Et m'en apercevant, la panique me reprenait. Je dînais tôt et me couchais à huit heures et demie. Le soleil m'arrachait à moi-même. Églises, palais et musées, je tentais d'adoucir mon angoisse dans toutes les œuvres d'art. Truc classique : je voulais résoudre ma révolte en mélancolie. Mais en vain. Aussitôt sorti[2], j'étais un étranger. Une fois pourtant, dans un cloître baroque, à l'extrémité de la ville, la douceur de l'heure, les cloches qui tintaient lentement, des grappes de pigeons se détachant de la vieille tour, quelque chose aussi comme un parfum d'herbes et de néant fit naître en moi un silence tout peuplé de larmes qui me mit à deux doigts de la délivrance. Et rentré le soir, j'écrivis d'un trait ce qui suit et que je transcris[3] avec fidélité, parce que je retrouve dans son emphase même la complexité de ce qu'alors je ressentais : « Et quel autre profit vouloir tirer du voyage ? Me voici sans parure. Ville dont je ne sais pas lire les enseignes, caractères étranges où rien de familier ne s'accroche, sans amis à qui parler, sans divertissement enfin. De cette chambre où arrivent les bruits d'une ville étrangère, je sais bien que rien ne peut me tirer pour m'amener vers la lumière plus délicate d'un foyer ou d'un lieu aimé. Vais-je appeler, crier ? Ce sont des visages étrangers qui paraîtront. Églises, or et encens, tout me rejette dans une vie quotidienne où mon angoisse donne son prix à chaque chose. Et voici que le rideau des habitudes, le tissage confortable des gestes et des paroles où le cœur s'assoupit, se relève lentement et dévoile enfin la face blême de l'inquiétude. L'homme est face à face avec lui-même : je le défie d'être heureux... Et c'est pourtant par là que le voyage[1] l'illumine. Un grand désaccord se fait entre lui et les choses. Dans ce cœur moins solide, la musique du monde entre plus aisément. Dans ce grand dénuement enfin, le moindre arbre isolé devient la plus tendre et la plus fragile des images. Œuvres d'art et sourires de femmes, races d'hommes plantées dans leur terre et monuments où les siècles se résument, c'est un émouvant et sensible paysage que le voyage compose. Et puis, au bout du jour, cette chambre d'hôtel où quelque chose à nouveau se creuse en moi comme une faim de l'âme[2]. » Mais ai-je besoin d'avouer que, tout cela, c'étaient des histoires pour m'endormir. Et je puis bien le dire maintenant, ce qui me reste de Prague, c'est cette odeur de concombres trempés dans le vinaigre, qu'on vend à tous les coins de rues pour manger sur le pouce, et dont le parfum aigre et piquant réveillait mon angoisse et l'étoffait dès que j'avais dépassé le seuil de mon hôtel. Cela et peut-être aussi certain air d'accordéon. Sous mes fenêtres, un aveugle manchot, assis sur son instrument, le maintenait d'une fesse et le maniait de sa main valide. C'était toujours le même air puéril et tendre qui me réveillait le matin pour me placer brusquement dans la réalité sans décor où je me débattais.

Je me souviens encore que sur les bords de la Vltava, je m'arrêtais soudain et, saisi par cette odeur ou cette mélodie, projeté tout au bout de moi-même, je me disais tout bas : « Qu'est-ce que ça signifie ? Qu'est-ce que ça signifie ? » Mais, sans doute, je n'étais pas encore arrivé aux confins. Le quatrième jour, au matin, vers dix heures, je me préparais à sortir. Je voulais voir certain cimetière juif que je n'avais pas pu trouver le jour précédent. On frappa à la porte d'une chambre voisine. Après un moment de silence, on frappa de nouveau. Longuement, cette fois, mais en vain apparemment. Un pas lourd descendit les étages. Sans y prêter attention, l'esprit creux, je perdis quelque temps à lire le mode d'emploi d'une pâte à raser dont j'usais d'ailleurs depuis un mois. La journée était lourde. Du ciel couvert, une lumière cuivrée descendait sur les flèches et les dômes de la vieille Prague. Les crieurs de journaux annonçaient comme tous les matins la *Narodni Politika*. Je m'arrachai avec peine à la torpeur qui me gagnait. Mais au moment de sortir, je croisai le garçon d'étage, armé de clefs. Je m'arrêtai. Il frappa de nouveau, longuement. Il tenta d'ouvrir. Rien n'y fit. Le verrou intérieur devait être poussé. Nouveaux coups. La chambre sonnait creux, et de façon si lugubre qu'oppressé, je partis sans vouloir rien demander. Mais dans les rues de Prague, j'étais poursuivi par un douloureux pressentiment. Comment oublierai-je la figure niaise du garçon d'étage, ses souliers vernis recourbés de façon bizarre, et le bouton qui manquait à sa veste ? Je déjeunai enfin, mais avec un dégoût croissant. Vers deux heures, je retournai à l'hôtel.

Dans le hall, le personnel chuchotait. Je montai rapidement les étages pour me trouver plus vite en face de ce que j'attendais. C'était bien cela. La porte de la chambre était à demi ouverte, de sorte que l'on voyait seulement un grand mur peint en bleu. Mais la lumière sourde dont j'ai parlé plus haut projetait sur cet écran l'ombre d'un mort étendu sur le lit et celle d'un policier montant la garde devant le corps. Les deux ombres se coupaient à angle droit. Cette lumière me bouleversa. Elle était authentique, une vraie lumière de vie, d'après-midi de vie, une lumière qui fait qu'on s'aperçoit qu'on vit. Lui était mort. Seul dans sa chambre. Je savais[1] que ce n'était pas un suicide. Je rentrai précipitamment dans ma chambre et me jetai sur mon lit. Un homme comme beaucoup d'autres, petit et gros si j'en croyais l'ombre. Il y avait longtemps qu'il était mort sans doute. Et la vie avait continué dans l'hôtel, jusqu'à ce que le garçon ait eu l'idée de l'appeler. Il était arrivé là sans se douter de rien et il était mort seul. Moi, pendant ce temps, je lisais la réclame de ma pâte à raser. Je passai l'après-midi entier dans un état que j'aurais peine à décrire.

J'étais étendu, la tête vide et le cœur étrangement serré. Je faisais mes ongles. Je comptais les rainures du parquet. « Si je peux compter jusqu'à mille[1]... » À cinquante ou soixante, c'était la débâcle. Je ne pouvais aller plus loin. Je n'entendais rien des bruits du dehors. Une fois cependant, dans le couloir, une voix étouffée, une voix de femme qui disait en allemand : « Il était si bon. » Alors je pensai désespérément à ma ville, au bord de la Méditerranée, aux soirs d'été que j'aime tant, très doux dans la lumière verte et pleins de femmes jeunes et belles. Depuis des jours, je n'avais pas prononcé une seule parole et mon cœur éclatait de cris et de révoltes contenus. J'aurais pleuré comme un enfant si quelqu'un m'avait ouvert ses bras. Vers la fin de l'après-midi, brisé de fatigue, je fixais éperdument le loquet de ma porte, la tête creuse et ressassant un air populaire d'accordéon[2]. À ce moment, je ne pouvais aller plus loin. Plus de pays, plus de ville, plus de chambre et plus de nom, folie ou conquête, humiliation ou inspiration, allais-je savoir ou me consumer ? On frappa à la porte et mes amis entrèrent. J'étais sauvé même si j'étais frustré. Je crois bien que j'ai dit : « Je suis content de vous revoir. » Mais je suis sûr que là se sont arrêtés mes aveux et que je suis resté à leurs yeux l'homme qu'ils avaient quitté.

Je quittai Prague peu après. Et certes, je me suis intéressé à ce que je vis ensuite. Je pourrais noter telle heure dans le petit cimetière gothique de Bautzen, le rouge éclatant de ses géraniums, et le matin bleu. Je pourrais parler des longues plaines de Silésie, impitoyables et ingrates. Je les ai traversées au petit jour. Un vol pesant d'oiseaux passait dans le matin brumeux et gras, au-dessus des terres gluantes. J'aimai aussi la Moravie tendre et grave, ses lointains purs, ses chemins bordés de pruniers aux fruits aigres. Mais je gardais au fond de moi l'étourdissement de ceux qui ont trop regardé dans une crevasse sans fond. J'arrivai à Vienne, en repartis au bout d'une semaine, et j'étais toujours prisonnier de moi-même.

Pourtant, dans le train qui me menait de Vienne à Venise, j'attendais quelque chose. J'étais comme un convalescent qu'on a nourri de bouillons et qui pense à ce que sera la première croûte de pain qu'il mangera.

Une lumière naissait. Je le sais maintenant : j'étais prêt pour le bonheur. Je parlerai seulement des six jours que je vécus sur une colline près de Vicence. J'y suis encore, ou plutôt, je m'y retrouve parfois, et souvent tout m'est rendu dans un parfum de romarin.

J'entre en Italie. Terre faite à mon âme, je reconnais un à un les signes de son approche. Ce sont les premières maisons aux tuiles écailleuses, les premières vignes plaquées contre un mur que le sulfatage a bleui. Ce sont les premiers linges tendus dans les cours, le désordre des choses, le débraillé des hommes. Et le premier cyprès (si grêle et pourtant si droit), le premier olivier, le figuier poussiéreux. Places pleines d'ombres des petites villes italiennes, heures de midi où les pigeons cherchent un abri, lenteur et paresse, l'âme y use ses révoltes. La passion chemine par degrés vers les larmes. Et puis, voici Vicence. Ici, les journées tournent sur elles-mêmes, depuis l'éveil du jour gonflé du cri des poules jusqu'à ce soir sans égal, doucereux et tendre, soyeux derrière les cyprès et mesuré longuement par le chant des cigales. Ce silence intérieur qui m'accompagne, il naît de la course lente qui mène la journée à cette autre journée. Qu'ai-je à souhaiter d'autre que cette chambre ouverte sur la plaine, avec ses meubles antiques et ses dentelles au crochet. J'ai tout le ciel sur la face et ce tournoiement des journées, il me semble que je pourrais le suivre sans cesse, immobile, tournoyant avec elles[1]. Je respire[2] le seul bonheur dont je sois capable — une conscience attentive et amicale. Je me promène tout le jour : de la colline, je descends vers Vicence ou bien je vais plus avant dans la campagne. Chaque être rencontré, chaque odeur de cette rue, tout m'est prétexte pour aimer sans mesure. Des jeunes femmes qui surveillent une colonie de vacances, la trompette des marchands de glaces (leur voiture, c'est une gondole montée sur roues et munie de brancards), les étalages de fruits, pastèques rouges aux graines noires, raisins translucides et gluants — autant d'appuis pour qui ne sait plus être seul*. Mais la flûte aigre et tendre des cigales, le parfum d'eaux et d'étoiles qu'on rencontre dans les nuits de septembre, les chemins odorants parmi les lentisques et les roseaux,

---

* C'est-à-dire tout le monde.

autant de signes d'amour pour qui est forcé d'être seul*. Ainsi, les journées passent. Après l'éblouissement des heures pleines de soleil, le soir vient, dans le décor splendide que lui font l'or du couchant et le noir des cyprès. Je marche alors sur la route, vers les cigales qui s'entendent de si loin. À mesure que j'avance, une à une, elles mettent leur chant en veilleuse, puis se taisent. J'avance d'un pas lent, oppressé par tant d'ardente beauté. Une à une, derrière moi, les cigales enflent leur voix puis chantent : un mystère dans ce ciel d'où tombent l'indifférence et la beauté. Et, dans la dernière lumière, je lis au fronton d'une villa : « In magnificentia naturæ, resurgit spiritus. » C'est là qu'il faut s'arrêter. La première étoile déjà, puis trois lumières sur la colline d'en face, la nuit soudain tombée sans rien qui l'ait annoncée, un murmure et une brise dans les buissons derrière moi, la journée s'est enfuie, me laissant sa douceur.

Bien sûr, je n'avais pas changé. Je n'étais seulement plus seul. À Prague, j'étouffais entre des murs. Ici, j'étais devant le monde, et projeté autour de moi, je peuplais l'univers de formes semblables à moi. Car je n'ai pas encore parlé du soleil. De même que j'ai mis longtemps à comprendre mon attachement et mon amour pour le monde de pauvreté où s'est passée mon enfance, c'est maintenant seulement que j'entrevois la leçon du soleil et des pays qui m'ont vu naître. Un peu avant midi, je sortais et me dirigeais vers un point que je connaissais et qui dominait l'immense plaine de Vicence. Le soleil était presque au zénith, le ciel d'un bleu intense et aéré. Toute la lumière qui en tombait dévalait la pente des collines, habillait les cyprès et les oliviers, les maisons blanches et les toits rouges, de la plus chaleureuse des robes, puis allait se perdre[1] dans la plaine qui fumait au soleil. Et chaque fois, c'était le même dénuement. En moi, l'ombre horizontale du petit homme gros et court. Et dans ces plaines tourbillonnantes au soleil et dans la poussière, dans ces collines rasées et toutes croûteuses d'herbes brûlées, ce que je touchais du doigt, c'était une forme dépouillée et sans attraits de ce goût du néant que je portais en moi. Ce pays me ramenait au cœur de moi-même et me mettait en face de mon angoisse

---

* Voir note de la page précédente.

secrète. Mais c'était l'angoisse de Prague et ce n'était pas elle. Comment l'expliquer ? Certes, devant cette plaine italienne, peuplée d'arbres, de soleil et de sourires, j'ai saisi mieux qu'ailleurs l'odeur de mort et d'inhumanité qui me poursuivait depuis un mois. Oui, cette plénitude sans larmes, cette paix sans joie qui m'emplissait, tout cela n'était fait que d'une conscience très nette de ce qui ne me revenait pas : d'un renoncement et d'un désintérêt. Comme celui qui va mourir et qui le sait ne s'intéresse pas au sort de sa femme, sauf dans les romans. Il réalise la vocation de l'homme qui est d'être égoïste, c'est-à-dire désespéré. Pour moi, aucune promesse d'immortalité dans ce pays. Que me faisait de revivre en mon âme, et sans yeux pour voir Vicence, sans mains pour toucher les raisins de Vicence, sans peau pour sentir la caresse de la nuit sur la route du Monte Berico à la villa Valmarana ?

Oui, tout ceci était vrai. Mais, en même temps, entrait en moi avec le soleil quelque chose que je saurais mal dire. À cette extrême pointe de l'extrême conscience, tout se rejoignait et ma vie m'apparaissait comme un bloc à rejeter ou à recevoir. J'avais besoin d'une grandeur. Je la trouvais dans la confrontation de mon désespoir profond et de l'indifférence secrète d'un des plus beaux paysages du monde. J'y puisais la force d'être courageux et conscient à la fois. C'était assez pour moi d'une chose si difficile et si paradoxale. Mais, peut-être, ai-je déjà forcé quelque chose de ce qu'alors je ressentais si justement. Au reste, je reviens souvent à Prague et aux jours mortels que j'y vécus. J'ai retrouvé ma ville. Parfois, seulement, une odeur aigre de concombre et de vinaigre vient réveiller mon inquiétude. Il faut alors que je pense à Vicence. Mais les deux me sont chères et je sépare mal mon amour de la lumière et de la vie d'avec mon secret attachement pour l'expérience désespérée que j'ai voulu décrire. On l'a compris déjà, et moi, je ne veux pas me résoudre à choisir. Dans la banlieue d'Alger, il y a un petit cimetière aux portes de fer noir. Si l'on va jusqu'au bout, c'est la vallée que l'on découvre avec la baie au fond. On peut longtemps rêver devant cette offrande qui soupire avec la mer. Mais quand on revient sur ses pas, on trouve une plaque « Regrets éternels », dans une tombe abandonnée. Heureusement, il y a les idéalistes pour arranger les choses.

AMOUR DE VIVRE

La nuit à Palma, la vie reflue lentement vers le quartier des cafés chantants, derrière le marché[1] : des rues noires et silencieuses jusqu'au moment où l'on arrive devant des portes persiennes où filtrent la lumière et la musique. J'ai passé près d'une nuit dans l'un de ces cafés. C'était une petite salle très basse, rectangulaire, peinte en vert, décorée de guirlandes roses. Le plafond boisé était couvert de minuscules ampoules rouges. Dans ce petit espace s'étaient miraculeusement casés un orchestre[2], un bar aux bouteilles multicolores et le public, serré à mourir, épaules contre épaules. Des hommes seulement. Au centre, deux mètres carrés d'espace libre. Des verres et des bouteilles en fusaient, envoyés par le garçon aux quatre coins de la salle. Pas un être ici n'était conscient. Tous hurlaient. Une sorte d'officier de marine m'éructait dans la figure des politesses chargées d'alcool. À ma table, un nain sans âge me racontait sa vie. Mais j'étais trop tendu pour l'écouter. L'orchestre jouait sans arrêt des mélodies dont on ne saisissait que le rythme parce que tous les pieds en donnaient la mesure. Parfois la porte s'ouvrait. Au milieu des hurlements, on encastrait un nouvel arrivant entre deux chaises*.

Un coup de cymbale soudain et une femme sauta brusquement dans le cercle exigu, au milieu du cabaret. « Vingt et un ans », me dit l'officier. Je fus stupéfait. Un visage de jeune fille, mais sculpté dans une montagne de chair. Cette femme pouvait avoir un mètre quatre-vingts. Énorme, elle devait peser trois cents livres. Les mains sur les hanches, vêtue d'un filet jaune dont les mailles faisaient gonfler un damier de chair blanche, elle souriait ; et chacun des coins de sa bouche renvoyait

---

* Il y a une certaine aisance dans la joie qui définit la vraie civilisation[3]. Et le peuple espagnol est un des rares en Europe qui soit civilisé.

vers l'oreille une série de petites ondulations de chair.
Dans la salle, l'excitation n'avait plus de bornes. On
sentait que cette fille était connue, aimée, attendue.
Elle souriait toujours. Elle promena son regard autour
du public et, toujours silencieuse et souriante, fit onduler
son ventre en avant. La salle hurla, puis réclama une
chanson qui paraissait connue. C'était un chant andalou,
nasillard et rythmé sourdement par la batterie, toutes
les trois mesures. Elle chantait et, à chaque coup, mimait
l'amour de tout son corps. Dans ce mouvement monotone
et passionné, de vraies vagues de chair naissaient[1] sur ses
hanches et venaient mourir sur ses épaules. La salle[2]
était comme écrasée. Mais, au refrain, la fille, tournant
sur elle-même, tenant ses seins à pleines mains, ouvrant
sa bouche rouge et mouillée, reprit la mélodie en chœur
avec la salle, jusqu'à ce que tout le monde soit levé dans
le tumulte.

Elle, campée au centre, gluante de sueur, dépeignée,
dressait sa taille massive, gonflée dans son filet jaune.
Comme une déesse immonde sortant de l'eau, le front
bête et bas, les yeux creux, elle vivait seulement par un
petit tressaillement du genou comme en ont les chevaux
après la course. Au milieu de la joie trépignante qui
l'entourait, elle était comme l'image ignoble et exaltante
de la vie, avec le désespoir de ses yeux vides et la sueur
épaisse de son ventre...

Sans les cafés et les journaux, il serait difficile de
voyager. Une feuille imprimée dans notre langue, un
lieu où le soir nous tentons de coudoyer des hommes,
nous permet de mimer dans un geste familier l'homme
que nous étions chez nous, et qui, à distance, nous
paraît si étranger. Car ce qui fait le prix du voyage, c'est
la peur. Il brise en nous une sorte de décor intérieur.
Il n'est plus possible de tricher — de se masquer derrière
des heures de bureau et de chantier (ces heures contre
lesquelles nous protestons si fort et qui nous défendent
si sûrement contre la souffrance d'être seul). C'est ainsi
que j'ai toujours envie d'écrire des romans où mes héros
diraient : « Qu'est-ce que je deviendrais sans mes heures
de bureau ? » ou encore : « Ma femme est morte, mais
par bonheur, j'ai un gros paquet d'expéditions à rédiger
pour demain. » Le voyage nous ôte ce refuge. Loin des
nôtres, de notre langue, arrachés à tous nos appuis,

privés de nos masques (on ne connaît pas le tarif des tramways et tout est comme ça), nous sommes tout entiers à la surface de nous-mêmes. Mais aussi, à nous sentir l'âme malade, nous rendons à chaque être, à chaque objet, sa valeur de miracle. Une femme qui danse sans penser, une bouteille sur une table, aperçue derrière un rideau : chaque image devient un symbole. La vie nous semble s'y refléter tout entière, dans la mesure où notre vie à ce moment s'y résume. Sensible à tous les[1] dons, comment dire les ivresses contradictoires que nous pouvons goûter (jusqu'à celle de la lucidité). Et jamais peut-être un pays, sinon la Méditerranée, ne m'a porté à la fois si loin et si près de moi-même.

Sans doute c'est de là que venait mon émotion du café de Palma. Mais à midi, au contraire, dans le quartier désert de la cathédrale, parmi les vieux palais aux cours fraîches, dans les rues aux odeurs d'ombre, c'est l'idée d'une certaine « lenteur » qui me frappait. Personne dans ces rues. Aux miradors, de vieilles femmes figées. Et marchant le long des maisons, m'arrêtant dans les cours pleines de plantes vertes et de piliers ronds et gris, je me fondais dans cette odeur de silence, je perdais mes limites, n'étais plus que le son de mes pas, ou ce vol d'oiseaux dont j'apercevais l'ombre sur le haut des murs encore ensoleillé. Je passais aussi de longues heures dans le petit cloître gothique de San Francisco. Sa fine et précieuse colonnade luisait de ce beau jaune doré qu'ont les vieux monuments en Espagne. Dans la cour, des lauriers-roses, de faux poivriers, un puits de fer forgé d'où pendait une longue cuiller de[2] métal rouillé. Les passants y buvaient. Parfois, je me souviens encore du bruit clair qu'elle faisait en retombant sur la pierre du puits. Pourtant, ce n'était pas la douceur de vivre que ce cloître m'enseignait. Dans les battements secs de ses vols de pigeons[3], le silence soudain blotti au milieu du jardin, dans le grincement isolé de sa chaîne de puits, je retrouvais une saveur nouvelle et pourtant familière. J'étais lucide et souriant devant ce jeu unique des apparences. Ce cristal où souriait le visage du monde, il me semblait qu'un[4] geste l'eût fêlé. Quelque chose allait se défaire, le vol des pigeons mourir et chacun d'eux tomber lentement sur ses ailes déployées. Seuls, mon silence et mon immobilité[5] rendaient plausible ce qui ressemblait si fort à une illusion. J'entrais dans le jeu. Sans être dupe, je me prêtais aux apparences. Un beau soleil doré chauffait doucement les pierres jaunes du cloître. Une femme puisait de l'eau au puits. Dans une heure, une minute, une seconde, maintenant peut-être, tout pouvait crouler. Et pourtant le miracle se poursuivait[1]. Le monde durait, pudique, ironique et discret (comme certaines formes douces et retenues de l'amitié des femmes). Un équilibre se poursuivait, coloré pourtant par toute l'appréhension de sa propre fin.

Là était tout mon amour de vivre : une passion silencieuse pour ce qui allait peut-être m'échapper, une amertume sous une flamme. Chaque jour, je quittais ce cloître comme enlevé à moi-même, inscrit pour un court instant dans la durée du monde. Et je sais bien pourquoi je pensais alors aux yeux sans regard des Apollons doriques ou aux personnages brûlants et figés de Giotto*. C'est qu'à ce moment, je comprenais vraiment ce que pouvaient m'apporter de semblables pays. J'admire[2] qu'on puisse trouver au bord de la Méditerranée des certitudes et des règles de vie, qu'on y satisfasse sa raison et qu'on y justifie un optimisme et un sens social. Car enfin, ce qui me frappait alors ce n'était pas un monde fait à la mesure de l'homme — mais qui se refermait sur l'homme. Non, si le langage de ces pays s'accordait à ce qui résonnait profondément en moi, ce n'est pas parce qu'il répondait à mes questions, mais parce qu'il les rendait inutiles. Ce n'était pas des actions de grâces qui pouvaient me monter aux lèvres, mais ce Nada qui n'a pu naître que devant des paysages écrasés de soleil[3]. Il n'y a pas d'amour de vivre sans désespoir de vivre.

À Ibiza, j'allais tous les jours m'asseoir dans les cafés qui jalonnent le port. Vers cinq heures, les jeunes gens du pays se promènent sur deux rangs tout le long de la jetée. Là se font les mariages et la vie tout entière. On ne peut s'empêcher de penser qu'il y a une certaine grandeur à commencer ainsi sa vie devant le monde. Je m'asseyais, encore tout chancelant du soleil de la journée, plein

---

* C'est avec l'apparition du sourire et du regard que commencent la décadence de la sculpture grecque et la dispersion de l'art italien. Comme si la beauté cessait où commençait l'esprit.

d'églises blanches et de murs crayeux, de campagnes sèches et d'oliviers hirsutes. Je buvais un orgeat douceâtre. Je regardais la courbe des collines qui me faisaient face. Elles descendaient doucement vers la mer. Le soir devenait vert. Sur la plus grande des collines, la dernière brise faisait tourner les ailes d'un moulin. Et, par un miracle naturel, tout le monde baissait la voix. De sorte qu'il n'y avait plus que le ciel et des mots chantants qui montaient vers lui, mais qu'on percevait comme s'ils venaient de très loin. Dans ce court instant de crépuscule, régnait quelque chose de fugace et de mélancolique qui n'était pas sensible à un homme seulement, mais à un peuple tout entier. Pour moi, j'avais envie d'aimer comme on a envie de pleurer. Il me semblait que chaque heure de mon sommeil serait désormais volée à la vie[1]... c'est-à-dire au temps du désir sans objet. Comme dans ces heures vibrantes du cabaret de Palma et du cloître de San Francisco, j'étais immobile et tendu, sans forces contre cet immense élan qui voulait mettre le monde entre mes mains.

Je sais bien que j'ai tort, qu'il y a des limites à se donner. À cette condition, l'on crée. Mais il n'y a pas de limites pour aimer et que m'importe de mal étreindre si je peux tout embrasser. Il y a des femmes à Gênes dont j'ai aimé le sourire tout un matin. Je ne les reverrai plus et, sans doute, rien n'est plus simple. Mais les mots ne couvriront pas la flamme de mon regret. Petit puits du cloître de San Francisco, j'y regardais passer des vols de pigeons et j'en oubliais ma soif. Mais un moment venait toujours où ma soif renaissait.

L'ENVERS ET L'ENDROIT

C'ÉTAIT une femme originale[1] et solitaire. Elle entretenait un commerce étroit avec les esprits, épousait leurs querelles et refusait de voir certaines personnes de sa famille mal considérées dans le monde où elle se réfugiait.

Un petit héritage lui échut qui venait de sa sœur. Ces cinq mille francs, arrivés à la fin d'une vie, se révélèrent assez encombrants. Il fallait les placer. Si presque tous les hommes sont capables de se servir d'une grosse fortune, la difficulté commence quand la somme est petite. Cette femme resta fidèle à elle-même. Près de la mort, elle voulut abriter ses vieux os[2]. Une véritable occasion s'offrait à elle. Au cimetière de sa ville, une concession venait d'expirer et, sur ce terrain, les propriétaires avaient érigé un somptueux caveau, sobre de lignes, en marbre noir, un vrai trésor à tout dire, qu'on lui laissait pour la somme de quatre mille francs. Elle acheta ce caveau. C'était là une valeur sûre, à l'abri des fluctuations boursières et des événements politiques. Elle fit aménager la fosse intérieure, la tint prête à recevoir son propre corps. Et, tout achevé, elle fit graver son nom en capitales d'or.

Cette affaire la contenta si profondément qu'elle fut prise d'un véritable amour pour son tombeau. Elle venait voir au début les progrès des travaux. Elle finit par se rendre visite tous les dimanches après-midi. Ce fut son unique sortie et sa seule distraction. Vers deux heures de l'après-midi, elle faisait le long trajet qui l'amenait aux portes de la ville[3] où se trouvait le cimetière. Elle entrait dans le petit caveau, refermait soigneusement la porte, et s'agenouillait sur le prie-Dieu. C'est ainsi que, mise en présence d'elle-même, confrontant ce qu'elle était et ce qu'elle devait être, retrouvant l'anneau d'une chaîne toujours rompue, elle perça sans effort les desseins secrets de la Providence. Par un singulier symbole, elle comprit même un jour qu'elle était morte aux yeux du monde. À la Toussaint, arrivée plus tard que d'habitude, elle trouva le pas de la porte pieusement jonché de violettes. Par une délicate attention, des inconnus compatissants, devant cette tombe laissée sans fleurs, avaient partagé les leurs et honoré la mémoire de ce mort abandonné à lui-même[1].

Et voici que je reviens sur ces choses. Ce jardin de l'autre côté de la fenêtre, je n'en vois que les murs. Et ces quelques feuillages où coule la lumière. Plus haut, c'est encore les feuillages. Plus haut, c'est le soleil. Mais de toute cette jubilation de l'air que l'on sent au-dehors, de toute cette joie épandue sur le monde, je ne perçois que des ombres de ramures qui jouent sur[2] mes rideaux blancs. Cinq rayons de soleil aussi qui déversent patiemment dans la pièce un parfum d'herbes séchées. Une brise, et les ombres s'animent sur le rideau. Qu'un nuage couvre puis découvre le soleil, et de l'ombre émerge le jaune éclatant de ce vase de mimosas. Il suffit[3] : une seule lueur naissante, me voilà rempli d'une joie confuse et étourdissante. C'est un après-midi de janvier qui me met ainsi en face de l'envers du monde. Mais le froid reste au fond de l'air. Partout une pellicule de soleil qui craquerait sous l'ongle, mais qui revêt toutes choses d'un éternel sourire. Qui suis-je et que puis-je faire, sinon entrer dans le jeu des feuillages et de la lumière ? Être ce rayon où ma cigarette se consume, cette douceur et cette passion discrète qui respire dans l'air. Si j'essaie de m'atteindre, c'est tout au fond de cette lumière. Et si je tente de comprendre et de savourer cette délicate saveur qui livre le secret du monde, c'est moi-même que je trouve au fond de l'univers. Moi-même, c'est-à-dire cette extrême émotion qui me délivre du décor.

Tout à l'heure, d'autres choses, les hommes et les tombes qu'ils achètent. Mais laissez-moi découper cette minute dans l'étoffe du temps. D'autres laissent une fleur entre des pages, y enferment une promenade où l'amour les a effleurés. Moi aussi, je me promène, mais c'est un dieu qui me caresse. La vie est courte et c'est péché de perdre son temps. Je suis actif, dit-on. Mais être actif, c'est encore perdre son temps, dans la mesure où l'on se perd. Aujourd'hui est une halte et mon cœur s'en va à la rencontre de lui-même. Si une angoisse encore m'étreint, c'est de sentir cet impalpable instant glisser entre mes doigts comme les perles du mercure. Laissez donc ceux qui veulent tourner le dos au monde. Je ne me plains pas puisque je me regarde naître. À cette heure, tout mon royaume est de ce monde. Ce soleil et ces ombres, cette chaleur et ce froid qui vient du fond de l'air : vais-je me demander si quelque chose meurt et si les hommes souffrent puisque tout est écrit dans cette fenêtre où le ciel déverse sa plénitude à la rencontre de ma pitié. Je peux dire et je dirai tout à l'heure que ce qui compte c'est d'être humain te simple. Non, ce qui compte, c'est d'être vrai et alors tout s'y inscrit, l'humanité et la simplicité. Et quand donc suis-je plus vrai que lorsque je suis le monde ? Je suis comblé avant d'avoir désiré. L'éternité est là et moi je l'espérais. Ce n'est plus d'être heureux que je souhaite maintenant, mais seulement d'être conscient.

Un homme contemple et l'autre creuse son tombeau : comment les séparer ? Les hommes et leur absurdité ? Mais voici le sourire du ciel. La lumière se gonfle et c'est bientôt l'été ? Mais voici les yeux et la voix de ceux qu'il faut aimer. Je tiens au monde par tous mes gestes, aux hommes par toute ma pitié et ma reconnaissance[1]. Entre cet endroit et cet envers du monde, je ne veux pas choisir, je n'aime pas qu'on choisisse. Les gens ne veulent pas qu'on soit lucide et ironique. Ils disent : « Ça montre que vous n'êtes pas bon. » Je ne vois pas le rapport. Certes, si j'entends dire à l'un qu'il est immoraliste, je traduis qu'il a besoin de se donner une morale ; à l'autre qu'il méprise l'intelligence, je comprends qu'il ne peut pas supporter ses doutes. Mais parce que je n'aime pas qu'on triche. Le grand courage, c'est encore de tenir les yeux ouverts sur la lumière comme sur la mort. Au reste, comment dire le lien qui mène de cet amour dévorant de la vie à ce désespoir secret. Si j'écoute l'ironie*, tapie au fond des choses, elle se découvre lentement. Clignant son œil petit et clair : « Vivez comme si... », dit-elle. Malgré bien des recherches, c'est là toute ma science.

Après tout, je ne suis pas sûr d'avoir raison. Mais ce

---

* Cette *garantie de liberté* dont parle Barrès.

n'est pas l'important si je pense à cette femme dont on me racontait l'histoire. Elle allait mourir et sa fille l'habilla pour la tombe pendant qu'elle était vivante. Il paraît en effet que la chose est plus facile quand les membres ne sont pas raides. Mais c'est curieux tout de même comme nous vivons parmi des gens pressés.

NOCES

NOTE DE L'ÉDITEUR

Réimprimés aujourd'hui, ces premiers essais ont été écrits en 1936 et 1937, puis édités à petit nombre d'exemplaires en 1938, à Alger. Cette nouvelle édition les reproduit sans modifications[1], bien que leur auteur n'ait pas cessé de les considérer comme des essais, au sens exact et limité du terme.

Le bourreau étrangla le cardinal Carrafa[1] avec un cordon de soie qui se rompit : il fallut y revenir deux fois. Le cardinal regarda le bourreau sans daigner prononcer un mot.

STENDHAL.
(La Duchesse de Palliano.)

NOCES A TIPASA

Au printemps, Tipasa est habitée par les dieux et les dieux parlent dans le soleil et l'odeur des absinthes, la mer cuirassée d'argent, le ciel bleu écru, les ruines couvertes de fleurs et la lumière à gros bouillons[1] dans les amas de pierres. À certaines heures, la campagne est noire de soleil. Les yeux tentent vainement de saisir autre chose que des gouttes de lumière et de couleurs qui tremblent au bord des cils. L'odeur volumineuse des plantes aromatiques racle la gorge et suffoque dans la chaleur énorme. À peine, au fond du paysage, puis-je voir la masse noire du Chenoua qui prend racine dans les collines autour du village, et s'ébranle d'un rythme sûr et pesant pour aller s'accroupir dans la mer.

Nous arrivons[2] par le village qui s'ouvre déjà sur la baie. Nous entrons dans un monde jaune et bleu où nous accueille le soupir odorant et âcre de la terre d'été en Algérie. Partout, des bougainvillées rosat dépassent les murs des villas; dans les jardins, des hibiscus au rouge encore pâle, une profusion de roses thé épaisses comme de la crème et de délicates bordures de longs iris bleus. Toutes les pierres sont chaudes. À l'heure où nous descendons de l'autobus couleur de bouton-d'or, les bouchers dans leurs voitures rouges font leur tournée matinale et les sonneries de leurs trompettes appellent les habitants.

À gauche du port[3], un escalier de pierres sèches mène aux ruines, parmi les lentisques et les genêts. Le chemin passe devant un petit phare pour plonger ensuite en pleine campagne. Déjà[4], au pied de ce phare, de grosses plantes grasses aux fleurs violettes, jaunes et rouges, descendent vers les premiers rochers que la mer suce avec un bruit de baisers. Debout dans le vent léger, sous le soleil qui nous chauffe un seul côté du visage, nous regardons la lumière descendre du ciel, la mer sans une ride, et le sourire de ses dents éclatantes. Avant d'entrer dans le royaume des ruines, pour la dernière fois nous sommes spectateurs.

Au bout de quelques pas, les absinthes nous prennent à la gorge. Leur laine grise couvre les ruines[1] à perte de vue. Leur essence fermente sous la chaleur, et de la terre au soleil monte sur toute l'étendue du monde un alcool généreux qui fait vaciller le ciel[2]. Nous marchons à la rencontre de l'amour et du désir. Nous ne cherchons pas de leçons, ni l'amère philosophie qu'on demande à la grandeur. Hors du soleil, des baisers et des parfums sauvages, tout nous[3] paraît futile. Pour moi, je ne cherche pas à y être seul. J'y suis souvent allé avec ceux que j'aimais et je lisais sur leurs traits le clair sourire qu'y prenait le visage de l'amour. Ici, je laisse à d'autres l'ordre et la mesure[4]. C'est le grand libertinage de la nature et de la mer[5] qui m'accapare tout entier[6]. Dans ce mariage des ruines et du printemps, les ruines sont redevenues pierres et, perdant le poli imposé par l'homme, sont rentrées dans la nature. Pour le retour de ces filles prodigues[7], la nature a prodigué les fleurs. Entre les dalles du forum, l'héliotrope pousse sa tête ronde et blanche, et les géraniums rouges versent leur sang sur ce qui fut maisons, temples et places publiques. Comme ces hommes que beaucoup de science ramène à Dieu[8], beaucoup d'années ont ramené les ruines à la maison de leur mère. Aujourd'hui enfin leur passé les quitte, et rien ne les distrait de cette force profonde qui les ramène au centre des choses qui tombent[9].

Que d'heures passées à écraser les absinthes, à caresser les ruines[10], à tenter d'accorder ma respiration aux soupirs tumultueux du monde! Enfoncé parmi les odeurs sauvages et les concerts d'insectes somnolents, j'ouvre les yeux et mon cœur à la grandeur insoutenable de ce ciel gorgé de chaleur[11]. Ce n'est pas si facile de devenir ce qu'on est[12], de retrouver sa mesure profonde. Mais à regarder l'échine solide du Chenoua, mon cœur se calmait d'une étrange certitude. J'apprenais à respirer, je m'intégrais et je m'accomplissais. Je gravissais l'un après l'autre des coteaux dont chacun me réservait une récompense, comme ce temple dont les colonnes mesurent la course du soleil et d'où l'on voit le village entier, ses murs blancs et roses et ses vérandas vertes. Comme aussi cette basilique sur la colline Est : elle a gardé ses murs et dans un grand rayon autour d'elle s'alignent des sarcophages exhumés, pour la plupart à peine issus de la terre dont ils participent encore. Ils ont contenu des morts; pour le moment il y pousse des sauges et des ravenelles. La basilique Sainte-Salsa est chrétienne[1], mais chaque fois qu'on regarde par une ouverture, c'est la mélodie du monde qui parvient jusqu'à nous : coteaux plantés de pins et de cyprès, ou bien la mer qui roule ses chiens blancs[2] à une vingtaine de mètres. La colline qui supporte Sainte-Salsa est plate à son sommet et le vent souffle plus largement à travers les portiques[3]. Sous le soleil du matin, un grand bonheur se balance dans l'espace.

Bien pauvres sont ceux qui ont besoin de mythes. Ici les dieux servent de lits ou de repères dans la course des journées[4]. Je décris et je dis : « Voici qui est rouge, qui est bleu, qui est vert. Ceci est la mer, la montagne, les fleurs[5]. » Et qu'ai-je besoin de parler de Dionysos pour dire que j'aime écraser les boules de lentisques sous mon nez ? Est-il même à Déméter[6] ce vieil hymne à quoi plus tard je songerai sans contrainte : « Heureux celui des vivants sur la terre qui a vu ces choses[7]. » Voir, et voir sur cette terre, comment oublier la leçon ? Aux mystères d'Éleusis, il suffisait de contempler. Ici même, je sais que jamais je ne m'approcherai assez du monde. Il me faut être nu et puis plonger dans la mer, encore tout parfumé des essences de la terre, laver celles-ci dans celle-là, et nouer sur ma peau l'étreinte pour laquelle soupirent lèvres à lèvres[8] depuis si longtemps la terre et la mer. Entré dans l'eau, c'est le saisissement, la montée d'une glu froide et opaque, puis le plongeon dans le bourdonnement des oreilles, le nez coulant et la bouche amère — la nage[9], les bras vernis d'eau sortis[10] de la mer pour se dorer dans le soleil et rabattus dans une torsion de tous les muscles; la course de l'eau sur mon corps, cette possession tumultueuse de l'onde par mes jambes — et l'absence d'horizon. Sur le rivage[11], c'est la chute dans le sable, abandonné au monde, rentré dans ma pesanteur de chair et d'os, abruti de soleil, avec, de loin en loin, un regard pour mes bras où les flaques de peau sèche[12] découvrent, avec le glissement de l'eau, le duvet blond et la poussière de sel.

Je comprends ici ce qu'on appelle gloire : le droit d'aimer sans mesure. Il n'y a qu'un seul amour dans ce monde[1]. Étreindre un corps de femme, c'est aussi retenir contre soi cette joie étrange qui descend du ciel vers la mer[2]. Tout à l'heure, quand je me jetterai dans les absinthes pour me faire entrer leur parfum dans le corps, j'aurai conscience, contre tous les préjugés, d'accomplir une vérité qui est celle du soleil et sera aussi celle de ma mort. Dans un sens, c'est bien ma vie que je joue ici, une vie à goût de pierre chaude, pleine des soupirs de la mer et des cigales qui commencent à chanter maintenant. La brise est fraîche et le ciel bleu. J'aime cette vie avec abandon et veux en parler avec liberté : elle me donne l'orgueil de ma condition d'homme. Pourtant, on me l'a souvent dit : il n'y a pas de quoi être fier. Si, il y a de quoi : ce soleil, cette mer, mon cœur bondissant de jeunesse, mon corps au goût de sel et l'immense décor où la tendresse et la gloire se rencontrent dans le jaune et le bleu. C'est à conquérir cela qu'il me faut appliquer ma force et mes ressources. Tout ici me laisse intact, je n'abandonne rien de moi-même, je ne revêts aucun masque[3] : il me suffit d'apprendre patiemment la difficile science de vivre qui vaut bien tous leurs savoir-vivre[4].

Un peu avant midi, nous revenions par les ruines vers un petit café au bord du port. La tête retentissante des cymbales[5] du soleil et des couleurs, quelle fraîche bienvenue que celle de la salle pleine d'ombre, du grand verre de menthe verte et glacée! Au-dehors, c'est la mer et la route ardente de poussière. Assis devant la table, je tente de saisir entre mes cils battants l'éblouissement multicolore du ciel blanc de chaleur. Le visage mouillé de sueur, mais le corps frais dans la légère toile qui nous habille, nous étalons tous l'heureuse lassitude d'un jour de noces avec le monde.

On mange mal dans ce café, mais il y a beaucoup de fruits — surtout des pêches qu'on mange en y mordant[6], de sorte que le jus en coule sur le menton. Les dents refermées sur la pêche, j'écoute les grands coups de mon sang monter jusqu'aux oreilles, je regarde de tous mes yeux[7]. Sur la mer, c'est le silence énorme de midi. Tout être beau a l'orgueil naturel de sa beauté et le monde aujourd'hui laisse son orgueil suinter de toutes parts. Devant lui, pourquoi nierais-je la joie de vivre, si je sais ne pas tout renfermer dans la joie de vivre[8]? Il n'y a pas de honte à être heureux[9]. Mais aujourd'hui l'imbécile est roi, et j'appelle imbécile celui qui a peur de jouir[1]. On nous a tellement parlé de l'orgueil : vous savez, c'est le péché de Satan. Méfiance, criait-on, vous vous perdrez, et vos forces vives. Depuis, j'ai appris en effet qu'un certain orgueil... Mais à d'autres moments, je ne peux m'empêcher de revendiquer l'orgueil de vivre que le monde tout entier conspire à me donner. À Tipasa, je vois équivaut à je crois[2], et je ne m'obstine pas à nier ce que ma main peut toucher et mes lèvres caresser. Je n'éprouve pas le besoin[3] d'en faire une œuvre d'art, mais de raconter, ce qui est différent. Tipasa m'apparaît comme ces personnages qu'on décrit pour signifier indirectement un point de vue sur le monde. Comme eux, elle témoigne, et virilement[4]. Elle est aujourd'hui mon personnage et il me semble qu'à le caresser et le décrire, mon ivresse n'aura plus de fin. Il y a un temps pour vivre et un temps pour témoigner de vivre. Il y a aussi un temps pour créer, ce qui est moins naturel[5]. Il me suffit de vivre de tout mon corps et de témoigner de tout mon cœur[6]. Vivre Tipasa, témoigner et l'œuvre d'art viendra ensuite. Il y a là une liberté.

Jamais je ne restais plus d'une journée à Tipasa. Il vient toujours un moment où l'on a trop vu un paysage, de même qu'il faut longtemps avant qu'on l'ait assez vu. Les montagnes, le ciel, la mer sont comme des visages dont on découvre l'aridité ou la splendeur, à force de regarder au lieu de voir. Mais tout visage, pour être éloquent, doit subir un certain renouvellement. Et l'on se plaint d'être trop rapidement lassé quand il faudrait admirer que le monde nous paraisse nouveau pour avoir été seulement oublié[7].

Vers le soir, je regagnais une partie du parc plus ordonnée, arrangée en jardin, au bord de la route nationale. Au sortir du tumulte des parfums et du soleil[8], dans l'air maintenant rafraîchi par le soir, l'esprit s'y calmait, le corps détendu goûtait le silence intérieur qui naît de l'amour satisfait. Je m'étais assis sur un banc. Je regardais la campagne s'arrondir avec le jour. J'étais repu. Au-dessus de moi, un grenadier laissait pendre les boutons de ses fleurs, clos et côtelés comme de petits poings fermés qui contiendraient tout l'espoir du printemps. Il y avait du romarin derrière moi et j'en percevais seulement le parfum d'alcool. Des collines s'encadraient[1] entre les arbres et, plus loin encore, un liséré de mer au-dessus duquel le ciel, comme une voile en panne, reposait de toute sa tendresse. J'avais au cœur une joie étrange, celle-là même qui naît d'une conscience tranquille. Il y a un sentiment que connaissent les acteurs lorsqu'ils ont conscience d'avoir bien rempli leur rôle, c'est-à-dire, au sens le plus précis, d'avoir fait coïncider leurs gestes et ceux du personnage idéal qu'ils incarnent, d'être entrés en quelque sorte dans un dessin fait à l'avance et qu'ils ont d'un coup fait vivre et battre avec leur propre cœur. C'était précisément cela que je ressentais : j'avais bien joué mon rôle[2]. J'avais fait mon métier d'homme et d'avoir connu la joie[3] tout un long jour ne me semblait pas une réussite exceptionnelle, mais l'accomplissement ému d'une condition qui, en certaines circonstances, nous fait un devoir d'être heureux. Nous retrouvons alors une solitude, mais cette fois dans la satisfaction[4].

Maintenant, les arbres s'étaient peuplés d'oiseaux. La terre soupirait lentement avant d'entrer dans l'ombre[5]. Tout à l'heure, avec la première étoile, la nuit tombera sur la scène du monde. Les dieux éclatants du jour retourneront à leur mort quotidienne. Mais d'autres dieux viendront. Et pour être plus sombres, leurs faces ravagées seront nées cependant dans le cœur de la terre.

À présent du moins[6], l'incessante éclosion des vagues sur le sable me parvenait à travers tout un espace où dansait un pollen doré. Mer, campagne, silence, parfums de cette terre, je m'emplissais d'une vie odorante et je mordais dans le fruit déjà doré du monde, bouleversé de sentir son jus sucré et fort couler le long de mes lèvres. Non, ce n'était pas moi qui comptais, ni le monde, mais seulement l'accord et le silence qui de lui à moi faisait naître l'amour. Amour que je n'avais pas la faiblesse de revendiquer pour moi seul, conscient et orgueilleux de le partager avec toute une race[7], née du soleil et de la mer, vivante et savoureuse, qui puise sa grandeur dans sa simplicité et, debout sur les plages, adresse son sourire complice[8] au sourire éclatant de ses ciels.

LE VENT À DJÉMILA

Il est des lieux où meurt l'esprit pour que naisse une vérité qui est sa négation même[1]. Lorsque je suis allé à Djémila, il y avait du vent et du soleil, mais c'est une autre histoire. Ce qu'il faut dire d'abord, c'est qu'il y régnait un grand silence lourd et sans fêlure — quelque chose comme l'équilibre d'une balance. Des cris d'oiseaux[2], le son feutré de la flûte à trois trous, un piétinement de chèvres[3], des rumeurs venues du ciel, autant de bruits qui faisaient le silence et la désolation de ces lieux. De loin en loin, un claquement sec, un cri aigu, marquaient l'envol d'un oiseau tapi entre des pierres. Chaque chemin suivi[4], sentiers parmi les restes des maisons, grandes rues dallées sous les colonnes luisantes, forum immense entre l'arc de triomphe et le temple sur une éminence, tout conduit aux ravins qui bornent de toutes parts Djémila, un jeu de cartes ouvert sur un ciel sans limites. Et l'on se trouve là, concentré, mis en face des pierres et du silence[5], à mesure que le jour avance et que les montagnes grandissent en devenant violettes. Mais le vent souffle sur le plateau de Djémila. Dans cette grande confusion du vent et du soleil qui mêle aux ruines la lumière, quelque chose se forge qui donne à l'homme la mesure de son identité avec la solitude et le silence de la ville morte.

Il faut beaucoup de temps pour aller à Djémila. Ce n'est pas une ville où l'on s'arrête et que l'on dépasse. Elle ne mène nulle part et n'ouvre sur aucun pays. C'est un lieu d'où l'on revient. La ville morte[6] est au terme d'une longue route en lacet qui semble la promettre à chacun de ses tournants et paraît d'autant plus longue. Lorsque surgit enfin sur un plateau aux couleurs éteintes, enfoncé entre de hautes montagnes, son squelette jaunâtre comme une forêt d'ossements, Djémila figure alors le symbole de cette leçon d'amour et de patience qui peut seule nous conduire au cœur battant du monde. Là, parmi quelques arbres, de l'herbe sèche, elle se défend de toutes ses montagnes et de toutes ses pierres, contre l'admiration vulgaire, le pittoresque ou les jeux de l'espoir.

Dans cette splendeur aride[1], nous avions erré toute la journée. Peu à peu, le vent, à peine senti au début de l'après-midi, semblait grandir avec les heures et remplir tout le paysage. Il soufflait depuis une trouée entre les montagnes, loin vers l'est, accourait[2] du fond de l'horizon et venait bondir en cascades parmi les pierres et le soleil. Sans arrêt, il sifflait[3] avec force à travers les ruines, tournait dans un cirque de pierres et de terre, baignait les amas de blocs grêlés, entourait chaque colonne de son souffle et venait se répandre en cris incessants sur le forum qui s'ouvrait dans le ciel. Je me sentais claquer au vent comme une mâture. Creusé par le milieu, les yeux brûlés, les lèvres craquantes, ma peau se desséchait jusqu'à ne plus être mienne. Par elle, auparavant[4], je déchiffrais l'écriture du monde. Il y traçait les signes de sa tendresse ou de sa colère, la réchauffant de son souffle d'été ou la mordant de ses dents de givre. Mais si longuement frotté du vent, secoué depuis plus d'une heure, étourdi de résistance, je perdais conscience du dessin que traçait mon corps. Comme le galet verni par les marées, j'étais poli par le vent, usé jusqu'à l'âme. J'étais un peu de cette force selon laquelle je flottais, puis beaucoup, puis elle enfin, confondant les battements de mon sang et les grands coups sonores de ce cœur partout présent de la nature. Le vent me façonnait à l'image de l'ardente nudité qui m'entourait[5]. Et sa fugitive étreinte me donnait, pierre parmi les pierres, la solitude d'une colonne ou d'un olivier dans le ciel d'été.

Ce bain violent de soleil et de vent épuisait toutes mes forces de vie. À peine en moi ce battement d'ailes qui affleure, cette vie qui se plaint, cette faible révolte de l'esprit. Bientôt, répandu aux quatre coins du monde, oublieux, oublié de moi-même, je suis ce vent et dans le vent, ces colonnes et cet arc, ces dalles qui sentent chaud et ces montagnes pâles autour de la ville déserte[6]. Et jamais je n'ai senti, si avant, à la fois mon détachement de moi-même et ma présence au monde.

Oui, je suis présent. Et ce qui me frappe à ce moment, c'est que je ne peux aller plus loin. Comme un homme emprisonné à perpétuité — et tout lui est présent. Mais aussi comme un homme qui sait que demain sera semblable et tous les autres jours. Car pour un homme, prendre conscience de son présent, c'est ne plus rien attendre. S'il est des paysages qui sont des états d'âme[1], ce sont les plus vulgaires. Et je suivais tout le long de ce pays quelque chose qui n'était pas à moi, mais de lui, comme un goût de la mort qui nous était commun. Entre les colonnes aux ombres maintenant obliques, les inquiétudes fondaient dans l'air comme des oiseaux blessés. Et à leur place, cette lucidité aride. L'inquiétude naît du cœur des vivants. Mais le calme recouvrira ce cœur vivant : voici toute ma clairvoyance. À mesure que la journée avançait, que les bruits et les lumières étouffaient sous les cendres qui descendaient du ciel, abandonné de moi-même, je me sentais sans défense contre les forces lentes qui en moi disaient non[2].

Peu de gens comprennent qu'il y a un refus qui n'a rien de commun avec le renoncement[3]. Que signifient ici les mots d'avenir, de mieux-être, de situation[4] ? Que signifie le progrès du cœur ? Si je refuse obstinément tous les « plus tard » du monde, c'est qu'il s'agit aussi bien de ne pas renoncer à ma richesse présente. Il ne me plaît pas de croire que la mort ouvre sur une autre vie. Elle est pour moi une porte fermée[5]. Je ne dis pas que c'est un pas qu'il faut franchir : mais que c'est une aventure horrible et sale. Tout ce qu'on me propose s'efforce de décharger l'homme du poids de sa propre vie[6]. Et devant le vol lourd des grands oiseaux dans le ciel de Djémila, c'est justement un certain poids de vie que je réclame et que j'obtiens. Être entier dans cette passion passive[7] et le reste ne m'appartient plus. J'ai trop de jeunesse en moi pour pouvoir parler de la mort. Mais il me semble que, si je le devais, c'est ici que je trouverais le mot exact qui dirait, entre l'horreur et le silence[8], la certitude consciente d'une mort sans espoir[9].

On vit avec quelques idées familières. Deux ou trois. Au hasard des mondes et des hommes rencontrés, on les polit, on les transforme. Il faut dix ans pour avoir une idée bien à soi — dont on puisse parler. Naturellement, c'est un peu décourageant. Mais l'homme[10] y gagne une certaine familiarité avec le beau visage du monde. Jusque-là, il le voyait face à face. Il lui faut alors faire un pas de côté pour regarder son profil. Un homme jeune[11] regarde le monde face à face. Il n'a pas eu le temps de polir l'idée de mort ou de néant dont pourtant il a mâché l'horreur. Ce doit être cela la jeunesse, ce dur tête-à-tête avec la mort, cette peur physique de l'animal qui aime le soleil. Contrairement à ce qui se dit, à cet égard du moins, la jeunesse n'a pas d'illusions. Elle n'a eu ni le temps ni la piété de s'en construire. Et je ne sais pourquoi, devant ce paysage raviné[1], devant ce cri de pierre lugubre et solennel, Djémila, inhumaine[2] dans la chute du soleil, devant cette mort de l'espoir et des couleurs, j'étais sûr qu'arrivés à la fin d'une vie, les hommes dignes de ce nom doivent retrouver ce tête-à-tête, renier[3] les quelques idées qui furent les leurs et recouvrer l'innocence et la vérité qui luisent dans le regard des hommes antiques en face de leur destin. Ils regagnent leur jeunesse, mais c'est en étreignant la mort[4]. Rien de plus méprisable à cet égard que la maladie. C'est un remède contre la mort. Elle y prépare. Elle crée un apprentissage dont le premier stade est l'attendrissement sur soi-même. Elle appuie l'homme dans son grand effort qui est de se dérober[5] à la certitude de mourir tout entier[6]. Mais Djémila... et je sens bien alors que le vrai, le seul progrès de la civilisation, celui auquel de temps en temps un homme s'attache, c'est de créer des morts conscientes[7].

Ce qui m'étonne toujours, alors que nous sommes si prompts à raffiner sur d'autres sujets, c'est la pauvreté de nos idées sur la mort. C'est bien ou c'est mal. J'en ai peur ou je l'appelle (qu'ils disent). Mais cela prouve aussi que tout ce qui est simple nous dépasse. Qu'est-ce que le bleu et que penser du bleu? C'est la même difficulté pour la mort. De la mort et des couleurs, nous ne savons pas discuter. Et pourtant, c'est bien l'important cet homme devant moi, lourd comme la terre, qui préfigure mon avenir[8]. Mais puis-je y penser vraiment? Je me dis : je dois mourir, mais ceci ne veut rien dire, puisque je n'arrive pas à le croire et que je ne puis avoir que l'expérience de la mort des autres[9]. J'ai vu des gens mourir. Surtout, j'ai vu des chiens mourir. C'est de les toucher qui me bouleversait[10]. Je pense alors : fleurs, sourires, désirs de femmes, et je comprends que toute mon horreur de mourir tient dans ma jalousie de vivre. Je suis jaloux de ceux qui vivront et pour qui fleurs et désirs de femmes auront tout leur sens de chair et de sang. Je suis envieux[1], parce que j'aime trop la vie pour ne pas être égoïste[2]. Que m'importe l'éternité. On peut être là, couché un jour, s'entendre dire : « Vous êtes fort et je vous dois d'être sincère : je peux vous dire que vous allez mourir[3] »; être là[4], avec toute sa vie entre les mains, toute sa peur aux entrailles et un regard idiot. Que signifie le reste : des flots de sang viennent battre à mes tempes et il me semble que j'écraserais tout autour de moi.

Mais les hommes meurent malgré eux, malgré leurs décors. On leur dit : « Quand tu seras guéri... », et ils meurent[5]. Je ne veux pas de cela. Car s'il y a des jours où la nature ment, il y a des jours où elle dit vrai. Djémila dit vrai ce soir, et avec quelle triste et insistante beauté[6]! Pour moi, devant ce monde, je ne veux pas mentir ni qu'on me mente. Je veux porter ma lucidité jusqu'au bout et regarder ma fin avec toute la profusion de ma jalousie et de mon horreur. C'est dans la mesure où je me sépare du monde[7] que j'ai peur de la mort[8], dans la mesure où je m'attache au sort des hommes qui vivent, au lieu de contempler le ciel qui dure[9]. Créer des morts conscientes, c'est diminuer la distance qui nous sépare du monde[10], et entrer sans joie dans l'accomplissement, conscient des images exaltantes d'un monde à jamais perdu. Et le chant triste des collines de Djémila m'enfonce plus avant dans l'âme l'amertume de cet enseignement.

Vers le soir, nous gravissions les pentes qui mènent au village et, revenus sur nos pas, nous écoutions des explications : « Ici se trouve la ville païenne; ce quartier qui se pousse hors des terres, c'est celui des chrétiens. Plus tard... » Oui, c'est vrai. Des hommes et des sociétés se sont succédé là; des conquérants ont marqué ce pays avec leur civilisation de sous-officiers. Ils se faisaient une idée basse et ridicule de la grandeur et mesuraient celle de leur Empire à la surface qu'il couvrait. Le miracle, c'est que les ruines de leur civilisation soient la négation même de leur idéal. Car cette ville squelette, vue de si haut dans le soir finissant et dans les vols blancs des pigeons autour de l'arc de triomphe, n'inscrivait pas sur le ciel les signes de la conquête et de l'ambition. Le monde finit toujours par vaincre l'histoire. Ce grand cri de pierre que Djémila jette entre les montagnes, le ciel et le silence, j'en sais bien la poésie[1] : lucidité, indifférence, les vrais signes du désespoir ou de la beauté[2]. Le cœur se serre devant cette grandeur que nous quittons déjà. Djémila reste derrière nous avec l'eau triste de son ciel, un chant d'oiseau qui vient de l'autre côté du plateau, de soudains et brefs ruissellements de chèvres sur les flancs des collines et, dans le crépuscule détendu et sonore, le visage vivant d'un dieu à cornes au fronton d'un autel.

L'ÉTÉ À ALGER[1]

À Jacques Heurgon[2].

Ce sont souvent des amours secrètes, celles qu'on partage avec une ville. Des cités comme Paris, Prague, et même Florence[3] sont refermées sur elles-mêmes et limitent ainsi le monde qui leur est propre. Mais Alger[4], et avec elle certains lieux privilégiés comme les villes sur la mer, s'ouvre dans le ciel comme une bouche ou une blessure. Ce qu'on peut aimer à Alger, c'est ce dont tout le monde vit : la mer au tournant de chaque rue, un certain poids de soleil, la beauté de la race. Et, comme toujours, dans cette impudeur et cette offrande se retrouve un parfum plus secret. À Paris, on peut avoir la nostalgie d'espace et de battements d'ailes. Ici, du moins, l'homme est comblé, et assuré de ses désirs, il peut alors mesurer ses richesses[5].

Il faut sans doute vivre longtemps à Alger pour comprendre[6] ce que peut avoir de desséchant[7] un excès de biens naturels. Il n'y a rien ici pour qui voudrait apprendre, s'éduquer ou devenir meilleur. Ce pays est sans leçons. Il ne promet ni ne fait entrevoir. Il se contente de donner, mais à profusion. Il est tout entier livré aux yeux et on le connaît dès l'instant où l'on en jouit. Ses plaisirs n'ont pas de remèdes[8], et ses joies restent sans espoir. Ce qu'il exige, ce sont des âmes clairvoyantes, c'est-à-dire sans consolation. Il demande qu'on fasse un acte de lucidité comme on fait un acte de foi. Singulier pays qui donne[9] à l'homme qu'il nourrit à la fois sa splendeur et sa misère ! La richesse sensuelle dont un homme sensible de ces pays est pourvu, il n'est pas étonnant qu'elle coïncide avec le dénuement le plus extrême. Il n'est pas une vérité qui ne porte avec elle son amertume. Comment s'étonner alors si le visage de ce pays, je ne l'aime jamais plus qu'au milieu de ses hommes les plus pauvres[1] ?

Les hommes trouvent ici pendant toute leur jeunesse une vie à la mesure de leur beauté. Et puis après, c'est la descente et l'oubli. Ils ont misé sur la chair, mais ils savaient qu'ils devaient perdre. À Alger, pour qui est jeune et vivant, tout est refuge et prétexte à triomphes : la baie, le soleil, les jeux en rouge et blanc des terrasses[2] vers la mer, les fleurs et les stades, les filles aux jambes fraîches. Mais pour qui a perdu sa jeunesse, rien où s'accrocher et pas un lieu où la mélancolie puisse se sauver d'elle-même. Ailleurs, les terrasses d'Italie, les cloîtres d'Europe ou le dessin des collines provençales, autant de places où l'homme peut fuir son humanité et se délivrer avec douceur de lui-même. Mais tout ici exige la solitude et le sang des hommes jeunes. Gœthe en mourant appelle la lumière et c'est un mot historique. À Belcourt et à Bab-el-Oued, les vieillards assis[3] au fond des cafés écoutent les vantardises de jeunes gens à cheveux plaqués.

Ces commencements et ces fins, c'est l'été qui nous les livre à Alger. Pendant ces mois, la ville est désertée. Mais les pauvres restent et le ciel. Avec les premiers[4], nous descendons ensemble vers le port et les trésors de l'homme : tiédeur de l'eau et les corps bruns des femmes. Le soir, gorgés de ces richesses, ils retrouvent la toile cirée et la lampe à pétrole qui font tout le décor de leur vie.

À Alger, on ne dit pas « prendre un bain », mais « se taper un bain ». N'insistons pas. On se baigne[5] dans le port et l'on va se reposer sur des bouées. Quand on passe près d'une bouée où se trouve déjà une jolie fille, on crie aux camarades : « Je te dis que c'est une mouette. » Ce sont là des joies saines. Il faut bien croire qu'elles constituent l'idéal de ces jeunes gens puisque la plupart continuent cette vie pendant l'hiver et, tous les jours à midi, se mettent nus au soleil pour un déjeuner frugal[6]. Non qu'ils aient lu[7] les prêches ennuyeux des naturistes, ces protestants de la chair[8] (il y a une systématique du corps qui est aussi exaspérante que celle de l'esprit). Mais c'est qu'ils sont « bien au soleil ». On ne mesurera jamais assez haut l'importance de cette coutume[9] pour notre époque. Pour la première fois depuis deux mille ans, le corps a été mis nu sur des plages. Depuis vingt siècles, les hommes se sont attachés à rendre décentes l'insolence et la naïveté grecques, à diminuer la chair et compliquer l'habit[1]. Aujourd'hui et par-dessus cette histoire, la course des jeunes gens[2] sur les plages de la Méditerranée rejoint les gestes magnifiques des athlètes de Délos. Et à vivre ainsi près des corps et par le corps[3], on s'aperçoit qu'il a ses nuances, sa vie et, pour hasarder un non-sens, une psychologie, qui lui est propre*. L'évolution du corps comme celle de l'esprit a son histoire, ses retours, ses progrès et son déficit[8]. Cette nuance seulement : la couleur. Quand on va pendant l'été aux bains du port, on prend conscience d'un passage simultané de toutes les peaux[9] du blanc au doré, puis au brun, et pour finir à une couleur tabac qui est à la limite extrême de l'effort de transformation dont le corps est capable. Le port est dominé par le jeu de cubes blancs de la Kasbah. Quand on est au niveau de l'eau[10], sur le fond blanc cru de la ville arabe, les corps déroulent une frise cuivrée. Et, à mesure qu'on avance dans le mois d'août et que le soleil grandit[11], le blanc des maisons se fait plus aveuglant et les peaux prennent une chaleur plus sombre. Comment alors ne pas s'identifier à ce dialogue de la pierre et de la chair à la mesure du soleil et des saisons[12]? Toute la matinée s'est passée en plongeons, en floraisons de rires parmi des gerbes d'eau, en longs coups de pagaie autour des cargos rouges et noirs (ceux qui viennent de Norvège et qui ont tous les parfums du bois; ceux qui arrivent d'Allemagne pleins de l'odeur des huiles; ceux qui font la côte et sentent le vin et le vieux tonneau[13]). À l'heure où le soleil déborde de tous les coins du ciel, le canoë orange chargé[14]

---

* Puis-je me donner le ridicule de dire que je n'aime pas la façon dont Gide exalte le corps[4]? Il lui demande de retenir son désir pour le rendre plus aigu. Ainsi se rapproche-t-il de ceux que, dans l'argot des maisons publiques, on appelle les compliqués ou les cérébraux[5]. Le christianisme aussi veut suspendre le désir. Mais, plus naturel, il y voit une mortification. Mon camarade Vincent, qui est tonnelier et champion de brasse junior, a une vue des choses encore plus claire[6]. Il boit quand il a soif, s'il désire une femme cherche à coucher avec, et l'épouserait s'il l'aimait (ça n'est pas encore arrivé). Ensuite, il dit toujours : « Ça va mieux » — ce qui résume avec vigueur l'apologie qu'on pourrait faire de la satiété[7].

de corps bruns nous ramène dans une course folle. Et lorsque, le battement cadencé de la double pagaie aux ailes couleur de fruit suspendu brusquement, nous glissons longuement dans l'eau calme de la darse[1], comment n'être pas sûr que je mène à travers les eaux lisses une fauve cargaison de dieux où je reconnais mes frères ?

Mais, à l'autre bout de la ville, l'été nous tend déjà en contraste ses autres richesses : je veux dire ses silences et son ennui. Ces silences n'ont pas tous la même qualité[2], selon qu'ils naissent de l'ombre ou du soleil. Il y a le silence de midi sur la place du Gouvernement. À l'ombre des arbres qui la bordent, des Arabes vendent pour cinq sous des verres de citronnade glacée, parfumée à la fleur d'oranger[3]. Leur appel : « Fraîche, fraîche » traverse la place déserte. Après leur cri, le silence retombe sous le soleil : dans la cruche du marchand, la glace se retourne et j'entends son petit bruit. Il y a le silence de la sieste. Dans les rues de la Marine, devant les boutiques crasseuses des coiffeurs, on peut le mesurer au mélodieux bourdonnement des mouches derrière les rideaux de roseaux creux. Ailleurs, dans les cafés maures de la Kasbah, c'est le corps qui est silencieux, qui ne peut s'arracher à ces lieux, quitter le verre de thé et retrouver le temps avec les bruits de son sang[4]. Mais il y a surtout le silence des soirs d'été.

Ces courts instants où la journée bascule dans la nuit, faut-il qu'ils soient peuplés de signes et d'appels secrets pour qu'Alger en moi leur soit à ce point liée ? Quand je suis quelque temps loin de ce pays, j'imagine ses crépuscules comme des promesses de bonheur. Sur les collines qui dominent la ville, il y a des chemins parmi les lentisques et les oliviers. Et c'est vers eux qu'alors mon cœur se retourne. J'y vois monter des gerbes d'oiseaux noirs sur l'horizon vert[5]. Dans le ciel, soudain vidé de son soleil, quelque chose se détend. Tout un petit peuple de nuages rouges s'étire jusqu'à se résorber dans l'air. Presque aussitôt après, la première étoile apparaît qu'on voyait se former et se durcir dans l'épaisseur du ciel[6]. Et puis, d'un coup, dévorante, la nuit. Soirs fugitifs d'Alger, qu'ont-ils donc d'inégalable pour délier tant de choses en moi ? Cette douceur qu'ils me laissent aux lèvres, je n'ai pas le temps de m'en lasser qu'elle disparaît déjà dans la nuit. Est-ce le secret de sa persistance ? La tendresse de ce pays est bouleversante et furtive. Mais dans l'instant où elle est là, le cœur du moins s'y abandonne tout entier. À la plage Padovani, le dancing est ouvert tous les jours. Et dans cette immense boîte rectangulaire ouverte sur la mer dans toute sa longueur, la jeunesse pauvre du quartier[1] danse jusqu'au soir. Souvent, j'attendais là une minute singulière. Pendant la journée, la salle est protégée par des auvents de bois inclinés. Quand le soleil a disparu, on les relève. Alors, la salle s'emplit d'une étrange lumière verte[2], née du double coquillage du ciel et de la mer. Quand on est assis loin des fenêtres, on voit seulement le ciel et, en ombres chinoises, les visages des danseurs qui passent à tour de rôle. Quelquefois, c'est une valse qu'on joue et, sur le fond vert, les profils noirs tournent alors avec obstination, comme ces silhouettes découpées qu'on fixe sur le plateau d'un phonographe. La nuit vient vite ensuite et, avec elle, les lumières. Mais je ne saurais dire ce que je trouve de transportant et de secret à cet instant subtil. Je me souviens du moins d'une grande fille magnifique qui avait dansé tout l'après-midi. Elle portait un collier de jasmin sur sa robe bleue collante, que la sueur mouillait depuis les reins jusqu'aux jambes. Elle riait en dansant et renversait la tête. Quand elle passait près des tables, elle laissait après elle une odeur mêlée de fleurs et de chair. Le soir venu, je ne voyais plus son corps collé contre son danseur, mais sur le ciel tournaient les taches alternées du jasmin blanc et des cheveux noirs, et quand elle rejetait en arrière sa gorge gonflée, j'entendais son rire et voyais le profil de son danseur se pencher soudain[3]. L'idée que je me fais de l'innocence, c'est à des soirs semblables que je la dois. Et ces êtres chargés de violence[4], j'apprends à ne plus les séparer du ciel où leurs désirs tournoient.

Dans les cinémas de quartier, à Alger[5], on vend quelquefois des pastilles de menthe qui portent, gravé en rouge, tout ce qui est nécessaire à la naissance de l'amour : 1) des questions : « Quand m'épouserez-vous ? »; « M'aimez-vous ? »; 2) des réponses : « A la folie »; « Au printemps ». Après avoir préparé le terrain, on les passe à sa voisine qui répond de même ou se borne à faire la bête. À Belcourt, on a vu des mariages se conclure ainsi et des vies entières s'engager sur un échange de bonbons à la menthe. Et ceci dépeint bien le peuple enfant de ce pays.

Le signe de la jeunesse, c'est peut-être une vocation magnifique pour les bonheurs faciles. Mais surtout, c'est une précipitation à vivre qui touche au gaspillage. À Belcourt, comme à Bab-el-Oued, on se marie jeune. On travaille très tôt et on épuise en dix ans[1] l'expérience d'une vie d'homme. Un ouvrier[2] de trente ans a déjà joué toutes ses cartes. Il attend la fin entre sa femme et ses enfants. Ses bonheurs ont été brusques et sans merci. De même sa vie. Et l'on comprend alors qu'il soit né de ce pays où tout est donné pour être retiré. Dans cette abondance et cette profusion, la vie prend la courbe des grandes passions, soudaines, exigeantes, généreuses. Elle n'est pas à construire, mais à brûler[3]. Il ne s'agit pas alors de réfléchir et de devenir meilleur. La notion d'enfer, par exemple, n'est ici qu'une aimable plaisanterie[4]. De pareilles imaginations ne sont permises qu'aux très vertueux[5]. Et je crois bien que la vertu est un mot sans signification dans toute l'Algérie. Non que ces hommes[6] manquent de principes. On a sa morale, et bien particulière. On ne « manque » pas à sa mère. On fait respecter sa femme dans les rues. On a des égards pour la femme enceinte. On ne tombe pas à deux sur un adversaire, parce que « ça fait vilain ». Pour qui n'observe pas ces commandements élémentaires, « il n'est pas un homme », et l'affaire est réglée[7]. Ceci me paraît juste et fort. Nous sommes encore beaucoup à observer inconsciemment ce code de la rue, le seul désintéressé que je connaisse. Mais en même temps la morale du boutiquier y est inconnue. J'ai toujours vu autour de moi les visages s'apitoyer sur le passage d'un homme encadré d'agents. Et, avant de savoir si l'homme avait volé, était parricide ou simplement non-conformiste : « Le pauvre », disait-on[8], ou encore, avec une nuance d'admiration : « Celui-là, c'est un pirate. »

Il y a des peuples nés pour l'orgueil et la vie. Ce sont ceux qui nourrissent la plus singulière vocation pour l'ennui. C'est aussi chez eux que le sentiment de la mort est le plus repoussant[9]. Mise à part la joie des sens, les amusements de ce peuple sont ineptes[10]. Une société de boulomanes et les banquets des « amicales »[1], le cinéma à trois francs et les fêtes communales suffisent depuis des années à la récréation des plus de trente ans. Les dimanches d'Alger sont parmi les plus sinistres[2]. Comment ce peuple sans esprit saurait-il alors habiller de mythes l'horreur profonde de sa vie ? Tout ce qui touche à la mort est ici ridicule ou odieux. Ce peuple sans religion et sans idoles meurt seul après avoir vécu en foule. Je ne connais pas d'endroit plus hideux que le cimetière du boulevard Bru, en face d'un des plus beaux paysages du monde[3]. Un amoncellement de mauvais goût parmi les entourages noirs[4] laisse monter une tristesse affreuse de ces lieux où la mort découvre son vrai visage. « Tout passe, disent les ex-voto en forme de cœur[5], sauf le souvenir. » Et tous insistent sur cette éternité dérisoire que nous fournit à peu de frais le cœur de ceux qui nous aimèrent. Ce sont les mêmes phrases qui servent à tous les désespoirs. Elles s'adressent au mort et lui parlent à la deuxième personne : « Notre souvenir ne t'abandonnera pas », feinte sinistre par quoi on prête un corps et des désirs à ce qui au mieux est un liquide noir[6]. Ailleurs, au milieu d'une abrutissante profusion de fleurs et d'oiseaux de marbre, ce vœu téméraire : « Jamais ta tombe ne restera sans fleurs. » Mais on est vite rassuré : l'inscription entoure un bouquet de stuc doré[7], bien économique pour le temps des vivants (comme ces immortelles qui doivent leur nom pompeux à la gratitude de ceux qui prennent encore leur tramway en marche). Comme il faut aller avec son siècle[8], on remplace quelquefois la fauvette classique par un ahurissant avion de perles, piloté par un ange niais que, sans souci de la logique, on a muni d'une magnifique paire d'ailes.

Comment faire comprendre pourtant[9] que ces images de la mort ne se séparent jamais de la vie ? Les valeurs ici sont étroitement liées. La plaisanterie favorite des croque-morts algérois, lorsqu'ils roulent à vide, c'est de crier : « Tu montes, chérie ? » aux jolies filles qu'ils rencontrent sur la route. Rien n'empêche d'y voir un symbole, même s'il est fâcheux. Il peut paraître blasphématoire aussi de répondre à l'annonce d'un décès en clignant l'œil gauche : « Le pauvre, il ne chantera plus », ou, comme cette Oranaise qui n'avait jamais aimé son mari : « Dieu me l'a donné, Dieu me l'a repris. » Mais, tout compte fait, je ne vois pas ce que la mort peut avoir de sacré et je sens bien, au contraire, la distance qu'il y a entre la peur et le respect. Tout ici respire l'horreur de mourir dans un pays qui invite à la vie. Et pourtant, c'est sous les murs mêmes de ce cimetière que les jeunes gens de Belcourt donnent leurs rendez-vous et que les filles s'offrent aux baisers et aux caresses.

J'entends bien qu'un tel peuple ne peut être accepté de tous[1]. Ici, l'intelligence n'a pas de place comme en Italie. Cette race est indifférente à l'esprit. Elle a le culte et l'admiration du corps. Elle en tire sa force, son cynisme naïf*, et une vanité puérile qui lui vaut d'être sévèrement jugée. On lui reproche communément sa « mentalité », c'est-à-dire une façon de voir et de vivre. Et il est vrai qu'une certaine intensité de vie ne va pas sans injustice. Voici pourtant un peuple sans passé[2], sans tradition et cependant non sans poésie — mais d'une poésie dont je sais bien la qualité, dure, charnelle, loin de la tendresse, celle même de leur ciel, la seule à la vérité qui m'émeuve et me rassemble. Le contraire d'un peuple civilisé, c'est un peuple créateur. Ces barbares qui se prélassent sur des plages, j'ai l'espoir insensé qu'à leur insu peut-être ils sont en train de modeler le visage d'une culture[3] où la grandeur de l'homme trouvera enfin son vrai visage[4]. Ce peuple tout entier jeté dans son présent vit sans mythes[5], sans consolation. Il a mis tous ses biens sur cette terre et reste dès lors sans défense contre la mort. Les dons de la beauté physique lui ont été prodigués. Et avec eux, la singulière avidité[6] qui accompagne toujours cette richesse sans avenir. Tout ce qu'on fait ici marque le dégoût de la stabilité et l'insouciance de l'avenir. On se dépêche de vivre et si un art devait y naître[7], il obéirait à cette haine de la durée qui poussa les Doriens à tailler dans le bois leur première colonne[8]. Et pourtant, oui, on peut trouver une mesure en même temps qu'un dépassement dans le visage violent et acharné de ce peuple[9], dans ce ciel d'été vidé de tendresse, devant quoi toutes les vérités sont bonnes à dire et sur lequel aucune divinité trompeuse n'a tracé les signes de l'espoir ou de la rédemption. Entre ce ciel et ces visages tournés vers lui[10], rien où accrocher

---

* Voir note page 77.

une mythologie, une littérature, une éthique ou une religion, mais des pierres, la chair[1], des étoiles et ces vérités que la main peut toucher.

Sentir ses liens avec une terre, son amour pour quelques hommes[2], savoir qu'il est toujours un lieu où le cœur trouvera son accord, voici déjà beaucoup de certitudes pour une seule vie d'homme. Et sans doute cela ne peut suffire. Mais à cette patrie de l'âme[3] tout aspire à certaines minutes. « Oui, c'est là-bas qu'il nous faut retourner. » Cette union que souhaitait Plotin[4], quoi d'étrange à la retrouver sur la terre ? L'Unité s'exprime ici en termes de soleil et de mer. Elle est sensible au cœur par un certain goût de chair qui fait son amertume et sa grandeur. J'apprends[5] qu'il n'est pas de bonheur surhumain, pas d'éternité hors de la courbe des journées. Ces biens dérisoires et essentiels[6], ces vérités relatives sont les seules qui m'émeuvent. Les autres, les « idéales », je n'ai pas assez d'âme pour les comprendre[7]. Non qu'il faille faire la bête, mais je ne trouve pas de sens au bonheur des anges. Je sais seulement que ce ciel durera plus que moi. Et qu'appellerais-je éternité[8] sinon ce qui continuera après ma mort ? Je n'exprime pas ici une complaisance de la créature dans sa condition. C'est bien autre chose. Il n'est pas toujours facile d'être un homme, moins encore d'être un homme pur[9]. Mais[10] être pur, c'est retrouver cette patrie de l'âme où devient sensible la parenté du monde, où les coups du sang rejoignent les pulsations violentes du soleil de deux heures. Il est bien connu que la patrie se reconnaît toujours au moment de la perdre. Pour ceux qui sont trop tourmentés d'eux-mêmes, le pays natal est celui qui les nie. Je ne voudrais pas être brutal ni paraître exagéré. Mais enfin, ce qui me nie dans cette vie, c'est d'abord ce qui me tue. Tout ce qui exalte la vie[11], accroît en même temps son absurdité. Dans l'été d'Algérie, j'apprends qu'une seule chose est plus tragique que la souffrance et c'est la vie d'un homme heureux. Mais ce peut être aussi bien le chemin d'une plus grande vie, puisque cela conduit à ne pas tricher.

Beaucoup[12], en effet, affectent l'amour de vivre[13] pour éluder l'amour lui-même. On s'essaye à jouir et à « faire des expériences[14] ». Mais c'est une vue de l'esprit. Il faut une rare vocation pour être un jouisseur. La vie d'un homme s'accomplit sans le secours de son esprit, avec ses reculs et ses avances, à la fois sa solitude et ses présences. À voir ces hommes de Belcourt qui travaillent, défendent leurs femmes et leurs enfants, et souvent sans un reproche, je crois qu'on peut sentir une secrète honte. Sans doute, je ne me fais pas d'illusions. Il n'y a pas beaucoup d'amour dans les vies dont je parle. Je devrais dire qu'il n'y en a plus beaucoup. Mais, du moins, elles n'ont rien éludé. Il y a des mots que je n'ai jamais bien compris, comme celui de péché. Je crois savoir pourtant que ces hommes n'ont pas péché contre la vie. Car s'il y a un péché contre la vie[1], ce n'est peut-être pas tant d'en désespérer que d'espérer une autre vie, et se dérober à l'implacable grandeur de celle-ci. Ces hommes n'ont pas triché. Dieux de l'été, ils le furent[2] à vingt ans par leur ardeur à vivre et le sont encore, privés de tout espoir. J'en ai vu mourir deux[3]. Ils étaient pleins d'horreur, mais silencieux. Cela vaut mieux ainsi. De la boîte de Pandore où grouillaient les maux de l'humanité, les Grecs firent sortir l'espoir après tous les autres, comme le plus terrible de tous. Je ne connais pas de symbole plus émouvant[4]. Car l'espoir, au contraire de ce qu'on croit, équivaut à la résignation. Et vivre, c'est ne pas se résigner[5].

Voici du moins l'âpre leçon des étés d'Algérie. Mais déjà la saison tremble et l'été bascule. Premières pluies de septembre, après tant de violences et de raidissements, elles sont comme les premières larmes de la terre délivrée, comme si pendant quelques jours ce pays se mêlait de tendresse. À la même époque pourtant, les caroubiers[6] mettent une odeur d'amour sur toute l'Algérie[7]. Le soir ou après la pluie, la terre entière, son ventre mouillé d'une semence au parfum d'amande amère, repose pour s'être donnée tout l'été au soleil. Et voici qu'à nouveau cette odeur consacre les noces de l'homme et de la terre[8], et fait lever en nous le seul amour vraiment viril en ce monde : périssable et généreux.

NOTE[1]

A TITRE d'illustration[2], ce récit de bagarre entendu à Bab-el-Oued et reproduit mot à mot[3]. (Le narrateur ne parle pas toujours comme le Cagayous de Musette[4]. Qu'on ne s'en étonne pas. La langue de Cagayous est souvent une langue littéraire, je veux dire une reconstruction. Les gens du « milieu » ne parlent pas toujours argot. Ils emploient des mots d'argot, ce qui est différent. L'Algérois use d'un vocabulaire typique et d'une syntaxe spéciale. Mais c'est par leur introduction dans la langue française que ces créations trouvent leur saveur.)

Alors Coco y s'avance et y lui dit : « Arrête un peu, arrête. » L'autre y dit : « Qu'est-ce qu'y a ? » Alors Coco y lui dit : « Je vas te donner des coups. — À moi tu vas donner des coups ? » Alors y met la main derrière, mais c'était scousa. Alors Coco y lui dit : « Mets pas la main darrière[5], parce qu'après j'te choppe le 6,35 et t'y mangeras des coups quand même. »

L'autre il a pas mis la main. Et Coco, rien qu'un, y lui a donné[6] — pas deux, un. L'autre il était par terre. « Oua, oua », qu'y faisait. Alors le monde il est venu. La bagarre, elle a commencé. Y en a un qui s'est avancé à Coco, deux, trois. Mais j'y ai dit : « Dis, tu vas toucher à mon frère ? — Qui, ton frère ? — Si c'est pas mon frère, c'est comme mon frère. » Alors j'y ai donné un taquet. Coco y tapait, moi je tapais, Lucien y tapait. Moi j'en avais un dans un coin et avec la tête : « Bom, bom. » Alors les agents y sont venus. Y nous ont mis les chaînes, dis. La honte à la figure, j'avais, de traverser tout Bab-el-Oued. Devant le *Gentleman's bar,* y avait des copains[7] et des petites, dis. La honte à la figure. Mais après, le père à Lucien y nous a dit : « Vous avez raison[8]. »

LE DÉSERT[1]

À Jean Grenier[2].

VIVRE, bien sûr, c'est un peu le contraire d'exprimer. Si j'en crois les grands maîtres toscans, c'est témoigner trois fois, dans le silence, la flamme et l'immobilité.

Il faut beaucoup de temps pour reconnaître que les personnages de leurs tableaux, on les rencontre tous les jours dans les rues de Florence ou de Pise[3]. Mais, aussi bien, nous ne savons plus voir les vrais visages de ceux qui nous entourent. Nous ne regardons plus nos contemporains, avides seulement de ce qui, en eux, sert notre orientation et règle notre conduite. Nous préférons au visage sa poésie la plus vulgaire. Mais pour Giotto ou Piero della Francesca, ils savent bien que la sensibilité d'un homme n'est rien. Et du cœur, à vrai dire, tout le monde en a. Mais les grands sentiments simples et éternels autour desquels gravite l'amour de vivre[4], haine, amour, larmes et joies, croissent à la profondeur de l'homme et modèlent le visage de son destin — comme dans la mise au tombeau du Giottino, la douleur aux dents serrées de Marie[5]. Dans les immenses maestàs des églises toscanes, je vois bien une foule d'anges aux visages indéfiniment décalqués, mais à chacune de ces faces muettes et passionnées, je reconnais une solitude.

Il s'agit bien vraiment de pittoresque, d'épisode, de nuances ou d'être ému. Il s'agit bien de poésie. Ce qui compte, c'est la vérité. Et j'appelle vérité tout ce qui continue. Il y a un enseignement subtil à penser qu'à cet égard, seuls les peintres[6] peuvent apaiser notre faim. C'est qu'ils ont le privilège[7] de se faire les romanciers du corps. C'est qu'ils travaillent dans cette matière magnifique et futile qui s'appelle le présent. Et le présent se figure toujours dans un geste. Ils ne peignent pas un sourire ou une fugitive pudeur, regret ou attente, mais un visage dans son relief d'os et sa chaleur de sang. De ces faces figées dans des lignes éternelles, ils ont à jamais chassé la malédiction de l'esprit : au prix de l'espoir. Car le corps ignore l'espoir. Il ne connaît que les coups de son sang. L'éternité qui lui est propre est faite d'indifférence. Comme cette *Flagellation* de Piero della Francesca, où, dans une cour fraîchement lavée, le Christ supplicié et le bourreau aux membres épais laissent surprendre dans leurs attitudes le même détachement[1]. C'est qu'aussi bien ce supplice n'a pas de suite. Et sa leçon s'arrête au cadre de la toile. Quelle raison d'être ému pour qui n'attend pas de lendemain ? Cette impassibilité et cette grandeur de l'homme sans espoir, cet éternel présent, c'est cela précisément que des théologiens avisés ont appelé l'enfer[2]. Et l'enfer, comme personne ne l'ignore, c'est aussi la chair qui souffre. C'est à cette chair que les Toscans s'arrêtent et non pas à son destin. Il n'y a pas de peintures prophétiques. Et ce n'est pas dans les musées qu'il faut chercher des raisons d'espérer.

L'immortalité de l'âme, il est vrai, préoccupe beaucoup de bons esprits[3]. Mais c'est qu'ils refusent, avant d'en avoir épuisé la sève, la seule vérité qui leur soit donnée et qui est le corps. Car le corps ne leur pose pas de problèmes ou, du moins, ils connaissent l'unique solution qu'il propose : c'est une vérité qui doit pourrir et qui revêt par là une amertume et une noblesse[4] qu'ils n'osent pas regarder en face. Les bons esprits lui préfèrent la poésie, car elle est affaire d'âme. On sent bien que je joue sur les mots. Mais on comprend aussi que par vérité je veux seulement consacrer une poésie plus haute : la flamme noire que de Cimabué à Francesca les peintres italiens ont élevée parmi les paysages toscans comme la protestation lucide[5] de l'homme jeté sur une terre dont la splendeur et la lumière lui parlent sans relâche d'un Dieu qui n'existe pas.

À force d'indifférence et d'insensibilité, il arrive qu'un visage rejoigne la grandeur minérale d'un paysage. Comme certains paysans d'Espagne arrivent à ressembler aux oliviers de leurs terres, ainsi les visages de Giotto, dépouillés des ombres dérisoires où l'âme se manifeste, finissent par rejoindre la Toscane elle-même dans la

seule leçon dont elle est prodigue : un exercice de la
passion au détriment de l'émotion, un mélange d'ascèse
et de jouissances, une résonance commune à la terre et à
l'homme, par quoi l'homme, comme la terre, se définit à
mi-chemin entre la misère et l'amour. Il n'y a pas tellement de vérités dont le cœur soit assuré. Et je savais bien
l'évidence de celle-ci, certain soir où l'ombre commençait
à noyer les vignes et les oliviers de la campagne de
Florence d'une grande tristesse muette. Mais la tristesse
dans ce pays[1] n'est jamais qu'un commentaire de la
beauté. Et dans le train qui filait à travers le soir, je
sentais quelque chose se dénouer en moi. Puis-je douter
aujourd'hui qu'avec le visage de la tristesse, cela s'appelait
cependant du bonheur ?

Oui, la leçon illustrée par ses hommes, l'Italie la prodigue aussi par ses paysages. Mais il est facile de manquer
le bonheur puisque toujours il est immérité. De même
pour l'Italie. Et sa grâce, si elle est soudaine, n'est pas
toujours immédiate. Mieux qu'aucun autre pays, elle
invite à l'approfondissement d'une expérience qu'elle
paraît cependant livrer tout entière à la première fois.
C'est qu'elle est d'abord prodigue de poésie pour mieux
cacher sa vérité. Ses premiers sortilèges sont des rites
d'oubli : les lauriers-roses de Monaco, Gênes pleine de
fleurs et d'odeurs de poisson et les soirs bleus sur la côte
ligurienne. Puis Pise enfin et avec elle une Italie qui a
perdu le charme un peu canaille de la Riviera. Mais elle
est encore facile et pourquoi ne pas se prêter quelque
temps à sa grâce sensuelle[2] ? Pour moi que rien ne force
lorsque je suis ici (et qui suis privé des joies du voyageur
traqué[3] puisqu'un billet à prix réduit me force à rester un
certain temps dans la ville « de mon choix »), ma patience
à aimer et à comprendre me semble sans limite ce premier
soir où, fatigué et affamé, j'entre dans Pise, accueilli sur
l'avenue de la gare par dix haut-parleurs tonitruants qui
déversent un flot de romances[4] sur une foule où presque
tout le monde est jeune. Je sais déjà ce que j'attends.
Après ce bondissement de vie, ce sera ce singulier instant,
les cafés fermés et le silence soudain revenu, où j'irai par
des rues courtes et obscures vers le centre de la ville.
L'Arno noir et doré, les monuments jaunes et verts, la
ville déserte, comment décrire ce subterfuge si soudain
et si adroit par lequel Pise à dix heures du soir se change

en un décor étrange de silence, d'eau et de pierres. « C'est par une nuit pareille, Jessica[1] ! » Sur ce plateau unique, voici que les dieux paraissent avec la voix des amants de Shakespeare... Il faut savoir se prêter au rêve lorsque le rêve se prête à nous. Le chant plus intérieur qu'on vient chercher ici, j'en sens déjà les premiers accords au fond de cette nuit italienne. Demain, demain seulement, la campagne s'arrondira dans le matin. Mais ce soir, me voici dieu parmi les dieux et, devant Jessica qui s'enfuit « des pas emportés de l'amour », je mêle ma voix à celle de Lorenzo. Mais Jessica n'est qu'un prétexte, et cet élan d'amour la dépasse. Oui, je le crois, Lorenzo l'aime moins qu'il ne lui est reconnaissant de lui permettre d'aimer. Mais pourquoi songer ce soir aux Amants de Venise et oublier Vérone[2] ? C'est qu'aussi bien rien n'invite ici à chérir des amants malheureux. Rien n'est plus vain que de mourir pour un amour. C'est vivre qu'il faudrait. Et Lorenzo vivant vaut mieux que Roméo dans la terre et malgré son rosier. Comment alors ne pas danser dans ces fêtes de l'amour vivant — dormir l'après-midi sur l'herbe courte de la Piazza del Duomo, au milieu des monuments qu'on a toujours le temps de visiter, boire aux fontaines de la ville où l'eau était un peu tiède mais si fluide, revoir encore ce visage de femme qui riait, le nez long et la bouche fière[3]. Il faut comprendre seulement que cette initiation prépare à des illuminations plus hautes. Ce sont les cortèges étincelants qui mènent les mystes dionysiens à Éleusis. C'est dans la joie que l'homme prépare ses leçons et, parvenue à son plus haut degré d'ivresse, la chair devient consciente et consacre sa communion avec un mystère sacré dont le symbole est le sang noir. L'oubli de soi-même puisé dans l'ardeur de cette première Italie, voici qu'il prépare à cette leçon qui nous délie de l'espérance et nous enlève à notre histoire. Double vérité du corps et de l'instant, au spectacle de la beauté, comment ne pas s'y accrocher comme on s'agrippe au seul bonheur attendu, qui doit nous enchanter, mais périr à la fois.

Le matérialisme le plus répugnant n'est pas celui qu'on croit, mais bien celui qui veut nous faire passer des idées mortes pour des réalités vivantes et détourner sur des mythes stériles l'attention obstinée et lucide que nous portons à ce qui en nous doit mourir pour toujours. Je me souviens qu'à Florence, dans le cloître des morts, à la Santissima Annunziata[1], je fus transporté par quelque chose que j'ai pu prendre pour de la détresse et qui n'était que de la colère. Il pleuvait. Je lisais des inscriptions sur les dalles funéraires et sur les ex-voto. Celui-ci avait été père tendre et mari fidèle; cet autre, en même temps que le meilleur des époux, commerçant avisé. Une jeune femme, modèle de toutes les vertus, parlait le français[2], « si come il nativo ». Là une jeune fille était toute l'espérance des siens, « ma la gioia è pellegrina sulla terra ». Mais rien de tout cela ne m'atteignait. Presque tous, selon les inscriptions, s'étaient résignés à mourir, et sans doute, puisqu'ils acceptaient leurs autres devoirs. Aujourd'hui, les enfants[3] avaient envahi le cloître et jouaient à saute-mouton sur les dalles qui voulaient perpétuer leurs vertus. La nuit tombait alors, je m'étais assis par terre, adossé à une colonne. Un prêtre, en passant, m'avait souri. Dans l'église, l'orgue jouait sourdement et la couleur chaude de son dessin reparaissait parfois derrière le cri des enfants. Seul contre la colonne, j'étais comme quelqu'un qu'on prend à la gorge et qui crie sa foi comme une dernière parole. Tout en moi[4] protestait contre une semblable résignation. « Il faut », disaient les inscriptions. Mais non, et ma révolte avait raison. Cette joie qui allait, indifférente et absorbée comme un pèlerin sur la terre, il me fallait la suivre pas à pas. Et, pour le reste, je disais non. Je disais non de toutes mes forces. Les dalles m'apprenaient que c'était inutile et que la vie est « col sol levante, col sol cadente ». Mais aujourd'hui encore, je ne vois pas ce que l'inutilité ôte à ma révolte et je sens bien ce qu'elle lui ajoute.

Au demeurant, ce n'est pas cela que je voulais dire. Je voudrais cerner d'un peu plus près une vérité que j'éprouvais alors dans le cœur même de ma révolte et dont celle-ci n'était que le prolongement, une vérité qui allait des petites roses tardives du cloître de Santa Maria Novella aux femmes de ce dimanche matin à Florence, les seins libres dans des robes légères et les lèvres humides[5]. Au coin de chaque église, ce dimanche-là, se dressaient des étalages de fleurs, grasses et brillantes, perlées d'eau[6]. J'y trouvais alors une sorte de « naïveté » en même temps qu'une récompense. Dans ces fleurs comme dans ces femmes, il y avait une opulence généreuse et je ne voyais pas que désirer les unes différât beaucoup de convoiter les autres. Le même cœur pur y suffisait. Ce n'est pas souvent qu'un homme se sent le cœur pur. Mais du moins à ce moment, son devoir est d'appeler vérité ce qui l'a si singulièrement purifié, même si cette vérité peut à d'autres sembler un blasphème, comme c'est le cas pour ce que je pensais ce jour-là : j'avais passé ma matinée dans un couvent de franciscains, à Fiesole, plein de l'odeur des lauriers[1]. J'étais resté de longs moments dans une petite cour gonflée de fleurs rouges, de soleil, d'abeilles jaunes et noires[2]. Dans un coin, il y avait un arrosoir vert. Avant de venir, j'avais visité les cellules des moines, et vu leurs petites tables garnies d'une tête de mort. Maintenant, ce jardin témoignait de leurs inspirations. J'étais revenu vers Florence, le long de la colline qui dévalait vers la ville offerte avec tous ses cyprès. Cette splendeur du monde, ces femmes et ces fleurs, il me semblait qu'elle était comme la justification de ces hommes. Je n'étais pas sûr qu'elle ne fût aussi celle de tous les hommes qui savent qu'un point extrême de pauvreté rejoint toujours le luxe et la richesse du monde. Dans la vie de ces franciscains, enfermés entre des colonnes et des fleurs et celle des jeunes gens de la plage Padovani à Alger qui passent toute l'année au soleil, je sentais une résonance commune. S'ils se dépouillent, c'est pour une plus grande vie (et non pour une autre vie). C'est du moins le seul emploi valable du mot « dénuement ». Être nu garde toujours un sens de liberté physique et cet accord de la main et des fleurs — cette entente amoureuse de la terre et de l'homme délivré de l'humain — ah! je m'y convertirais bien si elle n'était déjà ma religion. Non, ce ne peut être là un blasphème — et non plus si je dis que le sourire intérieur des saints François de Giotto justifie ceux qui ont le goût du bonheur[3]. Car les mythes sont à la religion ce que la poésie est à la vérité, des masques ridicules posés sur la passion de vivre.

Irai-je plus loin ? Les mêmes hommes qui, à Fiesole, vivent devant les fleurs rouges ont dans leur cellule le crâne qui nourrit leurs méditations. Florence à leurs fenêtres et la mort sur leur table. Une certaine continuité dans le désespoir peut engendrer la joie[4]. Et à une certaine température de vie, l'âme et le sang mêlés vivent à l'aise sur des contradictions, aussi indifférents au devoir qu'à la foi[1]. Je ne m'étonne plus alors que sur un mur de Pise une main allègre ait résumé ainsi sa singulière notion de l'honneur : « Alberto fa l'amore con la mia sorella[2]. » Je ne m'étonne plus que l'Italie soit la terre des incestes, ou du moins, ce qui est plus significatif, des incestes avoués. Car le chemin qui va de la beauté à l'immoralité est tortueux, mais certain[3]. Plongée dans la beauté, l'intelligence fait son repas de néant[4]. Devant ces paysages dont la grandeur serre la gorge, chacune de ses pensées est une rature sur l'homme. Et bientôt, nié, couvert, recouvert et obscurci par tant de convictions accablantes, il n'est plus rien devant le monde que cette tache informe qui ne connaît de vérité que passive, ou sa couleur ou son soleil. Des paysages si purs sont desséchants pour l'âme et leur beauté insupportable. Dans ces évangiles de pierre, de ciel et d'eau, il est dit que rien ne ressuscite. Désormais au fond de ce désert magnifique au cœur, la tentation commence pour les hommes de ces pays. Quoi d'étonnant à ces esprits[5] élevés devant le spectacle de la noblesse, dans l'air raréfié de la beauté, restent mal persuadés que la grandeur puisse s'unir à la bonté ? Une intelligence sans dieu qui l'achève cherche un dieu dans ce qui la nie. Borgia arrivant au Vatican s'écrie : « Maintenant que Dieu nous a donné la papauté, il faut se hâter d'en jouir. » Et il fait comme il dit[6]. Se hâter, cela est bien dit. Et l'on y sent déjà le désespoir si particulier aux êtres comblés.

Je me trompe peut-être. Car enfin je fus heureux à Florence et tant d'autres avant moi. Mais qu'est-ce que le bonheur sinon le simple accord entre un être et l'existence qu'il mène ? Et quel accord plus légitime peut unir l'homme à la vie sinon la double conscience de son désir de durée et son destin de mort ? On y apprend du moins à ne compter sur rien et à considérer le présent comme la seule vérité qui nous soit donnée par « surcroît ». J'entends bien qu'on me dit : l'Italie, la Méditerranée, terres antiques où tout est à la mesure de l'homme. Mais où donc et qu'on me montre la voie ? Laissez-moi ouvrir les yeux pour chercher ma mesure et mon contentement ! Ou plutôt si, je vois : Fiesole, Djémila et les ports dans le soleil. La mesure de l'homme ? Le silence et les pierres mortes. Tout le reste appartient à l'histoire.

Mais pourtant, ce n'est pas là qu'il faudrait s'arrêter. Car il n'a pas été dit que le bonheur soit à toute force inséparable de l'optimisme. Il est lié à l'amour — ce qui n'est pas la même chose. Et je sais des heures et des lieux où le bonheur peut paraître si amer qu'on lui préfère sa promesse. Mais c'est qu'en ces heures ou en ces lieux, je n'avais pas assez de cœur à aimer, c'est-à-dire à ne pas renoncer. Ce qu'il faut dire ici, c'est cette entrée de l'homme dans les fêtes de la terre et de la beauté. Car à cette minute, comme le néophyte ses derniers voiles, il abandonne devant son dieu la petite monnaie de sa personnalité. Oui, il y a un bonheur plus haut où le bonheur paraît futile. À Florence, je montais tout en haut du jardin Boboli, jusqu'à une terrasse d'où l'on découvrait le Monte Oliveto et les hauteurs de la ville jusqu'à l'horizon. Sur chacune de ces collines, les oliviers étaient pâles comme de petites fumées et dans le brouillard léger qu'ils faisaient se détachaient les jets plus durs des cyprès, les plus proches verts et ceux du lointain noirs. Dans le ciel dont on voyait le bleu profond, de gros nuages mettaient des taches. Avec la fin de l'après-midi, tombait une lumière argentée où tout devenait silence. Le sommet des collines était d'abord dans les nuages. Mais une brise s'était levée dont je sentais le souffle sur mon visage. Avec elle, et derrière les collines, les nuages se séparèrent comme un rideau qui s'ouvre. Du même coup, les cyprès du sommet semblèrent grandir d'un seul jet dans le bleu soudain découvert. Avec eux, toute la colline et le paysage d'oliviers et de pierres remontèrent avec lenteur. D'autres nuages vinrent. Le rideau se ferma. Et la colline redescendit avec ses cyprès et ses maisons. Puis à nouveau — et dans le lointain sur d'autres collines de plus en plus effacées, — la même brise qui ouvrait ici les plis épais des nuages les refermait là-bas. Dans cette grande respiration du monde, le même souffle s'accomplissait à quelques secondes de distance et reprenait de loin en loin le thème de pierre et d'air d'une fugue à l'échelle du monde. À chaque fois, le thème diminuait d'un ton : à le suivre un peu plus loin, je me calmais un peu plus. Et parvenu au terme de cette perspective sensible au cœur, j'embrassais d'un coup d'œil cette fuite de collines toutes ensemble respirant et avec elle comme le chant de la terre entière[1].

Des millions d'yeux, je le savais[1], ont contemplé ce paysage et pour moi, il était comme le premier sourire du ciel[2]. Il me mettait hors de moi au sens profond du terme. Il m'assurait que sans mon amour et ce beau cri de pierre, tout était inutile. Le monde est beau, et hors de lui, point de salut[3]. La grande vérité que patiemment il m'enseignait, c'est que l'esprit n'est rien, ni le cœur même. Et que la pierre chauffée par le soleil, ou le cyprès que le ciel découvert agrandit, limitent le seul univers où « avoir raison » prend un sens : la nature sans hommes[4]. Et ce monde m'annihile[5]. Il me porte jusqu'au bout. Il me nie sans colère. Dans ce soir qui tombait sur la campagne florentine, je m'acheminais vers une sagesse où tout était déjà conquis, si des larmes ne m'étaient venues aux yeux et si le gros sanglot de poésie qui m'emplissait[6] ne m'avait fait oublier la vérité du monde.

C'est sur ce balancement qu'il faudrait s'arrêter : singulier instant où la spiritualité répudie la morale, où le bonheur naît de l'absence d'espoir, où l'esprit trouve sa raison dans le corps. S'il est vrai que toute vérité porte en elle son amertume, il est aussi vrai que toute négation contient une floraison de « oui ». Et ce chant d'amour sans espoir qui naît de la contemplation peut aussi figurer la plus efficace des règles d'action. Au sortir du tombeau, le Christ ressuscitant de Piero della Francesca n'a pas un regard d'homme[7]. Rien d'heureux n'est peint sur son visage — mais seulement une grandeur farouche et sans âme que je ne puis m'empêcher de prendre pour une résolution à vivre[8]. Car le sage comme l'idiot exprime peu. Ce retour me ravit.

Mais cette leçon, la dois-je à l'Italie ou l'ai-je tirée de mon cœur ? C'est là-bas sans doute qu'elle m'est apparue. Mais c'est que l'Italie, comme d'autres lieux privilégiés, m'offre le spectacle d'une beauté où meurent quand même les hommes. Ici encore la vérité doit pourrir et quoi de plus exaltant ? Même si je la souhaite, qu'ai-je à faire d'une vérité qui ne doive pas pourrir ? Elle n'est pas à ma mesure. Et l'aimer serait un faux-semblant. On comprend rarement que ce n'est jamais par désespoir qu'un homme abandonne ce qui faisait sa vie. Les coups de tête et les désespoirs mènent vers d'autres vies et marquent seulement un attachement frémissant aux leçons de la terre. Mais il peut arriver qu'à un certain degré de lucidité, un homme se sente le cœur fermé et, sans révolte ni revendication, tourne le dos à ce qu'il prenait jusqu'ici pour sa vie, je veux dire son agitation. Si Rimbaud finit en Abyssinie sans avoir écrit une seule ligne, ce n'est pas par goût de l'aventure, ni renoncement d'écrivain[1]. C'est « parce que c'est comme ça » et qu'à une certaine pointe de la conscience, on finit par admettre ce que nous nous efforçons tous de ne pas comprendre, selon notre vocation. On sent bien qu'il s'agit ici d'entreprendre la géographie d'un certain désert. Mais ce désert singulier n'est sensible qu'à ceux capables d'y vivre sans jamais tromper leur soif. C'est alors, et alors seulement, qu'il se peuple des eaux vives du bonheur.

À portée de ma main, au jardin Boboli, pendaient d'énormes kakis dorés dont la chair éclatée laissait passer un sirop épais. De cette colline légère à ces fruits juteux, de la fraternité secrète qui m'accordait au monde à la faim qui me poussait vers la chair orangée au-dessus de ma main, je saisissais le balancement qui mène certains hommes de l'ascèse à la jouissance et du dépouillement à la profusion dans la volupté[2]. J'admirais, j'admire ce lien qui, au monde, unit l'homme, ce double reflet dans lequel mon cœur peut intervenir et dicter son bonheur jusqu'à une limite précise où le monde peut alors l'achever ou le détruire[3]. Florence ! Un des seuls lieux d'Europe où j'ai compris qu'au cœur de ma révolte dormait un consentement[4]. Dans son ciel mêlé de larmes et de soleil, j'apprenais à consentir à la terre et à brûler dans la flamme sombre de ses fêtes. J'éprouvais... mais quel mot ? quelle démesure ? comment consacrer l'accord de l'amour et de la révolte ? La terre ! Dans ce grand temple déserté par les dieux, toutes mes idoles ont des pieds d'argile[5].

LE MYTHE
DE SISYPHE

À PASCAL PIA

Ô mon âme, n'aspire pas à la vie immortelle,
mais épuise le champ du possible.

PINDARE.
(*3ᵉ Pythique*[1].)

UN RAISONNEMENT ABSURDE

[1] Les pages qui suivent[2] traitent d'une sensibilité absurde qu'on peut trouver éparse dans le siècle — et non d'une philosophie absurde que notre temps, à proprement parler, n'a pas connue. Il est donc d'une honnêteté élémentaire de marquer, pour commencer, ce qu'elles doivent à certains esprits contemporains. Mon intention est si peu de le cacher qu'on les verra cités et commentés tout au long de l'ouvrage.

Mais il est utile de noter, en même temps, que l'absurde, pris jusqu'ici comme conclusion, est considéré dans cet essai comme un point de départ. En ce sens, on peut dire qu'il y a du provisoire dans mon commentaire : on ne saurait préjuger la position qu'il engage. On trouvera seulement ici la description, à l'état pur, d'un mal de l'esprit. Aucune métaphysique, aucune croyance n'y sont mêlées pour le moment. Ce sont les limites et le seul parti pris de ce livre[3].

L'ABSURDE ET LE SUICIDE[1]

Il n'y a qu'un problème philosophique vraiment sérieux : c'est le suicide. Juger que la vie vaut ou ne vaut pas la peine d'être vécue, c'est répondre à la question fondamentale de la philosophie. Le reste, si le monde a trois dimensions, si l'esprit a neuf ou douze catégories, vient ensuite. Ce sont des jeux; il faut d'abord répondre. Et s'il est vrai, comme le veut Nietzsche, qu'un philosophe, pour être estimable, doive prêcher d'exemple[2], on saisit l'importance de cette réponse puisqu'elle va précéder le geste définitif. Ce sont là des évidences sensibles au cœur, mais qu'il faut approfondir pour les rendre claires à l'esprit.

Si je me demande à quoi juger que telle question est plus pressante que telle autre, je réponds que c'est aux actions qu'elle engage. Je n'ai jamais vu personne mourir pour l'argument ontologique. Galilée, qui tenait une vérité scientifique d'importance, l'abjura le plus aisément du monde dès qu'elle mit sa vie en péril. Dans un certain sens, il fit bien[3]. Cette vérité ne valait pas le bûcher. Qui de la terre ou du soleil tourne autour de l'autre, cela est profondément indifférent. Pour tout dire, c'est une question futile. En revanche, je vois que beaucoup de gens meurent parce qu'ils estiment que la vie ne vaut pas la peine d'être vécue. J'en vois d'autres qui se font paradoxalement tuer pour les idées ou les illusions qui leur donnent une raison de vivre (ce qu'on appelle une raison de vivre est en même temps une excellente raison de mourir). Je juge donc que le sens de la vie est la plus pressante des questions. Comment y répondre? Sur tous les problèmes essentiels, j'entends par là ceux qui risquent de faire mourir ou ceux qui décuplent la passion de vivre, il n'y a probablement que deux méthodes de pensée, celle de La Palisse et celle de Don Quichotte. C'est l'équilibre de l'évidence et du lyrisme qui peut seul nous permettre d'accéder en même temps à l'émotion et à la clarté. Dans un sujet à la fois si humble et si chargé de pathétique, la dialectique savante et classique doit donc céder la place, on le conçoit, à une attitude d'esprit plus modeste qui procède à la fois du bon sens et de la sympathie.

On n'a jamais traité du suicide que comme d'un phénomène social. Au contraire, il est question ici, pour commencer, du rapport entre la pensée individuelle et le suicide. Un geste comme celui-ci se prépare dans le silence du cœur au même titre qu'une grande œuvre. L'homme lui-même l'ignore. Un soir, il tire ou il plonge. D'un gérant d'immeubles qui s'était tué, on me disait un jour qu'il avait perdu sa fille depuis cinq ans, qu'il avait beaucoup changé depuis et que cette histoire « l'avait miné ». On ne peut souhaiter de mot plus exact. Commencer à penser, c'est commencer d'être miné. La société n'a pas grand-chose à voir dans ces débuts. Le ver se trouve au cœur de l'homme. C'est là qu'il faut le chercher. Ce jeu mortel qui mène de la lucidité en face de l'existence à l'évasion hors de la lumière, il faut le suivre et le comprendre.

Il y a beaucoup de causes à un suicide et d'une façon générale les plus apparentes n'ont pas été les plus efficaces. On se suicide rarement (l'hypothèse cependant n'est pas exclue) par réflexion. Ce qui déclenche la crise est presque toujours incontrôlable. Les journaux parlent souvent de « chagrins intimes[1] » ou de « maladie incurable ». Ces explications sont valables. Mais il faudrait savoir si le jour même un ami du désespéré ne lui a pas parlé sur un ton indifférent[2]. Celui-là est le coupable. Car cela peut suffire à précipiter toutes les rancœurs et toutes les lassitudes encore en suspension*.

Mais, s'il est difficile de fixer l'instant précis, la démarche subtile où l'esprit a parié pour la mort, il est plus aisé de tirer du geste lui-même les conséquences qu'il suppose. Se tuer, dans un sens, et comme au mélodrame, c'est avouer. C'est avouer qu'on est dépassé par la vie ou qu'on ne la comprend pas. N'allons pas trop loin cepen-

---

* Ne manquons pas l'occasion de marquer le caractère relatif de cet essai. Le suicide peut en effet se rattacher à des considérations beaucoup plus honorables. Exemple : les suicides politiques dits de protestation, dans la révolution chinoise.

dant dans ces analogies et revenons aux mots courants. C'est seulement avouer que cela « ne vaut pas la peine ». Vivre, naturellement, n'est jamais facile. On continue à faire les gestes que l'existence commande, pour beaucoup de raisons dont la première est l'habitude. Mourir volontairement suppose qu'on a reconnu, même instinctivement, le caractère dérisoire de cette habitude, l'absence de toute raison profonde de vivre, le caractère insensé de cette agitation quotidienne et l'inutilité de la souffrance[1].

Quel est donc cet incalculable sentiment qui prive l'esprit du sommeil nécessaire à sa vie ? Un monde qu'on peut expliquer même avec de mauvaises raisons est un monde familier. Mais au contraire, dans un univers soudain privé d'illusions et de lumières, l'homme se sent un étranger. Cet exil est sans recours puisqu'il est privé des souvenirs d'une patrie perdue ou de l'espoir d'une terre promise[2]. Ce divorce entre l'homme et sa vie, l'acteur et son décor, c'est proprement le sentiment de l'absurdité. Tous les hommes sains ayant songé à leur propre suicide, on pourra reconnaître, sans plus d'explications, qu'il y a un lien direct entre ce sentiment et l'aspiration vers le néant.

Le sujet de cet essai est précisément ce rapport entre l'absurde et le suicide, la mesure exacte dans laquelle le suicide est une solution à l'absurde. On peut poser en principe que pour un homme qui ne triche pas, ce qu'il croit vrai doit régler son action. La croyance dans l'absurdité de l'existence doit donc commander sa conduite. C'est une curiosité légitime de se demander, clairement et sans faux pathétique, si une conclusion de cet ordre exige que l'on quitte au plus vite une condition incompréhensible. Je parle ici, bien entendu, des hommes disposés à se mettre d'accord avec eux-mêmes.

Posé en termes clairs, ce problème peut paraître à la fois simple et insoluble. Mais on suppose à tort que des questions simples entraînent des réponses qui ne le sont pas moins et que l'évidence implique l'évidence. A priori, et en inversant les termes du problème, de même qu'on se tue ou qu'on ne se tue pas, il semble qu'il n'y ait que deux solutions philosophiques, celle du oui et celle du non. Ce serait trop beau. Mais il faut faire la part de ceux qui, sans conclure, interrogent toujours[1]. Ici, j'ironise à peine : il s'agit de la majorité. Je vois également que ceux qui répondent non agissent comme s'ils pensaient oui. De fait, si j'accepte le critérium nietzschéen[2], ils pensent oui d'une façon ou de l'autre. Au contraire, ceux qui se suicident, il arrive souvent qu'ils étaient assurés du sens de la vie. Ces contradictions sont constantes. On peut même dire qu'elles n'ont jamais été aussi vives que sur ce point où la logique au contraire paraît si désirable. C'est un lieu commun de comparer les théories philosophiques et la conduite de ceux qui les professent. Mais il faut bien dire que, parmi les penseurs qui refusèrent un sens à la vie, aucun, sauf Kirilov qui appartient à la littérature, Peregrinos[3] qui naît de la légende* et Jules Lequier[5] qui relève de l'hypothèse, n'accorda sa logique jusqu'à refuser cette vie. On cite souvent, pour en rire, Schopenhauer qui faisait l'éloge du suicide devant une table bien garnie. Il n'y a point là matière à plaisanterie. Cette façon de ne pas prendre le tragique au sérieux n'est pas si grave, mais elle finit par juger son homme.

Devant ces contradictions et ces obscurités, faut-il donc croire qu'il n'y a aucun rapport entre l'opinion qu'on peut avoir sur la vie et le geste qu'on fait pour la quitter ? N'exagérons rien dans ce sens. Dans l'attachement d'un homme à sa vie, il y a quelque chose de plus fort que toutes les misères du monde. Le jugement du corps vaut bien celui de l'esprit et le corps recule devant l'anéantissement. Nous prenons l'habitude de vivre avant d'acquérir celle de penser. Dans cette course qui nous précipite tous les jours un peu plus vers la mort, le corps garde cette avance irréparable. Enfin, l'essentiel de cette contradiction réside dans ce que j'appellerai l'esquive[6] parce qu'elle est à la fois moins et plus que le divertissement au sens pascalien. L'esquive mortelle qui fait le troisième thème de cet essai, c'est l'espoir. Espoir d'une autre vie qu'il faut « mériter », ou tricherie de ceux qui vivent non pour la vie elle-même, mais pour quelque

---

* J'ai entendu parler d'un émule de Peregrinos, écrivain de l'après-guerre, qui après avoir terminé son premier livre se suicida pour attirer l'attention sur son œuvre. L'attention en effet fut attirée mais le livre jugé mauvais[4].

grande idée qui la dépasse, la sublime, lui donne un sens et la trahit.

Tout contribue ainsi à brouiller les cartes. Ce n'est pas en vain qu'on a jusqu'ici joué sur les mots et feint de croire que refuser un sens à la vie conduit forcément à déclarer qu'elle ne vaut pas la peine d'être vécue. En vérité, il n'y a aucune mesure forcée entre ces deux jugements. Il faut seulement refuser de se laisser égarer par les confusions, les divorces et les inconséquences jusqu'ici signalés. Il faut tout écarter et aller droit au vrai problème. On se tue parce que la vie ne vaut pas la peine d'être vécue, voilà une vérité sans doute — inféconde cependant parce qu'elle est truisme. Mais est-ce que cette insulte à l'existence, ce démenti où on la plonge vient de ce qu'elle n'a point de sens ? Est-ce que son absurdité exige qu'on lui échappe, par l'espoir ou le suicide, voilà ce qu'il faut mettre à jour, poursuivre et illustrer en écartant tout le reste. L'absurde commande-t-il la mort, il faut donner à ce problème le pas sur les autres, en dehors de toutes les méthodes de pensée et des jeux de l'esprit désintéressé[1]. Les nuances, les contradictions, la psychologie qu'un esprit « objectif » sait toujours introduire dans tous les problèmes, n'ont pas leur place dans cette recherche et cette passion. Il y faut seulement une pensée injuste, c'est-à-dire logique. Cela n'est pas facile. Il est toujours aisé d'être logique. Il est presque impossible d'être logique jusqu'au bout. Les hommes qui meurent de leurs propres mains suivent ainsi jusqu'à sa fin la pente de leur sentiment. La réflexion sur le suicide me donne alors l'occasion de poser le seul problème qui m'intéresse : y a-t-il une logique jusqu'à la mort ? Je ne puis le savoir qu'en poursuivant sans passion désordonnée, dans la seule lumière de l'évidence, le raisonnement dont j'indique ici l'origine. C'est ce que j'appelle un raisonnement absurde. Beaucoup l'ont commencé. Je ne sais pas encore s'ils s'y sont tenus.

Lorsque Karl Jaspers, révélant l'impossibilité de constituer le monde en unité, s'écrie : « Cette limitation me conduit à moi-même, là où je ne me retire plus derrière un point de vue objectif que je ne fais que représenter, là où ni moi-même ni l'existence d'autrui ne peut plus devenir objet pour moi[2] », il évoque après bien d'autres ces lieux déserts et sans eau[3] où la pensée arrive à ses confins. Après bien d'autres, oui sans doute, mais combien pressés d'en sortir! À ce dernier tournant où la pensée vacille, beaucoup d'hommes sont arrivés, et parmi les plus humbles. Ceux-là abdiquaient alors ce qu'ils avaient de plus cher qui était leur vie. D'autres, princes parmi l'esprit[1], ont abdiqué aussi, mais c'est au suicide de leur pensée, dans sa révolte la plus pure, qu'ils ont procédé. Le véritable effort est de s'y tenir au contraire, autant que cela est possible et d'examiner de près la végétation baroque de ces contrées éloignées. La ténacité et la clairvoyance sont des spectateurs privilégiés pour ce jeu inhumain où l'absurde, l'espoir et la mort échangent leurs répliques[2]. Cette danse à la fois élémentaire et subtile, l'esprit peut alors en analyser les figures avant de les illustrer et de les revivre lui-même.

LES MURS ABSURDES[1]

Comme les grandes œuvres, les sentiments profonds signifient toujours plus qu'ils n'ont conscience de le dire. La constance d'un mouvement ou d'une répulsion dans une âme se retrouve dans des habitudes de faire ou de penser, se poursuit dans des conséquences que l'âme elle-même ignore. Les grands sentiments promènent avec eux leur univers, splendide ou misérable. Ils éclairent de leur passion un monde exclusif où ils retrouvent leur climat. Il y a un univers de la jalousie, de l'ambition, de l'égoïsme ou de la générosité. Un univers, c'est-à-dire une métaphysique et une attitude d'esprit. Ce qui est vrai de sentiments déjà spécialisés le sera plus encore pour des émotions à leur base aussi indéterminées, à la fois aussi confuses et aussi « certaines », aussi lointaines et aussi « présentes » que celles que nous donne le beau ou que suscite l'absurde.

Le sentiment de l'absurdité au détour de n'importe quelle rue peut frapper à la face de n'importe quel homme[2]. Tel quel, dans sa nudité désolante, dans sa lumière sans rayonnement, il est insaisissable. Mais cette difficulté même mérite réflexion. Il est probablement vrai qu'un homme nous demeure à jamais inconnu et qu'il y a toujours en lui quelque chose d'irréductible qui nous échappe. Mais *pratiquement*, je connais les hommes et je les reconnais à leur conduite, à l'ensemble de leurs actes, aux conséquences que leur passage suscite dans la vie. De même tous ces sentiments irrationnels sur lesquels l'analyse ne saurait avoir de prise, je puis *pratiquement* les définir, *pratiquement* les apprécier, à réunir la somme de leurs conséquences dans l'ordre de l'intelligence, à saisir et à noter tous leurs visages, à retracer leur univers[3]. Il est certain qu'apparemment, pour avoir vu cent fois le même acteur, je ne l'en connaîtrai[4] personnellement pas mieux. Pourtant si je fais la somme des héros qu'il a incarnés et si je dis que je le connais un peu plus au centième personnage recensé, on sent qu'il y aura là une part de vérité. Car ce paradoxe apparent est aussi un apologue. Il a une moralité. Elle enseigne qu'un homme se définit aussi bien par ses comédies que par ses élans sincères. Il en est ainsi, un ton plus bas, des sentiments, inaccessibles dans le cœur, mais partiellement trahis par les actes qu'ils animent[1] et les attitudes d'esprit qu'ils supposent. On sent bien qu'ainsi je définis une méthode. Mais on sent aussi que cette méthode est d'analyse et non de connaissance. Car les méthodes impliquent des métaphysiques, elles trahissent à leur insu les conclusions qu'elles prétendent parfois ne pas encore connaître. Ainsi les dernières pages d'un livre sont déjà dans les premières. Ce nœud est inévitable[2]. La méthode définie ici confesse le sentiment que toute vraie connaissance est impossible. Seules les apparences peuvent se dénombrer et le climat se faire sentir[3].

Cet insaisissable sentiment de l'absurdité, peut-être alors pourrons-nous l'atteindre dans les mondes différents mais fraternels[4] de l'intelligence, de l'art de vivre ou de l'art tout court. Le climat de l'absurdité est au commencement. La fin, c'est l'univers absurde et cette attitude d'esprit qui éclaire le monde sous un jour qui lui est propre, pour en faire resplendir le visage privilégié et implacable qu'elle sait lui reconnaître.

Toutes les grandes actions et toutes les grandes pensées ont un commencement dérisoire[5]. Les grandes œuvres naissent souvent au détour d'une rue ou dans le tambour d'un restaurant. Ainsi de l'absurdité. Le monde absurde plus qu'un autre tire sa noblesse de cette naissance misérable. Dans certaines situations répondre : « rien » à une question sur la nature de ses pensées peut être une feinte chez un homme. Les êtres aimés le savent bien. Mais si cette réponse est sincère, si elle figure ce singulier état d'âme où le vide devient éloquent, où la chaîne des gestes quotidiens est rompue, où le cœur cherche en vain le maillon qui la renoue, elle est alors comme le premier signe de l'absurdité.

Il arrive que les décors s'écroulent. Lever, tramway, quatre heures de bureau ou d'usine, repas, tramway, quatre heures de travail, repas, sommeil et lundi mardi mercredi jeudi vendredi et samedi sur le même rythme, cette route se suit aisément la plupart du temps[1]. Un jour seulement, le « pourquoi » s'élève et tout commence dans cette lassitude teintée d'étonnement. « Commence », ceci est important. La lassitude est à la fin des actes d'une vie machinale, mais elle inaugure en même temps le mouvement de la conscience. Elle l'éveille et elle provoque la suite[2]. La suite, c'est le retour inconscient dans la chaîne, ou c'est l'éveil définitif. Au bout de l'éveil vient, avec le temps, la conséquence : suicide ou rétablissement. En soi, la lassitude a quelque chose d'écœurant. Ici, je dois conclure qu'elle est bonne. Car tout commence par la conscience et rien ne vaut que par elle. Ces remarques n'ont rien d'original. Mais elles sont évidentes : cela suffit pour un temps, à l'occasion d'une reconnaissance sommaire dans les origines de l'absurde. Le simple « souci » est à l'origine de tout[3].

De même et pour tous les jours d'une vie sans éclat, le temps nous porte. Mais un moment vient toujours où il faut le porter. Nous vivons sur l'avenir : « demain », « plus tard », « quand tu auras une situation », « avec l'âge tu comprendras[4] ». Ces inconséquences sont admirables, car enfin il s'agit de mourir. Un jour vient pourtant et l'homme constate ou dit qu'il a trente ans. Il affirme ainsi sa jeunesse. Mais du même coup, il se situe par rapport au temps. Il y prend sa place. Il reconnaît qu'il est à un certain moment d'une courbe qu'il confesse devoir parcourir. Il appartient au temps et, à cette horreur qui le saisit, il y reconnaît son pire ennemi. Demain, il souhaitait demain, quand tout lui-même aurait dû s'y refuser[5]. Cette révolte de la chair, c'est l'absurde*.

Un degré plus bas et voici l'étrangeté : s'apercevoir que le monde est « épais », entrevoir à quel point une pierre est étrangère, nous est irréductible, avec quelle intensité la nature, un paysage peut nous nier. Au fond de toute beauté gît quelque chose d'inhumain et ces collines, la douceur du ciel, ces dessins d'arbres, voici qu'à la minute même, ils perdent le sens illusoire dont

---

* Mais non pas au sens propre. Il ne s'agit pas d'une définition, il s'agit d'une *énumération* des sentiments qui peuvent comporter de l'absurde. L'énumération achevée, on n'a cependant pas épuisé l'absurde.

nous les revêtions, désormais plus lointains qu'un paradis perdu. L'hostilité primitive du monde, à travers les millénaires, remonte vers nous. Pour une seconde, nous ne le comprenons plus puisque pendant des siècles nous n'avons compris en lui que les figures et les dessins que préalablement nous y mettions, puisque désormais les forces nous manquent pour user de cet artifice. Le monde nous échappe puisqu'il redevient lui-même. Ces décors masqués par l'habitude redeviennent ce qu'ils sont. Ils s'éloignent de nous. De même qu'il est des jours où, sous le visage familier d'une femme, on retrouve comme une étrangère[1] celle qu'on avait aimée il y a des mois ou des années, peut-être allons-nous désirer même ce qui nous rend soudain si seuls. Mais le temps n'est pas encore venu. Une seule chose : cette épaisseur et cette étrangeté du monde, c'est l'absurde.

Les hommes aussi sécrètent de l'inhumain. Dans certaines heures de lucidité, l'aspect mécanique de leurs gestes, leur pantomime privée de sens rend stupide tout ce qui les entoure. Un homme parle au téléphone derrière une cloison vitrée ; on ne l'entend pas, mais on voit sa mimique sans portée : on se demande pourquoi il vit[2]. Ce malaise devant l'inhumanité de l'homme même, cette incalculable chute devant l'image de ce que nous sommes, cette « nausée » comme l'appelle un auteur de nos jours, c'est aussi l'absurde[3]. De même l'étranger qui, à certaines secondes, vient à notre rencontre dans une glace, le frère familier et pourtant inquiétant que nous retrouvons dans nos propres photographies, c'est encore l'absurde.

J'en viens enfin à la mort et au sentiment que nous en avons. Sur ce point tout a été dit et il est décent de se garder du pathétique. On ne s'étonnera cependant jamais assez de ce que tout le monde vive comme si personne « ne savait ». C'est qu'en réalité, il n'y a pas d'expérience de la mort. Au sens propre, n'est expérimenté que ce qui a été vécu et rendu conscient. Ici, c'est tout juste s'il est possible de parler de l'expérience de la mort des autres[4]. C'est un succédané, une vue de l'esprit et nous n'en sommes jamais très convaincus. Cette convention mélancolique ne peut être persuasive. L'horreur vient en réalité du côté mathématique de l'événement[5]. Si le temps nous effraie, c'est qu'il fait la démonstration, la solution vient derrière. Tous les beaux discours sur l'âme[1] vont recevoir ici, au moins pour un temps, une preuve par neuf de leur contraire. De ce corps inerte où une gifle ne marque plus, l'âme a disparu[2]. Ce côté élémentaire et définitif de l'aventure fait le contenu du sentiment absurde. Sous l'éclairage mortel de cette destinée, l'inutilité apparaît. Aucune morale ni aucun effort ne sont *a priori* justifiables devant les sanglantes mathématiques qui ordonnent notre condition.

Encore une fois, tout ceci a été dit et redit. Je me borne à faire ici un classement rapide et à indiquer ces thèmes évidents. Ils courent à travers toutes les littératures et toutes les philosophies. La conversation de tous les jours s'en nourrit. Il n'est pas question de les réinventer. Mais il faut s'assurer de ces évidences pour pouvoir s'interroger ensuite sur la question primordiale. Ce qui m'intéresse, je veux encore le répéter, ce ne sont pas tant les découvertes absurdes. Ce sont leurs conséquences. Si l'on est assuré de ces faits[3], que faut-il conclure, jusqu'où aller pour ne rien éluder? Faudra-t-il mourir volontairement, ou espérer malgré tout? Il est nécessaire auparavant d'opérer le même recensement rapide sur le plan de l'intelligence.

La première démarche de l'esprit est de distinguer ce qui est vrai de ce qui est faux. Pourtant dès que la pensée réfléchit sur elle-même, ce qu'elle découvre d'abord, c'est une contradiction[4]. Inutile de s'efforcer ici d'être convaincant. Depuis des siècles personne n'a donné de l'affaire une démonstration plus claire et plus élégante que ne le fit Aristote : « La conséquence souvent ridiculisée de ces opinions est qu'elles se détruisent elles-mêmes. Car en affirmant que tout est vrai, nous affirmons la vérité de l'affirmation opposée et par conséquent la fausseté de notre propre thèse (car l'affirmation opposée n'admet pas qu'elle puisse être vraie). Et si l'on dit que tout est faux, cette affirmation se trouve fausse, elle aussi. Si l'on déclare que seule est fausse l'affirmation opposée à la nôtre ou bien que seule la nôtre n'est pas fausse, on se voit néanmoins obligé d'admettre un nombre infini de jugements vrais ou faux. Car celui qui émet une affirmation vraie prononce en même temps qu'elle est vraie, et ainsi de suite jusqu'à l'infini[5]. »

Ce cercle vicieux n'est que le premier d'une série où l'esprit qui se penche sur lui-même se perd dans un tournoiement vertigineux. La simplicité même de ces paradoxes fait qu'ils sont irréductibles. Quels que soient les jeux de mots et les acrobaties de la logique, comprendre c'est avant tout unifier. Le désir profond de l'esprit même dans ses démarches les plus évoluées rejoint le sentiment inconscient de l'homme devant son univers : il est exigence de familiarité, appétit de clarté. Comprendre le monde pour un homme, c'est le réduire à l'humain, le marquer de son sceau. L'univers du chat n'est pas l'univers du fourmilier[1]. Le truisme : « Toute pensée est anthropomorphique » n'a pas d'autre sens. De même l'esprit qui cherche à comprendre la réalité ne peut s'estimer satisfait que s'il la réduit en termes de pensée. Si l'homme reconnaissait[2] que l'univers lui aussi peut aimer et souffrir, il serait réconcilié. Si la pensée découvrait dans les miroirs changeants des phénomènes, des relations éternelles qui les puissent résumer et se résumer elles-mêmes en un principe unique, on pourrait parler d'un bonheur de l'esprit dont le mythe des bienheureux ne serait qu'une ridicule contrefaçon. Cette nostalgie d'unité, cet appétit d'absolu illustre le mouvement essentiel du drame humain[3]. Mais que cette nostalgie soit un fait n'implique pas qu'elle doive être immédiatement apaisée. Car si, franchissant le gouffre qui sépare le désir de la conquête, nous affirmons avec Parménide la réalité de l'Un (quel qu'il soit), nous tombons dans la ridicule contradiction d'un esprit qui affirme l'unité totale et prouve par son affirmation même sa propre différence et la diversité qu'il prétendait résoudre. Cet autre cercle vicieux suffit à étouffer nos espoirs.

Ce sont là encore des évidences. Je répéterai à nouveau qu'elles ne sont pas intéressantes en elles-mêmes, mais dans les conséquences qu'on peut en tirer. Je connais une autre évidence : elle me dit que l'homme est mortel. On peut compter cependant les esprits qui en ont tiré les conclusions extrêmes. Il faut considérer comme une perpétuelle référence, dans cet essai, le décalage constant entre ce que nous imaginons savoir et ce que nous savons réellement, le consentement pratique et l'ignorance simulée qui fait que nous vivons avec des idées qui, si nous les éprouvions vraiment, devraient bouleverser toute notre vie. Devant cette contradiction inextricable de l'esprit, nous saisirons justement à plein le divorce qui nous sépare de nos propres créations. Tant que l'esprit se tait dans le monde immobile de ses espoirs, tout se reflète et s'ordonne dans l'unité de sa nostalgie. Mais à son premier mouvement, ce monde se fêle et s'écroule : une infinité d'éclats miroitants s'offrent à la connaissance. Il faut désespérer d'en reconstruire jamais la surface familière et tranquille qui nous donnerait la paix du cœur. Après tant de siècles de recherches, tant d'abdications parmi les penseurs, nous savons bien que ceci est vrai pour toute notre connaissance. Exception faite pour les rationalistes de profession, on désespère aujourd'hui de la vraie connaissance. S'il fallait écrire la seule histoire significative de la pensée humaine, il faudrait faire celle de ses repentirs successifs et de ses impuissances.

De qui et de quoi en effet puis-je dire : « Je connais cela[1] ! » Ce cœur en moi, je puis l'éprouver et je juge qu'il existe. Ce monde, je puis le toucher et je juge encore qu'il existe. Là s'arrête toute ma science, le reste est construction. Car si j'essaie de saisir ce moi dont je m'assure, si j'essaie de le définir et de le résumer, il n'est plus qu'une eau qui coule entre mes doigts. Je puis dessiner un à un tous les visages qu'il sait prendre, tous ceux aussi qu'on lui a donnés, cette éducation, cette origine, cette ardeur ou ces silences, cette grandeur ou cette bassesse. Mais on n'additionne pas des visages. Ce cœur même qui est le mien me restera à jamais indéfinissable. Entre la certitude que j'ai de mon existence et le contenu que j'essaie de donner à cette assurance, le fossé ne sera jamais comblé. Pour toujours, je serai étranger à moi-même. En psychologie comme en logique, il y a des vérités mais point de vérité. Le « connais-toi toi-même » de Socrate a autant de valeur que le « sois vertueux » de nos confessionnaux. Ils révèlent une nostalgie en même temps qu'une ignorance. Ce sont des jeux stériles sur de grands sujets. Ils ne sont légitimes que dans la mesure exacte où ils sont approximatifs.

Voici encore des arbres et je connais leur rugueux, de l'eau et j'éprouve sa saveur. Ces parfums d'herbe et d'étoiles, la nuit, certains soirs où le cœur se détend, comment nierais-je ce monde dont j'éprouve la puissance et les forces ? Pourtant toute la science de cette terre ne me donnera rien qui puisse m'assurer que ce monde est à moi. Vous me le décrivez et vous m'apprenez à le classer. Vous énumérez ses lois et dans ma soif de savoir je consens qu'elles soient vraies. Vous démontez son mécanisme et mon espoir s'accroît. Au terme dernier, vous m'apprenez que cet univers prestigieux et bariolé se réduit à l'atome et que l'atome lui-même se réduit à l'électron. Tout ceci est bon et j'attends que vous continuiez. Mais vous me parlez d'un invisible système planétaire où des électrons gravitent autour d'un noyau. Vous m'expliquez ce monde avec une image. Je reconnais alors que vous en êtes venus à la poésie : je ne connaîtrai jamais. Ai-je le temps de m'en indigner ? Vous avez déjà changé de théorie. Ainsi cette science qui devait tout m'apprendre finit dans l'hypothèse[1], cette lucidité sombre dans la métaphore, cette incertitude se résout en œuvre d'art. Qu'avais-je besoin de tant d'efforts ? Les lignes douces de ces collines et la main du soir sur ce cœur agité m'en apprennent bien plus. Je suis revenu à mon commencement. Je comprends que, si je puis par la science saisir les phénomènes et les énumérer, je ne puis pour autant appréhender le monde. Quand j'aurais suivi du doigt son relief tout entier, je n'en saurais pas plus. Et vous me donnez à choisir entre une description qui est certaine, mais qui ne m'apprend rien, et des hypothèses qui prétendent m'enseigner, mais qui ne sont point certaines[2]. Étranger à moi-même et à ce monde, armé pour tout secours d'une pensée qui se nie elle-même dès qu'elle affirme, quelle est cette condition où je ne puis avoir la paix qu'en refusant de savoir et de vivre, où l'appétit de conquête se heurte à des murs qui défient ses assauts ? Vouloir, c'est susciter les paradoxes. Tout est ordonné pour que prenne naissance cette paix empoisonnée que donnent l'insouciance, le sommeil du cœur ou les renoncements mortels.

L'intelligence aussi me dit donc à sa manière que ce monde est absurde. Son contraire qui est la raison aveugle a beau prétendre que tout est clair, j'attendais des preuves[3] et je souhaitais qu'elle eût raison. Mais malgré tant de siècles prétentieux et par-dessus tant d'hommes éloquents et persuasifs, je sais que cela est faux[4]. Sur ce plan du moins, il n'y a point de bonheur si je ne puis savoir. Cette raison universelle, pratique ou morale, ce déterminisme, ces catégories qui expliquent tout, ont de quoi faire rire l'homme honnête. Ils n'ont rien à voir avec l'esprit. Ils nient sa vérité profonde qui est d'être enchaîné. Dans cet univers indéchiffrable et limité, le destin de l'homme prend désormais son sens. Un peuple d'irrationnels s'est dressé et l'entoure jusqu'à sa fin dernière. Dans sa clairvoyance revenue et maintenant concertée, le sentiment de l'absurde s'éclaire et se précise. Je disais que le monde[1] est absurde et j'allais trop vite. Ce monde en lui-même n'est pas raisonnable, c'est tout ce qu'on en peut dire. Mais ce qui est absurde, c'est la confrontation de cet irrationnel et de ce désir éperdu de clarté dont l'appel résonne au plus profond de l'homme. L'absurde dépend autant de l'homme que du monde. Il est pour le moment leur seul lien. Il les scelle l'un à l'autre comme la haine seule peut river les êtres. C'est tout ce que je puis discerner clairement dans cet univers sans mesure où mon aventure se poursuit. Arrêtons-nous ici. Si je tiens pour vrai[2] cette absurdité qui règle mes rapports avec la vie, si je me pénètre de ce sentiment qui me saisit devant les spectacles du monde, de cette clairvoyance que m'impose la recherche d'une science, je dois tout sacrifier à ces certitudes et je dois les regarder en face pour pouvoir les maintenir. Surtout je dois leur régler ma conduite et les poursuivre dans toutes leurs conséquences. Je parle ici d'honnêteté. Mais je veux savoir auparavant si la pensée peut vivre dans ces déserts.

Je sais déjà que la pensée est entrée du moins dans ces déserts. Elle y a trouvé son pain[3]. Elle y a compris qu'elle se nourrissait jusque-là de fantômes. Elle a donné prétexte à quelques-uns des thèmes les plus pressants de la réflexion humaine.

À partir du moment où elle est reconnue, l'absurdité est une passion, la plus déchirante de toutes. Mais savoir si l'on peut vivre avec ses passions, savoir si l'on peut accepter leur loi profonde qui est de brûler le cœur que dans le même temps elles exaltent, voilà toute la question. Ce n'est pas cependant celle que nous poserons encore. Elle est au centre de cette expérience. Il sera temps d'y revenir. Reconnaissons plutôt ces thèmes et ces élans nés du désert. Il suffira de les énumérer. Ceux-là aussi sont aujourd'hui connus de tous. Il y a toujours eu des hommes pour défendre les droits de l'irrationnel. La tradition de ce qu'on peut appeler la pensée humiliée n'a jamais cessé d'être vivante. La critique du rationalisme a été faite tant de fois qu'il semble qu'elle ne soit plus à faire. Pourtant notre époque voit renaître ces systèmes paradoxaux qui s'ingénient à faire trébucher la raison comme si vraiment elle avait toujours marché de l'avant. Mais cela n'est point tant une preuve de l'efficacité de la raison que de la vivacité de ses espoirs. Sur le plan de l'histoire, cette constance de deux attitudes[1] illustre la passion essentielle de l'homme déchiré entre son appel vers l'unité et la vision claire qu'il peut avoir des murs qui l'enserrent.

Mais jamais peut-être en aucun temps comme le nôtre, l'attaque contre la raison n'a été plus vive. Depuis le grand cri de Zarathoustra : « Par hasard, c'est la plus vieille noblesse du monde. Je l'ai rendue à toutes les choses quand j'ai dit qu'au-dessus d'elles aucune volonté éternelle ne voulait[2] », depuis la maladie mortelle de Kierkegaard, « ce mal qui aboutit à la mort sans plus rien après elle[3] », les thèmes significatifs et torturants de la pensée absurde se sont succédé. Ou du moins, et cette nuance est capitale, ceux de la pensée irrationnelle et religieuse. De Jaspers à Heidegger, de Kierkegaard à Chestov, des phénoménologues à Scheler[4], sur le plan logique et sur le plan moral, toute une famille d'esprits, parents par leur nostalgie, opposés par leurs méthodes ou leurs buts, se sont acharnés à barrer la voie royale de la raison et à retrouver les droits chemins de la vérité[5]. Je suppose ici ces pensées connues et vécues. Quelles que soient ou qu'aient été leurs ambitions, tous sont partis de cet univers indicible où règnent la contradiction, l'antinomie, l'angoisse ou l'impuissance. Et ce qui leur est commun, ce sont justement les thèmes qu'on a jusqu'ici décelés. Pour eux aussi, il faut bien dire que ce qui importe surtout, ce sont les conclusions qu'ils ont pu tirer de ces découvertes. Cela importe tant qu'il faudra les examiner à part. Mais, pour le moment, il s'agit seulement de leurs découvertes et de leurs expériences initiales. Il s'agit seulement de constater leur concordance[6]. S'il serait présomptueux de vouloir traiter de leurs philosophies, il est possible, et suffisant en tout cas, de faire sentir le climat qui leur est commun.

Heidegger considère froidement la condition humaine et annonce que cette existence est humiliée[1]. La seule réalité, c'est le « souci » dans toute l'échelle des êtres. Pour l'homme perdu dans le monde et ses divertissements, ce souci est une peur brève et fuyante. Mais que cette peur prenne conscience d'elle-même, et elle devient l'angoisse, climat perpétuel de l'homme lucide « dans lequel l'existence se retrouve[2] ». Ce professeur de philosophie écrit sans trembler et dans le langage le plus abstrait du monde que « le caractère fini et limité de l'existence humaine est plus primordial que l'homme lui-même[3] ». Il s'intéresse à Kant, mais c'est pour reconnaître le caractère borné de sa « Raison pure ». C'est pour conclure au terme de ses analyses que « le monde ne peut plus rien offrir à l'homme angoissé[4] ». Ce souci lui paraît à tel point dépasser en vérité les catégories du raisonnement qu'il ne songe qu'à lui et ne parle que de lui[5]. Il énumère ses visages : d'ennui lorsque l'homme banal cherche à le niveler en lui-même et à l'étourdir; de terreur lorsque l'esprit contemple la mort. Lui non plus ne sépare pas la conscience de l'absurde. La conscience de la mort, c'est l'appel du souci et « l'existence s'adresse alors un propre appel par l'intermédiaire de la conscience[6] ». Elle est la voix même de l'angoisse et elle adjure l'existence « de revenir elle-même de sa perte dans l'On anonyme[7] ». Pour lui non plus, il ne faut pas dormir et il faut veiller jusqu'à la consommation[8]. Il se tient dans ce monde absurde, il en accuse le caractère périssable. Il cherche sa voie au milieu des décombres.

Jaspers désespère de toute ontologie parce qu'il veut que nous ayons perdu la « naïveté[9] ». Il sait que nous ne pouvons arriver à rien qui transcende le jeu mortel des apparences. Il sait que la fin de l'esprit, c'est l'échec. Il s'attarde le long des aventures spirituelles que nous livre l'histoire et décèle impitoyablement la faille de chaque système, l'illusion qui a tout sauvé, la prédication qui n'a rien caché. Dans ce monde dévasté où l'impossibilité de connaître est démontrée, où le néant paraît la seule réalité, le désespoir sans recours, la seule attitude, il tente de retrouver le fil d'Ariane qui mène aux divins secrets.

Chestov de son côté, tout le long d'une œuvre à

l'admirable monotonie, tendu sans cesse vers les mêmes vérités, démontre sans trêve que le système le plus serré, le rationalisme le plus universel finit toujours par buter sur l'irrationnel de la pensée humaine. Aucune des évidences ironiques, des contradictions dérisoires qui déprécient la raison ne lui échappe. Une seule chose l'intéresse et c'est l'exception, qu'elle soit de l'histoire du cœur ou de l'esprit. À travers les expériences dostoïevskiennes du condamné à mort, les aventures exaspérées de l'esprit nietzschéen, les imprécations d'Hamlet ou l'amère aristocratie d'un Ibsen, il dépiste, éclaire et magnifie la révolte humaine contre l'irrémédiable. Il refuse ses raisons à la raison et ne commence à diriger ses pas avec quelque décision qu'au milieu de ce désert sans couleurs où toutes les certitudes sont devenues pierres[1].

De tous peut-être le plus attachant, Kierkegaard, pour une partie au moins de son existence, fait mieux que de découvrir l'absurde, il le vit. L'homme qui écrit : « Le plus sûr des mutismes n'est pas de se taire, mais de parler[2] », s'assure pour commencer qu'aucune vérité n'est absolue et ne peut rendre satisfaisante une existence impossible en soi. Don Juan de la connaissance[3], il multiplie les pseudonymes et les contradictions, écrit les *Discours édifiants* en même temps que ce manuel du spiritualisme cynique qu'est *le Journal du séducteur*. Il refuse les consolations, la morale, les principes de tout repos. Cette épine qu'il se sent au cœur[4], il n'a garde d'en assoupir la douleur[5]. Il la réveille au contraire et, dans la joie désespérée d'un crucifié content de l'être, construit pièce à pièce, lucidité, refus, comédie, une catégorie du démoniaque[6]. Ce visage à la fois tendre et ricanant, ces pirouettes suivies d'un cri parti du fond de l'âme, c'est l'esprit absurde lui-même aux prises avec une réalité qui le dépasse. Et l'aventure spirituelle qui conduit Kierkegaard à ses chers scandales commence elle aussi dans le chaos d'une expérience privée de ses décors et rendue à son incohérence première.

Sur un tout autre plan, celui de la méthode, par leurs outrances mêmes, Husserl et les phénoménologues restituent le monde dans sa diversité et nient le pouvoir transcendant de la raison. L'univers spirituel s'enrichit avec eux de façon incalculable. Le pétale de rose, la borne kilométrique ou la main humaine ont autant d'importance que l'amour, le désir, ou les lois de la gravitation. Penser, ce n'est plus unifier, rendre familière l'apparence sous le visage d'un grand principe. Penser, c'est réapprendre à voir, à être attentif, c'est diriger sa conscience, c'est faire de chaque idée et de chaque image, à la façon de Proust, un lieu privilégié[1]. Paradoxalement, tout est privilégié. Ce qui justifie la pensée, c'est son extrême conscience. Pour être plus positive que chez Kierkegaard ou Chestov, la démarche husserlienne, à l'origine, nie cependant la méthode classique de la raison, déçoit l'espoir, ouvre à l'intuition et au cœur toute une prolifération de phénomènes dont la richesse a quelque chose d'inhumain. Ces chemins mènent à toutes les sciences ou à aucune. C'est dire que le moyen ici a plus d'importance que la fin. Il s'agit seulement « d'une attitude pour connaître[2] » et non d'une consolation. Encore une fois, à l'origine du moins.

Comment ne pas sentir la parenté profonde de ces esprits ! Comment ne pas voir qu'ils se regroupent autour d'un lieu privilégié[3] et amer où l'espérance n'a plus de place ? Je veux que tout me soit expliqué ou rien. Et la raison est impuissante devant ce cri du cœur. L'esprit éveillé par cette exigence cherche et ne trouve que contradictions et déraisonnements. Ce que je ne comprends pas est sans raison. Le monde est peuplé de ces irrationnels. À lui seul dont je ne comprends pas la signification unique, il n'est qu'un immense irrationnel. Pouvoir dire une seule fois : « cela est clair » et tout serait sauvé. Mais ces hommes à l'envi proclament que rien n'est clair, tout est chaos, que l'homme garde seulement sa clairvoyance et la connaissance précise des murs qui l'entourent.

Toutes ces expériences concordent et se recoupent. L'esprit arrivé aux confins doit porter un jugement et choisir ses conclusions. Là se placent le suicide et la réponse. Mais je veux inverser l'ordre de la recherche et partir de l'aventure intelligente pour revenir aux gestes quotidiens. Les expériences ici évoquées sont nées dans le désert qu'il ne faut point quitter. Du moins faut-il savoir jusqu'où elles sont parvenues. À ce point de son effort, l'homme se trouve devant l'irrationnel. Il sent en lui son désir de bonheur et de raison[4]. L'absurde naît de cette confrontation entre l'appel humain et le silence déraisonnable du monde. C'est cela qu'il ne faut pas oublier. C'est à cela qu'il faut se cramponner parce que toute la conséquence d'une vie peut en naître. L'irrationnel, la nostalgie humaine et l'absurde qui surgit de leur tête-à-tête, voilà les trois personnages du drame qui doit nécessairement finir avec toute la logique dont une existence est capable.

LE SUICIDE PHILOSOPHIQUE[1]

Le sentiment de l'absurde n'est pas pour autant la notion de l'absurde. Il la fonde, un point c'est tout. Il ne s'y résume pas, sinon le court instant où il porte son jugement sur l'univers. Il lui reste ensuite à aller plus loin. Il est vivant, c'est-à-dire qu'il doit mourir ou retentir plus avant. Ainsi des thèmes que nous avons réunis. Mais là encore, ce qui m'intéresse, ce ne sont point des œuvres ou des esprits dont la critique demanderait une autre forme et une autre place, mais la découverte de ce qu'il y a de commun dans leurs conclusions. Jamais esprits n'ont été si différents peut-être. Mais pourtant les paysages spirituels où ils s'ébranlent, nous les reconnaissons pour identiques. De même à travers des sciences si dissemblables, le cri qui termine leur itinéraire retentit de même façon. On sent bien qu'il y a un climat commun aux esprits que l'on vient de rappeler. Dire que ce climat est meurtrier, c'est à peine jouer sur les mots[2]. Vivre sous ce ciel étouffant commande qu'on en sorte ou qu'on y reste. Il s'agit de savoir comment on en sort dans le premier cas et pourquoi on y reste dans le second. Je définis ainsi le problème du suicide et l'intérêt qu'on peut porter aux conclusions de la philosophie existentielle.

Je veux auparavant me détourner un instant du droit chemin. Jusqu'ici, c'est par l'extérieur que nous avons pu circonscrire l'absurde. On peut se demander cependant ce que cette notion contient de clair et tenter de retrouver par l'analyse directe sa signification d'une part et, de l'autre, les conséquences qu'elle entraîne.

Si j'accuse un innocent d'un crime monstrueux, si j'affirme à un homme vertueux qu'il a convoité sa propre sœur, il me répondra que c'est absurde. Cette indignation a son côté comique. Mais elle a aussi sa raison profonde. L'homme vertueux illustre par cette réplique l'antinomie définitive qui existe entre l'acte que je lui prête et les principes de toute sa vie. « C'est absurde » veut dire : « c'est impossible », mais aussi : « c'est contradictoire ». Si je vois un homme attaquer à l'arme blanche un groupe de mitrailleuses, je jugerai que son acte est absurde. Mais il n'est tel qu'en vertu de la disproportion qui existe entre son intention et la réalité qui l'attend, de la contradiction que je puis saisir entre ses forces réelles et le but qu'il se propose. De même nous estimerons qu'un verdict est absurde en l'opposant au verdict qu'en apparence les faits commandaient. De même encore une démonstration par l'absurde s'effectue en comparant les conséquences de ce raisonnement avec la réalité logique que l'on veut instaurer. Dans tous ces cas, du plus simple au plus complexe, l'absurdité sera d'autant plus grande que l'écart croîtra entre les termes de ma comparaison. Il y a des mariages absurdes, des défis, des rancœurs, des silences, des guerres et aussi des paix. Pour chacun d'entre eux, l'absurdité naît d'une comparaison. Je suis donc fondé à dire que le sentiment de l'absurdité ne naît pas du simple examen d'un fait ou d'une impression[1] mais qu'il jaillit de la comparaison entre un état de fait et une certaine réalité, entre une action et le monde qui la dépasse. L'absurde est essentiellement un divorce. Il n'est ni dans l'un ni dans l'autre des éléments comparés. Il naît de leur confrontation.

Sur le plan de l'intelligence[2], je puis donc dire que l'absurde n'est pas dans l'homme (si une pareille métaphore pouvait avoir un sens), ni dans le monde, mais dans leur présence commune. Il est pour le moment le seul lien qui les unisse. Si j'en veux rester aux évidences, je sais ce que veut l'homme, je sais ce que lui offre le monde et maintenant je puis dire que je sais encore ce qui les unit. Je n'ai pas besoin de creuser plus avant. Une seule certitude suffit à celui qui cherche. Il s'agit seulement d'en tirer toutes les conséquences.

La conséquence immédiate est en même temps une règle de méthode. La singulière trinité qu'on met ainsi à jour n'a rien d'une Amérique soudain découverte. Mais elle a ceci de commun avec les données de l'expérience qu'elle est à la fois infiniment simple et infiniment compliquée. Le premier de ses caractères à cet égard est qu'elle ne peut se diviser. Détruire un de ses termes, c'est la détruire tout entière. Il ne peut y avoir d'absurde hors d'un esprit humain. Ainsi l'absurde finit comme toutes choses avec la mort. Mais il ne peut non plus y avoir d'absurde hors de ce monde. Et c'est à ce critérium élémentaire que je juge que la notion d'absurde est essentielle et qu'elle peut figurer la première de mes vérités. La règle de méthode évoquée plus haut apparaît ici. Si je juge qu'une chose est vraie, je dois la préserver. Si je me mêle d'apporter à un problème sa solution, il ne faut pas du moins que j'escamote par cette solution même un des termes du problème. L'unique donnée est pour moi l'absurde. Le problème est de savoir comment en sortir et si le suicide doit se déduire de cet absurde. La première et, au fond, la seule condition de mes recherches, c'est de préserver cela même qui m'écrase, de respecter en conséquence ce que je juge essentiel en lui. Je viens de le définir comme une confrontation et une lutte sans repos.

Et poussant jusqu'à son terme cette logique absurde, je dois reconnaître que cette lutte suppose l'absence totale d'espoir (qui n'a rien à voir avec le désespoir), le refus continuel (qu'on ne doit pas confondre avec le renoncement) et l'insatisfaction consciente (qu'on ne saurait assimiler à l'inquiétude juvénile[1]). Tout ce qui détruit, escamote ou subtilise ces exigences (et en premier lieu le consentement qui détruit le divorce) ruine l'absurde et dévalorise l'attitude qu'on peut alors proposer. L'absurde n'a de sens que dans la mesure où l'on n'y consent pas[2].

Il existe un fait d'évidence[3] qui semble tout à fait moral, c'est qu'un homme est toujours la proie de ses vérités. Une fois reconnues, il ne saurait s'en détacher. Il faut bien payer un peu. Un homme devenu conscient de l'absurde lui est lié pour jamais. Un homme sans espoir et conscient de l'être n'appartient plus à l'avenir[4]. Cela est dans l'ordre. Mais il est dans l'ordre également qu'il fasse effort pour échapper à l'univers dont il est le créateur. Tout ce qui précède n'a de sens justement qu'en considération de ce paradoxe. Rien ne peut être plus instructif à cet égard que d'examiner maintenant la façon dont les hommes qui ont reconnu, à partir d'une critique du rationalisme, le climat absurde, ont poussé leurs conséquences.

Or, pour m'en tenir aux philosophies existentielles, je vois que toutes, sans exception, me proposent l'évasion[1]. Par un raisonnement singulier, partis de l'absurde sur les décombres de la raison, dans un univers fermé et limité à l'humain, ils divinisent ce qui les écrase et trouvent une raison d'espérer dans ce qui les démunit. Cet espoir forcé est chez tous d'essence religieuse. Il mérite qu'on s'y arrête.

J'analyserai seulement ici et à titre d'exemple quelques thèmes particuliers à Chestov et à Kierkegaard. Mais Jaspers va nous fournir, poussé jusqu'à la caricature, un exemple type de cette attitude. Le reste en deviendra plus clair. On le laisse impuissant à réaliser le transcendant, incapable de sonder la profondeur de l'expérience et conscient de cet univers bouleversé par l'échec. Va-t-il progresser ou du moins tirer les conclusions de cet échec ? Il n'apporte rien de nouveau. Il n'a rien trouvé dans l'expérience que l'aveu de son impuissance et aucun prétexte à inférer quelque principe satisfaisant. Pourtant, sans justification, il le dit lui-même, il affirme d'un seul jet à la fois le transcendant, l'être de l'expérience et le sens supra-humain de la vie en écrivant : « L'échec ne montre-t-il pas, au-delà de toute explication et de toute interprétation possible, non le néant mais l'être de la transcendance[2]. » Cet être qui, soudain et par un acte aveugle de la confiance humaine, explique tout, il le définit comme « l'unité inconcevable du général et du particulier[3] ». Ainsi l'absurde devient dieu (dans le sens le plus large de ce mot) et cette impuissance à comprendre, l'être qui illumine tout. Rien n'amène en logique ce raisonnement. Je puis l'appeler un saut. Et, paradoxalement, on comprend l'insistance, la patience infinie de Jaspers à rendre irréalisable l'expérience du transcendant. Car plus fuyante est cette approximation, plus vaine s'avère cette définition et plus ce transcendant lui est réel, car la passion qu'il met à l'affirmer est justement proportionnelle à l'écart qui existe entre son pouvoir d'explication et l'irrationalité du monde et de l'expérience. Il apparaît ainsi que Jaspers met d'autant plus d'acharnement à détruire les préjugés de la raison qu'il expliquera de façon plus radicale le monde. Cet apôtre de la pensée humiliée va trouver à l'extrémité même de l'humiliation de quoi régénérer l'être dans toute sa profondeur.

La pensée mystique nous a familiarisés avec ces procédés. Ils sont légitimes au même titre que n'importe quelle attitude d'esprit. Mais, pour le moment, j'agis comme si je prenais au sérieux certain problème. Sans préjuger la valeur générale de cette attitude, son pouvoir d'enseignement, je veux seulement considérer si elle répond aux conditions que je me suis posées, si elle est digne du conflit qui m'intéresse. Je reviens ainsi à Chestov. Un commentateur rapporte une de ses paroles qui mérite intérêt : « La seule vraie issue, dit-il, est précisément là où il n'y a pas d'issue au jugement humain. Sinon, qu'aurions-nous besoin de Dieu ? On ne se tourne vers Dieu que pour obtenir l'impossible. Quant au possible, les hommes y suffisent[1]. » S'il y a une philosophie chestovienne, je puis bien dire qu'elle est tout entière ainsi résumée. Car lorsque, au terme de ses analyses passionnées, Chestov découvre l'absurdité fondamentale de toute existence, il ne dit point : « Voici l'absurde », mais : « Voici Dieu : c'est à lui qu'il convient de s'en remettre, même s'il ne correspond à aucune de nos catégories rationnelles ». Pour que la confusion ne soit pas possible, le philosophe russe insinue même que ce Dieu est peut-être haineux et haïssable, incompréhensible et contradictoire, mais dans la mesure même où son visage est le plus hideux il affirme le plus sa puissance. Sa grandeur, c'est son inconséquence. Sa preuve, c'est son inhumanité. Il faut bondir en lui et par ce saut se délivrer des illusions rationnelles. Ainsi pour Chestov l'acceptation de l'absurde est contemporaine de l'absurde lui-même. Le constater, c'est l'accepter et tout l'effort logique de sa pensée est de le mettre à jour pour faire jaillir du même coup l'espoir immense qu'il entraîne[2]. Encore une fois, cette attitude est légitime[3]. Mais je m'entête ici à considérer un seul problème et toutes ses conséquences. Je n'ai pas à examiner le pathétique d'une pensée ou d'un acte de foi. J'ai toute ma vie pour le faire. Je sais que le rationaliste trouve l'attitude chestovienne irritante. Mais je sens aussi que Chestov a raison contre le rationaliste et je veux seulement savoir s'il reste fidèle aux commandements de l'absurde.

Or, si l'on admet que l'absurde est le contraire de l'espoir, on voit que la pensée existentielle, pour Chestov, présuppose l'absurde, mais ne le démontre que pour le dissiper. Cette subtilité de pensée est un tour pathétique de jongleur. Quand Chestov d'autre part oppose son absurde à la morale courante et à la raison, il l'appelle vérité et rédemption. Il y a donc à la base et dans cette définition de l'absurde une approbation que Chestov lui apporte. Si l'on reconnaît que tout le pouvoir de cette notion réside dans la façon dont il heurte nos espérances élémentaires, si l'on sent que l'absurde exige pour demeurer qu'on n'y consente point, on voit bien alors qu'il a perdu son vrai visage, son caractère humain et relatif pour entrer dans une éternité à la fois incompréhensible et satisfaisante. Si absurde il y a, c'est dans l'univers de l'homme. Dès l'instant où sa notion se transforme en tremplin d'éternité, elle n'est plus liée à la lucidité humaine. L'absurde n'est plus cette évidence que l'homme constate sans y consentir. La lutte est éludée. L'homme intègre l'absurde et dans cette communion fait disparaître son caractère essentiel qui est opposition, déchirement et divorce. Ce saut est une dérobade. Chestov qui cite si volontiers le mot d'Hamlet *The time is out of joint,* l'écrit ainsi avec une sorte d'espoir farouche qu'il est permis de lui attribuer tout particulièrement. Car ce n'est pas ainsi qu'Hamlet le prononce ou que Shakespeare l'écrit[1]. La griserie de l'irrationnel et la vocation de l'extase détournent de l'absurde un esprit clairvoyant. Pour Chestov, la raison est vaine, mais il y a quelque chose au-delà de la raison. Pour un esprit absurde la raison est vaine et il n'y a rien au-delà de la raison.

Ce saut du moins peut nous éclairer un peu plus sur la nature véritable de l'absurde. Nous savons qu'il ne vaut que dans un équilibre, qu'il est avant tout dans la comparaison et non point dans les termes de cette comparaison. Mais Chestov justement fait porter tout le poids sur l'un des termes et détruit l'équilibre. Notre appétit de comprendre, notre nostalgie d'absolu ne sont explicables que dans la mesure où justement nous pouvons comprendre et expliquer beaucoup de choses. Il est vain de nier absolument la raison. Elle a son ordre dans lequel elle est efficace[2]. C'est justement celui de l'expérience humaine. C'est pourquoi nous voulons tout rendre clair. Si nous ne le pouvons pas, si l'absurde naît à cette occasion, c'est justement à la rencontre de cette raison efficace mais limitée et de l'irrationnel toujours renaissant[1]. Or, quand Chestov s'irrite contre une proposition hégélienne de ce genre : « Les mouvements du système solaire s'effectuent conformément à des lois immuables et ces lois sont sa raison[2] », lorsqu'il met toute sa passion à disloquer le rationalisme spinozien, il conclut justement à la vanité de toute raison. D'où, par un retour naturel et illégitime, à la prééminence de l'irrationnel*. Mais le passage[3] n'est pas évident. Car ici peuvent intervenir la notion de limite et celle de plan[4]. Les lois de la nature peuvent être valables jusqu'à une certaine limite, passée laquelle elles se retournent contre elles-mêmes pour faire naître l'absurde. Ou encore, elles peuvent se légitimer sur le plan de la description sans pour cela être vraies sur celui de l'explication. Tout est sacrifié ici à l'irrationnel et l'exigence de clarté étant escamotée, l'absurde disparaît avec un des termes de sa comparaison. L'homme absurde au contraire ne procède pas à ce nivellement. Il reconnaît la lutte, ne méprise pas absolument la raison et admet l'irrationnel. Il recouvre ainsi du regard toutes les données de l'expérience et il est peu disposé à sauter avant de savoir. Il sait seulement que, dans cette conscience attentive[5], il n'y a plus de place pour l'espoir.

Ce qui est sensible chez Léon Chestov, le sera plus encore peut-être chez Kierkegaard. Certes, il est difficile de cerner chez un auteur aussi fuyant des propositions claires. Mais, malgré des écrits apparemment opposés, par-dessus les pseudonymes, les jeux et les sourires, on sent tout au long de cette œuvre apparaître comme le pressentiment (en même temps que l'appréhension) d'une vérité qui finit par éclater dans les derniers ouvrages : Kierkegaard lui aussi fait le saut[6]. Le christianisme[7] dont son enfance s'effrayait tant, il revient finalement vers son visage le plus dur. Pour lui aussi, l'antinomie et le paradoxe deviennent critères du religieux. Ainsi cela même qui faisait désespérer du sens et de la

---

* À propos de la notion d'exception notamment et contre Aristote.

profondeur de cette vie lui donne maintenant sa vérité et sa clarté[1]. Le christianisme, c'est le scandale et ce que Kierkegaard demande tout uniment, c'est le troisième sacrifice exigé par Ignace de Loyola[2], celui dont Dieu se réjouit le plus : « le sacrifice de l'Intellect* ». Cet effet du « saut » est bizarre, mais ne doit plus nous surprendre. Il fait de l'absurde le critère de l'autre monde alors qu'il est seulement un résidu de l'expérience de ce monde. « Dans son échec, dit Kierkegaard, le croyant trouve son triomphe[3]. »

Je n'ai pas à me demander à quelle émouvante prédication se rattache cette attitude. J'ai seulement à me demander si le spectacle de l'absurde et son caractère propre la légitiment. Sur ce point, je sais que cela n'est pas. À considérer de nouveau le contenu de l'absurde, on comprend mieux la méthode qui inspire Kierkegaard. Entre l'irrationnel du monde et la nostalgie révoltée de l'absurde, il ne maintient pas l'équilibre. Il n'en respecte pas le rapport qui fait à proprement parler le sentiment de l'absurdité. Certain de ne pouvoir échapper à l'irrationnel, il veut du moins se sauver de cette nostalgie désespérée qui lui paraît stérile et sans portée. Mais s'il peut avoir raison sur ce point dans son jugement, il ne saurait en être de même dans sa négation. S'il remplace son cri de révolte par une adhésion forcenée, le voilà conduit à ignorer l'absurde qui l'éclairait jusqu'ici et à diviniser la seule certitude que désormais il ait, l'irrationnel. L'important, disait l'abbé Galiani à Mme d'Épinay, n'est pas de guérir, mais de vivre avec ses maux[4]. Kierkegaard veut guérir. Guérir, c'est son vœu forcené, celui qui court dans tout son journal. Tout l'effort de son intelligence est d'échapper à l'antinomie de la condition humaine. Effort d'autant plus désespéré qu'il en aperçoit par éclairs[5] la vanité, par exemple quand il parle de lui, comme si ni la crainte de Dieu ni la piété n'étaient capables de lui donner la paix. C'est ainsi

---

* On peut penser que je néglige ici le problème essentiel qui est celui de la foi. Mais je n'examine pas la philosophie de Kierkegaard, ou de Chestov ou, plus loin, de Husserl (il y faudrait une autre place et une autre attitude d'esprit), je leur emprunte un thème et j'examine si ses conséquences peuvent convenir aux règles déjà fixées. Il s'agit seulement d'entêtement.

que, par un subterfuge torturé, il donne à l'irrationnel le visage, et à son Dieu les attributs de l'absurde injuste, inconséquent et incompréhensible. L'intelligence seule en lui s'essaie à étouffer la revendication profonde du cœur humain. Puisque rien n'est prouvé, tout peut être prouvé.

C'est Kierkegaard lui-même qui nous révèle le chemin suivi. Je ne veux rien suggérer ici, mais comment ne pas lire dans ses œuvres les signes d'une mutilation presque volontaire de l'âme en face de la mutilation consentie sur l'absurde ? C'est le leitmotiv du *Journal*. « Ce qui m'a fait défaut, c'est la bête qui, elle aussi, fait partie de l'humaine destinée[1]... Mais donnez-moi donc un corps[2]. » Et plus loin : « Oh ! surtout dans ma première jeunesse, que n'eussé-je donné pour être homme, même six mois[3]... ce qui me manque, au fond, c'est un corps et les conditions physiques de l'existence[4]. » Ailleurs, le même homme pourtant fait sien le grand cri d'espoir qui a traversé tant de siècles et animé tant de cœurs, sauf celui de l'homme absurde. « Mais pour le chrétien, la mort n'est nullement la fin de tout et elle implique infiniment plus d'espoir que n'en comporte pour nous la vie, même débordante de santé et de force[5]. » La réconciliation par le scandale, c'est encore de la réconciliation. Elle permet peut-être, on le voit, de tirer l'espoir de son contraire qui est la mort. Mais même si la sympathie fait pencher vers cette attitude, il faut dire cependant que la démesure ne justifie rien. Cela passe, dit-on, la mesure humaine, il faut donc que cela soit surhumain. Mais ce « donc » est de trop. Il n'y a point ici de certitude logique. Il n'y a point non plus de probabilité expérimentale. Tout ce que je puis dire, c'est qu'en effet cela passe ma mesure. Si je n'en tire pas une négation, du moins je ne veux rien fonder sur l'incompréhensible. Je veux savoir si je puis vivre avec ce que je sais et avec cela seulement. On me dit encore que l'intelligence doit ici sacrifier son orgueil et la raison s'incliner. Mais si je reconnais les limites de la raison, je ne la nie pas pour autant, reconnaissant ses pouvoirs relatifs. Je veux seulement me tenir dans ce chemin moyen où l'intelligence peut rester claire. Si c'est là son orgueil, je ne vois pas de raison suffisante pour y renoncer[6]. Rien de plus profond, par exemple, que la vue de Kierkegaard selon quoi le désespoir n'est pas un fait mais un état : l'état même du péché[1]. Car le péché c'est ce qui éloigne de Dieu. L'absurde, qui est l'état métaphysique de l'homme conscient, ne mène pas à Dieu*. Peut-être cette notion s'éclaircira-t-elle si je hasarde cette énormité : l'absurde, c'est le péché sans Dieu.

Cet état de l'absurde, il s'agit d'y vivre. Je sais sur quoi il est fondé, cet esprit et ce monde arc-boutés l'un contre l'autre sans pouvoir s'embrasser. Je demande la règle de vie de cet état et ce qu'on me propose en néglige le fondement, nie l'un des termes de l'opposition douloureuse, me commande une démission. Je demande ce qu'entraîne la condition que je reconnais pour mienne, je sais qu'elle implique l'obscurité et l'ignorance et l'on m'assure que cette ignorance explique tout et que cette nuit est ma lumière. Mais on ne répond pas ici à mon intention[3] et ce lyrisme exaltant ne peut me cacher le paradoxe. Il faut donc se détourner[4]. Kierkegaard peut crier, avertir : « Si l'homme n'avait pas de conscience éternelle, si, au fond de toutes choses, il n'y avait qu'une puissance sauvage et bouillonnante produisant toutes choses, le grand et le futile, dans le tourbillon d'obscures passions, si le vide sans fond que rien ne peut combler se cachait sous les choses, que serait donc la vie, sinon le désespoir ? » Ce cri n'a pas de quoi arrêter l'homme absurde. Chercher ce qui est vrai n'est pas chercher ce qui est souhaitable. Si pour échapper à la question angoissée : « Que serait donc la vie ? » il faut comme l'âne se nourrir des roses de l'illusion, plutôt que de se résigner au mensonge, l'esprit absurde préfère adopter sans trembler la réponse de Kierkegaard : « le désespoir ». Tout bien considéré[5], une âme déterminée s'en arrangera toujours.

Je prends la liberté d'appeler ici suicide philosophique l'attitude existentielle. Mais ceci n'implique pas un jugement. C'est une façon commode de désigner le mouvement par quoi une pensée se nie elle-même et tend à se surpasser dans ce qui fait sa négation. Pour les existentiels, la négation c'est leur Dieu. Exactement, ce dieu ne se soutient que par la négation de la raison

---

* Je n'ai pas dit « exclut Dieu », ce qui serait encore affirmer[2].

humaine*. Mais comme les suicides, les dieux changent avec les hommes. Il y a plusieurs façons de sauter, l'essentiel étant de sauter. Ces négations rédemptrices, ces contradictions finales qui nient l'obstacle que l'on n'a pas encore sauté, peuvent naître aussi bien (c'est le paradoxe que vise ce raisonnement) d'une certaine inspiration religieuse[2] que de l'ordre rationnel. Elles prétendent toujours à l'éternel, c'est en cela seulement qu'elles font le saut.

Il faut encore le dire, le raisonnement que cet essai poursuit laisse entièrement de côté l'attitude spirituelle la plus répandue dans notre siècle éclairé : celle qui s'appuie sur le principe que tout est raison et qui vise à donner une explication au monde. Il est naturel d'en donner une vue claire lorsqu'on admet qu'il doit être clair. Cela est même légitime, mais n'intéresse pas le raisonnement que nous poursuivons ici. Son but, en effet, c'est d'éclairer la démarche de l'esprit lorsque, parti d'une philosophie de la non-signification du monde, il finit par lui trouver un sens et une profondeur. La plus pathétique de ces démarches est d'essence religieuse ; elle s'illustre dans le thème de l'irrationnel. Mais la plus paradoxale et la plus significative est bien celle qui donne ses raisons raisonnantes à un monde qu'elle imaginait tout d'abord sans principe directeur. On ne saurait en tout cas venir aux conséquences qui nous intéressent sans avoir donné une idée de cette nouvelle acquisition de l'esprit de nostalgie.

J'examinerai seulement le thème de « l'Intention », mis à la mode par Husserl et les phénoménologues[3]. Il y a été fait allusion. Primitivement, la méthode husserlienne nie la démarche classique de la raison. Répétons-nous. Penser, ce n'est pas unifier, rendre familière l'apparence sous le visage d'un grand principe. Penser, c'est réapprendre à voir, diriger sa conscience, faire de chaque image un lieu privilégié. Autrement dit, la phénoménologie se refuse à expliquer le monde, elle veut être seulement une description du vécu. Elle rejoint la pensée absurde dans son affirmation initiale qu'il n'est

---

* Précisons encore une fois : ce n'est pas l'affirmation de Dieu qui est mise en cause ici, c'est la logique qui y mène[1].

point de vérité, mais seulement des vérités. Depuis le vent du soir jusqu'à cette main sur mon épaule, chaque chose a sa vérité. C'est la conscience qui l'éclaire par l'attention qu'elle lui prête. La conscience ne forme pas l'objet de sa connaissance, elle fixe seulement, elle est l'acte d'attention et, pour reprendre une image bergsonienne[1], elle ressemble à l'appareil de projection qui se fixe d'un coup sur une image. La différence, c'est qu'il n'y a pas de scénario, mais une illustration successive et inconséquente. Dans cette lanterne magique, toutes les images sont privilégiées. La conscience met en suspens dans l'expérience les objets de son attention. Par son miracle, elle les isole. Ils sont dès lors en dehors de tous les jugements. C'est cette « intention » qui caractérise la conscience. Mais le mot n'implique aucune idée de finalité; il est pris dans son sens de « direction » : il n'a de valeur que topographique.

À première vue, il semble bien que rien ainsi ne contredit l'esprit absurde. Cette apparente modestie de la pensée qui se borne à décrire ce qu'elle se refuse à expliquer, cette discipline volontaire d'où procède paradoxalement l'enrichissement profond de l'expérience et la renaissance du monde dans sa prolixité, ce sont là des démarches absurdes. Du moins à première vue. Car les méthodes de pensée, en ce cas comme ailleurs, revêtent toujours deux aspects, l'un psychologique et l'autre métaphysique*. Par là elles recèlent deux vérités. Si le thème de l'intentionalité ne prétend illustrer qu'une attitude psychologique, par laquelle le réel serait épuisé au lieu d'être expliqué, rien en effet ne le sépare de l'esprit absurde. Il vise à dénombrer ce qu'il ne peut transcender. Il affirme seulement que, dans l'absence de tout principe d'unité, la pensée peut encore trouver sa joie à décrire et à comprendre chaque visage de l'expérience. La vérité dont il est question alors pour chacun de ces visages est d'ordre psychologique. Elle témoigne seulement de l' « intérêt » que peut présenter

---

* Même les épistémologies les plus rigoureuses supposent des métaphysiques. Et à ce point que la métaphysique d'une grande partie des penseurs de l'époque consiste à n'avoir qu'une épistémologie.

la réalité. C'est une façon d'éveiller un monde somnolent et de le rendre vivant à l'esprit. Mais si l'on veut étendre et fonder rationnellement cette notion de vérité, si l'on prétend découvrir ainsi l'« essence » de chaque objet de la connaissance, on restitue sa profondeur à l'expérience. Pour un esprit absurde, cela est incompréhensible. Or, c'est ce balancement de la modestie à l'assurance qui est sensible dans l'attitude intentionnelle et ce miroitement de la pensée phénoménologique illustrera mieux que toute autre chose le raisonnement absurde.

Car Husserl parle aussi « d'essences extra-temporelles » que l'intention met à jour et l'on croit entendre Platon. On n'explique pas toutes choses par une seule, mais par toutes. Je n'y vois pas de différence. Certes ces idées ou ces essences que la conscience « effectue » au bout de chaque description, on ne veut pas encore qu'elles soient modèles parfaits. Mais on affirme qu'elles sont directement présentes dans toute donnée de perception[1]. Il n'y a plus une seule idée qui explique tout, mais une infinité d'essences qui donnent un sens à une infinité d'objets. Le monde s'immobilise, mais s'éclaire. Le réalisme platonicien devient intuitif, mais c'est encore du réalisme. Kierkegaard s'abîmait dans son Dieu, Parménide précipitait la pensée dans l'Un[2]. Mais ici la pensée se jette dans un polythéisme abstrait. Il y a mieux : les hallucinations et les fictions font partie elles aussi des « essences extra-temporelles ». Dans le nouveau monde des idées, la catégorie de centaure collabore avec celle, plus modeste, de métropolitain.

Pour l'homme absurde, il y avait une vérité en même temps qu'une amertume dans cette opinion purement psychologique que tous les visages du monde sont privilégiés[3]. Que tout soit privilégié revient à dire que tout est équivalent. Mais l'aspect métaphysique de cette vérité le mène si loin que, par une réaction élémentaire, il se sent plus près peut-être de Platon. On lui enseigne en effet que toute image suppose une essence également privilégiée. Dans ce monde idéal sans hiérarchie, l'armée formelle est composée seulement de généraux. Sans doute la transcendance avait été éliminée. Mais un tournant brusque de la pensée réintroduit dans le monde une sorte d'immanence fragmentaire qui restitue sa profondeur à l'univers.

Dois-je craindre d'avoir mené trop loin un thème manié avec plus de prudence par ses créateurs? Je lis seulement ces affirmations d'Husserl, d'apparence paradoxale, mais dont on sent la logique rigoureuse, si l'on admet ce qui précède : « Ce qui est vrai est vrai absolument, en soi; la vérité est une; identique à elle-même, quels que soient les êtres qui la perçoivent, hommes, monstres, anges ou dieux[1]. » La Raison triomphe et claironne par cette voix, je ne puis le nier. Que peut signifier son affirmation dans le monde absurde? La perception d'un ange ou d'un dieu n'a pas de sens pour moi. Ce lieu géométrique où la raison divine[2] ratifie la mienne m'est pour toujours incompréhensible. Là encore, je décèle un saut, et pour être fait dans l'abstrait, il ne signifie pas moins pour moi l'oubli de ce que, justement, je ne veux pas oublier. Lorsque plus loin Husserl s'écrie : « Si toutes les masses soumises à l'attraction disparaissaient, la loi de l'attraction ne s'en trouverait pas détruite, mais elle resterait simplement sans application possible[3] », je sais que je me trouve en face d'une métaphysique de consolation. Et si je veux découvrir le tournant où la pensée quitte le chemin de l'évidence, je n'ai qu'à relire le raisonnement parallèle qu'Husserl tient à propos de l'esprit : « Si nous pouvions contempler clairement les lois exactes des processus psychiques, elles se montreraient également éternelles et invariables, comme les lois fondamentales des sciences naturelles théoriques. Donc elles seraient valables même s'il n'y avait aucun processus psychique[4]. » Même si l'esprit n'était pas, ses lois seraient! Je comprends alors que, d'une vérité psychologique, Husserl prétend faire une règle rationnelle : après avoir nié le pouvoir intégrant de la raison humaine, il saute par ce biais dans la Raison éternelle.

Le thème husserlien de l' « univers concret[5] » ne peut alors me surprendre. Me dire que toutes les essences ne sont pas formelles, mais qu'il en est de matérielles, que les premières sont l'objet de la logique et les secondes des sciences, ce n'est qu'une question de définition. L'abstrait, m'assure-t-on, ne désigne qu'une partie non consistante par elle-même d'un universel concret. Mais le balancement déjà révélé me permet d'éclairer la confusion de ces termes. Car cela peut vouloir dire que l'objet concret de mon attention, ce ciel, le reflet de cette eau sur le pan de ce manteau gardent à eux seuls ce prestige du réel que mon intérêt isole dans le monde. Et je ne le nierai pas. Mais cela peut vouloir dire aussi que ce manteau lui-même est universel, a son essence particulière et suffisante, appartient au monde des formes. Je comprends alors que l'on a changé seulement l'ordre de la procession. Ce monde n'a plus son reflet dans un univers supérieur, mais le ciel des formes se figure dans le peuple des images de cette terre. Ceci ne change rien pour moi. Ce n'est point le goût du concret, le sens de la condition humaine que je retrouve ici, mais un intellectualisme assez débridé pour généraliser le concret lui-même.

On s'étonnerait en vain du paradoxe apparent qui mène la pensée à sa propre négation par les voies opposées de la raison humiliée et de la raison triomphante. Du dieu abstrait d'Husserl au dieu fulgurant de Kierkegaard, la distance n'est pas si grande. La raison et l'irrationnel mènent à la même prédication. C'est qu'en vérité le chemin importe peu, la volonté d'arriver suffit à tout. Le philosophe abstrait et le philosophe religieux partent du même désarroi et se soutiennent dans la même angoisse[1]. Mais l'essentiel est d'expliquer. La nostalgie est plus forte ici que la science. Il est significatif que la pensée de l'époque soit à la fois l'une des plus pénétrées d'une philosophie de la non-signification du monde et l'une des plus déchirées dans ses conclusions. Elle ne cesse d'osciller entre l'extrême rationalisation du réel qui pousse à le fragmenter en raisons-types et son extrême irrationalisation qui pousse à le diviniser. Mais ce divorce n'est qu'apparent. Il s'agit de se réconcilier et, dans les deux cas, le saut y suffit. On croit toujours à tort que la notion de raison est à sens unique. Au vrai, si rigoureux qu'il soit dans son ambition, ce concept n'en est pas moins aussi mobile que d'autres. La raison porte un visage tout humain, mais elle sait aussi se tourner vers le divin. Depuis Plotin[2] qui le premier sut la concilier avec le climat éternel, elle a appris à se détourner du plus cher de ses principes qui est la contradiction pour en intégrer le plus étrange, celui, tout magique, de participation*. Elle est un instrument de pensée et non la pensée elle-même. La pensée d'un homme est avant tout sa nostalgie.

De même que la raison sut apaiser la mélancolie plotinienne, elle donne à l'angoisse moderne les moyens de se calmer dans les décors familiers de l'éternel. L'esprit absurde a moins de chance. Le monde pour lui n'est ni aussi rationnel ni à ce point irrationnel. Il est déraisonnable et il n'est que cela. La raison chez Husserl finit par n'avoir point de limites. L'absurde fixe au contraire ses limites puisqu'elle est impuissante à calmer son angoisse. Kierkegaard d'un autre côté affirme qu'une seule limite suffit à la nier. Mais l'absurde ne va pas si loin. Cette limite pour lui vise seulement les ambitions de la raison. Le thème de l'irrationnel, tel qu'il est conçu par les existentiels, c'est la raison qui se brouille et se délivre en se niant. L'absurde, c'est la raison lucide qui constate ses limites.

C'est au bout de ce chemin difficile que l'homme absurde reconnaît ses vraies raisons. À comparer son exigence profonde et ce qu'on lui propose alors, il sent soudain qu'il va se détourner. Dans l'univers d'Husserl, le monde se clarifie et cet appétit de familiarité qui tient au cœur de l'homme devient inutile. Dans l'apocalypse de Kierkegaard, ce désir de clarté doit se renoncer s'il veut être satisfait. Le péché n'est point tant de savoir (à ce compte, tout le monde est innocent), que de désirer savoir. Justement, c'est le seul péché dont l'homme absurde puisse sentir qu'il fait à la fois sa culpabilité et son innocence. On lui propose un dénouement où toutes les contradictions passées ne sont plus que des jeux polémiques. Mais ce n'est pas ainsi qu'il les a ressenties. Il faut garder[1] leur vérité qui est de ne point être satisfaites. Il ne veut pas de la prédication.

Mon raisonnement veut être fidèle à l'évidence qui

---

* A. — À cette époque, il fallait que la raison s'adaptât ou mourût. Elle s'adapte. Avec Plotin, de logique elle devient esthétique. La métaphore remplace le syllogisme.

B. — D'ailleurs ce n'est pas la seule contribution de Plotin à la phénoménologie. Toute cette attitude est déjà contenue dans l'idée si chère au penseur alexandrin qu'il n'y a pas seulement une idée de l'homme, mais aussi une idée de Socrate.

l'a éveillé. Cette évidence, c'est l'absurde. C'est ce divorce entre l'esprit qui désire et le monde qui déçoit, ma nostalgie d'unité, cet univers dispersé et la contradiction qui les enchaîne. Kierkegaard supprime ma nostalgie et Husserl rassemble cet univers. Ce n'est pas cela que j'attendais. Il s'agissait de vivre et de penser avec ces déchirements, de savoir s'il fallait accepter ou refuser. Il ne peut être question de masquer l'évidence, de supprimer l'absurde en niant l'un des termes de son équation. Il faut savoir si l'on peut en vivre ou si la logique commande qu'on en meure. Je ne m'intéresse pas au suicide philosophique, mais au suicide tout court. Je veux seulement le purger de son contenu d'émotions et connaître sa logique et son honnêteté. Toute autre position suppose pour l'esprit absurde l'escamotage et le recul de l'esprit devant ce que l'esprit met à jour. Husserl dit obéir au désir d'échapper « à l'habitude invétérée de vivre et de penser dans certaines conditions d'existence déjà bien connues et commodes », mais le saut final nous restitue chez lui l'éternel et son confort. Le saut ne figure pas un extrême danger comme le voudrait Kierkegaard. Le péril au contraire est dans l'instant subtil qui précède le saut. Savoir se maintenir sur cette arête vertigineuse[1], voilà l'honnêteté, le reste est subterfuge. Je sais aussi que jamais l'impuissance n'a inspiré d'aussi émouvants accords que ceux de Kierkegaard[2]. Mais si l'impuissance a sa place dans les paysages indifférents de l'histoire, elle ne saurait la trouver dans un raisonnement dont on sait maintenant l'exigence[3].

LA LIBERTÉ ABSURDE[1]

Maintenant le principal est fait. Je tiens quelques évidences dont je ne peux[2] me détacher. Ce que je sais, ce qui est sûr, ce que je ne peux nier, ce que je ne peux rejeter, voilà ce qui compte[3]. Je peux tout nier de cette partie de moi qui vit de nostalgies incertaines, sauf ce désir d'unité, cet appétit de résoudre, cette exigence de clarté et de cohésion. Je peux tout réfuter dans ce monde qui m'entoure, me heurte ou me transporte, sauf ce chaos, ce hasard roi et cette divine équivalence qui naît de l'anarchie. Je ne sais pas si ce monde a un sens qui le dépasse[4]. Mais je sais que je ne connais pas ce sens et qu'il m'est impossible pour le moment de le connaître. Que signifie pour moi une signification hors de ma condition ? Je ne puis comprendre qu'en termes humains. Ce que je touche, ce qui me résiste, voilà ce que je comprends. Et ces deux certitudes, mon appétit d'absolu et d'unité et l'irréductibilité de ce monde à un principe rationnel et raisonnable, je sais encore que je ne puis les concilier. Quelle autre vérité[5] puis-je reconnaître sans faire intervenir un espoir que je n'ai pas et qui ne signifie rien dans les limites de ma condition[6] ?

Si j'étais arbre parmi les arbres, chat parmi les animaux, cette vie aurait un sens ou plutôt ce problème n'en aurait point car je ferais partie de ce monde[7]. Je *serais* ce monde auquel je m'oppose maintenant par toute ma conscience et par toute mon exigence de familiarité. Cette raison si dérisoire, c'est elle qui m'oppose à toute la création. Je ne puis la nier d'un trait de plume. Ce que je crois vrai, je dois donc le maintenir. Ce qui m'apparaît si évident, même contre moi, je dois le soutenir. Et qu'est-ce qui fait le fond de ce conflit, de cette fracture entre le monde et mon esprit, sinon la conscience que j'en ai ? Si donc je veux le maintenir, c'est par une conscience perpétuelle, toujours renouvelée, toujours tendue. Voilà ce que, pour le moment, il me faut retenir. À ce moment, l'absurde, à la fois si évident et si difficile à conquérir, rentre dans la vie d'un homme et retrouve sa patrie. À ce moment encore, l'esprit[1] peut quitter la route aride et desséchée de l'effort lucide. Elle débouche maintenant dans la vie quotidienne. Elle retrouve le monde de l'«on» anonyme, mais l'homme y rentre désormais avec sa révolte et sa clairvoyance. Il a désappris d'espérer. Cet enfer du présent, c'est enfin son royaume[2]. Tous les problèmes reprennent leur tranchant. L'évidence abstraite se retire devant le lyrisme des formes et des couleurs. Les conflits spirituels[3] s'incarnent et retrouvent l'abri misérable et magnifique du cœur de l'homme. Aucun n'est résolu. Mais tous sont transfigurés. Va-t-on mourir, échapper par le saut, reconstruire une maison d'idées et de formes à sa mesure ? Va-t-on au contraire soutenir le pari déchirant et merveilleux de l'absurde ? Faisons à cet égard un dernier effort et tirons toutes nos conséquences[4]. Le corps, la tendresse, la création, l'action, la noblesse humaine, reprendront alors leur place dans ce monde insensé. L'homme y retrouvera enfin le vin de l'absurde et le pain de l'indifférence dont il nourrit sa grandeur.

Insistons encore sur la méthode : il s'agit de s'obstiner[5]. À un certain point de son chemin, l'homme absurde est sollicité. L'histoire ne manque ni de religions ni de prophètes, même sans dieux. On lui demande de sauter. Tout ce qu'il peut répondre, c'est qu'il ne comprend pas bien, que cela n'est pas évident. Il ne veut faire justement que ce qu'il comprend bien. On lui assure que c'est péché d'orgueil, mais il n'entend pas la notion de péché ; que peut-être l'enfer est au bout, mais il n'a pas assez d'imagination pour se présenter cet étrange avenir ; qu'il perd la vie immortelle, mais cela lui paraît futile. On voudrait lui faire reconnaître sa culpabilité. Lui se sent innocent. À vrai dire, il ne sent que cela, son innocence irréparable. C'est elle qui lui permet tout. Ainsi ce qu'il exige de lui-même, c'est de vivre *seulement* avec ce qu'il sait, de s'arranger de ce qui est et ne rien faire intervenir qui ne soit certain. On lui répond que rien ne l'est. Mais ceci du moins est une certitude. C'est avec elle qu'il a affaire : il veut savoir s'il est possible de vivre sans appel[6].

Je puis aborder maintenant la notion de suicide[1]. On a senti déjà quelle solution il est possible de lui donner. À ce point, le problème est inversé. Il s'agissait précédemment de savoir si la vie devait avoir un sens pour être vécue. Il apparaît ici au contraire[2] qu'elle sera d'autant mieux vécue qu'elle n'aura pas de sens. Vivre une expérience, un destin, c'est l'accepter pleinement. Or on ne vivra pas ce destin, le sachant absurde, si on ne fait pas tout pour maintenir devant soi cet absurde mis à jour par la conscience. Nier l'un des termes de l'opposition dont il vit, c'est lui échapper. Abolir la révolte consciente, c'est éluder le problème. Le thème de la révolution permanente[3] se transporte ainsi dans l'expérience individuelle. Vivre, c'est faire vivre l'absurde. Le faire vivre, c'est avant tout le regarder. Au contraire d'Eurydice, l'absurde ne meurt que lorsqu'on s'en détourne. L'une des seules positions philosophiques cohérentes[4], c'est ainsi la révolte. Elle est un confrontement perpétuel de l'homme et de sa propre obscurité. Elle est exigence d'une impossible transparence. Elle remet le monde en question à chacune de ses secondes. De même que le danger fournit à l'homme l'irremplaçable occasion de la saisir[5], de même la révolte métaphysique étend la conscience tout le long de l'expérience. Elle est cette présence constante de l'homme à lui-même. Elle n'est pas aspiration, elle est sans espoir. Cette révolte n'est que l'assurance[6] d'un destin écrasant, moins la résignation qui devrait l'accompagner[7].

C'est ici qu'on voit à quel point l'expérience absurde s'éloigne du suicide. On peut croire que le suicide suit la révolte. Mais à tort. Car il ne figure pas son aboutissement logique. Il est exactement son contraire, par le consentement qu'il suppose. Le suicide, comme le saut, est l'acceptation à sa limite. Tout est consommé, l'homme rentre dans son histoire essentielle[8]. Son avenir, son seul et terrible avenir, il le discerne et s'y précipite. À sa manière, le suicide résout l'absurde. Il l'entraîne dans la même mort. Mais je sais que, pour se maintenir, l'absurde ne peut se résoudre. Il échappe au suicide, dans la mesure où il est en même temps conscience et refus de la mort. Il est, à l'extrême pointe de la dernière pensée du condamné à mort, ce cordon de soulier qu'en dépit de tout il aperçoit à quelques mètres, au bord même de sa chute vertigineuse[1]. Le contraire du suicidé, précisément, c'est le condamné à mort.

Cette révolte donne son prix à la vie. Étendue sur toute la longueur d'une existence, elle lui restitue sa grandeur[2]. Pour un homme sans œillères, il n'est pas de plus beau spectacle que celui de l'intelligence aux prises avec une réalité qui le dépasse[3]. Le spectacle de l'orgueil humain est inégalable. Toutes les dépréciations n'y feront rien. Cette discipline que l'esprit se dicte à lui-même, cette volonté forgée de toutes pièces, ce face-à-face, ont quelque chose de puissant et de singulier[4]. Appauvrir cette réalité dont l'inhumanité fait la grandeur de l'homme, c'est du même coup l'appauvrir lui-même. Je comprends alors pourquoi les doctrines qui m'expliquent tout m'affaiblissent en même temps. Elles me déchargent du poids de ma propre vie et il faut bien pourtant que je le porte seul[5]. À ce tournant, je ne puis concevoir qu'une métaphysique sceptique aille s'allier à une morale du renoncement.

Conscience et révolte, ces refus sont le contraire du renoncement. Tout ce qu'il y a d'irréductible et de passionné dans un cœur humain les anime au contraire de sa vie. Il s'agit de mourir irréconcilié et non pas de plein gré. Le suicide est une méconnaissance. L'homme absurde ne peut que tout épuiser, et s'épuiser. L'absurde est sa tension la plus extrême, celle qu'il maintient constamment d'un effort solitaire, car il sait que, dans cette conscience et dans cette révolte au jour le jour, il témoigne de sa seule vérité qui est le défi. Ceci est une première conséquence.

Si je me maintiens dans cette position concertée qui consiste à tirer toutes les conséquences (et rien qu'elles) qu'une notion découverte entraîne, je me trouve en face d'un second paradoxe. Pour rester fidèle à cette méthode, je n'ai rien à faire avec le problème de la liberté métaphysique. Savoir si l'homme est libre ne m'intéresse pas. Je ne puis éprouver que ma propre liberté. Sur elle, je ne puis avoir de notions générales, mais quelques aperçus clairs[6]. Le problème de « la liberté en soi » n'a pas de sens. Car il est lié d'une tout autre façon à celui de Dieu. Savoir si l'homme est libre commande qu'on sache s'il peut avoir un maître. L'absurdité particulière à ce problème vient de ce que la notion même qui rend possible le problème de la liberté lui retire en même temps tout son sens. Car devant Dieu, il y a moins un problème de la liberté qu'un problème du mal. On connaît l'alternative[1] : ou nous ne sommes pas libres et Dieu tout-puissant est responsable du mal. Ou nous sommes libres et responsables, mais Dieu n'est pas tout-puissant. Toutes les subtilités d'écoles n'ont rien ajouté ni soustrait au tranchant de ce paradoxe.

C'est pourquoi je ne puis pas me perdre dans l'exaltation ou la simple définition d'une notion qui m'échappe et perd son sens à partir du moment où elle déborde le cadre de mon expérience individuelle. Je ne puis comprendre ce que peut être une liberté qui me serait donnée par un être supérieur. J'ai perdu le sens de la hiérarchie. Je ne puis avoir de la liberté que la conception du prisonnier ou de l'individu moderne au sein de l'État. La seule que je connaisse, c'est la liberté d'esprit et d'action. Or si l'absurde annihile toutes mes chances de liberté éternelle[2], il me rend et exalte au contraire ma liberté d'action. Cette privation d'espoir et d'avenir signifie un accroissement dans la disponibilité de l'homme.

Avant de rencontrer l'absurde, l'homme quotidien vit avec des buts[3], un souci d'avenir ou de justification (à l'égard de qui ou de quoi, ce n'est pas la question). Il évalue ses chances, il compte sur le plus tard, sur sa retraite ou le travail de ses fils. Il croit encore que quelque chose dans sa vie peut se diriger. Au vrai, il agit comme s'il était libre, même si tous les faits se chargent de contredire cette liberté. Après l'absurde, tout se trouve ébranlé. Cette idée que « je suis[4] », ma façon d'agir comme si tout a un sens (même si, à l'occasion, je disais que rien n'en a), tout cela se trouve démenti d'une façon vertigineuse par l'absurdité d'une mort possible. Penser au lendemain, se fixer un but, avoir des préférences, tout cela suppose la croyance à la liberté, même si l'on s'assure parfois de ne pas la ressentir. Mais à ce moment, cette liberté supérieure, cette liberté d'*être* qui seule peut fonder une vérité, je sais bien alors qu'elle n'est pas. La mort est là comme seule réalité. Après elle, les jeux sont faits. Je suis non plus libre de me perpétuer mais esclave, et surtout esclave sans espoir de révolution éternelle, sans recours au mépris. Et qui sans révolution et sans mépris peut demeurer esclave ? Quelle liberté peut exister au sens plein, sans assurance d'éternité ?

Mais, en même temps, l'homme absurde comprend que, jusqu'ici, il était lié à ce postulat de liberté sur l'illusion de quoi il vivait. Dans un certain sens, cela l'entravait. Dans la mesure où il imaginait un but à sa vie, il se conformait aux exigences d'un but à atteindre et devenait esclave de sa liberté. Ainsi, je ne saurais plus agir autrement que comme le père de famille (ou l'ingénieur[1] ou le conducteur de peuples ou le surnuméraire aux P. T. T.) que je me prépare à être. Je crois que je puis choisir d'être cela plutôt qu'autre chose. Je le crois inconsciemment, il est vrai. Mais je soutiens en même temps mon postulat des croyances de ceux qui m'entourent, des préjugés de mon milieu humain (les autres sont si sûrs d'être libres et cette bonne humeur est si contagieuse !). Si loin qu'on puisse se tenir de tout préjugé, moral ou social, on les subit en partie et même, pour les meilleurs d'entre eux (il y a de bons et de mauvais préjugés), on leur conforme sa vie. Ainsi l'homme absurde comprend qu'il n'était réellement pas libre. Pour parler clair, dans la mesure où j'espère, où je m'inquiète d'une vérité qui me soit propre, d'une façon d'être ou de créer, dans la mesure enfin où j'ordonne ma vie et où je prouve par là que j'admets qu'elle ait un sens, je me crée des barrières entre quoi je resserre ma vie. Je fais comme tant de fonctionnaires de l'esprit et du cœur qui ne m'inspirent que du dégoût et qui ne font pas autre chose, je le vois bien maintenant, que de prendre au sérieux la liberté de l'homme[2].

L'absurde m'éclaire sur ce point : il n'y a pas de lendemain. Voici désormais la raison de ma liberté profonde. Je prendrai ici deux comparaisons. Les mystiques d'abord trouvent une liberté à se donner. À s'abîmer dans leur dieu, à consentir à ses règles, ils deviennent secrètement libres à leur tour. C'est dans l'esclavage spontanément consenti qu'ils retrouvent une indépendance profonde. Mais que signifie cette liberté[3] ? On peut dire surtout qu'ils se *sentent* libres vis-à-vis d'eux-mêmes et moins libres que surtout libérés. De même tout entier tourné vers la mort (prise ici comme l'absurdité la plus évidente) l'homme absurde se sent dégagé de tout ce qui n'est pas cette attention passionnée[1] qui cristallise en lui. Il goûte une liberté[2] à l'égard des règles communes. On voit ici que les thèmes de départ de la philosophie existentielle gardent toute leur valeur. Le retour à la conscience, l'évasion hors du sommeil quotidien figurent les premières démarches de la liberté absurde. Mais c'est la *prédication* existentielle qui est visée et avec elle ce saut spirituel qui dans le fond échappe à la conscience[3]. De la même façon (c'est ma deuxième comparaison) les esclaves de l'Antiquité ne s'appartenaient pas. Mais ils connaissaient cette liberté qui consiste à ne point se sentir responsable*. La mort aussi a des mains patriciennes qui écrasent, mais qui délivrent.

S'abîmer dans cette certitude sans fond, se sentir désormais assez étranger à sa propre vie pour l'accroître et la parcourir sans la myopie de l'amant, il y a là le principe d'une libération. Cette indépendance nouvelle est à terme, comme toute liberté d'action. Elle ne tire pas de chèque sur l'éternité. Mais elle remplace les illusions de la *liberté,* qui s'arrêtaient toutes à la mort. La divine disponibilité du condamné à mort devant qui s'ouvrent les portes de la prison par une certaine petite aube, cet incroyable désintéressement à l'égard de tout, sauf de la flamme pure de la vie, la mort et l'absurde sont ici, on le sent bien, les principes de la seule liberté raisonnable : celle qu'un cœur humain peut éprouver et vivre. Ceci est une deuxième conséquence. L'homme absurde entrevoit ainsi un univers brûlant et glacé, transparent et limité, où rien n'est possible mais tout est donné, passé lequel c'est l'effondrement et le néant. Il peut alors décider d'accepter de vivre dans un tel univers et d'en tirer ses forces, son refus d'espérer et le témoignage[4] obstiné d'une vie sans consolation.

Mais que signifie la vie dans un tel univers ? Rien d'autre pour le moment que l'indifférence à l'avenir et la passion d'épuiser tout ce qui est donné. La croyance

---

* Il s'agit ici d'une comparaison de fait, non d'une apologie de l'humilité. L'homme absurde est le contraire de l'homme réconcilié.

au sens de la vie suppose toujours une échelle de valeurs, un choix, nos préférences. La croyance à l'absurde, selon nos définitions, enseigne le contraire. Mais cela vaut qu'on s'y arrête.

Savoir si l'on peut vivre sans appel, c'est tout ce qui m'intéresse. Je ne veux point sortir de ce terrain. Ce visage de la vie m'étant donné, puis-je m'en accommoder ? Or, en face de ce souci particulier, la croyance à l'absurde revient à remplacer la qualité des expériences par la quantité. Si je me persuade que cette vie n'a d'autre face que celle de l'absurde, si j'éprouve que tout son équilibre tient à cette perpétuelle opposition entre ma révolte consciente et l'obscurité où elle se débat, si j'admets que ma liberté n'a de sens que par rapport à son destin limité, alors je dois dire que ce qui compte n'est pas de vivre le mieux mais de vivre le plus. Je n'ai pas à me demander si cela est vulgaire ou écœurant, élégant ou regrettable. Une fois pour toutes, les jugements de valeur sont écartés ici au profit des jugements de fait[1]. J'ai seulement à tirer les conclusions de ce que je puis voir et à ne rien hasarder qui soit une hypothèse. À supposer que vivre ainsi ne fût pas honnête, alors la véritable honnêteté me commanderait d'être déshonnête.

Vivre le plus ; au sens large, cette règle de vie ne signifie rien. Il faut la préciser. Il semble d'abord qu'on n'ait pas assez creusé cette notion de quantité. Car elle peut rendre compte d'une large part de l'expérience humaine. La morale d'un homme, son échelle de valeurs n'ont de sens que par la quantité et la variété d'expériences qu'il lui a été donné d'accumuler. Or les conditions de la vie moderne imposent à la majorité des hommes la même quantité d'expériences et partant la même expérience profonde. Certes, il faut bien considérer aussi l'apport spontané de l'individu, ce qui en lui est « donné ». Mais je ne puis juger de cela et encore une fois ma règle ici est de m'arranger de l'évidence immédiate. Je vois alors que le caractère propre d'une morale commune réside moins dans l'importance idéale des principes qui l'animent que dans la norme d'une expérience qu'il est possible de calibrer. En forçant un peu les choses, les Grecs avaient la morale de leurs loisirs comme nous avons celle de nos journées de huit heures[2]. Mais beaucoup d'hommes déjà et parmi les plus tragiques nous font pressentir qu'une plus longue expérience change ce tableau des valeurs. Ils nous font imaginer cet aventurier du quotidien qui par la simple quantité des expériences battrait tous les records (j'emploie à dessein ce terme sportif) et gagnerait ainsi sa propre morale*. Éloignons-nous cependant du romantisme et demandons-nous seulement ce que peut signifier cette attitude pour un homme décidé à tenir son pari et à observer strictement ce qu'il croit être la règle du jeu.

Battre tous les records, c'est d'abord et uniquement[1] être en face du monde le plus souvent possible. Comment cela peut-il se faire sans contradictions et sans jeux de mots ? Car, d'une part, l'absurde enseigne que toutes les expériences sont indifférentes et, de l'autre, il pousse vers la plus grande quantité d'expériences. Comment alors ne point faire comme tant de ces hommes dont je parlais plus haut, choisir la forme de vie qui nous apporte le plus possible de cette matière humaine, introduire par là une échelle de valeurs que d'un autre côté on prétend rejeter ?

Mais c'est encore l'absurde et sa vie contradictoire qui nous enseigne. Car l'erreur est de penser que cette quantité d'expériences dépend des circonstances de notre vie quand elle ne dépend que de nous. Il faut ici être simpliste. À deux hommes vivant le même nombre d'années, le monde fournit toujours la même somme d'expériences. C'est à nous d'en être conscients. Sentir sa vie, sa révolte, sa liberté, et le plus possible, c'est vivre et le plus possible. Là où la lucidité règne, l'échelle des valeurs devient inutile. Soyons encore plus simplistes. Disons que le seul obstacle, le seul « manque à gagner » est constitué par la mort prématurée[2]. L'univers suggéré ici ne vit que par opposition à cette constante exception qu'est la mort. C'est ainsi qu'aucune profondeur, aucune émotion, aucune passion et aucun sacrifice ne pourraient rendre égales aux yeux de l'homme absurde (même s'il le

---

* La quantité fait quelquefois la qualité. Si j'en crois les dernières mises au point de la théorie scientifique, toute matière est constituée par des centres d'énergie. Leur quantité plus ou moins grande fait sa spécificité plus ou moins singulière. Un milliard d'ions et un ion diffèrent non seulement en quantité, mais encore en qualité. L'analogie est facile à retrouver dans l'expérience humaine.

souhaitait) une vie consciente de quarante ans et une lucidité étendue sur soixante ans*. La folie et la mort, ce sont ses irrémédiables. L'homme ne choisit pas. L'absurde et le surcroît de vie qu'il comporte *ne dépendent donc pas de la volonté de l'homme,* mais de son contraire qui est la mort**. En pesant bien les mots, il s'agit uniquement d'une question de chance. Il faut savoir y consentir. Vingt ans de vie et d'expériences ne se remplaceront plus jamais.

Par une étrange inconséquence dans une race si avertie, les Grecs voulaient que les hommes qui mouraient jeunes fussent aimés des dieux[2]. Et cela n'est vrai que si l'on veut admettre qu'entrer dans le monde dérisoire des dieux, c'est perdre à jamais la plus pure des joies qui est de sentir et de sentir sur cette terre. Le présent et la succession des présents devant une âme sans cesse consciente, c'est l'idéal de l'homme absurde. Mais le mot idéal ici garde un son faux. Ce n'est pas même sa vocation, mais seulement la troisième conséquence de son raisonnement. Partie d'une conscience angoissée de l'inhumain, la méditation sur l'absurde revient à la fin de son itinéraire au sein même des flammes passionnées de la révolte humaine***.

Je tire ainsi de l'absurde trois conséquences qui sont ma révolte, ma liberté et ma passion. Par le seul jeu de la

---

* Même réflexion sur une notion aussi différente que l'idée du néant. Elle n'ajoute ni ne retranche rien au réel. Dans l'expérience psychologique du néant, c'est à la considération de ce qui arrivera dans deux mille ans que notre propre néant prend véritablement son sens. Sous un de ses aspects, le néant est fait exactement de la somme des vies à venir qui ne seront pas les nôtres[1].

** La volonté n'est ici que l'agent : elle tend à maintenir la conscience. Elle fournit une discipline de vie, cela est appréciable.

*** Ce qui importe c'est la cohérence. On part ici d'un consentement au monde. Mais la pensée orientale enseigne qu'on peut se livrer au même effort de logique en choisissant *contre* le monde. Cela est aussi légitime et donne à cet essai sa perspective et ses limites. Mais quand la négation du monde s'exerce avec la même rigueur on parvient souvent (dans certaines écoles védântas) à des résultats semblables en ce qui concerne par exemple l'indifférence des œuvres. Dans un livre d'une grande importance, *le Choix,* Jean Grenier fonde de cette façon une véritable « philosophie de l'indifférence[3] ».

conscience, je transforme en règle de vie ce qui était invitation à la mort — et je refuse le suicide[1]. Je connais sans doute la sourde résonance qui court au long de ces journées. Mais je n'ai qu'un mot à dire : c'est qu'elle est nécessaire. Quand Nietzsche écrit : « Il apparaît clairement que la chose principale au ciel et sur la terre est d'*obéir* longtemps et dans une même direction : à la longue il en résulte quelque chose pour quoi il vaille la peine de vivre sur cette terre comme par exemple la vertu, l'art, la musique, la danse, la raison, l'esprit, quelque chose qui transfigure, quelque chose de raffiné, de fou ou de divin[2] », il illustre la règle d'une morale de grande allure. Mais il montre aussi le chemin de l'homme absurde. Obéir à la flamme, c'est à la fois ce qu'il y a de plus facile et de plus difficile. Il est bon cependant que l'homme, en se mesurant à la difficulté, se juge quelquefois. Il est seul à pouvoir le faire.

« La prière, dit Alain, c'est quand la nuit vient sur la pensée[3]. » « Mais il faut que l'esprit rencontre la nuit », répondent les mystiques et les existentiels[4]. Certes, mais non pas cette nuit qui naît sous les yeux fermés et par la seule volonté de l'homme — nuit sombre et close que l'esprit suscite pour s'y perdre. S'il doit rencontrer une nuit, que ce soit plutôt celle du désespoir qui reste lucide, nuit polaire, veille de l'esprit d'où se lèvera peut-être cette clarté blanche et intacte qui dessine chaque objet dans la lumière de l'intelligence. À ce degré, l'équivalence rencontre la compréhension passionnée. Il n'est même plus question alors de juger le saut existentiel. Il reprend son rang au milieu de la fresque séculaire des attitudes humaines. Pour le spectateur, s'il est conscient, ce saut est encore absurde. Dans la mesure où il croit résoudre le paradoxe, il le restitue tout entier. À ce titre, il est émouvant. À ce titre, tout reprend sa place et le monde absurde renaît dans sa splendeur et sa diversité.

Mais il est mauvais de s'arrêter, difficile de se contenter d'une seule manière de voir, de se priver de la contradiction, la plus subtile peut-être de toutes les forces spirituelles[5]. Ce qui précède définit seulement une façon de penser. Maintenant, il s'agit de vivre[6].

L'HOMME ABSURDE

> Si Stavroguine croit, il ne croit pas qu'il croie. S'il ne croit pas, il ne croit pas qu'il ne croie pas.
>
> *Les Possédés*[1].

« M ON champ, dit Goethe, c'est le temps[1]. » Voilà bien la parole absurde. Qu'est-ce en effet que l'homme absurde ? Celui qui, sans le nier[2], ne fait rien pour l'éternel. Non que la nostalgie lui soit étrangère. Mais il lui préfère son courage et son raisonnement. Le premier lui apprend à vivre sans appel et se suffire de ce qu'il a, le second l'instruit de ses limites. Assuré de sa liberté à terme, de sa révolte sans avenir et de sa conscience périssable, il poursuit son aventure dans le temps de sa vie. Là est son champ, là son action qu'il soustrait à tout jugement hormis le sien. Une plus grande vie ne peut signifier pour lui une autre vie. Ce serait déshonnête. Je ne parle même pas ici de cette éternité dérisoire qu'on appelle postérité. Madame Roland s'en remettait à elle[3]. Cette imprudence a reçu sa leçon. La postérité cite volontiers ce mot, mais oublie d'en juger. Madame Roland est indifférente à la postérité[4].

Il ne peut être question de disserter sur la morale. J'ai vu des gens mal agir avec beaucoup de morale et je constate tous les jours que l'honnêteté n'a pas besoin de règles. Il n'est qu'une morale que l'homme absurde puisse admettre, celle qui ne se sépare pas de Dieu[5] : celle qui lui est dictée. Mais il vit justement hors de ce Dieu. Quant aux autres morales (j'entends aussi l'immoralisme), l'homme absurde n'y voit que des justifications et il n'a rien à justifier. Je pars ici du principe de son innocence.

Cette innocence est redoutable. « Tout est permis », s'écrie Ivan Karamazov[6]. Cela aussi sent son absurde. Mais à condition de ne pas l'entendre vulgairement. Je ne sais si on l'a bien remarqué : il ne s'agit pas d'un cri de délivrance et de joie, mais d'une constatation amère. La certitude d'un Dieu qui donnerait son sens à la vie surpasse de beaucoup en attrait[7] le pouvoir impuni de mal faire. Le choix ne serait pas difficile. Mais il n'y a pas de choix et l'amertume commence alors. L'absurde ne délivre pas, il lie. Il n'autorise pas tous les actes. Tout est permis ne signifie pas que rien n'est défendu. L'absurde rend seulement leur équivalence aux conséquences de ces actes. Il ne recommande pas le crime, ce serait puéril[1], mais il restitue au remords son inutilité. De même, si toutes les expériences sont indifférentes, celle du devoir est aussi légitime qu'une autre. On peut être vertueux par caprice.

Toutes les morales sont fondées sur l'idée qu'un acte a des conséquences qui le légitiment ou l'oblitèrent. Un esprit pénétré d'absurde juge seulement que ces suites doivent être considérées avec sérénité. Il est prêt à payer. Autrement dit, si, pour lui, il peut y avoir des responsables, il n'y a pas de coupables. Tout au plus, consentira-t-il à utiliser l'expérience passée pour fonder ses actes futurs. Le temps fera vivre le temps et la vie servira la vie. Dans ce champ à la fois borné et gorgé de possibles, tout en lui-même, hors sa lucidité, lui semble imprévisible. Quelle règle pourrait donc sortir de cet ordre déraisonnable ? La seule vérité qui puisse lui paraître instructive n'est point formelle : elle s'anime et se déroule dans les hommes. Ce ne sont donc point des règles éthiques que l'esprit absurde peut chercher au bout de son raisonnement, mais des illustrations et le souffle des vies humaines. Les quelques images qui suivent sont de celles-là. Elles poursuivent le raisonnement absurde en lui donnant son attitude et leur chaleur.

Ai-je besoin de développer l'idée qu'un exemple n'est pas forcément un exemple à suivre (moins encore s'il se peut dans le monde absurde), et que ces illustrations ne sont pas pour autant des modèles ? Outre qu'il y faut la vocation, on se rend ridicule, toutes proportions gardées, à tirer de Rousseau qu'il faille marcher à quatre pattes et de Nietzsche qu'il convienne de brutaliser sa mère. « Il faut être absurde, écrit un auteur moderne, il ne faut pas être dupe[2]. » Les attitudes dont il sera question ne peuvent prendre tout leur sens qu'à la considération de leurs contraires. Un surnuméraire aux Postes est l'égal d'un conquérant si la conscience leur est commune. Toutes les expériences sont à cet égard indifférentes. Il en est qui servent ou desservent l'homme. Elles le servent s'il est conscient. Sinon, cela n'a pas d'importance : les défaites d'un homme ne jugent pas les circonstances, mais lui-même.

Je choisis seulement des hommes qui ne visent qu'à s'épuiser ou dont j'ai conscience pour eux qu'ils s'épuisent. Cela ne va pas plus loin. Je ne veux parler pour l'instant que d'un monde où les pensées comme les vies sont privées d'avenir. Tout ce qui fait travailler et s'agiter l'homme[1] utilise l'espoir. La seule pensée qui ne soit pas mensongère est donc une pensée stérile. Dans le monde absurde, la valeur d'une notion ou d'une vie se mesure à son infécondité[2].

LE DON JUANISME[1]

S'IL suffisait d'aimer, les choses seraient trop simples. Plus on aime et plus l'absurde se consolide. Ce n'est point par manque d'amour que Don Juan va de femme en femme. Il est ridicule de le représenter comme un illuminé en quête de l'amour total. Mais c'est bien parce qu'il les aime avec un égal emportement et chaque fois avec tout lui-même, qu'il lui faut répéter ce don et cet approfondissement. De là que chacune espère lui apporter ce que personne ne lui a jamais donné. Chaque fois, elles se trompent profondément et réussissent seulement à lui faire sentir le besoin de cette répétition. « Enfin, s'écrie l'une d'elles, je t'ai donné l'amour. » S'étonnera-t-on que Don Juan en rie : « Enfin ? non, dit-il, mais une fois de plus[2]. » Pourquoi faudrait-il[3] aimer rarement pour aimer beaucoup ?

Don Juan est-il triste ? Cela n'est pas vraisemblable. À peine ferai-je appel à la chronique. Ce rire, l'insolence victorieuse, ce bondissement et le goût du théâtre, cela est clair et joyeux. Tout être sain tend à se multiplier. Ainsi de Don Juan. Mais, de plus, les tristes ont deux raisons de l'être, ils ignorent ou ils espèrent. Don Juan sait et n'espère pas. Il fait penser à ces artistes qui connaissent leurs limites, ne les excèdent jamais et, dans cet intervalle précaire où leur esprit s'installe, ont toute la merveilleuse aisance des maîtres. Et c'est bien là le génie : l'intelligence qui connaît ses frontières. Jusqu'à la frontière de la mort physique, Don Juan ignore la tristesse. Depuis le moment où il sait, son rire éclate et fait tout pardonner. Il fut triste dans le temps où il espéra. Aujourd'hui, sur la bouche de cette femme, il retrouve le goût amer et réconfortant de la science unique. Amer ? À peine : cette nécessaire imperfection qui rend sensible le bonheur !

C'est une grande duperie que d'essayer de voir en Don Juan un homme nourri de l'Ecclésiaste. Car plus rien pour lui n'est vanité sinon l'espoir d'une autre vie. Il le prouve, puisqu'il la joue contre le ciel lui-même. Le regret du désir perdu dans la jouissance, ce lieu commun de l'impuissance ne lui appartient pas. Cela va bien pour Faust qui crut assez à Dieu pour se vendre au diable. Pour Don Juan, la chose est plus simple. Le « Burlador » de Molina, aux menaces de l'enfer, répond toujours : « Que tu me donnes un long délai ! »[1] Ce qui vient après la mort est futile et quelle longue suite de jours pour qui sait être vivant ! Faust réclamait les biens de ce monde : le malheureux n'avait qu'à tendre la main. C'était déjà vendre son âme que de ne pas savoir la réjouir. La satiété, Don Juan l'ordonne au contraire. S'il quitte une femme, ce n'est pas absolument parce qu'il ne la désire plus. Une femme belle est toujours désirable. Mais c'est qu'il en désire une autre et non, ce n'est pas la même chose.

Cette vie le comble, rien n'est pire que de la perdre. Ce fou est un grand sage. Mais les hommes qui vivent d'espoir s'accommodent mal de cet univers où la bonté cède la place à la générosité, la tendresse au silence viril, la communion au courage solitaire. Et tous de dire : « C'était un faible, un idéaliste ou un saint. » Il faut bien ravaler la grandeur qui insulte.

S'indigne-t-on assez (ou ce rire complice qui dégrade ce qu'il admire) des discours de Don Juan et de cette même phrase qui sert pour toutes les femmes. Mais, pour qui cherche la quantité des joies, seule l'efficacité compte. Les mots de passe qui ont fait leurs preuves, à quoi bon les compliquer ? Personne, ni la femme, ni l'homme, ne les écoute, mais bien plutôt la voix qui les prononce. Ils sont la règle, la convention et la politesse. On les dit, après quoi le plus important reste à faire. Don Juan s'y prépare déjà. Pourquoi se poserait-il un problème de morale ? Ce n'est pas comme le Mañara de Milosz[2] par désir d'être un saint[3] qu'il se damne. L'enfer pour lui est chose qu'on provoque. À la colère divine, il n'a qu'une réponse et c'est l'honneur humain : « J'ai de l'honneur, dit-il au Commandeur, et je remplis ma promesse parce que je suis chevalier[1]. » Mais l'erreur serait aussi grande d'en faire un immoraliste. Il est à cet égard « comme tout le monde » : il a la morale de sa sympathie ou de son antipathie. On ne comprend bien Don Juan qu'en se référant toujours à ce qu'il symbolise vulgairement : le séducteur ordinaire et l'homme à femmes[2]. Il est un séducteur ordinaire*. À cette différence près qu'il est conscient et c'est par là qu'il est absurde. Un séducteur devenu lucide ne changera pas pour autant. Séduire est son état. Il n'y a que dans les romans qu'on change d'état ou qu'on devient meilleur. Mais on peut dire qu'à la fois rien n'est changé et tout est transformé. Ce que Don Juan met en acte, c'est une éthique de la quantité, au contraire du saint qui tend vers la qualité. Ne pas croire au sens profond des choses, c'est le propre de l'homme absurde. Ces visages chaleureux ou émerveillés, il les parcourt, les engrange et les brûle. Le temps marche avec lui. L'homme absurde est celui qui ne se sépare pas du temps. Don Juan ne pense pas à « collectionner » les femmes. Il en épuise le nombre et avec elles ses chances de vie. Collectionner, c'est être capable de vivre de son passé. Mais lui refuse[3] le regret, cette autre forme de l'espoir. Il ne sait pas regarder les portraits.

Est-il pour autant égoïste ? À sa façon sans doute. Mais là encore, il s'agit de s'entendre. Il y a ceux qui sont faits pour vivre et ceux qui sont faits pour aimer. Don Juan du moins le dirait volontiers. Mais ce serait par un raccourci comme il peut en choisir. Car l'amour dont on parle ici est paré des illusions de l'éternel. Tous les spécialistes de la passion nous l'apprennent, il n'y a d'amour éternel que contrarié. Il n'est guère de passion sans lutte. Un pareil amour ne trouve de fin que dans l'ultime contradiction qui est la mort. Il faut être Werther ou rien[4]. Là encore, il y a plusieurs façons de se suicider dont l'une est le don total et l'oubli de sa propre personne. Don Juan, autant qu'un autre, sait que cela peut être émouvant. Mais il est un des seuls à savoir que l'important n'est pas là. Il le sait aussi bien : ceux qu'un grand

---

* Au sens plein et avec ses défauts. Une attitude saine comprend *aussi* des défauts.

amour détourne de toute vie personnelle s'enrichissent peut-être, mais appauvrissent à coup sûr ceux que leur amour a choisis. Une mère, une femme passionnée, ont nécessairement le cœur sec, car il est détourné du monde. Un seul sentiment, un seul être, un seul visage, mais tout est dévoré. C'est un autre amour qui ébranle Don Juan, et celui-là est libérateur. Il apporte avec lui tous les visages du monde et son frémissement vient de ce qu'il se connaît périssable. Don Juan a choisi d'être rien.

Il s'agit pour lui de voir clair. Nous n'appelons amour ce qui nous lie à certains êtres que par référence à une façon de voir collective et dont les livres et les légendes sont responsables. Mais, de l'amour, je ne connais que ce mélange de désir, de tendresse et d'intelligence qui me lie à tel être. Ce composé n'est pas le même pour tel autre. Je n'ai pas le droit de recouvrir toutes ces expériences du même nom. Cela dispense de les mener des mêmes gestes. L'homme absurde multiplie encore ici ce qu'il ne peut unifier. Ainsi découvre-t-il une nouvelle façon d'être qui le libère au moins autant qu'elle libère ceux qui l'approchent. Il n'y a d'amour généreux que celui qui se sait en même temps passager et singulier. Ce sont toutes ces morts et toutes ces renaissances qui font pour Don Juan la gerbe de sa vie. C'est la façon qu'il a de donner et de faire vivre. Je laisse à juger si l'on peut parler d'égoïsme.

Je pense ici à tous ceux qui veulent absolument que Don Juan soit puni. Non seulement dans une autre vie, mais encore dans celle-ci. Je pense à tous ces contes, ces légendes et ces rires sur Don Juan vieilli. Mais Don Juan s'y tient déjà prêt. Pour un homme conscient, la vieillesse et ce qu'elle présage ne sont pas une surprise. Il n'est justement conscient que dans la mesure où il ne s'en cache pas l'horreur. Il y avait à Athènes un temple consacré à la vieillesse. On y conduisait les enfants[1]. Pour Don Juan, plus on rit de lui et plus sa figure s'accuse[2]. Il refuse par là celle que les romantiques lui prêtaient. Ce Don Juan torturé et pitoyable, personne ne veut en rire. On le plaint, le ciel lui-même le rachètera ? Mais ce n'est pas cela. Dans l'univers que Don Juan entrevoit, le ridicule *aussi* est compris. Il trouverait normal d'être châtié. C'est la règle du jeu. Et c'est justement sa générosité que d'avoir accepté toute la règle du jeu. Mais il sait qu'il a raison et qu'il ne peut s'agir de châtiment. Un destin n'est pas une punition[1].

C'est cela son crime et comme l'on comprend que les hommes de l'éternel appellent sur lui le châtiment. Il atteint une science sans illusions qui nie tout ce qu'ils professent. Aimer et posséder, conquérir et épuiser, voilà sa façon de connaître. (Il y a du sens dans ce mot favori de l'Écriture qui appelle « connaître » l'acte d'amour[2].) Il est leur pire ennemi dans la mesure où il les ignore. Un chroniqueur[3] rapporte que le vrai « Burlador » mourut assassiné par des franciscains qui voulurent « mettre un terme aux excès et aux impiétés de Don Juan à qui sa naissance assurait l'impunité ». Ils proclamèrent ensuite que le ciel l'avait foudroyé. Personne n'a fait la preuve de cette étrange fin. Personne non plus n'a démontré le contraire. Mais sans me demander si cela est vraisemblable, je puis dire que cela est logique. Je veux seulement retenir ici le terme « naissance » et jouer sur les mots : c'est de vivre qui assurait son innocence. C'est de la mort seule qu'il a tiré une culpabilité maintenant légendaire.

Que signifie d'autre ce commandeur de pierre, cette froide statue mise en branle pour punir le sang et le courage qui ont osé penser ? Tous les pouvoirs de la Raison éternelle, de l'ordre, de la morale universelle, toute la grandeur étrangère d'un Dieu accessible à la colère, se résument en lui. Cette pierre gigantesque et sans âme symbolise seulement les puissances que pour toujours Don Juan a niées. Mais la mission du commandeur s'arrête là[4]. La foudre et le tonnerre peuvent regagner le ciel factice d'où on les appela. La vraie tragédie se joue en dehors d'eux. Non, ce n'est pas sous une main de pierre que Don Juan est mort. Je crois volontiers à la bravade légendaire, à ce rire insensé de l'homme sain provoquant un dieu qui n'existe pas. Mais je crois surtout que, ce soir où Don Juan attendait chez Anna, le commandeur ne vint pas et que l'impie dut sentir, passé minuit, la terrible amertume de ceux qui ont eu raison[5]. J'accepte plus volontiers encore le récit de sa vie qui le fait s'ensevelir, pour terminer, dans un couvent[6]. Ce n'est pas que le côté édifiant de l'histoire puisse être tenu pour vraisemblable. Quel refuge aller demander à Dieu ? Mais cela figure plutôt le logique aboutissement d'une vie tout entière pénétrée d'absurde, le farouche dénouement d'une existence tournée vers des joies sans lendemain. La jouissance s'achève ici en ascèse. Il faut comprendre qu'elles peuvent être comme les deux visages d'un même dénuement. Quelle image plus effrayante souhaiter : celle d'un homme que son corps trahit et qui, faute d'être mort à temps, consomme la comédie en attendant la fin, face à face avec ce dieu qu'il n'adore pas, le servant comme il a servi la vie, agenouillé devant le vide et les bras tendus vers un ciel sans éloquence qu'il sait aussi sans profondeur.

Je vois Don Juan dans une cellule de ces monastères espagnols perdus sur une colline. Et s'il regarde quelque chose, ce ne sont pas les fantômes des amours enfuies, mais, peut-être, par une meurtrière brûlante, quelque plaine silencieuse d'Espagne, terre magnifique et sans âme où il se reconnaît. Oui, c'est sur cette image mélancolique et rayonnante qu'il faut s'arrêter. La fin dernière, attendue mais jamais souhaitée, la fin dernière est méprisable.

LA COMÉDIE[1]

« L E spectacle, dit Hamlet, voilà le piège où j'attraperai la conscience du roi[2]. » Attraper est bien dit. Car la conscience va vite ou se replie. Il faut la saisir au vol, à ce moment inappréciable où elle jette sur elle-même un regard fugitif. L'homme quotidien n'aime guère à s'attarder. Tout le presse au contraire. Mais, en même temps, rien plus que lui-même ne l'intéresse, surtout dans ce qu'il pourrait être. De là son goût pour le théâtre, pour le spectacle, où tant de destins lui sont proposés dont il reçoit la poésie sans en souffrir l'amertume. Là du moins, on reconnaît l'homme inconscient et il continue à se presser vers on ne sait quel espoir. L'homme absurde commence où celui-ci finit, où, cessant d'admirer le jeu, l'esprit veut y entrer. Pénétrer dans toutes ces vies, les éprouver dans leur diversité, c'est proprement les jouer. Je ne dis pas que les acteurs en général obéissent à cet appel, qu'ils sont des hommes absurdes, mais que leur destin est un destin absurde qui pourrait séduire et attirer un cœur clairvoyant. Ceci est nécessaire à poser pour entendre sans contresens ce qui va suivre[3].

L'acteur règne dans le périssable. De toutes les gloires, on le sait, la sienne est la plus éphémère. Cela se dit du moins dans la conversation. Mais toutes les gloires sont éphémères. Du point de vue de Sirius, les œuvres de Goethe dans dix mille ans seront en poussière et son nom oublié. Quelques archéologues peut-être chercheront des « témoignages » de notre époque. Cette idée a toujours été enseignante. Bien méditée, elle réduit nos agitations à la noblesse profonde qu'on trouve dans l'indifférence[4]. Elle dirige surtout nos préoccupations vers le plus sûr, c'est-à-dire vers l'immédiat. De toutes les gloires, la moins trompeuse est celle qui se vit[5].

L'acteur a donc choisi la gloire innombrable, celle qui se consacre et qui s'éprouve. De ce que tout doive un jour mourir, c'est lui qui tire la meilleure conclusion.

Un acteur réussit ou ne réussit pas. Un écrivain garde un espoir même s'il est méconnu. Il suppose que ses œuvres témoigneront de ce qu'il fut. L'acteur nous laissera au mieux une photographie et rien de ce qui était lui, ses gestes et ses silences, son souffle court ou sa respiration d'amour, ne viendra jusqu'à nous. Ne pas être connu pour lui, c'est ne pas jouer et ne pas jouer, c'est mourir cent fois avec tous les êtres qu'il aurait animés ou ressuscités[1].

Quoi d'étonnant à trouver une gloire périssable bâtie sur les plus éphémères des créations ? L'acteur a trois heures pour être Iago ou Alceste, Phèdre ou Glocester[2]. Dans ce court passage, il les fait naître et mourir sur cinquante mètres carrés de planches[3]. Jamais l'absurde n'a été si bien ni si longtemps illustré. Ces vies merveilleuses, ces destins uniques et complets qui croissent et s'achèvent entre des murs et pour quelques heures, quel raccourci souhaiter qui soit plus révélateur ? Passé le plateau, Sigismond[4] n'est plus rien. Deux heures après, on le voit qui dîne en ville. C'est alors peut-être que la vie est un songe. Mais après Sigismond vient un autre. Le héros qui souffre d'incertitude remplace l'homme qui rugit après sa vengeance. À parcourir ainsi les siècles et les esprits, à mimer l'homme tel qu'il peut être et tel qu'il est, l'acteur rejoint cet autre personnage absurde qui est le voyageur. Comme lui, il épuise quelque chose et parcourt sans arrêt. Il est le voyageur du temps et, pour les meilleurs, le voyageur traqué[5] des âmes. Si jamais la morale de la quantité pouvait trouver un aliment, c'est bien sur cette scène singulière. Dans quelle mesure l'acteur bénéficie de ces personnages, il est difficile de le dire. Mais l'important n'est pas là. Il s'agit de savoir, seulement, à quel point il s'identifie à ces vies irremplaçables. Il arrive en effet qu'il les transporte avec lui, qu'ils débordent légèrement le temps et l'espace où ils sont nés. Ils accompagnent l'acteur qui ne se sépare plus très aisément de ce qu'il a été. Il arrive que, pour prendre son verre, il retrouve le geste d'Hamlet soulevant sa coupe. Non, la distance n'est pas si grande qui le sépare des êtres qu'il fait vivre. Il illustre alors abondamment, tous les mois ou tous les jours, cette vérité si féconde qu'il n'y a pas de frontière entre ce qu'un homme veut être et ce qu'il est. À quel point le paraître fait l'être[6], c'est ce qu'il démontre, toujours occupé de mieux figurer. Car c'est son art, cela, de feindre absolument, d'entrer le plus avant possible dans des vies qui ne sont pas les siennes. Au terme de son effort, sa vocation s'éclaire : s'appliquer de tout son cœur à n'être rien ou à être plusieurs. Plus étroite est la limite qui lui est donnée pour créer son personnage et plus nécessaire est son talent. Il va mourir dans trois heures sous le visage qui est le sien aujourd'hui. Il faut qu'en trois heures il éprouve et exprime tout un destin exceptionnel. Cela s'appelle se perdre pour se retrouver. Dans ces trois heures, il va jusqu'au bout[1] du chemin sans issue que l'homme du parterre met toute sa vie à parcourir.

Mime du périssable, l'acteur ne s'exerce et ne se perfectionne que dans l'apparence. La convention du théâtre, c'est que le cœur ne s'exprime et ne se fait comprendre que par les gestes et dans le corps — ou par la voix qui est autant de l'âme que du corps. La loi de cet art veut que tout soit grossi et se traduise en chair. S'il fallait sur la scène aimer comme l'on aime, user de cette irremplaçable voix du cœur, regarder comme on contemple, notre langage resterait chiffré. Les silences ici doivent se faire entendre. L'amour hausse le ton et l'immobilité même devient spectaculaire. Le corps est roi. N'est pas « théâtral » qui veut et ce mot, déconsidéré à tort, recouvre toute une esthétique et toute une morale. La moitié d'une vie d'homme se passe à sous-entendre, à détourner la tête et à se taire. L'acteur est ici l'intrus. Il lève le sortilège de cette âme enchaînée et les passions se ruent enfin sur leur scène. Elles parlent dans tous les gestes, elles ne vivent que par cris. Ainsi l'acteur compose ses personnages pour la montre[2]. Il les dessine ou les sculpte, il se coule dans leur forme imaginaire et donne à leurs fantômes son sang. Je parle du grand théâtre, cela va sans dire, celui qui donne à l'acteur l'occasion de remplir son destin tout physique. Voyez Shakespeare. Dans ce théâtre du premier mouvement, ce sont les fureurs du corps qui mènent la danse[3]. Elles expliquent tout. Sans elles, tout s'écroulerait. Jamais le roi Lear n'irait au rendez-vous que lui donne la folie sans le geste brutal qui exile Cordelia et condamne Edgar. Il est juste que cette tragédie se déroule alors sous le signe de la démence. Les âmes sont livrées aux démons et à leur sarabande. Pas moins de quatre fous, l'un par métier, l'autre par volonté, les deux derniers par tourment : quatre corps désordonnés, quatre visages indicibles d'une même condition.

L'échelle même du corps humain est insuffisante. Le masque et les cothurnes, le maquillage qui réduit et accuse le visage dans ses éléments essentiels, le costume qui exagère et simplifie, cet univers sacrifie tout à l'apparence, et n'est fait que pour l'œil. Par un miracle absurde, c'est le corps qui apporte encore la connaissance. Je ne comprendrais jamais bien Iago que si je le jouais. J'ai beau l'entendre, je ne le saisis qu'au moment où je le vois. Du personnage absurde, l'acteur a par suite la monotonie, cette silhouette unique, entêtante, à la fois étrange et familière qu'il promène à travers tous ses héros. Là encore la grande œuvre théâtrale sert cette unité de ton*. C'est là que l'acteur se contredit : le même et pourtant si divers, tant d'âmes résumées par un seul corps. Mais c'est la contradiction absurde elle-même, cet individu qui veut tout atteindre et tout vivre, cette vaine tentative, cet entêtement sans portée. Ce qui se contredit toujours s'unit pourtant en lui. Il est à cet endroit où le corps et l'esprit se rejoignent et se serrent, où le second lassé de ses échecs se retourne vers son plus fidèle allié. « Et bénis soient ceux, dit Hamlet, dont le sang et le jugement sont si curieusement mêlés qu'ils ne sont pas flûte où le doigt de la fortune fait chanter le trou qui lui plaît[2]. »

Comment l'Église n'eût-elle pas condamné dans l'acteur pareil exercice ? Elle répudiait dans cet art la multiplication hérétique des âmes, la débauche d'émotions, la prétention scandaleuse d'un esprit qui se refuse à ne vivre qu'un destin et se précipite dans toutes les intempérances. Elle proscrivait en eux ce goût du présent et ce

---

* Je pense ici à l'Alceste de Molière. Tout est si simple, si évident et si grossier. Alceste contre Philinte, Célimène contre Éliante, tout le sujet dans l'absurde conséquence d'un caractère poussé vers sa fin, et le vers lui-même, le « mauvais vers », à peine scandé comme la monotonie du caractère[1].

triomphe de Protée qui sont la négation de tout ce qu'elle enseigne. L'éternité n'est pas un jeu. Un esprit assez insensé pour lui préférer une comédie a perdu son salut. Entre « partout » et « toujours », il n'y a pas de compromis. De là que ce métier si déprécié puisse donner lieu à un conflit spirituel démesuré. « Ce qui importe, dit Nietzsche, ce n'est pas la vie éternelle, c'est l'éternelle vivacité[1]. » Tout le drame est en effet dans ce choix[2].

Adrienne Lecouvreur, sur son lit de mort, voulut bien se confesser et communier, mais refusa d'abjurer sa profession. Elle perdit par là le bénéfice de la confession. Qu'était-ce donc en effet, sinon prendre contre Dieu le parti de sa passion profonde ? Et cette femme à l'agonie, refusant dans les larmes de renier ce qu'elle appelait son art, témoignait d'une grandeur que, devant la rampe, elle n'atteignit jamais. C'est son plus beau rôle et le plus difficile à tenir[3]. Choisir entre le ciel et une dérisoire fidélité, se préférer à l'éternité ou s'abîmer en Dieu, c'est la tragédie séculaire où il faut tenir sa place.

Les comédiens de l'époque se savaient excommuniés. Entrer dans la profession, c'était choisir l'Enfer. Et l'Église discernait en eux ses pires ennemis. Quelques littérateurs s'indignent : « Eh quoi, refuser à Molière les derniers secours ! » Mais cela était juste et surtout pour celui-là qui mourut en scène et acheva sous le fard une vie tout entière vouée à la dispersion. On invoque à son propos le génie qui excuse tout. Mais le génie n'excuse rien, justement parce qu'il s'y refuse.

L'acteur savait alors quelle punition lui était promise. Mais quel sens pouvaient avoir de si vagues menaces au prix du châtiment dernier que lui réservait la vie même ? C'était celui-là qu'il éprouvait par avance et acceptait dans son entier. Pour l'acteur comme pour l'homme absurde, une mort prématurée est irréparable. Rien ne peut compenser la somme des visages et des siècles qu'il eût, sans cela, parcourus. Mais, de toute façon, il s'agit de mourir. Car l'acteur est sans doute partout, mais le temps l'entraîne aussi et fait avec lui son effet.

Il suffit d'un peu d'imagination pour sentir alors ce que signifie un destin d'acteur. C'est dans le temps qu'il compose et énumère ses personnages. C'est dans le temps aussi qu'il apprend à les dominer. Plus il a vécu de vies différentes et mieux il se sépare d'elles. Le temps vient où il faut mourir à la scène et au monde. Ce qu'il a vécu est en face de lui. Il voit clair. Il sent ce que cette aventure a de déchirant et d'irremplaçable. Il sait et peut maintenant mourir. Il y a des maisons de retraite pour vieux comédiens[1].

LA CONQUÊTE[1]

« Non, dit le conquérant, ne croyez pas que, pour aimer l'action, il m'ait fallu désapprendre à penser. Je puis parfaitement au contraire définir ce que je crois. Car je le crois avec force et je le vois d'une vue certaine et claire. Méfiez-vous de ceux qui disent : « Ceci, je le sais trop pour pouvoir l'exprimer. » Car s'ils ne le peuvent, c'est qu'ils ne le savent pas ou que, par paresse, ils se sont arrêtés à l'écorce.

Je n'ai pas beaucoup d'opinions. À la fin d'une vie, l'homme s'aperçoit qu'il a passé des années à s'assurer d'une seule vérité. Mais une seule, si elle est évidente, suffit à la conduite d'une existence. Pour moi, j'ai décidément quelque chose à dire sur l'individu. C'est avec rudesse qu'on doit en parler et, s'il le faut, avec le mépris convenable.

Un homme est plus un homme par les choses qu'il tait que par celles qu'il dit[2]. Il y en a beaucoup que je vais taire. Mais je crois fermement que tous ceux qui ont jugé de l'individu l'ont fait avec beaucoup moins d'expérience que nous pour fonder leur jugement. L'intelligence, l'émouvante intelligence a pressenti peut-être ce qu'il fallait constater. Mais l'époque, ses ruines et son sang nous comblent d'évidences. Il était possible à des peuples anciens, et même aux plus récents jusqu'à notre ère machinale, de mettre en balance les vertus de la société et de l'individu, de chercher lequel devait servir l'autre. Cela était possible d'abord, en vertu de cette aberration tenace au cœur de l'homme et selon quoi les êtres ont été mis au monde pour servir ou être servis. Cela était encore possible parce que[3] ni la société ni l'individu n'avaient encore montré tout leur savoir-faire.

J'ai vu de bons esprits s'émerveiller des chefs-d'œuvre des peintres hollandais nés au cœur des sanglantes guerres de Flandre, s'émouvoir aux oraisons des mystiques silésiens élevées au sein de l'affreuse guerre de Trente Ans. Les valeurs éternelles surnagent à leurs yeux étonnés au-dessus des tumultes séculiers. Mais le temps depuis a marché. Les peintres d'aujourd'hui sont privés de cette sérénité. Même s'ils ont au fond le cœur qu'il faut au créateur, je veux dire un cœur sec[1], il n'est d'aucun emploi, car tout le monde et le saint lui-même est mobilisé. Voilà peut-être ce que j'ai senti le plus profondément. À chaque forme avortée dans les tranchées, à chaque trait, métaphore ou prière, broyé sous le fer, l'éternel perd une partie. Conscient que je ne puis me séparer de mon temps, j'ai décidé de faire corps avec lui. C'est pourquoi je ne fais tant de cas de l'individu que parce qu'il m'apparaît dérisoire et humilié. Sachant qu'il n'est pas de causes victorieuses, j'ai du goût pour les causes perdues : elles demandent une âme entière, égale à sa défaite comme à ses victoires passagères[2]. Pour qui se sent solidaire du destin de ce monde, le choc des civilisations a quelque chose d'angoissant. J'ai fait mienne cette angoisse en même temps que j'ai voulu y jouer ma partie[3]. Entre l'histoire et l'éternel, j'ai choisi l'histoire parce que j'aime les certitudes. D'elle du moins je suis certain, et comment nier cette force qui m'écrase ?

Il vient toujours un temps où il faut choisir entre la contemplation et l'action. Cela s'appelle devenir un homme. Ces déchirements sont affreux. Mais pour un cœur fier, il ne peut y avoir de milieu. Il y a Dieu ou le temps, cette croix ou cette épée[4]. Ce monde a un sens plus haut qui surpasse ses agitations ou rien n'est vrai que ces agitations. Il faut vivre avec le temps et mourir avec lui ou s'y soustraire pour une plus grande vie. Je sais qu'on peut transiger et qu'on peut vivre dans le siècle et croire à l'éternel. Cela s'appelle accepter. Mais je répugne à ce terme et je veux tout ou rien. Si je choisis l'action, ne croyez pas que la contemplation me soit comme une terre inconnue. Mais elle ne peut tout me donner et, privé de l'éternel, je veux m'allier au temps[5]. Je ne veux faire tenir dans mon compte ni nostalgie ni amertume et je veux seulement y voir clair. Je vous le dis, demain vous serez mobilisé. Pour vous et pour moi, cela est une libération. L'individu ne peut rien et pourtant il peut tout. Dans cette merveilleuse disponibilité vous comprenez pourquoi je l'exalte et l'écrase à la fois. C'est le monde qui le broie et c'est moi qui le libère. Je le fournis de tous ses droits.

[1]Les conquérants savent que l'action est en elle-même inutile. Il n'y a qu'une action utile, celle qui referait l'homme et la terre. Je ne referai jamais les hommes. Mais il faut faire « comme si ». Car le chemin de la lutte me fait rencontrer la chair. Même humiliée, la chair est ma seule certitude. Je ne puis vivre que d'elle. La créature est ma patrie[2]. Voilà pourquoi j'ai choisi cet effort absurde et sans portée. Voilà pourquoi je suis du côté de la lutte[3]. L'époque s'y prête, je l'ai dit. Jusqu'ici la grandeur d'un conquérant était géographique. Elle se mesurait à l'étendue des territoires vaincus. Ce n'est pas pour rien que le mot a changé de sens et ne désigne plus le général vainqueur. La grandeur a changé de camp. Elle est dans la protestation et le sacrifice sans avenir. Là encore, ce n'est point par goût de la défaite. La victoire serait souhaitable. Mais il n'y a qu'une victoire et elle est éternelle. C'est celle que je n'aurai jamais. Voilà où je bute et je m'accroche. Une révolution s'accomplit toujours contre les dieux, à commencer par celle de Prométhée, le premier des conquérants modernes. C'est une revendication de l'homme contre son destin : la revendication du pauvre[4] n'est qu'un prétexte. Mais je ne puis saisir cet esprit que dans son acte historique et c'est là que je le rejoins. Ne croyez pas cependant que je m'y complaise : en face de la contradiction essentielle, je soutiens mon humaine contradiction. J'installe ma lucidité au milieu de ce qui la nie. J'exalte l'homme devant ce qui l'écrase et ma liberté, ma révolte et ma passion se rejoignent alors dans cette tension, cette clairvoyance et cette répétition démesurée.

Oui, l'homme est sa propre fin. Et il est sa seule fin. S'il veut être quelque chose, c'est dans cette vie. Maintenant, je le sais de reste. Les conquérants parlent quelquefois de vaincre et surmonter. Mais c'est toujours « se surmonter » qu'ils entendent. Vous savez bien ce que cela veut dire. Tout homme s'est senti l'égal d'un dieu à certains moments. C'est ainsi du moins qu'on le dit. Mais cela vient de ce que, dans un éclair, il a senti l'étonnante grandeur de l'esprit humain. Les conquérants sont seulement ceux d'entre les hommes qui sentent assez leur force pour être sûrs de vivre constamment à ces hauteurs et dans la pleine conscience de cette grandeur. C'est une question d'arithmétique, de plus ou de moins. Les conquérants peuvent le plus. Mais ils ne peuvent pas plus que l'homme lui-même, quand il le veut. C'est pourquoi ils ne quittent jamais le creuset humain, plongeant au plus brûlant dans l'âme des révolutions.

Ils y trouvent la créature mutilée, mais ils y rencontrent aussi les seules valeurs qu'ils aiment et qu'ils admirent, l'homme et son silence. C'est à la fois leur dénuement et leur richesse. Il n'y a qu'un seul luxe pour eux[1] et c'est celui des relations humaines. Comment ne pas comprendre que, dans cet univers vulnérable, tout ce qui est humain et n'est que cela prend un sens plus brûlant? Visages tendus, fraternité menacée, amitié si forte et si pudique des hommes entre eux, ce sont les vraies richesses[2] puisqu'elles sont périssables. C'est au milieu d'elles que l'esprit sent le mieux ses pouvoirs et ses limites. C'est-à-dire son efficacité. Quelques-uns ont parlé de génie. Mais le génie, c'est bien vite dit, je préfère l'intelligence. Il faut dire qu'elle peut être alors magnifique. Elle éclaire ce désert et le domine. Elle connaît ses servitudes et les illustre. Elle mourra en même temps que ce corps. Mais le savoir, voilà sa liberté.

Nous ne l'ignorons pas, toutes les Églises sont contre nous. Un cœur si tendu se dérobe à l'éternel et toutes les Églises, divines ou politiques, prétendent à l'éternel. Le bonheur et le courage, le salaire ou la justice, sont pour elles des fins secondaires. C'est une doctrine qu'elles apportent et il faut y souscrire. Mais je n'ai rien à faire des idées ou de l'éternel[3]. Les vérités qui sont à ma mesure, la main peut les toucher. Je ne puis me séparer d'elles. Voilà pourquoi vous ne pouvez rien fonder sur moi[4] : rien ne dure du conquérant et pas même ses doctrines.

Au bout de tout cela, malgré tout, est la mort. Nous le savons. Nous savons aussi qu'elle termine tout. Voilà pourquoi ces cimetières qui couvrent l'Europe et qui obsèdent certains d'entre nous, sont hideux[5]. On n'embellit que ce qu'on aime et la mort nous répugne et nous lasse. Elle aussi est à conquérir. Le dernier Carrara, prisonnier dans Padoue vidée par la peste, assiégée par les Vénitiens, parcourait en hurlant les salles de son palais désert : il appelait le diable et lui demandait la mort. C'était une façon de la surmonter[1]. Et c'est encore une marque de courage propre à l'Occident que d'avoir rendu si affreux les lieux où la mort se croit honorée[2]. Dans l'univers du révolté, la mort exalte l'injustice. Elle est le suprême abus.

D'autres, sans transiger non plus, ont choisi l'éternel et dénoncé l'illusion de ce monde. Leurs cimetières sourient au milieu d'un peuple de fleurs et d'oiseaux[3]. Cela convient au conquérant et lui donne l'image claire de ce qu'il a repoussé. Il a choisi au contraire l'entourage de fer noir ou la fosse anonyme. Les meilleurs parmi les hommes de l'éternel se sentent pris quelquefois d'un effroi plein de considération et de pitié devant des esprits qui peuvent vivre avec une pareille image de leur mort. Mais pourtant ces esprits en tirent leur force et leur justification. Notre destin est en face de nous et c'est lui que nous provoquons. Moins par orgueil que par conscience de notre condition sans portée. Nous aussi, nous avons parfois pitié de nous-mêmes. C'est la seule compassion qui nous semble acceptable : un sentiment que peut-être vous ne comprenez guère et qui vous semble peu viril. Pourtant ce sont les plus audacieux[4] d'entre nous qui l'éprouvent. Mais nous appelons virils les lucides et nous ne voulons pas d'une force qui se sépare de la clairvoyance[5].

Encore une fois, ce ne sont pas des morales que ces images proposent et elles n'engagent pas de jugements : ce sont des dessins. Ils figurent seulement un style de vie. L'amant, le comédien ou l'aventurier jouent l'absurde. Mais aussi bien, s'ils le veulent, le chaste, le fonctionnaire ou le président de la république. Il suffit de savoir et de ne rien masquer. Dans les musées italiens, on trouve quelquefois de petits écrans peints que le prêtre tenait devant les visages des condamnés pour leur cacher l'échafaud[1]. Le saut sous toutes ses formes, la précipitation dans le divin ou l'éternel, l'abandon aux illusions du quotidien ou de l'idée, tous ces écrans cachent l'absurde. Mais il y a des fonctionnaires sans écran et ce sont ceux dont je veux parler.

J'ai choisi les plus extrêmes. À ce degré, l'absurde leur donne un pouvoir royal. Il est vrai que ces princes sont sans royaume[2]. Mais ils ont cet avantage sur d'autres qu'ils savent que toutes les royautés sont illusoires. Ils savent, voilà toute leur grandeur, et c'est en vain qu'on veut parler à leur propos de malheur caché ou des cendres de la désillusion. Être privé d'espoir, ce n'est pas désespérer. Les flammes de la terre valent bien les parfums célestes. Ni moi ni personne ne pouvons ici les juger. Ils ne cherchent pas à être meilleurs, ils tentent d'être conséquents. Si le mot sage s'applique à l'homme qui vit de ce qu'il a, sans spéculer sur ce qu'il n'a pas, alors ceux-là sont des sages. L'un d'eux, conquérant, mais parmi l'esprit, Don Juan mais de la connaissance[3], comédien mais de l'intelligence, le sait mieux que quiconque : « On ne mérite nullement un privilège sur terre et dans le ciel lorsqu'on a mené sa chère petite douceur de mouton jusqu'à la perfection : on n'en continue pas moins à être au meilleur cas un cher petit mouton ridicule avec des cornes et rien de plus — en admettant même que l'on ne crève pas de vanité et que l'on ne provoque pas de scandale par ses attitudes de juge. »

Il fallait en tout cas restituer au raisonnement absurde des visages plus chaleureux. L'imagination peut en ajouter beaucoup d'autres, rivés au temps et à l'exil, qui savent aussi vivre à la mesure d'un univers sans avenir et sans faiblesse. Ce monde absurde et sans dieu se peuple alors d'hommes qui pensent clair et n'espèrent plus[1]. Et je n'ai pas encore parlé du plus absurde des personnages qui est le créateur.

LA CRÉATION ABSURDE[1]

PHILOSOPHIE ET ROMAN

Toutes ces vies maintenues dans l'air avare de l'absurde ne sauraient se soutenir sans quelque pensée profonde et constante qui les anime de sa force. Ici même ce ne peut être qu'un singulier sentiment de fidélité. On a vu des hommes conscients accomplir leur tâche au milieu des plus stupides des guerres sans se croire en contradiction[1]. C'est qu'il s'agissait de ne rien éluder. Il y a ainsi un bonheur métaphysique[2] à soutenir l'absurdité du monde. La conquête ou le jeu, l'amour innombrable, la révolte absurde, ce sont des hommages que l'homme rend à sa dignité dans une campagne où il est d'avance vaincu.

Il s'agit seulement d'être fidèle à la règle du combat. Cette pensée peut suffire à nourrir un esprit : elle a soutenu et soutient des civilisations entières. On ne nie pas la guerre. Il faut en mourir ou en vivre[3]. Ainsi de l'absurde : il s'agit de respirer avec lui; de reconnaître ses leçons et de retrouver leur chair. À cet égard, la joie absurde par excellence, c'est la création. « L'art et rien que l'art, dit Nietzsche, nous avons l'art pour ne point mourir de la vérité[4]. »

Dans l'expérience que je tente de décrire et de faire sentir sur plusieurs modes, il est certain qu'un tourment surgit là où en meurt un autre. La recherche puérile de l'oubli, l'appel de la satisfaction sont maintenant sans écho. Mais la tension constante qui maintient l'homme en face du monde, le délire ordonné qui le pousse à tout accueillir lui laissent une autre fièvre. Dans cet univers, l'œuvre est alors la chance unique de maintenir sa conscience et d'en fixer les aventures. Créer, c'est vivre deux fois. La recherche tâtonnante et anxieuse d'un Proust, sa méticuleuse collection de fleurs[5], de tapisseries et d'angoisses ne signifient rien d'autre. En même temps, elle n'a pas plus de portée que la création continue et inappréciable à quoi se livrent, tous les jours de leur vie, le comédien, le conquérant et tous les hommes absurdes. Tous s'essaient à mimer, à répéter et à recréer la réalité qui est la leur. Nous finissons toujours par avoir le visage de nos vérités. L'existence tout entière, pour un homme détourné de l'éternel, n'est qu'un mime démesuré sous le masque de l'absurde. La création, c'est le grand mime.

Ces hommes savent d'abord, et puis tout leur effort est de parcourir, d'agrandir et d'enrichir l'île sans avenir qu'ils viennent d'aborder[1]. Mais il faut d'abord savoir. Car la découverte absurde coïncide avec un temps d'arrêt où s'élaborent et se légitiment les passions futures. Même les hommes sans évangile ont leur Mont des Oliviers. Et sur le leur non plus, il ne faut pas s'endormir[2]. Pour l'homme absurde, il ne s'agit plus d'expliquer et de résoudre, mais d'éprouver et de décrire[3]. Tout commence par l'indifférence clairvoyante.

Décrire, telle est la dernière ambition d'une pensée absurde. La science elle aussi, arrivée au terme de ses paradoxes, cesse de proposer et s'arrête à contempler et dessiner le paysage toujours vierge des phénomènes. Le cœur apprend ainsi que cette émotion qui nous transporte devant les visages du monde ne nous vient pas de sa profondeur mais de leur diversité. L'explication est vaine, mais la sensation reste et, avec elle, les appels incessants d'un univers inépuisable en quantité. On comprend ici la place de l'œuvre d'art.

Elle marque à la fois la mort d'une expérience et sa multiplication. Elle est comme une répétition monotone et passionnée des thèmes déjà orchestrés par le monde : le corps, inépuisable image au fronton des temples, les formes ou les couleurs, le nombre ou la détresse. Il n'est donc pas indifférent pour terminer de retrouver les principaux thèmes de cet essai dans l'univers magnifique et puéril du créateur. On aurait tort d'y voir un symbole et de croire que l'œuvre d'art puisse être considérée enfin comme un refuge à l'absurde. Elle est elle-même un phénomène absurde et il s'agit seulement de sa description. Elle n'offre pas une issue au mal de l'esprit. Elle est au contraire un des signes de ce mal qui le répercute dans toute la pensée d'un homme. Mais pour la première fois, elle fait sortir l'esprit de lui-même et le place en face d'autrui, non pour qu'il s'y perde, mais pour lui montrer d'un doigt précis la voie sans issue où tous sont engagés. Dans le temps du raisonnement absurde, la création suit l'indifférence et la découverte. Elle marque le point d'où les passions absurdes s'élancent, et où le raisonnement s'arrête. Sa place dans cet essai se justifie ainsi.

Il suffira de mettre à jour quelques thèmes communs au créateur et au penseur pour que nous retrouvions dans l'œuvre d'art toutes les contradictions de la pensée engagée dans l'absurde. Ce sont moins en effet les conclusions identiques qui font les intelligences parentes, que les contradictions qui leur sont communes. Ainsi de la pensée et de la création. À peine ai-je besoin de dire que c'est un même tourment qui pousse l'homme à ces attitudes. C'est par là qu'au départ elles coïncident. Mais parmi toutes les pensées qui partent de l'absurde, j'ai vu que bien peu s'y maintenaient. Et c'est à leurs écarts ou leurs infidélités que j'ai le mieux mesuré ce qui n'appartenait qu'à l'absurde. Parallèlement, je dois me demander : une œuvre absurde est-elle possible ?

On ne saurait trop insister sur l'arbitraire de l'ancienne opposition entre art et philosophie. Si on veut l'entendre dans un sens trop précis, à coup sûr elle est fausse. Si l'on veut seulement dire que ces deux disciplines ont chacune leur[1] climat particulier, cela sans doute est vrai, mais dans le vague. La seule argumentation acceptable résidait dans la contradiction soulevée entre le philosophe enfermé *au milieu* de son système et l'artiste placé *devant* son œuvre. Mais ceci valait pour une certaine forme d'art et de philosophie que nous tenons ici pour secondaire. L'idée d'un art détaché de son créateur n'est pas seulement démodée. Elle est fausse. Par opposition à l'artiste, on signale qu'aucun philosophe n'a jamais fait plusieurs systèmes. Mais cela est vrai dans la mesure même où aucun artiste n'a jamais exprimé plus d'une seule chose sous des visages différents. La perfection instantanée de l'art, la nécessité de son renouvellement, cela n'est vrai que par préjugé. Car l'œuvre d'art aussi est une construction et chacun sait combien les grands créateurs peuvent être monotones[2]. L'artiste au même titre que le penseur s'engage et se devient dans son œuvre. Cette osmose soulève le plus important des problèmes esthétiques. Au surplus, rien n'est plus vain que ces distinctions selon les méthodes et les objets pour qui se persuade de l'unité de but de l'esprit. Il n'y a pas de frontières entre les disciplines que l'homme se propose pour comprendre et aimer. Elles s'interpénètrent et la même angoisse les confond.

Cela est nécessaire à dire pour commencer. Pour que soit possible une œuvre absurde, il faut que la pensée sous sa forme la plus lucide y soit mêlée. Mais il faut en même temps qu'elle n'y paraisse point sinon comme l'intelligence qui ordonne. Ce paradoxe s'explique selon l'absurde. L'œuvre d'art naît du renoncement de l'intelligence à raisonner le concret. Elle marque le triomphe du charnel. C'est la pensée lucide qui la provoque, mais dans cet acte même elle se renonce. Elle ne cédera pas à la tentation de surajouter au décrit un sens plus profond qu'elle sait illégitime. L'œuvre d'art incarne un drame de l'intelligence, mais elle n'en fait la preuve qu'indirectement. L'œuvre absurde exige un artiste conscient de ces limites et un art où le concret ne signifie rien de plus que lui-même[1]. Elle ne peut être la fin, le sens et la consolation d'une vie. Créer ou ne pas créer, cela ne change rien. Le créateur absurde ne tient pas à son œuvre. Il pourrait y renoncer; il y renonce quelquefois. Il suffit d'une Abyssinie[2].

On peut voir là en même temps une règle d'esthétique. La véritable œuvre d'art est toujours à la mesure humaine. Elle est essentiellement celle qui dit « moins ». Il y a un certain rapport entre l'expérience globale d'un artiste et l'œuvre qui la reflète, entre *Wilhelm Meister* et la maturité de Goethe. Ce rapport est mauvais lorsque l'œuvre prétend donner toute l'expérience dans le papier à dentelles d'une littérature d'explication. Ce rapport est bon lorsque l'œuvre n'est qu'un morceau taillé dans l'expérience, une facette du diamant où l'éclat intérieur se résume sans se limiter. Dans le premier cas, il y a surcharge et prétention à l'éternel. Dans le second, œuvre féconde à cause de tout un sous-entendu d'expérience dont on devine la richesse. Le problème pour l'artiste absurde est d'acquérir ce savoir-vivre qui dépasse le savoir-faire. Pour finir, le grand artiste sous ce climat est avant tout un grand vivant, étant compris que vivre ici c'est aussi bien éprouver que réfléchir[1]. L'œuvre incarne donc un drame intellectuel[2]. L'œuvre absurde illustre le renoncement de la pensée à ses prestiges et sa résignation à n'être plus que l'intelligence qui met en œuvre les apparences et couvre d'images ce qui n'a pas de raison. Si le monde était clair, l'art ne serait pas[3].

Je ne parle pas ici des arts de la forme ou de la couleur où seule règne la description dans sa splendide modestie*. L'expression commence où la pensée finit. Ces adolescents aux yeux vides qui peuplent les temples et les musées, on a mis leur philosophie en gestes[5]. Pour un homme absurde, elle est plus enseignante que toutes les bibliothèques. Sous un autre aspect, il en est de même de la musique. Si un art est privé d'enseignement, c'est bien celui-là. Il s'apparente trop aux mathématiques pour ne pas leur avoir emprunté leur gratuité. Ce jeu de l'esprit avec lui-même selon des lois convenues et mesurées se déroule dans l'espace sonore qui est le nôtre et au-delà duquel les vibrations se rencontrent cependant en un univers inhumain. Il n'est point de sensation plus pure. Ces exemples sont trop faciles. L'homme absurde reconnaît pour siennes ces harmonies et ces formes.

Mais je voudrais parler ici d'une œuvre où la tentation d'expliquer demeure la plus grande, où l'illusion se propose d'elle-même, où la conclusion est presque immanquable. Je veux dire la création romanesque. Je me demanderai si l'absurde peut s'y maintenir.

Penser, c'est avant tout vouloir créer un monde (ou limiter le sien, ce qui revient au même). C'est partir du désaccord fondamental qui sépare l'homme de son expérience pour trouver un terrain d'entente selon sa nostalgie, un univers corseté de raisons ou éclairé d'analogies qui permette de résoudre le divorce insupportable. Le philosophe, même s'il est Kant, est créateur. Il a ses personnages, ses symboles et son action secrète. Il a ses dénouements. À l'inverse, le pas pris par le roman

---

* Il est curieux de voir que la plus intellectuelle des peintures, celle qui cherche à réduire la réalité à ses éléments essentiels, n'est plus à son terme dernier qu'une joie des yeux. Elle n'a gardé du monde que la couleur[4].

sur la poésie et l'essai figure seulement, et malgré les apparences, une plus grande intellectualisation de l'art. Entendons-nous, il s'agit surtout des plus grands. La fécondité et la grandeur d'un genre se mesurent souvent au déchet qui s'y trouve. Le nombre de mauvais romans ne doit pas faire oublier la grandeur des meilleurs. Ceux-ci justement portent avec eux leur univers. Le roman a sa logique, ses raisonnements, son intuition et ses postulats. Il a aussi ses exigences de clarté*.

L'opposition classique dont je parlais plus haut se légitime moins encore dans ce cas particulier. Elle valait au temps où il était facile de séparer la philosophie de son auteur. Aujourd'hui, où la pensée ne prétend plus à l'universel, où sa meilleure histoire serait celle de ses repentirs, nous savons que le système, lorsqu'il est valable, ne se sépare pas de son auteur. L'*Éthique*[2] elle-même, sous l'un de ses aspects, n'est qu'une longue et rigoureuse confidence. La pensée abstraite rejoint enfin son support de chair. Et, de même, les jeux romanesques du corps et des passions s'ordonnent un peu plus suivant les exigences d'une vision du monde. On ne raconte plus « d'histoires », on crée son univers. Les grands romanciers sont des romanciers philosophes, c'est-à-dire le contraire d'écrivains à thèse. Ainsi Balzac, Sade, Melville, Stendhal, Dostoïevski, Proust, Malraux, Kafka, pour n'en citer que quelques-uns.

Mais justement le choix qu'ils ont fait d'écrire en images plutôt qu'en raisonnements[3] est révélateur d'une certaine pensée qui leur est commune, persuadée de l'inutilité de tout principe d'explication et convaincue du message enseignant de l'apparence sensible. Ils considèrent l'œuvre à la fois comme une fin et un commencement. Elle est l'aboutissement d'une philosophie souvent inexprimée, son illustration et son

---

* Qu'on y réfléchisse : cela explique les pires romans. Presque tout le monde se croit capable de penser et, dans une certaine mesure, bien ou mal, pense effectivement. Très peu, au contraire, peuvent s'imaginer poète ou forgeur de phrases. Mais à partir du moment où la pensée a prévalu sur le style, la foule a envahi le roman.

Cela n'est pas un si grand mal qu'on le dit. Les meilleurs sont conduits à plus d'exigences envers eux-mêmes. Pour ceux qui succombent, ils ne méritaient pas de survivre[1].

couronnement[1]. Mais elle n'est complète que par les sous-entendus de cette philosophie. Elle légitime enfin cette variante d'un thème ancien qu'un peu de pensée éloigne de la vie, mais que beaucoup y ramène[2]. Incapable de sublimer le réel, la pensée s'arrête à le mimer. Le roman dont il est question est l'instrument de cette connaissance à la fois relative et inépuisable, si semblable à celle de l'amour. De l'amour, la création romanesque a l'émerveillement initial et la rumination féconde.

C'est du moins les prestiges que je lui reconnais au départ. Mais je les reconnaissais aussi à ces princes de la pensée humiliée dont j'ai pu contempler ensuite les suicides. Ce qui m'intéresse justement, c'est de connaître et de décrire la force qui les ramène vers la voie commune de l'illusion. La même méthode me servira donc ici. De l'avoir déjà employée me permettra de raccourcir mon raisonnement et de le résumer sans tarder sur un exemple précis. Je veux savoir si, acceptant de vivre sans appel, on peut consentir aussi à travailler et créer sans appel et quelle est la route qui mène à ces libertés[3]. Je veux délivrer mon univers de ses fantômes[4] et le peupler seulement des vérités de chair[5] dont je ne peux nier la présence. Je puis faire œuvre absurde, choisir l'attitude créatrice plutôt qu'une autre. Mais une attitude absurde pour demeurer telle doit rester consciente de sa gratuité. Ainsi de l'œuvre. Si les commandements de l'absurde n'y sont pas respectés, si elle n'illustre pas le divorce et la révolte, si elle sacrifie aux illusions et suscite l'espoir, elle n'est plus gratuite. Je ne puis plus me détacher d'elle. Ma vie peut y trouver un sens : cela est dérisoire. Elle n'est plus cet exercice de détachement et de passion qui consomme la splendeur et l'inutilité d'une vie d'homme[6].

Dans la création où la tentation d'expliquer est la plus forte, peut-on alors surmonter cette tentation ? Dans le monde fictif où la conscience du monde réel est la plus forte, puis-je rester fidèle à l'absurde sans sacrifier au désir de conclure ? Autant de questions à envisager dans un dernier effort. On a compris déjà ce qu'elles signifiaient. Ce sont les derniers scrupules d'une conscience qui craint d'abandonner son premier et difficile enseignement au prix d'une ultime illusion. Ce qui vaut pour la création, considérée comme *l'une* des attitudes possibles pour l'homme conscient de l'absurde, vaut pour tous les styles de vie qui s'offrent à lui. Le conquérant ou l'acteur, le créateur ou Don Juan peuvent oublier que leur exercice de vivre ne saurait aller sans la conscience de son caractère insensé. On s'habitue si vite. On veut gagner de l'argent pour vivre heureux et tout l'effort et le meilleur d'une vie se concentrent pour le gain de cet argent. Le bonheur est oublié, le moyen pris pour la fin. De même tout l'effort de ce conquérant va dériver sur l'ambition qui n'était qu'un chemin vers une plus grande vie. Don Juan de son côté va consentir aussi à son destin, se satisfaire de cette existence dont la grandeur ne vaut que par la révolte. Pour l'un, c'est la conscience, pour l'autre, la révolte, dans les deux cas l'absurde a disparu. Il y a tant d'espoir tenace dans le cœur humain. Les hommes les plus dépouillés finissent quelquefois par consentir à l'illusion[1]. Cette approbation dictée par le besoin de paix est le frère intérieur du consentement existentiel. Il y a ainsi des dieux de lumière et des idoles de boue[2]. Mais c'est le chemin moyen qui mène aux visages de l'homme qu'il s'agit de trouver.

Jusqu'ici[3] ce sont les échecs de l'exigence absurde qui nous ont le mieux renseigné sur ce qu'elle est. De même façon, il nous suffira pour être avertis d'apercevoir que la création romanesque peut offrir la même ambiguïté que certaines philosophies. Je peux donc choisir[4] pour mon illustration une œuvre où tout soit réuni qui marque la conscience de l'absurde, dont le départ soit clair et le climat lucide. Ses conséquences nous instruiront. Si l'absurde n'y est pas respecté, nous saurons par quel biais l'illusion s'introduit. Un exemple précis, un thème, une fidélité de créateur, suffiront alors. Il s'agit de la même analyse qui a déjà été faite plus longuement.

J'examinerai un thème favori de Dostoïevski. J'aurais pu aussi bien étudier d'autres œuvres*. Mais, avec celle-ci,

---

* Celle de Malraux, par exemple. Mais il eût fallu aborder en même temps le problème social qui en effet ne peut être évité par la pensée absurde (encore qu'elle puisse lui proposer plusieurs solutions, et fort différentes[5]). Il faut cependant se limiter.

le problème est traité directement, dans le sens de la grandeur et de l'émotion, comme pour les pensées existentielles dont il a été question. Ce parallélisme sert mon objet.

KIRILOV[1]

Tous les héros de Dostoïevski s'interrogent sur le sens de la vie. C'est en cela qu'ils sont modernes : ils ne craignent pas le ridicule. Ce qui distingue la sensibilité moderne de la sensibilité classique, c'est que celle-ci se nourrit de problèmes moraux et celle-là de problèmes métaphysiques. Dans les romans de Dostoïevski, la question est posée avec une telle intensité qu'elle ne peut engager que des solutions extrêmes. L'existence est mensongère *ou* elle est éternelle[2]. Si Dostoïevski se contentait de cet examen, il serait philosophe. Mais il illustre les conséquences que ces jeux de l'esprit peuvent avoir dans une vie d'homme et c'est en cela qu'il est artiste. Parmi ces conséquences, c'est la dernière qui le retient, celle que lui-même dans le *Journal d'un Écrivain* appelle suicide logique. Dans les livraisons de décembre 1876, en effet, il imagine le raisonnement du « suicide logique ». Persuadé que l'existence humaine est une parfaite absurdité pour qui n'a pas la foi en l'immortalité, le désespéré en arrive aux conclusions suivantes :

« Puisque, à mes questions au sujet du bonheur, il m'est déclaré en réponse, par l'intermédiaire de ma conscience, que je ne puis être heureux autrement que dans cette harmonie avec le grand tout, que je ne conçois et ne serai jamais en état de concevoir, c'est évident...

» ... Puisque enfin, dans cet ordre de choses, j'assume à la fois le rôle du plaignant et celui du répondant, de l'accusé et du juge, et puisque je trouve cette comédie de la part de la nature tout à fait stupide, et que même j'estime humiliant de ma part d'accepter de la jouer...

» En ma qualité indiscutable de plaignant et de répondant, de juge et d'accusé, je condamne cette nature qui, avec un si impudent sans-gêne, m'a fait naître pour souffrir — je la condamne à être anéantie avec moi[3]. »

Il y a encore un peu d'humour dans cette position. Ce suicidé se tue parce que, sur le plan métaphysique, il est *vexé*. Dans un certain sens, il se venge. C'est la façon qu'il a de prouver qu'on ne « l'aura pas ». On sait cependant que le même thème s'incarne, mais avec la plus admirable ampleur, chez Kirilov, personnage des *Possédés,* partisan lui aussi du suicide logique[1]. L'ingénieur Kirilov déclare quelque part qu'il veut s'ôter la vie parce que « c'est son idée[2] ». On entend bien qu'il faut prendre le mot au sens propre. C'est pour une idée, une pensée qu'il se prépare à la mort. C'est le suicide supérieur. Progressivement, tout le long de scènes où le masque de Kirilov s'éclaire peu à peu, la pensée mortelle qui l'anime nous est livrée. L'ingénieur, en effet, reprend les raisonnements du *Journal*. Il sent que Dieu est nécessaire et qu'il faut bien qu'il existe. Mais il sait qu'il n'existe pas et qu'il ne peut pas exister. « Comment ne comprends-tu pas, s'écrie-t-il, que c'est là une raison suffisante pour se tuer[3] ? » Cette attitude entraîne, également chez lui quelques-unes des conséquences absurdes. Il accepte par indifférence de laisser utiliser son suicide au profit d'une cause qu'il méprise. « J'ai décidé cette nuit que cela m'était égal. » Il prépare enfin son geste dans un sentiment mêlé de révolte et de liberté. « Je me tuerai pour affirmer mon insubordination, ma nouvelle et terrible liberté[4]. » Il ne s'agit plus de vengeance, mais de révolte. Kirilov est donc un personnage absurde — avec cette réserve essentielle cependant qu'il se tue. Mais lui-même explique cette contradiction, et de telle sorte qu'il révèle en même temps le secret absurde dans toute sa pureté. Il ajoute en effet à sa logique mortelle une ambition extraordinaire qui donne au personnage toute sa perspective : il veut se tuer pour devenir dieu.

Le raisonnement est d'une clarté classique. Si Dieu n'existe pas, Kirilov est dieu. Si Dieu n'existe pas, Kirilov doit se tuer, Kirilov doit donc se tuer pour être dieu. Cette logique est absurde, mais c'est ce qu'il faut. L'intéressant cependant est de donner un sens à cette divinité ramenée sur terre. Cela revient à éclairer la prémisse : « Si Dieu n'existe pas, je suis dieu », qui reste encore assez obscure. Il est important de remarquer d'abord que l'homme qui affiche cette prétention insensée est bien de ce monde. Il fait sa gymnastique tous les matins pour entretenir sa santé. Il s'émeut de la joie de Chatov retrouvant sa femme. Sur un papier qu'on trouvera après sa mort, il veut dessiner une figure qui « leur » tire la langue[1]. Il est puéril et colère, passionné, méthodique et sensible. Du surhomme il n'a que la logique et l'idée fixe, de l'homme tout le registre. C'est lui cependant qui parle tranquillement de sa divinité. Il n'est pas fou ou alors Dostoïevski l'est. Ce n'est donc pas une illusion de mégalomane qui l'agite. Et prendre les mots dans leur sens propre serait, cette fois, ridicule.

Kirilov lui-même nous aide à mieux comprendre. Sur une question de Stavroguine, il précise qu'il ne parle pas d'un dieu-homme[2]. On pourrait penser que c'est par souci de se distinguer du Christ. Mais il s'agit en réalité d'annexer celui-ci. Kirilov en effet imagine un moment que Jésus mourant *ne s'est pas retrouvé en paradis*. Il a connu alors que sa torture avait été inutile. « Les lois de la nature, dit l'ingénieur, ont fait vivre le Christ au milieu du mensonge et mourir pour un mensonge[3]. » En ce sens seulement, Jésus incarne bien tout le drame humain. Il est l'homme-parfait, étant celui qui a réalisé la condition la plus absurde. Il n'est pas le Dieu-homme, mais l'homme-dieu. Et comme lui, chacun de nous peut être crucifié et dupé — l'est dans une certaine mesure.

La divinité dont il s'agit est donc toute terrestre. « J'ai cherché pendant trois ans, dit Kirilov, l'attribut de ma divinité, c'est l'indépendance[4]. » On aperçoit désormais le sens de la prémisse kirilovienne : « Si Dieu n'existe pas, je suis dieu. » Devenir dieu, c'est seulement être libre sur cette terre, ne pas servir un être immortel. C'est surtout, bien entendu, tirer toutes les conséquences de cette douloureuse indépendance. Si Dieu existe, tout dépend de lui et nous ne pouvons rien contre sa volonté. S'il n'existe pas, tout dépend de nous[5]. Pour Kirilov comme pour Nietzsche, tuer Dieu, c'est devenir dieu soi-même — c'est réaliser dès cette terre la vie éternelle dont parle l'Évangile*.

Mais si ce crime métaphysique suffit à l'accomplisse-

---

* « Stavroguine. — Vous croyez à la vie éternelle dans l'autre monde ? — Kirilov : Non, mais à la vie éternelle dans celui-ci[6]. »

ment de l'homme, pourquoi y ajouter le suicide ? Pourquoi se tuer, quitter ce monde après avoir conquis la liberté ? Cela est contradictoire. Kirilov le sait bien, qui ajoute : « Si tu sens cela, tu es un tzar et loin de te tuer, tu vivras au comble de la gloire[1]. » Mais les hommes ne le savent pas. Ils ne sentent pas « cela ». Comme au temps de Prométhée[2], ils nourrissent en eux les aveugles espoirs*. Ils ont besoin qu'on leur montre le chemin et ne peuvent se passer de la prédication. Kirilov doit donc se tuer par amour de l'humanité. Il doit montrer à ses frères une voie royale et difficile sur laquelle il sera le premier. C'est un suicide pédagogique. Kirilov se sacrifie donc. Mais s'il est crucifié, il ne sera pas dupé. Il reste homme-dieu, persuadé d'une mort sans avenir, pénétré de la mélancolie évangélique. « Moi, dit-il, je suis malheureux parce que je suis *obligé* d'affirmer ma liberté[4]. » Mais lui mort, les hommes enfin éclairés, cette terre se peuplera de tzars et s'illuminera de la gloire humaine. Le coup de pistolet de Kirilov sera le signal de l'ultime révolution. Ainsi ce n'est pas le désespoir qui le pousse à la mort, mais l'amour du prochain pour lui-même. Avant de terminer dans le sang une indicible aventure spirituelle, Kirilov a un mot aussi vieux que la souffrance des hommes : « Tout est bien[5]. »

Ce thème du suicide chez Dostoïevski est donc bien un thème absurde. Notons seulement avant d'aller plus loin que Kirilov rebondit dans d'autres personnages qui engagent eux-mêmes de nouveaux thèmes absurdes. Stavroguine et Ivan Karamazov font dans la vie pratique l'exercice des vérités absurdes. Ce sont eux que la mort de Kirilov libère. Ils s'essaient à être tzars. Stavroguine mène une vie « ironique », on sait assez laquelle. Il fait lever la haine autour de lui. Et pourtant, le mot-clé de ce personnage se trouve dans sa lettre d'adieu : « Je n'ai rien pu détester. » Il est tzar dans l'indifférence. Ivan l'est aussi en refusant d'abdiquer les pouvoirs royaux de l'esprit. À ceux qui, comme son frère, prouvent par leur vie qu'il faut s'humilier pour croire, il pourrait répondre que la condition est indigne. Son mot-clé, c'est le « Tout est permis[6] », avec la nuance de tristesse

---

* « L'homme n'a fait qu'inventer Dieu pour ne pas se tuer. Voilà le résumé de l'histoire universelle jusqu'à ce moment[3]. »

qui convient. Bien entendu, comme Nietzsche, le plus célèbre des assassins de Dieu, il finit dans la folie. Mais c'est un risque à courir et devant ces fins tragiques, le mouvement essentiel de l'esprit absurde est de demander : « Qu'est-ce que cela prouve ? »

Ainsi les romans, comme le *Journal,* posent la question absurde. Ils instaurent la logique jusqu'à la mort, l'exaltation, la liberté « terrible », la gloire des tzars devenue humaine. Tout est bien, tout est permis et rien n'est détestable : ce sont des jugements absurdes. Mais quelle prodigieuse création que celle où ces êtres de feu et de glace nous semblent si familiers ! Le monde passionné de l'indifférence qui gronde en leur cœur ne nous semble en rien monstrueux. Nous y retrouvons nos angoisses quotidiennes. Et personne sans doute comme Dostoïevski n'a su donner au monde absurde des prestiges si proches et si torturants.

Pourtant quelle est sa conclusion ? Deux citations montreront le renversement métaphysique complet qui mène l'écrivain à d'autres révélations. Le raisonnement du suicidé logique ayant provoqué quelques protestations des critiques, Dostoïevski dans les livraisons suivantes du *Journal* développe sa position et conclut ainsi : « Si la foi en l'immortalité est si nécessaire à l'être humain (que sans elle il en vienne à se tuer) c'est donc qu'elle est l'état normal de l'humanité. Puisqu'il en est ainsi, l'immortalité de l'âme humaine existe sans aucun doute[1]. » D'autre part, dans les dernières pages de son dernier roman, au terme de ce gigantesque combat avec Dieu, des enfants demandent à Aliocha : « Karamazov, est-ce vrai ce que dit la religion, que nous ressusciterons d'entre les morts, que nous nous reverrons les uns et les autres ? » Et Aliocha répond : « Certes, nous nous reverrons, nous nous raconterons joyeusement tout ce qui s'est passé. »

Ainsi Kirilov, Stavroguine et Ivan sont vaincus. Les *Karamazov* répondent aux *Possédés.* Et il s'agit bien d'une conclusion. Le cas d'Aliocha n'est pas ambigu comme celui du prince Muichkine. Malade, ce dernier vit dans un perpétuel présent, nuancé de sourires et d'indifférence et cet état bienheureux pourrait être la vie

éternelle dont parle le prince. Au contraire, Aliocha le dit
bien : « Nous nous retrouverons. » Il n'est plus question
de suicide et de folie. À quoi bon, pour qui est sûr de
l'immortalité et de ses joies ? L'homme fait l'échange
de sa divinité contre le bonheur. « Nous nous raconterons
joyeusement tout ce qui s'est passé. » Ainsi encore, le
pistolet de Kirilov a claqué quelque part en Russie, mais
le monde a continué de rouler ses aveugles espoirs. Les
hommes n'ont pas compris « cela ».

Ce n'est donc pas un romancier absurde qui nous
parle, mais un romancier existentiel. Ici encore le saut
est émouvant, donne sa grandeur à l'art qui l'inspire.
C'est une adhésion touchante, pétrie de doutes, incertaine
et ardente. Parlant des *Karamazov*, Dostoïevski écrivait :
« La question principale qui sera poursuivie dans toutes
les parties de ce livre est celle même dont j'ai souffert
consciemment ou inconsciemment toute ma vie :
l'existence de Dieu[1]. » Il est difficile de croire qu'un
roman ait suffi à transformer en certitude joyeuse la
souffrance de toute une vie. Un commentateur* le
remarque à juste titre : Dostoïevski a partie liée avec Ivan
— et les chapitres affirmatifs des *Karamazov* lui ont
demandé trois mois d'efforts, tandis que ce qu'il appelait
« les blasphèmes » ont été composés en trois semaines,
dans l'exaltation. Il n'est pas un de ses personnages qui
ne porte cette écharde dans la chair, qui ne l'irrite ou
qui n'y cherche un remède dans la sensation ou l'immoralité**. Restons en tout cas sur ce doute. Voici une
œuvre où, dans un clair-obscur plus saisissant que la
lumière du jour, nous pouvons saisir la lutte de l'homme
contre ses espérances. Arrivé au terme, le créateur choisit
contre ses personnages. Cette contradiction nous permet
ainsi d'introduire une nuance. Ce n'est pas d'une œuvre
absurde qu'il s'agit ici, mais d'une œuvre qui pose le
problème absurde.

La réponse de Dostoïevski est l'humiliation, la « honte »
selon Stavroguine. Une œuvre absurde au contraire ne
fournit pas de réponse, voilà toute la différence. Notons-le

---

* Boris de Schloezer[2].
** Remarque curieuse et pénétrante de Gide : Presque tous les
héros de Dostoïevski sont polygames[3].

bien pour terminer : ce qui contredit l'absurde dans cette œuvre, ce n'est pas son caractère chrétien, c'est l'annonce qu'elle fait de la vie future. On peut être chrétien et absurde. Il y a des exemples de chrétiens qui ne croient pas à la vie future. À propos de l'œuvre d'art, il serait donc possible de préciser une des directions de l'analyse absurde qu'on a pu pressentir dans les pages précédentes. Elle conduit à poser «l'absurdité de l'Évangile[1]». Elle éclaire cette idée, féconde en rebondissements, que les convictions n'empêchent pas l'incrédulité. On voit bien au contraire que l'auteur des *Possédés,* familier de ces chemins, a pris pour finir une voie toute différente. La surprenante réponse du créateur à ses personnages, de Dostoïevski à Kirilov, peut en effet se résumer ainsi : l'existence est mensongère *et* elle est éternelle.

LA CRÉATION SANS LENDEMAIN[1]

J'APERÇOIS donc ici que l'espoir ne peut être éludé pour toujours et qu'il peut assaillir ceux-là mêmes qui s'en voulaient délivrés[2]. C'est l'intérêt que je trouve aux œuvres dont il a été question jusqu'ici. Je pourrais, au moins dans l'ordre de la création, dénombrer quelques œuvres vraiment absurdes*. Mais il faut un commencement à tout. L'objet de cette recherche, c'est une certaine fidélité. L'Église n'a été si dure pour les hérétiques que parce qu'elle estimait qu'il n'est pas de pire ennemi qu'un enfant égaré. Mais l'histoire des audaces gnostiques et la persistance des courants manichéens a plus fait, pour la construction du dogme orthodoxe, que toutes les prières[4]. Toutes proportions gardées, il en est de même pour l'absurde. On reconnaît sa voie en découvrant les chemins qui s'en éloignent. Au terme même du raisonnement absurde, dans l'une des attitudes dictées par sa logique, il n'est pas indifférent de retrouver l'espoir introduit encore sous l'un de ses visages les plus pathétiques. Cela montre la difficulté de l'ascèse absurde. Cela montre surtout la nécessité d'une conscience maintenue sans cesse et rejoint le cadre général de cet essai.

Mais s'il n'est pas encore question de dénombrer les œuvres absurdes, on peut conclure au moins sur l'attitude créatrice, l'une de celles qui peuvent compléter l'existence absurde. L'art ne peut être si bien servi que par une pensée négative. Ses démarches obscures et humiliées sont aussi nécessaires à l'intelligence d'une grande œuvre que le noir l'est au blanc. Travailler et créer « pour rien », sculpter dans l'argile, savoir que sa création n'a pas d'avenir, voir son œuvre détruite en un jour en étant conscient que, profondément, cela n'a pas plus d'importance que de bâtir pour des siècles, c'est la sagesse

---

* Le *Moby Dick* de Melville par exemple[3].

difficile que la pensée absurde autorise[1]. Mener de front ces deux tâches, nier d'un côté et exalter de l'autre, c'est la voie qui s'ouvre au créateur absurde. Il doit donner au vide ses couleurs.

Ceci mène à une conception particulière de l'œuvre d'art. On considère trop souvent l'œuvre d'un créateur comme une suite de témoignages isolés. On confond alors artiste et littérateur. Une pensée profonde est en continuel devenir, épouse l'expérience d'une vie et s'y façonne. De même, la création unique d'un homme se fortifie dans ses visages successifs et multiples que sont les œuvres. Les unes complètent les autres, les corrigent ou les rattrapent, les contredisent aussi. Si quelque chose termine la création, ce n'est pas le cri victorieux et illusoire de l'artiste aveuglé[2] : « J'ai tout dit », mais la mort du créateur qui ferme son expérience et le livre de son génie.

Cet effort, cette conscience surhumaine n'apparaissent pas forcément au lecteur. Il n'y a pas de mystère dans la création humaine. La volonté fait ce miracle. Mais, du moins, il n'est pas de vraie création sans secret. Sans doute une suite d'œuvres peut n'être qu'une série d'approximations de la même pensée. Mais on peut concevoir une autre espèce de créateurs qui procéderaient par juxtaposition. Leurs œuvres peuvent sembler sans rapports entre elles. Dans une certaine mesure, elles sont contradictoires. Mais, replacées dans leur ensemble, elles recouvrent leur ordonnance. C'est de la mort ainsi qu'elles reçoivent leur sens définitif. Elles acceptent le plus clair de leur lumière de la vie même de leur auteur. À ce moment, la suite de ses œuvres n'est qu'une collection d'échecs. Mais si ces échecs gardent tous la même résonance, le créateur a su répéter l'image de sa propre condition, faire retentir le secret stérile dont il est détenteur[3].

L'effort de domination est ici considérable. Mais l'intelligence humaine peut suffire à bien plus. Elle démontrera seulement l'aspect volontaire de la création. J'ai fait ressortir ailleurs que la volonté humaine n'avait d'autre fin que de maintenir la conscience. Mais cela ne saurait aller sans discipline. De toutes les écoles de la patience et de la lucidité, la création est la plus efficace. Elle est aussi le bouleversant témoignage de la seule dignité de l'homme : la révolte tenace contre sa condition, la persévérance dans un effort tenu pour stérile[1]. Elle demande un effort quotidien, la maîtrise de soi, l'appréciation exacte des limites du vrai, la mesure et la force. Elle constitue une ascèse. Tout cela « pour rien », pour répéter et piétiner[2]. Mais peut-être la grande œuvre d'art a moins d'importance en elle-même que dans l'épreuve qu'elle exige d'un homme et l'occasion qu'elle lui fournit de surmonter ses fantômes et d'approcher d'un peu plus près sa réalité nue.

Qu'on ne se trompe pas d'esthétique. Ce n'est pas l'information patiente, l'incessante et stérile illustration d'une thèse que j'invoque ici. Au contraire, si je me suis expliqué clairement. Le roman à thèse, l'œuvre qui prouve, la plus haïssable de toutes, est celle qui le plus souvent s'inspire d'une pensée *satisfaite*. La vérité qu'on croit détenir, on la démontre. Mais ce sont là des idées qu'on met en marche, et les idées sont le contraire de la pensée[3]. Ces créateurs sont des philosophes honteux. Ceux dont je parle ou que j'imagine sont au contraire des penseurs lucides. À un certain point où la pensée revient sur elle-même, ils dressent les images de leurs œuvres comme les symboles évidents d'une pensée limitée, mortelle et révoltée.

Elles prouvent peut-être quelque chose[4]. Mais ces preuves, les romanciers se les donnent plus qu'ils ne les fournissent. L'essentiel est qu'ils triomphent dans le concret et que ce soit leur grandeur. Ce triomphe tout charnel leur a été préparé par une pensée où les pouvoirs abstraits ont été humiliés[5]. Quand ils le sont tout à fait, la chair du même coup fait resplendir la création de tout son éclat absurde. Ce sont les philosophies ironiques qui font les œuvres passionnées.

Toute pensée qui renonce à l'unité exalte la diversité. Et la diversité est le lieu de l'art. La seule pensée qui libère l'esprit est celle qui le laisse seul, certain de ses limites et de sa fin prochaine. Aucune doctrine ne le sollicite. Il attend le mûrissement de l'œuvre et de la vie. Détachée de lui, la première fera entendre une fois de plus la voix à peine assourdie d'une âme pour toujours délivrée de l'espoir. Ou elle ne fera rien entendre, si le créateur, lassé de son jeu, prétend se détourner. Cela est équivalent[1].

Ainsi je demande[2] à la création absurde ce que j'exigeais de la pensée, la révolte, la liberté et la diversité. Elle manifestera ensuite sa profonde inutilité[3]. Dans cet effort quotidien où l'intelligence et la passion se mêlent et se transportent, l'homme absurde découvre une discipline qui fera l'essentiel de ses forces. L'application qu'il y faut, l'entêtement et la clairvoyance rejoignent ainsi l'attitude conquérante. Créer, c'est ainsi donner une forme à son destin[4]. Pour tous ces personnages, leur œuvre les définit au moins autant qu'elle en est définie. Le comédien nous l'a appris : il n'y a pas de frontière entre le paraître et l'être.

Répétons-le. Rien de tout cela n'a de sens réel. Sur le chemin de cette liberté, il est encore un progrès à faire. Le dernier effort pour ces esprits parents, créateur ou conquérant, est de savoir se libérer aussi de leurs entreprises : arriver à admettre que l'œuvre même, qu'elle soit conquête, amour ou création, peut ne pas être; consommer ainsi l'inutilité profonde de toute vie individuelle[5]. Cela même leur donne plus d'aisance dans la réalisation de cette œuvre, comme d'apercevoir l'absurdité de la vie les autorisait à s'y plonger avec tous les excès.

Ce qui reste, c'est un destin dont seule l'issue est fatale. En dehors de cette unique fatalité de la mort, tout, joie ou bonheur[6], est liberté. Un monde demeure dont l'homme est le seul maître. Ce qui le liait, c'était l'illusion d'un autre monde. Le sort de sa pensée n'est plus de se renoncer mais de rebondir en images. Elle se joue — dans des mythes sans doute — mais des mythes sans autre profondeur que celle de la douleur humaine et comme elle inépuisables. Non pas la fable divine qui amuse et aveugle, mais le visage, le geste et le drame terrestres où se résument une difficile sagesse et une passion sans lendemain.

LE MYTHE DE SISYPHE

L ES dieux avaient condamné Sisyphe à rouler sans cesse un rocher jusqu'au sommet d'une montagne d'où la pierre retombait par son propre poids. Ils avaient pensé avec quelque raison qu'il n'est pas de punition plus terrible que le travail inutile et sans espoir.

Si l'on en croit Homère, Sisyphe était le plus sage et le plus prudent des mortels[1]. Selon une autre tradition cependant, il inclinait au métier de brigand. Je n'y vois pas de contradiction. Les opinions diffèrent sur les motifs qui lui valurent d'être le travailleur inutile des enfers. On lui reproche d'abord quelque légèreté avec les dieux. Il livra leurs secrets[2]. Égine, fille d'Asope, fut enlevée par Jupiter[3]. Le père s'étonna de cette disparition et s'en plaignit à Sisyphe. Lui, qui avait connaissance de l'enlèvement, offrit à Asope de l'en instruire, à la condition qu'il donnerait de l'eau à la citadelle de Corinthe[4]. Aux foudres célestes, il préféra la bénédiction de l'eau. Il en fut puni dans les enfers[5]. Homère nous raconte aussi que Sisyphe avait enchaîné la Mort. Pluton ne put supporter le spectacle de son empire désert[6] et silencieux. Il dépêcha le dieu de la guerre qui délivra la Mort des mains de son vainqueur.

On dit encore[7] que Sisyphe étant près de mourir[8] voulut imprudemment éprouver l'amour de sa femme. Il lui ordonna de jeter son corps sans sépulture au milieu de la place publique[9]. Sisyphe se retrouva dans les enfers. Et là, irrité d'une obéissance si contraire à l'amour humain, il obtint de Pluton la permission de retourner sur la terre pour châtier sa femme[10]. Mais quand il eut de nouveau revu le visage de ce monde, goûté l'eau et le soleil, les pierres chaudes et la mer, il ne voulut plus retourner dans l'ombre infernale[11]. Les rappels, les colères et les avertissements n'y firent rien. Bien des années encore, il vécut devant la courbe du golfe, la mer éclatante et les sourires de la terre. Il fallut un arrêt des dieux[12]. Mercure vint saisir l'audacieux au collet[13] et, l'ôtant à ses joies, le ramena de force aux enfers[14] où son rocher était tout prêt.

On a compris déjà que Sisyphe est le héros absurde. Il l'est autant par ses passions que par son tourment. Son mépris des dieux, sa haine de la mort et sa passion pour la vie, lui ont valu ce supplice indicible où tout l'être s'emploie à ne rien achever. C'est le prix qu'il faut payer pour les passions de cette terre. On ne nous dit rien sur Sisyphe aux enfers. Les mythes sont faits pour que l'imagination les anime. Pour celui-ci, on voit seulement tout l'effort d'un corps tendu pour soulever l'énorme pierre, la rouler et l'aider à gravir une pente cent fois recommencée; on voit le visage crispé, la joue collée contre la pierre, le secours d'une épaule qui reçoit la masse couverte de glaise, d'un pied qui la cale, la reprise à bout de bras, la sûreté tout humaine de deux mains pleines de terre. Tout au bout de ce long effort mesuré par l'espace sans ciel et le temps sans profondeur, le but est atteint. Sisyphe regarde alors la pierre dévaler en quelques instants vers ce monde inférieur d'où il faudra la remonter vers les sommets. Il redescend dans la plaine.

C'est pendant ce retour, cette pause[1], que Sisyphe m'intéresse. Un visage qui peine si près des pierres est déjà pierre lui-même! Je vois cet homme redescendre d'un pas lourd mais égal vers le tourment dont il ne connaîtra pas la fin. Cette heure qui est comme une respiration et qui revient aussi sûrement que son malheur, cette heure est celle de la conscience[2]. À chacun de ces instants, où il quitte les sommets et s'enfonce peu à peu vers les tanières des dieux, il est supérieur à son destin. Il est plus fort que son rocher[3].

Si ce mythe est tragique, c'est que son héros est conscient. Où serait en effet sa peine, si à chaque pas l'espoir de réussir le soutenait? L'ouvrier d'aujourd'hui travaille, tous les jours de sa vie, aux mêmes tâches et ce destin n'est pas moins absurde. Mais il n'est tragique qu'aux rares moments où il devient conscient[4]. Sisyphe, prolétaire des dieux, impuissant et révolté, connaît toute l'étendue de sa misérable condition : c'est à elle qu'il pense pendant sa descente. La clairvoyance qui devait faire son tourment consomme du même coup sa victoire. Il n'est pas de destin qui ne se surmonte par le mépris[5].

Si la descente ainsi se fait certains jours dans la douleur, elle peut se faire aussi dans la joie. Ce mot n'est pas de trop. J'imagine encore Sisyphe revenant vers son rocher, et la douleur était au début. Quand les images de la terre tiennent trop fort au souvenir, quand l'appel du bonheur se fait trop pressant, il arrive que la tristesse se lève au cœur de l'homme : c'est la victoire du rocher, c'est le rocher lui-même. L'immense détresse est trop lourde à porter. Ce sont nos nuits de Gethsémani. Mais les vérités écrasantes périssent d'être reconnues. Ainsi, Œdipe obéit d'abord au destin sans le savoir. À partir du moment où il sait, sa tragédie commence[1]. Mais dans le même instant, aveugle et désespéré, il reconnaît que le seul lien qui le rattache au monde, c'est la main fraîche d'une jeune fille. Une parole démesurée retentit alors : « Malgré tant d'épreuves, mon âge avancé et la grandeur de mon âme me font juger que tout est bien[2]. » L'Œdipe de Sophocle, comme le Kirilov de Dostoïevski, donne ainsi la formule de la victoire absurde. La sagesse antique rejoint l'héroïsme moderne[3].

On ne découvre pas l'absurde sans être tenté d'écrire quelque manuel du bonheur. « Eh ! quoi, par des voies si étroites... ? » Mais il n'y a qu'un monde. Le bonheur et l'absurde sont deux fils de la même terre. Ils sont inséparables. L'erreur serait de dire que le bonheur naît forcément de la découverte absurde. Il arrive aussi bien que le sentiment de l'absurde naisse du bonheur. « Je juge que tout est bien », dit Œdipe, et cette parole est sacrée[4]. Elle retentit dans l'univers farouche et limité de l'homme. Elle enseigne que tout n'est pas, n'a pas été épuisé. Elle chasse de ce monde un dieu qui y était entré avec l'insatisfaction et le goût des douleurs inutiles. Elle fait du destin une affaire d'homme, qui doit être réglée entre les hommes[5].

Toute la joie silencieuse de Sisyphe est là. Son destin lui appartient. Son rocher est sa chose. De même, l'homme absurde, quand il contemple son tourment, fait taire toutes les idoles. Dans l'univers soudain rendu à son silence, les mille petites voix émerveillées de la terre s'élèvent. Appels inconscients et secrets, invitations de tous les visages, ils sont l'envers nécessaire et le prix de la victoire. Il n'y a pas de soleil sans ombre, et il faut connaître la nuit. L'homme absurde dit oui et son effort n'aura plus de cesse. S'il y a un destin personnel, il n'y a point de destinée supérieure ou du moins il n'en est qu'une dont il juge qu'elle est fatale et méprisable. Pour le reste, il se sait le maître de ses jours[1]. À cet instant subtil où l'homme se retourne sur sa vie, Sisyphe, revenant vers son rocher, contemple cette suite d'actions sans lien qui devient son destin, créé par lui, uni sous le regard de sa mémoire et bientôt scellé par sa mort. Ainsi, persuadé de l'origine tout humaine de tout ce qui est humain, aveugle qui désire voir et qui sait que la nuit n'a pas de fin, il est toujours en marche. Le rocher roule encore.

Je laisse Sisyphe au bas de la montagne! On retrouve toujours son fardeau. Mais Sisyphe enseigne la fidélité supérieure qui nie les dieux et soulève les rochers. Lui aussi juge que tout est bien. Cet univers désormais sans maître ne lui paraît ni stérile ni futile. Chacun des grains de cette pierre, chaque éclat minéral de cette montagne pleine de nuit, à lui seul, forme un monde. La lutte elle-même vers les sommets suffit à remplir un cœur d'homme. Il faut imaginer Sisyphe heureux.

APPENDICE

L'ESPOIR ET L'ABSURDE
DANS L'ŒUVRE DE FRANZ·KAFKA[1]

L'étude sur Franz Kafka que nous publions en appendice a été remplacée dans la première édition du *Mythe de Sisyphe* par le chapitre sur *Dostoïevski et le Suicide*. Elle a été publiée cependant par la revue *l'Arbalète* en 1943.

On y retrouvera, sous une autre perspective, la critique de la création absurde que les pages sur Dostoïevski avaient déjà engagée.
(Note de l'éditeur.)

Tout l'art de Kafka est d'obliger le lecteur à relire. Ses dénouements, ou ses absences de dénouement, suggèrent des explications, mais qui ne sont pas révélées en clair et qui exigent, pour apparaître fondées, que l'histoire soit relue sous un nouvel angle. Quelquefois, il y a une double possibilité d'interprétation, d'où apparaît la nécessité de deux lectures. C'est ce que cherchait l'auteur. Mais on aurait tort de vouloir tout interpréter dans le détail chez Kafka. Un symbole est toujours dans le général et, si précise que soit sa traduction, un artiste ne peut y restituer que le mouvement : il n'y a pas de mot à mot. Au reste[1], rien n'est plus difficile à entendre qu'une œuvre symbolique. Un symbole dépasse toujours celui qui en use et lui fait dire en réalité plus qu'il n'a conscience d'exprimer[2]. À cet égard, le plus sûr moyen de s'en saisir, c'est de ne pas le provoquer, d'entamer l'œuvre avec un esprit non concerté et de ne pas chercher ses courants secrets. Pour Kafka, en particulier, il est honnête de consentir à son jeu, d'aborder le drame par l'apparence et le roman par la forme.

À première vue, et pour un lecteur détaché, ce sont des aventures inquiétantes qui enlèvent des personnages tremblants et entêtés à la poursuite de problèmes qu'ils ne formulent jamais. Dans *le Procès*, Joseph K... est accusé. Mais il ne sait pas de quoi. Il tient sans doute à se défendre, mais il ignore pourquoi. Les avocats trouvent sa cause difficile. Entre-temps, il ne néglige pas d'aimer, de se nourrir ou de lire son journal. Puis il est jugé. Mais la salle du tribunal est très sombre. Il ne comprend pas grand-chose. Il suppose seulement qu'il est condamné, mais à quoi, il se le demande à peine. Il en doute quelquefois aussi bien et il continue à vivre. Longtemps après, deux messieurs bien habillés et polis viennent le trouver et l'invitent à les suivre. Avec la plus grande courtoisie, ils le mènent dans une banlieue désespérée, lui mettent la tête sur une pierre et l'égorgent. Avant de mourir, le condamné[3] dit seulement : « comme un chien ».

On voit qu'il est difficile de parler de symbole, dans un récit où la qualité la plus sensible se trouve être justement le naturel. Mais le naturel est une catégorie difficile à comprendre. Il y a des œuvres où l'événement semble naturel au lecteur. Mais il en est d'autres (plus rares, il est vrai) où c'est le personnage qui trouve naturel ce qui lui arrive. Par un paradoxe singulier mais évident, plus les aventures du personnage seront extraordinaires, et plus le naturel du récit se fera sensible : il est proportionnel à l'écart qu'on peut sentir entre l'étrangeté d'une vie d'homme et la simplicité avec quoi cet homme l'accepte. Il semble que ce naturel soit celui de Kafka. Et justement[1], on sent bien ce que *le Procès* veut dire. On a parlé d'une image de la condition humaine. Sans doute. Mais c'est à la fois plus simple et plus compliqué. Je veux dire que le sens du roman est plus particulier et plus personnel à Kafka. Dans une certaine mesure, c'est lui qui parle, si c'est nous qu'il confesse. Il vit et il est condamné. Il l'apprend aux premières pages du roman qu'il poursuit en ce monde et s'il essaie d'y remédier, c'est toutefois sans surprise. Il ne s'étonnera jamais assez de ce manque d'étonnement. C'est à ces contradictions qu'on reconnaît les premiers signes de l'œuvre absurde. L'esprit projette dans le concret sa tragédie spirituelle. Et il ne peut le faire qu'au moyen d'un paradoxe perpétuel qui donne aux couleurs le pouvoir d'exprimer le vide et aux gestes quotidiens la force de traduire les ambitions éternelles.

De même, *le Château* est peut-être une théologie en acte, mais c'est avant tout l'aventure individuelle d'une âme en quête de sa grâce, d'un homme qui demande aux objets de ce monde leur royal secret et aux femmes les signes du dieu qui dort en elles. *La Métamorphose,* à son tour, figure certainement l'horrible imagerie d'une éthique de la lucidité. Mais c'est aussi le produit de cet incalculable étonnement qu'éprouve l'homme à sentir la bête qu'il devient sans effort. C'est dans cette ambiguïté fondamentale que réside le secret de Kafka. Ces perpétuels balancements entre le naturel et l'extraordinaire, l'individu et l'universel, le tragique et le quotidien, l'absurde et le logique, se retrouvent à travers toute son œuvre et lui donnent à la fois sa résonance et sa signification. Ce sont ces paradoxes qu'il faut énumérer, ces contradictions qu'il faut renforcer, pour comprendre l'œuvre absurde[1].

Un symbole, en effet, suppose deux plans, deux mondes d'idées et de sensations, et un dictionnaire de correspondance entre l'un et l'autre. C'est ce lexique qui est le plus difficile à établir. Mais prendre conscience des deux mondes mis en présence, c'est se mettre sur le chemin de leurs relations secrètes. Chez Kafka ces deux mondes sont ceux de la vie quotidienne d'une part et de l'inquiétude surnaturelle de l'autre*. Il semble qu'on assiste ici à une interminable exploitation du mot de Nietzsche : « Les grands problèmes sont dans la rue[3]. »

Il y a dans la condition humaine, c'est le lieu commun de toutes les littératures, une absurdité fondamentale en même temps qu'une implacable grandeur. Les deux coïncident, comme il est naturel[4]. Toutes deux se figurent, répétons-le, dans le divorce ridicule qui sépare nos intempérances d'âme et les joies périssables du corps. L'absurde, c'est que ce soit l'âme de ce corps qui le dépasse si démesurément. Pour qui voudra figurer cette absurdité, c'est dans un jeu de contrastes parallèles qu'il faudra lui donner vie. C'est ainsi que Kafka exprime la tragédie par le quotidien et l'absurde par le logique.

Un acteur prête d'autant plus de force à un personnage tragique qu'il se garde de l'exagérer. S'il est mesuré, l'horreur qu'il suscite sera démesurée. La tragédie grecque[5] à cet égard est riche d'enseignements. Dans une œuvre tragique, le destin se fait toujours mieux sentir sous les visages de la logique et du naturel. Le destin d'Œdipe est annoncé d'avance. Il est décidé surnaturellement qu'il commettra le meurtre et l'inceste. Tout l'effort du drame est de montrer le système logique qui, de déduction en déduction, va consommer le malheur du héros[6]. Nous annoncer seulement ce destin inusité n'est guère horrible, parce que c'est invraisemblable. Mais si

---

* À noter qu'on peut de façon aussi légitime interpréter les œuvres de Kafka dans le sens d'une critique sociale (par exemple dans *le Procès*[2]). Il est probable d'ailleurs qu'il n'y a pas à choisir. Les deux interprétations sont bonnes. En termes absurdes, nous l'avons vu, la révolte contre les hommes s'adresse *aussi* à Dieu : les grandes révolutions sont toujours métaphysiques.

la nécessité nous en est démontrée dans le cadre de la vie quotidienne, société, état, émotion familière, alors l'horreur se consacre. Dans cette révolte qui secoue l'homme et lui fait dire : « Cela n'est pas possible », il y a déjà la certitude désespérée que « cela » se peut.

C'est tout le secret de la tragédie grecque ou du moins d'un de ses aspects. Car il en est un autre qui, par une méthode inverse, nous permettrait de mieux comprendre Kafka. Le cœur humain a une fâcheuse tendance à appeler destin seulement ce qui l'écrase. Mais le bonheur aussi[1], à sa manière, est sans raison, puisqu'il est inévitable. L'homme moderne pourtant s'en attribue le mérite, quand il ne le méconnaît pas. Il y aurait beaucoup à dire, au contraire, sur les destins privilégiés de la tragédie grecque et les favoris de la légende qui, comme Ulysse, au sein des pires aventures, se trouvent sauvés d'eux-mêmes[2].

Ce qu'il faut retenir en tout cas, c'est cette complicité secrète qui, au tragique, unit le logique et le quotidien. Voilà pourquoi Samsa, le héros de *la Métamorphose,* est un voyageur de commerce. Voilà pourquoi la seule chose qui l'ennuie dans la singulière aventure qui fait de lui une vermine, c'est que son patron sera mécontent de son absence. Des pattes et des antennes lui poussent, son échine s'arque, des points blancs parsèment son ventre et — je ne dirai pas que cela ne l'étonne pas, l'effet serait manqué — mais cela lui cause un « léger ennui ». Tout l'art de Kafka est dans cette nuance. Dans son œuvre centrale, *le Château,* ce sont les détails de la vie quotidienne qui reprennent le dessus et pourtant dans cet étrange roman où rien n'aboutit et tout se recommence, c'est l'aventure essentielle d'une âme en quête de sa grâce qui est figurée. Cette traduction du problème dans l'acte[3], cette coïncidence du général et du particulier, on les reconnaît aussi dans les petits artifices propres à tout grand créateur. Dans *le Procès,* le héros aurait pu s'appeler Schmidt ou Franz Kafka. Mais il s'appelle Joseph K... Ce n'est pas Kafka et c'est pourtant lui. C'est un Européen moyen. Il est comme tout le monde. Mais c'est aussi l'entité K.., qui pose l'x de cette équation de chair.

De même si Kafka veut exprimer l'absurde, c'est de la cohérence qu'il se servira. On connaît l'histoire du fou qui pêchait dans une baignoire; un médecin qui avait ses idées sur les traitements psychiatriques lui demandait « si ça mordait » et se vit répondre avec rigueur : « Mais non, imbécile, puisque c'est une baignoire. » Cette histoire est du genre baroque[1]. Mais on y saisit de façon sensible combien l'effet absurde est lié à un excès de logique. Le monde de Kafka est à la vérité un univers indicible où l'homme se donne le luxe torturant de pêcher dans une baignoire, sachant qu'il n'en sortira rien.

[2]Je reconnais donc ici une œuvre absurde dans ses principes. Pour *le Procès,* par exemple, je puis bien dire que la réussite est totale. La chair triomphe. Rien n'y manque, ni la révolte inexprimée (mais c'est elle qui écrit), ni le désespoir lucide et muet (mais c'est lui qui crée), ni cette étonnante liberté d'allure que les personnages du roman respirent jusqu'à la mort finale.

[3]Pourtant ce monde n'est pas aussi clos qu'il le paraît. Dans cet univers sans progrès, Kafka va introduire l'espoir sous une forme singulière. À cet égard, *le Procès* et *le Château* ne vont pas dans le même sens. Ils se complètent. L'insensible progression qu'on peut déceler de l'un à l'autre figure une conquête démesurée dans l'ordre de l'évasion. *Le Procès* pose un problème que *le Château,* dans une certaine mesure, résout. Le premier décrit, selon une méthode quasi scientifique, et sans conclure. Le second, dans une certaine mesure, explique. *Le Procès* diagnostique et *le Château* imagine un traitement. Mais le remède proposé ici ne guérit pas. Il fait seulement rentrer la maladie dans la vie normale. Il aide à l'accepter. Dans un certain sens (pensons à Kierkegaard), il la fait chérir. L'arpenteur K... ne peut imaginer un autre souci que celui qui le ronge. Ceux-mêmes qui l'entourent s'éprennent de ce vide et de cette douleur qui n'a pas de nom, comme si la souffrance revêtait ici un visage privilégié. « Que j'ai besoin de toi, dit Frieda à K... Comme je me sens abandonnée, depuis que je te connais, quand tu n'es pas près de moi. » Ce remède subtil qui nous fait aimer ce qui nous écrase et fait naître l'espoir dans un monde sans issue, ce « saut » brusque par quoi tout se trouve changé, c'est le secret de la révolution existentielle[4] et du *Château* lui-même.

Peu d'œuvres sont plus rigoureuses, dans leur démarche, que *le Château*. K... est nommé arpenteur du château et il arrive dans le village. Mais du village au château, il est impossible de communiquer. Pendant des centaines de pages, K... s'entêtera à trouver son chemin, fera toutes les démarches, rusera, biaisera, ne se fâchera jamais, et avec une foi déconcertante, voudra rentrer dans la fonction qu'on lui a confiée. Chaque chapitre est un échec. Et aussi un recommencement. Ce n'est pas de la logique, mais de l'esprit de suite. L'ampleur de cet entêtement fait le tragique de l'œuvre. Lorsque K... téléphone au château, ce sont des voix confuses et mêlées, des rires vagues, des appels lointains qu'il perçoit. Cela suffit à nourrir son espoir, comme ces quelques signes qui paraissent dans les ciels d'été, ou ces promesses du soir qui font notre raison de vivre. On trouve ici[1] le secret de la mélancolie particulière à Kafka. La même, à la vérité, qu'on respire dans l'œuvre de Proust ou dans le paysage plotinien : la nostalgie des paradis perdus[2]. « Je deviens toute mélancolique, dit Olga, quand Barnabé me dit le matin qu'il va au Château : ce trajet probablement inutile, ce jour probablement perdu, cet espoir probablement vain. » « Probablement », sur cette nuance encore, Kafka joue son œuvre tout entière. Mais rien n'y fait, la recherche de l'éternel est ici méticuleuse. Et ces automates inspirés que sont les personnages de Kafka, nous donnent l'image même de ce que nous serions, privés de nos divertissements* et livrés tout entiers aux humiliations du divin.

Dans *le Château,* cette soumission au quotidien devient une éthique. Le grand espoir de K..., c'est d'obtenir que le Château l'adopte. N'y pouvant parvenir seul, tout son effort est de mériter cette grâce en devenant un habitant du village, en perdant cette qualité d'étranger que tout le monde lui fait sentir. Ce qu'il veut, c'est un métier, un foyer, une vie d'homme normal et sain. Il n'en peut plus de sa folie. Il veut être raisonnable[3]. La malédiction particulière qui le rend étranger au village, il veut s'en débarrasser. L'épisode de Frieda à cet égard est signifi-

---

* Dans *le Château,* il semble bien que les « divertissements », au sens pascalien, soient figurés par les Aides, qui « détournent » K... de son souci. Si Frieda finit par devenir la maîtresse d'un des aides, c'est qu'elle préfère le décor à la vérité, la vie de tous les jours à l'angoisse partagée.

catif. Cette femme qui a connu l'un des fonctionnaires du Château, s'il en fait sa maîtresse, c'est à cause de son passé. Il puise en elle quelque chose qui le dépasse — en même temps qu'il a conscience de ce qui la rend à tout jamais indigne du Château. On songe ici à l'amour singulier de Kierkegaard pour Régine Olsen. Chez certains hommes, le feu d'éternité qui les dévore est assez grand pour qu'ils y brûlent le cœur même de ceux qui les entourent. La funeste erreur qui consiste à donner à Dieu ce qui n'est pas à Dieu, c'est aussi bien le sujet de cet épisode du *Château*. Mais pour Kafka[1], il semble bien que ce ne soit pas une erreur. C'est une doctrine et un « saut ». Il n'est rien qui ne soit à Dieu[2].

Plus significatif encore est le fait que l'arpenteur se détache de Frieda pour aller vers les sœurs Barnabé. Car la famille Barnabé est la seule du village qui soit complètement abandonnée du Château et du village lui-même. Amalia, la sœur aînée, a refusé les propositions honteuses que lui faisait l'un des fonctionnaires du Château. La malédiction immorale qui a suivi l'a pour toujours rejetée de l'amour de Dieu. Être incapable de perdre son honneur pour Dieu, c'est se rendre indigne de sa grâce. On reconnaît un thème familier à la philosophie existentielle : la vérité contraire à la morale. Ici les choses vont loin. Car le chemin que le héros de Kafka accomplit, celui qui va de Frieda aux sœurs Barnabé, est celui-là même qui va de l'amour confiant à la déification[3] de l'absurde. Ici encore, la pensée de Kafka rejoint Kierkegaard. Il n'est pas surprenant que le « récit Barnabé » se situe à la fin du livre. L'ultime tentative de l'arpenteur, c'est de retrouver Dieu à travers ce qui le nie, de le reconnaître, non selon nos catégories de bonté et de beauté, mais derrière les visages vides et hideux de son indifférence, de son injustice et de sa haine. Cet étranger qui demande au Château de l'adopter, il est à la fin de son voyage un peu plus exilé[4] puisque, cette fois, c'est à lui-même qu'il est infidèle et qu'il abandonne morale, logique et vérités de l'esprit pour essayer d'entrer, riche seulement de son espoir insensé, dans le désert de la grâce divine*.

---

* Ceci ne vaut évidemment que pour la version inachevée du *Château* que nous a laissée Kafka. Mais il est douteux que l'écrivain eût rompu dans les derniers chapitres l'unité de ton du roman[5].

Le mot d'espoir ici n'est pas ridicule[1]. Plus tragique au contraire est la condition rapportée par Kafka, plus rigide et provocant devient cet espoir. Plus *le Procès* est véritablement absurde, plus le « saut » exalté du *Château* apparaît comme émouvant et illégitime. Mais nous retrouvons ici à l'état pur le paradoxe de la pensée existentielle tel que l'exprime par exemple Kierkegaard : « On doit frapper à mort l'espérance terrestre, c'est alors seulement qu'on se sauve par l'espérance véritable* » et qu'on peut traduire : « Il faut avoir écrit *le Procès* pour entreprendre *le Château*. »

La plupart de ceux qui ont parlé de Kafka ont défini en effet son œuvre comme un cri désespérant où aucun recours n'est laissé à l'homme. Mais cela demande révision. Il y a espoir et espoir. L'œuvre optimiste de M. Henry Bordeaux me paraît singulièrement décourageante. C'est que rien n'y est permis aux cœurs un peu difficiles. La pensée de Malraux au contraire reste toujours tonifiante[3]. Mais dans les deux cas, il ne s'agit pas du même espoir ni du même désespoir. Je vois seulement que l'œuvre absurde elle-même peut conduire à l'infidélité que je veux éviter. L'œuvre qui n'était qu'une répétition sans portée d'une condition stérile, une exaltation clairvoyante du périssable, devient ici un berceau d'illusions. Elle explique, elle donne une forme à l'espoir. Le créateur ne peut plus s'en séparer. Elle n'est pas le jeu tragique qu'elle devait être. Elle donne un sens à la vie de l'auteur[4].

Il est singulier, en tout cas, que des œuvres d'inspiration parente comme celles de Kafka, Kierkegaard ou Chestov, celles, pour parler bref, des romanciers et philosophes existentiels, tout entières tournées vers l'absurde et ses conséquences, aboutissent en fin de compte à cet immense cri d'espoir.

Ils embrassent le Dieu qui les dévore. C'est par l'humilité que l'espoir s'introduit. Car l'absurde de cette existence les assure un peu plus de la réalité surnaturelle. Si le chemin de cette vie aboutit à Dieu, il y a donc une issue. Et la persévérance, l'entêtement avec lesquels Kierkegaard, Chestov et les héros de Kafka répètent

---

* *La Pureté du cœur*[2].

leurs itinéraires sont un garant singulier du pouvoir exaltant de cette certitude*.

Kafka refuse à son dieu la grandeur morale, l'évidence, la bonté, la cohérence, mais c'est pour mieux se jeter dans ses bras. L'absurde est reconnu, accepté, l'homme s'y résigne et, dès cet instant, nous savons qu'il n'est plus l'absurde. Dans les limites de la condition humaine, quel plus grand espoir que celui qui permet d'échapper à cette condition? Je le vois une fois de plus, la pensée existentielle, contre l'opinion courante, est pétrie d'une espérance démesurée, celle-là même qui, avec le christianisme primitif et l'annonce de la bonne nouvelle, a soulevé le monde ancien. Mais dans ce saut[2] qui caractérise toute pensée existentielle, dans cet entêtement, dans cet arpentage d'une divinité sans surface, comment ne pas voir la marque d'une lucidité qui se renonce? On veut seulement que ce soit un orgueil qui abdique pour se sauver. Ce renoncement serait fécond. Mais ceci ne change pas cela. On ne diminue pas à mes yeux la valeur morale de la lucidité en la disant stérile comme tout orgueil. Car une vérité aussi, par sa définition même, est stérile. Toutes les évidences le sont. Dans un monde où tout est donné et rien n'est expliqué, la fécondité d'une valeur ou d'une métaphysique est une notion vide de sens.

On voit ici en tout cas dans quelle tradition de pensée s'inscrit l'œuvre de Kafka. Il serait inintelligent[3] en effet de considérer comme rigoureuse la démarche qui mène du *Procès* au *Château*. Joseph K... et l'arpenteur K... sont seulement les deux pôles qui attirent Kafka**. Je parlerai comme lui et je dirai que son œuvre n'est probablement pas absurde. Mais que cela ne nous prive pas de voir sa grandeur et son universalité. Elles viennent de ce qu'il a su figurer avec tant d'ampleur ce passage quotidien de l'espoir à la détresse et de la sagesse désespérée à l'aveuglement volontaire. Son œuvre est universelle (une œuvre vraiment absurde n'est pas universelle),

---

* Le seul personnage sans espoir du *Château* est Amalia. C'est à elle que l'arpenteur s'oppose avec le plus de violence[1].

** Sur les deux aspects de la pensée de Kafka, comparer *Au bagne* : « La culpabilité (entendez de l'homme) n'est jamais douteuse » et un fragment du *Château* (rapport de Momus) : « La culpabilité de l'arpenteur K... est difficile à établir[4]. »

dans la mesure où s'y figure le visage émouvant de l'homme fuyant l'humanité, puisant dans ses contradictions des raisons de croire, des raisons d'espérer dans ses désespoirs féconds et appelant vie son terrifiant apprentissage de la mort. Elle est universelle parce que d'inspiration religieuse. Comme dans toutes les religions, l'homme y est délivré du poids de sa propre vie. Mais si je sais cela, si je peux aussi l'admirer, je sais aussi que je ne cherche pas ce qui est universel, mais ce qui est vrai. Les deux peuvent ne pas coïncider.

On entendra mieux cette façon de voir si je dis que la pensée vraiment désespérante se définit précisément par les critères opposés et que l'œuvre tragique pourrait être celle, tout espoir futur étant exilé, qui décrit la vie d'un homme heureux. Plus la vie est exaltante et plus absurde est l'idée de la perdre. C'est peut-être ici le secret de cette aridité superbe qu'on respire dans l'œuvre de Nietzsche. Dans cet ordre d'idées, Nietzsche paraît être le seul artiste à avoir tiré les conséquences extrêmes d'une esthétique de l'Absurde, puisque son ultime message réside dans une lucidité stérile et conquérante et une négation obstinée de toute consolation surnaturelle[1].

Ce qui précède aura suffi cependant à déceler l'importance capitale de l'œuvre de Kafka dans le cadre de cet essai. C'est aux confins de la pensée humaine que nous sommes ici transportés. En donnant au mot son sens plein, on peut dire que tout dans cette œuvre est essentiel. Elle pose en tout cas le problème absurde dans son entier[2]. Si l'on veut alors rapprocher ces conclusions de nos remarques initiales, le fond de la forme, le sens secret du *Château* de l'art naturel dans lequel il se coule, la quête passionnée et orgueilleuse de K... du décor quotidien où elle chemine, on comprendra ce que peut être sa grandeur. Car si la nostalgie est la marque de l'humain[3], personne peut-être n'a donné tant de chair et de relief à ces fantômes du regret. Mais on saisira en même temps quelle est la singulière grandeur que l'œuvre absurde exige et qui peut-être ne se trouve pas ici. Si le propre de l'art est d'attacher le général au particulier, l'éternité périssable d'une goutte d'eau aux jeux de ses lumières, il est plus vrai encore d'estimer la grandeur de l'écrivain absurde à l'écart qu'il sait introduire entre ces deux mondes. Son secret est de savoir trouver le point exact où ils se rejoignent, dans leur plus grande disproportion.

Et pour dire vrai, ce lieu géométrique de l'homme et de l'inhumain, les cœurs purs savent le voir partout. Si Faust et Don Quichotte sont des créations éminentes de l'art, c'est à cause des grandeurs sans mesure qu'ils nous montrent de leurs mains terrestres[1]. Un moment cependant vient toujours où l'esprit nie les vérités que ces mains peuvent toucher. Un moment vient[2] où la création n'est plus prise au tragique : elle est prise seulement au sérieux. L'homme alors s'occupe d'espoir. Mais ce n'est pas son affaire. Son affaire est de se détourner du subterfuge[3]. Or, c'est lui que je retrouve au terme du véhément procès que Kafka intente à l'univers tout entier. Son verdict incroyable acquitte, pour finir, ce monde hideux et bouleversant où les taupes elles-mêmes se mêlent d'espérer*.

---

* Ce qui est proposé ci-dessus, c'est évidemment une interprétation de l'œuvre de Kafka[4]. Mais il est juste d'ajouter que rien n'empêche de la considérer, en dehors de toute interprétation, sous l'angle purement esthétique. Par exemple, B. Grœthuysen dans sa remarquable préface au *Procès* se borne, avec plus de sagesse que nous, à y suivre seulement les imaginations douloureuses de ce qu'il appelle, de façon frappante, un dormeur éveillé[5]. C'est le destin, et peut-être la grandeur, de cette œuvre que de tout offrir et de ne rien confirmer.

LETTRES

A

UN AMI ALLEMAND

À RENÉ LEYNAUD

On ne montre pas sa grandeur pour être à une extrémité, mais bien en touchant les deux à la fois.

PASCAL.

NOTE DE L'ÉDITEUR

La première de ces lettres a paru dans le nº 2 de *la Revue Libre*, en 1943; la seconde dans le nº 3 des *Cahiers de Libération* au début de 1944. Les deux autres, écrites pour *la Revue Libre*, sont restées inédites.

PRÉFACE
À L'ÉDITION ITALIENNE

Les Lettres à un ami allemand ont été publiées en France après la libération, à un petit nombre d'exemplaires, et n'ont jamais été réimprimées. Je me suis toujours opposé à leur diffusion en pays étrangers pour les raisons que je dirai.

C'est la première fois qu'elles paraissent hors du territoire français et, pour que je m'y décide, il n'a pas fallu moins que le désir où je suis de contribuer, pour ma faible part, à faire tomber un jour la stupide frontière qui sépare nos deux territoires[1].

Mais je ne puis laisser réimprimer ces pages sans dire ce qu'elles sont. Elles ont été écrites et publiées dans la clandestinité. Elles avaient un but qui était d'éclairer un peu le combat aveugle où nous étions et, par là, de rendre plus efficace ce combat. Ce sont des écrits de circonstances et qui peuvent donc avoir un air d'injustice. Si l'on devait en effet écrire sur l'Allemagne[2] vaincue, il faudrait tenir un langage un peu différent. Mais je voudrais seulement prévenir un malentendu. Lorsque l'auteur de ces lettres dit « vous », il ne veut pas dire « vous autres Allemands », mais « vous autres nazis ». Quand il dit « nous », cela ne signifie pas toujours « nous autres Français » mais « nous autres, Européens libres ». Ce sont deux attitudes que j'oppose, non deux nations, même si, à un moment de l'histoire, ces deux nations ont pu incarner deux attitudes ennemies. Pour reprendre un mot qui ne m'appartient pas, j'aime trop mon pays pour être nationaliste. Et je sais que la France ni l'Italie ne[3] perdraient rien, au contraire, à s'ouvrir sur une société plus large. Mais nous sommes encore loin de compte et l'Europe est toujours déchirée. C'est pourquoi j'aurais honte aujourd'hui si je laissais croire qu'un écrivain français puisse être l'ennemi d'une seule nation. Je ne déteste que les bourreaux. Tout lecteur qui voudra bien lire les Lettres à un ami allemand dans cette perspective, c'est-à-dire comme un document de la lutte contre la violence, admettra que je puisse dire maintenant que je n'en renie pas un seul mot.

PREMIÈRE LETTRE

Vous me disiez : « La grandeur de mon pays n'a pas de prix. Tout est bon qui la consomme. Et dans un monde où plus rien n'a de sens, ceux qui, comme nous, jeunes Allemands, ont la chance d'en trouver un au destin de leur nation doivent tout lui sacrifier. » Je vous aimais alors, mais c'est là que, déjà, je me séparais de vous. « Non, vous disais-je, je ne puis croire qu'il faille tout asservir au but que l'on poursuit. Il est des moyens qui ne s'excusent pas. Et je voudrais pouvoir aimer mon pays tout en aimant la justice. Je ne veux pas pour lui de n'importe quelle grandeur, fût-ce celle du sang et du mensonge. C'est en faisant vivre la justice que je veux le faire vivre. » Vous m'avez dit : « Allons, vous n'aimez pas votre pays. »

Il y a cinq ans de cela, nous sommes séparés depuis ce temps et je puis dire qu'il n'est pas un jour de ces longues années (si brèves, si fulgurantes pour vous !) où je n'aie eu votre phrase à l'esprit. « Vous n'aimez pas votre pays ! » Quand je pense aujourd'hui à ces mots, j'ai dans la gorge quelque chose qui se serre. Non, je ne l'aimais pas, si c'est ne pas aimer que de dénoncer ce qui n'est pas juste dans ce que nous aimons, si c'est ne pas aimer que d'exiger que l'être aimé s'égale à la plus belle image que nous avons de lui. Il y a cinq ans de cela, beaucoup d'hommes pensaient comme moi en France. Quelques-uns parmi eux, pourtant, se sont déjà trouvés devant les douze petits yeux noirs du destin allemand. Et ces hommes, qui selon vous n'aimaient pas leur pays, ont plus fait pour lui que vous ne ferez jamais pour le vôtre, même s'il vous était possible de donner cent fois votre vie pour lui. Car ils ont eu à se vaincre d'abord et c'est leur héroïsme. Mais je parle ici de deux sortes de grandeur et d'une contradiction sur laquelle je vous dois de vous éclairer.

Nous nous reverrons bientôt si cela est possible. Mais

alors, notre amitié sera finie. Vous serez plein de votre défaite et vous n'aurez pas honte de votre ancienne victoire, la regrettant plutôt de toutes vos forces écrasées. Aujourd'hui, je suis encore près de vous par l'esprit — votre ennemi, il est vrai, mais encore un peu votre ami puisque je vous livre ici toute ma pensée. Demain, ce sera fini. Ce que votre victoire n'aura pu entamer, votre défaite l'achèvera. Mais du moins, avant que nous fassions l'épreuve de l'indifférence, je veux vous laisser une idée claire de ce que ni la paix ni la guerre ne vous ont appris à connaître dans le destin de mon pays.

Je veux vous dire tout de suite quelle sorte de grandeur nous met en marche. Mais c'est vous dire quel est le courage que nous applaudissons et qui n'est pas le vôtre. Car c'est peu de chose que de savoir courir au feu quand on s'y prépare depuis toujours et quand la course vous est plus naturelle que la pensée. C'est beaucoup au contraire que d'avancer vers la torture et vers la mort, quand on sait de science certaine que la haine et la violence sont choses vaines par elles-mêmes. C'est beaucoup que de se battre en méprisant la guerre, d'accepter de tout perdre en gardant le goût du bonheur, de courir à la destruction avec l'idée d'une civilisation supérieure. C'est en cela que nous faisons plus que vous parce que nous avons à prendre sur nous-mêmes. Vous n'avez rien eu à vaincre dans votre cœur, ni dans votre intelligence. Nous avions deux ennemis et triompher par les armes ne nous suffisait pas, comme à vous qui n'aviez rien à dominer.

Nous avions beaucoup à dominer et peut-être pour commencer la perpétuelle tentation où nous sommes de vous ressembler. Car il y a toujours en nous quelque chose qui se laisse aller à l'instinct, au mépris de l'intelligence, au culte de l'efficacité. Nos grandes vertus finissent par nous lasser. L'intelligence nous donne honte et nous imaginons parfois quelque heureuse barbarie où la vérité serait sans effort. Mais, sur ce point, la guérison est facile : vous êtes là qui nous montrez ce qu'il en est de l'imagination, et nous nous redressons. Si je croyais à quelque fatalisme de l'histoire, je supposerais que vous vous tenez à nos côtés, ilotes de l'intelligence, pour notre correction. Nous renaissons alors à l'esprit, nous y sommes plus à l'aise.

Mais nous avions encore à vaincre ce soupçon où nous

tenions l'héroïsme. Je le sais, vous nous croyez étrangers à l'héroïsme. Vous vous trompez. Simplement, nous le professons et nous en méfions à la fois. Nous le professons parce que dix siècles d'histoire nous ont donné la science de tout ce qui est noble. Nous nous en méfions parce que dix siècles d'intelligence nous ont appris l'art et les bienfaits du naturel. Pour nous présenter devant vous, nous avons dû revenir de loin. Et c'est pourquoi nous sommes en retard sur toute l'Europe, précipitée au mensonge dès qu'il le fallait, pendant que nous nous mêlions de chercher la vérité. C'est pourquoi nous avons commencé par la défaite, préoccupés que nous étions, pendant que vous vous jetiez sur nous, de définir en nos cœurs si le bon droit était pour nous.

Nous avons eu à vaincre notre goût de l'homme, l'image que nous nous faisions d'un destin pacifique, cette conviction profonde où nous étions qu'aucune victoire ne paie, alors que toute mutilation de l'homme est sans retour. Il nous a fallu renoncer à la fois à notre science et à notre espoir, aux raisons que nous avions d'aimer et à la haine où nous tenions toute guerre. Pour vous le dire d'un mot que je suppose que vous allez comprendre, venant de moi dont vous aimiez serrer la main, nous avons dû faire taire notre passion de l'amitié.

Maintenant cela est accompli. Il nous a fallu un long détour, nous avons beaucoup de retard. C'est le détour que le scrupule de vérité fait faire à l'intelligence, le scrupule d'amitié au cœur. C'est le détour qui a sauvegardé la justice, mis la vérité du côté de ceux qui s'interrogeaient. Et sans doute, nous l'avons payé très cher. Nous l'avons payé en humiliations et en silences, en amertumes, en prisons, en matins d'exécutions, en abandons, en séparations, en faims quotidiennes, en enfants décharnés, et plus que tout en pénitences forcées. Mais cela était dans l'ordre. Il nous a fallu tout ce temps pour aller voir si nous avions le droit de tuer des hommes, s'il nous était permis d'ajouter à l'atroce misère de ce monde. Et c'est ce temps perdu et retrouvé, cette défaite acceptée et surmontée, ces scrupules payés par le sang, qui nous donnent le droit, à nous Français, de penser aujourd'hui que nous étions entrés dans cette guerre les mains pures — de la pureté des victimes et des convaincus — et que nous allons en sortir les mains pures — mais de la pureté, cette fois, d'une grande victoire remportée contre l'injustice et contre nous-mêmes.

Car nous serons vainqueurs, vous n'en doutez pas. Mais nous serons vainqueurs grâce à cette défaite même, à ce long cheminement qui nous a fait trouver nos raisons, à cette souffrance dont nous avons senti l'injustice et tiré la leçon. Nous y avons appris le secret de toute victoire et, si nous ne le perdons pas un jour, nous connaîtrons la victoire définitive. Nous y avons appris que, contrairement à ce que nous pensions parfois, l'esprit ne peut rien contre l'épée, mais que l'esprit uni à l'épée est le vainqueur éternel de l'épée tirée pour elle-même. Voilà pourquoi nous avons accepté maintenant l'épée, après nous être assurés que l'esprit était avec nous. Il nous a fallu pour cela voir mourir et risquer de mourir, il nous a fallu la promenade matinale d'un ouvrier français marchant à la guillotine, dans les couloirs de sa prison, et exhortant ses camarades, de porte en porte, à montrer leur courage. Il nous a fallu enfin, pour nous emparer de l'esprit, la torture de notre chair. On ne possède bien que ce qu'on a payé. Nous avons payé chèrement et nous paierons encore. Mais nous avons nos certitudes, nos raisons, notre justice : votre défaite est inévitable.

Je n'ai jamais cru au pouvoir de la vérité par elle-même. Mais c'est déjà beaucoup de savoir qu'à énergie égale, la vérité l'emporte sur le mensonge. C'est à ce difficile équilibre que nous sommes parvenus. C'est appuyés sur cette nuance qu'aujourd'hui nous combattons. Et je serais tenté de vous dire que nous luttons justement pour des nuances, mais des nuances qui ont l'importance de l'homme même. Nous luttons pour cette nuance qui sépare le sacrifice de la mystique, l'énergie de la violence, la force de la cruauté, pour cette plus faible nuance encore qui sépare le faux du vrai et l'homme que nous espérons des dieux lâches que vous révérez.

Voilà ce que je voulais vous dire, non par-dessus la mêlée, mais dans la mêlée elle-même. Voilà ce que je voulais répondre à ce « vous n'aimez pas votre pays » qui me poursuit encore. Mais je veux être clair avec vous. Je crois que la France a perdu sa puissance et son règne pour longtemps et qu'il lui faudra pendant longtemps une patience désespérée, une révolte attentive pour retrouver la part de prestige nécessaire à toute culture. Mais je crois qu'elle a perdu tout cela pour des raisons pures. Et c'est pourquoi l'espoir ne me quitte pas. Voilà tout le sens de ma lettre. Cet homme que vous avez plaint, il y a cinq ans, d'être si réticent à l'égard de son pays, c'est le même qui veut vous dire aujourd'hui, à vous et à tous ceux de notre âge en Europe et dans le monde : « J'appartiens à une nation admirable et persévérante qui, par-dessus son lot d'erreurs et de faiblesses, n'a pas laissé perdre l'idée qui fait toute sa grandeur et que son peuple toujours, ses élites quelquefois, cherchent sans cesse à formuler de mieux en mieux. J'appartiens à une nation qui depuis quatre ans a recommencé le parcours de toute son histoire et qui, dans les décombres, se prépare tranquillement, sûrement, à en refaire une autre et à courir sa chance dans un jeu où elle part sans atouts. Ce pays vaut que je l'aime du difficile et exigeant amour qui est le mien. Et je crois qu'il vaut bien maintenant qu'on lutte pour lui puisqu'il est digne d'un amour supérieur. Et je dis qu'au contraire votre nation n'a eu de ses fils que l'amour qu'elle méritait, et qui était aveugle. On n'est pas justifié par n'importe quel amour. C'est cela qui vous perd. Et vous qui étiez déjà vaincus dans vos plus grandes victoires, que sera-ce dans la défaite qui s'avance ? »

Juillet 1943.

DEUXIÈME LETTRE

JE vous ai déjà écrit et je vous ai écrit sur le ton de la certitude. Par-dessus cinq ans de séparation, je vous ai dit pourquoi nous étions les plus forts; à cause de ce détour où nous sommes allés chercher nos raisons, de ce retard où nous a mis l'inquiétude de notre droit, à cause de cette folie où nous étions de vouloir concilier tout ce que nous aimions. Mais cela vaut qu'on y revienne. Je vous l'ai déjà dit, nous avons payé chèrement ce détour. Plutôt que de risquer l'injustice, nous avons préféré le désordre. Mais en même temps, c'est ce détour qui fait aujourd'hui notre force et c'est par lui que nous touchons à la victoire.

Oui, je vous ai dit tout cela et sur le ton de la certitude, sans une rature, au courant de la plume. C'est aussi que j'ai eu le temps d'y penser. La méditation se fait dans la nuit. Depuis trois ans, il est une nuit que vous avez faite sur nos villes et dans nos cœurs. Depuis trois ans, nous poursuivons dans les ténèbres la pensée qui, aujourd'hui, sort en armes devant vous. Maintenant, je puis vous parler de l'intelligence. Car la certitude où nous sommes aujourd'hui est celle où tout se compense et s'éclaire, où l'intelligence donne son accord au courage. Et c'est votre grande surprise, je suppose, à vous qui me parliez légèrement de l'intelligence, de la voir revenir de si loin et décider tout d'un coup de rentrer dans l'histoire. C'est ici que je veux retourner vers vous.

Je vous le dirai plus loin, la certitude du cœur ne fait pas pour autant sa gaieté. Cela donne déjà son sens à tout ce que je vous écris. Mais auparavant, je veux me mettre encore en règle avec vous, votre souvenir et notre amitié. Pendant que je le peux encore, je veux faire pour elle la seule chose qu'on puisse faire pour une amitié près de sa fin, je veux la rendre claire. J'ai déjà répondu à ce « vous n'aimez pas votre pays » que vous me jetiez quelquefois et dont le souvenir ne peut pas me quitter. Je veux seulement répondre aujourd'hui au sourire impatient dont vous saluiez le mot intelligence. « Dans toutes ses intelligences, m'avez-vous dit, la France se renie elle-même. Vos intellectuels préfèrent à leur pays, c'est selon, le désespoir ou la chasse d'une vérité improbable. Nous, nous mettons l'Allemagne avant la vérité, au-delà du désespoir. » Apparemment, cela était vrai. Mais, je vous l'ai déjà dit, si parfois nous semblions préférer la justice à notre pays, c'est que nous voulions seulement aimer notre pays dans la justice, comme nous voulions l'aimer dans la vérité et dans l'espoir. C'est en cela que nous nous séparions de vous, nous avions de l'exigence. Vous vous contentiez de servir la puissance de votre nation et nous rêvions de donner à la nôtre sa vérité. Vous vous suffisiez de servir la politique de la réalité, et nous, dans nos pires égarements, nous gardions confusément l'idée d'une politique de l'honneur que nous retrouvons aujourd'hui. Quand je dis « nous », je ne dis pas nos gouvernants. Mais un gouvernant est peu de chose.

Je revois ici votre sourire. Vous vous êtes toujours défié des mots. Moi aussi, mais je me défiais plus encore de moi. Vous tentiez de me pousser dans cette voie où vous-même étiez engagé et où l'intelligence a honte de l'intelligence. Alors, déjà, je ne vous suivais pas. Mais aujourd'hui, mes réponses seraient plus assurées. Qu'est-ce que la vérité, disiez-vous ? Sans doute, mais nous savons au moins ce qu'est le mensonge : c'est justement ce que vous nous avez appris. Qu'est-ce que l'esprit ? Nous connaissons son contraire qui est le meurtre. Qu'est-ce que l'homme ? Mais là, je vous arrête, car nous le savons. Il est cette force qui finit toujours par balancer les tyrans et les dieux. Il est la force de l'évidence. C'est l'évidence humaine que nous avons à préserver et notre certitude maintenant vient de ce que son destin et celui de notre pays sont liés l'un à l'autre. Si rien n'avait de sens, vous seriez dans le vrai. Mais il y a quelque chose qui garde du sens.

Je ne saurais trop vous le répéter, c'est ici que nous nous séparons de vous. Nous nous faisions de notre pays une idée qui le mettait à sa place, au milieu d'autres grandeurs, l'amitié, l'homme, le bonheur, notre désir de justice. Cela nous amenait à être sévères avec lui. Mais, pour finir, c'est nous qui avions raison. Nous ne lui avons pas donné d'esclaves, nous n'avons rien ravalé pour lui. Nous avons attendu patiemment d'y voir clair et nous avons obtenu, dans la misère et la douleur, la joie de pouvoir combattre en même temps pour tout ce que nous aimons. Vous combattez au contraire contre toute cette part de l'homme qui n'est pas à la patrie. Vos sacrifices sont sans portée, parce que votre hiérarchie n'est pas la bonne et parce que vos valeurs n'ont pas leur place. Ce n'est pas seulement le cœur qui est trahi chez vous. L'intelligence prend sa revanche. Vous n'avez pas payé le prix qu'elle demande, accordé son lourd tribut à la lucidité. Du fond de la défaite, je puis vous dire que c'est là ce qui vous perd.

Laissez-moi plutôt vous raconter ceci. D'une prison que je sais, un petit matin, quelque part en France, un camion conduit par des soldats en armes mène onze Français au cimetière où vous devez les fusiller. Sur ces onze, cinq ou six ont réellement fait quelque chose pour cela : un tract, quelques rendez-vous, et plus que tout, le refus. Ceux-là sont immobiles à l'intérieur du camion, habités par la peur, certes, mais si j'ose dire, par une peur banale, celle qui étreint tout homme en face de l'inconnu, une peur dont le courage s'accommode. Les autres n'ont rien fait. Et de se savoir mourir par erreur ou victimes d'une certaine indifférence, leur rend cette heure plus difficile. Parmi eux, un enfant de seize ans. Vous connaissez le visage de nos adolescents, je ne veux pas en parler. Celui-là est en proie à la peur, il s'y abandonne sans honte. Ne prenez pas votre sourire méprisant, il claque des dents. Mais vous avez mis près de lui un aumônier dont la tâche est de rendre moins pesante à ces hommes l'heure atroce où l'on attend. Je crois pouvoir dire que pour des hommes que l'on va tuer, une conversation sur la vie future n'arrange rien. Il est trop difficile de croire que la fosse commune ne termine pas tout : les prisonniers sont muets dans le camion. L'aumônier s'est retourné vers l'enfant, tassé dans son coin. Celui-ci le comprendra mieux. L'enfant répond, se raccroche à cette voix, l'espoir revient. Dans la plus muette des horreurs, il suffit parfois qu'un homme parle, peut-être va-t-il tout arranger. « Je n'ai rien fait », dit l'enfant. « Oui, dit l'aumônier, mais ce n'est plus la question. Il faut te préparer à bien mourir. » « Ce n'est pas possible qu'on ne me comprenne pas. » « Je suis ton ami, et, peut-être, je te comprends. Mais il est tard. Je serai près de toi et le Bon Dieu aussi. Tu verras, ce sera facile. » L'enfant s'est détourné. L'aumônier parle de Dieu. Est-ce que l'enfant y croit ? Oui, il y croit. Alors il sait que rien n'a d'importance auprès de la paix qui l'attend. Mais c'est cette paix qui fait peur à l'enfant. « Je suis ton ami », répète l'aumônier.

Les autres se taisent. Il faut penser à eux. L'aumônier se rapproche de leur masse silencieuse, tourne le dos pour un moment à l'enfant. Le camion roule doucement avec un petit bruit de déglutition sur la route humide de rosée. Imaginez cette heure grise, l'odeur matinale des hommes, la campagne que l'on devine sans la voir, à des bruits d'attelage, à un cri d'oiseau. L'enfant se blottit contre la bâche qui cède un peu. Il découvre un passage étroit entre elle et la carrosserie. Il pourrait sauter, s'il voulait. L'autre a le dos tourné, et sur le devant, les soldats sont attentifs à se reconnaître dans le matin sombre. Il ne réfléchit pas, il arrache la bâche, se glisse dans l'ouverture, saute. On entend à peine sa chute, un bruit de pas précipités sur la route, puis plus rien. Il est dans les terres qui étouffent le bruit de sa course. Mais le claquement de la bâche, l'air humide et violent du matin qui fait irruption dans le camion ont fait se détourner l'aumônier et les condamnés. Une seconde, le prêtre dévisage ces hommes qui le regardent en silence. Une seconde où l'homme de Dieu doit décider s'il est avec les bourreaux ou avec les martyrs, selon sa vocation. Mais il a déjà frappé contre la cloison qui le sépare de ses camarades. « Achtung. » L'alerte est donnée. Deux soldats se jettent dans le camion et tiennent les prisonniers en respect. Deux autres sautent à terre et courent à travers champs. L'aumônier, à quelques pas du camion, planté sur le bitume, essaie de les suivre du regard à travers les brumes. Dans le camion, les hommes écoutent seulement les bruits de cette chasse, les interjections étouffées, un coup de feu, le silence, puis encore des voix de plus en plus proches, un sourd piétinement enfin. L'enfant est ramené. Il n'a pas été touché, mais il s'est arrêté, cerné dans cette vapeur ennemie, soudain sans courage, abandonné de lui-même. Il est porté plutôt que conduit par ses gardiens. On l'a battu un peu, mais pas beaucoup. Le plus important reste à faire. Il n'a pas un regard pour l'aumônier ni pour personne. Le prêtre est monté près du chauffeur. Un soldat armé l'a remplacé dans le camion. Jeté dans un des coins du véhicule, l'enfant ne pleure pas. Il regarde entre la bâche et le plancher filer à nouveau la route où le jour se lève.

Je vous connais, vous imaginerez très bien le reste. Mais vous devez savoir qui m'a raconté cette histoire. C'est un prêtre français. Il me disait : « J'ai honte pour cet homme, et je suis content de penser que pas un prêtre français n'aurait accepté de mettre son Dieu au service du meurtre. » Cela était vrai. Simplement, cet aumônier pensait comme vous. Il n'était pas jusqu'à sa foi qu'il ne lui parût naturel de faire servir à son pays. Les dieux eux-mêmes chez vous sont mobilisés. Ils sont avec vous, comme vous dites, mais de force. Vous ne distinguez plus rien, vous n'êtes plus qu'un élan. Et vous combattez maintenant avec les seules ressources de la colère aveugle, attentifs aux armes et aux coups d'éclat plutôt qu'à l'ordre des idées, entêtés à tout brouiller, à suivre votre pensée fixe. Nous, nous sommes partis de l'intelligence et de ses hésitations. En face de la colère, nous n'étions pas de force. Mais voici que maintenant le détour est achevé. Il a suffi d'un enfant mort pour qu'à l'intelligence, nous ajoutions la colère et désormais nous sommes deux contre un. Je veux vous parler de la colère.

Souvenez-vous. À mon étonnement devant le brusque éclat d'un de vos supérieurs, vous m'avez dit : « Cela aussi est bien. Mais vous ne comprenez pas. Les Français manquent d'une vertu, celle de la colère. » Non, ce n'est pas cela, mais les Français sont difficiles sur les vertus. Et ils ne les assument que quand il faut. Cela donne à leur colère le silence et la force que vous commencez seulement à éprouver. Et c'est avec cette sorte de colère, la seule que je me connaisse, que pour finir je vais vous parler.

Car je vous l'ai dit, la certitude n'est pas la gaieté du cœur. Nous savons ce que nous avons perdu à ce long détour, nous connaissons le prix dont nous payons cette âpre joie de combattre en accord avec nous-mêmes. Et c'est parce que nous avons un sentiment aigu de ce qui est irréparable que notre lutte garde autant d'amertume que de confiance. La guerre ne nous satisfaisait pas. Nos raisons n'étaient pas prêtes. C'est la guerre civile, la lutte obstinée et collective, le sacrifice sans commentaire que notre peuple a choisi. C'est la guerre qu'il s'est donnée à lui-même, qu'il n'a pas reçu de gouvernements imbéciles ou lâches, celle où il s'est retrouvé et où il lutte pour une certaine idée qu'il s'est faite de lui-même. Mais ce luxe qu'il s'est donné lui coûte un prix terrible. Là encore, ce peuple a plus de mérite que le vôtre. Car ce sont les meilleurs de ses fils qui tombent : voilà ma plus cruelle pensée. Il y a dans la dérision de la guerre le bénéfice de la dérision. La mort frappe un peu partout et au hasard. Dans la guerre que nous menons, le courage se désigne lui-même, c'est notre plus pur esprit que vous fusillez tous les jours. Car votre naïveté ne va pas sans prescience. Vous n'avez jamais su ce qu'il fallait élire, mais vous connaissez ce qu'il faut détruire. Et nous, qui nous disons défenseurs de l'esprit, nous savons pourtant que l'esprit peut mourir quand la force qui l'écrase est suffisante. Mais nous avons foi en une autre force. Dans ces figures silencieuses, déjà détournées de ce monde, que vous criblez de balles parfois, vous croyez défigurer le visage de notre vérité. Mais vous comptez sans l'obstination qui fait lutter la France avec le temps. C'est ce désespérant espoir qui nous soutient dans les heures difficiles : nos camarades seront plus patients que les bourreaux et plus nombreux que les balles. Vous le voyez, les Français sont capables de colère.

Décembre 1943.

TROISIÈME LETTRE

JE vous ai parlé jusqu'ici de mon pays et vous avez pu penser au début que mon langage avait changé. En réalité, il n'en était rien. C'est seulement que nous ne donnions pas le même sens aux mêmes mots, nous ne parlons plus la même langue.

Les mots prennent toujours la couleur des actions ou des sacrifices qu'ils suscitent. Et celui de patrie prend chez vous des reflets sanglants et aveugles, qui me le rendent à jamais étranger, tandis que nous avons mis dans le même mot la flamme d'une intelligence où le courage est plus difficile, mais où l'homme trouve du moins tout son compte. Vous l'avez compris pour finir, mon langage, vraiment, n'a jamais changé. Celui que je vous tenais avant 1939, c'est celui que je vous tiens aujourd'hui.

Ce qui, sans doute, vous le prouvera mieux, c'est l'aveu que je vais vous faire. Pendant tout ce temps où nous n'avons servi obstinément, silencieusement, que notre pays, nous n'avons jamais perdu de vue une idée et un espoir, toujours présents en nous, et qui étaient ceux de l'Europe. Il est vrai que depuis cinq ans nous n'en avons pas parlé. Mais c'est que vous-mêmes en parliez trop fort. Là encore nous ne parlions pas le même langage, notre Europe n'est pas la vôtre.

Mais avant de vous dire ce qu'elle est, je veux vous affirmer au moins que parmi les raisons que nous avons de vous combattre (ce sont les mêmes que nous avons de vous vaincre) il n'en est pas, peut-être, de plus profonde que la conscience où nous sommes d'avoir été non seulement mutilés dans notre pays, frappés dans notre chair la plus vive, mais encore dépouillés de nos plus belles images dont vous avez offert au monde une version odieuse et ridicule. Ce qu'on souffre le plus durement, c'est de voir travestir ce qu'on aime. Et cette idée de l'Europe[1] que vous avez prise aux meilleurs d'entre nous pour lui donner le sens révoltant que vous aviez choisi, il nous faut toute la force de l'amour réfléchi pour lui garder en nous sa jeunesse et ses pouvoirs. Il y a ainsi un adjectif que nous n'écrivons plus depuis que vous avez appelé européenne l'armée de la servitude, mais c'est pour lui garder jalousement le sens pur qu'il ne cesse pas d'avoir pour nous et que je veux vous dire.

Vous parlez de l'Europe mais la différence est que l'Europe, pour vous, est une propriété tandis que nous nous sentons dans sa dépendance. Vous n'avez parlé ainsi de l'Europe qu'à partir du jour où vous avez perdu l'Afrique. Cette sorte d'amour n'est pas la bonne. Cette terre où tant de siècles ont laissé leurs exemples n'est pour vous qu'une retraite forcée tandis qu'elle a toujours été notre meilleur espoir. Votre trop soudaine passion est faite de dépit et de nécessité. C'est un sentiment qui n'honore personne et vous comprendrez alors pourquoi aucun Européen digne de ce nom n'en a plus voulu.

Vous dites Europe, mais vous pensez terre à soldats, grenier à blé, industries domestiquées, intelligence dirigée. Vais-je trop loin? Mais du moins je sais que lorsque vous dites Europe, même à vos meilleurs moments, lorsque vous vous laissez entraîner par vos propres mensonges, vous ne pouvez vous empêcher de penser à une cohorte de nations dociles menée par une Allemagne de seigneurs, vers un avenir fabuleux et ensanglanté. Je voudrais que vous sentiez bien cette différence, l'Europe est pour vous cet espace cerclé de mers et de montagnes, coupé de barrages, fouillé de mines, couvert de moissons, où l'Allemagne joue une partie, dont son seul destin est l'enjeu. Mais elle est pour nous cette terre de l'esprit où depuis vingt siècles se poursuit la plus étonnante aventure de l'esprit humain. Elle est cette arène privilégiée où la lutte de l'homme d'Occident contre le monde, contre les dieux, contre lui-même, atteint aujourd'hui son moment le plus bouleversé. Vous le voyez, il n'y a pas de commune mesure.

Ne craignez pas que je reprenne contre vous les thèmes d'une vieille propagande : je ne revendiquerai pas la tradition chrétienne. C'est un autre problème. Vous en avez trop parlé aussi, et jouant les défenseurs de Rome[1], vous n'avez pas craint de faire au Christ une publicité dont il a commencé de prendre l'habitude le jour où il reçut le baiser qui le désignait au supplice. Mais aussi bien, la tradition chrétienne n'est qu'une de celles qui ont fait cette Europe et je n'ai pas qualité pour la défendre devant vous. Il y faudrait le goût et la pente d'un cœur abandonné à Dieu. Vous savez qu'il n'en est rien pour moi. Mais lorsque je me laisse aller à penser que mon pays parle au nom de l'Europe et qu'en défendant l'un nous les défendons ensemble, moi aussi, j'ai alors ma tradition. Elle est en même temps celle de quelques grands individus et d'un peuple inépuisable. Ma tradition a deux élites, celle de l'intelligence et celle du courage, elle a ses princes de l'esprit et son peuple innombrable. Jugez si cette Europe, dont les frontières sont le génie de quelques-uns, et le cœur profond de tous ses peuples, diffère de cette tache colorée que vous avez annexée sur des cartes provisoires.

Souvenez-vous : vous m'avez dit, un jour où vous vous moquiez de mes indignations : « Don Quichotte n'est pas de force si Faust veut le vaincre. » Je vous ai dit alors que ni Faust ni Don Quichotte n'étaient faits pour se vaincre l'un l'autre, et que l'art n'était pas inventé pour apporter du mal au monde. Vous aimiez alors les images un peu chargées et vous avez continué. Il fallait selon vous choisir entre Hamlet ou Siegfried[1]. À l'époque, je ne voulais pas choisir et surtout il ne me paraissait pas que l'Occident fût ailleurs que dans cet équilibre entre la force et la connaissance. Mais vous vous moquiez de la connaissance, vous parliez seulement de puissance. Aujourd'hui, je me comprends mieux et je sais que même Faust ne vous servira de rien. Car nous avons en effet admis l'idée que, dans certains cas, le choix est nécessaire. Mais notre choix n'aurait pas plus d'importance que le vôtre s'il n'avait pas été fait dans la conscience qu'il était inhumain et que les grandeurs spirituelles ne pouvaient se séparer. Nous saurons ensuite réunir, et vous ne l'avez jamais su. Vous le voyez, c'est toujours la même idée, nous revenons de loin. Mais nous l'avons payée assez cher pour avoir le droit d'y tenir. Cela me pousse à dire que votre Europe n'est pas la bonne. Elle n'a rien pour réunir ou enfiévrer. La nôtre est une aventure commune que nous continuerons de faire, malgré vous, dans le vent de l'intelligence.

Je n'irai pas beaucoup plus loin. Il m'arrive quelquefois, au détour d'une rue, dans ces courts répits que laissent les longues heures de la lutte commune, de penser à tous ces lieux d'Europe que je connais bien. C'est une terre magnifique faite de peine et d'histoire. Je recommence ces pèlerinages que j'ai faits avec tous les hommes d'Occident : les roses dans les cloîtres de Florence, les bulbes dorés de Cracovie, le Hradschin et ses palais morts, les statues contorsionnées du pont Charles sur la Vltava, les jardins délicats de Salzbourg. Toutes ces fleurs et ces pierres, ces collines et ces paysages où le temps des hommes et le temps du monde ont mêlé les vieux arbres et les monuments ! Mon souvenir a fondu ces images superposées pour en faire un seul visage qui est celui de ma plus grande patrie. Quelque chose se serre en moi lorsque je pense alors que sur cette face énergique et tourmentée votre ombre, depuis des années, s'est posée. Il est pourtant quelques-uns de ces lieux que vous et moi avons vus ensemble. Je n'avais pas l'idée en ce temps-là qu'un jour il nous faudrait les délivrer de vous. Et encore, à certaines heures de rage et de désespoir, il m'arrive de regretter que les roses puissent encore pousser dans le cloître de San Marco, les pigeons se détacher en grappes de la cathédrale de Salzbourg[1] et les géraniums rouges pousser inlassablement sur les petits cimetières de Silésie.

Mais à d'autres moments, et ce sont les seuls vrais, je m'en réjouis. Car tous ces paysages, ces fleurs et ces labours, la plus vieille des terres, vous démontrent à chaque printemps qu'il est des choses que vous ne pouvez étouffer dans le sang. C'est sur cette image que je puis finir. Il ne me suffirait pas de penser que toutes les grandes ombres de l'Occident et que trente peuples sont avec nous : je ne pouvais pas me passer de la terre. Et je sais ainsi que tout dans l'Europe, le paysage et l'esprit, vous nie tranquillement, sans haine désordonnée, avec la force calme des victoires. Les armes dont l'esprit européen dispose contre vous sont les mêmes que détient cette terre sans cesse renaissante en moissons et en corolles. La lutte que nous menons a la certitude de la victoire puisqu'elle a l'obstination des printemps.

Je sais enfin que tout ne sera pas réglé lorsque vous serez abattus. L'Europe sera encore à faire. Elle est toujours à faire. Mais du moins elle sera encore l'Europe, c'est-à-dire ce que je viens de vous écrire. Rien ne sera perdu. Imaginez plutôt ce que nous sommes maintenant, sûrs de nos raisons, amoureux de notre pays, entraînés par toute l'Europe, et dans un juste équilibre entre le sacrifice et le goût du bonheur, entre l'esprit et l'épée. Je vous le dis une fois de plus, parce qu'il faut que je vous le dise, je vous le dis parce que c'est la vérité et qu'elle vous montrera le chemin que mon pays et moi avons parcouru depuis les temps de notre amitié : il y a désormais en nous une supériorité qui vous tuera.

Avril 1944.

QUATRIÈME LETTRE

> L'homme est périssable.
> Il se peut; mais périssons en
> résistant, et si le néant nous
> est réservé, ne faisons pas que
> ce soit une justice!
>
> OBERMANN.
>
> *(Lettre 90.)*

Voici venir les temps de votre défaite. Je vous écris d'une ville célèbre dans l'univers et qui prépare contre vous un lendemain de liberté. Elle sait que cela n'est pas facile et qu'il lui faut auparavant traverser une nuit encore plus obscure que celle qui commença, il y a quatre ans, avec votre venue. Je vous écris d'une ville privée de tout, sans lumière et sans feu, affamée, mais toujours pas réduite. Bientôt quelque chose y soufflera dont vous n'avez pas encore l'idée. Si nous avions de la chance, nous nous trouverions alors l'un devant l'autre. Nous pourrions alors nous combattre en connaissance de cause : j'ai une juste idée de vos raisons et vous imaginez bien les miennes.

Ces nuits de juillet sont à la fois légères et lourdes. Légères sur la Seine et dans les arbres, lourdes au cœur de ceux qui attendent la seule aube dont ils aient désormais envie. J'attends et je pense à vous : j'ai encore une chose à vous dire qui sera la dernière. Je veux vous dire comment il est possible que nous ayons été si semblables et que nous soyons aujourd'hui ennemis, comment j'aurais pu être à vos côtés et pourquoi maintenant tout est fini entre nous.

Nous avons longtemps cru ensemble que ce monde n'avait pas de raison supérieure et que nous étions frustrés. Je le crois encore d'une certaine manière. Mais j'en ai tiré d'autres conclusions que celles dont vous me parliez alors et que, depuis tant d'années, vous essayez de faire entrer dans l'Histoire. Je me dis aujourd'hui que si je vous avais réellement suivi dans ce que vous pensez, je devrais vous donner raison dans ce que vous faites. Et cela est si grave qu'il faut bien que je m'y arrête, au cœur de cette nuit d'été si chargée de promesses pour nous et de menaces pour vous.

Vous n'avez jamais cru au sens de ce monde et vous en avez tiré l'idée que tout était équivalent et que le bien et le mal se définissaient selon qu'on le voulait. Vous avez supposé qu'en l'absence de toute morale humaine ou divine les seules valeurs étaient celles qui régissaient le monde animal, c'est-à-dire la violence et la ruse. Vous en avez conclu que l'homme n'était rien et qu'on pouvait tuer son âme, que dans la plus insensée des histoires la tâche d'un individu ne pouvait être que l'aventure de la puissance, et sa morale, le réalisme des conquêtes[1]. Et à la vérité, moi qui croyais penser comme vous, je ne voyais guère d'argument à vous opposer, sinon un goût violent de la justice qui, pour finir, me paraissait aussi peu raisonné que la plus soudaine des passions.

Où était la différence? C'est que vous acceptiez légèrement de désespérer et que je n'y ai jamais consenti. C'est que vous admettiez assez l'injustice de notre condition pour vous résoudre à y ajouter, tandis qu'il m'apparaissait au contraire que l'homme devait affirmer la justice pour lutter contre l'injustice éternelle, créer du bonheur pour protester contre l'univers du malheur. Parce que vous avez fait de votre désespoir une ivresse, parce que vous vous en êtes délivré en l'érigeant en principe, vous avez accepté de détruire les œuvres de l'homme et de lutter contre lui pour achever sa misère essentielle. Et moi, refusant d'admettre ce désespoir et ce monde torturé, je voulais seulement que les hommes retrouvent leur solidarité pour entrer en lutte contre leur destin révoltant.

Vous le voyez, d'un même principe nous avons tiré des morales différentes. C'est qu'en chemin vous avez abandonné la lucidité et trouvé plus commode (vous auriez dit indifférent) qu'un autre pensât pour vous et pour des millions d'Allemands. Parce que vous étiez las de lutter contre le ciel, vous vous êtes reposés dans cette épuisante aventure où votre tâche est de mutiler les âmes et de détruire la terre. Pour tout dire, vous avez choisi l'injustice, vous vous êtes mis avec les dieux. Votre logique n'était qu'apparente.

J'ai choisi la justice au contraire, pour rester fidèle à la terre. Je continue à croire que ce monde n'a pas de sens supérieur. Mais je sais que quelque chose en lui a du sens et c'est l'homme, parce qu'il est le seul être à exiger d'en avoir. Ce monde a du moins la vérité de l'homme et notre tâche est de lui donner ses raisons contre le destin lui-même. Et il n'a pas d'autres raisons que l'homme et c'est celui-ci qu'il faut sauver si l'on veut sauver l'idée qu'on se fait de la vie. Votre sourire et votre dédain me diront : qu'est-ce sauver l'homme ? Mais je vous le crie de tout moi-même, c'est ne pas le mutiler et c'est donner ses chances à la justice qu'il est le seul à concevoir.

Voilà pourquoi nous sommes en lutte. Voilà pourquoi nous avons dû vous suivre d'abord dans un chemin dont nous ne voulions pas et au bout duquel nous avons, pour finir, trouvé la défaite. Car votre désespoir faisait votre force. Dès l'instant où il est seul, pur, sûr de lui, impitoyable dans ses conséquences, le désespoir a une puissance sans merci. C'est celle qui nous a écrasés pendant que nous hésitions et que nous avions encore un regard sur des images heureuses. Nous pensions que le bonheur est la plus grande des conquêtes, celle qu'on fait contre le destin qui nous est imposé. Même dans la défaite, ce regret ne nous quittait pas.

Mais vous avez fait ce qu'il fallait, nous sommes entrés dans l'Histoire. Et pendant cinq ans, il n'a plus été possible de jouir du cri des oiseaux dans la fraîcheur du soir. Il a fallu désespérer de force. Nous étions séparés du monde, parce qu'à chaque moment du monde s'attachait tout un peuple d'images mortelles. Depuis cinq ans, il n'est plus sur cette terre de matin sans agonies, de soir sans prisons, de midi sans carnages. Oui, il nous a fallu vous suivre. Mais notre exploit difficile revenait à vous suivre dans la guerre, sans oublier le bonheur. Et, à travers les clameurs et la violence, nous tentions de garder au cœur le souvenir d'une mer heureuse, d'une colline jamais oubliée, le sourire d'un cher visage. Aussi bien, c'était notre meilleure arme, celle que nous n'abaisserons jamais. Car le jour où nous la perdrions, nous serions aussi morts que vous. Simplement, nous savons maintenant que les armes du bonheur demandent pour être forgées beaucoup de temps et trop de sang.

Il nous a fallu entrer dans votre philosophie, accepter de vous ressembler un peu. Vous aviez choisi l'héroïsme sans direction, parce que c'est la seule valeur qui reste dans un monde qui a perdu son sens. Et l'ayant choisi pour vous, vous l'avez choisi pour tout le monde et pour nous. Nous avons été obligés de vous imiter afin de ne pas mourir. Mais nous avons aperçu alors que notre supériorité sur vous était d'avoir une direction. Maintenant que cela va finir, nous pouvons vous dire ce que nous avons appris, c'est que l'héroïsme est peu de chose, le bonheur plus difficile.

À présent, tout doit vous être clair, vous savez que nous sommes ennemis. Vous êtes l'homme de l'injustice et il n'est rien au monde que mon cœur puisse tant détester. Mais ce qui n'était qu'une passion, j'en connais maintenant les raisons. Je vous combats parce que votre logique est aussi criminelle que votre cœur. Et dans l'horreur que vous nous avez prodiguée pendant quatre ans, votre raison a autant de part que votre instinct. C'est pourquoi ma condamnation sera totale, vous êtes déjà mort à mes yeux. Mais dans le temps même où je jugerai votre atroce conduite, je me souviendrai que vous et nous sommes partis de la même solitude, que vous et nous sommes avec toute l'Europe dans la même tragédie de l'intelligence. Et malgré vous-mêmes, je vous garderai le nom d'homme. Pour être fidèles à notre foi, nous sommes forcés de respecter en vous ce que vous ne respectez pas chez les autres. Pendant longtemps, ce fut votre immense avantage puisque vous tuez plus facilement que nous. Et jusqu'à la fin des temps, ce sera le bénéfice de ceux qui vous ressemblent. Mais jusqu'à la fin des temps, nous, qui ne vous ressemblons pas, aurons à témoigner pour que l'homme, par-dessus ses pires erreurs, reçoive sa justification et ses titres d'innocence.

Voilà pourquoi à la fin de ce combat, du sein de cette ville qui a pris son visage d'enfer, par-dessus toutes les tortures infligées aux nôtres, malgré nos morts défigurés et nos villages d'orphelins[1], je puis vous dire qu'au moment même où nous allons vous détruire sans pitié, nous sommes cependant sans haine contre vous. Et si même demain, comme tant d'autres, il nous fallait mourir, nous serions encore sans haine. Nous ne pouvons répondre de ne pas avoir peur, nous essaierions seulement d'être raisonnables. Mais nous pouvons répondre de ne rien haïr. Et la seule chose au monde que je pourrais aujourd'hui détester, je vous dis que nous sommes en règle avec elle et que nous voulons vous détruire dans votre puissance sans vous mutiler dans votre âme.

Cet avantage que vous aviez sur nous, vous voyez que vous continuez de l'avoir. Mais il fait aussi bien notre supériorité. Et c'est elle qui me rend maintenant cette nuit légère. Voici notre force qui est de penser comme vous sur la profondeur du monde, de ne rien refuser du drame qui est le nôtre, mais en même temps d'avoir sauvé l'idée de l'homme au bout de ce désastre de l'intelligence et d'en tirer l'infatigable courage des renaissances. Certes, l'accusation que nous portons contre le monde n'en est pas allégée. Nous avons payé trop cher cette nouvelle science pour que notre condition ait cessé de nous paraître désespérante. Des centaines de milliers d'hommes assassinés au petit jour, les murs terribles des prisons, une Europe dont la terre est fumante de millions de cadavres qui ont été ses enfants, il a fallu tout cela pour payer l'acquisition de deux ou trois nuances qui n'auront peut-être pas d'autre utilité que d'aider quelques-uns d'entre nous à mieux mourir. Oui, cela est désespérant. Mais nous avons à faire la preuve que nous ne méritons pas tant d'injustice. C'est la tâche que nous nous sommes fixée, elle commencera demain. Dans cette nuit d'Europe où courent les souffles de l'été, des millions d'hommes armés ou désarmés se préparent au combat. L'aube va poindre où vous serez enfin vaincus. Je sais que le ciel qui fut indifférent à vos atroces victoires le sera encore à votre juste défaite. Aujourd'hui encore, je n'attends rien de lui. Mais nous aurons du moins contribué à sauver la créature de la solitude où vous vouliez la mettre. Pour avoir dédaigné cette fidélité à l'homme, c'est vous qui, par milliers, allez mourir solitaires. Maintenant, je puis vous dire adieu.

Juillet 1944.

ACTUELLES I

CHRONIQUES 1944-1948

À RENÉ CHAR

Il vaut mieux périr que haïr et craindre ; il vaut mieux périr deux fois que se faire haïr et redouter ; telle devra être un jour la suprême maxime de toute société organisée politiquement.

NIETZSCHE.

AVANT-PROPOS

Ce volume résume l'expérience d'un écrivain mêlé pendant quatre ans à la vie publique de son pays. On y trouvera un choix des éditoriaux publiés dans Combat jusqu'en 1946 et une série d'articles ou de témoignages suscités par l'actualité de 1946 à 1948. Il s'agit donc d'un bilan.

Cette expérience se solde, comme il est naturel, par la perte de quelques illusions et par le renforcement d'une conviction plus profonde. J'ai seulement veillé, comme je le devais, à ce que mon choix ne masque rien des positions qui me sont devenues étrangères. Un certain nombre des éditoriaux de Combat, par exemple, figurent ici non pour leur valeur, souvent relative, ni pour leur contenu qui, parfois, n'a plus mon accord, mais parce qu'ils m'ont paru significatifs. Pour un ou deux d'entre eux, à la vérité, je ne les relis pas aujourd'hui sans malaise ni tristesse, et il m'a fallu faire effort pour les reproduire. Mais ce témoignage ne supportait aucune omission.

Je crois avoir fait ainsi la part de mes injustices. On verra seulement que j'ai laissé parler en même temps une conviction qui, elle du moins, n'a pas varié. Et, pour finir, j'ai fait aussi la part de la fidélité et de l'espoir. C'est en ne refusant rien de ce qui a été pensé et vécu à cette époque, c'est en faisant l'aveu du doute et de la certitude, en consignant l'erreur qui, en politique, suit la conviction comme son ombre, que ce livre restera fidèle à une expérience qui fut celle de beaucoup de Français et d'Européens. Aussi longtemps que, serait-ce dans un seul esprit, la vérité sera acceptée pour ce qu'elle est et telle qu'elle est, il y aura place pour l'espoir.

Voilà pourquoi je n'approuve pas cet écrivain de talent qui, récemment invité à une conférence sur la culture européenne, refusait son concours en déclarant que cette culture, étouffée entre deux empires géants, était morte. Il est vrai sans doute qu'une part, au moins, de cette culture est morte le jour où cet écrivain forma en lui-même cette pensée. Mais, bien que ce livre soit composé d'écrits déjà anciens, il répond d'une certaine manière, me semble-t-il, à ce pessimisme. Le vrai désespoir ne naît pas *devant une adversité obstinée, ni dans l'épuisement d'une lutte inégale. Il vient de ce qu'on ne connaît plus ses raisons de lutter et si, justement, il faut lutter. Les pages qui suivent disent simplement que, si la lutte est difficile, les raisons de lutter, elles du moins, restent toujours claires.*

LA LIBÉRATION DE PARIS

LE SANG DE LA LIBERTÉ[1]

(*Combat,* 24 août 1944.)

Paris fait feu de toutes ses balles dans la nuit d'août. Dans cet immense décor de pierres et d'eaux, tout autour de ce fleuve aux flots lourds d'histoire, les barricades de la liberté, une fois de plus, se sont dressées. Une fois de plus, la justice doit s'acheter avec le sang des hommes.

Nous connaissons trop ce combat, nous y sommes trop mêlés par la chair et par le cœur pour accepter, sans amertume, cette terrible condition. Mais nous connaissons trop aussi son enjeu et sa vérité pour refuser le difficile destin qu'il faut bien que nous soyons seuls à porter.

Le temps témoignera que les hommes de France ne voulaient pas tuer, et qu'ils sont entrés les mains pures dans une guerre qu'ils n'avaient pas choisie. Faut-il donc que leurs raisons aient été immenses pour qu'ils abattent soudain leurs poings sur les fusils et tirent sans arrêt, dans la nuit, sur ces soldats qui ont cru pendant deux ans que la guerre était facile.

Oui, leurs raisons sont immenses. Elles ont la dimension de l'espoir et la profondeur de la révolte. Elles sont les raisons de l'avenir pour un pays qu'on a voulu maintenir pendant si longtemps dans la rumination morose de son passé. Paris se bat aujourd'hui pour que la France puisse parler demain. Le peuple est en armes ce soir parce qu'il espère une justice pour demain. Quelques-uns vont disant que ce n'est pas la peine et qu'avec de la patience Paris sera délivré à peu de frais. Mais c'est qu'ils sentent confusément combien de choses sont menacées par cette insurrection, qui resteraient debout si tout se passait autrement.

Il faut, au contraire, que cela devienne bien clair : personne ne peut penser qu'une liberté, conquise dans ces convulsions, aura le visage tranquille et domestiqué que certains se plaisent à lui rêver. Ce terrible enfantement est celui d'une révolution.

On ne peut pas espérer que des hommes qui ont lutté quatre ans dans le silence et des jours entiers dans le fracas du ciel et des fusils, consentent à voir revenir les forces de la démission et de l'injustice sous quelque forme que ce soit. On ne peut pas s'attendre, eux qui sont les meilleurs, qu'ils acceptent à nouveau de faire ce qu'ont fait pendant vingt-cinq ans les meilleurs et les purs, et qui consistait à aimer en silence leur pays et à mépriser en silence ses chefs. Le Paris qui se bat ce soir veut commander demain. Non pour le pouvoir, mais pour la justice, non pour la politique, mais pour la morale, non pour la domination de leur pays, mais pour sa grandeur.

Notre conviction n'est pas que cela se fera, mais que cela se fait aujourd'hui, dans la souffrance et l'obstination du combat. Et c'est pourquoi, par-dessus la peine des hommes, malgré le sang et la colère, ces morts irremplaçables, ces blessures injustes et ces balles aveugles, ce ne sont pas des paroles de regret, mais ce sont des mots d'espoir, d'un terrible espoir d'hommes isolés avec leur destin, qu'il faut prononcer.

Cet énorme Paris noir et chaud, avec ses deux orages dans le ciel et dans les rues, nous paraît, pour finir, plus illuminé que cette Ville Lumière que nous enviait le monde entier. Il éclate de tous les feux de l'espérance et de la douleur, il a la flamme du courage lucide, et tout l'éclat, non seulement de la libération, mais de la liberté prochaine.

LA NUIT DE LA VÉRITÉ

(Combat, 25 août 1944.)

Tandis que les balles de la liberté sifflent encore dans la ville, les canons de la libération franchissent les portes de Paris, au milieu des cris et des fleurs. Dans la plus belle et la plus chaude des nuits d'août, le ciel de Paris mêle aux étoiles de toujours les balles traçantes, la fumée des incendies et les fusées multicolores de la joie populaire. Dans cette nuit sans égale s'achèvent quatre ans d'une histoire monstrueuse et d'une lutte indicible où la France était aux prises avec sa honte et sa fureur.

Ceux qui n'ont jamais désespéré d'eux-mêmes ni de leur pays trouvent sous ce ciel leur récompense. Cette nuit vaut bien un monde, c'est la nuit de la vérité. La vérité en armes et au combat, la vérité en force après avoir été si longtemps la vérité aux mains vides et à la poitrine découverte. Elle est partout dans cette nuit où peuple et canon grondent en même temps. Elle est la voix même de ce peuple et de ce canon, elle a le visage triomphant et épuisé des combattants de la rue, sous les balafres et la sueur. Oui, c'est bien la nuit de la vérité et de la seule qui soit valable, celle qui consent à lutter et à vaincre.

Il y a quatre ans, des hommes se sont levés au milieu des décombres et du désespoir et ont affirmé avec tranquillité que rien n'était perdu. Ils ont dit qu'il fallait continuer et que les forces du bien pouvaient toujours triompher des forces du mal à condition de payer le prix. Ils ont payé le prix. Et ce prix sans doute a été lourd, il a eu tout le poids du sang, l'affreuse pesanteur des prisons. Beaucoup de ces hommes sont morts, d'autres vivent depuis des années entre des murs aveugles. C'était le prix qu'il fallait payer. Mais ces mêmes hommes, s'ils le pouvaient, ne nous reprocheraient pas cette terrible et merveilleuse joie qui nous emplit comme une marée.

Car cette joie ne leur est pas infidèle. Elle les justifie au contraire et elle dit qu'ils ont eu raison. Unis dans la même souffrance pendant quatre ans, nous le sommes encore dans la même ivresse, nous avons gagné notre solidarité. Et nous reconnaissons avec étonnement dans cette nuit bouleversante que pendant quatre ans nous n'avons jamais été seuls. Nous avons vécu les années de la fraternité.

De durs combats nous attendent encore. Mais la paix reviendra sur cette terre éventrée et dans ces cœurs torturés d'espérance et de souvenirs. On ne peut pas toujours vivre de meurtres et de violence. Le bonheur, la juste tendresse, auront leur temps. Mais cette paix ne nous trouvera pas oublieux. Et pour certains d'entre nous, le visage de nos frères défigurés par les balles, la grande fraternité virile de ces années ne nous quitteront jamais. Que nos camarades morts gardent pour eux cette paix qui nous est promise dans la nuit haletante et qu'ils ont déjà conquise. Notre combat sera le leur.

Rien n'est donné aux hommes et le peu qu'ils peuvent conquérir se paye de morts injustes. Mais la grandeur de l'homme n'est pas là. Elle est dans sa décision d'être plus fort que sa condition. Et si sa condition est injuste, il n'a qu'une façon de la surmonter qui est d'être juste lui-même. Notre vérité de ce soir, celle qui plane dans ce ciel d'août, fait justement la consolation de l'homme. Et c'est la paix de notre cœur comme c'était celle de nos camarades morts de pouvoir dire devant la victoire revenue, sans esprit de retour ni de revendication : « Nous avons fait ce qu'il fallait. »

LE TEMPS DU MÉPRIS

(Combat, 30 août 1944.)

Trente-quatre Français torturés[1], puis assassinés à Vincennes, ce sont là des mots qui ne disent rien si l'imagination n'y supplée pas. Et que voit l'imagination ? Deux hommes face à face dont l'un s'apprête à arracher les ongles d'un autre qui le regarde.

Ce n'est pas la première fois que ces insupportables images nous sont proposées. En 1933, a commencé une époque qu'un des plus grands parmi nous a justement appelée le temps du mépris[2]. Et pendant dix ans, à chaque nouvelle que des êtres nus et désarmés avaient été patiemment mutilés par des hommes dont le visage était fait comme le nôtre, la tête nous tournait et nous demandions comment cela était possible.

Cela pourtant était possible. Pendant dix ans, cela a été possible et aujourd'hui, comme pour nous avertir que la victoire des armes ne triomphe pas de tout, voici encore des camarades éventrés, des membres déchiquetés et des yeux dont on a écrasé le regard à coups de talon. Et ceux qui ont fait cela savaient céder leur place dans le métro, tout comme Himmler, qui a fait de la torture une science et un métier, rentrait pourtant chez lui par la porte de derrière, la nuit, pour ne pas réveiller son canari favori.

Oui, cela était possible, nous le voyons trop bien. Mais tant de choses le sont et pourquoi avoir choisi de faire celle-ci plutôt qu'une autre ? C'est qu'il s'agissait de tuer l'esprit et d'humilier les âmes. Quand on croit à la force, on connaît bien son ennemi. Mille fusils braqués sur lui n'empêcheront pas un homme de croire en lui-même à la justice d'une cause. Et s'il meurt, d'autres justes diront « non » jusqu'à ce que la force se lasse. Tuer le juste ne suffit donc pas, il faut tuer son esprit pour que l'exemple d'un juste renonçant à la dignité de l'homme décourage tous les justes ensemble et la justice elle-même.

Depuis dix ans, un peuple s'est appliqué à cette destruction des âmes. Il était assez sûr de sa force pour croire que l'âme était désormais le seul obstacle et qu'il fallait s'occuper d'elle. Ils s'en sont occupés et, pour leur malheur, ils y ont quelquefois réussi. Ils savaient qu'il est toujours une heure de la journée et de la nuit où le plus courageux des hommes se sent lâche.

Ils ont toujours su attendre cette heure. Et à cette heure, ils ont cherché l'âme à travers les blessures du corps, ils l'ont rendue hagarde et folle, et, parfois, traîtresse et menteuse.

Qui oserait parler ici de pardon ? Puisque l'esprit a enfin compris qu'il ne pouvait vaincre l'épée que par l'épée, puisqu'il a pris les armes et atteint la victoire, qui voudrait lui demander d'oublier ? Ce n'est pas la haine qui parlera demain, mais la justice elle-même, fondée sur la mémoire. Et c'est de la justice la plus éternelle et la plus sacrée, que de pardonner peut-être pour tous ceux d'entre nous qui sont morts sans avoir parlé, avec la paix supérieure d'un cœur qui n'a jamais trahi, mais de frapper terriblement pour les plus courageux d'entre nous dont on a fait des lâches en dégradant leur âme, et qui sont morts désespérés, emportant dans un cœur pour toujours ravagé leur haine des autres et leur mépris d'eux-mêmes.

LE JOURNALISME CRITIQUE[1]

CRITIQUE DE LA NOUVELLE PRESSE[1]

(Combat, 31 août 1944.)

Puisque, entre l'insurrection et la guerre, une pause nous est aujourd'hui donnée, je voudrais parler d'une chose que je connais bien et qui me tient à cœur, je veux dire la presse. Et puisqu'il s'agit de cette nouvelle presse qui est sortie de la bataille de Paris, je voudrais en parler avec, en même temps, la fraternité et la clairvoyance que l'on doit à des camarades de combat.

Lorsque nous rédigions nos journaux dans la clandestinité, c'était naturellement sans histoires et sans déclarations de principe. Mais je sais que pour tous nos camarades de tous nos journaux, c'était avec un grand espoir secret. Nous avions l'espérance que ces hommes, qui avaient couru des dangers mortels au nom de quelques idées qui leur étaient chères, sauraient donner à leur pays la presse qu'il méritait et qu'il n'avait plus. Nous savions par expérience que la presse d'avant guerre était perdue dans son principe et dans sa morale. L'appétit de l'argent et l'indifférence aux choses de la grandeur avaient opéré en même temps pour donner à la France une presse qui, à de rares exceptions près, n'avait d'autre but que de grandir la puissance de quelques-uns et d'autre effet que d'avilir la moralité de tous. Il n'a donc pas été difficile à cette presse de devenir ce qu'elle a été de 1940 à 1944, c'est-à-dire la honte de ce pays.

Notre désir, d'autant plus profond qu'il était souvent muet, était de libérer les journaux de l'argent et de leur donner un ton et une vérité qui mettent le public à la hauteur de ce qu'il y a de meilleur en lui. Nous pensions alors qu'un pays vaut souvent ce que vaut sa presse. Et s'il est vrai que les journaux sont la voix d'une nation, nous étions décidés, à notre place et pour notre faible part, à élever ce pays en élevant son langage. À tort ou à raison, c'est pour cela que beaucoup d'entre nous sont morts dans d'inimaginables conditions et que d'autres souffrent la solitude et les menaces de la prison.

En fait, nous avons seulement occupé des locaux, où nous avons confectionné des journaux que nous avons publiés en pleine bataille. C'est une grande victoire et, de ce point de vue, les journalistes de la Résistance ont montré un courage et une volonté qui méritent le respect de tous. Mais, et je m'excuse de le dire au milieu de l'enthousiasme général, cela est peu de chose puisque tout reste à faire. Nous avons conquis les moyens de faire cette révolution profonde que nous désirions. Encore faut-il que nous la fassions vraiment. Et, pour tout dire d'un mot, la presse libérée, telle qu'elle se présente à Paris après une dizaine de numéros, n'est pas très satisfaisante.

Ce que je me propose de dire dans cet article et dans ceux qui suivront, je voudrais qu'on le prenne bien. Je parle au nom d'une fraternité de combat et personne n'est ici visé en particulier. Les critiques qu'il est possible de faire s'adressent à toute la presse sans exception, et nous nous y comprenons. Dira-t-on que cela est prématuré, qu'il faut laisser à nos journaux le temps de s'organiser avant de faire cet examen de conscience ? La réponse est « non ».

Nous sommes bien placés pour savoir dans quelles incroyables conditions nos journaux ont été fabriqués. Mais la question n'est pas là. Elle est dans un certain ton qu'il était possible d'adopter dès le début et qui ne l'a pas été. C'est au contraire au moment où cette presse est en train de se faire, où elle va prendre son visage définitif qu'il importe qu'elle s'examine. Elle saura mieux ce qu'elle veut être et elle le deviendra.

Que voulions-nous ? Une presse claire et virile, au langage respectable. Pour des hommes qui, pendant des années, écrivant un article, savaient que cet article pouvait se payer de la prison et de la mort, il était évident que les mots avaient leur valeur et qu'ils devaient être réfléchis. C'est cette responsabilité du journaliste devant le public qu'ils voulaient restaurer.

Or, dans la hâte, la colère ou le délire de notre offensive, nos journaux ont péché par paresse. Le corps, dans ces journées, a tant travaillé que l'esprit a perdu de sa vigilance. Je dirai ici en général ce que je me propose ensuite de détailler : beaucoup de nos journaux ont repris des formules qu'on croyait périmées et n'ont pas craint les excès de la rhétorique ou les appels à cette sensibilité de midinette qui faisaient, avant la déclaration de guerre ou après, le plus clair de nos journaux.

Dans le premier cas, il faut que nous nous persuadions bien que nous réalisons seulement le décalque, avec une symétrie inverse, de la presse d'occupation. Dans le deuxième cas, nous reprenons, par esprit de facilité, des formules et des idées qui menacent la moralité même de la presse et du pays. Rien de tout cela n'est possible, ou alors il faut démissionner et désespérer de ce que nous avons à faire.

Puisque les moyens de nous exprimer sont dès maintenant conquis, notre responsabilité vis-à-vis de nous-mêmes et du pays est entière. L'essentiel, et c'est l'objet de cet article, est que nous en soyons bien avertis. La tâche de chacun de nous est de bien penser ce qu'il se propose de dire, de modeler peu à peu l'esprit du journal qui est le sien, d'écrire attentivement et de ne jamais perdre de vue cette immense nécessité où nous sommes de redonner à un pays sa voix profonde. Si nous faisons que cette voix demeure celle de l'énergie plutôt que de la haine, de la fière objectivité et non de la rhétorique, de l'humanité plutôt que de la médiocrité, alors beaucoup de choses seront sauvées et nous n'aurons pas démérité.

LE JOURNALISME CRITIQUE

(*Combat*, 8 septembre 1944.)

Il faut bien que nous nous occupions aussi du journalisme d'idées. La conception que la presse française se fait de l'information pourrait être meilleure, nous l'avons déjà dit. On veut informer vite au lieu d'informer bien. La vérité n'y gagne pas.

On ne peut donc raisonnablement regretter que les articles de fond prennent à l'information un peu de la place qu'elle occupe si mal. Une chose du moins est évidente, l'information telle qu'elle est fournie aujourd'hui aux journaux, et telle que ceux-ci l'utilisent, ne peut se passer d'un commentaire critique. C'est la formule à laquelle pourrait tendre la presse dans son ensemble.

D'une part, le journaliste peut aider à la compréhension des nouvelles par un ensemble de remarques qui donnent leur portée exacte à des informations dont ni la source ni l'intention ne sont toujours évidentes. Il peut, par exemple, rapprocher dans sa mise en pages des dépêches qui se contredisent et les mettre en doute l'une par l'autre. Il peut éclairer le public sur la probabilité qu'il est convenable d'attacher à telle information, sachant qu'elle émane de telle agence ou de tel bureau à l'étranger. Pour donner un exemple précis, il est bien certain que, parmi la foule de bureaux entretenus à l'étranger, avant la guerre, par les agences, quatre ou cinq seulement présentaient les garanties de véracité qu'une presse décidée à jouer son rôle doit réclamer. Il revient au journaliste, mieux renseigné que le public, de lui présenter, avec le maximum de réserves, des informations dont il connaît bien la précarité.

À cette critique directe, dans le texte et dans les sources, le journaliste pourrait ajouter des exposés aussi clairs et aussi précis que possible qui mettraient le public au fait de la technique d'information. Puisque le lecteur s'intéresse au docteur Petiot[1] et à l'escroquerie aux bijoux, il n'y a pas de raisons immédiates pour que le fonctionnement d'une agence internationale de presse ne l'intéresse pas. L'avantage serait de mettre en garde son sens critique au lieu de s'adresser à son esprit de facilité. La question est seulement de savoir si cette information critique est techniquement possible. Ma conviction sur ce point est positive.

Il est un autre apport du journaliste au public. Il réside dans le commentaire politique et moral de l'actualité. En face des forces désordonnées de l'histoire, dont les informations sont le reflet, il peut être bon de noter, au jour le jour, la réflexion d'un esprit ou les observations communes de plusieurs esprits. Mais cela ne peut se faire sans scrupules, sans distance et sans une certaine idée de la relativité. Certes, le goût de la vérité n'empêche pas la prise de parti. Et même, si l'on a commencé de comprendre ce que nous essayons de faire dans ce journal, l'un ne s'entend pas sans l'autre. Mais, ici comme ailleurs, il y a un ton à trouver, sans quoi tout est dévalorisé.

Pour prendre des exemples dans la presse d'aujourd'hui, il est certain que la précipitation étonnante des armées alliées et des nouvelles internationales, la certitude de la victoire remplaçant soudain l'espoir infatigable de la libération, l'approche de la paix enfin, forcent tous les journaux à définir sans retard ce que veut le pays et ce qu'il est. C'est pourquoi il est tant question de la France dans leurs articles. Mais, bien entendu, il s'agit d'un sujet qu'on ne peut toucher qu'avec d'infinies précautions et en choisissant ses mots. À vouloir reprendre les clichés et les phrases patriotiques d'une époque où l'on est arrivé à irriter les Français avec le mot même de patrie, on n'apporte rien à la définition cherchée. Mais on lui retire beaucoup. À des temps nouveaux, il faut, sinon des mots nouveaux, du moins des dispositions nouvelles de mots. Ces arrangements, il n'y a que le cœur pour les dicter, et le respect que donne le véritable amour. C'est à ce prix seulement que nous contribuerons, pour notre faible part, à donner à ce pays le langage qui le fera écouter.

On le voit, cela revient à demander que les articles de fond aient du fond et que les nouvelles fausses ou douteuses ne soient pas présentées comme des nouvelles vraies. C'est cet ensemble de démarches que j'appelle le journalisme critique. Et, encore une fois, il y faut du ton et il y faut aussi le sacrifice de beaucoup de choses. Mais cela suffirait peut-être si l'on commençait d'y réfléchir.

AUTOCRITIQUE

(*Combat*, 22 novembre 1944.)

Faisons un peu d'autocritique. Le métier qui consiste à définir tous les jours, et en face de l'actualité, les exigences du bon sens et de la simple honnêteté d'esprit ne va pas sans danger. À vouloir le mieux, on se voue à juger le pire et quelquefois aussi ce qui est seulement moins bien. Bref, on peut prendre l'attitude systématique du juge, de l'instituteur ou du professeur de morale. De ce métier à la prétention ou à la sottise, il n'y a qu'un pas.

Nous espérons ne l'avoir pas franchi. Mais nous ne sommes pas sûrs que nous ayons échappé toujours au danger de laisser entendre que nous croyons avoir le privilège de la clairvoyance et la supériorité de ceux qui ne se trompent jamais. Il n'en est pourtant rien. Nous avons le désir sincère de collaborer à l'œuvre commune par l'exercice périodique de quelques règles de conscience dont il nous semble que la politique n'a pas fait, jusqu'ici, un grand usage.

C'est toute notre ambition et, bien entendu, si nous marquons les limites de certaines pensées ou actions politiques, nous connaissons aussi les nôtres, essayant seulement d'y remédier par l'usage de deux ou trois scrupules. Mais l'actualité est exigeante et la frontière qui sépare la morale du moralisme, incertaine. Il arrive, par fatigue et par oubli, qu'on la franchisse.

Comment échapper à ce danger ? Par l'ironie. Mais nous ne sommes pas, hélas! dans une époque d'ironie. Nous sommes encore dans le temps de l'indignation. Sachons seulement garder, quoi qu'il arrive, le sens du relatif et tout sera sauvé.

Certes, nous ne lisons pas sans irritation, au lendemain de la prise de Metz, et sachant ce qu'elle a coûté, un reportage sur l'entrée de Marlène Dietrich[1] à Metz. Et nous aurons toujours raison de nous en indigner. Mais il faut comprendre, en même temps, que cela ne signifie pas pour nous que les journaux doivent être forcément ennuyeux. Simplement, nous ne pensons pas qu'en temps de guerre, les caprices d'une vedette soient nécessairement plus intéressants que la douleur des peuples, le sang des armées, ou l'effort acharné d'une nation pour trouver sa vérité.

Tout cela est difficile. La justice est à la fois une idée et une chaleur de l'âme. Sachons la prendre dans ce qu'elle a d'humain, sans la transformer en cette terrible passion abstraite qui a mutilé tant d'hommes. L'ironie ne nous est pas étrangère et ce n'est pas nous que nous prenons au sérieux. C'est seulement l'épreuve indicible de ce pays et la formidable aventure qu'il lui faut vivre aujourd'hui. Cette distinction donnera en même temps sa mesure et sa relativité à notre effort quotidien.

Il nous a paru nécessaire aujourd'hui de nous dire cela et de le dire en même temps à nos lecteurs pour qu'ils sachent que dans tout ce que nous écrivons, jour après jour, nous ne sommes pas oublieux du devoir de réflexion et de scrupule qui doit être celui de tous les journalistes. Pour tout dire, nous ne nous oublions pas dans l'effort de critique qui nous paraît nécessaire en ce moment.

MORALE ET POLITIQUE

I

(*Combat*, 8 septembre 1944[1].)

Dans *le Figaro* d'hier, M. d'Ormesson[2] commentait le discours du pape. Ce discours appelait déjà beaucoup d'observations. Mais le commentaire de M. d'Ormesson a du moins le mérite de poser très clairement le problème qui se présente aujourd'hui à l'Europe.

« Il s'agit, dit-il, de mettre en harmonie la liberté de l'individu, qui est plus nécessaire, plus sacrée que jamais, et l'organisation collective de la société que rendent inévitable les conditions de la vie moderne. »

Cela est très bien dit. Nous proposerons seulement à M. d'Ormesson une formule plus raccourcie en disant qu'il s'agit pour nous tous de concilier la justice avec la liberté. Que la vie soit libre pour chacun et juste pour tous, c'est le but que nous avons à poursuivre. Entre des pays qui s'y sont efforcés, qui ont inégalement réussi, faisant passer la liberté avant la justice ou bien celle-ci avant celle-là, la France a un rôle à jouer dans la recherche d'un équilibre supérieur.

Il ne faut pas se le cacher, cette conciliation est difficile. Si l'on en croit du moins l'Histoire, elle n'a pas encore été possible, comme s'il y avait entre ces deux notions un principe de contrariété. Comment cela ne serait-il pas ? La liberté pour chacun, c'est aussi la liberté du banquier ou de l'ambitieux : voilà l'injustice restaurée. La justice pour tous, c'est la soumission de la personnalité au bien collectif. Comment parler alors de liberté absolue ?

M. d'Ormesson est d'avis, cependant, que le christianisme a fourni cette solution. Qu'il permette à un esprit extérieur à la religion, mais respectueux de la conviction d'autrui, de lui dire ses doutes sur ce point. Le christianisme dans son essence (et c'est sa paradoxale grandeur) est une doctrine de l'injustice. Il est fondé sur le sacrifice de l'innocent et l'acceptation de ce sacrifice. La justice au contraire, et Paris vient de le prouver dans ses nuits illuminées des flammes de l'insurrection, ne va pas sans la révolte.

Faut-il donc renoncer à cet effort apparemment sans portée ? Non, il ne faut pas y renoncer, il faut simplement en mesurer l'immense difficulté et la faire apercevoir à ceux qui, de bonne foi, veulent tout simplifier.

Pour le reste, sachons que c'est le seul effort qui, dans le monde d'aujourd'hui, vaille qu'on vive et qu'on lutte. Contre une condition si désespérante, la dure et merveilleuse tâche de ce siècle est de construire la justice dans le plus injuste des mondes et de sauver la liberté de ces âmes vouées à la servitude dès leur principe. Si nous échouons, les hommes retourneront à la nuit. Mais, du moins, cela aura été tenté.

Cet effort, enfin, demande de la clairvoyance et cette prompte vigilance qui nous avertira de penser à l'individu chaque fois que nous aurons réglé la chose sociale et de revenir au bien de tous chaque fois que l'individu aura sollicité notre attention. Une constance si difficile, M. d'Ormesson a raison de penser que le chrétien peut la soutenir, grâce à l'amour du prochain. Mais, d'autres, qui ne vivent pas dans la foi, ont cependant l'espoir d'y parvenir aussi par un simple souci de vérité, l'oubli de leur propre personne, et le goût de la grandeur humaine.

II

(*Combat*, 7 octobre 1944[1].)

Le 26 mars 1944, à Alger, le Congrès de « Combat » a affirmé que le mouvement «Combat» faisait sienne la formule : « L'anticommunisme est le commencement de la dictature.» Nous croyons bon de le rappeler et d'ajouter que rien ne peut être changé aujourd'hui à cette formule, au moment où nous voudrions nous expliquer avec quelques-uns de nos camarades communistes sur des malentendus que l'on voit poindre. Notre conviction est, en effet, que rien de bon ne peut se faire en dehors de la lumière. Et nous voudrions essayer, aujourd'hui, de tenir sur un sujet difficile entre tous le langage de la raison et de l'humanité.

Le principe que nous avons posé au début ne l'a pas été sans réflexion. Et c'est l'expérience de ces vingt-cinq dernières années qui dictait cette proposition catégorique. Cela ne signifie pas que nous sommes communistes. Mais les chrétiens non plus qui, pourtant, ont admis leur unité d'action avec les communistes. Et notre position, comme celle des chrétiens, revient à dire : Si nous ne sommes pas d'accord avec la philosophie du communisme ni avec sa morale pratique, nous refusons énergiquement l'anticommunisme politique, parce que nous en connaissons les inspirations et les buts inavoués.

Une position aussi ferme devrait ne laisser aucune place à aucun malentendu. Cela n'est pas cependant. Il faut donc que nous ayons été maladroits dans notre expression, ou simplement obscurs. Notre tâche est alors d'essayer de comprendre ces malentendus et d'en rendre compte. Il n'y aura jamais assez de franchise ni de clarté répandues sur l'un des problèmes les plus importants du siècle.

Disons donc nettement que la source des malentendus possibles tient dans une différence de méthode. La plus grande partie des idées collectivistes et du programme social de nos camarades, leur idéal de justice, leur dégoût d'une société où l'argent et les privilèges tiennent le premier rang, tout cela nous est commun. Simplement, et nos camarades le reconnaissent volontiers, ils trouvent dans une philosophie de l'histoire très cohérente la justification du réalisme politique comme méthode privilégiée pour aboutir au triomphe d'un idéal commun à beaucoup de Français. C'est sur ce point que, très clairement, nous nous séparons d'eux. Nous l'avons dit maintes fois, nous ne croyons pas au réalisme politique. Notre méthode est différente.

Nos camarades communistes peuvent comprendre que des hommes qui n'étaient pas en possession d'une doctrine aussi ferme que la leur aient trouvé beaucoup à réfléchir pendant ces quatre années. Ils l'ont fait avec bonne volonté, au milieu de mille périls. Parmi tant d'idées bouleversées, tant de purs visages sacrifiés, au milieu des décembres, ils ont senti le besoin d'une doctrine et d'une vie nouvelles. Pour eux, c'est tout un monde qui est mort en juin 1940.

Aujourd'hui, ils cherchent cette nouvelle vérité avec la même bonne volonté et sans esprit d'exclusive. On peut bien comprendre aussi que ces mêmes hommes, réfléchissant sur la plus amère des défaites, conscients aussi de leurs propres défaillances, aient jugé que leur pays avait péché par confusion et que désormais l'avenir ne pourrait prendre son sens que dans un grand effort de clairvoyance et de renouvellement.

C'est la méthode que nous essayons d'appliquer aujourd'hui. C'est celle dont nous voudrions qu'on nous reconnaisse le droit de la tenter avec bonne foi. Elle ne prétend pas à refaire toute la politique d'un pays. Elle veut essayer de provoquer dans la vie politique de ce même pays une expérience très limitée qui consisterait, par une simple critique objective, à introduire le langage de la morale dans l'exercice de la politique. Cela revient à dire oui et non en même temps et à le dire avec le même sérieux et la même objectivité.

Si on nous lisait avec attention, et la simple bienveillance qu'on peut accorder à toute entreprise de bonne foi, on verrait que souvent, nous rendons d'une main, et au-delà, ce que nous semblons retirer de l'autre. Si l'on s'attache seulement à nos objections, le malentendu est inévitable. Mais si on équilibre ces objections par l'affirmation plusieurs fois répétée ici de notre solidarité, on reconnaîtra sans peine que nous essayons de ne pas céder à la vaine passion humaine et de toujours rendre sa justice à l'un des mouvements les plus considérables de l'histoire politique.

Il peut arriver que le sens de cette difficile méthode ne soit pas toujours évident. Le journalisme n'est pas l'école de la perfection. Il faut cent numéros de journal pour préciser une seule idée. Mais cette idée peut aider à en préciser d'autres, à condition qu'on apporte à l'examiner la même objectivité qu'on a mise à la formuler. Il se peut aussi que nous nous trompions et que notre méthode soit utopique ou impossible. Mais nous pensons seulement que nous ne pouvons pas le déclarer avant d'avoir rien tenté. C'est cette expérience que nous faisons ici, aussi loyalement qu'il est possible à des hommes qui n'ont d'autre souci que la loyauté.

Nous demandons seulement à nos camarades communistes d'y réfléchir comme nous nous efforçons de réfléchir à leurs objections. Nous y gagnerons du moins de pouvoir préciser chacun notre position et, pour notre part du moins, de voir plus clairement les difficultés ou les chances de notre entreprise. C'est là du moins ce qui nous amène à leur tenir ce langage. Et aussi le juste sentiment que nous avons de ce que la France serait amenée à perdre si, par nos réticences et nos méfiances réciproques, nous étions conduits à un climat politique où les meilleurs des Français se refuseraient à vivre, préférant alors la solitude à la polémique et à la désunion.

III

(*Combat*, 12 octobre 1944.)

ON parle beaucoup d'ordre, en ce moment. C'est que l'ordre est une bonne chose et nous en avons beaucoup manqué. À vrai dire, les hommes de notre génération ne l'ont jamais connu et ils en ont une sorte de nostalgie qui leur ferait faire beaucoup d'imprudences s'ils n'avaient pas en même temps la certitude que l'ordre doit se confondre avec la vérité. Cela les rend un peu méfiants, et délicats, sur les échantillons d'ordre qu'on leur propose.

Car l'ordre est aussi une notion obscure. Il en est de plusieurs sortes. Il y a celui qui continue de régner à Varsovie[1], il y a celui qui cache le désordre et celui, cher à Gœthe, qui s'oppose à la justice. Il y a encore cet ordre supérieur des cœurs et des consciences qui s'appelle l'amour et cet ordre sanglant, où l'homme se nie lui-même, et qui prend ses pouvoirs dans la haine. Nous voudrions bien dans tout cela distinguer le bon ordre.

De toute évidence, celui dont on parle aujourd'hui est l'ordre social. Mais l'ordre social, est-ce seulement la tranquillité des rues? Cela n'est pas sûr. Car enfin, nous avons tous eu l'impression, pendant ces déchirantes journées d'août, que l'ordre commençait justement avec les premiers coups de feu de l'insurrection. Sous leur visage désordonné, les révolutions portent avec elles un principe d'ordre. Ce principe régnera si la révolution est totale. Mais lorsqu'elles avortent, ou s'arrêtent en chemin, c'est un grand désordre monotone qui s'instaure pour beaucoup d'années.

L'ordre, est-ce du moins l'unité du gouvernement ? Il est certain qu'on ne saurait s'en passer. Mais le Reich allemand avait réalisé cette unité dont nous ne pouvons pas dire pourtant qu'elle ait donné à l'Allemagne son ordre véritable.

Peut-être la simple considération de la conduite individuelle nous aiderait-elle. Quand dit-on qu'un homme a mis sa vie en ordre ? Il faut pour cela qu'il se soit mis d'accord avec elle et qu'il ait conformé sa conduite à ce qu'il croit vrai. L'insurgé qui, dans le désordre de la passion, meurt pour une idée qu'il a faite sienne, est en réalité un homme d'ordre parce qu'il a ordonné toute sa conduite à un principe qui lui paraît évident. Mais on ne pourra jamais nous faire considérer comme un homme d'ordre ce privilégié qui fait ses trois repas par jour pendant toute une vie, qui a sa fortune en valeurs sûres, mais qui rentre chez lui quand il y a du bruit dans la rue. Il est seulement un homme de peur et d'épargne. Et si l'ordre français devait être celui de la prudence et de la sécheresse de cœur, nous serions tentés d'y voir le pire désordre, puisque, par indifférence, il autoriserait toutes les injustices.

De tout cela, nous pouvons tirer qu'il n'y a pas d'ordre sans équilibre et sans accord. Pour l'ordre social, ce sera un équilibre entre le gouvernement et ses gouvernés. Et cet accord doit se faire au nom d'un principe supérieur. Ce principe, pour nous, est la justice. Il n'y a pas d'ordre sans justice et l'ordre idéal des peuples réside dans leur bonheur.

Le résultat, c'est qu'on ne peut invoquer la nécessité de l'ordre pour imposer des volontés. Car on prend ainsi le problème à l'envers. Il ne faut pas seulement exiger l'ordre pour bien gouverner, il faut bien gouverner pour réaliser le seul ordre qui ait du sens. Ce n'est pas l'ordre qui renforce la justice, c'est la justice qui donne sa certitude à l'ordre.

Personne autant que nous ne peut désirer cet ordre supérieur où, dans une nation en paix avec elle-même et avec son destin, chacun aura sa part de travail et de loisirs, où l'ouvrier pourra œuvrer sans amertume et sans envie, où l'artiste pourra créer sans être tourmenté par le malheur de l'homme, où chaque être enfin pourra réfléchir, dans le silence du cœur, à sa propre condition.

Nous n'avons aucun goût pervers pour ce monde de violence et de bruit, où le meilleur de nous-mêmes s'épuise dans une lutte désespérée. Mais puisque la partie est engagée, nous croyons qu'il faut la mener à son terme. Nous croyons ainsi qu'il est un ordre dont nous ne voulons pas parce qu'il consacrerait notre démission et la fin de l'espoir humain. C'est pourquoi, si profondément décidés que nous soyons à aider à la fondation d'un ordre enfin juste, il faut savoir aussi que nous sommes déterminés à rejeter pour toujours la célèbre phrase d'un faux grand homme[1] et à déclarer que nous préférerons éternellement le désordre à l'injustice.

IV

(*Combat*, 29 octobre 1944.)

LE ministre de l'Information a prononcé, avant-hier, un discours que nous approuvons dans son entier. Mais il est un point sur lequel il nous faut revenir parce qu'il n'est pas si commun qu'un ministre tienne à son pays le langage d'une morale virile et lui rappelle les devoirs nécessaires.

M. Teitgen[2] a démonté cette mécanique de la concession qui a conduit tant de Français de la faiblesse à la trahison. Chaque concession faite à l'ennemi et à l'esprit de facilité en entraînait une autre. Celle-ci n'était pas plus grave que la première, mais les deux, bout à bout, formaient une lâcheté. Deux lâchetés réunies faisaient le déshonneur.

C'est en effet le drame de ce pays. Et s'il est difficile à régler, c'est qu'il engage toute la conscience humaine. Car il pose un problème qui a le tranchant du oui ou du non.

La France vivait sur une sagesse usée qui expliquait aux jeunes générations que la vie était ainsi faite qu'il fallait savoir faire des concessions, que l'enthousiasme n'avait qu'un temps, et que, dans un monde où les malins avaient forcément raison, il fallait essayer de ne pas avoir tort.

Nous en étions là. Et quand les hommes de notre génération sursautaient devant l'injustice, on les persuadait que cela leur passerait. Ainsi, de proche en proche, la morale de la facilité et du désabusement s'est propagée. Qu'on juge de l'effet que put faire dans ce climat la voix découragée et chevrotante[1] qui demandait à la France de se replier sur elle-même. On gagne toujours en s'adressant à ce qui est le plus facile à l'homme, et qui est le goût du repos. Le goût de l'honneur, lui, ne va pas sans une terrible exigence envers soi-même et envers les autres. Cela est fatigant, bien sûr. Et un certain nombre de Français étaient fatigués d'avance en 1940[2].

Ils ne l'étaient pas tous. On s'est étonné que beaucoup d'hommes entrés dans la résistance ne fussent pas des patriotes de profession. C'est d'abord que le patriotisme n'est pas une profession. Et qu'il est une manière d'aimer son pays qui consiste à ne pas le vouloir injuste, et à le lui dire. Mais c'est aussi que le patriotisme n'a pas toujours suffi à faire lever ces hommes pour l'étrange lutte qui était la leur. Il y fallait aussi cette délicatesse du cœur qui répugne à toute transaction, la fierté dont l'usage bourgeois faisait un défaut et, pour tout résumer, la capacité de dire non.

La grandeur de cette époque, si misérable d'autre part, c'est que le choix y est devenu pur. C'est que l'intransigeance est devenue le plus impérieux des devoirs et c'est que la morale de la concession a reçu, enfin, sa sanction. Si les malins avaient raison, il a fallu accepter d'avoir tort. Et si la honte, le mensonge et la tyrannie faisaient les conditions de la vie, il a fallu accepter de mourir.

C'est ce pouvoir d'intransigeance et de dignité qu'il nous faut restaurer aujourd'hui dans toute la France et à tous les échelons. Il faut savoir que chaque médiocrité consentie, chaque abandon et chaque facilité nous font autant de mal que les fusils de l'ennemi. Au bout de ces quatre ans de terribles épreuves, la France épuisée connaît l'étendue de son drame qui est de n'avoir plus droit à la fatigue. C'est la première condition de notre relèvement et l'espoir du pays est que les mêmes hommes qui ont su dire non mettront demain la même fermeté et le même désintéressement à dire oui, et qu'ils sauront enfin demander à l'honneur ses vertus positives comme ils ont su lui prendre ses pouvoirs de refus.

V

(*Combat*, 4 novembre 1944.)

Il y a deux jours, Jean Guéhenno[1] a publié, dans *le Figaro* un bel article qu'on ne saurait laisser passer sans dire la sympathie et le respect qu'il doit inspirer à tous ceux qui ont quelque souci de l'avenir des hommes. Il y parlait de la pureté : le sujet est difficile.

Il est vrai que Jean Guéhenno n'eût sans doute pas pris sur lui d'en parler si dans un autre article, intelligent quoique injuste, un jeune journaliste ne lui avait fait reproche d'une pureté morale dont il craignait qu'elle ne se confondît avec le détachement intellectuel. Jean Guéhenno y répond très justement en plaidant pour une pureté maintenue dans l'action. Et, bien entendu, c'est le problème du réalisme qui est posé : il s'agit de savoir si tous les moyens sont bons.

Nous sommes tous d'accord sur les fins, nous différons d'avis sur les moyens. Nous apportons tous, n'en doutons pas, une passion désintéressée au bonheur impossible des hommes. Mais simplement il y a ceux qui, parmi nous, pensent qu'on peut tout employer pour réaliser ce bonheur, et il y a ceux qui ne le pensent pas. Nous sommes de ceux-ci. Nous savons avec quelle rapidité les moyens sont pris pour les fins, nous ne voulons pas de n'importe quelle justice. Cela peut provoquer l'ironie des réalistes et Jean Guéhenno vient de l'éprouver. Mais c'est lui qui a raison et notre conviction est que son apparente folie est la seule sagesse souhaitable pour aujourd'hui. Car il s'agit de faire, en effet, le salut de l'homme. Non pas en se plaçant hors du monde, mais à travers l'histoire elle-même. Il s'agit de servir la dignité de l'homme par des moyens qui restent dignes au milieu d'une histoire qui ne l'est pas. On mesure la difficulté et le paradoxe d'une pareille entreprise.

Nous savons, en effet, que le salut des hommes est peut-être impossible, mais nous disons que ce n'est pas une raison pour cesser de le tenter et nous disons surtout qu'il n'est pas permis de le dire impossible avant d'avoir fait une bonne fois ce qu'il fallait pour démontrer qu'il ne l'était pas.

Aujourd'hui, l'occasion nous en est donnée. Ce pays est pauvre et nous sommes pauvres avec lui. L'Europe est misérable, sa misère est la nôtre. Sans richesses et sans héritage matériel, nous sommes peut-être entrés dans une liberté où nous pouvons nous livrer à cette folie qui s'appelle la vérité.

Il nous est arrivé ainsi de dire déjà notre conviction qu'une dernière chance nous était donnée. Nous pensons vraiment qu'elle est la dernière. La ruse, la violence, le sacrifice aveugle des hommes, il y a des siècles que ces moyens ont fait leurs preuves. Ces preuves sont amères. Il n'y a plus qu'une chose à tenter, qui est la voie moyenne et simple d'une honnêteté sans illusions, de la sage loyauté, et l'obstination à renforcer seulement la dignité humaine. Nous croyons que l'idéalisme est vain. Mais notre idée, pour finir, est que le jour où des hommes voudront mettre au service du bien le même entêtement et la même énergie inlassable que d'autres mettent au service du mal, ce jour-là les forces du bien pourront triompher — pour un temps très court peut-être, mais pour un temps cependant, et cette conquête sera alors sans mesure.

Pourquoi, nous dira-t-on enfin, revenir sur ce débat? Il y a tant de questions plus urgentes qui sont d'ordre pratique. Mais nous n'avons jamais reculé à parler de ces questions d'ordre pratique. La preuve est que, lorsque nous en parlons, nous ne contentons pas tout le monde.

Et, par ailleurs, il fallait bien y revenir parce qu'en vérité, il n'est pas de question plus urgente. Oui, pourquoi revenir sur ce débat? Pour que le jour où, dans un monde rendu à la sagesse réaliste, l'humanité sera retournée à la démence et à la nuit, des hommes comme Guéhenno se souviennent qu'ils ne sont pas seuls et pour qu'ils sachent alors que la pureté, quoi qu'on en pense, n'est jamais un désert.

VI

(*Combat*, 24 novembre 1944.)

Plus on y réfléchit, plus on se persuade qu'une doctrine socialiste est en train de prendre corps dans de larges fractions de l'opinion politique. Nous l'avons seulement indiqué hier. Mais le sujet vaut qu'on y apporte de la précision. Car enfin, rien de tout cela n'est original. Des critiques mal disposés pourraient s'étonner que les hommes de la résistance et beaucoup de Français avec eux aient fait tant d'efforts pour en arriver là.

Mais d'abord, il n'est pas absolument nécessaire que les doctrines politiques soient nouvelles. La politique (nous ne disons pas l'action) n'a que faire du génie. Les affaires humaines sont compliquées dans leur détail, mais simples dans leur principe.

La justice sociale peut très bien se faire sans une philosophie ingénieuse. Elle demande quelques vérités de bon sens et ces choses simples que sont la clairvoyance, l'énergie et le désintéressement. En ces matières, vouloir faire du neuf à tout prix, c'est travailler pour l'an 2000. Et c'est tout de suite, demain si possible, que les affaires de notre société doivent être mises en ordre.

En second lieu, les doctrines ne sont pas efficaces par leur nouveauté, mais seulement par l'énergie qu'elles véhiculent et par l'esprit de sacrifice des hommes qui les servent. Il est difficile de savoir si le socialisme théorique a représenté quelque chose de profond pour les socialistes de la IIIe République. Mais aujourd'hui, il est comme une brûlure pour beaucoup d'hommes. C'est qu'il donne une forme à l'impatience et à la fièvre de justice qui les animent.

Enfin, c'est peut-être au nom d'une idée diminuée du socialisme qu'on serait tenté de croire qu'en arriver là est peu de chose. Il y a une certaine forme de cette doctrine que nous détestons peut-être plus encore que les politiques de tyrannie. C'est celle qui se repose dans l'optimisme, qui s'autorise de l'amour de l'humanité pour se dispenser de servir les hommes, du progrès inévitable pour esquiver les questions de salaires, et de la paix universelle pour éviter les sacrifices nécessaires. Ce socialisme-là est fait surtout du sacrifice des autres. Il n'a jamais engagé celui qui le professait. En un mot, ce socialisme a peur de tout et de la révolution.

Nous avons connu cela. Et il est vrai que ce serait peu de chose s'il fallait seulement y revenir. Mais il est un autre socialisme, qui est décidé à payer. Il refuse également le mensonge et la faiblesse. Il ne se pose pas la question futile du progrès, mais il est persuadé que le sort de l'homme est toujours entre les mains de l'homme.

Il ne croit pas aux doctrines absolues et infaillibles, mais à l'amélioration obstinée, chaotique mais inlassable, de la condition humaine. La justice pour lui vaut bien une révolution. Et si celle-ci lui est plus difficile qu'à d'autres, parce qu'il n'a pas le mépris de l'homme, il a plus de chances aussi de ne demander que des sacrifices utiles. Quant à savoir si une telle disposition du cœur et de l'esprit peut se traduire dans les faits, c'est un point sur lequel nous reviendrons.

Nous voulions dissiper aujourd'hui quelques équivoques. Il est évident que le socialisme de la IIIe République n'a pas répondu aux exigences que nous venons de formuler. Il a chance, aujourd'hui, de se réformer. Nous le souhaitons. Mais nous souhaitons aussi que les hommes de la résistance et les Français qui se sentent en accord avec eux, gardent intactes ces exigences fondamentales. Car si le socialisme traditionnel veut se réformer, il ne le fera pas seulement en appelant à lui ces hommes nouveaux qui commencent à prendre conscience de cette nouvelle doctrine. Il le fera en venant lui-même à cette doctrine et en acceptant de s'y incorporer totalement. Il n'y a pas de socialisme sans engagement et fidélité de tout l'être, voilà ce que nous savons aujourd'hui. Et c'est cela qui est nouveau.

VII

(Combat, 26 décembre 1944.)

L E Pape vient d'adresser au monde un message où il prend ouvertement position en faveur de la démocratie[1]. Il faut s'en féliciter. Mais nous croyons aussi que ce message très nuancé demande un commentaire également nuancé. Nous ne sommes pas sûrs que ce commentaire exprimera l'opinion de tous nos camarades de « Combat », parmi ceux qui sont chrétiens. Mais nous sommes sûrs qu'il traduit les sentiments d'une grande partie d'entre eux.

Puisque l'occasion nous en est donnée, nous voudrions dire que notre satisfaction n'est pas pure de tout regret. Il y a des années que nous attendions que la plus grande autorité spirituelle de ce temps voulût bien condamner en termes clairs les entreprises des dictatures. Je dis en termes clairs. Car cette condamnation peut ressortir de certaines encycliques, à condition de les interpréter. Mais elle y est formulée dans le langage de la tradition qui n'a jamais été clair pour la grande foule des hommes.

Or c'était la grande foule des hommes qui attendait pendant toutes ces années qu'une voix s'élevât pour dire nettement, comme aujourd'hui, où se trouvait le mal. Notre vœu secret était que cela fût dit au moment même où le mal triomphait et où les forces du bien étaient bâillonnées. Que cela soit dit aujourd'hui où l'esprit de dictature chancelle dans le monde, nous pensons évidemment qu'il faut s'en réjouir. Mais nous ne voulions pas seulement nous réjouir, nous voulions croire et admirer. Nous voulions que l'esprit fît ses preuves avant que la force vînt l'appuyer et lui donner raison.

Ce message qui désavoue Franco, comme nous aurions voulu le voir lancer en 1936, afin que Georges Bernanos[2] n'eût pas à parler ni à maudire. Cette voix qui vient de dicter au monde catholique le parti à prendre, elle était la seule qui pût parler au milieu des tortures et des cris, la seule qui pût nier tranquillement et sans crainte la force aveugle des blindés.

Disons-le clairement, nous aurions voulu que le Pape

prît parti, au cœur même de ces années honteuses, et dénonçât ce qui était à dénoncer. Il est dur de penser que l'Église a laissé ce soin à d'autres, plus obscurs, qui n'avaient pas son autorité, et dont certains étaient privés de l'espérance invincible dont elle vit. Car l'Église n'avait pas à s'occuper alors de durer ou de se préserver. Même dans les chaînes, elle n'eût pas cessé d'être. Et elle y aurait trouvé au contraire une force qu'aujourd'hui nous sommes tentés de ne pas lui reconnaître.

Du moins, voici ce message. Et maintenant, les catholiques qui ont donné le meilleur d'eux-mêmes dans la lutte commune savent qu'ils ont eu raison et qu'ils étaient dans le bien. Les vertus de la démocratie sont reconnues par le Pape. Mais c'est ici que les nuances interviennent. Car cette démocratie est entendue au sens large. Et le Pape dit qu'elle peut comprendre aussi bien la république que la monarchie. Cette démocratie se défie de la masse, que Pie XII distingue subtilement du peuple. Elle admet aussi les inégalités de la condition sociale, sauf à les tempérer par l'esprit de fraternité.

La démocratie, telle qu'elle est définie dans ce texte, a paradoxalement une nuance radicale-socialiste qui ne laisse pas de nous surprendre. Au reste, le grand mot est prononcé, lorsque le pape dit son désir d'un régime modéré.

Certes, nous comprenons ce vœu. Il y a une modération de l'esprit qui doit aider à l'intelligence des choses sociales, et même au bonheur des hommes. Mais tant de nuances et tant de précautions laissent toute licence aussi à la modération la plus haïssable de toutes, qui est celle du cœur. C'est celle, justement, qui admet les conditions inégales et qui souffre la prolongation de l'injustice. Ces conseils de modération sont à double tranchant. Ils risquent aujourd'hui de servir ceux qui veulent tout conserver et qui n'ont pas compris que quelque chose doit être changé. Notre monde n'a pas besoin d'âmes tièdes. Il a besoin de cœurs brûlants qui sachent faire à la modération sa juste place. Non, les chrétiens des premiers siècles n'étaient pas des modérés. Et l'Église, aujourd'hui, devrait avoir à tâche de ne pas se laisser confondre avec les forces de conservation.

C'est là du moins ce que nous voulions dire, parce que nous voudrions que tout ce qui a un nom et un honneur en ce monde serve la cause de la liberté et de la justice. Dans cette lutte, nous ne serons jamais trop. C'est la seule raison de nos réserves. Qui sommes-nous, en effet, pour oser critiquer la plus haute autorité spirituelle du siècle ? Rien, justement, que de simples défenseurs de l'esprit, mais qui se sentent une exigence infinie à l'égard de ceux dont la mission est de représenter l'esprit.

VIII

(Combat, 11 janvier 1945.)

M. Mauriac vient de publier sur le « mépris de la charité[1] » un article que je ne trouve ni juste ni charitable. Pour la première fois, il a pris, dans les questions qui nous séparent, un ton sur lequel je ne veux pas insister, et que moi, du moins, je ne prendrai pas. Je n'y aurais pas répondu d'ailleurs si les circonstances ne me forçaient à quitter ces débats quotidiens où les meilleurs et les pires d'entre nous ont parlé pendant des mois, sans que rien fût éclairci qui nous importe vraiment. Je n'aurais pas répondu si je n'avais pas le sentiment que cette discussion, dont le sujet est notre vie même, commence à tourner à la confusion. Et puisque je suis visé personnellement, je voudrais, avant d'en finir, parler en mon nom et essayer une dernière fois de rendre clair ce que j'ai voulu dire.

Chaque fois qu'à propos de l'épuration, j'ai parlé de justice, M. Mauriac a parlé de charité. Et la vertu de la charité est assez singulière pour que j'aie eu l'air, réclamant la justice, de plaider pour la haine. On dirait vraiment, à entendre M. Mauriac, qu'il nous faille absolument choisir, dans ces affaires quotidiennes, entre l'amour du Christ et la haine des hommes. Eh bien ! non. Nous sommes quelques-uns à refuser à la fois les cris de détestation qui nous viennent d'un côté et les sollicitations attendries qui nous arrivent de l'autre. Et nous cherchons, entre les deux, cette juste voix qui nous donnera la vérité sans la honte. Nous n'avons pas besoin pour cela d'avoir des clartés sur tout, mais seulement de désirer la clarté, avec cette passion de l'intelligence et du cœur sans laquelle ni M. Mauriac ni nous-mêmes ne ferons rien de bon.

C'est ce qui me permet de dire que la charité n'a rien à faire ici. J'ai l'impression, à cet égard, que M. Mauriac lit très mal les textes qu'il se propose de contredire. Je vois bien que c'est un écrivain d'humeur et non de raisonnement, mais je voudrais qu'en ces matières nous parlions sans humeur. Car M. Mauriac m'a bien mal lu s'il pense que je m'avise de sourire devant le monde qui nous est offert. Quand je dis que la charité qu'on propose comme exemple à vingt peuples affamés de justice n'est qu'une dérisoire consolation, je prie mon contradicteur de croire que je le fais sans sourire.

Tant que je respecterai ce qu'est M. Mauriac, j'aurai le droit de refuser ce qu'il pense. Il n'est pas nécessaire pour cela de concevoir ce mépris de la charité qu'il m'attribue généreusement. Les positions me semblent claires, au contraire. M. Mauriac ne veut pas ajouter à la haine et je le suivrai bien volontiers. Mais je ne veux pas qu'on ajoute au mensonge et c'est ici que j'attends qu'il m'approuve. Pour tout dire, j'attends qu'il dise ouvertement qu'il y a aujourd'hui une justice nécessaire.

En vérité, je ne crois pas qu'il le fera : c'est une responsabilité qu'il ne prendra pas. M. Mauriac qui a écrit que notre République saurait être dure, médite d'écrire bientôt un mot qu'il n'a pas encore prononcé et qui est celui de pardon. Je voudrais seulement lui dire que je vois deux chemins de mort pour notre pays (et il y a des façons de survivre qui ne valent pas mieux que la mort). Ces deux chemins sont ceux de la haine et du pardon[1]. Ils me paraissent aussi désastreux l'un que l'autre. Je n'ai aucun goût pour la haine. La seule idée d'avoir des ennemis me paraît la chose la plus lassante du monde, et il nous a fallu, mes camarades et moi, le plus grand effort pour supporter d'en avoir. Mais le pardon ne me paraît pas plus heureux et, pour aujourd'hui, il aurait des airs d'injure. Dans tous les cas, ma conviction est qu'il ne nous appartient pas. Si j'ai l'horreur des condamnations, cela ne regarde que moi. Je pardonnerai ouvertement avec M. Mauriac quand les parents de Velin[2], quand la femme de Leynaud[3] m'auront dit que je le puis. Mais pas avant, jamais avant, pour ne pas trahir, au prix d'une effusion du cœur, ce que j'ai toujours aimé et respecté dans ce monde, qui fait la noblesse des hommes et qui est la fidélité.

Cela est peut-être dur à entendre. Je voudrais seulement que M. Mauriac sentît que cela n'est pas moins dur à dire. J'ai écrit nettement que Béraud[1] ne méritait pas la mort, mais j'avoue n'avoir pas d'imagination pour les fers que, selon M. Mauriac, les condamnés de la trahison portent aux chevilles. Il nous a fallu trop d'imagination, justement, et pendant quatre ans, pour des milliers de Français qui avait l'honneur pour eux et que des journalistes dont on veut faire des martyrs désignaient tous les jours à tous les supplices. En tant qu'homme, j'admirerai peut-être M. Mauriac de savoir aimer des traîtres, mais en tant que citoyen, je le déplorerai, parce que cet amour nous amènera justement une nation de traîtres et de médiocres et une société dont nous ne voulons plus.

Pour finir, M. Mauriac me jette le Christ à la face. Je voudrais seulement lui dire ceci avec la gravité qui convient : je crois avoir une juste idée de la grandeur du christianisme, mais nous sommes quelques-uns dans ce monde persécuté à avoir le sentiment que si le Christ est mort pour certains, il n'est pas mort pour nous. Et dans le même temps, nous nous refusons à désespérer de l'homme. Sans avoir l'ambition déraisonnable de le sauver, nous tenons au moins à le servir. Si nous consentons à nous passer de Dieu et de l'espérance, nous ne nous passons pas si aisément de l'homme. Sur ce point, je puis bien dire à M. Mauriac que nous ne nous décourageons pas et que nous refuserons jusqu'au dernier moment une charité divine qui frustrerait les hommes de leur justice.

IX

(*Combat*, 27 juin 1945.)

M. Herriot[2] vient de prononcer des paroles malheureuses. Une parole malheureuse est une parole qui ne vient pas à son heure. M. Herriot a parlé dans une heure qui n'est plus la sienne et sur un sujet qu'on peut estimer intempestif. Même s'il avait raison, il n'était pas l'homme désigné pour taxer la nation d'immoralité et pour déclarer que cette époque ne pouvait donner de leçons à l'époque d'avant guerre.

Si cette condamnation est injuste, c'est parce qu'elle est d'abord trop générale. Il est vrai que les Français ont le goût de parier sur le pire quand il s'agit d'eux-mêmes. Mais si l'on peut passer ce travers à des hommes qui ont beaucoup combattu et souffert pour leur pays, il est difficile de montrer la même indulgence pour un esprit que son expérience politique devait avertir et que sa doctrine devait rendre plus modeste.

Il n'y a rien qu'on puisse condamner en général, et une nation moins que toute autre chose. M. Herriot devrait savoir que cette époque ne prétend pas donner de leçon de moralité à celle qui l'a précédée. Mais elle a le droit, acquis au milieu de terribles convulsions, de rejeter purement et simplement la morale qui l'a menée à la catastrophe.

Car ce ne sont pas sans doute les idées politiques de M. Herriot et de ses collègues radicaux qui nous ont perdus. Mais la morale sans obligation ni sanction qui était la leur, la France de boutiquiers, de bureaux de tabac et de banquets législatifs dont ils nous ont gratifiés, a fait plus pour énerver les âmes et détendre les énergies que des perversions plus spectaculaires. Dans tous les cas, ce n'est pas cette morale qui donne à M. Herriot le droit de condamner les Français de 1945.

Ce peuple est à la recherche d'une morale, voilà ce qui est vrai. Il est encore dans le provisoire. Mais il a donné assez de preuves de son dévouement et de son esprit de sacrifice pour exiger que des hommes politiques qui ont été représentatifs ne le jugent pas en quelques mots méprisants. Nous comprenons fort bien le dépit que M. Herriot peut éprouver à voir rejeter une certaine morale politique d'avant guerre. Mais il doit s'y résigner. Les Français sont fatigués des vertus moyennes, ils savent maintenant ce qu'un conflit moral étendu à une nation entière peut coûter d'arrachements et de douleur. Il n'est donc pas étonnant qu'ils se détournent de leurs fausses élites, puisqu'elles furent d'abord celles de la médiocrité.

Quelles que soient la sagesse et l'expérience de M.

Herriot, nous sommes beaucoup à penser qu'il n'a plus rien à nous apprendre. S'il peut nous être utile encore, c'est dans la mesure où, considérant ce qu'il est et ce que fut son parti, et apercevant ensuite la prodigieuse aventure que doit courir la France pour renaître, nous nous dirons qu'il n'y a pas de commune mesure et que la rénovation française demande autre chose que ces cœurs tièdes.

Il est possible que, dans l'entourage de M. Herriot, on préfère deux heures de marché noir à une semaine de travail. Mais nous pouvons lui assurer qu'il est des millions de Français qui travaillent et qui se taisent. C'est sur eux qu'il faut juger la nation. C'est pourquoi nous considérons qu'il est aussi sot de dire que la France a plus besoin de réforme morale que de réforme politique qu'il le serait d'affirmer le contraire. Elle a besoin des deux et justement pour empêcher qu'une nation soit tout entière jugée sur les scandaleux profits de quelques misérables. Nous avons toujours mis ici l'accent sur les exigences de la morale. Mais ce serait un marché de dupes si ces exigences devaient servir à escamoter la rénovation politique et institutionnelle dont nous avons besoin. Il faut faire de bonnes lois si l'on veut avoir de bons gouvernés. Notre seul espoir est que ces bonnes lois nous éviteront pour un temps convenable le retour au pouvoir des professeurs de vertu, qui ont fait ce qu'il fallait pour que les mots de député et de gouvernement soient en France, pendant de longues années, un symbole de dérision.

X

(*Combat*, 30 août 1945.)

On nous excusera de commencer aujourd'hui par une vérité première : il est certain désormais que l'épuration en France est non seulement manquée, mais encore déconsidérée. Le mot d'épuration était déjà assez pénible en lui-même. La chose est devenue odieuse. Elle n'avait qu'une chance de ne point le devenir qui était d'être entreprise sans esprit de vengeance ou de légèreté. Il faut croire que le chemin de la simple justice n'est pas facile à trouver entre les clameurs de la haine d'une part et les plaidoyers de la mauvaise conscience d'autre part. L'échec en tout cas est complet.

C'est qu'aussi bien la politique s'en est mêlée, avec tous ses aveuglements. Trop de gens ont crié à la mort comme si les travaux forcés, par exemple, étaient une peine qui ne tirait pas à conséquence. Mais trop de gens, au contraire, ont hurlé à la terreur lorsque quelques années de prison venaient récompenser l'exercice de la délation et du déshonneur. Dans tous les cas, nous voici impuissants. Et peut-être le plus sûr aujourd'hui est de faire ce qu'il faut pour que des injustices trop flagrantes n'empoisonnent pas un peu plus un air où les Français ont déjà du mal à respirer.

C'est d'une de ces injustices que nous voulons parler aujourd'hui. La même Cour qui condamna Albertini[1], recruteur de la L. V. F.[2], à cinq ans de travaux forcés, a condamné à huit ans de la même peine le pacifiste René Gérin, qui avait tenu la chronique littéraire de *l'Œuvre* pendant la guerre. Ni en logique ni en justice, cela ne peut s'admettre. Nous n'approuvons pas ici René Gérin. Le pacifisme intégral nous paraît mal raisonné et nous savons désormais qu'il vient toujours un temps où il n'est plus tenable. Nous ne pouvons approuver non plus que Gérin ait écrit, même sur des sujets littéraires, dans *l'Œuvre*.

Mais il faut cependant respecter les proportions et juger les hommes selon ce qu'ils sont. On ne punit pas de travaux forcés quelques articles littéraires, même dans les journaux de l'occupation. Pour le reste, la position de Gérin n'a jamais varié. On peut ne pas partager son point de vue, mais son pacifisme du moins était l'aboutissement d'une certaine conception de l'homme qui ne peut être que respectable. Une société se juge elle-même si au moment où elle n'est pas capable, faute de définition ou d'idées claires, de punir d'authentiques criminels, elle envoie au bagne un homme qui ne s'est trouvé que par hasard en compagnie de ces faux pacifistes qui aimaient l'hitlérisme et non la paix. Et une société qui veut et qui prétend opérer sa renaissance, peut-elle ne pas avoir ce souci élémentaire de clarté et de distinction?

Gérin n'a dénoncé personne et il n'a participé à aucune des entreprises de l'ennemi. Si l'on jugeait que sa collaboration littéraire à *l'Œuvre* méritait une sanction, il fallait la prendre, mais il fallait la mesurer au délit. À ce degré d'exagération, une telle sanction ne répare rien. Elle donne seulement le soupçon qu'un pareil jugement n'est pas celui de la nation, mais celui d'une classe. Elle humilie un homme sans profit pour personne. Elle discrédite une politique pour le dommage de tous.

Ce procès, dans tous les cas, demande à être revisé. Et non pas seulement pour éviter à un homme des souffrances disproportionnées à ses fautes, mais pour que la justice elle-même soit préservée et devienne, dans un cas au moins, respectable. Bien que René Gérin ait été dans un autre camp que le nôtre, il nous semble que sur ce point toute l'opinion résistante devrait être avec nous pour sauver décidément tout ce qui peut encore être sauvé dans ce domaine.

XI

(Combat, 8 août 1945.)

LE monde est ce qu'il est, c'est-à-dire peu de chose. C'est ce que chacun sait depuis hier[1] grâce au formidable concert que la radio, les journaux et les agences d'information viennent de déclencher au sujet de la bombe atomique. On nous apprend, en effet, au milieu d'une foule de commentaires enthousiastes, que n'importe quelle ville d'importance moyenne peut être totalement rasée par une bombe de la grosseur d'un ballon de football. Des journaux américains, anglais et français se répandent en dissertations élégantes sur l'avenir, le passé, les inventeurs, le coût, la vocation pacifique et les effets guerriers, les conséquences politiques et même le caractère indépendant de la bombe atomique. Nous nous résumerons en une phrase : la civilisation mécanique vient de parvenir à son dernier degré de sauvagerie. Il va falloir choisir, dans un avenir plus ou moins proche, entre le suicide collectif ou l'utilisation intelligente des conquêtes scientifiques.

En attendant, il est permis de penser qu'il y a quelque indécence à célébrer ainsi une découverte, qui se met d'abord au service de la plus formidable rage de destruction dont l'homme ait fait preuve depuis des siècles. Que dans un monde livré à tous les déchirements de la violence, incapable d'aucun contrôle, indifférent à la justice et au simple bonheur des hommes, la science se consacre au meurtre organisé, personne sans doute, à moins d'idéalisme impénitent, ne songera à s'en étonner.

Ces découvertes doivent être enregistrées, commentées selon ce qu'elles sont, annoncées au monde pour que l'homme ait une juste idée de son destin. Mais entourer ces terribles révélations d'une littérature pittoresque ou humoristique, c'est ce qui n'est pas supportable.

Déjà, on ne respirait pas facilement dans un monde torturé. Voici qu'une angoisse nouvelle nous est proposée, qui a toutes les chances d'être définitive. On offre sans doute à l'humanité sa dernière chance. Et ce peut être après tout le prétexte d'une édition spéciale. Mais ce devrait être plus sûrement le sujet de quelques réflexions et de beaucoup de silence.

Au reste, il est d'autres raisons d'accueillir avec réserve le roman d'anticipation que les journaux nous proposent. Quand on voit le rédacteur diplomatique de l'Agence Reuter annoncer que cette invention rend caducs les traités ou périmées les décisions mêmes de Potsdam[1], remarquer qu'il est indifférent que les Russes soient à Kœnigsberg ou la Turquie aux Dardanelles, on ne peut se défendre de supposer à ce beau concert des intentions assez étrangères au désintéressement scientifique.

Qu'on nous entende bien. Si les Japonais capitulent après la destruction d'Hiroshima et par l'effet de l'intimidation, nous nous en réjouirons. Mais nous nous refusons à tirer d'une aussi grave nouvelle autre chose que la décision de plaider plus énergiquement encore en faveur d'une véritable société internationale, où les grandes puissances n'auront pas de droits supérieurs aux petites et aux moyennes nations, où la guerre, fléau devenu définitif par le seul effet de l'intelligence humaine, ne dépendra plus des appétits ou des doctrines de tel ou tel État.

Devant les perspectives terrifiantes qui s'ouvrent à l'humanité, nous apercevons encore mieux que la paix est le seul combat qui vaille d'être mené. Ce n'est plus une prière, mais un ordre qui doit monter des peuples vers les gouvernements, l'ordre de choisir définitivement entre l'enfer et la raison.

LA CHAIR

I

(*Combat,* 28 octobre 1944.)

Il nous a été difficile de parler hier de René Leynaud[1]. Ceux qui auront lu dans un coin de journal l'annonce qu'un journaliste résistant, répondant à ce nom, avait été fusillé par les Allemands n'auront accordé qu'une attention distraite à ce qui était pour nous une terrible, une atroce nouvelle. Et pourtant, il faut que nous parlions de lui. Il faut que nous en parlions pour que la mémoire de la Résistance se garde, non dans une nation qui risque d'être oublieuse, mais du moins dans quelques cœurs attentifs à la qualité humaine.

Il était entré dès les premiers mois dans la Résistance. Tout ce qui faisait sa vie morale, le christianisme et le respect de la parole donnée, l'avait poussé à prendre silencieusement sa place dans cette bataille des ombres. Il avait choisi le nom de guerre qui répondait à ce qu'il avait de plus pur en lui : pour tous ses camarades de *Combat,* il s'appelait Clair.

La seule passion personnelle qu'il eût encore gardée, avec celle de la pudeur, était la poésie. Il avait écrit des poèmes que seuls deux ou trois d'entre nous connaissaient. Ils avaient la qualité de ce qu'il était, c'est-à-dire la transparence même. Mais dans la lutte de tous les jours, il avait renoncé à écrire, se laissant aller seulement à acheter les livres de poésie les plus divers qu'il se réservait de lire après la guerre. Pour le reste, il partageait notre conviction qu'un certain langage et l'obstination de la droiture redonneraient à notre pays le visage sans égal que nous lui espérions. Depuis des mois, sa place l'attendait dans ce journal et avec tout l'entêtement de l'amitié et de la tendresse, nous refusions la nouvelle de sa mort. Aujourd'hui, cela n'est plus possible.

Ce langage qu'il fallait tenir, il ne le tiendra plus. L'absurde tragédie de la Résistance est tout entière dans cet affreux malheur. Car des hommes comme Leynaud étaient entrés dans la lutte, convaincus qu'aucun être ne pouvait parler avant de payer de sa personne. Le malheur est que la guerre sans uniforme n'avait pas la terrible justice de la guerre tout court. Les balles du front frappent n'importe qui, le meilleur et le pire. Mais pendant ces quatre ans, ce sont les meilleurs qui se sont désignés et qui sont tombés, ce sont les meilleurs qui ont gagné le droit de parler et perdu le pouvoir de le faire.

Celui que nous aimions en tout cas ne parlera plus. Et pourtant la France avait besoin de voix comme la sienne. Ce cœur fier entre tous, longtemps silencieux entre sa foi et son honneur, aurait su dire les paroles qu'il fallait. Mais il est maintenant à jamais silencieux. Et d'autres, qui ne sont pas dignes, parlent de cet honneur qu'il avait fait sien, comme d'autres, qui ne sont pas sûrs, parlent au nom du Dieu qu'il avait choisi.

Il est possible aujourd'hui de critiquer les hommes de la Résistance, de noter leurs faiblesses et de les mettre en accusation. Mais c'est peut-être parce que les meilleurs d'entre eux sont morts. Nous le disons parce que nous le pensons profondément, si nous sommes encore là, c'est que nous n'avons pas fait assez. Leynaud a fait assez. Et aujourd'hui, rendu à cette terre pour nous sans avenir et pour lui passagère, détourné de cette passion à laquelle il avait tout sacrifié, nous espérons du moins que sa consolation sera de ne pas entendre les paroles d'amertume et de dénigrement qui retentissent autour de cette pauvre aventure humaine où nous avons été mêlés.

Qu'on ne craigne rien, nous ne nous servirons pas de lui qui ne s'est jamais servi de personne. Il est sorti inconnu de cette lutte où il était entré inconnu. Nous lui garderons ce qu'il aurait préféré, le silence de notre cœur, le souvenir attentif et l'affreuse tristesse de l'irréparable. Mais ici où nous avons toujours tenté de chasser l'amertume, il nous pardonnera de la laisser revenir et de nous mettre à penser que, peut-être, la mort d'un tel homme est un prix trop cher pour le droit redonné à d'autres hommes d'oublier dans leurs actes et dans leurs écrits ce qu'ont valu pendant quatre ans le courage et le sacrifice de quelques Français.

II

(Combat, 22 décembre 1944.)

La France a vécu beaucoup de tragédies qui, aujourd'hui, ont reçu leur dénouement. Elle en vivra encore beaucoup d'autres qui n'ont pas commencé. Mais il en est une que, depuis cinq ans, les hommes et les femmes de ce pays n'ont pas cessé de souffrir, c'est celle de la séparation[1].

La patrie lointaine, les amours tranchées, ces dialogues d'ombres que soutiennent deux êtres par-dessus les plaines et les montagnes d'Europe, ou ces monologues stériles que chacun poursuit dans l'attente de l'autre, ce sont les signes misérables de l'époque. Il y a cinq ans que des Français et des Françaises attendent. Il y a cinq ans que dans leur cœur sevré, ils luttent désespérément contre le temps, contre l'idée que l'absent vieillit et que toutes ces années sont perdues pour l'amour et le bonheur.

Oui, cette époque est celle de la séparation. On n'ose plus prononcer le mot de bonheur dans ces temps torturés. Et pourtant, des millions d'êtres, aujourd'hui, sont à sa recherche, et ces années ne sont pour eux qu'un sursis qui n'en finit plus, et au bout duquel ils espèrent que leur bonheur à nouveau sera possible.

Qui donc pourrait les en blâmer ? Et qui pourrait dire qu'ils ont tort ? Que serait la justice sans la chance du bonheur, de quoi servirait la liberté à la misère ? Nous le savons bien, nous autres Français, qui sommes entrés dans cette guerre, non pour le goût de la conquête, mais pour défendre justement une certaine idée du bonheur. Simplement, ce bonheur était assez farouche et assez pur pour qu'il nous parût mériter de traverser d'abord les années du malheur. Gardons donc la mémoire de ce bonheur et de ceux qui l'ont perdu. Cela ôtera de sa sécheresse à notre lutte et cela surtout donnera toute sa cruauté au malheur de la France et à la tragédie de ses enfants séparés.

Ce n'est pas le lieu ni le moment d'écrire que la séparation me paraît souvent la règle et que la réunion n'est que l'exception, le bonheur un hasard qui se prolonge. Ce qu'on attend de nous tous, ce sont les mots de l'espérance. Il est vrai que notre génération ne s'est jamais vu demander qu'une chose, qui était de se mettre à la hauteur du désespoir. Mais cela nous prépare mieux, peut-être, à parler de la plus grande espérance, celle qu'on va chercher à travers la misère du monde, et qui ressemble à une victoire. C'est la seule qui nous paraisse respectable. Il n'est qu'une chose dont nous ne puissions triompher, et c'est l'éternelle séparation puisqu'elle termine tout. Mais pour le reste, il n'y a rien que le courage et l'amour ne puissent mettre bout à bout. Un courage de cinq ans, un amour de cinq ans, c'est l'inhumaine épreuve que des Français et des Françaises se sont vu imposer, et qui mesure bien l'étendue de leur détresse.

C'est tout cela qu'on a eu l'idée de commémorer dans une Semaine de l'Absent[1]. Une semaine, ce n'est pas grand-chose. C'est qu'il est plus facile d'être ingénieux dans le mal que dans le bien. Et quand nous voulons soulager des malheurs, nous n'avons pas tant de moyens, nous donnons de l'argent. J'espère seulement qu'on en donnera beaucoup. Puisque nous ne pouvons rien pour la douleur, faisons quelque chose pour la misère. La douleur en sera plus libre, et tous ces êtres frustrés auront ainsi le loisir de leurs souffrances. Pour beaucoup, ce sera un luxe dont ils sont privés depuis longtemps.

Mais que personne ne se croie quitte et que l'argent donné ne fasse pas les consciences tranquilles, il est des dettes inépuisables. Ceux et celles qui sont là-bas, cette immense foule mystérieuse et fraternelle, nous lui donnons le visage de ceux que nous connaissions et qui nous ont été arrachés. Mais nous savons bien, alors, que nous ne les avons pas assez aimés, que nous n'en avons pas assez profité, du temps où ils se tournaient vers nous. Personne ne les a assez aimés, et pas même leur patrie, puisqu'ils sont aujourd'hui où ils sont. Que du moins cette semaine, que « notre » semaine, ne nous fasse pas oublier « leurs » années. Qu'elle nous enseigne à ne pas les aimer d'un amour médiocre, qu'elle nous donne la mémoire et l'imagination qui seules peuvent nous rendre dignes d'eux. Par-dessus tout, qu'elle nous serve à oublier les plus vaines de nos paroles et à préparer le silence que nous leur offrirons, au jour difficile et merveilleux où ils seront devant nous.

III

(Combat, 2 janvier 1945.)

Nous avons lu, avec le respect et l'approbation qu'elle demandait, la lettre d'un combattant, publiée hier par *le Populaire*[1]. Sa sévérité était légitime, ses condamnations fondées pour la plupart. Quant au désarroi et à l'amertume qu'elle exprimait, nous les avons assez soulignés, nous avons assez demandé qu'on soumette toute la nation à la règle de guerre, pour que nous n'y revenions pas.

Ceci dit, nous ne pouvons pas approuver dans la lettre de notre camarade la condamnation qu'il porte contre la jeunesse de l'arrière : « Jeunesse efflanquée, fantoche et ridicule qui se moque bruyamment de ce qui la dépasse, Victor Hugo ou le courage. » Non qu'il soit possible de contredire ce point de vue. Il n'est pas raisonné, en effet, il figure seulement un état d'âme que, d'ailleurs, toute une part de nous-mêmes comprend et approuve. Mais il est nécessaire, peut-être, de penser aux jeunes Français qui seraient tentés, à la lecture de cette lettre, de douter d'eux-mêmes, imaginant que c'est là ce qu'on peut penser d'eux et s'affligeant de donner à leurs aînés une image d'eux-mêmes aussi dérisoire et à ce point désespérante.

Car cette condamnation n'est pas fondée. Son défaut est d'être générale, elle est dictée par la légitime impatience de ceux qui ont souffert. Il y a dans toute amertume un jugement sur le monde. La déception pousse à généraliser et l'on parle d'une jeunesse tout entière quand on a contemplé quelques malheureux. Nous ne voulons pas défendre les malheureux dont il s'agit, mais nous croyons possible de témoigner pour cette jeunesse que les hommes de la collaboration ont insultée pendant des années et qu'il serait injuste de condamner dans le temps même où nous avons besoin d'elle.

La jeunesse de France n'a pas eu la tâche facile. Une part d'entre elle s'est battue. Et nous savons bien qu'au jour de l'insurrection, il y avait sur les barricades autant de visages d'enfants que de faces adultes. D'autres n'ont pas trouvé l'occasion de la lutte ou n'en ont pas eu la présence d'esprit. Aujourd'hui, tous sont dans l'expectative. Deux générations ont légué à cette jeunesse la défiance des idées et la pudeur des mots. La voici maintenant devant d'immenses tâches pour lesquelles aucun outil ne lui est donné. Elle n'a rien à faire et tout en ce monde la dépasse. Qui pourrait dire qu'elle est coupable ? J'ai vu récemment beaucoup de ces jeunes visages réunis dans une même salle. Je n'y ai lu que le sérieux et l'attention. Et justement, cette jeunesse est attentive. Cela veut dire aussi qu'elle attend et qu'à cet appel muet personne encore n'a répondu. Ce n'est pas elle, mais nous, mais le pays entier et le Gouvernement avec lui, qui sommes responsables de son isolement et de sa passivité.

On ne l'aidera pas avec les mots du mépris. On l'aidera par une main fraternelle et un langage viril. Ce pays qui a souffert si longtemps de vieillesse ne peut pas se passer de sa jeunesse. Mais sa jeunesse a besoin qu'on lui fasse confiance et qu'on l'entraîne dans un esprit de grandeur plutôt que dans un climat de détresse ou de dégoût. La France a connu le temps du courage désespéré. C'est peut-être ce courage sans avenir et sans douceur qui l'a sauvée pour finir. Mais cette violence d'une âme détournée de tout ne peut pas servir indéfiniment. Les Français n'ont certes pas besoin d'illusions. Ils sont déjà trop prompts à les entretenir. Mais la France ne peut pas vivre que de défiance et de refus. Sa jeunesse, en tout cas, a besoin qu'on la fournisse d'affirmations pour pouvoir s'affirmer elle-même.

Il est toujours difficile d'unir réellement ceux qui se battent et ceux qui attendent. La communauté de l'espoir ne suffit pas, il y faut celle des expériences. Mais s'il ne sera jamais possible de fondre dans un même esprit des hommes dont les souffrances sont différentes, ne faisons rien du moins qui puisse les opposer. Dans le cas qui nous occupe, n'ajoutons pas aux angoisses des jeunes Français une condamnation qui les révoltera s'ils en sentent l'injustice et qui les mettra en situation d'infériorité s'ils s'avisent de la trouver plausible. Nous avons bien des raisons de céder parfois à l'amertume. Mais, dans la mesure du possible, il faut que nous la gardions pour nous.

Non, en vérité, cette jeunesse ne se moque pas de ce qui la dépasse. Celle que nous avons connue du moins n'a jamais ri que des grands mots ronflants et elle avait raison. Mais nous l'avons toujours vue silencieuse au milieu de la lutte ou devant le spectacle du courage. C'était la marque de sa qualité et la certitude d'une âme difficile qui ne demande qu'à s'employer, et qui n'est pas encore responsable de la solitude où on la laisse.

IV

(Combat, 17 mai 1945.)

« Nous avons pour nourriture un litre de soupe à midi et du café avec trois cents grammes de pain le soir... Nous sommes couverts de poux et de puces... Tous les jours des Juifs meurent. Une fois morts, ils sont empilés dans un coin du camp et l'on attend qu'il y en ait suffisamment pour les enterrer... Alors, pendant des heures et des jours, le soleil aidant, une odeur infecte se répand dans le camp juif et sur le nôtre. »

Ce camp rempli de l'affreuse odeur de la mort est celui de Dachau. Nous le savions depuis longtemps, et le monde commence à se lasser de tant d'atrocités. Les délicats y trouvent de la monotonie et nous reprocheront d'en parler encore. Mais la France se trouvera peut-être une sensibilité plus neuve, quand elle saura que ce cri est jeté par un des milliers de déportés politiques de Dachau, huit jours après leur libération par les troupes américaines. Car ces hommes ont été maintenus dans leur camp en attendant un rapatriement qu'ils ne voient pas venir. Dans les lieux mêmes où ils ont cru atteindre l'extrémité de la détresse, ils connaissent aujourd'hui une souffrance plus extrême, puisqu'elle touche maintenant à leur confiance.

Les extraits que nous avons cités sont tirés d'une lettre de quatre pages d'un interné à sa famille. Nous en tenons les références à la disposition de tous. Beaucoup d'informations nous laissaient croire qu'il en était ainsi, en effet, de nos camarades déportés. Mais nous nous retenions d'en parler dans l'attente d'informations plus sûres. Aujourd'hui, ce n'est plus possible. Le premier message qui nous parvient de là-bas est décisif et nous devons crier notre indignation et notre colère. Il y a là une honte qui doit cesser.

Quand les campagnes allemandes regorgent de vivres et de produits, quand les officiers généraux hitlériens mangent à leur habitude, c'est une honte, en effet, que les internés politiques connaissent la faim. Quand les « déportés d'honneur » sont rapatriés immédiatement et en avion, c'est une honte que nos camarades connaissent encore les mêmes horizons désespérants qu'ils ont contemplés pendant des années. Ces hommes ne demandent pas grand-chose. Il ne veulent pas de traitement de faveur. Ils ne réclament ni médailles ni discours. Ils veulent seulement rentrer chez eux. Ils en ont assez. Ils ont bien voulu souffrir pour la Libération, mais ils ne peuvent pas comprendre qu'il faille souffrir de la Libération. Oui, ils en ont assez parce qu'on leur aura tout gâché, jusqu'à cette victoire qui est aussi, et à un point que ce monde indifférent à l'esprit ne peut pas savoir, leur victoire.

Il faut qu'on sache qu'un seul des cheveux de ces hommes a plus d'importance pour la France et l'univers entier qu'une vingtaine de ces hommes politiques dont des nuées de photographes enregistrent les sourires. Eux, et eux seuls, ont été les gardiens de l'honneur et les témoins du courage. C'est pourquoi il faut qu'on sache que, s'il nous est déjà insupportable de les savoir au milieu de la faim et de la maladie, nous ne supporterons pas qu'on nous les désespère.

Dans cette lettre dont chaque ligne est une raison de fureur et de révolte pour le lecteur, notre camarade dit ce que fut le jour de la victoire à Dachau : « Pas un cri, dit-il, et pas une manifestation, cette journée ne nous apporte rien. » Comprend-on ce que cela veut dire quand il s'agit d'hommes qui, au lieu d'attendre que la victoire leur vienne de l'autre côté des mers, ont tout sacrifié pour hâter ce jour de leur plus chère espérance ? Le voilà donc, ce jour ! Et il faut cependant qu'il les trouve au milieu des cadavres et des puanteurs, arrêtés dans leur élan par des barbelés, interdits devant un monde que, dans leurs plus noires idées, ils n'avaient pu imaginer à ce point stupide et inconscient.

Nous nous arrêterons là. Mais si ce cri n'est pas entendu, si des mesures immédiates ne sont pas annoncées par les organismes alliés, nous répéterons cet appel, nous userons de tous les moyens dont nous disposons pour le crier par-dessus toutes les frontières, et faire savoir au monde quel est le sort que les démocraties victorieuses réservent aux témoins qui se sont laissé égorger pour que les principes qu'elles défendent aient au moins une apparence de vérité.

V

(*Combat*, 19 mai 1945.)

Nous avons protesté avant-hier à propos du sort réservé aux déportés qui sont toujours dans les camps d'Allemagne. Nos camarades de *France-Soir*[1] ont essayé hier de donner à notre protestation une interprétation politique que nous repoussons catégoriquement. Une semblable tentative n'est pas seulement puérile, elle est encore de mauvais ton à propos d'un problème si grave. Nous n'avons ici personne à défendre. Nous n'avons qu'une chose en vue : sauver les plus précieuses des vies françaises. Ni la politique ni les susceptibilités nationales n'ont plus rien à faire au milieu de cette angoisse.

Ce n'est pas le moment en tout cas de faire des procès, car le procès serait général. C'est le moment de faire vite et de remuer brutalement les imaginations paresseuses et les cœurs insouciants qui nous coûtent aujourd'hui si cher. Il faut agir et agir vite, et si notre voix peut provoquer les remous nécessaires, nous l'emploierons sans épargner personne.

Les Américains nous promettent aujourd'hui de ramener 5 000 déportés par avions et par jour. Cette promesse arrive après notre appel et nous l'enregistrons avec joie et satisfaction. Mais il reste la question des camps en quarantaine. Les camps de Dachau et d'Allach sont décimés par le typhus. À la date du 6 mai, on comptait 120 décès par jour. Les médecins déportés qui sont là-bas demandent que la quarantaine se fasse, non plus dans le camp lui-même qui est surpeuplé et où chaque pouce de terrain est infecté, mais dans le camp de S.S. qui se trouve à quelques kilomètres et qui est propre et confortable. Cela n'a pas encore été obtenu et cela doit l'être.

Quand tout sera réglé, il faudra instruire les responsabilités et elles le seront. Mais il faut réveiller ceux qui dorment, tous ceux qui dorment, sans exception. Il faut leur dire par exemple qu'il est inadmissible que nos camarades déportés n'aient pas une correspondance régulière avec leur famille et que la patrie leur paraisse aujourd'hui aussi lointaine qu'aux jours de leur plus grand malheur. Il faut leur dire encore, et par exemple, que ce ne sont pas des conserves qu'on doit donner à ces organismes délabrés, mais une alimentation médicale qui demande tout un équipement et qui économisera quelques-unes de ces vies irremplaçables.

Nous continuerons en tout cas à protester jusqu'à ce que nous ayons reçu entière satisfaction. Si notre précédent article a soulevé de l'émotion, cela est tant mieux. Il eût mieux valu sans doute que l'émotion n'eût pas besoin d'un article pour naître. Il y a dans Dachau des spectacles qui auraient dû y suffire. Mais le temps n'est pas au regret, il est à l'action.

Pour tout dire en clair, ce n'est pas spécialement aux Américains que nous en avons. On sait du reste que nous faisons ici tout ce qu'il faut pour l'amitié américaine. Mais nous portons une accusation générale à propos de laquelle les responsables doivent se reconnaître, faire amende honorable, et tout mettre en ordre pour réparer leurs oublis et leurs erreurs. Les hommes et les nations ne voient pas toujours où sont leur intérêt et leur vraie richesse.

Les gouvernements, quels qu'ils soient, des démocraties sont en train de faire la preuve, dans ce cas particulier, qu'ils ignorent où sont leurs vraies élites. Elles sont dans ces camps infects, où quelques survivants d'une troupe héroïque se battent encore contre l'indifférence et la légèreté des leurs.

La France particulièrement a perdu les meilleurs de ses fils dans le combat volontaire de la Résistance. C'est une perte dont elle mesure tous les jours l'étendue. Chacun des hommes qui meurent aujourd'hui à Dachau accroît encore sa faiblesse et son malheur. Nous le savons trop ici pour ne pas être terriblement avares de ces hommes et pour ne pas les défendre de toutes nos forces, sans égards pour personne ni pour rien, jusqu'à ce qu'ils soient libérés pour la deuxième fois.

PESSIMISME ET TYRANNIE

LE PESSIMISME ET LE COURAGE

(*Combat*, septembre 1945.)

Depuis quelque temps déjà, on voit paraître des articles concernant des œuvres dont on suppose qu'elles sont pessimistes et dont on veut démontrer en conséquence qu'elles conduisent tout droit aux plus lâches servitudes. Le raisonnement est élémentaire. Une philosophie pessimiste est par essence une philosophie découragée et, pour ceux qui ne croient pas que le monde est bon, ils sont donc voués à accepter de servir la tyrannie. Le plus efficace de ces articles, parce que le meilleur, était celui de M. George Adam, dans *les Lettres françaises*[1]. M. Georges Rabeau, dans un des derniers numéros de *l'Aube*[2], reprend cette accusation sous le titre inacceptable : « Nazisme pas mort ? »

Je ne vois qu'une façon de répondre à cette campagne qui est d'y répondre ouvertement. Bien que le problème me dépasse, bien qu'il vise Malraux, Sartre et quelques autres plus importants que moi, je ne verrais que de l'hypocrisie à ne pas parler en mon nom. Je n'insisterai pas cependant sur le fond du débat. L'idée qu'une pensée pessimiste est forcément découragée est une idée puérile, mais qui a besoin d'une trop longue réfutation. Je parlerai seulement de la méthode de pensée qui a inspiré ces articles.

Disons tout de suite que c'est une méthode qui ne veut pas tenir compte des faits. Les écrivains qui sont visés par ces articles ont prouvé, à leur place et comme ils l'ont pu, qu'à défaut de l'optimisme philosophique le devoir de l'homme, du moins, ne leur était pas étranger. Un esprit objectif accepterait donc de dire qu'une philosophie négative n'est pas incompatible, dans les faits, avec une morale de la liberté et du courage. Il y verrait seulement l'occasion d'apprendre quelque chose sur le cœur des hommes.

Cet esprit objectif aurait raison. Car cette coïncidence,

dans quelques esprits, d'une philosophie de la négation et d'une morale positive figure, en fait, le grand problème qui secoue douloureusement toute l'époque. En bref, c'est un problème de civilisation et il s'agit de savoir pour nous si l'homme, sans le secours de l'éternel ou de la pensée rationaliste, peut créer à lui seul ses propres valeurs. Cette entreprise nous dépasse tous infiniment. Je le dis parce que je le crois, la France et l'Europe ont aujourd'hui à créer une nouvelle civilisation ou à périr.

Mais les civilisations ne se font pas à coups de règle sur les doigts. Elles se font par la confrontation des idées, par le sang de l'esprit, par la douleur et le courage. Il n'est pas possible que des thèmes qui sont ceux de l'Europe depuis cent ans soient jugés en un tournemain, dans *l'Aube,* par un éditorialiste qui attribue à Nietzsche, sans broncher, le goût de la luxure, et à Heidegger l'idée que l'existence est inutile. Je n'ai pas beaucoup de goût pour la trop célèbre philosophie existentielle, et, pour tout dire, j'en crois les conclusions fausses. Mais elle représente du moins une grande aventure de la pensée et il est difficilement supportable de la voir soumettre, comme le fait M. Rabeau, au jugement du conformisme le plus court.

C'est qu'en réalité ces thèmes et ces entreprises ne sont pas appréciés en ce moment d'après les règles de l'objectivité. Ils ne sont pas jugés dans les faits, mais d'après une doctrine. Nos camarades communistes et nos camarades chrétiens nous parlent du haut de doctrines que nous respectons. Elles ne sont pas les nôtres, mais nous n'avons jamais eu l'idée d'en parler avec le ton qu'ils viennent de prendre à notre égard et avec l'assurance qu'ils y apportent. Qu'on nous laisse donc poursuivre, pour notre faible part, cette expérience et notre pensée. M. Rabeau nous reproche d'avoir de l'audience. Je crois que c'est beaucoup dire. Mais ce qu'il y a de vrai, c'est que le malaise qui nous occupe est celui de toute une époque dont nous ne voulons pas nous séparer. Nous voulons penser et vivre dans notre histoire. Nous croyons que la vérité de ce siècle ne peut s'atteindre qu'en allant jusqu'au bout de son propre drame. Si l'époque a souffert de nihilisme, ce n'est pas en ignorant le nihilisme que nous obtiendrons la morale dont nous avons besoin. Non, tout ne se résume pas dans la négation ou l'absurdité. Nous le savons. Mais il faut d'abord poser la négation et l'absurdité puisque ce sont elles que notre génération a rencontrées et dont nous avons à nous arranger.

Les hommes qui sont mis en cause par ces articles tentent loyalement par le double jeu d'une œuvre et d'une vie de résoudre ce problème. Est-il si difficile de comprendre qu'on ne peut régler en quelques lignes une question que d'autres ne sont pas sûrs de résoudre en s'y consacrant tout entiers ? Ne peut-on leur accorder la patience qu'on accorde à toute entreprise de bonne foi ? Ne peut-on enfin leur parler avec plus de modestie ?

J'arrête ici cette protestation. J'espère y avoir apporté de la mesure. Mais je voudrais qu'on la sente indignée. La critique objective est pour moi la meilleure des choses et j'admets sans peine qu'on dise qu'une œuvre est mauvaise ou qu'une philosophie n'est pas bonne pour le destin de l'homme. Il est juste que les écrivains répondent de leurs écrits. Cela leur donne à réfléchir et nous avons tous un terrible besoin de réfléchir. Mais tirer de ces principes des jugements sur la disposition à la servitude de tel ou tel esprit, surtout quand on a la preuve du contraire, en conclure que telle ou telle pensée doive forcément conduire au nazisme, c'est fournir de l'homme une image que je préfère ne pas qualifier et c'est donner de bien médiocres preuves des bienfaits moraux de la philosophie optimiste.

DÉFENSE DE L'INTELLIGENCE

(Allocution prononcée au cours de la réunion organisée par l'Amitié Française[1] à la salle de la Mutualité, le 15 mars 1945.)

Si l'amitié française, dont il est question, ne devait être qu'un simple épanchement sentimental entre personnes sympathiques, je n'en donnerais pas cher. Ce serait le plus facile, mais ce serait le moins utile. Et je suppose que les hommes qui en ont pris l'initiative ont voulu autre chose, une amitié plus difficile qui fût une construction. Pour que nous ne soyons pas tentés de céder à la facilité et de nous contenter de congratulations réciproques, je voudrais simplement, dans les dix minutes qui me sont données, montrer les difficultés de l'entreprise. De ce point de vue, je ne saurais mieux le faire qu'en parlant de ce qui s'oppose toujours à l'amitié, je veux dire le mensonge et la haine.

Nous ne ferons rien en effet pour l'amitié française, si nous ne nous délivrons pas du mensonge et de la haine. Dans un certain sens, il est bien vrai que nous n'en sommes pas délivrés. Nous sommes à leur école depuis trop longtemps. Et c'est peut-être la dernière et la plus durable victoire de l'hitlérisme que ces marques honteuses laissées dans le cœur de ceux-mêmes qui l'ont combattu de toutes leurs forces. Comment en serait-il autrement ? Depuis des années, ce monde est livré à un déferlement de haine qui n'a jamais eu son égal. Pendant quatre ans, chez nous-mêmes, nous avons assisté à l'exercice raisonné de cette haine. Des hommes comme vous et moi, qui le matin caressaient des enfants dans le métro, se transformaient le soir en bourreaux méticuleux. Ils devenaient les fonctionnaires de la haine et de la torture. Pendant quatre ans, ces fonctionnaires ont fait marcher leur administration : on y fabriquait des villages d'orphelins, on y fusillait des hommes en pleine figure pour qu'on ne les reconnaisse pas, on y faisait entrer les cadavres d'enfants à coups de talon dans des cercueils trop petits pour eux, on y torturait le frère devant la sœur, on y façonnait des lâches et on y détruisait les plus fières des âmes. Il paraît que ces histoires ne trouvent pas créance à l'étranger. Mais pendant quatre ans il a bien fallu qu'elles trouvent créance dans notre chair et notre angoisse. Pendant quatre ans, tous les matins, chaque Français recevait sa ration de haine et son soufflet. C'était le moment où il ouvrait son journal. Forcément, il est resté quelque chose de tout cela.

Il nous en est resté la haine. Il nous en est resté ce mouvement qui l'autre jour, à Dijon, jetait un enfant de quatorze ans sur un collaborateur lynché, pour lui crever le visage. Il nous en est resté cette fureur qui nous brûle l'âme au souvenir de certaines images et de certains visages. À la haine des bourreaux, a répondu la haine des victimes. Et les bourreaux partis, les Français sont restés avec leur haine en partie inemployée. Ils se regardent encore avec un reste de colère.

Eh bien, c'est de cela que nous devons triompher

d'abord. Il faut guérir ces cœurs empoisonnés. Et demain, la plus difficile victoire que nous ayons à remporter sur l'ennemi, c'est en nous-mêmes qu'elle doit se livrer, avec cet effort supérieur qui transformera notre appétit de haine en désir de justice. Ne pas céder à la haine, ne rien concéder à la violence, ne pas admettre que nos passions deviennent aveugles, voilà ce que nous pouvons faire encore pour l'amitié et contre l'hitlérisme. Aujourd'hui encore, dans quelques journaux, on se laisse aller à la violence et à l'insulte. Mais alors, c'est à l'ennemi qu'on cède encore. Il s'agit au contraire et pour nous de ne jamais laisser la critique rejoindre l'insulte, il s'agit d'admettre que notre contradicteur puisse avoir raison et qu'en tout cas ses raisons, même mauvaises, puissent être désintéressées. Il s'agit enfin de refaire notre mentalité politique.

Qu'est-ce que cela signifie, si nous y réfléchissons ? Cela signifie que nous devons préserver l'intelligence. Car je suis persuadé que là est le problème. Il y a quelques années, alors que les nazis venaient de prendre le pouvoir, Gœring[1] donnait une juste idée de leur philosophie en déclarant : « Quand on me parle d'intelligence, je sors mon revolver. » Et cette philosophie débordait l'Allemagne. Dans le même temps et par toute l'Europe civilisée, les excès de l'intelligence et les tares de l'intellectuel étaient dénoncés. Les intellectuels mêmes, par une intéressante réaction, n'étaient pas les derniers à mener ce procès. Partout, les philosophies de l'instinct triomphaient et, avec elles, ce romantisme de mauvais aloi qui préfère sentir à comprendre, comme si les deux pouvaient se séparer. Depuis, l'intelligence n'a pas cessé d'être mise en cause. La guerre est venue, puis la défaite. Vichy nous a appris que la grande responsable était l'intelligence. Les paysans avaient trop lu Proust. Et tout le monde sait que *Paris-Soir,* Fernandel et les banquets des amicales étaient des signes d'intelligence. La médiocrité des élites dont la France se mourait, il paraît qu'elle avait sa source dans les livres.

Maintenant encore l'intelligence est maltraitée. Cela prouve seulement que l'ennemi n'est pas encore vaincu. Et il suffit qu'on fasse l'effort de comprendre sans idée préconçue, il suffit qu'on parle d'objectivité pour qu'on dénonce votre subtilité et pour qu'on fasse le procès de toutes vos prétentions. Eh bien non! Et c'est cela qu'il faut réformer. Car je connais comme tout le monde les excès de l'intelligence et je sais comme tout le monde que l'intellectuel est un animal dangereux qui a la trahison facile. Mais il s'agit d'une intelligence qui n'est pas la bonne. Nous parlons, nous, de celle qui s'appuie sur le courage, de celle qui pendant quatre ans a payé le prix qu'il fallait pour avoir le droit d'être respectée. Quand il arrive que cette intelligence s'éteigne, c'est la nuit des dictatures. C'est pourquoi nous avons à la maintenir dans tous ses devoirs et tous ses droits. C'est à ce prix, à ce seul prix, que l'amitié française aura un sens. Car l'amitié est la science des hommes libres. Et il n'y a pas de liberté sans intelligence et sans compréhension réciproques.

Pour finir, c'est à vous, étudiants, que je m'adresserai ici. Je ne suis pas de ceux qui vous prêcheront la vertu. Trop de Français la confondent avec la pauvreté du sang. Si j'y avais quelque droit, je vous prêcherais plutôt les passions. Mais je voudrais que, sur un ou deux points, ceux qui feront l'intelligence française de demain soient au moins résolus à ne céder jamais. Je voudrais qu'ils ne cèdent pas quand on leur dira que l'intelligence est toujours de trop, quand on voudra leur prouver qu'il est permis de mentir pour mieux réussir. Je voudrais qu'ils ne cèdent ni à la ruse, ni à la violence, ni à la veulerie. Alors, peut-être une amitié française sera possible qui sera autre chose qu'un vain bavardage. Alors peut-être, dans une nation libre et passionnée de vérité, l'homme recommencera à prendre ce goût de l'homme sans quoi le monde ne sera jamais qu'une immense solitude.

DEUX ANS APRÈS[1]

DÉMOCRATIE ET MODESTIE

(*Combat*, février 1947.)

Voici la rentrée[1]. On va reprendre les tractations, les marchandages et les chicanes. Les mêmes problèmes qui nous excèdent depuis deux ans seront conduits dans les mêmes impasses. Et chaque fois qu'une voix libre s'essayera à dire, sans prétention, ce qu'elle en pense, une armée de chiens de garde de tout poil et de toute couleur aboiera furieusement pour couvrir son écho.

Rien de tout cela n'est réjouissant, bien entendu. Heureusement, quand on ne conserve que des espérances raisonnables, on se sent le cœur solide. Les Français qui ont vécu pleinement les dix dernières années y ont appris du moins à ne plus avoir peur pour eux-mêmes, mais seulement pour les autres. Ils ont réglé leur compte avec le pire. Désormais, ils sont tranquilles et fermes. Répétons donc tranquillement et fermement, avec cette inaltérable naïveté qu'on veut bien nous reconnaître, les principes élémentaires qui nous paraissent seuls propres à rendre acceptable la vie politique.

Il n'y a peut-être pas de bon régime politique, mais la démocratie en est assurément le moins mauvais. La démocratie ne se sépare pas de la notion de parti, mais la notion de parti peut très bien aller sans la démocratie. Cela arrive quand un parti ou un groupe d'hommes s'imagine détenir la vérité absolue. C'est pourquoi l'Assemblée et les députés ont besoin aujourd'hui d'une cure de modestie.

Toutes les raisons de cette modestie sont aussi bien réunies dans le monde d'aujourd'hui. Comment oublier que l'Assemblée nationale ni aucun gouvernement n'ont les moyens de résoudre les problèmes qui nous assaillent? La preuve en est qu'aucun de ces problèmes n'a été abordé par les députés sans que la querelle internationale y fût mise en évidence. Manquons-nous de charbon?

C'est que les Anglais nous refusent celui de la Ruhr[1] et les Russes celui de la Sarre. Le pain fait-il défaut ? M. Blum et M. Thorez se renvoient à la face les tonnes et les quintaux de blé que Moscou et Washington auraient dû nous fournir. On ne saurait mieux prouver que le rôle de l'Assemblée et du Gouvernement ne peut être, pour le moment, qu'un rôle d'administration et que la France, enfin, est dans la dépendance.

La seule chose à faire serait de le reconnaître, d'en tirer les conséquences qui conviennent et d'essayer, par exemple, de définir en commun l'ordre international sans lequel aucun problème intérieur ne sera jamais réglé dans aucun pays. Autrement dit, il faudrait s'oublier un peu. Cela donnerait aux députés et aux partis un peu de cette modestie qui fait les bonnes et les vraies démocraties. Le démocrate, après tout, est celui qui admet qu'un adversaire peut avoir raison, qui le laisse donc s'exprimer et qui accepte de réfléchir à ses arguments. Quand des partis ou des hommes se trouvent assez persuadés de leurs raisons pour accepter de fermer la bouche de leurs contradicteurs par la violence, alors la démocratie n'est plus. Quelle que soit l'occasion de la modestie, celle-ci est donc salutaire aux républiques. La France, aujourd'hui, n'a plus les moyens de la puissance. Laissons à d'autres le soin de dire si cela est bien ou mal. Mais c'est une occasion. En attendant de retrouver cette puissance ou d'y renoncer, il reste encore à notre pays la possibilité d'être un exemple. Simplement, il ne pourrait l'être aux yeux du monde que s'il proclamait des vérités qu'il peut découvrir à l'intérieur de ses frontières, c'est-à-dire s'il affirmait, par l'exercice de son gouvernement, que la démocratie intérieure sera approximative tant que l'ordre démocratique international ne sera pas réalisé, et s'il posait en principe, enfin, que cet ordre, pour être démocratique, doit renoncer aux déchirements de la violence.

Ce sont là, on l'a déjà compris, des considérations volontairement inactuelles.

LA CONTAGION

(*Combat*, 10 mai 1947.)

Il n'est pas douteux que la France soit un pays beaucoup moins raciste que tous ceux qu'il m'a été donné de voir. C'est pour cela qu'il est impossible d'accepter sans révolte les signes qui apparaissent, çà et là, de cette maladie stupide et criminelle.

Un journal du matin titre sur plusieurs colonnes, en première page : « L'assassin Raseta ». C'est un signe. Car il est bien évident que l'affaire Raseta est aujourd'hui à l'instruction et qu'il est impossible de donner une telle publicité à une si grave accusation, avant que cette instruction soit achevée.

Je dis tout de suite que je n'ai comme informations non suspectes, sur l'affaire malgache, que des récits d'atrocités commises par les insurgés et des rapports sur certains aspects de la répression. En fait de conviction, je ne ressens donc qu'une égale répugnance envers les deux méthodes. Mais la question est de savoir si M. Raseta est un assassin ou non. Il est sûr qu'un honnête homme n'en décidera qu'une fois l'instruction terminée. En tout état de cause, aucun journaliste n'aurait osé un pareil titre si l'assassin supposé s'appelait Dupont ou Durand. Mais M. Raseta est malgache, et il doit être assassin de quelque façon. Un tel titre ne tire donc pas à conséquence.

Ce n'est pas le seul signe. On trouve normal que le malheureux étudiant qui a tué sa fiancée utilise, pour détourner les soupçons, la présence de « sidis », comme ils disent, dans la forêt de Sénart. Si des Arabes se promènent dans une forêt, le printemps n'a rien à y voir. Ce ne peut être que pour assassiner leurs contemporains.

De même, on est toujours sûr de tomber, au hasard des journées, sur un Français, souvent intelligent par ailleurs, et qui vous dit que les Juifs exagèrent vraiment. Naturellement, ce Français a un ami juif qui, lui, du moins... Quant aux millions de Juifs qui ont été torturés et brûlés, l'interlocuteur n'approuve pas ces façons, loin de là. Simplement, il trouve que les Juifs exagèrent et qu'ils ont tort de se soutenir les uns les autres, même si cette solidarité leur a été enseignée par le camp de concentration.

Oui, ce sont là des signes. Mais il y a pire. On a utilisé en Algérie, il y a un an[1], les méthodes de la répression collective. *Combat* a révélé l'existence de la chambre d'aveux « spontanés » de Fianarantsoa[2]. Et, ici non plus, je n'aborderai pas le fond du problème, qui est d'un autre ordre. Mais il faut parler de la manière, qui donne à réfléchir.

Trois ans après avoir éprouvé les effets d'une politique de terreur, des Français enregistrent ces nouvelles avec l'indifférence des gens qui en ont trop vu. Pourtant, le fait est là, clair et hideux comme la vérité : nous faisons, dans ces cas-là, ce que nous avons reproché aux Allemands de faire. Je sais bien qu'on nous en a donné l'explication. C'est que les rebelles malgaches, eux aussi, ont torturé des Français. Mais la lâcheté et le crime de l'adversaire n'excusent pas qu'on devienne lâche et criminel. Je n'ai pas entendu dire que nous ayons construit des fours crématoires pour nous venger des nazis. Jusqu'à preuve du contraire nous leur avons opposé des tribunaux. La preuve du droit, c'est la justice claire et ferme. Et c'est la justice qui devrait représenter la France.

En vérité, l'explication est ailleurs. Si les hitlériens ont appliqué à l'Europe les lois abjectes qui étaient les leurs, c'est qu'ils considéraient que leur race était supérieure et que la loi ne pouvait être la même pour les Allemands et pour les peuples esclaves. Si nous, Français, nous révoltions contre cette terreur, c'est que nous estimions que tous les Européens étaient égaux en droit et en dignité. Mais si, aujourd'hui, des Français apprennent sans révolte les méthodes que d'autres Français utilisent parfois envers des Algériens ou des Malgaches, c'est qu'ils vivent, de manière inconsciente, sur la certitude que nous sommes supérieurs en quelque manière à ces peuples et que le choix des moyens propres à illustrer cette supériorité importe peu.

Encore une fois, il ne s'agit pas de régler ici le problème colonial, ni de rien excuser. Il s'agit de détecter les signes d'un racisme qui déshonore tant de pays déjà et dont il faudrait au moins préserver le nôtre. Là était et devrait être notre vraie supériorité, et quelques-uns d'entre nous tremblent que nous la perdions. S'il est vrai que le problème colonial est le plus complexe de ceux qui se posent à nous, s'il est vrai qu'il commande l'histoire des cinquante années à venir, il est non moins vrai que nous ne pourrons jamais le résoudre si nous y introduisons les plus funestes préjugés.

Et il ne s'agit pas ici de plaider pour un sentimentalisme ridicule qui mêlerait toutes les races dans la même confusion attendrie. Les hommes ne se ressemblent pas, il est vrai, et je sais bien quelle profondeur de traditions me sépare d'un Africain ou d'un musulman. Mais je sais bien aussi ce qui m'unit à eux et qu'il est quelque chose en chacun d'eux que je ne puis mépriser sans me ravaler moi-même. C'est pourquoi il est nécessaire de dire clairement que ces signes, spectaculaires ou non, de racisme révèlent ce qu'il y a de plus abject et de plus insensé dans le cœur des hommes. Et c'est seulement lorsque nous en aurons triomphé que nous garderons le droit difficile de dénoncer, partout où il se trouve, l'esprit de tyrannie ou de violence.

ANNIVERSAIRE

(Combat, 7 mai 1947.)

LE 8 mai 1945, l'Allemagne signait la plus grande capitulation de l'Histoire. Le général Jodl[1] déclarait alors : « Je considère que l'acte de reddition remet l'Allemagne et le peuple allemand aux mains des vainqueurs. » Dix-huit mois après, Jodl était pendu à Nuremberg. Mais on n'a pu pendre 70 millions d'habitants, l'Allemagne est toujours entre les mains des vainqueurs, et, pour finir, ce jour anniversaire n'est pas celui de la réjouissance. La victoire aussi a ses servitudes.

C'est que l'Allemagne n'a pas cessé d'être en accusation, et cela rend difficile, à un Français surtout, de dire ou de faire des choses raisonnables à ce sujet. Il y a deux ans, la radio de Flensburg[2] diffusait, sur l'ordre de Dœnitz, un appel où les dirigeants provisoires du Reich abattu disaient leur espoir que « l'atmosphère de haine qui entourait l'Allemagne sur toute la terre serait peu à peu remplacée par l'esprit de conciliation entre nations sans lequel le monde ne peut pas se relever ». Cette lucidité venait cinq ans trop tard et l'espoir de Dœnitz ne s'est réalisé qu'à moitié. La haine de l'Allemagne a été remplacée par un bizarre sentiment où la méfiance et une vague rancune se mêlent à une indifférence lassée. Quant à l'esprit de conciliation...

Le silence de trois minutes qui a suivi l'annonce de la capitulation allemande se prolonge donc, interminablement, dans le mutisme où l'Allemagne occupée poursuit son existence hagarde, au milieu d'un monde qui ne lui oppose qu'une distraction un peu méprisante. Cela tient sans doute à ce que le nazisme, comme tous les régimes de proie, pouvait tout attendre du monde, sauf l'oubli. C'est lui qui nous mit à l'apprentissage de la haine. Et peut-être cette haine aurait-elle pu s'oublier, puisque la mémoire des hommes s'envole à la vitesse même où marche l'Histoire. Mais le calcul, la précision méticuleuse et glacée que le régime hitlérien y apportait sont restés dans tous les cœurs. Les fonctionnaires de la haine s'oublient moins vite que ses possédés. C'est un avertissement valable pour tous.

Il y a donc des choses que les hommes de mon âge ne peuvent plus oublier. Mais aucun d'entre nous, je crois, n'accepterait en ce jour anniversaire de piétiner un vaincu. La justice absolue est impossible, comme sont impossibles la haine ou l'amour éternels. C'est pourquoi il faut en revenir à la raison. Le temps de l'Apocalypse n'est plus. Nous sommes entrés dans celui de la médiocre organisation et des accommodements sans grandeur. Par sagesse et par goût pour le bonheur, il faut préférer celui-ci, bien qu'on sache qu'à force de médiocrité, on revienne aux apocalypses. Mais ce répit permet la réflexion et cette réflexion, au lieu de nous pousser aujourd'hui à réveiller des haines qui somnolent, devrait nous conduire au contraire à mettre les choses et l'Allemagne à leur vraie place.

Quels que soient notre passion intérieure et le souvenir de nos révoltes, nous savons bien que la paix du monde a besoin d'une Allemagne pacifiée, et qu'on ne pacifie pas un pays en l'exilant à jamais de l'ordre international. Si le dialogue avec l'Allemagne est encore possible, c'est la raison même qui demande qu'on le reprenne. Mais il faut dire, et avec la même force, que le problème allemand est un problème secondaire, bien qu'on veuille parfois en faire le premier de tous, pour détourner notre attention de ce qui crève les yeux. Ce qui crève les yeux, c'est qu'avant d'être une menace, l'Allemagne est devenue un enjeu entre la Russie et l'Amérique. Et les seuls problèmes urgents de notre siècle sont ceux qui concernent l'accord ou l'hostilité de ces deux puissances. Si cet accord est trouvé, l'Allemagne, et quelques autres pays avec elle, connaîtront un destin raisonnable. Dans le cas contraire, l'Allemagne sera plongée dans une immense défaite générale. C'est dire en même temps qu'en toute occasion la France doit préférer l'effort de raison à la politique de puissance. Il faut choisir aujourd'hui de faire des choses probablement inefficaces ou certainement criminelles. Il me semble que le choix n'est pas difficile.

Aussi bien, cet effort est une preuve de confiance en soi. C'est la preuve qu'on se sent assez ferme pour continuer, quoi qu'il arrive, à combattre et plaider pour la justice et la liberté. Le monde d'aujourd'hui n'est pas celui de l'espérance. Nous reviendrons peut-être à l'Apocalypse. Mais la capitulation de l'Allemagne, cette victoire contre toute raison et contre tout espoir, illustreront pour longtemps cette impuissance de la force dont Napoléon parlait avec mélancolie : « À la longue, Fontanes, l'esprit finit toujours par vaincre l'épée. » À la longue, oui... Mais après tout, une bonne règle de conduite est de penser que l'esprit libre a toujours raison et finit toujours par triompher, puisque le jour où il cessera d'avoir raison sera celui où l'humanité tout entière aura tort et où l'histoire des hommes aura perdu son sens.

RIEN N'EXCUSE CELA

(*Combat*, 22 mars 1947.)

ON a pu lire, dans notre numéro d'hier, la lettre courageuse que le R. P. Riquet, résistant et déporté, a écrite à M. Ramadier[1]. J'ignore ce que les chrétiens peuvent penser à ce propos. Mais, pour ma part, je n'aurais pas la conscience tranquille à laisser cette lettre sans écho. Et il me semble, au contraire, qu'un incroyant doit se sentir obligé, plus que tout autre, à dire son indignation devant l'inqualifiable attitude, dans cette affaire, d'une partie de notre presse.

Je n'ai pas envie de justifier qui que ce soit. S'il est vrai que des religieux ont conspiré contre l'État, ils relèvent, en effet, des lois que ce pays s'est données. Mais, à ma connaissance, et jusqu'à présent, la France n'a pas imaginé que la responsabilité pût devenir collective. Avant de dénoncer les couvents comme des nids d'assassins et de traîtres, l'Église tout entière comme le centre d'un vaste et obscur complot, on aurait voulu que les journalistes et les hommes de parti fissent seulement l'effort de se souvenir.

Peut-être auraient-ils retrouvé alors les images d'un temps où certains couvents couvraient, de leur silence, un complot bien différent. Peut-être auraient-ils consenti à mettre en face des tièdes et des défaillants l'exemple de quelques héros qui surent quitter sans discours leurs communautés pacifiques pour les communautés torturées des camps de destruction. Nous qui fûmes les premiers à dénoncer les complaisances de quelques dignitaires religieux, nous avons le droit d'écrire ceci à l'heure où d'autres journalistes oublient assez les devoirs et la dignité de leur profession pour se transformer en insulteurs.

Quelle que soit la responsabilité d'un gouvernement qui n'a visiblement révélé que ce qu'il lui convenait de dire et qui a choisi de le faire au moment le plus heureux pour lui, celle des journalistes est encore plus haute. Car ils ont nié ce qu'ils savaient, ils se sont détournés de ce qui reste notre seule justification et qui fut la communauté de nos souffrances pendant quatre ans. Pour des journaux qui ont eu l'honneur de la clandestinité, c'est un oubli impardonnable, un manquement à la mémoire la plus noble et un défi à la justice. Lorsque *Franc-Tireur,* répondant au Père Riquet, sans reproduire sa lettre, s'écrie : « Qui demeure fidèle à l'esprit de la Résistance ? Ceux qui essaient de soustraire à la justice les bourreaux des prêtres déportés ou ceux qui veulent les châtier ? », il oublie que s'il est une justice qui doit s'appliquer à l'ennemi, il en est une autre, supérieure devant l'esprit, et que l'on doit à ses frères d'armes. La justice la plus stricte demandait à cet égard que l'on fît l'effort de ne point mêler, dans la confusion d'une accusation générale, une poignée de prévenus à l'immense cohorte des innocents, oubliant de gaieté de cœur tous ceux qui se firent égorger. Non, décidément, rien n'excuse cela.

Mais à quoi bon, en vérité? L'esprit de calcul rend sourd, nous parlons dans le désert. Qui se soucie aujourd'hui de la Résistance et de son honneur? Après ces deux ans où tant d'espoirs furent saccagés, on se sent le cœur lourd à reprendre le même langage. Il le faut bien pourtant. On ne parle que de ce qu'on connaît, on a honte pour ceux qu'on aime et pour ceux-là seulement. J'entends d'ici les railleries. Eh quoi! *Combat* est aujourd'hui avec l'Église. Cela, du moins, est sans importance. Les incroyants que nous sommes n'ont de haine que pour la haine, et tant qu'il y aura un souffle de liberté dans ce pays, ils continueront à refuser de rejoindre ceux qui hurlent et injurient, pour demeurer seulement avec ceux, quels qu'ils soient, qui témoignent.

NI VICTIMES NI BOURREAUX

LE SIÈCLE DE LA PEUR

(*Combat*, novembre 1946.)

Le XVIIe siècle a été le siècle des mathématiques, le XVIIIe celui des sciences physiques, et le XIXe celui de la biologie. Notre XXe siècle est le siècle de la peur. On me dira que ce n'est pas là une science. Mais d'abord la science y est pour quelque chose, puisque ses derniers progrès théoriques l'ont amenée à se nier elle-même et puisque ses perfectionnements pratiques menacent la terre entière de destruction. De plus, si la peur en elle-même ne peut être considérée comme une science, il n'y a pas de doute qu'elle ne soit cependant une technique.

Ce qui frappe le plus, en effet, dans le monde où nous vivons, c'est d'abord, et en général, que la plupart des hommes (sauf les croyants de toutes espèces) sont privés d'avenir. Il n'y a pas de vie valable sans projection sur l'avenir, sans promesse de mûrissement et de progrès. Vivre contre un mur, c'est la vie des chiens. Eh bien! les hommes de ma génération et de celle qui entre aujourd'hui dans les ateliers et les facultés ont vécu et vivent de plus en plus comme des chiens.

Naturellement, ce n'est pas la première fois que des hommes se trouvent devant un avenir matériellement bouché. Mais ils en triomphaient ordinairement par la parole et par le cri. Ils en appelaient à d'autres valeurs, qui faisaient leur espérance. Aujourd'hui, personne ne parle plus (sauf ceux qui se répètent), parce que le monde nous paraît mené par des forces aveugles et sourdes qui n'entendront pas les cris d'avertissements, ni les conseils, ni les supplications. Quelque chose en nous a été détruit par le spectacle des années que nous venons de passer. Et ce quelque chose est cette éternelle confiance de l'homme, qui lui a toujours fait croire qu'on pouvait tirer d'un autre homme des réactions humaines en lui parlant le langage de l'humanité. Nous avons vu mentir, avilir, tuer, déporter, torturer, et à chaque fois il n'était pas possible de persuader ceux qui le faisaient de ne pas le faire, parce qu'ils étaient sûrs d'eux et parce qu'on ne persuade pas une abstraction, c'est-à-dire le représentant d'une idéologie.

Le long dialogue des hommes vient de s'arrêter. Et, bien entendu, un homme qu'on ne peut pas persuader est un homme qui fait peur. C'est ainsi qu'à côté des gens qui ne parlaient pas parce qu'ils le jugeaient inutile s'étalait et s'étale toujours une immense conspiration du silence, acceptée par ceux qui tremblent et qui se donnent de bonnes raisons pour se cacher à eux-mêmes ce tremblement, et suscitée par ceux qui ont intérêt à le faire. « Vous ne devez pas parler de l'épuration des artistes en Russie, parce que cela profiterait à la réaction. » « Vous devez vous taire sur le maintien de Franco par les Anglo-Saxons, parce que cela profiterait au communisme[1]. » Je disais bien que la peur est une technique.

Entre la peur très générale d'une guerre que tout le monde prépare[2] et la peur toute particulière des idéologies meurtrières, il est donc bien vrai que nous vivons dans la terreur. Nous vivons dans la terreur parce que la persuasion n'est plus possible, parce que l'homme a été livré tout entier à l'histoire et qu'il ne peut plus se tourner vers cette part de lui-même, aussi vraie que la part historique, et qu'il retrouve devant la beauté du monde et des visages; parce que nous vivons dans le monde de l'abstraction, celui des bureaux et des machines, des idées absolues et du messianisme sans nuances. Nous étouffons parmi les gens qui croient avoir absolument raison, que ce soit dans leurs machines ou dans leurs idées[3]. Et pour tous ceux qui ne peuvent vivre que dans le dialogue et dans l'amitié des hommes, ce silence est la fin du monde.

Pour sortir de cette terreur, il faudrait pouvoir réfléchir et agir suivant sa réflexion. Mais la terreur, justement, n'est pas un climat favorable à la réflexion. Je suis d'avis, cependant, au lieu de blâmer cette peur, de la considérer comme un des premiers éléments de la situation et d'essayer d'y remédier. Il n'est rien de plus important. Car cela concerne le sort d'un grand nombre d'Européens qui, rassasiés de violences et de mensonges, déçus dans leurs plus grands espoirs, répugnant à l'idée de tuer leurs semblables, fût-ce pour les convaincre, répugnent également à l'idée d'être convaincus de la même manière. Pourtant, c'est l'alternative où l'on place cette grande masse d'hommes en Europe, qui ne sont d'aucun parti, ou qui sont mal à l'aise dans celui qu'ils ont choisi, qui doutent que le socialisme soit réalisé en Russie, et le libéralisme en Amérique, qui reconnaissent, cependant, à ceux-ci et à ceux-là le droit d'affirmer leur vérité, mais qui leur refusent celui de l'imposer par le meurtre, individuel ou collectif. Parmi les puissants du jour, ce sont des hommes sans royaume. Ces hommes ne pourront faire admettre (je ne dis pas triompher mais admettre) leur point de vue, et ne pourront retrouver leur patrie que lorsqu'ils auront pris conscience de ce qu'ils veulent et qu'ils le diront assez simplement et assez fortement pour que leurs paroles puissent lier un faisceau d'énergies. Et si la peur n'est pas le climat de la juste réflexion, il leur faut donc d'abord se mettre en règle avec la peur.

Pour se mettre en règle avec elle, il faut voir ce qu'elle signifie et ce qu'elle refuse. Elle signifie et elle refuse le même fait : un monde où le meurtre est légitimé et où la vie humaine est considérée comme futile. Voilà le premier problème politique d'aujourd'hui. Et avant d'en venir au reste, il faut prendre position par rapport à lui. Préalablement à toute construction, il faut aujourd'hui poser deux questions : « Oui ou non, directement ou indirectement, voulez-vous être tué ou violenté ? Oui ou non, directement ou indirectement, voulez-vous tuer ou violenter ? » Tous ceux qui répondront non à ces deux questions sont automatiquement embarqués dans une série de conséquences[1] qui doivent modifier leur façon de poser le problème. Mon projet est de préciser deux ou trois seulement de ces conséquences. En attendant, le lecteur de bonne volonté peut s'interroger et répondre[2].

SAUVER LES CORPS

Ayant dit un jour que je ne saurais plus admettre, après l'expérience de ces deux dernières années, aucune vérité qui pût me mettre dans l'obligation, directe ou indirecte, de faire condamner un homme à mort, des esprits que j'estimais quelquefois m'ont fait remarquer que j'étais dans l'utopie, qu'il n'y avait pas de vérité politique qui ne nous amenât un jour à cette extrémité, et qu'il fallait donc courir le risque de cette extrémité ou accepter le monde tel qu'il était.

Cet argument était présenté avec force. Mais je crois d'abord qu'on n'y mettait tant de force que parce que les gens qui le présentaient n'avaient pas d'imagination pour la mort des autres. C'est un travers de notre siècle. De même qu'on s'y aime par téléphone et qu'on travaille non plus sur la matière, mais sur la machine, on y tue et on y est tué aujourd'hui par procuration. La propreté y gagne, mais la connaissance y perd.

Cependant cet argument a une autre force, quoique indirecte : il pose le problème de l'utopie. En somme, les gens comme moi voudraient un monde, non pas où l'on ne se tue plus (nous ne sommes pas si fous !), mais où le meurtre ne soit pas légitimé. Nous sommes ici dans l'utopie et la contradiction en effet. Car nous vivons justement, dans un monde où le meurtre est légitimé, et nous devons le changer si nous n'en voulons pas. Mais il semble qu'on ne puisse le changer sans courir la chance du meurtre. Le meurtre nous renvoie donc au meurtre et nous continuerons de vivre dans la terreur, soit que nous l'acceptions avec résignation, soit que nous voulions la supprimer par des moyens qui lui substitueront une autre terreur.

À mon avis, tout le monde devrait réfléchir à cela. Car ce qui me frappe au milieu des polémiques, des menaces et des éclats de la violence, c'est la bonne volonté de tous. Tous, à quelques tricheurs près, de la droite à la gauche, estiment que leur vérité est propre à faire le bonheur des hommes. Et pourtant, la conjonction de ces bonnes volontés aboutit à ce monde infernal où des hommes sont encore tués, menacés, déportés, où la guerre se prépare, et où il est impossible de dire un mot sans être à l'instant insulté ou trahi. Il faut donc en conclure que si des gens comme nous vivent dans la contradiction, ils ne sont pas les seuls, et que ceux qui les accusent d'utopie vivent peut-être dans une utopie différente sans doute, mais plus coûteuse à la fin.

Il faut donc admettre que le refus de légitimer le meurtre nous force à reconsidérer notre notion de l'utopie. À cet égard, il semble qu'on puisse dire ceci :

l'utopie est ce qui est en contradiction avec la réalité. De ce point de vue, il serait tout à fait utopique de vouloir que personne ne tue plus personne. C'est l'utopie absolue. Mais c'est une utopie à un degré beaucoup plus faible que de demander que le meurtre ne soit plus légitimé. Par ailleurs, les idéologies marxiste et capitaliste, basées toutes deux sur l'idée de progrès, persuadées toutes deux que l'application de leurs principes doit amener fatalement l'équilibre de la société, sont des utopies d'un degré beaucoup plus fort. En outre, elles sont en train de nous coûter très cher.

On peut en conclure que, pratiquement, le combat qui s'engagera dans les années qui viennent ne s'établira pas entre les forces de l'utopie et celles de la réalité, mais entre des utopies différentes qui cherchent à s'insérer dans le réel et entre lesquelles il ne s'agit plus que de choisir les moins coûteuses. Ma conviction est que nous ne pouvons plus avoir raisonnablement l'espoir de tout sauver, mais que nous pouvons nous proposer au moins de sauver les corps, pour que l'avenir demeure possible.

On voit donc que le fait de refuser la légitimation du meurtre n'est pas plus utopique que les attitudes réalistes d'aujourd'hui. Toute la question est de savoir si ces dernières coûtent plus ou moins cher. C'est un problème que nous devons régler aussi, et je suis donc excusable de penser qu'on peut être utile en définissant, par rapport à l'utopie, les conditions qui sont nécessaires pour pacifier les esprits et les nations. Cette réflexion, à condition qu'elle se fasse sans peur comme sans prétention, peut aider à créer les conditions d'une pensée juste et d'un accord provisoire entre les hommes qui ne veulent être ni des victimes ni des bourreaux. Bien entendu, il ne s'agit pas, dans les articles qui suivront, de définir une position absolue, mais seulement de redresser quelques notions aujourd'hui travesties et d'essayer de poser le problème de l'utopie aussi correctement que possible. Il s'agit, en somme, de définir les conditions d'une pensée politique modeste, c'est-à-dire délivrée de tout messianisme, et débarrassée de la nostalgie du paradis terrestre.

LE SOCIALISME MYSTIFIÉ

Si l'on admet que l'état de terreur, avoué ou non, où nous vivons depuis dix ans, n'a pas encore cessé, et qu'il fait aujourd'hui la plus grande partie du malaise où se trouvent les esprits et les nations, il faut voir ce qu'on peut opposer à la terreur. Cela pose le problème du socialisme occidental. Car la terreur ne se légitime que si l'on admet le principe : « La fin justifie les moyens. » Et ce principe ne peut s'admettre que si l'efficacité d'une action est posée en but absolu, comme c'est le cas dans les idéologies nihilistes (tout est permis, ce qui compte c'est de réussir), ou dans les philosophies qui font de l'histoire un absolu (Hegel, puis Marx : le but étant la société sans classe, tout est bon qui y conduit).

C'est là le problème qui s'est posé aux socialistes français, par exemple. Des scrupules leur sont venus. La violence et l'oppression dont ils n'avaient eu jusqu'ici qu'une idée assez abstraite, ils les ont vues à l'œuvre. Et ils se sont demandé s'ils accepteraient, comme le voulait leur philosophie, d'exercer eux-mêmes la violence, même provisoirement et pour un but pourtant différent. Un récent préfacier de Saint-Just[1], parlant d'hommes qui avaient des scrupules semblables, écrivait avec tout l'accent du mépris : « Ils ont reculé devant l'horreur. » Rien n'est plus vrai. Et ils ont par là mérité d'encourir le dédain d'âmes assez fortes et supérieures pour s'installer sans broncher dans l'horreur. Mais, en même temps, ils ont donné une voix à cet appel angoissé venu des médiocres que nous sommes, qui se comptent par millions, qui font la matière même de l'histoire, et dont il faudra un jour tenir compte, malgré tous les dédains.

Ce qui nous paraît plus sérieux, au contraire, c'est d'essayer de comprendre la contradiction et la confusion où se sont trouvés nos socialistes. De ce point de vue, il est évident qu'on n'a pas réfléchi suffisamment à la crise de conscience du socialisme français telle qu'elle s'est exprimée dans un récent congrès. Il est bien évident que nos socialistes, sous l'influence de Léon Blum, et plus encore sous la menace des événements, ont au premier rang de leurs préoccupations des problèmes moraux (la fin ne justifie pas tous les moyens) qu'ils n'avaient pas soulignés jusqu'ici. Leur désir légitime était de se référer à quelques principes qui fussent supérieurs au meurtre. Il n'est pas moins évident que ces mêmes socialistes veulent conserver la doctrine marxiste ; les uns parce qu'ils pensent qu'on ne peut être révolutionnaire sans être marxiste ; les autres, par une fidélité respectable à l'histoire du parti qui les persuade qu'on ne peut, non plus, être socialiste sans être marxiste. Le dernier congrès du parti[1] a mis en valeur ces deux tendances et la tâche principale de ces congrès a été d'en faire la conciliation. Mais on ne peut concilier ce qui est inconciliable.

Car il est clair que si le marxisme est vrai, et s'il y a une logique de l'histoire, le réalisme politique est légitime. Il est clair également que si les valeurs morales préconisées par le parti socialiste sont fondées en droit, alors le marxisme est faux absolument puisqu'il prétend être vrai absolument. De ce point de vue, le fameux dépassement du marxisme dans un sens idéaliste et humanitaire n'est qu'une plaisanterie et un rêve sans conséquence. Marx ne peut être dépassé, car il est allé jusqu'au bout de la conséquence. Les communistes sont fondés raisonnablement à utiliser le mensonge et la violence dont ne veulent pas les socialistes, et ils y sont fondés par les principes mêmes et la dialectique irréfutable que les socialistes veulent pourtant conserver. On ne pouvait donc pas s'étonner de voir le congrès socialiste se terminer par une simple juxtaposition de deux positions contradictoires, dont la stérilité s'est vue sanctionnée par les dernières élections[2].

De ce point de vue, la confusion continue. Il fallait choisir et les socialistes ne voulaient ou ne pouvaient pas choisir.

Je n'ai pas choisi cet exemple pour accabler le socialisme, mais pour éclairer les paradoxes où nous vivons. Pour accabler les socialistes, il faudrait leur être supérieur. Ce n'est pas encore le cas. Bien au contraire, il me semble que cette contradiction est commune à tous les hommes dont j'ai parlé, qui désirent une société qui serait en même temps heureuse et digne, qui voudraient que les hommes soient libres dans une condition enfin juste, mais qui hésitent entre une liberté où ils savent bien que la justice est finalement dupée et une justice où ils voient bien que la liberté est au départ supprimée[1]. Cette angoisse intolérable est généralement tournée en dérision par ceux qui savent ce qu'il faut croire ou ce qu'il faut faire. Mais je suis d'avis qu'au lieu de la moquer, il faut la raisonner et l'éclaircir, voir ce qu'elle signifie, traduire la condamnation quasi totale qu'elle porte sur le monde qui la provoque et dégager le faible espoir qui la soutient.

Et l'espoir réside justement dans cette contradiction parce qu'elle force ou forcera les socialistes au choix. Ou bien, ils admettront que la fin couvre les moyens, donc que le meurtre puisse être légitimé, ou bien ils renonceront au marxisme comme philosophie absolue, se bornant à en retenir l'aspect critique, souvent encore valable. S'ils choisissent le premier terme de l'alternative, la crise de conscience sera terminée et les situations clarifiées. S'ils admettent le second, ils démontreront que ce temps marque la fin des idéologies, c'est-à-dire des utopies absolues qui se détruisent elles-mêmes, dans l'histoire, par le prix qu'elles finissent par coûter. Il faudra choisir alors une autre utopie, plus modeste et moins ruineuse. C'est ainsi du moins que le refus de légitimer le meurtre force à poser la question.

Oui, c'est la question qu'il faut poser et personne, je crois, n'osera y répondre légèrement.

LA RÉVOLUTION TRAVESTIE

Depuis août 1944[2], tout le monde parle chez nous de révolution; et toujours sincèrement, il n'y a pas de doute là-dessus. Mais la sincérité n'est pas une vertu en soi. Il y a des sincérités si confuses qu'elles sont pires que des mensonges. Il ne s'agit pas pour nous aujourd'hui de parler le langage du cœur, mais seulement de penser clair. Idéalement, la révolution est un changement des institutions politiques et économiques propre à faire régner plus de liberté et de justice dans le monde. Pratiquement, c'est l'ensemble des événements historiques, souvent malheureux, qui amène cet heureux changement.

Peut-on dire aujourd'hui que ce mot soit employé

dans son sens classique ? Quand les gens entendent parler de révolution chez nous, et à supposer qu'ils gardent alors leur sang-froid, ils envisagent un changement de mode de la propriété (généralement la mise en commun des moyens de production) obtenu, soit par une législation selon les lois de la majorité, soit à l'occasion de la prise du pouvoir par une minorité.

Il est facile de voir que cet ensemble de notions n'a aucun sens dans les circonstances historiques actuelles. D'une part, la prise de pouvoir par la violence est une idée romantique que le progrès des armements a rendue illusoire[1]. L'appareil répressif d'un gouvernement a toute la force des tanks et des avions. Il faudrait donc des tanks et des avions pour l'équilibrer seulement. 1789 et 1917 sont encore des dates, mais ce ne sont plus des exemples.

En supposant que cette prise du pouvoir soit cependant possible, qu'elle se fasse dans tous les cas par les armes ou par la loi, elle n'aurait d'efficacité que si la France (ou l'Italie ou la Tchécoslovaquie) pouvait être mise entre parenthèses et isolée du monde. Car, dans notre actualité historique, en 1946, une modification du régime de propriété entraînerait, par exemple, de telles répercussions sur les crédits américains que notre économie s'en trouverait menacée de mort. Une révolution de droite n'aurait pas plus de chances, à cause de l'hypothèque parallèle que nous crée la Russie par des millions d'électeurs communistes et sa situation de plus grande puissance continentale. La vérité, que je m'excuse d'écrire en clair, alors que tout le monde la connaît sans la dire, c'est que nous ne sommes pas libres, en tant que Français, d'être révolutionnaires. Ou du moins nous ne pouvons plus être des révolutionnaires solitaires parce qu'il n'y a plus, dans le monde, aujourd'hui, de politiques conservatrices ou socialistes qui puissent se déployer sur le seul plan national.

Ainsi, nous ne pouvons parler que de révolution internationale. Exactement, la révolution se fera à l'échelle internationale ou elle ne se fera pas. Mais quel est encore le sens de cette expression ? Il fut un temps où l'on pensait que la réforme internationale se ferait par la conjonction ou la synchronisation de plusieurs révolutions nationales; une addition de miracles, en quelque sorte. Aujourd'hui, et si notre analyse précédente est juste, on ne peut plus penser qu'à l'extension d'une révolution qui a déjà réussi[1]. C'est une chose que Staline a très bien vue et c'est l'explication la plus bienveillante qu'on puisse donner de sa politique (l'autre étant de refuser à la Russie le droit de parler au nom de la révolution).

Cela revient à considérer l'Europe et l'Occident comme une seule nation où une importante minorité bien armée pourrait vaincre et lutter pour prendre enfin le pouvoir. Mais la force conservatrice (en l'espèce, les États-Unis) étant également bien armée, il est facile de voir que la notion de révolution est remplacée aujourd'hui par la notion de guerre idéologique. Plus précisément, la révolution internationale ne va pas aujourd'hui sans un risque extrême de guerre. Toute révolution de l'avenir sera une révolution étrangère. Elle commencera par une occupation militaire ou, ce qui revient au même, par un chantage à l'occupation[2]. Elle n'aura de sens qu'à partir de la victoire définitive de l'occupant sur le reste du monde.

À l'intérieur des nations, les révolutions coûtent déjà très cher. Mais, en considération du progrès qu'elles sont censées amener, on accepte généralement la nécessité de ces dégâts. Aujourd'hui, le prix que coûterait la guerre à l'humanité doit être objectivement mis en balance avec le progrès qu'on peut espérer de la prise du pouvoir mondial par la Russie ou l'Amérique[3]. Et je crois d'une importance définitive qu'on en fasse la balance et que, pour une fois, on apporte un peu d'imagination à ce que serait une planète, où sont encore tenus au frais une trentaine de millions de cadavres, après un cataclysme qui nous coûterait dix fois plus.

Je ferai remarquer que cette manière de raisonner est proprement objective. Elle ne fait entrer en ligne que l'appréciation de la réalité, sans engager pour le moment de jugements idéologiques ou sentimentaux. Elle devrait, en tout cas, pousser à la réflexion ceux qui parlent légèrement de révolution. Ce que ce mot contient *aujourd'hui* doit être accepté en bloc ou rejeté en bloc. S'il est accepté, on doit se reconnaître responsable conscient de la guerre à venir. S'il est rejeté, on doit, ou bien se déclarer partisan du *statu quo,* ce qui est l'utopie totale dans la mesure où elle suppose l'immobilisation de l'histoire, ou bien renouveler le contenu du mot révolution, ce qui présente un consentement à ce que j'appellerai l'utopie relative.

Après avoir un peu réfléchi à cette question, il me semble que les hommes qui désirent aujourd'hui changer efficacement le monde ont à choisir entre les charniers qui s'annoncent, le rêve impossible d'une histoire tout d'un coup stoppée, et l'acceptation d'une utopie relative qui laisse une chance à la fois à l'action et aux hommes. Mais il n'est pas difficile de voir qu'au contraire, cette utopie relative est la seule possible et qu'elle est seule inspirée de l'esprit de réalité. Quelle est la chance fragile qui pourrait nous sauver des charniers, c'est ce que nous examinerons dans un prochain article.

DÉMOCRATIE ET DICTATURE INTERNATIONALES

Nous savons aujourd'hui qu'il n'y a plus d'îles et que les frontières sont vaines. Nous savons que dans un monde en accélération constante, où l'Atlantique se traverse en moins d'une journée, où Moscou parle à Washington en quelques heures, nous sommes forcés à la solidarité ou à la complicité, suivant les cas. Ce que nous avons appris pendant les années 40, c'est que l'injure faite à un étudiant de Prague frappait en même temps l'ouvrier de Clichy, que le sang répandu quelque part sur les bords d'un fleuve du Centre européen devait amener un paysan du Texas à verser le sien sur le sol de ces Ardennes qu'il voyait pour la première fois. Il n'était pas comme il n'est plus une seule souffrance, isolée, une seule torture en ce monde qui ne se répercute dans notre vie de tous les jours.

Beaucoup d'Américains voudraient continuer à vivre enfermés dans leur société qu'ils trouvent bonne. Beaucoup de Russes voudraient peut-être continuer à poursuivre l'expérience étatiste à l'écart du monde capitaliste. Ils ne le peuvent et ne le pourront plus jamais. De même, aucun problème économique, si secondaire apparaisse-t-il, ne peut se régler aujourd'hui en dehors de la solidarité des nations. Le pain de l'Europe est à Buenos Aires, et les machines-outils de Sibérie sont fabriquées à Detroit. Aujourd'hui, la tragédie est collective.

Nous savons donc tous, sans l'ombre d'un doute, que le nouvel ordre que nous cherchons ne peut être seulement national ou même continental, ni surtout occidental ou oriental. Il doit être universel. Il n'est plus possible d'espérer des solutions partielles ou des concessions. Le compromis, c'est ce que nous vivons c'est-à-dire l'angoisse pour aujourd'hui et le meurtre pour demain. Et pendant ce temps, la vitesse de l'histoire et du monde s'accélère. Les vingt et un sourds, futurs criminels de guerre, qui discutent aujourd'hui de paix échangent leurs monotones dialogues, tranquillement assis au centre d'un rapide qui les entraîne vers le gouffre, à mille kilomètres à l'heure. Oui, cet ordre universel est le seul problème du moment et qui passe toutes les querelles de constitution et de loi électorale. C'est lui qui exige que nous lui appliquions les ressources de nos intelligences et de nos volontés.

Quels sont aujourd'hui les moyens d'atteindre cette unité du monde, de réaliser cette révolution internationale, où les ressources en hommes, les matières premières, les marchés commerciaux et les richesses spirituelles pourront se trouver mieux redistribuées ? Je n'en vois que deux et ces deux moyens définissent notre ultime alternative. Ce monde peut être unifié, d'en haut, comme je l'ai dit hier, par un seul État plus puissant que les autres. La Russie ou l'Amérique peuvent prétendre à ce rôle. Je n'ai rien, et aucun des hommes que je connais n'a rien à répliquer à l'idée défendue par certains, que la Russie ou l'Amérique ont les moyens de régner et d'unifier ce monde à l'image de leur société. J'y répugne en tant que Français, et plus encore en tant que Méditerranéen. Mais je ne tiendrai aucun compte de cet argument sentimental.

Notre seule objection, la voici, telle que je l'ai définie dans un dernier article : cette unification ne peut se faire sans la guerre ou, tout au moins, sans un risque extrême de guerre. J'accorderai encore, ce que je ne crois pas, que la guerre puisse ne pas être atomique. Il n'en reste pas moins que la guerre de demain laisserait l'humanité si mutilée et si appauvrie que l'idée même d'un ordre y deviendrait définitivement anachronique. Marx pouvait justifier comme il l'a fait[1] la guerre de 1870, car elle était la guerre du fusil Chassepot et elle était localisée. Dans les perspectives du marxisme, cent mille morts ne sont rien, en effet, au prix du bonheur de centaines de millions de gens. Mais la mort certaine de centaines de millions de gens, pour le bonheur supposé de ceux qui restent, est un prix trop cher. Le progrès vertigineux des armements, fait historique ignoré par Marx, force à poser de nouvelle façon le problème de la fin et des moyens.

Et le moyen, ici, ferait éclater la fin. Quelle que soit la fin désirée, si haute et si nécessaire soit-elle, qu'elle veuille ou non consacrer le bonheur des hommes, qu'elle veuille consacrer la justice ou la liberté, le moyen employé pour y parvenir représente un risque si définitif, si disproportionné en grandeur avec les chances de succès, que nous refusons objectivement de le courir. Il faut donc en revenir au deuxième moyen propre à assurer cet ordre universel, et qui est l'accord mutuel de toutes les parties. Nous ne nous demanderons pas s'il est possible, considérant ici qu'il est justement le seul possible. Nous nous demanderons d'abord ce qu'il est.

Cet accord des parties a un nom qui est la démocratie internationale. Tout le monde en parle à l'O.N.U., bien entendu. Mais qu'est-ce que la démocratie internationale ? C'est une démocratie qui est internationale. On me pardonnera ici ce truisme, puisque les vérités les plus évidentes sont aussi les plus travesties.

Qu'est-ce que la démocratie nationale ou internationale ? C'est une forme de société où la loi est au-dessus des gouvernants, cette loi étant l'expression de la volonté de tous, représentée par un corps législatif. Est-ce là ce qu'on essaie de fonder aujourd'hui ? On nous prépare, en effet, une loi internationale. Mais cette loi est faite ou défaite par des gouvernements, c'est-à-dire par l'exécutif. Nous sommes donc en régime de dictature internationale. La seule façon d'en sortir est de mettre la loi internationale au-dessus des gouvernements, donc de faire cette loi, donc de disposer d'un parlement, donc de constituer ce parlement au moyen d'élections mondiales auxquelles participeront tous les peuples[2]. Et puisque nous n'avons pas ce parlement, le seul moyen est de résister à cette dictature internationale sur un plan international et selon des moyens qui ne contrediront pas la fin poursuivie.

LE MONDE VA VITE

Il est évident pour tous que la pensée politique se trouve de plus en plus dépassée par les événements. Les Français, par exemple, ont commencé la guerre de 1914 avec les moyens de la guerre de 1870 et la guerre de 1939 avec les moyens de 1918. Mais aussi bien la pensée anachronique n'est pas une spécialité française. Il suffira de souligner ici que, pratiquement, les grandes politiques d'aujourd'hui prétendent régler l'avenir du monde au moyen de principes formés au XVIIIe siècle en ce qui concerne le libéralisme capitaliste, et au XIXe en ce qui regarde le socialisme, dit scientifique. Dans le premier cas, une pensée née dans les premières années de l'industrialisme moderne et, dans le deuxième cas, une doctrine contemporaine de l'évolutionnisme darwinien et de l'optimisme renanien se proposent de mettre en équation l'époque de la bombe atomique, des mutations brusques et du nihilisme. Rien ne saurait mieux illustrer le décalage de plus en plus désastreux qui s'effectue entre la pensée politique et la réalité historique.

Bien entendu, l'esprit a toujours du retard sur le monde. L'histoire court pendant que l'esprit médite. Mais ce retard inévitable grandit aujourd'hui à proportion de l'accélération historique. Le monde a beaucoup plus changé dans les cinquante dernières années qu'il ne l'avait fait auparavant en deux cents ans. Et l'on voit le monde s'acharner aujourd'hui à régler des problèmes de frontières quand tous les peuples savent que les frontières sont aujourd'hui abstraites. C'est encore le principe des nationalités qui a fait semblant de régner à la Conférence des Vingt et un[1].

Nous devons tenir compte de cela dans notre analyse de la réalité historique. Nous centrons aujourd'hui nos réflexions autour du problème allemand, qui est un problème secondaire par rapport au choc d'empires qui nous menace. Mais si, demain, nous concevions des solutions internationales en fonction du problème russo-américain, nous risquerions de nous voir à nouveau dépassés. Le choc d'empires est déjà en passe de devenir secondaire, par rapport au choc des civilisations. De toutes parts, en effet, les civilisations colonisées font entendre leurs voix. Dans dix ans, dans cinquante ans, c'est la prééminence de la civilisation occidentale qui sera remise en question. Autant donc y penser tout de suite et ouvrir le Parlement mondial à ces civilisations, afin que sa loi devienne vraiment universelle, et universel l'ordre qu'elle consacre.

Les problèmes que pose aujourd'hui le droit de veto sont faussés parce que les majorités ou les minorités qui s'opposent à l'O.N.U. sont fausses. L'U.R.S.S. aura toujours le droit de réfuter la loi de la majorité tant que celle-ci sera une majorité de ministres, et non une majorité de peuples représentés par leurs délégués et tant que tous les peuples, précisément, n'y seront pas représentés. Le jour où cette majorité aura un sens, il faudra que chacun lui obéisse ou rejette sa loi, c'est-à-dire déclare ouvertement sa volonté de domination.

De même, si nous gardons constamment à l'esprit cette accélération du monde, nous risquons de trouver la bonne manière de poser le problème économique d'aujourd'hui. On n'envisageait plus, en 1930, le problème du socialisme comme on le faisait en 1848. À l'abolition de la propriété avait succédé la technique de la mise en commun des moyens de production. Et cette technique, en effet, outre qu'elle réglait en même temps le sort de la propriété, tenait compte de l'échelle agrandie où se posait le problème économique. Mais, depuis 1930, cette échelle s'est encore accrue. Et, de même que la solution politique sera internationale, ou ne sera pas, de même la solution économique doit viser *d'abord* les moyens de production internationaux : pétrole, charbon et uranium. Si collectivisation il doit y avoir, elle doit porter sur les ressources indispensables à tous et qui, en effet, ne doivent être à personne. Le reste, tout le reste, relève du discours électoral.

Ces perspectives sont utopiques aux yeux de certains, mais pour tous ceux qui refusent d'accepter la chance d'une guerre, c'est cet ensemble de principes qu'il convient d'affirmer et de défendre sans aucune réserve. Quant à savoir les chemins qui peuvent nous rapprocher d'une semblable conception, ils ne peuvent pas s'imaginer sans la réunion des anciens socialistes et des hommes d'aujourd'hui, solitaires à travers le monde.

Il est possible, en tout cas, de répondre une nouvelle fois, et pour finir, à l'accusation d'utopie. Car, pour nous, la chose est simple : ce sera l'utopie ou la guerre, telle que nous la préparent des méthodes de pensée périmées. Le monde a le choix aujourd'hui entre la pensée politique anachronique et la pensée utopique. La pensée anachronique est en train de nous tuer. Si méfiants que nous soyons (et que je sois), l'esprit de réalité nous force donc à revenir à cette utopie relative. Quand elle sera rentrée dans l'Histoire, comme beaucoup d'autres utopies du même genre, les hommes n'imagineront plus d'autre réalité. Tant il est vrai que l'Histoire n'est que l'effort désespéré des hommes pour donner corps aux plus clairvoyants de leurs rêves.

UN NOUVEAU CONTRAT SOCIAL

Je me résume. Le sort des hommes de toutes les nations ne sera pas réglé avant que soit réglé le problème de la paix et de l'organisation du monde. Il n'y aura de révolution efficace nulle part au monde avant que cette révolution-là soit faite. Tout ce qu'on dit d'autre, en France, aujourd'hui, est futile ou intéressé. J'irai même plus loin. Non seulement le mode de propriété ne sera changé durablement en aucun point du globe, mais les problèmes les plus simples, comme le pain de tous les jours, la grande faim qui tord les ventres d'Europe, le charbon, ne recevront aucune solution tant que la paix ne sera pas créée.

Toute pensée qui reconnaît loyalement son incapacité à justifier le mensonge et le meurtre est amenée à cette conclusion, pour peu qu'elle ait le souci de la vérité. Il lui reste donc à se conformer tranquillement à ce raisonnement.

Elle reconnaîtra ainsi : 1° que la politique intérieure, considérée dans sa solitude, est une affaire proprement secondaire et d'ailleurs impensable; 2° que le seul problème est la création d'un ordre international qui apportera finalement les réformes de structure durables par lesquelles la révolution se définit; 3° qu'il n'existe plus, à l'intérieur des nations, que des problèmes d'administration qu'il faut régler provisoirement, et du mieux possible, en attendant un règlement politique plus efficace parce que plus général.

Il faudra dire, par exemple, que la Constitution française ne peut se juger qu'en fonction du service qu'elle rend ou qu'elle ne rend pas à un ordre international fondé sur la justice et le dialogue. De ce point de vue, l'indifférence de notre Constitution[1] aux plus simples libertés humaines est condamnable. Il faudra reconnaître que l'organisation provisoire du ravitaillement est dix fois plus importante que le problème des nationalisations ou des statistiques électorales. Les nationalisations ne seront pas viables dans un seul pays. Et si le ravitaillement ne peut pas se régler non plus sur le seul plan national, il est du moins plus pressant et il impose le recours à des expédients, même provisoires.

Tout cela peut donner, par conséquent, à notre jugement sur la politique intérieure le critérium qui lui manquait jusque-là. Trente éditoriaux de *l'Aube* auront beau s'opposer tous les mois à trente éditoriaux de *l'Humanité*, ils ne pourront nous faire oublier que ces deux journaux, avec les partis qu'ils représentent et les hommes qui les dirigent, ont accepté l'annexion sans referendum de Brigue et Tende[2], et qu'ils se sont ainsi rejoints dans une même entreprise de destruction à l'égard de la démocratie internationale. Que leur volonté soit bonne ou mauvaise, M. Bidault et M. Thorez favorisent également le principe de la dictature internationale. De ce point de vue, et quoi qu'on puisse en penser, ils représentent dans notre politique, non pas la réalité, mais l'utopie la plus malheureuse.

Oui, nous devons enlever son importance à la politique intérieure. On ne guérit pas la peste avec les moyens qui s'appliquent aux rhumes de cerveau. Une crise qui déchire le monde entier doit se régler à l'échelle universelle. L'ordre pour tous, afin que soit diminué pour chacun le poids de la misère et de la peur, c'est aujourd'hui notre objectif logique. Mais cela demande une action et des sacrifices, c'est-à-dire des hommes. Et s'il y a beaucoup d'hommes aujourd'hui, qui, dans le secret de leur cœur, maudissent la violence et la tuerie, il n'y en a pas beaucoup qui veuillent reconnaître que cela ne force à reconsidérer leur pensée ou leur action. Pour ceux qui voudront faire cet effort cependant, ils y trouveront une espérance raisonnable et la règle d'une action[1].

Ils admettront qu'ils n'ont pas grand-chose à attendre des gouvernements actuels, puisque ceux-ci vivent et agissent selon des principes meurtriers. Le seul espoir réside dans la plus grande peine, celle qui consiste à reprendre les choses à leur début pour refaire une société vivante à l'intérieur d'une société condamnée. Il faut donc que ces hommes, un à un, refassent entre eux, à l'intérieur des frontières et par-dessus elles, un nouveau contrat social qui les unisse suivant des principes plus raisonnables.

Le mouvement pour la paix dont j'ai parlé devrait pouvoir s'articuler à l'intérieur des nations sur des communautés de travail[2] et, par-dessus les frontières, sur des communautés de réflexion, dont les premières, selon des contrats de gré à gré sur le mode coopératif, soulageraient le plus grand nombre possible d'individus et dont les secondes s'essaieraient à définir les valeurs dont vivra cet ordre international, en même temps qu'elles plaideraient pour lui, en toute occasion[3].

Plus précisément, la tâche de ces dernières serait d'opposer des paroles claires aux confusions de la terreur, et de définir en même temps les valeurs indispensables à un monde pacifié. Un code de justice internationale dont le premier article serait l'abolition générale de la peine de mort, une mise au clair des principes nécessaires à toute civilisation du dialogue pourraient être ses premiers objectifs. Ce travail répondrait aux besoins d'une époque qui ne trouve dans aucune philosophie les justifications nécessaires à la soif d'amitié qui brûle aujourd'hui les esprits occidentaux. Mais il est bien évident qu'il ne s'agirait pas d'édifier une nouvelle idéologie. Il s'agirait seulement de rechercher un style de vie.

Ce sont là, en tout cas, des motifs de réflexion et je ne puis m'y étendre dans le cadre de ces articles. Mais, pour parler plus concrètement, disons que des hommes qui décideraient d'opposer, en toutes circonstances, l'exemple à la puissance, la prédication à la domination, le dialogue à l'insulte et le simple honneur à la ruse; qui refuseraient tous les avantages de la société actuelle et n'accepteraient que les devoirs et les charges qui les lient aux autres hommes; qui s'appliqueraient à orienter l'enseignement surtout, la presse et l'opinion ensuite, suivant les principes de conduite dont il a été question jusqu'ici, ces hommes-là n'agiraient pas dans le sens de l'utopie, c'est l'évidence même, mais selon le réalisme le plus honnête. Ils prépareraient l'avenir et, par là, feraient dès aujourd'hui tomber quelques-uns des murs qui nous oppressent. Si le réalisme est l'art de tenir compte, à la fois, du présent et de l'avenir, d'obtenir le plus en sacrifiant le moins, qui ne voit que la réalité la plus aveuglante serait alors leur part ?

Ces hommes se lèveront ou ne se lèveront pas, je n'en sais rien. Il est probable que la plupart d'entre eux réfléchissent en ce moment et cela est bien. Mais il est sûr que l'efficacité de leur action ne se séparera pas du courage avec lequel ils accepteront de renoncer, pour l'immédiat, à certains de leurs rêves, pour ne s'attacher qu'à l'essentiel qui est le sauvetage des vies. Et, arrivé ici, il faudra peut-être, avant de terminer, élever la voix.

VERS LE DIALOGUE

Oui[1], il faudrait élever la voix. Je me suis défendu jusqu'à présent de faire appel aux forces du sentiment. Ce qui nous broie aujourd'hui, c'est une logique historique que nous avons créée de toutes pièces et dont les nœuds finiront par nous étouffer. Et ce n'est pas le sentiment qui peut trancher les nœuds d'une logique qui déraisonne, mais seulement une raison qui raisonne dans les limites qu'elle se connaît. Mais je ne voudrais pas, pour finir, laisser croire que l'avenir du monde peut se passer de nos forces d'indignation et d'amour. Je sais bien qu'il faut aux hommes de grands mobiles pour se mettre en marche et qu'il est difficile de s'ébranler soi-même pour un combat dont les objectifs sont si limités et où l'espoir n'a qu'une part à peine raisonnable. Mais il n'est pas question d'entraîner des hommes. L'essentiel, au contraire, est qu'ils ne soient pas entraînés et qu'ils sachent bien ce qu'ils font.

Sauver ce qui peut encore être sauvé, pour rendre l'avenir seulement possible, voilà le grand mobile, la passion et le sacrifice demandés. Cela exige seulement qu'on y réfléchisse et qu'on décide clairement s'il faut encore ajouter à la peine des hommes pour des fins toujours indiscernables, s'il faut accepter que le monde se couvre d'armes et que le frère tue le frère à nouveau, ou s'il faut, au contraire, épargner autant qu'il est possible le sang et la douleur pour donner seulement leur chance à d'autres générations qui seront mieux armées que nous.

Pour ma part, je crois être à peu près sûr d'avoir choisi. Et, ayant choisi, il m'a semblé que je devais parler, dire que je ne serais plus jamais de ceux, quels qu'ils soient, qui s'accommodent du meurtre et en tirer les conséquences qui conviennent. La chose est faite et je m'arrêterai donc aujourd'hui. Mais, auparavant, je voudrais qu'on sente bien dans quel esprit j'ai parlé jusqu'ici.

On nous demande d'aimer ou de détester tel ou tel pays et tel ou tel peuple. Mais nous sommes quelques-uns à trop bien sentir nos ressemblances avec tous les hommes pour accepter ce choix. La bonne façon d'aimer le peuple russe, en reconnaissance de ce qu'il n'a jamais cessé d'être, c'est-à-dire le levain du monde dont parlent Tolstoï et Gorki, n'est pas de lui souhaiter les aventures de la puissance, c'est de lui épargner, après tant d'épreuves passées, une nouvelle et terrible saignée. Il en est de même pour le peuple américain et pour la malheureuse Europe. C'est le genre de vérités élémentaires qu'on oublie dans les fureurs du jour.

Oui, ce qu'il faut combattre aujourd'hui, c'est la peur et le silence, et avec eux la séparation des esprits et des âmes qu'ils entraînent. Ce qu'il faut défendre, c'est le dialogue et la communication universelle des hommes entre eux. La servitude, l'injustice, le mensonge sont les fléaux qui brisent cette communication et interdisent ce dialogue. C'est pourquoi nous devons les refuser. Mais ces fléaux sont aujourd'hui la matière même de l'histoire et, partant, beaucoup d'hommes les considèrent comme des maux nécessaires. Il est vrai, aussi bien, que nous ne pouvons pas échapper à l'histoire, puisque nous y sommes plongés jusqu'au cou. Mais on peut prétendre à lutter dans l'histoire pour préserver cette part de l'homme qui ne lui appartient pas. C'est là tout ce que j'ai voulu dire. Et dans tous les cas, je définirai mieux encore cette attitude et l'esprit de ces articles par un raisonnement dont je voudrais, avant de finir, qu'on le médite loyalement.

Une grande expérience met en marche aujourd'hui toutes les nations du monde, selon les lois de la puissance et de la domination. Je ne dirai pas qu'il faut empêcher ni laisser se poursuivre cette expérience. Elle n'a pas besoin que nous l'aidions et, pour le moment, elle se moque que nous la contrarions. L'expérience se poursuivra donc. Je poserai simplement cette question : « Qu'arrivera-t-il si l'expérience échoue, si la logique de l'histoire se dément, sur laquelle tant d'esprits se reposent pourtant ? » Qu'arrivera-t-il si, malgré deux ou trois guerres, malgré le sacrifice de plusieurs générations et de quelques valeurs, nos petits-fils, en supposant qu'ils existent, ne se retrouvent pas plus rapprochés de la société universelle ? Il arrivera que les survivants de cette expérience n'auront même plus la force d'être les témoins de leur propre agonie. Puisque donc l'expérience se poursuit et qu'il est inévitable qu'elle se poursuive encore, il n'est pas mauvais que des hommes se donnent pour tâche de préserver, au long de l'histoire apocalyptique qui nous attend, la réflexion modeste qui, sans prétendre tout résoudre, sera toujours prête à un moment quelconque, pour fixer un sens à la vie de tous les jours. L'essentiel est que ces hommes pèsent bien, et une fois pour toutes, le prix qu'il leur faudra payer.

Je puis maintenant conclure. Tout ce qui me paraît désirable, en ce moment, c'est qu'au milieu du monde du meurtre, on se décide à réfléchir au meurtre et à choisir. Si cela pouvait se faire, nous nous partagerions alors entre ceux qui acceptent à la rigueur d'être des meurtriers et ceux qui s'y refusent de toutes leurs forces. Puisque cette terrible division existe, ce sera au moins un progrès que de la rendre claire. À travers cinq continents, et dans les années qui viennent, une interminable lutte va se poursuivre entre la violence et la prédication. Et il est vrai que les chances de la première sont mille fois plus grandes que celles de la dernière. Mais j'ai toujours pensé que si l'homme qui espérait dans la condition humaine était un fou, celui qui désespérait des événements était un lâche. Et désormais, le seul honneur sera de tenir obstinément ce formidable pari qui décidera enfin si les paroles sont plus fortes que les balles.

DEUX RÉPONSES À EMMANUEL D'ASTIER DE LA VIGERIE[1]

PREMIÈRE RÉPONSE[1]

(*Caliban*, nº 16.)

JE passerai sur le titre, imprudent à mon avis, que vous avez donné à votre réponse*. Je passerai aussi sur deux ou trois contradictions dont je ne veux pas tirer avantage. Je ne cherche pas à avoir raison contre vous, et ce qui m'intéresse, c'est de vous répondre sur l'essentiel. Là commence mon embarras. Car vous n'avez justement pas parlé de l'essentiel, et les objections que vous me faites me paraissent le plus souvent secondaires ou sans objet. Si je veux y répondre d'abord, c'est seulement pour avoir le champ libre.

Ce n'est pas me réfuter en effet que de réfuter la non-violence. Je n'ai jamais plaidé pour elle. Et c'est une attitude qu'on me prête pour la commodité d'une polémique. Je ne pense pas qu'il faille répondre aux coups par la bénédiction. Je crois que la violence est inévitable, les années d'occupation me l'ont appris. Pour tout dire, il y a eu, en ce temps-là, de terribles violences qui ne m'ont posé aucun problème. Je ne dirai donc point qu'il faut supprimer toute violence, ce qui serait souhaitable, mais utopique, en effet. Je dis seulement qu'il faut refuser toute légitimation de la violence, que cette légitimation lui vienne d'une raison d'État absolue, ou d'une philosophie totalitaire. La violence est à la fois inévitable et injustifiable. Je crois qu'il faut lui garder son caractère exceptionnel et la resserrer dans les limites qu'on peut. Je ne prêche donc ni la non-violence, j'en sais malheureusement l'impossibilité, ni, comme disent les farceurs, la sainteté[2] : je me connais trop pour croire à la vertu toute pure. Mais dans un monde où l'on s'emploie à justifier la terreur avec des arguments opposés, je pense qu'il faut apporter une limitation à la

---

* *Arrachez la victime aux bourreaux*. Caliban, nº 15.

violence, la cantonner dans certains secteurs quand elle est inévitable, amortir ses effets terrifiants en l'empêchant d'aller jusqu'au bout de sa fureur. J'ai horreur de la violence confortable. J'ai horreur de ceux dont les paroles vont plus loin que les actes. C'est en cela que je me sépare de quelques-uns de nos grands esprits, dont je m'arrêterai de mépriser les appels au meurtre quand ils tiendront eux-mêmes les fusils de l'exécution.

Au début de votre article, vous me demandez pour quelles raisons je me suis placé du côté de la Résistance. C'est une question qui n'a pas de sens pour un certain nombre d'hommes, dont je suis. Je ne m'imaginais pas ailleurs, voilà tout. Il me semblait, et il me semble toujours, qu'on ne peut pas être du côté des camps de concentration. J'ai compris alors que je détestais moins la violence que les institutions de la violence. Et, pour être tout à fait précis, je me souviens très bien du jour où la vague de la révolte qui m'habitait a atteint son sommet. C'était un matin, à Lyon, et je lisais dans le journal l'exécution de Gabriel Péri[1].

C'est ce qui donne le droit aux hommes dont je suis (et à eux seuls, d'Astier !) de crier leur dégoût et leur mépris à l'actuel gouvernement grec[2] et de le combattre par des moyens qui seront finalement plus efficaces que les vôtres. Les hommes d'Athènes sont d'abjects bourreaux. Ils ne sont pas les seuls, mais ils viennent de faire éclater à la face du monde la culpabilité, ordinairement mieux travestie, de la société bourgeoise. Je connais votre réponse. À la limite, vous prétendrez que, pour que les communistes grecs ne soient pas fusillés, il faut réduire au silence ou liquider le nombre nécessaire de non-communistes. Ceci suppose que seuls les communistes méritent d'être sauvés, parce que, seuls, ils sont dans la vérité. Je dis, moi, qu'ils le méritent en effet, mais au même titre que les autres hommes. Je dis que le répugnant problème qui se pose à nous ne peut pas recevoir une solution qui soit seulement statistique. La punition des bourreaux ne peut pas signifier la multiplication des victimes. Et nous devons prendre, en nous-mêmes et autour de nous, des mesures (une mesure) pour que le jugement nécessaire ne coïncide pas avec une apocalypse sans lendemain. Tout le reste est morale primitive ou folie de l'orgueil. Même si la violence que vous préconisez était plus progressive, comme disent nos philosophes-spectateurs[1], je dirais encore qu'il faut la limiter. Mais l'est-elle? C'est le fond du problème sur lequel je reviendrai.

Dans tous les cas, lorsque vous me plaignez d'être un résigné, je puis bien dire que cette commisération n'a pas d'objet. Votre erreur est excusable, d'ailleurs. Nous sommes au temps des hurlements et un homme qui refuse cette ivresse facile fait figure de résigné. J'ai le malheur de ne pas aimer les parades, civiles ou militaires. Laissez-moi vous dire cependant, sans élever le ton, que la vraie résignation conduit à l'aveugle orthodoxie et le désespoir aux philosophies de la violence. C'est assez vous dire que je ne me résignerai jamais à rien de ce à quoi vous avez déjà consenti.

Je ne crois pas non plus qu'il soit raisonnable ni généreux de m'accuser d'être un intellectuel et de préférer la préservation de ma vie intérieure à la libération de l'homme. Vous êtes venu tard à la conscience politique, dites-vous? Je le savais. Mais cette conversion, si elle n'a rien que d'honorable, ne vous confère pas le privilège de nier d'un trait de plume les années que d'autres ont consacrées, avec plus ou moins de bonheur, à lutter contre toutes les formes de la tyrannie. Elle devrait au contraire vous pousser à vous interroger sur les raisons que peuvent avoir aujourd'hui ces mêmes hommes de se dresser contre les entraînements de la violence. La condamnation que ceux qui me ressemblent ont opposée, activement, à la société du profit et de la puissance ne date pas d'hier. Si vous consentez justement à vous interroger, alors autant vous dire que j'ai l'illusion, parlant contre vous, de parler encore contre la société bourgeoise.

Un des vôtres m'envoie son livre sur le marxisme, courtoisement d'ailleurs, mais en notant que je n'ai pas appris la liberté dans Marx[2]. Il est vrai : je l'ai apprise dans la misère. Mais la plupart d'entre vous ne savent pas ce que ce mot veut dire. Et je parle justement au nom de ceux qui ont partagé cette misère avec moi et dont je sais que le premier désir est d'avoir la paix parce qu'ils savent qu'ils n'auront pas la justice dans la guerre. Objectivement, comme vous dites, ceux-là ont-ils tort ? Nous le verrons. Mais n'accusez pas alors les intellectuels ou la vie intérieure, et reconnaissez clairement que dans votre système un ouvrier opposant ne s'admet pas plus qu'un intellectuel dissident. Dites ouvertement que c'est la notion même d'opposition qui est en cause. Alors nous serons dans la vérité, et il vous restera à justifier cette belle théorie. Et nous dialoguerons sur cette justification.

C'est bien ici que nous approchons du vrai problème. Mais, auparavant, il faut que je démente les positions que vous me prêtez à deux reprises. Ce n'est pas le capitalisme et le socialisme que j'ai renvoyés dos à dos (vous le savez bien, d'ailleurs), mais celles de leurs idéologies qui ont pris la forme conquérante, c'est-à-dire le libéralisme impérialiste et le marxisme. Et, de ce point de vue, je maintiendrai ce que j'ai affirmé, que ces idéologies, nées il y a un siècle, au temps de la machine à vapeur et de l'optimisme scientifique béat, sont aujourd'hui périmées, et incapables, sous leur forme actuelle, de résoudre les problèmes qui se posent au siècle de l'atome et de la relativité.

Vous avez choisi la machine à vapeur et c'est cela même qui vous empêche de voir, par exemple, qu'on peut objecter beaucoup de choses à l'idée d'un parlement mondial, sauf, comme vous le dites, de codifier l'anarchie. L'anarchie, au sens vulgaire, n'existe dans une société que lorsque chacun fait ce qu'il veut et tout ce qu'il veut. Et l'anarchie de notre société internationale tient justement à ce que chaque nation n'obéit qu'à elle-même à un moment où il n'y a plus d'économie nationale. L'anarchie, aujourd'hui, c'est la souveraineté, et il est facile de voir que c'est vous qui la défendez, au profit indirect de quelques États bourgeois ou policiers.

Mais ces malentendus me paraissent inévitables parce que vous n'avez pas abordé l'essentiel. C'est à lui qu'il faut en venir maintenant.

Je n'ai dit qu'une chose dans le raisonnement que j'ai essayé de tenir ici même. J'ai dit qu'aucune nation d'Europe n'était plus libre de faire seule sa révolution, que la révolution serait mondiale ou ne serait pas, mais qu'elle ne pouvait avoir la figure de nos vieux rêves : elle devait passer aujourd'hui par la guerre idéologique. Et j'ai simplement demandé qu'on réfléchisse à cela dont personne ne veut parler. Vous n'avez pas dit si cette analyse vous paraissait vraie ou fausse, mais c'est pourtant elle qu'il faudrait discuter. Car ce n'est pas discuter que de dire que je renonce à 1789 et 1917. Ceci est absurde. Dans les choses de l'esprit et de l'histoire, il y a des héritages qu'on ne peut renoncer. Ce n'est pas discuter non plus que de dire que je mets guerre et révolution dans le même sac. Car ici vous déformez gravement ce que vous avez dû pourtant lire : j'ai seulement écrit, qu'aujourd'hui, en 1948, guerre et révolution se confondaient. Vous vous bornez à refuser le pacifisme, d'ailleurs raisonnable, que mon analyse impliquait, en invoquant l'importance de l'enjeu et le prix qu'il faut payer pour la libération humaine. Et sans doute Marx n'a pas reculé en 1870 devant l'éloge de la guerre dont il pensait qu'elle devait faire progresser par ses conséquences les mouvements d'émancipation. Mais il s'agissait d'une guerre relativement économique et Marx raisonnait en fonction du fusil chassepot qui est une arme d'écolier. Aujourd'hui vous et moi savons que les lendemains d'une guerre atomique sont inimaginables et que parler de l'émancipation humaine dans un monde dévasté par une troisième guerre mondiale a quelque chose qui ressemble à une provocation. Allez donc expliquer aux habitants de Saint-Malo ou de Caen[1] qu'une troisième guerre doit améliorer leur sort!

Sur le plan théorique, on peut admettre que le matérialisme dialectique exige les sacrifices les plus considérables en fonction d'une société juste dont la probabilité sera très forte. Que signifient ces sacrifices, si la probabilité est réduite à rien, s'il s'agit d'une société qui agonisera dans les décombres d'un continent atomisé? C'est la seule question qui se pose. Je me la suis posée et je ne me suis pas reconnu le droit de recommander autre chose que la lutte contre la guerre, et le très long effort qui doit réaliser une vraie démocratie internationale. Pour tout dire, je ne vois pas comment un esprit soucieux de justice, et acquis à un idéal de libération, pourrait choisir autre chose. Si donc la justice était seule en question, aucun socialiste par exemple, aucune conscience politique en tout cas, ne devrait se refuser à adopter cette position. Et si une partie de l'intelligence européenne, loin de l'adopter, la combat au contraire, c'est qu'il ne s'agit pas de la justice, cela est clair. C'est ici que commence la mystification qui veut nous faire croire que la politique de puissance, quelle qu'elle soit, peut nous amener une société meilleure où la libération sociale sera enfin réalisée. La politique de puissance signifie la préparation à la guerre. La préparation à la guerre, et à plus forte raison la guerre elle-même, rendent justement impossible cette libération sociale. La libération sociale et la dignité ouvrière dépendent étroitement de la création d'un ordre international. La seule question est de savoir si on y arrivera par la guerre ou par la paix. C'est à propos de ce choix que nous devons nous réunir ou nous séparer. Tous les autres choix me paraissent futiles.

Vous dites que, pour supprimer la guerre, il faut supprimer le capitalisme. Je le veux bien. Mais, pour supprimer le capitalisme, il vous faut lui faire la guerre. Ceci est absurde, et je continue de penser qu'on ne combat pas le mauvais par le pire, mais par le moins mauvais. Vous me direz qu'il s'agit de la dernière guerre, celle qui va tout arranger. J'ai bien peur, en effet, qu'elle soit la dernière et, dans tous les cas, je m'inquiète de voir lancer des hommes dans cette nouvelle aventure en leur disant, une fois de plus, qu'il faut le faire pour que leurs enfants ne voient plus ça. À la vérité, le monde capitaliste et Staline lui-même hésitent devant la guerre. Mais vous, qui vous dites socialiste, vous semblez ne pas hésiter. Ce n'est paradoxal qu'en apparence et je voudrais vous dire pourquoi, aussi simplement que je le pourrai.

Un certain aspect critique du marxisme me paraît toujours valable. Mais si j'étais marxiste, j'aurais tiré de la grande notion de mystification l'idée que les meilleures intentions, y compris celles qui sous-tendent le marxisme d'aujourd'hui, peuvent être mystifiées. Il y avait dans Marx une leçon de modestie qui me semble en

passe d'être oubliée. Il y avait aussi dans Marx une
soumission à la réalité, et une humilité devant l'expérience
qui l'auraient sans doute conduit à reviser quelques-uns
des points de vue que ses disciples d'aujourd'hui veulent
désespérément maintenir dans la sclérose du dogme. Il
me semble impensable que Marx lui-même, devant la
désintégration de l'atome et devant la croissance terrifiante des moyens de destruction, n'eût pas été amené
à reconnaître que les données objectives du problème
révolutionnaire avaient changé[1]. C'est aussi que Marx
aimait les hommes (les vrais, les vivants, et non ceux de
la douzième génération qu'il vous est plus facile d'aimer,
puisqu'ils ne sont pas là pour dire quelle est la sorte
d'amour dont ils ne veulent pas).

Mais certains marxistes, eux, ne veulent pas voir que
les données objectives ont changé. Et il y a beaucoup de
choses depuis cinquante ans dont ils n'ont pas voulu
tenir compte. C'est qu'ils préfèrent à l'histoire telle qu'elle
est l'idée qu'ils se font de l'histoire. C'est la faiblesse
rationaliste. Marx a cru qu'il avait corrigé Hegel[2]. Mais
ce qu'il a véhiculé de Hegel a triomphé de lui chez ses
successeurs. La raison en est simple et je vais vous la
dire, non pas avec le dédain des juges, mais avec l'angoisse de quelqu'un qui connaît trop bien sa complicité avec son époque entière pour se croire lavé
de tout reproche. Les marxistes du XXᵉ siècle (et ils ne
sont pas les seuls) se trouvent à l'extrémité de cette longue tragédie de l'intelligence contemporaine qu'on ne
pourrait résumer qu'en écrivant l'histoire de l'orgueil
européen. Il y avait dans Lénine Marx et Netchaiev[3].
C'est Netchaiev qui triomphe peu à peu. Et le rationalisme le plus absolu que l'histoire ait connu finit, comme
il est logique, par s'identifier au nihilisme le plus absolu.
En vérité, malgré vos affirmations, la justice n'est plus
en cause. Ce qui est en cause, c'est un mythe prodigieux
de divinisation de l'homme, de domination, d'unification de l'univers par les seuls pouvoirs de la raison
humaine. Ce qui est en cause, c'est la conquête de la
totalité, et la Russie croit être l'instrument de ce messianisme sans Dieu. Que pèsent la justice, la vie de quelques
générations, la douleur humaine, auprès de ce mysticisme
démesuré ? Rien, à proprement parler. Quelques intelligences aux formidables ambitions mènent une armée

de croyants vers une terre sainte imaginaire. Pendant un quart de siècle, les marxistes ont vraiment conduit le monde. Mais ils avaient alors les yeux ouverts. Ils le conduisent toujours par la force de l'élan, mais en tenant désormais les yeux fermés. S'ils ne les ouvrent pas à temps, ils se briseront au pied d'un mur d'orgueil et des millions d'hommes paieront le prix de cette superbe. Toute idée fausse finit dans le sang, mais il s'agit toujours du sang des autres. C'est ce qui explique que certains de nos philosophes se sentent à l'aise pour dire n'importe quoi.

Désespérant de la justice immédiate, les marxistes qui se disent orthodoxes ont choisi de dominer le monde au nom d'une justice future. D'une certaine manière, ils ne sont plus sur cette terre malgré les apparences. Ils sont dans la logique. Et c'est au nom de la logique que, pour la première fois dans l'histoire intellectuelle de la France, des écrivains d'avant-garde ont appliqué leur intelligence à justifier les fusilleurs, quitte à protester ensuite au nom d'une catégorie bien déterminée de fusillés. Il y a fallu beaucoup de philosophie, mais on y est arrivé, la philosophie ne coûte rien. C'est que l'histoire intellectuelle n'a plus de sens. Il s'agit d'histoire religieuse et les inquisitions, si on les en croit, n'ont jamais supplicié les hommes que pour leur vrai bonheur. J'ignore si vous en êtes arrivé là. Mais je veux cependant vous dire, parce que cela est vrai, que vous avez choisi la vocation meurtrière de l'intelligence et que vous l'avez choisie par une curieuse sorte de désespoir et de résignation.

Ces perspectives vous paraîtront peut-être démesurées. Elles sont pourtant les vraies et l'histoire d'aujourd'hui n'est si sanglante que parce que l'intelligence européenne, trahissant son héritage et sa vocation, a choisi la démesure par goût du pathétique et de l'exaltation. Il faut partir de ces perspectives pour rester dans la vérité du moment. Ce sont elles en tout cas qui me permettront, pour finir, de répondre à la seule partie de votre article que je ne puisse accepter. Vous me menacez d'une complicité inconsciente ou objective avec la société bourgeoise. J'ai répondu en partie à cette menace. Mais ce serait peu de dire que je vous refuse le droit de formuler cette accusation. Je vous refuse le droit de vous croire vous-même les mains nettes. Nous sommes dans un nœud de l'histoire où la complicité est totale. Et non seulement vous n'échappez pas à cette servitude, mais vous ne faites aucun effort pour y échapper. Mon seul avantage sur vous est que, de mon côté, j'aurai fait cet effort et j'aurai plaidé, comme je le devais, au nom de mon métier et au nom de tous les miens, pour que diminue *dès maintenant* l'atroce douleur des hommes.

Quand vous aurez terminé cette réponse, au contraire, je voudrais seulement que vous vous demandiez de quoi, objectivement, vous vous êtes fait le complice consentant. Vous apercevrez peut-être alors cette tache de sang intellectuelle dont Lautréamont disait que toute l'eau de la mer ne suffirait pas à la laver. Rassurez-vous, Lautréamont était poète. Et, à défaut de l'eau de la mer, quelque chose pourra toujours vous laver : un aveu sincère d'ignorance. Ceux qui prétendent tout savoir et tout régler finissent par tout tuer. Un jour vient où ils n'ont pas d'autre règle que le meurtre, d'autre science que la pauvre scolastique qui, de tout temps, servit à justifier le meurtre. Et ils n'ont point d'autre issue, sinon de reconnaître précisément qu'ils ne savent pas tout. Que certains d'entre nous disent leur ignorance sur deux ou trois points, comme je l'ai fait, et vous pouvez en tirer avantage. Mais c'est l'avantage dont vivent tous les coupables jusqu'au moment de l'aveu. J'attendrai donc qu'une modestie vous vienne. Et, d'ici là, c'est ma propre ignorance qui m'empêchera toujours de vous condamner absolument. Comment le pourrais-je d'ailleurs ? Ce qui peut vous arriver de pire est de voir triompher ce que vous avez essayé de défendre devant moi. Car, ce jour-là, vous aurez raison sans doute, au sens où ce monde misérable l'entend. Mais vous aurez raison au milieu du silence et des charniers. C'est une victoire que je ne vous envierai jamais.

DEUXIÈME RÉPONSE[1]

(*La Gauche*, octobre 1948.)

Ma seconde réponse sera la dernière. Il y a dans votre long article* un ton qui me force à abréger. Mais je vous dois encore quelques éclaircissements :

1° J'ai été contraint de vous signaler que je suis né dans une famille ouvrière. Ce n'est pas un argument (je n'en ai jamais usé jusqu'ici). C'est une rectification. Tant de fois, la feuille où vous m'avez répondu et celles qui essayent de rivaliser avec elle dans le mensonge, m'ont présenté comme fils de bourgeois, qu'il faut bien, *une fois au moins,* que je rappelle que la plupart d'entre vous, intellectuels communistes, n'ont aucune expérience de la condition prolétarienne et que vous êtes mal venus de nous traiter de rêveurs ignorants des réalités. Ce n'est pas moi qui suis en cause, c'est un argument de polémique générale dont il faut faire justice une bonne fois. Votre pudeur a donc eu tort de s'en offenser.

2° Il y aurait eu et il y a de l'impudeur au contraire à étaler ses services dans la Résistance. On n'a pas le mérite de sa naissance, on a celui de ses actions. Mais il faut savoir se taire sur elles pour que le mérite soit entier. Pour être plus bref, le genre ancien combattant n'est pas le mien. Je ne vous suivrai donc pas dans la comparaison que vous faites entre nous. Je la trouve légèrement calomnieuse, bien entendu, mais vous n'attendez pas que je me justifie. Pour vous mettre à l'aise, au contraire, je ne ferai pas de difficulté à vous laisser le grade supérieur dans une aventure où vous me permettrez cependant de me reconnaître celui de 2ᵉ classe qui a toujours été le mien.

Mais, dans tous les cas, ne faites pas semblant de croire qu'en écrivant que « j'avais horreur de ceux dont les paroles vont plus loin que les actes », j'aie voulu contester votre action. Encore une fois, c'est un argument dont je suis incapable. Et le contexte de la phrase le prouve bien. Elle signifie seulement, et c'est assez, que

---

* Dans le journal *Action*.

j'ai horreur de ces intellectuels et de ces journalistes, avec qui vous vous solidarisez, qui demandent ou approuvent des exécutions capitales, mais qui comptent sur d'autres pour faire la besogne.

3° Il n'y avait pas d'équivoque à vous faire dire ce que disent vos amis communistes. Il y en avait si peu que vous écriviez : « J'admets ma complicité avec le parti communiste français. »

4° Je n'ai pas d'estime pour la façon dont vous répondez à ma question sur le droit d'opposition. « Avouez, vous disais-je, que, dans votre système, un ouvrier opposant ne s'imagine pas plus qu'un intellectuel dissident. » Vous savez bien que cela est vrai, et la simple honnêteté commandait votre aveu. Vous me répondez au contraire que la notion d'opposition n'est pas claire. Il faut croire qu'il est bien difficile de contester publiquement à un ouvrier son pouvoir d'opposition et je me réjouis de l'hommage indirect que vous rendez ainsi au prolétaire français. Mais il n'empêche que cette réponse est une duperie. On vient d'exécuter en Roumanie sept oppositionnels sous l'étiquette, déjà connue, de « terroristes ». Essayez donc d'expliquer à leur famille, à leurs amis, aux hommes libres qui ont appris la nouvelle, que la notion d'opposition n'est pas bien définie en Roumanie.

5° Puisque vous y tenez, et sans m'étendre autant que je le voudrais, je vais vous donner un bon exemple de violence légitimée : les camps de concentration et l'utilisation comme main-d'œuvre des déportés politiques. Les camps faisaient partie de l'appareil d'État, en Allemagne. Ils font partie de l'appareil d'État, en Russie soviétique, vous ne pouvez l'ignorer. Dans ce dernier cas, ils sont justifiés, paraît-il, par la nécessité historique. Ce que j'ai voulu dire est assez simple. Les camps ne me paraissent avoir aucune des excuses que peuvent présenter les violences provisoires d'une insurrection. Il n'y a pas de raison au monde, historique ou non, progressive ou réactionnaire, qui puisse me faire accepter le fait concentrationnaire. J'ai simplement proposé que les socialistes refusent d'avance et en toutes occasions, le camp de concentration comme moyen de gouvernement. Sur ce point, vous avez la parole*.

---

* Cette proposition est restée sans réponse.

6° Je continue à penser que ce que nous avons entendu jusqu'ici par révolution ne peut triompher aujourd'hui que par les voies de la guerre. Vous me donnez la Tchécoslovaquie en exemple. Ce que vous appelez la révolution de Prague est d'abord un alignement de politique étrangère qui nous a rapprochés considérablement de la guerre. Elle justifie mon point de vue. Entre-temps, l'aventure yougoslave vous aura sans doute éclairé sur les possibilités que gardent Gottwald et les dirigeants tchèques de faire passer au premier plan des questions qui soient purement intérieures.

La seule chose qui me touche, parce qu'elle est humaine et vraie, dans votre réponse sur ce point, c'est l'impossibilité où vous vous sentez de céder au chantage de la guerre. Ne me croyez pas tout à fait aveugle sur ce point : j'y ai réfléchi. Mais il y a aussi un chantage à la révolution qu'on se fait souvent à soi-même. Je propose de ne pas appuyer la surenchère réciproque à laquelle se livrent les deux empires. La bonne manière de ne pas céder au chantage n'est ni dans le défaitisme ni dans l'obstination aveugle. Elle est dans la lutte contre la guerre et pour l'organisation internationale. Au bout de ce long effort, le mot de révolution reprendra son sens. Mais pas avant. C'est pourquoi je continue de considérer que seuls les mouvements pour la paix et les conceptions fédéralistes résistent efficacement à ce chantage. Et quand vous ironiserez à nouveau, avec quelques autres, sur des buts si lointains, je vous laisserai dire : on ne nous a rien offert d'autre à choisir, sinon un faux libéralisme dont nous avons le dégoût et le socialisme concentrationnaire dont vous vous faites le serviteur. L'espoir est de notre côté, quoi que vous en ayez.

7° Je reprendrai enfin la proposition que vous me faites. Vous croyez m'embarrasser en m'invitant à envoyer une lettre ouverte à la presse américaine pour protester contre la complicité directe ou indirecte des États-Unis dans les récentes exécutions grecques. Ceci me console un peu, car c'est la preuve que vous ignorez ma véritable position. Vous ne pouvez pas savoir d'ailleurs que j'ai pris parti sur ce cas précis en Angleterre, il y a quelques semaines, et, sur des cas semblables, en Amérique, il y a deux ans[1], au cours de conférences publiques. C'est pourquoi je ne vais pas avoir de peine à vous répondre : je tiens cette lettre à votre disposition. J'y ajouterai une protestation motivée sur ce qui est le vrai crime contre la conscience européenne : le maintien de Franco en Espagne. Je vous donne carte blanche pour la publication de cette lettre, à une seule condition que vous estimerez légitime, je l'espère. Vous écrirez de votre côté une lettre ouverte, non pas à la presse soviétique qui, elle, ne la publierait pas, mais à la presse française. Vous y prendrez position contre le système concentrationnaire et l'utilisation de la main-d'œuvre de déportés. Par esprit de réciprocité, vous demanderez en même temps la libération inconditionnelle de ces républicains espagnols, encore internés en Russie soviétique, et dont votre camarade Courtade[2] a cru pouvoir se faire l'insulteur, oublieux de ce que demeurent ces hommes pour nous tous, et ignorant sans doute qu'il n'est pas digne de lacer leurs souliers. Rien de tout cela, il me semble, n'est incompatible avec la vocation révolutionnaire dont vous vous prévalez. Et nous saurons alors si ce dialogue a été inutile ou non. J'aurai en effet dénoncé les maux qui vous indignent et vous n'aurez payé cette satisfaction que par la dénonciation de maux qui doivent vous révolter au moins autant*.

Car je veux croire encore qu'ils vous révoltent. Et avant d'en finir avec cette polémique, je ferai la seule chose que je puisse faire maintenant pour vous : je ne vous croirai pas. Je ne vous croirai pas lorsque vous dites que si les charniers revenaient malgré vous, vous aimeriez mieux avoir raison parmi eux que d'avoir tort. C'est une manière pourtant de ratifier ce que je vous ai dit dans ma première réponse. Mais je préfère m'être trompé. Car il faut, pour afficher une si affreuse prétention, ou beaucoup d'orgueil ou peu d'imagination. Beaucoup d'orgueil en effet. Car c'est affirmer que la raison historique que vous avez choisi de servir vous paraît la seule bonne et que l'humanité ne peut être sauvée par rien d'autre. Votre raison ou les charniers, voilà l'avenir que vous tracez. Décidément, je suis plus optimiste que vous et je mettrai en cause votre imagination.

---

* Cette proposition est restée sans réponse.

Je vais conclure. Vous dédaignez beaucoup de choses dans votre longue réponse. J'accepte, pour ma part, quelques-uns de vos dédains. Mon rôle, je le reconnais, n'est pas de transformer le monde, ni l'homme : je n'ai pas assez de vertus, ni de lumières pour cela. Mais il est, peut-être, de servir, à ma place, les quelques valeurs sans lesquelles un monde, même transformé, ne vaut pas la peine d'être vécu, sans lesquelles un homme, même nouveau, ne vaudra pas d'être respecté. C'est là ce que je veux vous dire avant de vous quitter : vous ne pouvez pas vous passer de ces valeurs, et vous les retrouverez, croyant les recréer. On ne vit pas que de lutte et de haine. On ne meurt pas toujours les armes à la main. Il y a l'histoire et il y a autre chose, le simple bonheur, la passion des êtres, la beauté naturelle. Ce sont là aussi des racines, que l'histoire ignore, et l'Europe, parce qu'elle les a perdues, est aujourd'hui un désert.

Je vous ai concédé que les marxistes ont parfois la mauvaise conscience des libéraux, qui en ont bien besoin. Mais les marxistes n'ont-ils pas besoin de mauvaise conscience ? S'ils n'en ont pas besoin, personne au monde ne peut rien pour eux et nous connaîtrons ensemble, pour finir, une défaite que toute l'Europe paiera du sang qui lui reste. S'ils en ont besoin, qui la leur donnera sinon ces quelques hommes qui, sans se séparer de l'histoire, conscients de leurs limites, cherchent à formuler comme ils le peuvent le malheur et l'espoir de l'Europe. Solitaires ! direz-vous avec mépris. Peut-être, pour le moment. Mais vous seriez bien seuls sans ces solitaires.

L'INCROYANT ET LES CHRÉTIENS[1]

(Fragments d'un exposé fait au couvent des dominicains de Latour-Maubourg en 1948.)

Puisque vous avez bien voulu demander à un homme qui ne partage pas vos convictions de venir répondre à la question très générale que vous posez au cours de ces entretiens — avant de vous dire ce qu'il me semble que les incroyants attendent des chrétiens — je voudrais tout de suite reconnaître cette générosité d'esprit par l'affirmation de quelques principes.

Il y a d'abord un pharisaïsme laïque auquel je m'efforcerai de ne pas céder. J'appelle pharisien laïque celui qui feint de croire que le christianisme est chose facile, et qui fait mine d'exiger du chrétien, au nom d'un christianisme vu de l'extérieur, plus qu'il n'exige de lui-même. Je crois en effet que le chrétien a beaucoup d'obligations, mais que ce n'est pas à celui qui les rejette lui-même d'en rappeler l'existence à celui qui les a déjà reconnues. Si quelqu'un peut exiger quelque chose du chrétien, c'est le chrétien lui-même. La conclusion est que si je me permettais, à la fin de cet exposé, de revendiquer de vous quelques devoirs, il ne pourrait s'agir que des devoirs qu'il est nécessaire d'exiger de tout homme aujourd'hui, qu'il soit chrétien ou qu'il ne le soit pas.

En second lieu, je veux déclarer encore que, ne me sentant en possession d'aucune vérité absolue et d'aucun message, je ne partirai jamais du principe que la vérité chrétienne est illusoire, mais seulement de ce fait que je n'ai pu y entrer. Pour illustrer cette position, j'avouerai volontiers ceci : il y a trois ans, une controverse m'a opposé à l'un d'entre vous et non des moindres[1]. La fièvre de ces années, le souvenir difficile de deux ou trois amis assassinés, m'avaient donné cette prétention. Je puis témoigner cependant que, malgré quelques excès de langage venus de François Mauriac, je n'ai jamais cessé de méditer ce qu'il disait. Au bout de cette réflexion, et je vous donne ainsi mon opinion sur l'utilité du dialogue croyant-incroyant, j'en suis venu à reconnaître en moi-même, et publiquement ici, que, pour le fond, et sur le point précis de notre controverse, M. François Mauriac avait raison contre moi.

Ceci dit, il me sera plus facile de poser mon troisième et dernier principe. Il est simple et clair. Je n'essaierai pas de modifier rien de ce que je pense ni rien de ce que vous pensez (pour autant que je puisse en juger) afin d'obtenir une conciliation qui nous serait agréable à tous. Au contraire, ce que j'ai envie de vous dire aujourd'hui, c'est que le monde a besoin de vrai dialogue, que le contraire du dialogue est aussi bien le mensonge que le silence, et qu'il n'y a donc de dialogue possible qu'entre des gens qui restent ce qu'ils sont et qui parlent vrai. Cela revient à dire que le monde d'aujourd'hui réclame des chrétiens qu'ils restent des chrétiens. L'autre jour, à la Sorbonne, s'adressant à un conférencier marxiste, un prêtre catholique disait en public que, lui aussi, était anticlérical. Eh bien! je n'aime pas les prêtres qui sont anticléricaux pas plus que les philosophies qui ont honte d'elles-mêmes. Je n'essaierai donc pas pour ma part de me faire chrétien devant vous. Je partage avec vous la même horreur du mal. Mais je ne partage pas votre espoir et je continue à lutter contre cet univers où des enfants souffrent et meurent[1].

. . . .

Et pourquoi ici ne le dirais-je pas comme je l'ai écrit ailleurs? J'ai longtemps attendu pendant ces années épouvantables qu'une grande voix s'élevât à Rome[2]. Moi incroyant? Justement. Car je savais que l'esprit se perdrait s'il ne poussait pas devant la force le cri de la condamnation. Il paraît que cette voix s'est élevée. Mais je vous jure que des millions d'hommes avec moi ne l'avons pas entendue et qu'il y avait alors dans tous les cœurs, croyants ou incroyants, une solitude qui n'a pas cessé de s'étendre à mesure que les jours passaient et que les bourreaux se multipliaient.

On m'a expliqué depuis que la condamnation avait bel et bien été portée. Mais qu'elle l'avait été dans le langage des encycliques qui n'est point clair. La condamnation avait été portée et elle n'avait pas été comprise! Qui ne sentirait ici où est la vraie condamnation et qui ne verrait que cet exemple apporte en lui-même un des éléments de la réponse, peut-être la réponse tout entière que vous me demandez. Ce que le monde attend des chrétiens est que les chrétiens parlent, à haute et claire voix, et qu'ils portent leur condamnation de telle façon que jamais le doute, jamais un seul doute, ne puisse se lever dans le cœur de l'homme le plus simple. C'est qu'ils sortent de l'abstraction et qu'ils se mettent en face de la figure ensanglantée qu'a prise l'histoire d'aujourd'hui. Le rassemblement dont nous avons besoin est un rassemblement d'hommes décidés à parler clair et à payer de leur personne. Quand un évêque espagnol bénit des exécutions politiques, il n'est plus un évêque ni un chrétien et pas même un homme, il est un chien, tout comme celui qui du haut d'une idéologie commande cette exécution sans faire lui-même le travail. Nous attendons et j'attends que se rassemblent ceux qui ne veulent pas être des chiens et qui sont décidés à payer le prix qu'il faut payer pour que l'homme soit quelque chose de plus que le chien.

. . . .

Et maintenant que peuvent faire les chrétiens pour nous ?

D'abord en finir avec les vaines querelles dont la première est celle du pessimisme. Je crois par exemple que M. Gabriel Marcel[1] aurait avantage à laisser la paix à des formes de pensée qui le passionnent en l'égarant. M. Marcel ne peut pas se dire démocrate et demander en même temps l'interdiction de la pièce de Sartre. C'est une position fatigante pour tout le monde. C'est que M. Marcel veut défendre des valeurs absolues, comme la pudeur et la vérité divine de l'homme, alors qu'il s'agit de défendre les quelques valeurs provisoires qui permettront à M. Marcel de continuer à lutter un jour, et à son aise, pour ces valeurs absolues...

De quel droit d'ailleurs un chrétien ou un marxiste m'accuserait-il par exemple de pessimisme[2]. Ce n'est pas moi qui ai inventé la misère de la créature, ni les terribles formules de la malédiction divine. Ce n'est pas moi qui ai crié ce *Nemo bonus,* ni la damnation des enfants sans baptême. Ce n'est pas moi qui ai dit que l'homme était incapable de se sauver tout seul et que du fond de son abaissement il n'avait d'espérance que dans la grâce de Dieu. Quant au fameux optimisme marxiste! Personne n'a poussé plus loin la méfiance à l'égard de l'homme et finalement les fatalités économiques de cet univers apparaissent plus terribles que les caprices divins.

Les chrétiens et les communistes me diront que leur optimisme est à plus longue portée, qu'il est supérieur à tout le reste et que Dieu ou l'histoire, selon les cas, sont les aboutissants satisfaisants de leur dialectique. J'ai le même raisonnement à faire. Si le christianisme est pessimiste quant à l'homme, il est optimiste quant à la destinée humaine. Eh bien! je dirai que pessimiste quant à la destinée humaine, je suis optimiste quant à l'homme. Et non pas au nom d'un humanisme qui m'a toujours paru court, mais au nom d'une ignorance qui essaie de ne rien nier.

Cela signifie donc que les mots pessimisme et optimisme ont besoin d'être précisés et qu'en attendant de pouvoir le faire, nous devons reconnaître ce qui nous rassemble plutôt que ce qui nous sépare.

. . . .

C'est là, je crois, tout ce que j'avais à dire. Nous sommes devant le mal. Et pour moi il est vrai que je me sens un peu comme cet Augustin d'avant le christianisme qui disait : « Je cherchais d'où vient le mal et je n'en sortais pas. » Mais il est vrai aussi que je sais, avec quelques autres, ce qu'il faut faire, sinon pour diminuer le mal, du moins pour ne pas y ajouter. Nous ne pouvons pas empêcher peut-être que cette création soit celle où des enfants sont torturés. Mais nous pouvons diminuer le nombre des enfants torturés. Et si vous ne nous y aidez pas, qui donc dans le monde pourra nous y aider?

Entre les forces de la terreur et celles du dialogue, un grand combat inégal est commencé. Je n'ai que des illusions raisonnables sur l'issue de ce combat. Mais je crois qu'il faut le mener et je sais que des hommes, du moins, y sont décidés. Je crains simplement qu'ils se sentent parfois un peu seuls, qu'ils le soient en effet, et qu'à deux millénaires d'intervalle nous risquions d'assister au sacrifice plusieurs fois répété de Socrate. Le programme pour demain est la cité du dialogue, ou la mise à mort solennelle et significative des témoins du dialogue. Après avoir apporté ma réponse, la question que je pose à mon tour aux chrétiens est celle-ci : « Socrate sera-t-il encore seul et n'y a-t-il rien en lui et dans votre doctrine qui vous pousse à nous rejoindre ? »

Il se peut, je le sais bien, que le christianisme réponde négativement. Oh ! non par vos bouches, je le crois. Mais il se peut, et c'est encore le plus probable, qu'il s'obstine dans le compromis, ou bien à donner aux condamnations la forme obscure de l'encyclique. Il se peut qu'il s'obstine à se laisser arracher définitivement la vertu de révolte et d'indignation qui lui a appartenu, voici bien longtemps. Alors les chrétiens vivront et le christianisme mourra. Alors ce seront les autres en effet qui paieront le sacrifice. C'est un avenir en tout cas qu'il ne m'appartient pas de décider malgré tout ce qu'il remue en moi d'espérance et d'angoisses. Je ne puis parler que de ce que je sais. Et ce que je sais, et qui fait parfois ma nostalgie, c'est que, si les chrétiens s'y décidaient, des millions de voix, des millions vous entendez, s'ajouteraient dans le monde au cri d'une poignée de solitaires, qui sans foi ni loi, plaident aujourd'hui un peu partout et sans relâche, pour les enfants et pour les hommes.

TROIS INTERVIEWS

1

(Cette interview a été publiée par Émile Simon dans *la Revue du Caire*, en 1948. Les longues et pertinentes questions d'Émile Simon ont été ici abrégées sans être déformées.)

— ... *Ne pensez-vous pas qu'on pourrait fonder une très pure morale sur cette idée de bonheur, fâcheusement confondue dans l'esprit de certains avec le laisser-aller, le plaisir, la vie facile ? Le bonheur est pourtant une vertu très haute et fort malaisée à conquérir (quoi de plus rare d'ailleurs qu'un homme heureux ?)* ...

— Oui, pour le bonheur. Mais sans exclusive. L'erreur vient toujours d'une exclusion, dit Pascal. Si on ne recherche que le bonheur, on aboutit à la facilité. Si on ne cultive que le malheur, on débouche dans la complaisance. Dans les deux cas, une dévaluation. Les Grecs savaient qu'il y a une part d'ombre et une part de lumière. Aujourd'hui, nous ne voyons plus que l'ombre et le travail de ceux qui ne veulent pas désespérer est de rappeler la lumière, les midis de la vie. Mais c'est une question de stratégie. Dans tous les cas, ce à quoi il faut tendre, ce n'est pas à l'achèvement, mais à l'équilibre et à la maîtrise.

— *N'est-il pas permis d'induire que cette souffrance des enfants — combien inutile, combien monstrueuse et injustifiable — est l'une de ces évidences qui vous conduisent à refuser de croire en ce que les chrétiens appellent la Providence divine, qui vous amènent à considérer la Création comme une grande œuvre manquée ?*

— À cette souffrance, le chrétien ne peut guère opposer qu'un acte de foi. ... *Mais cet acte de foi du chrétien, cette soumission de la raison à l'injustice la plus scandaleuse, n'est qu'une démission et qu'un acte de fuite. C'est pour se sauver lui-même que le chrétien accepte ici de croire, pour sauver la paix de son âme.*

La seule attitude digne de l'homme est celle du Dʳ Rieux qui refuse même en esprit de pactiser avec le mal et met en œuvre toutes les ressources de son intelligence et de son cœur pour chasser la souffrance hors des domaines de l'homme.

N'est-ce pas le fond de votre pensée ?

— L'obstacle infranchissable me paraît être en effet le problème du mal. Mais c'est aussi un obstacle réel pour l'humanisme traditionnel. Il y a la mort des enfants qui signifie l'arbitraire divin, mais il y a aussi le meurtre des enfants qui traduit l'arbitraire humain. Nous sommes coincés entre deux arbitraires. Ma position personnelle, pour autant qu'elle puisse être défendue, est d'estimer que si les hommes ne sont pas innocents, ils ne sont coupables que d'ignorance. Ceci serait à développer.

Mais je réfléchirais avant de dire comme vous que la foi chrétienne est une démission. Peut-on écrire ce mot pour un saint Augustin ou un Pascal ? L'honnêteté consiste à juger une doctrine par ses sommets, non par ses sous-produits. Et, du reste, bien que je sache peu sur ces choses, j'ai l'impression que la foi est moins une paix qu'une espérance tragique.

Ceci dit, je ne suis pas chrétien[1]. Je suis né pauvre, sous un ciel heureux, dans une nature avec laquelle on sent un accord, non une hostilité. Je n'ai donc pas commencé par le déchirement, mais par la plénitude. Ensuite... Mais je me sens un cœur grec. Et qu'y a-t-il donc dans l'esprit grec que le christianisme ne puisse admettre ? Beaucoup de choses, mais ceci en particulier : les Grecs ne niaient pas les dieux, mais *ils leur mesuraient leur part*[2]. Le christianisme qui est une religion *totale,* pour employer un mot à la mode, ne peut admettre cet esprit où l'on fait seulement la part de ce qui doit, à son sens, avoir toute la place. Mais cet esprit-là peut très bien admettre, au contraire, l'existence du christianisme. N'importe quel chrétien intelligent vous dira qu'à ce compte, il préférerait le marxisme, si seulement le marxisme le voulait bien.

Ceci pour la doctrine. Reste l'Église. Mais je prendrai l'Église au sérieux quand ses chefs spirituels parleront le langage de tout le monde et vivront eux-mêmes la vie dangereuse et misérable qui est celle du plus grand nombre.

— *Pour un écrivain, le simple fait d'écrire ou de créer suffit-il à exorciser l'absurde, à maintenir en suspens le rocher de Sisyphe prêt à l'écraser ? Croyez-vous à une vertu transcendante de l'acte d'écrire ?*

— La révolte humaine a deux expressions qui sont la création et l'action révolutionnaire. En lui, et hors de lui, l'homme ne peut rencontrer au départ que le désordre et l'absence d'unité. C'est à lui qu'il revient de mettre autant d'ordre qu'il le peut dans une condition qui n'en a pas. Mais ceci nous entraînerait trop loin.

— Ne croyez-vous pas que ce qui aiguise en nous le sens de l'absurde, ce qui aggrave l'incohérence de nos destins, ce soient précisément les terribles événements que nous vivons ?...
— Le sentiment du tragique qui court à travers notre littérature ne date pas d'hier. Il a couru à travers toutes les littératures depuis qu'il en existe. Mais c'est vrai que la situation historique lui donne aujourd'hui son acuité. C'est que la situation historique suppose aujourd'hui la société universelle. Demain Hegel recevra sa confirmation ou le démenti le plus sanglant qu'on puisse imaginer. L'événement aujourd'hui ne met donc pas en question telle existence nationale ou tel destin individuel, mais la condition humaine tout entière. Nous sommes à la veille du jugement, mais il s'agit d'un jugement où l'homme se jugera lui-même. Voilà pourquoi chacun est séparé, isolé dans ses pensées, comme chacun est inculpé d'une certaine manière. Mais la vérité n'est pas dans la séparation. Elle est dans la réunion.

— Les meilleurs parmi les écrivains d'aujourd'hui sont unanimement coalisés pour défendre ce qu'ils appellent, ce que nous appelons, les libertés et les droits de l'individu.

... Peut-être en les défendant dans l'absolu et dans l'abstrait comme nous faisons, sommes-nous en réalité prisonniers sans le savoir des formes anachroniques et périmées que ces valeurs ont revêtues.

... Il a existé des époques, et peut-être sommes-nous à la veille d'en connaître une autre, où la grandeur d'un écrivain est en rapport direct avec la force de son adhésion au milieu social, avec sa puissance représentative. C'est seulement dans une société en voie de désagrégation que la vertu d'un écrivain est en rapport avec sa capacité de dissidence.

— Quand on défend une liberté, on la défend toujours dans l'abstrait jusqu'au moment où il faut payer. Je n'ai pas le goût de la dissidence pour la dissidence. Mais ce que vous dites justifierait, par exemple, un écrivain nationaliste allemand écrivant les *Nibelungen* dans un pays où Hitler aurait triomphé. Les *Nibelungen* seraient ainsi bâtis sur les os de millions d'êtres assassinés. Ai-je besoin de vous dire que c'est là un accord que j'estime trop cher?

Par rapport à quoi la liberté réclamée par l'écrivain vous paraît-elle abstraite? Par rapport à la revendication sociale. Mais cette revendication n'aurait aujourd'hui aucun contenu si la liberté d'expression n'avait été conquise au long des siècles. La justice suppose des droits. Les droits supposent la liberté de les défendre. Pour agir, l'homme doit parler. Nous savons ce que nous défendons. Et puis, chacun parle au nom d'un accord. Tout *non* suppose un *oui*. Je parle au nom d'une société qui n'impose pas le silence, que ce soit par l'oppression économique ou l'oppression policière.

— *La société communiste — la société soviétique, plus précisément — refuse à l'écrivain la permission de s'absorber dans la recherche de ce que nous appelons les valeurs d'art.*

Quelques-uns parmi les artistes ou les écrivains français d'aujourd'hui se sont associés à cette manière de voir.

Ne pensez-vous pas qu'ils mettent la culture en péril, faute d'avoir seulement compris en quoi réside la vertu essentielle de l'œuvre d'art?

— C'est un faux problème. Il n'y a pas d'art réaliste. (Même la photographie n'est pas réaliste : elle choisit.) Et les écrivains dont vous parlez utilisent, quoi qu'ils en disent, les valeurs de l'art. À partir du moment où il écrit autre chose qu'un tract un écrivain communiste est un artiste et il lui est impossible, par là, de jamais coïncider *parfaitement* avec une théorie ou une propagande. C'est pourquoi on ne dirige pas la littérature, on la supprime tout au plus. La Russie ne l'a pas supprimée. Elle a cru pouvoir se servir de ses écrivains. Mais ces écrivains, même de bonne volonté, seront toujours des hérétiques par leur fonction même. Ce que je dis se voit assez bien dans les récits d'épuration littéraire. C'est pourquoi ces écrivains ne mettent pas la culture en péril,

II

DIALOGUE POUR LE DIALOGUE

(*Défense de l'Homme*[1], juillet 1949.)

L'AVENIR est bien sombre.
— Pourquoi? Il n'y a rien à craindre, puisque désormais nous nous sommes mis en règle avec le pire. Il n'y a donc plus que des raisons d'espérer, et de lutter.

— *Avec qui ?*
— Pour la paix.

— *Pacifiste inconditionnel ?*
— Jusqu'à nouvel ordre, résistant inconditionnel — et à toutes les folies qu'on nous propose.

— *En somme, comme on dit, vous n'êtes pas dans le coup.*
— Pas dans celui-là.

— *Ce n'est pas très confortable.*
— Non. J'ai essayé loyalement d'y être. En ai-je pris des airs graves! Et puis je me suis résigné : il faut appeler criminel ce qui est criminel[2]. Je suis dans un autre coup.

— *Le non intégral.*
— Le oui intégral. Naturellement, il y a des gens plus sages, qui essayent de s'arranger avec ce qui est. Je n'ai rien contre.

— *Alors ?*
— Alors, je suis pour la pluralité des positions. Est-ce qu'on peut faire le parti de ceux qui ne sont pas sûrs d'avoir raison? Ce serait le mien. Dans tous les cas,

je n'insulte pas ceux qui ne sont pas avec moi. C'est ma seule originalité.

— *Si nous précisions ?*
— Précisons. Les gouvernants d'aujourd'hui, russes, américains et quelquefois européens, sont des criminels de guerre, selon la définition du tribunal de Nuremberg. Toutes les politiques intérieures qui les appuient d'une façon ou d'une autre, toutes les Églises, spirituelles ou non, qui ne dénoncent pas la mystification dont le monde est victime, participent de cette culpabilité.

— *Quelle mystification ?*
— Celle qui veut nous faire croire que la politique de puissance, quelle qu'elle soit, peut nous amener à une société meilleure où la libération sociale sera enfin réalisée. La politique de puissance signifie la préparation à la guerre. La préparation à la guerre, et à plus forte raison la guerre elle-même, rendent justement impossible cette libération sociale.

— *Qu'avez-vous choisi ?*
— Je parie pour la paix. C'est mon optimisme à moi. Mais il faut faire quelque chose pour elle et ce sera dur. C'est là mon pessimisme. De toute façon, seuls ont mon adhésion aujourd'hui les mouvements pour la paix qui cherchent à se développer sur le plan international. C'est chez eux que se trouvent les vrais réalistes. Et je suis avec eux.

— *Avez-vous pensé à Munich*[1] *?*
— J'y ai pensé. Les hommes que je connais n'achèteront pas la paix à n'importe quel prix. Mais en considération du malheur qui accompagne toute préparation à la guerre et des désastres inimaginables qu'entraînerait une nouvelle guerre, ils estiment qu'on ne peut renoncer à la paix sans en avoir épuisé toutes les chances. Et puis Munich a été déjà signé, et par deux fois. À Yalta[2] et à Potsdam. Par ceux-là mêmes qui veulent absolument en découdre aujourd'hui. Ce n'est pas nous qui avons livré les libéraux, les socialistes et les anarchistes des démocraties populaires de l'Est aux tribunaux soviétiques. Ce n'est pas nous qui avons pendu Petkov[3]. Ce sont les signataires de pactes qui consacraient le partage du monde.

— *Ces mêmes hommes vous accusent d'être un rêveur.*
— Il en faut. Et personnellement, j'accepterai ce rôle, n'ayant pas de goût pour le métier de tueur.

— *On vous dira qu'il en faut aussi.*
— Là, les candidats ne manquent pas. Des costauds, paraît-il. Alors, on peut diviser le travail.

. . . .

— *Conclusion ?*
— Les hommes dont j'ai parlé, en même temps qu'ils travaillent pour la paix, devraient faire approuver, internationalement, un code qui préciserait ces limitations à la violence : suppression de la peine de mort, dénonciation des condamnations dont la durée n'est pas précisée, de la rétroactivité des lois, et du système concentrationnaire.

— *Quoi de plus ?*
— Il faudrait un autre cadre pour préciser. Mais s'il était possible déjà que ces hommes adhèrent en masse aux mouvements pour la paix déjà existants, travaillent à leur unification sur le plan international, rédigent et diffusent par la parole et par l'exemple le nouveau contrat social dont nous avons besoin, je crois qu'ils seraient en règle avec la vérité.

Si j'en avais le temps, je dirais aussi que ces hommes devraient s'essayer à préserver dans leur vie personnelle la part de joie qui n'appartient pas à l'histoire. On veut nous faire croire que le monde d'aujourd'hui a besoin d'hommes identifiés totalement à leur doctrine et poursuivant des fins définitives par la soumission totale à leurs convictions. Je crois que ce genre d'hommes dans l'état où est le monde fera plus de mal que de bien. Mais en admettant, ce que je ne crois pas, qu'ils finissent par faire triompher le bien à la fin des temps, je crois qu'il faut qu'un autre genre d'hommes existe, attentifs à préserver la nuance légère, le style de vie, la chance de bonheur, l'amour, l'équilibre difficile enfin dont les enfants de ces mêmes hommes auront besoin finalement, même si la société parfaite est alors réalisée.

III

(Interview non publiée.)

« ... Bien entendu, se dire révolutionnaire et refuser par ailleurs la peine de mort, la limitation des libertés et la guerre c'est ne rien dire[1]. Ne disons donc rien, provisoirement, sinon que se dire révolutionnaire et exalter la peine de mort, la suppression des libertés et la guerre, c'est dire seulement qu'on est réactionnaire, au sens le plus objectif et le moins réconfortant de ce mot. Et c'est parce que les révolutionnaires contemporains ont accepté ce langage que nous vivons aujourd'hui universellement une histoire réactionnaire. Pour un temps encore inconnu, l'histoire est faite par des puissances de police et des puissances d'argent contre l'intérêt des peuples et la vérité de l'homme. Mais peut-être est-ce pour ces raisons que l'espoir est permis. Puisque nous ne vivons plus les temps révolutionnaires, apprenons au moins à vivre le temps des révoltes. Savoir dire non, s'efforcer chacun à notre place de créer les valeurs vivantes dont aucune rénovation ne pourra se passer, maintenir ce qui vaut de l'être, préparer ce qui mérite de vivre, s'essayer au bonheur pour que le goût terrible de la justice en soit adouci, ce sont là des motifs de renouveau et d'espoir.

» ... Il y a un chantage qui, désormais, n'aura plus cours. Il y a des mystifications que, désormais, nous dénoncerons rudement. Nous refuserons de croire plus longtemps que le christianisme des salons et des ministères puisse oublier impunément le christianisme des prisons. Mais parce que des gouvernements chrétiens ont la vocation de la complicité nous n'oublierons pas que le marxisme est une doctrine d'accusation dont la dialectique ne triomphe que dans l'univers des procès. Et nous appellerons concentrationnaire ce qui est concentrationnaire, même le socialisme.

» Nous savons que notre société repose sur le mensonge. Mais la tragédie de notre génération est d'avoir vu, sous les fausses couleurs de l'espoir, un nouveau mensonge se superposer à l'ancien. Du moins, rien ne nous contraint plus à appeler sauveurs les tyrans et à justifier le meurtre de l'enfant par le salut de l'homme. Nous refuserons de croire ainsi que la justice puisse exiger, même provisoirement, la suppression de la liberté. À les en croire, les tyrannies sont toujours provisoires. On nous explique qu'il y a une grande différence entre la tyrannie réactionnaire et la tyrannie progressiste. Il y aurait ainsi des camps de concentration qui vont dans le sens de l'histoire et un système de travail forcé qui suppose l'espérance. À supposer que cela fût vrai, on pourrait au moins s'interroger sur la durée de cet espoir. Si la tyrannie, même progressiste, dure plus d'une génération, elle signifie pour des millions d'hommes une vie d'esclave, et rien de plus. Quand le provisoire couvre le temps de la vie d'un homme, il est pour cet homme le définitif. Au reste, nous sommes ici dans le sophisme. La justice ne va pas sans le droit et il n'y a pas de droit sans libre expression de ce droit. Cette justice pour laquelle une foule d'hommes aujourd'hui meurent ou font mourir, on ne peut en parler avec tant de hauteur que parce qu'une poignée d'esprits libres lui ont conquis, à travers l'histoire, le droit de s'exprimer. Je fais ici l'apologie de ceux qu'on appelle avec mépris des intellectuels. »

POURQUOI L'ESPAGNE

(Réponse à Gabriel Marcel)

(*Combat*, décembre 1948.)

JE ne répondrai ici qu'à deux passages de l'article que vous avez consacré à *l'État de siège,* dans *les Nouvelles littéraires*[1]. Mais je ne veux répondre en aucun cas aux critiques que vous, ou d'autres, avez pu faire à cette pièce, en tant qu'œuvre théâtrale. Quand on se laisse aller à présenter un spectacle ou à publier un livre, on se met dans le cas d'être critiqué et l'on accepte la censure de son temps. Quoi qu'on ait à dire, il faut alors se taire.

Vous avez cependant dépassé vos privilèges de critique en vous étonnant qu'une pièce sur la tyrannie totalitaire fût située en Espagne, alors que vous l'auriez mieux vue dans les pays de l'Est. Et vous me rendez définitivement la parole en écrivant qu'il y a là un manque de courage et d'honnêteté. Il est vrai que vous êtes assez bon pour penser que je ne suis pas responsable de ce choix (traduisons : c'est le méchant Barrault, déjà si noir de crimes). Le malheur est que la pièce se passe en Espagne parce que j'ai choisi, et j'ai choisi seul, après réflexion, qu'elle s'y passât en effet. Je dois donc prendre sur moi vos accusations d'opportunisme et de malhonnêteté. Vous ne vous étonnerez pas, dans ces conditions, que je me sente forcé à vous répondre.

Il est probable d'ailleurs que je ne me défendrais même pas contre ces accusations (devant qui se justifier, aujourd'hui ?) si vous n'aviez touché à un sujet aussi grave que celui de l'Espagne. Car je n'ai vraiment aucun besoin de dire que je n'ai cherché à flatter personne en écrivant *l'État de siège*. J'ai voulu attaquer de front un type de société politique qui s'est organisé, ou s'organise, à droite et à gauche, sur le mode totalitaire. Aucun spectateur de bonne foi ne peut douter que cette pièce prenne le parti de l'individu, de la chair dans ce qu'elle a de noble, de l'amour terrestre enfin, contre les abstractions et les terreurs de l'État totalitaire, qu'il soit russe, allemand ou espagnol. De graves docteurs réfléchissent tous les jours sur la décadence de notre société en y cherchant de profondes raisons. Ces raisons existent sans doute. Mais, pour les plus simples d'entre nous, le mal de l'époque se définit par ses effets, non par ses causes. Il s'appelle l'État, policier ou bureaucratique. Sa prolifération dans tous les pays sous les prétextes idéologiques les plus divers, l'insultante sécurité que lui donnent les moyens mécaniques et psychologiques de la répression, en font un danger mortel pour ce qu'il y a de meilleur en chacun de nous. De ce point de vue, la société politique contemporaine, quel que soit son contenu, est méprisable. Je n'ai rien dit d'autre, et c'est pour cela que *l'État de siège* est un acte de rupture, qui ne veut rien épargner.

Ceci étant clairement dit, pourquoi l'Espagne ? Vous l'avouerai-je, j'ai un peu honte de poser la question à votre place. Pourquoi Guernica[1], Gabriel Marcel ? Pourquoi ce rendez-vous où, pour la première fois, à la face d'un monde encore endormi dans son confort et dans sa misérable morale, Hitler, Mussolini et Franco ont démontré à des enfants ce qu'était la technique totalitaire. Oui, pourquoi ce rendez-vous qui nous concernait aussi ? Pour la première fois, les hommes de mon âge rencontraient l'injustice triomphante dans l'histoire. Le sang de l'innocence coulait alors au milieu d'un grand bavardage pharisien qui, justement, dure encore. Pourquoi l'Espagne ? Mais parce que nous sommes quelques-uns qui ne nous laverons pas les mains de ce sang-là. Quelles que soient les raisons d'un anticommunisme, et j'en connais de bonnes, il ne se fera pas accepter de nous s'il s'abandonne à lui-même jusqu'à oublier cette injustice, qui se perpétue avec la complicité de nos gouvernements. J'ai dit aussi haut que je l'ai pu ce que je pensais des camps de concentration russes. Mais ce n'est pas cela qui me fera oublier Dachau, Buchenwald, et l'agonie sans nom de millions d'hommes, ni l'affreuse répression qui a décimé la République espagnole. Oui, malgré la commisération de nos grands publicistes, c'est tout cela ensemble qu'il faut dénoncer. Et je n'excuserai pas cette peste hideuse à l'Ouest de l'Europe parce qu'elle exerce ses ravages à l'Est, sur de plus grandes étendues. Vous écrivez que pour ceux qui sont bien informés, ce n'est pas d'Espagne que leur viennent en ce moment les nouvelles les plus propres à désespérer ceux qui ont le goût de la dignité humaine. Vous êtes mal informé, Gabriel Marcel. Hier encore, cinq opposants politiques ont été là-bas condamnés à mort. Mais vous vous prépariez à être mal informé, en cultivant l'oubli. Vous avez oublié que les premières armes de la guerre totalitaire ont été trempées dans le sang espagnol. Vous avez oublié qu'en 1936, un général rebelle a levé, au nom du Christ, une armée de Maures, pour les jeter contre le gouvernement légal de la République espagnole, a fait triompher une cause injuste après d'inexpiables massacres et commencé dès lors une atroce répression qui a duré dix années et qui n'est pas encore terminée. Oui, vraiment, pourquoi l'Espagne ? Parce qu'avec beaucoup d'autres, vous avez perdu la mémoire.

Et aussi parce qu'avec un petit nombre de Français, il m'arrive encore de n'être pas fier de mon pays. Je ne sache pas que la France ait jamais livré des opposants soviétiques au gouvernement russe. Cela viendra sans doute, nos élites sont prêtes à tout. Mais pour l'Espagne, au contraire, nous avons déjà bien fait les choses. En vertu de la clause la plus déshonorante de l'armistice, nous avons livré à Franco, sur l'ordre de Hitler, des républicains espagnols, et parmi eux le grand Luis Companys[1]. Et Companys a été fusillé, au milieu de cet affreux trafic. C'était Vichy, bien sûr, ce n'était pas nous. Nous, nous avions placé seulement en 1938, le poète Antonio Machado[2] dans un camp de concentration, d'où il ne sortit que pour mourir. Mais en ce jour où l'État français se faisait le recruteur des bourreaux totalitaires, qui a élevé la voix ? Personne. C'est sans doute, Gabriel Marcel, que ceux qui auraient pu protester trouvaient comme vous que tout cela était peu de chose auprès de ce qu'ils détestaient le plus dans le système russe. Alors, n'est-ce pas ; un fusillé de plus ou de moins ! Mais un visage de fusillé, c'est une vilaine plaie et la gangrène finit par s'y mettre. La gangrène a gagné.

Où sont donc les assassins de Companys ? À Moscou ou dans notre pays ? Il faut répondre : dans notre pays. Il faut dire que nous avons fusillé Companys, que nous sommes responsables de ce qui a suivi. Il faut déclarer que nous en sommes humiliés et que notre seule façon de réparer sera de maintenir le souvenir d'une Espagne qui a été libre et que nous avons trahie, comme nous l'avons pu, à notre place et à notre manière, qui étaient petites. Et il est vrai qu'il n'est pas une puissance qui ne l'ait trahie, sauf l'Allemagne et l'Italie qui, elles, fusillaient les Espagnols de face. Mais ceci ne peut être une consolation et l'Espagne libre continue, par son silence, de nous demander réparation. J'ai fait ce que j'ai pu, pour ma faible part, et c'est ce qui vous scandalise. Si j'avais eu plus de talent, la réparation eût été plus grande, voilà tout ce que je puis dire. La lâcheté et la tricherie auraient été ici de pactiser. Mais je m'arrêterai sur ce sujet et je ferai taire mes sentiments, par égard pour vous. Tout au plus pourrais-je encore vous dire qu'aucun homme sensible n'aurait dû être étonné qu'ayant à choisir de faire parler le peuple de la chair et de la fierté pour l'opposer à la honte et aux ombres de la dictature, j'aie choisi le peuple espagnol. Je ne pouvais tout de même pas choisir le public international du *Reader's Digest* ou les lecteurs de *Samedi-Soir* et *France-Dimanche*.

Mais vous êtes sans doute pressé que je m'explique pour finir sur le rôle que j'ai donné à l'Église. Sur ce point, je serai bref. Vous trouvez que ce rôle est odieux, alors qu'il ne l'était pas dans mon roman. Mais je devais, dans mon roman, rendre justice à ceux de mes amis chrétiens que j'ai rencontrés sous l'occupation, dans un combat qui était juste. J'avais, au contraire, dans ma pièce, à dire quel a été le rôle de l'Église d'Espagne. Et si je l'ai fait odieux, c'est qu'à la face du monde, le rôle de l'Église d'Espagne a été odieux. Si dure que cette vérité soit pour vous, vous vous consolerez en pensant que la scène qui vous gêne ne dure qu'une minute, tandis que celle qui offense encore la conscience européenne dure depuis dix ans. Et l'Église entière aurait été mêlée à cet incroyable scandale d'évêques espagnols bénissant les fusils d'exécution, si dès les premiers jours deux grands chrétiens, dont l'un, Bernanos, est aujourd'hui mort, et l'autre, José Bergamin[1], exilé de son pays, n'avaient élevé la voix. Bernanos n'aurait pas écrit ce que vous avez écrit sur ce sujet. Il savait, lui, que la phrase qui conclut ma scène :

« Chrétiens d'Espagne, vous êtes abandonnés », n'insulte pas à votre croyance. Il savait qu'à dire autre chose, ou à faire le silence, c'est la vérité que j'eusse alors insultée.

Si j'avais à refaire *l'État de siège,* c'est en Espagne que je le placerais encore, voilà ma conclusion. Et à travers l'Espagne, demain comme aujourd'hui, il serait clair pour tout le monde que la condamnation qui y est portée vise toutes les sociétés totalitaires. Mais du moins, ce n'aurait pas été au prix d'une complicité honteuse. C'est ainsi et pas autrement, jamais autrement, que nous pourrons garder le droit de protester contre la terreur. Voilà pourquoi je ne puis être de votre avis lorsque vous dites que notre accord est absolu quant à l'ordre politique. Car vous acceptez de faire silence sur une terreur pour mieux en combattre une autre. Nous sommes quelques-uns qui ne voulons faire silence sur rien. C'est notre société politique entière qui nous fait lever le cœur. Et il n'y aura ainsi de salut que lorsque tous ceux qui valent encore quelque chose l'auront répudiée dans son entier, pour chercher, ailleurs que dans des contradictions insolubles, le chemin de la rénovation. D'ici là, il faut lutter. Mais en sachant que la tyrannie totalitaire ne s'édifie pas sur les vertus des totalitaires. Elle s'édifie sur les fautes des libéraux. Le mot de Talleyrand est méprisable, une faute n'est pas pire qu'un crime. Mais la faute finit par justifier le crime et lui donner son alibi. Elle désespère alors les victimes, et c'est ainsi qu'elle est coupable. C'est cela, justement, que je ne puis pardonner à la société politique contemporaine : qu'elle soit une machine à désespérer les hommes.

Vous trouverez sans doute que c'est là beaucoup de passion pour un petit prétexte. Alors, laissez-moi parler, pour une fois, en mon nom. Le monde où je vis me répugne, mais je me sens solidaire des hommes qui y souffrent. Il y a des ambitions qui ne sont pas les miennes et je ne serais pas à l'aise si je devais faire mon chemin en m'appuyant sur les pauvres privilèges qu'on réserve à ceux qui s'arrangent de ce monde. Mais il me semble qu'il est une autre ambition qui devrait être celle de tous les écrivains : témoigner et crier, chaque fois qu'il est possible, dans la mesure de notre talent, pour ceux qui sont asservis comme nous. C'est cette ambition-là que vous avez mise en cause dans votre article, et je ne cesserai pas de vous en refuser le droit aussi longtemps que le meurtre d'un homme ne semblera vous indigner que dans la seule mesure où cet homme partage vos idées.

LE TÉMOIN DE LA LIBERTÉ

(Allocution prononcée à Pleyel, en novembre 1948, à un meeting international d'écrivains, et publiée par *la Gauche*, le 20 décembre 1948[1].)

Nous sommes dans un temps où les hommes, poussés par de médiocres et féroces idéologies, s'habituent à avoir honte de tout. Honte d'eux-mêmes, honte d'être heureux, d'aimer ou de créer. Un temps où Racine rougirait de *Bérénice* et où Rembrandt, pour se faire pardonner d'avoir peint la *Ronde de nuit,* courrait s'inscrire à la permanence du coin. Les écrivains et les artistes d'aujourd'hui ont ainsi la conscience souffreteuse et il est de mode parmi nous de faire excuser notre métier. À la vérité, on met quelque zèle à nous y aider. De tous les coins de notre société politique, un grand cri s'élève à notre adresse et qui nous enjoint de nous justifier. Il faut nous justifier d'être inutiles en même temps que de servir, par notre inutilité même, de vilaines causes. Et quand nous répondons qu'il est bien difficile de se laver d'accusations aussi contradictoires, on nous dit qu'il n'est pas possible de se justifier aux yeux de tous, mais que nous pouvons obtenir le généreux pardon de quelques-uns, en prenant leur parti, qui est le seul vrai d'ailleurs si on les en croit. Si ce genre d'argument fait long feu, on dit encore à l'artiste : « Voyez la misère du monde. Que faites-vous pour elle ? » À ce chantage cynique, l'artiste pourrait répondre : « La misère du monde ? Je n'y ajoute pas. Qui parmi vous peut en dire autant ? » Mais il n'en reste pas moins vrai qu'aucun d'entre nous, s'il a de l'exigence, ne peut rester indifférent à l'appel qui monte d'une humanité désespérée. Il faut donc se sentir coupable, à toute force. Nous voilà traînés au confessionnal laïque, le pire de tous.

Et pourtant ce n'est pas si simple. Le choix qu'on nous demande de faire ne va pas de lui-même ; il est déterminé par d'autres choix, faits antérieurement. Et le premier choix que fait un artiste, c'est précisément d'être un artiste. Et s'il a choisi d'être un artiste, c'est en considération de ce qu'il est lui-même et à cause d'une certaine idée qu'il se fait de l'art. Et si ces raisons lui ont paru assez bonnes pour justifier son choix, il y a des chances pour qu'elles continuent d'être assez bonnes pour l'aider à définir sa position vis-à-vis de l'histoire. C'est là du moins ce que je pense et je voudrais me singulariser un peu, ce soir, en mettant l'accent, puisque nous parlons ici librement, à titre individuel, non sur une mauvaise conscience, que je n'éprouve pas, mais sur les deux sentiments qu'en face et à cause même de la misère du monde, je nourris à l'égard de notre métier, c'est-à-dire la reconnaissance et la fierté. Puisqu'il faut se justifier, je voudrais dire pourquoi il y a une justification à exercer, dans les limites de nos forces et de nos talents, un métier qui, au milieu d'un monde desséché par la haine, permet à chacun de nous de dire tranquillement qu'il n'est l'ennemi mortel de personne. Mais ceci demande à être expliqué et je ne puis le faire qu'en parlant un peu du monde où nous vivons, et de ce que nous autres, artistes et écrivains, sommes voués à y faire.

Le monde autour de nous est dans le malheur et on nous demande de faire quelque chose pour le changer. Mais quel est ce malheur ? À première vue, il se définit simplement : on a beaucoup tué dans le monde ces dernières années et quelques-uns prévoient qu'on tuera encore. Un si grand nombre de morts, ça finit par alourdir l'atmosphère. Naturellement, ce n'est pas nouveau. L'histoire officielle a toujours été l'histoire des grands meurtriers. Et ce n'est pas d'aujourd'hui que Caïn tue Abel. Mais c'est aujourd'hui que Caïn tue Abel au nom de la logique et réclame ensuite la Légion d'honneur. Je prendrai un exemple pour me faire mieux comprendre.

Pendant les grandes grèves de novembre 1947[1], les journaux annoncèrent que le bourreau de Paris cesserait aussi son travail. On n'a pas assez remarqué, à mon sens, cette décision de notre compatriote. Ses revendications étaient nettes. Il demandait naturellement une prime pour chaque exécution, ce qui est dans la règle de toute entreprise. Mais, surtout, il réclamait avec force le statut de chef de bureau. Il voulait en effet recevoir de l'État, qu'il avait conscience de bien servir, la seule consécration, le seul honneur tangible, qu'une nation moderne puisse offrir à ses bons serviteurs, je veux dire un statut administratif. Ainsi s'éteignait, sous le poids de l'histoire, une de nos dernières professions libérales. Car c'est bien sous le poids de l'histoire, en effet. Dans les temps barbares, une auréole terrible tenait à l'écart du monde le bourreau. Il était celui qui, par métier, attente au mystère de la vie et de la chair. Il était et il se savait un objet d'horreur. Et cette horreur consacrait en même temps le prix de la vie humaine. Aujourd'hui, il est seulement un objet de pudeur. Et je trouve dans ces conditions qu'il a raison de ne plus vouloir être le parent pauvre qu'on garde à la cuisine parce qu'il n'a pas les ongles nets. Dans une civilisation où le meurtre et la violence sont déjà des doctrines et sont en passe de devenir des institutions, les bourreaux ont tout à fait le droit d'entrer dans les cadres administratifs. À vrai dire, nous autres Français sommes un peu en retard. Un peu partout dans le monde, les exécuteurs sont déjà installés dans les fauteuils ministériels. Ils ont seulement remplacé la hache par le tampon à encre.

Quand la mort devient affaire de statistiques et d'administration, c'est, en effet, que les affaires du monde ne vont pas. Mais si la mort devient abstraite, c'est que la vie l'est aussi. Et la vie de chacun ne peut pas être autrement qu'abstraite à partir du moment où on s'avise de la plier à une idéologie. Le malheur est que nous sommes au temps des idéologies et des idéologies totalitaires, c'est-à-dire assez sûres d'elles-mêmes, de leur raison imbécile ou de leur courte vérité, pour ne voir le salut du monde que dans leur propre domination. Et vouloir dominer quelqu'un ou quelque chose, c'est souhaiter la stérilité, le silence ou la mort de ce quelqu'un. Il suffit, pour le constater, de regarder autour de nous.

Il n'y a pas de vie sans dialogue. Et sur la plus grande partie du monde, le dialogue est remplacé aujourd'hui par la polémique. Le xxe siècle est le siècle de la polémique et de l'insulte. Elle tient, entre les nations et les individus, et au niveau même des disciplines autrefois désintéressées, la place que tenait traditionnellement le dialogue réfléchi. Des milliers de voix, jour et nuit, poursuivant chacune de son côté un tumultueux monologue, déversent sur les peuples un torrent de paroles mystificatrices, attaques, défenses, exaltations. Mais quel est le mécanisme de la polémique ? Elle consiste à considérer l'adversaire en ennemi, à le simplifier par conséquent et à refuser de le voir. Celui que j'insulte, je ne connais plus la couleur de son regard, ni s'il lui arrive de sourire et de quelle manière. Devenus aux trois quarts aveugles par la grâce de la polémique, nous ne vivons plus parmi des hommes, mais dans un monde de silhouettes.

Il n'y a pas de vie sans persuasion. Et l'histoire d'aujourd'hui ne connaît que l'intimidation. Les hommes vivent et ne peuvent vivre que sur l'idée qu'ils ont quelque chose en commun où ils peuvent toujours se retrouver. Mais nous avons découvert ceci : il y a des hommes qu'on ne persuade pas. Il était et il est impossible à une victime des camps de concentration d'expliquer à ceux qui l'avilissent qu'ils ne doivent pas le faire. C'est que ces derniers ne représentent plus des hommes, mais une idée, portée à la température de la plus inflexible des volontés. Celui qui veut dominer est sourd. En face de lui, il faut se battre ou mourir. C'est pourquoi les hommes d'aujourd'hui vivent dans la terreur. Dans le « Livre des morts », on lit que le juste égyptien pour mériter son pardon devait pouvoir dire : « Je n'ai causé de peur à personne. » Dans ces conditions, on cherchera en vain nos grands contemporains, le jour du jugement dernier, dans la file des bienheureux.

Quoi d'étonnant à ce que ces silhouettes, désormais sourdes et aveugles, terrorisées, nourries de tickets, et dont la vie entière se résume dans une fiche de police, puissent être ensuite traitées comme des abstractions anonymes. Il est intéressant de constater que les régimes qui sont issus de ces idéologies sont précisément ceux qui, par système, procèdent au déracinement des populations, les promenant à la surface de l'Europe comme des symboles exsangues qui ne prennent une vie dérisoire que dans les chiffres des statistiques. Depuis que ces belles philosophies sont entrées dans l'histoire, d'énormes masses d'hommes, dont chacun pourtant avait autrefois une manière de serrer la main, sont définitivement ensevelis sous les deux initiales des personnes déplacées, qu'un monde très logique a inventées pour elles.

Oui, tout cela est logique. Quand on veut unifier le monde entier au nom d'une théorie, il n'est pas d'autres voies que de rendre ce monde aussi décharné, aveugle et sourd que la théorie elle-même. Il n'est pas d'autres voies que de couper les racines mêmes qui attachent l'homme à la vie et à la nature. Et ce n'est pas un hasard si l'on ne trouve pas de paysages dans la grande littérature européenne[1] depuis Dostoïevsky. Ce n'est pas un hasard si les livres significatifs d'aujourd'hui, au lieu de s'intéresser aux nuances du cœur et aux vérités de l'amour, ne se passionnent que pour les juges, les procès et la mécanique des accusations, si au lieu d'ouvrir les fenêtres sur la beauté du monde, on les y referme avec soin sur l'angoisse des solitaires. Ce n'est pas un hasard si le philosophe qui inspire aujourd'hui toute la pensée européenne est celui qui a écrit que seule la ville moderne permet à l'esprit de prendre conscience de lui-même et qui est allé jusqu'à dire que la nature est abstraite et que la raison seule est concrète. C'est le point de vue de Hegel, en effet, et c'est le point de départ d'une immense aventure de l'intelligence, celle qui finit par tuer toutes choses. Dans le grand spectacle de la nature, ces esprits ivres ne voient plus rien qu'eux-mêmes. C'est l'aveuglement dernier.

Pourquoi aller plus loin? Ceux qui connaissent les villes détruites de l'Europe savent ce dont je parle. Elles offrent l'image de ce monde décharné, efflanqué d'orgueil, où le long d'une monotone apocalypse, des fantômes errent à la recherche d'une amitié perdue, avec la nature et avec les êtres. Le grand drame de l'homme d'Occident, c'est qu'entre lui et son devenir historique, ne s'interposent plus ni les forces de la nature ni celles de l'amitié. Ses racines coupées, ses bras desséchés, il se confond déjà avec les potences qui lui sont promises. Mais du moins, arrivé à ce comble de déraison, rien ne doit nous empêcher de dénoncer la duperie de ce siècle qui fait mine de courir après l'empire de la raison, alors qu'il ne cherche que les raisons d'aimer qu'il a perdues. Et nos écrivains le savent bien qui finissent tous par se réclamer de ce succédané malheureux et décharné de l'amour, qui s'appelle la morale. Les hommes d'aujourd'hui peuvent peut-être tout maîtriser en eux, et c'est leur grandeur. Mais il est au moins une chose que la plupart d'entre eux ne pourront jamais retrouver, c'est la force d'amour qui leur a été enlevée. Voilà pourquoi ils ont honte, en effet. Et il est bien juste que les artistes partagent cette honte puisqu'ils y ont contribué. Mais qu'ils sachent dire au moins qu'ils ont honte d'eux-mêmes et non pas de leur métier.

Car tout ce qui fait la dignité de l'art s'oppose à un tel monde et le récuse. L'œuvre d'art, par le seul fait qu'elle existe, nie les conquêtes de l'idéologie. Un des sens de l'histoire de demain est la lutte, déjà commencée, entre les conquérants et les artistes. Tous deux se proposent pourtant la même fin. L'action politique et la création sont les deux faces d'une même révolte contre les désordres du monde. Dans les deux cas, on veut donner au monde son unité. Et longtemps la cause de l'artiste et celle du novateur politique ont été confondues. L'ambition de Bonaparte est la même que celle de Gœthe. Mais Bonaparte nous a laissé le tambour dans les lycées et Gœthe les *Élégies romaines*. Mais depuis que les idéologies de l'efficacité, appuyées sur la technique, sont intervenues, depuis que, par un subtil mouvement, le révolutionnaire est devenu conquérant, les deux courants de pensée divergent. Car ce que cherche le conquérant de droite ou de gauche, ce n'est pas l'unité qui est avant tout l'harmonie des contraires, c'est la totalité, qui est l'écrasement des différences. L'artiste distingue là où le conquérant nivelle. L'artiste qui vit et crée au niveau de la chair et de la passion, sait que rien n'est simple et que l'autre existe. Le conquérant veut que l'autre n'existe pas, son monde est un monde de maîtres et d'esclaves, celui-là même où nous vivons. Le monde de l'artiste est celui de la contestation vivante et de la compréhension. Je ne connais pas une seule grande œuvre qui se soit édifiée sur la seule haine, alors que nous connaissons les empires de la haine. Dans un temps où le conquérant, par la logique même de son attitude, devient exécuteur et policier, l'artiste est forcé d'être réfractaire. En face de la société politique contemporaine, la seule attitude cohérente de l'artiste, ou alors il lui faut renoncer à l'art, c'est le refus sans concession. Il ne peut être, quand même il le voudrait, complice de ceux qui emploient le langage ou les moyens des idéologies contemporaines.

Voilà pourquoi il est vain et dérisoire de nous demander justification et engagement. Engagés, nous le sommes, quoique involontairement. Et, pour finir, ce n'est pas le combat qui fait de nous des artistes, mais l'art qui nous contraint à être des combattants. Par sa fonction même, l'artiste est le témoin de la liberté, et c'est une justification qu'il lui arrive de payer cher. Par sa fonction même, il est engagé dans la plus inextricable épaisseur de l'histoire, celle où étouffe la chair même de l'homme. Le monde étant ce qu'il est, nous y sommes engagés quoi que nous en ayons, et nous sommes par nature les ennemis des idoles abstraites qui y triomphent aujourd'hui, qu'elles soient nationales ou partisanes. Non pas au nom de la morale et de la vertu, comme on essaie de le faire croire, par une duperie supplémentaire. Nous ne sommes pas des vertueux. Et à voir l'air anthropométrique que prend la vertu chez nos réformateurs, il n'y a pas à le regretter. C'est au nom de la passion de l'homme pour ce qu'il y a d'unique en l'homme, que nous refuserons toujours ces entreprises qui se couvrent de ce qu'il y a de plus misérable dans la raison.

Mais ceci définit en même temps notre solidarité à tous. C'est parce que nous avons à défendre le droit à la solitude de chacun que nous ne serons plus jamais des solitaires. Nous sommes pressés, nous ne pouvons pas œuvrer tout seuls. Tolstoï a pu écrire, lui, sur une guerre qu'il n'avait pas faite, le plus grand roman de toutes les littératures. Nos guerres à nous ne nous laissent le temps d'écrire sur rien d'autre que sur elles-mêmes et, dans le même moment, elles tuent Péguy et des milliers de jeunes poètes. Voilà pourquoi je trouve, par-dessus nos différences qui peuvent être grandes, que la réunion de ces hommes, ce soir, a du sens. Au-delà des frontières, quelquefois sans le savoir, ils travaillent ensemble aux mille visages d'une même œuvre qui s'élèvera face à la création totalitaire. Tous ensemble, oui, et avec eux ces milliers d'hommes qui tentent de dresser les formes silencieuses de leurs créations dans le tumulte des cités. Et avec eux ceux-là mêmes qui ne sont pas ici et qui par la force des choses nous rejoindront un jour. Et ces autres aussi qui croient pouvoir travailler pour l'idéologie totalitaire par les moyens de leur art, alors que dans le sein même de leur œuvre la puissance de l'art fait éclater la propagande, revendique l'unité dont ils sont les vrais serviteurs, et les désigne à notre fraternité forcée en même temps qu'à la méfiance de ceux qui les emploient provisoirement.

Les vrais artistes ne font pas de bons vainqueurs politiques, car ils sont incapables d'accepter légèrement, ah, je le sais bien, la mort de l'adversaire! Ils sont du côté de la vie, non de la mort. Ils sont les témoins de la chair, non de la loi. Par leur vocation, ils sont condamnés à la compréhension de cela même qui leur est ennemi. Cela ne signifie pas, au contraire, qu'ils soient incapables de juger du bien et du mal. Mais, chez le pire criminel, leur aptitude à vivre la vie d'autrui leur permet de reconnaître la constante justification des hommes, qui est la douleur. Voilà ce qui nous empêchera toujours de prononcer le jugement absolu et, par conséquent, de ratifier le châtiment absolu. Dans le monde de la condamnation à mort qui est le nôtre, les artistes témoignent pour ce qui dans l'homme refuse de mourir. Ennemis de personne, sinon des bourreaux! Et c'est ce qui les désignera toujours, éternels Girondins, aux menaces et aux coups de nos Montagnards en manchettes de lustrine. Après tout, cette mauvaise position, par son incommodité même, fait leur grandeur. Un jour viendra où tous le reconnaîtront, et, respectueux de nos différences, les plus valables d'entre nous cesseront alors de se déchirer comme ils le font. Ils reconnaîtront que leur vocation la plus profonde est de défendre jusqu'au bout le droit de leurs adversaires à n'être pas de leur avis. Ils proclameront, selon leur état, qu'il vaut mieux se tromper sans assassiner personne et en laissant parler les autres que d'avoir raison au milieu du silence et des charniers. Ils essaieront de démontrer que si les révolutions peuvent réussir par la violence, elles ne peuvent se maintenir que par le dialogue. Et ils sauront alors que cette singulière vocation leur crée la plus bouleversante des fraternités, celle des combats douteux et des grandeurs menacées, celle qui, à travers tous les âges de l'intelligence, n'a jamais cessé de lutter pour affirmer contre les abstractions de l'histoire ce qui dépasse toute histoire, et qui est la chair, qu'elle soit souffrante ou qu'elle soit heureuse. Toute l'Europe d'aujourd'hui, dressée dans sa superbe, leur crie que cette entreprise est dérisoire et vaine. Mais nous sommes tous au monde pour démontrer le contraire.

L'HOMME
RÉVOLTÉ

À JEAN GRENIER

> Et ouvertement je vouai mon cœur à la terre grave et souffrante, et souvent, dans la nuit sacrée, je lui promis de l'aimer fidèlement jusqu'à la mort, sans peur, avec son lourd fardeau de fatalité, et de ne mépriser aucune de ses énigmes. Ainsi, je me liai à elle d'un lien mortel.[1]
>
> HÖLDERLIN.
> (*La Mort d'Empédocle.*)

INTRODUCTION[1]

Il y a des crimes de passion et des crimes de logique. Le Code pénal les distingue, assez commodément, par la préméditation. Nous sommes au temps de la préméditation et du crime parfait. Nos criminels ne sont plus ces enfants désarmés qui invoquaient l'excuse de l'amour. Ils sont adultes, au contraire, et leur alibi est irréfutable : c'est la philosophie qui peut servir à tout, même à changer les meurtriers en juges.

Heathcliff, dans *les Hauts de Hurlevent,* tuerait la terre entière pour posséder Cathie, mais il n'aurait pas l'idée de dire que ce meurtre est raisonnable ou justifié par un système. Il l'accomplirait, là s'arrête toute sa croyance. Cela suppose la force de l'amour, et le caractère. La force d'amour étant rare, le meurtre reste exceptionnel et garde alors son air d'effraction. Mais à partir du moment où, faute de caractère, on court se donner une doctrine, dès l'instant où le crime se raisonne, il prolifère comme la raison elle-même, il prend toutes les figures du syllogisme. Il était solitaire comme le cri, le voilà universel comme la science. Hier jugé, il fait la loi aujourd'hui.

On ne s'en indignera pas ici. Le propos de cet essai est une fois de plus d'accepter la réalité du moment, qui est le crime logique, et d'en examiner précisément les justifications[2] : ceci est un effort pour comprendre mon temps. On estimera peut-être qu'une époque qui, en cinquante ans, déracine, asservit ou tue soixante-dix millions d'êtres humains doit seulement, et d'abord, être jugée. Encore faut-il que sa culpabilité soit comprise. Aux temps naïfs où le tyran rasait des villes pour sa plus grande gloire, où l'esclave enchaîné au char du vainqueur défilait dans les villes en fête, où l'ennemi était jeté aux bêtes devant le peuple assemblé, devant des crimes si candides, la conscience pouvait être ferme, et le jugement clair. Mais les camps d'esclaves sous la bannière de la liberté, les massacres justifiés par l'amour de l'homme ou le goût de la surhumanité, désemparent, en un sens, le jugement. Le jour où le crime se pare des dépouilles de l'innocence, par un curieux renversement qui est propre à notre temps, c'est l'innocence qui est sommée de fournir ses justifications. L'ambition de cet essai serait d'accepter et d'examiner cet étrange défi.

Il s'agit de savoir si l'innocence, à partir du moment où elle agit, ne peut s'empêcher de tuer. Nous ne pouvons agir que dans le moment qui est le nôtre, parmi les hommes qui nous entourent. Nous ne saurons rien tant que nous ne saurons pas si nous avons le droit de tuer cet autre devant nous ou de consentir qu'il soit tué. Puisque toute action aujourd'hui débouche sur le meurtre, direct ou indirect, nous ne pouvons pas agir avant de savoir si, et pourquoi, nous devons donner la mort.

L'important n'est donc pas encore de remonter à la racine des choses, mais, le monde étant ce qu'il est, de savoir comment s'y conduire. Au temps de la négation, il pouvait être utile de s'interroger sur le problème du suicide. Au temps des idéologies, il faut se mettre en règle avec le meurtre. Si le meurtre a ses raisons, notre époque et nous-mêmes sommes dans la conséquence. S'il ne les a pas, nous sommes dans la folie et il n'y a pas d'autre issue que de retrouver une conséquence ou de se détourner. Il nous revient, en tout cas, de répondre clairement à la question qui nous est posée, dans le sang et les clameurs du siècle. Car nous sommes à la question. Il y a trente ans, avant de se décider à tuer, on avait beaucoup nié, au point de se nier par le suicide. Dieu triche, tout le monde avec lui, et moi-même, donc je meurs : le suicide était la question. L'idéologie, aujourd'hui, ne nie plus que les autres, seuls tricheurs. C'est alors qu'on tue. À chaque aube, des assassins chamarrés se glissent dans une cellule : le meurtre est la question.

Les deux raisonnements se tiennent. Ils nous tiennent plutôt, et de façon si serrée que nous ne pouvons plus choisir nos problèmes. Ils nous choisissent, l'un après l'autre. Acceptons d'être choisis. Cet essai se propose de poursuivre, devant le meurtre et la révolte, une réflexion commencée autour du suicide et de la notion d'absurde.

Mais cette réflexion, pour le moment, ne nous fournit qu'une seule notion, celle de l'absurde. À son tour, celle-ci ne nous apporte rien qu'une contradiction en ce qui concerne le meurtre[1]. Le sentiment de l'absurde, quand on prétend d'abord en tirer une règle d'action, rend le meurtre au moins indifférent et, par conséquent, possible. Si l'on ne croit à rien, si rien n'a de sens et si nous ne pouvons affirmer aucune valeur, tout est possible et rien n'a d'importance. Point de pour ni de contre, l'assassin n'a ni tort ni raison. On peut tisonner les crématoires comme on peut aussi se dévouer à soigner les lépreux. Malice et vertu sont hasard ou caprice.

On décidera alors de ne pas agir, ce qui revient au moins à accepter le meurtre d'autrui, sauf à déplorer harmonieusement l'imperfection des hommes. On imaginera encore de remplacer l'action par le dilettantisme tragique et, dans ce cas, la vie humaine n'est plus qu'un enjeu. On peut enfin se proposer d'entreprendre une action qui ne soit pas gratuite. Dans ce dernier cas, faute de valeur supérieure qui oriente l'action, on se dirigera dans le sens de l'efficacité immédiate. Rien n'étant vrai ni faux, bon ou mauvais, la règle sera de se montrer le plus efficace, c'est-à-dire le plus fort. Le monde alors ne sera plus partagé en justes et en injustes, mais en maîtres et en esclaves. Ainsi, de quelque côté qu'on se tourne, au cœur de la négation et du nihilisme, le meurtre a sa place privilégiée[2].

Si donc nous prétendons nous installer dans l'attitude absurde, nous devons nous préparer à tuer, donnant ainsi le pas à la logique sur des scrupules que nous estimerons illusoires. Bien entendu, il y faudrait quelques dispositions. Mais, en somme, moins qu'on ne croit, si l'on en juge par l'expérience. Du reste, il est toujours possible, comme cela se voit ordinairement, de faire tuer. Tout serait donc réglé au nom de la logique si la logique y trouvait vraiment son compte.

Mais la logique ne peut trouver son compte dans une attitude qui lui fait apercevoir tour à tour que le meurtre est possible et impossible. Car après avoir rendu au moins indifférent l'acte de tuer, l'analyse absurde, dans la plus importante de ses conséquences, finit par le condamner. La conclusion dernière du raisonnement absurde est, en effet, le rejet du suicide et le maintien de cette confrontation désespérée entre l'interrogation humaine et le silence du monde*. Le suicide signifierait la fin de cette confron-

---

* Voir *le Mythe de Sisyphe*.

tation et le raisonnement absurde considère qu'il ne pourrait y souscrire qu'en niant ses propres prémisses. Une telle conclusion, selon lui, serait fuite ou délivrance. Mais il est clair que, du même coup, ce raisonnement admet la vie comme le seul bien nécessaire puisqu'elle permet précisément cette confrontation et que, sans elle, le pari absurde n'aurait pas de support. Pour dire que la vie est absurde, la conscience a besoin d'être vivante. Comment, sans une concession remarquable au goût du confort, conserver pour soi le bénéfice exclusif d'un tel raisonnement ? Dès l'instant où ce bien est reconnu comme tel, il est celui de tous les hommes. On ne peut donner une cohérence au meurtre si on la refuse au suicide[1]. Un esprit pénétré de l'idée d'absurde admet sans doute le meurtre de fatalité ; il ne saurait accepter le meurtre de raisonnement. Vis-à-vis de la confrontation, meurtre et suicide sont une même chose, qu'il faut prendre ou rejeter ensemble.

Aussi bien, le nihilisme absolu, celui qui accepte de légitimer le suicide, court plus facilement encore au meurtre logique. Si notre temps admet aisément que le meurtre ait ses justifications, c'est à cause de cette indifférence à la vie qui est la marque du nihilisme. Il y a eu sans doute des époques où la passion de vivre était si forte qu'elle éclatait, elle aussi, en excès criminels. Mais ces excès étaient comme la brûlure d'une jouissance terrible[2]. Ils n'étaient pas cet ordre monotone, instauré par une logique besogneuse aux yeux de laquelle tout s'égalise. Cette logique a poussé les valeurs de suicide dont notre temps s'est nourri jusqu'à leur conséquence extrême qui est le meurtre légitimé. Du même coup, elle culmine dans le suicide collectif. La démonstration la plus éclatante a été fournie par l'apocalypse hitlérienne de 1945. Se détruire n'était rien pour les fous qui se préparaient dans des terriers une mort d'apothéose. L'essentiel était de ne pas se détruire seul et d'entraîner tout un monde avec soi. D'une certaine manière, l'homme qui se tue dans la solitude préserve encore une valeur puisque, apparemment, il ne se reconnaît pas de droits sur la vie des autres. La preuve en est qu'il n'utilise jamais, pour dominer autrui, la terrible force et la liberté que lui donne sa décision de mourir ; tout suicide solitaire, lorsqu'il n'est pas de ressentiment, est, en quelque endroit, généreux ou méprisant. Mais on méprise au nom de quelque chose. Si le monde est indifférent au suicidé, c'est que celui-ci a une idée de ce qui ne lui est pas ou pourrait ne pas lui être indifférent. On croit tout détruire et tout emporter avec soi, mais de cette mort même renaît une valeur qui, peut-être, aurait mérité qu'on vécût. La négation absolue n'est donc pas épuisée par le suicide. Elle ne peut l'être que par la destruction absolue, de soi et des autres. On ne peut la vivre, au moins, qu'en tendant vers cette délectable limite. Suicide et meurtre sont ici deux faces d'un même ordre, celui d'une intelligence malheureuse qui préfère à la souffrance d'une condition limitée la noire exaltation où terre et ciel s'anéantissent.

De la même manière, si l'on refuse ses raisons au suicide, il n'est pas possible d'en donner au meurtre. On n'est pas nihiliste à demi. Le raisonnement absurde ne peut à la fois préserver la vie de celui qui parle et accepter le sacrifice des autres. À partir du moment où l'on reconnaît l'impossibilité de la négation absolue, et c'est la reconnaître que de vivre en quelque manière, la première chose qui ne se puisse nier, c'est la vie d'autrui. Ainsi, la même notion qui nous laissait croire que le meurtre était indifférent lui ôte ensuite ses justifications ; nous retournons dans la condition illégitime dont nous avons essayé de sortir. Pratiquement, un tel raisonnement nous assure en même temps qu'on peut et qu'on ne peut pas tuer. Il nous abandonne dans la contradiction, sans rien qui puisse empêcher le meurtre ou le légitimer, menaçants et menacés, entraînés par toute une époque enfiévrée de nihilisme, et dans la solitude cependant, les armes à la main et la gorge serrée.

Mais cette contradiction essentielle ne peut manquer de se présenter avec une foule d'autres à partir du moment où l'on prétend se maintenir dans l'absurde, négligeant son vrai caractère qui est d'être un passage vécu, un point de départ, l'équivalent, en existence, du doute méthodique de Descartes. L'absurde en lui-même est contradiction.

Il l'est dans son contenu puisqu'il exclut les jugements de valeur en voulant maintenir la vie, alors que vivre est en soi un jugement de valeur. Respirer, c'est juger. Il est sûrement faux de dire que la vie est un choix perpétuel. Mais il est vrai que l'on ne peut imaginer une vie privée de tout choix. De ce simple point de vue, la position absurde, en acte, est inimaginable. Elle est inimaginable aussi dans son expression. Toute philosophie de la non-signification vit sur une contradiction du fait même qu'elle s'exprime. Elle donne par là un minimum de cohérence à l'incohérence, elle introduit de la conséquence dans ce qui, à l'en croire, n'a pas de suite. Parler répare. La seule attitude cohérente fondée sur la non-signification serait le silence, si le silence à son tour ne signifiait. L'absurdité parfaite essaie d'être muette. Si elle parle, c'est qu'elle se complaît ou, comme nous le verrons, qu'elle s'estime provisoire. Cette complaisance, cette considération de soi, marque bien l'équivoque profonde de la position absurde. D'une certaine manière, l'absurde qui prétend exprimer l'homme dans sa solitude le fait vivre devant un miroir. Le déchirement initial risque alors de devenir confortable. La plaie qu'on gratte avec tant de sollicitude finit par donner du plaisir[1].

Les grands aventuriers de l'absurde ne nous ont pas manqué. Mais, finalement, leur grandeur se mesure à ce qu'ils ont refusé les complaisances de l'absurde pour n'en garder que les exigences. Ils détruisent pour le plus, non pour le moins. « Ceux-là sont mes ennemis, dit Nietzsche, qui veulent renverser, et non pas se créer eux-mêmes. » Lui renverse, mais pour tenter de créer. Et il exalte la probité, fustigeant les jouisseurs « au groin de porc ». Pour fuir la complaisance, le raisonnement absurde trouve alors, le renoncement. Il refuse la dispersion et débouche dans un dénuement arbitraire, un parti pris de silence, l'étrange ascèse de la révolte. Rimbaud, qui chante « le joli crime piaulant dans la boue de la rue », court à Harrar pour se plaindre seulement d'y vivre sans famille. La vie était pour lui « une farce à mener par tous ». Mais à l'heure de la mort, le voilà qui crie vers sa sœur : « J'irai sous la terre et, toi, tu marcheras dans le soleil ! »

L'absurde, considéré comme règle de vie, est donc contradictoire. Quoi d'étonnant à ce qu'il ne nous fournisse pas les valeurs qui décideraient pour nous de la légitimité du meurtre ? Il n'est pas possible, d'ailleurs, de fonder une attitude sur une émotion privilégiée. Le sentiment de l'absurde est un sentiment parmi d'autres. Qu'il ait donné sa couleur à tant de pensées et d'actions entre les deux guerres prouve seulement sa puissance et sa légitimité. Mais l'intensité d'un sentiment n'entraîne pas qu'il soit universel. L'erreur de toute une époque a été d'énoncer, ou de supposer énoncées, des règles générales d'action à partir d'une émotion désespérée, dont le mouvement propre, en tant qu'émotion, était de se dépasser. Les grandes souffrances, comme les grands bonheurs, peuvent être au début d'un raisonnement. Ce sont des intercesseurs. Mais on ne saurait les retrouver et les maintenir tout au long de ces raisonnements. Si donc il était légitime de tenir compte de la sensibilité absurde, de faire le diagnostic d'un mal tel qu'on le trouve en soi et chez les autres, il est impossible de voir dans cette sensibilité, et dans le nihilisme qu'elle suppose, rien d'autre qu'un point de départ, une critique vécue, l'équivalent, sur le plan de l'existence, du doute systématique. Après quoi, il faut briser les jeux fixes du miroir et entrer dans le mouvement irrésistible par lequel l'absurde se dépasse lui-même.

Le miroir brisé, il ne reste rien qui puisse nous servir pour répondre aux questions du siècle. L'absurde, comme le doute méthodique, a fait table rase. Il nous laisse dans l'impasse. Mais, comme le doute, il peut, en revenant sur lui, orienter une nouvelle recherche. Le raisonnement se poursuit alors de la même façon. Je crie que je ne crois à rien et que tout est absurde, mais je ne puis douter de mon cri et il me faut au moins croire à ma protestation. La première et la seule évidence qui me soit ainsi donnée, à l'intérieur de l'expérience absurde, est la révolte. Privé de toute science, pressé de tuer ou de consentir qu'on tue, je ne dispose que de cette évidence qui se renforce encore du déchirement où je me trouve. La révolte naît du spectacle de la déraison, devant une condition injuste et incompréhensible. Mais son élan aveugle revendique l'ordre au milieu du chaos et l'unité au cœur même de ce qui fuit et disparaît. Elle crie, elle exige, elle veut que le scandale cesse et que se fixe enfin ce qui jusqu'ici s'écrivait sans trêve sur la mer. Son souci est de transformer. Mais transformer, c'est agir, et agir, demain, sera tuer, alors qu'elle ne sait pas si le meurtre est légitime. Elle engendre justement les actions qu'on lui demande de légitimer. Il faut donc bien que la révolte tire ses raisons d'elle-même, puisqu'elle ne peut les tirer de rien d'autre. Il faut qu'elle consente à s'examiner pour apprendre à se conduire.

Deux siècles de révolte, métaphysique ou historique, s'offrent justement à notre réflexion. Un historien, seul, pourrait prétendre à exposer en détail les doctrines et les mouvements qui s'y succèdent. Du moins, il doit être possible d'y chercher un fil conducteur. Les pages qui suivent proposent seulement quelques repères historiques et une hypothèse de lecture. Cette hypothèse n'est pas la seule possible ; elle est loin, d'ailleurs, de tout éclairer. Mais elle explique, en partie, la direction et, presque entièrement, la démesure de notre temps. L'histoire prodigieuse qui est évoquée ici est l'histoire de l'orgueil européen.

La révolte, en tout cas, ne pouvait nous fournir ses raisons qu'au terme d'une enquête sur ses attitudes, ses prétentions et ses conquêtes. Dans ses œuvres se trouvent peut-être la règle d'action que l'absurde n'a pu nous donner, une indication au moins sur le droit ou le devoir de tuer, l'espoir enfin d'une création. L'homme est la seule créature qui refuse d'être ce qu'elle est. La question est de savoir si ce refus ne peut l'amener qu'à la destruction des autres et de lui-même, si toute révolte doit s'achever en justification du meurtre universel, ou si, au contraire, sans prétention à une impossible innocence, elle peut découvrir le principe d'une culpabilité raisonnable.

I

L'HOMME RÉVOLTÉ

Qu'est-ce qu'un homme révolté ? Un homme qui dit non. Mais s'il refuse, il ne renonce pas : c'est aussi un homme qui dit oui, dès son premier mouvement[1]. Un esclave, qui a reçu des ordres toute sa vie, juge soudain inacceptable un nouveau commandement. Quel est le contenu de ce « non » ?

Il signifie, par exemple : « les choses ont trop duré », « jusque-là oui, au-delà non », « vous allez trop loin », et encore, « il y a une limite que vous ne dépasserez pas ». En somme, ce non affirme l'existence d'une frontière. On retrouve la même idée de limite dans ce sentiment du révolté que l'autre « exagère », qu'il étend son droit au-delà d'une frontière à partir de laquelle un autre droit lui fait face et le limite. Ainsi, le mouvement de révolte s'appuie, en même temps, sur le refus catégorique d'une intrusion jugée intolérable et sur la certitude confuse d'un bon droit, plus exactement l'impression, chez le révolté, qu'il est « en droit de... ». La révolte ne va pas sans le sentiment d'avoir soi-même, en quelque façon, et quelque part, raison. C'est en cela que l'esclave révolté dit à la fois oui et non. Il affirme, en même temps que la frontière, tout ce qu'il soupçonne et veut préserver en deçà de la frontière. Il démontre, avec entêtement, qu'il y a en lui quelque chose qui « vaut la peine de... », qui demande qu'on y prenne garde. D'une certaine manière, il oppose à l'ordre qui l'opprime une sorte de droit à ne pas être opprimé au-delà de ce qu'il peut admettre.

En même temps que la répulsion à l'égard de l'intrus, il y a dans toute révolte une adhésion entière et instantanée de l'homme à une certaine part de lui-même[2]. Il fait donc intervenir implicitement un jugement de valeur, et si peu gratuit, qu'il le maintient au milieu des périls. Jusque-là, il se taisait au moins, abandonné à ce désespoir où une condition, même si on la juge injuste, est acceptée. Se taire, c'est laisser croire qu'on ne juge et ne désire rien et, dans certains cas, c'est ne désirer rien en effet. Le désespoir, comme l'absurde, juge et désire tout, en général, et rien, en particulier. Le silence le traduit bien. Mais à partir du moment où il parle, même en disant non, il désire et juge. Le révolté, au sens étymologique, fait volte-face. Il marchait sous le fouet du maître. Le voilà qui fait face. Il oppose ce qui est préférable à ce qui ne l'est pas. Toute valeur n'entraîne pas la révolte, mais tout mouvement de révolte invoque tacitement une valeur. S'agit-il au moins d'une valeur ?

Si confusément que ce soit, une prise de conscience naît du mouvement de révolte : la perception, soudain éclatante, qu'il y a dans l'homme quelque chose à quoi l'homme peut s'identifier, fût-ce pour un temps. Cette identification jusqu'ici n'était pas sentie réellement. Toutes les exactions antérieures au mouvement d'insurrection, l'esclave les souffrait. Souvent même, il avait reçu sans réagir des ordres plus révoltants que celui qui déclenche son refus. Il y apportait de la patience, les rejetant peut-être en lui-même, mais, puisqu'il se taisait, plus soucieux de son intérêt immédiat que conscient encore de son droit. Avec la perte de la patience, avec l'impatience, commence au contraire un mouvement qui peut s'étendre à tout ce qui, auparavant, était accepté. Cet élan est presque toujours rétroactif. L'esclave, à l'instant où il rejette l'ordre humiliant de son supérieur, rejette en même temps l'état d'esclave lui-même. Le mouvement de révolte le porte plus loin qu'il n'était dans le simple refus. Il dépasse même la limite qu'il fixait à son adversaire, demandant maintenant à être traité en égal. Ce qui était d'abord une résistance irréductible de l'homme devient l'homme tout entier qui s'identifie à elle et s'y résume[1]. Cette part de lui-même qu'il voulait faire respecter, il la met alors au-dessus du reste, et la proclame préférable à tout, même à la vie. Elle devient pour lui le bien suprême. Installé auparavant dans un compromis, l'esclave se jette d'un coup (« puisque c'est ainsi... ») dans le Tout ou Rien. La conscience vient au jour avec la révolte.

Mais on voit qu'elle est conscience, en même temps, d'un tout, encore assez obscur, et d'un « rien » qui annonce la possibilité de sacrifice de l'homme à ce tout. Le révolté veut être tout, s'identifier totalement à ce bien dont il a soudain pris conscience et dont il veut qu'il soit, dans sa personne, reconnu et salué — ou rien, c'est-à-dire se trouver définitivement déchu par la force qui le domine. À la limite, il accepte la déchéance dernière qui est la mort, s'il doit être privé de cette consécration exclusive qu'il appellera, par exemple, sa liberté. Plutôt mourir debout que de vivre à genoux[1].

La valeur, selon les bons auteurs, « représente le plus souvent un passage du fait au droit, du désiré au désirable (en général par l'intermédiaire du communément désiré)* ». Le passage au droit est manifeste, nous l'avons vu, dans la révolte. De même le passage du « il faudrait que cela fût » au « je veux que cela soit ». Mais plus encore, peut-être, cette notion du dépassement de l'individu dans un bien désormais commun. Le surgissement du Tout ou Rien montre que la révolte, contrairement à l'opinion courante, et bien qu'elle naisse dans ce que l'homme a de plus strictement individuel, met en cause la notion même d'individu. Si l'individu, en effet, accepte de mourir, et meurt à l'occasion, dans le mouvement de sa révolte, il montre par là qu'il se sacrifie au bénéfice d'un bien dont il estime qu'il déborde sa propre destinée. S'il préfère la chance de la mort à la négation de ce droit qu'il défend, c'est qu'il place ce dernier au-dessus de lui-même. Il agit donc au nom d'une valeur, encore confuse, mais dont il a le sentiment, au moins, qu'elle lui est commune avec tous les hommes. On voit que l'affirmation impliquée dans tout acte de révolte s'étend à quelque chose qui déborde l'individu dans la mesure où elle le tire de sa solitude supposée et le fournit d'une raison d'agir[2]. Mais il importe de remarquer déjà que cette valeur qui préexiste à toute action contredit les philosophies purement historiques, dans lesquelles la valeur est conquise (si elle se conquiert) au bout de l'action. L'analyse de la révolte conduit au moins au soupçon qu'il y a une nature humaine, comme le pensaient les Grecs, et contrairement aux postulats de la pensée contemporaine. Pourquoi se révolter s'il n'y a, en soi, rien de permanent à préserver ? C'est pour toutes les existences en même temps que l'esclave se dresse, lorsqu'il juge que, par tel ordre, quelque chose en lui est nié qui ne lui appartient pas seulement, mais qui est un lieu commun où tous les

---

* Lalande : *Vocabulaire philosophique*.

hommes, même celui qui l'insulte et l'opprime, ont une communauté prête*.

Deux observations appuieront ce raisonnement. On notera d'abord que le mouvement de révolte n'est pas, dans son essence, un mouvement égoïste. Il peut avoir sans doute des déterminations égoïstes. Mais on se révoltera aussi bien contre le mensonge que contre l'oppression. En outre, à partir de ces déterminations, et dans son élan le plus profond, le révolté ne préserve rien puisqu'il met tout en jeu. Il exige sans doute pour lui-même le respect, mais dans la mesure où il s'identifie avec une communauté naturelle.

Remarquons ensuite que la révolte ne naît pas seulement, et forcément, chez l'opprimé, mais qu'elle peut naître aussi au spectacle de l'oppression dont un autre est victime. Il y a donc, dans ce cas, identification à l'autre individu. Et il faut préciser qu'il ne s'agit pas d'une identification psychologique, subterfuge par lequel l'individu sentirait en imagination que c'est à lui que l'offense s'adresse. Il peut arriver au contraire qu'on ne supporte pas de voir infliger à d'autres des offenses que nous-mêmes avons subies sans révolte. Les suicides de protestation, au bagne, parmi les terroristes russes dont on fouettait les camarades, illustrent ce grand mouvement. Il ne s'agit pas non plus du sentiment de la communauté des intérêts. Nous pouvons trouver révoltante, en effet, l'injustice imposée à des hommes que nous considérons comme des adversaires. Il y a seulement identification de destinées et prise de parti. L'individu n'est donc pas, à lui seul, cette valeur qu'il veut défendre. Il faut, au moins, tous les hommes pour la composer. Dans la révolte, l'homme se dépasse en autrui et, de ce point de vue, la solidarité humaine est métaphysique. Simplement, il ne s'agit pour le moment que de cette sorte de solidarité qui naît dans les chaînes.

On peut encore préciser l'aspect positif de la valeur présumée par toute révolte en la comparant à une notion

---

* La communauté des victimes est la même que celle qui unit la victime au bourreau. Mais le bourreau ne le sait pas.

toute négative comme celle du ressentiment, telle que l'a définie Scheler*. En effet, le mouvement de révolte est plus qu'un acte de revendication, au sens fort du mot. Le ressentiment est très bien défini par Scheler comme une auto-intoxication, la sécrétion néfaste, en vase clos, d'une impuissance prolongée. La révolte au contraire fracture l'être et l'aide à déborder. Elle libère des flots qui, de stagnants, deviennent furieux. Scheler lui-même met l'accent sur l'aspect passif du ressentiment, en remarquant la grande place qu'il tient dans la psychologie des femmes, vouées au désir et à la possession. À la source de la révolte, il y a au contraire un principe d'activité surabondante et d'énergie. Scheler a raison aussi de dire que l'envie colore fortement le ressentiment. Mais on envie ce qu'on n'a pas, tandis que le révolté défend ce qu'il est. Il ne réclame pas seulement un bien qu'il ne possède pas ou dont on l'aurait frustré. Il vise à faire reconnaître quelque chose qu'il a, et qui a déjà été reconnu par lui, dans presque tous les cas, comme plus important que ce qu'il pourrait envier. La révolte n'est pas réaliste. Toujours selon Scheler, le ressentiment, selon qu'il croît dans une âme forte ou faible, devient arrivisme ou aigreur[1]. Mais, dans les deux cas, on veut être autre qu'on est. Le ressentiment est toujours ressentiment contre soi. Le révolté, au contraire, dans son premier mouvement, refuse qu'on touche à ce qu'il est. Il lutte pour l'intégrité d'une partie de son être. Il ne cherche pas d'abord à conquérir, mais à imposer.

Il semble enfin que le ressentiment se délecte d'avance d'une douleur qu'il voudrait voir ressentie par l'objet de sa rancune. Nietzsche et Scheler ont raison de voir une belle illustration de cette sensibilité dans le passage où Tertullien[2] informe ses lecteurs qu'au ciel la plus grande source de félicité, parmi les bienheureux, sera le spectacle des empereurs romains consumés en enfer. Cette félicité est aussi celle des honnêtes gens qui allaient assister aux exécutions capitales. La révolte, au contraire, dans son principe, se borne à refuser l'humiliation, sans la demander pour l'autre. Elle accepte même la douleur pour elle-même, pourvu que son intégrité soit respectée.

On ne comprend donc pas pourquoi Scheler identifie

---

* *L'Homme du ressentiment*, N. R. F.

absolument l'esprit de révolte au ressentiment. Sa critique du ressentiment dans l'humanitarisme (dont il traite comme de la forme non chrétienne de l'amour des hommes) s'appliquerait peut-être à certaines formes vagues d'idéalisme humanitaire, ou aux techniques de la terreur. Mais elle tombe à faux en ce qui concerne la révolte de l'homme contre sa condition, le mouvement qui dresse l'individu pour la défense d'une dignité commune à tous les hommes[1]. Scheler veut démontrer que l'humanitarisme s'accompagne de la haine du monde. On aime l'humanité en général pour ne pas avoir à aimer les êtres en particulier. Cela est juste, dans quelques cas, et on comprend mieux Scheler lorsqu'on voit que l'humanitarisme est représenté pour lui par Bentham et Rousseau. Mais la passion de l'homme pour l'homme peut naître d'autre chose que du calcul arithmétique des intérêts, ou d'une confiance, d'ailleurs théorique, dans la nature humaine. En face des utilitaristes et du précepteur d'Émile, il y a, par exemple, cette logique, incarnée par Dostoïevski dans Ivan Karamazov, qui va du mouvement de révolte à l'insurrection métaphysique. Scheler, qui le sait, résume ainsi cette conception : « Il n'y a pas au monde assez d'amour pour qu'on le gaspille sur un autre que sur l'être humain. » Même si cette proposition était vraie, le désespoir vertigineux qu'elle suppose mériterait autre chose que le dédain. En fait, elle méconnaît le caractère déchiré de la révolte de Karamazov. Le drame d'Ivan, au contraire, naît de ce qu'il y a trop d'amour sans objet. Cet amour devenu sans emploi, Dieu étant nié, on décide alors de le reporter sur l'être humain au nom d'une généreuse complicité.

Au demeurant, dans le mouvement de révolte tel que nous l'avons envisagé jusqu'ici, on n'élit pas un idéal abstrait, par pauvreté de cœur, et dans un but de revendication stérile. On exige que soit considéré ce qui, dans l'homme, ne peut se réduire à l'idée, cette part chaleureuse qui ne peut servir à rien d'autre qu'à être. Est-ce à dire qu'aucune révolte ne soit chargée de ressentiment ? Non, et nous le savons assez au siècle des rancunes. Mais nous devons prendre cette notion dans sa compréhension la plus large sous peine de la trahir et, à cet égard, la révolte déborde le ressentiment de tous côtés. Lorsque, dans *les Hauts de Hurlevent,* Heathcliff préfère son amour à Dieu et demande l'enfer pour être réuni à celle qu'il aime, ce n'est pas seulement sa jeunesse humiliée qui parle, mais l'expérience brûlante de toute une vie. Le même mouvement fait dire à maître Eckart, dans un accès surprenant d'hérésie, qu'il préfère l'enfer avec Jésus que le ciel sans lui. C'est le mouvement même de l'amour. Contre Scheler, on ne saurait donc trop insister sur l'affirmation passionnée qui court dans le mouvement de révolte et qui le distingue du ressentiment. Apparemment négative, puisqu'elle ne crée rien, la révolte est profondément positive puisqu'elle révèle ce qui, en l'homme, est toujours à défendre.

Mais, pour finir, cette révolte et la valeur qu'elle véhicule ne sont-elles point relatives ? Avec les époques et les civilisations, en effet, les raisons pour lesquelles on se révolte semblent changer. Il est évident qu'un paria hindou, un guerrier de l'empire Inca, un primitif de l'Afrique centrale, ou un membre des premières communautés chrétiennes n'avaient pas la même idée de la révolte. On pourrait même établir, avec une probabilité extrêmement grande, que la notion de révolte n'a pas de sens dans ces cas précis. Cependant un esclave grec, un serf, un condottiere de la Renaissance, un bourgeois parisien de la Régence, un intellectuel russe des années 1900 et un ouvrier contemporain, s'ils pouvaient différer sur les raisons de la révolte, s'accorderaient sans aucun doute sur sa légitimité. Autrement dit, le problème de la révolte semble ne prendre de sens précis qu'à l'intérieur de la pensée occidentale. On pourrait être plus explicite encore en remarquant, avec Scheler, que l'esprit de révolte s'exprime difficilement dans les sociétés où les inégalités sont très grandes (régime des castes hindoues) ou, au contraire, dans celles où l'égalité est absolue (certaines sociétés primitives). En société, l'esprit de révolte n'est possible que dans les groupes où une égalité théorique recouvre de grandes inégalités de fait. Le problème de la révolte n'a donc de sens qu'à l'intérieur de notre société occidentale. On pourrait être tenté alors d'affirmer qu'il est relatif au développement de l'individualisme si les remarques précédentes ne nous avaient mis en garde contre cette conclusion.

Sur le plan de l'évidence, tout ce qu'on peut tirer de la remarque de Scheler, en effet, c'est que, par la théorie de la liberté politique, il y a, au sein de nos sociétés, accroissement dans l'homme de la notion d'homme et, par la pratique de cette même liberté, insatisfaction correspondante. La liberté de fait ne s'est pas accrue proportionnellement à la conscience que l'homme en a prise. De cette observation, on ne peut déduire que ceci : la révolte est le fait de l'homme informé, qui possède la conscience de ses droits. Mais rien ne nous permet de dire qu'il s'agit seulement des droits de l'individu. Au contraire, il semble bien, par la solidarité déjà signalée, qu'il s'agisse d'une conscience de plus en plus élargie que l'espèce humaine prend d'elle-même au long de son aventure. En fait, le sujet inca ou le paria ne se posent pas le problème de la révolte, parce qu'il a été résolu pour eux dans une tradition, et avant qu'ils aient pu se le poser, la réponse étant le sacré. Si, dans le monde sacré, on ne trouve pas le problème de la révolte, c'est qu'en vérité on n'y trouve aucune problématique réelle, toutes les réponses étant données en une fois. La métaphysique est remplacée par le mythe. Il n'y a plus d'interrogations, il n'y a que des réponses et des commentaires éternels, qui peuvent alors être métaphysiques. Mais avant que l'homme entre dans le sacré, et pour qu'il y entre aussi bien, ou dès qu'il en sort, et pour qu'il en sorte aussi bien, il est interrogation et révolte. L'homme révolté est l'homme situé avant ou après le sacré, et appliqué à revendiquer un ordre humain où toutes les réponses soient humaines, c'est-à-dire raisonnablement formulées. Dès ce moment, toute interrogation, toute parole, est révolte, alors que, dans le monde du sacré, toute parole est action de grâces. Il serait possible de montrer ainsi qu'il ne peut y avoir pour un esprit humain que deux univers possibles, celui du sacré (ou, pour parler le langage chrétien, de la grâce*), et celui de la révolte. La disparition de l'un équivaut à l'apparition de l'autre quoique cette apparition puisse se faire sous des formes

---

* Bien entendu, il y a une révolte métaphysique au début du christianisme, mais la résurrection du Christ, l'annonce de la parousie et le royaume de Dieu interprété comme une promesse de vie éternelle, sont les réponses qui la rendent inutile.

déconcertantes. Là encore, nous retrouvons le Tout ou Rien. L'actualité du problème de la révolte tient seulement au fait que des sociétés entières ont voulu prendre aujourd'hui leur distance par rapport au sacré[1]. Nous vivons dans une histoire désacralisée. L'homme, certes, ne se résume pas à l'insurrection. Mais l'histoire d'aujourd'hui, par ses contestations, nous force à dire que la révolte est l'une des dimensions essentielles de l'homme. Elle est notre réalité historique. À moins de fuir la réalité, il nous faut trouver en elle nos valeurs. Peut-on, loin du sacré, et de ses valeurs absolues, trouver la règle d'une conduite ? telle est la question posée par la révolte.

Nous avons pu déjà enregistrer la valeur confuse qui naît à cette limite où se tient la révolte. Nous avons maintenant à nous demander si cette valeur se retrouve dans les formes contemporaines de la pensée et de l'action révoltées, et, si elle s'y trouve, à préciser son contenu. Mais, remarquons-le avant de poursuivre, le fondement de cette valeur est la révolte elle-même. La solidarité des hommes se fonde sur le mouvement de révolte et celui-ci, à son tour, ne trouve de justification que dans cette complicité. Nous serons donc en droit de dire que toute révolte qui s'autorise à nier ou à détruire cette solidarité perd du même coup le nom de révolte et coïncide en réalité avec un consentement meurtrier. De même cette solidarité, hors du sacré, ne prend vie qu'au niveau de la révolte. Le vrai drame de la pensée révoltée est alors annoncé. Pour être, l'homme doit se révolter, mais sa révolte doit respecter la limite qu'elle découvre en elle-même et où les hommes, en se rejoignant, commencent d'être. La pensée révoltée ne peut donc se passer de mémoire : elle est une tension perpétuelle. En la suivant dans ses œuvres et dans ses actes, nous aurons à dire, chaque fois, si elle reste fidèle à sa noblesse première ou si, par lassitude et folie, elle l'oublie au contraire, dans une ivresse de tyrannie ou de servitude.

En attendant, voici le premier progrès que l'esprit de révolte fait faire à une réflexion d'abord pénétrée de l'absurdité et de l'apparente stérilité du monde. Dans l'expérience absurde, la souffrance est individuelle. À partir du mouvement de révolte, elle a conscience d'être collective, elle est l'aventure de tous. Le premier progrès d'un esprit saisi d'étrangeté est donc de reconnaître qu'il partage cette étrangeté avec tous les hommes et que la réalité humaine, dans sa totalité, souffre de cette distance par rapport à soi et au monde. Le mal qui éprouvait un seul homme devient peste collective. Dans l'épreuve quotidienne qui est la nôtre, la révolte joue le même rôle que le « cogito » dans l'ordre de la pensée : elle est la première évidence. Mais cette évidence tire l'individu de sa solitude. Elle est un lieu commun qui fonde sur tous les hommes la première valeur. Je me révolte, donc nous sommes.

II

LA RÉVOLTE MÉTAPHYSIQUE

L A révolte métaphysique est le mouvement par lequel un homme se dresse contre sa condition et la création tout entière. Elle est métaphysique parce qu'elle conteste les fins de l'homme et de la création. L'esclave proteste contre la condition qui lui est faite à l'intérieur de son état; le révolté métaphysique contre la condition qui lui est faite en tant qu'homme. L'esclave rebelle affirme qu'il y a quelque chose en lui qui n'accepte pas la manière dont son maître le traite; le révolté métaphysique se déclare frustré par la création. Pour l'un et l'autre, il ne s'agit pas seulement d'une négation pure et simple. Dans les deux cas, en effet, nous trouvons un jugement de valeur au nom duquel le révolté refuse son approbation à la condition qui est la sienne.

L'esclave dressé contre son maître ne se préoccupe pas, remarquons-le, de nier ce maître en tant qu'être. Il le nie en tant que maître. Il nie qu'il ait le droit de le nier, lui, esclave, en tant qu'exigence. Le maître est déchu dans la mesure même où il ne répond pas à une exigence qu'il néglige. Si les hommes ne peuvent pas se référer à une valeur commune, reconnue par tous en chacun, alors l'homme est incompréhensible à l'homme. Le rebelle exige que cette valeur soit clairement reconnue en lui-même parce qu'il soupçonne ou sait que, sans ce principe, le désordre et le crime régneraient sur le monde. Le mouvement de révolte apparaît chez lui comme une revendication de clarté et d'unité. La rébellion la plus élémentaire exprime, paradoxalement, l'aspiration à un ordre.

Ligne à ligne, cette description convient au révolté métaphysique. Celui-ci se dresse sur un monde brisé pour en réclamer l'unité. Il oppose le principe de justice qui est en lui au principe d'injustice qu'il voit à l'œuvre dans le monde. Il ne veut donc rien d'autre, primitivement, que résoudre cette contradiction, instaurer le règne unitaire de la justice, s'il le peut, ou de l'injustice, si on le pousse à bout. En attendant, il dénonce la contradiction. Protestant contre la condition dans ce qu'elle a d'inachevé, par la mort, et de dispersé, par le mal, la révolte métaphysique est la revendication motivée d'une unité heureuse, contre la souffrance de vivre et de mourir. Si la peine de mort généralisée définit la condition des hommes, la révolte, en un sens, lui est contemporaine. En même temps qu'il refuse sa condition mortelle, le révolté refuse de reconnaître la puissance qui le fait vivre dans cette condition. Le révolté métaphysique n'est donc pas sûrement athée, comme on pourrait le croire, mais il est forcément blasphémateur. Simplement, il blasphème d'abord au nom de l'ordre, dénonçant en Dieu le père de la mort et le suprême scandale.

Revenons à l'esclave révolté pour éclairer ce point. Celui-ci établissait, dans sa protestation, l'existence du maître contre lequel il se révoltait. Mais, en même temps, il démontrait qu'il tenait dans sa dépendance le pouvoir de ce dernier et il affirmait son propre pouvoir : celui de remettre continuellement en question la supériorité qui le dominait jusqu'ici. À cet égard, maître et esclave sont vraiment dans la même histoire : la royauté temporaire de l'un est aussi relative que la soumission de l'autre. Les deux forces s'affirment alternativement, dans l'instant de la rébellion, jusqu'au moment où elles s'affronteront pour se détruire, l'une des deux disparaissant alors, provisoirement.

De la même manière, si le révolté métaphysique se dresse contre une puissance dont, simultanément, il affirme l'existence, il ne pose cette existence qu'à l'instant même où il la conteste. Il entraîne alors cet être supérieur dans la même aventure humiliée que l'homme, son vain pouvoir équivalant à notre vaine condition. Il le soumet à notre force de refus, l'incline, à son tour, devant la part de l'homme qui ne s'incline pas, l'intègre de force dans une existence absurde par rapport à nous, le tire enfin de son refuge intemporel pour l'engager dans l'histoire, très loin d'une stabilité éternelle qu'il ne pourrait trouver que dans le consentement unanime des hommes. La révolte affirme ainsi qu'à son niveau toute existence supérieure est au moins contradictoire.

L'histoire de la révolte métaphysique ne peut donc se confondre avec celle de l'athéisme. Sous un certain angle, elle se confond même avec l'histoire contemporaine du sentiment religieux. Le révolté défie plus qu'il ne nie.

Primitivement, au moins, il ne supprime pas Dieu, il lui parle simplement d'égal à égal. Mais il ne s'agit pas d'un dialogue courtois. Il s'agit d'une polémique qu'anime le désir de vaincre. L'esclave commence par réclamer justice et finit par vouloir la royauté. Il lui faut dominer à son tour. Le soulèvement contre la condition s'ordonne en une expédition démesurée contre le ciel pour en ramener un roi prisonnier dont on prononcera la déchéance d'abord, la condamnation à mort ensuite. La rébellion humaine finit en révolution métaphysique[1]. Elle marche du paraître au faire, du dandy au révolutionnaire. Le trône de Dieu renversé, le rebelle reconnaîtra que cette justice, cet ordre, cette unité qu'il cherchait en vain dans sa condition, il lui revient maintenant de les créer de ses propres mains et, par là, de justifier la déchéance divine. Alors commencera un effort désespéré pour fonder, au prix du crime s'il le faut, l'empire des hommes. Ceci n'ira pas sans de terribles conséquences, dont nous ne connaissons encore que quelques-unes[2]. Mais ces conséquences ne sont point dues à la révolte elle-même, ou, du moins, elles ne viennent au jour que dans la mesure où le révolté oublie ses origines, se lasse de la dure tension entre oui et non et s'abandonne enfin à la négation de toute chose ou à la soumission totale. L'insurrection métaphysique nous offre dans son premier mouvement le même contenu positif que la rébellion de l'esclave. Notre tâche sera d'examiner ce que devient ce contenu de la révolte dans les œuvres qui s'en réclament, et de dire où mènent l'infidélité et la fidélité du révolté à ses origines.

LES FILS DE CAÏN

La révolte métaphysique proprement dite n'apparaît dans l'histoire des idées, de façon cohérente, qu'à la fin du XVIIIe siècle. Les temps modernes s'ouvrent alors dans un grand bruit de murailles écroulées. Mais, à partir de ce moment, ses conséquences se déroulent de façon ininterrompue, et il n'est pas exagéré de penser qu'elles ont modelé l'histoire de notre temps. Est-ce à dire que la révolte métaphysique n'a pas eu de sens avant cette date ? Ses modèles sont pourtant bien lointains, puisque notre temps aime à se dire prométhéen. Mais l'est-il vraiment ?

Les premières théogonies nous montrent Prométhée enchaîné à une colonne, sur les confins du monde, martyr éternel exclu à jamais d'un pardon qu'il refuse de solliciter. Eschyle accroît encore la stature du héros, le crée lucide (« nul malheur ne viendra sur moi que je ne l'aie prévu »), le fait crier sa haine de tous les dieux et, le plongeant dans « une orageuse mer de désespoir fatal », l'offre pour finir aux éclairs et à la foudre : « Ah ! voyez l'injustice que j'endure ! »

On ne peut donc dire que les Anciens aient ignoré la révolte métaphysique. Ils ont dressé, bien avant Satan, une douloureuse et noble image du Rebelle et nous ont donné le plus grand mythe de l'intelligence révoltée. L'inépuisable génie grec, qui a fait la part si grande aux mythes de l'adhésion et de la modestie, a su donner, cependant, son modèle à l'insurrection. Sans contredit, quelques-uns des traits prométhéens revivent encore dans l'histoire révoltée que nous vivons : la lutte contre la mort (« J'ai délivré les hommes de l'obsession de la mort »), le messianisme (« J'ai installé en eux les aveugles espoirs »), la philanthropie (« Ennemi de Zeus... pour avoir trop aimé les hommes »).

Mais on ne peut oublier que le « Prométhée porte-feu », dernier terme de la trilogie eschylienne, annonçait le règne du révolté pardonné. Les Grecs n'enveniment rien.

Dans leurs audaces les plus extrêmes, ils restent fidèles à cette mesure, qu'ils avaient déifiée. Leur rebelle ne se dresse pas contre la création tout entière, mais contre Zeus qui n'est jamais que l'un des dieux, et dont les jours sont mesurés. Prométhée lui-même est un demi-dieu. Il s'agit d'un règlement de comptes particulier, d'une contestation sur le bien, et non d'une lutte universelle entre le mal et le bien.

C'est que les Anciens, s'ils croyaient au destin, croyaient d'abord à la nature, à laquelle ils participaient. Se révolter contre la nature revient à se révolter contre soi-même. C'est la tête contre les murs. La seule révolte cohérente est alors le suicide. Le destin grec lui-même est une puissance aveugle qui se subit comme on subit les forces naturelles. Le sommet de la démesure pour un Grec est de faire battre de verges la mer, folie de barbare[1]. Le Grec peint sans doute la démesure, puisqu'elle existe, mais il lui donne sa place, et par là une limite. Le défi d'Achille après la mort de Patrocle, les imprécations des héros tragiques maudissant leur destin n'entraînent pas la condamnation totale. Œdipe sait qu'il n'est pas innocent. Il est coupable malgré lui, il fait aussi partie du destin. Il se plaint, mais ne prononce pas les paroles irréparables. Antigone[2] elle-même, si elle se révolte, c'est au nom de la tradition, pour que ses frères trouvent le repos dans la tombe, et que les rites soient observés. En un certain sens, il s'agit avec elle d'une révolte réactionnaire. La réflexion grecque, cette pensée aux deux visages, laisse presque toujours courir en contre-chant, derrière ses mélodies les plus désespérées, la parole éternelle d'Œdipe qui, aveugle et misérable, reconnaîtra que tout est bien[3]. Le oui s'équilibre au non. Même lorsque Platon préfigure avec Calliclès le type vulgaire du nietzschéen, même lorsque celui-ci s'écrie : « Mais que vienne à paraître un homme ayant le naturel qu'il faut... il s'échappe, il foule aux pieds nos formules, nos sorcelleries, nos incantations et ces lois qui, toutes, sans exception, sont contraires à la nature. Notre esclave s'est insurgé et s'est révélé maître », même alors, il prononce le mot de nature, s'il refuse la loi.

C'est que la révolte métaphysique suppose une vue simplifiée de la création, que les Grecs ne pouvaient avoir. Il n'y avait pas pour eux les dieux, d'un côté et, de l'autre, les hommes, mais des degrés qui menaient des derniers aux premiers. L'idée de l'innocence opposée à la culpabilité, la vision d'une histoire tout entière résumée à la lutte du bien et du mal leur était étrangère. Dans leur univers, il y a plus de fautes que de crimes, le seul crime définitif étant la démesure. Dans le monde totalement historique qui menace d'être le nôtre, il n'y a plus de fautes, au contraire, il n'y a que des crimes dont le premier est la mesure. On s'explique ainsi le curieux mélange de férocité et d'indulgence qu'on respire dans le mythe grec. Les Grecs n'ont jamais fait de la pensée, et ceci nous dégrade par rapport à eux, un camp retranché. La révolte, après tout, ne s'imagine que contre quelqu'un. La notion du dieu personnel, créateur et donc responsable de toutes choses, donne seule son sens à la protestation humaine. On peut dire ainsi et, sans paradoxe, que l'histoire de la révolte est, dans le monde occidental, inséparable de celle du christianisme. Il faut attendre en effet les derniers moments de la pensée antique pour voir la révolte commencer à trouver son langage, chez des penseurs de transition, et chez personne plus profondément que chez Épicure et Lucrèce.

L'affreuse tristesse d'Épicure rend déjà un son nouveau. Elle naît, sans doute, d'une angoisse de la mort qui n'est pas étrangère à l'esprit grec. Mais l'accent pathétique que prend cette angoisse est révélateur. « On peut s'assurer contre toutes sortes de choses; mais en ce qui concerne la mort, nous demeurons tous comme les habitants d'une citadelle démantelée. » Lucrèce précise : « La substance de ce vaste monde est réservée à la mort et à la ruine. » Pourquoi donc remettre la jouissance à plus tard ? « D'attente en attente, dit Épicure, nous consumons notre vie et nous mourons tous à la peine. » Il faut donc jouir. Mais quelle étrange jouissance ! Elle consiste à aveugler les murs de la citadelle, à s'assurer le pain et l'eau, dans l'ombre silencieuse. Puisque la mort nous menace, il faut démontrer que la mort n'est rien. Comme Épictète et Marc Aurèle, Épicure exile la mort de l'être. « La mort n'est rien à notre égard, car ce qui est dissous est incapable de sentir, et ce qui ne sent point n'est rien pour nous. » Est-ce le néant ? Non, car tout est matière en ce monde et mourir signifie seulement retourner à l'élément. L'être, c'est la pierre. La singulière volupté dont parle Épicure réside surtout dans l'absence de douleur; c'est le bonheur des pierres. Pour échapper au destin, dans un admirable mouvement qu'on retrouvera chez nos grands classiques, Épicure tue la sensibilité; et d'abord le premier cri de la sensibilité qui est l'espérance. Ce que le philosophe grec dit des dieux ne s'entend pas autrement. Tout le malheur des hommes vient de l'espérance qui les arrache au silence de la citadelle, qui les jette sur les remparts dans l'attente du salut. Ces mouvements déraisonnables n'ont d'autre effet que de rouvrir des plaies soigneusement bandées. C'est pourquoi Épicure ne nie pas les dieux, il les éloigne, mais si vertigineusement, que l'âme n'a plus d'autre issue que de s'emmurer à nouveau. « L'être bienheureux et immortel n'a point d'affaire et n'en crée à personne. » Et Lucrèce, renchérissant : « Il est incontestable que les dieux, par leur nature même, jouissent de l'immortalité au milieu de la paix la plus profonde, étrangers à nos affaires dont ils sont tout à fait détachés. » Oublions donc les dieux, n'y pensons jamais et « ni vos pensées du jour ni vos songes de la nuit ne vous causeront de troubles ».

On retrouvera plus tard, mais avec des nuances importantes, ce thème éternel de la révolte. Un dieu sans récompense ni châtiment, un dieu sourd est la seule imagination religieuse des révoltés. Mais alors que Vigny maudira le silence de la divinité, Épicure juge que, puisqu'il faut mourir, le silence de l'homme prépare mieux à ce destin que les paroles divines. Le long effort de ce curieux esprit s'épuise à élever des murailles autour de l'homme, à remanteler la citadelle et à étouffer sans merci l'irrépressible cri de l'espoir humain. Alors, ce repli stratégique étant accompli, alors seulement, Épicure, comme un dieu au milieu des hommes, chantera victoire dans un chant qui marque bien le caractère défensif de sa révolte. « J'ai déjoué tes embûches, ô destin, j'ai fermé toutes les voies par lesquelles tu pouvais m'atteindre. Nous ne nous laisserons vaincre ni par toi, ni par aucune force mauvaise. Et quand l'heure de l'inévitable départ aura sonné, notre mépris pour ceux qui s'agrippent vainement à l'existence éclatera dans ce beau chant : Ah ! que dignement nous avons vécu ! »

Lucrèce, seul de son temps, va pousser beaucoup plus loin cette logique et la faire déboucher dans la revendication moderne. Il n'ajoute rien, sur le fond, à Épicure.

Il refuse, lui aussi, tout principe d'explication qui ne tombe pas sous le sens. L'atome n'est que le dernier refuge où l'être, rendu à ses éléments premiers, poursuivra une sorte d'immortalité sourde et aveugle, de mort immortelle, qui, pour Lucrèce, comme pour Épicure, figure le seul bonheur possible. Il lui faut cependant admettre que les atomes ne s'agrègent pas seuls et, plutôt que de consentir à une loi supérieure et, pour finir, au destin qu'il veut nier, il admet un mouvement fortuit, le clinamen, selon lequel les atomes se rencontrent et s'accrochent. Déjà, remarquons-le, se pose le grand problème des temps modernes, où l'intelligence découvre que soustraire l'homme au destin revient à le livrer au hasard. C'est pourquoi elle s'efforce de lui redonner un destin, historique cette fois. Lucrèce n'en est pas là. Sa haine du destin et de la mort se satisfait de cette terre ivre où les atomes font l'être par accident, et où l'être, par accident, se dissipe en atomes. Mais son vocabulaire témoigne pourtant d'une sensibilité nouvelle. La citadelle aveugle devient camp retranché. *Mœnia mundi*, les remparts du monde, sont une des expressions-clés de la rhétorique de Lucrèce. Certes, la grande affaire dans ce camp est de faire taire l'espérance. Mais le renoncement méthodique d'Épicure se transforme en une ascèse frémissante qui se couronne parfois de malédictions. La piété, pour Lucrèce, est sans doute de « pouvoir tout regarder d'un esprit que rien ne trouble ». Mais cet esprit tremble cependant de l'injustice qui est faite à l'homme. Sous la pression de l'indignation, de nouvelles notions de crime, d'innocence, de culpabilité et de châtiment courent à travers le grand poème sur la nature des choses. On y parle du « premier crime de la religion », Iphigénie et son innocence égorgée ; de ce trait divin qui « souvent passe à côté des coupables et va, par un châtiment immérité, priver de la vie des innocents ». Si Lucrèce raille la peur des châtiments de l'autre monde, ce n'est point, comme Épicure, dans le mouvement d'une révolte défensive, mais par un raisonnement agressif : pourquoi le mal serait-il châtié, puisque nous voyons assez, dès maintenant, que le bien n'est pas récompensé ?

Épicure lui-même, dans l'épopée de Lucrèce, deviendra le rebelle magnifique qu'il n'était pas. « Alors qu'aux yeux de tous, l'humanité traînait sur terre une vie abjecte, écrasée sous le poids d'une religion dont le visage se montrait du haut des régions célestes, menaçant les mortels de son aspect horrible, le premier, un Grec, un homme, osa lever ses yeux mortels contre elle, et contre elle se dresser... Et, par là, la religion est à son tour renversée et foulée aux pieds, et nous, la victoire nous élève jusqu'aux cieux. » On sent ici la différence qu'il peut y avoir entre ce blasphème nouveau et la malédiction antique. Les héros grecs pouvaient désirer devenir des dieux, mais en même temps que les dieux déjà existants. Il s'agissait alors d'une promotion. L'homme de Lucrèce, au contraire, procède à une révolution. En niant les dieux indignes et criminels, il prend lui-même leur place. Il sort du camp retranché et commence les premières attaques contre la divinité au nom de la douleur humaine. Dans l'univers antique, le meurtre est l'inexplicable et l'inexpiable. Chez Lucrèce, déjà, le meurtre de l'homme n'est qu'une réponse au meurtre divin. Et ce n'est pas un hasard si le poème de Lucrèce se termine sur une prodigieuse image de sanctuaires divins gonflés des cadavres accusateurs de la peste.

Ce langage nouveau ne peut se comprendre sans la notion d'un dieu personnel qui commence à se former lentement dans la sensibilité des contemporains d'Épicure, et de Lucrèce. C'est au dieu personnel que la révolte peut demander personnellement des comptes. Dès qu'il règne, elle se dresse, dans sa résolution la plus farouche[1] et prononce le non définitif. Avec Caïn, la première révolte coïncide avec le premier crime. L'histoire de la révolte, telle que nous la vivons aujourd'hui, est bien plus celle des enfants de Caïn que des disciples de Prométhée. En ce sens, c'est le Dieu de l'Ancien Testament, surtout, qui mobilisera l'énergie révoltée. Inversement, il faut se soumettre au Dieu d'Abraham, d'Isaac et de Jacob quand on a achevé, comme Pascal, la carrière de l'intelligence révoltée. L'âme qui doute le plus aspire au plus grand jansénisme.

De ce point de vue, le Nouveau Testament peut être considéré comme une tentative de répondre, par avance, à tous les Caïn du monde, en adoucissant la figure de Dieu, et en suscitant un intercesseur entre lui et l'homme.

Le Christ est venu résoudre deux problèmes principaux, le mal et la mort, qui sont précisément les problèmes des révoltés. Sa solution a consisté d'abord à les prendre en charge. Le dieu homme souffre aussi, avec patience. Le mal ni la mort ne lui sont plus absolument imputables, puisqu'il est déchiré et meurt. La nuit du Golgotha n'a autant d'importance dans l'histoire des hommes que parce que dans ces ténèbres la divinité, abandonnant ostensiblement ses privilèges traditionnels, a vécu jusqu'au bout, désespoir inclus, l'angoisse de la mort. On s'explique ainsi le *Lama sabactani* et le doute affreux du Christ à l'agonie. L'agonie serait légère si elle était soutenue par l'espoir éternel. Pour que le dieu soit un homme, il faut qu'il désespère.

Le gnosticisme[1], qui est le fruit d'une collaboration gréco-chrétienne, a tenté pendant deux siècles, en réaction contre la pensée judaïque, d'accentuer ce mouvement. On connaît la multiplicité d'intercesseurs imaginés par Valentin, par exemple. Mais les éons de cette kermesse métaphysique jouent le même rôle que les vérités intermédiaires dans l'hellénisme. Ils visent à diminuer l'absurdité d'un tête-à-tête entre l'homme misérable et le dieu implacable. C'est le rôle, en particulier, du deuxième dieu cruel et belliqueux de Marcion. Ce démiurge a créé le monde fini et la mort. Nous devons le haïr en même temps que nous devons nier sa création, par l'ascèse, jusqu'à la détruire grâce à l'abstinence sexuelle. Il s'agit donc d'une ascèse orgueilleuse et révoltée. Simplement, Marcion dérive la révolte vers un dieu inférieur pour mieux exalter le dieu supérieur. La gnose par ses origines grecques reste conciliatrice et tend à détruire l'héritage judaïque dans le christianisme. Elle a aussi voulu éviter, à l'avance, l'augustinisme, dans la mesure où celui-ci fournit des arguments à toute révolte. Pour Basilide, par exemple, les martyrs ont péché, et le Christ lui-même, puisqu'ils souffrent. Idée singulière, mais qui vise à enlever son injustice à la souffrance. À la grâce toute-puissante et arbitraire, les gnostiques ont voulu seulement substituer la notion grecque d'initiation qui laisse à l'homme toutes ses chances. La foule des sectes, chez les gnostiques de la deuxième génération, traduit cet effort multiple et acharné de la pensée grecque pour rendre plus accessible[2] le monde chrétien, et ôter ses raisons à une révolte que l'hellénisme considérait comme le pire des maux. Mais l'Église a condamné cet effort et, le condamnant, elle a multiplié les révoltés.

Dans la mesure où la race de Caïn a triomphé de plus en plus, au long des siècles, il est possible de dire ainsi que le dieu de l'Ancien Testament a connu une fortune inespérée. Les blasphémateurs, paradoxalement, font revivre le dieu jaloux que le christianisme voulait chasser de la scène de l'histoire. L'une de leurs audaces profondes a été justement d'annexer le Christ lui-même à leur camp, en arrêtant son histoire au sommet de la croix et au cri amer qui précéda son agonie. Ainsi se trouvait maintenue la figure implacable d'un dieu de haine, mieux accordé à la création telle que les révoltés la concevaient. Jusqu'à Dostoïevski et Nietzsche, la révolte ne s'adresse qu'à une divinité cruelle et capricieuse, celle qui préfère, sans motif convaincant, le sacrifice d'Abel à celui de Caïn et qui, par là, provoque le premier meurtre. Dostoïevski, en imagination, et Nietzsche, en fait, étendront démesurément le champ de la pensée révoltée et demanderont des comptes au dieu d'amour lui-même[1]. Nietzsche tiendra Dieu pour mort dans l'âme de ses contemporains. Il s'attaquera alors, comme Stirner son prédécesseur, à l'illusion de Dieu qui s'attarde, sous les apparences de la morale, dans l'esprit de son siècle. Mais, jusqu'à eux, la pensée libertine, par exemple, s'est bornée à nier l'histoire du Christ (« ce plat roman », selon Sade) et à maintenir, dans ses négations mêmes, la tradition du dieu terrible.

Tant que l'Occident a été chrétien, au contraire, les évangiles ont été le truchement entre le ciel et la terre. À chaque cri solitaire de révolte, l'image de la plus grande douleur était présentée. Puisque le Christ avait souffert ceci, et volontairement, aucune souffrance n'était plus injuste, chaque douleur était nécessaire[2]. En un certain sens, l'amère intuition du christianisme et son pessimisme légitime quant au cœur humain, c'est que l'injustice généralisée est aussi satisfaisante pour l'homme que la justice totale. Seul le sacrifice d'un dieu innocent pouvait justifier la longue et universelle torture de l'innocence. Seule la souffrance de Dieu, et la plus misérable, pouvait alléger l'agonie des hommes. Si tout, sans exception, du ciel à la terre, est livré à la douleur, un étrange bonheur est alors possible.

Mais à partir du moment où le christianisme, au sortir de sa période triomphante, s'est trouvé soumis à la critique de la raison, dans la mesure exacte où la divinité du Christ a été niée, la douleur est redevenue le lot des hommes. Jésus frustré n'est qu'un innocent de plus, que les représentants du Dieu d'Abraham ont supplicié spectaculairement. L'abîme qui sépare le maître des esclaves s'ouvre de nouveau et la révolte crie toujours devant la face murée d'un Dieu jaloux. Les penseurs et les artistes libertins ont préparé ce nouveau divorce en attaquant, avec les précautions d'usage, la morale et la divinité du Christ. L'univers de Callot figure assez bien ce monde de gueux hallucinants dont le ricanement, d'abord sous cape, finira par s'élever jusqu'au ciel avec le Don Juan de Molière. Pendant les deux siècles qui préparent les bouleversements, à la fois révolutionnaires et sacrilèges, de la fin du XVIIIe siècle, tout l'effort de la pensée libertine sera de faire du Christ un innocent, ou un niais, pour l'annexer au monde des hommes, dans ce qu'ils ont de noble ou de dérisoire. Ainsi se trouvera déblayé le terrain pour la grande offensive contre un ciel ennemi.

LA NÉGATION ABSOLUE

Historiquement, la première offensive cohérente est celle de Sade[1], qui rassemble en une seule et énorme machine de guerre les arguments de la pensée libertine jusqu'au curé Meslier et Voltaire. Sa négation est aussi, cela va de soi, la plus extrême. De la révolte, Sade ne tire que le non absolu. Vingt-sept années de prison ne font pas en effet une intelligence conciliante. Une si longue claustration engendre des valets ou des tueurs et parfois, dans le même homme, les deux. Si l'âme est assez forte pour édifier, au cœur du bagne, une morale qui ne soit pas celle de la soumission, il s'agira, la plupart du temps, d'une morale de domination. Toute éthique de la solitude suppose la puissance. À ce titre, dans la mesure où, traité de façon atroce par la société, il y répondit d'atroce façon, Sade est exemplaire. L'écrivain, malgré quelques cris heureux, et les louanges inconsidérées de nos contemporains, est secondaire. Il est admiré aujourd'hui, avec tant d'ingénuité, pour des raisons où la littérature n'a rien à voir.

On exalte en lui le philosophe aux fers, et le premier théoricien de la révolte absolue. Il pouvait l'être en effet. Au fond des prisons, le rêve est sans limites, la réalité ne freine rien. L'intelligence dans les chaînes perd en lucidité ce qu'elle gagne en fureur. Sade n'a connu qu'une logique, celle des sentiments. Il n'a pas fondé une philosophie, mais poursuivi le rêve monstrueux d'un persécuté. Il se trouve seulement que ce rêve est prophétique. La revendication exaspérée de la liberté a mené Sade dans l'empire de la servitude ; sa soif démesurée d'une vie désormais interdite s'est assouvie, de fureur en fureur, dans un rêve de destruction universelle. En ceci au moins, Sade est notre contemporain. Suivons-le dans ses négations successives.

UN HOMME DE LETTRES

Sade est-il athée ? Il le dit, on le croit, avant la prison, dans le *Dialogue entre un prêtre et un moribond;* on hésite ensuite devant sa fureur de sacrilège. L'un de ses plus cruels personnages, Saint-Fond, ne nie nullement Dieu. Il se borne à développer une théorie gnostique du méchant démiurge et à en tirer les conséquences qui conviennent. Saint-Fond, dit-on, n'est pas Sade. Non, sans doute. Un personnage n'est jamais le romancier qui l'a créé. Il y a des chances, cependant, pour que le romancier soit tous ses personnages à la fois. Or tous les athées de Sade posent en principe l'inexistence de Dieu pour cette raison claire que son existence supposerait chez lui indifférence, méchanceté ou cruauté. La plus grande œuvre de Sade se termine sur une démonstration de la stupidité et de la haine divines. L'innocente Justine court sous l'orage et le criminel Noirceuil jure qu'il se convertira si elle est épargnée par la foudre céleste. La foudre poignarde Justine, Noirceuil triomphe, et le crime de l'homme continuera de répondre au crime divin. Il y a ainsi un pari libertin qui est la réplique du pari pascalien.

L'idée, au moins, que Sade se fait de Dieu est donc celle d'une divinité criminelle qui écrase l'homme et le nie. Que le meurtre soit un attribut divin se voit assez, selon Sade, dans l'histoire des religions. Pourquoi l'homme serait-il alors vertueux ? Le premier mouvement du prisonnier est de sauter dans la conséquence extrême. Si Dieu tue et nie l'homme, rien ne peut interdire qu'on nie et tue ses semblables. Ce défi crispé ne ressemble en rien à la négation tranquille qu'on trouve encore dans le *Dialogue* de 1782. Il n'est ni tranquille ni heureux, celui qui s'écrie : « Rien n'est à moi, rien n'est de moi » et qui conclut : « Non, non, et la vertu et le vice, tout se confond dans le cercueil. » L'idée de Dieu est selon lui la seule chose « qu'il ne puisse pardonner à l'homme ». Le mot pardonner est déjà singulier chez ce professeur de tortures. Mais c'est à lui-même qu'il ne peut pardonner une idée que sa vue désespérée du monde et sa condition de prisonnier réfutent absolument. Une double révolte va désormais conduire le raisonnement de Sade : contre l'ordre du monde et contre lui-même. Comme ces deux révoltes sont contradictoires partout ailleurs que dans le cœur bouleversé d'un persécuté, son raisonnement ne cesse jamais d'être ambigu ou légitime, selon qu'on l'étudie dans la lumière de la logique ou dans l'effort de la compassion.

Il niera donc l'homme et sa morale puisque Dieu les nie. Mais il niera Dieu en même temps qui lui servait de caution et de complice jusqu'ici. Au nom de quoi ? Au nom de l'instinct le plus fort chez celui que la haine des hommes fait vivre entre les murs d'une prison : l'instinct sexuel. Qu'est cet instinct ? Il est, d'une part, le cri même de la nature*, et, d'autre part, l'élan aveugle qui exige la possession totale des êtres, au prix même de leur destruction. Sade niera Dieu au nom de la nature — le matériel idéologique de son temps le fournit alors en discours mécanistes — et il fera de la nature une puissance de destruction. La nature, pour lui, c'est le sexe ; sa logique le conduit dans un univers sans loi où le seul maître sera l'énergie démesurée du désir. Là est son royaume enfiévré, où il trouve ses plus beaux cris : « Que sont toutes les créatures de la terre vis-à-vis d'un seul de nos désirs[1] ! » Les longs raisonnements où les héros de Sade démontrent que la nature a besoin du crime, qu'il lui faut détruire pour créer, qu'on l'aide donc à créer dès l'instant où l'on détruit soi-même, ne visent qu'à fonder la liberté absolue du prisonnier Sade, trop injustement comprimée pour ne pas désirer l'explosion qui fera tout sauter. En cela, il s'oppose à son temps : la liberté qu'il réclame n'est pas celle des principes, mais des instincts.

Sade a rêvé sans doute d'une république universelle dont il nous fait exposer le plan par un sage réformateur, Zamé. Il nous montre ainsi qu'une des directions de la révolte, dans la mesure où, son mouvement s'accélérant, elle supporte de moins en moins de limites, est la libération du monde entier. Mais tout en lui contredit ce rêve pieux. Il n'est pas l'ami du genre humain, il hait les philanthropes. L'égalité dont il parle parfois est une

---

* Les grands criminels de Sade s'excusent de leurs crimes sur ce qu'ils sont pourvus d'appétits sexuels démesurés contre lesquels ils ne peuvent rien.

notion mathématique : l'équivalence des objets que sont les hommes, l'abjecte égalité des victimes. Celui qui pousse son désir jusqu'au bout, il lui faut tout dominer, son véritable accomplissement est dans la haine. La république de Sade n'a pas la liberté pour principe, mais le libertinage. « La justice, écrit ce singulier démocrate, n'a pas d'existence réelle. Elle est la divinité de toutes les passions. »

Rien de plus révélateur à cet égard que le fameux libelle, lu par Dolmancé dans la *Philosophie du boudoir*, et qui porte un titre curieux : *Français, encore un effort si vous voulez être républicains*. Pierre Klossowski* a raison de le souligner, ce libelle démontre aux révolutionnaires que leur république repose sur le meurtre du roi de droit divin et qu'en guillotinant Dieu le 21 janvier 1793, ils se sont interdit à jamais la proscription du crime et la censure des instincts malfaisants. La monarchie, en même temps qu'elle-même, maintenait l'idée de Dieu qui fondait les lois. La République, elle, se tient debout toute seule et les mœurs doivent y être sans commandements. Il est pourtant douteux que Sade, comme le veut Klossowski, ait eu le sentiment profond d'un sacrilège et que cette horreur quasi religieuse l'ait conduit aux conséquences qu'il énonce. Bien plutôt tenait-il ses conséquences d'abord et a-t-il aperçu ensuite l'argument propre à justifier la licence absolue des mœurs qu'il voulait demander au gouvernement de son temps. La logique des passions renverse l'ordre traditionnel du raisonnement et place la conclusion avant les prémisses. Il suffit pour s'en convaincre d'apprécier l'admirable succession de sophismes par lesquels Sade, dans ce texte, justifie la calomnie, le vol et le meurtre, et demande qu'ils soient tolérés dans la cité nouvelle.

Pourtant, c'est alors que sa pensée est le plus profonde. Il refuse, avec une clairvoyance exceptionnelle en son temps, l'alliance présomptueuse de la liberté et de la vertu. La liberté, surtout quand elle est le rêve du prisonnier, ne peut supporter de limites. Elle est le crime ou elle n'est plus la liberté. Sur ce point essentiel, Sade n'a jamais varié. Cet homme qui n'a prêché que des contradictions ne retrouve une cohérence, et la plus absolue,

---

* *Sade, mon prochain*, Éditions du Seuil.

qu'en ce qui concerne la peine capitale. Amateur d'exécutions raffinées, théoricien du crime sexuel, il n'a jamais pu supporter le crime légal. « Ma détention nationale, la guillotine sous les yeux, m'a fait cent fois plus de mal que ne m'en avaient fait toutes les Bastilles imaginables. » Dans cette horreur, il a puisé le courage d'être publiquement modéré pendant la Terreur et d'intervenir généreusement en faveur d'une belle-mère qui pourtant l'avait fait embastiller. Quelques années plus tard, Nodier devait résumer clairement, sans le savoir peut-être, la position obstinément défendue par Sade : « Tuer un homme dans le paroxysme d'une passion, cela se comprend. Le faire tuer par un autre dans le calme d'une méditation sérieuse, et sous le prétexte d'un ministère honorable, cela ne se comprend pas. » On trouve ici l'amorce d'une idée qui sera développée encore par Sade : celui qui tue doit payer de sa personne. Sade, on le voit, est plus moral que nos contemporains.

Mais sa haine pour la peine de mort n'est d'abord que la haine d'hommes qui croient assez à leur vertu ou à celle de leur cause, pour oser punir, et définitivement, alors qu'ils sont eux-mêmes criminels. On ne peut à la fois choisir le crime pour soi et le châtiment pour les autres. Il faut ouvrir les prisons ou faire la preuve, impossible, de sa vertu. À partir du moment où l'on accepte le meurtre, serait-ce une seule fois, il faut l'admettre universellement. Le criminel qui agit selon la nature ne peut, sans forfaiture, se mettre du côté de la loi. « Encore un effort si vous voulez être républicains » veut dire : « Acceptez la liberté du crime, seule raisonnable, et entrez pour toujours en insurrection comme on entre dans la grâce. » La soumission totale au mal débouche alors dans une horrible ascèse qui devait épouvanter la république des lumières et de la bonté naturelle. Celle-ci, dont la première émeute, par une coïncidence significative, avait brûlé le manuscrit des *Cent vingt journées de Sodome,* ne pouvait manquer de dénoncer cette liberté hérétique et jeter à nouveau entre quatre murs un partisan si compromettant. Elle lui donnait, du même coup, l'affreuse occasion de pousser plus loin sa logique révoltée.

La république universelle a pu être un rêve pour Sade, jamais une tentation. En politique, sa vraie position est le cynisme. Dans sa *Société des Amis du crime,* on se déclare ostensiblement pour le gouvernement et ses lois, qu'on se dispose pourtant à violer. Ainsi, les souteneurs votent pour le député conservateur. Le projet que Sade médite suppose la neutralité bienveillante de l'autorité. La république du crime ne peut être, provisoirement du moins, universelle. Elle doit faire mine d'obéir à la loi. Pourtant, dans un monde sans autre règle que celle du meurtre, sous le ciel du crime, au nom d'une criminelle nature, Sade n'obéit en réalité qu'à la loi inlassable du désir. Mais désirer sans limites revient aussi à accepter d'être désiré sans limites. La licence de détruire suppose qu'on puisse être soi-même détruit. Il faudra donc lutter et dominer. La loi de ce monde n'est rien d'autre que celle de la force; son moteur, la volonté de puissance.

L'ami du crime ne respecte réellement que deux sortes de puissances, celle, fondée sur le hasard de la naissance, qu'il trouve dans sa société, et celle où se hisse l'opprimé, quand, à force de scélératesse, il parvient à égaler les grands seigneurs libertins dont Sade fait ses héros ordinaires. Ce petit groupe de puissants, ces initiés, savent qu'ils ont tous les droits. Qui doute, même une seconde, de ce redoutable privilège est aussitôt rejeté du troupeau, et redevient victime. On aboutit alors à une sorte de blanquisme moral où un petit groupe d'hommes et de femmes, parce qu'ils détiennent un étrange savoir, se placent résolument au-dessus d'une caste d'esclaves. Le seul problème, pour eux, consiste à s'organiser pour exercer, dans leur plénitude, des droits qui ont l'étendue terrifiante du désir.

Ils ne peuvent espérer s'imposer à tout l'univers tant que l'univers n'aura pas accepté la loi du crime. Sade n'a même jamais cru que sa nation consentirait l'effort supplémentaire qui la ferait « républicaine ». Mais si le crime et le désir ne sont pas la loi de tout l'univers, s'ils ne règnent pas au moins sur un territoire défini, ils ne sont plus principes d'unité, mais ferments de conflit. Ils ne sont plus la loi et l'homme retourne à la dispersion et au hasard. Il faut donc créer de toutes pièces un monde qui soit à la mesure exacte de la nouvelle loi. L'exigence d'unité, déçue par la Création, se satisfait à toute force dans un microcosme. La loi de la puissance n'a jamais la patience d'atteindre l'empire du monde. Il lui faut délimiter sans tarder le terrain où elle s'exerce, même s'il faut l'entourer de barbelés et de miradors[1].

Chez Sade, elle crée des lieux clos, des châteaux à septuple enceinte, dont il est impossible de s'évader, et où la société du désir et du crime fonctionne sans heurts, selon un règlement implacable. La révolte la plus débridée, la revendication totale de la liberté aboutit à l'asservissement de la majorité. L'émancipation de l'homme s'achève, pour Sade, dans ces casemates de la débauche où une sorte de bureau politique du vice règle la vie et la mort d'hommes et de femmes entrés à tout jamais dans l'enfer de la nécessité. Son œuvre abonde en descriptions de ces lieux privilégiés où, chaque fois, les libertins féodaux, démontrant aux victimes assemblées leur impuissance et leur servitude absolues, reprennent le discours du duc de Blangis au petit peuple des *Cent vingt journées de Sodome* : « Vous êtes déjà mortes au monde. »

Sade habitait de même la tour de la Liberté, mais dans la Bastille. La révolte absolue s'enfouit avec lui dans une forteresse sordide d'où personne, persécutés ni persécuteurs, ne peut sortir. Pour fonder sa liberté, il est obligé d'organiser la nécessité absolue. La liberté illimitée du désir signifie la négation de l'autre, et la suppression de la pitié. Il faut tuer le cœur, cette « faiblesse de l'esprit » ; le lieu clos et le règlement y pourvoiront. Le règlement, qui joue un rôle capital dans les châteaux fabuleux de Sade, consacre un univers de méfiance. Il aide à tout prévoir afin qu'une tendresse ou une pitié imprévues ne viennent déranger les plans du bon plaisir. Curieux plaisir, sans doute, qui s'exerce au commandement : « On se lèvera tous les jours à dix heures du matin... » ! Mais il faut empêcher que la jouissance ne dégénère en attachement, il faut la mettre entre parenthèses et la durcir. Il faut encore que les objets de jouissance n'apparaissent jamais comme des personnes. Si l'homme est « une espèce de plante absolument matérielle », il ne peut être traité qu'en objet, et en objet d'expérience. Dans la république barbelée de Sade, il n'y a que des mécaniques et des mécaniciens. Le règlement, mode d'emploi de la mécanique, donne sa place à tout. Ces couvents infâmes ont leur règle, significativement copiée sur celle des communautés religieuses. Le libertin se livrera ainsi à la confession publique. Mais l'indice change : « Si sa conduite est pure, il est blâmé. »

Sade, comme il est d'usage en son temps, bâtit ainsi des sociétés idéales. Mais, à l'inverse de son temps, il codifie la méchanceté naturelle de l'homme. Il construit méticuleusement la cité de la puissance et de la haine, en précurseur qu'il est, jusqu'à mettre en chiffres la liberté qu'il a conquise. Il résume alors sa philosophie dans la froide comptabilité du crime : « Massacrés avant le 1er mars : 10. Depuis le 1er mars : 20. S'en retournent : 16. Total : 46. » Précurseur sans doute, mais encore modeste, on le voit.

Si tout s'arrêtait là, Sade ne mériterait que l'intérêt qui s'attache aux précurseurs méconnus. Mais une fois tiré le pont-levis, il faut vivre dans le château. Aussi méticuleux que soit le règlement, il ne parvient pas à tout prévoir. Il peut détruire, non créer. Les maîtres de ces communautés torturées n'y trouveront pas la satisfaction qu'ils convoitent. Sade évoque souvent la « douce habitude du crime ». Rien ici, pourtant, qui ressemble à la douceur; plutôt une rage d'homme dans les fers. Il s'agit en effet de jouir, et le maximum de jouissance coïncide avec le maximum de destruction. Posséder ce qu'on tue, s'accoupler avec la souffrance, voilà l'instant de la liberté totale vers lequel s'oriente toute l'organisation des châteaux. Mais dès l'instant où le crime sexuel supprime l'objet de volupté, il supprime la volupté qui n'existe qu'au moment précis de la suppression. Il faut alors se soumettre un autre objet et le tuer à nouveau, un autre encore, et après lui l'infinité de tous les objets possibles. On obtient ainsi ces mornes accumulations de scènes érotiques et criminelles dont l'aspect figé, dans les romans de Sade, laisse paradoxalement au lecteur le souvenir d'une hideuse chasteté.

Que viendrait faire, dans cet univers, la jouissance, la grande joie fleurie des corps consentants et complices ? Il s'agit d'une quête impossible pour échapper au désespoir et qui finit pourtant en désespoir, d'une course de la servitude à la servitude, et de la prison à la prison. Si la nature seule est vraie, si, dans la nature, seuls le désir et la destruction sont légitimes, alors de destruction en destruction, le règne humain lui-même ne suffisant plus à la soif du sang, il faut courir à l'anéantissement universel. Il faut se faire, selon la formule de Sade, le bourreau de la nature. Mais cela même ne s'obtient pas si facilement. Quand la comptabilité est close, quand toutes les victimes ont été massacrées, les bourreaux restent face à face, dans le château solitaire. Quelque chose leur manque encore. Les corps torturés retournent par leurs éléments à la nature d'où renaîtra la vie. Le meurtre lui-même n'est pas achevé : « Le meurtre n'ôte que la première vie à l'individu que nous frappons; il faudrait pouvoir lui arracher la seconde... » Sade médite l'attentat contre la création : « J'abhorre la nature... Je voudrais déranger ses plans, contrecarrer sa marche, arrêter la roue des astres, bouleverser les globes qui flottent dans l'espace, détruire ce qui la sert, protéger ce qui lui nuit, l'insulter en un mot dans ses œuvres, et je n'y puis réussir. » Il a beau imaginer un mécanicien qui puisse pulvériser l'univers, il sait que, dans la poussière des globes, la vie continuera. L'attentat contre la création est impossible. On ne peut tout détruire, il y a toujours un reste. « Je n'y puis réussir... », cet univers implacable et glacé se détend soudain dans l'atroce mélancolie par laquelle, enfin, Sade nous touche quand il ne le voudrait pas. « Nous pourrions peut-être attaquer le soleil, en priver l'univers ou nous en servir pour embraser le monde, ce serait des crimes, cela... » Oui, ce serait des crimes, mais non le crime définitif. Il faut marcher encore; les bourreaux se mesurent du regard.

Ils sont seuls, et une seule loi les régit, celle de la puissance. Puisqu'ils l'ont acceptée alors qu'ils étaient les maîtres, ils ne peuvent plus la récuser si elle se retourne contre eux. Toute puissance tend à être unique et solitaire. Il faut encore tuer : à leur tour, les maîtres se déchireront. Sade aperçoit cette conséquence et ne recule pas. Un curieux stoïcisme du vice vient éclairer un peu ces bas-fonds de la révolte. Il ne cherchera pas à rejoindre le monde de la tendresse et du compromis. Le pont-levis ne sera pas baissé, il acceptera l'anéantissement personnel. La force déchaînée du refus rejoint à son extrémité une acceptation inconditionnelle qui n'est pas sans grandeur. Le maître accepte d'être à son tour esclave et peut-être même le désire. « L'échafaud aussi serait pour moi le trône des voluptés. »

La plus grande destruction coïncide alors avec la

plus grande affirmation. Les maîtres se jettent les uns sur les autres et cette œuvre érigée à la gloire du libertinage se trouve « parsemée de cadavres de libertins frappés au sommet de leur génie* ». Le plus puissant, qui survivra, sera le solitaire, l'Unique, dont Sade a entrepris la glorification, lui-même en définitive. Le voilà qui règne enfin, maître et Dieu. Mais à l'instant de sa plus haute victoire, le rêve se dissipe. L'Unique se retourne vers le prisonnier dont les imaginations démesurées lui ont donné naissance; il se confond avec lui. Il est seul en effet, emprisonné, dans une Bastille ensanglantée, tout entière bâtie autour d'une jouissance encore inapaisée, mais désormais sans objet. Il n'a triomphé qu'en rêve et ces dizaines de volumes, bourrés d'atrocités et de philosophie, résument une ascèse malheureuse, une marche hallucinante du non total au oui absolu, un consentement à la mort enfin, qui transfigure le meurtre de tout et de tous en suicide collectif.

On a exécuté Sade en effigie; il n'a tué de même qu'en imagination. Prométhée finit dans Onan. Il achèvera sa vie, toujours prisonnier, mais cette fois dans un asile, jouant des pièces sur une estrade de fortune, au milieu d'hallucinés. La satisfaction que l'ordre du monde ne lui donnait pas, le rêve et la création lui en ont fourni un équivalent dérisoire. L'écrivain, bien entendu, n'a rien à se refuser. Pour lui, du moins, les limites s'écroulent et le désir peut aller jusqu'au bout. En ceci, Sade est l'homme de lettres parfait. Il a bâti une fiction pour se donner l'illusion d'être. Il a mis au-dessus de tout « le crime moral auquel on parvient par écrit ». Son mérite, incontestable, est d'avoir illustré du premier coup, dans la clairvoyance malheureuse d'une rage accumulée, les conséquences extrêmes d'une logique révoltée[1], quand elle oublie du moins la vérité de ses origines. Ces conséquences sont la totalité close, le crime universel, l'aristocratie du cynisme et la volonté d'apocalypse. Elles se retrouveront bien des années après lui. Mais les ayant savourées, il semble qu'il ait étouffé dans ses propres impasses, et qu'il ne soit seulement délivré dans la littérature. Curieusement, c'est Sade qui a orienté la révolte sur les chemins de l'art où le romantisme l'enga-

---

* Maurice Blanchot : *Lautréamont et Sade,* Éditions de Minuit.

gera encore plus avant. Il sera de ces écrivains dont il dit que « la corruption est si dangereuse, si active, qu'ils n'ont pour but en imprimant leur affreux système que d'étendre au-delà de leurs vies la somme de leurs crimes; ils n'en peuvent plus faire, mais leurs maudits écrits en feront commettre, et cette douce idée qu'ils emportent au tombeau les console de l'obligation où les met la mort de renoncer à ce qui est ». Son œuvre révoltée témoigne ainsi de sa soif de survie. Même si l'immortalité qu'il convoite est celle de Caïn, il la convoite au moins, et témoigne malgré lui pour le plus vrai de la révolte métaphysique.

Au reste, sa postérité même oblige à lui rendre hommage. Ses héritiers ne sont pas tous écrivains. Assurément, il a souffert et il est mort pour échauffer l'imagination des beaux quartiers et des cafés littéraires[1]. Mais ce n'est pas tout. Le succès de Sade à notre époque s'explique par un rêve qui lui est commun avec la sensibilité contemporaine : la revendication de la liberté totale, et la déshumanisation opérée à froid par l'intelligence. La réduction de l'homme en objet d'expérience, le règlement qui précise les rapports de la volonté de puissance et de l'homme objet, le champ clos de cette monstrueuse expérience, sont des leçons que les théoriciens de la puissance retrouveront, lorsqu'ils auront à organiser le temps des esclaves.

Deux siècles à l'avance, sur une échelle réduite, Sade a exalté les sociétés totalitaires au nom de la liberté[2] frénétique que la révolte en réalité ne réclame pas. Avec lui commencent réellement l'histoire et la tragédie contemporaines. Il a seulement cru qu'une société basée sur la liberté du crime devait aller avec la liberté des mœurs, comme si la servitude avait ses limites. Notre temps s'est borné à fondre curieusement son rêve de république universelle et sa technique d'avilissement. Finalement ce qu'il haïssait le plus, le meurtre légal, a pris à son compte les découvertes qu'il voulait mettre au service du meurtre d'instinct. Le crime, dont il voulait qu'il fût le fruit exceptionnel et délicieux du vice déchaîné, n'est plus aujourd'hui que la morne habitude d'une vertu devenue policière. Ce sont les surprises de la littérature.

LA RÉVOLTE DES DANDYS[1]

Mais l'heure est encore aux gens de lettres. Le romantisme avec sa révolte luciférienne ne servira vraiment que les aventures de l'imagination. Comme Sade, il se séparera de la révolte antique par la préférence accordée au mal et à l'individu. En mettant l'accent sur sa force de défi et de refus, la révolte, à ce stade, oublie son contenu positif. Puisque Dieu revendique ce qu'il y a de bien en l'homme, il faut tourner ce bien en dérision et choisir le mal. La haine de la mort et de l'injustice conduira donc, sinon à l'exercice, du moins à l'apologie du mal et du meurtre.

La lutte de Satan et de la mort dans le *Paradis perdu*, poème préféré des romantiques, symbolise ce drame, mais d'autant plus profondément que la mort est (avec le péché) l'enfant de Satan. Pour combattre le mal, le révolté, parce qu'il se juge innocent, renonce au bien et enfante à nouveau le mal. Le héros romantique opère d'abord la confusion profonde, et pour ainsi dire religieuse, du bien et du mal*. Ce héros est « fatal », parce que la fatalité confond le bien et le mal sans que l'homme puisse s'en défendre. La fatalité exclut les jugements de valeur. Elle les remplace par un « C'est ainsi » qui excuse tout, sauf le Créateur, responsable unique de ce scandaleux état de fait. Le héros romantique est « fatal » aussi, parce qu'à mesure qu'il grandit en force et en génie la puissance du mal grandit en lui. Toute puissance, tout excès se couvre alors du « C'est ainsi ». Que l'artiste, le poète en particulier, soit démoniaque, cette idée très ancienne trouve une formulation provocante chez les romantiques. Il y a même, à cette époque, un impérialisme du démon qui vise à tout lui annexer, même les génies de l'orthodoxie. « Ce qui fit que Milton, observe Blake, écrivait dans la gêne lorsqu'il parlait des anges et de Dieu, dans l'audace lorsqu'il parlait des démons et de l'enfer, c'est qu'il était un vrai poète, et du parti des démons, sans le savoir. » Le poète, le génie, l'homme lui-même, dans son image la plus haute, s'écrie alors en même temps

---

* Thème dominant chez William Blake, par exemple.

que Satan : « Adieu, l'espérance, mais avec l'espérance, adieu crainte, adieu remords... Mal, sois mon bien. » C'est le cri de l'innocence outragée.

Le héros romantique s'estime donc contraint de commettre le mal, par nostalgie d'un bien impossible. Satan s'élève contre son créateur, parce que celui-ci a employé la force pour le réduire. « Égalé en raison, dit le Satan de Milton, il s'est élevé au-dessus de ses égaux par la force. » La violence divine est ainsi condamnée explicitement. Le révolté s'éloignera de ce Dieu agresseur et indigne*, « le plus loin de lui est le mieux », et régnera sur toutes les forces hostiles à l'ordre divin. Le prince du mal n'a choisi sa voie que parce que le bien est une notion définie et utilisée par Dieu pour des desseins injustes. L'innocence même irrite le Rebelle dans la mesure où elle suppose un aveuglement de dupe. Ce « noir esprit du mal qu'irrite l'innocence » suscitera ainsi une injustice humaine parallèle à l'injustice divine. Puisque la violence est à la racine de la création, une violence délibérée lui répondra. L'excès du désespoir ajoute encore aux causes du désespoir pour mener la révolte à cet état de haineuse atonie, qui suit la longue épreuve de l'injustice, et où disparaît définitivement la distinction du bien et du mal. Le Satan de Vigny

> ... Ne peut plus sentir le mal ni les bienfaits.
> Il est même sans joie aux malheurs qu'il a faits.

Ceci définit le nihilisme et autorise le meurtre.

Le meurtre, en effet, va devenir aimable. Il suffit de comparer le Lucifer des imagiers du moyen âge au Satan romantique. Un adolescent « jeune, triste et charmant » (Vigny) remplace la bête cornue. « Beau d'une beauté qui ignore la terre » (Lermontov), solitaire et puissant, douloureux et méprisant, il opprime avec négligence. Mais son excuse est la douleur. « Qui oserait envier, dit le Satan de Milton, celui que la plus haute place condamne à la plus forte part de souffrances sans terme. »

---

* « Le Satan de Milton est moralement très supérieur à son Dieu comme celui qui persévère en dépit de l'adversité et de la fortune est supérieur à celui qui, dans la froide sécurité d'un triomphe certain, exerce la plus horrible vengeance sur ses ennemis. » Hermann Melville.

Tant d'injustices souffertes, une douleur si continue, autorisent tous les excès. Le révolté se donne alors quelques avantages. Le meurtre sans doute n'est pas recommandé pour lui-même. Mais il est inscrit à l'intérieur de la valeur, suprême pour le romantique, de frénésie. La frénésie est l'envers de l'ennui : Lorenzaccio rêve de Han d'Islande. D'exquises sensibilités appellent les fureurs élémentaires de la brute. Le héros byronien, incapable d'amour, ou capable seulement d'un amour impossible, souffre de spleen[1]. Il est seul, languide, sa condition l'épuise. S'il veut se sentir vivre, il faut que ce soit dans la terrible exaltation d'une action brève et dévorante. Aimer ce que jamais on ne verra deux fois, c'est aimer dans la flamme et le cri pour s'abîmer ensuite. On ne vit plus que dans et par l'instant, pour

> ... cette union courte mais vivante
> d'un cœur tourmenté uni à la tourmente.
> (LERMONTOV.)

La menace mortelle qui plane sur notre condition stérilise tout. Seul le cri fait vivre; l'exaltation tient lieu de vérité. À ce degré, l'apocalypse devient une valeur où tout se confond, amour et mort, conscience et culpabilité. Dans un univers désorbité, il n'existe plus d'autre vie que celle des abîmes où, selon Alfred Le Poittevin, viennent rouler les humains « frémissant de rage et chérissant leurs crimes », pour y maudire le Créateur[2]. La frénétique ivresse et, à la limite, le beau crime épuisent alors en une seconde tout le sens d'une vie. Sans prêcher à proprement parler le crime, le romantisme s'attache à illustrer un mouvement profond de revendication dans les images conventionnelles du hors-la-loi, du bon forçat, du brigand généreux[3]. Le mélodrame sanglant et le roman noir triomphent. On délivre avec Pixérécourt, et à moindres frais, ces appétits affreux de l'âme que d'autres satisferont dans les camps d'extermination. Sans doute, ces œuvres sont aussi un défi porté à la société du temps[4]. Mais, dans sa source vive, le romantisme défie d'abord la loi morale et divine. Voilà pourquoi son image la plus originale n'est pas, d'abord, le révolutionnaire mais, logiquement, le dandy.

Logiquement, car cette obstination dans le satanisme ne peut se justifier que par l'affirmation sans cesse répétée de l'injustice et, d'une certaine manière, par sa consolidation. La douleur, à ce stade, ne paraît acceptable qu'à la condition qu'elle soit sans remède. Le révolté choisit la métaphysique du pire, qui s'exprime dans la littérature de damnation dont nous ne sommes pas encore sortis. « Je sentais ma puissance et je sentais des fers. » (Petrus Borel.) Mais ces fers sont chéris. Il faudrait sans eux prouver, ou exercer, la puissance qu'après tout on n'est pas sûr d'avoir. Pour finir, on devient fonctionnaire en Algérie et Prométhée, avec le même Borel, veut fermer les cabarets et réformer les mœurs des colons. Il n'empêche : tout poète, pour être reçu, doit alors être maudit*. Charles Lassailly, le même qui projetait un roman philosophique, *Robespierre et Jésus-Christ,* ne se couche jamais sans proférer, pour se soutenir, quelques fervents blasphèmes. La révolte se pare de deuil et se fait admirer sur les planches. Bien plus que le culte de l'individu, le romantisme inaugure le culte du personnage. C'est alors qu'il est logique. N'espérant plus la règle ou l'unité de Dieu, obstiné à se rassembler contre un destin ennemi, impatient de maintenir tout ce qui peut l'être encore dans un monde voué à la mort, la révolte romantique cherche une solution dans l'attitude. L'attitude rassemble dans une unité esthétique l'homme livré au hasard et détruit par les violences divines. L'être qui doit mourir resplendit au moins avant de disparaître, et cette splendeur fait sa justification. Elle est un point fixe, le seul qu'on puisse opposer au visage désormais pétrifié du Dieu de haine. Le révolté immobile soutient sans faiblir le regard de Dieu. « Rien ne changera, dit Milton, cet esprit fixe, ce haut dédain né de la conscience offensée. » Tout bouge et court au néant, mais l'humilié s'obstine, et maintient au moins la fierté. Un baroque romantique, découvert par Raymond Queneau, prétend que le but de toute vie intellectuelle est de devenir Dieu. Ce romantique, au vrai, est un peu en avance sur son temps. Le but n'était alors que d'égaler Dieu, et de se maintenir à son niveau. On ne le détruit pas, mais, par un effort incessant, on lui refuse toute soumission. Le dandysme est une forme dégradée de l'ascèse.

---

* Notre littérature s'en ressent encore. « Il n'y a plus de poètes maudits », dit Malraux. Il y en a moins. Mais les autres ont mauvaise conscience.

Le dandy crée sa propre unité par des moyens esthétiques. Mais c'est une esthétique de la singularité et de la négation. « Vivre et mourir devant un miroir », telle était, selon Baudelaire, la devise du dandy. Elle est cohérente, en effet. Le dandy est par fonction un oppositionnel. Il ne se maintient que dans le défi. La créature, jusque-là, recevait sa cohérence du créateur. À partir du moment où elle consacre sa rupture avec lui, la voilà livrée aux instants, aux jours qui passent, à la sensibilité dispersée. Il faut donc qu'elle se reprenne en main. Le dandy se rassemble, se forge une unité, par la force même du refus. Dissipé en tant que personne privée de règle, il sera cohérent en tant que personnage. Mais un personnage suppose un public; le dandy ne peut se poser qu'en s'opposant. Il ne peut s'assurer de son existence qu'en la retrouvant dans le visage des autres. Les autres sont le miroir. Miroir vite obscurci, il est vrai, car la capacité d'attention de l'homme est limitée. Elle doit être réveillée sans cesse, éperonnée par la provocation. Le dandy est donc forcé d'étonner toujours. Sa vocation est dans la singularité, son perfectionnement dans la surenchère. Toujours en rupture, en marge, il force les autres à le créer lui-même, en niant leurs valeurs. Il joue sa vie, faute de pouvoir la vivre. Il la joue jusqu'à la mort, sauf aux instants où il est seul et sans miroir. Être seul pour le dandy revient à n'être rien. Les romantiques n'ont parlé si magnifiquement de la solitude que parce qu'elle était leur douleur réelle, celle qui ne peut se supporter. Leur révolte s'enracine à un niveau profond, mais du *Cleveland* de l'abbé Prévost jusqu'aux dadaïstes, en passant par les frénétiques de 1830, Baudelaire et les décadents de 1880, plus d'un siècle de révolte s'assouvit à bon compte dans les audaces de « l'excentricité ». Si tous ont su parler de la douleur, c'est que, désespérant de jamais la dépasser autrement que par de vaines parodies, ils éprouvaient instinctivement qu'elle demeurait leur seule excuse, et leur vraie noblesse.

C'est pourquoi l'héritage du romantisme n'est pas pris en charge par Hugo, pair de France, mais par Baudelaire et Lacenaire, poètes du crime. « Tout en ce monde sue le crime, dit Baudelaire, le journal, la muraille et le visage de l'homme. » Que du moins ce crime, loi du monde, prenne figure distinguée. Lacenaire, premier en date des gentilshommes criminels, s'y emploie effectivement; Baudelaire a moins de rigueur, mais du génie. Il créera le jardin du mal où le crime ne figurera qu'une espèce plus rare que d'autres. La terreur elle-même deviendra fine sensation et objet rare. « Non seulement je serais heureux d'être victime, mais je ne haïrais pas d'être bourreau pour *sentir* la révolution des deux manières. » Même son conformisme a, chez Baudelaire, l'odeur du crime. S'il a choisi Maistre pour maître à penser, c'est dans la mesure où ce conservateur va jusqu'au bout et centre sa doctrine autour de la mort et du bourreau. « Le vrai saint, feint de penser Baudelaire, est celui qui fouaille et tue le peuple pour le bien du peuple. » Il sera exaucé. La race des vrais saints commence à se répandre sur la terre pour consacrer ces curieuses conclusions de la révolte. Mais Baudelaire, malgré son arsenal satanique, son goût pour Sade, ses blasphèmes, restait trop théologien pour être un vrai révolté. Son vrai drame, qui l'a fait le plus grand poète de son temps, était ailleurs. Baudelaire ne peut être évoqué ici que dans la mesure où il a été le théoricien le plus profond du dandysme et donné des formules définitives à l'une des conclusions de la révolte romantique.

Le romantisme démontre en effet que la révolte a partie liée avec le dandysme; l'une de ses directions est le paraître. Dans ses formes conventionnelles, le dandysme avoue la nostalgie d'une morale. Il n'est qu'un honneur dégradé en point d'honneur. Mais il inaugure en même temps une esthétique qui règne encore sur notre monde, celle des créateurs solitaires, rivaux obstinés d'un Dieu qu'ils condamnent. À partir du romantisme, la tâche de l'artiste ne sera plus seulement de créer un monde, ni d'exalter la beauté pour elle seule, mais aussi de définir une attitude. L'artiste devient alors modèle, il se propose en exemple : l'art est sa morale. Avec lui commence l'âge des directeurs de conscience. Quand les dandys ne se tuent pas ou ne deviennent pas fous, ils font carrière et posent pour la postérité. Même lorsqu'ils crient, comme Vigny, qu'ils vont se taire, leur silence est fracassant.

[1]Mais, au sein du romantisme lui-même, la stérilité de cette attitude apparaît à quelques révoltés qui fournissent alors un type de transition entre l'excentrique (ou

l'Incroyable) et nos aventuriers révolutionnaires. Entre le neveu de Rameau et les « conquérants » du xxᵉ siècle, Byron et Shelley se battent déjà, quoique ostensiblement, pour la liberté. Ils s'exposent aussi, mais d'une autre manière. La révolte quitte peu à peu le monde du paraître pour celui du faire où elle va s'engager tout entière. Les étudiants français de 1830 et les décembristes russes apparaîtront alors comme les incarnations les plus pures d'une révolte d'abord solitaire et qui cherche ensuite, à travers les sacrifices, le chemin d'une réunion. Mais, inversement, le goût de l'apocalypse et de la vie frénétique se retrouvera chez nos révolutionnaires. La parade des procès, le jeu terrible du juge d'instruction et de l'accusé, la mise en scène des interrogatoires, laissent parfois deviner une tragique complaisance au vieux subterfuge par lequel le révolté romantique, refusant ce qu'il était, se condamnait provisoirement au paraître dans le malheureux espoir de conquérir un être plus profond.

LE REFUS DU SALUT[1]

Si le révolté romantique exalte l'individu et le mal, il ne prend donc pas le parti des hommes, mais seulement son propre parti. Le dandysme, quel qu'il soit, est toujours un dandysme par rapport à Dieu. L'individu, en tant que créature, ne peut s'opposer qu'au créateur. Il a besoin de Dieu avec qui il poursuit une sorte de sombre coquetterie. Armand Hoog* a raison de dire que, malgré le climat nietzschéen de ces œuvres, Dieu n'y est pas encore mort. La damnation même, revendiquée à cor et à cri, n'est qu'un bon tour qu'on joue à Dieu. Avec Dostoïevski, au contraire, la description de la révolte va faire un pas de plus. Ivan Karamazov prend le parti des hommes et met l'accent sur leur innocence. Il affirme que la condamnation à mort qui pèse sur eux est injuste. Dans son premier mouvement, au moins, loin de plaider pour le mal, il plaide pour la justice qu'il met au-dessus de la divinité. Il ne nie donc pas absolument l'existence de Dieu[2]. Il la réfute au nom d'une valeur morale. L'ambition du révolté romantique était de parler à Dieu d'égal à égal. Le mal répond alors au mal, la superbe à la cruauté. L'idéal de Vigny est, par exemple, de répondre au silence par le silence. Sans doute, il s'agit par là de se hisser au niveau de Dieu, ce qui est déjà le blasphème. Mais on ne songe pas à contester le pouvoir, ni la place de la divinité. Ce blasphème est révérencieux puisque tout blasphème, finalement, est participation au sacré.

Avec Ivan, au contraire, le ton change. Dieu est jugé à son tour, et de haut. Si le mal est nécessaire à la création divine, alors cette création est inacceptable. Ivan ne s'en remettra plus à ce Dieu mystérieux, mais à un principe plus haut qui est la justice. Il inaugure l'entreprise essentielle de la révolte qui est de substituer au royaume de la grâce celui de la justice. Du même coup, il com-

---

* *Les Petits Romantiques*, Cahiers du Sud.

mence l'attaque contre le christianisme. Les révoltés romantiques rompaient avec Dieu lui-même, en tant que principe de haine. Ivan refuse explicitement le mystère et, par conséquent, Dieu en tant que principe d'amour. L'amour seul peut nous faire ratifier l'injustice faite à Marthe, aux ouvriers des dix heures, et plus loin encore, faire admettre la mort injustifiable des enfants. « Si la souffrance des enfants, dit Ivan, sert à parfaire la somme des douleurs nécessaires à l'acquisition de la vérité, j'affirme d'ores et déjà que cette vérité ne vaut pas un tel prix. » Ivan refuse la dépendance profonde que le christianisme a introduit entre la souffrance et la vérité. Le cri le plus profond d'Ivan, celui qui ouvre les abîmes les plus bouleversants sous les pas du révolté, est le *même si*. « Mon indignation persisterait même si j'avais tort. » Ce qui signifie que même si Dieu existait, même si le mystère recouvrait une vérité, même si le staret Zosime avait raison, Ivan n'accepterait pas que cette vérité fût payée par le mal, la souffrance, et la mort infligée à l'innocent. Ivan incarne le refus du salut. La foi mène à la vie immortelle. Mais la foi suppose l'acceptation du mystère et du mal, la résignation à l'injustice. Celui que la souffrance des enfants empêche d'accéder à la foi ne recevra donc pas la vie immortelle. Dans ces conditions, même si la vie immortelle existait, Ivan la refuserait. Il repousse ce marché. Il n'accepterait la grâce qu'inconditionnelle[1] et c'est pourquoi il pose lui-même ses conditions. La révolte veut tout, ou ne veut rien. « Toute la science du monde ne vaut pas les larmes des enfants. » Ivan ne dit pas qu'il n'y a pas de vérité. Il dit que, s'il y a une vérité, elle ne peut qu'être inacceptable. Pourquoi ? Parce qu'elle est injuste. La lutte de la justice contre la vérité est ouverte ici pour la première fois ; elle n'aura plus de cesse. Ivan, solitaire, donc moraliste, se suffira d'une sorte de donquichottisme métaphysique. Mais quelques lustres encore et une immense conspiration politique visera à faire, de la justice, la vérité.

Par surcroît, Ivan incarne le refus d'être sauvé seul. Il se solidarise avec les damnés et, à cause d'eux, refuse le ciel. S'il croyait, en effet, il pourrait être sauvé, mais d'autres seraient damnés. La souffrance continuerait. Il n'est pas de salut possible pour qui souffre de la vraie compassion. Ivan continuera à mettre Dieu dans son tort en refusant doublement la foi comme on refuse l'injustice et le privilège. Un pas de plus et du *Tout ou rien*, nous passons au *Tous ou personne*.

Cette détermination extrême, et l'attitude qu'elle suppose, auraient suffi aux romantiques. Mais Ivan*, bien qu'il cède aussi au dandysme, vit réellement ses problèmes[1], déchiré entre le oui et le non. À partir de ce moment, il entre dans la conséquence. S'il refuse l'immortalité, que lui reste-t-il ? La vie dans ce qu'elle a d'élémentaire. Le sens de la vie supprimé, il reste encore la vie. « Je vis, dit Ivan, en dépit de la logique. » Et encore : « Si je n'avais plus foi en la vie, si je doutais d'une femme aimée, de l'ordre universel, persuadé au contraire que tout n'est qu'un chaos infernal et maudit — même alors, je voudrais vivre quand même. » Ivan vivra donc, aimera aussi « sans savoir pourquoi ». Mais vivre, c'est aussi agir. Au nom de quoi ? S'il n'y a pas d'immortalité, il n'y a ni récompense ni châtiment, ni bien ni mal. « Je crois qu'il n'y a pas de vertu sans immortalité. » Et aussi : « Je sais seulement que la souffrance existe, qu'il n'y a pas de coupables, que tout s'enchaîne, que tout passe et s'équilibre. » Mais s'il n'y a pas de vertu, il n'y a pas plus de loi : « Tout est permis. »

À ce « tout est permis » commence vraiment l'histoire du nihilisme contemporain. La révolte romantique n'allait pas si loin. Elle se bornait à dire, en somme, que tout n'était pas permis, mais qu'elle se permettait, par insolence, ce qui était défendu. Avec les Karamazov, au contraire, la logique de l'indignation va retourner la révolte contre elle-même et la jeter dans une contradiction désespérée. La différence essentielle est que les romantiques se donnent des permissions de complaisance, tandis qu'Ivan se forcera à faire le mal par cohérence. Il ne se permettra pas d'être bon. Le nihilisme n'est pas seulement désespoir et négation, mais surtout volonté de désespérer et de nier. Le même homme qui prenait si farouchement le parti de l'innocence, qui tremblait devant la souffrance d'un enfant, qui voulait voir « de ses yeux » la biche dormir près du lion, la victime embrasser le meurtrier, à partir du moment où il refuse la cohérence

---

* Faut-il rappeler qu'Ivan est, d'une certaine manière, Dostoïevski, plus à l'aise dans ce personnage que dans Aliocha.

divine et tente de trouver sa propre règle, reconnaît la légitimité du meurtre. Ivan se révolte contre un Dieu meurtrier; mais dès l'instant où il raisonne sa révolte, il en tire la loi du meurtre. Si tout est permis, il peut tuer son père, ou souffrir au moins qu'il soit tué. Une longue réflexion sur notre condition de condamnés à mort aboutit seulement à la justification du crime. Ivan, en même temps, hait la peine de mort (racontant une exécution, il dit férocement : « Sa tête tomba, au nom de la grâce divine ») et admet, en principe, le crime. Toutes les indulgences pour le meurtrier, aucune pour l'exécuteur. Cette contradiction, où Sade vivait à l'aise, étrangle au contraire Ivan Karamazov.

Il fait mine de raisonner, en effet, comme si l'immortalité n'existait pas, alors qu'il s'est borné à dire qu'il la refusait même si elle existait. Pour protester contre le mal et la mort, il choisit donc, délibérément, de dire que la vertu n'existe pas plus que l'immortalité et de laisser tuer son père. Il accepte sciemment son dilemme : être vertueux et illogique, ou logique et criminel. Son double, le diable, a raison quand il lui souffle : « Tu vas accomplir une action vertueuse et pourtant tu ne crois pas à la vertu, voilà ce qui t'irrite et te tourmente. » La question que se pose enfin Ivan, celle qui constitue le vrai progrès que Dostoïevski fait accomplir à l'esprit de révolte, est la seule qui nous intéresse ici : peut-on vivre et se maintenir dans la révolte ?

Ivan laisse deviner sa réponse : on ne peut vivre dans la révolte qu'en la poussant jusqu'au bout. Qu'est-ce que l'extrémité de la révolte métaphysique ? La révolution métaphysique. Le maître de ce monde, après avoir été contesté dans sa légitimité, doit être renversé. L'homme doit occuper sa place. « Comme Dieu et l'immortalité n'existent pas, il est permis à l'homme nouveau de devenir Dieu. » Mais qu'est-ce qu'être Dieu ? Reconnaître justement que tout est permis; refuser toute autre loi que la sienne propre. Sans qu'il soit nécessaire de développer les raisonnements intermédiaires, on aperçoit ainsi que, devenir Dieu, c'est accepter le crime (idée favorite, aussi bien, des intellectuels de Dostoïevski). Le problème personnel d'Ivan est donc de savoir s'il sera fidèle à sa logique, et si, parti d'une protestation indignée devant la souffrance innocente, il acceptera le meurtre de son père avec l'indifférence des hommes-dieux. On connaît sa solution : Ivan laissera tuer son père[1]. Trop profond pour se suffire du paraître, trop sensible pour agir, il se contentera de laisser faire. Mais il deviendra fou. L'homme qui ne comprenait pas comment on pouvait aimer son prochain ne comprend pas non plus comment on peut le tuer. Coincé entre une vertu injustifiable et un crime inacceptable, dévoré de pitié et incapable d'amour, solitaire privé du secourable cynisme, la contradiction tuera cette intelligence souveraine. « J'ai un esprit terrestre, disait-il. À quoi bon vouloir comprendre ce qui n'est pas de ce monde ? » Mais il ne vivait que pour ce qui n'est pas de ce monde, et cet orgueil d'absolu l'enlevait précisément à la terre dont il n'aimait rien.

Ce naufrage[2] n'empêche pas, du reste, que, le problème posé, la conséquence devait suivre : la révolte est désormais en marche vers l'action. Ce mouvement est indiqué déjà par Dostoïevski, avec une intensité prophétique, dans la légende du Grand Inquisiteur. Ivan, finalement, ne sépare pas la création de son créateur. « Ce n'est pas Dieu que je repousse, dit-il, c'est la création. » Autrement dit, c'est Dieu le père, inséparable de ce qu'il a créé*. Son projet d'usurpation reste donc tout moral. Il ne veut rien réformer dans la création. Mais la création étant ce qu'elle est, il en tire le droit de s'affranchir moralement, et les autres hommes avec lui. À partir du moment, au contraire, où l'esprit de révolte, acceptant le « tout est permis » et le « tous ou personne », visera à refaire la création pour assurer la royauté et la divinité des hommes, à partir du moment où la révolution métaphysique s'étendra du moral au politique, une nouvelle entreprise, de portée incalculable, commencera, née elle aussi, il faut le remarquer, du même nihilisme. Dostoïevski, prophète de la nouvelle religion, l'avait prévue et annoncée : « Si Aliocha avait conclu qu'il n'y a ni Dieu ni immortalité, il serait tout de suite devenu athée et socialiste. Car le socialisme, ce n'est pas seulement la question ouvrière, c'est surtout la question de

---

* Ivan accepte de laisser tuer son père, précisément. Il choisit l'attentat contre la nature et la procréation. Ce père d'ailleurs est infâme. Entre Ivan et le dieu d'Aliocha, la figure repoussante du père Karamazov se glisse constamment.

l'athéisme, de son incarnation contemporaine, la question de la tour de Babel, qui se construit sans Dieu, non pour atteindre les cieux de la terre, mais pour abaisser les cieux jusqu'à la terre*. »

Après cela, Aliocha peut en effet traiter Ivan, avec attendrissement, de « vrai blanc-bec ». Celui-ci s'essayait seulement à la maîtrise de soi et n'y parvenait pas. D'autres, plus sérieux, viendront, qui, partis de la même négation désespérée, vont exiger l'empire du monde. Ce sont les Grands Inquisiteurs qui emprisonnent le Christ et viennent lui dire que sa méthode n'est pas la bonne, que le bonheur universel ne peut s'obtenir par la liberté immédiate de choisir entre le bien et le mal, mais par la domination et l'unification du monde. Il faut régner d'abord, et conquérir. Le royaume des cieux viendra, en effet, sur terre, mais les hommes y régneront, quelques-uns d'abord qui seront les Césars, ceux qui ont compris les premiers, et tous les autres ensuite, avec le temps. L'unité de la création se fera, par tous les moyens, puisque tout est permis. Le Grand Inquisiteur est vieux et las, car sa science est amère. Il sait que les hommes sont plus paresseux que lâches et qu'ils préfèrent la paix et la mort à la liberté de discerner le bien et le mal. Il a pitié, une pitié froide, de ce prisonnier silencieux que l'histoire dément sans trêve. Il le presse de parler, de reconnaître ses torts et de légitimer, en un sens, l'entreprise des Inquisiteurs et des Césars. Mais le prisonnier se tait. L'entreprise se poursuivra donc sans lui ; on le tuera. La légitimité viendra à la fin des temps quand le royaume des hommes sera assuré. « L'affaire n'est qu'au début, elle est loin d'être terminée, et la terre aura encore beaucoup à souffrir, mais nous atteindrons notre but, nous serons César, alors nous songerons au bonheur universel. »

Le prisonnier, depuis lors, a été exécuté ; seuls règnent les Grands Inquisiteurs qui écoutent « l'esprit profond, l'esprit de destruction et de mort ». Les Grands Inquisiteurs refusent fièrement le pain du ciel et la liberté et offrent le pain de la terre sans la liberté. « Descends de la croix et nous croirons en toi », criaient déjà leurs policiers sur le Golgotha. Mais il n'est pas descendu et,

---

* *Id.* « Ces questions (Dieu et l'immortalité) sont les mêmes que les questions socialistes, mais envisagées sous un autre angle. »

même, au moment le plus torturé de l'agonie, il s'est plaint à Dieu d'avoir été abandonné. Il n'y a donc plus de preuves, mais la foi et le mystère, que les révoltés repoussent, et que les Grands Inquisiteurs bafouent. Tout est permis et les siècles du crime se sont préparés à cette minute bouleversée. De Paul à Staline, les papes qui ont choisi César ont préparé la voie aux Césars qui ne choisissent qu'eux-mêmes. L'unité du monde qui ne s'est pas faite avec Dieu tentera désormais de se faire contre Dieu.

Mais nous n'en sommes pas encore là. Pour le moment, Ivan ne nous offre que le visage défait du révolté aux abîmes, incapable d'action, déchiré entre l'idée de son innocence et la volonté du meurtre. Il hait la peine de mort parce qu'elle est l'image de la condition humaine et, en même temps, il marche vers le crime. Pour avoir pris le parti des hommes, il reçoit en partage la solitude. La révolte de la raison, avec lui, s'achève en folie.

L'AFFIRMATION ABSOLUE

Dès l'instant où l'homme soumet Dieu au jugement moral, il le tue en lui-même. Mais quel est alors le fondement de la morale ? On nie Dieu au nom de la justice, mais l'idée de justice se comprend-elle sans l'idée de Dieu ? Ne sommes-nous pas alors dans l'absurdité ? C'est l'absurdité que Nietzsche aborde de front. Pour mieux la dépasser, il la pousse à bout : la morale est le dernier visage de Dieu qu'il faut détruire, avant de reconstruire. Dieu alors n'est plus et ne garantit plus notre être; l'homme doit se déterminer à faire, pour être[1].

L'UNIQUE

Stirner, déjà, avait voulu abattre en l'homme, après Dieu lui-même, toute idée de Dieu. Mais, au contraire de Nietzsche, son nihilisme est satisfait. Stirner rit dans l'impasse, Nietzsche se rue contre les murs. Dès 1845, date de parution de *l'Unique et sa propriété,* Stirner commence à faire place nette. L'homme, qui fréquentait la « Société des Affranchis » avec les jeunes hégéliens de gauche (dont Marx), n'avait pas seulement un compte à régler avec Dieu, mais encore avec l'Homme de Feuerbach, l'Esprit de Hegel et son incarnation historique, l'État. Toutes ces idoles pour lui sont nées du même « mongolisme », la croyance à des idées éternelles[2]. Il a donc pu écrire : « Je n'ai fondé ma cause sur rien. » Le péché certes est un « fléau mongol », mais le droit aussi dont nous sommes les forçats. Dieu est l'ennemi; Stirner va aussi loin que possible dans le blasphème (« digère l'hostie et tu en es quitte »). Mais Dieu n'est qu'une des aliénations du moi, ou plus exactement de ce que je suis. Socrate, Jésus, Descartes, Hegel, tous les prophètes et les philosophes, n'ont jamais fait qu'inventer de nouvelles manières d'aliéner ce que je suis, ce moi que Stirner tient à distinguer du Moi absolu de Fichte en le réduisant à ce qu'il a de plus particulier et de plus fugitif. « Les noms ne le nomment pas », il est l'Unique.

L'histoire universelle jusqu'à Jésus n'est pour Stirner qu'un long effort pour idéaliser le réel. Cet effort s'incarne dans les pensées et les rites de purification propres aux anciens. À partir de Jésus, le but est atteint, un autre effort commence qui consiste, au contraire, à réaliser l'idéal. La rage de l'incarnation succède à la purification et, de plus en plus, dévaste le monde à mesure que le socialisme, héritier du Christ, étend son empire. Mais l'histoire universelle n'est qu'une longue offense au principe unique que je suis, principe vivant, concret, principe de victoire qu'on a voulu plier sous le joug d'abstractions successives : Dieu, l'État, la société, l'humanité. Pour Stirner, la philanthropie est une mystification. Les philosophies athées qui culminent dans le culte de l'État et de l'homme ne sont elles-mêmes que des « insurrections théologiques ». « Nos athées, dit Stirner, sont vraiment de pieuses gens. » Il n'y a eu qu'un culte tout au long de l'histoire, celui de l'éternité. Ce culte est mensonge. Seul est vrai l'Unique, ennemi de l'éternel, et de toute chose, en vérité, qui ne serve pas son désir de domination.

Avec Stirner, le mouvement de négation qui anime la révolte submerge irrésistiblement toutes les affirmations. Il balaye aussi les succédanés du divin dont la conscience morale est encombrée. « L'au-delà extérieur est balayé, dit-il, mais l'au-delà intérieur est devenu un nouveau ciel. » Même la révolution, surtout la révolution, répugne à ce révolté. Pour être révolutionnaire, il faut croire encore à quelque chose, là où il n'y a rien à croire. « La Révolution (française) a abouti à une réaction et cela montre ce qu'était *en réalité* la Révolution. » S'asservir à l'humanité ne vaut pas mieux que servir Dieu. Du reste, la fraternité n'est que « la manière de voir du dimanche des communistes ». En semaine, les frères deviennent esclaves. Il n'y a donc qu'une liberté pour Stirner, « ma puissance », et qu'une vérité, « le splendide égoïsme des étoiles ».

Dans ce désert, tout refleurit. « La signification formidable d'un cri de joie sans pensée ne pouvait être comprise tant que dura la longue nuit de la pensée et de la foi. » Cette nuit touche à sa fin, une aube va se lever qui n'est pas celle des révolutions, mais de l'insurrection. L'insurrection est en elle-même une ascèse, qui refuse tous les conforts. L'insurgé ne s'accordera aux autres hommes que dans la mesure et pour le temps où leur égoïsme coïncidera avec le sien. Sa vraie vie est dans la solitude où il assouvira sans frein l'appétit d'être qui est son seul être.

L'individualisme parvient ainsi à un sommet. Il est négation de tout ce qui nie l'individu et glorification de tout ce qui l'exalte et le sert. Qu'est-ce que le bien, selon Stirner ? « Ce dont je puis user. » À quoi suis-je légitimement autorisé ? « À tout ce dont je suis capable. » La révolte débouche encore sur la justification du crime. Stirner a non seulement tenté cette justification (à cet égard, sa descendance directe se retrouve dans les formes terroristes de l'anarchie) mais s'est visiblement grisé des perspectives qu'il ouvrait ainsi. « Rompre avec le sacré, ou mieux, rompre le sacré, peut devenir général. Ce n'est pas une nouvelle révolution qui approche, mais puissant, orgueilleux, sans respect, sans honte, sans conscience, un crime ne grossit-il pas avec le tonnerre à l'horizon et ne vois-tu pas que le ciel, lourd de pressentiments, s'obscurcit et se tait ? » On sent ici la joie sombre de ceux qui font naître des apocalypses dans un galetas. Rien ne peut plus freiner cette logique amère et impérieuse, rien qu'un moi dressé contre toutes les abstractions, devenu lui-même abstrait et innommable à force d'être séquestré et coupé de ses racines. Il n'y a plus de crimes ni de fautes, partant plus de pécheurs. Nous sommes tous parfaits. Puisque chaque moi est, en lui-même, foncièrement criminel envers l'État et le peuple, sachons reconnaître que vivre, c'est transgresser. À moins d'accepter de mourir, il faut accepter de tuer, pour être unique. « Vous n'êtes pas aussi grand qu'un criminel, vous qui ne profanez rien. » Encore timoré, Stirner précise d'ailleurs : « Les tuer, non les martyriser. »

Mais décréter la légitimité du meurtre, c'est décréter la mobilisation et la guerre des Uniques. Le meurtre coïncidera ainsi avec une sorte de suicide collectif. Stirner, qui n'en avoue ou n'en voit rien, ne reculera cependant devant aucune destruction. L'esprit de révolte trouve enfin l'une de ses satisfactions les plus amères dans le chaos. « On te (la nation allemande) portera en terre. Bientôt tes sœurs, les nations, te suivront ; quand toutes seront parties à ta suite, l'humanité sera enterrée et, sur sa tombe, Moi, mon seul maître enfin, Moi, son héritier, je rirai. » Ainsi, sur les ruines du monde, le rire désolé de l'individu-roi illustre la victoire dernière de l'esprit de révolte. Mais à cette extrémité, plus rien n'est possible que la mort ou la résurrection. Stirner, et, avec lui, tous les révoltés nihilistes, courent aux confins, ivres de destruction. Après quoi, le désert découvert, il faut apprendre à y subsister. La quête exténuante de Nietzsche commence[1].

NIETZSCHE ET LE NIHILISME

« Nous nions Dieu, nous nions la responsabilité de Dieu, c'est ainsi seulement que nous délivrerons le monde. » Avec Nietzsche, le nihilisme semble devenir prophétique. Mais on ne peut rien tirer de Nietzsche, sinon la cruauté basse et médiocre qu'il haïssait de toutes ses forces, tant qu'on ne met pas au premier plan dans son œuvre, bien avant le prophète, le clinicien. Le caractère provisoire, méthodique, stratégique en un mot, de sa pensée ne peut être mis en doute. En lui le nihilisme, pour la première fois, devient conscient. Les chirurgiens ont ceci de commun avec les prophètes qu'ils pensent et opèrent en fonction de l'avenir. Nietzsche n'a jamais pensé qu'en fonction d'une apocalypse à venir, non pour l'exalter, car il devinait le visage sordide et calculateur que cette apocalypse finirait par prendre, mais pour l'éviter et la transformer en renaissance. Il a reconnu le nihilisme et l'a examiné comme un fait clinique. Il se disait le premier nihiliste accompli de l'Europe. Non par goût, mais par état, et parce qu'il était trop grand pour refuser l'héritage de son époque. Il a diagnostiqué en lui-même, et chez les autres, l'impuissance à croire et la disparition du fondement primitif de toute foi, c'est-à-dire la croyance à la vie. Le « peut-on vivre révolté ? » est devenu chez lui « peut-on vivre sans rien croire ? ». Sa réponse est positive. Oui, si l'on fait de l'absence de foi une méthode, si l'on pousse le nihilisme jusque dans ses conséquences dernières, et si, débouchant alors dans le désert et faisant confiance à ce qui va venir, on éprouve du même mouvement primitif la douleur et la joie.

Au lieu du doute méthodique, il a pratiqué la négation méthodique, la destruction appliquée de tout ce qui masque encore le nihilisme à lui-même, des idoles qui camouflent la mort de Dieu. « Pour élever un sanctuaire nouveau, il faut abattre un sanctuaire, telle est la loi. » Celui qui veut être créateur dans le bien et dans le mal, selon lui, doit d'abord être destructeur et briser les valeurs. « Ainsi le suprême mal fait partie du suprême bien, mais le suprême bien est créateur. » Il a écrit, à sa manière, le *Discours de la méthode* de son temps, sans la liberté et l'exactitude de ce XVIIe siècle français qu'il admirait tant, mais avec la folle lucidité qui caractérise le XXe siècle, siècle du génie, selon lui. Cette méthode de la révolte, il nous revient de l'examiner*.

La première démarche de Nietzsche est ainsi de consentir à ce qu'il sait. L'athéisme, pour lui, va de soi, il est « constructif et radical ». La vocation supérieure de Nietzsche, à l'en croire, est de provoquer une sorte de crise et d'arrêt décisif dans le problème de l'athéisme. Le monde marche à l'aventure, il n'a pas de finalité. Dieu est donc inutile, puisqu'il ne veut rien. S'il voulait quelque chose, et l'on reconnaît ici la formulation traditionnelle du problème du mal, il lui faudrait assumer « une somme de douleur et d'illogisme qui abaisserait la valeur totale du devenir ». On sait que Nietzsche enviait publiquement à Stendhal sa formule : « La seule excuse de Dieu, c'est qu'il n'existe pas. » Privé de la volonté divine, le monde est privé également d'unité et de finalité. C'est pourquoi le monde ne peut être jugé. Tout jugement de valeur porté sur lui aboutit finalement à la calomnie de la vie. On juge alors de ce qui est, par référence à ce qui devrait être, royaume du ciel, idées éternelles, ou impératif moral. Mais ce qui devrait être n'est pas; ce monde ne peut être jugé au nom de rien. « Les avantages de ce temps : rien n'est vrai, tout est permis. » Ces formules qui se répercutent dans des milliers d'autres, somptueuses ou

---

* C'est évidemment la dernière philosophie de Nietzsche, de 1880 à l'effondrement, qui nous occupera ici. Ce chapitre peut être considéré comme un commentaire à *la Volonté de puissance*.

ironiques, suffisent en tout cas à démontrer que Nietzsche accepte le fardeau entier du nihilisme et de la révolte. Dans ses considérations, d'ailleurs puériles, sur « le dressage et la sélection », il a même formulé la logique extrême du raisonnement nihiliste : « Problème : par quels moyens obtiendrait-on une forme rigoureuse de grand nihilisme contagieux qui enseignerait et pratiquerait avec une conscience toute scientifique la mort volontaire ? »

Mais Nietzsche colonise au profit du nihilisme les valeurs qui, traditionnellement, ont été considérées comme des freins au nihilisme. Principalement, la morale. La conduite morale, telle que Socrate l'a illustrée, ou telle que le christianisme la recommande, est en elle-même un signe de décadence. Elle veut substituer à l'homme de chair un homme reflet. Elle condamne l'univers des passions et des cris au nom d'un monde harmonieux, tout entier imaginaire. Si le nihilisme est l'impuissance à croire, son symptôme le plus grave ne se retrouve pas dans l'athéisme, mais dans l'impuissance à croire ce qui est, à voir ce qui se fait, à vivre ce qui s'offre. Cette infirmité est à la base de tout idéalisme. La morale n'a pas foi au monde. La vraie morale, pour Nietzsche, ne se sépare pas de la lucidité. Il est sévère pour les « calomniateurs du monde », parce qu'il décèle, dans cette calomnie, le goût honteux de l'évasion. La morale traditionnelle n'est pour lui qu'un cas spécial d'immoralité. « C'est le bien, dit-il, qui a besoin d'être justifié. » Et encore : « C'est pour des raisons morales qu'on cessera un jour de faire le bien. »

La philosophie de Nietzsche tourne certainement autour du problème de la révolte. Exactement, elle commence par être une révolte. Mais on sent le déplacement opéré par Nietzsche. La révolte, avec lui, part du « Dieu est mort » qu'elle considère comme un fait acquis ; elle se tourne alors contre tout ce qui vise à remplacer faussement la divinité disparue et déshonore un monde, sans doute sans direction, mais qui demeure le seul creuset des dieux. Contrairement à ce que pensent certains de ses critiques chrétiens, Nietzsche n'a pas formé le projet de tuer Dieu. Il l'a trouvé mort dans l'âme de son temps. Il a, le premier, compris l'immensité de l'événement et décidé que cette révolte de l'homme ne pouvait mener à une renaissance si elle n'était pas dirigée. Toute autre attitude envers elle, que ce soit le regret ou la complaisance, devait amener l'apocalypse. Nietzsche n'a donc pas formulé une philosophie de la révolte, mais édifié une philosophie sur la révolte.

S'il attaque le christianisme, en particulier, c'est seulement en tant que morale. Il laisse toujours intacts la personne de Jésus, d'une part, et, d'autre part, les aspects cyniques de l'Église. On sait qu'il admirait, en connaisseur, les jésuites. « Au fond, écrit-il, seul le Dieu moral est réfuté*. » Le Christ, pour Nietzsche comme pour Tolstoï, n'est pas un révolté. L'essentiel de sa doctrine se résume à l'assentiment total, la non-résistance au mal. Il ne faut pas tuer, même pour empêcher de tuer. Il faut accepter le monde tel qu'il est, refuser d'ajouter à son malheur, mais consentir à souffrir personnellement du mal qu'il contient. Le royaume des cieux est immédiatement à notre portée. Il n'est qu'une disposition intérieure qui nous permet de mettre nos actes en rapport avec ces principes, et qui peut nous donner la béatitude immédiate. Non pas la foi, mais les œuvres, voilà, selon Nietzsche, le message du Christ. À partir de là, l'histoire du christianisme n'est qu'une longue trahison de ce message. Le Nouveau Testament est déjà corrompu, et, de Paul aux conciles, le service de la foi fait oublier les œuvres.

Quelle est la corruption profonde que le christianisme ajoute au message de son maître ? L'idée du jugement, étrangère à l'enseignement du Christ, et les notions corrélatives de châtiment et de récompense. Dès cet instant, la nature devient histoire, et histoire significative, l'idée de la totalité humaine est née. De la bonne nouvelle au jugement dernier, l'humanité n'a d'autre tâche que de se conformer aux fins expressément morales d'un récit écrit à l'avance. La seule différence est que les personnages, à l'épilogue, se partagent d'eux-mêmes en bons et en méchants. Alors que le seul jugement du Christ consiste à dire que le péché de nature est sans importance, le christianisme historique fera de toute la nature la source

---

* « Vous dites que c'est la décomposition spontanée de Dieu, mais ce n'est qu'une mue ; il se dépouille de son épiderme moral. Et vous le verrez reparaître, par-delà le Bien et le Mal. »

du péché. « Qu'est-ce que le Christ nie ? tout ce qui porte à présent le nom de chrétien. » Le christianisme croit lutter contre le nihilisme parce qu'il donne une direction au monde, alors qu'il est nihiliste lui-même dans la mesure où, imposant un sens imaginaire à la vie, il empêche de découvrir son vrai sens : « Toute Église est la pierre roulée sur le sépulcre d'un homme-dieu ; elle cherche, par la force, à l'empêcher de ressusciter. » La conclusion paradoxale, mais significative, de Nietzsche est que Dieu est mort à cause du christianisme[1], dans la mesure où celui-ci a sécularisé le sacré. Il faut entendre ici le christianisme historique et « sa duplicité profonde et méprisable ».

Le même raisonnement dresse Nietzsche devant le socialisme et toutes les formes de l'humanitarisme. Le socialisme n'est qu'un christianisme dégénéré. Il maintient en effet cette croyance à la finalité de l'histoire qui trahit la vie et la nature, qui substitue des fins idéales aux fins réelles, et contribue à énerver les volontés et les imaginations. Le socialisme est nihiliste, au sens désormais précis que Nietzsche confère à ce mot. Le nihiliste n'est pas celui qui ne croit à rien, mais celui qui ne croit pas à ce qui est. En ce sens, toutes les formes de socialisme sont des manifestations encore dégradées de la décadence chrétienne. Pour le christianisme, récompense et châtiment supposaient une histoire. Mais, par une logique inévitable, l'histoire tout entière finit par signifier récompense et châtiment : de ce jour est né le messianisme collectiviste. Aussi bien, l'égalité des âmes devant Dieu amène, Dieu étant mort, à l'égalité tout court. Là encore, Nietzsche combat les doctrines socialistes en tant que doctrines morales. Le nihilisme, qu'il se manifeste dans la religion ou dans la prédication socialiste, est l'aboutissement logique de nos valeurs dites supérieures. L'esprit libre détruira ces valeurs, dénonçant les illusions sur lesquelles elles reposent, le marchandage qu'elles supposent, et le crime qu'elles commettent en empêchant l'intelligence lucide d'accomplir sa mission : transformer le nihilisme passif en nihilisme actif.

Dans ce monde débarrassé de Dieu et des idoles morales, l'homme est maintenant solitaire et sans maître. Personne moins que Nietzsche, et il se distingue par là des romantiques, n'a laissé croire qu'une telle liberté pouvait être facile. Cette sauvage libération le mettait au rang de ceux dont il a dit lui-même qu'ils souffrent d'une nouvelle détresse et d'un nouveau bonheur. Mais, pour commencer, c'est la seule détresse qui crie : « Hélas, accordez-moi donc la folie... À moins d'être au-dessus de la loi, je suis le plus réprouvé d'entre les réprouvés. » Pour qui ne peut se maintenir au-dessus de la loi, il lui faut en effet trouver une autre loi, ou la démence. À partir du moment où l'homme ne croit plus en Dieu, ni dans la vie immortelle, il devient « responsable de tout ce qui vit, de tout ce qui, né de la douleur, est voué à souffrir de la vie ». C'est à lui, et à lui seul qu'il revient de trouver l'ordre et la loi. Alors commencent le temps des réprouvés, la quête exténuante des justifications, la nostalgie sans but, « la question la plus douloureuse, la plus déchirante, celle du cœur qui se demande : où pourrais-je me sentir chez moi ? ».

Parce qu'il était l'esprit libre, Nietzsche savait que la liberté de l'esprit n'est pas un confort, mais une grandeur que l'on veut et que l'on obtient, de loin en loin, par une lutte épuisante. Il savait que le risque est grand, lorsqu'on veut se tenir au-dessus de la loi, de descendre au-dessous de cette loi. C'est pourquoi il a compris que l'esprit ne trouvait sa véritable émancipation que dans l'acceptation de nouveaux devoirs. L'essentiel de sa découverte consiste à dire que, si la loi éternelle n'est pas la liberté, l'absence de loi l'est encore moins. Si rien n'est vrai, si le monde est sans règle, rien n'est défendu ; pour interdire une action, il faut en effet une valeur et un but. Mais, en même temps, rien n'est autorisé ; il faut aussi valeur et but pour élire une autre action. La domination absolue de la loi n'est pas la liberté, mais non plus l'absolue disponibilité. Tous les possibles additionnés ne font pas la liberté, mais l'impossible est esclavage. Le chaos lui aussi est une servitude. Il n'y a de liberté que dans un monde où ce qui est possible se trouve défini en même temps que ce qui ne l'est pas. Sans loi, point de liberté. Si le destin n'est pas orienté par une valeur supérieure, si le hasard est roi, voici la marche dans les ténèbres, l'affreuse liberté de l'aveugle. Au terme de la plus grande libération, Nietzsche choisit donc la plus grande dépendance. « Si nous ne faisons pas de la mort de Dieu un grand renoncement et une perpétuelle victoire sur nous-mêmes, nous aurons à payer pour cette perte. » Autrement dit, avec Nietzsche, la révolte débouche dans l'ascèse. Une logique plus profonde remplace alors le « si rien n'est vrai, tout est permis » de Karamazov par un « si rien n'est vrai, rien n'est permis ». Nier qu'une seule chose soit défendue en ce monde revient à renoncer à ce qui est permis. Là où nul ne peut plus dire ce qui est noir et ce qui est blanc, la lumière s'éteint et la liberté devient prison volontaire.

Cette impasse où Nietzsche pousse méthodiquement son nihilisme, on peut dire qu'il s'y rue avec une sorte de joie affreuse. Son but avoué est de rendre à l'homme de son temps la situation intenable. Le seul espoir semble être pour lui de parvenir à l'extrémité de la contradiction. Si l'homme alors ne veut pas périr dans les nœuds qui l'étouffent, il lui faudra les trancher d'un coup, et créer ses propres valeurs. La mort de Dieu n'achève rien et ne peut se vivre qu'à la condition de préparer une résurrection. « Quand on ne trouve pas la grandeur en Dieu, dit Nietzsche, on ne la trouve nulle part ; il faut la nier ou la créer. » La nier était la tâche du monde qui l'entourait et qu'il voyait courir au suicide. La créer fut la tâche surhumaine pour laquelle il a voulu mourir. Il savait en effet que la création n'est possible qu'à l'extrémité de la solitude et que l'homme ne se résoudrait à ce vertigineux effort que si, dans la plus extrême misère de l'esprit, il lui fallait consentir ce geste ou mourir. Nietzsche lui crie donc que la terre est sa seule vérité, à laquelle il faut être fidèle, sur laquelle il faut vivre et faire son salut. Mais il lui enseigne en même temps que vivre sur une terre sans loi est impossible parce que vivre suppose précisément une loi. Comment vivre libre et sans loi ? À cette énigme, l'homme doit répondre, sous peine de mort.

Nietzsche du moins ne se dérobe pas. Il répond et sa réponse est dans le risque : Damoclès ne danse jamais mieux que sous l'épée. Il faut accepter l'inacceptable et se tenir à l'intenable. À partir du moment où l'on reconnaît que le monde ne poursuit aucune fin, Nietzsche propose d'admettre son innocence, d'affirmer qu'il ne relève pas du jugement puisqu'on ne peut le juger sur aucune intention, et de remplacer par conséquent tous les jugements de valeur par un seul oui, une adhésion entière et exaltée à ce monde. Ainsi, du désespoir absolu jaillira la joie infinie, de la servitude aveugle, la liberté sans merci. Être libre, c'est justement abolir les fins. L'innocence du devenir, dès qu'on y consent, figure le maximum de liberté. L'esprit libre aime ce qui est nécessaire. La pensée profonde de Nietzsche est que la nécessité des phénomènes, si elle est absolue, sans fissures, n'implique aucune sorte de contrainte. L'adhésion totale à une nécessité totale, telle est sa définition paradoxale de la liberté. La question « libre de quoi ? » est alors remplacée par « libre pour quoi ? » La liberté coïncide avec l'héroïsme. Elle est l'ascétisme du grand homme, « l'arc le plus tendu qui soit ».

Cette approbation supérieure, née de l'abondance et de la plénitude, est l'affirmation sans restrictions de la faute elle-même et de la souffrance, du mal et du meurtre, de tout ce que l'existence a de problématique et d'étrange. Elle naît d'une volonté arrêtée d'être ce que l'on est dans un monde qui soit ce qu'il est. « Se considérer soi-même comme une fatalité, ne pas vouloir se faire autrement que l'on est... » Le mot est prononcé. L'ascèse nietzschéenne, partie de la reconnaissance de la fatalité, aboutit à une divinisation de la fatalité. Le destin devient d'autant plus adorable qu'il est plus implacable. Le dieu moral, la pitié, l'amour sont autant d'ennemis de la fatalité qu'ils essaient de compenser. Nietzsche ne veut pas de rachat. La joie du devenir est la joie de l'anéantissement. Mais l'individu seul est abîmé. Le mouvement de révolte où l'homme revendiquait son être propre disparaît dans la soumission absolue de l'individu au devenir. *L'amor fati* remplace ce qui était un *odium fati*. « Tout individu collabore à tout l'être cosmique, que nous le sachions ou non, que nous le voulions ou non. » L'individu se perd ainsi dans le destin de l'espèce et le mouvement éternel des mondes. « Tout ce qui a été est éternel, la mer le rejette au rivage. »

Nietzsche retourne alors aux origines de la pensée, aux présocratiques. Ces derniers supprimaient les causes finales pour laisser intacte l'éternité du principe qu'ils imaginaient. Seule est éternelle la force qui n'a pas de but, le « Jeu » d'Héraclite. Tout l'effort de Nietzsche est de démontrer la présence de la loi dans le devenir et du jeu dans la nécessité : « L'enfant, c'est l'innocence et l'oubli, un recommencement, un jeu, une roue qui roule d'elle-même, un premier mouvement, le don sacré de dire oui. » Le monde est divin parce que le monde est gratuit. C'est pourquoi l'art seul, par son égale gratuité, est capable de l'appréhender. Aucun jugement ne rend compte du monde, mais l'art peut nous apprendre à le répéter, comme le monde se répète au long des retours éternels. Sur la même grève, la mer primordiale répète inlassablement les mêmes paroles et rejette les mêmes êtres étonnés de vivre. Mais pour celui, du moins, qui consent à revenir et à ce que tout revienne, qui se fait écho et écho exalté, il participe de la divinité du monde.

Par ce biais, en effet, la divinité de l'homme finit par s'introduire. Le révolté qui, d'abord, nie Dieu vise ensuite à le remplacer. Mais le message de Nietzsche est que le révolté ne devient Dieu qu'en renonçant à toute révolte, même à celle qui produit les dieux pour corriger ce monde. « S'il y a un Dieu, comment supporter de ne l'être pas ? » Il y a un dieu, en effet, qui est le monde. Pour participer de sa divinité, il suffit de dire oui. « Ne plus prier, bénir », et la terre se couvrira d'hommes-dieux. Dire oui au monde, le répéter, c'est à la fois recréer le monde et soi-même, c'est devenir le grand artiste, le créateur. Le message de Nietzsche se résume dans le mot de création, avec le sens ambigu qu'il a pris. Nietzsche n'a jamais exalté que l'égoïsme et la dureté propres à tout créateur. La transmutation des valeurs consiste seulement à remplacer la valeur du juge par celle du créateur : le respect et la passion de ce qui est. La divinité sans l'immortalité définit la liberté du créateur. Dionysos, dieu de la terre, hurle éternellement dans le démembrement. Mais il figure en même temps cette beauté bouleversée qui coïncide avec la douleur. Nietzsche a pensé que dire oui à la terre et à Dionysos était dire oui à ses souffrances. Accepter tout, et la suprême contradiction, et la douleur en même temps, c'était régner sur tout. Nietzsche acceptait de payer le prix pour ce royaume. Seule, la terre « grave et souffrante » est vraie. Seule, elle est la divinité. De même que cet Empédocle qui se précipitait dans l'Etna pour aller chercher la vérité où elle est, dans les entrailles de la terre, Nietzsche proposait à l'homme de s'abîmer dans le cosmos pour retrouver sa divinité éternelle et devenir lui-même Dionysos. *La Volonté de puissance* s'achève ainsi, comme les *Pensées* de Pascal, à quoi elle fait si souvent penser, par un pari. L'homme n'obtient pas encore la certitude, mais la volonté de certitude, ce qui n'est pas la même chose. Nietzsche, aussi bien, à cette extrémité vacillait : « Voilà ce qui est impardonnable en toi. Tu as les pouvoirs et tu refuses de signer. » Il devait pourtant signer. Mais le nom de Dionysos n'a immortalisé que les billets à Ariane, qu'il écrivit dans la folie.

Dans un certain sens, la révolte, chez Nietzsche, aboutit encore à l'exaltation du mal. La différence est que le mal n'est plus alors une revanche. Il est accepté comme l'une des faces possibles du bien et, plus certainement encore, comme une fatalité. Il est donc pris pour être dépassé et, pour ainsi dire, comme un remède. Dans l'esprit de Nietzsche, il s'agissait seulement du fier consentement de l'âme devant ce qu'elle ne peut éviter. On connaît pourtant sa postérité et quelle politique devait s'autoriser de celui qui se disait le dernier Allemand antipolitique. Il imaginait des tyrans artistes. Mais la tyrannie est plus naturelle que l'art aux médiocres. « Plutôt César Borgia que Parsifal », s'écriait-il. Il a eu et César et Borgia, mais privés de l'aristocratie du cœur qu'il attribuait aux grands individus de la Renaissance. Quand il demandait que l'individu s'inclinât devant l'éternité de l'espèce et s'abîmât dans le grand cycle du temps, on a fait de la race un cas particulier de l'espèce et on a plié l'individu devant ce dieu sordide. La vie dont il parlait avec crainte et tremblement a été dégradée en une biologie à l'usage domestique. Une race de seigneurs incultes ânonnant la volonté de puissance a pris enfin à son compte la « difformité antisémite » qu'il n'a cessé de mépriser.

Il avait cru au courage uni à l'intelligence, et c'est là ce qu'il appelait la force. On a tourné, en son nom, le courage contre l'intelligence; et cette vertu qui fut véritablement la sienne s'est ainsi transformée en son contraire : la violence aux yeux crevés. Il avait confondu liberté et solitude, selon la loi d'un esprit fier. Sa « solitude profonde de midi et de minuit » s'est pourtant perdue dans la foule mécanisée qui a fini par déferler sur l'Europe.

Défenseur du goût classique, de l'ironie, de la frugale impertinence, aristocrate qui a su dire que l'aristocratie consiste à pratiquer la vertu sans se demander pourquoi, et qu'il faut douter d'un homme qui aurait besoin de raisons pour rester honnête, fou de droiture (« cette droiture devenue un instinct, une passion »), serviteur obstiné de cette « équité suprême de la suprême intelligence qui a pour ennemi mortel le fanatisme », son propre pays, trente-trois ans après sa mort, l'a érigé en instituteur de mensonge et de violence et a rendu haïssables des notions et des vertus que son sacrifice avait faites admirables. Dans l'histoire de l'intelligence, exception faite pour Marx, l'aventure de Nietzsche n'a pas d'équivalent ; nous n'aurons jamais fini de réparer l'injustice qui lui a été faite. On connaît sans doute des philosophies qui ont été traduites, et trahies, dans l'histoire. Mais jusqu'à Nietzsche et le national-socialisme, il était sans exemple qu'une pensée tout entière éclairée par la noblesse et les déchirements d'une âme exceptionnelle ait été illustrée aux yeux du monde par une parade de mensonges, et par l'affreux entassement des cadavres concentrationnaires[1]. La prédication de la surhumanité aboutissant à la fabrication méthodique des sous-hommes, voilà le fait qui doit sans doute être dénoncé, mais qui demande aussi à être interprété. Si l'aboutissement dernier du grand mouvement de révolte du XIXe et du XXe siècle devait être cet impitoyable asservissement, ne faudrait-il pas tourner alors le dos à la révolte et reprendre le cri désespéré de Nietzsche à son époque : « Ma conscience et la vôtre ne sont plus une même conscience » ?

Reconnaissons d'abord qu'il nous sera toujours impossible de confondre Nietzsche et Rosenberg[2]. Nous devons être les avocats de Nietzsche. Lui-même l'a dit, dénonçant par avance son impure descendance, « celui qui a libéré son esprit doit encore se purifier ». Mais la question est au moins de savoir si la libération de l'esprit, telle qu'il la concevait, n'exclut pas la purification. Le mouvement même qui aboutit à Nietzsche, et qui le porte, a ses lois et sa logique qui, peut-être, expliquent le sanglant travestissement dont on a revêtu sa philosophie. N'y a-t-il rien dans son œuvre qui puisse être utilisé dans le sens du meurtre définitif ? Les tueurs, à condition de nier l'esprit pour la lettre et même ce qui, dans la lettre, demeure encore de l'esprit, ne pouvaient-ils trouver en lui leurs prétextes ? Il faut répondre oui. À partir du moment où l'on néglige l'aspect méthodique de la pensée nietzschéenne (et il n'est pas sûr que lui-même s'y soit toujours tenu), sa logique révoltée ne connaît plus de limites.

On remarquera aussi bien que ce n'est pas dans le refus nietzschéen des idoles que le meurtre trouve sa justification, mais dans l'adhésion forcenée qui couronne l'œuvre de Nietzsche. Dire oui à tout suppose qu'on dise oui au meurtre. Il est d'ailleurs deux façons de consentir au meurtre. Si l'esclave dit oui à tout, il dit oui à l'existence du maître et à sa propre douleur, Jésus enseigne la non-résistance. Si le maître dit oui à tout, il dit oui à l'esclavage et à la douleur des autres ; voici le tyran et la glorification du meurtre. « N'est-il pas risible que l'on croie à une loi sacrée, infrangible : tu ne mentiras pas, tu ne tueras pas, dans une existence dont le caractère est le mensonge perpétuel, le meurtre perpétuel ? » En effet, et la révolte métaphysique dans son premier mouvement était seulement la protestation contre le mensonge et le crime de l'existence. Le oui nietzschéen, oublieux du non originel, renie la révolte elle-même, en même temps qu'il renie la morale qui refuse le monde tel qu'il est. Nietzsche appelait de tous ses vœux un César romain avec l'âme du Christ. C'était dire oui en même temps à l'esclave et au maître, dans son esprit. Mais finalement dire oui aux deux revient à sanctifier le plus fort des deux, c'est-à-dire le maître. Le César devait fatalement renoncer à la domination de l'esprit pour choisir le règne du fait. « Comment tirer parti du crime ? » s'interrogeait Nietzsche, en bon professeur fidèle à sa méthode. Le César devait répondre : en le multipliant. « Quand les fins sont grandes, a écrit Nietzsche pour son malheur, l'humanité use d'une autre mesure et ne juge plus le crime comme tel, usât-il des plus effroyables moyens. » Il est mort en 1900, au bord du siècle où cette prétention allait devenir mortelle. En vain s'était-il écrié à l'heure de la lucidité : « Il est facile de parler de toutes sortes d'actes immoraux ; mais aura-t-on la force de les supporter ? Par exemple, je ne pourrai pas tolérer de manquer à ma parole ou de tuer ; je languirai, plus ou moins longtemps, mais j'en mourrai, tel serait mon sort. »

LA RÉVOLTE MÉTAPHYSIQUE

À partir du moment où l'assentiment était donné à la totalité de l'expérience humaine, d'autres pouvaient venir, qui, loin de languir, se renforceraient dans le mensonge et le meurtre. La responsabilité de Nietzsche est d'avoir, pour des raisons supérieures de méthode, légitimé, ne fût-ce qu'un instant, au midi de la pensée, ce droit au déshonneur dont Dostoïevski disait déjà qu'on est toujours sûr, l'offrant aux hommes, de les voir s'y ruer. Mais sa responsabilité involontaire va encore plus loin.

Nietzsche est bien ce qu'il reconnaissait être : la conscience la plus aiguë du nihilisme. Le pas décisif qu'il fait accomplir à l'esprit de révolte consiste à le faire sauter de la négation de l'idéal à la sécularisation de l'idéal. Puisque le salut de l'homme ne se fait pas en Dieu, il doit se faire sur la terre. Puisque le monde n'a pas de direction, l'homme, à partir du moment où il l'accepte, doit lui en donner une, qui aboutisse à une humanité supérieure. Nietzsche revendiquait la direction de l'avenir humain. « La tâche de gouverner la terre va nous échoir. » Et ailleurs : « Le temps approche où il faudra lutter pour la domination de la terre, et cette lutte sera menée au nom des principes philosophiques. » Il annonçait ainsi le XXe siècle. Mais s'il l'annonçait, c'est qu'il était averti de la logique intérieure du nihilisme et savait que l'un de ses aboutissements était l'empire. Par là même, il préparait cet empire.

Il y a liberté pour l'homme sans dieu, tel que l'imaginait Nietzsche, c'est-à-dire solitaire. Il y a liberté à midi quand la roue du monde s'arrête et que l'homme dit oui à ce qui est. Mais ce qui est devient. Il faut dire oui au devenir. La lumière finit par passer, l'axe du jour s'incline. L'histoire recommence alors et, dans l'histoire, il faut chercher la liberté; à l'histoire, il faut dire oui. Le nietzschéisme, théorie de la volonté de puissance individuelle, était condamné à s'inscrire dans une volonté de puissance totale. Il n'était rien sans l'empire du monde. Nietzsche haïssait sans doute les libres-penseurs et les humanitaires. Il prenait les mots « liberté de l'esprit » dans leur sens le plus extrême : la divinité de l'esprit individuel. Mais il ne pouvait empêcher que les libres-penseurs partissent du même fait historique que lui, la mort de Dieu, et que les conséquences fussent les mêmes. Nietzsche a bien vu que l'humanitarisme n'était qu'un christianisme privé de justification supérieure, qui conservait les causes finales en rejetant la cause première. Mais il n'a pas aperçu que les doctrines d'émancipation socialiste devaient prendre en charge, par une logique inévitable du nihilisme, ce dont lui-même avait rêvé : la surhumanité.

La philosophie sécularise l'idéal. Mais viennent les tyrans et ils sécularisent bientôt les philosophies qui leur en donnent le droit. Nietzsche avait déjà deviné cette colonisation à propos de Hegel dont l'originalité, selon lui, fut d'inventer un panthéisme dans lequel le mal, l'erreur et la souffrance ne puissent plus servir d'argument contre la divinité. « Mais l'État, les puissances établies ont immédiatement utilisé cette initiative grandiose. » Lui-même pourtant avait imaginé un système où le crime ne pouvait plus servir d'argument contre rien et où la seule valeur résidait dans la divinité de l'homme. Cette initiative grandiose demandait aussi à être utilisée. Le national-socialisme à cet égard n'est qu'un héritier passager, l'aboutissement rageur et spectaculaire du nihilisme. Autrement logiques et ambitieux seront ceux qui, corrigeant Nietzsche par Marx, choisiront de ne dire oui qu'à l'histoire et non plus à la création tout entière. Le rebelle que Nietzsche agenouillait devant le cosmos sera dès lors agenouillé devant l'histoire. Quoi d'étonnant ? Nietzsche, du moins dans sa théorie de la surhumanité, Marx avant lui avec la société sans classes, remplacent tous deux l'au-delà par le plus tard. En cela, Nietzsche trahissait les Grecs et l'enseignement de Jésus qui, selon lui, remplaçaient l'au-delà par le tout de suite. Marx, comme Nietzsche, pensait stratégiquement, comme lui haïssait la vertu formelle. Leurs deux révoltes qui finissent également par l'adhésion à un certain aspect de la réalité vont se fondre dans le marxisme-léninisme et s'incarner dans cette caste, dont parlait déjà Nietzsche, qui devait « remplacer le prêtre, l'éducateur, le médecin ». La différence, capitale, est que Nietzsche[1], en attendant le surhomme, proposait de dire oui à ce qui est et Marx à ce qui devient. Pour Marx, la nature est ce qu'on subjugue pour obéir à l'histoire, pour Nietzsche ce à quoi on obéit, pour subjuguer l'histoire. C'est la différence du chrétien au Grec. Nietzsche, du moins, a prévu ce qui allait arriver : « Le socialisme moderne tend à créer une forme de jésuitisme séculier, à faire de tous les hommes des instruments » et encore : « Ce qu'on désire, c'est le bien-être... Par suite on marche vers un esclavage spirituel tel qu'on n'en a jamais vu... Le césarisme intellectuel plane au-dessus de toute l'activité des négociants et des philosophes. » Passée au creuset de la philosophie nietzschéenne, la révolte, dans sa folie de liberté, aboutit au césarisme biologique ou historique. Le non absolu avait poussé Stirner à diviniser le crime en même temps que l'individu. Mais le oui absolu aboutit à universaliser le meurtre en même temps que l'homme lui-même. Le marxisme-léninisme a pris réellement en charge la volonté de Nietzsche, moyennant l'ignorance de quelques vertus nietzschéennes. Le grand rebelle crée alors de ses propres mains, et pour s'y enfermer, le règne implacable de la nécessité. Échappé à la prison de Dieu, son premier souci sera de construire la prison de l'histoire et de la raison, achevant ainsi le camouflage et la consécration de ce nihilisme que Nietzsche a prétendu vaincre.

LA POÉSIE RÉVOLTÉE

Si la révolte métaphysique refuse le oui et se borne à nier absolument, elle se voue à paraître. Si elle se précipite dans l'adoration de ce qui est, renonçant à contester une part de la réalité, elle s'oblige tôt ou tard à faire. Entre les deux, Ivan Karamazov représente, mais dans un sens douloureux, le laisser-faire. La poésie révoltée, à la fin du XIXe et au début du XXe siècle, a constamment oscillé entre ces deux extrémités : la littérature et la volonté de puissance, l'irrationnel et le rationnel, le rêve désespéré et l'action implacable. Une dernière fois, ces poètes, et surtout les surréalistes, éclairent pour nous le chemin qui mène du paraître au faire, dans un raccourci spectaculaire[1].

Hawthorne a pu écrire de Melville qu'incroyant, il ne savait se reposer dans l'incroyance. De même, de ces poètes jetés à l'assaut du ciel, il est possible de dire que, voulant tout renverser, ils ont affirmé en même temps leur nostalgie désespérée d'un ordre. Par une ultime contradiction, ils ont voulu tirer raison de la déraison et faire de l'irrationnel une méthode. Ces grands héritiers du romantisme ont prétendu rendre la poésie exemplaire et trouver, dans ce qu'elle avait de plus déchirant, la vraie vie. Ils ont divinisé le blasphème et transformé la poésie en expérience et en moyen d'action. Jusqu'à eux, en effet, ceux qui avaient prétendu agir sur l'événement et sur l'homme, en Occident au moins, l'avaient fait au nom de règles rationnelles. Le surréalisme au contraire, après Rimbaud, a voulu trouver dans la démence et la subversion une règle de construction. Rimbaud, par son œuvre et seulement par elle, avait indiqué la voie, mais à la manière fulgurante dont l'orage révèle l'orée d'un chemin. Le surréalisme a creusé ce chemin et en a codifié le repérage. Par ses outrances comme par ses reculs, il a donné sa dernière et somptueuse expression à une théorie pratique de la révolte irrationnelle, dans le temps même où, sur une autre voie, la pensée révoltée fondait le culte de la raison absolue. Ses inspirateurs, Lautréamont et Rimbaud, nous apprennent en tout cas par quelles voies le désir irrationnel de paraître peut amener le révolté aux formes les plus liberticides de l'action.

LAUTRÉAMONT ET LA BANALITÉ[1]

Lautréamont démontre que le désir de paraître se dissimule aussi, chez le révolté, derrière la volonté de banalité. Dans les deux cas, qu'il se grandisse ou qu'il s'abaisse, le révolté veut être autre qu'il n'est, alors même qu'il s'est dressé pour être reconnu dans son être véritable. Les blasphèmes et le conformisme de Lautréamont illustrent également cette malheureuse contradiction qui se résout avec lui dans la volonté de n'être rien. Loin qu'il y ait palinodie, comme on l'estime généralement, la même rage d'anéantissement explique l'appel de Maldoror à la grande nuit originelle et les banalités laborieuses des *Poésies*.

On comprend avec Lautréamont que la révolte est adolescente. Nos grands terroristes de la bombe et de la poésie sortent à peine de l'enfance. Les chants de Maldoror sont le livre d'un collégien presque génial ; leur pathétique naît justement des contradictions d'un cœur enfant dressé contre la création, et contre lui-même. Comme le Rimbaud des *Illuminations*, jeté contre les limites du monde, le poète choisit d'abord l'apocalypse et la destruction, plutôt que d'accepter la règle impossible qui le fait ce qu'il est dans le monde tel qu'il va.

« Je me présente pour défendre l'homme », dit Lautréamont sans simplicité. Maldoror est-il donc l'ange de la pitié ? Il l'est d'une certaine manière, ayant pitié de lui-même. Pourquoi ? Ceci reste à découvrir. Mais la pitié déçue, outragée, inavouable et inavouée, le portera à de singulières extrémités. Maldoror, selon ses propres termes, a reçu la vie comme une blessure et a défendu au suicide de guérir la cicatrice *(sic)*. Il est, comme Rimbaud, celui qui souffre et qui s'est révolté ; mais, reculant mystérieusement à dire qu'il se révolte contre ce qu'il est, il met en avant l'éternel alibi de l'insurgé : l'amour des hommes.

Simplement, celui qui se présente pour défendre l'homme écrit en même temps : « Montre-moi un homme qui soit bon. » Ce mouvement perpétuel est celui de la révolte nihiliste. On se révolte contre l'injustice faite à soi-même et à l'homme. Mais dans l'instant de lucidité où l'on aperçoit en même temps la légitimité de cette révolte et son impuissance, la fureur de négation s'étend alors à cela même que l'on prétendait défendre. Ne pouvant réparer l'injustice par l'édification de la justice, on préfère au moins la noyer dans une injustice encore plus générale qui se confond enfin avec l'anéantissement. « Le mal que vous m'avez fait est trop grand, trop grand le mal que je vous ai fait pour qu'il soit volontaire. » Pour ne pas se haïr soi-même, il faudrait se déclarer innocent, hardiesse toujours impossible à l'homme seul; son empêchement est qu'il se connaît. On peut au moins déclarer que tous sont innocents, quoique traités en coupables. Dieu, alors, est le criminel.

Des romantiques à Lautréamont, il n'y a donc pas de progrès réel, sinon dans le ton. Lautréamont ressuscite, une fois de plus, avec quelques perfectionnements, la figure du Dieu d'Abraham et l'image du rebelle luciférien. Il place Dieu « sur un trône formé d'excréments humains et d'or », où siège « avec un orgueil idiot, le corps recouvert d'un linceul fait avec des draps non lavés, celui qui s'intitule lui-même le Créateur ». « L'horrible Éternel à la figure de vipère », « le rusé bandit » qu'on voit « embraser des incendies où périssent les vieillards et les enfants » roule, ivre, dans le ruisseau, ou cherche au bordel d'ignobles jouissances. Dieu n'est pas mort, mais il est tombé. En face de la divinité déchue, Maldoror est peint comme un cavalier conventionnel au manteau noir. Il est le Maudit. « Il ne faut pas que les yeux soient témoins de la laideur que l'Être suprême, avec un sourire de haine puissante, a mise sur moi. » Il a tout renié, « père, mère, Providence, amour, idéal, afin de ne plus penser qu'à lui seul ». Torturé par l'orgueil, ce héros a tous les prestiges du dandy métaphysique : « Figure plus qu'humaine, triste comme l'univers, belle comme le suicide. » Aussi bien, comme le révolté romantique, désespérant de la justice divine, Maldoror prendra le parti du mal. Faire souffrir et, ce faisant, souffrir, tel est le programme. *Les Chants* sont de véritables litanies du mal.

À ce tournant, on ne défend même plus la créature. Au contraire, « attaquer par tous les moyens l'homme, cette bête fauve, et le créateur... » tel est le dessein annoncé des *Chants*. Bouleversé à la pensée d'avoir Dieu pour ennemi, ivre de la solitude puissante des grands criminels (« moi seul contre l'humanité ») Maldoror va se lancer contre la création et son auteur. *Les Chants* exaltent « la sainteté du crime », annoncent une série croissante de « crimes glorieux », et la stance 20 du chant II inaugure même une véritable pédagogie du crime et de la violence.

Une si belle ardeur est, à cette époque, conventionnelle. Elle ne coûte rien. La véritable originalité de Lautréamont est ailleurs*. Les romantiques maintenaient avec précaution l'opposition fatale entre la solitude humaine et l'indifférence divine, les expressions littéraires de cette solitude étant le château isolé et le dandy. Mais l'œuvre de Lautréamont parle d'un drame plus profond. Il semble bien que cette solitude lui ait été insupportable et que, dressé contre la création, il ait voulu en détruire les limites. Loin de chercher à fortifier de tours crénelées le règne humain, il a voulu confondre tous les règnes. La création a été ramenée par lui aux mers primitives où la morale perd son sens en même temps que tous les problèmes, dont celui, effrayant selon lui, de l'immortalité de l'âme. Il n'a pas voulu ériger une image spectaculaire du rebelle ou du dandy en face de la création, mais confondre l'homme et le monde dans le même anéantissement. Il s'est attaqué à la frontière même qui sépare l'homme de l'univers. La liberté totale, celle du crime en particulier, suppose la destruction des frontières humaines. Ce n'est pas assez de vouer à l'exécration tous les hommes et soi-même. Il faut encore ramener le règne humain au niveau des règnes de l'instinct. On trouve chez Lautréamont ce refus de la conscience rationnelle, ce retour à l'élémentaire qui est l'une des marques des civilisations

---

* Elle fait la différence entre le chant I, publié à part, d'un byronisme assez banal, et les chants suivants où resplendit la rhétorique du monstre. Maurice Blanchot a bien vu l'importance de cette coupure.

en révolte contre elles-mêmes. Il ne s'agit plus de paraître, par un effort obstiné de la conscience, mais de ne plus être en tant que conscience.

Toutes les créatures des *Chants* sont amphibies, parce que Maldoror refuse la terre et ses limitations. La flore est faite d'algues et de goémons. Le château de Maldoror est sur les eaux. Sa patrie, le vieil océan. L'océan, double symbole, est à la fois le lieu de l'anéantissement et de la réconciliation. Il apaise, à sa manière, la soif puissante des âmes vouées au mépris d'elles-mêmes et des autres, la soif de ne plus être. *Les Chants* seraient ainsi nos *Métamorphoses,* où le sourire antique est remplacé par le rire d'une bouche coupée au rasoir, image d'un humour forcené et grinçant. Ce bestiaire ne peut pas cacher tous les sens qu'on a voulu y trouver, mais il révèle au moins une volonté d'anéantissement qui prend sa source au cœur le plus noir de la révolte. L'« abêtissez-vous » pascalien prend avec lui un sens littéral. Il semble que Lautréamont n'ait pu supporter la clarté froide et implacable où il faut durer pour vivre. « Ma subjectivité et un créateur, c'est trop pour un cerveau. » Il a choisi alors de réduire la vie, et son œuvre, à la nage fulgurante de la seiche au milieu d'un nuage d'encre. Le beau passage où Maldoror s'accouple en haute mer à la femelle du requin « d'un accouplement long, chaste et hideux », le récit significatif, surtout, où Maldoror transformé en poulpe assaille le Créateur, sont des expressions claires d'une évasion hors des frontières de l'être et d'un attentat convulsé contre les lois de la nature.

Pour ceux qui se voient rejetés de la patrie harmonieuse où justice et passion s'équilibrent enfin, ils préfèrent encore à la solitude les royaumes amers où les mots n'ont plus de sens, où règnent la force et l'instinct de créatures aveugles. Ce défi est en même temps une mortification. La lutte avec l'ange du chant II s'achève dans la défaite et le pourrissement de l'ange. Ciel et terre sont alors ramenés et confondus aux abîmes liquides de la vie primordiale. Ainsi l'homme-requin des *Chants* « n'avait acquis le nouveau changement des extrémités de ses bras et de ses jambes, que comme l'expiatoire châtiment de quelque crime inconnu ». Il y a, en effet, un crime ou l'illusion d'un crime (est-ce l'homosexualité[1] ?) dans cette vie mal connue de Lautréamont. Aucun lecteur des

Chants ne peut se défendre de l'idée qu'il manque à ce livre une *Confession de Stavroguine*.

Faute de confession, il faut voir dans les *Poésies* le redoublement de cette mystérieuse volonté d'expiation. Le mouvement propre à certaines formes de révolte qui consiste, nous le verrons, à restaurer la raison au terme de l'aventure irrationnelle, à retrouver l'ordre à force de désordre et à se charger volontairement de chaînes plus lourdes encore que celles dont on a voulu se libérer, est dessiné, dans cette œuvre, avec une telle volonté de simplification et un tel cynisme qu'il faut bien que cette conversion ait un sens. Aux *Chants* qui exaltaient le non absolu succède une théorie du oui absolu, à la révolte sans merci le conformisme sans nuances. Ceci, dans la lucidité. La meilleure explication des *Chants,* les *Poésies* nous la donnent en effet. « Le désespoir se nourrissant avec un parti pris de ces fantasmagories conduit imperturbablement le littérateur à l'abrogation en masse des lois divines et sociales, et à la méchanceté théorique et pratique. » Les *Poésies* dénoncent aussi « la culpabilité d'un écrivain qui roule sur les pentes du néant et se méprise lui-même avec des cris joyeux ». Mais à ce mal elles ne donnent pas d'autre remède que le conformisme métaphysique : « Puisque la poésie du doute en arrive ainsi à un tel point de désespoir morne et de méchanceté théorique, c'est qu'elle est radicalement fausse; par cette raison qu'on y discute les principes et qu'il ne faut pas les discuter. » (Lettre à Darassé.) Ces belles raisons résument, en somme, la morale de l'enfant de chœur et du manuel d'instruction militaire. Mais le conformisme peut être forcé, et par là insolite. Quand on a exalté la victoire de l'aigle malfaisant sur le dragon de l'espérance, on peut répéter obstinément qu'on ne chante plus que l'espoir, on peut écrire : « Avec ma voix et ma solennité des grands jours, je te rappelle dans mes foyers déserts, glorieux espoir », il faut encore convaincre. Consoler l'humanité, la traiter en frère, revenir à Confucius, Bouddha, Socrate, Jésus-Christ, « moralistes qui couraient les villages en mourant de faim » (ce qui est historiquement hasardé), ce sont encore les projets du désespoir. Ainsi, au cœur du vice, la vertu, la vie rangée, ont une odeur de nostalgie. Car Lautréamont refuse la prière et le Christ pour lui n'est qu'un moraliste.

Ce qu'il propose, qu'il se propose plutôt, c'est l'agnosticisme et l'accomplissement du devoir. Un si beau programme suppose par malheur l'abandon, la douceur des soirs, un cœur sans amertume, une réflexion détendue. Lautréamont émeut lorsqu'il écrit soudain : « Je ne connais pas d'autre grâce que celle d'être né. » Mais on devine les dents serrées quand il ajoute : « Un esprit impartial la trouve complète. » Il n'y a pas d'esprit impartial devant la vie et la mort. Le révolté, avec Lautréamont, fuit au désert. Mais ce désert du conformisme est aussi lugubre qu'un Harrar. Le goût de l'absolu le stérilise encore et la fureur de l'anéantissement. Comme Maldoror voulait la révolte totale, Lautréamont, pour les mêmes raisons, décrète la banalité absolue. Le cri de la conscience qu'il cherchait à étouffer dans l'océan primitif, à confondre avec les hurlements de la bête, qu'à un autre moment il tentait de distraire dans l'adoration des mathématiques, il veut l'étouffer maintenant dans l'application d'un morne conformisme. Le révolté tente alors de se rendre sourd à cet appel vers l'être qui gît aussi au fond de sa révolte. Il s'agit de ne plus être, soit en refusant d'être quoi que ce soit, soit en acceptant d'être n'importe quoi*. Dans les deux cas, il s'agit d'une rêveuse convention. La banalité aussi est une attitude.

Le conformisme est une des tentations nihilistes de la révolte qui domine une grande partie de notre histoire intellectuelle. Elle montre en tout cas comment le révolté qui passe à l'action, s'il oublie ses origines, est tenté par le plus grand conformisme. Elle explique donc le xxe siècle. Lautréamont, salué ordinairement comme le chantre de la révolte pure, annonce au contraire le goût de l'asservissement intellectuel qui s'épanouit dans notre monde. Les *Poésies* ne sont qu'une préface à un « livre futur » ; et tous de rêver sur ce livre futur, aboutissement idéal de la révolte littéraire. Mais il s'écrit aujourd'hui, contre Lautréamont, à des millions d'exemplaires, sur l'ordre des bureaux. Le génie, sans aucun doute, ne se sépare pas de la banalité. Mais il ne s'agit pas de la banalité des autres ; celle que, vainement, on se propose de rejoindre et qui rejoint elle-même le créateur, quand il le

---

* De même Fantasio veut être ce bourgeois qui passe.

faut, par les moyens de la police. Il s'agit, pour le créateur, de sa propre banalité, tout entière à créer. Chaque génie est à la fois étrange et banal. Il n'est rien s'il est seulement l'un ou l'autre. Nous devrons nous en souvenir en ce qui concerne la révolte. Elle a ses dandys et ses valets, mais n'y reconnaît pas ses fils légitimes.

SURRÉALISME ET RÉVOLUTION

Il sera à peine question ici de Rimbaud. Sur lui, tout a été dit, et plus encore, malheureusement. On précisera cependant, parce que cette précision concerne notre sujet, que Rimbaud n'a été le poète de la révolte que dans son œuvre. Sa vie, loin de légitimer le mythe qu'elle a suscité, illustre seulement — une lecture objective des lettres du Harrar suffit à le montrer — un consentement au pire nihilisme qui soit. Rimbaud a été déifié pour avoir renoncé au génie qui était le sien, comme si ce renoncement supposait une vertu surhumaine. Bien que cela disqualifie les alibis de nos contemporains, il faut dire au contraire que le génie seul suppose une vertu, non le renoncement au génie. La grandeur de Rimbaud n'est pas dans les premiers cris de Charleville ni dans les trafics du Harrar. Elle éclate à l'instant où, donnant à la révolte le langage le plus étrangement juste qu'elle ait jamais reçu, il dit à la fois son triomphe et son angoisse, la vie absente au monde et le monde inévitable, le cri vers l'impossible et la réalité rugueuse à étreindre, le refus de la morale et la nostalgie irrésistible du devoir. À ce moment où, portant en lui-même l'illumination et l'enfer, insultant et saluant la beauté, il fait d'une contradiction irréductible un chant double et alterné, il est le poète de la révolte, et le plus grand. L'ordre de conception de ses deux grandes œuvres n'importe pas. De toutes manières, il y eut trop peu de temps entre les deux conceptions et tout artiste sait, de la certitude absolue qui naît de l'expérience d'une vie, que Rimbaud a porté la *Saison* et *les Illuminations* en même temps. S'il les a écrites l'une après l'autre, il les a souffertes dans le même moment. Cette contradiction, qui le tuait, était son vrai génie.

Mais où donc est la vertu de celui qui se détourne de la contradiction et trahit son génie avant de l'avoir souffert jusqu'à la fin ? Le silence de Rimbaud n'est pas pour lui une nouvelle manière de se révolter. Du moins, nous ne pouvons plus l'affirmer depuis la publication des lettres du Harrar. Sa métamorphose[1] sans doute est mystérieuse. Mais il y a aussi du mystère dans la banalité qui vient à ces brillantes jeunes filles que le mariage transforme en machines à sous et à crochet. Le mythe construit autour de Rimbaud suppose et affirme que plus rien n'était possible après la *Saison en Enfer*. Qu'est-ce donc qui est impossible au poète couronné de dons, au créateur inépuisable ? Après *Moby Dick, le Procès, Zarathoustra, les Possédés,* qu'imaginer ? Pourtant, de grandes œuvres, après celles-ci, naissent encore qui enseignent et corrigent, témoignent pour ce qu'il y a de plus fier en l'homme et ne s'achèvent qu'à la mort du créateur. Qui ne regretterait cette œuvre plus grande que la *Saison*, et dont une démission nous a frustrés ?

L'Abyssinie est-elle au moins un couvent, est-ce le Christ qui a fermé la bouche de Rimbaud ? Ce Christ serait alors celui qui trône de nos jours aux guichets de banque, si l'on en juge par ces lettres où le poète maudit ne parle que de son argent qu'il veut voir « bien placé » et « rapportant régulièrement* ». Celui qui chantait dans les supplices, qui avait injurié Dieu et la beauté, qui s'armait contre la justice et l'espérance, qui se séchait glorieusement à l'air du crime, veut seulement se marier avec quelqu'un qui « ait un avenir ». Le mage, le voyant, le forçat intraitable sur qui se referme toujours le bagne, l'homme-roi sur la terre sans dieux, porte perpétuellement huit kilos d'or dans une ceinture qui lui barre le ventre et dont il se plaint qu'elle lui donne de la dysenterie. Est-ce là le héros mythique qu'on propose à tant de jeunes hommes qui ne crachent pas, eux, sur le monde, mais mourraient de honte à la seule idée de cette ceinture ? Pour maintenir le mythe, il faut ignorer ces lettres décisives. On comprend qu'elles aient été si peu commentées. Elles sont sacrilèges, comme l'est parfois la

---

* Il est juste de remarquer que le ton de ces lettres peut s'expliquer par leurs destinataires. Mais on n'y sent pas l'effort du mensonge. Pas un mot où l'ancien Rimbaud se trahisse.

vérité. Grand et admirable poète, le plus grand de son temps, oracle fulgurant, voilà ce qu'est Rimbaud. Mais il n'est pas l'homme-dieu, l'exemple farouche, le moine de la poésie qu'on a voulu nous présenter. L'homme n'a retrouvé sa grandeur que sur ce lit d'hôpital, à l'heure de la fin difficile, où même la médiocrité du cœur devient émouvante : « Que je suis malheureux, que je suis donc malheureux... et j'ai de l'argent sur moi que je ne puis même pas surveiller! » Le grand cri de ces heures misérables rend par bonheur Rimbaud à cette part de la commune mesure qui coïncide involontairement avec la grandeur : « Non, non, à présent je me révolte contre la mort! » Le jeune Rimbaud ressuscite devant l'abîme, et avec lui la révolte de ces temps où l'imprécation contre la vie n'était que le désespoir de la mort. C'est alors que le trafiquant bourgeois rejoint l'adolescent déchiré que nous avons si chèrement aimé. Il le rejoint dans l'effroi et la douleur amère où se retrouvent finalement les hommes qui n'ont pas su saluer le bonheur. Ici seulement commencent sa passion et sa vérité.

Au reste, le Harrar était en effet annoncé dans l'œuvre, mais sous la forme de la démission dernière. « Le meilleur, un sommeil bien ivre, sur la grève. » La rage de l'anéantissement, propre à tout révolté, prend alors la forme la plus commune. L'apocalypse du crime, telle qu'elle est figurée par Rimbaud dans le prince qui tue inlassablement ses sujets, le long déréglement sont des thèmes révoltés que les surréalistes retrouveront. Mais, finalement, l'accablement nihiliste a prévalu; la lutte, le crime lui-même excèdent l'âme épuisée. Le voyant qui, si l'on ose dire, buvait pour ne pas oublier, finit par trouver dans l'ivresse le lourd sommeil que connaissent bien nos contemporains. On dort, sur la grève, ou à Aden. Et l'on consent, non plus activement, mais passivement, à l'ordre du monde, même si cet ordre est dégradant[1]. Le silence de Rimbaud prépare aussi au silence de l'Empire qui plane au-dessus d'esprits résignés à tout, sauf à la lutte. Cette grande âme soudain soumise à l'argent annonce d'autres exigences, d'abord démesurées, et puis qui se mettront au service des polices. N'être rien, voilà le cri de l'esprit lassé de ses propres révoltes. Il s'agit alors d'un suicide de l'esprit moins respectable après tout que celui des surréalistes et plus gros de conséquences. Le surréalisme, justement, au terme de ce grand mouvement de révolte n'est significatif que parce qu'il a tenté de continuer le seul Rimbaud qui vaille la tendresse. Tirant de la lettre sur le voyant, et de la méthode qu'elle suppose, la règle d'une ascèse révoltée, il illustre cette lutte entre la volonté d'être et le désir d'anéantissement[1], le non et le oui, que nous avons retrouvée à tous les stades de la révolte. Pour toutes ces raisons, plutôt que de répéter les commentaires incessants qui entourent l'œuvre de Rimbaud, il paraît préférable de le retrouver et de le suivre chez ses héritiers.

Révolte absolue, insoumission totale, sabotage en règle, humour et culte de l'absurde, le surréalisme, dans son intention première, se définit comme le procès de tout, toujours à recommencer. Le refus de toutes les déterminations est net, tranché. provocant. « Nous sommes des spécialistes de la révolte. » Machine à chavirer l'esprit, selon Aragon, le surréalisme s'est forgé d'abord dans le mouvement « dada » dont il faut noter les origines romantiques, et le dandysme anémié*. La non-signification et la contradiction sont alors cultivées pour elles-mêmes. « Les vrais dadas sont contre Dada. Tout le monde est directeur de Dada. » Ou encore : « Qu'est-ce qui est bien ? Qu'est-ce qui est laid ? Qu'est-ce qui est grand, fort, faible... Connais pas ! Connais pas ! » Ces nihilistes de salon étaient évidemment menacés de fournir en serviteurs les orthodoxies les plus strictes. Mais il y a dans le surréalisme quelque chose de plus que ce non-conformisme de parade, l'héritage de Rimbaud, justement, que Breton résume ainsi : « Devons-nous laisser là toute espérance ? »

Un grand appel vers la vie absente s'arme d'un refus total du monde présent, comme le dit assez superbement Breton : « Incapable de prendre mon parti du sort qui m'est fait, atteint dans ma conscience la plus haute par ce déni de justice, je me garde d'adapter mon existence aux conditions dérisoires ici-bas de toute existence. » L'esprit, selon Breton, ne peut trouver à se fixer ni dans la vie ni

---

* Jarry, un des maîtres du dadaïsme, est la dernière incarnation, mais plus singulière que géniale, du dandy métaphysique.

au-delà. Le surréalisme veut répondre à cette inquiétude sans repos. Il est un « cri de l'esprit qui se retourne contre lui-même et est bien décidé à broyer désespérément ces entraves ». Il crie contre la mort et « la durée dérisoire » d'une condition précaire. Le surréalisme se place donc aux ordres de l'impatience. Il vit dans un certain état de fureur blessée ; du même coup dans la rigueur et l'intransigeance fière, qui supposent une morale. Dès ses origines, le surréalisme, évangile du désordre, s'est trouvé dans l'obligation de créer un ordre. Mais il n'a d'abord songé qu'à détruire, par la poésie d'abord sur le plan de l'imprécation, par des marteaux matériels ensuite. Le procès du monde réel est devenu logiquement le procès de la création.

L'antithéisme surréaliste est raisonné et méthodique. Il s'affirmit d'abord sur une idée de la non-culpabilité absolue de l'homme à qui il convient de rendre « toute la puissance qu'il a été capable de mettre sur le mot Dieu ». Comme dans toute l'histoire de la révolte, cette idée de la non-culpabilité absolue, surgie du désespoir, s'est peu à peu transformée en folie de châtiment. Les surréalistes, en même temps qu'ils exaltaient l'innocence humaine, ont cru pouvoir exalter le meurtre et le suicide. Ils ont parlé du suicide comme d'une solution et Crevel, qui estimait cette solution « la plus vraisemblablement juste et définitive », s'est tué, comme Rigaut et Vaché. Aragon a pu stigmatiser ensuite les bavards du suicide. Il n'empêche que célébrer l'anéantissement et ne point s'y précipiter avec les autres ne fait honneur à personne. Sur ce point, le surréalisme a gardé de la « littérature », qu'il abominait, les pires facilités, et justifié le cri bouleversant de Rigaut : « Vous êtes tous des poètes et, moi, je suis du côté de la mort. »

Le surréalisme ne s'en est pas tenu là. Il a choisi comme héros Violette Nozière[1] ou le criminel anonyme de droit commun, affirmant ainsi, devant le crime lui-même, l'innocence de la créature. Mais il a osé dire aussi, et ceci est le mot que, depuis 1933, André Breton doit regretter, que l'acte surréaliste le plus simple consistait à descendre dans la rue, revolver au poing, et à tirer au hasard dans la foule. À qui refuse toute autre détermination que celle de l'individu et de son désir, toute primauté, sinon celle de l'inconscient, il revient en effet de se révolter en même temps contre la société et la raison. La théorie de l'acte gratuit couronne la revendication de la liberté absolue. Qu'importe si, pour finir, cette liberté se résume dans la solitude que définit Jarry : « Lorsque j'aurai pris toute la phynance, je tuerai tout le monde et je m'en irai. » L'essentiel est que les entraves soient niées et l'irrationnel triomphant. Que signifie en effet cette apologie du meurtre, sinon que, dans un monde sans signification et sans honneur, seul le désir d'être, sous toutes ses formes, est légitime ? L'élan de la vie, la poussée de l'inconscient, le cri de l'irrationnel sont les seules vérités pures qu'il faille favoriser. Tout ce qui s'oppose au désir, et principalement la société, doit donc être détruit sans merci. On comprend alors la remarque d'André Breton à propos de Sade : « Certes, l'homme ne consent plus ici à s'unir à la nature que dans le crime ; resterait à savoir si ce n'est pas encore une des façons les plus folles, les plus indiscutables, d'aimer. » On sent bien qu'il s'agit de l'amour sans objet qui est celui des âmes déchirées. Mais cet amour vide et avide, cette folie de possession est celle que précisément la société entrave inévitablement. C'est pourquoi Breton, qui porte encore l'embarras de ces déclarations, a pu faire l'éloge de la trahison et déclarer (ce que les surréalistes ont essayé de prouver) que la violence est le seul mode adéquat d'expression.

Mais la société n'est pas faite que de personnes. Elle est aussi institution. Trop bien nés pour tuer tout le monde, les surréalistes, par la logique même de leur attitude, en sont venus à considérer que, pour libérer le désir, il fallait renverser d'abord la société. Ils ont choisi de servir la révolution de leur temps. De Walpole et de Sade, par une cohérence qui fait le sujet de cet essai, les surréalistes sont passés à Helvétius et à Marx. Mais on sent bien que ce n'est pas l'étude du marxisme qui les a menés à la révolution*. Au contraire, l'effort incessant du surréalisme sera de concilier, avec le marxisme, les exigences qui l'ont amené à la révolution. On peut dire sans paradoxe que les surréalistes sont venus au marxisme à cause même de ce qu'ils détestent le plus en lui, aujour-

---

* On compterait sur les doigts de la main les communistes qui sont venus à la révolution par l'étude du marxisme. On se convertit d'abord et on lit ensuite les Écritures et les Pères.

d'hui. On hésite, sachant le fond et la noblesse de son exigence, et quand on a partagé le même déchirement, à rappeler à André Breton que son mouvement a mis en principes l'établissement d'une « autorité impitoyable » et d'une dictature, le fanatisme politique, le refus de la libre discussion et la nécessité de la peine de mort. On s'étonne aussi devant l'étrange vocabulaire de cette époque (« sabotage », « indicateur », etc.) qui est celui de la révolution policière. Mais ces frénétiques voulaient une « révolution quelconque », n'importe quoi qui les sortît du monde de boutiquiers et de compromis où ils étaient forcés de vivre. Ne pouvant avoir le meilleur, ils préféraient encore le pire. En cela, ils étaient nihilistes. Ils n'apercevaient pas que ceux d'entre eux qui devaient rester fidèles, désormais, au marxisme, étaient fidèles en même temps à leur nihilisme premier. La vraie destruction du langage, que le surréalisme a souhaitée avec tant d'obstination, ne réside pas dans l'incohérence ou l'automatisme. Elle réside dans le mot d'ordre. Aragon a eu beau commencer par une dénonciation de « la déshonorante attitude pragmatique », c'est en elle qu'il a fini par trouver la libération totale de la morale, même si cette libération a coïncidé avec une autre servitude. Celui des surréalistes qui réfléchissait le plus profondément alors à ce problème, Pierre Naville, cherchant le dénominateur commun à l'action révolutionnaire et à l'action surréaliste, le localisait, avec profondeur, dans le pessimisme, c'est-à-dire « le dessein d'accompagner l'homme à sa perte et de ne rien négliger pour que cette perdition soit utile ». Ce mélange d'augustinisme et de machiavélisme définit en effet la révolution du xxe siècle; on ne peut donner d'expression plus audacieuse au nihilisme du temps. Les renégats du surréalisme ont été fidèles au nihilisme dans la plupart de ses principes. D'une certaine manière, ils voulaient mourir. Si André Breton et quelques autres ont finalement rompu avec le marxisme, c'est qu'il y avait en eux quelque chose de plus que le nihilisme, une seconde fidélité à ce qu'il y a de plus pur dans les origines de la révolte : ils ne voulaient pas mourir.

Certes, les surréalistes ont voulu professer le matérialisme. « À l'origine de la révolte du cuirassé *Potemkine*, il nous plaît de reconnaître ce terrible morceau de viande. » Mais il n'y a pas chez eux, comme chez les marxistes, une amitié, même intellectuelle, pour ce morceau de viande. La charogne figure seulement le monde réel qui fait naître en effet la révolte, mais contre lui. Elle n'explique rien, si elle légitime tout. La révolution pour les surréalistes n'était pas une fin qu'on réalise au jour le jour, dans l'action, mais un mythe absolu et consolateur. Elle était « la vie véritable, comme l'amour », dont parlait Éluard, qui n'imaginait pas alors que son ami Kalandra[1] dût mourir de cette vie-là. Ils voulaient le « communisme du génie », non pas l'autre. Ces curieux marxistes se déclaraient en insurrection contre l'histoire et célébraient l'individu héroïque. « L'histoire est régie par des lois que la lâcheté des individus conditionne. » André Breton voulait, en même temps, la révolution et l'amour, qui sont incompatibles. La révolution consiste à aimer un homme qui n'existe pas encore. Mais pour celui qui aime un être vivant, s'il l'aime vraiment, il ne peut accepter de mourir que pour celui-là. En réalité, la révolution n'était pour André Breton qu'un cas particulier de la révolte alors que pour les marxistes et, en général, pour toute pensée politique, seul le contraire est vrai. Breton ne cherchait pas à réaliser, par l'action, la cité heureuse qui devait couronner l'histoire. L'une des thèses fondamentales du surréalisme est en effet qu'il n'y a pas de salut. L'avantage de la révolution n'était pas de donner aux hommes le bonheur, « l'abominable confort terrestre ». Elle devait au contraire, dans l'esprit de Breton, purifier et éclairer leur tragique condition. La révolution mondiale et les terribles sacrifices qu'elle suppose ne devaient apporter qu'un bienfait : « Empêcher que la précarité tout artificielle de la condition sociale ne voile la précarité réelle de la condition humaine. » Simplement, pour Breton, ce progrès était démesuré. Autant dire que la révolution devait être mise au service de l'ascèse intérieure par laquelle chaque homme peut transfigurer le réel en merveilleux, « revanche éclatante de l'imagination de l'homme ». Le merveilleux tient chez André Breton la place que tient le rationnel chez Hegel. On ne peut donc rêver opposition plus complète avec la philosophie politique du marxisme. Les longues hésitations de ceux qu'Artaud appelait les Amiel de la révolution s'expliquent sans peine. Les surréalistes étaient plus différents de Marx que ne le furent des réactionnaires comme Joseph de Maistre par exemple. Ceux-ci utilisent la tragédie de l'existence pour refuser la révolution, c'est-à-dire pour maintenir une situation historique. Les marxistes l'utilisent pour légitimer la révolution, c'est-à-dire pour créer une autre situation historique. Tous deux mettent la tragédie humaine au service de leurs fins pragmatiques. Breton, lui, utilisait la révolution pour consommer la tragédie et mettait en fait, malgré le titre de sa revue, la révolution au service de l'aventure surréaliste.

La rupture définitive s'explique enfin si l'on songe que le marxisme demandait la soumission de l'irrationnel, alors que les surréalistes s'étaient levés pour défendre l'irrationnel jusqu'à la mort. Le marxisme tendait à la conquête de la totalité et le surréalisme, comme toute expérience spirituelle, à l'unité. La totalité peut demander la soumission de l'irrationnel, si le rationnel suffit à conquérir l'empire du monde. Mais le désir d'unité est plus exigeant. Il ne lui suffit pas que tout soit rationnel. Il veut surtout que le rationnel et l'irrationnel soient réconciliés au même niveau. Il n'y a pas d'unité qui suppose une mutilation.

Pour André Breton, la totalité ne pouvait être qu'une étape, nécessaire peut-être, mais à coup sûr insuffisante, sur le chemin de l'unité. Nous retrouvons ici le thème du Tout ou Rien. Le surréalisme tend à l'universel et le reproche curieux, mais profond, que Breton fait à Marx consiste à dire justement que celui-ci n'est pas universel. Les surréalistes voulaient concilier le « transformer le monde » de Marx et le « changer la vie » de Rimbaud. Mais le premier mène à conquérir la totalité du monde et le second à conquérir l'unité de la vie. Toute totalité, paradoxalement, est restrictive. Finalement, les deux formules ont divisé le groupe. En choisissant Rimbaud, Breton a montré que le surréalisme n'était pas action, mais ascèse et expérience spirituelle. Il a remis au premier plan ce qui fait l'originalité profonde de son mouvement, par quoi il est si précieux à une réflexion sur la révolte, la restauration du sacré et la conquête de l'unité. Plus il a approfondi cette originalité, plus irrémédiablement il s'est séparé de ses compagnons politiques, en même temps que de quelques-unes de ses premières pétitions.

André Breton n'a jamais varié, en effet, dans sa revendication du surréel, fusion du rêve et de la réalité, sublimation de la vieille contradiction entre l'idéal et le réel. On connaît la solution surréaliste : l'irrationalité concrète, le hasard objectif. La poésie est une conquête, et la seule possible, du « point suprême ». « Un certain point de l'esprit d'où la vie et la mort, le réel et l'imaginaire, le passé et le futur... cessent d'être perçus contradictoirement. » Qu'est donc ce point suprême qui doit marquer « l'avortement colossal du système hégélien » ? C'est la recherche du sommet-abîme, familier aux mystiques. En vérité, il s'agit d'un mysticisme sans Dieu qui apaise et illustre la soif d'absolu du révolté. L'ennemi essentiel du surréalisme est le rationalisme. La pensée de Breton offre d'ailleurs le curieux spectacle d'une pensée occidentale où le principe d'analogie est sans cesse favorisé au détriment des principes d'identité et de contradiction. Justement, il s'agit de fondre les contradictions au feu du désir et de l'amour, et de faire tomber les murs de la mort. La magie, les civilisations primitives ou naïves, l'alchimie, la rhétorique des fleurs de feu ou des nuits blanches, sont autant d'étapes merveilleuses sur le chemin de l'unité et de la pierre philosophale. Le surréalisme, s'il n'a pas changé le monde, l'a fourni de quelques mythes étranges qui justifient en partie Nietzsche lorsqu'il annonçait le retour des Grecs. En partie seulement, car il s'agit de la Grèce de l'ombre, celle des mystères et des dieux noirs. Finalement, comme l'expérience de Nietzsche se couronnait dans l'acceptation de midi, celle du surréalisme culmine dans l'exaltation de minuit, le culte obstiné et angoissé de l'orage. Breton, selon ses propres paroles, a compris que, malgré tout, la vie était donnée. Mais son adhésion ne pouvait être celle de la pleine lumière, dont nous avons besoin. « Trop de nord en moi, a-t-il dit, pour que je sois l'homme de la pleine adhésion. »

Il a cependant fait diminuer, contre lui-même, souvent, la part de la négation et mis au jour la revendication positive de la révolte. Il a choisi la rigueur plutôt que le silence, et retenu seulement la « sommation morale » qui, selon Bataille, animait le premier surréalisme : « Substituer une morale nouvelle à la morale en cours, cause de tous nos maux. » Il n'a sans doute pas réussi, ni personne aujourd'hui, dans cette tentative de fonder la nouvelle morale. Mais il n'a jamais désespéré de pouvoir le faire. Devant l'horreur d'une époque où l'homme qu'il voulait magnifier est obstinément dégradé au nom même de certains des principes que le surréalisme avait adoptés, Breton s'est senti contraint de proposer, provisoirement, un retour à la morale traditionnelle. Il y a là une pause, peut-être. Mais c'est la pause du nihilisme et le vrai progrès de la révolte. Après tout, faute de pouvoir se donner la morale et les valeurs dont il a clairement senti la nécessité, on sait assez que Breton a choisi l'amour. Dans la chiennerie de son temps, et ceci ne peut s'oublier, il est le seul à avoir parlé profondément de l'amour. L'amour est la morale en transes qui a servi de patrie à cet exilé. Certes, une mesure manque encore ici. Ni une politique ni une religion, le surréalisme n'est peut-être qu'une impossible sagesse. Mais c'est la preuve même qu'il n'y a pas de sagesse confortable[1] : « Nous voulons, nous aurons l'au-delà de nos jours », s'est écrié admirablement Breton. La nuit splendide où il se complaît, pendant que la raison, passée à l'action, fait déferler ses armées sur le monde, annonce peut-être en effet ces aurores qui n'ont pas encore lui, et les matinaux de René Char, poète de notre renaissance.

NIHILISME ET HISTOIRE[1]

Cent cinquante ans de révolte métaphysique et de nihilisme[2] ont vu revenir avec obstination, sous des masques différents, le même visage ravagé, celui de la protestation humaine. Tous, dressés contre la condition et son créateur, ont affirmé la solitude de la créature, le néant de toute morale. Mais tous, dans le même temps, ont cherché à construire un royaume purement terrestre où régnerait la règle de leur choix. Rivaux du Créateur, ils ont été conduits logiquement à refaire la création à leur compte. Ceux qui, pour le monde qu'ils venaient de créer, ont refusé toute autre règle que celle du désir et de la puissance, ont couru au suicide ou à la folie, et chanté l'apocalypse. Pour les autres, qui ont voulu créer leur règle par leur propre force, ils ont choisi la vaine parade, le paraître ou la banalité; ou encore le meurtre et la destruction. Mais Sade et les romantiques, Karamazov ou Nietzsche ne sont entrés dans le monde de la mort que parce qu'ils voulurent la vraie vie. Si bien que, par un effet inverse, c'est l'appel déchiré vers la règle, l'ordre et la morale, qui retentit dans cet univers dément[3]. Leurs conclusions n'ont été néfastes ou liberticides qu'à partir du moment où ils ont rejeté le fardeau de la révolte, fui la tension qu'elle suppose et choisi le confort de la tyrannie ou de la servitude.

L'insurrection humaine, dans ses formes élevées et tragiques, n'est et ne peut être qu'une longue protestation contre la mort, une accusation enragée de cette condition régie par la peine de mort généralisée. Dans tous les cas que nous avons rencontrés, la protestation, chaque fois, s'adresse à tout ce qui, dans la création, est dissonance, opacité, solution de continuité. Il s'agit donc, pour l'essentiel, d'une interminable revendication d'unité. Le refus de la mort, le désir de durée et de transparence, sont les ressorts de toutes ces folies, sublimes ou puériles. Est-ce seulement le lâche et personnel refus de mourir ? Non, puisque beaucoup de ces rebelles ont payé ce qu'il fallait pour être à la hauteur de leur exigence. Le révolté ne demande pas la vie, mais les raisons de la vie. Il refuse la conséquence que la mort apporte. Si rien ne dure, rien n'est justifié, ce qui meurt est privé de sens. Lutter contre la mort revient à revendiquer le sens de la vie, à combattre pour la règle et pour l'unité.

La protestation contre le mal qui est au cœur même de la révolte métaphysique est significative à cet égard. Ce n'est pas la souffrance de l'enfant qui est révoltante en elle-même, mais le fait que cette souffrance ne soit pas justifiée. Après tout, la douleur, l'exil, la claustration, sont quelquefois acceptés quand la médecine ou le bon sens nous en persuadent. Aux yeux du révolté, ce qui manque à la douleur du monde, comme aux instants de son bonheur, c'est un principe d'explication. L'insurrection contre le mal demeure, avant tout, une revendication d'unité. Au monde des condamnés à mort, à la mortelle opacité de la condition, le révolté oppose inlassablement son exigence de vie et de transparence définitives. Il est à la recherche, sans le savoir, d'une morale ou d'un sacré. La révolte est une ascèse, quoique aveugle. Si le révolté blasphème alors, c'est dans l'espoir du nouveau dieu. Il s'ébranle sous le choc du premier et du plus profond des mouvements religieux, mais il s'agit d'un mouvement religieux déçu. Ce n'est pas la révolte en elle-même qui est noble, mais ce qu'elle exige, même si ce qu'elle obtient est encore ignoble.

Du moins faut-il savoir reconnaître ce qu'elle obtient d'ignoble. Chaque fois qu'elle déifie le refus total de ce qui est, le non absolu, elle tue. Chaque fois qu'elle accepte aveuglément ce qui est, et qu'elle crie le oui absolu, elle tue. La haine du créateur peut tourner en haine de la création ou en amour exclusif et provocant de ce qui est. Mais dans les deux cas, elle débouche sur le meurtre[1] et perd le droit d'être appelée révolte. On peut être nihiliste de deux façons, et chaque fois par une intempérance d'absolu. Il y a apparemment les révoltés qui veulent mourir et ceux qui veulent faire mourir. Mais ce sont les mêmes, brûlés du désir de la vraie vie, frustrés de l'être et préférant alors l'injustice généralisée à une justice mutilée. À ce degré d'indignation, la raison devient fureur. S'il est vrai que la révolte instinctive du cœur humain marche peu à peu au long des siècles vers sa plus grande conscience, elle a grandi aussi, nous l'avons vu, en audace aveugle jusqu'au moment démesuré où elle a décidé de répondre au meurtre universel par l'assassinat métaphysique.

Le *même si,* dont nous avons reconnu qu'il marquait le moment capital de la révolte métaphysique, s'accomplit en tout cas dans la destruction absolue. Ce n'est pas la révolte ni sa noblesse qui rayonnent aujourd'hui sur le monde, mais le nihilisme. Et ce sont ses conséquences que nous devons retracer, sans perdre de vue la vérité de ses origines. Même si Dieu existait, Ivan ne se rendrait pas à lui devant l'injustice faite à l'homme. Mais une plus longue rumination de cette injustice, une flamme plus amère, ont transformé le « même si tu existes » en « tu ne mérites pas d'exister », puis « tu n'existes pas ». Les victimes ont cherché la force et les raisons du crime dernier dans l'innocence qu'elles se reconnaissaient. Désespérant de leur immortalité, assurées de leur condamnation, elles ont décidé le meurtre de Dieu. S'il est faux de dire que, de ce jour, a commencé la tragédie de l'homme contemporain, il n'est pas vrai, non plus, qu'elle s'y soit achevée. Cet attentat marque au contraire le plus haut moment d'un drame commencé depuis la fin du monde antique et dont les dernières paroles[1] n'ont pas encore retenti. De ce moment, l'homme décide de s'exclure de la grâce et de vivre par ses propres moyens. Le progrès, de Sade à nos jours, a consisté à élargir de plus en plus le lieu clos où, selon sa propre règle, régnait farouchement l'homme sans dieu. On a poussé de plus en plus les frontières du camp retranché, face à la divinité, jusqu'à faire de l'univers entier une forteresse contre le dieu déchu et exilé. L'homme, au bout de sa révolte, s'enfermait ; sa grande liberté consistait seulement, du château tragique de Sade au camp de concentration, à bâtir la prison de ses crimes. Mais l'état de siège peu à peu se généralise, la revendication de liberté veut s'étendre à tous. Il faut bâtir alors le seul royaume qui s'oppose à celui de la grâce, celui de la justice, et réunir enfin la communauté humaine sur les débris de la communauté divine. Tuer Dieu et bâtir une Église, c'est le mouvement constant et contradictoire de la révolte. La liberté absolue devient enfin une prison de devoirs absolus, une ascèse collective, une histoire pour finir. Le XIXe siècle qui est celui de la révolte débouche ainsi sur le XXe, siècle de la justice et de la morale, où chacun se frappe la poitrine. Chamfort, moraliste de la révolte, en avait déjà donné la formule : « Il faut être juste avant d'être généreux, comme on a des chemises avant d'avoir des dentelles. » On renoncera donc à la morale de luxe pour l'âpre éthique des bâtisseurs.

Cet effort convulsé vers l'empire du monde et vers la règle universelle, il nous faut l'aborder maintenant. Nous sommes arrivés à ce moment où la révolte, rejetant toute servitude, vise à annexer la création entière. À chacun de ces échecs, déjà, nous avions vu s'annoncer la solution politique et conquérante. Désormais, de ses acquisitions, elle ne retiendra, avec le nihilisme moral, que la volonté de puissance. Le révolté ne voulait, en principe, que conquérir son être propre et le maintenir à la face de Dieu[1]. Mais il perd la mémoire de ses origines et, par la loi d'un impérialisme spirituel, le voici en marche pour l'empire du monde à travers des meurtres multipliés à l'infini. Il a chassé Dieu de son ciel, mais l'esprit de révolte métaphysique rejoignant alors franchement le mouvement révolutionnaire, la revendication irrationnelle de la liberté va prendre paradoxalement pour arme la raison, seul pouvoir de conquête qui lui semble purement humain. Dieu mort, restent les hommes, c'est-à-dire l'histoire qu'il faut comprendre et bâtir[2]. Le nihilisme qui, au sein de la révolte, submerge alors la force de création, ajoute seulement qu'on peut la bâtir par tous les moyens. Aux crimes de l'irrationnel, l'homme, sur une terre qu'il sait désormais solitaire, va joindre les crimes de la raison en marche vers l'empire des hommes. Au « je me révolte, donc nous sommes[3] », il ajoute, méditant de prodigieux desseins et la mort même de la révolte : « Et nous sommes seuls. »

III

LA RÉVOLTE HISTORIQUE

La liberté, « ce nom terrible écrit sur le char des orages* », est au principe de toutes les révolutions. Sans elle, la justice paraît aux rebelles inimaginable. Un temps vient, pourtant, où la justice exige la suspension de la liberté. La terreur, petite ou grande, vient alors couronner la révolution. Chaque révolte est nostalgie d'innocence et appel vers l'être. Mais la nostalgie prend un jour les armes et elle assume la culpabilité totale, c'est-à-dire le meurtre et la violence. Les révoltes serviles, les révolutions régicides et celles du XXᵉ siècle, ont ainsi accepté, consciemment, une culpabilité de plus en plus grande dans la mesure où elles se proposaient d'instaurer une libération de plus en plus totale. Cette contradiction, devenue éclatante, empêche nos révolutionnaires d'avoir l'air de bonheur et d'espérance qui éclatait sur le visage et dans les discours de nos Constituants. Est-elle inévitable, caractérise-t-elle ou trahit-elle la valeur de révolte, c'est la question qui se pose à propos de la révolution comme elle se posait à propos de la révolte métaphysique. En vérité, la révolution n'est que la suite logique de la révolte métaphysique et nous suivrons, dans l'analyse du mouvement révolutionnaire, le même effort désespéré et sanglant pour affirmer l'homme en face de ce qui le nie. L'esprit révolutionnaire prend ainsi la défense de cette part de l'homme qui ne veut pas s'incliner. Simplement, il tente de lui donner son règne dans le temps. Refusant Dieu, il choisit l'histoire, par une logique apparemment inévitable.

En théorie, le mot révolution garde le sens qu'il a en astronomie. C'est un mouvement qui boucle la boucle, qui passe d'un gouvernement à l'autre après une translation complète. Un changement du régime de propriété sans changement de gouvernement correspondant n'est pas une révolution, mais une réforme. Il n'y a pas de révolution économique, que ses moyens soient sanglants ou pacifiques, qui n'apparaisse en même

---

* Philothée O'Neddy.

temps politique. La révolution, par là, se distingue déjà du mouvement de révolte. Le mot fameux : « Non, sire, ce n'est pas une révolte, c'est une révolution » met l'accent sur cette différence essentielle. Il signifie exactement : « c'est la certitude d'un nouveau gouvernement ». Le mouvement de révolte, à l'origine, tourne court. Il n'est qu'un témoignage sans cohérence. La révolution commence au contraire à partir de l'idée. Précisément, elle est l'insertion de l'idée dans l'expérience historique quand la révolte est seulement le mouvement qui mène de l'expérience individuelle à l'idée. Alors que l'histoire, même collective, d'un mouvement de révolte, est toujours celle d'un engagement sans issue dans les faits, d'une protestation obscure qui n'engage ni systèmes ni raisons, une révolution est une tentative pour modeler l'acte sur une idée, pour façonner le monde dans un cadre théorique. C'est pourquoi la révolte tue des hommes alors que la révolution détruit à la fois des hommes et des principes. Mais, pour les mêmes raisons, on peut dire qu'il n'y a pas encore eu de révolution dans l'histoire. Il ne peut y en avoir qu'une qui serait la révolution définitive. Le mouvement qui semble achever la boucle en entame déjà une nouvelle à l'instant même où le gouvernement se constitue. Les anarchistes, Varlet en tête, ont bien vu que gouvernement et révolution sont incompatibles au sens direct. « Il implique contradiction, dit Proudhon, que le gouvernement puisse être jamais révolutionnaire et cela par la raison toute simple qu'il est gouvernement. » Expérience faite, ajoutons à cela que le gouvernement ne peut être révolutionnaire que contre d'autres gouvernements. Les gouvernements révolutionnaires s'obligent la plupart du temps à être des gouvernements de guerre. Plus la révolution est étendue et plus l'enjeu de la guerre qu'elle suppose est considérable. La société issue de 1789 veut se battre pour l'Europe. Celle qui est née de 1917 se bat pour la domination universelle. La révolution totale finit ainsi par revendiquer, nous verrons pourquoi, l'empire du monde.

En attendant cet accomplissement, s'il doit survenir, l'histoire des hommes, en un sens, est la somme de leurs révoltes successives. Autrement dit, le mouvement de translation qui trouve une expression claire dans l'espace n'est qu'une approximation dans le temps. Ce qu'on appelait dévotement au XIXe siècle l'émancipation progressive du genre humain apparaît de l'extérieur comme une suite ininterrompue de révoltes qui se dépassent et tentent de trouver leur forme dans l'idée, mais qui ne sont pas encore arrivées à la révolution définitive, qui stabiliserait tout au ciel et sur la terre. Plutôt que d'une émancipation réelle, l'examen superficiel conclurait à une affirmation de l'homme par lui-même, affirmation de plus en plus élargie, mais toujours inachevée. S'il y avait une seule fois révolution, en effet, il n'y aurait plus d'histoire. Il y aurait unité heureuse et mort rassasiée. C'est pourquoi tous les révolutionnaires visent finalement à l'unité du monde et agissent comme s'ils croyaient à l'achèvement de l'histoire. L'originalité de la révolution du XXe siècle est que, pour la première fois, elle prétend ouvertement réaliser le vieux rêve d'Anacharsis Cloots[1], l'unité du genre humain, et, en même temps, le couronnement définitif de l'histoire. Comme le mouvement de révolte débouchait dans le « Tout ou Rien », comme la révolte métaphysique voulait l'unité du monde, le mouvement révolutionnaire du XXe siècle, arrivé aux conséquences les plus claires de sa logique, exige, les armes à la main, la totalité historique. La révolte est alors sommée, sous peine d'être futile ou périmée, de devenir révolutionnaire. Il ne s'agit plus pour le révolté de se déifier lui-même comme Stirner ou de se sauver seul par l'attitude. Il s'agit de déifier l'espèce comme Nietzsche et de prendre en charge son idéal de surhumanité afin d'assurer le salut de tous, selon le vœu d'Ivan Karamazov. Les Possédés entrent en scène pour la première fois et illustrent alors l'un des secrets de l'époque : l'identité de la raison et de la volonté de puissance. Dieu mort, il faut changer et organiser le monde par les forces de l'homme. La seule force de l'imprécation n'y suffisant plus, il faut des armes et la conquête de la totalité. La révolution, même et surtout celle qui prétend être matérialiste, n'est qu'une croisade métaphysique démesurée. Mais la totalité est-elle l'unité ? C'est la question à laquelle cet essai doit répondre. On voit seulement que le propos de cette analyse n'est pas de faire la description, cent fois recommencée, du phénomène révolutionnaire, ni de recenser, une fois de plus, les causes historiques ou économiques des grandes révolutions. Il est de retrouver dans quelques faits révolutionnaires la suite logique, les illustrations et les thèmes constants de la révolte métaphysique.

La plupart des révolutions prennent leur forme et leur originalité dans un meurtre. Toutes, ou presque, ont été homicides. Mais quelques-unes ont, de surcroît, pratiqué le régicide et le déicide. Comme l'histoire de la révolte métaphysique commençait avec Sade, notre sujet réel commence seulement avec les régicides, ses contemporains, qui attaquent l'incarnation divine sans oser encore tuer le principe éternel. Mais auparavant, l'histoire des hommes nous montre aussi l'équivalent du premier mouvement de révolte, celui de l'esclave.

Là où l'esclave se révolte contre le maître, il y a un homme dressé contre un autre, sur la terre cruelle, loin du ciel des principes. Le résultat est seulement le meurtre d'un homme. Les émeutes serviles, les jacqueries, les guerres des gueux, les révoltes des rustauds, mettent en avant un principe d'équivalence, vie contre vie, que, malgré toutes les audaces et toutes les mystifications, on retrouvera toujours dans les formes les plus pures de l'esprit révolutionnaire, le terrorisme russe de 1905, par exemple.

La révolte de Spartacus à la fin du monde antique, quelques dizaines d'années avant l'ère chrétienne, est à cet égard exemplaire. On notera d'abord qu'il s'agit d'une révolte de gladiateurs, c'est-à-dire d'esclaves voués aux combats d'homme à homme et condamnés, pour la délectation des maîtres, à tuer ou à être tués. Commencée avec soixante-dix hommes, cette révolte se termine avec une armée de soixante-dix mille insurgés qui écrasent les meilleures légions romaines et remontent l'Italie, pour marcher sur la ville éternelle elle-même. Pourtant, cette révolte n'a apporté, comme le remarque André Prudhommeaux*, aucun principe nouveau dans la société romaine. La proclamation lancée par Spartacus se borne à promettre aux esclaves « des droits égaux ». Ce passage du fait au droit que nous avons analysé dans le premier mouvement de révolte est en effet la seule

---

* *La Tragédie de Spartacus*, Cahiers Spartacus.

acquisition logique qu'on puisse trouver à ce niveau de la révolte. L'insoumis rejette la servitude et s'affirme l'égal du maître. Il veut être maître à son tour.

La révolte de Spartacus illustre constamment ce principe de revendication. L'armée servile[1] libère les esclaves et leur livre immédiatement en servitude leurs anciens maîtres. Selon une tradition, douteuse, il est vrai, elle aurait même organisé des combats de gladiateurs entre plusieurs centaines de citoyens romains et installé sur les gradins les esclaves, délirants de joie et d'excitation. Mais tuer des hommes ne mène à rien qu'à en tuer plus encore. Pour faire triompher un principe, c'est un principe qu'il faut abattre. La cité du soleil dont rêvait Spartacus n'aurait pu s'élever que sur les ruines de la Rome éternelle, de ses dieux et ses institutions. L'armée de Spartacus marche, en effet, pour l'investir, vers Rome épouvantée d'avoir à payer ses crimes. Pourtant, à ce moment décisif, en vue des murailles sacrées, l'armée s'immobilise et reflue, comme si elle reculait devant les principes, l'institution, la cité des dieux. Celle-ci détruite, que mettre à sa place, hors ce désir sauvage de justice, cet amour blessé et rendu furieux qui a tenu debout jusque-là ces malheureux*? Dans tous les cas, l'armée fait retraite, sans avoir combattu, et décide alors, par un curieux mouvement, de revenir au lieu d'origine des révoltes serviles, de refaire en sens inverse le long chemin de ses victoires et de rentrer en Sicile. Comme si ces déshérités, désormais seuls et désarmés devant les grandes tâches qui les attendent, découragés devant ce ciel à assaillir, retournaient vers le plus pur et le plus chaud de leur histoire, sur la terre des premiers cris où mourir était facile et bon.

Alors commencent la défaite et le martyre. Avant la dernière bataille, Spartacus fait mettre en croix un citoyen romain pour renseigner ses hommes sur le sort qui les attend. Pendant la lutte, par un mouvement enragé où l'on ne peut s'empêcher de voir un symbole, lui-même essaie sans cesse d'atteindre Crassus qui com-

---

* La révolte de Spartacus reprend en réalité le programme des révoltes serviles qui l'ont précédée. Mais ce programme se résume au partage des terres et à l'abolition de l'esclavage. Il ne touche pas directement aux dieux de la cité.

mande les légions romaines. Il veut périr, mais dans le combat d'homme à homme avec celui qui symbolise, à ce moment, tous les maîtres romains ; il veut bien mourir, mais dans la plus haute égalité. Il n'atteindra pas Crassus : les principes combattent de loin et le général romain se tient à l'écart. Spartacus mourra, comme il l'a voulu, mais sous les coups des mercenaires, esclaves comme lui, et qui tuent leur liberté avec la sienne. Pour l'unique citoyen crucifié, Crassus suppliciera des milliers d'esclaves. Les six mille croix qui, après tant de justes révoltes, jalonneront la route de Capoue à Rome démontreront à la foule servile qu'il n'y a pas d'équivalence dans le monde de la puissance et que les maîtres calculent avec usure le prix de leur propre sang.

La croix est aussi le supplice du Christ. On peut imaginer que ce dernier ne choisit quelques années plus tard le châtiment de l'esclave que pour réduire cette terrible distance qui désormais sépare la créature humiliée de la face implacable du Maître. Il intercède, il subit, à son tour, la plus extrême injustice pour que la révolte ne coupe pas le monde en deux, pour que la douleur gagne aussi le ciel et l'arrache à la malédiction des hommes. Qui s'étonnera que l'esprit révolutionnaire, voulant ensuite affirmer la séparation du ciel et de la terre, ait commencé par désincarner la divinité en tuant ses représentants sur la terre ? En 1793[1], d'une certaine manière, finissent les temps de la révolte et commencent les temps révolutionnaires, sur un échafaud*.

---

* Cet essai ne s'intéressant pas à l'esprit de révolte à l'intérieur du christianisme, la Réforme n'y trouve pas sa place, non plus que les nombreuses révoltes contre l'autorité ecclésiastique qui l'ont précédée. Mais on peut dire au moins que la Réforme prépare un jacobinisme religieux et qu'elle commence en un sens ce que 1789 achèvera.

LES RÉGICIDES

On a tué des rois bien avant le 21 janvier 1793, et avant les régicides du XIXe siècle. Mais Ravaillac, Damiens, et leurs émules, voulaient atteindre la personne du roi, non le principe. Ils souhaitaient un autre roi ou rien. Ils n'imaginaient pas que le trône pût rester toujours vide. 1789 se place à la charnière des temps modernes, parce que les hommes de ce temps ont voulu, entre autres choses, renverser le principe de droit divin et faire entrer dans l'histoire la force de négation et de révolte qui s'était constituée dans les luttes intellectuelles des derniers siècles. Ils ont ajouté ainsi au tyrannicide traditionnel un déicide raisonné. La pensée dite libertine, celle des philosophes et des juristes, a servi de levier pour cette révolution*. Pour que cette entreprise devienne possible et se sente légitimée, il a fallu d'abord que l'Église, dont c'est l'infinie responsabilité, par un mouvement qui s'épanouit dans l'Inquisition et se perpétua dans la complicité avec les puissances temporelles[2], se mette du côté des maîtres en prenant sur elle d'infliger la douleur. Michelet ne se trompe pas quand il ne veut voir que deux grands personnages dans l'épopée révolutionnaire : le christianisme et la Révolution. 1789 s'explique, pour lui, en effet, par la lutte de la grâce et de la justice. Bien que Michelet ait eu le goût, avec son siècle intempérant, des grandes entités, il a vu ici une des causes profondes de la crise révolutionnaire.

La monarchie d'ancien régime, si elle n'était pas toujours arbitraire dans son gouvernement, il s'en faut, l'était indiscutablement dans son principe. Elle était de droit divin, c'est-à-dire sans recours quant à sa légitimité[3]. Cette légitimité a cependant souvent

---

* Mais les rois y ont collaboré, imposant peu à peu la puissance politique à la puissance religieuse, et minant ainsi le principe même de leur légitimité[1].

été contestée, en particulier par les Parlements. Mais ceux qui l'exerçaient la considéraient et la présentaient comme un axiome. Louis XIV, on le sait, était ferme sur ce principe*. Bossuet l'y aidait qui disait aux rois : « Vous êtes des dieux. » Le roi, sous l'un de ses aspects, est le chargé de mission divin aux affaires temporelles, donc à la justice. Il est, comme Dieu lui-même, le recours dernier de ceux qui souffrent de misère et d'injustice. Le peuple, contre ceux qui l'oppriment, peut en principe faire appel au roi. « Si le roi savait, si le tsar savait... » tel est en effet le sentiment, souvent exprimé, dans les périodes de misère, des peuples français et russe. Il est vrai, qu'en France, au moins, la monarchie, quand elle savait, a souvent tenté de défendre les communautés populaires contre l'oppression des grands et des bourgeois. Mais était-ce là de la justice ? Non, du point de vue absolu, qui est celui des écrivains de l'époque. Si l'on peut avoir recours au roi, on ne saurait avoir recours contre lui[1], en tant que principe. Il distribue son aide et ses secours s'il le veut, quand il le veut. Le bon plaisir est l'un des attributs de la grâce. La monarchie sous sa forme théocratique est un gouvernement qui veut mettre au-dessus de la justice la grâce[2], en lui laissant toujours le dernier mot. La profession du vicaire savoyard, au contraire, n'a d'autre originalité que de soumettre Dieu à la justice et d'ouvrir ainsi, avec la solennité un peu naïve du temps, l'histoire contemporaine.

À partir du moment, en effet, où la pensée libertine met Dieu en question, elle pousse le problème de la justice au premier plan. Simplement, la justice d'alors se confond avec l'égalité. Dieu chancelle et la justice, pour s'affirmer dans l'égalité, doit lui porter le dernier coup en s'attaquant directement à son représentant sur la terre. C'est déjà détruire le droit divin que de lui opposer le droit naturel et de le forcer à composer avec lui pendant trois ans, de 1789 à 1792. La grâce ne saurait composer, en dernier recours[3]. Elle peut céder sur quelques points, jamais sur le dernier. Mais cela ne suffit pas. Louis XVI en prison, selon Michelet, voulait encore être roi. Quelque part, dans la France des nouveaux principes, le

---

* Charles Ier tenait à ce point au droit divin qu'il n'estimait pas nécessaire d'être juste et loyal envers ceux qui le niaient.

principe vaincu se perpétuait donc entre les murs d'une prison par la seule force de l'existence et de la foi. La justice a cela de commun, et cela seulement, avec la grâce, qu'elle veut être totale et régner absolument. À partir du moment où elles entrent en conflit, elles luttent à mort. « Nous ne voulons pas condamner le roi, dit Danton, qui n'a pas les bonnes manières du juriste, nous voulons le tuer. » Si on nie Dieu, en effet, il faut tuer le roi. Saint-Just, semble-t-il, fait mourir Louis XVI ; mais quand il s'écrie : « Déterminer le principe en vertu duquel va peut-être mourir l'accusé, c'est déterminer le principe dont vit la société qui le juge », il démontre que ce sont les philosophes qui vont tuer le roi : le roi doit mourir au nom du contrat social*. Mais ceci demande à être éclairé.

LE NOUVEL ÉVANGILE

Le Contrat social est d'abord une recherche sur la légitimité du pouvoir. Mais livre de droit, non de fait**, il n'est, à aucun moment, un recueil d'observations sociologiques. Sa recherche touche aux principes. Par là même, elle est déjà contestation. Elle suppose que la légitimité traditionnelle, supposée d'origine divine, n'est pas acquise. Elle annonce donc une autre légitimité et d'autres principes. *Le Contrat social* est aussi un catéchisme dont il a le ton et le langage dogmatique. Comme 1789 achève les conquêtes des révolutions anglaise et américaine, Rousseau pousse à ses limites logiques la théorie du contrat que l'on trouve chez Hobbes. *Le Contrat social* donne une large extension, et un exposé dogmatique[1], à la nouvelle religion dont le dieu est la raison, confondue avec la nature, et le représentant sur la terre, au lieu du roi, le peuple considéré dans sa volonté générale.

---

* Rousseau, bien entendu, ne l'aurait pas voulu. Il faut mettre au début de cette analyse, pour lui donner ses limites, ce que Rousseau a déclaré fermement : « Rien ici-bas ne mérite d'être acheté au prix du sang humain. »

** Cf. le *Discours sur l'Inégalité* : « Commençons donc par écarter tous les faits, car ils ne touchent point à la question. »

L'attaque contre l'ordre traditionnel est si évidente que, dès le premier chapitre, Rousseau s'attache à démontrer l'antériorité du pacte des citoyens, qui établit le peuple, au pacte du peuple et du roi, qui fonde la royauté. Jusqu'à lui, Dieu faisait les rois qui, à leur tour, faisaient les peuples. À partir du *Contrat social,* les peuples se font eux-mêmes avant de faire les rois. Quant à Dieu, il n'en est plus question, provisoirement. Dans l'ordre politique, nous avons ici l'équivalent de la révolution de Newton. Le pouvoir n'a donc plus sa source dans l'arbitraire, mais dans le consentement général. Autrement dit, il n'est plus ce qui est, mais ce qui devrait être. Par bonheur, selon Rousseau, ce qui est ne peut se séparer de ce qui doit être. Le peuple est souverain « par cela seul qu'il est toujours tout ce qu'il doit être ». Devant cette pétition de principe, on peut bien dire que la raison, invoquée obstinément en ce temps-là, ne s'y trouve pourtant pas bien traitée. Il est clair qu'avec *le Contrat social* nous assistons à la naissance d'une mystique, la volonté générale étant postulée comme Dieu lui-même. « Chacun de nous, dit Rousseau, met en commun sa personne et toute sa puissance sous la suprême direction de la volonté générale et nous recevons en corps chaque membre, comme partie indivisible du tout. »

Cette personne politique, devenue souveraine, est aussi définie comme personne divine. De la personne divine, elle a d'ailleurs tous les attributs. Elle est infaillible, en effet, le souverain ne pouvant vouloir l'abus. « Sous la loi de raison, rien ne se fait sans cause. » Elle est totalement libre, s'il est vrai que la liberté absolue est la liberté à l'égard de soi-même. Rousseau déclare ainsi qu'il est contre la nature du corps politique que le souverain s'impose une loi qu'il ne puisse enfreindre. Elle est aussi inaliénable, indivisible et, pour finir, elle vise même à résoudre le grand problème théologique, la contradiction entre la toute-puissance et l'innocence divine. La volonté générale contraint en effet; sa puissance est sans bornes. Mais le châtiment qu'elle imposera à celui qui refuse de lui obéir n'est rien d'autre qu'une manière de le « forcer à être libre ». La déification est achevée lorsque Rousseau, détachant le souverain de ses origines mêmes, en arrive à distinguer la volonté générale de la volonté de tous. Cela peut se déduire logiquement des prémisses de Rousseau. Si l'homme est naturellement bon, si la nature en lui s'identifie avec la raison*, il exprimera l'excellence de la raison, à la seule condition qu'il s'exprime librement et naturellement. Il ne peut donc plus revenir sur sa décision, qui plane désormais au-dessus de lui. La volonté générale est d'abord l'expression de la raison universelle, qui est catégorique. Le nouveau Dieu est né.

Voilà pourquoi les mots que l'on retrouve le plus souvent dans *le Contrat social* sont les mots « absolu », « sacré », « inviolable ». Le corps politique ainsi défini, dont la loi est commandement sacré, n'est qu'un produit de remplacement du corps mystique de la chrétienté temporelle. *Le Contrat social* s'achève d'ailleurs dans la description d'une religion civile et fait de Rousseau un précurseur des sociétés contemporaines, qui excluent non seulement l'opposition, mais encore la neutralité. Le premier, en effet, dans les temps modernes, Rousseau institue la profession de foi civile. Le premier, il justifie la peine de mort dans une société civile et la soumission absolue du sujet à la royauté du souverain. « C'est pour n'être pas la victime d'un assassin qu'on consent à mourir si on le devient. » Curieuse justification, mais qui établit fermement qu'il faut savoir mourir si le souverain l'ordonne et qu'on doit, s'il le faut, lui donner raison contre soi-même. Cette notion mystique justifie le silence de Saint-Just depuis son arrestation jusqu'à l'échafaud. Convenablement développée, aussi bien, elle expliquera les accusés enthousiastes des procès staliniens.

Nous sommes ici à l'aube d'une religion avec ses martyrs, ses ascètes et ses saints. Pour bien juger de l'influence prise par cet évangile, il faut avoir une idée du ton inspiré des proclamations de 1789. Fauchet, devant les ossements mis au jour dans la Bastille, s'écrie : « Le jour de la révélation est arrivé... Les os se sont levés à la voix de la liberté française ; ils déposent contre les siècles de l'oppression et de la mort, prophétisent la régénération de la nature humaine et de la vie des nations. » Il vaticine alors : « Nous avons atteint le milieu des temps. Les tyrans sont mûrs. » C'est le moment de la foi émerveillée et généreuse, celui où un peuple admirable

---

* Toute idéologie se constitue contre la psychologie.

renverse à Versailles l'échafaud et la roue*. Les échafauds apparaissent comme les autels de la religion et de l'injustice. La nouvelle foi ne peut les tolérer. Mais un moment arrive où la foi, si elle devient dogmatique, érige ses propres autels et exige l'adoration inconditionnelle. Alors les échafauds reparaissent et malgré les autels, la liberté, les serments et les fêtes de la Raison, les messes de la nouvelle foi devront se célébrer dans le sang. Dans tous les cas, pour que 1789 marque le début du règne de « l'humanité sainte** » et de « Notre-Seigneur genre humain*** », il faut que disparaisse d'abord le souverain déchu. Le meurtre du roi-prêtre va sanctionner le nouvel âge, qui dure encore[1].

LA MISE À MORT DU ROI

Saint-Just a fait entrer dans l'histoire les idées de Rousseau. Au procès du roi, l'essentiel de sa démonstration consiste à dire que le roi n'est pas inviolable et doit être jugé par l'assemblée, non par un tribunal. Quant à ses arguments, il les doit à Rousseau. Un tribunal ne peut être juge entre le roi et le souverain. La volonté générale ne peut être citée devant des juges ordinaires. Elle est au-dessus de toutes choses. L'inviolabilité et la transcendance de cette volonté sont donc proclamées. On sait que le grand thème du procès était au contraire l'inviolabilité de la personne royale. La lutte entre la grâce et la justice trouve son illustration la plus provocante en 1793 où s'opposent alors, jusqu'à la mort, deux conceptions de la transcendance[2]. Au reste, Saint-Just aperçoit parfaitement la grandeur de l'enjeu : « L'esprit avec lequel on jugera le roi sera le même que celui avec lequel on établira la République. »

Le fameux discours de Saint-Just a ainsi tous les airs d'une étude théologique. « Louis étranger parmi

---

* Même idylle en Russie, en 1905, où le Soviet de Saint-Pétersbourg défile avec des pancartes demandant l'abolition de la peine de mort, et en 1917.
** Vergniaud.
*** Anacharsis Cloots.

nous », voilà la thèse de l'adolescent accusateur. Si un contrat, naturel ou civil, pouvait encore lier le roi et son peuple, il y aurait obligation mutuelle ; la volonté du peuple ne pourrait s'ériger en juge absolu pour prononcer le jugement absolu. Il s'agit donc de démontrer qu'aucun rapport ne lie le peuple et le roi. Pour prouver que le peuple est en lui-même la vérité éternelle, il faut montrer que la royauté est en elle-même crime éternel. Saint-Just pose donc en axiome que tout roi est rebelle ou usurpateur. Il est rebelle contre le peuple dont il usurpe la souveraineté absolue. La monarchie n'est point un roi, « elle est le crime ». Non pas un crime, mais le crime, dit Saint-Just, c'est-à-dire la profanation absolue. C'est le sens précis, et extrême en même temps, du mot de Saint-Just dont on a trop étendu la signification* : « Nul ne peut régner innocemment. » Tout roi est coupable et par le fait qu'un homme se veut roi, le voilà voué à la mort. Saint-Just dit exactement la même chose lorsqu'il démontre ensuite que la souveraineté du peuple est « chose sacrée ». Les citoyens sont entre eux inviolables et sacrés et ne peuvent se contraindre que par la loi, expression de leur volonté commune. Louis, seul, ne bénéficie pas de cette inviolabilité particulière et du secours de la loi, car il est placé hors du contrat. Il n'est point partie de la volonté générale, étant au contraire, par son existence même, blasphémateur de cette volonté toute-puissante. Il n'est pas « citoyen », seule manière de participer à la jeune divinité. « Qu'est-ce qu'un roi près d'un Français ? » Il doit donc être jugé et seulement cela.

Mais qui interprétera cette volonté et prononcera le jugement ? L'Assemblée, qui détient par ses origines une délégation de cette volonté et qui participe, concile inspiré, de la nouvelle divinité. Fera-t-on ensuite ratifier le jugement par le peuple ? On sait que l'effort des monarchistes à l'Assemblée finit par porter sur ce point. La vie du roi pouvait ainsi être soustraite à la logique des juristes-bourgeois pour être confiée, du moins, aux passions spontanées et aux compassions du peuple. Mais

---

* Ou du moins dont on a anticipé la signification. Quand Saint-Just prononce ce mot, il ne sait pas encore qu'il parle déjà pour lui-même.

Saint-Just, ici encore, pousse sa logique au bout et se sert de l'opposition inventée par Rousseau entre la volonté générale et la volonté de tous. Quand tous pardonneraient, la volonté générale ne le peut pas. Le peuple même ne peut effacer le crime de tyrannie. La victime, en droit, ne peut-elle retirer sa plainte ? Nous ne sommes pas en droit, nous sommes en théologie. Le crime du roi est en même temps péché contre l'ordre suprême. Un crime se commet, puis se pardonne, se punit ou s'oublie. Mais le crime de royauté est permanent, il est lié à la personne du roi, à son existence. Le Christ lui-même, s'il peut pardonner aux coupables, ne peut absoudre les faux dieux. Ils doivent disparaître ou vaincre. Le peuple, s'il pardonne aujourd'hui, retrouvera demain le crime intact, même si le criminel dort dans la paix des prisons. Il n'y a donc qu'une seule issue : « Venger le meurtre du peuple par la mort du roi. »

Le discours de Saint-Just ne vise qu'à fermer, une à une, toutes les issues au roi, sauf celle qui mène à l'échafaud. Si les prémisses du *Contrat social* sont acceptées, en effet, cet exemple est logiquement inévitable. Après lui, enfin, « les rois fuiront dans le désert et la nature reprendra ses droits ». La Convention eut beau voter une réserve et dire qu'elle ne préjugeait pas si elle jugeait Louis XVI ou si elle prononçait une mesure de sûreté. Elle se dérobait alors devant ses propres principes et tentait de camoufler, par une hypocrisie choquante, sa véritable entreprise qui était de fonder le nouvel absolutisme. Jacques Roux[1], du moins, était dans la vérité du moment en appelant le roi Louis le dernier, marquant ainsi que la vraie révolution, déjà faite au niveau de l'économie, s'accomplissait alors à celui de la philosophie et qu'elle était un crépuscule des dieux. La théocratie a été attaquée en 1789 dans son principe, et tuée en 1793 dans son incarnation. Brissot a raison de dire : « Le monument le plus ferme de notre révolution est la philosophie*. »

Le 21 janvier, avec le meurtre du roi-prêtre, s'achève ce qu'on a appelé significativement la passion de Louis XVI. Certes, c'est un répugnant scandale d'avoir présenté comme un grand moment de notre histoire l'assassinat

---

* La Vendée, guerre religieuse, lui donne encore raison.

public d'un homme faible et bon. Cet échafaud ne marque pas un sommet, il s'en faut. Il reste au moins que, par ses attendus et ses conséquences, le jugement du roi est à la charnière de notre histoire contemporaine. Il symbolise la désacralisation de cette histoire et la désincarnation du dieu chrétien. Dieu jusqu'ici se mêlait à l'histoire par les rois. Mais on tue son représentant historique, il n'y a plus de roi. Il n'y a donc plus qu'une apparence de Dieu relégué dans le ciel des principes*.

Les révolutionnaires peuvent se réclamer de l'Évangile. En fait, ils portent au christianisme un coup terrible dont il ne s'est pas encore relevé. Il semble vraiment que l'exécution du roi, suivie, on le sait, de scènes convulsives de suicides ou de folie, s'est déroulée tout entière dans la conscience de ce qui s'accomplissait. Louis XVI semble avoir, parfois, douté de son droit divin, quoiqu'il ait refusé systématiquement tous les projets de loi qui portaient atteinte à sa foi. Mais à partir du moment où il soupçonne ou connaît son sort, il semble s'identifier, son langage le montre, à sa mission divine, pour qu'il soit bien dit que l'attentat contre sa personne vise le roi-christ, l'incarnation divine, et non la chair effrayée de l'homme. Son livre de chevet, au Temple, est *l'Imitation*. La douceur, la perfection que cet homme, de sensibilité pourtant moyenne, apporte à ses derniers moments, ses remarques indifférentes sur tout ce qui est du monde extérieur et, pour finir, sa brève défaillance sur l'échafaud solitaire, devant ce terrible tambour qui couvrait sa voix, si loin de ce peuple dont il espérait se faire entendre, tout cela laisse imaginer que ce n'est pas Capet qui meurt, mais Louis de droit divin, et avec lui, d'une certaine manière, la chrétienté temporelle. Pour mieux affirmer encore ce lien sacré, son confesseur le soutient dans sa défaillance en lui rappelant sa « ressemblance » avec le dieu de douleur. Et Louis XVI alors se reprend, en reprenant le langage de ce dieu : « Je boirai, dit-il, le calice jusqu'à la lie. » Puis il se laisse aller, frémissant, aux mains ignobles du bourreau.

---

* Ce sera le dieu de Kant, Jacobi et Fichte.

LA RELIGION DE LA VERTU

Mais la religion qui exécute ainsi le vieux souverain doit bâtir maintenant la puissance du nouveau; elle ferme l'église, ce qui la conduit à essayer de bâtir un temple. Le sang des dieux, qui éclabousse une seconde le prêtre de Louis XVI, annonce un nouveau baptême. Joseph de Maistre qualifiait la Révolution de satanique. On voit pourquoi, et dans quel sens. Michelet, cependant, était plus près de la vérité en l'appelant un purgatoire. Dans ce tunnel, une époque s'engage aveuglément pour découvrir une nouvelle lumière, un nouveau bonheur, et la face du vrai dieu. Mais quel sera ce nouveau dieu? Demandons-le encore à Saint-Just.

1789 n'affirme pas encore la divinité de l'homme, mais celle du peuple, dans la mesure où sa volonté coïncide avec celle de la nature et de la raison. Si la volonté générale s'exprime librement, elle ne peut être que l'expression universelle de la raison. Si le peuple est libre, il est infaillible. Le roi mort, les chaînes du vieux despotisme dénouées, le peuple va donc exprimer ce qui, de tout temps et en tous lieux, est, a été, et sera la vérité. Il est l'oracle qu'il faut consulter pour savoir ce qu'exige l'ordre éternel du monde. *Vox populi, vox naturae.* Des principes éternels commandent notre conduite : la Vérité, la Justice, la Raison enfin. C'est là le nouveau dieu. L'Être suprême que des cohortes de jeunes filles viennent adorer en fêtant la Raison n'est que l'ancien dieu, désincarné, coupé brusquement de toute attache avec la terre et renvoyé, tel un ballon, dans le ciel vide des grands principes. Privé de ses représentants, de tout intercesseur, le dieu des philosophes et des avocats n'a que la valeur d'une démonstration. Il est bien faible, en vérité, et l'on comprend que Rousseau, qui prêchait la tolérance, ait cru cependant qu'il fallait condamner les athées à mort. Pour adorer longtemps un théorème, la foi ne suffit pas, il faut encore une police. Mais cela ne devait venir que plus tard. En 1793, la nouvelle foi est encore intacte et il suffira, si l'on en croit Saint-Just, de gouverner selon la raison. L'art de gouverner, d'après lui, n'a produit que des monstres parce que, jusqu'à lui, on n'a pas voulu gouverner selon la nature. Le temps des monstres est fini avec celui de la violence. « Le cœur humain marche de la nature à la violence, de la violence à la morale. » La morale n'est donc qu'une nature enfin recouvrée après des siècles d'aliénation. Que l'on donne seulement à l'homme des lois « selon la nature et son cœur », il cessera d'être malheureux et corrompu. Le suffrage universel, fondement des nouvelles lois, doit amener forcément une morale universelle. « Notre but est de créer un ordre de choses tel qu'une pente universelle vers le bien s'établisse. »

La religion de la raison établit tout naturellement la république des lois. La volonté générale s'exprime en lois codifiées par ses représentants. « Le peuple fait la révolution, le législateur fait la république. » Les institutions « immortelles, impassibles et à l'abri de la témérité des hommes » régiront, à leur tour, la vie de tous dans un accord universel et sans contradiction possible puisque tous, obéissant aux lois, n'obéissent qu'à eux-mêmes. « Hors des lois, dit Saint-Just, tout est stérile et mort. » C'est la république romaine, formelle et légaliste. On sait la passion de Saint-Just et de ses contemporains pour l'antiquité romaine. Le jeune homme décadent qui, à Reims, passait des heures, volets fermés, dans une chambre à tentures noires, ornées de larmes blanches, rêvait de la république spartiate. L'auteur d'*Organt,* long et licencieux poème, ressentait d'autant plus le besoin de frugalité et de vertu. Dans ses institutions, Saint-Just refusait la viande à l'enfant jusqu'à l'âge de seize ans, et rêvait d'une nation végétarienne et révolutionnaire. « Le monde est vide depuis les Romains », s'écriait-il. Mais des temps héroïques s'annonçaient, Caton, Brutus, Scaevola redevenaient possibles. La rhétorique des moralistes latins refleurissait. « Vice, vertu, corruption », ces termes reviennent constamment dans la rhétorique du temps et, plus encore, dans les discours de Saint-Just qu'ils alourdissent sans cesse. La raison en est simple. Ce bel édifice, Montesquieu l'avait déjà vu, ne pouvait se passer de la vertu. La Révolution française, en prétendant bâtir l'histoire sur un principe de pureté absolue, ouvre les temps modernes en même temps que l'ère de la morale formelle.

Qu'est-ce que la vertu, en effet ? Pour le philosophe

bourgeois d'alors, c'est la conformité à la nature* et, en politique, la conformité à la loi qui exprime la volonté générale. « La morale, dit Saint-Just, est plus forte que les tyrans. » Elle vient en effet de tuer Louis XVI. Toute désobéissance à la loi ne vient donc pas d'une imperfection, supposée impossible, de cette loi, mais d'un manque de vertu chez le citoyen réfractaire. C'est pourquoi la république n'est pas seulement un sénat, comme le dit fortement Saint-Just, elle est la vertu. Chaque corruption morale est en même temps corruption politique, et réciproquement. Venu de la doctrine elle-même, un principe de répression infinie s'installe alors. Saint-Just était sans doute sincère dans son désir d'idylle universelle. Il a vraiment rêvé d'une république d'ascètes, d'une humanité réconciliée et abandonnée aux chastes jeux de l'innocence première, sous la garde de ces sages vieillards qu'il décorait d'avance d'une écharpe tricolore et d'un panache blanc. On sait aussi que, dès le début de la Révolution, Saint-Just se prononçait, en même temps que Robespierre, contre la peine de mort. Il demandait seulement que les meurtriers fussent vêtus de noir tout le temps de leur vie. Il voulait une justice qui ne cherchât pas « à trouver l'accusé coupable, mais à le trouver faible », et ceci est admirable. Il rêvait aussi d'une république du pardon qui reconnût que si l'arbre du crime était dur, la racine en était tendre. Un de ses cris au moins vient du cœur et ne se laisse pas oublier : « C'est une chose affreuse de tourmenter le peuple. » Oui, cela est affreux. Mais un cœur peut le sentir et se soumettre pourtant à des principes qui supposent, pour finir, le tourment du peuple.

La morale, quand elle est formelle, dévore. Pour paraphraser Saint-Just, nul n'est vertueux innocemment. À partir du moment où les lois ne font pas régner la concorde, où l'unité que les principes devaient créer se disloque, qui est coupable ? Les factions. Qui sont les factieux ? Ceux qui nient par leur activité même l'unité nécessaire. La faction divise le souverain. Elle est donc blasphématrice et criminelle. Il faut la combattre, et elle

---

* Mais la nature, telle qu'on la rencontre chez Bernardin de Saint-Pierre, est elle-même conforme à une vertu préétablie. La nature aussi est un principe abstrait.

seule. Mais s'il y a beaucoup de factions ? Toutes seront combattues, sans rémission. Saint-Just s'écrie : « Ou les vertus ou la Terreur. » Il faut bronzer la liberté et le projet de constitution à la Convention mentionne alors la peine de mort. La vertu absolue est impossible, la république du pardon amène par une logique implacable la république des guillotines. Montesquieu avait déjà dénoncé cette logique comme l'une des causes de la décadence des sociétés, disant que l'abus de pouvoir est plus grand lorsque les lois ne le prévoient pas. La loi pure de Saint-Just n'avait pas tenu compte de cette vérité, vieille comme l'histoire elle-même, que la loi, dans son essence, est vouée à être violée.

LA TERREUR

Saint-Just, contemporain de Sade, aboutit à la justification du crime, bien qu'il parte de principes différents. Saint-Just, sans doute, est l'anti-Sade. Si la formule du marquis pouvait être : « Ouvrez les prisons ou prouvez votre vertu », celle du conventionnel serait : « Prouvez votre vertu ou entrez dans les prisons. » Tous deux pourtant légitiment un terrorisme, individuel chez le libertin, étatique chez le prêtre de la vertu. Le bien absolu ou le mal absolu, si l'on y met la logique qu'il faut, exigent la même fureur. Certes, il y a de l'ambiguïté dans le cas de Saint-Just. La lettre, qu'il écrivit à Vilain d'Aubigny, en 1792, a quelque chose d'insensé. Cette profession de foi d'un persécuté persécuteur se termine par un aveu convulsé : « Si Brutus ne tue point les autres, il se tuera lui-même. » Un personnage si obstinément grave, si volontairement froid, logique, imperturbable, laisse imaginer tous les déséquilibres et tous les désordres. Saint-Just a inventé la sorte de sérieux qui fait de l'histoire des deux derniers siècles un si ennuyeux roman noir. « Celui qui plaisante à la tête du gouvernement, dit-il, tend à la tyrannie. » Maxime étonnante, surtout si l'on songe de quoi se payait alors la simple accusation de tyrannie, et qui prépare en tout cas le temps des Césars pédants. Saint-Just donne l'exemple; son ton même est définitif. Cette cascade d'affirmations péremptoires, ce style axiomatique et sentencieux, le peignent mieux que les portraits les plus fidèles. Les sentences ronronnent, comme la sagesse même de la nation, les définitions, qui font la science, se succèdent comme des commandements froids et clairs. « Les principes doivent être modérés, les lois implacables, les peines sans retour. » C'est le style guillotine.

Un tel endurcissement dans la logique suppose cependant une passion profonde. Là comme ailleurs, nous retrouvons la passion de l'unité. Toute révolte suppose une unité. Celle de 1789 exige l'unité de la patrie. Saint-Just rêve de la cité idéale où les mœurs, enfin conformes aux lois, feront éclater l'innocence de l'homme et l'identité de sa nature avec la raison. Et si les factions viennent à entraver ce rêve, la passion va exagérer sa logique. On n'imaginera pas alors que, puisque les factions existent, les principes ont peut-être tort. Les factions seront criminelles parce que les principes restent intangibles. « Il est temps que tout le monde retourne à la morale et l'aristocratie à la Terreur. » Mais les factions aristocrates ne sont pas les seules, on doit compter avec les républicaines, et avec tous ceux, en général, qui critiquent l'action de la Législative et de la Convention. Ceux-là aussi sont coupables puisqu'ils menacent l'unité. Saint-Just proclame alors le grand principe des tyrannies du xxe siècle : « Un patriote est celui qui soutient la république en masse ; quiconque la combat en détail est un traître. » Qui critique est un traître, qui ne soutient pas ostensiblement la république est un suspect. Quand la raison ni la libre expression des individus ne parviennent à fonder systématiquement l'unité, il faut se résoudre à retrancher les corps étrangers. Le couperet devient ainsi raisonneur, sa fonction est de réfuter. « Un fripon que le tribunal a condamné à mort dit qu'il veut résister à l'oppression parce qu'il veut résister à l'échafaud ! » Cette indignation de Saint-Just se comprend mal puisqu'en somme, jusqu'à lui, l'échafaud n'était justement que l'un des symboles les plus évidents de l'oppression. Mais à l'intérieur de ce délire logique, au bout de cette morale de vertu, l'échafaud est liberté. Il assure l'unité rationnelle, l'harmonie de la cité. Il épure, le mot est juste, la république, élimine les malfaçons qui viennent contredire la volonté générale et la raison universelle. « On me conteste le titre de philanthrope, s'écrie Marat, dans un tout autre style. Ah! quelle injustice! Qui ne voit que je veux couper un petit nombre de têtes pour en sauver un grand nombre? » Un petit nombre, une faction? Sans doute, et toute action historique est à ce prix. Mais Marat, faisant ses derniers calculs, réclamait deux cent soixante-treize mille têtes. Mais il compromettait l'aspect thérapeutique de l'opération en hurlant au massacre : « Marquez-les d'un fer chaud, coupez-leur les pouces, fendez-leur la langue. » Le philanthrope écrivait ainsi dans le vocabulaire le plus monotone qui soit, jour et nuit, sur la nécessité de tuer pour créer. Il écrivait encore dans les nuits de septembre, au fond de sa cave, à la lueur d'une chandelle, pendant que les massacreurs installaient dans la cour de nos prisons les bancs des spectateurs, les hommes à droite, les femmes à gauche, pour leur donner, en gracieux exemple de philanthropie, l'égorgement de nos aristocrates.

Ne mêlons point, fût-ce une seconde, la personne[1] grandiose d'un Saint-Just au triste Marat, singe de Rousseau, comme dit justement Michelet. Mais le drame de Saint-Just est d'avoir, pour des raisons supérieures, et par une exigence plus profonde, fait chœur, par moments, avec Marat. Les factions s'ajoutent aux factions, les minorités aux minorités, il n'est pas sûr enfin que l'échafaud fonctionne au service de la volonté de tous. Saint-Just affirmera du moins, et jusqu'au bout, qu'il fonctionne pour la volonté générale, puisqu'il fonctionne pour la vertu. « Une révolution comme la nôtre n'est pas un procès, mais un coup de tonnerre sur les méchants. » Le bien foudroie, l'innocence se fait éclair et éclair justicier. Même les jouisseurs, surtout eux, sont contre-révolutionnaires. Saint-Just, qui a dit que l'idée du bonheur était neuve en Europe (à vrai dire, elle était neuve surtout pour Saint-Just, qui arrêtait l'histoire à Brutus), s'aperçoit que certains ont une « idée affreuse du bonheur et le confondent avec le plaisir ». Contre eux aussi, il faut sévir. À la fin, il n'est plus question de majorité ni de minorité. Le paradis perdu et toujours convoité de l'innocence universelle s'éloigne; sur la terre malheureuse, pleine des cris de la guerre civile et nationale, Saint-Just décrète, contre lui-même et ses principes, que tout le monde est coupable quand la patrie est menacée. La série de rapports sur les factions de l'étranger, la loi du 22 prairial, le discours du 15 avril 1794 sur la nécessité de la police, marquent les étapes de cette conversion. L'homme qui, avec tant de grandeur, tenait pour infamie de déposer les armes tant qu'il existerait, quelque part, un maître et un esclave, est le même qui devait accepter de garder la Constitution de 1793 en suspens et d'exercer l'arbitraire. Dans le discours qu'il fit pour défendre Robespierre, il nie la renommée et la survie et ne se réfère qu'à une providence abstraite. Il reconnaissait, du même coup, que la vertu, dont il faisait religion, n'avait d'autre récompense que l'histoire et le présent, et qu'elle devait, à tout prix, fonder son propre règne. Il n'aimait pas le pouvoir « cruel et méchant », et qui, disait-il, « sans la règle, marchait à l'oppression ». Mais la règle était la vertu et venait du peuple. Le peuple défaillant, la règle s'obscurcissait, l'oppression grandissait. Le peuple alors était coupable, non le pouvoir, dont le principe devait être innocent. Une contradiction si extrême et si sanglante ne pouvait se résoudre que par une logique encore plus extrême et l'acceptation dernière des principes, dans le silence et dans la mort. Saint-Just, du moins, est resté au niveau de cette exigence. Là enfin, il devait trouver sa grandeur, et cette vie indépendante dans les siècles et dans les cieux dont il a parlé avec tant d'émotion.

Depuis longtemps, il avait en effet pressenti que son exigence supposait de sa part un don total et sans réserves, disant lui-même que ceux qui font les révolutions dans le monde, « ceux qui font le bien », ne peuvent dormir que dans le tombeau. Assuré que ses principes, pour triompher, devaient culminer dans la vertu et le bonheur de son peuple, apercevant peut-être qu'il demandait l'impossible, il s'était d'avance fermé la retraite en déclarant publiquement qu'il se poignarderait le jour où il désespérerait de ce peuple. Le voici qui désespère, pourtant, puisqu'il doute de la terreur elle-même. « La révolution est glacée, tous les principes sont affaiblis; il ne reste que des bonnets rouges portés par l'intrigue. L'exercice de la terreur a blasé le crime comme les liqueurs fortes blasent le palais. » La vertu même « s'unit au crime dans les temps d'anarchie ». Il avait dit que tous les crimes venaient de la tyrannie qui était le premier de tous et, devant l'obstination inlassable du crime, la Révolution elle-même courait à la tyrannie et devenait criminelle. On ne peut donc réduire le crime, ni les factions, ni l'affreux esprit de jouissance ; il faut désespérer de ce peuple et le subjuguer. Mais on ne peut non plus gouverner innocemment. Il faut donc souffrir le mal ou le servir, admettre que les principes ont tort ou reconnaître que le peuple et les hommes sont coupables. Alors la mystérieuse et belle figure de Saint-Just se détourne : « Ce serait quitter peu de chose qu'une vie dans laquelle il faudrait être le complice ou le témoin muet du mal. » Brutus, qui devait se tuer s'il ne tuait point les autres, commence par tuer les autres. Mais les autres sont trop, on ne peut tout tuer. Il faut alors mourir, et démontrer une fois de plus que la révolte, lorsqu'elle est déréglée, oscille de l'anéantissement des autres à la destruction de soi. Cette tâche, du moins, est facile ; il suffit encore une fois de suivre la logique jusqu'au bout. Dans le discours pour la défense de Robespierre, peu avant sa mort, Saint-Just réaffirme le grand principe de son action qui est celui-là même qui va le condamner : « Je ne suis d'aucune faction, je les combattrai toutes. » Il reconnaissait alors, et d'avance, la décision de la volonté générale, c'est-à-dire de l'Assemblée. Il acceptait de marcher à la mort pour l'amour des principes et contre toute réalité, puisque l'opinion de l'Assemblée ne pouvait être emportée, justement, que par l'éloquence et le fanatisme d'une faction. Mais quoi ! quand les principes défaillent, les hommes n'ont qu'une manière de les sauver, et de sauver leur foi, qui est de mourir pour eux. Dans la chaleur étouffante du Paris de juillet, Saint-Just, refusant ostensiblement la réalité et le monde, confesse qu'il remet sa vie à la décision des principes. Ceci dit, il semble apercevoir fugitivement une autre vérité, finissant sur une dénonciation modérée de Billaud-Varenne et de Collot d'Herbois. « Je désire qu'ils se justifient et que nous devenions plus sages. » Le style et la guillotine sont ici suspendus un instant. Mais la vertu n'est pas la sagesse, ayant trop d'orgueil. La guillotine va redescendre sur cette tête belle et froide comme la morale[1]. À partir du moment où l'Assemblée le condamne, jusqu'au moment où il tend sa nuque au couperet, Saint-Just se tait. Ce long silence est plus important que la mort elle-même. Il s'était plaint que le silence régnât autour des trônes et c'est pourquoi il avait voulu tant et si bien parler. Mais à la fin, méprisant et la tyrannie et l'énigme d'un peuple[1] qui ne se conforme pas à la Raison pure, il retourne lui-même au silence. Ses principes ne peuvent s'accorder à ce qui est, les choses ne sont pas ce qu'elles devraient être ; les principes sont donc seuls, muets et fixes. S'abandonner à eux, c'est mourir, en vérité, et c'est mourir d'un amour impossible qui est le contraire de l'amour. Saint-Just meurt et, avec lui, l'espérance d'une nouvelle religion.

« Toutes les pierres sont taillées pour l'édifice de la liberté, disait Saint-Just ; vous lui pouvez bâtir un temple ou un tombeau des mêmes pierres. » Les principes mêmes du *Contrat social* ont présidé à l'élévation du tombeau que Napoléon Bonaparte est venu sceller. Rousseau, qui ne manquait pas de bon sens, avait bien vu que la société du *Contrat* ne convenait qu'à des dieux. Ses successeurs l'ont pris au mot et ont tâché de fonder la divinité de l'homme. Le drapeau rouge, symbole de la loi martiale, donc de l'exécutif, sous l'ancien régime, devient symbole révolutionnaire le 10 août 1792. Transfert significatif que Jaurès commente ainsi : « C'est nous le peuple qui sommes le droit... Nous ne sommes pas des révoltés. Les révoltés sont aux Tuileries. » Mais on ne devient pas dieu si facilement. Les anciens dieux même ne meurent pas du premier coup, et les révolutions du XIXe siècle devront achever la liquidation du principe divin. Paris se soulève alors pour ramener le roi sous la loi du peuple et pour l'empêcher de restaurer une autorité de principe. Ce cadavre que les insurgés de 1830 traînèrent à travers les salles des Tuileries et installèrent sur le trône pour lui rendre des honneurs dérisoires n'a pas d'autre signification. Le roi peut être encore à cette époque un chargé d'affaires respecté, mais sa délégation lui vient maintenant de la nation, sa règle est la Charte. Il n'est plus Majesté. L'ancien régime disparaissant alors définitivement en France, il faut encore, après 1848, que le nouveau se raffermisse et l'histoire du XIXe siècle jusqu'à 1914 est celle de la restauration des souverainetés populaires contre les monarchies d'ancien régime, l'histoire du principe des nationalités. Ce principe triomphe en 1919 qui voit la disparition de tous les absolutismes d'ancien régime en Europe*. Partout, la souveraineté de la nation se substitue, en droit et en raison, au souverain roi[1]. Alors seulement peuvent apparaître les conséquences des principes de 89. Nous autres vivants sommes les premiers à pouvoir en juger clairement.

Les Jacobins ont durci les principes moraux éternels dans la mesure même où ils venaient de supprimer ce qui soutenait jusque-là ces principes. Prêcheurs d'évangile, ils ont voulu fonder la fraternité sur le droit abstrait des Romains. Aux commandements divins, ils ont substitué la loi dont ils supposaient qu'elle devait être reconnue par tous, puisqu'elle était l'expression de la volonté générale. La loi trouvait sa justification dans la vertu naturelle et la justifiait à son tour. Mais dès l'instant où une seule faction se manifeste, le raisonnement s'écroule et on s'aperçoit que la vertu a besoin de justification pour n'être point abstraite. Du même coup, les juristes bourgeois du XVIIIe siècle, en écrasant sous leurs principes les justes et vivantes conquêtes de leur peuple, ont préparé les deux nihilismes contemporains : celui de l'individu et celui de l'État.

La loi peut régner, en effet, tant qu'elle est la loi de la Raison universelle**. Mais elle ne l'est jamais et sa justification se perd si l'homme n'est pas bon naturellement. Un jour vient où l'idéologie se heurte à la psychologie. Il n'y a plus alors de pouvoir légitime. La loi évolue donc jusqu'à se confondre avec le législateur et un nouveau bon plaisir. Où se tourner alors ? La voici déboussolée ; perdant de sa précision, elle devient de plus en plus imprécise jusqu'à faire crime de tout[2]. La loi règne toujours, mais elle n'a plus de bornes fixes. Saint-Just avait prévu cette tyrannie au nom du peuple silencieux. « Le crime adroit s'érigerait en une sorte de religion et les fripons seraient dans l'arche sacrée. » Mais cela est inévitable. Si les grands principes ne sont pas fondés, si la loi n'exprime rien qu'une disposition provi-

---

* Sauf la monarchie espagnole. Mais l'empire allemand s'effondre dont Guillaume II disait qu'il était « la marque que nous autres, Hohenzollern, nous tenons notre couronne du ciel seul, et que c'est au ciel seul que nous avons des comptes à rendre ».

** Hegel a bien vu que la philosophie des lumières a voulu délivrer l'homme de l'irrationnel. La raison rassemble les hommes que l'irrationnel divise.

soire, elle n'est plus faite que pour être tournée, ou pour être imposée. Sade ou la dictature, le terrorisme individuel ou le terrorisme d'État, tous deux justifiés par la même absence de justification, c'est, dès l'instant où la révolte se coupe de ses racines et se prive de toute morale concrète, l'une des alternatives du xxe siècle.

Le mouvement d'insurrection qui naît en 1789 ne peut pourtant s'arrêter là. Dieu n'est pas tout à fait mort pour les Jacobins, pas plus que pour les hommes du romantisme. Ils conservent encore l'Être suprême. La Raison, d'une certaine manière, est encore médiatrice. Elle suppose un ordre préexistant. Mais Dieu est du moins désincarné et réduit à l'existence théorique d'un principe moral. La bourgeoisie n'a régné pendant tout le xixe siècle qu'en se référant à ces principes abstraits[1]. Simplement, moins digne que Saint-Just, elle a usé de cette référence comme d'un alibi, pratiquant, en toute occasion, les valeurs contraires. Par sa corruption essentielle et sa décourageante hypocrisie, elle a aidé ainsi à discréditer définitivement les principes dont elle se réclamait. Sa culpabilité, à cet égard, est infinie. Dès l'instant où les principes éternels seront mis en doute en même temps que la vertu formelle, où toute valeur sera discréditée, la raison se mettra en mouvement, ne se référant plus à rien qu'à ses succès. Elle voudra régner, niant tout ce qui a été, affirmant tout ce qui sera. Elle deviendra conquérante. Le communisme russe, par sa critique violente de toute vertu formelle, achève l'œuvre révoltée du xixe siècle en niant tout principe supérieur. Aux régicides du xixe siècle succèdent les déicides du xxe siècle qui vont jusqu'au bout de la logique révoltée et veulent faire de la terre le royaume où l'homme sera dieu[2]. Le règne de l'histoire commence et, s'identifiant à sa seule histoire, l'homme, infidèle à sa vraie révolte, se vouera désormais aux révolutions nihilistes du xxe siècle qui, niant toute morale, cherchent désespérément l'unité du genre humain à travers une épuisante accumulation de crimes et de guerres. À la révolution jacobine qui essayait d'instituer la religion de la vertu, afin d'y fonder l'unité, succéderont les révolutions cyniques, qu'elles soient de droite ou de gauche, qui vont tenter de conquérir l'unité du monde pour fonder enfin la religion de l'homme. Tout ce qui était à Dieu sera désormais rendu à César.

LES DÉICIDES

La justice, la raison, la vérité brillaient encore au ciel jacobin; ces étoiles fixes pouvaient du moins servir de repères. La pensée allemande du XIXe siècle, et particulièrement Hegel, a voulu continuer l'œuvre de la Révolution française* en supprimant les causes de son échec. Hegel a cru discerner que la Terreur était contenue d'avance dans l'abstraction des principes jacobins. Selon lui, la liberté absolue et abstraite devait mener au terrorisme; le règne du droit abstrait coïncide avec celui de l'oppression. Hegel remarque, par exemple, que l'espace de temps qui va d'Auguste à Alexandre Sévère (235 après J.-C.) est celui de la plus grande science du droit, mais aussi celui de la tyrannie la plus implacable. Pour dépasser cette contradiction, il fallait donc vouloir une société concrète, vivifiée par un principe qui ne fût pas formel, où la liberté fût conciliée avec la nécessité. À la raison universelle, mais abstraite, de Saint-Just et Rousseau, la pensée allemande a donc fini par substituer une notion moins artificielle, mais aussi plus ambiguë, l'universel concret. La raison, jusqu'ici, planait au-dessus des phénomènes qui se rapportaient à elle. La voici désormais incorporée au fleuve des événements historiques, qu'elle éclaire en même temps qu'ils lui donnent un corps.

On peut dire assurément que Hegel a rationalisé jusqu'à l'irrationnel. Mais, en même temps, il donnait à la raison un frémissement déraisonnable, il y introduisait une démesure dont les résultats sont devant nos yeux. Dans la pensée fixe de son temps la pensée allemande a introduit tout d'un coup un mouvement irrésistible. La vérité, la raison et la justice se sont brusquement incarnées dans le devenir du monde. Mais, en les jetant dans une accélération perpétuelle, l'idéologie allemande confondait leur être avec leur mouvement et fixait

---

* Et de la Réforme, « révolution des Allemands » selon Hegel.

l'achèvement de cet être à la fin du devenir historique, s'il en était une. Ces valeurs ont cessé d'être des repères pour devenir des buts. Quant aux moyens d'atteindre ces buts, c'est-à-dire la vie et l'histoire, aucune valeur préexistante ne pouvait les guider. Au contraire, une grande partie de la démonstration hégélienne consiste à prouver que la conscience morale, dans sa banalité, celle qui obéit à la justice et à la vérité comme si ces valeurs existaient hors du monde, compromet, précisément, l'avènement de ces valeurs. La règle de l'action est donc devenue l'action elle-même qui doit se dérouler dans les ténèbres en attendant l'illumination finale. La raison, annexée par ce romantisme, n'est plus qu'une passion inflexible.

Les buts sont restés les mêmes, l'ambition seule a grandi; la pensée est devenue dynamique, la raison devenir et conquête. L'action n'est plus qu'un calcul en fonction des résultats, non des principes. Elle se confond, par conséquent, avec un mouvement perpétuel. De la même manière, toutes les disciplines, au XIXe siècle, se sont détournées de la fixité et de la classification qui caractérisaient la pensée du XVIIIe siècle. Comme Darwin a remplacé Linné, les philosophes de la dialectique incessante ont remplacé les harmonieux et stériles constructeurs de la raison. De ce moment date l'idée (hostile à toute la pensée antique qui, au contraire, se retrouvait en partie dans l'esprit révolutionnaire français) que l'homme n'a pas de nature humaine donnée une fois pour toutes, qu'il n'est pas une créature achevée, mais une aventure dont il peut être en partie le créateur. Avec Napoléon et Hegel, philosophe napoléonien, commencent les temps de l'efficacité. Jusqu'à Napoléon, les hommes ont découvert l'espace de l'univers, à partir de lui, le temps du monde et l'avenir. L'esprit révolté va s'en trouver profondément transformé.

Il est singulier en tout cas de trouver l'œuvre de Hegel à cette nouvelle étape de l'esprit de révolte. Dans un sens, en effet, toute son œuvre respire l'horreur de la dissidence : il a voulu être l'esprit de la réconciliation. Mais ce n'est qu'une des faces d'un système qui, par sa méthode, est le plus ambigu de la littérature philosophique. Dans la mesure où, pour lui, ce qui est réel est rationnel, il justifie toutes les entreprises de l'idéologue sur le réel. Ce qu'on a appelé le panlogisme de Hegel est une justification de l'état de fait[1]. Mais son pantragisme exalte aussi la destruction en elle-même. Tout est réconcilié sans doute dans la dialectique et l'on ne peut poser un extrême sans que l'autre surgisse; il y a dans Hegel, comme dans toute grande pensée, de quoi corriger Hegel. Mais les philosophes sont rarement lus avec la seule intelligence, souvent avec le cœur et ses passions qui, elles, ne réconcilient rien.

De Hegel, en tout cas, les révolutionnaires du XXe siècle ont tiré l'arsenal qui a détruit définitivement les principes formels de la vertu. Ils en ont gardé la vision d'une histoire sans transcendance, résumée à une contestation perpétuelle et à la lutte des volontés de puissance. Sous son aspect critique, le mouvement révolutionnaire de notre temps est d'abord une dénonciation violente de l'hypocrisie formelle qui préside à la société bourgeoise. La prétention, fondée en partie, du communisme moderne, comme celle, plus frivole, du fascisme, est de dénoncer la mystification qui pourrit la démocratie de type bourgeois, ses principes et ses vertus. La transcendance divine, jusqu'en 1789, servait à justifier l'arbitraire royal. Après la Révolution française, la transcendance des principes formels, raison ou justice, sert à justifier une domination qui n'est ni juste ni raisonnable. Cette transcendance est donc un masque qu'il faut arracher. Dieu est mort, mais comme l'avait prédit Stirner, il faut tuer la morale des principes où se retrouve encore le souvenir de Dieu. La haine de la vertu formelle, témoin dégradé de la divinité, faux témoin au service de l'injustice, est restée un des ressorts de l'histoire d'aujourd'hui. Rien n'est pur, ce cri convulse le siècle. L'impur, donc l'histoire, va devenir la règle et la terre déserte sera livrée à la force toute nue qui décidera ou non de la divinité de l'homme. On entre alors en mensonge et en violence comme on entre en religion, et du même mouvement pathétique.

Mais la première critique fondamentale de la bonne conscience, la dénonciation de la belle âme[2] et des attitudes inefficaces, nous la devons à Hegel pour qui l'idéologie du vrai, du beau et du bien est la religion de ceux qui n'en ont pas. Alors que l'existence des factions surprend Saint-Just, contrevient à l'ordre idéal qu'il affirme, Hegel non seulement n'est pas surpris, mais affirme au contraire que la faction est au début de l'esprit. Tout le monde est vertueux pour le Jacobin. Le mouvement qui part de Hegel, et qui triomphe aujourd'hui, suppose au contraire que personne ne l'est, mais que tout le monde le sera. Au commencement, tout est idylle selon Saint-Just, tout est tragédie selon Hegel. Mais à la fin, cela revient au même. Il faut détruire ceux qui détruisent l'idylle ou détruire pour créer l'idylle. La violence recouvre tout, dans les deux cas. Le dépassement de la Terreur, entrepris par Hegel, aboutit seulement à un élargissement de la Terreur.

Ce n'est pas tout. Le monde d'aujourd'hui ne peut plus être, apparemment, qu'un monde de maîtres et d'esclaves parce que les idéologies contemporaines, celles qui modifient la face du monde, ont appris de Hegel à penser l'histoire en fonction de la dialectique maîtrise et servitude. Si, sous le ciel désert, au premier matin du monde, il n'y a qu'un maître et un esclave ; si même, du dieu transcendant aux hommes, il n'y a qu'un lien de maître à esclave, il ne peut y avoir d'autre loi au monde que celle de la force. Seuls un dieu ou un principe au-dessus du maître et de l'esclave pouvaient s'interposer jusque-là et faire que l'histoire des hommes ne se résume pas seulement à l'histoire de leurs victoires ou de leurs défaites. L'effort de Hegel, puis des hégéliens, a été au contraire de détruire de plus en plus toute transcendance et toute nostalgie de la transcendance. Bien qu'il y ait infiniment plus chez Hegel que chez les hégéliens de gauche qui, finalement, ont triomphé de lui, il fournit cependant, au niveau de la dialectique du maître et de l'esclave, la justification décisive de l'esprit de puissance au XXe siècle. Le vainqueur a toujours raison, c'est là une des leçons que l'on peut tirer du plus grand système allemand du XIXe siècle. Bien entendu, il y a dans le prodigieux édifice hégélien de quoi contredire, en partie, ces données. Mais l'idéologie du XXe siècle ne se rattache pas à ce qu'on appelle improprement l'idéalisme du maître d'Iéna. Le visage de Hegel, qui réapparaît dans le communisme russe, a été remodelé successivement par David Strauss, Bruno Bauer, Feuerbach, Marx et toute la gauche hégélienne. Lui seul nous intéresse ici, puisque lui seul a pesé sur l'histoire de notre temps. Si Nietzsche et Hegel servent d'alibis aux maîtres de Dachau et de Karaganda*, cela ne condamne pas toute leur philosophie. Mais cela laisse soupçonner qu'un aspect de leurs pensées, ou de leur logique, pouvait mener à ces terribles confins[2].

Le nihilisme nietzschéen est méthodique. *La Phénoménologie de l'esprit* a aussi un caractère pédagogique. À la charnière de deux siècles, elle décrit, dans ses étapes, l'éducation de la conscience, cheminant vers la vérité absolue. C'est un *Émile* métaphysique**. Chaque étape est une erreur et d'ailleurs s'accompagne de sanctions historiques presque toujours fatales, soit à la conscience, soit à la civilisation où elle se reflète. Hegel se propose de montrer la nécessité de ces étapes douloureuses. *La Phénoménologie* est, sous un de ses aspects, une méditation sur le désespoir et la mort. Simplement, ce désespoir se veut méthodique puisqu'il doit se transfigurer à la fin de l'histoire dans la satisfaction et la sagesse absolues. Cette pédagogie a cependant le défaut de ne supposer que des élèves supérieurs et elle a été prise au mot alors que, par le mot, elle voulait seulement annoncer l'esprit. Il en est ainsi de la célèbre analyse de la maîtrise et de la servitude***.

L'animal, selon Hegel, possède une conscience immé-

---

* Qui ont trouvé des modèles moins philosophiques dans les polices prussienne, napoléonienne, tsariste ou dans les camps anglais d'Afrique du Sud[1].

** Le rapprochement de Hegel et de Rousseau a un sens. La fortune de *la Phénoménologie* a été de même sorte, dans ses conséquences, que celle du *Contrat social*. Elle a modelé la pensée politique de son temps. La théorie de la volonté générale de Rousseau se retrouve d'ailleurs dans le système hégélien[3].

*** Ce qui suit est un exposé schématique de la dialectique maître-esclave. Seules les conséquences de cette analyse nous intéressent ici. C'est pourquoi un nouvel exposé, qui fasse ressortir certaines tendances plutôt que d'autres, nous a paru nécessaire. En même temps, cela excluait tout exposé critique. Il ne sera pas difficile, cependant, de voir que si le raisonnement se maintient en logique, au moyen de quelques artifices, il ne peut prétendre à instituer vraiment une phénoménologie, dans la mesure où il repose sur une psychologie tout à fait arbitraire. L'utilité et l'efficacité de la critique de Kierkegaard contre Hegel est qu'elle s'appuie souvent sur la psychologie. Ceci n'enlève rien, au demeurant, à la valeur de certaines analyses admirables de Hegel.

diate du monde extérieur, un sentiment de soi, mais non la conscience de soi-même, qui distingue l'homme. Celui-ci ne naît vraiment qu'à partir de l'instant où il prend conscience de lui-même en tant que sujet connaissant. Il est donc essentiellement conscience de soi. La conscience de soi pour s'affirmer doit se distinguer de ce qui n'est pas elle. L'homme est la créature qui, pour affirmer son être et sa différence, nie. Ce qui distingue la conscience de soi du monde naturel n'est pas la simple contemplation où elle s'identifie au monde extérieur et s'oublie elle-même, mais le désir qu'elle peut éprouver à l'égard du monde. Ce désir la rappelle à elle-même dans le temps où elle lui montre le monde extérieur comme différent. Dans son désir, le monde extérieur est ce qu'elle n'a pas, et qui est, mais qu'elle veut avoir pour être, et qu'il ne soit plus. La conscience de soi est donc nécessairement désir. Mais pour être, il faut qu'elle soit satisfaite; elle ne peut se satisfaire que par l'assouvissement de son désir. Elle agit donc pour s'assouvir et, ce faisant, elle nie, elle supprime ce dont elle s'assouvit. Elle est négation. Agir, c'est détruire pour faire naître la réalité spirituelle de la conscience. Mais détruire un objet sans conscience, comme la viande, par exemple, dans l'acte de manger, est aussi le fait de l'animal. Consommer n'est pas encore être conscient. Il faut que le désir de la conscience s'adresse à quelque chose qui soit autre que la nature sans conscience. La seule chose dans le monde qui se distingue de cette nature est précisément la conscience de soi. Il faut donc que le désir porte sur un autre désir, que la conscience de soi s'assouvisse d'une autre conscience de soi. En langage simple, l'homme n'est pas reconnu et ne se reconnaît pas comme homme tant qu'il se borne à subsister animalement. Il lui faut être reconnu par les autres hommes. Toute conscience est, dans son principe, désir d'être reconnue et saluée comme telle par les autres consciences. Ce sont les autres qui nous engendrent. En société, seulement, nous recevons une valeur humaine, supérieure à la valeur animale.

La valeur suprême pour l'animal étant la conservation de la vie, la conscience doit s'élever au-dessus de cet instinct pour recevoir la valeur humaine. Elle doit être capable de mettre sa vie en jeu. Pour être reconnue par une autre conscience, l'homme doit être prêt à risquer sa vie et accepter la chance de la mort. Les relations humaines fondamentales sont ainsi des relations de pur prestige, une lutte perpétuelle, qui se paie de la mort, pour la reconnaissance de l'un par l'autre.

À la première étape de sa dialectique, Hegel affirme que la mort étant le lieu commun de l'homme et de l'animal, c'est en l'acceptant et même en la voulant que le premier se distinguera du second. Au cœur de cette lutte primordiale pour la reconnaissance, l'homme est alors identifié avec la mort violente. « Meurs et deviens », la devise traditionnelle est reprise par Hegel. Mais le « deviens ce que tu es » cède la place à un « deviens ce que tu n'es pas encore ». Ce désir primitif et forcené de la reconnaissance, qui se confond avec la volonté d'être, ne se satisfera que d'une reconnaissance étendue peu à peu jusqu'à la reconnaissance de tous. Chacun, aussi bien, voulant être reconnu par tous, la lutte pour la vie ne cessera qu'à la reconnaissance de tous par tous qui marquera la fin de l'histoire. L'être que cherche à obtenir la conscience hégélienne naît dans la gloire, durement conquise, d'une approbation collective. Il n'est pas indifférent de noter que, dans la pensée qui inspirera nos révolutions, le bien suprême ne coïncide donc pas réellement avec l'être, mais avec un paraître absolu[1]. L'histoire entière des hommes n'est en tout cas qu'une longue lutte à mort, pour la conquête du prestige universel et de la puissance absolue. Elle est, par elle-même, impérialiste. Nous sommes loin du bon sauvage du XVIIIe siècle et du *Contrat social*. Dans le bruit et la fureur des siècles, chaque conscience, pour être, veut désormais la mort de l'autre. De surcroît, cette tragédie implacable est absurde, puisque, dans le cas où l'une des consciences est anéantie, la conscience victorieuse n'en est pas pour autant reconnue puisqu'elle ne peut pas l'être par ce qui n'existe plus[2]. En réalité, la philosophie du paraître trouve ici sa limite.

Aucune réalité humaine ne serait donc engendrée, si, par une disposition qu'on peut trouver heureuse pour le système de Hegel, il ne s'était trouvé, dès l'origine, deux sortes de consciences dont l'une n'a pas le courage de renoncer à la vie, et accepte donc de reconnaître l'autre conscience sans être reconnue par elle. Elle consent, en somme, à être considérée comme une chose. Cette conscience qui, pour conserver la vie animale, renonce à la vie indépendante, est celle de l'esclave. Celle qui, reconnue, obtient l'indépendance, est celle du maître. Elles se distinguent l'une de l'autre dans le moment où elles s'affrontent et où l'une s'incline avant l'autre. Le dilemme à ce stade n'est plus être libre ou mourir, mais tuer ou asservir. Ce dilemme retentira sur la suite de l'histoire, bien que l'absurdité, à ce moment, ne soit pas réduite encore.

Assurément, la liberté du maître est totale à l'égard de l'esclave d'abord, puisque celui-ci le reconnaît totalement, et à l'égard du monde naturel ensuite puisque, par son travail, l'esclave le transforme en objets de jouissance que le maître consommera dans une perpétuelle affirmation de lui-même. Cependant, cette autonomie n'est pas absolue. Le maître, pour son malheur, est reconnu dans son autonomie par une conscience qu'il ne reconnaît pas lui-même comme autonome. Il ne peut donc être satisfait et son autonomie est seulement négative. La maîtrise est une impasse. Puisqu'il ne peut pas non plus renoncer à la maîtrise et redevenir esclave, le destin éternel des maîtres est de vivre insatisfaits ou d'être tués. Le maître ne sert à rien dans l'histoire qu'à susciter la conscience servile, la seule qui crée l'histoire justement. L'esclave, en effet, n'est pas lié à sa condition, il veut en changer. Il peut donc s'éduquer, au contraire du maître; ce qu'on appelle histoire n'est que la suite de ses longs efforts pour obtenir la liberté réelle. Déjà, par le travail, par la transformation du monde naturel en monde technique, il s'affranchit de cette nature qui était au principe de son esclavage puisqu'il n'avait pas su s'élever au-dessus d'elle par l'acceptation de la mort*. Il n'est pas jusqu'à l'angoisse de la mort éprouvée dans une humiliation de tout l'être qui n'élève l'esclave au niveau de la totalité humaine. Il sait désormais que cette totalité existe; il ne lui reste plus qu'à la conquérir à travers une longue suite de luttes contre la nature et contre les maîtres. L'histoire s'identifie donc à l'histoire du travail et de la révolte.

---

* À vrai dire, l'équivoque est profonde, car il ne s'agit pas de la même nature. L'avènement du monde technique supprime-t-il la mort, ou la peur de la mort, dans le monde naturel? Voilà la vraie question que Hegel laisse en suspens.

On ne s'étonnera pas que le marxisme-léninisme ait tiré de cette dialectique l'idéal contemporain du soldat-ouvrier.

Nous laisserons de côté la description des attitudes de la conscience servile (stoïcisme, scepticisme, conscience malheureuse) qu'on trouve ensuite dans *la Phénoménologie*. Mais on ne peut négliger, quant à ses conséquences, un autre aspect de cette dialectique, l'assimilation du rapport maître-esclave au rapport de l'ancien dieu et de l'homme. Un commentateur de Hegel* remarque que, si le maître existait réellement, il serait Dieu. Hegel lui-même appelle le Maître du monde le dieu réel. Dans sa description de la conscience malheureuse, il montre comment l'esclave chrétien, voulant nier ce qui l'opprime, se réfugie dans l'au-delà du monde et se donne par conséquent un nouveau maître dans la personne de Dieu. Ailleurs, Hegel identifie le maître suprême à la mort absolue. La lutte se trouve donc engagée de nouveau, à un échelon supérieur, entre l'homme asservi et le dieu cruel d'Abraham. La résolution de ce nouveau déchirement entre le dieu universel et la personne sera fournie par le Christ qui réconcilie en lui l'universel et le singulier. Mais le Christ fait partie, en un sens, du monde sensible. On a pu le voir, il a vécu et il est mort. Il n'est donc qu'une étape sur le chemin de l'universel; lui aussi doit être nié dialectiquement. Il faut seulement le reconnaître comme homme-dieu pour obtenir une synthèse supérieure. En sautant les échelons intermédiaires, il suffira de dire que cette synthèse, après s'être incarnée dans l'Église et la Raison, s'achève par l'État absolu, érigé par les soldats-ouvriers, où l'esprit du monde se reflétera enfin en lui-même dans la reconnaissance mutuelle de chacun par tous et dans la réconciliation universelle de tout ce qui a été sous le soleil. À ce moment, « où coïncident les yeux de l'esprit et ceux du corps », chaque conscience ne sera plus alors qu'un miroir réfléchissant d'autres miroirs, lui-même réfléchi à l'infini dans des images répercutées. La cité humaine coïncidera avec celle de Dieu; l'histoire universelle, tribunal du monde, rendra sa sentence où le bien et le mal seront justifiés. L'État sera Destin et l'approbation

---

* Jean Hyppolite : *Genèse et structure de la Phénoménologie de l'esprit*, p. 168.

de toute réalité proclamée dans « le jour spirituel de la Présence ».

Ceci résume les idées essentielles qui, en dépit, ou à cause, de l'extrême abstraction de l'exposé, ont littéralement soulevé l'esprit révolutionnaire dans des directions apparemment différentes et qu'il nous revient maintenant de retrouver dans l'idéologie de notre temps. L'immoralisme, le matérialisme scientifique et l'athéisme remplaçant définitivement l'antithéisme des anciens révoltés, ont fait corps, sous l'influence paradoxale de Hegel, avec un mouvement révolutionnaire qui, jusqu'à lui, ne s'était jamais séparé réellement de ses origines morales, évangéliques et idéalistes. Ces tendances, si elles sont très loin, parfois, d'appartenir en propre à Hegel, ont trouvé leur source dans l'ambiguïté de sa pensée et dans sa critique de la transcendance. Hegel détruit définitivement toute transcendance verticale, et surtout celle des principes, voilà son originalité incontestable. Il restaure, sans doute, dans le devenir du monde, l'immanence de l'esprit. Mais cette immanence n'est pas fixe, elle n'a rien de commun avec le panthéisme ancien. L'esprit est, et n'est pas, dans le monde; il s'y fait et il y sera. La valeur est donc reportée à la fin de l'histoire. Jusque-là, point de critère propre à fonder un jugement de valeur. Il faut agir et vivre en fonction de l'avenir. Toute morale devient provisoire. Le XIXe et le XXe siècle, dans leur tendance la plus profonde, sont des siècles qui ont essayé de vivre sans transcendance.

Un commentateur*, hégélien de gauche il est vrai, mais orthodoxe en ce point précis, note d'ailleurs l'hostilité de Hegel aux moralistes et remarque que son seul axiome est de vivre conformément aux mœurs et aux coutumes de sa nation. Maxime de conformisme social dont Hegel, en effet, a donné les preuves les plus cyniques. Kojève ajoute, toutefois, que ce conformisme n'est légitime qu'autant que les mœurs de cette nation correspondent à l'esprit du temps, c'est-à-dire tant qu'elles sont solides et résistent aux critiques et aux attaques révolutionnaires. Mais qui décidera de cette solidité, qui

---

* Alexandre Kojève.

jugera de la légitimité ? Depuis cent ans, le régime capitaliste de l'Occident a résisté à de rudes assauts. Doit-on pour cela le tenir pour légitime ? Inversement, ceux qui étaient fidèles à la république de Weimar devaient-ils s'en détourner et promettre leur foi à Hitler, en 1933, parce que la première s'était effondrée sous les coups du second ? La république espagnole devait-elle être trahie à l'instant même où le régime du général Franco a triomphé ? Ce sont là des conclusions que la pensée réactionnaire traditionnelle aurait justifiées dans ses propres perspectives. La nouveauté, incalculable dans ses conséquences, est que la pensée révolutionnaire les ait assimilées. La suppression de toute valeur morale et des principes, leur remplacement par le fait, roi provisoire, mais roi réel, n'a pu conduire, on l'a bien vu, qu'au cynisme politique, qu'il soit le fait de l'individu ou, plus gravement, celui de l'État. Les mouvements politiques, ou idéologiques, inspirés par Hegel, se réunissent tous dans l'abandon ostensible de la vertu.

Hegel n'a pu empêcher, en effet, ceux qui l'ont lu avec une angoisse qui n'était pas méthodique, dans une Europe déjà déchirée par l'injustice, de se trouver jetés dans un monde sans innocence et sans principes, dans ce monde, justement, dont Hegel dit qu'il est en lui-même un péché, puisqu'il est séparé de l'Esprit. Hegel pardonne sans doute les péchés à la fin de l'histoire. D'ici là, cependant, toute opération humaine sera coupable. « Innocente est donc seulement l'absence d'opération, l'être d'une pierre et pas même celui d'un enfant. » L'innocence des pierres nous est donc étrangère. Sans innocence, aucune relation, point de raison. Sans raison, la force nue, le maître et l'esclave, en attendant que la raison règne un jour. Entre le maître et l'esclave, la souffrance est solitaire, la joie sans racines, toutes deux imméritées. Comment vivre alors, comment supporter, quand l'amitié est pour la fin des temps ? La seule issue est de créer la règle, les armes à la main. « Tuer ou asservir », ceux qui ont lu Hegel avec leur seule et terrible passion n'ont retenu vraiment que le premier terme du dilemme. Ils y ont puisé une philosophie du mépris et du désespoir, se jugeant esclaves et seulement esclaves, liés par la mort au Maître absolu, aux maîtres terrestres par le fouet. Cette philosophie de la mauvaise conscience leur a appris seulement que tout esclave ne l'est que par le consentement, et ne se libère que par un refus qui coïncide avec la mort. Répondant au défi, les plus fiers d'entre eux se sont identifiés tout entiers à ce refus et voués à la mort. Après tout, dire que la négation est en elle-même un acte positif justifiait par avance toutes les sortes de négation et annonçait le cri de Bakounine et Netchaiev : « Notre mission est de détruire, non de construire. » Le nihiliste pour Hegel était seulement le sceptique qui n'avait d'autre issue que la contradiction ou le suicide philosophique. Mais il donnait lui-même naissance à une autre sorte de nihilistes qui, faisant de l'ennui un principe d'action, identifieront leur suicide avec le meurtre philosophique*. Ici naissent les terroristes qui ont décidé qu'il fallait tuer et mourir pour être, puisque l'homme et l'histoire ne peuvent se créer que par le sacrifice et le meurtre. Cette grande idée que tout idéalisme est creux, s'il ne se paie par le risque de la vie, devait être poussée à bout par des jeunes gens qui ne l'enseignaient pas du haut d'une chaire universitaire avant de mourir dans leur lit, mais à travers le tumulte des bombes, jusque sous les potences. Ce faisant, dans leurs erreurs mêmes, ils corrigeaient leur maître et montraient contre lui qu'une aristocratie, au moins, est supérieure à la hideuse aristocratie de la réussite exaltée par Hegel : celle du sacrifice.

Une autre sorte d'héritiers, qui lira Hegel plus sérieusement, choisira le second terme du dilemme et prononcera que l'esclave ne s'affranchit qu'en asservissant à son tour. Les doctrines post-hégéliennes, oubliant l'aspect mystique de certaines tendances du maître, ont conduit ces héritiers à l'athéisme absolu et au matérialisme scientifique. Mais cette évolution ne peut s'imaginer sans la disparition absolue de tout principe d'explication transcendant, et sans la ruine complète de l'idéal jacobin. Immanence sans doute n'est pas athéisme. Mais l'immanence en mouvement est, si l'on peut dire, athéisme provisoire**. La vague figure de Dieu qui, chez Hegel,

---

* Ce nihilisme, malgré les apparences, est encore nihilisme au sens nietzschéen, dans la mesure où il est calomnie de la vie présente au profit d'un au-delà historique auquel on s'efforce de croire.
** De toute manière, la critique de Kierkegaard est valable.

se reflète encore dans l'esprit du monde ne sera pas difficile à effacer. De la formule ambiguë de Hegel : « Dieu sans l'homme n'est pas plus que l'homme sans Dieu », ses successeurs vont tirer des conséquences décisives. David Strauss dans sa *Vie de Jésus* isole la théorie du Christ considéré comme Dieu-homme. Bruno Bauer (*Critique de l'histoire évangéliste*) fonde une sorte de christianisme matérialiste en insistant sur l'humanité de Jésus. À la fin Feuerbach (que Marx tenait pour un grand esprit et dont il se reconnaîtra le disciple critique), dans *l'Essence du christianisme*, remplacera toute théologie par une religion de l'homme et de l'espèce, qui a converti une grande partie de l'intelligence contemporaine. Sa tâche sera de montrer que la distinction entre l'humain et le divin est illusoire, qu'elle n'est pas autre chose que la distinction entre l'essence de l'humanité, c'est-à-dire la nature humaine, et l'individu. « Le mystère de Dieu n'est que le mystère de l'amour de l'homme pour lui-même. » Les accents d'une nouvelle et étrange prophétie retentissent alors : « L'individualité a pris la place de la foi, la raison celle de la Bible, la politique celle de la religion et de l'Église, la terre celle du ciel, le travail celle de la prière, la misère celle de l'enfer, l'homme celle du Christ. » Il n'y a donc plus qu'un enfer et il est de ce monde : c'est contre lui qu'il faut lutter. La politique est religion, le christianisme transcendant, celui de l'au-delà, affermit les maîtres de la terre par le renoncement de l'esclave et suscite un maître de plus au fond des cieux. C'est pourquoi l'athéisme et l'esprit révolutionnaire ne sont que les deux faces d'un même mouvement de libération. Telle est la réponse à la question toujours posée : pourquoi le mouvement révolutionnaire s'est-il identifié avec le matérialisme plutôt qu'avec l'idéalisme ? Parce qu'asservir Dieu, le faire servir, revient à tuer la transcendance qui maintient les anciens maîtres et à préparer, avec l'ascension des nouveaux, les temps de l'homme-roi. Quand la misère aura vécu, quand les contradictions historiques seront résolues, « le vrai dieu, le dieu humain sera l'État[1] ». L'*homo homini lupus* devient alors *homo homini deus*. Cette

---

Fonder la divinité sur l'histoire est fonder paradoxalement une valeur absolue sur une connaissance approximative. Quelque chose « d'éternellement historique » est une contradiction dans les termes.

pensée est aux origines du monde contemporain. On assiste, avec Feuerbach, à la naissance d'un terrible optimisme que nous voyons encore à l'œuvre aujourd'hui, et qui semble aux antipodes du désespoir nihiliste. Mais ce n'est qu'une apparence. Il faut connaître les conclusions dernières de Feuerbach dans sa *Théogonie* pour apercevoir la source profondément nihiliste de ces pensées enflammées. Contre Hegel lui-même, Feuerbach affirmera, en effet, que l'homme n'est que ce qu'il mange et il résumera ainsi sa pensée et l'avenir : « La véritable philosophie est la négation de la philosophie. Nulle religion est ma religion. Nulle philosophie est ma philosophie. »

Le cynisme, la divinisation de l'histoire et de la matière, la terreur individuelle ou le crime d'État, ces conséquences démesurées vont alors naître, toutes armées, d'une équivoque conception du monde qui remet à la seule histoire le soin de produire les valeurs et la vérité. Si rien ne peut se concevoir clairement avant que la vérité, à la fin des temps, ait été mise au jour, toute action est arbitraire, la force finit par régner. « Si la réalité est inconcevable, s'écriait Hegel, il nous faut forger des concepts inconcevables. » Un concept qu'on ne peut concevoir a besoin, en effet, comme l'erreur, d'être forgé. Mais pour être reçu, il ne peut compter sur la persuasion qui est de l'ordre de la vérité, il doit finalement être imposé. L'attitude de Hegel consiste à dire : « Ceci est la vérité, qui nous paraît pourtant l'erreur, mais qui est vraie, justement parce qu'il lui arrive d'être l'erreur. Quant à la preuve, ce n'est pas moi, mais l'histoire, à son achèvement, qui l'administrera. » Une pareille prétention ne peut entraîner que deux attitudes : ou la suspension de toute affirmation jusqu'à l'administration de la preuve, ou l'affirmation de tout ce qui, dans l'histoire, semble voué au succès, la force en premier lieu. Dans les deux cas, un nihilisme[1]. On ne comprend pas en tout cas la pensée révolutionnaire du XXe siècle si on néglige le fait que, par une fortune malheureuse, elle a puisé une grande partie de son inspiration dans une philosophie du conformisme et de l'opportunisme. La vraie révolte n'est pas mise en cause par les perversions de cette pensée.

Au reste, ce qui autorisait la prétention de Hegel est ce qui le rend intellectuellement, et à jamais, suspect. Il a cru que l'histoire en 1807, avec Napoléon et lui-même, était achevée, que l'affirmation était possible et le nihilisme vaincu. *La Phénoménologie,* Bible qui n'aurait prophétisé que le passé, mettait une borne aux temps. En 1807, tous les péchés étaient pardonnés, et les âges révolus. Mais l'histoire a continué. D'autres péchés, depuis, crient à la face du monde et font éclater le scandale des anciens crimes, absous à jamais par le philosophe allemand. La divinisation de Hegel par lui-même, après celle de Napoléon, innocent désormais puisqu'il avait réussi à stabiliser l'histoire, n'a duré que sept ans. Au lieu de l'affirmation totale, le nihilisme a recouvert le monde. La philosophie, même servile, a aussi ses Waterloo.

Mais rien ne peut décourager l'appétit de divinité au cœur de l'homme. D'autres sont venus et viennent encore qui, oubliant Waterloo, prétendent toujours terminer l'histoire. La divinité de l'homme est encore en marche et ne sera adorable qu'à la fin des temps. Il faut servir cette apocalypse et, faute de Dieu, construire au moins l'Église. Après tout, l'histoire, qui ne s'est pas arrêtée encore, laisse entrevoir une perspective qui pourrait être celle du système hégélien; mais pour la simple raison qu'elle est provisoirement traînée, sinon conduite, par les fils spirituels de Hegel. Quand le choléra emporte en pleine gloire le philosophe de la bataille d'Iéna, tout est en ordre, en effet, pour ce qui va suivre. Le ciel est vide, la terre livrée à la puissance sans principes. Ceux qui ont choisi de tuer et ceux qui ont choisi d'asservir vont successivement occuper le devant de la scène[1], au nom d'une révolte détournée de sa vérité.

LE TERRORISME INDIVIDUEL

PISAREV, théoricien du nihilisme russe, constate que les plus grands fanatiques sont les enfants et les jeunes gens. Cela est vrai aussi des nations. La Russie est, à cette époque, une nation adolescente accouchée au forceps, depuis un siècle à peine, par un tsar encore assez naïf pour couper lui-même les têtes des révoltés. Il n'est pas étonnant qu'elle ait poussé l'idéologie allemande jusqu'aux extrémités de sacrifice et de destruction dont les professeurs allemands n'avaient été capables qu'en pensée. Stendhal voyait une première différence des Allemands avec les autres peuples en ce qu'ils s'exaltent par la méditation au lieu de se calmer. Cela est vrai, mais plus encore de la Russie. Dans ce pays jeune, sans tradition philosophique*, de très jeunes gens, frères des lycéens tragiques de Lautréamont, se sont emparés de la pensée allemande et en ont incarné, dans le sang, les conséquences. Un « prolétariat de bacheliers** » a pris alors le relais du grand mouvement d'émancipation de l'homme, pour lui donner son visage le plus convulsé. Jusqu'à la fin du XIXe siècle, ces bacheliers n'ont jamais été plus de quelques milliers. À eux seuls pourtant, face à l'absolutisme le plus compact du temps, ils ont prétendu libérer et, provisoirement, ont contribué à libérer, en effet, quarante millions de moujiks. La presque totalité d'entre eux ont payé cette liberté par le suicide, l'exécution, le bagne ou la folie. L'histoire entière du terrorisme russe peut se résumer à la lutte d'une poignée d'intellectuels contre la tyrannie, en présence du peuple silencieux. Leur victoire exténuée a été finalement trahie. Mais par leur sacrifice, et jusque dans leurs négations les plus extrêmes, ils ont donné corps à une valeur, ou

---

* Le même Pisarev note que la civilisation, dans son matériel idéologique, a toujours été, en Russie, importée. Voir Armand Coquart : *Pisarev et l'Idéologie du nihilisme russe*.

** Dostoïevski.

une vertu nouvelle, qui n'a pas fini, même aujourd'hui, de faire face à la tyrannie et d'aider à la vraie libération.

La germanisation de la Russie au XIXe siècle n'est pas un phénomène isolé. L'influence de l'idéologie allemande à ce moment était prépondérante et l'on sait assez, par exemple, que le XIXe siècle en France, avec Michelet, Quinet, est celui des études germaniques. Mais cette idéologie n'a pas rencontré en Russie une pensée déjà constituée, alors qu'en France elle a dû lutter et s'équilibrer avec le socialisme libertaire. En Russie, elle était en terrain conquis. La première université russe, celle de Moscou, fondée en 1750, est allemande. La lente colonisation de la Russie par les éducateurs, les bureaucrates et les militaires allemands, commencée sous Pierre le Grand, se transforme, par les soins de Nicolas Ier, en germanisation systématique. L'intelligentsia se passionne pour Schelling en même temps que pour les Français dans les années 30, pour Hegel dans les années 40 et, dans la deuxième moitié du siècle, pour le socialisme allemand issu de Hegel*. La jeunesse russe verse alors dans ces pensées abstraites la force passionnelle démesurée qui est la sienne et vit authentiquement ces idées mortes. La religion de l'homme, mise déjà en formules par ses docteurs allemands, manquait encore d'apôtres et de martyrs. Les chrétiens russes, détournés de leur vocation originelle, ont joué ce rôle. Pour cela, ils ont dû accepter de vivre sans transcendance et sans vertu.

L'ABANDON DE LA VERTU

Dans les années 1820, chez les premiers révolutionnaires russes, les décembristes, la vertu existe encore. L'idéalisme jacobin n'a pas encore été corrigé chez ces gentilshommes. Il s'agit même d'une vertu consciente : « Nos pères étaient des sybarites, nous sommes des Caton », dit l'un d'eux, Pierre Viasemski. Il s'y ajoute seulement le sentiment, qu'on retrouvera jusque chez Bakounine et les socialistes révolutionnaires de 1905, que la souffrance est régénératrice. Les décembristes font penser à ces nobles français qui s'allièrent au tiers état

---

* *Le Capital* est traduit en 1872.

et renoncèrent à leurs privilèges. Patriciens idéalistes, ils ont fait leur nuit du 4 août et ont choisi, pour la libération du peuple, de se sacrifier eux-mêmes. Bien que leur chef, Pestel, ait eu une pensée politique et sociale, leur conspiration avortée n'avait pas de programme ferme ; il n'est même pas sûr qu'ils aient cru au succès. « Oui, nous mourrons, disait l'un d'eux à la veille de l'insurrection, mais ce sera une belle mort. » Ce fut en effet une belle mort. En décembre 1825, le carré des insurgés fut détruit au canon sur la place du Sénat, à Saint-Pétersbourg. On déporta les survivants, non sans en pendre cinq, mais avec tant de maladresse qu'il fallut s'y reprendre à deux fois. On comprend sans peine que ces victimes, ostensiblement inefficaces, aient été vénérées dans un sentiment d'exaltation et d'horreur par toute la Russie révolutionnaire. Elles étaient exemplaires, sinon efficaces. Elles marquaient, au début de cette histoire révolutionnaire, les droits et la grandeur de ce que Hegel appelait ironiquement la belle âme et par rapport à qui, pourtant, la pensée révolutionnaire russe devra se définir.

Dans ce climat d'exaltation, la pensée allemande vint combattre l'influence française et imposer ses prestiges à des esprits déchirés entre leur désir de vengeance et de justice et le sentiment de leur solitude impuissante. Elle fut accueillie d'abord comme la révélation elle-même, célébrée et commentée comme elle. Une folie de philosophie embrasa les meilleurs esprits. On alla jusqu'à mettre en vers la *Logique* de Hegel. Pour la plupart, les intellectuels russes tirèrent d'abord du système hégélien la justification d'un quiétisme social. Prendre conscience de la rationalité du monde suffisait, l'Esprit se réaliserait dans tous les cas à la fin des temps. Telle est la première réaction de Stankevitch*, de Bakounine et de Bielinski, par exemple. Ensuite la passion russe recula devant cette complicité de fait, sinon d'intention, avec l'absolutisme et, aussitôt, se jeta vers l'autre extrême.

Rien de plus révélateur à cet égard que l'évolution de Bielinski, l'un des esprits les plus remarquables et les plus influents des années 30 et 40. Parti d'un assez vague idéalisme libertaire, Bielinski rencontre soudai-

---

* « Le monde est réglé par l'esprit de raison, cela me tranquillise sur tout le reste. »

nement Hegel. Dans sa chambre, à minuit, sous le choc
de la révélation, il fond en larmes comme Pascal, et
dépouille d'un seul coup le vieil homme : « Il n'y a pas
d'arbitraire ni de hasard, j'ai fait mes adieux aux Français. » En même temps, le voilà conservateur et partisan
du quiétisme social. Il l'écrit sans une hésitation, il défend
sa position, comme il la sent, courageusement. Mais ce
cœur généreux se voit alors aux côtés de ce qu'il a le plus
détesté en ce monde, l'injustice. Si tout est logique,
tout est justifié. Il faut dire oui au fouet, au servage
et à la Sibérie. Accepter le monde et ses souffrances
lui avait paru, un moment, le parti de la grandeur parce
qu'il imaginait seulement de supporter ses propres
souffrances et ses contradictions. Mais s'il s'agit aussi
de dire oui aux souffrances des autres, tout d'un coup,
le cœur lui manque. Il repart en sens inverse. Si l'on ne
peut accepter la souffrance des autres, quelque chose au
monde n'est pas justifié et l'histoire, en un de ses points
au moins, ne coïncide plus avec la raison. Mais il faut
qu'elle soit tout entière raisonnable ou elle ne l'est pas
du tout. La protestation solitaire de l'homme, apaisé
un moment par l'idée que tout peut se justifier, va éclater
de nouveau en termes véhéments. Bielinski s'adresse à
Hegel lui-même : « Avec toute l'estime qui convient
à votre philosophie philistine, j'ai l'honneur de vous
faire savoir que si j'avais la chance de grimper au plus
haut degré de l'échelle de l'évolution, je vous demanderais
compte de toutes les victimes de la vie et de l'histoire.
Je ne veux pas du bonheur, même gratuit, si je ne suis
pas tranquille pour tous mes frères de sang*. »

Bielinski a compris que ce qu'il désirait n'était pas
l'absolu de la raison, mais la plénitude de l'être. Il se
refuse à les identifier. Il veut l'immortalité de l'homme
entier, dressé dans sa personne vivante, non l'abstraite
immortalité de l'espèce devenue Esprit. Il plaide, avec la
même passion, contre de nouveaux adversaires, et, de ce
grand débat intérieur, il tire des conclusions qu'il doit à
Hegel, mais qu'il tourne contre lui.

Ces conclusions seront celles de l'individualisme
révolté. L'individu ne peut accepter l'histoire telle

* Cité par Hepner : *Bakounine et le panslavisme révolutionnaire*,
Rivière.

qu'elle va. Il doit détruire la réalité pour affirmer ce qu'il est, non collaborer avec elle. « La négation est mon dieu, comme la réalité naguère. Mes héros sont les destructeurs du vieux : Luther, Voltaire, les encyclopédistes, les terroristes, Byron dans *Caïn*. » Nous retrouvons ainsi, et d'un seul coup, tous les thèmes de la révolte métaphysique. Certes, la tradition française du socialisme individualiste restait toujours vivante en Russie. Saint-Simon et Fourier qui sont lus dans les années 30, Proudhon, importé dans les années 40, inspirent la grande pensée de Herzen et, bien plus tard encore, celle de Pierre Lavrov. Mais cette pensée qui restait attachée aux valeurs éthiques a fini par succomber, au moins provisoirement, dans son grand débat avec les pensées cyniques. Bielinski retrouve, au contraire, avec et contre Hegel, les mêmes tendances de l'individualisme social, mais sous l'angle de la négation, dans le refus des valeurs transcendantes. Quand il mourra, en 1848, sa pensée sera d'ailleurs très proche de celle de Herzen. Mais, dans sa confrontation avec Hegel, il définit avec précision une attitude qui sera celle des nihilistes et, pour une part au moins, des terroristes. Il fournit ainsi un type de transition entre les grands seigneurs idéalistes de 1825 et les étudiants « rienistes » de 1860.

TROIS POSSÉDÉS[1]

Lorsque Herzen, en effet, faisant l'apologie du mouvement nihiliste, dans la seule mesure, il est vrai, où il y voit une plus grande émancipation à l'égard des idées toutes faites, écrira : « L'annihilation du vieux, c'est l'engendrement de l'avenir », il reprendra le langage de Bielinski. Kotliarevski, parlant de ceux que l'on appelait aussi les radicaux, les définissait comme des apôtres, « qui pensaient qu'il fallait renoncer complètement au passé et forger sur un autre type la personnalité humaine ». La revendication de Stirner reparaît avec le rejet de toute histoire et la décision de forger l'avenir, non plus en fonction de l'esprit historique, mais en fonction de l'individu-roi. Mais l'individu-roi ne peut se hisser seul au pouvoir. Il a besoin des autres et entre alors dans une contradiction nihiliste que Pisarev, Bakounine et

Netchaiev essaieront de résoudre en étendant chacun un peu plus le champ de la destruction et de la négation, jusqu'à ce que le terrorisme tue la contradiction elle-même, dans le sacrifice et le meurtre simultanés.

Le nihilisme des années 60 a commencé, en apparence, par la négation la plus radicale qui soit, rejetant toute action qui ne fût pas purement égoïste. On sait que le terme même de nihilisme a été forgé par Tourgueniev dans un roman *Père et Enfants* dont le héros, Bazarov, figurait la peinture de ce type d'homme. Pisarev, ayant à rendre compte de ce roman, proclama que les nihilistes reconnaissaient Bazarov pour leur modèle. « Nous n'avons, disait Bazarov, à nous glorifier que de la stérile conscience de comprendre, jusqu'à un certain point, la stérilité de ce qui est. — Est-ce cela, lui demande-t-on, qu'on appelle le nihilisme? — C'est cela qu'on appelle le nihilisme. » Pisarev vante ce modèle que, pour plus de clarté, il définit ainsi : « Je suis un étranger pour l'ordre des choses existant, je n'ai pas à m'en mêler. » La seule valeur réside donc dans l'égoïsme rationnel.

Niant tout ce qui n'est pas la satisfaction de soi, Pisarev déclare la guerre à la philosophie, à l'art jugé absurde, à la morale menteuse, à la religion, et même aux usages et à la politesse. Il bâtit la théorie d'un terrorisme intellectuel qui fait penser à celui de nos surréalistes. La provocation est érigée en doctrine, mais à une profondeur dont Raskolnikov donne une juste idée. Au sommet de ce bel élan, Pisarev pose, sans rire, la question de savoir si l'on peut assommer sa mère, et répond : « Et pourquoi pas, si je le désire et si je le trouve utile ? »

À partir de là, on s'étonne de ne pas trouver nos nihilistes occupés à se faire une fortune ou un rang, à jouir cyniquement de tout ce qui s'offre. À vrai dire, les nihilistes ne manquent pas aux bonnes places de toute société. Mais ils ne font pas la théorie de leur cynisme, et préfèrent en toutes occasions rendre, visiblement, un hommage sans conséquence à la vertu. Pour ceux dont il s'agit, ils se contredisaient dans le défi qu'ils portaient à la société et qui, en lui-même, était l'affirmation d'une valeur. Ils se disaient matérialistes, leur livre de chevet était *Force et Matière,* de Buchner. Mais l'un d'eux avouait : « Chacun de nous était prêt à aller à la potence et à donner sa tête pour Moleschott et Darwin », mettant ainsi la doctrine bien plus haut que la matière. La doctrine, à ce degré, avait un air de religion et de fanatisme. Pour Pisarev, Lamarck était un traître parce que Darwin avait raison. Quiconque dans ce milieu se mêlait de parler d'immortalité de l'âme était alors excommunié. Wladimir Weidlé* a donc raison de définir le nihilisme comme un obscurantisme rationaliste. La raison chez eux annexait curieusement les préjugés de la foi ; la moindre contradiction de ces individualistes n'était pas de choisir, pour type de raison, le scientisme le plus vulgaire. Ils niaient tout, sauf les valeurs les plus contestables, celles de M. Homais.

Pourtant, c'est en choisissant de faire un article de foi de la raison la plus courte que les nihilistes donneront un modèle à leurs successeurs. Ils ne croyaient à rien qu'à la raison et à l'intérêt. Mais au lieu du scepticisme, ils choisissent l'apostolat et deviennent socialistes. Là est leur contradiction. Comme tous les esprits adolescents, ils ressentaient en même temps le doute et le besoin de croire. Leur solution personnelle consiste à donner à leur négation l'intransigeance et la passion de la foi. Quoi d'étonnant, au demeurant ? Weidlé cite la phrase dédaigneuse du philosophe Soloviev dénonçant cette contradiction : « L'homme descend du singe ; donc aimons-nous les uns les autres. » Pourtant, la vérité de Pisarev est dans ce déchirement. Si l'homme est le reflet de Dieu, alors il n'importe pas qu'il soit privé de l'amour humain, un jour viendra où il sera rassasié. Mais s'il est créature aveugle, errant dans les ténèbres d'une condition cruelle et limitée, il a besoin de ses pareils et de leur amour périssable. Où peut se réfugier la charité, après tout, sinon dans le monde sans dieu ? Dans l'autre, la grâce pourvoit à tout, même aux pourvus. Ceux qui nient tout comprennent au moins cela que la négation est une misère. Ils peuvent alors s'ouvrir à la misère d'autrui et se nier enfin eux-mêmes. Pisarev ne reculait pas, en pensée, devant le meurtre d'une mère et pourtant il a trouvé des accents justes pour parler de l'injustice. Il voulait jouir égoïstement de la vie, mais il a souffert la prison et puis est devenu fou. Tant de cynisme étalé l'a mené, enfin, à connaître l'amour, à en être exilé et à en

---

* *La Russie absente et présente*, Gallimard.

souffrir jusqu'au suicide, retrouvant ainsi, au lieu de l'individu-roi qu'il désirait forger, le vieil homme misérable et souffrant dont la grandeur est seule à illuminer l'histoire.

Bakounine incarne, mais de façon autrement spectaculaire, les mêmes contradictions. Il meurt à la veille de l'épopée terroriste*. Il a d'ailleurs désavoué par avance les attentats individuels et dénoncé « les Brutus de son époque ». Il les respectait cependant puisqu'il a blâmé Herzen d'avoir critiqué ouvertement l'attentat manqué de Karakosov tirant sur le tsar Alexandre II, en 1866. Ce respect avait ses raisons. Bakounine a pesé sur la suite des événements, de la même manière que Bielinski et les nihilistes, dans le sens de la révolte individuelle. Mais il apporte quelque chose de plus : un germe de cynisme politique qui va se figer en doctrine chez Netchaiev et pousser à bout le mouvement révolutionnaire.

À peine Bakounine sort-il de l'adolescence qu'il est bouleversé, déraciné par la philosophie hégélienne, comme par un ébranlement prodigieux. Il s'y plonge jour et nuit « jusqu'à la folie », dit-il. « Je ne voyais rien d'autre que les catégories de Hegel. » Lorsqu'il sort de cette initiation, c'est avec l'exaltation des néophytes. « Mon moi personnel est tué pour toujours, ma vie est la vraie vie. Elle s'est identifiée en quelque sorte avec la vie absolue. » Il lui faut peu de temps pour apercevoir les dangers de cette confortable position. Celui qui a compris la réalité ne s'insurge pas contre elle, mais s'en réjouit; le voilà conformiste. Rien dans Bakounine ne le prédestinait à cette philosophie de chien de garde. Il est possible, aussi, que son voyage en Allemagne et la fâcheuse opinion qu'il prit des Allemands l'aient mal préparé à admettre, avec le vieil Hegel, que l'État prussien fut le dépositaire privilégié des fins de l'esprit. Plus russe que le tsar lui-même, malgré ses rêves universels, il ne pouvait en tout cas souscrire à l'apologie de la Prusse quand elle était fondée sur une logique assez cassante pour affirmer : « La volonté des autres peuples n'a point de droit car c'est le peuple représentant cette volonté (de l'Esprit) qui domine le monde. » Dans les années 40, d'autre part, Bakounine découvrait le socialisme et l'anarchisme

---

* 1876.

français dont il a véhiculé quelques tendances. Quoi qu'il en soit, Bakounine rejette avec éclat l'idéologie allemande. Il était allé à l'absolu, comme il devait aller à la destruction totale, du même mouvement passionné, dans la rage du « Tout ou Rien », qui se retrouve chez lui à l'état pur.

Après avoir loué l'Unité absolue, Bakounine se jette dans le manichéisme le plus élémentaire. Il veut sans doute, et pour finir, « l'Église universelle et authentiquement démocratique de la liberté ». Là est sa religion ; il est de son siècle. Il n'est pas sûr pourtant que sa foi à ce sujet ait été entière. Dans sa *Confession* à Nicolas Ier, son accent semble sincère quand il dit n'avoir jamais pu croire à la révolution finale « que par un effort surnaturel et douloureux, en étouffant de force la voix intérieure qui me chuchotait l'absurdité de mes espoirs ». Son immoralisme théorique est bien plus ferme, au contraire, et on le voit constamment s'y ébrouer avec l'aise et la joie d'un animal fougueux. L'histoire n'est régie que par deux principes, l'État et la révolution sociale, la révolution et la contre-révolution, qu'il ne s'agit pas de concilier, mais qui sont engagés dans une lutte à mort. L'État, c'est le crime. « L'État le plus petit et le plus inoffensif est encore criminel dans ses rêves. » La révolution est donc le bien. Cette lutte, qui dépasse la politique, est aussi la lutte des principes lucifériens contre le principe divin. Bakounine réintroduit explicitement dans l'action révoltée un des thèmes de la révolte romantique. Proudhon décrétait déjà que Dieu est le Mal et s'écriait : « Viens, Satan, calomnié des petits et des rois ! » Bakounine laisse apercevoir aussi toute la profondeur d'une révolte apparemment politique. « Le Mal, c'est la révolte satanique contre l'autorité divine, révolte dans laquelle nous voyons au contraire le germe fécond de toutes les émancipations humaines. Comme les Fraticelli de la Bohème au XIVe siècle (?), les socialistes révolutionnaires se reconnaissent aujourd'hui par ces mots : « Au nom de celui à qui on a fait un grand » tort. »

La lutte contre la création sera donc sans merci et sans morale, le seul salut est dans l'extermination. « La passion de la destruction est une passion créatrice. » Les pages brûlantes de Bakounine sur la révolution de

48* crient passionnément cette joie de détruire. « Fête sans commencement ni fin », dit-il. En effet, pour lui comme pour tous les opprimés, la révolution est la fête, au sens sacré du mot. On pense ici à l'anarchiste français Cœurderoy** qui dans son livre *Hurrah, ou la Révolution par les cosaques* appelait les hordes du Nord à tout ravager. Celui-là aussi voulait « porter la torche à la maison du père » et s'écriait qu'il n'avait d'espoir que dans le déluge humain et dans le chaos. La révolte est saisie à travers ces manifestations à l'état pur, dans sa vérité biologique. C'est pourquoi Bakounine a été le seul de son temps à critiquer le gouvernement des savants avec une profondeur exceptionnelle[1]. Contre toute abstraction, il a plaidé pour l'homme entier, identifié entièrement à sa révolte. S'il glorifie le brigand, chef de jacquerie, si ses modèles préférés sont Stenka Razine[2] et Pougatchev, c'est que ces hommes se sont battus, sans doctrine et sans principes, pour un idéal de liberté pure. Bakounine introduit au cœur de la révolution le principe nu de la révolte. « La tempête et la vie, voilà ce qu'il nous faut. Un monde nouveau, sans lois, et par conséquent libre. »

Mais un monde sans lois est-il un monde libre, telle est la question que pose toute révolte. S'il fallait en demander la réponse à Bakounine, elle ne serait pas douteuse. Bien qu'il se soit opposé en toutes circonstances, et avec la plus extrême lucidité, au socialisme autoritaire, dès l'instant où il définit lui-même la société de l'avenir, il la présente, sans se soucier de la contradiction, comme une dictature. Les statuts de la Fraternité Internationale (1864-1867), qu'il rédigea lui-même, établissent déjà la subordination absolue de l'individu au comité central, pendant le temps de l'action. Il en est de même pour le temps qui suivra la révolution. Il espère pour la Russie libérée « un fort pouvoir dictatorial… un pouvoir entouré de partisans, éclairé de leurs conseils, raffermi par leur libre collaboration, mais qui ne soit limité par rien ni par personne ». Bakounine, autant que son ennemi Marx, a contribué à la doctrine léniniste. Le rêve de l'empire slave révolutionnaire, d'ailleurs, tel qu'il est évoqué par Bakounine devant le tsar, est celui-là même, jusque dans

---

* *Confession*, p. 102 et *sq*. Rieder.
** Claude Harmel et Alain Sergent : *Histoire de l'anarchie*, t. I.

les détails de frontière, qui a été réalisé par Staline. Venues d'un homme qui avait su dire que le moteur essentiel de la Russie tsariste était la peur et qui refusait la théorie marxiste d'une dictature de parti, ces conceptions peuvent paraître contradictoires. Mais cette contradiction montre que les origines des doctrines autoritaires sont en partie nihilistes. Pisarev justifie Bakounine. Celui-ci voulait certes la liberté totale. Mais il la cherchait à travers une totale destruction. Tout détruire, c'est se vouer à construire sans fondations; il faut ensuite tenir les murs debout, à bout de bras. Celui qui rejette tout le passé, sans en rien garder de ce qui peut servir à vivifier la révolution, celui-là se condamne à ne trouver de justification que dans l'avenir et, en attendant, charge la police de justifier le provisoire. Bakounine annonçait la dictature, non contre son désir de destruction, mais en conformité avec lui. Rien ne pouvait l'arrêter, en effet, sur ce chemin, puisque dans le brasier de la négation totale les valeurs éthiques avaient aussi fondu. Par sa *Confession* au tsar, ouvertement obséquieuse, mais qu'il écrivit pour être libéré, il introduit spectaculairement le double jeu dans la politique révolutionnaire. Par ce *Catéchisme du révolutionnaire,* dont on suppose qu'il le rédigea en Suisse, avec Netchaiev, il donne une forme, même s'il devait ensuite le renier, à ce cynisme politique qui ne devait plus cesser de peser sur le mouvement révolutionnaire et que Netchaiev lui-même a illustré de façon provocante.

Figure moins connue que celle de Bakounine, plus mystérieuse encore, mais plus significative pour notre propos, Netchaiev a poussé la cohérence du nihilisme aussi loin qu'il se pouvait. Cet esprit est presque sans contradiction. Il apparaît vers 1866 dans les milieux de l'intelligentsia révolutionnaire et meurt obscurément en janvier 1882. Dans ce court espace de temps, il n'a jamais cessé de séduire : les étudiants autour de lui, Bakounine lui-même et les révolutionnaires émigrés, les gardiens de sa prison, enfin, qu'il réussit à faire entrer dans une folle conspiration. Quand il apparaît, il est déjà ferme sur ce qu'il pense. Si Bakounine a été à ce point fasciné par lui qu'il a consenti à le charger de mandats imaginaires, c'est qu'il reconnaissait dans cette figure implacable ce qu'il avait recommandé d'être et, d'une certaine manière, ce qu'il eût été lui-même s'il avait pu guérir de son cœur.

Netchaiev ne s'était pas contenté de dire qu'il fallait s'unir « au monde sauvage des bandits, ce véritable et unique milieu révolutionnaire de la Russie », ni d'écrire une fois de plus, comme Bakounine, que désormais la politique serait la religion et la religion la politique. Il s'était fait le moine cruel d'une révolution désespérée ; son rêve le plus évident était de fonder l'ordre meurtrier qui permettrait de propager et de faire triompher enfin la divinité noire qu'il avait décidé de servir.

Il n'a pas seulement disserté sur la destruction universelle, son originalité a été de revendiquer froidement pour ceux qui se donnent à la révolution, le « Tout est permis », et de se permettre tout en effet. « Le révolutionnaire est un homme condamné d'avance. Il ne doit avoir ni relations passionnelles ni choses ou êtres aimés. Il devrait se dépouiller même de son nom. Tout en lui doit se concentrer dans une seule passion : la révolution. » Si, en effet, l'histoire, hors de tout principe, n'est faite que de la lutte entre la révolution et la contre-révolution, il n'est pas d'autre issue que d'épouser entièrement une de ces deux valeurs, pour y mourir ou y ressusciter. Netchaiev pousse cette logique à bout. Pour la première fois avec lui, la révolution va se séparer explicitement de l'amour et de l'amitié.

On aperçoit chez lui les conséquences de la psychologie arbitraire véhiculée par la pensée de Hegel. Celui-ci avait pourtant admis que la reconnaissance des consciences l'une par l'autre peut se faire dans l'affrontement de l'amour*. Il s'était pourtant refusé à mettre au premier plan de son analyse ce « phénomène » qui, selon lui, « n'avait pas la force, la patience et le travail du négatif ». Il avait choisi de montrer les consciences dans un combat de crabes aveugles, tâtonnant obscurément sur le sable des mers pour s'agripper enfin dans une lutte à mort, et laissé volontairement de côté cette autre image, également légitime, des phares qui se cherchent péniblement dans la nuit et s'ajustent enfin pour une plus grande lumière. Ceux qui s'aiment, les amis, les amants, savent que l'amour n'est pas seulement une fulguration, mais aussi une longue et douloureuse lutte dans les

---

* Elle peut se faire aussi dans l'admiration où le mot « maître » prend alors un grand sens : celui qui forme, sans détruire.

ténèbres pour la reconnaissance et la réconciliation définitives. Après tout, si la vertu historique se reconnaît à ce qu'elle fait preuve de patience, le véritable amour est aussi patient que la haine. La revendication de justice n'est d'ailleurs pas seule à justifier au long des siècles la passion révolutionnaire, qui s'appuie aussi sur une exigence douloureuse de l'amitié pour tous, même et surtout en face d'un ciel ennemi. Ceux qui meurent pour la justice, de tout temps, se sont appelés « frères ». La violence, pour eux tous, est réservée à l'ennemi, au service de la communauté des opprimés. Mais si la révolution est l'unique valeur, elle exige tout et même la délation, donc le sacrifice de l'ami. Désormais, la violence sera tournée contre tous, au service d'une idée abstraite. Il a fallu l'avènement du règne des possédés pour qu'il soit dit, tout d'un coup, que la révolution, en elle-même, passait avant ceux qu'elle voulait sauver et que l'amitié, qui transfigurait jusque-là les défaites, devait être sacrifiée et renvoyée au jour encore invisible de la victoire.

L'originalité de Netchaiev est ainsi de justifier la violence faite aux frères. Il fixe le *Catéchisme* avec Bakounine. Mais une fois que celui-ci, dans une sorte d'égarement, lui a donné mission de représenter en Russie une Union révolutionnaire européenne qui n'existait que dans son imagination, Netchaiev gagne en effet la Russie, fonde sa *Société de la hache* et en définit lui-même les statuts. On y retrouve, nécessaire sans doute à toute action militaire ou politique, le comité central secret à qui tous doivent jurer fidélité absolue. Mais Netchaiev fait plus que de militariser la révolution à partir du moment où il admet que les chefs pour diriger les subordonnés ont le droit d'employer la violence et le mensonge. Il mentira, en effet, pour commencer, quand il se dira délégué par ce comité central encore inexistant et quand, pour engager des hésitants dans l'action qu'il médite d'entreprendre, il le décrira comme disposant de ressources illimitées. Il fera plus encore en distinguant des catégories parmi les révolutionnaires, ceux de la première catégorie (entendons les chefs) gardant le droit de considérer les autres comme « un capital qu'on peut dépenser ». Tous les chefs de l'histoire ont peut-être pensé ainsi, mais ils ne l'ont pas dit. Jusqu'à Netchaiev, en tout cas, nul chef révolutionnaire n'avait osé en faire le principe de sa conduite. Aucune révolution n'avait jusqu'ici mis en tête de ses tables de la loi que l'homme pouvait être un instrument. Le recrutement faisait traditionnellement appel au courage et à l'esprit de sacrifice. Netchaiev décide que l'on peut faire chanter ou terroriser les hésitants et qu'on peut tromper les confiants. Même les révolutionnaires imaginaires peuvent encore servir, si on les pousse systématiquement à accomplir les actes les plus dangereux. Quant aux opprimés, puisqu'il s'agit de les sauver une fois pour toutes, on peut les opprimer plus encore. Ce qu'ils y perdent, les opprimés à venir le gagneront. Netchaiev pose en principe qu'il faut pousser les gouvernements vers des mesures répressives, qu'il ne faut jamais toucher à ceux des représentants officiels qui sont le plus haïs de la population et qu'enfin la société secrète doit employer toute son activité à augmenter les souffrances et la misère des masses.

Quoique ces belles pensées aient pris tout leur sens aujourd'hui, Netchaiev n'a pu voir le triomphe de ses principes. Il a du moins cherché à les appliquer lors du meurtre de l'étudiant Ivanov, qui frappa assez les imaginations du temps pour que Dostoïevski en fît un des thèmes des *Possédés*. Ivanov dont le seul tort semble être d'avoir eu des doutes sur le comité central, dont Netchaiev se disait le délégué, s'opposait à la révolution puisqu'il s'opposait à celui qui s'était identifié à elle. Il devait donc mourir. « Quel droit avons-nous d'enlever la vie à un homme ? demande Ouspenski, un des camarades de Netchaiev. — Il ne s'agit pas de droit, mais de notre devoir d'éliminer tout ce qui nuit à la cause. » Quand la révolution est la seule valeur, il n'y a plus de droits, en effet, il n'y a que des devoirs. Mais par un renversement immédiat, au nom de ces devoirs, on prend tous les droits. Au nom de la cause, Netchaiev, qui n'a attenté à la vie d'aucun tyran, tue donc Ivanov dans un guet-apens. Puis il quitte la Russie et va retrouver Bakounine, qui s'en détourne, et condamne cette « répugnante tactique ». « Il est arrivé peu à peu, écrit Bakounine, à se convaincre que, pour fonder une société indestructible, il faut prendre pour base la politique de Machiavel et adopter le système des jésuites : pour le corps, la seule violence ; pour l'âme, le mensonge. » Cela est bien vu. Mais au nom de quoi décider que cette tactique est répugnante si la révolution, comme le voulait Bakounine, est le seul bien ? Netchaiev est vraiment au service de la révolution ; ce n'est pas lui qu'il sert, mais la cause. Extradé, il ne cède rien à ses juges. Condamné à vingt-cinq ans de prison, il règne encore sur les prisons, organise les geôliers en société secrète, projette l'assassinat du tsar, est jugé de nouveau. Une mort au fond d'une forteresse clôt, au bout de douze années de réclusion, la vie de ce révolté qui inaugure la race méprisante des grands seigneurs de la révolution.

À ce moment, au sein de la révolution, tout est vraiment permis, le meurtre peut être érigé en principe. On a cru pourtant, avec le renouveau du populisme en 1870, que ce mouvement révolutionnaire issu des tendances religieuses et éthiques qu'on trouve chez les décembristes, et dans le socialisme de Lavrov et Herzen, allait freiner l'évolution vers le cynisme politique que Netchaiev a illustrée. Le mouvement faisait appel aux « âmes vivantes », leur demandait d'aller au peuple et de l'éduquer afin qu'il marche de lui-même vers la libération. Les « gentilshommes repentants » quittaient leur famille, s'habillaient de pauvres vêtements et allaient dans les villages prêcher le paysan. Mais le paysan se méfiait et se taisait. Quand il ne se taisait pas, il dénonçait l'apôtre au gendarme. Cet échec des belles âmes[1] devait rejeter le mouvement vers le cynisme d'un Netchaiev ou, du moins, vers la violence. Dans la mesure où l'intelligentsia n'a pu ramener le peuple à elle, elle s'est sentie seule à nouveau devant l'autocratie ; à nouveau, le monde lui est apparu sous les espèces du maître et de l'esclave. Le groupe de *la Volonté du peuple* va donc ériger le terrorisme individuel en principe et inaugurer la série de meurtres qui s'est poursuivie jusqu'en 1905, avec le parti socialiste révolutionnaire. Les terroristes naissent à cet endroit, détournés de l'amour, dressés contre la culpabilité des maîtres, mais solitaires avec leur désespoir, face à leurs contradictions qu'ils ne pourront résoudre que dans le double sacrifice de leur innocence et de leur vie.

LES MEURTRIERS DÉLICATS[1]

L'année 1878 est l'année de naissance du terrorisme russe. Une très jeune fille, Vera Zassoulitch, au lendemain du procès de cent quatre-vingt-treize populistes, le 24 janvier, abat le général Trepov, gouverneur de Saint-Pétersbourg. Acquittée par les jurés, elle échappe ensuite à la police du tsar. Ce coup de revolver déclenche une cascade de répressions et d'attentats, qui se répondent les uns aux autres, et dont on devine déjà que la lassitude, seule, peut y mettre fin.

La même année, un membre de *la Volonté du peuple*, Kravtchinski, met la terreur en principes dans son pamphlet *Mort pour mort*. Les conséquences suivent les principes. En Europe, l'empereur d'Allemagne, le roi d'Italie et le roi d'Espagne sont victimes d'attentats. Toujours en 1878, Alexandre II crée, avec l'Okhrana, l'arme la plus efficace du terrorisme d'État. À partir de là, le XIXᵉ siècle se couronne de meurtres, en Russie et en Occident. En 1879, nouvel attentat contre le roi d'Espagne et attentat manqué contre le tsar. En 1881, meurtre du tsar par les terroristes de *la Volonté du peuple*. Sofia Perovskaia, Jeliabov et leurs amis sont pendus. En 1883, attentat contre l'empereur d'Allemagne, dont le meurtrier est exécuté à la hache. En 1887, exécution des martyrs de Chicago, et congrès de Valence des anarchistes espagnols qui lancent l'avertissement terroriste : « Si la société ne cède pas, il faut que le mal et le vice périssent, devrions-nous tous périr avec. » Les années 90 marquent en France le point culminant de ce qu'on appelait la propagande par le fait. Les exploits de Ravachol, de Vaillant et d'Henry préludent à l'assassinat de Carnot. Dans la seule année 1892, on compte plus d'un millier d'attentats à la dynamite en Europe, près de cinq cents en Amérique. En 1898, meurtre d'Élisabeth, impératrice d'Autriche. En 1901, assassinat de Mac Kinley, président des U.S.A. En Russie, où les attentats contre les représentants secondaires du régime n'ont pas cessé, l'*Organisation de combat* du parti socialiste révolutionnaire naît, en 1903, et groupe les figures les plus extraordinaires du terrorisme russe. Les meurtres de Plehve par Sazonov, et du grand-duc Serge par Kaliayev, en 1905, marquent les points culminants de ces trente années d'apostolat sanglant et terminent, pour la religion révolutionnaire, l'âge des martyrs.

Le nihilisme, étroitement mêlé au mouvement d'une religion déçue, s'achève ainsi en terrorisme. Dans l'univers de la négation totale, par la bombe et le revolver, par le courage aussi avec lequel ils marchaient à la potence, ces jeunes gens essayaient de sortir de la contradiction et de créer les valeurs dont ils manquaient. Jusqu'à eux, les hommes mouraient au nom de ce qu'ils savaient ou de ce qu'ils croyaient savoir. À partir d'eux, on prit l'habitude, plus difficile, de se sacrifier pour quelque chose dont on ne savait rien, sinon qu'il fallait mourir pour qu'elle soit. Jusque-là, ceux qui devaient mourir s'en remettaient à Dieu contre la justice des hommes. Mais quand on lit les déclarations des condamnés de cette période, on est frappé de voir que tous, sans exception, s'en remettent, contre leurs juges, à la justice d'autres hommes, encore à venir. Ces hommes futurs, en l'absence de valeurs suprêmes, demeuraient leur dernier recours. L'avenir est la seule transcendance des hommes sans dieu. Les terroristes sans doute veulent d'abord détruire, faire chanceler l'absolutisme sous le choc des bombes. Mais par leur mort, au moins, ils visent à recréer une communauté de justice et d'amour, et à reprendre ainsi une mission que l'Église a trahie[1]. Les terroristes veulent en réalité créer une Église d'où jaillira un jour le nouveau dieu. Mais est-ce là tout ? Si leur entrée volontaire dans la culpabilité et la mort n'avait rien fait surgir d'autre que la promesse d'une valeur encore à venir, l'histoire d'aujourd'hui nous permettrait d'affirmer, pour le moment en tout cas, qu'ils sont morts en vain et n'ont pas cessé d'être des nihilistes. Une valeur à venir est d'ailleurs une contradiction dans les termes[2], puisqu'elle ne peut éclairer une action ni fournir un principe de choix aussi longtemps qu'elle ne prend pas forme. Mais les hommes de 1905, justement, déchirés de contradictions, donnaient vie, par leur négation et leur mort même, à une valeur désormais impérieuse, qu'ils mettaient au jour, croyant en annoncer seulement l'avènement. Ils plaçaient ostensiblement au-dessus de leurs bourreaux et d'eux-mêmes ce bien suprême et douloureux que nous avons déjà trouvé aux origines de la révolte[1]. Arrêtons-nous au moins sur cette valeur, pour l'examiner, au moment où l'esprit de révolte rencontre, pour la dernière fois dans notre histoire, l'esprit de compassion.

« Peut-on parler de l'action terroriste sans y prendre part ? » s'écrie l'étudiant Kaliayev. Ses camarades, réunis à partir de 1903 dans l'*Organisation de combat* du parti socialiste révolutionnaire, sous la direction d'Azef, puis de Boris Savinkov, se tiennent tous à la hauteur de ce grand mot. Ce sont des hommes d'exigence. Les derniers, dans l'histoire de la révolte, ils ne refuseront rien de leur condition ni de leur drame. S'ils ont vécu dans la terreur, « s'ils ont eu foi en elle » (Pokotilov), ils n'ont jamais cessé d'y être déchirés. L'histoire offre peu d'exemples de fanatiques qui aient souffert de scrupules jusque dans la mêlée. Aux hommes de 1905, du moins, les doutes n'ont jamais manqué. Le plus grand hommage que nous puissions leur rendre est de dire que nous ne saurions, en 1950, leur poser une seule question qu'ils ne se soient déjà posée et à laquelle, dans leur vie, ou par leur mort, ils n'aient en partie répondu.

Pourtant, ils ont passé rapidement dans l'histoire. Lorsque Kaliayev, par exemple, décide en 1903 de prendre part avec Savinkov à l'action terroriste, il a vingt-six ans. Deux ans plus tard, le « Poète », comme on le surnommait, est pendu. C'est une carrière courte. Mais, pour celui qui examine avec un peu de passion l'histoire de cette période, Kaliayev, dans son passage vertigineux, lui tend la figure la plus significative du terrorisme. Sasonov, Schweitzer, Pokotilov, Voinarovski et la plupart des autres ont ainsi surgi dans l'histoire de la Russie et du monde, dressés un instant, voués à l'éclatement, témoins rapides et inoubliables d'une révolte de plus en plus déchirée.

Presque tous sont athées. « Je me souviens, écrit Boris Voinarovski, qui meurt en jetant sa bombe sur l'amiral Doubassov, qu'avant même d'entrer au lycée, je prêchais l'athéisme à un de mes amis d'enfance. Une seule question m'embarrassait. Mais d'où cela était-il venu ? Car je n'avais pas la moindre idée de l'éternité. » Kaliayev, lui, croit en Dieu. Quelques minutes avant un attentat qui sera manqué, Savinkov l'aperçoit dans la rue, planté devant une icône, tenant la bombe d'une main et se signant de l'autre. Mais il répudie la religion. Dans sa cellule, avant l'exécution, il en refuse les secours.

La clandestinité les oblige à vivre dans la solitude. Ils ne connaissent pas, sinon de façon abstraite, la joie puissante de tout homme d'action en contact avec une large communauté humaine. Mais le lien qui les unit remplace pour eux tous les attachements. « Chevalerie ! » écrit Sasonov qui commente ainsi : « Notre chevalerie était pénétrée d'un tel esprit que le mot « frère » ne traduit pas encore avec une clarté suffisante l'essence de nos relations réciproques. » Au bagne, le même Sasonov écrit à ses amis : « Quant à moi, la condition indispensable du bonheur est de garder à jamais la conscience de ma parfaite solidarité avec vous. » De son côté, à une femme aimée qui le retenait, Voinarovski avoue avoir dit cette phrase dont il reconnaît qu'elle est « un peu comique » mais qui, selon lui, prouve son état d'esprit : « Je te maudirais si j'arrivais en retard chez les camarades. »

Ce petit groupe d'hommes et de femmes, perdus dans la foule russe, serrés les uns contre les autres, choisissent le métier d'exécuteurs auquel rien ne les destinait. Ils vivent sur le même paradoxe, unissant en eux le respect de la vie humaine en général et un mépris de leur propre vie, qui va jusqu'à la nostalgie du sacrifice suprême. Pour Dora Brilliant, les questions de programme ne comptaient pas. L'action terroriste s'embellissait tout d'abord du sacrifice que lui faisait le terroriste. « Mais, dit Savinkov, la terreur pesait sur elle comme une croix. » Kaliayev, lui, est prêt à sacrifier sa vie à tout moment. « Mieux que cela, il désirait passionnément ce sacrifice. » Pendant la préparation de l'attentat contre Plehve, il propose de se jeter sous les chevaux et de périr avec le ministre. Chez Voinarovski aussi, le goût du sacrifice coïncide avec l'attirance de la mort. Après son arrestation, il écrit à ses parents : « Combien de fois, pendant mon adolescence, il m'était venu à l'idée de me tuer... »

Dans le même temps, ces exécuteurs, qui mettaient leur vie en jeu, et si totalement, ne touchaient à celle des autres qu'avec la conscience la plus pointilleuse. L'attentat contre le grand-duc Serge échoue une première fois parce que Kaliayev, approuvé par tous ses camarades, refuse de tuer les enfants qui se trouvaient dans la voiture du grand-duc. Sur Rachel Louriée, une autre terroriste,

Savinkov écrit : « Elle avait foi en l'action terroriste, elle considérait comme un honneur et un devoir d'y prendre part, mais le sang ne la troublait pas moins qu'il ne troublait Dora. » Le même Savinkov s'oppose à un attentat contre l'amiral Doubassov, dans le rapide Pétersbourg-Moscou : « À la moindre imprudence, l'explosion aurait pu se produire dans la voiture et tuer des étrangers. » Plus tard, Savinkov, « au nom de la conscience terroriste », se défendra avec indignation d'avoir fait participer un enfant de seize ans à un attentat. Au moment de s'évader d'une prison tsariste, il décide de tirer sur les officiers qui pourraient s'opposer à sa fuite, mais de se tuer plutôt que de tourner son arme contre des soldats. De même, Voinarovski, ce tueur d'hommes qui avoue n'avoir jamais chassé, « trouvant cette occupation barbare », déclare à son tour : « Si Doubassov est accompagné de sa femme, je ne jetterai pas la bombe. »

Un si grand oubli de soi-même, allié à un si profond souci de la vie des autres, permet de supposer que ces meurtriers délicats ont vécu le destin révolté dans sa contradiction la plus extrême. On peut croire qu'eux aussi, tout en reconnaissant le caractère inévitable de la violence, avouaient cependant qu'elle est injustifiée. Nécessaire et inexcusable, c'est ainsi que le meurtre leur apparaissait. Des cœurs médiocres, confrontés avec ce terrible problème, peuvent se reposer dans l'oubli de l'un des termes. Ils se contenteront, au nom des principes formels, de trouver inexcusable toute violence immédiate et permettront alors cette violence diffuse qui est à l'échelle du monde et de l'histoire. Ou ils se consoleront, au nom de l'histoire, de ce que la violence soit nécessaire et ajouteront alors le meurtre au meurtre, jusqu'à ne faire de l'histoire qu'une seule et longue violation de tout ce qui, dans l'homme, proteste contre l'injustice. Ceci définit les deux visages du nihilisme contemporain, bourgeois et révolutionnaire.

Mais les cœurs extrêmes dont il s'agit n'oubliaient rien. Dès lors, incapables de justifier ce qu'ils trouvaient pourtant nécessaire, ils ont imaginé de se donner eux-mêmes en justification et de répondre par le sacrifice personnel à la question qu'ils se posaient. Pour eux, comme pour tous les révoltés jusqu'à eux, le meurtre s'est identifié avec le suicide. Une vie est alors payée par une autre vie et, de ces deux holocaustes, surgit la promesse d'une valeur. Kaliayev, Voinarovski et les autres croient à l'équivalence des vies. Ils ne mettent donc aucune idée au-dessus de la vie humaine, bien qu'ils tuent pour l'idée. Exactement, ils vivent à la hauteur de l'idée. Ils la justifient, pour finir, en l'incarnant jusqu'à la mort. Nous sommes encore en face d'une conception, sinon religieuse, du moins métaphysique de la révolte. D'autres hommes viendront après ceux-là qui, animés de la même foi dévorante, jugeront cependant ces méthodes sentimentales et refuseront d'admettre que n'importe quelle vie soit équivalente à n'importe quelle autre. Ils mettront alors au-dessus de la vie humaine une idée abstraite, même s'ils l'appellent histoire, à laquelle, soumis d'avance, ils décideront, en plein arbitraire, de soumettre aussi les autres. Le problème de la révolte ne se résoudra plus en arithmétique, mais en calcul de probabilités. En face d'une future réalisation de l'idée, la vie humaine peut être tout ou rien. Plus est grande la foi que le calculateur met dans cette réalisation, moins vaut la vie humaine. À la limite, elle ne vaut plus rien.

Il nous reviendra d'examiner cette limite, c'est-à-dire le temps des bourreaux philosophes et du terrorisme d'État. Mais, en attendant, les révoltés de 1905, à la frontière où ils se tiennent, nous enseignent, au milieu du fracas des bombes, que la révolte ne peut conduire, sans cesser d'être révolte, à la consolation et au confort dogmatique. Leur seule victoire apparente est de triompher au moins de la solitude et de la négation. Au milieu d'un monde qu'ils nient et qui les rejette, ils tentent, comme tous les grands cœurs, de refaire, homme après homme, une fraternité. L'amour qu'ils se portent réciproquement, qui fait leur bonheur jusque dans le désert du bagne, qui s'étend à l'immense masse de leurs frères asservis et silencieux, donne la mesure de leur détresse et de leur espoir. Pour servir cet amour, il leur faut d'abord tuer; pour affirmer le règne de l'innocence, accepter une certaine culpabilité. Cette contradiction ne se résoudra pour eux qu'au moment dernier. Solitude et chevalerie, déréliction et espoir ne seront surmontés que dans la libre acceptation de la mort. Jeliabov déjà, qui organisa en 1881 l'attentat contre Alexandre II, arrêté quarante-huit heures avant le meurtre, avait demandé à être exécuté en même temps que l'auteur réel de l'attentat. « Seule la lâcheté du gouvernement, dit-il dans sa lettre aux autorités, expliquerait qu'on ne dressât qu'une potence au lieu de deux. » On en dressa cinq, dont une pour la femme qu'il aimait. Mais Jeliabov mourut en souriant, tandis que Ryssakov, qui avait failli pendant les interrogatoires, fut traîné sur l'échafaud, à demi fou de terreur.

C'est qu'il y avait une sorte de culpabilité dont Jeliabov ne voulait pas et dont il savait qu'il la recevrait, comme Ryssakov, s'il demeurait solitaire après avoir tué ou fait tuer. Au pied de la potence, Sofia Perovskaia embrassa l'homme qu'elle aimait et ses deux autres amis, mais se détourna de Ryssakov qui mourut, solitaire, en damné de la nouvelle religion. Pour Jeliabov, la mort au milieu de ses frères coïncidait avec sa justification. Celui qui tue n'est coupable que s'il consent encore à vivre ou si, pour vivre encore, il trahit ses frères. Mourir, au contraire, annule la culpabilité et le crime lui-même. Charlotte Corday crie alors à Fouquier-Tinville : « Ô le monstre, il me prend pour un assassin ! » C'est la déchirante et fugitive découverte d'une valeur humaine qui se tient à mi-chemin de l'innocence et de la culpabilité, de la raison et de la déraison, de l'histoire et de l'éternité. À l'instant de cette découverte, mais alors seulement, vient pour ces désespérés une paix étrange, celle des victoires définitives. Dans sa cellule, Polivanov dit qu'il lui aurait été « facile et doux » de mourir. Voinarovski écrit qu'il a vaincu la peur de la mort. « Sans que tressaille un seul muscle de mon visage, sans parler, je monterai à l'échafaud... Et ce ne sera pas une violence exercée sur moi-même, ce sera le résultat tout naturel de tout ce que j'ai vécu. » Bien plus tard, le lieutenant Schmidt écrira aussi avant d'être fusillé : « Ma mort parachèvera tout et, couronnée par le supplice, ma cause sera irréprochable et parfaite. » Et Kaliayev condamné à la potence après s'être dressé en accusateur devant le tribunal, Kaliayev qui déclare fermement : « Je considère ma mort comme une suprême protestation contre un monde de larmes et de sang », Kaliayev écrit encore : « À partir du moment où je me suis trouvé derrière les barreaux, je n'ai pas eu un moment le désir de rester d'une façon quelconque en vie. » Son souhait sera exaucé. Le 10 mai, à deux heures du matin, il marchera vers la seule justification qu'il reconnaisse. Tout de noir vêtu, sans pardessus, coiffé d'un feutre, il monte à l'échafaud. Au père Florinski, qui lui tend le crucifix, le condamné, se détournant du Christ, répond seulement : « Je vous ai déjà dit que j'en ai fini avec la vie et que je me suis préparé à la mort[1]. »

Oui, l'ancienne valeur renaît ici, au bout du nihilisme, au pied de la potence elle-même. Elle est le reflet, historique cette fois, du « nous sommes » que nous avons trouvé au terme d'une analyse de l'esprit révolté. Elle est en même temps privation et certitude illuminée. C'est elle qui resplendit d'un mortel éclat sur le visage bouleversé de Dora Brilliant à la pensée de celui qui mourait à la fois pour lui-même et pour l'amitié inlassable; elle qui pousse Sazonov à se tuer au bagne par protestation et pour « faire respecter ses frères »; elle encore qui aboutit jusqu'à Netchaiev le jour où, un général lui demandant de dénoncer ses camarades, il le renverse à terre d'une seule gifle. À travers elle, ces terroristes, en même temps qu'ils affirment le monde des hommes, se placent au-dessus de ce monde, démontrant, pour la dernière fois dans notre histoire, que la vraie révolte est créatrice de valeurs.

1905, grâce à eux, marque le plus haut sommet de l'élan révolutionnaire. À cette date, une déchéance a commencé. Les martyrs ne font pas les Églises : ils en sont le ciment, ou l'alibi. Ensuite viennent les prêtres et les bigots. Les révolutionnaires qui viendront n'exigeront pas l'échange des vies. Ils consentiront au risque de la mort, mais accepteront aussi de se garder le plus possible pour la révolution et son service. Ils accepteront donc, pour eux-mêmes, la culpabilité totale. Le consentement à l'humiliation, telle est la vraie caractéristique des révolutionnaires du XXᵉ siècle, qui placent la révolution et l'Église des hommes au-dessus d'eux-mêmes. Kaliayev prouve, au contraire[2], que la révolution, moyen nécessaire, n'est pas une fin suffisante. Du même coup, il élève l'homme au lieu de l'abaisser. C'est Kaliayev et ses frères, russes ou allemands, qui dans l'histoire du monde s'opposent vraiment à Hegel*, la reconnaissance univer-

---

* Deux races d'hommes. L'un tue une seule fois et paie de sa vie. L'autre justifie des milliers de crimes et accepte de se payer d'honneurs.

selle étant par eux reconnue nécessaire d'abord et ensuite insuffisante. Paraître ne lui suffisait pas. Quand le monde entier l'aurait reconnu, un doute encore en Kaliayev aurait subsisté : il lui fallait son propre consentement, et la totalité des approbations n'aurait pas suffi à faire taire ce doute que déjà font naître en tout homme vrai cent acclamations enthousiastes. Kaliayev a douté jusqu'à la fin et ce doute ne l'a pas empêché d'agir; c'est en cela qu'il est l'image la plus pure de la révolte. Celui qui accepte de mourir, de payer une vie par une vie, quelles que soient ses négations, affirme du même coup une valeur qui le dépasse lui-même en tant qu'individu historique. Kaliayev se dévoue à l'histoire jusqu'à la mort et, au moment de mourir, se place au-dessus de l'histoire. D'une certaine manière, il est vrai qu'il se préfère à elle. Mais que préfère-t-il, lui qu'il tue sans hésitation, ou la valeur qu'il incarne et fait vivre ? La réponse n'est pas douteuse. Kaliayev et ses frères triomphaient du nihilisme.

LE CHIGALEVISME

Mais ce triomphe sera sans lendemain : il coïncide avec la mort. Le nihilisme, provisoirement, survit à ses vainqueurs. Au sein même du parti socialiste révolutionnaire, le cynisme politique continue à cheminer vers la victoire. Le chef qui envoie Kaliayev à la mort, Azev, pratique le double jeu et dénonce les révolutionnaires à l'Okhrana en même temps qu'il fait exécuter ministres et grands-ducs. La provocation remet en place le « Tout est permis » et identifie encore l'histoire et la valeur absolue. Ce nihilisme, après avoir influencé le socialisme individualiste, va contaminer le socialisme dit scientifique qui surgit dans les années 80 en Russie*. L'héritage conjugué de Netchaiev et de Marx donnera naissance à la révolution totalitaire du XXe siècle. En même temps que le terrorisme individuel pourchassait les derniers représentants du droit divin, le terrorisme d'État se préparait à détruire définitivement ce droit à la racine même des sociétés. La technique de la prise du

---

* Le premier groupe social-démocrate, celui de Plekhanov, est de 83.

pouvoir pour la réalisation des fins dernières prend le pas sur l'affirmation exemplaire de ces fins.

Lénine empruntera, en effet, à Tkatchev, un camarade et un frère spirituel de Netchaiev, une conception de la prise de pouvoir qu'il trouvait « majestueuse » et que lui-même résumait ainsi : « secret rigoureux, choix minutieux des membres, formation de révolutionnaires professionnels ». Tkatchev, qui mourut fou, fait la transition entre le nihilisme et le socialisme militaire. Il prétendait créer un jacobinisme russe et il ne prit des jacobins que leur technique d'action puisqu'il niait, lui aussi, tout principe et toute vertu. Ennemi de l'art et de la morale, il concilie dans la tactique seulement le rationnel et l'irrationnel. Son but est de réaliser l'égalité humaine par la prise du pouvoir étatique. Organisation secrète, faisceaux de révolutionnaires, pouvoir dictatorial des chefs, ces thèmes définissent la notion, sinon le fait, « d'appareil » qui connaîtra une si grande et si efficace fortune. Quant à la méthode elle-même, on en aura une juste idée quand on saura que Tkatchev proposait de supprimer tous les Russes au-dessus de vingt-cinq ans, comme incapables d'accepter les idées nouvelles. Méthode géniale, en vérité, et qui devait prévaloir dans la technique du super-État moderne, où l'éducation forcenée de l'enfant s'accomplit au milieu d'adultes terrorisés. Le socialisme césarien[1] condamnera, sans doute, le terrorisme individuel dans la mesure où il fait revivre des valeurs incompatibles avec la domination de la raison historique. Mais il restituera la terreur au niveau de l'État, avec, pour seule justification, la construction de l'humanité enfin divinisée.

Une boucle s'achève ici et la révolte, coupée de ses vraies racines, infidèle à l'homme parce que soumise à l'histoire, médite maintenant d'asservir l'univers entier. Alors commence l'ère du chigalevisme, exaltée dans *les Possédés* par Verkhovensky, le nihiliste qui réclame le droit au déshonneur. Esprit malheureux et implacable*, il choisit la volonté de puissance qui est seule, en effet, à pouvoir régner sur une histoire sans autre signification qu'elle-même. Chigalev, le philanthrope, sera sa caution ; l'amour des hommes justifiera désormais qu'on les asser-

---

* « Il se représentait l'homme à sa façon et, ensuite, il ne démordait plus de son idée. »

visse. Fou d'égalité*, Chigalev, après de longues réflexions, en est arrivé à conclure avec désespoir qu'un seul système est possible, bien qu'il soit en effet désespérant. « Parti de la liberté illimitée, j'arrive au despotisme illimité. » La liberté totale qui est négation de tout ne peut vivre et se justifier que par la création de nouvelles valeurs identifiées à l'humanité entière. Si cette création tarde, l'humanité s'entre-déchire jusqu'à la mort. Le chemin le plus court vers ces nouvelles tables passe par la totale dictature. « Un dixième de l'humanité possédera les droits de la personnalité et exercera une autorité illimitée sur les neuf autres dixièmes. Ceux-ci perdront leur personnalité et deviendront comme un troupeau ; astreints à l'obéissance passive, ils seront ramenés à l'innocence première et, pour ainsi dire, au paradis primitif où, du reste, ils devront travailler. » C'est le gouvernement des philosophes dont rêvaient les utopistes ; simplement ces philosophes ne croient à rien. Le royaume[1] est arrivé, mais il nie la vraie révolte, il s'agit seulement du règne des « Christs violents », pour reprendre l'expression d'un littérateur enthousiaste célébrant la vie et la mort de Ravachol. « Le pape en haut, dit amèrement Verkhovensky, nous autour de lui, et au-dessous de nous le chigalevisme. »

Les théocraties totalitaires du XXe siècle, la terreur d'État, sont ainsi annoncées. Les nouveaux seigneurs et les grands inquisiteurs règnent aujourd'hui, utilisant la révolte des opprimés, sur une partie de notre histoire. Leur règne est cruel, mais ils s'excusent de leur cruauté, comme le Satan romantique, sur ce qu'elle est lourde à porter. « Nous nous réservons le désir et la souffrance, les esclaves auront le chigalevisme. » Une nouvelle, et assez hideuse, race de martyrs naît à ce moment. Leur martyre consiste à accepter d'infliger la souffrance aux autres ; ils s'asservissent à leur propre maîtrise. Pour que l'homme devienne dieu, il faut que la victime s'abaisse à devenir bourreau. C'est pourquoi victime et bourreau sont également désespérés. Ni l'esclavage ni la puissance ne coïncideront plus avec le bonheur[2], les maîtres seront moroses et les serfs maussades. Saint-Just avait raison, c'est

---

* « La calomnie et l'assassinat dans les cas extrêmes, mais surtout l'égalité. »

une chose affreuse de tourmenter le peuple. Mais comment éviter de tourmenter les hommes si l'on a décidé d'en faire des dieux ? De même que Kirilov, qui se tue pour être dieu, accepte de voir son suicide utilisé par la « conspiration » de Verkhovensky, de même la divinisation de l'homme par lui-même brise la limite que la révolte mettait pourtant au jour et s'engage irrésistiblement dans les chemins boueux de la tactique et de la terreur dont l'histoire n'est pas encore sortie.

LE TERRORISME D'ÉTAT
ET LA TERREUR IRRATIONNELLE

Toutes les révolutions modernes ont abouti à un renforcement de l'État. 1789 amène Napoléon, 1848 Napoléon III, 1917 Staline, les troubles italiens des années 20 Mussolini, la république de Weimar Hitler. Ces révolutions, surtout après que la première guerre mondiale eut liquidé les vestiges du droit divin, se sont pourtant proposé, avec une audace de plus en plus grande, la construction de la cité humaine et de la liberté réelle. L'omnipotence grandissante de l'État a chaque fois sanctionné cette ambition. Il serait faux de dire que cela ne pouvait manquer d'arriver. Mais il est possible d'examiner comment cela est arrivé; la leçon suivra peut-être.

À côté d'un petit nombre d'explications qui ne font pas le sujet de cet essai, l'étrange et terrifiante croissance de l'État moderne peut être considérée comme la conclusion logique d'ambitions techniques et philosophiques démesurées[1], étrangères au véritable esprit de révolte, mais qui ont pourtant donné naissance à l'esprit révolutionnaire de notre temps. Le rêve prophétique de Marx et les puissantes anticipations de Hegel ou de Nietzsche ont fini par susciter, après que la cité de Dieu eut été rasée, un État rationnel ou irrationnel, mais dans les deux cas terroriste.

À vrai dire, les révolutions fascistes du XXᵉ siècle ne méritent pas le titre de révolution. L'ambition universelle leur a manqué. Mussolini et Hitler ont sans doute cherché à créer un empire et les idéologues nationaux-socialistes ont pensé, explicitement, à l'empire mondial. Leur différence avec le mouvement révolutionnaire classique est que, dans l'héritage nihiliste, ils ont choisi de déifier l'irrationnel, et lui seul, au lieu de diviniser la raison. Du même coup, ils renonçaient à l'universel. Il n'empêche que Mussolini se réclame de Hegel, Hitler de Nietzsche ; ils illustrent dans l'histoire quelques-unes des prophéties de l'idéologie allemande. À ce titre, ils appartiennent à l'histoire de la révolte et du nihilisme. Les premiers, ils ont construit un État sur l'idée que rien n'avait de sens et que l'histoire n'était que le hasard de la force. La conséquence n'a pas tardé.

Dès 1914, Mussolini annonçait la « sainte religion de l'anarchie » et se déclarait l'ennemi de tous les christianismes. Quant à Hitler, sa religion avouée juxtaposait sans une hésitation le Dieu-Providence et le Walhalla. Son dieu, en vérité, était un argument de meeting et une manière d'élever le débat à la fin de ses discours. Aussi longtemps qu'il a connu le succès, il a préféré se croire inspiré. Au moment de la défaite, il s'est jugé trahi par son peuple. Entre les deux, rien n'est venu annoncer au monde qu'il ait pu jamais s'estimer coupable devant aucun principe. Le seul homme de culture supérieure qui ait donné au nazisme une apparence de philosophie, Ernst Junger, a d'ailleurs choisi les formules mêmes du nihilisme : « La meilleure réponse à la trahison de la vie par l'esprit, c'est la trahison de l'esprit par l'esprit, et l'une des grandes et cruelles jouissances de ce temps est de participer à ce travail de destruction[1]. »

Les hommes d'action, lorsqu'ils sont sans foi, n'ont jamais cru qu'au mouvement de l'action. Le paradoxe insoutenable de Hitler a été justement de vouloir fonder un ordre stable sur un mouvement perpétuel et une négation. Rauschning dans sa *Révolution du nihilisme* a raison de dire que la révolution hitlérienne était un dynamisme pur. Dans l'Allemagne, secouée jusqu'aux racines par une guerre sans précédent, la défaite et la détresse économique, aucune valeur ne tenait plus debout. Quoiqu'il faille compter avec ce que Gœthe appelait « le destin allemand de se rendre toutes choses difficiles », l'épidémie de suicides qui affecta le pays entier, entre les deux guerres, en dit long sur le désarroi des esprits. À ceux qui désespèrent de tout, ce ne sont pas les raisonnements qui peuvent rendre une foi, mais la seule passion, et ici la passion même qui gisait au fond de ce désespoir, c'est-à-dire l'humiliation et la haine. Il n'y avait plus de valeur, à la fois commune et supérieure à tous ces hommes, au nom de laquelle il leur fût possible de se juger les uns les autres. L'Allemagne de 1933 a donc accepté d'adopter les valeurs dégradées de quelques hommes seulement et essayé de les imposer à toute une civilisation. Faute de la morale de Gœthe, elle a choisi et subi la morale du gang.

La morale du gang est triomphe et vengeance, défaite et ressentiment, inépuisablement. Quand Mussolini exaltait « les forces élémentaires de l'individu », il annonçait l'exaltation des puissances obscures du sang et de l'instinct, la justification biologique de ce que l'instinct de domination produit de pire. Au procès de Nuremberg, Frank a souligné « la haine de la forme » qui animait Hitler. Il est vrai que cet homme était seulement une force en mouvement, redressée et rendue plus efficace par les calculs de la ruse et d'une implacable clairvoyance tactique. Même sa forme physique, médiocre et banale, ne lui était pas une limite, le fondait dans la masse*. Seule, l'action le tenait debout. Être pour lui, c'était faire. Voilà pourquoi Hitler et son régime ne pouvaient se passer d'ennemis. Ils ne pouvaient, dandys forcenés**, se définir que par rapport à ces ennemis, prendre forme que dans le combat acharné qui devait les abattre. Le Juif, les francs-maçons, les ploutocraties, les Anglo-Saxons, le Slave bestial se sont succédé dans la propagande et dans l'histoire pour redresser, chaque fois un peu plus haut, la force aveugle qui marchait vers son terme. Le combat permanent exigeait des excitants perpétuels.

Hitler était l'histoire à l'état pur. « Devenir, disait Junger, vaut mieux que vivre. » Il prêchait donc l'identification totale avec le courant de la vie, au niveau le plus bas et contre toute réalité supérieure. Le régime qui a inventé la politique étrangère biologique allait contre ses intérêts les plus évidents. Mais il obéissait au moins à sa logique particulière. Ainsi Rosenberg parlait-il pompeusement de la vie : « Le style d'une colonne en marche, et peu importe vers quelle destination et pour quelle fin cette colonne est en marche. » Après cela, la

---

* Voir l'excellent livre de Max Picard : *l'Homme du néant*, Cahiers du Rhône.

** On sait que Gœring recevait parfois en costume de Néron, et fardé.

colonne sèmera l'histoire de ruines et dévastera son propre pays, elle aura au moins vécu. La vraie logique de ce dynamisme était la défaite totale ou bien, de conquête en conquête, d'ennemi en ennemi, l'établissement de l'Empire du sang et de l'action. Il est peu probable que Hitler ait conçu, au moins primitivement, cet Empire. Ni par la culture ni même par l'instinct ou l'intelligence tactique, il n'était à la hauteur de son destin. L'Allemagne s'est effondrée pour avoir engagé une lutte impériale avec une pensée politique provinciale. Mais Junger avait aperçu cette logique et en avait donné la formule. Il a eu la vision d'un « Empire mondial et technique », « d'une religion de la technique antichrétienne », dont les fidèles et les soldats eussent été les ouvriers eux-mêmes parce que (et là, Junger retrouvait Marx), par sa structure humaine, l'ouvrier est universel. « Le statut d'un nouveau régime de commandement supplée au changement du contrat social. L'ouvrier est tiré de la sphère des négociations, de la pitié, de la littérature, et élevé jusqu'à celle de l'action. Les obligations juridiques se transforment en obligations militaires. » L'Empire, on le voit, est en même temps l'usine et la caserne mondiales, où règne en esclave le soldat ouvrier de Hegel. Hitler a été arrêté relativement tôt sur le chemin de cet empire. Mais si même il était allé encore plus loin, on eût assisté seulement au déploiement de plus en plus ample d'un dynamisme irrésistible et au renforcement de plus en plus violent des principes cyniques qui, seuls, étaient capables de servir ce dynamisme.

Parlant d'une telle révolution, Rauschning dit qu'elle n'est plus libération, justice et essor de l'esprit : elle est « la mort de la liberté, la domination de la violence et l'esclavage de l'esprit ». Le fascisme, c'est le mépris, en effet. Inversement, toute forme de mépris, si elle intervient en politique, prépare ou instaure le fascisme. Il faut ajouter que le fascisme ne peut être autre chose sans se renier lui-même. Junger tirait de ses propres principes qu'il valait mieux être criminel que bourgeois. Hitler, qui avait moins de talent littéraire, mais, à cette occasion, plus de cohérence, savait qu'il est indifférent d'être l'un ou l'autre, à partir du moment où l'on ne croit qu'au succès. Il s'autorisera donc à être l'un et l'autre à la fois. « Le fait, c'est tout », disait Mussolini. Et Hitler : « Quand la race est en danger d'être opprimée... la question de légalité ne joue plus qu'un rôle secondaire. » La race, d'ailleurs, ayant toujours besoin d'être menacée pour être, il n'y a jamais de légalité. « Je suis prêt à tout signer, à tout souscrire... En ce qui me concerne, je suis capable, en toute bonne foi, de signer des traités aujourd'hui et de les rompre froidement demain si l'avenir du peuple allemand est en jeu. » Avant de déclencher la guerre, d'ailleurs, le Führer déclara à ses généraux qu'il ne serait pas demandé au vainqueur, plus tard, s'il avait dit la vérité ou non. Le leitmotiv de la défense de Gœring au procès de Nuremberg reprend cette idée : « Le vainqueur sera toujours le juge et le vaincu l'accusé. » Cela peut sans doute se discuter. Mais alors on ne comprend pas Rosenberg quand il dit au procès de Nuremberg qu'il n'avait pas prévu que ce mythe mènerait à l'assassinat. Lorsque le procureur anglais observe que, « de *Mein Kampf*, la route était directe jusqu'aux chambres à gaz de Maïdanek », il touche au contraire au vrai sujet du procès, celui des responsabilités historiques du nihilisme occidental, le seul pourtant qui n'ait pas été vraiment discuté à Nuremberg, pour des raisons évidentes. On ne peut mener un procès en annonçant la culpabilité générale d'une civilisation. On a jugé sur les seuls actes qui, eux du moins, criaient à la face de la terre entière.

Hitler, dans tous les cas, a inventé le mouvement perpétuel de la conquête sans lequel il n'eût rien été. Mais l'ennemi perpétuel, c'est la terreur perpétuelle, au niveau de l'État, cette fois. L'État s'identifie avec « l'appareil », c'est-à-dire avec l'ensemble des mécanismes de conquête et de répression. La conquête dirigée vers l'intérieur du pays s'appelle propagande (« premier pas vers l'enfer » selon Frank), ou répression. Dirigée vers l'extérieur, elle crée l'armée. Tous les problèmes sont ainsi militarisés, posés en terme de puissance et d'efficacité. Le général en chef détermine la politique et d'ailleurs tous les principaux problèmes d'administration. Ce principe, irréfutable quant à la stratégie, est généralisé dans la vie civile. Un seul chef, un seul peuple, signifie un seul maître et des millions d'esclaves. Les intermédiaires politiques qui sont, dans toutes les sociétés, les garanties de la liberté disparaissent pour laisser la place à un Jéhovah botté qui règne sur des foules silencieuses, ou, ce qui revient au même, hurlant des mots d'ordre. On n'interpose pas entre le chef et le peuple un organisme de conciliation ou de médiation, mais l'appareil justement, c'est-à-dire le parti qui est l'émanation du chef et l'outil de sa volonté d'oppression. Ainsi naît le premier et le seul principe de cette basse mystique, le *Fuhrerprinzip,* qui restaure dans le monde du nihilisme une idolâtrie et un sacré dégradé.

Mussolini, juriste latin, se contentait de la raison d'État qu'il transformait seulement, avec beaucoup de rhétorique, en absolu. « Rien hors de l'État, au-dessus de l'État, contre l'État. Tout à l'État, pour l'État, dans l'État. » L'Allemagne hitlérienne a donné à cette fausse raison son vrai langage, qui était celui d'une religion. « Notre service divin, écrit un journal nazi pendant un congrès du parti, était de ramener vers les origines, vers les Mères. En vérité, c'était un service de Dieu. » Les origines sont alors dans le hurlement primitif. Quel est ce dieu dont il est ici question ? Une déclaration officielle du parti nous l'apprend : « Nous tous, ici-bas, croyons en Adolf Hitler, notre Führer... et (nous confessons) que le national-socialisme est la seule foi qui mène notre peuple au salut. » Les commandements du chef, dressé dans le buisson enflammé des projecteurs, sur un Sinaï de planches et de drapeaux, font alors la loi et la vertu. Si les micros surhumains commandent une fois seulement le crime, alors de chefs en sous-chefs, le crime descend jusqu'à l'esclave qui, lui, reçoit les ordres sans en donner à personne. Un exécuteur de Dachau pleure ensuite dans sa prison : « Je n'ai fait qu'exécuter les ordres. Le Führer et le Reichsführer, seuls, ont amené tout cela et puis ils sont partis. Gluecks a reçu des ordres de Kaltenbrunner et, finalement, j'ai reçu l'ordre de fusiller. Ils m'ont passé tout le paquet parce que je n'étais qu'un petit Hauptscharführer et que je ne pouvais pas le transmettre plus bas dans la file. Maintenant, ils disent que c'est moi l'assassin. » Gœring protestait au procès de sa fidélité au Führer et « qu'il existait encore une question d'honneur dans cette maudite vie ». L'honneur était dans l'obéissance qui se confondait parfois avec le crime. La loi militaire punit de mort la désobéissance et son honneur est servitude. Quand tout le monde est militaire, le crime est de ne pas tuer si l'ordre l'exige.

L'ordre, par malheur, exige rarement de faire le bien. Le pur dynamisme doctrinal ne peut se diriger vers le bien, mais seulement vers l'efficacité. Aussi longtemps qu'il y aura des ennemis, il y aura terreur ; et il y aura des ennemis aussi longtemps que le dynamisme sera, pour qu'il soit : « Toutes les influences susceptibles d'affaiblir la souveraineté du peuple, exercée par le Führer avec l'aide du parti... doivent être éliminées. » Les ennemis sont hérétiques, ils doivent être convertis par la prédication ou propagande ; exterminés par l'inquisition ou Gestapo. Le résultat est que l'homme n'est plus, s'il est du parti, qu'un outil au service du Führer, un rouage de l'appareil, ou, s'il est ennemi du Führer, un produit de consommation de l'appareil. L'élan irrationnel, né de la révolte, ne se propose plus que de réduire ce qui fait que l'homme n'est pas un rouage, c'est-à-dire la révolte elle-même. L'individualisme romantique de la révolution allemande s'assouvit enfin dans le monde des choses. La terreur irrationnelle transforme en choses les hommes, « bacilles planétaires » selon la formule de Hitler. Elle se propose la destruction, non seulement de la personne, mais des possibilités universelles de la personne, la réflexion, la solidarité, l'appel vers l'amour absolu. La propagande, la torture, sont des moyens directs de désintégration ; plus encore la déchéance systématique, l'amalgame avec le criminel cynique, la complicité forcée. Celui qui tue ou torture ne connaît qu'une ombre à sa victoire : il ne peut pas se sentir innocent. Il lui faut donc créer la culpabilité chez la victime elle-même pour que, dans un monde sans direction, la culpabilité générale ne légitime plus que l'exercice de la force, ne consacre plus que le succès. Quand l'idée d'innocence disparaît chez l'innocent lui-même, la valeur de puissance règne définitivement sur un monde désespéré. C'est pourquoi une ignoble et cruelle pénitence règne sur ce monde où seules les pierres sont innocentes. Les condamnés sont obligés de se pendre les uns les autres. Le cri pur de la maternité est lui-même tué, comme chez cette mère grecque qu'un officier força de choisir celui de ses trois fils qui serait fusillé. C'est ainsi qu'on est enfin libre. La puissance de tuer et d'avilir sauve l'âme servile du néant. La liberté allemande se chante alors, au son d'orchestres de bagnards, dans les camps de la mort.

Les crimes hitlériens, et parmi eux le massacre des Juifs, sont sans équivalent dans l'histoire parce que l'histoire ne rapporte aucun exemple qu'une doctrine de destruction aussi totale ait jamais pu s'emparer des leviers de commande d'une nation civilisée. Mais surtout, pour la première fois dans l'histoire, des hommes de gouvernement ont appliqué leurs immenses forces à instaurer une mystique en dehors de toute morale. Cette première tentative d'une Église bâtie sur un néant a été payée par l'anéantissement lui-même. La destruction de Lidice montre bien que l'apparence systématique et scientifique du mouvement hitlérien couvre en vérité une poussée irrationnelle qui ne peut être que celle du désespoir et de l'orgueil. En face d'un village supposé rebelle, on n'imagine jusque-là que deux attitudes du conquérant. Ou bien la répression calculée et l'exécution froide d'otages, ou bien la ruée sauvage, et forcément brève, de soldats exaspérés. Lidice a été détruite par les deux systèmes conjugués. Elle illustre les ravages de cette raison irrationnelle qui est la seule valeur qu'on puisse trouver dans l'histoire. Non seulement les maisons furent incendiées, les cent soixante-quatorze hommes du village fusillés, les deux cent trois femmes déportées et les cent trois enfants transférés pour être éduqués dans la religion du Führer, mais des équipes spéciales fournirent des mois de travail pour niveler le terrain à la dynamite, faire disparaître les pierres, combler l'étang du village, détourner enfin la route et la rivière. Lidice, après cela, n'était vraiment plus rien, qu'un avenir pur, selon la logique du mouvement. Pour plus de sûreté, on vida le cimetière de ses morts, qui rappelaient encore que quelque chose, en cet endroit, avait été*.

La révolution nihiliste, qui s'est exprimée historiquement dans la religion hitlérienne, n'a ainsi suscité qu'une rage démesurée de néant, qui a fini par se retourner contre elle-même. La négation, cette fois au moins et malgré Hegel, n'a pas été créatrice. Hitler présente le cas, unique peut-être dans l'histoire, d'un tyran qui n'a

---

* Il est frappant de noter que des atrocités qui peuvent rappeler ces excès ont été commises aux colonies (Indes, 1857; Algérie, 1945, etc.) par des nations européennes qui obéissaient en réalité au même préjugé irrationnel de supériorité raciale.

rien laissé à son actif. Pour lui-même, pour son peuple et pour le monde, il n'a été que suicide et meurtre. Sept millions de Juifs assassinés, sept millions d'Européens déportés ou tués, dix millions de victimes de la guerre ne suffiraient peut-être pas encore à l'histoire pour en juger : elle a l'habitude des meurtriers. Mais la destruction même des justifications dernières de Hitler, c'est-à-dire de la nation allemande, fait désormais de cet homme, dont la présence historique, pendant des années, hanta des millions d'hommes, une ombre inconsistante et misérable. La déposition de Speer au procès de Nuremberg a montré que Hitler, alors qu'il eût pu arrêter la guerre avant le désastre total, a voulu le suicide général, la destruction matérielle et politique de la nation allemande. La seule valeur, pour lui, est restée, jusqu'au bout, le succès. Puisque l'Allemagne perdait la guerre, elle était lâche et traîtresse, elle devait mourir. « Si le peuple allemand n'est pas capable de vaincre, il n'est pas digne de vivre. » Hitler a donc décidé de l'entraîner dans la mort et de faire de son suicide une apothéose, quand les canons russes faisaient déjà craquer les murs des palais berlinois. Hitler, Gœring, qui voulait voir ses os placés dans un cercueil de marbre, Gœbbels, Himmler, Ley, se tuent dans des souterrains ou des cellules. Mais cette mort est une mort pour rien, elle est comme un mauvais rêve, une fumée qui se dissipe. Ni efficace ni exemplaire, elle consacre la sanglante vanité du nihilisme. « Ils se croyaient libres, crie hystériquement Frank. Ne savent-ils pas qu'on ne se libère pas de l'hitlérisme ! » Ils ne le savaient pas, ni que la négation de tout est une servitude et la vraie liberté une soumission intérieure à une valeur qui fait face à l'histoire et ses succès.

Mais les mystiques fascistes, bien qu'elles aient visé peu à peu à mener le monde, n'ont jamais prétendu réellement à un Empire universel. Tout au plus, Hitler, étonné par ses propres victoires, a été détourné des origines provinciales de son mouvement vers le rêve imprécis d'un Empire des Allemands qui n'avait rien à voir avec la Cité universelle. Le communisme russe au contraire, par ses origines mêmes, prétend ouvertement à l'Empire mondial. C'est là sa force, sa profondeur réfléchie, et son importance dans notre histoire. Malgré les apparences, la révolution allemande était sans avenir. Elle n'était qu'une poussée primitive dont les ravages ont été plus grands que l'ambition réelle. Le communisme russe, au contraire, a pris en charge l'ambition métaphysique que cet essai décrit, l'édification, après la mort de Dieu, d'une cité de l'homme enfin divinisé. Ce nom de révolution auquel l'aventure hitlérienne ne peut prétendre, le communisme russe l'a mérité, et quoiqu'il ne le mérite apparemment plus, prétend devoir le mériter un jour, et à jamais. Pour la première fois dans l'histoire, une doctrine et un mouvement appuyés sur un Empire en armes se proposent comme but la révolution définitive et l'unification finale du monde. Il nous reste à examiner cette prétention dans le détail. Hitler, au sommet de sa folie, a prétendu stabiliser l'histoire pour mille ans. Il se croyait sur le point de le faire, et les philosophes réalistes des nations vaincues se préparaient à en prendre conscience et à l'absoudre, quand la bataille d'Angleterre et Stalingrad l'ont rejeté vers la mort et ont relancé l'histoire une fois de plus en avant. Mais aussi inlassable que l'histoire elle-même, la prétention humaine à la divinité resurgit, avec plus de sérieux et d'efficacité, sous les espèces de l'État rationnel, tel qu'il est édifié en Russie.

LE TERRORISME D'ÉTAT
ET LA TERREUR RATIONNELLE

Marx, dans l'Angleterre du XIXᵉ siècle, parmi les souffrances et les terribles misères que provoquait le passage du capital foncier au capital industriel, avait beaucoup d'éléments pour construire une impressionnante analyse du capitalisme primitif. Quant au socialisme, en dehors des enseignements, d'ailleurs contradictoires à ses doctrines, qu'il pouvait tirer des révolutions françaises, il était obligé d'en parler au futur, et dans l'abstrait. On ne s'étonnera donc pas qu'il ait pu mêler dans sa doctrine la méthode critique la plus valable et le messianisme utopique le plus contestable. Le malheur est que la méthode critique qui, par définition, se serait adaptée à la réalité, s'est trouvée de plus en plus séparée des faits dans la mesure où elle a voulu rester fidèle à la prophétie. On a cru, et ceci est déjà une indication, qu'on enlèverait au messianisme ce qu'on concéderait à la vérité. Cette contradiction est perceptible du vivant de Marx. La doctrine du *Manifeste communiste* n'est plus rigoureusement exacte, vingt ans après, quand paraît *le Capital*. *Le Capital* est resté d'ailleurs inachevé, parce que Marx se penchait à la fin de sa vie sur une nouvelle et prodigieuse masse de faits sociaux et économiques auxquels il fallait de nouveau adapter le système. Ces faits concernaient en particulier la Russie, qu'il avait méprisée jusque-là. On sait enfin que l'Institut Marx-Engels de Moscou a cessé en 1935 la publication des œuvres complètes de Marx, alors que plus de trente volumes restaient à publier; le contenu de ces volumes n'était sans doute pas assez « marxiste ».

Depuis la mort de Marx, en tout cas, une minorité de disciples sont restés fidèles à sa méthode. Les marxistes qui ont fait l'histoire se sont emparés, au contraire, de la prophétie, et des aspects apocalyptiques de la doctrine, pour réaliser une révolution marxiste, dans les circonstances exactes où Marx avait prévu qu'une révolution ne pouvait pas se produire. On peut dire de Marx que la plupart de ses prédictions[1] se sont heurtées aux faits dans le même temps où sa prophétie a été l'objet d'une foi accrue. La raison en est simple : les prédictions étaient à court terme et ont pu être contrôlées. La prophétie est à très long terme et a pour elle ce qui assoit la solidité des religions : l'impossibilité de faire la preuve. Quand les prédictions s'effondraient, la prophétie restait le seul espoir. Il en résulte qu'elle est seule à régner sur notre histoire. Le marxisme et ses héritiers ne seront examinés ici que sous l'angle de la prophétie.

LA PROPHÉTIE BOURGEOISE

Marx est à la fois un prophète bourgeois et un prophète révolutionnaire. Le second est plus connu que le premier. Mais le premier explique beaucoup de choses dans le destin du second. Un messianisme d'origine chrétienne et bourgeoise, à la fois historique et scientifique, a influencé en lui le messianisme révolutionnaire, issu de l'idéologie allemande et des insurrections françaises.

En opposition au monde antique, l'unité du monde chrétien et du monde marxiste est frappante. Les deux doctrines ont, en commun, une vision du monde qui les sépare de l'attitude grecque. Jaspers la définit très bien : « C'est une pensée chrétienne que de considérer l'histoire des hommes comme strictement unique. » Les chrétiens ont, les premiers, considéré la vie humaine, et la suite des événements, comme une histoire qui se déroule à partir d'une origine vers une fin, au cours de laquelle l'homme gagne son salut ou mérite son châtiment. La philosophie de l'histoire est née d'une représentation chrétienne, surprenante pour un esprit grec. La notion grecque du devenir n'a rien de commun avec notre idée de l'évolution historique. La différence entre les deux est celle qui sépare un cercle d'une ligne droite. Les Grecs se représentaient le monde comme cyclique. Aristote, pour donner un exemple précis, ne se croyait pas postérieur à la guerre de Troie. Le christianisme a été obligé, pour s'étendre dans le monde méditerranéen, de s'helléniser et sa doctrine s'est du même coup assouplie. Mais son originalité est d'introduire dans le monde antique deux notions jamais liées jusque-là, celles d'histoire et de châtiment. Par l'idée de médiation, le christianisme est grec. Par la notion d'historicité, il est judaïque et se retrouvera dans l'idéologie allemande.

On aperçoit mieux cette coupure en soulignant, l'hostilité des pensées historiques à l'égard de la nature, considérée par elles comme un objet, non de contemplation, mais de transformation. Pour les chrétiens comme pour les marxistes, il faut maîtriser la nature. Les Grecs sont d'avis qu'il vaut mieux lui obéir. L'amour antique du cosmos est ignoré des premiers chrétiens qui, du reste, attendaient avec impatience une fin du monde imminente. L'hellénisme, associé au christianisme, donnera ensuite l'admirable floraison albigeoise d'une part, saint François de l'autre. Mais avec l'Inquisition et la destruction de l'hérésie cathare, l'Église se sépare à nouveau du monde et de la beauté, et redonne à l'histoire sa primauté sur la nature. Jaspers a encore raison de dire : « C'est l'attitude chrétienne qui peu à peu vide le monde de sa substance... puisque la substance reposait sur un ensemble de symboles. » Ces symboles sont ceux du drame divin qui se déroule à travers les temps. La nature n'est plus que le décor de ce drame. Le bel équilibre de l'humain et de la nature, le consentement de l'homme au monde, qui soulève et fait resplendir toute la pensée antique, a été brisé, au profit de l'histoire, par le christianisme d'abord. L'entrée, dans cette histoire, des peuples nordiques qui n'ont pas une tradition d'amitié avec le monde, a précipité ce mouvement. À partir du moment où la divinité du Christ est niée, où, par les soins de l'idéologie allemande, il ne symbolise plus que l'homme-dieu, la notion de médiation disparaît, un monde judaïque ressuscite. Le dieu implacable des armées règne à nouveau, toute beauté est insultée comme source de jouissances oisives, la nature elle-même est asservie. Marx, de ce point de vue, est le Jérémie du dieu historique et le saint Augustin de la révolution. Que cela explique les aspects proprement réactionnaires de sa doctrine, une simple comparaison avec celui de ses contemporains qui fut le doctrinaire intelligent de la réaction suffirait à le faire sentir.

Joseph de Maistre réfute le jacobinisme et le calvinisme, doctrines qui résumaient pour lui « tout ce qui a été pensé de mal pendant trois siècles », au nom d'une philosophie chrétienne de l'histoire. Contre les schismes et les hérésies, il veut refaire « la robe sans coutures » d'une Église enfin catholique. Son but — on s'en aperçoit lors de ses aventures maçonniques* — est la cité chrétienne universelle. Maistre rêve de l'Adam protoplaste, ou Homme universel, de Fabre d'Olivet, qui serait au principe des âmes différenciées, et de l'Adam Kadmon des kabbalistes, qui a précédé la chute et qu'il s'agit maintenant de refaire. Lorsque l'Église aura recouvert le monde, elle donnera un corps à cet Adam premier et dernier. On trouve à ce sujet dans les *Soirées de Saint-Pétersbourg* une foule de formules dont la ressemblance est frappante avec les formules messianiques de Hegel et de Marx. Dans la Jérusalem à la fois terrestre et céleste que Maistre imagine, « tous les habitants pénétrés par le même esprit se pénétreront mutuellement et réfléchiront leur bonheur ». Maistre ne va pas jusqu'à nier la personnalité après la mort ; il rêve seulement d'une mystérieuse unité reconquise où, « le mal étant anéanti, il n'y aura plus de passion ni d'intérêt personnel » et où « l'homme sera réuni à lui-même lorsque sa double loi sera effacée et ses deux centres confondus ».

Dans la cité du savoir absolu, où les yeux de l'esprit se confondaient avec ceux du corps, Hegel réconciliait aussi les contradictions. Mais la vision de Maistre rencontre encore celle de Marx qui annonçait « la fin de la querelle entre essence et existence, entre la liberté et la nécessité ». Le mal, pour Maistre, n'est rien d'autre que la rupture de l'unité. Mais l'humanité doit retrouver son unité sur terre et dans le ciel. Par quelles voies ? Maistre, réactionnaire d'ancien régime, est sur ce point moins explicite que Marx. Il attendait cependant une grande révolution religieuse dont 1789 n'était que « l'épouvantable préface ». Il citait saint Jean qui demande que nous *fassions* la vérité, ce qui est proprement le programme de l'esprit révolutionnaire moderne, et saint Paul, qui annonce que « le dernier ennemi qui doit être détruit est la mort ». L'humanité, à travers les

---

* E. Dermenghem : *Joseph de Maistre mystique*.

crimes, les violences et la mort, marche vers cette consommation qui justifiera tout. La terre n'est pour Maistre « qu'un autel immense où tout ce qui vit doit être immolé sans fin, sans mesure, sans relâche, jusqu'à la consommation des choses, jusqu'à l'extinction du mal, jusqu'à la mort de la mort ». Pourtant son fatalisme est actif. « L'homme doit agir comme s'il pouvait tout et se résigner comme s'il ne pouvait rien. » On trouve chez Marx la même sorte de fatalisme créateur. Maistre justifie sans doute l'ordre établi. Mais Marx justifie l'ordre qui s'établit en son temps. L'éloge le plus éloquent du capitalisme a été fait par son plus grand ennemi. Marx n'est anticapitaliste que dans la mesure où le capitalisme est périmé. Un autre ordre devra s'établir qui réclamera, au nom de l'histoire, un nouveau conformisme. Quant aux moyens, ils sont les mêmes pour Marx et Maistre : le réalisme politique, la discipline, la force. Quand Maistre reprend la forte pensée de Bossuet, « l'hérétique est celui qui a des idées personnelles », autrement dit des idées sans référence à une tradition, sociale ou religieuse, il donne la formule du plus ancien et du plus nouveau des conformismes. L'avocat général, chantre pessimiste du bourreau, annonce alors nos procureurs diplomates.

Ces ressemblances, cela va sans dire, ne font pas de Maistre un marxiste, ni de Marx un chrétien traditionnel. L'athéisme marxiste est absolu. Mais il restitue pourtant l'être suprême au niveau de l'homme. « La critique de la religion aboutit à cette doctrine que l'homme est pour l'homme l'être suprême. » Sous cet angle, le socialisme est ainsi une entreprise de divinisation de l'homme et a pris quelques caractères des religions traditionnelles*. Ce rapprochement, en tout cas, est instructif quant aux origines chrétiennes de tout messianisme historique, même révolutionnaire. La seule différence réside dans un changement d'indice. Chez Maistre, comme chez Marx, la fin des temps satisfait le grand rêve de Vigny, la réconciliation du loup et de l'agneau, la marche du criminel et de la victime au même autel, la réouverture, ou l'ouverture, d'un paradis terrestre. Pour Marx, les lois de l'histoire reflètent la réalité matérielle; pour Maistre,

---

* Saint-Simon, qui influencera Marx, est d'ailleurs influencé lui-même par Maistre et Bonald.

elles reflètent la réalité divine. Mais pour le premier la matière est la substance; pour le second, la substance de son dieu s'est incarnée ici-bas. L'éternité les sépare au principe, mais l'historicité finit par les réunir dans une conclusion réaliste.

Maistre haïssait la Grèce[1] (qui gênait Marx, étranger à toute beauté solaire) dont il disait qu'elle avait pourri l'Europe en lui léguant son esprit de division. Il eût été plus juste de dire que la pensée grecque était celle de l'unité, justement parce qu'elle ne pouvait se passer d'intermédiaires, et qu'elle ignorait au contraire l'esprit historique de totalité que le christianisme a inventé et qui[2], coupé de ses origines religieuses, risque aujourd'hui de tuer l'Europe. « Y a-t-il une fable, une folie, un vice qui n'ait un nom, un emblème, un masque grec ? » Négligeons la fureur du puritain. Ce véhément dégoût exprime en réalité l'esprit de la modernité en rupture avec tout le monde antique et en continuité étroite, au contraire, avec le socialisme autoritaire, qui va désacraliser le christianisme et l'incorporer dans une Église conquérante.

Le messianisme scientifique de Marx est, lui, d'origine bourgeoise. Le progrès, l'avenir de la science, le culte de la technique et de la production sont des mythes bourgeois qui se sont constitués en dogme au XIXᵉ siècle. On notera que le *Manifeste communiste* paraît la même année que l'*Avenir de la Science,* de Renan. Cette dernière profession de foi, consternante aux yeux du lecteur contemporain, donne cependant l'idée la plus juste des espoirs quasi mystiques soulevés au XIXᵉ siècle par l'essor de l'industrie et les progrès surprenants de la science. Cet espoir est celui de la société bourgeoise elle-même, bénéficiaire du progrès technique.

La notion de progrès est contemporaine de l'âge des lumières et de la révolution bourgeoise. On peut lui trouver sans doute des inspirateurs au XVIIᵉ siècle; la querelle des Anciens et des Modernes introduit déjà dans l'idéologie européenne la notion parfaitement absurde d'un progrès artistique. De façon plus sérieuse, on peut tirer aussi du cartésianisme l'idée d'une science qui va toujours croissant. Mais Turgot donne, le premier, en 1750, une définition claire de la nouvelle foi. Son discours sur les progrès de l'esprit humain reprend, au fond, l'histoire universelle de Bossuet. À la volonté divine se substitue seulement l'idée du progrès. « La masse totale du genre humain, par des alternatives de calme et d'agitation, de biens et de maux, marche toujours, quoique à pas lents, à une perfection plus grande. » Optimisme qui fournira l'essentiel des considérations rhétoriques de Condorcet, doctrinaire officiel du progrès qu'il liait au progrès étatique et dont il fut, aussi bien, la victime officieuse puisque l'État des lumières le força de s'empoisonner. Sorel* avait tout à fait raison de dire que la philosophie du progrès était précisément celle qui convenait à une société avide de jouir de la prospérité matérielle due aux progrès techniques. Lorsqu'on est assuré que demain, dans l'ordre même du monde, sera meilleur qu'aujourd'hui, on peut s'amuser en paix. Le progrès, paradoxalement, peut servir à justifier le conservatisme. Traite tirée de confiance sur l'avenir, il autorise ainsi la bonne conscience du maître. À l'esclave, à ceux dont le présent est misérable et qui n'ont point de consolation dans le ciel, on assure que le futur, au moins, est à eux. L'avenir est la seule sorte de propriété que les maîtres concèdent de bon gré aux esclaves.

Ces réflexions ne sont pas, on le voit, inactuelles. Mais elles ne sont pas inactuelles parce que l'esprit révolutionnaire a repris ce thème ambigu et commode du progrès. Certes, il ne s'agit pas de la même sorte de progrès; Marx n'a pas assez de railleries pour l'optimisme rationnel des bourgeois. Sa raison, nous le verrons, est différente. Mais la marche difficile vers un avenir réconcilié définit cependant la pensée de Marx. Hegel et le marxisme ont abattu les valeurs formelles qui éclairaient pour les Jacobins la route droite de cette heureuse histoire. Ils ont cependant conservé l'idée de cette marche en avant, confondue simplement par eux avec le progrès social et affirmée comme nécessaire. Ils continuaient ainsi la pensée bourgeoise du XIXe siècle. Tocqueville, relayé d'enthousiasme par Pecqueur (qui influença Marx) avait solennellement proclamé, en effet : « Le développement graduel et progressif de l'égalité est à la fois le passé et l'avenir de l'histoire des hommes. » Pour obtenir le marxisme, il faut remplacer égalité par niveau de pro-

---

* *Les Illusions du progrès.*

duction et imaginer qu'au dernier échelon de la production une transfiguration se produit et réalise la société réconciliée.

Quant à la nécessité de l'évolution, Auguste Comte en donne, avec la loi des trois états, qu'il formule en 1822, la définition la plus systématique. Les conclusions de Comte ressemblent curieusement à celles que le socialisme scientifique devait accepter*. Le positivisme montre avec beaucoup de clarté les répercussions de la révolution idéologique du XIXᵉ siècle, dont Marx est l'un des représentants, et qui a consisté à mettre à la fin de l'histoire le Jardin et la Révélation que la tradition mettait à l'origine du monde. L'ère positiviste qui succéderait nécessairement à l'ère métaphysique et à l'ère théologique devait marquer l'avènement d'une religion de l'humanité. Henri Gouhier définit justement l'entreprise de Comte en disant qu'il s'agissait pour lui de découvrir un homme sans traces de Dieu. Le premier but de Comte, qui était de substituer partout le relatif à l'absolu, s'est vite transformé, par la force des choses, en divinisation de ce relatif et en prédication d'une religion à la fois universelle et sans transcendance. Comte voyait dans le culte jacobin de la Raison une anticipation du positivisme et se considérait, à bon droit, comme le vrai successeur des révolutionnaires de 1789. Il continuait et élargissait cette révolution en supprimant la transcendance des principes et en fondant, systématiquement, la religion de l'espèce. Sa formule : « écarter Dieu au nom de la religion », ne signifiait rien d'autre. Inaugurant une manie qui, depuis, a fait fortune, il a voulu être le saint Paul de cette nouvelle religion, et remplacer le catholicisme de Rome par le catholicisme de Paris. On sait qu'il espérait voir, dans les cathédrales, « la statue de l'humanité divinisée sur l'ancien autel de Dieu ». Il calculait avec précision qu'il aurait à prêcher le positivisme dans Notre-Dame avant l'année 1860. Ce calcul n'était pas aussi ridicule qu'il le paraît. Notre-Dame, mise en état de siège, résiste toujours. Mais la religion de l'humanité a été effectivement prêchée vers la fin du XIXᵉ siècle et Marx[2], bien qu'il n'ait sans doute pas lu Comte, fut l'un de ses prophètes. Marx

---

* Le dernier tome du *Cours de philosophie positive* paraît la même année que l'*Essence du christianisme* de Feuerbach[1].

a seulement compris qu'une religion sans transcendance s'appelait proprement une politique. Comte le savait, au demeurant, ou du moins il comprenait que sa religion était d'abord une sociolâtrie et qu'elle supposait le réalisme politique*, la négation du droit individuel et l'établissement du despotisme[1]. Une société dont les savants seraient les prêtres, deux mille banquiers et techniciens régnant sur une Europe de cent vingt millions d'habitants où la vie privée serait absolument identifiée avec la vie publique, où une obéissance absolue « d'action, de pensée, et de cœur » serait rendue au grand prêtre qui régnerait sur le tout, telle est l'utopie de Comte qui annonce ce qu'on peut appeler les religions horizontales de notre temps. Elle est utopique, il est vrai, parce que, convaincu du pouvoir illuminant de la science, il a oublié de prévoir une police. D'autres seront plus pratiques ; et la religion de l'humanité sera fondée, effectivement, mais sur le sang et la douleur des hommes.

Si l'on ajoute enfin à ces observations que Marx doit aux économistes bourgeois l'idée exclusive qu'il se fait de la production industrielle dans le développement de l'humanité, qu'il a pris l'essentiel de sa théorie de la valeur-travail dans Ricardo, économiste de la révolution bourgeoise et industrielle, on nous reconnaîtra le droit de parler de sa prophétie bourgeoise. Ces rapprochements visent seulement à démontrer que Marx, au lieu qu'il soit, comme le veulent les marxistes désordonnés de notre temps, le commencement et la fin**, participe au contraire de l'humaine nature : il est héritier avant d'être précurseur. Sa doctrine, qu'il voulait réaliste, l'était en effet au temps de la religion de la science, de l'évolutionnisme darwinien, de la machine à vapeur et de l'industrie textile. Cent ans après, la science a rencontré la relativité, l'incertitude et le hasard ; l'économie doit tenir compte de l'électricité, de la sidérurgie et de la

---

* « Tout ce qui se développe spontanément est nécessairement légitime, pendant un certain temps. »
** Selon Jdanov, le marxisme est « une philosophie qualitativement différente de tous les systèmes antérieurs ». Ce qui signifie ou que le marxisme, par exemple, n'est pas le cartésianisme, ce que personne ne songera à nier, ou que le marxisme ne doit essentiellement rien au cartésianisme, ce qui est absurde.

production atomique. L'échec du marxisme pur à intégrer ces découvertes successives est aussi celui de l'optimisme bourgeois de son temps. Il rend dérisoire la prétention des marxistes à maintenir figées, sans qu'elles cessent d'être scientifiques, des vérités vieilles de cent ans. Le messianisme du XIXe siècle, qu'il soit révolutionnaire ou bourgeois, n'a pas résisté aux développements successifs de cette science et de cette histoire, qu'à des degrés différents il avait divinisées.

LA PROPHÉTIE RÉVOLUTIONNAIRE

La prophétie de Marx est aussi révolutionnaire dans son principe. Toute la réalité humaine trouvant son origine dans les rapports de production, le devenir historique est révolutionnaire parce que l'économie l'est. À chaque niveau de production, l'économie suscite les antagonismes qui détruisent, au profit d'un niveau supérieur de production, la société correspondante. Le capitalisme est le dernier de ces stades de production parce qu'il produit les conditions où tout antagonisme sera résolu et où il n'y aura plus d'économie. Ce jour-là, notre histoire deviendra préhistoire. Sous une autre perspective, ce schéma est celui de Hegel. La dialectique est considérée sous l'angle de la production et du travail, au lieu de l'être sous l'angle de l'esprit. Sans doute, Marx n'a jamais parlé lui-même de matérialisme dialectique. Il a laissé à ses héritiers le soin de célébrer ce monstre logique. Mais il dit en même temps que la réalité est dialectique et qu'elle est économique. La réalité est un perpétuel devenir, scandé par le choc fécond d'antagonismes résolus chaque fois dans une synthèse supérieure qui, elle-même, suscite son contraire et fait de nouveau avancer l'histoire. Ce que Hegel affirmait de la réalité en marche vers l'esprit, Marx l'affirme de l'économie en marche vers la société sans classes; toute chose est à la fois elle-même et son contraire, et cette contradiction la force à devenir autre chose. Le capitalisme, parce qu'il est bourgeois, se révèle révolutionnaire, et fait le lit du communisme.

L'originalité de Marx est d'affirmer que l'histoire, en même temps qu'elle est dialectique, est économie.

Hegel, plus souverain, affirmait qu'elle était à la fois matière et esprit. Elle ne pouvait, d'ailleurs, être matière que dans la mesure où elle était esprit, et inversement. Marx nie l'esprit comme substance dernière, et affirme le matérialisme historique. On peut marquer tout de suite, avec Berdiaeff, l'impossibilité de concilier la dialectique et le matérialisme. Il ne peut y avoir de dialectique que de la pensée. Mais le matérialisme lui-même est une notion ambiguë. Pour former seulement ce mot, il faut déjà dire qu'il y a dans le monde quelque chose de plus que la matière. À plus forte raison, cette critique s'appliquera au matérialisme historique. L'histoire, précisément, se distingue de la nature en ce qu'elle la transforme par les moyens de la volonté, de la science et de la passion. Marx n'est donc pas un matérialiste pur, pour la raison évidente qu'il n'y a pas de matérialisme pur, ni absolu. Il l'est si peu qu'il reconnaît que, si les armes font triompher la théorie, la théorie peut aussi bien susciter les armes. La position de Marx serait plus justement appelée un déterminisme historique. Il ne nie pas la pensée, il la suppose absolument déterminée par la réalité extérieure. « Pour moi, le mouvement de la pensée n'est que la réflexion du mouvement réel, transporté et transposé dans le cerveau de l'homme. » Cette définition particulièrement grossière n'a aucun sens. Comment et par quoi un mouvement extérieur peut-il être « transporté dans le cerveau », cette difficulté n'est rien auprès de celle qui consiste à définir ensuite « la transposition » de ce mouvement. Mais Marx avait la philosophie courte de son siècle. Ce qu'il veut dire peut se définir sur d'autres plans.

Pour lui, l'homme n'est qu'histoire et, particulièrement, histoire des moyens de production. Marx remarque en effet que l'homme se distingue de l'animal en ce qu'il produit les moyens de sa subsistance. S'il ne mange pas d'abord, s'il ne s'habille pas ni ne s'abrite, il n'est pas. Ce *primum vivere* est sa première détermination. Le peu qu'il pense à ce moment est en rapport direct avec ces nécessités inévitables. Marx démontre ensuite que cette dépendance est constante et nécessaire. « L'histoire de l'industrie est le livre ouvert des facultés essentielles de l'homme. » Sa généralisation personnelle consistera à tirer de cette affirmation, en somme acceptable, que la dépendance économique est unique et suffisante, ce qui reste à démontrer. On peut admettre que la détermination économique joue un rôle capital dans la genèse des actions et des pensées humaines sans conclure pour cela, comme le fait Marx, que la révolte des Allemands contre Napoléon s'explique seulement par la pénurie du sucre et du café. Au reste, le déterminisme pur est lui aussi absurde. S'il ne l'était pas, il suffirait d'une seule affirmation vraie pour que, de conséquence en conséquence, on parvienne à la vérité entière. Cela n'étant pas, ou bien nous n'avons jamais prononcé une seule affirmation vraie, et pas même celle qui pose le déterminisme, ou bien il nous arrive de dire vrai, mais sans conséquence, et le déterminisme est faux. Toutefois, Marx avait ses raisons, étrangères à la pure logique, pour procéder à une simplification si arbitraire.

Mettre à la racine de l'homme la détermination économique, c'est le résumer à ses rapports sociaux. Il n'y a pas d'homme solitaire, telle est la découverte incontestable du XIXe siècle. Une déduction arbitraire amène alors à dire que l'homme ne se sent solitaire dans la société que pour des raisons sociales. Si, en effet, l'esprit solitaire doit être expliqué par quelque chose qui soit en dehors de l'homme, celui-ci est sur le chemin d'une transcendance. Le social, au contraire, n'a que l'homme pour auteur; si, de surcroît, on peut affirmer que le social est en même temps le créateur de l'homme, on croit tenir l'explication totale qui permet d'expulser la transcendance. L'homme est alors, comme le veut Marx, « auteur et acteur de sa propre histoire ». La prophétie de Marx est révolutionnaire parce qu'il achève le mouvement de négation commencé par la philosophie des lumières. Les Jacobins détruisent la transcendance d'un dieu personnel, mais la remplacent par la transcendance des principes. Marx fonde l'athéisme contemporain en détruisant aussi la transcendance des principes. La foi est remplacée en 1789 par la raison. Mais cette raison, elle-même, dans sa fixité, est transcendante. Plus radicalement que Hegel, Marx détruit la transcendance de la raison et la précipite dans l'histoire. Elle était régulatrice avant eux, la voilà conquérante. Marx va plus loin que Hegel et affecte de le considérer comme un idéaliste (ce qu'il n'est pas, ou du moins pas plus que Marx n'est matérialiste) dans la mesure, précisément, où le règne de l'esprit restitue d'une certaine manière une valeur supra-historique. *Le Capital* reprend la dialectique de maîtrise et servitude, mais remplace la conscience de soi par[1] l'autonomie économique, le règne final de l'Esprit absolu par l'avènement du communisme. « L'athéisme est l'humanisme médiatisé par la suppression de la religion, le communisme est l'humanisme médiatisé par la suppression de la propriété privée. » L'aliénation religieuse a la même origine que l'aliénation économique. On n'en finit avec la religion qu'en réalisant la liberté absolue de l'homme à l'égard de ses déterminations matérielles. La révolution s'identifie à l'athéisme et au règne de l'homme.

Voilà pourquoi Marx est amené à mettre l'accent sur la détermination économique et sociale. Son effort le plus fécond a été de dévoiler la réalité qui se cache derrière les valeurs formelles dont faisait montre la bourgeoisie de son temps. Sa théorie de la mystification est encore valable parce qu'elle est valable universellement, il est vrai, et s'applique aussi aux mystifications révolutionnaires. La liberté que révérait M. Thiers était une liberté du privilège consolidée par la police; la famille exaltée par les journaux conservateurs se maintenait sur un état social où femmes et hommes étaient descendus dans la mine, à demi nus, attachés à la même corde; la morale prospérait sur la prostitution ouvrière. Que les exigences de l'honnêteté et de l'intelligence aient été colonisées à des fins égoïstes par l'hypocrisie d'une société médiocre et cupide, c'est là un malheur que Marx, déniaiseur incomparable, a dénoncé avec une force inconnue avant lui. Cette dénonciation indignée a amené d'autres excès qui exigent une autre dénonciation. Mais, il faut, avant toutes choses, savoir, et dire, où elle est née, dans le sang de l'insurrection écrasée en 1834 à Lyon et, en 1871, dans l'ignoble cruauté des moralistes de Versailles. « L'homme qui n'a rien n'est aujourd'hui rien. » Si cette affirmation est fausse, en vérité, elle était presque vraie dans la société optimiste du XIXe siècle. L'extrême déchéance apportée par l'économie de la prospérité devait forcer Marx à donner la première place aux rapports sociaux et économiques et à exalter plus encore sa prophétie du règne de l'homme.

On comprend mieux alors l'explication purement économique de l'histoire que Marx entreprend. Si les principes mentent, seule la réalité de la misère et du travail est vraie. Si l'on peut démontrer ensuite qu'elle suffit à expliquer le passé et l'avenir de l'homme, les principes seront abattus pour toujours en même temps que la société qui s'en prévaut. Telle sera l'entreprise de Marx.

L'homme est né avec la production et avec la société. L'inégalité des terres, le perfectionnement plus ou moins rapide des moyens de production, la lutte pour la vie ont créé rapidement des inégalités sociales qui se sont cristallisées en antagonismes entre la production et la distribution ; partant, en luttes de classes. Ces luttes et ces antagonismes sont les moteurs de l'histoire. L'esclavage antique, le servage féodal ont été les étapes d'une longue route qui aboutit à l'artisanat des siècles classiques où le producteur est le maître des moyens de production. À ce moment, l'ouverture des routes mondiales, la découverte de nouveaux débouchés exigent une production moins provinciale. La contradiction entre le mode de production et les nouvelles nécessités de la distribution annonce déjà la fin du régime de la petite production agricole et industrielle. La révolution industrielle, l'invention de la vapeur, la concurrence pour les débouchés aboutissent nécessairement à l'expropriation des petits propriétaires et à la constitution des grandes manufactures. Les moyens de production sont alors centralisés aux mains de ceux qui ont pu les acheter ; les vrais producteurs, les travailleurs, ne disposent plus que de la force de leurs bras qu'ils peuvent vendre à l'« homme aux écus ». Le capitalisme bourgeois se définit ainsi par la séparation du producteur et des moyens de production. De cet antagonisme va sortir une série de conséquences inéluctables qui permettent à Marx d'annoncer la fin des antagonismes sociaux.

À première vue, notons-le déjà, il n'y a pas de raison pour que le principe fermement établi d'une lutte dialectique des classes cesse tout d'un coup d'être vrai. Il est toujours vrai ou il ne l'a jamais été. Marx dit bien qu'il n'y aura pas plus de classes après la révolution qu'il n'y a eu d'ordres après 1789. Mais les ordres ont disparu sans que les classes disparaissent, et rien ne dit que les classes ne céderont pas la place à un autre antagonisme social. L'essentiel de la prophétie marxiste tient cependant dans cette affirmation.

On connaît le schéma marxiste. Marx, après Adam Smith et Ricardo, définit la valeur de toute marchandise par la quantité de travail qui la produit. La quantité de travail, vendue par le prolétaire au capitaliste, est elle-même une marchandise dont la valeur sera définie par la quantité de travail qui la produit, autrement dit par la valeur des biens de consommation nécessaires à sa subsistance. Le capitaliste, achetant cette marchandise, s'engage donc à la payer suffisamment pour que celui qui la vend, le travailleur, puisse se nourrir et se perpétuer. Mais il reçoit en même temps le droit de faire travailler ce dernier aussi longtemps qu'il le pourra. Il le peut très longtemps et plus qu'il n'est nécessaire pour payer sa subsistance. Dans une journée de douze heures, si la moitié suffit à produire une valeur équivalente à la valeur des produits de subsistance, les six autres heures sont des heures non payées, une plus-value, qui constitue le bénéfice propre du capitaliste. L'intérêt du capitaliste est donc d'allonger au maximum les heures de travail ou, quand il ne le peut plus, d'accroître au maximum le rendement de l'ouvrier. La première exigence est affaire de police et de cruauté. La seconde est affaire d'organisation du travail. Elle mène à la division du travail d'abord, et ensuite à l'utilisation de la machine, qui déshumanise l'ouvrier. D'autre part, la concurrence pour les marchés extérieurs, la nécessité d'investissements de plus en plus grands dans le matériel nouveau, produisent les phénomènes de concentration et d'accumulation. Les petits capitalistes sont d'abord absorbés par les grands qui peuvent maintenir, par exemple, des prix déficitaires pendant plus longtemps. Une partie de plus en plus grande du profit est enfin investie dans de nouvelles machines et accumulée dans la partie stable du capital. Ce double mouvement précipite d'abord la ruine des classes moyennes, qui rejoignent le prolétariat, et concentre ensuite, dans des mains de moins en moins nombreuses, les richesses produites uniquement par les prolétaires. Ainsi le prolétariat s'accroît de plus en plus à mesure que sa déchéance augmente. Le capital ne se concentre plus qu'aux mains de quelques maîtres dont la puissance croissante est basée sur le vol. Ébranlés, d'ailleurs, par les crises successives, débordés par les contradictions du système, ces maîtres ne peuvent même plus assurer la subsistance de leurs esclaves qui dépendent alors de la charité privée ou officielle. Un jour vient, fatalement, où une immense armée d'esclaves opprimés se trouvent en présence d'une poignée de maîtres indignes. Ce jour est celui de la révolution. « La ruine de la bourgeoisie et la victoire du prolétariat sont également inévitables. »

Cette description, désormais célèbre, ne rend pas compte encore de la fin des antagonismes. Après la victoire du prolétariat, la lutte pour la vie pourrait jouer et faire naître de nouveaux antagonismes. Deux notions interviennent alors dont l'une est économique, l'identité du développement de la production et du développement de la société, et l'autre purement systématique[1], la mission du prolétariat. Ces deux notions se rejoignent dans ce qu'on peut appeler le fatalisme actif de Marx.

La même évolution économique, qui concentre en effet le capital dans un petit nombre de mains, rend l'antagonisme à la fois plus cruel et, en quelque sorte, irréel. Il semble qu'au plus haut point du développement des forces productives, il suffise d'une chiquenaude pour que le prolétariat se trouve seul en possession des moyens de production, ravis déjà à la propriété privée et concentrés en une seule énorme masse, désormais commune. La propriété privée, lorsqu'elle est concentrée aux mains d'un seul propriétaire, n'est séparée de la propriété collective que par l'existence d'un seul homme. L'aboutissement inévitable du capitalisme privé est une sorte de capitalisme d'État qu'il suffira de placer ensuite au service de la communauté pour qu'une société naisse où capital et travail, désormais confondus, produiront, d'un même mouvement, abondance et justice. C'est en considération de cette heureuse issue que Marx a toujours exalté le rôle révolutionnaire qu'assume, inconsciemment il est vrai, la bourgeoisie. Il a parlé d'un « droit historique » du capitalisme, source de progrès en même temps que de misère. La mission historique et la justification du capital, à ses yeux, sont de préparer les conditions d'un mode de production supérieur. Ce mode de production n'est pas lui-même révolutionnaire, il sera seulement le couronnement de la révolution. Seules, les bases de la production bourgeoise sont révolutionnaires. Lorsque Marx affirme que l'humanité ne se pose que des énigmes qu'elle peut résoudre, il montre en même temps que la solution du problème révolutionnaire se trouve en germe dans le système capitaliste lui-même. Il recommande donc de souffrir l'État bourgeois, et même d'aider à le bâtir, plutôt que de revenir à une production moins industrialisée. Les prolétaires « peuvent et doivent accepter la révolution bourgeoise comme une condition de la révolution ouvrière ».

Marx est ainsi le prophète de la production et il est permis de penser qu'à ce point précis, et non ailleurs[1], il a fait passer le système avant la réalité. Il n'a jamais cessé de défendre Ricardo, économiste du capitalisme manchestérien, contre ceux qui l'accusaient de vouloir la production pour elle-même (« Avec juste raison ! » s'écrie Marx) et de la vouloir sans se soucier des hommes. « C'est justement là son mérite », répond Marx, avec la même désinvolture que Hegel. Qu'importe en effet le sacrifice des hommes s'il doit servir au salut de l'humanité entière ! Le progrès ressemble « à cet horrible dieu païen qui ne voulait boire le nectar que dans le crâne des ennemis tués ». Du moins est-il le progrès, qui cessera d'être torturant, après l'apocalypse industrielle, au jour de la réconciliation.

Mais si le prolétariat ne peut éviter cette révolution ni d'être mis en possession des moyens de production, saura-t-il au moins en user pour le bien de tous ? Où est la garantie que, dans son sein même, des ordres, des classes, des antagonismes ne surgiront pas ? La garantie est dans Hegel. Le prolétariat est forcé d'user de sa richesse pour le bien universel. Il n'est pas le prolétariat, il est l'universel s'opposant au particulier, c'est-à-dire au capitalisme. L'antagonisme du capital et du prolétariat est la dernière phase de la lutte entre le singulier et l'universel, telle qu'elle anime la tragédie historique du maître et de l'esclave. Au terme du schéma idéal tracé par Marx, le prolétariat a d'abord englobé toutes les classes et n'a laissé en dehors de lui qu'une poignée de maîtres, représentants du « crime notoire », que la révolution, justement, détruira. De plus, le capitalisme en poussant le prolétaire jusqu'à la dernière déchéance, le délivre peu à peu de toutes les déterminations qui pouvaient le séparer des autres hommes. Il n'a rien, ni propriété, ni morale, ni patrie. Il ne tient donc à rien qu'à la seule espèce dont il est désormais le représentant nu et implacable. Il affirme tout et tous, s'il s'affirme lui-même. Non parce que les prolétaires sont des dieux, mais justement parce qu'ils sont réduits à la condition la plus inhumaine. « Seuls les prolétaires totalement exclus de cette affirmation de leur personnalité sont capables de réaliser leur affirmation de soi complète. »

Telle est la mission du prolétariat : faire surgir la suprême dignité de la suprême humiliation. Par ses douleurs et ses luttes, il est le Christ humain qui rachète le péché collectif de l'aliénation. Il est, d'abord, le porteur innombrable de la négation totale, le héraut de l'affirmation définitive ensuite. « La philosophie ne peut se réaliser sans la disparition du prolétariat, le prolétariat ne peut se libérer sans la réalisation de la philosophie », et encore : « Le prolétariat ne peut exister que sur le plan de l'histoire mondiale... L'action communiste ne peut exister qu'en tant que réalité historique planétaire. » Mais ce Christ est en même temps vengeur. Il exécute, selon Marx, le jugement que la propriété privée porte contre elle-même. « Toutes les maisons de nos jours sont marquées d'une mystérieuse croix rouge. Le juge, c'est l'histoire, l'exécuteur de la sentence, c'est le prolétaire. » Ainsi l'accomplissement est inévitable. Les crises succéderont aux crises*, la déchéance du prolétariat s'approfondira, son nombre s'étendra jusqu'à la crise universelle où disparaîtra le monde de l'échange et où l'histoire, par une suprême violence, cessera d'être violente. Le royaume des fins sera constitué.

On comprend que ce fatalisme ait pu être poussé (comme il est arrivé à la pensée hégélienne) à une sorte de quiétisme politique par des marxistes, comme Kautsky, pour qui il était aussi peu au pouvoir des prolétariats de créer la révolution qu'en celui des bourgeois de l'empêcher. Même Lénine, qui devait choisir au contraire l'aspect activiste de la doctrine, écrivait en 1905, dans un

---

* Tous les dix ou onze ans, prévoit Marx. Mais la périodicité des cycles « se raccourcira graduellement ».

style d'excommunication : « C'est une pensée réactionnaire que de chercher le salut de la classe ouvrière dans autre chose que le développement massif du capitalisme. » La nature économique, chez Marx, ne fait pas de sauts, et il ne faut pas lui faire brûler les étapes. Il est tout à fait faux de dire que les socialistes réformistes sont restés fidèles à Marx en ceci. Le fatalisme exclut, au contraire, toutes réformes, dans la mesure où elles risqueraient d'atténuer l'aspect catastrophique de l'évolution et, par conséquent, de retarder l'inévitable issue. La logique d'une pareille attitude voudrait qu'on approuvât ce qui peut accroître la misère ouvrière. Il ne faut rien donner à l'ouvrier pour qu'il puisse un jour avoir tout.

Il n'empêche que Marx a senti le danger de ce quiétisme. Le pouvoir ne s'attend pas ou il s'attend indéfiniment. Un jour vient où il faut le prendre et c'est ce jour qui reste dans une clarté douteuse pour tout lecteur de Marx. Sur ce point, il n'a cessé de se contredire. Il a noté que la société était « historiquement forcée de passer par la dictature ouvrière ». Quant au caractère de cette dictature, ses définitions sont contradictoires*. Il est sûr qu'il a condamné l'État en termes clairs, disant que son existence et celle de la servitude sont inséparables. Mais il a protesté contre l'observation, pourtant judicieuse, de Bakounine, qui trouvait la notion d'une dictature provisoire contraire à ce qu'on savait de la nature humaine. Marx pensait, il est vrai, que les vérités dialectiques étaient supérieures à la vérité psychologique. Que disait la dialectique ? Que « l'abolition de l'État n'a de sens que chez les communistes comme un résultat nécessaire de la suppression des classes dont la disparition entraîne automatiquement la disparition du besoin d'un pouvoir organisé d'une classe pour l'oppression de l'autre ». Selon la formule consacrée, le gouvernement des personnes cédait alors le pas à l'administration des choses. La dialectique était donc formelle et ne justifiait l'État prolétarien que pour le temps où la classe bour-

---

* Michel Collinet dans la *Tragédie du marxisme* relève chez Marx trois formes de la prise du pouvoir par le prolétariat : république jacobine dans le *Manifeste communiste*, dictature autoritaire dans le *18 Brumaire,* et gouvernement fédéral et libertaire dans *la Guerre civile en France.*

geoise devait être détruite ou intégrée. Mais la prophétie et le fatalisme autorisaient, par malheur, d'autres interprétations. S'il est sûr que le royaume arrivera, qu'importent les années ? La souffrance n'est jamais provisoire pour celui qui ne croit pas à l'avenir. Mais cent années de douleur sont fugitives au regard de celui qui affirme, pour la cent unième année, la cité définitive. Dans la perspective de la prophétie, rien n'importe. De toute manière, la classe bourgeoise disparue, le prolétaire établit le règne de l'homme universel au sommet de la production, par la logique même du développement productif. Qu'importe que cela soit par la dictature et la violence ? Dans cette Jérusalem bruissante de machines merveilleuses, qui se souviendra encore du cri de l'égorgé ?

L'âge d'or renvoyé au bout de l'histoire et coïncidant, par un double attrait, avec une apocalypse, justifie donc tout. Il faut méditer sur la prodigieuse ambition du marxisme, évaluer sa prédication démesurée, pour comprendre qu'une telle espérance force à négliger des problèmes qui apparaissent alors comme secondaires. « Le communisme en tant qu'appropriation réelle de l'essence humaine par l'homme et pour l'homme, en tant que retour de l'homme à lui-même à titre d'homme social, c'est-à-dire d'homme humain, retour complet, conscient et qui conserve toutes les richesses du mouvement intérieur, ce communisme, étant un naturalisme achevé, coïncide avec l'humanisme : il est la véritable fin de la querelle entre l'homme et la nature et entre l'homme et l'homme... entre l'essence et l'existence, entre l'objectivation et l'affirmation de soi, entre la liberté et la nécessité, entre l'individu et l'espèce. Il résout le mystère de l'histoire et il sait qu'il le résout. » Seul le langage se voudrait ici scientifique. Pour le fond, quelle différence avec Fourier qui annonce « les déserts fertilisés, l'eau de mer potable et à goût de violette, l'éternel printemps... » ? L'éternel printemps des hommes nous est annoncé dans un langage d'encyclique. Que peut vouloir et espérer l'homme sans dieu, sinon le royaume de l'homme ? Ceci explique la transe des disciples. « Dans une société sans angoisse, il est facile d'ignorer la mort », dit l'un d'eux. Pourtant, et c'est la vraie condamnation de notre société, l'angoisse de la mort est un luxe qui touche beaucoup plus l'oisif que le travailleur, asphyxié par sa propre tâche. Mais tout socialisme est utopique, et d'abord le scientifique. L'utopie remplace Dieu par l'avenir. Elle identifie alors l'avenir et la morale ; la seule valeur est ce qui sert cet avenir. De là qu'elle ait été, presque toujours, contraignante et autoritaire*. Marx, en tant qu'utopiste, ne diffère pas de ses terribles prédécesseurs et une part de son enseignement justifie ses successeurs.

Certes, on a eu raison d'insister sur l'exigence éthique qui est au fond du rêve marxiste**. Il faut dire, justement, avant d'examiner l'échec du marxisme, qu'elle fait la vraie grandeur de Marx. Il a mis le travail, sa déchéance injuste et sa dignité profonde, au centre de sa réflexion. Il s'est élevé contre la réduction du travail à une marchandise et du travailleur à un objet. Il a rappelé aux privilégiés que leurs privilèges n'étaient pas divins, ni la propriété un droit éternel. Il a donné une mauvaise conscience à ceux qui n'avaient pas le droit de la garder en paix et dénoncé, avec une profondeur sans égale, une classe dont le crime n'est pas tant d'avoir eu le pouvoir que de l'avoir utilisé aux fins d'une société médiocre et sans vraie noblesse. Nous lui devons cette idée qui fait le désespoir de notre temps — mais ici le désespoir vaut mieux que tout espoir — que lorsque le travail est une déchéance, il n'est pas la vie, bien qu'il couvre tout le temps de la vie. Qui, malgré les prétentions de cette société, peut y dormir en paix, sachant désormais qu'elle tire ses jouissances médiocres du travail de millions d'âmes mortes ? Exigeant pour le travailleur la vraie richesse, qui n'est pas celle de l'argent, mais celle du loisir ou de la création, il a réclamé, malgré les apparences, la qualité de l'homme. Ce faisant, on peut le dire avec force, il n'a pas voulu la dégradation supplémentaire qu'en son nom on a imposé à l'homme. Une phrase de lui, pour une fois claire et coupante, refuse à jamais à ses disciples triomphants la grandeur et l'humanité qui étaient les siennes : « Un but qui a besoin de moyens injustes n'est pas un but juste. »

Mais la tragédie de Nietzsche se retrouve ici. L'am-

---

* Morelly, Babeuf, Godwin décrivent en réalité des sociétés d'inquisition.

** Maximilien Rubel : *Pages choisies pour une éthique socialiste*, Rivière.

bition, la prophétie sont généreuses et universelles. La doctrine était restrictive et la réduction de toute valeur à la seule histoire autorisait les plus extrêmes conséquences. Marx a cru que les fins de l'histoire, au moins, se révéleraient morales et rationnelles. C'est là son utopie. Mais l'utopie, comme il le savait pourtant, a pour destin de servir le cynisme dont il ne voulait pas. Marx détruit toute transcendance, puis accomplit de lui-même le passage du fait au devoir. Mais ce devoir n'a de principe que dans le fait. La revendication de justice aboutit à l'injustice si elle n'est pas fondée d'abord sur une justification éthique de la justice. Faute de quoi, le crime aussi, un jour, devient devoir. Quand le mal et le bien sont réintégrés dans le temps, confondus avec les événements, rien n'est plus bon ou mauvais, mais seulement prématuré ou périmé. Qui décidera de l'opportunité, sinon l'opportuniste ? Plus tard, disent les disciples, vous jugerez. Mais les victimes ne seront plus là pour juger. Pour la victime, le présent est la seule valeur, la révolte la seule action. Le messianisme, pour être, doit s'édifier contre les victimes. Il est possible que Marx ne l'ait pas voulu, mais c'est là[1] sa responsabilité qu'il faut examiner, il justifie, au nom de la révolution, la lutte désormais sanglante contre toutes les formes de la révolte.

L'ÉCHEC DE LA PROPHÉTIE

Hegel termine superbement l'histoire en 1807, les saint-simoniens considèrent que les convulsions révolutionnaires de 1830 et 1848 sont les dernières, Comte meurt en 1857, s'apprêtant à monter en chaire pour prêcher le positivisme à une humanité enfin revenue de ses erreurs. À son tour, avec le même romantisme aveugle, Marx prophétise la société sans classes et la résolution du mystère historique. Plus avisé, cependant, il ne fixe pas de date. Malheureusement, sa prophétie décrivait aussi la marche de l'histoire jusqu'à l'heure du rassasiement; elle annonçait la tendance des événements. Les événements et les faits, justement, ont oublié de venir se ranger sous la synthèse; ceci explique déjà qu'il ait fallu les y ramener de force. Mais surtout, les prophéties, à partir du moment où elles traduisent l'espoir vivant de millions d'hommes, ne peuvent rester impunément sans terme. Un temps vient où la déception transforme le patient espoir en fureur et où la même fin, affirmée avec la rage de l'entêtement, exigée plus cruellement encore, oblige à chercher d'autres moyens.

Le mouvement révolutionnaire, à la fin du XIXe siècle et au début du XXe, a vécu comme les premiers chrétiens, dans l'attente de la fin du monde et de la parousie du Christ prolétarien. On sait la persistance de ce sentiment, au sein des communautés chrétiennes primitives. À la fin du IVe siècle encore, un évêque de l'Afrique proconsulaire calculait qu'il restait cent ans à vivre au monde. Au bout de ce temps, viendrait le royaume du ciel qu'il fallait mériter sans tarder. Ce sentiment est général au Ier siècle de notre ère* et explique l'indifférence que montraient les premiers chrétiens aux questions purement[1] théologiques. Si la parousie est proche, c'est à la foi brûlante plus qu'aux œuvres et aux dogmes qu'il faut tout consacrer. Jusqu'à Clément et Tertullien, pendant plus d'un siècle, la littérature chrétienne se désintéresse des problèmes[2] de théologie et ne raffine pas sur les œuvres. Mais dès l'instant où la parousie s'éloigne, il faut vivre avec sa foi, c'est-à-dire composer. Alors naissent la dévotion et le catéchisme. La parousie évangélique s'est éloignée; saint Paul est venu constituer le dogme. L'Église a donné un corps à cette foi qui n'était qu'une pure tension vers le royaume à venir. Il a fallu tout organiser dans le siècle, même le martyre, dont les témoins temporels seront les ordres monastiques, même la prédication qui se retrouvera sous la robe des inquisiteurs.

Un mouvement similaire est né de l'échec de la parousie révolutionnaire. Les textes de Marx déjà cités donnent une juste idée de l'espoir brûlant qui était alors celui de l'esprit révolutionnaire. Malgré les échecs partiels, cette foi n'a pas cessé de croître jusqu'au moment où elle s'est trouvée, en 1917, devant ses rêves presque réalisés. « Nous luttons pour les portes du ciel », avait crié Liebknecht. En 1917, le monde révolutionnaire s'est cru véritablement parvenu devant ces portes. La prophétie de Rosa Luxembourg se réalisait. « La révolution se

---

* Sur l'imminence de cet événement, voir *Marc*, VIII-39, XIII-30; *Matthieu*, X-23, XII-27, 28, XXIV-34; *Luc*, IX-26, 27, XXI-22, etc.

dressera demain de toute sa hauteur avec fracas et, à votre terreur, elle annoncera avec toutes ses trompettes : j'étais, je suis, je serai. » Le mouvement Spartakus[1] a cru toucher à la révolution définitive puisque, selon Marx lui-même, celle-ci devait passer par la révolution russe complétée par une révolution occidentale*. Après la révolution de 1917, une Allemagne soviétique aurait ouvert, en effet, les portes du ciel. Mais Spartakus est écrasé, la grève générale française de 1920 échoue, le mouvement révolutionnaire italien est jugulé. Liebknecht reconnaît alors que la révolution n'est pas mûre. « Les temps n'étaient pas révolus. » Mais aussi, et nous saisissons alors comment la défaite peut surexciter la foi vaincue jusqu'à la transe religieuse : « Au fracas de l'effondrement économique dont les grondements déjà s'approchent, les troupes endormies de prolétaires se réveilleront comme aux fanfares du jugement dernier, et les cadavres des lutteurs assassinés se mettront debout et demanderont compte à ceux qui sont chargés de malédiction. » En attendant, lui-même et Rosa Luxembourg sont assassinés; l'Allemagne va se ruer à la servitude. La révolution russe reste seule, vivante contre son propre système, encore loin des portes célestes, avec une apocalypse à organiser. La parousie s'éloigne encore. La foi est intacte, mais elle plie sous une énorme masse de problèmes et de découvertes que le marxisme n'avait pas prévus. La nouvelle église est à nouveau devant Galilée : pour conserver sa foi, elle va nier le soleil et humilier l'homme libre.

Que dit Galilée en effet à ce moment? Quelles sont les erreurs, démontrées par l'histoire elle-même, de la prophétie? On sait que l'évolution économique du monde contemporain dément d'abord un certain nombre de postulats de Marx. Si la révolution doit se produire à l'extrémité de deux mouvements parallèles, la concentration indéfinie du capital et l'extension indéfinie du prolétariat, elle ne se produira pas ou n'aurait pas dû se produire. Capital et prolétariat ont été également infidèles à Marx. La tendance observée dans l'Angleterre industrielle du XIXᵉ siècle s'est, dans certains cas, renversée, compliquée dans d'autres. Les crises écono-

---

* Préface à la traduction russe du *Manifeste communiste*.

miques qui devaient se précipiter se sont au contraire
espacées : le capitalisme a appris les secrets de la planification et contribué de son côté à la croissance de l'État-Moloch. D'un autre côté, avec la constitution des sociétés par actions, le capital, au lieu de se concentrer, a fait naître une nouvelle catégorie de petits possédants dont le dernier souci est certainement d'encourager les grèves. Les petites entreprises ont été, dans beaucoup de cas, détruites par la concurrence comme le prévoyait Marx. Mais la complexité de la production a fait proliférer, autour des grandes entreprises, une multitude de petites manufactures. En 1938, Ford pouvait annoncer que cinq mille deux cents ateliers indépendants travaillaient pour lui. La tendance, depuis, s'est accentuée. Il est entendu que, par la force des choses, Ford coiffe ces entreprises. Mais l'essentiel est que ces petits industriels forment une couche sociale intermédiaire qui complique le schéma imaginé par Marx. Enfin, la loi de concentration s'est révélée absolument fausse pour l'économie agricole[1] traitée avec légèreté par Marx. La lacune est ici d'importance. Sous l'un de ses aspects, l'histoire du socialisme dans notre siècle peut être considérée comme la lutte du mouvement prolétarien contre la classe paysanne. Cette lutte continue, sur le plan de l'histoire, la lutte idéologique, au XIXe siècle, entre le socialisme autoritaire et le socialisme libertaire dont les origines paysannes et artisanales sont évidentes. Marx avait donc, dans le matériel idéologique de son temps, les éléments d'une réflexion sur le problème paysan. Mais la volonté de système a tout simplifié. Cette simplification devait coûter cher aux koulaks qui constituaient plus de cinq millions d'exceptions historiques, ramenées aussitôt, par la mort et la déportation, dans la règle.

La même simplification a détourné Marx du phénomène national, au siècle même des nationalités. Il a cru que par le commerce et l'échange, par la prolétarisation elle-même, les barrières tomberaient. Ce sont les barrières nationales qui ont fait tomber l'idéal prolétarien. La lutte des nationalités s'est révélée au moins aussi importante pour expliquer l'histoire que la lutte des classes. Mais la nation ne peut s'expliquer tout entière par l'économie ; le système l'a donc ignorée.

Le prolétariat, de son côté, ne s'est pas placé dans la

ligne. La crainte de Marx s'est d'abord vérifiée : le réformisme et l'action syndicale ont obtenu une hausse des niveaux de vie et une amélioration des conditions de travail. Ces avantages sont très loin de constituer un règlement équitable du problème social. Mais la misérable condition des ouvriers anglais du textile, à l'époque de Marx, loin de se généraliser et de s'aggraver, comme il le voulait, s'est au contraire résorbée. Marx ne s'en plaindrait d'ailleurs pas aujourd'hui, l'équilibre se trouvant rétabli par une autre erreur dans ses prédictions. On a pu constater en effet que l'action révolutionnaire ou syndicale la plus efficace a toujours été le fait d'élites ouvrières que la faim ne stérilisait pas. La misère et la dégénérescence n'ont pas cessé d'être ce qu'elles étaient avant Marx, et qu'il ne voulait pas, contre toute observation, qu'elles fussent : des facteurs de servitude, non de révolution. Le tiers de l'Allemagne laborieuse était en 1933 au chômage. La société bourgeoise était alors obligée de faire vivre ses chômeurs, réalisant ainsi la condition exigée par Marx pour la révolution. Mais il n'est pas bon que de futurs révolutionnaires soient mis dans le cas d'attendre leur pain de l'État. Cette habitude forcée en amène d'autres, qui le sont moins, et que Hitler a mises en doctrine.

Enfin, la classe prolétarienne ne s'est pas accrue indéfiniment. Les conditions mêmes de la production industrielle, que chaque marxiste devait encourager, ont augmenté de façon considérable la classe moyenne* et créé même une nouvelle couche sociale, celle des techniciens[1]. L'idéal, cher à Lénine, d'une société où l'ingénieur serait en même temps manœuvre, s'est en tout cas heurté aux faits. Le fait capital est que la technique comme la science[2] s'est à ce point compliquée qu'il n'est pas possible qu'un seul homme embrasse la totalité de ses principes et de ses applications. Il est presque impossible, par exemple, qu'un physicien d'aujourd'hui ait une vue complète de la science biologique de son temps. À l'intérieur même de la physique, il ne peut prétendre à dominer également tous

---

* De 1920 à 1930, dans une période d'intense productivité, les U. S. A. ont vu le nombre de leurs ouvriers métallurgistes diminuer, dans le temps où le nombre des vendeurs, dépendant de la même industrie doublait presque.

les secteurs de cette discipline. Il en est de même pour la technique. À partir du moment où la productivité, envisagée par les bourgeois et les marxistes comme un bien en elle-même, a été développée dans des proportions démesurées, la division du travail, dont Marx pensait qu'elle pourrait être évitée, est devenue inéluctable. Chaque ouvrier a été amené à effectuer un travail particulier sans connaître le plan général où s'insérait son ouvrage. Ceux qui coordonnaient les travaux de chacun ont constitué, par leur fonction même, une couche dont l'importance sociale est décisive.

Cette ère des technocrates annoncée par Burnham, il est d'une justice élémentaire de rappeler qu'il y a déjà dix-sept ans que Simone Weil l'a décrite* dans une forme que l'on peut considérer comme achevée, sans en tirer les conséquences inacceptables de Burnham. Aux deux formes traditionnelles d'oppression qu'a connues l'humanité, par les armes et par l'argent, Simone Weil en ajoute une troisième, l'oppression par la fonction. « On peut supprimer l'opposition entre acheteur et vendeur du travail, écrivait-elle, sans supprimer l'opposition entre ceux qui disposent de la machine et ceux dont la machine dispose. » La volonté marxiste de supprimer la dégradante opposition du travail intellectuel au travail manuel a buté contre les nécessités de la production que Marx exaltait ailleurs. Marx a prévu, sans doute, dans *le Capital*, l'importance du « directeur », au niveau de la concentration maximum du capital. Mais il n'a pas cru que cette concentration pourrait survivre à l'abolition de la propriété privée. Division du travail et propriété privée, disait-il, sont des expressions identiques. L'histoire a démontré le contraire. Le régime idéal basé sur la propriété collective voulait se définir par la justice plus l'électricité. Finalement, il n'est plus que l'électricité, moins la justice.

L'idée d'une mission du prolétariat n'a pu enfin s'incarner jusqu'à présent dans l'histoire; cela résume l'échec de la prédiction marxiste. La faillite de la IIe Internationale a prouvé que le prolétariat était déterminé par autre chose encore que sa condition économique et

---

* « Allons-nous vers une révolution prolétarienne ? » *Révolution prolétarienne*, 25 avril 1933.

qu'il avait une patrie, contrairement à la fameuse formule. Dans sa majorité, le prolétariat a accepté, ou subi la guerre, et collaboré, bon gré, mal gré, aux fureurs nationalistes de ce temps. Marx entendait que les classes ouvrières, avant de triompher, auraient acquis la capacité juridique et politique. Son erreur était seulement de croire que l'extrême misère, et particulièrement la misère industrielle, peut mener à la maturité politique[1]. Il est certain, d'ailleurs, que la capacité révolutionnaire des masses ouvrières a été freinée par la décapitation de la révolution libertaire, pendant et après la Commune[2]. Après tout, le marxisme a dominé facilement le mouvement ouvrier à partir de 1872, à cause sans doute de sa grandeur propre, mais aussi parce que la seule tradition socialiste qui pouvait lui tenir tête a été noyée dans le sang; il n'y avait pratiquement pas de marxistes[3] parmi les insurgés de 1871. Cette épuration automatique de la révolution s'est poursuivie, par les soins des États policiers, jusqu'à nos jours. De plus en plus, la révolution s'est trouvée livrée à ses bureaucrates et à ses doctrinaires d'une part, à des masses affaiblies et désorientées d'autre part. Quand on guillotine l'élite révolutionnaire et qu'on laisse vivre Talleyrand, qui s'opposerait à Bonaparte ? Mais à ces raisons historiques s'ajoutent les nécessités économiques. Il faut lire les textes de Simone Weil sur la condition de l'ouvrier d'usine* pour savoir à quel degré d'épuisement moral et de désespoir silencieux peut mener la rationalisation du travail. Simone Weil a raison de dire que la condition ouvrière est deux fois inhumaine, privée d'argent, d'abord, et de dignité ensuite. Un travail auquel on peut s'intéresser, un travail créateur, même mal payé, ne dégrade pas la vie. Le socialisme industriel n'a rien fait d'essentiel pour la condition ouvrière parce qu'il n'a pas touché au principe même de la production et de l'organisation du travail, qu'il a exalté au contraire. Il a pu proposer au travailleur une justification historique de même valeur que celle qui consiste à promettre les joies célestes à celui qui meurt à la peine; il ne lui a jamais rendu la joie du créateur. La forme politique de la société n'est plus en question à ce niveau,

---

* *La Condition ouvrière,* Gallimard.

mais les credo d'une civilisation technique de laquelle dépendent également capitalisme et socialisme. Toute pensée qui ne fait pas avancer ce problème ne touche qu'à peine au malheur ouvrier.

Par le seul jeu des forces économiques admirées par Marx, le prolétariat[1] a rejeté la mission historique dont Marx, justement, l'avait chargé. On excuse l'erreur de ce dernier parce que, devant l'avilissement des classes dirigeantes, un homme soucieux de civilisation cherche d'instinct des élites de remplacement. Mais cette exigence n'est pas à elle seule créatrice. La bourgeoisie révolutionnaire a pris le pouvoir en 1789 parce qu'elle l'avait déjà. Le droit, à cette époque, comme le dit Jules Monnerot, était en retard sur le fait. Le fait était que la bourgeoisie disposait déjà des postes de commande et de la nouvelle puissance, l'argent. Il n'en est pas de même du prolétariat qui n'a pour lui que sa misère et ses espoirs, et que la bourgeoisie[2] a maintenu dans cette misère. La classe bourgeoise s'est avilie, par une folie de production et de puissance matérielle ; l'organisation même de cette folie ne pouvait créer des élites*[3]. La critique de cette organisation et le développement de la conscience révoltée pouvaient au contraire forger une élite de remplacement. Seul le syndicalisme révolutionnaire, avec Pelloutier et Sorel, s'est engagé dans cette voie et a voulu créer, par l'éducation professionnelle et la culture, les cadres neufs qu'appelait et qu'appelle encore un monde sans honneur. Mais[4] cela ne pouvait se faire en un jour et les nouveaux maîtres étaient déjà là, qui s'intéressaient à utiliser immédiatement le malheur, pour un bonheur lointain, plutôt qu'à soulager le plus possible, et sans attendre, l'affreuse peine de millions d'hommes[5]. Les socialistes autoritaires ont jugé que l'histoire allait trop lentement et qu'il fallait, pour la précipiter, remettre la mission du prolé-

---

* Lénine, du reste, a enregistré le premier cette vérité, mais sans amertume apparente. Si sa phrase est terrible pour les espoirs révolutionnaires, elle l'est plus encore pour Lénine lui-même. Il a osé dire, en effet, que les masses accepteraient plus facilement son centralisme bureaucratique et dictatorial parce que « la discipline et l'organisation sont assimilées plus facilement par le prolétariat grâce précisément à cette école de la fabrique ».

tariat à une poignée de doctrinaires. Par là même ils ont été les premiers à nier cette mission. Elle existe pourtant, non pas au sens exclusif que lui donnait Marx, mais comme existe la mission de tout groupe humain qui sait tirer fierté et fécondité de son labeur et de ses souffrances. Pour qu'elle se manifeste cependant, il fallait prendre un risque et faire confiance à la liberté et à la spontanéité ouvrières. Le socialisme autoritaire a confisqué au contraire cette liberté vivante au profit d'une liberté idéale, encore à venir. Ce faisant, qu'il l'ait voulu ou non, il a renforcé l'entreprise d'asservissement commencée par le capitalisme d'usine. Par l'action conjuguée de ces deux facteurs, et pendant cent cinquante ans, sauf dans le Paris de la Commune, dernier refuge de la révolution révoltée, le prolétariat n'a pas eu d'autre mission historique que d'être trahi. Les prolétaires se sont battus et sont morts pour donner le pouvoir à des militaires ou des intellectuels, futurs militaires, qui les asservissaient à leur tour. Cette lutte a pourtant été leur dignité, reconnue par tous ceux qui ont choisi de partager leur espoir et leur malheur. Mais cette dignité a été conquise contre le clan des maîtres anciens et nouveaux. Elle les nie au moment même où ils osent l'utiliser. D'une certaine manière, elle annonce leur crépuscule.

Les prédictions économiques de Marx ont donc[1] été au moins mises en question par la réalité. Ce qui reste vrai dans sa vue du monde économique est la constitution d'une société définie de plus en plus par le rythme de production. Mais il a partagé cette conception, dans l'enthousiasme de son siècle, avec l'idéologie bourgeoise. Les illusions bourgeoises concernant la science et le progrès technique, partagées par les socialistes autoritaires, ont donné naissance à la civilisation des dompteurs de machine qui peut, par la concurrence et la domination, se séparer en blocs ennemis mais qui, sur le plan économique, est soumise aux mêmes lois : accumulation du capital, production rationalisée et sans cesse accrue. La différence politique, qui touche à la plus ou moins grande omnipotence de l'État, est appréciable, mais pourrait être réduite par l'évolution économique. Seule, la différence des morales, la vertu formelle s'opposant au cynisme historique, paraît solide. Mais l'impératif de la production domine les deux univers et n'en fait, sur le plan économique, qu'un seul monde*.

De toute manière, si l'impératif économique n'est plus niable**, ses conséquences ne sont pas celles que Marx avait imaginées. Économiquement, le capitalisme est oppresseur par le phénomène de l'accumulation. Il opprime par ce qu'il est, il accumule pour accroître ce qu'il est, exploite d'autant plus et, à mesure, accumule encore. Marx n'imaginait pas de fin à ce cercle infernal, que la révolution. À ce moment, l'accumulation ne serait nécessaire que dans une faible mesure, pour garantir les œuvres sociales. Mais la révolution s'industrialise à son tour et s'aperçoit alors que l'accumulation tient à la technique même, et non au capitalisme, que la machine enfin appelle la machine. Toute collectivité en lutte a besoin d'accumuler au lieu de distribuer ses revenus. Elle accumule pour s'accroître et accroître sa puissance. Bourgeoise ou socialiste, elle renvoie la justice à plus tard, au profit de la seule puissance. Mais la puissance s'oppose à d'autres puissances. Elle s'équipe, elle s'arme, parce que les autres s'arment et s'équipent. Elle ne cesse pas d'accumuler et ne cessera jamais qu'à partir du jour, peut-être, où elle régnera seule sur le monde. Pour cela, d'ailleurs, il lui faut passer par la guerre. Jusqu'à ce jour, le prolétaire ne reçoit qu'à peine ce qu'il lui faut pour sa subsistance. La révolution s'oblige à construire, à grands frais d'hommes, l'intermédiaire industriel et capitaliste que son propre système exigeait. La rente est remplacée par la peine de l'homme. L'esclavage est alors généralisé, les portes du ciel restent fermées. Telle est la loi économique d'un monde qui vit du culte de la production, et la réalité est encore plus sanglante que la loi. La révolution, dans l'impasse où l'ont engagée ses ennemis bour-

---

* Précisons que la productivité n'est malfaisante que lorsqu'elle est prise comme une fin — non comme un moyen qui pourrait être libérateur.
** Bien qu'il l'ait été — jusqu'au XVIIIe siècle — pendant tout le temps où Marx a cru le découvrir. Exemples historiques où le conflit des formes de civilisation n'a pas abouti à un progrès dans l'ordre de la production : destruction de la société mycénienne, invasion de Rome par les Barbares, expulsion des Maures d'Espagne, extermination des Albigeois, etc.

geois et ses partisans nihilistes, est l'esclavage. À moins de changer de principes et de voie, elle n'a pas d'autre issue que les révoltes serviles, écrasées dans le sang, ou le hideux espoir du suicide atomique. La volonté de puissance, la lutte nihiliste pour la domination et le pouvoir, ont fait mieux que balayer l'utopie marxiste. Celle-ci est devenue à son tour un fait historique destiné à être utilisé comme les autres. Elle, qui voulait dominer l'histoire, s'y est perdue; asservir tous les moyens, a été réduite à l'état de moyen et cyniquement manœuvrée pour la plus banale et la plus sanglante des fins. Le développement ininterrompu de la production n'a pas ruiné le régime capitaliste au profit de la révolution. Il a ruiné également la société bourgeoise et la société révolutionnaire au profit d'une idole qui a le mufle de la puissance.

Comment un socialisme, qui se disait scientifique, a-t-il pu se heurter ainsi aux faits ? La réponse est simple : il n'était pas scientifique. Son échec tient, au contraire, à une méthode assez ambiguë pour se vouloir en même temps déterministe et prophétique, dialectique et dogmatique. Si l'esprit n'est que le reflet des choses, il ne peut en devancer la marche, sinon par l'hypothèse. Si la théorie est déterminée par l'économie, elle peut décrire le passé de la production, non son avenir qui reste seulement probable. La tâche du matérialisme historique ne peut être que d'établir la critique de la société présente; il ne saurait faire sur la société future, sans faillir à l'esprit scientifique, que des suppositions. Au reste, n'est-ce pas pour cela que son livre fondamental s'appelle *le Capital* et non *la Révolution ?* Marx et les marxistes se sont laissés aller à prophétiser l'avenir et le communisme au détriment de leurs postulats et de la méthode scientifique.

Cette prédiction ne pouvait être scientifique, au contraire, qu'en cessant de prophétiser dans l'absolu. Le marxisme n'est pas scientifique; il est, au mieux, scientiste. Il fait éclater le divorce profond qui s'est établi entre la raison scientifique, fécond instrument de recherche, de pensée, et même de révolte, et la raison historique, inventée par l'idéologie allemande dans sa négation de tout principe. La raison historique n'est pas une raison qui, selon sa fonction propre, juge le monde. Elle le mène en même temps qu'elle prétend le juger. Ensevelie dans l'événement, elle le dirige. Elle est à la fois pédagogique et conquérante. Ces mystérieuses descriptions recouvrent, d'ailleurs, la réalité la plus simple. Si l'on réduit l'homme à l'histoire, il n'a pas d'autre choix que de sombrer dans le bruit et la fureur d'une histoire démentielle ou de donner à cette histoire la forme de la raison humaine. L'histoire du nihilisme contemporain n'est donc qu'un long effort pour donner, par les seules forces de l'homme, et par la force tout court, un ordre à une histoire qui n'en a plus. Cette pseudo-raison finit par s'identifier alors avec la ruse et la stratégie, attendant de culminer dans l'Empire idéologique. Que viendrait faire ici la science ? Rien n'est moins conquérant que la raison. On ne fait pas l'histoire avec des scrupules scientifiques; on se condamne même à ne pas la faire à partir du moment où l'on prétend s'y conduire avec l'objectivité des scientifiques. La raison ne prêche pas, ou si elle prêche, elle n'est plus la raison. C'est pourquoi la raison historique est une raison irrationnelle et romantique, qui rappelle parfois la systématisation de l'obsédé, l'affirmation mystique du verbe, d'autres fois.

Le seul aspect vraiment scientifique du marxisme se trouve dans son refus préalable des mythes et dans la mise au jour des intérêts les plus crus. Mais, à ce compte, Marx n'est pas plus scientifique que La Rochefoucauld; et, justement, cette attitude est celle qu'il abandonne dès qu'il entre dans la prophétie. On ne s'étonnera donc pas que, pour rendre le marxisme scientifique, et maintenir cette fiction, utile au siècle de la science, il ait fallu au préalable rendre la science marxiste, par la terreur. Le progrès de la science, depuis Marx, a consisté en gros, à remplacer le déterminisme et le mécanisme assez grossier de son siècle par un probabilisme provisoire. Marx écrivait à Engels que la théorie de Darwin constituait la base même de leur théorie. Pour que le marxisme restât[1] infaillible, il a donc fallu nier les découvertes biologiques depuis Darwin. Comme il se trouve que ces découvertes, depuis les mutations brusques constatées par de Vriès, ont consisté à introduire, contre le déterminisme, la notion de hasard en biologie, il a fallu charger Lyssenko de discipliner les chromosomes, et de démontrer à nouveau le déterminisme le plus élémentaire. Cela est ridicule. Mais que l'on donne une police à M. Homais, il ne sera plus ridicule et voici le xxe siècle. Pour cela, le xxe siècle devra nier aussi le principe d'indétermination en physique, la relativité restreinte, la théorie des quanta* et enfin la tendance générale de la science contemporaine. Le marxisme n'est aujourd'hui scientifique qu'à condition de l'être contre Heisenberg, Bohr, Einstein et les plus grands savants de ce temps. Après tout, le principe qui consiste à ramener la raison scientifique au service d'une prophétie n'a rien de mystérieux. Il s'est déjà appelé le principe d'autorité ; c'est lui qui guide les Églises lorsqu'elles veulent asservir la vraie raison à la foi morte et la liberté de l'intelligence au maintien de la puissance temporelle**.

Finalement, de la prophétie de Marx, dressée désormais contre ses deux principes, l'économie et la science, il ne reste que l'annonce passionnée d'un événement à très long terme. Le seul recours des marxistes consiste à dire que les délais sont simplement plus longs et qu'il faut s'attendre à ce que la fin justifie tout, un jour encore invisible. Autrement dit, nous sommes dans le purgatoire et on nous promet qu'il n'y aura pas d'enfer. Le problème qui se pose alors est d'un autre ordre. Si la lutte d'une ou deux générations au long d'une évolution économique forcément favorable suffit à amener la société sans classes, le sacrifice devient concevable pour le militant : l'avenir a pour lui un visage concret, celui de son petit enfant par exemple. Mais si, le sacrifice de plusieurs générations n'ayant pas suffi, nous devons maintenant aborder une période infinie de luttes universelles mille fois plus destructrices, il faut alors les certitudes de la foi pour accepter de mourir et de donner la mort. Simplement, cette foi nouvelle n'est pas plus fondée en raison pure que les anciennes.

Comment imaginer en effet cette fin de l'histoire ? Marx n'a pas repris les termes de Hegel. Il a dit assez

---

* Roger Caillois fait remarquer que le stalinisme objecte à la théorie des quanta, mais utilise la science atomique qui en dérive (*Critique du marxisme,* Gallimard).
** Sur tout ceci, voir Jean Grenier, *Essai sur l'esprit d'orthodoxie* (Gallimard) qui reste, après quinze ans, un livre d'actualité.

obscurément que le communisme n'était qu'une forme nécessaire de l'avenir humain, qu'il n'était pas tout l'avenir. Mais, ou bien le communisme ne termine pas l'histoire des contradictions et de la douleur : on ne voit plus alors comment justifier tant d'efforts et de sacrifices; ou il la termine : on ne peut plus imaginer la suite de l'histoire que comme la marche vers cette société parfaite. Une notion mystique s'introduit alors arbitrairement dans une description qui se veut scientifique. La disparition finale de l'économie politique, thème favori de Marx et d'Engels, signifie la fin de toute douleur. L'économie, en effet, coïncide avec la peine et le malheur de l'histoire, qui disparaissent avec elle. Nous sommes dans l'Éden.

On ne fait pas avancer le problème en déclarant qu'il ne s'agit pas de la fin de l'histoire, mais du saut dans une autre histoire. Cette autre histoire, nous ne pouvons l'imaginer que selon notre propre histoire; à elles deux, pour l'homme, elles n'en sont qu'une. Cette autre histoire pose d'ailleurs le même dilemme. Ou bien elle n'est pas la résolution des contradictions et nous souffrons, mourons et tuons pour presque rien. Ou elle est la résolution des contradictions et elle termine pratiquement notre histoire. Le marxisme ne se justifie à ce stade que par la cité définitive.

Cette[1] cité des fins a-t-elle alors un sens ? Elle en a un dans l'univers sacré, une fois admis le postulat religieux. Le monde a été créé, il aura une fin; Adam a quitté l'Éden, l'humanité doit y revenir. Il n'en a pas dans l'univers historique si l'on admet le postulat dialectique. La dialectique appliquée correctement ne peut pas et ne doit pas s'arrêter*. Les termes antagonistes d'une situation historique peuvent se nier les uns les autres, puis se surmonter dans une nouvelle synthèse. Mais il n'y a pas de raison pour que cette synthèse nouvelle soit supérieure aux premières. Ou plutôt il n'y a de raison à cela que si l'on impose, arbitrairement, un terme à la dialectique, si donc l'on y introduit un jugement de valeur venu du dehors. Si la société sans classes termine l'histoire, alors, en effet, la société capitaliste est supérieure à la société féodale dans la mesure où elle rapproche

---

* Voir l'excellente discussion de Jules Monnerot : *Sociologie du communisme*, IIIe partie.

encore l'avènement de cette société sans classes. Mais si l'on admet le postulat dialectique, il faut l'admettre entièrement. De même qu'à la société des ordres a succédé une société sans ordres mais avec classes, il faut dire qu'à la société des classes succédera une société sans classes, mais animée par un nouvel antagonisme, encore à définir. Un mouvement, auquel on refuse un commencement, ne peut avoir de fin. « Si le socialisme, dit un essayiste libertaire*, est un éternel devenir, ses moyens sont sa fin. » Exactement, il n'a pas de fin, il n'a que des moyens qui ne sont garantis par rien s'ils ne le sont par une valeur étrangère au devenir. En ce sens, il est juste de remarquer que la dialectique n'est pas et ne peut pas être révolutionnaire. Elle est seulement, selon notre point de vue, nihiliste, pur mouvement qui vise à nier tout ce qui n'est pas lui-même.

Il n'y a donc, dans cet univers, aucune raison d'imaginer la fin de l'histoire. Elle est pourtant la seule justification des sacrifices demandés, au nom du marxisme, à l'humanité. Mais elle n'a pas d'autre fondement raisonnable qu'une pétition de principe qui introduit dans l'histoire, royaume qu'on voulait unique et suffisant, une valeur étrangère à l'histoire. Comme cette valeur est en même temps étrangère à la morale, elle n'est pas à proprement parler une valeur sur laquelle on puisse régler sa conduite, elle est un dogme sans fondement qu'on peut faire sien dans le mouvement désespéré d'une pensée qui étouffe de solitude ou de nihilisme, ou qu'on se verra imposer par ceux à qui le dogme profite. La fin de l'histoire n'est pas une valeur d'exemple et de perfectionnement. Elle est un principe d'arbitraire et de terreur.

Marx a reconnu que toutes les révolutions jusqu'à lui avaient échoué. Mais il a prétendu que la révolution qu'il annonçait devait réussir[1] définitivement. Le mouvement ouvrier jusqu'ici a vécu sur cette affirmation que les faits n'ont cessé de démentir et dont il est temps de dénoncer tranquillement le mensonge. À mesure que la parousie s'éloignait, l'affirmation du royaume final, affaiblie en raison, est devenue article de foi. La seule valeur du monde marxiste réside désormais, malgré Marx, dans un dogme imposé à tout un empire idéolo-

---

* Ernestan : *Le Socialisme et la Liberté.*

gique. Le royaume des fins est utilisé, comme la morale éternelle et le royaume des cieux, à des fins de mystification sociale. Élie Halévy se déclarait hors d'état de dire si le socialisme allait conduire à la république suisse universalisée ou au césarisme européen. Nous sommes désormais mieux renseignés. Les prophéties de Nietzsche, sur ce point au moins, sont justifiées. Le marxisme s'illustre désormais[1], contre lui-même et par une logique inévitable, dans le césarisme intellectuel dont il nous faut entreprendre enfin la description. Dernier représentant de la lutte de la justice contre la grâce, i prend en charge, sans l'avoir voulu, la lutte de la justice contre la vérité[2]. Comment vivre sans la grâce, c'est la question qui domine le xixe siècle. « Par la justice », ont répondu tous ceux qui ne voulaient pas accepter le nihilisme absolu. Aux peuples qui désespéraient du royaume des cieux, ils ont promis le royaume de l'homme. La prédication de la cité humaine s'est accélérée jusqu'à la fin du xixe siècle où elle est devenue proprement visionnaire et a mis les certitudes de la science au service de l'utopie. Mais le royaume s'est éloigné, de prodigieuses guerres ont ravagé la plus vieille des terres, le sang des révoltés a couvert les murs des villes, et la justice totale ne s'est pas rapprochée. La question du xxe siècle, dont les terroristes de 1905 sont morts et qui déchire le monde contemporain, s'est peu à peu précisée : comment vivre sans grâce et sans justice ?

À cette question[3], seul le nihilisme, et non la révolte, a répondu. Seul, jusqu'à présent, il a parlé, reprenant la formule des révoltés romantiques : « Frénésie ». La frénésie historique s'appelle la puissance. La volonté de puissance est venue relayer la volonté de justice, faisant mine d'abord de s'identifier avec elle, et puis la reléguant quelque part au bout de l'histoire, en attendant que rien sur la terre ne reste à dominer. La conséquence idéologique a triomphé alors de la conséquence économique : l'histoire du communisme russe fait le démenti de ses principes. Nous retrouvons au bout de ce long chemin la révolte métaphysique, qui avance cette fois dans le tumulte des armes et des mots d'ordre[4], mais oublieuse de ses vrais principes, enfouissant sa solitude au sein de foules armées, couvrant ses négations d'une scolastique obstinée, tournée encore vers l'avenir dont elle a fait désormais son seul dieu, mais séparée de lui par une foule de nations à abattre et de continents à dominer. L'action pour principe unique, le règne de l'homme pour alibi, elle a déjà commencé de creuser son camp retranché, à l'est de l'Europe, face à d'autres camps retranchés.

LE ROYAUME DES FINS

Marx n'imaginait pas une si terrifiante apothéose. Lénine non plus qui, pourtant, a fait un pas décisif vers l'Empire militaire. Aussi bon stratège qu'il était médiocre philosophe, il s'est posé d'abord le problème de la prise du pouvoir. Notons tout de suite qu'il est tout à fait faux de parler, comme on le fait, du jacobinisme de Lénine. Seule, son idée de la fraction d'agitateurs et de révolutionnaires est jacobine. Les Jacobins croyaient aux principes et à la vertu; ils sont morts d'avoir à les nier. Lénine ne croit qu'à la révolution et à la vertu d'efficacité. « Il faut être prêt à tous les sacrifices, user s'il le faut de tous les stratagèmes, de ruse, de méthodes illégales, être décidé à celer la vérité, à seule fin de pénétrer dans les syndicats... et d'y accomplir malgré tout la tâche communiste. » La lutte contre la morale formelle, inaugurée par Hegel et Marx, se retrouve chez lui dans la critique des attitudes révolutionnaires inefficaces. L'Empire était au bout de ce mouvement.

Si l'on prend les deux œuvres qui sont au début*, et à la fin**, de sa carrière d'agitateur, on est frappé de voir qu'il n'a cessé de lutter sans merci contre les formes sentimentales de l'action révolutionnaire. Il a voulu chasser la morale de la révolution parce qu'il croyait, à juste titre, que le pouvoir révolutionnaire ne s'établit pas dans le respect des dix commandements. Quand il arrive, après les premières expériences, sur la scène d'une histoire où il devait jouer un si grand rôle, à le voir prendre avec une si naturelle liberté le monde tel que l'ont fabriqué l'idéologie et l'économie du siècle précédent, il semble être le premier homme d'un nouvel âge.

---

* *Que faire ?* 1902.
** *L'État et la Révolution*, 1917.

Indifférent à l'inquiétude, aux nostalgies, à la morale, il se met aux commandes, cherche le meilleur régime du moteur et décide que telle vertu convient au conducteur de l'histoire, telle autre non. Il tâtonne un peu au début, hésite sur le point de savoir si la Russie doit passer d'abord par le stade capitaliste et industriel. Mais cela revient à douter que la révolution puisse avoir lieu en Russie. Lui est russe, sa tâche est de faire la révolution russe. Il jette par-dessus bord le fatalisme économique et se met à l'action. Il déclare nettement, dès 1902, que les ouvriers n'élaboreront pas d'eux-mêmes une idéologie indépendante. Il nie la spontanéité des masses. La doctrine socialiste suppose une base scientifique que, seuls, peuvent lui donner les intellectuels. Quand il dit qu'il faut effacer toute distinction entre ouvriers et intellectuels, il faut traduire qu'on peut ne pas être prolétaire et connaître, mieux que les prolétaires, les intérêts du prolétariat. Il félicite donc Lassalle d'avoir mené une lutte acharnée contre la spontanéité des masses. « La théorie, dit-il, doit se soumettre la spontanéité*. » En clair, cela veut dire que la révolution a besoin de chefs et de chefs théoriciens.

Il combat, à la fois, le réformisme, coupable de détendre la force révolutionnaire, et le terrorisme**, attitude exemplaire et inefficace. La révolution, avant d'être économique, ou sentimentale, est militaire. Jusqu'au jour où elle éclatera, l'action révolutionnaire se confond avec la stratégie. L'autocratie est l'ennemi; sa force principale, la police, corps professionnel de soldats politiques. La conclusion est simple : « La lutte contre la police politique exige des qualités spéciales, exige des révolutionnaires de profession. » La révolution aura son armée de métier à côté de la masse qu'on peut appeler un jour à la conscription. Ce corps d'agitateurs doit être organisé avant la masse elle-même. Un réseau d'agents, telle est l'expression de Lénine, qui annonce ainsi le règne de la société secrète et des moines réalistes de la révolution : « Nous sommes les jeunes Turcs de la révo-

---

* De même Marx : « Ce que tel ou tel prolétaire ou même le prolétariat tout entier imagine être son but n'importe pas! »

** On sait que son frère aîné, qui avait, lui, choisi le terrorisme, fut pendu.

lution, disait-il, avec quelque chose de jésuite en plus. »
Le prolétariat n'a plus de mission à partir de cet instant.
Il n'est qu'un moyen puissant, parmi d'autres, aux mains
d'ascètes révolutionnaires*.

Le problème de la prise du pouvoir entraîne celui
de l'État. *L'État et la Révolution* (1917), qui traite de ce
sujet, est le plus curieux et le plus contradictoire des
libelles. Lénine y use de sa méthode favorite qui est
d'autorité. À l'aide de Marx et d'Engels, il commence
par s'élever contre tout réformisme qui prétendrait
utiliser l'État bourgeois, organisme de domination d'une
classe sur l'autre. L'État bourgeois repose sur la police
et sur l'armée parce qu'il est d'abord un instrument
d'oppression. Il reflète à la fois l'antagonisme inconciliable des classes et la réduction forcée de cet antagonisme. Cette autorité de fait ne mérite que le mépris.
« Même le chef du pouvoir militaire d'un État civilisé
pourrait envier le chef du clan que la société patriarcale
entourait d'un respect volontaire et non imposé par
le bâton. » Engels a établi fermement, d'ailleurs, que
la notion d'État et celle de société libre sont inconciliables. « Les classes disparaîtront aussi inéluctablement
qu'elles sont apparues. Avec la disparition des classes,
disparaîtra inéluctablement l'État. La société qui réorga-
nisera la production sur la base de l'association libre et
égale des producteurs reléguera la machine d'État à la
place qui lui convient : au musée des antiquités, à côté
du rouet et de la hache de bronze. »

Cela explique sans doute que des lecteurs distraits
aient mis *l'État et la Révolution* au compte des tendances
anarchistes de Lénine et se soient apitoyés sur la postérité
singulière d'une doctrine si sévère pour l'armée, la
police, le bâton et la bureaucratie. Mais les points de vue
de Lénine, pour être compris, doivent toujours s'entendre
en termes de stratégie. S'il défend avec tant d'énergie la
thèse d'Engels sur la disparition de l'État bourgeois, c'est
qu'il veut, d'une part, faire obstacle au pur « écono-
misme » de Plekhanov ou de Kautsky, d'autre part
démontrer que le gouvernement Kerensky est un gouvernement bourgeois qu'il faut détruire. Un mois plus tard,
d'ailleurs, il le détruira.

---

* Heine appelait déjà les socialistes « les nouveaux puritains ».
Puritanisme et révolution vont, historiquement, de pair.

Il fallait répondre aussi à ceux qui objectaient que la révolution elle-même aurait besoin d'un appareil d'administration et de répression. Là encore, Marx et Engels sont largement utilisés pour prouver, d'autorité, que l'État prolétarien n'est pas un État organisé comme les autres, mais un État qui, par définition, ne cesse de dépérir. « Dès qu'il n'y a plus de classe sociale à maintenir opprimée... un État cesse d'être nécessaire. Le premier acte par lequel l'État (prolétarien) s'affirme réellement comme le représentant de la société tout entière — la prise de possession des moyens de production de la société — est, en même temps, le dernier acte propre de l'État. Au gouvernement des personnes se substitue l'administration des choses... L'État n'est pas aboli, il dépérit. » L'État bourgeois est d'abord supprimé par le prolétariat. Ensuite, mais ensuite seulement, l'État prolétarien se résorbe. La dictature du prolétariat est nécessaire : 1° pour opprimer ou supprimer ce qui reste de la classe bourgeoise ; 2° pour réaliser la socialisation des moyens de production. Ces deux tâches accomplies, elle commence aussitôt à dépérir.

Lénine part donc du principe, clair et ferme, que l'État meurt dès que la socialisation des moyens de production est opérée, la classe d'exploiteurs étant alors supprimée. Et pourtant, dans le même libelle, il aboutit à légitimer le maintien, après la socialisation des moyens de production, et sans terme prévisible, de la dictature d'une fraction révolutionnaire sur le reste du peuple. Le pamphlet, qui prend pour référence constante l'expérience de la Commune, contredit absolument le courant d'idées fédéralistes et anti-autoritaires qui a produit la Commune ; il s'oppose aussi bien à la description optimiste de Marx et d'Engels. La raison en est claire : Lénine n'a pas oublié que la Commune avait échoué. Quant aux moyens d'une si surprenante démonstration, ils sont encore plus simples : à chaque nouvelle difficulté rencontrée par la révolution, on donne une attribution supplémentaire à l'État décrit par Marx. Dix pages plus loin, sans transition, Lénine affirme, en effet, que le pouvoir est nécessaire pour réprimer la résistance des exploiteurs « et aussi pour diriger la grande masse de la population, paysannerie, petite bourgeoisie, semi-prolétaires, dans l'aménagement de l'économie socialiste ». Le tournant ici est incontestable ; l'État provisoire de Marx et Engels se voit chargé d'une nouvelle mission qui risque de lui donner longue vie. Nous trouvons déjà la contradiction du régime stalinien aux prises avec sa philosophie officielle. Ou bien ce régime a réalisé la société socialiste sans classes et le maintien d'un formidable appareil de répression ne se justifie pas en termes marxistes. Ou il ne l'a pas réalisée, la preuve est faite alors que la doctrine marxiste est erronée et qu'en particulier la socialisation des moyens de production ne signifie pas la disparition des classes. En face de sa doctrine officielle, le régime est contraint de choisir : elle est fausse ou il l'a trahie. En fait, avec Netchaiev et Tkatchev, c'est Lassalle, inventeur du socialisme d'État, que Lénine a fait triompher en Russie, contre Marx. À partir de ce moment, l'histoire des luttes intérieures du parti, de Lénine à Staline, se résumera dans la lutte entre la démocratie ouvrière et la dictature militaire et bureaucratique, la justice enfin et l'efficacité.

On doute un moment si Lénine ne va pas trouver une sorte de conciliation en le voyant faire l'éloge des mesures prises par la Commune : fonctionnaires éligibles, révocables, rétribués comme les ouvriers, remplacement de la bureaucratie industrielle par la gestion ouvrière directe. Un Lénine fédéraliste apparaît même qui loue l'institution des communes et leur représentation. Mais on comprend rapidement que ce fédéralisme n'est prôné que dans la mesure où il signifie l'abolition du parlementarisme. Lénine, contre toute vérité historique, le qualifie de centralisme et met aussitôt l'accent sur l'idée de la dictature prolétarienne, reprochant aux anarchistes leur intransigeance en ce qui concerne l'État. Ici intervient, appuyée sur Engels, une nouvelle affirmation qui justifie le maintien de la dictature du prolétariat après la socialisation, la disparition de la classe bourgeoise et même la direction, enfin obtenue, de la masse. Le maintien de l'autorité aura pour limites, maintenant, celles qui lui sont tracées par les conditions mêmes de la production. Par exemple, le dépérissement achevé de l'État coïncidera avec le moment où les logements pourront être fournis à tous gratuitement. C'est la phrase supérieure du communisme : « À chacun selon ses besoins. » Jusque-là, il y aura État.

Quelle sera la rapidité du développement vers cette phase supérieure du communisme où chacun prendra selon ses besoins ? « Cela, nous ne le savons pas et nous ne pouvons pas le savoir... Nous n'avons pas de données nous permettant de trancher ces questions. » Pour plus de clarté, Lénine affirme, toujours arbitrairement, « qu'il n'est venu à l'esprit d'aucun socialiste de promettre l'avènement de la phase supérieure du communisme ». On peut dire qu'à cet endroit meurt définitivement la liberté. Du règne de la masse, de la notion de révolution prolétarienne, on passe d'abord à l'idée d'une révolution faite et dirigée par des agents professionnels. La critique impitoyable de l'État se concilie ensuite avec la nécessaire, mais provisoire, dictature du prolétariat, en la personne de ses chefs. Pour finir, on annonce qu'on ne peut prévoir le terme de cet État provisoire et qu'au surplus personne ne s'est jamais avisé de promettre qu'il y aurait un terme. Après cela, il est logique que l'autonomie des Soviets soit combattue, Makhno trahi et les marins de Cronstadt écrasés par le parti[1].

Certes, bien des affirmations de Lénine[2], amant passionné de la justice, peuvent encore être opposées au régime stalinien; principalement, la notion de dépérissement. Même si l'on admet que l'État prolétarien ne puisse avant longtemps disparaître, il faut encore, selon la doctrine, pour qu'il puisse se dire prolétarien, qu'il tende à disparaître et devienne de moins en moins contraignant. Il est sûr que Lénine croyait cette tendance inévitable et qu'en cela il a été dépassé. L'État prolétarien, depuis plus de trente ans, n'a donné aucun signe d'anémie progressive. On retiendra, au contraire, sa prospérité croissante. Deux ans plus tard, au demeurant, dans une conférence à l'Université Sverdlov, sous la pression des événements extérieurs et des réalités intérieures, Lénine donnera une précision qui laisse prévoir le maintien indéfini du super-État prolétarien. « Avec cette machine ou cette massue (l'État), nous écraserons toute exploitation, et lorsque sur terre il n'y aura plus de possibilités d'exploitation, plus de gens possédant des terres et des fabriques, plus de gens se gavant au nez des affamés, lorsque de pareilles choses seront impossibles, alors, seulement, nous mettrons cette machine au rancart. Alors il n'y aura ni État ni exploitation. » Aussi longtemps qu'il y aura sur terre, et non plus dans une société donnée, un opprimé ou un propriétaire, aussi longtemps l'État se maintiendra donc. Il sera aussi longtemps obligé de s'accroître pour vaincre à une les injustices, les gouvernements de l'injustice, les nations obstinément bourgeoises, les peuples aveuglés sur leurs propres intérêts. Et quand, sur la terre enfin soumise et purgée d'adversaires, la dernière iniquité aura été noyée dans le sang des justes et des injustes, alors l'État, parvenu à la limite de toutes les puissances, idole monstrueuse couvrant le monde entier, se résorbera sagement dans la cité silencieuse de la justice.

Sous la pression, pourtant prévisible, des impérialismes adverses naît, en réalité, avec Lénine, l'impérialisme de la justice. Mais l'impérialisme, même de la justice, n'a d'autre fin que la défaite, ou l'empire du monde. Jusque-là, il n'a d'autre moyen que l'injustice. Dès lors, la doctrine s'identifie définitivement à la prophétie. Pour une justice lointaine, elle légitime l'injustice pendant tout le temps de l'histoire, elle devient[1] cette mystification que Lénine détestait plus que tout au monde. Elle fait accepter l'injustice, le crime et le mensonge par la promesse du miracle. Encore plus de production et encore plus de pouvoir, le travail ininterrompu, la douleur incessante, la guerre permanente, et un moment viendra où le servage généralisé dans l'Empire total se changera merveilleusement en son contraire : le loisir libre dans une république universelle. La mystification pseudo-révolutionnaire a maintenant sa formule : il faut tuer toute liberté pour conquérir l'Empire et l'Empire un jour sera la liberté. Le chemin de l'unité passe alors par la totalité.

LA TOTALITÉ ET LE PROCÈS[2]

La totalité n'est en effet rien d'autre que le vieux rêve d'unité commun aux croyants et aux révoltés, mais projeté horizontalement sur une terre privée de Dieu. Renoncer à toute valeur revient alors à renoncer à la révolte pour accepter l'Empire et l'esclavage. La critique des valeurs formelles ne pouvait épargner l'idée de liberté. Une fois reconnue l'impossibilité de faire naître, par les seules forces de la révolte, l'individu libre dont rêvaient les romantiques, la liberté a été, elle aussi, incorporée au mouvement de l'histoire. Elle est devenue liberté en lutte, qui, pour être, doit se faire. Identifiée au dynamisme de l'histoire, elle ne pourra jouir d'elle-même que lorsque l'histoire s'arrêtera, dans la Cité universelle. Jusque-là, chacune de ses victoires suscitera une contestation qui la rendra vaine. La nation allemande se libère de ses oppresseurs alliés, mais au prix de la liberté de chaque Allemand. Les individus en régime[1] totalitaire ne sont pas libres, quoique l'homme collectif soit libéré. À la fin, quand l'Empire affranchira l'espèce entière, la liberté régnera sur des troupeaux d'esclaves, qui, du moins, seront libres par rapport à Dieu et, en général, à toute transcendance. Le miracle dialectique, la transformation de la quantité en qualité s'éclaire ici : on choisit d'appeler liberté la servitude totale. Comme d'ailleurs dans tous les exemples cités par Hegel et Marx, il n'y a nullement transformation objective, mais changement subjectif de dénomination. Il n'y a pas de miracle. Si le seul espoir du nihilisme est que des millions d'esclaves puissent un jour constituer une humanité à jamais affranchie, l'histoire n'est qu'un songe désespéré. La pensée historique devait délivrer l'homme de la sujétion divine; mais cette libération exige de lui la soumission la plus absolue au devenir. On court alors à la permanence du parti comme on se jetait sous l'autel. C'est pourquoi l'époque qui ose se dire la plus révoltée n'offre à choisir que des conformismes. La vraie passion du XXe siècle, c'est la servitude[2].

Mais la liberté totale n'est pas plus aisée à conquérir que la liberté individuelle. Pour assurer l'empire de l'homme sur le monde, il faut retrancher du monde et de l'homme tout ce qui échappe à l'Empire, tout ce qui n'est pas du règne de la quantité : cette entreprise est infinie. Elle doit s'étendre à l'espace, au temps et aux personnes, qui font les trois dimensions de l'histoire. L'Empire est en même temps guerre, obscurantisme et tyrannie, affirmant[3] désespérément qu'il sera fraternité, vérité et liberté : la logique de ses postulats l'y oblige. Il y a sans doute dans la Russie d'aujourd'hui, et même dans son communisme, une vérité qui nie l'idéologie stalinienne. Mais celle-ci a sa logique qu'il faut isoler et mettre en avant si l'on veut que l'esprit révolutionnaire échappe enfin à la déchéance définitive.

L'intervention cynique des armées occidentales contre la révolution soviétique a montré, entre autres choses, aux révolutionnaires russes que la guerre et le nationalisme étaient des réalités au même titre que la lutte des classes. Faute d'une solidarité internationale des prolétaires, et qui jouât automatiquement, aucune révolution intérieure ne pouvait s'estimer viable sans qu'un ordre international fût créé. De ce jour, il fallut admettre que la Cité universelle ne pourrait se construire qu'à deux conditions. Ou bien des révolutions quasi simultanées dans tous les grands pays, ou bien la liquidation, par la guerre, des nations bourgeoises ; la révolution en permanence ou la guerre en permanence. Le premier point de vue a failli triompher, on le sait. Les mouvements révolutionnaires d'Allemagne, d'Italie et de France ont marqué le point le plus haut de l'espoir révolutionnaire. Mais l'écrasement de ces révolutions et le renforcement consécutif des régimes capitalistes ont fait de la guerre la réalité de la révolution. La philosophie des lumières aboutit alors à l'Europe du couvre-feu. Par la logique de l'histoire et de la doctrine, la Cité universelle, qui devait être réalisée dans l'insurrection spontanée des humiliés, a été peu à peu recouverte par l'Empire, imposé par les moyens de la puissance. Engels, approuvé par Marx, avait accepté froidement cette perspective quand il écrivait en réponse à l'*Appel aux Slaves* de Bakounine : « La prochaine guerre mondiale fera disparaître de la surface de la terre non seulement des classes et des dynasties réactionnaires, mais encore des peuples réactionnaires entiers. Cela fait partie aussi du progrès. » Ce progrès-là, dans l'esprit d'Engels, devait éliminer la Russie des tsars. Aujourd'hui, la nation russe a renversé la direction du progrès. La guerre, froide et tiède, est la servitude de l'Empire mondial. Mais devenue impériale, la révolution est dans une impasse[1]. Si elle ne renonce pas à ses principes faux pour retourner aux sources de la révolte, elle signifie seulement le maintien, pour plusieurs générations, et jusqu'à la décomposition spontanée du capitalisme, d'une dictature totale sur des centaines de millions d'hommes ; ou, si elle veut précipiter l'avènement de la Cité humaine, la guerre atomique[2] dont elle ne veut pas et après laquelle toute cité, au demeurant, ne rayonnerait que sur des ruines définitives. La révolution mondiale, par la loi même de cette histoire qu'elle a imprudemment déifiée, est condamnée à la police ou à la bombe. Du même coup, elle se trouve placée dans une contradiction supplémentaire. Le sacrifice de la morale et de la vertu, l'acceptation de tous les moyens qu'elle a constamment justifiés par la fin poursuivie, ne s'acceptent, à la rigueur, qu'en fonction d'une fin dont la probabilité est raisonnable. La paix armée suppose, par le maintien indéfini de la dictature, la négation indéfinie de cette fin. Le danger de guerre, de plus, affecte cette fin d'une probabilité dérisoire. L'extension de l'Empire sur l'espace mondial est une nécessité inévitable pour la révolution du xxe siècle. Mais cette nécessité la place devant un dernier dilemme : se forger de nouveaux principes ou renoncer[1] à la justice et à la paix dont elle voulait le règne définitif.

En attendant de dominer l'espace, l'Empire se voit contraint aussi de régner sur le temps. Niant toute vérité stable, il lui faut aller jusqu'à nier la forme la plus basse de la vérité, celle de l'histoire. Il a transporté la révolution, encore impossible à l'échelle du monde, dans le passé qu'il s'attache à nier. Cela même, aussi bien, est logique. Toute cohérence, qui ne soit pas purement économique, du passé à l'avenir humain, suppose une constante qui, à son tour, pourrait faire penser à une nature humaine. La cohérence profonde que Marx, homme de culture, avait maintenue entre les civilisations, risquait de déborder sa thèse et de mettre au jour une continuité naturelle, plus large que l'économique. Peu à peu, le communisme russe a été amené à couper les ponts, à introduire une solution de continuité dans le devenir. La négation des génies hérétiques (et ils le sont presque tous), des apports de la civilisation, de l'art, dans la mesure, infinie, où il échappe à l'histoire, le renoncement aux traditions vivantes, ont retranché peu à peu le marxisme contemporain dans des limites de plus en plus étroites. Il ne lui a pas suffi de nier ou de taire ce qui, dans l'histoire du monde, est inassimilable par la doctrine, ni de rejeter les acquisitions de la science moderne. Il lui a fallu encore refaire l'histoire, même la plus proche, la mieux connue, et, par exemple, l'histoire du parti et de la révolution. D'année en année, de mois en mois parfois, la *Pravda* se corrige elle-même, les éditions retouchées de l'histoire officielle se succèdent, Lénine est censuré, Marx n'est pas édité. À ce degré, la comparaison avec l'obscurantisme religieux n'est même plus juste. L'Église n'est jamais allée jusqu'à décider successivement que la manifestation divine se faisait en deux, puis en quatre, ou en trois, puis encore en deux personnes. L'accélération propre à notre temps atteint aussi la fabrication de la vérité qui, à ce rythme, devient pur fantôme. Comme dans le conte populaire, où les métiers d'une ville entière tissaient du vide pour habiller le roi, des milliers d'hommes, dont c'est l'étrange métier, refont tous les jours une vaine histoire, détruite le soir même, en attendant que la voix tranquille d'un enfant proclame soudain que le roi est nu. Cette petite voix de la révolte dira alors ce que tout le monde peut déjà voir : qu'une révolution condamnée, pour durer, à nier sa vocation universelle, ou à se renoncer pour être universelle, vit sur des principes faux.

En attendant, ces principes continuent de fonctionner au-dessus de millions d'hommes. Le rêve de l'Empire, contenu par les réalités du temps et de l'espace, assouvit sa nostalgie sur les personnes. Les personnes ne sont pas hostiles à l'Empire en tant qu'individus seulement : la terreur traditionnelle pourrait alors suffire. Elles lui sont hostiles dans la mesure où la nature humaine jusqu'ici n'a jamais pu vivre de l'histoire seule et lui a toujours échappé par quelque côté. L'Empire suppose une négation et une certitude : la certitude de l'infinie plasticité de l'homme et la négation de la nature humaine. Les techniques de propagande servent à mesurer cette plasticité et tentent de faire coïncider réflexion et réflexe conditionné. Elles autorisent à signer un pacte avec celui que, pendant des années, on a désigné comme l'ennemi mortel. Bien plus, elles permettent de renverser l'effet psychologique ainsi obtenu et de dresser tout un peuple, à nouveau, contre ce même ennemi. L'expérience n'est pas encore à son terme, mais son principe est logique. S'il n'y a pas de nature humaine, la plasticité de l'homme est, en effet, infinie. Le réalisme politique, à ce degré, n'est qu'un romantisme sans frein, un romantisme de l'efficacité.

On s'explique ainsi que le marxisme russe refuse, dans sa totalité, et bien qu'il sache s'en servir, le monde de l'irrationnel. L'irrationnel peut servir l'Empire, aussi bien que le réfuter. Il échappe au calcul et le calcul seul doit régner dans l'Empire. L'homme n'est qu'un jeu de forces sur lequel on peut peser rationnellement. Des marxistes inconsidérés ont cru pouvoir concilier leur doctrine avec celle de Freud, par exemple. On le leur fit bien, et rapidement, voir. Freud est un penseur hérétique et « petit bourgeois » parce qu'il a mis au jour l'inconscient et qu'il lui a conféré au moins autant de réalité qu'au sur-moi, ou moi social. Cet inconscient peut alors définir l'originalité d'une nature humaine, opposée au moi historique. L'homme, au contraire, doit se résumer au moi social et rationnel, objet de calcul. Il a donc fallu asservir, non seulement la vie de chacun, mais encore l'événement le plus irrationnel et le plus solitaire, dont l'attente accompagne l'homme tout au long de sa vie. L'Empire, dans son effort convulsé vers le royaume définitif, tend à intégrer la mort[1].

On peut asservir un homme[2] vivant et le réduire à l'état historique de chose. Mais s'il meurt en refusant, il réaffirme une nature humaine qui rejette l'ordre des choses. C'est pourquoi l'accusé n'est produit et tué à la face du monde que s'il consent à dire que sa mort sera juste, et conforme à l'Empire des choses. Il faut mourir déshonoré ou ne plus être, ni dans la vie ni dans la mort. Dans ce dernier cas, on ne meurt pas, on disparaît. De même, le condamné, s'il subit un châtiment, son châtiment proteste silencieusement et introduit une fissure dans la totalité. Mais le condamné n'est pas châtié, il est replacé dans la totalité, il édifie la machine de l'Empire. Il se transforme en rouage de la production, si indispensable, au demeurant, qu'à la longue il ne sera pas utilisé dans la production parce qu'il est coupable, mais jugé coupable parce que la production a besoin de lui. Le système concentrationnaire russe a réalisé, en effet, le passage dialectique du gouvernement des personnes à l'administration des choses, mais en confondant la personne et la chose.

Même l'ennemi doit collaborer à l'œuvre commune. Hors de l'Empire, point de salut. Cet Empire est ou sera celui de l'amitié. Mais cette amitié est celle des choses, car l'ami ne peut être préféré à l'Empire. L'amitié des personnes, il n'en est pas d'autre définition, est la solidarité particulière, jusqu'à la mort, contre ce qui n'est pas du règne de l'amitié. L'amitié des choses est l'amitié en général, l'amitié avec tous, qui suppose, quand elle doit se préserver, la dénonciation de chacun. Celui qui aime son amie ou son ami l'aime dans le présent et la révolution ne veut aimer qu'un homme qui n'est pas encore là. Aimer, d'une certaine manière, c'est tuer l'homme accompli qui doit naître par la révolution. Pour vivre un jour, en effet, il doit être, dès aujourd'hui, préféré à tout. Dans le règne des personnes, les hommes se lient d'affection; dans l'Empire des choses, les hommes s'unissent par la délation. La cité qui se voulait fraternelle devient une fourmilière d'hommes seuls.

Sur un autre plan, la fureur irrationnelle d'une brute peut seule imaginer qu'il faille torturer sadiquement des hommes pour obtenir leur consentement. Ce n'est alors qu'un homme qui en subjugue un autre, dans un immonde accouplement de personnes. Le représentant de la totalité rationnelle se contente, au contraire, de laisser dans l'homme la chose prendre le pas sur la personne. L'esprit le plus haut est d'abord ravalé au rang de l'esprit le plus bas par la technique policière de l'amalgame. Puis cinq, dix, vingt nuits d'insomnie viendront à bout d'une illusoire conviction et mettront au monde une nouvelle âme morte. De ce point de vue, la seule révolution psychologique que notre temps ait connue, après Freud, a été opérée par le N. K. V. D. et les polices politiques en général. Guidées par une hypothèse déterministe, calculant les points faibles et le degré d'élasticité des âmes, ces nouvelles techniques ont encore repoussé une des limites de l'homme et s'essaient à démontrer qu'aucune psychologie individuelle n'est originale et que la commune mesure des caractères est la chose. Elles ont littéralement créé la physique des âmes.

À partir de là, les relations humaines traditionnelles ont été transformées. Ces transformations progressives caractérisent le monde de la terreur rationnelle où vit, à des degrés différents, l'Europe. Le dialogue, relation des personnes, a été remplacé par la propagande ou la polémique, qui sont deux sortes de monologue. L'abstraction, propre au monde des forces et du calcul, a remplacé les vraies passions qui sont du domaine de la chair et de l'irrationnel. Le ticket substitué au pain, l'amour et l'amitié soumis à la doctrine, le destin au plan, le châtiment appelé norme, et la production substituée à la création vivante, décrivent assez bien cette Europe décharnée, peuplée des fantômes, victorieux ou asservis, de la puissance. « Qu'elle est donc misérable, s'écriait Marx, cette société qui ne connaît de meilleur moyen de défense que le bourreau ! » Mais le bourreau n'était pas encore le bourreau philosophe et ne prétendait pas, du moins, à la philanthropie universelle.

La contradiction ultime de la plus grande révolution que l'histoire ait connue n'est point tant, après tout, qu'elle prétende à la justice à travers un cortège ininterrompu d'injustices et de violences. Servitude ou mystification, ce malheur est de tous les temps. Sa tragédie est celle du nihilisme, elle se confond avec le drame de l'intelligence contemporaine qui, prétendant à l'universel, accumule les mutilations de l'homme. La totalité n'est pas l'unité. L'état de siège, même étendu aux limites du monde, n'est pas la réconciliation. La revendication de la Cité universelle ne se maintient dans cette révolution qu'en rejetant les deux tiers du monde et l'héritage prodigieux des siècles, en niant, au profit de l'histoire, la nature et la beauté, en retranchant de l'homme sa force de passion, de doute, de bonheur, d'invention singulière, sa grandeur en un mot[1]. Les principes que se donnent les hommes finissent par prendre le pas sur leurs intentions les plus nobles. À force de contestations, de luttes incessantes, de polémiques, d'excommunications, de persécutions subies et rendues, la Cité universelle des hommes libres et fraternels dérive peu à peu et laisse la place au seul univers où l'histoire et l'efficacité puissent en effet être érigées en juges suprêmes : l'univers du procès.

Chaque religion tourne autour des notions d'innocence et de culpabilité. Prométhée, le premier révolté, récusait pourtant le droit de punir. Zeus lui-même, Zeus surtout, n'est pas assez innocent pour recevoir ce droit. Dans son premier mouvement, la révolte refuse donc au châtiment sa légitimité. Mais dans sa dernière incarnation, au terme de son épuisant voyage, le révolté reprend la notion religieuse de châtiment et la met au centre de son univers. Le juge suprême n'est plus dans les cieux, il est l'histoire elle-même, qui sanctionne en divinité implacable. À sa manière, l'histoire n'est qu'un long châtiment puisque la vraie récompense ne sera savourée qu'à la fin des temps. Nous sommes loin, apparemment, du marxisme et de Hegel[1], bien plus loin encore des premiers révoltés. Toute pensée purement historique, cependant, s'ouvre sur ces abîmes. Dans la mesure où Marx prédisait l'accomplissement inévitable de la cité sans classes, dans la mesure où il établissait ainsi la bonne volonté de l'histoire, tout retard dans la marche libératrice devait être imputé à la mauvaise volonté de l'homme. Marx a réintroduit dans le monde déchristianisé la faute et le châtiment, mais en face de l'histoire. Le marxisme, sous un de ses aspects, est une doctrine de culpabilité quant à l'homme, d'innocence quant à l'histoire. Loin du pouvoir, sa traduction historique était la violence révolutionnaire ; au sommet du pouvoir, elle risquait d'être la violence légale, c'est-à-dire la terreur et le procès.

Dans l'univers religieux, d'ailleurs, le vrai jugement est remis à plus tard ; il n'est pas nécessaire que le crime soit puni sans délai, l'innocence consacrée. Dans le nouvel univers, au contraire, le jugement prononcé par l'histoire doit l'être immédiatement, car la culpabilité coïncide avec l'échec et le châtiment. L'histoire a jugé Boukharine parce qu'elle l'a fait mourir. Elle proclame l'innocence de Staline : il est au sommet de la puissance. Tito est en instance de procès, comme le fut Trotsky, dont la culpabilité ne devint claire pour les philosophes du crime historique qu'au moment où le marteau du meurtrier s'abattit sur lui. De même Tito dont nous ne savons pas, nous dit-on, s'il est coupable ou non. Il est dénoncé, pas encore abattu. Quand il sera jeté à terre, sa culpabilité sera certaine. Au reste, l'innocence provisoire de Trotsky et de Tito tenait et tient en grande partie à la géographie ; ils étaient loin de la main séculière. C'est pourquoi il faut juger sans délai ceux que cette main peut atteindre. Le jugement définitif de l'histoire dépend d'une infinité de jugements qui auront été prononcés d'ici là et qui seront alors confirmés ou infirmés. On promet ainsi de mystérieuses réhabilitations pour le jour où le tribunal du monde sera édifié avec le monde lui-même. Celui-ci, qui se déclara traître et méprisable, entrera au Panthéon des hommes. Cet autre restera dans l'enfer historique. Mais qui jugera alors ? L'homme lui-même, enfin accompli dans sa jeune divinité. En attendant, ceux qui ont conçu la prophétie, seuls capables de lire dans l'histoire le sens qu'ils y ont auparavant déposé, prononceront des sentences, mortelles pour le coupable, provisoires pour le juge seulement. Mais il arrive que ceux qui jugent, comme Rajk, soient jugés à leur tour. Faut-il croire qu'il ne lisait plus correctement l'histoire ? En effet, sa défaite et sa mort le prouvent. Qui donc garantit que ses juges d'aujourd'hui ne seront pas traîtres demain, et précipités du haut de leur tribunal vers les caves de ciment où agonisent les damnés de l'histoire ? La garantie est dans leur clairvoyance infaillible. Qui la prouve ? Leur réussite perpétuelle. Le monde du procès est un monde circulaire où la réussite et l'innocence s'authentifient l'une l'autre, où tous les miroirs réfléchissent la même mystification.

Il y aurait ainsi une grâce historique*, dont le pouvoir peut seul percer les desseins et qui favorise ou excommunie le sujet de l'Empire. Pour parer à ses caprices, celui-ci ne dispose que de la foi, telle du moins qu'elle est définie dans *les Exercices spirituels* de saint Ignace : « Nous devons toujours pour ne jamais nous égarer être prêts à croire noir ce que, moi, je vois blanc, si l'Église hiérarchique le définit ainsi. » Cette foi active dans les représentants de la vérité peut seule sauver le sujet des mystérieux ravages de l'histoire. Encore n'est-il pas quitte de l'univers du procès auquel il est lié, au contraire, par le sentiment historique de la peur. Mais, sans cette foi, il risque toujours, sans l'avoir voulu et avec les meilleures intentions du monde, de devenir un criminel objectif.

Dans cette notion culmine, enfin, l'univers du procès. Avec elle, la boucle est refermée. Au terme de cette longue insurrection au nom de l'innocence humaine, surgit, par une perversion essentielle, l'affirmation de la culpabilité générale. Tout homme est un criminel qui s'ignore. Le criminel objectif est celui qui, justement, croyait être innocent. Son action, il la jugeait subjective-

---

* « La ruse de la raison », dans l'univers historique, repose le problème du mal.

ment inoffensive, ou même favorable à l'avenir de la justice. Mais on lui démontre qu'objectivement elle a nui à cet avenir. S'agit-il d'une objectivité scientifique ? Non, mais historique. Comment savoir si l'avenir de la justice est compromis, par exemple, par la dénonciation inconsidérée d'une injustice présente ? La véritable objectivité consisterait à juger d'après ceux des résultats qu'on peut scientifiquement observer, sur les faits et leur tendance. Mais la notion de culpabilité objective prouve que cette curieuse objectivité n'est fondée que sur des résultats et des faits accessibles seulement à la science de l'an 2000, au moins. En attendant, elle se résume dans une subjectivité interminable qui s'impose aux autres comme objectivité : c'est la définition philosophique de la terreur. Cette objectivité n'a pas de sens définissable, mais le pouvoir lui donnera un contenu en décrétant coupable ce qu'il n'approuve pas. Il consentira à dire, ou à laisser dire à des philosophes qui vivent hors de l'Empire, qu'il prend ainsi un risque au regard de l'histoire, tout comme l'a pris, mais sans le savoir, le coupable objectif. La chose sera jugée plus tard quand victime et bourreau auront disparu. Mais cette consolation ne vaut que pour le bourreau, qui justement n'en a pas besoin. En attendant, les fidèles sont conviés régulièrement à d'étranges fêtes où, selon des rites scrupuleux, des victimes pleines de contrition sont offertes en offrande au dieu historique.

L'utilité directe de cette notion est d'interdire l'indifférence en matière de foi. C'est l'évangélisation forcée. La loi, dont la fonction est de poursuivre les suspects, les fabrique. En les fabriquant, elle les convertit. En société bourgeoise, par exemple, tout citoyen est censé approuver la loi. En société objective, tout citoyen sera censé la désapprouver. Ou du moins, il devra être toujours prêt à faire la preuve qu'il ne la désapprouve pas. La culpabilité n'est plus dans le fait, elle est dans la simple absence de foi, ce qui explique l'apparente contradiction du système objectif. En régime capitaliste, l'homme qui se dit neutre est réputé favorable, objectivement, au régime. En régime d'Empire, l'homme qui est neutre est réputé hostile, objectivement, au régime. Rien d'étonnant à cela. Si le sujet de l'Empire ne croit pas à l'Empire, il n'est rien historiquement, de son propre choix; il choisit donc contre l'histoire, il est blasphémateur. La foi confessée du bout des lèvres ne suffit même pas; il faut la vivre et agir pour la servir, être toujours en alerte pour consentir à temps à ce que les dogmes changent. À la moindre erreur, la culpabilité en puissance devient à son tour objective. Achevant son histoire à sa manière, la révolution ne se contente pas de tuer toute révolte. Elle s'oblige à tenir responsable tout homme, et jusqu'au plus servile, de ce que la révolte ait existé et existe encore sous le soleil. Dans l'univers du procès, enfin conquis et achevé, un peuple de coupables cheminera sans trêve vers une impossible innocence, sous le regard amer des grands Inquisiteurs. Au XXe siècle, la puissance est triste.

Ici s'achève l'itinéraire surprenant de Prométhée. Clamant sa haine des dieux et son amour de l'homme, il se détourne avec mépris de Zeus et vient vers les mortels pour les mener à l'assaut du ciel. Mais les hommes sont faibles, ou lâches; il faut les organiser. Ils aiment le plaisir et le bonheur immédiat; il faut leur apprendre à refuser, pour se grandir, le miel des jours. Ainsi, Prométhée, à son tour, devient un maître qui enseigne d'abord, commande ensuite. La lutte se prolonge encore et devient épuisante. Les hommes doutent d'aborder à la cité du soleil et si cette cité existe. Il faut les sauver d'eux-mêmes. Le héros leur dit alors qu'il connaît la cité, et qu'il est seul à la connaître. Ceux qui en doutent seront jetés au désert, cloués à un rocher, offerts en pâture aux oiseaux cruels. Les autres marcheront désormais dans les ténèbres, derrière le maître pensif et solitaire. Prométhée, seul, est devenu dieu et règne sur la solitude des hommes. Mais, de Zeus, il n'a conquis que la solitude et la cruauté; il n'est plus Prométhée, il est César. Le vrai, l'éternel Prométhée a pris maintenant le visage d'une de ses victimes. Le même cri, venu du fond des âges, retentit toujours au fond du désert de Scythie.

RÉVOLTE ET RÉVOLUTION

La révolution des principes tue Dieu dans la personne de son représentant. La révolution du xxe siècle tue ce qui reste de Dieu dans les principes eux-mêmes, et consacre le nihilisme historique. Quelles que soient ensuite les voies empruntées par ce nihilisme, dès l'instant où il veut créer dans le siècle[1], hors de toute règle morale, il bâtit le temple de César. Choisir l'histoire, et elle seule, c'est choisir le nihilisme contre les enseignements de la révolte elle-même. Ceux qui se ruent dans l'histoire au nom de l'irrationnel, criant qu'elle n'a aucun sens, rencontrent la servitude et la terreur et débouchent dans l'univers concentrationnaire. Ceux qui s'y lancent en prêchant sa rationalité absolue rencontrent servitude et terreur, et débouchent dans l'univers concentrationnaire. Le fascisme veut instaurer l'avènement du surhomme nietzschéen. Il découvre aussitôt que Dieu, s'il existe, est peut-être ceci ou cela, mais d'abord le maître de la mort. Si l'homme veut se faire Dieu, il s'arroge le droit de vie ou de mort sur les autres. Fabricant de cadavres, et de sous-hommes, il est sous-homme lui-même et non pas Dieu, mais serviteur ignoble de la mort. La révolution rationnelle veut, de son côté, réaliser l'homme total de Marx. La logique de l'histoire, à partir du moment où elle est acceptée totalement, la mène, peu à peu, contre sa passion la plus haute, à mutiler l'homme de plus en plus, et à se transformer elle-même en crime objectif. Il n'est pas juste d'identifier les fins du fascisme et du communisme russe. Le premier figure l'exaltation du bourreau par le bourreau lui-même. Le second, plus dramatique, l'exaltation du bourreau par les victimes. Le premier n'a jamais rêvé de libérer tout l'homme, mais seulement d'en libérer quelques-uns en subjuguant les autres. Le second, dans son principe le plus profond, vise à libérer tous les hommes en les asservissant tous[2], provisoirement. Il faut lui reconnaître la grandeur de l'intention.

Mais il est juste, au contraire, d'identifier leurs moyens avec le cynisme politique qu'ils ont puisé tous deux à la même source, le nihilisme moral. Tout s'est passé comme si les descendants de Stirner et de Netchaiev utilisaient les descendants de Kaliayev et de Proudhon. Les nihilistes, aujourd'hui, sont sur les trônes[1]. Les pensées qui prétendent mener notre monde au nom de la révolution sont devenues en réalité des idéologies de consentement, non de révolte. Voilà pourquoi notre temps est celui des techniques privées et publiques d'anéantissement.

La révolution, obéissant au nihilisme, s'est retournée en effet contre ses origines révoltées. L'homme qui haïssait la mort et le dieu de la mort, qui désespérait de la survivance personnelle, a voulu se délivrer dans l'immortalité de l'espèce. Mais tant que le groupe ne domine pas le monde, tant que l'espèce n'y règne pas, il faut encore mourir. Le temps presse alors, la persuasion demande le loisir, l'amitié une construction sans fin; la terreur reste donc le plus court chemin de l'immortalité. Mais ces extrêmes perversions crient, en même temps, la nostalgie de la valeur révoltée primitive[2]. La révolution contemporaine qui prétend nier toute valeur est déjà, en elle-même, un jugement de valeur. L'homme, par elle, veut régner. Mais pourquoi régner si rien n'a de sens? Pourquoi l'immortalité, si la face de la vie est affreuse? Il n'y a pas de pensée absolument nihiliste sinon, peut-être, dans le suicide, pas plus qu'il n'y a de matérialisme absolu. La destruction de l'homme affirme encore l'homme. La terreur et les camps de concentration sont les moyens extrêmes que l'homme utilise pour échapper à la solitude. La soif d'unité doit se réaliser, même dans la fosse commune. S'ils tuent des hommes, c'est qu'ils refusent la condition mortelle et veulent l'immortalité pour tous. Ils se tuent alors d'une certaine manière. Mais ils prouvent en même temps qu'ils ne peuvent se passer de l'homme; ils assouvissent une affreuse faim de fraternité. « La créature doit avoir une joie et, quand elle n'a pas de joie, il lui faut une créature. » Ceux qui refusent la souffrance d'être et de mourir veulent alors dominer. « La solitude, c'est le pouvoir », dit Sade. Le pouvoir, aujourd'hui, pour des milliers de solitaires, parce qu'il signifie la souffrance de l'autre, avoue le besoin de l'autre. La terreur est l'hommage que de haineux solitaires finissent par rendre à la fraternité des hommes.

Mais le nihilisme, s'il n'est pas, essaie d'être et cela suffit à déserter le monde. Cette fureur a donné à notre temps son visage repoussant. La terre de l'humanisme est devenue cette Europe, terre inhumaine. Mais ce temps est le nôtre, et comment le renier? Si notre histoire est notre enfer, nous ne saurions en détourner la face. Cette horreur ne peut être éludée, mais assumée pour être dépassée, par ceux-là mêmes qui, l'ayant provoquée, se croient en droit de prononcer le jugement. Une telle plante n'a pu jaillir en effet que sur un épais terreau d'iniquités accumulées. Dans l'extrémité d'une lutte à mort où la folie du siècle mêle indistinctement les hommes, l'ennemi reste le frère ennemi. Même dénoncé dans ses erreurs, il ne peut être ni méprisé ni haï : le malheur est aujourd'hui la patrie commune, le seul royaume terrestre qui ait répondu à la promesse.

La nostalgie du repos et de la paix doit elle-même être repoussée; elle coïncide avec l'acceptation de l'iniquité. Ceux qui pleurent après les sociétés heureuses qu'ils rencontrent dans l'histoire avouent ce qu'ils désirent : non pas l'allégement de la misère, mais son silence. Que ce temps soit loué au contraire où la misère crie et retarde le sommeil des rassasiés! Maistre parlait déjà du « sermon terrible que la révolution prêchait aux rois ». Elle le prêche aujourd'hui, et de façon plus urgente encore, aux élites déshonorées de ce temps. Il faut entendre ce sermon. Dans toute parole et dans tout acte, fût-il criminel, gît la promesse d'une valeur qu'il nous faut chercher et mettre au jour. L'avenir ne peut se prévoir et il se peut que la renaissance soit impossible. Quoique la dialectique historique soit fausse et criminelle, le monde, après tout, peut se réaliser dans le crime, suivant une idée fausse. Simplement, cette sorte de résignation est refusée ici : il faut parier pour la renaissance.

Il ne nous reste plus d'ailleurs qu'à renaître ou à mourir. Si nous sommes à ce moment où la révolte parvient à sa contradiction la plus extrême en se niant elle-même, elle est alors contrainte de périr avec le monde qu'elle a suscité ou de retrouver une fidélité et un nouvel élan. Avant d'aller plus loin, il faut au moins mettre en clair cette contradiction. Elle n'est pas bien définie lorsqu'on dit, comme nos existentialistes par exemple (soumis eux aussi, pour le moment, à l'historisme et à ses contradictions*), qu'il y a progrès de la révolte à la révolution et que le révolté n'est pas révolutionnaire. La contradiction est, en réalité, plus serrée. Le révolutionnaire est en même temps révolté ou alors il n'est plus révolutionnaire, mais policier et fonctionnaire qui se tourne contre la révolte. Mais s'il est révolté, il finit par se dresser contre la révolution. Si bien qu'il n'y a pas progrès d'une attitude à l'autre, mais simultanéité et contradiction sans cesse croissante. Tout révolutionnaire finit en oppresseur ou en hérétique. Dans l'univers purement historique qu'elles ont choisi, révolte et révolution débouchent dans le même dilemme : ou la police ou la folie.

À ce niveau, la seule histoire n'offre donc aucune fécondité. Elle n'est pas source de valeur, mais encore de nihilisme. Peut-on créer du moins la valeur contre l'histoire sur le seul plan de la réflexion éternelle? Cela revient à ratifier l'injustice historique et la misère des hommes. La calomnie de ce monde ramène au nihilisme que Nietzsche a défini. La pensée qui se forme avec la seule histoire comme celle qui se tourne contre toute histoire enlèvent à l'homme le moyen ou la raison de vivre. La première le pousse à l'extrême déchéance du « pourquoi vivre »; la seconde au « comment vivre ». L'histoire, nécessaire, non suffisante, n'est donc qu'une cause occasionnelle. Elle n'est pas absence de valeur, ni la valeur elle-même, ni même le matériau de la valeur. Elle est l'occasion, parmi d'autres, où l'homme peut éprouver l'existence encore confuse d'une valeur qui lui sert à juger l'histoire. La révolte elle-même nous en fait la promesse.

La révolution absolue supposait en effet l'absolue plasticité de la nature humaine, sa réduction possible à l'état de force historique. Mais la révolte est, dans l'homme, le refus d'être traité en chose et d'être réduit à la simple histoire. Elle est l'affirmation d'une nature commune à tous les hommes, qui échappe au monde de la puissance. L'histoire, certainement, est l'une des limites de l'homme; en ce sens le révolutionnaire a raison. Mais

---

* L'existentialisme athée a, du moins, la volonté de créer une morale[1]. Il faut attendre cette morale. Mais la vraie difficulté sera de la créer sans réintroduire dans l'existence historique une valeur étrangère à l'histoire.

l'homme, dans sa révolte, pose à son tour une limite à l'histoire. À cette limite naît la promesse d'une valeur. C'est la naissance de cette valeur que la révolution césarienne combat aujourd'hui implacablement, parce qu'elle figure sa vraie défaite et l'obligation pour elle de renoncer à ses principes. En 1950, et provisoirement, le sort du monde ne se joue pas, comme il paraît, dans la lutte entre la production bourgeoise et la production révolutionnaire; leurs fins seront les mêmes. Elle se joue entre les forces de la révolte et celles de la révolution césarienne. La révolution triomphante doit faire la preuve par ses polices, ses procès et ses excommunications, qu'il n'y a pas de nature humaine. La révolte humiliée, par ses contradictions, ses souffrances, ses défaites renouvelées et sa fierté inlassable, doit donner son contenu de douleur et d'espoir à cette nature.

« Je me révolte, donc nous sommes », disait l'esclave. La révolte métaphysique ajoutait alors le « nous sommes seuls », dont nous vivons encore aujourd'hui. Mais si nous sommes seuls sous le ciel vide, si donc il faut mourir à jamais, comment pouvons-nous être réellement? La révolte métaphysique tentait alors de faire de l'être avec du paraître. Après quoi les pensées purement historiques sont venues dire qu'être, c'était faire. Nous n'étions pas, mais devions être par tous les moyens[1]. Notre révolution est une tentative pour conquérir un être neuf, par le faire, hors de toute règle morale. C'est pourquoi elle se condamne à ne vivre que pour l'histoire, et dans la terreur. L'homme n'est rien, selon elle, s'il n'obtient pas dans l'histoire, de gré ou de force, le consentement unanime. À ce point précis, la limite est dépassée, la révolte est trahie, d'abord, et logiquement assassinée, ensuite, car elle n'a jamais affirmé dans son mouvement le plus pur que l'existence d'une limite, justement, et l'être divisé que nous sommes : elle n'est pas à l'origine la négation totale de tout être. Au contraire, elle dit en même temps oui et non. Elle est le refus d'une part de l'existence au nom d'une autre part qu'elle exalte. Plus cette exaltation est profonde, plus implacable est le refus. Ensuite, lorsque, dans le vertige et la fureur, la révolte passe au tout ou rien, à la négation de tout être et de toute nature humaine, elle se renie à cet endroit. La négation totale justifie seule le projet d'une totalité à conquérir. Mais l'affirmation d'une limite, d'une dignité et d'une beauté communes aux hommes, n'entraîne que la nécessité d'étendre cette valeur à tous et à tout et de marcher vers l'unité sans renier les origines. En ce sens la révolte, dans son authenticité première, ne justifie aucune pensée purement historique. La revendication de la révolte est l'unité, la revendication de la révolution historique la totalité. La première part du non appuyé sur un oui, la seconde part de la négation absolue et se condamne à toutes les servitudes pour fabriquer un oui rejeté à l'extrémité des temps. L'une est créatrice, l'autre nihiliste. La première est vouée à créer pour être de plus en plus, la seconde forcée de produire pour nier de mieux en mieux. La révolution historique s'oblige à faire toujours dans l'espoir, sans cesse déçu, d'être un jour[1]. Même le consentement unanime ne suffira pas à créer l'être. « Obéissez », disait Frédéric le Grand à ses sujets. Mais, en mourant : « Je suis las de régner sur des esclaves. » Pour échapper à cet absurde destin, la révolution est et sera condamnée à renoncer à ses propres principes, au nihilisme et à la valeur purement historique, pour retrouver la source créatrice de la révolte[2]. La révolution pour être créatrice ne peut se passer d'une règle, morale ou métaphysique, qui équilibre le délire historique. Elle n'a sans doute qu'un mépris justifié pour la morale formelle et mystificatrice qu'elle trouve dans la société bourgeoise. Mais sa folie a été d'étendre ce mépris à toute revendication morale. À ses origines mêmes, et dans ses élans les plus profonds se trouve une règle qui n'est pas formelle et qui, pourtant, peut lui servir de guide. La révolte, en effet, lui dit et lui dira de plus en plus haut qu'il faut essayer de faire, non pour commencer d'être un jour, aux yeux d'un monde réduit au consentement, mais en fonction de cet être obscur qui se découvre déjà dans le mouvement d'insurrection. Cette règle n'est ni formelle ni soumise à l'histoire, c'est ce que nous pourrons préciser en la découvrant à l'état pur, dans la création artistique. Notons seulement, auparavant, qu'au « Je me révolte, donc nous sommes », au « Nous sommes seuls » de la révolte métaphysique, la révolte aux prises avec l'histoire ajoute qu'au lieu de tuer et mourir pour produire l'être que nous ne sommes pas, nous avons à vivre et faire vivre pour créer ce que nous sommes.

IV

RÉVOLTE ET ART

¹L'ART aussi est ce mouvement qui exalte et nie en même temps. « Aucun artiste ne tolère le réel », dit Nietzsche. Il est vrai; mais aucun artiste ne peut se passer du réel. La création est exigence d'unité et refus du monde. Mais elle refuse le monde à cause de ce qui lui manque et au nom de ce que, parfois, il est. La révolte se laisse observer ici, hors de l'histoire, à l'état pur, dans sa complication primitive. L'art devrait donc nous donner une dernière perspective sur le contenu de la révolte.

On observera pourtant l'hostilité à l'art qu'ont montrée tous les réformateurs révolutionnaires. Platon est encore modéré. Il ne met en question que la fonction menteuse du langage et n'exile de sa république que les poètes. Pour le reste, il a mis la beauté au-dessus du monde. Mais le mouvement révolutionnaire des temps modernes coïncide avec un procès de l'art qui n'est pas encore achevé. La Réforme élit la morale et exile la beauté. Rousseau dénonce dans l'art une corruption ajoutée par la société à la nature. Saint-Just tonne contre les spectacles et, dans le beau programme qu'il fait pour la « Fête de la Raison », veut que la raison soit personnifiée par une personne « vertueuse plutôt que belle ». La Révolution française ne fait naître aucun artiste, mais seulement un grand journaliste, Desmoulins, et un écrivain clandestin, Sade. Le seul poète de son temps, elle le guillotine. Le seul grand prosateur s'exile à Londres et plaide pour le christianisme et la légitimité. Un peu plus tard, les saint-simoniens exigeront un art « socialement utile ». « L'art pour le progrès » est un lieu commun qui a couru dans tout le siècle et que Hugo a repris, sans réussir à le rendre convaincant. Seul, Vallès apporte dans la malédiction de l'art un ton d'imprécation qui l'authentifie.

Ce ton est aussi celui des nihilistes russes. Pisarev proclame la déchéance des valeurs esthétiques au profit des valeurs pragmatiques. « J'aimerais mieux être un cordonnier russe qu'un Raphaël russe. » Une paire de bottes est pour lui plus utile que Shakespeare. Le nihiliste Nekrassov, grand et douloureux poète, affirme cependant qu'il préfère un morceau de fromage à tout Pouchkine. On connaît enfin l'excommunication de l'art prononcée par Tolstoï. Ces marbres de Vénus et d'Apollon, encore dorés par le soleil d'Italie, que Pierre le Grand avait fait venir dans son jardin d'été, à Saint-Pétersbourg, la Russie révolutionnaire a fini par leur tourner le dos. La misère, parfois, se détourne des douloureuses images du bonheur.

L'idéologie allemande n'est pas moins sévère dans ses accusations. Selon les interprètes révolutionnaires de *la Phénoménologie,* il n'y aura pas d'art dans la société réconciliée. La beauté sera vécue, non plus imaginée. Le réel, entièrement rationnel, apaisera, à lui seul, toutes les soifs. La critique de la conscience formelle et des valeurs d'évasion s'étend naturellement à l'art. L'art n'est pas de tous les temps, il est déterminé au contraire par son époque et il exprime, dira Marx, les valeurs privilégiées de la classe dominante. Il n'y a donc qu'un seul art révolutionnaire qui est justement l'art mis au service de la révolution. Du reste, créant de la beauté, hors de l'histoire, l'art contrarie le seul effort qui soit rationnel : la transformation de l'histoire elle-même en beauté absolue. Le cordonnier russe, à partir du moment où il est conscient de son rôle révolutionnaire, est le véritable créateur de la beauté définitive. Raphaël, lui, n'a créé qu'une beauté passagère, qui sera incompréhensible au nouvel homme.

Marx se demande, il est vrai, comment la beauté grecque peut encore être belle pour nous. Il répond que cette beauté exprime l'enfance naïve d'un monde et que nous avons, au milieu de nos luttes d'adultes, la nostalgie de cette enfance. Mais comment les chefs-d'œuvre de la Renaissance italienne, comment Rembrandt, comment l'art chinois, peuvent-ils être encore beaux pour nous ? Qu'importe ! Le procès de l'art est engagé définitivement et se poursuit aujourd'hui avec la complicité embarrassée d'artistes et d'intellectuels voués à la calomnie de leur art et de leur intelligence. On remarquera en effet que, dans cette lutte entre Shakespeare et le cordonnier, ce n'est pas le cordonnier qui maudit Shakespeare ou la beauté, mais au contraire celui qui continue de lire Shakespeare et ne choisit pas de faire les bottes, qu'il ne pourrait jamais faire au demeurant. Les artistes de notre temps ressemblent aux gentilshommes repentants de la Russie, au XIXᵉ siècle ; leur mauvaise conscience fait leur excuse. Mais la dernière chose qu'un artiste puisse éprouver devant son art est le repentir. C'est dépasser la simple et nécessaire humilité que de prétendre renvoyer la beauté aussi à la fin des temps et, en attendant, priver tout le monde, et le cordonnier, de ce pain supplémentaire dont on a soi-même profité.

Cette folie ascétique a pourtant ses raisons qui, elles, du moins, nous intéressent. Elles traduisent, sur le plan esthétique, la lutte, déjà décrite, de la révolution et de la révolte. Dans toute révolte se découvrent l'exigence métaphysique de l'unité, l'impossibilité de s'en saisir, et la fabrication d'un univers de remplacement. La révolte, de ce point de vue, est fabricatrice d'univers. Ceci définit l'art, aussi. L'exigence de la révolte, à vrai dire, est en partie une exigence esthétique. Toutes les pensées révoltées, nous l'avons vu, s'illustrent dans une rhétorique ou un univers clos. La rhétorique des remparts chez Lucrèce, les couvents et les châteaux verrouillés de Sade, l'île ou le rocher romantique, les cimes solitaires de Nietzsche, l'océan élémentaire de Lautréamont, les parapets de Rimbaud, les châteaux terrifiants qui renaissent, battus par un orage de fleurs, chez les surréalistes, la prison, la nation retranchée, le camp de concentration, l'empire des libres esclaves, illustrent à leur manière le même besoin de cohérence et d'unité. Sur ces mondes fermés, l'homme peut régner et connaître enfin.

Ce mouvement est aussi celui de tous les arts. L'artiste refait le monde à son compte. Les symphonies de la nature ne connaissent pas de point d'orgue. Le monde n'est jamais silencieux ; son mutisme même répète éternellement les mêmes notes, selon des vibrations qui nous échappent. Quant à celles que nous percevons, elles nous délivrent des sons, rarement un accord, jamais une mélodie. Pourtant la musique existe où les symphonies s'achèvent, où la mélodie donne sa forme à des sons qui, par eux-mêmes, n'en ont pas, où une disposition privilégiée des notes, enfin, tire du désordre naturel une unité satisfaisante pour l'esprit et le cœur.

« Je crois de plus en plus, écrit Van Gogh, qu'il ne faut pas juger le bon Dieu sur ce monde-ci. C'est une étude de lui qui est mal venue. » Tout artiste essaie de refaire cette étude et de lui donner le style qui lui manque. Le plus grand et le plus ambitieux de tous les arts, la sculpture[1], s'acharne à fixer dans les trois dimensions la figure fuyante de l'homme, à ramener le désordre des gestes à l'unité du grand style. La sculpture ne rejette pas la ressemblance dont, au contraire, elle a besoin. Mais elle ne la recherche pas d'abord. Ce qu'elle cherche, dans ses grandes époques, c'est le geste, la mine ou le regard vide qui résumeront tous les gestes et tous les regards du monde. Son propos n'est pas d'imiter, mais de styliser, et d'emprisonner dans une expression significative la fureur passagère des corps ou le tournoiement infini des attitudes. Alors, seulement, elle érige, au fronton des cités tumultueuses, le modèle, le type, l'immobile perfection qui apaisera, pour un moment, l'incessante fièvre des hommes. L'amant frustré de l'amour pourra tourner enfin autour des corés grecques pour se saisir de ce qui, dans le corps et le visage de la femme, survit à toute dégradation.

Le principe de la peinture est aussi dans un choix. « Le génie même, écrit Delacroix, réfléchissant sur son art, n'est que le don de généraliser et de choisir. » Le peintre isole son sujet, première façon de l'unifier. Les paysages fuient, disparaissent de la mémoire ou se détruisent l'un l'autre. C'est pourquoi le paysagiste ou le peintre de natures mortes isole dans l'espace et dans le temps ce qui, normalement, tourne avec la lumière, se perd dans une perspective infinie ou disparaît sous le choc d'autres valeurs. Le premier acte du paysagiste est de cadrer sa toile. Il élimine autant qu'il élit. De même, la peinture de sujet isole dans le temps comme dans l'espace l'action qui, normalement, se perd dans une autre action. Le peintre procède alors à une fixation. Les grands créateurs sont ceux qui, comme Piero della Francesca, donnent l'impression que la fixation vient de se faire, l'appareil de projection de s'arrêter net. Tous leurs personnages donnent alors l'impression que, par le miracle de l'art, ils continuent d'être vivants, en cessant cependant d'être périssables. Longtemps après sa mort, le philosophe de Rembrandt médite toujours entre l'ombre et la lumière sur la même interrogation.

« Vaine chose que la peinture qui nous plaît par la ressemblance des objets qui ne sauraient nous plaire. »

Delacroix, qui cite le mot célèbre de Pascal, écrit avec raison « étrange » au lieu de « vaine ». Ces objets ne sauraient nous plaire puisque nous ne les voyons pas; ils sont ensevelis et niés dans un devenir perpétuel. Qui regardait les mains du bourreau pendant la flagellation, les oliviers sur le chemin de la Croix? Mais les voici représentés, ravis au mouvement incessant de la Passion, et la douleur du Christ, emprisonnée dans ces images de violence et de beauté, crie à nouveau tous les jours parmi les salles froides des musées. Le style d'un peintre est dans cette conjonction de la nature et de l'histoire, cette présence imposée à ce qui devient toujours. L'art réalise, sans effort apparent, la réconciliation du singulier et de l'universel dont rêvait Hegel. Peut-être est-ce la raison pour laquelle les époques folles d'unité, comme est la nôtre, se tournent vers les arts primitifs, où la stylisation est la plus intense, l'unité plus provocante? La stylisation la plus forte se trouve toujours au début et à la fin des époques artistiques; elle explique la force de négation et de transposition qui a soulevé toute la peinture moderne dans un élan désordonné vers l'être et l'unité. La plainte admirable de Van Gogh est le cri orgueilleux et désespéré de tous les artistes. « Je puis bien, dans la vie et dans la peinture aussi, me passer du bon Dieu. Mais je ne puis pas, moi souffrant, me passer de quelque chose qui est plus grand que moi, qui est ma vie, la puissance de créer. »

Mais la révolte de l'artiste contre le réel, et elle devient alors suspecte à la révolution totalitaire, contient la même affirmation que la révolte spontanée de l'opprimé. L'esprit révolutionnaire, né de la négation totale, a senti instinctivement qu'il y avait aussi dans l'art, outre le refus, un consentement; que la contemplation risquait de balancer l'action, la beauté, l'injustice, et que, dans certains cas, la beauté était en elle-même une injustice sans recours. Aussi bien, aucun art ne peut vivre sur le refus total. De même que toute pensée, et d'abord celle de la non-signification, signifie, de même il n'y a pas d'art du non-sens. L'homme peut s'autoriser à dénoncer l'injustice totale du monde et revendiquer alors une justice totale qu'il sera seul à créer. Mais il ne peut affirmer la laideur totale du monde. Pour créer la beauté, il doit en même temps refuser le réel et exalter certains de ses aspects. L'art conteste le réel, mais ne se dérobe pas à lui. Nietzsche pouvait refuser toute transcendance, morale ou divine, en disant que cette transcendance poussait à la calomnie de ce monde et de cette vie. Mais il y a peut-être une transcendance vivante, dont la beauté fait la promesse, qui peut faire aimer et préférer à tout autre ce monde mortel et limité. L'art nous ramène ainsi aux origines de la révolte, dans la mesure où il tente de donner sa forme à une valeur qui fuit dans le devenir perpétuel, mais que l'artiste pressent et veut ravir à l'histoire. On s'en persuadera mieux encore en réfléchissant à l'art qui se propose, précisément, d'entrer dans le devenir pour lui donner le style qui lui manque : le roman.

ROMAN ET RÉVOLTE[1]

Il est possible de séparer la littérature de consentement qui coïncide, en gros, avec les siècles anciens et les siècles classiques, et la littérature de dissidence qui commence avec les temps modernes. On remarquera alors la rareté du roman dans la première. Quand il existe, sauf rares exceptions, il ne concerne pas l'histoire, mais la fantaisie *(Théagène et Chariclée,* ou *l'Astrée).* Ce sont des contes, non des romans. Avec la seconde, au contraire, se développe vraiment le genre romanesque qui n'a pas cessé de s'enrichir et de s'étendre jusqu'à nos jours, en même temps que le mouvement critique et révolutionnaire. Le roman naît en même temps que l'esprit de révolte et il traduit, sur le plan esthétique, la même ambition[2].

« Histoire feinte, écrite en prose », dit Littré du roman. N'est-ce que cela[3] ? Un critique catholique* a écrit pourtant : « L'art, quel que soit son but, fait toujours une coupable concurrence à Dieu. » Il est plus juste, en effet, de parler d'une concurrence à Dieu, à propos du roman, que d'une concurrence à l'état civil. Thibaudet exprimait une idée semblable lorsqu'il disait à propos de Balzac : « *La Comédie humaine,* c'est *l'Imitation*

---

* Stanislas Fumet.

de Dieu le Père. » L'effort de la grande littérature semble être de créer des univers clos ou des types achevés. L'Occident, dans ses grandes créations, ne se borne pas à retracer sa vie quotidienne. Il se propose sans arrêt de grandes images qui l'enfièvrent et se jette à leur poursuite.

Après tout, écrire ou lire un roman sont actions insolites. Bâtir une histoire par un arrangement nouveau de faits vrais n'a rien d'inévitable, ni de nécessaire. Si même l'explication vulgaire, par le plaisir du créateur et du lecteur, était vraie, il faudrait alors se demander par quelle nécessité la plupart des hommes prennent justement du plaisir et de l'intérêt à des histoires feintes. La critique révolutionnaire condamne le roman pur comme l'évasion d'une imagination oisive. Le langage commun, à son tour, appelle « roman » le récit mensonger du journaliste maladroit. Il y a quelques lustres, l'usage voulait aussi, contre la vraisemblance, que les jeunes filles fussent « romanesques ». On entendait par là que ces créatures idéales ne tenaient pas compte des réalités de l'existence. D'une façon générale, on a toujours considéré que le romanesque se séparait de la vie et qu'il l'embellissait en même temps qu'il la trahissait. La façon la plus simple et la plus commune d'envisager l'expression romanesque consiste donc à y voir un exercice d'évasion. Le sens commun rejoint la critique révolutionnaire.

Mais de quoi s'évade-t-on par le roman ? D'une réalité jugée trop écrasante ? Les gens heureux lisent aussi des romans et il est constant que l'extrême souffrance ôte le goût de la lecture. D'un autre côté, l'univers romanesque a certainement moins de poids et de présence que cet autre univers où des êtres de chair font notre siège sans répit. Par quel mystère, cependant, Adolphe nous apparaît-il comme un personnage bien plus familier que Benjamin Constant, le comte Mosca que nos moralistes professionnels[1] ? Balzac termina un jour une longue conversation sur la politique et le sort du monde en disant : « Et maintenant revenons aux choses sérieuses », voulant parler de ses romans. La gravité indiscutable du monde romanesque, notre obstination à prendre au sérieux, en effet, les mythes innombrables que nous propose depuis deux siècles le génie romanesque, le goût de l'évasion ne suffit pas à l'expliquer. Certainement, l'activité romanesque suppose une sorte de refus du réel. Mais ce refus n'est pas une simple fuite. Doit-on y voir le mouvement de retraite de la belle âme qui, selon Hegel, se crée à elle-même, dans sa déception, un monde factice où la morale règne seule. Le roman d'édification, pourtant, reste assez loin de la grande littérature ; et le meilleur des romans roses, *Paul et Virginie,* ouvrage proprement affligeant, n'offre rien à la consolation.

La contradiction est celle-ci : l'homme refuse le monde tel qu'il est, sans accepter de lui échapper. En fait, les hommes tiennent au monde et, dans leur immense majorité, ils ne désirent pas le quitter. Loin de vouloir toujours l'oublier, ils souffrent au contraire de ne point le posséder assez, étranges citoyens du monde, exilés dans leur propre patrie. Sauf aux instants fulgurants de la plénitude, toute réalité est pour eux inachevée. Leurs actes leur échappent dans d'autres actes, reviennent les juger sous des visages inattendus, fuient comme l'eau de Tantale vers une embouchure encore ignorée. Connaître l'embouchure, dominer le cours du fleuve, saisir enfin la vie comme destin, voilà leur vraie nostalgie, au plus épais de leur patrie. Mais cette vision, qui, dans la connaissance au moins, les réconcilierait enfin avec eux-mêmes, ne peut apparaître, si elle apparaît, qu'à ce moment fugitif qu'est la mort : tout s'y achève. Pour être, une fois, au monde, il faut à jamais ne plus être.

Ici naît cette malheureuse envie que tant d'hommes portent à la vie des autres. Apercevant ces existences du dehors, on leur prête une cohérence et une unité qu'elles ne peuvent avoir, en vérité, mais qui paraissent évidentes à l'observateur. Il ne voit que la ligne de faîte de ces vies, sans prendre conscience du détail qui les ronge. Nous faisons alors de l'art sur ces existences. De façon élémentaire, nous les romançons. Chacun, dans ce sens, cherche à faire de sa vie une œuvre d'art. Nous désirons que l'amour dure et nous savons qu'il ne dure pas ; si même, par miracle, il devait durer toute une vie, il serait encore inachevé. Peut-être, dans cet insatiable besoin de durer, comprendrions-nous mieux la souffrance terrestre, si nous la savions éternelle. Il semble que les grandes âmes, parfois, soient moins épouvantées par la douleur que par le fait qu'elle ne dure pas. À défaut d'un bonheur inlassable, une longue souffrance ferait au moins un destin. Mais non, et nos pires tortures cesseront un jour. Un matin, après tant de désespoirs, une irrépressible envie de vivre nous annoncera que tout est fini et que la souffrance n'a pas plus de sens que le bonheur.

Le goût de la possession n'est qu'une autre forme du désir de durer; c'est lui qui fait le délire impuissant de l'amour. Aucun être, même le plus aimé, et qui nous le rende le mieux, n'est jamais en notre possession. Sur la terre cruelle où les amants meurent parfois séparés, naissent toujours divisés, la possession totale d'un être, la communion absolue dans le temps entier de la vie est une impossible exigence[1]. Le goût de la possession est à ce point insatiable qu'il peut survivre à l'amour même. Aimer, alors, c'est stériliser l'aimé. La honteuse souffrance de l'amant, désormais solitaire, n'est point tant de ne plus être aimé que de savoir que l'autre peut et doit aimer encore. À la limite, tout homme dévoré par le désir éperdu de durer et de posséder souhaite aux êtres qu'il a aimés la stérilité ou la mort. Ceci est la vraie révolte. Ceux qui n'ont pas exigé, un jour au moins, la virginité absolue des êtres et du monde, tremblé de nostalgie et d'impuissance devant son impossibilité, ceux qui, alors, sans cesse renvoyés à leur nostalgie d'absolu, ne se sont pas détruits à essayer d'aimer à mi-hauteur, ceux-là ne peuvent comprendre la réalité de la révolte et sa fureur de destruction. Mais les êtres s'échappent toujours et nous leur échappons aussi; ils sont sans contours fermes. La vie de ce point de vue est sans style. Elle n'est qu'un mouvement qui court après sa forme sans la trouver jamais. L'homme, ainsi déchiré, cherche en vain cette forme qui lui donnerait les limites entre lesquelles il serait roi. Qu'une seule chose vivante ait sa forme en ce monde et il sera réconcilié!

Il n'est pas d'être enfin qui, à partir d'un niveau élémentaire de conscience, ne s'épuise à chercher les formules ou les attitudes qui donneraient à son existence l'unité qui lui manque. Paraître ou faire, le dandy ou le révolutionnaire exigent l'unité, pour être, et pour être dans ce monde. Comme dans ces pathétiques et misérables liaisons qui se survivent quelquefois longtemps parce que l'un des partenaires attend de trouver le mot, le geste ou la situation qui feront de son aventure une histoire terminée, et formulée, dans le ton juste, chacun se crée ou se propose le mot de la fin. Il ne suffit pas de vivre, il faut une destinée, et sans attendre la mort. Il est donc juste de dire que l'homme a l'idée d'un monde meilleur que celui-ci. Mais meilleur ne veut pas dire alors différent, meilleur veut dire unifié[1]. Cette fièvre qui soulève le cœur au-dessus d'un monde éparpillé, dont il ne peut cependant se déprendre, est la fièvre de l'unité[2]. Elle ne débouche pas dans une médiocre évasion, mais dans la revendication la plus obstinée. Religion ou crime, tout effort humain obéit, finalement, à ce désir déraisonnable et prétend donner à la vie la forme qu'elle n'a pas. Le même mouvement, qui peut porter à l'adoration du ciel ou à la destruction de l'homme, mène aussi bien à la création romanesque, qui en reçoit alors son sérieux.

Qu'est-ce que le roman, en effet, sinon cet univers où l'action trouve sa forme, où les mots de la fin sont prononcés, les êtres livrés aux êtres, où toute vie prend le visage du destin*. Le monde romanesque n'est que la correction[4] de ce monde-ci, suivant le désir profond de l'homme. Car il s'agit bien du même monde. La souffrance est la même, le mensonge et l'amour. Les héros ont notre langage, nos faiblesses, nos forces. Leur univers n'est ni plus beau ni plus édifiant que le nôtre. Mais eux, du moins, courent jusqu'au bout de leur destin et il n'est même jamais de si bouleversants héros que ceux qui vont jusqu'à l'extrémité de leur passion, Kirilov et Stavroguine, Mme Graslin, Julien Sorel ou le prince de Clèves. C'est ici que nous perdons leur mesure, car ils finissent alors ce que nous n'achevons jamais[5].

Mme de La Fayette a tiré *la Princesse de Clèves* de la plus frémissante des expériences. Elle est sans doute Mme de Clèves, et pourtant elle ne l'est point. Où est la différence ? La différence est que Mme de La Fayette n'est pas entrée au couvent et que personne autour d'elle ne s'est éteint de désespoir. Nul doute qu'elle n'ait connu au moins les instants déchirants de cet amour sans égal.

---

* Si même le roman ne dit que la nostalgie, le désespoir, l'inachevé, il crée encore la forme et le salut. Nommer le désespoir, c'est le dépasser. La littérature désespérée est une contradiction dans les termes[3].

Mais il n'a pas eu de point final, elle lui a survécu, elle l'a prolongé en cessant de le vivre, et enfin personne, ni elle-même, n'en aurait connu le dessin si elle ne lui avait donné la courbe nue d'un langage sans défaut[1]. Il n'est pas non plus d'histoire plus romanesque et plus belle que celle de Sophie Tonska et de Casimir dans *les Pléiades* de Gobineau[2]. Sophie, femme sensible et belle, qui fait comprendre la confession de Stendhal, « il n'y a que les femmes à grand caractère qui puissent me rendre heureux », force Casimir à lui avouer son amour. Habituée à être aimée, elle s'impatiente devant celui-ci qui la voit tous les jours et qui ne s'est pourtant jamais départi d'un calme irritant. Casimir avoue son amour, en effet, mais sur le ton d'un exposé juridique. Il l'a étudiée, la connaît autant qu'il se connaît, est assuré que cet amour, sans lequel il ne peut vivre, n'a pas d'avenir. Il a donc décidé de lui dire à la fois cet amour et sa vanité, de lui faire donation de sa fortune — elle est riche et ce geste est sans conséquences — à charge pour elle de lui servir une très modeste pension, qui lui permette de s'installer dans le faubourg d'une ville choisie au hasard (ce sera Vilna), et d'y attendre la mort, dans la pauvreté. Casimir reconnaît, du reste, que l'idée de recevoir de Sophie ce qui lui sera nécessaire pour vivre représente une concession à la faiblesse humaine, la seule qu'il se permettra, avec, de loin en loin, l'envoi d'une page blanche sous une enveloppe où il écrira le nom de Sophie. Après s'être montrée indignée, puis troublée, puis mélancolique, Sophie acceptera; tout se déroulera comme Casimir l'avait prévu. Il mourra, à Vilna, de sa passion triste. Le romanesque a ainsi sa logique. Une belle histoire ne va pas sans cette continuité imperturbable qui n'est jamais dans les situations vécues, mais qu'on trouve dans la démarche de la rêverie, à partir de la réalité[3]. Si Gobineau était allé à Vilna, il s'y serait ennuyé et en serait revenu, ou y aurait trouvé ses aises. Mais Casimir ne connaît pas les envies de changer et les matins de guérison. Il va jusqu'au bout, comme Heathcliff, qui souhaitera dépasser encore la mort pour parvenir jusqu'à l'enfer.

Voici donc un monde imaginaire, mais créé par la correction de celui-ci, un monde où la douleur peut, si elle le veut, durer jusqu'à la mort, où les passions ne sont jamais distraites, où les êtres sont livrés à l'idée fixe et toujours présents les uns aux autres. L'homme s'y donne enfin à lui-même la forme et la limite apaisante qu'il poursuit en vain dans sa condition. Le roman fabrique du destin sur mesure. C'est ainsi qu'il concurrence la création et qu'il triomphe, provisoirement, de la mort[1]. Une analyse détaillée des romans les plus célèbres montrerait, dans des perspectives chaque fois différentes, que l'essence du roman est dans cette correction perpétuelle, toujours dirigée dans le même sens, que l'artiste effectue sur son expérience. Loin d'être morale ou purement formelle, cette correction vise d'abord à l'unité et traduit par là un besoin métaphysique. Le roman, à ce niveau, est d'abord un exercice de l'intelligence au service d'une sensibilité nostalgique ou révoltée[2]. On pourrait étudier cette recherche de l'unité dans le roman français d'analyse, et chez Melville, Balzac, Dostoïevski ou Tolstoï. Mais une courte confrontation entre deux tentatives qui se situent aux extrémités opposées du monde romanesque, la création proustienne et le roman américain de ces dernières années, suffira à notre propos.

Le roman américain* prétend trouver son unité en réduisant l'homme, soit à l'élémentaire, soit à ses réactions extérieures et à son comportement. Il ne choisit pas un sentiment ou une passion dont il donnera une image privilégiée, comme dans nos romans classiques. Il refuse l'analyse, la recherche d'un ressort psychologique fondamental qui expliquerait et résumerait la conduite d'un personnage. C'est pourquoi l'unité de ce roman n'est qu'une unité d'éclairage. Sa technique consiste à décrire les hommes par l'extérieur, dans les plus indifférents de leurs gestes, à reproduire sans commentaires les discours jusque dans leurs répétitions**, à faire enfin comme si les hommes se définissaient entièrement par leurs automatismes quotidiens. À ce niveau machinal, en effet, les hommes se ressemblent et on s'explique ainsi ce curieux univers où tous les personnages paraissent interchan-

---

* Il s'agit naturellement du roman « dur », celui des années 30 et 40, et non de l'admirable floraison américaine du xixe siècle.

** Même chez Faulkner, grand écrivain de cette génération, le monologue intérieur ne reproduit que l'écorce de la pensée.

geables, même dans leurs particularités physiques. Cette technique n'est appelée réaliste que par un malentendu. Outre que le réalisme en art est, comme nous le verrons, une notion incompréhensible, il est bien évident que ce monde romanesque ne vise pas à la reproduction pure et simple de la réalité, mais à sa stylisation la plus arbitraire. Il naît d'une mutilation, et d'une mutilation volontaire, opérée sur le réel. L'unité ainsi obtenue est une unité dégradée, un nivellement des êtres et du monde. Il semble que, pour ces romanciers, ce soit la vie intérieure qui prive les actions humaines de l'unité et qui ravisse les êtres les uns aux autres. Ce soupçon est en partie légitime. Mais la révolte, qui est à la source de cet art, ne peut trouver sa satisfaction qu'en fabriquant l'unité à partir de cette réalité intérieure, et non pas en la niant. La nier totalement, c'est se référer à un homme imaginaire. Le roman noir est aussi un roman rose dont il a la vanité formelle. Il édifie, à sa manière*. La vie des corps, réduite à elle-même, produit paradoxalement un univers abstrait et gratuit, constamment nié à son tour par la réalité. Ce roman, purgé de vie intérieure, où les hommes semblent observés derrière une vitre, finit logiquement, en se donnant, comme sujet unique, l'homme supposé moyen, par mettre en scène le pathologique. On s'explique ainsi le nombre considérable « d'innocents » utilisés dans cet univers. L'innocent est le sujet idéal d'une telle entreprise puisqu'il n'est défini, et tout entier, que par son comportement. Il est le symbole de ce monde désespérant, où des automates malheureux vivent dans la plus machinale des cohérences, et que les romanciers américains ont élevé en face du monde moderne comme une protestation pathétique, mais stérile.

Quant à Proust, son effort a été de créer à partir de la réalité, obstinément contemplée, un monde fermé, irremplaçable, qui n'appartînt qu'à lui et marquât sa victoire sur la fuite des choses et sur la mort. Mais ses moyens sont opposés. Ils tiennent avant tout dans un choix concerté, une méticuleuse collection d'instants privilégiés que le romancier choisira au plus secret de son

---

* Bernardin de Saint-Pierre et le marquis de Sade, avec des indices différents, sont les créateurs du roman de propagande.

passé. D'immenses espaces morts sont ainsi rejetés de la vie parce qu'ils n'ont rien laissé dans le souvenir. Si le monde du roman américain est celui des hommes sans mémoire, le monde de Proust n'est à lui seul qu'une mémoire. Il s'agit seulement de la plus difficile et de la plus exigeante des mémoires, celle qui refuse la dispersion du monde tel qu'il est et qui tire d'un parfum retrouvé le secret d'un nouvel et ancien univers. Proust choisit la vie intérieure et, dans la vie intérieure, ce qui est plus intérieur qu'elle-même, contre ce qui dans le réel s'oublie, c'est-à-dire le machinal, le monde aveugle. Mais de ce refus du réel, il ne tire pas la négation du réel. Il ne commet pas l'erreur, symétrique à celle du roman américain, de supprimer le machinal. Il réunit, au contraire, dans une unité supérieure, le souvenir perdu et la sensation présente, le pied qui se tord et les jours heureux d'autrefois.

Il est difficile de revenir sur les lieux du bonheur et de la jeunesse. Les jeunes filles en fleurs rient et jacassent éternellement devant la mer, mais celui qui les contemple perd peu à peu le droit de les aimer, comme celles qu'il a aimées perdent le pouvoir de l'être. Cette mélancolie est celle de Proust. Elle a été assez puissante en lui pour faire jaillir un refus de tout l'être. Mais le goût des visages et de la lumière l'attachait en même temps à ce monde. Il n'a pas consenti à ce que les vacances heureuses soient à jamais perdues. Il a pris sur lui de les recréer à nouveau et de montrer, contre la mort, que le passé se retrouvait au bout du temps dans un présent impérissable, plus vrai et plus riche encore qu'à l'origine. L'analyse psychologique du *Temps perdu* n'est alors qu'un puissant moyen. La grandeur réelle de Proust est d'avoir écrit *le Temps retrouvé,* qui rassemble un monde dispersé et lui donne une signification au niveau même du déchirement. Sa victoire difficile, à la veille de la mort, est d'avoir pu extraire de la fuite incessante des formes, par les seules voies du souvenir et de l'intelligence, les symboles frémissants de l'unité humaine. Le plus sûr défi qu'une œuvre de cette sorte puisse porter à la création est de se présenter comme un tout, un monde clos et unifié. Ceci définit les œuvres sans repentirs[1].

On a pu dire que le monde de Proust était un monde sans dieu. Si cela est vrai, ce n'est point parce qu'on n'y parle jamais de Dieu, mais parce que ce monde[1] a l'ambition d'être une perfection close et de donner à l'éternité le visage de l'homme. *Le Temps retrouvé*, dans son ambition au moins, est l'éternité sans dieu. L'œuvre de Proust, à cet égard, apparaît comme l'une des entreprises les plus démesurées et les plus significatives de l'homme contre sa condition mortelle. Il a démontré que l'art romanesque refait la création elle-même, telle qu'elle nous est imposée et telle qu'elle est refusée. Sous l'un de ses aspects au moins, cet art consiste à choisir la créature contre son créateur. Mais, plus profondément encore, il s'allie à la beauté du monde ou des êtres contre les puissances de la mort et de l'oubli. C'est ainsi que sa révolte est créatrice[2].

RÉVOLTE ET STYLE

Par le traitement que l'artiste impose à la réalité, il affirme sa force de refus. Mais ce qu'il garde de la réalité dans l'univers qu'il crée révèle le consentement qu'il apporte à une part au moins du réel qu'il tire des ombres du devenir pour le porter à la lumière de la création. À la limite, si le refus est total, la réalité est expulsée dans son entier et nous obtenons des œuvres purement formelles. Si, au contraire, l'artiste choisit, pour des raisons souvent extérieures à l'art, d'exalter la réalité brute, nous avons le réalisme. Dans le premier cas, le mouvement primitif de création, où révolte et consentement, affirmation et négation, sont étroitement liés, est mutilé au seul profit du refus. C'est alors l'évasion formelle dont notre temps a fourni tant d'exemples et dont on voit l'origine nihiliste. Dans le deuxième cas, l'artiste prétend donner au monde son unité en lui retirant toute perspective privilégiée. En ce sens, il avoue son besoin d'unité, même dégradée[3]. Mais il renonce aussi à l'exigence première de la création artistique. Pour mieux nier la relative liberté de la conscience créatrice, il affirme la totalité immédiate du monde. L'acte créateur se nie lui-même dans ces deux sortes d'œuvres. À l'origine, il refusait seulement un aspect de la réalité dans le temps où il en affirmait un autre. Qu'il en vienne à rejeter toute la réalité ou à n'affirmer qu'elle, il se renie chaque fois, dans la négation absolue ou dans l'affirmation absolue. Sur le plan esthétique, cette analyse, on le voit, rejoint celle que nous avons esquissée sur le plan historique.

Mais de même qu'il n'y a pas de nihilisme qui ne finisse par supposer une valeur, ni de matérialisme qui, se pensant lui-même, n'aboutisse à se contredire, l'art formel et l'art réaliste sont des notions absurdes. Aucun art ne peut refuser absolument le réel. La Gorgone est sans doute une créature purement imaginaire; son mufle et les serpents qui la couronnent sont dans la nature. Le formalisme peut parvenir à se vider de plus en plus de contenu réel, mais une limite l'attend toujours. Même la géométrie pure où aboutit parfois la peinture abstraite demande encore au monde extérieur sa couleur et ses rapports de perspective. Le vrai formalisme est silence. De même, le réalisme ne peut se passer d'un minimum d'interprétation et d'arbitraire. La meilleure des photographies trahit déjà le réel, elle naît d'un choix et donne une limite à ce qui n'en a pas. L'artiste réaliste et l'artiste formel cherchent l'unité où elle n'est pas, dans le réel à l'état brut, ou dans la création imaginaire qui croit expulser toute réalité. Au contraire, l'unité en art surgit au terme de la transformation que l'artiste impose au réel. Elle ne peut se passer ni de l'une ni de l'autre. Cette correction*, que l'artiste opère par son langage et par une redistribution d'éléments puisés dans le réel, s'appelle le style et donne à l'univers recréé son unité et ses limites. Elle vise chez tout révolté, et réussit chez quelques génies, à donner sa loi au monde. « Les poètes, dit Shelley, sont les législateurs, non reconnus, du monde. »

L'art romanesque, par ses origines, ne peut manquer d'illustrer cette vocation. Il ne peut ni consentir totalement au réel ni s'en écarter absolument. Le pur imaginaire n'existe pas et, si même il existait dans un roman idéal qui serait purement désincarné, il n'aurait pas de signification artistique, la première exigence de l'esprit en quête d'unité étant que cette unité soit communicable. D'un autre côté, l'unité du pur raisonnement est une fausse unité puisqu'elle ne s'appuie pas sur le réel. Le

---

* Delacroix note, et cette observation va loin, qu'il faut corriger « cette inflexible perspective qui (dans la réalité) fausse la vue des objets *à force de justesse* ».

roman rose (ou noir), le roman édifiant s'écartent de l'art dans la mesure, petite ou grande, où ils désobéissent à cette loi. La vraie création romanesque, au contraire, utilise le réel et n'utilise que lui, avec sa chaleur et son sang, ses passions ou ses cris. Simplement, elle y ajoute quelque chose qui le transfigure.

De même, ce qu'on appelle communément le roman réaliste veut être la reproduction du réel dans ce qu'il a d'immédiat. Reproduire les éléments du réel sans y rien choisir serait, si cette entreprise pouvait s'imaginer, répéter stérilement la création. Le réalisme ne devrait être que le moyen d'expression du génie religieux, ce que l'art espagnol fait pressentir admirablement, ou, à l'autre extrémité, l'art des singes qui se contentent de ce qui est, et qui l'imitent. En fait, l'art n'est jamais réaliste ; il a parfois la tentation de l'être. Pour être vraiment réaliste, une description se condamne à être sans fin. Là où Stendhal décrit, d'une phrase, l'entrée de Lucien Leuwen dans un salon, l'artiste réaliste devrait, en bonne logique, utiliser plusieurs tomes à décrire personnages et décors, sans parvenir encore à épuiser le détail. Le réalisme est l'énumération indéfinie. Il révèle par là que son ambition vraie est la conquête, non de l'unité, mais de la totalité du monde réel. On comprend alors qu'il soit l'esthétique officielle d'une révolution de la totalité. Mais cette esthétique a déjà démontré son impossibilité. Les romans réalistes choisissent malgré eux dans le réel, parce que le choix et le dépassement de la réalité sont la condition même de la pensée et de l'expression*[1]. Écrire, c'est déjà choisir. Il y a donc un arbitraire du réel, comme un arbitraire de l'idéal, et qui fait du roman réaliste un roman à thèse implicite. Réduire l'unité du monde romanesque à la totalité du réel ne peut se faire qu'à la faveur d'un jugement *a priori* qui élimine du réel ce qui ne convient pas à la doctrine. Le réalisme dit socialiste est alors voué, par la logique même de son nihilisme, à cumuler les avantages du roman édifiant et de la littérature de propagande.

Que l'événement asservisse le créateur ou que le

---

* Delacroix le montre encore avec profondeur : « Pour que le réalisme ne soit pas un mot vide de sens, il faudrait que tous les hommes eussent le même esprit, la même façon de concevoir les choses. »

créateur prétende nier l'événement tout entier, et la création s'abaisse donc aux formes dégradées de l'art nihiliste. Il en est de la création comme de la civilisation : elle suppose une tension ininterrompue entre la forme et la matière, le devenir et l'esprit, l'histoire et les valeurs. Si l'équilibre est rompu, il y a dictature ou anarchie, propagande ou délire formel. Dans les deux cas, la création, qui, elle, coïncide avec une liberté raisonnée, est impossible. Soit qu'il cède au vertige de l'abstraction et de l'obscurité formelle, soit qu'il fasse appel au fouet du réalisme le plus cru ou le plus naïf, l'art moderne, dans sa quasi-totalité, est un art de tyrans et d'esclaves, non de créateurs.

L'œuvre où le fond déborde la forme, celle où la forme submerge le fond, ne parlent que d'une unité déçue et décevante. Dans ce domaine comme dans les autres, toute unité qui n'est pas de style est une mutilation. Quelle que soit la perspective choisie par un artiste, un principe demeure commun à tous les créateurs : la stylisation, qui suppose, en même temps, le réel et l'esprit qui donne au réel sa forme. Par elle, l'effort créateur refait le monde et toujours avec une légère gauchissure qui est la marque de l'art et de la protestation. Que ce soit le grossissement de microscope que Proust apporte dans l'expérience humaine ou, au contraire, la ténuité absurde que le roman américain donne à ses personnages, la réalité est en quelque sorte forcée. La création, la fécondité de la révolte sont dans cette gauchissure qui figure le style et le ton d'une œuvre. L'art est une exigence d'impossible mise en forme. Lorsque le cri le plus déchirant trouve son langage le plus ferme, la révolte satisfait à sa vraie exigence et tire de cette fidélité à elle-même une force de création. Bien que cela heurte les préjugés du temps, le plus grand style en art est l'expression de la plus haute révolte. Comme le vrai classicisme n'est qu'un romantisme dompté, le génie est une révolte qui a créé sa propre mesure. C'est pourquoi il n'y a pas de génie, contrairement à ce qu'on enseigne aujourd'hui, dans la négation et le pur désespoir.

C'est dire en même temps que le grand style n'est pas une simple vertu formelle. Il l'est lorsqu'il se trouve recherché pour lui-même aux dépens du réel et il n'est pas alors le grand style. Il n'invente plus, mais imite —

comme tout académisme — alors que la vraie création est, à sa manière, révolutionnaire. S'il faut pousser très loin la stylisation, puisqu'elle résume l'intervention de l'homme et la volonté de correction que l'artiste apporte dans la reproduction du réel, il convient cependant qu'elle reste invisible pour que la revendication qui donne naissance à l'art soit traduite dans sa tension la plus extrême. Le grand style est la stylisation invisible, c'est-à-dire incarnée. « En art, dit Flaubert, il ne faut pas craindre d'être exagéré. » Mais il ajoute que l'exagération doit être « continue et proportionnelle à elle-même ». Quand la stylisation est exagérée et se laisse voir, l'œuvre est une nostalgie pure : l'unité qu'elle tente de conquérir est étrangère au concret. Quand la réalité est livrée au contraire à l'état brut et la stylisation insignifiante, le concret est offert sans unité. Le grand art, le style, le vrai visage de la révolte, sont entre ces deux hérésies*.

CRÉATION ET RÉVOLUTION

En art, la révolte s'achève et se perpétue dans la vraie création, non dans la critique ou le commentaire. La révolution, de son côté, ne peut s'affirmer que dans une civilisation, non dans la terreur ou la tyrannie. Les deux questions que pose désormais notre temps à une société dans l'impasse : la création est-elle possible, la révolution est-elle possible, n'en font qu'une, qui concerne la renaissance d'une civilisation.

La révolution et l'art du xxe siècle sont tributaires du même nihilisme et vivent dans la même contradiction. Ils nient[1] ce qu'ils affirment pourtant dans leur mouvement même et cherchent tous deux une issue impossible, à travers la terreur. La révolution contemporaine croit inaugurer un nouveau monde et elle n'est que l'aboutissement contradictoire de l'ancien. Finalement, la société capitaliste et la société révolutionnaire n'en font qu'une

---

* La correction diffère avec les sujets. Dans une œuvre fidèle à l'esthétique esquissée ci-dessus, le style varierait avec les sujets, le langage propre à l'auteur (son ton) restant le lieu commun qui fait éclater les différences de style.

dans la mesure où elles s'asservissent au même moyen, la production industrielle, et à la même promesse. Mais l'une fait sa promesse au nom de principes formels qu'elle est incapable d'incarner et qui sont niés par le moyen qu'elle emploie. L'autre justifie sa prophétie au nom de la seule réalité et finit par mutiler la réalité. La société de la production est seulement productrice, non créatrice.

L'art contemporain, parce qu'il est nihiliste, se débat aussi entre le formalisme et le réalisme. Le réalisme, d'ailleurs, est aussi bien bourgeois — mais il est alors noir — que socialiste, et il devient édifiant. Le formalisme appartient aussi bien à la société du passé, quand il est abstraction gratuite, qu'à la société qui se prétend de l'avenir; il définit alors la propagande. Le langage détruit par la négation irrationnelle se perd dans le délire verbal; soumis à l'idéologie déterministe, il se résume dans le mot d'ordre. Entre les deux, se tient l'art[1]. Si le révolté doit refuser à la fois la fureur du néant et le consentement à la totalité, l'artiste doit échapper en même temps à la frénésie formelle et à l'esthétique totalitaire de la réalité. Le monde d'aujourd'hui est un, en effet, mais son unité est celle du nihilisme. La civilisation n'est possible que si, renonçant au nihilisme des principes formels et au nihilisme sans principes, ce monde retrouve le chemin d'une synthèse créatrice. De la même manière, en art, le temps du commentaire perpétuel et du reportage agonise; il annonce alors le temps des créateurs.

Mais l'art et la société, la création et la révolution doivent, pour cela, retrouver la source de la révolte où refus et consentement, singularité et universel, individu et histoire s'équilibrent dans la tension la plus dure. La révolte n'est pas en elle-même un élément de civilisation. Mais elle est préalable à toute civilisation. Elle seule, dans l'impasse où nous vivons, permet d'espérer l'avenir dont rêvait Nietzsche : « Au lieu du juge et du répresseur, le créateur. » Formule qui ne peut pas autoriser l'illusion dérisoire d'une cité dirigée par des artistes. Elle éclaire seulement le drame de notre époque où le travail, soumis entièrement à la production, a cessé d'être créateur. La société industrielle n'ouvrira les chemins d'une civilisation qu'en redonnant au travailleur la dignité du créateur, c'est-à-dire en appliquant son intérêt et sa réflexion autant au travail lui-même qu'à son produit. La civilisation désormais nécessaire ne pourra pas séparer, dans les classes comme dans l'individu, le travailleur et le créateur; pas plus que la création artistique ne songe à séparer la forme et le fond, l'esprit et l'histoire. C'est ainsi qu'elle reconnaîtra à tous la dignité affirmée par la révolte. Il serait injuste, et d'ailleurs utopique, que Shakespeare dirigeât la société des cordonniers. Mais il serait tout aussi désastreux que la société des cordonniers prétendît se passer de Shakespeare. Shakespeare sans le cordonnier sert d'alibi à la tyrannie. Le cordonnier sans Shakespeare est absorbé par la tyrannie quand il ne contribue pas à l'étendre. Toute création nie, en elle-même, le monde du maître et de l'esclave. La hideuse société de tyrans et d'esclaves où nous nous survivons ne trouvera sa mort et sa transfiguration qu'au niveau de la création.

Mais que la création soit nécessaire n'entraîne pas qu'elle soit possible. Une époque créatrice en art se définit par l'ordre d'un style appliqué au désordre d'un temps. Elle met en forme et en formules les passions des contemporains. Il ne suffit donc plus, pour un créateur, de répéter Mme de La Fayette dans un temps où nos princes moroses n'ont plus le loisir de l'amour. Aujourd'hui où les passions collectives[1] ont pris le pas sur les passions individuelles, il est toujours possible de dominer, par l'art, la fureur de l'amour. Mais le problème inéluctable est aussi de dominer les passions collectives et la lutte historique. L'objet de l'art, malgré les regrets des pasticheurs, s'est étendu de la psychologie à la condition de l'homme. Quand la passion du temps met en jeu le monde entier, la création veut dominer le destin tout entier. Mais, du même coup, elle maintient en face de la totalité l'affirmation de l'unité. Simplement la création est alors mise en péril par elle-même, d'abord, et par l'esprit de totalité, ensuite. Créer, aujourd'hui, c'est créer dangereusement.

Pour dominer les passions collectives, il faut, en effet les vivre et les éprouver, au moins relativement. Dans le même temps qu'il les éprouve, l'artiste en est dévoré. Il en résulte que notre époque est plutôt celle du reportage que de l'œuvre d'art. Il lui manque un juste emploi du temps. L'exercice de ces passions, enfin, entraîne des chances de mort plus grandes qu'au temps de l'amour ou de l'ambition, la seule manière de vivre authentiquement la passion collective étant d'accepter de mourir pour elle et par elle. La plus grande chance d'authenticité est, aujourd'hui, la plus grande chance d'échec pour l'art. Si la création est impossible parmi les guerres et les révolutions, nous n'aurons pas de créateurs parce que guerre et révolution sont notre lot. Le mythe de la production indéfinie porte en lui la guerre comme la nuée l'orage[1]. Les guerres ravagent alors l'Occident et tuent Péguy. À peine surgie des ruines, la machine bourgeoise voit s'avancer à sa rencontre la machine révolutionnaire. Péguy n'a même plus eu le temps de renaître; la guerre qui menace tuera tous ceux qui, peut-être, auraient été Péguy. Si un classicisme créateur se montrait cependant possible, on doit reconnaître que, même illustré dans un seul nom, il serait l'œuvre d'une génération. Les chances d'échec, dans le siècle de la destruction, ne peuvent être compensées que par la chance du nombre, c'est-à-dire la chance que sur dix artistes authentiques l'un, au moins, survive, prenne en charge les premières paroles de ses frères, et parvienne à trouver, dans sa vie, à la fois le temps de la passion et le temps de la création. L'artiste, qu'il le veuille ou non, ne peut plus être un solitaire, sinon dans le triomphe mélancolique qu'il doit à tous ses pairs. L'art révolté aussi finit par révéler le « Nous sommes », et avec lui le chemin d'une farouche humilité.

En attendant, la révolution conquérante, dans l'égarement de son nihilisme, menace ceux qui, contre elle, prétendent maintenir l'unité dans la totalité. Un des sens de l'histoire d'aujourd'hui, et plus encore de demain, est la lutte entre les artistes et les nouveaux conquérants, entre les témoins de la révolution créatrice et les bâtisseurs de la révolution nihiliste. Sur l'issue de la lutte, on ne peut se faire que des illusions raisonnables. Du moins, nous savons désormais qu'elle doit être menée. Les conquérants modernes peuvent tuer, mais semblent ne pouvoir créer[2]. Les artistes savent créer, mais ne peuvent réellement tuer. On ne trouve de meurtriers que par exception parmi les artistes. À la longue, l'art dans nos sociétés révolutionnaires devrait donc mourir. Mais alors la révolution aura vécu. Chaque fois que, dans un homme, elle tue l'artiste qu'il aurait pu être, la révolution s'exténue un peu plus. Si, enfin, les conquérants pliaient le monde à leur loi, ils ne prouveraient pas que la quantité est reine, mais que ce monde est enfer. Dans cet enfer même, la place de l'art coïnciderait encore avec celle de la révolte vaincue, espoir aveugle et vide au creux des jours désespérés. Ernst Dwinger, dans son *Journal de Sibérie,* parle de ce lieutenant allemand qui, prisonnier depuis des années dans un camp où régnaient le froid et la faim, s'était construit, avec des touches de bois, un piano silencieux. Là, dans l'entassement de la misère, au milieu d'une cohue en haillons, il composait une étrange musique qu'il était seul à entendre. Ainsi, jetées dans l'enfer, de mystérieuses mélodies et les images cruelles de la beauté enfuie nous apporteraient toujours, au milieu du crime et de la folie, l'écho de cette insurrection harmonieuse qui témoigne au long des siècles pour la grandeur humaine.

Mais l'enfer n'a qu'un temps, la vie recommence un jour. L'histoire a peut-être une fin; notre tâche, pourtant, n'est pas de la terminer, mais de la créer, à l'image de ce que désormais nous savons vrai. L'art, du moins, nous apprend que l'homme ne se résume pas seulement à l'histoire et qu'il trouve aussi une raison d'être dans l'ordre de la nature. Le grand Pan, pour lui, n'est pas mort. Sa révolte la plus instinctive, en même temps qu'elle affirme la valeur, la dignité commune à tous, revendique obstinément, pour en assouvir sa faim d'unité, une part intacte du réel dont le nom est la beauté. On peut refuser toute l'histoire et s'accorder pourtant au monde des étoiles et de la mer. Les révoltés qui veulent ignorer la nature et la beauté se condamnent à exiler de l'histoire qu'ils veulent faire la dignité du travail et de l'être[1]. Tous les grands réformateurs essaient de bâtir dans l'histoire ce que Shakespeare, Cervantes, Molière, Tolstoï ont su créer : un monde toujours prêt à assouvir la faim de liberté et de dignité qui est au cœur de chaque homme. La beauté, sans doute, ne fait pas les révolutions. Mais un jour vient où les révolutions ont besoin d'elle. Sa règle qui conteste le réel en même temps qu'elle lui donne son unité est aussi celle de la révolte. Peut-on, éternellement, refuser l'injustice sans cesser de saluer la nature de l'homme et la beauté du monde ? Notre réponse est oui. Cette morale, en même temps insoumise et fidèle, est en tout cas la seule à éclairer le chemin d'une révolution vraiment réaliste. En maintenant la beauté, nous préparons ce jour de renaissance où la civilisation mettra au centre de sa réflexion, loin des principes formels et des valeurs dégradées de l'histoire, cette vertu vivante qui fonde la commune dignité du monde et de l'homme, et que nous avons maintenant à définir en face d'un monde qui l'insulte.

V

LA PENSÉE DE MIDI

RÉVOLTE ET MEURTRE

L OIN de cette source de vie, en tout cas, l'Europe et la révolution se consument dans une convulsion spectaculaire[1]. Au siècle dernier, l'homme abat les contraintes religieuses. À peine délivré pourtant, il s'en invente à nouveau, et d'intolérables. La vertu meurt, mais renaît plus farouche encore. Elle crie à tout venant une fracassante charité, et cet amour du lointain qui fait une dérision de l'humanisme contemporain. À ce point de fixité, elle ne peut opérer que des ravages. Un jour vient où elle s'aigrit, la voilà policière, et, pour le salut de l'homme, d'ignobles bûchers s'élèvent. Au sommet de la tragédie contemporaine, nous entrons alors dans la familiarité du crime. Les sources de la vie et de la création semblent taries. La peur fige une Europe peuplée de fantômes et de machines. Entre deux hécatombes, les échafauds s'installent au fond des souterrains. Des tortionnaires humanistes y célèbrent leur nouveau culte dans le silence. Quel cri les troublerait ? Les poètes eux-mêmes, devant le meurtre de leur frère, déclarent fièrement qu'ils ont les mains propres. Le monde entier dès lors se détourne distraitement de ce crime ; les victimes viennent d'entrer dans l'extrémité de leur disgrâce : elles ennuient[2]. Dans les temps anciens, le sang du meurtre provoquait au moins une horreur sacrée ; il sanctifiait ainsi le prix de la vie. La vraie condamnation de cette époque est de donner à penser au contraire qu'elle n'est pas assez sanglante. Le sang n'est plus visible ; il n'éclabousse pas assez haut le visage de nos pharisiens. Voici l'extrémité du nihilisme : le meurtre aveugle et furieux devient une oasis et le criminel imbécile paraît rafraîchissant auprès de nos très intelligents bourreaux.

Après avoir longtemps cru qu'il pourrait lutter contre Dieu avec l'humanité entière, l'esprit européen s'aperçoit donc qu'il lui faut aussi, s'il ne veut pas mourir, lutter contre les hommes. Les révoltés qui, dressés contre la mort, voulaient bâtir sur l'espèce une farouche immortalité, s'effraient d'être obligés de tuer à leur tour. S'ils reculent pourtant, il leur faut accepter de mourir; s'ils avancent, de tuer. La révolte[1], détournée de ses origines et cyniquement travestie, oscille à tous les niveaux entre le sacrifice et le meurtre. Sa justice qu'elle espérait distributive est devenue sommaire. Le royaume de la grâce a été vaincu, mais celui de la justice s'effondre aussi. L'Europe meurt de cette déception. Sa révolte plaidait pour l'innocence humaine et la voilà raidie contre sa propre culpabilité. À peine s'élance-t-elle vers la totalité qu'elle reçoit en partage la solitude la plus désespérée. Elle voulait entrer en communauté et elle n'a plus d'autre espoir que de rassembler, un à un, au long des années, les solitaires qui marchent vers l'unité.

Faut-il donc renoncer à toute révolte, soit que l'on accepte, avec ses injustices, une société qui se survit, soit que l'on décide, cyniquement, de servir contre l'homme la marche forcenée de l'histoire ? Après tout, si la logique de notre réflexion devait conclure à un lâche conformisme, il faudrait l'accepter comme certaines familles acceptent parfois d'inévitables déshonneurs. Si elle devait aussi justifier toutes les sortes d'attentats contre l'homme, et même sa destruction systématique, il faudrait consentir à ce suicide. Le sentiment de la justice, pour finir, y trouverait son compte : la disparition d'un monde de marchands et de policiers.

Mais sommes-nous encore dans un monde révolté; la révolte n'est-elle pas devenue, au contraire, l'alibi de nouveaux tyrans[1] ? Le « Nous sommes » contenu dans le mouvement de révolte peut-il, sans scandale ou sans subterfuge, se concilier avec le meurtre ? En assignant à l'oppression une limite en deçà de laquelle commence la dignité commune à tous les hommes, la révolte définissait une première valeur. Elle mettait au premier rang de ses références une complicité transparente des hommes entre eux, une texture commune, la solidarité de la chaîne, une communication d'être à être qui rend les hommes ressemblants et ligués. Elle faisait accomplir ainsi un premier pas à l'esprit aux prises avec un monde absurde. Par ce progrès, elle rendait plus angoissant encore le problème qu'elle doit maintenant résoudre face au meurtre. Au niveau de l'absurde, en effet, le meurtre[1] suscitait seulement des contradictions logiques, au niveau de la révolte, il est déchirement. Car il s'agit de décider s'il est possible de tuer celui, quelconque, dont nous venons enfin de reconnaître la ressemblance et de consacrer l'identité. La solitude à peine dépassée, faut-il donc la retrouver définitivement en légitimant l'acte qui retranche de tout[2] ? Forcer à la solitude celui qui vient d'apprendre qu'il n'est pas seul, n'est-ce pas le crime définitif contre l'homme ?

En logique, on doit répondre que meurtre et révolte sont contradictoires. Qu'un seul maître soit, en effet, tué, et le révolté, d'une certaine manière, n'est plus autorisé à dire la communauté des hommes dont il tirait pourtant sa justification. Si ce monde n'a pas de sens supérieur, si l'homme n'a que l'homme pour répondant, il suffit qu'un homme retranche un seul être de la société des vivants pour s'en exclure lui-même. Lorsque Caïn tue Abel, il fuit dans les déserts. Et si les meurtriers sont foule, la foule vit dans le désert et dans cette autre sorte de solitude qui s'appelle promiscuité.

Dès qu'il frappe, le révolté coupe le monde en deux. Il se dressait au nom de l'identité de l'homme avec l'homme et il sacrifie l'identité en consacrant, dans le sang, la différence. Son seul être, au cœur de la misère et de l'oppression, était dans cette identité. Le même mouvement, qui visait à l'affirmer, le fait donc cesser d'être. Il peut dire que quelques-uns, ou même presque tous, sont avec lui. Mais, qu'il manque un seul être au monde irremplaçable de la fraternité, et le voilà dépeuplé. Si nous ne sommes pas, je ne suis pas, ainsi s'expliquent l'infinie tristesse de Kaliayev et le silence de Saint-Just. Les révoltés, décidés à passer par la violence et le meurtre, ont beau, pour garder l'espoir d'être, remplacer le *Nous sommes* par le *Nous serons*. Quand le meurtrier et la victime auront disparu, la communauté se refera sans eux. L'exception aura vécu, la règle redeviendra possible. Au niveau de l'histoire, comme dans la vie individuelle, le meurtre est ainsi une exception désespérée ou il n'est rien. L'effraction qu'il effectue dans l'ordre des choses est sans lendemain. Il est insolite et ne peut donc être utilisé, ni systématique, comme le veut l'attitude purement historique. Il est la limite qu'on ne peut atteindre qu'une fois et après laquelle il faut mourir. Le révolté n'a qu'une manière de se réconcilier avec son acte meurtrier s'il s'y est laissé porter : accepter sa propre mort et le sacrifice. Il tue et meurt pour qu'il soit clair que le meurtre est impossible[1]. Il montre alors qu'il préfère en réalité le *Nous sommes* au *Nous serons*. Le bonheur tranquille de Kaliayev dans sa prison, la sérénité de Saint-Just marchant vers l'échafaud sont à leur tour expliqués. Au-delà de cette extrême frontière commencent la contradiction et le nihilisme.

LE MEURTRE NIHILISTE

Le crime irrationnel et le crime rationnel, en effet[2], trahissent également la valeur mise au jour par le mouvement de révolte. Et d'abord le premier. Celui qui nie tout et s'autorise à tuer, Sade, le dandy meurtrier, l'Unique impitoyable, Karamazov, les zélateurs du brigand déchaîné, le surréaliste qui tire dans la foule, revendiquent en somme la liberté totale, le déploiement sans limites de l'orgueil humain. Le nihilisme confond dans la même rage créateur et créatures. Supprimant[3] tout principe d'espoir, il rejette toute limite et, dans l'aveuglement d'une indignation qui n'aperçoit même plus ses raisons, finit par juger qu'il est indifférent de tuer ce qui, déjà, est voué à la mort.

Mais ses raisons, la reconnaissance mutuelle d'une destinée commune et la communication des hommes entre eux, sont toujours vivantes. La révolte les proclamait et s'engageait à les servir. Du même coup, elle définissait, contre le nihilisme, une règle de conduite qui n'a pas besoin d'attendre la fin de l'histoire pour éclairer l'action et qui, pourtant, n'est pas formelle. Elle faisait, au contraire de la morale jacobine, la part de ce qui échappe à la règle et à la loi. Elle ouvrait les chemins d'une morale qui, loin d'obéir à des principes abstraits, ne les découvre qu'à la chaleur de l'insurrection, dans le mouvement incessant de la contestation. Rien n'autorise à dire que ces principes ont été éternellement, rien ne sert de déclarer qu'ils seront. Mais ils sont, dans le temps même où nous sommes. Ils nient avec nous, et tout au long de l'histoire, la servitude, le mensonge et la terreur.

Il n'y a rien de commun en effet entre un maître et un esclave, on ne peut parler et communiquer avec un être asservi. Au lieu de ce dialogue implicite et libre par lequel nous reconnaissons notre ressemblance et consacrons notre destinée, la servitude fait régner le plus terrible des silences. Si l'injustice est mauvaise pour le révolté, ce n'est pas en ce qu'elle contredit une idée éternelle de la justice, que nous ne savons où situer, mais en ce qu'elle perpétue la muette hostilité qui sépare l'oppresseur de l'opprimé. Elle tue le peu d'être qui peut venir au monde par la complicité des hommes entre eux. De la même façon, puisque l'homme qui ment se ferme aux autres hommes, le mensonge se trouve proscrit et, à un degré plus bas, le meurtre et la violence, qui imposent le silence définitif. La complicité et la communication découvertes par la révolte ne peuvent se vivre que dans le libre dialogue. Chaque équivoque, chaque malentendu suscite la mort; le langage clair, le mot simple, peut seul sauver de cette mort*. Le sommet de toutes les tragédies est dans la surdité des héros. Platon a raison contre Moïse et Nietzsche. Le dialogue à hauteur d'homme coûte moins cher que l'évangile des religions totalitaires, monologué et dicté du haut d'une montagne solitaire. À la scène comme à la ville, le monologue précède la mort. Tout révolté, par le seul mouvement qui le dresse face à l'oppresseur, plaide donc pour la vie, s'engage à lutter contre la servitude, le mensonge et la terreur et affirme, le temps d'un éclair, que ces trois fléaux font régner le silence entre les hommes, les obscurcissent les uns aux autres et les empêchent de se retrouver dans la seule valeur qui puisse les sauver du nihilisme, la longue complicité des hommes aux prises avec leur destin.

Le temps d'un éclair. Mais cela suffit, provisoirement, pour dire que la liberté la plus extrême, celle de tuer, n'est pas compatible avec les raisons de la révolte. La révolte n'est nullement une revendication de liberté totale. Au contraire, la révolte fait le procès de la liberté

---

* On remarquera que le langage propre aux doctrines totalitaires est toujours un langage scolastique ou administratif[1].

totale. Elle conteste justement le pouvoir illimité qui autorise un supérieur à violer la frontière interdite. Loin de revendiquer une indépendance générale, le révolté veut qu'il soit reconnu que la liberté a ses limites partout où se trouve un être humain, la limite étant précisément le pouvoir de révolte de cet être[1]. La raison profonde de l'intransigeance révoltée est ici. Plus la révolte a conscience de revendiquer une juste limite, plus elle est inflexible. Le révolté exige sans doute une certaine liberté pour lui-même; mais en aucun cas, s'il est conséquent, le droit de détruire l'être et la liberté de l'autre. Il n'humilie personne. La liberté qu'il réclame, il la revendique pour tous; celle qu'il refuse, il l'interdit à tous. Il n'est pas seulement esclave contre maître, mais aussi homme contre le monde du maître et de l'esclave. Il y a donc, grâce à la révolte, quelque chose de plus dans l'histoire que le rapport maîtrise et servitude. La puissance illimitée n'y est pas la seule loi. C'est donc au nom d'une autre valeur que le révolté affirme l'impossibilité de la liberté totale en même temps qu'il réclame pour lui-même la relative liberté, nécessaire pour reconnaître cette impossibilité. Chaque liberté humaine, à sa racine la plus profonde, est ainsi relative. La liberté absolue, qui est celle de tuer, est la seule qui ne réclame pas en même temps qu'elle-même ce qui la limite et l'oblitère. Elle se coupe alors de ses racines, elle erre à l'aventure, ombre abstraite et malfaisante, jusqu'à ce qu'elle s'imagine trouver un corps dans l'idéologie.

Il est donc possible de dire que la révolte, quand elle débouche sur la destruction, est illogique. Réclamant l'unité de la condition humaine, elle est force de vie, non de mort. Sa logique profonde n'est pas celle de la destruction; elle est celle de la création. Son mouvement, pour rester authentique, ne doit abandonner derrière lui aucun des termes de la contradiction qui le soutient. Il doit être fidèle au *oui* qu'il contient en même temps qu'à ce *non* que les interprétations nihilistes isolent dans la révolte. La logique du révolté est de vouloir servir la justice pour ne pas ajouter à l'injustice de la condition, de s'efforcer au langage clair pour ne pas épaissir le mensonge universel et de parier, face à la douleur des hommes, pour le bonheur. La passion nihiliste, ajoutant à l'injustice et au mensonge, détruit dans sa rage son exigence ancienne et s'enlève ainsi les raisons les plus claires de sa révolte. Elle tue, folle de sentir que ce monde est livré à la mort. La conséquence de la révolte, au contraire, est de refuser sa légitimation au meurtre puisque, dans son principe, elle est protestation contre la mort.

Mais si l'homme était capable d'introduire à lui seul l'unité dans le monde, s'il pouvait y faire régner, par son seul décret, la sincérité, l'innocence et la justice, il serait Dieu lui-même. Aussi bien, s'il le pouvait, la révolte serait désormais sans raisons. S'il y a révolte, c'est que le mensonge, l'injustice et la violence font, en partie, la condition du révolté. Il ne peut donc prétendre absolument à ne point tuer ni mentir, sans renoncer à sa révolte, et accepter une fois pour toutes le meurtre et le mal. Mais il ne peut non plus accepter de tuer et mentir, puisque le mouvement inverse qui légitimerait meurtre et violence détruirait aussi les raisons de son insurrection. Le révolté ne peut donc trouver le repos. Il sait le bien et fait malgré lui le mal. La valeur qui le tient debout ne lui est jamais donnée une fois pour toutes, il doit la maintenir sans cesse. L'être qu'il obtient s'effondre si la révolte à nouveau ne le soutient. En tout cas, s'il ne peut pas toujours ne point tuer, directement ou indirectement, il peut mettre sa fièvre et sa passion à diminuer la chance du meurtre autour de lui. Sa seule vertu sera, plongé dans les ténèbres, de ne pas céder à leur vertige obscur; enchaîné au mal, de se traîner obstinément vers le bien. S'il tue lui-même, enfin, il acceptera la mort. Fidèle à ses origines, le révolté démontre dans le sacrifice que sa vraie liberté n'est pas à l'égard du meurtre, mais à l'égard de sa propre mort. Il découvre en même temps l'honneur métaphysique. Kaliayev se place alors sous la potence et désigne visiblement, à tous ses frères, la limite exacte où commence et finit l'honneur des hommes.

LE MEURTRE HISTORIQUE

La révolte se déploie aussi dans l'histoire qui demande non seulement des options exemplaires, mais encore des attitudes efficaces. Le meurtre rationnel risque de s'en trouver justifié. La contradiction révoltée se répercute alors dans des antinomies apparemment insolubles dont les deux modèles, en politique, sont d'une part l'opposition de la violence et de la non-violence, d'autre part celle de la justice et de la liberté. Essayons de les définir dans leur paradoxe.

La valeur positive contenue dans le premier mouvement de révolte suppose le renoncement à la violence de principe. Elle entraîne, par conséquent, l'impossibilité de stabiliser une révolution. La révolte traîne sans cesse avec elle cette contradiction. Au niveau de l'histoire, elle se durcit encore. Si je renonce à faire respecter l'identité humaine[1], j'abdique devant celui qui opprime, je renonce à la révolte et retourne à un consentement nihiliste. Le nihilisme alors se fait conservateur. Si j'exige que cette identité soit reconnue pour être, je m'engage dans une action qui, pour réussir, suppose un cynisme de la violence, et nie cette identité et la révolte elle-même. En élargissant encore la contradiction, si l'unité du monde ne peut lui venir d'en haut, l'homme doit la construire à sa hauteur, dans l'histoire. L'histoire, sans valeur qui la transfigure, est régie par la loi de l'efficacité[2]. Le matérialisme historique, le déterminisme, la violence, la négation de toute liberté qui n'aille pas dans le sens de l'efficacité, le monde du courage et du silence sont les conséquences les plus légitimes d'une pure philosophie de l'histoire. Seule, dans le monde d'aujourd'hui, une philosophie de l'éternité peut justifier la non-violence. À l'historicité absolue elle objectera la création de l'histoire, à la situation historique elle demandera son origine. Pour finir, consacrant alors l'injustice, elle remettra à Dieu le soin de la justice. Aussi bien, ses réponses, à leur tour, exigeront la foi. On lui objectera le mal, et le paradoxe d'un Dieu tout-puissant et malfaisant, ou bienfaisant et stérile. Le choix restera ouvert entre la grâce et l'histoire, Dieu ou l'épée.

Quelle peut être alors l'attitude du révolté? Il ne peut se détourner du monde et de l'histoire sans renier le principe même de sa révolte, choisir la vie éternelle sans se résigner, en un sens, au mal. Non chrétien, par exemple, il doit aller jusqu'au bout. Mais jusqu'au bout signifie choisir l'histoire absolument et le meurtre de l'homme avec elle, si ce meurtre est nécessaire à l'histoire : accepter la légitimation du meurtre est encore renier ses origines. Si le révolté ne choisit pas, il choisit le silence et l'esclavage d'autrui. Si, dans un mouvement de désespoir, il déclare choisir à la fois contre Dieu et l'histoire, il est le témoin de la liberté pure, c'est-à-dire de rien[1]. Au stade historique qui est le nôtre, dans l'impossibilité d'affirmer une raison supérieure qui ne trouve sa limite dans le mal, son apparent dilemme est le silence ou le meurtre. Dans les deux cas, une démission.

Ainsi encore de la justice et de la liberté. Ces deux exigences sont déjà au principe du mouvement de révolte, et on les retrouve dans l'élan révolutionnaire. L'histoire des révolutions montre cependant qu'elles entrent presque toujours en conflit comme si leurs exigences mutuelles se trouvaient inconciliables. La liberté absolue, c'est le droit pour le plus fort de dominer. Elle maintient donc les conflits qui profitent à l'injustice. La justice absolue passe par la suppression de toute contradiction : elle détruit la liberté*. La révolution pour la justice, par la liberté, finit par les dresser l'une contre l'autre. Il y a ainsi dans chaque révolution, une fois liquidée la caste qui dominait jusque-là, une étape où elle suscite elle-même un mouvement de révolte qui indique ses limites et annonce ses chances d'échec. La révolution se propose, d'abord, de satisfaire l'esprit de révolte qui lui a donné naissance ; elle s'oblige à le nier, ensuite, pour mieux s'affirmer elle-même. Il y a, semble-t-il, une opposition irréductible entre le mouvement de la révolte et les acquisitions de la révolution.

Mais ces antinomies n'existent que dans l'absolu. Elles supposent un monde et une pensée sans médiations. Il n'y a pas, en effet, de conciliation possible entre un dieu totalement séparé de l'histoire et une histoire purgée de toute transcendance. Leurs représentants sur terre sont effectivement le yogi et le commissaire. Mais la différence entre ces deux types d'hommes n'est pas, comme on le dit, la différence entre la vaine pureté et l'efficacité. Le premier choisit seulement l'inefficacité

---

* Dans ses *Entretiens sur le bon usage de la liberté,* Jean Grenier fonde une démonstration qu'on peut résumer ainsi : la liberté absolue est la destruction de toute valeur ; la valeur absolue supprime toute liberté. De même, Palante : « S'il y a une vérité une et universelle, la liberté n'a pas de raison d'être. »

de l'abstention et le second celle de la destruction. Parce que tous deux rejettent la valeur médiatrice que la révolte au contraire révèle, ils ne nous offrent, également éloignés du réel, que deux sortes d'impuissance, celle du bien et celle du mal.

Si, en effet, ignorer l'histoire revient à nier le réel, c'est encore s'éloigner du réel que de considérer l'histoire comme un tout qui se suffit à lui-même. La révolution du XXe siècle croit éviter le nihilisme, être fidèle à la vraie révolte, en remplaçant Dieu par l'histoire. Elle fortifie le premier, en réalité, et trahit la seconde. L'histoire, dans son mouvement pur, ne fournit par elle-même aucune valeur. Il faut donc vivre selon l'efficacité immédiate, et se taire ou mentir. La violence systématique, ou silence imposé, le calcul ou mensonge concerté deviennent des règles inévitables. Une pensée purement historique est donc nihiliste : elle accepte totalement le mal de l'histoire et s'oppose en ceci à la révolte. Elle a beau affirmer en compensation la rationalité absolue de l'histoire, cette raison historique ne sera achevée, n'aura de sens complet, ne sera raison absolue justement, et valeur, qu'à la fin de l'histoire. En attendant, il faut agir[1], et agir sans règle morale pour que la règle définitive vienne au jour. Le cynisme, comme attitude politique, n'est logique qu'en fonction d'une pensée absolutiste, c'est-à-dire le nihilisme absolu d'une part, le rationalisme absolu de l'autre*. Quant aux conséquences, il n'y a pas de différence entre les deux attitudes[2]. Dès l'instant où elles sont acceptées, la terre est déserte.

En réalité, l'absolu purement historique n'est même pas concevable. La pensée de Jaspers, par exemple, dans ce qu'elle a d'essentiel, souligne l'impossibilité pour l'homme de saisir la totalité, puisqu'il se trouve à l'intérieur de cette totalité. L'histoire, comme un tout, ne pourrait exister qu'aux yeux d'un observateur extérieur à elle-même et au monde. Il n'y a d'histoire, à la

---

* On voit encore, on ne saurait trop y insister, que le rationalisme absolu n'est pas le rationalisme. Entre les deux, la différence est la même qu'entre cynisme et réalisme. Le premier pousse le second hors des limites qui lui donnent un sens et une légitimité. Plus brutal, il est finalement moins efficace. C'est la violence en face de la force.

limite, que pour Dieu. Il est donc impossible d'agir suivant des plans embrassant la totalité de l'histoire universelle. Toute entreprise historique ne peut être alors qu'une aventure plus ou moins raisonnable ou fondée. Elle est d'abord un risque. En tant que risque, elle ne saurait justifier aucune démesure, aucune position implacable et absolue.

Si la révolte pouvait fonder une philosophie, au contraire, ce serait une philosophie des limites, de l'ignorance calculée et du risque. Celui qui ne peut tout savoir ne peut tout tuer. Le révolté, loin de faire un absolu de l'histoire, la récuse et la met en contestation, au nom d'une idée qu'il a de sa propre nature. Il refuse sa condition et sa condition, en grande partie, est historique. L'injustice, la fugacité, la mort se manifestent dans l'histoire. En les repoussant, on repousse l'histoire elle-même. Certes, le révolté ne nie pas l'histoire qui l'entoure, c'est en elle qu'il essaie de s'affirmer. Mais il se trouve devant elle comme l'artiste devant le réel, il la repousse sans s'y dérober. Pas une seconde, il n'en fait un absolu. S'il peut participer, par la force des choses, au crime de l'histoire, il ne peut donc le légitimer. Le crime rationnel, non seulement ne peut s'admettre au niveau de la révolte, mais encore signifie la mort de la révolte. Pour rendre cette évidence plus claire, le crime rationnel s'exerce, en premier lieu, sur les révoltés dont l'insurrection conteste une histoire désormais divinisée[1].

La mystification propre à l'esprit qui se dit révolutionnaire reprend et aggrave aujourd'hui la mystification bourgeoise. Elle fait passer sous la promesse d'une justice absolue l'injustice perpétuelle, le compromis sans limite et l'indignité. La révolte, elle, ne vise qu'au relatif et ne peut promettre qu'une dignité certaine assortie d'une justice relative. Elle prend le parti d'une limite où s'établit la communauté des hommes. Son univers est celui du relatif. Au lieu de dire avec Hegel et Marx que tout est nécessaire, elle répète seulement que tout est possible et, qu'à une certaine frontière, le possible aussi mérite le sacrifice. Entre Dieu et l'histoire, le yogi et le commissaire, elle ouvre un chemin difficile où les contradictions peuvent se vivre et se dépasser. Considérons ainsi les deux antinomies posées en exemple.

Une action révolutionnaire qui se voudrait copérente avec ses origines devrait se résumer dans un consentement actif au relatif. Elle serait fidélité à la condition humaine. Intransigeante sur ses moyens, elle accepterait l'approximation quant à ses fins et, pour que l'approximation se définisse de mieux en mieux, laisserait libre cours à la parole. Elle maintiendrait ainsi cet être commun qui justifie son insurrection. Elle garderait, en particulier, au droit la possibilité permanente de s'exprimer. Ceci définit une conduite à l'égard de la justice et de la liberté. Il n'y a pas de justice, en société, sans droit naturel ou civil qui la fonde. Il n'y a pas de droit sans expression de ce droit. Que le droit s'exprime sans attendre et c'est la probabilité que, tôt ou tard, la justice qu'il fonde viendra au monde. Pour conquérir l'être, il faut partir du peu d'être que nous découvrons en nous, non le nier d'abord. Faire taire le droit jusqu'à ce que la justice soit établie, c'est le faire taire à jamais puisqu'il n'aura plus lieu de parler si la justice règne à jamais. À nouveau, on confie donc la justice à ceux qui, seuls, ont la parole, les puissants. Depuis des siècles, la justice et l'être distribués par les puissants se sont appelés bon plaisir. Tuer la liberté pour faire régner la justice, revient à réhabiliter la notion de grâce sans l'intercession divine et restaurer par une réaction vertigineuse le corps mystique sous les espèces les plus basses. Même quand la justice n'est pas réalisée, la liberté préserve le pouvoir de protestation et sauve la communication. La justice dans un monde silencieux, la justice asservie et muette, détruit la complicité et finalement ne peut plus être la justice. La révolution du XXe siècle a séparé arbitrairement, pour des fins démesurées de conquête, deux notions inséparables. La liberté absolue raille la justice. La justice absolue nie la liberté. Pour être fécondes, les deux notions doivent trouver, l'une dans l'autre, leur limite. Aucun homme n'estime sa condition libre, si elle n'est pas juste en même temps, ni juste si elle ne se trouve pas libre. La liberté, précisément, ne peut s'imaginer sans le pouvoir de dire en clair le juste et l'injuste, de revendiquer l'être entier au nom d'une parcelle d'être qui se refuse à mourir. Il y a une justice, enfin, quoique bien différente, à restaurer la liberté, seule valeur impérissable de l'histoire[1]. Les hommes ne sont jamais bien morts que pour la liberté : ils ne croyaient pas alors mourir tout à fait.

Le même raisonnement s'applique à la violence. La non-violence absolue fonde négativement la servitude et ses violences; la violence systématique détruit positivement la communauté vivante et l'être que nous en recevons. Pour être fécondes, ces deux notions doivent trouver leurs limites. Dans l'histoire considérée comme un absolu, la violence se trouve légitimée; comme un risque relatif, elle est une rupture de communication. Elle doit donc conserver, pour le révolté, son caractère provisoire d'effraction, être toujours liée, si elle ne peut être évitée, à une responsabilité personnelle, à un risque immédiat. La violence de système se place dans l'ordre; elle est, en un sens, confortable. Führerprinzip ou Raison historique, quel que soit l'ordre qui la fonde, elle règne sur un univers de choses, non d'hommes. De même que le révolté considère le meurtre comme la limite qu'il doit, s'il s'y porte, consacrer en mourant, de même la violence ne peut être qu'une limite extrême qui s'oppose à une autre violence, par exemple dans le cas de l'insurrection[1]. Si l'excès de l'injustice rend cette dernière impossible à éviter, le révolté refuse d'avance la violence au service d'une doctrine ou d'une raison d'État. Toute crise historique, par exemple, s'achève par des institutions. Si nous n'avons pas de prise sur la crise elle-même, qui est le risque pur, nous en avons sur les institutions puisque nous pouvons les définir, choisir celles pour lesquelles nous luttons et incliner ainsi notre lutte dans leur direction. L'action révoltée authentique ne consentira à s'armer que pour des institutions qui limitent la violence, non pour celles qui la codifient. Une révolution ne vaut la peine qu'on meure pour elle que si elle assure sans délai la suppression de la peine de mort; qu'on souffre pour elle la prison que si elle refuse d'avance d'appliquer des châtiments sans terme prévisible. Si la violence insurrectionnelle se déploie dans la direction de ces institutions, les annonçant aussi souvent que possible, ce sera la seule manière pour elle d'être vraiment provisoire. Quand la fin est absolue, c'est-à-dire, historiquement parlant, quand on la croit certaine, on peut aller jusqu'à sacrifier les autres. Quand elle ne l'est pas, on ne peut sacrifier que soi-même, dans l'enjeu d'une lutte pour la dignité commune. La fin justifie les moyens ? Cela est possible. Mais qui justifiera la fin ? À cette question, que la pensée historique laisse pendante, la révolte répond : les moyens.

Que signifie une telle attitude en politique ? Et d'abord est-elle efficace ? Il faut répondre sans hésiter qu'elle est seule à l'être aujourd'hui. Il y a deux sortes d'efficacité, celle du typhon et celle de la sève. L'absolutisme historique n'est pas efficace, il est efficient ; il a pris et conservé le pouvoir. Une fois muni du pouvoir, il détruit la seule réalité créatrice. L'action intransigeante et limitée, issue de la révolte, maintient cette réalité et tente seulement de l'étendre de plus en plus. Il n'est pas dit que cette action ne puisse vaincre. Il est dit qu'elle court le risque de ne pas vaincre et de mourir. Mais ou bien la révolution prendra ce risque ou bien elle confessera qu'elle n'est que l'entreprise de nouveaux maîtres, justiciables du même mépris. Une révolution qu'on sépare de l'honneur trahit ses origines qui sont du règne de l'honneur. Son choix en tout cas se limite à l'efficacité matérielle, et le néant, ou le risque, et la création. Les anciens révolutionnaires allaient au plus pressé et leur optimisme était entier. Mais aujourd'hui l'esprit révolutionnaire a grandi en conscience et en clairvoyance ; il a derrière lui cent cinquante années d'expérience, sur lesquelles il peut réfléchir. De plus, la révolution a perdu ses prestiges de fête. Elle est, à elle seule, un prodigieux calcul, qui s'étend à l'univers. Elle sait, même si elle ne l'avoue pas toujours, qu'elle sera mondiale ou ne sera pas. Ses chances s'équilibrent aux risques d'une guerre universelle qui, même dans le cas d'une victoire, ne lui offrira que l'Empire des ruines. Elle peut alors rester fidèle à son nihilisme, et incarner dans les charniers la raison ultime de l'histoire. Il faudrait alors renoncer à tout, sauf à la silencieuse musique qui transfigurera encore les enfers terrestres. Mais l'esprit révolutionnaire, en Europe, peut aussi, pour la première et la dernière fois, réfléchir sur ses principes, se demander quelle est la déviation qui l'égare dans la terreur et dans la guerre, et retrouver, avec les raisons de sa révolte, sa fidélité[1].

MESURE ET DÉMESURE

[1] L'ÉGAREMENT révolutionnaire s'explique d'abord par l'ignorance ou la méconnaissance systématique de cette limite qui semble inséparable de la nature humaine et que la révolte, justement, révèle. Les pensées nihilistes, parce qu'elles négligent cette frontière, finissent par se jeter dans un mouvement uniformément accéléré. Rien ne les arrête plus dans leurs conséquences et elles justifient alors la destruction totale ou la conquête indéfinie. Nous savons maintenant au bout de cette longue enquête sur la révolte et le nihilisme que la révolution sans autres limites que l'efficacité historique signifie la servitude sans limites. Pour échapper à ce destin, l'esprit révolutionnaire, s'il veut rester vivant, doit donc se retremper aux sources de la révolte et s'inspirer alors de la seule pensée qui soit fidèle à ces origines, la pensée des limites. Si la limite découverte par la révolte transfigure tout; si toute pensée, toute action qui dépasse un certain point se nie elle-même, il y a en effet une mesure des choses et de l'homme. En histoire, comme en psychologie, la révolte est un pendule déréglé qui court aux amplitudes les plus folles parce qu'il cherche son rythme profond. Mais ce dérèglement n'est pas complet. Il s'accomplit autour d'un pivot[2]. En même temps qu'elle suggère une nature commune des hommes, la révolte porte au jour la mesure et la limite qui sont au principe de cette nature.

Toute réflexion aujourd'hui, nihiliste ou positive, sans le savoir parfois, fait naître cette mesure des choses, que la science elle-même confirme. Les quanta, la relativité jusqu'à présent, les relations d'incertitude, définissent un monde qui n'a de réalité définissable qu'à l'échelle des grandeurs moyennes qui sont les nôtres*. Les

---

* Voir sur ce point l'excellent et curieux article de Lazare Bickel : *la Physique confirme la philosophie*. Empédocle, n° 7.

idéologies qui mènent notre monde sont nées au temps des grandeurs scientifiques absolues. Nos connaissances réelles n'autorisent, au contraire, qu'une pensée des grandeurs relatives. « L'intelligence, dit Lazare Bickel, est notre faculté de ne pas pousser jusqu'au bout ce que nous pensons afin que nous puissions croire encore à la réalité. » La pensée approximative est seule génératrice de réel*.

Il n'est pas jusqu'aux forces matérielles qui, dans leur marche aveugle, ne fassent surgir leur propre mesure. C'est pourquoi il est inutile de vouloir renverser la technique. L'âge du rouet n'est plus et le rêve d'une civilisation artisanale est vain. La machine n'est mauvaise que dans son mode d'emploi actuel. Il faut accepter ses bienfaits, même si l'on refuse ses ravages. Le camion, conduit au long des jours et des nuits par son transporteur, n'humilie pas ce dernier qui le connaît dans son entier et l'utilise avec amour et efficacité. La vraie et inhumaine démesure est dans la division du travail. Mais à force de démesure, un jour vient où une machine à cent opérations, conduite par un seul homme, crée un seul objet. Cet homme, à une échelle différente, aura retrouvé en partie la force de création qu'il possédait dans l'artisanat. Le producteur anonyme se rapproche alors du créateur. Il n'est pas sûr, naturellement, que la démesure industrielle s'engagera tout de suite dans cette voie. Mais elle démontre déjà, par son fonctionnement, la nécessité d'une mesure, et elle suscite la réflexion propre à organiser cette mesure. Ou cette valeur de limite sera servie, en tout cas, ou la démesure contemporaine ne trouvera sa règle et sa paix que dans la destruction universelle.

Cette loi de la mesure s'étend aussi bien à toutes les antinomies de la pensée révoltée. Ni le réel n'est entièrement rationnel ni le rationnel tout à fait réel. Nous

---

* La science d'aujourd'hui trahit ses origines et nie ses propres acquisitions en se laissant mettre au service du terrorisme d'État et de l'esprit de puissance. Sa punition et sa dégradation sont de ne produire alors, dans un monde abstrait, que des moyens de destruction ou d'asservissement. Mais quand la limite sera atteinte, la science servira peut-être la révolte individuelle. Cette terrible nécessité marquera le tournant décisif.

l'avons vu à propos du surréalisme, le désir d'unité n'exige pas seulement que tout soit rationnel. Il veut encore que l'irrationnel ne soit pas sacrifié. On ne peut pas dire que rien n'a de sens puisque l'on affirme par là une valeur consacrée par un jugement; ni que tout ait un sens puisque le mot tout n'a pas de signification pour nous. L'irrationnel limite le rationnel qui lui donne à son tour sa mesure. Quelque chose a du sens, enfin, que nous devons conquérir sur le non-sens. De la même manière, on ne peut dire que l'être soit seulement au niveau de l'essence. Où saisir l'essence sinon au niveau de l'existence et du devenir? Mais on ne peut dire que l'être n'est qu'existence. Ce qui devient toujours ne saurait être, il faut un commencement. L'être ne peut s'éprouver que dans le devenir, le devenir n'est rien sans l'être. Le monde n'est pas dans une pure fixité; mais il n'est pas seulement mouvement. Il est mouvement et fixité. La dialectique historique, par exemple, ne fuit pas indéfiniment vers une valeur ignorée. Elle tourne autour de la limite, première valeur. Héraclite, inventeur du devenir, donnait cependant une borne à cet écoulement perpétuel. Cette limite était symbolisée par Némésis, déesse de la mesure, fatale aux démesurés. Une réflexion qui voudrait tenir compte des contradictions contemporaines de la révolte devrait demander à cette déesse son inspiration.

Les antinomies morales commencent, elles aussi, à s'éclairer à la lumière de cette valeur médiatrice. La vertu ne peut se séparer du réel sans devenir principe de mal. Elle ne peut non plus s'identifier absolument au réel sans se nier elle-même. La valeur morale mise au jour par la révolte, enfin, n'est pas plus au-dessus de la vie et de l'histoire que l'histoire et la vie ne sont au-dessus d'elle. À la vérité, elle ne prend de réalité dans l'histoire que lorsqu'un homme donne sa vie pour elle, ou la lui voue. La civilisation jacobine et bourgeoise suppose que les valeurs sont au-dessus de l'histoire, et sa vertu formelle fonde alors une répugnante mystification. La révolution du xxe siècle décrète que les valeurs sont mêlées au mouvement de l'histoire et sa raison historique justifie une nouvelle mystification. La mesure, face à ce dérèglement, nous apprend qu'il faut une part de réalisme à toute morale : la vertu toute pure est meurtrière; et qu'il faut une part de morale à tout réalisme : le cynisme est meurtrier. C'est pourquoi le verbiage humanitaire n'est pas plus fondé que la provocation cynique. L'homme enfin n'est pas entièrement coupable, il n'a pas commencé l'histoire; ni tout à fait innocent puisqu'il la continue. Ceux qui passent cette limite et affirment son innocence totale finissent dans la rage de la culpabilité définitive. La révolte nous met au contraire sur le chemin d'une culpabilité calculée. Son seul espoir, mais invincible, s'incarne, à la limite, dans des meurtriers innocents.

Sur cette limite, le « Nous sommes » définit paradoxalement un nouvel individualisme. « Nous sommes[1] », devant l'histoire, et l'histoire doit compter avec ce « Nous sommes », qui doit, à son tour, se maintenir dans l'histoire. J'ai besoin des autres qui ont besoin de moi et de chacun. Chaque action collective, chaque société supposent une discipline et l'individu, sans cette loi, n'est qu'un étranger ployant sous le poids d'une collectivité ennemie. Mais société et discipline perdent leur direction si elles nient le « Nous sommes ». À moi seul, dans un sens, je supporte la dignité commune que je ne puis laisser ravaler en moi, ni dans les autres. Cet individualisme n'est pas jouissance, il est lutte, toujours, et joie sans égale, quelquefois, au sommet de la fière compassion.

LA PENSÉE DE MIDI[2]

Quant à savoir si une telle attitude trouve son expression politique dans le monde contemporain, il est facile d'évoquer, et ceci n'est qu'un exemple, ce qu'on appelle traditionnellement le syndicalisme révolutionnaire. Ce syndicalisme même n'est-il pas inefficace ? La réponse est simple : c'est lui qui, en un siècle, a prodigieusement amélioré la condition ouvrière depuis la journée de seize heures jusqu'à la semaine de quarante heures. L'Empire idéologique, lui, a fait revenir le socialisme en arrière et détruit la plupart des conquêtes du syndicalisme. C'est que le syndicalisme partait de la base concrète, la profession, qui est à l'ordre économique ce que la commune est à l'ordre politique, la cellule vivante sur laquelle l'organisme s'édifie, tandis que la révolution césarienne part de la doctrine et y fait entrer de force le réel. Le syndicalisme, comme la commune, est la négation, au profit du réel, du centralisme bureaucratique et abstrait*. La révolution du xxe siècle, au contraire, prétend s'appuyer sur l'économie, mais elle est d'abord une politique et une idéologie. Elle ne peut, par fonction, éviter la terreur et la violence faite au réel. Malgré ses prétentions, elle part de l'absolu pour modeler la réalité. La révolte, inversement, s'appuie sur le réel pour s'acheminer dans un combat perpétuel vers la vérité. La première tente de s'accomplir de haut en bas, la seconde de bas en haut. Loin d'être un romantisme, la révolte, au contraire, prend le parti du vrai réalisme. Si elle veut une révolution, elle la veut en faveur de la vie, non contre elle. C'est pourquoi elle s'appuie d'abord sur les réalités les plus concrètes, la profession, le village, où transparaissent l'être, le cœur vivant des choses et des hommes. La politique, pour elle, doit se soumettre à ces vérités. Pour finir, lorsqu'elle fait avancer l'histoire et soulage la douleur des hommes, elle le fait sans terreur, sinon sans violence, et dans les conditions politiques les plus différentes**.

Mais cet exemple va plus loin qu'il ne paraît. Le jour, précisément, où la révolution césarienne a triomphé de l'esprit syndicaliste et libertaire la pensée révolutionnaire a perdu, en elle-même, un contrepoids dont elle ne peut, sans déchoir, se priver. Ce contrepoids, cet esprit qui mesure la vie, est celui-là même qui anime la longue tradition de ce qu'on peut appeler la pensée solaire et où, depuis les Grecs, la nature a toujours été équilibrée au devenir. L'histoire de la Ire Internationale où le socialisme allemand lutte sans arrêt contre la pensée libertaire des Français, des Espagnols et des Italiens, est l'histoire des luttes entre l'idéologie allemande et

---

* Tolain, futur communard : « Les êtres humains ne s'émancipent qu'au sein des groupes naturels. »

** Les sociétés scandinaves d'aujourd'hui, pour ne donner qu'un seul exemple, montrent ce qu'il y a d'artificiel et de meurtrier dans les oppositions purement politiques. Le syndicalisme le plus fécond s'y concilie avec la monarchie constitutionnelle et réalise l'approximation d'une société juste. Le premier soin de l'État historique et rationnel a été, au contraire, d'écraser à jamais la cellule professionnelle et l'autonomie communale.

l'esprit méditerranéen*. La commune contre l'État, la société concrète contre la société absolutiste, la liberté réfléchie contre la tyrannie rationnelle, l'individualisme altruiste enfin contre la colonisation des masses, sont alors les antinomies qui traduisent, une fois de plus, la longue confrontation entre la mesure et la démesure qui anime l'histoire de l'Occident, depuis le monde antique. Le conflit profond de ce siècle ne s'établit peut-être pas tant entre les idéologies allemandes de l'histoire et la politique chrétienne, qui d'une certaine manière sont complices, qu'entre les rêves allemands et la tradition méditerranéenne, les violences de l'éternelle adolescence et la force virile, la nostalgie, exaspérée par la connaissance et les livres, et le courage durci et éclairé dans la course de la vie; l'histoire enfin et la nature. Mais l'idéologie allemande est en ceci une héritière. En elle s'achèvent vingt siècles de vaine lutte contre la nature au nom d'un dieu historique d'abord et de l'histoire divinisée ensuite. Le christianisme sans doute n'a pu conquérir sa catholicité qu'en assimilant ce qu'il pouvait de la pensée grecque. Mais lorsque l'Église a dissipé son héritage méditerranéen, elle a mis l'accent sur l'histoire au détriment de la nature, fait triompher le gothique sur le roman et, détruisant une limite en elle-même, elle a revendiqué de plus en plus la puissance temporelle et le dynamisme historique. La nature qui cesse d'être objet de contemplation et d'admiration ne peut plus être ensuite que la matière d'une action qui vise à la transformer. Ces tendances, et non les notions de médiation qui auraient fait la force vraie du christianisme, triomphent dans les temps modernes, et contre le christianisme lui-même, par un juste retour des choses. Que Dieu en effet soit expulsé de cet univers historique et l'idéologie allemande naît où l'action n'est plus perfectionnement mais pure conquête, c'est-à-dire tyrannie.

Mais l'absolutisme historique, malgré ses triomphes, n'a jamais cessé de se heurter à une exigence invincible de la nature humaine dont la Méditerranée, où l'intelli-

---

* Cf. la lettre de Marx à Engels (20 juillet 1870) souhaitant la victoire de la Prusse sur la France : « La prépondérance du prolétariat allemand sur le prolétariat français serait en même temps la prépondérance de notre théorie sur celle de Proudhon. »

gence est sœur de la dure lumière, garde le secret. Les pensées révoltées, celles de la Commune ou du syndicalisme révolutionnaire, n'ont cessé de crier cette exigence à la face du nihilisme bourgeois comme à celle du socialisme césarien. La pensée autoritaire, à la faveur de trois guerres et grâce à la destruction physique d'une élite de révoltés, a submergé cette tradition libertaire. Mais cette pauvre victoire est provisoire, le combat dure toujours. L'Europe n'a jamais été que dans cette lutte entre midi et minuit. Elle ne s'est dégradée qu'en désertant cette lutte, en éclipsant le jour par la nuit. La destruction de cet équilibre donne aujourd'hui ses plus beaux fruits. Privés de nos médiations, exilés de la beauté naturelle, nous sommes à nouveau dans le monde de l'Ancien Testament, coincés entre des Pharaons cruels et un ciel implacable.

Dans la misère commune, la vieille exigence renaît alors; la nature à nouveau se dresse devant l'histoire. Bien entendu, il ne s'agit pas de rien mépriser, ni d'exalter une civilisation contre une autre, mais de dire simplement qu'il est une pensée dont le monde d'aujourd'hui ne pourra se passer plus longtemps. Il y a, certes, dans le peuple russe de quoi donner une force de sacrifice à l'Europe, dans l'Amérique une nécessaire puissance de construction. Mais la jeunesse du monde se trouve toujours autour des mêmes rivages. Jetés dans l'ignoble Europe où meurt, privée de beauté et d'amitié, la plus orgueilleuse des races, nous autres méditerranéens vivons toujours de la même lumière. Au cœur de la nuit européenne, la pensée solaire, la civilisation au double visage, attend son aurore. Mais elle éclaire déjà les chemins de la vraie maîtrise.

La vraie maîtrise consiste à faire justice des préjugés du temps, et d'abord du plus profond et du plus malheureux d'entre eux qui veut que l'homme délivré de la démesure en soit réduit à une sagesse pauvre. Il est bien vrai que la démesure peut être une sainteté, lorsqu'elle se paye de la folie de Nietzsche. Mais cette ivrognerie de l'âme qui s'exhibe sur la scène de notre culture, est-ce toujours le vertige de la démesure, la folie de l'impossible dont la brûlure ne quitte jamais plus celui qui, une fois au moins, s'y est abandonné? Prométhée a-t-il jamais eu cette face d'ilote ou de procureur? Non, notre civilisation se survit dans la complaisance d'âmes lâches ou haineuses, le vœu de gloriole de vieux adolescents. Lucifer aussi est mort avec Dieu et, de ses cendres, a surgi un démon mesquin qui ne voit même plus où il s'aventure. En 1950, la démesure est un confort, toujours, et une carrière, parfois. La mesure, au contraire, est une pure tension. Elle sourit sans doute et nos convulsionnaires, voués à de laborieuses apocalypses, l'en méprisent. Mais ce sourire resplendit au sommet d'un interminable effort : il est une force supplémentaire. Ces petits Européens[1] qui nous montrent une face avare, s'ils n'ont plus la force de sourire, pourquoi prétendraient-ils donner leurs convulsions désespérées en exemples de supériorité?

La vraie folie de démesure meurt ou crée sa propre mesure. Elle ne fait pas mourir les autres pour se créer un alibi. Dans le déchirement le plus extrême, elle retrouve sa limite sur laquelle, comme Kaliayev, elle se sacrifie, s'il le faut. La mesure n'est pas le contraire de la révolte. C'est la révolte qui est la mesure, qui l'ordonne, la défend et la recrée à travers l'histoire et ses désordres. L'origine même de cette valeur nous garantit qu'elle ne peut être que déchirée. La mesure, née de la révolte, ne peut se vivre que par la révolte. Elle est un conflit constant, perpétuellement suscité et maîtrisé par l'intelligence. Elle ne triomphe ni de l'impossible ni de l'abîme. Elle s'équilibre à eux. Quoi que nous fassions, la démesure gardera toujours sa place dans le cœur de l'homme, à l'endroit de la solitude. Nous portons tous en nous nos bagnes, nos crimes et nos ravages. Mais notre tâche n'est pas de les déchaîner à travers le monde; elle est de les combattre en nous-mêmes et dans les autres[2]. La révolte, la séculaire volonté de ne pas subir dont parlait Barrès, aujourd'hui encore, est au principe de ce combat. Mère des formes, source de vraie vie, elle nous tient toujours debout dans le mouvement informe et furieux de l'histoire.

AU-DELÀ DU NIHILISME

Il y a donc, pour l'homme, une action[1] et une pensée possibles au niveau moyen qui est le sien. Toute entreprise plus ambitieuse se révèle contradictoire. L'absolu ne s'atteint ni surtout ne se crée à travers l'histoire. La politique n'est pas la religion, ou alors elle est inquisition[2]. Comment la société définirait-elle un absolu? Chacun peut-être cherche, pour tous, cet absolu. Mais la société et la politique ont seulement la charge de régler les affaires de tous pour que chacun ait le loisir, et la liberté, de cette commune recherche. L'histoire ne peut plus être dressée alors en objet de culte. Elle n'est qu'une occasion, qu'il s'agit de rendre féconde par une révolte vigilante.

« L'obsession de la moisson et l'indifférence à l'histoire, écrit admirablement René Char, sont les deux extrémités de mon arc. » Si le temps de l'histoire n'est pas fait du temps de la moisson, l'histoire n'est en effet qu'une ombre fugace et cruelle où l'homme n'a plus sa part. Qui se donne à cette histoire ne se donne à rien et à son tour n'est rien. Mais qui se donne au temps de sa vie, à la maison qu'il défend, à la dignité des vivants, celui-là se donne à la terre et en reçoit la moisson qui ensemence et nourrit à nouveau. Pour finir, ceux-là font avancer l'histoire qui savent, au moment voulu, se révolter contre elle aussi. Cela suppose une interminable tension et la sérénité crispée dont parle le même poète. Mais la vraie vie est présente au cœur de ce déchirement. Elle est ce déchirement lui-même, l'esprit qui plane sur des volcans de lumière, la folie de l'équité, l'intransigeance exténuante de la mesure. Ce qui retentit pour nous aux confins de cette longue aventure révoltée, ce ne sont pas des formules d'optimisme, dont nous n'avons que faire dans l'extrémité de notre malheur, mais des paroles de courage et d'intelligence qui, près de la mer, sont même vertu.

Aucune sagesse aujourd'hui ne peut prétendre à donner plus. La révolte bute inlassablement contre le mal, à partir duquel il ne lui reste qu'à prendre un nouvel élan. L'homme peut maîtriser en lui tout ce qui doit l'être. Il doit réparer dans la création tout ce qui peut l'être. Après quoi, les enfants mourront toujours injustement, même dans la société parfaite. Dans son plus grand effort, l'homme ne peut que se proposer de diminuer arithmétiquement la douleur du monde. Mais l'injustice et la souffrance demeureront et, si limitées soient-elles, elles ne cesseront pas d'être le scandale. Le « pourquoi ? » de Dmitri Karamazov continuera de retentir ; l'art et la révolte ne mourront qu'avec le dernier homme.

Il y a un mal, sans doute, que les hommes accumulent dans leur désir forcené d'unité. Mais un autre mal est à l'origine de ce mouvement désordonné. Devant ce mal, devant la mort, l'homme au plus profond de lui-même crie justice. Le christianisme historique n'a répondu à cette protestation contre le mal que par l'annonce du royaume, puis de la vie éternelle, qui demande la foi. Mais la souffrance use l'espoir et la foi ; elle reste solitaire alors, et sans explication. Les foules du travail, lassées de souffrir et de mourir, sont des foules sans dieu. Notre place est dès lors à leur côté, loin des anciens et des nouveaux docteurs. Le christianisme historique reporte au-delà de l'histoire la guérison du mal et du meurtre qui sont pourtant soufferts dans l'histoire. Le matérialisme contemporain croit aussi répondre à toutes les questions. Mais, serviteur de l'histoire, il accroît le domaine du meurtre historique et le laisse en même temps sans justification, sinon dans l'avenir qui demande encore la foi. Dans les deux cas, il faut attendre et, pendant ce temps, l'innocent ne cesse pas de mourir. Depuis vingt siècles, la somme totale du mal n'a pas diminué dans le monde. Aucune parousie, ni divine ni révolutionnaire, ne s'est accomplie. Une injustice demeure collée à toute souffrance, même la plus méritée aux yeux des hommes. Le long silence de Prométhée devant les forces qui l'accablent crie toujours. Mais Prométhée a vu, entre-temps, les hommes se tourner aussi contre lui et le railler. Coincé entre le mal humain et le destin, la terreur et l'arbitraire, il ne lui reste que sa force de révolte pour sauver du meurtre ce qui peut l'être encore, sans céder à l'orgueil du blasphème.

On comprend alors que la révolte ne peut se passer d'un étrange amour. Ceux qui ne trouvent de repos ni en Dieu ni en l'histoire se condamnent à vivre pour ceux qui, comme eux, ne peuvent pas vivre : pour les humiliés. Le mouvement le plus pur de la révolte se couronne alors du cri déchirant de Karamazov : s'ils ne sont pas tous sauvés, à quoi bon le salut d'un seul! Ainsi, des condamnés catholiques, dans les cachots d'Espagne, refusent aujourd'hui la communion parce que les prêtres du régime l'ont rendue obligatoire dans certaines prisons. Ceux-là aussi, seuls témoins de l'innocence crucifiée, refusent le salut, s'il doit être payé de l'injustice et de l'oppression. Cette folle générosité est celle de la révolte, qui donne sans tarder sa force d'amour et refuse sans délai l'injustice. Son honneur est de ne rien calculer, de tout distribuer à la vie présente et à ses frères vivants. C'est ainsi qu'elle prodigue aux hommes à venir. La vraie générosité envers l'avenir consiste à tout donner au présent[1].

La révolte prouve par là qu'elle est le mouvement même de la vie et qu'on ne peut la nier sans renoncer à vivre. Son cri le plus pur, à chaque fois, fait se lever un être. Elle est donc amour et fécondité, ou elle n'est rien. La révolution sans honneur, la révolution du calcul qui, préférant un homme abstrait à l'homme de chair, nie l'être autant de fois qu'il est nécessaire, met justement le ressentiment à la place de l'amour. Aussitôt que la révolte, oublieuse de ses généreuses origines, se laisse contaminer par le ressentiment, elle nie la vie, court à la destruction et fait se lever la cohorte ricanante de ces petits rebelles, graine d'esclaves, qui finissent par s'offrir, aujourd'hui, sur tous les marchés d'Europe, à n'importe quelle servitude. Elle n'est plus révolte ni révolution, mais rancune et tyrannie. Alors, quand la révolution, au nom de la puissance et de l'histoire, devient cette mécanique meurtrière et démesurée, une nouvelle révolte devient sacrée, au nom de la mesure et de la vie. Nous sommes à cette extrémité. Au bout de ces ténèbres, une lumière pourtant est inévitable que nous devinons déjà et dont nous avons seulement à lutter pour qu'elle soit[2]. Par-delà le nihilisme, nous tous, parmi les ruines, préparons une renaissance. Mais peu le savent.

Et déjà, en effet, la révolte, sans prétendre à tout résoudre peut au moins faire face. Dès cet instant, midi ruisselle sur le mouvement même de l'histoire. Autour de ce brasier dévorant, des combats d'ombres s'agitent un moment, puis disparaissent, et des aveugles, touchant leurs paupières, s'écrient que ceci est l'histoire. Les hommes d'Europe, abandonnés aux ombres, se sont détournés du point fixe et rayonnant. Ils oublient le présent pour l'avenir, la proie des êtres pour la fumée de la puissance, la misère des banlieues pour une cité radieuse, la justice quotidienne pour une vaine terre promise. Ils désespèrent de la liberté des personnes et rêvent d'une étrange liberté de l'espèce; refusent la mort solitaire, et appellent immortalité une prodigieuse agonie collective. Ils ne croient plus à ce qui est, au monde et à l'homme vivant; le secret de l'Europe est qu'elle n'aime plus la vie. Ces aveugles ont cru puérilement qu'aimer un seul jour de la vie revenait à justifier les siècles de l'oppression. C'est pourquoi ils ont voulu effacer la joie au tableau du monde, et la renvoyer à plus tard. L'impatience des limites, le refus de leur être double, le désespoir d'être homme les ont jetés enfin dans une démesure inhumaine. Niant la juste grandeur de la vie, il leur a fallu parier pour leur propre excellence. Faute de mieux, ils se sont divinisés et leur malheur a commencé : ces dieux ont les yeux crevés. Kaliayev et ses frères du monde entier refusent au contraire la divinité puisqu'ils rejettent le pouvoir illimité de donner la mort. Ils élisent, et nous donnent en exemple, la seule règle qui soit originale aujourd'hui : apprendre à vivre et à mourir, et, pour être homme, refuser d'être dieu.

Au midi de la pensée, le révolté refuse ainsi la divinité pour partager les luttes et le destin communs. Nous choisirons Ithaque, la terre fidèle, la pensée audacieuse et frugale, l'action lucide, la générosité de l'homme qui sait. Dans la lumière, le monde reste notre premier et notre dernier amour. Nos frères respirent sous le même ciel que nous, la justice est vivante. Alors naît la joie étrange qui aide à vivre et à mourir et que nous refuserons désormais de renvoyer à plus tard. Sur la terre douloureuse, elle est l'ivraie inlassable, l'amère nourriture, le vent dur venu des mers, l'ancienne et la nouvelle aurore. Avec elle, au long des combats, nous referons l'âme de ce temps et une Europe qui, elle, n'exclura rien. Ni ce fantôme, Nietzsche, que, pendant douze ans après son effondrement, l'Occident allait visiter comme l'image foudroyée de sa plus haute conscience et de son nihilisme ; ni ce prophète de la justice sans tendresse qui repose, par erreur, dans le carré des incroyants au cimetière de Highgate ; ni la momie déifiée de l'homme d'action dans son cercueil de verre ; ni rien de ce que l'intelligence et l'énergie de l'Europe ont fourni sans trêve à l'orgueil d'un temps misérable. Tous peuvent revivre, en effet, auprès des sacrifiés de 1905, mais à la condition de comprendre qu'ils se corrigent les uns les autres et qu'une limite, dans le soleil, les arrête tous. Chacun dit à l'autre qu'il n'est pas Dieu ; ici s'achève le romantisme. À cette heure où chacun d'entre nous doit tendre l'arc pour refaire ses preuves, conquérir, dans et contre l'histoire, ce qu'il possède déjà, la maigre moisson de ses champs, le bref amour de cette terre, à l'heure où naît enfin un homme, il faut laisser l'époque et ses fureurs adolescentes. L'arc se tord, le bois crie. Au sommet de la plus haute tension va jaillir l'élan d'une droite flèche, du trait le plus dur et le plus libre.

ACTUELLES II

CHRONIQUES 1948-1953

AVANT-PROPOS

Ce recueil rassemble un certain nombre de textes (articles, préfaces, interviews et polémiques) qui touchent, d'une manière ou d'une autre, à l'actualité[1]. L'événement presque toujours les a suscités et, devant l'événement, ils développent, sans les démentir, les positions esquissées, de 1944 à 1948, dans les chroniques qui composent le volume déjà publié d'Actuelles.

Je pourrais en effet récrire à cette place, avec quelques corrections, l'avant-propos de ce premier volume. Mais il faudrait y ajouter quelques certitudes dont la première est que nous commençons à sortir du nihilisme. Je me garderai sans doute de donner valeur universelle à une expérience personnelle et ce livre ne propose ni une dogmatique ni une morale en forme. Il affirme seulement, une fois de plus, qu'une morale est possible, et qu'elle coûte cher. Mais il me semble que ce pas, même mal assuré, suffit à nous faire sortir des négations obstinées et du conformisme. Malgré les apparences, nous sommes plus riches aujourd'hui, et mieux armés, que nous ne l'étions entre les deux guerres. Nous savons, et nous ne savions pas alors. La vraie libération n'est certainement pas pour demain, mais le nihilisme appartient déjà au passé, même si ses derniers cris retentissent encore dans nos journaux et nos revues.

La création, toujours possible, devient alors plus que jamais nécessaire. Les contradictions de l'histoire et de l'art ne se résolvent pas dans une synthèse purement logique, mais dans une création vivante. Quand le travail de l'ouvrier[2] comme celui de l'artiste aura conquis une chance de fécondité, alors seulement le nihilisme aura vécu, la renaissance prendra un sens. Il n'est pas sûr que nous parvenions à ce terme, mais c'est la seule tâche qui vaille qu'on entreprenne et qu'on persévère. Bien qu'une grande menace pèse sur l'avenir, il s'en faut pourtant que la catastrophe soit inévitable. Finalement, il semble que nous marchions tous ensemble vers cette alternative : la destruction ou un monde de valeurs et d'œuvres qui étonnera peut-être ceux qui auront gardé le souvenir de notre abaissement. La première tâche de notre vie publique est alors de servir l'espérance des valeurs plutôt que la certitude de la destruction et, pour commencer, de préserver la chance de la paix, en refusant d'aider aux forces de guerre, de quelque couleur qu'elles se déguisent. Si la paix s'installe, la contradiction historique où nous vivons sera dépassée, chaque adversaire fécondant l'autre, comme aujourd'hui chacun renforce l'autre. Ce jour-là, nos efforts porteront leurs fruits[1]. Si enfin, par un excès de malheur, la guerre éclatait, nous aurions au moins maintenu ce qui un jour, et pour d'autres que nous, cessera d'être inutile[2].

Mais cette résistance, aujourd'hui nécessaire, ne suffit pas : il faut avancer, pour ne pas être amené à reculer. Ce n'est pas assez de critiquer son temps, il faut encore essayer de lui donner une forme, et un avenir. S'il est bon de défendre ces valeurs créatrices, qu'elles s'incarnent dans le travail ou dans l'art, chacun de nous, à la place qui lui revient, doit s'efforcer encore de préciser leur contenu. On trouvera ici, avec la détermination de les défendre, la volonté au moins de les définir. C'est pourquoi, au terme de ce livre, j'ai cru pouvoir rappeler la place de l'art, au niveau de la réalité la plus humble, et lui donner, contre ses ennemis, des justifications qui ne fussent pas des privilèges.

JUSTICE ET HAINE

PERSÉCUTÉS - PERSÉCUTEURS*

(1948)

Rendons à notre société cette justice qu'elle supporte très bien les persécuteurs. Elle s'est habituée à l'idée qu'ils avaient leur utilité. D'une manière ou d'une autre, un matin ou un soir, vous devez vous attendre à voir surgir quelqu'un qui dira qu'il est mandaté par les persécuteurs et qu'il va donc vous priver de la liberté ou de la vie, ou de votre femme, ou, ce qui est pire, de votre argent. Et il faut vous y faire puisque cela ne dépend pas de vous. Vous dépendez du persécuteur au contraire. Même si vous détourniez les yeux, il vous frapperait la face pour que vous les ouvriez de nouveau. Alors, autant admettre une fois pour toutes qu'il fait partie du paysage. D'ailleurs, personne ne vous empêche de devenir persécuteur à votre tour. Notre société est raisonnable.

Mais, heureusement, il dépend de nous de ne pas voir les persécutés. Et notre société en a vraiment assez des persécutés et elle fait ce qu'il faut pour ne pas les voir. Elle trouve qu'ils exagèrent, qu'il y en a vraiment beaucoup et qui se traînent depuis trop longtemps. Elle finit par se dire qu'il n'y a pas de persécuté tout à fait innocent. L'innocence, c'est une chose qui finit toujours par éclater et qui reçoit alors réparation. Voilà assez longtemps que la réparation se fait attendre. Il faut bien que le persécuté y ait prêté la main.

À partir de ce moment, c'est à qui détournera le plus vite la tête, c'est à qui parlera d'autre chose. Personne n'est responsable ou si quelqu'un l'est, assurément, il s'agit du voisin. Et il est bien vrai qu'on a un peu frappé sur la tête de ces Juifs qui revenaient des camps allemands. Mais c'est la faute des Anglais, ou des Arabes, des Français aussi bien, des Allemands peut-être, des Juifs à

---

* Préface à *Laissez passer mon peuple,* de Jacques Méry.

coup sûr. Ce n'est donc la faute de personne, laissez-nous dormir tranquilles! Et les Français s'endorment du sommeil des pharisiens, heureux de savoir que les Anglais ont cette sacrée affaire[1] sur les bras. Les Américains s'indignent (on ne reçoit pas les Juifs dans les grands hôtels de New York, mais ce n'est pas la même chose), les Arabes attendent et les Russes dénoncent (pensez donc, des camps de concentration!). Les Anglais, eux, plus modestes, se sont contentés de frapper.

La femme stérilisée par les SS, l'homme qu'on a fait coucher contre sa sœur nue, la mère qui tenait son enfant contre elle pendant qu'on lui cassait la tête, celle qu'on a invitée à l'exécution de son mari, les rescapés des fours, tous ceux qui ont tremblé, jour après jour, des années durant, qui ne sont plus chez eux nulle part, et à qui on a parlé d'une terre d'orangers et de lacs où personne ne leur cracherait au visage, on les a tous frappés parce que les affaires de nos génies politiques étaient arrangées de telle sorte qu'il n'y avait pas moyen de ne pas les frapper. Et tout cela, au milieu d'un grand silence, ou du bavardage pharisien. En somme, ils ont supplicié le Christ, n'est-ce pas, et c'est le résumé de l'histoire universelle. Qu'on en finisse donc avec ces persécutés et avec tous les autres persécutés de n'importe quelle race, si seulement il est prouvé qu'ils sont pendus, déportés ou fusillés injustement! Le monde a horreur de ces victimes inlassables. Ce sont elles qui pourrissent tout et c'est bien leur faute si l'humanité n'a pas bonne odeur.

Voilà pourquoi *Laissez passer mon peuple* est un livre gênant. Il ne parle pas de tous les persécutés, mais seulement de ce peuple qui est le symbole de la persécution, comme on dit avec complaisance, et qui, après des années d'un martyre indicible, voit se lever la haine jusque sur des visages français. Ce peuple veut retrouver ses orangers et ses lacs. Mais on a entrelacé les orangers avec des drapeaux. Sur les lacs, la pêche est gardée et Simon le pêcheur n'est plus chez lui. Rien n'est simple, vous le voyez.

Un journaliste, pourtant, a voulu suivre cette Odyssée où Ithaque est entourée de barbelés et Ulysse matraqué. Sur la plus belle des mers, pendant des nuits, il a entendu le chant des persécutés. Ce n'est pas une œuvre d'art qu'il a rapportée, ni une théorie politique, mais un document, du genre saignant. Assez saignant, au moins, pour que son journal ait refusé de le publier sans coupures. On met sa sensibilité où on peut et la presse doit penser à son tirage, non à l'innocence. De temps en temps, cependant, un journaliste honore ce métier déshonoré et il refuse les coupures. Il lui reste alors à témoigner comme il peut, par le livre par exemple, quand il se trouve un éditeur dont la sensibilité est moins ombrageuse. C'est ainsi qu'on finit par gêner tout le monde et qu'on empêche de danser en rond. C'est ainsi qu'on réveille ceux qui voulaient à toute force dormir. Mais il le faut bien. Qui répondrait en ce monde à la terrible obstination du crime si ce n'est l'obstination du témoignage?

Au reste, je voudrais rassurer le lecteur. Le cas de ces persécutés n'est pas désespéré et ils ne sont pas tout à fait perdus pour notre société. « Les Juifs sont pareils aux autres hommes, dit un des personnages du livre, ils n'ont qu'une vie. » Et la vieille Sarah gémit : « Je ne possède même pas une tombe. » Je suis sûr que ces petits détails, l'idée que ces persécutés en ont assez de l'être va les rendre beaucoup plus intéressants et leur faire enfin quelques amis. Ils ne veulent plus de la fosse commune et ils demandent qu'on leur reconnaisse le droit d'avoir une tombe comme tout le monde puisqu'ils ont une vie comme tout le monde. C'est un bon départ, et, dès lors, il n'y a plus de raison de ne pas les écouter. Pensez donc, s'ils avaient compris la leçon et si, un jour, ils devenaient persécuteurs ? Ils reviendraient ainsi dans la communauté, au milieu du soulagement général. Tout serait en ordre, enfin. Ce serait chez nous le festin du prodigue, le jour de l'allégresse. Il faudrait alors tuer le veau gras...

Encore tuer! diront les délicats.

LES PHARISIENS DE LA JUSTICE*[1]

(1950)

Le problème n'est pas de savoir si, comme vous dites, on peut tuer le gardien de la prison alors qu'il a des enfants, et pour s'évader soi-même, mais s'il est utile de tuer aussi les enfants du gardien pour libérer tous les détenus. La nuance n'est pas mince.

Notre époque ne répond ni oui ni non. Quoique, pratiquement, elle l'ait déjà résolu, elle fait comme si le problème ne se posait pas, ce qui est plus confortable. Je ne l'ai pas, moi, posé. Mais j'ai choisi de faire revivre des gens qui se le posaient, et je les ai servis en m'effaçant derrière eux, que je respectais.

Il est bien certain cependant que leur réponse n'est pas : « Il faut rester chez soi. » Elle est :

1º Il y a des limites. Les enfants sont une limite (il en est d'autres);

2º On peut tuer le gardien, exceptionnellement, au nom de la justice;

3º Mais il faut accepter de mourir soi-même.

La réponse de notre époque (réponse implicite) est, au contraire :

1º Il n'y a pas de limites. Les enfants, bien sûr, mais en somme...

2º Tuons tout le monde au nom de la justice pour tous;

3º Mais réclamons en même temps la Légion d'honneur. Ça peut servir[2].

. . . .

Les socialistes révolutionnaires de 1905 n'étaient pas des enfants de chœur. Et leur exigence de justice était autrement sérieuse que celle qui s'exhibe aujourd'hui, avec une sorte d'obscénité, dans toutes les œuvres et

---

* Lettre à la revue *Caliban*, à propos des *Justes*.

dans tous les journaux. Mais c'était parce que l'amour de la justice était brûlant chez eux qu'ils ne pouvaient se résoudre à devenir de répugnants bourreaux. Ils avaient choisi l'action et la terreur pour servir la justice, mais ils avaient choisi en même temps de mourir, de payer une vie par une vie, pour que la justice demeure vivante.

Le raisonnement « moderne », comme on dit, consiste à trancher : « Puisque vous ne voulez pas être des bourreaux, vous êtes des enfants de chœur » et inversement. Ce raisonnement ne figure rien d'autre qu'une bassesse. Kaliayev, Dora Brillant et leurs camarades réfutent cette bassesse par-dessus cinquante années et nous disent au contraire qu'il y a une justice morte et une justice vivante. Et que la justice meurt dès l'instant où elle devient un confort, où elle cesse d'être une brûlure, et un effort sur soi-même.

Nous ne savons plus voir cela parce que le monde où nous vivons est encombré de justes. En 1905, il n'y en avait qu'une poignée. Mais c'est qu'alors il s'agissait de mourir et il fallait des apôtres, espèce rare. Aujourd'hui, il ne faut plus que des bigots et les voilà légion. Mais quand on lit ce qu'on est contraint en ce moment de lire, quand on voit la face mercantile et bassement cruelle de nos derniers justes, qu'ils soient de droite ou de gauche, on ne peut s'empêcher de penser que la justice, comme la charité, a ses pharisiens[1].

. . . .

Heureusement, il est une autre race d'homme que celle de l'enfant de chœur ou du bourreau, et même que celle, plus « moderne », du bourreau-enfant de chœur ! Celle des hommes qui, dans les pires ténèbres, essaient de maintenir la lumière de l'intelligence et de l'équité, et dont la tradition survit à la guerre et aux camps qui, eux, ne survivront à rien.

Cette image de l'homme triomphera, malgré les apparences. Entre la folie de ceux qui ne veulent rien que ce qui est et la déraison de ceux qui veulent tout ce qui devrait être, ceux qui veulent vraiment quelque chose, et sont décidés à en payer le prix, seront les seuls à l'obtenir[2].

LE PARTI DE LA RÉSISTANCE*

(Juin 1951.)

Madame,

J'ai lu avec beaucoup d'émotion votre récit[1]. Je n'ai pas besoin de vous dire que la vérité, quand elle a malheureusement ce visage-là, ne peut s'aborder ni se quitter sans la plus sincère des compassions. Si je me refuse à écrire la préface que vous me demandez, ce n'est pas seulement parce que[2] je n'aime pas écrire de préfaces. C'est qu'en vérité il y a une sorte de malheur dont il est déjà difficile de bien parler quand on l'a soi-même éprouvé, mais qui devient inexprimable pour qui ne l'a pas partagé.

J'aurais cependant voulu répondre à ce que vous m'avez confié en me disant qu'il vous arrivait de douter, en face du monde où nous vivons, qu'un tel sacrifice fût justifié. Ce doute, après tout, accompagne tous les sacrifices qui, sans lui, resteraient d'aveugles immolations. Les êtres qui savent le prix de la vie, et ceux-là seuls, ont droit par naissance, à la noblesse d'une mort risquée ou acceptée dans la lucidité. Il me semble bien que l'être dont vous racontez la fin était de ceux-là. Et si, un jour, comme vous le craignez, ses fils crient qu'ils eussent préféré un père vivant à un héros mort, dites-leur seulement que lui aussi eût préféré vivre pour eux, et pour lui-même, et qu'il faut à un homme, pour accepter la douleur du corps et l'agonie, de bien terribles raisons. Ces raisons précisément tiennent en partie à l'amour des siens. On peut bien risquer de ne plus jouir soi-même de cet amour s'il s'agit d'épargner à ceux qu'on aime la dégradation définitive qui se trouve dans la servitude. Et puis, il faut dire, parce que cela est vrai, qu'on ne saurait aimer vraiment les autres si l'on ne s'estime pas d'abord. Non

---

* Lettre-préface à *Devant la mort* de Jeanne Héon-Canonne.

au plus haut, mais au juste prix. Et quel est le prix de l'homme qui bouche ses oreilles au cri de la victime, et qui, devant l'injustice, consent à baisser le front ?

Bien entendu, il y a dans tout sacrifice du hasard. Le choix qu'on fait d'une action ne suppose pas toujours une vue claire des conséquences de cette action. Pourtant, la différence est déjà grande entre ceux qui choisissent de risquer et ceux qui choisissent de se taire. Et parmi ceux qui risquent, entre ceux qui le font jusqu'au bout et d'autres qui renoncent; et parmi ceux qui vont jusqu'à la consommation, entre les uns qui n'ont aucun motif de vivre et les autres qui, face aux plus hautes raisons de durer, entretiennent jusqu'à la fin la conscience déchirée du bonheur auquel ils renoncent et du devoir qui va les tuer. Ceux-là, et eux seuls, ont su racheter, jour après jour, le déshonneur où nous nous survivons.

J'ai cru comprendre aussi que les ricanements qui entourent aujourd'hui tout ce qui touche à ce qu'on a appelé la résistance vous paraissent autant de dérisions accumulées sur le souvenir de celui qui vous a quittée. Vous êtes de ceux qui n'ont jamais songé à tirer gloire ni bénéfice de leurs actes pendant l'occupation et, pour une certaine classe d'hommes, cela va de soi. Mais que certains puissent en venir à vous faire douter de ces actes mêmes, c'est ce que je ne laisserai jamais dire. Je sais ce qu'il faut penser de ces écrivains et de ces hommes politiques qui nous insultent aujourd'hui avec intrépidité pour se donner à bon compte les airs de l'esprit libre et pour compenser un peu ce temps où ils piétinaient les victimes et philosophaient avec les bourreaux. Entre des hommes qui ont chanté et exploité, durant des années, la victoire remportée par d'autres sur leur propre pays, et ceux qui, comme vous, n'ont même pas pu supporter les privilèges d'une victoire payée par des sacrifices interminables, le choix n'est pas difficile et il n'est pas besoin de dire qui relève de la fidélité, qui du mépris.

Vous vous taisez, il est vrai, et ils parlent, remplissant les journaux et les salons de leurs intarissables justifications. Mais quoi de plus naturel, si on réfléchit ? Leur grand secret, que je puis vous dire, est qu'ils n'ont pas très bonne conscience. Et comme il faut, pour recevoir de soi-même l'aveu de ses propres fautes, un caractère qui disparaît aujourd'hui, ils haïssent tout ce qui, de près ou de loin, vient leur rappeler que, dans une occasion au moins, le courage et la justice n'ont pas été de leur côté. C'est ainsi qu'à chaque fois où vous rencontrerez de l'impatience, de la lassitude, ou le simple oubli, devant cette tragédie que vous ne pouvez oublier puisqu'elle a été écrite dans votre chair, vous saurez qu'un hommage bien plus profond que toutes les pauvretés officielles vient d'être rendu à celui dont vous avez voulu raconter, une fois au moins, l'histoire.

Voilà ce que je voulais vous écrire et que vous pouvez ajouter si vous voulez à votre livre pour qu'il ne soit pas dit[1] qu'un de nos frères est mort, près de nous, vainement, et pour être oublié à jamais de ceux qui ont survécu.

Croyez, Madame, à mes sentiments respectueux.

SERVITUDES DE LA HAINE*

— *Croyez-vous logique de rapprocher les deux mots de haine et de mensonge ?*
— La haine est en elle-même un mensonge. Elle fait silence, instinctivement, sur toute une part de l'homme. Elle nie ce qui, chez n'importe quel homme, mérite la compassion. Elle ment donc, essentiellement, sur l'ordre des choses. Le mensonge, lui, est plus subtil. Il arrive qu'on mente sans haine, par simple amour de soi. Tout homme qui hait au contraire se déteste lui-même, en quelque façon. Il n'y a donc pas de lien logique du mensonge à la haine, mais il y a une filiation presque biologique de la haine au mensonge.

— *Dans le monde actuel, en proie aux exaspérations internationales, la haine ne prend-elle pas souvent le masque du mensonge ? et le mensonge n'est-il pas une des meilleures armes de la haine, la plus perfide et la plus dangereuse peut-être ?*
— La haine ne peut pas prendre d'autre masque, elle ne peut pas se priver de cette arme. On ne peut haïr sans mentir. Et, inversement, on ne peut dire vrai sans remplacer la haine par la compréhension**. Les neuf dixièmes des journaux, dans le monde d'aujourd'hui, mentent plus ou moins. C'est qu'ils sont à des degrés différents les porte-parole de la haine et de l'aveuglement. Mieux ils haïssent et plus ils mentent. La presse mondiale[2], à quelques exceptions près, ne connaît pas d'autre hiérarchie, aujourd'hui. Faute de mieux, ma sympathie va à ceux, rares, qui mentent le moins parce qu'ils haïssent mal.

— *Visages actuels de la haine dans le monde. En est-il de nouveaux, propres aux doctrines ou aux circonstances ?*

---

* Interview parue dans *le Progrès de Lyon*[1] (Noël 1951)
** Qui n'a rien à voir avec la neutralité.

— Bien entendu, le xxᵉ siècle n'a pas inventé la haine. Mais il cultive une variété particulière qui s'appelle la haine froide, mariée avec les mathématiques et les grands nombres. La différence entre le massacre des Innocents et nos règlements de comptes est une différence d'échelle. Savez-vous qu'en vingt-cinq ans, de 1922 à 1947, 70 millions d'Européens, hommes, femmes et enfants, ont été déracinés, déportés ou tués ? Voilà ce qu'est devenue la terre de l'humanisme que, malgré toutes les protestations[1], il faut continuer d'appeler l'ignoble Europe.

— *Importance privilégiée du mensonge ?*
— Son importance vient de ce qu'aucune vertu ne peut s'allier à lui sans périr. Le privilège du mensonge est de toujours vaincre celui qui prétend se servir de lui. C'est pourquoi les serviteurs de Dieu et les amants de l'homme trahissent Dieu et l'homme dès l'instant qu'ils consentent au mensonge pour des raisons qu'ils croient supérieures. Non, aucune grandeur ne s'est jamais établie sur le mensonge. Le mensonge fait vivre parfois, il n'élève jamais. La véritable aristocratie, par exemple, ne consiste pas d'abord à se battre en duel. Elle consiste d'abord à ne pas mentir. La justice, de son côté, ne consiste pas à ouvrir certaines prisons pour en refermer d'autres. Elle consiste d'abord à ne pas appeler minimum vital ce qui peut à peine faire vivre une famille de chiens, ni émancipation du prolétariat la suppression radicale de tous les avantages conquis par la classe ouvrière depuis cent ans. La liberté n'est pas celle de dire n'importe quoi et de multiplier les journaux à scandale, ni celle d'instaurer la dictature au nom d'une libération future. La liberté consiste d'abord à ne pas mentir[2]. Là où le mensonge prolifère, la tyrannie s'annonce ou se perpétue.

— *Assistons-nous à une régression de l'amour et de la vérité ?*
— En apparence tout le monde aujourd'hui aime l'humanité (comme on aime la côte de bœuf, saignante) et tout le monde détient une vérité. Mais c'est là l'extrémité d'une décadence. La vérité pullule sur ses fils assassinés.

— *Où sont les « Justes » de l'heure présente ?*
— Dans les prisons et dans les camps, pour la plupart. Mais là se trouvent aussi les hommes libres. Les vrais esclaves sont ailleurs, dictant leurs ordres au monde.

— *Dans les circonstances actuelles, la fête de Noël ne peut-elle être prétexte à réflexion sur l'idée de trêve ?*
— Pourquoi attendre Noël ? La mort et la résurrection sont de tous les jours. De tous les jours, l'injustice et la vraie révolte.

— *Croyez-vous à la possibilité d'une trêve ? De quelle sorte ?*
— Celle que nous obtiendrons au bout d'une résistance sans trêve.

— *Vous avez écrit dans* le Mythe de Sisyphe (page 166) : « *Il n'y a qu'une action utile, celle qui referait l'homme et la terre. Je ne referai jamais les hommes. Mais il faut faire « comme si ».* » *Comment développeriez-vous aujourd'hui cette idée, dans le cadre de notre interview ?*
— J'étais alors plus pessimiste que je ne suis. Il est vrai que nous ne referons pas les hommes. Mais nous ne les abaisserons pas. Au contraire, nous les relèverons un peu à force d'obstination[1], de lutte contre l'injustice, en nous-mêmes et dans les autres. L'aube de la vérité ne nous a pas été promise, il n'y a pas de contrat, comme dit Louis Guilloux. Mais la vérité est à construire, comme l'amour, comme l'intelligence. Rien n'est donné ni promis en effet, mais tout est possible à qui accepte d'entreprendre et de risquer. C'est ce pari qu'il faut tenir à l'heure où nous étouffons sous le mensonge, où nous sommes acculés contre le mur. Il faut le tenir avec tranquillité, mais irréductiblement, et les portes s'ouvriront.

LETTRES SUR LA RÉVOLTE*

* Les textes qui suivent concernent *l'Homme révolté* dans la seule mesure où ce livre est une prise de position sur l'actualité. La polémique n'a aucun sens sur le plan de l'art où l'artiste doit seulement créer et se taire. Elle en a un sur celui des idées et des actes qu'elles entraînent. Un écrivain qui se mêle de toucher à la chose publique se crée en même temps l'obligation de refuser qu'on déforme ou qu'on falsifie ses thèses. Les lettres qu'on va lire sont ainsi des moments d'un combat qui est loin d'être terminé, mais qui a aidé au moins à dissiper quelques-unes des confusions où s'abrite chez nous ce qu'on appelle curieusement l'intelligence de gauche.

RÉVOLTE ET CONFORMISME*

19 octobre 1951.

Monsieur le Rédacteur en chef,

Par égard pour lui, par répugnance aussi à me ranger du côté de ceux qui, ordinairement, l'attaquent, et que je n'estime pas, je ne répondrai pas réellement à l'article surprenant d'André Breton. Ce n'est pas seulement parce que d'évidence il ne m'a pas vraiment lu et que son argumentation, purement sentimentale, n'a modifié aucun de mes points de vue *réels* sur Lautréamont. Ce n'est pas non plus parce qu'à ma connaissance rien jusqu'ici dans ce que je suis ni dans ce qu'est Breton n'autorise celui-ci à se poser à mon égard en professeur d'insoumission. Mais surtout le ton de son article est tel qu'il ne fait honneur à personne. Et le ton qu'il mériterait en retour, je ne suis pas encore disposé à le prendre.

Mais les affirmations péremptoires et les contresens contenus dans l'interprétation de Breton risquent de donner une fausse idée de ma position et je voudrais que vous m'aidiez à la préciser. Je traite en effet dans une partie de mon livre, *l'Homme révolté,* des aspects nihilistes de la révolte tels qu'on peut les trouver dans les grandes œuvres de ce temps, de Sade aux surréalistes. Mais c'est pour les distinguer de ses aspects créateurs qui, du reste, se trouvent aussi dans quelques-unes de ces mêmes œuvres. Et loin que je conclue à l'exaltation du conformisme ou de la résignation, l'essentiel de mon effort est de démontrer que ce nihilisme, dont nous sommes tous solidaires, au moins en partie, est générateur de confor-

---

* Lettre parue dans *Arts,* le 19 octobre 1951, en réponse à un article d'André Breton, paru la semaine précédente, et qui commentait un chapitre de *l'Homme révolté,* consacré à Lautréamont et publié par les *Cahiers du Sud*[1], avant la parution du livre.

misme et de servitude, et contraire aux enseignements, toujours valables, de la révolte vivante.

Ceci pouvait déjà se lire entre les lignes de mon article sur Lautréamont, à condition qu'on le lût. Il est donc frivole de courir m'accuser, toutes affaires cessantes, de conformisme. (À cet égard, tout au moins. Littérairement en effet, je confesse que je place *Guerre et Paix* infiniment au-dessus des *Chants de Maldoror*.) L'accusation en elle-même n'a d'ailleurs rien qui m'effraie et je ne la discute qu'au nom de la vérité. S'il y avait quelque chose à conserver dans notre société, je ne verrais aucun déshonneur à être conservateur. Il n'en est malheureusement rien. Nos credo politiques et philosophiques nous ont menés dans une impasse où tout doit être remis en question, depuis la forme de la propriété jusqu'aux orthodoxies révolutionnaires. Comment soustrairions-nous à cette volonté de réflexion et de réforme un certain conformisme révolté aussi contraire à la vraie révolte que la nuit l'est au jour ? Même si on le regrette, cette mise en question ne saurait aller sans dommage pour nos dévotions et nos fétichismes. Breton le sait bien d'ailleurs, qui se trouvait récemment à la recherche d'une morale. L'inconséquente violence de sa réaction prouve seulement que nous en sommes arrivés enfin aux vraies questions. À la place qui est la mienne, j'ai voulu seulement contribuer à ce nécessaire inventaire, critique et autocritique ; Breton, pour finir, devrait s'en féliciter. Mon livre n'a pas d'autre but, en effet, que de revaloriser une notion de la révolte qui fut trop souvent compromise par ceux-là mêmes qui se réclamaient d'elle, et qui reste, en tout cas, assez chère à Breton pour qu'il lui sacrifie tout discernement et toute solidarité.

Croyez, Monsieur, à mes sincères sentiments.

RÉVOLTE ET CONFORMISME
(suite*)

Paris, le 18 novembre 1951.

Monsieur le Rédacteur en chef,

Je dois d'abord m'excuser de m'introduire dans une conversation à laquelle je n'étais pas invité. Je n'aurais eu ni le goût ni même le temps de le faire, s'il ne se trouvait dans cette conversation, dirigée contre ma personne, et non contre mon œuvre, des attaques que je suis obligé de relever moi-même, puisque votre rédaction et M. Patri ont failli à le faire. Ma réponse sera forcément longue. Mais vous m'en excuserez encore, en songeant que le procès publié par vous ne l'était pas moins, que j'ai à répondre à deux interlocuteurs, et que je ne répondrai plus ensuite à M. Breton.

. . . .

[1]... Essayons[2] d'élever un peu le débat au-dessus de ces misérables discussions. J'avais pris les outrances surréalistes pour ce qu'elles étaient, des cris désordonnés qu'une jeune et légitime révolte poussait aux quatre coins du monde. L'excès et la fureur d'une juste indignation peuvent se porter à toutes les extrémités.

Je comprenais ces excès, et ne les jugeais pas, sinon dans leur contradiction, avec les positions actuelles du surréalisme, et parce que l'étude de cette contradiction servait mon propos. Le ferment du surréalisme me paraît toujours utile, mais dans ce qu'il peut devenir.

---

* Lettre parue dans *Arts*, en novembre 1951, pour répondre à un « Entretien » entre André Breton et Aimé Patri, paru dans la même feuille. On a seulement gardé de cette lettre, qui, d'abord, rectifiait une à une de nombreuses déformations de détail, les considérations consacrées, sans vaine polémique, au sujet lui-même.

C'est pourquoi il est un objet de réflexion pour nous tous. Mais M. Breton refuse d'être étudié, il nie la contradiction et veut n'avoir pas cessé d'être cohérent. Du même coup, il réaffirme ses premiers principes et nous serions alors obligés de les prendre au sérieux et les juger pour ce qu'ils sont, sans esprit de compréhension, cette fois. Mais il est plus légitime, en nous souvenant que M. Breton est dans la même contradiction que nous, de ne pas attacher trop d'importance à son plaidoyer et ne pas le croire quand il s'obstine dans ce qui le dessert.

Si j'ai dit, ce que je continue à croire, que, depuis 1933, M. Breton devait regretter certaines de ses déclarations, ce n'était nullement, comme le veut son inlassable susceptibilité, pour l'amalgamer à l'aventure hitlérienne, c'était en hommage à la colère et à l'indignation que je lui ai connues devant les atrocités qui ont commencé à ce moment d'ensanglanter l'Europe. Nous avons tous compris alors qu'un certain nihilisme, dont nous étions plus ou moins solidaires, nous laissait sans défense logique contre une entreprise que nous détestions de tout notre être. Ceux dont se réclame Breton nous avaient légué en partie ces négations démesurées. Mais ils le pouvaient, leur aventure était solitaire. Sade, Lautréamont, et ceux qui leur ressemblent, n'ont engagé qu'eux-mêmes. Nous, l'histoire nous a rejoints, nous engagions les autres et nous étions sans règle fixe. J'ai essayé, pour ma part, j'essaie encore de me mettre en règle, de plus en plus profondément, avec cette terrible expérience, et de sauver d'un certain désastre ce qui mérite de l'être. Je n'ai pas cessé, depuis la guerre et l'occupation, de tirer les conséquences de ce déchirement et j'ai toujours cru que Breton le partageait. Bien qu'il le nie aujourd'hui, j'avoue qu'il m'est difficile de le croire.

Je crois seulement, parce que je le vois, que Breton s'obstine dans une superbe innocence. Il voudrait, par exemple, que dans la déchéance où se trouve aujourd'hui le monde, seuls les marxistes fussent coupables; et c'est pourquoi il reconnaît à mon livre le privilège d'être capital, puisqu'il contient une critique du marxisme. Mais ce serait trop beau. Il n'y a pas un bon et un mauvais nihilisme, il n'y a qu'une longue et féroce aventure dont nous sommes tous solidaires. Le courage consiste à le dire clairement et à réfléchir dans cette impasse pour lui trouver une issue. Dans son obstination à ne reconnaître aucune erreur, à détenir une interminable vérité, Breton se condamne à capitaliser la révolte. Il voudrait tout garder, les bénéfices de la négation et ceux de la morale, tout cumuler, la vérité de l'innocent et celle du destructeur. Mais ce n'est pas possible. La révolte, pas plus qu'aucune des grandes passions de l'âme, ne peut avoir ses conservatoires. C'est pourtant ce qu'essaie de faire Breton et c'est en cela que, croyant encourager, il décourage. Les armées s'affrontent déjà, les camps de la terreur couvrent de plus en plus vite la surface du monde, les idées et les vertus changent tous les jours de visage, nous sommes seuls enfin, l'air lui-même est livide, et voilà qu'au nom d'une hagiographie de la révolte, un des hommes les plus avertis du drame de l'époque se met à distribuer des certificats de poésie, nie ce qu'il sait, néglige d'étudier ce qu'il combat, ignore la dignité des autres, et insulte comme on rêve. De vos deux interlocuteurs, l'un refuse la forme de révolte lucide qui est proposée dans *l'Homme révolté,* par fidélité à un lyrisme qu'il définit comme un « dépassement pouvant aller jusqu'à la négation du contenu manifeste de l'expression », l'autre rend hommage à la notion de mesure, mais m'apprend qu'il faut y parvenir comme les philosophes grecs (qui riraient bien, s'ils pouvaient le lire) par une double réduction à l'absurde. Hélas! la double réduction est faite depuis longtemps et nous agonisons à l'extrémité de toutes les démesures. Voici le moment de transfigurer notre expérience au lieu de nous y complaire. C'est à quoi, non sans luttes intérieures, j'ai voulu contribuer, sans rien renier de notre vérité. Mais la seule réponse qu'on me fait est qu'il ne faut pas tomber aussi bas que Nietzsche devenu méditerranéen et lisant Gyp avec plaisir. Pourtant, si une telle âme, qui nous surpasse tous infiniment, si cette dure et belle intelligence en est venue à souffler un peu auprès de Gyp, avant de se ruer dans la folie, il a peut-être fallu que le temps, ses œuvres, ses artistes, ses démagogues et ses recruteurs, lui répugnent assez pour qu'il leur préférât n'importe quoi. À partir de là, à la place de M. Patri, je parlerais de Nietzsche plus modestement.

Mais j'arrête ici cette polémique. Après tout, rien de tout ceci ne peut atteindre la force profonde de la vie et de la création. Peut-être me trompé-je quand je la sens en marche et quand je pense qu'elle entraînera en même temps que nous, lorsque tout ce bruit se sera éteint, André Breton lui-même. Mais je fais confiance en tout cas à la vraie révolte qui jaillira de cet élan et non à celle que, pour le moment, André Breton a coulée dans le bronze pour nous en présenter l'image convulsée, mais immobile.

ENTRETIEN SUR LA RÉVOLTE*

Pierre Berger[1]. — *Pour la première fois depuis les encyclopédistes — et depuis Chateaubriand — un intellectuel vient de consacrer un essai complet à la Révolte, mythe éternel. Il semble que bien des gens n'aient pas compris le sens de cet essai. La plupart des articles qu'on a pu lire nous ont montré combien était incroyable la confusion. Avant d'aller plus avant, souhaitez-vous dire ici quels sont les articles qui vous ont le plus frappé ?*
Albert Camus. — Non.

P. B. — *Sans doute, ces réactions de presse n'ont pas été les seules. Vous avez certainement reçu des lettres privées. Vous ont-elles paru plus judicieuses que les articles de journaux ?*
A. C. — Oui.

P. B. — *Pour ma part, j'ai souvent eu l'occasion de parler de* l'Homme révolté *depuis sa parution. J'ai la satisfaction de vous dire que son importance n'a pas échappé à la plupart de mes interlocuteurs. J'ai également relevé beaucoup de tristesse dans les propos tenus, dès qu'on évoquait les critiques publiées. Il ne s'agit pas de revenir ici sur votre polémique avec Breton et Patri, mais je dois vous dire que l'amertume de mes amis a pour cause plus profonde le démembrement de la gauche non stalinienne. Nous sommes très nombreux à conserver un souvenir décisif de la soirée organisée à Pleyel par le Rassemblement démocratique révolutionnaire en 1948 pour la défense de l'Art[2]. Sur la tribune, tous les esprits qu'on était prêt à suivre étaient présents : de vous-même à Breton, de Rousset à Sartre, de Richard Wright à tous les autres. Face à certaines forces qui nous paraissent moralement disqualifiées, une telle rencontre nous apportait beaucoup de réconfort et d'espoir. Quatre années ont passé. Nous conservons notre estime à la plupart des orateurs, mais nous constatons qu'ils se sont séparés. Pis encore : dissociés. Sartre*

* Gazette des Lettres, 15 février 1952.

s'oppose à Rousset. Vous êtes vous-même en désaccord avec Breton. Et, une fois de plus, Breton est en désaccord avec tout le monde. Ne craignez-vous pas que cette dissociation n'enferme vos amis dans une solitude dangereuse? Chez beaucoup, le désarroi est immense, il faut bien se résoudre à le voir. Et j'ai la certitude qu'il est impossible de garder le silence devant ce que l'on doit considérer comme un danger.

A. C. — Je ne constate pas les mêmes choses que vous. Je crois au contraire que le temps du désarroi est passé. De plus en plus nombreux sont ceux qui refusent les mystifications du siècle. De plus en plus nombreux sont ceux qui travaillent et créent en silence, les dents serrées, décidés à s'édifier et à édifier leur vérité contre les forces de destruction. La lutte n'est inégale qu'en apparence. On pourra peut-être détruire ces hommes, mais on ne les prostituera plus. Dès cet instant, le mouvement est renversé, et le meurtre qui s'appuyait sur le mensonge ne s'appuie plus que sur lui-même. Le nihilisme, arrivé à son extrémité, se dévore lui-même et s'étrangle dans ses contradictions. Nous nous tenons à ce point, passé lequel ce sera la mort ou la résurrection. Je fais confiance à nos amis connus ou inconnus et à leur force de résistance. Je parie pour la renaissance. Après cela, je crains que nos querelles d'écrivains n'aient pas l'importance que vous dites, sinon sur la rive gauche, et dans nos amitiés personnelles. À la soirée de Pleyel, les écrivains dont vous parlez n'ont pas caché leurs différences qui éclataient parfois dans ce qu'ils disaient. Cela ne les a pas empêchés de se réunir. Ils seront forcés de se réunir à nouveau quand une chance concrète se présentera. Qu'importeront alors leurs différences? On ne leur demande pas de s'aimer : ils ne sont pas si souvent aimables. On leur demande de maintenir. Et puis, c'est avec des différences qu'on crée un monde. Mais, naturellement, ce ne sont pas les écrivains qui créeront cette chance. Ils y contribueront pour une petite part, dans le meilleur des cas. Ne doutez pas, en tout cas, que mon livre ne veuille y contribuer.

P. B. — *Je souhaite vivement qu'une nouvelle réunion de ces hommes soit encore possible. Sinon de tous, du moins de la plupart. En tout cas, le souvenir des heures exaltantes de Pleyel me pousse à reposer l'éternel problème : « Que peuvent les intellectuels ? » Je crois devoir vous indiquer qu'il ne s'agit pas de savoir aujourd'hui ce qu'ils peuvent pour la révolution, par exemple, mais simplement pour aider les hommes de ce siècle à sortir de leur ornière.*

A. C. — Oui, que peuvent-ils ? D'abord se vaincre eux-mêmes, bien sûr. Les intellectuels n'ont tant d'importance aujourd'hui que parce que deux fois en cent cinquante années ils ont inspiré et, dans le deuxième cas, exécuté, une grande révolution. Sur des centaines de millions d'hommes règne aujourd'hui le gouvernement des philosophes dont la tradition occidentale a tant rêvé. Mais voilà, les philosophes n'ont pas la tête qu'on croyait. C'est que, pour régner, la philosophie a dû passer par la police, et elle y a perdu un peu de son objectivité et de sa bienveillance. Les deux formes du nihilisme contemporain, bourgeois et révolutionnaire, ont été lancées par des intellectuels. Votre question revient donc à ceci : « Le mal que les intellectuels (je dis bien : les intellectuels et non les artistes) ont fait, peuvent-ils le défaire ? » Ma réponse est oui, mais à la condition : 1° qu'ils reconnaissent ce mal et le dénoncent ; 2° qu'ils ne mentent pas et sachent avouer ce qu'ils ignorent ; 3° qu'ils se refusent à dominer ; 4° qu'ils refusent, en toute occasion et quel que soit le prétexte, tout despotisme, même provisoire*. Sur ces bases, réunissez autant d'hommes que vous voudrez et quels que soient leurs noms. Je serai parmi eux.

P. B. — *Dans un article consacré à* l'Homme révolté, *publié après votre lettre-réponse aux allégations de Breton, M. Louis Pauwels*[1] *suggérait que votre livre donnait bonne conscience à l'humanisme bourgeois. Que pensez-vous de cette curieuse accusation ?*

A. C. — Oui, j'ai lu cet article. Sans estime. Passons. L'auteur de cet article est sourcilleux, théoriquement au moins, en matière d'insoumission, et il m'a retiré, j'en ai peur, mon brevet de révolution. Bien sûr, il a un peu menti en même temps. C'est mentir en effet que de ne pas dire qu'un des thèmes essentiels de mon livre est la critique de la morale formelle qui est à la base de l'huma-

---

* Ajoutons qu'aucun accord n'est possible, ni même souhaitable, avec qui n'accepterait pas sans réserves une formule de ce genre : aucun des maux contre lesquels prétend lutter le totalitarisme n'est pire que le totalitarisme lui-même (décembre 1952).

nisme bourgeois. C'est mentir aussi que de passer sous silence, comme tout le monde d'ailleurs, ma référence explicite au syndicalisme libre. Car il existe heureusement une autre tradition révolutionnaire que celle de mon examinateur. C'est elle qui a inspiré mon essai et elle n'est pas encore morte puisqu'elle lutte toujours, pour ne donner qu'un exemple, dans les colonnes d'une revue qui s'appelle : *la Révolution prolétarienne*[1]. Bien des gens dont vous avez parlé, et dont je comprends qu'ils se sentent seuls à la lecture de la presse parisienne, reprendraient un peu de confiance s'ils connaissaient cette courageuse revue ouvrière.

P. B. — *Avant d'en finir avec vos rapports passés et présents avec les uns et les autres, constatons aussi le silence de la presse communiste à propos de* l'Homme révolté. *Pas la moindre petite attaque, pas la plus légère insulte.*

A. C. — Peut-être est-ce un sujet qui n'intéresse pas la presse communiste ?

P. B. — *J'ai eu quelques rapides conversations avec quelques militants ou paramilitants. La plupart se refusaient à lire votre livre. Les autres lui infligeaient une telle analyse dite marxiste qu'on n'y pouvait rien comprendre, sinon qu'ils n'étaient pas d'accord et qu'ils ne voulaient l'être en aucune façon.*

A. C. — Mon livre met justement en cause des aspects importants de l'analyse marxiste. Avant de me l'appliquer, il faudrait donc faire justice de mes critiques. La bonne manière de les réfuter n'est pas de refuser de les lire. Ou sinon on me donne raison dans ce que je dis. J'ai essayé de montrer que la révolution du xxe siècle n'avait pas d'autre issue que de pousser son nihilisme jusqu'à la destruction universelle, ou de retrouver sa vraie fidélité. L'enjeu est assez important pour que je puisse paraphraser Épictète et dire : « Injurie, si tu y tiens, mais lis*. » De toute façon, n'est-ce pas, cela vaudra mieux pour moi que d'être injurié sans être lu, comme cela s'est trouvé ?

P. B. — *Pour mieux justifier l'idée qu'ils se font de l'attitude, ou de l'esthétique, révolutionnaire, beaucoup d'intellectuels communisants se réclament de Saint-Just, certains de Sade ou de*

---

* Voir page 746.

Choderlos. Ne vous semble-t-il pas étrange, dans ces conditions, de se réclamer de révoltés aussi flagrants ? D'ailleurs les mêmes prétendent également annexer Lautréamont, Rimbaud, voire Baudelaire (dont on se plaît à faire un technicien de la barricade). Peut-être existe-t-il, dans le marxisme traditionnel, une dialectique assez efficace et puissante pour expliquer que les grands révoltés de l'Histoire ou de la Littérature furent surtout des révolutionnaires.

A. C. — Le maître à penser de Baudelaire était Joseph de Maistre qui ne détestait rien autant que les barricades. Saint-Just défendait une morale formelle et légaliste qui devint celle de la bourgeoisie et qui est justement critiquée par Hegel et Marx. Quant à Lautréamont et à l'antimilitariste Rimbaud, un régime communiste se croirait obligé de les rééduquer. Ceux qui s'autorisent à de telles confusions sont des communistes de salon dont les tours seraient certainement divertissants s'il ne s'agissait de la liberté et du sang des hommes.

P. B. — *En ce qui concerne Sade, Rimbaud et Lautréamont, certains m'ont affirmé avoir eu, depuis longtemps, les mêmes idées que vous, mais ils n'avaient osé les formuler sous peine d'être regardés comme impies. Je vous transmets donc leur soulagement et leur satisfaction.*

A. C. — Oui, je sais... Nous sommes tous ainsi. Il est plus facile de monter à l'assaut du ciel que d'attaquer les petites divinités de la mode. Mais il faut bien dire un jour que le roi est nu. Du reste, c'est alors qu'on peut vraiment l'aimer. Le plus grand hommage qu'on puisse rendre à ces créateurs est de refuser leur canonisation. Lautréamont et surtout Rimbaud ne m'ont jamais paru plus grands que dans leur solitude et leur vérité, nettoyés des mythes dont on les farde.

P. B. — *Dans bien des textes, plus particulièrement dans ce que j'appelle votre « journalisme moral », vous récusez souvent la logique. Mais ne pensez-vous pas que la logique est atteinte en ce moment du mal des hommes et qu'un jour viendra où, le mal étant conjuré, la logique méritera à nouveau des lettres de noblesse ? Sinon, il me semble qu'on aboutira à la condamnation pure et simple de la plupart des philosophies.*

A. C. — Ce n'est pas la logique que je réfute, mais l'idéologie qui substitue à la réalité vivante une succession logique de raisonnements. Les philosophies, traditionnellement, essaient d'expliquer le monde, non de lui imposer une loi — ce qui est le propre des religions et des idéologies.

P. B. — *Depuis quelques années, on reparle beaucoup de l'héroïsme dans les milieux spirituels. Votre goût de la morale, j'en suis sûr, doit vous pousser à voir là un nouvel humanisme.*

A. C. — Je ne suis pas humaniste. Du moins au sens où on l'entend. Quant à l'héroïsme, je demande à choisir. On n'est pas justifié par n'importe quel héroïsme, ni par n'importe quel amour.

P. B. — *Est-ce que la fidélité n'appartient pas également à cet humanisme possible ?*

A. C. — La fidélité, non plus, n'est pas une valeur en soi. Les SS aussi étaient fidèles à leurs maîtres.

P. B. — *Sans doute. Mais il est vrai que le sentiment de fidélité s'exerce pour le meilleur et pour le pire. Dans l'absolu, et en dehors de tout exemple, ne pensez-vous pas que la fidélité justifie l'homme ?*

A. C. — Oui, dans le silence — et quand il s'agit de cette fidélité qui sert la vie et le bonheur et non de celle qui se sert de la mort et de la servitude. Sans doute, l'une des dernières questions que puisse se poser l'homme pour sa justification est-elle : « Ai-je été fidèle ? » Mais cette question n'a aucun sens si elle ne signifie pas d'abord : « N'ai-je rien dégradé en moi et dans les autres ? »

P. B. — *Vos origines méditerranéennes, vos sources spirituelles vous ont valu d'être parfois accusé de régionalisme. Il est certain qu'entre les deux mythes sentimentaux, Nord et Midi, le cœur des penseurs a toujours balancé.*

A. C. — Mon cœur ne balance pas. Mais je n'ai pas dit, dans ma conclusion, que la solution de toutes choses se trouve près de la Méditerranée. J'ai dit seulement que, depuis cent cinquante ans, l'idéologie européenne s'était constituée contre les notions de nature et de beauté (par conséquent de limite), qui ont été, au contraire, au centre de la pensée méditerranéenne. J'ai dit que du même coup un équilibre s'était rompu, que l'Europe n'avait jamais été que dans cette lutte entre midi et minuit et qu'une civilisation vivante ne pourrait pas se constituer en dehors de cette tension, c'est-à-dire sans cette tradition méditerranéenne négligée depuis si longtemps. C'est tout. Je trouve qu'il y a dans ce diagnostic beaucoup de prudence, un peu trop même à mon goût. Des rives d'Afrique où je suis né, la distance aidant, on voit mieux le visage de l'Europe et on sait qu'il n'est pas beau. Mais du moins ne faut-il pas me faire dire le contraire de ce que j'ai dit.

P. B. — *Donnerez-vous un jour une suite à* l'Homme révolté ? *Ou bien serez-vous amené à certains remaniements ?*

A. C. — Peut-être lui donnerai-je une suite. Mais pourquoi des remaniements ? Je ne suis pas un philosophe et je n'ai jamais prétendu l'être. *L'Homme révolté* n'est pas une étude qui se voudrait exhaustive de la révolte et qu'il me faudrait donc compléter et rectifier. Je sais tout ce qui lui manque à cet égard, dans l'information et dans la réflexion. Mais j'ai voulu seulement retracer une expérience, la mienne, dont je sais aussi qu'elle est celle de beaucoup d'autres. À certains égards, ce livre est une confidence, la seule sorte de confidence, du moins, dont je sois capable, et que j'ai mis quatre ans à formuler avec les scrupules et les nuances qui s'imposaient. Je ne crois pas, en ce qui me concerne, aux livres isolés. Chez certains écrivains, il me semble que leurs œuvres forment un tout où chacune s'éclaire par les autres, et où toutes se regardent.

ÉPURATION DES PURS*

Paris, le 28 mai 1952.

Monsieur le Directeur[1],

J'AI lu avec beaucoup d'intérêt votre article sur *l'Homme révolté* et je vous en remercie.

Je ne répondrai pas ici au détail de cette étude qui m'a paru parfois indiscutable, d'autres fois[2] un peu audacieuse dans ses raisonnements. J'aurais sans doute beaucoup à dire sur le refus de la métaphysique que vous décelez dans mon livre, sur votre analyse de la terreur, et même sur les rapports de l'hellénisme et du christianisme, tels que vous les présentez dans votre critique de l'hérésie gnostique. Mais[3] j'éprouve toujours un peu d'embarras quand je m'adresse à des philosophes chrétiens, dans la mesure où ils m'opposent généralement ce que la foi, dans son expérience, a d'incommunicable, et où ils me dénient, par voie de conséquence, une connaissance suffisante du christianisme lui-même, malgré mes efforts pour étudier ses doctrines et son histoire. Vous n'avez pas manqué de le faire, et il me semble que, dès lors, il est bien difficile de vous opposer des arguments de raison, puisque à n'importe quel moment vous pouvez désigner la limite où ma compétence s'arrête et où mes raisons s'évaporent.

C'est pourquoi je me bornerai à vous poser une question touchant à l'essentiel de votre argumentation. Vous m'attribuez une sympathie (dont vous soupçonnez[4], je ne sais pourquoi, Simone Weil d'être responsable) pour ce que j'appellerai les formes perfectionnistes du christianisme : gnostiques, cathares et jansénistes. Vous soulignez ensuite les dangers propres à ces *théologies* de la pureté en vous appuyant sur les conséquences, visibles

---

* Cette lettre répond à un article de M. Marcel Moré paru dans *Dieu vivant*.

dans l'histoire, des *politiques* puristes. J'ai moi-même dans *l'Homme révolté* indiqué cette trop grammaticale logique qui pousse les purs à l'épuration. À[1] ces hérésies, en tout cas, vous opposez l'Église, qui se serait toujours définie comme le corps vivant de la médiation et qui place la charité au-dessus de l'épuration.

Je ne crois pas être cathare et, pour tout dire, malgré l'intérêt historique qui s'attache à la querelle des Albigeois, cet épisode me paraît bien lointain pour m'aider à me définir. C'est pourtant à son propos que je vous poserai une question : votre raisonnement une fois admis, comment donc expliquer qu'à l'occasion de l'hérésie albigeoise, justement, ce soit l'Église, comme vous le reconnaissez, qui ait créé de toutes pièces l'Inquisition, modèle des polices terroristes, et que ce soit au contraire les Albigeois, malgré leur agaçante fureur de pureté, qui aient été sauvagement épurés et massacrés ? Comment expliquer aussi que ni les gnostiques ni les jansénistes n'aient été parmi les épurateurs, comme en témoigne aujourd'hui encore, pour les derniers d'entre eux, le vallon étrangement désolé de Port-Royal ? N'y a-t-il pas dans ces simples faits une indication, au moins, que le mot pureté peut avoir plusieurs sens (et même dans l'univers du révolté), que le perfectionnisme des cathares risque ainsi d'être différent du purisme des politiques, que, de même, l'Église a pu être médiatrice dans ses affirmations et fâcheusement démesurée dans ses actions, et qu'enfin votre interprétation des hérésies chrétiennes d'une part, et du christianisme historique de l'autre, est elle-même un peu trop manichéenne ?

Croyez, Monsieur le Directeur, à mes sentiments bien sincères.

RÉVOLTE ET POLICE*

Monsieur,

Après avoir médité pendant sept mois, *la Nouvelle Critique* publie sur mon livre, *l'Homme révolté,* une étude dont j'ai pu lire, dans votre hebdomadaire, qu'elle était belle. Votre appréciation m'a donné la curiosité[2] de me reporter à cette étude, bien qu'elle fût signée de M. Pierre Hervé[3]. Et ce que j'y ai lu m'a paru d'une telle nature que je me sens obligé de commenter au moins votre adjectif.

Je suppose d'abord que *l'Observateur* n'a pas voulu dire que cette étude était belle par le style. Il y a, en effet, de consternantes évidences contre lesquelles on ne peut rien. Doit-on l'admirer au moins pour son information et son érudition ? Vous avez sûrement remarqué, pour ne prendre qu'un exemple, que M. Hervé confond Albert Sorel et Georges Sorel et attribue généreusement à Albert ce qui revenait à Georges. Après cela, le même homme, dans le même article, se juge assez qualifié pour appeler Einstein, Bohr, Heisenberg et quelques autres, des « théoriciens rétrogrades de la physique ». M. Hervé, lui, n'est pas rétrograde et peut aller de l'avant : son bagage est léger.

Est-ce au moins la puissance dialectique de M. Hervé qui a convaincu votre collaborateur ? J'avoue avoir été le premier surpris de voir ce marxiste, ayant à discuter dans la revue la plus avancée de son parti une thèse sur Marx, ne trouver *aucun,* je dis bien *aucun* argument, ni

---

* Un article de Pierre Hervé, paru dans *la Nouvelle Critique,* avait été aussitôt loué par *l'Observateur* sous la signature de Pierre Lebar[1]. L'article de *la Nouvelle Critique* reprenait les insultes traditionnelles des communistes, auxquelles, après quelques tentatives, j'ai renoncé à répondre. Il m'a paru au contraire que l'approbation de *l'Observateur* était un élément nouveau, et plus surprenant. D'où cette lettre, parue en juin 1952.

d'ailleurs aucun texte à opposer à la thèse qu'il veut combattre. Cent ans après Marx, par une vertigineuse décadence, la dialectique, avec M. Hervé et ses amis, a cessé d'être un art[1] de raisonner pour devenir un art d'affirmer ou de nier, à tort et à travers. C'est ainsi qu'on affirme imprudemment que je ne m'intéresse pas aux victimes du colonialisme, malgré des centaines de pages, que je tiens à votre disposition, et qui prouvent que, depuis vingt ans, même lorsque M. Hervé et ses amis l'abandonnaient pour des raisons de tactique[2], je n'ai jamais mené réellement d'autre lutte politique que celle-là. C'est ainsi encore que je suis coupable, toujours selon M. Hervé, d'indulgence envers Hiroshima, ce qui constitue aussi une affirmation aventurée. Le 8 août 1945[3], c'est-à-dire le jour qui suivit Hiroshima, j'écrivais, en effet, dans *Combat,* sans attendre Stockholm : « La civilisation mécanique vient de parvenir à son dernier degré de sauvagerie. » Que disaient, dans leurs journaux, M. Hervé et ses amis ? Ils se réjouissaient, avec la presse qu'ils appellent bourgeoise, de cette victoire sans bavures. Je pourrais poursuivre cette démonstration et le ferai si on m'y pousse. Mais vous me concédez déjà que M. Hervé ment comme il raisonne : au hasard.

Je ne vois donc plus où pourrait se réfugier la beauté de cette étude sinon dans sa conclusion, qui en est, à vrai dire, la partie la plus importante. La concordance de cette conclusion avec l'ignoble article publié dans *l'Humanité,* sur le même sujet, par Victor Leduc[4], prouve en effet que tout le pensum de M. Hervé n'a été bâclé que pour en venir là. Et il me semble que c'est bien sur ce point que votre collaborateur, puisqu'il tenait à se prononcer, devait le faire.

De quoi s'agit-il ? J'ai dit une fois de plus, dans mon livre, mon admiration pour les révolutionnaires russes de 1905. Écrivant sur la violence et le meurtre, j'ai essayé de définir la limite où le meurtre devait s'arrêter. L'exemple de Kaliayev et de ses camarades m'a amené à conclure qu'on ne pouvait tuer qu'à la condition de mourir soi-même, que nul n'avait le droit d'attenter à l'existence d'un être sans accepter immédiatement sa propre disparition et qu'enfin, dans tous les cas où on ne se laissait entraîner à cette limite extrême, il fallait payer une vie par une vie. Exception faite pour la non-violence absolue[5], dont je ne crois pas que M. Hervé fasse un article de foi, on ne peut imaginer de position plus intransigeante quant au respect dû à toute vie. M. Hervé et son collègue de tribunal, qui ont leurs raisons, font mine d'en tirer que j'exalte le terrorisme systématique et, par voie de conséquence, que j'admets les attentats contre les chefs soviétiques en particulier et quelques millions de communistes en général. Entre-temps, ils m'attribuent cyniquement l'idée qu'il faut faire la guerre à l'U.R.S.S., comme s'ils avaient oublié ce temps, en somme assez récent, où, avant leur subite illumination par l'esprit de paix, ils n'avaient pas assez d'insultes et de railleries pour mon pacifisme[1]. Pour finir, Leduc insinue que mon livre a été payé par les Américains.

Je ne discuterai même pas ces thèses répugnantes. À peine rappellerai-je que, d'une certaine manière, mon livre a été écrit pour que même des Hervé ou des Leduc soient préservés dans leur vie et gardent toujours la possibilité d'insulter les autres et de se juger eux-mêmes. Mais je ne puis pas ne pas comprendre que ce qui m'est signifié clairement à l'avance[2], en même temps qu'à quelques autres, ce sont les motifs d'inculpation particuliers du procès général dont Hervé et Leduc rêvent, comme d'autres rêvent de se retirer à la campagne. La critique de M. Hervé, que vous avez trouvée belle, s'appuie d'abord sur la police et les tribunaux d'exception. Et, bien que la tactique de ces intimidations n'ait pas d'effet sur moi, bien que je sois d'avis que la hideuse nostalgie de ces intellectuels a des chances sérieuses de rester longtemps inassouvie, la chose est assez significative, le symptôme assez grave, cependant, pour que j'aie une question à poser à *l'Observateur*.

Cette question, la voici : pensez-vous vraiment qu'une étude qui finit par un chantage policier et une menace aussi peu déguisée puisse encore être belle, sinon de cette beauté dont parlent certains médecins lorsqu'ils se réjouissent d'avoir rencontré un beau cancer et une superbe leucémie ? Revenait-il, en tout cas, à *l'Observateur* de l'approuver, ne fût-ce que d'un mot et même en ajoutant qu'il s'agissait plutôt d'un pamphlet ? Je ne sais quelle sera votre réponse. J'espère seulement qu'elle ne minimisera pas le problème. Mais je ne m'estimerais pas si, en cette circonstance, qui me dépasse de beaucoup et qui intéresse tous les écrivains libres, je ne vous disais pas tout droit ce que je pense.

Vous vous refusez ordinairement à faire la différence entre, par exemple, le colonialisme et la dictature stalinienne. Vous avez raison. D'une manière générale, devant l'énormité de la partie aujourd'hui engagée, on a le droit d'hésiter, de peser le pour et le contre, et d'examiner les arguments de chacun. Ce sont là des choses que vous n'aurez pas à m'apprendre, ni que cette sorte de scrupules est un déchirement plus qu'un confort. Mais vous ne pouvez rester dans cette position critique, en face de tout ce qui prétend aujourd'hui nous mobiliser, qu'en vous appuyant sur une valeur que vous devez défendre contre tout le monde, sans exception. Ou sinon, votre apparente intransigeance n'est qu'une complicité embarrassée. Par malheur, une limite vient toujours où la valeur dont je parle est mise en cause et doit être défendue. Dans la circonstance qui fait l'objet de cette lettre, vous êtes à la limite et vous auriez dû défendre cette valeur. La preuve en est que ce n'est pas entre colonialisme et tyrannie que, sans vous en douter peut-être, vous vous êtes alors refusé à choisir, mais finalement entre les chiens de garde et les hommes libres, la gauche policière et la gauche libre. C'est ce qui m'étonne et qui m'indigne, non pour moi, qui ai l'habitude d'être seul, mais pour la cause que parfois vous prétendez défendre.

Voilà pourquoi je voudrais, sur cette limite exacte, et pour l'amour de la clarté, obtenir seulement de vous que vous retiriez l'adjectif appliqué, par mégarde, j'en suis sûr, à ce méprisable écrit. Il me semble que cela vous donnera l'occasion, à très peu de frais, et sans rien changer à vos positions, de dire nettement que vous faites la différence entre ceux qui mentent, insultent et hurlent à la mort, et ceux qui cherchent péniblement la vérité de leur temps et la liberté de tous. Car si vous ne le faisiez pas, comment les hommes qui me ressemblent pourraient-ils, désormais, vous écouter et vous suivre, incapables qu'ils sont, eux aussi, de faire la différence entre le procureur sous sa belle robe et celui qui annonce que la cour va entrer et qu'il convient de se lever ?

Mais je ne veux pas douter de votre réponse*.

---

* J'avais tort (décembre 1952).

RÉVOLTE ET ROMANTISME*

Monsieur le Rédacteur en chef[1],

Puisque vous me proposez de répondre aux articles de Gaston Leval[2], je le ferai aussi brièvement que possible[3]. La fin de l'étude de Leval m'en redonne d'ailleurs le goût que son début m'avait ôté. Mais je le ferai sans aucune intention de polémique. Je rends tout à fait justice aux intentions de Leval et je lui donne raison sur plusieurs points. S'il veut bien, à son tour, examiner mes arguments sans parti pris, il comprendra que je puisse dire qu'en gros je suis d'accord avec le fond de ses articles. Ils m'ont, en somme, plus instruit que contredit.

Vous remarquerez d'abord que mon passage sur Bakounine occupe quatre pages et demie d'un livre qui en comporte près de quatre cents. C'est assez dire[4] qu'on ne pouvait pas me prêter l'intention d'écrire une étude complète sur Bakounine; mais seulement de choisir chez lui comme chez beaucoup d'autres une référence au raisonnement que je poursuivais. Mon projet dans *l'Homme révolté* a été constant : étudier une contradiction propre à la pensée révoltée et en rechercher le dépassement. En ce qui concerne Bakounine, j'ai seulement montré chez lui les signes de cette contradiction comme je l'ai fait au cours de mon ouvrage pour les penseurs les plus divers. Toute la question est donc de savoir si cette contradiction peut se trouver chez Bakounine. Je maintiens qu'elle s'y trouve. Leval peut penser que je n'ai pas mis assez en valeur l'aspect positif de la pensée bakouninienne (encore qu'il doive remarquer, pour s'aider à le comprendre, qu'il[5] ne lui a pas fallu moins d'une cinquantaine de pages pour n'apporter qu'un petit nombre de précisions sur ce sujet). Du moins, il n'a jamais songé à nier que les

---

* Mai 1952. Lettre au *Libertaire* en réponse à une série d'articles de Gaston Leval, parus dans ce journal.

textes proprement nihilistes et immoralistes existent. Qu'on les trouve au début et au milieu de la vie de Bakounine prouve seulement qu'il s'agit d'une tentation constante chez notre auteur. Et je ne crois pas qu'on puisse dire avec Leval que ces pensées aient eu seulement une destinée littéraire. Je tiens pour un fait la filiation de Netchaiev au bolchevisme, et pour un autre fait la collaboration de Bakounine et de Netchaiev, que Leval ne nie d'ailleurs pas. Mais cela ne signifie nullement, et ici il me faut protester contre l'interprétation de Leval, que je présente Bakounine comme un des pères du communisme russe. Au contraire, j'ai deux fois en quatre pages, et nettement, dit que Bakounine s'était opposé en toutes circonstances au socialisme autoritaire. Je n'ai noté les faits dont je parle que pour souligner une fois de plus la nostalgie nihiliste propre à toute conscience révoltée. C'est pourquoi, lorsque Leval me cite longuement les pensées positives et fécondes de Bakounine, je l'approuve tout à fait : Bakounine est un des deux ou trois hommes que la vraie révolte puisse opposer à Marx dans le XIXe siècle. J'estime seulement que par ces citations Leval va dans mon sens, en rendant plus criante la contradiction qui m'intéresse chez Bakounine comme chez les autres.

Essayons maintenant d'aller plus loin. Le nihilisme qu'on peut déceler chez Bakounine et chez d'autres a eu une utilité passagère. Mais, aujourd'hui, et vous autres libertaires de 1950 le savez bien, nous ne pouvons plus nous passer de valeurs positives. Où les trouverons-nous? La morale bourgeoise[1] nous indigne par son hypocrisie et sa médiocre cruauté. Le cynisme politique qui règne sur une grande partie du mouvement révolutionnaire nous répugne. Quant à la gauche dite indépendante, en réalité fascinée par la puissance du communisme et engluée dans un marxisme honteux de lui-même, elle a déjà démissionné. Nous devons alors trouver en nous-mêmes, au cœur de notre expérience, c'est-à-dire à l'intérieur de la pensée révoltée, les valeurs dont nous avons besoin. Si nous ne les trouvons pas, le monde croulera, et ce n'est peut-être que justice, mais nous nous serons écroulés avant lui, et ce sera infamie. Nous n'avons donc pas d'autre issue que d'étudier la contradiction où s'est débattue la pensée révoltée, entre le nihilisme et l'aspiration à un ordre vivant, et de la dépasser dans ce qu'elle a de positif. Je n'ai mis l'accent avec tant d'insistance sur l'aspect négatif de cette pensée que dans l'espoir que nous pourrions alors en guérir, tout en gardant le bon usage de la maladie.

On comprend maintenant que j'aie été tenté, en ce qui concerne Bakounine[1], de mettre un accent grave sur ses déclarations nihilistes. Ce n'est pas que j'aie manqué d'admiration pour ce prodigieux personnage. J'en manquais si peu que la conclusion de mon livre se réfère expressément aux fédérations française, jurassienne et espagnole de la 1re Internationale[2], qui étaient en partie bakouninistes. J'en manque si peu que je suis persuadé que sa pensée peut utilement féconder une pensée libertaire rénovée et s'incarner *dès maintenant* dans un mouvement dont les militants de la C.N.T. et du syndicalisme libre, en France et en Italie, attestent en même temps la permanence et la vigueur.

Mais c'est à cause de cet avenir dont l'importance est incalculable, c'est parce que Bakounine est vivant en moi comme il l'est dans notre temps que je n'ai pas hésité à mettre au premier plan les préjugés nihilistes qu'il partageait avec son époque. Ce faisant[3], il me semble, malgré Leval, que j'ai finalement rendu service au courant de pensée dont Bakounine est le grand représentant. Cet infatigable révolutionnaire savait lui-même que la vraie réflexion va sans cesse de l'avant et qu'elle meurt à s'arrêter, fût-ce dans un fauteuil, une tour ou une chapelle. Il savait que nous ne devons jamais garder que le meilleur de ceux qui nous ont précédés. Le plus grand hommage, en effet, que nous puissions leur rendre consiste à les continuer et non à les consacrer : c'est par la déification de Marx que le marxisme a péri. La pensée libertaire, à mon sens, ne court pas ce risque. Elle a, en effet, une fécondité toute prête à condition de se détourner sans équivoque de tout ce qui, en elle-même et aujourd'hui encore, reste attaché à un romantisme nihiliste qui ne peut mener nulle part. C'est ce romantisme que j'ai critiqué, il est vrai, et je continuerai de le critiquer, mais c'est cette fécondité qu'ainsi j'ai voulu servir.

J'ajouterai seulement que je l'ai fait en connaissance de cause. La seule phrase de Leval qui risquait, venant d'un libertaire, de me rendre amer, est en effet celle où il écrit que je m'érige en censeur de tous. Si *l'Homme révolté,* pourtant, juge quelqu'un, c'est d'abord son auteur. Tous ceux pour qui les problèmes agités dans ce livre ne sont pas seulement rhétorique ont compris que j'analysais une contradiction qui avait d'abord été la mienne. Les pensées dont je parle m'ont nourri et j'ai voulu les continuer en les débarrassant de ce qui, en elles, les empêchait, selon moi, d'avancer. Je ne suis pas un philosophe, en effet, et je ne sais parler que de ce que j'ai vécu. J'ai vécu le nihilisme, la contradiction, la violence et le vertige de la destruction. Mais, dans le même temps, j'ai salué le pouvoir de créer et l'honneur de vivre. Rien ne m'autorise à juger de haut une époque dont je suis tout à fait solidaire. Je la juge de l'intérieur, me confondant avec elle. Mais je garde le droit de dire ce que je sais désormais sur moi et sur les autres, à la seule condition que ce ne soit pas pour ajouter à l'insupportable malheur du monde[1], mais seulement pour désigner, dans les murs obscurs contre lesquels nous tâtonnons, les places encore invisibles où des portes[2] peuvent s'ouvrir. Oui, je garde le droit de dire ce que je sais, et je le dirai. Je ne m'intéresse qu'à la renaissance.

La seule passion qui anime *l'Homme révolté* est justement celle de la renaissance. En ce qui vous concerne, vous gardez le droit de penser, et de dire, que j'ai échoué dans mon propos et qu'en particulier je n'ai pas servi la pensée libertaire dont je crois pourtant que la société de demain ne pourra se passer. J'ai cependant la certitude qu'on reconnaîtra, lorsque le vain bruit qu'on fait autour de ce livre sera éteint, qu'il a contribué, malgré ses défauts, à rendre plus efficace cette pensée et du même coup à affermir l'espoir, et la chance, des derniers hommes libres.

P.-S. — En ce qui concerne la science, je donne raison à Leval. Ce n'est pas exactement contre la science que Bakounine s'élevait avec beaucoup de perspicacité, mais contre le gouvernement des savants. J'aurais dû ajouter cette nuance appréciable et le ferai[3] dans la prochaine édition.

RÉVOLTE ET SERVITUDE*

Monsieur le Directeur,

Je prendrai prétexte[1] de l'article[2] que, sous un titre ironique, votre revue m'a consacré, pour soumettre à vos lecteurs quelques observations touchant la méthode intellectuelle et l'attitude dont cet article témoigne. Cette attitude, dont vous ne refusez pas, j'en suis sûr, d'être solidaire, m'intéresse plus en effet que l'article lui-même dont la faiblesse m'a surpris. Obligé de m'y référer constamment, je ne le ferai donc qu'après avoir précisé que je ne le considère pas comme une étude, mais plutôt comme un objet d'étude, je veux dire un symptôme. Je m'excuse enfin de devoir être aussi long que vous l'avez été. J'essaierai seulement d'être plus clair.

Mon premier effort sera de montrer quelle peut être l'intention réelle de votre collaborateur lorsqu'il[3] pratique l'omission, travestit la thèse du livre qu'il se propose de critiquer et fabrique à son auteur une imaginaire biographie. Une question qui n'est secondaire qu'en apparence peut déjà nous mettre sur la voie d'une interprétation. Elle touche au bon accueil qui aurait été fait à mon livre par la presse de droite[4]. La chose, en soi, ne m'aurait affligé que modérément. On ne décide pas de la vérité d'une pensée selon qu'elle est à droite ou à gauche et moins encore selon ce que la droite et la gauche décident d'en faire. À ce compte, Descartes serait stalinien et Péguy bénirait M. Pinay[5]. Si, enfin, la vérité me paraissait à droite, j'y serais. C'est dire que je ne partage pas vos inquiétudes (ni celles d'*Esprit*) à ce sujet. Mais, de plus, ces inquiétudes me paraissent prématurées. Quelle a été en effet l'attitude de la presse dite de droite ?

---

* Lettre adressée aux *Temps modernes,* le 30 juin 1952, sur la foi d'une invitation à répondre que m'avait faite son directeur, au moment de faire paraître l'article auquel je réponds ici.

Pour citer une feuille[1] qui se tient résolument au-dessous des classifications politiques, j'ai été honoré d'une ration d'injures dans *Rivarol*. Du côté de la droite classique, *la Table ronde,* sous la signature de M. Claude Mauriac[2], a eu de graves réserves à faire tant sur mon livre que sur la hauteur de mon caractère (il est vrai que je n'ai jamais couvert de mon nom l'ignoble article dont vous vous souvenez et qui parut dans *Liberté de l'esprit* sous la direction du même Claude Mauriac. L'eussé-je fait par mégarde que, voyez ma superbe, je m'en serais aussitôt et publiquement excusé.) *Liberté de l'esprit,* justement (mais il s'agit, il est vrai, de la droite non classique), ne m'a pas bien traité, consentant seulement, cette fois-ci, à ne pas faire allusion, pour en tirer avantage, à l'état supposé de mon système respiratoire. Ces trois exemples suffisent au moins à infirmer la thèse reprise par votre collaborateur. Il reste que mon livre a été parfois loué par les chroniqueurs littéraires des journaux dits bourgeois. Assurément, je sens ici toute ma honte. Mais enfin les mêmes journaux ont souvent salué les livres des auteurs des *Temps modernes* sans qu'on accuse ces derniers de prendre leur petit déjeuner avec M. Villiers[3]. Dans la société où nous vivons tous[4] et dans l'état actuel de la presse, aucune œuvre de moi ne pourra jamais obtenir l'agrément de votre collaborateur, je le crains, à moins d'être reçue par une bordée d'injures ou une condamnation prononcée à l'unanimité. À vrai dire, cela m'est arrivé, et je ne[5] sache pas que mon censeur d'aujourd'hui ait alors crié son admiration.

Quand il me plaint de recevoir le pavé de l'ours, serions-nous donc dans la frivolité ? Non, car cette attitude même est significative[6]. En réalité, votre collaborateur ne peut s'empêcher de penser qu'il n'y a pas de frontière précise entre l'homme de droite et le critique du marxisme dogmatique. Selon lui, ils se touchent au moins par quelque côté, où une sinistre confusion s'opère alors. Qui n'est pas marxiste, franchement ou honteusement, s'achemine ou s'endurcit à droite, voilà le premier présupposé, conscient ou non, de la méthode intellectuelle qui fait le sujet de cette lettre. Un tel axiome ne peut s'accommoder de la position nette que *l'Homme révolté* prend à l'égard du marxisme et c'est là d'abord ce que votre collaborateur vise dans mon livre. Il fallait donc dévaloriser cette position en montrant que, confirmant l'axiome, elle mène aux enfers réactionnaires, si même elle n'en provient pas. Comme il est malaisé, et plus particulièrement aux rédacteurs des *Temps modernes,* de le dire en face de moi, on commence déjà par s'inquiéter de mes fréquentations, même involontaires.

Si[1] cette interprétation est correcte, elle permet de comprendre une grande part de votre article. Ne pouvant en effet me classer encore à droite, on pourra au moins montrer par l'examen de mon style ou l'étude de mon livre que mon attitude est réelle, antihistorique et inefficace. On appliquera ensuite la méthode d'autorité, qui me paraît faire fureur chez les écrivains de la liberté, pour montrer que, selon Hegel et Marx, cette attitude sert *objectivement* la réaction[2]. Simplement, comme le livre et son auteur s'opposent en même temps à cette démonstration, votre collaborateur a courageusement refait mon livre et ma biographie. Accessoirement, comme il est bien difficile de trouver, aujourd'hui, dans mon attitude publique, des arguments en faveur de sa thèse, il s'est replié, pour avoir raison un jour, sur un avenir qu'il m'a fabriqué de toutes pièces et qui me ferme la bouche. Essayons de suivre dans le détail cette intéressante méthode.

D'abord le style. Votre[3] article y voit, trop généreusement, une « réussite à peu près parfaite », mais aussitôt le déplore. *Esprit* se chagrinait déjà de ce style[4] et suggérait avec moins de précautions que *l'Homme révolté* avait pu séduire les esprits de droite par le « bonheur » de ses cadences. Je relèverai à peine ce qu'il y a de désobligeant pour les écrivains du progrès à laisser entendre que le beau style est de droite et que les hommes de gauche se doivent, par vertu révolutionnaire, d'écrire[5] le baragouin et le jargon. Je préfère noter d'abord que je ne suis nullement de l'avis de votre collaborateur. Je ne suis pas sûr quant à moi que *l'Homme révolté* soit bien écrit, mais je voudrais qu'il le fût. J'irai même jusqu'à dire que, s'il est vrai que mes pensées sont inconsistantes, autant les bien écrire pour limiter les dégâts. Supposez en effet qu'on ait à lire des pensées confuses en style consternant[6], voyez l'exil! Mais en vérité votre collaborateur ne se soucie pas réellement de mon style, ni du sien, et sa constante intention est bien claire. Il se sert en effet de ma propre analyse de l'art formel et de l'art réaliste. Mais il la retourne contre moi[1]. Il me faut dire cependant que ma critique de l'art formel touchait, selon la plus stricte des définitions, aux œuvres qui sont de pures recherches de forme et où le sujet n'est qu'un prétexte. Il me paraît difficile de l'appliquer, sans une remarquable effronterie, à un livre qui a pour sujet exclusif la révolte et la terreur dans notre temps. Mais quoi, il fallait prévoir une objection possible : que mon livre se plaçait directement au milieu de l'histoire actuelle pour y élever une protestation, et qu'il était donc, même de modeste manière, un acte. Votre[2] article répond d'avance qu'il y a en effet protestation, mais qu'elle est « trop belle et trop souveraine » et qu'en tout cas mon style a l'immense défaut de ne présenter aucune « bavure d'existence » *(sic)*. Comprenons que bien écrire (ou du moins ce que votre collaborateur appelle ainsi) revient à se priver d'existence, même sous la forme de bavures, à s'éloigner de la vie dont seule rapproche la faute de syntaxe qui est la marque de la vraie passion, et à s'isoler loin des misères humaines dans une île de froideur et de pureté. On voit donc que cet argument vise déjà, selon ce que j'ai dit, à m'exiler de toute réalité. Par mon style qui est de l'homme même, me voilà malgré moi renvoyé dans la tour d'ivoire d'où les rêveurs de mon genre contemplent sans réagir les inexpiables crimes de la bourgeoisie.

[3]La même opération est ensuite effectuée sur le livre lui-même dont on va essayer, contre toute évidence, de faire un manuel antihistorique et le catéchisme des abstentionnistes. On utilisera alors les écrits canoniques (je veux dire Hegel et Marx) pour montrer que, malgré ma critique poussée de la morale formelle propre à la bourgeoisie, cet irréalisme sert en réalité la pensée réactionnaire. Le premier obstacle à cette démonstration[4] est l'œuvre qui a précédé *l'Homme révolté*. Il est difficile d'accuser de « transcendantalisme » une œuvre qui, bonne ou mauvaise, tient à notre histoire[5] de fort près. Votre article démontre donc que cette œuvre *tendait* déjà à se hisser dans les nuées et que *l'Homme révolté* vient seulement couronner, au milieu d'un chœur inefficace d'anges[6] anarchistes, cette coupable et irrésistible ascension. Naturellement, le meilleur moyen de trouver cette[7] tendance dans mon œuvre est encore de l'y mettre.

Votre article dira donc qu'alors que *l'Étranger* était raconté par une « subjectivité concrète » (je m'excuse de ce langage), les événements de *la Peste* sont vus par une « subjectivité hors situation » qui « ne les vit pas elle-même et se borne à les contempler ». N'importe quel lecteur, même distrait, de *la Peste,* à la seule condition qu'il veuille bien lire le livre jusqu'au bout, sait pourtant que le narrateur est le docteur Rieux, héros du livre et qui est plutôt payé pour connaître ce dont il parle. Sous la forme d'une chronique objective écrite à la troisième personne, *la Peste* est une confession et tout y est calculé pour que cette confession soit d'autant plus entière que le récit en est plus indiscret. Naturellement, on peut appeler dégagement cette pudeur, mais ce serait supposer alors que l'obscénité est la seule preuve de l'amour. *L'Étranger,* au contraire, sous la forme d'un récit à la première personne, est un exercice d'objectivité et de détachement, comme, après tout, son titre l'indique. Votre collaborateur est d'ailleurs si peu persuadé de la légitimité de sa thèse* que, dans le même passage, il attribue aux personnages de *la Peste* ce qu'il appelle dédaigneusement une morale de Croix-Rouge, oubliant de nous expliquer comment ces malheureux peuvent mettre en pratique une morale de Croix-Rouge par le seul exercice de la contemplation[2]. On peut trouver certainement que l'idéal de cette estimable organisation manque de panache (enfin, on peut le trouver dans une salle de rédaction bien chauffée), mais on ne peut lui refuser de reposer, d'une part, sur un certain nombre de valeurs et de préférer, d'autre part, une certaine forme d'action à la simple contemplation. Mais pourquoi insister sur cette prodigieuse confusion intellectuelle? Après tout, aucun lecteur, sauf dans votre revue, n'aura l'idée de contester que, s'il y a évolution de *l'Étranger* à *la Peste,* elle s'est faite dans le sens de la solidarité et de la participation[3]. Dire le contraire, c'est mentir ou rêver. Mais comment faire autrement pour prouver contre toute réalité que je suis détaché de la réalité et de l'histoire?

---

* Son article, aussi bien, multiplie curieusement les embarras. Il « n'est pas sûr que », « il ne peut se défendre de penser », « il parvient mal à se dégager » de telle interprétation, « il n'arrive pas à se rassurer »[1], etc.

Partant ainsi d'une hypothèse entièrement fausse, mais commode, sur le contexte d'une œuvre, votre collaborateur passe enfin à *l'Homme révolté*. Il serait plus juste de dire qu'il le fait passer à lui. Il s'est en effet énergiquement refusé à discuter les thèses centrales qu'on peut trouver dans l'ouvrage : la définition d'une limite mise au jour par le mouvement même de la révolte ; la critique du nihilisme posthégélien et de la prophétie marxiste, l'analyse des contradictions dialectiques devant la fin de l'histoire, la critique de la notion de culpabilité objective, etc. En revanche, il a discuté à fond une thèse qui ne s'y trouvait pas.

Prenant d'abord prétexte de ma méthode, il affirme que je refuse tout rôle à l'économique et à l'historique* dans la genèse des révolutions. En vérité, je ne suis ni assez bête ni assez inculte pour cela. Si, dans un ouvrage, j'étudiais exclusivement l'influence du comique grec sur le génie de Molière, cela ne signifierait pas que je nie les sources italiennes de son œuvre. J'ai entrepris avec *l'Homme révolté* une étude de l'aspect idéologique des révolutions. Ce n'était pas seulement mon droit le plus strict ; peut-être y avait-il aussi quelque urgence à le faire dans un temps où l'économie est notre tarte à la crème et où des centaines de volumes et de publications attirent l'attention d'un très patient public sur les fondements économiques de l'histoire et l'influence de l'électricité sur la philosophie. Ce que *les Temps modernes* font tous les jours avec tant de bonne volonté, pourquoi l'aurais-je refait ? Il faut bien se spécialiser. J'ai montré seulement, et je le maintiens, qu'il y a dans les révolutions du xxe siècle, parmi d'autres éléments, une évidente entreprise de divinisation de l'homme et j'ai choisi d'éclairer spécialement ce thème. *J'y étais autorisé à la seule condition d'annoncer clairement mon propos, ce que j'ai fait.* Voici ma phrase : « Le propos de cette analyse n'est pas de faire la description, cent fois recommencée, du phénomène révolutionnaire, ni de recenser une fois de plus les causes historiques ou économiques des grandes révolutions. Il est de retrouver dans quelques faits révo-

---

* Votre collaborateur, de façon purement gratuite, me les fait appeler *causes vulgaires*. Ce qui est vulgaire, c'est la qualité d'un pareil argument.

lutionnaires la suite logique, les illustrations et les thèmes constants de la révolte métaphysique. » Votre collaborateur[1], qui cite cette phrase, n'en décide « pas moins », comme il dit, de ne point en tenir compte, arrête que cette modestie de ton cache la plus grande ambition et déclare que je nie en réalité tout ce dont je ne parle pas. Je me désintéresserais en particulier, au profit de la haute théologie, de la misère de ceux qui ont faim. Je[2] répondrai peut-être un jour à cette indécence. Je constate seulement ici, pour me consoler, qu'un critique chrétien a pu me reprocher au contraire de négliger les « besoins spirituels » de l'homme et de le réduire à ses « besoins immédiats ». Je note encore, et cette fois pour me rassurer tout à fait, que ma méthode est justifiée par des autorités que votre collaborateur ne saurait récuser, je veux dire Alexandrov et Staline. Le premier souligne en effet dans la *Literatournaïa Gazeta* que le second a réagi contre l'interprétation trop étroite de la superstructure et démontré heureusement le rôle capital que jouent les idéologies dans la formation de la conscience sociale.

Cette opinion[3] de poids m'aide à me sentir moins seul dans la méthode que j'ai choisie. Mais, après tout, je crois bien que votre article ne touchait pas réellement à ma méthode. Il voulait seulement me mettre hors circuit encore une fois et démontrer que mes préjugés mêmes m'éloignaient de la réalité. Le malheur est que, du même coup, c'est la méthode de votre collaborateur qui est en cause et qui l'éloigne des textes, lesquels, après tout, sont une des formes de la réalité. J'ai écrit par exemple « qu'on pouvait admettre que la détermination économique jouait un rôle capital dans la genèse des actions et des pensées humaines », refusant seulement de croire que ce rôle fût exclusif. La méthode de votre collaborateur consiste à dire aussitôt après que je n'admets pas le rôle capital joué par la détermination économique et que « de toute évidence » (il s'agit sans doute d'une évidence interne), je ne crois pas aux infrastructures. Pourquoi donc critiquer un livre si on est décidé à ne pas tenir compte de ce qu'on peut y lire ? Ce procédé, constant dans votre article, supprime toute possibilité de discussion. Affirmant que le ciel est bleu, si vous me faites dire que je l'estime noir, je n'ai point d'autre issue que de me reconnaître fou ou de déclarer sourd mon interlocuteur. Heureusement, il reste l'état réel du ciel, en l'occurrence, de la thèse discutée, et c'est pourquoi il me faut examiner les raisons de votre collaborateur pour trancher de ma folie ou de sa surdité.

[1]Plutôt qu'un sourd en vérité, il me paraît quelqu'un qui ne veut pas entendre. Sa thèse est simple : est noir ce que j'ai dit bleu. L'essentiel de son article revient en effet à discuter une position que non seulement je n'ai pas prise à mon compte, mais que j'ai encore discutée et combattue dans mon livre. Il la résume ainsi, bien que *l'Homme révolté* en entier la démente : tout le mal se trouve dans l'histoire et tout le bien hors d'elle. Ici, il me faut bien protester et vous dire tranquillement que de tels procédés sont indignes. Qu'un critique supposé qualifié[2], parlant au nom d'une des revues importantes de ce pays, s'autorise, sans raisons et sans preuves, à présenter comme la thèse d'un livre une proposition contre laquelle[3] une partie du livre est dirigée donne une idée révoltante du mépris dans lequel est tenue aujourd'hui la simple honnêteté intellectuelle. Car il faut penser à ceux qui, lisant l'article, n'auront pas l'idée ou le temps d'aller au livre et s'estimeront suffisamment renseignés. Loin de l'être, ils auront été trompés et votre article leur aura menti. *L'Homme révolté,* en effet, se propose — près d'une centaine de citations pourront le prouver quand il le faudra — de démontrer que l'antihistorisme pur, au moins dans le monde d'aujourd'hui[4], est aussi fâcheux que le pur historisme. Il y est écrit[5], à l'usage de ceux qui veulent lire, que celui qui ne croit qu'à l'histoire marche à la terreur et celui qui ne croit à rien d'elle autorise la terreur. Il y est dit qu'il existe « deux sortes d'inefficacité, celle de l'abstention et celle de la destruction », « deux sortes d'impuissance, celle du bien et celle du mal ». On y démontre enfin, et surtout, que « nier l'histoire revient à nier le réel » de la même façon, ni plus ni moins, qu'« on s'éloigne du réel à vouloir considérer l'histoire comme un tout qui se suffit à lui-même ». Mais à quoi bon les textes! Votre collaborateur ne s'en soucie pas. C'est dans l'histoire qu'il a ses habitudes, non dans la vérité. Quand il écrit, faisant mine de me résumer : « Dès que les principes éternels, les valeurs non incarnées sont mises en doute, dès que la raison se met en mouve-

ment, le nihilisme triomphe », il me donne à choisir en effet entre son incompétence et sa malveillance. En réalité, l'une s'ajoute à l'autre. Quiconque a lu le livre sérieusement (et je tiens encore les citations à votre disposition) sait que le nihilisme pour moi coïncide aussi avec les valeurs désincarnées et formelles. La critique de la révolution bourgeoise et formelle de 89 est parallèle dans mon livre à celle de la révolution cynique du XXe siècle et il y est démontré que, dans les deux cas, quoique par des excès contraires, soit que les valeurs soient placées au-dessus de l'histoire, soit qu'elles y soient absolument identifiées, le nihilisme et la terreur sont justifiés. En supprimant systématiquement l'une des faces de cette double critique, votre rédacteur sanctifie sa thèse, mais sacrifie sans pudeur la vérité.

La vérité qu'il faut récrire et réaffirmer en face de votre article est que mon livre ne nie pas l'histoire[1] (négation qui serait dénuée de sens) mais critique seulement l'attitude qui vise à faire de l'histoire un absolu. Ce n'est pas l'histoire qui est donc rejetée, mais une vue de l'esprit quant à l'histoire; non pas la réalité, mais par exemple votre critique, et sa thèse. Ce dernier reconnaît d'ailleurs que certains de mes textes vont contre cette thèse. Mais il se demande seulement par quel sortilège ces textes ne changent rien à sa conviction. C'est un miracle en effet. Et on jugera de son étendue en sachant que ce n'est pas seulement deux ou trois textes qui vont contre cette inébranlable conviction mais le livre entier, sa démarche, ses analyses et même, j'en demande pardon à Hegel dont on me récite doctoralement trois pages sur les inconvénients du cœur, sa passion profonde. Un critique sagace et loyal, dans tous les cas, au lieu de s'essayer à ridiculiser une thèse imaginaire, se fût confronté à ma vraie thèse : celle qui veut que le service de l'histoire pour elle-même aboutisse à un nihilisme. Il eût alors essayé de démontrer que l'histoire peut fournir à elle seule des valeurs qui ne sont pas celles de la seule force, ou encore tenté de prouver qu'on peut se conduire dans l'histoire sans faire appel à aucune valeur[2]. Je ne crois pas ces démonstrations faciles. Mais je me garderais de les croire impossibles à des esprits mieux armés que le mien. De les tenter au moins nous eût fait tous ensemble progresser et, à vrai dire, je n'en attendais pas moins de vous.

J'ai eu tort. Votre collaborateur a préféré supprimer l'histoire dans mon raisonnement pour mieux pouvoir m'accuser de la supprimer dans sa réalité. L'opération n'étant pas aisée, il lui a bien fallu utiliser une méthode de torsion qui est incompatible avec l'idée que je me fais d'un labeur[1] qualifié. Je me résumerai en vous donnant un exemple définitif de cette méthode. Votre critique me fait écrire en effet que l'existentialisme (comme le stalinisme) est prisonnier de l'histoire. Il triomphe alors à peu de frais en m'assenant ce lieu commun que nous sommes tous, et moi-même, prisonniers de l'histoire, et qu'il ne me revient pas de prendre des airs émancipés. Sans doute, et ce sont là des choses que, peut-être, je sais mieux que lui. Mais au fait, qu'avais-je écrit? Que l'existentialisme était « pour le moment soumis lui aussi à l'historisme et ses contradictions ». Votre article, ici comme dans tout l'ouvrage, remplace historisme par histoire, ce qui, en effet, suffit à transformer le livre en son contraire et son auteur en idéaliste impénitent[2]. Je vous laisse seulement à juger du sérieux ou de la dignité d'une pareille méthode.

Après cela, il importe peu que votre critique examine de façon résolument futile, ou plaisante, ou dédaigneuse, certaines démonstrations secondaires, ni qu'il pousse l'inconscience jusqu'à reprendre mes thèses pour les opposer à la thèse imaginaire qu'il a entrepris de combattre*. Son travail est accompli, je suis jugé, et mon juge l'est aussi. Il peut décider que j'enseigne à me détacher de l'histoire, à ne rien entreprendre et à renoncer à toute efficacité[3]. Me jetant alors à la face Indochinois, Algériens, Malgaches et mineurs de fond pêle-mêle, il peut conclure que cette position, que je n'ai jamais tenue, est intenable. Il lui suffira en effet, pour détruire le dernier obstacle à une si équitable démonstration, de refaire ma biographie au mieux des intérêts de sa thèse, d'expliquer par exemple que j'ai longtemps vécu dans l'euphorie un peu obnubilée des plages méditerranéennes, que la résistance (qu'il faut bien justifier dans mon cas) m'a révélé l'histoire dans les seules conditions qui pouvaient me permettre de l'avaler, à petites doses et purifiée, que

---

* Pour finir, il récrit en effet certaines pages de *l'Homme révolté*, mais en les reprenant à son compte. L'arrière-pensée, seule, change. Plus loin, je dirai comment.

les circonstances ont changé, l'histoire devenant trop brutale pour mon organisation exquise, et qu'aussitôt j'ai employé les[1] habiletés formelles dont je dispose à préparer mon repli et justifier un avenir de retraité, ami des arts et des bêtes. Je pardonne de grand cœur ces innocentes sottises. Votre collaborateur n'est pas forcé de savoir que ces problèmes coloniaux dont il nous laisse croire qu'ils l'empêchent de dormir m'ont empêché, il y a déjà vingt ans, de céder au total abrutissement du soleil. Ces Algériens dont il fait son pain quotidien ont été jusqu'à la guerre mes camarades dans un combat plutôt inconfortable. Il n'est pas non plus forcé de comprendre que la Résistance[2] (où je n'ai joué qu'un rôle secondaire) ne m'a jamais paru une forme heureuse ni facile de l'histoire, pas plus qu'à aucun de ceux qui en ont, eux, vraiment souffert, qui y ont tué ou qui y sont morts. Peut-être cependant faudrait-il vous dire que, s'il n'est pas vrai que je me prépare une saine retraite consacrée aux loisirs de l'art, il est bien vrai qu'une pareille attitude et celle de quelques autres auraient de quoi m'y pousser. Mais je le dirais tout droit dans ce cas et n'irais pas jusqu'à écrire quatre cents pages pour m'en justifier[3]. Cette méthode directe aurait seule mon estime que, pour finir, je ne puis accorder, vous l'avez déjà compris, à votre article. Je n'y ai lu en effet ni générosité ni loyauté à mon égard, mais seulement le refus de toute discussion approfondie et la volonté vaine de trahir une position qu'on ne pouvait traduire sans se mettre aussitôt dans le cas d'en débattre vraiment.

[4]Ceci étant bien clair, comment expliquer que votre article se soit cru en droit de travestir ainsi une thèse dont je continue de penser qu'elle méritait au moins, à défaut de votre sympathie, un examen honnête. Pour répondre à cette question, je suis obligé[5] de prendre à mon tour la position de critique et de retourner un peu la situation. Ce sera la retourner en effet que de démontrer que l'attitude dont témoigne votre article s'appuie philosophiquement sur la contradiction et le nihilisme, et, historiquement, sur l'inefficacité.

Commençons par la contradiction. Pour la résumer très grossièrement, tout se passe dans votre article comme si vous défendiez le marxisme en tant que dogme implicite sans pouvoir l'affirmer en tant que politique ouverte. Je justifierai d'abord, et nuancerai, la première partie de ma proposition. Vous n'êtes sans doute pas marxiste, comme chacun sait, au sens strict du terme. On trouve cependant dans votre article :

1° Un essai indirect pour pousser à droite, même dans mon cas, tout ce qui est critique du marxisme (voir ce qui précède);

2° L'affirmation par la méthode d'autorité, appuyée sur Marx et sur Hegel, que l'idéalisme (avec lequel on essaie, malgré mon livre, de me confondre) est une philosophie réactionnaire;

3° Le silence ou la dérision à propos de toute tradition révolutionnaire qui ne soit pas la marxiste. La Ire Internationale et le mouvement bakouniniste, encore vivant parmi les masses de la C.N.T. espagnole et française, sont ignorés. Les révolutionnaires de 1905 dont l'expérience est au centre de mon livre sont totalement passés sous silence. Le syndicalisme révolutionnaire est raillé pendant que mes vrais arguments en sa faveur, appuyés sur ses conquêtes et sur l'évolution proprement réactionnaire du socialisme césarien, sont escamotés. Votre collaborateur écrit comme s'il ignorait que le marxisme n'inaugure pas plus la tradition révolutionnaire que l'idéologie allemande n'ouvre les temps de la philosophie. Alors que *l'Homme révolté*[1], tout en exaltant la tradition révolutionnaire non marxiste, ne nie pas l'importance et les acquisitions du marxisme, votre article, curieusement, est développé comme s'il n'y avait jamais eu que la tradition marxiste. Le travestissement qu'il fait de ma thèse est à cet égard significatif. En postulant, sans daigner s'expliquer, que le syndicalisme révolutionnaire ou ce qui lui ressemble ne peut être élevé à la dignité historique, il laisse croire, contrairement à vos anciennes positions[2], qu'il n'y a pas de troisième solution et que nous n'avons pas d'autre issue que le « statu quo » ou le socialisme césarien; il pousse alors à conclure, justifiant ainsi ce qu'il y a de pire dans notre temps, que la vérité en histoire s'identifie au succès. Seul, pour finir, le marxisme sera révolutionnaire parce que seul, aujourd'hui, dans le mouvement révolutionnaire, il dispose d'une armée et d'une police.

Ces trois symptômes en tout cas m'autorisent à dire que votre article est conduit comme si le marxisme y était tenu pour un dogme implicite. Car s'il est possible de réfuter l'idéalisme au nom d'une philosophie, même relativiste, de l'histoire, il est déjà plus difficile d'en faire une théorie réactionnaire sans faire appel au matériel d'idées et de concepts qu'on trouve chez Marx. Et il est franchement impossible de dénier au socialisme non marxiste, et par exemple à la morale du risque historique qui est définie dans mon livre, toute efficacité et tout sérieux sans le faire au nom d'une nécessité historique qu'on ne trouve que chez Marx et ses disciples. Votre article, s'il pouvait enrichir quelque chose, renforcerait seulement la philosophie marxiste de l'histoire.

Mais en même temps cette philosophie n'est pas affirmée comme politique ouverte et j'en veux pour preuve deux symptômes d'embarras.

1º Le refus de discuter réellement les thèses sur Marx et sur Hegel et de prendre explicitement position à cet égard. Oui ou non, y a-t-il une prophétie marxiste, et est-elle aujourd'hui contredite par de nombreux faits? Oui ou non, *la Phénoménologie de l'esprit* autorise-t-elle une théorie du cynisme politique et, par exemple, y a-t-il eu, oui ou non, des hégéliens de gauche, et ces derniers ont-ils influencé en ce sens le communisme du XXᵉ siècle? Ces thèses, centrales dans mon livre, ne sont même pas effleurées dans votre article. Sur le premier point, par exemple, je n'ai pas dit que Marx avait tort dans sa méthode critique (j'en ai fait l'éloge au contraire), mais qu'une grande partie de ses prédictions s'était effondrée. C'était là ce qu'il fallait discuter. Votre article s'est borné à rapporter que je ne louais Marx que pour mieux l'accabler*. Laissons de côté cette trop méthodique surdité. Mais cette carence a le même sens que celle, totale, de mes critiques marxistes. Elle peut naturellement signifier qu'on tient en tel mépris l'intelligence, ou la compétence, de l'auteur dont on parle qu'on se refuse même à le discuter. Et c'est en effet l'air de supériorité

---

* Je dis textuellement que Marx a mêlé dans sa doctrine « la méthode critique la plus valable et le messianisme utopique le plus contestable ».

que parfois, et à juste titre, je n'en doute pas, se donne votre critique. Mais alors pourquoi parler de cet auteur et de son livre? À partir du moment où il en parle, la carence de votre collaborateur comme celle des marxistes oblige à penser que les thèses de Marx sont considérées comme intouchables[1]. Or, elles ne peuvent point l'être car le marxisme lui aussi est une superstructure. Si l'on croit aux infrastructures comme, « de toute évidence », y croit votre revue, il faut bien admettre en effet que le marxisme, après un siècle de transformations accélérées dans notre économie, doit être périmé au moins en quelque endroit et peut donc relever, sans scandale, d'une critique comme la mienne. Ne pas l'admettre revient à nier les infrastructures et à se retrouver idéaliste. Le matérialisme historique, par sa logique même, doit se dépasser ou se contredire, se corriger ou se démentir. Quiconque en tout cas le traite avec sérieux doit le critiquer, et d'abord les marxistes. Il faut donc, par nécessité, si l'on en traite, le discuter, et votre article ne le discute pas. Comme je ne puis conclure que votre collaborateur traite avec frivolité une doctrine dont il fait constamment son fruit, je me bornerai à noter son embarras qui me paraît au demeurant redoubler dès qu'il s'agit des implications politiques de sa thèse;

2° Il fait silence en effet sur tout ce qui, dans mon livre, touche aux malheurs et aux implications proprement politiques du socialisme autoritaire. En face d'un ouvrage qui, malgré son irréalisme, étudie en détail les rapports entre la révolution du XXe siècle et la terreur, votre article ne contient pas un mot sur ce problème et se réfugie à son tour dans la pudeur. Une seule phrase, à la fin, suggère que l'authenticité de la révolte est exposée en permanence à de redoutables mystifications. Ceci concerne tout le monde et personne, et me paraît coupablement entaché de cette vaine mélancolie que votre article, avec Hegel, impute aux belles âmes. Il me paraît difficile en tout cas, si l'on est d'avis que le socialisme autoritaire est l'expérience révolutionnaire principale de notre temps, de ne pas se mettre en règle avec la terreur qu'il suppose, aujourd'hui précisément, et, par exemple, toujours pour rester dans la réalité, avec le fait concentrationnaire. Aucune critique de mon livre, qu'elle soit pour ou contre, ne peut laisser ce problème de côté*. Je sais sans doute que le rappel de certaines réalités vraiment trop temporelles cause toujours quelque impatience aux[1] serviteurs de l'histoire. Mais enfin, outre que cette impatience, si douloureuse soit-elle, ne peut être mise en balance avec la souffrance, indubitablement historique, celle-là, de millions d'hommes, je trouverais normal, et presque courageux, qu'abordant franchement le problème vous justifiiez l'existence de ces camps. Ce qui est anormal et trahit de l'embarras, c'est que vous n'en parliez point en parlant de mon livre, quitte à m'accuser de ne pas me placer au cœur des choses.

[2]À comparer ces deux séries de symptômes, on peut juger en tout cas que mon interprétation a pour elle la vraisemblance : votre article semble dire oui à une doctrine et faire silence sur la politique qu'elle entraîne. Il faut voir seulement que cette contradiction de fait traduit une antinomie plus profonde qu'il me reste à décrire et qui oppose votre collaborateur à ses propres principes.

Il me semble déjà que ce dernier permet de comprendre ce conflit lorsqu'il nous parle de nos yeux « incorrigiblement bourgeois ». Le pluriel ici est sans doute de trop, mais l'adverbe est significatif. Il y a du repentir en effet dans le cas de ces intellectuels bourgeois qui veulent expier leurs origines, fût-ce au prix de la contradiction et d'une violence faite à leur intelligence. Dans le cas qui nous occupe par exemple, c'est le bourgeois qui est marxiste, alors que l'intellectuel défend une philosophie qui ne peut se concilier avec le marxisme. Et ce n'est pas sa doctrine propre que l'auteur de cet article singulier défend (elle peut se défendre par des moyens décents et par le seul exercice de l'intelligence), c'est le point de vue[3] et les passions du bourgeois repenti. Peut-être cela est-il à certains égards pathétique. Mais je ne cherche ici ni à expliquer ni à juger; je ne m'intéresse qu'à décrire

---

* Il faut répondre ici à l'objection : « Nous balayons d'abord devant notre porte : le Malgache avant le Kirghize. » Cette objection, parfois valable, ne l'est pas dans le cas présent. Vous gardez le droit relatif d'ignorer le fait concentrationnaire en Russie tant que vous n'abordez pas les questions posées par l'idéologie révolutionnaire **en général**, le marxisme en particulier. Vous le perdez si vous les abordez. Et vous les abordez en parlant de mon livre.

une contradiction, latente dans votre article, et avouée ainsi au détour d'une phrase. Il faut bien dire qu'elle est ici essentielle. Comment ne le serait-elle pas en effet puisqu'on ne saurait être vraiment marxiste à partir de vos propres principes ? Et si on ne l'est pas, comment condamner mon livre absolument ? Pour affirmer la thèse qu'il se borne à utiliser, votre critique devrait réfuter d'abord les livres de la plupart de vos collaborateurs et ensuite certains éditoriaux de votre revue. Pour légitimer la position qu'il prend en face de mon livre, il lui faudrait démontrer, contre tous *les Temps modernes*, que l'histoire a un sens nécessaire et une fin, que le visage affreux et désordonné qu'elle nous montre n'est qu'un leurre et qu'au contraire, elle progresse inévitablement, quoique avec des hauts et des bas, vers ce moment de réconciliation où nous pourrons sauter dans la liberté définitive[1]. Même s'il déclarait n'admettre qu'une partie du marxisme et en rejeter une autre, la seule qu'il puisse élire sans contredire vos postulats est le marxisme critique, non le prophétique. Mais il reconnaîtrait alors le bien-fondé de ma thèse et démentirait son article. Seuls les principes du marxisme prophétique (avec ceux d'une philosophie de l'éternité) peuvent en effet autoriser le rejet pur et simple de ma thèse. Mais peut-on sans contradiction les affirmer nettement dans votre revue ? Car après tout, si l'homme n'a pas de fin qu'on puisse élire en règle de valeur, comment l'histoire aurait-elle un sens dès maintenant perceptible ? Si elle en a un, pourquoi l'homme n'en ferait-il pas sa fin ? Et s'il le fait, comment serait-il dans la terrible et incessante liberté dont vous parlez ? Ces objections, qui pourraient être développées, sont à mon sens considérables. Elles ne le sont pas moins, sans doute, aux yeux de votre critique puisqu'il élude totalement la seule discussion qui aurait dû intéresser *les Temps modernes* : celle qui concerne la fin de l'histoire. *L'Homme révolté* tente de montrer en effet que les sacrifices exigés, hier et aujourd'hui, par la révolution marxiste ne peuvent se justifier qu'en considération d'une fin heureuse de l'histoire et qu'en même temps la dialectique hégélienne et marxiste, dont on ne peut arrêter le mouvement que de façon arbitraire, exclut cette fin. Sur ce point, pourtant longuement développé dans mon livre, votre rédacteur ne dit mot[2]. Mais c'est que l'existentialisme dont il fait profession serait menacé dans ses fondements mêmes s'il admettait l'idée d'une fin prévisible de l'histoire. Pour se concilier le marxisme, il lui faudrait à la limite démontrer cette difficile proposition : l'histoire n'a pas de fin, mais elle a un sens qui, cependant, ne lui est pas transcendant. Cette conciliation périlleuse est peut-être possible et je ne demande qu'à la lire. Mais[1] tant qu'elle n'aura pas été établie et tant que vous accepterez la contradiction dont témoigne votre article, vous n'échapperez pas à des conséquences qui me paraissent à la fois frivoles et cruelles. Libérer l'homme de toute entrave pour ensuite l'encager pratiquement dans une nécessité historique revient en effet à lui enlever d'abord ses raisons de lutter pour enfin le jeter à n'importe quel parti, pourvu que celui-ci n'ait d'autre règle que l'efficacité. C'est alors passer, selon la loi du nihilisme, de l'extrême liberté à l'extrême nécessité; ce n'est rien d'autre que se vouer à fabriquer des esclaves. Quand, par exemple, votre rédacteur fait semblant, après l'avoir longuement dévalorisée, de concéder quelque chose à la révolte, quand il écrit : « Maintenue vive au cœur d'un projet révolutionnaire, la révolte peut sans doute contribuer à la santé de l'entreprise », je peux m'étonner de me voir opposer cette belle pensée alors que j'ai écrit textuellement : « L'esprit révolutionnaire en Europe peut aussi, pour la première et la dernière fois, réfléchir sur ses principes, se demander quelle est la déviation qui l'égare dans la terreur et dans la guerre et retrouver, avec les raisons de sa révolte, sa fidélité. » Mais aussi bien l'accord n'est qu'apparent. La vérité est que votre collaborateur voudrait qu'on se révoltât contre toute chose, sauf contre le parti et l'État communistes[2]. Il est en effet pour la révolte, et comment ne le serait-il pas dans la condition que sa philosophie lui décrit? Mais il est tenté par la révolte qui prend la forme historique la plus despotique, et comment ferait-il autrement puisque pour le moment cette philosophie ne donne ni forme ni nom à cette farouche indépendance[3]. S'il veut se révolter, il ne peut le faire au nom de cette nature humaine que vous niez; il le fera donc, théoriquement, au nom de l'histoire, à la condition, puisqu'on ne peut s'insurger au nom de rien, qu'il s'agisse d'une histoire tout entière significative. Mais l'histoire, seule raison et seule règle, serait alors divinisée, et c'est l'abdication de la révolte devant ceux qui prétendent être les prêtres et l'Église de ce dieu. Ce serait aussi la négation de la liberté et de l'aventure existentielles. Tant que vous n'aurez pas éclairé ou démenti cette contradiction, défini votre conception de l'histoire, colonisé ou proscrit le marxisme, comment donc ne serions-nous pas fondés à dire que vous ne sortez pas, quoi que vous en ayez, du nihilisme ?

Et ce nihilisme, malgré les ironies de votre article, est aussi celui de l'inefficacité. Une attitude semblable cumule les deux sortes de nihilisme, celui de l'efficacité à tout prix et celui de l'abstention pratique. Elle revient à choisir contre la réalité un dogme réaliste auquel on se réfère constamment sans y adhérer[1] réellement. Ce n'est pas pour rien que votre article ne peut aborder de face la réalité d'un texte et s'oblige, pour le critiquer, à lui en substituer un autre. Ce n'est pas pour rien qu'en face d'un livre qui se préoccupe tout entier de la situation politique dans l'Europe de 1950, votre article ne fait aucune allusion aux questions de l'heure. C'est qu'à y faire allusion, il faudrait se prononcer et que, s'il n'est pas difficile, pour votre rédacteur, de choisir contre le racisme et le colonialisme[2], sa contradiction l'empêche de se prononcer nettement en ce qui concerne le stalinisme. Ainsi, lui qui rend le choix inévitable ne choisit rien, sinon une attitude de pure négativité. S'il choisit, en tout cas, il ne le dit pas, ce qui n'est pas choisir. Il semble dire qu'on ne peut être que communiste ou bourgeois et dans le même temps, sans doute pour ne rien perdre de l'histoire de son temps, il choisit d'être les deux. Il condamne, comme communiste, mais il travestit, comme bourgeois. Mais on ne peut être communiste sans avoir honte d'être bourgeois, et inversement ; à tenter d'être les deux, on cumule seulement deux sortes de gêne. C'est ainsi que l'auteur de votre article fait état d'un double embarras, l'un que lui causent ses yeux bourgeois, l'autre qui lui fait passer sous silence sa vraie pensée et l'oblige par conséquent à fausser la pensée des autres. On obtient ainsi, au lieu de doctrine et d'action, un curieux complexe où se mêlent repentir et suffisance. Si épuisant que soit ce double effort, je ne puis croire qu'il puisse jamais prétendre à s'insérer dans la réalité, sinon sous la forme d'une soumission.

Il n'autorise personne en tout cas à se poser en professeur d'énergie, à juger de haut ceux qui refusent le culte de l'efficacité pour elle-même, ni surtout à parler au nom des travailleurs et des opprimés. Et s'il est possible, certainement, de comprendre ce complexe, on ne peut pas, malgré tout, lui donner d'autre nom que le sien : une abstention, quoique privée de la modestie qui devrait l'accompagner et qui rend fécondes certaines abstentions.

Incapable de choisir entre la relative liberté et la nécessité de l'histoire, il faut craindre, pour finir, qu'une telle attitude n'amène seulement à penser dans le sens de la liberté et à voter dans celui de la nécessité, quitte à nous présenter ces belles accordailles comme un engagement viril. Mais on perd tout à vouloir tout gagner. Et votre critique, par exemple, qui m'accuse sans preuves (et même contre les preuves) de ne vouloir rien faire ou rien entreprendre, se voue à une autre sorte de folie qui enseigne à ne rien faire par le moyen de tout entreprendre. Criant que les autres se perdent dans les nuages, il vole ainsi entre ciel et terre, sans regarder à ses pieds où toutes les polices travaillent. Ignore-t-il vraiment que les polices travaillent ? Je ne veux même pas le savoir. Bien que je commence à être un peu fatigué de me voir, et de voir surtout de vieux militants qui n'ont jamais rien refusé des luttes de leur temps[1], recevoir sans trêve leurs leçons d'efficacité de la part de censeurs qui n'ont jamais placé que leur fauteuil dans le sens de l'histoire, je n'insisterai pas sur la sorte de complicité objective que suppose à son tour une attitude semblable. Car c'est ici que je risquerais, au nom même de ce tourment que votre article m'attribue en prime de consolation et dont j'aurais aimé que vous me fissiez grâce en pareille occasion, au nom même de cette misère[2] qui suscite des milliers d'avocats et jamais un seul frère, de cette justice qui a aussi ses pharisiens, de ces peuples cyniquement utilisés pour les besoins de la guerre et de la puissance, de ces victimes échangées par leurs bourreaux et doublement trompées, au nom enfin de tous ceux pour qui l'histoire est une croix avant d'être un sujet de thèse, oui, c'est ici que je risquerais de prendre un autre langage.

Mais[3] à quoi bon ? Bien que votre article ait voulu l'ignorer, nous sommes tous dans le risque et la peine, à la recherche de nos vérités. C'est pourquoi je ne prendrai pas aussi légèrement que vous le ton de la condamnation et, me bornant à vous signaler une contradiction, je ne préjugerai pas la solution que vous pourrez lui donner. Quant à moi, qui n'ai sans doute rien de définitif à proposer, il me semble parfois apercevoir à la fois ce qui, de ce vieux monde, doit mourir, à l'est comme à l'ouest, dans les doctrines comme dans l'histoire, et ce qui doit survivre. J'ai alors la certitude que notre unique tâche devrait être de défendre cette chance fragile. Mon livre n'avait peut-être pas d'autre sens, et certainement cette lettre n'a que ce sens. Si votre article avait été seulement frivole et son ton seulement inamical, je me serais tu. Si au contraire il m'avait sévèrement critiqué, mais avec droiture, je l'eusse accepté comme je l'ai toujours fait. Mais, pour des raisons de confort intellectuel et croyant qu'il en serait quitte pour ne pas me faire justice, son auteur a fait mine de se tromper sur ce qu'il lisait et de ne pas voir celui des visages de notre histoire que j'ai essayé de retracer. Par malheur, ce n'est pas à moi qu'alors il n'a pas fait justice, mais à nos raisons de vivre et de lutter, et au légitime espoir que nous avons de dépasser nos contradictions. Dès lors, le silence n'était plus possible. Car nous ne dépasserons rien, en nous et dans notre temps, si nous supportons, si peu que ce soit, d'oublier nos contradictions, d'utiliser dans les combats de l'intelligence des arguments et une méthode dont nous n'acceptons pas d'autre part les justifications philosophiques, si nous consentons à libérer théoriquement l'individu tout en admettant pratiquement que l'homme puisse être dans certaines conditions asservi, si nous souffrons de railler tout ce qui fait la fécondité et l'avenir de la révolte au nom de tout ce qui, en elle, aspire à la soumission, si enfin nous croyons pouvoir refuser tout choix politique sans cesser de justifier que, parmi les victimes, certaines soient citées à l'ordre de l'histoire et d'autres exilées dans un oubli sans âge. Ces adroites distinctions, pour finir, accablent la misère qu'à grand fracas on prétendait servir. Nous ne combattrons pas, soyez-en sûr, les maîtres insolents de notre temps en distinguant entre leurs esclaves. Que serait-ce d'autre que de distinguer du même coup entre les maîtres et se résigner à une préférence qui devrait alors être reconnue ouvertement? La belle méthode que j'ai essayé de décrire ici mène dans tous les cas à ces conséquences que vous pourrez sans doute refuser comme vous l'avez fait jusqu'à présent, mais à la seule condition, et ceci résume ma lettre, de renoncer ouvertement à la méthode elle-même et à ses vains avantages.

CRÉATION ET LIBERTÉ

DÉFENSE DE LA LIBERTÉ*

Invité récemment à écrire dans une brochure consacrée à Henri Martin[1], et dont on m'annonçait qu'elle était préparée, en particulier, par les rédacteurs des *Temps modernes*, j'ai refusé. Ma raison est simple : c'est compromettre désormais les valeurs de liberté, entre autres valeurs, que de les défendre auprès des *Temps modernes* et de ceux qui les approuvent. Dans le seul cas où une vie est en jeu (comme dans le cas des époux Rosenberg[2], dont tous, sans exception, doivent demander la grâce) il est indifférent d'accepter toutes les confusions. Pour le reste, nous avons besoin de clarté, et Henri Martin, plus que nous tous, qui paie chaque équivoque de jours de prison supplémentaires.

Au contraire, si l'on essaie de jeter un peu de clarté sur l'affaire de ce dernier, en écartant les malentendus et les ambiguïtés dont elle est recouverte, il devient possible de prendre une position. La mienne, que je voudrais motiver ici, pour autant qu'on me le demande, est qu'il est nécessaire de libérer Henri Martin.

On a d'abord confondu dans la presse, et souvent volontairement, l'inculpation de sabotage dont Henri Martin a pourtant été déchargé et celle de distribution de tracts à l'intérieur d'une enceinte militaire, dont il a été, au contraire, convaincu. Cette dernière affaire aurait pu être réglée dans l'armée de mer elle-même, par voie disciplinaire, comme cela s'est déjà vu. Mais la peine eût été beaucoup plus légère que celle infligée à l'inculpé.

Quelques semaines ou quelques mois d'arrêt de forteresse eussent suffi à sanctionner une infraction sérieuse à cette loi militaire qu'Henri Martin acceptait de son plein gré en s'engageant dans la Marine. Au lieu de quoi, un tribunal d'officiers prononça une peine considérable et démontra ainsi qu'il ne sanctionnait pas seulement un

---
* *Franc-Tireur*, décembre 1952.

manquement à la loi de l'armée mais, plus généralement, la nature de la propagande répandue par ces tracts, c'est-à-dire l'opposition à la guerre d'Indochine.

On tombait ainsi sous le coup d'une objection difficilement réfutable. Car, dans ce cas, tous ceux qui, dans des journaux forcément lus par des soldats, disent ce qu'ils voient, que la guerre d'Indochine est une impasse, qu'elle coûte très cher en sang et en douleurs, qu'elle est un lourd fardeau pour le budget du pays et aussi pour sa conscience, et qu'il est souhaitable de chercher au moins les moyens d'y mettre fin, devraient aussi prendre le chemin des prisons. La seule chose qui les distingue d'Henri Martin est qu'ils ne sont pas militaires. Mais, à partir du moment où l'on ne sanctionne pas seulement l'infraction d'Henri Martin à la loi militaire, on identifie son cas à celui des opposants à la guerre d'Indochine. Et si on le distingue pourtant en le condamnant si lourdement, on donne alors à penser que sa qualité de communiste constitue, dans son cas, une circonstance aggravante.

Il vaudrait donc mieux dire, si l'on tient à le garder en prison, qu'on l'y garde parce qu'il est communiste. Il resterait seulement à justifier cette décision et ensuite à construire, à défaut des logements dont nous avons besoin, les milliers de prisons nécessaires pour contenir plusieurs millions d'électeurs communistes. Personnellement, quoique fermement opposé à la doctrine et à la pratique du communisme stalinien, je crois que cette justification est impossible et qu'il faut au contraire faire bénéficier les communistes des libertés démocratiques dans toute la mesure où les autres citoyens en bénéficient.

Bien entendu, je ne me fais aucune illusion sur le goût des dirigeants communistes pour les libertés démocratiques dès qu'il s'agit de leurs adversaires. J'estime seulement que les incessants procès staliniens, par exemple, et ces repoussantes séances où une femme et un fils viennent demander le pire châtiment pour leur mari ou leur père, constituent la plus grande faiblesse des régimes dits « populaires ».

Et je crois que les vrais libéraux ne gagneront rien à abdiquer leur plus grande force, celle qui a déjà fait reculer en Occident, auprès des individus et des collectivités, les entreprises de colonisation stalinienne : la force de l'équité et le prestige de la liberté. Une démocratie, en tout cas, ne peut, sans se contredire, réduire une doctrine par les tribunaux, mais seulement la combattre sans faiblesse tout en lui assurant la liberté d'expression.

Une police, à moins de généraliser la terreur, n'a jamais pu résoudre les problèmes posés par une opposition. Ce n'est pas par la répression qu'on répondra aux questions posées par les peuples colonisés, la politique des taudis et l'injustice sociale. La démocratie, si elle est conséquente, ne peut bénéficier des avantages du totalitarisme. Tout ce qu'elle peut s'efforcer de faire, c'est d'opposer à l'injustice appuyée sur la force, la force fondée sur la justice. Elle doit donc, ou bien accepter son handicap, reconnaître ses tares considérables et entreprendre alors les réformes qui feront sa véritable force, ou bien renoncer à elle-même pour devenir totalitaire (et dans ce cas au nom de quoi combattrait-elle le totalitarisme?).

Ce principe vaut pour Henri Martin. L'acte qui lui est reproché est en lui-même un acte d'opposition politique, commis dans des circonstances particulières. La peine disproportionnée dont il a été frappé ne vise pas seulement ces circonstances. Elle est ostensiblement injuste. La simple équité et la règle de la démocratie (jusqu'à ce qu'on y renonce, mais alors il faut le dire) demande qu'il soit libéré sans tarder.

On m'assure que le gouvernement ne voudra rien faire pour Henri Martin tant que durera la campagne communiste qui, elle, se refuse à cesser tant que le gouvernement ne fera rien. On est décidé des deux côtés à ne pas perdre la face. Le monde entier, on le voit, refuse aujourd'hui de perdre la face. Pourtant elle n'est pas si belle, selon moi, qu'il faille la conserver à tout prix. Mais non, ils y tiennent, c'est un fait. C'est pourquoi il revient à ceux qui sont moins ombrageux quant à leur mine de rappeler que ces beaux défis se font autour d'une cellule de prisonnier.

La prison aujourd'hui ne paraît rien. On en a vu d'autres, évidemment, et après tant de crimes équitablement partagés par les dictatures progressistes ou réactionnaires, les onze condamnés[1] qu'on a exécutés à Prague, avant d'aller à Vienne[2] parler un peu de paix, jettent aujourd'hui encore une ombre sinistre sur tout le reste. Il n'empêche pourtant que, malgré les millions de morts et de suppliciés dont s'est honorée et s'honore encore l'Europe, cinq ans de la vie d'un homme gardent toujours le même prix démesuré. Il reste que la prison est un supplice quotidien que personne n'est en droit d'infliger à un être vivant au seul nom d'une opinion ou d'une conception du monde. Il n'importe pas que la libération d'Henri Martin soit utilisée si elle est juste. Une équité sûre d'elle-même est assez généreuse pour accepter tranquillement d'être utilisée, défiant par là toute utilisation. Ce ne sont pas les ennemis de la liberté, ni ses démissionnaires, mais ce sont ses vrais défenseurs, ceux qui justement ne consentiront jamais, même pour l'amour d'un beau raisonnement, à distinguer doctoralement entre les antisémitismes ou à excuser la répugnante mise en scène des procès d'aveux, qui doivent, au nom même de ce qu'ils défendent contre l'esprit totalitaire, demander la libération d'Henri Martin au gouvernement français.

L'ESPAGNE ET LA CULTURE*

(30 novembre 1952)

Nous avons à célébrer aujourd'hui une nouvelle et réconfortante victoire de la démocratie. Mais c'est une victoire qu'elle a remportée sur elle-même et sur ses propres principes. L'Espagne de Franco est introduite à la sauvette dans le temple bien chauffé de la culture et de l'éducation pendant que l'Espagne de Cervantes et d'Unamuno² est une fois de plus jetée à la rue. Quand on sait qu'à Madrid le ministre actuel de l'Information, collaborateur désormais direct de l'U.N.E.S.C.O., est celui-là même qui fit la propagande des nazis pendant le règne de Hitler, quand on sait que le gouvernement qui vient de décorer le poète chrétien Paul Claudel est celui-là même qui décora de l'ordre des Flèches Rouges Himmler, organisateur des crématoires, on est fondé à dire, en effet, que ce n'est pas Calderon ni Lope de Vega que les démocraties viennent d'accueillir dans leur société d'éducateurs mais Joseph Gœbbels³. Sept ans après la fin de la guerre, ce superbe reniement devrait valoir nos félicitations au gouvernement de M. Pinay. Ce n'est pas à lui, en effet, qu'on pourra reprocher de s'embarrasser de scrupules quand il s'agit de haute politique. Tout le monde croyait jusqu'ici que le sort de l'histoire dépendait un peu de la lutte des éducateurs contre les bourreaux. Mais on n'avait pas pensé qu'il suffisait, en somme, de nommer officiellement les bourreaux éducateurs. Le gouvernement de M. Pinay y a pensé.

Bien sûr, l'opération est un peu gênante et il a fallu la faire à toute allure. Mais quoi, l'école est une chose, le marché en est une autre ! Dans cette histoire, à vrai dire, c'est un peu le marché d'esclaves. On échange les victimes de la Phalange contre les sujets des colonies.

---

* Allocution prononcée à la salle Wagram, le 30 novembre 1952¹.

Quant à la culture, ce sera pour plus tard. Du reste ce n'est pas l'affaire des gouvernements. Les artistes font la culture, les gouvernements la contrôlent ensuite et à l'occasion suppriment les artistes pour mieux la contrôler. Un jour vient enfin où une poignée de militaires et d'industriels peut dire « nous » en parlant de Molière et de Voltaire ou imprimer en les défigurant les œuvres du poète qu'ils ont préalablement fusillé. Ce jour-là, qui est celui où nous sommes, devrait nous inspirer au moins une pensée de compassion pour le pauvre Hitler. Au lieu de se tuer par excès de romantisme, il lui eût suffi d'imiter son ami Franco et de patienter. Il serait aujourd'hui délégué de l'U.N.E.S.C.O. à l'éducation du Haut-Niger, et Mussolini lui-même contribuerait à élever le niveau culturel de ces petits Éthiopiens dont il massacra un peu les pères, il n'y a pas si longtemps. Alors, dans une Europe enfin réconciliée, on assisterait au triomphe définitif de la culture, à l'occasion d'un immense banquet de généraux et de maréchaux servis par une escouade de ministres démocrates, mais résolument réalistes.

Le mot dégoût serait ici un mot bien faible. Mais il me paraît désormais inutile de dire une fois de plus notre indignation. Puisque nos gouvernants sont assez intelligents et réalistes pour se passer d'honneur et de culture, ne cédons rien au sentiment et tâchons au contraire d'être réalistes. Puisque c'est la considération objective de la situation historique qui porte Franco à l'U.N.E.S.C.O., huit ans après que la puissance des dictatures s'est écroulée dans les ruines de Berlin, soyons donc objectifs et raisonnons froidement sur les arguments qu'on nous présente pour justifier le maintien de Franco.

Le premier argument touche au principe de non-intervention. On peut le résumer ainsi : les affaires intérieures d'un pays ne regardent que ce pays. Autrement dit, un bon démocrate reste toujours chez lui. Ce principe est inattaquable. Il a des inconvénients sans doute. L'arrivée au pouvoir de Hitler ne concernait que l'Allemagne, et les premiers concentrationnaires, juifs ou communistes, étaient allemands en effet. Mais, huit ans après, Buchenwald, capitale de la douleur, était une ville européenne. Il n'empêche, le principe est le principe, le voisin est maître chez lui. Admettons-le donc et reconnaissons que notre voisin de palier peut parfaitement battre sa femme et faire boire du calvados à ses enfants. Il y a bien dans notre société un petit correctif. Si le voisin exagère, on lui enlèvera ses enfants et on les confiera à une œuvre d'utilité publique. Franco, lui, peut exagérer. Mais supposons encore que le voisin puisse se payer sans limites sur la bête domestique. Vous n'y pouvez rien, c'est entendu. La correction qu'il mérite, vous l'avez au bout des doigts, mais vous mettez vos mains dans vos poches parce que ce ne sont pas vos affaires. Seulement, si ce voisin est en même temps commerçant, vous n'êtes pas forcé de vous servir chez lui. Rien ne vous oblige non plus à le ravitailler, à lui prêter de l'argent, ni à dîner avec lui. Vous pouvez, en somme, sans intervenir dans ses affaires, lui tourner le dos. Et si même assez de gens dans le quartier le traitent ainsi, il aura l'occasion de réfléchir, de voir où sont ses intérêts, et une chance au moins de changer la conception qu'il a de l'amour familial. Sans compter que cette quarantaine peut donner un argument à sa femme. Ce serait là, n'en doutons pas, la véritable non-intervention. Mais à partir du moment où vous dînez avec lui, où vous lui prêtez de l'argent, vous lui donnez les moyens, et la bonne conscience, nécessaires pour continuer, et vous pratiquez cette fois une véritable intervention, mais contre les victimes. Et quand, enfin, vous collez subrepticement l'étiquette « vitamines » sur la bouteille de calvados dont il réconforte ses enfants, quand surtout vous décidez aux yeux du monde de lui confier l'éducation des vôtres, alors vous voilà plus criminel que lui pour finir, et deux fois criminel puisque vous encouragez le crime et que vous l'appelez vertu.

Ici intervient un second argument qui consiste à dire qu'on aide Franco, malgré ses inconvénients, parce qu'il s'oppose au communisme. Il s'y oppose d'abord chez lui. Il s'y oppose ensuite en fournissant les bases nécessaires à la stratégie de la prochaine guerre. Là encore ne nous demandons pas si ce raisonnement est glorieux, demandons-nous s'il est intelligent.

Remarquons d'abord qu'il contredit absolument le raisonnement précédent. On ne peut être pour la non-intervention et vouloir empêcher un parti, quel qu'il soit, de triompher dans un pays qui n'est pas le vôtre.

Mais cette contradiction n'effraie personne. C'est que personne n'a jamais cru réellement, sauf peut-être Ponce Pilate, à la non-intervention en politique étrangère. Soyons donc sérieux, supposons qu'on puisse imaginer une seule seconde de s'allier avec Franco pour conserver nos libertés et demandons-nous en quoi il pourra aider les stratèges atlantiques dans leur lutte contre les stratèges orientaux. C'est d'abord une expérience constante dans l'Europe contemporaine que le maintien d'un régime totalitaire signifie à plus ou moins brève échéance le renforcement du communisme. C'est dans les pays où la liberté est une pratique nationale en même temps qu'une doctrine que le communisme ne prospère pas. Rien ne lui est plus facile au contraire, l'exemple des pays d'Europe orientale le prouve, que de mettre ses pas dans ceux du fascisme. C'est certainement en Espagne que le communisme a le moins de chances parce qu'il a devant lui une véritable gauche populaire et libertaire, et le caractère espagnol tout entier. Aux dernières élections libres en Espagne, en 1936, les communistes n'obtinrent que 15 sièges sur 443 aux Cortès. Et il est bien vrai qu'il ne faudra pas moins que la conjuration de la sottise internationale pour faire un marxiste conséquent d'un Espagnol. Mais à supposer encore, ce qui est absurde, que le régime de Franco soit le seul rempart devant le communisme, et puisque nous en sommes au réalisme, que penser d'une politique qui, voulant affaiblir le communisme sur un point, le renforcerait sur dix autres ? Car rien ne pourra jamais empêcher que, pour des millions d'hommes en Europe, l'affaire d'Espagne, comme l'antisémitisme, comme les camps de concentration ou la technique des procès d'aveux, constitue un test qui permet de juger la sincérité d'une politique démocratique. Et le maintien systématique de Franco empêchera toujours ces hommes de croire à la sincérité des gouvernements démocratiques lorsqu'ils prétendent représenter la liberté et la justice. Ces hommes ne pourront jamais consentir à défendre la liberté aux côtés des assassins de toute liberté. Une politique qui met tant d'hommes libres dans cette impasse peut-elle s'appeler une politique réaliste ? Elle est seulement une politique criminelle puisque, consolidant le crime, elle ne tend qu'à désespérer tous ceux, Espagnols et autres, qui refusent le crime, d'où qu'il vienne.

Quant à la valeur purement stratégique de l'Espagne, je n'ai pas qualité pour en parler, étant un éternel débutant dans l'art militaire. Mais je ne donnerai pas cher de la plate-forme ibérique le jour où les parlements français et italien compteront quelques centaines de députés communistes nouveaux. Pour avoir voulu arrêter le communisme en Espagne par des moyens indignes, on donnera une chance sérieuse à la communisation de l'Europe, et si elle s'accomplit, l'Espagne sera communisée par-dessus le marché et de cette plate-forme stratégique partiront alors des arguments qui convaincront enfin les penseurs de Washington. « Nous ferons donc la guerre », diront ces derniers. Sans doute, et peut-être même vaincront-ils. Mais je pense à Goya et à ses cadavres mutilés. Savez-vous ce qu'il dit? « *Grande hazana, con muertos* » : « grande prouesse, contre des morts ».

Ce sont là pourtant les misérables arguments qui justifient aujourd'hui le scandale qui nous a réunis. Je n'ai pas voulu faire mine de croire, en effet, qu'il pouvait s'agir de considérations culturelles. Il ne s'agit que d'un marchandage derrière le paravent de la culture. Mais même en tant que marchandage, il ne peut se justifier. Peut-être enrichira-t-il pour finir quelques marchands de primeurs, mais il ne sert aucun pays et aucune cause, il dessert seulement les quelques raisons que les hommes d'Europe peuvent encore avoir de lutter. Voilà pourquoi il ne saurait y avoir pour un intellectuel deux attitudes lorsque Franco est reçu à l'U.N.E.S.C.O. Et ce n'est pas suffisant de dire que nous refuserons toute collaboration avec une organisation qui accepte de couvrir une semblable opération. Chacun à notre place, désormais, nous la combattrons de face, et fermement, afin de faire éclater au plus vite qu'elle n'est pas ce qu'elle prétend être et qu'au lieu d'une réunion d'intellectuels dévoués à la culture, elle est une association de gouvernements au service de n'importe quelle politique.

Oui, dès l'instant où Franco est entré à l'U.N.E.S.C.O., l'U.N.E.S.C.O. est sortie de la culture universelle, et c'est cela que nous devons dire. On nous objecte que l'U.N.E.S.C.O. est utile. Il y aurait beaucoup à dire sur les rapports des bureaux et de la culture, mais soyons sûrs au moins que rien ne peut être utile de ce qui perpétue le mensonge où nous vivons. Si l'U.N.E.S.C.O. n'a pas été capable de préserver son indépendance il vaut mieux qu'elle disparaisse. Après tout, les sociétés de culture passent et la culture reste. Soyons sûrs au moins qu'elle ne disparaîtra pas parce qu'un organisme de haute politique sera dénoncé pour ce qu'il est. La vraie culture vit de vérité et meurt de mensonge. Elle vit toujours d'ailleurs, loin des palais et des ascenseurs de l'U.N.E.S.C.O., loin des prisons de Madrid, sur les routes de l'exil. Elle a toujours sa société, la seule que je reconnaisse, celle des créateurs et des hommes libres qui, contre la cruauté des totalitaires et la lâcheté des démocraties bourgeoises, contre les procès de Prague et les exécutions de Barcelone reconnaît toutes les patries, mais n'en sert qu'une, la liberté. Et c'est dans cette société que nous recevrons, nous, l'Espagne de la liberté. Non pas en la faisant entrer par la porte de la buvette et en escamotant le débat, mais ouvertement, avec solennité, avec le respect et la tendresse que nous lui devons, l'admiration que nous portons à ses œuvres et à son âme, la gratitude enfin que nous nourrissons pour le grand pays qui nous a donné et nous donne encore nos plus hautes leçons[1].

LE TEMPS DE L'ESPOIR*

(1953)

C'EST un des paradoxes de ce temps sans mémoire qu'il me faille aujourd'hui présenter Alfred Rosmer[1] alors que le contraire serait plus décent. À cet égard, il me suffira peut-être de dire que Rosmer, avec quelques autres qui refusèrent en 1914 la palinodie de la IIe Internationale, est un des rares militants, qui, en quarante années de lutte, n'ait jamais perdu le respect et l'amitié de tous ceux qui savent combien rapidement s'effondrent, sous la pression des événements, les convictions les plus fermes. Syndicaliste avant la Première Guerre mondiale, indigné en 1914 par le reniement des chefs ouvriers de l'Occident, rallié à la révolution de 17, puis opposant à la réaction stalinienne et dévoué désormais à la longue et difficile renaissance du syndicalisme, Rosmer, dans ces temps tortueux, a suivi une voie droite, à égale distance du désespoir qui finit par vouloir sa propre servitude et du découragement qui tolère la servitude d'autrui. C'est ainsi qu'il n'a rien renié de ce qu'il a toujours cru. On s'en apercevra en lisant *À Moscou au temps de Lénine*.

« Je dirai simplement : j'étais là, c'était ainsi. » Voilà le ton de ce témoignage qui risque de décevoir les amateurs de feuilletons historiques. Où était Rosmer ? En Russie, et principalement à Moscou et à Léningrad, après la révolution d'octobre et avant la mort de Lénine. Temps superbes où le monde semblait recommencer, l'histoire commencer enfin sur les ruines d'un empire ! Même des hommes qui, à un autre bout du monde, souffraient toujours d'oppression, se crurent alors libérés et pensèrent toucher à ce que Liebknecht[2] appelait les portes du ciel. Mais Rosmer témoigne de ce temps à sa manière, au jour le jour, sans aucun romantisme. Les

---

* Préface à *Moscou au temps de Lénine* d'Alfred Rosmer.

révolutions se font aussi à coups de réunions, dans l'ingrat labeur des comités et des congrès. Rosmer assistait à quelques-uns de ces congrès historiques dont il parle ici comme s'il s'agissait de ces tranquilles assises où les techniciens d'une profession mettent en commun leurs connaissances. Une brochure paraît qui fait du bruit, pendant qu'il est à Moscou, et il la résume en indiquant seulement qu'il s'agit de *la Maladie infantile du communisme* et que cette brochure de Lénine contient les germes d'une autre maladie qui, sous le nom de tactique, ou de manœuvre, fera ses ravages chez des militants moins armés que Lénine. De même, les assises dont il rend compte comme d'un événement quotidien sont celles du 3ᵉ congrès de l'Internationale où Lénine, annonçant la N.E.P., déclare que le capitalisme d'État est l'antichambre du socialisme, et renverse peut-être par là le cours de l'histoire révolutionnaire, et de notre histoire. La guerre civile, la lutte de la révolution russe contre sa propre solitude, Cronstadt, le procès des socialistes révolutionnaires, la mort de Lénine et les testaments accusateurs qu'il laisse derrière lui sont les prodigieux événements que Rosmer relate ici sur le ton du rapport, avant de conclure par une condamnation, mesurée de ton mais définitive, de la dictature stalinienne. Pas une seule fois, le témoin n'élève la voix. Mais, peut-être, si ses convictions ont survécu à tant de déceptions, c'est qu'elles avaient cette tranquille constance qui n'a pas besoin de cris pour affirmer sa force. L'homme qui adhéra sans réserves à la grande expérience dont il parle dans ce livre, qui sut aussi reconnaître sa perversion, n'a jamais pris prétexte de l'échec pour condamner l'entreprise elle-même.

Le difficile en effet est d'assister aux égarements d'une révolution sans perdre sa foi dans la nécessité de celle-ci. Ce problème est justement le nôtre : c'est par là que le livre de Rosmer est actuel. Il traite directement d'un phénomène historique, la naissance et la dégénérescence des révolutions, qui est au centre de nos réflexions. Ne sommes-nous pas en même temps fils d'une révolution décrépite et témoins d'une révolution sclérosée en dictature militaire et policière ? Mais, justement, pour bien réfléchir à ce problème, il ne faut pas être de ceux qui insultent la révolution elle-même et qui se hâtent de voir dans toute naissance un avortement. Pour tirer de la décadence des révolutions les leçons nécessaires, il faut en souffrir, non s'en réjouir. Rosmer ici parle de la naissance d'une révolution et l'amour actif qu'il parvient à nous faire partager, trente-six ans après l'événement, donne la mesure exacte du déchirement que supposent les dernières pages de son livre. Comment pourrait-il se réjouir de cet avortement? S'il le dénonce, c'est moins pour ce qu'il est que pour ce qu'il empêche. On ne comprendra rien à ce qu'on appelle pompeusement le drame de la gauche européenne tant qu'on n'apercevra pas clairement qu'une certaine classe d'hommes ne s'oppose pas au régime stalinien parce qu'il hérite d'une révolution où la propriété bourgeoise a été détruite, mais au contraire parce qu'il renforce, par ses folies, la société bourgeoise. Le jour où la libération du travailleur s'accompagne de beaux procès au cours desquels une femme présente à la barre ses enfants pour accabler leur père et appeler sur lui le châtiment suprême, ce jour-là, l'égoïsme et la lâcheté des classes marchandes risquent d'être oubliés et la société de l'argent ne se maintient plus par ses vertus disparues mais par les vices spectaculaires de la société révolutionnaire.

Et pourtant, c'est ici, malgré l'ampleur de la déception, que se trouve un principe de renaissance. À mon sens, ce n'est ni Kravchenko[1], bénéficiaire du régime stalinien, ni les ministres français, responsables d'une politique qui ensanglante la Tunisie[2], qui peuvent critiquer la dictature de Staline, mais Rosmer et ceux-là seulement qui lui ressemblent. La seule question qu'on puisse poser à la révolution, la révolte seule est fondée à la poser, comme la révolution est seule fondée à interroger la révolte. L'une est la limite de l'autre. Il était juste que Lénine donnât des leçons de réalisme aux terroristes solitaires. Mais il est indispensable que l'exemple des révoltés de 1905 soit sans cesse offert, par ceux qui leur restent fidèles, à la révolution du xxe siècle et à son terrorisme d'État, non pour la nier, mais pour la rendre à nouveau, et contre elle-même, révolutionnaire. C'est ainsi que la plus grande déception de ce temps a chance, pour être douloureuse, de n'être pas stérile.

On le voit assez par l'exemple de Rosmer et de son livre. Des hommes comme lui ont su résister à l'effondrement de leur espoir et y résister deux fois, d'abord en refusant de s'abandonner, comme tant de révolutionnaires, au confort de la servitude dite provisoire, ensuite en refusant de désespérer de la force de révolte et de libération qui est à l'œuvre en chacun de nous. Mais on voit, en somme, que s'ils n'ont cédé à aucun de ces entraînements, c'est que pour eux, formés dans la lutte prolétarienne, toujours au contact de la misère ouvrière, la révolution n'a jamais été ce qu'elle est pour tant de nos nihilistes, c'est-à-dire un but qui justifie tout et lui-même. Elle n'a été qu'un moyen, un chemin probablement nécessaire vers cette terre où vivre et mourir ne seront pas une double humiliation. Seuls ceux qui voient la révolution comme un bien pur, mythique, un absolu de revanche, la transfiguration de tous leurs maux et le sommeil de leurs scrupules, sont rejetés par l'échec dans un désespoir qui mène à tous les reniements. Ceux-là, découragés par Thermidor, acclament Bonaparte couronné ou rejettent l'héritage de 89 et, dans les deux cas, enterrent la liberté. Mais ceux pour qui la révolution n'est qu'un moyen savent qu'elle n'est pas ce bien pur qui ne peut être ni trahi ni jugé. Elle peut être trahie, et il faut le savoir, car elle tient aux hommes par ce qu'ils ont de plus grand et de plus bas. Elle peut être jugée, car elle n'est pas la valeur la plus haute et si elle en vient à humilier ce qui dans l'homme est au-dessus d'elle, elle doit être condamnée dans le temps où elle humilie. C'est le double mouvement, exemplaire à mon sens, qu'on trouvera dans ce livre où, du malheur de ce siècle, Rosmer a tiré la double décision d'exalter longuement ce qui est apparemment mort, et de dénoncer brièvement, mais avec force, ce qui survit.

Peut-être est-ce pour cela, et je finirai sur ce point, que j'ai mauvaise conscience les rares fois où je ne suis pas d'accord avec Rosmer — quand, par exemple, à force d'adhérer à l'époque dont il parle, il en justifie tout, et Cronstadt même. Mon premier mouvement est de trouver alors qu'il sous-estime le retentissement énorme qu'eut la dissolution, par les bolcheviks, de l'Assemblée constituante[1]. Quelles que furent les justifications de cette mesure, elle a été le signe visible que l'arbitraire, légitimé jusque-là parce qu'il s'exerçait contre les anciens oppresseurs, pouvait se retourner contre les révolutionnaires mêmes. Mais mon deuxième mouvement, lisant Rosmer qui insiste sur les dangers courus par la jeune révolution, est d'hésiter. Quand on lit de pareils témoignages, quand on voit de quelles luttes et de quels sacrifices certaines vies furent remplies, on peut se demander au nom de quoi ceux qui, comme nous, n'ont pas eu la chance, et la douleur, de vivre au temps de l'espoir, prétendraient sur ce point à autre chose qu'à écouter et comprendre. L'expérience historique qui fut la nôtre est peut-être trop étrange, trop particulière, pour être généralisée. La guerre, et la résistance, ne nous ont rien appris que sur elles-mêmes, et peut-être sur nous. Elles ont suffi certainement à nous faire mesurer que l'abjection totalitaire était le pire des maux, et à nous donner la décision irréductible de la combattre partout où elle se trouve. Mais, pour tout le reste, nous marchons dans les ténèbres. Il faut marcher sans doute et trouver nos raisons nous-mêmes, chaque fois que nous ne pouvons faire autrement. Qui niera cependant que nous devions sans cesse confronter ces raisons à l'expérience des autres et qu'à cet égard nous ayons besoin de guides et de témoins que nous ne puissions récuser. Pour ma part, et c'est le sens de cette préface, parmi tant de guides qui s'offrent généreusement, je préfère choisir ceux qui, comme Rosmer justement, ne songent pas à s'offrir, qui ne volent pas au secours du succès, et qui, refusant à la fois le déshonneur et la désertion, ont préservé pendant des années, dans la lutte de tous les jours, la chance fragile d'une renaissance. Oui, nos camarades de combat, nos aînés sont ceux-là dont on se rit parce qu'ils n'ont pas la force et sont apparemment seuls. Mais ils ne le sont pas. La servitude seule est solitaire, même lorsqu'elle se couvre de mille bouches pour applaudir la force. Ce que ceux-là au contraire ont maintenu, nous en vivons encore aujourd'hui. S'ils ne l'avaient pas maintenu, nous ne vivrions de rien.

LE PAIN ET LA LIBERTÉ*

Si on additionne les violations et les multiples exactions qui viennent d'être dénoncées devant nous, on peut envisager un temps où, dans une Europe de concentrationnaires, il n'y aura plus que des gardiens de prison en liberté, qui devront encore s'emprisonner les uns les autres. Quand il n'en restera plus qu'un, on le nommera gardien chef et ce sera la société parfaite où les problèmes de l'opposition, cauchemar des gouvernements du XXᵉ siècle, seront enfin, et définitivement, réglés.

Bien entendu, ce n'est qu'une prophétie et quoique, dans le monde entier, les gouvernements et les polices, avec beaucoup de bonne volonté, essaient d'arriver à cette heureuse conclusion, nous n'en sommes pas encore là. Chez nous, par exemple, dans l'Europe de l'Ouest, la liberté est officiellement bien vue. Simplement, elle me fait penser à ces cousines pauvres qu'on voit dans certaines familles bourgeoises. La cousine est devenue veuve, elle a perdu son protecteur naturel. Alors, on l'a recueillie, on lui a donné une chambre au cinquième et on l'accepte à la cuisine. On la montre parfois en ville, le dimanche, pour prouver qu'on a de la vertu et qu'on n'est pas chien. Mais pour tout le reste, et surtout dans les grandes occasions, elle est priée de la fermer. Et si même un policier distrait la viole un peu dans les coins, on n'en fait pas une histoire, elle en a vu d'autres, surtout avec le maître de maison, et, après tout, ça ne vaut pas la peine de se mettre mal avec les autorités constituées. À l'Est, il faut bien dire qu'on est plus franc. On a réglé son affaire à la cousine une fois pour toutes et on l'a flanquée dans un placard, avec deux bons verrous. Il paraît qu'on la ressortira dans un demi-siècle, à peu près, quand la société idéale aura été définitivement instaurée.

---

* Allocution prononcée à la Bourse du Travail de Saint-Étienne, le 10 mai 1953[1].

On fera des fêtes en son honneur à ce moment-là. Mais à mon avis elle risque d'être alors un peu mangée des mites et j'ai bien peur qu'on ne puisse plus s'en servir. Quand on ajoutera que ces deux conceptions de la liberté, celle du placard et celle de la cuisine, ont décidé de s'imposer l'une à l'autre, et sont obligées dans tout ce remue-ménage de réduire encore les mouvements de la cousine, on comprendra sans peine que notre histoire soit plus celle de la servitude que de la liberté, et que le monde où nous vivons soit celui qu'on vient de vous dire, qui nous saute du journal aux yeux tous les matins pour faire de nos jours et de nos semaines un seul jour de révolte et de dégoût.

Le plus simple, et donc le plus tentant, est d'accuser les gouvernements, ou quelques puissances obscures, de ces vilaines manières. Il est bien vrai d'ailleurs qu'ils sont coupables, et d'une culpabilité si dense et si longue qu'on n'en voit même plus l'origine. Mais ils ne sont pas les seuls responsables. Après tout, si la liberté n'avait jamais eu que les gouvernements pour surveiller sa croissance, il est probable qu'elle serait encore en enfance, ou définitivement enterrée, avec la mention « un ange au ciel ». La société de l'argent et de l'exploitation n'a jamais été chargée, que je sache, de faire régner la liberté et la justice. Les États policiers n'ont jamais été suspectés d'ouvrir des écoles de droit dans les sous-sols où ils interrogent leurs patients. Alors, quand ils oppriment et qu'ils exploitent, ils font leur métier, et quiconque leur remet sans contrôle la disposition de la liberté n'a pas le droit de s'étonner qu'elle soit immédiatement déshonorée. Si la liberté est aujourd'hui humiliée ou enchaînée, ce n'est pas parce que ses ennemis ont usé de traîtrise. C'est parce qu'elle a perdu son protecteur naturel, justement. Oui, la liberté se trouve veuve, mais il faut le dire parce que cela est vrai, elle est veuve de nous tous.

La liberté est l'affaire des opprimés et ses protecteurs traditionnels sont toujours sortis des peuples opprimés. Ce sont les communes qui dans l'Europe féodale ont maintenu les ferments de liberté, les habitants des bourgs et des villes qui l'ont fait triompher fugitivement en 89, et à partir du XIXe siècle, ce sont les mouvements ouvriers qui ont pris en charge le double honneur de la liberté et de la justice, dont ils n'ont jamais songé à dire qu'elles étaient inconciliables. Ce sont les travailleurs manuels et intellectuels qui ont donné un corps à la liberté, et qui l'ont fait avancer dans le monde jusqu'à ce qu'elle devienne le principe même de notre pensée, l'air dont nous ne pouvons plus nous passer, que nous respirons sans y prendre garde, jusqu'au moment où, privés de lui, nous nous sentons mourir. Et si, aujourd'hui, sur une si grande part du monde, elle est en recul, c'est sans doute parce que jamais les entreprises d'asservissement n'ont été plus cyniques et mieux armées, mais c'est aussi parce que ses vrais défenseurs, par fatigue, par désespoir, ou par une fausse idée de la stratégie et de l'efficacité, se sont détournés d'elle. Oui, le grand événement du xxe siècle a été l'abandon des valeurs de liberté par le mouvement révolutionnaire, le recul progressif du socialisme de liberté devant le socialisme césarien et militaire. Dès cet instant, un certain espoir a disparu du monde, une solitude a commencé pour chacun des hommes libres.

Quand, après Marx, le bruit a commencé à se répandre et à se fortifier que la liberté était une balançoire bourgeoise, un seul mot n'était pas à sa place dans cette formule, mais nous payons encore cette erreur de place dans les convulsions du siècle. Car il fallait dire seulement que la liberté bourgeoise était une balançoire, et non pas toute liberté. Il fallait dire justement que la liberté bourgeoise n'était pas la liberté, ou dans le meilleur des cas, qu'elle ne l'était pas encore. Mais qu'il y avait des libertés à conquérir et à ne jamais plus abandonner. Il est bien vrai qu'il n'y a pas de liberté possible pour un homme rivé au tour toute la journée et qui, le soir venu, s'entasse avec sa famille dans une seule pièce. Mais cela condamne une classe, une société et la servitude qu'elle suppose, non la liberté elle-même dont le plus pauvre d'entre nous ne peut se passer. Car même si la société se trouvait transformée subitement et devenait décente et confortable pour tous, si la liberté n'y régnait pas, elle serait encore une barbarie. Et parce que la société bourgeoise parle de la liberté sans la pratiquer, faut-il donc que la société ouvrière renonce aussi à la pratiquer, en se vantant seulement de n'en point parler ? Pourtant la confusion s'est opérée et, dans le mouvement révolutionnaire, la liberté peu à peu s'est trouvée condamnée parce que la société bourgeoise en faisait un usage mystificateur. D'une juste et saine méfiance à l'égard des prostitutions que cette société bourgeoise infligeait à la liberté, on en est venu à se défier de la liberté même. Au mieux, on l'a renvoyée à la fin des temps, en priant que d'ici là on veuille bien ne plus en parler. On a déclaré qu'il fallait d'abord la justice, et que, pour la liberté, on verrait après, comme si des esclaves pouvaient jamais espérer obtenir justice. Et des intellectuels dynamiques ont annoncé au travailleur que c'était le pain seul qui l'intéressait et non la liberté, comme si le travailleur ne savait pas que son pain dépend aussi de sa liberté. Et certes, devant la longue injustice de la société bourgeoise, la tentation était forte de se porter à ces extrémités. Après tout, il n'est peut-être pas un seul d'entre nous, ici, qui, dans l'action ou la réflexion, n'y ait cédé. Mais l'histoire a marché et ce que nous avons vu doit maintenant nous faire réfléchir. La révolution faite par des travailleurs a triomphé en 17 et ce fut alors vraiment l'aube de la liberté réelle et le plus grand espoir que ce monde ait connu. Mais cette révolution, encerclée, menacée à l'intérieur comme à l'extérieur, s'est armée, s'est munie d'une police. Héritière d'une formule et d'une doctrine qui par malheur lui rendaient la liberté suspecte, la révolution alors s'est peu à peu essoufflée pendant que la police se renforçait, et le plus grand espoir du monde s'est sclérosé dans la dictature la plus efficace du monde. La fausse liberté de la société bourgeoise ne s'en porte pas plus mal, aussi bien. Ce qui a été tué dans les procès de Moscou[1] et d'ailleurs, et dans les camps de la révolution, ce qui est assassiné quand on fusille, comme en Hongrie, un cheminot pour faute professionnelle, ce n'est pas la liberté bourgeoise, c'est la liberté de 17[2]. La liberté bourgeoise, elle, peut procéder en même temps à toutes ses mystifications. Les procès, les perversions de la société révolutionnaire lui donnent à la fois une bonne conscience et des arguments.

Pour finir, ce qui caractérise le monde où nous vivons, c'est justement cette dialectique cynique qui oppose l'injustice à l'asservissement et qui renforce l'une par l'autre. Lorsqu'on fait entrer dans le palais de la culture Franco, l'ami de Gœbbels et de Himmler, Franco, le vrai vainqueur de la Deuxième Guerre mondiale, à ceux qui protestent et disent que les droits de l'homme inscrits dans la charte de l'U.N.E.S.C.O. sont ridiculisés tous les jours dans les prisons de Franco, on répond sans rire que la Pologne est aussi à l'U.N.E.S.C.O. et qu'en fait de respect des libertés publiques, l'une ne vaut pas mieux que l'autre. Argument idiot, bien sûr! Si vous avez eu le malheur de marier votre fille aînée à un adjudant des bataillons d'Afrique, ce n'est pas une raison pour marier la cadette à un inspecteur de la brigade mondaine : il suffit d'une brebis galeuse dans la famille. Pourtant, l'argument idiot est efficace, on nous le prouve tous les jours. À celui qui présente l'esclave des colonies en criant justice, on montre le concentrationnaire russe, et inversement. Et si vous protestez contre l'assassinat à Prague d'un historien opposant comme Kalandra[1], on vous jette à la figure deux ou trois nègres américains. Dans cette dégoûtante surenchère, une seule chose ne change pas, la victime, toujours la même, une seule valeur est constamment violée ou prostituée, la liberté, et l'on s'aperçoit alors que partout, en même temps qu'elle, la justice est aussi avilie.

Comment rompre alors ce cercle infernal? Il est bien évident qu'on ne peut le faire qu'en restaurant, dès à présent, en nous-mêmes et autour de nous, la valeur de liberté — et en ne consentant plus jamais à ce qu'elle soit sacrifiée, même provisoirement, ou séparée de notre revendication de justice. Le mot d'ordre d'aujourd'hui, pour nous tous, ne peut être que celui-ci : sans rien céder sur le plan de la justice, ne rien abandonner sur celui de la liberté. En particulier, les quelques libertés démocratiques dont nous jouissons encore ne sont pas des illusions sans importance, et que nous puissions nous laisser ravir sans protester. Elles représentent exactement ce qui nous reste des grandes conquêtes révolutionnaires des deux siècles derniers. Elles ne sont donc pas, comme tant d'astucieux démagogues nous le disent, la négation de la vraie liberté. Il n'y a pas une liberté idéale qui nous sera donnée un jour d'un coup, comme on reçoit sa retraite à la fin de sa vie. Il y a des libertés à conquérir, une à une, péniblement, et celles que nous avons encore sont des étapes, insuffisantes à coup sûr, mais des étapes cependant sur le chemin d'une libération concrète. Si on accepte de les supprimer, on n'avance pas pour autant. On recule au contraire, on revient en arrière et un jour à nouveau il faudra refaire cette route, mais ce nouvel effort s'accomplira une fois de plus dans la sueur et le sang des hommes.

Non, choisir la liberté aujourd'hui, ce n'est pas, comme un Kravchenko, passer de l'état de profiteur du régime soviétique à celui de profiteur du régime bourgeois. Car ce serait, au contraire, choisir deux fois la servitude, et, condamnation dernière, la choisir deux fois pour les autres. Choisir la liberté, ce n'est pas comme on nous le dit choisir contre la justice. Au contraire, on choisit la liberté aujourd'hui au niveau de ceux qui partout souffrent et luttent, et là seulement. On la choisit en même temps que la justice et, à la vérité, désormais nous ne pouvons plus choisir l'une sans l'autre. Si quelqu'un vous retire votre pain, il supprime en même temps votre liberté. Mais si quelqu'un vous ravit votre liberté, soyez tranquille, votre pain est menacé, car il ne dépend plus de vous et de votre lutte, mais du bon plaisir d'un maître. La misère croît à mesure que la liberté recule dans le monde, et inversement. Et si ce siècle implacable nous a appris quelque chose, c'est que la révolution économique sera libre ou elle ne sera pas, de même que la libération sera économique ou elle ne sera rien. Les opprimés ne veulent pas seulement être libérés de leur faim, ils veulent l'être aussi de leurs maîtres. Ils savent bien qu'ils ne seront effectivement affranchis de la faim que lorsqu'ils tiendront leurs maîtres, tous leurs maîtres, en respect.

J'ajouterai pour finir que séparer la liberté de la justice revient à séparer la culture et le travail, ce qui est le péché social par excellence. Le désarroi du mouvement ouvrier en Europe vient en partie de ce qu'il a perdu sa vraie patrie, celle où il reprenait force après toutes les défaites, et qui était la foi dans la liberté. Mais, de même, le désarroi des intellectuels européens vient de ce que la double mystification, bourgeoise et pseudo-révolutionnaire, les a séparés de leur seule source d'authenticité, le travail et la souffrance de tous, les a coupés de leurs seuls alliés naturels, les travailleurs. Je n'ai jamais reconnu quant à moi que deux aristocraties, celle du travail et celle de l'intelligence, et je sais maintenant qu'il est fou et criminel de vouloir soumettre l'une à l'autre, je sais qu'à elles deux elles ne font qu'une seule noblesse, que leur vérité et surtout leur efficacité sont dans l'union, que séparées, elles se laisseront réduire une à une par les forces de la tyrannie et de la barbarie, mais que, réunies au contraire, elles feront la loi du monde. C'est pourquoi toute entreprise qui vise à les désolidariser et à les séparer est une entreprise dirigée contre l'homme et ses espoirs les plus hauts. Le premier effort de toute entreprise dictatoriale est ainsi d'asservir en même temps le travail et la culture. Il faut, en effet, les bâillonner tous les deux ou alors, les tyrans le savent bien, tôt ou tard l'un parlera pour l'autre. C'est ainsi que, selon moi, il y a pour un intellectuel deux façons de trahir aujourd'hui et, dans les deux cas, il trahit parce qu'il accepte une seule chose : cette séparation du travail et de la culture. La première caractérise les intellectuels bourgeois qui acceptent que leurs privilèges soient payés de l'asservissement des travailleurs. Ceux-là disent souvent qu'ils défendent la liberté, mais ils défendent d'abord les privilèges que leur donne, et à eux seuls, la liberté*. La seconde caractérise des intellectuels qui se croient à gauche et qui, par méfiance de la liberté, acceptent que la culture et la liberté qu'elle suppose soient dirigées, sous le vain prétexte de servir une justice à venir. Dans les deux cas, qu'on soit profiteur de l'injustice ou renégat de la liberté, on ratifie, on consacre la séparation du travail intellectuel et manuel qui voue à l'impuissance à la fois le travail et la culture, on ravale en même temps la liberté et la justice!

Il est vrai que la liberté insulte au travail et le sépare de la culture quand elle est faite d'abord de privilèges. Mais la liberté n'est pas faite d'abord de privilèges, elle est faite surtout de devoirs. Et dès l'instant où chacun de nous essaie de faire prévaloir les devoirs de la liberté sur ses privilèges, dès cet instant, la liberté réunit le travail et la culture et met en marche une force qui est la seule à pouvoir servir efficacement la justice. La règle de notre action, le secret de notre résistance, peut alors se formuler simplement : tout ce qui humilie le travail humilie l'intelligence, et inversement. Et la lutte révolutionnaire, l'effort séculaire de libération se définit d'abord comme un double et incessant refus de l'humiliation.

---

* Et du reste, la plupart du temps, ils ne défendent même pas la liberté, dès qu'il y a du risque à le faire.

À vrai dire, nous ne sommes pas encore sortis de cette humiliation. Mais la roue tourne, l'histoire change, un temps s'approche, j'en suis sûr, où nous ne serons plus seuls. Pour moi, notre réunion d'aujourd'hui est déjà un signe. Que des syndiqués se réunissent et se pressent autour des libertés pour les défendre, oui, cela méritait vraiment que, de toutes parts, tous accourent, pour manifester leur union et leur espoir. La route est longue à parcourir. Pourtant, si la guerre ne vient pas tout mêler dans sa hideuse confusion, nous aurons le temps de donner une forme enfin à la justice et à la liberté dont nous avons besoin. Mais, pour cela, nous devons désormais refuser clairement, sans colère, mais irréductiblement, les mensonges dont on nous a gavés. Non, on ne construit pas la liberté sur les camps de concentration, ni sur les peuples asservis des colonies, ni sur la misère ouvrière ! Non, les colombes de la paix ne se perchent pas sur les potences, non, les forces de la liberté ne peuvent pas mêler les fils des victimes avec les bourreaux de Madrid et d'ailleurs ! De cela, au moins, nous serons désormais bien sûrs comme nous serons sûrs que la liberté n'est pas un cadeau qu'on reçoit d'un État ou d'un chef, mais un bien que l'on conquiert tous les jours, par l'effort de chacun et l'union de tous.

L'ARTISTE ET SON TEMPS*

— *En tant qu'artiste avez-vous choisi le rôle de témoin*[1] *?*
— Il y faudrait beaucoup de prétention ou une vocation que je n'ai pas. Je ne demande personnellement aucun rôle et je n'ai qu'une vraie vocation. En tant qu'homme, je me sens du goût pour le bonheur; en tant qu'artiste il me semble que j'ai encore des personnages à faire vivre, sans le secours des guerres, ni des tribunaux. Mais on est venu me chercher comme on est venu chercher chacun. Les artistes du temps passé pouvaient au moins se taire devant la tyrannie. Les tyrannies d'aujourd'hui se sont perfectionnées; elles n'admettent plus le silence, ni la neutralité. Il faut se prononcer, être pour ou contre. Bon, dans ce cas, je suis contre.

Mais ce n'est pas là choisir le rôle confortable de témoin. C'est seulement accepter le temps tel qu'il est, faire son métier en un mot. Et puis, vous oubliez qu'aujourd'hui les juges, les accusés et les témoins sont permutés avec une rapidité exemplaire. Mon choix, si vous croyez que j'en fais un, serait, au moins, de ne jamais être sur le siège d'un juge, ou dessous, comme trop de nos philosophes. À part cela, les occasions d'agir, dans le relatif, ne manquent pas. Le syndicalisme est aujourd'hui le premier, et le plus fécond, d'entre eux.

— *N'est-ce pas une définition idéaliste et romantique du rôle de l'artiste, le don quichottisme qu'on a pu reprocher à vos œuvres récentes ?*
— On a beau pervertir les mots, ils gardent provisoirement leur sens. Et il est clair pour moi que le romantique est celui qui choisit le mouvement perpétuel de l'histoire, la grandiose épopée, et l'annonce d'un événe-

---

* Ces textes, groupés ici pour la première fois, répondent à des questions qui m'ont été posées à la radio ou dans des journaux étrangers.

ment miraculeux, à la fin des temps. Si j'ai essayé de définir quelque chose, ce n'est rien d'autre, au contraire, que l'existence commune de l'histoire et de l'homme, la vie de tous les jours à édifier dans le plus de lumière possible, la lutte obstinée contre sa propre dégradation et celle des autres.

C'est aussi de l'idéalisme, et du pire, que de finir par suspendre toute action et toute vérité à un sens de l'histoire qui n'est pas inscrit dans les événements et qui, de toute manière, suppose une fin mythique. Serait-ce donc du réalisme que de prendre pour loi de l'histoire l'avenir, c'est-à-dire justement ce qui n'est pas encore l'histoire, et dont nous ne savons rien de ce qu'il sera ?

Il me semble au contraire que je plaide pour un vrai réalisme contre une mythologie à la fois illogique et meurtrière, et contre le nihilisme romantique, qu'il soit bourgeois ou prétendument révolutionnaire[1]. Pour tout dire, loin d'être romantique, je crois à la nécessité d'une règle et d'un ordre. Je dis simplement qu'il ne peut s'agir de n'importe quelle règle. Et qu'il serait surprenant que la règle dont nous avons besoin nous fût donnée par cette société déréglée, ou, au contraire, par ces doctrinaires qui se déclarent affranchis de toute règle et de tout scrupule.

— *Les marxistes et ceux qui les suivent pensent aussi être des humanistes. Mais pour eux la nature humaine sera constituée dans la société sans classes de l'avenir.*

— Cela prouve d'abord qu'ils refusent dès aujourd'hui ce que nous sommes tous : ces humanistes sont des accusateurs de l'homme. Qui s'étonnerait qu'une pareille prétention ait pu dévier dans l'univers des procès ? Ils refusent l'homme qui est au nom de celui qui sera. Cette prétention est de nature religieuse. Pourquoi serait-elle plus justifiée que celle qui annonce le royaume des cieux à venir ? En réalité, la fin de l'histoire ne peut avoir, dans les limites de notre condition, aucun sens définissable. Elle ne peut être que l'objet d'une foi et d'une nouvelle mystification. Mystification qui, aujourd'hui, n'est pas moindre que celle qui, jadis, fondait l'oppression colonialiste sur la nécessité de sauver les âmes des infidèles.

— *N'est-ce pas là ce qui en réalité vous sépare des intellectuels de gauche ?*

— Vous voulez dire que c'est là ce qui sépare de la gauche ces intellectuels ? Traditionnellement, la gauche a toujours été en lutte contre l'injustice, l'obscurantisme et l'oppression. Elle a toujours pensé que ces phénomènes étaient interdépendants. L'idée que l'obscurantisme puisse conduire à la justice, la raison d'État à la liberté, est toute récente. La vérité est que certains intellectuels de gauche (pas tous, heureusement)[1] sont aujourd'hui fascinés par la force et l'efficacité comme le furent nos intellectuels de droite avant et pendant la guerre. Leurs attitudes sont différentes, mais la démission est la même. Les premiers ont voulu être des nationalistes réalistes ; les seconds veulent être des socialistes réalistes. Finalement ils trahissent également le nationalisme et le socialisme au nom d'un réalisme désormais sans contenu, et adoré comme une pure, et illusoire, technique d'efficacité.

C'est une tentation qu'on peut comprendre après tout. Mais enfin, de quelque manière qu'on tourne la question, la nouvelle position de ces gens qui se disent, ou se croient, de gauche, consiste à dire : il y a des oppressions qui sont justifiables parce qu'elles vont dans le sens, qu'on ne peut justifier, de l'histoire. Il y aurait donc des bourreaux privilégiés, et privilégiés par rien. C'est un peu ce que disait, dans un autre contexte, Joseph de Maistre, qui n'a jamais passé pour un pétroleur. Mais c'est une thèse que, personnellement, je refuserai toujours. Permettez-moi de lui opposer le point de vue traditionnel de ce qu'on appelait jusqu'ici la gauche : tous les bourreaux sont de la même famille.

— *Que peut faire l'artiste dans le monde d'aujourd'hui ?*
— [2]On ne lui demande ni d'écrire sur les coopératives ni, inversement, d'endormir en lui-même les souffrances souffertes par les autres dans l'histoire. Et puisque vous m'avez demandé de parler personnellement, je vais le faire aussi simplement que je le puis. En tant qu'artistes nous n'avons peut-être pas besoin d'intervenir dans les affaires du siècle. Mais en tant qu'hommes, oui. Le mineur qu'on exploite ou qu'on fusille, les esclaves des

camps, ceux des colonies, les légions de persécutés qui couvrent le monde ont besoin, eux, que tous ceux qui peuvent parler relaient leur silence et ne se séparent pas d'eux. Je n'ai pas écrit, jour après jour, des articles et des textes de combat, je n'ai pas participé aux luttes communes parce que j'ai envie que le monde se couvre de statues grecques et de chefs-d'œuvre. L'homme qui, en moi, a cette envie existe. Simplement, il a mieux à faire à essayer de faire vivre les créatures de son imagination. Mais de mes premiers articles jusqu'à mon dernier livre, je n'ai tant, et peut-être trop, écrit que parce que je ne peux m'empêcher d'être tiré du côté de tous les jours, du côté de ceux, quels qu'ils soient, qu'on humilie et qu'on abaisse. Ceux-là ont besoin d'espérer, et si tout se tait, ou si on leur donne à choisir entre deux sortes d'humiliation, les voilà pour toujours désespérés et nous avec eux. Il me semble qu'on ne peut supporter cette idée, et celui qui ne peut la supporter ne peut non plus s'endormir dans sa tour. Non par vertu, on le voit, mais par une sorte d'intolérance quasi organique, qu'on éprouve ou qu'on n'éprouve pas. J'en vois pour ma part beaucoup qui ne l'éprouvent pas, mais je ne peux envier leur sommeil.

Cela ne signifie pas cependant que nous devions sacrifier notre nature d'artiste à je ne sais quelle prédication sociale. J'ai dit ailleurs pourquoi l'artiste était plus que jamais nécessaire. Mais si nous intervenons en tant qu'homme, cette expérience influera sur notre langage. Et si nous ne sommes pas des artistes dans notre langage d'abord, quels artistes sommes-nous ? Même si, militants dans notre vie, nous parlons dans nos œuvres des déserts ou de l'amour égoïste, il suffit que notre vie soit militante pour qu'une vibration plus secrète peuple d'hommes ce désert et cet amour. Ce n'est pas à l'heure où nous commençons à sortir du nihilisme que je nierai stupidement les valeurs de création au profit des valeurs d'humanité, ou inversement. Pour moi, les unes ne sont jamais séparées des autres et je mesure la grandeur d'un artiste (Molière, Tostoï, Melville) à l'équilibre qu'il a su maintenir entre les deux. Aujourd'hui, sous la pression des événements, nous sommes contraints de transporter cette tension dans notre vie aussi. C'est pourquoi tant d'artistes, pliant sous le faix, se réfugient dans la tour d'ivoire ou au contraire dans l'église sociale. Mais j'y vois, pour ma part, une égale démission. Nous devons servir en même temps la douleur et la beauté. La longue patience, la force, la réussite secrète que cela demande, sont les vertus qui fondent justement la renaissance dont nous avons besoin.

Un dernier mot. Cette entreprise, je le sais, ne peut aller sans périls ni amertume. Nous devons accepter les périls : le temps des artistes assis est fini. Mais nous devons refuser l'amertume. L'une des tentations de l'artiste est de se croire solidaire et il arrive en vérité qu'on le lui crie avec une assez ignoble joie. Mais il n'en est rien. Il se tient au milieu de tous, au niveau exact, ni plus haut ni plus bas, de tous ceux qui travaillent et qui luttent. Sa vocation même, devant l'oppression, est d'ouvrir les prisons et de faire parler le malheur et le bonheur de tous. C'est ici que l'art, contre ses ennemis, se justifie en faisant éclater justement qu'il n'est, lui, l'ennemi de personne. À lui seul, il ne saurait sans doute assurer la renaissance qui suppose justice et liberté. Mais sans lui, cette renaissance serait sans formes, et, partant, ne serait rien. Sans la culture, et la liberté relative qu'elle suppose, la société, même parfaite, n'est qu'une jungle. C'est pourquoi toute création authentique est un don à l'avenir.

L'ÉTÉ

Mais toi, tu es né
pour un jour limpide...

        HÖLDERLIN.

LE MINOTAURE
OU LA HALTE D'ORAN[1]

À Pierre Galindo.

CET essai date de 1939. Le lecteur devra s'en souvenir
pour juger de ce que pourrait être l'Oran d'aujourd'hui.
Des protestations passionnées venues de cette belle ville m'assurent
en effet qu'il a été (ou sera) porté remède à toutes les imperfections. Les beautés que cet essai exalte, au contraire, ont été
jalousement protégées. Cité heureuse et réaliste, Oran désormais
n'a plus besoin d'écrivains : elle attend des touristes.

1953.

Il n'y a plus de déserts. Il n'y a plus d'îles. Le besoin pourtant s'en fait sentir. Pour comprendre le monde, il faut parfois se détourner ; pour mieux servir les hommes, les tenir un moment à distance. Mais où trouver la solitude nécessaire à la force, la longue respiration où l'esprit se rassemble et le courage se mesure ? Il reste les grandes villes. Simplement, il y faut encore des conditions.

Les villes que l'Europe nous offre sont trop pleines des rumeurs du passé. Une oreille exercée peut y percevoir[1] des bruits d'ailes, une palpitation d'âmes. On y sent le vertige des siècles, des révolutions, de la gloire. On s'y souvient que l'Occident s'est forgé dans les clameurs. Cela ne fait pas assez de silence.

Paris est souvent un désert pour le cœur, mais à certaines heures, du haut du Père-Lachaise, souffle un vent de révolution qui[2] remplit soudain ce désert de drapeaux et de grandeurs vaincues. Ainsi de quelques villes espagnoles, de Florence ou de Prague. Salzbourg serait paisible sans Mozart. Mais, de loin en loin, court sur la Salzach le grand cri orgueilleux de Don Juan plongeant aux enfers. Vienne paraît plus silencieuse, c'est une jeune fille parmi les villes. Les pierres n'y ont pas plus de trois siècles et leur jeunesse ignore la mélancolie. Mais Vienne est à un carrefour d'histoire. Autour d'elle retentissent des chocs d'empires. Certains soirs où le ciel se couvre de sang, les[3] chevaux de pierre, sur les monuments du Ring, semblent s'envoler. Dans cet instant fugitif, où tout parle de puissance et d'histoire, on peut distinctement entendre, sous la ruée des escadrons polonais, la chute fracassante du royaume ottoman. Cela non plus ne fait pas assez de silence.

Certes, c'est bien cette solitude peuplée qu'on vient chercher dans les villes d'Europe. Du moins, les hommes qui savent ce qu'ils ont à faire. Ils peuvent y choisir leur compagnie, la prendre et la laisser. Combien d'esprits se sont trempés dans ce voyage entre leur chambre d'hôtel et les vieilles pierres de l'île Saint-Louis ! Il est vrai que d'autres y ont péri d'isolement[4]. Pour les premiers, en tout cas, ils y trouvaient leurs raisons de croître et de s'affirmer. Ils étaient seuls et ils ne l'étaient pas. Des siècles d'histoire et de beauté, le témoignage ardent de mille vies révolues les accompagnaient le long de la Seine et leur parlaient à la fois de traditions et de conquêtes. Mais leur jeunesse les poussait à appeler cette compagnie. Il vient un temps, des époques, où elle est importune. « À nous deux ! » s'écrie Rastignac, devant l'énorme moisissure de la ville parisienne. Deux, oui, mais c'est encore trop !

Le désert lui-même a pris un sens, on l'a surchargé de poésie[1]. Pour toutes les douleurs du monde, c'est un lieu consacré. Ce que le cœur demande à certains moments, au contraire, ce sont justement des lieux sans poésie. Descartes, ayant à méditer, choisit son désert : la ville la plus commerçante de son époque. Il y trouve sa solitude et l'occasion du plus grand, peut-être, de nos poèmes virils : « Le premier [précepte] était de ne recevoir jamais aucune chose pour vraie que je ne la connusse évidemment être telle. » On peut avoir moins d'ambition et la même nostalgie. Mais Amsterdam, depuis trois siècles, s'est couverte de musées. Pour fuir la poésie et retrouver la paix des pierres, il faut d'autres déserts, d'autres lieux sans âme et sans recours. Oran est l'un de ceux-là.

LA RUE[2]

J'AI souvent entendu des Oranais se plaindre de leur ville : « Il n'y a pas de milieu intéressant. » Eh ! parbleu, vous ne le voudriez pas ! Quelques bons esprits ont essayé d'acclimater dans ce désert les mœurs d'un autre monde, fidèles à ce principe qu'on ne saurait bien servir l'art ou les idées sans se mettre à plusieurs*. Le résultat est tel que les seuls milieux[3] instructifs restent ceux des joueurs de poker, des amateurs de boxe, des boulomanes et des sociétés régionales. Là, du moins[4], règne le naturel. Après tout, il existe une certaine grandeur qui ne prête pas à l'élévation. Elle est inféconde par

---

* On rencontre à Oran le Klestakoff de Gogol. Il bâille et puis : « Je sens qu'il va falloir s'occuper de quelque chose d'élevé. »

état. Et ceux qui désirent la trouver, ils laissent les « milieux » pour descendre dans la rue.

Les rues d'Oran sont vouées à la poussière, aux cailloux et à la chaleur. S'il y pleut, c'est le déluge et une mer de boue. Mais pluie ou soleil, les boutiques ont le même air extravagant et absurde. Tout le mauvais goût de l'Europe et de l'Orient s'y est donné rendez-vous. On y trouve[1], pêle-mêle, des lévriers de marbre, des danseuses au cygne, des Dianes chasseresses en galalithe verte, des lanceurs de disque et des moissonneurs, tout ce qui sert aux cadeaux d'anniversaire ou de mariage, tout le peuple affligeant qu'un génie commercial et farceur ne cesse de susciter sur les dessus de nos cheminées. Mais cette application dans le mauvais goût prend ici une allure baroque qui fait tout pardonner. Voici, offert dans un écrin de poussière, le contenu d'une vitrine : d'affreux modèles en plâtre de pieds torturés, un lot de dessins de Rembrandt « sacrifiés à 150 francs l'un », des « farces-attrapes », des porte-billets tricolores, un pastel du XVIIIe siècle, un bourricot mécanique en peluche, des bouteilles d'eau de Provence pour[2] conserver les olives vertes, et une ignoble vierge en bois, au sourire indécent. (Pour que nul n'en ignore, la « direction[3] » a placé à ses pieds un écriteau : « Vierge en bois ».)

On peut trouver à Oran :
1° des cafés au comptoir verni de crasse, saupoudré de pattes et d'ailes de mouches, le patron toujours souriant, malgré la salle toujours déserte. Le « petit noir » y coûtait douze sous et le grand, dix-huit;

2° des boutiques de photographes où la technique n'a pas progressé depuis l'invention du papier sensible. Elles exposent une faune singulière, impossible à rencontrer dans les rues, depuis le pseudo-marin qui s'appuie du coude sur une console, jusqu'à la jeune fille à marier, taille fagotée, bras ballants devant un fond sylvestre. On peut supposer qu'il ne s'agit pas de portraits d'après nature : ce sont des créations;

3° une édifiante abondance de magasins funéraires. Ce n'est pas qu'à Oran on meure plus qu'ailleurs, mais j'imagine seulement qu'on en fait plus d'histoires.

La[4] sympathique naïveté de ce peuple marchand

s'étale jusque dans la publicité. Je lis, sur le prospectus d'un cinéma oranais, l'annonce d'un film de troisième qualité. J'y relève les adjectifs « fastueux », « splendide », « extraordinaire », « prestigieux », « bouleversant » et « formidable ». Pour finir, la direction informe le public des sacrifices considérables qu'elle s'est imposés, afin de pouvoir lui présenter cette étonnante « réalisation ». Cependant, le prix des places ne sera pas augmenté.

On aurait tort de croire que s'exerce seulement ici le goût de l'exagération propre au Midi. Exactement, les auteurs de ce merveilleux prospectus donnent la preuve de leur sens psychologique. Il s'agit de vaincre l'indifférence et l'apathie profonde qu'on ressent dans ce pays dès qu'il s'agit de choisir entre deux spectacles, deux métiers et, souvent même, deux femmes. On ne se décide que forcé. Et la publicité le sait bien. Elle prendra des proportions américaines, ayant les mêmes raisons, ici[1] et là-bas, de s'exaspérer.

Les rues d'Oran nous renseignent enfin sur les deux plaisirs essentiels de la jeunesse locale : se faire cirer les souliers et promener ces mêmes souliers sur le boulevard. Pour avoir une idée juste de la première de ces voluptés, il faut confier ses chaussures, à dix heures, un dimanche matin, aux cireurs du boulevard Galliéni. Juché sur de hauts fauteuils, on pourra goûter alors cette satisfaction particulière que donne, même à un profane, le spectacle d'hommes amoureux de leur métier comme le sont visiblement les cireurs oranais. Tout est[2] travaillé dans le détail. Plusieurs brosses, trois variétés de chiffons, le cirage combiné à l'essence : on peut croire que l'opération est terminée devant le[3] parfait éclat qui naît sous la brosse douce. Mais la même main acharnée repasse du cirage sur la surface brillante, la frotte, la ternit, conduit la crème jusqu'au cœur des peaux et fait alors jaillir, sous la même brosse[4], un double et vraiment définitif éclat sorti des profondeurs du cuir.

[5]Les merveilles ainsi obtenues sont ensuite exhibées devant les connaisseurs. Il convient, pour apprécier ces plaisirs tirés du boulevard, d'assister aux bals masqués de la jeunesse qui ont lieu tous les soirs sur les grandes artères de la ville. Entre seize et vingt ans, en effet, les jeunes Oranais de la « Société » empruntent leurs modèles d'élégance au cinéma américain et se[6] travestissent

avant d'aller dîner. Chevelure ondulée et gominée, débordant d'un feutre penché sur l'oreille gauche et cassé sur l'œil droit, le cou serré dans un col assez considérable pour prendre le relais des cheveux, le nœud de cravate microscopique soutenu par une épingle rigoureuse, le veston à mi-cuisse et la taille tout près des hanches, le pantalon clair et court, les souliers éclatants sur leur triple semelle, cette jeunesse, tous les soirs, fait sonner sur les trottoirs son imperturbable aplomb et le bout ferré de ses chaussures. Elle s'applique en toutes choses à imiter l'allure, la rondeur et la supériorité de M. Clark Gable. À ce titre, les esprits critiques de la ville surnomment communément ces jeunes gens, par la grâce d'une insouciante prononciation, les « Clarque ».

Dans tous les cas, les grands boulevards d'Oran sont envahis, à la fin des après-midi, par une armée de sympathiques adolescents qui se donnent le plus grand mal pour paraître de mauvais garçons. Comme les jeunes Oranaises se sentent promises de tout temps à ces gangsters au cœur tendre, elles affichent également le maquillage et l'élégance des grandes actrices américaines. Les mêmes mauvais esprits les appellent en conséquence des « Marlène ». Ainsi, lorsque sur les boulevards du soir un bruit d'oiseaux monte des palmiers vers le ciel, des dizaines de Clarque et de Marlène se rencontrent, se toisent et s'évaluent, heureux de vivre et de paraître, livrés pour une heure au vertige des existences parfaites. On assiste alors, disent les jaloux, aux réunions de la commission américaine. Mais on sent à ces mots l'amertume des plus de trente ans qui n'ont rien à faire dans ces jeux. Ils méconnaissent ces congrès quotidiens de la jeunesse et du romanesque. Ce sont, en vérité, les parlements d'oiseaux[1] qu'on rencontre dans la littérature hindoue. Mais on n'agite pas sur les boulevards d'Oran le problème de l'être et l'on ne s'inquiète pas du chemin de la perfection. Il ne reste que des battements d'ailes, des roues empanachées, des grâces coquettes et victorieuses, tout l'éclat d'un chant insouciant qui disparaît avec la nuit.

J'entends d'ici Klestakoff : « Il faudra s'occuper de quelque chose d'élevé. » Hélas ! il en est bien capable. Qu'on le pousse et il peuplera ce désert avant quelques années. Mais, pour le moment, une âme un peu secrète doit se délivrer dans cette ville facile, avec son défilé de jeunes filles fardées[1], et cependant incapables d'apprêter l'émotion, simulant si mal la coquetterie que la ruse est tout de suite éventée. S'occuper de quelque chose d'élevé ! Voyez plutôt : Santa-Cruz ciselée dans le roc, les montagnes, la mer plate, le vent violent et le soleil, les grandes grues du port, les trains, les hangars[2], les quais et les rampes gigantesques qui gravissent le rocher de la ville, et dans la ville elle-même ces jeux et cet ennui, ce tumulte et cette solitude. Peut-être, en effet, tout cela n'est-il pas assez élevé. Mais le grand prix de ces îles surpeuplées, c'est que le cœur s'y dénude. Le silence n'est plus possible que dans[3] les villes bruyantes. D'Amsterdam, Descartes écrit au vieux Balzac[4] : « Je vais me promener tous les jours parmi la confusion d'un grand peuple, avec autant de liberté et de repos que vous sauriez faire dans vos allées*. »

LE DÉSERT À ORAN

ᵃFORCÉS de vivre devant un admirable paysage, les Oranais ont triomphé de cette redoutable épreuve en se couvrant de constructions bien laides. On s'attend à une ville ouverte sur la mer, lavée, rafraîchie par la brise des soirs. Et, mis à part le quartier espagnol**, on trouve une cité qui présente le dos à la mer, qui s'est construite en tournant sur elle-même, à la façon d'un escargot. Oran est un grand mur circulaire et jaune, recouvert d'un ciel dur. Au début, on erre dans le labyrinthe, on cherche la mer comme le signe d'Ariane. Mais on tourne en rond dans des rues fauves et oppressantes, et, à la fin, le Minotaure dévore les Oranais : c'est l'ennui. Depuis longtemps, les Oranais n'errent plus. Ils ont accepté d'être mangés.

On ne peut pas savoir ce qu'est la pierre sans venir à Oran. Dans cette ville poussiéreuse entre toutes, le caillou est roi. On l'aime tant que les commerçants l'exposent

---

* En souvenir sans doute de ces bonnes paroles, une Société oranaise de conférences et de discussion s'est organisée à l'enseigne du *Cogito-Club*[5].
** Et le nouveau boulevard Front-de-Mer.

dans leurs vitrines pour maintenir des papiers, ou encore pour la seule montre. On en fait des tas le long des rues, sans doute pour le plaisir des yeux, puisque, un an après, le tas est toujours là. Ce qui, ailleurs, tire sa poésie du végétal, prend ici un visage de pierre. On a soigneusement recouvert de poussière la[1] centaine d'arbres qu'on peut rencontrer dans la ville commerçante. Ce sont des végétaux pétrifiés qui laissent tomber de leurs branches une odeur âcre et poussiéreuse. À Alger, les cimetières arabes ont la douceur que l'on sait. À Oran, au-dessus du ravin Ras-el-Aïn, face à la mer cette fois, ce sont, plaqués contre le ciel bleu, des champs de cailloux crayeux et friables où le soleil allume d'aveuglants incendies. Au milieu de ces ossements de la terre, un géranium pourpre, de loin en loin, donne sa vie et son sang frais au paysage. La ville entière s'est figée dans une gangue pierreuse. Vue des Planteurs, l'épaisseur des falaises qui l'enserrent est telle que le paysage devient irréel à force d'être minéral. L'homme en est proscrit. Tant de beauté pesante semble venir d'un autre monde.

Si l'on peut définir le désert un lieu sans âme où le ciel est seul roi, alors[2] Oran attend ses prophètes. Tout autour et au-dessus de la ville, la nature brutale de l'Afrique est en effet parée de ses brûlants prestiges. Elle fait éclater le décor malencontreux dont on la couvre, elle pousse ses cris violents entre chaque maison et au-dessus de tous les toits. Si l'on monte sur une des routes, au flanc de la montagne de Santa-Cruz, ce qui apparaît d'abord, ce sont les cubes dispersés et coloriés d'Oran. Mais un peu plus haut, et déjà les falaises déchiquetées qui entourent le plateau s'accroupissent dans la mer comme des bêtes rouges. Un peu plus haut encore, et de[3] grands tourbillons de soleil et de vent recouvrent, aèrent et confondent la ville débraillée, dispersée sans ordre aux quatre coins d'un paysage rocheux. Ce qui s'oppose ici, c'est la magnifique anarchie humaine et la permanence d'une mer toujours égale. Cela suffit pour que monte vers la route à flanc de coteau une bouleversante odeur de vie.

Le désert a[4] quelque chose d'implacable. Le ciel minéral d'Oran, ses rues et ses arbres dans leur enduit de poussière, tout contribue à créer cet univers épais et impassible où le cœur et l'esprit ne sont jamais distraits d'eux-mêmes, ni de leur seul objet qui est l'homme. Je parle ici de retraites difficiles. On écrit des livres sur Florence ou Athènes. Ces villes ont formé tant d'esprits européens qu'il faut bien qu'elles aient un sens. Elles gardent de quoi attendrir ou exalter. Elles apaisent une certaine faim de l'âme dont l'aliment est le souvenir. Mais comment s'attendrir sur une ville où rien ne sollicite l'esprit, où la laideur même est anonyme, où le passé est réduit à rien[1] ? Le vide, l'ennui, un ciel indifférent, quelles sont les séductions de ces lieux ? C'est sans doute la solitude et, peut-être, la créature. Pour une certaine race d'hommes, la créature, partout où elle est belle, est une amère patrie. Oran est l'une de ses mille capitales.

LES JEUX

Le Central Sporting Club, rue du Fondouk, à Oran, donne une soirée pugilistique dont il affirme qu'elle sera appréciée par les vrais amateurs. En style clair, cela signifie que les boxeurs à l'affiche sont loin d'être des vedettes, que quelques-uns d'entre eux montent sur le ring pour la première fois, et qu'en conséquence on peut compter, sinon sur la science, du moins sur le cœur des adversaires. Un Oranais m'ayant électrisé par la promesse formelle « qu'il y aurait du sang », je me trouve ce soir-là parmi les vrais amateurs.

Apparemment, ceux-ci ne réclament jamais de confort. On a, en effet, dressé un ring au fond d'une sorte de garage crépi à la chaux, couvert de tôle ondulée et violemment éclairé. Des chaises pliantes ont été rangées en carré autour des cordes. Ce sont les « rings d'honneur ». On a disposé des sièges dans la longueur, et[2], au fond de la salle, s'ouvre un vaste espace libre nommé promenoir, en raison du fait que pas une des cinq cents personnes qui s'y trouvent ne saurait tirer son mouchoir sans provoquer de graves accidents. Dans cette caisse rectangulaire respirent un millier d'hommes et deux ou trois femmes — de celles qui, selon mon voisin, tiennent toujours « à se faire remarquer ». Tout le monde sue férocement. En attendant les combats d'« espoirs », un gigantesque pick-up broie du Tino Rossi. C'est la romance avant le meurtre.

La patience d'un véritable amateur est sans limites. La réunion annoncée pour 21 heures n'est pas encore commencée à 21 h 30, et personne n'a protesté. Le printemps est chaud, l'odeur d'une humanité en[1] manches de chemise exaltante. On discute ferme parmi les éclatements périodiques des bouchons de limonade et l'inlassable lamentation du chanteur corse[2]. Quelques nouveaux arrivants sont encastrés dans le public, quand un projecteur fait pleuvoir une lumière aveuglante sur le ring. Les combats d'espoirs commencent.

Les espoirs, ou débutants, qui combattent pour le plaisir, ont toujours à cœur de le prouver en se massacrant d'urgence, au mépris de toute technique. Ils n'ont jamais pu durer plus de trois rounds. Le héros de la soirée à cet égard est le jeune « Kid Avion » qui[3], pour l'ordinaire, vend des billets de loterie aux terrasses des cafés. Son adversaire, en effet, a capoté malencontreusement hors du ring, au début du deuxième round, sous le choc d'un poing manié comme une hélice.

La foule s'est un peu animée, mais c'est encore une politesse[4]. Elle respire avec gravité l'odeur sacrée de l'embrocation. Elle contemple ces successions de rites lents et de sacrifices désordonnés, rendus plus authentiques encore par les dessins propitiatoires[5], sur la blancheur du mur, des ombres combattantes. Ce sont les prologues cérémonieux d'une religion sauvage et calculée. La transe ne viendra que plus tard.

Et, justement, le pick-up annonce Amar, « le coriace Oranais qui n'a pas désarmé », contre Pérez, « le puncheur algérois ». Un profane interpréterait mal les hurlements qui accueillent la présentation des boxeurs sur le ring. Il imaginerait quelque combat sensationnel où les boxeurs auraient à vider une querelle personnelle, connue du public. Au vrai, c'est bien une querelle qu'ils vont vider. Mais il s'agit de celle qui, depuis cent ans, divise[6] mortellement Alger et Oran. Avec un peu de recul dans les siècles, ces deux villes nord-africaines se seraient déjà saignées à blanc, comme le firent Pise et Florence en des temps plus heureux. Leur rivalité est d'autant plus forte qu'elle ne tient sans doute à rien. Ayant toutes les raisons de s'aimer, elles se détestent en proportion. Les

Oranais accusent les Algérois de « chiqué ». Les Algérois laissent entendre que les Oranais[1] n'ont pas l'usage du monde. Ce sont là des injures plus sanglantes qu'il n'apparaît, parce qu'elles sont métaphysiques. Et faute de pouvoir s'assiéger, Oran et Alger se rejoignent, luttent et s'injurient sur le terrain du sport, des statistiques et des grands travaux.

C'est donc une page d'histoire qui se déroule sur le ring. Et le coriace Oranais, soutenu par un millier de voix hurlantes, défend contre Pérez une manière de vivre et l'orgueil d'une province. La vérité oblige à dire qu'Amar mène mal sa discussion. Son plaidoyer a un vice de forme : il manque d'allonge. Celui du puncheur algérois, au contraire, a la longueur voulue. Il porte avec persuasion sur l'arcade sourcilière de son contradicteur[2]. L'Oranais pavoise magnifiquement, au milieu des vociférations d'un public déchaîné. Malgré les encouragements répétés de la galerie et de mon voisin, malgré les intrépides « Crève-le », « Donne-lui de l'orge », les insidieux « Coup bas », « Oh! l'arbitre, il a rien vu », les optimistes « Il est pompé », « Il en peut plus », l'Algérois est proclamé vainqueur aux points sous d'interminables huées. Mon voisin, qui parle volontiers d'esprit sportif, applaudit ostensiblement, dans le temps où il me glisse d'une voix éteinte par tant de cris : « Comme ça, il ne pourra pas dire *là-bas* que les Oranais sont des sauvages. »

Mais, dans la salle, des combats que le programme ne comportait pas ont déjà éclaté. Des chaises sont brandies, la police se fraye un chemin, l'exaltation est à son comble. Pour calmer ces bons esprits et contribuer au retour du silence, la « direction », sans perdre un instant, charge le pick-up de vociférer Sambre-et-Meuse. Pendant quelques minutes, la salle a grande allure. Des grappes confuses de combattants et d'arbitres bénévoles oscillent sous des poignes d'agents, la galerie exulte et réclame la suite par le moyen de cris sauvages, de cocoricos ou de miaulements farceurs noyés dans le fleuve irrésistible de la musique militaire.

Mais il suffit de l'annonce du grand combat pour que le calme revienne. Cela se fait brusquement, sans fioritures, comme des acteurs quittent le plateau, une fois la pièce finie. Avec le plus grand naturel, les chapeaux sont époussetés, les chaises rangées, et tous les visages revêtent sans transition l'expression bienveillante du spectateur honnête qui a payé sa place pour assister à un concert de famille.

Le dernier combat oppose un champion français de la marine à un boxeur oranais. Cette fois, la différence d'allonge est au profit de ce dernier. Mais ses avantages, pendant les premiers rounds, ne remuent pas la foule. Elle cuve son excitation, elle se remet. Son souffle est encore court. Si elle applaudit, la passion n'y est pas. Elle siffle sans animosité. La salle se partage en deux camps, il le faut bien pour la bonne règle. Mais le choix de chacun obéit à cette indifférence qui suit les grandes fatigues. Si le Français « tient », si l'Oranais oublie qu'on n'attaque pas avec la tête, le boxeur est courbé par une bordée de sifflets, mais aussitôt redressé par une salve d'applaudissements. Il faut arriver au septième round pour que le sport revienne à la surface, dans le même temps où les vrais amateurs commencent à émerger de leur fatigue. Le Français, en effet, est allé au tapis et, désireux de regagner des points, s'est rué sur son adversaire. « Ça y est, a dit mon voisin, ça va être la corrida[1]. » En effet, c'est la corrida. Couverts de sueur sous l'éclairage implacable, les deux boxeurs ouvrent leur garde, tapent en fermant les yeux, poussent des épaules et des genoux, échangent leur sang et reniflent de fureur. Du même coup, la salle s'est dressée et scande les efforts de ses deux héros. Elle reçoit les coups, les rend, les fait retentir en mille voix sourdes et haletantes. Les mêmes qui avaient choisi leur favori dans l'indifférence se tiennent dans leur choix par entêtement, et s'y passionnent. Toutes les dix secondes, un cri de mon voisin pénètre dans mon oreille droite : « Vas-y, col bleu, allez, marine ! » pendant qu'un spectateur devant nous hurle à l'Oranais : « Anda ! hombre ! » L'homme et le col bleu y vont et, avec eux, dans ce temple de chaux, de tôle et de ciment, une salle tout entière livrée à des dieux au front bas. Chaque coup qui sonne mat sur les pectoraux luisants retentit en vibrations énormes dans le corps même de la foule qui fournit avec les boxeurs son dernier effort.

Dans cette atmosphère, le match nul est mal accueilli. Il contrarie dans le public, en effet, une sensibilité toute manichéenne. Il y a le bien et le mal, le vainqueur et le vaincu. Il faut avoir raison si l'on n'a pas tort. La conclusion de cette logique impeccable est immédiatement fournie par deux mille poumons énergiques qui accusent les juges[1] d'être vendus, ou achetés. Mais le col bleu est allé embrasser son adversaire sur le ring et boit sa sueur fraternelle. Cela suffit pour que la salle, immédiatement retournée, éclate en applaudissements. Mon voisin a raison : ce ne sont pas des sauvages.

La foule qui s'écoule au-dehors, sous un ciel plein de silence et d'étoiles, vient de livrer le plus épuisant des combats. Elle se tait, disparaît furtivement, sans forces pour l'exégèse. Il y a le bien et le mal, cette religion est sans merci. La cohorte des fidèles n'est plus qu'une assemblée d'ombres noires et blanches qui disparaît dans la nuit[2]. C'est que la force et la violence sont des dieux solitaires. Ils ne donnent rien au souvenir. Ils distribuent, au contraire, leurs miracles à pleines poignées dans le présent. Ils sont à la mesure de ce peuple sans passé qui célèbre ses communions autour des rings. Ce sont des rites un peu difficiles, mais qui simplifient tout. Le bien et le mal, le vainqueur et le vaincu : à Corinthe, deux temples voisinaient, celui de la Violence et celui de la Nécessité.

LES MONUMENTS

Pour bien des raisons qui tiennent autant à l'économie qu'à la métaphysique, on peut dire que le style oranais, s'il en est un, s'est illustré avec force et clarté dans le singulier édifice appelé Maison du Colon. De monuments, Oran ne manque guère. La ville a son compte de maréchaux d'Empire, de ministres et de bienfaiteurs locaux. On les rencontre sur des petites places poussiéreuses, résignés à la pluie comme au soleil, convertis eux aussi à la pierre et à l'ennui. Mais ils représentent cependant des apports extérieurs. Dans cette heureuse barbarie, ce sont les marques regrettables de la civilisation.

Oran, au contraire, s'est élevé à elle-même ses autels et ses rostres. En plein cœur de la ville commerçante, ayant à construire une maison commune pour les innombrables organismes agricoles qui font vivre ce pays, les Oranais ont médité d'y bâtir, dans le sable et la chaux, une image convaincante de leurs vertus : la Maison du Colon. Si l'on en juge par l'édifice, ces vertus sont au nombre de trois : la hardiesse dans le goût, l'amour de la violence, et le sens des synthèses historiques. L'Égypte, Byzance et Munich ont collaboré à la délicate construction d'une pâtisserie figurant une énorme coupe renversée. Des pierres multicolores, du plus vigoureux effet, sont venues[1] encadrer le toit. La vivacité de ces mosaïques est si persuasive qu'au premier abord on ne[2] voit rien, qu'un éblouissement informe. Mais de plus près, et l'attention éveillée, on voit qu'elles ont un sens : un gracieux colon, à nœud papillon et à casque de liège blanc, y reçoit l'hommage d'un cortège d'esclaves vêtus à l'antique*. L'édifice et ses enluminures ont été enfin placés au milieu d'un carrefour, dans le va-et-vient des petits tramways à nacelle dont la saleté est un des charmes de la ville.

Oran tient beaucoup[4] d'autre part aux deux lions de sa place d'Armes. Depuis 1888, ils trônent de chaque côté de l'escalier[5] municipal. Leur auteur s'appelait Caïn. Ils ont de la majesté et le torse court. On raconte que la nuit, ils descendent l'un après l'autre de leur socle, tournent silencieusement autour de la place obscure, et, à l'occasion, urinent longuement sous les grands ficus poussiéreux. Ce sont, bien entendu, des on-dit auxquels les Oranais prêtent une oreille complaisante. Mais cela est invraisemblable.

Malgré quelques recherches, je n'ai[6] pu me passionner pour Caïn. J'ai seulement appris qu'il avait la réputation d'un animalier adroit. Cependant, je pense souvent à lui. C'est une pente d'esprit qui vous vient à Oran. Voici un artiste au nom sonore qui a laissé ici une œuvre sans importance. Plusieurs centaines de milliers d'hommes sont familiarisés avec les fauves débonnaires qu'il a placés devant une mairie prétentieuse. C'est une façon comme une autre de réussir en art. Sans doute, ces deux lions, comme des milliers d'œuvres du même genre, témoignent de tout autre chose que de talent. On a pu faire la « Ronde de Nuit », « Saint François recevant les

---

* Une autre des qualités de la race algérienne est, on le voit, la franchise[3].

stigmates », « David » ou « l'Exaltation de la Fleur ». Caïn, lui, a dressé deux mufles hilares sur la place d'une province commerçante, outre-mer. Mais le David croulera un jour avec Florence et les lions seront peut-être sauvés du désastre. Encore une fois, ils témoignent d'autre chose.

[1]Peut-on préciser cette idée ? Il y a dans cette œuvre de l'insignifiance et de la solidité. L'esprit n'y est pour rien et la matière pour beaucoup. La médiocrité veut durer par tous les moyens, y compris le bronze. On lui refuse[2] ses droits à l'éternité et elle les prend tous les jours. N'est-ce pas elle, l'éternité ? En tout cas, cette persévérance a de quoi émouvoir, et elle porte sa leçon, celle de tous les monuments d'Oran et d'Oran[3] elle-même. Une heure par jour, une fois parmi d'autres, elle vous force à porter attention à ce qui n'a pas d'importance. L'esprit trouve profit à ces retours. C'est un peu son hygiène, et, puisqu'il lui faut absolument ses moments d'humilité, il me semble que cette occasion de s'abêtir est meilleure que d'autres. Tout ce qui est périssable désire durer. Disons donc que tout veut durer. Les œuvres humaines ne signifient rien d'autre et, à cet égard, les lions de Caïn ont les mêmes chances que les ruines d'Angkor. Cela incline à la modestie.

Il est d'autres monuments oranais. Ou du moins, il faut bien leur donner ce nom puisque eux aussi témoignent pour leur ville, et de façon plus significative peut-être. Ce sont les grands travaux qui recouvrent actuellement la côte sur une dizaine de kilomètres. En principe, il s'agit de transformer la plus lumineuse des baies en un port gigantesque. En fait, c'est encore une occasion pour l'homme de se confronter avec la pierre.

Dans les tableaux de certains maîtres flamands, on voit revenir avec insistance un thème d'une ampleur admirable : la construction de la Tour de Babel. Ce sont des paysages démesurés, des roches qui escaladent le ciel, des escarpements où foisonnent ouvriers, bêtes, échelles, machines étranges, cordes, traits. L'homme, d'ailleurs, n'est là que pour[4] faire mesurer la grandeur inhumaine du chantier. C'est à cela qu'on pense sur la corniche oranaise, à l'ouest de la ville.

Accrochés à d'immenses pentes, des rails, des wagonnets, des grues, des trains minuscules... Au milieu d'un soleil dévorant, des locomotives pareilles à des jouets contournent d'énormes blocs parmi les sifflets, la poussière et la fumée. Jour et nuit, un peuple de fourmis s'activent sur la carcasse fumante de la montagne. Pendus le long d'une même corde contre le flanc de la falaise, des dizaines d'hommes, le ventre appuyé aux poignées des défonceuses automatiques, tressaillent dans le vide à longueur de journées, et détachent des pans entiers de rochers qui croulent dans la poussière et les grondements. Plus loin, des wagonnets se renversent au-dessus des pentes, et les[1] rochers, déversés brusquement vers la mer, s'élancent et roulent dans l'eau, chaque gros bloc suivi d'une volée de pierres plus légères. À intervalles réguliers, dans le cœur de la nuit, en plein jour, des détonations ébranlent toute la montagne et soulèvent la mer elle-même.

L'homme, au milieu de ce chantier, attaque la pierre de front. Et si l'on[2] pouvait oublier, un instant au moins, le dur esclavage qui rend possible ce travail, il faudrait admirer. Ces pierres, arrachées à la montagne, servent l'homme dans ses desseins. Elles s'accumulent sous les premières vagues, émergent peu à peu et s'ordonnent enfin suivant une jetée, bientôt couverte d'hommes et de machines, qui avancent, jour après jour, vers le large. Sans désemparer, d'énormes mâchoires d'acier fouillent le ventre de la falaise, tournent sur elles-mêmes, et viennent dégorger dans l'eau leur trop-plein de pierrailles. À mesure que le front de la corniche s'abaisse, la côte entière gagne irrésistiblement sur la mer.

Bien sûr, détruire la pierre n'est pas possible. On la change seulement de place. De toutes façons, elle durera plus que les hommes qui s'en servent. Pour le moment, elle appuie leur volonté d'action. Cela même sans doute est inutile. Mais changer les choses de place, c'est le travail des hommes : il faut choisir de faire cela ou rien*. Visiblement, les Oranais ont choisi. Devant cette baie[4] indifférente, pendant des années encore, ils entasseront des amas de cailloux le long de la côte. Dans cent ans, c'est-à-dire demain, il faudra recommencer. Mais[5]

---

* Cet essai traite d'une certaine tentation. Il faut l'avoir connue. On peut ensuite agir, ou non, mais en connaissance de cause[3].

aujourd'hui ces amoncellements de rochers témoignent pour les hommes au masque de poussière et de sueur qui circulent au milieu d'eux. Les vrais monuments d'Oran, ce sont encore ses pierres.

LA PIERRE D'ARIANE

Il semble que les Oranais soient comme cet ami de Flaubert qui, au moment de mourir, jetant un dernier regard sur cette terre irremplaçable, s'écriait : « Fermez la fenêtre, c'est trop beau. » Ils ont fermé la fenêtre, ils se sont emmurés, ils ont exorcisé le paysage. Mais Le Poittevin est mort, et, après lui, les jours ont continué de rejoindre les jours. De même, au-delà des murs jaunes d'Oran, la mer et la terre poursuivent leur dialogue indifférent. Cette permanence dans le monde a toujours eu pour l'homme des prestiges opposés. Elle le désespère et l'exalte. Le monde ne dit jamais qu'une seule chose, et il intéresse, puis il lasse. Mais, à la fin, il l'emporte à force d'obstination. Il a toujours raison.

Déjà, aux portes mêmes d'Oran, la nature hausse le ton. Du côté de Canastel, ce sont d'immenses friches, couvertes de broussailles odorantes. Le soleil et le vent n'y parlent que de solitude. Au-dessus d'Oran, c'est la montagne de Santa-Cruz, le plateau et les mille ravins qui y mènent. Des routes, jadis carrossables, s'accrochent au flanc des coteaux qui dominent la mer. Au mois de janvier, certaines sont couvertes de fleurs. Pâquerettes et boutons d'or en font des allées fastueuses, brodées de jaune et de blanc. De Santa-Cruz, tout a été dit. Mais si j'avais à en parler, j'oublierais les cortèges sacrés qui gravissent la dure colline, aux grandes fêtes, pour évoquer d'autres pèlerinages. Solitaires, ils cheminent dans la pierre rouge, s'élèvent au-dessus de la baie immobile, et viennent consacrer au dénuement une heure lumineuse et parfaite.

Oran a aussi ses déserts de sable[1] : ses plages. Celles qu'on rencontre, tout près des portes, ne sont solitaires qu'en hiver et au printemps. Ce sont alors des plateaux couverts d'asphodèles[2], peuplés de petites villas nues, au milieu des fleurs. La mer gronde un peu, en contrebas[1]. Déjà pourtant, le soleil, le vent léger, la blancheur des asphodèles, le bleu[2] cru du ciel, tout laisse imaginer l'été, la jeunesse dorée qui couvre alors la plage, les longues heures sur le sable et la douceur subite des soirs. Chaque année, sur ces rivages, c'est une nouvelle[3] moisson de filles fleurs. Apparemment, elles n'ont qu'une saison. L'année suivante, d'autres corolles chaleureuses les remplacent qui, l'été d'avant, étaient encore des petites filles aux corps durs comme des bourgeons. À onze heures du matin, descendant du plateau, toute cette jeune chair[4], à peine vêtue d'étoffes bariolées, déferle sur le sable comme une vague multicolore.

[5]Il faut aller plus loin (singulièrement près, cependant, de ce lieu où deux cent mille hommes tournent en rond[6]) pour découvrir un paysage toujours vierge : de longues dunes désertes où le passage des hommes n'a laissé d'autres traces qu'une cabane vermoulue. De loin en loin, un berger arabe fait avancer sur le sommet des dunes les taches[7] noires et beiges de son troupeau de chèvres. Sur ces plages d'Oranie, tous les matins d'été ont l'air d'être les premiers du monde. Tous les crépuscules semblent être les derniers[8], agonies solennelles annoncées au coucher du soleil par une dernière lumière qui fonce toutes les teintes. La mer est outremer, la route couleur de sang caillé, la plage jaune. Tout disparaît avec le soleil vert; une heure plus tard, les dunes ruissellent de lune. Ce sont alors des nuits sans mesure sous une pluie d'étoiles. Des orages les traversent parfois, et les éclairs coulent le long des dunes, pâlissent le ciel, mettent sur le sable et dans les yeux des lueurs orangées.

Mais ceci ne peut se partager. Il faut l'avoir vécu. Tant de solitude et de grandeur donne à ces lieux un visage inoubliable. Dans la petite aube tiède, passées les premières vagues encore noires et amères, c'est un être neuf qui fend l'eau, si lourde à porter, de la nuit. Le souvenir de ces joies ne me les fait pas regretter et je reconnais ainsi qu'elles étaient bonnes. Après tant d'années, elles durent encore, quelque part dans ce cœur aux fidélités pourtant difficiles. Et je sais qu'aujourd'hui, sur la dune déserte, si je veux m'y rendre, le même ciel déversera encore sa cargaison de souffles et d'étoiles. Ce sont ici les terres de l'innocence.

Mais l'innocence a besoin du sable et des pierres. Et

l'homme a désappris d'y vivre. Il faut le croire du moins, puisqu'il s'est retranché dans cette ville singulière où dort l'ennui. Cependant, c'est cette confrontation qui fait le prix d'Oran. Capitale de l'ennui, assiégée par l'innocence et la beauté, l'armée qui l'enserre a autant de soldats que de pierres. Dans la ville, et à certaines heures, pourtant, quelle tentation de passer à l'ennemi! quelle tentation de s'identifier à ces pierres, de se confondre avec cet univers brûlant et impassible qui défie l'histoire et ses agitations! Cela[1] est vain sans doute. Mais il y a dans chaque homme un instinct profond qui n'est ni celui de la destruction ni celui de la création. Il s'agit seulement de ne ressembler à rien[2]. À l'ombre des murs chauds d'Oran, sur son asphalte poussiéreux, on entend parfois cette invitation. Il semble que, pour un temps, les esprits qui y cèdent ne soient jamais frustrés. Ce sont les ténèbres d'Eurydice et le sommeil d'Isis. Voici les déserts où la pensée va se reprendre, la main fraîche du soir sur un cœur agité. Sur cette montagne des Oliviers, la veille est inutile; l'esprit rejoint et approuve les Apôtres endormis. Avaient-ils vraiment tort? Ils ont eu tout de même leur révélation.

Pensons à Çakia-Mouni au désert. Il y demeura de longues années, accroupi, immobile et les yeux au ciel. Les dieux eux-mêmes lui enviaient cette sagesse et ce destin de pierre. Dans ses mains tendues et raidies, les hirondelles avaient fait leur nid. Mais, un jour, elles s'envolèrent à l'appel de terres lointaines. Et celui qui avait tué en lui désir et volonté, gloire et douleur, se mit à pleurer. Il arrive ainsi que des fleurs poussent sur le rocher[3]. Oui, consentons à la pierre quand il le faut. Ce secret et ce transport que nous demandons aux visages, elle peut aussi nous les donner. Sans doute, cela ne saurait durer. Mais qu'est-ce donc qui peut durer? Le secret des visages s'évanouit[4] et nous voilà relancés dans la chaîne des désirs. Et si la pierre ne peut pas plus pour nous que le cœur humain, elle peut du moins juste autant.

« N'être rien! » Pendant des millénaires, ce grand cri a soulevé[5] des millions d'hommes en révolte contre le désir et la douleur. Ses échos sont venus mourir jusqu'ici, à travers les siècles et les océans, sur la mer la plus vieille du monde. Ils rebondissent encore sourdement contre les falaises compactes d'Oran. Tout le monde, dans ce pays, suit, sans le savoir[1], ce conseil. Bien entendu, c'est à peu près en vain. Le néant ne s'atteint pas plus que l'absolu. Mais puisque nous recevons, comme autant de grâces, les signes éternels que nous apportent les roses ou la souffrance humaine, ne rejetons pas non plus les rares invitations au sommeil que nous dispense la terre. Les unes ont autant de vérité que les autres.

Voilà, peut-être, le fil d'Ariane de cette ville somnambule et frénétique. On y apprend les vertus, toutes provisoires, d'un certain ennui. Pour être épargné, il faut dire « oui » au Minotaure. C'est une vieille et féconde sagesse. Au-dessus de la mer, silencieuse au pied des falaises rouges, il suffit de se tenir dans un juste équilibre, à mi-distance des deux caps[2] massifs qui, à droite et à gauche, baignent dans l'eau claire. Dans le halètement d'un garde-côte, qui rampe sur l'eau du large, baigné de lumière radieuse, on entend distinctement alors l'appel étouffé de forces inhumaines et étincelantes : c'est l'adieu du Minotaure.

Il est midi, le jour lui-même est en balance. Son rite accompli, le voyageur reçoit le prix de sa délivrance : la petite pierre, sèche et douce comme un asphodèle, qu'il ramasse sur la falaise. Pour l'initié, le monde n'est pas plus lourd à porter que cette pierre. La tâche d'Atlas est facile, il suffit de choisir son heure. On comprend alors que pour une heure, un mois, un an, ces rivages peuvent se prêter à la liberté. Ils accueillent pêle-mêle, et sans les regarder, le moine, le fonctionnaire ou le conquérant. Il y a des jours où j'attendais de rencontrer, dans les rues d'Oran, Descartes ou César Borgia. Cela n'est pas arrivé. Mais un autre sera peut-être plus heureux. Une grande action, une grande œuvre, la méditation virile demandaient autrefois la solitude des sables ou du couvent. On y menait les veillées d'armes de l'esprit. Où les célébrerait-on mieux maintenant que dans le vide d'une grande ville installée pour[3] longtemps dans la beauté sans esprit ?

Voici la petite pierre, douce comme un asphodèle. Elle est au commencement de tout. Les fleurs, les larmes (si on y tient), les départs et les luttes sont pour demain. Au milieu de la journée, quand le ciel ouvre ses fontaines de lumière dans l'espace immense et sonore, tous les caps de la côte ont l'air d'une flottille en partance. Ces lourds galions de roc et de lumière tremblent sur leurs quilles, comme s'ils se préparaient à cingler vers des îles de soleil. Ô matins d'Oranie! Du haut des plateaux, les hirondelles plongent dans d'immenses cuves où l'air bouillonne. La côte entière est prête au départ, un frémissement d'aventure la parcourt. Demain, peut-être, nous partirons ensemble.

1939.

LES AMANDIERS[1]

« Savez-vous, disait Napoléon à Fontanes, ce que j'admire le plus au monde ? C'est l'impuissance de la force à fonder quelque chose. Il n'y a que deux puissances au monde : le sabre et l'esprit. À la longue le sabre est toujours vaincu par l'esprit[1]. »

Les conquérants, on le voit, sont quelquefois mélancoliques. Il faut bien payer un peu le prix de tant de vaine gloire. Mais ce qui était vrai, il y a cent ans, pour le sabre, ne l'est plus autant, aujourd'hui, pour le tank. Les conquérants[2] ont marqué des points et le morne silence des lieux sans esprit s'est établi pendant des années sur une Europe déchirée. Au temps des hideuses guerres des Flandres, les peintres hollandais pouvaient peut-être peindre les coqs de leurs basses-cours. On a oublié de même la guerre de Cent Ans et, cependant, les oraisons des mystiques silésiens habitent encore quelques cœurs. Mais aujourd'hui les choses ont changé, le peintre et le moine sont mobilisés : nous sommes solidaires de ce monde. L'esprit a perdu cette royale assurance qu'un conquérant savait lui reconnaître[3] ; il s'épuise maintenant à maudire la force, faute de savoir la maîtriser.

De bonnes âmes vont disant que cela est un mal. Nous ne savons pas si cela est un mal, mais nous savons que cela est. La conclusion est qu'il faut s'en arranger. Il suffit alors de connaître ce que nous voulons. Et ce que nous voulons justement c'est ne plus jamais nous incliner devant le sabre, ne plus jamais donner raison à la force qui ne se met pas au service de l'esprit.

C'est une tâche, il est vrai, qui n'a pas de fin. Mais nous sommes là pour la continuer. Je ne crois pas assez à la raison pour souscrire au progrès, ni à aucune philosophie de l'Histoire. Je crois du moins que les hommes n'ont jamais cessé d'avancer dans la conscience qu'ils prenaient de leur destin. Nous n'avons pas surmonté notre condition, et cependant nous la connaissons mieux. Nous savons que nous sommes dans la contradiction, mais que nous devons refuser la contradiction et faire ce qu'il faut pour la réduire. Notre tâche d'homme est de trouver les quelques formules qui apaiseront l'angoisse infinie des âmes libres. Nous avons à recoudre ce qui est déchiré, à rendre la justice imaginable dans un monde si évidemment injuste, le bonheur significatif pour des peuples empoisonnés par le malheur du siècle. Naturellement, c'est une tâche surhumaine. Mais on appelle surhumaines les tâches que les hommes mettent longtemps à accomplir, voilà tout.

Sachons donc ce que nous voulons, restons fermes sur l'esprit, même si la force prend pour nous séduire le visage d'une idée ou du confort. La première chose est de ne pas désespérer. N'écoutons pas trop ceux qui crient à la fin du monde. Les civilisations ne meurent pas si aisément, et même si ce monde devait crouler, ce serait après d'autres. Il est bien vrai que nous sommes dans une époque tragique. Mais trop de gens confondent le tragique et le désespoir. « Le tragique, disait Lawrence, devrait être comme un grand coup de pied donné au malheur. » Voilà une pensée saine et immédiatement applicable. Il y a beaucoup de choses aujourd'hui qui méritent ce coup de pied.

Quand j'habitais Alger[1], je patientais toujours dans l'hiver parce que je savais qu'en une nuit, une seule nuit froide et pure de février, les amandiers de la vallée des Consuls se couvriraient de fleurs blanches. Je m'émerveillais de voir ensuite cette neige fragile résister à toutes les pluies et au vent de la mer. Chaque année, pourtant, elle persistait, juste ce qu'il fallait pour préparer le fruit.

Ce n'est pas là un symbole. Nous ne gagnerons pas notre bonheur avec des symboles. Il y faut plus de sérieux[2]. Je veux dire seulement que parfois, quand le poids de la vie devient trop lourd dans cette Europe encore toute pleine de son malheur, je me retourne vers ces pays éclatants où tant de forces sont encore intactes. Je les connais trop pour ne pas savoir qu'ils sont la terre d'élection où la contemplation et le courage peuvent s'équilibrer[3]. La méditation de leur exemple m'enseigne alors que, si l'on veut sauver l'esprit, il faut ignorer ses vertus gémissantes et exalter[4] sa force et ses prestiges. Ce monde est empoisonné de malheurs et semble s'y complaire. Il est tout entier livré à ce mal que Nietzsche appelait l'esprit de lourdeur. N'y prêtons pas la main.

Il est vain de pleurer sur l'esprit, il suffit de travailler pour lui.

Mais[1] où sont les vertus conquérantes de l'esprit ? Le même Nietzsche les a énumérées comme les ennemis mortels de l'esprit de lourdeur[2]. Pour lui, ce sont la force de caractère, le goût, le « monde », le bonheur classique, la dure fierté, la froide frugalité du sage. Ces vertus, plus que jamais, sont nécessaires et chacun peut choisir celle qui lui convient. Devant l'énormité de la partie engagée, qu'on n'oublie pas en tout cas la force de caractère. Je ne parle pas de celle qui s'accompagne[3] sur les estrades électorales de froncements de sourcils et de menaces. Mais de celle qui résiste à tous les vents de la mer par la vertu de la blancheur et de la sève. C'est elle qui[4], dans l'hiver du monde, préparera le fruit.

1940.

PROMÉTHÉE
AUX ENFERS

> Il me semblait qu'il manquait quelque chose à la divinité tant qu'il n'existait rien à lui opposer.
>
> *Prométhée au Caucase*, Lucien.

Que signifie Prométhée pour l'homme d'aujourd'hui ? On pourrait dire sans doute que ce révolté dressé contre les dieux est le modèle de l'homme contemporain et que cette protestation élevée, il y a des milliers d'années, dans les déserts de la Scythie, s'achève aujourd'hui dans une convulsion historique qui n'a pas son égale. Mais, en même temps, quelque chose nous dit que ce persécuté continue de l'être parmi nous et que nous sommes encore sourds au grand cri de la révolte humaine dont il donne le signal solitaire.

L'homme d'aujourd'hui est en effet celui qui souffre par masses prodigieuses sur l'étroite surface de cette terre, l'homme privé de feu et de nourriture pour qui la liberté n'est qu'un luxe qui peut attendre; et il n'est encore question pour cet homme que de souffrir un peu plus, comme il ne peut être question pour la liberté et ses derniers témoins que de disparaître un peu plus. Prométhée, lui, est ce héros qui aima assez les hommes pour leur donner en même temps le feu et la liberté, les techniques et les arts. L'humanité, aujourd'hui, n'a besoin et ne se soucie que de techniques. Elle se révolte dans ses machines, elle tient l'art et ce qu'il suppose pour un obstacle et un signe de servitude. Ce qui caractérise Prométhée, au contraire, c'est qu'il ne peut séparer la machine de l'art. Il pense qu'on peut libérer en même temps les corps et les âmes. L'homme actuel croit qu'il faut d'abord libérer le corps, même si l'esprit doit mourir provisoirement. Mais l'esprit peut-il mourir provisoirement ? En vérité, si Prométhée revenait, les hommes d'aujourd'hui feraient comme les dieux d'alors : ils le cloueraient au rocher, au nom même de cet humanisme dont il est le premier symbole. Les voix ennemies qui insulteraient alors le vaincu seraient les mêmes qui retentissaient au seuil de la tragédie eschylienne : celles de la Force et de la Violence.

Est-ce que je cède au temps avare, aux arbres nus, à l'hiver du monde ? Mais cette nostalgie même de lumière me donne raison : elle me parle d'un autre monde, ma vraie patrie. A-t-elle du sens encore pour quelques hommes ? L'année de la guerre, je devais m'embarquer pour refaire le périple d'Ulysse. À cette époque, même un jeune homme pauvre pouvait former le projet somptueux de traverser une mer à la rencontre de la lumière. Mais j'ai fait alors comme chacun. Je ne me suis pas embarqué. J'ai pris ma place dans la file qui piétinait devant la porte ouverte de l'enfer. Peu à peu, nous y sommes entrés. Et au premier cri de l'innocence assassinée, la porte a claqué derrière nous. Nous étions dans l'enfer, nous n'en sommes plus jamais sortis. Depuis six longues années, nous essayons de nous en arranger. Les fantômes chaleureux des îles fortunées ne nous apparaissent plus qu'au fond d'autres longues années, encore à venir, sans feu ni soleil.

Dans cette Europe humide et noire, comment alors ne pas recevoir, avec un tremblement de regret et de difficile complicité, ce cri du vieux Chateaubriand à Ampère partant en Grèce : « Vous n'aurez retrouvé ni une feuille des oliviers ni un grain des raisins que j'ai vus dans l'Attique. Je regrette jusqu'à l'herbe de mon temps. Je n'ai pas eu la force de faire vivre une bruyère. » Et nous aussi, enfoncés, malgré notre jeune sang, dans la terrible vieillesse de ce dernier siècle, nous regrettons parfois l'herbe de tous les temps, la feuille de l'olivier que nous n'irons plus voir pour elle-même, et les raisins de la liberté. L'homme est partout, partout ses cris, sa douleur et ses menaces. Entre tant de créatures assemblées, il n'y a plus de place pour les grillons. L'histoire est une terre stérile où la bruyère ne pousse pas. L'homme d'aujourd'hui a choisi l'histoire cependant et il ne pouvait ni ne devait s'en détourner. Mais au lieu de se l'asservir, il consent tous les jours un peu plus à en être l'esclave. C'est ici qu'il trahit Prométhée, ce fils « aux pensers hardis et au cœur léger ». C'est ici qu'il retourne à la misère des hommes que Prométhée voulut sauver. « Ils voyaient sans voir, ils écoutaient sans entendre, pareils aux formes des songes... »

Oui, il suffit d'un soir de Provence, d'une colline parfaite, d'une odeur de sel, pour apercevoir que tout est encore à faire. Nous avons à réinventer le feu, à réinstaller les métiers pour apaiser la faim du corps. L'Attique, la liberté et ses vendanges, le pain de l'âme sont pour plus tard. Qu'y pouvons-nous, sinon nous crier à nous-mêmes : « Ils ne seront plus jamais ou ils seront pour d'autres » et faire ce qu'il faut pour que ces autres au moins ne soient pas frustrés. Nous qui sentons cela avec douleur et qui essayons cependant de le prendre d'un cœur sans amertume, sommes-nous donc en retard ou sommes-nous en avance, et aurons-nous la force de faire revivre les bruyères ?

À cette question qui s'élève dans le siècle, on imagine la réponse de Prométhée. En vérité, il l'a déjà prononcée : « Je vous promets la réforme et la réparation, ô mortels, si vous êtes assez habiles, assez vertueux, assez forts pour les opérer de vos mains. » S'il est donc vrai que le salut est dans nos mains, à l'interrogation du siècle je répondrai oui, à cause de cette force réfléchie et de ce courage renseigné que je sens toujours dans quelques hommes que je connais. « Ô Justice, ô ma mère, s'écrie Prométhée, tu vois ce qu'on me fait souffrir. » Et Hermès raille le héros : « Je suis étonné qu'étant devin, tu n'aies pas prévu le supplice que tu subis. » « Je le savais », répond le révolté. Les hommes dont je parle sont eux aussi les fils de la justice. Eux aussi souffrent du malheur de tous, en connaissance de cause. Ils savent justement qu'il n'est pas de justice aveugle, que l'histoire est sans yeux et qu'il faut donc rejeter sa justice pour lui substituer, autant qu'il se peut, celle que l'esprit conçoit. C'est ici que Prométhée rentre à nouveau dans notre siècle.

Les mythes n'ont pas de vie par eux-mêmes. Ils attendent que nous les incarnions. Qu'un seul homme au monde réponde à leur appel, et ils nous offrent leur sève intacte. Nous avons à préserver celui-ci et faire que son sommeil ne soit point mortel pour que la résurrection devienne possible. Je doute parfois qu'il soit permis de sauver l'homme d'aujourd'hui. Mais il est encore possible de sauver les enfants de cet homme dans leur corps et dans leur esprit. Il est possible de leur offrir en même temps les chances du bonheur et celles de la beauté. Si nous devons nous résigner à vivre sans la beauté et la liberté qu'elle signifie, le mythe de Prométhée est un de ceux qui nous rappelleront que toute mutilation de l'homme ne peut être que provisoire et qu'on ne sert rien de l'homme si on ne le sert pas tout entier.

S'il a faim de pain et de bruyère, et s'il est vrai que le pain est le plus nécessaire, apprenons à préserver le souvenir de la bruyère. Au cœur le plus sombre de l'histoire, les hommes de Prométhée, sans cesser leur dur métier, garderont un regard sur la terre, et sur l'herbe inlassable. Le héros enchaîné maintient dans la foudre et le tonnerre divins sa foi tranquille en l'homme. C'est ainsi qu'il est plus dur que son rocher et plus patient que son vautour. Mieux que la révolte contre les dieux, c'est cette longue obstination qui a du sens pour nous. Et cette admirable volonté de ne rien séparer ni exclure qui a toujours réconcilié et réconciliera encore le cœur douloureux des hommes et les printemps du monde.

1946.

PETIT GUIDE
POUR DES VILLES SANS PASSÉ

L A douceur d'Alger est plutôt italienne. L'éclat cruel d'Oran a quelque chose d'espagnol. Perchée sur un rocher au-dessus des gorges du Rummel, Constantine fait penser à Tolède. Mais l'Espagne et l'Italie regorgent de souvenirs, d'œuvres d'art et de vestiges exemplaires. Mais Tolède a eu son Greco et son Barrès. Les cités dont je parle au contraire sont des villes sans passé. Ce sont donc des villes sans abandon, et sans attendrissement. Aux heures d'ennui qui sont celles de la sieste, la tristesse y est implacable et sans mélancolie. Dans la lumière des matins ou le luxe naturel des nuits, la joie est au contraire sans douceur. Ces villes n'offrent rien à la réflexion et tout à la passion. Elles ne sont faites ni pour la sagesse ni pour les nuances du goût. Un Barrès et ceux qui lui ressemblent y seraient broyés.

Les voyageurs de la passion (celle des autres), les intelligences trop nerveuses, les esthètes et les nouveaux mariés n'ont rien à gagner à ce voyage algérien. Et, à moins d'une vocation absolue, on ne saurait recommander à personne de s'y retirer pour toujours. Quelquefois, à Paris, à des gens que j'estime et qui m'interrogent sur l'Algérie, j'ai envie de crier : « N'allez pas là-bas. » Cette plaisanterie aurait sa part de vérité. Car je vois bien ce qu'ils en attendent et qu'ils n'en obtiendront pas. Et je sais, en même temps, les prestiges et le pouvoir sournois de ce pays, la façon insinuante dont il retient ceux qui s'y attardent, dont il les immobilise, les prive d'abord de questions et les endort pour finir dans la vie de tous les jours. La révélation de cette lumière, si éclatante qu'elle en devient noire et blanche, a d'abord quelque chose de suffocant. On s'y abandonne, on s'y fixe et puis on s'aperçoit que cette trop longue splendeur ne donne rien à l'âme et qu'elle n'est qu'une jouissance démesurée. On voudrait alors revenir vers l'esprit. Mais les hommes de ce pays, c'est là leur force, ont apparemment plus de cœur que d'esprit. Ils peuvent être vos amis (et alors quels amis!), mais ils ne seront pas vos confidents. C'est une chose qu'on jugera peut-être redoutable dans ce Paris où se fait une si grande dépense d'âme et où l'eau des confidences coule à petit bruit, interminablement, parmi les fontaines, les statues et les jardins.

C'est à l'Espagne que cette terre ressemble le plus. Mais l'Espagne sans la tradition ne serait qu'un beau désert. Et, à moins de s'y trouver par les hasards de la naissance, il n'y a qu'une certaine race d'hommes qui puisse songer à se retirer au désert pour toujours. Étant né dans ce désert, je ne puis songer en tout cas à en parler comme un visiteur. Est-ce qu'on fait la nomenclature des charmes d'une femme très aimée? Non, on l'aime en bloc, si j'ose dire, avec un ou deux attendrissements précis, qui touchent à une moue favorite ou à une façon de secouer la tête. J'ai ainsi avec l'Algérie une longue liaison qui sans doute n'en finira jamais, et qui m'empêche d'être tout à fait clairvoyant à son égard. Simplement, à force d'application, on peut arriver à distinguer, dans l'abstrait en quelque sorte, le détail de ce qu'on aime dans qui on aime. C'est cet exercice scolaire que je puis tenter ici en ce qui concerne l'Algérie.

Et d'abord la jeunesse y est belle. Les Arabes, naturellement, et puis les autres. Les Français d'Algérie sont une race bâtarde, faite de mélanges imprévus. Espagnols et Alsaciens, Italiens, Maltais, Juifs, Grecs enfin s'y sont rencontrés. Ces croisements brutaux ont donné, comme en Amérique, d'heureux résultats. En vous promenant dans l'Alger, regardez les poignets des femmes et des jeunes hommes et puis pensez à ceux que vous rencontrez dans le métro parisien.

Le voyageur encore jeune s'apercevra aussi que les femmes y sont belles. Le meilleur endroit pour s'en aviser est la terrasse du Café des Facultés, rue Michelet, à Alger, à condition de s'y tenir un dimanche matin, au mois d'avril. Des cohortes de jeunes femmes, chaussées de sandales, vêtues d'étoffes légères et de couleurs vives, montent et descendent la rue. On peut les admirer, sans fausse honte : elles sont venues pour cela. À Oran, le bar Cintra, sur le boulevard Gallieni, est aussi un bon observatoire. À Constantine, on peut toujours se promener autour du kiosque à musique. Mais la mer étant à des centaines de kilomètres, il manque peut-être quelque chose aux créatures qu'on y rencontre. En général, et à cause de cette disposition géographique, Constantine offre moins d'agréments, mais la qualité de l'ennui y est plus fine.

Si le voyageur arrive en été, la première chose à faire est évidemment d'aller sur les plages qui entourent les villes. Il y verra les mêmes jeunes personnes, plus éclatantes parce que moins vêtues. Le soleil leur donne alors les yeux somnolents des grands animaux. À cet égard, les plages d'Oran sont les plus belles, la nature et les femmes étant plus sauvages.

Pour le pittoresque, Alger offre une ville arabe, Oran un village nègre et un quartier espagnol, Constantine un quartier juif. Alger a un long collier de boulevards sur la mer; il faut s'y promener la nuit. Oran a peu d'arbres, mais les plus belles pierres du monde. Constantine a un pont suspendu où l'on se fait photographier. Les jours de grand vent, le pont se balance au-dessus des profondes gorges du Rummel et on y a le sentiment du danger.

Je recommande au voyageur sensible, s'il va à Alger, d'aller boire de l'anisette sous les voûtes du port, de manger le matin, à la Pêcherie, du poisson fraîchement récolté et grillé sur des fourneaux à charbon; d'aller écouter de la musique arabe dans un petit café de la rue de la Lyre dont j'ai oublié le nom; de s'asseoir par terre, à six heures du soir, au pied de la statue du duc d'Orléans, place du Gouvernement (ce n'est pas pour le duc, c'est qu'il y passe du monde et qu'on y est bien); d'aller déjeuner au restaurant Padovani qui est une sorte de dancing sur pilotis, au bord de la mer, où la vie est toujours facile; de visiter les cimetières arabes, d'abord pour y rencontrer la paix et la beauté, ensuite pour apprécier à leur valeur les ignobles cités où nous remisons nos morts; d'aller fumer une cigarette rue des Bouchers, dans la Kasbah, au milieu des rates, foies, mésentères, et poumons sanglants qui dégoulinent de toutes parts (la cigarette est nécessaire, ce moyen âge ayant l'odeur forte).

Pour le reste, il faut savoir dire du mal d'Alger quand on est à Oran (insister sur la supériorité commerciale du port d'Oran), moquer Oran quand on est à Alger (accepter sans réserves l'idée que les Oranais « ne savent pas vivre »), et, en toutes occasions, reconnaître humblement la supériorité de l'Algérie sur la France métropolitaine.

Ces concessions faites, on aura l'occasion de s'apercevoir de la supériorité réelle de l'Algérien sur le Français, c'est-à-dire de sa générosité sans limites et de son hospitalité naturelle.

Et c'est ici peut-être que je pourrais cesser toute ironie. Après tout, la meilleure façon de parler de ce qu'on aime est d'en parler légèrement. En ce qui concerne l'Algérie, j'ai toujours peur d'appuyer sur cette corde intérieure qui lui correspond en moi et dont je connais le chant aveugle et grave. Mais je puis bien dire au moins qu'elle est ma vraie patrie et qu'en n'importe quel lieu du monde, je reconnais ses fils et mes frères à ce rire d'amitié qui me prend devant eux. Oui, ce que j'aime dans les villes algériennes ne se sépare pas des hommes qui les peuplent. Voilà pourquoi je préfère m'y trouver à cette heure du soir où les bureaux et les maisons déversent dans les rues, encore obscures, une foule jacassante qui finit par couler jusqu'aux boulevards devant la mer et commence à s'y taire, à mesure que vient la nuit et que les lumières du ciel, les phares de la baie et les lampes de la ville se rejoignent peu à peu dans la même palpitation indistincte. Tout un peuple se recueille ainsi au bord de l'eau, mille solitudes jaillissent de la foule. Alors commencent les grandes nuits d'Afrique, l'exil royal, l'exaltation désespérée qui attend le voyageur solitaire...

Non, décidément, n'allez pas là-bas si vous vous sentez le cœur tiède, et si votre âme est une bête pauvre! Mais, pour ceux qui connaissent les déchirements du oui et du non, de midi et des minuits, de la révolte et de l'amour, pour ceux enfin qui aiment les bûchers devant la mer, il y a, là-bas, une flamme qui les attend.

1947.

L'EXIL D'HÉLÈNE

[1] LA Méditerranée a son tragique solaire qui n'est pas celui des brumes. Certains soirs, sur la mer, au pied des montagnes, la nuit tombe sur la courbe parfaite d'une petite baie et, des eaux silencieuses, monte alors une plénitude angoissée. On[2] peut comprendre en ces lieux que si les Grecs ont touché au désespoir, c'est toujours à travers la beauté, et ce qu'elle a d'oppressant[3]. Dans ce malheur doré, la tragédie culmine. Notre temps, au contraire, a nourri son désespoir dans la laideur et dans les convulsions. C'est pourquoi l'Europe serait ignoble si la douleur pouvait jamais l'être.

Nous avons exilé la beauté, les Grecs ont pris les armes pour elle. Première différence, mais qui vient de loin. La pensée grecque s'est toujours retranchée sur l'idée de limite. Elle n'a rien poussé à bout, ni le sacré ni la raison, parce qu'elle n'a rien nié, ni le sacré ni la raison. Elle a fait la part de tout, équilibrant l'ombre par la lumière. Notre Europe, au contraire, lancée à la conquête de la totalité, est fille de la démesure. Elle nie la beauté, comme elle nie tout ce qu'elle n'exalte pas. Et, quoique diversement, elle n'exalte qu'une seule chose qui est l'empire futur de la raison. Elle recule dans sa folie les limites éternelles et[4], à l'instant, d'obscures Érinnyes s'abattent sur elle et la déchirent. Némésis veille, déesse de la mesure, non de la vengeance. Tous ceux qui dépassent la limite sont, par elle, impitoyablement châtiés.

Les Grecs qui se sont interrogés pendant des siècles sur ce qui est juste ne pourraient rien comprendre à notre idée de la justice. L'équité, pour eux[5], supposait une limite tandis que tout notre continent se convulse à la recherche d'une justice qu'il veut totale. À l'aurore de la pensée grecque, Héraclite imaginait déjà que la justice pose des bornes à l'univers physique lui-même. « Le soleil n'outrepassera pas ses bornes, sinon les Érinnyes qui gardent la justice sauront le découvrir*. » Nous

---

* Traduction d'Y. Battistini.

qui avons désorbité l'univers et l'esprit rions de cette menace. Nous allumons dans un ciel ivre les soleils que nous voulons. Mais il n'empêche que les bornes existent et que nous le savons. Dans nos plus extrêmes démences, nous rêvons d'un équilibre que nous avons laissé derrière nous et dont nous croyons ingénument que nous allons le retrouver au bout de nos erreurs. Enfantine présomption et qui justifie que des peuples enfants, héritiers de nos folies, conduisent aujourd'hui notre histoire.

Un fragment attribué au même Héraclite énonce simplement : « Présomption, régression du progrès. » Et, bien des siècles après l'Éphésien, Socrate, devant la menace d'une condamnation à mort, ne se reconnaissait nulle autre supériorité que celle-ci : ce qu'il[1] ignorait, il ne croyait pas le savoir. La vie et la pensée les plus exemplaires de ces siècles s'achèvent sur un fier aveu d'ignorance. En oubliant cela, nous avons oublié notre virilité. Nous avons préféré la puissance qui singe la grandeur, Alexandre d'abord et puis les conquérants romains que nos auteurs de manuels, par une incomparable bassesse d'âme, nous apprennent à admirer. Nous avons conquis à notre tour, déplacé les bornes, maîtrisé le ciel et la terre. Notre raison a fait le vide. Enfin seuls, nous achevons notre empire sur un désert. Quelle imagination aurions-nous donc pour cet équilibre supérieur où la nature balançait l'histoire, la beauté, le bien, et qui apportait la musique des nombres jusque dans la tragédie du sang ? Nous tournons le dos à la nature, nous avons honte de la beauté. Nos misérables tragédies traînent une odeur de bureau et le sang dont elles ruissellent a couleur d'encre grasse.

Voilà pourquoi il est indécent de proclamer aujourd'hui que nous sommes les fils de la Grèce. Ou alors nous en sommes les fils renégats. Plaçant l'histoire sur le trône de Dieu, nous marchons vers la théocratie, comme ceux que les Grecs appelaient Barbares et qu'ils ont combattus jusqu'à la mort dans les eaux de Salamine. Si l'on veut bien saisir notre différence, il faut s'adresser à celui de nos philosophes qui est le vrai rival de Platon. « Seule la ville moderne, ose écrire Hegel, offre à l'esprit le terrain où il peut prendre conscience de lui-même. » Nous vivons ainsi le temps des grandes villes. Délibérément, le monde a été amputé de ce qui fait sa permanence : la nature, la mer, la colline, la méditation des soirs. Il n'y a plus de conscience que dans les rues, parce qu'il n'y a d'histoire que dans les rues, tel est le décret. Et à sa suite, nos œuvres les plus significatives témoignent du même parti pris. On cherche en vain les paysages[1] dans la grande littérature européenne depuis Dostoïevski. L'histoire n'explique ni l'univers naturel qui était avant elle, ni la beauté qui est au-dessus d'elle. Elle a donc choisi de les ignorer. Alors que Platon contenait tout, le non-sens, la raison et le mythe, nos philosophes ne contiennent rien que le non-sens ou la raison, parce qu'ils ont fermé les yeux sur le reste. La taupe médite.

C'est le christianisme qui a commencé de substituer à la contemplation du monde la tragédie de l'âme. Mais, du moins, il se référait à une nature spirituelle et, par elle, maintenait une certaine fixité. Dieu mort, il ne reste que l'histoire et la puissance[2]. Depuis longtemps tout l'effort de nos philosophes n'a visé qu'à remplacer la notion de nature humaine par celle de situation, et l'harmonie ancienne par l'élan désordonné du hasard ou le mouvement impitoyable de la raison. Tandis que les Grecs donnaient à la volonté les bornes de la raison, nous avons mis pour finir l'élan de la volonté au cœur de la raison, qui en est devenue meurtrière. Les valeurs pour les Grecs étaient préexistantes à toute action dont elles marquaient précisément les limites. La philosophie moderne place ses valeurs à la fin de l'action. Elles ne sont pas, mais elles deviennent, et nous ne les connaîtrons dans leur entier qu'à l'achèvement de l'histoire. Avec elles, la limite disparaît, et comme les conceptions diffèrent sur ce qu'elles seront, comme il n'est pas de lutte qui, sans le frein de ces mêmes valeurs, ne s'étende indéfiniment, les messianismes aujourd'hui s'affrontent et leurs clameurs se fondent dans le choc des empires. La démesure est un incendie, selon Héraclite. L'incendie gagne, Nietzsche est dépassé. Ce n'est plus à coups de marteau que l'Europe philosophe, mais à coups de canon.

La nature est toujours là, pourtant. Elle oppose ses ciels calmes et ses raisons à la folie des hommes. Jusqu'à ce que l'atome prenne feu lui aussi et que l'histoire s'achève dans le triomphe de la raison et l'agonie de l'espèce. Mais les Grecs n'ont jamais dit que la limite ne pouvait être franchie. Ils ont dit qu'elle existait et que celui-là était frappé sans merci qui osait la dépasser. Rien dans l'histoire d'aujourd'hui ne peut les contredire.

L'esprit historique et l'artiste veulent tous deux refaire le monde. Mais l'artiste[1], par une obligation de sa nature, connaît ses limites que l'esprit historique méconnaît. C'est pourquoi la fin de ce dernier est la tyrannie tandis que la passion du premier est la liberté. Tous ceux qui aujourd'hui luttent pour la liberté combattent en dernier lieu pour la beauté. Bien entendu, il ne s'agit pas de défendre la beauté pour elle-même. La beauté ne peut se passer de l'homme et nous ne donnerons à notre temps sa grandeur et sa sérénité qu'en le suivant dans son malheur. Plus jamais nous ne serons des solitaires. Mais il est non moins vrai que l'homme ne peut se passer de la beauté et c'est ce que notre époque fait mine de vouloir ignorer. Elle se raidit pour atteindre l'absolu et l'empire, elle veut transfigurer le monde avant de l'avoir épuisé, l'ordonner avant de l'avoir compris. Quoi qu'elle en dise, elle[2] déserte ce monde. Ulysse peut choisir chez Calypso entre l'immortalité et la terre de la patrie. Il choisit la terre, et la mort avec elle. Une si simple grandeur nous est aujourd'hui étrangère. D'autres diront que nous manquons d'humilité. Mais ce mot, à tout prendre, est[3] ambigu. Pareils à ces bouffons de Dostoïevski qui se vantent de tout, montent aux étoiles et finissent par étaler leur honte dans le premier lieu public, nous manquons seulement de la fierté de l'homme qui est fidélité à ses limites, amour clairvoyant de sa condition.

« Je hais mon époque », écrivait avant sa mort Saint-Exupéry, pour des raisons qui ne sont pas très éloignées de celles dont j'ai parlé. Mais, si bouleversant que soit ce cri, venant de lui qui a aimé les hommes dans ce qu'ils ont d'admirable, nous ne le prendrons pas à notre compte. Quelle tentation, pourtant, à certaines heures, de se détourner de ce monde[4] morne et décharné! Mais cette époque est la nôtre et nous ne pouvons vivre en nous haïssant. Elle n'est tombée si bas que par l'excès de ses vertus autant que la grandeur de ses défauts[5]. Nous lutterons pour celle de ses vertus qui vient de loin. Quelle vertu? Les chevaux de Patrocle pleurent leur maître mort dans la bataille. Tout est perdu. Mais le combat reprend avec Achille et la victoire est au bout, parce que l'amitié vient d'être assassinée : l'amitié est une vertu.

    L'ignorance reconnue, le refus du fanatisme, les bornes du monde et de l'homme, le visage aimé, la beauté enfin, voici le camp où nous rejoindrons les Grecs. D'une certaine manière, le sens de l'histoire de demain n'est pas celui qu'on croit. Il est dans la lutte[1] entre la création et l'inquisition. Malgré le prix que coûteront aux artistes leurs mains vides, on peut espérer leur victoire. Une fois de plus, la philosophie des ténèbres se dissipera au-dessus de la mer éclatante. Ô pensée de midi[2], la guerre de Troie se livre loin des champs de bataille ! Cette fois encore, les murs terribles de la cité moderne tomberont pour livrer, « âme sereine comme le calme des mers », la beauté d'Hélène.

1948.

L'ÉNIGME

Tombés de la cime du ciel, des flots de soleil rebondissent brutalement sur la campagne autour de nous. Tout se tait devant ce fracas et le Lubéron, là-bas, n'est qu'un énorme bloc de silence que j'écoute sans répit. Je tends l'oreille, on court vers moi dans le lointain, des amis invisibles m'appellent, ma joie grandit, la même qu'il y a des années. De nouveau, une énigme heureuse m'aide à tout comprendre.

Où est l'absurdité du monde ? Est-ce ce resplendissement ou le souvenir de son absence ? Avec tant de soleil dans la mémoire, comment ai-je pu parier sur le non-sens ? On s'en étonne, autour de moi ; je m'en étonne aussi parfois. Je pourrais répondre, et me répondre, que le soleil justement m'y aidait et que sa lumière, à force d'épaisseur, coagule l'univers et ses formes dans un éblouissement obscur. Mais cela peut se dire autrement et je voudrais, devant cette clarté blanche et noire qui, pour moi, a toujours été celle de la vérité, m'expliquer simplement sur cette absurdité que je connais trop pour supporter qu'on en[1] disserte sans nuances. Parler d'elle, au demeurant, nous mènera de nouveau au soleil.

Nul homme ne peut dire ce qu'il est. Mais il arrive qu'il puisse dire ce qu'il n'est pas. Celui qui cherche encore, on veut qu'il ait conclu. Mille voix lui annoncent déjà ce qu'il a trouvé et pourtant, il le sait, ce n'est pas cela. Cherchez et laissez dire ? Bien sûr. Mais il faut, de loin en loin, se défendre. Je ne sais pas ce que je cherche, je le nomme avec prudence, je me dédis, je me répète, j'avance et je recule. On m'enjoint pourtant de donner les noms, ou le nom, une fois pour toutes. Je me cabre alors ; ce qui est nommé, n'est-il pas déjà perdu ? Voilà du moins ce que je puis essayer de dire.

Un homme, si j'en crois un de mes amis, a toujours deux caractères, le sien, et celui que sa femme lui prête. Remplaçons femme par société et nous comprendrons qu'une formule, rattachée par un écrivain à tout le contexte d'une sensibilité, puisse être isolée par le commentaire qu'on en fait et présentée à son auteur chaque fois qu'il a le désir de parler d'autre chose. La parole est comme l'acte : « Cet enfant, lui avez-vous donné le jour ? » « Oui. » « Il est donc votre fils. » « Ce n'est pas si simple, ce n'est pas si simple ! » Ainsi Nerval, par une sale nuit[1], s'est-il pendu deux fois, pour lui d'abord qui était dans le malheur, et puis pour sa légende, qui aide quelques-uns à vivre. Personne ne peut écrire sur le vrai malheur, ni sur certains bonheurs, et je ne l'essaierai pas ici. Mais pour la légende, on peut la décrire, et imaginer, une minute au moins, qu'on l'a dissipée[2].

Un écrivain écrit en grande partie pour être lu (ceux qui disent le contraire[3], admirons-les, mais ne les croyons pas). De plus en plus cependant, il écrit chez nous pour obtenir cette consécration dernière qui consiste à ne pas être lu. À partir du moment, en effet, où il peut fournir la matière d'un article pittoresque dans notre presse à grand tirage, il a toutes les chances d'être connu par un assez grand nombre de personnes qui ne le liront jamais parce qu'elles se suffiront de connaître son nom et de lire ce qu'on écrira sur lui. Il sera désormais connu (et oublié) non pour ce qu'il est, mais selon l'image qu'un journaliste pressé aura donnée de lui. Pour se faire un nom dans les lettres, il n'est donc plus indispensable d'écrire des livres. Il suffit de passer pour en avoir fait un dont la presse du soir aura parlé et sur lequel on dormira désormais.

Sans doute cette réputation, grande ou petite, sera usurpée. Mais qu'y faire ? Admettons plutôt que cette incommodité peut aussi être bienfaisante. Les médecins savent que certaines maladies sont souhaitables : elles compensent, à leur manière, un désordre fonctionnel qui, sans elles, se traduirait dans de plus grands déséquilibres. Il y a ainsi de bienheureuses constipations et des arthritismes providentiels. Le déluge de mots et de jugements hâtifs qui noie aujourd'hui toute activité publique dans un océan de frivolité enseigne au moins à l'écrivain français une modestie dont il a un incessant besoin dans une nation qui, d'autre part, donne à son métier une importance disproportionnée. Voir son nom dans deux ou trois journaux que nous connaissons est une si dure épreuve qu'elle comporte forcément quelques bénéfices pour l'âme. Louée soit donc la société qui, à si peu de frais, nous enseigne tous les jours, par ses hommages mêmes, que les grandeurs qu'elle salue ne sont rien. Le bruit qu'elle fait, plus fort il éclate et plus vite il meurt. Il évoque ce feu d'étoupes[1] qu'Alexandre VI faisait brûler souvent devant lui pour ne pas oublier que toute la gloire de ce monde est comme une fumée qui passe.

Mais laissons là[2] l'ironie. Il suffira de dire, pour notre objet, qu'un artiste doit se résigner, avec bonne humeur, à laisser traîner dans les antichambres des dentistes et des coiffeurs une image de lui dont il se sait indigne. J'ai connu ainsi un écrivain à la mode qui passait pour présider chaque nuit de fumeuses bacchanales où les nymphes s'habillaient de leurs cheveux et où les faunes avaient l'ongle funèbre. On aurait pu se demander sans doute où il trouvait le temps de rédiger une œuvre qui occupait plusieurs rayons de bibliothèque. Cet écrivain, en réalité, comme beaucoup de ses confrères, dort la nuit pour travailler chaque jour de longues heures à sa table, et boit de l'eau minérale pour épargner son foie. Il n'empêche que le Français moyen, dont on connaît la sobriété saharienne et l'ombrageuse propreté, s'indigne à l'idée qu'un de nos écrivains enseigne qu'il faut s'enivrer et ne point se laver. Les exemples ne manquent pas. Je puis personnellement fournir une excellente recette pour recevoir à peu de frais une réputation d'austérité. Je porte en effet le poids de cette réputation qui fait bien rire mes amis[3] (pour moi, j'en rougirais plutôt, tant je l'usurpe et le sais). Il suffira par exemple de décliner l'honneur de dîner avec le directeur d'un journal qu'on n'estime pas. La simple décence en effet ne s'imagine pas sans quelque tortueuse infirmité de l'âme. Personne n'ira d'ailleurs jusqu'à penser que si vous refusez le dîner de ce directeur, cela peut être parce qu'en effet vous ne l'estimez pas, mais aussi parce que vous craignez plus que tout au monde de vous ennuyer — et quoi de plus ennuyeux qu'un dîner bien parisien?

Il faut donc se résigner. Mais[4] on peut essayer à l'occasion de rectifier le tir, répéter alors qu'on ne saurait être toujours un peintre de l'absurde et que personne ne peut croire à une littérature désespérée. Bien entendu, il est toujours possible d'écrire, ou d'avoir écrit, un essai sur la notion d'absurde. Mais enfin, on peut aussi écrire sur l'inceste sans pour autant s'être précipité sur sa malheureuse sœur et je n'ai lu nulle part que Sophocle eût jamais supprimé son père et déshonoré sa mère. L'idée que tout écrivain écrit forcément sur lui-même et se peint dans ses livres est une des puérilités que le romantisme nous a léguées. Il n'est pas du tout exclu, au contraire, qu'un artiste s'intéresse d'abord aux autres, ou à son époque, ou à des mythes familiers. Si même il lui arrive de se mettre en scène, on peut tenir pour exceptionnel qu'il parle de ce qu'il est réellement. Les œuvres d'un homme retracent souvent l'histoire de ses nostalgies ou de ses tentations, presque jamais sa propre histoire, surtout lorsqu'elles prétendent à être autobiographiques[1]. Aucun homme n'a jamais osé se peindre tel qu'il est.

Dans la mesure où cela est possible, j'aurais aimé être, au contraire, un écrivain objectif. J'appelle objectif un auteur qui se propose des sujets sans jamais se prendre lui-même comme objet. Mais la rage contemporaine de confondre l'écrivain avec son sujet ne saurait admettre cette relative liberté de l'auteur. Ainsi[2] devient-on prophète d'absurde. Qu'ai-je fait d'autre cependant que de raisonner sur une idée que j'ai trouvée dans les rues de mon temps ? Que j'aie nourri cette idée (et qu'une part de moi la nourrisse toujours), avec toute ma génération, cela va sans dire. Simplement, j'ai pris devant elle la distance nécessaire pour en traiter et décider de sa logique. Tout ce que j'ai pu écrire ensuite le montre assez. Mais il est commode d'exploiter une formule plutôt qu'une nuance. On a choisi la formule : me voilà absurde comme devant.

À quoi bon dire encore que, dans l'expérience qui m'intéressait et sur laquelle il m'est arrivé d'écrire, l'absurde ne peut être considéré que comme une position de départ, même si son souvenir et son émotion accompagnent les démarches ultérieures. De même, toutes proportions soigneusement gardées, le doute cartésien, qui est méthodique, ne suffit pas à faire de Descartes un sceptique[3]. En tout cas, comment se limiter à l'idée que rien n'a de sens et qu'il faille désespérer de tout ? Sans aller au fond des choses, on peut remarquer au moins que, de même qu'il n'y a pas de matérialisme absolu puisque pour former seulement ce mot il faut déjà dire qu'il y a dans le monde quelque chose de plus que la matière, de même il n'y a pas de nihilisme total. Dès l'instant où l'on dit que tout est non-sens, on exprime quelque chose qui a du sens. Refuser toute signification au monde revient à supprimer tout jugement de valeur. Mais vivre, et par exemple se nourrir, est en soi un jugement de valeur. On choisit de durer dès l'instant qu'on ne se laisse pas mourir, et l'on reconnaît alors une valeur, au moins relative, à la vie. Que signifie enfin une littérature désespérée? Le désespoir est silencieux. Le silence même, au demeurant, garde un sens si les yeux parlent. Le vrai désespoir est agonie, tombeau ou abîme. S'il parle, s'il raisonne, s'il écrit surtout, aussitôt le frère nous tend la main, l'arbre est justifié, l'amour naît. Une littérature désespérée est une contradiction dans les termes.

Bien entendu, un certain optimisme n'est pas mon fait. J'ai grandi, avec tous les hommes de mon âge, aux tambours de la première guerre et notre histoire, depuis, n'a pas cessé d'être meurtre, injustice ou violence. Mais le vrai pessimisme, qui se rencontre, consiste à renchérir sur tant de cruauté et d'infamie. Je n'ai jamais cessé, pour ma part, de lutter contre ce déshonneur et je ne hais que les cruels. Au plus noir de notre nihilisme, j'ai cherché seulement des raisons de dépasser ce nihilisme. Et non point d'ailleurs par vertu, ni par une rare élévation de l'âme, mais par fidélité instinctive à une lumière où je suis né et où, depuis des millénaires, les hommes ont appris à saluer la vie jusque dans la souffrance. Eschyle est souvent désespérant; pourtant, il rayonne et réchauffe. Au centre de son univers, ce n'est pas le maigre non-sens que nous trouvons, mais l'énigme, c'est-à-dire un sens qu'on déchiffre mal parce qu'il éblouit. Et de même, aux fils indignes, mais obstinément fidèles, de la Grèce, qui survivent encore dans ce siècle décharné, la brûlure de notre histoire peut paraître insoutenable, mais ils la soutiennent finalement parce qu'ils veulent la comprendre. Au centre de notre œuvre, fût-elle noire, rayonne un soleil inépuisable[1], le même qui crie aujourd'hui à travers la plaine et les collines.

Après cela, le feu d'étoupes peut brûler; qu'importe ce que nous pouvons paraître et ce que nous usurpons?

Ce que nous sommes, ce que nous avons à être suffit à remplir nos vies et occuper notre effort. Paris est une admirable caverne, et ses hommes, voyant leurs propres ombres s'agiter sur la paroi du fond, les prennent pour la seule réalité. Ainsi de l'étrange et fugitive renommée que cette ville dispense. Mais nous avons appris, loin de Paris, qu'une lumière est dans notre dos, qu'il nous faut nous retourner en rejetant nos liens pour la regarder en face, et que notre tâche avant de mourir est de chercher, à travers tous les mots, à la nommer. Chaque[1] artiste, sans doute, est à la recherche de sa vérité. S'il est grand, chaque œuvre l'en rapproche ou, du moins, gravite encore plus près de ce centre, soleil enfoui, où tout doit venir brûler un jour. S'il est médiocre, chaque œuvre l'en éloigne et le centre est alors partout, la lumière se défait. Mais dans sa recherche obstinée, seuls peuvent aider l'artiste ceux qui l'aiment et ceux-là aussi qui, aimant ou créant eux-mêmes, trouvent dans leur passion la mesure de toute passion, et savent alors juger.

Oui, tout ce bruit... quand la paix serait d'aimer et de créer en silence! Mais il faut savoir patienter. Encore un moment[2], le soleil scelle les bouches.

1950.

RETOUR A TIPASA

> Tu as navigué d'une âme furieuse loin de la demeure paternelle, franchissant les doubles rochers de la mer, et tu habites une terre étrangère.
>
> Médée.

Depuis cinq jours que la pluie coulait sans trêve sur Alger, elle avait fini par mouiller la mer elle-même. Du haut d'un ciel qui semblait inépuisable, d'incessantes averses, visqueuses à force d'épaisseur, s'abattaient sur le golfe. Grise et molle comme une grande éponge, la mer se boursouflait dans la baie sans contours. Mais la surface des eaux semblait presque immobile sous la pluie fixe. De loin en loin seulement, un imperceptible et large mouvement soulevait au-dessus de la mer une vapeur trouble qui venait aborder au port, sous une ceinture de boulevards mouillés. La ville elle-même, tous ses murs blancs ruisselants d'humidité, exhalait une autre buée qui venait à la rencontre de la première. De quelque côté qu'on se tournât alors, il semblait qu'on respirât de l'eau, l'air enfin se buvait.

Devant la mer noyée, je marchais, j'attendais, dans cet Alger de décembre qui restait pour moi la ville des étés. J'avais fui la nuit d'Europe, l'hiver des visages. Mais la ville des étés elle-même s'était vidée de ses rires et ne m'offrait que des dos ronds et luisants. Le soir, dans les cafés violemment éclairés où je me réfugiais, je lisais mon âge sur des visages que je reconnaissais sans pouvoir les nommer. Je savais seulement que ceux-là avaient été jeunes avec moi, et qu'ils ne l'étaient plus.

Je m'obstinais pourtant, sans trop savoir ce que j'attendais, sinon, peut-être, le moment de retourner à Tipasa. Certes c'est une grande folie, et presque toujours châtiée, de revenir sur les lieux de sa jeunesse et de vouloir revivre à quarante ans ce qu'on a aimé ou dont on a fortement joui à vingt. Mais j'étais averti de cette folie. Une première fois déjà, j'étais revenu à Tipasa, peu après ces années de guerre qui marquèrent pour moi la fin de la jeunesse. J'espérais, je crois, y retrouver une liberté que je ne pouvais oublier. En ce lieu, en effet, il y a plus de vingt ans, j'ai passé des matinées entières à errer parmi les ruines, à respirer les absinthes, à me chauffer contre les pierres, à découvrir les petites roses, vite effeuillées, qui survivent au printemps. À midi seulement, à l'heure où les cigales elles-mêmes se taisaient, assommées, je fuyais devant l'avide flamboiement d'une lumière qui dévorait tout. La nuit, parfois, je dormais les yeux ouverts sous un ciel ruisselant d'étoiles. Je vivais, alors. Quinze ans après, je retrouvais mes ruines, à quelques pas des premières vagues, je suivais les rues de la cité oubliée à travers des champs couverts d'arbres amers, et, sur les coteaux qui dominent la baie, je caressais encore les colonnes couleur de pain. Mais les ruines étaient maintenant entourées de barbelés et l'on ne pouvait y pénétrer que par les seuils autorisés. Il était interdit aussi, pour des raisons que, paraît-il, la morale approuve, de s'y promener la nuit; le jour, on y rencontrait un gardien assermenté. Par hasard sans doute, ce matin-là, il pleuvait sur toute l'étendue des ruines.

Désorienté, marchant dans la campagne solitaire et mouillée, j'essayais au moins de retrouver cette force, jusqu'à présent fidèle, qui m'aide à accepter ce qui est, quand une fois j'ai reconnu que je ne pouvais le changer. Et je ne pouvais, en effet, remonter le cours du temps, redonner au monde le visage que j'avais aimé et qui avait disparu en un jour, longtemps auparavant. Le 2 septembre 1939, en effet, je n'étais pas allé en Grèce, comme je le devais. La guerre en revanche était venue jusqu'à nous, puis elle avait recouvert la Grèce elle-même. Cette distance, ces années qui séparaient les ruines chaudes des barbelés, je les retrouvais également en moi, ce jour-là, devant les sarcophages pleins d'eau noire, ou sous les tamaris détrempés. Élevé d'abord dans le spectacle de la beauté qui était ma seule richesse, j'avais commencé par la plénitude. Ensuite étaient venus les barbelés, je veux dire les tyrannies, la guerre, les polices, le temps de la révolte. Il avait fallu se mettre en règle avec la nuit : la beauté du jour n'était qu'un souvenir. Et dans cette Tipasa boueuse, le souvenir lui-même s'estompait. Il s'agissait bien de beauté, de plénitude ou de jeunesse! Sous la lumière des incendies, le monde avait soudain montré ses rides et ses plaies, anciennes et nouvelles. Il avait vieilli d'un seul coup, et nous avec lui. Cet élan que j'étais venu chercher ici, je savais bien qu'il ne soulève que celui qui ne sait pas qu'il va s'élancer. Point d'amour sans un peu d'innocence. Où était l'innocence? Les empires s'écroulaient, les nations et les hommes se mordaient à la gorge; nous avions la bouche souillée. D'abord innocents sans le savoir, nous étions maintenant coupables sans le vouloir : le mystère grandissait avec notre science. C'est pourquoi nous nous occupions, ô dérision, de morale. Infirme, je rêvais de vertu! Au temps de l'innocence, j'ignorais que la morale existât. Je le savais maintenant, et je n'étais pas capable de vivre à sa hauteur. Sur le promontoire que j'aimais autrefois, entre les colonnes mouillées du temple détruit, il me semblait marcher derrière quelqu'un dont j'entendais encore les pas sur les dalles et les mosaïques, mais que plus jamais je n'atteindrais. Je regagnai Paris, et je restai quelques années avant de revenir chez moi.

Quelque chose pourtant, pendant toutes ces années, me manquait obscurément. Quand une fois on a eu la chance d'aimer fortement, la vie se passe à chercher de nouveau cette ardeur et cette lumière. Le renoncement à la beauté et au bonheur sensuel qui lui est attaché, le service exclusif du malheur, demande une grandeur qui me manque. Mais, après tout, rien n'est vrai qui force à exclure. La beauté isolée finit par grimacer, la justice solitaire finit par opprimer. Qui veut servir l'une à l'exclusion de l'autre ne sert personne, ni lui-même, et, finalement, sert deux fois l'injustice. Un jour vient où, à force de raideur, plus rien n'émerveille, tout est connu, la vie se passe à recommencer. C'est le temps de l'exil, de la vie sèche, des âmes mortes. Pour revivre, il faut une grâce, l'oubli de soi ou une patrie. Certains matins, au détour d'une rue, une délicieuse rosée tombe sur le cœur puis s'évapore. Mais la fraîcheur demeure encore et c'est elle, toujours, que le cœur exige. Il me fallut partir à nouveau.

Et à Alger, une seconde fois, marchant encore sous la même averse qui me semblait n'avoir pas cessé depuis un départ que j'avais cru définitif, au milieu de cette immense mélancolie qui sentait la pluie et la mer, malgré ce ciel de brumes, ces dos fuyants sous l'ondée, ces cafés dont la lumière sulfureuse décomposait les visages, je m'obstinais à espérer. Ne savais-je pas d'ailleurs que les pluies d'Alger, avec cet air qu'elles ont de ne jamais devoir finir, s'arrêtent pourtant en un instant, comme ces rivières de mon pays qui se gonflent en deux heures, dévastent des hectares de terre et tarissent d'un seul coup ? Un soir, en effet, la pluie s'arrêta. J'attendis encore une nuit. Une matinée liquide se leva, éblouissante, sur la mer pure. Du ciel, frais comme un œil, lavé et relavé par les eaux, réduit par ces lessives successives à sa trame la plus fine et la plus claire, descendait une lumière vibrante qui donnait à chaque maison, à chaque arbre, un dessin sensible, une nouveauté émerveillée. La terre, au matin du monde, a dû surgir dans une lumière semblable. Je pris à nouveau la route de Tipasa.

Il n'est pas pour moi un seul de ces soixante-neuf kilomètres de route qui ne soit recouvert de souvenirs et de sensations. L'enfance violente, les rêveries adolescentes dans le ronronnement du car, les matins, les filles fraîches, les plages, les jeunes muscles toujours à la pointe de leur effort, la légère angoisse du soir dans un cœur de seize ans, le désir de vivre, la gloire, et toujours le même ciel au long des années, intarissable de force et de lumière, insatiable lui-même, dévorant une à une, des mois durant, les victimes offertes en croix sur la plage, à l'heure funèbre de midi. Toujours la même mer aussi, presque impalpable dans le matin, que je retrouvai au bout de l'horizon dès que la route, quittant le Sahel et ses collines aux vignes couleur de bronze, s'abaissa vers la côte. Mais je ne m'arrêtai pas à la regarder. Je désirais revoir le Chenoua, cette lourde et solide montagne, découpée dans un seul bloc, qui longe la baie de Tipasa à l'ouest, avant de descendre elle-même dans la mer. On l'aperçoit de loin, bien avant d'arriver, vapeur bleue et légère qui se confond encore avec le ciel. Mais elle se condense peu à peu, à mesure qu'on avance vers elle, jusqu'à prendre la couleur des eaux qui l'entourent, grande vague immobile dont le prodigieux élan aurait été brutalement figé au-dessus de la mer calmée d'un seul coup. Plus près encore, presque aux portes de Tipasa, voici sa masse sourcilleuse, brune et verte, voici le vieux dieu moussu que rien n'ébranlera, refuge et port pour ses fils, dont je suis.

C'est en le regardant que je franchis enfin les barbelés pour me retrouver parmi les ruines. Et sous la lumière glorieuse de décembre, comme il arrive une ou deux fois seulement dans des vies qui, après cela, peuvent s'estimer comblées, je retrouvai exactement ce que j'étais venu chercher et qui, malgré le temps et le monde, m'était offert, à moi seul vraiment, dans cette nature déserte. Du forum jonché d'olives, on découvrait le village en contrebas. Aucun bruit n'en venait : des fumées légères montaient dans l'air limpide. La mer aussi se taisait, comme suffoquée sous la douche ininterrompue d'une lumière étincelante et froide. Venu du Chenoua, un lointain chant de coq célébrait seul la gloire fragile du jour. Du côté des ruines, aussi loin que la vue pouvait porter, on ne voyait que des pierres grêlées et des absinthes, des arbres et des colonnes parfaites dans la transparence de l'air cristallin. Il semblait que la matinée se fût fixée, le soleil arrêté pour un instant incalculable. Dans cette lumière et ce silence, des années de fureur et de nuit fondaient lentement. J'écoutais en moi un bruit presque oublié, comme si mon cœur, arrêté depuis longtemps, se remettait doucement à battre. Et maintenant éveillé, je reconnaissais un à un les bruits imperceptibles dont était fait le silence : la basse continue des oiseaux, les soupirs légers et brefs de la mer au pied des rochers, la vibration des arbres, le chant aveugle des colonnes, les froissements des absinthes, les lézards furtifs. J'entendais cela, j'écoutais aussi les flots heureux qui montaient en moi. Il me semblait que j'étais enfin revenu au port, pour un instant au moins, et que cet instant désormais n'en finirait plus. Mais peu après le soleil monta visiblement d'un degré dans le ciel. Un merle préluda brièvement et aussitôt, de toutes parts, des chants d'oiseaux explosèrent avec une force, une jubilation, une joyeuse discordance, un ravissement infini. La journée se remit en marche. Elle devait me porter jusqu'au soir.

À midi, sur les pentes à demi sableuses et couvertes d'héliotropes comme d'une écume qu'auraient laissée en se retirant les vagues furieuses des derniers jours, je regardais la mer qui, à cette heure, se soulevait à peine d'un mouvement épuisé et je rassasiais les deux soifs qu'on ne peut tromper longtemps sans que l'être se dessèche, je veux dire aimer et admirer. Car il y a seulement de la malchance à n'être pas aimé : il y a du malheur à ne point aimer. Nous tous, aujourd'hui, mourons de ce malheur. C'est que le sang, les haines décharnent le cœur lui-même; la longue revendication de la justice épuise l'amour qui pourtant lui a donné naissance. Dans la clameur où nous vivons, l'amour est impossible et la justice ne suffit pas. C'est pourquoi l'Europe hait le jour et ne sait qu'opposer l'injustice à elle-même. Mais pour empêcher que la justice ne se racornisse, beau fruit orange qui ne contient qu'une pulpe amère et sèche, je redécouvrais à Tipasa qu'il fallait garder intactes en soi une fraîcheur, une source de joie, aimer le jour qui échappe à l'injustice, et retourner au combat avec cette lumière conquise. Je retrouvais ici l'ancienne beauté, un ciel jeune, et je mesurais ma chance, comprenant enfin que dans les pires années de notre folie le souvenir de ce ciel ne m'avait jamais quitté. C'était lui qui pour finir m'avait empêché de désespérer. J'avais toujours su que les ruines de Tipasa étaient plus jeunes que nos chantiers ou nos décombres. Le monde y recommençait tous les jours dans une lumière toujours neuve. Ô lumière! c'est le cri de tous les personnages placés, dans le drame antique, devant leur destin. Ce recours dernier était aussi le nôtre et je le savais maintenant. Au milieu de l'hiver, j'apprenais enfin qu'il y avait en moi un été invincible.

J'ai quitté de nouveau Tipasa, j'ai retrouvé l'Europe et ses luttes. Mais le souvenir de cette journée me soutient encore et m'aide à accueillir du même cœur ce qui transporte et ce qui accable. À l'heure difficile où nous sommes, que puis-je désirer d'autre que de ne rien exclure et d'apprendre à tresser de fil blanc et de fil noir une même corde tendue à se rompre? Dans tout ce que j'ai fait ou dit jusqu'à présent, il me semble bien reconnaître ces deux forces, même lorsqu'elles se contrarient. Je n'ai pu renier la lumière où je suis né et cependant je n'ai pas voulu refuser les servitudes de ce temps. Il serait trop facile d'opposer ici au doux nom de Tipasa d'autres noms plus sonores et plus cruels : il y a pour les hommes d'aujourd'hui un chemin intérieur que je connais bien pour l'avoir parcouru dans les deux sens et qui va des collines de l'esprit aux capitales du crime. Et sans doute on peut toujours se reposer, s'endormir sur la colline, ou prendre pension dans le crime. Mais si l'on renonce à une part de ce qui est, il faut renoncer soi-même à être; il faut donc renoncer à vivre ou à aimer autrement que par procuration. Il y a ainsi une volonté de vivre sans rien refuser de la vie qui est la vertu que j'honore le plus en ce monde. De loin en loin, au moins, il est vrai que je voudrais l'avoir exercée. Puisque peu d'époques demandent autant que la nôtre qu'on se fasse égal au meilleur comme au pire, j'aimerais, justement, ne rien éluder et garder exacte une double mémoire. Oui, il y a la beauté et il y a les humiliés. Quelles que soient les difficultés de l'entreprise, je voudrais n'être jamais infidèle ni à l'une ni aux autres.

Mais ceci ressemble encore à une morale et nous vivons pour quelque chose qui va plus loin que la morale. Si nous pouvions le nommer, quel silence ! Sur la colline de Sainte-Salsa, à l'est de Tipasa, le soir est habité. Il fait encore clair, à vrai dire, mais, dans la lumière une défaillance invisible annonce la fin du jour. Un vent se lève, léger comme la nuit, et soudain la mer sans vagues prend une direction et coule comme un grand fleuve infécond d'un bout à l'autre de l'horizon. Le ciel se fonce. Alors commence le mystère, les dieux de la nuit, l'au-delà du plaisir. Mais comment traduire ceci ? La petite pièce de monnaie que j'emporte d'ici a une face visible, beau visage de femme qui me répète tout ce que j'ai appris dans cette journée, et une face rongée que je sens sous mes doigts pendant le retour. Que peut dire cette bouche sans lèvres, sinon ce que me dit une autre voix mystérieuse, en moi, qui m'apprend tous les jours mon ignorance et mon bonheur :

« Le secret que je cherche est enfoui dans une vallée d'oliviers, sous l'herbe et les violettes froides, autour d'une vieille maison qui sent le sarment. Pendant plus de vingt ans, j'ai parcouru cette vallée, et celles qui lui ressemblent, j'ai interrogé des chevriers muets, j'ai frappé à la porte de ruines inhabitées. Parfois, à l'heure de la première étoile dans le ciel encore clair, sous une pluie de lumière fine, j'ai cru savoir. Je savais en vérité. Je sais toujours, peut-être. Mais personne ne veut de ce secret, je n'en veux pas moi-même sans doute, et je ne peux me séparer des miens. Je vis dans ma famille qui croit régner sur des villes riches et hideuses, bâties de pierres et de brumes. Jour et nuit, elle parle haut, et tout plie devant elle qui ne plie devant rien : elle est sourde à tous les secrets. Sa puissance qui me porte m'ennuie pourtant et il arrive que ses cris me lassent. Mais son malheur est le mien, nous sommes du même sang.

Infirme aussi, complice et bruyant, n'ai-je pas crié parmi les pierres ? Aussi je m'efforce d'oublier, je marche dans nos villes de fer et de feu, je souris bravement à la nuit, je hèle les orages, je serai fidèle. J'ai oublié, en vérité : actif et sourd, désormais. Mais peut-être un jour, quand nous serons prêts à mourir d'épuisement et d'ignorance, pourrai-je renoncer à nos tombeaux criards, pour aller m'étendre dans la vallée, sous la même lumière, et apprendre une dernière fois ce que je sais. »

1953.

LA MER AU PLUS PRÈS

JOURNAL DE BORD

J'AI grandi dans la mer et la pauvreté m'a été fastueuse, puis j'ai perdu la mer, tous les luxes alors m'ont paru gris, la misère intolérable. Depuis, j'attends. J'attends les navires du retour, la maison des eaux, le jour limpide. Je patiente, je suis poli de toutes mes forces. On me voit passer dans de belles rues savantes, j'admire les paysages, j'applaudis comme tout le monde, je donne la main, ce n'est pas moi qui parle. On me loue, je rêve un peu, on m'offense, je m'étonne à peine. Puis j'oublie et souris à qui m'outrage, ou je salue trop courtoisement celui que j'aime. Que faire si je n'ai de mémoire que pour une seule image ? On me somme enfin de dire qui je suis. « Rien encore, rien encore... »

C'est aux enterrements que je me surpasse. J'excelle, vraiment. Je marche d'un pas lent dans des banlieues fleuries de ferrailles, j'emprunte de larges allées, plantées d'arbres de ciment, et qui conduisent à des trous de terre froide. Là, sous le pansement à peine rougi du ciel, je regarde de hardis compagnons inhumer mes amis par trois mètres de fond. La fleur qu'une main glaiseuse me tend alors, si je la jette, elle ne manque jamais la fosse. J'ai la piété précise, l'émotion exacte, la nuque convenablement inclinée. On admire que mes paroles soient justes. Mais je n'ai pas de mérite : j'attends.

J'attends longtemps. Parfois, je trébuche, je perds la main, la réussite me fuit. Qu'importe, je suis seul alors. Je me réveille ainsi, dans la nuit, et, à demi endormi, je crois entendre un bruit de vagues, la respiration des eaux. Réveillé tout à fait, je reconnais le vent dans les feuillages et la rumeur malheureuse de la ville déserte. Ensuite, je n'ai pas trop de tout mon art pour cacher ma détresse ou l'habiller à la mode.

D'autres fois, au contraire, je suis aidé. À New York, certains jours, perdu au fond de ces puits de pierre et d'acier où errent des millions d'hommes, je courais de l'un à l'autre, sans en voir la fin, épuisé, jusqu'à ce que je ne fusse plus soutenu que par la masse humaine qui cherchait son issue. J'étouffais alors, ma panique allait crier. Mais, à chaque fois, un appel lointain de remorqueur venait me rappeler que cette ville, citerne sèche, était une île, et qu'à la pointe de la Battery l'eau de mon baptême m'attendait, noire et pourrie, couverte de lièges creux.

Ainsi, moi qui ne possède rien, qui ai donné ma fortune, qui campe auprès de toutes mes maisons, je suis pourtant comblé quand je le veux, j'appareille à toute heure, le désespoir m'ignore. Point de patrie pour le désespéré et moi, je sais que la mer me précède et me suit, j'ai une folie toute prête. Ceux qui s'aiment et qui sont séparés peuvent vivre dans la douleur, mais ce n'est pas le désespoir : ils savent que l'amour existe. Voilà pourquoi je souffre, les yeux secs, de l'exil. J'attends encore. Un jour vient, enfin...

Les pieds nus des marins battent doucement le pont. Nous partons au jour qui se lève. Dès que nous sommes sortis du port, un vent court et dru brosse vigoureusement la mer qui se révulse en petites vagues sans écume. Un peu plus tard, le vent fraîchit et sème l'eau de camélias, aussitôt disparus. Ainsi, toute la matinée, nos voiles claquent au-dessus d'un joyeux vivier. Les eaux sont lourdes, écailleuses, couvertes de baves fraîches. De temps en temps, les vagues jappent contre l'étrave ; une écume amère et onctueuse, salive des dieux, coule le long du bois jusque dans l'eau où elle s'éparpille en dessins mourants et renaissants, pelage de quelque vache bleue et blanche, bête fourbue, qui dérive encore longtemps derrière notre sillage.

Depuis le départ, des mouettes suivent notre navire, sans effort apparent, sans presque battre de l'aile. Leur belle navigation rectiligne s'appuie à peine sur la brise. Tout d'un coup, un plouf brutal au niveau des cuisines jette une alarme gourmande parmi les oiseaux, saccage leur beau vol et enflamme un brasier d'ailes blanches. Les mouettes tournoient follement en tous sens puis, sans rien perdre de leur vitesse, quittent l'une après l'autre la mêlée pour piquer vers la mer. Quelques secondes après, les voilà de nouveau réunies sur l'eau, basse-cour disputeuse que nous laissons derrière nous, nichée au creux de la houle qui effeuille lentement la manne des détritus.

À midi, sous un soleil assourdissant, la mer se soulève

à peine, exténuée. Quand elle retombe sur elle-même, elle fait siffler le silence. Une heure de cuisson et l'eau pâle, grande plaque de tôle portée au blanc, grésille. Elle grésille, elle fume, brûle enfin. Dans un moment, elle va se retourner pour offrir au soleil sa face humide, maintenant dans les vagues et les ténèbres.

Nous passons les portes d'Hercule, la pointe où mourut Antée. Au-delà, l'Océan est partout, nous doublons d'un seul bord Horn et Bonne-Espérance, les méridiens épousent les latitudes, le Pacifique boit l'Atlantique. Aussitôt le cap sur Vancouver, nous fonçons lentement vers les mers du Sud. À quelques encâblures, Pâques, la Désolation et les Hébrides défilent en convoi devant nous. Un matin, brusquement, les mouettes disparaissent. Nous sommes loin de toute terre, et seuls, avec nos voiles et nos machines.

Seuls aussi avec l'horizon. Les vagues viennent de l'Est invisible, une à une, patiemment; elles arrivent jusqu'à nous et, patiemment, repartent vers l'Ouest inconnu, une à une. Long cheminement, jamais commencé, jamais achevé... La rivière et le fleuve passent, la mer passe et demeure. C'est ainsi qu'il faudrait aimer, fidèle et fugitif. J'épouse la mer.

Pleines eaux. Le soleil descend, est absorbé par la brume bien avant l'horizon. Un court instant, la mer est rose d'un côté, bleue de l'autre. Puis les eaux se foncent. La goélette glisse, minuscule, à la surface d'un cercle parfait, au métal épais et terni. Et à l'heure du plus grand apaisement, dans le soir qui approche, des centaines de marsouins surgissent des eaux, caracolent un moment autour de nous, puis fuient vers l'horizon sans hommes. Eux partis, c'est le silence et l'angoisse des eaux primitives.

Un peu plus tard encore, rencontre d'un iceberg sur le Tropique. Invisible sans doute après son long voyage dans ces eaux chaudes, mais efficace : il longe le navire à tribord où les cordages se couvrent brièvement d'une rosée de givre tandis qu'à bâbord meurt une journée sèche.

La nuit ne tombe pas sur la mer. Du fond des eaux, qu'un soleil déjà noyé noircit peu à peu de ses cendres épaisses, elle monte au contraire vers le ciel encore pâle. Un court instant, Vénus reste solitaire au-dessus des flots noirs. Le temps de fermer les yeux, de les ouvrir, les étoiles pullulent dans la nuit liquide.

La lune s'est levée. Elle illumine d'abord faiblement la surface des eaux, elle monte encore, elle écrit sur l'eau souple. Au zénith enfin, elle éclaire tout un couloir de mer, riche fleuve de lait qui, avec le mouvement du navire, descend vers nous, inépuisablement, dans l'océan obscur. Voici la nuit fidèle, la nuit fraîche que j'appelais dans les lumières bruyantes, l'alcool, le tumulte du désir.

Nous naviguons sur des espaces si vastes qu'il nous semble que nous n'en viendrons jamais à bout. Soleil et lune montent et descendent alternativement, au même fil de lumière et de nuit. Journées en mer, toutes semblables comme le bonheur...
Cette vie rebelle à l'oubli, rebelle au souvenir, dont parle Stevenson.

L'aube. Nous coupons le Cancer à la perpendiculaire, les eaux gémissent et se convulsent. Le jour se lève sur une mer houleuse, pleine de paillettes d'acier. Le ciel est blanc de brume et de chaleur, d'un éclat mort, mais insoutenable, comme si le soleil s'était liquéfié dans l'épaisseur des nuages, sur toute l'étendue de la calotte céleste. Ciel malade sur une mer décomposée. À mesure que l'heure avance, la chaleur croît dans l'air livide. Tout le long du jour, l'étrave débusque des nuées de poissons volants, petits oiseaux de fer, hors de leurs buissons de vagues.

Dans l'après-midi, nous croisons un paquebot qui

remonte vers les villes. Le salut que nos sirènes échangent avec trois grands cris d'animaux préhistoriques, les signaux des passagers perdus sur la mer et alertés par la présence d'autres hommes, la distance qui grandit peu à peu entre les deux navires, la séparation enfin sur les eaux malveillantes, tout cela, et le cœur se serre. Ces déments obstinés, accrochés à des planches, jetés sur la crinière des océans immenses à la poursuite d'îles en dérive, qui, chérissant la solitude et la mer, s'empêchera jamais de les aimer ?

Au juste milieu de l'Atlantique nous plions sous les vents sauvages qui soufflent interminablement d'un pôle à l'autre. Chaque cri que nous poussons se perd, s'envole dans des espaces sans limites. Mais ce cri, porté jour après jour par les vents, abordera enfin à l'un des bouts aplatis de la terre et retentira longuement contre les parois glacées, jusqu'à ce qu'un homme, quelque part, perdu dans sa coquille de neige, l'entende et, content, veuille sourire.

Je dormais à demi sous le soleil de deux heures quand un bruit terrible me réveilla. Je vis le soleil au fond de la mer, les vagues régnaient dans le ciel houleux. Soudain, la mer brûlait, le soleil coulait à longs traits glacés dans ma gorge. Autour de moi, les marins riaient et pleuraient. Ils s'aimaient les uns les autres mais ne pouvaient se pardonner. Ce jour-là, je reconnus le monde pour ce qu'il était, je décidai d'accepter que son bien fût en même temps malfaisant et salutaires ses forfaits. Ce jour-là, je compris qu'il y avait deux vérités dont l'une ne devait jamais être dite.

La curieuse lune australe, un peu rognée, nous accompagne plusieurs nuits, puis glisse rapidement du ciel jusque dans l'eau qui l'avale. Il reste la Croix du Sud, les étoiles rares, l'air poreux. Au même moment, le vent tombe tout à fait. Le ciel roule et tangue au-dessus de nos mâts immobiles. Moteur coupé, voilure en panne, nous sifflons dans la nuit chaude pendant que l'eau cogne amicalement nos flancs. Aucun ordre, les machines se taisent. Pourquoi poursuivre en effet et pourquoi revenir ? Nous sommes comblés, une muette folie, invinciblement, nous endort. Un jour vient ainsi qui accomplit tout ; il faut se laisser couler alors, comme ceux qui nagèrent jusqu'à l'épuisement. Accomplir quoi ? Depuis toujours, je le tais à moi-même. Ô lit amer, couche princière, la couronne est au fond des eaux !

Au matin, notre hélice fait doucement mousser l'eau tiède. Nous reprenons de la vitesse. Vers midi, venus de lointains continents, un troupeau de cerfs nous croisent, nous dépassent et nagent régulièrement vers le nord, suivis d'oiseaux multicolores, qui, de temps en temps, prennent repos dans leurs bois. Cette forêt bruissante disparaît peu à peu à l'horizon. Un peu plus tard, la mer se couvre d'étranges fleurs jaunes. Vers le soir, un chant invisible nous précède pendant de longues heures. Je m'endors, familier.

Toutes les voiles offertes à une brise nette, nous filons sur une mer claire et musclée. À la cime de la vitesse, la barre à bâbord. Et vers la fin du jour, redressant encore notre course, la gîte à tribord au point que notre voilure effleure l'eau, nous longeons à grande allure un continent austral que je reconnais pour l'avoir autrefois survolé, en aveugle, dans le cercueil barbare d'un avion. Roi fainéant, mon chariot se traînait alors ; j'attendais la mer sans jamais l'atteindre. Le monstre hurlait, décollait des guanos du Pérou, se ruait au-dessus des plages du Pacifique, survolait les blanches vertèbres fracassées des Andes puis l'immense plaine de l'Argentine, couverte de troupeaux de mouches, unissait d'un trait d'aile les prés uruguayens, inondés de lait, aux fleuves noirs du Venezuela, atterrissait, hurlait encore, tremblait de convoitise devant de nouveaux espaces vides à dévorer et avec tout cela ne cessait jamais de ne pas avancer ou du moins de ne le faire qu'avec une lenteur convulsée, obstinée, une énergie hagarde et fixe, intoxiquée. Je mourais alors dans ma cellule métallique, je rêvais de carnages, d'orgies. Sans espace, point d'innocence ni de liberté ! La prison pour qui ne peut respirer est mort ou folie ; qu'y faire sinon tuer et posséder ? Aujourd'hui, au contraire, je suis gorgé de souffles, toutes nos ailes claquent dans l'air bleu, je vais crier de vitesse, nous jetons à l'eau nos sextants et nos boussoles.

Sous le vent impérieux, nos voiles sont de fer. La côte dérive à toute allure devant nos yeux, forêts de cocotiers royaux dont les pieds trempent dans des lagunes émeraudes, baie tranquille, pleine de voiles rouges, sables de lunes. De grands buildings surgissent, déjà lézardés sous la poussée de la forêt vierge qui commence dans la cour de service ; çà et là un ipé jaune ou un arbre aux branches violettes crèvent une fenêtre, Rio s'écroule enfin derrière nous et la végétation va recouvrir ses ruines neuves où les singes de la Tijuca éclateront de rire. Encore plus vite, le long des grandes plages où les vagues fusent en gerbes de sable, encore plus vite, les moutons de l'Uruguay entrent dans la mer et la jaunissent d'un coup. Puis, sur la côte argentine, de grands bûchers grossiers, à intervalles réguliers, élèvent vers le ciel des demi-bœufs qui grillent lentement. Dans la nuit, les glaces de la Terre de Feu viennent battre notre coque pendant des heures, le navire ralentit à peine et vire de bord. Au matin, l'unique vague du Pacifique, dont la froide lessive, verte et blanche, bouillonne sur les milliers de kilomètres de la côte chilienne, nous soulève lentement et menace de nous échouer. La barre l'évite, double les Kerguelen. Dans le soir doucereux les premières barques malaises avancent vers nous.

« À la mer ! À la mer ! » criaient les garçons merveilleux d'un livre de mon enfance. J'ai tout oublié de ce livre, sauf ce cri. « À la mer ! » et par l'océan Indien jusqu'au boulevard de la mer Rouge d'où l'on entend éclater une à une, dans les nuits silencieuses, les pierres du désert qui gèlent après avoir brûlé, nous revenons à la mer ancienne où se taisent les cris.

Un matin enfin, nous relâchons dans une baie pleine

d'un étrange silence, balisée de voiles fixes. Seuls, quelques oiseaux de mer se disputent dans le ciel des morceaux de roseaux. À la nage, nous regagnons une plage déserte; toute la journée, nous entrons dans l'eau puis nous séchons sur le sable. Le soir venu, sous le ciel qui verdit et recule, la mer, si calme pourtant, s'apaise encore. De courtes vagues soufflent une buée d'écume sur la grève tiède. Les oiseaux de mer ont disparu. Il ne reste qu'un espace, offert au voyage immobile.

Certaines nuits dont la douceur se prolonge, oui, cela aide à mourir de savoir qu'elles reviendront après nous sur la terre et la mer. Grande mer, toujours labourée, toujours vierge, ma religion avec la nuit! Elle nous lave et nous rassasie dans ses sillons stériles, elle nous libère et nous tient debout. À chaque vague, une promesse, toujours la même. Que dit la vague? Si je devais mourir, entouré de montagnes froides, ignoré du monde, renié par les miens, à bout de forces enfin, la mer, au dernier moment, emplirait ma cellule, viendrait me soutenir au-dessus de moi-même et m'aider à mourir sans haine.

À minuit, seul sur le rivage. Attendre encore, et je partirai. Le ciel lui-même est en panne, avec toutes ses étoiles, comme ces paquebots couverts de feux qui, à cette heure même, dans le monde entier, illuminent les eaux sombres des ports. L'espace et le silence pèsent d'un seul poids sur le cœur. Un brusque amour, une grande œuvre, un acte décisif, une pensée qui transfigure, à certains moments donnent la même intolérable anxiété, doublée d'un attrait irrésistible. Délicieuse angoisse d'être, proximité exquise d'un danger dont nous ne connaissons pas le nom, vivre, alors, est-ce courir à sa perte? À nouveau, sans répit, courons à notre perte.

J'ai toujours eu l'impression de vivre en haute mer, menacé, au cœur d'un bonheur royal.

1953.

ACTUELLES III

CHRONIQUES
ALGÉRIENNES
1939-1958

Ce volume était déjà composé et sur le point de paraître lorsque les événements du *13 mai* ont éclaté. Après réflexion, il m'a paru que sa publication restait souhaitable, qu'il constituait même un commentaire direct de ces événements et que, dans[1] la confusion actuelle, la position et les solutions de synthèse qui sont ici définies devaient l'être plus que jamais. De vastes changements s'opèrent dans les esprits en Algérie et ces changements autorisent de grandes espérances en même temps que des craintes. Mais les faits, eux, n'ont pas changé et, demain, il faudra encore en tenir compte pour déboucher sur le seul avenir acceptable: celui où la France, appuyée inconditionnellement sur ses libertés, saura rendre justice, sans discrimination, ni dans un sens ni dans l'autre, à toutes les communautés de l'Algérie. Aujourd'hui, comme hier, ma seule ambition, en publiant ce libre témoignage, est de contribuer, selon mes moyens, à la définition de cet avenir.

AVANT-PROPOS

On trouvera dans ce recueil un choix d'articles et de textes qui tous concernent l'Algérie. Ils s'échelonnent sur une période de vingt ans, depuis l'année 1939, où presque personne en France ne s'intéressait à ce pays, jusqu'à 1958, où tout le monde en parle. Pour contenir ces articles, un volume n'aurait pas suffi. Il a fallu éliminer les répétitions et les commentaires trop généraux, retenir surtout les faits, les chiffres et les suggestions qui risquent d'être encore utiles. Tels quels, ces textes résument la position d'un homme qui, placé très jeune devant la misère algérienne, a multiplié vainement les avertissements et qui, conscient depuis longtemps des responsabilités de son pays, ne peut approuver une politique de conservation ou d'oppression en Algérie. Mais, averti depuis longtemps des réalités algériennes, je ne puis non plus approuver une politique de démission qui abandonnerait le peuple arabe à une plus grande misère, arracherait de ses racines séculaires le peuple français d'Algérie et favoriserait seulement, sans profit pour personne, le nouvel impérialisme qui menace la liberté de la France et de l'Occident.

Une telle position ne satisfait personne, aujourd'hui, et je sais d'avance l'accueil qui lui sera fait des deux côtés. Je le regrette sincèrement, mais je ne puis forcer ce que je sens et ce que je crois. Du reste, personne, sur ce sujet, ne me satisfait non plus. C'est pourquoi, dans l'impossibilité de me joindre à aucun des camps extrêmes, devant la disparition progressive de ce troisième camp où l'on pouvait encore garder la tête froide, doutant aussi de mes certitudes et de mes connaissances, persuadé enfin que la véritable cause de nos folies réside dans les mœurs et le fonctionnement de notre société intellectuelle et politique, j'ai décidé de ne plus participer aux incessantes polémiques qui n'ont eu d'autre effet que de durcir en Algérie les intransigeances aux prises et de diviser un peu plus une France déjà empoisonnée par les haines et les sectes.

Il y a en effet une méchanceté française à laquelle je ne veux rien ajouter. Je sais trop le prix qu'elle nous a coûté et nous coûte[1]. Depuis vingt ans, particulièrement, on déteste à ce point, chez nous, l'adversaire politique qu'on finit par tout lui préférer, et jusqu'à la dictature étrangère. Les Français ne se lassent pas apparemment de ces jeux mortels. Ils sont bien ce peuple singulier qui, selon Custine, se peindrait en laid plutôt que de se laisser oublier. Mais si leur pays disparaissait, il serait oublié, de quelque façon qu'on l'ait maquillé et, dans une nation asservie, nous n'aurions même plus la liberté de nous insulter. En attendant que ces vérités soient reconnues, il faut[2] se résigner à ne plus témoigner que personnellement, avec les précautions nécessaires. Et, personnellement, je ne m'intéresse plus qu'aux actions qui peuvent, ici et maintenant, épargner du sang inutile, et aux solutions qui préservent l'avenir d'une terre dont le malheur pèse trop sur moi pour que je puisse songer à en parler pour la galerie.

D'autres raisons encore m'éloignent de ces jeux publics. Il me manque d'abord[3] cette assurance qui permet de tout trancher. Sur ce point, le terrorisme, tel qu'il est pratiqué en Algérie, a beaucoup influencé mon attitude. Quand le destin des hommes et des femmes de son propre sang se trouve lié, directement ou non, à ces articles qu'on écrit si facilement dans le confort du bureau, on a le devoir d'hésiter et de peser le pour et le contre. Pour moi, si je reste sensible au risque où je suis, critiquant les développements de la rébellion, de donner une mortelle bonne conscience aux plus anciens et aux plus insolents responsables du drame algérien, je ne cesse pas de craindre, en faisant état des longues erreurs françaises, de donner un alibi, sans aucun risque pour moi, au fou criminel qui jettera sa bombe sur une foule innocente où se trouvent[4] les miens. Je me suis borné à reconnaître cette évidence, et rien de plus, dans une récente déclaration[5] qui a été curieusement commentée. Pourtant, ceux qui ne connaissent pas la situation dont je parle peuvent difficilement en juger. Mais ceux qui, la connaissant, continuent de penser héroïquement que le frère doit périr plutôt que les principes, je me bornerai à les admirer de loin. Je ne suis pas de leur race.

Cela ne veut pas dire que les principes n'ont pas de sens. La lutte des idées est possible, même les armes à la main, et il est juste de savoir reconnaître les raisons de l'adversaire avant même de se défendre contre lui. Mais, dans tous les camps, la terreur change, pour le temps où elle dure, l'ordre des termes. Quand sa propre famille est en péril immédiat de mort, on peut vouloir la rendre plus généreuse et plus juste, on doit même continuer à le faire, comme ce livre en témoigne, mais (qu'on ne s'y trompe pas!) sans manquer à la solidarité qu'on lui doit dans ce danger mortel, pour qu'elle survive au moins et qu'en vivant, elle retrouve alors la chance d'être juste. À mes yeux, c'est cela l'honneur, et la vraie justice, ou bien je reconnais ne plus rien savoir d'utile en ce monde.

À partir de cette position seulement, on a le droit, et le devoir, de dire que la lutte armée et la répression ont pris, de notre côté, des aspects inacceptables. Les représailles contre les populations civiles et les pratiques de torture sont des crimes dont nous sommes tous solidaires[1]. Que ces faits aient pu se produire parmi nous, c'est une humiliation à quoi il faudra désormais faire face. En attendant, nous devons du moins refuser toute justification, fût-ce par l'efficacité, à ces méthodes. Dès l'instant, en effet, où, même indirectement, on les justifie, il n'y a plus de règle ni de valeur, toutes les causes se valent et la guerre sans buts ni lois consacre le triomphe du nihilisme. Bon gré, mal gré, nous retournons alors à la jungle où le seul principe est la violence. Ceux qui ne veulent plus entendre parler de morale devraient comprendre en tout cas que, même pour gagner les guerres, il vaut mieux souffrir certaines injustices que les commettre, et que de pareilles entreprises nous font plus de mal que cent maquis ennemis. Lorsque ces pratiques s'appliquent, par exemple, à ceux qui, en Algérie, n'hésitent pas à massacrer l'innocent ni, en d'autres lieux, à torturer ou à excuser que l'on torture, ne sont-elles pas aussi des fautes incalculables puisqu'elles risquent de justifier les crimes mêmes que l'on veut combattre[2] ? Et quelle est cette efficacité qui parvient à justifier ce qu'il y a de plus injustifiable chez l'adversaire ? À cet égard, on doit aborder de front l'argument majeur de ceux qui ont pris leur parti de la torture : celle-ci a peut-être permis de retrouver trente bombes, au prix d'un certain honneur, mais elle a suscité du même coup cinquante terroristes nouveaux qui, opérant autrement et ailleurs, feront mourir plus d'innocents encore. Même acceptée au nom du réalisme et de l'efficacité, la déchéance ici ne sert à rien, qu'à accabler notre pays à ses propres yeux et à ceux de l'étranger. Finalement, ces beaux exploits préparent infailliblement la démoralisation de la France et l'abandon de l'Algérie. Ce ne sont pas des méthodes de censure, honteuses ou cyniques, mais toujours stupides, qui changeront quelque chose à ces vérités. Le devoir du gouvernement n'est pas de supprimer les protestations même intéressées, contre les excès criminels de la répression; il est de supprimer ces excès et de les condamner publiquement, pour éviter que chaque citoyen ne se sente responsable personnellement des exploits de quelques-uns et donc contraint de les dénoncer ou de les assumer.

Mais, pour être utile autant qu'équitable, nous devons condamner avec la même force, et sans précautions de langage[1], le terrorisme appliqué par le F.L.N. aux civils français comme, d'ailleurs, et dans une proportion plus grande, aux civils arabes. Ce terrorisme est un crime, qu'on ne peut ni excuser ni laisser se développer. Sous la forme où il est pratiqué, aucun mouvement révolutionnaire ne l'a jamais admis et les terroristes russes de 1905, par exemple, seraient morts (ils en ont donné la preuve) plutôt que de s'y abaisser. On ne saurait transformer ici la reconnaissance des injustices subies par le peuple arabe en indulgence systématique à l'égard de ceux qui assassinent indistinctement civils arabes et civils français sans considération d'âge ni de sexe[2]. Après tout, Gandhi a prouvé qu'on pouvait lutter pour son peuple, et vaincre, sans cesser un seul jour de rester estimable. Quelle que soit la cause que l'on défend, elle restera toujours déshonorée par le massacre aveugle d'une foule innocente où le tueur sait d'avance qu'il atteindra la femme et l'enfant.

Je n'ai jamais cessé de dire, on le verra dans ce livre, que ces deux condamnations ne pouvaient se séparer, si l'on voulait être efficace. C'est pourquoi il m'a paru à la fois indécent et nuisible de crier contre les tortures en même temps que ceux qui ont très bien digéré Melouza ou la mutilation des enfants européens. Comme il m'a paru nuisible et indécent d'aller condamner le terrorisme aux côtés de ceux qui trouvent la torture légère à porter. La vérité, hélas! c'est qu'une partie de notre opinion pense obscurément que les Arabes ont acquis le droit, d'une certaine manière, d'égorger et de mutiler tandis qu'une autre partie accepte de légitimer, d'une certaine manière, tous les excès. Chacun, pour se justifier, s'appuie alors sur le crime de l'autre. Il y a là une casuistique du sang où un intellectuel, me semble-t-il, n'a que faire, à moins de prendre les armes lui-même. Lorsque la violence répond à la violence dans un délire qui s'exaspère et rend impossible le simple langage de raison, le rôle des intellectuels ne peut-être, comme on le lit tous les jours, d'excuser de loin l'une des violences et de condamner l'autre, ce qui a pour double effet d'indigner jusqu'à la fureur le violent condamné et d'encourager à plus de violence le violent innocenté. S'ils ne rejoignent pas les combattants eux-mêmes, leur rôle (plus obscur, à coup sûr!) doit être seulement de travailler dans le sens de l'apaisement pour que la raison retrouve ses chances. Une droite perspicace, sans rien céder sur ses convictions, eût ainsi essayé de persuader les siens, en Algérie, et au gouvernement, de la nécessité de réformes profondes et du caractère déshonorant de certains procédés. Une gauche intelligente, sans rien céder sur ses principes, eût de même essayé de persuader le mouvement arabe que certaines méthodes étaient ignobles en elles-mêmes. Mais non. À droite, on a, le plus souvent, entériné, au nom de l'honneur français, ce qui était le plus contraire à cet honneur. À gauche, on a le plus souvent, et au nom de la justice, excusé ce qui était une insulte à toute vraie justice. La droite a laissé ainsi l'exclusivité du réflexe moral à la gauche qui lui a cédé l'exclusivité du réflexe patriotique. Le pays a souffert deux fois. Il aurait eu besoin de moralistes moins joyeusement résignés au malheur de leur patrie et de patriotes qui consentent moins facilement à ce que des tortionnaires prétendent agir au nom de la France. Il semble que la métropole n'ait point su trouver d'autres politiques que celles qui consistaient à dire aux Français d'Algérie : « Crevez, vous l'avez bien mérité », ou :

« Crevez-les. Ils l'ont bien mérité. » Cela fait deux politiques différentes, et une seule démission[1], là où il ne s'agit pas de crever séparément, mais de vivre ensemble.

Ceux que j'irriterai en écrivant cela, je leur demande seulement de réfléchir quelques instants, à l'écart des réflexes idéologiques. Les uns veulent que leur pays s'identifie totalement à la justice et ils ont raison. Mais peut-on rester justes et libres dans une nation morte ou asservie[2] ? Et l'absolue pureté ne coïncide-t-elle pas, pour une nation, avec la mort historique ? Les autres veulent que le corps même de leur pays soit défendu contre l'univers entier s'il le faut, et ils n'ont pas tort. Mais peut-on survivre comme peuple sans rendre justice, dans une mesure raisonnable, à d'autres peuples ? La France meurt de ne pas savoir résoudre ce dilemme. Les premiers veulent l'universel au détriment du particulier. Les autres le particulier au détriment de l'universel. Mais les deux vont ensemble. Pour trouver la société humaine, il faut passer par la société nationale. Pour préserver la société nationale, il faut l'ouvrir sur une perspective universelle. Plus précisément, si l'on veut que la France seule règne en Algérie sur huit millions de muets, elle y mourra. Si l'on veut que l'Algérie se sépare de la France, les deux périront d'une certaine manière. Si, au contraire, en Algérie, le peuple français et le peuple arabe unissent leurs différences, l'avenir aura un sens pour les Français, les Arabes et le monde entier.

Mais, pour cela, il faut cesser de considérer en bloc les Arabes d'Algérie comme un peuple de massacreurs. La grande masse d'entre eux, exposée à tous les coups, souffre d'une douleur que personne n'exprime pour elle. Des millions d'hommes, affolés de misère et de peur, se terrent pour qui ni Le Caire ni Alger ne parlent jamais[3]. J'ai essayé, depuis longtemps, on le verra, de faire connaître au moins leur misère et l'on me reprochera sans doute mes sombres descriptions. J'ai écrit pourtant ces plaidoyers pour la misère arabe quand il était temps encore d'agir, à l'heure où la France était forte, et où se taisaient ceux qui aujourd'hui trouvent plus facile d'accabler sans relâche, et même à l'étranger, leur pays affaibli. Si, il y a vingt ans, ma voix avait été mieux entendue, il y aurait peut-être moins de sang présentement. Le malheur (et je l'éprouve comme un malheur) est que les événements m'ont donné raison. Aujourd'hui, la pauvreté des paysans algériens risque de s'accroître démesurément au rythme d'une démographie foudroyante. De surcroît, coincés entre les combattants, ils souffrent de la peur : eux aussi, eux surtout ont besoin de paix ! C'est à eux et aux miens que je continue de penser en écrivant le mot d'Algérie et en plaidant pour la réconciliation. C'est à eux, en tout cas, qu'il faudrait donner enfin une voix et un avenir libéré de la peur et de la faim.

Mais, pour cela, il faut cesser aussi de porter condamnation en bloc sur les Français d'Algérie. Une certaine opinion métropolitaine, qui ne se lasse pas de les haïr, doit être rappelé à la décence. Quand un partisan français du F.L.N. ose écrire que les Français d'Algérie ont toujours considéré la France comme une prostituée à exploiter, il faut rappeler à cet irresponsable qu'il parle d'hommes dont les grands-parents, par exemple, ont opté pour la France en 1871 et quitté leur terre d'Alsace pour l'Algérie, dont les pères sont morts en masse dans l'Est de la France en 1914 et qui, eux-mêmes, deux fois mobilisés dans la dernière guerre, n'ont cessé, avec des centaines de milliers de musulmans, de se battre sur tous les fronts pour cette prostituée. Après cela, on peut sans doute les juger naïfs, il est difficile de les traiter de souteneurs. Je résume ici l'histoire des hommes de ma famille qui, de surcroît, étant pauvres et sans haine, n'ont jamais exploité ni opprimé personne. Mais les trois quarts des Français d'Algérie leur ressemblent et, à condition qu'on les fournisse de raisons plutôt que d'insultes, seront prêts à admettre la nécessité d'un ordre plus juste et plus libre[1]. Il y a eu sans doute des exploiteurs en Algérie, mais plutôt moins qu'en métropole et le premier bénéficiaire du système colonial est la nation française tout entière. Si certains Français considèrent que, par ses entreprises coloniales, la France (et elle seule, au milieu de nations saintes et pures) est en état de péché historique, ils n'ont pas à désigner les Français d'Algérie comme victimes expiatoires (« Crevez, nous l'avons bien mérité ! »), ils doivent s'expier eux-mêmes à l'expiation. En ce qui me concerne, il me paraît dégoûtant de battre sa coulpe, comme nos juges-pénitents[2], sur la poitrine d'autrui, vain de condamner plusieurs siècles d'expansion européenne, absurde de comprendre dans la même malédiction Christophe Colomb et Lyautey. Le temps des colonialismes est fini, il faut le savoir seulement et en tirer les conséquences. Et l'Occident qui, en dix ans, a donné l'autonomie à une douzaine de colonies mérite à cet égard plus de respect et, surtout, de patience, que la Russie qui, dans le même temps, a colonisé ou placé sous un protectorat implacable une douzaine de pays de grande et ancienne civilisation[1]. Il est bon qu'une nation soit assez forte de tradition et d'honneur pour trouver le courage de dénoncer ses propres erreurs. Mais elle ne doit pas oublier les raisons qu'elle peut avoir encore de s'estimer elle-même. Il est dangereux en tout cas de lui demander de s'avouer seule coupable et de la vouer à une pénitence perpétuelle. Je crois en Algérie à une politique de réparation, non à une politique d'expiation. C'est en fonction de l'avenir qu'il faut poser les problèmes, sans remâcher interminablement les fautes du passé. Et il n'y aura pas d'avenir qui ne rende justice en même temps aux deux communautés d'Algérie.

Cet esprit d'équité, il est vrai, semble étranger à la réalité de notre histoire où les rapports de force définissent une autre sorte de justice; dans notre société internationale, il n'est de bonne morale que nucléaire. Le seul coupable est alors le vaincu. On comprend que beaucoup d'intellectuels en aient conclu que les valeurs et les mots n'avaient d'autre contenu que celui que la force leur donnait. Et certains passent ainsi, sans transition, des discours sur les principes d'honneur ou de fraternité à l'adoration du fait accompli ou du parti le plus cruel. Je continue cependant de croire, à propos de l'Algérie comme du reste, que de pareils égarements, à droite comme à gauche, définissent seulement le nihilisme de notre époque. S'il est vrai qu'en histoire, du moins, les valeurs, qu'elles soient celles de la nation ou de l'humanité, ne survivent pas sans qu'on ait combattu pour elles, le combat (ni la force) ne suffit pas à les justifier. Il faut encore que lui-même soit justifié, et éclairé, par ces valeurs. Se battre pour sa vérité et veiller à ne pas la tuer des armes mêmes dont on la défend, à ce double prix les mots reprennent leur sens vivant. Sachant cela, le rôle de l'intellectuel est de discerner, selon ses moyens, dans chaque camp, les limites respectives de la force et de la justice. Il est donc nécessaire d'éclairer les définitions pour désintoxiquer les esprits et apaiser les fanatismes, même à contre-courant.

Ce travail de désintoxication, je l'ai tenté selon mes moyens. Ses effets, reconnaissons-le, ont été nuls jusqu'ici : ce livre est aussi l'histoire d'un échec. Mais les simplifications de la haine et du parti pris, qui pourrissent et relancent sans cesse le conflit algérien, il faudrait les relever tous les jours et un homme n'y peut suffire. Il y faudrait un mouvement, une presse, une action incessante. Car il faudrait aussi bien relever, tous les jours, les mensonges et les omissions qui obscurcissent le vrai problème. Nos gouvernements déjà veulent faire la guerre sans la nommer, avoir une politique indépendante et mendier l'argent de nos alliés, investir en Algérie tout en protégeant le niveau de vie de la métropole, être intransigeant en public et négocier en coulisses, couvrir les bêtises de leurs exécutants et les désavouer de bouche à oreille. Mais nos partis ou nos sectes, qui critiquent le pouvoir, ne sont pas plus brillants. Personne ne dit clairement ce qu'il veut, ou, le disant, n'en tire les conséquences. Ceux qui préconisent la solution militaire doivent savoir qu'il ne s'agit de rien ou d'une reconquête par les moyens de la guerre totale qui entraînera, par exemple, la reconquête de la Tunisie contre l'opinion, et peut-être les armes, d'une partie du monde. C'est une politique sans doute, mais il faut la voir et la présenter telle qu'elle est. Ceux qui préconisent, en termes volontairement imprécis, la négociation avec le F.L.N. ne peuvent plus ignorer, devant les précisions du F.L.N., que cela signifie l'indépendance de l'Algérie dirigée par les chefs militaires les plus implacables de l'insurrection, c'est-à-dire l'éviction de 1 200 000 Européens d'Algérie et l'humiliation de millions de Français avec les risques que cette humiliation comporte. C'est une politique, sans doute, mais il faut l'avouer pour ce qu'elle est, et cesser de la couvrir d'euphémismes.

La polémique constante qu'il faudrait mener à cet égard irait contre ses objectifs dans une société politique où la volonté de clairvoyance et l'indépendance intellectuelle se font plus en plus rares. De cent articles, il ne reste que la déformation qu'en impose l'adversaire. Le livre du moins, s'il n'évite pas tous les malentendus, en rend quelques-uns impossibles. On peut s'y référer et il permet aussi de préciser avec plus de sérénité les nuances nécessaires. Ainsi, voulant répondre à tous ceux qui, de bonne foi, me demandent de faire connaître une fois de plus ma position, je n'ai pas pu le faire autrement qu'en résumant dans ce livre une expérience de vingt ans, qui peut renseigner des esprits non prévenus. Je dis bien une expérience, c'est-à-dire la longue confrontation d'un homme et d'une situation, — avec toutes les erreurs, les contradictions et les hésitations qu'une telle confrontation suppose et dont on trouvera maints exemples dans les pages qui suivent. Mon opinion, d'ailleurs, est qu'on attend trop d'un écrivain en ces matières. Même, et peut-être surtout, lorsque sa naissance et son cœur le vouent au destin d'une terre comme l'Algérie, il est vain de le croire détenteur d'une vérité révélée et son histoire personnelle, si elle pouvait être véridiquement écrite, ne serait que l'histoire de défaillances successives, surmontées et retrouvées[1]. Sur ce point, je suis tout prêt à reconnaître mes insuffisances et les erreurs de jugements qu'on pourra relever dans ce volume. Mais j'ai cru possible au moins, et bien qu'il m'en coûte, de réunir les pièces de ce long dossier et de les livrer à la réflexion de ceux qui n'ont pas encore leur opinion faite. La détente psychologique qu'on peut sentir actuellement, entre Français et Arabes, en Algérie permet aussi d'espérer qu'un langage de raison risque à nouveau d'être entendu.

On trouvera donc dans ce livre une évocation (à l'occasion d'une crise très grave en Kabylie) des causes économiques du drame algérien, quelques repères pour l'évolution proprement politique de ce drame, des commentaires sur la complexité de la situation présente, la prédiction de l'impasse où nous a menés la relance du terrorisme et de la répression et, pour finir, une esquisse de la solution qui me paraît encore possible. Consacrant la fin du colonialisme, elle exclut les rêveries de reconquête ou de maintien du « statu quo » qui sont, en réalité, des réactions de faiblesse et d'humiliation et qui préparent le divorce définitif et le double malheur de la France et de l'Algérie. Mais elle exclut aussi les rêves d'un déracinement des Français d'Algérie qui, s'ils n'ont le droit d'opprimer personne, ont celui de ne pas être opprimés et de disposer d'eux-mêmes[1] sur la terre de leur naissance. Pour rétablir la justice nécessaire, il est d'autres voies que de remplacer une injustice par une autre.

J'ai essayé, à cet égard, de définir clairement ma position. Une Algérie constituée par des peuplements fédérés[2], et reliée à la France, me paraît préférable, sans comparaison possible au regard de la simple justice, à une Algérie reliée à un empire d'Islam qui ne réaliserait à l'intention des peuples arabes qu'une addition de misères et de souffrances et qui arracherait le peuple français d'Algérie à sa patrie naturelle. Si l'Algérie que j'espère garde encore une chance de se faire (et elle garde, selon moi, plus d'une chance), je veux, de toutes mes forces, y aider. Je considère au contraire que je ne dois pas aider une seule seconde, et de quelque façon que ce soit, à la constitution de l'autre Algérie. Si elle se faisait, et nécessairement contre ou loin de la France, par la conjugaison des forces d'abandon et des forces de pure conservation, et par la double démission qu'elles entraînent, ce serait pour moi un immense malheur, dont il me faudrait, avec des millions d'autres Français, tirer les conséquences. Voilà, loyalement, ce que je pense. Je peux me tromper ou juger mal d'un drame qui me touche de trop près[3]. Mais, au cas où s'évanouiraient les espérances raisonnables qu'on peut aujourd'hui concevoir, devant les événements graves qui surgiraient alors et dont, qu'ils attentent à notre pays ou à l'humanité, nous serons tous responsables solidairement, chacun de nous doit se porter témoin de ce qu'il a fait et de ce qu'il a dit. Voici mon témoignage, auquel je n'ajouterai rien.

Mars-avril 1958.

MISÈRE DE LA KABYLIE*

* Au début de 1939, la Kabylie souffrit cruellement d'une sorte de famine dont on verra les causes, et les effets, dans les articles qui suivent. Envoyé en reportage par *Alger républicain,* quotidien qui, à l'époque, groupait les socialistes et les radicaux, j'ai publié ces articles du 5 au 15 juin 1939. Trop long et trop détaillé pour être reproduit en entier, ce reportage est réimprimé ici à l'exclusion de considérations trop générales et des articles sur l'habitat, l'assistance, l'artisanat et l'usure.

LE DÉNUEMENT[1]

Avant d'entreprendre un tableau d'ensemble de la misère en Kabylie et avant de reparcourir cet itinéraire de la famine qu'il m'a été donné de faire pendant ces longs jours, je voudrais dire quelques mots sur les raisons économiques de cette misère. Elles tiennent en une ligne : la Kabylie est un pays surpeuplé et elle consomme plus qu'elle ne produit. Ces montagnes abritent dans leurs plis une population grouillante qui atteint, dans certaines communes comme celle du Djurdjura, une densité de 247 habitants au kilomètre carré. Aucun pays d'Europe ne présente ce pullulement. Et la densité moyenne de la France est de 71 habitants. D'autre part, le peuple kabyle consomme surtout des céréales, blé, orge, sorgho, sous forme de galette ou de couscous. Or le sol kabyle ne produit pas de céréales. La production céréalière de la région atteint à peu près le huitième de sa consommation. Ce grain, si nécessaire à la vie, il faudrait l'acheter. Dans un pays où l'industrie est réduite à rien, cela ne se peut qu'en fournissant un excédent de productions agricoles complémentaires.

Or la Kabylie est surtout un pays arboricole. Les deux grandes productions sont la figue et l'olive. En bien des endroits, la figue suffit à peine à la consommation. Quant à l'olive, la récolte, selon les années, est déficitaire ou, au contraire, surabondante. Comment équilibrer avec l'actuelle production les besoins en grains de ce peuple affamé ?

L'Office du blé a revalorisé le prix de cette céréale et il ne s'agit pas de s'en plaindre. Mais ni la figue ni l'olive n'ont été revalorisées. Et le Kabyle, consommateur de blé, paye à sa terre magnifique et ingrate le tribut de la faim.

À cette situation difficile, les Kabyles, comme toutes les nations pauvres et surpeuplées, ont obvié par l'émigration. La chose est bien connue. Je signalerai seulement qu'on peut évaluer le nombre des Kabyles exilés à 40 ou 50 000, qu'en période de prospérité, en un mois, le seul arrondissement de Tizi-Ouzou a payé en mandats la somme énorme de 40 millions de francs, la commune de Fort-National près d'un million par jour. Cet afflux énorme de capitaux, produit du labeur kabyle, suffisait vers 1926 à balancer l'économie déficitaire de la Kabylie. On peut dire qu'à cette époque, le pays a connu la prospérité. Et les Kabyles avaient vaincu par leur ténacité et leur travail la pauvreté de leur pays.

Mais avec la crise économique, le marché du travail en France s'est restreint. On a refoulé l'ouvrier kabyle. On a mis des barrières à l'émigration et, en 1935, une série d'arrêtés vint compliquer de telle sorte les formalités d'entrée en France que le Kabyle s'est senti de plus en plus enfermé dans sa montagne. Cent soixante-cinq francs à verser pour frais de rapatriement, d'innombrables obstacles administratifs et l'obligation singulière de payer les impôts arriérés de tous les compatriotes de l'émigrant qui portent le même nom que lui : l'émigration s'est trouvée bloquée. Pour ne citer qu'un chiffre, la commune de Michelet paye en mandats le dixième seulement de ce qu'elle payait en période de prospérité.

C'est cette chute verticale qui a conduit le pays à la misère. Ce blé qu'il faut acheter au prix fort, le paysan kabyle ne peut l'acquérir avec la production qu'on lui enlève à bas prix. Il l'achetait auparavant, et se sauvait, par le travail de ses fils. On lui a ôté aussi le travail et il reste sans défense contre la faim. Le résultat, c'est ce que j'ai vu et que je voudrais décrire avec le minimum de mots pour qu'on sente bien la détresse et l'absurdité d'une pareille situation.

Un rapport officiel évalue à 40 % les familles kabyles qui vivent actuellement avec moins de 1 000 francs par an, c'est-à-dire (qu'on y réfléchisse bien), moins de 100 francs par mois. Ce même rapport évalue à 5 % seulement le nombre de familles qui vivent avec 500 francs par mois. Quand on saura que la famille kabyle compte toujours au moins cinq ou six membres, on aura une idée du dénuement indicible où vivent les paysans kabyles. Je crois pouvoir affirmer que 50 % au moins de la population se nourrissent d'herbes et de racines et attendent pour le reste la charité administrative sous forme de distribution de grains.

À Bordj-Menaïel, par exemple, sur 27 000 Kabyles que compte la commune, 10 000 vivent dans l'indigence, un millier seulement se nourrissent normalement. À la distribution de grains, organisée le jour où j'arrivais dans ce centre, j'ai vu près de 500 miséreux attendre patiemment leur tour de recevoir quelques litres de blé. C'est ce jour-là qu'on me fit voir la merveille de l'endroit : une vieille femme cassée en deux qui pesait 25 kilos. Chaque indigent recevait environ 10 kilos de blé. A Bordj-Menaïel, cette charité se renouvelait tous les mois, dans d'autres localités tous les trois mois. Or il faut à une famille de huit membres environ 120 kilos de blé pour assurer le pain seulement pendant un mois. On m'a affirmé que les indigents que j'ai vus faisaient durer leurs 10 kilos de grains pendant un mois et pour le reste se nourrissaient de racines et de tiges de chardon que les Kabyles, avec une ironie qu'on peut juger amère, appellent artichauts d'âne.

À Tizi-Ouzou, pour des distributions semblables, des femmes font 30 et 40 kilomètres pour venir chercher cette misérable subsistance. Il a fallu la charité d'un pasteur local pour donner un abri nocturne à ces malheureuses.

Et ce ne sont pas les seuls témoignages de cette affreuse misère. Le blé dans la « tribu » de Tizi-Ouzou, par exemple, est devenu un produit de luxe. Les meilleures familles mangent un mélange de blé et de sorgho. On est arrivé, pour les familles pauvres, à payer le gland, produit sauvage, jusqu'à 20 francs le quintal. Le menu ordinaire d'une famille pauvre dans cette tribu se compose d'une galette d'orge et d'une soupe faite de tiges de chardon et de racines de mauve. On ajoute à cette soupe un peu d'huile. Mais la récolte d'olives de l'an passé ayant été déficitaire, l'huile, cette année, a manqué. Ce menu se retrouve dans toute la Kabylie et il n'est pas un village qui fasse exception à la règle.

Par un petit matin, j'ai vu à Tizi-Ouzou des enfants en loques disputer à des chiens kabyles le contenu d'une poubelle. À mes questions, un Kabyle a répondu : « C'est tous les matins comme ça. » Un autre habitant m'a expliqué que l'hiver, dans le village, les habitants, mal nourris et mal couverts, ont inventé une méthode pour trouver le sommeil. Ils se mettent en cercle autour d'un feu de bois et se déplacent de temps en temps pour éviter l'ankylose. Et la nuit durant, dans le gourbi misérable, une ronde rampante de corps couchés se déroule sans arrêt. Ceci n'est sans doute pas suffisant puisque le Code forestier empêche ces malheureux de prendre le bois où il se trouve et qu'il n'est pas rare qu'ils se voient saisir leur seule richesse, l'âne croûteux et décharné qui servit à transporter les fagots. Les choses, dans la région de Tizi-Ouzou, sont d'ailleurs allées si loin qu'il a fallu que l'initiative privée s'en mêlât. Tous les mercredis, le sous-préfet, *à ses frais,* donne un repas à 50 petits Kabyles et les nourrit de bouillon et de pain. Après quoi, ils peuvent attendre la distribution de grains qui a lieu au bout d'un mois. Les sœurs blanches et le pasteur Rolland contribuent aussi à ces œuvres de charité.

On me dira : « Ce sont des cas particuliers... C'est la crise, etc. Et, en tout cas, les chiffres ne veulent *rien* dire. » J'avoue que je ne puis comprendre cette façon de voir. Les statistiques ne veulent rien dire et j'en suis bien d'accord, mais si je dis que l'habitant du village d'Azouza que je suis allé voir faisait partie d'une famille de dix enfants dont deux seulement ont survécu, il ne s'agit point de chiffres ou de démonstration, mais d'une vérité criante et révélatrice. Je n'ai pas besoin non plus de donner le nombre d'élèves qui, dans les écoles autour de Fort-National, s'évanouissent de faim. Il me suffit de savoir que cela s'est produit et que cela se produira si l'on ne se porte pas au secours de ces malheureux. Il me suffit de savoir qu'à l'école de Talam-Aïach les instituteurs, en octobre passé, ont vu arriver des élèves absolument nus et couverts de poux, qu'ils les ont habillés et passés à la tondeuse. Il me suffit de savoir qu'à Azouza, parmi les enfants qui ne quittent pas l'école à 11 heures parce que leur village est trop éloigné, un sur soixante environ mange de la galette et les autres déjeunent d'un oignon ou de quelques figues.

À Fort-National, à la distribution de grains, j'ai interrogé un enfant qui portait sur son dos le petit sac d'orge qu'on venait de lui donner.

— Pour combien de jours, on t'a donné ça ?
— Quinze jours.
— Vous êtes combien dans la famille ?
— Cinq.
— C'est tout ce que vous allez manger ?
— Oui.
— Vous n'avez pas de figues ?
— Non.
— Vous mettez de l'huile dans la galette ?
— Non. On met de l'eau.

Et il est parti avec un regard méfiant.

. . . .

Est-ce que cela ne suffit pas ? Si je jette un regard sur mes notes. j'y vois deux fois autant de faits révoltants et je désespère d'arriver à les faire connaître tous. Il le faut pourtant et tout doit être dit.

Pour aujourd'hui, j'arrête ici cette promenade à travers la souffrance et la faim d'un peuple. On aura senti du moins que la misère ici n'est pas une formule ni un thème de méditation. Elle est. Elle crie et elle désespère. Encore une fois, qu'avons-nous fait pour elle et avons-nous le droit de nous détourner d'elle ? Je ne sais pas si on l'aura compris. Mais je sais qu'au retour d'une visite à la « tribu » de Tizi-Ouzou, j'étais monté avec un ami kabyle sur les hauteurs qui dominent la ville. Là, nous regardions la nuit tomber. Et à cette heure où l'ombre qui descend des montagnes sur cette terre splendide apporte une détente au cœur de l'homme le plus endurci, je savais pourtant qu'il n'y avait pas de paix pour ceux qui, de l'autre côté de la vallée, se réunissaient autour d'une galette de mauvaise orge. Je savais aussi qu'il y aurait eu de la douceur à s'abandonner à ce soir si surprenant et si grandiose, mais que cette misère dont les feux rougeoyaient en face de nous mettait comme un interdit sur la beauté du monde.

« Descendons, voulez-vous ? » me dit mon compagnon.

LE DÉNUEMENT[1]

(suite)

Après avoir parcouru la région de Tizi-Ouzou, un soir où nous nous promenions dans les rues de la ville, je demandai à un de mes compagnons si « c'était partout comme ça ». Il me répondit que je verrais pire. Après quoi nous parcourûmes longtemps le village indigène où, venues des boutiques faiblement éclairées, des lueurs coulaient dans les rues sombres avec des airs de musique, une danse de marteaux et des bavardages confus.

Et le fait est que j'ai vu pire.

Je savais en effet que la tige de chardon constituait une des bases de l'alimentation kabyle. Je l'ai ensuite vérifié un peu partout. Mais ce que je ne savais pas c'est que l'an passé, cinq petits Kabyles de la région d'Abbo sont morts à la suite d'absorption de racines vénéneuses. Je savais que les distributions de grains ne suffisaient pas à faire vivre les Kabyles. Mais je ne savais pas qu'elles les faisaient mourir et que cet hiver quatre vieilles femmes venues d'un douar éloigné jusqu'à Michelet pour recevoir de l'orge sont mortes dans la neige sur le chemin du retour.

Et tout est à l'avenant. À Adni, sur 106 élèves qui fréquentent les écoles, 40 seulement mangent à leur faim. Dans le village même, le chômage est général et les distributions très rares. Dans les douars de la commune de Michelet, on compte à peu près 500 chômeurs par douar. Et pour les douars les plus malheureux, les Akbils, les Aït-Yahia, les Abi-Youçef, la proportion est encore plus forte. On compte 4 000 chômeurs valides dans cette commune. À l'école d'Azerou-Kollal, sur 110 élèves, on en compte 35 qui ne font qu'un seul repas par jour. À Maillot, on estime à 4/5 de la population le nombre des indigents. Là, les distributions n'ont lieu que tous les trois mois. Aux Ouadhias, sur 7 500 habitants, on compte 3 000 miséreux. Dans la région de Sidi-Aïch, 60 % des habitants sont indigents. Dans le village d'El-Flay, au-dessus du centre de Sidi-Aïch, on cite et on montre des familles qui restent souvent deux et trois jours sans manger. La plupart des familles de ce village ajoutent au menu quotidien de racines et de galettes les graines de pin qu'elles peuvent trouver en forêt. Mais cette audace leur rapporte surtout des procès, puisque le code forestier et les gardes forestiers sont impitoyables à cet égard.

Si cette énumération ne paraît pas suffisamment convaincante, alors j'ajouterai que dans la commune d'El-Kseur, sur 2 500 habitants kabyles, on compte 2 000 indigents. Les ouvriers agricoles emportent avec eux, pour la nourriture de toute une journée, un quart de galette d'orge et un petit flacon d'huile. Les familles, aux racines et aux herbes, ajoutent les orties. Cuite pendant plusieurs heures, cette plante fournit un complément au repas du pauvre. On constate le même fait dans les douars qui se trouvent autour d'Azazga. De même les villages indigènes autour de Dellys sont parmi les plus pauvres. En particulier le douar Beni-Sliem compte l'incroyable proportion de 96 % d'indigents. La terre ingrate de ce douar ne fournit rien. Les habitants sont réduits à utiliser le bois mort pour en faire du charbon qu'ils tentent ensuite d'aller vendre à Dellys. Je dis qu'ils le tentent, car ils ne possèdent pas de permis de colportage et, dans la moitié des cas, le charbon et l'âne du colporteur sont saisis. Les habitants de Beni-Sliem ont pris l'habitude de venir à Dellys la nuit. Mais le garde champêtre aussi et l'âne saisi est envoyé à la fourrière. Le charbonnier doit alors payer une amende et les frais de fourrière. Et comme il ne le peut, la contrainte par corps l'enverra en prison. Là du moins, il mangera. Et c'est dans ce sens et dans ce sens seulement qu'on peut dire sans ironie que le colportage du charbon nourrit les Beni-Sliem.

Qu'ajouterais-je à tous ces faits ? Qu'on les lise bien. Qu'on place derrière chacun d'eux la vie d'attente et de désespoir qu'ils figurent. Si on les trouve naturels, alors qu'on le dise. Mais qu'on agisse si on les trouve révoltants. Et si enfin on les trouve incroyables, je demande qu'on aille sur place.

Quels remèdes a-t-on apportés à une pareille détresse ? Je réponds tout de suite : un seul et c'est la charité. D'une part, on distribue des grains et, d'autre part, on crée avec ces grains et avec des secours en espèces des chantiers dits de « charité ».

Sur les distributions, je serai bref. L'expérience même en démontre l'absurdité. Distribuer 12 litres de grains tous les deux ou trois mois à des familles de 4 ou 5 enfants, c'est très exactement cracher dans l'eau pour faire des ronds. On dépense des millions chaque année et ces millions restent improductifs. Je ne crois pas que la charité soit un sentiment inutile. Mais je crois qu'en certains cas ses résultats le sont et qu'alors il faut lui préférer une politique sociale constructive.

Il faut bien dire de plus que le choix des bénéficiaires de ces distributions est le plus souvent laissé à l'arbitraire du caïd ou de conseillers municipaux qui ne sont pas forcément indépendants. On affirme à Tizi-Ouzou que les dernières élections au Conseil général ont été faites avec le grain des distributions. Ce n'est pas mon affaire de savoir si cela est vrai. Mais le fait que cela puisse être dit condamne déjà la méthode. Et je sais, en tout cas, qu'aux Issers on a refusé du grain à ceux des indigents qui avaient voté pour le parti populaire algérien. Presque toute la Kabylie d'autre part se plaint de la qualité du blé distribué. Ce grain provient sans doute pour une partie des excédents nationaux, mais il est fourni aussi, pour une autre partie, par les stocks défraîchis de l'armée. Le résultat, c'est qu'à Michelet par exemple, on a distribué une orge si amère que les bêtes n'en voulaient pas et certains Kabyles m'ont confié sans rire qu'il leur arrivait d'envier les chevaux de la gendarmerie puisque, du moins, un vétérinaire était chargé de vérifier leur nourriture.

Pour remédier au chômage, beaucoup de communes ont organisé des chantiers de charité où les indigents exécutent des travaux d'utilité publique et reçoivent en échange un salaire de 8 à 10 francs par jour, payé moitié en grains, moitié en argent. Les communes de Fort-National et de Michelet, de Maillot et de Port-Gueydon, pour n'en citer que quelques-unes, ont organisé ces chantiers. Cette institution a un avantage : elle ménage la dignité de l'indigent. Mais elle a un inconvénient. C'est que dans les communes où tout le grain est employé à cet effet, les infirmes ne sont plus secourus puisqu'ils ne peuvent travailler. De plus, le nombre des places étant limité, on emploie les indigents par roulement et le Kabyle qui peut travailler deux jours se place parmi les plus favorisés. À Tizi-Ouzou, les ouvriers travaillent 4 jours tous les 40 jours pour un double décalitre de blé. Là encore, des millions sont dépensés pour faire des ronds dans l'eau.

Enfin, je ne saurais passer sous silence une pratique qui est devenue générale et contre laquelle une protestation énergique doit être élevée. Dans toutes les communes, à l'exception de Port-Gueydon, les impôts arriérés des indigents (car les indigents payent ou plutôt ne payent pas leurs impôts) sont prélevés sur la partie argent de leur salaire. Il n'y a pas de mot assez dur pour qualifier pareille cruauté. Si les chantiers de charité sont faits pour aider à vivre des gens qui meurent de faim, ils trouvent une justification, dérisoire sans doute, mais réelle. Mais s'ils ont pour effet de faire travailler en continuant à les laisser crever de faim des gens qui jusque-là crevaient de faim sans travailler, ils constituent une exploitation intolérable du malheur.

Je ne voudrais pas terminer ce tableau de la misère matérielle sans faire remarquer qu'elle ne figure pas la limite extrême de la détresse de ce peuple. Si extraordinaire que cela paraisse, il y a pire puisqu'il y a l'hiver au bout de chaque été. En ce moment, la nature est favorable à ces malheureux. Il ne fait pas froid. Les chemins muletiers sont praticables. On peut cultiver le chardon sauvage pendant deux mois. Les racines sont abondantes. On peut manger la salade crue. Ce qui nous paraît aujourd'hui une misère extrême est pour le paysan kabyle une période bénie. Mais le jour où la neige recouvre la terre et bloque les communications, où le froid déchire ces corps mal nourris et rend le gourbi inhabitable, ce jour-là commence pour tout un peuple une longue période de souffrances indicibles.

C'est pour cela qu'avant de passer à d'autres aspects de la malheureuse Kabylie, je voudrais faire justice de certains arguments que nous connaissons bien en Algérie et qui s'appuient sur la « mentalité » kabyle pour trouver des excuses à la situation actuelle. Car je ne connais rien de plus méprisable que ces arguments. Il est méprisable de dire que ce peuple s'adapte à tout. M. Albert Lebrun[1] lui-même, si on lui donnait 200 francs par mois pour sa subsistance, s'adapterait à la vie sous les ponts, à la saleté et à la croûte de pain trouvée dans une poubelle. Dans l'attachement d'un homme à sa vie, il y a quelque chose de plus fort que toutes les misères du monde. Il est méprisable de dire que ce peuple n'a pas les mêmes besoins que nous. S'il n'en avait pas eu, il y a beau temps que nous les lui aurions créés. Il est curieux de voir comment les qualités d'un peuple peuvent servir à justifier l'abaissement où on le tient et comment la sobriété proverbiale du paysan kabyle peut légitimer la faim qui le ronge. Non, ce n'est pas ainsi qu'il faut voir les choses. Et ce n'est pas ainsi que nous les verrons. Car les idées toutes faites et les préjugés deviennent odieux quand on les applique à un monde où les hommes meurent de froid et où les enfants sont réduits à la nourriture des bêtes sans en avoir l'instinct qui les empêcherait de périr. La vérité, c'est que nous côtoyons tous les jours un peuple qui vit avec trois siècles de retard, et nous sommes les seuls à être insensibles à ce prodigieux décalage.

LES SALAIRES[1]

Les gens qui meurent de faim n'ont généralement qu'un moyen d'en sortir et c'est le travail. C'est là une vérité première que je m'excuse de répéter. Mais la situation actuelle de la Kabylie prouve que cette vérité n'est pas aussi universelle qu'elle le paraît. J'ai dit, précédemment, que la moitié de la population kabyle est en chômage et que les trois quarts sont sous-alimentés. Cette disproportion n'est pas le résultat d'une exagération arithmétique. Elle prouve seulement que le travail de ceux qui ne chôment pas ne les nourrit pas.

On m'avait prévenu que les salaires étaient insuffisants. Je ne savais pas qu'ils étaient insultants. On m'avait dit que la journée de travail excédait la durée légale. J'ignorais qu'elle n'était pas loin de la doubler. Je ne voudrais pas hausser le ton. Mais je suis forcé de dire ici que le régime du travail en Kabylie est un régime d'esclavage. Car je ne vois pas de quel autre nom appeler un régime où l'ouvrier travaille de 10 à 12 heures pour un salaire moyen de 6 à 10 francs.

Je vais donner, sans y ajouter de commentaires, les salaires ouvriers par régions. Mais je voudrais dire auparavant que, si extraordinaires qu'ils paraissent, je les garantis absolument. J'ai sous les yeux des cartes d'ouvriers agricoles des domaines Sabaté-Tracol dans la région de Bordj-Menaïel. Elles portent la mention de la quinzaine en cours, le nom de l'ouvrier, son numéro d'ordre et le prix convenu. Sur l'une je lis 8 francs, sur l'autre 7 et sur la dernière 6. Dans la colonne réservée au pointage, je vois que l'ouvrier qui touche 6 francs a travaillé 4 jours dans la quinzaine. Se rend-on compte de ce que cela représente ?

Même si l'ouvrier en question travaillait 25 jours par mois, il gagnerait 150 francs, avec quoi il lui faudrait nourrir pendant 30 jours une famille de plusieurs enfants. Ceci recule les bornes de l'indignation. Mais je demanderai seulement combien de ceux qui me lisent sauraient vivre avec ces ressources.

Avant d'aller plus loin, voici des précisions. Je viens de donner les salaires moyens de la région de Bordj-Menaïel. J'ajouterai ceci : les sirènes des fermes Tracol hurlent en pleine saison (en ce moment) à 4 heures, à 11 heures, à 12 heures et à 19 heures. Cela fait 14 heures de travail. Les ouvriers communaux du village touchent 9 francs par jour. Après protestation des conseillers municipaux indigènes, les salaires ont été portés à 10 francs. À la Tabacoop de la même région, le salaire est de 9 francs. À Tizi-Ouzou, le salaire moyen est de 7 francs pour 12 heures. Les employés communaux reçoivent 12 francs.

Les propriétaires kabyles de la région emploient aussi les femmes pour le sarclage. Pour la même durée, *elles sont payées trois francs cinquante*. À Fort-National, les propriétaires kabyles, qui n'ont rien à envier aux colons à cet égard, payent leurs ouvriers 6 et 7 francs par jour. Les femmes sont payées 4 francs et on leur donne de la galette. Les employés communaux sont payés 9, 10 et 11 francs.

Dans la région de Djemaâ-Saridj, où le pays est plus riche, les hommes sont payés de 8 à 10 francs pour une dizaine d'heures et les femmes 5 francs. Autour de Michelet, le salaire agricole moyen est de 5 francs, plus la nourriture, pour 10 heures de travail. Le salaire communal est de 11 à 12 francs. Mais on retient directement sur cet argent, et sans prévenir les intéressés, l'arriéré des impôts.

Ces retenues atteignent parfois *la totalité du salaire*. Elles sont, en moyenne, de 40 francs par quinzaine.

Aux Ouadhias, le salaire agricole est de 6 à 8 francs. Les femmes touchent pour la cueillette d'olives de 3 à 5 francs, les ouvriers communaux de 10 à 11 francs, sur lesquels on retient aussi l'arriéré d'impôts.

Dans la région de Maillot, pour une journée de travail illimitée, l'ouvrier touche de 9 à 10 francs. Pour la cueillette des olives, on a aussi institué un salaire familial de 8 francs au quintal d'olives récoltées. Une famille de 4 personnes récolte en moyenne deux quintaux dans une journée. Elle gagne donc 4 francs par personne.

Dans la région de Sidi-Aïch, le salaire est de 6 francs, plus la galette et les figues. Une société agricole locale paye ses ouvriers 7 francs sans la nourriture. On pratique aussi le louage à 1 000 francs par an, plus la nourriture.

Dans la plaine d'El-Kseur, région colonisée, l'homme touche 10 francs, la femme 5 francs et l'enfant qu'on emploie à la taille de la vigne, 3 francs. Enfin, dans la région qui va de Dellys à Port-Gueydon, le salaire moyen est de 6 à 10 francs pour 12 heures de travail.

J'arrêterai cette révoltante énumération sur deux remarques. Tout d'abord, il n'y a jamais eu de réaction de la part des ouvriers. En 1936 seulement, aux Beni-Yenni, des ouvriers occupés à construire une route, qui touchaient *cinq francs par jour,* ont fait grève et ont obtenu un cahier de charges qui fixait leur salaire à 10 francs. Ces ouvriers n'étaient pas syndiqués.

Je noterai enfin que la durée injustifiable de la journée de travail se trouve aggravée du fait que l'ouvrier kabyle habite toujours loin du lieu de travail. Certains font ainsi plus de 10 kilomètres à l'aller et au retour. Et, rentrés à 10 heures du soir chez eux, ils en repartent à 3 heures du matin, après quelques heures d'un sommeil écrasant. On me demandera ce qui les oblige à retourner chez eux. Et je dirai seulement qu'ils ont l'inconcevable prétention d'aspirer à quelques moments de détente au milieu d'un foyer qui demeure à la fois leur seule joie et le sujet de tous leurs soucis.

Un pareil état de choses a ses raisons. L'estimation officielle de la journée de prestations est de 17 francs. Si l'on arrive à payer 6 francs la journée de travail, c'est que le chômage étendu permet la concurrence. Les colons et les propriétaires kabyles le savent si bien qu'on a pu voir certains administrateurs hésiter à augmenter les salaires communaux pour ne pas les mécontenter.

Aux Beni-Yenni, grâce à des circonstances sur lesquelles je reviendrai, une politique de grands travaux a été instaurée. Le chômage ayant notablement diminué, *les ouvriers sont payés 22 francs par jour.* Ceci fait la preuve que l'exploitation seule est la cause des bas salaires.

Aucune des autres raisons qu'on en donne n'est valable.

Les colons invoquent le fait que l'ouvrier kabyle se déplace souvent et lui appliquent le salaire dit « de passage ». Mais en Kabylie, tous les salaires aujourd'hui sont de passage et cette misérable excuse couvre d'inexcusables intérêts.

Quant à l'idée si répandue de l'infériorité de la main-d'œuvre indigène, c'est sur elle que je voudrais terminer. Car elle trouve sa raison dans le mépris général où le colon tient le malheureux peuple de ce pays. Et ce mépris, à mes yeux, juge ceux qui le professent. J'affirme qu'il est faux de dire que le rendement d'un ouvrier kabyle est insuffisant. Car s'il l'était, les contremaîtres qui le talonnent se chargeraient de l'améliorer.

Il est vrai par contre que l'on peut voir sur des chantiers vicinaux des ouvriers chancelants et incapables de lever une pioche. Mais c'est qu'ils n'ont pas mangé. Et l'on nous met en présence d'une logique abjecte qui veut qu'un homme soit sans forces parce qu'il n'a pas de quoi manger et qu'on le paye moins parce qu'il est sans forces.

Il n'y a pas d'issue à cette situation. Ce n'est pas en distribuant du grain qu'on sauvera la Kabylie de la faim, mais en résorbant le chômage et en contrôlant les salaires. Cela, on peut et on doit le faire dès demain.

J'ai appris aujourd'hui que la colonie, pour donner à la population indigène une preuve de son intérêt, allait récompenser les anciens combattants par le don d'un insigne. Puis-je dire que ce n'est pas avec ironie que j'écris ceci, mais avec une certaine tristesse? Je ne vois pas de mal à ce qu'on récompense le courage et la loyauté. Mais beaucoup de ceux que la faim ronge aujourd'hui en Kabylie ont combattu aussi. Et je me demande de quel air ils montreront à leurs enfants affamés le morceau de métal qui témoignera de leur fidélité.

L'ENSEIGNEMENT[1]

La soif d'apprendre du Kabyle et son goût pour l'étude sont devenus légendaires. Mais c'est que le Kabyle, outre ses dispositions naturelles et son intelligence pratique, a vite compris quel instrument d'émancipation l'école pouvait être. Il n'est pas rare, à l'heure actuelle, de voir des villages proposer un local, offrir une participation en argent ou de la main-d'œuvre gratuite pour qu'une école leur soit donnée. Il n'est pas rare non plus de voir ces offres inutilisées. Et ceci ne vaut pas seulement pour les garçons. Je n'ai pas traversé un seul centre de la Kabylie sans que ses habitants me disent leur impatience d'avoir des écoles de filles. Et il n'est pas une de ces écoles qui, aujourd'hui, ne refuse des élèves.

Du reste, c'est tout le problème de l'enseignement en Kabylie : ce pays manque d'écoles, mais il ne manque pourtant pas de crédits pour l'enseignement. J'expliquerai tout à l'heure ce paradoxe. Si je mets à part la dizaine d'écoles grandioses récemment construites, la plupart des écoles kabyles d'aujourd'hui datent de l'époque où le budget algérien dépendait de la métropole, aux environs de 1892.

De 1892 à 1912, la construction d'écoles a marqué un temps d'arrêt total. À cette époque, le projet Joly-Jean-Marie envisagea la construction de nombreuses écoles à 5 000 francs; le gouverneur général Lutaud, le 7 février 1914, annonça même solennellement la construction en Algérie de 62 classes et de 22 écoles par an. Si la moitié de ce projet avait été exécuté, les 900 000 enfants indigènes qui se trouvent aujourd'hui sans école, auraient été scolarisés.

Pour des raisons que je n'ai pas à approfondir, il n'a pas été donné de suite à ce projet officiel. Le résultat, je le résumerai en un chiffre : aujourd'hui, un dixième seulement des enfants kabyles en âge de fréquenter l'école peuvent bénéficier de cet enseignement.

Est-ce à dire que la colonie n'a rien fait à cet égard ? Le problème est complexe. Dans un récent discours, M. Le Beau[1] a déclaré que plusieurs millions avaient été consacrés à l'enseignement indigène. Or les précisions que je vais maintenant donner prouvent sans contredit que la situation n'a pas été sensiblement améliorée. Il faut donc croire, pour parler net, que ces millions ont été mal dépensés et c'est ce que je me propose d'illustrer par des explications. Mais voyons d'abord la situation.

Comme il est naturel, les centres économiques et touristiques sont bien desservis. Mais ce qui nous intéresse ici, c'est le sort des douars et de la population kabyle. Pourtant, on peut déjà noter que Tizi-Ouzou, qui possède une belle école indigène de 600 places, refuse 500 écoliers par an.

Dans une école des Oumalous que j'ai pu voir, les instituteurs devaient refuser en octobre une dizaine d'écoliers par classe. Et ces classes comptaient déjà des effectifs surchargés de 60 à 80 élèves.

Aux Beni-Douala, on peut admirer une classe de 86 élèves où les enfants sont casés un peu partout, entre les bancs, sur l'estrade et quelques-uns debout. À Djemaâ-Saridj, une magnifique école de 250 élèves en a refusé une cinquantaine en octobre. L'école d'Adni qui compte 106 élèves en a rejeté une dizaine, après avoir mis à la porte des enfants âgés de treize ans.

Autour de Michelet, la situation est, si j'ose dire, plus instructive. Le douar Aguedal, qui compte 11 000 habitants, a une seule école de deux classes. Le douar Ittomagh, peuplé par 10 000 Kabyles, n'en a pas du tout. Aux Beni-Ouacif, l'école de Bou-Abderrahmane vient de refuser une centaine d'élèves.

Depuis deux ans, le village d'Aït-Aïlem offre un local qui n'attend qu'un instituteur.

Dans la région de Sidi-Aïch, au village du Vieux-Marché, 200 postulants se sont présentés en octobre. On en a reçu une quinzaine.

Le douar Ikedjane, qui compte 15 000 habitants, n'a pas une seule classe. Le douar Timzrit qui a la même population a une école d'une classe. Le douar Iyadjadjène

(5 000 habitants) n'a pas d'école. Le douar Azrou-N'-Bechar (6 000 habitants) n'a pas d'école.

On évalue dans la région à 80 % le nombre d'enfants privés d'enseignement. Ce que je traduirai en disant que près de 10 000 enfants dans cette seule région sont livrés à la boue des égouts.

En ce qui concerne la commune de Maillot, j'ai sous les yeux le décompte des écoles par douar et par habitant. Bien qu'il ne s'agisse pas ici de littérature mondaine, je crois que l'énumération en serait fastidieuse. Qu'on sache seulement que pour 30 000 Kabyles environ la région dispose de neuf classes. Dans la région de Dellys, le douar Beni-Sliem, dont j'ai déjà signalé l'extrême pauvreté, a 9 000 habitants et pas une seule classe.

Quant aux écoles de filles, l'initiative louable prise par la colonie ne date pas de longtemps et il est certain que neuf douars sur dix en manquent. Mais on aurait mauvaise grâce à chercher des responsabilités. Ce qu'il faut dire cependant, c'est l'extrême importance que les Kabyles attachent à cet enseignement et l'unanimité avec laquelle ils réclament son extension.

Rien de plus émouvant à cet égard que la lucidité avec laquelle certains Kabyles prennent conscience du fossé que l'enseignement unilatéral creuse entre leurs femmes et eux : « Le foyer, m'a dit l'un d'eux, n'est plus qu'un nom ou une armature sociale sans contenu vivant. Et nous éprouvons tous les jours l'impossibilité douloureuse de partager avec nos femmes un peu de nos sentiments. Donnez-nous des écoles de filles, sans quoi cette cassure déséquilibrera la vie des Kabyles. »

Est-ce à dire qu'on n'a rien fait pour l'enseignement kabyle ? Au contraire. On a construit des écoles magnifiques, une dizaine en tout, je crois. Chacune de ces écoles a coûté de 700 000 à 1 million de francs. Les plus somptueuses sont certainement celles de Djemaâ-Saridj, de Tizi-Rached, de Tizi-Ouzou et de Tililit. Mais ces écoles refusent régulièrement du monde. Mais ces écoles ne répondent à aucun des besoins de la région.

La Kabylie n'a que faire de quelques palais. Elle a besoin de beaucoup d'écoles saines et modestes. Je crois avoir tous les instituteurs avec moi en disant qu'ils peuvent se passer de murs mosaïqués et qu'un logement confortable et salubre leur suffit. Et je crois aussi qu'ils aiment assez leur métier, comme ils le prouvent tous les jours, dans la solitude difficile du bled, pour préférer deux classes de plus à une pergola inutile.

Le symbole de cette absurde politique, je l'apercevais sur la route de Port-Gueydon, en traversant la région d'Aghrib, une des plus ingrates de la Kabylie. Une seule chose était belle, et c'était le poids de la mer qu'on voyait, du sommet du col, reposer dans une échancrure de montagnes. Mais sous cette lumière bourdonnante, des terres ingrates et rocheuses, couvertes de genêts flamboyants et de lentisques, s'étendaient à perte de vue. Et là, au milieu de ce désert sans un homme visible, s'élevait la somptueuse école d'Aghrib, comme l'image même de l'inutilité.

Je me sens contraint de dire ici toute ma pensée. Je ne sais pas ce qu'il faut croire de ce que me disait ce Kabyle : « Il s'agit, voyez-vous, de faire le moins de classes possible avec le plus de capitaux. » Mais j'ai l'impression que ces écoles sont faites pour les touristes et les commissions d'enquête et qu'elles sacrifient au préjugé du prestige les besoins élémentaires du peuple indigène.

Rien ne me paraît plus condamnable qu'une pareille politique. Et si jamais l'idée de prestige pouvait recevoir une justification, elle la recevra le jour où elle s'appuiera, non sur l'apparence et l'éclat, mais sur la générosité profonde et la compréhension fraternelle.

En attendant, il faut savoir qu'avec les mêmes crédits qui ont servi à édifier une de ces écoles-palais, on pourrait construire trois classes de plus et résorber l'excédent rejeté chaque année. Je me suis renseigné sur le prix de revient d'une école type, moderne et confortable, comprenant deux classes et deux logements d'instituteurs.

Une telle école peut être édifiée avec 200 000 francs. Et chaque école-palais permettrait d'en construire trois. Il me semble que ceci devrait suffire à juger une politique qui consiste à donner une poupée de 1 000 francs à un enfant qui n'a pas mangé depuis trois jours.

Les Kabyles réclament donc des écoles, comme ils réclament du pain. Mais j'ai aussi la conviction que le problème de l'enseignement doit subir une réforme plus générale. La question que j'ai posée à ce sujet aux populations kabyles a rencontré l'unanimité. Les Kabyles auront plus d'écoles le jour où on aura supprimé la barrière artificielle qui sépare l'enseignement européen de l'enseignement indigène, le jour enfin où, sur les bancs d'une même école, deux peuples faits pour se comprendre commenceront à se connaître.

Certes, je ne me fais pas d'illusions sur les pouvoirs de l'instruction. Mais ceux qui parlent avec légèreté de l'inutilité de l'instruction en ont profité eux-mêmes. En tout cas, si l'on veut vraiment d'une assimilation, et que ce peuple si digne soit français, il ne faut pas commencer par le séparer des Français. Si je l'ai bien compris, c'est tout ce qu'il demande. Et mon sentiment, c'est qu'alors seulement la connaissance mutuelle commencera. Je dis « commencera » car, il faut bien le dire, elle n'a pas encore été faite et par là s'expliquent les erreurs de nos politiques. Il suffit pourtant, je viens d'en faire l'expérience, d'une main sincèrement tendue. Mais c'est à nous de faire tomber les murs qui nous séparent.

L'AVENIR POLITIQUE[1]

Je voudrais envisager à partir de maintenant, sans jouer à l'économiste distingué et sous le seul angle du bon sens, l'avenir politique, économique et social qu'on pourrait souhaiter à la Kabylie. J'ai assez dit la misère de ce pays. Mais on ne saurait se borner à la description de cette détresse sans trahir du même coup la tâche qu'elle commande.

Je voudrais aussi prévoir ici une méthode. Devant une situation aussi pressante, il s'agit de faire vite et on aurait mauvaise grâce à imaginer des systèmes utopiques et à préconiser des solutions chimériques. C'est pourquoi dans chacune des suggestions qui seront exposées ici, on partira non des principes hasardeux, mais des expériences mêmes qui ont été déjà tentées en Kabylie ou qui sont en train de l'être. Comme il est naturel, rien ici n'est inventé. Un conférencier de talent le disait récemment avec force : en matière de politique, il n'y a pas de droits d'auteur. C'est le bien d'un peuple fraternel qu'il s'agit de rechercher ici et c'est la seule tâche que nous nous proposons.

Il faut partir de ce principe que, si quelqu'un peut améliorer le sort des Kabyles, c'est d'abord le Kabyle lui-même. Les trois quarts de la Kabylie vivent sous le régime de la commune mixte et du caïdat[2]. Je ne referai pas après tant d'autres le procès d'une forme politique qui n'a que de très lointains rapports avec la démocratie. On a tout dit sur les abus engendrés par cette organisation. Mais dans le cadre même de la commune mixte, il est désormais possible aux Kabyles de faire leurs preuves en matière administrative.

Par décret du 27 avril 1937, un législateur généreux a envisagé la possibilité d'ériger certains douars d'Algérie en communes et d'en confier la direction aux indigènes eux-mêmes sous le contrôle d'un administrateur. Plusieurs expériences ont été faites en pays arabe et en pays kabyle. Et si cette tentative est susceptible de réussite, l'extension des douars-communes n'a pas de raison d'être retardée. Or une expérience riche d'enseignements se déroule en ce moment en Kabylie et c'est elle que j'ai voulu voir. Depuis janvier 1938, le douar des Oumalous, à quelques kilomètres de Fort-National, fonctionne en douar-commune, sous la présidence de M. Hadjeres. Grâce à l'obligeance et à l'intelligente compétence de celui-ci, j'ai pu voir sur place le fonctionnement de ce douar et me documenter sur ses réalisations. Le douar des Oumalous comprend 18 villages et 1 200 administrés. Au centre géographique du douar, on a élevé une mairie et quelques dépendances. Cette mairie fonctionne comme toutes les mairies, mais l'avantage qu'elle présente pour les habitants, c'est qu'elle leur évite les longs déplacements pour formalités administratives. Au mois de mai 1938, la mairie n'a pas délivré moins de 517 pièces à ses administrés. Et pendant la même année elle a facilité l'émigration de 515 Kabyles.

Avec un budget minime de 200 000 francs, cette municipalité en miniature composée d'élus kabyles, portés au pouvoir par des électeurs kabyles, fait vivre depuis un an et demi une communauté indigène où personne ne se plaint. Pour la première fois, les Kabyles ont affaire à des élus qu'ils peuvent contrôler, qui leur sont abordables et avec qui ils discutent et ne subissent pas.

À juste titre, ces biens leur paraissent inestimables. Et c'est pourquoi on ne saurait être trop prudent dans la critique de ces nouvelles expériences. Seules, les améliorations proposées par M. Hadjeres me paraissent pertinentes. Car jusqu'à présent, en effet, la municipalité des douars-communes élue au scrutin de liste choisissait sans doute son président. Mais le douar conservait quand même son caïd et demeurait sous le contrôle de l'administrateur. Les fonctions de ces trois responsables sont par suite assez mal définies et il y aurait avantage à les préciser et à les limiter.

D'autre part, l'expérience des douars-communes a soulevé quelques protestations sur l'esprit desquelles je ne m'arrêterai pas et provoqué quelques critiques qui méritent examen. Dans une campagne de presse récente, on a tenté de démontrer que le douar était une unité administrative artificielle et qu'on risquait de réunir dans le cadre du douar-commune des villages et des fractions dont les intérêts sont opposés. Ceci n'est pas vrai, il faut le dire tout de suite, dans la majorité des cas. Cette situation peut cependant se rencontrer. Mais la même campagne de presse tendait à transférer du douar au village le bénéfice de l'expérience envisagée. Et cette idée se heurte alors à toutes les objections. D'une part, la majorité des villages n'ont aucune ressource. Il y a, par exemple, des villages qui n'ont, pour tout bien commun, qu'un frêne ou qu'un figuier dans l'indivision. D'autre part, les villages kabyles sont en trop grand nombre et on ne peut songer à réaliser un pareil émiettement des municipalités dont le contrôle serait impossible à réaliser.

Il reste, il est vrai, à tenter un regroupement des villages suivant leur unité géographique et culturelle. Mais les anciennes divisions étant maintenues dans le cadre de la commune mixte, il en résulterait une somme de complications administratives qu'il faudrait éviter.

C'est sans doute pourquoi il paraît préférable d'assouplir l'actuelle législation sans rien changer au cadre administratif choisi. Et, là, je ne puis mieux faire que de résumer le plan d'amélioration politique que M. Hadjeres m'exposa avec une étonnante clairvoyance. Au vrai, ce plan revient à réaliser une démocratie encore plus complète dans le douar-commune et à la baser sur une sorte de représentation proportionnelle. S'il s'agit seulement d'éviter les heurts d'intérêts, en effet, M. Hadjeres est d'avis qu'il suffit de donner une expression à tous ces intérêts. Et c'est ainsi que le président propose, d'une part, que les élections ne se fassent plus au scrutin de liste, mais que chaque village élise ses représentants. La réunion de ces représentants formera le conseil municipal qui élira son président. Ainsi les compétitions entre villages à l'intérieur d'un douar seront supprimées. D'autre part, les élections à l'intérieur du village se feront au scrutin proportionnel. Et chaque village aura un représentant par 800 habitants. Ainsi les rivalités à l'intérieur du village seront également supprimées. Par ce moyen, la djemaâ des Oumalous, par exemple, au lieu de 16 membres en compterait 20. Enfin M. Hadjeres envisage l'érection en communes de tous les douars de la commune mixte de Fort-National et la mise en commun de toutes les ressources dans le budget unique de la commune mixte qui le répartirait entre les douars au prorata de leurs besoins et de leur population. Ainsi se trouverait réalisée au cœur du pays kabyle une sorte de petite république fédérative inspirée des principes d'une démocratie vraiment profonde. Et une vue si lucide des choses, un bon sens si remarquable m'apparaissaient, en écoutant le président des Oumalous, comme un exemple pour beaucoup de nos démocrates officiels. En tout cas, je donne ici ce projet comme il est. Il reste à souhaiter que l'administration sache en tirer profit.

Si l'expérience des Oumalous a réussi, il n'y a aucune raison pour ne pas l'étendre. Bien des douars attendent qu'on les transforme en communes. Il en existe autour de Michelet, par exemple, qui sont nés plus viables encore que celui des Oumalous. Ils possèdent des marchés dont les revenus sont importants. Si l'administration a l'intention de faire réussir cette expérience, ce sont ces douars, les Menguellet, les Ouacif, qu'elle doit ériger en communes. À cet égard, il arrive souvent que la commune mixte s'oppose à cette érection pour les douars qui possèdent des marchés, sous prétexte que les ressources de ces marchés (certains fournissent près de 150 000 francs par an) reviennent à la commune : or ces douars sont pratiquement les seuls viables. Si, d'autre part, on considère que le douar-commune doit, dans un avenir prochain, rendre inutile la commune mixte, on conviendra que c'est celle-ci qu'on doit sacrifier.

On ne doit pas non plus reculer devant la transformation d'autres douars, comme les Ouadhias, en commune de plein exercice. Le centre des Ouadhias comporte déjà plus de cent électeurs français. Son marché rapporte 70 000 francs par an, ses impôts 100 000. Il y a là une expérience à faire, en permettant à des citoyens français d'origine kabyle de s'exercer à la vie civique.

En tout cas, cette politique généreuse ouvrirait la voie à l'émancipation administrative de la Kabylie. Cette émancipation, il suffit aujourd'hui de la vouloir réellement. Elle peut se poursuivre parallèlement au relèvement matériel de ce malheureux pays. Nous avons fait assez d'erreurs dans cette voie pour savoir utiliser aujourd'hui l'expérience qui suit tous les échecs. Je ne connais guère, par exemple, d'argument plus spécieux que celui du statut personnel[1] quand il s'agit de l'extension des droits politiques aux indigènes. Mais, en ce qui concerne la Kabylie, cet argument devient risible. Car ce statut, c'est nous qui l'avons imposé aux Kabyles en arabisant leur pays par le caïdat et l'introduction de la langue arabe. Et nous sommes mal venus aujourd'hui de reprocher aux Kabyles cela même que nous leur avons imposé.

Que le peuple kabyle soit mûr pour marcher vers une vie plus indépendante et plus consciente, j'en avais la preuve le matin où, revenant des Oumalous, je conversais avec M. Hadjeres. Nous étions allés jusqu'à une trouée d'où l'on découvrait l'immensité d'un douar qui s'étendait jusqu'à l'horizon. Et mon compagnon, me nommant les villages, m'expliquait leur vie, comment le village imposait à chacun sa solidarité, forçait les habitants à suivre tous les enterrements afin que le convoi du pauvre fût aussi suivi que celui du riche, et comment, enfin, la peine la plus sévère était l'exclusion et la mise en quarantaine que personne ne pouvait supporter. Devant cet immense paysage où la lumière du matin bondissait, au-dessus de ce trou vertigineux où les arbres paraissaient des buées et dont la terre fumait sous le soleil, je comprenais quel lien pouvait unir ces hommes entre eux et quel accord les liait à leur terre. Je comprenais aussi combien peu leur eût été nécessaire pour vivre aussi en accord avec eux-mêmes. Et comment, alors, n'aurais-je pas compris ce désir d'administrer leur vie et cet appétit de devenir enfin ce qu'ils sont profondément : des hommes courageux et conscients chez qui nous pourrons sans fausse honte prendre des leçons de grandeur et de justice ?

L'AVENIR ÉCONOMIQUE ET SOCIAL[1]

La Kabylie a trop d'habitants et pas assez de blé. Elle consomme plus qu'elle ne produit. Son travail, rémunéré de façon dérisoire, ne suffit pas à combler le déficit de sa balance commerciale. Ses émigrés, aujourd'hui de plus en plus rares, ne peuvent plus jeter le produit de leur labeur dans cette balance déséquilibrée.

Si donc l'on veut rendre la Kabylie à un destin prospère, arracher ses habitants à la famine et faire notre devoir vis-à-vis de ce peuple, ce sont toutes ces conditions de la vie économique kabyle qu'il faut transformer.

Le bon sens suffit ici à indiquer que si la Kabylie est un pays de consommation, il faut, d'une part, essayer d'augmenter le pouvoir d'achat du peuple kabyle et le mettre à même de compenser par son travail les insuffisances de sa production, et, d'autre part, essayer de réduire le décalage entre l'importation et la production en augmentant celle-ci autant qu'il est possible.

Ce sont les deux lignes de force d'une politique évidente pour tout le monde. Mais ces deux efforts ne doivent pas être séparés. On ne peut songer à élever le niveau de vie de la Kabylie sans revaloriser à la fois son travail et sa production. Ce n'est pas seulement l'humanité qui est foulée aux pieds par les salaires à six francs, mais aussi la logique. Et par les bas prix des productions agricoles kabyles, on ne viole pas seulement la justice, mais aussi le bon sens.

Je reprendrai ici quelques-uns des thèmes constants de cette enquête. Le travail kabyle n'est payé comme il l'est qu'en raison du chômage et de la liberté laissée aux employeurs. Les salaires, en conséquence, ne deviendront normaux que lorsque le chômage aura été résorbé, la concurrence supprimée sur le marché du travail et le contrôle des tarifs rétabli.

En attendant que l'inspection du travail soit devenue une réalité en Kabylie, il est souhaitable que l'État emploie le plus possible d'ouvriers. Le contrôle ainsi sera automatique. De même, la liquidation du chômage peut se faire en trois temps : par une politique de grands travaux, par la généralisation de l'enseignement professionnel et par l'organisation de l'émigration.

La politique des grands travaux, je le sais, fait partie de tous les programmes démagogiques. Mais le caractère essentiel de la démagogie, c'est que ses programmes sont faits pour n'être point appliqués. Il s'agit ici du contraire.

Faire des grands travaux dans un pays où le besoin ne s'en fait pas sentir, c'est, en effet, dilapider des crédits. Mais dois-je rappeler à quel point la Kabylie manque de routes et d'eau ? Une politique de grands travaux, en même temps qu'elle absorberait la plus grosse partie du chômage et qu'elle élèverait les salaires à un niveau normal, donnerait à la Kabylie une plus-value économique dont le bénéfice nous reviendrait un jour ou l'autre.

Cette politique a déjà été entamée. Là où elle a été menée de façon systématique, dans la commune de Port-Gueydon et au douar des Beni-Yenni, le résultat s'est fait aussitôt sentir. Dix-sept fontaines et plusieurs routes enrichissent la première. Quant au second, il est l'un des douars les plus riches de la Kabylie et ses ouvriers sont payés 22 francs par jour.

Mais le grand reproche dont on peut faire état, c'est que ces expériences sont isolées. C'est que des crédits énormes sont dispersés en petites subventions dont l'effet est pratiquement nul. Les délégations financières s'écrient régulièrement : « Où trouver les crédits ? » Or, il ne s'agit pas, pour le moment du moins, de trouver de nouveaux crédits, mais seulement de mieux utiliser ceux déjà votés.

Près de 600 millions ont été jetés sur la Kabylie. Le résultat, il y a déjà dix jours que j'essaie d'en faire sentir l'horreur. Ce qu'il faut ici, c'est un plan général et intelligent dont l'application sera poursuivie avec méthode. Nous n'avons que faire d'une politique politicienne, faite de demi-mesures et d'arrangements, de petites charités et de subventions éparpillées. La Kabylie réclame le contraire d'une politique politicienne, c'est-à-dire une politique clairvoyante et généreuse. Voir grand, réunir tous ces crédits dispersés, toutes ces subventions émiettées, toutes ces charités jetées au vent, ce sont les conditions d'une mise en valeur de la Kabylie par les Kabyles eux-mêmes et le retour de ces paysans à la dignité par un travail utile et justement payé.

Nous avons trouvé les crédits nécessaires pour donner à des pays d'Europe[1] près de 400 milliards, aujourd'hui perdus à jamais. Il serait invraisemblable que nous n'arrivions pas à donner le centième de ces sommes pour le mieux-être d'hommes dont, sans doute, nous n'avons pas encore fait des Français, mais à qui nous demandons des sacrifices de Français.

Les salaires, d'autre part, ne sont si bas que parce que les Kabyles ne peuvent se placer dans les catégories d'ouvriers spécialisés protégés par la loi. Ici, c'est à l'éducation professionnelle tant ouvrière qu'agricole que nous devons recourir. Il existe, en Kabylie, des écoles professionnelles. À Michelet, cette école forme des forgerons, des menuisiers et des maçons. Elle a formé de bons ouvriers dont certains sont installés à Michelet même. Mais elle a en tout une dizaine d'élèves et ces expériences sont insuffisantes.

Il existe aussi des écoles d'arboriculture comme celle des Mechtras. Mais elle forme une trentaine d'élèves tous les deux ans. Il s'agit, là, d'une expérience, et non d'une institution.

Il faut maintenant généraliser ces tentatives, doter chaque centre d'une école de ce genre et éduquer techniquement un peuple dont l'adresse et l'esprit d'assimilation sont devenus proverbiaux.

Cependant, rien ne peut mieux montrer à quel point tous les problèmes se tiennent en Kabylie que cette simple remarque : il est inutile de faire des ouvriers qualifiés si on ne leur offre pas de débouchés. Or ces débouchés, pour le moment, se trouvent dans la métropole. Et toute politique sera vaine qui ne facilitera pas l'émigration kabyle.

À cet égard, la première chose à faire est de simplifier les formalités et la seconde de diriger l'émigration. Il est possible, à l'heure actuelle, de faire bénéficier les Kabyles des expériences de paysannat. Je ne veux pas évoquer ici les offres faites par l'Office du Niger[2]. Il n'y a pas d'utilité à ce que les paysans kabyles aillent mourir pour des intérêts privés dans un pays meurtrier. Mais la colonie, si elle le voulait, pourrait distribuer encore près de 200 000 hectares en Algérie.

En Kabylie même, près de Boghni, une expérience de ce genre est en cours dans les domaines de Bou-Mani. D'autre part, tout le sud de la France se dépeuple et il a fallu que des dizaines de milliers d'Italiens viennent coloniser notre propre sol.

Aujourd'hui, ces Italiens s'en vont. Rien n'empêche les Kabyles de coloniser cette région. On nous a dit : « Mais le Kabyle est trop attaché à ses montagnes pour les quitter. » Je répondrai d'abord en rappelant qu'il y a en France 50 000 Kabyles qui les ont quittées. Et je laisserai répondre ensuite un paysan kabyle à qui je posais la question et qui me répondit : « Vous oubliez que nous n'avons pas de quoi manger. Nous n'avons pas le choix. »

On nous dira alors : « Mais ces Kabyles reviendront dans leur patrie et abandonneront leurs terres. » Sans doute, mais qui ne voit que, dans l'émigration kabyle, les générations se succèdent et que le propriétaire d'un terrain ne le laissera qu'après l'avoir vendu à un postulant plus jeune.

Ces quelques mesures, en tout cas, suffiront à rendre au travail kabyle tout son prix. Et je crois qu'il est bon de répéter que les crédits actuels pourraient suffire aux commencements de l'entreprise. Celle-ci sera devenue productive quand son extension deviendra inévitable. Mais les bénéfices d'une pareille politique ne sauraient être efficaces que si la revalorisation de la production se poursuit parallèlement.

Ici encore, le bon sens nous donnera les éléments d'une politique constructive. Exception faite pour quelques céréales secondaires, la production kabyle est avant tout arboricole. Et comme il est vain de chercher à forcer la nature, c'est cette production qu'il s'agit d'améliorer pour qu'elle puisse, autant que possible, équilibrer la consommation.

Jusqu'à preuve du contraire, il existe trois moyens de revaloriser une production. Le premier consiste à l'accroître en quantité ; le second à l'améliorer en qualité, et le troisième à stabiliser ses prix de vente. Les deux dernières méthodes souvent n'en font qu'une. Et les trois sont applicables à la Kabylie.

En ce qui concerne l'extension de l'arboriculture, il y a lieu de considérer d'abord l'extension des principales cultures arboricoles de la Kabylie, comme le figuier et l'olivier, et, d'autre part, l'implantation de cultures complémentaires telles que le cerisier, le caroubier, etc. Sous ces deux aspects, cette politique de l'arbre a reçu un commencement d'application qu'on peut considérer comme un exemple et un enseignement, dans la commune de Port-Gueydon.

En 1938, la commune a favorisé la plantation de 1 000 nouvelles boutures. Cette année, 10 à 15 000 plantations sont envisagées. Et ceci s'est fait sans crédits extraordinaires. Le fonds commun de la Société indigène de prévoyance[1] a garanti les prêts de boutures. Les plants ont été livrés aux fellahs à volonté. Auparavant, ils avaient pu vérifier la qualité et le rendement de ces plants dans des champs d'expérience installés sur les terrains communaux.

Comme le figuier, planté en boutures de deux ans, n'est productif qu'au bout de cinq, les fellahs, pendant cinq ans, ne paieront que l'intérêt du capital minime représenté par les boutures. Cet intérêt est seulement de 4 %. Au bout de cinq ans, le figuier commence à produire et le paysan kabyle a cinq nouvelles années pour amortir son capital.

Pour avoir une idée du rendement, il faut savoir que si cinq plants sur quinze réussissent seulement (et cette évaluation est invraisemblable), le fellah fait encore une excellente affaire. Et ce succès n'aura pratiquement rien coûté à l'État. Ceci se passe de commentaires. Qu'on généralise avec obstination cette expérience et les résultats ne se feront pas attendre.

En ce qui concerne l'amélioration des produits actuels et la revalorisation de leur prix de vente, la tâche est immense. Je ne parlerai ici que des méthodes essentielles : l'amélioration des figues sèches par les ateliers de séchage et la création des coopératives huilières. Il est certain que les méthodes de culture traditionnelles des Kabyles ne sont pas faites pour améliorer les rendements. La taille de l'olivier, trop semblable à une amputation, les boutures prélevées sans méthode, les claies de séchage de figues sur les toits et parfois sous des caroubiers qui communiquent aux fruits un parasite du genre teigne qui attaque la figue, tout cela n'est pas fait pour augmenter la qualité des produits.

Pour ces raisons, des expériences d'ateliers de séchage ont été entreprises dans beaucoup de communes. Les plus suggestives de ces expériences sont celles d'Azazga et de Sidi-Aïch. À Azazga, grâce aux procédés rationnels employés par les agents techniques de la S.I.P., la revalorisation, la première année, a été de 120 % et la seconde de 80 %. À Sidi-Aïch, les figues de l'atelier sont vendues au prix moyen de 260 francs le quintal pendant que les figues indigènes se vendaient 190 francs. En ce qui concerne les participants et les ventes totales, à Azazga, 120 fellahs ont apporté leurs figues dont la vente a atteint 180 000 francs. Il en résulte qu'après les premières résistances, la majorité des fellahs est convertie à cette innovation. Une coopérative privée est en projet à Temda et celle-là sera dirigée par les producteurs eux-mêmes. Et ceci figure assez exactement l'avenir de la Kabylie à cet égard.

La création des huileries coopératives rencontre plus d'obstacles. Certains administrateurs ne peuvent s'y résoudre en raison de l'opposition des colons de la plaine qui préfèrent acheter l'olive à bas prix et non le produit fini à haut prix. D'autre part, les intermédiaires et les courtiers ne voient pas d'un bon œil cette innovation qui marquerait la fin de leur règne. Or le Kabyle a besoin de crédit. Et il en trouve auprès des intermédiaires qui lui achètent à terme. Mais cette difficulté peut être résolue en couplant les huileries coopératives avec un organisme de crédit tel que le fonds commun des sociétés de prévoyance qui jouera le rôle d'intermédiaire au profit de la coopérative. Le dernier argument qu'on peut présenter alors réside dans la mentalité du paysan kabyle qui, dit-on, s'adressera malgré tout à l'intermédiaire. Mais cet argument sert à freiner toutes les innovations et il a toujours été indéfendable.

Le malheur, c'est que le paysan kabyle, par les méthodes de culture qu'il emploie, ne peut réaliser qu'une récolte d'olives sur deux. Et la création d'un organisme rationnel s'impose à cet égard. On peut être certain que la production ne serait pas loin d'être doublée. La qualité, d'autre part, ne pourrait que s'améliorer si l'on songe que les mouliniers européens actuels, pour forcer leur production, travaillent dans des conditions telles que leurs huiles ne titrent jamais moins de 1° 5 à 2° d'acidité et présentent toujours un goût désagréable.

Toute cette politique, enfin, ne saurait se dispenser de mesures complémentaires concernant les problèmes de détail. L'habitat, par exemple, pourrait être organisé sur le modèle des réalisations de la loi Loucheur[1]. Et l'apport des intéressés serait fait alors soit en terrain (puisque presque tous les Kabyles possèdent un lopin de terre), soit en main-d'œuvre et en matériau. De même, il y aurait lieu de reconsidérer les répartitions des revenus communaux entre les populations européenne et indigène et de demander à la première les sacrifices nécessaires.

Ainsi se trouverait complétée une politique qui rendrait enfin à la Kabylie son vrai visage. L'affreuse misère de ce pays trouverait ici sa fin et aussi sa récompense. Je sais que, pour tout cela, des crédits sont nécessaires. Mais je le répète, commençons par mieux utiliser ceux qui existent déjà. Car ce n'est peut-être pas tant de crédits que nous manquons, que d'acharnement. Rien de grand ne se fait sans courage et lucidité. Pour mener cette politique à bien, il ne suffit pas de la vouloir de temps en temps. Il faut la vouloir toujours et ne vouloir qu'elle. J'entends bien qu'on me dit : « Il n'y a pas de raisons pour que ce soit la colonie et les colons qui paient. » Et j'en suis bien d'accord. N'attendons pas cette œuvre des colons, puisque nous ne sommes pas sûrs qu'ils la veuillent. Mais si l'on prétend que c'est à la métropole de faire cet effort, alors nous sommes deux fois d'accord. Car, du même coup, on fait la preuve qu'un régime qui sépare l'Algérie de la France fait le malheur de notre pays. Et le jour où les intérêts seront confondus, on peut être sûr que les cœurs et les esprits ne tarderont pas à l'être.

CONCLUSION[1]

Je termine ici une enquête dont je voudrais être sûr qu'elle servira bien la cause du peuple kabyle, qui est la seule qu'on ait voulu servir. Je n'ai plus rien à dire sur la misère de la Kabylie, ses causes et ses remèdes. J'aurais préféré m'arrêter là et ne pas ajouter de mots inutiles à un ensemble de faits qui doit pouvoir se passer de littérature. Mais de même qu'il eût été préférable de n'avoir pas à parler d'une misère aussi effroyable et que, cependant, l'existence de cette misère imposait qu'on en parlât, de même cette enquête ne saurait atteindre le but qu'elle s'est fixé, si elle n'écarte, pour finir, certaines critiques trop faciles.

Je ne ferai pas de circonlocutions. Il paraît que c'est, aujourd'hui, faire acte de mauvais Français que de révéler la misère d'un pays français. Je dois dire qu'il est difficile aujourd'hui de savoir comment être un bon Français. Tant de gens, et des plus différents, se targuent de ce titre, et parmi eux tant d'esprits médiocres ou intéressés, qu'il est permis de s'y tromper. Mais, du moins, on peut savoir ce que c'est qu'un homme juste. Et mon préjugé, c'est que la France ne saurait être mieux représentée et défendue que par des actes de justice.

On nous dit : « Prenez garde, l'étranger va s'en saisir. » Mais ceux qui, en effet, pourraient s'en saisir se sont déjà jugés à la face du monde par leur cynisme et leur cruauté. Et si la France peut être défendue contre eux, c'est autant par des canons que par cette liberté que nous avons encore de dire notre pensée et de contribuer, chacun pour notre modeste part, à réparer l'injustice.

Mon rôle n'est d'ailleurs point de chercher d'illusoires responsables. Je ne trouve pas de goût au métier d'accusateur. Et si même je m'y sentais porté, beaucoup de choses m'arrêteraient. Je sais trop, d'une part, ce que la crise économique a pu apporter à la détresse de la Kabylie pour en charger absurdement quelques victimes.

Mais je sais trop aussi quelles résistances rencontrent les initiatives généreuses, de si haut qu'elles viennent quelquefois. Et je sais trop, enfin, comment une volonté, bonne en son principe, peut se trouver déformée dans ses applications.

Ce que j'ai essayé de dire, c'est que si on a voulu faire quelque chose pour la Kabylie, si on a fait quelque chose, cette tentative n'a abordé que des aspects infimes du problème et l'a laissé subsister tout entier. Ce n'est pas pour un parti que ceci est écrit, mais pour des hommes. Et si je voulais donner à cette enquête le sens qu'il faudrait qu'on lui reconnaisse, je dirais qu'elle n'essaie pas de dire : « Voyez ce que vous avez fait de la Kabylie », mais : « Voyez ce que vous n'avez pas fait de la Kabylie. »

En face des charités, des petites expériences, des bons vouloirs et des paroles superflues, qu'on mette la famine et la boue, la solitude et le désespoir. Et l'on verra si les premiers suffisent. Si, par un miracle invraisemblable, les 600 députés de la France pouvaient reparcourir l'itinéraire désespérant qu'il m'a été donné de faire, la cause kabyle ferait un grand pas en avant. Et c'est qu'en toute occasion, un progrès est réalisé chaque fois qu'un problème politique est remplacé par un problème humain. Qu'une politique lucide et concertée s'applique donc à réduire cette misère, que la Kabylie retrouve, elle aussi, le chemin de la vie, et nous serons les premiers à exalter une œuvre dont aujourd'hui nous ne sommes pas fiers.

Je ne puis m'empêcher, enfin, de me retourner vers le pays que je viens de parcourir. Et c'est lui et lui seul qui peut ici me donner une conclusion. Car, de ces longues journées empoisonnées de spectacles odieux, au milieu d'une nature sans pareille, ce ne sont pas seulement les heures désespérantes qui me reviennent, mais aussi certains soirs où il me semblait que je comprenais profondément ce pays et son peuple.

Tel ce soir, où, devant la Zaouïa de Koukou, nous étions quelques-uns à errer dans un cimetière de pierres grises et à contempler la nuit qui tombait sur la vallée. À cette heure qui n'était plus le jour et pas encore la nuit, je ne sentais pas ma différence d'avec ces êtres qui s'étaient réfugiés là pour retrouver un peu d'eux-mêmes. Mais cette différence, il me fallait bien la sentir quelques heures plus tard à l'heure où tout le monde aurait dû manger.

Eh bien, c'était là que je retrouvais le sens de cette enquête. Car, si la conquête coloniale pouvait jamais trouver une excuse, c'est dans la mesure où elle aide les peuples conquis à garder leur personnalité. Et si nous avons un devoir en ce pays, il est de permettre à l'une des populations les plus fières et les plus humaines en ce monde de rester fidèle à elle-même et à son destin.

Le destin de ce peuple, je ne crois pas me tromper en disant qu'il est à la fois de travailler et de contempler, et de donner par là des leçons de sagesse aux conquérants inquiets que nous sommes. Sachons du moins nous faire pardonner cette fièvre et ce besoin de pouvoir, si naturel aux médiocres, en prenant sur nous les charges et les besoins d'un peuple plus sage, pour le livrer tout entier à sa grandeur profonde.

CRISE EN ALGÉRIE*

* Articles parus dans *Combat*, en mai 1945.

CRISE EN ALGÉRIE[1]

DEVANT les événements[2] qui agitent aujourd'hui l'Afrique du Nord, il convient d'éviter deux attitudes extrêmes. L'une consisterait à présenter comme tragique une situation qui est seulement sérieuse. L'autre reviendrait à ignorer les graves difficultés où se débat aujourd'hui l'Algérie.

La première ferait le jeu des intérêts qui désirent pousser le gouvernement à des mesures répressives, non seulement inhumaines, mais encore impolitiques. L'autre continuerait d'agrandir le fossé qui, depuis tant d'années, sépare la métropole de ses territoires africains. Dans les deux cas, on servirait une politique à courte vue, aussi contraire aux intérêts français qu'aux intérêts arabes.

L'enquête que je rapporte d'un séjour de trois semaines en Algérie n'a d'autre ambition que de diminuer un peu l'incroyable ignorance de la métropole en ce qui concerne l'Afrique du Nord. Elle a été menée aussi objectivement que je le pouvais, à la suite d'une randonnée de 2 500 kilomètres sur les côtes et à l'intérieur de l'Algérie, jusqu'à la limite des territoires du Sud.

J'y ai visité aussi bien les villes que les douars les plus reculés, y confrontant les opinions et les témoignages de l'administration et du paysan indigène, du colon et du militant arabe. Une bonne politique est d'abord une politique bien informée. À cet égard, cette enquête n'est rien de plus qu'une enquête. Mais, si les éléments d'information que j'apporte ainsi ne sont pas nouveaux, ils ont été vérifiés. J'imagine qu'ils peuvent donc aider, dans une certaine mesure, ceux qui ont pour tâche aujourd'hui d'imaginer la seule politique qui sauvera l'Algérie des pires aventures[3].

Mais avant d'entrer dans le détail de la crise nord-africaine, il convient peut-être de détruire quelques préjugés. Et, d'abord, de rappeler aux Français que l'Algérie existe. Je veux dire par là qu'elle existe en dehors de la France et que les problèmes qui lui sont propres ont une couleur et une échelle particulières. Il est impossible, en conséquence, de prétendre résoudre ces problèmes en s'inspirant de l'exemple métropolitain.

Un seul fait illustrera cette affirmation. Tous les Français ont appris à l'école que l'Algérie, rattachée au ministère de l'Intérieur, est constituée par trois départements. Administrativement, cela est vrai. Mais, en vérité, ces trois départements sont vastes comme quarante départements français moyens, et peuplés comme douze. Le résultat est que l'administration métropolitaine croit avoir fait beaucoup lorsqu'elle expédie deux mille tonnes de céréales sur l'Algérie. Mais, pour les huit millions d'habitants de ce pays, cela représente exactement une journée de consommation. Le lendemain, il faut recommencer[1].

Sur le plan politique, je voudrais rappeler aussi que le peuple arabe existe. Je veux dire par là qu'il n'est pas cette foule anonyme et misérable, où l'Occidental ne voit rien à respecter ni à défendre. Il s'agit au contraire d'un peuple de grandes traditions et dont les vertus, pour peu qu'on veuille l'approcher sans préjugés, sont parmi les premières.

Ce peuple n'est pas inférieur, sinon par la condition de vie où il se trouve, et nous avons des leçons à prendre chez lui, dans la mesure même où il peut en prendre chez nous. Trop de Français, en Algérie ou ailleurs, l'imaginent par exemple comme une masse amorphe que rien n'intéresse. Un seul fait encore les renseignera. Dans les douars les plus reculés, à huit cents kilomètres de la côte, j'ai eu la surprise d'entendre prononcer le nom de M. Wladimir d'Ormesson[2]. C'est que notre confrère a publié sur la question algérienne, il y a quelques semaines, un article que les musulmans ont jugé mal informé et injurieux. Je ne sais pas si le collaborateur du *Figaro* se réjouira de cette réputation obtenue aussi promptement en pays arabe. Mais elle donne la mesure de l'éveil politique qui est celui des masses musulmanes. Quand j'aurai enfin noté ce que trop de Français ignorent, à savoir que des centaines de milliers d'Arabes viennent de se battre durant deux ans pour la libération de notre territoire, j'aurai acquis le droit de ne pas insister[1].

Tout ceci, en tout cas, doit nous apprendre à ne rien préjuger en ce qui concerne l'Algérie et à nous garder des formules toutes faites. De ce point de vue, les Français ont à conquérir l'Algérie une deuxième fois. Pour dire tout de suite l'impression que je rapporte de là-bas, cette deuxième conquête sera moins facile que la première. En Afrique du Nord comme en France, nous avons à inventer de nouvelles formules et à rajeunir nos méthodes si nous voulons que l'avenir ait encore un sens pour nous.

L'Algérie de 1945 est plongée dans une crise économique et politique qu'elle a toujours connue, mais qui n'avait jamais atteint ce degré d'acuité. Dans cet admirable pays qu'un printemps sans égal couvre en ce moment de ses fleurs et de sa lumière, des hommes souffrent de faim et demandent la justice. Ce sont des souffrances qui ne peuvent nous laisser indifférents, puisque nous les avons connues.

Au lieu d'y répondre par des condamnations, essayons plutôt d'en comprendre les raisons et de faire jouer à leur propos les principes démocratiques que nous réclamons pour nous-mêmes. Mon projet, dans les articles qui suivront, est d'appuyer cette tentative, par le simple exercice d'une information objective.

P.-S. — Cet article était terminé lorsque a paru dans un journal du soir un article accusant Ferhat Abbas, président des « Amis du Manifeste », d'avoir organisé directement les troubles d'Algérie. Cet article est visiblement fait à Paris, au moyen de renseignements improvisés. Mais il n'est pas possible de porter aussi légèrement une accusation aussi grave. Il y a beaucoup à dire pour et contre Ferhat Abbas et son parti. Nous en parlerons en effet. Mais les journalistes français doivent se persuader qu'on ne réglera pas un si grave problème par des appels inconsidérés à une répression aveugle.

LA FAMINE EN ALGÉRIE[1]

La crise apparente dont souffre l'Algérie est d'ordre économique.

Alger, déjà, présente au visiteur attentif des signes non équivoques. Les plus grandes brasseries vous font boire dans des fonds de bouteille dont on a limé les bords. Les hôtels vous offrent des cintres en fil de fer. Dans leurs vitrines, les magasins démolis par les bombardements ont remplacé le verre par le madrier. Chez les particuliers, il n'est pas rare de voir transporter dans la chambre à coucher l'ampoule qui éclaira le dîner. Crise d'objets manufacturés, sans doute, puisque l'Algérie n'a pas d'industrie. Mais surtout crise d'importation, et nous allons en mesurer les effets.

Ce qu'il faut crier le plus haut possible c'est que la plus grande partie des habitants d'Algérie connaissent la famine. C'est cela qui explique les graves événements que l'on connaît, et c'est à cela qu'il faut porter remède. En arrondissant les chiffres, on peut évaluer à neuf millions le nombre des habitants de l'Algérie. Sur ces neuf millions, il faut compter huit millions d'Arabo-Berbères pour un million d'Européens. La plus grande partie de la population arabe est répartie à travers l'immense campagne algérienne dans des douars que la colonisation française a réunis en communes mixtes. La nourriture de base de l'Arabe, c'est le grain (de blé ou d'orge), qu'il consomme sous forme de semoule ou de galettes. Faute de grains, des millions d'Arabes souffrent de la faim.

La famine est un fléau toujours redouté en Algérie, où les récoltes sont aussi capricieuses que les pluies. Mais, en temps ordinaire, les stocks de sécurité prévus par l'administration française compensaient les sécheresses. Ces stocks de sécurité n'existent plus en Algérie depuis qu'ils ont été dirigés sur la métropole au bénéfice des Allemands. Le peuple algérien était donc à la merci d'une mauvaise récolte[2].

Ce malheur est arrivé. Un seul fait en donnera l'idée. Sur tous les hauts plateaux de l'Algérie, il n'a pas plu depuis janvier. Ces terres démesurées sont couvertes d'un blé à tête légère qui ne dépasse pas les coquelicots que l'on aperçoit jusqu'à l'horizon. La terre, craquelée comme une lave, est à ce point desséchée que, pour les semailles de printemps, il a fallu doubler les attelages. La charrue déchiquette un sol friable et poussiéreux qui ne retiendra rien du grain qu'on lui confiera. La récolte que l'on prévoit pour cette saison sera pire que la dernière, qui fut pourtant désastreuse[1].

On me pardonnera de donner ici quelques chiffres. Les besoins normaux de l'Algérie, en grains, sont de 18 millions de quintaux. En règle générale, la production couvre à peu près la consommation, puisque la récolte de la saison 1935-1936 fut, par exemple, de 17 371 000 quintaux de toutes céréales. Mais la saison dernière atteignit à peine 8 715 000 quintaux, c'est-à-dire 40 % des besoins normaux. Cette année-ci, les prévisions sont encore plus pessimistes, puisqu'on s'attend à une récolte qui ne dépassera pas 6 millions de quintaux.

La sécheresse n'explique pas seule cette effrayante pénurie. Il faut y ajouter la diminution des emblavures, parce qu'il y a moins de semences, et aussi parce que le fourrage n'étant pas taxé, certains propriétaires inconscients ont préféré le cultiver plutôt que les indispensables céréales. Il faut tenir compte encore des difficultés techniques du moment : usure du matériel (un sac qui coûtait 20 francs en coûte 500), rationnement du carburant, mobilisation de la main-d'œuvre à l'extérieur. Si l'on ajoute à tous ces facteurs l'augmentation de la consommation du fait du rationnement des autres denrées, on comprendra qu'isolée du monde extérieur, l'Algérie ne trouve pas sur son sol de quoi faire vivre sa population.

Ce qu'on peut apercevoir de cette famine, en ce moment, a de quoi serrer le cœur. L'administration a dû réduire à 7 kg 500 par tête et par mois l'attribution de grains (les ouvriers agricoles en touchent 18 kg de leur patron, mais il s'agit d'une minorité). Cela fait 250 grammes par jour, ce qui est peu pour des hommes dont le grain est la seule nourriture.

Mais cette ration de famine, dans la majorité des cas, n'a pu être honorée. En Kabylie, dans l'Ouarsenis, dans le Sud-Oranais, dans l'Aurès, pour prendre des points géographiques distants les uns des autres, on n'a pu distribuer que 4 à 5 kg par mois, c'est-à-dire 130 à 150 grammes par jour et par personne.

Comprend-on bien ce que cela veut dire ? Comprend-on que, dans ce pays, où le ciel et la terre invitent au bonheur, des millions d'hommes souffrent de la faim ? Sur toutes les routes, on peut rencontrer des silhouettes haillonneuses et hâves. Au hasard des parcours, on peut voir des champs bizarrement retournés et grattés. C'est que des douars entiers sont venus y fouiller le sol pour en tirer une racine amère mais comestible, appelée la « tarouda » et qui, transformée en bouillie, soutient, du moins, si elle ne nourrit pas.

Qu'y faire ? dira-t-on. Sans doute le problème est difficile. Mais il n'y a pas une minute à perdre, ni un intérêt à épargner, si l'on veut sauver ces populations malheureuses et si l'on veut empêcher que des masses affamées, excitées par quelques fous criminels, recommencent le massacre de Sétif. Je dirai dans mon prochain article les injustices qu'il faut faire disparaître et les mesures d'urgence qu'il faut provoquer sur le plan économique.

DES BATEAUX ET DE LA JUSTICE[1]

Pour des millions d'Algériens qui souffrent en ce moment de la faim, que pouvons-nous faire? On n'a pas besoin d'avoir d'exceptionnelles clartés politiques pour déclarer que, seule, une politique d'importation à grande échelle changera la situation.

Le gouvernement vient d'annoncer qu'un million de quintaux de blé vont être distribués en Algérie. Cela est bien. Mais il ne faut pas oublier que ces quantités vont couvrir seulement, et à peu près, la consommation d'un mois. On ne pourra pas éviter, le mois prochain et chaque mois qui suivra, d'injecter à l'Algérie les mêmes quantités de grains. Ce problème d'importation ne doit donc pas être considéré comme résolu, mais poursuivi au contraire avec la dernière énergie.

À la vérité, je n'ignore pas les difficultés de l'entreprise. Pour rétablir la situation, alimenter convenablement la population arabe et supprimer le marché noir, il faudrait importer 12 millions de quintaux. Cela représente 240 bateaux de 5 000 tonnes chacun. Dans l'état où nous a laissés la guerre, tout le monde comprendra ce que cela signifie. Mais dans l'urgence où nous sommes placés, il faut bien voir aussi que rien ne peut nous arrêter et que nous devons demander ces bateaux au monde entier, s'il le faut. Quand des millions d'hommes souffrent de la faim, cela devient l'affaire de tous.

Nous n'aurons cependant pas tout fait quand nous aurons fait cela, car la gravité de l'affaire algérienne ne tient pas seulement au fait que les Arabes ont faim. Elle tient aussi à la conviction où ils sont que leur faim est injuste. Il ne suffira pas, en effet, de donner à l'Algérie le grain dont elle a besoin, il faudra encore le répartir équitablement. J'aurais préféré ne point l'écrire, mais il est vrai que cela n'est pas fait[2].

On en aura une première preuve en sachant que dans ce pays, où le grain est presque aussi rare que l'or, on en trouve au marché noir. Dans la plupart des communes que j'ai visitées, alors que le prix de la taxe est de 540 francs le quintal, on obtient du grain clandestin à des prix qui varient entre 7 000 et 16 000 francs le quintal*. Ce marché noir est alimenté par les blés soustraits aux réquisitions par des colons inconscients ou des féodaux indigènes.

Par ailleurs, même le grain qu'on livre aux organismes collecteurs n'est pas également distribué. L'institution du caïdat, si néfaste, continue à faire ses preuves. Car les caïds, qui sont des sortes d'intendants de l'administration française, et à qui l'on confie trop souvent les distributions, les conduisent suivant des méthodes très personnelles. Les répartitions opérées par l'administration française elle-même, quoique insuffisantes, sont toujours honnêtes. Celles qui sont faites par les caïds sont toujours inégales, et le plus souvent inspirées par l'intérêt et le favoritisme.

Enfin, et c'est le point le plus douloureux, dans toute l'Algérie la ration attribuée à l'indigène est inférieure à celle qui est consentie à l'Européen. Elle l'est dans le principe, puisque le Français a droit à 300 grammes par jour et l'Arabe à 250 grammes. Elle l'est encore plus dans les faits, puisque, nous l'avons dit, l'Arabe touche 100 à 150 grammes.

Cette population, animée d'un sens si sûr et si instinctif de la justice, accepterait peut-être le principe. Mais elle n'admet pas (et devant moi, elle l'a toujours souligné) que les rations de principe ayant dû être restreintes, seules les rations arabes aient été diminuées. Un peuple qui ne marchande pas son sang dans les circonstances actuelles est fondé à penser qu'on ne doit pas lui marchander son pain.

Cette inégalité de traitement s'ajoute à quelques autres pour créer un malaise politique, dont j'aurai à traiter dans de prochains articles. Mais, à l'intérieur du problème économique qui m'intéresse ici, elle envenime

---

* Pour fixer les idées, le blé à 10 000 francs le quintal met le kilo de pain à 120 francs environ. Le salaire quotidien de l'ouvrier arabe est de 60 francs en moyenne.

encore une situation déjà assez grave par elle-même, et elle ajoute aux souffrances des indigènes une amertume qu'il était possible d'éviter.

Calmer la plus cruelle des faims et guérir ces cœurs exaspérés, voilà la tâche qui s'impose à nous aujourd'hui. Des centaines de bateaux de céréales et deux ou trois mesures d'égalité rigoureuses, c'est ce que nous demandent immédiatement des millions d'hommes dont on comprendra peut-être maintenant qu'il faut essayer de les comprendre avant de les juger.

LE MALAISE POLITIQUE[1]

Si grave et si urgente que soit la pénurie économique dont souffre l'Afrique du Nord, elle n'explique pas, à elle seule, la crise politique algérienne. Si nous en avons parlé d'abord, c'est que la faim prime tout. Mais, à la vérité, le malaise politique est antérieur à la famine. Et lorsque nous aurons fait ce qu'il faut pour alimenter la population algérienne, il nous restera encore tout à faire. C'est une façon de dire qu'il nous restera à imaginer enfin une politique.

Je n'aurai pas la prétention de définir en deux ou trois articles une politique nord-africaine. Personne ne m'en saurait gré et la vérité n'y gagnerait pas. Mais la politique algérienne est à ce point déformée par les préjugés et les ignorances que c'est déjà faire beaucoup pour elle, si l'on en présente un tableau objectif par le moyen d'une information vérifiée. C'est ce tableau que je voudrais entreprendre[2].

J'ai lu dans un journal du matin que 80 % des Arabes désiraient devenir des citoyens français. Je résumerai au contraire l'état actuel de la politique algérienne en disant qu'ils le désiraient effectivement, mais qu'ils ne le désirent plus. Quand on a longtemps vécu d'une espérance et que cette espérance a été démentie, on s'en détourne et l'on perd jusqu'au désir. C'est ce qui est arrivé avec les indigènes algériens, et nous en sommes les premiers responsables.

Depuis la conquête, il n'est pas possible de dire que la doctrine française coloniale en Algérie se soit montrée très cohérente. J'épargnerai au lecteur l'historique de ses fluctuations depuis la notion du royaume arabe, chère au second Empire, jusqu'à celle d'assimilation. C'est cette dernière idée qui, en théorie, a fini par triompher. Depuis une cinquantaine d'années, le but avoué de la

France en Afrique du Nord était d'ouvrir progressivement la citoyenneté française à tous les Arabes. Disons tout de suite que cela est resté théorique. La politique d'assimilation a rencontré en Algérie même, et principalement auprès des grands colons, une hostilité qui ne s'est jamais démentie.

Il existe tout un arsenal d'arguments, dont certains d'apparence convaincante, qui ont suffi jusqu'à présent à immobiliser l'Algérie dans l'état politique où nous l'avons trouvée. Je ne songerai pas à discuter ces arguments. Mais il est possible de dire qu'en cette matière, comme en d'autres, il faut un jour choisir. La France devait dire clairement si elle considérait l'Algérie comme une terre conquise dont les sujets, privés de tous droits et gratifiés de quelques devoirs supplémentaires, devaient vivre dans notre dépendance absolue, ou si elle attribuait à ses principes démocratiques une valeur assez universelle pour qu'elle pût les étendre aux populations dont elle avait la charge.

La France, et c'est à son honneur, a choisi. Ayant choisi, et pour que les mots aient un sens, il fallait aller jusqu'au bout. Des intérêts particuliers se sont opposés à cette entreprise et se sont essayés à arrêter l'histoire. Mais l'histoire est toujours en mouvement et les peuples évoluent en même temps qu'elle. Aucune situation historique n'est jamais définitive. Et si l'on ne veut pas adopter l'allure de ses variations, il faut se résigner à la laisser échapper[1]. C'est pour avoir ignoré ces vérités élémentaires que la politique française en Algérie est toujours de vingt ans en retard sur la situation réelle. Un exemple fera comprendre la chose.

En 1936, le projet Blum-Violette a marqué le premier pas fait en avant, après dix-sept ans de stagnation, vers la politique d'assimilation. Il n'avait rien de révolutionnaire. Il revenait à conférer les droits civiques et le statut d'électeur à 60 000 musulmans environ. Ce projet, relativement modeste, souleva un immense espoir parmi les populations arabes. La quasi-totalité de ces masses, réunies dans le Congrès algérien[2], affirmait alors son accord. Les grands colons, groupés dans les Délégations financières[3] et dans l'Association des maires d'Algérie[4], opérèrent une telle contre-offensive que le projet ne fut même pas présenté devant les Chambres.

Ce grand espoir déçu a naturellement entraîné une désaffection aussi radicale. Aujourd'hui, le gouvernement français propose à l'Algérie l'ordonnance du 7 mars 1944, qui reprend à peu près dans ses dispositions électorales le projet Blum-Viollette.

Cette ordonnance, si elle était appliquée réellement, donnerait le droit de vote à près de 80 000 musulmans. Elle accorde aussi la suppression du statut juridique exceptionnel des Arabes, suppression pour laquelle les démocrates de l'Afrique du Nord ont lutté pendant des années. L'Arabe n'était en effet soumis ni au même code pénal que le Français, ni aux mêmes tribunaux. Des juridictions d'exception plus sévères et plus expéditives le maintenaient dans une sujétion constante. L'ordonnance a supprimé cet abus et cela est un grand bien[1].

Mais l'opinion arabe, qui a été douchée, reste méfiante et réservée, malgré tout ce que ce projet comporte de bienfaisant. C'est que l'histoire, justement, a marché. Il y a eu la défaite et la perte du prestige français. Il y a eu le débarquement de 1942[2] qui a mis les Arabes au contact d'autres nations et qui leur a donné le goût de la comparaison. Il y a enfin la Fédération panarabe[3], dont on ne peut ignorer qu'elle est une séduction perpétuelle pour les populations nord-africaines. Il y a enfin la misère qui accroît les rancœurs. Tout cela fait qu'un projet qui aurait été accueilli avec enthousiasme en 1936, et qui aurait arrangé bien des choses, ne rencontre plus aujourd'hui que méfiance. Nous sommes encore en retard.

Les peuples n'aspirent généralement au droit politique que pour commencer et achever leurs conquêtes sociales. Si le peuple arabe voulait voter, c'est qu'il savait qu'il pourrait obtenir ainsi, par le libre exercice de la démocratie, la disparition des injustices qui empoisonnent le climat politique de l'Algérie. Il savait qu'il ferait disparaître l'inégalité des salaires et des pensions, celles, plus scandaleuses, des pensions, des allocations militaires et, d'une façon générale, de tout ce qui le maintient dans une situation inférieure. Mais ce peuple semble avoir perdu sa foi dans la démocratie dont on lui a présenté une caricature. Il espère atteindre autrement un but qui n'a jamais changé et qui est le relèvement de sa condition.

C'est pourquoi l'opinion arabe, si j'en crois mon enquête, est, dans sa majorité, indifférente ou hostile à la politique d'assimilation. On ne le regrettera jamais assez. Mais avant de décider ce qu'il convient de faire pour améliorer cette situation, il faut définir clairement le climat politique qui est devenu celui de l'Algérie.

De nombreux horizons ont été ouverts aux Arabes et, comme il est constant dans l'histoire des peuples que chacune de leurs aspirations trouve son expression politique, l'opinion musulmane d'aujourd'hui s'est groupée autour d'une personnalité remarquable, Ferhat Abbas, et de son parti, *les Amis du Manifeste*. Je parlerai dans mon prochain article de cet important mouvement, le plus original et le plus significatif qu'on ait vu paraître en Algérie, depuis les débuts de la conquête.

LE PARTI DU MANIFESTE[1]

J'AI dit, dans mon dernier article, qu'une grande partie des indigènes nord-africains, désespérant du succès de la politique d'assimilation, mais pas encore gagnés par le nationalisme pur, s'étaient tournés vers un nouveau parti, les « Amis du Manifeste ». Il me paraît donc utile de faire connaître aux Français ce parti, avec lequel, qu'on lui soit hostile ou favorable, il faut bien compter.

Le président de ce mouvement est Ferhat Abbas, originaire de Sétif, diplômé d'université en pharmacie, et qui était, avant la guerre, un des partisans les plus résolus de la politique d'assimilation. À cette époque, il dirigeait un journal, *l'Entente,* qui défendait le projet Blum-Viollette et demandait que soit enfin instaurée en Algérie une politique démocratique où l'Arabe trouvât des droits équivalents à ses devoirs.

Aujourd'hui, Ferhat Abbas, comme beaucoup de ses coreligionnaires, tourne le dos à l'assimilation. Son journal, *Égalité,* dont le rédacteur en chef, Aziz Kessous[2], est un socialiste, ancien partisan, lui aussi, de l'assimilation, réclame la reconnaissance d'une nation* algérienne liée à la France par les liens du fédéralisme. Ferhat Abbas a une cinquantaine d'années. C'est incontestablement un produit de la culture française. Son premier livre portait en épigraphe une citation de Pascal. Ce n'est pas un hasard. Cet esprit est en vérité pascalien par un mélange assez réussi de logique et de passion. Une formule comme celle-ci : « La France sera libre et forte de nos libertés et de notre force » est dans le style français. C'est à notre culture que Ferhat Abbas la doit et il en est conscient. Il n'est pas jusqu'à son humour qui ne porte la même marque, quand il imprime en gros caractères, dans *Égalité,* cette petite annonce classée : « Échangeons cent seigneurs

---

* Ferhat Abbas parlait exactement d'une république algérienne.

féodaux de toutes races contre cent mille instituteurs et techniciens français. »

Cet esprit cultivé et indépendant a suivi l'évolution qui a été celle de son peuple et il a traduit cet ensemble d'aspirations dans un manifeste publié le 10 février 1943 et qui fut accepté par le général Catroux[1] comme base de discussion.

Que dit ce manifeste ? À la vérité, pris isolément, ce texte se borne à une critique précise de la politique française en Afrique du Nord et à l'affirmation d'un principe. Ce principe constate l'échec de la politique d'assimilation et la nécessité de reconnaître une nation algérienne, reliée à la France, mais munie de caractéristiques propres. « Cette politique d'assimilation, dit le manifeste, apparaît aujourd'hui aux yeux de tous comme une *réalité inaccessible* (c'est moi qui souligne) et une machine dangereuse mise au service de la colonisation. » Fort de ce principe, le manifeste demande pour l'Algérie une Constitution propre, qui assurera aux Algériens tous les droits démocratiques et une représentation parlementaire personnelle. Un additif au manifeste, en date du 26 mai 1943, et deux textes plus récents d'avril et de mai 1945 ont précisé encore ce point de vue. Ils demandaient la reconnaissance, à la fin des hostilités, d'un État algérien avec une Constitution propre, élaborée par une assemblée constituante qui serait élue au suffrage universel par tous les habitants de l'Algérie.

Le gouvernement général cesserait d'être alors une administration pour devenir un véritable gouvernement où les postes seraient également répartis entre ministres français et ministres arabes.

Quant à l'assemblée, les « Amis du Manifeste » étaient conscients de l'hostilité qu'aurait rencontrée en France l'idée d'une représentation exactement proportionnelle, puisque, l'Algérie étant peuplée de huit Arabes pour un Français, l'assemblée serait véritablement un Parlement arabe. En conséquence, ils acceptaient que leur Constitution fût composée de cinquante pour cent d'élus musulmans et de cinquante pour cent d'élus européens. Désireux de ménager les susceptibilités françaises, ils admettaient que les attributions de l'assemblée ne concerneraient que les questions administratives, sociales, financières et économiques, remettant au pouvoir central de Paris tous les problèmes de sécurité extérieure, d'organisation militaire et de diplomatie. Bien entendu, cette thèse fondamentale s'accompagne de revendications sociales, qui visent toutes à faire entrer la démocratie la plus complète dans la politique arabe. Mais je crois avoir dit l'essentiel et ne pas avoir trahi la pensée des « Amis du Manifeste ».

Dans tous les cas, c'est autour de ces idées et de celui qui les représente qu'une grande partie de l'opinion musulmane s'est réunie. Ferhat Abbas a groupé des hommes et des mouvements très divers, comme la secte des Oulémas, intellectuels musulmans qui prêchent une réforme rationaliste de l'Islam et qui étaient jusqu'ici partisans de l'assimilation, ou des militants socialistes, par exemple. Il est très évident aussi que des éléments du Parti populaire algérien[1], parti nationaliste arabe dissous en 1936, mais qui poursuit illégalement sa propagande pour le séparatisme algérien, sont entrés dans les « Amis du Manifeste » qu'ils considéraient comme une bonne plate-forme d'action.

Il se peut que ce soit eux qui aient compromis les « Amis du Manifeste » dans les troubles récents. Mais je sais, de source directe, que Ferhat Abbas est un esprit politique trop averti pour avoir conseillé ou souhaité de pareils excès, dont il n'ignorait pas qu'ils renforceraient en Algérie la politique de réaction. L'homme qui a écrit : « Pas un Africain ne mourra pour Hitler » a donné sur ce sujet des garanties suffisantes.

Le lecteur pensera ce qu'il voudra du programme que je viens de présenter. Mais quelles que soient les opinions, il faut savoir que ce programme existe et qu'il est entré profondément dans les aspirations politiques arabes.

Si l'administration française avait décidé de ne pas suivre le général Catroux dans l'approbation de principe qu'il donnait au manifeste, il lui était possible de remarquer que toute la construction politique du manifeste tire sa force du fait qu'il considère l'assimilation comme une « réalité inaccessible ». Elle aurait peut-être conclu

alors qu'il suffisait de faire que cette réalité devînt accessible pour enlever tout argument aux « Amis du Manifeste ».
On a préféré y répondre par la prison et la répression[1].
C'est une pure et simple stupidité.

CONCLUSION[1]

Un moment secouée, l'opinion française se détourne des affaires d'Algérie. Elle s'en détourne et, profitant de cet assoupissement, des articles paraissent dans différents journaux qui tendent à démontrer que ce n'est pas si grave, que la crise politique n'est pas générale et qu'elle est due seulement à quelques agitateurs professionnels. Ce n'est pas que ces articles se distinguent par leur documentation ou leur objectivité. L'un attribue au président des « Amis du Manifeste », récemment arrêté, la paternité du Parti populaire algérien, dont le chef, depuis de longues années, est Messali Hadj, arrêté lui aussi. L'autre fait des Oulémas une organisation politique à but nationaliste, quand il s'agit d'une confrérie réformiste, qui fut d'ailleurs acquise à la politique d'assimilation jusqu'en 1938.

Personne n'a rien à gagner à ces enquêtes hâtives et mal informées, ni d'ailleurs aux études inspirées qui ont paru ailleurs. Il est vrai que le massacre algérien ne s'explique pas sans la présence d'agitateurs professionnels. Mais il n'est pas moins vrai que ces agitateurs auraient été sans action appréciable s'ils n'avaient pu se prévaloir d'une crise politique sur laquelle il est vain et dangereux de se boucher les yeux.

Cette crise politique, qui dure depuis tant d'années, n'a pas disparu par miracle. Elle s'est au contraire durcie et toutes les informations qui viennent d'Algérie laissent penser qu'elle est établie aujourd'hui dans une atmosphère de haine et de défiance qui ne peut rien améliorer. Les massacres de Guelma et de Sétif ont provoqué chez les Français d'Algérie un ressentiment profond et indigné. La répression qui a suivi a développé dans les masses arabes un sentiment de crainte et d'hostilité. Dans ce climat, une action politique qui serait à la fois ferme et démocratique voit diminuer ses chances de succès.

Mais ce n'est pas une raison pour en désespérer. Le ministère de l'Économie nationale a envisagé des mesures de ravitaillement qui, si elles sont continuées, suffiront à redresser une situation économique désastreuse. Mais le gouvernement doit maintenir et étendre l'ordonnance du 7 mars 1944 et fournir ainsi aux masses arabes la preuve qu'aucun ressentiment n'entravera jamais son désir d'exporter en Algérie le régime démocratique dont jouissent les Français. Mais ce ne sont pas des discours qu'il faut exporter, ce sont des réalisations. Si nous voulons sauver l'Afrique du Nord, nous devons marquer à la face du monde notre résolution d'y faire connaître la France par ses meilleures lois et ses hommes les plus justes. Nous devons marquer cette résolution et, quelles que soient les circonstances ou les campagnes de presse, nous devons nous y tenir. Persuadons-nous bien qu'en Afrique du Nord comme ailleurs on ne sauvera rien de français sans sauver la justice.

Ce langage, nous l'avons bien vu, ne plaira pas à tout le monde. Il ne triomphera pas si aisément des préjugés et des aveuglements. Mais nous continuons à penser qu'il est raisonnable et modéré. Le monde aujourd'hui sue la haine de toutes parts. Partout, la violence et la force, les massacres et les clameurs obscurcissent un air que l'on croyait délivré de son poison le plus terrible. Tout ce que nous pouvons faire pour la vérité, française et humaine, nous avons à le faire contre la haine. À tout prix, il faut apaiser ces peuples déchirés et tourmentés par de trop longues souffrances. Pour nous, du moins, tâchons de ne rien ajouter aux rancœurs algériennes. C'est la force infinie de la justice, et elle seule, qui doit nous aider à reconquérir l'Algérie et ses habitants.

LETTRE À UN MILITANT ALGÉRIEN*

* M. Aziz Kessous, socialiste algérien, ex-membre du parti du Manifeste, s'était proposé de lancer après que la rébellion eut éclaté, un journal, *Communauté algérienne*[1], qui, dépassant le double fanatisme dont souffre aujourd'hui l'Algérie, puisse aider à la constitution d'une communauté vraiment libre. Cette lettre a paru dans le premier numéro du journal, le 1er octobre 1955.

Mon cher Kessous,

J'AI trouvé vos lettres à mon retour de vacances et je crains que mon approbation ne vienne bien tard. J'ai pourtant besoin de vous la dire. Car vous me croirez sans peine si je vous dis que j'ai mal à l'Algérie, en ce moment, comme d'autres ont mal aux poumons. Et depuis le 20 août[1], je suis prêt à désespérer.

Supposer que les Français d'Algérie puissent maintenant oublier les massacres de Philippeville et d'ailleurs[2], c'est ne rien connaître au cœur humain. Supposer, inversement, que la répression une fois déclenchée puisse susciter dans les masses arabes la confiance et l'estime envers la France est un autre genre de folie. Nous voilà donc dressés les uns contre les autres, voués à nous faire le plus de mal possible, inexpiablement. Cette idée m'est insupportable et empoisonne aujourd'hui toutes mes journées.

Et pourtant, vous et moi, qui nous ressemblons tant, de même culture, partageant le même espoir, fraternels depuis si longtemps, unis dans l'amour que nous portons à notre terre, nous savons que nous ne sommes pas des ennemis et que nous pourrions vivre heureusement ensemble, sur cette terre qui est la nôtre. Car elle est la nôtre et je ne peux pas plus l'imaginer sans vous et vos frères que sans doute vous ne pouvez la séparer de moi et de ceux qui me ressemblent.

Vous l'avez très bien dit, mieux que je ne le dirai : nous sommes condamnés à vivre ensemble. Les Français d'Algérie, dont je vous remercie d'avoir rappelé qu'ils n'étaient pas tous des possédants assoiffés de sang, sont en Algérie depuis plus d'un siècle et ils sont plus d'un million. Cela seul suffit à différencier le problème algérien des problèmes posés en Tunisie et au Maroc où l'établissement français est relativement faible et récent. Le « fait français » ne peut être éliminé en Algérie et le rêve d'une disparition subite de la France est puéril. Mais, inversement, il n'y a pas de raisons non plus pour que neuf millions d'Arabes vivent sur leur terre comme des hommes oubliés : le rêve d'une masse arabe annulée à jamais, silencieuse et asservie, est lui aussi délirant. Les Français sont attachés sur la terre d'Algérie par des racines trop anciennes et trop vivaces pour qu'on puisse penser les en arracher. Mais cela ne leur donne pas le droit, selon moi, de couper les racines de la culture et de la vie arabes. J'ai défendu toute ma vie (et vous le savez, cela m'a coûté d'être exilé de mon pays[1]) l'idée qu'il fallait chez nous de vastes et profondes réformes. On ne l'a pas cru, on a poursuivi le rêve de la puissance qui se croit toujours éternelle et oublie que l'histoire marche toujours, et ces réformes, il les faut plus que jamais. Celles que vous indiquez représentent en tout cas un premier effort, indispensable, à entreprendre sans tarder, à la seule condition qu'on ne le rende pas impossible en le noyant d'avance dans le sang français ou dans le sang arabe.

Mais dire cela aujourd'hui, je le sais par expérience, c'est se porter dans le « no man's land » entre deux armées, et prêcher au milieu des balles que la guerre est une duperie et que le sang, s'il fait parfois avancer l'histoire, la fait avancer vers plus de barbarie et de misère encore. Celui qui, de tout son cœur, de toute sa peine, ose crier ceci, que peut-il espérer entendre en réponse, sinon les rires et le fracas multiplié des armes ? Et pourtant, il faut le crier et puisque vous vous proposez de le faire, je ne puis vous laisser entreprendre cette action folle et nécessaire sans vous dire ma solidarité fraternelle.

Oui, l'essentiel est de maintenir, si restreinte soit-elle, la place du dialogue encore possible ; l'essentiel est de ramener si légère, si fugitive qu'elle soit, la détente. Et pour cela, il faut que chacun de nous prêche l'apaisement aux siens. Les massacres inexcusables des civils français entraînent d'autres destructions aussi stupides, opérées sur la personne et les biens du peuple arabe. On dirait que des fous, enflammés de fureur, conscients du mariage forcé dont ils ne peuvent se délivrer, ont décidé d'en faire une étreinte mortelle. Forcés de vivre ensemble, et incapables de s'unir, ils décident au moins de mourir ensemble. Et chacun, par ses excès renforçant les raisons, et les excès, de l'autre, la tempête de mort qui s'est abattue sur notre pays ne peut que croître jusqu'à la destruction générale. Dans cette surenchère incessante, l'incendie gagne, et demain l'Algérie sera une terre de ruines et de morts que nulle force, nulle puissance au monde, ne sera capable de relever dans ce siècle.

Il faut donc arrêter cette surenchère et là se trouve notre devoir, à nous, Arabes et Français, qui refusons de nous lâcher les mains. Nous, Français, devons lutter pour empêcher que la répression n'ose être collective et pour que la loi française garde un sens généreux et clair dans notre pays; pour rappeler aux nôtres leurs erreurs et les obligations d'une grande nation qui ne peut, sans déchoir, répondre au massacre xénophobe par un déchaînement égal; pour activer enfin la venue des réformes nécessaires et décisives qui relanceront la communauté franco-arabe d'Algérie sur la route de l'avenir. Vous, Arabes, devez de votre côté montrer inlassablement aux vôtres que le terrorisme, lorsqu'il tue des populations civiles, outre qu'il fait douter à juste titre de la maturité politique d'hommes capables de tels actes, ne fait de surcroît que renforcer les éléments anti-arabes, valoriser leurs arguments, et fermer la bouche à l'opinion libérale française qui pourrait trouver et faire adopter la solution de conciliation.

On me répondra, comme on vous répondra, que la conciliation est dépassée, qu'il s'agit de faire la guerre et de la gagner. Mais vous et moi savons que cette guerre sera sans vainqueurs réels et qu'après comme avant elle, il nous faudra encore, et toujours, vivre ensemble, sur la même terre. Nous savons que nos destins sont à ce point liés que toute action de l'un entraîne la riposte de l'autre, le crime entraînant le crime, la folie répondant à la démence, et qu'enfin, et surtout, l'abstention de l'un provoque la stérilité de l'autre. Si vous autres, démocrates arabes, faillissez à votre tâche d'apaisement, notre action à nous, Français libéraux, sera d'avance vouée à l'échec. Et si nous faiblissons devant notre devoir, vos pauvres paroles seront emportées dans le vent et les flammes d'une guerre impitoyable.

Voilà pourquoi ce que vous voulez faire me trouve si solidaire, mon cher Kessous. Je vous souhaite, je nous souhaite bonne chance. Je veux croire, à toute force, que la paix se lèvera sur nos champs, sur nos montagnes, nos rivages et qu'alors enfin, Arabes et Français, réconciliés dans la liberté et la justice, feront l'effort d'oublier le sang qui les sépare aujourd'hui. Ce jour-là, nous qui sommes ensemble exilés dans la haine et le désespoir, retrouverons ensemble une patrie.

L'ALGÉRIE DÉCHIRÉE*

* Cette série d'articles a paru dans *l'Express* d'octobre 1955 à janvier 1956. Elle reprend et résume les arguments et la position que j'ai exposés dans le même journal de juillet 1955 à février 1956.

L'ABSENTE[1]

Beaucoup de monde au Palais-Bourbon depuis trois jours; une seule absente : l'Algérie. Les députés français, appelés à se prononcer sur une politique algérienne, ont mis cinq séances à ne pas se prononcer sur trois ordres du jour[2]. Quant au gouvernement, il s'est montré d'abord farouchement déterminé à ne rien définir avant que l'Assemblée ne se soit prononcée. Puis, non moins résolument, il s'est décidé à demander, pour son absence de politique, la confiance d'une Chambre qui cherche dans le dictionnaire le sens des mots dont elle se sert. La France, on le voit, continue. Mais, derrière elle, l'Algérie meurt.

On voudrait ne pas accabler des hommes qui se débattent avec nos institutions comme Gilliatt avec la pieuvre gluante. Mais l'heure n'est pas à l'indulgence. L'ordre du jour, pour l'Algérie, c'est le sang. Les trois votes de l'Assemblée vont se payer par de nouvelles morts. Aux bavardages répond le hurlement solitaire des égorgés, au maniement du dictionnaire celui des armes.

Mais qui pense au drame des rappelés, à la solitude des Français d'Algérie, à l'angoisse du peuple arabe? L'Algérie n'est pas la France, elle n'est même pas l'Algérie, elle est cette terre ignorée, perdue au loin, avec ses indigènes incompréhensibles, ses soldats gênants et ses Français exotiques, dans un brouillard de sang. Elle est l'absente dont le souvenir et l'abandon serrent le cœur de quelques-uns, et dont les autres veulent bien parler, mais à condition qu'elle se taise.

Les leçons les plus récentes ne servent-elles donc à rien? Les solutions qu'on pouvait envisager avant le 20 août sont déjà dépassées. Les élections nécessaires, et possibles à l'époque, ne s'imaginent plus sans un cessez-le-feu. Le fossé entre les deux populations s'accentue, les extrémistes s'affrontent dans une surenchère de destructions. Seule une politique ferme, clairement définie par un gouvernement et immédiatement mise en œuvre, pourrait éviter le pire. Mais non! L'opposition, d'un même élan, accable le gouvernement et félicite le fonctionnaire qui exécute les ordres de ce même gouvernement[1]. Ainsi, la modération impuissante ne cesse de servir les extrêmes et notre histoire continue d'être ce dialogue dément entre des paralytiques et des épileptiques.

Pourtant une chance demeure. Elle est dans une libre confrontation, au cours d'une rencontre décisive, des forces qui sont en présence. Seule, cette franche explication pourrait renverser quelques-unes des barrières qui séparent les Français d'Algérie aussi bien des Arabes que des métropolitains. Et si le dictionnaire et les ordres du jour empêchent notre personnel politique de s'y résoudre, préparons-la du moins autant qu'il sera possible. Je voudrais y contribuer, pour ma part, dans les prochains jours, quelle que soit la difficulté de définir aujourd'hui une position équitable pour tous. Mais qu'importe après tout que les mots manquent ou trébuchent, s'ils parviennent, fugitivement du moins, à ramener parmi nous l'Algérie exilée et à la mettre, avec ses plaies, à un ordre du jour dont enfin nous n'ayons pas honte.

LA TABLE RONDE[1]

ON ne règle pas les problèmes politiques avec de la psychologie. Mais sans elle, on est assuré de les compliquer. Le sang suffit en Algérie à séparer les hommes. N'y ajoutons pas la bêtise et l'aveuglement. Les Français d'Algérie ne sont pas tous des brutes assoiffées de sang, ni tous les Arabes des massacreurs maniaques. La métropole n'est pas peuplée seulement de démissionnaires ni d'officiers généraux nostalgiques. De même l'Algérie n'est pas la France, comme on s'obstine à le dire avec une superbe ignorance, et elle abrite pourtant plus d'un million de Français, comme on a trop tendance, d'un autre côté, à l'oublier. Ces simplifications ne font que durcir le problème. De surcroît, elles se justifient l'une l'autre, et ne se rencontrent que dans leur conséquence, qui est mortelle. Elles démontrent ainsi, jour après jour, mais par l'absurde, qu'en Algérie Français et Arabes sont condamnés à vivre ou à mourir ensemble.

Naturellement, on peut choisir de mourir, dans l'excès du désespoir. Mais il serait impardonnable de se jeter à l'eau pour éviter la pluie, et de mourir à force de vouloir survivre. Voilà pourquoi l'idée d'une table ronde où se rencontreront à froid les représentants de toutes les tendances, depuis les milieux de la colonisation jusqu'aux nationalistes arabes, me paraît toujours valable. Il n'est pas bon, en effet, que les hommes vivent seuls, ou dans la solitude des factions. Il n'est pas bon de rester confrontés trop longtemps à ses haines ou son humiliation, ni même à ses rêves. Le monde d'aujourd'hui est celui de l'ennemi invisible; le combat y est abstrait et c'est pourquoi rien ne l'éclaire ni ne l'adoucit. Voir l'autre, et l'entendre, peut donner un sens au combat, et peut-être aussi le rendre vain. L'heure de la table ronde sera l'heure des responsabilités.

Mais à la condition que cette réunion se fasse loyalement et dans la clarté. En ce qui concerne la loyauté, elle n'est pas en notre pouvoir. Je me garderai par principe de la remettre à des gouvernants. Mais c'est un fait qu'elle est aujourd'hui dans leurs mains et c'est pourquoi l'inquiétude est dans nos cœurs. Il ne faut pas du moins que cette table ronde soit utilisée à l'intérieur d'un nouveau plan de marchandages impuissants, destinés à maintenir au pouvoir des hommes qui ont apparemment choisi le métier de politicien pour n'avoir pas de politique.

Reste la clarté, et nous pouvons alors faire quelque chose pour elle. C'est pourquoi je traiterai en plusieurs articles des simplifications dont j'ai parlé, en présentant à chaque partenaire les raisons que ses adversaires lui opposent. Mais l'objectivité n'est pas la neutralité. L'effort de compréhension n'a de sens que s'il risque d'éclairer une prise de parti. Je prendrai donc parti pour finir. Et, une fois de plus, disons-le tout de suite, contre le désespoir, puisque, en Algérie, aujourd'hui, le désespoir, c'est la guerre.

LA BONNE CONSCIENCE[1]

Entre la métropole et les Français d'Algérie, le fossé n'a jamais été plus grand. Pour parler d'abord de la métropole, tout se passe comme si le juste procès, fait enfin chez nous à la politique de colonisation, avait été étendu à tous les Français qui vivent là-bas. À lire une certaine presse, il semblerait vraiment que l'Algérie soit peuplée d'un million de colons à cravache et à cigare, montés sur Cadillac.

Cette image d'Épinal est dangereuse. Englober dans un mépris général, ou passer sous silence avec dédain, un million de nos compatriotes, les écraser sans distinction sous les péchés de quelques-uns, ne peut qu'entraver, au lieu de favoriser, la marche en avant que l'on prétend vouloir. Car cette attitude se répercute naturellement sur celle des Français d'Algérie. À l'heure présente, en effet l'opinion de la majorité d'entre eux, et je prie le lecteur métropolitain d'en apprécier la gravité, est que la France métropolitaine leur a tiré dans le dos.

J'essaierai de montrer une autre fois, à l'intention des Français d'Algérie, l'excès d'un pareil sentiment. Mais il n'empêche qu'il existe et que les Français de là-bas, réunis dans un amer sentiment de solitude, ne se séparent que pour dériver vers des rêves de répression criminelle ou de démission spectaculaire. Or ce dont nous avons le plus besoin en Algérie, aujourd'hui, c'est d'une opinion libérale qui puisse précipiter une solution avant que tout le pays soit figé dans le sang. C'est cela, au moins, qui devrait nous forcer à des distinctions nécessaires pour établir, dans un esprit de justice, les responsabilités réciproques de la colonie et de la métropole.

Ces distinctions, après tout, sont bien faciles. 80 % des Français d'Algérie ne sont pas des colons, mais des salariés ou des commerçants. Le niveau de vie des salariés, bien que supérieur à celui des Arabes, est inférieur à celui de la métropole. Deux exemples le montreront.

Le salaire minimum interprofessionnel garanti est fixé à un taux nettement plus bas que celui des zones les plus défavorisées de la métropole. De plus, en matière d'avantages sociaux, un père de famille de trois enfants perçoit à peu près 7 200 francs contre 19 000 en France. Voilà les profiteurs de la colonisation.

Et pourtant ces mêmes petites gens sont les premières victimes de la situation actuelle. Ils ne figurent pas aux petites annonces de notre presse, pour l'achat de propriétés provençales ou d'appartements parisiens. Ils sont nés là-bas, ils y mourront, et voudraient seulement que ce ne soit pas dans la terreur ou la menace, ni massacrés au fond de leurs mines. Faut-il donc que ces Français laborieux, isolés dans leur bled et leurs villages, soient offerts au massacre pour expier les immenses péchés de la France colonisatrice ? Ceux qui pensent ainsi doivent d'abord le dire et ensuite, selon moi, aller s'exposer eux-mêmes en victimes expiatoires. Car ce serait trop facile, et si les Français d'Algérie ont leurs responsabilités, ceux de France ne doivent pas oublier les leurs.

Qui, en effet, depuis trente ans, a naufragé tous les projets de réforme, sinon un Parlement élu par les Français ? Qui fermait ses oreilles aux cris de la misère **arabe**, qui a permis que la répression de 1945 se passe dans l'indifférence[1], sinon la presse française dans son immense majorité ? Qui enfin, sinon la France, a attendu, avec une dégoûtante bonne conscience, que l'Algérie saigne pour s'apercevoir enfin qu'elle existe ?

Si les Français d'Algérie cultivaient leurs préjugés, n'est-ce pas avec la bénédiction de la métropole ? Et le niveau de vie des Français, si insuffisant qu'il fût, n'aurait-il pas été moindre sans la misère de millions d'Arabes ? La France entière s'est engraissée de cette faim, voilà la vérité. Les seuls innocents sont ces jeunes gens que, précisément, on envoie au combat.

Les gouvernements successifs de la métropole, appuyés sur la confortable indifférence de la presse et de l'opinion publique, secondés par la complaisance des législateurs, sont les premiers et les vrais responsables du désastre actuel. Ils sont plus coupables en tout cas que ces centaines de milliers de travailleurs français qui se survivent en Algérie avec des salaires de misère, qui, trois fois en trente ans, ont pris les armes pour venir au secours de la métropole et qui se voient récompensés aujourd'hui par le mépris des secourus. Ils sont plus coupables que ces populations juives, coincées depuis des années entre l'antisémitisme français et la méfiance arabe, et réduites aujourd'hui, par l'indifférence de notre opinion, à demander refuge à un autre État que le français.

Reconnaissons donc une bonne fois que la faute est ici collective. Mais n'en tirons pas l'idée d'une expiation nécessaire. Car cette idée risquerait de devenir répugnante dès l'instant où les frais de l'expiation seraient laissés à d'autres. En politique, du reste, on n'expie rien. On répare et on fait justice. Une grande, une éclatante réparation doit être faite, selon moi, au peuple arabe. Mais par la France tout entière et non avec le sang des Français d'Algérie. Qu'on le dise hautement, et ceux-ci, je le sais, ne refuseront pas de collaborer, pardessus leurs préjugés, à la construction d'une Algérie nouvelle.

LA VRAIE DÉMISSION[1]

Le fossé qui sépare l'Algérie de la métropole, j'ai dit que celle-ci pouvait aider à le combler en renonçant aux simplifications démagogiques. Mais les Français d'Algérie peuvent y aider aussi en surmontant leurs amertumes en même temps que leurs préjugés.

Les accusations mutuelles ou les procès haineux ne changent rien à la réalité qui nous étreint tous. Qu'ils le veuillent ou non, les Français d'Algérie sont devant un choix. Ils doivent choisir entre la politique de reconquête et la politique de réformes. La première signifie la guerre et la répression généralisée. Mais la seconde, selon certains Français d'Algérie, serait une démission : cette opinion n'est pas seulement une simplification, elle est une erreur et qui peut devenir mortelle.

Pour une nation comme la France, il est d'abord une forme suprême de démission qui s'appelle l'injustice. En Algérie, cette démission a précédé la révolte arabe et explique sa naissance si elle ne justifie pas ses excès.

Approuver les réformes, d'autre part, ce n'est pas, comme on le dit odieusement, approuver le massacre des populations civiles, qui reste un crime. C'est au contraire s'employer à épargner le sang innocent, qu'il soit arabe ou français. Car il est certainement répugnant d'escamoter les massacres des Français pour ne mettre l'accent que sur les excès de la répression. Mais on n'a le droit de condamner les premiers que si l'on refuse, sans une concession, les seconds. Sur ce point du moins, et justement parce qu'il est le plus douloureux, il me semble que l'accord devrait se faire.

Enfin, et nous sommes là au cœur du problème, le refus des réformes constitue la vraie démission. Réflexe de peur autant que d'indignation, il marque seulement un recul devant la réalité. Les Français d'Algérie savent mieux que personne, en effet, que la politique d'assimilation a échoué. D'abord parce qu'elle n'a jamais été vraiment entreprise, et ensuite parce que le peuple arabe a gardé sa personnalité qui n'est pas réductible à la nôtre.

Ces deux personnalités, liées l'une à l'autre par la force des choses, peuvent choisir de s'associer, ou de se détruire. Et le choix en Algérie n'est pas entre la démission ou la reconquête, mais entre le mariage de convenances ou le mariage à mort de deux xénophobies.

En refusant de reconnaître la personnalité arabe, l'Algérie française irait alors contre ses propres intérêts. Car le refus des réformes reviendrait seulement à favoriser contre le peuple arabe, qui a des droits, et contre ses militants clairvoyants, qui ne nient pas les nôtres, l'Égypte féodale et l'Espagne franquiste qui n'ont que des appétits. Ceci serait la vraie démission et je ne puis croire que les Français d'Algérie, dont je connais le réalisme, n'aperçoivent pas la gravité de l'enjeu.

Plutôt que d'accuser sans trêve la métropole et ses faiblesses, mieux vaudrait alors lui venir en aide pour définir une solution qui tienne compte des réalités algériennes. Ces réalités sont d'une part la misère et le déracinement arabes, et de l'autre le droit à la sécurité des Français d'Algérie. Si ces derniers veulent attendre qu'un plan bâti, entre deux visites électorales, par quatre politiciens bâillant d'ennui, devienne la charte de leur malheur, ils peuvent choisir la sécession morale.

Mais s'ils veulent préserver l'essentiel, bâtir une communauté algérienne qui, dans une Algérie pacifique et juste, fasse avancer Français et Arabes sur la route de l'avenir, alors qu'ils nous rejoignent, qu'ils parlent et proposent, avec la confiance que donne la vraie force! Qu'ils sachent enfin, on voudrait le leur crier ici, que ce n'est pas la France qui tient leur destin en main, mais l'Algérie française qui décide aujourd'hui de son propre destin et de celui de la France.

LES RAISONS DE L'ADVERSAIRE[1]

Avant d'en venir, sinon aux solutions du problème algérien, du moins à la méthode qui les rendrait possibles, il me reste à m'adresser aux militants arabes. À eux aussi, je demanderai de ne rien simplifier et de ne pas rendre impossible l'avenir algérien.

Je sais que, du bord où je suis, ces militants ont l'habitude d'entendre des discours plus encourageants. Si j'étais d'ailleurs un combattant arabe et que des Français vinssent m'assurer de leur appui inconditionnel, il va sans dire que j'accueillerais avec empressement ce renfort. Mais Français de naissance et, depuis 1940, par choix délibéré, je le resterai jusqu'à ce qu'on veuille bien cesser d'être allemand ou russe : je vais donc parler selon ce que je suis. Mon seul espoir est que les militants arabes qui me liront voudront réfléchir au moins aux arguments d'un homme qui, depuis vingt ans, et bien avant que leur cause soit découverte par Paris, a défendu sur la terre algérienne, dans une quasi-solitude, leur droit à la justice.

Qu'ils fassent d'abord, et soigneusement, la différence entre ceux qui soutiennent la cause algérienne, parce qu'ils souhaitent, là comme ailleurs, la démission de leur propre pays, et ceux qui demandent réparation pour le peuple algérien parce qu'ils veulent que la France soit grande aussi de sa justice. L'amitié des premiers, je dirai seulement qu'elle a prouvé déjà son inconstance. Quant aux seconds qui sont et ont été plus sûrs, il faut seulement qu'on ne stérilise par leur difficile effort par des flots de sang ou par une intransigeance aveugle.

Les massacres de civils doivent être d'abord condamnés par le mouvement arabe de la même manière que nous, Français libéraux, condamnons ceux de la répression. Ou, sinon, les notions relatives d'innocence et de culpabilité qui éclairent notre action disparaîtraient dans la confusion du crime généralisé, dont la logique est la guerre totale. Déjà, depuis le 20 août, il n'y a plus d'innocents en Algérie, sauf ceux, d'où qu'ils viennent, qui meurent. En dehors d'eux, il n'y a que des culpabilités dont la différence est que l'une est très ancienne, l'autre toute récente.

Telle est, sans doute, la loi de l'histoire. Quand l'opprimé prend les armes au nom de la justice, il fait un pas sur la terre de l'injustice. Mais il peut avancer plus ou moins et, si telle est la loi de l'histoire, c'est en tout cas la loi de l'esprit que, sans cesser de réclamer justice pour l'opprimé, il ne puisse l'approuver dans son injustice, au-delà de certaines limites. Les massacres des civils, outre qu'ils relancent les forces d'oppression, dépassent justement ces limites et il est urgent que tous le reconnaissent clairement. Sur ce point, j'ai une proposition à faire, qui concerne l'avenir et dont je parlerai bientôt.

Reste l'intransigeance. Les militants clairvoyants du mouvement nord-africain, ceux qui savent que l'avenir arabe est commandé par l'accession rapide des peuples musulmans à des conditions de vie modernes, semblent parfois dépassés par un mouvement plus aveugle qui, sans souci des besoins matériels immenses de masses tous les jours multipliées, rêve d'un panislamisme qui se conçoit mieux dans les imaginations du Caire[1] que devant les réalités de l'histoire. Ce rêve, respectable en soi, est pourtant privé d'avenir immédiat. Il est donc dangereux. Quoi qu'on pense de la civilisation technique, elle seule, malgré ses infirmités, peut donner une vie décente aux pays sous-développés. Et ce n'est pas par l'Orient que l'Orient se sauvera physiquement, mais par l'Occident, qui, lui-même, trouvera alors nourriture dans la civilisation de l'Orient. Les travailleurs tunisiens ne s'y sont pas trompés et c'est derrière Bourguiba[2] qu'ils se sont rangés avec l'U.G.T.T., non derrière Salah ben Youssef.

Les Français dont j'ai parlé ne peuvent en tout cas soutenir l'aile, extrémiste dans ses actions, rétrograde dans la doctrine, du mouvement arabe. Ils n'estiment pas l'Égypte qualifiée pour parler de liberté et de justice, ou l'Espagne[3] pour prêcher la démocratie. Ils se prononcent pour la personnalité arabe en Algérie, non pour la personnalité égyptienne. Et ils ne se feront pas les défenseurs de Nasser sur fond de tanks Staline, ni de Franco prophète de l'Islam et du dollar. En bref, ils ne peuvent être les fossoyeurs de leurs convictions et de leur pays.

La personnalité arabe sera reconnue par la personnalité française, mais il faut pour cela que la France existe. C'est pourquoi nous, qui demandons aujourd'hui la reconnaissance de cette personnalité arabe, restons en même temps les défenseurs de la vraie personnalité française, celle d'un peuple qui, dans sa majorité, et seul parmi les grandes nations du monde, a le courage de reconnaître les raisons de l'adversaire qui présentement le combat à mort. Un tel pays, qu'il est alors révoltant d'appeler raciste à cause des exploits d'une minorité, offre aujourd'hui, malgré ses erreurs, payées au demeurant de trop d'humiliations, la meilleure chance d'avenir au peuple arabe.

PREMIER NOVEMBRE

L'AVENIR algérien n'est pas encore tout à fait compromis. Que chaque partie, nous l'avons vu, fasse l'effort d'examiner les raisons de l'adversaire et l'entente deviendra enfin possible. Cet accord inévitable, on voudrait maintenant y travailler en définissant ici ses conditions et ses limites. Mais disons d'abord, en ce jour anniversaire, qu'il serait bien inutile de tenter cet effort si, d'avance, on le rendait impossible par un redoublement de haine et de tueries.

Si les deux populations algériennes devaient, en effet, se dresser l'une contre l'autre, dans une sorte de délire xénophobe et tenter de se massacrer mutuellement, nulle parole ne saurait plus pacifier l'Algérie, comme nulle réforme ne pourrait plus la relever de ses ruines. Ceux, d'où qu'ils viennent et quelles que soient leurs raisons ou leur folie, qui réclament ces massacres, appellent de leurs vœux leur propre destruction. Les aveugles qui exigent la répression généralisée condamnent à mort en même temps d'innocents Français. Et de même ceux qui confient courageusement à de lointains micros d'ignobles appels au meurtre, préparent aussi le massacre des populations arabes.

Sur ce point au moins, la solidarité franco-arabe est totale et il est temps de le savoir. Selon qu'on le voudra, elle se traduira dans l'affreuse fraternité des morts inutiles, ou dans la solidarité des vivants attelés à la même tâche. Mais personne, mort ou vivant, ne pourra s'y soustraire.

Il me semble alors que personne, Français ou Arabe, ne peut désirer entrer dans la logique sanglante d'une guerre totale. Personne, ni d'un côté ni de l'autre, ne devrait se refuser à donner au conflit les limites qui l'empêcheront de dégénérer. Je propose donc que les deux parties en présence prennent, simultanément, l'engagement public de ne pas toucher, quelles que soient les circonstances, aux populations civiles. Cet engagement ne modifierait pour le moment aucune situation. Il viserait seulement à enlever au conflit son caractère inexpiable et à préserver, dans l'avenir, des vies innocentes.

Comment cette double déclaration pourrait-elle être provoquée ? Il serait souhaitable, pour des raisons évidentes, que l'initiative en revînt à la France. Le gouverneur général de l'Algérie, ou le gouvernement français lui-même, pourrait, sans rien engager d'essentiel, prendre cette initiative à son compte. Mais il est possible aussi qu'au nom de considérations purement politiques, les deux parties souhaitent une intervention moins politisée. Dans ce cas, l'initiative pourrait être prise par les chefs religieux des trois grandes communautés d'Algérie. Ceux-ci n'auraient pas à obtenir, ni à négocier un accord qui se situe au-delà de leur compétence, mais simplement à susciter, hors de toute équivoque, et sur un point précis, une double déclaration qui, sans vaine querelle sur le passé, engagerait l'avenir.

Ce n'est pas assez de dire qu'un tel engagement faciliterait la recherche d'une solution. Sans lui, il n'y a pas de solution possible. La grande différence entre la guerre de destruction et le simple divorce armé, c'est que la première ne mène à rien, qu'à plus de destruction encore, tandis que le second peut amener un jugement de réconciliation.

Au regard de ce jugement, l'engagement public que nous souhaitons constitue un préalable, non suffisant, mais nécessaire. Le repousser *a priori* reviendrait à reconnaître publiquement qu'on fait bon marché, d'abord, de son propre peuple, et qu'on ne vise ensuite à rien de plus précis qu'à une destruction stérile et illimitée. Je ne vois donc pas comment une des deux parties pourrait se refuser à une déclaration de pure et simple humanité, claire dans son expression, significative dans ses conséquences. Chacun, au contraire, peut la faire sans renoncer à aucune de ses raisons légitimes. Mais personne, il est vrai, ne pourra s'y dérober sans découvrir ses vrais desseins, dont il sera possible alors de tenir compte.

TRÊVE POUR LES CIVILS[1]

Il n'y a pas de jour où le courrier, la presse, le téléphone même, n'apportent de terribles nouvelles d'Algérie. De toutes parts, les appels retentissent, et les cris. Dans la même matinée, voici la lettre d'un instituteur arabe[2] dont le village a vu quelques-uns de ses hommes fusillés sans jugement, et l'appel d'un ami pour ces ouvriers français, tués et mutilés sur les lieux mêmes de leur travail. Et il faut vivre avec cela, dans ce Paris de neige et de boue, où chaque jour se fait plus pesant!

Si, du moins, une certaine surenchère pouvait prendre fin! À quoi sert désormais de brandir les unes contre les autres les victimes du drame algérien? Elles sont de la même tragique famille et ses membres aujourd'hui s'égorgent en pleine nuit, sans se reconnaître, à tâtons, dans une mêlée d'aveugles.

Cette tragédie d'ailleurs ne fait pas pleurer tout le monde. On en voit qui exultent, quoique de loin. Ils sermonnent, mais sous leurs airs graves, c'est toujours le même cri : « Allons! encore plus fort! Voyez comme celui-ci est cruel, crevez-lui donc les yeux! » Hélas, s'il est encore en Algérie des hommes qui aient du retard dans cette course à la mort et à la vengeance, ils le rattraperont à toute allure. Bientôt l'Algérie ne sera peuplée que de meurtriers et de victimes. Bientôt les morts seuls y seront innocents.

Je sais : il y a une priorité de la violence. La longue violence colonialiste explique celle de la rébellion. Mais cette justification ne peut s'appliquer qu'à la rébellion armée. Comment condamner les excès de la répression si l'on ignore ou l'on tait les débordements de la rébellion? Et inversement, comment s'indigner des massacres des prisonniers français si l'on accepte que des Arabes soient fusillés sans jugement? Chacun s'autorise du crime de l'autre pour aller plus avant. Mais, à cette logique, il n'est pas d'autre terme qu'une interminable destruction.

« Il faut choisir son camp », crient les repus de la haine. Ah! je l'ai choisi! J'ai choisi mon pays, j'ai choisi l'Algérie de la justice, où Français et Arabes s'associeront librement! Et je souhaite que les militants arabes, pour préserver la justice de leur cause, choisissent aussi de condamner les massacres des civils, comme les Français, pour sauver leurs droits et leur avenir, doivent condamner ouvertement les massacres répressifs.

Quand il sera démontré que les uns et les autres sont incapables de cet effort et de la lucidité qui leur permettrait d'apercevoir leurs intérêts communs, quand il sera démontré que la France, coincée entre ses machines à sous et ses appareils à slogans, est incapable de définir une politique à la fois réaliste et généreuse, alors seulement nous désespérerons. Mais cela n'est pas encore démontré, et nous devons lutter jusqu'au bout contre les entraînements de la haine.

Du moins, il faut faire vite. Chaque jour qui passe ruine un peu plus l'Algérie et voue ses masses à des années de misère supplémentaires. Chaque mort sépare un peu plus les deux populations; demain, elles ne s'affronteront plus de part et d'autre d'un fossé, mais au-dessus d'une fosse commune. Quel que soit le gouvernement qui, dans quelques semaines[1], abordera le problème algérien, il risque alors de se trouver devant une situation sans issue.

Il revient donc aux Français d'Algérie eux-mêmes de prendre les initiatives nécessaires. Ils craignent Paris, je le sais, et ils n'ont pas toujours tort. Mais que font-ils pendant ce temps, que proposent-ils? S'ils ne font rien, d'autres feront pour eux, et pourquoi se plaindraient-ils ensuite? On me dit que certains d'entre eux, éclairés d'une brusque lumière, ont choisi de soutenir Poujade[2]. Je ne veux pas encore croire à ce qui serait un suicide pur et simple. L'Algérie a besoin d'esprit d'invention, non de slogans périmés. Elle meurt, empoisonnée par la haine et l'injustice. Elle se sauvera seulement en neutralisant sa haine par une surabondance d'énergie créatrice.

C'est pourquoi il faut s'adresser une fois de plus aux Français d'Algérie pour leur dire : « Tout en défendant vos maisons et vos familles, ayez la force supplémentaire de reconnaître ce qui est juste dans la cause de vos adversaires, et de condamner ce qui ne l'est pas dans la répression. Soyez les premiers à proposer ce qui peut sauver l'Algérie et établir une loyale collaboration entre les fils différents d'une même terre! » Aux militants arabes, il faut tenir le même langage. Au sein même de la lutte qu'ils soutiennent pour leur cause, qu'ils désavouent enfin le meurtre des innocents et qu'ils proposent, eux aussi, leur plan d'avenir!

A tous, il faut enfin crier trêve. Trêve jusqu'au moment des solutions, trêve au massacre des civils, de part et d'autre! Tant que l'accusateur ne donne pas l'exemple, toutes les accusations sont vaines. Amis français et arabes, ne laissez pas sans réponse un des derniers appels pour une Algérie vraiment libre et pacifique, bientôt riche et créatrice! Il n'y a pas d'autre solution, il n'y a aucune autre solution que celle dont nous parlons. Au-delà d'elle, il n'y a que mort et destruction. Des mouvements se constituent partout, je le sais, des hommes de courage, Arabes et Français, se regroupent. Rejoignez-les, aidez-les de toutes vos forces! Ils sont le seul, et le dernier espoir de l'Algérie.

LE PARTI DE LA TRÊVE[1]

Le temps approche où le problème algérien va exiger sa solution. Mais on ne voit pas pour autant que cette solution approche. Personne, apparemment, n'a de plan réel. On se bat sur la méthode et les moyens. Quant à la fin, tout le monde semble l'ignorer.

On me dit qu'une partie du mouvement arabe propose une forme d'indépendance qui signifierait, tôt ou tard, l'éviction des Français d'Algérie. Or, par leur nombre et l'ancienneté de leur implantation, ceux-ci constituent eux aussi un peuple, qui ne peut disposer de personne, mais dont on ne peut disposer non plus sans son assentiment.

Les éléments fanatiques de la colonisation, de leur côté, brisent les vitres au cri de « Répression », et renvoient après la victoire des réformes mal définies. Cela signifie pratiquement la suppression, au moins morale, d'une population arabe dont ni la personnalité ni les droits ne peuvent être niés.

Ce sont là des doctrines de guerre totale. Ni dans un cas ni dans l'autre, on ne peut parler d'une solution constructive. Je crois au contraire plus féconde la déclaration approuvée hier par le Congrès socialiste selon laquelle il ne peut y avoir en Algérie de négociation unilatérale[2]. Les deux mots, en effet, sont contradictoires. Pour qu'il y ait négociation, il faut que chaque partie en présence tienne compte des droits de l'autre et concède quelque chose dans le sens de l'apaisement.

Deux éléments rendent difficile cette confrontation. C'est d'abord l'absence d'une structure politique algérienne que la colonisation a supprimée, tandis que les protectorats respectaient au moins fictivement les États tunisien et marocain. La deuxième difficulté tient à l'absence de doctrine française, conséquence de notre instabilité politique. Dans cette lutte qui n'oppose que des passions, personne ne peut se définir par rapport à la doctrine de l'adversaire. Dès lors, seules les surenchères s'expriment.

Nous ne pouvons pas refaire en un jour une structure politique en Algérie : c'est justement le problème qu'il s'agit de résoudre. Mais le gouvernement français, pour fixer sa doctrine, pourrait en même temps reconnaître la nécessité d'une négociation avec des interlocuteurs régulièrement élus[1] et tracer clairement les limites de ce qu'il peut et ne peut pas accepter. L'une de ces limites paraît évidente aujourd'hui. Elle peut se symboliser ainsi : oui à la personnalité arabe en Algérie, non à la personnalité égyptienne. On ne trouvera d'ailleurs pas une majorité de Français pour accepter, au moment où leur pays chancelle, de prêter main-forte à cette étrange coalition qui réunit contre nous Madrid, Budapest et Le Caire. Sur ce point, le non doit être absolu. Mais d'autant plus fort sera ce non, d'autant plus ferme doit être l'engagement de faire justice au peuple arabe et d'arriver à un accord librement consenti avec lui.

Cela ne peut se faire sans une sérieuse évolution de l'opinion française en Algérie. Les noces sanglantes du terrorisme et de la répression n'y aideront pas. Les surenchères haineuses et démagogiques non plus, de quelque côté qu'elles viennent. Mais il faut que se rassemblent, au contraire, ceux qui sont encore capables d'un dialogue. Les Français qui, en Algérie, pensent qu'on peut faire coexister la présence française et la présence arabe dans un régime de libre association, qui croient que cette coexistence rendra justice à toutes les communautés algériennes, sans exception, et qui sont sûrs en tout cas qu'elle seule peut sauver, aujourd'hui de la mort et demain de la misère, le peuple de l'Algérie, ces Français-là doivent prendre enfin leurs responsabilités et prêcher l'apaisement pour rendre le dialogue à nouveau possible. Leur premier devoir est de demander de toutes leurs forces qu'une trêve soit instaurée en ce qui concerne les civils.

Cette trêve obtenue, le reste risque de suivre. Car l'association des personnes en Algérie n'est pas seulement nécessaire, elle est possible. Une justice claire et forte, l'union des différences, la marche confiante vers un avenir exemplaire, tel devrait être notre parti à tous, Arabes et Français. Le parti de la trêve deviendrait alors l'Algérie elle-même. Sachons du moins que l'enjeu de cette aventure est mortel. Je la vis quant à moi comme l'une de ces crises qui, à l'occasion de la guerre d'Espagne et de la défaite de 1940, ont transformé et orienté les hommes de ma génération en les obligeant à mesurer la décadence des formules politiques sur lesquelles ils vivaient. Si, par un excès de malheur, la coalition inconsciente de deux aveuglements amenait, dans un sens ou dans l'autre, la mort de l'Algérie que nous espérons, il nous faudrait alors, devant le constat de notre impuissance, procéder à une revision totale de nos engagements et de nos doctrines dans une histoire qui pour nous aurait changé de sens.

Mais l'espoir demeure que nous serons capables d'édifier, dans le sens qui est le nôtre, les structures historiques de demain. Les Français d'Algérie, ceux de la métropole, et le peuple arabe lui-même, ont la charge, difficile et exaltante, de cet espoir.

APPEL POUR UNE TRÊVE CIVILE EN ALGÉRIE*

* Conférence prononcée à Alger, le 22 janvier 1956¹.

POUR UNE TRÊVE CIVILE EN ALGÉRIE

Mesdames, Messieurs,

M ALGRÉ les précautions dont il a fallu entourer cette réunion, malgré les difficultés que nous avons rencontrées, je ne parlerai pas ce soir pour diviser, mais pour réunir. Car c'est là mon vœu le plus ardent. Ce n'est pas la moindre de mes déceptions — et le mot est faible — d'avoir à reconnaître que tout se ligue contre un tel vœu et que, par exemple, un homme, et un écrivain, qui a consacré une partie de sa vie à servir l'Algérie, s'expose, avant même qu'on sache ce qu'il veut dire, à se voir refuser la parole. Mais cela confirme en même temps l'urgence de l'effort d'apaisement que nous devons entreprendre. Cette réunion devait donc avoir lieu pour montrer au moins que toute chance de dialogue n'est pas perdue et pour que, du découragement général, ne naisse pas le consentement au pire.

J'ai bien parlé de « dialogue », ce n'est donc pas une conférence en forme que je suis venu prononcer. À vrai dire, dans les circonstances actuelles, le cœur me manquerait pour le faire. Mais il m'a paru possible, et j'ai même considéré qu'il était de mon devoir, de venir répercuter auprès de vous un appel de simple humanité, susceptible, sur un point au moins, de faire taire les fureurs et de rassembler la plupart des Algériens, français ou arabes, sans qu'ils aient à rien abandonner de leurs convictions. Cet appel, pris en charge par le comité qui a organisé cette réunion, s'adresse aux deux camps pour leur demander d'accepter une trêve qui concernerait uniquement les civils innocents.

J'ai donc seulement à justifier aujourd'hui cette initiative auprès de vous. Je vais tenter de le faire brièvement.

Disons d'abord, et insistons sur ce point, que, par la

force des choses, notre appel se situe en dehors de toute politique. S'il en était autrement, je n'aurais pas qualité pour en parler. Je ne suis pas un homme politique, mes passions et mes goûts m'appellent ailleurs qu'aux tribunes publiques. Je n'y vais que forcé par la pression des circonstances et l'idée que je me fais parfois de mon métier d'écrivain. Sur le fond du problème algérien, j'aurais d'ailleurs, à mesure que les événements se précipitent et que les méfiances, de part et d'autre, grandissent, plus de doutes, peut-être, que de certitudes à exprimer. Pour intervenir sur ce point, ma seule qualification est d'avoir vécu le malheur algérien comme une tragédie personnelle et de ne pas pouvoir, en particulier, me réjouir d'aucune mort, quelle qu'elle soit. Pendant vingt ans, avec de faibles moyens, j'ai fait mon possible pour aider à la concorde de nos deux peuples. On peut rire sans doute à la mine que prend le prêcheur de réconciliation devant la réponse que lui fait l'histoire en lui montrant les deux peuples qu'il aimait embrassés seulement dans une même fureur mortelle. Lui-même, en tout cas, n'est pas porté à en rire. Devant un tel échec, son seul souci ne peut plus être que d'épargner à son pays un excès de souffrances.

Il faut encore ajouter que les hommes qui ont pris l'initiative de soutenir cet appel n'agissent pas non plus à titre politique. Parmi eux se trouvent des membres de grandes familles religieuses qui ont bien voulu appuyer, selon leur plus haute vocation, un devoir d'humanité. Ou encore des hommes que rien ne destinait, ni leur métier ni leur sensibilité, à se mêler aux affaires publiques. Pour la plupart, en effet, leur métier, utile par lui-même à la communauté, suffisait à remplir leur vie. Ils auraient pu rester à l'écart, comme tant d'autres, compter les coups, quitte à exhaler de temps en temps quelques beaux accents mélancoliques. Mais ils ont pensé que bâtir, enseigner, créer, étaient des œuvres de vie et de générosité et qu'on ne pouvait les continuer au royaume de la haine et du sang. Une telle décision, si lourde de conséquences et d'engagements, ne leur donne aucun droit sauf un seul : celui de demander qu'on réfléchisse à ce qu'ils proposent.

Il faut dire enfin que nous ne voulons pas obtenir de vous une adhésion politique. À vouloir poser le problème sur le fond, nous risquerions de ne pas recevoir l'accord dont nous avons besoin. Nous pouvons différer sur les solutions nécessaires, et même sur les moyens d'y parvenir. Confronter de nouveau des positions cent fois définies, et déformées, serait, pour le moment, ajouter seulement au poids d'insultes et de detestations sous lequel étouffe et se débat notre pays.

Mais une chose du moins nous réunit tous qui est l'amour de notre terre commune, et l'angoisse. Angoisse devant un avenir qui se ferme un peu plus tous les jours, devant la menace d'une lutte pourrissante, d'un déséquilibre économique déjà sérieux, chaque jour aggravé, et qui risque de devenir tel qu'aucune force ne sera plus capable de relever l'Algérie avant longtemps.

C'est à cette angoisse que nous voulons nous adresser, même et surtout chez ceux qui ont déjà choisi leur camp. Car même chez le plus déterminé d'entre ceux-là, jusqu'au cœur de la mêlée, il y a une part, je le sais, qui ne se résigne pas au meurtre et à la haine, et qui rêve d'une Algérie heureuse.

C'est à cette part qu'en chacun de vous, Français ou Arabes, nous faisons appel. C'est à ceux qui ne se résignent pas à voir ce grand pays se briser en deux et partir à la dérive que, sans rappeler à nouveau les erreurs du passé, anxieux seulement de l'avenir, nous voudrions dire qu'il est possible, aujourd'hui, sur un point précis, de nous réunir d'abord, de sauver ensuite des vies humaines, et de préparer ainsi un climat plus favorable à une discussion enfin raisonnable. La modestie voulue de cet objectif, et cependant son importance, devrait, selon moi, lui valoir votre plus large accord.

De quoi s'agit-il ? D'obtenir que le mouvement arabe et les autorités françaises, sans avoir à entrer en contact, ni à s'engager à rien d'autre, déclarent, simultanément, que, pendant toute la durée des troubles, la population civile sera, en toute occasion, respectée et protégée. Pourquoi cette mesure ? La première raison, sur laquelle je n'insisterai pas beaucoup, est, je l'ai dit, de simple humanité. Quelles que soient les origines anciennes et profondes de la tragédie algérienne, un fait demeure : aucune cause ne justifie la mort de l'innocent. Tout au long de l'histoire, les hommes, incapables de supprimer la guerre elle-même, se sont attachés à limiter ses effets et, si terribles et répugnantes qu'aient été les dernières guerres mondiales, les organisations de secours et de solidarité sont parvenues cependant à faire pénétrer dans leurs ténèbres ce faible rayon de pitié qui empêche de désespérer tout à fait de l'homme. Cette nécessité apparaît d'autant plus urgente lorsqu'il s'agit d'une lutte qui, à tant d'égards, prend l'apparence d'un combat fratricide et où, dans la mêlée obscure, les armes ne distinguent plus l'homme de la femme, ni le soldat de l'ouvrier. De ce point de vue, quand bien même notre initiative ne sauverait qu'une seule vie innocente, elle serait justifiée.

Mais elle est justifiée encore par d'autres raisons. Si sombre qu'il soit, l'avenir algérien n'est pas encore tout à fait compromis. Si chacun, Arabe ou Français, faisait l'effort de réfléchir aux raisons de l'adversaire, les éléments, au moins, d'une discussion féconde pourraient se dégager. Mais si les deux populations algériennes, chacune accusant l'autre d'avoir commencé, devaient se jeter l'une contre l'autre dans une sorte de délire xénophobe, alors toute chance d'entente serait définitivement noyée dans le sang. Il se peut, et c'est notre plus grande angoisse, que nous marchions vers ces horreurs. Mais cela ne doit pas, ne peut pas se faire, sans que ceux d'entre nous, Arabes et Français, qui refusent les folies et les destructions du nihilisme, aient lancé un dernier appel à la raison.

La raison, ici, démontre clairement que sur ce point, au moins, la solidarité française et arabe est inévitable, dans la mort comme dans la vie, dans la destruction comme dans l'espoir. La face affreuse de cette solidarité apparaît dans la dialectique infernale qui veut que ce qui tue les uns tue les autres aussi, chacun rejetant la faute sur l'autre, et justifiant ses violences par la violence de l'adversaire. L'éternelle querelle du premier responsable perd alors son sens. Et pour n'avoir pas su vivre ensemble, deux populations, à la fois semblables et différentes, mais également respectables, se condamnent à mourir ensemble, la rage au cœur.

Mais il y a aussi une communauté de l'espoir qui justifie notre appel. Cette communauté est assise sur des réalités contre lesquelles nous ne pouvons rien. Sur cette terre sont réunis un million de Français établis depuis un siècle, des millions de musulmans, Arabes et Berbères, installés depuis des siècles, plusieurs communautés religieuses, fortes et vivantes. Ces hommes doivent vivre ensemble, à ce carrefour de routes et de races où l'histoire les a placés. Ils le peuvent, à la seule condition de faire quelques pas les uns au-devant des autres, dans une confrontation libre. Nos différences devraient alors nous aider au lieu de nous opposer. Pour ma part, là comme partout, je ne crois qu'aux différences, non à l'uniformité. Et d'abord, parce que les premières sont les racines sans lesquelles l'arbre de liberté, la sève de la création et de la civilisation, se dessèchent. Pourtant, nous restons figés les uns devant les autres, comme frappés d'une paralysie qui ne se délivre que dans les crises brutales et brèves de la violence. C'est que la lutte a pris un caractère inexpiable qui soulève de chaque côté des indignations irrépressibles, et des passions qui ne laissent place qu'aux surenchères.

« Il n'y a plus de discussion possible », voilà le cri qui stérilise tout avenir et toute chance de vie. Dès lors, c'est le combat aveugle où le Français décide d'ignorer l'Arabe, même s'il sait, quelque part en lui-même, que sa revendication de dignité est justifiée, et l'Arabe décide d'ignorer le Français, même s'il sait, quelque part en lui-même, que les Français d'Algérie ont droit aussi à la sécurité et à la dignité sur notre terre commune. Enfermé dans sa rancune et sa haine, personne alors ne peut écouter l'autre. Toute proposition, dans quelque sens qu'elle soit faite, est accueillie avec méfiance, aussitôt déformée et rendue inutilisable. Nous entrons peu à peu dans un nœud inextricable d'accusations anciennes et nouvelles, de vengeances durcies, de rancunes inlassables se relayant l'une l'autre, comme dans ces vieux procès de famille où les griefs et les arguments s'accumulent pendant des générations, et à ce point que les juges les plus intègres et les plus humains ne peuvent plus s'y retrouver. La fin d'une pareille situation peut alors difficilement s'imaginer et l'espoir d'une association française et arabe, d'une Algérie pacifique et créatrice, s'estompe un peu plus chaque jour.

Si donc nous voulons maintenir un peu de cet espoir, jusqu'au jour du moins où la discussion s'engagera sur le fond, si nous voulons faire en sorte que cette discussion ait une chance d'aboutir, grâce à un effort réciproque de compréhension, nous devons agir sur le caractère même de cette lutte. Nous sommes trop ligotés par l'ampleur du drame et la complexité des passions qui s'y déchaînent, pour espérer obtenir dès maintenant l'arrêt des hostilités. Cette action supposerait en effet des prises de position purement politiques qui, pour le moment, nous diviseraient peut-être plus encore.

Mais nous pouvons agir au moins sur ce que la lutte a d'odieux et proposer, sans rien changer à la situation présente, de renoncer seulement à ce qui la rend inexpiable, c'est-à-dire le meurtre des innocents. Le fait qu'une telle réunion mêlerait des Français et des Arabes, également soucieux de ne pas aller vers l'irréparable et la misère irréversible, lui donnerait des chances sérieuses d'intervenir auprès des deux camps.

Si notre proposition avait une chance d'être acceptée, et elle en a une, nous n'aurions pas seulement sauvé de précieuses vies, nous aurions restitué un climat propice à une discussion saine qui ne serait pas gâtée par d'absurdes intransigeances, nous aurions préparé le terrain à une compréhension plus juste et plus nuancée du problème algérien. En provoquant, sur un point donné, ce faible dégel, nous pourrions espérer un jour défaire, dans son entier, le bloc durci des haines et des folles exigences où nous sommes tous immobilisés. La parole serait alors aux politiques et chacun aurait le droit de défendre à nouveau ses propres convictions, et d'expliquer sa différence.

C'est là, en tout cas, la position étroite sur laquelle nous pouvons, pour commencer, espérer de nous réunir. Toute plate-forme plus vaste ne nous offrirait, pour le moment, qu'un champ de discorde supplémentaire. Nous devons être patients avec nous-mêmes.

Mais à cette action, à la fois limitée et capitale, je ne crois pas, après mûre réflexion, qu'aucun Français ni aucun Arabe puisse refuser son accord. Pour bien nous en persuader, il suffira d'imaginer ce qui adviendrait si cette entreprise, malgré les précautions et les limites étroites où nous la renfermons, échouait. Ce qui arrivera, c'est le divorce définitif, la destruction de tout espoir, et un malheur dont nous n'avons encore qu'une faible idée. Ceux de nos amis arabes qui se tiennent aujourd'hui courageusement auprès de nous dans ce « no man's land » où l'on est menacé des deux côtés et qui, déchirés eux-mêmes, ont déjà tant de difficultés à résister aux surenchères, seront forcés d'y céder et s'abandonneront à une fatalité qui écrasera toute possibilité de dialogue. Directement ou indirectement, ils entreront dans la lutte, alors qu'ils auraient pu être des artisans de la paix. L'intérêt de tous les Français est donc de les aider à échapper à cette fatalité.

Mais, de même, l'intérêt direct des modérés arabes est de nous aider à échapper à une autre fatalité. Car si nous échouons dans notre entreprise et faisons la preuve de notre impuissance, les Français libéraux qui pensent qu'on peut faire coexister la présence française et la présence arabe, qui croient que cette coexistence rendra justice aux droits des uns comme des autres, qui sont sûrs, en tout cas, qu'elle seule peut sauver de la misère le peuple de ce pays, ces Français auront la bouche fermée.

Au lieu de cette large communauté dont ils rêvent, ils seront renvoyés alors à la seule communauté vivante qui les justifie, je veux dire la France. C'est dire qu'à notre tour, par notre silence ou de propos délibéré, nous entrerons dans la lutte. Pour illustrer cette double évolution, qu'il faut craindre et qui dicte l'urgence de notre action, je ne puis parler au nom de nos amis arabes. Mais je suis témoin qu'elle est possible en France. De même que j'ai senti ici la méfiance arabe envers tout ce qu'on lui propose, on peut sentir en France, vous devez le savoir, la montée du doute et d'une méfiance parallèle qui risquent de s'installer si les Français, déjà impressionnés par le maintien de la guerre du Rif après le retour du Sultan et par le réveil du fellaghisme en Tunisie, se voient contraints, par le développement d'une lutte inexpiable, de penser que les buts de cette lutte ne sont pas seulement la justice pour un peuple, mais la réalisation, aux dépens de la France, et pour sa ruine définitive, d'ambitions étrangères. Le raisonnement que se tiendront alors beaucoup de Français est le symétrique de celui de la majorité des Arabes s'ils venaient, perdant tout espoir, à accepter l'inévitable. Ce raisonnement consistera à dire : « Nous sommes français. La considération de ce qu'il y a de juste dans la cause de nos adversaires ne nous entraînera pas à faire injustice à ce qui, dans la France et son peuple, mérite de survivre et de grandir. On ne peut pas nous demander d'applaudir à tous les nationalismes, sauf au français, d'absoudre tous les péchés, sauf ceux de la France. À l'extrémité où nous sommes et puisqu'il faut choisir, nous ne pouvons pas choisir autre chose que notre propre pays. »

Ainsi, par le même raisonnement, mais tenu en sens inverse, nos deux peuples se sépareront définitivement et l'Algérie deviendra pour longtemps un champ de ruines alors que le simple effort de la réflexion pourrait aujourd'hui encore changer la face des choses et éviter le pire.

Voilà le double danger qui nous menace, l'enjeu mortel devant lequel nous nous trouvons. Ou nous réussirons, sur un point au moins, à nous associer pour limiter les dégâts, et nous favoriserons ainsi une évolution satisfaisante, ou nous échouerons à nous réunir et à persuader, et cet échec retentira sur tout l'avenir. Voilà ce qui justifie notre initiative et décide de son urgence. C'est pourquoi mon appel sera plus que pressant. Si j'avais le pouvoir de donner une voix à la solitude et à l'angoisse de chacun d'entre nous, c'est avec cette voix que je m'adresserais à vous. En ce qui me concerne, j'ai aimé avec passion cette terre où je suis né, j'y ai puisé tout ce que je suis, et je n'ai jamais séparé dans mon amitié aucun des hommes qui y vivent, de quelque race qu'ils soient. Bien que j'aie connu et partagé les misères qui ne lui manquent pas, elle est restée pour moi la terre du bonheur, de l'énergie et de la création. Et je ne puis me résigner à la voir devenir pour longtemps la terre du malheur et de la haine.

Je sais que les grandes tragédies de l'histoire fascinent souvent les hommes par leurs visages horribles. Ils restent alors immobiles devant elles sans pouvoir se décider à rien, qu'à attendre. Ils attendent, et la Gorgone un jour les dévore. Je voudrais, au contraire, vous faire partager ma conviction que cet enchantement peut être rompu, que cette impuissance est une illusion, que la force du cœur, l'intelligence, le courage, suffisent pour faire échec au destin et le renverser parfois. Il faut seulement vouloir, non pas aveuglément, mais d'une volonté ferme et réfléchie.

On se résigne trop facilement à la fatalité. On accepte trop facilement de croire qu'après tout le sang seul fait avancer l'histoire et que le plus fort progresse alors sur la faiblesse de l'autre. Cette fatalité existe peut-être. Mais la tâche des hommes n'est pas de l'accepter, ni de se soumettre à ses lois. S'ils l'avaient acceptée aux premiers âges, nous en serions encore à la préhistoire. La tâche des hommes de culture et de foi n'est, en tout cas, ni de déserter les luttes historiques, ni de servir ce qu'elles ont de cruel et d'inhumain. Elle est de s'y maintenir, d'y aider l'homme contre ce qui l'opprime, de favoriser sa liberté contre les fatalités qui le cernent.

C'est à cette condition que l'histoire avance véritablement, qu'elle innove, qu'elle crée, en un mot. Pour tout le reste, elle se répète, comme une bouche sanglante qui ne vomit qu'un bégaiement furieux. Nous en sommes aujourd'hui au bégaiement et, pourtant, les plus larges perspectives s'ouvrent à notre siècle. Nous en sommes au duel au couteau, ou presque, et le monde marche à l'allure de nos avions supersoniques. Le même jour où nos journaux impriment l'affreux récit de nos querelles provinciales, ils annoncent le pool atomique européen. Demain, si seulement l'Europe s'accorde avec elle-même, des flots de richesses couvriront le continent et, débordant jusqu'ici, rendront nos problèmes périmés et nos haines caduques.

C'est pour cet avenir encore inimaginable, mais proche, que nous devons nous organiser et nous tenir les coudes. Ce qu'il y a d'absurde et de navrant dans la tragédie que nous vivons éclate dans le fait que, pour aborder un jour ces perspectives qui ont l'échelle d'un monde, nous devons aujourd'hui nous réunir pauvrement, à quelques-uns, pour demander seulement, sans prétendre encore à rien de plus, que soit épargnée sur un point solitaire du globe une poignée de victimes innocentes. Mais puisque c'est là notre tâche, si obscure et ingrate qu'elle soit, nous devons l'aborder avec décision pour mériter un jour de vivre en hommes libres, c'est-à-dire comme des hommes qui refusent à la fois d'exercer et de subir la terreur.

L'AFFAIRE MAISONSEUL*

* Les deux textes suivants ont paru dans *le Monde* en mai et juin 1956. Le 10 juillet 1957, une ordonnance de non-lieu reconnaissait l'innocence totale de Jean de Maisonseul[1].

LETTRE AU *MONDE*[1]

Paris, le 28 mai 1956.

Monsieur le Directeur,

Je viens d'apprendre avec une stupéfaction indignée l'arrestation à Alger de mon ami Jean de Maisonseul. Je me suis jusqu'ici obligé au silence sur l'affaire algérienne afin de ne pas ajouter au malheur français et parce que, finalement, je n'approuvais rien de ce qui se disait à droite comme à gauche. Mais il n'est pas possible de se taire devant d'aussi stupides et brutales initiatives qui, justement, portent un coup direct aux intérêts de la France en Algérie. Je connais Jean de Maisonseul depuis vingt ans. Il ne s'est jamais occupé de politique pendant tout ce temps. Ses deux seules passions étaient l'architecture et la peinture. Orléansville, par exemple, doit à ce grand architecte d'être relevée de ses ruines. Il construisait en somme l'Algérie pendant que d'autres la détruisaient.

C'est tout récemment que, devant la tragédie d'un pays qu'il aimait par-dessus tout, il a cru devoir prêter l'appui de son nom et de son action au projet de trêve civile qui était le mien, dont le principe a été approuvé successivement par MM. Soustelle, Lacoste et Mollet[2], et qui revenait, sans interpréter ni modifier l'actuelle situation, à obtenir que soient préservés au moins les femmes, les vieillards et les enfants, français ou arabes. Il ne s'agissait là de rien qui puisse ressembler de près ni de loin à une négociation ni même à un simple « cessez-le-feu », mais seulement d'un ensemble de dispositions purement humanitaires que personne jusqu'ici n'a eu l'impudence de critiquer. Le texte de mon appel a d'ailleurs été rendu public, et personne à ma connaissance n'a jugé son objet scandaleux ni ses intentions criminelles. L'« organisation » dont parle la dépêche d'agence n'est rien d'autre que le comité qui a pris en charge cet appel et, fort des encouragements reçus, a tenté de le faire aboutir dans des conditions de plus en plus désespérées. Nos services de sécurité n'ont certainement pas eu de peine à découvrir cette « organisation », dont l'existence était de notoriété publique.

Jean de Maisonseul s'est occupé activement de ce comité. C'est un abus de mots et de pouvoir que de lui prêter, à partir de là, des relations avec des partis ou des tendances qui n'ont jamais eu accès à ce comité, plus encore de lui prêter des intentions de négociations en vue d'un « cessez-le-feu » ou pour l'établissement d'une république algérienne indépendante. On croit rêver en lisant de pareilles bêtises.

Je lis aussi que Maisonseul aurait adhéré à la Fédération des Français libéraux[1]. Il n'est pas le seul dans ce cas, et cette Fédération ayant, selon ce qu'on m'a dit, déclaré ses desseins et déposé ses statuts, il n'est pas pendable d'y adhérer. Arrêter les libéraux et seulement parce qu'ils le sont, c'est décréter que seuls les manifestants du 6 février ont la parole en Algérie. Si cela est, je prie le président Mollet de nous le faire savoir et d'approuver publiquement cette politique qui veut que soient accusés d'esprit de capitulation tous ceux qui n'insultent pas le président du gouvernement français. Quant à moi, si je suis fermement opposé à toutes les sortes de capitulations, je ne le suis pas moins à la politique des ultras d'Algérie, qui représente à mes yeux une autre sorte de démission, dont la responsabilité est infinie. Cette position était exactement celle de Jean de Maisonseul.

Si son activité en faveur de victimes innocentes, françaises et arabes, en Algérie, a suffi au contraire à le faire inculper, il faudra de toute nécessité m'arrêter aussi : cette activité est et sera la mienne. En bonne logique, il faudra d'ailleurs arrêter encore les représentants de la Croix-Rouge, ainsi que MM. Mollet et Lacoste, qui ont eu connaissance de ce projet. Le président Mollet en particulier m'a fait transmettre, il y a seulement un mois, une adhésion personnelle, qu'il qualifiait lui-même de chaleureuse, à l'action de ce comité. Ces félicitations, il est vrai, tiendront frais dans sa cellule à mon ami emprisonné. Il s'en consolera en sachant que dans le honteux traitement qui lui est fait la solidarité de ses amis ne lui

manquera pas. Personne au gouvernement ni ailleurs
n'est en mesure de donner des leçons de patriotisme à ce
Français courageux. Et je témoigne qu'il n'a jamais
manqué à la fidélité qu'il devait à son pays, même et
surtout dans ce qu'il faisait. Son arrestation au contraire
et les confusions grossièrement calculées dont on l'entoure sont un véritable sabotage de l'avenir français en
Algérie. L'état-major fellagha doit bien rire aujourd'hui.
Et il aura raison. Ces brutalités aveugles ne compen-
seront point les faiblesses incroyables de notre diplomatie. Mais elles s'uniront à elles pour le plus grand dommage
du pays.

Je laisse cependant à nos gouvernants la responsabilité
de leur politique et de leur police. La seule chose qui
m'intéresse est la libération de Jean de Maisonseul.
J'userai à cet égard de toutes mes possibilités pour
alerter l'opinion et réclamer cette libération. Il faudra
ensuite obtenir réparation. Car il serait intolérable qu'on
puisse impunément toucher, par le truchement d'une
police déréglée, à l'honneur d'hommes de cette qualité.

P.-S. — Aux dernières nouvelles je lis qu'on repro-
cherait seulement à Jean de Maisonseul des « imprudences » et que les poursuites engagées contre lui ont
une portée limitée. Je répète que ces « imprudences »,
qui sont des actes de courage civique, et qui ne portaient
nulle atteinte aux intérêts français, ont été connues et
approuvées des milieux officiels. Quant à la portée
restreinte des poursuites, elle accroît mon indignation.
Car ce qui n'a pas de limites, hélas! c'est le dommage
fait à un homme irréprochable, dont le nom a été livré à
l'opinion publique, sur les ondes et en première page des
journaux, avec des commentaires révoltants. Je répète
qu'il reviendra à tous les hommes libres d'attaches
partisanes d'exiger une réparation immédiate.

GOUVERNEZ!

Une semaine après l'arrestation de Jean de Maisonseul il ne reste rien des accusations lancées au hasard contre lui, et exploitées sans délai par nos diplômés en trahison. M. Robert Lacoste aurait déclaré que l'affaire avait été déclenchée à son insu[1], et les milieux gouvernementaux seraient, quant à eux, à la fois navrés et surpris. Les pleins pouvoirs, on le voit, ont des passages à vide. S'il n'y a point de traître, en tout cas, ni de complot, que reste-t-il de tout ce bruit ? Rien sinon ceci, et je ne peux l'écrire sans rage et sans colère, que mon ami innocent est toujours en prison, qu'on l'y tient de surcroît au secret et que ses avocats n'ont pu communiquer avec lui. Autrement dit, ce n'est apparemment pas le gouvernement de la métropole qui gouverne en Algérie, ni même M. Robert Lacoste, mais n'importe qui.

À la vérité, nous le savions déjà et que l'autonomie de l'Algérie était depuis longtemps un fait. La souveraineté française est mise en cause là-bas par une double sécession ; il faut donc la défendre deux fois ou cesser d'en parler. Celui qui, en effet, se refuse à combattre sur deux fronts[2] finit toujours par se faire tirer dans le dos. La preuve en est faite aujourd'hui, et il est certainement permis de dire qu'il y a eu complot en Algérie. Mais c'est un complot contre l'autorité de l'État et l'avenir français. Un bel amalgame, dans la répugnante tradition policière, a essayé de démontrer par intimidation que tout libéral était un traître, afin que la France ne s'avise pas de compter la justice généreuse au nombre de ses armes. Nos brillants conspirateurs ont seulement oublié qu'ils encourageaient en même temps les fellagha, en leur montrant que tant de Français, et parmi les plus honnêtes, étaient décidés à leur livrer de grand cœur l'Algérie. Mais je laisse à nos ministres le soin de tirer les conclusions nécessaires et de chercher les responsables.

Je ne m'intéresse, quant à moi, qu'à la responsabilité du gouvernement lui-même.

Je veux bien croire en effet que celui-ci n'a aucune part dans l'arrestation arbitraire de Jean de Maisonseul : mais dès l'instant où il la connaît et la déplore, il porte la responsabilité de la détention arbitraire où est encore maintenu un innocent. À partir de là, rien n'excuse le gouvernement, et il faut porter à son compte chaque jour, chaque nuit et chaque heure de ce scandaleux emprisonnement. Ce n'est rien de regretter une injustice, il faut la réparer. Ce n'est pas tout que de frapper sur la table, il faut être obéi. Ou sinon on nous donnera une fois de plus le spectacle d'une autorité exténuée, traînée par les événements qu'elle prétend guider, privée de l'énergie de la paix comme de l'énergie de la guerre, et toujours violée au moment même où elle crie sa vertu.

Les amis de Jean de Maisonseul ni lui-même ne peuvent se suffire de regrets exprimés à la cantonade. La réputation et la liberté d'un homme ne se payent pas en condoléances ni en nostalgies. Ce sont des réalités charnelles, au contraire, et qui font vivre ou mourir. Je dirai même qu'entre les assauts d'éloquence à la Chambre et l'honneur d'un homme l'urgence est à l'honneur, car l'intérêt du pays y est bien plus intéressé qu'au dialogue Dides-Cot[1]. Il est temps en effet de le dire à des hommes qui parlent si souvent de restaurer l'esprit civique en France. Si rien n'est plus urgent sans doute, et si je ne suis pas le dernier à souffrir d'une certaine solitude française, il faut dire que cet esprit civique a disparu d'abord de nos milieux gouvernementaux, où le service public est en passe d'oublier sa dignité. L'entraînement, l'indifférence due à l'usure, la banalité des caractères, parfois, y ont fait prévaloir une conception diminuée du pouvoir qui traite alors l'innocent avec désinvolture et le coupable avec complaisance. L'État peut être légal, mais il n'est légitime que lorsque, à la tête de la nation, il reste l'arbitre qui garantit la justice et ajuste l'intérêt général aux libertés particulières. S'il perd ce souci, il perd son corps, il pourrit, il n'est plus rien qu'une anarchie bureaucratisée. Et la France devient comme ce ver qui se tortille à la recherche de sa tête.

Comment s'étonner alors des incroyables nouvelles qui nous parviennent ces derniers jours ? Jean de Maisonseul, accusé d'un crime dont on reconnaît dans le privé qu'il ne l'a pas commis, est jeté en prison pendant que nos aboyeurs, profitant de son impuissance, se dépêchent de l'insulter. Mais la France, dans le même moment, livre à l'Égypte et à la Syrie des armes[1] dont nos jeunes rappelés mesureront tôt ou tard l'efficacité. Je le demande avec gravité, et sans esprit de polémique : qui trahit son pays de celui qui souffre en prison pour avoir voulu, sans jamais manquer à ses devoirs, épargner des vies innocentes au sein de la guerre, ou de ceux qui déclarent sans broncher qu'ils exécutent des marchés dont le sang français fera la ristourne ? Et toute la différence entre ces derniers et l'aspirant Maillot[2] est-elle seulement que celui-ci n'a pas fait payer les armes qu'il livrait à l'ennemi ? Vraiment, oui, on croit rêver, apprenant cela, mais on désespère aussi et l'on finit par admettre qu'un gouvernement laisse toucher sans réagir à la liberté d'un homme qu'il sait innocent. Celui qui pour mieux faire la guerre arme l'adversaire peut bien juger que l'innocence d'un homme n'est jamais mieux récompensée que par la prison et la diffamation. La faiblesse aussi devient un délire, et qui explique tous les égarements.

Pour que cette faiblesse, cette dangereuse indifférence des mourants, ne s'installe pas définitivement à la tête de la nation, nous devons rappeler au gouvernement ses responsabilités. L'une de mes convictions est que les seuls hommes fermes sur leurs devoirs sont ceux qui ne cèdent rien sur leurs droits. À plus forte raison, ne pouvons-nous rien céder sur le droit de l'innocent emprisonné. La détention prolongée de Jean de Maisonseul est un scandale d'arbitraire dont le gouvernement, et lui seul désormais, doit être tenu pour responsable. Pour la dernière fois, avant d'en appeler directement à l'opinion publique, et de susciter sa protestation par tous les moyens, je demande au gouvernement responsable de libérer sans délai Jean de Maisonseul, et de lui consentir une réparation publique.

ALGÉRIE 1958

ALGÉRIE 1958[1]

À l'intention de ceux qui me demandent encore quel est l'avenir qu'on peut souhaiter à l'Algérie, j'ai tenté de rédiger, avec le minimum de phrases et en restant au plus près de la réalité algérienne, un bref mémoire.

Si la revendication arabe, telle qu'elle s'exprime aujourd'hui, était entièrement légitime, il est probable que l'Algérie serait, à l'heure actuelle[2], autonome, avec le consentement de l'opinion française. Si cette opinion, bon gré mal gré, accepte pourtant la guerre et, même dans ses secteurs communistes ou communisants, se borne à des protestations platoniques, c'est, parmi d'autres raisons, parce que la revendication arabe reste équivoque. Cette ambiguïté, et les réactions confuses qu'elle suscite chez nos gouvernements et dans le pays, explique l'ambiguïté de la réaction française[3], les omissions, et les incertitudes dont elle se couvre. La première chose à faire est de mettre de la clarté dans cette revendication pour essayer de définir clairement la réponse qu'il convient de lui faire[4].

A. Ce qu'il y a de légitime dans la revendication arabe.
Elle a raison, et tous les Français le savent, de dénoncer et de refuser[5] :
1° Le colonialisme et ses abus, qui sont d'institution;
2° Le mensonge répété de l'assimilation toujours proposée, jamais réalisée, mensonge qui a compromis toute évolution à partir de l'institution colonialiste. Les élections truquées de 1948[6] en particulier ont à la fois illustré le mensonge et découragé définitivement le peuple arabe. Jusqu'à cette date les Arabes voulaient tous être français. À partir de cette date[7], une grande partie d'entre eux n'a plus voulu l'être;

3° L'injustice évidente de la répartition agraire et de la distribution du revenu (sous-prolétariat). Ces injustices se trouvant d'ailleurs irrémédiablement aggravées par une démographie galopante;

4° La souffrance psychologique : attitude souvent méprisante[1] ou désinvolte de beaucoup de Français, développement chez les Arabes (par une série de mesures stupides) du complexe d'humiliation qui est au centre du drame actuel.

Les événements de 1945 auraient dû être un signal d'alerte : l'impitoyable répression du Constantinois a accentué au contraire le mouvement antifrançais. Les autorités françaises ont estimé que cette répression mettait un point final à la rébellion. En fait, ils lui donnaient un signal de départ.

Il est hors de doute que la revendication arabe, sur tous ces points qui ont, en partie, résumé la condition historique des Arabes d'Algérie, jusqu'en 1948, est parfaitement légitime[2]. L'injustice dont le peuple arabe a souffert est liée au colonialisme lui-même, à son histoire et à sa gestion. Le pouvoir central français n'a jamais été en état de faire régner totalement la loi française dans ses colonies. Il est hors de doute enfin qu'une réparation éclatante doit être faite au peuple algérien, qui lui restitue en même temps la dignité[3] et la justice.

B. Ce qu'il y a[4] d'illégitime dans la revendication arabe :

Le désir de retrouver une vie digne et libre, la perte totale de confiance dans toute solution politique garantie par la France, le romantisme aussi, propre à des insurgés très jeunes et sans culture politique, ont conduit certains combattants et leur état-major à réclamer l'indépendance nationale. Si bien disposé qu'on soit envers la revendication arabe, on doit cependant reconnaître qu'en ce qui concerne l'Algérie, l'indépendance nationale est une formule purement passionnelle. Il n'y a jamais eu encore de nation algérienne. Les Juifs, les Turcs, les Grecs, les Italiens, les Berbères, auraient autant de droit à réclamer la direction de cette nation virtuelle. Actuellement, les Arabes ne forment pas à eux seuls toute l'Algérie. L'importance et l'ancienneté du peuplement français, en particulier, suffisent à créer un problème qui ne peut se comparer à rien dans l'histoire. Les Français d'Algérie sont, eux aussi, et au sens fort du terme, des indigènes[1]. Il faut ajouter qu'une Algérie purement arabe ne pourrait accéder à l'indépendance économique sans laquelle l'indépendance politique n'est qu'un leurre. Si insuffisant que soit l'effort français, il est d'une telle envergure qu'aucun pays, à l'heure actuelle, ne consentirait à le prendre en charge. Je renvoie pour cette question et les problèmes qu'elle soulève, à l'admirable livre de Germaine Tillion*[1].

Les Arabes peuvent du moins se réclamer de leur appartenance non à une nation**, mais à une sorte d'empire musulman, spirituel ou temporel[3]. Spirituellement cet empire existe, son ciment et sa doctrine étant l'Islam. Mais il existe aussi un empire chrétien, au moins aussi important, qu'il n'est pas question de faire rentrer comme tel dans l'histoire temporelle. Pour le moment, l'empire arabe n'existe pas historiquement, sinon dans les écrits du colonel Nasser, et il ne pourrait se réaliser que par des bouleversements mondiaux qui signifieraient la troisième guerre mondiale à brève échéance. Il faut considérer la revendication de l'indépendance nationale algérienne en partie comme une des manifestations de ce nouvel impérialisme arabe, dont l'Égypte[4], présumant de ses forces, prétend prendre la tête, et que, pour le moment, la Russie utilise à des fins de stratégie anti-occidentale. Que cette revendication soit irréelle n'empêche pas, bien au contraire, son utilisation stratégique[4]. La stratégie russe qu'on peut lire sur toutes les cartes du globe consiste à réclamer le « statu quo » en Europe, c'est-à-dire la reconnaissance de son propre système colonial[5] et à mettre en mouvement le Moyen-Orient et l'Afrique pour encercler l'Europe par le sud. Le bonheur et la liberté des peuples arabes ont peu de chose à voir dans cette affaire. Il suffira de penser à la décimation des Tchetchènes[6] ou des Tatars de Crimée, ou à la destruction de la culture arabe dans les provinces ancien-

---

* *Algérie 1957. Éditions de Minuit.*

** La « nation » syrienne, à peine sortie du protectorat français, est allée se fondre, comme sucre dans l'eau, dans la république arabe de Nasser.

nement musulmanes du Daghestan. La Russie se sert simplement de ces rêves d'empire pour servir ses propres desseins. On doit attribuer, en tout cas, à cette revendication nationaliste et impérialiste, au sens précis du mot, les aspects inacceptables de la rébellion arabe, et principalement le meurtre systématique des civils français et des civils arabes tués sans discrimination, et pour leur seule qualité de Français, ou d'amis des Français.

Nous nous trouvons donc devant une revendication ambiguë, que nous pouvons approuver dans sa source et dans quelques-unes de ses formulations, mais que nous ne pouvons accepter d'aucune manière dans certains de ses développements. L'erreur du gouvernement français depuis le début des événements a été de ne jamais rien distinguer, et par conséquent de ne jamais parler nettement, ce qui autorisait tous les scepticismes et toutes les surenchères dans les masses arabes. Le résultat a été de renforcer de part et d'autre les factions extrémistes et nationalistes.

La seule chance de faire avancer le problème est donc, aujourd'hui comme hier, le choix d'un langage net. Si les éléments du problème sont :

1º La réparation qui doit être faite à huit millions d'Arabes qui ont vécu jusqu'à aujourd'hui sous une forme particulière d'oppression ;

2º Le droit à l'existence, et à l'existence dans leur patrie, de 1 200 000 autochtones français[1], qu'il n'est pas question de remettre à la discrétion de chefs militaires fanatiques ;

3º Les intérêts[2] stratégiques qui conditionnent la liberté de l'Occident ;

le gouvernement français doit faire savoir nettement :

1º Qu'il est disposé à rendre toute la justice au peuple arabe d'Algérie, et[3] à le libérer du système colonial ;

2º Qu'il ne cédera rien sur les droits des Français d'Algérie ;

3º Qu'il ne peut accepter que la justice qu'il consentira à rendre signifie pour la nation française le prélude d'une sorte de mort historique et, pour l'Occident, le risque d'un encerclement qui aboutirait à la kadarisation de l'Europe et à l'isolement de l'Amérique.

On peut donc imaginer une déclaration solennelle, s'adressant exclusivement au peuple arabe et à ses représentants (on remarquera que depuis le début des événements, aucun chef de gouvernement français, ni aucun gouverneur, ne s'est adressé directement au peuple arabe) et proclamant :

1° Que l'ère du colonialisme est terminée; que la France, sans se croire plus pécheresse que les autres nations qui se sont formées et ont grandi dans l'histoire, reconnaît ses erreurs passées et présentes[1] et se déclare disposée à les réparer;

2° Qu'elle refuse cependant d'obéir à la violence, surtout sous les formes qu'elle prend aujourd'hui en Algérie; qu'elle refuse, en particulier, de servir le rêve de l'empire arabe à ses propres dépens, aux dépens du peuple européen d'Algérie, et, finalement, aux dépens de la paix du monde;

3° Qu'elle propose donc un régime de libre association où chaque Arabe, sur la base du plan Lauriol*[2], trouvera réellement les privilèges d'un citoyen libre.

Bien entendu, les difficultés commencent alors. Mais, en tout cas, elles ne risquent guère d'être résolues si cette déclaration préalable n'est pas faite solennellement et dirigée, il faut le répéter, vers le peuple arabe par tous les moyens de diffusion dont une grande nation peut disposer. Cette déclaration serait sans doute entendue par les masses arabes, aujourd'hui lassées et désorientées, et, d'autre part, rassurerait une grande partie des Français d'Algérie, en les empêchant de pratiquer une opposition aveugle aux réformes de structure qui sont indispensables[3].

Reste à définir la solution qui pourrait être offerte à la discussion.

---

* Voir plus loin.

L'ALGÉRIE NOUVELLE

Le seul régime qui, dans l'état actuel des choses, rendrait justice à toutes les parties de la population m'a longtemps paru celui de la fédération articulée sur des institutions analogues à celles qui font vivre en paix, dans la confédération helvétique, des nationalités différentes. Mais je crois qu'il faut imaginer un système encore plus original. La Suisse est composée de populations différentes qui vivent sur des territoires différents. Ses institutions visent seulement à articuler la vie politique de ses cantons. L'Algérie, au contraire, offre l'exemple rarissime de populations différentes imbriquées sur le même territoire. Ce qu'il faut associer sans fondre (puisque la fédération est d'abord l'union des différences) ce ne sont plus des territoires mais des communautés aux personnalités différentes. La solution de M. Marc Lauriol professeur de Droit à Alger, même si l'on n'approuve pas tous ses *attendus,* me paraît à cet égard particulièrement adaptée aux réalités algériennes, et propre à donner satisfaction au besoin de justice et de liberté de toutes les communautés.

Pour l'essentiel, elle unit les avantages de l'intégration et du fédéralisme. Elle propose, d'une part, de respecter les particularismes et, d'autre part, d'associer les deux populations à la gestion de leur intérêt commun. À cet effet, elle suggère de créer, dans un premier stade, deux sections au Parlement français : une section métropolitaine et une section musulmane. La première comprendrait les élus métropolitains et les élus français d'outre-mer, la seconde les musulmans de statut coranique. La règle de proportionnalité serait strictement respectée pour l'élection. On peut prévoir ainsi qu'il y aurait, dans un Parlement composé de six cents députés, une quinzaine de représentants français d'Algérie et une centaine d'élus musulmans. La section musulmane délibérerait à part pour toutes les questions intéressant les musulmans et elles seules. Le Parlement, en séance plénière, Français et musulmans compris, aurait compétence pour tout ce qui concerne les deux communautés (par exemple, la fiscalité et le budget), ou les deux communautés et la métropole (par exemple, la défense nationale). Les autres matières, dans la mesure où elles n'intéressent que la métropole (en droit civil particulièrement) demeureraient la compétence exclusive de la section métropolitaine. Ainsi les lois intéressant les seuls musulmans seraient l'œuvre des seuls élus musulmans; les lois s'appliquant à tous seraient l'œuvre de tous; les lois s'appliquant aux seuls Français seraient l'œuvre des seuls élus français. Toujours à ce stade premier enfin, le gouvernement serait responsable devant chaque section ou devant les deux réunies, selon la nature des questions posées.

À un deuxième stade, après la période de rodage nécessaire à une réconciliation générale, il faudrait tirer les conséquences de cette innovation. En effet, contrairement à tous nos usages, contrairement surtout aux préjugés solides hérités de la Révolution française, nous aurions consacré au sein de la république deux catégories de citoyens égales, mais distinctes. De ce point de vue, il s'agit d'une sorte de révolution contre le régime de centralisation et d'individualisme abstrait, issu de 1789, et qui, à tant d'égards, mérite à son tour le titre d'Ancien Régime. M. Lauriol a raison en tout cas de déclarer qu'il ne s'agit de rien de moins que de la naissance d'une structure fédérale française qui réalisera le véritable Commonwealth français*. De semblables institutions doivent par nature s'inscrire dans un système où viendraient s'harmoniser les pays du Maghreb comme ceux de l'Afrique noire. Une Assemblée régionale algérienne exprimerait alors la particularité de l'Algérie tandis qu'un Sénat fédéral, où l'Algérie serait représentée, détiendrait le pouvoir législatif pour tout ce qui (armée et affaires étrangères, par exemple) intéresserait la fédération dans son entier, et élirait un gouvernement fédéral responsable. Il importe de voir que ce système n'est pas incompatible non plus avec les institutions européennes qui pourraient naître à l'avenir.

Telle devrait être en tout cas la proposition française,

---

* *Le Fédéralisme et l'Algérie* (la Fédération, 9, rue Auber, Paris).

qui serait alors maintenue de façon permanente jusqu'à l'obtention d'un cessez-le-feu. Ce cessez-le-feu est actuellement rendu plus difficile par l'intransigeance du F.L.N. Cette intransigeance est en partie spontanée et irréaliste, en partie inspirée et cynique. Dans ce qu'elle a de spontané, on peut la comprendre et essayer de la neutraliser par une proposition vraiment constructive. Dans ce qu'elle a d'inspiré, elle est inacceptable. À cet égard, le préalable de l'indépendance n'est rien d'autre que le refus de toute négociation et la provocation au pire. La France n'a pas d'autre possibilité ici que de maintenir sans trêve la proposition dont j'ai parlé, de la faire approuver par l'opinion internationale et par des secteurs de plus en plus larges de l'opinion arabe, et d'essayer de la faire entrer peu à peu dans la réalité.

Voilà ce qu'il est possible d'imaginer pour l'avenir immédiat. Cette solution n'est pas utopique au regard des réalités algériennes. Elle n'est rendue incertaine que par l'état de la société politique française. Elle suppose en effet :

1º Une volonté collective dans la métropole, et particulièrement l'acceptation d'une politique d'austérité dont le poids devrait être porté par les classes aisées (la classe des salariés porte déjà tout le poids d'une fiscalité scandaleusement injuste);

2º Un gouvernement qui réforme la Constitution (qui n'a été approuvée d'ailleurs que par une minorité de Français) et qui veuille ou puisse inaugurer la longue, ambitieuse et tenace politique qui aboutirait à la fédération française.

Ces deux conditions risquent de rendre sceptique un observateur objectif[1]. Cependant la montée en France, et en Algérie, de nouvelles et considérables forces, en hommes et en économie, autorise l'espoir d'une renaissance. Dans ce cas, une solution comme celle qui vient d'être définie risque de prévaloir. Dans le cas contraire, l'Algérie sera perdue et les conséquences terribles, pour les Arabes comme pour les Français. C'est le dernier avertissement que puisse formuler, avant de se taire à nouveau, un écrivain voué, depuis vingt ans, au service de l'Algérie.

RÉFLEXIONS
SUR
LA GUILLOTINE

P̲ᴇᴜ avant la guerre de 1914, un assassin dont le crime était particulièrement révoltant (il avait massacré une famille de fermiers avec leurs enfants) fut condamné à mort en Alger. Il s'agissait d'un ouvrier agricole qui avait tué dans une sorte de délire du sang, mais avait aggravé son cas en volant ses victimes. L'affaire eut un grand retentissement. On estima généralement que la décapitation était une peine trop douce pour un pareil monstre. Telle fut, m'a-t-on dit, l'opinion de mon père que le meurtre des enfants, en particulier, avait indigné. L'une des rares choses que je sache de lui, en tout cas, est qu'il voulut assister à l'exécution, pour la première fois de sa vie. Il se leva dans la nuit pour se rendre sur les lieux du supplice, à l'autre bout de la ville, au milieu d'un grand concours de peuple. Ce qu'il vit, ce matin-là, il n'en dit rien à personne. Ma mère raconte seulement qu'il rentra en coup de vent, le visage bouleversé, refusa de parler, s'étendit un moment sur le lit et se mit tout d'un coup à vomir. Il venait de découvrir la réalité qui se cachait sous les grandes formules dont on la masquait[1]. Au lieu de penser aux enfants massacrés, il ne pouvait plus penser qu'à ce corps pantelant qu'on venait de jeter sur une planche pour lui couper le cou.

Il faut croire que cet acte rituel est bien horrible pour arriver à vaincre l'indignation d'un homme simple et droit et pour qu'un châtiment qu'il estimait cent fois mérité n'ait eu finalement d'autre effet que de lui retourner le cœur. Quand la suprême justice donne seulement à vomir à l'honnête homme qu'elle est censée protéger, il paraît difficile de soutenir qu'elle est destinée, comme ce devrait être sa fonction, à apporter plus de paix et d'ordre dans la cité. Il éclate au contraire qu'elle n'est pas moins révoltante que le crime, et que ce nouveau meurtre, loin de réparer l'offense faite au corps social, ajoute une nouvelle souillure à la première. Cela est si vrai que personne n'ose parler directement de cette cérémonie. Les fonctionnaires et les journalistes qui ont la charge d'en parler, comme s'ils avaient conscience de ce qu'elle manifeste en même temps de provocant et de honteux, ont constitué à son propos une sorte de langage rituel, réduit à des formules stéréotypées. Nous lisons ainsi, à l'heure du petit déjeuner, dans un coin du journal, que le condamné « a payé sa dette à la société », ou qu'il a « expié », ou que « à cinq heures, justice était faite ». Les fonctionnaires traitent du condamné comme de « l'intéressé » ou du « patient », ou le désignent par un sigle : le C. A. M. De la peine capitale, on n'écrit, si j'ose dire, qu'à voix basse. Dans notre société très policée, nous reconnaissons qu'une maladie est grave à ce que nous n'osons pas en parler directement. Longtemps, dans les familles bourgeoises, on s'est borné à dire que la fille aînée était faible de la poitrine ou que le père souffrait d'une « grosseur » parce qu'on considérait la tuberculose et le cancer comme des maladies un peu honteuses. Cela est plus vrai sans doute de la peine de mort, puisque tout le monde s'évertue à n'en parler que par euphémisme. Elle est au corps politique ce que le cancer est au corps individuel, à cette différence près que personne n'a jamais parlé de la nécessité du cancer. On n'hésite pas au contraire à présenter communément la peine de mort comme une regrettable nécessité, qui légitime donc que l'on tue, puisque cela est nécessaire, et qu'on n'en parle point, puisque cela est regrettable.

Mon intention est au contraire d'en parler crûment. Non par goût du scandale, ni, je crois, par une pente malsaine de nature. En tant qu'écrivain[1], j'ai toujours eu horreur de certaines complaisances; en tant qu'homme, je crois que les aspects repoussants de notre condition, s'ils sont inévitables, doivent être seulement affrontés en silence. Mais lorsque le silence ou les ruses du langage contribuent à maintenir un abus qui doit être réformé ou un malheur qui peut être soulagé, il n'y a pas d'autre solution que de parler clair et de montrer l'obscénité qui se cache sous le manteau des mots. La France partage avec l'Espagne et l'Angleterre le bel honneur d'être un des derniers pays, de ce côté du rideau de fer, à garder la peine de mort dans son arsenal de répression. La survivance de ce rite primitif n'a été rendue possible chez nous que par l'insouciance ou l'ignorance de l'opinion publique qui réagit seulement par les phrases cérémonieuses qu'on lui a inculquées. Quand l'imagination dort, les mots se vident de leur sens : un peuple sourd enregistre distraitement la condamnation d'un homme. Mais qu'on montre la machine, qu'on fasse toucher le bois et le fer, entendre le bruit de la tête qui tombe, et l'imagination publique, soudain réveillée, répudiera en même temps le vocabulaire et le supplice.

Lorsque les nazis procédaient en Pologne à des exécutions publiques d'otages, pour éviter que ces otages ne crient des paroles de révolte et de liberté, ils les bâillonnaient avec un pansement enduit de plâtre. On ne saurait sans impudeur comparer le sort de ces innocentes victimes à ceux des criminels condamnés. Mais, outre que les criminels ne sont pas les seuls à être guillotinés chez nous, la méthode est la même. Nous étouffons sous des paroles feutrées un supplice dont on ne saurait affirmer la légitimité avant de l'avoir examiné dans sa réalité. Loin de dire que la peine de mort est d'abord nécessaire et qu'il convient ensuite de n'en pas parler, il faut parler au contraire de ce qu'elle est réellement et dire alors si, telle qu'elle est, elle doit être considérée comme nécessaire.

Je la crois, quant à moi, non seulement inutile, mais profondément nuisible et je dois consigner ici cette conviction, avant d'en venir au sujet lui-même. Il ne serait pas honnête de laisser croire que je suis arrivé à cette conclusion après les semaines d'enquêtes et de recherches que je viens de consacrer à cette question. Mais il serait aussi malhonnête de n'attribuer ma conviction qu'à la seule sensiblerie. Je suis aussi éloigné que possible, au contraire, de ce mol attendrissement où se complaisent les humanitaires et dans lequel les valeurs et les responsabilités se confondent, les crimes s'égalisent, l'innocence perd finalement ses droits. Je ne crois pas, contrairement à beaucoup d'illustres contemporains, que l'homme soit, par nature, un animal de société. À vrai dire, je pense le contraire. Mais je crois, ce qui est très différent, qu'il ne peut vivre désormais en dehors de la société dont les lois sont nécessaires à sa survie physique. Il faut donc que les responsabilités soient établies selon une échelle raisonnable et efficace par la société elle-même. Mais la loi trouve sa dernière justification dans le bien qu'elle fait ou ne fait pas à la société d'un lieu et d'un temps donnés. Pendant des années, je n'ai pu voir dans la peine de mort qu'un supplice insupportable à l'imagination et un désordre paresseux que ma raison condamnait. J'étais prêt cependant à penser que l'imagination influençait mon jugement. Mais, en vérité, je n'ai rien trouvé, pendant ces semaines, qui n'ait renforcé ma conviction ou qui ait modifié mes raisonnements. Au contraire, aux arguments qui étaient déjà les miens, d'autres sont venus s'ajouter. Aujourd'hui, je partage absolument la conviction de Koestler : la peine de mort souille notre société et ses partisans ne peuvent la justifier en raison. Sans reprendre sa décisive plaidoirie, sans accumuler des faits et des chiffres qui feraient double emploi, et que la précision de Jean Bloch-Michel rend inutiles, je développerai seulement les raisonnements qui prolongent ceux de Koestler et qui, en même temps qu'eux, militent pour une abolition immédiate de la peine capitale.

On sait que le grand argument des partisans de la peine de mort est l'exemplarité du châtiment. On ne coupe pas seulement les têtes pour punir leurs porteurs, mais pour intimider, par un exemple effrayant, ceux qui seraient tentés de les imiter. La société ne se venge pas, elle veut seulement prévenir. Elle brandit la tête pour que les candidats au meurtre y lisent leur avenir et reculent.

Cet argument serait impressionnant si l'on n'était obligé de constater :

1° que la société ne croit pas elle-même à l'exemplarité dont elle parle;

2° qu'il n'est pas prouvé que la peine de mort ait fait reculer un seul meurtrier, décidé à l'être, alors qu'il est évident qu'elle n'a eu aucun effet, sinon de fascination, sur des milliers de criminels;

3° qu'elle constitue, à d'autres égards, un exemple repoussant dont les conséquences sont imprévisibles.

La société, d'abord, ne croit pas ce qu'elle dit. Si elle le croyait vraiment, elle montrerait les têtes. Elle ferait bénéficier les exécutions du lancement publicitaire qu'elle réserve d'ordinaire aux emprunts nationaux ou aux nouvelles marques d'apéritifs. On sait, au contraire, que les exécutions, chez nous, n'ont plus lieu en public et se perpètrent dans la cour des prisons devant un nombre restreint de spécialistes. On sait moins pourquoi et depuis quand. Il s'agit d'une mesure relativement récente. La dernière exécution publique fut, en 1939, celle de Weidmann, auteur de plusieurs meurtres, que ses exploits avaient mis à la mode. Ce matin-là, une grande foule se pressait à Versailles et, parmi elle, un grand nombre de photographes. Entre le moment où Weidmann fut exposé à la foule et celui où il fut décapité, des photographies purent être prises. Quelques heures plus tard, *Paris-soir* publiait une page d'illustrations sur cet appétissant événement. Le bon peuple parisien put ainsi se rendre compte que la légère machine de précision dont l'exécuteur se servait était aussi différente de l'échafaud historique qu'une Jaguar peut l'être de nos vieilles de Dion-Bouton[1]. L'administration et le gouvernement, contrairement à toute espérance, prirent très mal cette excellente publicité et crièrent que la presse avait voulu flatter les instincts sadiques de ses lecteurs. On décida donc que les exécutions n'auraient plus lieu en public, disposition qui, peu après, rendit plus facile le travail des autorités d'occupation.

La logique, en cette affaire, n'était pas avec le législateur. Il fallait au contraire décerner une décoration supplémentaire au directeur de *Paris-soir* en l'encourageant à mieux faire la prochaine fois. Si l'on veut que la peine soit exemplaire, en effet, on doit, non seulement multiplier les photographies, mais encore planter la machine sur un échafaud, place de la Concorde, à deux heures de l'après-midi, inviter le peuple entier et téléviser la cérémonie pour les absents. Il faut faire cela ou cesser de parler d'exemplarité. Comment l'assassinat furtif qu'on commet la nuit dans une cour de prison peut-il être exemplaire ? Tout au plus sert-il à informer périodiquement les citoyens qu'ils mourront s'il leur arrive de tuer ; avenir qu'on peut promettre aussi à ceux qui ne tuent pas. Pour que la peine soit vraiment exemplaire, il faut qu'elle soit effrayante. Tuaut de La Bouverie, représentant du peuple en 1791, et partisan des exécutions publiques, était plus logique lorsqu'il déclarait à l'Assemblée nationale : « Il faut un spectacle terrible pour contenir le peuple. »

Aujourd'hui, point de spectacle, une pénalité connue de tous par ouï-dire, et, de loin en loin, la nouvelle d'une exécution, maquillée sous des formules adoucissantes. Comment un criminel futur aurait-il à l'esprit, au moment du crime, une sanction qu'on s'ingénie à rendre de plus en plus abstraite ? Et si l'on désire vraiment qu'il garde toujours cette sanction en mémoire, afin qu'elle équilibre d'abord et renverse ensuite une décision forcenée, ne devrait-on pas chercher à graver profondément cette sanction, et sa terrible réalité, dans toutes les sensibilités, par tous les moyens de l'image et du langage ?

Au lieu d'évoquer vaguement une dette que quelqu'un, le matin même, a payée à la société, ne serait-il pas d'un plus efficace exemple de profiter d'une si belle occasion pour rappeler à chaque contribuable le détail de ce qui l'attend ? Au lieu de dire : « Si vous tuez, vous expierez sur l'échafaud », ne vaudrait-il pas mieux lui dire, aux fins d'exemple : « Si vous tuez, vous serez jeté en prison pendant des mois ou des années, partagé entre un désespoir impossible et une terreur renouvelée, jusqu'à ce qu'un matin, nous nous glissions dans votre cellule, ayant quitté nos chaussures pour mieux vous surprendre dans le sommeil qui vous écrasera, après l'angoisse de la nuit. Nous nous jetterons sur vous, lierons vos poignets dans votre dos, couperons aux ciseaux le col de votre chemise et vos cheveux s'il y a lieu. Dans un souci de perfectionnement, nous ligoterons vos bras au moyen d'une courroie, afin que vous soyez contraint de vous tenir voûté et d'offrir ainsi une nuque bien dégagée. Nous vous porterons ensuite, un aide vous soutenant à chaque bras, vos pieds traînant en arrière à travers les couloirs. Puis, sous un ciel de nuit, l'un des exécuteurs vous empoignera enfin par le fond du pantalon et vous jettera horizontalement sur une planche, pendant qu'un autre assurera votre tête dans une lunette et qu'un troisième fera tomber, d'une hauteur de deux mètres vingt, un couperet de soixante kilos qui tranchera votre cou comme un rasoir. »

Pour que l'exemple soit encore meilleur, pour que la terreur qu'il entraîne devienne en chacun de nous une force assez aveugle et assez puissante pour compenser au bon moment l'irrésistible désir du meurtre, il faudrait encore aller plus loin. Au lieu de nous vanter, avec la prétentieuse inconscience qui nous est propre, d'avoir inventé ce moyen rapide et humain* de tuer les condamnés, il faudrait publier à des milliers d'exemplaires, et faire lire dans les écoles et les facultés, les témoignages et les rapports médicaux qui décrivent l'état du corps après l'exécution. On recommandera tout particulièrement l'impression et la diffusion d'une récente communication à l'Académie de Médecine faite par les docteurs Piedelièvre et Fournier. Ces médecins courageux, appelés, dans l'intérêt de la science, à examiner les corps des suppliciés après l'exécution, ont estimé de leur devoir de résumer leurs terribles observations : « Si nous pouvons nous permettre de donner notre avis à ce sujet, de tels spectacles sont affreusement pénibles. Le sang sort des vaisseaux au rythme des carotides sectionnées, puis il se coagule. Les muscles se contractent et leur fibrillation est stupéfiante; l'intestin ondule et le cœur a des mouvements irréguliers, incomplets, fascinants. La bouche se crispe à certains moments dans une moue terrible. Il est vrai que, sur cette tête décapitée, les yeux sont immobiles avec des pupilles dilatées; ils ne regardent pas, heureusement, et s'ils n'ont aucun trouble, aucune opalescence cadavérique, ils n'ont plus de mouvements; leur transparence est vivante, mais leur fixité est mortelle. Tout cela peut durer des minutes, des heures même, chez des sujets sans tares : la mort n'est pas immédiate... Ainsi chaque élément vital survit à la décapitation. Il ne reste, pour le médecin, que cette impression d'une horrible expérience, d'une vivisection meurtrière, suivies d'un enterrement prématuré**. »

Je doute qu'il se trouve beaucoup de lecteurs pour lire sans blêmir cet épouvantable rapport. On peut donc compter sur son pouvoir exemplaire et sa capacité d'intimidation. Rien n'empêche d'y ajouter les rapports de témoins qui authentifient encore les observations des médecins. La face suppliciée de Charlotte Corday avait rougi, dit-on, sous le soufflet du bourreau. On ne s'en

---

* Le condamné, selon l'optimiste docteur Guillotin, ne devait rien sentir. Tout au plus une « légère fraîcheur dans le cou ».

** *Justice sans bourreau*, n° 2, juin 1956.

étonnera pas en écoutant des observateurs plus récents. Un aide-exécuteur, donc peu suspect de cultiver la romance et la sensiblerie, décrit ainsi ce qu'il a été obligé de voir : « C'est un forcené en proie à une véritable crise de *delirium tremens* que nous avons jeté sous le couperet. La tête meurt aussitôt. Mais le corps saute littéralement dans le panier, tire sur les cordes. Vingt minutes après, au cimetière, il y a encore des frémissements*. » L'aumônier actuel de la Santé, le R. P. Devoyod, qui ne semble pas opposé à la peine de mort, fait dans son livre *les Délinquants*** un récit qui va loin, et qui renouvelle l'histoire du condamné Languille dont la tête décapitée répondait à l'appel de son nom***. « Le matin de l'exécution, le condamné était de très méchante humeur et il refusa les secours de la religion. Connaissant le fond de son cœur et l'affection qu'il avait pour sa femme dont les sentiments étaient très chrétiens, nous lui dîmes : « Al-
» lons, par amour pour votre femme, recueillez-vous un
» instant avant de mourir », et le condamné accepta. Il se recueillit longuement devant le crucifix, puis il sembla ne plus prêter attention à notre présence. Lorsqu'il fut exécuté, nous étions à peu de distance de lui; sa tête tomba dans l'auge placée devant la guillotine et le corps fut aussitôt mis dans le panier; mais, contrairement à l'usage, le panier fut refermé avant que la tête y fût placée. L'aide qui portait la tête dut attendre un instant que le panier soit ouvert de nouveau; or, pendant ce court espace de temps, nous eûmes la possibilité de voir les deux yeux du condamné fixés sur moi dans un regard de supplication, comme pour demander pardon. Instinctivement, nous traçâmes un signe de croix pour bénir la tête, alors, ensuite, les paupières clignèrent, l'expression des yeux devint douce, puis le regard, resté expressif, se perdit... » Le lecteur, recevra, selon sa foi, l'explication proposée par le prêtre. Du moins, ces yeux « restés expressifs » n'ont besoin d'aucune interprétation.

Je pourrais apporter d'autres témoignages aussi hallucinants. Mais je ne saurais, quant à moi, aller

---

* Publié par Roger Grenier : *les Monstres,* Gallimard. Ces déclarations sont authentiques.

** Éditions Matot-Braine, Reims.

*** En 1905, dans le Loiret.

plus loin. Après tout, je ne professe pas que la peine de mort soit exemplaire et ce supplice m'apparaît pour ce qu'il est, une chirurgie grossière pratiquée dans des conditions qui lui enlèvent tout caractère édifiant. La société, au contraire, et l'État, qui en a vu d'autres, peuvent très bien supporter ces détails et, puisqu'ils prêchent l'exemple, devraient essayer de les faire supporter à tous, afin que nul n'en ignore, et que la population à jamais terrorisée devienne franciscaine dans son entier. Qui espère-t-on intimider, autrement, par cet exemple sans cesse dérobé, par la menace d'un châtiment présenté comme doux et expéditif, et plus supportable en somme qu'un cancer, par ce supplice couronné des fleurs de la rhétorique? Certainement pas ceux qui passent pour honnêtes (et certains le sont) puisqu'ils dorment à cette heure-là, que le grand exemple ne leur a pas été annoncé, qu'ils mangeront leurs tartines à l'heure de l'enterrement prématuré, et qu'ils seront informés de l'œuvre de justice, si seulement ils lisent les journaux, par un communiqué doucereux qui fondra comme sucre dans leur mémoire. Pourtant, ces paisibles créatures sont celles qui fournissent le plus gros pourcentage des homicides. Beaucoup de ces honnêtes gens sont des criminels qui s'ignorent. Selon un magistrat, l'immense majorité des meurtriers qu'il avait connus ne savaient pas, en se rasant le matin, qu'ils allaient tuer le soir. Pour l'exemple et la sécurité, il conviendrait donc, au lieu de la maquiller, de brandir la face nue du supplicié devant tous ceux qui se rasent le matin.

Il n'en est rien. L'État camoufle les exécutions et fait silence sur ces textes et sur ces témoignages. Il ne croit donc pas à la valeur exemplaire de la peine, sinon par tradition et sans se donner la peine de réfléchir. On tue le criminel parce qu'on l'a fait pendant des siècles et, d'ailleurs, on le tue dans les formes qui ont été fixées à la fin du XVIIIe siècle. Par routine, on reprendra donc les arguments qui avaient cours il y a des siècles, quitte à les contredire par des mesures que l'évolution de la sensibilité publique rend inévitables. On applique une loi sans plus la raisonner et nos condamnés meurent par cœur, au nom d'une théorie à laquelle les exécuteurs ne croient pas. S'ils y croyaient, cela se saurait et surtout se verrait. Mais la publicité, outre qu'elle réveille, en effet, des instincts sadiques dont la répercussion est incalculable et qui finissent un jour par se satisfaire dans un nouveau meurtre, risque aussi de provoquer révolte et dégoût dans l'opinion publique. Il deviendrait plus difficile d'exécuter à la chaîne, comme on le voit aujourd'hui chez nous, si ces exécutions se traduisaient en images vivaces dans l'imagination populaire. Tel qui savoure son café en lisant que justice a été faite le rechercherait au moindre détail. Et les textes que j'ai cités risqueraient de donner bonne mine à certains professeurs de droit criminel qui, dans l'incapacité évidente de justifier cette peine anachronique, se consolent en déclarant, avec le sociologue Tarde[1], qu'il vaut mieux faire mourir sans faire souffrir que faire souffrir sans faire mourir. C'est pourquoi il faut approuver la position de Gambetta qui, adversaire de la peine de mort, vota contre un projet de loi portant suppression de la publicité des exécutions, en déclarant : « Si vous supprimez l'horreur du spectacle, si vous exécutez dans l'intérieur des prisons, vous étoufferez le sursaut public de révolte qui s'est manifesté ces dernières années et vous allez consolider la peine de mort. »

En effet, il faut tuer publiquement ou avouer qu'on ne se sent pas autorisé à tuer. Si la société justifie la peine de mort par la nécessité de l'exemple, elle doit se justifier elle-même en rendant la publicité nécessaire. Elle doit montrer les mains du bourreau, chaque fois, et obliger à les regarder les citoyens trop délicats en même temps que tous ceux qui, de près ou de loin, ont suscité ce bourreau. Autrement, elle avoue qu'elle tue sans savoir ce qu'elle dit ni ce qu'elle fait, ou en sachant que, loin d'intimider l'opinion, ces cérémonies écœurantes ne peuvent qu'y réveiller le crime ou la jeter dans le désarroi. Qui le ferait mieux sentir qu'un magistrat, parvenu à la fin de sa carrière, M. le conseiller Falco, dont la courageuse confession mérite d'être méditée : « ... La seule fois de ma carrière où j'ai conclu contre une commutation de peine et pour l'exécution de l'inculpé, je croyais que, malgré ma position, j'assisterais en toute impassibilité à l'exécution. L'individu était d'ailleurs peu intéressant : il avait martyrisé sa fillette et l'avait finalement jetée dans un puits. Eh bien! à la suite de son exécution, pendant des semaines et même des mois, mes nuits ont été hantées par ce souvenir... J'ai comme tout le monde fait la guerre et vu mourir une jeunesse innocente, mais je puis dire que, devant ce spectacle affreux, je n'ai jamais éprouvé cette sorte de mauvaise conscience que j'éprouvais devant cette espèce d'assassinat administratif qu'on appelle la peine capitale*. »

Mais, après tout, pourquoi la société croirait-elle à cet exemple puisqu'il n'arrête pas le crime et que ses effets, s'ils existent, sont invisibles ? La peine capitale ne saurait intimider d'abord celui qui ne sait pas qu'il va tuer, qui s'y décide en un moment et prépare son acte dans la fièvre ou l'idée fixe, ni celui qui, allant à un rendez-vous d'explication, emporte une arme pour effrayer l'infidèle ou l'adversaire et s'en sert, alors qu'il ne le voulait pas, ou ne croyait pas le vouloir. Elle ne saurait en un mot intimider l'homme jeté dans le crime comme on l'est dans le malheur. Autant dire alors qu'elle est impuissante dans la majorité des cas. Il est juste de reconnaître qu'elle est, chez nous, rarement appliquée dans ces cas-là. Mais ce « rarement » lui-même fait frémir.

Effraie-t-elle du moins cette race de criminels sur qui elle prétend agir et qui vivent du crime ? Rien n'est moins sûr. On peut lire dans Koestler qu'à l'époque où les voleurs à la tire étaient exécutés en Angleterre, d'autres voleurs exerçaient leurs talents dans la foule qui entourait l'échafaud où l'on pendait leur confrère. Une statistique, établie au début du siècle en Angleterre, montre que sur 250 pendus, 170 avaient, auparavant, assisté personnellement à une ou deux exécutions capitales. En 1886 encore, sur 167 condamnés à mort qui avaient défilé dans la prison de Bristol, 164 avaient assisté au moins à une exécution. De tels sondages ne peuvent plus être effectués en France, à cause du secret qui entoure les exécutions. Mais ils autorisent à penser qu'il devait y avoir autour de mon père, le jour de l'exécution, un assez grand nombre de futurs criminels qui, eux, n'ont pas vomi. Le pouvoir d'intimidation s'adresse seulement aux timides qui ne sont pas voués au crime et fléchit devant les irréductibles qu'il s'agissait justement de réduire. On trouvera dans ce volume, et dans les

---

* Revue *Réalités*, n° 105, octobre 1954.

ouvrages spécialisés, les chiffres et les faits les plus convaincants à cet égard.

On ne peut nier pourtant que les hommes craignent la mort. La privation de la vie est certainement la peine suprême et devrait susciter en eux un effroi décisif. La peur de la mort, surgie du fond le plus obscur de l'être, le dévaste; l'instinct de vie, quand il est menacé, s'affole et se débat dans les pires angoisses. Le législateur était donc fondé à penser que sa loi pesait sur un des ressorts les plus mystérieux et les plus puissants de la nature humaine. Mais la loi est toujours plus simple que la nature. Lorsqu'elle s'aventure, pour essayer d'y régner, dans les régions aveugles de l'être, elle risque plus encore d'être impuissante à réduire la complexité qu'elle veut ordonner.

Si la peur de la mort, en effet, est une évidence, c'en est une autre que cette peur, si grande qu'elle soit, n'a jamais suffi à décourager les passions humaines. Bacon a raison de dire qu'il n'est point de passion si faible qu'elle ne puisse affronter et maîtriser la peur de la mort. La vengeance, l'amour, l'honneur, la douleur, une autre peur, arrivent à en triompher. Ce que l'amour d'un être ou d'un pays, ce que la folie de la liberté arrivent à faire, comment la cupidité, la haine, la jalousie ne le feraient-elles pas? Depuis des siècles, la peine de mort, accompagnée souvent de sauvages raffinements, essaie de tenir tête au crime; le crime pourtant s'obstine. Pourquoi? C'est que les instincts qui, dans l'homme, se combattent, ne sont pas, comme le veut la loi, des forces constantes en état d'équilibre. Ce sont des forces variables qui meurent et triomphent tour à tour et dont les déséquilibres successifs nourrissent la vie de l'esprit, comme des oscillations électriques, suffisamment rapprochées, établissent un courant. Imaginons la série d'oscillations, du désir à l'inappétence, de la décision au renoncement, par lesquelles nous passons tous dans une seule journée, multiplions à l'infini ces variations et nous aurons une idée de la prolifération psychologique. Ces déséquilibres sont généralement trop fugitifs pour permettre à une seule force de régner sur l'être entier. Mais il arrive qu'une des forces de l'âme se déchaîne, jusqu'à occuper tout le champ de la conscience; aucun instinct, fût-ce celui de la vie, ne peut alors s'opposer à la tyrannie de cette force irrésistible. Pour que la peine capitale soit réellement intimidante, il faudrait que la nature humaine fût différente et qu'elle fût aussi stable et sereine que la loi elle-même. Mais elle serait alors nature morte.

Elle ne l'est pas. C'est pourquoi, si surprenant que cela paraisse à qui n'a pas observé ni éprouvé en lui-même la complexité humaine, le meurtrier, la plupart du temps, se sent innocent quand il tue. Tout criminel s'acquitte avant le jugement. Il s'estime, sinon dans son droit, du moins excusé par les circonstances. Il ne pense pas ni ne prévoit; lorsqu'il pense, c'est pour prévoir qu'il sera excusé totalement ou partiellement. Comment craindrait-il ce qu'il juge hautement improbable? Il craindra la mort après le jugement, et non avant le crime. Il faudrait donc que la loi, pour être intimidante, ne laisse aucune chance au meurtrier, qu'elle soit d'avance implacable et n'admette en particulier aucune circonstance atténuante. Qui oserait, chez nous, le demander?

Le ferait-on, qu'il faudrait encore compter avec un autre paradoxe de la nature humaine. L'instinct de vie, s'il est fondamental, ne l'est pas plus qu'un autre instinct dont ne parlent pas les psychologues d'école : l'instinct de mort, qui exige à certaines heures la destruction de soi-même et des autres. Il est probable que le désir de tuer coïncide souvent avec le désir de mourir soi-même ou de s'anéantir*. L'instinct de conservation se trouve ainsi doublé, dans des proportions variables, par l'instinct de destruction. Ce dernier est le seul à pouvoir expliquer entièrement les nombreuses perversions qui, de l'alcoolisme à la drogue, mènent la personne à sa perte sans qu'elle puisse l'ignorer. L'homme désire vivre, mais il est vain d'espérer que ce désir régnera sur toutes ses actions. Il désire aussi n'être rien, il veut l'irréparable, et la mort pour elle-même. Il arrive ainsi que le criminel ne désire pas seulement le crime, mais le malheur qui l'accompagne, même et surtout si ce malheur est démesuré. Quand cet étrange désir grandit et règne, non seulement la perspective d'une mise à mort ne saurait arrêter le criminel, mais il est probable qu'elle ajoute encore au vertige où il se perd. On tue alors pour mourir, d'une certaine façon.

---

* On peut lire chaque semaine dans la presse les cas de criminels qui ont hésité d'abord entre se tuer ou tuer.

Ces singularités suffisent à expliquer qu'une peine qui semble calculée pour effrayer des esprits normaux soit en réalité complètement désamorcée de la psychologie moyenne. Toutes les statistiques sans exception, celles qui concernent les pays abolitionnistes comme les autres, montrent qu'il n'y a pas de lien entre l'abolition de la peine de mort et la criminalité*. Cette dernière ne s'accroît ni ne décroît. La guillotine existe, le crime aussi; entre les deux, il n'y a pas d'autre lien apparent que celui de la loi. Tout ce que nous pouvons conclure des chiffres, longuement alignés par les statistiques, est ceci : pendant des siècles, on a puni de mort des crimes autres que le meurtre et le châtiment suprême, longuement répété, n'a fait disparaître aucun de ces crimes. Depuis des siècles, on ne punit plus ces crimes par la mort. Ils n'ont pourtant pas augmenté en nombre et quelques-uns ont diminué. De même, on a puni le meurtre par la peine capitale pendant des siècles et la race de Caïn n'a pas disparu pour autant. Dans les trente-trois nations qui ont supprimé la peine de mort ou n'en font plus usage, le nombre des meurtres, enfin, n'a pas augmenté. Qui pourrait tirer de là que la peine de mort soit réellement intimidante ?

Les conservateurs ne peuvent nier ces faits ni ces chiffres. Leur seule et dernière réponse est significative. Elle explique l'attitude paradoxale d'une société qui cache si soigneusement les exécutions qu'elle prétend exemplaires. « Rien ne prouve, en effet, disent les conservateurs, que la peine de mort soit exemplaire ; il est même certain que des milliers de meurtriers n'en ont pas été intimidés. Mais nous ne pouvons connaître ceux qu'elle a intimidés ; rien ne prouve par conséquent qu'elle ne soit pas exemplaire. » Ainsi, le plus grand des châtiments, celui qui entraîne la déchéance dernière pour le condamné, et qui octroie le privilège suprême à la société, ne repose sur rien d'autre que sur une possibilité invérifiable. La mort, elle, ne comporte ni degrés ni probabilités. Elle

---

* Rapport du *Select Committee* anglais de 1930 et de la Commission royale anglaise qui a repris l'étude récemment : « Toutes les statistiques que nous avons examinées nous confirment que l'abolition de la peine de mort n'a pas provoqué une augmentation du nombre des crimes. »

fixe toutes choses, la culpabilité comme le corps, dans une rigidité définitive. Elle est cependant administrée chez nous au nom d'une chance et d'une supputation. Quand même cette supputation serait raisonnable, ne faudrait-il pas une certitude pour autoriser la plus certaine des morts ? Or le condamné est coupé en deux moins pour le crime qu'il a commis qu'en vertu de tous les crimes qui auraient pu l'être et ne l'ont pas été, qui pourront l'être et ne le seront pas. L'incertitude la plus vaste autorise ici la certitude la plus implacable.

Je ne suis pas le seul à m'étonner d'une si dangereuse contradiction. L'État lui-même la condamne et cette mauvaise conscience explique à son tour la contradiction de son attitude. Il ôte toute publicité à ses exécutions parce qu'il ne peut affirmer, devant les faits, qu'elles aient jamais servi à intimider les criminels. Il ne peut s'évader du dilemme où l'a déjà enfermé Beccaria[1] lorsqu'il écrivait : « S'il est important de montrer souvent au peuple des preuves du pouvoir, dès lors les supplices doivent être fréquents ; mais il faudra que les crimes le soient aussi, ce qui prouvera que la peine de mort ne fait point toute l'impression qu'elle devrait, d'où il résulte qu'elle est en même temps inutile et nécessaire. » Que peut faire l'État d'une peine inutile et nécessaire, sinon la cacher sans l'abolir ? Il la conservera donc, un peu à l'écart, non sans embarras, avec l'espoir aveugle qu'un homme au moins, un jour au moins, se trouvera arrêté, par la considération du châtiment, dans son geste meurtrier, et justifiera, sans que personne le sache jamais, une loi qui n'a plus pour elle ni la raison ni l'expérience. Pour continuer à prétendre que la guillotine est exemplaire, l'État est conduit ainsi à multiplier des meurtres bien réels afin d'éviter un meurtre inconnu dont il ne sait et ne saura jamais s'il a une seule chance d'être perpétré. Étrange loi, en vérité, qui connaît le meurtre qu'elle entraîne et ignorera toujours celui qu'elle empêche.

Que restera-t-il alors de ce pouvoir d'exemple, s'il est prouvé que la peine capitale a un autre pouvoir, bien réel celui-là, et qui dégrade des hommes jusqu'à la honte, la folie et le meurtre ?

On peut déjà suivre les effets exemplaires de ces

cérémonies dans l'opinion publique, les manifestations de sadisme qu'elles y réveillent, l'affreuse gloriole qu'elles suscitent chez certains criminels. Aucune noblesse autour de l'échafaud, mais le dégoût, le mépris ou la plus basse des jouissances. Ces effets sont connus. La décence elle aussi a commandé que la guillotine émigre de la place de l'Hôtel-de-Ville aux barrières, puis dans les prisons. On est moins renseigné sur les sentiments de ceux dont c'est le métier d'assister à cette sorte de spectacles. Écoutons alors ce directeur de prison anglaise qui avoue un « sentiment aigu de honte personnelle » et ce chapelain qui parle « d'horreur, de honte et d'humiliation*». Imaginons surtout les sentiments de l'homme qui tue en service commandé, je veux dire le bourreau. Que penser de ces fonctionnaires, qui appellent la guillotine « la bécane », le condamné « le client » ou le « colis ». Sinon ce qu'en pense le prêtre Bela Just qui assista près de trente condamnés et qui écrit : « L'argot des justiciers ne le cède en rien en cynisme et en vulgarité à celui des délinquants**. » Au reste, voici les considérations d'un de nos aides exécuteurs sur ses déplacements en province : « Quand nous partions en voyage, c'étaient de vraies parties de rigolade. À nous les taxis, à nous les bons restaurants***. » Le même dit, en vantant l'adresse du bourreau à déclencher le couperet : « On pouvait *se payer le luxe* de tirer le client par les cheveux. » Le dérèglement qui s'exprime ici a d'autres aspects encore plus profonds. Les habits des condamnés appartiennent en principe à l'exécuteur. Deibler père les accrochait tous dans une baraque de planches et *allait de temps en temps les regarder*. Il y a plus grave. Voici ce que déclare notre aide-exécuteur : « Le nouvel exécuteur est un cinglé de la guillotine. Il reste parfois des jours entiers chez lui, assis sur une chaise, tout prêt, avec son chapeau sur la tête, son pardessus, à attendre une convocation du ministère****. »

---

* Rapport du *Select Committee*, 1930.
** Bela Just, *la Potence et la Croix*, Fasquelle.
*** Roger Grenier : *les Monstres*, Gallimard.
**** Roger Grenier : *les Monstres*, Gallimard.

Oui, voilà l'homme dont Joseph de Maistre disait que, pour qu'il existe, il fallait un décret particulier de la puissance divine et que, sans lui, « l'ordre fait place au chaos, les trônes s'abîment et la société disparaît ». Voilà l'homme sur lequel la société se débarrasse entièrement du coupable, puisque le bourreau signe la levée d'écrou et qu'on remet alors un homme libre à sa discrétion. Le bel et solennel exemple, imaginé par nos législateurs, a du moins un effet certain, qui est de ravaler ou de détruire la qualité humaine et la raison chez ceux qui y collaborent directement. Il s'agit, dira-t-on, de créatures exceptionnelles qui trouvent une vocation dans cette déchéance. On le dira moins quand on saura qu'il y a des centaines de personnes qui s'offrent pour être exécuteurs gratuitement. Les hommes de notre génération, qui ont vécu l'histoire de ces dernières années, ne s'étonneront pas de cette information. Ils savent que, derrière les visages les plus paisibles, et les plus familiers, dort l'instinct de torture et de meurtre. Le châtiment qui prétend intimider un meurtrier inconnu rend certainement à leur vocation de tueurs bien d'autres monstres plus certains. Puisque nous en sommes à justifier nos lois les plus cruelles par des considérations probables, ne doutons pas que, sur ces centaines d'hommes dont on a décliné les services, l'un, au moins, a dû assouvir autrement les instincts sanglants que la guillotine a réveillés en lui.

Si donc l'on veut maintenir la peine de mort, qu'on nous épargne au moins l'hypocrisie d'une justification par l'exemple. Appelons par son nom cette peine à qui l'on refuse toute publicité, cette intimidation qui ne s'exerce pas sur les honnêtes gens, tant qu'ils le sont, qui fascine ceux qui ont cessé de l'être et qui dégrade ou dérègle ceux qui y prêtent la main. Elle est une peine, certainement, un épouvantable supplice, physique et moral, mais elle n'offre aucun exemple certain, sinon démoralisant. Elle sanctionne, mais elle ne prévient rien, quand elle ne suscite pas l'instinct de meurtre. Elle est comme si elle n'était pas, sauf pour celui qui la subit, dans son âme, pendant des mois ou des années, dans son corps, pendant l'heure désespérée et violente où on le coupe en deux, sans supprimer sa vie. Appelons-la par son nom qui, à défaut d'autre noblesse, lui rendra celle de la vérité, et reconnaissons-la pour ce qu'elle est essentiellement : une vengeance.

Le châtiment, qui sanctionne sans prévenir, s'appelle en effet la vengeance. C'est une réponse quasi arithmétique que fait la société à celui qui enfreint sa loi primordiale. Cette réponse est aussi vieille que l'homme : elle s'appelle le talion. Qui m'a fait mal doit avoir mal; qui m'a crevé un œil, doit devenir borgne; qui a tué enfin doit mourir. Il s'agit d'un sentiment, et particulièrement violent, non d'un principe. Le talion est de l'ordre de la nature et de l'instinct, il n'est pas de l'ordre de la loi. La loi, par définition, ne peut obéir aux mêmes règles que la nature. Si le meurtre est dans la nature de l'homme, la loi n'est pas faite pour imiter ou reproduire cette nature. Elle est faite pour la corriger. Or le talion se borne à ratifier et à donner force de loi à un pur mouvement de nature. Nous avons tous connu ce mouvement, souvent pour notre honte, et nous connaissons sa puissance : il nous vient des forêts primitives. À cet égard, nous autres Français qui nous indignons, à juste titre, de voir le roi du pétrole[1], en Arabie séoudite, prêcher la démocratie internationale et confier à un boucher le soin de découper au couteau la main du voleur, nous vivons aussi dans une sorte de Moyen Âge qui n'a même pas les consolations de la foi. Nous définissons encore la justice selon les règles d'une arithmétique grossière*. Peut-on dire du moins que cette arithmétique est exacte et que la justice, même élémentaire, même limitée à la vengeance légale, est sauvegardée par la peine de mort ? Il faut répondre que non.

---

* J'ai demandé, il y a quelques années, la grâce de six condamnés à mort tunisiens, condamnés pour le meurtre, dans une émeute, de trois gendarmes français. Les circonstances où s'était produit ce meurtre rendaient difficile le partage des responsabilités. Une note de la présidence de la République me fit savoir que ma supplique retenait l'intérêt de l'organisme qualifié. Malheureusement, lorsque cette note me fut adressée, j'avais lu, depuis deux semaines, que la sentence avait été exécutée. Trois des condamnés avaient été mis à mort, les trois autres graciés. Les raisons de gracier les uns plutôt que les autres n'étaient pas déterminantes. Mais il fallait sans doute procéder à trois exécutions capitales là où il y avait eu trois victimes.

Laissons de côté le fait que la loi du talion est inapplicable et qu'il paraîtrait aussi excessif de punir l'incendiaire en mettant le feu à sa maison qu'insuffisant de châtier le voleur en prélevant sur son compte en banque une somme équivalente à son vol. Admettons qu'il soit juste et nécessaire de compenser le meurtre de la victime par la mort du meurtrier. Mais l'exécution capitale n'est pas simplement la mort. Elle est aussi différente, en son essence, de la privation de vie, que le camp de concentration l'est de la prison. Elle est un meurtre, sans doute, et qui paye arithmétiquement le meurtre commis. Mais elle ajoute à la mort un règlement, une préméditation publique et connue de la future victime, une organisation, enfin, qui est par elle-même une source de souffrances morales plus terribles que la mort. Il n'y a donc pas équivalence. Beaucoup de législations considèrent comme plus grave le crime prémédité que le crime de pure violence. Mais qu'est-ce donc que l'exécution capitale, sinon le plus prémédité des meurtres auquel aucun forfait de criminel, si calculé soit-il, ne peut être comparé ? Pour qu'il y ait équivalence, il faudrait que la peine de mort châtiât un criminel qui aurait averti sa victime de l'époque où il lui donnerait une mort horrible et qui, à partir de cet instant, l'aurait séquestrée à merci pendant des mois. Un tel monstre ne se rencontre pas dans le privé.

Là encore, lorsque nos juristes officiels parlent de faire mourir sans faire souffrir, ils ne savent pas ce dont ils parlent et, surtout, ils manquent d'imagination. La peur dévastatrice, dégradante, qu'on impose pendant des mois ou des années* au condamné, est une peine plus terrible que la mort, et qui n'a pas été imposée à la victime. Même dans l'épouvante de la violence mortelle qui lui est faite, celle-ci, la plupart du temps, est précipitée

---

* Rœmen, condamné à mort à la Libération, est resté sept cents jours dans les chaînes avant d'être exécuté, ce qui est scandaleux. Les condamnés de droit commun attendent, en règle générale, de trois à six mois le matin de leur mort. Et il est difficile, si l'on veut préserver leurs chances de survie, de raccourcir le délai. Je puis témoigner, d'ailleurs, que l'examen des recours en grâce est fait, en France, avec un sérieux qui n'exclut pas la volonté visible de gracier, dans toute la mesure où la loi et les mœurs le permettent.

dans la mort sans savoir ce qui lui arrive. Le temps de l'horreur lui est compté avec la vie et l'espoir d'échapper à la folie qui s'abat sur elle ne lui manque probablement jamais. L'horreur est, au contraire, détaillée au condamné à mort. La torture par l'espérance alterne avec les affres du désespoir animal. L'avocat et l'aumônier, par simple humanité, les gardiens, pour que le condamné reste tranquille, sont unanimes à l'assurer qu'il sera gracié. Il y croit de tout son être et puis il n'y croit plus. Il l'espère le jour, il en désespère la nuit*. À mesure que les semaines passent, l'espoir et le désespoir grandissent et deviennent également insupportables. Selon tous les témoins, la couleur de la peau change, la peur agit comme un acide. « Savoir qu'on va mourir n'est rien, dit un condamné de Fresnes. Ne pas savoir si l'on va vivre, c'est l'épouvante et l'angoisse. » Cartouche[1] disait du supplice suprême : « Bah! c'est un mauvais quart d'heure à passer. » Mais il s'agit de mois, non de minutes. Longtemps à l'avance, le condamné sait qu'il va être tué et que seule peut le sauver une grâce assez semblable, pour lui, aux décrets du ciel. Il ne peut en tout cas intervenir, plaider lui-même, ou convaincre. Tout se passe en dehors de lui. Il n'est plus un homme, mais une chose qui attend d'être maniée par les bourreaux. Il est maintenu dans la nécessité absolue, celle de la matière inerte, mais avec une conscience qui est son principal ennemi.

Quand les fonctionnaires, dont c'est le métier de tuer cet homme, l'appellent un colis, ils savent ce qu'ils disent. Ne pouvoir rien contre la main qui vous déplace, vous garde ou vous rejette, n'est-ce pas, en effet, être comme un paquet ou une chose, ou mieux, un animal entravé? Encore l'animal peut-il refuser de manger. Le condamné ne le peut pas. On le fait bénéficier d'un régime spécial (à Fresnes, régime n° 4 avec suppléments de lait, vin, sucre, confitures, beurre); on veille à ce qu'il s'alimente. S'il le faut, on l'y force. L'animal qu'on va tuer doit être en pleine forme. La chose ou la bête ont seulement droit à ces libertés dégradées qui s'appellent les caprices. « Ils sont très susceptibles », déclare sans ironie un brigadier-chef de Fresnes, parlant des condamnés

---

* Le dimanche n'étant pas jour d'exécution, la nuit du samedi est toujours meilleure dans les quartiers de condamnés à mort.

à mort. Sans doute, mais comment rejoindre autrement la liberté et cette dignité du vouloir dont l'homme ne peut se passer ? Susceptible ou non, à partir du moment où la sentence a été prononcée, le condamné entre dans une machine imperturbable. Il roule un certain nombre de semaines dans des rouages qui commandent tous ses gestes et le livrent pour finir aux mains qui le coucheront sur la machine à tuer. Le colis n'est plus soumis aux hasards qui règnent sur l'être vivant, mais à des lois mécaniques qui lui permettent de prévoir sans faute le jour de sa décapitation.

Ce jour achève sa condition d'objet. Pendant les trois quarts d'heure qui le séparent du supplice, la certitude d'une mort impuissante écrase tout; la bête liée et soumise connaît un enfer qui fait paraître dérisoire celui dont on le menace. Les Grecs étaient, après tout, plus humains avec leur ciguë. Ils laissaient à leurs condamnés une relative liberté, la possibilité de retarder ou de précipiter l'heure de leur propre mort. Ils leur donnaient à choisir entre le suicide et l'exécution. Nous, pour plus de sûreté, nous faisons justice nous-mêmes. Mais il ne pourrait y avoir vraiment justice que si le condamné, après avoir fait connaître sa décision des mois à l'avance, était entré chez sa victime, l'avait liée solidement, informée qu'elle serait suppliciée dans une heure et avait enfin rempli cette heure à dresser l'appareil de la mort. Quel criminel a jamais réduit sa victime à une condition si désespérée et si impuissante ?

Cela explique sans doute cette étrange soumission qui est de règle chez les condamnés au moment de leur exécution. Ces hommes qui n'ont plus rien à perdre pourraient jouer leur va-tout, préférer mourir d'une balle au hasard, ou être guillotinés dans une de ces luttes forcenées qui obscurcissent toutes les facultés. D'une certaine manière, ce serait mourir librement. Et pourtant, à quelques exceptions près, la règle est que le condamné marche à la mort passivement, dans une sorte d'accablement morne. C'est là sans doute ce que veulent dire nos journalistes quand ils écrivent que le condamné est mort courageusement. Il faut lire que le condamné n'a pas fait de bruit, n'est pas sorti de sa condition de colis, et que tout le monde lui en est reconnaissant. Dans une affaire si dégradante, l'intéressé fait preuve d'une louable décence en permettant que la dégradation ne dure pas trop longtemps. Mais les compliments et les certificats de courage font partie de la mystification générale qui entoure la peine de mort. Car le condamné sera souvent d'autant plus décent qu'il aura plus peur. Il ne méritera les éloges de notre presse que si sa peur ou son sentiment d'abandon sont assez grands pour le stériliser tout à fait. Qu'on m'entende bien. Certains condamnés, politiques ou non, meurent héroïquement et il faut parler d'eux avec l'admiration et le respect qui conviennent. Mais la majorité d'entre eux ne connaissent d'autre silence que celui de la peur, d'autre impassibilité que celle de l'effroi, et il me semble que ce silence épouvanté mérite encore un plus grand respect. Lorsque le prêtre Bela Just offre à un jeune condamné d'écrire aux siens, quelques instants avant d'être pendu, et qu'il s'entend répondre : « Je n'ai pas de courage, même pour cela », comment un prêtre, entendant cet aveu de faiblesse, ne s'inclinerait-il pas devant ce que l'homme a de plus misérable et de plus sacré ? Ceux qui ne parlent pas et dont on sait ce qu'ils ont éprouvé à la petite mare qu'ils laissent à la place dont on les arrache, qui oserait dire qu'ils sont morts lâchement ? Et comment faudrait-il qualifier alors ceux qui les ont réduits à cette lâcheté ? Après tout, chaque meurtrier, lorsqu'il tue, risque la plus terrible des morts, tandis que ceux qui le tuent ne risquent rien, sinon de l'avancement.

Non, ce que l'homme éprouve alors est au-delà de toute morale. Ni la vertu, ni le courage, ni l'intelligence, ni même l'innocence n'ont de rôle à jouer ici. La société est, d'un coup, ramenée aux épouvantes primitives où plus rien ne peut se juger. Toute équité comme toute dignité ont disparu. « Le sentiment de l'innocence n'immunise pas contre les sévices... J'ai vu mourir courageusement d'authentiques bandits alors que des innocents allaient à la mort en tremblant de tous leurs membres*. » Quand le même homme ajoute que, selon son expérience, les défaillances atteignent plus volontiers les intellectuels, il ne juge pas que cette catégorie d'hommes ait moins de courage que d'autres, mais seulement qu'elle a plus d'imagination. Confronté à la mort inéluc-

---

* Bela Just : *op. cit.*

table, l'homme, quelles que soient ses convictions, est ravagé de fond en comble*. Le sentiment d'impuissance et de solitude du condamné ligoté, face à la coalition publique qui veut sa mort, est à lui seul une punition inimaginable. À cet égard aussi, il vaudrait mieux que l'exécution fût publique. Le comédien qui est en chaque homme[1] pourrait alors venir au secours de l'animal épouvanté et l'aider à faire figure, même à ses propres yeux. Mais la nuit et le secret sont sans recours. Dans ce désastre, le courage, la force d'âme, la foi même risquent d'être des hasards. En règle générale, l'homme est détruit par l'attente de la peine capitale bien avant de mourir. On lui inflige deux morts, dont la première est pire que l'autre, alors qu'il n'a tué qu'une fois. Comparée à ce supplice, la peine du talion apparaît encore comme une loi de civilisation. Elle n'a jamais prétendu qu'il fallait crever les deux yeux de celui qui éborgne son frère.

Cette injustice fondamentale se répercute, d'ailleurs, sur les parents du supplicié. La victime a ses proches dont les souffrances sont généralement infinies et qui, la plupart du temps, désirent être vengés. Ils le sont, mais les parents du condamné connaissent alors une extrémité de malheur qui les punit au-delà de toute justice. L'attente d'une mère, ou d'un père, pendant de longs mois, le parloir, les conversations fausses dont on meuble les courts instants passés avec le condamné, les images de l'exécution enfin, sont des tortures qui n'ont pas été imposées aux proches de la victime. Quels que soient les sentiments de ces derniers, ils ne peuvent désirer que la vengeance excède de si loin le crime et qu'elle torture des êtres qui partagent, violemment, leur propre douleur. « Je suis gracié, mon père, écrit un condamné à mort, je ne réalise pas tout à fait encore le bonheur qui m'échoit; ma grâce a été signée le 30 avril et m'a été signifiée mercredi en revenant du parloir. J'ai

---

* Un grand chirurgien, lui-même catholique, me confiait après expérience qu'il n'avertissait même pas les croyants, quand ils étaient atteints d'un cancer incurable. Le choc, selon lui, risquait de dévaster jusqu'à leur foi.

aussitôt fait prévenir papa et maman qui n'avaient pas encore quitté la Santé. Imaginez d'ici leur bonheur*. » On l'imagine, en effet, mais dans la mesure même où il est possible d'imaginer leur incessant malheur jusqu'à l'instant de la grâce, et le désespoir définitif de ceux qui reçoivent l'autre nouvelle, celle qui châtie, dans l'iniquité, leur innocence et leur malheur.

Pour en finir avec cette loi du talion, il faut constater que, même dans sa forme primitive, elle ne peut jouer qu'entre deux individus dont l'un est absolument innocent et l'autre absolument coupable. La victime, certes, est innocente. Mais la société qui est censée la représenter peut-elle prétendre à l'innocence ? N'est-elle pas responsable, au moins en partie, du crime qu'elle réprime avec tant de sévérité ? Ce thème a souvent été développé et je ne reprendrai pas les arguments que les esprits les plus divers ont exposés depuis le XVIIIe siècle. On peut les résumer d'ailleurs en disant que toute société a les criminels qu'elle mérite. Mais s'agissant de la France, il est impossible de ne pas signaler les circonstances qui devraient rendre nos législateurs plus modestes. Répondant en 1952 à une enquête du *Figaro* sur la peine de mort, un colonel affirmait que l'institution des travaux forcés à perpétuité comme peine suprême reviendrait à constituer des conservatoires du crime. Cet officier supérieur semblait ignorer, et je m'en réjouis pour lui, que nous avons déjà nos conservatoires du crime, qui présentent avec nos maisons centrales cette différence appréciable qu'on peut en sortir à toute heure du jour et de la nuit : ce sont les bistrots et les taudis, gloires de notre République. Sur ce point, il est impossible de s'exprimer avec modération.

La statistique évalue à 64 000 les logements surpeuplés (de 3 à 5 personnes par pièce) dans la seule ville de Paris. Certes, le bourreau d'enfants est une créature particulièrement ignoble et qui ne suscite guère la pitié. Il est probable aussi (je dis probable) qu'aucun de mes lecteurs,

---

* R. P. Devoyod : *op. cit.* Impossible aussi de lire, sans en être bouleversé, les pétitions de grâce présentées par un père ou une mère qui, visiblement, ne comprennent pas le châtiment qui les frappe soudain.

placés dans les mêmes conditions de promiscuité, n'irait jusqu'au meurtre d'enfants. Il n'est donc pas question de diminuer la culpabilité de certains monstres. Mais ces monstres, dans des logements décents, n'auraient peut-être pas eu l'occasion d'aller si loin. Le moins qu'on puisse dire est qu'ils ne sont pas seuls coupables et il paraît difficile que le droit de les punir soit donné à ceux-là mêmes qui subventionnent la betterave plutôt que la construction*.

Mais l'alcool rend encore plus éclatant ce scandale. On sait que la nation française est systématiquement intoxiquée par sa majorité parlementaire[1], pour des raisons généralement ignobles. Or le taux de responsabilité de l'alcool dans la genèse des crimes de sang est hallucinant. Un avocat (Mᵉ Guillon) l'a estimé à 60 %. Pour le docteur Lagriffe, ce taux va de 41,7 % à 72 %. Une enquête effectuée en 1951, au centre de triage de la prison de Fresnes, chez des condamnés de droit commun, a révélé 29 % d'alcooliques chroniques et 24 % de sujets d'ascendance alcoolique. Enfin, 95 % des bourreaux d'enfants sont des alcooliques. Ce sont là de beaux chiffres. Nous pouvons mettre en regard un chiffre plus superbe encore : la déclaration d'une maison d'apéritifs qui déclarait au fisc, en 1953, 410 millions de bénéfices. La comparaison de ces chiffres autorise à informer les actionnaires de ladite maison et les députés de l'alcool qu'ils ont tué certainement plus d'enfants qu'ils ne pensent. Adversaire de la peine capitale, je suis fort loin de réclamer leur condamnation à mort. Mais, pour commencer, il me paraît indispensable et urgent de les conduire, sous escorte militaire, à la prochaine exécution d'un bourreau d'enfants et de leur délivrer à la sortie un bulletin statistique qui comportera les chiffres dont j'ai parlé.

Quant à l'État qui sème l'alcool[2], il ne peut s'étonner de récolter le crime**. Il ne s'en étonne pas, au demeurant,

---

* La France est le premier des pays consommateurs d'alcool, le quinzième des pays constructeurs.

** Les partisans de la peine de mort firent grand bruit à la fin du siècle dernier d'une augmentation de la criminalité, à partir de 1880, qui semblait parallèle à une diminution d'application de la peine. Mais c'est en 1880 qu'a été promulguée la loi permettant d'ouvrir sans autorisation préalable des débits de boisson. Après cela, allez interpréter les statistiques !

et se borne à couper les têtes où lui-même a versé tant d'alcool. Il fait justice imperturbablement, et se pose en créancier : sa bonne conscience n'est pas entamée. Tel ce représentant en alcool qui, répondant à l'enquête du *Figaro,* s'écriait : « Je sais ce que ferait le plus farouche défenseur de l'abolition si, ayant une arme à sa portée, il se trouvait subitement en présence d'assassins sur le point de tuer son père, sa mère, ses enfants ou son meilleur ami. Alors ! » Cet « alors » semble lui-même un peu alcoolisé. Naturellement, le plus farouche défenseur de l'abolition tirerait sur ces meurtriers, à juste titre, et sans que cela enlève rien à ses raisons de défendre farouchement l'abolition. Mais s'il avait, de surcroît, un peu de suite dans les idées et si lesdits assassins sentaient un peu trop l'alcool, il irait ensuite s'occuper de ceux dont c'est la vocation d'intoxiquer les futurs criminels. Il est même tout à fait surprenant que les parents des victimes de crimes alcooliques n'aient jamais eu l'idée d'aller solliciter quelques éclaircissements dans l'enceinte du Parlement. C'est pourtant le contraire qui se passe et l'État, investi de la confiance générale, soutenu même par l'opinion publique, continue de corriger les assassins, même et surtout alcooliques, un peu comme il arrive que le souteneur corrige les laborieuses créatures qui assurent sa matérielle. Mais le souteneur, lui, ne fait pas de morale. L'État en fait. Sa jurisprudence, si elle admet que l'ébriété constitue parfois une circonstance atténuante, ignore l'alcoolisme chronique. L'ébriété n'accompagne pourtant que les crimes de violence, qui ne sont pas punis de mort, tandis que l'alcoolique chronique est capable aussi de crimes prémédités, qui lui vaudront la mort. L'État se réserve donc le droit de punir dans le seul cas où sa responsabilité est profondément engagée.

Est-ce à dire que tout alcoolique doit être déclaré irresponsable par un État qui se frappera la poitrine jusqu'à ce que la nation ne boive plus que du jus de fruits ? Certainement non. Pas plus que les raisons tirées de l'hérédité ne doivent éteindre toute culpabilité. La responsabilité réelle d'un délinquant ne peut être appréciée avec précision. On sait que le calcul est impuissant à rendre compte du nombre de nos ascendants, alcooliques ou non. À l'extrémité des temps, il serait 10 puissance 22 fois plus grand que le nombre des habitants actuels de la terre. Le nombre de dispositions mauvaises ou morbides qu'ils ont pu nous transmettre est donc incalculable. Nous venons au monde chargés du poids d'une nécessité infinie. Il faudrait conclure en ce cas à une irresponsabilité générale. La logique voudrait que ni châtiment ni récompense ne fussent jamais prononcés et, du même coup, toute société deviendrait impossible. L'instinct de conservation des sociétés, et donc des individus, exige au contraire que la responsabilité individuelle soit postulée. Il faut l'accepter, sans rêver d'une indulgence absolue qui coïnciderait avec la mort de toute société. Mais le même raisonnement doit nous amener à conclure qu'il n'existe jamais de responsabilité totale ni, par conséquent, de châtiment ou de récompense absolus. Personne ne peut être récompensé définitivement, même pas les prix Nobel[1]. Mais personne ne devrait être châtié absolument, s'il est estimé coupable, et, à plus forte raison, s'il risque d'être innocent. La peine de mort, qui ne satisfait véritablement ni à l'exemple ni à la justice distributive, usurpe de surcroît un privilège exorbitant, en prétendant punir une culpabilité toujours relative par un châtiment définitif et irréparable.

Si la peine capitale, en effet, est d'un exemple douteux et d'une justice boiteuse, il faut convenir, avec ses défenseurs, qu'elle est éliminatrice. La peine de mort élimine définitivement le condamné. Cela seul, à vrai dire, devrait exclure, pour ses partisans surtout, la répétition d'arguments hasardeux qui puissent être, nous venons de le voir, sans cesse contestés. Il est plus loyal de dire qu'elle est définitive parce qu'elle doit l'être, d'assurer que certains hommes sont irrécupérables en société, qu'ils constituent un danger permanent pour chaque citoyen et pour l'ordre social et qu'il faut donc, toute affaire cessante, les supprimer. Personne, du moins, ne peut contester l'existence de certains fauves sociaux, dont rien ne semble capable de briser l'énergie et la brutalité. La peine de mort, certes, ne résout pas le problème qu'ils posent. Convenons du moins qu'elle le supprime.

Je reviendrai à ces hommes. Mais la peine capitale ne s'applique-t-elle qu'à eux? Peut-on nous assurer qu'aucun des exécutés n'est récupérable ? Peut-on même jurer qu'aucun n'est innocent ? Dans les deux cas, ne doit-on pas avouer que la peine capitale n'est éliminatrice que dans la mesure où elle est irréparable ? Hier, 15 mars 1957, a été exécuté en Californie Burton Abbott, condamné à mort pour avoir assassiné une fillette de quatorze ans. Voilà, je crois, le genre de crime odieux qui classe son auteur parmi les irrécupérables. Bien qu'Abbott ait toujours protesté de son innocence, il fut condamné. Son exécution avait été fixée au 15 mars, à 10 heures. À 9 h. 10, un sursis était accordé pour permettre aux défenseurs de présenter un dernier recours*. À 11 heures, l'appel était rejeté. À 11 h. 15, Abbott entrait dans la chambre à gaz. À 11 h. 18, il respirait les premières bouffées de gaz. À 11 h. 20, le secrétaire de la Commission des grâces appelait au téléphone. La Commission s'était ravisée. On avait cherché le gouverneur qui était parti en mer, puis on avait appelé directement la prison. On tira Abbott de la chambre à gaz. Il était trop tard. Si seulement le temps, hier, avait été orageux au-dessus de la Californie, le gouverneur ne serait pas allé en mer. Il aurait téléphoné deux minutes plus tôt : Abbott, aujourd'hui, serait vivant et verrait peut-être son innocence prouvée. Toute autre peine, même la plus dure, lui laissait cette chance. La peine de mort ne lui en laissait aucune.

On estimera que ce fait est exceptionnel. Nos vies le sont aussi et pourtant, dans l'existence fugitive qui est la nôtre, ceci se passe près de nous, à une dizaine d'heures d'avion. Le malheur d'Abbott n'est pas tant une exception qu'un fait divers parmi d'autres, une erreur qui n'est pas isolée, si nous en croyons nos journaux (voir l'affaire Deshays[1], pour ne citer que la plus récente). Le juriste d'Olivecroix, appliquant, vers 1860, à la chance d'erreur judiciaire le calcul des probabilités, a d'ailleurs conclu qu'environ un innocent était condamné sur deux cent cinquante-sept cas. La proportion est faible ? Elle est faible au regard de peines moyennes. Elle est infinie au regard de la peine capitale. Quand

---

* Il faut noter que l'usage, dans les prisons américaines, est de changer le condamné de cellule la veille de son exécution en lui annonçant la cérémonie qui l'attend.

Hugo écrit que pour lui la guillotine s'appelle Lesurques*, il ne veut pas dire que tous les condamnés qu'elle décapite sont des Lesurques, mais qu'il suffit d'un Lesurques pour qu'elle soit à jamais déshonorée. On comprend que la Belgique ait renoncé définitivement à prononcer la peine de mort après une erreur judiciaire et que l'Angleterre ait posé la question de l'abolition après l'affaire Hayes[1]. On comprend aussi les conclusions de ce procureur général qui, consulté sur le recours en grâce d'un criminel, très probablement coupable, mais dont la victime n'avait pas été retrouvée, écrivait : « La survie de X... assure à l'autorité la possibilité d'examiner utilement à loisir tout nouvel indice qui serait apporté ultérieurement de l'existence de sa femme**... À l'inverse, l'exécution de la peine capitale, en annulant cette possibilité hypothétique d'examen, donnerait, je le crains, à l'indice le plus menu, une valeur théorique, une force de regret que je crois inopportune de créer. » Le goût de la justice et de la vérité s'exprime ici de façon émouvante et il conviendrait de citer souvent, dans nos assises, cette « force de regret » qui résume si fermement le péril devant lequel se trouve tout juré. Une fois l'innocent mort, personne ne peut plus rien pour lui, en effet, que le réhabiliter, s'il se trouve encore quelqu'un pour le demander. On lui rend alors son innocence, qu'à vrai dire il n'avait jamais perdue. Mais la persécution dont il a été victime, ses affreuses souffrances, sa mort horrible, sont acquises pour toujours. Il ne reste qu'à penser aux innocents de l'avenir, pour que des supplices leur soient épargnés. On l'a fait en Belgique. Chez nous, les consciences, apparemment, sont tranquilles.

Sans doute se reposent-elles sur l'idée que la justice, elle aussi, a fait des progrès et marche du même pas que la science. Quand le savant expert disserte en cour d'assises il semble qu'un prêtre ait parlé et le jury, élevé dans la religion de la science, opine. Pourtant, des affaires récentes, dont la principale fut l'affaire Besnard[2], nous ont donné une bonne idée de ce que pouvait être une

---

* C'est le nom de l'innocent guillotiné dans l'affaire du *Courrier de Lyon*.

** Le condamné était accusé d'avoir tué sa femme. Mais on n'avait pas retrouvé le corps de cette dernière.

comédie des experts. La culpabilité n'est pas mieux établie parce qu'elle l'a été dans une éprouvette, même graduée. Une deuxième éprouvette dira le contraire et l'équation personnelle garde toute son importance dans ces mathématiques périlleuses. La proportion des savants vraiment experts est la même que celle des juges psychologues, à peine plus forte que celle des jurys sérieux et objectifs. Aujourd'hui comme hier, la chance d'erreur demeure. Demain, une autre expertise dira l'innocence d'un Abbott quelconque. Mais Abbott sera mort, scientifiquement lui aussi, et la science qui prétend prouver aussi bien l'innocence que la culpabilité, n'est pas encore parvenue à ressusciter ceux qu'elle tue.

Parmi les coupables eux-mêmes, est-on sûr aussi de n'avoir jamais tué que des irréductibles ? Tous ceux qui ont, comme moi[1], à une époque de leur vie, suivi par nécessité les procès d'assises, savent qu'il entre beaucoup de hasards dans une sentence, fût-elle mortelle. La tête de l'accusé, ses antécédents (l'adultère est souvent considéré comme une circonstance aggravante par des jurés dont je n'ai jamais pu croire qu'ils fussent tous et toujours fidèles), son attitude (qui ne lui est favorable que si elle est conventionnelle, c'est-à-dire comédienne, la plupart du temps), son élocution même (les chevaux de retour savent qu'il ne faut ni balbutier ni parler trop bien), les incidents de l'audience appréciés sentimentalement (et le vrai, hélas ! n'est pas toujours émouvant), autant de hasards qui influent sur la décision finale du jury. Au moment du verdict de mort, on peut être assuré qu'il a fallu, pour arriver à la plus certaine des peines, un grand concours d'incertitudes. Quand on sait que le verdict suprême dépend d'une estimation que fait le jury des circonstances atténuantes, quand on sait surtout que la réforme de 1832 a donné à nos jurys le pouvoir d'accorder des circonstances atténuantes *indéterminées,* on imagine la marge laissée à l'humeur momentanée des jurés. Ce n'est plus la loi qui prévoit avec précision les cas où la mort doit être donnée, mais le jury qui, après coup, l'apprécie, c'est le cas de le dire, au jugé. Comme il n'y a pas deux jurys comparables, celui qui est exécuté aurait pu ne pas l'être. Irrécupérable aux yeux des honnêtes gens de l'Ille-et-Vilaine, il se serait vu accorder un semblant d'excuse par les bons citoyens du Var. Malheureusement, le même couperet tombe dans les deux départements. Et il ne fait pas le détail.

Les hasards du temps rejoignent ceux de la géographie pour renforcer l'absurdité générale. L'ouvrier communiste français[1] qui vient d'être guillotiné en Algérie pour avoir déposé une bombe (découverte avant qu'elle n'explose) dans le vestiaire d'une usine, a été condamné autant par son acte que par l'air du temps. Dans le climat actuel de l'Algérie, on a voulu à la fois prouver à l'opinion arabe que la guillotine était faite aussi pour les Français et donner satisfaction à l'opinion française indignée par les crimes du terrorisme. Au même moment, pourtant, le ministre qui couvrait l'exécution acceptait les voix communistes dans sa circonscription[2]. Si les circonstances avaient été autres, l'inculpé s'en tirait à peu de frais et risquait seulement un jour, devenu député du parti, de boire à la même buvette que le ministre. De telles pensées sont amères et l'on voudrait qu'elles restent vivantes dans l'esprit de nos gouvernants. Ils doivent savoir que les temps et les mœurs changent; un jour vient où le coupable, trop vite exécuté, n'apparaît plus si noir. Mais il est trop tard et il ne reste plus qu'à se repentir ou à oublier. Bien entendu, on oublie. La société, cependant, n'en est pas moins atteinte. Le crime impuni, selon les Grecs, infectait la cité. Mais l'innocence condamnée, ou le crime trop puni, à la longue, ne la souille pas moins. Nous le savons, en France.

Telle est, dira-t-on, la justice des hommes et, malgré ses imperfections, elle vaut mieux que l'arbitraire. Mais cette mélancolique appréciation n'est supportable qu'à l'égard des peines ordinaires. Elle est scandaleuse devant les verdicts de mort. Un ouvrage classique de droit français, pour excuser la peine de mort de n'être pas susceptible de degrés, écrit ainsi : « La justice humaine n'a nullement l'ambition d'assurer cette proportion. Pourquoi ? Parce qu'elle se sait infirme. » Faut-il donc conclure que cette infirmité nous autorise à prononcer un jugement absolu et qu'incertaine de réaliser la justice pure, la société doive se précipiter, par les plus grands risques, à la suprême injustice ? Si la justice se sait infirme, ne conviendrait-il pas qu'elle se montrât modeste, et qu'elle laissât autour de ses sentences une marge suffisante pour que l'erreur éventuelle pût être réparée*？ Cette faiblesse où elle trouve pour elle-même, de façon permanente, une circonstance atténuante, ne devrait-elle pas l'accorder toujours au criminel lui-même ? Le jury peut-il décemment dire : « Si je vous fais mourir par erreur, vous me pardonnerez sur la considération des faiblesses de notre commune nature. Mais je vous condamne à mort sans considération de ces faiblesses ni de cette nature » ? Il y a une solidarité de tous les hommes dans l'erreur et dans l'égarement. Faut-il que cette solidarité joue pour le tribunal et soit ôtée à l'accusé ? Non, et si la justice a un sens en ce monde, elle ne signifie rien d'autre que la reconnaissance de cette solidarité ; elle ne peut, dans son essence même, se séparer de la compassion. La compassion, bien entendu, ne peut être ici que le sentiment d'une souffrance commune et non pas une frivole indulgence qui ne tiendrait aucun compte des souffrances et des droits de la victime. Elle n'exclut pas le châtiment, mais elle suspend la condamnation ultime. Elle répugne à la mesure définitive, irréparable, qui fait injustice à l'homme tout entier puisqu'elle ne fait pas sa part à la misère de la condition commune.

À vrai dire, certains jurys le savent bien qui, souvent, admettent des circonstances atténuantes dans un crime que rien ne peut atténuer. C'est que la peine de mort leur paraît alors excessive et qu'ils préfèrent ne pas assez punir à punir trop. L'extrême sévérité de la peine favorise alors le crime au lieu de le sanctionner. Il ne se passe pas de session d'assises où l'on ne lise dans notre presse qu'un verdict est incohérent et que, devant les faits, il paraît ou insuffisant ou excessif. Mais les jurés ne l'ignorent pas. Simplement, devant l'énormité de la peine capitale, ils préfèrent, comme nous le ferions nous-mêmes, passer pour des ahuris plutôt que de compromettre leurs nuits à venir. Se sachant infirmes, ils en tirent du moins les conséquences qui conviennent. Et la vraie

---

* On s'est félicité d'avoir gracié Sillon, qui tua récemment sa fillette de quatre ans, pour ne pas la donner à sa mère qui voulait divorcer. On découvrit, en effet, pendant sa détention, que Sillon souffrait d'une tumeur au cerveau qui pouvait expliquer la folie de son acte.

justice est avec eux, dans la mesure, justement, où la logique ne l'est pas.

Il est pourtant de grands criminels que tous les jurys condamneraient où que ce soit, dans n'importe quel temps. Leurs crimes sont certains et les preuves apportées par l'accusation rejoignent les aveux de la défense. Sans doute, ce qu'ils ont d'anormal et de monstrueux les classe déjà dans une rubrique pathologique. Mais les experts psychiatres affirment, dans la plupart des cas, leur responsabilité. Récemment, à Paris, un jeune homme, un peu faible de caractère, mais doux et affectueux, très uni aux siens, se trouve, selon ses aveux, agacé par une remarque de son père sur sa rentrée tardive. Le père lisait, assis devant la table de la salle à manger. Le jeune homme prend une hache et, par-derrière, frappe son père de plusieurs coups mortels. Puis il abat, de la même manière, sa mère qui se trouvait dans la cuisine. Il se déshabille, cache son pantalon ensanglanté dans l'armoire, va rendre visite, sans rien laisser paraître, aux parents de sa fiancée, revient ensuite chez lui et avise la police qu'il vient de trouver ses parents assassinés. La police découvre aussitôt le pantalon ensanglanté et obtient, sans difficultés, les aveux tranquilles du parricide. Les psychiatres concluent à la responsabilité de ce meurtrier par agacement. Son étrange indifférence, dont il devait donner d'autres preuves en prison (se félicitant que l'enterrement de ses parents eût été suivi par beaucoup de monde : « Ils étaient très aimés », disait-il à son avocat), ne peut cependant être considérée comme normale. Mais le raisonnement était intact chez lui, apparemment.

Beaucoup de « monstres » présentent des visages aussi impénétrables. Ils sont éliminés, sur la seule considération des faits. Apparemment, la nature ou la grandeur de leurs crimes ne permet pas d'imaginer qu'ils puissent se repentir ou s'amender. Il faut seulement éviter qu'ils ne recommencent et il n'y a pas d'autre solution que de les éliminer. Sur cette frontière, et sur elle seule, la discussion autour de la peine de mort est légitime. Dans tous les autres cas, les arguments des conservateurs ne résistent pas à la critique des abolitionnistes. À cette limite, dans l'ignorance où nous sommes, un pari s'installe au contraire. Aucun fait, aucun raisonnement ne peut départager ceux qui pensent qu'une chance doit toujours être accordée au dernier des hommes et ceux qui estiment cette chance illusoire. Mais il est possible peut-être, sur cette dernière frontière, de dépasser la longue opposition entre partisans et adversaires de la peine de mort, en appréciant l'opportunité de cette peine, aujourd'hui, et en Europe. Avec beaucoup moins de compétence, j'essaierai de répondre ainsi au vœu d'un juriste suisse, le professeur Jean Graven, qui écrivait en 1952, dans sa remarquable étude sur le problème de la peine de mort : « ... Devant le problème qui se pose derechef à notre conscience et à notre raison, nous pensons qu'une solution doit être recherchée non pas sur les conceptions, les problèmes et les arguments du passé, ni sur les espérances et les promesses théoriques de l'avenir, mais sur les idées, les données, et les nécessités actuelles*. » On peut, en effet, disputer éternellement sur les bienfaits ou les ravages de la peine de mort à travers les siècles ou dans le ciel des idées. Mais elle joue un rôle ici et maintenant, et nous avons à nous définir ici et maintenant, en face du bourreau moderne. Que signifie la peine de mort pour les hommes du demi-siècle ?

Pour simplifier, disons que notre civilisation a perdu les seules valeurs qui, d'une certaine manière, peuvent justifier cette peine et souffre au contraire de maux qui nécessitent sa suppression. Autrement dit, l'abolition de la peine de mort devrait être demandée par les membres conscients de notre société, à la fois pour des raisons de logique et de réalisme.

De logique d'abord. Arrêter qu'un homme doit être frappé du châtiment définitif revient à décider que cet homme n'a plus aucune chance de réparer. C'est ici, répétons-le, que les arguments s'affrontent aveuglément et cristallisent dans une opposition stérile. Mais justement, nul parmi nous ne peut trancher sur ce point, car nous tous sommes juges et parties. De là notre incertitude sur le droit que nous avons de tuer et l'impuissance où nous sommes à nous convaincre mutuellement. Sans innocence absolue, il n'est point de juge

---

* *Revue de Criminologie et de Police technique,* Genève, numéro spécial, 1952.

suprême. Or nous avons tous fait du mal dans notre vie, même si ce mal, sans tomber sous le coup des lois, allait jusqu'au crime inconnu[1]. Il n'y a pas de justes, mais seulement des cœurs plus ou moins pauvres en justice. Vivre, du moins, nous permet de le savoir et d'ajouter à la somme de nos actions un peu du bien qui compensera, en partie, le mal que nous avons jeté dans le monde. Ce droit de vivre qui coïncide avec la chance de réparation est le droit naturel de tout homme, même le pire. Le dernier des criminels et le plus intègre des juges s'y retrouvent côte à côte, également misérables et solidaires. Sans ce droit, la vie morale est strictement impossible. Nul d'entre nous, en particulier, n'est autorisé à désespérer d'un seul homme, sinon après sa mort qui transforme sa vie en destin et permet alors le jugement définitif. Mais prononcer le jugement définitif avant la mort, décréter la clôture des comptes quand le créancier est encore vivant, n'appartient à aucun homme. Sur cette limite, au moins, qui juge absolument se condamne absolument.

Bernard Fallot, de la bande Masuy, au service de la Gestapo, qui fut condamné à mort après avoir reconnu les nombreux et terribles crimes dont il s'était rendu coupable, et qui mourut avec le plus grand courage, déclarait lui-même qu'il ne pouvait être gracié. « J'ai les mains trop rouges de sang », disait-il à un camarade de prison*. L'opinion et celle de ses juges le plaçaient certainement parmi les irrécupérables, et j'aurais été tenté de l'admettre si je n'avais lu un témoignage surprenant. Voici ce que Fallot disait au même compagnon, après avoir déclaré qu'il voulait mourir courageusement : « Veux-tu que je te dise mon plus profond regret. Eh bien ! c'est de ne pas avoir connu plus tôt la Bible que j'ai là. Je t'assure que je n'en serais pas là où j'en suis. » Il ne s'agit pas de céder à quelque imagerie conventionnelle et d'évoquer les bons forçats de Victor Hugo. Les siècles éclairés, comme on dit, voulaient supprimer la peine de mort sous prétexte que l'homme était foncièrement bon. Naturellement, il ne l'est pas (il est pire ou meilleur). Après vingt ans de notre superbe histoire, nous le savons bien. Mais c'est parce qu'il ne l'est pas que personne parmi nous ne peut

---

* Jean Bocognano : *Quartier des fauves, prison de Fresnes*, Éditions du Fuseau.

s'ériger en juge absolu, et prononcer l'élimination définitive du pire des coupables, puisque nul d'entre nous ne peut prétendre à l'innocence absolue. Le jugement capital rompt la seule solidarité humaine indiscutable, la solidarité contre la mort[1], et il ne peut être légitimé que par une vérité ou un principe qui se place au-dessus des hommes.

En fait, le châtiment suprême a toujours été, à travers les siècles, une peine religieuse. Infligée au nom du roi, représentant de Dieu sur terre, ou par les prêtres, ou au nom de la société considérée comme un corps sacré, ce n'est pas la solidarité humaine qu'elle rompt alors, mais l'appartenance du coupable à la communauté divine, qui peut seule lui donner la vie. La vie terrestre lui est sans doute retirée, mais la chance de réparation lui est maintenue. Le jugement réel n'est pas prononcé, il le sera dans l'autre monde. Les valeurs religieuses, et particulièrement la croyance à la vie éternelle, sont donc seules à pouvoir fonder le châtiment suprême puisqu'elles empêchent, selon leur logique propre, qu'il soit définitif et irréparable. Il n'est alors justifié que dans la mesure où il n'est pas suprême.

L'Église catholique, par exemple, a toujours admis la nécessité de la peine de mort. Elle l'a infligée elle-même, et sans avarice, à d'autres époques. Aujourd'hui encore, elle la justifie et reconnaît à l'État le droit de l'appliquer. Si nuancée que soit sa position, on y trouve un sentiment profond qui a été exprimé directement, en 1937, par un conseiller national suisse de Fribourg, lors d'une discussion, au Conseil national, sur la peine de mort. Selon M. Grand, le pire des criminels, devant l'exécution menaçante, rentre en lui-même. « Il se repent et sa préparation à la mort en est facilitée. L'Église a sauvé un de ses membres, elle a accompli sa mission divine. Voilà pourquoi elle a constamment admis la peine de mort, non seulement comme un moyen de légitime défense, *mais comme un puissant moyen de salut*[*]... Sans vouloir en faire une chose d'Église, la peine de mort peut revendiquer pour elle son efficacité quasi divine, comme la guerre. »

En vertu du même raisonnement sans doute, on pouvait lire, sur l'épée du bourreau de Fribourg, la

---

[*] C'est moi qui souligne.

formule « Seigneur Jésus, tu es le Juge ». Le bourreau se trouve alors investi d'une fonction sacrée. Il est l'homme qui détruit le corps pour livrer l'âme à la sentence divine, que nul ne préjuge. On estimera peut-être que de pareilles formules traînent avec elles des confusions assez scandaleuses. Et sans doute, pour qui s'en tient à l'enseignement de Jésus, cette belle épée est un outrage de plus à la personne du Christ. On peut comprendre, dans cette lumière, le mot terrible d'un condamné russe que les bourreaux du tsar allaient pendre, en 1905, et qui dit fermement au prêtre venu le consoler par l'image du Christ : « Éloignez-vous et ne commettez pas de sacrilège. » L'incroyant ne peut non plus s'empêcher de penser que des hommes qui ont mis au centre de leur foi la bouleversante victime d'une erreur judiciaire devraient se montrer au moins réticents devant le meurtre légal. On pourrait aussi rappeler aux croyants que l'empereur Julien, avant sa conversion, ne voulait pas donner des charges officielles aux chrétiens parce que ceux-ci refusaient systématiquement de prononcer des condamnations à mort ou d'y prêter la main. Pendant cinq siècles, les chrétiens ont donc cru que le strict enseignement moral de leur maître interdisait de tuer. Mais la foi catholique ne se nourrit pas seulement de l'enseignement personnel du Christ. Elle s'alimente aussi à l'Ancien Testament comme à saint Paul et aux Pères. En particulier l'immortalité de l'âme, et la résurrection universelle des corps sont des articles de dogme. Dès lors, la peine capitale reste, pour le croyant, un châtiment provisoire qui laisse en suspens la sentence définitive, une disposition nécessaire seulement à l'ordre terrestre, une mesure d'administration qui, loin d'en finir avec le coupable, peut favoriser au contraire sa rédemption. Je ne dis pas que tous les croyants pensent ainsi et j'imagine sans peine que des catholiques puissent se tenir plus près du Christ que de Moïse ou de saint Paul. Je dis seulement que la foi dans l'immortalité de l'âme a permis au catholicisme de poser le problème de la peine capitale en des termes très différents, et de la justifier.

Mais que signifie cette justification dans la société où nous vivons et qui, dans ses institutions comme dans ses mœurs, est désacralisée ? Lorsqu'un juge athée, ou sceptique, ou agnostique, inflige la peine de mort à un condamné incroyant, il prononce un châtiment définitif qui ne peut être révisé. Il se place sur le trône de Dieu*, sans en avoir les pouvoirs, et d'ailleurs sans y croire. Il tue, en somme, parce que ses aïeux croyaient à la vie éternelle. Mais la société, qu'il prétend représenter, prononce en réalité une pure mesure d'élimination, brise la communauté humaine unie contre la mort, et se pose elle-même en valeur absolue puisqu'elle prétend au pouvoir absolu. Sans doute, elle délègue un prêtre au condamné, par tradition. Le prêtre peut espérer légitimement que la peur du châtiment aidera à la conversion du coupable. Qui acceptera cependant qu'on justifie, par ce calcul, une peine infligée et reçue le plus souvent dans un tout autre esprit? C'est une chose que de croire avant d'avoir peur, une autre de trouver la foi après la peur. La conversion par le feu ou le couperet sera toujours suspecte, et on pouvait croire que l'Église avait renoncé à triompher des infidèles par la terreur. De toute manière, la société désacralisée n'a rien à tirer d'une conversion dont elle fait profession de se désintéresser. Elle édicte un châtiment sacré et lui retire en même temps ses excuses et son utilité. Elle délire à son propre sujet, elle élimine souverainement les méchants de son sein, comme si elle était la vertu même. Tel un homme honorable qui tuerait son fils dévoyé en disant : « Vraiment, je ne savais plus qu'en faire. » Elle s'arroge le droit de sélectionner, comme si elle était la nature elle-même, et d'ajouter d'immenses souffrances à l'élimination, comme si elle était un dieu rédempteur.

Affirmer en tout cas qu'un homme doit être absolument retranché de la société parce qu'il est absolument mauvais revient à dire que celle-ci est absolument bonne, ce que personne de sensé ne croira aujourd'hui. On ne le croira pas et l'on pensera plus facilement le contraire. Notre société n'est devenue si mauvaise et si criminelle que parce qu'elle s'est érigée elle-même en fin dernière et n'a plus rien respecté que sa propre conservation ou sa réussite dans l'histoire[1]. Désacralisée, elle l'est, certes. Mais elle a commencé de se constituer au XIXᵉ siècle un ersatz de religion, en se proposant elle-même, comme

---

* On sait que la décision du jury est précédée de la formule « Devant Dieu et ma conscience... ».

objet d'adoration. Les doctrines de l'évolution et les idées de sélection qui les accompagnaient ont érigé en but dernier l'avenir de la société. Les utopies politiques qui se sont greffées sur ces doctrines ont placé, à la fin des temps, un âge d'or qui justifiait d'avance toutes les entreprises. La société s'est habituée à légitimer ce qui pouvait servir son avenir et à user par conséquent du châtiment suprême de manière absolue. Dès cet instant, elle a considéré comme crime et sacrilège tout ce qui contrarait son projet et ses dogmes temporels. Autrement dit, le bourreau, de prêtre, est devenu fonctionnaire. Le résultat est là, autour de nous. Il est tel que cette société du demi-siècle qui a perdu le droit, en bonne logique, de prononcer la peine capitale, devrait, maintenant, la supprimer pour des raisons de réalisme.

Devant le crime, comment se définit en effet notre civilisation ? La réponse est simple : depuis trente ans, les crimes d'État l'emportent de loin sur les crimes des individus. Je ne parle même pas des guerres, générales ou localisées, quoique le sang aussi soit un alcool, qui intoxique, à la longue, comme le plus chaleureux des vins. Mais le nombre des individus tués directement par l'État a pris des proportions astronomiques et passe infiniment celui des meurtres particuliers. Il y a de moins en moins de condamnés de droit commun et de plus en plus de condamnés politiques. La preuve en est que chacun d'entre nous, si honorable soit-il, peut envisager la possibilité d'être un jour condamné à mort, alors que cette éventualité aurait paru bouffonne au début du siècle. La boutade d'Alphonse Karr : « Que messieurs les assassins commencent » n'a plus aucun sens. Ceux qui font couler le plus de sang sont les mêmes qui croient avoir le droit, la logique et l'histoire avec eux.

Ce n'est plus tant contre l'individu que notre société doit donc se défendre que contre l'État. Il se peut que les proportions soient inversées dans trente ans. Mais, pour le moment, la légitime défense doit être opposée à l'État et à lui d'abord. La justice et l'opportunité la plus réaliste commandent que la loi protège l'individu contre un État livré aux folies du sectarisme ou de l'orgueil. « Que l'État commence et abolisse la peine de mort » devrait être, aujourd'hui, notre cri de ralliement.

Les lois sanglantes, a-t-on dit, ensanglantent les mœurs. Mais il arrive un état d'ignominie, pour une société donnée où, malgré tous les désordres, les mœurs ne parviennent jamais à être aussi sanglantes que les lois. La moitié de l'Europe connaît cet état. Nous autres Français l'avons connu et risquons de le connaître à nouveau. Les exécutés de l'occupation ont entraîné les exécutés de la Libération dont les amis rêvent de revanche. Ailleurs des États chargés de trop de crimes se préparent à noyer leur culpabilité dans des massacres plus grands encore. On tue pour une nation ou pour une classe divinisées. On tue pour une société future, divinisée elle aussi. Qui croit tout savoir imagine tout pouvoir. Des idoles temporelles, qui exigent une foi absolue, prononcent inlassablement des châtiments absolus. Et des religions sans transcendance tuent en masse des condamnés sans espérance.

Comment la société européenne du demi-siècle survivrait-elle alors, sans décider de défendre les personnes, par tous les moyens, contre l'oppression étatique ? Interdire la mise à mort d'un homme serait proclamer publiquement que la société et l'État ne sont pas des valeurs absolues, décréter que rien ne les autorise à légiférer définitivement, ni à produire de l'irréparable. Sans la peine de mort, Gabriel Péri[1] et Brasillach seraient peut-être parmi nous. Nous pourrions alors les juger, selon notre opinion, et dire fièrement notre jugement au lieu qu'ils nous jugent maintenant, et que nous nous taisons. Sans la peine de mort, le cadavre de Rajk[2] n'empoisonnerait pas la Hongrie, l'Allemagne moins coupable serait mieux reçue de l'Europe, la révolution russe n'agoniserait pas dans la honte, le sang algérien pèserait moins sur nos consciences. Sans la peine de mort, l'Europe, enfin, ne serait pas infectée par les cadavres accumulés depuis vingt ans dans sa terre épuisée. Sur notre continent, toutes les valeurs sont bouleversées par la peur et la haine, entre les individus comme entre les nations. La lutte des idées se fait à la corde et au couperet. Ce n'est plus la société humaine et naturelle qui exerce ses droits de répression, mais l'idéologie qui règne et exige ses sacrifices humains. « L'exemple que donne toujours l'échafaud, a-t-on pu écrire*, c'est que la vie de l'homme cesse d'être sacrée lorsqu'on croit utile de le tuer. » Apparemment, cela devient de plus en plus utile, l'exemple se propage, la contagion se répand partout. Avec elle, le désordre du nihilisme. Il faut donc donner un coup d'arrêt spectaculaire et proclamer, dans les principes et dans les institutions, que la personne humaine est au-dessus de l'État. Toute mesure, aussi bien, qui diminuera la pression des forces sociales sur l'individu, aidera à décongestionner une Europe qui souffre d'un afflux de sang, lui permettra de mieux penser et de s'acheminer vers la guérison. La maladie de l'Europe est de ne croire à rien et de prétendre tout savoir. Mais elle ne sait pas tout, il s'en faut, et, à en juger par la révolte et l'espérance où nous sommes, elle croit à quelque chose : elle croit que l'extrême misère de l'homme, sur une limite mystérieuse, touche à son extrême grandeur. La foi, pour la majorité des Européens, est perdue. Avec elle, les justifications qu'elle apportait dans l'ordre du châtiment. Mais la majorité des Européens vomissent aussi l'idolâtrie d'État qui a prétendu remplacer la foi. Désormais à mi-chemin, certains et incertains, décidés à ne jamais subir et ne jamais opprimer, nous devrions reconnaître en même temps notre espoir et notre ignorance, refuser la loi absolue, l'institution irréparable. Nous en savons assez pour dire que tel grand criminel mérite les travaux forcés à perpétuité. Mais nous n'en savons pas assez pour décréter qu'il soit ôté à son propre avenir, c'est-à-dire à notre commune chance de réparation. Dans l'Europe unie de demain, à cause de ce que je viens de dire, l'abolition solennelle de la peine de mort devrait être le premier article du Code européen que nous espérons tous.

Des idylles humanitaires du XVIIIe siècle aux échafauds sanglants, la route est droite et les bourreaux d'aujourd'hui, chacun le sait, sont humanistes. On ne saurait trop, par conséquent, se méfier de l'idéologie humanitaire dans un problème comme celui de la peine de mort. Au moment de conclure, je voudrais

---

* Francart.

donc répéter que ce ne sont pas des illusions sur la bonté naturelle de la créature, ni la foi dans un âge doré à venir, qui expliquent mon opposition à la peine de mort. Au contraire, l'abolition me paraît nécessaire pour des raisons de pessimisme raisonné, de logique et de réalisme. Non que le cœur n'ait pas de part à ce que j'ai dit. Pour qui vient de passer des semaines dans la fréquentation des textes, des souvenirs, des hommes qui, de près ou de loin, touchent à l'échafaud, il ne saurait être question de sortir de ces affreux défilés tel qu'on y était entré. Mais je ne crois pas, pour autant, il faut le répéter, qu'il n'y ait nulle responsabilité en ce monde et qu'il faille céder à ce penchant moderne qui consiste à tout absoudre, la victime et le tueur, dans la même confusion. Cette confusion purement sentimentale est faite de lâcheté plus que de générosité et finit par justifier ce qu'il y a de pire en ce monde. À force de bénir[1], on bénit aussi le camp d'esclaves, la force lâche, les bourreaux organisés, le cynisme des grands monstres politiques; on livre enfin ses frères. Cela se voit autour de nous. Mais justement, dans l'état actuel du monde, l'homme du siècle demande des lois et des institutions de convalescence, qui le brident sans le briser, qui le conduisent sans l'écraser. Lancé dans le dynamisme sans frein de l'histoire, il a besoin d'une physique et de quelques lois d'équilibre. Il a besoin, pour tout dire, d'une société de raison et non de cette anarchie où l'ont plongé son propre orgueil et les pouvoirs démesurés de l'État.

J'ai la conviction que l'abolition de la peine de mort nous aiderait à avancer sur le chemin de cette société. La France pourrait, prenant cette initiative, proposer de l'étendre aux pays non abolitionnistes de part et d'autre du rideau de fer. Mais qu'elle donne en tout cas l'exemple. La peine capitale serait alors remplacée par les travaux forcés, à perpétuité pour les criminels jugés irréductibles, à terme pour les autres. À ceux qui estiment que cette peine est plus dure que la peine capitale, on répondra en s'étonnant qu'ils n'aient pas proposé, dans ce cas, de la réserver aux Landru et d'appliquer la peine capitale aux criminels secondaires. On leur rappellera aussi que les travaux forcés laissent au condamné la possibilité de choisir la mort, tandis que la guillotine n'ouvre aucun chemin de retour. À ceux qui estiment, au contraire, que les travaux forcés sont une peine trop faible, on répondra d'abord qu'ils manquent d'imagination et ensuite que la privation de la liberté leur paraît un châtiment léger dans la seule mesure où la société contemporaine nous a appris à mépriser la liberté*.

Que Caïn ne soit pas tué, mais qu'il conserve aux yeux des hommes un signe de réprobation, voilà en tout cas, la leçon que nous devons tirer de l'Ancien Testament, sans parler des Évangiles, plutôt que de nous inspirer des exemples cruels de la loi mosaïque[1]. Rien n'empêche en tout cas qu'une expérience, limitée dans le temps (pour dix ans, par exemple) soit tentée chez nous, si notre Parlement est encore incapable de racheter ses votes sur l'alcool par cette grande mesure de civilisation que serait l'abolition définitive. Et si vraiment l'opinion publique et ses représentants ne peuvent renoncer à cette loi de paresse qui se borne à éliminer ce qu'elle ne sait amender, que, du moins, en attendant un jour de renaissance et de vérité, nous n'en fassions pas cet « abattoir solennel** » qui souille notre société. La peine de mort, telle qu'elle est appliquée, et si rarement qu'elle le soit, est une dégoûtante boucherie, un outrage infligé à la personne et au corps de l'homme. Cette détroncation, cette tête vivante et déracinée, ces longs jets de sang, datent d'une époque barbare qui croyait impressionner le peuple par des spectacles avilissants. Aujourd'hui où cette ignoble mort est administrée à la sauvette, quel est le sens de ce supplice? La vérité est qu'à l'âge nucléaire nous tuons comme à l'âge du peson. Et il n'est pas un homme de sensibilité normale qui, à la seule idée de cette grossière chirurgie, n'en vienne à la

---

* Voir aussi le rapport sur la peine de mort du représentant Dupont, à l'Assemblée nationale, le 31 mai 1791 : « Une humeur âcre et brûlante le [l'assassin] consume; ce qu'il redoute le plus, c'est le repos; c'est un état qui le laisse avec lui-même, c'est pour en sortir qu'il brave continuellement la mort et cherche à la donner; la solitude et sa conscience, voilà son véritable supplice. Cela ne nous indique-t-il pas quel genre de punition vous devez lui infliger, quel est celui auquel il sera sensible ? *N'est-ce pas dans la nature de la maladie qu'il faut prendre le remède qui doit la guérir.* » C'est moi qui souligne la dernière phrase. Elle fait de ce représentant peu connu un véritable précurseur de nos psychologies modernes.

** Tarde.

nausée. Si l'État français est incapable de triompher de lui-même, sur ce point, et d'apporter à l'Europe un des remèdes dont elle a besoin, qu'il réforme pour commencer le mode d'administration de la peine capitale. La science qui sert à tant tuer pourrait au moins servir à tuer décemment. Un anesthésique qui ferait passer le condamné du sommeil à la mort, qui resterait à sa portée pendant un jour au moins pour qu'il en use librement, et qui lui serait administré, sous une autre forme, dans le cas de volonté mauvaise ou défaillante, assurerait l'élimination, si l'on y tient, mais apporterait un peu de décence là où il n'y a, aujourd'hui, qu'une sordide et obscène exhibition.

J'indique ces compromis dans la mesure où il faut parfois désespérer de voir la sagesse et la vraie civilisation s'imposer aux responsables de notre avenir. Pour certains hommes, plus nombreux qu'on ne croit, savoir ce qu'est réellement la peine de mort et ne pouvoir empêcher qu'elle s'applique, est physiquement insupportable. À leur manière, ils subissent aussi cette peine, et sans aucune justice. Qu'on allège au moins le poids des sales images qui pèsent sur eux, la société n'y perdra rien. Mais cela même, à la fin, sera insuffisant. Ni dans le cœur des individus ni dans les mœurs des sociétés, il n'y aura de paix durable tant que la mort ne sera pas mise hors la loi.

Copyright Calmann-Lévy éditeur, 1957.

DISCOURS
DE
SUÈDE

À M. LOUIS GERMAIN

DISCOURS
DU 10 DÉCEMBRE 1957

Ce discours a été prononcé, selon la tradition, à l'Hôtel de Ville de Stockholm, à la fin du banquet qui clôturait les cérémonies de l'attribution des prix Nobel.

En recevant la distinction dont votre libre Académie a bien voulu m'honorer, ma gratitude était d'autant plus profonde que je mesurais à quel point cette récompense dépassait mes mérites personnels. Tout homme et, à plus forte raison, tout artiste, désire être reconnu. Je le désire aussi. Mais il ne m'a pas été possible d'apprendre votre décision sans comparer son retentissement à ce que je suis réellement. Comment un homme presque jeune, riche de ses seuls doutes et d'une œuvre encore en chantier, habitué à vivre dans la solitude du travail ou dans les retraites de l'amitié, n'aurait-il pas appris avec une sorte de panique un arrêt qui le portait d'un coup, seul et réduit à lui-même, au centre d'une lumière crue ? De quel cœur aussi pouvait-il recevoir cet honneur à l'heure où, en Europe, d'autres écrivains, parmi les plus grands, sont réduits au silence, et dans le temps même où sa terre natale connaît un malheur incessant ?

J'ai connu ce désarroi et ce trouble intérieur. Pour retrouver la paix, il m'a fallu, en somme, me mettre en règle avec un sort trop généreux. Et, puisque je ne pouvais m'égaler à lui en m'appuyant sur mes seuls mérites, je n'ai rien trouvé d'autre pour m'aider que ce qui m'a soutenu, dans les circonstances les plus contraires, tout au long de ma vie : l'idée que je me fais de mon art et du rôle de l'écrivain. Permettez seulement que, dans un sentiment de reconnaissance et d'amitié, je vous dise, aussi simplement que je le pourrai, quelle est cette idée.

Je ne puis vivre personnellement sans mon art. Mais je n'ai jamais placé cet art au-dessus de tout. S'il m'est nécessaire au contraire, c'est qu'il ne se sépare de personne et me permet de vivre, tel que je suis, au niveau de tous. L'art n'est pas à mes yeux une réjouissance solitaire. Il est un moyen d'émouvoir le plus grand nombre d'hommes en leur offrant une image privilégiée des souffrances et des joies communes. Il oblige donc l'artiste à ne pas s'isoler ; il le soumet à la vérité la plus humble et la plus universelle. Et celui qui, souvent, a choisi son destin d'artiste parce qu'il se sentait différent, apprend bien vite qu'il ne nourrira son art, et sa différence, qu'en avouant sa ressemblance avec tous. L'artiste se forge dans cet aller-retour perpétuel de lui aux autres, à mi-chemin de la beauté dont il ne peut se passer et de la communauté à laquelle il ne peut s'arracher. C'est pourquoi les vrais artistes ne méprisent rien ; ils s'obligent à comprendre au lieu de juger. Et, s'ils ont un parti à prendre en ce monde, ce ne peut être que celui d'une société où, selon le grand mot de Nietzsche, ne régnera plus le juge, mais le créateur, qu'il soit travailleur ou intellectuel.

Le rôle de l'écrivain, du même coup, ne se sépare pas de devoirs difficiles. Par définition, il ne peut se mettre aujourd'hui au service de ceux qui font l'histoire : il est au service de ceux qui la subissent. Ou, sinon, le voici seul et privé de son art. Toutes les armées de la tyrannie avec leurs millions d'hommes ne l'enlèveront pas à la solitude, même et surtout s'il consent à prendre leur pas. Mais le silence d'un prisonnier inconnu, abandonné aux humiliations à l'autre bout du monde, suffit à retirer l'écrivain de l'exil, chaque fois, du moins, qu'il parvient, au milieu des privilèges de la liberté, à ne pas oublier ce silence et à le faire retentir par les moyens de l'art.

Aucun de nous n'est assez grand pour une pareille vocation. Mais, dans toutes les circonstances de sa vie, obscur ou provisoirement célèbre, jeté dans les fers de la tyrannie ou libre pour un temps de s'exprimer, l'écrivain peut retrouver le sentiment d'une communauté vivante qui le justifiera, à la seule condition qu'il accepte, autant qu'il peut, les deux charges qui font la grandeur de son métier : le service de la vérité et celui de la liberté. Puisque sa vocation est de réunir le plus grand nombre d'hommes possible, elle ne peut s'accommoder du mensonge et de la servitude qui, là où ils règnent, font proliférer les solitudes. Quelles que soient nos infirmités personnelles, la noblesse de notre métier s'enracinera toujours dans deux engagements difficiles à maintenir : le refus de mentir sur ce que l'on sait et la résistance à l'oppression.

Pendant plus de vingt ans d'une histoire démentielle, perdu sans secours, comme tous les hommes de mon âge, dans les convulsions du temps, j'ai été soutenu ainsi par le sentiment obscur qu'écrire était aujourd'hui un honneur, parce que cet acte obligeait, et obligeait à ne pas écrire seulement. Il m'obligeait particulièrement à porter, tel que j'étais et selon mes forces, avec tous ceux qui vivaient la même histoire, le malheur et l'espérance que nous partagions. Ces hommes, nés au début de la première guerre mondiale, qui ont eu vingt ans au moment où s'installaient à la fois le pouvoir hitlérien et les premiers procès révolutionnaires, qui ont été confrontés ensuite, pour parfaire leur éducation, à la guerre d'Espagne, à la deuxième guerre mondiale, à l'univers concentrationnaire, à l'Europe de la torture et des prisons, doivent aujourd'hui élever leurs fils et leurs œuvres dans un monde menacé de destruction nucléaire. Personne, je suppose, ne peut leur demander d'être optimistes. Et je suis même d'avis que nous devons comprendre, sans cesser de lutter contre eux, l'erreur de ceux qui, par une surenchère de désespoir, ont revendiqué le droit au déshonneur, et se sont rués dans les nihilismes de l'époque. Mais il reste que la plupart d'entre nous, dans mon pays et en Europe, ont refusé ce nihilisme et se sont mis à la recherche d'une légitimité. Il leur a fallu se forger un art de vivre par temps de catastrophe, pour naître une seconde fois, et lutter ensuite, à visage découvert, contre l'instinct de mort à l'œuvre dans notre histoire.

Chaque génération, sans doute, se croit vouée à refaire le monde. La mienne sait pourtant qu'elle ne le refera pas. Mais sa tâche est peut-être plus grande. Elle consiste à empêcher que le monde ne se défasse. Héritière d'une histoire corrompue où se mêlent les révolutions déchues, les techniques devenues folles, les dieux morts et les idéologies exténuées, où de médiocres pouvoirs peuvent aujourd'hui tout détruire mais ne savent plus convaincre, où l'intelligence s'est abaissée jusqu'à se faire la servante de la haine et de l'oppression, cette génération a dû, en elle-même et autour d'elle, restaurer à partir de ses seules négations un peu de ce qui fait la dignité de vivre et de mourir. Devant un monde menacé de désintégration, où nos grands inquisiteurs risquent d'établir pour toujours les royaumes de la mort, elle sait qu'elle devrait, dans une sorte de course folle contre la montre, restaurer entre les nations une paix qui ne soit pas celle de la servitude, réconcilier à nouveau travail et culture, et refaire avec tous les hommes une arche d'alliance. Il n'est pas sûr qu'elle puisse jamais accomplir cette tâche immense, mais il est sûr que, partout dans le monde, elle tient déjà son double pari de vérité et de liberté, et, à l'occasion, sait mourir sans haine pour lui. C'est elle qui mérite d'être saluée et encouragée partout où elle se trouve, et surtout là où elle se sacrifie. C'est sur elle, en tout cas, que, certain de votre accord profond, je voudrais reporter l'honneur que vous venez de me faire.

Du même coup, après avoir dit la noblesse du métier d'écrire, j'aurais remis l'écrivain à sa vraie place, n'ayant d'autres titres que ceux qu'il partage avec ses compagnons de lutte, vulnérable mais entêté, injuste et passionné de justice, construisant son œuvre sans honte ni orgueil à la vue de tous, toujours partagé entre la douleur et la beauté, et voué enfin à tirer de son être double les créations qu'il essaie obstinément d'édifier dans le mouvement destructeur de l'histoire. Qui, après cela, pourrait attendre de lui des solutions toutes faites et de belles morales ? La vérité est mystérieuse, fuyante, toujours à conquérir. La liberté est dangereuse, dure à vivre autant qu'exaltante. Nous devons marcher vers ces deux buts, péniblement, mais résolument, certains d'avance de nos défaillances sur un si long chemin. Quel écrivain dès lors oserait, dans la bonne conscience, se faire prêcheur de vertu ? Quant à moi, il me faut dire une fois de plus que je ne suis rien de tout cela. Je n'ai jamais pu renoncer à la lumière, au bonheur d'être, à la vie libre où j'ai grandi. Mais bien que cette nostalgie explique beaucoup de mes erreurs et de mes fautes, elle m'a aidé sans doute à mieux comprendre mon métier, elle m'aide encore à me tenir, aveuglément, auprès de tous ces hommes silencieux qui ne supportent dans le monde la vie qui leur est faite que par le souvenir ou le retour de brefs et libres bonheurs.

Ramené ainsi à ce que je suis réellement, à mes limites, à mes dettes, comme à ma foi difficile, je me sens plus libre de vous montrer, pour finir, l'étendue et la générosité de la distinction que vous venez de m'accorder, plus libre de vous dire aussi que je voudrais la recevoir comme un hommage rendu à tous ceux qui, partageant le même combat, n'en ont reçu aucun privilège, mais ont connu au contraire malheur et persécution. Il me restera alors à vous en remercier, du fond du cœur, et à vous faire publiquement, en témoignage personnel de gratitude, la même et ancienne promesse de fidélité que chaque artiste vrai, chaque jour, se fait à lui-même, dans le silence.

CONFÉRENCE
DU 14 DÉCEMBRE 1957

Cette conférence, sous le titre *l'Artiste et son temps,* a été prononcée dans le grand amphithéâtre de l'Université d'Upsal.

Un sage oriental demandait toujours, dans ses prières, que la divinité voulût bien lui épargner de vivre une époque intéressante. Comme nous ne sommes pas sages, la divinité ne nous a pas épargnés et nous vivons une époque intéressante. En tout cas, elle n'admet pas que nous puissions nous désintéresser d'elle. Les écrivains d'aujourd'hui savent cela. S'ils parlent, les voilà critiqués et attaqués. Si, devenus modestes, ils se taisent, on ne leur parlera plus que de leur silence, pour le leur reprocher bruyamment.

Au milieu de ce vacarme, l'écrivain ne peut plus espérer se tenir à l'écart pour poursuivre les réflexions et les images qui lui sont chères. Jusqu'à présent, et tant bien que mal, l'abstention a toujours été possible dans l'histoire. Celui qui n'approuvait pas, il pouvait souvent se taire, ou parler d'autre chose. Aujourd'hui, tout est changé, le silence même prend un sens redoutable. À partir du moment où l'abstention elle-même est considérée comme un choix, puni ou loué comme tel, l'artiste, qu'il le veuille ou non, est embarqué. Embarqué me paraît ici plus juste qu'engagé. Il ne s'agit pas en effet pour l'artiste d'un engagement volontaire, mais plutôt d'un service militaire obligatoire. Tout artiste aujourd'hui est embarqué dans la galère de son temps. Il doit s'y résigner, même s'il juge que cette galère sent le hareng, que les gardes-chiourme y sont vraiment trop nombreux et que, de surcroît, le cap est mal pris. Nous sommes en pleine mer. L'artiste, comme les autres, doit ramer à son tour, sans mourir, s'il le peut, c'est-à-dire en continuant de vivre et de créer.

À vrai dire, ce n'est pas facile et je comprends que les artistes regrettent leur ancien confort. Le changement est un peu brutal. Certes, il y a toujours eu dans le cirque de l'histoire le martyr et le lion. Le premier se soutenait de consolations éternelles, le second de nourriture historique bien saignante. Mais l'artiste jusqu'ici était sur les gradins. Il chantait pour rien, pour lui-même, ou, dans le meilleur des cas, pour encourager le martyr et distraire un peu le lion de son appétit. Maintenant, au contraire, l'artiste se trouve dans le cirque. Sa voix, forcément, n'est plus la même; elle est beaucoup moins assurée.

On voit bien tout ce que l'art peut perdre à cette constante obligation. L'aisance d'abord, et cette divine liberté qui respire dans l'œuvre de Mozart. On comprend mieux l'air hagard et buté de nos œuvres d'art, leur front soucieux et leurs débâcles soudaines. On s'explique que nous ayons ainsi plus de journalistes que d'écrivains, plus de boy-scouts de la peinture que de Cézanne et qu'enfin la bibliothèque rose ou le roman noir aient pris la place de *la Guerre et la Paix* ou de *la Chartreuse de Parme*. Bien entendu, on peut toujours opposer à cet état de choses la lamentation humaniste, devenir ce que Stephan Trophimovitch, dans *les Possédés,* veut être à toute force : le reproche incarné. On peut aussi avoir, comme ce personnage, des accès de tristesse civique. Mais cette tristesse ne change rien à la réalité. Il vaut mieux, selon moi, faire sa part à l'époque, puisqu'elle la réclame si fort, et reconnaître tranquillement que le temps des chers maîtres, des artistes à camélias et des génies montés sur fauteuil est terminé. Créer aujourd'hui, c'est créer dangereusement. Toute publication est un acte et cet acte expose aux passions d'un siècle qui ne pardonne rien. La question n'est donc pas de savoir si cela est ou n'est pas dommageable à l'art. La question, pour tous ceux qui ne peuvent vivre sans l'art et ce qu'il signifie, est seulement de savoir comment, parmi les polices de tant d'idéologies (que d'églises, quelle solitude!), l'étrange liberté de la création reste possible.

Il ne suffit pas de dire à cet égard que l'art est menacé par les puissances d'État. Dans ce cas, en effet, le problème serait simple : l'artiste se bat ou capitule. Le problème est plus complexe, plus mortel aussi, dès l'instant où l'on s'aperçoit que le combat se livre au-dedans de l'artiste lui-même. La haine de l'art dont notre société offre de si beaux exemples n'a tant d'efficacité, aujourd'hui, que parce qu'elle est entretenue par les artistes eux-mêmes. Le doute des artistes qui nous ont précédés touchait à leur propre talent. Celui des artistes d'aujourd'hui touche à la nécessité de leur art, donc à leur existence même. Racine en 1957 s'excuserait d'écrire

Bérénice au lieu de combattre pour la défense de l'Édit de Nantes.

Cette mise en question de l'art par l'artiste a beaucoup de raisons, dont il ne faut retenir que les plus hautes. Elle s'explique, dans le meilleur des cas, par l'impression que peut avoir l'artiste contemporain de mentir ou de parler pour rien, s'il ne tient compte des misères de l'histoire. Ce qui caractérise notre temps, en effet, c'est l'irruption des masses et de leur condition misérable devant la sensibilité contemporaine. On sait qu'elles existent, alors qu'on avait tendance à l'oublier. Et si on le sait, ce n'est pas que les élites, artistiques ou autres, soient devenues meilleures, non, rassurons-nous, c'est que les masses sont devenues plus fortes et empêchent qu'on les oublie.

Il y a d'autres raisons encore, et quelques-unes moins nobles, à cette démission de l'artiste. Mais quelles que soient ces raisons, elle concourent au même but : décourager la création libre en s'attaquant à son principe essentiel, qui est la foi du créateur en lui-même. « L'obéissance d'un homme à son propre génie, a dit magnifiquement Emerson, c'est la foi par excellence. » Et un autre écrivain américain du XIXe siècle ajoutait : « Tant qu'un homme reste fidèle à lui-même, tout abonde dans son sens, gouvernement, société, le soleil même, la lune et les étoiles. » Ce prodigieux optimisme semble mort aujourd'hui. L'artiste, dans la plupart des cas, a honte de lui-même et de ses privilèges, s'il en a. Il doit répondre avant toute chose à la question qu'il se pose : l'art est-il un luxe mensonger ?

I

La première réponse honnête que l'on puisse faire est celle-ci : il arrive en effet que l'art soit un luxe mensonger. Sur la dunette des galères, on peut, toujours et partout, nous le savons, chanter les constellations pendant que les forçats rament et s'exténuent dans la cale ; on peut toujours enregistrer la conversation mondaine qui se poursuit sur les gradins du cirque pendant que la victime craque sous la dent du lion. Et il est bien difficile d'objecter quelque chose à cet art qui a connu de grandes réussites dans le passé. Sinon ceci que les choses ont un peu changé, et qu'en particulier le nombre des forçats et des martyrs a prodigieusement augmenté sur la surface du globe. Devant tant de misère, cet art, s'il veut continuer d'être un luxe, doit accepter aujourd'hui d'être aussi un mensonge.

De quoi parlerait-il en effet ? S'il se conforme à ce que demande notre société, dans sa majorité, il sera divertissement sans portée. S'il la refuse aveuglément, si l'artiste décide de s'isoler dans son rêve, il n'exprimera rien d'autre qu'un refus. Nous aurons ainsi une production d'amuseurs ou de grammairiens de la forme, qui, dans les deux cas, aboutit à un art coupé de la réalité vivante. Depuis un siècle environ, nous vivons dans une société qui n'est même pas la société de l'argent (l'argent ou l'or peuvent susciter des passions charnelles), mais celle des symboles abstraits de l'argent. La société des marchands peut se définir comme une société où les choses disparaissent au profit des signes. Quand une classe dirigeante mesure ses fortunes non plus à l'arpent de terre ni au lingot d'or, mais au nombre de chiffres correspondant idéalement à un certain nombre d'opérations d'échange, elle se voue du même coup à mettre une certaine sorte de mystification au centre de son expérience et de son univers. Une société fondée sur des signes est, dans son essence, une société artificielle où la vérité charnelle de l'homme se trouve mystifiée. On ne s'étonnera pas alors que cette société ait choisi, pour en faire sa religion, une morale de principes formels, et qu'elle écrive les mots de liberté et d'égalité aussi bien sur ses prisons que sur ses temples financiers. Cependant, on ne prostitue pas impunément les mots. La valeur la plus calomniée aujourd'hui est certainement la valeur de liberté. De bons esprits (j'ai toujours pensé qu'il y avait deux sortes d'intelligence, l'intelligence intelligente et l'intelligence bête) mettent en doctrine qu'elle n'est rien qu'un obstacle sur le chemin du vrai progrès. Mais des sottises aussi solennelles ont pu être proférées parce que pendant cent ans la société marchande a fait de la liberté un usage exclusif et unilatéral, l'a considérée comme un droit plutôt que comme un devoir et n'a pas craint de placer aussi souvent qu'elle l'a pu une liberté de principe au service d'une oppression de fait. Dès lors, quoi de surprenant si cette société n'a pas demandé à l'art d'être un instrument de libération, mais un exercice sans grande conséquence, et un simple divertissement ? Tout un beau monde où l'on avait surtout des peines d'argent et seulement des ennuis de cœur s'est ainsi satisfait, pendant des dizaines d'années, de ses romanciers mondains et de l'art le plus futile qui soit, celui à propos duquel Oscar Wilde, songeant à lui-même avant qu'il ait connu la prison, disait que le vice suprême est d'être superficiel.

Les fabricants d'art (je n'ai pas encore dit les artistes) de l'Europe bourgeoise, avant et après 1900, ont ainsi accepté l'irresponsabilité parce que la responsabilité supposait une rupture épuisante avec leur société (ceux qui ont vraiment rompu s'appelaient Rimbaud, Nietzsche, Strindberg, et l'on connaît le prix qu'ils ont payé). C'est de cette époque que date la théorie de l'art pour l'art qui n'est que la revendication de cette irresponsabilité. L'art pour l'art, le divertissement d'un artiste solitaire, est bien justement l'art artificiel d'une société factice et abstraite. Son aboutissement logique, c'est l'art des salons, ou l'art purement formel qui se nourrit de préciosités et d'abstractions et qui finit par la destruction de toute réalité. Quelques œuvres enchantent ainsi quelques hommes tandis que beaucoup de grossières inventions en corrompent beaucoup d'autres. Finalement, l'art se constitue en dehors de la société et se coupe de ses racines vivantes. Peu à peu, l'artiste, même très fêté, est seul, ou du moins n'est plus connu de sa nation que par l'intermédiaire de la grande presse ou de la radio qui en donneront une idée commode et simplifiée. Plus l'art se spécialise, en effet, et plus nécessaire devient la vulgarisation. Des millions d'hommes auront ainsi le sentiment de connaître tel ou tel grand artiste de notre temps parce qu'ils ont appris par les journaux qu'il élève des canaris ou qu'il ne se marie jamais que pour six mois. La plus grande célébrité, aujourd'hui, consiste à être admiré ou détesté sans avoir été lu. Tout artiste qui se mêle de vouloir être célèbre dans notre société doit savoir que ce n'est pas lui qui le sera, mais quelqu'un d'autre sous son nom, qui finira par lui échapper et, peut-être, un jour, par tuer en lui le véritable artiste.

Comment s'étonner dès lors que presque tout ce qui a été créé de valable dans l'Europe marchande du XIXe et du XXe siècle, en littérature par exemple, se soit édifié contre la société de son temps ! On peut dire que, jusqu'aux approches de la Révolution française, la littérature en exercice est, en gros, une littérature de consentement. À partir du moment où la société bourgeoise, issue de la révolution, est stabilisée, se développe au contraire une littérature de révolte. Les valeurs officielles sont alors niées, chez nous par exemple, soit par les porteurs de valeurs révolutionnaires, des romantiques à Rimbaud, soit par les mainteneurs de valeurs aristocratiques, dont Vigny et Balzac sont de bons exemples. Dans les deux cas, peuple et aristocratie, qui sont les deux sources de toute civilisation, s'inscrivent contre la société factice de leur temps.

Mais ce refus, trop longtemps maintenu et raidi, est devenu factice lui aussi et conduit à une autre sorte de stérilité. Le thème du poète maudit né dans une société marchande (*Chatterton* en est la plus belle illustration), s'est durci dans un préjugé qui finit par vouloir qu'on ne puisse être un grand artiste que contre la société de son temps, quelle qu'elle soit. Légitime à son origine quand il affirmait qu'un artiste véritable ne pouvait composer avec le monde de l'argent, le principe est devenu faux lorsqu'on en a tiré qu'un artiste ne pouvait s'affirmer qu'en étant contre toute chose en général. C'est ainsi que beaucoup de nos artistes aspirent à être maudits, ont mauvaise conscience à ne pas l'être, et souhaitent en même temps l'applaudissement et le sifflet. Naturellement, la société, étant aujourd'hui fatiguée ou indifférente, n'applaudit et ne siffle que par hasard. L'intellectuel de notre temps n'en finit pas alors de se raidir pour se grandir. Mais à force de tout refuser et jusqu'à la tradition de son art, l'artiste contemporain se donne l'illusion de créer sa propre règle et finit par se croire Dieu. Du même coup, il croit pouvoir créer sa réalité lui-même. Il ne créera pourtant, loin de sa société, que des œuvres formelles ou abstraites, émouvantes en tant qu'expériences, mais privées de la fécondité propre à l'art véritable, dont la vocation est de rassembler. Pour finir, il y aura autant de différence entre les subtilités ou les abstractions contemporaines et l'œuvre d'un Tolstoï ou d'un Molière qu'entre la traite escomptée sur un blé invisible et la terre épaisse du sillon lui-même.

II

L'art peut ainsi être un luxe mensonger. On ne s'étonnera donc pas que des hommes ou des artistes aient voulu faire machine arrière et revenir à la vérité. Dès cet instant, ils ont nié que l'artiste ait droit à la solitude et lui ont offert comme sujet, non pas ses rêves, mais la réalité vécue et soufferte par tous. Certains que l'art pour l'art, par ses sujets comme par son style, échappe à la compréhension des masses, ou bien n'exprime rien de leur vérité, ces hommes ont voulu que l'artiste se proposât au contraire de parler du et pour le plus grand nombre. Qu'il traduise les souffrances et le bonheur de tous dans le langage de tous, et il sera compris universellement. En récompense d'une fidélité absolue à la réalité, il obtiendra la communication totale entre les hommes.

Cet idéal de la communication universelle est en effet celui de tout grand artiste. Contrairement au préjugé courant, si quelqu'un n'a pas droit à la solitude, c'est justement l'artiste. L'art ne peut pas être un monologue. L'artiste solitaire et inconnu lui-même, quand il en appelle à la postérité, ne fait rien d'autre que réaffirmer sa vocation profonde. Jugeant le dialogue impossible avec des contemporains sourds ou distraits, il en appelle à un dialogue plus nombreux, avec les générations.

Mais pour parler de tous et à tous, il faut parler de ce que tous connaissent et de la réalité qui nous est commune. La mer, les pluies, le besoin, le désir, la lutte contre la mort, voilà ce qui nous réunit tous. Nous nous ressemblons dans ce que nous voyons ensemble, dans ce qu'ensemble nous souffrons. Les rêves changent avec les hommes, mais la réalité du monde est notre commune patrie. L'ambition du réalisme est donc légitime, car elle est profondément liée à l'aventure artistique.

Soyons donc réalistes. Ou plutôt essayons de l'être, si seulement il est possible de l'être. Car il n'est pas sûr que le mot ait un sens, il n'est pas sûr que le réalisme, même s'il est souhaitable, soit possible. Demandons-nous d'abord si le réalisme pur est possible en art. À en croire les déclarations des naturalistes du dernier siècle, il est la reproduction exacte de la réalité. Il serait donc à l'art ce que la photographie est à la peinture : la première reproduit quand la deuxième choisit. Mais que reproduit-elle et qu'est-ce que la réalité ? Même la meilleure des photographies, après tout, n'est pas une reproduction assez fidèle, n'est pas encore assez réaliste. Qu'y a-t-il de plus réel, par exemple, dans notre univers, qu'une vie d'homme, et comment espérer la faire mieux revivre que dans un film réaliste ? Mais à quelles conditions un tel film sera-t-il possible ? À des conditions purement imaginaires. Il faudrait en effet supposer une caméra idéale fixée, nuit et jour, sur cet homme et enregistrant sans arrêt ses moindres mouvements. Le résultat serait un film dont la projection elle-même durerait une vie d'homme et qui ne pourrait être vu que par des spectateurs résignés à perdre leur vie pour s'intéresser exclusivement au détail de l'existence d'un autre. Même à ces conditions, ce film inimaginable ne serait pas réaliste. Pour cette raison simple que la réalité d'une vie d'homme ne se trouve pas seulement là où il se tient. Elle se trouve dans d'autres vies qui donnent une forme à la sienne, vies d'êtres aimés, d'abord, qu'il faudrait filmer à leur tour, mais vies aussi d'hommes inconnus, puissants et misérables, concitoyens, policiers, professeurs, compagnons invisibles des mines et des chantiers, diplomates et dictateurs, réformateurs religieux, artistes qui créent des mythes décisifs pour notre conduite, humbles représentants, enfin, du hasard souverain qui règne sur les existences les plus ordonnées. Il n'y a donc qu'un seul film réaliste possible, celui-là même qui sans cesse est projeté devant nous par un appareil invisible sur l'écran du monde. Le seul artiste réaliste serait Dieu, s'il existe. Les autres artistes sont, par force, infidèles au réel.

Dès lors, les artistes qui refusent la société bourgeoise et son art formel, qui veulent parler de la réalité et d'elle seule, se trouvent dans une douloureuse impasse. Ils doivent être réalistes et ne le peuvent pas. Ils veulent soumettre leur art à la réalité et on ne peut décrire la réalité sans y opérer un choix qui la soumet à l'originalité d'un art. La belle et tragique production des premières années de la révolution russe nous montre bien ce tourment. Ce que la Russie nous a donné à ce moment avec Blok et le grand Pasternak, Maiakovski et Essenine, Eisenstein et les premiers romanciers du ciment et de l'acier, c'est un splendide laboratoire de formes et de thèmes, une féconde inquiétude, une folie de recherches. Il a fallu conclure cependant et dire comment on pouvait être réaliste alors que le réalisme était impossible. La dictature, ici comme ailleurs, a tranché dans le vif : le réalisme, selon elle, était d'abord nécessaire, et il était ensuite possible, à la condition qu'il se veuille socialiste. Quel est le sens de ce décret ?

En fait, il reconnaît franchement qu'on ne peut reproduire la réalité sans y faire un choix et il refuse la théorie du réalisme telle qu'elle a été formulée au XIXe siècle. Il ne lui reste qu'à trouver un principe de choix autour duquel le monde s'organisera. Et il le trouve, non pas dans la réalité que nous connaissons, mais dans la réalité qui sera, c'est-à-dire l'avenir. Pour bien reproduire ce qui est, il faut peindre aussi ce qui sera. Autrement dit, le véritable objet du réalisme socialiste, c'est justement ce qui n'a pas encore de réalité.

La contradiction est assez superbe. Mais, après tout, l'expression même de réalisme socialiste était contradictoire. Comment, en effet, un réalisme socialiste est-il possible alors que la réalité n'est pas tout entière socialiste ? Elle n'est socialiste, par exemple, ni dans le passé ni tout à fait dans le présent. La réponse est simple : on choisira dans la réalité d'aujourd'hui ou d'hier ce qui prépare et sert la cité parfaite de l'avenir. On se vouera donc, d'une part, à nier et à condamner ce qui, dans la réalité, n'est pas socialiste, d'autre part, à exalter ce qui l'est ou le deviendra. Nous obtenons inévitablement l'art de propagande, avec ses bons et ses méchants, une bibliothèque rose, en somme, coupée, autant que l'art formel, de la réalité complexe et vivante. Finalement, cet art sera socialiste dans la mesure exacte où il ne sera pas réaliste.

Cette esthétique qui se voulait réaliste devient alors un nouvel idéalisme, aussi stérile, pour un artiste véritable, que l'idéalisme bourgeois. La réalité n'est placée ostensiblement à un rang souverain que pour être mieux liquidée. L'art se trouve réduit à rien. Il sert et, servant, il est asservi. Seuls, ceux qui se garderont justement de décrire la réalité seront appelés réalistes et loués. Les autres seront censurés aux applaudissements des premiers. La célébrité qui consistait à ne pas ou à être mal lu, en société bourgeoise, consistera à empêcher les autres d'être lus, en société totalitaire. Ici encore, l'art vrai sera défiguré, ou bâillonné, et la communication universelle rendue impossible par ceux-là mêmes qui la voulaient le plus passionnément.

 Le plus simple, devant un tel échec, serait de reconnaître que le réalisme dit socialiste a peu de choses à voir avec le grand art et que les révolutionnaires, dans l'intérêt même de la révolution, devraient chercher une autre esthétique. On sait au contraire que ses défenseurs crient qu'il n'y a pas d'art possible en dehors de lui. Ils le crient, en effet. Mais ma conviction profonde est qu'ils ne le croient pas et qu'ils ont décidé, en eux-mêmes, que les valeurs artistiques devaient être soumises aux valeurs de l'action révolutionnaire. Si cela était dit clairement, la discussion serait plus facile. On peut respecter ce grand renoncement chez des hommes qui souffrent trop du contraste entre le malheur de tous et les privilèges attachés parfois à un destin d'artiste, qui refusent l'insupportable distance où se séparent ceux que la misère bâillonne et ceux dont la vocation est au contraire de s'exprimer toujours. On pourrait alors comprendre ces hommes, tenter de dialoguer avec eux, essayer par exemple de leur dire que la suppression de la liberté créatrice n'est peut-être pas le bon chemin pour triompher de la servitude et qu'en attendant de parler pour tous, il est stupide de s'enlever le pouvoir de parler pour quelques-uns au moins. Oui, le réalisme socialiste devrait avouer sa parenté, et qu'il est le frère jumeau du réalisme politique. Il sacrifie l'art pour une fin étrangère à l'art mais qui, dans l'échelle des valeurs, peut lui paraître supérieure. En somme, il supprime l'art provisoirement pour édifier d'abord la justice. Quand la justice sera, dans un avenir encore imprécisé, l'art ressuscitera. On applique ainsi dans les choses de l'art cette règle d'or de l'intelligence contemporaine qui veut qu'on ne fasse pas d'omelette sans casser des œufs. Mais cet écrasant bon sens ne doit pas nous abuser. Il ne suffit pas de casser des milliers d'œufs pour faire une bonne omelette et ce n'est pas, il me semble, à la quantité de coquilles brisées qu'on estime la qualité du cuisinier. Les cuisiniers artistiques de notre temps doivent craindre au contraire de renverser plus de corbeilles d'œufs qu'ils ne l'auraient voulu et que, dès lors, l'omelette de la civilisation ne prenne plus jamais, que l'art enfin ne ressuscite pas. La barbarie n'est jamais provisoire. On ne lui fait pas sa part et il est normal que de l'art elle s'étende aux mœurs. On voit alors naître, du malheur et du sang des hommes, les littératures insignifiantes, les bonnes presses, les portraits photographiés et les pièces de patronage où la haine remplace la religion. L'art culmine ici dans un optimisme de commande, le pire des luxes justement, et le plus dérisoire des mensonges.

Comment s'en étonner ? La peine des hommes est un sujet si grand qu'il semble que personne ne saurait y toucher à moins d'être comme Keats, si sensible, dit-on, qu'il aurait pu toucher de ses mains la douleur elle-même. On le voit bien lorsqu'une littérature dirigée se mêle d'apporter à cette peine des consolations officielles. Le mensonge de l'art pour l'art faisait mine d'ignorer le mal et en prenait ainsi la responsabilité. Mais le mensonge réaliste, s'il prend sur lui avec courage de reconnaître le malheur présent des hommes, le trahit aussi gravement, en l'utilisant pour exalter un bonheur à venir, dont personne ne sait rien et qui autorise donc toutes les mystifications.

Les deux esthétiques qui se sont longtemps affrontées, celle qui recommande un refus total de l'actualité et celle qui prétend tout rejeter de ce qui n'est pas l'actualité, finissent pourtant par se rejoindre, loin de la réalité, dans un même mensonge et dans la suppression de l'art. L'académisme de droite ignore une misère que l'académisme de gauche utilise. Mais, dans les deux cas, la misère est renforcée en même temps que l'art est nié.

III

Faut-il conclure que ce mensonge est l'essence même de l'art ? Je dirai au contraire que les attitudes dont j'ai parlé jusqu'ici ne sont des mensonges que dans la mesure où elles n'ont pas grand-chose à voir avec l'art. Qu'est-ce donc que l'art ? Rien de simple, cela est sûr. Et il est encore plus difficile de l'apprendre au milieu des cris de tant de gens acharnés à tout simplifier. On veut d'une part, que le génie soit splendide et solitaire; on le somme, d'autre part, de ressembler à tous. Hélas! la réalité est plus complexe. Et Balzac l'a fait sentir en une phrase : « Le génie ressemble à tout le monde et nul ne lui ressemble. » Ainsi de l'art, qui n'est rien sans la réalité, et sans qui la réalité est peu de chose. Comment l'art se passerait-il en effet du réel et comment s'y soumettrait-il ? L'artiste choisit son objet autant qu'il est choisi par lui. L'art, dans un certain sens, est une révolte contre le monde dans ce qu'il a de fuyant et d'inachevé : il ne se propose donc rien d'autre que de donner une autre forme à une réalité qu'il est contraint pourtant de conserver parce qu'elle est la source de son émotion. À cet égard, nous sommes tous réalistes et personne ne l'est. L'art n'est ni le refus total ni le consentement total à ce qui est. Il est en même temps refus et consentement, et c'est pourquoi il ne peut être qu'un déchirement perpétuellement renouvelé. L'artiste se trouve toujours dans cette ambiguïté, incapable de nier le réel et cependant éternellement voué à le contester dans ce qu'il a d'éternellement inachevé. Pour faire une nature morte, il faut que s'affrontent et se corrigent réciproquement un peintre et une pomme. Et si les formes ne sont rien sans la lumière du monde, elles ajoutent à leur tour à cette lumière. L'univers réel qui, par sa splendeur, suscite les corps et les statues, reçoit d'eux en même temps une seconde lumière qui fixe celle du ciel. Le grand style se trouve ainsi à mi-chemin de l'artiste et de son objet.

Il ne s'agit donc pas de savoir si l'art doit fuir le réel ou s'y soumettre, mais seulement de quelle dose exacte de réel l'œuvre doit se lester pour ne pas disparaître dans les nuées, ou se traîner, au contraire, avec des semelles de plomb. Ce problème, chaque artiste le résout comme il le sent et le peut. Plus forte est la révolte d'un artiste contre la réalité du monde, plus grand peut être le poids du réel qui l'équilibrera. Mais ce poids ne peut jamais étouffer l'exigence solitaire de l'artiste. L'œuvre la plus haute sera toujours, comme dans les tragiques grecs, dans Melville, Tolstoï ou Molière, celle qui équilibrera le réel et le refus que l'homme oppose à ce réel, chacun faisant rebondir l'autre dans un incessant jaillissement qui est celui-là même de la vie joyeuse et déchirée. Alors surgit, de loin en loin, un monde neuf, différent de celui de tous les jours et pourtant le même, particulier mais universel, plein d'insécurité innocente, suscité pour quelques heures par la force et l'insatisfaction du génie. C'est cela et pourtant ce n'est pas cela, le monde n'est rien et le monde est tout, voilà le double et inlassable cri de chaque artiste vrai, le cri qui le tient debout, les yeux toujours ouverts, et qui, de loin en loin, réveille pour tous au sein du monde endormi l'image fugitive et insistante d'une réalité que nous reconnaissons sans l'avoir jamais rencontrée.

De même, devant son siècle, l'artiste ne peut ni s'en détourner ni s'y perdre. S'il s'en détourne, il parle dans le vide. Mais, inversement, dans la mesure où il le prend comme objet, il affirme sa propre existence en tant que sujet et ne peut s'y soumettre tout entier. Autrement dit, c'est au moment même où l'artiste choisit de partager le sort de tous qu'il affirme l'individu qu'il est. Et il ne pourra sortir de cette ambiguïté. L'artiste prend de l'histoire ce qu'il peut en voir lui-même ou y souffrir lui-même, directement ou indirectement, c'est-à-dire l'actualité au sens strict du mot, et les hommes qui vivent aujourd'hui, non le rapport de cette actualité à un avenir imprévisible pour l'artiste vivant. Juger l'homme contemporain au nom d'un homme qui n'existe pas encore, c'est le rôle de la prophétie. L'artiste, lui, ne peut qu'apprécier les mythes qu'on lui propose en fonction de leur répercussion sur l'homme vivant. Le prophète, religieux ou politique, peut juger absolument et d'ailleurs, on le sait, ne s'en prive pas. Mais l'artiste ne le peut pas. S'il jugeait absolument, il partagerait sans nuances la réalité entre le bien et le mal, il ferait du mélodrame. Le but de l'art, au contraire, n'est pas de légiférer ou de régner, il est d'abord de comprendre. Il règne parfois, à force de comprendre. Mais aucune œuvre de génie n'a jamais été fondée sur la haine et le mépris. C'est pourquoi l'artiste, au terme de son cheminement, absout au lieu de condamner. Il n'est pas juge, mais justificateur. Il est l'avocat perpétuel de la créature vivante, parce qu'elle est vivante. Il plaide vraiment pour l'amour du prochain, non pour cet amour du lointain qui dégrade l'humanisme contemporain en catéchisme de tribunal. Au contraire, la grande œuvre finit par confondre tous les juges. Par elle, l'artiste, en même temps, rend hommage à la plus haute figure de l'homme et s'incline devant le dernier des criminels. « Il n'y a pas, écrit Wilde en prison, un seul des malheureux enfermés avec moi dans ce misérable endroit qui ne se trouve en rapport symbolique avec le secret de la vie. » Oui, et ce secret de la vie coïncide avec celui de l'art.

Pendant cent cinquante ans, les écrivains de la société marchande, à de rares exceptions près, ont cru pouvoir vivre dans une heureuse irresponsabilité. Ils ont vécu, en effet, et puis sont morts seuls, comme ils avaient vécu. Nous autres, écrivains du XXe siècle, ne serons plus jamais seuls. Nous devons savoir au contraire que nous ne pouvons nous évader de la misère commune, et que notre seule justification, s'il en est une, est de parler, dans la mesure de nos moyens, pour ceux qui ne peuvent le faire. Mais nous devons le faire pour tous ceux, en effet, qui souffrent en ce moment, quelles que soient les grandeurs, passées ou futures, des États et des partis qui les oppriment : il n'y a pas pour l'artiste de bourreaux privilégiés. C'est pourquoi la beauté, même aujourd'hui, surtout aujourd'hui, ne peut servir aucun parti; elle ne sert, à longue ou brève échéance, que la douleur ou la liberté des hommes. Le seul artiste engagé est celui qui, sans rien refuser du combat, refuse du moins de rejoindre les armées régulières, je veux dire le franc-tireur. La leçon qu'il trouve alors dans la beauté, si elle est honnêtement tirée, n'est pas une leçon d'égoïsme, mais de dure fraternité. Ainsi conçue, la beauté n'a jamais asservi aucun homme. Et depuis des millénaires, tous les jours, à toutes les secondes, elle a soulagé au contraire la servitude de millions d'hommes et, parfois, libéré pour toujours quelques-uns. Pour finir, peut-être touchons-nous ici la grandeur de l'art, dans cette perpétuelle tension entre la beauté et la douleur, l'amour des hommes et la folie de la création, la solitude insupportable et la foule harassante, le refus et le consentement. Il chemine entre deux abîmes, qui sont la frivolité et la propagande. Sur cette ligne de crête où avance le grand artiste, chaque pas est une aventure, un risque extrême. Dans ce risque pourtant, et dans lui seul, se trouve la liberté de l'art. Liberté difficile et qui ressemble plutôt à une discipline ascétique ? Quel artiste le nierait ? Quel artiste oserait se dire à la hauteur de cette tâche incessante ? Cette liberté suppose une santé du cœur et du corps, un style qui soit comme la force de l'âme et un affrontement patient. Elle est, comme toute liberté, un risque perpétuel, une aventure exténuante et voilà pourquoi on fuit aujourd'hui ce risque comme on fuit l'exigeante liberté pour se ruer à toutes sortes de servitudes, et obtenir au moins le confort de l'âme. Mais si l'art n'est pas une aventure qu'est-il donc et où est sa justification ? Non, l'artiste libre, pas plus que l'homme libre, n'est l'homme du confort. L'artiste libre est celui qui, à grand-peine, crée son ordre lui-même. Plus est déchaîné ce qu'il doit ordonner, plus sa règle sera stricte et plus il aura affirmé sa liberté. Il y a un mot de Gide que j'ai toujours approuvé bien qu'il puisse prêter à malentendu. « L'art vit de contrainte et meurt de liberté. » Cela est vrai. Mais il ne faut pas en tirer que l'art puisse être dirigé. L'art ne vit que des contraintes qu'il s'impose à lui-même : il meurt des autres. En revanche, s'il ne se contraint pas lui-même, le voilà qui délire et s'asservit à des ombres. L'art le plus libre, et le plus révolté, sera ainsi le plus classique ; il couronnera le plus grand effort. Tant qu'une société et ses artistes ne consentent pas à ce long et libre effort, tant qu'ils se laissent aller au confort des divertissements ou à celui du conformisme, aux jeux de l'art pour l'art ou aux prêches de l'art réaliste, ses artistes restent dans le nihilisme et la stérilité. Dire cela, c'est dire que la renaissance aujourd'hui dépend de notre courage et de notre volonté de clairvoyance.

Oui, cette renaissance est entre nos mains à tous. Il dépend de nous que l'Occident suscite ces contre-Alexandre qui devaient renouer le nœud gordien de la civilisation, tranché par la force de l'épée. Pour cela, il nous faut prendre tous les risques et les travaux de la liberté. Il ne s'agit pas de savoir si, poursuivant la justice, nous arriverons à préserver la liberté. Il s'agit de savoir que, sans la liberté, nous ne réaliserons rien et que nous perdrons, à la fois, la justice future et la beauté ancienne. La liberté seule retire les hommes de l'isolement, la servitude, elle, ne plane que sur une foule de solitudes.

Et l'art, en raison de cette libre essence que j'ai essayé de définir, réunit, là où la tyrannie sépare. Quoi d'étonnant dès lors à ce qu'il soit l'ennemi désigné par toutes les oppressions ? Quoi d'étonnant à ce que les artistes et les intellectuels aient été les premières victimes des tyrannies modernes, qu'elles soient de droite ou de gauche ? Les tyrans savent qu'il y a dans l'œuvre d'art une force d'émancipation qui n'est mystérieuse que pour ceux qui n'en ont pas le culte. Chaque grande œuvre rend plus admirable et plus riche la face humaine, voilà tout son secret. Et ce n'est pas assez de milliers de camps et de barreaux de cellule pour obscurcir ce bouleversant témoignage de dignité. C'est pourquoi il n'est pas vrai que l'on puisse, même provisoirement, suspendre la culture pour en préparer une nouvelle. On ne suspend pas l'incessant témoignage de l'homme sur sa misère et sa grandeur, on ne suspend pas une respiration. Il n'y a pas de culture sans héritage et nous ne pouvons ni ne devons rien refuser du nôtre, celui de l'Occident. Quelles que soient les œuvres de l'avenir, elles seront toutes chargées du même secret, fait de courage et de liberté, nourri par l'audace de milliers d'artistes de tous les siècles et de toutes les nations. Oui, quand la tyrannie moderne nous montre que, même cantonné dans son métier, l'artiste est l'ennemi public, elle a raison. Mais elle rend ainsi hommage, à travers lui, à une figure de l'homme que rien jusqu'ici n'a pu écraser.

M A conclusion sera simple. Elle consistera à dire, au milieu même du bruit et de la fureur de notre histoire : « Réjouissons-nous. » Réjouissons-nous, en effet, d'avoir vu mourir une Europe menteuse et confortable et de nous trouver confrontés à de cruelles vérités. Réjouissons-nous en tant qu'hommes puisqu'une longue mystification s'est écroulée et que nous voyons clair dans ce qui nous menace. Et réjouissons-nous en tant qu'artistes, arrachés au sommeil et à la surdité, maintenus de force devant la misère, les prisons, le sang. Si, devant ce spectacle, nous savons garder la mémoire des jours et des visages, si, inversement, devant la beauté du monde, nous savons ne pas oublier les humiliés, alors l'art occidental peu à peu retrouvera sa force et sa royauté. Certes, il est, dans l'histoire, peu d'exemples d'artistes confrontés avec de si durs problèmes. Mais, justement, lorsque les mots et les phrases, même les plus simples, se paient en poids de liberté et de sang, l'artiste apprend à les manier avec mesure. Le danger rend classique et toute grandeur, pour finir, a sa racine dans le risque.

Le temps des artistes irresponsables est passé. Nous le regretterons pour nos petits bonheurs. Mais nous saurons reconnaître que cette épreuve sert en même temps nos chances d'authenticité, et nous accepterons le défi. La liberté de l'art ne vaut pas cher quand elle n'a d'autre sens que d'assurer le confort de l'artiste. Pour qu'une valeur, ou une vertu, prenne racine dans une société, il convient de ne pas mentir à son propos, c'est-à-dire de payer pour elle, chaque fois qu'on le peut. Si la liberté est devenue dangereuse, alors elle est en passe de ne plus être prostituée. Et je ne puis approuver, par exemple, ceux qui se plaignent aujourd'hui du déclin de la sagesse. Apparemment, ils ont raison. Mais, en vérité, la sagesse n'a jamais autant décliné qu'au temps où elle était le plaisir sans risques de quelques humanistes de bibliothèque. Aujourd'hui, où elle est affrontée enfin à de réels dangers, il y a des chances au contraire pour qu'elle puisse à nouveau se tenir debout, à nouveau être respectée.

On dit que Nietzsche après la rupture avec Lou Salomé, entré dans une solitude définitive, écrasé et exalté en même temps par la perspective de cette œuvre immense qu'il devait mener sans aucun secours, se promenait la nuit, sur les montagnes qui dominent le golfe de Gênes, et y allumait de grands incendies de feuilles et de branches qu'il regardait se consumer. J'ai souvent rêvé de ces feux et il m'est arrivé de placer en pensée devant eux, pour les mettre à l'épreuve, certains hommes et certaines œuvres. Eh bien, notre époque est un de ces feux dont la brûlure insoutenable réduira sans doute beaucoup d'œuvres en cendres! Mais pour celles qui resteront, leur métal sera intact et nous pourrons à leur propos nous livrer sans retenue à cette joie suprême de l'intelligence dont le nom est « admiration ».

On peut souhaiter sans doute, et je le souhaite aussi, une flamme plus douce, un répit, la halte propice à la rêverie. Mais peut-être n'y a-t-il pas d'autre paix pour l'artiste que celle qui se trouve au plus brûlant du combat. « Tout mur est une porte », a dit justement Emerson. Ne cherchons pas la porte, et l'issue, ailleurs que dans le mur contre lequel nous vivons. Cherchons au contraire le répit où il se trouve, je veux dire au milieu même de la bataille. Car selon moi, et c'est ici que je terminerai, il s'y trouve. Les grandes idées, on l'a dit, viennent dans le monde sur des pattes de colombe. Peut-être alors, si nous prêtions l'oreille, entendrions-nous, au milieu du vacarme des empires et des nations, comme un faible bruit d'ailes, le doux remue-ménage de la vie et de l'espoir. Les uns diront que cet espoir est porté par un peuple, d'autres par un homme. Je crois qu'il est au contraire suscité, ranimé, entretenu, par des millions de solitaires dont les actions et les œuvres, chaque jour, nient les frontières et les plus grossières apparences de l'histoire, pour faire resplendir fugitivement la vérité toujours menacée que chacun, sur ses souffrances et sur ses joies, élève pour tous.

ESSAIS CRITIQUES

INTRODUCTION

AUX « MAXIMES » DE CHAMFORT

Pour un homme qui observe le monde sans cesser d'y tenir sa place, il est bien difficile de penser toujours comme Chamfort. Et, par exemple, on admettra mal que la supériorité fait toujours des ennemis, que le génie est forcément solitaire. Ce sont là choses qu'on dit pour faire plaisir au génie ou à soi-même. Mais il n'y a rien de vrai. La supériorité va très bien avec l'amitié, le génie est quelquefois de bonne compagnie. La sorte de solitude qu'il rencontre ne lui est pas particulière : il est seul quand il le veut.

Il est bien difficile aussi d'entrer avec Chamfort dans un des sentiments les plus communs et les plus sots qui soient au monde, je veux dire le mépris des femmes en général. Il n'y a pas de mépris ni de passion en général. Tout cela demande la connaissance de cause. Ajouterai-je enfin que la misanthropie me paraît une attitude futile et mal venue et que je n'aime dans Chamfort ni sa hargne rentrée, ni son côté « roquet », ni son désespoir total. J'aurai alors donné tous les éléments du paradoxe qui fait qu'avec cela Chamfort cependant me paraît un des plus enseignants parmi nos moralistes. Mais je le dis tout de suite, c'est qu'en portant ces jugements dans le général, il est infidèle au principe le plus secret de son art. En toute autre occasion, il procède d'une manière bien différente qui fait son originalité et sa profondeur.

Nos plus grands moralistes ne sont pas des faiseurs de maximes, ce sont des romanciers. Qu'est-ce qu'un moraliste en effet ? Disons seulement que c'est un homme qui a la passion du cœur humain. Mais qu'est-ce que le cœur humain ? Cela est bien difficile à savoir, on peut seulement imaginer que c'est ce qu'il y a de moins général au monde. C'est pourquoi, et malgré les apparences, il est bien difficile d'apprendre quelque chose sur la conduite des hommes en lisant les maximes de La Rochefoucauld. Ce bel équilibre dans la phrase, ces antithèses calculées, cet amour-propre érigé en raison universelle, cela est bien loin des replis et des caprices qui font l'expérience d'un homme. Je donnerais volontiers tout le livre des *Maximes* pour une phrase heureuse de *la Princesse de Clèves* et pour deux ou trois petits faits vrais comme savait les collectionner Stendhal. « On passe souvent de l'amour à l'ambition mais on ne revient guère de l'ambition à l'amour », dit La Rochefaucauld, et je ne sais rien de plus sur ces deux passions, car cela peut se retourner. Julien Sorel tuant sa carrière par le moyen de deux amours si différents m'enseigne bien plus dans chacun de ses actes. Nos vrais moralistes n'ont pas fait de phrases, ils ont regardé et se sont regardés. Ils n'ont pas légiféré, ils ont peint. Et par là ils ont plus fait pour éclairer la conduite des hommes que s'ils avaient poli patiemment, pour quelques beaux esprits, une centaine de formules définitives, vouées aux dissertations de bacheliers. C'est que le roman seul est fidèle au particulier. Son objet n'est pas les conclusions de la vie mais son déroulement même. En un mot, il est plus modeste, c'est en cela qu'il est classique. Du moins, c'est en cela qu'il sert à la connaissance comme le peuvent les sciences naturelles ou physiques et comme ne le peuvent ni les mathématiques ni les maximes qui sont toutes deux des jeux de l'esprit aux prises avec lui-même.

Qu'est-ce que la maxime en effet ? On peut dire en simplifiant que c'est une équation* où les signes du premier terme se retrouvent exactement dans le second, mais avec un ordre différent. C'est pour cela que la maxime idéale peut toujours être retournée. Toute sa vérité est en elle-même et pas plus que la formule algébrique, elle n'a de correspondant dans l'expérience. On peut en faire ce que l'on veut jusqu'à épuisement des combinaisons possibles entre les termes donnés dans l'énoncé, que ces termes soient amour, haine, intérêt ou pitié, liberté ou justice. On peut même, et toujours comme en algèbre, tirer de l'une de ces combinaisons un pressentiment à

---

* On s'explique ainsi qu'elle ait été cultivée avec un si rare bonheur en France et particulièrement dans ce XVIIe siècle qui est celui des mathématiques.

l'égard de l'expérience. Mais rien de cela n'est réel parce que tout y est général.

Or l'intérêt de Chamfort est qu'il n'écrit pas des maximes, à quelques exceptions près. Et, sauf à céder, quand il s'agit des femmes ou de la solitude, aux mouvements d'une humeur excessive, il n'a rien généralisé. Si l'on regarde de près ce qu'il est convenu d'appeler ses pensées, on verra aisément qu'elles ne cultivent ni l'antithèse ni la formule. L'homme qui écrit : « Le philosophe qui veut éteindre ses passions ressemble au chimiste qui voudrait éteindre son feu » est de la même famille d'esprits que celui qui, à peu près dans le même temps, écrit admirablement : « On déclame contre les passions sans songer que c'est à leur flambeau que la philosophie allume le sien*. » Et le premier comme le dernier s'expriment, non par maximes, mais par remarques qui pourraient aussi bien entrer dans le cours d'un récit. Ce sont des traits**, des coups de sonde, des éclairages brusques, ce ne sont pas des lois. Tous les deux apportent une matière où rien n'est à légiférer, tout à peindre. Et, par exemple, on peut chercher longtemps chez nos moralistes de profession un texte qui aille aussi loin et qui porte plus d'expérience utilisable que celui-ci, dont le mot final me paraît de loin ce qui convient le mieux à l'usage de notre monde : « Il y a des fautes de conduite que, de nos jours, on ne fait plus guère ou qu'on fait beaucoup moins. On est tellement raffiné que, mettant l'esprit à la place de l'âme, un homme vil, pour peu qu'il ait réfléchi, s'abstient de certaines platitudes qui, autrefois, pouvaient réussir. J'ai vu des hommes malhonnêtes avoir quelquefois une conduite fière et décente avec un prince, un ministre ; ne point fléchir, etc. Cela trompe les gens et les novices qui ne savent pas, ou bien oublient, qu'il faut juger un homme par l'ensemble de ses principes ou de son caractère. »

Mais on voit en même temps qu'il ne peut s'agir à aucun moment d'un art de la maxime. Chamfort ne met pas en formules son expérience du monde. Son très grand art abonde seulement en traits infiniment justes

---

* Marquis de Sade.
** « Il faut être juste avant d'être généreux, comme on a des chemises avant d'avoir des dentelles. »

dont chacun suppose un portrait ou plusieurs situations que l'esprit peut facilement rétablir après coup*. C'est en cela qu'il fait penser d'abord à Stendhal qui est allé chercher comme lui l'homme où il se trouvait, c'est-à-dire dans la société et la vérité où elle se cache, dans ses traits particuliers. Mais la ressemblance va encore plus loin et il est possible sans paradoxe de parler de Chamfort comme d'un romancier. Car mille traits du même goût finissent par composer chez lui une sorte de roman inorganisé, une chronique collective qui est ici versée tout entière dans les commentaires qu'elle suscite chez un homme. Je parle des *Maximes*. Mais si l'on considère en même temps les *Anecdotes* où les personnages cette fois ne sont plus suggérés par les jugements qui se rapportent à eux, mais au contraire mis en scène et représentés dans leurs particularités, on peut prendre une idée encore plus précise de ce roman inavoué. En les joignant aux *Maximes,* on dispose des matériaux complets, personnages et commentaires, d'une sorte de grande « comédie mondaine » où il est possible, nous le verrons, de distinguer une histoire et un héros. Il suffirait de lui restituer la cohérence que l'auteur n'a pas voulu lui donner et l'on obtiendrait une œuvre bien supérieure au recueil de pensées qu'elle paraît être, le livre vrai d'une expérience humaine dont le pathétique et la cruauté font oublier les vaines injustices. C'est en tout cas un travail qu'il est possible d'indiquer. Et l'on verrait par lui que Chamfort, au contraire de La Rochefoucauld**, est un moraliste aussi profond que Mme de La Fayette ou Benjamin Constant et qu'il se place, malgré et à cause de ses aveuglements passionnés, parmi les plus grands créateurs d'un certain art où, à aucun moment, la vérité de la vie n'a été sacrifiée aux artifices du langage.

L'action se passe à la fin du XVIIIe siècle, au milieu d'une société sans force, sinon sans grâce, et dont l'unique

---

* Il en a eu lui-même l'intuition la plus claire : « Les maximes générales sont dans la conduite de la vie ce que les routines sont dans les arts. »

** Et même de Vauvenargues qui ne pratique que la confidence. Il n'a pas l'objectivité apparente qui fait le grand artiste.

occupation paraît être de danser sur les volcans. Le décor du roman est donc fourni par ce qu'on appelait alors le monde. Remarquons tout de suite que cela enlève de la généralité aux remarques de Chamfort. C'est le lecteur pressé qui, la plupart du temps, étend au cœur humain ce que l'auteur affirme seulement de certaines têtes folles. Et la fameuse phrase sur l'amour ramené au contact de deux épidermes, incompréhensible chez un homme qui a dit tant de choses profondes sur la passion, ne s'entend qu'avec ce que Chamfort lui-même y ajoute : « L'amour, tel qu'il existe dans la société... »

Ce qui est attaqué dans la chronique de Chamfort, c'est une classe, une minorité séparée du reste de la nation, sourde et aveugle, entêtée de plaisirs. C'est cette classe qui fournit les personnages du roman, le décor et les sujets de la satire. Car, à le regarder d'une vue courte, il s'agit d'abord d'un roman satirique. Ce sont les *Anecdotes* qui apportent ici la précision. Le roi, la cour, Madame, fille du roi, s'étonnant que sa bonne puisse, comme elle-même, avoir cinq doigts; Louis XV bronchant sur son lit d'agonie parce que son médecin emploie la formule « Il faut »; la duchesse de Rohan considérant qu'accoucher d'un Rohan est un honneur; les courtisans préférant se réjouir de la bonne santé du roi à déplorer cinq défaites des armées françaises; leur bêtise insondable, l'incroyable prétention qui leur fait désigner Dieu comme « le gentilhomme d'en haut », l'ignorance infinie d'une classe où d'Alembert n'est rien auprès de l'ambassadeur de Venise; Berrier faisant empoisonner l'homme qui l'a averti de l'attentat de Damiens et dont il a négligé l'avis; M. de Maugeron faisant pendre un marmiton innocent à la place d'un cuisinier coupable, mais dont il apprécie la cuisine; d'autres encore. Ce sont des portraits, des images où reviennent souvent les mêmes personnages. Ayant à traiter d'une société figée dans les abstractions de l'étiquette, Chamfort a choisi de les montrer, comme des marionnettes, de l'extérieur. À deux ou trois exceptions près, où il cultive la scène de comédie, sa technique est celle du roman et même du roman moderne. Les êtres sont toujours représentés dans leur action. Ses traits (voir l'anecdote de Maupertuis) ne concluent rien, ils peignent des caractères.

Au milieu de tous ces personnages, le héros du roman,

c'est Chamfort lui-même. Sa biographie pourrait nous fournir de renseignements intéressants. Mais cela n'est même pas utile puisqu'il s'est mis en scène dans les *Anecdotes* et les *Maximes,* et toujours selon la technique romanesque, c'est-à-dire indirectement. Si on réunissait en effet tous les textes qui concernent un certain M..., on obtiendrait un portrait assez complet de ce personnage pour lequel Chamfort a forgé le mot de « sarcasmatique » et de la conduite de qui il rend un compte scrupuleux au milieu de la société irréelle et folle qui l'entoure. Ce personnage est arrivé à l'âge où la jeunesse se perd et avec elle les êtres, que l'on croyait jusque-là une source de jouissances éternelles. Ennemi de la religion, ayant goûté à tout et désormais détourné de tout, il ne pourrait plus se décrire que par ses refus, s'il ne lui restait deux choses qui lui font un ton irremplaçable : le souvenir de la passion et le culte du caractère. On trouvera dans la bouche de M... assez de déclarations sur le caractère. Ce n'est pas pour rien que Chamfort a intitulé, avec tant de hauteur, une section de ses maximes : « Du goût pour la retraite et de la dignité du caractère. » Il n'est rien qu'il mette plus haut chez un homme et son seul défaut est peut-être de confondre justement le caractère avec la solitude. Mais c'est en même temps le sujet de son livre secret sur lequel nous aurons à revenir. On donnera cependant son vrai sens à ce culte du caractère en considérant qu'il est la réaction évidente d'un homme situé au milieu d'une société décadente où l'esprit se débite dans toutes les maisons, mais où les grandes leçons de la volonté ne peuvent se prendre au sérieux. Mais, en posant cette première valeur, Chamfort ne le fait pas dans l'arbitraire ni le général. Il se réfère à l'expérience pour tempérer son postulat : « Il n'est pas bon, dit-il, de se donner des principes plus forts que son caractère. »

C'est qu'en même temps ce personnage épris de hauteur d'âme a l'expérience de la passion et de ses blessures. Le même homme qui a écrit l'une des plus fières maximes qu'un esprit français ait jamais formées : « La fortune pour arriver à moi passera par les conditions que lui impose mon caractère », donne cependant à chaque page toutes les preuves d'une sensibilité frémissante. Simplement, et le personnage nous donne ici sa dernière dimension, il a réalisé ce mélange de la volonté et de la passion qui fait le caractère tragique et qui donne à Chamfort une avance considérable sur son siècle. Car c'est un contemporain de Byron et de Nietzsche qui eût pu écrire : « J'ai vu peu de fiertés dont j'aie été content. Ce que je connais de mieux dans le genre, c'est celle de Satan dans le Paradis Perdu. » On reconnaît ici le ton tragique et l'allure de ce que Nietzsche appelait l'esprit libre. Qu'on se souvienne seulement de la société à laquelle cet esprit appartient malgré lui et que, pour son malheur, il n'a pu s'empêcher de juger. On imaginera aisément dès lors l'aventure de mépris et de désespoir qu'une âme de cette envergure est destinée à courir dans un monde qu'elle méprise. Et l'on tiendra le roman dont Chamfort nous a laissé les éléments. C'est le roman du refus, le récit d'une négation de tout qui finit par s'étendre à la négation de soi, une course vers l'absolu qui s'achève dans la rage du néant.

Cette aventure ne prend son sens que par les élans confiants dont a été faite la jeunesse de Chamfort. Il était, dit-on, aussi beau que l'amour. Cette vie a commencé par le succès. Les femmes l'ont aimé, ses premières œuvres, si médiocres fussent-elles, lui ont gagné les salons et même la faveur royale. Cette société, en fait, ne lui a pas été si dure et sa qualité d'enfant naturel ne lui a même pas été une gêne. Si la réussite sociale a un sens, on peut dire que, dans ses débuts, la vie de Chamfort est une éclatante réussite. Mais, justement, il n'est pas sûr que ce mot ait un sens. C'est ce que nous apprend le roman de Chamfort, qui est l'histoire d'une solitude. Car la réussite sociale n'a de sens que dans une société à laquelle on croit. Or il y a, d'abord, dans le personnage de Chamfort, cette disposition tragique qui l'empêchera toujours de croire à une société et cette susceptibilité de cœur qui l'arrêtera d'entrer dans un monde où ses origines risqueraient d'être contestées. Il est de ceux que poussent à la fois de grandes et éclatantes vertus qui les mettent au point de tout conquérir et cette autre vertu plus amère qui les mène à nier cela même qui vient d'être conquis. Ajoutons enfin qu'il est placé dans une société à laquelle ne croient même plus ceux dont c'est pourtant la profession d'y croire. Que peut faire alors un homme en face d'un monde qu'il méprise ? Si sa qualité est bonne, il prendra sur lui les exigences qui justement ne sont pas satisfaites dans ce monde. Non pour se donner en exemple, mais par un simple souci de cohérence. S'il faut à toute intrigue son ressort profond, on trouvera donc le ressort de cette histoire dans le goût de la morale*.

Voilà donc notre personnage installé au milieu de ses réussites et de son dédain d'un monde corrompu. La seule chose qui l'anime, c'est le mouvement d'une morale personnelle. Immédiatement, c'est à ses avantages particuliers qu'il s'attaque. Lui qui vit de pensions demande leur suppression, qui reçoit de l'Académie ses jetons, l'attaque avec violence et demande sa dissolution. Homme d'ancien régime, il se jette dans le parti qui finira par le tuer. Il s'écarte de tout, il refuse tout, il n'épargne personne ni lui-même : on voit qu'il s'agit d'une tragédie de l'honneur. Solitaire dès lors, il s'acharne aussi contre l'unique recours de l'homme seul; jamais l'incroyance n'avait trouvé d'accents si vigoureux**. Son corps lui-même est mis en cause, ce visage si séduisant devient « altéré, puis hideux ».

Notre héros ira encore plus loin, car le renoncement à ses propres avantages n'est rien et la destruction de son corps est peu de chose auprès de la destruction de son âme même. Finalement, c'est cela qui fait la grandeur de Chamfort et l'étonnante beauté du roman qui nous est proposé. Car, en somme, le mépris des hommes est souvent la marque d'un cœur vulgaire. Il s'accompagne alors de la satisfaction de soi. Il n'est légitime au contraire que lorsqu'il se soutient du mépris de soi. « L'homme est un sot animal, dit Chamfort, si j'en juge par moi. » C'est en cela qu'il me paraît être le moraliste de la révolte, dans la mesure précise où il a fait toute l'expérience de la révolte en la tournant contre lui-même, son idéal étant une sorte de sainteté désespérée. Une attitude si extrême et si farouche devait l'amener à la négation ultime qui est le silence : « M... qu'on voulait faire parler sur différents

---

* Il s'agit d'une morale d'engagement, et non d'une moralité. En fait Chamfort est immoraliste : « Jouis et fais jouir sans faire de mal à toi et à personne, voilà, je crois, toute la morale. »

** Si l'incroyance est la privation volontaire d'espérance, qu'a-t-on dit de plus définitif à cet égard : « L'espérance n'est qu'un charlatan qui nous trompe sans cesse et pour moi le bonheur n'a commencé que lorsque je l'ai eue perdue. »

abus publics ou particuliers répondit froidement : « Tous
» les jours, j'accrois la liste des choses dont je ne parle plus.
» Le plus philosophe est celui dont la liste est la plus lon-
» gue ». Cela même devait le conduire à nier l'œuvre d'art
et cette force pure du langage qui, en lui-même, depuis si
longtemps, essayait de donner une forme inégalable à sa
révolte. Il n'y a pas manqué et c'est ici la négation dernière. À l'un de ses personnages dont on réclame qu'il
prenne de l'intérêt à son propre talent, il fait dire : « Mon
amour-propre a péri dans le naufrage de l'intérêt que je
prenais aux hommes. » Et cela est logique. L'art est le
contraire du silence, il est l'une des marques de cette
complicité qui nous lie aux hommes dans notre lutte
commune. Pour qui a perdu cette complicité et s'est placé
tout entier dans le refus, ni le langage ni l'art n'ont plus
leur expression. C'est sans doute la raison pour laquelle ce
roman d'une négation n'a jamais été écrit. C'est qu'il était
justement le roman d'une négation. Il y avait dans cet
art les principes mêmes qui devaient le conduire à se
nier. Et sans doute Chamfort n'a pas écrit de roman parce
que, peut-être, ce n'était pas l'usage. Mais, on le voit
bien, c'est surtout parce qu'il n'aimait ni les hommes ni
lui-même. On imagine mal un romancier qui n'aime
aucun de ses personnages. Et pas un seul de nos grands
romans ne se comprend sans une passion profonde pour
l'homme. L'exemple de Chamfort, unique dans notre
littérature, peut nous en persuader. Dans tous les cas
ici se termine cette « comédie mondaine » qui dément
pour finir le titre futile qu'on pouvait lui donner.

C'est à la biographie de Chamfort qu'il faut demander
la fin de cette aventure. Par l'ensemble et par les détails, je
n'en connais pas de plus tragique et de plus cohérente.
Car c'est par cohérence, en effet, que Chamfort, s'est jeté
tout entier dans la révolution et que ne pouvant plus
parler il a agi, remplaçant le roman par le libelle et le
pamphlet. Mais il n'est pas difficile de voir qu'il n'a
pris pour lui que la part négative de la révolution. Il
avait trop le goût d'une justice idéale pour accepter
vraiment l'injustice inséparable de toute action. L'échec
l'attendait encore. Pour qui est comme Chamfort, tenté
par l'absolu et incapable de s'en délivrer au moyen de
l'homme, il ne reste qu'à mourir. Et en vérité c'est ce
qu'il a fait, mais dans des circonstances si horribles qu'elles

donnent sa dimension exacte à cette tragédie de la morale : elle s'achève en boucherie. La rage de la pureté s'identifie ici à la folie de la destruction. Le jour où Chamfort croit que la révolution l'a condamné, devant l'échec définitif, il se tire un coup de pistolet qui lui fracasse le nez et lui crève l'œil droit. Vivant encore, il revient à la charge, se coupe la gorge avec un rasoir et se déchiquette les chairs. Inondé de sang, il se fouille la poitrine de son arme et enfin, s'ouvrant jarrets et poignets, s'écroule au milieu d'un lac de sang dont le suintement hors des portes finit par donner l'alerte. Cette rage de suicide, ce délire de destruction, sont difficiles à imaginer. Mais on en trouve le commentaire dans les *Maximes* : « On s'effraie des partis violents ; mais ils conviennent aux âmes fortes et les caractères vigoureux se reposent dans l'extrême. » Et c'est en effet le culte obstiné de l'extrême et de l'impossible qui est figuré dans le roman de Chamfort. Mais c'est cela que précisément on peut appeler le goût de la morale. Simplement, ce roman d'une moralité supérieure s'achève dans des flots de sang, au milieu d'un monde bouleversé où chaque jour une dizaine de têtes rebondissent au fond d'un panier. En face des images conventionnelles que l'on nous donne de l'un et de l'autre, cela fournit une idée plus profonde de Chamfort et de la morale.

Car le métier de moraliste ne peut aller sans désordres, sans fureurs ou sans sacrifices — ou alors il n'est qu'une feinte odieuse. C'est pour cela que Chamfort m'apparaît comme un de nos rares grands moralistes : la morale, ce grand tourment des hommes, lui est une passion personnelle, et il en a poussé la cohérence jusqu'à la mort. J'ai lu de tous côtés qu'on lui reprochait son amertume. Mais, en vérité, j'aime mieux cette amertume tout entière éclairée par une grande idée de l'homme que la philosophie sèche du grand seigneur qui a écrit cette maxime impardonnable : « Le travail du corps délivre des peines de l'esprit et c'est ce qui rend les pauvres heureux*. » Même dans ses plus extrêmes négations, Chamfort n'a pas cessé de prendre le parti des vaincus. Il n'a nui vraiment qu'à lui-même et pour des raisons supérieures. Certes, je vois bien où sa pensée fléchit. Il a cru que le caractère se définissait par le refus et il est des cas où le caractère doit savoir dire

---

* La Rochefoucauld.

oui. Comment imaginer une supériorité qui se sépare des hommes ? C'est pourtant celle que Chamfort et, après lui, Nietzsche qui l'aimait tant, ont choisie. Mais lui et Nietzsche ont payé ce qu'il fallait pour cela, faisant la preuve que l'aventure d'une intelligence en quête de sa justice profonde peut être aussi sanglante que les plus grandes conquêtes. C'est une idée qui force au respect. C'est aussi une idée qui porte son enseignement pour nous et notre monde. Je rappelle ici que Chamfort est un écrivain classique. Mais si la cohérence, le goût du raisonnement, la logique même mortelle, l'exigence obstinée de la morale sont des vertus classiques, on peut bien dire que la façon que Chamfort a choisie d'être classique a été d'en mourir. Cela restitue à cette notion la démesure et et le frémissement que nos grands siècles ont su lui donner et que nous avons à lui conserver.

Collection *Incidences,* Monaco 1944.

AVANT-PROPOS
À « LA MAISON DU PEUPLE »
DE LOUIS GUILLOUX

Presque tous les écrivains français qui prétendent aujourd'hui parler au nom du prolétariat sont nés de parents aisés ou fortunés. Ce n'est pas une tare, il y a du hasard dans la naissance, et je ne trouve cela ni bien ni mal. Je me borne à signaler au sociologue une anomalie et un objet d'études. On peut d'ailleurs essayer d'expliquer ce paradoxe en soutenant, avec un sage de mes amis, que parler de ce qu'on ignore finit par vous l'apprendre.

Il reste qu'on peut avoir ses préférences. Et, pour moi, j'ai toujours préféré qu'on témoignât, si j'ose dire, après avoir été égorgé. La pauvreté, par exemple, laisse à ceux qui l'ont vécue une intolérance qui supporte mal qu'on parle d'un certain dénuement autrement qu'en connaissance de cause. Dans les périodiques et les livres rédigés par les spécialistes du progrès, on traite souvent du prolétariat comme d'une tribu aux étranges coutumes et on en parle alors d'une manière qui donnerait aux prolétaires la nausée si seulement ils avaient le temps de lire les spécialistes pour s'informer de la bonne marche du progrès. De la flatterie dégoûtante au mépris ingénu*, il est difficile de savoir ce qui, dans ces homélies, est le plus insultant. Ne peut-on vraiment se priver d'utiliser et de dégrader ce qu'on prétend vouloir défendre ? Faut-il que la misère toujours soit volée deux fois ? Je ne le pense pas. Quelques hommes au moins, avec Vallès et

---

* Par exemple, les prolétaires n'aimeraient pas le peu de liberté dont ils disposent. Le pain seul les intéresse et, faute de pain, que feraient-ils des libertés formelles ? Ô bassesse !

« Que préfères-tu, homme, celui qui veut te priver du pain au nom de la liberté ou celui qui veut t'enlever ta liberté pour assurer ton pain ? » Réponse : « Sur qui cracher le premier ? »

Dabit, ont su trouver le seul langage qui convenait. Voilà pourquoi j'admire et j'aime l'œuvre de Louis Guilloux, qui ne flatte ni ne méprise le peuple dont il parle et qui lui restitue la seule grandeur qu'on ne puisse lui arracher, celle de la vérité.

Ce grand écrivain, parce qu'il a fait ses classes à l'école de la nécessité, a appris à juger sans embarras de ce qu'est un homme. Il y a gagné du même coup une sorte de pudeur qui semble mal partagée dans le monde où nous vivons et qui l'empêchera toujours d'accepter que la misère d'autrui puisse être un marchepied, ni qu'elle puisse offrir un sujet de pittoresque pour lequel seul l'artiste n'aurait pas à payer. D.H. Lawrence rapportait souvent à sa naissance dans une famille de mineurs ce qu'il y avait de meilleur en lui-même et dans son œuvre. Mais Lawrence et ceux qui lui ressemblent savent que, si l'on peut prêter une grandeur à la pauvreté, l'asservissement qui l'accompagne presque toujours ne se justifiera jamais. Par-dessus eux-mêmes, leurs œuvres portent condamnation, et les livres de Guilloux ne se soustraient pas à ce grand devoir. De *la Maison du peuple,* son premier livre, au *Pain des rêves* et au *Jeu de patience,* ils témoignent tous d'une fidélité. L'enfance pauvre, avec ses rêves et ses révoltes, lui a fourni l'inspiration de son premier et de ses derniers livres. Rien n'est plus dangereux qu'un tel sujet qui prête au réalisme facile et à la sentimentalité. Mais la grandeur d'un artiste se mesure aux tentations qu'il a vaincues. Et Guilloux, qui n'idéalise rien, qui peint toujours avec les couleurs les plus justes et les moins crues, sans jamais rechercher l'amertume pour elle-même, a su donner au style les pudeurs de son sujet. Ce ton uni et pur, cette voix un peu sourde qui est celle du souvenir témoignent pour celui qui raconte, vertus de style qui sont aussi celles de l'homme.

On mesure mieux encore la tentation vaincue en voyant Guilloux prendre pour sujet unique de *Compagnons* la mort d'un ouvrier. La pauvreté et la mort font ensemble un ménage si désespéré qu'il semblerait qu'on ne puisse en parler sans être Keats, si sensible, a-t-on dit qu'il aurait pu toucher de ses mains la douleur elle-même. Il n'empêche que dans ce petit livre, qui a le ton des grandes nouvelles de Tolstoï (Ivan Ilitch, ici, est devenu maçon), Guilloux ne cesse de se maintenir à la hauteur exacte de son modèle, sans le dégrader et surtout, oui, surtout, sans le majorer. Pas une seule fois le ton ne s'élève. Je défie pourtant qu'on lise ce récit sans le terminer la gorge serrée. Guilloux sait comme nous tous qu'il y a un tarif de la mort dans nos belles entreprises municipales et que mourir est devenu un luxe qu'on ne peut vraiment plus se permettre. Mais ce n'est pas de cela qu'il parle; on ne relèvera pas une seule plainte dans *Compagnons*. Jean Kernevel, au contraire, semble mourir heureux. Simplement, devant cette joie inexplicable qui lui vient quelques instants avant sa fin, il n'exprime qu'une sorte de gauche surprise, comme si cette joie n'était pas dans l'ordre. « Qu'est-ce que j'ai, dit-il alors, qu'est-ce que j'ai ? » Pourquoi dire plus, en effet ? Le bonheur demande une disposition à laquelle la pauvreté prépare moins bien qu'à la mort silencieuse.

Ceci dit, je trahirais Guilloux si je laissais croire qu'il est seulement le romancier de la pauvreté. Un jour où nous parlions de la justice et de la condamnation : « La seule clé, me disait-il, c'est la douleur. C'est par elle que le plus affreux des criminels garde un rapport avec l'humain. » Et il me citait un mot de Lénine, pendant le siège de Léningrad, alors qu'il voulait faire participer au combat des prisonniers de droit commun : « Non, protestait un de ses compagnons, pas avec eux. — Pas avec eux, répondit Lénine mais pour eux. » Un autre jour, Guilloux observait, à propos de l'humeur railleuse d'un de nos amis, que le sarcasme n'était pas forcément un signe de méchanceté. Je répondais qu'il ne pouvait passer, cependant, pour le signe de la bonté : « Non, dit Guilloux, mais de la douleur à quoi on ne songe jamais *chez les autres*. » J'ai retenu ces mots qui peignent bien leur auteur. Car Guilloux songe presque toujours à la douleur *chez les autres,* et c'est pourquoi il est, avant tout, le romancier de la douleur. Les plus méprisables créatures du *Sang noir,* aux yeux de leur auteur, ont une excuse dans la souffrance de vivre. On sent bien pourtant que douleur ne veut pas dire ici désespoir. *Le Sang noir* portait une bande désespérée : « La vérité de cette vie, ce n'est pas qu'on meurt, c'est c'est qu'on meurt volé. » Et cependant ce livre tendu et déchirant, qui mêle à des fantoches misérables des créatures d'exil et de défaite, se situe au-delà du désespoir ou de l'espoir. Nous sommes avec lui au cœur de ces terres inconnues que les grands romanciers russes ont tenté d'explorer. En vérité, est-il un seul grand artiste qui n'y ait abordé au moins une fois ? Les êtres y courent à leur fin, à la fois solitaires et confondus, identiques et irremplaçables. Placés au-delà de la justification, ils se détachent alors avec la puissance de la vie, assez semblables à nous pour que nous les reconnaissions, mais portés au-dessus de nous, agrandis par la souffrance qui fixe leurs attitudes dans notre mémoire et les rend, pour finir, exemplaires : ce sont les grandes images de la compassion. Voilà le grand art de Guilloux qui n'utilise la misère de tous les jours que pour mieux éclairer la douleur du monde. Il pousse ses personnages jusqu'au type universel, mais en les faisant passer d'abord par la réalité la plus humble. Je ne connais pas d'autre définition de l'art, et, si tant d'écrivains aujourd'hui font mine de s'en écarter, c'est qu'il est plus facile d'étonner que de convaincre. Guilloux s'est privé de cette facilité. Son goût presque désordonné pour les êtres, la longue confrontation qu'il poursuit avec un monde intérieur grouillant de personnages l'ont porté comme naturellement à l'art le plus difficile. Pour moi, qui viens de reprendre tous ses livres, il ne fait aucun doute que cette œuvre ne se compare à aucune autre.

Mais je n'ai pas encore parlé de *la Maison du peuple,* le premier livre de Guilloux. Je n'ai jamais pu le lire sans un serrement de cœur : je le lis avec des souvenirs. Il me parle sans arrêt d'une vérité dont je sais, malgré les professeurs de philosophie et de tactique, qu'elle passe les empires et les jours : celle de l'homme seul en proie à une pauvreté aussi nue que la mort : « Il savait, en écoutant le sifflet des locomotives, si le temps serait à la pluie. » J'ai si souvent relu ce livre que ce sont des phrases comme celle-là qui m'accompagnent, maintenant, quand je l'ai refermé. Elles m'éclairent le personnage du père dont je connais par cœur les silences et les révoltes. Lui, si retranché, je le sens alors accordé au monde, comme au temps de sa jeunesse où il allait se baigner avec son meilleur ami. Cet ami lui-même a pris dans ma mémoire une place apparemment disproportionnée. Mais il vit en moi par son absence, et seulement parce qu'en une phrase Guilloux note que son père l'a perdu de vue après le régiment, sans que nous puissions savoir si cela lui a été dur ou non. Bel exemple de l'art indirect avec lequel Guilloux fait sentir combien la misère ôte de leurs forces aux passions qui lui sont étrangères. Un excès de pauvreté raccourcit la mémoire, détend l'élan des amitiés et des amours. Quinze mille francs par mois, la vie d'atelier, et Tristan n'a plus rien à dire à Yseult. L'amour aussi est un luxe, voilà la condamnation.

Mais je ne veux pas refaire à gros traits ce qui est constamment suggéré par ce livre. Je voulais seulement dire que j'entretiens un long commerce avec lui et qu'il est de ceux qui se transforment dans le souvenir sans jamais s'épuiser. Voici plus de vingt ans, en tout cas, qu'il poursuit sa vie dans quelques cœurs, et qu'il y fait du bien, loin de son auteur qui ne le sait pas assez. De combien de livres, aujourd'hui, pourrais-je écrire ceci sans mentir, et lesquelles de nos œuvres donneront jamais une si pure occasion d'admirer leur art et d'aimer leur auteur?

Grasset, 1953. Le texte était paru en janvier 1948, dans *Caliban*.

RENCONTRES AVEC ANDRÉ GIDE

J'AVAIS seize ans lorsque je rencontrai Gide pour la première fois. Un oncle, qui avait pris en charge une partie de mon éducation, me donnait parfois des livres. Boucher de son état, et bien achalandé, il n'avait de vraie passion que pour la lecture et les idées. Il consacrait ses matinées au commerce de la viande, le reste de la journée à sa bibliothèque, aux gazettes, et à des discussions interminables dans les cafés de son quartier.

Un jour, il me tendit un petit livre à couverture parcheminée, m'assurant que « ça m'intéresserait ». Je lisais tout, confusément, en ce temps-là; j'ai dû ouvrir *les Nourritures terrestres* après avoir terminé *Lettres de Femme* ou un volume des *Pardaillan*. Ces invocations me parurent obscures. Je bronchai devant l'hymne aux biens naturels. À Alger, à seize ans, j'étais saturé de ces richesses; j'en souhaitais d'autres, sans doute. Et puis, « Blida, petite rose... », je connaissais, hélas, Blida! Je rendis le livre à mon oncle et lui dis qu'il m'avait, en effet, intéressé. Puis je retournai aux plages, à des études distraites et des lectures oisives, à la vie difficile aussi qui était la mienne. Le rendez-vous était manqué.

L'année suivante, je rencontrai Jean Grenier. Lui aussi me tendit, entre autres choses, un livre. Ce fut un roman d'André de Richaud qui s'appelait *la Douleur*. Je ne connais pas André de Richaud. Mais je n'ai jamais oublié son beau livre, qui fut le premier à me parler de ce que je connaissais : une mère, la pauvreté, de beaux soirs dans le ciel. Il dénouait au fond de moi un nœud de liens obscurs, me délivrait d'entraves dont je sentais la gêne sans pouvoir les nommer. Je le lus en une nuit, selon la règle, et au réveil, nanti d'une étrange et neuve liberté, j'avançai, hésitant, sur une terre inconnue. Je venais d'apprendre que les livres ne versaient pas seulement l'oubli et la distraction. Mes silences têtus, ces souffrances vagues et souveraines, le monde singulier qui m'entourait, la noblesse des miens, leur misère, mes secrets enfin, tout cela pouvait donc se dire! Il y avait une délivrance, un ordre de vérité, où la pauvreté, par exemple, prenait tout d'un coup son vrai visage, celui que je soupçonnais et révérais obscurément. *La Douleur* me fit entrevoir le monde de la création, où Gide devait me faire pénétrer. Ici se place ma deuxième rencontre avec lui.

Je me mis à lire vraiment. Une heureuse maladie m'avait détaché de mes plages et de mes plaisirs. Mes lectures se poursuivaient encore dans le désordre, mais une avidité nouvelle s'y installait. Je cherchais quelque chose, je voulais retrouver ce monde entr'aperçu dont il me semblait qu'il était le mien. De livres en rêveries, je découvrais peu à peu, seul, ou grâce à l'amitié, des espaces nouveaux. Après tant d'années, je garde encore au cœur l'émerveillement de cet apprentissage. Un matin, je tombai enfin sur les *Traités* de Gide. Deux jours après, je savais par cœur des passages entiers de la *Tentative amoureuse*. Quant au *Retour de l'enfant prodigue,* il était devenu le livre dont je ne parlais pas : la perfection ferme la bouche. J'en fis seulement une adaption qu'avec quelques amis je portai plus tard à la scène. Entre-temps, je lus tout l'œuvre de Gide et je reçus, à mon tour, des *Nourritures terrestres*, l'ébranlement si souvent décrit. Mais je le reçus à la deuxième rencontre, on le voit, peut-être parce que j'étais à l'époque de ma première lecture un jeune barbare sans lumières, mais aussi parce que cet ébranlement ne pouvait être, en ce qui me concerne, celui des sens. Il s'agissait d'un choc autrement décisif. Bien avant que Gide lui-même eût confirmé cette interprétation, j'appris à lire dans *les Nourritures terrestres* l'évangile de dénuement dont j'avais besoin.

Gide a régné ensuite sur ma jeunesse et, ceux qu'une fois au moins on a admirés, comment ne pas leur être toujours reconnaissant de vous avoir hissé jusqu'à ce plus haut point de l'âme! Avec tout cela, pourtant, il ne fut pour moi ni un maître à penser ni un maître à écrire; je m'en étais donné d'autres. Gide m'apparut plutôt, à cause de ce que j'ai dit, comme le modèle de l'artiste, le gardien, fils de roi, qui veillait aux portes d'un jardin où je voulais vivre. Par exemple, il n'est à peu près rien de ce qu'il a dit sur l'art que je n'approuve entièrement, bien que l'époque se soit éloignée de cette conception. On reproche à l'œuvre de Gide de se tenir bien loin de l'angoisse de ce temps. On choisit de croire qu'un écrivain, pour être grand, doive être révolutionnaire. Mais s'il l'est, l'histoire prouve qu'il ne l'est que jusqu'à la révolution, exclusivement. Il n'est pas sûr, au demeurant, que Gide se soit éloigné de son époque. Plus certainement, son époque a voulu s'éloigner de ce qu'il représentait. La question est de savoir si elle y parviendra jamais, et autrement que par le suicide. Gide souffre aussi de cet autre préjugé de l'époque qui veut qu'il faille se montrer désespéré pour être intelligent. La discussion est ici plus facile : ce préjugé est misérable.

Il m'a fallu cependant oublier l'exemple de Gide et, de force, me détourner très tôt de ce monde de la création innocente, en même temps que je quittai la terre où je suis né. L'histoire a été contraignante pour ma génération. J'ai dû prendre ma place dans la file qui attendait, devant le porche des années noires. Puis nous nous sommes mis en marche et nous ne sommes pas encore au but. Comment n'eussé-je pas changé depuis ? Du moins, je n'ai pas oublié la plénitude et la lumière où j'ai commencé ma vie et je ne leur ai rien préféré. Je n'ai pas renié Gide.

Justement, je l'ai retrouvé à la fin des plus dures de nos années. J'occupais alors, à Paris, une partie de son appartement. C'était un atelier avec loggia dont la plus grande singularité tenait dans un trapèze qui pendait au milieu de la pièce. Je l'ai fait enlever, je crois, fatigué que j'étais de voir s'y pendre les intellectuels qui me rendaient visite. J'étais installé dans cet atelier depuis de longs mois quand Gide revint à son tour d'Afrique du Nord. Je ne l'avais jamais vu auparavant ; ce fut pourtant comme si nous nous étions toujours connus. Non que Gide m'ait jamais reçu dans sa familiarité. Il avait horreur, on le savait d'avance, de cette promiscuité bruyante qui tient lieu d'amitié dans notre monde. Mais son sourire pour m'accueillir était simple et joyeux et je ne l'ai jamais vu, avec moi, sur ses gardes.

Pour le reste, quarante ans d'âge nous séparaient, et notre commune horreur de gêner. C'est pourquoi j'ai passé de longues semaines dans l'intimité de Gide, sans presque le voir. Il frappait, parfois, à la double porte qui séparait l'atelier de sa bibliothèque. Il apportait, à bout de bras, Sarah, la chatte, qui avait gagné sa chambre par les toits. Parfois, le piano l'attirait. Une autre fois, il écoutait, près de moi, l'annonce, à la radio, de l'armistice. Je n'ignorais pas que la guerre, qui apporte à la plupart des gens la fin de leur solitude, était pour lui, comme pour moi, la seule vraie solitude. Pour la première fois, réunis autour de ce poste, nous avions une solidarité devant le temps. Les autres jours, je ne connaissais de lui, de l'autre côté de la porte, que des pas, des frôlements, le petit remue-ménage de la méditation ou des rêveries. Qu'importait, d'ailleurs! Je savais qu'il existait, tout près de moi, qu'il gardait, avec sa dignité inégalable, ce domaine secret où j'avais rêvé d'entrer, et vers lequel je suis toujours tourné, au sein de nos mêlées et de nos cris.

Aujourd'hui qu'il s'est détourné de nous, qui pourrait remplacer mon vieil ami aux portes du domaine? Qui gardera le jardin jusqu'au jour où nous pourrons y revenir? Il a veillé, du moins, jusqu'à sa mort; il est donc juste qu'il continue de recevoir la paisible gratitude que nous devons à nos vrais maîtres. Le vilain bruit qu'on fait autour de son départ n'y changera rien. Bien sûr, ceux qui savent détester sont encore tout irrités de cette mort. Lui, dont on a envié avec tant d'aigreur les privilèges, comme si la justice ne consistait pas à répandre ces privilèges, et non à tout confondre dans une servitude générale, on lui dispute jusqu'à sa fin, on s'indigne d'une telle sérénité. Il n'est pas de jour où il ne reçoive encore l'hommage de la haine, de la hargne ou de cette pauvre insolence qui croit descendre de Retz et qui vient de l'office.

Quelle unanimité, pourtant, aurait dû s'accomplir autour de ce petit lit de fer. Mourir est pour tant d'hommes un supplice si effroyable qu'il me semble qu'une mort heureuse rachète un peu de la création. Si j'étais croyant, la mort de Gide me soulagerait. Mais s'ils croient, ces croyants que je vois, à quoi donc croient-ils! Qu'importe, après tout. Ceux qui sont privés de la grâce sont bien obligés de pratiquer entre eux la générosité. Aux autres, rien ne manque, ils sont pourvus; ou ils agissent comme s'ils l'étaient. Tout nous fait défaut, au contraire, sauf la main fraternelle. Cela explique sans doute que Sartre ait su rendre à Gide, par-dessus leurs différences, un exemplaire hommage. Certains hommes trouvent ainsi, dans leur réflexion, le secret d'une sérénité qui n'est ni avare ni facile. Le secret de Gide est qu'il n'a jamais perdu, au milieu de ses doutes, la fierté d'être homme. Mourir faisait partie de cette condition qu'il avait voulu assumer jusqu'au bout. Qu'eût-on dit de lui, si, après avoir vécu au milieu des privilèges, il était mort dans le tremblement ? C'est alors qu'il eût démontré que ses bonheurs étaient volés. Mais non, il a souri au mystère, et offert à l'abîme le même visage qu'il avait présenté à la vie. Sans que nous l'ayons toujours su, nous l'attendions une dernière fois à cet instant. Une dernière fois, il a été fidèle au rendez-vous.

Hommage de la N. R. F., novembre 1951.

L'ARTISTE EN PRISON

Jusqu'au moment où il écrivit *De Profundis* et *la Ballade de la geôle de Reading*, Wilde s'est appliqué à prouver, par l'exemple de sa vie, que les plus grands dons de l'intelligence et les plus brillants prestiges du talent ne suffisent pas à faire un créateur. Il ne désirait pourtant rien d'autre que d'être un grand artiste et, l'art étant son seul dieu, il ne pouvait penser que ce dieu lui refusât la grâce d'être élu. Wilde tenait en effet qu'il y a deux mondes, celui de tous les jours et celui de l'art; que le premier se répète fastidieusement alors que l'œuvre d'art est toujours unique. Il avait donc tourné le dos à la réalité pour ne vivre que dans le rayonnement de ce qu'il croyait être la beauté idéale. Son plus grand effort était de transformer sa vie même en œuvre d'art et de vivre sous la seule loi de l'harmonie et du raffinement.

Personne n'est allé aussi loin que lui dans l'exaltation de l'art et personne, pendant tout ce temps, ne fut moins artiste. Il méprisait le monde au nom de la beauté et lui-même, à la mesure de l'art véritable, n'était presque rien. Toute son œuvre d'alors ressemble à ce portrait de Dorian Gray qui se couvrait de rides avec une rapidité d'autant plus affolante que son modèle semblait rester jeune et gracieux. Quant à sa vie, dont il voulait faire un chef-d'œuvre, il la juge comme il convient dans les premières pages du *De Profundis*. À l'entendre pourtant, il avait voulu mettre son génie dans sa vie et son talent dans ses œuvres. Le mot, qui était brillant, plut à Gide qui lui fit un sort. Mais ce n'était qu'un mot. Le même génie, ou le même talent, suffit à la vie et à l'œuvre. On peut être sûr que le talent qui n'a su produire qu'une œuvre artificielle ne pouvait soutenir qu'une vie frivole et sans portée. Dîner tous les soirs au Savoy n'exige pas forcément du génie, ni même de l'aristocratie, mais seulement de la fortune. Gide décrit Wilde comme un Bacchus asiatique, un Apollon, un empereur romain. « Il rayonnait », dit-il.

Sans doute. Mais que dit Wilde dans sa prison ? « Le vice suprême est d'être superficiel. »

Il est douteux que Wilde ait jamais pensé, avant sa condamnation, qu'il existât des prisons. S'il y a pensé, c'est avec la conviction tacite qu'elles n'étaient pas faites pour les hommes de sa qualité. Il estimait même que l'appareil judiciaire n'avait pas d'autre fonction que de le servir, lui, privilégié, puisqu'il fut le premier à citer devant les tribunaux le père de Lord Douglas. Par un étrange retour, ces tribunaux le condamnèrent lui-même. Ayant voulu mettre la loi à son service, il lui fut asservi. C'est alors qu'il sut qu'il y avait des prisons. Auparavant, il n'y pensait pas : le Savoy était chauffé.

Bien qu'il admirât Shakespeare, qui a mis en cellule tant de grandeurs et d'altesses, on peut dire aussi qu'il l'admirait sans l'avoir compris puisque dans toutes ses pensées et ses actions, il se désolidarisait du peuple des prisons. Si l'art était sa seule religion, il en était le pharisien. Non que Wilde manquât de cœur, il devait le prouver. Mais il manquait d'imagination, et les autres ne lui étaient jamais apparus que comme des spectateurs, non des acteurs ou des patients. Trop occupé à étonner et à séduire, en vrai dandy, il se condamnait à n'être jamais séduit ni étonné, par aucune sorte de vérité, même celle du bonheur qu'il faisait profession de chasser. Le seul bonheur qu'il connût s'habillait chez le tailleur à la mode. « Mon erreur, dit-il dans *De Profundis,* fut de me confiner exclusivement aux arbres de ce qui me semblait le côté ensoleillé du jardin et de fuir l'autre côté à cause de ses ombres et de son obscurité. »

Mais, tout d'un coup, le soleil s'éteint. Les tribunaux, qu'il s'est laissé aller à solliciter, le condamnent. Le monde pour lequel il vivait lui découvre soudainement, abject à force de médiocrité, son vrai visage, et se rue à la curée. Du jour au lendemain, le voilà, au nom du scandale, scandaleusement persécuté. Sans trop savoir encore ce qui s'est passé, il se réveille dans une cellule, vêtu d'un treillis et traité en esclave. Qui viendrait le secourir ? Si la vie brillante est la seule réalité, alors c'est la réalité, sous les habits du monde, qui l'a jeté en cellule. Si l'on ne peut vivre que du côté ensoleillé de la forêt, alors Wilde doit mourir dans l'ombre puante où il désespère. Mais l'homme n'est pas fait pour mourir et c'est pourquoi il est plus grand que la nuit. Wilde choisit de vivre, quoique dans la souffrance, parce que dans la souffrance même il découvre des raisons de durer. « Savez-vous, dit-il à Gide beaucoup plus tard, que c'est la pitié qui m'a empêché de me tuer ? » La seule pitié qui puisse toucher celui qui souffre ne peut lui venir du privilégié : elle lui vient de qui souffre en même temps que lui. Dans la cour du bagne, un prisonnier inconnu, qui jusque-là n'avait jamais parlé à Wilde et qui marche dans son dos, lui murmure soudain : « Oscar Wilde, je vous plains, parce que vous devez souffrir plus que nous. » Et Wilde, bouleversé, lui dit alors que non, et que tous en ce lieu souffrent également. Me trompé-je en pensant qu'à cet instant précis Wilde a connu un bonheur dont il n'avait jamais eu l'idée auparavant ? Une solitude pour lui venait de cesser. Le grand seigneur livré à la chiourme, et encore incertain s'il veille ou rêve affreusement, entre brusquement dans une lumière qui remet toutes choses à sa place. Il n'a plus d'autre honte, mais cuisante il est vrai, que d'avoir été complice de ce monde qui juge et condamne en un moment, avant d'aller dîner aux chandelles. Il sait que ses frères ne sont pas ceux qui vivent au Ritz, mais celui-là qui, dans la promenade des condamnés, marche devant lui en marmottant des mots sans suite, et cet autre aussi qui va lui dicter *la Ballade de la geôle de Reading,* et dont les pas entravés se mêlent à d'autres pas, à l'aube, dans les couloirs de la prison. « Il n'y a pas, écrit-il alors au plus frivole de ses amis, un seul malheureux être enfermé avec moi dans ce misérable endroit qui ne se trouve en rapport symbolique avec le secret de la vie. »

Du même coup, il découvre les secrets de l'art. Le jour où Wilde est mené à la Cour des Banqueroutes, par un raffinement supplémentaire de ses persécuteurs, pour y connaître sa ruine totale, les mains liées, entre deux policiers, le jour où il voit alors un ancien ami, seul au milieu d'une foule ricanante, lever gravement son chapeau et saluer en lui le malheur, ce jour-là où il comprend et écrit que cette toute petite action a « descellé pour lui tous les puits de la pitié », il devient en même temps capable de comprendre Shakespeare et Dante dont il avait tant parlé sans les connaître et il peut écrire alors l'un des plus beaux livres qui soient nés de la souffrance d'un homme. Dès la première phrase du *De Profundis* un langage en effet retentit, que Wilde, s'il l'avait peut-être cherché, n'avait jamais trouvé, et, à l'instant, les frêles et brillants édifices de ses premières œuvres volent en éclats. Pour l'essentiel, *De Profundis* n'est rien d'autre que la confession d'un homme qui avoue ne s'être pas tant trompé sur la vie que sur l'art, dont il avait voulu faire sa vie exclusive. Wilde reconnaît que, pour avoir voulu séparer l'art de la douleur, il l'avait coupé d'une de ses racines et s'était ôté à lui-même la vraie vie. Pour mieux servir la beauté, il avait voulu la mettre au-dessus du monde, et pourtant, sous le droguet du bagnard, il reconnaît avoir ravalé son art au-dessous des hommes, puisque cet art ne pouvait rien apporter à celui qui est privé de tout. Il n'y a rien dans *Salomé* ni dans *Dorian Gray* qu'on puisse trouver dans le cœur d'un galérien. Mais il y a dans *le Roi Lear* ou dans *la Guerre et la Paix* une souffrance et un bonheur qui peuvent être reconnus par ceux qui pleurent ou se révoltent dans nos ignobles maisons de la douleur. Lorsque Wilde lavait le parquet de sa cellule, de ses mains qu'il n'avait jamais meurtries jusque-là qu'au contact de fleurs rares, rien ne pouvait le secourir de ce qu'il avait écrit, ni de ce qui s'est écrit sous le soleil, sinon le grand cri où le génie fait resplendir le malheur de tous. Ni ses phrases ornées ni ses contes subtils ne pouvaient alors lui venir en aide. Mais les quelques mots d'Œdipe, saluant l'ordre du monde à l'extrémité de la défaite, le pouvaient. C'est pourquoi Sophocle était un créateur, que Wilde, jusque-là, n'était pas. Dans sa plus haute incarnation, le génie est celui qui crée pour que soit honoré, aux yeux de tous et à ses propres yeux, le dernier des misérables au cœur du bagne le plus noir. Pourquoi créer si ce n'est pour donner un sens à la souffrance, fût-ce en disant qu'elle est inadmissible ? La beauté surgit à cet instant des décombres de l'injustice et du mal. La fin suprême de l'art est alors de confondre les juges, de supprimer toute accusation et de tout justifier, la vie et les hommes, dans une lumière qui n'est celle de la beauté que parce qu'elle est celle de la vérité. Aucune grande œuvre de génie n'a jamais été vraiment fondée sur la haine ou le mépris. En quelque endroit de son cœur, à quelque moment de son histoire, le vrai créateur finit toujours par réconcilier. Il rejoint alors la commune mesure dans l'étrange banalité où il se définit.

Combien d'artistes qui refusent ainsi avec hauteur d'être un homme de peu ? Mais ce peu aurait suffi à leur donner le vrai talent que, sans lui, ils ne peuvent plus atteindre. Sans lui encore, les voilà esclaves malgré eux, et au-dessous de cette commune mesure qu'ils méprisaient si fort. Combien d'autres, il est vrai, qui croient qu'il suffit, pour atteindre au génie, de rejoindre la commune mesure, et la rejoignent en effet, mais pour y demeurer à jamais ? Ces folies pourtant se complètent. L'art qui refuse la vérité de tous les jours y perd la vie. Mais cette vie qui lui est nécessaire ne saurait lui suffire. Si l'artiste ne peut refuser la réalité, c'est qu'il a pour charge de lui donner une justification plus haute. Comment la justifier si on décide de l'ignorer ? Mais comment la transfigurer, si on consent à s'y asservir ? À la rencontre de ces deux mouvements contraires, comme le philosophe de Rembrandt entre l'ombre et la lumière, se tient, tranquille et étrange, le vrai génie. C'est pourquoi, au sortir de sa prison, Wilde, épuisé, ne trouva nulle autre force que d'écrire cette admirable *Ballade* et de faire retentir à nouveau les cris qui jaillirent un matin de toutes les cellules de Reading pour relayer le cri du prisonnier que des hommes en frac pendaient. La seule chose au monde qui pût encore l'intéresser était ses frères de peine et, parmi eux, celui que l'on suppliciait honteusement au nom de la décence. Dans les dernières phrases du *De Profundis,* Wilde s'était juré d'identifier désormais l'art et la douleur. *La Ballade de la geôle de Reading,* dont Jacques Bour nous donne une belle et sensible traduction, devait tenir cette promesse, achevant ainsi l'itinéraire vertigineux qui l'avait mené de l'art des salons, où chacun dans les autres n'écoute que lui-même, à celui des prisons, où toutes les cellules crient du même cri d'agonie qui vient à l'homme assassiné par ses semblables.

Alors, peut-être, commence une autre folie qui, sous le choc de la découverte, identifie aveuglément toute vie avec la douleur. Mais, à ce moment, Wilde ne mérite plus que tendresse et admiration; son siècle seul, le monde où il vivait, est responsable. C'est en effet la culpabilité des sociétés serviles, comme est la nôtre, qu'il leur faille toujours la douleur et la servitude pour entrevoir une vérité qui pourtant se trouve aussi dans le bonheur, quand le cœur en est digne. Quelle plus grande conquête au contraire que celle d'hommes qui s'élèveraient au dénuement par le bonheur ? Mais, après tout, s'il s'agit de ceux qui, par naissance ou par pente, ne peuvent se faire, selon le mot de Saint-Just, qu'une idée affreuse du bonheur, alors la douleur est pour eux l'une des faces, quoique la moins noble, de la vérité; et la vérité de l'esclave vaut mieux que le mensonge du seigneur. La grande âme de Wilde, élevée au-dessus des vanités par la souffrance, aspirait pourtant à ce fier bonheur qu'il lui restait à trouver au-delà du malheur. « Ensuite, disait-il, il me faudra apprendre à être heureux. » Il ne l'a pas été. L'effort vers la vérité, la simple résistance à tout ce qui dans la prison tire l'homme vers le bas, suffisent à exténuer l'âme. Wilde ne produisit plus rien, après *la Ballade,* et il connut sans doute l'indicible malheur de l'artiste qui sait les chemins du génie, mais qui n'a plus la force de s'y engager. La misère, l'hostilité ou l'indifférence firent le reste. Le monde pour qui il avait vécu a dû sentir qu'il venait d'être à jamais jugé par un prisonnier et jugé pour ce qu'il était. C'est pourquoi il tourna le dos à celui qui avait été le héros de ses fêtes vides. Et, se jugeant alors lui-même une seconde fois, ce monde condamna encore le poète, non pour le vice d'avoir été superficiel, mais pour l'impertinence d'avoir été malheureux. Même Gide avoue qu'il fut gêné de rencontrer Wilde à Paris alors que ce dernier manquait de ressources et n'écrivait plus. Sans doute ne sut-il pas le cacher assez puisque Wilde fut contraint de lui dire cette phrase, qui donne envie de l'avoir encore parmi nous : « Il ne faut pas en vouloir à quelqu'un qui a été frappé. » À ce moment, Wilde, misérable, solitaire, désormais stérile, rêvant parfois de revenir à Londres pour être à nouveau « le roi de la vie », a dû se dire qu'il avait tout perdu, même la vérité qui lui était apparue dans une cour de prison. Il se trompait pourtant. Il nous laissait, royal héritage, *De Profundis* et *la Ballade de la geôle de Reading.* Il est mort tout près de nous, dans une de ces rues de la rive gauche où l'art et le travail fraternisent dans la même gêne. Mais que son pauvre convoi ait été suivi par le petit peuple de la rue des Beaux-Arts, au lieu de ses brillants amis d'antan, témoignait justement de sa noblesse nouvelle et annonçait aux initiés qu'un grand artiste, né depuis peu, venait de mourir.

Falaize, éditeur, 1952. Repris par *Arts*, 19 au 25 décembre 1952.

ROGER MARTIN DU GARD

Lisez, dans *Devenir !*, le portrait du père Mazerelles et de sa femme. Dès son premier livre, Roger Martin du Gard réussit le portrait en épaisseur dont le secret semble avoir été perdu de nos jours. Cette troisième dimension, qui élargit son œuvre, la rend un peu insolite dans la littérature contemporaine. Notre production pourrait en effet, lorsqu'elle est valable, se réclamer de Dostoïevski plutôt que de Tolstoï. Des ombres passionnées ou inspirées y tracent le commentaire gesticulant d'une réflexion sur la destinée. Sans doute, le relief et l'épaisseur se rencontrent aussi dans les figures de Dostoïevski; mais il n'en fait pas, comme Tolstoï, la règle de sa création. Dostoïevski cherche d'abord le mouvement, Tolstoï la forme. Entre les jeunes femmes des *Possédés* et Natacha Rostov, il y a la même différence qu'entre un personnage cinématographique et un héros de théâtre : plus d'animation et moins de chair. Ces faiblesses d'un génie sont du reste compensées (et même justifiées), chez Dostoïevski, par l'introduction d'une dimension supplémentaire, spirituelle celle-là, qui prend racine dans le péché ou la sainteté. Mais, à quelques exceptions près, ces notions sont déclarées inactuelles par nos contemporains qui n'ont donc retenu de Dostoïevski qu'un héritage d'ombres. Combiné à l'influence de Kafka (chez qui le visionnaire l'emporte sur l'artiste), ou à la technique américaine du roman de comportement, assimilé par des artistes qui, nerveusement et intellectuellement, suivent avec toujours plus de peine l'accélération de l'histoire et, pour faire face à tout, n'approfondissent plus rien, cet exemple impérieux a provoqué chez nous une littérature excitante et décevante, dont les défaillances sont à la mesure de l'ambition, et dont nul ne peut dire encore si elle épuise une mode ou annonce un nouvel âge.

Roger Martin du Gard, qui commence d'écrire au

début du siècle, est, au contraire, le seul littérateur de sa génération qu'on puisse placer dans la lignée de Tolstoï. Mais, en même temps, il est peut-être le seul (et, dans un sens, plus que Gide ou Valéry) à annoncer la littérature d'aujourd'hui, à lui léguer les problèmes qui l'écrasent, à autoriser aussi quelques-uns de ses espoirs. Martin du Gard partage avec Tolstoï le goût des êtres, l'art de les peindre dans leur obscurité charnelle et la science du pardon, vertus aujourd'hui démodées. Le monde peint par Tolstoï faisait cependant un tout, un organisme unique animé par la même foi : ses personnages se rejoignent dans la suprême aventure de l'éternité. Un à un, visiblement ou non, tous, en quelque endroit de leur histoire, finissent par s'agenouiller. Et Tolstoï lui-même, fuyant dans l'hiver famille et gloire, voulut rejoindre leur malheur, la misère universelle, et l'innocence dont il ne pouvait désespérer. Cette foi manque à la société que devait peindre Martin du Gard et, d'une certaine manière, à lui-même. C'est pourquoi son œuvre est aussi celle du doute, de la raison déçue et persévérante, de l'ignorance reconnue et du pari sur l'homme sans autre avenir que lui-même. Par là, comme par ses audaces invisibles ou ses contradictions acceptées, cette œuvre est de notre temps. Aujourd'hui encore, elle peut nous expliquer à nous-mêmes, et bientôt, peut-être, aider ceux qui viendront.

Il y a de grandes chances, en effet, pour que l'ambition réelle de nos écrivains soit, après avoir assimilé *les Possédés*, d'écrire un jour *la Guerre et la Paix*. Au bout d'une longue course à travers les guerres et les négations, ils gardent l'espoir, même s'ils ne l'avouent pas, de retrouver les secrets d'un art universel qui, à force d'humilité et de maîtrise, ressusciterait enfin les personnages dans leur chair et leur durée. Il est douteux que cette grande création soit possible, dans l'état actuel de la société, occidentale et orientale. Mais rien n'empêche d'espérer que ces deux sociétés, si elles ne se détruisent pas dans un suicide général, se fécondent mutuellement, et rendent la création à nouveau possible. Réservons aussi la chance du génie et qu'un nouvel artiste arrive, à force de supériorité ou de fraîcheur, à tout enregistrer des pressions qu'il subit, et à digérer l'essentiel de l'aventure contemporaine. Son vrai destin serait alors de fixer dans son œuvre la préfiguration de ce qui sera et d'y faire coïncider, exceptionnellement, le pouvoir de prophétie et la puissance de la création vraie. Ces tâches inimaginables ne pourront se priver en tout cas des secrets de l'art du passé. L'œuvre de Martin du Gard, dans sa solitude et sa solidité, recèle justement quelques-uns de ces secrets et les tient à notre disposition sous des dehors que nous reconnaissons. Chez lui, maître et complice à la fois, nous pouvons, en même temps, trouver ce que nous n'avons pas et retrouver ce que nous sommes.

« Les chefs-d'œuvre, disait Flaubert, sont comme les grands animaux. Ils ont la mine tranquille. » Oui, mais dans leur sang courent toujours d'étranges et jeunes ardeurs. Ce sont ces brûlures, et ces audaces, qui, déjà, rapprochent de nous l'œuvre de Martin du Gard. Et d'autant plus, après tout, qu'elle a la mine tranquille. Une sorte de bonhomie masque ici d'impitoyables lucidités, qui ne se découvrent qu'à la réflexion, mais s'y prolongent alors.

Il est important de noter, d'abord, que Martin du Gard n'a jamais pensé que la provocation pût être une méthode d'art. L'homme et l'œuvre se sont forgés d'un même patient effort, dans la retraite. Martin du Gard est l'exemple, assez rare en somme, d'un de nos grands écrivains dont personne ne connaît le numéro de téléphone. Cet écrivain existe, et d'une forte façon dans notre société littéraire. Mais il s'y est dissous comme le sucre dans l'eau. La gloire et le prix Nobel l'ont favorisé, si j'ose dire, d'une nuit supplémentaire. Simple et mystérieux, il a quelque chose du principe divin dont parlent les Hindous : plus on le nomme et plus il fuit. Aucun calcul, d'ailleurs, dans cette recherche de l'ombre. Ceux qui ont l'honneur de connaître l'homme savent au contraire que sa modestie est réelle, et à ce point qu'elle en paraît anormale. J'ai toujours nié, pour ma part, qu'il pût exister un artiste modeste; depuis que je connais Martin du Gard, ma conviction vacille. Mais ce monstrueux modeste a encore, pour vivre dans la retraite, d'autres raisons que les singularités de son caractère : le souci légitime que nourrit tout artiste digne de ce nom d'épargner le temps de son œuvre. Cette raison se fait impérative dès que l'œuvre est identifiée par son auteur à la construction de sa propre vie. Le temps n'est plus alors le lieu où l'œuvre s'édifie, mais cette œuvre elle-même, que tout divertissement aussitôt menace.

Une telle vocation nie la provocation et ses artifices calculés : elle accepte au contraire, dans tout ce qui concerne la création, une loi véritablement ouvrière. À l'époque où Martin du Gard débutait dans les lettres, on entrait en littérature (l'histoire du groupe N.R.F. le montre bien) un peu comme on entre en religion. On y entre aujourd'hui, on feint d'y entrer au moins, comme en dérision ; il s'agit seulement d'une dérision pathétique qui peut, chez quelques-uns, avoir son efficacité. Pour Martin du Gard, en tout cas, le sérieux de la littérature n'était pas en question. Le premier de ses romans imprimés, *Devenir !,* le montre bien qui est le récit d'une vocation littéraire manquée, faute de caractère. Il y fait dire au personnage où il s'est peint lui-même : « Le génie, tout le monde en a un peu ; ce qu'on n'a plus maintenant parce que ça, il faut l'acquérir, c'est de la conscience. » Le même personnage n'aime ni l'art trop châtié, qu'il qualifie de « châtré », ni « les génies par essence impubères ». J'espère qu'on pardonnera à l'auteur la vérité et l'actualité de ce trait. Au demeurant, le « Gros », comme l'appelle dans le roman Martin du Gard, continue de marcher dans les plats. « À Paris, tous les écrivains semblent avoir du talent ; en réalité, ils n'ont jamais eu le loisir d'en acquérir un : ils n'ont qu'une sorte d'habileté qu'ils s'empruntent l'un à l'autre, trésor commun où s'éparpillent les valeurs individuelles. »

On peut comprendre déjà que si l'art est une religion, ce ne sera pas une religion aimable. Sur ce point, Martin du Gard s'est tout de suite séparé des théoriciens de l'art pour l'art et le symbolisme, qui a fait tant de délicats ravages chez les écrivains de sa génération, n'a jamais eu d'effet sur lui, sinon dans certaines complaisances de style* dont il se débarrassera comme d'une acné juvénile. Il n'a que vingt-sept ans quand il écrit *Devenir !* ; et l'écrivain qui est cité avec admiration dans cette première œuvre est déjà Tolstoï. À partir de là, Martin du Gard

---

* « Le fleuve laiteux du ciel charrie des paillettes d'argent. » (*Devenir !*)

restera fidèle toute sa vie à cette règle d'une vocation ascétique et à un jansénisme de l'art qui le fera fuir les effets et les parades pour tout sacrifier au labeur ininterrompu mis au service d'une œuvre qu'on veut durable. « Le difficile, dit ce précoce clairvoyant, n'est pas d'avoir été quelqu'un, c'est de le rester. » Le génie risque en effet de n'être qu'une chance fugitive. Seuls, le travail et le caractère peuvent en faire une gloire, et une vie. Le labeur, son organisation, son humilité, se placent ainsi au centre d'une création libre qui, dès lors, ne peut se séparer d'un monde dont la loi est aussi le travail, mais humilié. Il n'est pas exagéré de dire que l'esthétique même de Martin du Gard devait élargir jusqu'à la dimension historique une œuvre où pourtant les problèmes de l'individu trouvent la première place. Celui qui fait du travail libre sa raison et sa joie peut finalement supporter toutes les humiliations, sauf celle qu'on inflige justement au travail, de même qu'il peut recevoir tous les privilèges sauf ceux qui le séparent, par la liberté, du travail enchaîné. De pareilles œuvres réintègrent, parfois sans le savoir, le labeur artistique dans la cité et ne peuvent plus alors se séparer d'elle, défaite ou victorieuse.

Mais déjà, avant toute autre découverte, le résultat sera cette œuvre solide comme pierre, dont le corps principal est *les Thibault,* et dont les arcs-boutants s'appellent *Devenir!, Jean Barois, Vieille France, Confidence africaine* et les œuvres dramatiques. On peut discuter cette œuvre, on peut essayer d'en voir les limites. Mais on ne peut nier qu'elle existe, et superbement, avec une incroyable honnêteté. Les commentaires peuvent y ajouter ou en retrancher, il n'empêche que nous avons là une de ces œuvres, exceptionnelles en France, autour desquelles on peut tourner, comme on circule autour d'un bâtiment. La même génération qui nous donnait tant d'esthéticiens, d'écrivains subtils ou raffinés, nous apportait une œuvre lourde d'êtres et de passions, et bâtie selon les plans d'une technique éprouvée. Cette nef d'hommes, édifiée par la seule rigueur d'un art exercé pendant toute une vie, témoigne qu'au temps des poètes, des essayistes et des romanciers de l'âme, un maître d'œuvre, Pierre de Craon athée, mais non sans foi, nous était né.

Il est en art une loi, cependant, qui veut que tout créateur soit accablé sous le poids de ses vertus les plus apparentes. La proverbiale honnêteté de son art a parfois dissimulé le vrai Martin du Gard à un temps qui, pour des raisons diverses, exaltait surtout le génie et l'improvisation, comme si le génie pouvait se passer d'un emploi du temps et l'improvisation du loisir laborieux. Ayant rendu hommage aux vertus, le critique croyait avoir assez fait, oubliant qu'en art la vertu n'est qu'un moyen, mis au service du risque. Les audaces ne manquent pas, justement, dans l'œuvre qui nous intéresse. Presque toutes, elles résultent de la poursuite têtue d'une vérité psychologique. Elles mettent donc en valeur l'ambiguïté des êtres, sans laquelle cette vérité n'a pas de sens. On est déjà étonné en lisant *Devenir !** de la modernité cruelle de la fin où André, qui vient d'enterrer sa femme avec douleur, aperçoit à la fenêtre la jeune servante qu'il a désirée, et dont on devine qu'elle l'aidera à digérer son chagrin.

La sexualité, et la part d'ombre qu'elle jette sur toute vie, a été abordée franchement par Martin du Gard. Franchement, mais non crûment. Il n'a jamais cédé à cette tentation de la chiennerie qui rend tant de romans contemporains aussi ennuyeux que des manuels de bienséance. Il n'a pas décrit complaisamment de monotones débordements. Il a choisi plutôt de montrer l'importance de la vie sexuelle par son inopportunité. En véritable artiste, il ne l'a pas peinte dans ce qu'elle était, mais indirectement, dans ce qu'elle forçait à être. C'est, par exemple, la sensualité qui, toute sa vie, rendra faible Mme de Fontanin devant son infidèle mari. Nous le savons et pourtant cela n'est jamais dit, sinon lorsque Mme de Fontanin veille son mari mourant. On remarquera d'ailleurs dans *les Thibault* un curieux entrelacement des thèmes du désir et de la mort. (C'est encore la nuit qui précède l'enterrement de maman Fruhling que Jacques est initié par Lisbeth.) Sans doute faut-il voir là, en même temps qu'une des obsessions privilégiées de l'artiste, un moyen d'accuser l'insolite existence de la vie sexuelle.

Mais le désir ne se mêle pas seulement aux choses de la mort, il contamine aussi la morale et la rend ambiguë. L'homme de bien, le chrétien de parade qu'est le père

---

* Où pourtant certains détails portent bien leur date : le héros appelle le garçon de restaurant « mon ami », danse le boston et termine ses lettres par *tibi* là où nos jeunes gens mettraient *salut*.

Thibault, écrit dans son agenda : « Ne pas confondre avec l'amour du prochain l'émoi qui nous saisit à l'approche, au toucher de certains êtres jeunes, fût-ce des enfants. » Puis il rature les derniers mots seulement, ce qui le met en règle à la fois avec la pudeur et la sincérité. De même, Jérôme de Fontanin goûte les joies du libertin repenti en tirant Rinette de la prostitution où il l'avait jetée. « Je suis bon, je suis meilleur qu'on ne croit », se répète-t-il avec attendrissement. Mais il ne pourra s'empêcher de la prendre une dernière fois, ajoutant aux jouissances de la chair celle de la vertu. Une seule phrase suffira d'ailleurs à Martin du Gard pour faire sentir ce qui entre à la fois de mécanique et d'inspiré dans une telle attitude : « Ses doigts, automatiquement, dégrafaient la jupe, tandis que ses lèvres s'appuyaient sur le front de la petite, en un baiser paternel. »

Toute l'œuvre a ce goût de vérité. L'admirable *Vieille France* ne nous offre pas seulement la figure la plus sinistre qu'ait dessinée Martin du Gard, celle du facteur Joigneau, sorte d'Astaroth à vélo. Le livre abonde en révélations impitoyables sur le cœur provincial, et sa dernière page, à cet égard, lui donne une conclusion étonnante. De même, dans *Confidence africaine,* un frère incestueux rendra naturelle, par la seule simplicité du ton, sa regrettable aventure. Dans *Un taciturne,* Martin du Gard osera mettre sur la scène, en 1931, et sans une vulgarité de ton, le drame d'un honorable industriel qui se découvre un penchant homosexuel. Dans *les Thibault* enfin, les trouvailles se multiplient. On pourrait citer la scène où Gise donne, en cachette, son sein vierge à l'enfant que l'homme qu'elle aimait a eu d'une autre femme; ou, le repas qui prend, entre Antoine et Jacques, après la mort du père, et comme malgré eux, un petit air de fête. Mais je mets au-dessus de tout deux de ces trouvailles, où se trahit le grand romancier.

La première est le silence obstiné de Jacques, lorsque Antoine, pour la première fois, lui rend visite au pénitencier de Crouy. On ne pouvait mieux traduire l'humiliation que par ce mutisme. Les paroles fuyantes, les réticences dont s'habille ce silence, et qui le soulignent plus encore, sont si exactement dosées et calculées que le mystère et la pitié font soudainement irruption dans un récit jusque-là linéaire, et lui donnent des perspectives autrement vastes que celles du milieu bourgeois et parisien où l'histoire débute. La peinture objective de l'humiliation n'a jamais été réussie que par Dostoïevski, dont les moyens sont frénétiques ou grinçants (je ne cite pas Lawrence qui raconte une humiliation personnelle) et par Malraux, sur le mode épique (surtout dans *la Voie royale,* que je m'obstine à aimer, contre l'avis de son auteur). On n'avait jamais tenté cependant de la peindre avec des couleurs égales et tranquilles, et peut-être Martin du Gard a-t-il réussi ce qu'il y a de plus difficile en art. S'il y a des miracles artistiques, ils doivent en effet ressembler à ceux de la grâce, dont j'ai toujours imaginé qu'il devait lui être plus facile de racheter un homme perdu de vices et de crimes, qu'un commerçant borné, cupide et impitoyable. Ainsi, en art, plus prosaïque est la réalité qu'on prend pour objet, plus difficile est sa transfiguration. Il y a même là une limite qu'on ne peut dépasser, qui rend donc insoutenable toute prétention au réalisme absolu, mais sur laquelle, à mi-chemin du réel et de sa stylisation, il arrive de loin en loin que l'art parvienne à une réussite achevée. Le portrait de Jacques humilié reste, selon moi, une de ces réussites.

Pour donner un dernier exemple des « moyens » de Martin du Gard, citons enfin la mort simulée du père Thibault. C'est en effet une grande idée de romancier que de répercuter dans la mort de ce personnage la comédie qui, dans un sens, avait été celle de toute sa vie. Celui qui n'avait pu s'empêcher d'être un chrétien de parade ne peut se priver non plus, dans l'oisiveté et la dépression d'une maladie qu'il ne sait pas mortelle, de jouer la comédie des derniers instants. Il organisera donc, de son lit, une répétition générale, à demi sincère, avec rassemblement du domestique, repentirs exemplaires, édifications méritoires, et saintes élévations. Le père Thibault attend sa récompense sous la forme de protestations qui, de surcroît, viendront dissiper la vague inquiétude qu'il nourrit parfois, comme tout malade. Mais la sincère désolation des siens, leur acceptation tacite de ses discours sur sa fin proche, lui révèlent d'un seul coup son véritable état. Sa comédie, au lieu de produire les bons effets qu'il en espérait, lui reflète cruellement une réalité impitoyable. Il se croyait acteur, le voilà victime. Dès cet instant, il commence de mourir et la peur stérilise sa foi. Son grand cri : « Ah, comment Dieu me fait-il ça ! » vient couronner alors cette découverte dramatique sur le vide et la duplicité de ses croyances, en même temps que sur leur nécessité. Il mourra réconcilié, cependant, mais au milieu de « Oh ! là, là ! » et de rengaines puériles qui trahissent l'homme brisé dans son intégrité, dépouillé de ses parades et de ses ostentations, pour être livré nu à la mort et à la foi naïve.

Un tel tableau est signé d'un maître. Le romancier qui a su tracer les mouvements successifs d'une âme qui fait de l'être lui-même un moyen de paraître n'a rien à apprendre de personne. Il n'a que des leçons, et des leçons durables, à nous donner.

Mais plus encore que son art, les thèmes de Martin du Gard rejoignent notre actualité. Le chemin qu'il a suivi, avec une heureuse lenteur, nous l'avons tous refait au pas de charge, sous la poussée des circonstances. Il s'agit, en gros, de l'évolution qui mène l'individu à la reconnaissance de l'histoire de tous, et à l'acceptation de ses luttes. Sans doute, Martin du Gard garde ici encore un air singulier. Il se place entre ses prédécesseurs et ses pairs — qui ne parlaient que de l'individu et n'ont jamais donné à l'histoire qu'une place circonstancielle — et ses successeurs, qui ne font à l'individu que des allusions embarrassées. Dans *les Thibault* au contraire, et dans *Jean Barois,* les individus sont intacts et la douleur de l'histoire toute fraîche. L'un et l'autre ne se sont pas encore usés réciproquement. Martin du Gard n'a pas connu la situation qui est la nôtre, où nous héritons d'individus défraîchis en même temps que d'une histoire raidie et tétanisée par plusieurs guerres et l'angoisse de la destruction dernière. On peut dire sans paradoxe que notre actualité vivante est derrière nous, dans une œuvre comme celle de Martin du Gard.

Jean Barois, en tout cas, dessine, dès 1913, le mouvement qui nous intéresse. Le sujet de ce curieux roman nous est familier, bien que sa facture soit tout à fait insolite. Techniquement, en effet, il n'a rien d'un roman. Il brise avec toutes les traditions du genre, et rien ne peut lui être comparé dans la littérature qui suivra. Son auteur semble avoir cherché, par système, les moyens les moins romanesques. Le livre se compose de dialogues (accompagnés de brèves indications de mise en scène) et de documents, livrés pour certains à l'état brut. Avec cela, l'intérêt ne faiblit jamais et le livre se lit d'une traite. Cela tient peut-être à ce que le sujet lui-même s'accommodait parfaitement d'une telle technique. En réalité, Martin du Gard avait l'intention d'adopter cette forme pour toute son œuvre à venir. Il se trouve que seul *Jean Barois* en a bénéficié. On pourrait dire, dans ce sens, que ce livre (mieux que les romans de Zola, qu'il voulait scientifiques, mais qui ne pouvaient s'empêcher d'être épiques) est le seul grand roman de l'âge scientiste, dont il exprime si bien les espérances et les déceptions. Ce roman-dossier est une monographie, qui surprend d'autant plus qu'il s'agit du dossier d'une crise religieuse. Mais, justement, mettre en fiches les élans et les doutes d'une âme, était, après tout, l'entreprise qui convenait à une époque soulevée, à quelques exceptions près, par la religion scientifique. Barois, dans le cours du livre, abandonne l'ancienne foi pour la nouvelle. Si, confronté à la mort, il trahit au dernier moment cette nouvelle croyance, il n'en est pas moins l'homme du bref nouvel âge qui devait s'effondrer en 1914. Son histoire nous frappe donc d'autant plus qu'elle nous est contée dans le style des nouveaux évangiles. Ce dossier se lit comme un roman d'aventures, parce que sa forme insolite épouse, en profondeur, l'histoire qu'il raconte. L'évolution d'un homme qui vient à douter de la foi traditionnelle et qui croit trouver une foi plus sûre dans la science*, ne pouvait être mieux rapportée que par la technique que Martin du Gard voulait faire sienne et qui est celle de la description quasi scientifique. La science ne satisfera, pour finir, ni Barois ni son auteur, mais sa méthode, ou du moins son idéal, ont été élevés fugitivement dans ce roman à la dignité d'un art parfaitement efficace. Cet exploit a été sans lendemain dans notre littérature et dans l'œuvre même de Martin du Gard. Mais la foi qui l'inspirait, déjà menacée dans le livre lui-même, n'était-elle pas morte, elle aussi, et prématurément, devant les excès de la sauvagerie mécanique ?

---

* « Ce besoin inné, dit Barois, de comprendre et d'expliquer, qui trouve, aujourd'hui, sa large et complète satisfaction dans le développement scientifique de notre temps. »

Du moins, *Jean Barois* en est le livre testamentaire où nous pouvons trouver les touchants témoignages d'une croyance disparue, et les prophéties qui nous concernent.

Le conflit de la foi et de la science qui a tant agité le début du siècle fait moins de bruit aujourd'hui. Pourtant nous vivons ses conséquences, annoncées dans *Jean Barois*. Pour ne prendre qu'un exemple, l'irréligion y est nettement associée à la montée du mouvement socialiste, et le livre met donc à nu un des ressorts les plus puissants de notre histoire. Fuyant le tête-à-tête avec Dieu, Barois découvre les hommes. Sa libération coïncidera avec la grande action qui se développe autour de Dreyfus. Le groupe du « Semeur » relie Barois à l'humanité, c'est en lui qu'il s'épanouit, et ce qu'on peut appeler la jouissance historique (lutte et victoire) l'achève en tant qu'homme. Au contraire, le désenchantement historique le ramène peu à peu à la solitude, à l'angoisse et, devant la mort, au reniement de sa nouvelle foi. La communauté des hommes, qui aide parfois à vivre, peut-elle aider à mourir ? C'est la question qui est fond de l'œuvre de Martin du Gard et qui lui donne son tragique. Car, si la réponse est négative, la situation de l'incroyant moderne est provisoirement la folie, même tranquille. C'est pourquoi, sans doute, tant d'hommes affirment aujourd'hui avec une sorte de rage que la communauté humaine empêche de mourir. Martin du Gard ne l'a écrit nulle part ; c'est qu'en vérité il ne le croit pas. Il a cependant peint dans son roman, à côté de Barois, la figure d'un rationaliste qui, lui, ne se renie pas et meurt raisonnablement. Le stoïcien Luce représente probablement l'idéal de Martin du Gard, à cette époque. Idéal particulièrement sévère et sombre, si l'on en croit Luce lui-même. « Je ne connais pas deux morales. On doit arriver au bonheur, sans être dupe d'aucun mirage, par la seule vérité. » On ne saurait mieux définir le renoncement éclairé au bonheur. Mais retenons seulement que la première figure de ces hommes détournés de tout espoir et décidés à se mesurer avec la mort entière, qui devaient peupler ensuite notre littérature, a été tracée en 1913 par Roger Martin du Gard.

Ce grand thème de l'individu coincé entre l'histoire et Dieu sera orchestré de façon symphonique dans *les Thibault,* dont tous les personnages s'acheminent vers la catastrophe de l'été 1914. Simplement, la question

religieuse n'occupe plus le devant de la scène. Elle court
à travers les premiers volumes, disparaît à mesure que
l'histoire recouvre peu à peu les destinées individuelles
et réapparaîtra, sous une forme négative, dans le dernier
volume qui décrit l'agonie solitaire d'Antoine Thibault.
Ce retour reste cependant significatif. Comme tout
artiste véritable, Martin du Gard ne peut en finir avec ses
obsessions. Il est donc important que sa grande œuvre se
termine sur le thème constant de ses livres, l'agonie
où l'homme est soumis, si j'ose dire, à la question du dernier degré. Mais dans *l'Épilogue* qui termine *les Thibault,*
des deux personnages principaux de Martin du Gard,
le prêtre et le médecin, le premier a disparu, ou presque.
Les Thibault se terminent sur la mort d'un médecin, seul
parmi d'autres médecins. Il semble que la question pour
Martin du Gard, comme pour Antoine, ne se pose plus
qu'au seul niveau de l'humanité. Et c'est bien l'expérience
de l'histoire, et son engagement forcé, qui explique cette
évolution d'Antoine. La passion (aux deux sens du mot)
historique est aujourd'hui athée, ou du moins elle semble
l'être. Plus simplement, le malheur historique du XXe siècle
a marqué l'effondrement du christianisme bourgeois.
On peut voir une illustration symbolique de cette idée
dans le fait que le père Thibault qui, aux yeux d'Antoine,
figure la religion* meurt juste après la profession de foi
athéiste d'Antoine. Aussi bien, la guerre générale
éclate en même temps, et la société qui croyait pouvoir
être en même temps marchande et chrétienne s'écroule
dans le sang. S'il est donc légitime de voir dans *les Thibault*
le premier des romans engagés, il faut noter simplement
qu'il l'est à plus juste titre que ceux d'aujourd'hui. Car les
personnages de Martin du Gard, à la différence des
nôtres, ont quelque chose à engager et à perdre dans les
luttes historiques. La pression de l'actualité s'exerce,
dans leur être même, contre des structures traditionnelles
qu'elles soient de religion ou de culture. Lorsque ces
structures sont détruites, l'homme n'est plus, d'une
certaine manière. Il est seulement prêt à être, un jour.
Ainsi Antoine Thibault s'ouvre d'abord à l'existence
des autres, mais ce premier progrès le force seulement à
se présenter au-devant de la mort et à chercher, hors de

---

* « Je n'ai jamais vu Dieu, hélas! qu'à travers mon père. »

toute consolation ou illusion, le dernier mot de sa raison de vivre. Avec *les Thibault* naît l'homme du demi-siècle, à qui nous avons affaire, et qu'on a beau jeu d'engager ou de libérer. Il est prêt à tout, tant que nous n'aurons pas décidé de ce qu'il est.

C'est dans le personnage d'Antoine que ce thème s'incarne de façon frappante. Des deux frères, Jacques a été le plus souvent loué et admiré. Il a paru exemplaire. Mais je vois, au contraire, dans Antoine le véritable héros des *Thibault*. Et, puisqu'il ne peut s'agir ici d'entamer le commentaire d'une œuvre aussi vaste, il me semble que l'essentiel peut au moins être souligné dans un parallèle entre les deux frères.

Donnons auparavant les raisons de l'élection d'Antoine comme personnage central. *Les Thibault* s'ouvrent et se ferment sur Antoine, dont les dimensions ne cessent de s'élargir. Aussi bien, Antoine semble plus près que Jacques de son auteur. Sans doute, un romancier se traduit et se trahit dans tous ses personnages en même temps : chacun représente une de ses tendances ou de ses tentations. Martin du Gard est ou a été Jacques autant qu'Antoine ; le langage qu'il leur prête est parfois le sien, d'autres fois non. Mais l'auteur sera tout de même plus près, et pour les mêmes raisons, du personnage qui réunit en lui le plus de contradictions. De ce point de vue, Antoine, par sa complexité, sa souplesse romanesque, est plus riche que Jacques. Enfin, et c'est ma principale raison, le thème profond des *Thibault* est plus convaincant chez Antoine que chez Jacques. Tous les deux, certainement, quittent leur univers individuel pour rejoindre le monde des hommes. Jacques le fait même avant Antoine. Mais l'évolution du premier est moins significative parce qu'elle est plus logique et qu'elle était prévisible. Quoi de plus facile que de passer de la révolte personnelle à l'idée de révolution ? Quoi de plus profond, au contraire, et de plus persuasif, que ce grand mouvement qui s'opère à l'intérieur d'un homme heureux, équilibré, plein de force et d'une sincère estime de soi-même (marque de la noblesse, selon Ortega y Gasset) pour l'amener à la reconnaissance d'une misère commune, où il trouvera à la fois sa limitation et un épanouissement.

Sans doute, l'intérêt porté à Jacques par les premiers lecteurs des *Thibault* s'explique. L'adolescent était alors à la mode. La génération de Martin du Gard a acclimaté chez nous ce culte, d'abord joyeux, puis peureux, de la jeunesse, qui a contaminé notre littérature. (Chaque écrivain, de nos jours, semble s'interroger avec angoisse sur ce que la jeunesse pense de lui quand la seule chose intéressante serait de savoir ce qu'il pense réellement de la jeunesse.) Je ne suis pas sûr, cependant, que le lecteur de 1955 soit tenté longtemps de préférer Jacques à Antoine. Reconnaissons au moins que Martin du Gard a réussi avec Jacques, l'un des plus beaux portraits d'adolescents de notre littérature. Cet écorché, courageux et volontaire, obstiné à tout dire de ce qu'il pense (comme si tout ce qu'on pense valait d'être dit), passionné dans l'amitié mais gauche dans l'amour, roide et guindé comme certaines virginités, incommode à lui-même et aux autres, voué enfin à la vie difficile par son intransigeance et sa pureté, a été superbement peint par son créateur.

Mais il s'agissait aussi d'une destinée d'exception qui, dans le roman, traverse la vie comme un aveugle météore. D'une certaine manière, Jacques n'est pas fait pour vivre. Ses deux grandes expériences, l'amour et la révolution, en font foi. On remarquera d'abord que Jacques vit la révolution avant de vivre l'amour. Lorsqu'il s'unit à Jenny, il essaie de vivre les deux en même temps, ce qui est une idée désespérée. Que la révolution se trahisse et le trahisse, le voilà qui, du coup, abandonne Jenny pour aller vers une mort solitaire et qu'il veut exemplaire. Cette disparition est d'ailleurs la seule garantie de durée pour leur amour. La farouche Jenny qui a commencé par haïr Jacques, sans d'ailleurs aimer grand monde ; qui ne peut supporter qu'on la touche, ce qui donne fort à penser ; qui pourtant, loin de Jacques, se découvre pour lui une sorte de passion sèche où la tendresse a peu de part, ne peut trouver un épanouissement durable, si ce mot a du sens pour elle, que dans l'état de veuve. Il semble bien que cette Jenny soit du bois dont on fait les suffragettes ; la fidélité aux idées de l'époux mort, et les soins appliqués donnés à l'enfant de ce curieux amour, suffiront à la tenir debout. En vérité quelle autre issue imaginer à l'aventure de ces deux « coincés » ? Leurs amours dans le Paris d'août 1914, Jenny sous ses voiles de deuil suivant Jacques dans tous les lieux publics où va se préciser la trahison socialiste et la montée du désastre, puis tous deux courant enfin, dans l'après-midi surchauffé, sous les cloches de la mobilisation, sont plus douloureuses qu'exaltantes. Ce n'est pas sans étonnement qu'on apprend que ces amoureux se sont rejoints dans un lit ; on préfère, en vérité, ne pas penser à cette formalité. Artistiquement, les deux personnages sont plus que convaincants, ils sont vrais. Humainement, seul Jacques émeut parce qu'il est une figure de tourment et d'échec. Parti de sa révolte solitaire, il découvre l'histoire et ses luttes, prend sa place dans le mouvement socialiste à la veille d'une de ses plus grandes défaites, vit cette défaite dans l'angoisse, découvre Jenny l'espace d'un éclair, la quitte comme il la prend, un peu en rêve, et, désespérant de tout, retourne encore à la solitude, mais cette fois à celle du sacrifice. « Se donner, se délivrer par le don total. » Un acte définitif l'enlèvera à cette vie qu'il n'a jamais vraiment connue, mais que du moins il croira servir de cette manière. « Avoir raison contre tous et s'évader dans la mort ! » La formule est significative. Jacques, en réalité, ne participe pas, même après avoir découvert la participation. Ce solitaire ne peut rejoindre les autres que dans une forme solitaire du sacrifice. Son plus profond désir (le nôtre, après tout) est d'avoir raison avec tous. Mais si cela est chimérique, et cela l'est, il préférera, par cohérence, avoir raison contre tous. Mourir volontairement est, dans ce cas, la seule manière d'avoir raison définitivement. En réalité, Jacques non seulement n'a jamais pu rejoindre les autres, sinon dans une grande idée, mais il s'est toujours senti cerné par eux. « Je m'imagine toujours que je suis la proie des autres ; que si je leur échappais, si je parvenais à recommencer ailleurs, loin d'eux, une vie entièrement neuve, j'atteindrai enfin cette sérénité. » Jacques exprime là ce que nous tous pensons, à un moment ou à un autre. Mais il n'y a pas d'ailleurs ni de vie neuve, ou du moins d'ailleurs ni de vie sans hommes. Et pour qui veut sans cesse avoir raison, il se sentira toujours contre tous ; on ne peut en même temps vivre parmi les hommes et avoir raison. Jacques ignore que le seul vrai progrès est au contraire d'apprendre à avoir tort tout seul. Mais ceci suppose une longue patience, la patience de faire et de bâtir, la seule qui ait jamais produit de grandes œuvres, dans l'histoire ou dans l'art. Pour un certain type d'êtres, au contraire, l'action est trop longue pour leur patience ; l'acte seul les satisfait. Au sommet de cette famille d'hommes, se tient le terroriste, dont Jacques est, dans notre littérature, l'un des premiers représentants. Il meurt seul ; son exemple même est inutile, et le dernier homme qui le verra, un gendarme, l'insulte, en l'achevant, parce qu'il le déteste d'avoir à le tuer. Les hommes qui, comme Jacques, veulent changer la vie pour se changer eux-mêmes, laissent la vie intacte et finalement restent ce qu'ils sont, je veux dire les témoins émouvants et stériles de tout ce qui, dans l'homme, refuse et refusera à jamais de vivre.

Autrement difficile et enseignant, le portrait d'Antoine. Celui-ci aime la vie, au contraire, avec passion, charnellement ; il en a une science physique, toute pratique. Comme médecin, il règne dans le royaume des corps. Mais sa nature explique sa vocation. La connaissance chez lui passe toujours à travers les sens. Ses amitiés, ses amours, sont physiques. L'épaule de l'ami ou du frère, le rayonnement de la femme, sont les chemins que prend l'émotion pour éclairer son cœur ou réchauffer son intelligence. Il lui arrive même de préférer ce qu'il sent à ce qu'il croit. Devant Mme de Fontanin* il défendra, uniquement par sympathie physique, le protestantisme, avec lequel il n'aura jamais rien à faire.

Ce goût des corps mène parfois à la veulerie ou au cynisme du jouisseur. Mais il est équilibré chez Antoine par deux choses, qui d'ailleurs vont ensemble, le travail et le caractère. Sa vie a un ordre, un emploi et, surtout, une direction unique : son métier. Du coup, sa sensualité est un bien. Elle l'aide dans son métier et lui donne ce sens de l'orientation dont un médecin ne peut se passer et qui le guide à l'intérieur des corps. Elle détend aussi ce qu'il y a de trop volontaire en lui. De là son indéracinable équilibre, son indulgence avertie, et aussi son excessive assurance. Car Antoine est loin d'être parfait : il a les défauts de ses vertus. Une certaine forme de bonheur solitaire ne va pas, chez l'homme qui jouit de lui-même, sans égoïsme et sans aveuglement. Jacques et

---

* On peut presque parler des amours de Mme de Fontanin et d'Antoine qui n'échangent pourtant ni une parole ni un geste de complicité.

Antoine aident à comprendre qu'il existe deux sortes d'hommes, dont l'une mourra toujours adolescente tandis que l'autre naît déjà adulte. Mais les adultes risquent d'imaginer que leur équilibre est la loi du monde, et dès lors que le malheur est une faute. Antoine semble croire que la société où il vit est la meilleure possible et que chacun, en somme, peut choisir d'habiter un hôtel particulier rue de l'Université pour y exercer l'honorable métier de médecin, et saluer la vie dans ce qu'elle a de bon. Là est sa limite, dans les premiers volumes du moins, et qui l'amène à bien des attitudes antipathiques. Né bourgeois, il vit dans l'idée que ce qui l'entoure est éternel, puisque ce qui l'entoure lui convient. Cette conviction retentit même sur sa vraie nature, qu'il drape alors dans le pourpoint du fils Thibault. Il se conduira en possédant, jusque dans les aventures de la chair : il paye en argent ses jouissances, et arbore ailleurs une dignité de commande.

Antoine n'aura donc pas à accepter la vie. Il aura seulement à découvrir qu'il n'est pas seul à vivre. Simplement, selon la logique de sa nature, il suivra un chemin inverse de celui de Jacques. La profonde vérité du roman se révèle ici. Martin du Gard sait que, ce qu'ils apprennent, les hommes ne le découvrent pas dans les circonstances, mais seulement dans leur propre nature, au contact de la circonstance. Ils deviennent ce qu'ils sont. Et tout naturellement, c'est une femme qui brisera la coquille où Antoine s'engonce. La vérité ne peut atteindre l'homme charnel que par la chair. C'est pourquoi ses chemins sont imprévisibles. Ici, le chemin s'appelle Rachel et l'épisode de sa liaison avec Antoine reste l'un des plus beaux des *Thibault*. Les amours d'Antoine et de Rachel, au contraire de tant d'amours littéraires, ne planent jamais dans le ciel ravissant des effusions. Mais, du moins, elles gonflent le lecteur d'une joie sourde, et de gratitude pour un monde où de telles vérités sont possibles. L'éclat charnel de Rachel illumine tous *les Thibault*, et, jusqu'à la veille de sa mort, Antoine ne cessera de s'y réchauffer. Il a trouvé dans Rachel, non la proie salariée ou humiliée dont il avait l'habitude, mais sa généreuse égale. Elle admire Antoine sans doute, mais ne lui est pas soumise. Elle a vécu, couru le monde, elle garde devant lui du mystère et ne peut se défaire de ce qu'elle est. Sans cesser d'aimer Antoine, elle dit « je suis ainsi », et il doit admettre qu'on peut exister, en dehors de lui, et que cette manière d'être est pourtant bonne et savoureuse. Leur rencontre déjà les met à égalité. Dans l'orageuse nuit d'été où Antoine opère une petite fille avec des moyens de fortune, Rachel tient fermement une lampe et Antoine découvre que le médecin en lui est aidé par cette seule présence. Ensuite, épuisés, assis côte à côte, ils dormiront. Antoine se réveille avec la sensation d'une douce chaleur sur son flanc : Rachel s'est assoupie contre lui. Un peu plus tard, ils deviendront amants, mais ils le sont déjà, ils se tiennent par le flanc, et se versent mutuellement une plus grande vie. Dès cet instant, Antoine abdique joyeusement, dans la gratitude. Quand Jacques retrouve son frère, à Lausanne, après de longues années de séparation, il le trouve « changé ». Ce que cent prêches n'auraient pu accomplir, une femme l'a fait. Mais cette femme n'appartient pas au monde qu'Antoine croyait unique et éternel. Elle est de la race qui s'en va toujours, la nomade; ce qu'on respire auprès d'elle s'appelle liberté. Liberté sensuelle, certes, où Antoine découvre, pour la première fois, cette égalité dans la différence qui est le rêve suprême des corps et des esprits. Mais aussi liberté du cœur à l'égard des préjugés que Rachel ne combat même pas; elle les ignore, et les nie tranquillement, par sa seule existence. C'est ainsi qu'Antoine se simplifie auprès d'elle, et découvre ce qui seul est valable dans sa propre nature : sa générosité personnelle, sa vitalité, et le pouvoir d'admirer*. Il ne devient pas meilleur, il s'accomplit un peu plus, hors de lui, et pourtant plus près de lui-même, dans la reconnaissance joyeuse d'un être qui le reconnaît à son tour et le salue. Une certaine vérité, souveraine, se définit peut-être ici : celle de l'homme qui se sent autorisé à être ce qu'il est, dans le même temps où il libère un autre être en l'aimant dans toute sa nature.

Longtemps après leur séparation, cette vérité soulèvera

---

* Martin du Gard a pris aussi l'admiration pour sujet (dans les très belles scènes entre Antoine et son maître Philip). On ne s'en étonnera pas. Là où l'admiration manque, l'œuvre et le cœur sont infirmes.

encore Antoine. « Il riait de ce rire de gorge, jeune et houleux, qu'il avait si longtemps refoulé et que Rachel avait pour toujours libéré. » Ils se séparent en effet, sans se voir, dans une nuit pleine de pluie et d'embruns; leur histoire apparemment est courte. Rachel suit sa pente d'ombre, retourne en Afrique, pour retrouver cet homme mystérieux qui la domine (la motivation est ici un peu romanesque). En réalité, elle va vers la mort avec qui cette vivante a une naturelle complicité. Mais elle aura aidé Antoine à grandir, et même elle l'aura aidé à mieux mourir puisque c'est vers elle encore qu'il se retourne à l'approche de la mort. « Ne méprise pas l'oncle Antoine, écrit-il dans son cahier à l'intention du fils de Jacques... Cette pauvre aventure est, malgré tout, ce qu'il y a eu de meilleur dans ma pauvre vie. » Le mot « pauvre » est ici de trop, mais il est écrit par un mourant qui s'attendrit. La vie amoureuse d'Antoine n'a sans doute pas été bien riche, mais, dans cette vie, Rachel a été un don royal, celui qui enrichit sans obliger. Lorsque Jacques, auprès de qui Antoine risque une confidence sur son amour, s'écrie du haut de sa pureté ignorante : « Ah! non, Antoine, non, l'amour, c'est autre chose que ça », il ne sait pas ce qu'il dit. Une instruction lui manque, une connaissance reconnaissante, qui le rendrait plus humble devant l'amour selon la chair et plus libre devant les dons joyeux de la vie et des êtres.

Liberté et humilité, ce sont là les vertus réveillées par Rachel chez Antoine. La vie est mauvaise, essaie parfois de dire Antoine « comme s'il s'adressait à un interlocuteur obstinément optimiste; et cet entêté, bêtement satisfait c'était lui, c'était l'Antoine de tous les jours ». Cet Antoine-là, mieux renseigné encore, survit à la liaison avec Rachel. Il sait que la vie est bonne, s'y meut à l'aise, peut mentir quand il le faut, et attend patiemment que la vie justifie cette confiance, ce qu'elle fait la plupart du temps. Mais, quelque part en lui, une inquiétude réveillée par Rachel a humanisé en même temps cette assurance, Antoine connaît maintenant l'existence des autres, et que dans l'amour, par exemple, on n'est pas seul à jouir. C'est un chemin parmi d'autres, mais un chemin certain, pour apprendre que, dans l'histoire qui s'avance, il ne sera pas seul à souffrir. La France entre en guerre. Jacques refuse la guerre et meurt de ce refus. Antoine accepte de la faire sans l'aimer*, et mourra lui aussi de cette acceptation. Il quitte sa vie de médecin réputé et riche, l'hôtel particulier remis à neuf, dont ses valises de soldat écaillent la nouvelle peinture. La peinture s'écaille en effet, les lambris et les décors s'écroulent. Pratiquement, il le sait, il ne retrouvera jamais le monde qu'il abandonne. Mais il garde l'essentiel, son métier, qu'il pourra exercer jusque dans la guerre, et même, comme il le dit avec sincérité, jusque dans la révolution. Devant l'histoire démente qui s'avance, Antoine est maintenant libre ; il a renoncé à ce qu'il avait, non à ce qu'il était. Il saura juger la guerre : un médecin lit les communiqués dans les blessures et les agonies. Atteint par les gaz, infirme, puis assuré de sa mort, il ne regrette rien du vieux monde. Ses deux seuls soucis dans *l'Épilogue* sont l'avenir des hommes (il souhaite « une paix sans vainqueurs ni humiliés » pour éviter la résurrection de la guerre) et Jean-Paul, le fils de Jacques. Quant à lui-même, il ne possède plus rien que des souvenirs, dont celui de Rachel, qui font sa science de vivre et qui dès lors doivent l'aider à mourir.

Les Thibault s'achèvent sur le journal du médecin malade et la mort du héros. Une société va mourir avec lui, aussi bien ; mais la question est de savoir ce qui, par un individu généreux, peut se transmettre de l'ancien monde au nouveau. Les grands débordements de l'histoire recouvrent les continents et les peuples, puis se retirent, et les survivants font le compte de ce qui manque et de ce qui dure. Antoine, survivant de la guerre de 14, transmet ce qu'il a pu sauver du désastre à Jean-Paul, c'est-à-dire à nous. Et c'est ici que se place sa grandeur, qui est d'être revenu, mais dans la lucidité, au niveau de tous. Depuis le moment où Antoine lit sa condamnation dans les yeux de son maître Philip, jusqu'à la solitude finale, la stature du personnage ne cesse de grandir, en effet, mais dans la mesure exacte où il reconnaît, un à un, ses doutes et ses faiblesses. Le petit médecin content de lui découvre maintenant son ignorance. « Je suis condamné à mourir sans avoir compris grand-chose à moi-même et au monde. » Il sait que

---

* « Ce serait vraiment trop facile de pouvoir n'être citoyen que jusqu'à la guerre, exclusivement. »

l'individualisme pur n'est pas possible, car la vie n'est pas tout entière dans le resplendissement égoïste d'une force jeune. Trois mille nouveau-nés à chaque heure, et autant de morts, une force innombrable emporte l'individu dans le flot ininterrompu de la génération, le noie dans l'océan jamais comblé de la mort collective. Que peut-il faire d'autre, sinon s'accepter encore dans ses limites et tenter de concilier les devoirs qu'il a envers lui-même et envers les autres ? Pour le reste, il lui faut parier une fois de plus. Ulysse, gazé et déchu, cherche à définir sa sagesse, et reconnaît qu'elle doit avoir une face de folie et de risque. Pour ne peser sur personne, il se tuera d'abord, solitaire, d'une manière à la fois si concertée et si humble qu'on hésite à dire s'il ressemble à un Barois réussi ou à un Kirilov bourgeois. Et malgré ce suicide raisonnable, ou à cause de ce qu'il a de raisonnable, son pari sera irrationnel et optimiste : il pariera sur la continuité de l'aventure humaine, son dernier mot étant pour le fils de Jacques. Ce double effacement, par la mort et par la fidélité à ce qui vivra, fait disparaître Antoine dans la véritable histoire, celle de l'espoir des hommes, dont la racine est le malheur. À cet égard, le mot d'Antoine qui me touche le plus est celui qu'il note peu avant sa mort : « N'ai été qu'un homme moyen. » Cela est vrai, en un sens, et Jacques, selon les mêmes normes, est une créature d'exception. Mais c'est l'homme moyen qui donne sa force à tout l'ouvrage, éclaire son mouvement profond, et le couronne de cet admirable *Épilogue*. La vérité d'Ulysse, après tout, recouvre aussi celle d'Antigone, alors que l'inverse n'est pas vrai.

Mais que penser du créateur qui peut édifier dans le silence et nous livrer sans commentaires deux figures aussi différentes et aussi imposantes ?

Puisque je m'en suis tenu à l'actualité de Martin du Gard, il me resterait à montrer que ses doutes eux-mêmes sont encore les nôtres. La naissance d'une conscience historique chez les Thibault s'accompagne d'une mise en question que nous pouvons comprendre. *L'Été 1914*, qui nous montre, en même temps que la montée de la guerre, l'échec du socialisme dans une circonstance décisive pour l'avenir du monde, résume en lui tous les doutes de l'écrivain sur ce point. La lucidité n'a pas manqué à Martin du Gard. On sait que *l'Été 1914,* paru en 1936, fut publié bien après *la Mort du père* (1929). Dans ce long intervalle, Martin du Gard procède, à l'intérieur de son œuvre, à une véritable révolution. Il renonce à son plan primitif et décide de donner aux *Thibault* un autre dénouement que celui qu'il avait prévu. Le premier plan comportait une trentaine de tomes; le second réduit *les Thibault* à onze. Et Martin du Gard n'hésite pas alors à détruire le manuscrit de *l'Appareillage,* volume qui faisait suite à *la Mort du père* et qui lui avait coûté deux ans de travail. Entre 1931, date de ce sacrifice, et 1933, époque où, muni d'un nouveau plan, il commence *l'Été 1914,* deux années de désarroi bien naturel se sont écoulées. Cela se sent déjà à la facture du livre. Après un long arrêt, la machine tourne d'abord difficilement, et ne donne son plein rendement qu'à partir du deuxième tome. Mais il me semble qu'on le sent aussi à de nouvelles perspectives. Commencée au moment où Hitler arrive au pouvoir, et où la deuxième guerre mondiale peut être pressentie, cette grande fresque historique d'un conflit dont on voulait espérer qu'il serait le dernier, est presque forcée de se contester elle-même. Dans *Vieille France,* écrit justement pendant les années où *les Thibault* sont abandonnés, l'institutrice se posait déjà une redoutable question : « Pourquoi le monde est-il ainsi ? Est-ce bien la faute de la société... Ne serait-ce pas la faute de l'homme ? » La même question trouble Jacques au plus fort de sa foi révolutionnaire, comme elle explique la plupart des attitudes d'Antoine devant l'événement historique. On peut donc supposer qu'elle a toujours hanté le romancier lui-même.

Aucune des contradictions de l'action sociale n'est en tout cas éludée dans les conversations idéologiques qui emplissent, peut-être avec excès, *l'Été 1914*. Le conflit principal, qui est celui de la violence mise au service de la justice, y est longuement évoqué, dans les conversations entre Jacques et Mithoerg. La fameuse distinction du yogi et du commissaire a déjà été faite par Martin du Gard : il oppose, en effet, à l'intérieur de la révolution, l'apôtre et le technicien. Mieux encore, l'aspect nihiliste de la révolution est isolé, pour être traité en profondeur, dans le personnage de Meynestrel. Celui-ci pense qu'après avoir mis l'homme à la place de Dieu, l'athéisme doit aller plus loin encore et supprimer l'homme à son tour. À la question de savoir qui le remplacera, la réponse est : « Rien. » L'Anglais Paterson définit d'ailleurs Meynestrel par « le désespoir de ne croire à rien ». Enfin, comme tous ceux qui vont à la révolution par nihilisme, Meynestrel a la politique du pire. Il n'hésitera pas à brûler les papiers secrets, ramenés de Berlin par Jacques, qui prouvent la complicité des états-majors prussien et autrichien. La publication de ces papiers aurait risqué de modifier l'attitude de la social-démocratie allemande et donc de faire reculer la guerre considérée par Meynestrel comme le « meilleur atout » pour un bouleversement social.

Ces exemples suffisent pour affirmer qu'il n'y a rien de naïf dans le socialisme de Martin du Gard. Il n'arrive pas à croire que la perfection puisse un jour s'incarner dans l'histoire. S'il ne le croit pas, c'est que son doute est celui de l'institutrice de *Vieille France*. Ce doute touche à la nature humaine. « Sa pitié pour les hommes était infinie ; il leur vouait tout l'amour de son cœur ; mais il avait beau faire et se battre les flancs, il demeurait sceptique sur les possibilités morales de l'homme. » N'avoir que la créature pour certitude et savoir que la créature est peu de chose, voilà la souffrance qui court tout au long de cette œuvre pourtant si robuste et si pleine, et qui nous la rend si proche. Mais, après tout, ce doute fondamental est celui-là même qui se cache dans tout amour et lui donne sa vibration la plus tendre. Cette ignorance si simplement avouée nous atteint parce qu'elle est l'envers d'une certitude que nous partageons aussi. Le service de la créature ne peut se séparer d'une ambiguïté qu'il faut maintenir pour préserver le mouvement réel de l'histoire. De là, le double conseil qu'Antoine lègue à Jean-Paul. L'un est de liberté prudente, assumée comme un devoir. « Ne te laisse pas affilier. Tâtonner seul dans le noir n'est pas drôle. Mais c'est un moindre mal. » L'autre est de risque confiant : avancer toujours, au milieu de tous, sur le même chemin où, dans la nuit de l'espèce, des foules d'hommes, depuis des siècles, marchent en chancelant vers un avenir inconcevable.

On le voit bien, aucune certitude n'est ici offerte à personne. Et pourtant cette œuvre communique le courage et une étrange foi. Parier, comme le fait Antoine, par-dessus les doutes et les désastres, sur l'aventure humaine, revient, pour finir, à louer la vie, terrible et irremplaçable. L'attachement forcené des Thibault à la vie est celui-là même qui inspire toute l'œuvre. Le père Thibault à l'agonie prend ainsi, à sa manière, une figure exemplaire, par son refus de disparaître, ses résurrections inattendues, ses ruades contre l'ennemi, sa manière de se battre physiquement contre la mort en entraînant infirmières et parents dans une mêlée générale. Comment ne pas penser ici à l'amour de vivre et de jouir des Karamazov, au mot désespéré de Dmitri : « J'aime trop la vie. C'en est même dégoûtant. » Mais vivre n'est pas distingué, et Dmitri le sait bien. Cette grande lutte pour échapper par tous les moyens à l'anéantissement, fait la vérité de l'histoire et de son progrès, de l'esprit et de ses œuvres. Voici justement l'une de ces œuvres, nées du refus de disparaître. Ce refus, l'attachement inconsolable aux êtres et au monde, expliquent la rudesse et la tendresse des livres de Martin du Gard. Trapus, lourds d'un poids de chair humiliée et jouissante, ils sont encore tout englués dans la vie dont ils sont nés. Mais, en même temps, une immense indulgence court à travers leurs cruautés, les transfigure et les allège. « Une vie humaine, écrit Antoine, a toujours plus d'ampleur qu'on ne sait. » Si basse et si méchante soit-elle, une vie recèle toujours, en quelque coin caché, de quoi la comprendre et l'absoudre. Il n'est pas un des personnages de cette grande fresque, pas même le bourgeois chrétien et hypocrite dont on nous trace le portrait le plus noir, qui n'ait sa minute de grâce. Peut-être, après tout, le seul coupable, aux yeux de Martin du Gard, est-il celui qui refuse la vie ou condamne les êtres. Les mots clés, les secrets derniers, ne sont pas en possession de l'homme. Mais ce dernier garde le pouvoir de juger et d'absoudre. Là se trouve le secret profond de l'art, qui le rend à jamais inutilisable par la propagande ou la haine, et qui empêche par exemple Martin du Gard de peindre un jeune maurrassien autrement qu'avec générosité et sympathie. Comme tout créateur authentique, Martin du Gard pardonne à tous ses personnages. Le véritable artiste, bien que sa vie soit d'abord lutte et combat, n'a pas d'ennemi.

Le dernier mot de cette œuvre reste donc celui qu'il est difficile d'écrire à propos d'un écrivain depuis que

Tolstoï est mort : la bonté. Encore faut-il préciser qu'il ne s'agit pas de cette bonté-paravent qui cache les faux artistes aux yeux du monde dans le même temps qu'elle leur cache le monde. Martin du Gard a défini lui-même une certaine sorte de bonté bourgeoise l'absence de l'énergie qu'il faut pour accomplir le mal. Il s'agit au contraire d'une vertu particulièrement lucide, qui absout l'homme de bien en raison de ses faiblesses, l'homme du mal à la faveur de ses élans généreux, et tous les deux ensemble en considération de leur appartenance passionnée à une humanité souffrante et espérante. Ainsi Jacques, revenu chez lui après de longues années d'absence, ayant à soulever son père mourant, se trouve bouleversé au contact de cet énorme corps, jadis symbolique à ses yeux de l'oppression : « Et soudain le contact de cette moiteur le bouleversa au point de provoquer en lui un mouvement inattendu — une émotion physique, un sentiment brut qui dépassait de beaucoup la pitié ou l'affection : l'égoïste tendresse de l'homme pour l'homme. » Un tel passage donne la vraie mesure d'un art qui ne veut se séparer de rien, et qui surmonte les contradictions d'un homme et d'une époque dans une acceptation obscure de l'anonymat. La communauté des douleurs, des luttes et de la mort, existe; elle seule fonde l'espoir d'une communauté de joie et de réconciliation. Qui accepte cette appartenance y retrouve une noblesse, une fidélité, une raison d'accepter ses doutes et, s'il est artiste, les sources profondes de son art. L'homme apprend ici, dans un instant trouble et malheureux, qu'il est faux qu'il doive mourir seul. Tous les hommes meurent en même temps que lui, et dans la même violence. Comment dès lors se séparer d'un seul d'entre eux, comment lui refuser jamais cette plus haute vie, que l'artiste par le pardon et l'homme par la justice, peuvent lui restituer? Ici se trouve le secret de l'actualité dont j'ai parlé. Mais il s'agit de la seule actualité valable, celle qui est de tous les temps et qui fait de Martin du Gard, homme de pardon et de justice, notre perpétuel contemporain.

N. R. F., 1955.

SUR « LES ÎLES »
DE JEAN GRENIER

J'AVAIS vingt ans lorsque à Alger je lus ce livre pour la première fois. L'ébranlement que j'en reçus, l'influence qu'il exerça sur moi, et sur beaucoup de mes amis, je ne peux mieux les comparer qu'au choc provoqué sur toute une génération par *les Nourritures terrestres*. Mais la révélation que nous apportaient *les Îles* était d'un autre ordre. Elle nous convenait tandis que l'exaltation gidienne nous laissait à la fois admiratifs et perplexes. Nous n'avions pas besoin, en effet, d'être délivrés des bandelettes de la morale, ni de chanter les fruits de la terre. Ils pendaient à notre portée, dans la lumière. Il suffisait d'y mordre.

Pour certains d'entre nous, misère et souffrance existaient, bien sûr. Simplement, nous les refusions de toute la force de notre jeune sang. La vérité du monde était dans sa seule beauté, et dans les joies qu'elle dispensait. Nous vivions ainsi dans la sensation, à la surface du monde, parmi les couleurs, les vagues, la bonne odeur des terres. C'est pourquoi *les Nourritures* venaient trop tard, avec leur invitation au bonheur. Le bonheur, nous en faisions profession, avec insolence. Nous avions besoin, au contraire, d'être détournés un peu de notre avidité, arrachés enfin à notre heureuse barbarie. Bien entendu, si des prédicateurs sombres s'étaient promenés sur nos plages en jetant l'anathème sur le monde et les êtres qui nous enchantaient, notre réaction eût été violente, ou sarcastique. Il nous fallait des maîtres plus subtils et qu'un homme, par exemple né sur d'autres rivages, amoureux lui aussi de la lumière et de la splendeur des corps, vînt nous dire, dans un langage inimitable, que ces apparences étaient belles, mais qu'elles devaient périr et qu'il fallait alors les aimer désespérément. Aussitôt, ce grand thème de tous les âges se mit à retentir en nous comme une bouleversante nouveauté. La mer, la lumière, les visages, dont une sorte d'invisible barrière soudain nous séparait, s'éloignèrent de nous, sans cesser de nous fasciner. *Les Iles* venaient, en somme, de nous initier au désenchantement; nous avions découvert la culture.

Ce livre, en effet, sans nier la réalité sensible qui était notre royaume, la doublait d'une autre réalité qui expliquait nos jeunes inquiétudes. Les transports, les instants du *oui,* que nous avions vécus obscurément, et qui ont inspiré quelques-unes des plus belles pages des *Iles,* Grenier nous rappelait en même temps leur goût impérissable et leur fugacité. Du même coup, nous comprenions nos subites mélancolies. Celui qui, entre une terre ingrate et un ciel sombre, besogne durement, peut rêver d'une autre terre où le ciel et le pain seraient légers. Il espère. Mais ceux que la lumière et les collines comblent à toute heure du jour, ils n'espèrent plus. Ils ne peuvent plus que rêver d'un ailleurs imaginaire. Ainsi les hommes du Nord fuient aux rives de la Méditerranée, ou dans les déserts de la lumière. Mais les hommes de la lumière, où fuiraient-ils, sinon dans l'invisible? Le voyage décrit par Grenier est un voyage dans l'imaginaire et l'invisible, une quête d'île en île, comme celle que Melville, avec d'autres moyens, a illustrée dans *Mardi.* L'animal jouit et meurt, l'homme s'émerveille et meurt, où est le port? Voilà la question qui résonne dans tout le livre. Elle n'y reçoit, à vrai dire, qu'une réponse indirecte. Grenier, comme Melville, termine en effet son voyage par une méditation sur l'absolu et le divin. À propos des Hindous, il nous parle d'un port qu'on ne peut nommer, ni localiser, d'une autre île, mais à jamais lointaine, et déserte à sa manière.

Là encore, pour un jeune homme élevé hors des religions traditionnelles, cette approche prudente, allusive, était peut-être la seule manière de l'orienter vers une réflexion plus profonde. Personnellement, je ne manquais pas de dieux : le soleil, la nuit, la mer... Mais ce sont des dieux de jouissance; ils remplissent, puis ils vident. Dans leur seule compagnie, je les aurais oubliés pour la jouissance elle-même. Il fallait qu'on me rappelât le mystère et le sacré, la finitude de l'homme, l'amour impossible, pour que je puisse un jour retourner à mes dieux naturels avec moins d'arrogance. Ainsi, je ne dois pas à Grenier des certitudes qu'il ne pouvait ni ne voulait donner. Mais je lui dois, au contraire, un doute, qui n'en finira pas et qui m'a empêché, par exemple, d'être un humaniste au sens où on l'entend aujourd'hui, je veux dire un homme aveuglé par de courtes certitudes. Ce tremblement qui court dans *les Iles,* dès le premier jour en tout cas, je l'ai admiré et j'ai voulu l'imiter.

« J'ai beaucoup rêvé d'arriver seul dans une ville étrangère, seul et dénué de tout. J'aurais vécu humblement, misérablement même. Avant tout, j'aurais gardé le secret. » Voilà la sorte de musique qui me rendait alors comme ivre, quand je me la répétais, marchant dans les soirs d'Alger. Il me semblait que j'entrais dans une terre nouvelle, que m'était ouvert enfin un de ces jardins clôturés de hauts murs que, sur les hauteurs de ma ville, je longeais souvent, dont je ne saisissais qu'un parfum de chèvrefeuille invisible, et dont ma pauvreté rêvait. Je ne me trompais pas. Un jardin s'ouvrait, d'une richesse incomparable; je venais de découvrir l'art. Quelque chose, quelqu'un s'agitait en moi, obscurément, et voulait parler. Cette nouvelle naissance, il arrive qu'une simple lecture, ou une conversation puisse la provoquer chez un être jeune. Une phrase se détache du livre ouvert, un mot résonne encore dans la pièce, et soudain autour du mot juste, de la note exacte, les contradictions s'ordonnent, le désordre cesse. En même temps et déjà, en réponse à ce langage parfait, un chant timide, plus maladroit, s'élève dans l'obscurité de l'être.

À l'époque où je découvris *les Iles,* je voulais écrire, je crois. Mais je n'ai vraiment décidé de le faire qu'après cette lecture. D'autres livres ont contribué à cette décision. Leur rôle achevé, je les ai oubliés. Celui-ci, au contraire, n'a pas cessé de vivre en moi, depuis plus de vingt ans que je le lis. Aujourd'hui encore, il m'arrive d'écrire ou de dire, comme si elles étaient miennes, des phrases qui se trouvent pourtant dans *les Iles* ou dans les autres livres de son auteur. Je ne m'en désole pas. J'admire seulement ma chance, à moi qui, plus que quiconque, avais besoin de m'incliner, de m'être trouvé un maître, au moment qu'il fallait, et d'avoir pu continuer à l'aimer et à l'admirer à travers les années et les œuvres.

Car c'est une chance en effet que de pouvoir, une

fois au moins dans sa vie, connaître cette soumission enthousiaste. Parmi les demi-vérités dont s'enchante notre société intellectuelle figure celle-ci, excitante, que chaque conscience veut la mort de l'autre. Aussitôt nous voilà tous maîtres et esclaves, voués à nous entre-tuer. Mais le mot maître a un autre sens qui l'oppose seulement au disciple dans une relation de respect et de gratitude. Il ne s'agit plus alors d'une lutte des consciences, mais d'un dialogue, qui ne s'éteint plus dès qu'il a commencé, et qui comble certaines vies. Cette longue confrontation n'entraîne ni servitude ni obéissance, mais seulement l'imitation, au sens spirituel du terme. À la fin, le maître se réjouit lorsque le disciple le quitte et accomplit sa différence, tandis que celui-ci gardera toujours la nostalgie de ce temps où il recevait tout, sachant qu'il ne pourrait jamais rien rendre. L'esprit engendre ainsi l'esprit, à travers les générations, et l'histoire des hommes, heureusement, se bâtit sur l'admiration autant que sur la haine.

Mais voilà un ton que ne prendrait pas Grenier. Il préfère nous parler de la mort d'un chat, de la maladie d'un boucher, du parfum des fleurs, du temps qui passe. Rien n'est vraiment dit dans ce livre. Tout y est suggéré avec une force et une délicatesse incomparables. Cette langue légère, à la fois exacte et rêveuse, a la fluidité de la musique. Elle coule, rapide, mais ses échos se prolongent. Si l'on tient aux rapprochements, il faudrait parler de Chateaubriand et de Barrès qui ont tiré du français de nouveaux accents. À quoi bon, d'ailleurs! L'originalité de Grenier passe ces rapprochements. Il nous parle seulement d'expériences simples et familières dans une langue sans apprêt apparent. Puis il nous laisse traduire, chacun à notre convenance. À ces conditions seulement, l'art est un don, qui n'oblige pas. Pour moi, qui ai tant reçu de ce livre, je sais l'étendue de ce don, je reconnais ma dette. Les grandes révélations qu'un homme reçoit dans sa vie sont rares, une ou deux le plus souvent. Mais elles transfigurent, comme la chance. À l'être passionné de vivre et de connaître, ce livre offre, je le sais, au tournant de ses pages, une révélation semblable. *Les Nourritures terrestres* ont mis vingt ans pour trouver un public à bouleverser. Il est temps que de nouveaux lecteurs viennent à celui-ci.

Je voudrais être encore parmi eux, je voudrais revenir à ce soir où, après avoir ouvert ce petit volume dans la rue, je le refermai aux premières lignes que j'en lus, le serrai contre moi et courus jusqu'à ma chambre pour le dévorer enfin sans témoins. Et j'envie, sans amertume, j'envie, si j'ose dire, avec chaleur, le jeune homme inconnu qui aujourd'hui, aborde ces *Îles* pour la première fois...

Janvier 1959, *Preuves*.

RENÉ CHAR*

On ne rend pas justice en quelques pages à un poète comme René Char, mais on peut au moins le situer. Certaines œuvres méritent qu'on saisisse tous les prétextes pour témoigner, même sans nuances, de la gratitude qu'on leur doit. Et je suis heureux que cette édition allemande de mes poèmes préférés me donne l'occasion de dire que je tiens René Char pour notre plus grand poète vivant et *Fureur et Mystère* pour ce que la poésie française nous a donné de plus surprenant depuis *les Illuminations* et *Alcools*.

La nouveauté de Char est éclatante, en effet. Il est sans doute passé par le surréalisme, mais il s'y est prêté plutôt que donné, le temps d'apercevoir que son pas était mieux assuré quand il marchait seul. Dès la parution de *Seuls demeurent,* une poignée de poèmes suffirent en tout cas à faire lever sur notre poésie un vent libre et vierge. Après tant d'années où nos poètes, voués d'abord à la fabrication de « bibelots d'inanité », n'avaient lâché le luth que pour emboucher le clairon, la poésie devenait bûcher salubre. Elle flambait, comme ces grands feux d'herbes qui, dans le pays du poète, parfument le vent et engraissent la terre. Nous respirions enfin. Le mystère naturel, les eaux vives, la lumière faisaient irruption dans la chambre où la poésie s'enchantait jusqu'alors d'ombres et d'échos. On peut parler ici de révolution poétique.

Mais j'admirerais moins la nouveauté de cette poésie si son inspiration, en même temps, n'était à ce point ancienne. Char revendique avec raison l'optimisme tragique de la Grèce présocratique. D'Empédocle à Nietzsche, un secret s'est transmis de sommet en sommet, dont Char reprend, après une longue éclipse, la dure et rare tradition. Le feu de l'Etna couve sous quelques-unes

---

* Préface à l'édition allemande des Poésies *(Dichtungen)* de René Char. S. Fischer Verlag, 1959.

de ses formules insoutenables, le vent royal de Sils Maria irrigue ses poèmes et les fait retentir d'un bruit d'eaux fraîches et tumultueuses. Ce que Char appelle « la sagesse aux yeux pleins de larmes » revit ici, à la hauteur même de nos désastres.

Ancienne et nouvelle, cette poésie combine le raffinement et la simplicité. Elle porte du même élan les jours et la nuit. Dans la grande lumière où Char est né, on sait que le soleil est parfois obscur. À deux heures, quand la campagne est recrue de chaleur, un souffle noir la recouvre. De même, chaque fois que la poésie de Char semble obscure, c'est par une condensation furieuse de l'image, un épaississement de la lumière qui l'éloigne de cette transparence abstraite que nous ne réclamons le plus souvent que parce qu'elle n'exige rien de nous. Mais en même temps, comme dans la plaine ensoleillée, ce point noir solidifie autour de lui de vastes plages de lumière où les visages se dénudent. Au centre du *Poème pulvérisé,* par exemple, se tient un foyer mystérieux autour duquel tournent inlassablement des torrents d'images chaleureuses.

C'est pourquoi aussi cette poésie nous comble si exactement. Au sein de l'obscurité où nous avançons, la lumière fixe et ronde des ciels valéryens ne nous servirait de rien. Elle serait nostalgie, non secours. Dans l'étrange et rigoureuse poésie au contraire que Char nous offre, notre nuit elle-même resplendit, nous réapprenons à marcher. Ce poète de tous les temps parle exactement pour le nôtre. Il est au cœur de la mêlée, il donne ses formules à notre malheur comme à notre renaissance : « Si nous habitons un éclair, il est le cœur de l'éternel. »

La poésie de Char habite justement l'éclair, et non seulement au sens figuré. L'homme et l'artiste, qui marchent du même pas, se sont trempés hier dans la lutte contre le totalitarisme hitlérien, aujourd'hui dans la dénonciation des nihilismes contraires et complices qui déchirent notre monde. Du combat commun, Char a accepté le sacrifice, non la jouissance. « Être du bond, non du festin, son épilogue. » Poète de la révolte et de la liberté, il n'a jamais accepté la complaisance, ni confondu, selon son expression, la révolte avec l'humeur. On ne dira jamais assez, et tous les hommes tous les jours nous le confirment, qu'il est deux sortes de révolte dont l'une cache d'abord une aspiration à la servitude, mais dont l'autre revendique désespérément un ordre libre où, selon le mot magnifique de Char, le pain serait guéri. Char sait justement que guérir le pain revient à lui donner sa place, au-dessus de toutes les doctrines, et son goût d'amitié. Ce révolté échappe ainsi au sort de tant de beaux insurgés qui finissent en policiers ou en complices. Il s'élèvera toujours contre ceux qu'il appelle les affûteurs de guillotine. Il ne veut pas du pain des prisons et jusqu'à la fin le pain chez lui aura meilleur goût pour le vagabond que pour le procureur.

On comprend alors comment ce poète des insurgés n'a aucun mal à être celui de l'amour. Sa poésie y plonge au contraire des racines tendres et fraîches. Tout un aspect de sa morale et de son art se résume dans la fière formule du *Poème pulvérisé :* « Ne te courbe que pour aimer. » Car il s'agit pour lui de se courber en effet et l'amour qui court à travers son œuvre, si virile d'autre part, a l'accent de la tendresse.

Voilà pourquoi encore Char, aux prises, comme nous tous, avec l'histoire la plus enchevêtrée, n'a pas craint d'y maintenir et d'y exalter la beauté dont l'histoire justement nous donnait une soif désespérée. Et la beauté surgit de ses admirables *Feuillets d'Hypnos,* brûlante comme l'arme du réfractaire, rouge, ruisselante d'un étrange baptême, couronnée de flammes. Nous la reconnaissons alors pour ce qu'elle est, non pas la déesse anémiée des académies, mais l'amie, l'amante, la compagne de nos jours. En plein combat, voici un poète qui a osé nous crier : « Dans nos ténèbres, il n'y a pas une place pour la beauté. Toute la place est pour la beauté. » Dès cet instant, face au nihilisme de son temps et contre tous les reniements, chaque poème de Char a jalonné une route d'espérance.

Que demander d'autre à un poète aujourd'hui ? Au milieu de nos citadelles démantelées, voici que, par la vertu d'un art secret et généreux, la femme existe, la paix et la dure liberté. Et loin de nous détourner du combat, nous apprenons que ces richesses retrouvées sont les seules qui justifient qu'on se batte. Sans l'avoir voulu, et seulement pour n'avoir rien refusé de son temps, Char fait plus alors que nous exprimer : il est aussi le poète de nos lendemains. Il rassemble, quoique solitaire, et à l'admiration qu'il suscite se mêle cette grande chaleur fraternelle où les hommes portent leur meilleur fruit. Soyons-en sûrs, c'est à des œuvres comme celles-ci que nous pourrons demander désormais recours et clairvoyance. Elles sont messagères de vérité, de cette vérité perdue dont chaque jour désormais nous rapproche, bien que pendant longtemps nous n'ayons rien pu dire d'elle, sinon qu'elle était notre patrie et que loin d'elle nous souffrions d'exil. Mais les mots se forment enfin, la lumière point, la patrie un jour recevra son nom. Un poète aujourd'hui l'annonce magnifiquement et nous rappelle déjà, pour justifier le présent, qu'elle est « terre et murmure, au milieu des astres impersonnels ».

1958.

TEXTES COMPLÉMENTAIRES
D'ALBERT CAMUS
COMMENTAIRES
NOTES ET VARIANTES

L'ENVERS ET L'ENDROIT

I

COMMENTAIRES

Albert Camus a raconté dans son article sur Gide comment il était venu à la littérature. Rien n'avait pu le détourner encore « des plages, des études distraites et des lectures oisives », de la vie difficile aussi qui était la sienne, quand il lut *la Douleur* d'André de Richaud. Il y trouvait la pauvreté, la beauté des soirs, une mère : « Mes silences têtus, ces souffrances vagues et souveraines, le monde singulier qui m'entourait, la noblesse des miens, leur misère, mes secrets enfin, tout cela pouvait donc se dire ! Il y avait une délivrance, un ordre de vérité où la pauvreté, par exemple, prenait tout d'un coup son vrai visage, celui que je soupçonnais et rêvérais obscurément. *La Douleur* me fit entrevoir le monde de la création où Gide devait me faire pénétrer. »

Camus avait alors dix-sept ans ; il était, avec Robert Jaussaud, l'élève de Jean Grenier qui exerçait, semble-t-il, une sorte de royauté intellectuelle sur ses élèves de philosophie. Cette première année de philosophie fut brève pour Camus. Il était tombé malade*, tuberculeux. Il lui fallut subir un traitement approprié à l'hôpital Mustapha (cf. *le Quartier des pauvres*) et passer sa convalescence chez un oncle, M. Acault**. Sans doute fut-elle pour lui l'occasion d'importantes lectures.

L'année suivante, Camus, qui n'avait pu se présenter au baccalauréat, redouble la classe de philosophie, toujours sous la direction de Jean Grenier. C'est alors que, au dire de ses camarades, s'instaure entre le maître et l'élève une sorte de dialogue intellectuel, bientôt amical. D'esprit peu scolaire, Camus, qui s'adaptait mal aux méthodes universitaires, hésitait entre les études littéraires et philosophiques : des premières l'écarte le peu de goût qu'il a pour l'histoire littéraire ; de la philosophie, il n'a pas l'esprit de système, la passion de la logique. Que faire ? Il interroge Jean Grenier, qui lui offre au reste, par ses œuvres, la synthèse de l'inquiétude philosophique et de l'expression littéraire (cf. préface aux *Iles*).

---

* En mai 1930, d'après M. Lucien Camus.
** Rue du Languedoc.

Aussi bien Camus s'est-il déjà lancé dans la littérature. Il existait, depuis 1931, une petite « revue mensuelle de littérature et d'art », *Sud*, fondée par un de ses camarades de lycée, Robert Pfister. Il y publie quatre articles : *Un nouveau Verlaine* en mars 1932, une courte étude sur *Jehan Rictus* en mai 1932, un *Essai sur la musique*, repris d'une dissertation philosophique, ainsi qu'une réflexion sur Bergson — que Jean Grenier avait étudié en classe — sous le titre *la Philosophie du siècle* (juin 1932). Premières armes en vérité, où la valeur n'éclate point encore. « Ce sont des ébauches, disait Jean Grenier dans sa présentation, des esquisses. Il faut les prendre comme telles » (n° 7).

Toutefois, ils n'en sont pas moins significatifs de ses préoccupations philosophiques — une philosophie-religion de l'irrationnel —, de sa conception de l'art et de l'hellénisme, de ses réactions et de ses révoltes devant la misère et la vie. C'est pourquoi j'ai cru bon d'en donner des extraits en annexe.

Les premiers textes qui porteront la marque de sa personnalité sont inédits ou introuvables. Je citerai d'abord *Intuitions,* qu'il commença sans doute à rédiger pendant les vacances de 1932. Il place en épigraphe cette phrase de Gide : « J'ai souhaité d'être heureux comme si je n'avais rien d'autre à être. » La présentation est d'un adolescent fiévreux : « Les rêveries sont nées de grandes lassitudes. Elles marquent le souhait d'une âme trop mystique qui demande un objet pour sa ferveur et sa foi.

» Si elles sont parfois découragées, c'est qu'on n'a point voulu de leur enthousiasme. Si elles sont parfois négatives, c'est qu'on n'a point voulu de leur affirmation.

» Mais malgré les piétinements, les erreurs, les hésitations et les lassitudes, la ferveur y demeure, prête aux surhumaines communions et aux actions impossibles. »

Ces pages, d'un intérêt littéraire limité, mais susceptibles d'éclairer la personnalité du jeune Camus, sont le plus souvent menées à la façon des dialogues intérieurs romantiques *(les Nuits* ou *Stello). Incertitudes* oppose le goût de la domination, la passion de la vérité et du bonheur à la recherche d'une indifférence méthodique : « ... las de me fixer une règle de conduite que je ne suis pas... Je ne suis pas fort. Je veux être indifférent. » Mais ce dialogue même trahit le souci d'une unité profonde, d'une conciliation entre ces deux tendances.

C'est ce que nous précise *Retour sur moi-même*. « Vois-tu, l'unité que je cherche dans ma pensée n'existe pas. Mais je crois que le principe même et l'unité de cette pensée résident dans le fait de n'en pas avoir... » Déjà l'absurde, en un sens. Mais Camus ajoute aussitôt : « En vérité, je crois à l'unité. Et je crois à beaucoup de choses. »

Souhait nous ramène au dialogue — dialogue avec « le fou » cette fois. « Comme je voudrais aimer la vie. Je voudrais me débarrasser de toute contrainte. J'ai peur de la mort. Elle m'aveugle. Il est triste de toucher au but. Aussi je ne veux pas aimer la vie. C'est quelque chose de trop proche et de trop tangible... » Nous voici revenus par un détour au problème de la vérité, cette forme de l'amour de vivre et de la foi — foi imprécise, sans contours, faite de ferveur et d'enthousiasme contenus qui n'aspirent qu'à s'employer. Mais à quoi ? « La vérité, dis-je, est que tu crois à quelque chose de plus haut.

— La vérité, dit-il, est que je cherche à croire. » Après quoi, le fou ajoute : « Chercher pour ne point trouver. Toujours. Car tu es trop tourmenté pour abandonner la recherche... Mais vois-tu, nous aurons au moins trouvé quelque chose.

— Et quoi ? dis-je.

— La lassitude. »

Un autre texte, intitulé *Délires,* daté d'octobre 1932, revient sur ce malaise adolescent, cette insatisfaction de soi et du monde où se débat Camus : « Je cherchais le sens de la vie, de cette vie que je ne connaissais pas. » A quoi le fou répond par le refus de la connaissance, au nom de la paix de l'âme : « Refuser de savoir est un affranchissement, un définitif pas en avant et une libération de l'âme. » Le désir de la banalité le hante, mais aussi le sentiment que son originalité déjà le suit comme une ombre. « Je souffre de cela, comme je souffre de toute contradiction. En moi, je concilie tout... il reste évident que je ne peux détruire les contradictions externes. Elles sont l'essence même de la vie et je suis impuissant devant elles. C'est pourquoi mon tourment est inguérissable. »

Bref, derrière toutes les réminiscences littéraires de Rimbaud, de Nietzsche ou de Gide, derrière le romantisme maladroit d'une expression volontiers exaspérée, on retrouve toutes les contradictions dont s'est nourrie l'œuvre de Camus : hésitation entre le bonheur simple et la grandeur, entre le désir de vivre au niveau du sacré — « Et, dieux enfin, nous vivrons dans un perpétuel désir » — et le refus d'abandonner l'homme : « J'ai dit non, car je suis aussi un homme » ; obsession de la vérité et volonté d'indifférence devant l'impuissance à l'atteindre ; peur de la mort et amour passionné de la vie : « La terre, le ciel, le rêve, l'action, Dieu, tout est objet d'amour. Aimez la vie sous ses multiples formes. » Et finalement, acceptation de la contradiction et de ses tourments, comme réalité même de la vie où la logique de l'esprit et du cœur le dispute au désordre du monde : « Vivre, n'est-ce pas une suffisante révolte ? »

Le lecteur saura, bien entendu, ne pas attacher à ces lignes, que Camus écrivit dans sa dix-neuvième année, plus d'importance qu'elles n'en méritent. Jamais, de son vivant, il ne les eût publiées. Elles n'ont d'autre portée pour nous que d'éclairer ce mince visage pâle, ce regard ardent et un peu las que nous transmettent ses photographies ou le souvenir de ses amis. Un jeune homme élégant, soucieux de son extérieur jusqu'au dandysme où se confondent le goût de la forme et la volonté de faire face ; désinvolte, brillant, ironique et volontiers mystérieux, comme si toutes les grâces intellectuelles ne pouvaient compenser la disgrâce du mal qui le ronge, comme si le soleil et les plages ne pouvaient effacer la misère et le malheur silencieux de sa mère, comme si enfin il souffrait d'un malheur plus profond, celui de ne pouvoir se rassembler jamais ni concilier le sens du sacré et du dépassement avec le goût de la simple et pleine humanité. Comme tout adolescent, Camus se sent à la fois d'ici et d'ailleurs, royal et exilé, unique et commun, las et fervent. Peut-être l'essentiel de son génie est-il d'avoir exprimé toute sa vie en un langage ferme et dépouillé ce qu'il criait alors dans le désordre et le piétinement lyrique.

En tout cas, dès ce moment, Camus a découvert pour lui-même ce que devait être l'essai : un intermédiaire entre la philosophie, conçue comme la recherche vitale de la vérité ou de l'unité, et la poésie qui émane tout naturellement de cette quête. Déjà, il s'écarte de toute littérature gratuite, autant que du simple réalisme : l'écriture ne saurait être un jeu, ni un procès-verbal ; elle conteste, revendique, conquiert et concilie dans les mots cela même qui ne peut l'être dans les choses. C'est pourquoi Camus a cru d'abord trouver une forme d'expression adéquate dans le dialogue romantique ; c'est pourquoi dans un texte que nous ne possédons pas (certains croient se souvenir que Camus le détruisit, d'autres pensent qu'il fut publié), *Bériha,* il use de la fiction du rêveur pour approcher la réalité dans son désordre. Il semble, si l'on s'en réfère au texte qu'a bien voulu me confier Max-Pol Fouchet (cf. p. 1206), qu'il ait soupçonné le divorce de la forme et du fond, complémentaires et contradictoires comme le soleil et l'ombre — logique et rigueur de l'expression masquant ici le désordre et l'incertitude de la pensée.

On notera encore l'énergie avec laquelle il défend un texte, sans doute fort contestable, la force de conviction qu'il apporte dans son plaidoyer et le goût qu'on pourrait dire « khâgneux » pour les échanges intellectuels. Max-Pol Fouchet a gardé le souvenir de promenades sur les collines de la Bouzarea où les discussions littéraires, philosophiques ou politiques prenaient ordinairement ce caractère à la fois vif, voire brutal, et pourtant amical. On y devine derrière le souci de la nuance l'intransigeance juvénile et la foi dans la carrière littéraire qu'il entreprend, mais une foi mêlée d'incertitudes sur sa véritable nature et proche du doute.

A la même époque, Camus a entrepris une année de Lettres supérieures (1932-1933). Il y rencontre, venus d'Oran, André Belamich et Claude de Fréminville. Il fait également la connaissance d'Edmond Charlot, élève de Jean Grenier en classe de philosophie. Tout ce petit groupe, qui englobe bientôt Jean de Maisonseul, Miquel, Benisti, se passionne pour les idées, la politique, la littérature, les arts en général. Paul Mathieu, qui fut son professeur de français-latin, « garde un souvenir assez vague d'un jeune hypokhâgneux... qui philosophait éperdument jusque dans ses dissertations françaises. Nietzsche était alors pour lui la loi et les prophètes. Il le citait à tout propos et même hors de propos*... » Latiniste moyen, il avait entrepris de suivre le cours de grec pour débutants : sa culture grecque demeura immanquablement superficielle ; mais la Grèce peut-être, comme un paradis entrevu, en prit-elle plus de prestige à ses yeux.

Que lisait encore Camus à cette époque ? La Bible, dit Max-Pol Fouchet — Nietzsche, Dostoïevsky, Barbusse, *la Nouvelle Revue Française, Europe* et bien sûr Jean Grenier. Des mystiques également, les « Upanishads ». Selon Claude de Fréminville, la littérature populiste l'attirait, tout comme le journal de Katherine Mansfield, phtisique elle aussi.

Car si son état de santé s'est amélioré, il n'en reste pas moins obsédé par ce climat morbide où il a quelque temps vécu. En 1944, s'adressant à Guy Dumur, il lui avouera : « J'ai mis douze ans à revenir de ce genre de voyage. Je n'en suis pas tout à fait revenu puisque je ne suis pas guéri. Mais si je ne suis pas guéri parce que je n'ai pas été courageux au début et parce que j'ai brûlé tout ce que je pouvais brûler. Aujourd'hui, il me faut un bien plus grand effort, et de tous les jours, pour prendre ma distance et pour faire servir un corps qui, autrement, m'asservirait tout à fait. Ne risquez pas cette servitude. » Comme le confirment ses amis, Camus a bientôt renoncé à toutes les contraintes de la convalescence pour mordre la vie à pleines dents. Il s'est tourné vers le soleil, vers la mer et peut-être à ce moment le mythe méditerranéen a-t-il pris corps. Les plaisirs qu'il goûtait naïvement, il les redécouvre, mais chargés d'une autre intensité. C'est alors que, sous l'influence de Valéry, il écrit ce chant de grâces à la Méditerranée (cf. p. 1207), cet hymne juvénile à l'antiquité, non point grecque encore mais latine, que nous devons à Jean de Maisonseul ; ces vers, assurément médiocres, n'en disent pas moins la sérénité reconquise sur le tourment, l'éternité dans l'indifférence naturelle et la certitude d'une mort apaisée dans la lumière. Sisyphe, déjà, s'imaginait heureux.

Mais combien plus proche de *l'Envers et l'Endroit* et surtout de *Noces* ce passage extrait d'une lettre à Simone Hié (fin 1933 ou début 1934) : « Notre table plie sous des fleurs d'aubépine qui nous rappellent que le printemps que nous avions rêvé n'a d'égal que la mort qui nous épouvante... Ainsi marcherons-nous vers l'Unité ou vers la pluralité dans notre admiration ou notre panthéisme.

» D'ailleurs la seule réponse qui nous sera faite sera un froid silence qui nous dressera contre Dieu et contre le monde et il nous faudra nous armer de beaucoup de pitié afin de vaincre Dieu... Y a-t-il quelque chose derrière les cieux mouillés et les prairies du matin, derrière les parfums et les fleurs ? Et qui suis-je pour parler de tout cela, de tout ce mystère absorbant, qui suis-je d'autre que celui qui croit ? Mais ce n'est pas à ce qui est derrière les parfums et les fleurs que je crois, c'est aux parfums et c'est aux fleurs. Et c'est à l'apparence... »

---

* Lettre à Paul Viallaneix.

Ici encore, le commentateur doit se garder de toute conclusion aventureuse : un texte en dément un autre, et quoi de plus fragile que le témoignage d'une lettre ? Pourtant, il semble que nous touchions à un moment de l'évolution du jeune Albert Camus. La hantise de la mort n'a pas disparu — mais disparaîtra-t-elle jamais ? L'interrogation qu'il lance, comme Vigny, vers le ciel muet, n'a rien perdu de son pathétique. Mais désormais, semble-t-il, après un temps de pleine innocence, puis un temps de tourments juvéniles et fiévreux, Camus prend appui sur la terre, sur le monde sensible, sur les choses et les êtres, le présent et les apparences. Ce n'est pas que le mystère ait disparu, mais il semble que tout le tragique du monde réside moins dans le silence des cieux que dans la fragilité des parfums et des amours.

Camus n'est pas de ceux qui combattent leurs troubles par la carrière et les cérémonies. Sans doute, poursuit-il ses études. (Novembre 1933, certificat de Morale et Sociologie ; juin 1934, certificat de Psychologie — mais échec en Études littéraires classiques, compensé dès novembre ; juin 1935, Philosophie générale et Histoire de la philosophie ; mai 1936, diplôme d'Études supérieures [cf. p. 1224].) Dans le même temps, le 16 juin 1934*, il a discrètement et civilement épousé Simone Hié, rencontrée deux ans plus tôt chez Max-Pol Fouchet. Il s'installe sur la colline d'Hydra, non loin de Jean Grenier et de Charlot. Il y vivra quelque peu retiré, surgissant brusquement au milieu de ses camarades. Retiré, et pourtant présent, mêlé à l'action politique (cf. p. 1314 et suiv.) apportant dans les discussions littéraires son assurance ironique, sa gentillesse. Et de plus en plus s'affirme sa vocation d'écrivain. Il la définit jusque dans des contes de fées, écrits pour Simone Hié. « Pour échapper à l'intrépide mélancolie de l'attente, il est temps de créer des mondes nouveaux. Ne croyez pas que les contes de fées mentent. Celui-là ment qui l'a dit — mais aussitôt écarté, le miracle des fées flotte lentement dans l'air, et s'en va vivre sa vie, réel, plus vrai que la quotidienne insolence. Il ne reste plus au conteur que l'amertume d'avoir donné et de ne rien garder — l'amertume ou la joie fervente. »

Ces contes de fées, symboles de la création littéraire, ne nous écartent pas du réel, au contraire : « Il faut donc parler des fées... Les plus sympathiques et les plus près de nous sont encore celles qui n'ont de fées que le nom. Faibles, malheureuses, attentives à l'inquiétude, telles je les voudrais... Contes de fées, silences d'enfant, oh ! mes réalités, seules vraies, seules grandes, je voudrais m'oublier... Car moi aussi j'attends, je cherche, j'espère et ne veux point trouver. N'ayant pas de vérité, je n'aime pas les grandes allées. Mais j'aime les routes arides, arrosées d'espérance. La poussière du chemin, la rudesse des fossés, autant d'ivresses pour qui sait attendre.

» Bonheur de la souffrance, orgueil de la contrainte. Oh ! mes

---

* Il habitait alors rue Michelet, chez son frère.

réalités, silences d'enfant, contes de fées. » Et plus loin : « L'enfant connaît que sa jeunesse est la vérité et qu'il faut se hâter de la perdre pour goûter la volupté du renoncement. » Ne dirait-on pas que ces lignes extraites d'un texte de divertissement sonnent comme l'introduction à ces *Voix du quartier pauvre* qu'il va rédiger au même moment et qui forment le noyau premier de *l'Envers et l'Endroit* ?

Le manuscrit que Mme Hié a bien voulu me confier nous en offre la certitude : en décembre 1934, est écrite la première version de ces *Voix* qui s'ordonnent alors selon le plan suivant :

1. « C'est d'abord la voix de la femme qui ne pensait pas. » (Cf. « Entre oui et non ».)
2. « Puis c'est la voix de l'homme qui était né pour mourir. » (Cf. « l'Ironie », 2ᵉ partie.)
3. « Et puis c'est la voix qui était soulignée par de la musique. » (Inédit, cf. p. 1209.)
4. « Puis c'est la voix de la femme malade qu'on abandonne pour aller au cinéma. » (Cf. « l'Ironie », 1ʳᵉ partie.)
5. « Les hommes bâtissent sur la vieillesse à venir. » (Inédit, cf. p. 1212.)

Ces *Voix du quartier pauvre* représentent assurément, aux yeux de Camus, un témoignage sur la vie à Belcourt : celle de sa mère, celle de voisins ou de connaissances. Elles constituent déjà une étude à double ou triple niveau : la misère matérielle existe par elle-même sans doute, mais elle précise la misère morale, qui grandit avec le dénuement, l'impuissance de l'âge, les infirmités de toutes sortes ; et finalement, elle figure la misère spirituelle des hommes, quels qu'ils soient, confrontés avec les limites bientôt atteintes de leur condition. C'est au fond ce que constatait Camus dans une lettre à Max-Pol Fouchet (fin 1934 ou début 1935) : « Il n'y a rien à répondre à ta lettre sinon que chacun de nous accumule le plus possible de vie et d'expérience jusqu'à ce qu'il ait le sentiment trop net de l'inutilité de cette expérience*, ce qui est la manifestation la plus profonde de celle-ci. Il faut bien croire alors que l'expérience est une défaite. Et le seul intérêt de nos petites personnalités réside dans le témoignage que nous sommes à même de donner sur la vie. On le dit et on s'en va : c'est ce qu'on appelle la simplicité. Et comme dit le patron de l'hôtel de Tipasa : « On pourrait mourir » qu'on ne ferait pas parler de soi. »

» Voilà. Et toi dans un sanatorium, tel autre à Paris**, moi-même

---

* Cf. *Carnets I,* page 17. « Vanité du mot expérience. L'expérience n'est pas expérimentale. On ne la provoque pas. On la subit. Plutôt patience qu'expérience. Nous patientons — plutôt nous pâtissons.

» Toute pratique : au sortir de l'expérience, on n'est pas savant, on est expert. Mais en quoi ? »

** Il s'agit sans doute de Claude de Fréminville.

au parc d'Hydra, nous nous évertuons à masquer de formules et de recherches désespérées une vérité trop nue et trop simple : que notre condition est désespérante! Ce qui ne veut pas dire qu'il faille être pessimiste. Il y a l'amour, l'art, la religion surtout. Il y a la souriante acceptation des Frises du Parthénon. Et tout cela forme de précieux jouets qui nous aident à passer le temps.

» Que te dire de plus ? Je crois bien que tu es pour moi un des êtres qui composent mon cercle d'expérience. Qu'en bien des cas les événements de ta vie prennent à mes yeux une très grande importance. Et au fond c'est là surtout ce que je voulais te dire... »

Les êtres qu'évoque Camus dans *l'Envers et l'Endroit* sont précisément de ceux qui composent son cercle d'expérience* — cette expérience d'où il n'y a rien à tirer, sinon qu'elle est une défaite — défaite du corps et défaite de l'esprit en quête de passe-temps comme l'amour, l'art ou la religion. Ou encore le plaisir de dominer ou de simuler — ce qui est une autre façon de s'imposer (cf. « l'Ironie », 3ᵉ partie, la grand-mère). La pauvreté, la maladie, la solitude font éclater le caractère dérisoire de ces divertissements : poussé dans ses derniers retranchements, l'homme prend « conscience de son éternité » (*Carnets I*, p. 17).

Toutes ces pages de Camus sont pleines du sentiment que la vraie vie était là, dans cette « pauvreté perdue », dans ce « sentiment bizarre que le fils porte à sa mère » (*Carnets I*, p. 15), dans ce monde du dénuement, « un des rares, sinon le seul qui soit replié sur lui-même, qui soit une île dans la société », comme une société en réduction enfermant toute la misère et la richesse du monde. Mais si la vraie vie était là, l'enfant qui la vivait n'en savait rien : il ne la découvre qu'avec la nostalgie, qui dominera désormais son œuvre; son royaume, il fallait l'exil pour qu'il le découvrît (cf. en annexe les textes sur les rapports de la mère et du fils). Mais, du même coup, il définit concrètement, charnellement, cette dialectique de l'exil et du royaume qui résume dès ce moment sa réaction devant l'existence. Il sait qu'on ne rejoint jamais tout à fait les êtres, pas même dans le silence où s'atteignent la mère et le fils; il sait qu'on ne peut rien ni pour la vieille femme qui reste face à face avec son christ de plomb, ni pour le petit vieux qui cède à « la lune ». Nous sommes des îles, comme dirait Jean Grenier, enfermées sur elles-mêmes, où l'on aborde malaisément.

Il est vraisemblable que, vers 1935, Camus comptait organiser son essai autour du thème de la mère. Sur un feuillet manuscrit,

---

* D'après M. Lucien Camus, c'est en donnant des leçons à une toute jeune fille, qu'il avait connu la vieille au christ de plomb, sa grand-mère. Quant à l'expression « avoir la lune », la propre mère de Camus l'appliquait parfois à sa grand-mère, Marie Sintès.

j'ai relevé, pour autant que la lecture en était possible, le projet de plan suivant :

Chapitre I. *Le point de crise.*
Chapitre II. *Lente désagrégation qui a mis cette femme face à face avec son fils.*
Mort de la grand-mère.
Maladie du fils.
Séparation d'avec le fils.
Chapitre III. *Expérience parallèle du fils, rejeté par deux choses :*
I. *Abandon de la vieille femme du palier.*
Mort du vieil oncle.
Seuls aux deux bouts de la ville. Se voyant de temps en temps. Deux infinis.
II. *La mère et le fils.*
Premier point de compréhension.
Attirance incurable.
III. *Le dernier retranchement.*
Le retour à l'essai, huit jours.
Symbole. La vieille. Le vieux.
Départ.

Un autre plan apparaît ailleurs, dont il m'est difficile de dire s'il est ou non postérieur. On y trouve :

Première partie. *Les vieilles gens.*
Chapitre I. *La mère et le fils.*
Chapitre II. *Le quartier pauvre.*
Chapitre III. *L'absurde.*

Deuxième partie. *Redécouverte d'une vie.*
Suivaient une série de titres, peu lisibles, et peu évocateurs pour nous.

Troisième partie.
I. *Avec la mère.*
II. *Le Monde. Ma comédie vous servira.*

Je relève encore, sur le même cahier d'écolier, cette formule qui donne le sens de l'essai : *Mettre en présence désespoir secret et amour de la vie.* Et après plusieurs lignes difficilement lisibles : *Absurde. Absurde.* Ces titres également : *Je ne veux pas choisir* et *Notre royaume est de ce monde.*

La vieillesse, la mort poussent tous les hommes dans leurs derniers retranchements ; mais aussi la difficulté de vivre et la maladie. Camus connaît l'une et l'autre : étudiant encore, il lui faut gagner petitement son pain. J'ai pu retrouver des billets où il disait être parti vers six heures du matin, à pied, pour épargner une course de tramway ; il travaillait à la préfecture ou donnait quelques papiers —

des critiques de peinture notamment — à *l'Écho d'Alger**; il multipliait les leçons particulières. Mais ni les difficultés d'argent ni la maladie ne suffisaient à le pousser dans ses « derniers retranchements ». Il y faut encore le dépaysement. « Ce qui fait le prix du voyage, c'est la peur. C'est qu'à un certain moment, si loin de notre pays, de notre langue (un journal français devient d'un prix inestimable. Et ces heures du soir, dans les cafés où l'on cherche à toucher du coude d'autres hommes), une vague peur nous saisit et un désir instinctif de regagner l'abri des vieilles habitudes. C'est le plus clair apport du voyage. À ce moment-là, nous sommes fébriles mais poreux. Le moindre choc nous ébranle jusqu'au fond de l'être... C'est pour sa culture qu'on voyage, si l'on entend par culture l'exercice de notre sens le plus intime qui est celui de l'éternité. » (*Carnets I*, p. 26.) Une première fois, en été 1935, voyageant aux Baléares avec sa femme, il a découvert cette peur qui « brise en nous une sorte de décor intérieur ». Mais cette peur même rend « à chaque être, à chaque objet, sa valeur de miracle : cette femme gluante, cette montagne de chair, d'ignoble devient exaltante, presque belle, symbole d'une vie ambiguë où l'envie d'aimer a le goût des larmes ».

Il restait à Camus à connaître le fond de la solitude. L'année 1936 (cf. *Carnets I*, pp. 27 à 40) semble avoir été difficile, tourmentée. Le voyage de Prague qu'il entreprendra avec son ami Bourgeois (coauteur de *Révolte dans les Asturies*) et sa femme, loin de lui apporter la détente, aggravera son désarroi. À Linz, il est repris d'une crise d'hémoptysie; la rupture avec sa femme va se consommer : il part seul, sans argent (que détient Bourgeois). Il passera quatre jours à Prague, démuni de ressources, dans un pays dont il ne comprend pas la langue, avec le sentiment que bien des amarres sont désormais rompues. Là, comme à Palma, il est un *étranger*, confronté avec le mort de la chambre voisine. Pour toujours, l'Europe centrale demeurera le pays de l'exil, l'anti-Méditerranée.

C'est, si l'on en croit les *Carnets*, en 1936 que Camus écrivit *Amour de vivre* et en 1937 qu'il mit au point *la Mort dans l'âme*. Pourquoi a-t-il interverti l'ordre chronologique des textes ? Sans doute pour que l'endroit des choses sortît de l'envers même, pour qu'à la débâcle succédât le miracle de vie qui en naît. Chronologiquement, Prague succédait à Palma; mais dans la chronologie morale de Camus, à la débâcle de Prague allait succéder une frénésie de vivre, une véhémence sensuelle qu'annonce *Amour de vivre*. Et s'il termine sur l'histoire de la vieille originale** qui s'était

---

* J'ai pu retrouver un brouillon d'article sur le peintre Pierre Boucherle.

** Il avait d'abord conté cette histoire brièvement et sans commentaires (cf. *Variantes*). D'après M. Lucien Camus, l'anecdote lui venait de Marie Burg dont l'employeur en était le héros. C'est la même Marie Burg qui mourut à l'hospice de Marengo (cf. *Carnets* et *l'Étranger*).

acheté un tombeau, c'est pour mieux affirmer sa volonté de compenser la fuite du temps par la promptitude de la saisie. Au terme de ce pèlerinage dans le monde de toutes les pauvretés, celles du corps et celles de l'âme, il choisit d'être homme et d'atteindre à l'éternité dans l'instant. Il y a l'absurdité et il y a le soleil. En janvier 1936, dans le jardin d'Hydra, il écrivait déjà : « Si j'essaie de m'atteindre, c'est tout au fond de cette lumière »; le 16 mai, il ajoute : « Je tiens au monde par tous mes gestes, aux hommes par toute ma reconnaissance. » Ces lignes qui précédaient Prague, il les place en conclusion de son essai. Pour vivre dans l'absurde, il faut demeurer lucide et savoir faire « comme si... ». C'est là toute la science d'un jeune homme de vingt-trois ans — leçon dont il se souviendra toute sa vie.

Sans doute, Camus le pressentait-il déjà quand il notait dans un projet de préface (mai 1937, *Carnets I*, p. 48) : « Tels qu'ils sont présentés, ces essais, pour beaucoup, sont informes. Ce qui ne vient pas d'un mépris commode à l'égard de la forme — mais seulement d'une insuffisante maturité. Pour ceux qui prendront ces pages pour ce qu'elles sont vraiment : des essais, la seule chose qu'on puisse leur demander, c'est d'en suivre la progression. De la première à la dernière, peut-être y sentira-t-on une démarche sourde qui en fait l'unité, j'aurais envie de dire qui les légitime, si la justification ne me paraissait pas vaine... » La lettre à Jean de Maisonseul, que celui-ci a bien voulu nous autoriser à publier, permettra au lecteur de connaître le jugement que Camus portait sur son œuvre au lendemain de sa publication : après l'essai viendra la recherche de l'art; après l'angoisse dominée, l'épanouissement sensuel de *Noces*, mais l'absurde reste présent toujours, contrebattu par le désir d'en guérir ou, du moins, de lui faire équilibre.

Remarquons, pour en finir, que, dans l'élaboration de *l'Envers et l'Endroit,* Camus va du concret à l'abstrait, du récit à la méditation. La plupart des réflexions qui élargissent l'anecdote ne lui sont pas venues à première écriture. Sans doute même, pour partie, sont-elles nées du désir de donner une unité profonde à un ensemble de textes qui pouvaient, à première vue, sembler disparates : le phénomène est particulièrement évident pour le dernier texte. Il en va de même pour le dernier paragraphe d'*Entre oui et non*. Malheureusement, le caractère incomplet des manuscrits les plus récents (nombreuses feuilles volantes) ne permet pas de l'affirmer avec certitude pour l'ensemble des textes. C'est pourquoi j'ai jugé bon de préciser les références des dactylographies ou des manuscrits auxquels je me suis reporté, en tête des variantes consacrées à chaque texte.

La préface à *l'Envers et l'Endroit* a fait l'objet d'un soin tout particulier. Dès 1949, Camus songeait à l'écrire et rêvait de retrouver pour son œuvre future cette forme d'amour qui fait la richesse de son premier livre. Il y revient en mars 1951, pour évoquer sa maladie et « cette liberté du cœur, cette légère distance à l'égard des intérêts humains » qui en fut le fruit amer mais royal. Quelques pages plus loin, il rappelait aux mêmes fins le souvenir de l'oncle Acault, cet « oncle voltairien, comme on l'était de son temps. Il professait le mépris le plus roide pour les hommes en général et ses clients bourgeois en particulier. Dans la satire et l'anathème, il était étincelant. Il avait aussi du caractère et sa société m'a rendu difficile. Maintenant qu'il est mort, je m'ennuie à Paris lorsque je pense à lui. »

Nous ignorons à quelle date fut rédigé le texte définitif; en tout cas, il était au point en 1954 quand Camus me le fit lire en dactylographie. Sans doute y rêvait-il quand il écrivit à René Char, le 30 octobre 1953: « Oui, renoncer à l'enfance est impossible. Et pourtant, il faut s'en séparer un jour, extérieurement au moins. Mais être un homme, subir d'être un homme et, parfois aussi, subir les hommes, quelle peine! Coïncidence : je pensais aussi ces derniers temps à Alger et à mon enfance. Mais j'ai grandi dans les rues poussiéreuses, sur les plages sales. Nous nagions et, un peu plus loin, c'était la mer pure. La vie était dure chez moi, et j'étais profondément heureux, la plupart du temps. »

On trouvera donc rassemblés en annexe :

Jehan Rictus; des extraits de l'*Essai sur la musique; la Philosophie du siècle,* textes parus dans *Sud,* 1932.

Une note sur *Bériha,* adressée à Max-Pol Fouchet (1932 ou 1933).

Un poème sur la Méditerranée, en provenance de Jean de Maisonseul.

Deux fragments des *Voix du quartier pauvre,* d'après le manuscrit de Mme Hié.

Un fragment manuscrit, extrait d'un cahier, pour *Entre oui et non. L'Hôpital du quartier pauvre.*

Une lettre à Jean de Maisonseul que celui-ci croit pouvoir dater du 8 juillet 1937.

R. Q.

L'ENVERS ET L'ENDROIT

II

NOTES ET VARIANTES

PRÉFACE

Les variantes, reproduites ici dans leur intégralité, sont tirées de deux états dactylographiés corrigés de la main de Camus et non datés, en possession de Mme Camus.

P. 5.

1. 1ᵉʳ état : *Bien entendu* il n'en est rien.
2. 1ᵉʳ état : ... que, pour moi, la valeur de témoignage de ce petit livre est considérable.
3. 1ᵉʳ état : ... *et de moi qu'il exige une fidélité*...
4. 1ᵉʳ et 2ᵉ état : ... les difficultés. *Et pour une fois, puisque ce que j'écris ne concerne qu'une poignée de lecteurs, je voudrais m'en expliquer un peu, au courant de la plume, et sans ordre préconçu.* Je voudrais essayer de dire pourquoi.
5. 1ᵉʳ état : ... connaissant *la loyauté de Parain*...
6. 1ᵉʳ et 2ᵉ état : ... philosophe *émouvant de la misère et* de la compassion...
7. 1ᵉʳ et 2ᵉ état : ... que dans *tout* ce que j'ai écrit ensuite.
8. 1ᵉʳ et 2ᵉ état : ... qui alimente ce qu'il est et ce qu'il dit *au long de sa vie*.
9. 1ᵉʳ et 2ᵉ état : ... terres ingrates de l'art *jamais plus irriguées par quelque invisible résurgence*.

P. 6.

1. 1ᵉʳ et 2ᵉ état : La pauvreté, *jadis*, n'a *pas* été un malheur pour moi : *elle a toujours été équilibrée par les richesses de la lumière.* [*finalement*], *privé de son amertume, l'enfant que j'étais y trouvait surtout des raisons d'amour et de saine désinvolture.* Même mes révoltes d'alors ont été éclairées *de cette lumière*.
2. 1ᵉʳ et 2ᵉ état : ... que tout *fut* bien...
3. 1ᵉʳ et 2ᵉ état : ... que l'histoire *n'était* pas tout.
4. 1ᵉʳ et 2ᵉ état : ... que *je commençai une* carrière inconfortable, m'engageant avec innocence sur un fil d'équilibre où j'avance *aujourd'hui* péniblement...
5. 1ᵉʳ et 2ᵉ état : ... la chaleur qui régnait...
6. 1ᵉʳ et 2ᵉ état : ... des forces infinies : *le problème était* seulement *d'en trouver le point d'application. Mais* ce n'était pas...
7. 1ᵉʳ et 2ᵉ état : L'obstacle était plutôt dans *la morale* ou la bêtise. *Et* j'avais là...
8. 1ᵉʳ et 2ᵉ état : ... mon ami Jean Grenier...

9. 1ᵉʳ état : ... tâcher *à* le faire servir...

10. 1ᵉʳ état : ... je puis témoigner *au moins* que...

11. 1ᵉʳ et 2ᵉ état : ... le défaut *commun dans notre société,* je veux dire l'envie, véritable cancer des *individus* et des doctrines.

P. 7.

1. 1ᵉʳ et 2ᵉ état : ... qui durent *encore.*

2. 1ᵉʳ et 2ᵉ état : ... il y a de la compassion dans *le dégoût que souvent elle m'inspire.*

3. 1ᵉʳ et 2ᵉ état : ... les accusations de nos *implacables* philanthropes.

4. 1ᵉʳ et 2ᵉ état : ... et les *riches* pour pauvres.

5. 1ᵉʳ et 2ᵉ état : ... dans les *affreux* faubourgs...

6. 1ᵉʳ état : ... pour que ces hommes échappent *au double malheur* de la *pauvreté* et de la laideur.

7. La fin du paragraphe ne figurait pas au 1ᵉʳ état.

8. 2ᵉ état : ... ce qu'était *la misère* avant *d'avoir connu* nos banlieues froides.

9. 1ᵉʳ et 2ᵉ état : ... vrai *en ce qui me concerne.*

10. 1ᵉʳ et 2ᵉ état : ... de fortunes *extravagantes.*

11. 1ᵉʳ état : ... du confort *et* de l'installation, avec ironie, *ou* impatience, et quelquefois avec fureur. Le plus grand des luxes...

12. 1ᵉʳ et 2ᵉ état : ... *reste* la chambre d'hôtel. Je n'ai jamais pu m'abandonner à la vie d'intérieur, *comme on l'appelle*...

P. 8.

1. 1ᵉʳ et 2ᵉ état : ... cela m'ôte *parfois* de l'imagination.

2. 1ᵉʳ et 2ᵉ état : ... la miséricorde suffit. » *Mais justement,* on se fait...

3. 1ᵉʳ état : Les deux phrases qui suivent ne s'y trouvaient pas.

4. 2ᵉ état : Cette maladie sans doute *pouvait ajouter* d'autres...

5. 1ᵉʳ et 2ᵉ état : Mais *le fait est* que j'en ai joui sans limites et *que,* jusqu'à présent du moins, il a éclairé toute ma vie. *Comme* artiste...

6. 1ᵉʳ et 2ᵉ état : ... à railler *et à insulter.*

7. 1ᵉʳ et 2ᵉ état : ... « contre ». *Elles se sont toujours adressées à meilleur* ou plus *grand que moi. Non vraiment,* la pauvreté telle que je l'ai vécue ne m'a pas enseigné le ressentiment, *ni rien de ce qui sépare,* mais *la* fidélité au contraire.

8. 1ᵉʳ et 2ᵉ état : ... je suis né, *dont j'ai essayé de parler dans* « *l'Envers et l'Endroit* ».

9. 1ᵉʳ et 2ᵉ état : ... généralement. *Il ne s'agit* même pas *de ces satisfactions* que...

10. 1ᵉʳ et 2ᵉ état : ... une joie *pure* de la relecture...

P. 9.

1. 1ᵉʳ et 2ᵉ état : L'écrivain a, *bien entendu,* des joies pour lesquelles il vit et qui suffisent à *éclairer sa vocation.* Mais, pour moi, *du*

moins, elles ont été souvent dans la conception, *dans l'éclair* où le sujet...

2. 1er et 2e état : ... ces moments *extraordinaires*, où l'imagination se confond tout à fait avec l'intelligence. *Mais* ces instants...

3. 1er et 2e état : ... sur ce point; *et d'ailleurs* qui peut se dire...

4. 1er et 2e état : ... dans une société vouée à la dérision...

5. 1er et 2e état : ... mon métier *ne m'a jamais* apporté *à cet égard* de joies *réelles*...

6. 1er et 2e état : *Avec quelques autres raisons dont ce n'est pas le lieu de parler ici c'est selon moi* [corrigé : peut-être] *le souvenir des vérités que j'ai essayé d'approcher dans* l'Envers et l'Endroit...

7. 1er et 2e états : À *refuser* le compliment, en effet, *ou les honneurs*, on laisse...

8. 1er et 2e état : ... complaisance qui *semble de règle* dans...

9. 1er et 2e état : ... comme tant *d'illustres*...

10. 1er et 2e état : ... devant les vies *simples* ou...

11. 1er et 2e état : ... dans ces *générales* qui sont le lieu...

P. 10.

1. 1er et 2e état : ... chacun de ces *êtres réunis dans la salle* a aussi...

2. 1er état : ... tout à l'heure. *Ainsi* les solitudes...

3. 1er et 2e état : ... comment *obéir à* ce monde, *accepter* ses privilèges *ou* remercier ostensiblement le critique *louangeur*...

4. 1er état : ... ces compliments dont la société française...

5. 2e état : ... dont je connais l'étendue...

6. 1er et 2e état : ... superficiellement, *au moins*...

7. 1er état : ... qui comportent *presque toujours*...

8. 1er et 2e état : ... en même temps *bien sûr* que cette profonde...

9. 1er et 2e état : ... qui me vient alors *et qui pourrait s'exprimer à peu près par un* : « Ce n'est pas cela... » Ce n'est pas cela et c'est pourquoi la réputation, comme on dit, est parfois si difficile à accepter. *Il arrive bien qu'on trouve une sorte de mauvaise joie à faire soi-même ce qu'il faut pour la défaire. Au contraire, relisant après tant d'années* « l'Envers et l'Endroit »...

10. 1er et 2e état : ... malgré les dons qui sont les miens pour cet exercice. *Ceux qui, parfois, m'ont accusé d'être un solitaire ne savaient pas ce qu'ils disaient.* Si la solitude...

P. 11.

1. La phrase qui précède n'existait pas au second état.

2. 1er et 2e état : ... ce qui est dit, *de gauche façon*, dans...

3. 1er et 2e état : ... ai-je écrit *avec beaucoup* d'emphase...

4. 1er et 2e état : ... je disais vrai; *car à ce moment*, je n'avais pas encore...

5. 1er et 2e état : J'ai voulu sans doute *corriger* ce qu'elle produisait de pire en moi. J'ai essayé, tant bien que mal, *par exemple d'être un homme* de morale.

6. 1er et 2e état : Avec de l'énergie, on arrive parfois...

7. 1er et 2e état : Et *se conduire comme un homme* de morale quand on est...

8. 1er et 2e état : ... où *l'on croit vouloir la* justice.

9. 1er et 2e état : ... à moi. *Et* si j'ai à *ces moments* l'impression de m'être trompé ou d'avoir menti dans ce que j'écrivais...

10. 2e état. On n'y trouvait pas les trois phrases qui précèdent.

11. 1er et 2e état : ... philosophiques. *L'honneur en tapinois, voilà peut-être le pain quotidien de ceux qui, demain, ne voudront se résigner ni à jouer la vertu ni à étaler leur cynisme.*

En attendant, je voulais seulement...

P. 12.

1. 1er et 2e état : Mais, *pour finir,* mes *erreurs,* mes ignorances et mes fidélités m'ont toujours ramené, *je le sais bien,* à cet...

2. 1er et 2e état : ... certains matins, par exemple.

3. 1er et 2e état : ... la même légère ivresse *que si je le découvrais encore.* Pourquoi, s'il en est ainsi, *refuser si longtemps de produire...*

4. 1er et 2e état : ... reste *justement* utile.

5. 1er état : ... sont trop hautes.

6. 1er et 2e état : ... cette raideur, parfois *! Après tout, ce qu'elles essaient de contenir était aussi trop mouvant. Le jour où l'équilibre s'établira entre ce que je suis et ce que je dis, entre l'être et le langage,* ce jour-là peut-être...

7. 1er et 2e état : ... et le désordre; *comme aussi bien* nous les trahissons sous un déguisement trop *savant.*

8. 1er et 2e état : ... créer que dans *la flamme et non dans cette longue souffrance où le feu couve péniblement.* Au sommet de la flamme, le cri *du moins* sort tout droit et crée ses mots *propres qui le font retentir* à leur tour.

Cf. *Noces.* La même image se retrouve dans l'évocation de Florence.

9. 1er et 2e état : ... Pourquoi *encore,* puisqu'il s'agit...

10. 1er et 2e état : ... cette publication? *C'est qu'il est* un temps dans la vie *où chaque artiste doit faire le point, ne pas céder à l'enlisement qui guette tout aventurier,* se rapprocher de son propre centre *d'abord,* pour tâcher ensuite...

On notera qu'ici l'artiste est tenu pour un « aventurier » tout comme *le Mythe de Sisyphe* l'assimilait, d'une certaine façon, au conquérant.

P. 13.

1. 1er état : ... ce silence. *À travers* le songe de la vie...

2. 1er et 2e état : ... un silence heureux. Oui, rien n'empêche...

3. 1er et 2e état : ... pourquoi, peut-être, *à quarante ans,* après...

L'IRONIE

J'ai disposé ici, pour la première partie du texte, d'un manuscrit appartenant à Mme Hié et titré : « Puis c'est la voix de la femme malade qu'on abandonne pour aller au cinéma » ; ainsi que de deux états dactylographiés appartenant à Mme Camus :

1 — chemise verte n⁰ˢ 66-69, avec de nombreuses variantes.
2 — chemise verte n⁰ˢ 71 et 80-83. Corrigé de la main de Camus, ce second état a servi à l'établissement de l'édition de 1938. Les variantes qui valent pour cet état valent aussi pour la première édition.

Pour la seconde partie, j'ai disposé du manuscrit : « Puis c'est la voix de l'homme qui était né pour mourir », de deux états dactylographiés semblables : n⁰ˢ 76-79 et 81-90 et d'un état postérieur corrigé par Camus, destiné sans doute à l'édition.

Pour la troisième partie enfin, dans trois chemises vertes, quelques fragments avec variantes et corrections manuscrites, n⁰ˢ 72-74 et 40 et 75.

Je n'ai relevé que l'essentiel des variantes.

P. 15.

1. Ms. : *Puis c'est la voix de la vieille femme malade qu'on abandonnait pour aller au cinéma.* Elle était éprouvée par *une maladie...*
2. Dernier état et 1ʳᵉ édit. : *... quand l'autre lui était étrangère.*
3. Ms. : *... à l'immobilité.* On l'avait ensevelie dans un fauteuil, chez sa fille. Elle avait beaucoup tenu à son indépendance et à soixante-dix ans travaillait encore pour la conserver. Elle vivait maintenant aux dépens de sa fille. Seule de longues journées, illettrée, peu sensible, sa vie larvaire ne donnait que sur une fenêtre : *Dieu.*
4. Ms. : *... l'Enfant.* Le Christ était au mur. Saint Joseph sur la table, le chapelet en sa main *[rayé].* Elle doutait...
5. Ms. : *En ce moment,* quelqu'un s'intéressait à elle. C'était un grand jeune homme *pâle qui avait de la sensibilité.* (Il croyait...
6. Ms. : *... bien senti.* Il y a un certain ton de voix qui ne trompe pas quand on a longtemps bavardé au marché. Du « comment allez-vous » de la bouchère à celui de l'épicier, il y avait un monde. Car seule la bouchère avait de la sympathie pour elle. En tout cas ce grand jeune homme pâle s'occupait d'elle. *Et cet intérêt...*
7. Ms. : *... comprenait* parce qu'il avait de la sensibilité.
8. Ms. : *... de personne,* si ce n'est à celle de Dieu. *Et précisément...*

P. 16.

1. Ms. : *...* un long regard chargé de reproches, *plus cruel que des injures.*
2. Ms. : Et *on lui* disait...

3. Ms. : *Il faut nous attarder à considérer le destin obscur de cette personne délivrée* de tout, sauf de Dieu, *donnée tout entière à cet ultime mal*, vertueuse par nécessité...

4. Ms. : ... l'homme en Dieu. *Semblables résolutions ne tiennent pas devant la première gifle de la vie. Et ce qui va suivre montrera que Dieu n'est pas de force contre les intérêts de l'homme.*

5. Dernier état et 1re édit. : Et *pour* se sentir...

6. Ms. : Pour *se trouver bien ensemble, un désir prenait ces gens de prolonger ce moment.* On décida.

7. Ms. : ... son chapelet. *Dieu était derrière ce chapelet et l'exhortait à la confiance.* Dernier état et 1re édit. : *Il l'exhortait à la* confiance.

8. Ms. : ... un grand noir profond où *se trouvait Dieu*.

P. 17.

1. Ms. : ... le jeune homme *qui avait le tort d'avoir de la sensibilité.*

2. Ms. : *Puis c'était la voix de l'homme qui était né pour mourir. Certes sa voix* triomphait *quand, sourcils rapprochés, il* secouait un index sentencieux.

P. 18.

1. Ms. : ... ses pauvres aventures, *et ses contes étaient à la mesure de ce qu'il avait été : niaiseries mises très haut*, lassitudes...

2. Ms. : ... il *ramenait* de son passé, *moins ce qui l'avait frappé que* ce qu'il pensait.

3. Ms. : Il n'en disait rien, *croyant être grandi* de paraître heureux. *D'ailleurs, s'il errait en cela, encore* se serait-il trompé en voulant...

4. Dernier état et 1re édit. : ... terrible *quand* on est vieux.

5. Ms. : ... le droit de participer. Et de son pas lent...
Tous les propos de « l'homme » n'existaient pas au 1er état.

P. 19.

1. Ms. : ... revient en nausées. *On ne s'amuse pas beaucoup sur ce tapis roulant qu'on ne peut remonter. Est-ce que ce tapis tourne sur lui-même ou bien est-ce que tout aboutit à ne plus être écouté ? Pourquoi ne veut-on pas l'entendre ? Ce serait si facile de le tromper. Il suffirait d'un sourire, d'une bienveillance. La nuit est là qui descend sans une faiblesse, inévitablement ; et tout est ainsi pour le pauvre vieil homme.* Il marche et se tait, tourne au coin d'une rue...

2. Ms. : ... qu'on rencontre. *Il n'est pas douteux qu'il est malade. Peut-être tombera-t-il bientôt. J'en suis sûr. Ce sera la fin.* Sa fièvre chante.

P. 20.

1. Ms. : ... les yeux. *Tout cela était à lui et à d'autres.* Devant la vie...

2. 1re édition : ... un médaillon *d'argent*, sans une ride...

P. 22.

1. Ms. : « Tu vois, dit-elle, *avec un sourire d'enfant*, je pète comme un cochon. »

ENTRE OUI ET NON

J'ai disposé d'un manuscrit (Ms. 1) appartenant à Mme Hié : « C'est d'abord la voix de la femme qui ne pensait pas », et d'une dactylographie, en possession de Mme Camus qui le reproduit pratiquement (n°s 84-87), puis d'autres fragments manuscrits (Ms. 2) photocopiés, enfin, de quelques pages dactylographiées n°s 70 et 92 à 94.

P. 23.

1. Ms. : Ce texte portait comme titre *Intervalle*, puis *l'Intervalle*.
C'est d'abord la voix de la femme qui ne pensait pas. Ce n'est pas le souvenir qu'il faudrait dire, mais le rappel. En cela nous ne recherchons ni bonheur passé ni vaine consolation. Mais de ces heures que du fond de l'oubli *nous ramenons à nous*, s'est conservé surtout le souvenir intact d'une pure émotion, *d'un moment* d'éternité *qui nous faisait participer*. Cela seul est vrai en nous. Nous le *savons* toujours trop tard. *Ce sont des heures, des jours où nous avons aimé. Nous avons communié avec* le fléchissement d'un geste, *l'opportunité d'un arbre dans le paysage. Et pour recréer tout cet amour, nous n'avons qu'un détail, mais qui suffit* : une odeur de chambre trop longtemps fermée, le son *particulier* d'un pas sur la route. *Nous aimions* en *nous donnant, enfin nous étions nous-mêmes, puisqu'il n'y a que l'amour qui nous rende à nous-mêmes. Sans doute, voilà pourquoi ces heures passées nous semblent si attachantes. C'est d'une éternité que nous prenons alors conscience. Et serait-elle illusoire, nous la saluerions encore avec émotion.*
Un soir, dans la tristesse de l'heure, dans le désir vague d'un ciel trop gris, trop terne, ces heures reviennent d'elles-mêmes, lentement, aussi fortes, aussi émouvantes, plus capiteuses peut-être de leur lointain voyage. En chaque geste nous nous retrouvons ; mais il serait vain de croire que cette reconnaissance fasse naître autre chose que la tristesse. Au demeurant ces tristesses sont les plus belles, car à peine se connaissent-elles. C'est lorsqu'on les sent finir qu'on demande le repos de l'indifférence. « Le besoin de paix se fait plus fort à mesure que l'espoir s'envole et finit par l'emporter sur la soif même de la vie*. » Et si nous avions à dire ces heures, ce serait avec une voix songeuse, comme voilée, qui récite, qui se parle plus qu'elle ne parle. Peut-être, après tout, est-ce là ce qu'on appelle le bonheur. En longeant ces souvenirs, nous revêtons tout du même vêtement discret, et la mort même nous apparaît comme une toile de fond aux tons vieillis, *moins effrayante, presque apaisante. Lorsque enfin notre route s'arrête brus-*

---

* Conrad.

quement devant un immédiat besoin, une tendresse s'étale, née d'un retour sur nous-mêmes : nous sentons notre malheur et nous en aimons mieux. Oui, c'est peut-être cela le bonheur, le sentiment apitoyé de notre malheur. *Et cette tendresse complaisante fait oublier son ridicule lorsqu'elle se penche sur notre passé pour enrichir notre présent.*

C'était ainsi ce soir. *Lui se souvenait,* non d'un bonheur passé, mais d'un étrange sentiment *dont il avait souffert — Il avait eu une* mère. En certaines circonstances, on posait une question *à celle-ci :* « À quoi tu penses ? » « À rien », répondait-elle — Et c'est bien vrai. Tout est là, donc rien. Sa vie, ses intérêts, ses enfants se bornent à être là, d'une présence trop naturelle pour être sentie. Elle était infirme, pensait difficilement. Elle avait une mère rude et dominatrice qui *aurait* tout *sacrifié* à un amour-propre de bête susceptible et qui *a* longtemps dominé l'esprit faible de sa fille. Émancipée par le mariage, celle-ci est docilement revenue, son mari mort. Il était mort au champ d'honneur, comme on dit. *Et,* en bonne place, on peut voir dans un cadre doré la croix de guerre et la médaille militaire. L'hôpital a encore envoyé à la veuve un petit éclat d'obus retrouvé dans les chairs. La veuve l'a gardé. Il y a longtemps qu'elle n'a plus de chagrin. Elle a oublié son mari, mais parle encore du père de ses enfants. Pour élever ces derniers, elle travaille et donne son argent à sa mère. Celle-ci fait l'éducation des enfants avec une cravache. *Et* quand elle frappe trop fort, sa fille lui dit : « Ne frappe pas sur la tête. » Parce que ce sont ses enfants, elle les aime bien. Elle les aime d'un égal amour qui ne s'est jamais révélé à eux. Quelquefois, comme en ces soirs dont lui se souvenait, revenue du travail exténuant (elle fait des ménages), elle trouve la maison vide. La vieille est aux commissions, les enfants *pas* encore *revenus de* l'école. Elle se tasse alors sur une chaise et, les yeux vagues, se perd dans la poursuite éperdue d'une rainure du parquet. Autour d'elle la nuit s'épaissit, dans laquelle ce mutisme plaintif est d'une irrémédiable désolation : *personne n'est là pour le savoir. Pourtant, un des enfants souffre de ces attitudes où, sans doute, sa mère retrouve son seul bonheur. S'il* entre à ce moment, il distingue la maigre silhouette aux épaules osseuses et s'arrête : il a peur. Il commence à sentir beaucoup de choses. À peine s'est-il aperçu de sa propre existence. Mais il a mal à pleurer devant ce silence animal. Il a pitié de sa mère, est-ce l'aimer ? Elle ne l'a jamais caressé puisqu'elle ne saurait pas. Il reste alors de longues minutes à la regarder. À se sentir étranger, il prend conscience de sa peine. Elle ne l'entend pas, car elle est sourde. Tout à l'heure, la vieille rentrera, la vie renaîtra : la lumière ronde de la lampe à pétrole, la toile cirée, les cris, les gros mots. Mais maintenant ce silence marque un temps d'arrêt, *une minute d'éternité.* Pour sentir cela confusément, l'enfant croit sentir, dans l'élan qui l'habite, de l'amour pour sa mère. Et il le faut bien parce qu'après tout c'est sa mère.

Mais aussi à quoi pense-t-elle, à quoi pense-t-elle donc ? À rien. Dehors la lumière, les bruits; ici le silence dans la nuit. L'enfant grandira, apprendra. On l'élève et on lui demandera de la reconnaissance, comme si ça lui évitait la douleur. Sa mère toujours aura ces silences. *Et toujours l'enfant interrogera, aussi bien sa mère que lui-même. Il* croîtra en douleur. Être un homme c'est ce qui compte. Sa grand-mère mourra, puis sa mère, lui.

La mère a sursauté *car* elle a eu peur. *Elle gronde son fils.* Il a l'air idiot à la regarder ainsi. Qu'il aille faire ses devoirs. L'enfant a fait ses devoirs. *Il a aimé, souffert, renoncé. Il est aujourd'hui dans une autre pièce, laide aussi, et noire.* Il est maintenant un homme. N'est-ce pas cela qui compte? Il faut bien croire que non, puisque faire ses devoirs et *supporter ses peines, ça* conduit à être vieux.

2. Ms. 2 : ... faire souffrir. *Et je revois un regard sans espoir où brillaient l'intelligence et l'humanité.* Quand tout est fini, la soif de vie est éteinte.

P. 24.

1. Dernier état : ... une lumière *inconsistante*. L'éclairage...
2. Dernier état : De grands reflets font ondoyer...
3. Ms. 2 : ... il n'y avait *qu'un tout petit balcon. Alors* on descendait des chaises...
4. Dernier état et 1re édit. : ... les marchands de *crème* à côté...

P. 25.

1. Dernier état : « À quoi penses-tu ? »
2. Dernier état et 1re édit. : ... et qui *a* longtemps dominé...
3. Dernier état : ... la nuit *s'épaissit lentement* dans laquelle...

P. 26.

1. Feuillet dactylographié sans date : ... sa mère, lui. *Et, au bord de ces pierres froides, il n'y aura ni interrogation ni réponse : un silence définitif.*
2. 1er état : ... ses devoirs. *Il a aimé, souffert, renoncé. Il est aujourd'hui dans une autre pièce, laide aussi, et noire.* Il est maintenant un homme. N'est-ce pas cela qui compte? [À partir d'ici, manuscrit.] Il faut bien croire que non puisque faire ses devoirs et *supporter ses peines, ça* conduit à être vieux.

Mais demain, demain, un nouveau monde [mot peu sûr]. *L'hiver algérien traversé de soleil. Peut être* (?) *déjà le froid.* [mot illisible] *Tout ça ne se raconte* (?) *pas La Belle vérité.*   A. C.

Le premier état dactylographié s'arrêtait ici.

3. Dernier état et 1re édit. : ... accepter d'être un homme *ça* conduit...
4. Dernier état : ... sa note *petite* et tendre...

P. 27.

1. Texte manuscrit sur papier de cahier : Le monde s'était dissous et avec lui l'illusion *des commencements et des fins. Au vrai* rien n'existait plus *de ses* études *ni de ses* ambitions *ni des valeurs qu'il avait fait* [mot illisible]. *À la lumière de la veilleuse l'espace de cette chambre se montrait capricieux. Gauche et droite perdaient leur sens. Il ne restait que* la maladie *et le malheur* où il se sentait plongé. *Et la mort au bout. Surtout plus terrible que tout désir, le doute, mais oui, planté au cœur de l'homme* [cette dernière phrase barrée] Et pourtant...

P. 28.

1. Feuille manuscrite : On parle ensuite de drame secret et de chagrins intimes. *C'est beaucoup plus simple que ça.* Et s'il faut...
2. 1re édition : ... le dernier *petit*, mangé...
3. Ms. 2 : ... déjà. Odeur de mort et d'urine. *Le vent hurlait autour de la maison.* Je m'assis *par terre* au milieu...
4. Ms. 2 : Puisque cette heure est comme un intervalle entre *des raidissements et l'impure* (?) *sagesse que je tente de construire*, je laisse pour d'autres heures le *raidissement et la sagesse*.

P. 29.

1. 1re édition : ... il ne lui a jamais *beaucoup* parlé.
2. Ms. : ... pour la saison. » *Dans cette chambre close, rattachée au monde extérieur par les quelques bruits que j'entends, je me souviens d'heures pareilles. C'était le* (?) *dans le même appartement. Toutes les persiennes étaient fermées dans le silence énorme de la rue. De loin en loin* (?), *la trompette aiguë du marchand de glaces et le silence retombait plus lourdement. Enfant, je jouais dans les pièces d'ombres en répétant inlassablement :* « *Je m'ennuie* ». [2 mots illisibles] *me répondait de sa voix calme :* « *Mange ton poing, garde l'autre pour demain.* » *On se taisait et le silence devenait insupportable.* Elle s'est levée...
3. 1re édit. : C'est vrai.

LA MORT DANS L'ÂME

J'ai disposé cette fois :
1º — d'une dactylographie incomplète n°s 33 à 39;
2º — d'une seconde dactylographie incomplète n°s 30-32, portant les corrections du texte précédent, et donnant le texte de la première édition. C'est à la première que je me suis référé.

La première édition portait : « Fragment ».

Cette notation s'explique par l'intention qu'avait alors Camus de reprendre ce texte dans *la Mort heureuse*.

P. 31.

1. Dact. : ... femmes *aux chairs émouvantes. C'est curieux que je ne puisse voir une très jolie femme sans me sentir extraordinairement malheureux. J'allai plus vite. C'est trop difficile d'entrer dans les grands hôtels quand on a été pauvre.* Quelque chose dans ma course précipitée ressemblait déjà à une fuite. Vers huit heures pourtant, *épuisé,* j'arrivai...
2. Dact. : ... ville. *Le monde vacille autour de cette petite question. Et* l'inquiétude, encore indifférenciée tout à l'heure, *devient aiguë, lancinante, pousse sa pointe douloureuse dans mon cerveau... Je suis mal à l'aise. J'ai mal au ventre et je sens sous mon sternum comme une boule qui grossit et entrave ma respiration.* Un moment de lucidité...
3. Dact. : ... cette stupide *angoisse ?*

P. 32.

1. Dact. : ... mes repas. *Mais voici des menus affichés. Et* de tous le moins cher est aussi le moins accueillant.
2. Dact. : ... rendu *immangeable* par une quantité...
3. Dact. : ... un geste *égaré* de moi...
4. Dact. : ... ce qui suit.) *Une panique atroce m'avait saisi soudain.* J'avais peur...
5. Dact. : ... sortir de moi. *Je payai puis sortis.* Je marchai...

P. 33.

1. Dact. : ... terrain. *À toujours considérer* cette pointe dans mon cerveau, *une peur me prenait de devenir fou.* Je décidai...
2. Dact. : ... Aussitôt sorti, j'étais *livré à mes démons.* Une fois pourtant...

Le mot *étranger* n'apparaît pas encore à ce stade, mais à la 1re édition, où on trouve : j'étais « étranger ».

3. 1re édition : ... je transcris *fidèlement,* parce que...

P. 34.

1. 1re édition : ... le voyage *s'illumine.*
2. Dact. : ... une faim de l'âme. » *Ce qui fait le prix du voyage, c'est la peur.* Mais ai-je besoin *de dire* que tout ça, c'étaient des histoires...

P. 35.

1. Dact. et 1re édition : Je savais *d'avance* que ce n'était pas...

P. 36.

1. Dact. : ... jusqu'à mille, *je ne deviendrai pas fou.* » À cinquante...
2. 1re édit. : ... d'accordéon. « *Viens, gosse de gosse, on va faire un tour.* » À ce moment...

P. 37.

1. Dact. : ... tournoyant avec elles. Je respire *avec le monde et j'y gagne mon silence. Je mesure ici tout le bonheur dont je suis capable. Le bonheur, cette conscience attentive et amicale de ce qui fait notre malheur.* Je me promène tout le jour...

2. 1re édit. : Je respire *tout* le bonheur dont je *suis* capable.

P. 38.

1. Dact. : ... se perdre dans la *baie* qui fumait au soleil.

AMOUR DE VIVRE

J'ai disposé ici de feuilles manuscrites dont la continuité n'était pas parfaite. Je n'ai repris qu'une partie des variantes.

P. 41.

1. Ms. : ... marché : *on ne peut y entrer sans être saisi à la gorge par le bruit, l'odeur et le mouvement (?) qui y règnent ; ce que je retiens de l'un d'eux est l'image de femmes.* C'était une petite salle...
2. Ms. : ... un orchestre *(piano, accordéon, banjo)*, un bar...
3. ... la vraie civilisation. *À ce titre* le peuple espagnol est *vraiment* civilisé.

P. 42.

1. 1re édit. : ... naissaient *de* ses hanches...
2. Ms. : La salle *regardait* écrasée. Mais, au refrain, la fille, tournant sur elle-même, tenant ses seins à pleines mains, *le nez dans le visage des consommateurs,* ouvrant sa bouche rouge et mouillée, *elle reprenait* la mélodie en chœur avec la salle, jusqu'à ce que *la salle se lève* dans *les hurlements*. Elle, campée au centre...

P. 43.

1. 1re éd. : Sensible à tous les *tons,* comment dire...
2. 1re éd. : ... cuiller *de fer* rouillé.
3. Ms. : ... de pigeons, *dans le silence qui se blottissait soudain* au milieu *de sa colonnade précieuse,* dans le grincement...
4. Ms. : ... il me semblait qu'un *coup d'ongle* l'eût fêlé. Quelque chose allait se défaire, *les roses s'effeuiller une à une,* le vol des pigeons...
5. Ms. : Seuls, mon silence et mon immobilité *prêtaient quelque solidité à* ce qui ressemblait si fort à une illusion. J'entrais dans le jeu. Sans être dupe, je me prêtais aux apparences. *C'était comme certaines formes douces et retenues de l'amitié des femmes.* Un beau soleil...

P. 44.

1. Ms. : Et pourtant le miracle se poursuivait *mystérieux et secret. Un équilibre durait, coloré pourtant par l'appréhension. Le monde durait pudique, ironique et discret.*

Là était tout mon amour de vivre : une passion *désespérée* pour ce qui allait peut-être m'échapper, une amertume sous une flamme.

2. Ms. : J'admire *que certains puissent* trouver au bord de la Méditerranée des certitudes et des règles de vie, *que leur raison s'y satisfasse, et qu'ils en tirent un optimisme et une justification de leur* sens social. *Mais pour moi je n'y pouvais croire*. Car enfin...

3. Ms. : ... soleil. *Non pas l'acceptation d'un ordre mais le désir éperdu* [deux mots illisibles] *un rythme*. Il n'y a pas...

P. 45.

1. Ms. : ... volée à la vie. *Je tremblais de* désir. Comme dans ces heures *tendues* du cabaret...

L'ENVERS ET L'ENDROIT

J'ai disposé ici de deux dactylographies, l'une D.1 très courte, venue de Jean de Maisonseul ; l'autre D.2 plus récente, en possession de Mme Camus.

P. 47.

1. D.1 : C'était une femme originale *en ce sens qu'elle vivait seule*. Elle entretenait...

Dans D.2, cette phrase se situait à la fin du paragraphe.

2. Les deux phrases qui précèdent n'existaient pas dans D.1.

3. D.1 : ... aux portes de la ville. Elle entrait...

P. 48.

1. D.1 s'arrête ici.

2. 1re édit. : ... qui jouent sur *les* rideaux blancs.

3. 1re édit. : Il suffit : *cette* lueur naissante...

P. 49.

1. D.2 : ... ma reconnaissance. *Et comment dire le lien qui mène de cet amour dévorant de la vie à ce désespoir secret ? tous deux sont également vrais.* L'ironie, tapie au fond des choses, se découvre lentement. Clignant son œil petit et clair : « Vivez comme si, dit-elle, *et faites comme si.* » Je pense à cette femme dont on me racontait l'histoire. « Habillons-la maintenant, dit sa fille, ça sera moins dur que lorsqu'elle sera morte. » *Et vivante encore on l'habilla pour les vers.* C'est curieux comme nous vivons parmi des gens pressés.

Sur la page dactylographiée, Camus a réécrit à la main le texte quasi définitif.

III

TEXTES COMPLÉMENTAIRES

JEHAN RICTUS*

LE POÈTE DE LA MISÈRE

> Faire enfin dire quelque chose à quelqu'un qui serait le Pauvre, ce bon Pauvre dont tout le monde parle et qui se tait toujours.
> Voilà ce que j'ai tenté.
>
> J. R.

Le Pauvre se promène, ressassant sa misère, remâchant sa détresse. Il laisse gronder en lui d'obscurs désirs, de ténébreuses révoltes. Ce qu'il pense, le secret de ce cœur qui bat sous les haillons sordides, nul ne le sait. Et pourtant que de regrets, que d'aspirations éveillés par la vue du bonheur d'autrui! Pauvre dont tout le monde parle, Pauvre que tout le monde plaint, Pauvre répugnant dont les âmes « charitables » s'écartent, il n'a encore rien dit.

Ou plutôt, il a parlé par la voix de Victor Hugo, de Zola, de Richepin. Du moins, l'ont-ils dit. Et ces impostures honteuses ont nourri leurs auteurs. Ironie cruelle, le Pauvre que la faim tenaille nourrit ceux qui le plaignent. Ne cherchez pas ce qu'il pense, ne cherchez pas ce qu'il pleure chez ces spéculateurs de la misère.

Non, un des leurs s'est levé. Christ des misérables, Messie des meurt-de-faim, il s'en est allé pour semer la bonne parole. Et quelle parole! Il a parlé la langue du Pauvre, non pas le bavardage académique de certains

---

* Je ne saurais trop insister sur le caractère documentaire de ces tous premiers textes. C'est dans la mesure où ils sont très difficiles à consulter que je me suis décidé à les publier ici. (R. Q.)

auteurs modernes mais celle qui sert aux misérables à se dire un peu de l'éternelle souffrance humaine, une langue d'une vulgarité aristocratique où la douleur fait surgir d'étonnantes trouvailles.

Je voudrais faire connaître un peu mieux cet étonnant poète, « long comme une larme », disait Jules Lemaître. Si cette modeste étude pouvait le faire lire, le faire aimer, j'en serais heureux. Je sais que la misère gêne quelquefois le bonheur des autres. Mais cette gêne provoque quelquefois des actes d'humanité, et par là elle est souhaitable, en attendant mieux. Je vais donc essayer d'analyser ces douloureux *Soliloques du Pauvre*.

Le but de Jehan Rictus est exprimé dans sa préface en vers. J'en citerai deux strophes.

> Oh! ça n's'ra pas comm' les vidés
> Qui, bien nourris, parl'nt de nos loques.
> Ah! faut qu' j'écriv' mes « Soliloques » :
> Moi aussi j'en ai des Idées.

. . . .

> Et qu'on m'tue ou qu'j'aille en prison
> J'm'en fous, j'n'connais pus de contraintes,
> J'suis l'homme modern' qui pouss' sa plainte,
> Et vous savez ben que j'ai raison.

Ce but, Jehan Rictus l'a atteint. Il a dit avec ferveur ce besoin maladif d'amour, cette soif de tendresse qui saisit l'homme au milieu de son malheur. Il a dit toutes les vagues aspirations des malheureux vers un havre d'amour reposant. Les sans-gîte, les meurt-de-faim, les vagabonds ont aussi un cœur et une âme — âme d'autant plus belle qu'elle est plus gonflée de désir.

Dans ce long cri de douleur, il y a en réalité une sorte de thèse, et je vais essayer de la dégager : les *Soliloques du Pauvre* sont l'expression des états d'âme du misérable. Or ce misérable, qui ne trouve qu'humiliation et souffrance dans sa vie terrestre, cherche à sortir de son état lamentable par le rêve. Cet homme, plus que les autres, n'est heureux que lorsqu'il oublie qu'il est homme. Mais, hélas! trop souvent, la dure réalité vient disperser ces rêves, et c'est alors, devant l'injustice du sort, d'âpres révoltes, hélas! trop justifiées. Il y a donc deux parties dans les *Soliloques du Pauvre*. Il y aura le récit des rêves du pauvre diable, rêves de bonheur tranquille et universel et aussi le récit de ses Révoltes. Quoique ces deux parties ne soient pas distinctes dans le livre lui-même, je crois que l'on peut les distinguer sans arbitraire.

J'étudierai donc, d'abord, les rêves exprimés dans ce livre tremblant de douleur, puis les révoltes et les malédictions de ce prêcheur de révolte.

Et tout d'abord ses Rêves. Vous croyez peut-être que ce meurt-de-faim rêve de ripailles, que ce pauvre entre les pauvres rêve d'argent. Non. Il rêve d'amour. Mais il rêve d'un amour qui soit plus maternel que sensuel, un amour chaud et enveloppant, un abri tiède pour venir y reposer ses membres las et endoloris de Juif errant de la misère. Et il rêve d'une femme qui soit blanche et qui soit belle. Rêve poignant à force de pureté naïve :

> Qui c'est? J'sais pas mais elle est belle,
> A' s'lève en moi en lun' d'été,
> Alle est postée en sentinelle
> Comme un flambeau, comme un' clarté.

. . . .

> Qui c'est? J'sais pas alle est si loin,
> Alle est si pâl' dans le soir qui tombe
> Qu'on jur'rait qu'a sort de la tombe
> Oùsqu'on s'marierait sans témoins.

Et le voilà lancé dans son rêve blond, rêve pur où l'homme retrouve avec joie sa précieuse âme d'enfant. Il vit son rêve. Il oublie son sort, son état, sa faim. « J'me cognerais p'têt' dans son baiser », pense-t-il. Si alors il revient à la réalité, à la misère, ce cri touchant d'illuminé entêté s'échappe spontanément :

> Ben, ma foi, si gn'a pas moyen,
> C'est pas ça qu'empêch'ra que j'l'aime.
> Allons, r'marchons, suivons not' flemme,
> Rêvons toujours, ça coûte rien.

Quel sanglot touchant d'enfant qui ne veut pas croire au joujou brisé! Ah! rencontrer ce rêve. La Femme l'accueillera et, caressante, le couchera. Et il dormira, d'un sommeil tendre et naïf, le sommeil d'un enfant sans tache :

> Voui, dormir, n'pus jamais rouvrir
> Mes falots sanglants sur la vie
> Et dès lorss ne pus rien savoir
> Des espoirs ou des désespoirs,
> Qu'ça soye le soir ou ben l'matin,
> Qu'y fass moins noir dans mon destin,
> Dormir longtemps... dormir... dormir.

Et tous ces rêves endormis se réveillent surtout au printemps. Le Pauvre souffre du bonheur des autres. Et, dans les sentiers noyés de crépuscule, le long de haies fleuries, la vue des ombres tendrement enlacées lui met au cœur une tristesse sans nom. Lui aussi voudrait aimer, lui aussi saurait parler de fleurs et d'étoiles. Non, ce n'est pas un amour compliqué qu'il lui faut, mais l'amour qui se contente des bouquets de violettes à quarante sous.

Ce grand rêve triste d'amour naïf est accompagné chez lui d'un autre rêve. Sa misère, sa détresse lui fait espérer une époque meilleure. Et ses croyances d'enfant surgissent : si Jésus revenait, lui qui fut pauvre, qui naquit sur de la paille, lui qui souffrit pour racheter ses frères ? Si le Rouquin « au cœur pus grand qu'la vie » revenait, lui qui a dit : « Malheur aux riches ! ». Et de nouveau le rêve blond emporte le misérable. Et il vit son rêve. Il voit le Tendre aux yeux de rêve. Et là se place une idée de génie. Le Pauvre rencontre Jésus ou croit le rencontrer. Et la scène est unique. Le Pauvre demande des comptes à Jésus, lui fait voir son échec. Ah ! oui, c'est un échec. On met Jésus au théâtre, en vers, en musique. « T'es d'venu un objet de Guignol. » Le Pauvre plaint Jésus qui lui paraît maigre et pâle. Et quelle apostrophe sincère ! Il s'adresse à l'Église, aux faux dévots, et leur demande un bout de pain : « Gn'a Jésus-Christ qui meurt de faim. »

Et c'est une longue confession. Le Pauvre s'épanche, déverse toute sa détresse dans le sein du Tendre. Il lui rappelle ses croyances naïves d'enfant. Il n'y a donc plus rien dans le Ciel ?

> Sûr gn'a pus rien ! Même que peut-être
> Y gn'a jamais, jamais rien eu.

Et une colère secoue le Pauvre. Il injurie Jésus impuissant à secourir les misères de ce monde :

> Ah! je m'gondole! Ah! je m'dandine!
> Rien ne s'écroule, y'aura pas d'débâcle.
> Eh! l'homme à la puissance divine,
> Eh! Fils de Dieu, fais un miracle.

Le jour vient et le Pauvre s'aperçoit que l'homme qu'il insultait n'est que lui-même collé à la glace d'un marchand de vins. Et la conclusion philosophique, d'une résignation douloureuse, arrive : « On perd son temps à s'engueuler. »

Quoi de plus beau que ce rêve! Ah! pleure, Jésus, ta « banque d'amour a fait faillite » :

> Ton paradis ? la belle histoire
> Sans être vach' de réalité.

Et triste, sordide, loqueteux et superbe, le Pauvre s'en va méprisant le Dieu impuissant.

Le misérable se nourrit de ces rêves, s'abreuve à la source de ses illusions. Mais la dure expérience vient quelquefois le rejeter dans la réalité. Et des révoltes le secouent. Mais, hélas! ces révoltes sont inutiles. Bien qu'il dise « Y m'dégoûtent mes contemporains », bien qu'il parle parfois de « buter » le premier passant, son âme de poète-enfant reprend le dessus. Et désemparé, hésitant, malheureux, le Pauvre s'adresse à Dieu.

Le chant intitulé « Prière » n'est qu'un long appel au suprême espoir. Le Pauvre raconte à Dieu sa vie lamentable, confession douloureuse : c'est le printemps. Le Pauvre, souffrant de faim, souffrant de soif, pleure aussi d'amour. Et il demande à Dieu pourquoi sa part sur cette terre est la plus mauvaise. C'est la plainte éternelle de l'homme :

> Quoi y faut dir' ? Quoi y faut faire ?
> J'ai mêm' pus la force de pleurer.
> J'sais pas porquoi j'suis sur la terre
> Et j'sais pas porquoi j'm'en irai!

Il se refuse à souffrir. Il est las, las des économistes et des législateurs, las des rois et des maîtres, las des parlements, des papes et des prêtres. Il veut être heureux. Il le veut de toutes ses forces. Il veut vivre, serait-ce comme une bête.

> Car au printemps, saison qu' vous faites
> Alorss que la vie est en fête,
> Y s'rait p'têt' bon d'être une bête
> Ou riche et surtout bien aimé.

Ainsi se succèdent sans fin espoirs et déceptions. Éternel conflit du Rêve et de la Réalité. Endormi sous une porte cochère, le Pauvre rêve, encore, toujours. Il se marie, son rêve d'amour naïf se réalise, mais un passant brutal le réveille sous la menace de la prison. Et c'est de nouveau les promenades incertaines, les pieds endoloris, la tête vide, le corps raidi par le froid et la faim. C'est la course errante du Pauvre, perdu dans ses illusions, dans ses rêves. Cri effrayant de révolte jeté à la face du monde.

. . . .

Voilà, je crois, ce que l'on peut voir dans l'œuvre de Rictus. Mais la meilleure et la plus pénétrante des analyses ne saurait rendre l'émotion et la tristesse qui se dégage de ce livre. D'ailleurs, analyser un pareil chef-d'œuvre est peut-être un défi à l'Art. On ne devrait pas analyser les œuvres vraies et sincères. Cette sorte de dissection littéraire tue l'émotion. Mais j'ai tenté là une critique sincère d'un livre sincère.

Ce qui séduit surtout dans le livre c'est le contraste entre la vie boueuse et sale du Pauvre et l'azur naïf de son âme. C'est que ce Pauvre a gardé son âme candide d'enfant. C'est que, malgré ses souffrances, il croit encore à l'amour pur, il a gardé ses croyances d'enfant. Simple et grand, ses illusions sont encore intactes. Ne le détrompons pas.

Ces illusions-là sont de celles que l'on admire et que l'on envie.

ALBERT CAMUS.

Revue *Sud*, mai 1932

ESSAI SUR LA MUSIQUE

(EXTRAITS)

Il importe auparavant de définir nettement notre manière de concevoir l'Art. Deux grandes théories sont en présence : le Réalisme et l'Idéalisme. Selon la première, l'Art devrait se proposer exclusivement l'imitation de la Nature et l'exacte reproduction de la Réalité. C'est là une définition qui, non seulement avilit l'Art, mais encore le détruit. L'abaisser à une imitation servile de la Nature, c'est le condamner à ne produire que de l'imparfait. En effet, la plus grande part de l'émotion esthétique est apportée par notre personnalité. Le Beau n'est pas dans la Nature, c'est nous qui l'y mettons. Le sentiment de Beau que nous avons devant un paysage ne vient pas de la perfection esthétique de ce paysage. Il vient de ce que cet aspect des choses est en parfaite concordance avec nos instincts, nos tendances, avec tout ce qui fait notre personnalité inconsciente. Et cela est si vrai qu'un même paysage trop longtemps vu, trop souvent contemplé finit par lasser. Cela arriverait-il s'il portait en lui sa perfection ? La plus grande part de l'émotion esthétique est donc fabriquée par notre moi, et le mot d'Amiel restera toujours juste : « Un paysage est un état d'âme. » D'ailleurs, en supposant les Arts réduits à l'imitation de la Nature, si nous admettons que certains d'entre eux, comme la sculpture ou la peinture, puissent arriver à un résultat, il n'en reste pas moins que d'autres, comme l'architecture et surtout la musique, seraient dans l'impossibilité de faire de même. Que la Nature exprime des harmonies propres à l'inspiration musicale, c'est certain. Mais disons-nous que Beethoven ou Wagner se sont bornés à les imiter ? Quel avantage retirerions-nous d'ailleurs de ces reproductions forcément infidèles de la Nature ? Elle-même nous procurerait bien plus sûrement une émotion esthétique plus nette et plus pure.

Nous considérons donc cette thèse réaliste comme indéfendable. Et, d'ailleurs, quelles pauvres œuvres a-t-elle mises au jour ! Pour un Flaubert, combien de Zola ?

Quelle sera donc notre conception de l'Art ? Ce n'est

pas absolument celle de l'école idéaliste qui, tout en opposant avec raison Art et Nature, fait consister le mérite du premier dans ce qu'il ajoute à la seconde.

Cette théorie idéaliste se transforme trop souvent en théorie morale, productrice d'œuvres plates, fausses et ennuyeuses à force de vouloir donner des exemples sains, respectables et destinés à être imités.

Pour nous, l'Art ne sera ni l'expression du Réel ni l'expression d'un Réel embelli jusqu'à être falsifié. Ce sera simplement l'expression de l'idéal. Ce sera la création d'un monde de Rêve, assez séduisant pour nous cacher le monde où nous vivons et toutes ses horreurs. Et l'émotion esthétique résidera uniquement dans la contemplation de ce monde idéal. L'Art sera l'expression, l'objectivation des choses telles qu'elles devraient être pour nous. Il sera essentiellement personnel et original puisque l'idéal de chacun de nous varie. Il sera la clef ouvrant les portes d'un monde, inaccessible par d'autres moyens, où tout serait beau et parfait, la beauté et la perfection étant définies par rapport à chacun de nous. Et nous insistons sur la part réservée à la personnalité dans l'Art. Mieux vaut une laideur qui soit personnelle qu'une beauté plastique qui soit pure imitation. « Ce que le public te reproche, garde-le précieusement, c'est toi », disait Jean Cocteau...

[Suivait une longue analyse de la musique selon Schopenhauer, puis selon Nietzsche.]

Nietzsche part des tendances naturelles de l'homme (des Grecs dans son ouvrage) pour aboutir à sa conclusion. En effet, il est indéniable que nous nous complaisions dans le rêve, que nous aimions vivre une vie imaginaire cent fois plus belle que la réalité. C'est que nous sentons le besoin d'oublier notre individualité et de nous identifier à l'humanité tout entière. C'est ce que Nietzsche appelle : l'apollinisme, c'est-à-dire le besoin de métamorphoser la Réalité par le Rêve. C'est une sorte d'extase symbolisée par l'extatique Apollon. Nous sommes poussés en même temps par un autre instinct, symbolisé par Dionysos, le dieu du déchirement. Cet instinct dionysiaque nous plonge dans une véritable ivresse et a pour effet de nous faire oublier notre individualité propre. Ces deux instincts réunis concourent pour nous faire oublier ce qu'il y a de douloureux dans notre existence. Plus qu'aucun autre, le peuple grec a senti ces besoins, et on peut, selon Nietzsche, distinguer deux tendances de son génie : tout d'abord, il tend à se plonger dans le dionysisme et ensuite il en appelle à l'apollinisme pour dompter ce premier mouvement. En effet, après avoir longtemps organisé des cérémonies orgiaques, où la foule, prise de délire sacré, pareille aux êtres élémentaires comme les satyres ou les nymphes, tombait dans des voluptés effrénées, les Grecs durent faire un gros effort pour dominer ce besoin dionysiaque d'ivresse et d'ensorcellement et arriver à quelque chose de plus pur et de plus idéal. La raison de cet effort n'est pas, comme on l'a cru trop longtemps, dans un besoin d'idéalité parfaite. Cette force créatrice de beau serein, de beau apollinien, est due surtout au sentiment de la douleur beaucoup plus enraciné chez les Grecs que chez les autres peuples.

« La conception de la beauté pour les Grecs est sortie de la douleur. » C'est sur cela que Nietzsche va bâtir sa théorie.

En effet, l'apollinisme et le dionysisme résultent du besoin de fuir une vie trop douloureuse. Les Grecs ont été déchirés par les luttes politiques, par l'ambition, par la jalousie, par toutes sortes de violences. Mais, direz-vous, il en est de même pour d'autres peuples ? En effet. Mais, par leur sensibilité et par leur émotivité, les Grecs ont été les plus aptes à la souffrance. Ils ont cruellement senti l'horreur de leur vie et ont été ainsi fatalement destinés au dionysisme barbare. De là, le besoin de remédier à ces horreurs sauvages, en créant des formes ou plutôt des rêves, plus beaux que chez aucun autre peuple.

Et pour cela ils se sont servis de la danse et de la musique. Ils ont discipliné l'ivresse mystique par la cadence. Aussi ont-ils créé un art qui satisfait également le sentiment et l'imagination. Aussi ont-ils créé la tragédie.

En effet, ainsi que nous l'avons vu, le fond de la pensée grecque est un pessimisme amer. (Quoi de plus pessimiste que cette maxime grecque : « Le bonheur est de ne pas être » ?) Par leurs dispositions à la rêverie, les Grecs ont pu toutefois oublier la vie. Ils n'ont pas cherché à rendre la vie plus agréable, ils l'ont annihilée par le Rêve. A l'existence, ils ont substitué la beauté et l'ivresse. Ce fut la sérénité grecque. Et ce que Schiller appelle aussi la

« naïveté grecque » n'était pas du tout de la naïveté. C'est avant tout la faculté de faire disparaître la vie et de rêver : la seule existence est l'existence apollinienne et la vie n'est qu'une illusion. Aussi les Grecs ont-ils toujours recommandé d'ignorer la vie. Ils punissaient cruellement ceux qui voulaient savoir : Socrate dut boire la ciguë.

Ainsi, grâce au Rêve, les Grecs ont échappé au découragement. Car tout leur effort a consisté à tirer de la souffrance une « volonté de triomphe ». À cet effort, à cette angoisse de vivre, seule la Musique permet de donner une expression... »

[Après avoir proposé une définition de la musique comme « expression d'un monde inconnaissable, monde d'essence spirituelle qui s'exprimerait d'une façon idéale », Camus concluait au terme d'un long développement :]

En général et pour finir, la Musique vraiment féconde, la seule qui nous touchera et que nous goûterons vraiment, sera une Musique de Rêve qui bannira toute raison et toute analyse.

Il ne faut pas vouloir comprendre d'abord et sentir ensuite.

L'Art ne souffre pas la Raison.

ALBERT CAMUS.

Revue *Sud*, juin 1932.

LA PHILOSOPHIE DU SIÈCLE

J'attendais avec impatience le livre qui devait être le couronnement de l'œuvre de Bergson. La philosophie bergsonienne était une question, un problème soulevé. Il lui manquait une réponse. Le livre né, la réponse est venue. Elle m'a déçu.

Le bergsonisme était, en effet, beaucoup plus un traité de méthode qu'un traité de science. C'était l'apologie de la connaissance directe, de l'intuition. C'était un plaidoyer en faveur des « Données Immédiates » de notre conscience. C'était aussi une mise en garde contre les dangers de l'analyse, c'est-à-dire contre l'intelligence et la raison. C'était enfin un traité de philosophie instinctive. Rien de plus séduisant que cette idée : écarter l'intelligence comme dangereuse, baser tout un système sur la connaissance immédiate et les sensations à l'état brut; c'était, en fait, dégager toute la philosophie de notre siècle. Cette philosophie antirationnelle repose, en effet, à l'état latent chez beaucoup de grands esprits contemporains. L'idée était donc belle. Mais Bergson ne faisait que la proposer. Il montrait tous les avantages de l'intuition. Il prouvait que l'on pouvait faire confiance à l'instinct. Il faisait ressortir les dangers de l'intelligence. En un mot, il bâtissait la méthode et tous les éléments d'une philosophie basée sur l'instinct. D'un autre côté, les esprits étaient préparés. Ce siècle en mal d'action adoptait la méthode instinctive, était imbu du bergsonisme. Cette philosophie ne rencontrait d'opposition que chez les philosophes eux-mêmes. Mais la grande masse littéraire et cultivée l'avait accueillie.

Nous étions alors en droit d'attendre l'application effective de cette méthode. Que restait-il à faire ? Tout et rien. Rien, puisque, la méthode étant bien définie, l'application devait en être automatique. Tout, en considération du rôle immense qu'aurait joué cette philosophie appliquée.

Elle était attendue, en effet, et aurait pu jouer le rôle de religion du siècle. On attendait une sorte de morale ou de religion tout instinctive qui fusse comme une vérité révélée. On attendait une sorte d'évangile forgé par l'intuition et qui aurait été compris intuitivement. Tous ceux qui avaient adopté la prédominance bergsonienne de l'instinct sur l'intelligence auraient adopté cet évangile. Quelle plus grande destinée Bergson aurait-il pu rêver pour sa philosophie ? Religion du siècle, car elle aurait dégagé et traduit la religion qui existe à l'état latent dans les esprits contemporains. Religion que Bergson aurait offerte à son époque, sûr qu'il était d'être suivi dans un bel élan instinctif, un de ces élans d'enthousiasme qui prouvent parfois la secrète domination de l'instinct sur l'intelligence.

C'est, du moins, ce que j'avais rêvé. Sa philosophie me paraissait la plus belle de toutes, car elle était une des rares avec celle de Nietzsche qui refusât tout à la Raison. Et j'attendais aussi cette conclusion sublime de toute une suite de lumineux et longs efforts.

Les Deux Sources de la Morale et de la Religion m'ont déçu. Non pas que Bergson ne soit encore, dans ce livre, l'écrivain délicat et le philosophe aigu que nous connaissons. Mais il n'a pas rempli le beau rôle que j'espérais pour lui. À ce sujet, tout lui reste encore à faire. Certes, c'est encore l'apologie de l'intuition et le procès de l'intelligence qu'il fait, en nous montrant que la religion est une réaction défensive de la nature contre le pouvoir de l'intelligence, dissolvant pour la société et déprimant pour l'individu. C'est encore de la philosophie de l'intuition lorsqu'il nous montre que les vrais religieux sont les mystiques parce que leur croyance est instinctive et irraisonnée. Mais nous savions déjà que l'instinct pouvait donner toute la vérité. Nous savions tous les avantages de la méthode intuitive. Nous en attendions simplement les résultats.

Pourquoi Bergson ne nous a-t-il pas simplement communiqué ces résultats? Pourquoi n'a-t-il pas fait œuvre de maître enseignant la vérité? Quelle magnifique conclusion pour sa philosophie!

Au lieu de cela : de l'analyse pour prouver les dangers de l'analyse, de l'intelligence pour enseigner à se défier de l'intelligence, de la fabulation pour créer cette idée de la fabulation, et partout de pareilles oppositions. En vérité, Bergson trouve en lui-même une perpétuelle contradiction. Comment un être aussi intelligent peut-il se dresser en ennemi de l'intelligence? Qu'il se serve de l'intelligence pour prouver le danger de cette intelligence, nous admettons encore cette méthode en quelque sorte homéopathique. Mais qu'il s'en serve et qu'il en abuse pour exposer les applications de cette philosophie, il y a là quelque chose de nature à nous décevoir, disons plus, à nous irriter.

À ce point de vue donc, Bergson n'a pas achevé son œuvre. Tout lui reste à faire. Le grand âge de celui qui reste malgré tout un admirable philosophe ne nous donne pas grand espoir de le voir achever ce que nous désirons tant. Mais peut-être qu'un autre viendra, plus jeune, plus hardi. Il se déclarera l'héritier de Bergson. Il fera de tout le bergsonisme quelque chose d'acquis et passera alors à la réalisation immédiate. Alors, nous aurons peut-être cette philosophie-religion, cet évangile du siècle dans l'attente duquel le génie contemporain erre douloureusement. En vérité, est-ce trop demander?

ALBERT CAMUS.

Revue *Sud*, juin 1932.

NOTE À MAX-POL FOUCHET SUR «BÉRIHA»

À Max-Pol Fouchet.

1. Bériha n'est pas logicien puisqu'il est spontané. Ne dis pas qu'il est logicien spontanément. Ce serait une antinomie ou un paradoxe : également détestable.

2. D'autre part Bériha est le Rêveur. Le Rêve est le désordre de la réalité. Diras-tu alors que sa logique est une logique désordonnée ?

3. La grande erreur est de confondre la forme et le fond; si Bériha exprime ce qu'il sent d'une façon en quelque sorte mathématique, c'est qu'il y a une grande jouissance à exprimer un sentiment profond dans un cadre qui ne lui convient pas.

Cf. Gide : fait de la spéculation philosophique avec des mots courants.
Cf. Stravinsky : exprime une âme très rude avec des refrains populaires.

4. Ne sens-tu pas que ce qu'exprime Bériha est trop décousu, trop humain, trop douloureux pour être vraiment logique ?

5. Prendrais-tu Nietzsche pour un logicien ?

6. Un logicien n'hésite pas. Il tranche (par la logique). Bériha *attend*. L'attente n'a que faire de la logique. Le contraire est d'ailleurs vrai.

7. Je mets au-dessus de la logique à la fois le Rêve et l'Action. Car je vois dans la logique la pure intelligence vide et méprisable. Mes incertitudes, et mes inquiétudes m'empêchent de savoir lequel du Rêve et de l'Action est le plus près de cette intelligence. Je ne saurais que répéter : Bériha est un faible. Il ne méprise pas l'Action. Il l'envie.

8. J'appellerais logicien un homme qui sent logiquement et non un homme qui s'exprime logiquement.

9. Tu me dis logicien, tu te dis le contraire. Or, tu goûtes précisément dans Bériha les pages soi-disant logiques. Pour parler logiquement : de deux choses l'une, ou ces passages sont vraiment logiques et, les aimant, ton goût t'attire vers la logique, ou ils ne le sont pas puisque tu les aimes; choisis.

10. Tu as admirablement compris ce que j'avais mis dans Bériha. Cela m'a touché, mais peut-être y a-t-il quelque chose que je sens dans moi-même et qui, par cela seul, est le plus important. Une lecture t'aiderait sans doute; pour moi, seule la réflexion m'aidera ou autre chose...

ALBERT CAMUS.

Texte manuscrit, 1932 ou 1933.

POÈME SUR LA MÉDITERRANÉE

I

Au vide regard des vitres, le matin rit
De toutes ses dents qu'il a bleues et brillantes,
    Jaunes, vertes et rouges; aux balcons se bercent
      les rideaux.
Des jeunes filles aux bras nus étendent du linge.
    Un homme, sur une fenêtre, la lunette à la main.

    Matin clair aux émaux de la mer
    Perle latine aux liliales lueurs :
    Méditerranée.

II

Midi sur la mer immobile et chaleureuse
M'accepte sans cris : un silence et un sourire.
    Esprit latin, Antiquité, un voile de pudeur sur le cri
      torturé !

Vie latine qui connaît ses limites,
Rassurant passé, oh! Méditerranée!
Encore sur tes bords des voix triomphent qui se sont tues,
    Mais qui affirment parce qu'elles t'ont niée!

    Énorme et si légère,
Tu assures et satisfais et murmures l'éternité de tes minutes,
    Oh! Méditerranée! et le miracle de ton histoire
      Tu l'enfermes tout entier
Dans l'explosion de ton sourire.
    Inaliénable vierge, à chaque heure son être se conçoit dans des êtres déjà faits.
    Sa vie renaît en nos douleurs.
Elle s'envole! et de quelles cendres — en lumineux phénix!
    Méditerranée! ton monde est à notre mesure,
L'homme à l'arbre s'unit et en eux l'Univers se joue la comédie
    En travesti du Nombre d'Or
De l'immense simplicité sans heurts jaillit la plénitude,
    Oh! nature qui ne fais pas de bonds!
De l'olivier du Mantouan, de la brebis à son berger,
Rien que l'innombrable communion de l'immobilité.
Virgile enlace l'arbre, Mélibée mène paître.
        Méditerranée!
Blond berceau bleu où balance la certitude,
Si près, oh! Si près de nos mains,
Que nos yeux l'ont caressé et nos doigts l'ont délaissé.

        III

Au soir qui vient, la veste sur l'épaule, il tient la porte ouverte —
Léché des reflets de la flamme, l'homme entre en son bonheur et se dissout dans l'ombre.
Ainsi ces hommes rentreront en cette terre, sûrs d'être prolongés,
    Épuisés plutôt que lassés du bonheur d'avoir su.
Aux cimetières marins, il n'est qu'éternité.
Là, l'infini se lasse aux funèbres fuseaux.

La terre latine ne tremble pas.
Et comme le tison détonant tournoie dans le masque
    immobile d'un cercle, Indifférente, l'inaccessible ivresse
    de la lumière paraît.

  Mais à ses fils, cette terre ouvre les bras et fait sa
    chair de leur chair,
Et ceux-ci, saturés, se gorgent de la secrète saveur de cette
  transformation — lentement la savourent à raison
  qu'ils la découvrent.

IV

  Et bientôt, encore et après, les dents, les dents
bleues et brillantes. Lumière! Lumière! c'est en elle que
  l'homme s'achève.
Poussière de soleil, étincellement d'armes,
  Essentiel principe des corps et de l'esprit,
En toi les mondes se polissent et s'humanisent,
En toi nous nous rendons et nos douleurs s'élèvent —

  Pressante Antiquité
Méditerranée, oh! mer Méditerranée!
Seuls, nus, sans secrets, tes fils attendent la mort.
La mort te les rendra, purs, enfin.

O. 1933
ALBERT CAMUS.

DEUX FRAGMENTS
DES « VOIX DU QUARTIER PAUVRE »

[Ce texte était le 3ᵉ des *Voix du quartier pauvre* (1934).]

ET puis c'est la voix qui était soulevée par de la musique.

Comme lorsqu'on s'est longtemps penché sur le bruit d'une rue, la fenêtre une fois refermée et le silence entré, l'agitation des hommes paraît vidée de son sens et leurs gestes fantastiques, tant ils paraissent près de tomber dans le vide, ainsi la voix de cette femme perdit tout appui et toute réalité quand la musique eut cessé qui la soulignait. De même encore qu'avant de fermer la fenêtre on ne savait de quel bruit était troublée la rue, et qu'on ne souffre de ce tumulte qu'une fois enseveli dans le silence de la pièce, ainsi la grandeur de cette femme avait paru coutumière à ceux qui l'écoutaient pour ensuite leur paraître illusoire.

Cette femme disait ses malheurs à ses enfants. On faisait de la musique quand elle était entrée. Un disque tournait. C'était une romance très connue mais interprétée d'une façon originale par un siffleur et un orchestre. Elle s'appelait : le « Chant du Rossignol ». C'était de sa sottise qu'elle tirait son pathétique. Il y avait en elle un grand élan de jeune homme qui n'a pas encore connu la vie. Un seul motif, mais qui retombait de l'orchestre au violon et du violon au siffleur. La phrase partait, languissante et indéterminée, butait, larmoyait et reprenait enfin son calvaire, tour à tour gonflée de tout l'orchestre, détaillée par le violon et suggérée par le siffleur. La femme était entrée avec sa peine dans cette immense et sotte mélancolie. Et elle avait parlé.

Son malheur ne laissait aucun doute. Elle restait avec son frère qui était sourd, muet, méchant et bête. C'était bien sûr par pitié qu'elle restait près de lui. C'était aussi par crainte. Si encore il l'avait laissée vivre à sa guise ? Mais il l'empêchait de voir l'homme qu'elle aimait. À leur âge pourtant cela n'avait plus grande importance. Lui aussi, lui qu'elle aimait, était empêché. Il était marié. Depuis des années, celle qui portait son nom buvait et n'arrangeait pas ses affaires. Alors il gardait une tendresse rugueuse pour ce qui était exceptionnel dans sa vie. Il apportait à son amie des fleurs qu'il avait cueillies dans les haies de la banlieue, des oranges, et des liqueurs qu'il gagnait à la foire. Certes, il n'était pas beau. Mais la beauté ne se mange pas en salade et il était si brave. Pour elle aussi, c'était l'aventure. Elle tenait à lui qui tenait à elle. Est-ce autre chose l'amour ? Elle lui lavait son linge et tâchait de le tenir propre. Il avait l'habitude de porter des mouchoirs pliés en triangle et noués autour du cou. Elle lui faisait des mouchoirs très blancs et c'était une de ses joies.

Mais l'autre, le frère, ne voulait pas qu'elle reçoive son ami. Il lui fallait le voir en secret. Elle l'avait reçu aujourd'hui. Surpris, ç'avait été une affreuse rixe. Le mouchoir en triangle était resté après leur départ dans un coin sale de la pièce et elle était venue chez son fils pour pleurer.

Que faire, vraiment ? Son malheur était certain. Elle avait trop peur de son frère pour le quitter. Elle le haïssait trop pour l'oublier. Il la tuerait un jour, c'était bien sûr.

Elle avait dit tout cela d'une voix morne. Maintenant cette voix laissait deviner des larmes que cette femme de plus en plus pénétrée du sentiment de son abandon, *[passage incertain]* offrait aux blessures dont Dieu orne ceux qu'il préfère : et sa voix devenait pure à force d'être sourde.

La musique était toujours là. La phrase arrivait en gros flots mouvants et emportait l'âme de cette femme à grands soupirs. C'était vers le ciel que la musique montait, à l'assaut de cette divinité sans cesse espérée. On sentait que la femme grandissait. Elle portait ses larmes et les offrait. Sans le savoir elle touchait au bonheur. La phrase hésitait, explosait avec tout l'orchestre. Et puis tout se calmait. Un violon reprenait dans un souffle. Et la voix de la Femme baissait. Elle disait : « Qu'est-ce qu'il faut faire ? Je finirai par prendre un poison un jour, au moins je serai tranquille. »

Et ceux qui l'écoutaient étaient émus, non par les paroles qu'elle disait mais parce qu'elle les jetait dans la musique.

(Pour être près du malheur ils étaient près de Dieu. Et la musique précisait ce dieu dont ils se sentaient si proches.) La Femme ne pleurait pas ni ne se plaignait. Elle était très loin. Sa décision l'avait calmée. Sans doute, elle ne l'accomplirait jamais. Mais l'avoir arrêtée, s'en croire capable, prendre conscience que son malheur était assez important pour lui donner de telles idées, lui apportait le calme. Puisque, somme toute, il y avait au moins une issue.

La Femme s'est levée. Plus rien de lointain ne demeure sur son visage. Mais il reste les yeux rouges, le cerne profond, la bouche encore tordue, la peau toujours parcheminée. Il reste ce visage affiné de larmes, cette douleur qui déborde la frontière inutile des traits et qui laisse un halo autour de chaque ride et de chaque fléchissement, de la même façon que le soir apporte une gravité et une noblesse inattendues dans les paysages les plus dévastés. Quelque chose d'inconnu qu'elle porte en elle déborde son corps pour rejoindre les autres corps, le monde, quelque chose qui ressemble à une musique ou à une voix qui dirait la vérité. C'est comme un visage que l'on contemple dans une glace et qui paraît dégrossi, affiné, plus divin, je veux dire étrange.

Elle va partir. Son chapeau est gauchement enfoncé, comme son sourire de maintenant. Elle reviendra, dit-elle. Elle a connu l'aventure qui lui a apporté le malheur. Corps de Dieu, corps laid, mieux, corps sans grâce, on voudrait pleurer sur lui. Le Dieu qui l'a créée est le Dieu qui l'abandonne et elle ne sait rien. Elle ne pense pas. Quel est donc son secret sur cette terre ? Mais tout est bien, très bien. Qu'elle s'en aille maintenant.

On a remis la même mélodie après son départ. Et que devient-elle, qui s'en va avec sa crainte ? Elle n'existe plus puisqu'elle n'est plus là. Et pourtant elle doit marcher, respirer, prendre des rues dont elle sait le nom, pour aller vers le frère méchant et brutal qui l'attend. Elle va rentrer dans son noir, après en être sortie par le miracle d'une musique sotte. Sa vie nous échappe et sa voix se perd, s'éteint déjà pour nous plonger dans l'ignorance et nous masquer un coin du monde. Et c'est comme une fenêtre qui se ferme sur le bruit d'une rue.

[Le texte suivant concluait *les Voix du quartier pauvre* (1934). Le premier paragraphe a été utilisé pages 19-20.]

Les hommes bâtissent sur la vieillesse à venir. À cette vieillesse assaillie d'irrémédiable, ils veulent donner l'oisiveté qui la laisse sans défense. Ils veulent être contremaîtres pour se retirer dans une petite ville. Mais, une fois enfoncés dans l'âge, ils savent bien que c'est faux. Ils ont besoin des autres hommes pour se protéger.

C'est dans les hommes que l'homme se réfugie. Et celui qui se veut le plus solitaire et anarchiste est encore celui qui brûle le plus de paraître aux yeux du monde. Ce qui compte ce sont les hommes. Les générations se succèdent, s'écoulent l'une dans l'autre, naissent pour mourir et renaître. Un jour une vieille femme a souffert ? Et après ? Son destin n'offre qu'un intérêt restreint. Elle-même ne se repose qu'en l'homme. Dieu ne lui sert de rien qu'à l'ôter aux hommes et à la rendre seule. Elle ne veut pas cela. Elle pleure.

Un homme, une vieille femme, d'autres femmes ont parlé et leurs voix s'effacent lentement, progressivement s'étouffent dans la clameur universelle des hommes, qui bat à grands coups comme un cœur partout présent.

ALBERT CAMUS.

FRAGMENT MANUSCRIT
POUR « ENTRE OUI ET NON »

Certes, il avait fait sa vie hors de sa mère. Mais s'il savait une chose, c'était bien la vanité de ce confort et de ces livres.

[Son intelligence, il était trop orgueilleux pour ne pas la reconnaître, mais il la tenait pour rien au prix de ce qu'il sentait si profondément. Quelque chose dormait au fond de son âme, qui était fait du parfum de cette pauvreté enfuie, qui recélait des phrases entendues il y a longtemps, des attitudes de sa mère, des destinées perdues de vue. C'était cela qui valait à ses yeux. Et de tout cela sa mère était le symbole. C'était là toute sa sensibilité. Cette sensibilité, cette faculté, presque toujours elle se réduit à un sentiment unique, aux yeux duquel se jugent toutes choses. C'est le souvenir de la mort d'un père *[suit une phrase illisible]*. Fruit du passé et non épreuve de l'avenir, elle est une mesure des souffrances à venir. Et lui savait que tout ce qui faisait sa sensibilité, c'était tel jour où il avait compris qu'il était vu de sa mère et que celle-ci ne pensait presque jamais.] *[Tout le passage entre crochets a été rayé. Ce qui suit est écrit au verso en noir.]*

Il savait bien aussi que chaque livre découvert, chaque raffinement lui cachait à degrés ce vivant qui dormait en lui. Le cœur de lui-même était ailleurs dans cette chambre de bonne où sa mère travaillait. Et, derrière elle, les souvenirs. Elle était le reflet de cette misère autrefois si dure, maintenant comprise et jugée à sa valeur. *[Phrase illisible.]*

[Cette partie du texte a été reprise comme suit :]

Il était intelligent, comme ils disaient. Et ce qui le séparait d'elle, c'était précisément ce qui les séparait. Chaque livre découvert, chaque émotion de plus en plus raffinée, chaque découverte et chaque fleur les éloignait à degrés.

Le vivant, le cœur de lui-même était ailleurs, dans cette chambre de bonne où sa mère travaillait. Il savait bien d'ailleurs, à réfléchir plus avant, que ce n'était pas encore sa mère, qu'elle n'était là que pour l'aider à s'opposer à ce nouveau lui-même si lentement et si gravement construit. Pour l'instant elle n'était qu'un instrument, il se servait d'elle contre lui-même et ce qui l'entourait. La révolte accomplie, il découvrait avec bonté (?) cette fleur merveilleuse qui croissait en lui-même; déjà il savait que sa mère n'était qu'un symbole. Derrière elle des souvenirs se massaient. Elle était le reflet de cette misère autrefois si dure et maintenant comprise et jugée à sa valeur...

Une chose encore qu'il ne s'était jamais expliquée, c'est l'attitude singulière de sa mère lors d'une maladie assez grave qui avait atteint son fils. Lors des premiers symptômes, des crachements de sang très abondants, elle ne s'était guère effrayée ; elle avait certes marqué une inquiétude — mais celle qu'un être de sensibilité normale porte au mal de tête qui afflige l'un de ses proches. Il la savait pourtant d'une émotivité bouleversante, il savait d'autre part qu'elle avait pour lui un grand sentiment. Par la suite encore, elle ne s'occupa pas de cette maladie qui devait durer très longtemps. Ce fut un oncle qui s'occupa de lui, et sa mère n'y trouva pas à redire. Elle allait le voir chez cet oncle, s'enquérant de son état. « Tu vas mieux. » Oui. Elle se taisait alors et, restés face à face, tous deux s'épuisaient en efforts pour trouver quelque chose à dire. On lui disait qu'on l'avait vue pleurer. Mais jusqu'ici ces larmes lui semblaient de conviction moyenne. Elle n'ignorait pourtant pas la gravité de son mal mais elle promenait ainsi sa surprenante indifférence. Plus surprenant encore à la réflexion était ce fait qu'il n'avait pas songé à le lui reprocher. Une entente tacite les liait. Et lui-même se souvenait de n'avoir éprouvé qu'une crainte médiocre lors d'une maladie de sa mère.

Il semblait qu'entre ces deux êtres existât ce sentiment qui fait toute la profondeur de la mort. Et non pas l'attirail de tendresse, d'émotion et de passé qu'on prend trop souvent pour l'amour, mais bien ce qui fait le sens profond de ce sentiment. Un attachement si puissant qu'aucun silence ne le peut entamer... *[La suite de la phrase est peu compréhensible.]*

Il s'était demandé aussi à certains moments où leurs regards se croisaient si quelque chose de plus précieux (?) ne les unissait. Si l'on considère cet homme d'une part, instruit et actif, et d'autre part, cette femme sourde, incapable de dire plus de trois phrases, incapable surtout de la moindre pensée, illettrée d'ailleurs, on hésite à croire que leurs relations puissent jamais dépasser le monde du bonjour et du bonsoir. Pourtant, une chose le frappait. Il avait toujours eu le sentiment qu'il ne pouvait mourir, non qu'il eût ce sentiment *[2 mots illisibles]* de l'immortalité dont parlent les philosophes. Il s'agissait d'une mort naturelle. À y bien réfléchir, il jugeait impossible le fait qu'il mourût. Il n'avait jamais osé conclure. Mais il se bornait à constater un fait. Au plus grave de sa maladie, le docteur le condamnait implicitement. Il n'avait pas eu un seul doute. Au reste, la peur de la mort le hantait beaucoup... Au contraire, il avait le sentiment aigu, douloureux de la mort des autres. Dans le monde de son expérience, cela donnait même un sens à la vie. Une exception cependant, et c'était sa mère.

Il n'avait jamais craint qu'elle mourût. C'est ainsi qu'il expliquait sa propre indifférence. Et il faut bien dire que dans le regard de sa mère il lisait la même conviction. Elle portait inconsciemment en elle l'idée d'une commune pérennité. Elle doutait que rien les séparât jamais. Elle ne doutait même pas. Elle n'y pensait pas.

Ce lien singulier l'étonnait profondément. Cette indifférence à toute chose, cette non-pensée qui se nourrissait du sentiment confus d'une rude (?) existence, c'était à la vérité ce qu'il avait découvert chez sa mère, un soir où, tout enfant, il l'avait surprise dans le noir fixant anormalement le parquet. Et c'était peut-être ce qui faisait le parfum de sa nostalgie. Il revoyait le visage animé du feu d'une conversation indifférente, il éprouvait combien les autres la sentaient vivre et il s'étonnait de ce que lui la sentît si peu vivante, presque comédienne. Il revoyait ce fier (?) visage déformé par les rides et cherchait avec angoisse dans les yeux ronds et noirs les mouvements de ce Dieu qui reposait en elle.

Albert Camus.

Ms. sur un cahier noir en moleskine.

L'HÔPITAL DU QUARTIER PAUVRE

Du ciel bleu descendaient des millions de petits sourires blancs. Ils jouaient sur les feuilles pleines de pluie, dans les flaques, sur le tuf humide des allées, volaient jusqu'aux tuiles de sang frais, et remontaient à tire-d'aile vers les lacs d'air et de soleil d'où ils débordaient tout à l'heure. Cela faisait une grande animation, une incessante allée et venue du ciel à la terre, parmi des pavillons d'hôpital aux toits rouges et aux barrières blanches.

Comme une volée d'enfants hors de l'école, un flot de malades sortit de la salle des tuberculeux. Ils traînaient derrière eux des chaises longues qui embarrassaient leur marche. Ils étaient laids et osseux, et comme ils s'étranglaient de rire et de toux, de leur foule un vacarme montait dans l'air sensible du matin. Ils s'installèrent en rond sur le sable encore mouillé d'une allée. Ce furent à nouveau des rires, des paroles brèves, des toux. Un instant encore, puis un subit silence. Il n'y eut plus que le soleil. Il avait beaucoup plu sur l'hôpital pendant la nuit et ce matin de mai apportait le soleil. On l'avait deviné dans un long gonflement derrière les nuages. Puis il avait surgi et se tournant de tous côtés avait chassé les dernières ombres de l'orage. Maintenant, il était le seigneur du ciel.

Une minute, les malades abandonnèrent leur corps à la langueur de l'air. Et la conversation reprit. Ils riaient à grands éclats. Ils riaient de l'un d'eux qui n'avait pas toute sa raison. C'était un ancien coiffeur : deux poumons troués de cavernes, l'esprit sombrant dans la mythomanie. À l'entendre il avait coiffé à Paris les plus célèbres têtes de l'Europe. Gustave V de Suède ne s'était pas montré fier. Et le coiffeur tenait pour certain que la France verrait ses affaires prospérer à être gérée par un tel homme. Mais les rires avaient éclaté lors d'une surprenante histoire de suicide. Au début de sa maladie cet homme s'était trouvé empêché de travailler, affaibli, sans ressources et désespéré devant la misère qui s'était installée entre sa femme et ses enfants. Il n'avait pas songé à la mort, mais un jour il s'était jeté dans les roues d'une auto qui passait. « Comme ça. » Seulement l'automobiliste avait freiné à temps et dans sa fureur d'homme bien portant à qui on veut créer des ennuis il l'avait chassé d'un coup de pied bien appliqué. Depuis ce jour le coiffeur n'avait plus osé mourir.

On avait ri. Et puis on avait songé : « Et Jean Pérès, qu'est-ce qu'il devient ? — Celui de la Compagnie du gaz ? Il est mort. Il avait un poumon malade. Mais il a voulu rentrer chez lui. Et là il avait sa femme. Et sa femme, c'est un cheval. Lui la maladie l'avait rendu comme ça. Il était toujours sur sa femme. Elle ne voulait pas, mais il était terrible. Alors deux, trois fois tous les jours, ça finit par tuer un homme malade. » Tout le monde fut d'avis qu'avec des précautions on pouvait s'en sortir. L'un surtout, petit commerçant : « La tuberculose, c'est la seule maladie qu'on sache guérir. Seulement, il faut du temps. »

Là-haut naviguait un minuscule avion. Son doux ronronnement descendait jusqu'à ces hommes. Dans cet épanouissement de l'air, cette fertilité du ciel, il semblait que la seule tâche des hommes fût de sourire. Il faisait bon. Pour ces corps sans chair, réduits à des lignes osseuses, la main chaude du soleil, plus pénétrante, caressait les organes les plus intérieurs. Une âme flottait de leur corps, peut-être la leur, maintenant sortie, comme une jolie jeune fille qui quitte sa maison aux premiers rayons de soleil.

Et l'un a dit : « Le mal vient vite, mais pour repartir il lui faut du temps. »

Un silence. Tous ont les yeux au ciel. Une voix s'est élevée : « Oui, c'est une maladie de riches. » Un autre a bâillé : « Ah ! un peu plus tôt, un peu plus tard. »

L'avion revenait au-dessus des têtes levées. À le contempler trop longtemps, on se fatiguait. Ils discutaient maintenant et âprement. De toutes leurs forces, ils coloraient d'espoir leur avenir. L'un n'avait que 38° le soir au lieu de 38°5. L'autre connaissait un tuberculeux au troisième degré qui était mort à 70 ans. Ainsi vivaient ces hommes, à ne craindre que leur mort, à souhaiter au contraire la mort de tout le monde, celle qui est dans un avenir plus éloigné.

Une légère brise s'était levée. Les oliviers du jardin se soulevaient lentement et laissaient apparaître leurs dessous argentés. Les grands eucalyptus aux troncs déguenillés lançaient leurs branches aux quatre coins du ciel. Une longue sonnerie. Dix heures et demie. L'heure du déjeuner. Il n'y eut bientôt plus dans le jardin soudain désert que le souvenir de cette matinée de mai où s'étaient réunis des hommes dont la plupart sont morts et quelques-uns guéris.

Albert Camus.

LETTRE À JEAN DE MAISONSEUL

8 juillet 1937.

Mon cher Jean,

Bien que votre retour soit proche, je vous envoie ce mot. En effet le 15 juillet je serai en train de camper en Kabylie et ne serai de retour que le 20.

Je vous remercie pour tout ce que vous me dites de mon livre — surtout pour les critiques. Je suis de votre avis, Jean : il fallait rester dans la coulisse. Mais d'abord je manque de métier et ces résonances qui me sont si sensibles et dans lesquelles il me semble deviner le vrai sens du monde, c'est ma jeunesse et mon amour de vivre qui m'empêchent de les rendre objectivement. Il m'a semblé qu'à condition d'être conscient de cette faiblesse, je pouvais me permettre de tout dire avec toute ma passion — d'aller jusqu'au bout. J'ai beaucoup travaillé ces choses mais toujours avec une manie de *nudité* qui me desséchait moi-même. Je ne sais pas si je me fais comprendre. Plus tard j'écrirai un livre qui sera une œuvre d'art. Je veux dire bien sûr une création, mais ce seront les mêmes choses que je dirai et tout mon progrès, je le crains, sera dans la forme — que je voudrai plus extérieure. Le reste, ce sera une course de moi-même à moi-même.

Voyez-vous, Jean, j'ai eu des critiques dans les journaux; je n'ai pas à me plaindre; l'accueil qu'on a fait à ces pages a été inespéré. Mais je lisais chez ces gens les mêmes phrases qui revenaient : amertume, pessimisme, etc. Ils n'ont pas compris — et je me dis parfois que je me suis mal fait comprendre. Si je n'ai pas dit tout le goût que je trouve à la vie, toute l'envie que j'ai de mordre à pleine chair, si je n'ai pas dit que la mort même et la douleur ne faisaient qu'exaspérer en moi cette ambition de vivre, alors je n'ai rien dit. Et c'est une chance au fond puisque tout me reste à dire.

Je n'ai jamais parlé ni écrit de mon livre à personne. Il était naturel que vous fussiez le premier. Dites-moi seulement si j'ai réussi à dire tout cela. Le reste, l'œuvre d'art ne compte pas aujourd'hui pour moi. Même si certaines pages sont bien écrites, c'est mon cœur et ma chair qui ont bien écrit et pas mon intelligence.

J'ai tant de choses à dire, Jean. J'ai toujours eu une grande indifférence pour ma maladie. Je ne comprenais pas ce que vous me disiez souvent : que quelquefois une peur vous prenait d'être écrasé dans la rue sans avoir eu le temps de manifester. Je comprends maintenant, parce que j'ai quelque chose à manifester. Je travaille beaucoup. Je veux vivre pour ça et c'est l'essentiel. N'est-ce pas admirable, Jean, que la vie soit une chose si passionnante et si douloureuse?

Je suis heureux de vous revoir bientôt. Vous me parlerez de ce que vous avez fait. Vous savez que je reste votre très fidèle ami.

A. CAMUS.

29, avenue de l'Oriental*, Alger.

---

* Chez ses amis Jaussaud.

ENTRE PLOTIN ET SAINT AUGUSTIN

I

COMMENTAIRES

L'aboutissement logique de la licence de philosophie est le diplôme d'Études supérieures, prélude à toute candidature à l'agrégation. Camus, en 1936, ne désespérait pas de s'y présenter : selon Charles Poncet, il rêvait d'un poste à l'étranger qui lui laissât suffisamment de loisirs pour ses travaux personnels.

En 1935, Camus habitait encore la colline d'Hydra. C'est le moment où il fait la connaissance de Marguerite Dobrenn et Jeanne Sicard, étudiantes elles aussi, qui l'aideront dans la plupart de ses entreprises. C'est le moment où il suit à la Faculté les cours du professeur Poirier, consacrés notamment à la philosophie moderne : Kierkegaard, Husserl, Heidegger. Sous sa direction, il se donnera pour tâche d'étudier les rapports de l'hellénisme et du christianisme et le rôle du néo-platonisme dans la pensée chrétienne. Nul doute pourtant que ce choix n'ait été influencé par Jean Grenier, qui demeure son maître à penser.

Pour le jeune Camus, la religion était, ou bien une affaire de vieille femme, un divertissement devant la mort, ou bien l'expression vague des élans de jeunesse vers quelque chose de plus grand que soi, l'obscur désir de se survivre et de donner un sens à l'existence : bref le sens du tragique et du sacré. D'une certaine façon, Camus était à la fois étranger à l'esprit religieux et profondément marqué par l'inquiétude métaphysique. Son diplôme allait lui permettre d'approfondir sa connaissance intellectuelle de la pensée chrétienne.

Nous avons hésité à reproduire ici un travail essentiellement universitaire, alourdi de son appareil de citations et de notes. L'intérêt que de nombreux chercheurs et étudiants portent à ce texte nous a finalement amenés à le publier en documents. Toutefois, pour le lecteur non spécialisé que rebuterait une telle lecture, j'ai cru bon d'en donner une brève analyse commentée.

Dans son introduction, Camus distingue « la Grèce de la lumière et de l'ombre », la sérénité et le tourment grecs. Il évoque, comme plus tard dans *Noces,* « la course d'un jeune homme sur les plages » et fait du monde antique le cadre de la tragédie de l'homme sans Dieu. En ce sens, la pensée grecque préfigure et rejette à la fois le christianisme qui donne aux choses « le caractère de tragique et de nécessité qui manque à certains jeux de l'esprit grec ».

La première partie traite du *Christianisme évangélique*. Il y découvre l'effroi physique devant la mort solitaire, l'incarnation scandaleuse à l'esprit humain et l'espoir de rédemption et de salut. Confrontant alors le christianisme et la pensée grecque, il constate : « Il faut être grec pour croire que la sagesse s'apprend. La littérature chrétienne depuis les origines n'a compté aucun moraliste jusqu'à Tertullien. » Après une étude rigoureuse des *Évangiles*, il s'attarde alors sur la première tentative de conciliation entre l'hellénisme et le christianisme, celle de Justin. De cette combinaison de la foi évangélique et de la métaphysique grecque devaient sortir les dogmes chrétiens.

Deuxième partie : *la Gnose*, qu'il définit comme un essai de collaboration intellectuelle gréco-chrétienne, une tentative de conciliation entre l'esprit de connaissance et la recherche du salut, ou encore une réflexion grecque sur des thèmes chrétiens. Évoquant Marcion, il écrit ces lignes où l'absurde et la révolte se trouvent conjugués : « Dans cette vue pessimiste sur le monde et ce refus orgueilleux d'accepter, court la résonance d'une sensibilité toute moderne. Aussi bien prend-elle sa source dans le problème du mal. »

Abordant, en troisième partie, *Plotin et la Raison mystique*, il débute par d'intéressantes réflexions sur le style et le « paysage conceptuel » dans Plotin : « La philosophie de Plotin est un point de vue d'artiste... C'est donc avec sa sensibilité que Plotin se saisit de l'intelligible. » N'est-ce pas là une méthode toute proche de celle qu'instinctivement il utilise dans ses essais : penser avec sa sensibilité ?

Avec Plotin, Camus partage visiblement le scepticisme devant une foi pure qui croit pouvoir se passer de la vertu et une certaine irritation devant « l'arbitraire inhérent à toute doctrine du salut ».

La quatrième partie, *le Verbe et la Chair*, nous introduit à saint Augustin qu'il imagine partagé entre la sensualité, le goût du rationnel et le désir de foi qui naît de la découverte du mal. Plotin avivait la soif de connaissance et le désir de comprendre ; saint Augustin humilie la raison, impropre à la pleine compréhension des choses et des êtres. « Il y a une limite à l'élasticité de l'intelligence. »

Et le diplôme s'achève sur un double mouvement : sympathie pour le christianisme, considéré comme un refus de la paresse du cœur et de la sérénité socratique, comme une sorte d'héroïsme spirituel et d'exaltation permanente dans l'engagement ; mais aussi défiance devant ce qu'il appelle le providentialisme chrétien, qui lui semble déboucher nécessairement sur une philosophie de l'histoire ; c'en est fait de l'innocence et de la lumière grecques ; nous entrons dans le monde du péché et de la culpabilité généralisée.

Tels sont, brièvement résumés et débarrassés des innombrables références aux textes, aux glosateurs et aux historiens (notamment M. de Labriolle), les grands thèmes de ce diplôme où transparaissent çà et là les réactions personnelles de Camus. Ce sont elles que j'ai tenté de mettre en lumière pour que soit plus perceptible le mouvement qui aboutit au *Mythe de Sisyphe*. Plotin fortifie chez lui l'intransigeant désir de comprendre. Saint Augustin, tout comme Pascal, oppose à la connaissance des limites insurmontables. Plotin l'incite à se défier de l'arbitraire de toute foi, saint Augustin des errements de la raison. Le premier l'incline à la sérénité, le second à l'intransigeance et au dénuement. On le sent proche des Grecs, pour qui « notre royaume est de ce monde » et fasciné comme un chrétien par la mort qui triomphe de la chair. Attiré vers Plotin par son effort émouvant pour couler le sentiment dans des formes logiques, pour rendre à la raison vivante sa souplesse, son émotion et en faire un mélange d'eau et de lumière qui reflète la beauté de l'univers, il n'est pas moins séduit par l'angoisse tragique de saint Augustin. Et qui ne voit que la définition qu'il en donne pourrait aussi bien lui convenir à lui-même? « Grec par son besoin de cohérence, chrétien par les inquiétudes de sa sensibilité », Camus se sent au carrefour de deux civilisations.

Ou plutôt il projette sur l'hellénisme comme sur le christianisme ses propres difficultés et ses propres aspirations : l'un et l'autre lui composent des paysages conceptuels, et catalysent ses réactions spontanées. Camus a peut-être plus appris sur lui-même en écrivant ce diplôme que sur les pensées grecque et chrétienne : elles l'ont simplement aidé à nommer ses problèmes. Car l'absurde est au commencement, comme il apparaît dans *l'Envers et l'Endroit*: l'appétit de connaissance n'est satisfait ni par la raison ni par la foi; l'appétit de vivre est brisé par la mort et il n'est pas d'éternité dans le monde charnel des êtres et des formes. On ne possède jamais que ce qu'on a perdu et l'innocence est toujours derrière nous. Et la mère et le fils ne communiquent que dans le silence. Il n'est pas même possible d'être un, et à l'intellectuel moins qu'à tout autre. Lui-même se connaît à la fois indifférent et sensible, secret et généreux : il refuse d'être jugé et sait qu'il ne peut pas ne pas l'être. « Aux confins — Et par-dessus : le jeu. Je nie, suis lâche et faible, j'agis comme si j'affirmais, comme si j'étais fort et courageux. Question de volonté = pousser l'absurdité jusqu'au bout = je suis capable de...

» D'où prendre le jeu au tragique, dans son effort; au comique dans le résultat (indifférent plutôt). » (*Carnets I,* mai 1936, p. 39.)

Cette dualité de l'homme, ce conflit des aspirations et des réalités, Camus en souffre mais il entend s'en contenter, par lucidité et par orgueil. « Intellectuel? Oui. Et ne jamais renier. Intellectuel = celui qui se dédouble. Ça me plaît. Je suis content d'être les deux. « Si ça » peut s'unir? » Question pratique. Il faut s'y mettre. » (*Carnets I*, mai 1936, p. 41.) Ce ton hautain et qui se veut désinvolte ne saurait tromper. De la tragédie du dédoublement, Camus a fait volontairement un jeu, celui-là même qui le pousse sur les planches; il a décidé d'être heureux au cœur même de l'absurde, heureux d'un bonheur toujours neuf, parce que toujours remis en question et rongé d'inquiétude. Désormais, la joie et le tourment, la vie et la mort sont inséparables, comme la Grèce plotinienne et l'Afrique augustinienne, toutes deux filles de l'ombre et de la lumière qui basculent inlassablement sur la Méditerranée.

Le texte qu'on trouvera ci-après est établi d'après un exemplaire photocopié appartenant à la faculté des Lettres de Clermont-Ferrand. Il s'agit d'une dactylographie, corrigée en quelques endroits de la main de Camus; la bibliographie tout entière était manuscrite.

Cette photocopie ne comporte pas de titre. Par contre, une dactylographie en possession de Mme Camus porte, en manuscrit, le titre suivant : *Hellénisme et Christianisme, Plotin et saint Augustin.*

Il semble toutefois, si je m'en réfère aux travaux de M. Viggiani et à mes propres notes de 1954, que le titre exact en soit : *Métaphysique chrétienne et Néoplatonisme.* C'est ce que confirme l'exemplaire détenu par la Bibliothèque universitaire de la Sorbonne.

R. Q.

P.S. L'intérêt porté par Camus à saint Augustin ne s'est pas démenti. Dédicaçant *La Dévotion à la Croix,* à Mgr Duval, archevêque d'Alger, il évoquait les « ambiguïtés tragiques et les fureurs d'une foi que saint Augustin n'eût pas désavouée ». Plus tard (26 septembre 1953), il avouait, dans une lettre au même, garder à saint Augustin « une fidélité particulière ». Il reconnaissait « en lui, en même temps que des grandeurs qui nous surpassent tous, ce mélange bien africain d'excès et de prudence, de force et de faiblesses qui nous rendent ses grandeurs fraternelles ».

II

MÉTAPHYSIQUE CHRÉTIENNE ET NÉOPLATONISME

(DIPLÔME D'ÉTUDES SUPÉRIEURES)

Dans les peintures des Catacombes, le bon Pasteur prend volontiers le visage d'Hermès. Mais si le sourire est le même le symbole a changé de portée. C'est ainsi que la pensée chrétienne, contrainte de s'exprimer dans un système cohérent, a tenté de se couler dans des formes de pensées grecques et de s'exprimer dans les formules métaphysiques qu'elle a trouvées toutes faites. Mais du moins les a-t-elle transfigurées. D'où pour comprendre l'originalité du Christianisme, la nécessité d'éclaircir ce qui fait son sens profond, et d'un point de vue historique la nécessité de remonter à ses sources. C'est le but du présent travail. Mais toute recherche pour être cohérente doit s'ordonner suivant une ou deux démarches fondamentales. Cette introduction nous permettra de les définir, dans la mesure où, considérant la complexité de la matière historique qui nous occupe, elle saura cependant y faire ressortir quelques constantes.

On s'est beaucoup demandé ce qui faisait l'originalité du Christianisme par rapport à l'Hellénisme. À côté de différences évidentes, un bon nombre de thèmes restent communs. Mais à la vérité, dans tous les cas où une civilisation naît, la grande affaire de l'humanité, c'est un changement de plans et non une substitution de systèmes. Ce n'est pas en comparant les dogmes chrétiens et la philosophie grecque qu'on peut se faire une idée de ce qui les sépare. Mais plutôt en remarquant que le plan sentimental où se plaçaient les communautés évangéliques est étranger à l'aspect classique de la sensibilité grecque. C'est dans le plan affectif où les problèmes se posent et non dans le système qui tente d'y répondre qu'il faut chercher ce qui fit la nouveauté du Christianisme. À ses débuts, celui-ci n'est pas une philosophie qui s'oppose à une philosophie, mais un ensemble d'aspirations, une foi, qui se meut sur un certain plan et qui cherche ses solutions à l'intérieur de ce plan.

Mais c'est ici, avant de parler de ce qu'il y a d'irréductible dans les deux civilisations, qu'il convient d'introduire des nuances et de tenir compte de la complexité du problème. Il est toujours arbitraire de parler d'un « esprit grec » par opposition à un « esprit chrétien ». Eschyle près de Sophocle, les masques primitifs et les Panathénées, les lécythes du ve siècle à côté des métopes du Parthénon, les mystères enfin en même temps que Socrate, tout porte à mettre en valeur près de la Grèce de la lumière une Grèce de l'ombre, moins classique, mais aussi réelle. Mais, d'un autre côté, il est bien certain qu'on peut dégager d'une civilisation un certain nombre de thèmes favoris, et, le socratisme aidant, de calquer à l'intérieur de la pensée grecque un certain nombre de dessins privilégiés dont la composition inspire précisément ce que l'on appelle l'hellénisme. Quelque chose dans la pensée grecque préfigure le Christianisme dans le même temps qu'autre chose le rejette à l'avance.

a. *Les Différences.*

C'est ainsi qu'on peut mettre à jour chez les Grecs et les Chrétiens des attitudes devant le monde irréconciliables. Tel qu'il se formule vers les premiers siècles de notre ère, l'hellénisme implique que l'homme peut se suffire et qu'il porte en lui de quoi expliquer l'univers et le destin. Ses temples sont construits à sa mesure. En un certain sens les Grecs acceptaient une justification sportive et esthétique de l'existence. Le dessin de leurs collines ou la course d'un jeune homme sur une plage leur délivrait tout le secret du monde. Leur évangile disait : notre Royaume est de ce monde. C'est le « Tout ce qui t'accommode, Cosmos, m'accommode », de Marc Aurèle[1].

Cette conception purement rationnelle de la vie — le monde peut être tout entier compris — conduit à l'Intellectualisme moral : la vertu est chose qui s'apprend.

---

1. *Pensées* IV, 23 : « Tout ce qui t'accommode, Cosmos, m'accommode : rien n'est prématuré ou tardif de ce qui pour toi échoit à son heure ; je fais mon fruit de ce que portent les saisons, ô nature. De toi naît tout, en toi est tout, vers toi va tout. »

Sans toujours l'avouer, toute la philosophie grecque fait du sage un égal de Dieu. Et Dieu n'étant qu'une plus haute science, le surnaturel n'existe pas : tout l'univers se centre autour de l'homme et de son effort. Si donc le mal moral est une ignorance[1] ou une erreur, comment insérer dans cette attitude les notions de Rédemption et de Péché ?

Au reste et dans l'ordre physique, les Grecs croyaient encore à un monde cyclique, éternel et nécessaire, qui ne pouvait s'accommoder d'une création « ex nihilo » et partant d'une fin du monde[2].

D'une façon générale, attachés à la réalité de l'idée pure, les Grecs ne pouvaient comprendre le dogme d'une résurrection charnelle. Celse, Porphyre, et Julien par exemple n'ont pas assez de railleries à cet égard. Que ce soit donc en physique, en morale, ou en métaphysique toute la différence était dans la façon de poser les problèmes.

Mais en même temps des points restaient communs. Le Néoplatonisme qui est l'ultime effort de la pensée grecque ne peut se comprendre, ni le Christianisme, sans considérer le fond d'aspirations communes, auquel toute pensée de cette époque se doit de répondre.

b. *Les Aspirations communes.*

Peu d'époques furent aussi tourmentées. Dans une extraordinaire incohérence de races et de peuples, les vieux thèmes gréco-romains se mêlaient à cette nouvelle sagesse qui venait de l'Orient. L'Asie Mineure, la Syrie, l'Égypte, la Perse envoyaient pensées et penseurs au

---

1. Cf. ÉPICTÈTE : *Entretien* I, 7 : « Si tu ne peux corriger les méchants ne les accuse pas car toute méchanceté est corrigible; mais plutôt accuse-toi, toi qui ne trouves pas en toi-même assez d'éloquence et de persévérance pour les amener au bien. »
2. Cf. ARISTOTE : *Probl.* XVIII, 3 : « Si la suite des événements est un cercle, comme le cercle n'a ni commencement ni fin, nous ne pouvons, par une plus grande proximité à l'égard du commencement, être antérieur à ces gens-là [les contemporains de la guerre de Troie] et ils ne peuvent pas non plus être antérieurs à nous. » Cité par ROUGIER, *Celse,* chap. II, p. 76; cf. encore PLOTIN : II, IX, 7.

monde occidental[1]. Les juristes de l'époque sont Ulpien, de Tyr, et Papinien, d'Hérèse. Ptolémée et Plotin sont des Égyptiens, Porphyre et Hamblique des Syriens, Diasconide et Galien des Asiates. Même Lucien, cet esprit consacré « attique », est de Commagène à la frontière de l'Euphrate. Et c'est ainsi qu'à la même époque le ciel put être peuplé des Éons gnostiques, du Iahveh judaïque, du Père des Chrétiens, de l'Un plotinien et même des vieux dieux romains, adorés encore dans les campagnes d'Italie.

Et certes on peut trouver à cela des causes politiques et sociales : cosmopolitisme[2] ou crise économique réelle de l'époque. Mais c'est aussi qu'un certain nombre de revendications passionnées commencent à naître qui tenteront de se satisfaire par tous les moyens. Et l'Orient n'est pas seul responsable de cet éveil. S'il est vrai que la Grèce avait alors evhémérisé[3] les dieux, s'il est vrai que le problème de la destinée de l'âme avait disparu sous les idées épicuriennes et stoïciennes, il n'en reste pas moins que c'est à une réelle tradition que revenait le monde gréco-romain. Mais quelque chose de neuf se fait cependant sentir.

Dans ce monde où le désir de Dieu se fait plus fort, le problème du Bien perd du terrain. À l'orgueil de la vie qui animait le monde antique se substitue l'humilité d'esprits en quête d'inspirations. Le plan esthétique de la contemplation est recouvert par le plan tragique où les espérances se bornent à l'imitation[4] d'un Dieu. On joue

---

1. Cf. F. Cumont : *les Religions orientales dans le paganisme romain*.
2. Alexandre dans ses campagnes en Orient avait créé plus de quarante villes grecques.
3. Evhémérisé : néologisme, d'après Evhémère, mythographe grec, pour qui les dieux étaient des êtres humains divinisés par la crainte de leurs semblables. (R. Q.)
4. Cf. « L'homme nouveau » dans les rites de purification à Éleusis ; « La déesse Brimo a enfanté Brimos. » *Philosoph.* : V. 8. Cf. Plutarque, *de Iside*, 27 *apud* Loisy : *les mystères païens et le mystère chrétien*, ch. IV, p. 139. « Après avoir comprimé et étouffé la rage de Typhon [Isis] ne voulut pas que les combats qu'elle avait soutenus... tombassent dans l'oubli et le silence. Elle institua donc des initiations très simples où seraient représentées par des images, des allégories et par des scènes figurées les souffrances de sa lutte. »

le drame douloureux d'Isis à la recherche d'Osiris[1] on meurt avec Dionysos[2], on renaît avec lui. Le galle suit Attis dans les pires mutilations[3]. À Éleusis[4], Zeus s'unit à Déméter dans la personne du grand prêtre et d'une hiérophantide.

Et dans le même temps s'infiltre l'idée que le monde ne s'oriente pas vers le « Sunt eadem omnia semper » de Lucrèce, mais qu'il sert de cadre à la tragédie de l'homme sans Dieu. Les problèmes eux-mêmes s'incarnent et la philosophie de l'histoire prend naissance. On répugnera moins dès lors à admettre cette retouche au monde que constitue la Rédemption. Il ne s'agit pas de connaître et de comprendre, mais d'aimer. Et le Christianisme ne fera que donner corps à cette idée, si peu grecque pourtant, que le problème pour l'homme n'est pas de perfectionner sa nature, mais d'y échapper. Désir de Dieu, humilité, imitation, aspirations vers une renaissance, tous ces thèmes s'entrecroisent dans les mystères et les religions orientales du paganisme méditerranéen. Depuis surtout le IIe siècle avant J.-C. (le culte de Cybèle est introduit à Rome en 205) les principales religions n'ont cessé, par leur influence et par leur extension, de préparer la voie au Christianisme. À l'époque qui nous occupe, les nouveaux problèmes sont posés dans toute leur acuité.

c. *Position du problème et plan de ce travail.*

Considérer le Christianisme comme une nouvelle forme de pensée succédant brusquement à la civilisation grecque, serait donc esquiver les difficultés. La Grèce se continue dans le Christianisme. Lui-même se trouve préformé dans la pensée hellène. Il est trop facile de voir dans la dogmatique chrétienne une addition grecque, que rien dans les doctrines évangéliques ne légitimait. Mais, d'autre part aussi, on ne peut nier l'apport chrétien dans la pensée du temps et il paraît difficile d'exclure toute

---

1. Cf. Loisy, *op. cit.*, ch. I.
2. Cf. Cumont, *op. cit.*, appendice : *les Mystères de Bacchus*.
3. Cumont, chap. III.
4. Loisy, chap. II.

notion de philosophie chrétienne[1]. Une chose est commune et c'est une inquiétude qui fait naître des problèmes : c'est une même évolution qui mène des soucis pratiques d'Épictète aux spéculations de Plotin et du Christianisme intérieur de Paul à la dogmatique des Pères grecs. Mais peut-on cependant démêler dans une pareille confusion ce qui fait l'originalité du Christianisme ? Tout le problème est là.

D'un point de vue historique la doctrine chrétienne est un mouvement religieux, né en Palestine, inscrit dans la pensée judaïque. À une époque qu'il est difficile de déterminer, mais certainement contemporaine du moment où Paul autorise en principe l'admission des gentils et les exempte de la circoncision[2] le Christianisme se sépare du Judaïsme. À la fin du Ier siècle, Jean proclame l'identité du Seigneur et de l'Esprit. Entre 117 et 130 l'épître de Barnabé est déjà résolument antijuive. C'est le point capital. La pensée chrétienne se sépare alors de ses origines et se déverse tout entière dans le monde gréco-romain. Celui-ci, préparé par ses inquiétudes et les religions de mystères, finit par l'accepter.

Il n'est pas intéressant dès lors, de séparer absolument les deux doctrines, mais plutôt de chercher comment elles ont uni leurs efforts et de voir ce qui, de chacune d'elles, est resté intact dans cette collaboration. Mais quel fil d'Ariane suivre pour se diriger dans cette confusion d'idées et de systèmes. Disons de suite que ce qui fait l'originalité irréductible du Christianisme, c'est le thème de l'Incarnation. Les problèmes sont faits chair et prennent immédiatement le caractère de tragique et de nécessité qui manque si souvent à certains jeux de l'esprit grec. Même après que les Juifs eurent rejeté et la Méditerranée accepté le Christianisme, son caractère profondément novateur survécut. Et la pensée chrétienne, qui emprunte forcément à la philosophie déjà existante des formules toutes faites, les transfigure cependant. Le rôle de la Grèce fut de l'universaliser en l'orientant vers la métaphysique. Les mystères l'avaient préparée à ce

---

1. *Bulletin de la Société française de Philosophie,* mars 1931. *Revue de métaphysique et de morale* (BRÉHIER) avril 1931; *id.* juillet 1932 (SOURIAU).

2. C'est-à-dire vers le milieu du Ier siècle.

rôle et toute une tradition qui prend sa source dans l'Eschyle et les Apollons doriques. Ainsi se trouve expliqué un mouvement où le miracle chrétien a su s'assimiler le miracle grec et jeter les bases d'une civilisation assez durable pour que nous en soyons encore tout imprégnés.

Notre tâche et notre plan se trouvent alors tracés. Suivre dans le Néoplatonisme l'effort de la philosophie grecque pour donner au problème de l'époque une solution spécifiquement hellène; tracer le travail chrétien pour adapter sa dogmatique à sa vie religieuse primitive, jusqu'au moment où, rencontrant dans le Néoplatonisme des cadres métaphysiques déjà moulés sur une pensée religieuse, le Christianisme s'épanouit dans cette seconde révélation que fut la pensée augustinienne. Mais il y a trois moments dans l'évolution chrétienne : le Christianisme évangélique où elle prend sa source, la dogmatique augustinienne où elle s'achève dans la conciliation du verbe et de la chair, et les écarts où elle se laisse entraîner pour tenter d'identifier connaissance et salut, c'est-à-dire les hérésies dont le Gnosticisme donne un modèle complet — Évangile, Gnose, Néoplatonisme, Augustinisme, nous étudierons ces quatre stades d'une commune évolution gréco-chrétienne, dans l'ordre historique et dans le rapport qu'ils soutiennent avec le mouvement de pensée où ils s'inscrivent. Le Christianisme évangélique dédaigne toute spéculation mais place dès l'origine les thèmes de l'Incarnation, la Gnose poursuit une solution particulière où la Rédemption et la connaissance se confondent, le Néoplatonisme s'efforce de parvenir à ses fins en tentant de concilier rationalisme et mysticisme et, ses formules aidant, permet à la dogmatique chrétienne de se constituer chez Saint Augustin en métaphysique de l'Incarnation. Dans le même temps, le Néoplatonisme sert ici de doctrine-témoin. Le mouvement qui l'anime est le même que celui qui meut la pensée chrétienne, mais la notion d'incarnation lui demeure étrangère.

Dès le VIe siècle déjà, ce mouvement se consomme : « Le Néoplatonisme meurt avec toute la philosophie et toute la culture grecque : le VIe et le VIIe siècle sont des moments de grand silence[1].

---

1. ÉMILE BRÉHIER : *Histoire de la philosophie I*, II, chap. VII, p. 484.

CHAPITRE PREMIER

LE CHRISTIANISME ÉVANGÉLIQUE

Il est difficile de parler en bloc d'un « Christianisme évangélique ». Mais du moins est-il possible de déceler un certain état d'esprit où prend sa source l'évolution postérieure. Le thème privilégié, celui qui est au centre de la pensée chrétienne d'alors et vers qui tout converge, la solution naturelle aux aspirations de l'époque, c'est l'Incarnation. L'Incarnation, c'est-à-dire la mise en contact du divin et du charnel dans la personne de Jésus-Christ; l'aventure extraordinaire d'un Dieu prenant à son compte le péché et la misère de l'homme, l'humilité et les humiliations présentées comme autant de symboles de la Rédemption. Mais cette notion couronne un ensemble d'aspirations qu'il nous appartient de définir.

Il y a deux états d'âme dans le chrétien évangélique : le pessimisme et l'espoir. Évoluant sur un certain plan tragique, l'humanité d'alors ne se repose plus qu'en Dieu et, remettant entre ses mains tout espoir d'une destinée meilleure, n'aspire qu'à lui, ne voit que lui dans l'Univers, abandonne tout intérêt hors la foi et incarne en Dieu le symbole même de cette inquiétude déchirée d'élévations. Il faut choisir entre le monde et Dieu. Ce sont deux aspects du Christianisme que nous aurons à examiner successivement dans une première partie. L'étude du milieu et de la littérature de l'époque nous montrera ensuite ces différents thèmes chez les hommes du Christianisme évangélique.

Le plus sûr était de remonter aux textes néotestamentaires eux-mêmes. Mais une méthode supplémentaire consiste à faire appel chaque fois qu'il est possible à un polémiste païen[1]. Leurs reproches, en effet, nous donne une idée assez exacte de ce qui devait choquer un Grec, dans le Christianisme, et partant nous renseigne sur la nouveauté de l'apport de ce dernier.

---

1. P. DE LABRIOLLE : *la Réaction païenne*, Paris 1934.

I. LES THÈMES DU CHRISTIANISME ÉVANGÉLIQUE

A. *Le Plan tragique.*

L'ignorance et le dédain de toute spéculation systématique, voilà ce qui caractérise l'état d'esprit des premiers chrétiens. Des faits les aveuglent et les pressent. En outre la mort.

a) A la fin du IVe siècle encore, Julius Quintus-Hilarianus, évêque de l'Afrique proconsulaire, calcule dans son « De mundi induratione » qu'il reste 101 ans à vivre au monde[1].

Cette idée d'une mort prochaine liée étroitement d'ailleurs à la parousie du Christ a obsédé toute la première génération chrétienne[2]. Il y a là l'exemple unique d'une expérience collective de la mort[3]. Dans le monde de notre expérience, réaliser cette idée de la mort revient à doter notre vie d'un sens nouveau. Ce qui s'y découvre en effet, c'est le triomphe du charnel, l'effroi physique devant cette révoltante issue. Et comment s'étonner de ce que les Chrétiens aient eu un sens si aigri de l'humiliation et de la détresse de la chair, et de ce que ces notions aient pu jouer un rôle capital dans l'élaboration de la métaphysique chrétienne. « Ma chair se couvre de vers et de croûtes terreuses. Ma peau se gerce et coule. Les jours passent, plus rapides que la navette. Ils s'évanouissent : plus d'espérance[4]. » On le voit, l'Ancien Testament donnait déjà le ton avec Job[5] et l'Ecclésiaste[6].

---

1. P. DE LABRIOLLE : *Histoire de la littérature latine chrétienne.*
2. Sur l'imminence de cette parousie cf. *Marc* : VIII, 39-XIII, 30; *Matthieu* : X. 23; XII, 27-28, XXIV, 34; *Luc* : IX, 26-27, XXI, 32. Cf. aussi le *Vigilate ; Mt.* : XXIV, 42-44; XXV, 13 ; *Luc* : XII, 37-40.
3. P. DE LABRIOLLE, *op. cit.,* p. 49 : « Pénétrés du sentiment que le monde allait bientôt mourir [on sait que cette croyance fut commune aux premières générations chrétiennes, mais ils paraissent l'avoir sentie avec une intensité d'angoisse toute particulière] ils voulaient... »
4. *Job* VII, 5-6.
5. *Job* II, 9; III 3; X, 8; X, 21-22; XII, 23; XVII, 10-16; XXI, 23-26; XXX, 23.
6. *Passim,* mais surtout : II, 17; III, 19-21; XII, 1-8.

Mais les Évangiles ont mis ce sens de la mort au centre de leur dévotion.

On ne songe pas assez en effet que le Christianisme est centré autour de la personne du Christ et de sa mort. On fait de Jésus une abstraction ou un symbole. Mais les vrais Chrétiens sont ceux qui ont réalisé ce triomphe de la chair martyrisée. Jésus étant homme tout l'accent a été porté sur sa mort : on n'en connaît guère de plus horrible physiquement[1]. C'est à certaines sculptures catalanes, aux mains déchirées et aux articulations craquelées, qu'il faut songer pour imaginer la terrifiante image de torture que le Christianisme a érigée en symbole, mais aussi bien suffit-il de se référer aux textes célèbres de l'Évangile.

Une autre preuve, s'il en était besoin, de l'importance de ce thème dans le Christianisme évangélique, c'est l'indignation des païens : « Laisse-la donc, obstinée dans ses vaines erreurs, célébrer par de fausses lamentations, les funérailles de ce Dieu, mort, condamné par d'équitables juges et livré publiquement au plus ignominieux des supplices[2]. »

Et encore : « ... Il se laissa frapper, cracher au visage, couronner d'épines... même s'il devait souffrir par ordre de Dieu, il aurait dû accepter le châtiment, mais ne pas endurer sa passion sans quelque discours hardi; quelque parole vigoureuse et sage, à l'adresse de Pilate, son juge, au lieu de se laisser insulter comme le premier venu de la canaille des carrefours[3]. » Mais en voilà assez pour montrer l'importance du sens de la mort et de son contenu charnel dans la pensée qui nous occupe.

b) « Nous sommes plaisants, dit Pascal, de nous reposer dans la société de nos semblables : misérables comme

---

1. Cf. RENAN : *Vie de Jésus*, ch. XXV, p. 438 : « L'atrocité particulière du supplice de la croix était qu'on pouvait vivre trois ou quatre jours dans cet horrible état. L'hémorragie des mains s'arrêtait et n'était pas mortelle. La vraie cause de la mort était la position contre nature du corps, laquelle entraînait un trouble affreux de la circulation, de terribles maux de tête et de cœur, enfin la rigidité des membres. »

2. PORPHYRE : *Philosophie des oracles*, apud SAINT AUGUSTIN : *Cité de Dieu* : XIX, 23.

3. PORPHYRE : cité par P. DE LABRIOLLE : *la Réaction païenne*, p. 211.

nous, impuissants comme nous, ils ne nous aideront pas : on mourra seul. » L'expérience de la mort entraîne à sa suite une certaine position très délicate à définir. Nombreux sont en effet les textes de l'Évangile où Jésus recommande l'indifférence ou même la haine à l'égard de ses proches comme moyen de parvenir au royaume de Dieu[1]. Est-ce la base d'un immoralisme ? Non, mais d'une morale supérieure : « Si quelqu'un vient à moi et ne hait pas son père et sa mère, sa femme et ses enfants, ses fils et ses sœurs et son âme même, celui-là ne peut être mon disciple[2]. » On comprend par ces textes cependant combien le « Rends à César » marque une concession méprisante plutôt qu'une déclaration de conformisme. Ce qui est à César est le denier où s'imprime son effigie. Ce qui est à Dieu est le cœur de l'homme seul, ayant rompu toute attache avec le monde. Ceci est la marque du pessimisme et non de l'acceptation. Mais comme il est naturel ces thèmes assez vagues et ces attitudes de l'esprit se concrétisent et se résument dans la notion proprement religieuse du péché.

c) Dans le péché l'homme prend conscience de sa misère et de son orgueil. « Nemo Bonus[3] Omnes peccaverunt[4] » le péché est universel. Mais parmi tous les textes significatifs[5] du Nouveau Testament peu sont aussi riches de sens et d'observation que ce passage de l'Épître aux Romains[6] : « Je ne comprends pas ce que je fais : je ne fais pas le bien que je veux, et je fais le mal que je ne veux pas. Si je fais ce que je ne veux pas, ce n'est pas moi qui le fais, mais le péché qui habite en moi. Lorsque je veux faire le bien je trouve que, par une loi fatale, le mal m'est adhérent. Je me plais dans la loi de Dieu selon l'homme intérieur, mais je sens dans les membres de mon corps une autre loi qui combat contre

---

1. *Matt.*, VIII, 22 ; *Matt.*, X, 21-22 ; *Matt.*, X, 35-37 ; *Matt.*, XII, 46-50 ; *Luc,* III, 34 ; XIV, 26-33.
2. *Luc,* XIV, 26-28.
3. *Marc,* X, 18.
4. *Aux Romains,* III, 23.
5. *Jean,* I, 8 ; *Corinth.,* X, 13 ; Matthieu, XII, 21-23 ; *id.* XIX, 25-26.
6. VII, 15-24.

la loi de mon esprit et qui m'asservit à la loi du péché qui est dans mes membres. »

Ici se dessine le « Non posse non peccare » de Saint Augustin. En même temps l'âme pessimiste des Chrétiens sur le monde s'explicite. C'est à cette vue et à ces aspirations que répond la partie constructive du Christianisme évangélique. Mais il était bon de noter auparavant cet état d'esprit. « Qu'on s'imagine un nombre d'hommes dans les chaînes, et tous condamnés à mort, dont les uns étaient chaque jour égorgés à la vue des autres, ceux qui restent voient leur propre condition, dans celle de leurs semblables, et, se regardant avec douleur et sans espérance, attendent leur tour. C'est l'image de la condition des hommes[1]. »

Mais de même que cette pensée pascalienne placée au début de l'Apologie sert à faire ressortir l'adhésion finale à Dieu, de même de ces condamnés à mort est sortie l'espérance qui devait les transporter.

B. *L'Espoir en Dieu.*

a) « Deum et animam scire Cupio », dit Saint Augustin — « Nihil plus » — « Nihil omnino » —[2]. Il en est bien ainsi dans l'Évangile où seul compte le Royaume de Dieu pour la conquête duquel il faut tant renoncer ici-bas. L'idée du Royaume de Dieu n'est pas absolument neuve dans le Nouveau Testament. Les Juifs connaissaient déjà le mot et la chose[3]. Mais dans les Évangiles ce royaume n'a rien de terrestre[4]. Il est spirituel. Il est la contemplation de Dieu lui-même. En dehors de cette conquête, nulle spéculation n'est souhaitable. « Je dis ceci, pour que personne ne vous égare par des discours séduisants... Prenez garde que personne ne s'empare de vous comme d'une proie, par la philosophie et des discours trompeurs qui reposent sur une tradition hu-

---

1. *Pensées*, n° 199.
2. *Sol.* 1, 2, 7.
3. *Sagesse*, X, 10 : « C'est celle qui conduisit par les voies droites le juste fuyant les colères de son frère ; qui lui montra le royaume de Dieu et lui donna la science des choses saintes. »
4. *Luc*, XII-14 ; *Matt.*, XVIII-11 ; *Matt.*, XX-28.

maine, sur ce qu'il y a d'élémentaire dans le monde et non sur le Christ[1]. » C'est à l'humilité et à la simplicité des petits enfants qu'il faut s'efforcer d'atteindre[2]. C'est donc aux enfants que le Royaume de Dieu est promis, mais aussi aux savants qui ont su dépouiller leur savoir pour comprendre la vérité du cœur, et ont ajouté ainsi à la vertu même de la simplicité le précieux mérite de l'effort sur soi. Dans l'*Octavius*[3], Minucius Félix fait parler Caecilius, défenseur du paganisme en ces termes : « Ne doit-on pas s'indigner que des gens qui n'ont pas étudié, étrangers aux lettres, inhabiles même dans les arts vils, émettent des opinions qu'ils tiennent pour certaines, sur tout ce qu'il y a de plus élevé et plus majestueux dans la nature, tandis que la philosophie en discute depuis des siècles. » Ce dédain de toute spéculation pure s'explique chez des gens qui tenaient l'effusion en Dieu pour le but de tout effort humain. Mais un certain nombre de conséquences suivent encore.

b) À mettre au premier plan l'effort de l'homme vers Dieu, on subordonne tout à ce mouvement. Et le monde lui-même s'ordonne suivant cette direction. L'histoire a le sens que Dieu a bien voulu lui donner. La philosophie de l'histoire, notion étrangère à un esprit grec, est une invention judaïque. Les problèmes métaphysiques s'incarnent dans le temps et le monde n'est que le symbole charnel de cet effort de l'homme vers Dieu. De là encore l'importance capitale accordée à la foi[4]. Il suffit qu'un paralytique ou un aveugle croie — et le voici guéri. C'est que l'essence de cette foi est de consentir et de renoncer. La foi d'ailleurs est toujours plus importante que les œuvres[5].

La récompense dans l'autre monde conserve un caractère gratuit. Elle est d'un si haut prix qu'elle surpasse l'exigence des mérites. Et là encore il s'agit d'une apologie de l'humilité. Il faut préférer le pécheur repentant au vertueux tout rempli de lui-même et de ses bonnes

---

1. *Aux Colossiens*, II, 18.
2. *Matt.*, XVIII, 3, 4; XIX, 16; *Mc.*, X, 14, 15.
3. VI, 4.
4. In *Matt.* : XIV, 33; XII, 58; XV, 28.
5. In *Matt.* : X, 16-18; XX, 1-16; XXV, 14-23.

œuvres. L'ouvrier de la onzième heure sera payé un denier comme ceux de la première. Et l'on fera fête à l'enfant prodigue dans la maison de son père. Aux pécheurs repentis, la vie éternelle. Ce mot si important de vie éternelle est pris dans son sens large d'immortalité chaque fois qu'il est cité[1].

c) Ici se place alors la notion qui nous intéresse. S'il est vrai que l'homme n'est rien et que sa destinée est tout entière dans les mains de Dieu, que les œuvres ne suffisent pas à assurer à l'homme sa récompense si le « Nemo Bonus » est fondé, qui donc atteindra ce royaume de Dieu ? La distance est si grande de l'homme à Dieu que personne ne peut espérer la combler. L'homme ne peut y parvenir et seul le désespoir lui est ouvert. Mais alors l'Incarnation apporte sa solution. L'homme ne pouvant rejoindre Dieu, Dieu descend jusqu'à lui. Et c'est l'universel espoir en Christ qui naît alors. L'homme a eu raison de s'en remettre à Dieu puisque celui-ci lui fait la grâce la plus infinie qui soit.

C'est dans Paul que cette doctrine s'exprime pour la première fois de façon cohérente[2]. Pour lui, la volonté de Dieu n'a qu'un seul but : sauver les hommes. La création et la rédemption ne sont que deux manifestations de sa volonté, la première et la seconde de ses révélations[3]. Le péché d'Adam a corrompu l'homme et l'a conduit à la mort[4]. Il ne lui reste aucune ressource personnelle. La loi morale de l'Ancien Testament se contente en effet de donner à l'homme l'image du devoir à atteindre. Mais elle ne lui en donne pas la force. Par là, elle le rend deux fois coupable[5]. La seule façon de nous sauver était de venir à nous, nous relever de nos péchés par un miracle de la grâce, c'est Jésus, de notre race, de notre sang[6], qui nous représente et s'est substitué à nous. Mourant avec lui et en lui, l'homme a payé son

---

1. *Matt.*, XX, 46 ; XXV, 34-36 ; *Mc.*, X, 17 ; *Luc*, X, 24.
2. *Col.*, I, 15 ; *Corinth.*, XV, 45 ; *Rom.*, I, 4.
3. *Rom.*, I, 20 ; VIII, 28 ; *Éph.*, I, 45 ; III, 11 ; *Timo* I, 9.
4. *Rom.*, V, 12 ; 14 + 15-17 ; VI, 23.
5. *Rom.*, III, 20 ; *Rom.*, V, 13 ; *Rom.*, VII, 7-8.
6. *Rom.*, I, 3 ; IV, 4.

péché et l'incarnation est en même temps la rédemption[1]. Mais pour autant la toute-puissance de Dieu n'est pas atteinte, car la mort et l'Incarnation de son fils sont des grâces et non des sanctions dues au mérite humain.

Cette solution de fait résolvait toutes les difficultés d'une doctrine, établissant un si grand écart entre Dieu et l'homme. Platon qui voulait unir le Bien à l'homme était contraint de construire toute une échelle d'idées entre ces deux termes. Par là il créait un savoir. Ici, point de raisonnement; mais un fait. Jésus est venu. À la sagesse grecque qui n'est qu'une science, le Christianisme s'oppose comme un état de choses.

Pour comprendre enfin toute l'originalité d'une notion devenue trop familière à nos esprits, demandons leur avis aux païens de l'époque. Un esprit aussi cultivé que Celse ne comprend pas. Son indignation est réelle. Quelque chose lui échappe qui était trop nouveau pour lui : « Que si, dit-il, parmi les Chrétiens et les Juifs, il en est qui déclarent qu'un Dieu ou un fils de Dieu, les uns, doit descendre, les autres, soit descendu, c'est là de leur prétention la plus honteuse... Quel sens peut avoir pour un Dieu un voyage comme celui-là? Serait-ce pour apprendre ce qui se passe chez les hommes? Mais ne sait-il pas tout? Est-il donc incapable, étant donné sa puissance divine, de les améliorer sans dépêcher quelqu'un corporellement à cet effet... Et si, comme les chrétiens l'affirment, il est venu pour aider les hommes à rentrer dans la droite voie, pourquoi ne s'est-il avisé de ces devoirs qu'après les avoir laissés errer pendant tant de siècles[2]. » De même l'Incarnation paraît inacceptable à Porphyre : « Même en supposant que tels des Grecs soient assez obtus pour penser que les Dieux habitent dans des statues, ce serait encore une conception plus pure que d'admettre que le Divin soit descendu dans le sein de la Vierge Marie, qu'il soit devenu embryon, qu'après sa naissance, il ait été enveloppé de langes, tout sali de sang, de bile et pis encore[3]. » Et Porphyre s'étonne

---

1. *Rom.*, III, 25; VI, 6; *Cor.*, VI, 20; *Gal.*, III, 13.
2. CELSE : *Discours vrai*. Trad. ROUGIER : IV, 41.
3. PORPHYRE : *Contre les Chrétiens*. Fragment 77 *in* P. DE LABRIOLLE : *la Réaction païenne*, p. 274.

que le Christ ait pu souffrir sur sa croix, alors qu'il devait être par nature impassible[1].

Rien donc n'est aussi spécifiquement chrétien que la notion d'Incarnation. C'est en elle que se résument les thèmes obscurs que nous avons essayé de délimiter. C'est sur cet argument de fait immédiatement compréhensible que s'achèvent les mouvements de pensée qu'il faut regarder vivre maintenant chez ceux qu'ils animaient.

II. LES HOMMES DU CHRISTIANISME ÉVANGÉLIQUE

A. *Les Œuvres.*

Dégoût de la spéculation, souci pratique et religieux, primauté de la foi, pessimisme à l'égard de l'homme et immense espoir qui naît de l'Incarnation, autant de thèmes qui revivent dans les hommes et les œuvres des premiers siècles de notre ère.

Et, en effet, il faut être grec pour croire que la sagesse s'apprend. La littérature chrétienne depuis les origines ne compte aucun moraliste jusqu'à Clément et Tertullien[2]. Saint Clément, Saint Ignace, Saint Polycarpe, l'auteur de la doctrine des douze apôtres et celui de l'épître apocryphe, dite de Barnabé, ne s'intéressent qu'au côté religieux des problèmes. La littérature dite apostolique[3] est exclusivement pratique et populaire. Il nous faut l'examiner dans ses détails pour nous faire une idée un peu précise de son esprit et de ses caractéristiques. Cette littérature s'est développée de 50 à 90. C'est-à-dire qu'elle peut prétendre refléter l'enseignement des apôtres. Quoi qu'il en soit, elle se compose : de la première épître de Saint Clément (93-97) écrite sans doute à Rome; des

---

1. *Fragment* 84-*id.*
2. TIXERONT : *Histoire des dogmes,* chap. III; « Le témoignage des Pères apostoliques ».
3. *Id.* chap. III, p. 115 : « On donne le nom de Pères apostoliques aux écrivains ecclésiastiques qui ont paru à la fin du Ier ou dans la première moitié du IIe siècle et qui sont censés avoir reçu des apôtres ou de leurs disciples immédiatement l'enseignement qu'ils nous transmettent. »

sept épîtres de Saint Ignace (107-117) à Antioche et le long des côtes d'Asie Mineure; en Égypte entre 130 et 131, de l'épître apocryphe[1] de Barnabé; de la doctrine des douze apôtres, en Palestine probablement (131-160); du « Pasteur » d'Hermas à Rome (140-155); à Rome ou à Corinthe, de la deuxième épître de Saint Clément en 150; des fragments de Papias, à Hiérapolis en Phrygie (150); à Smyrne, de l'épître de Saint Polycarpe et de son « Martyrium » (155-156). Mais voyons plutôt chacune d'elles et tentons d'y retrouver à l'état pur les postulats passionnés que nous avons déjà signalés.

a) La première épître de Saint Clément se propose comme seul but de ramener la paix dans l'Église de Corinthe. Son caractère est donc purement pratique. Il insiste sur la filiation qui existe entre le chef de l'Église et les Apôtres, puis entre ceux-ci et Jésus-Christ dont l'Incarnation nous a sauvés[2]. Voulant soumettre les Corinthiens à leurs chefs spirituels, il leur montre que la cause des discordes réside dans l'envie et il en prend prétexte pour parler de l'humilité et de la vertu d'obéissance, ce qui l'amène à l'éloge de la charité[3]. C'est par l'humilité que nous obtenons la rémission de nos péchés. Ici peut se placer un deuxième point de vue spécifiquement évangélique : ceux qui sont élus ne le sont pas par leurs œuvres mais par leur foi en Dieu[4]. Un peu plus loin, d'ailleurs, Clément parle de la nécessité des œuvres et de l'inefficacité de la foi sans elles[5].

b) Les lettres de Saint Ignace[6] ne sont que des écrits de circonstance, étrangers à toute spéculation méthodique. Mais Saint Ignace est celui des Pères apostoliques qui a eu le sentiment le plus vif pour le Christ fait chair. Il combat avec acharnement la tendance docète au sein du christianisme. Jésus est « Fils de Dieu suivant la volonté et la puissance de Dieu, fait vraiment d'une

---

1. Ou « Didache ».
2. XXXI, 6, apud. Tixeront : III, 2.
3. XLIV, *id.*
4. XXXII, 3, 4, *id.*
5. XXXIII, 1, *id.*
6. Pour tout ce qui suit, cf. Tixeront, III, 5.

Vierge[1] ». « De la race de David selon la chair il est fils de l'homme et fils de Dieu[2]. » Il affirme la maternité réelle de Marie[3]... « Vraiment né d'une vierge » ... « Il a vraiment été percé de clous pour nous sous Ponce Pilate et Hérode le Tétrarque[4]. » « Il a vraiment souffert, comme il s'est vraiment ressuscité lui-même, et non pas, ainsi que le disent certains incrédules qui prétendent qu'il a souffert seulement en apparence[5]. » Ignace appuie plus encore, s'il se peut, sur l'humanité qu'a revêtue le Christ. Il affirme que c'est en chair que le Christ a ressuscité : « Je sais qu'après sa résurrection, Jésus a été en chair et je crois qu'il l'est encore. Et quand il vint à ceux qui étaient avec Pierre, il leur dit : « Prenez, palpez-moi, et » voyez que je ne suis pas un génie sans corps ». Et aussitôt ils le touchèrent et ils crurent, s'étant mêlés à sa chair et à son esprit... Et après la résurrection, il mangea et il but avec eux, comme étant corporel bien qu'étant uni spirituellement à son Père[6]. »

Sur cette communion du Christ en nous, Ignace établit l'unité de l'Église et les règles de la vie religieuse. Pour lui, rien ne vaut que la Foi et l'Amour : « Le tout c'est la foi et la charité : il n'y a rien de plus précieux[7]. » Et même poussant à l'extrême un des thèmes déjà signalés du Christianisme primitif, il affirme que celui qui a la foi ne pèche pas : « Les charnels ne peuvent faire les œuvres spirituelles ni les spirituels les œuvres charnelles, pas plus que la foi ne peut faire les œuvres de l'infidélité, ni l'infidélité celles de la foi. Les choses que vous faites selon la chair sont spirituelles, car vous faites tout en Jésus-Christ[8]. » C'est là le type de ce Christianisme exalté, extrême dans sa foi et dans les conséquences qu'elle présuppose, que nous avons déjà défini : on ne s'étonnera pas au reste de trouver chez Saint Ignace, les accents du mysticisme le plus passionné : « Mon amour est

---

1. *Aux habitants de Smyrne*, I, 1.
2. *Éph.*, XX, 2.
3. *Éph.*, VII, 2.
4. *Smyrne*, I, 1, 2.
5. *Smyrne*, II.
6. *Smyrne*, III.
7. *Smyrne*, VI, 1.
8. *Éph.*, VIII, 2.

crucifié, et il n'y a point en moi de feu pour la matière ; mais il y a une eau vive et parlante qui me dit intérieurement : « Viens au Père[1]. »

c) L'épître attribuée à Saint Barnabé[2] est surtout une œuvre polémique dirigée contre le Judaïsme. Elle ne contient guère d'éléments doctrinaux et ne présente d'ailleurs qu'un intérêt médiocre. L'auteur insiste seulement avec beaucoup de réalisme — et c'est ce qui était à noter — sur la Rédemption. Celle-ci vient de ce que Jésus a livré sa chair à la destruction et nous a aspergés de son sang[3]. Et c'est le Baptême qui nous fait participer à cette Rédemption : « Nous descendons dans l'eau, remplis de péchés et de souillures, et nous en sortons, portant des fruits, possédant dans le cœur et dans l'esprit, l'espérance en Jésus[4]. »

d) « Il existe deux voies, l'une de la vie, l'autre de la mort, mais il y a une grande différence entre les deux[5]. » La doctrine des douze apôtres s'est attachée seulement à l'enseignement de ce qui constitue la voie de la vie et de ce qu'il faut faire pour éviter celle de la mort. C'est un catéchisme, un formulaire liturgique qui ne dément pas ce que nous avancions sur le caractère exclusivement pratique de toute cette littérature.

e) Le « Pasteur » d'Hermas et la 2ᵉ épître de Clément sont avant tout des œuvres d'édification[6]. Le thème commun à ces deux ouvrages est la pénitence. Celle-ci, Hermas l'accorde seulement aux fautes commises jusqu'au moment où il écrit. Et dès ce moment la doctrine pénitentielle s'imprègne de la rigueur particulière aux doctrines pessimistes. Aux Chrétiens de son temps, il n'accorde cette pénitence qu'une seule fois[7]. Il établit un tarif selon lequel une heure de plaisir impie doit s'ex-

---

1. *Rom.*, VII, 2.
2. Tixeront, *op. cit.*, III, 8.
3. V, 1 ; VII, 3, 5.
4. XI, xi, 1-8.
5. I, 1. ap. Tixeront, III, 7.
6. Tixeront, III, 3 et 4.
7. Manduc, IV, 3.

pier par trente jours de pénitence et un jour par une année. Selon lui les méchants sont voués aux flammes et quiconque connaissant Dieu aura commis cependant le mal, expiera éternellement[1].

La deuxième épître de Clément est une homélie offrant de fréquentes analogies avec le « Pasteur » d'Hermas. Là encore le but est tout pratique : exhorter les fidèles à la Charité et à la Pénitence. Au chapitre IX on démontre l'incarnation réelle et tangible de Jésus. La suite s'attache à décrire les punitions et les récompenses qui seront infligées ou accordées après la résurrection.

f) L'épître de Polycarpe, la relation qui nous est faite de son martyre, les fragments de Papias enfin ne nous apprendraient rien de sensiblement nouveau[2]. Vouées à des buts pratiques, ces œuvres se rencontrent dans une Christologie antidocète, une théorie classique du péché et l'exaltation de la Foi. Elles résument fidèlement, au vrai, ce que nous savons déjà sur cette littérature apostolique et son mépris de toute spéculation. Demandons-nous seulement dans quel milieu se développait cette prédication.

B. *Les Hommes.*

On peut dire que la pensée des Pères apostoliques reflète le vrai visage de l'époque où ils vivaient. Les premières communautés évangéliques partageaient ces soucis et s'écartaient de toute ambition intellectuelle. Rien n'éclaire mieux cet état d'esprit que les efforts de Clément d'Alexandrie pour dissiper ces préventions. Si l'on songe que Clément vivait à la fin du IIe siècle[2], on voit avec quelle ténacité le Christianisme se cramponnait à ses origines, et d'autant plus que les fantaisies du Gnosticisme n'étaient pas faites pour ramener les esprits vers la philosophie.

Clément d'Alexandrie[4], d'esprit et de culture grecs,

---

1. *Similit.* IV, 4.
2. Tixeront, *op. cit.,* III, 6.
3. Entre 180 et 203.
4. De Faye : *Clément d'Alexandrie,* livre II, chap. II.

rencontrait les plus vives résistances dans son milieu et tout son effort fut pour réhabiliter la philosophie païenne en déconsidération et y habituer les esprits chrétiens. Mais ceci est d'un autre ordre. Et l'intérêt que présentent souvent les « stromates », c'est de nous montrer dans le dépit de l'auteur ce qu'avait de solide l'hostilité du milieu à l'égard de toute spéculation. Ceux que Clément appelle les « Simpliciores » ce sont bien véritablement les premiers chrétiens et nous retrouvons en eux les postulats de la prédication apostolique : « Le vulgaire a peur de la philosophie grecque comme les enfants ont peur d'un épouvantail[1]. » Mais le dépit se fait sentir : « Certaines gens qui se croient gens d'esprit estiment qu'on ne doit se mêler ni de philosophie, ni de dialectique, ni même s'appliquer à l'étude de l'univers[2]. » Ou encore : « Il y a des personnes qui font cette objection. À quoi sert de savoir les causes qui expliquent le mouvement du soleil ou des autres astres ou d'avoir étudié la géométrie, la dialectique ou les autres sciences ? Ces choses ne sont d'aucune utilité lorsqu'il s'agit de définir les devoirs. La philosophie grecque n'est qu'un produit de l'intelligence humaine : elle n'enseigne pas la vérité[3]. »

Les opinions du milieu chrétien d'Alexandrie étaient donc parfaitement claires. La Foi suffit à l'homme et le reste est littérature. Comparons plutôt une affirmation de Tertullien, contemporain de Clément, et un texte de ce dernier, qui se recoupent exactement. « Qu'y a-t-il de commun, dit Tertullien, entre Athènes et Jérusalem, entre l'Académie et l'Église... Tant pis pour ceux qui ont mis au jour un Christianisme stoïcien, platonicien, dialecticien. Pour nous, nous n'avons pas de curiosité après Jésus-Christ, ni de recherche après l'Évangile[4]. » Et Clément écrit : « Je n'ignore pas ce que ressassent certaines gens ignorants qui s'effrayent du moindre bruit à savoir que l'on doit s'en tenir aux choses essentielles, à celles qui se rapportent à la foi, et que l'on doit négliger celles qui viennent du dehors et qui sont superflues[5]. »

---

1. *Stromates*, VII, 80.
2. *Stromates*, I, 43.
3. VI, 93.
4. *De Prescriptione Haereticorum*, VII.
5. *Stromates*, I, 18.

Mais ces simpliciens s'en tenaient aux Livres saints. Saint Paul les avait mis en garde contre les « discours trompeurs[1]. » Nul ne se souciait d'être, sans la charité, l'airain qui résonne ou la cymbale retentissante. C'est pourquoi au IVe siècle, Rutillius Namatianus définit le Christianisme, la « secte qui abêtit les âmes[2]. » Et de cela Clément d'Alexandrie est seulement dépité : Celse est indigné[3]. Preuve certaine de la vivacité d'une tradition qu'il nous semble ainsi avoir maintenant établie.

III. LES DIFFICULTÉS ET LES CAUSES D'ÉVOLUTION DU CHRISTIANISME ÉVANGÉLIQUE

Si nous jetons un regard en arrière, nous devons conclure que le Christianisme primitif se résume en quelques thèmes élémentaires mais vivaces autour desquels des communautés se groupent, imbues de ces aspirations et tentant de leur donner corps par leur exemple ou leur prédication. Ce sont des valeurs fortes et amères que cette nouvelle civilisation met en œuvre. D'où l'exaltation qui accompagne sa naissance et la richesse intérieure qu'il suscite chez l'homme.

Mais, sur ces bases, une évolution se prépare. Déjà de Matthieu à Jean, le dessin en apparaît. Le royaume de Dieu cède la place à la vie éternelle[4]. Dieu est esprit et c'est en esprit qu'il faut l'adorer. Le Christianisme s'universalise déjà. La Trinité, informe encore, s'exprime cependant à demi[5]. C'est que déjà le Christianisme a rencontré le monde grec et, avant de passer à d'autres formes de son évolution, il faut s'arrêter aux causes qui le poussèrent à s'approfondir constamment et à répandre ses doctrines sous le manteau grec. La rupture avec le Judaïsme et l'entrée dans l'esprit méditerranéen créaient à la pensée chrétienne des obligations : satisfaire les Grecs déjà acquis à la nouvelle religion, attirer les autres en leur montrant un Christianisme moins judaïque et d'une

---

1. *Aux Colossiens*, II, 8.
2. *De Reditu suo*, I, 389, in ROUGIER, *Celse*, p. 112.
3. *Discours vrai*, III, 37, trad. ROUGIER.
4. *Jean*, III, 16, 36; IV, 14.
5. V, 19, 26.

façon générale parler leur langue, s'exprimer en formules compréhensibles et faire entrer par conséquent les élans incoordonnés d'une foi très profonde dans les moules commodes de la pensée grecque. Ce sont ces nécessités que nous devons préciser.

A. *Les Adhésions.*

Dès cette époque, en effet, et pendant tout le IIe siècle, le Christianisme compte des adhésions parmi les Grecs les plus cultivés[1]. Aristide, dont l'« Apologie à Antonin le Pieux » se place entre 136 et 161, Miltiade (vers 150), Justin dont la première « Apologie » se situe entre 150 et 155, la deuxième entre 150 et 160 et dont le célèbre « Dialogue avec Tryphon » a été publié vers 161, Athénagore enfin (« Supplicatio pro christianos » 176-178) autant d'esprits venus à la nouvelle religion et qui concrétisent l'union d'une tradition spéculative et d'une sensibilité encore neuve dans le bassin méditerranéen.

Dès lors il s'agit pour eux de concilier leur esprit, que l'éducation a fait grec, et leur cœur que l'amour chrétien a pénétré. Dans l'histoire ces Pères sont des apologistes, car tout leur effort effectivement est de présenter le Christianisme comme conforme à la Raison. La foi, selon eux, complète les données de la Raison et il n'est pas indigne d'un esprit grec de l'accepter. C'est donc sur le terrain de la philosophie que les deux civilisations se sont rencontrées.

Justin, en particulier, va très loin dans cette voie. Il s'appuie sur les ressemblances entre la doctrine chrétienne et les philosophies grecques : l'Évangile continue Platon et les stoïciens[2]. Et à cette coïncidence, Justin voit deux raisons. D'abord cette idée, si répandue à l'époque[3], que les philosophes grecs ont eu connaissance des livres de l'Ancien Testament et s'en sont inspirés

---

1. Puech : *les Apologistes grecs du IIe siècle.*
   Id. Tixeront *op. cit.*, V, 1.
2. *Apol.*, II, 13.
3. *Apol.*, I, 44, 59 ; Tatien : *Oratio ad Graecos,* 40 ; Minutius Felix *op. cit.* 34 ; Tertullien : *Apologet.* 47 ; Clément d'Alex. : Str. I, 28 ; VI, 44 ; VI, 153 ; VI, 159.

(supposition sans portée, mais qui eut une fortune énorme). En second lieu, Justin pense que le Logos s'est manifesté à nous en la personne de Jésus mais qu'il préexistait à cette incarnation et inspirait la philosophie des Grecs[1]. Cela n'empêche pas notre auteur de conclure à la nécessité morale de la Révélation, à cause du caractère incomplet de la spéculation païenne.

En même temps que les Apologistes se rapprochaient des Grecs, ils s'éloignaient de plus en plus du Judaïsme. L'hostilité des Juifs à l'égard de la nouvelle religion était un motif suffisant. Mais il s'ajoutait une raison d'ordre politique et c'était le rôle qu'avaient tenu les Juifs dans les persécutions par leurs accusations[2]. Tout l'argument du « Dialogue avec Tryphon », c'est la démonstration de l'accord entre les Prophètes et le Nouveau Testament d'où Justin tirait la prescription de l'Ancien Testament et le triomphe de la vérité chrétienne[3].

B. *Les Résistances.*

Mais, dans le même temps, les résistances se développaient aussi. Nous savons d'ailleurs le mépris de Tertullien à l'égard de toute pensée païenne. Tatien[4] et Hermias[5] se font aussi les apôtres de ce mouvement particulariste. Mais la tendance la plus naturelle c'est l'extension et les résistances dont nous parlions sont celles des païens. On peut dire sans paradoxe que ces résistances ont beaucoup contribué à la victoire du Christianisme. P. de Labriolle[6] insiste beaucoup sur ce fait que les païens à la fin du IIe siècle et au début du IIIe se sont appliqués à dériver l'enthousiasme religieux de l'époque vers des figures et des personnalités copiées sur le modèle

---

1. *Ap.* II, 13, 8, 10.
2. JUSTIN. *Dialogue avec Tryphon :* 16, 17, 108, 122, etc. *Apologie :* I, 31-36.
3. *Dialog.* 63 et sq.
4. *Oratio ad graecos* (165).
5. *Irrisio gentilium philosophorum* (IIIe siècle).
6. *La Réaction païenne :* deuxième partie, ch. II.

du Christ[1]. Cette idée avait déjà effleuré Celse quand il opposait à Jésus, Esculape, Hercule ou Bacchus. Mais ce devint bientôt un système de polémique. Au début du IIIe siècle Philostrate écrit la merveilleuse histoire d'Apollonius de Tyane qui semble sur beaucoup de points imitée des Écritures[2]. Puis Socrate, Pythagore, Hercule, Mithra, le soleil, les Empereurs détourneront la faveur du monde gréco-romain et figureront tour à tour un Christ païen. La méthode avait ses dangers et ses avantages, mais rien ne montre mieux combien les Grecs avaient compris la puissance et la séduction de la Religion nouvelle. Mais cette christianisation de l'Hellénisme décadent prouve aussi que les résistances se faisaient ingénieuses. De là encore, pour le Christianisme, la nécessité d'user ses angles, d'exposer de préférence ses grands dogmes sur la vie éternelle, la nature de Dieu et d'en introduire ainsi la métaphysique. Ce fut là encore le rôle des Apologistes. Qu'on ne s'y trompe pas, d'ailleurs. Ce travail d'assimilation venait de plus haut. Il remonte à Paul né à Tarse, ville universitaire et hellénique. Il est particulièrement net mais d'un point de vue judaïque, chez Philon. Nous l'avons noté seulement dans les Apologistes parce que c'est la première fois dans l'histoire que ce mouvement prend une forme cohérente et collective. Voyons seulement les problèmes qui en résultaient.

C. *Les Problèmes.*

De cette combinaison de la foi évangélique avec la métaphysique grecque sont sortis les dogmes chrétiens. Par ailleurs, baignée dans cette atmosphère de tension religieuse, la philosophie grecque a donné le néoplatonisme.

Mais la chose ne s'est pas faite en un jour. S'il est vrai que les oppositions entre idées chrétiennes et idées grecques furent adoucies par le cosmopolitisme que nous

---

1. Cf. BOISSIER : *la Religion romaine*, préface, tome I, IX : « Le paganisme essaie de se réformer sur le modèle de la religion qui le menace et qu'il combat. »
2. Comparer surtout l'épisode de la fille de Jaïre (*Luc*, VII, 40) et *Vie d'Apollonius*, IV, 45 (p. 184 de la traduction CHASSAING).

avons signalé, cependant bien des antinomies demeuraient ; il fallait concilier la création « ex nihilo » qui excluait l'hypothèse de la matière, avec la perfection du Dieu grec qui impliquait l'existence de cette matière. L'esprit grec voyait la difficulté d'un Dieu parfait et immuable créant du temporel et de l'imparfait. Comme Saint Augustin l'écrivait beaucoup plus tard[1] : « Il est difficile de comprendre la substance de Dieu qui fait des choses changeantes sans en éprouver aucun changement et des choses temporelles sans se mouvoir aucunement dans le Temps. » Autrement dit, l'histoire faisait une nécessité au Christianisme de s'approfondir s'il voulait s'universaliser. C'était créer une métaphysique. Or il n'est pas de métaphysique sans minimum de rationalisme. L'intelligence est impuissante à renouveler ses thèmes quand le sentiment varie à l'infini des nuances. L'effort de conciliation inhérent au Christianisme sera d'humaniser, d'intellectualiser ses thèmes sentimentaux et de ramener la pensée de ces confins où elle se débattait. Car expliquer c'est dans une certaine mesure avoir prise. C'est donc un peu réduire cette disproportion entre Dieu et l'homme que le Christianisme avait instaurée. Il semble bien au contraire qu'à ses débuts, la pensée chrétienne, sous l'influence de ces valeurs de mort et de passion, dans la crainte du péché et du châtiment, était arrivé à ce point où, comme dit Hamlet, le temps saute hors de ses gonds. Il faut maintenant que l'intelligence lui donne son visa.

Ce fut la tâche, dans une assez faible mesure, des premiers systèmes théologiques, ceux de Clément d'Alexandrie et d'Origène, des conciles aussi en réaction contre les hérésies, et surtout de Saint Augustin. Mais, à ce point précis, la pensée s'infléchit. Le Christianisme entrait dans une nouvelle phase où il s'agissait de savoir s'il perdrait son originalité profonde afin de se mieux vulgariser, si au contraire il sacrifierait sa puissance d'expansion à son besoin de pureté, où si enfin il parviendrait à concilier ces préoccupations également naturelles. Mais son évolution ne fut pas harmonieuse. Elle suivit des chemins dangereux qui lui enseignèrent la prudence. Ce fut le Gnosticisme. Elle s'aida du Néoplatonisme et de ses cadres commodes pour loger une pensée

---

1. *De Trinitate* : I, 1, 3.

religieuse. Définitivement détaché du Judaïsme, le Christianisme s'insérait dans l'Hellénisme par la porte que tenaient ouverte les Religions orientales. Et sur cet autel au Dieu inconnu[1], que Paul avait rencontré dans Athènes, plusieurs siècles de spéculation chrétienne allaient élever l'image du Sauveur sur la croix.

CHAPITRE DEUXIÈME

LA GNOSE

Si on accepte comme un fait établi cette christianisation de la Méditerrannée hellénique, on doit considérer l'hérésie gnostique comme un des premiers essais de collaboration gréco-chrétienne. Le Gnosticisme c'est en effet une réflexion grecque sur des thèmes chrétiens. De là qu'il ait été désavoué par les uns et par les autres. Plotin écrit « contre ceux qui disent que le monde est mauvais[2] ». Et ce que Tertullien reproche aux gnostiques dans l'« Adversus marcionem » (comme Saint Augustin plus tard aux manichéens) c'est de croire qu'on peut ajouter à l'Évangile une explication rationnelle. Il est exact pourtant que les gnostiques aient été chrétiens. On retrouve chez eux le thème de l'Incarnation. Le problème du mal les obsède. Ils ont compris toute l'originalité du Nouveau Testament et partant, de la Rédemption. Mais au lieu de considérer un Christ fait chair et symbolisant l'humanité souffrante, c'est toute une mythologie qu'ils incarnent. Sur des postulats authentiques, ils se livrent à tous les jeux subtils de l'esprit grec. Et sur les quelques aspirations simples et passionnées du Christianisme, ils bâtissent, comme sur autant de solides piliers, tout un décor de kermesse métaphysique. Mais une difficulté se pose sur le plan historique. Les écoles gnostiques se succèdent sur plus de deux siècles[3]. Plusieurs générations de gnostiques ont spéculé dans des directions divergentes.

---

1. *Actes,* XVII, 16.
2. II, 9.
3. Du début du IIe siècle à la fin du IIIe.

Valentin et Basilide sont des esprits aussi différents, toutes proportions gardées, que Platon et Aristote. Comment définir alors un Gnosticisme ? Mais c'est une difficulté que nous avons déjà rencontrée. S'il est vrai que nous ne puissions définir que des gnosticismes, il est cependant possible de caractériser une gnose. La première génération gnostique[1], celle de Basilide, Marcion, Valentin, a fourni une trame sur laquelle les disciples ont brodé. Le petit nombre de thèmes communs pourra suffire pour faire entrevoir le sens de cette solution hérétique. Historiquement en effet, le Gnosticisme est un enseignement philosophique et religieux, dispensé à des initiés, basé sur des dogmes chrétiens, mêlé de philosophie païenne et s'assimilant tout ce qu'il y avait de splendide et d'éclatant dans les religions les plus diverses.

Mais avant d'indiquer les thèmes de la solution gnostique et d'en déceler les origines, il est nécessaire de voir comment elle s'insère dans le mouvement de pensée que ce travail considère. C'est au reste, définir encore la gnose, mais cette fois dans le plan métaphysique. Celle-ci pose les problèmes de façon chrétienne. Elle les résout en formules grecques. Basilide et Marcion sont en effet persuadés de la laideur de ce monde. Mais qu'on accuse le côté charnel, qu'on charge le tableau des péchés et des laideurs et on creuse de plus en plus le fossé entre l'homme et Dieu. Il viendra un moment où aucun repentir ni aucun sacrifice ne saurait combler un tel gouffre. Il suffit de connaître Dieu pour être sauvé[2]. Sinon quelles œuvres, ou quelles autres sources pourraient tirer l'homme de son néant. C'est, nous l'avons vu, la solution chrétienne du salut par l'Incarnation. C'est aussi en un sens celle des gnostiques. Mais la grâce chrétienne conserve un caractère d'arbitraire divin. Les gnostiques méconnaissant le sens profond de l'Incarnation, la restreignant dans sa portée, ont transformé la notion de salut en celle d'initiation. Valentin sépare en effet l'humanité en trois ordres[3] : les matériels attachés aux biens de ce monde, les psychiques balancés entre Dieu et la matière, et les spirituels

---

1. Première moitié du IIe siècle.
2. Cf. dans le Bouddhisme, forme parente de l'Amidisme.
3. DE FAYE : *Gnostiques et Gnosticisme*, I, ch. II. AMELINEAU : *Essai sur le Gnosticisme égyptien*.

qui, seuls, vivent en Dieu et le connaissent. Ceux-là sont sauvés comme le seront plus tard les Élus de Manès. Là s'introduit la notion grecque. Les spirituels ne sont sauvés que par la gnose ou connaissance de Dieu. Mais cette gnose ils l'apprennent de Valentin et des hommes. Le salut s'apprend. C'est donc une initiation. Car si, à première vue, ces deux notions peuvent sembler parentes, l'analyse peut déceler des différences subtiles, sans doute, mais fondamentales. L'initiation donne prise à l'homme sur le royaume divin. Le salut l'y introduit sans qu'il ait aucune part à ce succès. On peut croire à Dieu sans pour cela être sauvé. Aux mystères d'Éleusis il suffisait de contempler[1]. Au contraire, le baptême n'implique pas le salut. C'est que l'Hellénisme ne peut se séparer de cet espoir, tenace chez lui, que l'homme tient sa destinée entre ses mains. Et, au sein même du christianisme, il y eut justement une tendance à faire rentrer lentement la notion de salut dans celle d'initiation. De même que le fellah égyptien a lentement conquis sur le Pharaon le droit à l'immortalité, le Chrétien par le truchement de l'Église a eu enfin entre les mains les clefs du Royaume céleste.

C'est à bon droit, on le voit, que nous pouvons considérer le Gnosticisme comme une des solutions, une des étapes chrétiennes dans le problème que nous décelions : la gnose est une tentative de conciliation entre connaissance et salut. Mais voyons maintenant le détail de cette tentative.

LES THÈMES DE LA SOLUTION GNOSTIQUE

Plus ou moins accusés chez les différents auteurs, quatre thèmes fondamentaux se retrouvent cependant au fond de tout système gnostique : le problème du mal, la rédemption, la théorie des intermédiaires et une conception de Dieu comme être ineffable et incommunicable.

a) S'il est vrai que le problème du Mal est au centre de

---

1. Cf. *Hymne homérique à Déméter,* 480-483 « Heureux, celui des hommes vivant sur la terre qui a vu ces choses. Mais celui qui n'a pas été initié aux cérémonies sacrées et celui qui y a pris part n'auront jamais la même destinée après la mort dans les vastes ténèbres. » P. Loisy, *op. cit.,* p. 76.

toute pensée chrétienne, personne n'a été plus profondément chrétien que Basilide.

Cette originale figure est assez mal connue. On sait qu'il vécut sous les règnes d'Hadrien et d'Antonin le Pieux (c'est-à-dire vers 140) et qu'il commença d'écrire probablement vers 80. La seule notice un peu complète sur sa pensée est maintenant considérée comme peu fondée. C'est celle des « Philosophumena » qui traite vraisemblablement d'un pseudo-Basilide. Notre source la plus importante reste Clément d'Alexandrie dans ses « Stromates ». Irénée parle de Basilide dans son catalogue, Épiphane dans son « Contra Haerésios » (chap. XXIV). On peut enfin réunir quelques allusions d'Origène[1].

« L'origine et la cause de cette mauvaise doctrine, dit Épiphane, c'est la recherche et la discussion du problème du Mal[2]. » C'est en effet ce qui ressort du peu que l'on sait de la pensée basilidienne. Éloigné de toute spéculation, il ne s'attache qu'au problème moral, et plus précisément à ce problème moral qui naît des rapports de l'homme et de Dieu. Ce qui l'intéresse c'est le péché et le côté humain des problèmes. De la foi même, il fait une existence naturelle et réelle : « Basilide paraît incapable de concevoir une abstraction. Il faut qu'il la revête d'un semblant de corps[3]. »

C'est de ce point de vue que Basilide développe sa pensée et s'attache à établir une théorie du péché originel. À vrai dire, le mot n'y est pas, mais du moins l'idée d'une certaine prédisposition naturelle au péché. Il ajoute enfin deux affirmations complémentaires : le péché entraîne toujours un châtiment; il y a un amendement et un rachat à tirer de la souffrance. Les trois thèmes sont attribués indistinctement à Basilide et à Isidore, son fils.

Quoi qu'il en soit, Basilide est vivement frappé par le sort des martyrs. Selon lui, il n'est pas de souffrance inutile. Et chaque souffrance exige un péché précédent qui la légitime. Il faut donc conclure que les martyrs ont péché. Au reste, cet état se concilie parfaitement avec leur sainteté. C'est justement leur privilège de pouvoir

---

1. *Comm. in Rom.* V; *Hom. in. Luc* I; *Com. In Matt.* 38.
2. *Contre Haer*, XXIV, 6, 72 c.
3. DE FAYE, *op. cit.*, page 31.

expier si complètement leur passé. Mais quel est le plus grand des martyrs, sinon Jésus lui-même. « Si l'on me pousse, je dirai qu'un homme, *quel que soit celui que tu nommes,* est toujours homme, tandis que Dieu est juste. Car comme on l'a dit, personne n'est pur de toute souillure[1]. » L'allusion est transparente et l'on comprend que la doctrine soit mauvaise aux yeux d'Épiphane. Le Christ n'échappe pas à la loi universelle du péché. Mais du moins nous montre-t-il le chemin de délivrance qui est la croix. C'est pourquoi Basilide et son fils Isidore ont inauguré dans une certaine mesure une vie ascétique[2]. Il le fallait d'ailleurs pour Isidore, car c'est à lui qu'on doit la théorie des passions appendices. Les passions ne dépendent pas de nous mais s'accrochent à l'âme et nous exploitent.

Isidore a bien vu qu'une pareille théorie pouvait conduire les méchants à se présenter comme victimes et non comme coupables. De là, une règle de vie ascétique.

Voilà ce qui nous reste de la philosophie de Basilide. On ne voit guère comment ces quelques renseignements pourraient s'accorder avec la notice d'Hippolyte dans les « Philosophumena[3] ». Selon celle-ci Basilide aurait conçu l'idée d'un Dieu abstrait, résidant dans l'ogdoade séparé de notre monde par l'univers intermédiaire ou hebdomade. Le Dieu de ce monde intermédiaire, le grand Archonte, Basilide l'aurait identifié au Dieu de l'Ancien Testament : « L'ogdoade est ineffable, mais on peut dire le nom de l'hebdomade. C'est cet archonte de l'hebdomade qui a parlé à Moïse en ces termes : Je suis le Dieu d'Abraham, d'Isaac et de Jacob et je ne leur ai pas révélé le nom de Dieu, c'est-à-dire de l'ogdoade qui est ineffable[4]. »

Cette cosmologie métaphysique semble peu compatible avec les tendances profondes de notre auteur, surtout lorsqu'on lui attribue a) l'idée que le Christ n'est pas mort crucifié, mais qu'il s'est substitué à Simon de Cyrène; b) l'eschatologie grandiose que prédit le passage suivant : « Quand tout cela sera définitivement accompli,

---

1. Cité par DE FAYE, ch. I.
2. Cf. DE FAYE, *op. cit.,* ch. I.
3. Livre VII.
4. VII, p. 125, ap. AMELINEAU, *op. cit.,* II, 2.

quand toutes les formes confondues auront été dégagées, et rendues à leur place primitive, Dieu répandra une ignorance absolue sur le monde entier afin que tous les êtres qui le composent restent dans les limites de leur nature et qu'ils ne désirent rien qui en soit en dehors[1]. C'est que le centre des méditations de Basilide, c'est le problème du mal et pour parler anachroniquement, la prédestination. Les doctrines qui précèdent sont trop évoluées : nous dirions décadentes. Une seule affirmation d'Hippolyte pourrait nous en faire douter. Et c'est quand il attribue à son auteur l'idée que l'âme n'a pas plus la liberté d'action que la liberté de croyance. Elle est par sa nature portée au péché et faillira immanquablement.

On aura saisi l'importance du problème du mal chez celui des gnostiques que nous connaissons le moins. Il en est de même dans toutes les sectes gnostiques[2]. On ne s'étonnera donc pas de trouver, placé au même rang, le problème si voisin de la Rédemption.

b) Marcion[3] est celui des gnostiques qui a senti le plus vivement l'originalité du Christianisme. À tel point, que du mépris de la loi judaïque, il s'est fait une morale. Marcion n'est pas un spéculatif mais un génie religieux. On ne lui connaît pas de système semblable à celui de Valentin. Il n'a fondé ni église ni école, ses livres ne sont pas originaux mais exégétiques[4]. D'une façon générale sa pensée tourne autour de trois points : 1° Dieu; 2° la Rédemption et la personne du Christ; 3° la Morale.

Il y a deux divinités pour Marcion : l'une, supérieure règne dans le monde invisible, l'autre, subalterne est le Dieu de ce monde. « Notre Dieu n'a pas été révélé dès le commencement, il ne l'a pas été par la création; il

---

1. Cité par AMELINEAU, p. 135. Comparer avec les vieilles croyances égyptiennes : « Les rebelles deviennent choses immobiles pendant des millions d'années », cité par AMELINEAU, p. 152.

2. DE FAYE, *op. cit.*, conclusion pp. 460-463.

3. In TERTULLIEN (*Adversus Marcionem*) CLÉMENT d'ALEXANDRIE (*Stromates* III); ORIGÈNE (*de Principiis* lib. II, ch. IV et V) et PHILASTER : *Épiphane pseudo Tertullien;* IRÉNÉE.

4. DE FAYE, *op. cit.*, I, 4.

s'est révélé lui-même en Jésus-Christ[1]. C'est que le deuxième Dieu, juge cruel et belliqueux, est le dieu de l'Ancien Testament, celui qui persécutait Job pour prouver sa puissance à Satan, qui réclamait du sang et des batailles et dont la loi opprimait le peuple juif. Il n'y a là aucune influence avestique. Il ne s'agit pas de deux principes opposés et d'égale force dont la lutte soutient le monde, mais d'un Dieu et d'un démiurge entre lesquels la lutte est inégale. Ce faisant, Marcion prétendait être dans la vérité et s'appuyait sur les Évangiles (ou plutôt sur le seul évangile qu'il admît, celui de Luc) : « On ne met pas une pièce neuve sur de la vieille étoffe, ni du vin nouveau dans de vieilles outres[2]. » Et encore : « Un bon arbre ne donne pas de mauvais fruits pas plus qu'un mauvais arbre de bons fruits[3]. » Surtout il commentait l'« Épître aux Galates ». Et dans la continuelle opposition que Paul fait entre la Loi et l'Évangile, le Judaïsme et le Christianisme, Marcion croyait voir la preuve que les deux livres étaient inspirés par des auteurs différents. Chez Valentin aussi, nous retrouverons cette idée d'un créateur différent du Dieu unique, mais il s'agit d'une solution logique nécessitée par le problème du mal. Chez Marcion au contraire, c'est le sentiment très vif de la nouveauté du Christianisme qui fait naître cette opposition radicale. En ce sens on a eu raison de parler d'une pensée politique[4], plutôt que métaphysique, chez Marcion.

On voit déjà quelle importance va revêtir le Christ. Il n'est rien de moins que l'envoyé du Dieu suprême pour combattre le Dieu méchant, créateur du monde et délivrer l'homme de sa domination. Jésus accomplit ici-bas une mission révolutionnaire. S'il rachète nos péchés c'est qu'en eux il combat l'œuvre du Dieu cruel. Émancipateur autant que Rédempteur, il est l'organe d'une sorte de coup d'État métaphysique : « Marcion prétend qu'il y a deux Christs; l'un est révélé au temps de Tibère par

---

1. In *Adv. Mar.* ch. VIII. Cf. encore *Adv. Mar.* I, 16 : « Consequens est ut duas species rerum visibilia et invisibilia duobus auctoribus eis dividant et ita suo deo invisibilia defendant » et L, XVII, 1, 6.
2. *Luc,* V, 36.
3. *Luc,* VI, 43.
4. De Faye, p. 130.

un Dieu que l'on ne connaissait pas, avec mission de sauver tous les peuples ; l'autre était destiné par le Dieu créateur à restaurer Israël et devait apparaître un jour. Il fait entre ces deux Christs autant de différence qu'entre la Loi et l'Évangile, le Judaïsme et le Christianisme[1]. » À l'appui de cette singulière théorie, Marcion cite quantité de textes qu'il interprète dans son sens et tirés pour la plupart de l'Évangile de Luc[2]. « Qui de vous, si son fils lui demande du pain, lui donnera une pierre. Si donc vous, tout méchants que vous êtes, vous savez donner de bonnes choses à vos enfants, combien plus votre père qui est dans les cieux donnera-t-il ce qui est bon à ceux qui le prient. » Cette étrange interprétation trouve son couronnement dans la morale. La règle de vie que propose Marcion est ascétique. Mais c'est un ascétisme d'orgueil. C'est par haine du Créateur qu'il faut mépriser les biens de ce monde : donner le moins de prise à sa domination c'est l'idéal de Marcion. De là l'ascétisme le plus extrême. Et si Marcion prêche l'abstinence sexuelle c'est parce que le Dieu de l'Ancien Testament a dit : « Croissez et multipliez. » Dans cette vue pessimiste du monde et ce refus orgueilleux d'accepter, court la résonance d'une sensibilité toute moderne. Aussi bien prend-elle sa source dans le problème du mal. Il considère le monde comme mauvais, mais il se refuse à croire que Dieu puisse en être l'auteur. Si sa solution tourne autour de la Rédemption, c'est qu'il envisage le rôle de Jésus de façon plus ambitieuse que les Chrétiens eux-mêmes. Il s'agit de rien de moins que la destruction complète d'une création.

c) Les deux derniers thèmes du Gnosticisme doivent être considérés comme étroitement liés. Car si l'on fait de Dieu un être incommunicable et intemporel, on ne renonce pas pour autant à lui supposer de l'intérêt pour le monde. Il faut alors expliquer ces relations entre Dieu et l'homme et, ne pouvant mettre en contact ce néant et cet infini, admettre du moins un ou plusieurs intermédiaires participant à la fois de l'infinité divine et de notre finitude. Trouver ces moyens termes, c'est à peu de chose près le grand problème des premiers siècles de notre ère.

---

1. Tertullien : *Adv. M.* IV, 6.
2. V, 12-14 ; V, 27-32 ; VII, 9, 10 ; XI et XVI ; XVIII, 19.

Les gnostiques n'ont point manqué de s'y attacher. Ils apportèrent même à leur mise en scène un luxe et un faste inégalés.

La première génération gnostique se contentait de considérer Dieu comme ineffable et inexprimable. Mais du moins le croyait-elle fermement. Les successeurs allèrent encore plus loin et certaines de leurs expressions font souvent penser au Brahman des « Upanishads », qui ne peut se définir que par : non, non. « Ce Dieu, dit le pseudo-Basilide, était lorsque le rien était, mais ce rien n'était pas quelqu'une des choses qui existent maintenant, et, pour parler ouvertement, simplement et sans subtilité, seul le rien existait. Or, quand je dis qu'il existait, je ne veux pas dire qu'il a réellement existé, je veux seulement montrer ma pensée[1]. » Et encore : « Celui qui parlait n'existait pas, et ce qui fut ensuite créé n'était pas davantage; donc de ce qui n'était pas fut fait le germe du monde, c'est-à-dire cette parole qui fut prononcée par le Dieu néant : Que la lumière soit; et c'est ce qui est écrit dans l'Évangile. Il est la lumière illuminant tout homme venant en ce monde[2]. » Ce qu'Hippolyte résume ainsi : « Ainsi Dieu non existant a fait un cosmos non existant d'éléments non existants en émettant un germe unique qui contenait tous les germes du cosmos[3]. » Mais il faut faire la part des sentiments d'Hippolyte et cette subtilité excessive n'est pas la règle chez les gnostiques. Il semble au contraire que Valentin ait eu un sentiment très vif de la nature divine. C'est seulement dans la doctrine des intermédiaires qu'il donna libre cours à son imagination.

d) Valentin est celui des gnostiques que nous connaissons le mieux[4]. Mais par contre sur sa vie nous n'avons aucun renseignement. À tel point qu'on a pu le mettre en doute. Très cohérent son système peut se répartir suivant une théologie, une cosmologie et une morale. C'est l'exemple le plus curieux de cette incarnation de mythologie dont nous parlions plus haut. Le plérôme que Valentin place entre Dieu et le monde c'est à vrai

---

1. *Philosoph.* l. VII, p. 20.
2. P. 340, lignes 12-15.
3. VII, 22.
4. *Philosoph. et stromates*, XIII.

dire un olympe chrétien. Du moins chrétien d'intention, mais grec de forme et d'imagination. La philosophie de Valentin est une métaphysique en acte, une immense tragédie qui se joue du ciel à la terre et, dans l'infinité du Temps, une lutte de problèmes et de symboles, quelque chose comme le « Roman de la Rose » de la pensée gnostique.

1° Le Dieu de Valentin[1] est un Dieu incréé et intemporel. Mais, solitaire et parfait, il surabonde du fait de sa perfection. Ce faisant il crée une Dyade, celle de l'Esprit et de la Vérité. Ce couple à son tour engendre le Verbe et la Vie lesquels produisent l'Homme et l'Église. De ces six principes vont sortir maintenant le plérôme tout entier qui est composé de deux groupes d'anges ou éons, l'un de douze, l'autre de dix, c'est-à-dire en langage gnostique, la décade et la dodécade[2]. L'Esprit et la Vérité voulant glorifier la divinité créent un chœur de dix éons dont la mission est de rendre hommage à Dieu. Ce sont dans l'ordre : l'Abîme, le Mélange, Celui qui est sans vieillesse, l'Union, Celui qui est de sa propre nature, le Plaisir, Celui qui est immobile, la Mixtion, le Fils unique, la Félicité. Le Verbe et la Vie à leur tour, mais cette fois dans le but de glorifier l'Esprit agissant, créent la dodécade. Elle se compose de douze éons disposés en syzygies, c'est-à-dire en couples : mâle et femelle. Ce sont : Le Paraclet et la Foi, le Paternel et l'Espérance, le Maternel et l'Amour, la Prudence et l'Intelligence, l'Ecclésiastique et le Très Heureux, le Volontaire et la Sagesse. L'ensemble de ces éons forme le plérôme, intermédiaire entre Dieu et le monde. Mais ce qu'est ce monde et les rapports qu'il a avec cette théologie et cette aeonologie, Valentin va nous l'apprendre.

2° Il est remarquable que jusqu'ici seul le Dieu a produit sans l'aide d'un principe femelle. Lui seul est parfait. Lui seul surabonde. C'est par leur union que l'Esprit et la Vérité ou le Verbe et la Vie sont parvenus à engendrer respectivement la décade et la dodécade. Or, le

---

1. DE FAYE, *op. cit.*: l, 2. AMELINEAU, *op. cit.*: III, 1, 2, 3, 4, 5.
2. La dodécade consacrée à l'Esprit agissant; la décade, nombre parfait selon les pythagoriciens, consacrée au Dieu parfait.

dernier-né des éons, Sophia ou la Sagesse, du bas de l'échelle des principes se retourna et voulut voir Dieu[1]. Et elle connut ainsi qu'il avait créé seul. Par orgueil et par envie, elle tenta de créer seule. Mais elle ne réussit à mettre au monde qu'un être informe, celui-là même dont il est dit dans la genèse : « La terre était invisible et informe[2]. » Sophia reconnut alors avec douleur son ignorance et, pleine de crainte, se laissa aller au désespoir. Ces quatre passions constituèrent les quatre éléments du monde. Et Sophia se vit liée pour toujours à ce fœtus informe qu'elle avait engendré. Mais Dieu eut pitié d'elle et créa de nouveau un principe spécial, Horos[3] ou Limite. Celui-ci venant au secours de Sophia la réintégra dans sa nature primitive et rejeta le monde hors du plérôme rétablissant ainsi l'équilibre primitif. À ce moment un démiurge intervient et ordonnant la matière il en fait le cosmos. — Utilisant les passions de Sophia, il en crée des hommes. Ces hommes se divisent en trois catégories suivant le degré de conscience qu'ils ont de leur origine[4]. Les spirituels qui aspirent à Dieu, les matériels qui n'ont aucun souvenir partant aucun souci de leurs origines, et entre les deux, les psychiques, indécis, qui vont de la vie grossière des sens aux inquiétudes les plus élevées sans savoir où se raccrocher. Mais ils portent tous la marque de leur naissance : ils ont été faits de crainte, d'ignorance et de douleur. D'où la nécessité d'une rédemption. Mais c'est l'Esprit cette fois qui, se transformant en Christ, est venu délivrer l'homme de ses germes néfastes. Les choses se compliquent encore lorsqu'on apprend que le rédempteur n'était pas Jésus. Celui-ci est né de la reconnaissance des éons à l'égard de Dieu qui avait rétabli l'ordre. Ils réunirent donc leurs vertus et offrirent en actions de grâces l'être ainsi formé à Dieu. La rédemption au contraire est une œuvre de l'Esprit saint qui a révélé aux hommes leur partie divine et qui a réalisé en eux la mort de leur élément pécheur. C'est sans doute le sens de ce texte énigmatique des « Stromates » : « Vous êtes immortels depuis le commencement; vous êtes

---

1. De Faye, ch. II.
2. I, 2.
3. Cf. de Faye : *op. cit.,* p. 238.
4. Cf. Amelineau : *op. cit.,* p. 219. De Faye : *op. cit.,* p. 45.

enfants de la vie éternelle et vous voulez vous partager la mort afin que vous la dépensiez et l'épuisiez et que la mort meure en vous et par vous. Car lorsque vous désagrégez le monde et que vous-mêmes n'êtes pas désagrégés, vous êtes maîtres de la création et de la corruption tout entière[1]. »

3° La morale de Valentin est étroitement liée à sa cosmologie. Au demeurant celle-ci n'est qu'une solution adaptée à un problème qui obsède Valentin : le mal. « J'en vins à croire à la réalité de ce qu'ont représenté les tragédies, je suis persuadé qu'elles ne mettent sous les yeux que la vérité. Je crois au désir d'Œnomaüs pendant son ivresse, je ne regarde pas comme une chose incroyable que deux frères aient pu se combattre l'un l'autre. Et je ne trouvais pas en moi la force de dire que Dieu était l'auteur et le créateur de tous ces maux[2]. » C'est donc le problème du mal qui a orienté Valentin vers ces spéculations. Et la conclusion qu'il tire de sa cosmologie est toute simple : il n'y a pas de liberté dans l'âme humaine par suite de la faute de Sophia. Seuls seront sauvés ceux qui reprennent conscience de leurs origines : les gnostiques ou spirituels. Le salut est contemporain de la connaissance. Quant aux psychiques, ils peuvent être sauvés mais il faut s'en remettre à l'arbitraire divin.

C'est par là que la pensée de Valentin rejoint le fond commun à tous les gnostiques. Mais à son tour son aeonologie et sa cosmologie devaient connaître un très grand succès dans la foule de petites écoles où s'achève le Gnosticisme et qu'il nous reste à caractériser brièvement pour compléter notre étude du Gnosticisme.

Si l'on adopte la classification qui semble la mieux avertie, celle de M. de Faye, les thèmes que nous venons de parcourir se retrouvent dans trois groupes d'écoles : un groupe étudié par les haeréséologues et que l'on peut appeler les Adeptes de la Mère : puis, et par l'intermédiaire de ces derniers, ces thèmes sont repassés à des gnostiques dont la plupart sont mentionnés dans les « Philosophumena » et au groupe de gnostiques coptes dont le « Papyrus » de Bruce et la « Pistis Sophia » nous

---

1. XIII, 85, ap. DE FAYE : *op. cit.*, p. 42.
2. Cité par l'auteur du *Dialogue contre les Marcionites*, AMELINEAU : *op. cit.*, p. 230.

donnent une image fidèle. Filiation toute théorique d'ailleurs, car, s'il est vrai qu'en gros les Adeptes de la Mère précèdent dans le temps les deux derniers groupes, chacune des trois écoles est composée d'un si grand nombre de sectes qu'il est probable qu'elles se sont chevauchées et qu'elles ont entrecroisé leurs thèmes. Mais la filiation intellectuelle est réelle et aussi bien les nécessités de l'exposition rendent cette classification indispensable. Nous nous bornerons au reste à des indications et à des textes pour compléter notre tableau de la pensée gnostique.

Les Adeptes de la Mère sont ainsi nommés parce qu'ils admettent à peu près tous un principe femelle à l'origine du monde. Mais à l'intérieur même de cette rubrique, on peut comprendre les Barbelognostiques (Barbelo est le nom du principe femelle), les ophites dont parle Hippolyte et les « gnostiques » d'Irénée. Ils insistent pour la plupart sur la rivalité du principe premier, la Mère, et d'un principe mâle ou Iadalboath. Celui-ci créa l'homme et la mère corrigea ce que cette création avait de désastreux en mettant dans l'homme un germe divin. Par là, s'introduisait l'histoire classique de la Rédemption suivant des thèmes valentiniens.

Les « Philosophumena » citent et commentent un grand nombre de gnostiques qu'il serait vain de vouloir reprendre un par un pour retrouver des idées déjà rencontrées. Le plus simple sera de citer quelques textes qui, par leur bizarrerie ou leurs curieuses intentions, illustreront en quelque sorte les doctrines de Valentin, Basilide ou Marcion, comme un pastiche délivre souvent l'esprit d'une œuvre. Ils nous donnent en même temps une idée très précise d'une façon de penser assez commune à cette époque, étrange, souvent condamnée mais quelquefois suggestive.

Les Naassènes[1] accusent le pessimisme à l'égard du monde et raffinent sur la théologie : « C'est le Dieu dont parle un Psaume, qui habite le déluge et qui du sein de la multitude des eaux élève la voix et crie. Les eaux, c'est le lieu où sont les générations multiples et variées des hommes mortels. De là il crie vers l'homme qu'aucune forme ne définit, il dit : « Délivre ton fils unique des lions. »

---

1. C'est du moins le nom que leur donne E. DE FAYE.

C'est à lui que s'adresse cette parole : « Tu es mon fils Israël, ne crains pas lorsque tu traverses les fleuves, ils ne te submergeront pas ; si tu traverses le feu, il ne te consumera pas[1]. »

Les Pérates insistent sur la Rédemption et la font consister dans une attirance que le Fils exerce sur tout ce qui a une ressemblance avec le Père. C'est la théorie des Empreintes « ... comme il a emporté d'en haut les empreintes du Père, de même réciproquement il emporte d'ici là-haut ces empreintes du Père lorsqu'elles ont été réveillées[2]. »

Pour les Sethiens le monde supérieur est celui de la lumière et le nôtre celui des ténèbres. Et c'est ainsi qu'ils illustrent notre recherche de la divinité : « L'image de ces choses, c'est la pupille de l'œil. D'une part, elle est sombre, ce sont les liquides sous-jacents qui l'enténèbrent, d'autre part un pneuma l'illumine : comme les ténèbres de la pupille s'attachent à cette clarté et voudraient la garder et se l'asservir afin de voir, de même la lumière et l'esprit recherchent avec ardeur leur vertu égarée dans les ténèbres[3]. » Justin, le gnostique dont parle Hippolyte, est plutôt un chef de confrérie religieuse. La symbolique sexuelle tient une grande part dans ses spéculations. C'est ainsi qu'il y a trois parties dans le monde : le Dieu Bon, Élohim le père créateur, Éden sa femme qui figure le monde. La tragédie naît de ce que Élohim attiré par le Dieu Bon, abandonne Éden. Celle-ci pour se venger crée l'homme mauvais. D'où la nécessité de la Rédemption. « Élohim s'écrie : « Ouvrez-moi les portes afin que j'entre et que je voie le Seigneur. Car je croyais jusqu'ici être le Seigneur. » Au sein de la lumière se fait entendre une voix qui disait : « Voici la porte du Seigneur, les Justes la franchiront. » Aussitôt la porte s'ouvre et le Père, sans les anges, y entre et va vers le Bon. Et il contemple les choses que l'œil n'a point vues et que l'oreille n'a pas entendues et qui ne sont point montrées au cœur de l'homme. Alors le Bon lui dit : « Assieds-toi à ma droite[4]. »

---

1. V, 8.
2. V, 16.
3. V, 15.
4. Cité par DE FAYE : *op. cit.*, p. 191.

On peut enfin noter un gnostique docète aux idées assez obscures qui décrit ainsi la Rédemption : « Voici comment le Fils Monogène voyant d'en haut les idées transmuées en des corps ténébreux voulut les sauver. Sachant que même les éons ne pourraient soutenir la vue du plérôme tout entier, mais que frappés de stupeur, ils en deviendraient mortels et périraient, il se contracta lui-même et réduisit son éclat au plus petit volume ; je devrais dire qu'il se fit petit comme la lumière sous les paupières : puis il s'avança jusqu'au ciel visible : il toucha les astres qui s'y trouvent et de nouveau se replia sous les paupières... Ainsi est venu dans le monde le Monogène, sans éclat, inconnu, sans gloire : on n'a même pas cru en lui[1]. »

Si nous ajoutons à cette énumération un certain Monoïmus l'Arabe, néopythagoricien et jongleur de chiffres, nous aurons une idée assez juste de la variété des sectes et des idées.

Notons seulement ici les doctrines du « Papyrus » de Bruce et de la « Pistis Sophia » qui reproduisent tous deux des entretiens de Jésus, où les thèmes classiques sont largement développés et où il est expliqué que posséder la gnose, c'est savoir « le pourquoi de la lumière et des ténèbres, chaos, trésor de lumières, péché, baptême, colère, blasphème, injures, adultères, pureté, superbe, vie, médisance, obéissance, humilité, richesse et esclavage[2]. »

À ce prix nous aurons encore laissé de côté les disciples directs de Valentin, Héracléon et Ptolémée, Apelle disciple de Marcion, Marcos et ses adeptes, les gnostiques licencieux. On voit alors la richesse d'un mouvement trop souvent dédaigné. Il nous reste maintenant à démêler, dans cet ensemble d'affirmations soit émouvantes, soit simplement curieuses, les apports étrangers.

LES ÉLÉMENTS DE LA SOLUTION GNOSTIQUE

Cette métaphysique qui s'incarne tout le long du temps garde son éloquence. Mais elle ne peut prétendre à l'originalité.

---

1. Cité par E. DE FAYE : *op. cit.*, p. 217.
2. Cité par DE FAYE, p. 269.

Il semble que dans le Gnosticisme le Christianisme et l'Hellénisme se sont rencontrés sans pouvoir s'assimiler et ont juxtaposé les thèmes les plus hétéroclites.

Notre tâche, ici, sera de répartir aussi schématiquement que possible les apports extérieurs.

a) Un grand nombre de thèmes semblent venir de Platon ou du moins de la tradition qu'il représente. Émanation des intelligences du sein de la Divinité, égarement et souffrances des esprits éloignés de Dieu et engagés dans la matière, anxiété de l'âme pure liée à l'âme irrationnelle dans les psychiques, régénération par le retour aux sources premières, tout cela est purement grec. Horos, au nom significatif, faisant rentrer Sophia dans les limites de sa nature est typique à cet égard.

La notion d'ordre et d'harmonie, la Grèce l'introduisait en morale comme en esthétique. Si Prométhée a souffert c'est qu'il est sorti de sa nature d'homme. Sophia a fait de même et c'est en réintégrant la place qui lui était désignée qu'elle retrouve la paix.

b) Le Gnosticisme a pris par ailleurs au Christianisme l'essentiel de ses dogmes. Il s'est contenté d'en jouer. Pourtant tout système gnostique est accompagné de quelques idées sur la résonance desquelles nous ne pouvons nous tromper. La préoccupation de tous nos auteurs, c'est le problème du mal, nous l'avons vu chez Basilide, Marcion et Valentin. De là leur effort pour expliquer également la Rédemption.

Une autre influence moins nette, mais aussi vraie, c'est le sens de l'histoire, c'est-à-dire cette idée que le monde marche vers un but comme il a été la conclusion d'une tragédie. Le monde est un point de départ. Il a été un commencement. Les vérités ne sont pas à contempler. Nous les jouons plutôt et avec eux notre salut. L'influence chrétienne ici réside moins dans un ensemble de doctrines que dans un état d'esprit et une orientation. Dans aucune doctrine ce qu'il y a d'irréductible dans l'homme n'a pris une telle valeur explicative.

c) Mais à ces influences s'ajoutaient des éléments très divers, par là même moins saisissables et sur lesquels nous nous étendrons un peu plus, ce qui précède ayant reçu une illustration dans nos exposés sur les doctrines.

1° Dans cette notion d'une science supérieure qui constitue la gnose, on peut aussi voir l'influence des mystères. Nous avons déjà défini l'initiation comme l'union de la connaissance et du salut. C'est le même problème que nous retrouvons ici. Un « spirituel » ferait siens ces vers orphiques retrouvés sur des tablettes d'or à Crotone : « Je me suis enfuie du cercle des peines et des tristesses et maintenant je m'avance vers la reine des lieux souverains, la sainte Perséphone et les autres divinités de l'Hadès. Je me glorifie d'appartenir à leur race bienheureuse. Je leur demande de m'envoyer dans la demeure des innocents pour y recevoir le mot sauveur : Tu seras déesse et non plus mortelle[1]. »

2° Une coïncidence plus suggestive est celle qui relie les gnostiques à Philon. Celui-ci parfois vaticine comme un initié : « Que les hommes bornés se retirent, les oreilles bouchées. Nous transmettons des mystères divins à ceux qui ont reçu l'initiation sacrée, à ceux qui pratiquent une piété véritable, qui ne sont pas enchaînés par le vain apparat des mots ou le prestige des païens[2]. »

Et ceci, plus significatif encore : « Ô vous initiés, vous dont les oreilles sont purifiées, recevez cela dans votre âme comme des mystères qui n'en doivent jamais sortir. Ne le révélez à aucun profane; cachez-le et gardez-le dans vous-même, comme un trésor qui n'est point corruptible, à l'instar de l'or et de l'argent, mais qui est plus précieux que toute autre chose, puisque c'est la science de la grande cause de la vertu et de ce qui naît de l'une et de l'autre[3]. »

Dès lors on ne s'étonnera pas de rencontrer chez les gnostiques un assez grand nombre de thèmes chers à Philon : l'Être suprême, foyer de lumière qui rayonne à travers l'univers[4], la lutte de la lumière et des ténèbres

---

1. In Toussaint : *Saint Paul et l'Hellénisme,* chap. I.
2. De Cherubin, pp. 115-116; Matter : *Histoire du Gnosticisme,* I, chap. v.
3. M. Matter, *id.*
4. Cf. Bréhier : *les idées philosophiques et religieuses de Philon d'Alexandrie*. Part 2 : « Dieu, les Intermédiaires et le Monde ».

pour la domination du monde, la création du monde par êtres intermédiaires, le monde visible comme image du monde invisible, le thème (capital chez Philon) de l'image de Dieu pure essence de l'âme humaine, la délivrance enfin assignée comme but à l'existence humaine[1].

3° Enfin il est possible de reconnaître au sein des doctrines gnostiques l'influence d'un certain nombre de spéculations orientales et tout particulièrement du Zend-Avesta. Le Zoroastrisme, d'ailleurs, du fait de l'exil des Juifs, de la protection que Cyrus leur accordait et de la bienveillance qu'il portait au Zend-Avesta, a joué un rôle considérable dans l'évolution d'idées aux premiers siècles de notre ère.

Les Ameshas Spentas et les Yazatas, qui mènent la lutte contre les mauvais démons, constituent eux aussi un plérôme, intermédiaire entre Dieu et la Terre. Et Ahura Mazdah a tous les caractères du Dieu infini gnostique.

Ces indications suffisent pour mettre à jour la complexité du Gnosticisme. On voit de quelles bigarrures étincelait cette hérésie chrétienne. Encore faut-il tenter de résumer nos investigations en quelques caractères généraux.

CONCLUSION

Le Gnosticisme dans l'évolution du Christianisme

« ... au lieu d'actes éternels de volonté divine, des coups de théâtre ou des initiatives passionnées ; les fautes remplaçant les causes ; à la place de l'union de deux natures dans la personne du Christ incarné, la dispersion des parcelles divines dans la matière ; au lieu d'histoire, une suite d'actes sans lien ; l'enchevêtrement du charnel et du spirituel ; et, pour tout résumer, au lieu de la distinction de l'éternité et du temps, un temps saturé d'influences éternelles et une éternité traversée, scandée de tragédies[2]. »

---

1. *Id.* III Part. « Le culte spirituel et le progrès moral ».
2. J. Guitton : *le Temps et l'Éternité chez Plotin et Saint Augustin*, chap. II, 1, p. 27.

On ne saurait mieux résumer l'esprit du Gnosticisme : s'étendant sur plus de deux siècles, il ramasse toutes les idées qui traînent dans l'époque pour en former un monstrueux Christianisme, tissé de religions orientales et de mythologie grecque. Mais que cette hérésie fût chrétienne, on ne peut en douter à certaine résonance plus rauque, qui court entre les lignes. C'est le mal qui obsède les gnostiques. Ils sont tous pessimistes à l'égard du monde. C'est avec une très vive ferveur qu'ils s'adressent au Dieu qu'ils font pourtant inaccessible. Mais le Christianisme tire de cette émotion incalculable en face de la divinité l'idée de sa toute-puissance et du néant de l'homme. Le Gnosticisme voit dans la connaissance un moyen de salut. En cela il est Grec car il veut que ce qui illumine, régénère du même coup. Ce qu'il élabore, c'est une théorie grecque de la grâce.

Historiquement, il montre au Christianisme la voie à ne pas suivre. C'est à cause de ses excès que Tertullien et Tatien freinent le Christianisme dans sa marche vers la Méditerranée. C'est un peu à cause de lui que la pensée chrétienne ne prendra aux Grecs que leurs formules et leurs cadres de pensée — non leurs postulats sentimentaux irréductibles à la pensée évangélique ou capables de s'y juxtaposer, mais sans la moindre cohérence. On s'explique peut-être déjà que le Christianisme, implanté dans le monde gréco-romain de la fin du Ier siècle, n'ait pris son essor définitif qu'au milieu du IIIe siècle. On comprend aussi l'importance que nous avons accordée aux doctrines gnostiques au regard de l'évolution que nous voulons retracer. Le Gnosticisme nous montre une des combinaisons gréco-chrétiennes qui furent possibles. Il marque un stade important, une expérience qu'on ne pouvait passer sous silence.

Les excès même nous font mieux sentir ce qui risquait de se perdre dans le détail et les nuances. Cette ivraie vivace, le Christianisme l'a pourtant combattue sans merci. Mais c'est qu'il est plus dur de se débarrasser de ses faux enfants que de ses ennemis. Et c'est aussi que, par un sens singulier de l'Histoire, les Pères ont paru comprendre quelle œuvre allait être compromise dans de pareils excès, pour émouvants qu'ils fussent souvent : la marche du Christianisme vers le rôle qui lui était destiné. Mais laissons la pensée chrétienne arrivée à ce tournant de son histoire. Parallèlement à elle la métaphysique alexandrine se cristallisait à cette époque dans le Néoplatonisme et le matériel dont usera la dogmatique chrétienne est en train de s'élaborer. Ainsi se prépare, dans des directions différentes, cette seconde révélation que fut la doctrine augustinienne.

CHAPITRE TROISIÈME

LA RAISON MYSTIQUE

1. LA SOLUTION DE PLOTIN

Au regard de notre sujet, une étude de Plotin est intéressante à un double titre. Pour la première fois le problème sur lequel se joue le sort du Christianisme est nettement posé. Et de plus la synthèse plotinienne fournit à la pensée chrétienne, non pas une doctrine (selon certains auteurs) mais une méthode et une façon de voir les choses. Le système plotinien se détache, en effet, sur un fond d'aspirations religieuses et mystiques commun à toute l'époque. Il emprunte même souvent le langage des mystères[1]. Et c'est la passion de Dieu qui l'anime[2]. Mais aussi bien Plotin est un Grec. Et bien décidé à l'être puisqu'il ne veut être qu'un commentateur de Platon[3]. En vain d'ailleurs. Son âme du monde est stoïcienne. Son monde intelligible vient d'Aristote. Et sa synthèse garde un accent tout personnel. Mais il reste qu'il a le goût de l'explication rationnelle des choses. Et c'est en cela que sa tragédie personnelle reflète aussi le drame de la métaphysique chrétienne. Il s'inquiète de la destinée de l'âme[4] mais il veut aussi, à la suite de son maître,

---

1. Comparer *Enn.* I, «... seuls l'obtiennent ... ceux qui se dépouillent de leurs vêtements...» et la description du voyage de l'âme dans les mystères de Mithra; M. CUMONT : *les Mystères de Mithra*, pp. 114 et *sq.*

2. Cf. ARNOU : *le Désir de Dieu dans la philosophie de Plotin.*

3. III, 7, 13; V, 1, 9.

4. Cf. I, 1, 12 : « L'âme ne peut pécher. Pourquoi alors les châtiments ? »

faire rentrer le devenir dans des formes intellectuelles[1]. Le matériel conceptuel n'a pas changé chez Plotin; seul, le sentiment s'affaire à de nouvelles recherches. Tout le parfum du paysage plotinien est là : un certain tragique dans cet effort pour couler le sentiment dans les formes logiques de l'idéalisme grec. De là encore, et du point de vue du style, cette lenteur, cette avance par degrés, cette maîtrise apparente qui naît plutôt d'une entrave librement acceptée. Et puis aussi l'originalité profonde de cette solution et la grandeur de l'entreprise. Car, à bien voir, Plotin se propose de faire avec les seules ressources de la philosophie grecque et sans le secours de la Foi, ce que dix siècles de Christianisme ont réussi à grand-peine.

Ceci explique une sorte de miroitement dans la pensée de notre auteur. À vrai dire, chaque doctrine plotinienne révèle un double aspect dont la coïncidence détermine précisément une solution au problème que nous avons signalé ci-dessus. Cette solution c'est la confusion de la destinée de l'âme et de la connaissance rationnelle des choses. Il en est ici comme en psychanalyse : le diagnostic coïncide avec le traitement. Révéler, c'est guérir et connaître l'un, c'est réintégrer sa patrie. « Les démonstrations qu'on en donne [du Bien] sont aussi des moyens de s'élever jusqu'à lui[2]. »

C'est par ce biais que nous aborderons l'étude de Plotin. Nous tenterons de retrouver ce double aspect dans chacun des moments de sa doctrine. Mais remarquons déjà combien sa solution dépend de la conception qu'il se fait de la Raison. Connaître, c'est adorer selon la Raison. La science est une contemplation et un recueillement intérieur, non une construction. Le Rationalisme de Plotin est certes basé sur l'explicabilité du monde. Mais avec quelle infinie souplesse. Les principes ou hypostases qui sous-tendent cette explicabilité ne valent que dans un perpétuel balancement qui les mène de l'explication cosmologique à l'état de grâce particulier que chacun d'eux représente. Dans un sens ils marquent l'ordre

---

[1]. I, 2, 2 : « Car un être devient meilleur parce qu'il se limite et parce que, soumis à la mesure, il sort du domaine des êtres privés de mesure et de limite. »
[2]. I, 3, 1.

d'une procession et dans l'autre ils montrent le chemin d'une conversion. En une certaine mesure la Raison plotinienne est déjà le « cœur » de Pascal. Mais cela ne veut pas dire qu'on puisse le rapprocher d'une pensée chrétienne car cette conception de la Raison, à être basée sur la contemplation, s'inscrit dans une esthétique : aussi bien qu'une pensée religieuse, la philosophie de Plotin est un point de vue d'artiste. Si les choses s'expliquent c'est que les choses sont belles. Mais cette extrême émotion qui saisit l'artiste devant la beauté du monde, Plotin la transporte dans le monde intelligible. Il admire l'univers au détriment de la nature. « Tout ce qui ici-bas vient de là-haut, est plus beau dans le monde supérieur[1]. » Ce n'est pas l'apparence que Plotin recherche mais plutôt cet envers des choses qui est son paradis perdu. Et cette patrie solitaire du sage, chaque chose ici-bas s'en fait le vivant rappel. Voilà pourquoi Plotin décrit l'intelligence de façon sensuelle[2]. Sa Raison est vivante, étoffée, émouvante comme un mélange d'eau et de lumière : « ... comme une qualité unique, qui a et conserve en elle toutes les autres, une douceur qui serait en même temps une odeur, en qui la saveur du vin s'unirait à toutes les autres saveurs et toutes les autres couleurs; elle a toutes les qualités qui sont perçues par le tact et aussi toutes celles qui sont perçues par l'oreille puisqu'elle est toute harmonie et tout rythme[3]. » C'est donc avec sa sensibilité que Plotin se saisit de l'intelligible.

Mais ceci qui pourrait faire croire à un point de contact entre Christianisme et Néoplatonisme nous apparaît au contraire comme une des oppositions irréductibles. Car tout jouer sur la contemplation ne vaut que pour un monde éternel et harmonieux une fois pour toutes. Et de fait, pour Plotin il n'est pas d'Histoire. Mais pour un Chrétien l'art ne suffit pas. Le monde se déroule suivant une mise en scène divine; et se rénover c'est s'incorporer dans le mouvement de cette tragédie. Le coup de théâtre

---

1. V, 8, 7.
2. Cf. encore l'abus d'une « Métaphysique de la Lumière » chez Plotin. La Lumière c'est ce qui est la limite du corporel et de l'incorporel.
3. VI, 7, 12.

de l'Incarnation n'a aucun sens pour Plotin. Opposition qui va plus loin encore. Pour un Chrétien qui sépare la Raison de la Beauté, le Vrai du Beau, la Raison est réduite à son rôle de législatrice logique. Et les conflits deviennent possibles entre la Foi et la Raison. Pour un Grec, ces conflits ont moins d'acuité, car la Beauté qui est à la fois ordre et sensibilité, économie et objet de passion, demeure un terrain d'entente : « Il en est qui voyant l'image de la beauté sur un visage sont transportés dans l'intelligible; d'autres ont une pensée trop paresseuse et rien ne les émeut; ils ont beau regarder toutes les beautés du monde sensible, ses proportions, sa régularité, et le spectacle qu'offrent les Astres malgré leur éloignement, ils ne songeront pas, saisis d'un respect religieux, à dire : « Que c'est beau, et de quelle beauté doit venir leur » beauté. » C'est qu'ils n'ont compris ni les choses sensibles ni les êtres intelligibles[1]. » On a déjà reconnu ce passage. Il est dirigé contre les gnostiques chrétiens.

A. *L'Explication rationnelle selon la procession.*

a) Si le monde est beau, c'est que quelque chose y vit. Mais c'est aussi que quelque chose l'ordonne. Cet esprit qui l'anime c'est l'âme du monde. Le principe supérieur qui limite cette vie dans des cadres déterminés, c'est l'intelligence. Mais l'unité d'un ordre est toujours supérieure à cet ordre. Il y a donc un troisième principe supérieur à l'Intelligence et qui est l'Un. Raisonnons en sens inverse. Il n'y a pas d'être qui ne soit un[2]. Or il n'y a pas d'unité sans forme et sans logos, le logos étant justement le principe d'unité. C'est dire encore qu'il n'y a pas d'être sans âme puisque le logos est l'acte nécessaire de l'âme. Dans le premier sens nous avons découvert trois degrés dans l'explication du monde; dans le second, trois étapes de l'approfondissement du Moi. Ces deux démarches coïncident[3]. La Réalité métaphy-

---

1. II, 9, 16.
2. VI, 9, 1.
3. Cf. surtout ce passage : pour le rôle religieux des hypostases : V, I, Des 3 hypostases. Cf. sur leur valeur explicative : V, 3, Des hypostases qui connaissent.

sique c'est la vie spirituelle considérée en elle-même. L'une est objet de connaissance, l'autre d'ascèse intérieure. Mais où les objets coïncident, les méthodes se rencontrent. Connaître c'est un peu revenir à « l'intimior intimo meo ». La connaissance n'est pas un acquis, mais un effort et un désir, en un mot une évolution créatrice. De là encore le caractère divin des principes métaphysiques. L'un, l'Intelligence et l'âme du monde, le premier dans sa plénitude, les deux autres comme en reflet, expriment la même divinité. Comment cette unité et cette multiplicité se concilient, on le voit dans la procession de trois hypostases. Celle-ci qui sous-tend l'explication rationnelle du monde trouve naturellement son égale dans la conversion qui est le mouvement même de l'âme à la recherche de ses origines[1].

Indiquons seulement le mouvement de cette procession, nous réservant d'observer en détail chacun de ses moments.

« Tous les êtres d'ailleurs, tant qu'ils subsistent, produisent nécessairement autour d'eux, de leur propre essence, une réalité qui tend vers l'extérieur et dépend de leur pouvoir actuel... ainsi le feu fait naître de la chaleur et la neige ne garde pas en elle-même tout son froid[2]. »

Dieu lui-même en tant qu'il est substance parfaite et intemporelle surabonde. Il crée l'intelligence et de celle-ci sortira l'âme du Monde.

C'est ainsi que l'Intelligence et l'Âme sont et ne sont pas l'Un. Elles le sont dans leur origine et non dans leur aboutissement où elles se fragmentent, l'une en dualité, l'autre en multiplicité. « L'un est toutes les choses et il n'est aucune d'entre elles ; principe de toutes choses car toutes font en quelque sorte retour à lui ; ou, plutôt à son niveau, elles ne sont pas encore mais elles seront[3]. »

On voit ici comment la notion de procession s'oppose à celle de création : celle-ci séparant le ciel et le créateur,

---

1. VI, 6 : « Tout être engendré désire et aime l'être qui l'a engendré. »
2. V, I, 6.
3. V, 2, 1.

celle-là les unissant dans le même mouvement doux de la surabondance. Mais cette émanation divine ne prend forme que lorsque l'Intelligence, issue de Dieu, se retourne vers lui et en reçoit le reflet et lorsque l'âme à son tour contemple le soleil intelligible et en est illuminée. C'est donc par la contemplation de l'hypostase supérieure que chaque principe se réalise pleinement[1]. Dieu ne fait ici que susciter ses admirateurs. Mais ceci, à peine noté, demande à être repris dans le détail.

b) *La Première Hypostase*. Mettons-nous de suite en face de l'ambiguïté déjà signalée dans la notion de l'Un. Il est à la fois principe rationnel d'explication et désir de l'âme. Platon dit que le Bien est la plus grande des sciences : il entend par science, non pas la vision du Bien, mais la connaissance raisonnée que nous en avions avant cette vision.

Ce qui nous en instruit ce sont les analogies, les négations, la connaissance des êtres issus de lui et leur gradation ascendante. Mais ce qui nous mène jusqu'à lui ce sont nos purifications, nos vertus, notre ordre intérieur...

Ainsi l'on devient contemplateur de soi-même et des autres choses et en même temps objet de sa contemplation ; et, devenu essence, intelligence et animal total on ne voit plus le bien de l'extérieur[2].

Remarquons-le, ces deux aspects ne sont pas coexistants, mais identiques. Ce qui fait que la première hypostase est principe d'unité, c'est qu'on la contemple[3]. Dans l'instant même où nous regardons une étoile, elle nous définit et nous limite dans une certaine mesure. Et dire que l'Un est le principe de toutes choses c'est dire que la contemplation est la seule réalité.

Si l'on cherche maintenant à définir cet Un, on se heurte à bien des difficultés.

1° D'abord il n'est rien, n'étant pas distinct, étant unité pure. Mais il est tout, comme principe de toutes choses. Certes, il est le Beau et le Bien tout ensemble[4]. Mais ce

---

1. V, I, 6 ; V, 2 ; V, 3, 4.
2. VI, 7, 35.
3. III, 8, 10.
4. I, 6, 6 : « Il faut donc rechercher par des moyens analogues le Bien et le Beau, le Laid et le Mal. Il faut poser d'abord que la Beauté est aussi le Bien. »

ne sont pas des définitions. Ce sont des manières de parler qui ne l'engagent pas. Car à bien voir il n'est qu'un néant ou, au plus, un point de convergence[1]. Mais au fond la difficulté n'est pas là. Cet Un qui contenait toute la réalité contractée en lui, pourquoi a-t-il créé et surtout comment cette unité s'est faite multiplicité.

2°) L'un étant parfait surabonde et cette surabondance produit une chose différente de lui; la chose engendrée se retourne vers lui; elle est fécondée; et, en tournant son regard sur elle-même, elle devient intelligence; son arrêt, par rapport à lui, la produit comme être; et son regard tourné vers elle-même comme intelligence. Et puisqu'elle s'est arrêtée pour se regarder elle-même, elle devient à la fois intelligence et être[2]. » L'un produit donc comme le feu cède sa chaleur ou une fleur son parfum. Et c'est en tant qu'objet de contemplation qu'il donne à l'intelligence les formes dont elle s'habille[3]. Mais comment admettre que l'un soit épars dans la multiplicité des Intelligibles. Là se place la vraie difficulté et le centre du système plotinien. Car ce problème se relie à celui, non moins important, de la Transcendance ou Immanence divine, et à ceux qui posent les rapports entre Intelligence et intelligibles, ou Âme du monde et âmes individuelles. Et c'est ici que précisément intervient une certaine façon de voir, particulière à Plotin, et que nous aurons à définir au terme de notre étude.

À certains moments, il se contente de décrire le mécanisme de l'opération : « Le Bien est principe. C'est de lui que l'Intelligence tient les êtres qu'elle produit. Quand elle les regarde il n'est pas plus permis à l'Intelligence de ne rien penser que de penser ce qui est en lui; sinon elle n'engendrerait pas. De l'Un, elle tient la puissance d'engendrer et de se rassasier des êtres qu'elle engendre;

---

1. VI, 8, 9; V, 1, 6.
2. VI, 2.
3. Cf. encore VI, 7. « Au moment où la vie dirige sur lui ses regards, elle est illimitée; une fois qu'elle l'a vu, elle se limite » ... « Ce regard vers l'Un apporte immédiatement en elle la limite, la détermination et la forme...; cette vie qui a reçu une limite c'est l'Intelligence. »

il lui donne *ce qu'il ne possède pas lui-même. De l'Un naît pour l'Intelligence une multiplicité : incapable de contenir la puissance qu'elle reçoit de lui, elle la fragmente et la multiplie, afin de pouvoir la supporter ainsi, partie par partie*[1]. » Mais si, de la description, Plotin passe à l'explication, il a recours à des images. Comment l'Un peut-il, à la fois, être et ne pas être dispersé dans la multiplicité. Comme l'arbre est dispersé dans ses branches sans s'y trouver tout entier[2], comme la lumière se divise entre les rayons qu'elle émet sans pour autant s'y rassembler[3], comme le feu émet de la chaleur et la communique par sympathie[4], comme enfin d'une source peuvent naître des fleuves qui rouleront jusqu'à la mer des eaux différentes et pourtant semblables[5]. Autrement dit, le principe de contradiction pourrait jouer s'il s'agissait d'une création, mais sous la catégorie de procession, c'est à un autre principe qu'il faut faire appel, fort semblable au reste à ce principe de participation que M. Lévy Brühl attribue seulement aux mentalités primitives. Mais c'est à l'intérieur du monde intelligible qu'il faut tenter de comprendre maintenant cette solution particulière.

c) *La Deuxième Hypostase*. Dans le plan rationnel où nous tentons ici de nous tenir à peu près exclusivement, c'est l'Intelligence qui est douée du plus grand pouvoir explicatif. La théorie d'ailleurs n'en est pas bien fixée. On peut d'abord noter un double aspect déjà classique pour nous. L'Intelligence est un principe métaphysique mais demeure une étape dans le rapatriement de l'âme. Par le premier aspect, elle s'identifie au monde des Idées platoniciennes. Mais à l'intérieur même de cette dernière notion, on peut déceler trois interprétations juxtaposées de la deuxième hypostase. L'Intelligence est en premier lieu une sorte d'art intuitif qui se réfléchit sur le cristal du monde, comme l'art du statuaire se devine dans une glaise même ébauchée. En second lieu, elle est le modèle parfait sur lequel se moulent les Formes. Et

---

1. VI, 7, 15.
2. V, 2, fin.
3. V, 1, 6.
4. V, 4, 1.
5. III, 8, 10.

c'est enfin un Dieu, ou plutôt un démiurge qui a informé la matière. Mais gardons-nous d'exagérer cette diversité d'interprétation. Et prenons ici la notion d'Intelligence dans son sens le plus large du Monde des idées. Dès cet instant un problème s'impose qui est le proche parent de celui que nous envisageons dans la théorie de l'Un. Comment l'Intelligence s'épanche-t-elle dans les intelligibles. Ceux-ci sont-ils différents de celle-là, ou sont-ils à l'intérieur de la forme qui leur est commune ?

La solution de Plotin, c'est la transparence. Les intelligibles sont dans l'Intelligence mais leurs rapports ne sont pas de ceux qu'une logique courante accepterait. Comme ces diamants qu'une même eau remplit, dont chaque éclat se nourrit de feux qui jouent aussi dans d'autres faces, de sorte que cette même lumière infiniment répétée ne se définit que par ces feux mais en même temps ne saurait s'y résumer, ainsi l'Intelligence répand son éclat dans les intelligibles qui sont en elle, comme elle en eux, sans qu'on puisse dire ce qui d'elle est à eux, et d'eux à elle : « Tout est transparent, rien d'obscur ni de résistant; tout être y est visible à tout être jusque dans son infinité; il est une lumière pour une lumière. Tout être a en lui toutes choses et voit toutes choses en autrui. Tout est partout. Tout est tout. Chaque être est tout. Là-bas, le soleil est tous les astres et chacun d'eux est le soleil... Un caractère différent ressort en chaque être mais tous les caractères s'y manifestent... Ici-bas une partie vient d'une autre partie, et chaque chose est fragmentaire : là-bas chaque être vient à chaque instant du tout et il est à la fois particulier et universel[1]. » De ceci il ressort

---

1. II, 8, 4. De même nous citons en note, pour sa longueur, un texte suggestif, et par l'image et par le sens, sur cet aspect de la pensée plotinienne. VI, 8, 9 : « Supposez que dans notre monde visible chaque partie reste ce qu'elle est sans confusion, mais que toutes se rassemblent en une, de telle sorte que si l'une d'entre elles apparaît, par exemple la sphère des fixes, il s'ensuit immédiatement l'apparition du soleil et des autres astres; l'on voit en elle, comme sur une sphère transparente, la terre, la mer et tous les animaux; effectivement alors, on y voit toutes choses. Soit donc, dans l'âme, la représentation d'une telle sphère. Gardez-en l'image et représentez-vous une autre sphère pareille en faisant abstraction de sa masse; faites abstraction aussi des différences de position et de l'image de la

que l'Intelligence porte en elle toute la richesse du monde intelligible. Connaître pour elle est tout entier dans se connaître — et par là connaître l'UN. C'est dans cette idée que se trouve l'Unité de la deuxième hypostase en quelque sens qu'on l'envisage. Mais ici même la pensée change de plan pour entrer dans la conversion et l'ascèse intérieure, dont nous ne tenons pas compte encore. Notons seulement que dans l'idéal l'Intelligence marque un état où l'objet s'identifie au sujet, où la pensée pure n'est que pensée d'elle-même. C'est par une concentration progressive, par une plongée en soi que l'Intelligence se saisit de sa richesse intérieure. Veut-on aller plus loin ? C'est à une image encore que Plotin fait appel : « Dans la figure unique de l'Intelligence qui est comme une enceinte se trouvent des enceintes intérieures qui limitent d'autres figures ; il s'y trouve des puissances, des pensées et une subdivision qui ne va pas en ligne droite mais la divise intérieurement, comme un animal universel qui comprend d'autres animaux puis d'autres encore jusqu'aux animaux et aux puissances qui ont le moins d'extension, c'est-à-dire jusqu'à l'espèce indivisible où elle s'arrête[1]. » C'est par le reploiement de cette enceinte que l'Intelligence se saisit de sa vérité la plus profonde. Cet Être qui gît au fond de toutes choses, qui donne au monde son existence et son vrai sens, tire toute son unité de son origine. Et répandu dans ses intelligibles quoique se connaissant comme Intelligence, il est l'intermédiaire idéal entre le Bien indéfinissable que nous espérons et l'Âme qui respire derrière les apparences sensibles.

d) *La Troisième Hypostase*[2]. « C'est qu'elle occupe dans les êtres un rang intermédiaire ; elle a une portion d'elle-

---

matière ; ne vous contentez pas de vous représenter une seconde sphère plus petite que la première... Dieu vient alors, nous apportant son propre monde uni à tous les dieux qui sont en lui. Tous sont chacun et chacun est tous ; tous ensemble ils sont différents par leurs puissances ; mais ils sont tous un être unique avec une puissance multiple. »

1. VI, 7, 14.
2. Principaux textes : a) en général : IV, 3, 4, 5. b) définition : I, 8, 14 ; III, 4, 3 ; IV, 6, 31 ; IV, 8, 7 ; IV, 8, 3 ; VI, 7, 35. c) analyse : III, 8, 5 ; IV, 3, 4, 9 ; IV, 9. d) rapports entre Âme du Monde et

même qui est divisée : mais placée à l'extrémité des êtres intelligibles et aux confins de la nature sensible, elle lui donne quelque chose d'elle-même. Elle reçoit en échange quelque chose de cette nature, si elle ne l'organise pas en restant elle-même en sûreté et si par trop d'ardeur elle se plonge en elle sans rester en entier en elle-même[1]. » En termes plotiniens expliquer une notion revient à circonscrire la place exacte où elle s'insère dans le courant des hypostases. Ce texte explique clairement ce premier aspect de l'âme, héritière du monde intelligible dans sa partie supérieure et trempant son extrémité inférieure dans le monde sensible. Mais en même temps apparaît le contenu religieux de cette conception, et on voit comment l'âme, principe métaphysique, pourrait également servir de point d'attache à une théorie de la chute ou du péché originel.

Cette Âme du monde définit tout ce qui vit, à la manière de l'Animal du monde stoïcien. Mais en même temps elle est aussi le monde intelligible et de plus en plus divisé et fragmenté (comme ce dernier marquait déjà la dispersion de l'Un). Elle est donc l'intermédiaire entre le monde sensible et le monde intelligible. Dans ses rapports avec l'intelligible peu de difficultés. L'Intelligence produit l'Âme comme l'Un l'a engendrée elle-même[2]. Mais s'il est vrai que l'Âme du monde est éparpillée dans le monde sensible, s'il est vrai que les âmes individuelles sont des parties de l'Âme du monde qui s'appliquent à jouer dans leurs sphères respectives le rôle qu'elle-même soutient sur le théâtre du monde[3], comment concilier ces parties et ce tout ; et cette continuité des principes et des êtres qui donne tout son sens à la doctrine plotinienne sera-t-elle maintenue ? Un nouveau problème se pose à propos de l'âme comme il se posait pour les deux premières hypostases.

1° Plotin l'a considéré comme particulièrement important, puisqu'il lui consacre tout spécialement trois

---

âmes individuelles : III, 1, 14 ; IV, 3, 5 et 6 ; IV, 3, 12 ; IV, 3, 17 ; IV, 8, 6 ; IV, 9, 8 ; VI, 1, 2 ; V, 2, 7 ; VI, 4, 16 ; VI, 5, 7 ; VI, 1, 7.

1. IV, 8, 7.
2. V, 4, 2.
3. III, 2 et 3.

traités de la « IVe Ennéade[1] ». Le plus sûr encore est de nous reporter à ces traités. Ils envisagent deux problèmes : les rapports de l'âme du monde et des âmes individuelles, ceux de l'âme humaine à son corps. Mais ceci qui traite plus particulièrement de la psychologie sera étudié en son lieu et servira de transition toute naturelle à notre étude sur la conversion.

Dans le 9e traité de la « IVe Ennéade », Plotin démontre l'unité fondamentale des âmes et leur liaison à la force qui anime le monde. À vrai dire, il en donne surtout une image. Il figure cette unité comme celle d'une raison séminale renfermant tous les organes du corps ou la définit comme une science renfermant en puissance tous ses théorèmes[2]. Mais ceci établi, se pose le comment de la production des âmes individuelles. La solution de Plotin est comme toujours moins une raison qu'un sentiment dont il tente de donner l'équivalent dans une image — solution déjà utilisée pour l'Un et l'Intelligence, et dont l'essentiel se ramène selon M. Bréhier à « l'affirmation d'une unité entre les âmes qui ne soit pas une confusion et l'affirmation d'une confusion qui ne soit pas un morcellement[3] ». L'image de la lumière intervient encore ici[4].

Ou cette autre image : « Elle est dans tout le corps qu'elle pénètre, par exemple dans chaque partie différente d'une plante, même dans une bouture qu'on en a séparée : elle est à la fois dans la première plante et dans celle qui en est issue par bouture; car le corps de l'ensemble est un corps unique et elle est partout en lui comme un corps unique[5]. » Comment expliquer alors les différences entre les âmes individuelles ? « C'est qu'elles n'ont pas le même rapport avec l'intelligible. Elles sont plus ou moins opaques. Et cette moindre transparence qui les rend différentes sur le chemin de la procession, les hiérarchise dans la voie de la conversion[6]. À ce propos l'explication par la contemplation intervient encore avec force. »

---

1. IV, 3, 4, 5, « Difficultés relatives à l'âme. »
2. IV, 9, 5.
3. Notice à IV, 3, p. 17.
4. IV, 3, 4.
5. IV, 3, 8.
6. IV, 4, 3.

« L'une est unie actuellement aux intelligibles, une autre n'y est unie que par la connaissance, une autre par le désir ; chacune, contemplant des choses différentes, est et devient ce qu'elle contemple[1]. »

2° Somme toute l'unité des âmes est une unité de convergence par laquelle elles participent toutes de la même réalité vivante. Leur multiplicité est celle d'une vie spirituelle qui va s'obscurcissant peu à peu jusqu'à la dispersion de ses parties. C'est un relâchement qui met en évidence les particularités des âmes individuelles. S'enténébrant peu à peu, les âmes s'enfoncent dans la matière. Ici enfin, la pensée plotinienne n'est pas définitive. Pour lui la cause de cette chute de l'âme c'est à la fois l'audace[2] et l'aveuglement[3]. Cette dernière interprétation semblerait plus orthodoxe. L'âme se reflète dans la matière et prenant ce reflet pour elle-même, elle descend s'unir à lui, quand elle devrait s'élever au contraire pour rejoindre ses origines.

3° Enfin la conception plotinienne de l'âme humaine est étroitement liée à tout ce qui précède. Le principe qui la règle est celui-ci : c'est seulement par sa partie inférieure que l'âme humaine participe du corps. Mais il y a toujours en elle une intelligence dirigée vers le monde intelligible[4]. Mais contrainte de piloter le corps débile au milieu des embûches de la nature sensible, elle déchoit et oublie peu à peu sa princière origine. De ce principe découle toute la psychologie de Plotin. D'abord, si la diversité des âmes imite celle du monde intelligible[5], leur fonction est purement cosmique. Et la psychologie est encore une physique. Une autre conséquence immédiate est que toute connaissance qui n'est pas intuitive et contemplative participe des conditions de la vie corporelle : la pensée raisonnée n'est qu'un affaiblissement de la pensée intuitive. La Conscience est un accident et une obnubilation. Rien de ce qui la constitue ne peut

---

1. IV, 3, 8.
2. IV, 3, 12 ; IV, 3, 17 ; IV, 8, 5.
3. IV, 3, 13 ; VI, 7, 7 ; V, 2, 7.
4. III, 12, 4, 5.
5. IV, 3, 14.

appartenir à la partie supérieure de l'âme. La mémoire elle-même marque un attachement aux formes sensibles. Et l'âme arrivée à la contemplation des intelligibles n'aura aucune mémoire de ses vies passées[1]. Et c'est ainsi qu'apparaît une conception du moi à première vue paradoxale, mais très féconde : « Il n'y a pas un point où on puisse fixer ses propres limites, de manière à dire : Jusque-là c'est moi[2]. » On voit ici le lien où s'insère la doctrine de la conversion. C'est dans le recueillement que l'âme oublie les nécessités pratiques. En fermant les yeux, naîtra en elle le regard de l'Intelligence. Le désir de Dieu l'animera. Elle remontera l'échelle des choses et des êtres. Elle recouvrira la procession de tout un mouvement d'amour — qui est la conversion.

Voici donc notés aussi brièvement que possible les divers moments de la procession. Mais tout ici n'est pas également satisfaisant. Nous n'avons pas donné un reflet exact de la pensée de Plotin. Il y manque le mouvement. C'est à la conversion que nous allons demander de restituer cette continuité sans heurts, qui mène l'âme jusqu'à l'Un.

B. *La Conversion ou le Chemin de l'extase.*

a) C'est dans l'Âme que se trouve le principe de la conversion. L'Âme est désir de Dieu et nostalgie d'une patrie perdue. La vie sans Dieu n'est qu'une ombre de vie. Tous les êtres s'efforcent vers Dieu dans l'échelle des Idées et tendent à remonter le cours de la procession. Seule la matière, cette grande indigente, ce néant positif, n'aspire pas à Dieu et c'est en elle que réside le principe du mal : « C'est un fantôme fragile et effacé qui ne peut recevoir une forme. Si elle est en acte, elle est un fantôme en acte, un mensonge en acte, c'est-à-dire un mensonge véritable, autant dire le réel non-être[3]. » Mais créatrice de mirages elle n'existe au fond que dans l'aveuglement des âmes. Le principe de la conversion prend sa source dans l'Âme et non dans la matière. Mais quel est ce principe : c'est le désir de Dieu. Et tout au long de ce désir se révèle l'aspect religieux des Hypostases considérées

---

1. IV, 1, 1, 10.
2. IV, 3, 18.
3. II, 5, 5.

comme autant d'étapes dans le voyage de l'Âme au pays métaphysique. « Le désir nous fait découvrir l'être universel; ce désir est l'Éros qui veille à la porte de son aimé; toujours dehors et toujours passionné, il se contente d'y participer autant qu'il le peut[1]. »

Désir aussi contrarié par le monde. « Et c'est pourquoi il faut nous enfuir d'ici et nous séparer de ce qui s'est ajouté à nous-mêmes[2] ». Désirer c'est aimer ce qui nous manque. C'est vouloir être et vouloir être un. Car se chercher c'est en un sens se rassembler. La Beauté même ne suffit pas[3]. La vertu n'est aussi qu'un stade qu'il faut dépasser pour arriver à Dieu[4]. Et rien n'est désirable que par l'Un qui le colore[5]. L'Âme dans son désir éperdu ne se contente même pas de l'Intelligence. « Mais dès que descend sur elle la douce chaleur de là-haut, elle reprend des forces, elle s'éveille en vérité, elle ouvre ses ailes; et tant qu'il y a quelque chose au-dessus de ce qui lui est présent, elle monte naturellement plus haut, attirée par celui qui donne l'amour; elle dépasse l'Intelligence mais ne peut aller au-delà du Bien, car il n'y a rien au-delà. Si elle s'arrête à l'Intelligence, elle voit certes de belles et nobles choses mais elle n'a pas encore tout à fait ce qu'elle cherche. Tel un visage qui, malgré sa beauté ne peut attirer les regards, car il lui manque le reflet de grâce qui est la fleur de la beauté[6]. »

b) Ce désir de l'Âme contamine l'Intelligence. Connaître c'est encore désirer. Dire que l'Intelligence n'a besoin de rien, c'est dire seulement qu'elle est indépendante du monde sensible. Mais elle est tournée vers l'au-delà. Elle a besoin de l'Un. « Elle vit orientée vers lui; elle se suspend à lui; elle se tourne vers lui[7]. » Quelque chose lui manque et c'est son unité. Il y a en elle une indigence par rapport à soi et dont elle souffre

---

1. VI, 5, 10.
2. II, 3, 9.
3. V, 5, 12.
4. I, 2, 7; VI, 3, 16; VI, 9, 7.
5. VI, 7, 22.
6. VI, 7, 22. Traduction Arnou : *le Désir de Dieu dans la philosophie de Plotin*, p. 82.
7. VI, 7, 16.

et vibre. L'intelligence plotinienne n'est pas la Raison mathématique.

D'ailleurs, nous l'avons vu, c'est par le retour et la Contemplation de l'Un qu'elle reçoit sa forme. Cette marche vers Dieu lui est donc fondamentale. Et le monde intelligible tout entier s'ébranle aussi vers l'Un.

c) Mais le grand problème que la conversion suscite est analogue à celui qu'à trois reprises nous avons trouvé dans la Procession. Il est tout entier posé dans un texte des « Ennéades » : « Ce qui n'aurait absolument aucune part au Bien, ne saurait désirer le bien[1]. » C'est-à-dire : tu ne me chercherais pas si tu ne m'avais déjà trouvé. Ou en termes plotiniens : le désir requiert une certaine immanence de ce qui est désiré en ce qui désire. L'un sera-t-il alors transcendant ou immanent ? Question controversée, les uns (Zeller) partisans du panthéisme de Plotin, les autres y décelant une doctrine de la transcendance (Caird[2]). Sans prétendre trancher la question on peut cependant tenter de la poser autrement.

Dieu nous est donc immanent. Le désir l'exige. Et d'ailleurs nous portons en nous les trois hypostases puisque c'est par le recueillement intérieur que nous réalisons l'extase et l'Union avec l'Un. D'autre part on ne peut refuser au Dieu de Plotin une transcendance incontestable par rapport aux autres êtres. Quand il produit il ne se complète pas, mais il surabonde sans s'épuiser. Il faut comprendre cette contradiction, renverser les termes du problème. S'il est vrai que celui qui apprend à se connaître, connaît en même temps d'où il vient[3], s'il est vrai que s'élever à son principe c'est se recueillir, il faut dire que Dieu n'est immanent à aucun être, mais que toutes les choses sont immanentes à Dieu. « L'Âme à son tour n'est pas dans le monde, mais le monde est en elle... l'Âme est dans l'Intelligence, le corps est dans l'Âme, l'Intelligence est en un autre principe ; mais cet autre principe n'a plus rien de différent où il puisse être :

---

1. III, 5, 9.
2. Edw. Caird : « Sa philosophie est la condamnation du dualisme grec justement parce qu'elle le pousse à l'excès. » *The Evolution of theology in the greek philosophers* : vol. II, pp. 210 et 393.
3. V, 1, 1.

il n'est donc pas en quoi que ce soit et, en ce sens, il n'est nulle part. Où sont donc les autres choses ? En lui[1]. Considérons d'autre part que tout être a deux actes : l'acte de l'essence et un acte qui vient de l'essence; le premier le rattache à lui-même, le second le pousse à produire et à sortir de son propre sein. Ainsi de Dieu, il surgit hors de lui-même, mais sans faillir à son essence. Toute l'erreur des interprétations trop rigoureuses, c'est de *placer l'Un dans l'espace*. La doctrine de Plotin est un essai de pensée non spatialisée. Et c'est dans ce plan, qualitatif et inexprimable, qu'il faut tenter de la comprendre. Ou alors revenir en dernière analyse à un problème psychologique : existe-t-il une pensée abstraite de l'espace; ce qui est d'un autre ordre. En faisant effort pour assimiler l'expérience plotinienne, on voit que le premier principe est lui-même présent dans toutes ses œuvres[2], qu'il n'y est pas localement et qu'en un certain sens il est à la fois transcendant et immanent à toutes choses[3]. Au demeurant, il est partout à condition d'être nulle part, car ce qui n'est pas attaché à un lien, il n'est pas de lieu où il ne soit.

d) *L'Extase ou l'Union avec l'Un*. Ce problème examiné on pourra comprendre que pour s'élever à Dieu, il faille rentrer en soi. Portant en elle le reflet de ses origines l'âme doit s'y plonger. De Dieu à Dieu, tel est son voyage[4] mais il faut se purifier c'est-à-dire se laver de ce qui s'est attaché à l'âme pendant la génération. Il ne faut pas vivre de ce qui dans l'âme n'est pas l'âme[5] mais retourner dans cette patrie[6] dont le souvenir colore parfois nos inquiétudes d'âme; l'âme à cet effet se détruit et se laisse absorber dans l'intelligence qui la domine, et

---

1. V, 5, 9.
2. Encore VI, 5, 12 : « Il n'est pas besoin qu'il vienne pour être présent, c'est vous qui êtes parti; partir ce n'est pas le quitter pour aller ailleurs; car il est là. Mais tout en restant près de lui vous vous en étiez détourné. »
3. À rapprocher du mysticisme chrétien. SUSO ex. n° 54 : « C'est être en même temps dans toutes choses et en dehors de toutes choses. C'est pourquoi un maître a dit que Dieu est comme un cercle dont le centre est partout et la circonférence nulle part. »
4. ARNOU : *op. cit.*, p. 191.
5. V, 5, 8.
6. I, VI, 8.

celle-ci à son tour s'efforce de disparaître pour ne laisser que l'Un qui l'illumine. Cette union si complète et si rare[1] c'est l'extase[2]. Mais ici c'est à la méditation intérieure de prendre place et Plotin s'arrête à ce point de son voyage. Les analyses ne peuvent aller plus loin, ni plus profond. Ce sentiment si nuancé et si « plein » de la divinité : cette exquise mélancolie de certains textes plotiniens nous mènent au cœur de la pensée de leur auteur. « Souvent je m'éveille à moi-même en m'échappant de mon corps[3]... » Méditation de solitaire, amoureux du monde dans la mesure où il n'est qu'un cristal où se joue la divinité, pensée toute pénétrée des rythmes silencieux des astres mais inquiète du Dieu qui les ordonne, Plotin pense en artiste et sent en philosophe, selon une raison toute pénétrée de lumière et devant un monde où l'intelligence respire.

Mais avant de dégager les thèmes originaux de sa philosophie, avant surtout d'examiner en quoi ils servent ou desservent l'évolution de la métaphysique chrétienne, voyons d'après les textes ce que fut l'attitude du Néoplatonisme à l'égard du Christianisme. Nous aurons alors ce qu'il faut pour juger de l'originalité néoplatonicienne par rapport à la pensée chrétienne.

II. LA RÉSISTANCE

La ferveur avec laquelle Plotin s'élève vers Dieu pouvait nous faire illusion. Et nous pousser à le croire plus chrétien qu'il ne saurait être. Son attitude envers les gnostiques c'est-à-dire à l'égard d'une certaine forme de pensée chrétienne, la position plus catégorique de son disciple Porphyre nous permettront au contraire de juger avec prudence.

a) C'est dans le 9e traité de la « IIe Ennéade » que Plotin écrit contre une secte gnostique qui n'a pu être définie avec précision[4]. Il y oppose avec éloquence son propre univers, cohérent et harmonieux, à l'univers romantique

---

1. Porphyre : *Vie de Plotin*, 23.
2. Principaux textes : IV, 8, 1; VI, 9, 9; VI, 7, 39; VI, 8, 19.
3. IV, 8, 1.
4. Peut-être une secte des Adeptes de la mère : II, 9, 10; II, 9, 12.

des gnostiques. Et on peut ainsi saisir sur le vif un certain nombre d'oppositions irréductibles. Les reproches de Plotin portent à peu près sur quatre points, d'inégale importance d'ailleurs. Il reproche aux gnostiques de mépriser le monde créé et de croire qu'une terre nouvelle les attend[1], de se croire les enfants de Dieu et de substituer à l'harmonie universelle une providence qui contentera leur égoïsme[2], d'appeler frères les hommes les plus vils alors qu'ils n'accordent pas ce titre aux dieux[3], d'avoir substitué à la vertu du sage l'idée d'un salut arbitraire où l'homme n'est pour rien[4].

Le traité s'intitule en effet : Contre ceux qui disent que le démiurge du monde est méchant et que le monde est mauvais. Au fond c'est le point de vue esthétique qui s'engage ici : « Le ciel est fait pourtant de choses bien plus belles et bien plus pures que notre corps : ils en voient la régularité, la belle ordonnance et ils blâment plus que personne le désordre des choses terrestres[5]. » Et plus loin : « Non, encore une fois, mépriser le monde, mépriser les dieux et toutes les beautés qui sont en lui ce n'est pas devenir un homme de bien[6] ».

b) C'est ensuite dans son sens de l'ordre et l'économie du monde que Plotin se sent blessé : « Si Dieu exerce sa providence en votre faveur, pourquoi négligerait-il l'ensemble du monde dans lequel vous êtes... les hommes, dites-vous, n'ont pas besoin qu'il regarde le monde. Oui, mais le monde en a besoin. Ainsi le monde connaît son ordre propre[7]. » Les coups de théâtre, la création, ce dieu humain et sensible, tout répugne à Plotin. Mais peut-être plus encore à son aristocratie, l'humanitarisme des chrétiens : « Voilà des gens qui ne dédaignent pas de donner le nom de frères aux hommes les plus vils ; mais ils ne daignent accorder ce nom au soleil, aux astres du ciel et pas même à l'aimé du monde tellement leur langage

---

1. II, 9, 5.
2. II, 9, 9.
3. II, 9, 18.
4. II, 9, 15.
5. II, 9, 5 surtout II, 9, 17 : « Il n'est pas possible qu'un être réellement beau à l'extérieur ait une âme laide. »
6. II, 9, 16.
7. II, 9, 9.

s'égare[1]. » C'est donc aussi le vieux naturalisme grec qui proteste en Plotin.

Mais il est bien certain que toutes ces objections se résument dans la répugnance du sage grec à l'égard de « l'anarchie » chrétienne. La théorie du Salut gratuit et irrationnel est au fond l'objet de toutes les attaques de ce traité. Nous l'avons vu, cette doctrine du salut implique un certain désintérêt à l'égard de la vertu au sens hellénique. S'adresser à Dieu, y croire et l'aimer en conséquence rachète de bien des erreurs. Plotin l'a bien compris qui critique ce point précis avec une rare violence : « Ce qui prouve ce défaut [méconnaissance de la nature divine] chez eux, c'est qu'ils n'ont aucune doctrine de la vertu. Il est tout à fait superflu de dire : Regardez vers Dieu, si l'on n'enseigne pas comment regarder. Ce sont les progrès de la vertu intérieure à l'âme et accompagnée de prudence qui nous font voir Dieu. Sans la vertu véritable, Dieu n'est qu'un mot[2]. » L'arbitraire inhérent à toute doctrine du salut ne peut se concilier avec une doctrine où les êtres agissent selon les nécessités de leur nature, et non, comme Plotin s'en indigne, à tel moment plutôt qu'à tel autre[3].

Entendons bien qu'il s'agit du Gnosticisme et que ces reproches s'adressent à certaines caricatures du Christianisme. Mais enfin Plotin combat beaucoup plus une attitude devant le monde que des détails de doctrine. Ce qui s'oppose ainsi ce sont deux réflexions sur la condition humaine. Sur toutes deux nous en savons déjà assez pour deviner combien sur certains points elles demeurent inconciliables.

Le disciple de Plotin est cependant allé plus loin et n'a pas hésité à écrire un ouvrage entier contre les Chrétiens. Il l'écrivit entre 35 et 40 ans (après 208). Ce traité ne comportait pas moins de 15 livres. Nous le connaissons par des fragments[4] recueillis par Harnack. Nous laisserons de côté les critiques de détail (invraisemblance, contradiction) que Porphyre ne manque pas de formuler. Elles constituent le fond commun de tous les ouvrages

---

1. II, 9, 18.
2. II, 9, 15 fin.
3. II, 9, 4; II, 9, 11.
4. Saint Jérôme, Chronique d'Eusèbe : *Manuscrit de Macarius*.

de polémique païenne. Nous citerons seulement quelques textes qui opposent sur des points de doctrine le Christianisme et le Néoplatonisme.

Porphyre se plaint de ce que les apôtres aient été des rustres sans intelligence[1]. La chose est classique, mais plus loin il reproche aux fidèles de s'attacher à une « foi irrationnelle[2] » et s'exprime en ces termes : « La grande trouvaille du Christ sur cette terre c'est d'avoir dissimulé aux sages le rayon de la science pour le dévoiler aux êtres privés de sens et aux nourrissons[3]. »

À propos de la conception du monde, il bute sur ce texte de Paul[4]. « Elle passe, la figure de ce monde. » Comment le pourrait-elle, dit Porphyre, et qui la ferait passer : « Si c'était le démiurge il s'exposerait au reproche de troubler, d'altérer un ensemble paisiblement établi... Si vraiment la condition du monde est lugubre, c'est un concert de protestations qui doit s'élever contre le démiurge, pour avoir disposé les éléments de l'Univers d'une façon si fâcheuse au mépris du caractère rationnel de la nature[5]. »

L'eschatologie chrétienne choque non seulement son idée de l'ordre mais aussi son sens esthétique. « Et lui, le Créateur, il verrait le ciel (peut-on imaginer quelque chose de plus admirablement beau que le ciel) se liquéfier... tandis que les corps pourris, anéantis des hommes ressusciteraient, y compris ceux qui avant la mort offraient un aspect pénible et repoussant[6].

De l'indignation. Porphyre d'ailleurs passe quelquefois à l'injure[7]. Un Grec cultivé ne pouvait adopter cette attitude sans de sérieuses raisons.

III. SENS ET INFLUENCE DU NÉOPLATONISME

Mais il est temps de déterminer le sens de la solution néoplatonicienne et son rôle dans l'évolution de la métaphysique chrétienne. Notre tâche ici sera de faire ressortir

---

1. Fragment 4 cité par DE LABRIOLLE : *la Réaction païenne*, p. 256.
2. Fr. 73 ap. LABRIOLLE : *op. cit.*, p. 212.
3. Fr. 52 ap. LABRIOLLE : *op. cit.*, p. 272.
4. *Corinthiens* : VII, 31.
5. Fr. 34 ap. LABRIOLLE : *op. cit.*, p. 260.
6. Fr. 94 ap. LABRIOLLE : *op. cit.*, p. 287.
7. Fgts 23, 35, 49, 54, 55 ap. LABRIOLLE : *op. cit.*, p. 287.

la nouveauté du Néoplatonisme et d'indiquer dans quelles directions s'est exercée son influence. Notre étude du Christianisme nous permettra d'entrer dans le détail de cette influence. Mais résumons d'abord en quelques mots les caractères généraux du Néoplatonisme.

a) C'est un perpétuel effort pour concilier des notions contradictoires à l'aide d'un principe de participation, valable seulement dans une logique non spatiale et intemporelle. Raison mystique, Intelligence sensible, Dieu immanent et transcendant, les oppositions abondent. Elles marquent toutes cependant un balancement constant entre le sensible et l'intellectuel, l'aspect religieux des principes et leur pouvoir explicatif. Dans ce dialogue du cœur et de la Raison, la vérité ne peut s'exprimer que par des images. D'où l'abondance des comparaisons chez Plotin. Ce luxe correspond sans doute au même besoin que les paraboles évangéliques : couler l'intelligible dans une forme sensible, rendre à l'intuition ce qui appartenait à la Raison. Mais en même temps ces apparentes contradictions s'éclairent dans l'hypothèse d'une pensée située hors de l'Espace et du Temps. C'est pourquoi l'originalité de Plotin réside surtout dans la méthode qui préside à ses conciliations. Mais une méthode ne vaut que dans la mesure où elle exprime une nécessité dans la nature de son auteur. Nous avons aussi montré qu'il en était ainsi.

Quelle place faut-il donc attribuer au Néoplatonisme entre l'Hellénisme et le Christianisme ? À l'égard du premier, nous avons assez montré ce que les « Ennéades » renfermaient de purement hellénique. Mais quelque chose cependant fait de Plotin une figure tout à fait originale. Chez Platon les mythes sur la destinée de l'âme semblent surajoutés et juxtaposés aux explications proprement rationnelles. Chez Plotin, les deux procédés font corps et ne sauraient s'exclure puisqu'ils recouvrent au fond la même réalité. Différence essentielle à bien voir et qui singularise Plotin à son époque. Différence qui vaut également envers le Christianisme puisque pour le coup c'est l'aspect rationnel qui manquera à la pensée chrétienne. À mi-chemin entre les deux doctrines[1] Plotin est tout désigné pour servir d'intercesseur.

---

1. Ici se placerait la question de l'orientalisme de Plotin.

b) À la vérité, ce que le Néoplatonisme a fourni au Christianisme pour son évolution postérieure, c'est une méthode et une direction de pensée.

Une direction de pensée parce qu'en lui fournissant des cadres déjà façonnés aux pensées religieuses, il l'orientait forcément vers les façons de voir à l'intérieur desquelles ces cadres avaient été créés. C'est vers la conciliation d'une métaphysique et d'une foi primitive que la pensée alexandrine encourage le Christianisme à marcher. Mais ici, il y avait peu à faire, le mouvement était donné. Mais la méthode arrivait à point. C'est en effet selon le principe de participation que le Christianisme va résoudre ses grands problèmes. Incarnation et Trinité. Mais tentons de préciser ceci sur un exemple particulier.

Arius[1] s'appuyait sur certains textes scripturaires pour affirmer la création du Fils par le Père et la subordination de celui-ci à celui-là. « Le Seigneur m'a créé pour être le commencement de ses voies[2]. »

Pour ce qui est du jour ou de l'heure, ni les Anges du Ciel ni le Fils n'en sont instruits. Le Père seul les connaît. Puis Arius citait des textes johanniques : « Le Père qui m'a envoyé est plus grand que moi[3]. » « La vie éternelle est de vous connaître, vous le seul vrai Dieu et Jésus-Christ que vous avez envoyé[4]. » « Le Fils ne peut rien faire par lui-même[5]. »

À cette affirmation Athanase, défenseur de l'orthodoxie, opposait trois textes formels de Jean : « Mon Père et moi nous ne sommes qu'un[6]. » « Je suis dans mon Père et mon Père est en moi[7]. » « Celui qui m'a vu, a vu mon Père[8] ». Le Fils selon ces textes était et n'était pas Dieu. Mais qui ne voit que le problème ainsi posé, c'est la question classique du Néoplatonisme. Et comment s'étonner si c'est selon une méthode semblable que la pensée

---

1. Pour l'histoire de l'arianisme cf. Tixeront : *Hist. des dogmes*, tome II, chap. II.
2. VIII, 22.
3. *J.* XIV, 28.
4. *J.* XVII, 3.
5. *J.* V, 19; aussi *J.*, XI, 33, 38; *Luc*, II, 52; *Mat.*, XXVI, 39; *Phil.* 19; *Hébreux*, I, 9.
6. *J.* X. 30.
7. *J.* X, 38.
8. *J.* XII, 45.

chrétienne tranchera le débat. Le symbole de Nicée (325) pose le principe de la consubstantialité et oppose le Christ engendré au Jésus créé d'Arius : « Nous croyons en un seul Dieu, Père tout-puissant, créateur des choses visibles et invisibles et en un Seigneur Jésus-Christ, fils de Dieu, lumière des lumières, vrai Dieu de vrai Dieu, engendré, non créé, de la même substance que le Père, par qui toutes choses ont été engendrées et celles qui sont dans le ciel et celles qui sont sur la terre, qui est descendu du ciel pour nous et notre salut, s'est incarné, s'est fait homme, a souffert, est ressuscité le troisième jour, est monté aux cieux, et il viendra juger les vivants et les morts. Et au Saint Esprit[1]. » Et si ce texte ne paraît pas suffisamment explicite, ajoutons celui qu'Athanase dans sa « lettre sur les décrets du Concile de Nicée[2] » cite d'après Théognoste, chef de l'École catéchétique d'Alexandrie, entre 270 et 280[3]. « La substance du Fils n'est pas venue du dehors, elle n'a pas été tirée du néant, elle provient de la substance du Père comme l'éclat provient de la lumière, la vapeur de l'eau, car la splendeur n'est pas le soleil même, la vapeur n'est pas l'eau même. Ce n'est pas cependant une chose étrangère, c'est une émanation de la substance du Père, sans que celle-ci subisse aucune division. De même que le soleil demeurant ce qu'il est n'est pas diminué par les rayons qu'il répand ; de même la substance du Père ne subit aucune altération en ayant son fils pour image. »

Ces textes sont significatifs et nous montrent de quelle qualité fut l'influence du Néoplatonisme en ce qui concerne les méthodes de résolution. De nombreux textes le montreraient encore[4]. Mais pour éloquents que soient ces rapprochements, n'en tirons pas de conclusions hâtives et trop généreuses à l'égard du Néoplatonisme. Le Christianisme est ailleurs et avec lui son originalité foncière.

---

1. In HÉSÉLE : *Histoire des Conciles,* tome I, pp. 443, 444.
2. N° 25.
3. Plotin est mort en 270.
4. SAINT BASILE : « *Homélies sur le précepte « Observation »,* par. 7, et EUSÈBE DE CÉSARÉE : *Préparat. Évang.* XII, 17 : « C'est le rayonnement d'une lumière qui s'en échappe sans troubler sa quiétude, etc. »

c) On voit donc en quel sens on peut parler d'une influence du Néoplatonisme sur la pensée chrétienne. C'est à la vérité l'influence d'une doctrine métaphysique sur une pensée religieuse : un exemple à suivre, des ambitions suscitées. C'est donc à bon droit que nous avons pris la pensée de Plotin comme le symbole de cette influence. Elle a préparé et assoupli des formules, qui en temps voulu se sont trouvées toutes faites. En dehors de ce qu'il comporte en lui-même d'émouvant et d'original, son rôle s'arrête là. Trop de choses séparent Saint Augustin et Plotin.

CHAPITRE QUATRIÈME

I. LA DEUXIÈME RÉVÉLATION

A. *L'Expérience psychologique de Saint Augustin et le Néoplatonisme.*

a) Avant de montrer comment l'évolution que nous avons tenté de retracer trouve dans l'Augustinisme l'une de ses formules les plus émouvantes, il faut nous intéresser au Néoplatonisme de Saint Augustin. Posons d'abord le problème : la nouvelle philosophie platonicienne a exercé une influence sur le grand docteur. Il cite plusieurs textes des « Ennéades[1]. » On peut rapprocher un certain nombre de textes augustiniens et de pensées plotiniennes. Les plus suggestifs à cet égard concernent la nature de Dieu.

Sur son ineffabilité : Sermo, 117,5 ; De civitate Dei, IX, 16 avec Enn., VI, 9, 5 ; De Trinitate, VIII, 2 et XV, 5 avec Enn., V, 3, 13 ; sur son éternité : Conf. XI, 13 et Enn., III, 6, 7 ; sur son ubiquité : Sermon 277, 13 et 18 avec E VI, 4, 2 ; sur sa spiritualité : De civitate Dei, XIII, 5 et E VI, 8, 11. De cette influence on a pu tirer des conclu-

---

1. I, VI, *Du Beau* ; III, VI, *De la Providence* ; III, IV, *Du Démon qui nous est donné en partage* ; IV, III, *Questions sur l'âme* ; VI, *Des trois hypostases principales* ; V, VI, *Le principe supérieur à l'être ne pense pas.*

sions excessives[1]. Le témoignage de Saint Augustin est pourtant suffisamment explicite. Et le célèbre passage des « Confessions » sur « les livres des platoniciens » donne un exposé très clair de la question. Qu'on nous permette de le citer malgré sa longueur. Dans tout ce qui va suivre il nous enseignera : « Je lus... que le verbe était dès le commencement; que le verbe était en Dieu et que le verbe était Dieu; qu'aussi dès le commencement le verbe était Dieu... que le verbe de Dieu, qui est Dieu, est cette lumière véritable qui illumine tout homme venant en ce monde...

» Mais je n'y lus pas que le verbe a été fait homme et a habité parmi nous... mais je n'y lus pas qu'il s'est anéanti soi-même en prenant la forme d'un esclave; qu'il se soit rendu semblable à l'homme en se revêtant de ses infirmités; qu'il s'est humilié et a été obéissant jusqu'à la mort...[2]. » Opposant l'Incarnation à la Contemplation, Saint Augustin a fixé du premier coup les oppositions et les ressemblances des deux pensées.

b) Mais du moins jusqu'où va cette influence. Ce qu'il y a de saisissant dans la pensée augustinienne, c'est qu'elle ramasse en quelques années[3] les hésitations et les retours de la pensée chrétienne. Grand passionné, sensuel, la crainte de ne pouvoir observer la continence diffère longtemps sa conversion[4]. Dans le même temps il a le goût des vérités rationnelles. C'est ce souci de la raison qui le fait adhérer au Manichéisme, à Carthage même au milieu d'une vie débordante et voluptueuse[5]. En bien des points le Manichéisme ne faisait que continuer le Gnosticisme mais il promettait des démonstrations. C'est ce qui attire Saint Augustin[6].

Mais en même temps le problème du mal l'obsède :

---

1. ALFARIC : *l'Évolution intellectuelle de Saint Augustin.*
2. CONF. VIII, C, IX.
3. 354, 430.
4. CONF. VIII, ch. 1 : « Adhuc tenaciter colligabar ex femina. »
5. Cf. SALVIEN : *De Gubernatore Dei,* Patrologie latine, VII, 16-17 : « ... débordants de vices, bouillonnants d'iniquité, des hommes engourdis par le vice et enflés de nourriture puaient la sale volupté. »
6. « Il me persuadait que je devais me fier à des maîtres qui m'instruiraient plutôt qu'à ceux qui procéderaient par autorité. » CONF. VII, 67, 24. Tes. col. 739.

« Je cherchais d'où vient le mal et je n'en sortais pas[1]. »
Et il est poursuivi par l'idée de la mort :
« J'étais rongé par la crainte de mourir sans avoir découvert la vérité[2]. » Grec par son besoin de cohérence, Chrétien par les inquiétudes de sa sensibilité, il resta longtemps à l'écart du Christianisme. Ce fut à la fois la méthode allégorique de Saint Ambroise et la pensée néoplatonicienne qui convainquirent Saint Augustin. Mais dans le même temps, elles ne le persuadèrent pas. La conversion était différée. Par là, lui apparut surtout que la solution n'était pas dans la connaissance, que l'issue de ses doutes et de son dégoût de la chair n'était pas dans l'évasion intellectuelle mais dans la pleine conscience de sa dépravation et de sa misère. Aimer ces biens qui l'entraînaient si bas : la grâce l'en relèverait plus haut.

Saint Augustin se trouve donc au carrefour des influences que nous essayons de déterminer ici. Mais dans quelle mesure précise ? C'est ce qu'il faut définir.

c) Ce que Saint Augustin exigeait à côté de la Foi, c'était la vérité, à côté des dogmes, une métaphysique. Et avec lui le Christianisme tout entier. Mais s'il adopte un moment le Néoplatonisme ce fut bientôt pour le transfigurer. Et avec lui le Christianisme tout entier[3]. C'est le sens de cette transfiguration qu'il nous appartient de préciser. Plotin apporte à Saint Augustin, nous l'avons vu, la doctrine du verbe intermédiaire et, par surcroît, une solution au problème du mal.

---

1. *De Beata vita* 4.
2. Conf. LVII, col. 152 P.L, t. 33 col. 737 ; cf. aussi sur sa crainte de la mort : Conf. VI, 16 ; VII, 19-26 ; Sol. I, 16 ; II, 1.
3. J. Martin : *Philon,* 1907, p. 67 : « Les pères durent naturellement après Saint Paul adopter la langue que la spéculation grecque et la spéculation alexandrine avaient créée ; et au moyen de cette langue ils exprimèrent des vérités que ni Philon ni aucun Alexandrin n'avaient conçues », et Puech : *les Apologistes grecs...* (1912) p. 297 : « Le fait essentiel c'est que dans son principe, la doctrine des Apologistes est religieuse et non pas philosophique ; ils croient d'abord en Jésus, Fils de Dieu. Et ils s'expliquent ensuite sa divinité par la préexistence du verbe. » Et enfin Le Breton : *les Origines du Dogme de la Trinité* (1910), p. 521 : « Si la Théologie du Logos apparait si profondément transformée c'est que la personne de Jésus à qui elle a été appliquée lui imposait ces transformations. »

L'intelligence hypostasiée éclaire en effet la destinée du Christ comme verbe de Dieu : « Nous avons appris de source divine que le Fils de Dieu n'est autre que la Sagesse de Dieu — et certes le Fils de Dieu est Dieu... mais que pensez-vous que soit la sagesse, sinon la vérité. Et en effet, il a encore été dit : Je suis la vérité. » (De Beata vita, ch. IV, n° 34 (P.L.I 32, col. 975.) Quant au mal, le plotinisme lui enseigne qu'il est lié à la matière et que sa réalité est toute négative (Conf. VII, 12, VIII, 13). Et par là tous les doutes de Saint Augustin semblaient dissipés. Mais la conversion ne vint pas pour autant. Il y a ceci de curieux chez l'auteur des « Confessions » que son expérience demeure la référence perpétuelle de ses recherches intellectuelles. Satisfait et non convaincu il le dit lui-même : c'est l'Incarnation et son humilité que le Néoplatonisme n'a pu lui restituer. C'est seulement après avoir compris ceci qu'une explosion de larmes et de joie vient le délivrer dans le jardin de sa maison. Conversion presque physique, et si totale que Saint Augustin va progressivement renoncer à tout ce qui fut sa vie et se consacrer à Dieu.

C'est donc cette place donnée au Christ et à l'Incarnation dans l'originalité du Christianisme qu'il faut retenir chez lui. Ce sont des formules et des thèmes qu'il a demandés au Néoplatonisme. La figure de Jésus et le problème de la Rédemption vont tout transfigurer. C'est cette interférence entre thèmes grecs et dogmes chrétiens qu'il faut essayer d'examiner sur quelques points de sa doctrine.

B. *Hellénisme et Christianisme chez Saint Augustin.*

1° *Le Mal, la Grâce et la Liberté.* Dans l'examen de problèmes aussi spécifiquement chrétiens, notre effort constant sera de mettre à jour, dans l'Augustinisme, les thèmes fondamentaux du Christianisme. À vrai dire un simple rappel suffira puisque ces thèmes nous les avons déjà étudiés.

a) Nous ne reviendrons pas sur l'importance que revêt le problème du mal chez Saint Augustin. Mais il faut cependant noter l'extrême fécondité de cette obsession. C'est en partant de là que notre auteur a pu développer ses doctrines les plus originales. Cette richesse même nous forcera à diviser notre matière. La pensée de Saint Augustin s'est affirmée doctrinalement d'une part, en réaction contre Pélage de l'autre. Examinons d'abord sa doctrine générale et la controverse avec les Pélagiens éclairera ensuite sous le jour plus cru de la polémique les tendances profondes de l'Augustinisme.

Le Néoplatonisme affirme que le mal est une privation et non une réalité propre. Saint Augustin acquiesce[1]. Mais encore faut-il distinguer deux sortes de maux : le mal naturel (misère de notre condition, tragique des destinées humaines) et le mal moral, c'est-à-dire le Péché. Le premier s'explique dans la mesure où les ombres se justifient dans un tableau[2]. Il sert l'harmonie universelle. Pour le second la question est plus complexe. Comment Dieu a-t-il pu nous douer d'un libre arbitre, c'est-à-dire d'une volonté capable de faire le mal : « L'homme étant comme il est maintenant n'est pas bon et il n'est pas en son pouvoir d'être bon, soit qu'il ne voie pas ce qu'il devrait être, soit que, le voyant, les forces lui manquent pour le réaliser[3]. C'est que le péché conséquence de la faute originelle nous est imputable. Dieu nous a laissé le libre arbitre d'Adam, mais notre volonté a gagné le désir de s'en mal servir. Et nous sommes si profondément pervertis que c'est de Dieu seul que vient tout bon usage du libre arbitre. Laissé à lui-même l'homme ne posséderait en propre que la malfaisance, le mensonge et le péché : « Nemo habet de suo nisi mendacium atque peccatum[4]. » C'est Dieu qui le relève quand il le daigne. C'est pourquoi les vertus qui subsistent en nous n'ont de sens et de valeur que par un secours de Dieu, spécial et adapté à notre faiblesse : la grâce. Saint Augustin insiste beaucoup sur la vanité de la vertu elle-même. La grâce d'abord, la vertu ensuite, nous reconnaissons là un thème évangélique.

---

1. *De natura Boni* : IV P.L,t. 42 ; col. 553.
2. *Contre Julianum* : III, 206 P.L,t. 45 ; col. 334.
3. *De libero arbitrio* : L 3, ch. 18, n° 51 ; P.L, 32-1268.
4. In *Johann*. V, 1 ; P.L, 18 ; t. 35 : col. 414, et aussi *Sermo* 156, II, 12 ; P.L, t.38 : col. 856 : « Cum dico tibi : Sine adjutorio Dei nihil agis nihil boni dico, nam ad male agendum habes sine adjutorio Dei liberam voluntatem. »

C'est ainsi que les vertus des païens sont inopérantes. Dieu les leur a données pour nous inciter à les avoir si elles nous manquent, et pour rabaisser notre orgueil si nous les possédons. Jamais dans le Christianisme la vertu, au sens hellénique, ne s'était trouvée à si rude épreuve et en de si fréquentes occasions[1]. Plus encore, ces vertus naturelles deviennent autant de vices lorsque l'homme s'en glorifie[2]. L'orgueil est le péché de Satan. Notre seule fin légitime au contraire c'est Dieu. Et le don que Dieu fait de sa grâce est toujours un effet de sa générosité. Cette grâce est gratuite. Et certains qui croient l'acquérir par de bonnes œuvres prennent les choses à rebours. Elle ne serait pas gratuite s'il était possible de la mériter. Il faut même aller plus loin. Croire en Dieu c'est déjà subir sa grâce. La Foi est le commencement de la Grâce[3].

On voit à quelles extrémités parvient la pensée augustinienne. Elle ne s'épargne aucune difficulté du problème. Mais aussi bien il n'y a pas encore de problème là où il n'y a que soumission. Cependant comme il est de règle en ce qui concerne le mal, cette dépendance absolue soulève de grandes difficultés. La grâce divine est ici absolument arbitraire : l'homme doit seulement faire confiance à Dieu. Comment parler alors de liberté humaine ? Mais c'est que précisément notre seule liberté est celle de faire le mal[4]. Le dernier aveu de Saint Augustin sur cette question vitale pour un Chrétien est un aveu d'ignorance. L'arbitraire divin demeure intact[5].

C'est cette théorie que Saint Augustin a été amené à développer dans tous ses détails en face de l'hérésie pélagienne. En l'occurrence il a pu dépasser sa pensée

---

1. *De civ. Dei* V, 18, 3; P.L, t. 41; vol. 165, *id.* V. 19, P.L, t. 41, col. 165-166; *Epist.* 138; III, 17; P.L, t. 33, col. 33; *De Patientia*, XXVII, 25; P.L, tome 40; col. 624. *De gratia christi*, XXIV, 25. P.L, t. 44. *Id.*. 376.

2. *De civ. Dei* XXI, 16 P.L, tome 41; col. 730 et XIX, 25 chap., intitulé : « Quod non possint ibi verae esse virtutes ubi non est vera religio. » (t. 41, col. 656). Cf. aussi *De div. quaest* 83,66 P.L, t. 40 col. 63.

3. Surtout *De divers quaest* livre I, 2. t. 40, col. 111.

4. Sur le plan métaphysique. En psychologie, Saint Augustin concède le libre arbitre.

5. *De div. quaest* I, 2, 16; P.L, t. 40; col. 120, 121.

pour les besoins de la cause. Mais c'est aussi que son pessimisme et son renoncement ont gardé toute leur âpreté. C'est dans ce sens alors que sa doctrine de la liberté se précise.

b) L'acharnement que Saint Augustin apporte dans sa lutte contre le Pélagianisme s'expliquera si nous résumons la pensée de ce dernier[1]. C'est dans son expérience profonde, dans son sentiment aigu de ce qu'il y a de mauvais en l'homme que Saint Augustin était atteint.

Moine breton, Pélage craignait au fond une certaine complaisance dans le péché qui peut se tirer des doctrines de prédestination. Homme de conscience plutôt que d'idées, ce sont surtout ses disciples : Célestius et Julien, qui propagèrent ses doctrines.

Selon Pélage l'homme a été créé libre. À son gré il peut faire le Bien ou le Mal. Cette liberté c'est une émancipation de Dieu. « Libertas arbitrii, qua a Deo emancipatus homo est, in admittendi peccati et abstinendi a peccato possibilitate consistit[2]. »

La perte de cette liberté était chez Saint Augustin une conséquence du péché originel. Des Pélagiens pensèrent au contraire que la Liberté étant réglée tout entière par la volonté, l'homme pouvait, s'il le voulait, éviter le péché : « Ego dico posse esse hominem sine peccato[3]. »

Mais alors le péché originel perd toute signification. Et les Pélagiens le rejettent absolument comme entraînant à des conclusions manichéennes. Si Adam nous a nui, c'est seulement par son mauvais exemple. On ne doit même pas accepter les conséquences secondaires de la chute, comme la perte de l'immortalité de l'âme. Adam était né mortel. Rien de son erreur n'a transpiré sur nous. « Quoniam infantes super nati in illo statu sunt in qua Adam fuit ante praevaricationem. »

[4]Si nous péchons aisément c'est que le péché est devenu

---

1. Pour les œuvres de PÉLAGE (*Commentarium in Epistulas Sancti Pauli ; Epistula ad Demetriadem ; Libellus Fidei ad Innocentium papam*) et celles de JULIEN et CELESTIN, P.L, t. XXX.
2. JULIEN, AP. AUG. : *Contra Julianum* : I, 78 ; P. L, t. 45, col. 1101. Voir aussi PÉLAGE : *Libellus Fidei* 13.
3. PÉLAGE, AP. AUG. : *De natura et Gratia*. Cf. aussi : *De Gratia Christi* I, 5. *De gestis Pélag.*
4. AP. AUG. *De gestis Pélag.* 23.

en nous une seconde nature[1]. On le voit et à proprement parler la grâce est inutile. Mais toujours selon Pélage, la création est déjà une grâce. Au demeurant, la grâce conserve son utilité non pas « ad operandum » mais « ad facilius operandum[2] ». C'est une aide, une recommandation que Dieu nous apporte.

Cette doctrine se trouve résumée dans les neuf points d'accusation retenus par le Concile de Carthage (29 avril 418[3]). D'une façon générale, elle fait confiance à l'homme et répugne aux explications par l'arbitraire divin. C'est aussi un acte de foi dans la nature et l'indépendance de l'homme. Autant de choses qui devaient indigner un homme pénétré du cri de Saint Paul : « Malheureux que je suis, qui me délivrera de ce corps de mort[4]. » Mais, des conséquences plus graves suivaient. La chute niée, la Rédemption perdait son sens. La grâce était un pardon et non une protection. Surtout, c'était déclarer l'indépendance de l'homme à l'égard de Dieu et nier le besoin constant du créateur qui est au fond de la religion chrétienne.

Contre cette pensée, Saint Augustin complète ses théories par un certain nombre d'affirmations. Adam possédait l'immortalité[5]. Il était libre en ce qu'il avait le « posse non peccare[6] » et bénéficiait déjà d'une certaine grâce divine. Le péché originel vint détruire cet état heureux. L'Écriture est formelle sur ce point et Saint Augustin s'y appuie[7]. Notre nature est viciée, et sans baptême, l'homme est destiné à la damnation (selon Jean II, 54). Saint Augustin en voit une preuve dans l'universelle désolation du monde et la misère de notre condition dont il trace des tableaux énergiques[8].

Mais ce sont là des effets secondaires du péché originel. D'autres plus intimes et plus irrémédiables donneront

---

1. *Ad Demetriadem*, 8, 17.
2. Ap. August : *De gratia Christi*, I, 27, 30.
3. Ap. Tixeront : *Histoire des Dogmes*, ch. xi.
4. *Rom.* VII, 25.
5. *De Gen. contra manich.* II, viii, 32.
6. *De concept. et gratia* 33.
7. *Psaume* L, livre de Job. XIX, 4; *Éphésiens*, II, 3 surtout aux *Rom.*, V, 12; *Jean*, III, 5.
8. *Contra Julianum* I, 50, 54, t. 45, col. 1072. *Id. De Civit. Dei*, XXII, 22; I, 3.

la mesure de notre malheur. Nous avons d'abord perdu la liberté du « posse non peccare ».

Nous dépendons de la grâce divine. D'autre part la damnation est universelle en principe. Le genre humain tout entier est voué aux flammes. Son seul espoir est la miséricorde divine[1]. D'où une autre conséquence : la damnation des enfants morts sans baptême[2].

La grâce se fait alors plus impérieuse. Et nous en sommes les tributaires à trois points de vue; pour nous préserver de notre nature viciée, pour croire les vérités d'ordre surnaturel[3], pour nous faire agir selon ces vérités[4]. Mais cette première grâce qui est la foi ce ne sont pas nos œuvres qui nous la valent. Nous pouvons toutefois mériter dans une certaine mesure celle de bien faire[5]. En tout cas ce qui règle notre sort entier, c'est la Prédestination. Et Saint Augustin revient constamment sur la gratuité de celle-ci[6]. Le nombre des prédestinés ainsi que celui des réprouvés est fixé une fois pour toutes et invariablement. Ensuite seulement, Dieu considère les mérites et les démérites pour le degré des peines. Ce que nous ne pouvons pas savoir c'est le pourquoi. Notre liberté, c'est la liberté de refuser les grâces premières d'une part, celle d'autre part de mériter les grâces secondes. Notre spontanéité ne joue qu'à l'intérieur de la toute-puissance divine[7].

2º *Le Verbe et la Chair : la Trinité.* Nous venons de saisir sur le vif ce qui chez Saint Augustin est spécifiquement chrétien. Qu'on se reporte par la pensée à la métaphysique plotinienne et l'on verra la distance infinie qui sépare les deux attitudes. Ainsi du moins ne serons-nous pas abusés par des rapprochements fréquents et

---

1. « Universa massa perditionis. » *De div. quaest. ad simpl.* I quaest. II, 16.
2. *Contra Julian...* III, 199, P.L, t. 45, col. 1333.
3. *De praedestin Sanctor* 5, 7, 22.
4. *Epist.* CCXVII.
5. *Epist.* CLXXXVI, 7.
6. *Enchiridion* XCVIII et XCIX. *Epist.* CLXXXVI, 15. *De dono perseverantiae,* 17.
7. *De Gratia et libero arbitrio* 4.

saurons-nous faire la part du Christianisme de Saint Augustin dans son Néoplatonisme. Nous l'avons vu, ce qu'il a puisé chez les auteurs platoniciens c'est une certaine conception du Verbe. Mais son rôle fut d'y faire entrer le Christ et par là de donner toute son extension au Verbe fait chair du 4ᵉ Évangile. Attachons-nous donc à comprendre ce que Saint Augustin a pu demander au Néoplatonisme. Nous montrerons ensuite ces emprunts transformés par la doctrine de l'Incarnation.

a) Le Verbe — « C'est en Dieu, dit Plotin[1] que l'âme pure habite avec les intelligibles. » Mais Saint Augustin[2] : « Les idées sont comme les formes premières ou les raisons des choses, stables et immuables, n'ayant point reçu leur forme éternelle par suite et toujours de même qui sont contenues dans l'intelligence divine. » Il saisit Dieu par le cœur, mais aussi par l'intelligence. On le voit bien, sa conception est alors toute philosophique. Car le monde intelligible que nous admirons nous livre son secret. Notre esprit devant lui accomplit un double mouvement. Devant la variété des êtres produits par l'intelligible, il distingue les idées qu'il renferme, mais son second effort synthétise ces idées en une seule réalité qui les exprime : « Non solum sunt ideae sed ipsae verae sunt, quae eternae sunt, et ejus modi atque incommutabiles manent[3]. »

« Cette réalité est Dieu que Saint Augustin saisit ainsi comme Intelligence pure et première vérité[4]. » C'est une conception plotinienne. Ce qui joue ici c'est le principe de participation. Les idées participent du tout divin. Elles sont en lui et pourtant il est quelque chose de plus. On sentira mieux encore cette parenté dans un texte vigoureux du « de Trinitate[5] » :

« Puisque le Verbe de Dieu par qui tout a été fait est un ; puisqu'il est la vérité immuable c'est en lui comme dans leur principe immuable que sont à la fois toutes choses :

---

1. *Enn.* IV, III, 24.
2. *De div. quaest.* LXXXIII qu. 46, nᵒ 2, P.L, t. 40, col. 30.
3. *De div. quaest.* LXXXIII qu. 46, nᵒ 2, P.L, t. 40, col. 30.
4. Je pense, donc il est, si on a pu rapprocher ceci du cogito c'est aussi que le Dieu augustinien est un Dieu intérieur.
5. En rapprocher *Enn.* V, VII, 3 ; VI, VII, 3.

non seulement celles de ce monde présent, mais encore celles qui ont passé et celles qui viendront. En lui elles ne sont ni passées ni futures. Elles sont simplement et toutes sont vie et toutes sont un ou plutôt c'est une seule chose qui est, et une seule vie[1]. » La méthode plotinienne transparaît ici. Mais dans l'instant où Saint Augustin incorpore cette doctrine du Verbe intelligence dans la théorie de la Trinité, les choses changent de sens. Plotin en effet hiérarchise ses hypostases et affirme la distance qui sépare l'Un de l'Intelligence. Saint Augustin dans son exposé part du Dieu, non comme source des deux autres essences, mais de la nature unique de la Trinité : « Unus quippe deus est ipsa Trinitas et sic unus deus quomodo unus creator[2]. »

Les trois personnes sont donc identiques. De là trois conséquences fondamentales : les trois personnes n'ont qu'une seule volonté et une seule opération. « Ubi nullam naturam esse, nulla est diversitas voluntatum[3]. » « Ce n'est donc pas le Verbe seul qui est apparu sur la terre mais la Trinité tout entière. » « Dans l'incarnation du Fils c'est la Trinité tout entière qui s'unit au corps humain[4]. »

Chacune des trois personnes vaut la Trinité tout entière et Dieu lui-même, qui contient les deux autres personnes : « Tantus est solus pater, vel solus Filius, vel solus spiritus Sanctus, quantus est simul Pater, Filius et Spiritus Sanctus[5]. » Cette théorie de la Trinité tente donc de concilier l'égalité et la distinction des Personnes. Problème qui dépasse déjà le plotinisme mais qui met en œuvre sa méthode. À cette doctrine de la Trinité se rattache d'ailleurs la Christologie augustinienne et c'est alors que le Verbe s'écarte de l'Intelligence néoplatonicienne.

b) *La Chair.* — Le Verbe a été fait chair en effet, son corps est réel, terrestre et né d'une femme[6]. Cette union d'un corps et d'un verbe est indestructible. L'homme et le Christ ne font qu'un, c'est tout le mystère chrétien :

---

1. *De Trinit.* L. 4, G. 1, n° 3. P.L. tome 42, col. 888.
2. *Contra Sermon.* 3.
3. *Contra Maximinum* II, 10.
4. *De Trinit.* II, 8, 9, P.L., t. 42, col. 85.
5. *De Trinit.* VI, 9, t. 42, col. 93.
6. *Sermo* CXC, 2.

« Quod Verbum caro factum est, non Verbum in carnem pereundo cessit, sed caro ad Verbum ne ipsa perire, accessit... idem deus qui homo et qui Deus, idem homo, non confusione naturarum, sed unitate personae[1]. » Ce qu'il faut noter ici, c'est que plus la notion du verbe chez Saint Augustin est plotinienne, et plus il se sépare du Néoplatonisme dans la mesure où l'union de ce verbe et de cette chair devient plus miraculeuse.

Mais tout se justifie par un fait. Si la chose est contradictoire, du moins le fait est patent. Et d'ailleurs à considérer la grandeur de la tâche, la grandeur du miracle se conçoit.

C. *Foi et Raison chez Saint Augustin.*

Certes, ce n'est pas un exposé de la pensée augustinienne que nous avons prétendu faire, mais aussi bien la tâche ne nous en revenait pas. Au regard de notre sujet l'important était de considérer une certaine interférence de deux pensées chez notre auteur, d'essayer d'en circonscrire la partie vivante et la partie acquise et d'en tirer des conclusions en ce qui concerne les rapports du Néoplatonisme et du Christianisme. C'est pourquoi nous avons centré notre étude de l'Augustinisme autour de deux thèmes particulièrement suggestifs à ce sujet. Et il reste seulement à tirer les conclusions de cette étude particulière. Le faisant, nous aurons la possibilité de retracer à gros traits ce que nous avons observé jusqu'ici dans le détail. Et nous plaçant à l'intérieur même de la métaphysique chrétienne à ce point de son évolution, nous pourrons envisager celle-ci, et voir comment tout son effort aboutit, Saint Augustin aidant, à la conciliation d'une métaphysique et d'une religion, du Verbe et de la Chair, sans qu'à vrai dire la physionomie originale du Christianisme y perdît.

Résumons ici seulement la signification de l'Augustinisme à l'égard de cette évolution : « Dans aucune de ces choses que je parcours à votre lumière, je ne trouve un lieu de repos pour mon âme, si ce n'est en Vous; en Vous ma dispersion se recueille et de vous plus rien de

---

1. *Sermo* CLXXXVI, 1.

mieux n'échappe. Et quelquefois vous me faites entrer dans un état intérieur très extraordinaire, et goûter je ne sais quelle douceur, qui si elle se consomme en moi sera je ne sais quoi qui ne sera pas la vie présente[1]. » Saint Augustin finit où la conversion plotinienne s'achève. C'est le même but que tous deux poursuivent mais leurs chemins, pour s'être quelquefois mêlés, sont cependant différents. L'Augustinisme proclame à chaque pas l'insuffisance de la philosophie. La seule raison intelligente est celle qui est éclairée par la foi. « La vraie philosophie débute par un acte d'adhésion à l'ordre surnaturel qui libéra la volonté de la chair par la grâce, et la pensée du scepticisme par la révélation[2]. » On ne saurait trop insister sur ce point.

Le dialogue de la Foi et de la Raison est mis pour la première fois en pleine lumière par Saint Augustin : c'était toute l'histoire de l'évolution chrétienne. On veut souvent que la pensée chrétienne se soit surajouté une doctrine hellénique. La chose est vraie. La Foi a fini par accepter la Raison qu'elle ignorait ; mais si l'on en croit Saint Augustin ce fut pour la mettre à un rang bien singulier.

« Si non potes intelligere, crede ut intelligas, praecedit fides, sequitur intellectus. Ergo noli quaerere intelligere ut credam, sed crede ut intelligas[3]. » Cette raison s'assouplit. Elle s'éclaire des lumières de la Foi. C'est qu'il y a deux choses dans la foi augustinienne : l'adhésion de l'esprit aux vérités surnaturelles et l'humble abandon de l'homme à la grâce du Christ. Ce n'est pas à Dieu qu'il faut croire, mais en Dieu.

« Quam tibi persuadetur non prius ratione quam fide te esse docendum. » La raison doit s'humilier : « La béatitude commence par l'humilité. Bienheureux les pauvres en esprit c'est-à-dire ceux qui ne s'enflent pas, mais qui se soumettent à l'autorité divine[4]. »

C'est ainsi que l'on peut comprendre que le verbe

---

1. CONF. L. X, ch. XL.
2. E. GILSON : *Introduction à l'Étude de Saint Augustin*. Conclusion.
3. In *Joan Tract.* 29, 6 P.L., t. 35, col. 1630.
4. *De sermone domini in monte* I, ch. III, n° 10, P.L., t. 34, col. 1233.

alexandrin ait servi la pensée chrétienne sans la desservir. À voir Saint Augustin, on peut comprendre tout le travail de l'évolution chrétienne : assouplir de plus en plus la raison grecque et l'incorporer à son édifice mais dans un domaine où elle est inoffensive. Passé ce domaine, obligation lui est faite de s'incliner. À cet égard le Néoplatonisme sert chez Saint Augustin une doctrine de l'humilité et de la foi. C'est que son rôle dans l'évolution du Christianisme fut d'aider cet assouplissement de la Raison, d'entraîner la logique socratique à des spéculations religieuses et de passer ainsi cet outil déjà façonné aux pères de l'Église chrétienne.

En ce sens encore, il est possible de considérer l'Augustinisme comme une deuxième révélation; celle d'une métaphysique chrétienne après celle de la foi évangélique. Le miracle est que les deux ne soient pas contradictoires.

II. LA PENSÉE CHRÉTIENNE AU SEUIL DU MOYEN ÂGE

Là se termine l'évolution du Christianisme primitif et commence l'histoire de la doctrine chrétienne.

L'Augustinisme marque à la fois un aboutissement et une naissance. Par quel chemin la pensée évangélique est parvenue à ce point, nous l'avons indiqué. Le fait capital de cette évolution, c'est la rupture avec le Judaïsme et l'entrée dans le monde gréco-romain. Dès cet instant la fusion s'opère. Préparée par les religions orientales, la pensée méditerranéenne se dispose à être fécondée par la nouvelle civilisation. Si le Néoplatonisme peut être considéré comme l'artisan de cette fécondation, c'est qu'aussi bien il est né de ce syncrétisme gréco-oriental. Les formules dogmatiques du Christianisme sont sorties d'une combinaison entre ce dernier et les propres données de la foi évangélique. Annoncées par Paul et Jean, élaborées par les Grecs arrivés au Christianisme, ces formules trouvent leur pleine expression dans la pensée augustinienne, non cependant sans qu'auparavant une partie des Chrétiens ne se soient égarés dans de fausses conciliations.

L'énigme au fond, c'est que cette fusion se soit opérée, car si la sensibilité du monde gréco-romain était ouverte à l'Évangile, la Raison se refusait à admettre un certain nombre de postulats. Providentialisme, créationnisme, philosophie de l'histoire, goût de l'humilité, tous les thèmes que nous avons signalés se heurtaient à l'attitude grecque. Cette naïveté grecque dont parle Schiller était trop pénétrée d'innocence et de lumière pour admettre sans résistance. L'effort des conciliateurs fut de transformer l'instrument même de cette attitude, la Raison régie par le principe de contradiction, en une notion pétrie de l'idée de participation. Le Néoplatonisme fut l'artisan inconscient de ce rapprochement. Mais il y a une limite à l'élasticité de l'intelligence. Et la civilisation grecque en la personne de Plotin s'est arrêtée à mi-chemin. C'est dans ce décalage que se peut sentir justement l'originalité du Christianisme. Certes c'est le Verbe alexandrin que la pensée chrétienne a transporté dans ses dogmes. Mais ce verbe ne se distingue pas de Dieu. Mais il est engendré et non émané.

Mais il est en contact direct avec sa créature pour laquelle il est venu mourir. Et ceci qui pouvait paraître contradictoire à un esprit grec se justifiait aux yeux des Chrétiens par un fait : l'apparition de Jésus sur la terre et son incarnation. C'est le mot qu'on retrouve au début et au terme de l'évolution de la métaphysique chrétienne. C'est la preuve aussi que le Christianisme, pour s'être revêtu de pensées grecques, n'avait rien abdiqué de sa saveur primitive.

À la veille du Moyen Âge le vieux thème humain du voyage d'un Dieu sur la Terre s'applique pour la première fois à une notion métaphysique de la divinité. Et plus la métaphysique se développe, plus grande sera l'originalité du Christianisme dans la mesure où grandira l'écart entre le Fils de l'Homme et les notions qu'il transfigure.

CONCLUSION

Nous nous sommes attachés à la solution de deux problèmes : l'un très vaste touchant les rapports du Christianisme et de l'Hellénisme, l'autre s'inscrivant à l'intérieur du premier. Il portait sur le rôle du Néoplatonisme dans l'évolution de la pensée chrétienne. La matière était trop vaste pour qu'il y eût l'espoir d'apporter des réponses définitives. Mais nous avons considéré, d'une part, trois étapes dans l'évolution de la pensée chrétienne, d'autre part, l'aboutissement du travail de la pensée grecque dans le Néoplatonisme. Une simple comparaison nous a fourni quelques conclusions.

Le Christianisme a emprunté à la pensée grecque son matériel, au Néoplatonisme une méthode. Il a gardé intacte sa vérité profonde en traitant toutes les difficultés sur le plan de l'Incarnation. Et s'il n'avait justement apporté cette façon déroutante de poser les problèmes, sans doute la Grèce l'eût absorbé. Elle en avait vu d'autres. Ceci, du moins, reste précis, mais combien d'autres difficultés demeurent : le rôle joué par Philon dans la constitution de la métaphysique alexandrine, l'apport d'Origène et de Clément d'Alexandrie à la dogmatique chrétienne, les influences multiples que nous avons tues : Kabbale, Zend-Avesta, philosophies indiennes ou Théurgie égyptienne. Mais l'énoncé suffit. Tenons-nous à quelques constatations. Beaucoup parlent de l'hellénisation du Christianisme primitif. Et en ce qui concerne la morale, la chose n'est pas douteuse[1]. Mais c'est que la morale chrétienne n'est pas l'objet d'un enseignement; c'est une ascèse intérieure qui vient sanctionner une foi. Au contraire, il faudrait parler plutôt, selon notre travail, de la christianisation de l'Hellénisme décadent. Et ici les mots ont un sens historique et même géographique.

Mais est-il possible enfin, au terme de cette étude, de déterminer ce qui fait la nouveauté du Christianisme? Y a-t-il même des notions qui soient proprement chrétiennes? La question est d'actualité. Au vrai, c'est un paradoxe particulier à l'esprit humain de saisir les éléments et de ne pouvoir embrasser la synthèse : paradoxe épistémologique d'une science certaine dans ces faits, mais alors insuffisante : suffisante dans ses théories, mais alors incertaine, ou paradoxe psychologique d'un moi perceptible dans ses parties, mais inaccessible dans son

---

[1]. Le premier traité systématique de morale chrétienne, celui d'Ambroise, dans la seconde moitié du IVe siècle, est calqué non sur l'Évangile, mais sur le *De Officiis* de CICÉRON.

unité profonde. À cet égard l'histoire ne nous délivre pas de nos inquiétudes, et restituer la nouveauté profonde de l'Évangile apparaît comme une tâche impossible. Nous voyons bien sous quelles influences, de quel syncrétisme est née la pensée chrétienne. Mais nous sentons bien aussi, que, serait-elle démontée tout entière en éléments étrangers, nous la reconnaîtrions encore pour originale à cause de quelque résonance plus sourde que le monde n'avait pas encore entendue.

Et si nous réfléchissons sur les principaux thèmes du Christianisme, Incarnation, Philosophie selon l'histoire, misère et douleur de la condition humaine, nous reconnaissons que ce qui compte ici c'est la substitution d'un « homme chrétien » à un « homme grec ». Cette différence que nous parvenons mal à cerner dans les doctrines nous l'éprouvons en comparant Saint Jérôme au désert aux prises avec la tentation et les jeunes gens qui écoutaient Socrate[1]. Car si par ailleurs on en croit Nietzsche, si on accorde que la Grèce de l'ombre que nous signalions au début de ce travail, Grèce pessimiste, sourde et tragique, était la marque d'une civilisation forte, il faut convenir que le Christianisme à cet égard est une renaissance par rapport au socratisme et à sa sérénité. « Les hommes, dit Pascal, ne pouvant guérir la mort, ils se sont avisés de n'y point penser. » Tout l'effort du Christianisme est de s'opposer à cette paresse du cœur. Par là se définit l'homme chrétien et du même coup une civilisation. Ch. Guignebert dans son « Christianisme antique » parle de la pensée chrétienne, comme d'une religion « d'exaltés, de désespérés et de gueux ». La chose est vraie, mais non comme le voudrait son auteur.

Quoi qu'il en soit, à la mort de Saint Augustin, le Christianisme s'est constitué en philosophie. Il est maintenant assez armé pour résister à la tourmente où tout sombrera. Pendant de longues années il demeure le seul

---

1. Et *Ép.* XXII, 7 : « Moi, oui moi, qui par crainte de la géhenne m'étais condamné à une telle prison, habitée seulement par les scorpions et les bêtes sauvages, souvent je me croyais transporté au milieu des danses virginales, j'étais pâle de jeûnes et mon imagination bouillonnait de désirs. » Ap. P. de Labriolle : *Histoire de la littérature latine chrétienne*, p. 451.

espoir commun et le seul bouclier effectif contre le malheur du monde occidental. La pensée chrétienne avait conquis par là sa catholicité.

III

BIBLIOGRAPHIE

LES AUXILIAIRES DU CHRISTIANISME

Loisy. — *Les Mystères païens et le mystère chrétien.* Paris, 1919.
Cumont. — *Les Religions orientales dans le paganisme romain*, 1907.
Cumont. — *Les Mystères de Mithra.*
Foucart. — *Recherches sur l'origine et la nature des mystères d'Éleusis*, 1895.
Foucart. — *Les Associations religieuses chez les Grecs.*
Gernet & Boulanger. — *Le Génie grec dans la Religion*, Paris, 1932.

LA MÉTAPHYSIQUE ALEXANDRINE

(a) Textes :

Plotin. — *Ennéades I à VI*, 5 inclus, traduction Bréhier ; VI, V à VI, 9, trad. Bouillet.
Porphyre. — *Vie de Plotin*, tome I de la trad. Bréhier.
Proclus. — *Commentaires du Parménide*, trad. Chaignet. 3 vol.
Damasius. — *Des principes*, trad. Chaignet, 1898.

(b) Études :

Vacherot. — *Histoire de la philosophie d'Alexandrie*. 3 vol., 1846-1851.
Simon. — *Id.* 2 vol., 1843-1845.
Ravaisson. — *Essai sur la métaphysique d'Aristote.*
Bois. — *Essai sur les origines de la philosophie judéo-alexandrine*, Toulouse, 1890.
Bret. — *Essai historique et critique sur l'école juive d'Alexandrie.*
Bréhier. — *Les Idées philosophiques religieuses de Philon d'Alexandrie*, Paris, 1908.
Kurppe. — *Philon et la Patristique* in « Essais d'histoire » : Philosophie, Paris, 1902.
Bréhier. — *La Philosophie de Plotin*, Paris, 1903.
Arnou. — *Le Désir de Dieu dans la philosophie de Plotin*, Paris, 1921.
Guyot. — *L'Infinité divine depuis Philon le Juif jusqu'à Plotin*, Paris, 1908.
Picavet. — *Hypostases plotiniennes et Trinité chrétienne.*

ANNUAIRE DE L'ÉCOLE DES HAUTES-ÉTUDES, 1917.
GUITTON. — *Le Temps et l'Éternité chez Plotin et Saint Augustin*, Paris, 1933.
PICAVET. — *Plotin et les Mystères d'Éleusis*, Paris, 1903.
COCHEZ. — *Les Religions de l'Empire dans la philosophie de Plotin*, 1913.
COCHEZ. — *Plotin et les Mystères d'Isis*, « Revue néoscolastique », 1911.
C. ELSEE. — *Neoplatonism in relation to Christianity*, Cambridge, 1908.
INGE. — *The Philosophy of Plotinus*, Londres, 1918.
LINDSAY. — *The Philosophy of Plotinus*, 1902.
FULLER. — *The Problem of Evil in Plotinus*, Cambridge, 1912.
CAIRD. — *The Evolution of theology in the greek philosophers*. 2 vol., Glasgow, 1904.
    Plotin : II, pp. 210-346.

LE GNOSTICISME

(a) Études :

DE FAYE. — *Introduction à l'étude du Gnosticisme*, Paris, 1903.
    Gnostiques et Gnosticisme, Paris, 1913.
    Clément d'Alexandrie, 2e éd. Paris, 1898.
MATTER. — *Histoire critique du Gnosticisme*, 2 vol., 2e éd., Paris, 1844.
MANSEL. — *The Gnostic Heresies*.
KING. — *The Gnostics*.
SALMON. — *Gnosticisme*.
AMELINEAU. — *Essai sur le Gnosticisme égyptien*, Guimet, XIV.
DE BEAUSOBRE. — *Histoire du Manichéisme*, 2 vol., 1739-1744.
CUMONT. — *Recherches sur le Manichéisme*. I : « la Cosmogonie manichéenne d'après Théodore Bar. Khoni », Bruxelles, 1908.
ALFARIC. — *Les Écritures manichéennes*.

(b) Textes. Cf. surtout :

TERTULLIEN. — *De Praescriptionibus adversus Haereseos*, in Patrologie latine de Migne, tome II, colonnes 10 à 72.
    Adversus Marcionem — id., colonnes 239 à 468.
    Adversus Valentianum, colonnes 523-524.

ÉVOLUTION DU CHRISTIANISME

Ouvrages généraux :

TIXERONT. — *Histoire des Dogmes dans l'antiquité chrétienne*, 3 vol., Paris, 1915, 1919, 1921.
P. DE LABRIOLLE. — *Histoire de la littérature latine chrétienne*, Paris, 1920. 2e éd., 1923.
PUECH. — *Histoire de la littérature grecque chrétienne, jusqu'à la fin du IVe siècle*, 3 vol., 1928-1930.

Puech. — *Les Apologistes grecs du IIe siècle de notre ère*, Paris, 1912.
Le Breton. — *Les Origines du dogme de la Trinité*, 1920, éd. 1923.

HELLÉNISME ET CHRISTIANISME

(a) Études :

Havet. — *Le Christianisme et ses origines*, 4 vol., Paris, 1800-1884.
Aubié. — *Les Chrétiens de l'Empire romain de la fin des Antonins au début du IIIe siècle*, Paris, 1881.
Boissier. — *La Fin du paganisme*. 4e éd. 1903.
Corbiere. — *Le Christianisme et la fin de la philosophie antique*, Paris, 1921.
Toussaint. — *L'Hellénisme et l'Apôtre Paul*.
Lenain de Tillemont. — *Mémoires pour servir à l'Histoire ecclésiastique des six premiers siècles*, 1702.
Dourif. — *Du Stoïcisme et Du Christianisme...*, Paris, 1863.
Bréhier. — *Hellénisme et Christianisme aux premiers siècles de notre ère*, « Revue philosophique ». 27-5-35.
T. R. Glover. — *The Influence of Christ in the Ancient World*.

(b) La polémique :

P. de Labriolle. — *La Réaction païenne*, Paris, 1934.
Aubié. — *La Polémique païenne à la fin du IIe siècle*, Paris, 1878.
Rougier. — *Celse ou le conflit de la civilisation antique et du christianisme primitif*, Paris 1925 + Traduction du *Discours vrai* de Celse.
Paul Allard. — *Julien l'Apostat*, 3 vol., Paris, 1900-1903.
     Julien l'Apostat, œuvres : édition Bridez, Paris, 1932.

(c) Sur Saint Augustin :

Voir la bibliographie raisonnée et à peu près complète in Gilson : *Introduction à l'étude de Saint Augustin*, Paris, 1931.

I. Œuvres — Migne : *Patrologie latine*, tomes XXII à XL inclus. Principales œuvres citées dans ce travail.

a) *Confessions*, tome XXXII : colonnes 659 à 905.
De civ. Dei, t. XXXVIII : colonnes 13 à 806.
Soliloques, t. XXXII : colonnes 863 à 902.
Méditations, t. XXXVII : colonnes 901 à 944.
De beata vita, t. XXXII : colonnes 959 à 977.

b) Contre les hérésies :
De duabus animis contra Manichaeos, t. XXXIX : colonnes 93 à 112.
Contra Fortunatum manichoeum, t. XXXIX : colonnes 111 à 130.
Contra Adimandum manichoei discipulum, t. XXXIX : colonnes 129 à 174.
De Natura Boni contra manichaeos, t. XXXIX : colonnes 551 à 578.

Contra Julianum, t. XXXIX : colonnes 1094 à 1612.
De Natura et gratia, t. XLI : colonnes 199 à 248.
De Gestis Pelagii, t. XLI : colonnes 319 à 360.
De gratia Christi et peccato originali, t. XLI : colonnes 359 à 416.
De gratia et libero arbitrio, t. XLI : colonnes 881 à 914.

c) *Epistolae* : tome XXXIII.

d) *Sermones* : tome XXXVI.

II. ÉTUDES GÉNÉRALES.

E. GILSON. — *Introduction à l'étude de saint Augustin*, Paris, 1931.

PORTALIÉ. — « Article saint Augustin » in *Dictionnaire de Théologie catholique*. Tome I, col. 2268-2472. 1902.

NOURRISSON. — *La Philosophie de saint Augustin*, 2 vol., 2ᵉ éd., 1809.

ALFARIC. — *L'Évolution intellectuelle de saint Augustin*, tome I : « Du Manichéisme au Néoplatonisme », 1918.

BOYER. — *L'Idée de vérité dans la philosophie de saint Augustin*, Paris, 1920.

BOYER. — *Christianisme et Néoplatonisme dans la formation de saint Augustin*, Paris, 1920.

J. MARTIN. — *Saint Augustin*, 1901.

GRANDGEORGE. — *Saint Augustin et le Néoplatonisme*, 1896.

CAYRE. — *La Contemplation augustinienne*, Paris, 1927.

NOTION DE PHILOSOPHIE CHRÉTIENNE

E. GILSON. — *La Notion de philosophie chrétienne* in « Bulletin de la Société française de philosophie », mars 1931.

E. BRÉHIER. — *Le Problème de la philosophie chrétienne*, « Revue de métaphysique et de morale », avril 1931.

SOURIAU. — *Y a-t-il une philosophie chrétienne ?* « Revue de métaphysique et de morale », juillet 1932.

E. GILSON. — *L'Esprit de la philosophie médiévale*. 2 vol., Paris, 1932 — Ch. I : « Le Problème de la philosophie chrétienne ».

POLITIQUE ET CULTURE
MÉDITERRANÉENNES

Il n'est rien de plus arbitraire qu'un chapitre critique ou une note introductive. On s'efforce de tout y mettre, l'angoisse de la mort, l'amour de vivre, l'envers et l'endroit du monde et pourtant il s'en échappe toujours quelque chose. Des *Voix du quartier pauvre* à saint Augustin, rien ne nous parle de la chaude camaraderie qui unit Camus à son entourage, et dont l'empreinte reste aujourd'hui vivante chez tous ; rien non plus de l'action politique dans laquelle il s'est jeté aux alentours de sa vingtième année.

J'ai évoqué dans le tome I l'entrée de Camus au parti communiste. Il est difficile, faute d'archives, d'en préciser la date exacte : 1933 ? 1934 ? Tous ceux qui l'ont connu penchent pour cette dernière date. Ce qui l'y conduisait ? Un désir d'action, pour la justice, dans la camaraderie. Ses activités exactes ? Il est pratiquement impossible aujourd'hui de les vérifier. Qu'il ait assumé bientôt quelques responsabilités, la chose est évidente : Max-Pol Fouchet se souvient de l'avoir retrouvé au comité Amsterdam-Pleyel au début de 1935 ; l'un représentant les jeunes socialistes, l'autre les étudiants et intellectuels communistes*. Que, sans faire pression sur quiconque, il ait volontiers entraîné ses proches, des preuves nous en sont données : sa première femme entra au P.C. à sa suite et s'occupa quelque temps, avec d'autres, des voisins d'Hydra, du Secours ouvrier qui disposait d'un centre pour enfants près de la Redoute.

Eut-il des difficultés en 1935, comme il me l'avait affirmé ? Plusieurs personnes interrogées croient se souvenir que les cellules algéroises avaient eu à débattre en 1934 du problème musulman et des conditions dans lesquelles les musulmans pouvaient être admis au parti communiste. La direction nationale souhaitait que les conditions habituelles d'admission fussent respectées, notamment en matière religieuse : Camus et d'autres militants réclamaient une certaine souplesse. Est-ce à la suite de ces débats qu'il s'occupa plus spécialement de la propagande en milieu musulman ? C'est fort possible, mais rien ne nous le garantit.

Me référant à une allusion manuscrite de Camus : « Chaintron

---

* Cf. aussi *le Meilleur Combat* d'Amar Ouzegane, p. 235. Le Camus d'alors y est présenté comme un militant intransigeant mais « attentif aux problèmes d'organisation, de technique et de tactique ».

(sympathique) a été remplacé par Deloche » (lettre du 8-6-1955), je me suis informé auprès de Jean Chaintron, qui, sous le pseudonyme de Barthel, avait été envoyé de Paris, en fin 1934, pour animer la Fédération algérienne du P.C.F. Celle-ci ne comptait alors que 150 à 200 membres, presque tous européens et sans grande influence sur la population indigène. Le mot d'ordre lancé par le 7e Congrès de l'I.C. fut : « arabisation du Parti ». Le P.C. reconnaissait comme justes les revendications algériennes; en retour, il demandait aux indigènes de faire effort pour comprendre et soutenir la lutte contre le fascisme français. On imagine aisément que ces thèses aient pu donner lieu à divergences de vues, voire à divergences d'action.

A ce sujet, Jean Chaintron m'écrit, après consultation de ses notes personnelles : « Il est certain que parmi les Européens français communistes, il s'en était trouvé et s'en trouvait encore qui, bien que luttant contre l'oppression colonialiste, considéraient sans le dire très hautement qu'il y avait beaucoup d'incompatibilité entre la pratique du Coran et la doctrine communiste*. Mais il me semble que ces réticences étaient pour beaucoup surmontées en cette période 35-36-37.

» Les thèmes que nous développions étaient : — nous affirmons, nous Français, votre droit à l'indépendance, mais le droit au divorce n'est pas l'obligation de divorcer; — Français et Algériens internationalistes, nous proclamons ensemble notre hostilité commune à l'impérialisme, à l'oppression d'une nation par l'autre; — mais tandis qu'il nous appartient à nous, Français, de mettre l'accent dans notre partition sur l'indépendance de votre pays, amis arabes, il vous appartient de mettre l'accent sur la nécessité de vos liens avec le peuple français; — la religion est incompatible avec le communisme; c'est l'A.B.C. Mais ne prétendons pas en rester à l'A.B.C. On n'entre pas au P.C. parce qu'on est pleinement communiste. C'est en y entrant qu'on peut le devenir. »

J'ai précisé que Camus croyait pouvoir situer sa rupture avec le P.C. en 1935, après le pacte Staline-Laval, qui avait entraîné un ralentissement des revendications en faveur des musulmans. Si le second point est exact, le premier ne saurait l'être. Après Jeanne Sicard, Marguerite Dobrenn confirme qu'il animait en 1935 une cellule d'intellectuels, dont la plupart de ses amis furent membres — « par amitié pour lui ». Or c'est au printemps 1935 que l'une comme l'autre, alors étudiantes, avaient fait la connaissance de Camus. Il faut donc admettre que sa mémoire l'avait trompé et que, dans son souvenir, il confondait des difficultés intérieures avec une improbable rupture. **Tous ajoutent que celle-ci ne peut se situer qu'en**

---

* Amar Ouzegane confirme l'existence d'un malaise, lorsqu'il écrit : « La direction bureaucratique du P.C.A. ne comprenait pas qu'un révolutionnaire moderne puisse étudier en même temps *Al Koran* et *Marxisme et Empiriocriticisme*. » Cf. *le Meilleur Combat*, pp. 41-42.

1937, après que de graves incidents furent intervenus entre les militants communistes et ceux de l'Étoile nord-africaine de Messali Hadj, alliés jusque-là (cf. Poncet, *Camus à Alger, Simoun,* n° 32, et Amar Ouzegane, *le Meilleur Combat,* pp. 93 et 182).

Jean Chaintron a gardé le souvenir lointain d'une représentation de Gorki (il ne peut s'agir que des *Bas-Fonds*) à laquelle il avait été convié par le Théâtre du Travail, peu avant son départ d'Algérie qu'il fixe à janvier 1937. Il émet l'hypothèse que Camus a senti le désaccord entre la ligne que « nous avions suivie et l'orientation de la tournée triomphale de Thorez. Il était trop indépendant pour s'être plié aux disciplines de langage. S'il fut repoussé ou sanctionné, ce peut être autant par le fait de Laugumier, cadre fort discipliné à l'époque, que d'Amar Ouzegane qui ne l'était pas moins. »

Fut-il exclu? La question est parfaitement oiseuse. Il était de tradition au parti communiste qu'un militant responsable qui l'abandonnait en fût aussitôt exclu : simple question de procédure. Toutefois, Charles Poncet affirme (*Simoun,* p. 14) que « Camus opposant pouvait, comme beaucoup d'autres, abandonner sans bruit le parti. Ce n'était pas dans sa nature; il combattit et se fit exclure avec éclat. » Une telle attitude paraît en effet dans sa manière.

Quoi qu'il en soit de ce point d'histoire, il est certain que, dans le cadre de ses activités politiques, il créa le Théâtre du Travail et la « Maison de la Culture »*. On se reportera, sur le premier point, au tome I (présentation du théâtre). Sur le second, je puis présenter ici le texte d'une conférence publiée dans le numéro I de *Jeune Méditerranée,* bulletin éphémère de la « Maison de la Culture ». On y trouvera le souci de concilier la culture européenne et la culture indigène, de favoriser l'éclosion d'une civilisation méditerranéenne commune à ses riverains et, du même coup, d'un collectivisme méditerranéen; on pourra juger ce patriotisme nord-africain plus sentimental qu'intellectuellement fondé, la pensée de midi, thème final de *l'Homme révolté,* n'en prend pas moins tout son sens à la lecture de ce texte.

Camus n'entendait pas que la « Maison de la Culture » fût une simple succursale du P.C. Il la maintenait dans l'esprit du *Congrès international pour la défense de la culture* et sollicitait la venue d'écrivains communistes comme Morgan, ou antifascistes comme Aveline, avec lequel il dialogua en 1937 devant les étudiants pacifistes. Il organisa, à la même époque, une discussion publique sur le *Retour de l'U.R.S.S.* d'André Gide, malgré les pressions qui furent exercées sur lui. En mai enfin, il prit l'initiative d'un manifeste de soutien au projet Blum-Viollette, qu'on trouvera plus loin, p. 1328.

---

* Si j'en crois Marguerite Dobrenn il avait également fondé un Cercle d'études sociales et une Union franco-musulmane. Dans les annales de la Faculté de « Ca'Foscari », Anne de Vaucher-Gravil' a publié le texte de présentation d'une conférence de Claude Aveline donnée le 20 février 1937 à la Maison de la Culture.

Si l'on se reporte aux *Carnets,* on constate que les exigences politiques de Camus se conciliaient mal avec les luttes de la IIIᵉ République. En août 1937, au moment où, il est vrai, le Front populaire piétine et se disloque, où le P.C. et Messali Hadj s'opposent, il écrit : « Chaque fois que j'entends un discours politique ou que je lis ceux qui nous dirigent, je suis effrayé depuis des années de n'entendre rien qui rende un son humain. Ce sont toujours les mêmes mots qui disent les mêmes mensonges...» (Page 64.) Une telle réaction peut s'analyser en plusieurs directions : on y découvre le scepticisme populaire devant les discours et les compromis, un goût prononcé pour l'intransigeance, une certaine forme d'anarchisme et, plus curieusement chez un homme passionné pour le jeu et la comédie, une ignorance volontaire de ce que la vie politique implique de nécessaire comédie, faite de rigueur dans les affirmations de principes et de compromis dans les actes.

Plus profondément peut-être, Camus est étranger à l'esprit de progrès. À aucun moment, on ne le voit se passionner pour les écrivains du XVIIIᵉ siècle et il n'est pas étonnant qu'il suive Georges Sorel dans sa conviction que l'idée de progrès, cette idée bourgeoise, «empoisonne» le mouvement ouvrier (cf. *Carnets I*, page 85). On peut penser que, ce faisant, il prolongeait les réflexions de Jean Grenier dans son *Essai sur l'esprit d'orthodoxie* (pp. 166 à 180; texte de 1936).

C'est qu'au fond, Camus pensait déjà en termes de destin : « Une révolution s'accomplit toujours contre les dieux — à commencer par celle de Prométhée. C'est une revendication de l'homme contre son destin dont tyrans et guignols bourgeois ne sont que des prétextes. » (*Carnets I*, février 1938, p. 106.) Déjà, l'Homme révolté est en marche, dressé contre la condition humaine dont exploiteurs et bourreaux sont les manifestations sordides. Sa sensibilité à l'esclavage que constitue le travail humain, tel qu'on le vit au bureau ou à l'atelier, éclate en plusieurs pages. Sans doute a-t-il dû multiplier les métiers pour survivre, donner des leçons, aller de la Préfecture aux services météorologiques, du courtage maritime aux accessoires automobiles (cf. interview aux *Nouvelles littéraires*); bref, de la bureaucratie à l'Europe marchande, comme il disait. L'absence de signification humaine des tâches ouvrières lui semble l'une des manifestations les plus bouleversantes de l'absurde (cf. *Carnets I*, pp. 112 et 114). Il retrouvera bien plus tard chez Simone Weil le même souci de rendre à l'homme la charge de son destin en donnant un sens à ses efforts : souci particulièrement vif chez les syndicalistes révolutionnaires avec lesquels il fraternisera volontiers.

En revanche, il reproche aux hommes politiques d'oublier ce problème vital au profit d'abstractions : c'est dans cet esprit qu'au lendemain de la grève générale de novembre 1938, après qu'il eut rêvé d'un essai sur les 40 heures (pp. 112 et 114 des *Carnets I*), il adresse à Édouard Daladier ce pamphlet vengeur qu'est le *Dialogue entre un président du Conseil et un employé à 1 200 francs par mois* (3 décembre).

« Je me bornerai à vous dire ceci : c'est que les hommes politiques n'imaginent pas à quel point il est difficile d'être un homme tout court. De vivre, sans être injuste, une vie toute pénétrée d'iniquités avec 1 200 F. par mois, une femme, un enfant et la certitude de mourir sans être inscrit au manuel d'histoire. Les hommes politiques ne comprennent jamais que la protestation unanime des ouvriers de France est née de ce désir de vivre sans injustice...

» Dans cette immense vague de médiocrité et de haine qui déferle sur l'Europe, à l'heure où la liberté de penser, de vivre et d'être un homme disparait sur les trois quarts du continent, vous avez rêvé de trouver votre place et, dans un sens, vous aviez raison. Le goût des petites vengeances, la déformation du fait, la susceptibilité, les vanités agressives, la mauvaise foi, tout cela est, en effet, l'apanage de la médiocrité... »

Par contraste, l'exécution du maréchal Toukhatchevsky lui paraît, selon Charles Poncet, un signe réconfortant du caractère inflexible de la justice soviétique.

Après avoir rompu avec sa première femme et être revenu quelque temps chez sa mère, à Belcourt, Camus avait loué une chambre meublée au 120 de la rue Michelet; en novembre 1936, il s'installa dans la maison Fichu. Il la baptisa *Maison devant le Monde* (on trouve toutefois la même expression en 1935, appliquée peut-être à la maison d'Hydra) : la salle de séjour ouvrait par deux grandes fenêtres sur Alger, sa rade, son port, ses collines et, dans le lointain, sur les montagnes de Kabylie. Il lui consacra une chanson (cf. Documents annexes). La maison Fichu était le premier étage, à entrée indépendante, d'une petite villa située à l'angle du chemin Sidi-Brahim, bordé de caroubiers et d'oliviers, et de la rue des Amandiers (cf. *l'Été* : «les Amandiers»). L'étage en était loué à Marguerite Dobrenn, Jeanne Sicard et Christiane Galindo qui y hébergeaient, à frais partagés, quelques camarades dont Camus. Ce dernier y avait ramené un chien perdu, Kirk ou le chien de l'Angoisse, et baptisé Cali et Gula les deux chats de la communauté. C'est en 1936 encore qu'on peut vraisemblablement fixer le voyage que Camus fit à Djémila, dans l'avion que Marie Viton, peintre et dessinateur, louait à l'aéro-club d'Alger. Nul doute que cette vie amicale et libre ne l'ait détourné de quitter Alger. Sa vie, il préférait la créer dans l'incertitude et le risque, mais aussi dans la ferveur : du moins, avait-elle quelque chance de prendre un sens à ses yeux.

Les soucis de santé le pressaient aussi : à l'été 1937, après avoir campé en Kabylie (cf. lettre à Jean de Maisonseul p. 1218), il dut, sur les conseils de son médecin, se reposer à Embrun, en compagnie de Claude de Fréminville. En septembre, Jeanne Sicard et Marguerite Dobrenn l'y rejoignent et tous trois redescendent vers l'Italie, où il voyageait ainsi pour la seconde fois (cf. *Noces* et *Carnets*). C'est alors qu'il reçut une nomination comme professeur à Sidi-Bel-Abbès (octobre 1937) cf. *Carnets I*, p. 88. « Je me suis refusé à cela, comptant pour rien sans doute ma sécurité au regard de mes chances de vraie vie ... J'ai eu peur, peur de la solitude et du définitif. » Jeanne Sicard avait raconté à Louis Faucon qu'elle-même avait été nommée à Sidi-Bel-Abbès, qu'ils avaient pris le train ensemble, qu'il pleuvait et que Camus avait craint, comme il l'écrivit, de se « sentir installé dans quelque chose de laid ».

Auparavant, Camus avait envisagé de gagner Paris et s'en ouvrit à Gabriel Audisio (9 septembre). « Actuellement sans situation, j'ai grand besoin de vivre à Paris. Croyez-vous qu'à vingt-quatre ans, avec une licence ès lettres, un diplôme d'études supérieures de philosophie, un an de journalisme pratique (rédaction et mise en pages) et deux ans de théâtre comme acteur et metteur en scène, je puisse trouver un emploi à Paris qui me permette de vivre et travailler pour moi... il y a pour moi une grande importance à y vivre aussi vite que possible. » Espérait-il que le climat lui conviendrait mieux ? Croyait-il que ses projets littéraires y trouveraient leur compte ?

Pourtant, en décembre, il renonce à son projet (lettre du 3 décembre). « Sans doute le risque que vous me proposez est-il attirant. Mais je viens de jouer ce jeu pendant près de deux ans et j'éprouve le besoin de ressaisir mon calme et ma santé. Pour dire vrai, quand je vous ai écrit j'avais juste de quoi payer un pont sur Marseille... Peut-être est-ce fatigue physique, mais je me dis qu'il est vain d'aller à la rencontre d'une misère que je crois connaître et qui n'est jamais féconde... J'ai trouvé ici un emploi de bureau qui me prend mes journées et me laisse mes soirées pour travailler. Ce n'est pas toujours facile, mais j'aurai ainsi le temps d'aviser et de mieux préparer ma vie... »

J'incline à penser qu'il s'était alors trouvé un service à temps plein à la Météorologie. Sans doute certains de ses amis fixent-ils à 1936 et 1937 son embauche audit service et le font entrer en 1938 dans la troupe d'Alec Barthus. Camus, pour sa part, dans une interview à Dominique Aury (*New York Herald Tribune*, 24 février 1957), se donnait vingt-deux ans à l'époque des tournées théâtrales en Oranie. Mais l'étude des *Carnets I* (p. 45) semble prouver qu'au début de 1937, il était précisément en tournée : ce qui nous donnerait 1936-1937 pour ces activités théâtrales rémunérées, indépendantes du *Théâtre du Travail*. En août 1938, une note (p. 120) porte sur la méthode de la météorologie. Il est donc logique, en s'appuyant sur les lettres précitées, de supposer qu'il fut engagé dans ce service en fin d'année 1937 et y demeura jusqu'à son entrée à *Alger républicain*.

Ses activités algéroises étaient apparemment assez nombreuses pour le satisfaire : le théâtre de l'Équipe a pris un bon départ et Camus s'est lié à nombre d'écrivains d'Afrique du Nord. Il suit notamment avec intérêt les *Cahiers de Barbarie* d'Armand Guibert, *Aguedal* de Bosco et Guibert ; Jean Amrouche lui a offert, ainsi qu'à Jules Roy, de collaborer à *la Tunisie française*. Edmond Charlot avait fondé en novembre 1936 *les Vraies Richesses* qui devaient publier, outre *l'Envers et l'Endroit* et *Santa Cruz* de Jean Grenier, des essais de Max-Pol Fouchet, René-Jean Clot et Gabriel Audisio. Des difficultés d'argent et de santé devaient l'écarter quelque temps de son entreprise. Claude de Fréminville et Camus prirent alors le relais de septembre 1937 à mai 1938, avec les éditions Cafre (Camus-Fréminville) qui publièrent cinq ou six titres, dont le *Gide* et le *Gobineau* de Jean Hytier. L'affaire tourna court, mais, à son retour, Edmond Charlot confia à Camus ce qu'on peut appeler pompeusement la direction littéraire de ses éditions — qui consistait en la lecture de quelques manuscrits, dans un ancien garage transformé en librairie. C'est alors que Camus découvrit Roblès, venu soumettre à Charlot son tout premier roman.

Bientôt, Mme Raffi donnera une nouvelle impulsion à *la Revue algérienne* et Camus y signera une *Chronique du Jeune Alger* (février 1939), reprise dans *Noces*. Déjà l'équipe des *Vraies Richesses* a lancé *Rivages*, pour laquelle Camus prévoit (*Carnets I*, décembre 1939, page 144) un numéro spécial sur le théâtre. Le numéro 1 paraît en fin d'année 1938 avec un comité de rédaction où se retrouvent Gabriel Audisio, Albert Camus, René-Jean Clot, Claude de Fréminville, Jacques Heurgon, Jean Hytier. Camus en rédige la présentation (cf. Documents). Le numéro 2 sortira au cours du premier trimestre 1939 (février) : il contient des extraits de *l'Été à Alger*. Un troisième numéro devait paraître quand éclata la guerre.

Mais déjà Camus n'en était plus l'animateur. Une année durant, il avait vécu en métropole. Cet exil provisoire auquel il s'était vu contraint, les hasards de l'histoire devaient le rendre définitif. L'Algérie, sa culture et ses luttes allaient désormais nourrir sa nostalgie.

On trouvera ci-après :

La conférence inaugurale faite à la « Maison de la Culture ».

Le manifeste en faveur du projet Viollette.

La chanson : *la Maison devant le Monde*.

La présentation de la revue *Rivages*.

R. Q.

LA CULTURE INDIGÈNE
LA NOUVELLE CULTURE
MÉDITERRANÉENNE

Cadres de la conférence inaugurale faite à la « Maison de la Culture » le 8 février 1937.

I. — La « Maison de la Culture », qui se présente aujourd'hui devant vous, prétend servir la culture méditerranéenne. Fidèle aux prescriptions générales concernant les Maisons du même type, elle veut contribuer à l'édification, dans le cadre régional, d'une culture dont l'existence et la grandeur ne sont plus à démontrer. À cet égard, il y a peut-être quelque chose d'étonnant dans le fait que des intellectuels de gauche puissent se mettre au service d'une culture qui semble n'intéresser en rien la cause qui est la leur, et même, en certains cas, a pu être accaparée (comme c'est le cas pour Maurras) par des doctrinaires de droite.

Servir la cause d'un régionalisme méditerranéen peut sembler, en effet, restaurer un traditionalisme vain et sans avenir, ou encore exalter la supériorité d'une culture par rapport à une autre et, par exemple, reprenant le fascisme à rebours, dresser les peuples latins contre les peuples nordiques. Il y a là un malentendu perpétuel. Le but de cette conférence est d'essayer de l'éclaircir. Toute l'erreur vient de ce qu'on confond Méditerranée et Latinité et qu'on place à Rome ce qui commença dans Athènes. Pour nous la chose est évidente, il ne peut s'agir d'une sorte de nationalisme du soleil. Nous ne saurions nous asservir à des traditions et lier notre avenir vivant à des exploits déjà morts. Une tradition est un passé qui contrefait le présent. La Méditerranée qui nous entoure est au contraire un pays vivant, plein de jeux et de sourires. D'autre part, le nationalisme s'est jugé par ses actes. Les nationalismes apparaissent toujours dans l'histoire comme des signes de décadence. Quand le vaste édifice de l'Empire romain s'écroule, quand son unité spirituelle, dont tant de régions différentes tiraient leur raison de vivre, se disloque, alors seulement, à l'heure de la décadence, apparaissent les nationalités. Depuis, l'Occident n'a plus retrouvé son unité. À l'heure actuelle l'internationalisme essaie de lui redonner son vrai sens et sa vocation. Seulement le principe n'est plus chrétien, ce n'est plus la Rome papale du Saint-Empire. Le principe, c'est l'homme. L'unité n'est plus dans la croyance mais dans l'espérance. Une civilisation n'est durable que dans la mesure où, toutes nations supprimées, son unité et sa grandeur lui viennent d'un principe spirituel. L'Inde, presque aussi grande que l'Europe, sans nations, sans souverain, a gardé sa physionomie propre, même après deux siècles de domination anglaise.

Voilà pourquoi, avant toute considération, nous rejetterons le principe d'un nationalisme méditerranéen. Par ailleurs, il ne saurait être question d'une supériorité de la culture méditerranéenne. L'homme s'exprime en accord avec son pays. Et la supériorité, dans le domaine de la culture, réside seulement dans cet accord. Il n'y a pas de culture plus ou moins grande. Il y a des cultures plus ou moins vraies. Nous voulons seulement aider un pays à s'exprimer lui-même. Localement. Sans plus. La vraie question : une nouvelle culture méditerranéenne est-elle réalisable ?

II. — *ÉVIDENCES*. — a) Il y a une mer Méditerranée, un bassin qui relie une dizaine de pays. Les hommes qui hurlent dans les cafés chantants d'Espagne, ceux qui errent sur le port de Gênes, sur les quais de Marseille, la race curieuse et forte qui vit sur nos côtes, sont sortis de la même famille. Lorsqu'on voyage en Europe, si on redescend vers l'Italie ou la Provence, c'est avec un soupir de soulagement qu'on retrouve des hommes débraillés, cette vie forte et colorée que nous connaissons tous. J'ai passé deux mois en Europe Centrale, de l'Autriche à l'Allemagne, à me demander d'où venait cette gêne singulière qui pesait sur mes épaules, cette inquiétude sourde qui m'habitait. J'ai compris depuis peu. Ces gens étaient toujours boutonnés jusqu'au cou. Ils ne connaissaient pas de laisser-aller. Ils ne savaient pas ce qu'est la joie, si différente du rire. C'est pourtant avec des détails comme celui-ci que l'on peut donner un sens valable au mot de Patrie. La Patrie, ce n'est pas l'abstraction qui précipite les hommes au massacre, mais c'est un certain goût de la vie qui est commun à certains êtres, par quoi on peut se sentir plus près d'un Génois ou d'un Majorquin que d'un Normand ou d'un Alsacien. La Méditerranée, c'est cela, cette odeur ou ce parfum qu'il est inutile d'exprimer : nous le sentons tous avec notre peau.

b) Il y a d'autres évidences, historiques celles-là. Chaque fois qu'une doctrine a rencontré le bassin méditerranéen, dans le choc d'idées qui en est résulté, c'est toujours la Méditerranée qui est restée intacte, le pays qui a vaincu la doctrine. Le christianisme était à l'origine une doctrine émouvante, mais fermée, judaïque avant tout, ignorant les concessions, dure, exclusive et admirable. De sa rencontre avec la Méditerranée, est sortie une doctrine nouvelle : le catholicisme. À l'ensemble d'aspirations sentimentales du début s'est ajoutée une doctrine philosophique. Le monument s'est parachevé, enjolivé — s'est adapté à l'homme. Grâce à la Méditerranée, le christianisme a pu entrer dans le monde pour y commencer la carrière miraculeuse qu'on lui connaît.

C'est encore un Méditerranéen, François d'Assise, qui fait du christianisme, tout intérieur et tourmenté, un hymne à la nature et à la joie naïve. Et la seule tentative qui ait été faite pour séparer le christianisme du monde, c'est à un Nordique, c'est à Luther qu'on la doit. Le protestantisme est à proprement parler le catholicisme arraché à la Méditerranée et à son influence à la fois néfaste et exaltante.

Regardons encore plus près. Pour ceux qui ont vécu à la fois en Allemagne et en Italie, c'est un fait évident que le fascisme n'a pas le même visage dans les deux pays. On le sent partout en Allemagne, sur les visages, dans les rues des villes. Dresde, ville militaire, étouffe sous un ennemi invisible. Ce qu'on sent d'abord en Italie, c'est le pays. Ce qu'on voit dans un Allemand au premier abord, c'est l'hitlérien qui vous dit bonjour en disant : « Heil Hitler! » Dans un Italien, c'est l'homme affable et gai. Ici encore la doctrine semble avoir reculé devant le pays — et c'est un miracle de la Méditerranée de permettre à des hommes qui pensent humainement de vivre sans oppression dans un pays à la loi inhumaine.

III. — Mais cette réalité vivante qu'est la Méditerranée n'est pas chose nouvelle pour nous. Et il semble que cette culture soit l'image de cette antiquité latine que la Renaissance essaya de retrouver à travers le Moyen Age. C'est cette latinité que Maurras et les siens essayent d'annexer. C'est au nom de cet ordre latin que, dans l'affaire d'Éthiopie, vingt-quatre intellectuels d'Occident signèrent un manifeste dégradant qui exaltait l'œuvre civilisatrice de l'Italie dans l'Éthiopie barbare.

Mais non. Ce n'est pas cette Méditerranée que notre « Maison de la Culture » revendique. Car ce n'est pas la vraie. Celle-là, c'est la Méditerranée abstraite et conventionnelle que figurent Rome et les Romains. Ce peuple d'imitateurs sans imagination imagina pourtant de remplacer le génie artistique et le sens de la vie qui leur manquaient par le génie guerrier. Et cet ordre qu'on nous vante tant fut celui qu'impose la force et non celui qui respire dans l'intelligence. Lors même qu'ils copièrent, ils affadirent. Et ce n'est même pas le génie essentiel de la Grèce qu'ils imitèrent, mais les fruits de sa décadence et de ses erreurs. Non pas la Grèce forte et dure des grands tragiques ou des grands comiques, mais la joliesse et la mignardise des derniers siècles. Ce n'est pas la vie que Rome a prise à la Grèce, mais l'abstraction puérile et raisonnante. La Méditerranée est ailleurs. Elle est la négation même de Rome et du génie latin. Vivante, elle n'a que faire de l'abstraction. Et on peut accorder volontiers à M. Mussolini qu'il est le digne continuateur des César et des Auguste antiques, si on entend par là qu'il sacrifie, comme eux, la vérité et la grandeur à la violence sans âme.

Ce n'est pas le goût du raisonnement et de l'abstraction que nous revendiquons dans la Méditerranée, mais c'est sa vie — les cours, les cyprès, les chapelets de piments — Eschyle et non Euripide — les Apollons doriques et non les copies du Vatican. C'est l'Espagne, sa force et son pessimisme, et non les rodomontades de Rome — les paysages écrasés de soleil et non les décors de théâtre où un dictateur se grise de sa propre voix et subjugue les foules. Ce que nous voulons, ce n'est pas le mensonge qui triompha en Éthiopie, mais la vérité qu'on assassine en Espagne.

IV. — Bassin international traversé par tous les courants, la Méditerranée est de tous les pays le seul peut-être qui rejoigne les grandes pensées orientales. Car elle n'est pas classique et ordonnée, elle est diffuse et turbulente, comme ces quartiers arabes ou ces ports de Gênes et de Tunisie. Ce goût triomphant de la vie, ce sens de l'écrasement et de l'ennui, les places désertes à midi en Espagne, la sieste, voilà la vraie Méditerranée et c'est de l'Orient qu'elle se rapproche. Non de l'Occident latin. L'Afrique du Nord est un des seuls pays où l'Orient et l'Occident cohabitent. Et à ce confluent il n'y a pas de différence entre la façon dont vit un Espagnol ou un Italien des quais d'Alger, et les Arabes qui les entourent. Ce qu'il y a de plus essentiel dans le génie méditerranéen jaillit peut-être de cette rencontre unique dans l'histoire et la géographie née entre l'Orient et l'Occident. (A cet égard on ne peut que renvoyer à Audisio.)

Cette culture, cette vérité méditerranéenne existe et elle se manifeste sur tous les points : 1º unité linguistique — facilité d'apprendre une langue latine lorsqu'on en sait une autre — ; 2º unité d'origine : collectivisme prodigieux du Moyen Age — ordre des chevaliers, ordre des religieux, féodalités, etc. La Méditerranée, sur tous ces points, nous donne ici l'image d'une civilisation vivante et bariolée, concrète, transformant les doctrines à son image — et recevant les idées sans changer sa propre nature.

Mais alors, dira-t-on, pourquoi aller plus loin ?

V. — C'est que le même pays qui transforma tant de doctrines doit transformer les doctrines actuelles. Un collectivisme méditerranéen sera différent d'un collectivisme russe proprement dit. La partie du collectivisme ne se joue pas en Russie : elle se joue dans le bassin méditerranéen et en Espagne à l'heure qu'il est. Certes, la partie de l'homme se joue depuis longtemps, mais c'est peut-être ici qu'elle a atteint le plus de tragique et que tant d'atouts sont concentrés dans nos mains. Il y a devant nos yeux des réalités qui sont plus fortes que nous. Nos idées s'y plieront et s'y adapteront. C'est pourquoi nos adversaires se trompent dans toutes leurs objections. On n'a pas le droit de préjuger le sort d'une doctrine, et de juger de notre avenir au nom du passé, même si c'est celui de la Russie.

Notre tâche ici même est de réhabiliter la Méditerranée, de la reprendre à ceux qui la revendiquent injustement, et de la rendre prête à recevoir les formes économiques qui l'attendent. C'est de découvrir ce qu'il y a de concret et de vivant en elle, et c'est, en toute occasion, de favoriser les aspects divers de cette culture. Nous sommes d'autant plus préparés à cette tâche que nous sommes au contact immédiat de cet Orient qui peut tant nous apprendre à cet égard. Nous sommes ici avec la Méditerranée contre Rome. Et le rôle essentiel que puissent jouer des villes comme Alger et Barcelone, c'est de servir pour leur faible part cet aspect de la culture méditerranéenne qui favorise l'homme au lieu de l'écraser.

VI. — Le rôle de l'intellectuel est difficile à notre époque. Ce n'est pas à lui qu'il appartient de modifier l'histoire. Quoi qu'on en dise, les révolutions se font d'abord et les idées viennent ensuite. Par là, il faut un grand courage aujourd'hui pour se déclarer fidèle aux choses de l'esprit. Mais du moins ce courage n'est pas inutile. S'il s'attache tant de mépris et tant de réprobation au nom de l'intellectuel, c'est dans la mesure où s'y implique l'idée du monsieur discuteur et abstrait, incapable de s'attacher à la vie, et préférant sa personnalité à tout le reste du monde. Mais pour ceux qui ne veulent pas éluder leurs responsabilités, la tâche essentielle est de réhabiliter l'intelligence en régénérant la matière qu'elle travaille, de redonner à l'esprit tout son vrai sens en rendant à la culture son vrai visage de santé et de soleil. Et je disais que ce courage n'était pas inutile. Car, en effet, s'il n'appartient pas à l'intelligence de modifier l'histoire, sa tâche propre sera alors d'agir sur l'homme qui lui-même fait l'histoire. À cette tâche, nous avons une contribution à donner. Nous voulons rattacher la culture à la vie. La Méditerranée, qui nous entoure de sourires, de soleil et de mer, nous en donne la leçon. Xénophon raconte, dans sa « Retraite des dix mille », que les soldats grecs aventurés en Asie, revenant dans leur pays, mourant de faim et de soif, désespérés par tant d'échecs et d'humiliations, arrivèrent au sommet d'une montagne d'où ils aperçurent la mer. Alors ils se mirent à danser, oubliant leurs fatigues et leur dégoût devant le spectacle de toute leur vie. Nous non plus, nous ne voulons pas nous séparer du monde. Il n'y a qu'une culture. Non pas celle qui se nourrit d'abstractions et de majuscules. Non pas celle qui condamne. Non pas celle qui justifie les abus et les morts d'Éthiopie et qui légitime le goût de la conquête brutale. Celle-ci, nous la connaissons bien et nous n'en voulons pas. Mais celle qui vit dans l'arbre, la colline et les hommes.

Voilà pourquoi des hommes de gauche se présentent aujourd'hui devant vous, pour servir une cause qui à première vue n'avait rien à voir avec leurs opinions. Je voudrais que, comme nous, vous soyez persuadés maintenant du contraire. Tout ce qui est vivant est nôtre. La politique est faite pour les hommes et non les hommes pour la politique. À des hommes méditerranéens, il faut une politique méditerranéenne. Nous ne voulons pas vivre de fables. Dans le monde de violence et de mort qui nous entoure, il n'y a pas de place pour l'espoir. Mais il y a peut-être place pour la civilisation, la vraie, celle qui fait passer la vérité avant la fable, la vie avant le rêve. Et cette civilisation n'a que faire de l'espoir. L'homme y vit de ses vérités*.

C'est à cet effort d'ensemble que doivent s'attacher les hommes d'Occident. Dans le cadre de l'internationalisme, la chose est réalisable. Si chacun dans sa sphère, son pays, sa province consent à un modeste travail, le succès n'est pas loin. Pour nous, nous connaissons notre but, nos limites et nos possibilités. Nous n'avons qu'à ouvrir les yeux pour avoir conscience de notre tâche : faire entendre que la culture ne se comprend que mise au service de la vie, que l'esprit peut ne pas être l'ennemi de l'homme. De même que le soleil méditerranéen est le même pour tous les hommes, l'effort de l'intelligence humaine doit être un patrimoine commun et non une source de conflits et de meurtres.

Une nouvelle culture méditerranéenne conciliable avec notre idéal social est-elle réalisable ? — Oui. Mais c'est à nous et à vous d'aider à cette réalisation.

Albert Camus.

Jeune Méditerranée, bulletin mensuel de la « Maison de la Culture » d'Alger, n° 1, avril 1937.

* J'ai parlé d'une nouvelle civilisation et non pas d'un progrès dans la civilisation. Il serait trop dangereux de manier ce jouet malfaisant qui s'appelle le Progrès.

MANIFESTE DES INTELLECTUELS D'ALGÉRIE EN FAVEUR DU PROJET VIOLLETTE

Sur l'initiative de la « Maison de la Culture », d'Alger les intellectuels d'Algérie dont les noms suivent :

Devant les attaques répétées dont est l'objet le projet Viollette, devant la campagne systématique menée par ceux-là mêmes dont on pouvait attendre compréhension et humanité; devant les équivoques suscitées par calcul et laissant croire que tout ce que l'Algérie compte d'intelligence consciente et désintéressée s'oppose à ce même projet;

Considérant que le seul rôle de l'intellectuel est de défendre la culture et résolus à se tenir sur ce seul plan;

Considérant que la culture ne saurait vivre là où meurt la dignité et qu'une civilisation ne saurait prospérer sous des lois qui l'écrasent; qu'on ne saurait par exemple parler de culture dans un pays où 900 000 habitants sont privés d'écoles, et de civilisation, quand il s'agit d'un peuple diminué par une misère sans précédent et brimé par des lois d'exception et des codes inhumains;

Considérant, d'autre part, que le seul moyen de restituer aux masses musulmanes leur dignité est de leur permettre de s'exprimer; qu'à cet égard le projet Viollette marque une étape dans l'obtention pour ces masses d'un droit à la vie qui est de tous les droits le plus élémentaire;

Considérant enfin que loin de nuire aux intérêts de la France ce projet les sert de la façon la plus actuelle, dans la mesure où il fera paraître aux yeux du peuple arabe le visage d'humanité qui doit être celui de la France; que lorsque les capitalistes de ce pays attaquent le projet Viollette ils font œuvre de mauvais Français; que lorsque, sous prétexte de libéralisme et de respect pour un idéal français mal compris, les républicains repoussent ce même projet, c'est ce même idéal qu'ils desservent; considérant en dernier lieu que les objections tendancieuses tirées du statut personnel et des considérations d'élite ont fait leur temps dans le nouvel état d'esprit issu du gouvernement Front populaire;

Pour toutes ces raisons, pour le bien de la culture et des masses populaires auquel le sort de la culture musulmane est étroitement lié, persuadés que sur ce terrain toutes les opinions et toutes les confessions sincères se trouvent en accord,

Ont décidé d'adresser un appel aux intellectuels de ce pays pour appuyer de leur signature le projet Viollette considéré comme une étape dans l'émancipation parlementaire intégrale des musulmans, et se déclarer de toutes leurs forces et de toute leur conscience pour un projet qu'ils regardent comme un minimum dans l'œuvre de civilisation et d'humanité qui doit être celle de la nouvelle France.

Suivent 50 signatures qui seront communiquées par voie de presse.

Jeune Méditerranée, bulletin mensuel de la « Maison de la Culture » d'Alger, n 2, mai 1937.

LA MAISON DEVANT LE MONDE

J'avais des camarades,
Une maison devant le monde.
Dans le matin et le soir immenses
La journée tournait ronde
Autour de notre silence. *(bis)*

Là où s'arrête un monde,
Prend naissance une amitié,
Désir têtu de transparence
Qui définit la liberté,
Notre maison avance. *(bis)*

Mais dans tout le ciel bleu,
Le monde rit, indifférent.
Camarades de quelques heures,
La vie est un sourire errant,
Miracle d'aimer ce qui meurt. *(bis)*

Albert Camus.

PRÉSENTATION DE LA REVUE « RIVAGES »

(REVUE DE CULTURE MÉDITERRANÉENNE)

La naissance d'une revue a toujours sa raison. *Rivages* nourrit pourtant l'ambition de ne répondre à aucune nécessité actuelle. Elle naît d'une surabondance de vie. Elle est le premier fruit d'une sève encore désordonnée. Et rien ne la justifie, sinon son dédain des justifications. C'est pourquoi il est difficile à *Rivages* d'apporter avec elle sa définition puisque aussi bien son but est de se définir, et avec elle le visage d'une culture dont nous savons seulement qu'elle est et que nous l'aimons sans pouvoir encore en classer les résonances.

Il n'échappera à personne qu'un mouvement de jeunesse et de passion pour l'homme et ses œuvres est né sur nos rivages. Des tendances diverses, incoordonnées, véhémentes, s'expriment dans la maladresse et l'injustice. Il reste qu'elles s'expriment dans les domaines les plus divers : théâtre, musique, arts plastiques et littérature : mais avec un commun amour de la vie, et dans un même goût de l'intelligence désintéressée. Il n'y a pas si longtemps, il aurait paru naturel d'être désintéressé. Mais aujourd'hui des esprits neufs doivent trouver dans ce mot une secrète ivresse...

À l'heure où le goût des doctrines voudrait nous séparer du monde, il n'est pas mauvais que des hommes jeunes, sur une terre jeune, proclament leur attachement à ces quelques biens périssables et essentiels qui donnent un sens à notre vie : mer, soleil et femmes dans la lumière. Ils sont le bien de la culture vivante, le reste étant la civilisation morte que nous répudions. S'il est vrai que la vraie culture ne se sépare pas d'une certaine barbarie, rien de ce qui est barbare ne peut nous être étranger. Le tout est de s'entendre sur le mot barbare. Et cela déjà constitue un programme.

Rivages veut être une revue vivante. Littérairement parlant, elle ne peut céder à la tentation de légiférer là où rien n'est légiférable. Elle veut seulement exprimer. Elle n'essaiera pas d'avoir raison ni de convaincre, mais seulement d'entraîner.

Rivages ne représente pas une école. Et sans doute à contempler toujours le même gonflement de la mer dans une baie toujours semblable, il est impossible que des hommes ne se créent pas une sensibilité à bien des égards commune. Mais leurs différences n'en sont pas limitées et c'est à la fois cette communion et ces oppositions que *Rivages* tentera de figurer.

De Florence à Barcelone, de Marseille à Alger tout un peuple grouillant et fraternel nous donne les leçons essentielles de notre vie. Au cœur de cet être innombrable doit dormir un être plus secret puisqu'il suffit à tous. C'est cet être nourri de ciel et de mer, devant la Méditerranée fumant sous le soleil, que nous visons à ressusciter, ou du moins les formes bariolées de la passion de vivre qu'il fait naître en chacun de nous.

Les esprits les plus divers, grands écrivains et inconnus d'hier, trouveront un terrain de rencontre; grâce à de nombreuses traductions, des textes vivants (espagnols, italiens, arabes), retrouveront leur jeunesse. Notre seule exigence sera celle de la qualité : qualité de la forme et de la pensée, barbarie harmonieuse et ordonnée sans laquelle rien de vivant ne se trouve être communicable. Par là *Rivages*, née de la spontanéité, exprimera dans la liberté plus subtile issue de la domination sur soi, une culture, des pensées et des mouvements dont nous sommes tous ici solidaires, dans la mesure où nous répudions tous les puissances d'abstraction et de mort au nom de nos forces de vie.

À cet égard, il faut revenir aux soldats dont parle Xénophon, ramenés de Perse en Grèce, tout le long d'une retraite interminable; épuisés de faim, de soif et de fatigue, abreuvés d'amertume et d'humiliation, ils arrivèrent au sommet d'une colline d'où on apercevait la mer. Et là, jetant leurs armes, oublieux de la fatigue et de la défaite, loin de la guerre au regard vide, ils se mirent à danser devant les vagues éclatantes où souriaient leurs dieux. Cette danse devant la mer qui consacre la beauté et la poésie vivante comme les seules vérités d'une vie d'homme, c'est à la fois un programme pour *Rivages* et une garantie pour ses lecteurs.

Une pensée inspirée par les jeux du soleil et de la mer peut être injuste dans ses jugements ou excessive dans son lyrisme. Elle ne peut pas être une pensée morte.

Là se borne, à la fois ambitieux et modeste, le programme que s'est tracé *Rivages*.

ALBERT CAMUS.

Décembre 1938.

NOCES

I

COMMENTAIRES

« Grand libertinage de la nature et de la mer », « mariage des ruines et du printemps », « étreinte pour laquelle soupirent lèvres à lèvres depuis si longtemps la terre et la mer », « heureuse lassitude d'un jour de noces avec le monde* » — « noces de l'homme avec la terre** » — « entente amoureuse de la terre et de l'homme », « entrée de l'homme dans les fêtes de la terre et de la beauté*** » : le chant et le contre-chant de *Noces* détachent, sur la symphonie qui célèbre l'union des éléments, l'épithalame de l'homme et de la nature.

Mariage d'amour, mariage de raison. Puisqu'il n'existe rien au-delà du monde, c'est, sous l'oppression d'un destin mortel, la lucidité qui donne au bonheur fugace sa justification. Lucidité, maître-mot de *Noces,* talisman dont la vertu fait s'approfondir la fête en quête, la connivence en connaissance, la volupté en volonté. « À regarder l'échine solide du Chenoua, mon cœur se calmait d'une étrange certitude. J'apprenais à respirer, je m'intégrais et je m'accomplissais », « C'est à conquérir cela qu'il me faut appliquer ma force et mes ressources », « Il me suffit d'apprendre patiemment la difficile science de vivre qui vaut bien tous leurs savoir-vivre* », — « Oui, je suis présent, » « C'est ici que je trouverais le mot exact qui dirait, entre l'horreur et le silence, la certitude consciente d'une mort sans espoir », « Je veux porter ma lucidité jusqu'au bout**** » — « Cela conduit à ne pas tricher** » : au fil du texte se pressent les formules qui résument une expérience et définissent une leçon, jusqu'à la dernière qui consacre la consonance des deux thèmes, marche nuptiale et marche funèbre : « Et quel accord plus légitime peut unir l'homme à la vie sinon la double conscience de son désir de durée et son destin de mort*** ? »

Enchantements de la mer et du soleil, enseignements de la pauvreté et de la maladie, les émois de Camus naissent sans cesse de ses expériences. Cependant, ce qu'il acquiert alors de culture l'incite à choisir dans cette profusion. S'il se plaît, à l'instar de Gide,

---

* « Noces à Tipasa. »
** « L'Été à Alger. »
*** « Le Désert. »
**** « Le Vent à Djémila. »

à trouver dans la saveur de l'instant l'assouvissement de la joie, il regimbe devant l'invitation adressée à Nathanaël de « retenir son désir pour le rendre plus aigu », excès contre-nature de cérémonie comme de parcimonie. Il goûte, chez Montherlant, la tendresse acidulée de prestes croquis algérois*; il aime, comme l'auteur des *Fontaines du désir* et de *Service inutile,* ériger en style héroïque la haine du confort et l'ardeur au plaisir; mais, dans la partie difficile qu'il joue avec la vie, il répugne à tirer comme lui son épingle du jeu. À l'égard de Nietzsche, sa dette vaste et variée a pour objet surtout la fidélité à la terre qui, depuis la fin de Dieu, fonde l'évangile de Zarathoustra : « O terre au-devant de nous! Terre de délivrance et de communion! Terre promise à nos efforts prométhéens! Ceci est dès maintenant pour nous ta beauté, qu'il n'existe point de ciel au-dessus de toi pour nous maintenir sous le joug, point de règle éternelle capable d'entraver notre essor, mais qu'un jour se lèvera sur toi, jour de réconciliation marquant la fin de l'histoire, où l'homme et la nature célébreront leurs épousailles »; toutefois il refuse l'apocalypse de l'éternel retour et le culte inhumain du surhomme. Il a dit lui-même, dans la préface de la réédition des *Iles,* en 1959, l'influence que Jean Grenier exerça sur lui. Mais sans qu'il soit possible d'indiquer ici ce qui est dû à la parole du maître, combien d'écrits pourraient être nommés où Camus puise des faits et des idées autant que des images et des rythmes! Lorsque Grenier, analysant la vocation des peuples méditerranéens (en des termes que l'on retrouve dans la présentation de *Rivages,* cf. p. 1329), cite la parabole évangélique : « Les noces sont prêtes, mais ceux qui avaient été invités n'en étaient pas dignes. Allez donc dans les carrefours et appelez aux noces tous ceux qui seront là** », il offre une orientation morale aux rêveries sensuelles de Camus***; ses méditations devant le Lubéron entretiennent son disciple de la mesure de l'homme****; à sa voix, s'animent les mystérieux dialogues de la nature et du passé à Tipasa ou les véhémentes strophes du vent à Djémila*****. Camus n'oubliera pas ces *Inspirations méditerranéennes*******.

---

* Cf. notamment *Pour le délassement de l'auteur,* Hazan, 1928, et *Il y a encore des paradis,* Soubiron, Alger, 1935.

** Matthieu, XXII, 1-14.

*** *Cum apparuerit,* Audin, Lyon, 1930; texte repris dans *Inspirations méditerranéennes* sous le titre : « l'Initiation à la Provence ».

**** « Sagesse de Lourmarin », *Cahiers du Sud,* mai 1936; éd. Audin, 1939; texte repris dans *Inspirations méditerranéennes* sous le titre : « l'Herbe des champs ».

***** *Santa Cruz et autres paysages africains,* collection *Méditerranéennes,* Charlot, 1937.

****** Titre choisi par Valéry pour une conférence de 1933 (*Variété III,* Gallimard, 1936) puis par Jean Grenier, Gallimard, 1941.

À quelle date Camus a-t-il rédigé et publié les textes qui composent *Noces* ?

On lit dans la « Note de l'éditeur » insérée en tête de la réimpression de 1945 : « Ces premiers essais ont été écrits en 1936 et 1937, puis édités à petit nombre d'exemplaires en 1938, à Alger. » En réalité, s'ils intègrent certaines réflexions ébauchées dès 1936, ils ne sont élaborés qu'au cours de 1937 et 1938. Quant au volume, les deux numéros de *Rivages* (diffusés l'un et l'autre dans les premiers mois de 1939, puisqu'ils annoncent des représentations du *Théâtre de l'Équipe* pour le 31 mars et le 2 avril), le mentionnent comme « à paraître » aux éditions Charlot*; le deuxième (et dernier) numéro de cette revue donne un fragment de « l'Été à Alger », tandis que *Mithra* offre dans sa livraison de janvier-février le début du « Vent à Djémila »; finalement, le volume sort des presses le 23 mai 1939.

Ces précisions conduisent le lecteur à s'interroger sur la valeur de la « Note » de 1945. Sachant que Camus a longtemps jugé *l'Envers et l'Endroit* trop imparfait pour être de nouveau publié**, il admet — sans pour cela partager la sévérité de l'auteur — que cet ouvrage soit à cette date passé sous silence, ce qui installe *Noces* à la première place. Il comprend moins que les dates données pour ce recueil soient légèrement avancées.

Il n'est pas sans intérêt, en effet, que, de *l'Envers et l'Endroit* à *Noces*, l'écart réel soit non d'un an, mais de deux : cette différence de temps éclaire une différence de ton. Entre 1935 et 1939, on peut distinguer dans la vie de Camus deux phases dont l'enchaînement se situe vers le milieu de 1937, année climatérique pour la genèse de *Noces*. La première période accumule les déceptions en divers domaines : politique, universitaire, conjugal; la seconde suscite, vaille que vaille, la conquête de l'indépendance matérielle et morale, l'exercice effectif du métier d'écrivain, l'adoption raisonnée d'une vision philosophique du monde. Ainsi, lorsque *l'Envers et l'Endroit* dit que notre lot est fait de misère et de solitude, *Noces* répond que notre présence en un monde de détresse confère à nos plus simples joies un pouvoir inégalable de rachat. « Noces à Tipasa » et « le Vent à Djémila » décrivent des lieux et des moments privilégiés où la conscience s'avive à la féerie des sensations et, loin des préjugés, des routines, des abstractions, découvre, en une illumination douloureuse et voluptueuse à la fois, que l'existence a sa vérité et son prix. « L'Été à Alger » dépeint le comportement d'un groupe humain typique, que l'indifférence à la mort affranchit de la sujétion des mythes. « Le Désert » montre la convergence paradoxale des

---

* Les indications fournies par *Rivages* paraissent marquées d'optimisme : il est question de tirer 1 000 exemplaires sur bouffant, 100 sur alfa, 14 sur Hollande, 6 sur Japon; le moment venu, ces chiffres sont ramenés à 100 sur bouffant, 105 sur alfa et 20 sur Japon.
** Préface de la réédition, Gallimard, 1958.

voies qui mènent à la plénitude : l'abondance ou le dénuement, et la possibilité pour l'homme, face au paysage qui affirme sa splendeur dans son éternité, d'affirmer sa grandeur dans sa précarité. D'un récit à l'autre, *Noces* dénonce l'illusion coupable du recours au divin et fonde sur le consentement clairvoyant à un destin mortel notre unique chance et notre premier devoir.

On trouvera ci-après deux documents qui permettent d'éclairer les préoccupations de Camus à l'époque de *Noces :*
un article de Camus paru dans *Alger républicain* en 1939 et consacré au recueil poétique d'Armand Guibert, *Oiseau privé ;*
une interview prise en 1951, dans laquelle Camus évoque l'atmosphère de ses débuts et précise l'orientation imprimée à son œuvre par les premières influences qu'il a subies.

L. F.

II

TEXTES COMPLÉMENTAIRES

« OISEAU PRIVÉ »

D'ARMAND GUIBERT

ARMAND GUIBERT, dont j'ai déjà signalé à cette place le beau *Périple des Iles tunisiennes,* vient de publier un livre de poésie dont l'importance, l'inspiration et la chaleur ne peuvent être sous-estimées.

C'est à la fois une sorte de geste intérieure, un voyage métaphysique et un itinéraire sentimental. Il y a longtemps qu'une certaine poésie, patiente et justement ambitieuse, a disparu des soucis du jour. Et c'est à cet égard que la tentative de Guibert paraît précieuse et enseignante. Certaines philosophies mystiques de l'antiquité décrivaient volontiers en termes métaphysiques le voyage de l'âme à la recherche de ses origines. Et ce retour à la patrie première coïncidait avec l'approfondissement psychologique d'une pensée revenue à l'essentiel. Ce voyage mélancolique et magnifique, qu'on retrouve par exemple chez Plotin, figurait à la fois une science et une méthode, une métaphysique et une psychologie.

Cette tradition, il semble bien que Guibert la restitue. Mais, singulier mysticisme, c'est plutôt un retour du ciel à la terre qu'il tente d'illustrer, ou, pour être plus juste, le balancement perpétuel qui écartèle l'homme entre son désir d'absolu et sa faim de nourritures terrestres...

Cet oiseleur solitaire en quête d'une joie, d'un oiseau rare et secret dont la vérité le satisfasse pour toujours, c'est à la fois l'auteur et nous-mêmes. « Les rencontres perdues sont les plus déchirantes », c'est ainsi que se marquent ses premiers échecs. « Brûler l'huile de la vie, mais vivre doublement », c'est ainsi que se figure sa soif inextinguible. Cet oiseau, il le trouve cependant, et il peut croire un moment qu'il découvre cet être rare, cette joie exclusive et privée qui faisait son attente. Elle est celle que chaque homme peut trouver aux limites de lui-même, à ces instants subtils où tout paraît plus simple et où la ligne d'une colline et le jeu d'une lumière à la rencontre du ciel et de la terre nous rend à l'essentiel.

Mais l'erreur est de croire que cette joie signifie plus qu'elle-même et que cet oiseau pour toujours se lie à l'oiseleur. Après cette joie, une autre viendra et aucune n'est l'image de « quelque confuse annonciation ». Elles naissent pour mourir et ceci, qui est désespérant, peut figurer en même temps une règle de vie. Car ce n'est plus un oiseau, mais des milliers de vols somptueux qui peuvent monter dans le ciel d'une vie par le seul fait de la patience et de l'amour.

> Impie refus de la vie dangereuse
> Vain désir par toi-même répudié
> Ta loi d'homme est d'aimer ce qui t'use.

C'est du moins ce que l'oiseleur aura compris lorsque l'oiseau mourra sous la flèche du Temps. Et de cette vaine recherche, il aura appris à ne point refuser les lèvres qui s'offrent au nom d'une destinée supérieure mais illusoire. On comprend alors que si l'inquiétude de Guibert est mystique, ses résolutions ne le sont point. Mais s'il choisit, on sent du moins qu'il reste partagé.

On le voit, l'âme de Plotin à la recherche de sa patrie perdue, l'itinéraire des dieux souffrants, qu'ils soient Orphée ou Dionysos, la quête éperdue d'Isis pleurant à la recherche des membres d'Osiris, ce désir d'unité et cet appel d'amour, ces thèmes éternels de la sensibilité méditerranéenne sont renouvelés dans cet *Oiseau privé*. Mais ici, les membres saignants d'Osiris sont à jamais dispersés. L'homme doit renoncer à ce mythe d'un oiseau qui lui serait privé, d'une joie éperdue et conseillère qui suffirait à remplir sa vie. Et la fin dernière de cet itinéraire, c'est une sorte de bonheur aride et magnifique, qui naît de cette constatation :

> J'ai le bonheur de n'aimer pas
> ... O joie, posséder seul m'attire.

Je n'ai pas besoin, pour finir, de dire ce qu'une telle entreprise a d'émouvant. La constance de ces thèmes dans la pensée de ce pays fait la preuve de leur grandeur. Ils marquent quelque chose qui dépasse Guibert et le définit en même temps. Ils sont aussi le signe d'une race empêchée de choisir et placée au milieu de beautés si pressantes qu'elle ne peut se résoudre à chercher ce qui surpasse cette splendeur et lui donne un sens.

« Pour le ciel, il n'était pas né », dit Guibert, parlant de l'oiseleur. Non, et cela est bien. Des hommes que la terre suffit à contenter doivent savoir payer leur joie de leur lucidité et, fuyant le bonheur illusoire des anges, accepter de n'aimer que ce qui doit mourir.

Albert Camus.

Alger républicain, 15 juillet 1939.

RENCONTRE AVEC ALBERT CAMUS

Albert Camus, qui est encore un jeune écrivain, est considéré comme un des maîtres à penser de la jeunesse.

Je le dis cependant tout de suite : pas un instant, il ne m'est apparu sous les traits tendus d'un magister ou d'un directeur de conscience. Et même, il m'a semblé s'en soucier fort peu. « On me peint souvent comme un austère personnage », me dira-t-il, et non sans ironie, celle qui perce ici et là, à peine perceptible, à travers la gravité de ses écrits.

Discret, le sourire l'est aussi sur ce visage tourmenté, au grand front nuageux sous le cheveu frisé très noir, mâle visage d'Africain du Nord dont le teint a blanchi sous nos climats. Discret, mais fréquent, et la voix un peu sourde ne craint pas l'inflexion amusée.

— Le monde ne m'a pas été ennemi d'abord. J'ai eu une enfance heureuse...

Heureuse dans la pauvreté, malgré la pauvreté. Né dans un village de la province de Constantine, Mondovici, berceau du général Juin, il n'a qu'un an quand sa mère, veuve de guerre dès 1914, l'emmène à Alger où elle devra travailler durement pour élever ses deux garçons. Cependant, jamais il n'entendra parole d'envie ou d'amertume. Aussi les ignore-t-il. Il se sent riche en biens naturels. En Afrique, évidemment, c'est plus facile. Il jouit du soleil et de la mer, heureux de vivre dans la rue ou sur les plages, jusqu'au jour où il se laisse persuader de l'utilité d'acquérir du savoir. Il fait ses études au lycée d'Alger, il doit exercer divers métiers pour pouvoir pousser jusqu'à la licence. Il sera même acteur...

— J'ai eu ma part d'expériences difficiles. Cependant je n'ai pas commencé ma vie par le déchirement. De même, je ne suis pas entré en littérature par l'imprécation ni par le dénigrement, comme beaucoup, mais par l'admiration.

— *Comment se manifesta chez vous le goût d'écrire ? Vous souvenez-vous de sa première apparition ?*

— C'est là une chose difficile à dire. Je me rappelle pourtant l'ébranlement que produisit en moi la lecture d'un livre de jeune que m'avait prêté Jean Grenier : *la Douleur*, d'André de Richaud. Il faut replacer ce petit choc dans la vie d'un très jeune homme. À cette époque, je lisais tout, jusqu'à Marcel Prévost. Mais Richaud, dans *la Douleur*, parlait de choses que je connaissais : il peignait des milieux pauvres; il décrivait des nostalgies que j'avais ressenties. J'entrevis, en lisant son livre, que moi aussi j'aurais peut-être quelque chose de personnel à exprimer.

— *Vous avez nommé Jean Grenier. Il fut, je crois, votre professeur au lycée d'Alger ?*

— Oui. Grenier m'a donné le goût de la méditation philosophique; il a guidé mes lectures. Par le style et la sensibilité, il est au premier rang de nos écrivains. Faut-il regretter que sa modestie, un certain détachement le retiennent de se manifester plus souvent? Toujours est-il que *les Iles* est un livre admirable. Et quel merveilleux ami, toujours vous ramenant vers l'essentiel malgré vous ! Grenier fut mon maître et il l'est resté.

— La pureté toute classique de votre art m'a souvent fait penser que Gide dut l'être aussi ?

— Il a régné sur ma jeunesse — Grenier demeurant d'ailleurs le gardien du jardin — Gide ou, pour être exact, la conjonction Malraux-Gide... Montherlant aussi m'atteignit alors profondément. Pas seulement par l'ascendant de son style : *Service inutile* est un livre qui m'a remué... Quant aux écrivains antérieurs, ceux auxquels on revient quand on est las de lire ses contemporains, c'est Tolstoï qu'aujourd'hui encore je relis le plus volontiers. Il y a chez Tolstoï une angoisse, un tragique sans doute moins spectaculaires que chez Dostoïevski, mais que je persiste à trouver bouleversants parce que ce fut son lot jusqu'à la fin : des deux, c'est tout de même Dostoïevski qui est mort dans son lit...

— Vous-même, beaucoup vous imaginent bourrelé d'angoisses. On voit en vous un écrivain pessimiste. Que pensez-vous de cette lourde réputation ?

— D'abord que l'attitude inverse n'est évidemment pas la mienne. L'optimisme confortable n'a-t-il pas tout l'air d'une dérision dans le monde d'aujourd'hui ? Ceci dit, je ne suis pas de ceux qui assurent que le monde court à sa perte. Je ne crois pas à la déchéance définitive de notre civilisation. Je crois — bien entendu sans nourrir là-dessus autre chose que des illusions... raisonnables — oui, je crois qu'une renaissance est possible. Si le monde courait à sa perte, il faudrait en tenir pour responsables les pensées apocalyptiques. Toutes les poses ne me font pas horreur. Mais celle du poète maudit me laisse sans compassion.

Quand il m'arrive de chercher ce qu'il y a en moi de fondamental, c'est le goût du bonheur que j'y trouve. J'ai un goût très vif pour les êtres. Je n'ai pour l'espèce humaine aucun mépris. Je crois qu'on peut se sentir fier d'être contemporain d'un certain nombre d'hommes de ce temps que je respecte et admire... Au centre de mon œuvre, il y a un soleil invincible. Il me semble que tout cela ne compose pas une pensée très triste ?

— Pas triste. Inquiète et grave. Comment n'en serait-il pas ainsi, sensible comme vous l'êtes au drame de notre siècle ?

— Je le suis beaucoup, en effet, et c'est peut-être cette sensibilité-là qui m'a conduit à écrire, jusqu'ici, plus « noir » que je n'aurais voulu.

— Mais c'est elle aussi, je présume, qui vous a valu l'audience et la confiance d'une grande partie de la jeunesse. Voici qu'à son tour la nouvelle génération vous tient aujourd'hui pour un de ses maîtres...

(Cette fois l'auteur de *la Peste* rit franchement.)

— Un maître, déjà ! Mais je ne prétends enseigner personne ! Qui le croit est dans l'erreur. Les problèmes qui se posent aujourd'hui à la jeunesse sont les mêmes qui se posent à moi, voilà tout. Or je suis loin de les avoir résolus. Je ne me reconnais donc aucun titre à jouer le rôle dont vous parlez...

Que cherchent les jeunes gens ? Des certitudes. Je n'en ai pas beaucoup à fournir. Tout ce que je peux affirmer, c'est qu'il y a un certain ordre de dégradation à quoi je dirai toujours non. Cela, je crois qu'il le sentent. Ceux qui me font confiance savent que je ne leur mentirai jamais. Quant à cette jeunesse qui demande à d'autres de penser pour elle, il faut lui répondre « non » de la façon la plus claire.

Voilà qui est fait.

— Revenons à votre propre formation. Vous reconnaissiez avoir reçu la leçon d'André Gide. Mais de quel André Gide ? Car il y en a plusieurs n'est-ce pas ? Et en tout cas l'on n'aperçoit nulle trace dans votre œuvre, où jamais vous ne livrez rien du secret de votre vie, du Gide de Si le grain ne meurt *et du* Journal *?*

— Eh bien ! c'est à l'artiste surtout qu'allait mon culte, au maître du classicisme moderne, disons au Gide des *Prétextes*. Connaissant bien l'anarchie de ma nature, j'ai besoin de me donner en art des barrières. Gide m'a appris à le faire. Sa conception du classicisme considéré comme un romantisme dompté est la mienne. Quant à son respect profond des choses de l'art, il a mon adhésion entière. Car je me fais, de l'art, l'idée la plus élevée. Je le mets trop haut pour consentir à le soumettre à rien.

Je n'aurai donc pas à poser à Albert Camus la question devenue rituelle sur la littérature « engagée ». Vous venez d'entendre sa réponse. Mais aussitôt, avec ce souci de précision qui est le sien, à la fois scrupule et goût de la nuance :

— Cependant, ne défendons pas des conceptions esthétiques et des formes d'art périmées. L'écrivain qui se laisse fasciner par la Gorgone politique commet sans doute une erreur. C'en est une autre d'ignorer les problèmes sociaux du siècle... Et, du reste, cette fuite serait parfaitement vaine : tournez le dos à la Gorgone, elle se met en marche... Quel est, en somme, l'objet de tout artiste créateur ? Peindre les passions de son temps. Au XVIIe siècle, les passions de l'amour étaient au premier plan des préoccupations des gens. Mais, aujourd'hui, les passions du siècle sont les passions collectives parce que la société est en désordre.

La création artistique, loin de nous éloigner du drame de notre époque, est un des moyens de l'approcher qui nous sont donnés. Les régimes totalitaires le savent bien, puisqu'ils nous considèrent comme leurs premiers ennemis. N'est-il pas évident que tout ce qui détruit l'art vise à renforcer les idéologies qui font le malheur des hommes ? Il n'y a que les artistes qui n'ont jamais fait de mal au monde.

— *Diriez-vous la même chose des philosophes ?*
— Les mauvais génies de l'Europe d'aujourd'hui portent des noms de philosophes : ils s'appellent Hegel, Marx et Nietzsche.

— *Nietzsche ? Je l'aurais cru un de vos parents spirituels ?*
— Il l'est, sans aucun doute. L'admirable, chez Nietzsche, est qu'on y trouve de quoi corriger ce que sa pensée présente d'autre part de nuisible. Je le place infiniment au-dessus des deux autres.

Nous vivons dans leur Europe, l'Europe qu'ils ont faite. Quand nous serons arrivés à l'extrémité de leur logique, nous nous souviendrons qu'il existe une autre tradition : celle qui n'a jamais nié ce qui fait la grandeur de l'homme. Il y a, heureusement, une lumière que, nous autres Méditerranéens, nous avons su ne jamais perdre. Si l'Europe renonçait décidément à certaines valeurs du monde méditerranéen — la mesure, par exemple, la vraie, qui n'a rien à voir avec certaine « mesure » confortable — imagine-t-on les résultats de cet abandon ? Ils se dessinent déjà.

— Oui, sans doute, le Méditerranéen aurait son mot à dire en cette tragique conjoncture. Mais n'est-il pas trop détaché pour assumer un tel rôle, trop sceptique ?

— Il l'était, jusqu'à ce qu'on le frappe dans ses vérités. Il l'est beaucoup moins aujourd'hui où il étouffe dans une Europe barbare. J'en juge, il est vrai, en Méditerranéen d'Afrique du Nord, terre plus rude que votre Provence.

— ... Mais également féconde en nouveaux talents, me semble-t-il ?

— Certes. C'est une véritable floraison ! La génération précédente ne savait pas lire. Et aujourd'hui voici un Audisio, un Roblès, un Jules Roy, de Fréminville, Rosfelder, Pierre Millecan, etc., un jeune auteur qui va débuter chez Gallimard avec un roman très curieux. Les fruits poussent vite là-bas. Il est vrai que ce fut la terre de Jugurtha et de saint Augustin. Mélange singulièrement détonant, n'est-ce pas ?

— Revenons à la triste Europe. Je pense à certains romanciers d'Europe que beaucoup s'étonneront de ne vous avoir pas entendu nommer parmi les maîtres de votre pensée : le Tchèque Franz Kafka, grand peintre de l'Absurde.

— Je tiens Kafka* pour un très grand conteur. Mais il serait faux de dire qu'il m'a influencé. Si un peintre de l'Absurde a joué un rôle dans l'idée que je me fais de l'art littéraire, c'est l'auteur de l'admirable *Moby Dick*, l'Américain Melville... Je crois que ce qui me repousse un peu, chez Kafka, c'est le fantastique. Je ne suis pas à l'aise dans le fantastique. L'univers de l'artiste ne doit rien exclure. Or l'univers de Kafka exclut la quasi-totalité du monde. Et puis... et puis, je ne saurais m'attacher vraiment à une littérature totalement désespérée.

— Dans quelle mesure doit-on considérer vos récits, tant romanesques que dramatiques, comme des traductions symboliques de la philosophie de l'Absurde ? On l'a fait souvent.

— Ce mot d' « Absurde » a eu une malheureuse fortune, et j'avoue qu'il en est venu à m'agacer... Quand j'analysais le sentiment de l'Absurde dans *le Mythe de Sisyphe*, j'étais à la recherche d'une méthode

---

* On ne saurait toutefois attribuer une importance excessive à ces remarques à l'emporte-pièce. Sur Kafka, Camus s'est exprimé en toute réflexion dans *le Mythe de Sisyphe*. Au témoignage de René Char, il est resté profondément troublé, obsédé même, par Kafka et, sur la fin de sa vie, lui rendait un hommage sans réserve.

et non d'une doctrine. Je pratiquais le doute méthodique. Je cherchais à faire cette « table rase » à partir de laquelle on peut commencer à construire.

Si on pose que rien n'a de sens, alors il faut conclure à l'absurdité du monde. Mais rien n'a-t-il de sens ? Je n'ai jamais pensé qu'on puisse rester sur cette position. Déjà, quand j'écrivais *le Mythe*, je songeais à l'essai sur la révolte que j'écrirais plus tard, et où je tenterais, après la description des divers aspects du sentiment de l'Absurde, celle des diverses attitudes de *l'Homme révolté*. (C'est le titre du livre que j'achève.) Et puis, il y a les événements nouveaux qui viennent enrichir ou corriger notre bagage d'observation, les incessantes leçons de la vie qu'il s'agit de concilier avec celles des expériences antérieures. C'est ce que j'ai tâché de faire... bien entendu toujours sans prétendre être en possession d'aucune vérité.

— *Robert de Luppé me semble avoir fort bien montré cette incessante mue de votre pensée dans le petit livre qu'il vient de vous consacrer.*

— C'est du moins un ouvrage écrit dans un esprit de sympathie objective dont je suis reconnaissant à son auteur. Je lui sais gré de ne m'avoir pas présenté comme un écrivain doctrinal asservi à un système.

Quoi de plus complexe que la naissance d'une réflexion ? La bonne explication est du moins toujours double. La Grèce nous l'enseigne, la Grèce à laquelle il faut toujours revenir. La Grèce, c'est l'ombre et la lumière. Nous savons bien, n'est-ce pas, nous autres hommes du Sud, que le soleil a sa face noire ?

— *Ce soleil qu'un peintre comme Jean Marchand aime à faire éclater dans ses ciels ?*

— C'est ça. Un René Char a, lui aussi, fort bien rendu cette dualité. Je le tiens pour un de nos rares poètes qui, grand aujourd'hui, le restera demain... Je veux dire qu'il est en avant de son temps, bien qu'il fasse corps avec lui. La vérité, c'est que c'est un destin bien lourd que de naître sur une terre païenne en des temps chrétiens. C'est mon cas. Je me sens plus près des valeurs du monde antique que des chrétiennes. Malheureusement je ne peux pas aller à Delphes me faire initier !

GABRIEL D'AUBARÈDE.

Les Nouvelles littéraires, 10 mai 1951.

III

NOTES ET VARIANTES

En ce qui concerne les états du texte antérieurs à la publication, on a disposé non de documents d'ensemble, mais de plusieurs pièces propres à chacun des essais ; l'examen du papier, de l'encre, de la graphie n'a pas permis d'établir entre elles des groupements qui, d'un titre à l'autre, eussent fourni des renseignements utiles sur l'histoire collective du recueil. La description sommaire de chaque série de documents figure en tête des rubriques « Notes et Variantes » respectives.

Le terme « manuscrit » n'est employé ci-après que pour désigner des documents autographes ; il est symbolisé par les lettres Ms. Les documents dactylographiques sont représentés par la lettre D. éventuellement affectée d'un indice numérique. Les mêmes lettres Ms. et D. sont utilisées dans les quatre listes de variantes, mais ne se rapportent, à chaque fois, qu'aux pièces relatives à l'essai considéré.

En ce qui concerne les états du texte imprimé, on a retenu les éditions caractéristiques suivantes :

Éd. 1 : Charlot, Alger, 23 mai 1939.
Éd. 2 : Charlot, Alger-Paris, 2ᵉ trimestre 1945.
Éd. 3 : Gallimard, « les Essais » XXXIX, Paris, 2ᵉ trimestre 1947*.
Éd. 4 : Gallimard, « les Essais » XXXIX, Paris, 6 janvier 1964.

Les corrections pratiquées par Camus sur les textes manuscrits, dactylographiés ou imprimés reflètent clairement ses intentions : il ne se borne pas à châtier les lourdeurs, les outrances, les facilités de l'expression ; il réduit la part des impressions de circonstance au profit des réflexions de portée générale et met en relief dans la confession ce qui peut servir le témoignage.

P. 52.

1. La « Note de l'éditeur » apparaît à partir de Éd. 2, qui donne, au singulier : ... *sans modification*...

P. 53.

1. Cette citation apparaît à partir de Éd. 1. Dans le texte authentique de Stendhal, le début de la première ligne se lit : « Le bourreau l'étrangla... » et le nom du cardinal est orthographié « Carafa » (*Chroniques italiennes*, éd. du Divan, 1929).

---

* La même livraison paraît à la même date sous la couverture et le timbre des Éditions Charlot.

NOCES À TIPASA

Tipasa est un village littoral situé à soixante-dix kilomètres à l'ouest d'Alger. Camus s'y rend fréquemment en 1935 et 1936. Il partage pour ce site l'admiration de Jean Grenier, qui, dans *Santa Cruz*, évoque, lui aussi, la mer à Tipasa, le massif du Chenoua, l'odeur des absinthes, les ruines parmi les fleurs.

Un premier crayon de « Noces à Tipasa » a pu être esquissé en 1936. Mais l'élaboration proprement dite a eu lieu en 1937, comme l'indique un des dactylogrammes que Mme Albert Camus a bien voulu mettre à notre disposition et entre lesquels l'étude critique permet d'établir, du plus ancien au plus récent, le classement suivant :

D.1 : Première frappe, bleue. Petits caractères. Disposition compacte. 4 pages, sans page de garde.

D.2 : Troisième frappe, noire. Gros caractères. Larges interlignes. 9 pages, plus une page de garde.

D.3 : Première frappe, noire. Gros caractères. Larges interlignes. 9 pages, sans page de garde. Dactylographie distincte de celle de D.2 et D.4. Date manuscrite : juillet 1937.

D.4 : Deuxième frappe identique à D.2. Nombreuses corrections manuscrites. Béquets manuscrits (photocopies).

Comme le montre la filiation des rédactions, la date de l'achèvement se situe après celle qui est donnée par D.3. Il serait cependant erroné de la placer à plus d'un an d'intervalle en s'appuyant sur le fait qu'on rencontre dans « Noces à Tipasa » une réflexion sur le « savoir-vivre » et le « savoir-écrire » notée dans les *Carnets* à l'automne 1938 : cette opposition, en effet, figure dans les premières versions. La conjecture la plus vraisemblable qu'autorise l'examen des corrections est que le texte a été fixé, pour l'essentiel, vers la fin de l'été 1937, de légères retouches devant être apportées au moment de l'impression.

Premier des quatre essais, « Noces à Tipasa » reflète l'enthousiasme d'une initiation au monde dont Camus pressent qu'elle marquera son destin d'un caractère magique*. Il n'est pas surprenant que le titre du récit inspire le titre du recueil.

P. 55.

1. D.1, D.2. : ... les ruines couvertes de fleurs, *le ciel bleu écru* et la lumière à gros bouillons...

2. D.1, D.2, D.3, D.4, Éd. 1, avec de légères variantes, donnent les verbes de ce paragraphe au passé.

3. D.1 : ... du *petit* port...

---

* Sur le secret que Camus demande à Tipasa, voir dans *l'Été* le récit intitulé « Retour à Tipasa », *supra*, p. 867.

4. Dans D.1, D.2, D.3, D.4, Éd. 1, la fin du paragraphe et le début du paragraphe suivant, jusqu'à : ... *qui fait vaciller le ciel*... sont à l'imparfait.

P. 56.

1. D.1, D.2 : ... *le parc des* ruines...
2. Après : ... *vaciller le ciel*...

D.1 : *Aimer et désirer : je ne viens pas chercher des leçons à Tipasa... Je ne cherche pas* de leçons...

D.2 : *À ce moment précis, je sais ce que je suis venu chercher à Tipasa : l'amour et le désir ; je n'y viens pas chercher* de leçons...

3. D.1 : ... tout *me* paraît futile.
4. D.1, D.2 : *Qu'on ne me parle pas d'ordre et de mesure.*
5. Cf. Nietzsche, *Ainsi parlait Zarathoustra*, « L'Immaculée Conception ».
6. D.1, D.2 : ... tout entier. *Bien sûr, il y a eu ici des Romains, mais je ne sais pas dire jusqu'à quel point ça m'est égal. Dans ce mariage*...
7. Le *Théâtre de l'Équipe* donne le 26 juillet 1938 une adaptation du *Retour de l'enfant prodigue* d'André Gide due à Camus.
8. Cf. le mot de Rivarol dans ses *Maximes*, reprenant une pensée de Bacon : « Un peu de philosophie écarte de la religion et beaucoup y ramène. » Camus brode sur ce thème dans *le Mythe de Sisyphe*, *supra*, p. 179.
9. Dans D.1, D.2, D.3, cette phrase manque.
10. D.1, D.2, D.3 : ... à caresser les *pierres*...
11. Dans D.1, D.2, D.3, cette phrase manque.
12. « Deviens ce que tu es », la formule de Goethe fournit à Nietzsche un thème fondamental : cf. *le Gai Savoir*, aph. 270; *Zarathoustra*, « L'Offrande du miel »; *Œuvres posthumes*, Mercure de France, 1934, aph. 19. *Ecce homo* a pour sous-titre « Comment on devient ce que l'on est ».

P. 57.

1. D.1, D.2 : *En principe*, ils ont contenu des morts... *En principe*, la basilique est chrétienne.
2. Cf. « Chienne splendide... » dans *le Cimetière marin* : nouvelles affinités méditerranéennes entre Valéry et Camus.
3. D.1, D.2, D.3 : ... le vent souffle plus largement *devant la basilique*.
4. D.1, D.2 : ... dans la course *de la journée. Rien ne m'est possible que de décrire et dire*...
5. D.1 : ... les fleurs. » *Je suis ivre d'un élan qui me jette à genoux. Et qu'ai-je besoin alors de comparaison ou de mythologie ou de parler de Dionysos pour dire que j'aime écraser les boules de lentisques sous mon nez ? Je sais* seulement *que jamais je ne m'approcherai assez*...

D.2 : ... les fleurs. » *Et qu'ai-je besoin alors de comparaison ou de mythologie ou de parler de Dionysos*...

D.3 : ... les fleurs. » *Qu'ai-je besoin alors de parler de Dionysos*...

6. D.4 donne, en additions manuscrites (béquets), deux versions de ce passage :

Dans la première, la phrase de transition se lit : *C'est seulement plus tard que je songerai sans contrainte à ce vieil hymne à Déméter* : ... et l'extrait présenté est plus important.

L'autre, sous bénéfice de nombreuses corrections, est conforme au texte édité.

7. Camus reprend ici un passage de son mémoire, *Métaphysique chrétienne et Néoplatonisme* (1936), qui note : « Aux mystères d'Éleusis il suffisait de contempler... » et cite en référence les vers 480 à 483 de l'« Hymne à Déméter » d'après Loisy, *Mystères païens et Mystère chrétien*, 1919, p. 76. En tête de son *Retour de l'U.R.S.S.* (Gallimard, 1936), Gide narre un épisode de la légende de Déméter emprunté à cet hymne.

8. Même image charnelle dans les *Carnets,* mars 1936, p. 28. Cf. *supra* note 5 de la page 56.

9. D.1 : *et puis c'est* la nage...

D.2 : *et c'est* la nage...

10. D.1, D.2, D.3 : ... les bras vernis d'eau *sortant* de la mer... et *replongeant*...

11. D.1, D.2, D.3 : *Revenu,* c'est la chute...

12. D.1, D.2, D.3, D.4, Éd. 1, Éd. 2 : ... où *des* flaques de peau sèche...

P. 58.

1. *Carnets I*, avril 1936, p. 36 : « Les sens et le monde — Les désirs se confondent. Et dans ce corps que je retiens contre moi, je tiens aussi cette joie étrange qui descend du ciel vers la mer. »

D.1, D.2 : ... dans ce monde. *Et si je me dresse sur la plage, dans ce corps de femme que je retiens contre moi, j'étreins aussi* cette joie...

D.3 : ... dans ce monde. *Et si nous nous dressons*... (la suite comme D.1 et D.2).

2. D.1, D.2 : ... vers la mer. *Hors cette joie, tout est grimace et faux-semblant, les « je vous aime pour la vie » et « après tout, c'est ton père ».* Tout à l'heure...

3. D.1, D.2 : ... aucun masque *surajouté :*

4. Cf. *Carnets I*, automne 1938, p. 127 : « Le problème est d'acquérir ce savoir-vivre... qui dépasse le savoir-écrire » et *le Mythe de Sisyphe, supra,* p. 176 : « Le problème pour l'artiste absurde est d'acquérir ce savoir-vivre qui dépasse le savoir-faire. »

5. D.1 : La tête *pleine* des cymbales...

6. D.1 : ... *qui ne se peuvent manger qu'avec incorrection, je veux dire* en y mordant...

D.2 : ... *qu'on mange avec incorrection, je veux dire* en y mordant...

7. Cette phrase est une addition manuscrite de D.3.

8. D.1, D.2 : ... la joie de vivre ? *On a tant fait qu'on a fini par nous faire considérer le fait d'être heureux comme quelque chose qu'il faut cacher*

avec un peu de honte. Ça ne se dit pas. On serait beaucoup moins intéressant. Aujourd'hui...

9. Camus fait ici écho à Nietzsche, qui, dans *la Généalogie de la morale,* citant, pour la condamner, la pensée de La Bruyère : « Il y a une espèce de honte à être heureux même en présence de tant de misères », ajoute : « Mais quelle erreur plus grande et plus néfaste que celle des heureux, des robustes, des puissants d'âme et de corps qui se mettent à douter de leur droit au bonheur. Arrière ce monde renversé ! » Quelques années plus tard, dans *la Peste,* Camus reviendra sur cette conception égoïste du bonheur et fera dire à Rambert : « Il peut y avoir de la honte à être heureux tout seul. »

P. 59.

1. D.1, D.2 : ... peur de jouir *(par faiblesse, c'est dans le sens latin).*
2. Transposition profane de la formule de saint Augustin : « Je ne croirais pas si je ne voyais pas qu'il faut croire. »
3. D.1, D.2 : Je n'éprouve *même* pas le besoin *d'en tirer une leçon ou d'en faire une œuvre d'art. J'éprouve le besoin* de raconter...
4. D.1, D.2 : ... et virilement *(au point que j'ai sans cesse la tentation de l'écrire au pluriel).*
5. D.1, D.2, D.3 : ... moins naturel. *Pour faire œuvre d'art sur Tipasa, c'est l'Odyssée qu'il faudrait réécrire.* Il me suffit...
6. D.1, D.2, D.3 : ... de tout mon cœur. *J'ai vécu Tipasa. Aujourd'hui je témoigne* et *l'œuvre d'art viendra après. J'appelle cela ma* liberté.
7. D.1, D.2, D.3 : ... oublié. *Tipasa est un de ces pays où l'on va peu, mais souvent et que l'on pénètre au long de la véritable expérience qu'on s'en construit.*
8. D.1 : Au sortir du tumulte des *absinthes* et du soleil...

P. 60.

1. Dans D.1, le verbe manque.
2. D.1 : ... j'avais bien joué mon rôle. *L'acteur qui aime son métier se suffit de cette certitude et les critiques les plus élogieuses ne lui apportent rien de plus.* J'avais fait...
3. D.1, D.2 : ... d'avoir été heureux...
4. D.1, D.2, D.3 : J'éprouvais ainsi une certaine forme de la solitude *qui est celle de* la satisfaction.
5. D.1, D.2, D.3 : ... dans *la nuit.*
6. Dans D.1, D.2, D.3, manque le passage : Tout à l'heure... À présent du moins...
7. D.1 : *Amour que je partage avec* une race *dont j'ai la conscience et l'orgueil d'être issu,* née...
8. D.1, D.2, D.3, D.4, Éd. 1 : ... son sourire *vainqueur*...

LE VENT À DJÉMILA

Bien qu'on trouve dans « le Vent à Djémila » la trace de certaines impressions consignées dans les *Carnets I* en mars et mai 1936*, les références les plus nombreuses et les plus substantielles sont celles qui intéressent avril 1937. À cette date, une même note mentionne deux fois « l'essai sur les ruines » et l'inscrit en tête des travaux en cours. Comme le dernier état dactylographique connu porte la date de juin 1937, il apparaît que le gros du texte a été rédigé assez vite, au cours du printemps. Cependant le document est assorti de corrections et d'additions postérieures; l'une fait allusion au refus opposé par Camus à l'offre d'un poste de professeur pour la rentrée de 1937; d'autres sont inspirées par des livres parus en 1938. Il faut donc admettre que la composition du « Vent à Djémila » a connu, après un certain délai, un épilogue d'importance. Sous le titre « Djémila », la revue algérienne *Mithra,* dans son numéro 2 (janvier-février 1939), dernière livraison parue sous ce titre avant que *Fontaine* prenne la suite, a publié les deux premiers paragraphes de l'essai; le texte de la revue est conforme à celui de l'édition.

Parmi les pièces qui sont aux mains de Mme Albert Camus et que je dois à son obligeance d'avoir pu consulter, on peut retenir dans l'ordre de succession le plus vraisemblable :

D.1 : Première frappe, bleue. Petits caractères. 8 pages numérotées.

D.2 : Première frappe, noire. Gros caractères. 8 pages numérotées.

D.3 : Deuxième frappe, noire. Gros caractères. Dactylographie distincte de celle de D.2. 9 pages non numérotées. Date dactylographiée : juin 1937. Corrections manuscrites. Béquets manuscrits (photocopies).

P. 61.

1. « Il est des lieux où souffle l'esprit », titre et début du premier chapitre de *la Colline inspirée* où Barrès se souvient de saint Jean : « L'esprit souffle où il veut. » (III, 8.)

Dans D.1 et D.2, cette phrase appartient au cinquième paragraphe.

2. D.1 : ... des cris *étouffés* d'oiseaux...
3. D.1 : ... un *sourd* piétinement de chèvres...
4. D.1 : ... suivi, *petits* sentiers *entre* les restes des maisons,

---

* Camus aurait fait vers cette époque un voyage à Djémila dans un avion de tourisme affrété par une de ses amies. Dans les premières et les dernières lignes de l'essai, certaines notations suggèrent une vision « aéronautique » du panorama.

grandes rues dallées *entre* les colonnes luisantes, forum immense entre l'arc *démesuré* et le temple *perché* sur une éminence...

5. D.1 : ... et du silence, *d'autant plus écrasé* que le jour avance...

6. Dans D.1 et D.2, la fin du paragraphe se présente dans un état différent :

On descend sur la ville morte par une longue route en lacets qui la promet à chacun de ses tournants et ne la livre vraiment qu'à la fin du trajet, faisant surgir brusquement, sur un plateau aux couleurs éteintes enfoncé entre de hautes collines, la splendeur aride d'une forêt d'ossements, squelette jaunâtre d'une cité depuis longtemps disparue qui est Djémila.

Il faut être historien pour demander aux ruines des leçons d'histoire. Au fond, elles ne représentent qu'elles-mêmes et leur enseignement ne vient pas de si loin. Ce n'est pas le rapport de ce qu'elles sont et de ce qu'elles ont été qui m'intéresse, mais leur présence dans ce qu'elle a de permanent et dans le rappel constant qu'elle formule de quelque chose qui dure devant nous qui voulons passer. Par là très peu de gens aiment les ruines pour elles-mêmes. On les visite à cause d'Hubert Robert et de Baedeker. Pour lire des inscriptions. Djémila qui ne se donne qu'au terme de la route qui y mène est le symbole de cette leçon d'amour et de patience qui peut seule nous conduire au cœur battant du monde. Djémila se défend de toutes ses montagnes et de toutes ses pierres, entourée d'immense solitude. Des arbres, mais si peu. De l'herbe sèche aux trois quarts de l'année. Souvent le pittoresque nous aide à tromper notre faim de vérité. Il y a une certaine vulgarité à en rester là. Djémila n'est pas pittoresque et elle ennuie tout ce qui est vulgaire.

P. 62.

1. Ces quatre mots manquent dans D.1.
2. D.1 : ... *dévalait*...
3. D.1 : ... *il haletait*...
4. D.1 : Par elle, *jusqu'ici*...
5. D.1, D.2 : ... qui m'entourait. *Je mourais à moi-même pour renaître au monde. Étreinte fugitive et toujours si pareille à elle-même qui me donnait, pierre parmi les pierres, toute la solitude ardente d'une colonne ou d'un olivier dans le ciel d'été.*

6. Dans D.1, D.2, manque le passage : Et jamais je n'ai senti... c'est ne plus rien attendre. À de très légères différences près, la page suivante se présente ainsi dans les deux dactylogrammes :

... autour de la ville déserte. *Il y a des lieux où meurt l'esprit pour que naisse la vérité qui est sa négation même. Entre ces colonnes aux belles ombres maintenant obliques, comme des oiseaux blessés tombaient d'une belle chute lente les formes, les vieilles idées, les abstractions, et avec elles la vie — pour laisser à nu, ni repoussant ni séduisant, le calme pur visage dépouillé de la mort. Oui, il y a des paysages dont on peut dire qu'ils sont des états d'âme. Ce sont les plus vulgaires. Et pour moi je suivais tout le long de ce pays quelque chose qui n'était pas de moi, mais de lui, comme un goût de la mort qui nous était commun.* À mesure que...

P. 63.

1. Amiel : « Un paysage quelconque est un état de l'âme. » (*Fragments d'un journal intime*, 31 octobre 1852.)

2. D.1 et D.2 : ... disaient non. *Se sentir sans défense : pour un homme cela veut dire ne plus pouvoir attaquer. J'avais ici le désir ridicule d'être plante et de croître et de mourir sans pensée. J'avais le désir ridicule d'une vie qui serait faite d'instants comme un collier est fait de perles. J'ai trop de jeunesse en moi...*

3. L'opposition entre « morale du refus » et « morale du renoncement » est une des thèses maîtresses du *Mythe de Sisyphe* : cf. *supra*, p. 121 et p. 139.

4. Ces indications, qu'on retrouve dans *le Mythe de Sisyphe*, *supra*, p. 107, ne figurent ni dans D.1 ni dans D.2. Elles résument une note des *Carnets I* dans laquelle Camus commente les motifs qui lui ont fait décliner un poste de professeur à Sidi-Bel-Abbès (4 octobre 1937, p. 88). Jean Grenier émet des considérations du même ordre dans *les Iles* (Gallimard, 1932, p. 90).

5. Cf. Victor Hugo, « Veni, vidi, vixi » *(les Contemplations)* :

> O Seigneur ! Ouvrez-moi les portes de la nuit
> Afin que je m'en aille et que je disparaisse !

6. Ce secours est inacceptable pour l'homme absurde. Cf. *le Mythe de Sisyphe*, *supra*, p. 139 : « Les doctrines qui m'expliquent tout m'affaiblissent en même temps. Elles me déchargent du poids de ma propre vie et il faut bien pourtant que je le porte seul. » De même p. 210, à propos de l'œuvre de Kafka : « Comme dans toutes les religions, l'homme y est délivré du poids de sa propre vie. »

7. Sur la valeur de cette expression, cf. le commentaire donné par les *Carnets I*, 23 septembre 1937, p. 83, à une note de Kierkegaard dans *les Riens philosophiques*.

8. D.1 : ... entre l'horreur et le silence, *le point précis où je vaincrai mon corps pour dire oui au néant.*

9. Cf. Gide, *les Nourritures terrestres* : « J'espère, après avoir exprimé sur cette terre tout ce qui attendait en moi satisfait, mourir complètement *désespéré*. »

10. D.1 : Mais *on* y gagne... Jusque-là *on* le voyait...

11. D.1 : *À mon âge, on* regarde le monde face à face. *Le jeune homme* n'a pas eu...

P. 64.

1. D.1 : ... raviné *et désolé*...
2. D.1 : ... inhumaine *et sans limite*...
3. D.1 : ... renier *même*...
4. D.1, D.2, D.3 : ... en étreignant la mort. *Le cycle est fermé. La mort est bonne et juste. À cet égard la maladie est* un remède...
5. D.1, D.2, D.3 : ... se dérober à la *conscience de sa mort.*

6. Cf. Horace, *Odes*, XXX, 6 : « Je ne mourrai pas tout entier et une grande partie de moi-même évitera le trépas. »

7. Cf. les *Carnets I*, août 1938, p. 119, citant Nietzsche et *le Crépuscule des idoles*.

8. Du début du paragraphe jusqu'à : ... *qui préfigure mon avenir...*, D.1 et D.2 donnent un texte différent (qui s'apparente à une page du chapitre du *Mythe de Sisyphe* intitulé « les Murs absurdes ») :

Il y a quelque chose d'héroïque dans la façon dont nous nous aveuglons sur la mort. Devant elle, nous dressons le décor de nos usines et de nos tramways quotidiens. Faire ses trois repas par jour, simuler l'amour, s'essayer à jouir, se proposer une carrière, avoir des idées, autant de tricheries qui nous permettent de ne jamais y penser. Si nous en parlons, les lieux communs dont nous nous servons et le pseudo-romantisme que nous étalons nous aident à faire un thème poétique d'une nécessité aussi brutale et aussi ridicule qu'une gifle reçue à toute volée.

9. Le membre de phrase : ... *et que je ne puis avoir que l'expérience de la mort des autres* ... est une addition de D.3. L'idée et la formule viennent sans doute de Heidegger, Extraits de *Sein und Zeit* dans <u>Qu'est-ce que la métaphysique ?</u> (Gallimard, 1938) : « Nous n'éprouvons pas en un sens authentique la mort des autres ; nous ne faisons tout au plus qu'y assister. » Cf. *Mythe de Sisyphe*, supra, p. 108.

10. D.1, D.2 : ... *qui me bouleversait. Ils étaient devenus une chose. Je me dis alors que moi aussi je deviendrai une chose. On me dira : vois ces fleurs et ces sourires, ces femmes et ce ciel, mais le langage des fruits et des fleurs n'aura plus d'écho en moi. Je pense aussi : ce chien que j'aimais est mort, j'avais une grande peine et aujourd'hui je vis encore. D'autres souffriront et aimeront après ma mort* et je comprends que toute mon horreur de mourir...

P. 65.

1. D.1, D.2 : Je suis *bassement* envieux...

2. D.1, D.2 : ... pour ne pas être égoïste. *Je me fous de l'éternité. <u>Quand je pense que je pourrai être</u> couché un jour, qu'on me dira :* « Vous êtes fort...

3. C'est à peu près ce que Camus s'est entendu dire au moment où il arrivait à l'âge d'homme.

4. D.1, D.2 : ... *quand je pense que je serai là, avec* ma *vie entre les mains, toute* ma *peur aux entrailles et un regard d'idiot, des flots de sang viennent battre à mes tempes et il me semble que j'écraserais tout autour de moi. Je suis jaloux parce que je pense aux autres et néglige ma vérité profonde qui est aussi celle du monde.*

5. D.1 : ... *et ils meurent. Très peu pour moi. Car il y a des jours où* le monde *ment, il y a des jours où*...

6. *Carnets I*, avril 1937, p. 47.

7. « Ne pas se séparer du monde », notation souvent reprise dans les *Carnets I*. Cf. 16 mars 1936, p. 30 et mai 1936, p. 37.

8. D.1 : ... j'ai peur de la mort — *s'il est vrai que cette peur est jalouse.*

9. Cf. la méditation de Chestov dans *Athènes et Jérusalem*, (Vrin, 1938), p. 91, sur la pensée de Kant, *Critique de la raison pratique* : « Le ciel étoilé au-dessus de nous... »

10. D.1, D.2 : ... qui nous sépare du monde, *jusqu'au moment où, sans supplications ni révoltes, le fatal et silencieux dialogue de l'homme avec la nature aura fait place au chœur ardent que poursuit l'univers en son histoire. Je veux être une voix de ce chœur. Car* le chant triste et doux des collines de Djémila...

P. 66.

1. D.1, D.2 : ... la poésie : *indifférence, lucidité, fatalité,...*
2. D.1 : ... ou de la beauté. *Mais nous partons déjà.* Djémila... au fronton d'un autel. *Le cœur se serre devant cette grandeur.*

D.2 supprime l'évocation du crépuscule sur Djémila : ... *ou de la beauté. Le cœur se serre devant cette grandeur.*

L'ÉTÉ À ALGER

On ne rencontre guère, dans « l'Été à Alger », de notations consignées dans les *Carnets* avant juin 1937. Celles de l'été et de l'automne sont, en revanche, assez nombreuses et l'on en trouve même plusieurs qui datent de l'année suivante. En juin 1938, Camus inscrit à son programme de travail : « Finir Florence et Alger », mention qui vise les deux derniers écrits du recueil. On peut donc admettre que la composition de « l'Été à Alger » s'est étendue du milieu de 1937 au milieu de 1938. Cette longue durée expliquerait quelques disparates : certains tableaux de mœurs, colorés ou cocasses, débordent sensiblement le cadre de l' « été » et n'illustrent que par un biais la méditation sur la suprématie du bonheur profane. Il n'est pas surprenant qu'ils aient fait l'objet de publications séparées en revues.

J'ai eu la bonne fortune de pouvoir consulter :

Ms. : Un manuscrit (photocopie) appartenant à Mme Albert Camus.

D. : Un dactylogramme avec corrections manuscrites appartenant à M. le professeur Millot*.

Les revues qui ont publié des fragments de « l'Été a Alger » sont :

---

* Éminent universitaire et savant lettré, M. le professeur Millot a mis ses admirables collections à ma disposition avec une courtoisie dont je ne saurais trop le remercier.

Riv. : *Rivages,* numéro 2, février 1939, pp. 87-91. Il s'agit du passage qui commence à « Dans les cinémas de quartier... » et se termine à « ... ces vérités que la main peut toucher ».

R. a. : *la Revue algérienne,* février 1939, rubrique « Chronique du jeune Alger ». Il s'agit du récit de la bagarre à Bab-el-Oued, qui, dans l'édition, est donné en note à la suite de l'essai.

P. 67.

1. Sur la vie algéroise comme objet d'observation pour les écrivains, voir le livre d'Aimé Dupuy, *l'Algérie dans les lettres d'expression française* (Éditions universitaires, Paris, 1956), qui contient notamment, pp. 125-137, une étude nourrie sur Camus.

2. Cette dédicace manque dans Ms. et D., mais figure dans *Riv.* et dans toutes les éditions. Jacques Heurgon était, en 1939, professeur à la faculté des Lettres d'Alger et membre du comité de direction de la revue *Rivages.*

3. Souvenir des voyages accomplis en 1936 et surtout en 1937 en France, en Europe centrale et en Italie. Cf. *Carnets I* pp. 57 et 59 à 78 ; cf., de même, « la Mort dans l'âme » *(l'Envers et l'Endroit)* et « le Désert » *(Noces).*

4. Ms. : ... Alger et avec elle certains lieux privilégiés, comme les villes sur la mer, *s'ouvrent sur* le ciel...

5. Ms. : ... l'homme est comblé et, *n'ayant rien à espérer, il lui est donné enfin de* mesurer *son présent.*

6. Ms. : ... pour *sentir...*

7. Ms. : ... de desséchant *et d'exaltant...*

8. Ms. : ... *Il nous fournit de* plaisirs *sans* remèdes...

Cf. la pensée de sainte Thérèse : « Notre désir est sans remède », que Montherlant place en épigraphe à un de ses essais : *Aux fontaines du désir.*

9. Ms. : ... qui *révèle* à l'homme...

P. 68.

1. Dans Ms., le paragraphe suivant commence ainsi : « Il y a des peuples nés pour l'orgueil et pour la vie. C'est chez eux que le sentiment de la mort est le plus profond et le plus tragique. Les hommes... »

Dans l'édition, la première phrase a été utilisée plus loin. Cf. *supra,* p. 72.

2. Ms. : ... des terrasses *descendant* vers la mer...

3. Ms., D., Éd. 1, Éd. 2 : ... les vieillards *sont* assis au fond des cafés...

4. Ms. : Avec les premiers, *ensemble nous descendons la rampe de l'Amirauté vers les bains du* port et les trésors *des dieux :* ...

5. Ms. : On *prend des bains...*

6. Ms. : ... nus au soleil *en déjeunant de fruits...*

7. Ms. : *Ce n'est pas* qu'ils aient lu...

8. Ms. : ... ces protestants *du corps...*

9. Ms. : ... l'importance de cette coutume. *Elle résume un des aspects les plus significatifs de la vie présente.* Pour la première fois...
D. : ... l'importance de cette coutume *à* notre époque.

P. 69.

1. Ms. : ... à compliquer l'habit *et à diminuer la chair. Et sans doute parce que, nue, elle ne présente pas assez de ragoût.* Aujourd'hui...
2. Ms. : ... la course *d'un jeune homme*...
Pour l'idée, cf. Jean Grenier, *Cum apparuerit*, texte de 1930 recueilli dans *Inspirations méditerranéennes* («Initiation à la Provence») : «Une configuration sensible au cœur, voilà qui fait l'esprit méditerranéen. L'espace?... C'est la course d'un jeune homme d'un bout de la plage à l'autre... etc.'»
3. Ms. : ... par le corps *et près du corps*...
4. Cette réflexion sur Gide est notée dans les *Carnets I* en juillet 1937, p. 54. Un personnage «physique» qui ressemble à Vincent est évoqué en août 1938, p. 124.
5. Ms. : ... les compliqués ou les *intellectuels.*
6. Ms. : ... *voit bien mieux les* choses, *à ce que je puis juger.*
7. Gide affirme dans la Préface à la réédition de 1937 avoir présenté dans *les Nourritures terrestres* une «apologie du dénuement»; l'obsession de la «satiété» est une des hantises de Montherlant.
8. Ms. : ... ses progrès *et ses déficits. Il y a toute une chronique du corps qui reste à faire et dont on imagine mal l'importance.* Cette nuance seulement : la couleur *des corps.* Quand on va...
9. Ms. : un passage simultané du blanc au doré...
10. Ms. : ... au niveau de l'eau, *on est sensible au contraste de la frise cuivrée des corps bruns et du décor d'un blanc cru que lui fait la ville arabe.*
D. : même texte, sauf suppression des mots *bruns* et *d'un.*
11. Ms. : ... et que le soleil *devient plus redoutable*...
12. Éd. 3 donne une leçon erronée : ... à la mesure du soleil et des *maisons.*
13. L'énumération des cargos fait penser à la litanie des caravanes dans *les Nourritures terrestres*. Elle appartient, dans Ms., à une version remaniée.
Éd. 1, Éd. 2 : ... ceux qui viennent de Norvège ont tous les parfums de bois.
14. Ms. : ... le canoë orange *rempli* de corps bruns...

P. 70.

1. Ms. : ... le battement cadencé *de la pagaie* ... *s'arrêtant* brusquement, *la mince embarcation d'un long glissement entre* dans l'eau calme de la darse...
2. Ms. : *Mais* ces silences *eux-mêmes* n'ont pas tous la même qualité. Le silence de midi...
3. Ms. : ... parfumée à la *vanille. Ils disent* : «Fraîche, fraîche.» *La place est déserte.* Après leur cri...
D. : ... parfumée à la fleur *d'orange.* Leur appel...

4. Cf. « Entre oui et non » dans *l'Envers et l'Endroit*.
5. Notation reprise des *Carnets I*, juin 1938, p. 112.
6. Cf. *Carnets I*, 6 novembre 1937, p. 94.

P. 71.

1. Ms. : ... la jeunesse pauvre du quartier danse *tous les soirs aux sons d'un pick-up perpétuel*.
2. Ms. : ... d'une étrange lumière *rayonnant* du double coquillage **vert** du ciel et de la mer. Quand on est assis *au fond de la salle*, on voit seulement *la toile de fond du ciel et* les visages des danseurs *en ombres chinoises* qui passent à tour de rôle.
3. Ms. : ... et voyais le profil de son *cavalier se pencher tout d'un coup. Est-ce pour cela que* l'idée que je me fais de l'innocence *est toujours liée à certains soirs d'Alger. Mais du moins cette image me conduit à* ces êtres chargés de violence. *Et* j'apprends...
4. Éd. 1, Éd. 2 : *En tout cas*, ces êtres chargés de *violences*, j'apprends...
5. Ce passage, jusqu'à : ... sur un échange de bonbons à la menthe..., a pour point de départ une note des *Carnets I*, 8 novembre 1937, p. 95.

P. 72.

1. Ms. : ... on épuise *entre vingt et trente* ans l'expérience *ordinaire* d'une vie d'homme.
2. Ms. : Un ouvrier *algérois* de trente ans...
3. Dans Ms., cette phrase manque. Dans D., c'est une addition manuscrite marginale.
4. Ms. : ... n'est ici qu'une *vaste rigolade*.
5. Cf. *Carnets I*, juin 1937, p. 51.
6. Ms. : Non que *de pareils* hommes manquent de principes. *À Belcourt, par exemple*, on a sa morale...
7. Ms. : ... « *ce n'est* pas un homme » et l'affaire est *classée*. Ceci me paraît juste et bon.
Montherlant aime citer cette formule en lui donnant des références analogues. Cf. *les Célibataires*, 2ᵉ partie, chap. II.
8. Ms. : « Le pauvre », disait-on. *Et c'est toujours* avec une nuance d'admiration *qu'on parle d'un mauvais garçon, séducteur de filles (?) et vaguement cambrioleur :* « Celui-là, c'est un pirate. »
9. Ms. : ... le plus *tragique*.
10. Ms. : ... les amusements de ce peuple, *hors les fêtes des sens dont j'ai parlé plus haut, sont parmi les plus* ineptes.
D., Éd. 1, Éd. 2 : Mise à part la joie des sens, les amusements de ce peuple sont *parmi les plus* ineptes.

P. 73.

1. Les mêmes expressions désignent dans *la Peste* les distractions favorites des Oranais.

2. Ms. : Et il n'y a pas de pays où les dimanches soient plus insupportables. La pauvreté et la misère prennent leur revanche sur la puissance. Comment ce peuple *magnifique et dérisoire aurait-il habillé* de mythes *la seule chose qui donne à sa vie son horreur profonde ?*

3. Même évocation à la fin de « la Mort dans l'âme » dans *l'Envers et l'Endroit*.

4. Ms. : ... les entourages noirs *clôturés de pierre bleue*...

5. Ce goût de collectionneur que Camus éprouve pour les inscriptions funéraires (cf. « le Désert », *supra*, p. 83) est à rapprocher de celui de Jean Grenier qui, dans *Inspirations méditerranéennes*, recueille trois de ses butins de chasse : « Dans la campagne romaine », « De Vérone à Séville », « Épitaphes grecques ».

Dans Ms., manque : ... en forme de cœur...

6. Ms. : ... un liquide noir. *De temps en temps, un accent plus profond :* « Autrefois, des fleurs ; aujourd'hui, des pleurs. » *Mais cela passe inaperçu au milieu de l'*ahurissante *profusion de fleurs et d'oiseaux, de* « Fauvette, quand tu passeras sur cette tombe »... *Ailleurs*, ce vœu téméraire...

7. Ms. : ... de stuc *peint*...

8. Ms. : Comme il faut aller *avec son temps*, on exile parfois la *fauvette* pour la remplacer par un ahurissant avion de perles, piloté par un ange niais *qui arbore sans honte* une magnifique paire d'ailes *pourtant inutiles désormais*.

9. Ms. donne de ce paragraphe la version suivante :

Et pourtant, c'est sous les murs mêmes de ce cimetière que les jeunes filles de Belcourt s'offrent aux baisers et aux caresses — devant un paysage qui invite à la vie. Les valeurs ici sont étroitement liées et les images de la mort ne se séparent jamais de la vie. La plaisanterie favorite ... sur la route. On répond à l'annonce d'un décès en clignant l'œil droit : « Le pauvre ... me l'a repris. » *Après quoi, les étés recommencent et les fêtes sont exaltantes et sans recours.*

P. 74.

1. Ms. : ... être sympathique *à tout le monde. Ici*, l'intelligence n'a pas de place comme en Italie, *ni l'aisance dans la foi comme en Espagne. Cette race est indifférente à l'esprit. Ses plaisirs sont violents et charnels.* Elle a le culte et l'admiration du corps. Elle en tire *une force et un* cynisme naïf, une vanité puérile qui lui *valent* d'être sévèrement jugée. On lui reproche communément sa « mentalité ». *Il faut bien dire ici que c'est par cette* « mentalité » *qu'ils me touchent. Que m'importe la littérature, si je vois se modeler sous mes yeux une nouvelle forme de vie.* Voici *sans doute* un peuple sans passé...

Riv. donne le texte de l'édition, mais sans la note après « cynisme naïf » (et sans le texte cité p. 77).

2. Cf. « Petit guide pour des villes sans passé » dans *l'Été*.

3. Sur l'opposition entre culture et civilisation, les *Carnets* notent plusieurs réflexions inspirées à Camus en 1937 par la lecture

du livre d'Oswald Spengler, *le Déclin de l'Occident :* février, p. 44; juin, p. 50; décembre, p. 99.

4. Ms., D. : ... son vrai *reflet.*

5. Ms. : ... sans mythes, *c'est-à-dire* sans consolation.

6. Ms. : ... la singulière avidité *particulière aux êtres vivant de* cette richesse sans *durée.*

7. Ms. : ... et si un art devait y naître, *il serait semblable à celui des Doriens dont la première colonne fut une colonne de bois (elle était de pierre en Égypte) et qui marquèrent ainsi leur haine de la durée. À la vérité, je trouve ici ma mesure dans le visage violent de ce peuple acharné qui ne gémit (?) pas dans son abandon, voué aux siens, à leur grandeur et à leur misère sous ce ciel d'été brûlant et figé, sans faux attendrissement, qui se donne sans se livrer, devant qui toutes les vérités...*

8. Cette remarque, empruntée à Oswald Spengler, est notée dans les *Carnets I,* décembre 1937, p. 100.

Riv. donne : ... cette haine de la durée qui *pousse* les Doriens...

9. Cf. *Carnets I,* février 1939, p. 146 : « L'Algérie, pays à la fois mesuré et démesuré. »

10. Ms. : ... ces visages *sur les plages* tournés vers lui...

P. 75.

1. Ms. : ... la chair, *du ciel et des vérités* que la main peut toucher. *Sans doute cela signifie qu'elles peuvent périr avec nous. Mais pour moi je trouve là le principe d'une liberté.*

2. Ms. : ... l'amour *qu'on partage avec une race...*

3. C'est par erreur que Éd. 4 donne ici : Cette *partie* de l'âme... L'expression « patrie de l'âme », empruntée à Plotin, est citée correctement peu après.

4. Camus a étudié Plotin pour son diplôme d'études supérieures. Mais il le cite sans doute ici à travers Chestov qui a souvent commenté, notamment dans *les Révélations de la mort* et *le Pouvoir des clefs,* ce passage des *Ennéades,* 1, 6, 8. À l'automne 1938, Camus songeait à reprendre son travail sur Plotin (*Carnets I,* p. 125).

5. Ms. : ... J'apprends *ici...*

6. Ms. : *Cette éternité transitoire,* ces biens *périssables* et essentiels...

7. Ms. : ... pour les comprendre. *Je ne trouve pas de sens au bonheur des anges.*

8. Ms., D., Éd. 1, Éd. 2 : Et *qu'appellerai-je* éternité...?

9. C'est la conviction qui unit Rieux et Tarrou dans *la Peste.*

10. Ms. : Mais à *saisir la parenté du monde, à sentir mon désir de vivre, à accorder les coups de mon sang aux* pulsations violentes du soleil de deux heures, *je retrouve ma patrie.* Il est bien connu...

11. Le passage : Tout ce qui exalte la vie... conduit à ne pas tricher... développe une note des *Carnets I,* été 1938, p. 120, et amorce quelques-unes des assertions fondamentales du *Mythe de Sisyphe.* Dans Ms., il manque. Dans D., c'est une addition manuscrite sur béquet.

12. Dans Ms., le paragraphe commence ainsi :
Qu'on n'attende pas ici le « Tout est permis » des Frères Karamazov.
Beaucoup affectent...

13. « L'Amour de vivre », titre d'un des essais recueillis dans *l'Envers et l'Endroit*.

14. Cf. *Carnets I*, 22 septembre 1937, p. 82.

P. 76.

1. Ms. : *Le seul* péché contre la vie...
2. Ms. : ... ils le furent *par leur ardeur à vivre et le sont privés de tout espoir*.
3. Ms. : ... deux *ou trois*.
4. Cette phrase manque dans Ms. C'est une addition manuscrite interlinéaire dans D.

Cette interprétation de la légende de Pandore renchérit sur le pessimisme d'Hésiode *(Théogonie*, v. 590 *sq.)*. Camus se souvient de Nietzsche, *Aurore*, aph. 38, et *le Crépuscule des idoles*, « L'Antéchrist », aph. 23.

5. Ms. : ... résignation. *Il s'agit ici de* ne pas se résigner.
6. Le passage : ... les caroubiers... tout l'été au soleil... reprend une note des *Carnets I*, 18 octobre 1937, p. 91.
7. Ms. : ... sur toute l'Algérie. *Et souvent* après la pluie *ou le soir*, la terre entière repose pour s'être donnée tout l'été au soleil, son ventre *tout* mouillé d'une semence au parfum *d'amandes amères*.
8. Ms. : ... nos noces *avec* la terre...

P. 77.

1. Dans la confrontation entre le texte de la « Chronique » de la *Revue algérienne* et celui de la « Note » de « l'Été à Alger », il n'a pas paru indispensable de mentionner quelques légères différences qui intéressent la disposition typographique.

2. R. a. : *Voici un* récit de bagarre...

3. Ms. : ... reproduit mot à mot. (*On s'étonnera peut-être que le personnage ne parle pas* comme le Cagayous de Musette. *Mais c'est que la langue de Cagayous est souvent... une reconstruction. Les gens du milieu à Paris... syntaxe souvent, mais c'est par son introduction dans la langue française que cette création trouve sa saveur.*)

4. Vers 1900, sous le pseudonyme de Musette, Auguste Robinet a narré en livraisons à bon marché les aventures prêtées à un personnage populaire, sorte de Gavroche algérois, qu'il a nommé Cagayous. Gabriel Audisio a présenté le héros, son comportement et son langage dans un recueil intitulé : *Cagayous. Ses meilleures histoires* (Gallimard, 1931).

5. Ms. : Mets pas la main *derrière. Après je vais te l'enlever et t'y mangeras des coups quand même*.

R. a. donne le texte de l'édition, mais sans transcrire la prononciation de Coco : « darrière ».

6. R. a. : Et Coco, rien qu'un lui a donné...
7. Ms. : ... *il* y avait des copains. La honte à la figure.
8. Le feuillet de Ms. sur lequel figure cette scène porte, au verso, un canevas de même veine, mais plus leste.

Les *Carnets I*, avril 1939, p. 151, donnent, également à la première personne, un récit de bagarre qui sera utilisé dans *l'Étranger*. Cf. Albert Camus, *Théâtre, Récits, Nouvelles*, Bibliothèque de la Pléiade, 1962, p. 1909.

LE DÉSERT

Des quatre textes recueillis dans *Noces*, « le Désert » est celui qui offre en plus grand nombre les reflets d'observations que l'on trouve dans les *Carnets*. C'est le cas, en particulier, de bien des réflexions suscitées par le voyage accompli en Toscane au début de septembre 1937. Certaines pages de l'essai sont préfigurées dans les *Carnets* par des esquisses assez étendues et assez élaborées pour pouvoir en être considérées comme un premier état. Il a paru opportun de recenser ces liaisons et, dans certains cas, de les soumettre directement au lecteur.

Cependant, en plus de la mention signalée précédemment (juin 1938 : Finir Florence et Alger), on trouve encore dans les *Carnets* une notation qui intéresse la rédaction même du « Désert » : elle date de décembre 1938 et propose « pour la fin de *Noces* » deux versions de la phrase terminale. On est donc conduit à imaginer que le commentaire du périple italien a été amorcé dès l'automne 1937, continué pendant l'hiver et suspendu du printemps à l'hiver suivant. L'absence de date sur le seul document connu avant l'édition corroborerait cette hypothèse en signifiant que la composition resta inachevée jusqu'au moment où Camus songea à livrer l'ouvrage complet.

J'ai pu consulter la photocopie d'un dactylogramme appartenant à Mme Albert Camus et désigné ci-après par la lettre D. Frappe indéterminée; gros caractères; 12 pages; nombreuses corrections manuscrites; béquet comportant deux longues additions manuscrites (photocopie).

P. 79.

1. Le choix de ce titre peut être éclairé par le passage de *la Généalogie de la morale* (trad. Henri Albert, *Mercure de France*, 1900, pp. 185 et 186), où Nietzsche évoque « la volonté du « désert », idéal des grands esprits, féconds et inventifs » : « Une obscurité volontaire peut-être; une fuite devant soi-même; une aversion profonde pour le bruit, l'admiration, le journal, l'influence; un petit emploi,

quelque chose de quotidien qui cache plutôt qu'il ne met en évidence ; parfois la société de bêtes domestiques, d'oiseaux inoffensifs et joyeux dont l'aspect réconforte ; des montagnes pour tenir compagnie, mais non des montagnes mortes, des montagnes avec des *yeux* (c'est-à-dire avec des lacs) ; parfois même une simple chambre dans un hôtel quelconque plein de monde où l'on est certain d'être perdu dans la foule et de pouvoir impunément causer avec tout le monde — voilà le « désert ». Il est suffisamment solitaire, croyez-m'en ! »

2. Cette mention apparaît dans Éd. 1. Albert Camus a dédié à Jean Grenier, outre cet essai, *l'Envers et l'Endroit* ainsi que *l'Homme révolté*; il a préfacé en 1959 la réédition des *Iles.*

3. Le début de ce paragraphe s'inspire d'une note des *Carnets I*, 9 septembre 1937, p. 70 :

« Il faut du temps pour s'apercevoir que les visages des primitifs florentins sont ceux qu'on rencontre tous les jours dans la rue. C'est que nous avons perdu l'habitude de voir l'essentiel d'un visage. Nous ne regardons plus nos contemporains, ne prenant d'eux que ce qui sert à notre orientation (dans tous les sens). Les primitifs ne déforment pas, ils *réalisent*. »

4. Cf. *supra*, la note 13 de la page 75.

5. *Carnets I*, 9 septembre 1937, p. 70.

6. D., Éd. 1 : ... seuls *des* peintres...

7. D., Éd. 1, Éd. 2 : ... le privilège *singulier*...

P. 80.

1. Cf. Malraux : « Piero... est l'inventeur du détachement comme expression dominante des personnages. Les bourreaux distraits de la *Flagellation* frappent un Christ absent... Le Christ de la *Résurrection* est aussi étranger aux soldats endormis qu'aux spectateurs. » (Notations publiées dans la revue *Verve* en 1937-1938 et reprises dans *les Voix du silence*.)

2. Sur l'enfer, cf. *Carnets I*, juin 1937, p. 51, et 21 août 1938, p. 119. (Citation de Jacob Wassermann : « Seul celui qui a connu le « présent » sait vraiment ce qu'est l'enfer. »)

3. Réflexion opposée à celle de Pascal (*Pensées*, Brunschvicg, III, 194). Cf. *Carnets I*, juin 1937, p. 51, et Nietzsche, *Ecce homo*, « Pourquoi je suis si malin », aph. 1.

4. D., Éd. 1 : ... une amertume et une *grandeur*...

5. Version primitive de D. : ... la protestation *héroïque et sans espoir*...

P. 81.

1. D., Éd. 1 : Mais la tristesse *de* ce pays...

2. Les *Carnets I*, 8 septembre 1937, p. 68, notent des impressions d'une tonalité différente :

« Longue descente éclatante de soleil. Les lauriers-roses à Monaco et Gênes pleins de fleurs. Les soirs bleus de la côte ligurienne. Ma fatigue et cette envie de larmes. Cette solitude et cette soif d'aimer. Enfin Pise, vivante et austère, ses palais verts et jaunes, ses dômes et, au long de l'Arno sévère, sa grâce. Tout ce qu'il y a de noble dans ce refus de se livrer. Ville pudique et sensible. Dans les rues désertes de la nuit, si près de moi — que de m'y promener seul, mon envie de larmes se délivre enfin. Ce quelque chose d'ouvert en moi qui commence à se cicatriser. »

3. Le thème des « voyageurs traqués » est un leitmotiv de Montherlant vers la trentième année. Sous ce titre ont été groupés *Aux fontaines du désir, la Petite Infante de Castille, Un voyageur solitaire est un diable.* Cf. *le Mythe de Sisyphe, supra*, p. 159. L'idée exprimée ici par Camus est présentée dans les *Carnets I*, 21 octobre 1937, p. 92, sous une forme plus développée.

4. D. : ... *des flots* de romances...

P. 82.

1. *Le Marchand de Venise*, acte V, scène 1.
2. *Romeo et Juliette.* Jean Grenier, dans *les Iles*, p. 64, rapproche de même les deux drames de Shakespeare.
3. *Carnets I*, 9 septembre 1937, p. 69 :

« Il n'y a pas d'autre vie que celle dont mes pas rythmaient la solitude le long de l'Arno. Celle aussi qui m'agitait dans le train qui descendait sur Florence. Ces visages de femmes si graves, qu'un rire emportait soudain. L'une surtout, le nez long et la bouche fière, et qui riait. À Pise, longue heure à rêver sur l'herbe de la Piazza del Duomo. J'ai bu aux fontaines et l'eau était un peu tiède, mais si fluide. En descendant sur Florence, je me suis attardé sur des visages, j'ai bu des sourires. Suis-je heureux ou malheureux ? La question a peu d'importance. Je vis avec un tel emportement... »

P. 83.

1. Les *Carnets I*, septembre 1937, pp. 70 à 72, relatent en ces termes la visite à la Santissima Annunziata :

« Dans le cloître des Morts, à la Santissima Annunziata, ciel gris chargé de nuages, architecture sévère, mais rien n'y parle de la mort. Il y a des dalles funéraires et des ex-voto, celui-ci fut père tendre et mari fidèle, cet autre en même temps que le meilleur des époux un commerçant avisé, une jeune femme, modèle de toutes les vertus, parlait le français et l'anglais « si come il nativo ». (Tous se sont créé des devoirs, et des enfants, aujourd'hui, jouent à saute-mouton sur les dalles qui veulent perpétuer leur vertu.) Là, une jeune fille était toute l'espérance des siens, « Ma la gioia è pellegrina sulla terra ». Mais rien de tout cela ne me convainc. Presque tous, selon les inscriptions, se sont résignés et sans doute puisqu'ils acceptaient leurs autres devoirs. Je ne me résignerai pas. De tout mon silence je protesterai jusqu'à la fin. Il n'y a pas à dire « il faut ». C'est ma révolte qui a raison, et cette joie qui est comme un pèlerin sur la terre, il me faut la suivre pas à pas.

» Les nuages grossissent au-dessus du cloître et la nuit peu à peu assombrit les dalles où s'inscrit la morale dont on dote ceux qui sont morts. Si j'avais à écrire ici un livre de morale, il aurait 100 pages et 99 seraient blanches. Sur la dernière, j'écrirais : « Je ne connais » qu'un seul devoir et c'est celui d'aimer. » Et, pour le reste, je dis *non*. Je dis *non* de toutes mes forces. Les dalles me disent que c'est inutile et que la vie est comme « col sol levante, col sol cadente ». Mais je ne vois pas ce que l'inutilité ôte à ma révolte et je sens bien ce qu'elle lui ajoute.

» Je pensais à tout cela, assis par terre, adossé à une colonne, et des enfants riaient et jouaient. Un prêtre m'a souri. Des femmes me regardaient avec curiosité. Dans l'église, l'orgue jouait sourdement et la couleur chaude de son dessin reparaissait parfois derrière les cris des enfants. La mort ! À continuer ainsi, je finirais bien par mourir heureux. J'aurais mangé tout mon espoir. »

2. D., Éd. 1, Éd. 2 : ... le français *et l'anglais*...

3. D., Éd. 1 : Aujourd'hui, *des* enfants...

4. Le passage : ... Tout en moi... la suivre pas à pas... est, dans D., une addition manuscrite marginale.

5. Roses et femmes, notations reprises des *Carnets I*, septembre 1937, p. 73, qui donnent en outre un commentaire sensuel à la dernière évocation.

6. Les *Carnets I*, 9 septembre 1937, p. 70, ajoutent : ..., naïves.

P. 84.

1. *Carnets I*, 13 septembre 1937, p. 74.

2. La matinée à Fiesole inspire, dans les *Carnets I*, 15 septembre 1937, pp. 74 à 78, un large examen de conscience dont « le Désert » n'a pas retenu les éléments trop circonstanciels. Ce qui passe de la note à l'essai, réduit dans la description, filtré dans la méditation, est mis en lumière par les extraits suivants :

« Au cloître de San Francesco à Fiesole, une petite cour bordée d'arcades, gonflée de fleurs rouges, de soleil et d'abeilles jaunes et noires. Dans un coin, un arrosoir vert. Partout, des mouches bourdonnent. Recuit de chaleur, le petit jardin fume doucement. Je suis assis par terre et je pense à ces franciscains dont j'ai vu les cellules tout à l'heure, dont je vois maintenant les inspirations, et je sens bien que, s'ils ont raison, c'est avec moi qu'ils ont raison. Derrière le mur où je m'appuie, je sais qu'il y a la colline qui dévale vers la ville et cette offrande de tout Florence avec ses cyprès. Mais cette splendeur du monde est comme la justification de ces hommes. Je mets tout mon orgueil à croire qu'elle est aussi la mienne et celle de tous les hommes de ma race — qui savent qu'un point extrême de pauvreté rejoint toujours le luxe et la richesse du monde. S'ils se dépouillent, c'est pour une plus grande vie (et non pour une autre vie). C'est le seul sens que je consente à entendre dans le mot « dénuement ». « Être nu » garde toujours un sens de liberté physique et cet accord de la main et des fleurs, cette entente amoureuse de la terre et de l'homme délivré de l'humain, ah, je m'y convertirais bien si elle n'était déjà ma religion...

» Consentir au monde et au jouir — mais seulement dans le dénuement. Je ne serais pas digne d'aimer la nudité des plages si je ne savais demeurer nu devant moi-même. Pour la première fois, le sens du mot bonheur ne me paraît pas équivoque. Il est un peu le contraire de ce qu'on entend par l'ordinaire « je suis heureux ».

» Une certaine continuité dans le désespoir finit par engendrer la joie. Et les mêmes hommes qui, à San Francesco, vivent devant les fleurs rouges, ont dans leur cellule le crâne de mort qui nourrit leurs méditations, Florence à leur fenêtre et la mort sur la table... »

3. Sur « les Giottos de Santa Croce », cf. *Carnets I,* 9 septembre 1937, p. 70.

4. Montherlant a souvent brodé sur le thème de « l'espérance désespérée ». Cf. notamment *Aux fontaines du désir* et *Mors et Vita*.

P. 85.

1. Ce membre de phrase est une insertion manuscrite dans un blanc du dactylogramme. Le dernier mot est difficile à déchiffrer. On pourrait lire : ... aussi indifférents au devoir qu'à la *loi*.

2. *Carnets I,* 8 septembre 1937, p. 68.

3. Dans D., cette phrase est une addition manuscrite marginale.

4. D. : ... son repas *du* néant.

5. D. : ... des *cœurs* élevés...

6. On trouve dans plusieurs pages des *Carnets I* (novembre 1939, pp. 191 et 194) des marques de l'intérêt que Camus porte à César Borgia, notamment à travers le *Journal* de Jean Burchard.

P. 86.

1. Par le jeu des temps et des rythmes, cette page rappelle certaines évocations des *Nourritures terrestres*; par l'inspiration, elle fait songer à *Collines* et au *Chant du monde,* de Giono.

P. 87.

1. Ce passage est ainsi présenté dans les *Carnets I,* septembre 1937, p. 73 :

« Des millions d'yeux ont contemplé ce paysage, et pour moi il est comme le premier sourire du monde. Il me met hors de moi au sens profond du mot. Il m'assure que hors de mon amour tout est inutile et que mon amour même, s'il n'est pas innocent et sans objet, n'a pas de valeur pour moi. Il me refuse une personnalité et rend mes souffrances sans écho. Le monde est beau et tout est là. Sa grande vérité que patiemment il enseigne, c'est que l'esprit n'est rien ni le cœur même. Et que la pierre que le soleil chauffe, ou le cyprès que le ciel découvert agrandit, limitent le seul monde où « avoir raison » prend un sens : la nature sans hommes. Ce monde m'annihile. Il me porte jusqu'au bout. Il me nie sans colère. Et moi, consentant et vaincu, je m'achemine vers une sagesse où tout est déjà conquis — si des larmes ne me montaient aux yeux et si ce gros sanglot de poésie qui me gonfle le cœur ne me faisait oublier la vérité du monde. »

2. D. : ... le premier sourire *des choses*.

3. Cf. Nietzsche, *Œuvres posthumes*, fragment 530 : « Avec son *extra ecclesiam nulla salus*, le chrétien est cruel pour les adversaires du troupeau chrétien. » Chestov commente ce même passage du *Credo* dans *le Pouvoir des clefs*, p. 30. Inversant, selon un mouvement de pensée analogue, le sens de la parole évangélique (saint Jean, XVIII, 36) Camus s'écrie dans *l'Envers et l'Endroit* : « À cette heure, mon royaume est de ce monde. » (Cf. *Carnets I*, janvier 1936, p. 22 et *Mémoire* pour le D.E.S., Introduction.)

4. Cf. lettre à Francis Ponge du 27 janvier 1943.

5. Dans D., manquent les phrases : Il me porte... sans colère.

6. D. : ... qui *me gonflait le cœur* ne m'avait fait oublier...
Éd. 1 : ... qui *me gonflait* ne m'avait fait oublier...

7. Il s'agit de la célèbre fresque de Borgo San Sepolcro, patrie du peintre. Cf. *supra*, note 1 de la p. 79.

8. D., Éd. 1 : ... une résolution à vivre. *Son regard est ailleurs ou plutôt il est vide, ou il n'est pas*. Car le sage...

P. 88.

1. Cf. *le Mythe de Sisyphe*, *supra*, p. 176. Du silence de Rimbaud, *l'Homme révolté* propose dans son « Introduction », une autre interprétation et dans le chapitre intitulé : « la Poésie révoltée » une troisième. Au reste, Rimbaud meurt en France, non en Abyssinie.

2. La thèse de l'« alternance », chère à Montherlant, est commentée dans une note des *Carnets I*, 13 novembre 1937, p. 96.

3. La même note donne de cette phrase la version suivante : *Ce qui m'attire, c'est ce lien qui va du monde à moi*, ce double reflet *qui fait que* mon cœur peut intervenir et dicter *mon* bonheur jusqu'à une limite précise où le monde alors peut l'achever ou le détruire...

4. *Carnets I*, 15 septembre 1937, p. 77 : « Non et révolte devant tout ce qui n'est pas les larmes et le soleil. Oui à ma vie dont je sens pour la première fois la promesse à venir... »

5. Contexte nietzschéen : fidélité à la terre, fêtes dionysiaques, éviction des dieux. Réminiscence biblique : Daniel, II, 31-45.

Cette image est expressément notée dans les *Carnets I*, décembre 1938, p. 140 : « Pour la fin de *Noces* : La terre ! Ce grand temple déserté par les dieux, la tâche de l'homme est de le peupler d'idoles à son image, indicibles, visages d'amour et pieds d'argile... Ces monstrueuses idoles de la joie, visage d'amour et pieds d'argile. »

D. : ... déserté par les dieux, *la tâche de l'homme est d'édifier sa joie pour que le monde un jour la jette dans la cendre*.

Cf. *le Mythe de Sisyphe*, *supra*, p. 180 : « les dieux de la lumière » et « les idoles de boue ».

DOSSIER « ALGER RÉPUBLICAIN » ET « LE SOIR RÉPUBLICAIN »

I

VIE ET MORT D'« ALGER RÉPUBLICAIN » ET DU « SOIR RÉPUBLICAIN »

C'était, au témoignage de Pascal Pia, en août et septembre 1938, peu avant les accords de Munich du 30 septembre : quelques hommes de gauche, à Alger, se mirent en tête de donner à l'Algérois un journal libéral, fait sur le modèle d'*Oran républicain*. Une société anonyme se constitua, dont Jean-Pierre Faure, le fils d'Élie Faure, fut nommé administrateur-délégué. Il fallait un rédacteur en chef : par l'intermédiaire de Georges Boris, ancien collaborateur de Léon Blum et directeur de *la Lumière,* et de Georges Altmann, futur directeur de *Franc-Tireur,* on pressentit Pascal Pia. Il quitta donc Paris pour Alger où il devait trouver une société relativement pauvre, une équipe rédactionnelle réduite, d'où émergeait surtout Albert Camus. Le 6 octobre 1938, sortait le premier numéro.

La vie du journal fut difficile : ce n'était pas sans peine qu'on avait pu réunir les vingt-quatre membres du Conseil d'administration, libéraux pour la plupart, mais de tendances philosophiques et de nuances politiques fort différentes — deux communistes y siégeaient. Faute d'une ligne politique claire, on renonça pratiquement aux éditoriaux. Il est vrai que, pour s'implanter, le journal était condamné à traiter par priorité des affaires algériennes et de la vie locale.

Survint la guerre : l'administration du journal fut en partie mobilisée; Pascal Pia en prit alors, à titre précaire, la direction. Les difficultés ne tardèrent pas à croître. Faute de messageries, il fallut renoncer à la distribution du journal au-delà d'un rayon de vingt kilomètres. Pour compenser ces pertes, Pia et Camus — qui n'avait pas été mobilisé pour raisons de santé — imaginèrent de lancer *le Soir républicain* qui paraissait en début d'après-midi. Du 15 septembre au 28 octobre les deux journaux coexistèrent et Camus assura la rédaction en chef du *Soir républicain*.

C'est alors que se multiplièrent les heurts avec la censure. Emmanuel Roblès, qui collaborait épisodiquement à *Alger républicain,* puis au *Soir républicain* (auquel il donna notamment, sous le pseudonyme de Chêne, des récits de caserne en langue des faubourgs et un feuilleton, *Place Mahon* (3 novembre 1939), qu'il dédia plus tard à Camus sous le titre de *la Vallée du Paradis*), a raconté ces démêlés dans *l'Hommage* de la *Nouvelle Revue Française* (1er mars 1960). *Le Soir républicain*, demeuré seul en vente après le 28 octobre, se refusait à passer par les seules sources officielles. Les journalistes s'étaient mis à l'écoute des radios étrangères, notamment de la B.B.C., auxquelles ils empruntaient une bonne part de leurs informations. Irritée, et d'autant plus soupçonneuse que le journal se vendait alors mieux, la censure se fit systématique, sous la double pression d'un censeur magistrat et d'un marchand de chaussures. Le conflit avec les deux officiers de cavalerie préposés à sa surveillance prit bientôt un tour ubuesque ; Camus appela facétieusement à la rescousse Voltaire, Montesquieu, Hugo, Pascal, qui se virent tour à tour censurés. « Quand l'homme est sur un cheval, le cheval est toujours le plus intelligent des deux » : il empruntait à Maurois cet aphorisme ironique, comme à Caligula-Suétone cet autre : « Les hommes se jugent à l'usage qu'ils font de leur puissance. Il est remarquable que les âmes inférieures ont toujours tendance à abuser des parcelles de pouvoir que le hasard ou la bêtise leur a confiées. » Ou encore, de Jules Romains : « J'en suis venu à mépriser profondément l'homme pour tout ce qu'il peut ordonner quand il est le maître et pour tout ce qu'il consent à endurer ou à faire quand il est l'esclave. »

La *Profession de foi* que nous publions par ailleurs devait aggraver la tension. Camus et Pia faisaient alors paraître un article préalablement censuré et adressaient aux censeurs une lettre vigoureuse qui leur valut un blâme. En suite de quoi, le 10 janvier 1940, *le Soir républicain* était suspendu par décision du gouverneur général. Le conseil d'administration, ou ce qui en tenait lieu, désireux d'obtenir l'autorisation de reparaître, accusait Camus de sabordage et le désignait comme l'obstacle à une éventuelle relance d'*Alger républicain*. On trouvera plus loin l'ensemble de ces documents qu'a bien voulu nous confier M. Miquel.

Pascal Pia regagnait Paris en février 1940, et devenait secrétaire de rédaction à *Paris-Soir*, *l'Auto* et *la Lumière*. Il présentait à Pierre Lazareff la candidature d'Albert Camus pour un poste de secrétaire de rédaction. Celui-ci le rejoignait en mars 1940. Une autre période de sa vie commençait.

R. Q.

II

LA POLITIQUE D'« ALGER RÉPUBLICAIN »

Outre la rubrique littéraire, Camus assurait aussi bien le commentaire des événements quotidiens, la chronique des tribunaux que le compte rendu des assemblées locales. Mais si dispersées que puissent paraître ses préoccupations, elles ne s'en ramènent pas moins à quelques grands thèmes : l'Espagne républicaine moribonde, la misère algérienne et ses prolongements, l'injustice individuelle ou collective.

« On ne comprend pas justement que ce qui attache tant de nous à l'Espagne républicaine, ce ne sont pas de vaines affinités politiques, mais le sentiment irrépressible que, de son côté, se trouve le peuple espagnol, si pareil à sa terre, avec sa noblesse profonde et son ardeur à vivre », écrit-il en présentant les articles et discours de Dolorès Ibarruri, la Pasionaria (18 février 1939). Hostile à la non-intervention, convaincu que le peuple espagnol tout entier appuie le gouvernement républicain, il s'indigne quand des navires franquistes arraisonnent le vapeur français « Bougroni » au mépris de sa neutralité (26 novembre 1938) et réplique vivement aux attaques de la *Dépêche algérienne* contre les Brigades internationales (19 décembre 1938).

L'horreur de l'injustice transparaît tout au long des textes qu'il publie à cette époque : injustice faite aux humbles qui le pousse à écrire le 3 décembre 1938 ce pamphlet qu'est *le Dialogue entre un président du Conseil et un employé à 1 200 francs par mois* provoqué par les décrets-lois du 30 novembre ; injustice faite à toute une ville, Alger, quand le conseil municipal délibère dans un climat « de veulerie, d'insouciance et précisément de fantaisie déplacée », néglige insolemment les propos des conseillers indigènes et rejette sur le Front populaire ses difficultés budgétaires (24 décembre 1938). Injustice encore que le renvoi pour fait de grève de cinq employés municipaux, pourtant disculpés par le conseil de discipline (7 février 1939).

Et voici l'affaire Hodent (10 janvier, 4 et 22 février, 1er, 5, 9, 13, 16, 19, 21, 22, 23 mars 1939). M. Hodent, agent technique de la Société indigène de prévoyance à Trézel, dépendant de l'Office du blé, avait été inculpé d'escroquerie. Il fut aussitôt arrêté, et accablé par la déposition de sept cents témoins à charge appartenant au douar du caïd Aïda. Avec lui sont incarcérés M. Mas, magasinier, et six manœuvres arabes, accusés de complicité. Camus écrit bientôt une lettre ouverte au gouverneur général Le Beau : « L'injustice, Monsieur le Gouverneur, ne souffre pas de retard. Elle crie dès l'instant où elle apparaît. Quant à ceux qui l'ont une fois entendue, ils ne peuvent plus s'en séparer, et eux-mêmes qui n'y sont pour rien se sentent désormais responsables. » Après quoi, il mène l'enquête, dénonce les pressions dont furent l'objet des témoins à décharge, réduit à néant les accusations successives portées contre Hodent et démontre qu'à travers l'agent technique sont mises en cause les réformes sociales de 1936, et singulièrement l'Office du blé vivement critiqué lors de la 17e session des Chambres d'agriculture (9 et 10 février 1939). En bref, il met en cause la probité du juge et l'influence conjuguée de quelques caïds et colons. Avec l'intervention de la Ligue des droits de l'Homme et des Anciens Élèves de l'Institut agricole, l'affaire Hodent prend les proportions d'une affaire politique : féodalités locales contre représentants de l'intérêt général, l'arbitraire contre le respect de la légalité. Finalement, la justice l'emporte, tous les prévenus sont relâchés et la partie civile condamnée aux dépens.

Quelques mois plus tard, c'est l'affaire du cheik El Okbi, accusé de l'assassinat du Muphti (25, 26, 27, 28, 29 juin 1939). D'après l'accusation, le cheik, suspect de sympathies nationalistes, aurait été le cerveau d'un meurtre politique dont quelques hommes du « milieu » se seraient faits les instruments. Le procès met en relief la fragilité de l'accusation, l'usage de la torture pour obtenir aveux et témoignages; les plaidoiries prennent un tour nettement politique avec la partie civile, qui défend la tradition coloniale et dénonce dans le cheik El Okbi un esprit subversif. C'est le procès des Français et des musulmans libéraux qui est ainsi fait. Finalement le cheik El Okbi et Abbas Turqui sont acquittés, les hommes de main condamnés aux travaux forcés.

Le cheik El Okbi n'oubliera pas le soutien que Camus lui apporta dans ces moments difficiles. Et quand, en 1956, Camus viendra prononcer à Alger son appel à la trêve civile, le cheik El Okbi, en dépit d'une santé chancelante, lui manifestera publiquement son soutien.

À peine le tribunal a-t-il rendu son jugement, que l'affaire des « Incendiaires » d'Auribeau revient en Cassation. Camus lui consacrera trois articles véhéments (25, 26, 28 juillet 1939) : lors d'une grève de journaliers agricoles en septembre 1937, dix ouvriers ont été accusés d'avoir incendié des gourbis de paille, baptisés « édifices » pour la circonstance. Des peines de cinq à sept ans de travaux forcés ont frappé les malheureux suspects. Camus élève aussitôt le débat. De quoi s'agit-il selon lui ? De punir ces hommes « d'avoir gagné quatre francs par jour pendant des années et d'avoir un jour osé dire que ce salaire ne convenait pas à la dignité d'un homme »; de frapper du même coup quelques dirigeants syndicaux. En conséquence de quoi les uns et les autres ont été torturés : « Il est inutile ici de hausser le ton, s'écrie Camus, mais il me sera peut-être permis de demander pour qui ces aveux spontanés constituent la plus dégradante des accusations. Aucun homme libre n'est assuré de sa dignité devant de semblables procédés. Et lorsque les méthodes abjectes parviennent à conduire au bagne des malheureux dont la vie n'était déjà qu'une suite de misères, alors elles constituent pour chacun de nous une sorte d'injure personnelle qu'il est impossible de souffrir. »

Après avoir réclamé la cassation du procès, et l'acquittement des inculpés, Camus demande que soient jugés les tortionnaires et stigmatisée une législation « où des familles doivent vivre avec quatre francs par jour ». En ouvrant ce dossier, il avait écrit : « Si la démocratie doit avoir un sens, c'est ici qu'elle le prendra et non dans les discours officiels du dimanche »; en le fermant, il conclut avec une énergie que les autorités ne lui pardonneront jamais : « Les attendus de la cour d'appel qui renvoient les accusés devant la cour criminelle commencent par cette formule : « Au nom du peuple français ».

» J'espère qu'on me comprendra si je dis, en pesant bien mes mots, que ceci est un mensonge. »

Le même souci de la démocratie le pousse à protester (18 août 1939) contre les poursuites exercées sur trois manifestants du 14 juillet et quatre dirigeants du Parti Populaire Algérien de Messali Hadj. « Il est surprenant, note-t-il, de voir l'aveuglement de ceux qui poursuivent ces hommes car, chaque fois que le P.P.A. a été frappé, son prestige a grandi un peu plus. La montée du nationalisme algérien s'accomplit sur les persécutions dont on le poursuit. Et je puis dire sans paradoxe que l'immense et profond crédit que ce parti rencontre aujourd'hui auprès des masses est tout entier l'œuvre des hauts fonctionnaires de ce pays... la seule façon d'enrayer le nationalisme algérien, c'est de supprimer l'injustice dont il est né*. »

Les articles qu'il consacre à *la Misère de la Kabylie* (5, 6, 7, 8, 9, 10, 11, 12, 13, 14, 15 juin 1939) doivent être replacés dans le cadre de ce combat. Camus, comme on a pu le voir dans *Actuelles III* qui les reproduit, prend à bras-le-corps l'ensemble des problèmes économiques et sociaux. On y trouve, amplifiées, les préoccupations qu'il exprimait quelques semaines plus tôt dans ses articles sur la *Situation des Nord-Africains travaillant en France* (20, 21, 23, 26 avril 1939) et qui lui vaudront de solides inimitiés dans les milieux du gouvernement général. Le sang-froid dans l'analyse des faits, la rigueur des enquêtes, leur sérieux et la force de conviction qui l'anime quand la vie d'un homme est en jeu, en font un journaliste efficace et peu sensible à l'esprit de compromis.

En peut-on tirer des conclusions sur ses opinions en matière de politique générale ? Camus semble n'en avoir guère traité dans *Alger républicain,* du moins sous sa signature. Seuls, quelques comptes rendus de conférence, de lecture ou de manifestations, peuvent nous fournir des indications.

Traitant du couscous de Nouvel An offert par le gouvernement général aux miséreux d'Alger (14 janvier 1939), il récuse la charité au nom de la justice sociale : « C'était un singulier et amer spectacle que de voir plusieurs centaines d'êtres humains en loques manger avec avidité par groupes de cinq ou six... le rôle des hommes et le nôtre à tous devrait être de rendre cette charité inutile... je n'ai jamais vu une population européenne aussi misérable que cette population arabe — et cela doit bien tenir à quelque chose. C'est à supprimer cette disproportion et cet excès de pauvreté qu'il faut s'attacher. » Écoutant M. Bergery, dirigeant du mouvement frontiste (3 février 1939), il évoque après lui le désarroi des militants et des électeurs de 1936 devant « la pause » sociale, et le glissement de la

---

* Cf. aussi l'important article consacré au P.P.A. au lendemain des élections au conseil général (juin 1939). *Revue Méditerranée, Afrique du Nord.*

majorité vers le conservatisme. On le sent préoccupé par le chômage, les problèmes humains et sociaux du machinisme industriel, attiré par une combinaison de l'économie de marché et de l'économie dirigée, sensible au reproche adressé au Front populaire d'avoir fait passer les revendications avant les réformes de structure.

Devant la guerre qui menace, devant la poussée totalitaire, il semble partagé entre son pacifisme foncier et le refus de céder à l'agression, entre l'objectivité qui lui fait tenir pour fondées certaines revendications et le sentiment qu'une bonne part des prétentions allemandes est aussi absurde que démesurée. On le devine tout proche de M. Charlier (25 avril 1939) déclarant que « l'impérialisme fait naître l'impérialisme et que le traité de Versailles est le père spirituel des accords de Munich ». Et sans doute estime-t-il, avec lui, que « le jusqu'auboutisme est une absurdité si l'on veut bien croire que ni la guerre ni la victoire ne sont en elles-mêmes des solutions ».

La Lettre aux paysans sur la pauvreté et la paix de Jean Giono (3 janvier 1939) n'emporte certes pas sa totale adhésion ; il doute même que cette « révolution individuelle et non violente » dont parle Giono soit possible. Mais « aucune n'est possible si elle n'a commencé dans le cœur et l'esprit de ceux qui comptent la faire. L'échec de tant de révolutions tient peut-être à cette idée. » Nous n'en saurons pas plus pour l'instant sur ce thème.

Mais on comprend mieux pourquoi Camus prétendait n'avoir jamais combattu vraiment que pour la liberté des Algériens et la justice qui leur est due. Tout l'y ramène. De la conférence de M. Charlier, il a retenu « l'essentiel », la critique de la notion d'Empire. « Si je puis user de formules qui ne sont pas celles de M. Charlier, on ne fait pas l'Empire contre les sujets de l'Empire. Et surtout on ne fait pas l'Empire avec le décret Régnier, le code de l'Indigénat et les lois d'exception. »

Quelle que doive être pourtant la politique adoptée, on devine ses réticences devant le style et les hommes de la IIIe République*. « Une telle politique ne peut être remise dans les mains des politiciens qui nous gouvernent. C'est une politique que seule la volonté généreuse d'un peuple peut vivifier, qui ne peut s'accomplir à coups de décrets-lois mais suivant le libre consentement d'une nation rendue à ses libertés. » Après Bernanos, il dira sa « honte de ne pas voir la France égale à l'image qu'il s'en fait, honte de voir les

---

* On a parfois soutenu que Camus était à cette époque franc-maçon. Jusqu'ici, aucune preuve n'a été avancée. En revanche, si l'ignorance de ses meilleurs amis ne saurait en la matière être tenue pour un argument décisif, son appartenance au parti communiste permet d'écarter une telle hypothèse pour les années 1934-1937 ; pour les années 1937-1939, j'inclinerais à penser que les vives attaques lancées contre E. Daladier et C. Chautemps, ce dernier haut dignitaire de la franc-maçonnerie, étaient assez peu compatibles avec l'appartenance au Grand-Orient de France.

tricheurs tenir la place et de sentir son pays incapable de s'arracher aux querelles de partis tous menteurs pour surmonter son humiliation... Tous les partis sont fiers et ont l'assurance d'être seuls à sauver la France. Il est bien temps alors que quelques individus oublient leurs attaches et leurs préférences pour ne songer qu'à cette honte qui les unit et pour dire, à tour de rôle, ce mépris qui précède toutes les renaissances. » Et le *Petit portrait dans le goût du temps* (18 décembre 1938) visant Édouard Daladier, président du Conseil, qui venait de briser une grève générale, nous vaut un exemple de ce mépris salutaire.

On s'étonnera moins, connaissant ces lignes, de la résistance que Camus et Pia opposent à la censure; de la condamnation qu'ils portèrent contre toutes les mesures de restriction aux libertés; de l'accusation de trahison enfin qu'ils lancent contre tous les partis (cf. *Profession de foi*), et dont le conseil d'administration du journal leur fera grief. (Cf. *Alger républicain et M. Camus*.) On trouve ici la plupart des thèmes que Camus développera avec la passion et la mesure qu'on lui connaît dans le *Combat* de la Libération. Tout comme on trouve dans l'éloge funèbre de *Vendredi* (28 novembre 1938) une préfiguration de l'expérience *Combat* : « Avec *Vendredi** c'est un certain esprit qui disparaît, une expérience qui se clôt, et une aventure spirituelle, commune à beaucoup d'esprits de notre temps, qui se consomme.

» La leçon de cette courageuse tentative, elle était moins dans le journal lui-même que dans l'esprit qui l'animait. Et c'est pourquoi il était aimé. Des écrivains de confessions et de politiques différentes ont pu faire vivre et durer pendant trois ans un journal sans attaches, sans subventions et sans fonds secrets. Mais le plus émouvant et le plus convaincant de cette aventure, c'est qu'à un moment donné, après trois ans d'efforts, sans que leur geste soit commandé par des difficultés financières ou autres, ces écrivains ayant estimé que leur tâche était finie l'ont reconnu et se sont retirés sans essayer de se survivre.

» C'est un exemple sans égal de sincérité intellectuelle que *Vendredi* nous a donné. On a pu penser beaucoup de choses, souvent contradictoires, de l'œuvre accomplie par ce journal. Mais à l'heure où il disparaît sans avoir rien compromis de ses origines, il faut savoir le remercier d'avoir porté, au sein même de la mêlée, ce courage si difficile et de qualité si rare, qui a nom de courage intellectuel. »

R. Q.

---

* *Vendredi* dont André Chamson, Andrée Viollis et Jean Guéhenno formaient le comité directeur, comptait parmi ses collaborateurs Gide, Alain, Aragon, Giono, Langevin, Roger Martin du Gard, Nizan, Romain Rolland.

Il avait été créé en novembre 1935 et son tirage ne dépassa pas 100 000 exemplaires.

III

« LE SOIR RÉPUBLICAIN » ET LA GUERRE

C'est au nom de ce courage intellectuel que *le Soir républicain* a prétendu satisfaire la « soif de nouvelles et d'informations vraies... Une cause juste peut se passer de l'indigne et futile bourrage de crâne. » En faisant prévaloir « les droits de la froide raison », *le Soir républicain* entend « servir la cause de la justice et du droit, patrimoine de la République et de la démocratie ». Le 22 octobre, un éditorial précise : « Nous n'admettons pas la censure sur les esprits... Nous haïssons le national-socialisme, le bellicisme, la dictature surtout sur la pensée. »

Pourquoi, dira-t-on, élever pareillement le ton? C'est que la guerre est déclenchée, la Pologne envahie, la censure instaurée. Le parti communiste est interdit pour avoir soutenu les accords germano-russes, ses députés arrêtés. *Le Soir républicain*, s'appuyant sur les articles de Léon Blum, proteste énergiquement contre la censure et la dissolution du parti communiste. Est-ce à dire qu'il approuve sa position? Nullement. Mais il juge abusivement simplistes les positions du gouvernement Daladier et son esprit de croisade. Il lui semble que le conflit a des racines profondes qu'il convient de découvrir pour aboutir à une solution. À cette fin, il ouvre une chronique, intitulée *Sous les éclairages de la guerre*. On y pourra lire une étude de René Capitant sur le national-socialisme, des analyses du traité de Versailles, etc. Surtout, *le Soir républicain* juge imprécis les buts de guerre définis par le gouvernement : « Ce monde nouveau dont parlait le dernier éditorial d'*Alger républicain*, ce n'est pas seulement après la guerre qu'il faudra l'édifier. Mais c'est au cœur même de la tragédie européenne qu'il faut jeter ses bases et annoncer son rayonnement. C'est cette tâche que nous nous sommes assignée. Nous la poursuivrons malgré tous les obstacles. » (28 octobre 1939; cf. aussi le 15 décembre, *la Société des peuples*.)

Pour mieux la poursuivre, *le Soir républicain* imagine le donner à chaque information son caractère exact : officieuse, officielle, retardée, non contrôlée, sous toute réserve, d'origine anglaise, etc. Ceci précisé, les rédacteurs en reviennent à leurs thèmes favoris. Dans une interview de Dieu le Père, on peut lire : « Il disait que cette guerre manifeste la colère de Dieu et elle est seulement le produit de la bêtise humaine. Quand un homme fait l'imbécile, c'est Dieu le responsable. » (25 novembre 1939.) Le 3 décembre 1939, un texte intitulé *la Trêve, chemin de l'ordre nouveau* approuve, après Léon Blum et Georges Bidault, le récent discours de Neville Chamberlain, premier ministre britannique, qui se dit prêt à tout faire pour rétablir la paix.

Avec le recul du temps, cette position peut étonner. Mais il faut se souvenir du climat de l'époque: *le Soir républicain*, qui s'est efforcé jusque-là d'être le porte-parole de la gauche algéroise, n'a pu prendre son parti ni du pacte germano-russe ni de l'interdiction du parti communiste. Si Camus, sous la signature de Jean Mersault* (13 décembre 1939), affirme : « Le signataire de ces lignes n'a de goût pour aucune dictature. C'est assez dire que le stalinisme ne lui paraît pas l'idéal politique à rechercher », il ne s'en inquiète pas moins du climat antisoviétique qui règne dans les milieux gouvernementaux. L'état d'esprit des rédacteurs participe *grosso modo* de cette forme de pacifisme internationaliste, particulièrement vivace à l'époque dans le syndicat des Instituteurs**, et, plus encore, des réactions du socialisme libertaire partiellement incarné à l'époque dans le parti socialiste ouvrier et paysan que dirigeait Marceau Pivert. On ne peut pas, en effet, ne pas trouver de parenté entre les positions du socialisme libertaire et l'article paru le 29 décembre 1939 sous la signature d'Alius : *le Socialisme devant les événements actuels* — manifeste avec lequel la rédaction du journal se disait en gros d'accord.

Il serait assurément abusif de prétendre faire coïncider la pensée d'Albert Camus avec celles qui s'exprimaient dans le quotidien dont il assumait la rédaction en chef — d'autant plus que le journal était largement censuré et la plupart des articles anonymes. Aussi me suis-je contenté de retenir deux de ces articles, dont l'un, *Lettre à un jeune Anglais sur l'état d'esprit de la nation française,* porte la signature de Mersault (23 décembre 1939) et l'autre (1er janvier 1940) est signé *le Soir républicain*. Mais le style de Camus y transparaît. On y trouvera, avec de sévères appréciations sur le comportement des gouvernements d'alors, un souci d'amère lucidité et une volonté de paix et de dignité dans la tourmente qui donnent le ton de ce que fut, jusqu'à son naufrage, *le Soir républicain*.

On trouvera ci-après :
Petit portrait dans le goût du temps.
La Guerre.
Notre position.
Lettre à un jeune Anglais.
1940.
Profession de foi.

---

* Mersault (mer et soleil, d'après Roblès) est le nom du personnage de *la Mort heureuse* et de *l'Étranger*, première manière.

** Le 21 décembre 1957, répondant en Suède à une question sur l'objection de conscience, il dira :

« *J'ai été pacifiste jusqu'en 1940.* Je respecte les objecteurs de conscience et j'ai demandé qu'ils aient un statut légal. Cependant, je ne me taillerai pas un succès facile devant vous, dans ce pays : je pense que la paix est le plus grand des biens, mais pas jusqu'à la servitude. »

Cf. également une lettre à Jean-Paul Déron, de 1950, *Cahier des Saisons* n° 20 : « J'ai commencé la guerre de 1939 en pacifiste et je l'ai finie en résistant. Cette inconséquence, car c'en est une, m'a rendu plus modeste. »

« Alger républicain » et M. Camus.
Le texte du blâme infligé par les autorités militaires.
Le procès-verbal de suspension.

R. Q.

IV

TEXTES COMPLÉMENTAIRES

LA GAZETTE DE RENAUDOT

PETIT PORTRAIT DANS LE GOÛT DU TEMPS

Le fils de boulanger est brutal, énergique, volontaire et réaliste. Il connaît son chemin. Il l'a choisi une fois pour toutes. Cela veut dire aussi qu'il sait être opportuniste. Et par exemple il milite pour l'impartialité de la radio, mais pour l'empêcher de faire entendre des voix partisanes, il la bâillonne jusqu'à l'étouffer.

Le fils de boulanger rappelle volontiers ses origines, au moment même où on l'accuse de les trahir. Il s'en fait une auréole, une couronne, un bouclier. Lui dit-on que la vie augmente ? Il répond qu'il est fils de boulanger. Enfin il fait de la boulangerie une carrière, une vocation et un destin.

La boulangerie lui paraît même si singulière, si fermée, si noble et si hautaine qu'il en fait un monde à part et impitoyablement l'oppose aux autres univers, par exemple, à la lampisterie. Et par un jeu naturel et constant, lorsque la boulangerie s'élève, c'est la lampisterie qui paie.

Le fils de boulanger est patient, ordonné et obstiné. Il aime l'ordre, c'est sa vertu et son calvaire. Et à ce point qu'il le maintient contre les boulangers eux-mêmes. On juge ici de la hauteur de son sacrifice.

Mais le fils de boulanger a un autre amour, et c'est la démocratie. Seulement, cet amour, qui se nourrit des ardeurs d'un tempérament à ce point brutal, le porte souvent aux pires excès. Je veux dire qu'il aime la démocratie jusqu'à l'étrangler. Mais le fils de boulanger affirme volontiers que c'est quand même de l'amour.

En douter, selon lui, c'est ne pas être dans l'ordre et le

spectacle du désordre réveille chez le fils de boulanger sa première passion. Du coup, c'est le jeu mêlé de ses deux amours qui le porte au désespoir, je veux dire aux conseils de guerre, aux gaz inoffensifs et à la garde mobile. On le voit, le fils de boulanger est beau comme un fait divers. Meurtrier par amour, qui ne l'acquitterait?

Lâché en liberté, le fils de boulanger parle volontiers. Il laisse des temps entre ses phrases, il dit « je » et voulant dire « nous » il prononce « moi ». Il aime à prendre ses responsabilités et toutes ses responsabilités. Et quand il en est chargé à tomber, il affirme qu'il est fils de boulanger, par quoi il est soudainement lavé de tout et rendu à l'innocence du Christ enfant.

On saura tout enfin du fils de boulanger lorsque j'aurai parlé de sa vertu fondamentale, qui est la fidélité. Mais chez lui, on l'a déjà compris, les vertus perdent les visages dérisoires qu'elles affectent chez le peuple. Et, par le miracle de son tempérament, la fidélité elle-même se trouve transfigurée.

C'est ainsi que le fils de boulanger tient pour méprisables les fidélités périmées qu'on prétend lui réclamer : fidélité à une classe, à un parti, une opinion, un cœur, ou à lui-même — car ce sont là vertus de médiocre. Le fils de boulanger a voué sa vie à une fidélité plus haute et plus profonde à la fois — celle qu'il épouse comme son destin secret et qui l'attache justement à sa vocation impitoyable de fils de boulanger. Quand même ce serait contre les boulangers et la nation elle-même.

Albert Camus.

Alger républicain, 18 décembre 1938.

LA GUERRE

Jamais peut-être les militants de gauche n'ont connu tant de raisons de désespérer. Bien des espoirs et bien des croyances se sont effondrés en même temps que cette guerre. Et parmi toutes les contradictions où le monde s'agite, contraints à la lucidité, nous sommes alors conduits à tout nier.

Nous comprenons. Nous comprenons tout. Et nous comprenons même très bien. Beaucoup d'entre nous n'avaient pas bien compris les hommes de 1914. Nous sommes plus près d'eux maintenant, car nous savons qu'on peut faire une guerre sans y consentir. Nous savons qu'à une certaine extrémité du désespoir, l'indifférence surgit et avec elle le sens et le goût de la fatalité.

Les hommes de 1914 n'avaient même pas autant de raisons que nous de céder à la fatalité. Ils pouvaient croire qu'ils faisaient cette guerre pour qu'elle soit la dernière. Jamais plus cet espoir ne sera le nôtre. Les hommes de 1914 pouvaient espérer dans une réaction des peuples.

Tant d'efforts pour la paix, tant d'espoirs mis sur l'homme, tant d'années de luttes ont abouti à cet effondrement et à ce nouveau carnage!

Et dans cette heure mortelle, si nous nous retournons vers quelque chose, ce n'est pas vers l'avenir mais vers les images fragiles et précieuses d'un passé où la vie gardait son sens : joie des corps dans les jeux du soleil et de l'eau, printemps tardif dans des éclatements de fleurs, fraternité des hommes dans un espoir insensé. Cela seul était valable. Cela seul est encore valable mais n'est plus possible.

Et pourtant là était la vérité qui aurait dû garder, instruire et préserver les dirigeants des peuples.

Et c'est bien là peut-être l'extrémité de la révolte que de perdre sa foi dans l'humanité des hommes. Peut-être après cette guerre les arbres refleuriront encore, puisque le monde finit toujours par vaincre l'histoire. Mais ce jour-là, je ne sais pas combien d'hommes seront là pour les voir. Et de toute façon ils auront la certitude qu'un autre jour viendra où ils devront met [*censuré*] de la vie.

Albert Camus.

Le Soir républicain, 17 septembre 1939.

NOTRE POSITION

Les innombrables « blancs » que nous avons offerts à la curiosité de nos lecteurs, depuis notre parution, nous font craindre que, l'imagination aidant, notre position ne soit faussement interprétée. Et nous avons l'intention de préciser de façon claire et brève, chaque fois qu'il nous sera possible, notre position en face des événements actuels. C'est à la définition générale de cette position que nous nous attacherons aujourd'hui.

On ne saurait trop réfuter ce sophisme que le maintien du moral d'une nation nécessite la disparition de ses libertés. On ne saurait trop insister sur l'exemple que nous donne à cet égard l'Angleterre. On ne saurait trop répéter, en particulier, qu'à de récentes élections anglaises un candidat « pacifiste » a pu se présenter et qu'en toutes occasions, l'objection de conscience, par exemple, est admise par la législation anglaise. Ceci donne la mesure du climat de la liberté britannique. Et c'est l'honneur et la force d'une démocratie que de pouvoir équilibrer des libertés si essentielles.

Pourtant, l'Angleterre est en guerre. Pourtant, M. Chamberlain a la même conscience de ses responsabilités que notre gouvernement. Nous tirons de ce fait la justification de notre premier principe : l'opinion et l'expression libres, toutes les opinions libres et toutes les expressions libres (la censure sur les renseignements militaires étant admise). En fonction de quoi nous voulons exprimer et défendre notre point de vue sur la paix à venir.

Tous les hommes politiques de France et d'Angleterre ont rappelé que la paix « durable et forte » était le premier but de cette guerre. Les peuples n'ont encore rien dit. Mais leur besoin de paix est une des évidences de la politique internationale. C'est donc à cette paix lointaine que nous nous attachons, de crainte que l'entraînement, la lassitude et la haine des combats ne la fassent oublier. Sur cette paix, nous avons notre opinion. C'est elle que nous défendons tous les jours dans ce journal. Une fois pour toutes, précisons.

Nous pensons qu'il y a des fautes à ne pas renouveler. Une grande partie de l'opinion publique française a, pendant des années, protesté contre les erreurs de

Versailles. Nous étions de ceux-là. Il n'y a rien dans les événements actuels qui puisse nous faire changer d'avis. Nous disions : « Ces fautes amèneront une nouvelle guerre. » La nouvelle guerre est là. Nous ne parlerons pas de nos sentiments en face de la catastrophe. Nous voulons seulement exposer nos convictions. Et nous demandons sans fièvre, en pleine conscience de nos responsabilités, qu'au sein même de la guerre, la paix soit envisagée et plus précisément les moyens de conclure une paix durable. Et nous demandons que cette paix définie, plébiscitée par le peuple français, soit proposée sans trêve, au milieu même des combats, tous les jours s'il le faut. L'obstination dans l'injustice ne peut être vaincue que par l'obstination dans la justice. Et nous voulons que cette guerre, puisqu'elle est là, soit pensée et conduite lucidement.

Sur les bases immédiates de cette paix, nous reviendrons quand il le faudra. Disons seulement ceci. On a beaucoup critiqué la S.D.N. et, par contrecoup, le principe de l'entente internationale. Nous pensons que la S.D.N. n'avait rien à voir avec ce principe et que ce dernier garde toute sa force. Nous l'écrivions récemment en publiant le pacte de la S.D.N. : « Société des nations victorieuses (l'Allemagne en était exclue au début)..., née de l'intérêt, elle a tout sacrifié à l'intérêt. La S.D.N. est à refaire. »

Nous pensons, d'autre part, que des discussions sur l'honneur, telles qu'elles s'instaurent aujourd'hui, ne peuvent rien fonder. L'honneur est une notion individuelle et valable seulement pour l'individu. Si l'on veut baser des négociations sur le degré de loyauté de Hitler, ces négociations n'auront jamais lieu. Un désarmement total nous assurera les vingt-cinq ans de paix que la parole de Hitler ne peut nous garantir. Ceci doit nous faire réfléchir.

Nous pensons encore : 1) qu'il y avait dans les revendications hitlériennes un mélange assez curieux de revendications légitimes et de prétentions injustifiées ; 2) que la politique internationale de ces dernières années a consisté, par un paradoxe non moins curieux, à refuser les premières et à accorder les secondes, et pour le reste à donner sous la menace ce qu'on n'avait pas su céder à temps ; 3) que, dans tous les cas, on ne peut vivre éternellement sur un traité ou sur un état de fait et que les notions de vainqueur et vaincu sont sujettes à de tragiques transformations.

Et ici nous avons à intervenir. Nous le rappellerons sans modestie : nous n'avons pas attendu M. Béraud ou M. Flandin pour dénoncer l'hitlérisme. Nous avons été les premiers à répudier un régime où la dignité humaine était comptée pour rien et où la liberté devenait une dérision. Mais, en même temps, nous ne cessions de dire que cet excès dans la bestialité trouvait sa source dans le désespoir de tout un peuple. Les nations ici sont comme les individus. C'est dans leur plus grande misère qu'elles forgent leur volonté de puissance.

Ne pas humilier, s'efforcer de comprendre, ôter à Hitler les raisons profondes de son prestige, accorder tout ce qui est juste en refusant ce qui est injuste, reviser Versailles en réclamant* la Tchécoslovaquie et la Pologne, voir clair, refuser l'entraînement de la haine, fonder la solidarité humaine et européenne, rajuster la politique des nations à une économie devenue internationale : ce sont là nos positions.

Tout cela, nous le croyons possible et vrai. Nous croyons en effet qu'il n'y a qu'une fatalité dans l'histoire, celle que nous y mettons. Nous croyons que ce conflit pouvait être évité et peut encore être arrêté à la satisfaction de tous. Nous croyons que s'il n'existait à cela qu'une seule chance, il serait encore défendu de désespérer avant de l'avoir tentée. On ne l'a pas tentée. On ne l'a jamais tentée. Et cela est possible à toutes les minutes et à l'instant même où nous écrivons.

C'est pourquoi nous réclamons le droit d'ouvrir les manuels d'histoire, de citer et de préciser. Nous réclamons le droit de défendre la vérité humaine, celle qui recule devant la souffrance et aspire à la joie. Tout se tient et se rejoint dans le monde fermé et machinal que nous avons construit. Les hommes de bonne volonté dont nous sommes veulent du moins ne pas désespérer et maintenir les valeurs qui empêcheront un suicide collectif.

Albert Camus.

Le Soir républicain, 6 novembre 1939.

---

* Il y a visiblement une erreur typographique : je serais porté à substituer « respectant » à « réclamant ». (R. Q.)

LETTRE À UN JEUNE ANGLAIS
SUR L'ÉTAT D'ESPRIT
DE LA NATION FRANÇAISE

Vous m'écrivez que tout va bien à Londres et que si vos compatriotes ne sont pas heureux d'avoir la guerre, ils sont du moins décidés à la gagner. Je me réjouis avec vous de cette résolution. Elle montre du moins que vous avez un but, quoique je ne sache pas bien s'il faut vous en plaindre ou vous envier.

Les nouvelles que vous me donnez sont fort intéressantes. Mais je n'ai pas appris sans surprise que le directeur de vos services d'informations a voulu démissionner parce qu'il n'admettait pas les contraintes de toutes sortes qu'on lui voulait imposer. Cette attitude serait ici fort sévèrement jugée. Eh! quoi, cet homme, qui veut aussi gagner la guerre, je suppose, imagine donc une autre façon de la gagner que celle qui met en œuvre la contrainte et la méthode d'autorité? Votre homme est un naïf ou un sot, mon ami. Et je m'étonne qu'il ne soit pas encore en prison, ce qui lui eût donné une preuve par neuf que ses opinions étaient fausses. Au reste, je ne veux pas plus longtemps me désolidariser de mes compatriotes en affectant de m'intéresser à un geste que tout le monde ici ignore résolument. Et j'ai hâte d'arriver à l'objet de votre lettre.

Vous voulez, me dites-vous, être renseigné sur l'état d'esprit en France. Vous vous plaignez de ne pas en être instruit par les journaux français et vous voulez avoir l'avis d'un individu que vous savez sans préjugés. À cela, je répondrai d'abord que vous êtes bien un Anglais. L'idée que l'avis d'un individu peut avoir le pas sur celui d'une presse mise à l'unisson paraîtrait futile ici et je ne sais pas encore si quelque récent décret n'a pas envisagé le cas.

Mais je veux cependant essayer de vous convertir à notre doctrine française. On dit qu'elle a sa grandeur. Je suis sûr qu'elle aura son bonheur qui est celui du royaume des cieux où sera accueillie la presque totalité de notre génération.

Sur cet état d'esprit, il faut que vous sachiez ceci : de l'esprit, à la vérité, nous n'en avons guère. Mais nous sommes favorisés de son contraire, qui est l'État. Et je puis vous affirmer sur l'honneur que tout le monde en est fort satisfait. La grande question qui s'est posée à l'occasion de cette guerre est celle de la liberté intérieure, dont vous savez que nous avons en France une conception un peu différente de la vôtre. Elle a été résolue au contentement de tous par ceux qui ont pris en charge nos destinées. Le problème était pourtant délicat puisqu'il s'agissait de concilier une théorie selon laquelle nous défendons notre liberté dans cette guerre et des réalités qui exigent une adaptation de cette liberté aux nécessités d'une guerre. C'est pourquoi j'admire l'aisance avec laquelle nos maîtres ont su se tirer de ce pas. Vous savez que pour un homme sans œillères il n'est pas de spectacle plus beau que celui de l'intelligence humaine aux prises avec une réalité qui la dépasse. Et je me délecte encore de ce que j'ai pu voir depuis trois mois. Car notre liberté, sachez-le bien, reste entière. Il a suffi pour cela que nous consentions spontanément à quelques obligations inévitables.

[censuré]

Voilà, mon ami, l'essentiel de ce que je ne crains pas d'appeler notre pensée. Je prévois quelques-unes de vos objections. Mais je vous arrêterai court en vous disant tout droit que le principe même de l'objection n'est plus admissible. Au reste, pourquoi vous en étonneriez-vous ? Chaque peuple a sa façon de conduire ses propres guerres. Je dirai même que c'est par là qu'il se juge. Si cela peut vous être une consolation, je puis bien vous dire que rien ne nous empêche, au demeurant, de vous comprendre. Lorsque je sors d'une entrevue avec ceux qui défendent ou qui représentent le point de vue que je vous ai exposé, il m'arrive de penser à vous, à notre jeunesse et à votre amitié, à la façon dont vous savez et aimez être anglais. Cela doit être bon, n'est-ce pas, de pouvoir aimer son pays sans réserves ? Pour moi, j'admire votre peuple de savoir concilier les défauts d'une race conquérante avec ses qualités. Et je vous aime de rester lucides au milieu d'une catastrophe si démesurée.

Mais je vous en prie, ne lisez dans ces lignes aucune

amertume. Au milieu de tant de révolutions, il nous reste cependant une qualité qui est toujours française et qui est la pudeur. Le croirez-vous ? Quelques-uns d'entre nous ont la faiblesse d'y tenir.

Jean Mersault.

Le Soir républicain, 23 décembre 1939.

1940

Tous les ans, les journaux sacrifient à l'usage courtois et un peu puéril qui veut qu'on souhaite à des lecteurs inconnus une année fertile en réussites de toutes sortes. Le fait même qu'on soit obligé chaque année de renouveler ces vœux prouve assez qu'ils sont parfaitement vains.

Et pour tout dire, nous n'avons pas ici le cœur de prévoir et de souhaiter un destin heureux et humain à une Europe déchirée et sanglante.

Qu'importent, n'est-ce pas, les désirs des individus, l'appel du bonheur ou l'avenir périssable et secret de l'homme de tous les jours. Cet avenir se joue en effet, mais hors de lui, sans lui, dans une lutte dont il est à la fois l'enjeu et la machine. À aucun moment, il n'en est le maître.

Il est vrai, nous dit-on. Mais il faut oublier pour un moment et revenir à ce que nous aimons. Le malheur, c'est qu'on nous a brisé ce que nous aimions. Nous pensons donc qu'il ne faut pas oublier. S'il est vrai qu'oublier, c'est un peu consentir, alors ne nous endormons pas. Veillons à tous les moments, ne détournons pas nos yeux de cette amère réalité qui nous dépasse et nous écrase. C'est en cela que nous accomplirons notre devoir d'hommes et que nous sauverons peut-être ce qui est si terriblement menacé. Il fut une nuit dans l'humanité où un homme chargé de tout son destin regarda ses compagnons dans le sommeil et, seul dans un monde silencieux, déclara qu'il ne fallait pas s'endormir et veiller jusqu'à la fin des temps. Ces temps sont encore les nôtres. Ils n'ont jamais été plus amers ni plus durs à l'individu isolé. Mais la seule grandeur de l'homme est de lutter contre ce qui le dépasse. Ce n'est pas le bonheur qu'il faut souhaiter aujourd'hui, mais bien plutôt cette sorte de grandeur désespérée.

Nous avons des vœux à formuler, précis, généreux, ardents. Nous désirons et nous appelons de toutes nos forces un monde nouveau, une vie où l'homme garde ses chances de dignité. Nos lecteurs savent bien ce que nous voulons et attendons. Alors, qu'ils pensent avec nous qu'il est vain de souhaiter cette année bienheureuse, mais qu'il est essentiel de travailler pour la construire. Ne souhaitez rien, mais accomplissez. N'attendez pas d'un destin que d'autres fabriquent de toutes pièces ce qui est encore entre vos mains. *Le Soir républicain* ne vous souhaite pas d'être heureux, puisqu'il sait que vous êtes meurtris dans vos chairs et vos espoirs. Mais du fond du cœur, il vous souhaite de garder la force et la lucidité nécessaires pour forger vous-mêmes votre bonheur et votre dignité.

Le Soir républicain.

1er janvier 1940, n° 101, p. 1, col. 1-2.

PROFESSION DE FOI

Les polémiques, comme on le sait, sont interdites en France. Il arrive cependant qu'elles se fassent jour. Mais on doit convenir qu'elles utilisent généralement une forme modérée. Nous ne saurions donc trop marquer notre surprise à la lecture de deux articles de *l'Émancipation nationale* (17 et 21 novembre*) qui se livrent à une

---

* Nous n'avons eu connaissance de ces articles que par l'« Argus de la Presse ». Le temps et le goût nous manquent généralement pour lire *l'Émancipation nationale*.

attaque sinon bien écrite, du moins injurieuse contre notre journal. On nous permettra donc de répondre, en termes d'ailleurs plus mesurés, à des insultes qu'on a bien voulu autoriser.

Dans le principe, nous ne voyons aucune utilité à répondre à des attaques aussi mal pensées que mal compensées et qui nous viennent d'un parti où l'intelligence et l'honnêteté d'esprit n'ont jamais connu qu'une faveur médiocre. Cependant si la vulgarité de sentiment peut avoir ses droits, elle ne saurait dépasser certaines limites. *L'Émancipation nationale* et son correspondant algérois les ont largement dépassées.

En bref, *le Soir républicain* serait « hitléro-stalinien » (sic), essaierait de réhabiliter l'U.R.S.S dans ses titres (re-sic), serait l'ennemi de l'Islam (mais oui!) et, pour le reste, serait payé par l'Allemagne, bien entendu. Nous n'insisterons pas sur la ficelle un peu grosse qui consiste à faire passer pour « communistes » tous les hommes libres dont on veut se débarrasser. Nous avons écrit ici même que nous aimions trop la liberté d'esprit et que nous respections trop les droits de l'individu pour marquer le moindre intérêt aux régimes totalitaires. Nos lecteurs, au demeurant, n'ont pas besoin que nous le précisions. Mais, dans un temps où la peur des responsabilités avilit tous les hommes, il n'est pas mauvais que nous ajoutions ceci : si nous pensions que la politique de l'U.R.S.S. était valable, nous l'écririons en toutes lettres et nous la défendrions par chacun de nos actes. On fera aux signataires de ces lignes l'honneur de les croire sur parole.

Si nous luttons ici contre quelque chose, c'est contre l'utilisation systématique de la haine et de l'oppression. Ce n'est pas M. Doriot, si indulgent en 1938 à la politique allemande, qui peut nous donner des leçons sur ce point. Les vrais ennemis du peuple sont ceux qui le veulent enchaîné. On sait assez que nous refusons toutes les dictatures, en commençant par celle de MM. Doriot et annexes.

Mais nous n'aurons pas la puérilité de nous étonner de ces attaques. La vraie raison, le correspondant algérois de *l'Émancipation nationale* la donne assez ingénument en citant l'article où nous avons résumé notre position le 6 novembre et où nous définissions l'Europe qu'il nous paraît souhaitable de construire. *La Dépêche algérienne* du 6 novembre l'avait déjà relevé. Le 8 novembre nous répondions au quotidien officieux d'Alger en citant l'archevêque d'York et M. Chamberlain. Le 9 novembre, *la Dépêche algérienne* se taisait. Elle devait être relayée par *l'Émancipation nationale* dont le correspondant écrit dans son style particulier : « Est-ce défendre notre peuple, notre pays, la paix, que de parler de créer après la victoire une Europe nouvelle basée sur l'idée utopique de République universelle et d'internationalisme ? »

Nous disons que ceci est caractéristique. Comme il apparaît, ici c'est la forme d'action qui est visée et jugée insupportable. Sur ce point encore, nous prenons nos responsabilités. Car si désirer cette Europe nouvelle est faire œuvre mauvaise, 90% des Français travaillent contre leur Patrie et avec eux, M. Giraudoux en tête. Toute la nation britannique est aussi à nos côtés.

Nous ne craignons pas de le dire : Nous pensons que cette Europe peut être acquise à moins de frais qu'elle ne l'est en ce moment. Nous nous refusons à suivre les entraînements de la haine ou à aider, par notre silence, à pousser l'Europe et ses nations dans l'abîme. Sur ce point *l'Émancipation nationale* perd son temps à hurler. Nous l'écrivons tous les jours dans nos colonnes.

Les amis de M. Doriot ont raison de demander la suppression de notre journal. Il ne saurait en effet appuyer les professionnels du nationalisme et le lyrisme tiré du sang des autres. Nous sommes profondément pacifistes. Nous n'approuvons pas les poursuites et les mesures dictatoriales prises par le gouvernement, même contre les communistes. Léon Blum l'a en son temps excellemment exprimé. Mais nous parlons ici en individus attachés à la liberté et non en hommes de partis. Notre espoir est que ce monde peut être sauvé de lui-même et que chacun alors retrouvera ce qui fait le prix de la vie, le bonheur précaire de chaque jour, le destin solitaire que chaque homme poursuit en silence. De cela, encore une fois, nous prenons la responsabilité et nous sommes prêts à en répondre.

Mais ce qu'il y a de plus grave, et c'est ici que nous voulons conclure, c'est que le correspondant de *l'Émancipation nationale* dit se faire « l'interprète des autorités civiles et militaires » pour demander notre suppression. Ceci n'a pas été censuré. Il faut donc, ou bien que le correspondant ait menti et la parole reste auxdites autorités, ou bien qu'il ait dit vrai et nous demandons par quel miracle des autorités qui disposent de pouvoirs illimités prennent comme truchement un parti qui s'est discrédité auprès de tout ce qui est libre et courageux dans ce pays. Les journalistes du *Soir républicain* ont déjà donné des preuves de leur résolution. Il n'ont pas besoin d'être insultés pour se déclarer prêts à répondre de leurs actes et de leurs écrits.

Quoi qu'il en soit, et ceci s'adresse à nos lecteurs, nous continuerons à défendre et à maintenir ce que nous croyons vrai. Aujourd'hui, où tous les partis ont trahi, où la politique a tout dégradé, il ne reste à l'homme que la conscience de sa solitude et sa foi dans les valeurs humaines et individuelles. On ne peut demander à personne d'être juste au milieu de l'universelle démence. Ceux-là mêmes qui étaient les plus près de nous, ceux-là mêmes que nous aimions, n'ont pas su rester lucides. Mais du moins on ne peut forcer personne à être injuste. Conscients de ce que nous faisons, nous refuserons l'injustice aussi longtemps que nous le pourrons et nous servirons l'individu contre les partisans de la haine anonyme.

Pascal Pia, Albert Camus.

Texte censuré, non publié, retrouvé sur épreuves.

« ALGER RÉPUBLICAIN » ET M. CAMUS

M. Camus a été engagé comme rédacteur, dès le début, par *Alger républicain* où il a fait son apprentissage de journaliste ; lorsque, après le début de la guerre, le journal a cessé de paraître, on l'a néanmoins conservé, malgré la pénurie de moyens, pour collaborer avec le personnel très réduit du *Soir républicain*.

C'est dire que M. Camus a bénéficié d'une sympathie constante et on pouvait s'attendre, de sa part, à la réciproque, sous la forme d'un dévouement total à l'œuvre entreprise, dont il connaissait bien l'esprit : grouper les républicains de toutes nuances pour la réalisation des améliorations sociales désirées par la Démocratie. Or

M. Camus n'a cessé, depuis la parution de ce dernier journal, d'y faire une politique personnelle, en contradiction absolue avec ces principes et qui devait avoir nécessairement les pires conséquences.

L'attention du Conseil d'administration avait été appelée sur l'état d'esprit qui existait au journal, du fait de M. Camus, par la diminution rapide et considérable de la vente, l'allure et les tendances données à sa polémique et les démêlés quotidiens avec la Censure, qui se traduisaient par des blancs de plus en plus importants dans les colonnes du journal. Des observations réitérées et pressantes furent faites à l'intéressé par l'intermédiaire de M. Pia, en lui recommandant la prudence et la conciliation. Non seulement M. Camus n'en a tenu aucun compte, mais il a aggravé la situation en exagérant la violence de ses critiques et son refus d'obtempérer aux consignes qui lui étaient données.

Aussi, à deux reprises, sur plainte de l'autorité militaire, un blâme et la saisie du journal furent ordonnés, mesures auxquelles M. Camus et M. Pia répondirent par une lettre déclarant qu'à l'avenir ils ne s'inclineraient plus devant les décisions de la Censure. À aucun moment les administrateurs ne furent mis par eux au courant de ces faits. Bien mieux, lorsque est survenu l'arrêté gubernatorial suspendant le journal, M. Camus, qui n'avait aucune qualité pour cela, se borna à en prendre communication et à en signer la notification, sans aviser personne, absolument comme si *le Soir républicain* lui appartenait.

C'est dans les jours qui suivirent, que les administrateurs, ayant fait des démarches pour protester contre une mesure qui leur paraissait injustifiée, apprirent les griefs à l'égard des rédacteurs du journal. À leur demande d'être autorisés à en reprendre la publication il fut répondu qu'elle ne serait pas tolérée si ces derniers étaient conservés.

Le dossier des articles supprimés par la Censure, qu'ils purent réunir à ce moment, leur permit de constater que, contrairement aux directives qui lui avaient été données, M. Camus essayait de faire servir *le Soir républicain* à une propagande absolument contraire aux opinions du journal. On n'en citera comme exemple qu'un seul article, intitulé « Profession de foi », signé par lui et par M. Pia où l'on affirmait que « tous les partis ont trahi », que « la politique a tout corrompu » et qu'il ne restait comme ressource à chacun que la conscience individuelle. M. Camus ne pouvait ignorer que cette affirmation de principes anarchistes était réprouvée par tous les administrateurs du journal; d'autre part, il se doutait certainement des suites qu'une telle propagande, en temps de guerre, devaient avoir pour ce dernier. Il en est tellement ainsi qu'un sympathisant, M.R..., a déclaré qu'il était convaincu, comme beaucoup de gens, dans le public, que *le Soir républicain* désirait disparaître et qu'il ne cherchait qu'un prétexte pour se faire supprimer.

Bien au contraire, pendant toute cette période difficile, les administrateurs du journal, essayant de faire face aux pires difficultés, n'étaient occupés que par le souci d'assurer son existence. On peut dire qu'au lieu de les aider M. Camus a tout fait pour donner le coup de grâce à une œuvre qui ne vit que grâce au sacrifice de quelques citoyens dévoués dont il avait le devoir d'être un collaborateur fidèle et qui assurait, au surplus, sa situation personnelle. Il est vrai que M. Camus dit maintenant son intention d'aller se fixer à Paris, ce qui explique que l'avenir du *Soir républicain* ne l'intéresse plus guère.

Les faits se présentent de telle manière que, si l'on doutait de la probité de M. Camus — ce qui n'est pas le cas — on pourrait penser qu'il a été le naufrageur volontaire et conscient du Journal qui l'employait. Il ne peut en tout cas contester que si celui-ci a été frappé durement, c'est à lui qu'en incombe toute la responsabilité.

Malgré cette faute grave, dont les administrateurs du Journal pourraient demander réparation à M. Camus, ils ont voulu être à son égard plus qu'équitables, en lui offrant, comme à M. Pia, le règlement de ses émoluments jusqu'au jour de la suppression du *Soir républicain*. M. Pia a accepté, mais M. Camus refuse en réclamant des indemnités à une entreprise dont ses agissements ont plus que compromis l'existence. Le Conseil des Prud'hommes appréciera.

TEXTE DU BLÂME INFLIGÉ PAR LES AUTORITÉS MILITAIRES

19ᵉ RÉGION
ÉTAT-MAJOR
B.C.R.
n° 9879

Alger, le 28 décembre 1939.

Le Général de Corps d'Armée Goudot
Commandant la 19ᵉ Région, 1N°
à Monsieur le Directeur du Journal
le Soir républicain
9, rue Koechlin, 9
à Alger.

Le Lieutenant-Colonel Chef du Service du contrôle des informations en Algérie me rend compte que vous avez fait paraître dans votre journal un article censuré par l'Officier censeur de service et que vous avez adressé le 23 décembre 1939, au Directeur du Service Général de l'Information, une lettre en termes incorrects et menaçants.

En exécution des prescriptions de la Dépêche Ministérielle n° 1 000 2/EMA-MO du 1ᵉʳ juin 1938, je vous inflige un blâme et ce, sans préjudice des sanctions plus graves qui pourraient être prises à votre encontre.

Le Général Commandant — 19ᵉ Région
Signé : Goudot.

Texte manuscrit.

TEXTE DU PROCÈS-VERBAL DE SUSPENSION

GOUVERNEMENT GÉNÉRAL
DE L'ALGÉRIE
Département d'Alger.
POLICE SPÉCIALE DÉPARTEMENTALE
N° 230

PROCES-VERBAL DE NOTIFICATION

L'an mil neuf cent quarante et le dix du mois de janvier

À la requête de Monsieur le Préfet d'Alger

dépêche du 10 janvier 1940   N° 249

Nous Bourrette Commissaire Divisionnaire Chef de la Police Spéciale Départementale d'Alger, parlant à la personne de : Monsieur Albert Camus, rédacteur en chef du journal *le Soir républicain*.

Lui avons notifié : l'arrêté du 9 janvier 1940 de Monsieur le Gouverneur Général de l'Algérie, suspendant, par application des dispositions des décrets des 24 et 26 août 1939, la publication du journal

le Soir républicain

et lui avons laissé copie du présent.
Fait à Alger, les jour, mois et an que dessus.

Le Commissaire Divisionnaire
De la Police Spéciale Départementale.
signé : Bourrette

Alger, le 10 janvier 1940.
    l'Intéressé.
Signé : Albert Camus.

V

CAMUS CRITIQUE LITTÉRAIRE

L'équipe d'*Alger républicain* était trop réduite pour que chaque rédacteur pût se spécialiser rigoureusement. Aussi bien, une telle spécialisation n'eût-elle pas été dans les goûts d'un homme jeune et ouvert à de multiples préoccupations. Tout normalement, Camus se trouvait donc amené, tant par nécessité que par vocation, à aborder concurremment les problèmes sociaux et les questions littéraires, juxtaposer les reportages et les études critiques.

C'est le 9 octobre 1938, dans le numéro 4 d'*Alger républicain*, qu'il inaugura le *Salon de lecture*, chronique littéraire qui se refuse à n'être qu'un « catalogue », et entend « rester fidèle à l'œuvre vivante, détachée des préoccupations de doctrine... Un journal qui se veut au service de la vérité la sert dans tous les domaines et ne saurait négliger les œuvres de l'esprit. De tous les buts qu'une chronique littéraire peut se proposer, celui-ci est à la fois le plus modeste et le plus ambitieux. » Voilà pour les principes.

Le même jour, Camus traite de *Marina di Vezza*, roman d'Aldous Huxley. Il y est sensible à l'ironie, « à un certain refus de juger, une sorte d'amertume secrète et tendue ».

Il souligne que « l'apparent détachement de l'œuvre figure seulement cette volonté de « dire moins » qui définit une pensée classique ». Il y découvre, mêlé à un « orgueilleux détachement », une « volonté de reconstruire le monde vivant avec le mélange d'absurdité et de cohérence qui lui est propre ».

Critique d'auteur déjà, qui s'affirme dans l'analyse de *la Nausée* du 20 octobre 1938 et du *Mur* du 12 mars 1939 (cf. Dossier *Mythe de Sisyphe*). Les points d'accord et de divergence, tant philosophiques que littéraires, apparaissent clairement : admiration devant une œuvre lucide, étrange et douloureuse ; mais aussi réticences devant une peinture de l'absurdité qui fait plus de part aux misères de l'homme qu'à ses grandeurs.

De Gide (23 octobre 1938), Camus dénonce « le manque de force et l'excès dans le jeu intellectuel » dont témoignent *les Faux-Monnayeurs*. Il s'inquiète des défaillances scéniques de *Saül* ou du *Roi Candaule* : « L'art dramatique est fatal aux subtilités de l'intelligence. » En revanche, il salue en Gide « un moraliste de tradition française et un critique passionné ».

Voici l'occasion pour Camus de préciser son sentiment sur les rapports de la littérature et de l'engagement politique : « C'est par une erreur d'optique qu'on a fait tant de bruit autour du Gide partisan. Car, sur le plan social, son opinion n'a *pas plus* d'importance que celle de n'importe quel Français cultivé, généreux et raisonnablement idéaliste. » En un sens, *la Bahia de tous les saints* de Jorge

Amado (9 avril 1939) représente le type même de l'œuvre vivante et engagée de la bonne façon : vivante de cette « barbarie librement consentie » qu'il oppose aux « jeux gratuits de l'intelligence », auxquels Gide cède trop souvent à son gré et dont Giraudoux* lui semble le précieux et irritant modèle ; engagée, puisque, au travers des jeux et des joies de la chair, c'est sur la révolte que débouche ce roman. Mais « qu'on ne s'y trompe pas. Il n'est pas question d'idéologie dans un roman où toute l'importance est donnée à la vie, c'est-à-dire à un ensemble de gestes et de cris, à une certaine ordonnance d'élans et de désirs, à un équilibre de oui et de non, et à un mouvement passionné qui ne s'accompagne d'aucun commentaire. »

C'est pourquoi, traitant le 3 janvier 1939 de *Commune Mesure*, chronique de Renaud de Jouvenel, Camus reprend ce thème de Malraux : « La littérature militante ne justifiera la passion généreuse qui l'anime que si elle ne la sacrifie pas à la volonté de prouver. » Il note encore que, voulant parler de sa haine, Jouvenel nous touche surtout « par l'amour dont son livre est plein... Si l'homme est souvent plus mauvais qu'on ne l'imagine, peut-être est-il toujours meilleur qu'il ne le croit. »

D'une certaine façon, *le Pain et le Vin* de Silone (23 mai 1939) figure le modèle de l'œuvre véritablement révolutionnaire : « Car une telle œuvre n'est point celle qui exalte les victoires et les conquêtes, mais celle qui met au jour les conflits les plus angoissants de la révolution... Car la grandeur d'une foi se mesure à ses doutes... D'autre part, il n'est point d'œuvre révolutionnaire sans qualité artistique. » Itinéraire de Silone, qui le conduit de l'abstraction révolutionnaire au pain et au vin de la simplicité, attention que porte André Chamson dans *la Galère* au drame d'une amitié brisée par la politique, voilà deux exemples de « cette confrontation entre une agitation périssable et quelques sentiments éternels » qui donne au roman sa grandeur. Et l'on peut supposer que Camus approuve cette définition de l'histoire qu'il prête à Chamson : « Un épisode dérisoire dont la vie finit toujours par triompher. »

D'une certaine façon, Camus se montre attiré par tous les écrivains qui lui paraissent exalter la vie dans ses déchirements : s'il écarte le second Barrès, celui que magnifie Henri Bordeaux, si « l'esthète du patriotisme » et de l'individualisme l'irrite, il ne cache pas son goût pour le premier Barrès, qui, malgré lui, « voit ses valeurs perpétuées dans l'univers absurde et magnifique d'André Malraux ». (*Maurice Barrès et la Querelle des « héritiers »*.) Mais plus encore lui plaît Montherlant, « un des trois ou quatre grands écrivains français qui proposent un système de vie, ce qui ne paraîtra ridicule qu'aux impuissants, et

---

* Les réticences de Camus seront aggravées par le passage de Giraudoux au ministère de l'Information en 1939-1940. Cf. *La guerre de Troie a eu lieu* (26 novembre 1939). Toutefois, le fond des critiques restera le même lorsque Camus écrira plus tard : « *Jean Giraudoux ou Byzance au théâtre* ».

qui disposent d'une échelle de valeurs personnelles » (*l'Équinoxe de septembre*, 5 février 1939). Chez Montherlant* comme chez Malraux, il découvre « un certain héroïsme lucide qui ne vaut que pour l'individu ». Il s'indigne qu'on ait tenté de solliciter ses livres, comme on l'a fait de Barrès ou de Bernanos. « La première marque de déférence qu'on puisse montrer à Bernanos consiste à ne point l'annexer et à savoir reconnaître son droit à être monarchiste. Je pense qu'il était nécessaire d'écrire cela dans un journal de gauche. » (*La Pensée engagée: Scandale de la Vérité*, 4 juillet 1939.) Car, pour monarchiste qu'il soit, Bernanos n'en est pas moins à ses yeux de ceux qui ne transigent pas avec leurs convictions et se refusent à la médiocrité et au conformisme.

C'est au reste une médiocrité insolente qu'il reproche à Jules Romains, venu donner à Alger une conférence bâclée (15 janvier 1939). C'est la suffisance partiale qu'il condamne sévèrement chez Claude Farrère traitant des rapports sino-japonais (19 février 1939). C'est en revanche la conscience et l'honnêteté intellectuelle qu'il apprécie chez le doyen Gernet définissant l'essentiel du message grec. Il y voit l'occasion de magnifier, face à l'abdication de trop de jeunes esprits entre les mains d'un homme providentiel, « en Allemagne et ailleurs », l'esprit grec pour qui « la dignité de l'homme était de regarder en face et de ne remettre à personne le soin de sa propre vie » (28 janvier 1939).

Et sans doute Camus espère-t-il déjà que l'esprit grec parviendra à se réincarner dans une littérature méditerranéenne. Après Jean Grenier, Armand Guibert et son *Périple des Iles tunisiennes* (5 mars 1939) le ramènent à la beauté des choses, teintée de nostalgique sérénité. Dans l'*Oiseau privé* du même Armand Guibert (cf. dossier *Noces* p. 1335) il retrouve « l'âme de Plotin à la recherche de sa patrie perdue, l'itinéraire des dieux souffrants qu'ils soient Orphée ou Dionysos… ce désir d'unité et cet appel d'amour » qui débouchent « sur un bonheur aride et magnifique ». « Pour le ciel, il n'était pas né », dit Guibert de l'oiseleur, ce frère de Sisyphe, dont on découvre alors qu'il est de cette race « empêchée de choisir et placée au milieu de beautés si pressantes qu'elle ne peut se résoudre à chercher ce qui surpasse cette splendeur et qui lui donne un sens ».

Ainsi, au travers d'une trentaine d'articles, prend forme une certaine conception de la critique, de la littérature et de la vie ; critique qui prend parti, mais nullement partisane ; refus de mettre le roman au service d'une conviction politique, mais volonté de ne jamais perdre de vue la réalité sociale et la solidarité humaine ; mépris du

---

* Henry de Montherlant a bien voulu me préciser : « Je n'ai pas eu de contact avec Camus, en Afrique. En 1941, il m'écrivit pour une enquête, à laquelle je répondis, mais j'avoue que son nom n'était pour moi, alors, que celui du journaliste. Je ne l'ai rencontré qu'une fois, après la guerre, chez Gallimard, où nous échangeâmes quelques propos de courtoisie. »

conformisme, des préjugés, des compromis « réalistes » et tentation de l'héroïsme, ou pour parler avec plus de mesure, de l'aventure, qu'elle soit individuelle (*Léontieff* de Berdiaieff, 25 juin 1939) ou collective (Heine — même date). La révolte est partout présente (*la Conspiration* de Paul Nizan, 11 novembre 1938) tout comme le sens de la beauté, et déjà il semble que de leur affrontement doive naître un nouveau classicisme, dont *la Revue algérienne* (Jeanne Sicard, René-Jean Clot, Jean Raffi, etc.) et *Aguedal* (Audisio, Bosco, Brua, Guibert, Grenier) hâtent modestement la maturation. Ce n'est pas seulement la poésie, mais aussi bien une certaine forme de pensée absurde qui semble à Camus prendre « un sens plus jeune et une forme nouvelle à vivre sur ces rivages » (28 novembre 1938). Aussi bien *Rivages* prétendra-t-il bientôt rassembler dans une même revue les écrivains de tradition méditerranéenne. Le soleil, la mer, une certaine passion de vivre : de Brua à Guibert, d'Amrouche à Bosco, d'Audisio à René-Jean Clot, de Fréminville à Heurgon et Roblès, les écrivains d'Afrique du Nord ont ces richesses en commun. « À ce peuple neuf dont personne n'a encore tenté la psychologie (sinon peut-être Montherlant dans ses images d'Alger), il faut une langue neuve et une littérature neuve. Il a forgé la première à son usage personnel. Il attend qu'on lui donne la seconde. » (22 novembre 1938.)

On trouvera ci-après :
« La Conspiration », de Paul Nizan.
« Le Pain et le Vin », d'Ignazio Silone.
« La Galère », d'André Chamson.

J'ai joint à ce dossier deux textes parus en 1940 dans *la Lumière*, où travaillait Pascal Pia, et qui relèvent au fond, de la même époque. *La Lumière* était alors un hebdomadaire de gauche, dirigé par Georges Boris.

R. Q.

« LA CONSPIRATION [*] »

DE PAUL NIZAN

IL est difficile de juger un roman comme *la Conspiration*, dont on nous annonce qu'il n'est qu'une introduction à une œuvre plus considérable. Les proportions naturelles à toute œuvre d'imagination y sont faussées. Et ce thème qui nous paraissait significatif prendra peut-être, dans l'ensemble de l'œuvre, une place

---

[*] Éditions de la N.R.F.

secondaire. Ce sont donc des remarques de détail, que nous introduirons à propos de *la Conspiration*.

Il s'agit ici d'une œuvre irritée. Elle est sévère pour la jeunesse, certains de ses jeux, son goût pour la littérature. Rosenthal, Laforgue et quelques autres jouent aux barricades. Ils créent même une belle revue, qu'ils appellent *la Guerre civile*. Et pour se convaincre que c'est sérieux, ils font imprimer une mitrailleuse sur la couverture. Ensuite, ils sont plus à l'aise pour être subtils et très intelligents. On parle de Kant et on mêle Kierkegaard aux guerres de rues. On pourrait trouver la chose inoffensive. Mais Nizan pense que c'est grave, et, à bien voir, c'est lui qui est dans le vrai.

Que Rosenthal invente une conspiration d'allure dostoïevskienne, où ses amis et lui se livreront à une sorte d'espionnage « désintéressé et technique », dans le but de fournir les partis révolutionnaires d'une documentation précise sur l'outillage du capitalisme, qu'il appuie ensuite cette entreprise de savants raisonnements, cela n'est inoffensif qu'en apparence.

Car cette idée, qu'il abandonne dès l'instant où la femme entre dans sa vie, poursuit ses conséquences en dehors de lui et fait risquer le conseil de guerre à l'un de ceux qu'il avait entraînés. Nizan appuie sur cet épisode, et à juste titre. Je dirais bien que cette vue sur le pouvoir meurtrier des idées ravirait M. Benda si je ne craignais pas de déplaire à Nizan. Mais dans tous les cas, il est difficile de ne pas suivre ce dernier dans le jugement qu'il porte sur ses singuliers héros.

Un homme est toujours plus utile à son parti en collant des timbres ou des affiches, qu'en imprimant noir sur blanc de beaux prêches sur la condition de l'homme. Pourtant, il faudrait ici introduire quelques nuances.

C'est une mode aujourd'hui de condamner le romantisme révolutionnaire. Mais rien n'est plus difficile que de séparer, dans un homme, la comédie qu'il se joue et l'instinct profond qui dicte ses actes. Il est courant, par exemple, de dénoncer l'attitude romantique d'un écrivain comme Malraux; seulement la question n'est pas de savoir si Malraux, dans la Révolution, préfère l'épopée à la construction économique (encore que *l'Espoir* soit tout entier une réponse à cette accusation), mais bien de se demander s'il risque sa vie tous les jours pour la façon de voir qu'on lui prête. Et ceci demeure notre seul critérium vérifiable.

Il y a dans tout héroïsme un peu de littérature. Et à force de répudier le romantisme révolutionnaire, il faut craindre de divorcer avec la Révolution elle-même. Nous savons où nous mènent les politiques dites « réalistes ».

Dans tous les cas, rien ne saurait justifier des intempérances littéraires des jeunes gens de *la Conspiration*. Rien, sinon peut-être leur jeunesse. Mais c'est justement le procès de la jeunesse qu'engage Nizan. Ce temps de l'adolescence, si cher aux poètes, reçoit toute sa colère. Et à voir les magnifiques pages que cette fureur inspire, on ne peut douter qu'il s'agisse surtout d'une certaine jeunesse qui fut aussi celle de l'auteur. On n'est jamais si bien irrité que par soi-même. Cette colère, dont les accents résonnent tout au long du roman, c'est contre Nizan à vrai dire que Nizan la retourne, ou du moins contre certaines de ses erreurs de jeunesse.

« Comment sort-on de la jeunesse ? » se demande Laforgue dans le dernier chapitre du livre. Mais la réponse de Nizan a déjà été donnée par l'un des personnages : « Quand, dit ce dernier, cessera-t-on de vivre cette idée qu'il n'y a de dignité que dans le refus ? » Nizan demande un engagement où l'homme se résigne, et avec lui ses préjugés et ses choix. À ce compte seulement, il sera peut-être (on le sent) beaucoup pardonné à Laforgue dans la suite de l'œuvre. Et c'est ainsi que Nizan pose le grand problème des intellectuels de notre temps : celui de l'adhésion.

Nous ne le suivrons pas sur ce terrain. Depuis quelques années, on a beaucoup écrit et discuté autour de l'adhésion. Mais, tout compte fait, c'est un problème aussi futile que celui de l'immortalité, une affaire qu'un homme règle avec lui-même et sur quoi il ne faut pas juger. On adhère comme on se marie. Et quand il s'agit d'un écrivain, c'est sur son œuvre que l'on peut juger des effets de l'adhésion.

Malraux, qui adhère, est un grand écrivain. On aimerait pouvoir en dire autant d'Aragon. Et d'un autre côté, M. Henry Bordeaux n'a jamais songé à l'adhésion, ce qui n'ajoute rien à son talent, qui reste médiocre. Montherlant, qui se refuse à tout enrégimentement, demeure un des plus étonnants prosateurs du siècle. Nizan enfin, partisan et partisan provocant, est un écrivain de race et le prouve, des *Chiens de garde* à *la Conspiration*.

En tout cas, c'est ici que prendront fin ces réflexions. Car il faut savoir gré à Nizan de ne pas sacrifier l'artiste au partisan. Le livre fermé, c'est par de précieux échos qu'il se prolonge en nous. Et comment oublier certaines pages sur le vieux Paris avec ses cours où, sur les pavés gluants de pluie, l'herbe se mêle aux fragments de statue; ou telle évocation de l'île de Naxos avec ses paysages dorés et fraternels à l'homme ?

C'est ici sans doute que s'arrête la colère de Nizan. Rosenthal se suicide à cause de l'abandon d'une femme qu'il n'aime pas, Pluvinage est transformé par l'humiliation en indicateur de police, Laforgue reste plus seul que jamais après cette orgie de littérature, et, du sein de ces vies prétentieuses et ratées, monte une leçon de solitude et de communion mêlées.

L'homme n'est pas si mauvais puisque à certaines heures il se retrouve devant les paysages de son cœur, et puisqu'il sait pleurer, comme Laforgue, devant les dépouilles de son ami et de sa jeunesse. Peut-être est-ce alors la leçon de l'œuvre qui suivra, qu'une adolescence peuplée de vanités est la meilleure école d'un homme digne de ce nom. Et peut-être encore Laforgue, conscient de tant d'erreurs, sera-t-il mieux armé pour retourner aux hommes, dès l'instant où il ira vers eux, délesté d'orgueil et plus riche d'humilité.

Albert Camus.

Alger républicain, 11 novembre 1938.

« LE PAIN ET LE VIN »
d'ignazio silone

Les Éditions Grasset viennent de nous donner une excellente traduction du roman d'Ignazio Silone, *le Pain et le Vin*. Là encore, il s'agit d'une œuvre engagée dans les problèmes de l'heure. Mais le mélange de détachement et d'angoisse avec lequel ces problèmes sont abordés permet de saluer, dans *le Pain et le Vin,* une grande œuvre révolutionnaire. Et ceci à plusieurs titres.

Tout d'abord, ce roman est sans doute celui d'un antifasciste. Mais le message qu'il porte dépasse l'antifascisme. Car ce révolutionnaire exilé pendant des années, après s'être évadé d'un camp de concentration, s'il revient en Italie et s'il découvre toujours des motifs de haïr le fascisme, y trouve en même temps des raisons de douter. Non de sa foi révolutionnaire sans doute, mais de la façon dont elle s'exprimait. Un des passages culminants de ce livre est sans doute le moment où Pietro Sacca, le héros, au contact de la vie élémentaire des paysans italiens, se demande si les théories dont il a travesti l'amour qu'il portait à ce peuple ne l'ont pas éloigné de ce peuple lui-même. C'est par là qu'on peut estimer que cette œuvre est révolutionnaire. Car une telle œuvre n'est point celle qui exalte les victoires et les conquêtes, mais celle qui met à jour les conflits les plus angoissants de la Révolution. Plus ces conflits seront douloureux et plus ils seront agissants. Le militant trop vite convaincu est au vrai révolutionnaire ce que le bigot est au mystique. Car la grandeur d'une foi se mesure à ses doutes. Et celui qui envahit Pietro Sacca, aucun militant sincère, issu du peuple et résolu à défendre sa dignité, ne peut le méconnaître. Cette angoisse qui saisit le révolutionnaire italien est celle-là même qui donne au livre de Silone son éclat sombre et son amertume.

D'autre part, il n'est point d'œuvre révolutionnaire sans qualité artistique. Ceci peut paraître paradoxal. Mais je crois que si l'époque nous enseigne quelque chose à cet égard, c'est que l'art révolutionnaire ne peut se passer de grandeur artistique, sans retomber aux formes les plus humiliées de la pensée. Il n'est point de milieu entre la basse propagande et la création exaltante, entre ce que Malraux appelle « la volonté de prouver » et une œuvre comme *la Condition humaine*.

Le Pain et le Vin répond à cette exigence. Ce livre de révolté est coulé dans la plus classique des formes. Une phrase courte, une vision du monde à la fois naïve et réfléchie, des dialogues naturels et serrés, donnent au style de Silone une vibration secrète qui transparaît jusque dans la traduction. Si le mot poésie a un sens, c'est ici qu'il le retrouve, dans ces tableaux d'une Italie éternelle et rustique, dans ces pentes plantées de cyprès et ce ciel sans égal, et dans les gestes séculaires de ces paysans italiens.

Retrouver le chemin de ces gestes et de cette vérité, et d'une philosophie abstraite de la révolution revenir au pain et au vin de la simplicité, c'est l'itinéraire d'Ignazio Silone et la leçon de ce roman. Et ce n'est pas sa moindre grandeur que de nous inciter, nous aussi, à retrouver, à travers les haines de l'heure, le visage d'un peuple fier et humain qui demeure notre seul espoir de paix.

ALBERT CAMUS.

Alger républicain, 23 mai 1939.

« LA GALÈRE »

D'ANDRÉ CHAMSON

On connaissait déjà *la Galère* par sa publication dans la *Nouvelle Revue Française*. À la relecture, on est encore plus sensible à l'espèce de réussite dont ce roman fait la preuve. Son propos est, en effet, de faire une œuvre d'art de la nuit du 6 Février.

Je ne sais pas si cette nuit est historique. Elle n'est pas assez loin de nous pour s'estomper derrière la légende. Elle n'est plus assez proche pour que nous la défigurions de nos passions. Et justement, c'est peut-être l'instant de la juger avec clairvoyance. Aucun jugement de ce genre, en tout cas, ne saurait se passer du témoignage direct et évocateur d'André Chamson.

Sans doute, *la Galère* nous présente un peu trop l'émeute du 6 Février comme une manifestation cohérente tout entière menée par les amis de M. de La Rocque. Il y a du vrai dans cette vue. Et c'est ainsi que, peut-être, cette journée entrera dans l'Histoire. Mais, comme toujours, la réalité est à la fois plus simple et plus compliquée. Car ce jour-là, il y avait aussi des hommes de gauche et des communistes parmi les manifestants. C'est après coup que le sens de cette manifestation fut reconnu et que le 12 Février vint comme une réplique.

Au demeurant, l'intérêt du livre ne porte pas sur un

point d'histoire. Le roman historique — qui n'est pas l'histoire romancée — est un genre difficile. Et plus encore peut-être le roman d'actualité. Voilà pourquoi j'ai parlé de réussite. Car l'actualité n'offre une matière au créateur que dans la mesure où elle suscite des problèmes « inactuels » qui lui donnent son sens. Autant dire qu'elle n'est valable qu'une fois dépassée.

Et Chamson l'a bien compris qui a pris surtout comme thème de son roman la répercussion de l'émeute sur deux intellectuels qui s'étaient tenus, jusque-là, à l'écart du combat. Il est juste, en effet, de penser que le grand mouvement des intellectuels français vers l'adhésion date de février 1934. Car, à cette époque, il s'est créé, en France, un climat de panique et de haine qui multiplia chez tous le sens d'une responsabilité peut-être illusoire.

Nous avons tous connu cette époque ignoble de la guerre des journaux, ces trajets d'autobus où, par-dessus les manchettes de *l'Humanité* ou de *Gringoire*, des yeux se défiaient sans se connaître. Les intellectuels ne pouvaient y échapper. Et ce qui fait l'émotion de *la Galère,* c'est justement que, de cet entraînement, Chamson a senti et dit la nécessité et le caractère douloureux.

L'amitié est un beau sujet. L'amitié trahie pour la politique est un sujet actuel. Et c'est un drame de l'amitié qu'il faut surtout voir dans *la Galère.* Pour tout ce qui touche aux sentiments virils, Chamson possède un art très personnel. Ce goût de la vie rude et forte, des sentiments simples de l'homme aux prises avec les barrières artificielles de l'esprit (si évident par exemple dans *l'Année des vaincus*), voilà ce qu'on retrouve dans son dernier roman. À l'occasion de l'actualité ? Sans doute. Mais cette confrontation entre une agitation périssable et quelques sentiments éternels donne le ton et la grandeur de l'ouvrage.

Cette galère à la dérive et remplie de cris insensés, que fut Paris en 1934, Chamson lui a donné sa charge d'amoureux, d'escrocs et de cœurs fiers. Elle nous donne ainsi une image brève et flamboyante de ce qu'est l'Histoire selon l'auteur : un épisode dérisoire dont la vie finit toujours par triompher.

Albert Camus.

Alger républicain, 23 mai 1939.

MAURICE BARRÈS
ET LA QUERELLE DES « HÉRITIERS »

MAURIAC, MALRAUX, MONTHERLANT,
LOIN DU « JARDIN DE BÉRÉNICE »...

La querelle des « héritiers de Barrès » est instituée. Qui dans notre génération est digne de ce nom ? Voilà le grand débat que, malgré la pureté de ses intentions, M. Mauriac vient de soulever par un récent article. Pourtant, avec la sensibilité de jugement qui lui est propre, il se bornait à dire qu'il ne voyait pas de successeur à Barrès ou plutôt que les vrais héritiers de Barrès seraient sans doute désavoués par lui. Et il citait, d'une façon qui n'était paradoxale qu'en apparence, Malraux, Montherlant, Aragon et Drieu la Rochelle. Mais d'un autre côté, M. Henry Bordeaux et quelques journaux dont *le Matin* et *l'Action française* ont levé leurs boucliers. Dans la filiation qu'évoquait M. Mauriac ils auraient reconnu, à la rigueur et par suite d'un malentendu, Drieu la Rochelle. Mais Montherlant, Malraux et Aragon, cela sonne hérétique. D'où : articles, démonstrations et citations au titre de grands barrésiens dont celle, assez inattendue, des frères Tharaud.

La querelle vaut la peine qu'on s'y arrête. Et, bien qu'elle soit un peu étrangère aux soucis de l'heure, elle nous y ramène cependant dès qu'on la pousse un peu. Car on voudrait ressusciter Barrès et Barrès n'a plus rien à faire parmi nous. Dans les écrivains qui se font ses défenseurs ou que *l'Action française* lui assigne comme successeurs, on chercherait en vain cette qualité d'âme et cette solitude du cœur qui fait l'attirance du visage barrésien. Dans ceux cités par M. Mauriac qui nourrissent cette solitude et rendent sensible cette qualité, il n'y a qu'éloignement envers Barrès tout entier. Ce paradoxe si essentiel à l'écrivain lorrain, la querelle d'aujourd'hui l'illustre à merveille. Ceux qui se réclament de lui ne sont pas dignes de son œuvre. Et ceux qui sont dignes de cette œuvre ne se réclament point de lui. Car, de Barrès à sa création, il y eut toujours un fossé sensible qu'il ne combla qu'à partir du moment où il fit un monde à son image et non pas à l'image de ses nostalgies. Et, à ce moment précis, son œuvre perdit toute valeur.

Je crois qu'il est bon de distinguer entre des œuvres de nostalgie et des œuvres de vie. Celle de Barrès appartient aux premières. Son paradis perdu, c'était cet univers de sang, de volupté, et de mort, ce monde brûlant et solitaire dont il ne fut jamais l'un des princes, quoi qu'il en eût. Le rêve chez lui n'était pas le frère de l'action. Il n'en était que le mirage. Et ce héros qu'il concevait, Barrès était incapable de le devenir. Il avait, à cet égard, plus d'esprit que d'âme.

Ce hiatus a fini par s'ouvrir dans l'œuvre même de Barrès, entre les premiers livres et les dernières polémiques. Et même aujourd'hui, on le sent si largement ouvert, si évident, que M. Henry Bordeaux lui-même essaie de le légitimer en déclarant qu'il faut comprendre la leçon barrésienne selon quoi la fin de l'individu est de rejoindre le groupe social. Ce qui est vrai ou faux, mais figure à coup sûr une erreur de raisonnement chez M. Bordeaux. Car il donne comme argument ce qu'il s'agit de démontrer. Il y a en effet plusieurs façons de rejoindre le groupe et la question est de savoir si celle de Barrès peut convenir en même temps à l'« ennemi des lois ».

Fait significatif, ce sont ceux qui ont le plus subi son influence qui se sont retournés contre lui avec le plus de violence — comme si ayant aimé d'abord ce solitaire de race royale dont il proposait l'image, ils avaient reproché ensuite à son créateur de ne pas assez ressembler à ce fils spirituel. Je citerai à peine André Gide. Mais, on le sait, ce qu'on a dit de plus profond, de plus juste et de plus dur sur Barrès, c'est Montherlant qui l'a formulé. Justement peut-être parce que dans sa génération il était l'un des mieux préparés à vivre cette vie de prince du corps et de l'esprit dont Barrès sentait seulement la nostalgie. On sentira mieux la différence essentielle qui sépare ces deux hommes en comparant leurs patriotismes, l'*Équinoxe de septembre* aux harangues de la grande guerre. Le divorce ici ne porte que sur deux choses : la qualité et la clairvoyance d'âme.

C'est pourquoi on peut dire sans doute qu'entre Barrès, Montherlant et Malraux la filiation est sensible.

Mais il n'y a aucune commune mesure entre leurs œuvres respectives. Et il y a tout le passé qui sépare l'écriture artiste du vrai style, l'écrivain de l'homme et, comme dirait Mac Orlan, l'aventurier passif de l'aventurier actif. C'est en cela qu'on ne peut suivre absolument M. Mauriac tout en admirant la sûreté de son jugement. Et c'est en cela aussi qu'il faut désavouer les prétentions de M. Henry Bordeaux et du chroniqueur d'*Action française*. Le destin de Barrès, malgré M. Mauriac, n'excite pas la pitié. Il est assez commun. C'est celui d'un écrivain désavoué par sa création même. Il avait l'imagination plus forte que le sang et ceci, dans un certain ordre de valeur, ne peut se pardonner. La dure condamnation portée par Montherlant doit être reconnue, à cet égard, comme légitime.

Mais peut-être y a-t-il une autre leçon à tirer de cette querelle. Car en l'espèce les journaux dont j'ai parlé continuent un petit jeu dont la droite et l'extrême-gauche ont beaucoup abusé avant la guerre : celui des annexions littéraires. Et, pour être franc, leur grande préoccupation semble être aujourd'hui de savoir si Barrès autorise Montherlant ou légitime M. Maurras. Ce jeu est puéril, comme il est ou était puéril de vouloir communiser ou nazifier Nietzsche, et dégermaniser Mozart. Car Montherlant et Maurras, pour des raisons différentes et inégalement estimables, n'ont aucun besoin de l'autorisation de Barrès. C'est malgré lui que le premier Barrès voit ses valeurs perpétuées dans l'univers absurde et magnifique d'André Malraux. C'est malgré lui que le second Barrès se voit défendu par M. Henry Bordeaux. Et je ne sais pas si l'auteur des discours de 1914 peut être flatté de tels défenseurs. Mais, à coup sûr, l'homme qui écrivit *le Secret de Tolède* ne peut être que grandi par des hommes qui, de Malraux à Montherlant, ont transformé en une exaltante règle de vie l'éthique que lui-même n'avait magnifiée que sur le papier.

Et puisque les circonstances font que le débat s'est institué autour d'un exemple vivant et non sur un cas littéraire, alors il est nécessaire d'être net. On doit le dire maintenant : à sa façon, qui fut émouvante quelquefois, Barrès a été un esthète du patriotisme comme il le fut de l'individualisme. C'est la seule constance profonde qu'on puisse lui reconnaître. Quel que soit son parti cependant, ce genre d'hommes nous est aujourd'hui inutile. Ni la vraie guerre ni surtout la vraie paix ne se sont jamais faites dans le jardin de Bérénice.

Albert Camus.

La Lumière, 5 avril 1940.

JEAN GIRAUDOUX
OU BYZANCE AU THÉATRE

Le théâtre français vit sur un paradoxe à propos duquel il est peut-être temps de réfléchir. Nous avons quelques-unes des meilleures scènes d'Europe, sinon les meilleures. Et depuis l'autre guerre nous n'avons pas une seule œuvre dramatique qui puisse compter comme telle. Nos metteurs en scène sont parmi les plus grands, mais nos auteurs ne les ont point aidés. Et l'on dirait que ce n'est point tant le sens du théâtre qui nous manque aujourd'hui que celui de l'œuvre dramatique qui, pourtant, ne devrait pas s'en séparer. Il est difficile de dire à quoi est dû ce divorce. Mais il est aisé de voir qu'il existe et, partant, ce serait péché que de ne pas le dénoncer chaque fois que l'occasion s'en présente.

Il ne s'agit pas ici des pièces dites « de boulevard », qui ont fait leur temps et qui, pour rester indulgent, sont seulement des amusettes parisiennes. Il y a peu à dire également d'une certaine catégorie d'auteurs dramatiques français, spécialisés dans le genre « âpre » et appliqués à rendre aussi sensible que possible la décomposition d'une classe ou d'un milieu. Ce théâtre relève selon les cas de la plaisanterie, du simple dialogue ou de l'exercice.

Mais il est plus significatif de se référer au seul auteur dont les pièces soient aujourd'hui consacrées par le succès et le talent, à qui il soit difficile de nier une vocation profonde et qui, par ailleurs, s'installe dans l'actualité à la fois par la place exclusive qu'il a prise dans le monde théâtral et par l'affiche qu'il tient encore sur une de nos plus grandes scènes. On a compris qu'il s'agissait de M. Jean Giraudoux et des représentations d'*Ondine*.

On ne se donnera pas ici le ridicule de parler d'une pièce reprise à Paris après avoir été applaudie pendant de longs mois. Mais le succès continu dont elle jouit encore rend plus sensible peut-être le paradoxe dont je parlais plus haut et autorise dans une certaine mesure des réflexions plus larges sur nos conceptions actuelles du théâtre.

Car enfin personne ne peut nier à M. Giraudoux la qualité, la sensibilité toujours, l'émotion quelquefois. Et cependant, à qui demande au théâtre quelque chose de plus qu'une griserie passagère ou le sourire de l'intelligence éveillée, son œuvre dramatique ne peut apporter que déception. On sent bien dans quel esprit cette opinion s'exprime. On ne saurait trop se réjouir en effet qu'un écrivain vienne au théâtre avec le souci du style et tous les scrupules qui font le talent. Et pour une fois où cette aventure survient dans une époque ou cet art est avili par les journalistes de la littérature on voudrait pouvoir adhérer pleinement à une expression qui, du moins, n'est jamais vulgaire. Cependant le théâtre a ses lois qui ne semblent pas être celles de M. Giraudoux, si l'on en juge à cette étrange déception qui, pour certains, suit tous ses spectacles.

·Il est toujours vain de réduire un art à une seule esthétique. Mais il n'en reste pas moins que chacun d'entre eux obéit à des mouvements qui lui sont propres. L'obéissance à ces mouvements, l'humilité devant des règles qui servent l'écrivain de retour, font les conditions du chef-d'œuvre. Et le théâtre justement est un art trop singulier pour qu'on puisse rejeter ses servitudes.

Jusqu'au jour de la première représentation, une œuvre dramatique est un peu comme la Belle au bois. Elle n'est rien sans le prince qui vient la réveiller. Et que celui-ci soit Dullin, Jouvet ou Copeau, il ne peut encore rien à lui seul et il lui faut une multitude de monstres qui sont autant les acteurs que les machinistes et les électriciens. Que le théâtre figure la réalisation collective de la pensée d'un seul, voilà qui montre quelle est sa vérité profonde et la réussite qui en est contemporaine. A l'égard de ceux qui l'applaudissent comme envers ceux qui le font vivre, cet art est soumis au suffrage universel. Et les sentiments qu'il illustre doivent, en conséquence, recevoir l'accord de tous. Ce qui compte au théâtre, par suite, c'est l'évidence et l'action. Le côté élémentaire fait, au reste, sa noblesse et si un art se mesure, comme on peut le croire, aux difficultés contradictoires qu'il présente, celui-là est un des plus grands, qui demande à l'artiste d'être évident sans être plat, simple sans vulgarité et vivant sans grandiloquence.

Et c'est ainsi que, malgré M. Giraudoux, le propre des grandes œuvres dans ce domaine c'est d'illustrer un grand sentiment qui marche sans arrêt vers sa fin. Ce sont des thèmes de feuilleton que Shakespeare la plupart du temps illustra. Mais ce drame du mari trompé, par la force convaincante du génie théâtral, devient Othello.

Cette histoire de police et de revenants, Hamlet, et, sur un autre plan, cette aventure d'une belle-mère amoureuse nous donne Phèdre. Ainsi encore, le secret particulier au grand théâtre c'est de se situer un lieu géométrique du familier et de l'inhumain. Car c'est par ce jour exclusif qu'il jette sur des passions bien humaines qu'il s'éloigne le plus de la réalité. Et par un paradoxe émouvant et singulier, c'est avec des matériaux tirés du cœur de l'homme qu'il édifie ce monde à part, ce plateau merveilleux où les dieux, pour quelques heures, surgissent et parlent.

La solitude des grands sentiments, c'est le thème dramatique par excellence. Hamlet et Othello sont des spécialistes de la passion, si l'on entend par là qu'elle est leur exercice exclusif et que rien ne les touche plus de ce qui dans la vie quotidienne distrait l'homme de lui-même : entrer dans un restaurant ou changer de linge. Cette constante caricature de la passion explique peut-être quelques-uns des artifices dramatiques de tous les temps, ceux qui servent à exprimer un sentiment ou un personnage type : le masque grec, la stylisation du « No » japonais, les symboles eschyliens, Iago en face d'Othello ou l'« invitus invitam » qui résume toute une tragédie. Ainsi le plus élémentaire des arts, par sa simplicité même, peut devenir le plus lointain et le plus nostalgique. Ainsi, par ce jeu des corps et des lumières, cette précipitation d'hommes violemment colorés vers la consommation finale, les tragédies les plus humaines enlèvent le spectateur au-dessus de lui-même. Le corps est ici le serviteur de ses propres passions, l'acteur interprète d'un destin qui appartient à tous et à personne.

Ce mouvement unique, cette force, sa logique sans raison, cette conséquence aveugle et implacable, font le théâtre et son retentissement universel. Des vies entamées et conclues en trois heures, l'absurdité essentielle qui précipite les héros dans des conclusions que les hommes éludent, ces figures à la fois familières et disproportionnées ont défini un monde où les jeux de l'esprit cèdent la place aux raisons du corps et de ses passions. Comment alors un art fait de subtilité et de délicatesses trouverait-il sa place dans cet univers sans nuances ?

Le théâtre, malgré les apparences et malgré M. Giraudoux, ne peut pas être un jeu. Ou alors il n'est que cela, et le plus passionnant de tous. Mais tragique ou non, cet art est toujours sérieux. On pourrait croire justement que tout l'effort de M. Giraudoux est de ne point prendre et de ne pas faire prendre le théâtre au sérieux.

Au lieu d'obéir aux lois d'un art élémentaire et puissant, M. Giraudoux, au contraire, a mis la conscience sous les projecteurs et la psychologie devant la rampe. Et cet éclairage blanc et muet que Jouvet sut donner à *Électre* figure assez bien l'essentiel d'une œuvre qui semble être le renouvellement et qui n'est que la négation du théâtre. M. Giraudoux a découpé en actes la philosophie qui lui est propre. Et, par un malentendu qu'on s'explique mal chez un auteur aussi averti, il a cru qu'on pouvait confondre le mouvement dramatique et les songeries de l'intelligence.

Tout l'art de M. Giraudoux est de remplacer les grands thèmes de la fatalité par les acrobaties de l'intelligence. Et peut-être le sentait-il lui-même puisqu'il a si souvent demandé aux tragiques grecs le cadre rigide et émouvant dont il avait besoin mais que, par son manque de force profonde, il ne pouvait songer à forger. Tout le sens d'*Électre* réside peut-être dans la disproportion que l'on sent entre le thème éternel de la vengeance et les grâces mélancoliques que M. Giraudoux y surajoute. Mais aucun art ne saurait trouver son compte à ce mélange d'esthétiques.

Pour *Ondine* du moins la chose est claire. Car, ici, Giraudoux s'est privé d'Eschyle et l'on assiste alors à la décomposition d'un art réduit à lui-même. Car de ces trois actes, remplis à craquer de discours et de pointes, un seul peut-être, le troisième, garde quelque vérité. Mais le deuxième est le plus significatif. Il n'est tout au long qu'une théorie sur ce que le théâtre devrait être. Et si ingénieuse que soit cette théorie dans ses illustrations, elle n'en reste pas moins aussi éloignée du vrai théâtre que l'esthétique peut l'être de la création. M. Giraudoux, ici, met en scène les intentions qu'il a et toute son œuvre à la vérité ne semble jamais qu'une longue promesse qui n'est jamais tenue. Quand le chambellan, à la fin du deuxième acte, demande un entracte aux jeux du magicien et que le rideau tombe sur le véritable entracte, la preuve est faite par cet artifice que M. Giraudoux s'amuse et que personne ne peut prendre au sérieux cette histoire où l'acteur devient public quand le public lui-même ne se sent jamais acteur.

Dans un récent article de la *N. R. F.*, Jean-Paul Sartre démontrait, avec la profondeur qu'on lui connaît, que l'art romanesque de M. Giraudoux n'est qu'une illustration de la métaphysique d'Aristote. Il est difficile de dire quelle est la part de jeu ou de dédain que cette démonstration comportait. Il est aisé, au contraire, d'en sentir la vérité. Mais l'Aristote de M. Giraudoux est déjà passé par Alexandrie. L'afféterie a fait son œuvre. Si la grâce, l'esprit, le conventionnel et le charmant peuvent convenir à la rigueur au roman, ils sont la négation même du théâtre, qu'Aristote, démentant par avance le plus élégant de ses illustrateurs, enfermait dans les catégories de pitié et de terreur. Et qui donc parmi tous ceux qui ont applaudi *Électre* et *Ondine* s'est senti projeté hors de lui-même par une horreur sacrée ?

Que l'un des écrivains les moins faits pour le théâtre soit aujourd'hui consacré grand dramaturge, cela démontre justement à quel point cet art est méconnu. *Électre* le faisait pressentir, *Ondine* en apporte la preuve. L'émotion y court, puis s'arrête. Le mouvement s'ébauche et tourne court. L'intelligence ici ne sert qu'elle-même et c'est en vain qu'on attend, qu'on espère et qu'on poursuit un peu de cette chaleur humaine et de cette divine passion qui nous faisait aimer également Hamlet et Iago. Au terme de ce feu d'artifice, de ces jeux chatoyants de l'esprit, au moment même où Hans, avant de mourir, sait trouver des accents venus du cœur pour quitter le poème où il apparaissait comme un étranger, le cœur se serre un peu. Mais, c'est autant le destin du chevalier dépassé par l'amour qui nous émeut que les signes de ce que *Ondine* aurait pu être, et cette nostalgie singulière qui prolonge les chefs-d'œuvre manqués.

ALBERT CAMUS.

La Lumière, 10 mai 1940.

LE MYTHE DE SISYPHE

I

COMMENTAIRES

En mai 1936, Camus consigne dans ses cahiers intimes un programme de conduite et un programme de travail qui comprennent notamment les articles suivants : « Œuvre philosophique : l'absurdité. Œuvre littéraire : force, amour et mort sous le signe de la conquête. Dans les deux, mêler les deux genres en respectant le ton particulier. Écrire un jour un livre qui donnera le sens. Et sur cette tension : l'impassibilité — Mépriser la comparaison*. »

Ces thèmes sont révélateurs de l'admiration que le jeune militant porte alors à Malraux. L'auteur des *Conquérants*, de *la Voie royale*, de *la Condition humaine*, du *Temps du mépris* est d'ailleurs cité dans une note suivante : « Un essai sur la mort et Philosophie-Malraux », comme il l'est fréquemment au cours de la même période (avril 1937, p. 47 : « Essai sur Malraux »). Dans les romans de ce grand aîné, Camus trouve, comme une illustration poignante de ses propres hantises, la dénonciation de notre sort tragique et dérisoire : « C'est après ce procès, déclare le héros des *Conquérants*, que l'impression d'absurdité que me donnait l'ordre social s'est peu à peu étendue à presque tout ce qui est humain. » « Absurde, précise-t-il, je ne veux nullement dire déraisonnable. » « Être un homme, songe le héros de *la Voie royale*, encore plus absurde que d'être un mourant. » Camus médite non seulement l'œuvre de Malraux, mais encore le commentaire qu'en donne un critique pénétrant : on trouve dans les *Carnets*, comme on trouvera dans *le Mythe de Sisyphe*, l'écho des articles recueillis par Rachel Bespaloff dans *Cheminements et Carrefours* (Vrin, 1938). Au reste, il tire également parti des études figurant dans le même ouvrage et consacrées à « Julien Green, Gabriel Marcel, Kierkegaard ou Chestov devant Nietzsche ».

Montherlant est souvent invoqué dans les *Carnets*. *Aux fontaines du désir* et *Service inutile* exaltent le culte de l'action dans la conviction de sa vanité, — la passion de soustraire au temps une parcelle d'éternité par la frénésie sensuelle comme par le renoncement ascétique, — l'affrontement lucide de la mort et le refus du recours au divin.

---

* *Carnets I*, mai 1935-février 1942, Gallimard, 1962, p. 40.

Ces accents, tantôt lyriques, tantôt cyniques, exacerbent la sensibilité de Camus. « J'embrasse l'absurde, ô mon âme », ce défi retentit en lui comme un appel.

Parmi les romanciers étrangers, Dostoïevski est celui qu'il préfère. Ce qui le fascine, chez l'auteur des *Possédés* et des *Frères Karamazov*, c'est moins la complexité des personnages ou l'atrocité de l'action que l'importance accordée aux origines modernes de notre désarroi métaphysique et moral. « J'ai d'abord admiré Dostoïevski, écrira-t-il plus tard*, à cause de ce qu'il me révélait de la nature humaine ... Mais très vite, à mesure que je vivais plus cruellement le drame de mon époque, j'ai aimé dans Dostoïevski celui qui a vécu et exprimé le plus profondément notre destin historique. » Pour Kafka, Camus éprouve un attrait puissant. L'étude qu'il lui consacre à vingt-cinq ans, et dont le rôle dans l'histoire du *Mythe de Sisyphe* est important, projette l'éclairage de la sympathie sur l'étonnement renaissant avec lequel l'individu saisit l'incompatibilité qui sépare ses propres inclinations et les manifestations de l'univers physique et social. De Melville, qu'il découvre vers cette époque, et qu'il fréquentera assidûment plus tard, lorsqu'il préparera *la Peste,* il retient surtout les images qui confèrent la puissance du mythe aux luttes sans espoir que des héros indomptables poursuivent contre les éléments**.

Camus a reçu de son maître Jean Grenier des leçons de pensée qui se prolongent en leçons de vie. C'est à lui qu'il doit d'ériger l'indifférence en hygiène contre les excès du plaisir ou de l'engagement ; c'est de lui qu'il apprend que l'évidence sensible n'est qu'une évidence partielle, et que, pour fonder la sagesse, la raison exploite ses meilleures chances quand elle reconnaît ses limites. Sous la direction de son professeur à la Faculté, M. Poirier, il s'attache, à l'occasion de son diplôme d'études supérieures (mémoire intitulé *Métaphysique chrétienne et Néoplatonisme*), à scruter le problème du mal, de la liberté et de la grâce, sous la lumière de Plotin et de saint Augustin. Ce travail le conduit à approfondir sa connaissance de Pascal. Dans le même temps, sa curiosité s'oriente vers Kierkegaard, Nietzsche, Chestov, Husserl, Heidegger, Jaspers. L'élan qui pousse Kierkegaard à déceler au fond de son angoisse des motifs de transgresser l'angoisse lui offre l'exemple d'un paradoxe qu'il adaptera à ses propres fins ; il semble cependant que, jusqu'à la guerre, il connaisse surtout, outre les *Riens philosophiques* (Gallimard, 1937)***, le *Traité du désespoir* (dont la traduction donnée par Jean Gateau chez Gallimard en 1932 comporte une introduction précieuse pour

---

* *Pour Dostoïevski*, 1955. Cf. Albert Camus, *Théâtre, Récits, Nouvelles*, Bibliothèque de la Pléiade, 1962, p. 1879.

** Cf. *Carnets I*, hiver 1941-1942, p. 250 et *Théâtre, Récits, Nouvelles*, pp. 1899 *sq*.

*** Cf. *Carnets I*, 23 septembre 1937, p. 83.

ses allusions au *Journal*). Au contact de Nietzsche, dont il lit, très jeune, la plupart des œuvres, il avive sa défiance à l'égard des étroitesses de la morale traditionnelle et s'attache à fonder sur le dépassement de soi un nouvel ordre de valeurs. Chestov, exégète passionné de Pascal, Kierkegaard, Dostoïevski, l'incitent, notamment avec *les Révélations de la mort* (Plon, 1923) et *le Pouvoir des clefs* (Éditions de la Pléiade, 1928) à tenir pour légitimes, face aux incohérences du monde, non les démarches ambitieuses de la pensée claire, mais les cheminements modestes de la pensée obscure. Quant aux phénoménologues et aux existentialistes d'outre-Rhin, il les approche surtout par l'intermédiaire de Georges Gurvitch dont il pratique *les Tendances actuelles de la philosophie allemande* (Vrin, 1930).

Très tôt, Camus envisage de donner à ses réflexions philosophiques une forme didactique. Après les écrits de caractère personnel recueillis dans *l'Envers et l'Endroit* et dans *Noces*, il lui convient d'organiser son œuvre simultanément sur trois registres : celui du roman, avec *la Mort heureuse,* qui fera place à *l'Étranger,* — celui du drame, avec *Caligula,* — celui du traité, avec l'ouvrage projeté. En avril 1938, il mentionne cette dernière tâche parmi celles qu'il se propose pour l'été*. Toutefois ses obligations journalistiques, ses activités théâtrales, ses travaux littéraires (*Caligula* sera terminé en décembre) ne permettent guère au traité de progresser. En janvier 1939, il en est encore au stade des recherches**.

Le Mythe de Sisyphe n'aurait cependant pas été conçu, si Camus n'avait pas eu alors à se mesurer lui-même avec l'absurde. En 1936 et 1937, écarté par la maladie des objectifs qu'il avait choisis, voué à la routine de besognes alimentaires, déçu dans ses adhésions politiques, meurtri par son échec conjugal, Camus a pu être frôlé par la tentation du suicide. 1938 et 1939 (cette année, du moins, jusqu'en septembre) lui rendent quelque confiance dans la capacité de l'homme à faire front devant l'inévitable. *Le Mythe* se construit peu à peu sur le thème du défi lucide qu'oppose à une inculpation injuste notre refus de toute assistance surnaturelle et de toute revanche posthume.

Le déclenchement des hostilités et la « drôle de guerre » donnent à ce débat métaphysique un enjeu charnel. À Paris, où il est, depuis mars 1940, secrétaire de rédaction à *Paris-Soir,* puis à Clermont-Ferrand où il se replie avec le journal***, il travaille simultanément au roman et au traité. Il finit *l'Étranger* en mai**** et la première

---

* *Carnets I*, p. 112.
** *Carnets I*, pp. 144 et 145.
*** Le manuscrit du *Mythe,* que j'ai eu la bonne fortune de consulter grâce à l'obligeance de M. le professeur Millot, est rédigé, pour le premier tiers, au verso de feuilles d'un papier grisâtre, dont quelques-unes portent, frappé au timbre rouge, le cachet : « *Paris-Soir,* 57, rue Blatin, Clermont-Ferrand. »
**** *Carnets I*, p. 215.

partie du *Mythe* en septembre*. Après un séjour à Lyon, il arrive au terme de sa tâche à Oran, le 21 février 1941, et lance alors ce cri de soulagement : « Terminé *Sisyphe*. Les trois *Absurdes* sont achevés**. Commencements de la liberté***. »

Depuis longtemps, l'attention de Camus avait pu être attirée vers l'hôte du Tartare. Sans doute Gide, dans ses *Considérations sur la mythologie grecque*, n'évoque Sisyphe qu'à propos d'Ulysse, son fils, « pérégrin inlassable »; mais il se plaît à avancer, contre l'interprétation classique, que l'enseignement de la Fable est, avant tout, fait de « vérité psychologique**** ». Montherlant, à son tour, bien qu'il confonde la pierre avec la roue et Sisyphe avec Ixion, souligne « la concordance des mythes grecs avec la réalité la plus intime de l'âme***** ». Jean Grenier, marquant la sévérité de la pensée antique à l'égard des mortels qui rivalisent avec les dieux, note sous forme de boutade : « On parle toujours du mythe de Prométhée en oubliant de citer son dénouement, qui en est la principale partie. Et on ne parle jamais de Sisyphe******. » Camus a pu se promettre de tenir cette gageure. Obscurité des motifs de la condamnation, cruauté d'un châtiment fondé sur la répétition et la stérilité, propension des instruments du destin à déjouer les efforts de la victime — et, sous cette iniquité des choses, équanimité de l'homme — tout, dans l'aventure de Sisyphe, l'aspect « amont » comme l'aspect « aval », se prête à illustrer la tension dramatique de l'absurde. L'idée de présenter le personnage non par allusion, mais en acte devait être tentante pour le jeune philosophe qui écrivait en janvier 1936 : « On ne pense que par image******* » et qui consignait en décembre 1937, après la lecture du livre de Spengler, *le Déclin de l'Occident* quelques réflexions aiguës sur la signification du mythe********. Parmi les types absurdes, Sisyphe allait occuper une place privilégiée, l'attrait de la légende donnant son éclat aux pages terminales. Jusqu'à l'achèvement de la première partie, Camus désigne l'ouvrage en cours d'élaboration par les mots : « l'Absurde » ou « le traité sur l'Absurde ». Il est symptomatique que ce soit à l'occasion de la rédaction des dernières parties, c'est-à-dire entre septembre 1940 et février 1941, que l'histoire exemplaire de Sisyphe ait fourni son titre au livre entier.

Au cours de l'année 1941, il semble que le manuscrit reste en l'état. Il arrive à Camus de songer à l'enrichir, lorsqu'il creuse le problème :

---

* *Carnets I*, p. 216.
** Les deux autres volets du triptyque sont évidemment *Caligula* et *l'Étranger*.
*** *Carnets I*, p. 224.
**** *Incidences* (Gallimard 1924), p. 129.
***** *Aux fontaines du désir* « Sans remède ». (Grasset, 1927.)
****** *Essai sur l'esprit d'orthodoxie* (Gallimard, 1932), p. 181.
******* *Carnets I*, p. 23.
******** *Carnets I*, pp. 99-101.

« l'Absurde et le pouvoir* » ou lorsqu'il découvre dans une citation de Tolstoï « un modèle de logique illogique** ». Mais comme l'essentiel du temps dont il dispose est consacré à *la Peste* et au *Malentendu*, ces glanes, au lieu de s'incorporer au *Mythe,* seront conservées pour d'autres ouvrages, notamment les *Lettres à un ami allemand* et *l'Homme révolté.*

L'année 1942 est marquée par un séjour au Chambon dû à la mauvaise santé et par l'engagement dans la Résistance aux côtés de Pia et de Leynaud. *L'Étranger* est publié en juillet chez Gallimard. *Le Mythe de Sisyphe* paraît en décembre, chez le même éditeur, sous le numéro XII de la collection « les Essais ». Il comporte trois parties : « Un raisonnement absurde », « l'Homme absurde », « la Création absurde », suivies d'une conclusion éponyme. La date de l'achèvement du manuscrit est mentionnée après le mot « Fin » : février 1941.

En 1945 a lieu un second tirage. En 1948 est publiée une « édition augmentée ». L'ouvrage comporte alors un appendice d'une vingtaine de pages consacré à Kafka. La date a disparu. Une « note de l'éditeur » précise que l'étude en question « a été remplacée dans la première édition par le chapitre sur « Dostoïevski et le suicide » ...

L'examen des documents consultés*** permet d'éclairer cette déclaration de quelques indications complémentaires.

La version la plus ancienne de l'étude sur Kafka constitue un tout homogène et complet. Elle semble avoir été conçue comme un article de critique littéraire destiné soit à *Alger républicain,* soit, en raison de sa longueur (elle représente la valeur d'une douzaine de pages de l'édition), à une revue. Écrite à l'encre bleue, elle figure au verso de circulaires émanant du Conseil d'administration du journal et datées du 25 mai 1938. Les citations de *la Métamorphose* et du *Château,* extraites des traductions données chez Gallimard en mai et en novembre 1938, montrent que la composition n'a pu commencer, au plus tôt, qu'au début de l'hiver ; d'autre part, comme tout porte à croire qu'elle devait être terminée, au plus tard, lors du départ pour l'enquête en Kabylie, au printemps, on peut admettre que ce travail a été effectué dans les premiers mois, ou plus probablement dans les premières semaines de 1939. Sa tonalité est éclairée par son titre : « Kafka, romancier de l'espoir. »

À ce fond s'ajoutent, écrites à l'encre noire sur des feuillets de papier fin, cinq additions qui le majorent d'un tiers. On y trouve, soumises au code d'allusions du *Mythe,* des mentions réitérées de « l'œuvre absurde », du « saut » qui caractérise la révolution existentielle (cette notation, trois fois) et de la « révolte ». Il semble que l'article initial n'ayant pas paru en raison des événements de 1939, Camus l'ait conservé en dossier jusqu'au moment où, dans la

---

* *Carnets I,* mars 1941, p. 225.

** *Carnets I,* hiver 1941-1942, p. 242.

*** Voir la liste *infra,* en tête des « Notes et variantes ».

seconde phase de la rédaction du *Mythe*, il jugea que ses réflexions sur Kafka, avec ce qu'elles reflétaient de relatif optimisme, fournissaient un exemple probant de ses vues sur l'absurde. À la faveur des compléments indiqués et de quelques retouches de transition, il les inséra entre les chapitres intitulés « Philosophie et Roman » et « la Création absurde ».

En 1942, quand il mit l'ouvrage au point en vue de l'édition, Camus fit établir un dactylogramme qui respectait cette disposition. Le texte du commentaire sur Kafka y subit une nouvelle révision.

Pour quels motifs l'impression ne fut-elle pas conforme? On peut penser que les autorités dont dépendaient le visa et le papier n'eussent pas laissé publier l'éloge d'un écrivain tchèque israélite dont les évocations ambiguës d'un univers écrasé par l'arbitraire et la terreur prêtaient à des applications d'actualité. Veto exprès ou précaution de rigueur, la nécessité d'écarter Kafka fut signifiée à Camus. Afin de ne pas laisser la troisième partie dégarnie, il donna forme à un essai sur Kirilov auquel il pensait depuis longtemps* et, sans modifier son plan, fit appel à Dostoïevski pour relever Kafka.

Il n'avait pas renoncé à publier son étude. Les conditions morales et matérielles de la presse restant un peu moins défavorables en zone Sud, il la confia au cours de l'été 1943 à la revue lyonnaise *l'Arbalète*, qui avait accueilli précédemment des réflexions de Jean Wahl sur Kafka, Kierkegaard, Husserl, Heidegger, et qui donnait dans ce numéro 7 un récit de Kafka intitulé « Recherches d'un chien ». L'article se présente sous le titre : « L'Espoir et l'Absurde dans l'œuvre de Franz Kafka. » Son texte est pratiquement identique à celui de la version dactylographique du *Mythe*. Un avertissement précise en ces termes l'origine et la portée du fragment :

« Les pages qui vont suivre ont fait d'abord partie d'un ouvrage, déjà paru, où était étudiée la notion d'absurde. Il s'agissait, par la critique de quelques thèmes de la philosophie existentielle, d'y définir une pensée absurde, c'est-à-dire une pensée délivrée de l'espoir métaphysique. On se demandait ensuite s'il était possible d'imaginer de même, sur le plan de la création, une œuvre véritablement absurde. Le chapitre sur Kafka répondait à cette préoccupation. Les circonstances ont cependant empêché jusqu'ici sa publication**. »

---

* Cf. *Carnets I*, août 1938, p. 118, et décembre 1938, p. 141.

** Dans son numéro de décembre 1943, la revue — également lyonnaise — *Confluences* (à laquelle Camus avait donné, comme contribution au numéro spécial de juillet-août consacré aux problèmes du roman, les quelques pages de « l'Intelligence et l'Échafaud »), signalait la publication du texte de Kafka et précisait à l'adresse du critique : « *L'Arbalète* a le bon goût d'y ajouter l'admirable étude de Camus sur *l'Espoir et l'Absurde dans l'œuvre de Franz Kafka*, primitivement destinée au *Mythe de Sisyphe* et que de pauvres conjonctures empêchèrent d'y publier. Ce n'est pas ici le lieu de revenir sur l'importance de cet essai, justement célèbre dès sa parution. »

La paix revenue, Kafka réintégra *le Mythe de Sisyphe*. Toutefois, comme Camus ne souhaitait ni renoncer à Kirilov ni remanier à nouveau l'ouvrage, il jugea bon de faire figurer l'étude sur Kafka à la suite, dans la forme même qu'elle avait revêtue pour la publication en revue.

Tel qu'il se présente aujourd'hui, *le Mythe de Sisyphe* est donc le fruit d'une maturation en trois temps. Le premier s'accomplit entre les années 1936-1937 et la fin de l'année 1938 ; il est marqué par la découverte de l'absurde et l'enquête sur la philosophie existentielle ; ses apports ne sont exploités qu'au printemps de 1940, mais conservent les caractères de la période initiale : ce qui est décrit alors, c'est, sous tant d'aspects insidieux, un défaut de notre condition qui est aussi un mal de l'esprit ; le dénombrement que propose la première partie du *Mythe* reflète une sorte d'obsession. Le second se situe au début de 1939 ; il produit la version primitive de l'étude sur Kafka ; la notion d'absurde y est employée dans un sens plus « ironique », la survivance de l'espoir au cœur d'une œuvre en apparence déprimante affirmée avec vigueur. Le troisième s'étend de mai 1940 à février 1941 ; il correspond à la rédaction de la partie la plus importante du livre, les trois derniers quarts environ, intégrant le chapitre sur Kafka dans sa version enrichie ; il montre que la volonté d'assumer, sans recours et sans appel, la responsabilité d'une existence originellement dénuée de signification fournit à l'homme ses titres et ses chances. Si le traité s'ouvre par une méditation sur le suicide, l'étude sur Kafka s'achève sur le mot « espérer » et la dernière image qu'il *faut* garder de Sisyphe est celle d'un être « heureux ».

On trouvera ci-après quelques textes de Camus, antérieurs ou postérieurs à la publication du *Mythe de Sisyphe* qui éclairent son attitude philosophique. On observera la netteté, parfois la vivacité, avec laquelle il prend ses distances à l'égard de l'existentialisme.

I. Article d'*Alger républicain,* 20 octobre 1938, consacré à *la Nausée.*

II. Article d'*Alger républicain,* 12 mars 1939, consacré au *Mur.*

III. Lettre à Pierre Bonnel du 18 mars 1943.

IV. Interview recueillie par Jeanine Delpech dans *les Nouvelles littéraires,* 15 novembre 1945.

V. Interview recueillie par la revue *Servir,* 20 décembre 1945.

On rapprochera de ces documents la « Lettre à Monsieur le Directeur de *la Nef* », janvier 1946, insérée dans le tome *Théâtre, récits, nouvelles,* p. 1743, et le passage de « l'Énigme », 1950, qui figure dans *l'Été* (Gallimard, 1954). Cf. *supra*, p. 859.

L. F.

II

TEXTES COMPLÉMENTAIRES

« LA NAUSÉE »

DE JEAN-PAUL SARTRE

Un roman n'est jamais qu'une philosophie mise en images. Et dans un bon roman, toute la philosophie est passée dans les images. Mais il suffit qu'elle déborde les personnages et les actions, qu'elle apparaisse comme une étiquette sur l'œuvre, pour que l'intrigue perde son authenticité et le roman sa vie.

Pourtant une œuvre durable ne peut se passer de pensée profonde. Et cette fusion secrète de l'expérience et de la pensée, de la vie et de la réflexion sur son sens, c'est elle qui fait le grand romancier (tel qu'il se manifeste dans un livre comme *la Condition humaine,* par exemple).

Il s'agit aujourd'hui d'un roman où cet équilibre est rompu, où la théorie fait du tort à la vie. La chose est assez commune depuis quelque temps. Mais ce qu'il y a de frappant dans *la Nausée,* c'est que des dons émouvants de romancier et les jeux de l'esprit le plus lucide et le plus cruel y sont à la fois prodigués et gaspillés.

Pris à part en effet, chacun des chapitres de cette extravagante méditation atteint une sorte de perfection dans l'amertume et la vérité. Le roman qui s'y dessine : petit port du Nord de la France, bourgeoisie d'armateurs conciliant la messe et la bonne chère, restaurant où l'exercice de manger reprend aux yeux du narrateur son aspect répugnant, tout ce qui touche enfin au côté mécanique de l'existence est tracé d'une main sûre où la lucidité ne laisse pas de place à l'espoir.

D'un autre côté, les réflexions sur le temps, figuré dans le piétinement sans avenir d'une vieille femme le long d'une rue étroite, sont, séparées du reste, une des plus pressantes illustrations de la philosophie de l'angoisse, telle qu'elle se résume dans la pensée des Kierkegaard, Chestov, Jaspers ou Heidegger. Et ainsi les deux visages de ce roman sont également convaincants. Mais réunis, ils ne sont pas une œuvre d'art, et le passage de l'un à l'autre est trop rapide, trop gratuit pour que le lecteur retrouve cette conviction profonde qui fait l'art du roman.

En lui-même à vrai dire, le livre n'a pas figure de roman, mais plutôt de monologue. Un homme juge sa vie et par là sa juge. Je veux dire qu'il analyse sa présence au monde, le fait qu'il remue ses doigts et mange à heure fixe — et ce qu'il trouve au fond de l'acte le plus élémentaire, c'est son absurdité fondamentale.

Dans les vies les mieux préparées, il arrive toujours un moment où les décors s'écroulent. Pourquoi ceci et cela, cette femme, ce métier et cet appétit d'avenir? Et pour tout dire, pourquoi cette agitation à vivre dans ces jambes qui vont pourrir?

Ce sentiment nous est commun. Et d'ailleurs, pour la plupart des hommes, l'approche du dîner, une lettre reçue, ou un sourire de passante, suffisent à leur faire passer le cap. Mais pour qui a le goût de creuser ses idées, regarder cette idée en face rend la vie impossible. Et vivre en jugeant que cela est vain, voilà qui crée l'angoisse. À force de vivre à contre-courant, un dégoût, une révolte transporte tout l'être, et la révolte du corps, cela s'appelle la nausée.

Étrange sujet sans doute, le plus banal de tous cependant. M. Sartre le mène de bout en bout avec une vigueur et une sûreté qui marquent ce que peut avoir de quotidien un dégoût d'apparence si subtile. C'est dans cet effort que se retrouve un peu la parenté de M. Sartre avec un auteur qu'on n'a pas (sauf erreur) cité à propos de *la Nausée,* je veux dire Franz Kafka.

Mais la différence est que devant le roman de M. Sartre, je ne sais quelle gêne empêche l'adhésion du lecteur et l'arrête au seuil du consentement. Je l'attribue sans doute à ce déséquilibre si sensible entre la pensée de l'œuvre et les images où elle se joue. Mais peut-être peut-on penser autre chose. Car l'erreur d'une certaine littérature, c'est de croire que la vie est tragique parce qu'elle est misérable.

Elle peut être bouleversante et magnifique, voilà toute sa tragédie. Sans la beauté, l'amour ou le danger, il serait presque facile de vivre. Et le héros de M. Sartre n'a peut-être pas fourni le vrai sens de son angoisse lorsqu'il insiste sur ce qui lui répugne dans l'homme, au lieu de fonder sur certaines de ses grandeurs des raisons de désespérer.

Constater l'absurdité de la vie ne peut être une fin, mais seulement un commencement. C'est une vérité dont sont partis presque tous les grands esprits. Ce n'est pas cette découverte qui intéresse, mais les conséquences et les règles d'action qu'on en tire. À la fin de ce voyage aux frontières de l'inquiétude, M. Sartre semble autoriser un espoir : celui du créateur qui se délivre en écrivant.

Du doute primitif, un « J'écris, donc je suis » sortira peut-être. Et l'on ne peut s'empêcher de trouver une disproportion assez dérisoire entre cet espoir et la révolte qui l'a fait naître. Car enfin presque tous les écrivains savent combien leur œuvre n'est rien au regard de certaines minutes. Le propos de M. Sartre était de décrire ces minutes. Pourquoi ne pas être allé jusqu'au bout ?

Au reste, c'est ici le premier roman d'un écrivain dont on peut tout attendre. Une souplesse si naturelle à se maintenir aux extrémités de la pensée consciente, une lucidité si douloureuse, révèlent des dons sans limites. Cela suffit pour qu'on aime *la Nausée* comme le premier appel d'un esprit singulier et vigoureux dont nous attendons avec impatience les œuvres et les leçons à venir.

Albert Camus.

Alger républicain, 20 octobre 1938.

« LE MUR »

DE JEAN-PAUL SARTRE

Jean-Paul Sartre, dont nous avons commenté ic même *la Nausée,* vient de publier un recueil de nou velles, où l'on retrouve, sous une forme différente les thèmes singuliers et amers de son premier roman. De condamnés à mort, un fou, un déséquilibré sexuel, ui impuissant et un pédéraste, ce sont les personnages de ces nouvelles. On pourrait s'étonner peut-être de ce parti pris. Mais *la Nausée* déjà s'attachait à faire une histoire quotidienne d'un cas exceptionnel. Et c'est aux limites du cœur ou de l'instinct que M. Sartre trouve son inspiration.

Mais il faut préciser. On peut démontrer que le plus banal des êtres est déjà un monstre de perversité et que, par exemple, nous souhaitons tous, plus ou moins, la mort de ceux que nous aimons. C'est du moins le propos d'une certaine littérature. Il me semble que ce n'est pas celui de M. Sartre. Et, pour hasarder une nuance peut-être subtile, il s'agit pour lui de démontrer que le plus pervers des êtres agit, réagit et se décrit comme le plus banal. Et sous cet angle, s'il y avait une critique à faire, elle porterait seulement sur l'usage que fait l'auteur de l'obscénité.

L'obscénité en littérature peut atteindre la grandeur. À coup sûr, elle contient l'élément d'une grandeur, si on pense par exemple à l'obscénité de Shakespeare. Mais du moins il faut qu'elle soit commandée par l'œuvre elle-même. Et pour *le Mur,* si cela se trouve dans « Érostrate » par exemple, je n'en dirai pas autant d'« Intimité » où la description sexuelle semble souvent gratuite.

Il y a chez M. Sartre un certain goût de l'impuissance, au sens plein et au sens physiologique, qui le pousse à prendre des personnages arrivés aux confins d'eux-mêmes et trébuchant contre une absurdité qu'ils ne peuvent dépasser. C'est contre leur propre vie qu'ils butent, et, si j'ose dire, par excès de liberté.

Ces êtres restent sans attaches, sans principes, sans fil d'Ariane, libres au point d'en être désagrégés, sourds aux appels de l'action ou de la création. Un seul problème les préoccupe et ils ne l'ont pas défini. De là, le prodigieux intérêt des récits de M. Sartre et du même coup leur maîtrise profonde.

Que ce soit le jeune Lucien qui commence par le surréalisme et finit par l'Action Française, Ève dont le mari est fou et qui veut à toute force pénétrer ce domaine insensé d'où elle est rejetée, ou le héros d'« Érostrate », tout ce qu'ils font, disent ou sentent est imprévu. Et dans le moment où ils nous sont présentés, rien ne signale le geste qu'ils feront à l'instant suivant. C'est l'art de M. Sartre de raconter le détail, de suivre le mouvement monotone de ses créatures dérisoires. Il décrit, suggère peu, mais suit patiemment des personnages et n'attache d'importance qu'aux plus futiles de leurs actes.

On ne serait pas étonné d'apprendre qu'au moment où il entame son histoire, lui-même sait mal où elle le mène. Mais l'attrait qui se dégage d'un tel récit est indéniable. On n'abandonne plus l'histoire et le lecteur à son tour épouse cette liberté supérieure et ridicule qui mène les personnages à leur propre fin.

Car ces personnages, en effet, sont libres. Mais leur liberté ne leur sert de rien. C'est du moins la démonstration de M. Sartre. L'émotion de ces pages, si souvent bouleversantes, leur pathétique cruel, vient sans doute de là. Car, dans cet univers, l'homme est délivré de toutes les entraves de ses préjugés, de sa propre nature parfois et, réduit à se contempler, il prend conscience de son indifférence profonde à tout ce qui n'est pas lui. Il est seul, il est enfermé dans cette liberté. C'est une liberté qui se situe seulement dans le temps, et la mort lui donne un démenti bref et vertigineux. Sa condition est absurde. Il n'ira pas plus loin et les miracles de ces matins où la vie recommence n'ont plus de sens pour lui.

Comment rester lucide en face de ces vérités ? Il est normal que ces êtres, privés des divertissements humains, cinéma, amour ou Légion d'honneur, se rejettent dans un monde inhumain où, cette fois, ils créeront leurs propres chaînes : démence, folie sexuelle ou crime. Ève veut devenir folle. Le personnage d'« Érostrate » veut commettre un crime et Lala veut vivre avec son mari impuissant.

Pour ceux qui échappent à cette révolution ou qui ne l'achèvent pas, ils ont toujours la nostalgie de cet anéantissement de soi. Et dans la meilleure de ces nouvelles, « la Chambre », Ève regarde son mari délirer et se torture à chercher le secret de cet univers où elle voudrait se fondre, de cette chambre retranchée où elle aspire à s'endormir, la porte fermée pour toujours.

Cet univers intense et dramatique, cette peinture à la fois éclatante et sans couleurs, définissent bien l'œuvre de M. Sartre et font sa séduction. Et l'on peut bien déjà parler d'une œuvre à propos d'un écrivain qui, en deux livres, a su aller tout droit au problème essentiel et le faire vivre à travers des personnages obsédants. Un grand écrivain apporte toujours avec lui son monde et sa prédication. Celle de M. Sartre convertit au néant, mais aussi à la lucidité. Et l'image, qu'il perpétue à travers ses créatures, d'un homme assis au milieu des ruines de sa vie, figure assez bien la grandeur et la vérité de cette œuvre.

Albert Camus.

Alger républicain, 12 mars 1939.

LETTRE À PIERRE BONNEL*

Le Panelier
par Mazet-Saint-Voy   18 mars [1943].
Haute-Loire

Monsieur,

J'AI reçu votre lettre avec gratitude et je vous en remercie. Il y a beaucoup de vrai dans les objections que vous me proposez et bien des équivoques planent en effet sur le raisonnement absurde. Notez seulement que mon essai ne prétend rien résumer. En fait il n'est qu'une préface, la description, si vous voulez, du point zéro. Cela exigeait des sacrifices et je crois pouvoir dire que deux ou trois des équivoques, rendues inévitables par le raccourci du raisonnement, pourraient être dissipées par la suite. Mais je crois impossible de les réduire toutes.

C'est qu'il y a dans l'attitude absurde une contradiction fondamentale. Elle donne un minimum de cohérence à l'incohérence. Elle introduit de la conséquence dans ce qui n'a pas de suite. C'est qu'il n'y a pas d'expression sans un minimum de logique. À partir du moment où l'on essaie de donner une forme à ce qu'on a éprouvé, on introduit le *système* dans l'expérience. Le problème absurde pourrait se réduire ainsi à un problème d'expression et

---

* Pierre Bonnel, agrégé de philosophie, fut à plusieurs reprises en relation avec Camus. M. Roger Quilliot, son ami, doit à l'obligeance de Mme Pierre Bonnel la communication de cette lettre.

l'absurdité parfaite serait le silence. Et pourquoi pas ? Mais à ce compte on retire du monde ce qui en vaut la peine et nous sommes bien d'accord, n'est-ce pas, pour penser qu'il y a des choses qui en valent la peine, que ce soit l'art ou l'amitié. En réalité, il y a une contradiction plus essentielle encore. L'effort de la pensée absurde (et gratuite), c'est l'expulsion de tous les jugements de valeur au profit des jugements de fait. Or, nous savons, vous et moi, qu'il y a des jugements de valeur inévitables. Même par-delà le bien et le mal, il y a des actes qui paraissent bons ou mauvais et surtout il y a des spectacles qui nous paraissent beaux ou laids. On ne préfère pas Stendhal à Georges Ohnet seulement en vertu de quelques recettes artistiques, mais aussi parce que le problème de la beauté en général se pose à leur propos. L'absurde, apparemment, pousse à vivre sans jugements de valeur et vivre, c'est toujours, de façon plus ou moins élémentaire, juger.

Voilà en fait ce qu'il faut résoudre. Je ne me flatte pas de le faire ici ni même ailleurs pour le moment. Ce sont des problèmes qu'il faut d'abord vivre. En tout cas, si cela ne résout pas vos objections, cela explique qu'elles soient. Et vous voyez que malgré le caractère obstiné de mon essai (celui qui vous plaît justement), les arrière-pensées ne me manquaient pas. Même au risque de vous décevoir, il ne m'est pas possible de vous laisser tout à fait sur cette bonne impression de moi.

Sur un point cependant, je crois possible de discuter vos objections. « Au contraire de vous, écrivez-vous, il me semble que rien n'est donné et que tout est à conquérir, l'être et la valeur. » Ce qui me paraît « donné », en effet, ce n'est pas la valeur, ni même l'être, c'est le monde, le cadre, le décor, si vous voulez. Mais mon essai n'aborde pas en réalité le problème de « ce qu'on peut faire » à l'intérieur du cadre. Je me réservais d'y revenir. Et la pensée profonde de ce livre, c'est que le pessimisme métaphysique n'entraîne nullement qu'il faille désespérer de l'homme — au contraire. Pour prendre un exemple précis, je crois parfaitement possible de lier à une philosophie absurde une pensée politique soucieuse de perfectionnement humain et plaçant son optimisme dans le relatif. C'est que l'absurde a plus de rapports qu'on ne croit avec le bon sens. Il reste cependant que vous avez raison lorsque vous décelez dans ce livre le goût des paradis perdus. Mais il faut bien suivre son chemin. Simplement, cela ne me paraît pas incompatible avec une pensée lucide et d'ailleurs, selon mon point de vue, l'absurde n'aurait pas de sens hors de la nostalgie. Mais je me refuse seulement à croire que dans l'ordre métaphysique le besoin d'un principe nécessite l'existence de ce principe.

Voilà, Monsieur, un peu au hasard, les réflexions que votre exposé a suscitées en moi. Je suppose que vous ne laisserez pas sans développements vos idées sur la gratuité. Cela m'intéressera toujours personnellement si vous jugez bon de me les communiquer; vous avez d'illustres compagnons de route : Héraclite et Nietzsche, tous les deux persuadés que la vie est un jeu. Mais qu'il est difficile d'en connaître la règle!

Merci encore pour votre lettre dont l'intention m'a touché et croyez-moi bien attentivement à vous.

Albert Camus.

Excusez mon enveloppe et mon papier — mais on ne trouve plus rien ici.

EXTRAITS D'INTERVIEWS

NON, JE NE SUIS PAS EXISTENTIALISTE...

— Non, je ne suis pas existentialiste. Sartre et moi nous nous étonnons toujours de voir nos deux noms associés. Nous pensons même publier un jour une petite annonce où les soussignés affirmeront n'avoir rien en commun et se refuseront à répondre des dettes qu'ils pourraient contracter respectivement. Car enfin, c'est une plaisanterie. Sartre et moi avons publié tous nos livres, sans exception, avant de nous connaître. Quand nous nous sommes connus, ce fut pour constater nos différences. Sartre est existentialiste, et le seul livre d'idées que j'ai publié : *le Mythe de Sisyphe,* était dirigé contre les philosophes dits existentialistes...

. . . .

— Sartre et moi ne croyons pas en Dieu, il est vrai. Et nous ne croyons pas non plus au rationalisme absolu. Mais enfin, Jules Romains non plus, ni Malraux, ni Stendhal, ni Paul de Kock, ni le marquis de Sade, ni André Gide, ni Alexandre Dumas, ni Montaigne, ni Eugène Sue, ni Molière, ni Saint-Évremond, ni le cardinal de Retz, ni André Breton. Faut-il mettre tous ces gens-là dans la même école ? Mais nous ferions mieux de laisser cela. Après tout, je ne vois pas pourquoi je m'excuserais de trouver de l'intérêt à tous ceux qui ne vivent pas dans la grâce. Il est bien temps qu'on commence à s'occuper d'eux, puisqu'ils sont les plus nombreux.

— Une philosophie qui insiste sur l'absurdité du monde ne risque-t-elle pas de les faire sombrer dans le désespoir ?
— Je ne puis répondre ici que personnellement, en mesurant la relativité de ce que je dis. Accepter l'absurdité de tout ce qui nous entoure est une étape, une expérience nécessaire : ce ne doit pas devenir une impasse. Elle suscite une révolte qui peut devenir féconde. Une analyse de la notion de révolte pourrait aider à découvrir des notions capables de redonner à l'existence un sens relatif, quoique toujours menacé.

— La révolte prend des formes particulières chez chaque être. Sera-t-il possible de l'apaiser avec des notions valables pour tous ?
— Oui, car s'il est un fait que les cinq dernières années ont mis en valeur, c'est l'extrême solidarité des hommes entre eux. Solidarité dans le crime chez les uns, solidarité dans le sursaut de résistance chez les autres. Solidarité même des victimes et des bourreaux. Quand on fusillait un Tchèque, l'épicier de la rue de Beaune était visé.

— L'individualisme des Français leur rend difficile de vivre vraiment cette solidarité.
— Il reste à le démontrer. Et d'ailleurs, dans un monde d'une absurdité apparemment si épaisse, il faudra bien arriver à une plus grande compréhension des hommes entre eux, à une plus grande sincérité. Il faudra y arriver ou périr. Pour cela certaines conditions sont nécessaires : il faut que les hommes soient francs (le mensonge brouille les choses), libres (on ne communique

pas avec des esclaves). Il faudra enfin qu'ils sentent autour d'eux une certaine justice.

— *Vous avez écrit dans le Mythe de Sisyphe : « Un homme sans espoir et conscient de l'être n'appartient plus à l'avenir. » Puisque vous ne croyez pas à une évasion d'essence religieuse, ne craignez-vous pas de voir la jeunesse se détourner dangereusement de l'action ?*

— Si l'on ne pouvait aujourd'hui ni vivre ni agir en dehors de Dieu, un grand nombre peut-être des Occidentaux seraient condamnés à la stérilité. La jeunesse le sait bien. Et si je me sens une telle solidarité avec tant d'étudiants, par exemple, c'est que nous sommes tous placés devant le même problème, et que j'ai confiance qu'ils veulent comme moi le résoudre dans le sens de l'efficacité et au service de l'homme.

— *Pour connaître si bien la jeunesse, avez-vous été professeur ?*

— Jamais. Mais pour continuer mes études, j'ai dû faire bien des métiers. Je me suis occupé d'accessoires automobiles, de météorologie, de courtage maritime; j'ai été employé de préfecture, acteur (j'appartenais à une troupe qui jouait quinze jours par mois, et le reste du temps, je préparais ma licence), journaliste enfin, ce qui m'a fait voyager.

— *Écrire après avoir fait des métiers d'homme, cela est plus fréquent en Amérique qu'en France. Votre premier roman,* l'Étranger, *rappelle certaines œuvres de Faulkner, de Steinbeck. Est-ce une rencontre fortuite ?*

— Non. Mais la technique romanesque américaine me paraît aboutir à une impasse. Je l'ai utilisée dans *l'Étranger*, c'est vrai. Mais c'est qu'elle convenait à mon propos qui était de décrire un homme sans conscience apparente. En généralisant ce procédé, on aboutirait à un univers d'automates et d'instincts. Ce serait un appauvrissement considérable. C'est pourquoi, tout en rendant au roman américain ce qui lui revient, je donnerais cent Hemingway pour un Stendhal ou un Benjamin Constant. Et je regrette l'influence de cette littérature sur beaucoup de jeunes auteurs.

— *Vous passez pourtant pour un écrivain révolutionnaire.*

— Je ne sais pas ce que cela veut dire. Si c'est être révolutionnaire que de s'interroger sur son art, alors peut-être... Mais je n'imagine pas de littérature sans style. Je ne connais qu'une révolution en art, elle est de tous les temps, c'est l'exacte appropriation de la forme et du fond, du langage et du sujet. De ce point de vue, je n'aime, et profondément, que la grande littérature classique française. Il est vrai que j'y fais entrer Saint-Évremond et les ouvrages du marquis de Sade. Il est vrai aussi que j'en excepte certains académiciens, présents ou passés.

— *Quels sont vos projets ?*
— Un roman sur *la peste,* un essai sur *l'homme révolté.* Peut-être faudrait-il aussi que je me décide à étudier l'existentialisme...

recueilli par Jeanine Delpech.

Les Nouvelles littéraires, 15 novembre 1945.

INTERVIEW A « SERVIR »

— *Ce qui frappe les lecteurs des chroniques qui vous sont consacrées, c'est de trouver souvent votre nom associé à celui de Jean-Paul Sartre, comme si vous étiez un disciple du philosophe existentialiste. Or l'Étranger est bien loin des contes sartriens ; de même le Mythe de Sisyphe où vous critiquez...*
— Où je critique, précisément, m'interrompt Camus, la philosophie existentialiste. En vérité très peu de gens savent exactement ce qu'est l'existentialisme. Ainsi s'expliquent bien des choses. Tout ce que je puis dire pour ma part, c'est que :
1º — Je ne suis pas un philosophe. Je ne crois pas assez à la raison pour croire à un système. Ce qui m'intéresse, c'est de savoir comment il faut se conduire. Et plus précisément comment on peut se conduire quand on ne croit ni en Dieu ni en la raison.
2º — L'existentialisme a deux formes : l'une avec Kierkegaard et Jaspers débouche dans la divinité par la critique de la raison, l'autre, que j'appellerai l'existentialisme athée, avec Husserl, Heidegger et bientôt Sartre, se termine aussi par une divinisation, mais qui est simplement celle de l'histoire, considérée comme le seul absolu. On ne croit plus en Dieu, mais on croit à l'histoire. Pour ma part, je comprends bien l'intérêt de

la solution religieuse, et je perçois très particulièrement l'importance de l'histoire. Mais je ne crois ni à l'une ni à l'autre, au sens absolu. Je m'interroge et cela m'ennuierait beaucoup que l'on me force à choisir absolument entre saint Augustin et Hegel. J'ai l'impression qu'il doit y avoir une vérité supportable entre les deux.

— *La lecture des nombreux articles que vous avez donnés à* Combat *donne l'impression qu'au rang de vos préoccupations essentielles figure le problème arabe : vous avez été un des rares en France à en définir les termes, ce qui a suscité de nombreux espoirs dans les milieux musulmans. Pourriez-vous préciser pour nos lecteurs dans quelle voie il faudrait s'engager pour aboutir à une véritable politique franco-arabe féconde et créatrice.*

— Ce serait trop long d'en parler. Disons seulement que si la France est encore traitée avec des égards, ce n'est pas en raison de son glorieux passé. Le monde aujourd'hui se moque des gloires passées. Mais c'est parce qu'elle est une puissance arabe, vérité que quatre-vingt-dix-neuf Français sur cent ignorent. Si la France n'imagine pas, dans les années qui viennent, une grande politique arabe, il n'y a plus d'avenir pour elle. Une grande politique, pour une nation appauvrie, ne peut être qu'une politique exemplaire. Je n'ai qu'une chose à dire à cet égard : que la France implante réellement la démocratie en pays arabe et elle n'aura pas seulement avec elle l'Afrique du Nord, mais encore tous les pays arabes qui sont traditionnellement à la remorque d'autres puissances. La vraie démocratie est une idée neuve en pays arabe. Pour nous, elle vaudra cent armées et mille puits de pétrole.

— *D'où vient cet attachement profond pour l'Afrique du Nord que partagent avec vous beaucoup d'entre nous amenés dans cette région par les hasards de la guerre ?*

— J'y suis né, c'est un grand pays aux forces intactes. Loin de son ciel, je me sens toujours un peu en exil. Puisque vous le connaissez, vous me comprendrez.

— *Le journal* Combat *a demandé souvent au gouvernement et aux partis de définir nettement la politique qu'ils jugent la plus souhaitable pour la France. Aussi je me permets de vous demander de bien vouloir me préciser, à votre tour, votre position.*

— Combat a défini en son temps une position politique. Malgré les apparences, nous étions modestes. Notre génération va mettre dix années à créer ses formules; je souhaite qu'elle réussisse et j'y travaillerai à ma place, sinon je ne cache pas que ma sympathie ira aux partis qui, traditionnellement, défendent les travailleurs de toute espèce.

— *Depuis quelque temps vous avez renoncé à votre activité journalistique. Peut-on vous en demander la raison ?*
— Mes raisons me paraissent bonnes.

— *Le succès de votre dernière pièce* Caligula *m'incite à aborder un autre sujet. Les critiques parlent continuellement d'un théâtre philosophique. Êtes-vous d'accord avec eux ?*
— Le métier de critique est de trouver des définitions. Celui des écrivains est de former des œuvres. Il est impossible que les deux coïncident toujours.

— *Pensez-vous également que votre théâtre ait un « message », comme on dit actuellement, à adresser aux hommes ? Dans l'affirmative, quel est ce message ?*
— Je ne me suis jamais pris pour le Christ. Ma santé est bonne, je vous remercie.

— *De toutes vos activités, je sais qu'il en est une que vous ne voulez pas qu'on aborde avec vous, celle de la Résistance. Je tiens cependant, pour terminer, à vous demander un souvenir de cette période.*
— Oubliez donc la Résistance. Elle impatiente ceux qui ne l'ont pas connue, la plupart n'en sont pas revenus. Tout ce que nous pouvons leur donner désormais, c'est le silence et la mémoire.

— *Un dernier mot encore sur les conclusions que vous pouvez formuler quant à l'état d'esprit politique et moral qui s'est dessiné en France et dans le monde, depuis l'été 1944.*
— La France et le monde depuis 1944 ? En 1960, nous pourrons former un jugement qui aura une ou deux chances sur cent d'être équitable. D'ici là, que les Français soient patients avec la France, et la France patiente avec le monde, c'est le souhait le plus révolutionnaire que je puisse formuler.

Servir, 20 décembre 1945.

III

NOTES ET VARIANTES

La présente édition du *Mythe de Sisyphe* est donnée d'après celle d'avril 1962 dont le texte est conforme au dernier texte revu.

Les variantes procèdent des documents ci-après désignés :

Ms. : Manuscrit autographe appartenant à M. le professeur Millot et comprenant l'étude sur Kafka (version originale, plus additions).

D. : Dactylogramme appartenant à Mme Albert Camus.

Éd. 1 : Édition originale, décembre 1942.

Éd. 2 : Édition « augmentée », août 1948.

Éd. 3 : Édition de décembre 1957, reliée en regard de Ms.

P. 93.

1. Paul Valéry, à partir de 1930, prend les deux vers de Pindare, en grec, pour épigraphe au *Cimetière marin*. Albert Camus les note en février 1940 dans ses *Carnets*, p. 200, en utilisant la traduction Puech des *Pythiques* (les Belles-Lettres, 1931).

P. 97.

1. Ce liminaire manque dans Ms.

2. D. : *Il y a du provisoire dans* les pages qui suivent. Elles traitent d'une sensibilité éparse *dans les gestes et les actes de notre temps. Simplement, l'absurde qui jusqu'ici a constitué un point d'arrivée est défini dans cet essai comme une ligne de départ. Certaines solutions de ce mal de l'esprit sont cependant écartées d'avance. Il est décrit à l'état pur. Aujourd'hui où tant de forces risquent de nous détourner de nos problèmes, il a paru bon de suivre au contraire le chemin d'une certaine fidélité. C'est dans la direction de son mal que le malade trouve le remède. Voilà les limites et le seul parti pris de cet essai. Quelques expériences personnelles me poussent à le préciser.*

Suit, dans D., un passage qui, sous une forme remaniée, a été utilisé dans l'édition à la fin du chapitre sur « la Création absurde ». Cf. *supra*, p. 180 et note 4 correspondante.

3. Dans toutes les éditions jusqu'en 1957, cette déclaration s'achève par la phrase de D. : *Quelques expériences personnelles me poussent à le préciser.*

P. 99.

1. Ms. : I, 1. Absurde et suicide.

2. *Considérations inactuelles*, « Schopenhauer éducateur », chap. 3.

3. Dans Ms., Éd. 1, Éd. 2, Éd. 3, après les mots : ... il fit bien...,

est appelée la note suivante : *Du point de vue de la valeur relative de la vérité. Au contraire, du point de vue de la conduite virile, la fragilité de ce savant peut prêter à sourire.*

P. 100.

1. C'est l'expression qu'emploie Grand dans *la Peste* pour expliquer la tentative de suicide de Cottard. Cf. *l'Envers et l'Endroit* « Entre oui et non », *supra*, p. 28.

2. Cf. *Carnets I*, février 1936, p. 28 ; mars 1936, p. 34.

P. 101.

1. Sur la tentation de suicide chez Camus, voir notamment *Carnets I*, 10 octobre 1937, p. 89.

2. Ces formules sont, dans les termes mêmes, celles dont use Jean Grenier dans *l'Existence malheureuse*, p. 41.

P. 102.

1. Ms. : *... s'interroge* (sic) *toujours*.

2. Nietzsche a souvent joué sur la parole évangélique : « Que votre parole soit oui, oui — non, non — ce qu'on y ajoute vient du Malin. » (Matthieu, V, 37 et saint Paul, II Cor. I, 18-19.) Cf. notamment, *l'Antéchrist*, 1 : « Voici la formule de notre bonheur : un oui, un non, une ligne droite, un but », et *la Volonté de puissance*, aph. 463 : « Mes cinq *nons* »; aph. 476 : « Mon chemin nouveau qui mène au oui. »

3. Peregrinus Proteus, philosophe cynique qui se brûla sur un bûcher aux jeux Olympiques de 165 après J.-C. Montherlant a commenté ce geste dans *Aux fontaines du désir* (Grasset, 1927) et dans une plaquette intitulée *la Mort de Peregrinos* (Hazan, 1927).

4. Il s'agit vraisemblablement d'André Gaillard, qui se suicida le 16 décembre 1929, laissant en cours d'impression *la Terre n'est à personne*, recueil de proses et de poèmes surréalistes (*les Cahiers du Sud*, 1929).

Dans Ms., D., Éd. 1, la note d'Albert Camus se termine ainsi : *Eût-il obtenu la gloire souhaitée qu'il faudrait encore dire qu'elle ne valait pas les maîtresses et la dizaine d'œuvres d'art que, vivant, il eût encore rencontrées sur sa route.*

Ms. comporte en outre la phrase suivante : *Une gloire posthume à cet égard eût été une amère plaisanterie.*

Sur le surréalisme et le suicide, voir *l'Homme révolté*, *supra*, pp. 500 *sq*.

5. Jules Lequier, philosophe, ami de Renouvier, disparu mystérieusement en mer (1814-1862). Jean Grenier, après lui avoir consacré sa thèse de doctorat en 1936, a publié certains de ses écrits inédits (*la Liberté*, Vrin, 1936), puis ses *Œuvres complètes* (La Baconnière, 1952).

6. Ms. : *Il y a enfin autre chose que j'appellerai l'élision.*

Éd. 1, Éd. 2 : ... réside dans ce que j'appellerai *l'élision*... au sens pascalien. *Éluder, voilà le jeu constant. L'élision type, l'élision mortelle...*

P. 103.

1. Le passage : Les nuances, les contradictions... s'ils s'y sont tenus, manque dans Ms. qui donne : ... et des jeux de l'esprit désintéressé. *Pensons un peu injustement.*

2. Ce passage de *Philosophie de l'existence*, I, est cité d'après Jeanne Hersch, *l'Illusion philosophique* (Alcan, 1936, p. 157).

3. Ms., Éd. 1, Éd. 2, Éd. 3 : ... sans *eaux*...

P. 104.

1. Ms. : Autre lecture : ... princes *pour* l'esprit...
2. Ms. : ... leurs répliques *élégantes et ironiques*.

P. 105.

1. Ms. : I, 2. : Le Vautour. Absurde et irrationnel.

Le thème du « mur », symbole des obstacles dressés devant les aspirations de l'homme, anime les *Mémoires écrits dans un souterrain*. Léon Chestov a fréquemment commenté la méditation de Dostoïevski, notamment dans *les Révélations de la mort* (Plon, 1923).

2. Ms. : ... frapper à la face n'importe quel homme.
3. Ms. : ... leur univers. *Ne craignons pas le paradoxe. Bien maîtrisé, c'est une monture utile. Et par exemple il est bien* certain.
4. Ms. : ... je ne l'en *connaîtrais*...

P. 106.

1. Ms. : ... qu'ils *sous-tendent*...
   Éd. 1, Éd. 2 : ... qu'ils *sous-entendent*...
2. Ms. : Ce nœud est inévitable. *Le reste est hypocrisie intellectuelle.* La méthode...
3. Ms. : ... se faire sentir. *Il n'y a pas de honte à l'avouer dès maintenant.*
   D. : ... *on peut l'avouer*...
4. Ms. : ... différents mais *égaux*...
5. Dans Ms., le paragraphe commence par la phrase : *Sous sa forme la plus simple, la plus commune et la plus humble, comment se présente le sentiment de l'absurde ?* Toutes les grandes actions...

P. 107.

1. Telle fut, pendant qu'il élaborait *le Mythe*, la vie de Camus. Cf. *Carnets I*, décembre 1937, p. 98.
2. Ms. : ... elle inaugure le mouvement de la conscience. *Elle provoque son éveil et elle conditionne le reste.*

3. Ms. : ... pour un temps, *à l'égard* d'une reconnaissance sommaire dans les origines de l'absurde. Le simple « souci », *au sens heideggerien*, est à l'origine de tout.

D., Éd. 1, Éd. 2 : Le simple « souci » *comme dit Heidegger* est...

Heidegger, *Sein und Zeit* (1927), 1re partie, 2e section, chapitre premier; fragment publié dans *Qu'est-ce que la métaphysique?* (Gallimard, 1938.) Camus cite Heidegger à travers Gurvitch, *les Tendances actuelles de la philosophie allemande* (Vrin, 1930), p. 210.

4. Cf. *Noces*, « le Vent à Djémila », *supra*, p. 63, et *Carnets I*, 4 octobre 1937, p. 88.

5. Ms. : ... il souhaitait demain *et le plus tard*, quand *toute sa chair devrait* s'y refuser.

D., Éd. 1, Éd. 2 : même texte, moins : ... et le plus tard.

Manquent dans Ms., la phrase : Cette révolte de la chair, c'est l'absurde..., ainsi que la note correspondante.

P. 108.

1. Dans Ms., manquent les mots : ... comme une étrangère...

2. Image analogue dans les *Carnets I*, printemps 1939, p. 156. Sartre dans *Situations I*, « Explication de *l'Étranger* », conteste la valeur de cet exemple.

3. Sur le roman de Sartre, voir *supra*, p. 1417, le compte rendu donné par Camus dans *Alger républicain*.

4. Cette idée, notée par Kierkegaard (*Post-scriptum aux miettes philosophiques*, Gallimard, 1941, p. 110) et par Heidegger (*Sein und Zeit*, 1re partie, 2e section, chapitre premier) est souvent reprise par Camus; par exemple, dans *Noces*, « le Vent à Djémila », *supra*, p. 64.

5. Cf. *Carnets I*, décembre 1938, p. 141.

P. 109.

1. Ms. : ... sur *l'esprit*...

2. Ms. : ... *l'esprit* a disparu. *N'insistons pas et revenons aux évidences :*

   1° *Il n'y a pas de poésie de la mort. La mort est une chose répugnante.*

   2° *Un être mort est bon à jeter aux ordures. Les souvenirs n'y feront rien.* « *Mieux vaut un chien vivant...* », *cette pensée a du style.*

D. : *N'insistons pas et gardons-nous de la poésie dans une affaire aussi répugnante.* « *Mieux vaut un chien vivant...* », *cette pensée a du style. Comprendre qu'un être mort est bon à jeter aux ordures, se persuader que les souvenirs n'y feront rien, ce sont là de véritables progrès spirituels.*

3. Ms. : Si l'on *s'est* assuré de ces faits, que faut-il *faire*, jusqu'où *dois-je* aller pour ne rien éluder? Faudra-t-il mourir volontairement ou espérer malgré tout? *(J'excepte l'hypothèse de l'« acceptation ». Elle est dérisoire. A supposer que nous « n'acceptions pas » la mort, nous serions bien avancés. Ce vocabulaire judéo-chrétien a quelque chose de vil.)* Cette

précision apportée, il est nécessaire cependant d'opérer auparavant le même recensement...

4. Ms. : La première démarche *d'un esprit clair est de savoir ce qui est vrai et faux. Et* pourtant dès que la pensée réfléchit sur elle-même, *la première vérité logique est* une contradiction.

5. Aristote, *Métaphysique,* IV, VIII, 6. Le philosophe grec vise les sceptiques extrêmes. Camus le cite à travers Léon Chestov (*le Pouvoir des clefs,* 1928, « Memento mori », p. 317). Chestov écrit cependant : « Un nombre infini de jugements vrais *et* faux. »

P. 110.

1. Dans Ms., cette phrase manque.
2. Ms. : Si l'homme *découvrait*.
3. Ms., D. : ...du drame humain. *On ne peut songer à le nier et il faut le tenir pour vrai.* Mais...

P. 111.

1. Dans Ms. le paragraphe commence ainsi :
Ce n'est pas tout. Ce monde, je peux le toucher et par là je juge qu'il existe. Ce cœur en moi, je puis l'éprouver et par là je juge encore qu'il existe.

D. présente la version de l'édition, moins la première phrase : De qui et de quoi...

P. 112.

1. *La Science et l'Hypothèse,* titre d'un ouvrage d'Henri Poincaré.
2. Cf., dans *Carnets I,* automne 1938, pp. 120 et 126, les réflexions de Camus sur les méthodes de la météorologie.
3. Ms. : ... j'attendais *ses* preuves...
4. Ms. : ... je sais que cela est faux. *Et ces fonctionnaires de l'esprit et du cœur qui ne m'inspirent que dégoût ne font pas autre chose, je le vois maintenant, que de prendre au sérieux la liberté de l'homme* sur ce plan...

Ce passage a été transféré dans le chapitre « la Liberté absurde », *supra,* p. 141.

P. 113.

1. Ms. : Je disais que *ce* monde...
2. Ms. : Si je tiens pour *vraie*...
3. Ms. : Elle y a trouvé son *existence*.
La phrase : Elle y a compris... manque.

P. 114.

1. Ms. : ... cette constance *des* deux attitudes illustre *le divorce ancré au fond de l'homme* entre son appel vers l'unité...
2. Camus rapproche ici en les alléguant quelques versets du propos : « Avant le lever du soleil. » (*Ainsi parlait Zarathoustra.*)

3. Le *Traité du désespoir* a pour sous-titre « la Maladie mortelle ». Dans l'édition Gallimard, 1932, ce passage figure p. 70.

4. Sur Scheler et *l'Homme du ressentiment* (Gallimard, « les Essais » IX, 1932), cf. *l'Homme révolté, supra,* pp. 427 et 428.

5. Ms. : ... les *vrais* chemins de la vérité.

6. Ms. : ... leur concordance. *Les thèmes ici et pour une fois sont plus importants que les œuvres.* La lucidité heideggerienne considère froidement la condition humaine et annonce *sans une crispation* que cette existence...

D. supprime la phrase : Les thèmes... les œuvres.

P. 115.

1. Pour la traduction et pour l'ordre de présentation (qui n'est pas celui de l'original), les formules de Heidegger *(Sein und Zeit)* sont empruntées à Gurvitch : *les Tendances actuelles de la philosophie allemande* (Vrin, 1930).

2. Gurvitch, p. 212.

3. Gurvitch, *ibid.*

4. Gurvitch, p. 215.

5. Ms., D., Éd. 1, Éd. 2, Éd. 3 : Ce souci lui paraît *tellement plus important que toutes* les catégories du *monde,* qu'il ne songe qu'à *cela* et ne parle que de *cela.*

6. Gurvitch, p. 217.

7. Gurvitch, *ibid.*

8. Matthieu, XXVI, 40-41 et Jean, XIX, 28-30. Cf. Pascal, « le Mystère de Jésus », Brunschvicg, VII, 553, commenté par Léon Chestov dans *la Nuit de Gethsémani* (Grasset, 1923).

9. *Philosophie de l'existence,* III, d'après Jeanne Hersch, *l'Illusion philosophique,* p. 190.

P. 116.

1. *Le Pouvoir des clefs,* trad. Boris de Schloezer (Éd. de la Pléiade, 1928), *passim.* Les autres œuvres de Chestov reprennent fréquemment ces mêmes thèmes.

2. Kierkegaard énonce une idée voisine dans son *Journal* (III, p. 55) à la date du 19 février 1849 : « *Se taire* est dans le camp de la réflexion : c'est savoir parler, notamment de tout autre chose; sinon, il est insolite et suspect en effet qu'on se taise, et ce n'est pas alors exactement ni absolument se taire. » Mais la formule citée par Camus est empruntée au traducteur-préfacier du *Traité du désespoir,* p. 34.

3. L'expression est de Nietzsche, *Aurore,* aph. 327.

4. L'image, empruntée à la seconde Épître de Paul aux Corinthiens, XII, 7, revient sans cesse dans l'œuvre de Kierkegaard. Un traité, *l'Écharde dans la chair,* est consacré à cette obsession.

5. Ms. : ... d'en *endormir* la douleur.

6. *Traité du désespoir*, préface du traducteur, p. 45, citant le *Journal*, janvier 1848, II, p. 211. Cf. Jean Wahl, Introduction au *Concept d'angoisse* (Alcan, 1935).

P. 117.

1. Cette analyse se retrouve dans *le Mythe*, *supra*, p. 129.
2. Husserl, *la Philosophie comme science rigoureuse*, d'après Chestov, *le Pouvoir des clefs*, « Memento mori ».
3. Husserl, *Méditations cartésiennes* (Colin, 1931), p. 4 : « Ce qui manque à celles-ci [les philosophies], c'est un « lieu » spirituel commun où elles puissent se toucher et se féconder mutuellement. »
4. Ms. : ... de bonheur et de raison. *Connaître ici serait vraiment être heureux.* L'absurde...

P. 119.

1. Ms. : I, 3. Le Saut et l'existentiel ou le suicide philosophique.
2. Ms. : ... jouer sur les mots. *Mais, pour rester aux idées claires,* vivre...

P. 120.

1. Ms. : ... d'un fait ou d'une *affection*...
2. Ms., D., Éd. 1, Éd. 2 : *En l'espèce et* sur le plan de l'intelligence...

P. 121.

1. Ces thèmes sont des leitmotive de la pensée de Camus. Cf. *Noces*, « le Vent à Djémila », *supra*, p. 63, et *le Mythe*, *supra*, p. 139 et p. 169.
2. Ms. : ... où l'on n'y consent pas. *Et il faut s'en tenir là.*
3. Dans Ms. manque le passage : ... qui semble tout à fait moral... est lié pour jamais.
4. Ms., D. : ... à l'avenir *et aucun évangile ne garde de sens pour lui.* Cela...

P. 122.

1. Ms. : ... me proposent *le saut hors du problème, que j'ai refusé tout d'abord.*
2. Cette formule, qui résume une articulation de la pensée de Jaspers dans *Philosophie de l'existence*, III, est de Jeanne Hersch : *l'Illusion philosophique*, p. 179.
3. Jeanne Hersch, *ibid.*, p. 175.

P. 123.

1. Chestov, *le Pouvoir des clefs* : « Ce n'est que lorsque l'homme veut l'impossible qu'il se tourne vers Dieu. Pour obtenir ce qui est possible, il s'adresse à ses semblables. »

2. *Ibid.*, p. 121 : « Si Dieu trompe les hommes, cela ne signifie pas que Dieu soit coupable. Ce sont les hommes qui sont coupables, et non pas de s'être laissé tromper — l'homme pourrait-il percer les ruses de Dieu, son Créateur ! — mais d'avoir limité leur Créateur en imposant des lois aux manifestations de Sa volonté. »

3. Ms. : ... légitime. *Et je sens qu'elle est émouvante*. Mais...

P. 124.

1. *Hamlet*, I, 5. Chestov, *la Philosophie de la tragédie* (Éd. de la Pléiade, 1926), p. 108 : « Il y a déjà trois cents ans de cela que le plus grand des poètes a prononcé un terrible jugement sur le plus grand des idéalistes. Vous vous rappelez le cri d'Hamlet : « Le temps est » hors des gonds ! » Depuis lors, les poètes, les écrivains ne cessent de varier ces paroles. Mais personne jusqu'à ce jour n'a consenti à admettre qu'il ne faut pas essayer de ressouder les chaînons brisés, qu'il ne faut pas essayer de faire rentrer le temps dans l'ornière dont il s'est échappé... » Cf. Préface de Boris de Schloezer aux *Révélations de la mort* et de Daniel Halévy à *la Nuit de Gethsémani*.

2. Léon Brunschvicg a mis en évidence cette capacité de la raison dans la dialectique pascalienne des trois ordres (*Pascal*, Rieder, 1927).

P. 125.

1. Ms. : ... à la rencontre de cette raison *indéniable* mais limitée et de *cet* irrationnel *qui surgit toujours*...
2. Chestov, *le Pouvoir des clefs*, p. VIII.
3. Ms. : Mais *ce* passage...
4. Ms. : ... *ou* celle de plan.
5. Ms., D. : ... attentive *et froide*...
6. Cette image illustre la notion-clé de la pensée de Kierkegaard.
7. Ms. : *Ce* christianisme...

P. 126.

1. Ms. : ... et sa clarté. *L'antinomie et le paradoxe deviennent pour Kierkegaard critères du religieux*. Le christianisme...
2. Kierkegaard cite cette expression à plusieurs reprises dans son *Journal*. Nietzsche la reprend au début de *Par-delà le bien et le mal*. Chestov commente les *Exercices spirituels* d'Ignace de Loyola dans *les Révélations de la mort*.
3. Citation approximative d'une formule répétée dans *Prières et fragments sur la prière*, trad. Tisseau, 1937 : « C'est ainsi que combat dans la prière celui qui prie vraiment et il triomphe par le triomphe de Dieu. » Jean Wahl commente cette idée dans le chapitre de ses *Études kierkegaardiennes* intitulé « l'Existence et le paradoxe » (Aubier, 1938).

4. Lettre du 8 février 1777 : « Il faut vivre avec ses maux. Le problème est de vivre, et pas de guérir. » Nietzsche cite à plusieurs reprises la correspondance de Galiani dans *Par-delà le bien et le mal*.

5. Ms., Éd. 1, Éd. 2, Éd. 3 : ... par *éclaircies* la vanité quand il parle de lui...

P. 127.

1. *Journal* (Gallimard, 1941-1960), mai 1850, t. IV, p. 42.
2. *Journal*, mai 1850, t. IV, p. 43.
3. *Journal*, septembre 1849, t. III, p. 217.
4. *Journal*, juin 1847, t. II, p. 131.

Ces quatre citations proviennent, dans l'ordre, de la Préface donnée par J. Gateau au *Traité du désespoir* (Gallimard, 1932), p. 43, sans indication de références.

5. *Traité du désespoir*, p. 55. Dans la phrase de Kierkegaard, après : « ... la fin de tout... », il manque les mots : « ni un simple épisode fondé sur la seule réalité qu'est la vie éternelle » que Camus avait d'abord cités dans Ms.

6. Ms. : ... pour y renoncer *et j'y vois presque le caractère fatal de l'orgueil*. Rien...

P. 128.

1. Préface au *Traité du désespoir*, p. 31.
2. Dans Ms. et D., version opposée; le texte porte : ... exclut Dieu. La note n'existe pas.
3. Ms., D. : ... à mon *entêtement*...
4. Ms. : ... se détourner *et ce que Kierkegaard peut crier alors ne saurait arrêter ce mouvement, car l'homme absurde y reconnaît sa propre voix avant qu'il se décide à ne plus rien nier* : ...

Dans Ms., le paragraphe se termine sur la citation.

5. D. : Tout bien considéré, *il n'y a pas de quoi faire reculer un cœur bien déterminé*. Une âme...

P. 129.

1. Dans Ms. et D., la note n'existe pas.
2. Ms., D. : ... *de l*'inspiration religieuse...
3. L'analyse de Camus ne doit rien à Sartre : *l'Imagination*, chap. IV, « Husserl » (Alcan, 1936) et « Une idée fondamentale de la phénoménologie de Husserl, l'intentionalité » (N.R.F., 1er janvier 1939), article repris dans *Situations I*. Elle emprunte quelques traits à Gurvitch : *les Tendances actuelles de la philosophie allemande*, p. 24 *sq.*

P. 130.

1. *Matière et Mémoire*, chap. I.

P. 131.

1. Gurvitch, p. 19 : « Elles sont directement présentes dans le monde réel et en général dans toute donnée de perception et d'imagination. »
2. Ms. : ... Parménide *contractait* la pensée dans l'Un.
3. Ms. : ... que *toutes les images de ce* monde sont *privilégiées*.

P. 132.

1. *Logische Untersuchungen*, I, p. 100. Cité par Chestov, *le Pouvoir des clefs*, « Memento mori », p. 329.
2. Ms. : Ce lieu géométrique où la *vision* divine...
3. *Logische Untersuchungen*, I, p. 199. *Le Pouvoir des clefs*, p. 346.
4. *Logische Untersuchungen*, I, p. 199. *Le Pouvoir des clefs*, p. 392.
5. Gurvitch, pp. 25 et 28.

P. 133.

1. Ms. : ... de la même angoisse.
2. Plotin, souvent cité par Chestov, notamment dans *le Pouvoir des clefs*, fait l'objet d'une étude particulière dans le diplôme d'études supérieures présenté par Camus en 1936, *Métaphysique chrétienne et Néoplatonisme*, chap. III, « la Raison mystique ».

P. 134.

1. Ms., D. : Il *veut* garder...

P. 135.

1. Ms. : ... sur cette arête vertigineuse, *dans une attitude d'esprit où la folie peut se glisser à tout moment*, voilà l'honnêteté, le reste est *impuissance*.
   D. : même version sauf : ... le reste est *tricherie d'impuissant*.
   L'image appartient à Husserl, *Méditations cartésiennes*, Introduction. Elle est notée par Gurvitch.
2. Ms. : ... Kierkegaard. Mais *c'était de* l'impuissance.
   D. : Mais *c'était tricher tout de même. Si l'impuissance*...
3. Ms., D. : ... un raisonnement *où j'exige avant de tolérer*.

P. 136.

1. Ms. : I, 4. La Liberté absurde.
2. Ms., D. : ... dont je ne *veux*...
3. Ms., D. : ... voilà ce qui compte, *voilà ce qui me nourrira*.
4. Ms., D., Éd. 1 : ... un sens qui *me* dépasse.
5. Ms., D. : Quelle autre *trinité*...
6. Ms., D. : ... de ma condition ? *Le surprenant, c'est que la route qui mène à ces évidences ne soit pas plus simple. Le surprenant, c'est qu'il*

taille tant d'efforts, une si grande tension et une volonté si concertée pour tenir les yeux ouverts sur ce qui depuis si longtemps m'aveugle.

7. Ms. : ... je *serais* partie de ce monde.

P. 137.

1. Ms. : À ce moment encore, *l'homme*...
2. Ms., D. : *Et dans* cet enfer du présent, *pour la première fois enfin, il pourra vivre en prince désespéré et exalté du royaume absurde.*

Cf. *Carnets I*, 21 août 1938, p. 119 : « Seul celui qui a connu le *présent* sait vraiment ce qu'est l'enfer. » (Jacob Wassermann.)

3. Ms. : Les *problèmes* s'incarnent...
4. Ms., D. : ... toutes *les conséquences de nos évidences.* Le corps ..., *les gestes périssables et mélancoliques de* la noblesse humaine *retrouveront* alors leur place.
5. Ms. : *Un mot seulement* sur la méthode. *On aura eu le temps de reconnaître et peut-être de s'irriter d'une certaine façon de penser appliquée à cette étude et qui consiste à se détourner de tout ce qui n'est pas l'évidence la plus simpliste (au sens vulgaire et non au sens cartésien). Il s'agit de faire la bête. Mais dans cet objet, cela est nécessaire.* À un certain point...

D. : même texte, sauf les mots : *(au sens vulgaire et non au sens cartésien). Mais dans cet objet, cela est nécessaire. Il s'agit de faire la bête.* À un certain point...

6. Dans Ms. et dans D., toute cette fin, depuis : C'est elle qui (me) permet tout... est à la première personne : *Ce que j'exige de moi, c'est justement de vivre seulement avec ce que je sais...*

L'attitude d'esprit évoquée ici n'est pas sans rapports avec celle de Meursault dans sa prison.

P. 138.

1. Camus connaît l'enquête lancée par *la Révolution surréaliste* dans son premier numéro (1er décembre 1924) : « Le suicide est-il une solution ? »
2. Ms., D. : Il *m*'apparaît ici au contraire *que je la vivrai* d'autant mieux qu'elle n'aura pas de sens. Vivre une expérience, *éprouver* un destin, c'est l'accepter pleinement. Or *je ne vivrai* pas ce destin, le sachant absurde, *si je n'entre pas dans la règle du jeu, si je ne fais pas* tout pour maintenir devant *moi* cet absurde...
3. Un des thèmes politiques favoris du Surréalisme.
4. Ms., D. : *C'est pourquoi la seule position philosophique cohérente,* c'est la révolte.
5. Ms. : ... l'irremplaçable occasion de *se saisir*...
6. Ms., D., Éd. 1, Éd. 2, Éd. 3 : Cette révolte, *c'est* l'assurance...
7. Ms., D., : À la fin du paragraphe est appelée la note suivante : *Ceci peut se transporter sur le plan social dans la mesure même où les systèmes qu'on nous propose impliquent une métaphysique. La seule politique acceptable serait une politique pessimiste : résignée au « ménage » social hors de toute emprise sur les esprits.*

8. C'est le sort que, pour finir, choisit Caligula (acte IV, scène 14). Cf. *Carnets I*, janvier 1937, p. 43.

P. 139.

1. Cf. *Carnets I*, décembre 1938, p. 144.
2. Dans Ms., et D., manque le passage : Cette révolte... lui restitue sa grandeur.
3. Sénèque, *de Providentia*, II, 7. Pour le philosophe latin, c'est Dieu qui prend plaisir à cette confrontation.
4. Ms., D. : ... *quelque chose d'exaltant*.
   Éd. 1, Éd. 2 : ... quelque chose de singulier.
5. Ms., D. : ... *et moi je veux porter ce poids tout seul*.
6. Ms. : ... quelques aperçus clairs. *C'est d'ailleurs moins affaire de goût que de nécessité*. Le problème...

P. 140.

1. Ms. : ... l'alternative *tragique :*
2. Ms., D. : ... de liberté éternelle *(ou si du moins il les remet à leur vraie place qui est celle de la conversation édifiante)*, il me rend...
3. Cf. *Carnets I*, 4 octobre 1937, p. 88.
4. Ms. : Cette idée que « *j'étais* », ma façon d'agir comme si tout *avait* un sens (même si, à l'occasion, je disais que rien n'en *avait*), tout cela...

P. 141.

1. Ms. : ... le père de famille (ou *l'écrivain*, ou le conducteur de peuples...).
2. Dans Ms., le passage : Je fais... la liberté de l'homme... figure dans le chapitre « les Murs absurdes ». Cf. *supra*, note 4 de la p. 112.
3. Ms. : ... cette liberté ? *À la vérité, la nuance est que surtout ils se sentent libres vis-à-vis d'eux-mêmes. Et moins libres qu'à leurs yeux libérés de tout*. De même...

P. 142.

1. Ms., D. : ... cette *horreur* qui cristallise en lui.
2. Ms., D. : Il goûte une *indicible et affreuse* liberté...
3. Ms. : ... échappe à la conscience *et provoque une illusion plus flatteuse que toutes les illusions du quotidien*.
4. Ms. : ... le témoignage *lucide et* obstiné...

P. 143.

1. Cette phrase manque dans Ms.
2. Cf. Nietzsche, *Humain trop humain*, aph. 439. Cf. *Carnets I*, octobre 1941, p. 247.

P. 144.

1. Ms. : ... et uniquement *battre tous les records de présence au monde*. Comment...
2. Considération étrangement prémonitoire.

P. 145.

1. Cette note manque dans Ms.
2. Cf. Chestov, *le Pouvoir des clefs*, p. 127 : « Un célèbre poète grec disait jadis : « Ceux qu'aiment les dieux meurent jeunes. » Dans *Alceste*, Euripide fait dire par Thanatos à Apollon : « Quand ceux qui meurent sont jeunes, l'honneur que je reçois est plus grand. »
3. La dernière phrase de la note ne figure ni dans Ms. ni dans D. Le livre de Jean Grenier parut en 1941 (Presses Universitaires Françaises). Camus vise surtout la seconde partie : « l'Absolu et le Monde ».

P. 146.

1. D. : — *et je refuse le suicide. Mais je sais aussi que cette vie ne sera pas facile.* Je connais...
2. *Par-delà le bien et le mal*, aph. 183.
3. *Les Idées et les Âges* (Gallimard, 1927) tome I, p. 15 : « Prier ce serait sentir que la fatigue vient, et la nuit sur toutes les pensées. »
4. Chestov, *les Révélations de la mort*, p. 183.
5. Ms. : ... de la contradiction, de toutes les *joies* spirituelles la plus subtile peut-être.
6. Ms., D., Éd. 1, Éd. 2 : Mais il s'agit de vivre. *Où qu'on aille par la suite, c'est ici en tout cas que le raisonnement peut s'arrêter.*

P. 147.

1. Chapitre VI : « Une nuit laborieuse. »
Dans Ms. et D., la citation manque.

P. 149.

1. En écho au mot d'Euphorion dans le *Second Faust* : « L'air est mon élément », Goethe note dans ses *Maximes et Réflexions* : « Le temps lui-même est un élément. »
2. Dans Ms. et D., manquent les mots : ... sans le nier...
3. *Appel à l'impartiale postérité par la citoyenne Roland, femme du Ministre de l'Intérieur, ou recueil des écrits qu'elle a rédigés pendant sa détention aux prisons de l'Abbaye et de Sainte-Pélagie*, publié par Bosc, Paris, an III.
L'appel au jugement de la postérité, sans référence à Mme Roland, est commenté par Goethe dans *Maximes et Réflexions*.
4. Ms. et D. ajoutent : ... *et cela est dans l'ordre*.
5. Ms. : ... celle qui ne *sépare* pas de Dieu...

6. Jean Grenier, dans *le Choix,* cite le mot de Max Stirner (*l'Unique et sa propriété,* 1845) : « Rien n'est vrai ; tout est permis », souvent repris par Nietzsche, notamment dans *Ainsi parlait Zarathoustra* et dans *la Généalogie de la morale.* Camus, après Gide (*Dostoïevski,* 1923), revient sans cesse sur cette réflexion d'Ivan Karamazov. Cf. *Carnets,* août 1938, p. 118 ; *le Mythe de Sisyphe, supra,* p. 184 ; *l'Homme révolté,* chap. « le Refus du salut ».

7. Dans Ms., manquent les mots : ... en attrait...

P. 150.

1. Dans Ms. et D., manquent les mots : ... ce serait puéril...
2. Sur l'absurde comme antidote de la duperie, voir Rachel Bespaloff, *Cheminements et Carrefours* (Vrin, 1938) p. 33, à propos des héros de Malraux. Camus, dans *le Mythe, supra,* p. 185, dit de Kirilov : « Mais s'il est crucifié, il ne sera pas dupé. »

P. 151.

1. Ms., D. : Tout ce qui fait *avancer* et *produire* l'homme...
2. Ms., D. : ... son infécondité. *Il faut respirer dans cette aridité.*

P. 152.

1. L'étude de Camus emprunte plusieurs traits aux ouvrages de Gendarme de Bévotte : *la Légende de don Juan* (Hachette, 1906 et 1911) et de Lorenzi de Bradi : *Don Juan, la légende et l'histoire* (Librairie de France, 1930).
2. Dans le *Don Juan* de Pouchkine (joué par le Théâtre du Travail, le 24 mars 1937).
3. Ms. et D. : *Il n'y a que les impuissants pour croire qu'il faille* aimer rarement...

P. 153.

1. Gendarme de Bévotte, 1911, I, p. 38.
2. Oscar Vencelas de Lubicz-Milosz, *Miguel Mañara* (mystère en six tableaux, Grasset, 1912).
3. Ms. : ... d'être saint...

P. 154.

1. Gendarme de Bévotte, I, p. 46.
2. Gendarme de Bévotte, I, p. 3.
3. Ms. : Mais lui *ignore* le regret...
4. Cf. Stendhal, *De l'amour.*

P. 155.

1. Cf. *Carnets I,* août 1939, p. 162.
2. Comme dans le *Don Juan* de Joseph Delteil (Grasset, 1930).

P. 156.

1. Ms., D. : ... de châtiment. *Il n'a jamais été assez bas pour voir une punition dans le destin.*
2. Ms., D., Éd. 1, Éd. 2 : ... l'acte *physique.*
Jean Grenier dans son *Lexique* cite ce mot de Coventry Patmore : « Toute connaissance est nuptiale. »
3. Emprunt au texte même de Gendarme de Bévotte, I, p. 161. Cf. *Carnets I,* avril 1940, p. 214.
4. Ms. : Mais *son rôle* s'arrête là.
5. Comme chez Pouchkine. Cf. *Carnets I,* p. 214.
6. Comme chez Milosz.

P. 158.

1. Ms. : II, 3. La Comédie et la contradiction.
2. *Hamlet,* acte II, scène 2. Avec don Juan, le héros de Shakespeare est un des personnages favoris de Kierkegaard *(Ou bien... ou bien).* Cf. Chestov *(Sur les confins de la vie,* Éd. de la Pléiade, 1927).
3. Nietzsche, dans *le Gai Savoir,* aph. 361, pose avec vigueur « le problème du comédien ». Mais il est inutile de souligner ce que les analyses de Camus doivent à son expérience personnelle de la scène.
4. Ms. : ... *leur noblesse profonde qui est* l'indifférence.
5. Ms., D. : ... qui se vit : *les dictateurs seraient conséquents si seulement ils parlaient moins de Dieu.*

P. 159.

1. Ms. : ... tous les êtres qu'il aurait *fait vivre ou ressusciter.*
2. Richard, duc de Glocester, roi d'Angleterre, héros de plusieurs pièces de Shakespeare, notamment *Richard III.*
3. Cf. *Carnets I,* février 1939, p. 147.
4. Héros de la pièce de Calderon : *La vie est un songe.*
5. Sur ce thème cher à Montherlant au cours de sa vie errante, cf. *Carnets I,* 21 octobre 1937, p. 93 et *Noces, supra,* p. 81 ainsi que la note 3 correspondante.
6. Cette opposition traditionnelle (J.-J. Rousseau : « Chacun met son être dans le paraître ») revient souvent chez Nietzsche *(Humain, trop humain,* aph. 51 : « Comment le paraître devient être »; *Aurore,* aph. 306.) Camus en joue dans les *Carnets :* « Pour être, ne pas chercher à paraître » (20 octobre 1937, p. 92), dans un autre passage du *Mythe, supra,* p. 192, et dans *l'Homme révolté, supra,* p. 652.

P. 160.

1. Ms. : ... il *parcourt chaque jour le* chemin...
2. Ms. : Ainsi l'acteur compose ses personnages : pour la montre.
3. Cf. le livre d'Antonin Artaud (qui a fourni certains matériaux de *la Peste) le Théâtre et son double* (Gallimard, 1938).

P. 161.

1. Notation reprise à peu près littéralement des *Carnets I*, mai 1940, p. 215.

    Ms. donne ce passage non en note mais dans le corps du texte.

2. Acte III, scène 2.

P. 162.

1 Une des versions biffées dans Ms. fait commencer le paragraphe par la citation de Nietzsche (*Opinions et Sentences mêlées*, aph. 408) dans une traduction qui offre le mouvement inverse.

2. Cette phrase manque dans Ms.

3. Le traitement ignominieux infligé à la dépouille de la comédienne a excité l'indignation de Voltaire. Cf. notamment le poème intitulé : « la Mort de Mlle Lecouvreur » et *Candide,* XXII.

P. 163.

1. Ms. : ... pour *les* vieux comédiens.

P. 164.

1. Ce chapitre a pour origine une méditation sur *les Conquérants, la Voie royale, la Condition humaine* à travers l'étude que Rachel Bespaloff a donnée des trois ouvrages de Malraux dans *Cheminements et Carrefours*.

2. Cf. Kierkegaard, *Traité du désespoir :* « Comme l'a si bien dit un Grec, les hommes nous apprennent à parler, mais les dieux à nous taire. »

3. Ms. : ... parce que, *dans le vrai*, ni la société...

P. 165.

1. *Carnets I*, automne 1938, p. 128 : « Le cœur sec du créateur ». Cf. *Ainsi parlait Zarathoustra* (« Le plus laid des hommes »).

2. Le membre de phrase : ... Sachant qu'il n'est pas de causes victorieuses... et l'adjectif « passagères » qui qualifie « victoires » manquent dans Ms. et dans D.; ils soulignent, dans l'édition, des allusions à l'actualité politique.

3. Cf. *Carnets I*, septembre 1939, pp. 166 et 172. L'attitude de Camus à la déclaration de guerre, puis son engagement dans la Résistance donnent à cette formule un sens précis.

4. Luc, XXII, 36-38. Cf. le récit symbolique de Kafka : « l'Épée » (*Giration*, juillet 1939) et le commentaire du traducteur.

5. « Restez fidèles à la terre ! », cet appel de Zarathoustra (« Prologue » et « De la vertu qui donne ») est une des maximes favorites de Camus jusqu'au lendemain de la guerre. Cf. *4e Lettre à un ami allemand :* « J'ai choisi la justice... pour rester fidèle à la terre. » Plus tard, cette option n'est prononcée que sous condition. Cf. *l'Homme révolté,* « la Pensée de midi », *supra*, p. 690.

P. 166.

1. Dans Ms., les deux paragraphes suivants se présentent dans l'ordre inverse.
2. Dans Ms., cette phrase manque.
3. Ms. : ... du côté de la *révolte*.
4. Ms. et D. : ... contre son destin : *le tyran* n'est qu'un prétexte. Cf. *Carnets I*, février 1938, p. 105.

P. 167.

1. Ms. : ... un seul luxe pour *nous*...
2. « Les Vraies richesses », titre emprunté à Giono, 1936, enseigne de la librairie Charlot, à Alger, siège de la revue *Rivages*.
3. Dans Ms., est appelée ici la note suivante :
Encore une fois, ceci est une illustration, le conquérant tel qu'il est défini par la pensée moderne. Comme tout personnage entier, il s'y mêle à la fois du vrai et du faux. Mais si je voulais résumer son apport au vrai, je dirais que pour l'homme absurde sont seules acceptables les attitudes politiques qui s'occupent de l'événement, du ménage de la cité sans demander la soumission à aucune éthique et aucune métaphysique.

Ce passage présente certaines analogies avec la note qui avait été prévue p. 138 et qui a été supprimée à l'édition.

4. Dans Ms. et D., les mots ... rien fonder sur moi... sont suivis du passage ci-après :
La fin du conquérant, c'est la trahison. Ne craignez rien. Comme toute chose en ce monde, la trahison elle-même se transfigure en mon cœur (D. : *en un cœur*) *un peu fier. Il y a des trahisons qui affranchissent et de beaux traîtres dans l'histoire. Il y a des trahisons honorables. Ce sont elles que j'ai toujours choisies. Vous attendiez de moi une morale à la mesure de votre doctrine. Mais dans presque tous les cas l'élégance des sentiments remplace avantageusement la morale. Votre doctrine n'y peut rien.*

5. Cf. *Carnets I*, avril 1939, p. 155.

P. 168.

1. *Carnets I*, octobre 1940, p. 217. Cette notation vient de Jacob Burckhardt, ami de Nietzsche : *la Civilisation de la Renaissance en Italie*.
2. Ms. : ... où la mort se *voit* honorée.
3. Cf. Montherlant, *Mors et Vita* (Grasset, 1932), p. 200.
4. Ms. : ... les plus *virils* d'entre nous... Car nous appelons virils...
5. Toute cette fin, depuis : Nous aussi... se trouve à très peu près dans les *Carnets I*, avril 1939, p. 156.

P. 169.

1. *Carnets I*, novembre 1939, p. 177. Ms. donne, comme le texte des *Carnets* : ... devant *le visage* des condamnés...
2. Cf. Kierkegaard, *le Concept d'angoisse* (Alcan, 1935), p. 43 : « Je suis un roi sans royaume. »
3. Cf. *supra*, p. 42 et la note correspondante.

P. 170.

1. Ms. : ... et n'espèrent *pas*.

P. 171.

1. Ms. porte en sous-titre : « Le Grand Mime », formule qui se retrouve p. 174.

P. 173.

1. *Carnets I,* septembre 1939, p. 168 : Accepter l'épreuve et tout ce qu'elle comporte. Mais jurer de n'accomplir dans la moins noble des tâches que les plus nobles des gestes. Et le fond de la noblesse (la vraie, celle du cœur), c'est le mépris, le courage et l'indifférence profonde. »
2. Ms., D., Éd. 1, Éd. 2 : Il y a ainsi un *honneur* métaphysique...
Ms. ajoute : *Et l'honneur est un sentiment dont il faut apercevoir l'immense dérision pour sentir le respect qu'on lui doit.*
3. *Carnets I,* septembre 1939, p. 172.
4. *Crépuscule des idoles,* « Flâneries inactuelles », aph. 24.
5. Ms. donne, sans virgule : ... de fleurs de tapisseries...

P. 174.

1. L'image de l'île, chère à Nietzsche (*le Gai Savoir,* aph. 372 ; *Ainsi parlait Zarathoustra,* « les Iles bienheureuses ») est au centre de l'œuvre de Camus. Voir la Préface qu'il a donnée en 1959 à la réédition du livre de Jean Grenier, *les Iles.*
2. Voir *supra* la note 8 relative à la page 115.
3. Cf. *Carnets I,* septembre 1939, p. 169 : « Concilier l'œuvre qui décrit et l'œuvre qui explique. Donner son vrai sens à la description... »

P. 175.

1. Ms. : ... chacune *son* climat particulier...
2. Cf. *Carnets I,* automne 1941, p. 241.

P. 176.

1. Dans le numéro spécial de *Confluences* consacré au roman (juillet-août 1943), Camus fait la part plus belle à l'intelligence, à la volonté et à l'art dans la création littéraire. Mais il lui plaît alors de considérer surtout les écrivains classiques. (Cf. *Théâtre, Récits, Nouvelles,* Bibliothèque de la Pléiade, 1962, p. 1887.)
2. Le passage : ... Elle ne peut être la fin.... Il suffit d'une Abyssinie ... manque dans Ms. Voir des idées voisines dans « le Désert », *(Noces), supra,* p. 88 et la note 1 correspondante.

P. 177.

1. Tout le passage depuis : ... La véritable œuvre d'art... jusqu'à : ... réfléchir... provient des *Carnets,* automne 1938, p. 127, qui

présentent en ces termes la phrase sur le savoir-vivre : « Le problème est d'acquérir ce savoir-vivre (avoir vécu plutôt) qui dépasse le savoir-écrire. » Voir dans *Noces* une autre variation sur le même thème *supra*, p. 58.

2. Cette phrase manque dans Ms.

3. Cette phrase manque dans Ms. Elle obéit à un mouvement analogue à celui d'une proposition d'Angelus Silesius que Jean Grenier aime à citer après Chestov : « Si Dieu n'était pas, je ne serais pas ; si je n'étais pas, Dieu ne serait pas. »

4. *Carnets I,* mars 1940, p. 208.

Ms., D., Éd. 1, Éd. 2, développant une brève mention des *Carnets,* précisent : ... *la couleur. (Cela est sensible surtout chez Léger.)*

5. Les *Carnets I,* novembre 1936, p. 42, commentent une idée voisine, vraisemblablement empruntée à Kierkegaard (*le Concept d'angoisse,* Aubier, 1935, p. 141) : « Il est remarquable que l'art grec culmine dans la statuaire, où précisément le regard fait défaut. » Mais Camus a pu trouver chez Alain (*Idées,* Hartmann, 1939, p. 276) une citation de l'*Esthétique* de Hegel plus caractéristique : « La statue sans yeux nous regarde de tout son corps. » Idée voisine dans *l'Envers et l'Endroit, supra,* p. 44.

P. 178.

1. Dans Ms., la note est appelée après les mots : ... *au déchet qui s'y trouve.* Le texte présente de très légères variantes avec le texte de l'édition.

2. Ms., version biffée : *la Critique de la raison pure.* Ce choix, déterminé par l'allusion à Kant qui se trouve un peu plus haut, était ici paradoxal.

3. Cf. *Carnets I,* janvier 1936, p. 23 : « On ne pense que par image. Si tu veux être philosophe, écris des romans. »

P. 179.

1. Ms. ajoute : *Elle commence où la pensée discursive renonce.*

2. Le « thème ancien » a, en fait, une orientation différente. Rivarol résume une pensée de Bacon (Fideles sermones..., chap. XVI) quand il écrit dans ses *Maximes:* « Un peu de philosophie écarte de la religion et beaucoup y ramène. »

3. Ms., D. : ... à ces libertés *sans pareilles.*

4. Ms., D. : ... de ses *dérisoires* fantômes...

5. Ms., D. : ... de chair *ou de fer...*

6. Dans Ms., manque le passage : ... *Je puis faire œuvre absurde... la splendeur et l'inutilité d'une vie d'homme.*

P. 180.

1. Ms. : ... par consentir à *eux-mêmes.*

2. Cf. la fin de *Noces, supra,* p. 88.

3. Dans Ms. et D., manque le passage : ... Jusqu'ici... certaines philosophies.

4. Ms. : Je *veux* donc choisir pour *l'interroger*... le climat lucide. *Je veux savoir alors quelles sont ses conséquences. Je n'ai besoin que d'un exemple précis. Il s'agit de la même analyse qui a été déjà faite plus longuement. Je parlerai ici de Franz Kafka.* J'aurais pu... d'autres œuvres. Mais *dans* celle-ci, le problème est traité directement, *de la même démarche et avec la même émotion dissimulée que chez les penseurs* dont il a *déjà* été question. Ce parallélisme sert mon objet.

D. : Je peux donc choisir pour *l'interroger*... nous instruiront. *S'il respecte l'absurde, il est possible de travailler sans espoir de réussite. S'il ne le respecte pas, je saurai du moins par quel biais l'illusion s'introduit. Je n'ai besoin que d'un exemple précis. Il s'agit de la même analyse* (... ici le texte de Ms.)... dont il a été question. Ce parallélisme sert mon objet.

5. Dans Ms. et D., manquent les mots entre parenthèses.

P. 182.

1. Ce chapitre manque dans Ms., l'œuvre choisie par Camus pour illustrer la création absurde étant à l'origine celle de Kafka. Voir « Présentation ».

La pensée de Dostoïevski est un des sujets favoris de Chestov. Mais l'analyse de Camus doit beaucoup aux études et conférences recueillies par Gide dans son *Dostoïevski* (Plon, 1923).

2. « Sans la foi en son âme et en l'immortalité de son âme, l'existence humaine est quelque chose de contre-nature, un intolérable non-sens. » *Journal d'un écrivain*, décembre 1876; traduction Jean Chuzeville (Gallimard, 1938), p. 364.

3. *Ibid.*, octobre 1876, p. 359 *sq*.

P. 183.

1. L'exemple de Kirilov est introduit par Dostoïevski dans l'article de décembre 1876, p. 367.

2. Camus utilise la même traduction que Gide (Plon, 1886). Gide, *Dostoïevski*, p. 269. *Les Possédés*, II, p. 332.

3. Gide, *ibid.*, p. 277. *Les Possédés*, II, p. 336.

4. Gide, *ibid.*, p. 280. *Les Possédés*, II, p. 339. Cf. *Carnets I*, décembre 1938, p. 141.

P. 184.

1. *Les Possédés*, II, p. 340.
2. Gide, *ibid.*, p. 259. *Les Possédés*, I, p. 259.
3. Gide, *ibid.*, p. 279. *Les Possédés*, II, p. 388.
4. Gide, *ibid.*, p. 280. *Les Possédés*, II, p. 339.
5. Gide, *ibid.*, p. 276. *Les Possédés*, II, p. 334.
6. Gide, *ibid.*, pp. 220 et 262. *Les Possédés*, I, p. 256.

P. 185.

1. *Les Possédés*, II, p. 338.
2. Eschyle, *Prométhée enchaîné*, trad. Mazon, les Belles-Lettres, 1931, vers 248-250 : « J'ai délivré les hommes de l'obsession de la mort... J'ai installé en eux les aveugles espoirs. » Cf. *l'Homme révolté*, supra, p. 438.
3. Gide, *ibid.*, p. 278. *Les Possédés*, II, p. 337.
4. Gide, *ibid.*, p. 279. *Les Possédés*, II, p. 339.
5. Gide, *ibid.*, p. 257. *Les Possédés*, I, p. 257. Cf. *le Mythe*, supra, p. 197 et la note 2 correspondante.
6. Gide, *ibid.*, p. 232. Cf. *le Mythe*, supra, p. 149 et la note 6 correspondante.

P. 186.

1. *Journal d'un écrivain*, décembre 1876, p. 367. Les mots entre parenthèses sont ajoutés par Camus.

P. 187.

1. Gide, *ibid.*, p. 161.
2. « Les Brouillons des *Frères Karamazov* », dans *Mesures*, 15 octobre 1935.
3. Gide, *ibid.*, p. 185.

P. 188.

1. Gide, *ibid.*, p. 226.

P. 189.

1. Ms. : Le Créateur absurde.
2. Ms. : ... qui s'en *croyaient* délivrés.
3. Dans Ms. et D., la note comporte en outre les mots : ... *et quelques-uns de ces livres nés sur la terre américaine.*

Melville et *Moby Dick* sont cités dans les *Carnets I* en avril 1938, p. 108, et dans l'hiver 1941-1942, p. 250. Cf. tome I, *Théâtre, Récits, Nouvelles*, Bibliothèque de la Pléiade, p. 1899.

4. Cette idée a été développée par Camus dans son Mémoire pour le diplôme d'études supérieures.

P. 190.

1. Le passage : ... Travailler et créer « pour rien »... que la pensée absurde autorise ... manque dans Ms. Il rappelle le célèbre poème de Kipling : « If ».
2. Ms. : ... de l'artiste *aveugle*...
3. Le passage : ... À ce moment... dont il est détenteur... manque dans Ms.

P. 191.

1. Cf. la dernière strophe du poème de Baudelaire : « les Phares » et Malraux : « l'Œuvre d'art », *Commune*, décembre 1935 ; « l'Héritage culturel », *Commune*, septembre 1936.
2. Cette phrase manque dans Ms.
3. La condamnation du roman à thèse (cf. *le Mythe, supra*, p. 178), la distinction entre les idées et la pensée, et, d'une manière générale, la défiance à l'égard de la « prédication » sont des thèmes chers à Chestov. Cf. Préface de Boris de Schloezer aux *Révélations de la mort*.
4. Ms. : ... quelque chose. *Mais, il est vrai, l'œuvre de Malraux prouve que la condition humaine est exaltante et absurde, Dostoïevski prouve l'existence de deux abîmes de chaque côté de l'homme, Kafka prouve que l'espoir humain est une bassesse*. Mais ces preuves...
D. : même texte que Ms., moins : ... *Kafka... bassesse.*
5. Ms. : ... humiliés. *S'ils l'avaient été* tout à fait, la chair du même coup *aurait resplendi* de tout son éclat absurde...

P. 192.

1. Le passage : ... Ou elle ne fera... Cela est équivalent... manque dans Ms.
2. Ms. : *Ainsi je retrouve dans* la création absurde...
3. Cette phrase manque dans Ms.
4. Cf. Jean Grenier, *le Choix :* « Transformer notre sort en destin. » Telle est, selon Malraux, la vocation de l'aventurier, du militant et surtout de l'artiste (*Verve*, n° 3, 1938).
5. Cf. *Carnets I*, septembre 1939, p. 166.
6. Ms. et D. : ... joie ou *douleur*... Cette version paraît meilleure ; cf. dans le chapitre suivant, p. 197, la reprise de cette opposition.

P. 195.

1. Tout ce paragraphe suit de très près la relation donnée par la *Nouvelle Mythologie grecque* de P. Commelin (Garnier, 1909). Les versions successivement élaborées, puis abandonnées, qu'on déchiffre dans le manuscrit attestent l'importance de ces emprunts. Ceux qui subsistent dans l'édition sont désignés ci-après par la lettre C.
... le plus sage et le plus prudent des mortels : C.
Homère cite Sisyphe dans l'*Iliade*, VI, 152-154 comme le « plus habile des hommes » ; il évoque son supplice dans l'*Odyssée*, XI, 593-600. (Les qualificatifs mentionnés par Commelin ainsi que les démêlés de Sisyphe avec la Mort figurent dans une scholie.)
2. ... secrets... : C.
3. Le nom de Jupiter a été retenu de parti pris par Commelin de préférence à celui de Zeus.

4. ... qui avait *eu* connaissance... à la citadelle de Corinthe : C.

5. Il en fut puni dans les enfers : C.

6. ... empire désert : C.

7. Dans ce paragraphe (et plus encore dans les versions offertes par le manuscrit) on peut trouver bien des notations provenant textuellement du *Grand Dictionnaire Universel Larousse*. Les plus marquantes sont signalées ci-après par la lettre L.

8. ... étant près de mourir... : L.

9. ... ordonna de jeter son corps au milieu de la place sans sépulture... : L.

10. ... la permission de retourner sur la terre pour châtier sa femme : L.

11. Mais quand il eut de nouveau... de ce monde... il ne voulut plus retourner... : L. (Les notations touchant l'eau, le soleil, les pierres chaudes, la mer, relèvent de la sensibilité de Camus.)

12. ... un arrêt des dieux : L.

13. ... le saisir au collet... : L.

14. ... le ramena de force aux enfers... : L.

P. 196.

1. Ms. et D. : ... cette pause *nécessaire*...

2. Ms. : ... celle de *sa* conscience.

3. Accent pascalien : « l'homme... plus fort que ce qui l'écrase » (*Pensées*, Brunschvicg, VI, 347).

4. Cf. le film de Charlie Chaplin, *les Temps modernes*, 1936.

5. Cf. Malraux, *le Temps du mépris*, 1935.

P. 197.

1. Cf. *Carnets I*, août 1939, p. 161.

2. Le texte de Sophocle est traité de manière assez libre par Camus. En fait, Œdipe déclare : « Savoir me résigner, voilà ce que m'enseignent les épreuves, les années dont je suis chargé et une noblesse native. » Il prononce ces mots, non pas « à l'instant même » où il reçoit la révélation qui l'accable *(Œdipe-Roi)*, mais bien des années plus tard, lorsqu'il vient demander, guidé par Antigone, l'hospitalité de Thésée (*Œdipe à Colone*, vers 7 et 8). « Tout est bien » ressemble à une formule de Créon dans *Œdipe-Roi*, vers 1516 : « Tout est bien qui se fait à propos. » Camus emprunte sa traduction à Montherlant (*Mors et Vita*, Grasset, 1932, p. 189; *Service inutile*, Grasset, 1935, p. 171). Nietzsche, dans *l'Origine de la tragédie*, chap. 9, commente paradoxalement la « sérénité » d'Œdipe.

3. Dans Ms. et D., manquent les mots : ... comme le Kirilov de Dostoïevski ... et la phrase finale.

4. Ms. et D. : ... sacrée *pour un esprit absurde*.

5. Ms. et D. ajoutent : *Si Œdipe triomphe du Sphinx et dissipe les mystères, c'est par sa connaissance de l'homme*.

P. 198.

1. ... le maître de *son destin. Il sait d'avance où il naît et où il se fait.* À cet instant...

P. 199.

1. Sur la genèse et la structure de « L'Espoir et l'Absurde dans l'œuvre de Franz Kafka », voir la « Présentation ».

Les variantes signalées ci-après concernent le manuscrit (Ms.), le dactylogramme (D.) et l'édition « augmentée » (Éd. 2), dont le texte se retrouve dans les éditions ultérieures.

P. 201.

1. Dans Ms. et D., l'étude commence à : Rien n'est plus difficile...
2. Dans Ms., à partir de : ... plus qu'il n'a conscience d'exprimer... la fin du paragraphe est ainsi libellée : *La sagesse est d'attendre de l'auteur lui-même ses secrets. S'il les draine hors de l'œuvre et nous les livre, alors c'est un monde nouveau qui naît. Et les deux tomes du* Temps retrouvé *suffisent à légitimer toutes les pages et toute la clameur secrète du long roman de Proust. Mais, pour Kafka, la question ne se pose pas. Et c'est à nous de retrouver ce que la mort l'a empêché de révéler. Au demeurant, son œuvre pourrait n'avoir pas de sens secret.*
3. D. : Avant de mourir, *lui dit seulement...*

P. 202.

1. Dans Ms., le passage : Et justement... sa résonance et sa signification... (dernière ligne de la page 202) figure dans un additif.

P. 203.

1. Dans Ms., cette phrase manque. C'est un des ajouts introduits par D. pour raccorder l'article initial au dessein général du *Mythe*.
2. Dans Ms. et D., la référence vise non *le Procès*, mais *le Château*.
3. Formules voisines dans *le Gai Savoir*, aph. 213; *Ecce homo* : « Pourquoi je suis si malin », aph. 1; *le Crépuscule des idoles*, aph. 34.
4. Ms. : ... comme il est naturel. *Elles se présument dans la tragédie du voyageur perdu dans le désert et qui ne rencontrerait pour apaiser la soif qui le tue qu'un immense chott dont il ne peut consommer une goutte. C'est le même* divorce ridicule...
5. Dans Ms., la digression sur la tragédie grecque, qui s'étend jusqu'à la phrase : ... voilà pourquoi Samsa... figure dans un additif. Elle emprunte quelques traits aux réflexions de Nietzsche sur l'*Origine de la tragédie*.
6. Ms. : ... le malheur du héros. *Tuer son père ou coucher avec sa mère, voilà deux actions insolites; mais être en même temps parricide et inceste, c'est un destin d'exception. Nous l'*annoncer seulement n'est guère horrible...

P. 204.

1. Ms. : Mais le bonheur aussi, à sa manière, est *absurde*.
2. Ms. : ... sauvés d'eux-mêmes. *Mais Ulysse, pour un chrétien, est un personnage d'enfer. Et la pensée de Kafka est avant tout une pensée chrétienne.* Ce qu'il faut retenir en tout cas...

Après : ... sauvés d'eux-mêmes... D., Éd. 2, Éd. 3 ne retiennent pas le texte de Ms., mais comportent une phrase qui a disparu de la dernière édition revue : *Ce n'était pas si facile de retrouver Ithaque.*

3. Dans Ms., manque le passage : ... Cette traduction du problème dans l'acte... de cette équation de chair.

P. 205.

1. Ms. : ... du genre *absurde*.
2. Dans Ms., ce paragraphe manque.
3. Dans Ms., le paragraphe figure dans un additif.
4. Ms. : ... c'est le secret de la *religion chrétienne* et du *Château*...

P. 206.

1. Dans Ms., manque le passage : ... On trouve ici... son œuvre tout entière.
2. Évoquant, après Kierkegaard, la nostalgie des paradis perdus, Chestov aime à citer l'appel de Plotin (*Ennéades,* I, 6, 8) : « Fuyons vers notre chère patrie... » Voir notamment *les Révélations de la mort,* pp. 155 et 230. Camus a étudié Plotin à l'occasion de son diplôme d'études supérieures.
3. Dans Ms., manquent les phrases : ... Il n'en peut plus... raisonnable.

P. 207.

1. Dans Ms., manque le passage : Mais pour Kafka,... qui ne soit à Dieu.
2. Dans D., manque la dernière phrase.
3. Ms. : ... à la *reconnaissance* de l'absurde.
4. Ms. et D. : ... un peu plus *étranger*...
5. La note 1 est une addition de D.

La publication récente des derniers chapitres du *Château* montre que la conjecture de Camus était fondée.

P. 208.

1. Dans Ms., ce paragraphe se lit ainsi :
J'ai parlé d'espoir. Et cela peut paraître ridicule au regard de l'œuvre de Kafka. C'est pourtant autour de ce thème que, pour finir, je voudrais grouper quelques remarques.

D. offre le texte définitif, mais s'arrête à : ... le paradoxe de la pensée existentielle...

2. *La Pureté du cœur,* traduction de P. H. Tisseau (Bazoges-en-Pareds, 1935), p. 179.

3. C'est à peu près dans les mêmes termes (« tonique » au lieu de « tonifiante ») l'idée exprimée par Rachel Bespaloff dans *Cheminements et Carrefours*, p. 55. Camus, parlant de l'« espoir », joue sur le titre du film et du roman de Malraux (1936-1937).

4. Ms., D. : ... à la vie de l'auteur. *Elle fait semblant de croire que l'échec n'est pas la fin naturelle de tout effort artistique.*

P. 209.

1. Dans Ms., la note manque.

2. Dans Ms., le passage : ... Mais dans ce saut... est une notion vide de sens... figure, avec des variantes, dans un additif qui ne comporte pas la phrase : ... Ce renoncement serait fécond.

3. Dans Ms., le passage : ... Il serait inintelligent... à l'aveuglement volontaire... figure, avec des variantes, dans un additif qui ne comporte pas le fragment : Je parlerai comme lui... il a su figurer...

4. Dans Ms., la note manque.

D., Éd. 2, Éd. 3, signalent que *Au bagne* a été publié par *les Cahiers du Sud*.

Le fragment du rapport de Momus a été biffé par Kafka sur le manuscrit du *Château*. Cf. édition Gallimard, 1938, p. 252.

P. 210.

1. Ms. ajoute ici le paragraphe suivant :

Il serait intéressant à cet égard de voir comment dans la pensée nietzschéenne la raison garde son pouvoir au sein de l'absurde, alors qu'elle le perd totalement pour l'amant de Regina Olsen et l'arpenteur de Franz Kafka. Le paradoxe n'est qu'apparent. Mais son commentaire serait ici déplacé.

2. Dans Ms., cette phrase manque.

Dans D., manque l'expression : ... dans son entier.

3. Dans Ms., manque le passage : ... Car si la nostalgie... ne se trouve pas ici.

P. 211.

1. Dans Ms., après : ... de leurs mains terrestres..., la fin de l'essai, plus brève, se lit ainsi : *À cet égard Kafka se range parmi les plus grands pour avoir su animer ce monde hideux et bouleversant où les taupes elles-mêmes se mêlent d'espérer.*

2. D. : *Un moment vient où la création est prise au sérieux : elle doit être prise au tragique.*

3. Dans D., à la place de cette phrase se lit la phrase suivante : *La mienne ici est de mettre à jour le subterfuge.*

4. Dans Ms. et D., la note manque.

5. *Le Procès* (Gallimard, 1933), p. XVIII : « C'est un monde sans sommeil. Le monde du dormeur éveillé. »

LETTRES A UN AMI ALLEMAND

I

DE LA RÉSISTANCE MORALE
À LA RÉSISTANCE ACTIVE

En mars 1940, donc, après un court séjour à Oran, Camus débarque à Paris. Il habite, au souvenir de Pascal Pia, l'hôtel du Poirier, 16, place Émile-Goudeau — hôtel qui semble avoir disparu (cf. *Carnets I*, p. 205). C'est là qu'il terminera *l'Étranger**. Vu l'incommodité des lieux, il émigre bientôt vers l'hôtel Madison, boulevard Saint-Germain. L'invasion allemande l'y surprendra.

Il était secrétaire de rédaction à *Paris-Soir*, occupé à une tâche technique de mise en pages. Le 9 juin, Jean Prouvost, directeur-propriétaire de *Paris-Soir* et ministre de l'Information, donne à Pierre Lazareff l'ordre d'évacuer le personnel de *Paris-Soir*, exception faite d'une poignée d'hommes destinée à assurer la parution du journal. Larazeff organise l'évacuation du personnel sur Clermont-Ferrand : « Pierre Laval, toujours bon commerçant, nous offrait des facilités de logement si nous utilisions l'imprimerie de son journal *le Moniteur*. Nous savions, qu'éclectique, il avait fait les mêmes offres de service à tous les journaux, ou à peu près, depuis le socialiste *Populaire* jusqu'à la royaliste *Action française*. Nous

---

* C'est sans doute à ce moment qu'il rencontre pour la première fois André Malraux. Celui-ci a bien voulu m'écrire à ce sujet : « Je ne crois pas avoir rencontré Camus en Algérie, où je n'ai passé, entre 1934 et la guerre, que deux jours. Je ne savais pas qu'il avait monté une adaptation du *Temps du mépris*.

» Je l'ai rencontré en 1939 ou 1940 à l'occasion de la présentation du film « l'Espoir » au Président Négrin. Il accompagnait Pascal Pia et nous avons passé une heure ensemble.

» Pendant la guerre, il m'a envoyé le manuscrit de *l'Étranger* dont je me souviens avoir parlé, non à Paulhan, mais à Gaston Gallimard — mais aussi, il est vrai, à qui voulait m'entendre. Plusieurs manuscrits circulaient, et l'œuvre était tantôt défendue et tantôt attaquée au nom de l'influence des romanciers américains.

» J'ai lu *le Mythe de Sisyphe* en manuscrit, mais mes souvenirs en sont trop confus pour vous rendre service. »

avions les premiers retenu imprimerie et chambres. Mais nos besoins dépassaient les disponibilités. Il y avait 150 lits pour 800 personnes. » Telle est la version de Pierre Lazareff. Rirette Maîtrejean, correctrice, écrit de son côté : « On choisit dans le personnel une poignée chez les rédacteurs, une poignée chez les imprimeurs, une autre dans l'administration et l'on nous emmena sur les routes sinistres. Nous nous retrouvâmes là-bas en petit comité en quelque sorte, rapprochés par l'amertume des jours et par l'exil. »

L'évacuation dura toute la journée du 10 juin. Chacun conduisit l'auto qui lui était confiée. Et Daniel Lenieff, rédacteur, écrit : « Nous étions arrivés les premiers et je revois toujours Camus, sur la place de Jaude, descendant d'une voiture fumante, à bout d'essence, d'huile et d'eau. Il devint blême, se précipita vers le coffre arrière et prit, comme un trésor, un manuscrit qu'il enfouit dans ses poches. Je devais apprendre plus tard qu'il s'agissait de *l'Étranger*. Il croyait l'avoir oublié. »

« C'est à Clermont qu'on peut connaitre Paris », note Camus dans les *Carnets I* (p. 216). Il y découvre, comme chacun, les files d'attente. Quelques jours avant l'armistice (21 juin), Pascal Pia l'y rejoint. Quelques-uns de ses camarades et lui partent alors pour Bordeaux où ils se trouvaient vraisemblablement le jour de l'armistice. En tout cas, ils devaient être de retour le 24 juin, puisque Daniel Lenieff affirme qu'ils allèrent ensemble dans la montagne la nuit de la Saint-Jean. Pascal Pia, une nouvelle fois, devait retrouver Camus à Clermont dans la deuxième quinzaine de juillet.

Combien dura le séjour à Clermont ? Il est difficile de le préciser, car les témoignages sont incertains. Si l'on en juge par les *Carnets,* il semble bien que l'installation à Lyon ne se fit qu'en octobre 1940 et que la première partie du *Mythe de Sisyphe* fut terminée à Clermont. Pourtant le typographe Lemoine et Pascal Pia s'accordent pour fixer au mois d'août la date de leur installation à Lyon, où *Paris-Soir* s'était fixé. C'est là que Francine Faure rejoignait Albert Camus et l'épousait civilement, le 3 décembre 1940. Assistèrent à ce mariage le typographe Lemoine, les linotypistes Lemaitre, Cormier, Lionet et Pascal Pia, témoin du marié.

À ce moment, *Paris-Soir*, qui a regagné la capitale, s'engage dans la collaboration. L'édition de Lyon disparait. Camus et sa femme quittent Lyon pour l'Algérie dans les premiers jours de 1941. Sur ses sentiments à ce jour, Daniel Lenieff nous précise (*À Albert Camus, ses amis du Livre,* Gallimard) qu'après une petite réunion intime, Camus lui dit au moment du départ : « Je compte sur toi à Paris le jour de la libération. » Un autre témoignage de son état d'esprit nous est donné par un texte publié, le 25 janvier 1941, dans *la Tunisie française*. Il avait eu déjà l'occasion de collaborer à ce journal, notamment le 1er décembre 1938, avec un article sur les relégués en partance pour le bagne : *Ces hommes qu'on raye de l'humanité*. Cette fois, sous le titre : *Pour préparer le fruit,* il lance une sorte d'appel à la résistance morale face à l'esprit de démission. On retrouvera ce texte, avec quelques modifications, dans *l'Été,* sous le titre *les Amandiers* (cf. notes). Trois mois plus tard (24 mai 1941), il donne au même journal, auquel collaborent Jean Amrouche et Armand Guibert, un article adroitement enveloppé : *Comme un feu d'étoupes,* où il proteste contre le sentiment collectif de culpabilité et les prophéties irresponsables sur le débarquement en Angleterre. Il leur oppose la conscience de « l'absurdité des existences individuelles » et le « grand coup de pied donné au malheur », selon la formule de Lawrence (cf. documents) — comme s'il cherchait une conciliation active entre la pensée absurde qu'il développe au même moment dans *le Mythe de Sisyphe* et une volonté de résistance dont témoigne E. Roblès.

À ce moment, Camus vit à Oran où il donne des cours dans une institution secondaire fondée par la communauté juive : on y recueillait les nombreux enfants israélites chassés des lycées et collèges par les lois antisémites de Vichy (j'ai rencontré l'un d'eux à Tel-Aviv). Heureux de retrouver l'Algérie, il reprend bientôt contact avec ses amis de *l'Équipe.* Mais sa santé reste précaire; c'est alors qu'il écrit à Roblès : « Les journées sont longues et me pèsent beaucoup. » Il n'en a pas moins « terminé Sisyphe » le 21 février 1941. Historiquement, le livre a donc été rédigé, pour l'essentiel, pendant « la drôle de guerre », la débâcle et ses lendemains : il en porte assurément la marque.

Camus remet en chantier *le Minotaure ou la Halte d'Oran : les Carnets* en effet comportent à cette époque une série de notations qui ont été transposées dans le texte définitif. Mais déjà il est sollicité par *la Peste* et, comme il l'écrit p. 231, *Carnets I,* la plaquette sur Oran n'est qu'une activité d'attente. En juillet 1941, l'épidémie de typhus qui sévit en Algérie (cf. Pléiade, tome I, p. 1968) retient son attention. Il s'en ouvre à Roblès qui lui-même décrira les camps pour typhus dans *les Hauteurs de la ville* (1948). En août et septembre, il retrouve à plusieurs reprises André Belamich en pique-nique. En automne 1941, il communique à Pascal Pia les manuscrits de *l'Étranger,* du *Mythe de Sisyphe* et de *Caligula.* Pia les transmet à Jean Paulhan qui en décide l'impression. À la même époque, selon Poncet, Camus organise à Oran un groupement résistant et expose à ses amis algérois les bases de l'organisation qu'il voudrait voir s'étendre en Algérois. Selon Roblès, son organisation favorisait le passage en Tunisie d'israélites ou de libéraux menacés par les autorités vichyssoises.

Peu à peu sa santé se dégrade : sans doute a-t-il une fois de plus abusé de ses forces. Il a retrouvé la mer et le plaisir de la nage, il fait du football avec ses élèves, il tente de ranimer le théâtre de l'Équipe, il écrit. Le ravitaillement est gravement insuffisant. Ses difficultés pulmonaires lui imposent une nouvelle série d'insufflations. Aussi ne s'étonnera-t-on pas qu'il termine le troisième cahier des *Carnets I* sur une pensée stoïcienne et qu'il ouvre le cahier IV *(Carnets II)* par des propos inquiets, sinon lassés : « Tout ce qui ne me tue pas me rend plus fort. Oui, mais... Et qu'il est dur de songer au bonheur. Le poids écrasant de tout cela. Le mieux est de se taire pour toujours et de se tourner vers le reste. »

Les lettres qu'il écrit à ses amis ne sont guère rassurantes. Aussi, en août 1942, débarque-t-il en France, accompagné de sa femme : le médecin lui a conseillé une cure d'altitude que la mauvaise volonté de la police a retardée. Il passe quelques jours à Lyon avant de gagner le Panelier, dans la Haute-Loire. Sa femme le quitte bientôt pour rejoindre Oran avant la rentrée scolaire : pour sa part, il devait en principe prolonger de deux mois son séjour.

C'est alors qu'il fréquente le petit train départemental qui le conduit à Saint-Étienne pour insufflations : il découvre la tristesse des villes ouvrières françaises, aggravée encore par la défaite : « Tous les Français ont l'air d'émigrants... Vie désespérante et silencieuse que la France tout entière supporte dans l'attente. » Sans doute les personnages du *Malentendu*, qu'il élabore au même moment, reflètent-ils, dans une certaine mesure, ses préoccupations. Martha et sa mère sont des femmes de l'intérieur, sevrées de mer et de soleil, grandies sous un ciel avare, privées de tendresse, et qui rêvent à quelque longue aventure. Mais en ces mois de désespérance, il n'est rien répondu à leur attente passionnée. On ne peut s'empêcher de faire un rapprochement entre les notes pour *Budejovice* et ces quelques lignes pour un roman : « Entre le ciel sombre de septembre et le sol humide, il avait l'impression d'attendre l'hiver en même temps que Marthe. »

Prévenu par plusieurs amis de l'imminence d'un débarquement allié en Afrique du Nord, Camus se prépare à regagner Alger. Il envisage (lettre à Roblès de septembre) de s'installer à la Bouzarea et d'y mener une vie retirée, favorable à sa santé comme à son travail personnel. Pascal Pia s'efforce de lui procurer un billet ; il l'obtient, mais trop tard. Le 11 novembre 1942, Camus note dans ses *Carnets : Comme des rats.* Dès lors, il lui faut s'accommoder de vivre loin des siens, sur une terre qui lui reste étrangère.

La naissance d'une amitié l'y aidera. Pascal Pia a communiqué à Francis Ponge la dactylographie du *Mythe de Sisyphe*. Celui-ci, qui était alors chef de centre au *Progrès de Lyon*, à Bourg-en-Bresse, s'est empressé de lui dire son approbation, nuancée du regret qu'il n'ait pas abordé le problème du langage. En retour, il lui adresse son *Parti pris des choses* qui nous vaut la première lettre de Camus à Ponge, du 27 janvier 1942, publiée après quelques retouches dans l'*Hommage de la Nouvelle N.R.F.* (1er septembre 1956.) On la trouvera en annexe de *l'Homme révolté*.

Les relations de Camus et Ponge devaient se resserrer d'autant plus aisément que la belle-mère de Ponge habitait le Chambon-sur-Lignon où Camus se trouvait contraint par les événements de poursuivre sa convalescence. Francis Ponge, qui ne se souvient plus de la date exacte de leur première rencontre, a la certitude de l'avoir retrouvé au Chambon dans les jours qui suivirent le 1er février 1943. Les discussions qu'eurent alors les deux hommes, singulièrement sur la notion d'absurde, se trouvent consignées aux pages bis de *Proêmes*.

Une précieuse correspondance est alors échangée entre Ponge et Camus. Francis Ponge a bien voulu m'en donner lecture et me permettre de prendre quelques notes; on peut souhaiter que l'intégralité en soit prochainement portée à la connaissance du lecteur.

Le 11 mars, Camus, qui est allé à Lyon, écrit du *Mythe de Sisyphe*: « Sartre n'aime pas du tout mon essai. Mais la plupart de ses critiques sont justes. » Sur lui-même, il ajoute : « Je ne deviens rien ; je vis souvent dehors à la limite de vos chers bois de pins... L'exil me pèse. »

Le 28 avril, il se plaint de ne rien faire « de bon, ces temps-ci ». Il n'est pas encore pleinement résigné à l'exil : « Tout irait mieux si je ne me reprochais pas de ne pas pouvoir retourner chez moi. » Il ignore encore s'il acceptera de collaborer à *Confluences* comme Aragon le lui a demandé. L'essentiel de son temps se passe en lectures et en promenades, en compagnie de son chien « Cigarette ».

Le 20 mai, après une visite à Coligny où séjourne Ponge, et où Camus l'a beaucoup entretenu de *la Peste*, il se prépare à adresser à *Confluences* un article sur Mme de La Fayette, *l'Intelligence et l'Échafaud*, qui ne le satisfait pas pleinement. Il envisage alors de quitter le Chambon. Le 8 septembre, Francis Ponge lui signale qu'une lecture du *Malentendu* a été faite en juin, dans l'appartement de René Leynaud, devant Ponge et Michel Pontremoli, qui, tout comme Leynaud, fut exécuté par les Allemands en 1944.

En juillet, Camus est rentré d'un court voyage à Paris. Il raconte avoir porté à dos sa chienne malade jusque chez le vétérinaire. Il s'ennuie au Panelier où il a pourtant réécrit un acte de *Caligula*. « Non, mon dernier mot n'est pas désespoir... Pour l'instant, il est patience. » Pour réponse, il entend donner sa forme au malheur, le nommer (*la Peste*). Une fois encore, il vit son art comme un acte de révolte.

Le 28 juillet, il évoque son récent voyage à Saint-Étienne. Le 9 août, il relève à peine la question de Ponge sur la petite brochure qu'Elsa Triolet a consacrée à ses deux derniers ouvrages : «*Qui est donc cet étranger qui n'est pas d'ici* ou *le Mythe de la baronne Mélanie** ? » Le 11 août, il est grippé, après une course sur le Mezenc. Sa santé est meilleure, mais fragile encore. Il avoue désirer Paris et le craindre en même temps. Nommé membre du jury de la Pléiade, il envisage de se rendre à Lyon à la fin de septembre. Le 4 septembre, il écrit du couvent de Saint-Maximin où l'accueille le père Bruckberger, aumônier de la Résistance, que Leynaud lui a fait connaître. Le séjour parmi les dominicains sera l'occasion, entre les deux incroyants que sont Ponge et Camus, d'une importante discussion sur le christianisme et, par ricochet, sur le communisme, dont je rends compte ailleurs : cf. *Actuelles : l'Incroyant et les Chrétiens*.

---

* Le ton en était amicalement compréhensif et ironique. Il se terminait par ces mots : « ... un mythe magnifique, un apport philosophique, un stimulant pour l'intelligence... »

Revenu à Panelier le 20 septembre, il écrit le 29 : « Je n'ai pas tous mes moyens. Je suis bien fatigué... Il y a plus d'un an que je combats avec l'ange. » Il ajoute toutefois, envisageant de gagner Paris ou de prolonger sa cure à Briançon : « Il faut savoir faire amitié avec son rocher. » Il a bientôt la satisfaction de voir publié dans *l'Arbalète* son chapitre sur Kafka.

Le 14 novembre, Camus est à Paris ; il habite rue de la Chaise près de Sèvres-Babylone. La Compagnie des Sept lui offre de monter *le Malentendu* et *Caligula* : cette proposition ne lui rend pourtant pas la pleine confiance dont il a besoin. « Je me sens curieusement stérile, plein de doutes et triste. » Quelque temps plus tard, en décembre, il envisage de monter *Huis clos* : il a rencontré Sartre à la générale des *Mouches*. Une amitié va naître. Simone de Beauvoir raconte dans *la Force de l'âge* que les répétitions commencèrent dans son appartement. Quelques semaines plus tard, il projette de jouer la pièce à Lyon, en février, dans une mise en scène « qu'on ne voit pas ». Mais les représentations en zone Sud sont supprimées et Camus renonce bientôt à une entreprise qu'il juge au-dessus de ses forces et que la conjoncture politique devait rendre impraticable.

Le 11 janvier 1944, évoquant la *Remarque sur la révolte,* promise à Jean Grenier, il précise : « Un monde sans révolte n'est jamais désespéré. » *Le Malentendu* est mis en fabrication. « Quant à *la Peste* quand elle démarrera, elle démarrera définitivement. » Il note que Gabriel Marcel a fait sur son compte et sur le compte de Georges Bataille « une conférence agressive ».

En mars, tandis que Ponge relève la parution d'un fragment de *la Peste* dans *Domaine français* (cf. tome I), Camus évoque un déjeuner avec Paulhan et Éluard : il ne se sent pas en sympathie avec ce dernier. Il constate que son article sur Brice Parain (cf. textes complémentaires, p. 1671) a été peu apprécié de certains. On répète *le Malentendu* chez Marcel Herrand et on envisage de le jouer fin mai. Camus y apporte « d'importantes retouches ».

Et la résistance dira-t-on? J'ai précisé plus haut quel était l'état d'esprit de Camus de 1939 à 1942. Avant la débâcle, tout en dénonçant la complaisance à la guerre et au mensonge de tant d'hommes politiques et de tant de simples citoyens, « cette haine et cette violence qu'on sent déjà monter chez les êtres » (*Carnets I*, pp. 167-170), tout en constatant que la guerre est la réalisation de l'absurde (p. 170), il refuse de « se désolidariser, serait-ce de la bêtise et de la cruauté des autres » et tente de s'engager (pp. 173-176). On le réforme pour raisons de santé. Mais déjà (p. 177) il sait qu'on fait la guerre « **avec beaucoup de sentiments nobles tels que** :
 a) la solidarité dans la souffrance ;
 b) le mépris qui ne veut pas s'exprimer ;
 c) l'absence de haine ».

Tous sentiments qui animeront plus tard les *Lettres à un ami allemand.*

Répondant à un désespéré (pp. 178 à 182) il refuse de faire du désespoir une règle de vie et compte, pour arrêter la guerre, sur cette prédication qu'il invoquera de nouveau en 1946, au temps de *Ni victimes ni bourreaux*. Pour la première fois, il lance la formule fameuse qu'il reprendra avec des nuances : « Comprenez qu'on peut désespérer du sens de la vie *en général,* mais non de ses formes particulières, de l'existence, puisqu'on n'a pas de pouvoir sur elle, mais non de l'histoire où l'individu peut tout. »

De 1940 à 1942, son attitude relève de la résistance morale et de la solidarité envers les victimes du totalitarisme. Il écrit, évoquant l'hostilité officielle contre l'Angleterre : « On ne parle pas de l'un des pires motifs : la rage et le désir bas de voir succomber celui qui ose résister à la force qui vous a vous-même écrasé. » (Janvier 1942, *Carnets II*.) Quelques jours plus tard, il réagit vigoureusement contre l'esprit de démission qu'entretient Vichy; il y voit une forme d'inadaption, de nihilisme et la preuve que notre civilisation est à refaire.

S'étonnera-t-on de n'en pas trouver davantage ? Un résistant ne pouvait consigner ses états d'âme et ses agissements par écrit. Le silence des *Carnets* n'a rien de surprenant; le contraire nous serait suspect. Mais pourquoi n'en a-t-il pas parlé davantage, après la Libération ? Une note de 1943 nous éclaire : « En période de révolution, ce sont les meilleurs qui meurent. La loi du sacrifice fait que ce sont toujours les lâches et les prudents qui ont la parole puisque les autres l'ont perdue en donnant le meilleur d'eux-mêmes. Parler suppose toujours qu'on a trahi. » La seule conduite, après que tant d'hommes sont morts, serait le silence. Il s'y est pour sa part efforcé, sauf lorsque l'amitié lui commandait de rendre hommage aux disparus.

Si nous avons peu de précisions sur ses faits et gestes avant octobre 1943, il y a tout lieu de supposer que, lié comme il l'était avec Pia, Ponge, Leynaud et Bruckberger, il fut informé de leurs activités, voire associé, fût-ce de loin. Sans doute ne pouvait-il rendre alors de grands services depuis Panelier, et son activité la plus directe commence avec son arrivée à Paris. C'est pourquoi j'ai consacré une note à *Combat* clandestin.

Il convient pourtant d'ajouter que d'après Jacqueline Bernard Camus fut en relation avec le mouvement *Libération* et avec le C.N.E. Ceci expliquerait qu'après avoir publié la première *Lettre à un ami allemand* dans la *Revue Libre* (n° 2, 1943) il ait donné la seconde aux *Cahiers de Libération* (n° 3, 1944). Ceux-ci avaient été fondés par *Libération-Sud* avec Jean Cassou, Martin-Chauffier, Aragon, Aveline, Éluard, Paulhan, Abraham, Noël et Seghers. Le premier cahier fut imprimé à Auch; les suivants à Paris. Camus y signa sa seconde « lettre » Louis Neuville. Enfin, il donna aux *Lettres françaises* un article : *Tout ne s'arrange pas,* n° 16.

R. Q.

II

« COMBAT » CLANDESTIN

Le 25 novembre 1940, à Marseille, un petit groupe qui comprend François de Menthon, Paul Coste-Floret, Pierre-Henri Teitgen et Remy Roure fonde le journal clandestin *Liberté*. En mars 1941, Henri Frenay, Hauriou, Bertin-Chevance, Jean-Guy Bernard en zone Sud, Ingrand en zone Nord s'organisent dans le mouvement des *Petites Ailes* qui publie *Résistance* en zone Nord et *Vérité* en zone Sud.

En novembre 1941, *les Petites Ailes* et le mouvement *Liberté* fusionnent dans le mouvement *Combat*. Henry Frenay est à la tête de son organisation militaire. En décembre 1941, la fusion des journaux *Liberté* et *Vérité* permet la parution de *Combat* clandestin, dont le titre fut adopté sur proposition d'Henri Frenay; on garde en sous-titre : *Mouvement de Libération Française*.

L'équipe de *Combat* comprend, avec Georges Bidault, rédacteur en chef, Teitgen, de Menthon, Claude Bourdet, Cerf-Ferrière, Chevance-Bertin, Rémy Roure, Jacqueline Bernard et, bien entendu, Henri Frenay, directeur. Henri Frenay part pour Londres en septembre 1942, pour trois mois, puis définitivement en 1943. Claude Bourdet devient alors responsable du bulletin tandis que Pascal Pia en assume pratiquement la rédaction en chef. C'est Pascal Pia (pseudonyme Renoir) qui amena Camus (pseudonyme Bauchard) à une réunion, tenue dans une loge de concierge, rue de Lisbonne, en automne 1943. Camus, selon Mme Jacqueline Bernard, offrit d'effectuer toute tâche qui pourrait se révéler utile, précisant qu'il avait « déjà fait un peu de journalisme ».

Camus participa dès lors à toutes les réunions, ordinairement bimensuelles, auxquelles Pia le convoquait. La mise en pages du journal exigeait beaucoup de minutie, puisque le texte était composé à Lyon, qu'on ne pouvait travailler au marbre et qu'il fallait compter les signes sur maquette.

Le journal s'imprimait sous la direction de Bollier (pseudonymes Carton, puis Velin) — dont Camus évoque à plusieurs reprises la mémoire — tué le 17 juin 1944. Le départ de Pia, chargé d'autres tâches résistantes, valut à Camus la direction pratique du journal.

Celui-ci, qui comptera 58 numéros, plus quelques numéros spéciaux, est tiré en 1943 à 50 000 exemplaires environ. Le 15 novembre, il annonce 300 000 exemplaires, en format réduit, tantôt 21-27, tantôt 17-25, sur deux pages le plus souvent, parfois quatre. Tout ceci suppose l'expédition des textes sur maquette, l'impression et la répartition de 5 à 6 000 kilos de papier. En 1944, le travail de Camus pourrait se résumer ainsi : d'abord, recruter des rédacteurs, il amena Mascolo et Sartre; organiser le tri des informations et le travail de l'équipe, Gimont, Altschuler, Albert Ollivier, Pierre Scize et Jacqueline Bernard, qui s'occupait du secrétariat de rédaction; maintenir les rapports avec les services d'impression et de distribution; former les groupes chargés d'assurer le jour venu la protection de l'imprimerie — alors utilisée par la *Parizer Zeitung* — que *Combat* devait occuper à la libération de Paris; créer enfin un service de liaison renforcé en prévision d'une bataille dans Paris. Sur ces problèmes, Camus, dans une lettre à un correspondant allemand, renvoyait à Mme Bernard : « Je n'ai pris contact avec le mouvement *Combat* qu'en 1943. Pour tout ce qui a précédé, je suis une mauvaise source de renseignements. Pour tout ce qui a suivi, afin de recouper mes souvenirs, j'ai convenu avec Mme Jacqueline Bernard, qui fut notre secrétaire général, qu'elle répondrait elle-même à vos questions... » Celle-ci conclut qu'Albert Camus a joué « un rôle déterminant à un moment où chaque rencontre et chaque initiative comportaient des risques graves ».

Sitôt après le débarquement, c'est dans l'appartement de Camus, 1 *bis*, rue Vaneau, que fut préparée la maquette des premiers numéros de la Libération et ébauchée la série d'articles : *le Combat continue, De la Résistance à la Révolution, Ce qu'est le journal « Combat »*. C'est Camus qui proposa comme sous-titre à *Combat* « De la Résistance à la Révolution ». On sait encore qu'il écrivit l'article consacré aux massacres d'Ascq : « Pendant trois heures, ils ont fusillé des Français. »

La mort d'André Bollier rendit impossible l'impression du journal à Lyon. L'équipe de Paris improvisa des tracts et diffusa un bulletin d'information ronéoté. Après l'arrestation de Jacqueline Bernard, Camus dut quitter son appartement de la rue Vaneau, et le travail fut rendu plus difficile encore. Il séjourna le plus souvent à Verdelot, chez Brice Parain.

Ajoutons, pour en terminer avec cette période, que le type même des tâches qui furent confiées à Camus explique certains aspects de *la Peste*. Ni coups de feu ni sabotages, mais un travail discret contre une force ennemie sans visage : le danger toujours présent, mais jamais visible; la peur que ne compense aucun exploit spectaculaire. À côté d'intellectuels enfin, Camus retrouvait des humbles, tout pareils à Grand : un concierge, un garçon de course du Théâtre-Français, une jeune fille toute menue qu'on surnommait « Quinze Grammes ».

C'est cet héroïsme quotidien et sans éclat que Camus a prétendu représenter à l'heure où le monde semblait s'engager dans une longue période de paix et d'oubli.

Camus reçut en 1946 la médaille de la Résistance. Mais, écrivait-il à M. Germain, « je ne l'ai pas demandée et je ne la porte pas. Ce que j'ai fait est peu de chose et on ne l'a pas encore donnée à des amis qui ont été tués à côté de moi ».

On trouvera ci-après :
Comme un feu d'étoupes (24 mai 1941).
Notes et Variantes des *Lettres à un ami allemand*.
Tout ne s'arrange pas (mai 1944).
Préface au « Combat silencieux », d'André Salvet (1945).
Introduction aux « Poésies posthumes », de René Leynaud : (Commentaire par R. Q., texte de Camus, notes et variantes (1947).
« La Vallée heureuse », de Jules Roy (février 1947).
Les Silences de Paris (1949).
Préface à « l'Allemagne vue par les écrivains de la Résistance française », de Konrad Bieber (1954).

R. Q.

COMME UN FEU D'ÉTOUPES

Quand Alexandre Borgia eut le bonheur d'être élu pape, trois fois, selon la coutume, on alluma devant lui un feu d'étoupes pour rappeler à ce maître du monde que la gloire humaine est chose qui passe. Cette leçon de philosophie ne fut pas perdue. Mais les conclusions qu'en tira Alexandre VI ne furent pas celles, on le sait, que l'Église attendait de lui. Loin d'y voir une occasion d'humilité, il y trouva le prétexte de sa domination. Si la gloire du monde est chose qui passe, il faut seulement se hâter d'en jouir.

Mais le feu d'étoupes dansait encore au fond de ce regard lourd que les portraits de l'histoire nous ont transmis. Car le souverain mépris que ce pape sut montrer pour tout ce qui n'était pas ses passions et la grandeur, il en donna un exemple magnifique que notre époque pourrait méditer. Comme les Espagnols et les Portugais demandaient son arbitrage pour la répartition des territoires à coloniser, il traça sur la carte, avec négligence, une ligne droite qui séparait le monde en deux parties. Il n'avait pas oublié la première leçon de philosophie de sa papauté. Il faisait seulement la preuve que l'indifférence et la passion peuvent se combiner dans la conduite d'une vie.

Oui, toute la gloire de ce monde est comme un feu d'étoupes. Voilà pourquoi nous aussi nous devons nous dépêcher. Se dépêcher de vivre, ce n'est pas exactement aller plus vite, c'est souvent le contraire. Il s'agit seulement de ne pas perdre son temps. Il y a toujours eu cent façons de perdre son temps, dont la première est le travail salarié et la dernière la collection de timbres. À cet égard, notre société est tout à fait perfectionnée. Mais depuis que les temps sont devenus graves, tout semble prétexte à gaspiller son temps. C'est le gaspiller, en effet, que de prophétiser sur les débarquements et la maîtrise des mers. C'est le gaspiller que d'évaluer des forces dont nous ne sommes plus les maîtres et de gagner sur le papier des batailles où notre sang n'a pas sa place. Mais plus encore c'est le perdre que de se frapper la poitrine à longueur de journée et de s'attarder dans le calice pour en savourer la lie.

Les choses iront bien mieux quand on en finira une bonne fois avec l'espoir. Un esprit vigoureux se reconnaît à ce qu'il sait s'accommoder de ce qu'il est sans se perdre entre les « peut-être » et les « si ». Or il y a des faits qu'il faut savoir reconnaître; la décadence européenne, les défaites de l'esprit, la montée des médiocrités et l'absurdité des existences individuelles. On reconnaît à ces signes une époque tragique. Mais je n'y vois pas de raison de pleurnicher. « Le tragique, disait Lawrence, devrait être comme un grand coup de pied donné au malheur. » Voilà une pensée saine et immédiatement applicable. Il y a beaucoup de choses aujourd'hui qui méritent ce coup de pied. Dépêchons-nous de le donner. Apprenons à regarder brûler l'étoupe. Et la leçon bien comprise, rentrons dans l'histoire avec le mépris qui convient. Sur la carte du monde, nous saurons alors tirer avec sérénité ces éternelles lignes droites qui ne séparent pas le bien du mal, ni le laid du beau, mais qui distribuent entre les hommes ce qu'il est indifférent de distribuer : la gloire et la douleur humaines.

Albert Camus.

La Tunisie française, 24 mai 1941.

III

NOTES ET VARIANTES
DES « LETTRES À UN AMI ALLEMAND »

Je n'ai pu retrouver évidemment le manuscrit des lettres elles-mêmes, mais seulement le manuscrit de la *Préface* à l'édition italienne.

P. 219.

1. Ms. : ... deux territoires *qui, avec l'Espagne, forment une même nation.*
2. Ms. : ... l'Allemagne *d'aujourd'hui,* il faudrait...
3. Ms. : ... ne *perdront* rien...

P. 233.

1. Les articles d'*Alger républicain* et plus tard de *Combat* témoignent de l'attachement de Camus à l'idée d'une Europe unie.

P. 234.

1. Après la période du Kulturkampff, qui opposa les nazis à l'Église catholique, les chefs allemands se présentèrent volontiers comme les défenseurs de la civilisation occidentale chrétienne.

P. 235.

1. Les nazis avaient annexé Wagner et son héros Siegfried dans lequel ils voulaient voir l'incarnation de la nation allemande triomphante.

P. 236.

1. Voyages de 1936 en Autriche, Tchécoslovaquie et Italie, puis de 1937 en Italie. Cf. *Carnets I* et *Noces.*

P. 240.

1. Cf. *l'Homme révolté,* notamment le chapitre consacré à Nietzsche.

P. 242.

1. Allusions aux massacres d'Ascq et d'Oradour-sur-Glane.

IV

TEXTES COMPLÉMENTAIRES

TOUT NE S'ARRANGE PAS

Il n'est pas un écrivain qui ne sache le prix de la vie humaine et je suppose que c'est une des définitions honorables de cet état. C'est peut-être pour cela que j'ai toujours eu l'horreur de la justice des hommes en exercice. Ce qu'un journal parisien appelait récemment « le cérémonial digne et tragique » des exécutions m'a toujours rempli de dégoût et de révolte. J'imagine aussi que je partage ce sentiment avec beaucoup d'entre nous et nous avons eu depuis quatre ans bien des occasions de l'éprouver jusqu'à la fureur. Voici pourtant, et pour la première fois, que, sous un ciel où il n'avait apparemment que faire, un homme est condamné, puis exécuté, dont la mort nous laisse à la fois sans haine et sans compassion. Je puis donc dire ici, pour beaucoup d'autres et pour moi : que de chemin parcouru en quatre ans jusqu'à la mort de Pierre Pucheu.

C'est pour cela en tout cas que cette mort mérite qu'on y réfléchisse et que l'écrivain apporte à cette réflexion cette part de lui-même dont on a l'impression justement qu'elle est la même qui s'indignait avant ces quatre ans devant de semblables événements. Car enfin, ce qui nous révoltait devant des juges professionnels disposant avec sérénité de la vie d'un homme, c'est justement ce pourquoi Pucheu a été condamné à mort. On pourrait dire, en effet, qu'il a été jugé pour trahison et parce qu'il portait la responsabilité de la mort de quelques grands Français. Mais en réalité, cela ne dit pas tout. La vérité est que Pierre Pucheu a été condamné pour avoir, comme ces fonctionnaires de la trahison qui vivent encore à Vichy, manqué d'imagination. Il a cru, par exemple, qu'un gouvernement de défaite était un gouvernement comme les autres et que les mots ministre, pouvoir, lois, condamnation, ne changeaient pas de sens quand la France elle-même changeait de visage. Il a cru que tout pouvait continuer, qu'il était toujours dans le système abstrait et administratif où il avait toujours vécu, où l'on se poussait, où l'on intriguait, où l'on signait ces lois derrière lesquelles rien ne s'imaginait. Et ces lois qu'il signait dans le décor de tous les jours, dans un bureau confortable et anonyme, il n'a pas eu assez d'imagination pour voir *réellement* qu'elles allaient se transformer en petits matins d'agonie pour des Français innocents qu'on mènerait à la mort. Pour ce genre d'hommes, c'est toujours la même abstraction qui continue et je suppose que le plus grand de leurs crimes à nos yeux est de n'avoir jamais approché un corps, fût-il supplicié comme celui de Politzer, avec les yeux du corps et la notion que j'appellerai physique de la justice.

Il faut croire en tout cas que l'abstraction était encore plus puissante puisque, devant l'échec évident de Vichy, elle a poussé Pucheu à croire qu'on pouvait encore continuer et aller à Alger former de nouveaux gouvernements et signer de nouvelles lois. Et c'est à nous maintenant d'imaginer le cri de cet homme arrêté, jugé et conduit à la mort et assurant en lui-même qu'il n'avait pas voulu cela. Mais cela était inutile puisqu'il était alors sorti de l'abstraction et entré, pour la première fois, sur une terre de chair et de sang d'où il pouvait, mais trop tard, tout mesurer enfin.

Notre tâche ici n'est pas d'accabler ceux qui ont payé. Je ne veux donc pas chercher les autres motifs de cet homme, mais il faut bien dire que celui-là seul que nous lui prêtons aujourd'hui suffirait à faire taire toute compassion. Nous savons maintenant que dans le monde où nous sommes une chose équivalait à la mort et c'est le manque d'imagination. Personne n'a plus *le droit* d'en manquer. Trop de morts que nous aimions et respections, trop de grandeurs trahies, de valeurs humiliées ont payé leur tribut à cet aveuglement pour que nous soyons, au cœur même de la lutte, tentés de pardonner. Il faut qu'on sache dans toute la France (et dans tous les ministères) que le Temps de l'abstraction est terminé. Tout maintenant a un sens et ce sens peut être mortel. C'est cette vérité qu'on peut tirer de l'exécution de Pierre Pucheu. Et à partir du moment où cette vérité s'aperçoit clairement, il devient possible d'apporter à ce condamné l'imagination dont il a été privé et de la considérer alors sans dédain. Mais c'est dans la pleine lumière de l'imagination que nous apprenons en même temps, et par un paradoxe qui n'est qu'apparent, à admettre sans révolte qu'un homme puisse être rayé de cette terre. Car ce n'est pas le jugement d'une classe ou d'une idéologie, ce n'est pas le verdict porté au nom d'une Abstraction qui fonctionne ici. C'est le cri général, l'appel, le langage plein de choses et d'images vraies, la revendication de tous les inculpés que nous sommes depuis quatre ans, devenus soudain assez forts pour juger leurs juges eux-mêmes et pour le faire sans haine, mais sans pitié.

Non signé.

Les Lettres françaises, mai 1944.

PRÉFACE AU « COMBAT SILENCIEUX »

D'ANDRÉ SALVET

Cher Monsieur,

J'AI trouvé au retour d'un voyage de trois semaines en Afrique du Nord votre manuscrit et vos deux lettres. Je m'excuse donc d'y répondre si tard.

Le Combat silencieux me paraît un bon livre de la Résistance. Parce qu'il est simplement raconté. Et parce que ce qu'il raconte est très évidemment vrai. Vous avez évité l'affreux pathétique qu'on est tenté d'ajouter à ces années et qui, dans vingt ans, aura vieilli aussi rapidement que la littérature de l'autre guerre. En particulier, *le Train des déportés* me paraît une belle réussite.

C'est pourquoi je n'ai pas d'opposition personnelle à faire la préface que vous me demandez (il faudrait en trouver le temps, il est vrai, mais enfin...!). Seulement, je me demande quel avantage vous tireriez de cette espèce de patronage. Est-ce mes titres dans la Résistance ? J'ai risqué beaucoup moins que votre héros, et ce n'est pas à moi de le présenter. Est-ce à l'écrivain que vous vous adressez ? Mais, dans ce cas, il m'a toujours semblé qu'un livre, surtout lorsqu'il témoigne comme celui-là, devait se présenter seul et sans commentaires.

Comprenez-moi bien. Je vous parle comme à un camarade de la Résistance, fraternellement, et je vous dis ce qui me vient à l'idée devant votre proposition. Mais vous restez le seul juge. Et si vous désirez toujours cette préface, je la ferai avec le meilleur cœur du monde. Dites-moi ce que vous en pensez et croyez-moi bien cordialement à vous.

Albert Camus.

Éditions France-Empire, 1945.

INTRODUCTION AUX « POÉSIES POSTHUMES »

DE RENÉ LEYNAUD

René Leynaud, journaliste au *Progrès de Lyon,* était entré en relation avec Camus en 1943 : Pascal Pia, Francis Ponge et Jean Senard le lui avaient fait connaître. À l'époque, Camus cherchait à occuper ses loisirs en corrigeant des épreuves pour une revue. Leurs relations devinrent bientôt amicales et se développèrent sur le double plan des préoccupations intellectuelles et des activités de résistance.

Leynaud découvrit avec une curiosité admirative ce jeune auteur déjà célèbre, auteur d'un *Mythe de Sisyphe* provocant, qui allait lui communiquer son *Caligula* encore inédit : il le reçoit comme un coup de foudre et en perçoit toute la portée métaphysique. La logique athée du *Malentendu* le bouleverse plus encore. En échange, il lui communique modestement ses poèmes.

Camus ne pouvait manquer de se prendre d'affection pour ce chrétien tourmenté d'impossible, qui s'essaye à tuer en lui-même le prestige des mots et fait de sa poésie un exercice spirituel. Il est séduit par cet homme volontaire, préoccupé toujours de faire coïncider ses pensées et ses actes, qui a rejoint la résistance sans amour aucun de la guerre. Leynaud représentera pour lui le chrétien sincère, soucieux de vivre sa foi jusqu'au martyre. Son souvenir avivera la colère de Camus au temps de l'épuration : « Je pardonnerai ouvertement avec M. Mauriac quand les parents de Velin, quand la femme de Leynaud m'auront dit que je le puis. » (11 janvier 1945.) Mais plus tard, comme en témoigne une variante (dernière note), le même souvenir l'aidera à comprendre que peut-être Leynaud ne l'aurait « pas suivi dans cette révolte... Oui, c'est bien sa dernière et pauvre victoire sur les meurtriers. » Le 30 août 1945, dans *Combat,* Camus condamnait sévèrement l'épuration telle qu'on l'avait pratiquée. Or il semble que la préface aux poèmes de Leynaud ait été rédigée au cours du même été. Simple coïncidence, peut-être. Mais il n'est pas absurde de présumer que la relecture des lettres de Leynaud accentua le désarroi que certaines condamnations — ou excessives ou complaisantes — avaient provoqué en lui.

R. Q.

Le 16 mai 1944, René Leynaud, porteur de documents clandestins, était arrêté par des miliciens, place Bellecour, à Lyon. Comme il essayait de fuir, une rafale de balles, tirée dans les jambes, le fauchait sur place. Après un court séjour à l'hôpital, il était transporté au fort de Montluc où il devait rester incarcéré jusqu'au 13 juin 1944. Ce jour-là, les Allemands qui préparaient l'évacuation de Lyon, firent choix à Montluc de dix-neuf prisonniers dont le rôle dans la Résistance était jugé important. Nous ne connaissons les noms que de onze d'entre eux. Au matin, entre cinq et six heures, Leynaud et dix-huit de ses camarades furent rassemblés dans la cour du fort. On leur offrit du café, puis on les chargea de menottes. Un à un, ils montèrent dans un camion qui les conduisit place Bellecour, à l'hôtel de la Gestapo. Ils attendirent trois quarts d'heure dans les caves de cet immeuble. Quand on revint les chercher, on leur ôta les menottes, puis on les fit monter à nouveau dans le camion avec quelques soldats allemands, armés de mitraillettes. La voiture[1] quitta Lyon, en direction de Villeneuve. À onze heures, elle traversait ce village à très petite allure et croisait un groupe d'enfants qui revenaient de promenade. Les prisonniers et les enfants se regardèrent longtemps, mais n'échangèrent aucune parole. À la sortie de Villeneuve, face à un petit bois de peupliers, le camion s'arrêta, les soldats sautèrent au sol et ordonnèrent aux hommes de descendre et d'aller vers le bois. Un premier groupe de six quitta le camion et se dirigea vers les arbres. Les balles de mitraillettes crépitèrent aussitôt dans leur dos et les abattirent. Une deuxième vague suivit, puis une troisième. Les coups de[1] grâce achevèrent ceux des hommes qui respiraient encore. Il y en eut un cependant qui, affreusement blessé, put se traîner chez des paysans. C'est par lui que nous savons ce qui précède[2]. Les amis de Leynaud se demandent seulement s'il a fait partie de la première vague ou des suivantes.

Leynaud avait trente-quatre ans. Il était né le 24 août 1910 à Lyon-Vaise, de parents ardéchois. Il avait commencé son éducation à l'école communale et l'avait poursuivie au lycée Ampère, à Lyon. En même temps qu'il préparait son droit, il était entré comme journaliste au *Progrès* de Lyon. C'est probablement dans les années qui le séparaient alors de la guerre qu'il se définit à lui-même son goût de la poésie et son christianisme profond.

En septembre 1939, Leynaud est mobilisé, se bat en Lorraine, puis en Belgique, fait la retraite de Dunkerque, et se trouvant éloigné des manœuvres d'embarquement, réussit cependant la traversée de la Manche jusqu'à Plymouth, par des moyens de fortune. Il revient en France et l'armistice le trouve à Agen, exténué et malade. Je signale seulement qu'aucun de ses amis n'a jamais entendu Leynaud parler de son rôle dans la guerre. Nous tenons ces détails de sa femme. Dès le début de 1942, Leynaud entrait en contact avec les groupes de résistance, et devait finir comme chef régional du mouvement « Combat » à Lyon, sous le pseudonyme de Clair.

Pour nous tous, sa mort a fait de Leynaud un exemple. Nous savions, cependant, à la qualité de notre attachement pour lui, que sa vie, déjà, dont on vient de suivre la ligne courte et dure, était exemplaire[3]. Vivant très retiré, absorbé par l'amour de sa femme et de son fils, par les besoins de la lutte, il n'avait pas tellement d'amis. Mais je n'ai pas connu un seul[4] être qui, l'aimant, ne l'aimât pas de toutes ses forces. C'est qu'il donnait confiance. Autant que cela est possible à un homme, il était tout entier dans ce qu'il faisait. Il n'a jamais rien marchandé et c'est pourquoi il a été assassiné. Solide comme les chênes courts et râblés de son Ardèche, il était rudement taillé au moral comme au physique. Rien ne pouvait l'entamer quand, une fois, il avait décidé de ce qui était juste. Il a fallu des paquets de balles pour le réduire.

¹ Jusqu'ici, j'ai parlé de Leynaud avec sécheresse et, pour ainsi dire, en général. Mais, s'il est vrai que, sans doute, je ne pourrai jamais plus parler avec abandon de celui qui fut mon ami, du moins pourrais-je essayer de rapporter, maintenant, quelques images plus vivantes que j'avais déjà commencé de réunir.

Il était d'une taille à peine au-dessus de la moyenne, il avait le cheveu dur et bouclé, un visage rude avec des yeux clairs, une bouche² vivante et plutôt épaisse, le nez charnu, la mâchoire vigoureuse. Il s'habillait sans recherche, mais la forme de son corps crevait le vêtement et lui donnait son élégance.

J'ai souvent logé, en 1943, lors de mes passages à Lyon, dans sa petite chambre de la rue Vieille-Monnaie que ses amis connaissent bien. Leynaud en faisait les honneurs brièvement, donnant tous ses soins à la lampe de chevet et puis, se relevant, sortait des cigarettes d'un pot de grès et les partageait avec moi. « Je fume moins que vous, disait-il, et, d'ailleurs, j'aime mieux ma pipe. » Il la sortait en effet et restait un moment. Dans mon souvenir, ces heures-là sont restées celles de l'amitié. Leynaud, qui allait coucher ailleurs, s'attardait jusqu'à l'heure du couvre-feu. Autour de nous, le lourd silence des nuits d'occupation s'établissait. Cette grande et sombre ville du complot qu'était alors Lyon se vidait peu à peu. Mais nous ne parlions pas du complot. Leynaud d'ailleurs, sauf nécessité stricte, n'en parlait jamais. Nous nous donnions des nouvelles de nos amis. Nous parlions quelquefois de littérature. Il aimait les poètes du XVIᵉ siècle et parmi eux, ceux de l'école lyonnaise. Sa bibliothèque, rare et précieuse, qui nous entourait alors n'était faite à peu près que de poèmes. Mais ils étaient de tous les temps et de tous les lieux. J'avais moins de compétence. Je me hasardais cependant à lui dire mon impatience devant le poème court, la notation fugitive pratiqués par tant de modernes. Nous nous rencontrions sur ce point et c'est à cette occasion qu'il me confia son projet d'un long poème où il essaierait de fixer ce qu'il avait à dire. Des fragments retrouvés de ce poème figurent dans ce volume.

Mais à cette époque, Leynaud n'écrivait rien. Il avait décidé qu'il travaillerait *après*. À quelques indices, je devinais alors qu'il attendait cet *après* avec impatience. Cet homme qui ne s'était dérobé à aucun devoir³ avait d'autant plus de mérite à le faire qu'il sentait justement tout le poids du devoir. La fatigue le prenait à certaines heures et lui donnait cet air buté qui l'isolait du monde, pour un temps. Il était trop près de tout ce qu'il aimait, sa femme, son enfant, une certaine vie, pour ne pas rêver d'un avenir où cet amour n'eût pas été en danger et où lui-même eût pu être ce qu'il était réellement. — « Que ferez-vous quand ce sera fini ? » me disait-il. Mais alors comme maintenant, je n'avais pas d'imagination et mes réponses n'étaient pas nettes. Pour[1] Leynaud, tout était simple, il reprendrait sa vie au point où il l'avait laissée, car il la trouvait bonne. Enfin, il avait un enfant à élever. Et lui qui s'animait rarement, le nom de son fils suffisait à faire briller ses yeux[2].

Au reste, nous avions des conversations moins austères. J'aimais le voir rire. Il le faisait rarement, si j'y réfléchis, mais alors de tout son cœur et jeté sur sa chaise avec abandon. L'instant d'après, il était debout, dans une position où je le revois souvent, les pieds un peu écartés, roulant ses manches très au-dessus des biceps et relevant ses bras solides pour essayer de discipliner des cheveux toujours en désordre. Nous parlions de boxe, de bains de mer et de camping. Il aimait la vie physique, l'effort, la terre fraternelle, et tout cela silencieusement, de la façon même dont il mangeait, avec un bel appétit taciturne. Quand minuit approchait, il vidait sa pipe, disposait de nouvelles cigarettes dont il me priait d'user pendant la nuit, et, la veste sous le bras, partait d'un pas vigoureux. Je l'entendais encore dans l'escalier et je regardais autour de moi ce qui lui appartenait.

Je lui donnais aussi des rendez-vous à Saint-Étienne. Entre deux trains, nous passions quelques heures dans cette ville désespérante. Je me souviens très bien de la première de ces entrevues, en septembre 1943, parce que tout y fut manqué. J'avais prévenu Leynaud qu'on ne pouvait rien réussir à Saint-Étienne, où je passais souvent[3] alors, qu'en particulier je n'y étais bon à rien, n'y ayant jamais éprouvé que la plus déraisonnable des torpeurs. À mon avis, si l'enfer existait, il devait ressembler à ces rues interminables et grises, où tout le monde était habillé de noir. Leynaud m'assurait que j'exagérais et nous avions pris un rendez-vous pour lui permettre de rencontrer un de mes amis que Leynaud souhaitait connaître. Il s'agissait d'un dominicain énergique et frondeur[1], qui disait détester les démocrates chrétiens et rêvait d'un christianisme nietzschéen. Leynaud, qui ne pouvait avoir que de l'éloignement pour les formes prudentes du christianisme, se sentait intéressé par ce moine-soldat. Je devais l'attendre au buffet de la gare de Saint-Étienne, en compagnie du père[2]. Par malheur, celui-ci, contraint de prendre un train au début de l'après-midi, était obligé de déjeuner très tôt. Leynaud arrive en effet au dessert mais, souffrant d'une fluxion très apparente, il était incapable de parler avec un peu de suite. Cinq minutes après, la robe blanche de mon ami s'envolait vers les quais. Et Leynaud et moi, dont les trains ne partaient que tard dans l'après-midi, commencions à tourner dans l'enfer, abrutis de chaleur et d'ennui, échouant, à intervalles réguliers, autour d'une limonade saccharinée, dans des cafés déserts et pleins de mouches. Lui, pendant ce temps, se nourrissait d'aspirine. Vers quatre heures, nous pouvions alors échanger quelques paroles. Un peu plus tard, je le raccompagnais à son train et il était déjà sur le marchepied quand nous fûmes pris du fou rire. « Vous voyez bien, lui disais-je, on ne peut rien réussir ici. » Il riait de tout son cœur et, le train démarrant, il continuait de rire, me faisant de la main le signe de l'amitié[3]. De toutes les images que je garde de lui, celle-ci m'est particulièrement chère.

Un autre jour[4], sur la place Bellecour, parmi les enfants et les quelques rares pigeons épargnés par la faim des habitants, Leynaud et moi nous parlions de la morale et nous étions d'avis[5] qu'il fallait, si j'ose dire, faire quelque chose pour elle. C'est à cette occasion que j'ai pu mesurer ce qui le distinguait particulièrement, la force et la qualité de son silence, puisque nous avons passé ensuite plus d'une demi-heure côte à côte, occupés apparemment à regarder les passants, préoccupés seulement de suivre une pensée commune.

La dernière fois que je l'ai vu, c'était à Paris, au printemps de 1944. Nous n'avons jamais été plus près l'un de l'autre qu'au cours de cette dernière rencontre. Nous nous étions retrouvés dans un restaurant de la rue Saint-Benoît et ensuite, le long des quais et par une merveilleuse journée, nous avions longtemps parlé de l'avenir. Nous étions si profondément d'accord que, pour la première fois, je me sentais une confiance absolue dans les lendemains de notre pays. Je ne puis rapporter ici notre conversation que j'ai pourtant tout entière à l'esprit et dont plusieurs de ses lettres me rappellent encore qu'elle fut importante pour lui comme elle l'avait été pour moi. Nous avions décidé alors d'agir en commun, après la libération. Leynaud devait s'installer à Paris, unir sa bonne volonté à la nôtre. Mais, maintenant, il n'appartient plus à personne et je me garderai de laisser croire qu'il serait aujourd'hui, forcément, à mes côtés. Il m'a quitté ce jour-là, vers quatre heures de l'après-midi, sur le pont du Carrousel. J'ai honte de dire que je ne me souviens pas de ses dernières paroles. Je n'ai pas eu d'imagination non plus pour sa mort. Enfoncé dans la stupide confiance humaine, sûr de lui et de ses lendemains, je l'ai seulement salué d'un bout du pont à l'autre, comme il me saluait, le bras levé un court instant[1].

Quelques semaines auparavant, il m'avait écrit : « Que Dieu nous donne encore cette année et quelques autres, et le bonheur de servir la même vérité. Ce sont mes vœux de 1944 que je forme pour vous et pour moi, puisque je tiens aujourd'hui à ne pas vous dissocier d'une certaine idée que j'ai de moi-même et qui n'est pas, je l'espère, la moins noble. »

Mais cette année-là ne lui fut pas donnée.

Il me reste à parler des poèmes de Leynaud que nous réunissons ici. Ses amis, et particulièrement Francis Ponge, le mieux qualifié d'entre nous, les ont choisis dans un paquet de brouillons et de manuscrits retrouvés par Ellen Leynaud.

Je suis mauvais juge de ces poèmes. C'est que j'aimais Leynaud. C'est aussi qu'en trente ans de vie, jamais la mort d'un homme n'a retenti à ce point en moi. Il n'est donc pas possible que je regarde d'un œil froid ces feuillets d'écolier où mon ami avait essayé de donner une forme à[2] ce qu'il avait de plus secret. Je sais aussi que leur état n'est pas définitif et qu'il méditait, dans le scrupule et le travail, une œuvre considérable[3]. Mais je ne crois pas être aveuglé par l'amitié et la tendresse si je dis qu'on trouvera dans ce volume les deux ou trois cris qui suffisent à[4] justifier une œuvre.

Peut-être pourrais-je[1] laisser parler ici Leynaud lui-même. J'ai de lui une quinzaine de lettres dont je ne puis malheureusement citer que peu de chose. Le plus souvent en effet, et cela le peint bien, il y parlait de moi. Mais une de ses lettres concerne ses poèmes dont il me faisait parvenir justement quelques copies. Ce qu'il m'en disait, avec un excès de modestie, nous renseigne, cependant, sur l'artiste qu'il était : « Ils sont ce qu'ils sont et je pense qu'ils valent peu de chose. Je vous les montre, comme je le fais quelquefois à mes amis, par honnêteté, et pour qu'ils sachent penser du mal de moi comme ils en pensent du bien. Je me suis souvent demandé si je ne m'exerçais pas à la poésie pour me démontrer à moi-même que je n'étais pas poète, ou encore pour tuer en moi le prestige des mots qui est grand. Déjouer, tromper les mots qui nous séparent de nous-mêmes et de Dieu... Car il est vrai peut-être que les mots nous cachent davantage les choses invisibles qu'ils ne nous révèlent les visibles. J'ai parfois le dégoût de la poésie, ma passion profonde. C'est dans ces moments-là que je me sens le plus près d'autre chose... »

Aujourd'hui, libéré de toute passion, délivré de la poésie, Leynaud n'appartient plus qu'à cette autre chose. Il savait, en m'en parlant, que cette autre chose n'avait pas de sens pour moi et que le seul endroit où je ne pouvais le rejoindre était[2] sa certitude. Mais il aimait ma différence comme j'aimais la sienne. Et quelle que soit la vérité de cet appel qu'il ressentait, le déchirement où il était, et qu'il me disait si simplement, suffit à lui donner tort quand il doutait d'être poète. Notre espoir est qu'on s'en apercevra dans les pages qui vont suivre[3]. Au demeurant, il a justifié lui-même notre entreprise dans un beau cri d'amitié : « Vivant, je ne le suis, sinon qu'en vos poitrines... » Nous accomplissons justement le devoir de l'amitié qui est de prolonger[4] cette vie, autant qu'il est possible.

Pour le reste, pour faire imaginer la qualité de cette âme que je n'ai jamais vu faillir, je ne puis rien de plus, car je craindrais de[5] trahir Leynaud. Mais, si j'osais paraphraser une de ses lettres, je dirais simplement que j'interroge souvent en moi une image qu'il y a mise, ou une vertu qui porte son nom et son visage. La vérité a besoin de témoins. Leynaud était l'un d'eux et c'est pourquoi il me manque aujourd'hui. Avec lui, j'y voyais plus clair et sa mort, loin de me rendre meilleur, comme il est dit dans les livres[1] consolants, a rendu ma révolte plus aveugle. Ce que je puis dire de plus élevé en sa faveur, c'est qu'il ne m'aurait pas suivi dans cette révolte. Mais on ne fait pas du bien aux hommes en tuant leurs amis, je le sais maintenant de reste. Et qui donc pourra jamais justifier cette terrible mort ? Que sont le devoir, la vertu, les honneurs auprès de ce qu'il y avait d'irremplaçable dans Leynaud ? Oui, que sont-ils sinon les pauvres alibis de ceux qui restent en vie ? Nous avons été frustrés d'un homme, il y a trois ans, et nous en gardons depuis un cœur affreusement serré, voilà tout ce que je puis dire. Pour nous qui l'aimions et pour tous ceux aussi qui, ne le connaissant pas, auraient mérité de l'aimer, c'est une perte sèche.

ALBERT CAMUS.

1947.

NOTES ET VARIANTES

DE L'INTRODUCTION

Je me suis trouvé en présence de deux textes dactylographiés : D. 1 : 9 pages, avec corrections manuscrites ou passages rayés et D. 2, qui comporte quelques différences de détail.

P. 1472.

1. D. 2 : La voiture *sortit* de Lyon, en direction de Villeneuve. À onze heures, elle traversait *le* village à très petite allure et *croisa* un groupe d'enfants. Les prisonniers et les enfants se regardèrent mais n'échangèrent *aucun mot*.

P. 1473.

1. D. 2 : Les coups de *crosse* achevèrent *les* hommes. Il y en eut...

2. D. 2 : ...ce qui précède. *La seule chose que* les amis de Leynaud se demandent, *c'est* s'il a fait partie...

3. D. 2 : *C'était un homme que j'aimais*. Vivant très retiré.

4. D. 2 : ... un seul *homme* qui, l'aimant, ne l'aimât pas de toutes ses forces. C'est qu'il donnait confiance. Solide comme les chênes courts et râblés de son Ardèche, *on le sentait* rudement...

P. 1474.

1. D. 2 : *J'en ai* parlé ici avec sécheresse et, pour ainsi dire, *dans le* général. *Et*, s'il est vrai que je ne pourrai jamais plus parler avec abandon de celui qui fut mon ami, du moins pourrais-je essayer de rapporter, *ici*, quelques images...
2. D. 2 : ... des yeux clairs, une bouche plutôt épaisse et vivante...
3. D. 2 : ... aucun devoir *y* avait d'autant plus de mérite qu'il *en* sentait tout le poids.

P. 1475.

1. D. 2 : Pour *lui* tout était simple, il reprendrait *la* vie où il l'avait laissée, il la trouvait bonne.
2. D. 1 : rayé.
Un homme se juge aussi à la façon dont il juge les autres. Dans nos soirées de la rue Vieille-Monnaie, et aussi réservé que fût Leynaud, il lui arrivait de donner son opinion. Les défauts très voyants comme la vanité ou l'avarice le trouvaient indulgent. Mais il était sans réserves dans sa condamnation sur la tiédeur d'âme ou le mensonge. Quand Leynaud avait dit d'un homme : « *C'est un bourgeois* », *on n'en reparlait plus. Mais surtout peu d'êtres ont autant détesté le mensonge sous toutes ses formes, à commencer par celui qu'on se fait à soi-même. À certains égards il était tout d'une pièce. Taillé au moral comme il était au physique, un peu à la serpe, fortement, sans nuances.* « *Comment faire comprendre aux gens, me disait-il, qu'on ne gagne jamais rien à tricher.* »
3. D. 2 : ... où je passais souvent, qu'en particulier je n'y étais bon à rien, *cette cité de l'ennui et de la laideur me plongeant* dans la plus déraisonnable des torpeurs.
Albert Camus évoque à plusieurs reprises Saint-Étienne, où il venait soigner sa tuberculose renaissante, dans ses *Carnets I*. Cf. en août 1942 ces quelques lignes parmi d'autres : « Saint-Étienne au matin dans la brume avec les sirènes qui appellent au travail au milieu d'un fouillis de tours, de bâtiments et de grosses cheminées portant à leur sommet vers un ciel enténébré leur dépôt de scories comme un monstrueux gâteau sacrificiel. »
Camus y reviendra en 1953 pour prononcer une conférence à la Bourse du Travail. C'est là en effet qu'il a découvert la misère ouvrière sous un ciel froid.

P. 1476.

1. Le père Bruckberger. Cf. *Carnets II*, août 1943.
2. D. 2 : ... du père. *Mais* celui-ci, contraint de prendre un train au début de l'après-midi, était obligé de déjeuner très tôt. Leynaud

arrive au dessert, souffrant d'une fluxion apparente, incapable de parler...

3. D. 2 : ... de l'amitié. *Parmi* les images...
4. D. 2 : Un autre jour, *au printemps 1943,* sur la place Bellecour...
5. D. 2 : Nous étions d'avis, si j'ose dire, qu'il fallait...

P. 1477.

1. D. 1 : Rayé. ... un court instant.

Et maintenant je sais bien ce que ces images ont d'insignifiant par elles-mêmes. C'est un autre langage sans doute qu'il aurait fallu pour montrer ce qu'il était réellement et ce qu'il y a d'atroce dans la perte que nous venons de faire. Mais la vérité est que je n'en suis pas capable. Dans la peine où je suis depuis qu'il a été assassiné, je n'ai rien à dire sur lui sinon que je l'aimais et que jamais, en trente ans de vie, la mort d'un homme n'a retenti à ce point en moi. Comment donner les raisons de cette amitié, l'estime où je tenais cette âme que je n'ai jamais vu faillir ? À trente ans on commence à savoir juger les hommes et je savais ce que valait Leynaud. Mais quels mots pourront jamais rendre compte de la qualité d'un cœur ? Le plus simple était sans doute de reproduire sans apprêt, comme je viens de le faire, les visages que j'ai gardés de lui.

Pour la suite on la connaît. Il m'écrivait au début de 1944 « que Dieu nous... vérité » — Cette année-là ne lui fut pas donnée. *Mais il a servi du moins jusqu'au bout la vérité qui était la sienne. Je n'ai pas besoin d'imagination pour savoir comment il est mort. Il était de ceux qui savent mourir malgré leur passion de la vie. Ce qu'il y a de sûr c'est que ce jour-là et quelque part dans le fond du cœur a commencé pour ses amis une manière de solitude. C'est de cette solitude et de cette mort qu'il faudrait parler...*

2. D. 2 : ... à *son génie secret.*
3. D. 2 : ... considérable. *À ce point de vue sa mort est une perte sèche. Mais je ne crois pas...*
4. D. 2 : ... qui suffisent à *faire la noblesse* d'une œuvre.

P. 1478.

1. D. 2 : ... pourrais-je *citer* ici...
2. D. 2 : ... était *son espoir.*
3. D. 1 : Corrections manuscrites : qui vont suivre. *De toutes façons, il a justifié...*
4. D. 1 : Corrections manuscrites : de prolonger *sa voix et de lui trouver les quelques cœurs privilégiés qui auront assez de qualité pour en percevoir l'écho dans le manuscrit qu'il a laissé*. *Pour le reste...*
5. D. 2 : ... de *la trahir. Si j'osais parler ici en mon nom personnel, en paraphrasant une de ses lettres...*

P. 1479.

1. D. 1 : ... dans les livres *exemplaires* a rendu ma révolte plus aveugle. *Je sais aussi qu'il ne m'aurait pas suivi dans cette révolte. C'est ce que je puis dire de plus élevé en sa faveur. Mais qu'y puis-je pour ma part ?*

[Ces trois phrases sont manuscrites.] On ne fait du pas bien aux hommes en tuant leurs amis. Je le sais maintenant de reste.

[Le texte s'arrêtait là.]

D. 2 était ainsi complétée : *Et quelques-unes des colères dont je ne suis pas fier aujourd'hui sont venues de là. Mais que puis-je dire de plus définitif et de plus élevé en faveur de René Leynaud que d'assurer que sa mémoire même, si fière et si douloureuse, m'a aidé à comprendre que peut-être il ne m'aurait pas suivi dans cette révolte, lui qui était supérieur à toute amertume... Oui, c'est bien sa dernière et sa pauvre victoire sur les meurtriers.*

« LA VALLÉE HEUREUSE »

DE JULES ROY

Les écrivains d'aujourd'hui parlent de ce qui leur arrive. Tolstoï a centré *la Guerre et la Paix* autour de la retraite de Russie, qu'il n'avait pas vécue. De nos jours, il ne recevrait l'estime de nos contemporains que s'il remplaçait le premier Napoléon par le troisième et s'il précipitait le prince André dans le siège de Sébastopol, où lui, Tolstoï, s'était bien battu (sans jamais avoir pu, cependant, y dominer la peur qu'il avait des rats).

Il y a des raisons à cela, et qui sont complexes. Mais, en tout état de cause, très peu de nos écrivains semblent pourvus de cette innocence qui permet de faire vivre des personnages imaginaires, de s'en détacher assez pour les aimer vraiment et, partant, les faire aimer. C'est, après tout, que le temps manque et l'avenir, et qu'il faut se hâter de créer entre une guerre et une révolution. On va donc au plus pressé, qui est de rapporter ce qu'on a fait ou ce qu'on a vu. Et il est vrai que toute grande œuvre est, d'une certaine manière, le reportage d'une aventure spirituelle. Mais, en général, ce reportage est sous-entendu ou transfiguré. Aujourd'hui, on s'arrête au reportage, au document, à « la tranche de vie », comme disaient ignoblement les naturalistes. Un minimum de préparation, quelques bardes de lard, deux ou trois fleurs de papier sulfurisé, et la viande est servie crue.

Les cuisiniers se font donc rares ; il y a une manière qui

est en train de se perdre ou, du moins, de s'oublier, et, finalement, le mieux est d'accepter ce que nous sommes. Mais cela ne doit pas nous empêcher d'être clairvoyants et de constater que ce nouveau goût de l'étal conduit à la perte de ce qui a été longtemps la force, quelquefois explosive, de notre littérature, je veux dire la pudeur. (Pour être clair, et en forçant un peu les mots, je dirai par exemple, qu'il y a une pudeur chez Sade.) La sincérité se fait vacarme, et, tout le monde s'y ruant, elle devient un nouveau conformisme. Cette attitude se comprend très bien, d'ailleurs. Les aventures des anciens écrivains touchaient presque toujours à l'amour. Par respect pour les partenaires et par égard pour le monde, ils transposaient. Aujourd'hui, la matière de l'expérience est fournie par les hommes, que personne ne respecte, et par leurs frénétiques embrassements qu'on appelle guerres ou révolutions. À quoi bon la pudeur ? Que la viande saigne donc, puisque c'est sa fonction.

Mais il n'empêche que l'art ne peut se passer de la pudeur, dont il a les mouvements mêmes. Il n'empêche que l'art est dans la distance que le temps donne à la souffrance ou à la joie. Et, si l'époque nous force à nous détourner de l'art pour nous jeter sur la souffrance toute fraîche, il n'en reste pas moins que les belles œuvres sont et seront celles qui limitent les dégâts et qui, ne refusant rien d'une actualité encombrante, continuent cependant de se tenir un peu en main.

Je n'ai pas su mieux dire que par ces longs détours pourquoi je trouve exceptionnel un livre qui, pourtant, obéit à tous les impératifs du moment : *la Vallée heureuse*, de Jules Roy*. C'est un livre qui justement apporte un peu de délicatesse dans la boucherie. Il s'agit pourtant bien d'une expérience personnelle et que l'auteur transpose à peine. Au bout de dix pages, on sait évidemment que Chevrier est Roy lui-même. Seule, la conclusion semble être romancée. Pour tout le reste, c'est fort clair. Roy commande l'équipage d'un bombardier, dans la R.A.F., et doit exécuter, selon la règle, trente missions de bombardement sur l'Allemagne. Statistiquement, il est rare qu'un bombardier dépasse le cap de vingt missions. Il flambe

---

* Un vol. *Éditions Charlot.*

avant. Cette lutte monotone et hasardeuse contre la probabilité fait le sujet du livre. Roy monte dans le « B » son appareil avec l'équipage. Il accomplit sa mission. Il revient. Il attend la mission suivante. Il remonte dans le « B », et ainsi de suite. On décrit simplement diverses circonstances, barrages de D.C.A., retard sur l'objectif quand la chasse adverse a déjà décollé ou collision à l'atterrissage où le bombardier, normalement, aurait dû s'écraser avec son chargement d'hommes et de bombes. Pour finir, on termine sur la mort d'un copain qui, lui, n'a pas eu la chance invraisemblable d'arriver à la trentième mission. Ce livre est donc l'histoire d'une chance, mais d'une chance courue avec l'humilité qui convient.

Car c'est bien là l'originalité de *la Vallée heureuse*. Il se peut que Roy, comme nous tous, ait perdu l'innocence. Mais il n'en fait pas d'histoire, ce qui est une autre manière d'approcher l'innocence. Rien ici n'est traité en général, ni développé dans le sens de la lamentation ou de l'exaltation. Avec *la Vallée heureuse,* Roy ne s'est pas proposé d'écrire un livre de morale ou d'héroïsme. On n'y trouve aucune théorie de la destinée. L'auteur parle de lui et de ses camarades, sans prétendre en tirer un jugement sur l'homme. Si ce jugement est implicite, c'est l'affaire du lecteur. Autrement dit, Roy a accepté l'expérience sans essayer de lui être supérieur. Il s'y est enfermé, on l'y a enfermé plutôt, tel un rat. Et il s'y est trouvé pris, comme dans ces vols de groupe dont il parle admirablement, les avions coagulés au cœur de la nuit, aile contre aile, chaque équipage poursuivant sa tâche, isolé dans le bruit fantastique et l'ombre du ciel, sans autre sentiment que l'affreuse attente d'une collision toujours possible et la crainte énervée, au retour, que toutes les bombes n'aient pas été lâchées et que la seconde de l'atterrissage soit celle d'une nouvelle mort. Mois après mois, épaule contre épaule, Roy a ainsi poursuivi sa tâche dans la nuit d'une guerre qu'il n'aimait pas, et, plutôt que d'en tirer quelque grande vue sur le destin des hommes, il s'est borné à enregistrer les moments où il avait peur et ceux où il reprenait courage. C'est ainsi qu'il a pu parler pour tous, ne voulant parler pour personne, et c'est ainsi que pour la première fois, et grâce à lui, nous pouvons imaginer les pensées de ceux qui, pendant des années, ont cheminé dans le ciel noir de nos villes prisonnières.

La Vallée heureuse ne se place donc pas parmi les grands livres d'humanisme que nous avons coutume de réclamer, mais parmi ces œuvres de force et de pudeur dont nous avions oublié le goût. Lorsque Chevrier dit qu'il a peur (ce terrible *Miserere* qui monte en lui au moment où le bombardier s'ébranle pour une nouvelle mission), ce n'est pas pour se frapper la poitrine : il est normal que, dans certaines circonstances, un homme ait peur. Et de même lorsqu'il ordonne de foncer sur l'objectif dans des conditions rendues dix fois plus dangereuses par le retard du bombardier, il n'y met aucun éclat : il est normal que, dans toutes les circonstances, un homme fasse son métier. On trouve ainsi à chaque page de ce livre la même naïveté (au sens où Schiller parlait de la naïveté grecque). Le chapitre que j'aime le moins, et qui est celui où Roy parle de l'amour, témoigne en effet que cet étrange guerrier a reconnu et accepté sa sentimentalité telle qu'elle était, c'est-à-dire sans défense. Autrement dit, il apporte du naturel à être sentimental, comme il en apportait dans la peur ou le courage. Et cela suffit pour tout justifier.

À ce degré de simplicité et de droiture, un homme doit être reçu ou rejeté en bloc. Je n'aurais pas de mal à dire mon sentiment sur ce point, on le devine. Mais ce livre est un livre qui rend sérieux. Autrement dit, un livre d'homme. Quel éloge y ajouter ? Disons simplement qu'après avoir suivi Chevrier dans sa longue lutte contre la chance, la mort et lui-même, la fraternelle estime qui nous vient irrésistiblement est, je suppose, l'hommage le plus vrai qu'un écrivain de bonne foi puisse désirer recevoir d'un lecteur de bonne foi.

Un mot enfin du style. C'est aussi le style de la lutte. Il ne coule pas de source, il s'efforce. La phrase est généralement longue et le discours appuyé. L'image est cernée, approchée, relâchée un moment, puis reprise dans l'épaisseur des mots pour être livrée enfin dans sa force et dans sa chair. Une si grande tension ne va pas, de loin en loin, sans quelques obscurités ou empâtements du style. Mais c'est cet effort même qui explique les plus grandes réussites de Roy et sa faculté, surprenante, de faire voir ce dont il parle. Car, au bout de ce long tangage de mots et de phrases, groupés aussi en escadres, assemblés comme ces avions du raid qui, se touchant par les ailes, cheminent lentement dans la nuit pour aller, à l'extrémité de leur route d'ombre et de nuages, faire éclater les flammes gigantesques de la guerre, l'image éclate, elle aussi, pour finir, belle et si terrible qu'on en reçoit une secousse d'explosion et de cataclysme. Tel ce passage où l'escadre revenant de mission est soudain entourée dans la nuit par les fusées de reconnaissance et mitraillée par les chasseurs adverses, qui mettent en flammes, un à un, les gros bombardiers : « De nouveaux feux naissaient avec l'ondulation des lourdes flammes d'essence couchées par le vent; les bombardiers roulaient un peu bord sur bord, puis s'embrasaient par les réservoirs d'ailes, flottaient encore un temps et éclataient comme des étoiles. »

ALBERT CAMUS.

L'Arche, février 1947.

LES SILENCES DE PARIS

CETTE émission est constituée, dans sa plus grande partie, par des documents sonores retrouvés dans les archives radiophoniques. Nous croyons utile de préciser que malgré leur caractère ces documents n'ont pas été utilisés dans une intention polémique. Ils font désormais partie d'une histoire que nous pouvons déplorer mais dont nous ne pouvons pas faire qu'elle n'existe pas. Tous les noms de personnes vivantes y ont été supprimés. Il reste donc des faits sonores à l'état brut et chaque auditeur peut en conclure ce qu'il voudra. En ce qui concerne les auteurs de cette émission, ils ne reconnaissent qu'une vertu à leurs documents, celle de donner une image fidèle de ce qu'on pourrait appeler l'occupation sonore telle que nous l'avons connue pendant quatre ans mais telle aussi que les peuples du monde la connaissent aujourd'hui comme hier dès l'instant où un État se mêle de mettre de la logique dans leurs vies. Simplement, à travers les manifestations tonitruantes de ce nouvel art de gouverner, il est toujours possible de distinguer la petite voix tranquille de ceux qui aiment et qui souffrent, de la reconnaître dans cette émission. C'est elle qui dure tandis que les empires passent. Tout le vacarme des armées et des polices n'est jamais parvenu à l'étouffer. Elle résiste et, résistant, elle justifie l'espoir.

Albert Camus.

Émission radiophonique, 30 avril 1949. Il n'existe pas de bande sonore de l'émission elle-même.

PRÉFACE À
« L'ALLEMAGNE VUE PAR LES ÉCRIVAINS DE LA RÉSISTANCE FRANÇAISE »
de Konrad Bieber

Cher Monsieur,

J'ai toujours eu du mal à parler de la Résistance, j'ai rarement eu plaisir à lire ou à écouter ce qu'on en disait. Le culte du passé suppose une vocation que je n'ai pas et le temps perdu l'est tout à fait pour moi. À certains égards, je suis un homme sans mémoire. Ajoutez que le genre ancien combattant n'est pas le mien, que nous avons été gavés de sérieux et qu'enfin un peu de désinvolture fait partie d'une bonne hygiène intellectuelle. Et puis la façon dont on parle de la Résistance...

Ceci dit, lisant votre étude, j'y découvrais de nouveaux motifs à l'éloignement que je sens pour cette période de notre histoire et je me disais, en même temps, que s'il fallait vraiment parler de cette époque, je préférais qu'on en parlât comme vous le faites. Ce double sentiment s'explique assez bien. Ressuscitant certaines passions qui furent les nôtres, vous me faisiez aimer de nouveau, dans sa vérité, l'expérience de ces années et je découvrais que mon éloignement était le contraire d'un désaveu. Je suis éloigné de ce qu'on a fait de la Résistance, de ce qu'elle est devenue, mais je suis heureux qu'il lui soit rendu justice dans ce qu'elle était réellement. Car il est encore nécessaire que justice lui soit rendue. Des hommes, naturellement pacifiques par métier et par conviction, qui détestaient la guerre et se refusaient de haïr aucun peuple, ont été forcés, dans les années 40, à la guerre. Pour que quelque chose soit alors sauvé du désastre, ils n'ont pu qu'essayer de ne pas céder à la haine. Un déchirement vécu de façon si extrême mérite au moins la considération. Le résistant, vous l'avez bien compris, en voulait à l'Allemagne d'avoir répondu par le crime à ses rêves de paix et la faisait bénéficier en même temps du souvenir de ces rêves. Oui, si jamais combat fut droit, ce fut bien celui-là où l'on entrait après avoir fait la preuve qu'on ne l'avait pas voulu. Et justement, ceux qui y sont entrés ne cesseront pas de regretter ce temps où l'on pouvait se jeter tout entier dans la bataille, sans division intérieure et sans autre angoisse que celle, supportable, de la peur la plus naturelle. Il est même possible que ce sentiment, si fort, de notre droit, nous ait rendu plus difficiles les tâches et les choix de l'histoire qui devait suivre. Mais enfin les souffrances et les luttes de cette époque n'ont pas été absolument vaines pour ceux qui y ont survécu; la nécessité même de ces épreuves était alors un enseignement et un réconfort. D'une certaine manière, on nous avait contraints à la bonne cause. Et qu'est-ce dans l'histoire qu'une bonne cause? Celle qui se suffit à elle-même.

Mais ces luttes auraient dû comporter aussi un durable enseignement. Je crois aujourd'hui qu'il n'en a rien été. La mode, je le sais, est de refuser un aveu de déception dès qu'il s'agit d'une circonstance historique. L'histoire est un fait et si c'est un fait, il paraît que c'est un droit : l'histoire aurait toujours raison. Quant à moi, j'avouerai cependant ma déception de voir que cette expérience d'un grand désir de paix trahi, et contraint à une guerre insupportable, n'a servi à peu près de rien à la plupart de ceux qui sont censés l'avoir vécue, et en particulier aux intellectuels français. Elle n'a servi de rien aux intellectuels de la collaboration qui n'ont vu dans la défaite de l'Allemagne qu'un malheur supplémentaire. Elle n'a servi de rien à beaucoup d'intellectuels de la Résistance qui s'acheminent aujourd'hui par le détour des mêmes sophismes vers une nouvelle collaboration. Après tout, si l'histoire ne recommence jamais, elle se répète souvent. Et personne ne s'étonnera que les faiblesses de notre société produisent, dans des circonstances différentes, les mêmes symptômes de défaillance. Nous assistons ainsi à la résurrection du curieux paradoxe dont parlait un des écrivains que vous citez : « L'alliance des pacifistes les plus ardents avec les soldats d'une société guerrière. » Et cette alliance curieuse se camoufle toujours sous l'erreur que dénonçait le même écrivain et qui consiste « à se placer dans l'avenir pour juger de l'actualité ». Le diagnostic était brillant mais les mêmes qui le faisaient alors sont entrés à leur tour dans une semblable démence. Apparemment, la France a perdu l'estime d'une grande partie de ses intellectuels qui, de la droite à la gauche, ont été et seront prêts à la livrer au nom de leurs idéologies les plus courtes.

Bien que je sache qu'il s'agit d'une vérité partielle et que je connaisse d'autres intellectuels dont la seule existence aide à vivre et à lutter, bien qu'enfin je n'ignore pas qu'une nation n'est pas faite que d'intellectuels, cette constatation est une de celles qui m'éloignent des souvenirs de cette époque. Mais elle explique en même temps le sentiment de reconnaissance que j'ai eu à vous lire. Vous n'avez pas essayé d'expliquer que la Résistance justifie que l'on salue l'armée russe de 1954 ou qu'on exalte la bombe H; vous n'avez pas choisi parmi les victimes ou tiré prétexte du sacrifice de tant d'hommes pour hurler de nouvelles haines. Vous avez mis en valeur au contraire ce qui fut notre vérité essentielle, à savoir que la Résistance s'est la plupart du temps passée de la haine. Du même coup, vous avez rendu un peu moins vaine notre action d'alors. Après tout, si, comme vous le démontrez, les écrivains de la Résistance ont pu transmettre une partie au moins de cette vérité, ils n'ont pas perdu tout à fait leur peine. Je n'ai jamais mis très haut l'action des écrivains (et d'abord la mienne) pendant la Résistance. En particulier, elle ne souffre aucune comparaison avec l'action de ceux qui ont pris les armes. Mais si les écrivains n'ont pas fait beaucoup pour la Résistance, nous dirons au contraire, après vous avoir lu, que la Résistance a fait beaucoup pour eux: elle leur a enseigné le prix des mots. Vous soulignez à juste titre leur effort d'exactitude, leur recherche de nuances qui s'accordent mal avec les nécessités de l'action et du combat, et vous trouvez quelques explications à ce phénomène. Je vous en signale une, toute simple. Risquer sa vie, si peu que ce soit, pour faire imprimer un article, c'est apprendre le vrai poids des mots. Dans un métier où la règle est de louer sans conséquence et d'insulter impunément, cela fait une grande nouveauté. Et l'écrivain, découvrant soudain que les mots sont chargés, est porté à les employer avec mesure : le danger rend classique. Cela est vrai que seuls ceux qui n'ont rien risqué ont sur ce sujet abusé des mots. Au contraire, la plus grande œuvre née de la Résistance a été celle d'un homme à qui je regrette que vous ne donniez pas toute sa place, bien au-dessus des autres, et qui, lui, a pris les armes en même temps qu'il écrivait. Ses mots bien huilés, merveilleusement rayonnants, n'ont dès lors pas eu besoin de la colère ni de la haine pour chanter la beauté au milieu des ténèbres. L'Allemagne nazie n'a pas eu de combattant plus déterminé ni d'ennemi plus généreux qu'un grand poète français, René Char, dans l'œuvre de qui vous trouverez aujourd'hui comme demain le miroir fidèle d'une vertu libre et fière dont le souvenir nous soutient encore.

C'est à cause d'hommes et d'œuvres semblables que l'oubli systématique que j'entretiens en moi sur ces sujets a pour vrai nom fidélité, c'est à cause d'eux et d'elles que je ne renie aucun des mots que j'écrivais alors et que vous rapportez. Je suis content au contraire d'avoir pris une part, si mince soit-elle, de cette aventure, en m'efforçant de ne rien haïr du peuple que nous combattions. Je ne prétends à rien d'exemplaire et je suis bien loin de toute vertu (quelqu'un frémit en moi quand vous écrivez que je suis un homme de justice. Je suis un homme sans justice et que cette infirmité tourmente, voilà tout). Mais je voudrais pourtant rester fidèle à ce qui fut l'effort principal de cette Résistance, déjà oubliée et toujours vivante chez certains silencieux. Dans une nation dont les périodiques pour une moitié insultent régulièrement la nation américaine et pour l'autre moitié le peuple russe, je voudrais bien ne pas ajouter un seul mot de haine à ce torrent d'imprécations. Les rêves allemands m'ennuyaient et j'étais, et suis d'avis, qu'il faut les contenir. Mais je dois à Nietzsche une partie de ce que je suis, comme à Tolstoï et à Melville. Haïr leurs peuples serait me nier et me réfuter moi-même. Les combattre s'ils oppriment le mien est une tout autre affaire. Je sais qu'un certain nombre de Français pensent ainsi et que leur attitude devant une nouvelle occupation, pour être démunie de hargne, n'en sera pas moins déterminée. Selon moi, c'est en cela qu'eux du moins restent fidèles à l'esprit de la résistance.

Mais l'Occident a mieux à faire qu'à se déchirer en guerres ou en polémiques. Une création l'attend qu'il est seul, contrairement à tout ce qui s'écrit aujourd'hui, à pouvoir édifier, car il est seul à fournir les ferments et les hommes d'inquiétude dont aucune création, historique ou artistique, ne peut se passer. Ces ferments, vous avez eu le talent et la perspicacité de les trouver dans un moment de l'histoire d'Europe où il était à la fois paradoxal et significatif qu'il se manifestent. Ce faisant, vous n'avez pas seulement aidé à rendre justice à un récent passé, mais encore à préparer cet avenir auquel tous ensemble, et chacun à part, nous travaillons désormais.

ALBERT CAMUS.

Droz, 1954. Repris par *Témoins*, printemps 1955, sous le titre : *le Refus de la haine*.

« Je vous envoie un texte, mauvais, car je ne sais plus écrire », disait Camus à Char, dans une lettre du 7 août 1954, à propos de cette préface.

ACTUELLES I

I

COMMENTAIRES

La disparité des textes rassemblés dans *Actuelles* m'a contraint à modifier radicalement ma façon de procéder. J'ai jugé préférable de replonger le lecteur dans l'atmosphère de l'époque par une chronologie des événements de 1944 à 1949. Après quoi, j'ai tenté de décrire les rapports de Camus et de *Combat* (1944-1947); puis, à propos de *Ni victimes ni bourreaux,* ceux de Camus et du communisme dans la période non moins troublée qui suit (1946-1949); enfin, les réflexions sur *l'Incroyant et les Chrétiens* m'ont donné l'occasion d'une courte synthèse, étayée là encore par la correspondance de Camus et de Ponge.

Autour de ces trois centres d'intérêt, j'ai regroupé quelques textes complémentaires :

1. Les éditoriaux de *Combat* des 21 août, 23 août, 1er septembre, 2 septembre, 19 septembre, 1er octobre, 13 octobre, 20 octobre, 21 octobre, 25 octobre, 10 novembre, 23 novembre, 1er décembre, 17 décembre 1944; 5 janvier, 9 février, 16 mars, 3 avril, 25 mai, 16 juin 1945; 22 avril et 3 juin 1947.

Il m'a paru logique de rattacher à cette période un texte paru dans *Caliban,* en août 1951, où Camus traite de la presse : *Une des plus belles professions que je connaisse,* et une lettre à *Caliban* qui définit ses mérites (juin 1949).

2. J'ai rattaché à *Ni victimes ni bourreaux :*
Les *Remarques sur la politique internationale*. Renaissance, mai 1945.
Une réponse manuscrite à un discours du président Truman, 1947.
Une lettre qu'il m'adressait le 30 juin 1948;
La Démocratie, exercice de la modestie. Caliban, n° 20, novembre 1948.
Trois articles touchant à Garry Davis ou à la politique des blocs :
L'Embarras du choix. Franc-Tireur, 7 décembre 1948;
Je réponds. La Patrie mondiale, décembre 1948. (Pour un rassemblement contre la guerre.)
Réponse à l'incrédule dans la page spéciale de *Combat* intitulée Peuple du Monde, fin décembre 1948.
Une « lettre aux écrivains japonais », 1950.

3. Auprès de *l'Incroyant et les Chrétiens,* se plaçait tout normalement : *Portrait d'un élu.* Cahiers du Sud, avril 1943.

4. Enfin, l'Espagne ne pouvait être absente de cette rétrospective ; aussi trouvera-t-on ci-après *l'Espagne libre* (Préface) 1946. Calmann-Lévy.

Étant donné le caractère des textes, nous n'indiquons que fort peu de variantes ou de références aux manuscrits, quasi inexistants.

R. Q.

II

PETITE CHRONOLOGIE DES ÉVÉNEMENTS
(1944 - 1949)

Il est aujourd'hui difficile de reconstituer l'atmosphère des lendemains de la Libération ; et la publication des articles de Camus dans leur totalité ne suffirait pas à la restituer. Il y faudrait la lecture des divers journaux de l'époque. À son défaut, je me suis permis d'établir une petite chronologie des événements, en insistant particulièrement sur les problèmes auxquels la sensibilité publique réagissait le plus vivement et qui sollicitaient particulièrement l'attention de Camus.

21 au 25 août : Libération de Paris.
31 août : Prise de Bucarest par les Russes.

Ces premiers jours sont des jours de liesse où des hommes tombent encore dans Paris. Les titres de *Combat* le prouvent : *Le combat continue,* 21 août ; *Ils ne passeront pas,* 23 août ; *Le Sang de la liberté,* 24 août ; *La Nuit de la vérité,* 25 août. On célèbre le général de Gaulle : *Une voix qui n'a jamais tremblé,* 26 août. On salue l'apparition des comités de Salut public, 27 août. On proclame les droits de la Résistance : 31 août, *Rien sans la Résistance,* qui doit être le moteur de la Révolution à entreprendre ; 31 août : *De la Résistance à la Révolution.*

Il s'agit donc de reconstruire la République (*La Démocratie à refaire,* 2 septembre) pour ne jamais revoir la course aux honneurs (*D'une République à l'autre,* 5 septembre) ni les hommes qui y faisaient carrière (*Morale et Politique,* 4 septembre), par exemple Camille Chautemps, ancien président du Conseil. Et puisque la démocratie ne se sépare pas, il faut libérer les Espagnols (*Nos frères d'Espagne,* 7 septembre) et rénover la presse (tous les articles rangés sous la rubrique : *Journalisme critique*).

9 septembre : Le gouvernement est constitué.
11 septembre : Libération de Lyon.
12 septembre : Le général de Gaulle définit sa politique.
13 septembre : Jonction des armées alliées en France.

Une série d'articles est consacrée à ces événements qui marquent, au milieu des combats, un premier pas vers la légalité républicaine et dans la voie des transformations nécessaires. C'est maintenant, pourrait-on dire, que les difficultés commencent (*Nous sortons de l'euphorie*, 29 septembre). Entre-temps, on s'est interrogé sur le peuple allemand (17 septembre) et son Führer (15 septembre). On a évoqué l'arrestation de Louis Renault, accusé de collaboration (26, 27 septembre). On analysera bientôt (8 octobre) les délibérations du Conseil National de la Résistance. Nous sommes en effet à une époque où les pouvoirs sont mal définis, où toute institution : gouvernement, organisations de résistance, comités de Salut public, tire son autorité du fait et s'efforce de l'étendre ou de la préserver. Le gouvernement de Gaulle, qui voudrait faire entrer les résistants dans l'armée régulière et réduire leurs pouvoirs de fait au profit des commissaires de la République, voit lui-même sa représentativité contestée à l'étranger (15-17-18 octobre.)

5 octobre : Le droit de vote est accordé aux femmes.
31 octobre : Le Conseil des ministres instaure une Haute Cour de justice apte à juger les hautes personnalités du régime vichyssois. L'épuration, commencée dans les faits, est officiellement installée.

7 novembre : L'Assemblée consultative entreprend ses délibérations.
9 novembre : Le parti socialiste ouvre son congrès.
Au même moment, des troubles se produisent en Belgique où une majorité de la population s'oppose au maintien sur le trône du roi Léopold. Le 25 novembre, des émeutes éclatent à Bruxelles. Le 28 novembre, grève générale à Athènes où le gouvernement a prétendu désarmer les milices patriotiques; émeutes le 4 décembre.
Fin novembre : les troupes alliées atteignent le Rhin.

2 décembre : Rencontre du général de Gaulle et du maréchal Staline qui signeront bientôt le pacte franco-soviétique, 10 décembre.
17 décembre : Début de la contre-offensive von Rundstedt dans les Ardennes et le Luxembourg. Budapest est encerclé. Dans le même temps, le gouvernement et l'Assemblée consultative délibèrent sur la socialisation des banques, assurances et industries.

1945

17 janvier : Prise de Varsovie par les Russes.
23 janvier : Comité central du parti communiste.
Fin janvier : Avance victorieuse des Russes sur le front polonais; Cracovie et Lodz sont libérées.
26 janvier : Robert Brasillach est condamné à mort.

Février : Conférence de Yalta qui réunit Roosevelt, Churchill et Staline. Le général de Gaulle refuse de rencontrer Roosevelt.

7 mars : Prise de Cologne.
9 mars : Coup de force japonais contre les troupes françaises d'Indochine.
26 mars : Prise de Francfort.
Avec la fin de la guerre qui semble désormais toute proche, les problèmes économiques passent au premier plan.

7 avril : M. Mendès-France, en désaccord avec M. Pleven soutenu par le général de Gaulle, démissionne du ministère de l'Économie nationale.
12 avril : Mort de Roosevelt. (*Il avait le visage du bonheur*, «Combat», 14 avril.) — Harry Truman lui succède.
20 avril : Conférence de San Francisco et naissance des Nations Unies.
25 avril : Jonction des forces américaines et soviétiques. Philippe Pétain se met à la disposition de la justice.
28 avril : Exécution de Benito Mussolini.
23 avril au 2 mai : Prise de Berlin par les soviétiques.
29 avril : Arrivée en Suisse de MM. Herriot, Reynaud et Daladier.
30 avril : Mort de Hitler.

8 mai : Capitulation des forces allemandes. Léon Blum, Daladier, Paul Reynaud rentrent en France. Conflit franco-britannique en Syrie et au Liban, d'où les troupes françaises doivent se retirer.
29 avril, 13 mai : Élections favorables aux communistes, aux socialistes et aux républicains populaires.

Début mai : Troubles en Algérie.

2 juin : Remaniement ministériel.
Le retour des prisonniers s'effectue au milieu de grosses difficultés qui valent au ministre Henri Frenay de nombreuses critiques, contre lesquelles s'élève *Combat*.
Juin : Le mouvement de résistance M.L.N. est menacé de scission. MM. Rivet, Izard, Bourdet, Baumel, Claudius-Petit, Mmes Brossolette et Lagrange fondent l'Union Démocratique et Socialiste de la Résistance.

7 juillet : Victoire travailliste aux élections britanniques. M. Attlee remplace M. Churchill.
13 juillet : Le général de Gaulle se prononce contre la souveraineté d'une Constituante à laquelle *Combat* est favorable.
17 juillet : Conférence de Potsdam qui réunit Truman, Attlee, Staline.

21 juillet : Mort de Paul Valéry.
27 juillet : Discussion à la Constituante sur le projet de référendum que soutient *Combat*.

2 août : Arrestation de Pierre Laval.
6 août : Bombe atomique sur Hiroshima.
9 août : Sur Nagasaki.
12-15 août : Congrès du parti socialiste.
15 août : Pétain est condamné à mort.

2 septembre : Capitulation officielle du Japon.
3 septembre : De Gaulle refuse de recevoir la délégation de la C. G. T. conduite par Léon Jouhaud.
C'est le moment où éclatent les divergences latentes entre les syndicats, les partis et le chef du gouvernement.
15 septembre : Un gouvernement Ho Chi Minh est constitué au Vietnam. *Combat* a consacré une série d'articles à l'Indochine.
22 septembre : Élections cantonales qui confirment la suprématie des communistes, socialistes et M.R.P.

10 octobre : Pierre Laval est condamné à mort. Il est exécuté le 15 dans des conditions assez pénibles qui amènent *Combat* à consacrer un article à la peine de mort.
21 octobre : Élections législatives : 152 communistes, 142 socialistes, 141 M.R.P. Au référendum, 90 % des voix à la première question (Faut-il refondre la Constitution ?), 70 % à la seconde (Quels doivent être les pouvoirs de la Constituante ?).
Au même moment, après qu'a été lancé *Caligula* (septembre), on joue *les Bouches inutiles* de Simone de Beauvoir ; et J.-P. Sartre, dont *Combat* a présenté *le Sursis* (23 octobre), donne une conférence très suivie sur l'existentialisme (compte rendu du 29 octobre).

14 novembre : De Gaulle est élu président. *Combat* estime que cette élection ne résout rien.
20 novembre : Ouverture du procès de Nuremberg.

1er décembre : Dépôt du projet de nationalisation des banques.

1946

Janvier : Les problèmes de ravitaillement sont plus aigus. Les crédits militaires font l'objet d'une vive discussion entre de Gaulle et les socialistes.
21 janvier : Démission du général de Gaulle. M. Gouin lui succède, le 23 janvier.

6 mars : Bombardement d'Haïphong.
8 mars : Débarquement des troupes françaises au Tonkin.

16 mars : Nationalisation des Assurances.
22 mars : Nationalisation du Gaz et de l'Électricité.

9 avril : Au Vieux-Colombier, discussion sur l'existentialisme, avec Hyppolite, Merleau-Ponty, Beauffret, etc.
Mars-avril : Débat constitutionnel. — Congrès de la C. G. T. où éclatent les divergences entre les leaders communistes et la tendance Force Ouvrière animée par Bothereau.
20 avril : La Constituante adopte le projet constitutionnel par 309 voix contre 249. Dans *Combat,* R. Aron préconise une réponse négative au référendum.

5 mai : La Constitution est repoussée par 52 % des voix.
Mai : Conférence des Quatre à Paris.

2 juin : Élections législatives. Gains M. R. P. Recul socialiste et communiste.
17 juin : Discours de de Gaulle à Bayeux.
20 juin : Gouvernement tripartite présidé par Georges Bidault.
28 juin : Brigue et Tende sont rattachés à la France.

1er juillet : Explosion atomique à Bikini.
17 juillet : Le général Mikhailovitch est fusillé en Yougoslavie.
Juillet-août : Conférence des 21 sur le traité de paix.

1er août : Échec des négociations franco-vietnamiennes de Fontainebleau.
Fin août : Congrès socialiste qui met l'accent sur des formules révolutionnaires.

Septembre : Début de la guerre civile en Grèce. L'Union gaulliste décide de patronner des listes électorales.

1er octobre : Verdict à Nuremberg. — De Gaulle condamne le nouveau projet constitutionnel.
14 octobre : La Constitution est adoptée à la majorité de 53,6 % des votants. Dans *Combat,* R. Aron a préconisé une approbation mitigée; Albert Ollivier un vote négatif.
17 octobre : Exécution de Gœring, Ribbentrop, Keitel, Kaltenbrunner, Rosenberg, Streicher, Franck, Sauckel, Jodl, Seiss-Inquart.

10 novembre : Élections générales. Progrès des communistes et de la droite, maintien M. R. P.; recul socialiste.
18 novembre : À l'occasion du XIXe anniversaire de l'accession au trône de Sidi Mohammed Ben Youssef, sultan du Maroc, Camus adresse un message de sympathie à l'Istiqlal, parti de l'indépendance marocaine.

12 décembre : Après l'échec de MM. Thorez et Bidault, Léon Blum constitue un gouvernement socialiste homogène.

20 décembre : Insurrection au Tonkin.

L'année 1946 voit donc l'aggravation de la tension internationale, la formation déjà perceptible de deux blocs et le durcissement des positions intérieures en France.

1947

1ᵉʳ janvier : Expérience de baisse, lancée par le gouvernement Blum, pour freiner l'inflation. *Combat* la soutient.
22 janvier : Après l'élection de Vincent Auriol à la présidence de la République, Paul Ramadier devient président du Conseil.
Janvier : Les agrariens sont éliminés du gouvernement polonais par les communistes et leur alliés.

13 février au *17 mars :* Grève des ouvriers typographes.
Scandale Joanovici, découverte de dépôts d'armes, complot de Fresnes, extension du conflit indochinois.

30 mars : Début d'insurrection à Madagascar. — Discours de de Gaulle à Bruneval.
R. Aron prend une position de sympathie critique à l'égard du révisionnisme gaulliste.

8 avril : Discours de de Gaulle à Strasbourg qui annonce la création du R. P. F. (14 avril).

5 mai : À la suite d'un vote hostile sur des questions économiques Paul Ramadier exclut les ministres communistes de son gouvernement.

Juin : Les U. S. A. proposent le plan Marshall aux pays européens.

Juillet : L'U.R.S.S. et la Tchécoslovaquie refusent d'y participer.

25 août : Interdiction du parti agrarien en Bulgarie et dissolution du même parti en Roumanie.
27 août : Vote du statut de l'Algérie.

5 octobre : Constitution du Kominform.
19 octobre : Démission du gouvernement. Ramadier est remplacé par Robert Schuman.

19 décembre : Scission de la C. G. T. et de Force Ouvrière, lors des grandes grèves minières.
À la fin de 1947, la Pologne, la Hongrie, la Bulgarie et la Roumanie ont des gouvernements de Front National, dirigés par les partis communistes.

1948

30 janvier : Assassinat de Gandhi.

20 au 25 février : Les communistes s'emparent du pouvoir en Tchécoslovaquie.

17 avril : Naissance de l'État d'Israël.

14 mai : Entrée des troupes arabes et égytiennes en Israël.

20 juin : Début du blocus de Berlin.

4 juillet : La Yougoslavie est exclue du Kominform.
19 juillet : Chute du ministère Schuman.
26 juillet : Ministère André Marie repoussé par la Chambre. Un second ministère Schuman ne résiste que quelques jours.

11 septembre : Ministère Queuille.
Septembre : Révocation, puis emprisonnement de Gomulka, en Pologne.

Octobre-novembre : Importantes grèves dans le Nord.
2 novembre : Réélection de Truman à la présidence des États-Unis.

27 décembre : Arrestation du cardinal Mindzenty en Hongrie.
Décembre : En Albanie, exécution de Dzodze, secrétaire général du parti communiste.

1949

22 janvier : Entrée des communistes chinois à Pékin.

16 février : Unification douanière des zones d'occupation en Allemagne occidentale.

12 mai : Fin du blocus de Berlin.

16-24 septembre : Condamnation de Rajk en Hongrie.
23 septembre : Explosion atomique en U.R.S.S.

5 octobre : Démission du ministère Queuille.

Décembre : Exécution de Kostov, secrétaire du Parti communiste bulgare, réhabilité en 1956.

R. Q.

III

CAMUS ET « COMBAT »

Vient la Libération. Il ne s'agit plus, cette fois, de participer au combat commun contre l'occupant : les problèmes matériels vont bientôt se multiplier. Sur un journal de format réduit, il convient d'informer l'opinion, de lui fournir la possibilité de faire bientôt son choix en matière politique, car la France est à reconstruire moralement et matériellement. Le journal, qui n'aura plus désormais le support financier des organisations de la Résistance, devra s'imposer auprès du public.

Compte tenu de l'expérience d'*Alger républicain,* Pia et Camus entendent faire de *Combat* un journal « d'information contrôlée* », qui ne cherche pas à imposer une opinion toute faite, mais vérifie les dépêches, les trie et les commente. Cette préoccupation d'une presse dégagée de toute attache financière et libre dans sa pensée, nous la retrouvons dans tous les articles que Camus ou ses collaborateurs consacrent à l'information.

Car s'il existe un accord profond entre eux, c'est bien sur ce point : Pia, Ollivier, Gimont, Altschuler et Jean Bloch-Michel, qui a obtenu l'autorisation de paraître au nom de la rédaction, partagent la même conception d'une presse rénovée, délivrée du médiocre souci publicitaire comme de l'obsession du sensationnel. Cette honnêteté, clairement définie dans une série d'articles, vaut à *Combat* une incontestable audience dans les milieux étudiants et intellectuels. Elle lui permet d'étoffer très rapidement le noyau de ses collaborateurs : à dater de septembre 1944, on peut lire des articles d'André Malraux, Jean-Paul Sartre, Raymond Aron, Emmanuel Mounier, Henri Calet, André Gide, Alexandre Astruc, André Breton, Denis de Rougemont, Brice Parain, Julien Gracq. Bruel traite ordinairement d'économie, Nadeau du roman, Lemarchand du théâtre et Jean Chauveau de politique intérieure.

Pendant toute une période, qui va du 22 août au 8 décembre, les éditoriaux ne sont pas signés. Une note du 8 décembre annonce : « Afin de soulager notre éditorialiste habituel, l'éditorial sera rédigé, selon les jours, par deux ou trois des rédacteurs du journal. Il continuera à exprimer la pensée commune de l'équipe de *Combat.* » Il est donc vraisemblable que la quasi-totalité des éditoriaux était jusque-là l'œuvre de Camus. Après le 8 décembre, on voit paraître les signatures de Pierre Herbart et Albert Ollivier, plus rarement de Marcel Gimont ou de Bruel qui relaient Camus. Le 10 février 1945, les signatures disparaissent et l'on en revient à l'éditorial anonyme. Pourtant en mai, Camus signera à nouveau la série d'articles qu'il consacre à la crise algérienne.

---

* « Information critique », écrivait Camus à Ponge en 1943.

Quelle était essentiellement la tâche de Camus? Le directeur, Pascal Pia, veillait à tout, discutant de l'éditorial ou relisant les petites annonces. Pia assurait l'existence du journal. Pour sa part, Camus jouait les animateurs ; il recrutait de jeunes collaborateurs, lançait des idées, donnait à la rédaction l'impulsion nécessaire. Sa collaboration directe fut irrégulière : la maladie ou la fatigue l'écartaient parfois quelques jours du journal, à moins que ce ne fût la rédaction de *la Peste* ou de tout autre travail littéraire. Il fit également un voyage aux U.S.A., dont il ne jugea pas utile de rendre compte dans *Combat,* après que Sartre y eut donné un assez long reportage. Reste que Camus, conformément à ses goûts, maintenait l'esprit d'équipe et se chargeait fréquemment des éditoriaux.

J'ai tenté, après d'autres, d'établir quels étaient ceux des articles non signés qui reviennent à Camus. La tâche est malaisée et les critères stylistiques sont rarement déterminants : il y avait à *Combat,* peut-être par un inconscient effet de mimétisme, une sorte de langage maison, fait de discrétion, de volontaire modération et d'énergie calculée, qui rend les certitudes difficiles. Pourtant, M. Roger Grenier, que Camus adjoignit à l'équipe de *Combat* et qu'il chargea de la rubrique théâtrale, a tenté, avec M. Gimont, de recenser les éditoriaux de Camus. Par ailleurs, Mme Camus possède la dactylographie de toute une série d'éditoriaux, que Camus n'aurait eu aucune raison de garder s'ils n'avaient été de lui. C'est sur ce double témoignage que je me suis appuyé pour établir ma bibliographie.

Quels en sont les thèmes essentiels ? Tout d'abord, la nécessité d'une presse nouvelle — sur ce point, les faits démentiront l'optimisme volontaire de Camus et de ses camarades. Ou, si l'on préfère, ils confirment ses craintes (16 mars 1945) : « Si demain, la vente du papier devenue libre, nous revenions au régime de presse tel qu'il existait avant la guerre, la presse indépendante de ce pays disparaîtrait. »

Mais la presse n'est qu'un élément de l'information libre, nécessaire à toute démocratie. Or la démocratie est à refaire. On a vu, plus haut, que, dans *Alger républicain* déjà, Camus s'irritait des palinodies de la IIIe République, des changements de majorité et de l'inefficacité qui en était, selon lui, la conséquence. C'est pourquoi il partagera le désir, largement répandu, d'un bouleversement constitutionnel et, Léon Blum mis à part, traitera avec sévérité les hommes de la IIIe République, singulièrement les radicaux : à plusieurs reprises, il prendra rudement à partie Édouard Herriot.

L'espoir de *Combat* semble être la rénovation du mouvement socialiste. Avant même *Ni victimes ni bourreaux,* Camus lui avait consacré plusieurs articles. On y trouve le souci de libérer la pensée socialiste d'un appareil théorique mal adapté à l'époque moderne (10 et 23 novembre 1944). Ce qui n'est nullement incompatible, à son gré, avec une profonde transformation des structures économiques, et notamment la prise en charge par la collectivité des principales activités industrielles. Mais une telle transformation suppose, selon lui, qu'on permette aux forces neuves que la Résistance a dégagées de se manifester. C'est le sens de bien des articles, et singulièrement des éditoriaux repris ci-après (1er septembre, 1er novembre et 1er décembre 1944).

Des communistes, peu de choses semblent éloigner *Combat* dans les mois qui suivent la Libération. Pourtant, si l'affirmation maintes fois répétée de son attachement à une économie collectivisée l'en rapproche, la prétention à une politique libérale, le refus du réalisme politique, la conviction que la révolution politique ne peut se séparer de la révolution morale l'en écartent (1er octobre 1944); et le fossé ira en se creusant. Quant au général de Gaulle, *Combat* l'observe avec sympathie mais aussi avec réserve. Le « style » de l'homme plaît, mais ses actes inquiètent. Est-il prêt à faire la révolution attendue? ou cédera-t-il aux forces de la tradition et du passé? L'éditorial du 17 décembre 1944 pose indirectement la question. Celui du 3 avril 1945 le fait en termes exprès.

Nous ne saurions oublier les articles consacrés à l'Algérie. Et non seulement la série du 15 au 21 mai, mais aussi bien l'éditorial du 13 octobre 1944 où il met en cause « l'esprit colon » au nom de la lucidité, et celui du 15 juin 1945 qui morigène une opinion française indifférente. Pareillement, les hésitations des gouvernements alliés face au problème espagnol soulèvent ses protestations (7 septembre, 5 octobre, 21 novembre, 10 décembre 1944, 7 janvier 1945). Camus, qui a épousé la cause des républicains espagnols, ressent ces habiletés diplomatiques comme autant de petites trahisons.

Sans doute, les contemporains de la Libération ont-ils gardé le souvenir des polémiques qui l'opposèrent à François Mauriac en matière d'épuration. Les cours de justice commençaient leur besogne. Et Mauriac s'en prenait aux organisations de Résistance qu'il accusait d'excès (18 octobre). Camus, qui en mai 1944 approuvait de façon nuancée l'exécution de Pucheu, lui répliquait assez vivement que « la France a une révolution à faire en même temps qu'une guerre »; il acceptait de « détruire une part encore vivante de ce pays » pour refaire son âme elle-même et se refusait à l'« apaisement à tout prix » (20 octobre). La discussion se poursuivit les 23 octobre dans *le Figaro* et mardi 25 dans *Combat*. On la comprendrait mal si on oubliait que la guerre se poursuivait sur la Meuse et que les camps de concentration étaient encore loin d'être vidés.

Pourtant, Camus lui-même découvre bientôt la faillite de l'épuration et son éditorial du 5 janvier, même s'il est guidé par d'autres préoccupations, n'en donne pas moins déjà raison à Mauriac. Deux jours plus tôt Brasillach a été fusillé : après bien des hésitations, Camus, qui s'étonne qu'on châtie plus aisément les intellectuels que les recruteurs et les écrivains que les hommes d'affaires, a demandé sa grâce. Cette polémique, en tout cas, devait être une étape sur la voie qui conduisit Camus à condamner la peine de mort, singulièrement en matière politique.

Ayant à choisir entre un grand nombre d'articles, j'ai obéi d'abord au souci de dégager les grands thèmes que traitait ordinairement Camus ; de mettre ensuite au jour les traits essentiels de sa philosophie politique : horreur de la routine et des privilèges, volonté de rapprocher la politique, qui est « l'adresse directe de l'homme à d'autres hommes », de l'individu ; sentiment de la relativité de l'effort humain. « Nous ne croyons pas ici aux révolutions définitives... L'injuste loi de l'histoire est qu'il faut à l'homme d'immenses sacrifices pour des résultats souvent dérisoires. Mais si mince que soit le progrès de l'homme vers sa propre vérité, nous pensons qu'il justifie toujours ces sacrifices. Nous croyons justement aux révolutions relatives ; équilibre du bonheur et de la liberté qui ne peut s'établir sans honnêteté intellectuelle ; souci d'objectivité qui écarte tout parti pris, toute solidarité systématique et préserve l'esprit critique ; fidélité à ses propres principes et aux promesses qu'on s'est faites. » (9 février 1945.)

Inutile de dire qu'une telle attitude fut fort diversement appréciée. Certains journaux, comme *le Populaire*, reprochèrent à *Combat* une certaine défiance à l'égard des partis traditionnels. La presse conservatrice — *l'Époque* notamment — s'irrita de l'attachement à la Résistance régulièrement exprimé dans ses éditoriaux. *L'Ordre* d'Émile Buré et André Stibio s'étonna de son hostilité à la IIIe République. *L'Aube*, journal du Mouvement Républicain Populaire, l'accusa de démoraliser la jeunesse et de se complaire dans l'ambiguïté. Un jour viendra où M. Maurice Schumann accusera *Combat* d'être « un étang noir, élégiaque, artificiel, que les sources de la délectation morose remplissent tous les matins » (2 février 1946). Quant à la presse communiste, elle ne tardera pas à l'accuser d'hostilité systématique. Après l'euphorie de la Libération où Camus confiait un article aux *Lettres françaises*, les attaques lancées contre Gide amenaient son retrait. Il refusait d'adhérer au Comité National des Écrivains. La polémique qui s'instaura autour du Mouvement de Libération Nationale et de son avenir accrut les divergences, tout comme les désaccords en matière d'épuration et de socialisme. Aussi Claude Morgan en vint-il bientôt à dénoncer en Camus « un auxiliaire des pouvoirs d'oppression... semant le doute et le découragement au nom de la vertu et de la pureté ». « Qui donc, ajoutait-il le 4 décembre 1946, travaille le mieux pour cette réaction implacable... Camus, Malraux, Koestler. »

Pourtant, il semble bien qu'après septembre 1945, Camus n'ait participé que de loin à la rédaction de *Combat*. Il se sentait fatigué et rêvait d'en finir avec *la Peste* dont la maturation n'allait pas sans difficulté. Sans rompre avec ses camarades, il leur laissa donc le champ libre. Sans doute n'eut-il qu'une part indirecte aux discussions qui opposèrent la rédaction à Henri Frenay et Claude Bourdet qui, invoquant leurs droits de fondateurs dans la clandestinité, réclamaient l'insertion de leurs propres articles. Un arbitrage rendu par Louis Martin-Chauffier, sur recours de Francisque Gay et Remy Roure, accordait à MM. Bloch-Michel et Pia « l'usage et la jouissance exclusive du titre » (24 février 1946). On peut toutefois assurer que Camus fut informé et soutint alors ses amis.

Vers la fin de 1946, la situation du journal apparut précaire. Certains, comme Pascal Pia, envisagèrent sa disparition. Camus fut d'avis qu'il convenait de garder au personnel son gagne-pain. C'est alors qu'il décida de faire une rentrée retentissante avec sa série d'articles : *Ni victimes ni bourreaux* (19 novembre 1946). Mais la situation financière du journal, malgré un tirage qui dépassait cent mille exemplaires, rendait un redressement difficile. À cela s'ajoutent quelques tiraillements dans l'équipe rédactionnelle. Les thèses défendues par Raymond Aron différaient parfois des propos d'Albert Ollivier ou de Jean Chauveau. Des incompatibilités d'humeur aggravaient les divergences de fond. Camus lui-même était partagé entre le goût du journalisme et une certaine répugnance. Il avait le sentiment inavoué d'un échec quasi irrémédiable : la presse ne tarderait plus à être livrée aux hommes d'affaires, partagée entre le sang à la une et la publicité ; la revanche de *Paris-Soir* se préparait.

Ceci explique que sa rentrée n'ait pas été sans réticences. Après *Ni victimes ni bourreaux,* sa signature ne reparaîtra que le 17 mars, pour quelque deux mois, quand Pascal Pia se fut éloigné du journal. À ce moment, les divergences politiques se sont aggravées. Le référendum de 1946, l'intervention du général de Gaulle le 13 octobre, la formation d'un mouvement gaulliste en prélude au R.P.F. ont mis au jour des désaccords latents jusque-là : Albert Ollivier penche très nettement en faveur des solutions gaullistes ; Bruel et Chauveau inclinent dans le même sens, encore que moins nettement. C'est alors que Camus écrit *le Choix* (22 avril 1947). Ollivier (23 avril) entend répliquer par une mise au point où il affirme être le seul à avoir fait ce choix. Ni Chauveau, ni Bruel, ni Pia n'avaient, selon lui, encore franchi le pas. Pour ne pas porter le coup de grâce au journal, Camus refuse de publier cette lettre.

Sans doute ne veut-il pas compromettre les tractations en cours. Des offres ont été faites par le groupe de *la Voix du Nord*, par M. Smadja et même par un émissaire du général de Gaulle. Mais aucune de ces solutions ne rencontre l'agrément de Camus qui préfère céder le journal aux hommes du réseau Combat. Le protocole du 2 juin 1947, par lequel Mme d'Auriol-Bernard, MM. Pia, Albert Camus, Albert Ollivier et Jean Bloch-Michel abandonnent les cent parts qu'ils possèdent à M. Claude Bourdet, précise que « se trouvant en présence de difficultés financières qui les empêchent d'assurer dans les mêmes conditions [d'indépendance et d'originalité] la parution du journal, et en raison des circonstances que traverse actuellement la presse, ils ont estimé que la personne la plus qualifiée pour prendre leur succession à la tête de ce journal se trouvait être M. Claude Bourdet ». Le même jour M. Claude Bourdet cédait 50 % de ses parts à M. Smadja, homme d'affaires et bailleur de fonds en la circonstance. L'adieu aux lecteurs parut le 3 juin. Le 5, le *Manchester Guardian* rendit hommage à l'équipe qui s'éloignait.

Toutes ces discussions ont épuisé Camus. Déjà, au moment où s'achevait la grève des journaux qui tarit les réserves financières de *Combat,* il écrivait avec amertume à un jeune ami tuberculeux : « Dans notre petit malheur, vous avez une chance, celle de pouvoir essayer de bien penser une situation que tant de gens vivent mal. Si j'étais tout-puissant, je mettrais la France au sana pendant un an afin qu'elle puisse faire une cure de silence. » Pourtant, il ajoute qu'il croit à la nécessité de continuer « la réflexion ... commencée et de la communiquer chaque fois que cela sera nécessaire ». Mais le 2 juillet, il confie, sur un brouillon de lettre : « Et puis, intérieurement, je me sens terriblement fatigué. »

Sans doute l'expérience faite à *Combat* aura-t-elle été finalement décevante. Mais pas au point qu'il la renie. Aussi réagira-t-il vigoureusement aux allusions faites par Pierre Brisson, sur le ton de la commisération, à l'expérience de *Combat,* dans sa préface aux feuilletons littéraires de J. Lemarchand. « Je ne peux pas laisser dire que notre journal, malgré ses défauts, était seulement ce que dit Brisson. Pendant deux ans, *Combat* a honoré la presse française où je ne vois plus grand-chose d'honorable, voilà ce que je maintiendrai. Nous n'avons tranché de rien, ni distribué la justice avec superbe. Nous avons essayé d'être à la hauteur d'une terrible époque et de ne pas retourner, dans les affaires de presse, aux vomissements de l'avant-guerre. Ceci déjà devait valoir à notre entreprise une commisération qui ne soit pas méprisante. » On connaîtra mieux sa position sur l'expérience de *Combat* en lisant *Une des plus belles professions...,* publié en annexe, p. 1564.

R. Q.

IV

NOTES ET VARIANTES

LA LIBÉRATION DE PARIS

P. 255.

1. Rappelons ici quels furent les épisodes de la libération de Paris. Le 12 août, des affiches ordonnaient, au nom du général de Gaulle, à tous les hommes mobilisables de rejoindre les formations des Forces Françaises Libres. Il s'agissait d'un faux. Le 14 août, le général von Choltitz, gouverneur militaire de Paris, lançait un appel au calme. Le 16 août, trente-cinq jeunes résistants sont fusillés au Bois de Boulogne. Entre-temps, le 15 août, les agents de police

entamèrent une grève. Le 17 août marqua la disparition de la presse collaboratrice. Le 19 août apparurent les drapeaux et les brassards tricolores : l'ordre d'insurrection était donné localement. Le 20 août, les Allemands sont toujours installés à l'hôtel Majestic, à l'École militaire, à la Chambre des députés, au Luxembourg, au ministère de la Marine, place de la République, etc. L'Hôtel de Ville était aux mains des résistants, ainsi que le ministère de la Justice. Une trêve fut conclue, bientôt rompue; le lendemain sortaient les premiers numéros de *l'Humanité* et du *Populaire, Combat, Résistance, Défense de la France, Franc-Tireur, le Parisien libéré;* le 23 août, ce fut le tour du *Figaro*. Le 22 août, les hostilités reprenaient officiellement : les chars allemands tirèrent dans la rue Soufflot, contre l'Hôtel de Ville, et sur le boulevard Saint-Germain. Le 23 août, le Grand-Palais fut bombardé. On annonça sur les ondes britanniques la libération de Paris. À ce moment, la colonne Leclerc avait dépassé Rambouillet. Elle atteignit l'Hôtel de Ville le 24 à 21 heures 30, au milieu de la canonnade.

P. 258.

1. On pouvait lire, dans *Combat* du 29 août, un article sur la découverte à Vincennes de plusieurs fosses contenant 34 cadavres qui, selon les dires de l'agent Caffi, auraient été abattus les 19 et 20 août.

2. Allusion au livre de Malraux que Camus avait adapté pour le théâtre du Travail (1936).

LE JOURNALISME CRITIQUE

P. 261.

1. Le 20 septembre 1943, dans une lettre à Francis Ponge, Camus écrit : « Je veux créer l'information critique. »

P. 263.

1. Les principaux titres des quotidiens sont alors : *l'Humanité*, organe du parti communiste; *le Populaire*, organe du parti socialiste, *l'Aurore*, de tendance radicale, *Libération, Franc-Tireur, Front National, le Figaro, Résistance, le Soir;* et parmi les hebdomadaires : *Gavroche, les Lettres françaises, Action.*

P. 266.

1. Petiot, assassin célèbre, sorte de Landru de l'époque. Il fut accusé, fin mars 1944, d'avoir assassiné plusieurs dizaines de personnes dans son immeuble de la rue Le Sueur.

P. 268.

1. Célèbre actrice allemande qui vécut aux États-Unis pendant la guerre. La libération de Metz est des 19 et 20 novembre 1944.

MORALE ET POLITIQUE

P. 271.

1. Titre : *Justice et Liberté*.
2. Wladimir d'Ormesson, diplomate et académicien, de la Société Fermière du *Figaro*.

P. 272.

1. À dater du 10 septembre, les éditoriaux de *Combat* ne portent plus de titre.

P. 275.

1. Les Allemands n'abandonneront Varsovie que le 17 janvier 1945.

P. 277.

1. Nouvelle allusion à Gœthe (cf. p. 268) que Camus tenait pour le représentant typique d'un humanisme au souffle court.
2. Leader du Mouvement Républicain Populaire.

P. 278.

1. Celle de Philippe Pétain.
2. Camus s'en était pris directement à ce goût du repos et de la facilité dans *Caligula*. On retrouve cette critique directement exprimée dans les *Carnets I*, septembre 1939 (cf. p. 167) : « Tous ont trahi, ceux qui poussaient à la résistance et ceux qui parlaient de la paix. Ils sont là, aussi dociles et plus coupables que les autres. Et jamais l'individu n'a été plus seul devant la machine à fabriquer le mensonge. » *Idem* pages 170 et suivantes. Ailleurs, dans la *Profession de foi* rédigée en commun avec Pascal Pia, Camus critique cette époque où la peur des responsabilités avilit tous les hommes. (Janvier 1940.) (Cf. annexes à la présentation d'*Alger républicain*.)

P. 279.

1. Jean Guéhenno, universitaire, cofondateur, avec André Chamson et André Viollis, de *Vendredi* (novembre 1935). Auteur de nombreux ouvrages, dont *Caliban parle, Journal d'un homme de quarante ans* et *Journal d'une révolution*. Attaqué par le communiste Gilbert Mury, il avait répliqué le 2 novembre dans *le Figaro littéraire :* « Sur la pureté ».

P. 283.

1. Message de Noël du pape Pie XII.

Il y déclarait que la démocratie est la meilleure des diverses formes politiques. « La vraie démocratie, qu'elle soit de forme républicaine aussi bien que de forme royaliste, assure aux peuples la liberté à laquelle ils aspirent, alors que dans l'état autoritaire gouverné par des mains politiques, personne n'a le droit de vivre honorablement sa vie propre. »

2. Cf. *les Grands Cimetières sous la lune* (1938). Bernanos collabora quelque temps à *Combat*. Il s'en éloigna à la suite du refus que lui opposa Camus de publier un article qui opposait le courage physique d'un Darnand, chef de la L.V.F. pro-nazie, à la passivité des prisonniers. Camus craignait que ces propos ne soient mal interprétés ou déformés (29 août 1945).

P. 285.

1. Dès le 13 octobre 1944, Combat relevait un article de Mauriac sur l'amnistie. Les 17 et 19 octobre (« les Égarements de l'honneur » et « la Justice et la Guerre ») Mauriac critiquait l'épuration et la presse de la Résistance. Camus lui répondait le 20. Le 22 octobre, Mauriac répliquait au nom de la charité. Le 25, Camus opposait la justice et la miséricorde. Le 26, Mauriac justifie la censure; les 3 et 4 décembre, il traite de « la vocation de la Résistance »; le 14 de l'ordre de la politique et de l'ordre de la charité. Camus répond les 5 et 16 décembre. « Le Mépris de la charité », qui reproche aux propos de Camus de dégager « une tristesse de mort », est des 7-8 janvier 1945.

P. 286.

1. Dans *la Force des choses* (p. 31), Simone de Beauvoir écrit que Sartre et elle-même partageaient ce point de vue.

2. Velin était un des pseudonymes d'André Bollier, jeune ingénieur et polytechnicien de vingt-quatre ans qui assurait l'impression de *Combat, Franc-Tireur, Action,* etc. dans la région lyonnaise. Le 17 juin, l'imprimerie de la rue Viala fut cernée par la Milice. Bollier fut tué les armes à la main, en même temps que deux typographes, Vachet et Jaillet.

Combat devait consacrer un article à sa mémoire le 17 juin 1945.

3. Sur René Leynaud, cf. p. 297 et la préface à ses poèmes que Camus écrivit en 1947 (annexes aux *Lettres à un ami allemand,* p. 1471).

P. 287.

1. Henri Béraud, écrivain (prix Goncourt) et journaliste; collaborateur de *Gringoire*. Il s'illustra en 1936 par la violence de ses attaques contre Roger Salengro et, sous l'Occupation, par sa participation à la presse collaboratrice. Il fut condamné à mort le 29 décembre 1944 et gracié.

2. Édouard Herriot, homme politique, chef du parti radical-socialiste, incarnait, aux yeux de Camus, la IIIe République. Interné pendant l'Occupation (1942), il fut libéré en août 1944 à la demande de Pierre Laval, puis interné de nouveau sur son refus de participer à un gouvernement provisoire de liquidation. Il reprit bientôt la tête du parti radical. Dans un discours prononcé devant la Fédération radicale du Rhône, il venait de déclarer : « Je me demande si l'époque actuelle est bien qualifiée pour donner des leçons de moralité aux époques antérieures. »

Combat lui consacrera d'autres éditoriaux, le 17 juillet 1945 et le 26 août. Cf. aussi *Carnets II*, novembre 1945, p. 160.

P. 290.

1. Georges Albertini, collaborateur de *l'Atelier* (journal de tendance syndicaliste) et ami personnel de Déat qu'il soutient au R.N.P. Ancien chef de cabinet de Déat au ministère du Travail, secrétaire général du R.N.P., condamné en décembre 1944.

2. La *Légion des Volontaires Français contre le Bolchevisme*, L.V.F., fut créée en juillet 1941, au lendemain de l'attaque allemande contre l'U.R.S.S., sur l'initiative de Bucard (Francisme), Doriot (P.P.F.), Constantini (Ligue Française), Déat (R.N.P.). Eugène Deloncle, chef du Mouvement Social Révolutionnaire, de tendance fasciste, en fut le président. Elle fournit de maigres contingents qui combattirent sur le front russe.

P. 291.

1. Hiroshima fut bombardée le 6 août, Nagasaki le 9 août; le Japon offrait de capituler le 12 août.

P. 292.

1. Du 17 juillet au 1er août 1945, la conférence de Potsdam réunit le président Truman, le maréchal Staline et le premier ministre Attlee : les alliés y abandonnèrent la politique de protection des minorités instituée par les traités de 1919-1920 et adoptèrent une politique de transfert des populations : la carte ethnographique de l'Europe centrale et orientale s'en trouva profondément modifiée.

LA CHAIR

P. 297.

1. Résistant dès 1941, René Leynaud avait été fusillé le 13 juin 1944, à Villeneuve, près de Trévoux. Son corps fut identifié le 24 octobre. Leynaud était né le 24 août 1910 à Lyon, de parents ardéchois. Devenu journaliste au *Progrès de Lyon* en 1934. Mobilisé en 1939, il atteint l'Angleterre après la bataille de Dunkerque en 1940.

Il regagne la France, se marie, entre dans la Résistance en 1942. Il est arrêté le 10 mai 1944, place Bellecour à Lyon; c'était un ami de Francis Ponge et Pascal Pia.

P. 299.

1. La séparation deviendra au même moment l'un des thèmes essentiels de *la Peste* (cf. tome I, p. 1996).

P. 300.

1. Semaine charitable pour les prisonniers et déportés encore en Allemagne. La plupart d'entre eux ne seront libérés qu'en avril et mai 1945. Certains séjourneront encore quelque temps dans des camps de transit.

P. 301.

1. Lettre au *Populaire* d'André Figueras. 1er janvier 1945.

P. 305.

1. Cfr. *France-Soir* du 19 mai. Article de Philippe Viannay : « N'accusez pas pour vous disculper ».

PESSIMISME ET TYRANNIE

P. 311.

1. *Les Lettres françaises* devaient paraître pour la première fois dans l'hiver 1941-1942. Jean Paulhan, Pierre de Lescure, François Mauriac, Blanzat, Debu-Bridel, Bellanger, leur avaient confié des textes. Leur publication fut ajournée après l'exécution du fondateur du journal, Jacques Decour, le 30 mai 1942. Claude Morgan, Édith Thomas, entourés de Jean Guéhenno, Charles Vildrac, Paul Éluard, en assurèrent la relance en septembre 1942. Elles apparurent longtemps comme l'organe du Comité National des Écrivains — puis comme un organe littéraire de sympathie et de direction communistes (Louis Aragon).

George Adam se chargea de les faire imprimer rue Cardinet à partir d'octobre 1943. Il publia « Hors de saison » le 7 octobre 1944.

2. *L'Aube,* organe du Mouvement Républicain Populaire.

G. Rabeau écrivit « Nazisme pas mort », le 21 octobre 1944.

P. 313.

1. *L'Amitié Française,* d'inspiration chrétienne, était animée par Stanislas Fumet.

P. 315.

1. Gœring, un des principaux compagnons de Hitler. Maréchal de l'Air. Arrêté le 9 mai 1945, il fut condamné à mort par le tribunal de Nuremberg et se suicida. On ne l'en pendit pas moins. La phrase qui lui est ici prêtée fut parfois attribuée à d'autres nazis ou Espagnols, notamment à Millan Astray.

DEUX ANS APRÈS

P. 317.

1. Ce titre est partiellement le produit d'une erreur. Camus, en effet, a daté de novembre 1948 la série d'articles *Ni victimes ni bourreaux* qui ont paru en fait dans *Combat* en novembre 1946. Il est vrai que *Caliban* devait les reprendre en novembre 1947. La logique aurait donc voulu qu'on modifiât l'ordre de publication dans *Actuelles,* si les réponses à Emmanuel d'Astier de la Vigerie ne devaient logiquement leur faire suite.

P. 319.

1. Les élections du 10 novembre 1946 ont donné au parti communiste le premier rang, devant le M.R.P. et le parti socialiste. Investi le 12, Léon Blum forme pourtant, le 16 décembre 1946, un ministère homogène, pour une durée d'un mois. Le 16 janvier 1947, Vincent Auriol est élu président de la République. Le 22 janvier, Paul Ramadier constitue un gouvernement de large coalition, de M. Thorez à M. Jacquinot.

P. 320.

1. M. Bevin, ministre des Affaires étrangères britannique, avec l'accord du secrétaire d'État américain Marshall, refuse d'inscrire dans le projet de traité avec l'Allemagne une clause garantissant à la France des livraisons de charbon allemand de la Ruhr. Dans le même temps, le ministre soviétique M. Molotov s'oppose à l'intégration de la Sarre à l'économie française. Le 24 avril, la conférence des Quatre s'ajournera définitivement.

Cf., sur le problème du charbon, les articles de Léon Blum dans *le Populaire* des 12 et 13 février et ceux des 12 et 14 mars 1946.

Sur la Sarre, les articles des 16 et 18 avril 1947.

P. 322.

1. Allusion aux événements de Sétif. Le 8 mai, un mouvement de révolte se produisit dans la Kabylie des Babors et dans la région de Sétif. La répression fut brutale. Cf : *Actuelles III*, p. 939 : « Crise en Algérie ».

2. Une émeute avait éclaté le 29 mars 1947 dans les régions de Moramanga et Manakara. Elle avait fait plusieurs milliers de morts, dont cent cinquante Français. À la suite de ces événements, les dirigeants du Mouvement Démocratique de Révolution Malgache, MM. Ravoakangy, Rabemananjara, Raherivolo et Raseta, furent arrêtés. 75 accusés, originaires de Fianarantsoa, comparurent devant le tribunal militaire et se plaignirent de tortures. *Combat,* dès avril 1947, avait fait état de ces faits, confirmés par le procès du mois d'août.

P. 323.

1. Jodl était alors chef d'état-major général.
2. L'amiral Dœnitz qui, après la mort de Hitler et la chute de Berlin (2 mai 1945), avait pris la tête du gouvernement allemand, s'était replié à Flensburg dans le Schleswig-Holstein, d'où il annonça le 8 mai la capitulation de l'Allemagne.

Dœnitz fut condamné à la réclusion à vie par le tribunal de Nuremberg.

P. 325.

1. Des poursuites avaient été engagées, dans le cadre de la sûreté de l'État, contre des religieux accusés d'avoir donné abri à des miliciens. Cf. *Franc-Tireur* des 18, 21, 23, 24 mars 1947; *Combat* et *l'Aube* du 21 mars.

NI VICTIMES NI BOURREAUX

P. 332.

1. Arguments utilisés par les milieux communistes et intellectuels de gauche d'une part, anticommunistes de l'autre.
2. Dès le 5 mars 1946, dans son discours de Fulton, Winston Churchill avait popularisé l'expression « rideau de fer » et marqué spectaculairement la fin de la coopération entre alliés — devenue de jour en jour plus difficile.
3. D. : ... ou dans leurs idées. Je suis d'avis, cependant...

P. 333.

1. D. : ... de conséquences, *et je pense aux socialistes,* qui doivent...
2. D : ... et répondre. *Pour ma part, j'ai appris depuis deux ans que je ne mettrai aucune vérité au-dessus de la vie d'un homme.*

Autre formulation : *J'ai réfléchi pour ma part, et pour traduire les choses simplement, au bout d'un an de journalisme, à mon incapacité de faire fusiller un homme que ce soit au nom d'une vérité ou d'une illusion de vérité.*

P. 336.

1. Préface de Jean Gratien, p. 52. Éditions de la Cité Nouvelle. Critiquant les artistes et les intellectuels, qu'il accusait de pharisaïsme, l'auteur ajoutait : « Au vrai, tout vient de ce qu'ils aient reculé devant l'horreur. »

P. 337.

1. Albert Camus garde présents à la pensée les débats doctrinaux du XVIIIe congrès (29 août-1er septembre 1946), dominés par le dialogue Léon Blum-Guy Mollet, qui vit le succès de ce dernier, tenant du marxisme.
2. Les élections au Conseil de la République de novembre 1948 avaient vu un succès relatif des gaullistes (Rassemblement du Peuple Français) et des radicaux, un recul des communistes, des socialistes et du M.R.P.

P. 338.

1. Cf. *Carnets II,* septembre 1945, pp. 141-142.
2. D. : Depuis *avril* 1944...

P. 339.

1. Camus reprend ici la thèse soutenue par Engels dans sa préface aux *Luttes des classes en France,* de Marx, pp. 17, 18, 19 (Éditions Sociales).

P. 340.

1. Camus ne considère ici que les pays européens — et non ceux du Tiers Monde dont l'évolution apparaît encore peu clairement. Il constate le caractère monolithique du bloc soviétique et du bloc occidental, tels qu'on les connut jusqu'en 1962 environ. Mais il n'en annonce pas moins un peu plus loin (p. 166) l'entrée des colonisés dans la vie internationale.
2. Les exemples tchèque et allemand (crise de Berlin) ont vérifié ces prévisions.
3. C'est déjà le thème de la coexistence pacifique popularisé par M. Kroutchev après 1956.

P. 343.

1. Camus pense sans doute aux lettres de Marx à Engels (20 juillet 1870) : « Les Français ont besoin d'une correction. Si les Prussiens sont victorieux, la centralisation du pouvoir d'État sera utile à la centralisation de la classe ouvrière », et à Paul Lafargue : (28 juillet) : « ... Pour ma part, je souhaiterais que les Prussiens et les Françaises détruisent mutuellement et que les Allemands l'emportent à la fin, ce qui arrivera d'ailleurs. Je le souhaite, parce que la défaite

de Bonaparte provoquera probablement la révolution en France, alors que la défaite finale des Allemands ne fera que prolonger l'état actuel des choses pour vingt années encore. » Le 15 décembre, il écrira à Kugelmann : « Quelle que soit l'issue de la guerre, elle a appris au prolétariat à manier les armes et c'est là la meilleure garantie pour l'avenir. »

2. Camus tentera de donner corps à ces idées en soutenant Garry Davis.

Cf. *infra*, p. 1586, « Je réponds » dans *la Patrie mondiale*, décembre 1948, et la réponse à F. Mauriac, *Combat*, décembre 1948, p. 1589.

P. 344.

1. La conférence des 21 États victorieux (29 juillet 1946) qui se tint à Paris, au Luxembourg, avait à fixer les frontières des pays alliés de l'Allemagne : Italie, Roumanie, Bulgarie, Hongrie, etc.

P. 347.

1. Ces lignes paraissent surprenantes si l'on se réfère au préambule de la Constitution de 1946, qui, outre les innovations qu'il apporte en matière économique et sociale, fait référence à la Déclaration des Droits de 1789. Il est difficile de préciser à quels problèmes Camus voulait faire allusion. Sans doute souhaitait-il qu'elle définît les modalités d'application des principes qu'elle énonçait. Les articles de *Combat* des 13 et 15 mars pourraient éclairer le sens de ces critiques. Il y était regretté que la Constitution ne précisât pas clairement les rapports de l'État, des collectivités et des individus, les limites de la propriété et le contenu de la liberté d'opinion.

2. C'est le 15 septembre 1947 que la France prit possession de Brigue et Tende, territoires que l'Italie lui avait cédés par traité.

P. 348.

1. (Fragment manuscrit.) ... d'une action. *Les deux problèmes sont celui d'un ordre international qui apportera finalement les réformes de structure durables qui définissent la révolution et celui de l'administration provisoire des besoins et des ressources quotidiennes. Et puisque la société internationale se trouve, par la faute de ceux qui la dirigent, dans une telle impasse, il faut donc que les hommes, un à un...*

2. Ici se plaçait un long éloge de la Communauté Barbu de Valence, qui fonctionnait sur des bases coopératives.

3. (Fragment manuscrit.) ... en toute occasion. *Je ne vois donc rien de plus pressé, tant que la paix ne sera pas créée, pour les hommes qui réfléchissent à ces problèmes que d'engager toutes leurs forces, leur résistance ou leur temps, leur bulletin de vote, si peu qu'il représente, leurs talents ou leurs ressources à réclamer la solution mondiale qui allège le poids de la misère et de la peur. Et ce mouvement doit s'étaler à l'intérieur de tous les pays et surtout sur le plan international par les moyens de la prédication,*

pour commencer. C'est la première tâche, la plus urgente, la seule efficace, la seule véritablement réaliste.

Pour le reste, il n'y a pas grand-chose à attendre des gouvernements qui seront dépassés par leur tâche tant que cette question n'aura pas été réglée. Et les gouvernements le savent bien. Leur première tâche semble être de se survivre et la seconde, selon les partis qui la composent, de donner des gages à la puissance étrangère de leur choix. Il n'y a donc pas d'autre solution que provisoire aux autres questions.

Ce texte critique la politique des blocs, tout particulièrement prônée à l'époque par l'Union gaulliste, et réclame la coopération internationale qu'incarnera fugitivement Garry Davis deux ans plus tard.

P. 349.

1. D. (rayé) : *Oui, nous sommes dans la terreur parce que la persuasion n'est plus possible, parce que l'homme se refuse à vivre dans un univers où il n'est plus possible d'espérer qu'on tirera de l'homme des réactions humaines en lui parlant le langage de l'humanité. Oui, nous sommes dans la terreur parce que l'homme a été livré tout entier à l'histoire et qu'il ne peut plus se tourner vers cette part de lui-même, aussi vraie que la part historique, et qu'il retrouve devant la beauté du monde ou des visages. Nous sommes dans la terreur parce que nous sommes dans l'abstraction, celle des bureaux et des machines, celle des idées absolues ou du messianisme sans nuances. Mais nous pouvons sortir de l'abstraction et tuer un peu la peur, par la force d'une raison modeste dans ses conclusions et par l'effort de la passion. Si retenu que soit notre espoir, il justifie qu'on entreprenne. « Je pense que nous devons être exaltés, disait un révolutionnaire aujourd'hui à la mode, cela n'exclut ni la sagesse ni le bon sens. » Qu'on réfléchisse donc sans parti pris avec bon sens et sagesse à ces évidences. Dans la longue lutte qui suivra nous n'aurons jamais assez de cette tranquille exaltation...*

RÉPONSES À E. D'ASTIER

P. 353.

1. Emmanuel d'Astier de la Vigerie fut un des chefs du Mouvement de Libération. Il devint à Alger ministre du gouvernement provisoire du général de Gaulle. Il fut quinze ans durant député progressiste, apparenté au groupe communiste. Il a écrit en 1963 un ouvrage sur Staline qui, sur bien des points, témoigne d'une évolution de son auteur. Il est resté directeur du journal *Libération* jusqu'à sa disparition (1964).

P. 355.

1. Juin 1948. Titre : *Où est la mystification ?*
2. Allusion à la réputation de sainteté laïque faite à Camus, à travers le personnage de Tarrou, quand parut *la Peste*.

P. 356.

1. Le leader communiste Gabriel Péri fut exécuté le 19 décembre 1941.

2. Après la libération de la Grèce et la dissolution des milices patriotiques grecques, une grève générale se déclencha à Athènes en décembre 1944. En septembre 1946, la guerre civile éclata entre le gouvernement de droite issu d'élections contestées et les insurgés communistes. En juillet 1947, prenant prétexte d'une menace insurrectionnelle, le gouvernement Maximos Tsaldaris fait arrêter et déporter plusieurs milliers de suspects. L'O.N.U. fut saisie et son rapport défavorable au gouvernement grec. On a retrouvé dans les archives de Camus un important dossier, constitué d'articles du journal socialiste *Machi,* sur la violence de la répression à Makronissos, dans la prison Averoff et ailleurs. Camus interviendra à plusieurs reprises en faveur de condamnés — et notamment en faveur de Manolis Glezos, député communiste.

P. 357.

1. Attaque qui semble viser Merleau-Ponty, auteur d'*Humanisme et Terreur* (1947) et de plusieurs articles publiés dans *les Temps Modernes : Complicité objective* et *Communisme et Anticommunisme* (juillet 1948). J.-P. Sartre a évoqué la rupture de Camus et Merleau-Ponty dans *les Temps Modernes,* n°s 184-185.

2. Il pourrait s'agir du livre de Lefèvre, paru en 1947.

P. 359.

1. Lors de la bataille de Normandie (juin-juillet 1944), Saint-Malo et Caen furent très gravement sinistrés.

P. 361.

1. M. Kroutchev, soutenant, contrairement à Staline, que la guerre n'est plus inévitable, développera plus tard le même thème dit de la « coexistence pacifique ».

2. On peut présumer qu'à cette époque Camus travaillait sur *l'Homme révolté* où il reprend le thème.

3. Cf. *l'Homme révolté,* p. 634.

P. 364.

1. Titre : *Nous ne serons jamais pour le socialisme des camps de concentration,* en réponse aux articles d'Emmanuel d'Astier parus dans *Action* du 14 au 20 juillet 1948, sous le titre *Ponce Pilate chez les bourreaux.*

P. 367.

1. Allusion à la conférence intitulée : *The Human Crisis.* Cf. Twice a year, n°s 14-15.

2. Journaliste et écrivain communiste. La polémique fut suscitée par les révélations d'El Campesino sur les internements en U.R.S.S. de républicains espagnols.

L'INCROYANT ET LES CHRÉTIENS

P. 369.

1. On se reportera, sur ce problème des rapports de Camus et du christianisme, aux textes analysés en annexe.

P. 371.

1. Allusion à la polémique avec Mauriac. Articles de *Combat* des 18, 20, 25 octobre 1944, 14 janvier 1945. Cf. Présentation aux *Réflexions sur la peine de mort*.

P. 372.

1. Cf. dans *la Peste*, la mort de l'enfant Othon.
2. Cf. p. 283, *Actuelles I*.

P. 373.

1. Gabriel Marcel, représentant de l'existentialisme chrétien, avait consacré le 10 novembre 1946 un article à *Morts sans sépultures* et à *la Putain respectueuse* (cf. *l'Heure théâtrale*, Plon, 1959). Il y écrivait : « ... il n'est guère moins impudique de présenter au théâtre une pièce de torture que de nous faire assister à un accouplement. Sur le chemin où s'est engagé M. Sartre avec une conscience d'ailleurs absolument distincte des buts poursuivis, il n'y a plus aucune raison de reculer quelque jour devant des exhibitions de toute nature... Il ne me paraît pas admissible qu'une œuvre dramatique fasse fonction d'excitant, que ce soit ou non à la façon d'un aphrodisiaque. C'est là, j'en suis convaincu, trahir une exigence imprescriptible de l'art. » Camus vit sans doute là un appel indirect à la censure.

Précisons qu'en 1958 Gabriel Marcel et Camus se sont rencontrés, « dans un climat cordial », m'assure Gabriel Marcel.

2. Cf. lettre à Pierre Bonnel en annexe du *Mythe de Sisyphe*, p. 1422 et lettre à Guy Dumur dans le dossier de *l'Homme révolté*, p. 1668

TROIS INTERVIEWS

P. 380.

1. D. : *Ma position en regard du christianisme est d'ailleurs facile à comprendre. Je suis né pauvre et sans religion sous un ciel heureux.*

2. La remarque est à rapprocher de ce qu'écrivait Merleau-Ponty de Montaigne dans *Lecture de Montaigne :* « La religion est valable en ceci qu'elle réserve la place de l'étrange et qu'elle sait que notre sort est énigmatique. »

P. 383.

1. Revue anarchiste dirigée par Leval.
2. Cf. *Carnets II,* p. 267, printemps 1949 : « Préface à recueil articles : « L'un de mes regrets est d'avoir trop sacrifié à l'objectivité. » L'objectivité, parfois, est une complaisance. Aujourd'hui les choses » sont claires et il faut appeler concentrationnaire ce qui est concen- » trationnaire, même le socialisme. Dans un sens, je ne serai plus jamais poli. »

P. 384.

1. La conférence de Munich (1938) est restée comme le symbole des capitulations vaines.
2. À Yalta (1er février 1944), sur proposition du président Roosevelt, les alliés (Anglais, Américains et Russes) avaient défini les principes de la charte des Nations Unies. Ils avaient pourtant éprouvé de grandes difficultés à s'entendre sur l'Allemagne, la Pologne et les zones d'influence.
3. Leader agrarien bulgare, condamné à mort et exécuté en 1949 dans le cadre des « grandes purges » communistes.

P. 386.

1. Cf. *Carnets II,* p. 271, printemps 1949. « Préface : — Se dire révolutionnaire et refuser par ailleurs la peine de mort, (citer préface Tolstoï — on ne connaît pas assez cette préface de Tolstoï que j'ai l'âge de lire avec vénération), la limitation des libertés, et les guerres, c'est ne rien dire. Il faut donc déclarer que l'on n'est pas révolutionnaire, mais plus modestement réformiste. Un réformisme intransigeant. Enfin, *et tout bien pesé,* on peut se dire révolté. »

POURQUOI L'ESPAGNE ?

P. 391.

1. 4 novembre 1948.

P. 392.

1. Ville de la Biscaye. Le 20 avril 1937, dimanche et jour de marché, un raid aérien mené par des avions allemands fit 1 651 morts et 889 blessés. Ce raid fut, selon Gœring, une expérience pour la Luftwaffe au service du général Franco dans sa lutte contre les Basques républicains.

P. 393.

1. Leader nationaliste catalan, qui, en 1934, proclama la république catalane. Président de la Généralité en 1936, puis président de la république de Catalogne, il dut se réfugier en France en janvier 1939 avec les troupes républicaines. Livré par Pétain à Franco, il fut exécuté en 1940.

2. Poète espagnol de sympathie républicaine qui demeura dix mois au camp de réfugiés d'Argelès, avant de mourir à Collioure en 1939.

P. 394.

1. José Bergamin, né en 1897, critique littéraire, et dramaturge espagnol. C'est un catholique d'idées progressistes, fondateur et directeur de la revue *Cruz y Raya*.

LE TÉMOIN DE LA LIBERTÉ

P. 399.

1. Meeting organisé par le R.D.R. avec la participation de Rousset, Sartre, Breton, Plisnier, Lévi, Wright et Camus.

P. 400.

1. En novembre 1947, au moment où se crée la centrale syndicale Force Ouvrière, un vaste mouvement de grève est déclenché par la C.G.T. dans les transports, les mines et la métallurgie. Le gouvernement Ramadier démissionne. Le gouvernement Schuman, qui considère les grèves comme insurrectionnelles, dépose alors trois projets de loi qui prévoient l'augmentation des effectifs policiers et l'aggravation des sanctions contre le sabotage. De graves incidents se produisent.

P. 403.

1. Cf. *Carnets II*, p. 206, été 1947. « J'ai relu tous ces cahiers — depuis le premier. Ce qui m'a sauté aux yeux : les paysages disparaissent peu à peu. Le cancer moderne me ronge moi aussi. »

V

TEXTES COMPLÉMENTAIRES EXTRAITS DE « COMBAT » OU TOUCHANT AUX PROBLÈMES DE LA PRESSE

LE COMBAT CONTINUE...

Aujourd'hui 21 août, au moment où nous paraissons, la libération de Paris s'achève. Après cinquante mois d'occupation, de luttes et de sacrifices, Paris renaît au sentiment de la liberté malgré les coups de feu qui, soudain, éclatent à un coin de rues.

Mais il serait dangereux de recommencer à vivre dans l'illusion que la liberté due à l'individu lui est sans effort ni douleur accordée. La liberté se mérite et se conquiert. C'est par la lutte contre l'envahisseur et les traîtres que les Forces Françaises de l'Intérieur rétablissent chez nous la République, inséparable de la liberté. C'est par la lutte que la liberté et la République triompheront.

La libération de Paris ne constitue qu'une étape dans la libération de la France, — et il faut prendre ici le mot LIBÉRATION dans son acception la plus large. Le combat contre l'Allemagne nazie continue; il sera poursuivi sans défaillance. Mais si c'est le plus dur des combats pour lesquels toute la France est mobilisée, ce n'est pas le seul qu'il nous faut mener.

Ce ne serait pas assez de reconquérir les apparences de liberté dont la France de 1939 devait se contenter. Et nous n'aurions accompli qu'une infime partie de notre tâche si la République française de demain se trouvait comme la Troisième République sous la dépendance étroite de l'Argent.

On sait que la lutte contre les puissances d'argent a constitué longtemps un des thèmes favoris de Pétain et de son équipe. Mais on sait aussi que jamais l'Argent n'a plus lourdement pesé sur notre peuple que depuis juillet 1940, c'est-à-dire depuis l'époque où, hissant les traîtres au pouvoir, il a, pour conserver et accroître ses privilèges, délibérément lié ses intérêts à ceux de Hitler.

Ce n'est pas par hasard que l'on a vu se succéder, dans les conseils des ministres de Vichy, les Laval, les Bouthillier, les Baudouin, les Pucheu, les Leroy-Ladurie.

Ce n'est pas par hasard qu'à la tête des principaux Comités dits d'« organisation » ont été placés des « organisateurs » dont, dans la plupart des cas, les rapports avec le prolétariat n'avaient jamais été que des rapports de maîtres à domestiques.

Par la lutte que nous poursuivons avec les Alliés contre les armées hitlériennes, tout le territoire français sera bientôt libéré. Les Alliés auront rendu possible notre libération. Mais notre liberté, c'est à nous-mêmes qu'il appartient de l'établir.

Le combat continue...

ALBERT CAMUS.

Combat, 21 août 1944.

ILS NE PASSERONT PAS

Qu'EST-CE qu'une insurrection ? C'est le peuple en armes. Qu'est-ce que le peuple ? C'est ce qui dans une nation ne veut jamais s'agenouiller.

Une nation vaut ce que vaut son peuple et si nous avions jamais eu la tentation de douter de notre pays, l'image de ses fils debout, les poings hérissés de fusils, nous remplirait de la certitude bouleversante que cette nation est égale à ses plus grands destins et qu'elle va conquérir sa renaissance en même temps que ses libertés.

Au quatrième jour de l'insurrection, après le premier recul de l'ennemi, après un jour d'une fausse trêve coupée d'assassinats de Français, le peuple parisien va continuer le combat et dresser ses barricades.

L'ennemi terré dans la ville ne doit pas en sortir. L'ennemi en retraite qui veut entrer dans la ville ne doit pas y pénétrer. Ils ne passeront pas.

Aux quelques rares Français qui, mutilés dans leur mémoire et leur imagination, oublieux de l'honneur et insoucieux de la honte, assis dans leur confort personnel pourraient demander : « À quoi bon ? » il faut, ici, répondre.

Un peuple qui veut vivre n'attend pas qu'on lui apporte sa liberté. Il la prend. Et, par là, il s'aide en même temps qu'il aide ceux qui veulent l'aider. Chaque Allemand qui ne sortira pas de Paris, c'est une balle en moins pour les soldats alliés et nos camarades français de l'Est. Notre avenir, notre révolution, sont tout entiers dans ce présent, plein des cris de la colère et des fureurs de la liberté.

Ce n'est pas nous qui avons choisi de tuer. Mais on nous a mis dans le cas de tuer ou de nous mettre à genoux. Et quoiqu'on ait tenté de nous en faire douter, nous savons après ces quatre ans de terrible lutte que nous ne sommes pas d'une race à nous mettre à genoux.

Quoiqu'on veuille encore nous en faire douter, nous savons aussi que nous sommes une nation majeure. Et une nation majeure prend toutes ses destinées en main, dans l'orgueil comme dans la honte.

Nous avons su porter le poids de notre défaite, ce n'est pas devant les charges de la victoire que nous reculerons.

Le 21 août 1944, dans les rues de Paris, a commencé un combat qui, pour nous tous et pour la France, se terminera par la liberté ou la mort.

Albert Camus.

Combat, 23 août 1944.

LA RÉSISTANCE ET LA POLITIQUE

On parlait, avant cette guerre, d'un monde politique. C'était une société qui avait ses débouchés sur le monde des arts ou de la finance, mais qui avait aussi son personnel, ses traditions, ses préjugés et parfois ses grandeurs propres.

On n'y entrait pas sans apprentissage. La formation d'un parti ou d'un cabinet était une bonne école. On y réussissait, ou bien on y échouait par le jeu de ces impondérables qui peuvent faire soupçonner à des esprits imaginatifs l'existence de vastes réseaux secrets d'influence. On lançait des vedettes. On attendait les premières. Les ambassadeurs et les femmes du monde se retrouvaient aux tribunes des assemblées.

Le problème qui se pose aujourd'hui à la France n'est pas seulement un problème d'institutions et d'autorité. Il engage chacun de nous. Tous ceux qui ont participé à la lutte clandestine savaient que, par la contagion du danger et les pratiques allemandes de chantage, leur foyer, leurs amis, et même des inconnus, qui n'avaient avec eux d'autres liens que d'être des compatriotes associés en droit et en fait à une lutte commune, couraient à leur insu certains des risques qu'ils assumaient, pour leur part, en leur totalité et en pleine conscience.

Ainsi s'est formée la conviction que la lutte politique n'est ni une carrière, ni un loisir, ni un accident de la vie.

Sans doute, la Résistance n'a pas été dans son principe une lutte politique. La lutte menée contre le gouvernement de Vichy n'a été qu'un corollaire de la lutte contre l'occupant. Mais la guerre a pris, dans les conditions de l'action clandestine, une forme nouvelle.

L'appareil militaire a dû être constitué de toutes pièces. Une telle entreprise est de caractère politique. Pratiquer un acte de sabotage est un acte de guerre. Réunir une troupe d'attaque, coordonner à travers tout le pays les activités d'éléments sociaux originairement disparates, est un acte politique.

Or le privilège de la Résistance est de faire appel, non à des forces déjà solidifiées, que le rôle du politique est de canaliser au service de ses buts, mais à des forces latentes, aux forces mêmes des individus.

Les routines dont était tissée la vie politique avant 1940 ont cédé; les hommes de la Résistance ont été des hommes jetés solitairement dans l'alternative de la honte ou de l'action.

C'est ainsi qu'une tradition proprement humaine tend à se substituer à la tradition exclusivement politique, dans l'ordre même de la politique. Non que l'action politique de la Résistance ait été anarchique. Mais la solidarité complice des politiciens s'est vu submerger par la camaraderie d'une lutte où chacun jetait tout son bagage humain.

C'est bien un nouvel ordre qui se trouve fondé. Un ordre dans lequel le visage de l'homme apparaît sous une lumière drue. La politique n'est plus dissociée des individus. Elle est l'adresse directe de l'homme à d'autres hommes. Elle est un accent.

Si la Résistance doit être autre chose qu'un moment de notre histoire, c'est qu'elle aura réussi à placer des citoyens face à face.

Albert Camus.

Combat, 1er septembre 1944.

LA DÉMOCRATIE À FAIRE

Nous l'avons déjà dit, il se pose un problème de gouvernement. Il est, dans une grande mesure, notre affaire, comme il est l'affaire de tous. Mais nous ne sommes pas encore intervenus nettement parce que nous étions d'opinion qu'il fallait faire confiance aux hommes qui ont jusqu'ici représenté la France à l'extérieur. Nous pensions qu'en prenant conseil de ceux qui l'ont défendue à l'intérieur, ils apercevraient sans délai la solution qui convient. Nous le pensons toujours.

Mais d'autres interviennent, dont les affirmations nous surprennent. Et comme nous ne concevons pas de politique sans langage clair, nous devons dire ici ce que nous en pensons.

Nos camarades du *Populaire* rendent compte d'une entrevue entre le général de Gaulle et le secrétaire général du parti socialiste. Ce dernier aurait préconisé la formation d'un gouvernement constitué par « un brassage d'hommes anciens assurant la continuité de la République et la solidarité doctrinale du régime avec la démocratie d'hier, et d'hommes nouveaux dont la présence dans le gouvernement assure le rajeunissement manifestement réclamé par le pays ».

Nous avons, avec nos camarades socialistes, suffisamment de luttes et d'espoirs en commun pour nous sentir autorisés à dire que ce vocabulaire en lui-même n'est pas bon. Mais ce qu'il recouvre, s'il n'est pas précisé, nous paraît encore plus inquiétant.

Nous sommes perplexes sur ces hommes anciens dont la politique, pour finir, n'a pas été si brillante qu'il faille aujourd'hui marquer notre solidarité avec elle. Beaucoup d'entre eux ont trahi la France, par volonté ou par faiblesse. D'autres, qui ne l'ont pas trahie, ne l'ont pas bien servie. Ils n'ont plus rien à faire parmi nous.

Certes, nous concevons qu'à l'intérieur comme à l'extérieur, il nous faille donner quelques apaisements. La France, pour elle-même comme pour ses amis, a besoin d'être mise en ordre. Mais il faut s'entendre sur cet ordre.

Un ordre qui ne marquerait qu'un retour à des personnes et à un régime qui n'ont pas pu résister au choc d'une guerre, à un Parlement qui, dans son immense majorité, a démissionné devant Pétain, un ordre qui consacrerait les puissances d'argent, les combinaisons de couloirs et les ambitions personnelles, cet ordre-là ne serait qu'un désordre puisqu'il consoliderait l'injustice.

L'ordre, c'est le peuple qui consent. Et, à moins que la terrible expérience de ces quatre ans n'ait été vaine, à moins que nos espoirs ne soient que fumées et notre foi dérision, le peuple ne peut consentir à voir revenir ceux-là mêmes qui sont partis au moment où il fallait rester. Dans tous les cas, le peuple inconnu de la Résistance n'y consentira pas.

Le plus sûr moyen d'obtenir le désordre est donc de vouloir restaurer cet ordre médiocre et taré que représentent M. Chautemps, M. Chichery et bien d'autres, sous le vain prétexte de la démocratie. Nous sommes fâchés d'avoir à le dire, mais cet ordre ancien avec lequel on veut aujourd'hui renouer, ce n'était pas la démocratie, mais sa caricature.

La démocratie, la vraie, nous avons à la faire. Et nous la ferons dans l'ordre, le vrai, celui d'un peuple unanime et résolu à survivre, où chacun recevra la place qui lui est due et où, par conséquent, ces hommes anciens, qui n'inspirent plus qu'indifférence ou mépris, pourront toujours s'employer à la rédaction de Mémoires destinés à n'être jamais lus.

ALBERT CAMUS.

Combat, 2 septembre 1944.

Le Mouvement National de Libération a tenu sa première grande séance publique. Des hommes qui ne parlaient au nom d'aucun parti, qui ne s'adressaient à aucune clientèle existant déjà avant la guerre, ont été acclamés par un nombre assez considérable de Français. On n'a peut-être pas bien remarqué qu'il y avait là quelque chose de nouveau. On n'a pas bien remarqué non plus que ces hommes qui, pendant quatre ans, n'avaient parlé que de la France, ont parlé hier de révolution.

Essayons de comprendre. De quelle révolution s'agit-il ? Celle dont on parlait dimanche à Pleyel ne ressemble à aucune de celles qui nous étaient déjà proposées avant la guerre et par des partis très différents. C'est pour cela qu'elle semble vague à certains esprits. On a l'habitude de faire correspondre aux mots les images les plus familières. La révolution, pour beaucoup, c'est 1789 et 1917. Le reste est trop fatigant à penser. Il n'est même pas sûr que les mouvements représentés à la réunion d'hier aient eux-mêmes une idée tout à fait précise de cette révolution. Mais ils parlaient au nom d'une force intérieure qui les dépasse, qui les a portés pendant quatre ans et qui, dans certaines conditions, pourrait prendre demain sa vraie forme.

La révolution n'est pas la révolte. Ce qui a porté la Résistance pendant quatre ans, c'est la révolte. C'est-à-dire le refus entier, obstiné, presque aveugle au début, d'un ordre qui voulait mettre les hommes à genoux. La révolte, c'est d'abord le cœur.

Mais il vient un temps où elle passe dans l'esprit, où le sentiment devient idée, où l'élan spontané se termine en action concertée. C'est le moment de la révolution.

La Résistance française, sous sa forme originale, a commencé dans la pureté du refus total. Mais quatre ans de lutte lui ont apporté les idées qui lui manquaient. Tout au bout de sa révolte triomphante, elle en vient à souhaiter la révolution. Et si le souffle de cette révolte ne tourne pas court, elle fera cette révolution en lui donnant la théorie originale et précise que ce pays attend. Nous croyons ici qu'il est déjà possible de donner les premiers éléments de cette doctrine et nous y reviendrons.

Pour le moment, et malgré les sceptiques, nous nous satisfaisons déjà, avec les réserves de forme qui conviennent, de cette volonté affirmée. Nous ne croyons pas ici aux révolutions définitives. Tout effort humain est relatif. L'injuste loi de l'histoire est qu'il faut à l'homme d'immenses sacrifices pour des résultats souvent dérisoires. Mais si mince que soit le progrès de l'homme vers sa propre vérité, nous pensons qu'il justifie toujours ces sacrifices. Nous croyons justement aux révolutions relatives.

Dans tous les cas, l'informe pensée qui jaillit aujourd'hui au bout de ces quatre ans de nuit, on ne doit pas la sous-estimer. Elle porte le germe de toutes les flammes et de toutes les renaissances.

Ceux qui en doutent auront peut-être raison demain. Ils ont tort pour l'instant, parce qu'ils cèdent à la paresse d'esprit et qu'ils imaginent que l'histoire ne se renouvelle pas.

La révolution, ce n'est pas forcément la guillotine et les mitrailleuses, ou plutôt, ce sont les mitrailleuses quand il le faut. Ceux à qui cette force nouvelle paraît vague ou sans importance sont peut-être ceux-là mêmes qui sont déjà en arrière et qui, croyant tenir la vérité du moment, ont perdu à jamais la vérité tout court, qui est toujours celle de demain.

ALBERT CAMUS.

Combat, 19 septembre 1944.

O N nous dit : « En somme, qu'est-ce que vous voulez ? » Cette question est bonne parce qu'elle est directe. Il faut y répondre directement. Naturellement, cela ne peut se faire en un ou deux articles. Mais, en y revenant de temps en temps, on doit y apporter de la clarté.

Nous l'avons dit plusieurs fois, nous désirons la conciliation de la justice avec la liberté. Il paraît que ce n'est pas assez clair. Nous appellerons donc justice un état social où chaque individu reçoit toutes ses chances au départ, et où la majorité d'un pays n'est pas maintenue dans une condition indigne par une minorité de privilégiés. Et nous appellerons liberté un climat politique où la personne humaine est respectée dans ce qu'elle est comme dans ce qu'elle exprime.

Tout cela est assez élémentaire. Mais la difficulté réside dans l'équilibre de ces deux définitions. Les expériences également intéressantes que nous offre l'Histoire le montrent bien. Elles nous donnent à choisir entre le triomphe de la justice ou celui de la liberté. Seules, les démocraties scandinaves sont au plus près de la conciliation nécessaire. Mais leur exemple n'est pas tout à fait probant en raison de leur isolement relatif et du cadre limité où s'opèrent leurs expériences.

Notre idée est qu'il faut faire régner la justice sur le plan de l'économie et garantir la liberté sur le plan de la politique. Puisque nous en sommes aux affirmations élémentaires, nous dirons donc que nous désirons pour la France une économie collectiviste et une politique libérale. Sans l'économie collectiviste qui retire à l'argent son privilège pour le rendre au travail, une politique de liberté est une duperie. Mais sans la garantie constitutionnelle de la liberté politique, l'économie collectiviste risque d'absorber toute l'initiative et toute l'expression individuelles. C'est dans cet équilibre constant et serré que résident non pas le bonheur humain, qui est une autre affaire, mais les conditions nécessaires et suffisantes pour que chaque homme puisse être le seul responsable de son bonheur et de son destin. Il s'agit simplement de ne pas ajouter aux misères profondes de notre condition une injustice qui soit purement humaine.

En somme, et nous nous excusons de répéter ce que nous avons dit une fois, nous voulons réaliser sans délai une vraie démocratie populaire. Nous pensons en effet que toute politique qui se sépare de la classe ouvrière est vaine et que la France sera demain ce que sera sa classe ouvrière.

Voilà pourquoi nous voulons obtenir immédiatement la mise en œuvre d'une Constitution où la liberté recevra ses garanties et d'une économie où le travail recevra ses droits, qui sont les premiers. Il n'est pas possible d'entrer dans le détail. Nous le ferons chaque fois qu'il sera nécessaire. Pour qui sait nous lire d'ailleurs, nous le faisons déjà sur beaucoup de points précis.

Il reste un mot à dire sur la méthode. Nous croyons que l'équilibre difficile que nous poursuivons ne peut se réaliser sans une honnêteté intellectuelle et morale de tous les instants qui, seule, peut fournir la clairvoyance nécessaire. Nous ne croyons pas au réalisme politique. Le mensonge, même bien intentionné, est ce qui sépare les hommes, ce qui les rejette à la plus vaine des solitudes. Nous croyons au contraire que les hommes ne sont pas seuls et qu'en face d'une condition ennemie, leur solidarité est totale. Est juste et libre tout ce qui sert cette solidarité et renforce cette communion, tout ce qui par conséquent touche à la sincérité.

Voilà pourquoi nous pensons que la révolution politique ne peut se passer d'une révolution morale qui la double et lui donne sa vraie dimension. On comprendra peut-être alors le ton que nous essayons de donner à ce journal. Il est en même temps celui de l'objectivité, de la libre critique, et celui de l'énergie. Si l'on faisait seulement l'effort de le comprendre et de l'admettre, nous avons la faiblesse de croire que pour beaucoup de Français commencerait une grande espérance.

ALBERT CAMUS.

Combat, 1er octobre 1944.

O<small>N</small> ne saurait trop souligner l'importance des déclarations du ministre des Colonies sur le problème impérial. Après avoir noté la grande part que l'Empire a prise au mouvement de la Libération, M. Pleven a ajouté : « Cette fidélité des populations indigènes implique pour nous de grandes responsabilités... Une nouvelle phase de notre vie coloniale doit donc s'ouvrir. Il s'agira... de poursuivre la conquête des cœurs. »

Sans doute ces formules sont encore vagues, mais il nous semble bien y distinguer une intention précise. De toute façon, cette déclaration vaut qu'on y revienne.

Pour ceux d'entre nous qui connaissaient la politique coloniale, l'ignorance et l'indifférence des Français à l'égard de leur Empire avaient quelque chose de proprement consternant. Une fois de plus, c'est une petite élite d'administrateurs et de grands aventuriers qui ont donné à leurs compatriotes des richesses dont ils ne se souciaient pas. Aujourd'hui, du moins, la France est trop diminuée en Europe pour ne pas être attentive à tous ses biens. Dans le bilan qu'il nous faut faire, nous serions inexcusables de continuer à ignorer les terres de l'Empire.

Mais que de problèmes difficiles ou douloureux cela ne pose-t-il pas! Ces problèmes ne peuvent se résoudre que si on les aborde de face. « Il s'agit, a déclaré M. Pleven, de donner à chaque colonie le maximum de personnalité politique. » Cela va bien et la question est relativement simple quand elle concerne seulement les populations indigènes.

Mais, pour prendre un exemple précis, si nous considérons le cas de l'Afrique du Nord, nous nous trouvons à la fois devant une population française et une population indigène. Or, s'il serait souhaitable d'étendre encore l'affranchissement politique que le Gouvernement provisoire a conféré aux indigènes d'Afrique du Nord, il faut savoir que le pire obstacle se trouve justement dans la population française.

Il serait stupide, en effet, de laisser ignorer au pays que cette population était acquise en grande partie à la politique de Vichy. Et qu'elle lui était acquise pour les raisons justement qui faisaient qu'elle était opposée à toute politique d'affranchissement du peuple indigène.

Ce qu'on appelle là-bas, à tort ou à raison, l'esprit colon s'est toujours dressé contre toute innovation, même demandée par la justice la plus élémentaire. Et il faudra que le Gouvernement, pour réaliser sa politique d'amitié et de protection avec les Algériens, raisonne ou réduise auparavant cette résistance.

Cela est de la plus haute importance. Car nous ne devons pas nous cacher que, chez un peuple viril comme le sont les Arabes, la défaite a entraîné pour nous une perte de prestige. Dès lors, les Français pourraient être tentés, pour regagner un crédit que la force leur a fait perdre, d'étaler à nouveau la force. Nulle politique ne serait plus aveugle. Nous ne trouverons d'appui réel dans nos colonies qu'à partir du moment où nous les aurons convaincues que leurs intérêts sont les nôtres et que nous n'avons pas deux politiques : l'une qui donnerait la justice au peuple de France et l'autre qui consacrerait l'injustice à l'égard de l'Empire.

Ces réflexions n'ont pas d'autre ambition que de souligner la grande difficulté d'une question où tant de problèmes nationaux et internationaux peuvent être impliqués. Elles veulent seulement rappeler que, surtout dans la guerre, il existe un problème impérial que nous avons à considérer d'abord, au lieu de l'ignorer, et à régler ensuite dans l'esprit de générosité qui doit être le nôtre.

ALBERT CAMUS.

Combat, 13 octobre 1944.

Nous ne sommes pas d'accord avec M. François Mauriac. Nous pouvons le dire sans aucune gêne puisque nous avons apporté, chaque fois qu'il l'a fallu, notre adhésion à M. François Mauriac.

Bien des choses de son article du *Figaro* ont notre approbation. Nous ne croyons pas nécessaire de tuer nos concitoyens au coin des rues ou de diminuer l'autorité d'un gouvernement que nous avons spontanément reconnu. Mais il ne faut pas que ce juste sentiment nous entraîne à déprécier notre propre action et à renoncer au plus durable de notre espoir.

Il y a certainement un malaise dans les esprits français. Mais nous n'y voyons pas les mêmes raisons que M. Mauriac. Peut-être, en effet, y a-t-il aujourd'hui, dans notre pays, des gens qui ont peur. S'ils ont peur pendant quelques mois, disons seulement que ce sera peu de chose et qu'en vérité cela aidera à leur salut sur cette terre. Mais il y a aussi d'autres gens qui s'inquiètent à l'idée que peut-être cette nation n'a pas encore compris que, trahie par certains intérêts, elle ne pourra revivre qu'en détruisant ces intérêts sans la moindre pitié.

Quoi qu'en pense M. Mauriac, et c'est là que vraiment nous nous séparons de lui, ce malaise, avec ses causes diverses, se fait jour dans cette presse unique dont il se plaint. Car on peut y lire à la fois la peur et l'indignation et les bien-pensants y gardent une place plus grande que nous ne l'aurions supposé dans notre ingénuité. Il est d'ailleurs d'une logique douteuse d'accuser, à deux articles de distance, la nouvelle presse de s'épuiser en querelles et de former pourtant un journal unique.

Non, cette presse n'est pas si unique qu'il paraît.

M. Mauriac se plaint qu'elle représente seulement la Résistance, mais nous avions la faiblesse de croire que la Résistance s'identifiait à la France, et s'il fallait qu'un journal représente autre chose que la résistance du peuple français, que représenterait-il donc?

L'argument de M. Mauriac revient en somme à dire qu'il y a autre chose en France que la Résistance. Nous n'en doutions pas à l'époque où nos camarades, fidèles aux rendez-vous de combat, contemplaient les queues qui se faisaient aux portes des cinémas ou regardaient passer les autos de nos grands intendants. Mais nous supposons que M. Mauriac n'a pas voulu dire qu'il faille prendre en considération la voix de ceux qui se sont réjouis ou qui ont trahi pendant que d'autres offraient leur visage aux balles de l'ennemi.

Ce n'est pas ici qu'on nous accusera d'exploiter la Résistance. Nous répétons suffisamment que la Résistance a plus de devoirs que de droits et que c'est demain qu'elle se jugera. Ce n'est pas nous qu'on suspectera de complaisance à l'égard de notre presse. Nous avons du goût pour la vérité, même lorsqu'elle nous est contraire. Mais pourtant, nous savons que la vérité n'était pas hier avec M. Mauriac.

Tout n'est pas heureux, il est vrai, dans la manière dont la politique de ce pays est conduite. Mais on ne peut pas ignorer qu'elle pèche autant par ses faiblesses que par ses excès. Notre devoir est de dénoncer les deux en même temps et de montrer ce juste chemin où la force des révolutions s'allie aux lumières de la justice. M. Mauriac ne parle que des excès de cette révolution. Notre effort ici est de faire voir en même temps ses faiblesses. Cela donne déjà la preuve que cette presse n'est pas si uniforme qu'on le dit. Mais ce n'est pas l'important. L'important est de maintenir l'objectivité, dont M. Mauriac a un sens habituellement juste et qu'il dessert aujourd'hui par un souci constant et honorable d'apaisement à tout prix.

Quels que soient nos désirs et nos réactions, il est bien certain que la France a une révolution à faire en même temps qu'une guerre. Il est vrai que c'est son drame. Mais nous ne sortirons pas de ce drame en éludant les questions qu'il nous pose. Nous en sortirons en le souffrant jusqu'au bout et en tirant de cette épreuve douloureuse la part de vérité qu'elle contient. Notre conviction est qu'il y a des temps où il faut savoir parler contre soi-même et renoncer du même coup à la paix du cœur. Notre temps est de ceux-là et sa terrible loi, qu'il est vain de discuter, est de nous contraindre à détruire une part encore vivante de ce pays pour sauver son âme elle-même.

Albert Camus.

Combat, 20 octobre 1944.

Oui, le drame de la France est d'avoir à faire une révolution en même temps qu'une guerre. Et nous ne sommes pas disposés à le prendre avec légèreté. Les uns voudraient que tout soit mis au service de cette guerre et que la justice soit alors suspendue. D'autres voudraient que tout concoure à cette révolution et que la justice soit servie avant la force nécessaire. Mais nous ne pouvons oublier ni la puissance que nous avons à refaire, ni la pureté que nous devons regagner. Et nous savons bien que, dans la réalité, les deux doivent coïncider. Mais nous savons aussi que leurs exigences réciproques peuvent être contradictoires.

Comment oublier aussi que, dans les deux cas, il s'agit de la vie de Français, les meilleurs dans le premier, et ils auront à se faire tuer, les pires dans le second, et nous avons à les détruire ? Comment prendre avec insouciance un drame si difficile qui demande encore du sang à un pays que deux guerres ont miné dans sa substance la plus profonde ? Et comment les meilleurs d'entre nous ne se demanderaient-ils pas à certaines heures s'ils ont le droit d'ajouter à la douleur de ce peuple et à l'atroce misère de cette guerre ?

Non, nous ne le prenons pas avec légèreté et il faut que le monde entier le sache. La légèreté, ici, serait de ne jamais douter. Il est bon que de temps en temps nous connaissions le doute qui nous donnera la gravité qui convient. Nous nous méfions des juges qui ne doutent jamais ou des héros qui n'ont jamais tremblé.

Mais, à l'extrémité du doute, il nous faut une résolution. Nous savons bien que le jour où la première sentence de mort sera exécutée dans Paris, il nous viendra des répugnances. Mais il nous faudra penser alors à tant d'autres sentences de mort qui ont frappé des hommes purs, à de chers visages retournés à la terre et à des mains que nous aimions serrer. Quand nous serons tentés de préférer aux noires besognes de la justice les généreux sacrifices de la guerre, nous aurons besoin de la mémoire des morts et du souvenir insupportable de ceux d'entre nous dont la torture a fait des traîtres. Si dur que cela soit, nous saurons alors qu'il est des pardons impossibles et de nécessaires révolutions.

Mais, inversement, quand l'impatience nous viendra devant tel amuseur public, restauré par ceux-là mêmes qui devraient le mépriser, quand la médiocrité et la bêtise de nouveau à l'honneur nous pousseront à des révoltes sans portée, quand le désir de frapper qui à certaines heures entraîne tout homme de justice risquera de nous faire confondre l'inconscience et le crime, alors il nous faudra penser à cette épuisante et quotidienne tâche qui s'appelle la victoire. Nous saurons alors qu'il est des violences sans avenir et des guerres inévitables.

Quel est le sens de tout cela ? Cela revient à dire qu'une nation qui s'est mise dans le cas de vivre sur des contradictions aussi déchirantes ne peut se sauver qu'en assumant en pleine lumière ces contradictions, qu'en accomplissant l'effort démesuré qui équilibrera la justice et la force, qu'en menant de front, avec une égale clairvoyance et un même courage, la révolution et la guerre qu'elle ne peut plus séparer. Une grande nation est celle qui se met à la hauteur de ses propres tragédies. Si ce pays n'est pas capable d'obtenir en même temps sa victoire et sa vérité, s'il consent à faire la guerre en consacrant à l'intérieur la lâcheté et la trahison, ou si au contraire il se laisse entraîner à la violence de ses passions en négligeant sa position dans le monde et ses devoirs aux yeux des autres, notre conviction est que ce pays est perdu. Il fera tout en même temps ou il ne fera rien.

Cela est dur, impossible et inhumain ? Nous le savons. Mais cela est. C'est pourquoi, justement, nous ne le prenons pas avec légèreté. Mais notre foi est qu'aucune tâche humaine n'est impossible à l'homme. Il nous faut seulement et précisément des hommes. Des hommes, c'est-à-dire des cœurs avertis à la fois de l'audace et de la prudence, des âmes sensibles et des volontés fermes, des esprits capables en même temps de désintéressement et d'engagement. Et si l'on devait nous dire que cela encore est inhumain, alors nous répondrions que c'est une raison pour le tenter et pour redonner ainsi à ce pays le dernier espoir de sa grandeur.

ALBERT CAMUS.

Combat, 21 octobre 1944.

COMBAT

Nous hésitions à répondre à l'invitation que nous a courtoisement faite M. Mauriac dans *le Figaro* de dimanche. Il nous paraissait que ces questions étaient moins urgentes que d'autres. Mais de nombreuses lettres de lecteurs nous persuadent que ces préoccupations sont celles de beaucoup de Français et qu'il est bon d'y ajouter de la clarté.

Pourquoi ne l'avouerions-nous pas ? L'éditorial que *le Figaro* met en question, nous l'avons écrit dans l'impatience. Les accusations de François Mauriac contre la presse de la Résistance nous avaient blessés parce que nous les trouvions profondément injustes. Là est le vrai dissentiment. Et nous regrettons que M. Mauriac, dans sa réponse, ait passé ce problème sous silence. Mais c'est qu'il en vient à l'essentiel qui est le problème de la justice. Venons-en donc à l'essentiel.

Ce qui a choqué M. Mauriac, c'est que nous écrivions qu'il fallait aujourd'hui savoir parler contre soi-même. Il est bien évident qu'il ne s'agit pas de parler contre ce que l'on pense. Mais il est vrai que le problème de la justice consiste essentiellement à faire taire la miséricorde dont parle M. Mauriac lorsque la vérité de tous est en jeu. Et s'il est vrai aussi que cela est dur, il n'est pas indispensable d'être chrétien pour croire, en ce domaine, à des sacrifices nécessaires.

Parlons précisément. On s'égare dans les discussions et les calculs des responsabilités. On recherche les cas arbitraires, ou l'on montre au contraire que les formes légales ont été respectées. Mais cela fait de la confusion.

Regardons les choses en face : ce colloque s'engage par-dessus une tête menacée de tomber. Lundi, la première condamnation capitale a été prononcée dans Paris. C'est devant ce terrible exemple que nous devons prendre position. Approuverons-nous ou n'approuverons-nous pas cette condamnation ? Voilà tout le problème et il est affreux.

M. Mauriac dira qu'il est chrétien et que son rôle n'est pas de condamner. Mais nous, et c'est ici que nous lui demanderons d'être attentif, nous décidons, justement parce que nous ne sommes pas chrétiens, de prendre en charge ce problème et d'en assumer toutes les exigences. De quelle façon ?

Nous n'avons pas le goût du meurtre. Et la personne humaine figure tout ce que nous respectons au monde. Notre premier mouvement devant cette condamnation est donc de répugnance. Il nous serait facile de penser que notre affaire n'est pas de détruire des hommes, mais qu'elle est seulement de faire quelque chose pour le bien de ce pays. Mais, en vérité, nous avons appris depuis 1939 que nous trahirions ainsi le bien même de ce pays. La France porte en elle, comme un corps étranger, une minorité d'hommes qui ont fait hier son malheur et qui continueront de le faire. Ce sont les hommes de la trahison et de l'injustice.

C'est leur existence même qui pose donc le problème de la justice puisqu'ils forment une part vivante de ce pays et que la question est de les détruire.

Un chrétien pourra penser que la justice humaine est toujours suppléée par la justice divine et que, par conséquent, l'indulgence est préférable. Mais que M. Mauriac considère le conflit où se trouvent des hommes qui ignorent la sentence divine et qui gardent, cependant, le goût de l'homme et l'espoir de sa grandeur. Ils ont à se taire pour toujours ou à se convertir à la justice des hommes. Cela ne peut aller sans déchirements. Mais, devant quatre ans de douleurs collectives succédant à vingt-cinq ans de médiocrité, le doute n'est plus possible. Et nous avons choisi d'assumer la justice humaine avec ses terribles imperfections, soucieux seulement de la corriger par une honnêteté désespérément maintenue.

Nous n'avons jamais demandé une répression aveugle et convulsive. Nous détestons l'arbitraire et la sottise criminelle, nous voudrions que la France garde ses mains pures. Mais nous souhaitons pour cela une justice prompte et limitée dans le temps, la répression immédiate des crimes les plus évidents, et ensuite, puisqu'on ne peut rien faire sans la médiocrité, l'oubli raisonné des erreurs que tant de Français ont tout de même commises.

Ce langage est-il si horrible que le pense M. Mauriac? Certes, ce n'est pas celui de la grâce. Mais c'est le langage d'une génération d'hommes élevés dans le spectacle de l'injustice, étrangère à Dieu, amoureuse de l'homme et résolue à le servir contre un destin si souvent déraisonnable. C'est le langage de cœurs décidés à prendre en charge tous leurs devoirs, à vivre avec la tragédie de leur siècle et à servir la grandeur de l'homme au milieu d'un monde de sottise et de crimes.

Quant à l'âme de ce pays, qui a intrigué M. Mauriac, il la connaît aussi. Il l'a vue dans les yeux de quelques-uns d'entre nous aux jours merveilleux de l'insurrection. C'est pour maintenir cette flamme claire sur le visage des jeunes Français que nous devons renoncer à cette part de nous-mêmes qui préférerait les consolations de l'oubli et de la tendresse. Il y a quatre ans qu'on nous force à durcir quelque chose en nous. Peut-être cela est-il regrettable? Mais nous ne voyons pas pourquoi la tendresse ne serait pas virile et pourquoi la fermeté ne s'allierait pas avec la clémence. C'est en tout cas la seule chance qui nous reste d'empêcher que la France et l'Europe ne deviennent ce désert de médiocrité et de silence où nous ne voulons plus vivre.

Albert Camus.

Combat, 25 octobre 1944.

Le parti socialiste a tenu hier la première séance de son Congrès. Si nous en croyons les textes, elle a été consacrée à une sévère autocritique. Ce début est prometteur et on ne saurait suivre avec trop d'attention les journées de ce Congrès. L'idée socialiste est une grande idée. Et le parti socialiste représente une des grandes chances de la France de demain. Mais à la condition qu'il fasse entrer dans la réalité les principes de rénovation qui ont été exposés hier devant le Congrès.

Car enfin, la conciliation de la justice et de la liberté, la mise en train simultanée d'une économie collective et d'une politique libérale, le bien de tous accordé au respect de chacun, ces idées qui pressent tant d'esprits français d'aujourd'hui, sont des idées socialistes. Si on lisait avec attention les rudiments de programme proposés par les démocrates chrétiens ou par le Mouvement de la Libération Nationale, on verrait clairement que ces programmes pourraient être signés par n'importe quel militant socialiste. Comment se fait-il donc que le premier mouvement des hommes issus de la Résistance, et n'appartenant à aucun parti, n'ait pas été de rejoindre les socialistes ?

Nous posons cette question en toute franchise parce qu'elle est celle que beaucoup d'hommes parmi nous se sont posée. Essayons d'y répondre avec la même franchise, puisque nous y sommes aidés par la façon courageuse dont les socialistes eux-mêmes ont posé le problème devant leur Congrès.

Ce qui sans doute a arrêté beaucoup d'hommes nouveaux devant le parti socialiste, c'est son passé. L'image que nous gardions de lui n'était pas engageante. Nous l'avons connu faible et désarmé, plus prodigue de paroles que curieux d'action, détourné du désintéressement et de l'abnégation socialistes comme certains bigots peuvent l'être du vrai christianisme. En bref, nous étions arrêtés par quelques-uns de ses hommes et par la plupart de ses méthodes.

Alors que tant de sentiments et d'idées nous rattachaient à lui, il ne nous a jamais paru à la hauteur de la dure époque que nous vivions. On a eu raison de le signaler hier, les socialistes avaient un peu confondu la réalisation de leur doctrine et l'obtention d'une majorité à l'Assemblée.

Dans notre critique du socialisme il y avait enfin, et il y a, une nostalgie et un regret : celui qui naît à la vue d'une grande idée ramenée à de petites pratiques et au spectacle d'une vocation vécue comme un métier. Nous avions perdu notre confiance.

Il serait vain de laisser croire que toutes ces réticences ont disparu. Mais il y a eu la clandestinité et les socialistes ont pris leur part, une bonne et grande part, à cette lutte. Aujourd'hui, ils ont le ton de l'énergie et de la fermeté. Ils semblent résolus à la fidélité. Cette seule résolution est d'une capitale importance. Il faut se persuader que si les socialistes sont capables, renonçant à des hommes et à des méthodes aujourd'hui discrédités ou dépassés, de refaire un grand parti, ils seront la grande force française de demain et ils pourront réunir autour d'eux la plus grande partie des énergies issues de la Résistance. Mais ils ont un immense travail à faire qui ne pourra s'effectuer que dans l'obstination et la lucidité. Ils ont à vaincre ce qu'il est le plus difficile de vaincre, des habitudes. Ils ont un langage à recréer, une inspiration à retrouver dans sa pureté. Ils ont une jeunesse à découvrir. La difficulté de cet effort, on la sent mieux quand on compare l'excellent exposé de Daniel Mayer au Congrès et le discours de Félix Gouin à l'Assemblée.

L'éloquence de ce dernier nous paraît regrettable. Pas un seul homme de la Résistance n'aura eu de plaisir ni d'émotion à entendre célébrer la Résistance sur un ton si pompeux. Nous avons besoin de mots plus directs et plus vrais. Ne nous lassons pas de le répéter, nous avons besoin de vérité et nous n'avons besoin que de cela. Cette faim dévorante qui nous tient, si nous sommes sûrs que M. Mayer l'a mieux comprise, c'est qu'il nous semble que, lui, du moins, n'a pas eu d'habitudes à vaincre.

Pour toutes ces raisons, en tout cas, le Congrès du parti socialiste est un événement important. Pour nous qui n'avons personne à servir que ce pays et quelques grandes valeurs humaines, nous souhaitons que le socialisme trouve chez les socialistes son expression et qu'il n'ait pas à la trouver ailleurs, au prix d'efforts encore plus épuisants. Car si la France a besoin d'être bien servie, et si elle ne peut l'être que par des hommes désintéressés appuyés sur quelques idées claires, elle a besoin aussi d'être très vite servie et les meilleurs chemins de sa renaissance seront encore les plus courts et les plus droits.

ALBERT CAMUS.

Combat, 10 novembre 1944.

A LIRE attentivement la presse parisienne, on s'aperçoit que tout le monde en France est socialiste. C'est un phénomène que nous avions déjà noté. Du *Figaro* au *Populaire,* l'économie collectiviste connaît le même succès. M. Mauriac parle de « foi socialiste ». M. Jurgensen, écrivant au nom du M. L. N., qualifie ce mouvement de « travailliste », et les démocrates chrétiens usent du même vocabulaire.

Cela est moins surprenant qu'il n'y paraît. Et ce n'est pas seulement, comme on l'a dit, parce que le glissement à gauche s'est accentué dans le pays. C'est surtout que les hommes de l'ancienne droite ont reconnu, pendant ces quatre ans de méditation forcée, que le problème social existait et qu'une nation ne pouvait être jeune ni forte si elle n'assurait pas le bien de tous ses enfants.

Devant cette quasi-unanimité, c'est d'autre chose qu'il faut s'étonner. Car enfin, qu'est-ce qui empêche que d'aussi larges fractions de l'opinion s'unissent pour former un grand parti libre, à majorité écrasante, et capable de faire aboutir dans un minimum de temps les réformes de structure indispensables à la renaissance française?

Ce n'est pas assurément les querelles confessionnelles qui se font jour quelquefois dans la presse. L'idée que le problème religieux pourrait être un obstacle à ce rassemblement de bonnes volontés est une idée puérile. Quand les socialistes se plaisent à ne retenir de Voltaire que l'anticléricalisme, ils font preuve de légèreté. Et quand M. Mauriac s'en formalise, il s'impatiente trop vite.

Le problème à régler est d'une telle importance que chacun doit y mettre du sien. Il n'est pas concevable qu'une situation, où l'avenir de tant d'esprits est impliqué, soit compromise par la critique de sentiments qui nous paraissent relever du cœur humain dans son destin le plus individuel.

Mais il semble bien que l'obstacle soit ailleurs. Il est probable, d'abord, que tout le monde n'emploie pas le mot de socialisme dans le même sens. Ce qu'il y a de sûr, c'est que tous sentent, plus ou moins confusément, l'urgence de la justice sociale. Ce progrès est déjà considérable.

Mais il n'est pas encore suffisant, il faut essayer de clarifier ce climat politique, à la fois si encourageant et si inquiétant.

Il nous semble qu'on peut, du moins, distinguer, dans les pensées politiques qui essayent de s'exprimer en ce moment, deux sortes de socialisme : un socialisme marxiste de forme traditionnelle, représenté par les anciens partis, et un socialisme libéral, mal formulé quoique généreux, qui se traduit dans les mouvements et les personnalités issus de la Résistance.

Ce dernier socialisme aurait tendance, pour autant qu'on puisse préciser son expression, à se réclamer d'une tradition collectiviste française qui a toujours laissé sa place à la liberté de la personne et qui n'a rien emprunté au matérialisme philosophique. Et c'est en fait ce qui semble l'empêcher, à l'heure actuelle, de se fondre dans les formations socialistes anciennes.

Nous assistons donc à la confrontation de ces deux socialismes et tout le problème de l'heure est de savoir si cette confrontation aboutira à la constitution d'une doctrine moyenne qui serait celle d'un grand rassemblement, ou si elle permettra seulement au socialisme résistant de se clarifier et de s'exprimer sous une forme originale. Notre avis est que la France a quelque chose à gagner dans cette confrontation. Mais il semble que l'on se précipite aujourd'hui un peu trop. Au lieu de chercher à s'unir sans délai, il vaudrait mieux auparavant que chacun cherchât à bien approfondir ce qu'il veut unir. Le socialisme n'est pas une mode, il est un engagement. Il serait souhaitable, ainsi, que chacun cherchât à bien comprendre ce à quoi il s'engage. On ne peut être socialiste de principe et conservateur en finances, par exemple. Le socialisme est de tous les instants et de tous les problèmes.

Si tous ceux qui cherchent honnêtement aujourd'hui la formule qui résume le meilleur de leurs aspirations voulaient bien poursuivre cet examen avec scrupule, alors peut-être un socialisme français, nourri des énergies de la liberté et des intransigeances de la justice, naîtrait enfin pour le plus grand bien du pays. Qu'on sache bien, cependant, qu'il n'aurait rien de nouveau et qu'il ferait seulement entrer dans l'histoire une pensée dont un certain Jules Guesde a déjà fourni quelques approximations.

ALBERT CAMUS.

Combat, 23 novembre 1944.

Le problème de la presse, que nous avons abordé hier, n'offre qu'un des aspects de cette offensive contre la Résistance, dont il faut bien que nous prenions conscience. Cette offensive est moins évidente chez nous qu'ailleurs. Mais elle n'en est pas moins dangereuse.

Il est vrai que les hommes de la Résistance ne sont pas des saints, et cela est heureux, car nous n'avons que faire d'une nation de saints. Ils prêtent le flanc à la critique. Ici, du moins, nous avons toujours reçu cette critique avec la considération qu'elle méritait. Au besoin nous y avons ajouté, parce que nous considérions que la Résistance avait plus de devoirs que de droits et qu'elle avait tout à perdre en devenant une secte.

Mais aujourd'hui, il ne s'agit pas de critique, ni de cet effort de correction mutuelle où les membres d'une communauté trouvent le principe de leur progrès. Il s'agit d'une bataille qui est menée sur tous les plans contre des hommes ou des idées dont on commence à juger qu'ils menacent un certain ordre.

La Résistance, en effet, était ignorée par beaucoup de Français, et surtout par ceux qui n'avaient jamais rien fait pour elle. Quand on a vécu l'insurrection de Paris, on sait bien que le calme qui régnait alors dans ce qu'on appelle les quartiers riches était à la fois celui de l'ignorance et de l'indifférence. Les hommes qui n'aiment pas que le monde change quand le monde leur est favorable ont pu croire un moment que la Résistance était seulement un groupe de patriotes français qui s'étaient mobilisés eux-mêmes. Ils étaient disposés à lui sourire.

Elle était cela, en effet. Mais elle est devenue quelque chose de plus. Une force de rénovation qui a conçu l'idée d'une France juste, en même temps qu'elle forgeait une France libre. Les hommes qui n'aiment pas que le monde change ont le sentiment, aujourd'hui, d'avoir été trompés. La libération de la France signifiait seulement pour eux le retour aux menus traditionnels, à l'automobile et à *Paris-Soir*. Que la liberté vienne vite, et que nous soyons enfin médiocres et puissants à notre aise!

Mais la Résistance prétend qu'il ne faut pas se reposer, que tout reste à faire et que le combat continue. Elle dit qu'il faut accepter d'être pauvre pour que le pays soit riche, consentir aux privations pour qu'un peuple reçoive enfin le nécessaire. Mais la Résistance finit par se dire socialiste. Il y a eu malentendu.

C'est ce malentendu qu'on veut faire payer à la Résistance. On veut se reposer, on veut garder ses privilèges : l'offensive a commencé. Il ne nous reste donc plus qu'à accepter la lutte. Cela tombe bien, justement. Nous commencions à être lassés de ces continuelles attaques contre ce qu'on appelle une fraction du pays, oubliant ce que le pays doit à cette fraction.

La Résistance commençait à être fatiguée de s'entendre dire qu'elle en faisait trop aujourd'hui et pas assez demain, qu'elle était un parti unique et qu'elle croulait pourtant sous les divisions. Avec quelle bonne grâce, pourtant, elle a reçu tout cela, avec quel désir louable d'objectivité et, en somme, quelle jeune timidité!

Elle était disposée à pardonner à la médiocrité et aux intérêts. Il suffisait que la première voulût bien ne pas être agressive, et que les seconds consentissent à apercevoir que l'intérêt des intérêts est quelquefois de se taire et de concéder ce qu'il faut. Il y fallait peu de chose, nous ne sommes pas si avides de destructions qu'on le dit dans certains milieux. Au contraire. Quand on a le désir passionné de l'union, il faut bien se résigner à faire quelque chose pour les médiocres et les cupides, chacun sait qu'ils sont beaucoup. Mais si les cupides se montrent assez aveugles et assez obstinés pour entamer la lutte et pour freiner stupidement ce qui ne peut plus être freiné, alors ils doivent être écrasés. Et ce n'est pas au nom d'un droit que nous disons ceci, mais au nom d'un devoir qui continue.

C'est cela que la Résistance est en train de comprendre. Et peut-être est-il salutaire que les gens d'en face l'y aient aidé. Cela rappelle à ces hommes qui, pendant quatre ans, ont été fous de liberté et de justice, qu'il ne faut pas oublier dans les actions de grâces la révolution à faire. Un chef d'État qui avait une juste idée de ce qu'est une situation révolutionnaire disait, au lendemain d'un grand succès politique : « Premièrement, ne pas chanter victoire. Deuxièmement, anéantir l'ennemi car il n'est que battu et non exterminé. Troisièmement, ne se glorifier que lorsqu'on est arrivé au but, et quand on est arrivé là, c'est inutile. »

Nous savons aujourd'hui que l'ennemi doit être exterminé et nous voulons arriver à ce but où la victoire peut se passer d'être chantée.

Albert Camus.

Combat, 1ᵉʳ décembre 1944.

AU SERVICE DE L'HOMME

Pour ceux d'entre nous qui sont nés et qui ont grandi dans des familles ouvrières, ils ne comprennent pas plus qu'on se réclame du peuple ou qu'on tienne à descendre des Croisés. Cela n'ajoute ni ne retranche rien à un homme. Il n'y a pas de mérite à être ce qu'on est.

Mais, en même temps, la pauvreté laisse une leçon et une fidélité à ceux qui l'ont connue. C'est cette leçon que je voudrais tirer, parce qu'elle me paraît importante aujourd'hui pour notre pays.

Dans ma jeunesse, lorsque autour de moi on voulait juger quelqu'un, on ne s'avisait pas de signaler qu'il était communiste ou royaliste. Bien qu'on votât à gauche, on affirmait en même temps qu'il y avait du bon et du mauvais dans tous les partis. Mais, voulant juger, on disait de tel ou tel, puissant ou misérable, qu'il fût le député de l'arrondissement ou le bistrot du coin : « C'est un homme » ou « Ce n'est pas un homme ».

Ce verdict élémentaire était lui-même basé sur des éléments très simples d'appréciation. On n'était pas un homme lorsqu'on ne se montrait pas franc, lorsqu'on reculait à faire respecter sa femme ou sa propre dignité, lorsqu'on volait ou qu'on abusait de sa force. Un voisin plus faible qui se battait malgré son infériorité restait un homme, même s'il était terrassé. Les agents de police, à cause de leurs fréquentes brutalités, étaient considérés comme ne faisant pas partie des hommes. (Cela se marquait très bien aux exceptions que l'on faisait parfois pour eux, ajoutant : « Après tout, ce sont des hommes comme les autres. »)

On voit ainsi que la morale consistait à être courageux et juste, à respecter l'homme dans les autres et à le faire respecter en soi-même. Pour ma part, je ne vois pas que nous ayons besoin de plus. Ma génération a lu de nombreux livres, a fait beaucoup d'expériences et de bêtises. Elle a aussi mesuré tout le poids du monde et de ses souffrances. Mais à travers tout cela, pour quelques-uns d'entre nous que je connais et qui sont restés fidèles, ils ont maintenu cette exigence élémentaire qu'ils doivent à un passé de pauvreté et de vérité. Et ils savent bien que, si l'époque est à la politique, la politique est mue par ce désir simple et ardent, ressenti par la majorité laborieuse du pays, de voir l'homme remis à sa place.

Nous ne voulons pas d'une politique sans morale, parce que nous savons que cette morale est seule à justifier la politique. Nous savons aussi que c'est un instinct moral, semblable à celui que j'ai défini, qui pousse les classes laborieuses vers la politique. C'est pourquoi nous ne voulons pas que la politique se fasse sans elles et même hors de leur direction.

C'est ici que le problème devient difficile. Ces classes populaires ne sont pas toujours conscientes de la grande notion qu'elles portent ainsi en elles, bien qu'elles en fassent la preuve dans leur vie de tous les jours. Beaucoup de Français aspirent au repos, justement parce qu'ils ont trop travaillé. Qui ne les comprendrait ? Mais, malgré les raisons qu'on peut avoir de les comprendre, je crois cependant qu'il faut dire ce qui est à dire : nous n'avons plus le droit de nous reposer. Nous devons nous hisser à la hauteur de nos plus grandes responsabilités pour porter ce pays le plus loin possible.

Il ne faut pas que les ouvriers de chez nous aspirent, comme il arrive, à la vie bourgeoise. Si la France devait devenir le pays des petites villes de lotissement, des amicales et des orphéons, du mobilier Barbès et du cinéma dominical, si elle devait être enfin une nation de petits retraités et de boulomanes, elle serait inutile au monde et à elle-même. Et, bien sûr, il faudrait continuer de l'aimer quand même. Mais quelle affreuse chose qu'un amour résigné !

Si, au contraire, la classe ouvrière, sans cesse en marche vers la grande victoire, met au premier rang de son idéal les deux ou trois exigences qui n'ont jamais cessé de faire le meilleur de ses aspirations, alors la France sera une nation d'hommes.

Ce qui a le plus manqué à nos classes dirigeantes, c'est

la responsabilité qui entraîne à la fois la force et le sacrifice. C'est aussi qu'elles n'étaient pas ambitieuses pour notre pays ni pour l'homme, se contentant de l'être pour elles-mêmes. De ce point de vue, la faillite est complète et la France n'a plus d'autre espoir que son peuple. Quoi qu'on dise et quoi qu'on fasse, les classes laborieuses sont les classes dirigeantes de demain. Mais il faut qu'elles sachent qu'elles sont la dernière chance de ce pays et que leur échec donnerait à la France le signe de toutes les décadences.

C'est une grande et angoissante minute que celle où un pays mesure ses derniers atouts. Pour que la promotion qui les attend ait un sens, il faut que les travailleurs français gardent une juste conscience de cette grandeur et de cette angoisse. Eux, du moins, ne seront jamais assez ambitieux. Ils n'auront jamais de but assez grand.

S'ils devaient cependant échouer, personne sans doute ne les accablerait. Les classes laborieuses auraient plus d'excuses que n'en ont eu les classes aisées. Le travail et la pauvreté fatiguent, il arrive qu'ils découragent. Mais comment ne pas souhaiter qu'elles refusent d'avance ces excuses, qu'elles veuillent vaincre un destin séculaire de labeur et d'obscurité, qu'elles donnent enfin une forme à cette notion d'homme qui fait le fond de leur morale ? Ce jour-là, la politique sera morale parce que la politique aura servi l'homme au lieu de le dégrader.

Bien entendu, cela est difficile. Mais il me semble qu'il y a dans l'homme plus de choses à admirer que de choses à mépriser. Notre société jusqu'ici était faite de telle sorte, qu'elle a surtout mis en évidence ce qui était méprisable en lui. Ainsi, nous n'avions pas de goût pour elle et cela était dans l'ordre. Mais il faut maintenant faire la part de ce qui est admirable. Aujourd'hui, nous sentons que la France a besoin de grandeur et l'homme de victoires. Une victoire par jour, sur le monde et sur soi-même, c'est le seul mot d'ordre qui puisse avoir du sens dans la grande aventure où nous sommes engagés.

Albert Camus.

Résistance Ouvrière, hebdomadaire du Comité d'Études et de Documentation économique et syndicale, 14 décembre 1944.

Que faut-il faire quand une révolution a éclaté pour la ruiner ? L'expérience prouve qu'il faut d'abord y applaudir, louer surtout la générosité, le désintéressement, la magnanimité du peuple. Commence-t-il par s'affirmer, alors le temps est venu de lui crier par toutes les bouches dont on peut disposer que ce serait déshonorer, souiller sa victoire s'il osait en profiter, que l'avantage qu'il doit en retirer est de l'avoir faite, mais que toute garantie qu'il prendrait serait un vol à sa propre renommée.

Dès qu'on a ainsi endormi le peuple par des louanges sans bornes à son désintéressement, il est permis d'aller plus loin. Il faut lui faire sentir que les armes qu'il garde à la main sont un signe de désordre; qu'il donnera un exemple éclatant de sagesse en les remettant à quelques personnes désignées ou à certains corps institués qui les porteront à leur place.

Sitôt que le peuple sera désarmé, il faudra encore acclamer la débonnaireté du lion; mais dès le lendemain, on pourra déjà insinuer que cette révolution que l'on croyait si pure n'a pas été sans mélange de crimes, que des forcenés s'étaient mêlés aux héros, mais que, heureusement, les pervers formaient le petit nombre.

Le jour suivant, on pourra se délivrer de ces entraves; et, si rien n'a branlé, le moment est arrivé de publier que cette révolution qui faisait illusion au premier coup d'œil n'était, après tout, qu'une œuvre de crime, qu'il était aisé de voir que le pillage en avait été le seul mobile, que, grâce à Dieu, on avait échappé à la scélératesse des principaux; mais qu'assez de ruines, de vols, de meurtres, d'incendies et d'infamies de toutes sortes témoignaient de ce que la révolution aurait fait si on ne l'eût écrasée au berceau.

Ce thème une fois hasardé, l'expérience démontre que l'on ne pourra y revenir trop souvent jusqu'à ce que le peuple, aveuglé par tant d'accusations subites, finisse par croire qu'il a échappé lui-même à un gouffre de scélératesse. C'est le moment de profiter de la peur, qui amène la stupeur, pour s'élancer hardiment en arrière et mettre le frein aux victorieux.

Ainsi parlait Edgar Quinet, en 1868. Peu de choses, on le voit, changent en ce monde. On lit déjà dans les historiens de la Grèce que les aristocrates de certaines cités hellènes devaient, en prenant possession de leurs charges, prêter le serment de toujours nuire au peuple. À ce principe, vieux de 2 000 ans, correspond une méthode que Quinet a définie et que nous éprouvons aujourd'hui. Il y a ainsi chez nous, et depuis des siècles, des serments qui n'ont jamais été faits, mais qui sont toujours tenus.

Albert Camus.

Combat, 17 décembre 1944.

La presse, ces jours-ci, se préoccupe de l'injustice. C'est qu'elle ne peut parler de la justice. Une romancière catholique a écrit qu'il n'y avait de justice qu'en enfer. Nos tribunaux font ce qu'ils peuvent pour justifier cette regrettable affirmation. Chroniqueurs et éditorialistes peuvent ainsi faire leur choix parmi les condamnations absurdes et les indulgences saugrenues. Entre les deux, on extirpe les condamnés de leur prison et on les fusille parce qu'ils ont été graciés.

Nous voudrions seulement dire que tout cela est dans l'ordre. Et que, très probablement, il est maintenant trop tard pour que la justice se fasse. Celle que nous souhaitions était difficile à mettre en œuvre, parce qu'elle devait concilier la dure nécessité où se trouvait le pays de détruire sans faiblesse cette part de lui-même qui l'avait trahi et le souci où nous étions de ne pas manquer au respect qu'on doit à l'homme. Il fallait pour cela que la justice fût rapide.

On nous dit que cela n'était pas possible. Et qu'on ne pouvait en quelques semaines s'assurer de ceux qui avaient trahi, les juger et les punir. Mais nous le savons bien. Le problème n'était pas là. Le problème, pour que la justice fût rapide, était de la rendre claire. Et il nous faut bien l'expliquer, puisque cela n'a pas été compris.

Pour un pays vaincu la trahison pèse parfois plus lourdement sur la conscience de ceux qui ont été livrés que sur l'âme de ceux qui ont livré. Car il faut songer alors à punir. Et cet horrible mot a toujours répugné à des cœurs un peu délicats. Il a fallu pourtant nous faire à cette idée, prendre en charge la justice humaine, accepter de trancher ce qui était à trancher. Et comme si cette tâche n'était pas assez lourde et assez décourageante, nous avons entrepris de la mener dans le scrupule, ce qui revenait à l'accomplir conformément à la loi. Or, il faut bien le dire et le répéter, il n'y a pas de loi qui s'applique à la forme de trahison que nous avons tous connue. Le problème que nous devons résoudre est un problème de conscience qui se pose en fonction d'une loi qui n'a jamais été écrite. Nous vivons dans un monde où l'on peut manquer à l'honneur sans cesser de respecter la loi.

Que fallait-il donc faire sinon créer la loi qui nous manquait? Mais, là encore, les scrupules nous arrêtaient. La loi qu'il convenait de créer devait nécessairement s'appliquer à des délits qui lui étaient antérieurs. Et nous revenions à cette rétroactivité de la loi qui est la marque de tous les régimes d'exception et la tare des dictatures.

Fallait-il donc accepter notre impuissance et juger avec les lois dont nous disposions qui, justement, ne pouvaient nous servir de rien?

Il semble bien que c'est ce qu'on a fait. Le résultat est là. C'est lui qui nous autorise à dire qu'il fallait aller jusqu'au bout de notre contradiction et accepter résolument de paraître injustes pour servir réellement la justice. Nous n'avons pas besoin de dire comment les amis de ceux qui sont aujourd'hui jugés régleraient la question s'ils revenaient en maîtres à Paris. Ce n'est pas de cela qu'il s'agit. Il s'agissait de créer la loi dont nous avons besoin, de la formuler en termes clairs et irréprochables. Il s'agissait enfin, pour compenser sa rétroactivité, de lui assigner dans le temps une limite précise, passée laquelle elle ne serait plus valable. Il était possible alors d'aller vite parce qu'il devenait possible de parler clair. Le Gouvernement ne pouvait pas arrêter tous les coupables en quelques semaines. Il pouvait en quelques semaines créer sa loi d'honneur qu'on aurait appliquée pendant six mois ou un an et qui aurait débarrassé la France d'une honte qui dure encore.

Maintenant, il est trop tard. On condamnera encore à mort des journalistes qui n'en méritaient pas tant. On acquittera encore à demi des recruteurs qui auront eu un beau langage. Et lassé de sa justice infirme, le peuple continuera à intervenir de temps en temps dans des affaires qui ne devraient plus le regarder. Un certain bon sens naturel nous préservera des pires excès, la fatigue et l'indifférence feront le reste. On s'habitue à tout, même à la honte et à la bêtise. À la fin, les Français ne peuvent pas en demander plus que leur ministre.

Tout cela, en effet, est dans l'ordre. Mais nous ne le disons pas sans amertume et sans tristesse. Un pays qui manque son épuration se prépare à manquer sa rénovation. Les nations ont le visage de leur justice. La nôtre devrait avoir autre chose à montrer au monde que cette face désordonnée. Mais la clarté, la dure et humaine rectitude ne s'apprennent pas. Faute de cela, nous allons avoir besoin de dérisoires consolations. On voit bien que M. Mauriac a raison, nous allons avoir besoin de la charité.

ALBERT CAMUS.

Combat, 5 janvier 1945.

Il paraît que *Combat* a changé d'orientation et qu'il est pris d'une fièvre d'opposition regrettable. Il est vrai que depuis la Libération beaucoup de choses et de gens ont changé. Et je suppose que c'est cela qui fait accuser d'inconstance ceux justement qui sont restés fermes dans ce qu'ils disaient.

Il est nécessaire, en tout cas, que j'affirme que *Combat* n'a jamais changé de position. Notre équipe est restée solidaire de ce qui faisait son unité au milieu de l'insurrection, et qui fait encore sa cohésion au milieu d'une si grande confusion. Les éditorialistes de ce journal répondent les uns des autres.

Ceux qui nous lisent attentivement le savent bien. Nous avons toujours dit que la libération n'était pas la liberté, que le combat contre l'ennemi nazi se confondait pour nous avec la lutte contre les puissances d'argent. Nous n'avons jamais cessé d'affirmer que la politique des alliances ne suffisait pas et que notre seul but était une organisation mondiale qui assure enfin la paix des peuples.

Depuis six mois, nous défendons le même programme

sans jamais dévier. Depuis six mois, nous réclamons une économie de guerre et de reconstruction qui marque une rupture avec le passé, des socialisations (et d'abord celle du crédit) qui mettent la production au service de la collectivité, au lieu de l'abandonner à des intérêts privés dont nous avons enregistré la démission. Depuis six mois, nous demandons la création d'une vraie démocratie populaire dont l'économie serait juste et le principe politique, libéral. Depuis six mois, conscients de la contradiction où s'étrangle un monde pris entre une économie désormais internationale et des politiques obstinément nationalistes, nous réclamons une fédération économique mondiale, où les matières premières, les débouchés commerciaux et la monnaie seront internationalisés et prépareront ainsi la fédération politique qui empêchera les peuples de s'égorger tous les vingt ans.

Nous n'étions pas seuls, en août dernier, à défendre ce programme, nous n'étions pas si originaux. Une quasi-unanimité s'était faite à cet égard, qui était notre meilleur espoir. Notre Gouvernement avait accepté ces principes. Et c'était précisément cela qui faisait que, tout en restant vigilants, nous lui apportions notre appui, essayant seulement de défendre cette espérance commune dans le langage de l'objectivité. Qu'y a-t-il donc de changé pour que certains de nos camarades s'étonnent? Disons-le sans hésiter, ce qui a changé apparemment, ce ne sont pas nos convictions, ce sont les intentions du Gouvernement.

Les décisions prises ces dernières semaines, la politique de certains ministères, ne sont plus en accord avec ce programme. Il y a des ministres qui n'ont plus notre confiance parce qu'ils n'ont pas notre approbation. Ce n'est pas nous qui nous isolons aujourd'hui, c'est le Gouvernement. Car nous ne sommes pas si seuls. Le parti socialiste, les syndicats, le C.N.R. enfin, viennent de prendre parti sur ce programme. M. Cachin lui-même, dans deux articles successifs, vient de corriger les dernières déclarations du parti communiste, et demande, lui aussi, les socialisations nécessaires. Non, rien n'est changé, sinon peut-être les buts du Gouvernement.

Qu'ajouter à cela? On a prononcé le mot d'opposition. Je trouverais personnellement l'opposition regrettable. Je souhaite qu'elle nous soit évitée. Mais nous la choisirons demain sans une hésitation, si le programme de politique intérieure qui nous est annoncé ne nous prouve pas que le Gouvernement est resté fidèle à ce qu'il a promis. Car nous avons aussi nos promesses à tenir. Nous les avons formées à un moment où l'humiliation devenait religion et la démission devoir national. Nous leur resterons fidèles par respect pour nous-mêmes et pour le peuple de ce pays. C'est en tout cas l'idée que nous nous faisons de la rectitude et nous nous y tiendrons.

Albert Camus.

Combat, 9 février 1945.

Dans *Témoignage chrétien,* le R. P. Chaillet veut bien commenter notre position vis-à-vis du ministre actuel de l'Information. Il le fait avec courtoisie, mais il y brouille quelques idées. En particulier, nous voudrions l'assurer qu'on peut très bien avoir une opinion sur le statut de la presse et l'utilité d'un ministre, sans se référer forcément à une philosophie de la solitude et de l'ironie. Il y a même quelque puérilité à penser le contraire. Quelle que soit notre philosophie, et à supposer que nous en ayons une qui nous soit commune, nous pouvons donner l'assurance à *Témoignage chrétien* que nous ne la mélangeons pas à tous les accidents de la vie quotidienne. Nous ne sommes pas si inspirés.

Nous nous trouvons seulement devant un problème pratique. Nous réclamons pour la presse un statut que le ministre a eu six mois pour établir et dont il annonce seulement la préparation. De ce point de vue, nous craignons qu'il ne soit trop tard. Le R.P. Chaillet se demande si ce statut suffira à empêcher l'entrée de l'argent dans les affaires de presse. La question nous semble mal posée. Car cela n'est pas sûr, en effet, et nous ne sommes pas assez naïfs pour croire que des institutions, même bien faites, suffiront à vaincre des intérêts. Mais ce qui est tout à fait sûr, par contre, c'est que l'argent y entrera si un statut intelligent n'y veille pas. À cet égard, le R.P. Chaillet peut faire confiance à deux ou trois de nos certitudes qui n'ont rien de philosophique. Si demain, la vente du papier devenue libre, nous revenions au régime de la presse tel qu'il existait avant la guerre, la presse indépendante de ce pays disparaîtrait. Pour ne prendre qu'un exemple, il suffira que tel mastodonte de presse consente les sacrifices financiers nécessaires pour publier, le temps qu'il faudra, des journaux de douze pages au même prix que nos pauvres journaux de quatre ou six pages, et les feuilles des amis du R.P. Chaillet comme les nôtres verront leur tirage fondre en quelques mois.

Si un nouveau statut n'interdit pas ces pratiques ou n'oblige pas les marchands de papier à faire payer des journaux de douze pages trois fois plus cher que des journaux de quatre pages, nos camarades disparus auront été sacrifiés pour rien. La France retournera à son mensonge.

Ce simple exemple devrait suffire à autoriser la critique sévère que nous faisons de M. Teitgen. Il devrait montrer en tout cas que nous ne sommes inspirés que par des considérations générales touchant le bien public. La personne du ministre nous importe peu. Ce qu'il fait, et surtout ce qu'il ne fait pas, nous intéresse au contraire. Et il n'y a pas de désespoir, comme le pense notre sympathique contradicteur, à le juger seulement sur ce qu'il fait. Sur le plan humain, nous reconnaîtrons volontiers que ce qu'un homme a fait dans le passé doit toujours être considéré. Mais l'action d'un ministre ne peut se juger sentimentalement.

Quand nous disons enfin que les journaux résistants ont fait ce qu'ils devaient faire pour la révolution de presse, nous ne pensons pas à ce qu'ils ont fait depuis la Libération. Nous sommes bien placés pour savoir que ce n'est pas toujours brillant, encore que ce le soit au moins autant que ce qu'ont fait les nouveaux journaux non résistants. Nous pensons seulement à ce que la presse de la Résistance a fait pendant l'insurrection où elle a rempli tous les objectifs qui lui étaient fixés. Elle a attendu, depuis, que le ministre veuille bien consacrer sa victoire. Mais le ministre n'y a pas pensé, et c'est cette distraction qui lui enlève notre confiance.

Nos amis de *Témoignage chrétien* le voient donc bien, il n'y a pas de philosophie là-dedans. Mais peut-être est-il vrai qu'une politique si manifestement incohérente risquerait de nous en donner une où l'amertume aurait trop de part, si nous n'avions justement cette foi raisonnable dans l'homme qui fait de l'obstination une vertu première.

Albert Camus.

Combat, 16 mars 1945.

Que fêtait-on hier dans les rues de la ville? Il y avait l'espérance d'une victoire proche, la fièvre prématurée des armistices, la rencontre d'une nation et d'une armée, l'enthousiasme obstiné de ventres pourtant creux, l'entêtement d'un peuple à lever ses drapeaux dans un monde qui les ignore. Cela faisait beaucoup de choses. Beaucoup de choses qui se mêlaient à la foule elle-même et du sein desquelles on pouvait mal apercevoir ce qui valait la peine qu'on s'en émeuve et ce pour quoi on pouvait crier.

Loin des lieux où la foule s'assemblait et criait, Paris désert avait pourtant sa figure d'histoire. Il y suffisait de quelques vieilles pierres et d'un fleuve toujours jeune. Et c'était là, peut-être, dans cet étrange silence de ville abandonnée, qu'on pouvait mieux saisir les raisons de ce concours de peuple et de ce grand mouvement humain. Car tous ces hommes et ces femmes s'étaient certes assemblés pour contempler une fresque militaire et pour applaudir aux promesses encourageantes d'une puissance que nous n'avons pas encore. Mais ils savaient aussi que c'était la fête de leur Ville et qu'on les conviait à se réjouir de ce que Paris, une fois de plus, avait fait pour la liberté.

C'était donc hier la fête de la puissance espérée et de la liberté déjà conquise, la fête de l'armée et du peuple, de la guerre et de la révolution. Et dans le cœur de tous ceux qui criaient, il ne fait pas de doute que ce mariage si longtemps impossible était noué sans effort. Personne ne séparait l'insurgé du soldat. Fêter Paris, c'était fêter cette ville qui avait fourni en même temps les combattants de l'insurrection et les soldats du front.

Et c'est ici que nous voudrions dire notre émotion, si difficile que cela soit et si inopportun que cela puisse paraître. Car cette conjonction de l'esprit national et de l'esprit révolutionnaire qui était, et qui reste notre plus grande, notre seule espérance, c'était elle qu'il fallait relever. Nous attendions que celui qui en a donné le signal le premier et qui en a fait l'épreuve jusqu'au bout, soulignât cette leçon de Paris et réunît lui aussi cette double tradition. Le général de Gaulle ne l'a pas fait.

Et, certes, ce discours avait son émotion qui, pour une part, était la nôtre. Nous écoutions ce tableau d'un Paris historique, sainte Geneviève et sainte Jeanne d'Arc, Henri IV et les trois Ordres de la Constituante. Tout cela était à rappeler. Mais nous attendions aussi que le général de Gaulle soulignât 1830, 1848 et la Commune. Nous n'attendions même pas, nous en étions sûrs. Pas un mot n'est venu confirmer nos certitudes.

Ce sont pourtant bien des journées de Paris que celles-là et que serait Paris, en vérité, sans ces barricades de la liberté et ces morts anonymes ? Ils ne font pas Paris à eux seuls, bien sûr, mais, enfin, Paris ne peut se faire sans eux ! Qu'on nous comprenne bien. Nous n'avons pas la nostalgie des révolutions, encore que nous sachions que nous avons vécu le plus pur dans les journées d'août 44 et qu'il est désormais un désintéressement que nous ne connaîtrons plus. Mais nous savons aussi le prix du sang, et que celui de France est trop rare pour qu'on puisse désirer le répandre à nouveau. Nous demandons seulement qu'on reconnaisse que le sang de la liberté ne se divise pas plus que la grandeur, parce qu'il est la grandeur même. La vraie puissance de ce peuple, c'est son pouvoir d'indignation, c'est sa force de rénovation. Et quand il nous arrive de douter de l'une, c'est que nous nous interrogeons sur l'autre.

Il n'est pas possible en tout cas de mener ce pays à la puissance en ignorant sa vertu révolutionnaire. C'est une vérité qui s'est consacrée par quatre ans de lutte silencieuse et qui aurait dû s'inscrire dans la politique de ce pays. Notre chance de demain, c'est la force des idées neuves et le courage insurgé. Si la voix si souvent solitaire du général de Gaulle avait pu s'accorder un instant à celle du peuple qui l'acclamait, c'est cette chance qu'il aurait exprimée. Et une fois de plus, comme dans ce temps où il nous parlait à travers les mers, il aurait été alors le porte-parole de cette foule d'hommes qui, eux, pour n'avoir jamais rien séparé, ont dû justement mourir sur les pavés de Paris.

Albert Camus.

Combat, 3 avril 1945.

Le général de Gaulle a prononcé hier un discours qui nous apporte beaucoup de satisfactions. Que la production du charbon et de l'électricité, que le crédit tout entier soient mis au service de la nation avant que l'année finisse, ce sont là des réformes pour lesquelles nous avons beaucoup combattu. Nous avons combattu le Gouvernement lui-même et cela nous donne plus de liberté pour dire aujourd'hui notre approbation totale.

Le général de Gaulle a replacé d'ailleurs ces réformes dans leur perspective réelle et démontré qu'elles n'avaient pas seulement des raisons intérieures, mais encore des conséquences internationales. C'est un terrain sur lequel nous le suivrons volontiers. Il n'est pas un seul de nos problèmes, en effet, qui n'ait sa répercussion sur le plan mondial et sur lequel la politique internationale n'influe à son tour.

Nous serons ce que nous vaudrons. On nous jugera selon ce que nous produirons. Et nous ne pourrons rien produire si nous ne mettons pas dans les mains de la nation les principaux instruments de la production, si nous ne lançons pas le pays tout entier dans une seule aventure qui sera la reconstruction. Pour que la nation travaille, il faut bien qu'elle sente qu'elle travaille pour elle, et non pour consolider les privilèges de quelques-uns.

Cette solidarité dans le malheur et la destruction que la France vient de connaître, elle ne peut plus s'en passer à l'heure de sa renaissance. Depuis la défaite, le peuple français a appris que la nation était son bien et non la propriété exclusive de quelques spécialistes. Et c'est pourquoi il prétend que ses sacrifices servent l'intérêt commun et seulement l'intérêt commun.

Voilà pourquoi l'annonce de ces réformes, si elle ne résout aucun des grands problèmes de l'heure, aidera peut-être à leur solution. Les travailleurs ne peuvent accepter les dures contraintes que leur apporte le blocage des prix et des salaires que s'ils ont les preuves que ces contraintes servent à quelque chose et qu'ils ne sont pas les seuls à les supporter. Mais on les aidera encore plus si, comme l'a promis le général de Gaulle, on veut bien faire tout ce qu'il est possible de faire dans le domaine du ravitaillement. Si les produits de la taxe parviennent vraiment aux salariés, leur condition sera soulagée. C'est à cette tâche que le Gouvernement doit s'atteler sans relâche.

Certes, le discours d'hier ne nous apporte ni perspective de confort ni espoir de vie tranquille. Ce qui attend la France, et nous n'en avons jamais douté ici, ce sont des années de labeur et d'effort. Mais ce labeur est libre et quand le Gouvernement aura fait ce qu'il faut pour qu'il soit juste aussi, alors l'unanimité des efforts et des consciences honnêtes se fera.

Nous ne sommes pas de ceux qui pensent que l'effort remplace le bonheur. Chaque individu a sans doute le droit d'en juger pour lui-même. Mais les nations ont le devoir de regarder comme sacré le bonheur de chacun de leurs citoyens. Ces années de travail qui nous attendent ne sont donc pas une fin en soi. Mais elles nous attendent, et il faut y satisfaire. Que le Gouvernement fasse que cela soit dans la justice et l'effort sera allégé d'autant.

ALBERT CAMUS.

Combat, 25 mai 1945.

L A scission qui menace le M. L. N. et le regroupement de forces qui doit s'ensuivre provoquent dans la presse et les milieux politiques des controverses et des polémiques. Nous ne sommes pas sûrs que ces controverses paraissent bien claires au public français. Et nous supposons qu'un résumé, aussi impartial qu'il se peut, de la situation aura le triple avantage de renseigner l'opinion, de dissiper les confusions et, par là, de rendre inutiles de nouvelles polémiques.

Le Mouvement de la Libération Nationale s'est constitué pendant la clandestinité par la réunion de plusieurs mouvements en zone Nord et de la quasi-totalité de la résistance en zone Sud. Au début de 1944, et grâce à ces regroupements, il existait deux vastes mouvements de résistance, le M.L.N. et le Front National, constitué sur l'initiative du parti communiste. Peu après la Libération, le M.L.N. fut sollicité de s'unir au Front National. Lors de son congrès, il se trouva une majorité pour décliner cette offre.

Tout en affirmant qu'elle adoptait beaucoup des points de vue politiques du parti communiste, cette majorité déclarait cependant qu'elle se séparait des méthodes politiques du communisme. Elle conviait donc le Front National à une action commune, mais refusait la fusion organique. La minorité du M.L.N. était acquise au contraire à l'idée de la fusion et, refusant toute scission, elle n'a cessé de défendre au sein du mouvement l'idée d'une Résistance totalement unifiée.

Qu'y a-t-il de nouveau aujourd'hui ? La majorité du M.L.N., faisant un pas de plus, a voulu marquer sa solidarité avec le socialisme, dont elle considère qu'elle peut approuver à la fois les buts et les méthodes. À cet effet elle a offert la fusion à divers groupements de Résistance : O.C.M., Libération Nord, Ceux de la Résistance, qui n'étaient encore fédérés dans aucun mouvement, en même temps qu'elle offrait au parti socialiste et à la Jeune République, l'unité d'action. À ces propositions, le parti socialiste en particulier a répondu favorablement.

Les minoritaires du M.L.N. ont alors reproché aux majoritaires de faire la preuve de sentiments réactionnaires et de diviser la Résistance en excluant de leur formation le parti communiste et les mouvements qui en dépendent, comme le Front National. Mais le parti radical, visé par un article de la motion majoritaire, vient de s'en séparer accusant ainsi le caractère socialiste de la nouvelle formation et son irréductibilité à des formules trop modérées. Quant à la division, les majoritaires réclament le droit de réunir entre eux tous les résistants et tous les démocrates qui, n'étant pas communistes, désirent cependant une rénovation totale des mœurs et des institutions.

À la vérité, sans préjuger l'efficacité de la nouvelle formation, il semble difficile de lui refuser ce droit.

Dans tous les cas, on ne le contestera ni par des injures ni par des accusations gratuites. Une résistance socialiste va se grouper, à côté de la résistance communiste. Les deux groupes ont exactement autant de chances de collaborer ou de ne pas s'entendre que le parti socialiste et le parti communiste. On n'a jamais refusé le droit aux socialistes de ne pas être tout à fait communistes et de former leur propre parti. On ne voit pas pourquoi ce droit serait refusé aux résistants qui veulent se classer suivant ces deux grandes directions de l'action politique ouvrière. Quoique le mot de clarté exaspère les minoritaires, il est bien vrai qu'on y verrait plus clair cependant, et aucun homme de bonne foi, même s'il est extérieur à ces luttes, ne peut s'alarmer du reclassement qui s'opère. Il est même permis de penser qu'il pourrait faciliter, au lieu de l'entraver, la future unité d'action des partis politiques, à la condition cependant qu'on voulût bien ne rien envenimer par l'exercice systématique de la mauvaise foi.

Après tout la démocratie que les minoritaires veulent défendre, eux aussi, consiste justement à devenir socialiste ou communiste quand on a envie de l'être et sans s'exposer pour autant à être traité d'ennemi du peuple.

ALBERT CAMUS.

Combat, 16 juin 1945.

LE CHOIX

Il paraît qu'il faut choisir. Rien de plus urgent à en croire ceux qui nous pressent. C'est une idée fixe. « Qu'attendez-vous ? Êtes-vous pour le R.P.F. ou contre lui ? » Il y a quelque chose d'un peu comique dans cette obstination. Après tout, la maison ne brûle pas encore. Les charrettes odorantes du printemps traversent Paris et la saison est douce; on se sent le loisir de la liberté. Mais une fièvre obsidionale brûle les têtes politiques et nous voilà forcés d'aligner quelques vérités élémentaires. Les voici.

Combat, si mes souvenirs sont bons, n'a pas été créé

pour être le journal d'un parti. Il a été créé pour que quelques hommes, tout en respectant les nuances d'opinion qui les distinguent, s'unissent dans l'exercice de la libre critique. Rien de plus et rien de moins. Et ce n'est pas parce que le général de Gaulle fonde un rassemblement que nous allons monter sur le trépied. Jusqu'à preuve du contraire, le R.P.F. n'est rien autre qu'un nouvel élément dans la vie politique du pays. Il convient donc de le traiter au moins sur un pied d'égalité avec les autres partis. À cet égard, l'excommunication et l'adoration nous paraissent deux attitudes également puériles. Après tout, un certain nombre de Français pensent comme nous que le problème national ne s'identifie pas absolument au dilemme de Gaulle-Thorez et qu'il est encore permis de garder son sang-froid.

Ce n'est donc pas dans nos colonnes, on s'en doute, que le général de Gaulle sera injurié. Nous, du moins, avons de la mémoire. Mais la justice que nous lui rendons nous paraît conciliable avec l'indépendance du jugement. Et, de même que, lorsqu'il était président du Gouvernement, nous avons su (et nous étions souvent les seuls) exprimer les critiques les plus fermes, de même nous jugerons le R.P.F. selon ses actes et non selon des principes dont plusieurs restent encore vagues. Ce sont là des idées simples. Mais la simplicité, aujourd'hui, a des airs insolites : il faut encore préciser.

Ce n'est un mystère pour personne que le parti dont nous nous sentons le plus près (avec les déceptions que cela comporte) est le parti socialiste. Il n'empêche que, dans la pratique, les points de vue socialistes ne nous ont pas toujours enchantés et que nous n'avons jamais hésité à le dire, dans la forme objective qui convenait. De la même façon, et pour ne prendre que deux exemples, si le général de Gaulle est pour nous l'homme qui a restauré la République en France (et cela lui donne des droits), il est aussi celui qui a accepté la loi électorale dont les partis font aujourd'hui leur force. Ce qui lui rend difficile, à notre avis, de procéder à une critique vraiment décisive du système organisé par ces mêmes partis.

J'entends bien l'objection : nous nous faisons la part trop belle. Cela n'est pas sûr et nous pouvons témoigner ici que notre rôle n'est pas le plus facile. Mais, après tout, il est peut-être bon pour ce pays qu'à l'écart du tumulte assourdissant que font les voix partisanes, une tribune subsiste encore où, sans prétention et sans peur, l'indépendance d'esprit puisse toujours témoigner. Il est bon que la liberté s'exerce un peu de temps encore, même à contre-courant. Dans le siècle du mensonge, la franchise la plus maladroite est préférable à la ruse la mieux concertée. On y respire du moins et on espère encore, si solitaire que cet effort puisse quelquefois apparaître. Ce sont là nos raisons. Aujourd'hui comme hier, loin des aveuglements de l'enthousiasme et de la haine, il s'agit toujours pour *Combat* de maintenir les raisons de ce fragile espoir.

ALBERT CAMUS.

Combat, 22 avril 1947.

À NOS LECTEURS

LA Direction politique et administrative du quotidien *COMBAT* se retire aujourd'hui sans que le journal lui-même cesse de paraître. Ceci demande quelques explications que je vais essayer de rendre claires.

COMBAT a aujourd'hui un nombre de lecteurs qui, pour un journal sans ambition, devrait suffire à assurer son existence. Simplement, les conditions d'exploitation d'un quotidien sont devenues telles que seuls des journaux à grand tirage peuvent équilibrer réellement leur budget. Je laisse à penser ce que signifie une loi économique semblable en ce qui concerne la liberté de l'esprit. Malgré sa gestion actuellement déficitaire, *COMBAT* avait, dans les années précédentes, gagné un peu d'argent qui aurait pu lui permettre d'attendre encore une année pour augmenter le nombre de ses lecteurs par une nouvelle organisation et par un effort encore plus grand de persuasion loyale. La chose était parfaitement possible. Mais la grève des imprimeries a fait disparaître les quelques millions qui représentaient le fruit du labeur acharné de la collectivité que nous formions. Bien entendu il nous était possible de demander de l'argent à l'extérieur et même d'en recevoir sans le demander. Les propositions ne nous ont pas manqué, on s'en doute (et parmi elles beaucoup furent à la fois honorables et généreuses).

Cependant nous n'avons pas cru être en droit de les accepter, étant donné notre situation. Pendant des semaines, l'équipe de *COMBAT,* avec des moyens diminués, a essayé de lutter seule pour sauver le journal et préserver du chômage son personnel. La chose n'eût pas été possible sans les efforts particuliers de ce même personnel. Il reste que, finalement, nous avons reconnu la nécessité où nous étions d'arrêter, en ce qui nous concerne, l'exploitation de notre journal.

Mais nous n'avons pas la propriété exclusive du titre *COMBAT*. Le journal appartient moralement et légalement à tous ceux qui, sous l'Occupation, l'ont rédigé, imprimé et diffusé. Nous devions donc le remettre aux militants du mouvement *COMBAT* au moment où nous renoncions à nos propres titres. Après accord avec la Fédération des Amicales *COMBAT,* notre camarade Claude Bourdet, un des fondateurs du journal clandestin, arrêté et déporté dans l'exercice de ses fonctions, et que ses tendances politiques ont toujours rapproché de notre journal, a décidé de prendre en charge lui-même l'exploitation du titre. C'est donc à Claude Bourdet qu'au moment de nous retirer, nous remettons une entreprise dont je n'ai pas besoin de dire ce qu'elle représentait pour nous. Aussi bien, une deuxième raison, qui n'était pas la moindre, nous a conduits à cette décision : le souci d'éviter le chômage à notre personnel et d'assurer la subsistance de tous nos collaborateurs. Je n'insisterai pas sur cette raison. Elle mesure exactement les responsabilités qui étaient les nôtres.

La Direction politique et administrative du journal se retire donc et cède la place à une nouvelle direction. Ceci doit être bien clair. Nous formons les vœux les plus loyaux pour la réussite d'une entreprise qui nous a été si chère. Mais, de même que nos camarades qui feront le journal demain ne doivent pas supporter les responsabilités que nous avons prises, de même notre départ nous dégage de toute obligation ultérieure. Il est bien entendu cependant que Claude Bourdet à l'intention de continuer ce journal dans la ligne d'objectivité et d'indépendance qui était la sienne. Par ailleurs, la rédaction du journal reste en place.

Il me reste à remercier nos lecteurs de la confiance et de l'attachement qu'ils nous ont témoignés jusqu'à présent. Il y a plusieurs manières de faire fortune dans le journalisme. Pour nous, je n'ai pas besoin de dire qu'entrés pauvres dans ce quotidien, nous en sortons pauvres. Mais notre seule richesse a toujours résidé dans le respect que nous portions à nos lecteurs. Et s'il est arrivé quelquefois que ce respect nous soit rendu, cela était et restera notre seul luxe. Il est possible, bien entendu, que nous ayons commis des erreurs pendant ces trois ans (qui ne se trompe pas, parlant tous les jours ?). Mais nous n'avons jamais rien abdiqué de ce qui fait l'honneur de notre métier. Parce qu'il est vrai que ce journal n'est pas un journal comme les autres, il a été pendant des années notre fierté. C'est la seule façon de dire ici, sans indécence, avec quels sentiments nous quittons aujourd'hui *COMBAT*.

ALBERT CAMUS.

Combat, 3 juin 1947.

LETTRE À « CALIBAN »

1° Un roman ne se condense pas, s'il se résume parfois.

2° La vulgarisation n'est pas la vulgarité.

3° On peut intéresser un large public sans cesser d'observer les règles du langage et en faisant même leur part au style et à l'originalité.

4° Le grand public n'est pas méprisable au point qu'il faille lui dire sans cesse, comme aux mourants, que tout est pour le mieux.

5° Une seule chose est plus bête que le pessimisme absolu et c'est l'optimisme absolu.

Ce sont là des vérités que *Caliban* démontre chaque mois et dont il faut bien lui être reconnaissant d'oser les rappeler, au milieu d'une presse qui vit et triomphe en appliquant les principes contraires. Il faut lui être reconnaissant de sauver l'honneur. Mais je sens que je vais provoquer une enquête de notre presse spécialisée : « Faut-il tuer l'honneur ? »

ALBERT CAMUS.

Caliban, juin 1949.

UNE DES PLUS BELLES PROFESSIONS QUE JE CONNAISSE

— *En tant qu'écrivain, que pensez-vous de la presse française actuelle ?*
— À une ou deux exceptions près, le ricanement, la gouaille et le scandale forment le fond de notre presse. À la place de nos directeurs de journaux, je ne m'en féliciterais pas. Tout ce qui dégrade la culture raccourcit les chemins qui mènent à la servitude. Une société, qui supporte d'être distraite par une presse déshonorée et par un millier d'amuseurs cyniques, décorés du nom d'artistes, court à l'esclavage malgré les protestations de ceux-là mêmes qui contribuent à sa dégradation.

— *En tant que journaliste, pensez-vous que la presse d'aujourd'hui reflète, comme le prétendent ses partisans, l'état d'esprit du public lui-même ?*
— La presse reflète exactement l'état d'esprit de ceux qui la font.

— *Mais le public les suit ?*
— La réponse est simple : la presse française, dans son ensemble, a perdu en deux ou trois ans plus d'un million de lecteurs.

— *Mais les plus gros tirages s'obtiennent visiblement par les concessions que vous dénoncez !*
— Le public qui continue de lire ces journaux est celui qui n'en a pas été dégoûté. Il a donc le cœur solide. En ce qui le concerne on est donc toujours sûr de gagner en faisant appel à sa pente la plus facile. Mais la question est de savoir si le rôle de la presse est de s'adresser à la pente la plus facile ou de solliciter, au contraire, un effort de réflexion.

— *Comment expliquez-vous l'échec de* Combat ?
— *Combat* a été un succès.

— *Mais vous l'avez quitté et d'autres le dirigent !*
— D'autres, oui, et c'est pourquoi il n'est plus *Combat*. Je parle de celui dont nous avons, à quelques-uns, inventé la formule et à qui nous avons assuré près de 200 000 lecteurs.

— *Ce* Combat *a pourtant disparu !*
— Non. Il fait la mauvaise conscience de quelques journalistes. Et parmi le million de lecteurs qui ont quitté la presse française, quelques-uns l'ont fait parce qu'ils avaient longtemps partagé notre exigence. Nous referons *Combat,* ou l'équivalent, un jour, quand la situation économique sera stabilisée.

— *Cette sorte de succès est mélancolique !*
— Pourquoi ? Nous avons fait, pendant deux ans, un journal d'une indépendance absolue et qui n'a jamais rien déshonoré. Je ne demandais rien de plus. Tout porte fruit, un jour ou l'autre.

— *Revenons à la presse d'aujourd'hui. Les journalistes actuels prétendent que leur presse, au contraire de celle qui a suivi la Libération, est faite par de vrais professionnels ?*
— Tant pis pour la profession. Au reste, nous étions — et je suis — journalistes professionnels. Mais ce qu'il y a de plus difficile apparemment, c'est de ne pas mépriser la profession qu'on exerce. La profession de journaliste est une des plus belles que je connaisse, justement parce qu'elle vous force à vous juger vous-même.

— *Faut-il diriger la presse ?*
— Non. Il faut diriger le public, et c'est le rôle de la presse. Un journaliste français a cru récemment faire du bien à sa profession en se faisant policier. Il s'est trompé. Du scandale à la délation, il n'y a pas de progrès.

— *Si la presse se refuse à diriger le public ?*
— En refusant, elle trahit. Quand les élites trahissent, les sociétés meurent. Dans ce cas, la consolation de notre société sera d'être la première à mourir ouvertement de bêtise et de vulgarité, aux applaudissements des journalistes policiers.

— *Le mal ne vient-il pas de ce que les intellectuels, résignés au pire ou indifférents à l'actualité, cèdent la place aux fabricants ?*
— Le mal n'est pas que les intellectuels se refusent au journalisme. C'est qu'ils s'y ruent et y écrivent n'importe quoi pour de l'argent ou, ce qui est moins

pardonnable, pour la notoriété. Si les écrivains avaient la moindre estime pour leur métier, ils se refuseraient à écrire n'importe où. Mais il faut plaire, paraît-il, et pour plaire, se coucher. Parlons franc. Il est difficile apparemment d'attaquer de front ces machines à fabriquer ou à démolir des réputations. Quand une gazette, même ignoble, tire à 600.000 exemplaires, loin de l'offenser, on prie son directeur à dîner. Toute carrière, sans doute, suppose une stratégie. Mais c'est pourtant la tâche de l'artiste, engagé ou non, que de refuser cette sale complicité. La tâche n'est pas surhumaine à vrai dire : les pauvres faveurs qu'offre notre société pour se faire pardonner ses bassesses ne sont pas lourdes à rejeter. Et les esprits libres que compte encore, pour son honneur, l'Europe savent que l'issue de la lutte épuisante que l'histoire les oblige à mener dépend en partie de l'énergie avec laquelle ils refuseront la compromission.

Caliban, août 1951.

VI

NI VICTIMES NI BOURREAUX

Encore que cette série de textes soit parue dans *Combat,* il nous faut lui faire un sort particulier, dans la mesure où elle marque une éclatante rupture entre Camus et le communisme stalinien.

Sans doute leur opposition venait-elle de plus loin et, dès le 20 septembre 1943, sa correspondance avec Ponge en témoigne. Aux communistes, Camus reprochait très amicalement un rationalisme démesuré, un comportement messianique : « Vous reprenez, disait-il, le vieux rêve de Nietzsche », et ailleurs : « Vous paraissez absolument optimiste en ce qui concerne le relatif. » Pour sa part, dès cette époque, Camus ne tenait pas pour assurée la réalisation de l'idéal communiste. Aussi reprenait-il sa formule de « la Révolution pessimiste* ». Il entendait n'imposer à personne des vues métaphysiques qui relèvent de l'individu, et tentait de définir un « radicalisme sans grandes illusions » (il faut prendre ici le mot radicalisme dans son sens originel). Aux affirmations de Ponge, il opposait ses « hésitations ».

L'amitié, disait-il, ne saurait en aucun cas servir la tactique.

---

* Il avait écrit sous ce titre, en 1938, un court essai, perdu pendant la guerre.

« Je ne vois aucun avantage à remplacer le règne de l'éternel par celui des idoles abstraites... l'homme est parfois aussi lourd à porter que le monde lui-même. » Ceci posé, il s'affirme « terriblement solidaire » de son époque et de ses hommes, et entend leur faire confiance malgré tant de meurtres. Tout n'a pas été tenté dans le cadre des limites humaines. Il reste à réaliser « cette justice dont toute la création est un déni », à lutter contre l'éternel en proposant une vérité relative. Il terminait par ces lignes : « Il y a une part en moi qui n'est faite pour personne. C'est peut-être celle qui n'est jamais reconnue et qu'on finit par tuer. C'est la part du *malentendu.* »

J'ai rappelé plus haut que, dès les lendemains de la Libération, un désaccord touchant à la personne d'André Gide l'avait opposé aux écrivains communistes. Bientôt Camus est l'objet d'attaques venues d'*Action* et des *Lettres françaises* qui lui reprochent un excès d'esprit critique et un manque de fermeté. Ces diatribes, souvent violentes, que Francis Ponge n'a pas toujours pu écarter d'*Action* où il travaille, entraîneront un certain malaise dans leurs relations. Pour la première fois — non pour la dernière — un désaccord politique rend une amitié plus difficile.

La polémique avec Mauriac sur l'épuration a provoqué chez Camus une longue réflexion. À peine sorti d'une guerre, au milieu de bouleversements politiques qui se font dans la violence, comme en témoigne la chronologie, à l'heure où les relations entre Soviétiques et Occidentaux, alliés depuis 1941, se tendent quotidiennement, entraînant un durcissement parallèle des positions intérieures françaises, Camus s'interroge. S'il s'éloigne de *Combat,* c'est à la fois pour écrire *la Peste,* mais aussi pour réfléchir à loisir et prendre du recul devant les événements qu'il pressent : ce qu'il appelle ordinairement se mettre en règle.

Aussi s'interroge-t-il dès septembre 1945 : « Le seul problème contemporain : peut-on transformer le monde sans croire au pouvoir absolu de la raison ? » C'est quasiment remettre en question cette action révolutionnaire qui, selon lui, devait prolonger la Résistance. Il constate alors : « Nous sommes dans un monde où il faut choisir d'être victime ou bourreau — et rien d'autre », il lui semble que le climat qui devait permettre « la conciliation de la justice et de la liberté » n'est plus guère à l'ordre du jour. « Que penser dans ce cas ? » Il ajoute quelques jours plus tard : « Si l'homme échoue à concilier la justice et la liberté, alors il échoue à tout. Et c'est la religion qui a raison ? Non, s'il accepte l'approximation. »

Ainsi prend forme, dans l'incertitude et l'interrogation tourmentée, cette politique du relatif, dont il est déjà question dans les lettres à Pierre Bonnel ou à Francis Ponge, et qu'illustre le combat de Rieux contre la peste. Pourquoi Camus, malgré son intransigeance, se satisfait-il du relatif ? Parce que, dans le cadre de l'absurde, rien d'autre n'est possible qu'une approximation de justice et qu'on ne tue pas, selon lui, pour une approximation. Parce qu'il se sent « incapable de vouloir ou d'accepter la mort de l'adversaire », aussi longtemps que l'adversaire ne l'a pas provoqué à mort, comme ce fut le cas au temps de la Résistance. Aussi constate-t-il : « Je ne suis pas fait pour la politique... »

Faut-il dès lors se détacher de l'époque ? Il lui semblerait trahir. Va-t-il choisir l'histoire, l'engagement total dans l'histoire ? « Sinon, je ne puis être qu'un témoin. Voilà la question, puis-je n'être qu'un témoin ? » Les contradictions assaillent Camus de toutes parts : incroyant, il lui faut être solidaire de son temps ; mais artiste, il lui faut le contester. On ne lui laisse le choix qu'entre le silence et la violence ; or le silence est trahison et la violence est également trahison. La vie passe par l'histoire, mais la vie se cache aussi dans la terre, les arbres, la beauté qu'on ne peut réduire à l'histoire. En un sens, les *Actuelles* comme *l'Homme révolté* sont un effort pour échapper à cette série de dilemmes. L'assurance que montre Camus dans ses conclusions ne saurait tromper : il affirme, mais c'est aussi pour se convaincre.

Avant de faire la révolution, et pour garder quelques chances de l'accomplir un jour, ne faut-il pas sauver la paix et préserver les vies humaines ? Le pacifisme foncier de Camus, son souci des êtres vivants et sa défiance des abstractions reparaissent. Aussi souhaite-t-il voir les socialistes abandonner tout ce que le marxisme enferme, à son gré, d'explosif et de meurtrier. On a quelque raison de penser que la rencontre de Koestler et de Manès Sperber et leurs confidences eurent alors quelque influence sur ses jugements. On n'ignore plus rien déjà des déportations en Union Soviétique : faut-il dès lors considérer ce pays comme socialiste ? Ou le dénoncer à la face du monde ? Mais n'est-ce pas alors servir le capitalisme et le consolider dans sa propre barbarie ?

Ce sont de tels problèmes que Koestler, Sartre, Malraux, Sperber et Camus débattent le 29 octobre 1946 (cf. *Carnets II*). Déjà Camus défend sa thèse de l'utopie la moins coûteuse, qui écarte la guerre. Il entend proclamer qu'il existe des valeurs morales à illustrer ou qu'il les faut du moins fonder. Au cynisme mercantile du capitalisme, il se refuse à opposer un cynisme révolutionnaire : pas de révolution valable qui n'accepte de limites. Il n'y a pas de bonnes guerres, de bonnes déportations, de joyeuses exploitations. La guerre, les camps de concentration, les meurtres injustifiés, l'oppression sont partout et toujours à combattre.

L'opinion de Camus se précise peu à peu : il se refusera désormais à tuer au nom de la justice. L'essentiel est pour lui que le meurtre, souvent inévitable en histoire, devienne injustifiable. Merleau-Ponty commence la publication, en réponse à Koestler, du *Yogi et le Prolétaire*, première formulation d'*Humanisme et Terreur* que Camus tient pour une apologie de la terreur ; Camus lui reproche de se contenter de « compter les coups » et de tout justifier : au cours d'une soirée chez Boris Vian, il se brouille avec Merleau-Ponty et s'écarte quelque temps de J.-P. Sartre qui avait tenté de s'interposer.

Ni victimes ni bourreaux (**19** novembre 1946 et jours suivants) est donc l'aboutissement d'une longue réflexion sur la violence et la volonté de puissance dont la conférence que fit Camus aux U.S.A. représente une étape importante. Il ne m'a malheureusement pas été possible de reproduire ici ce texte, publié dans sa traduction anglaise par *Twice a year*, n°s 14-15, dont je n'ai pu retrouver l'original. Un autre texte, beaucoup plus court, *Nous autres meurtriers,* paru dans *Franchise* n° 3, 1946, affirme nettement : « Il n'y a qu'un seul problème aujourd'hui qui est celui du meurtre. Toutes nos disputes sont vaines. Une seule chose importe qui est la paix. »

La situation, à dire vrai, était peu brillante. L'inflation nourrissait l'économie et la rongeait à la fois. Des grèves éclataient chez Renault et ailleurs ; le ravitaillement demeurait difficile.

On se battait en Indochine, à Madagascar. À Bruneval, à Strasbourg, de Gaulle lançait sa campagne révisionniste et annonçait l'apparition d'une nouvelle formation politique, le R.P.F. Quand Ramadier eut exclu les ministres communistes pour un vote hostile au gouvernement, la rupture de l'unité française apparut consommée. D'un côté, les communistes ; de l'autre, les gaullistes : entre deux, ce qu'on allait appeler la Troisième Force.

La situation intérieure reflétait la tension internationale. Les U.S.A. proposaient le plan Marshall à l'Europe, tandis que Staline poursuivait sa mainmise sur les différents pays de l'Est. Le fossé se creusait entre les communistes et le reste de la gauche française : Sartre lui-même, tout comme Camus, sinon davantage, était l'objet d'attaques violentes. La guerre froide s'installait aux frontières et dans les esprits.

Bientôt éclatèrent les grandes grèves de novembre 1947, qui virent la création des C.R.S. par Jules Moch. Camus jugea bon, dans ce climat de violences, de publier à nouveau *Ni victimes ni bourreaux* dans *Caliban* (novembre). *Caliban* avait été fondé par Jean Daniel, avec l'approbation de Camus, sur le modèle du *Reader's Digest*, mais dans un tout autre esprit : ses animateurs entendaient se refuser à tout condenser, publier des œuvres intégrales, de qualité, accessibles à un public populaire (cf., p. 1563, la déclaration de juin 1949). C'est alors que d'Astier entreprit de réfuter les propos de Camus.

Parallèlement, un courant se dessinait dans les milieux de gauche en faveur d'une Europe socialiste et neutre. Autour de Georges Izard se réunissaient Merleau-Ponty, Rousset, Sartre, Camus, Breton, ainsi que socialistes comme Marceau Pivert, Gazier. Un texte fut alors publié par la presse, avec l'appui des *Temps Modernes* et d'*Esprit*. Mais l'accord ne put se faire sur le problème de la peine de mort, soulevé par Breton et Camus.

Les discussions reprirent au cours de 1948, mais dans l'intention cette fois de créer un mouvement politique qui fût, à gauche, la réplique du R.P.F. Après la création du Kominform et « le coup de

Prague », une psychose de guerre s'était emparée des pays européens. Aussi, le 19 mars, un premier meeting se tint-il à la salle Wagram sur le thème : « La guerre n'est pas inévitable. » Le Rassemblement Démocratique Révolutionnaire était lancé, avec le soutien de *Combat* et de *Franc-Tireur*. Un bimensuel, *la Gauche,* servit de porte-parole officiel au mouvement où se retrouvaient Sartre, Rousset, Altmann, et des socialistes comme Rosenthal, Boutbien, Rous, Rimbert et Badiou. *Les Entretiens sur la politique,* entre Sartre, Rousset et Rosenthal (*Temps Modernes* 18 juin 1948) traitent longuement des objectifs du R.D.R.

Bien que Camus n'en fît pas partie, il le soutint de sa sympathie et donna à l'époque dans *Franc-Tireur* quelques articles qui allaient dans le même sens. S'était-il définitivement interdit tout engagement politique militant ? Préférait-il se réserver pour des tâches précises et limitées ? Ou était-il un peu las de ces luttes apparemment vaines ? « La vie est devenue plus difficile en France. Le monde est devenu nettement plus bête et nous sommes quelques-uns à en avoir assez. » Déjà en janvier 1948, il avait envisagé de se réinstaller à Alger (lettre à Roblès du 14 janvier).

Découragement momentané. Bientôt, le 14 septembre 1948, Garry Davis s'installait sous le péristyle de l'O.N.U. et se déclarait « citoyen du monde ». Un conseil de solidarité se constituait avec Breton, Mounier, Richard Wright et Camus. *Combat* devait l'appuyer d'une page hebdomadaire. Le 3 décembre, salle Pleyel, Camus, Vercors, Breton défendirent l'idée d'un gouvernement mondial. Le 9 décembre, 20 000 personnes se réunissaient à leur appel au Vélodrome d'Hiver. Sartre refusa de participer à l'action entreprise et Camus en conçut quelque amertume. Pourtant, le 20 décembre, il n'en prenait pas moins la parole au meeting du R.D.R. salle Pleyel, aux côtés de Plivier, Carlo Levi, Richard Wright, Sartre et Rousset.

Dans le même temps, les révélations sur les camps de concentration en U.R.S.S. se faisaient plus précises et suscitaient des discussions dans la gauche intellectuelle. En janvier 1949, un procès retentissant opposa *les Lettres françaises* à Kravtchenko, l'auteur de *J'ai choisi la liberté.* Les procès qui se déroulaient dans les pays de l'Est, de la Pologne à la Bulgarie, parurent suspects. Le 30 avril, un nouveau meeting au Vélodrome d'Hiver mit en lumière les difficultés du R.D.R. et du mouvement Garry Davis. Au lendemain d'un congrès orageux qui opposa Rousset à Sartre, le premier cessa d'exister. Bientôt l'expérience Garry Davis tourna court, elle aussi. C'était la fin des expériences neutralistes et du combat public contre la politique des blocs.

Alerté par Roger Stéphane, J.-P. Sartre préparait un numéro des *Temps Modernes* sur les camps soviétiques. « Il n'y a pas de socialisme quand un citoyen sur vingt est au camp », écrivaient Sartre et Merleau-Ponty. Entre-temps, le 12 décembre 1949, *le Figaro littéraire* avait publié un article de David Rousset, qui demandait la création d'une commission internationale d'anciens déportés destinée à enquêter sur le phénomène concentrationnaire en U.R.S.S. Les rédacteurs des *Lettres françaises* accusèrent Rousset de falsification ; ce dernier les assigna en diffamation.

Tous ces remous autour de l'Union Soviétique suscitaient de multiples témoignages. Un certain nombre d'écrivains, Koestler, R. Wright, Gide, Fisher, Spender et Silone, publièrent un volume collectif où ils relataient leurs relations avec le communisme (*le Dieu des ténèbres*, Calmann-Lévy, 1950). Ce livre provoqua une longue polémique entre Palmiro Togliatti et Silone. Si l'on note que Koestler, Gide et Silone étaient amis de Camus et qu'il était également en relation avec Wright et Spender, on peut présumer que cette publication recueillit son assentiment et le confirma dans les positions qu'il avait prises. L'heure n'était plus aux ménagements.

La guerre de Corée allait bientôt donner au monde le sentiment que nous avions atteint le bord de l'abîme : il ne servirait plus de parler, il resterait à combattre ou à se soumettre.

On peut donc, sans trop systématiser, ramener à trois les réactions de Camus : de 1944 à fin 1945, prolonger la Résistance en révolution ; de fin 1945 à 1948, fixer à l'action politique des « objectifs limités », tout en refusant le confort de la violence : « Garder à la violence son caractère de rupture, de crime — ne l'admettre que liée à une responsabilité personnelle. » *Les Justes* illustrent très exactement cette formule. Enfin, s'engager délibérément dans la lutte pour la paix par la coopération mondiale, si utopiques que paraissent ces objectifs, si dérisoires que semblent les moyens* (prédication dans le style Garry Davis**). Devant l'échec apparent d'une telle entreprise, se taire ; ou plutôt n'intervenir que par une œuvre massive qui s'attaque à la racine du mal, *l'Homme révolté*. (Cf. en annexe, le message aux écrivains japonais, p. 1595.)

Le projet de publication d'*Actuelles* se situe au second stade. « Préface à recueil articles. L'un de mes regrets est d'avoir trop sacrifié à l'objectivité. L'objectivité, parfois, est une complaisance. Aujourd'hui les choses sont claires et il faut appeler concentrationnaire ce qui est concentrationnaire même le socialisme. Dans un sens, je ne

---

* En 1949, Camus fut l'animateur des *Groupes de Liaison internationale*, qui se réunissaient chez le syndicaliste Roger Lapeyre. Cf. sur ce point les bulletins publiés par les groupes et l'article de Daniel Martinet dans *Témoins*, mai 1960.

** Il dira lui-même plus tard (*Interview de Stockholm*, 9 décembre 1957) : « Si nous arrivions à faire les États-Unis d'Europe, vous auriez devant vous un homme heureux. Mais quant aux États-Unis du monde, je trouve que c'est une limite que nous pouvons nous fixer dans l'avenir et dans l'idéal. À franchement parler cette limite me paraît utopique à l'heure actuelle. Je ne vois pas comment nous arriverions à concilier les points de vue de N. Kroutchev et de D. Eisenhower, pour le moment, n'est-ce pas ? Ça va s'arranger, sûrement. »

serai plus jamais poli. » (*Carnets II,* p. 267.) En 1949, avril sans doute, Camus note encore : « Préface. Se dire révolutionnaire et refuser par ailleurs la peine de mort... la limitation des libertés, et les guerres, c'est ne rien dire. Il faut donc déclarer que l'on n'est pas révolutionnaire — mais plus modestement réformiste. Un réformisme intransigeant. Enfin, *et tout bien pesé,* on peut se dire révolté. » Le choix du vocabulaire est fait : Camus abandonne aux communistes le titre de révolutionnaire qui lui semble entraîner violence et s'attribue le terme de révolté.

En mai 1949, il constate une fois de plus que « l'homme moderne est forcé de s'occuper de politique. Je m'en occupe pour ma part à mon corps défendant et parce que, par mes défauts plus que par mes qualités, je n'ai jamais rien pu refuser des obligations que je rencontrais ». N'était cet injustifiable attachement à son passé, à sa mère et à la vie, il écrirait volontiers comme Stendhal : « À la chute de Napoléon l'écrivain des pages suivantes qui trouvait de la duperie à passer sa jeunesse dans les haines politiques se mit à courir le monde. » (*Carnets II,* p. 300.)

Camus, pourtant, ne courut pas le monde : *l'Homme révolté* allait bientôt éclater dans le Paris intellectuel, comme un reniement pour les uns, comme une délivrance pour les autres.

R. Q.

REMARQUES SUR LA POLITIQUE INTERNATIONALE

Il est vrai qu'on ne s'improvise pas spécialiste en affaires étrangères. Il y faut du temps, sinon de la tradition, du goût, sinon de la vocation. Mais il n'est pas vrai que cette discipline (si j'ose dire) doive être à l'usage exclusif de quelques initiés. D'une part, ce ne sont pas les initiés qui sont morts ou qui ont souffert de cette guerre. Et cela donne aux peuples survivants le droit à la curiosité. D'autre part, il est sans exemple, je l'ai toujours pensé, qu'une situation humaine, quelle qu'elle soit, ne puisse être au moins éclaircie par l'emploi de quelques règles logiques et l'usage du simple bon sens.

Pour que la France puisse juger sainement de la politique internationale, il faut qu'elle aperçoive clairement sa situation dans le monde. Elle a le mouvement, les désirs et les exigences d'une grande puissance. Elle n'est pas une grande puissance.

Elle fait partie de l'Europe qui n'a pas bonne presse auprès des Trois Grands. La Russie s'en méfie (nous lui avons donné de bonnes raisons pour cela). Et l'Amérique la dédaigne un peu pour tant d'agitations meurtrières. Ces deux jeunes civilisations ne voient pas sans impatience les dernières convulsions où se débat notre vieille culture. Et en vérité ces convulsions leur ont coûté trop cher.

De ce point de vue, il n'est pas faux de dire, comme le faisait un journaliste suisse très remarquable, que l'Europe, par sa superficie, sa force réelle, ses dimensions, ses métaphysiques cruelles ou byzantines, n'est aux yeux du monde que ce que furent longtemps les Balkans aux yeux de l'Europe. En fait, les grandes puissances, si nous n'arrivons pas à désinfecter l'Europe par nos propres moyens, y interviendront sûrement et de la façon la plus radicale. Autant par ses faiblesses que par ses ressources, l'Europe est aujourd'hui une perpétuelle tentation à l'impérialisme.

Cette situation très diminuée échappe à la plupart des Européens parce qu'ils vivent sur l'idée réconfortante de notre suprématie culturelle. Nous continuons à considérer, par exemple, les Américains et les Russes comme des peuples enfants qui nous doivent (surtout l'Amérique) leur instruction. Mais ces enfants ont grandi pendant que notre culture vieillissait. Ce sont maintenant de grandes civilisations dont la culture à son tour nous imprègne et dont l'allure nous dépasse. Ces pays pensent et agissent à l'échelle du monde. Ils sont dans le siècle présent alors que nous sommes dans le siècle passé. Cela doit nous incliner à la modestie...

La France est solidaire de l'Europe, quoi qu'elle fasse et quoi qu'elle veuille. Elle l'a été dans la souffrance, elle l'est dans son économie, elle le sera dans son destin. La France ne se reconstruira pas sans l'Europe. Si l'Europe ne retrouve pas un nouvel équilibre, elle disparaîtra de la façon que l'on voudra ; de même que si la France ne crée pas un nouvel ordre, elle devra aussi renoncer à tout ce qu'elle espère. C'est en créant ce nouvel ordre qu'elle contribuera à ce nouvel équilibre. La France a une tâche européenne qu'elle ne peut éluder, parce qu'elle est la plus représentative des nations européennes.

Ceci dit, il faut voir que le problème européen n'est qu'un de ceux qu'il faut régler pour assurer la paix du monde. Si nous supposons que le premier but de notre politique étrangère est une paix solide et durable, il convient que la France ait des idées claires sur ce qu'elle veut et une vue juste sur ce qui est.

Ce qu'elle veut, si nous en croyons le préambule aux amendements à Dumbarton Oaks, c'est la sécurité totale pour laquelle elle se déclare prête à des abandons de souveraineté. Ce qui est peut se définir d'abord par les conférences qui se sont déjà tenues, et ensuite par l'état d'esprit des grandes nations victorieuses. Il est impossible à un observateur impartial de ne pas voir qu'un accord complet est loin d'être réalisé entre les nations unies. Cette guerre de trente ans a laissé dans les cœurs plus de scepticisme que d'illusions. Les nations particulièrement meurtries comme la Russie préfèrent des garanties immédiates, même provisoires, à des plans de sécurité durables mais à longue échéance L'Amérique n'a pas encore triomphé tout à fait de son particularisme. Quant à l'Angleterre, disposée apparemment à de plus grands sacrifices, elle sait trop bien qu'elle ne peut assurer à elle seule la sécurité collective. Le résultat, c'est l'étrange ambiguïté et les contradictions de la politique internationale. On tente d'y concilier l'immédiat et l'avenir, la sécurité collective et les intérêts particuliers. On mène en même temps la politique des alliances et celle de l'assistance internationale, les pactes bilatéraux et la Charte de l'Atlantique. À l'intérieur même du projet de sécurité collective, on introduit un droit de veto dont on a démontré tous les inconvénients. C'est au milieu de ces contradictions qui sont aussi les siennes que la France doit se frayer un chemin.

Mais ces contradictions sont-elles si surprenantes ? Assurément non. Aucune entreprise humaine, surtout de cette importance, ne peut s'effectuer dans la logique parfaite. La politique consiste en fait à concilier l'idéal et l'intérêt. Elle est d'abord un équilibre. C'est pourquoi il n'est pas possible que la France, placée en face de ces contradictions, s'essaie à briser ou à nier l'un des termes. Tout cela est hors de notre portée. La seule chose que nous puissions tenter c'est la conciliation et la synthèse de cette contradiction.

C'est ainsi que la France pourrait se proposer un double but :

a) Ne rien faire qui puisse détruire ce qui est déjà acquis. Les conférences internationales, et Yalta en particulier, si elles n'ont pas abouti à des résultats entièrement satisfaisants, ont cependant consacré quelques progrès. Nous devons nous en réjouir, et ne rien faire qui puisse troubler l'accord des alliés. Il est vain d'espérer obtenir d'un seul coup l'accord de tous sur toutes choses. Mais on peut réaliser l'accord de quelques-uns qui emportera finalement celui des autres. Les pactes bilatéraux, d'autre part, et en particulier le pacte franco-soviétique, existent et, dans une situation historique donnée, ils ont leur utilité. L'idéal serait de les intégrer progressivement dans une sécurité collective par l'application des pactes complémentaires *dont le pacte franco-britannique est d'une urgence décisive*.

b) Affirmer en même temps, et avec la dernière énergie, que ces étapes doivent mener à une sécurité collective entière, à l'égalité absolue des nations devant la loi démocratique internationale, et à une société des peuples plus souveraine que les nations elles-mêmes. Nous en trouverons le chemin en jetant les bases d'une économie internationale enfin équilibrée. De même que l'élargissement des pactes bilatéraux peut mener à un ordre international provisoirement définitif, de même nous devrons souligner que l'internationalisation de l'économie allemande peut s'élargir dans une fédération économique européenne qui donnera elle-même l'assise d'une fédération politique. Cette fédération, si elle pouvait rejoindre géographiquement et spirituellement le système fédéraliste russe et américain, donnerait plus de solidité à l'idée d'une fédération mondiale, qui figure l'exigence limite d'une politique étrangère pacifique.

Il semble en tout cas qu'une telle politique, définie dans ses grandes lignes, tient compte à la fois des réalités et de cette exigence de justice qu'on n'arrachera pas facilement du cœur des hommes. Elle est suffisamment pessimiste pour se priver de rêves trop dangereux et encore assez optimiste pour garder les deux ou trois illusions nécessaires à toute action. Bien entendu, une telle politique a une chance sur cent de réussir en fait, mais, d'une part, elle nous maintient fidèle à la vérité, et, d'autre part, une action vraie n'a besoin, pour être légitimée, que d'un très petit nombre de chances.

Pour finir, il me reste peut-être à m'excuser d'avoir tenu sur ces questions un langage qui contraste avec l'optimisme des déclarations officielles et des articles de presse. Mon excuse est de croire que les très vieilles cultures n'ont qu'un moyen de se maintenir qui est l'extrême lucidité. Je désire comme tout le monde que la culture européenne survive et donne encore ses fruits. Je crois qu'il ne faut pas déserter sa civilisation et qu'il convient de lutter et de mourir avec elle. Mais il n'est défendu à aucun amour d'être exigeant et à aucune passion d'être clairvoyante. Les cultures, comme les hommes, comme la puissance et la force, n'ont qu'un temps. Elles disparaissent un jour en se transformant. Nous sommes justement à un de ces tournants de l'histoire et il faut en apercevoir toutes les perspectives. *Les Français qui pensent aujourd'hui à l'échelle locale ou régionale n'aideront pas cette transformation.* Par manque d'imagination et de sensibilité, ils enlèveront à notre pays sa seule chance de survie.

C'est là du moins une opinion dont je conviens qu'elle est toute relative. Mais elle n'a rien de démesuré. Et il me semble que les Français pourraient aisément se mettre d'accord sur une telle politique s'ils y apportaient à la fois la modestie et l'obstination qui conviennent. Pour le reste, est-ce vraiment de l'utopie que de dire : voir clair, puis lutter de tout son cœur. Après quoi, s'il faut disparaître, ce sera du moins en connaissance de cause.

Albert Camus.

Renaissance, n° 10, 1945.

Le 5 septembre 1947, le président Truman prononçait un discours à Rio de Janeiro. Il y évoquait la nécessité de la coopération entre « les nations sœurs de l'hémisphère occidental pour le développement d'une force puissante et concentrée ». C'était la consécration de la politique dite des blocs, contre laquelle protestait Camus dans le texte ci-après. Il nous a paru nécessaire de le publier, afin de rappeler quelle fut pendant de longues années l'attitude de Camus en politique extérieure : le refus de tout esprit de croisade et l'opposition à une politique qui, en figeant les blocs militaires, lui paraissait aggraver la guerre froide. Je donne ici le texte tel que je l'ai retrouvé au manuscrit.

Nous disons tranquillement que ce discours et cette déclaration sont deux erreurs meurtrières. Nous considérons qu'ils définissent une politique des blocs qui risque d'ouvrir les chemins de la guerre. Quelles que puissent être par ailleurs nos divergences doctrinales, et bien que nous ne soyons pas des pacifistes inconditionnels, nous estimons cependant que la guerre doit être refusée, aujourd'hui et aussi longtemps que possible, pour les raisons suivantes. La guerre signifie pour l'Europe soit l'occupation par les armées soviétiques, soit les ruines des champs de bataille. Ni la France ni l'Europe ne se relèveraient de cette nouvelle épreuve qui signifierait pour notre continent la mort historique.

À ceux qui soutiennent que la politique des blocs permet l'équilibre des puissances et demeure ainsi le moyen d'assurer la paix, il ne suffirait pas de répondre par les leçons de l'histoire. Il faudrait dire que la paix armée n'est pas la paix. Elle demande au contraire la préparation à la guerre qui est aujourd'hui le plus grand obstacle à l'assainissement de l'économie mondiale et à la libération sociale.

C'est la guerre ou la préparation à la guerre en particulier qui déséquilibre la vie économique de l'Europe et compromet ses chances de relèvement qui sont tout entières dépendantes de la circulation des marchandises et de la suppression des souverainetés économiques.

C'est la guerre ou la préparation à la guerre également qui entraîne le pourrissement dans chaque camp des idéaux mêmes qu'on prétend justement vouloir sauvegarder par la guerre ou la préparation à la guerre. Ce sont elles qui expliquent qu'il n'y ait pas de vrai socialisme en Russie, encore que la révolution de 17 ait été une révolution socialiste, et que la liberté politique connaisse des échecs en Amérique, encore que la Déclaration d'Indépendance et la Constitution américaine soient des chartes démocratiques.

Enfin c'est la libération sociale elle-même qui est retardée par la préparation à la guerre et qui serait mise en cause pour longtemps par une nouvelle guerre. Inimaginable dans ses effets et ses destructions, celle-ci rend également inimaginable tout avenir historique. Une nouvelle guerre, entreprise dans les deux camps au nom des illusions du progrès ou du mythe d'une société idéale et abstraite, serait de ce point de vue une prodigieuse et criminelle mystification.

C'est pourquoi nous dirons qu'il faut refuser la politique qui mène à cette guerre et que nous devons, dans le cas même où la situation internationale se stabiliserait, maintenir entre les deux camps un foyer d'espérance et d'action qui est le seul susceptible d'agir à l'intérieur des zones d'influence jusqu'ici réservées aux blocs.

Mais ce refus n'aurait aucune importance en lui-même :
1º si la guerre était inévitable ;
2º si ce refus ne s'accompagnait d'aucune proposition positive.

Nous disons donc :

1º La guerre n'est pas inévitable. La séparation du monde en deux partis n'est pas encore acquise. On peut encore jouer la partie de l'Europe. C'est chez elle que peut encore se constituer la force de persuasion qui combattra le mensonge de la guerre. C'est elle qui peut dire et faire ce qu'il faut pour soustraire le peuple russe à l'illusion de l'encerclement grâce à quoi on le fait peu à peu entrer dans la guerre et le peuple américain à l'idée d'un bellicisme qui serait sans nuance et qu'il serait par conséquent nécessaire de prévenir.

2º Notre refus n'est pas un renoncement. Si nous voulons éviter la guerre, c'est qu'elle sera l'empêchement majeur et peut-être définitif à la construction de l'organisation internationale que nous annonçons dès maintenant. Et notre refus des blocs et de la guerre s'appuie sur la définition raisonnée des buts que nous poursuivons, et qui sont compromis par la guerre et les blocs eux-mêmes, c'est-à-dire une société des peuples dégagée des mythes de la souveraineté, une force révolutionnaire qui ne s'appuie pas sur la police et une liberté humaine qui ne soit pas en fait asservie par l'argent.

Ce sont là des principes qu'il nous appartient maintenant d'illustrer complètement. Mais ils suffisent déjà pour nous donner le droit d'appeler les intelligences et les énergies de l'Europe et du monde à s'unir sans tarder, à contracter solennellement l'engagement formel et personnel de soutenir, dans toutes les circonstances et sans aucune réserve, la cause de la libération sociale considérée comme un moyen et celle de la personne humaine considérée comme une fin et à lutter de toutes leurs forces contre la préparation idéologique à la guerre.

Nous nous adressons aux hommes d'Europe et du monde pour leur proposer une action commune et pour leur demander de reconnaître avec nous que la guerre peut et doit être évitée, non parce qu'il est plus important de vivre dans la paix que dans la justice, ce qui serait le langage de la servitude et de la capitulation, mais parce qu'il sera désormais impossible de croire au jour de la justice si nous cessons un seul moment de (?) et de lutter dans la paix.

Albert Camus.

LETTRE À ROGER QUILLIOT

La lettre qui suit me fut adressée par Albert Camus le 30 juin 1948 en réponse à un article que je lui avais consacré dans *la Revue socialiste* sous le titre : *Autour d'Albert Camus et du problème socialiste*.

30 juin 1948.

... Il est bien vrai que c'est parmi vous que j'ai mes amis, connus ou inconnus. Il est bien vrai que je n'aurai plus de plaisir à vivre dans un monde d'où aurait disparu ce que j'appellerai l'espoir socialiste.

Ce qui nous sépare, et peut-être ne l'avez-vous pas assez marqué, tient dans mon opinion sur le marxisme. Les socialistes français à mon avis ne disent pas tout ce qu'ils pensent sur le marxisme en tant que philosophie totale. J'admets avec vous le précieux enseignement critique du marxisme; mais je suis arrivé à la conclusion que la conception du monde qui est celle du marxisme non seulement est fausse mais devient meurtrière. Je pourrais développer ceci. Mais puisqu'il s'agit du socialisme français, laissez-moi vous dire, en camarade, ce que j'ai espéré de lui. J'ai espéré de lui qu'il parle clair — qu'il dise : la critique marxiste de la société bourgeoise est notre arsenal particulier. Mais nous répudions le matérialisme dialectique en tant que principe d'explication absolue puisque à l'usage nous sommes incapables d'accepter de gaieté de cœur ses conséquences inéluctables. Ceci serait clair ; avec quelques autres choses, ceci permettrait *le choc* dont a besoin un pays saturé de mensonges et de compromissions. La mission des socialistes français aurait dû être de maintenir un idéal sévère, et de mesurer cependant la distance qui sépare ce monde misérable des philosophies de l'orgueil et de l'abstraction. Ceci ne peut se faire sans renoncer à professer par habitude un rationalisme impitoyable que démentent les douleurs démesurées qu'il suscite sur la terre entière.

Que je regrette de vous parler de cela si rapidement ! mais le temps me manque, comme il nous manque à tous. Et peut-être cette précipitation, cette solitude et le halètement général expliquent-ils que nous n'ayons su trouver les formules qui feraient progresser la libération des hommes...

Albert Camus.

LA DÉMOCRATIE
EXERCICE DE LA MODESTIE

Quelquefois je réfléchis, faute de mieux, à la démocratie (dans le métro, naturellement). On sait qu'il y a du désarroi, dans les esprits, en ce qui concerne cette utile notion. Et comme j'aime à me retrouver avec le plus grand nombre d'hommes possible, je cherche les définitions qui pourraient être acceptables pour ce grand nombre. Ce n'est pas facile et je ne me flatte pas d'y avoir réussi. Mais il me semble qu'on peut arriver à quelques approximations utiles. Pour être bref, voici l'une d'entre elles : la démocratie, c'est l'exercice social et politique de la modestie. Reste à l'expliquer.

Je connais deux sortes de raisonnements réactionnaires. (Comme il faut tout préciser, convenons que nous appellerons réactionnaire toute attitude qui vise à accroître indéfiniment les servitudes politiques et économiques qui pèsent sur les hommes.) Ces deux raisonnements vont en sens contraire, mais ils ont pour caractère commun d'exprimer une certitude absolue. Le premier consiste à dire : « On ne changera jamais rien aux hommes. » Conclusion : les guerres sont inévitables, la servitude sociale est dans la nature des choses, laissons les fusilleurs fusiller et cultivons notre jardin (à vrai dire, il s'agit généralement d'un parc). L'autre consiste à dire : « On peut changer les hommes. Mais leur libération dépend de tel facteur et il faut agir de telle façon pour leur faire du bien. » Conclusion : il est logique d'opprimer : 1° ceux qui pensent qu'il n'y a pas de changement possible ; 2° ceux qui ne sont pas d'accord sur le facteur ; 3° ceux qui, tout en étant d'accord sur le facteur, ne le sont point sur les moyens destinés à modifier le facteur ; 4° tous ceux, en général, qui pensent que les choses ne sont pas aussi simples.

Au total, les trois quarts des hommes.

Dans les deux cas, nous nous trouvons devant une simplification obstinée du problème. Dans les deux cas, on introduit dans le problème social une fixité ou un déterminisme absolu qui ne peuvent raisonnablement s'y trouver. Dans les deux cas, on se sent assez de conviction pour faire ou laisser faire l'histoire, selon ces principes, et pour justifier ou aggraver la douleur humaine. Ces esprits, si différents, mais dont la conviction résiste également au malheur des autres, je veux bien qu'on les admire. Mais il faut du moins les appeler par leur nom et dire ce qu'ils sont et ce qu'ils ne sont pas capables de faire. Je dis, pour ma part, que ce sont des esprits d'orgueil et qu'ils peuvent arriver à tout, sauf à la libération humaine et à une démocratie réelle. Il y a un mot que Simone Weil a eu le courage d'écrire et que, par sa vie et par sa mort, elle avait le droit d'écrire : « Qui peut admirer Alexandre de toute son âme, s'il n'a l'âme basse ? » Oui, qui peut mettre en balance les plus grandes conquêtes de la raison ou de la force, et les immenses souffrances qu'elles représentent, s'il n'a un cœur aveugle à la plus simple sympathie et un esprit détourné de toute justice !

C'est pourquoi il me semble que la démocratie, qu'elle soit sociale ou politique, ne peut se fonder sur une philosophie politique qui prétend tout savoir et tout régler, pas plus qu'elle n'a pu se fonder jusqu'ici sur une morale de conservation absolue. La démocratie n'est pas le meilleur des régimes. Elle en est le moins mauvais. Nous avons goûté un peu de tous les régimes et nous savons maintenant cela. Mais ce régime ne peut être conçu, créé et soutenu que par des hommes qui savent qu'ils ne savent pas tout, qui refusent d'accepter la condition prolétarienne et qui ne s'accommoderont jamais de la misère des autres, mais qui justement refusent d'aggraver cette misère au nom d'une théorie ou d'un messianisme aveugle.

Le réactionnaire d'ancien régime prétendait que la raison ne réglerait rien. Le réactionnaire de nouveau régime pense que la raison réglera tout. Le vrai démocrate croit que la raison peut éclairer un grand nombre de problèmes et peut en régler presque autant. Mais il ne croit pas qu'elle règne, seule maîtresse, sur le monde entier. Le résultat est que le démocrate est modeste. Il avoue une certaine part d'ignorance, il reconnaît le caractère en partie aventureux de son effort et que tout ne lui est pas donné. Et, à partir de cet aveu, il reconnaît qu'il a besoin de consulter les autres, de compléter ce qu'il sait par ce qu'ils savent. Il ne se reconnaît de droit que délégué par les autres et soumis à leur accord constant. Quelque décision qu'il soit amené à prendre, il admet que les autres, pour qui cette décision a été prise, puissent en juger autrement et le lui signifier. Puisque les syndicats sont faits pour défendre les prolétaires, il sait que ce sont les syndiqués qui, par la confrontation de leurs opinions, ont la plus grande chance d'adopter la meilleure tactique.

La démocratie vraie se réfère toujours à la base, parce qu'elle suppose qu'aucune vérité en cet ordre n'est absolue et que plusieurs expériences d'hommes, ajoutées l'une à l'autre, représentent une approximation de la vérité plus précieuse qu'une doctrine cohérente, mais fausse. La démocratie ne défend pas une idée abstraite, ni une philosophie brillante, elle défend des démocrates, ce qui suppose qu'elle leur demande de décider des moyens les plus propres à assurer leur défense.

J'entends bien qu'une conception aussi prudente ne va pas sans danger. J'entends bien que la majorité peut se tromper au moment même où la minorité voit clair.

C'est pourquoi je dis que la démocratie n'est pas le meilleur régime. Mais il faut mettre en balance les dangers de cette conception et ceux qui résultent d'une philosophie politique qui fait tout plier. Expérience faite, il faut accepter une légère perte de vitesse plutôt que de se laisser emporter par un torrent furieux. Au reste, la même modestie suppose que la minorité peut se faire entendre et qu'il sera tenu compte de ses avis. C'est pourquoi je dis que la démocratie est le moins mauvais des régimes.

Tout n'est pas arrangé, à partir de là. C'est en cela que cette définition n'est pas définitive. Mais elle permet d'examiner sous un éclairage précis les problèmes qui nous pressent et dont le principe touche à l'idée de révolution et à la notion de violence. Mais elle permet de refuser à l'argent comme à la police le droit d'appeler démocratie ce qui ne l'est pas. Nous mangeons du mensonge à longueur de journée, grâce à une presse qui est la honte de ce pays. Toute pensée, toute définition qui risque d'ajouter à ce mensonge ou de l'entretenir est aujourd'hui impardonnable. C'est assez dire qu'en définissant un certain nombre de mots-clés, en les rendant suffisamment clairs aujourd'hui pour qu'ils soient demain efficaces, nous travaillons à la libération et nous faisons notre métier.

Albert Camus.

Caliban, novembre 1948.

L'EMBARRAS DU CHOIX

La paix a les inconvénients de l'amour. On croit savoir ce qu'elle est et puis l'épreuve arrive, la voici menacée, et personne ne s'entend sur le sens de ce mot. Les premiers venus, dont je suis, pensent que la paix est l'absence de guerre et qu'une politique pacifiste est une politique qui ne multiplie pas les chances de guerre. Ils pensent, en outre, qu'on a d'autant moins le droit de courir ces chances que la guerre à venir menace d'être plus générale et plus destructive. Autrement dit, s'il faut être prudent quand il s'agit de risquer une guerre de canons et d'avions entre la France et l'Allemagne, il faut l'être d'autant plus quand il s'agit d'une catastrophe où les continents seront atomisés.

Mais que vous énonciez ces évidences, et de tous les côtés de l'horizon politique, au nom de la paix elle-même, on vous accuse de faire déjà la guerre sans le savoir. Les communistes interprètent tout désir de paix, exprimé de cette manière, comme une aide objective apportée aux Américains. *Le Rassemblement* (et, ma foi, *le Populaire* aussi) vous expliquent sans délai que, objectivement encore, cette prudence naïve sert l'impérialisme russe. Tous ensemble dénoncent en même temps l'aveuglement ou la stupidité qu'il y a à vouloir lutter sur deux fronts.

Bien entendu, le malheureux qui avançait cette opinion n'a jamais dit qu'il voulait lutter sur deux fronts. Il posait le problème autrement, croyait-il. Mais comme il est immédiatement attaqué des deux côtés, à son corps défendant, on a beau jeu de lui démontrer qu'objectivement, toujours, cela revient à lutter sur deux fronts et que cela est utopique. C'est ainsi qu'aujourd'hui on démontre que l'histoire a une logique, en y introduisant la logique de force. Par exemple, la logique historique veut que tout anticommuniste devienne fasciste de droite. Ce n'est naturellement pas prouvé et il y a des exemples du contraire. Mais alors on insultera tous les jours, pendant des années, l'anticommuniste, pour que, éperdu de rage et d'indignation, il aille se fourrer dans la première phalange venue au milieu des cris de joie de l'autre clan, qui acclame ce beau triomphe de la dialectique. De même, l'amateur de paix se verra, au nom de la logique ou au nom des réalités, bousculé par les deux fronts jusqu'à ce qu'il se décide à choisir le bon. Et quand tout le monde aura ainsi fait son choix, il n'y aura plus en présence que deux groupes adversaires, bien décidés à s'imposer l'un à l'autre l'idée qu'ils se font de la paix. C'est ainsi que les affaires du monde avancent.

Après tout, n'étant pas sûr de tout savoir et de tout comprendre, je me sens tout prêt à réfléchir aux arguments de nos contradicteurs. Mais une chose me frappe.

Que leur position soit vraie ou fausse, elle est toujours agressive, elle exige le choix immédiat entre l'un ou l'autre camp. Si la position naïve, comme ils disent, était seulement utopique, il me semble qu'il n'y aurait pas d'inconvénient à la laisser s'exprimer. Mais des deux côtés on lui reproche de stériliser des énergies qui devraient être mobilisées au service de la bonne cause. D'où il devient clair qu'on se trouve en présence d'idéologies conquérantes qui se proposent de faire triompher définitivement un camp sur l'autre.

Là encore, je puis essayer de comprendre. Mais avant de faire cet effort, je voudrais qu'on cessât au moins de nous mystifier. Car il faut dire alors et ouvertement que la seule paix concevable est, pour les uns, la paix américaine et, pour les autres, la paix soviétique. Et, l'ayant dit, il faut admettre ouvertement qu'une telle conception a plus de chances d'accroître les risques de guerre que de les diminuer. Le langage clair serait de dire publiquement que les U.S.A. étant le seul obstacle à l'établissement du système russe dans le monde, ou l'U.R.S.S. étant la seule menace à la liberté du monde, il faudra tôt ou tard que cette menace ou cet obstacle soient abattus. On sera tout à fait libre ensuite de déclarer que ce langage-là est pacifique. L'opinion publique pourra toujours en juger.

Je ne pense pas, pour ma part, que le problème se pose de cette façon. Il me paraît au contraire probable que les problèmes de la paix et de la guerre seront réglés au-dessus de nos têtes et qu'il se peut qu'un arrangement, provisoire ou définitif, entre les impérialismes en lutte vienne mettre dans une fâcheuse position ceux qui donnent tant d'éclat à leur choix d'aujourd'hui. Ils connaîtront alors la lutte sur les deux fronts, eux aussi. Mais enfin, puisque le choix est fait, il vaut mieux lui donner une forme claire et dire ce qu'on est décidé à accepter. Pour ma part, et puisque je ne parle ici qu'en mon nom, il me semble que, dans l'incertitude où nous sommes, il est préférable de s'engager sur la voie la plus lente de la démocratie internationale et de donner une voix à tout ce qui peut nous en rapprocher. J'ai naturellement des passions politiques qu'il m'est arrivé d'exprimer.

Je veux, comme tout le monde, la liberté et la justice sociale et je crois que, si ces notions contradictoires peuvent se rejoindre dans un compromis plus souple, c'est en Europe que cela se fera. Mais si même l'Europe était aujourd'hui une force égale en puissance aux empires qui se menacent, je ne voudrais pas que, pour triompher, elle passât par le chemin d'une troisième guerre. La somme des destructions et des souffrances qui s'abattraient alors sur le monde rendrait tout avenir historique imprévisible.

Et je ne donnerais pas cher de la liberté ni du socialisme dans un monde exsangue, où la douleur elle-même serait sans voix.

Quelles que soient nos espérances et nos rages, malgré l'affreuse amertume et la honte qui peuvent nous prendre à la pensée des bagnes où d'immenses troupeaux d'hommes se survivent encore, nous ne devons pas perdre de vue que la paix nous laisse encore une chance de voir ces injustices réparées, tandis que la guerre ne nous permet d'en imaginer aucune. La condition qui nous est ainsi faite est dure, humiliante, parfois insupportable. Mais, à moins de céder au vertige des apocalypses ou à l'orgueil d'une raison aveugle, il n'en est point d'autre que nous puissions choisir, si nous voulons rester fidèles, dans ce monde impitoyable, à ce qu'il y a de plus fragile dans l'homme. Et pourquoi, me dira-t-on, faire quelque chose pour la faiblesse de l'homme ? C'est qu'il faut bien faire quelque chose pour sa grandeur.

Albert Camus.

Franc-Tireur, 7 décembre 1948.

JE RÉPONDS

— *Que faites-vous là ?*
— Ce que nous pouvons.

— *À quoi cela sert-il ?*
— À quoi sert l'O.N.U. ?

— *Pourquoi Davis ne va-t-il pas en Russie soviétique ?*
— Parce qu'on ne l'y laisse pas entrer. En attendant, il le dit au délégué soviétique comme aux autres.

— *Pourquoi Davis ne va-t-il pas parler aux U.S.A. ?*
— Soyons logiques. Vous dites tous les jours que l'O.N.U. est une colonie américaine.

— *Pourquoi n'abandonnez-vous pas la nationalité française ?*
— C'est une bonne objection, un peu perfide, ce qui est naturel puisqu'elle nous vient de nos amis. Voici ma réponse : Davis a abandonné de très nombreux privilèges en abandonnant la nationalité américaine. Or être français suppose, aujourd'hui, plus de charges que de privilèges. Il est bien difficile, si on a de l'exigence, de renoncer à son pays quand il est dans le malheur.

— *Le geste de Davis ne vous paraît-il pas spectaculaire, partant suspect ?*
— Ce n'est pas sa faute si la simple évidence est aujourd'hui spectaculaire. Toute proportion gardée, Socrate aussi donnait des spectacles permanents sur la place des marchés. Et on n'est pas arrivé à lui prouver qu'il avait tort, sinon en le condamnant à mort. C'est justement la forme de réfutation qui est la plus usitée dans la société politique contemporaine. Mais c'est aussi la manière la plus ordinaire qu'a cette société d'avouer sa dégradation et son impuissance.

— *Ne voyez-vous pas que Davis sert l'impérialisme américain ?*
— Davis, en abandonnant la nationalité américaine, se désolidarise de cet impérialisme-là comme des autres. Cela lui donne le droit de condamner cet impérialisme, droit qu'il me paraît difficile d'accorder à ceux qui veulent limiter toutes les souverainetés, sauf la soviétique.

— *Ne voyez-vous pas que Davis sert l'impérialisme soviétique ?*
— Même réponse que la précédente en inversant, j'ajoute ceci : LES IMPÉRIALISMES SONT COMME LES JUMEAUX, ILS GRANDISSENT ENSEMBLE ET NE PEUVENT SE PASSER L'UN DE L'AUTRE.

— Les souverainetés sont des réalités, ne voyez-vous pas qu'il faut tenir compte des réalités ?

— Le cancer aussi est une réalité. On cherche pourtant à le guérir et personne n'a eu encore le front de dire que pour guérir un cancer qui s'est greffé sur un tempérament trop sanguin, il faille manger de plus en plus de beefsteacks. Il est vrai que les médecins ne se sont jamais pris pour des chefs d'église qui détiennent toute la vérité. C'est leur avantage sur nos hommes politiques.

— Cela empêche-t-il que dans les circonstances historiques actuelles la limitation des souverainetés soit une utopie ? (Objection présentée par le Rassemblement, *article non signé.)*

— C'est le général de Gaulle qui va répondre au Rassemblement. Il dit en effet, à propos de la Ruhr, qu'on n'était pas obligé d'avoir une bonne solution en main pour discerner et refuser une mauvaise solution. Par ailleurs, Davis propose une solution et c'est vous qui la déclarez utopique. Vous nous faites penser à ces chefs de famille qui, au nom des réalités justement, mettent en garde leur rejeton contre l'esprit d'aventure. Finalement il arrive que le rejeton honore la famille dans la mesure où il a désobéi à son père et quitté l'épicerie natale. L'histoire ainsi n'est jamais qu'une utopie qui prend chair.

— Ne voyez-vous pas que les U.S.A. sont le seul obstacle à l'établissement du socialisme dans le monde ? (Cette question se trouve formulée parfois d'une autre manière : Ne voyez-vous pas que l'U.R.S.S. est le seul obstacle à la liberté du monde ?)

— Si vous avez la guerre que vous prévoyez avec une obstination digne d'un meilleur emploi, la somme des destructions et des souffrances qui s'abattront sur le monde, et dont la deuxième guerre mondiale ne donne qu'une faible idée, rendra tout avenir historique imprévisible. Je ne donnerai pas cher ni de la liberté ni du socialisme dans une Europe couverte de ruines et où les hommes n'auront même plus la force de crier leur douleur.

— Cela veut-il dire que vous choisirez la capitulation plutôt que la guerre ?

— Je sais que certains d'entre vous donnent volontiers à choisir entre la pendaison ou la fusillade.

C'est l'idée qu'ils se font de la liberté humaine. Nous, nous faisons ce que nous pouvons pour que ce choix ne devienne pas inévitable. Vous, vous faites ce qu'il faut pour que ce choix devienne inévitable.

— Mais s'il est inévitable, que ferez-vous ?

— Si vous arrivez, ce que je ne crois pas, à rendre cela inévitable, nous n'aurons pas d'autre choix que l'agonie du monde. Le reste, c'est du journalisme, et du pire.

J'ai terminé et je poserai, pour finir, une question à nos contradicteurs. C'est bien mon tour. Sont-ils sûrs, dans le fond de leur cœur, que la conviction politique ou la doctrine qui les anime est assez infaillible pour qu'ils rejettent sans y réfléchir les avertissements de ceux qui leur rappellent le malheur de millions de créatures, le cri de l'innocence, le bonheur le plus simple, et qui leur demandent de mettre ces pauvres vérités en balance avec leurs espérances même légitimes. Sont-ils sûrs d'avoir suffisamment raison pour risquer ne fût-ce qu'une chance sur mille de rapprocher encore le danger de la guerre atomique. Oui, sont-ils si sûrs d'eux-mêmes, et si prodigieusement infaillibles qu'il leur faille passer sur tout, c'est une question que nous leur posons, qui leur a déjà été posée et dont nous attendons toujours qu'ils y répondent.

Albert Camus.

La Patrie mondiale, décembre 1948.

RÉPONSE À L'INCRÉDULE

ALBERT CAMUS À FRANÇOIS MAURIAC

Vous répondre, c'est m'étonner. Vous ne ferez pas, cependant comme *le Populaire* qui prend pour une agression mon simple étonnement à voir que les socialistes, non seulement ne sont pas les premiers à soutenir une initiative solitaire pour la paix, mais s'oublient jusqu'à la couvrir d'ironies. On est bien seul dans l'Église, avez-vous écrit. Jugez des sentiments de ceux qui n'ont pas la foi pour se consoler de leurs Églises !

Quelques écrivains et moi avons été pressentis pour protéger par notre solidarité un homme qui avait accompli, seul, un acte courageux et significatif et en avait été récompensé par les ricanements d'une presse qui ne manque jamais une occasion, vous le savez, de faire honneur à ce pays. Il s'agissait en somme de défendre Davis contre la bureaucratie et d'attirer l'attention sur son témoignage. Il nous a semblé que nous ne pouvions pas refuser cela. Et tout aussitôt nous voilà Chamberlain, Daladier, ou Marcel Déat. Passe encore qu'un de mes anciens collaborateurs de *Combat* écrive, sans apparence de honte, dans *le Rassemblement*, que je me repens d'avoir été résistant. Après tout je sais qu'il n'est pas orfèvre. Passe encore que je trouve une nouvelle fois mon juge d'instruction en la personne, si j'ose dire, de M. Pierre Hervé. Il est ainsi des vocations irrésistibles et nous savons désormais que la police est un apostolat. Mais quant à vous, il faut que je m'étonne.

Bien que je ne voie pas de raisons à la façon dédaigneuse dont vous parlez des intellectuels du Comité Davis, je vous concéderai volontiers que la qualité d'écrivain ne suppose pas forcément l'infaillibilité. Mais, en somme, cette vérité, M. Mauriac, est générale. Et il arrive aussi qu'on puisse être écrivain sans manquer absolument de courage intellectuel. Je n'ai pas qualité pour parler au nom de mes amis, mais enfin je ne leur ai jamais entendu dire que l'impérialisme soviétique fût une contingence. Et pour quelques-uns du moins, ils le reconnaissent comme un fait, ajoutant qu'ils n'accepteront jamais le socialisme concentrationnaire (plus concentrationnaire à vrai dire que socialiste). Bref, ils ne ruseront pas avec les faits. Leur bonne foi les place donc sans défense devant la question que vous leur posez. Si Garry Davis réussit à propager ses conceptions, puisqu'il est vraisemblable qu'il ne pourra le faire qu'en Occident, ceci ne risque-t-il pas de précipiter la victoire de l'impérialisme russe ?

Laissez-moi d'abord prendre le problème en sens inverse. Supposons que vous ayez tout à fait raison. Que devez-vous faire ? Ce que vous ne faites pas. Car si le danger russe prime tous les autres, dans le temps et dans l'espace, et si le recul devant la guerre risque de rapprocher encore ce danger, alors, toutes affaires cessantes, il nous faut prendre les mesures qui s'imposent en acceptant qu'elles puissent amener la guerre. Il faut nous appuyer immédiatement sur la seule force qui puisse freiner les Russes et les arrêter, le cas échéant, c'est-à-dire les États-Unis, dont nous adopterons forcément (avec bonne ou mauvaise humeur, cela ne changera rien) la politique étrangère. Comme les Russes ont placé enfin les partis communistes en avant-garde, il nous faudra combattre le communisme en nous appuyant sur le seul mouvement qui, en France, soit capable de s'opposer par la force au communisme, c'est-à-dire le gaullisme. À ma connaissance, vous ne faites ni l'un ni l'autre, et je ne dis pas cela pour le vain plaisir de vous mettre en contradiction avec vous-même, mais pour vous inspirer une indulgence plus soutenue envers notre incohérence, à supposer qu'elle existe. Dans tous les cas, il faut reconnaître qu'à partir du moment où l'on pense en termes d'impérialisme, d'agression et de tactique, de guerre froide enfin, la position que je viens de définir est la seule logique. Si je ne me trompe, elle est celle des quelques hommes sincères qui ont rejoint de Gaulle.

Personnellement, je trouve cette logique inévitable à partir du moment où l'on pense comme vous. Mais j'ai quelque chose contre ses conséquences et je vais continuer à développer la position qui devrait être la vôtre. En termes de guerre froide, il faudrait tout subordonner, en France, à la lutte contre le parti communiste, ce qui suppose quelques limitations à l'idée qu'à tort ou à raison nous nous faisons de la démocratie, et tout plier à la nécessité de développer notre puissance militaire, ce qui n'ira pas sans inconvénients pour notre économie. Quand je dis que ces inconvénients seront supportés, d'abord, par les travailleurs de toutes classes, il me semble que je reste dans les limites de la vraisemblance. À l'extérieur, pour servir, en réalistes, la guerre froide, il vous faudra passer sur quelques-unes de vos répugnances. Si Tsaldaris vous sert mieux contre le bolchevisme, il vous faudra fermer les yeux sur les exécutions d'Athènes, les îles de la relégation et la politique de répression. Il y a mieux. Vous avez été un des premiers à vous élever contre la rébellion de Franco, l'on doit vous rendre cet hommage. Mais puisque Franco a donné des gages militaires aux États-Unis, puisqu'il fait barrage à la Russie, il vous faudra le supporter, souhaiter sa prospérité, et, à l'occasion, lui serrer la main. Si vous ne le faisiez pas, vous serviriez l'impérialisme russe. En bref, si vous n'acceptez pas, pour commencer, une aggravation de l'injustice sociale, une limitation de nos libertés, les exécutions grecques et les prisons franquistes, vous servez, tout comme nous, l'impérialisme russe.

Il y a mieux, et d'autres conséquences surviennent qui me paraissent difficiles à digérer. Car si, dans l'esprit de certains, la guerre froide est le seul moyen d'éviter la guerre tout court, sans servir l'impérialisme russe, ils se trouvent, à mon avis, dans un dilemme aussi embarrassant que le nôtre. L'impérialisme russe étant ce qu'ils disent, il n'y a pas de doute que le temps travaille pour lui, que les Russes auront un jour la force atomique couronnant une économie restaurée et qu'ils seront prêts, ce jour-là, pour l'empire du monde. Les partisans de la guerre froide sont donc obligés d'accepter l'idée de la guerre préventive ou de supporter de s'entendre dire, sans pouvoir se justifier, par des hommes plus réalistes qu'eux : « En ne déclarant pas la guerre tout de suite, vous servez l'impérialisme russe. » C'est qu'au raisonnement dont vous acceptez les prémisses il n'y a pas d'autre conclusion : « Tout vaut mieux que la domination soviétique, même la guerre atomique immédiate. »

Devant une telle conséquence, je suis sûr que vous comprendrez peut-être nos répugnances. Comment pourrions-nous applaudir à tant de folle assurance, forcés que nous sommes de mesurer notre ignorance, de comparer une menace que nous connaissons bien et une autre qu'il nous faut imaginer. Pourtant les avertissements ne nous ont pas manqué. Quand Niels Bohr, qui, lui, se tient forcément au courant, écrit : « Un million d'êtres humains pourraient exploser et perdre leur vie en une seule journée »; quand il ajoute : « Ces chiffres effraient, mais ils sont encore au-dessous de la réalité », il me semble qu'on doit peser le pour et le contre, un peu plus longtemps que vous et d'autres ne le font. Je sais bien que Paulhan trouve sot de dire que les guerres sont funestes parce qu'elles détruisent des êtres humains. Je m'obstine personnellement dans cette sottise, mais si même nous tenons les morts pour négligeables, il faut bien dire qu'après une série d'explosions de ce genre notre conception de la liberté aura du mal à s'acclimater dans une Europe éventrée et dans une France dont vous savez, dont tout le monde sait, qu'elle ne se relèvera pas d'une troisième guerre mondiale !

Dans tous les cas, un raisonnement qui nous amène à choisir entre les cimetières et les camps de concentration, est peut-être rigoureux. Mais, la rigueur mise à part, on ne m'ôtera pas de l'idée qu'il doit lui manquer quelque chose. Peut-être, à force de rigueur, nous contraindra-t-on un jour à ce beau choix. Chacun fera ce jour-là ce qu'il devra. Après tout, les hommes de ma génération sont préparés au pire, et puis il est bien vrai que je ne me sens pas disposé à accepter n'importe quelle paix. Mais il faut savoir du moins que ce que nous ferons ou ne ferons pas alors n'aura d'importance que pour nous. Les mouettes crient aussi dans la tempête, mais je suppose que c'est pour leur plaisir personnel.

Arrivés ici, trouvez-vous toujours utile de charger de vos dédains des hommes qui essaient de découvrir les deux ou trois chances qui permettraient de sauver en même temps la paix et la liberté et qui cherchent encore à réfléchir. Car il ne s'agit de rien d'autre. Vous pouvez moquer le grain de sel que Davis cherche à mettre sur la queue de la colombe. Il y a évidemment une façon de s'emparer de la colombe de la paix sans se donner le ridicule du grain de sel, c'est de la foudroyer à bout portant. Cette méthode rigoureusement efficace est, sans aucun doute, de celles dont Davis ne veut pas. Il s'est refusé à choisir la belle rigueur des machines à tuer et s'est contenté pour le moment de mettre en lumière le mensonge et l'absurdité de notre société internationale. Les rêves que vous ou d'autres lui prêtez, vous ne les avez sûrement pas trouvés dans ce qu'il dit ou fait. Vous avez été mal informé, ce qui arrive à tout journaliste.

Vous avez l'air de considérer en effet qu'il s'agit d'un objecteur de conscience. Où avez-vous pris cela ? Je n'ai jamais entendu Davis dire qu'il fallait refuser toute guerre. Il a déclaré qu'il serait le premier à s'engager comme pilote dans une force de police internationale. Il a seulement jugé qu'il y avait encore une possibilité pour que la guerre ne se produisît pas, et pour que la vraie chance se présentât ainsi de voir mourir seules les tyrannies, au lieu de les faire mourir en même temps que l'Europe. Il a dit ce que tout le monde pense, que le seul organisme qui soit chargé de la paix du monde est stérilisé par le raidissement des souverainetés. Par son geste, il a mis en lumière cette contradiction essentielle. Et il a montré à tout organisme international, présent ou futur, quels devaient être les vrais buts d'une Société des Nations. C'est tout, c'est énorme, et c'est ce qui nous a paru mériter notre adhésion. Dites-moi seulement, qui fera le mieux réfléchir les délégués de l'O.N.U., s'ils le peuvent encore, l'adresse que vous avez signée avec 500 intellectuels ou le geste de Davis.

Je pense que c'est Davis, voilà toute ma raison. Je pense qu'il faut encore essayer de sauver l'Europe et notre pays d'une catastrophe démesurée. Il faut sauver le plus de vies que l'on peut pour préserver les énergies qui changeront peut-être la face de la guerre et de la paix. Puisqu'il ne s'agit pas encore de guerre et de capitulation, puisque la France ne peut se battre sans les armes des autres, je trouve à la fois utiles et décentes toutes les entreprises qui ne parient pas pour une guerre inévitable et qui ne nous amènent pas à choisir entre deux sortes de hontes, celle de la capitulation et celle qui consiste à faire silence sur les tueurs grecs et la répression espagnole. À l'heure où tout le monde est contraint de parler, il me semble préférable de parler pour un espoir raisonnable. Ni Davis ni ceux qui l'ont accueilli ne prétendent apporter la vérité au monde. Ils savent bien que leur voie finalement est ailleurs, et leur vrai métier. Ils ont seulement poussé un cri d'alerte, selon leur état, et il est bien possible que ce cri soit poussé dans le désert. Mais avant d'en sourire, considérez au moins le sale air de honte et de calcul qu'on voit aux vérités et aux Églises qui ont cours forcé aujourd'hui et vous du moins, vous surtout, ne nous jetez pas la première pierre.

Albert Camus.

Combat, décembre 1948.

LETTRE AUX ÉCRIVAINS JAPONAIS

Dai Nippon Yubenkai Kodansha
3-19 Otowamachi
Bunkyoku
Tokyo (Japan)

Paris, le 9 octobre 1950.

Monsieur,

Je vous remercie de votre lettre. Je ne suis qu'un écrivain solitaire et ce que je pourrai dire sur la paix et sur la guerre ne changera rien aux événements. Il y a très peu d'hommes qui aient le goût véritable de la paix. Mais il y a aussi très peu d'hommes qui aient une idée juste de l'art, ou de l'amour par exemple. Et ce ne sont pas ces hommes-là qui font l'histoire. Ce sont les autres qui ne savent rien, ou presque, et qui tâtonnent, dans les ténèbres, pleins de bonne volonté et de fascination. Tout ce que nous pouvons faire est d'ajouter à la création, le plus que nous le pouvons, pendant que d'autres travaillent à la destruction. C'est ce long, patient et secret effort qui a fait avancer réellement les hommes depuis qu'ils ont une histoire. Dans ce duel, apparemment inégal, ce sont les forces de création qui triomphent toujours. C'est qu'on ne peut pas tout détruire, il y a toujours un reste, même des ruines, même la poussière. Tandis qu'on crée toujours quelque chose.

Courage donc pour nous tous et travaillons. Au temps du sabre, l'honneur était de se battre. Quel honneur y a-t-il maintenant à lancer ou recevoir des bombes ? L'honneur dans le monde moderne est de se taire et de créer.

Je salue les créateurs japonais, et eux seuls.

Albert Camus.

VII

L'INCROYANT ET LES CHRÉTIENS

Il est certain que la guerre a modifié les réactions de Camus à l'égard du christianisme. Le problème religieux apparaît peu dans ses préoccupations au-delà de la vingt-deuxième année, bien que le sens du tragique et du sacré ne l'ait jamais abandonné. Après *Noces* qui célèbre les joies du corps en dépit ou à cause de la mort, Meursault jette au visage de l'aumônier son refus des consolations religieuses, *le Mythe de Sisyphe* nous attache à l'absurde comme à quelque rocher et *le Malentendu* fait cruellement éclater le silence du ciel.

Une occasion lui sera bientôt donnée pourtant d'exprimer son sentiment sur la foi : en 1943, *les Cahiers du Sud,* auxquels collaborent alors Sartre, Brion, Rousselot, Éluard, Audisio, etc., lui confient l'analyse du *Portrait de M. Pouget* par Jean Guitton. Tout en précisant nettement que, depuis l'armistice, « M. Guitton a publié des écrits et articles auxquels je n'apporterai pas la même approbation », il se félicite que la « méthode, si généreuse et si modeste » de M. Pouget, laisse intacte la question de la foi. « Le choix reste entier. Il est ramené dans son vrai climat. »

Faisant allusion aux exégètes, il ajoute qu'à son gré, « on a beaucoup trop mélangé en effet depuis cent ans les affaires de la foi et de la science... » Et il précise indirectement sa position d'une note : « En fait, l'incrédulité contemporaine ne s'appuie plus sur la science comme à la fin du siècle dernier. Elle nie à la fois science et religion. Ce n'est plus le scepticisme de la raison en face du miracle. C'est une incroyance passionnée. » (Avril 1943.)

Ce qu'il faut entendre par là, la correspondance avec Ponge le précise. Comme celui-ci l'interrogeait sur son prochain séjour à Saint-Maximin, il lui répond le 30 août 1943 : « J'ai des amis catholiques* et pour ceux d'entre eux qui le sont vraiment, j'ai plus que de la sympathie, j'ai le sentiment d'une partie liée. C'est qu'en fait, ils s'intéressent aux mêmes choses que moi. À leur idée la solution est évidente, elle ne l'est pas pour moi... Mais ce qui nous intéresse eux comme vous, c'est l'essentiel. » Et Camus renvoie dos à dos chrétien et communiste qui croient l'un et l'autre, selon lui, à un absolu, dans ce monde ou dans l'autre. Pour lui, il en reste à cette confiance en l'homme qu'il affirmait le 11 août : « Dans un monde où tant de choses sont illusoires, je ne rencontre que l'homme sur quoi on puisse s'appuyer. »

Ponge, qui était alors communiste, lui répond le 7 septembre et conteste que le communisme ait une « prétention métaphysique ». Aux catholiques, qu'il tient pour des « étouffeurs », il oppose la

---

* Qu'on pense à Leynaud et au Père Bruckberger. R. Q.

volonté d'agir sur sa propre histoire et de vaincre la neurasthénie de l'absurde. Au sein même de l'absurde, il choisit l'ordre futur.

Le 20 septembre, de retour à Panelier, après ce séjour à Saint-Maximin où il a trouvé « le silence intérieur dont [il avait] besoin », Camus lui répond : si la philosophie chrétienne n'est pas la sienne, il se refuse à lui prêter des intentions méprisables ; utilisée par l'injustice, elle n'a pas été conçue pour elle. « On ne doit pas juger une doctrine sur ses sous-produits mais sur ses sommets. » Il cite alors Newman, Pascal, Bernanos. « Ce qui s'oppose au christianisme, c'est cette bouleversante création humaine qui s'appelle la justice. » Évoquant le communisme, il lui oppose un souci d'honneur et d'honnêteté (il médite de faire prononcer ce mot par un personnage de *la Peste*) indépendant de toute préoccupation tactique : « Je ne serai jamais un tacticien, même s'il faut en crever. » Déjà, il définit sa morale comme celle du sport.

Au marxisme, il reproche un « rationalisme démesuré » : « Je crois que le rationalisme absolu est la plus profonde des erreurs humaines. » Pour sa part, il refuse toute forme de messianisme et entend se contenter de « donner une forme au relatif ». L'essentiel des préoccupations de *l'Homme révolté* se retrouve dans ces lettres*.

La conférence intitulée *l'Incroyant et les Chrétiens* fut prononcée au couvent de la Tour Maubourg, non pas en 1948, mais en décembre 1946. D'après le bibliothécaire de la Maison Saint-Dominique, c'est sur l'initiative du Père Maydieu, aujourd'hui décédé, que fut fait cet exposé. Je n'ai pu retrouver le texte intégral. Un compte rendu en fut donné en avril 1949 par L. Roynet, dans *la Vie intellectuelle*, sous le titre : *Albert Camus chez les chrétiens*. L. Roynet donne en italique les propos de Camus tels qu'il les a notés, et certaines réflexions du commentateur permettent de déduire ce qu'a dit Camus par ailleurs. Finalement la lecture de ce texte n'ajoute rien au texte d'*Actuelles*.

R. Q.

PORTRAIT D'UN ÉLU

L<small>E</small> *Portrait de M. Pouget* a paru avant la guerre, en livraisons, dans une revue dont l'influence ne dépassait pas certains cercles. On ne peut dire que l'ouvrage à ce moment ait connu autre chose qu'une répu-

---

* Dans l'*Interview de Stockholm* (9 décembre 1957) Camus a longuement répondu à des questions sur le problème religieux, résumant sa pensée par cette formule : « Je n'ai que vénération et respect devant la personne du Christ, et devant son histoire. Je ne crois pas à sa résurrection. »

tation sûre, mais discrète. Il vient d'être édité en volume*
et il semble encore qu'on n'en ait pas beaucoup parlé en
zone non occupée. C'est que, malgré les apparences,
le monde n'a pas changé depuis la guerre. Il est toujours très bruyant. Et pour peu qu'une voix mesurée
entreprenne de nous parler d'un exemple austère et pur,
elle a chance de ne pas être entendue. Pour un livre,
se faire entendre veut dire dépasser le cercle, restreint
ou étendu, qui lui est acquis avant même sa parution.
Je ne doute pas, bien entendu, que *le Portrait de
M. Pouget* n'ait été lu avec enthousiasme dans les milieux
catholiques. Mais il serait bon que des lecteurs très différents aient l'occasion de méditer ce beau livre et je
voudrais justement apporter ici le témoignage d'un
esprit étranger au catholicisme.

C'est une entreprise singulièrement ardue que de
mettre en scène l'intelligence et la modestie, d'en tenter le portrait et de se faire le romancier d'une aventure
spirituelle. *Le Portrait de M. Pouget* appartient à un
genre difficile à définir, plus délicat encore à apparenter. Ce n'est pas l'amitié qui l'inspire, Montaigne
parlant de La Boétie, ce serait plutôt la vénération. Alain
tentant de faire revivre Jules Lagneau. Il y a toujours
quelque chose d'émouvant dans l'hommage qu'un
homme rend à un autre homme. Mais qui pourrait se
vanter de définir ce sentiment si prenant qui lie certains
esprits par les liens du respect et de l'admiration. C'est
une parenté quelquefois plus solide que celle du sang.
Bien pauvre en effet qui n'a pas eu cette expérience,
heureux qui, l'ayant eue, s'y est abandonné. C'est une
expérience de ce genre en tout cas que M. Guitton nous
rapporte.

Qui était M. Pouget ? Un vieux prêtre lazariste aux
trois quarts aveugle qui réfléchissait sur la Tradition et
recevait quelques étudiants dans la petite cellule où il
achevait sa vie. Celle-ci peut se résumer en quelques
mots : paysan, séminariste, professeur, infirme et quarante
ans de retraite studieuse à la Maison des lazaristes. Elle
est donc privée de ces coups de théâtre qui alimentent les
biographies brillantes. Les seules péripéties de cette

---

* Gallimard.

existence sont enfermées dans une interminable réflexion sur la Tradition et les textes. Ainsi, faire la biographie de M. Pouget revenait à écrire un petit manuel d'exégèse et d'apologétique, à faire entrevoir une figure spirituelle derrière ses œuvres, sa méthode et ses idées.

Ces idées étaient nuancées. M. Pouget les avançait avec beaucoup de précaution. Et M. Guitton a mis toute la mesure et le respect qu'il fallait dans leur exposition. Les résumer, c'est par conséquent les trahir. Le lecteur remédiera à cet inconvénient en ayant sans cesse à l'esprit l'indice de correction nécessaire. Devant tout ce qui suit, en effet, M. Pouget aurait été et M. Guitton serait en droit de s'écrier : « C'est bien plus compliqué que cela ! »

Tout l'effort de M. Pouget semblait être de trouver le chemin moyen entre la foi aveugle et la foi raisonnante. Il ne voulait pas soutenir ce qui est insoutenable, défendre dans l'Écriture des ambitions qu'elle n'a jamais eues. M. Pouget jetait du lest. Tout dans les Écritures lui paraissait inspiré, mais tout ne lui paraissait pas sacré. Il fallait faire un choix. Du point de vue d'une orthodoxie entêtée, cela pouvait être dangereux. En réalité, cela n'a pas manqué de l'être. M. Pouget, semble-t-il, souffrait de disgrâce officielle. Il s'en tirait en s'exerçant à la sérénité et en posant un postulat : « L'Église n'est pas infaillible à cause des preuves qu'elle propose, mais à cause de l'autorité divine avec laquelle elle enseigne. » Ceci dit, il s'agissait pour lui de faire la part du feu, de discerner un minimum irréprochable dans les textes et de démontrer que ce minimum suffisait à prouver les vérités de la foi. M. Pouget remarquait par exemple qu'on demande aux Évangiles une rigueur historique que personne n'aurait l'idée d'exiger des historiens de l'antiquité ou du Moyen Âge. Il faut bien compter pourtant avec la mentalité particulière à chaque temps, avec les sautes du climat moral à travers les siècles. Et il faut distinguer soigneusement dans l'Écriture ce qui revient à l'inspiration divine et ce qui provient de la mentalité propre à une certaine époque. Ainsi la Bible, très longtemps, a précipité dans le même enfer, sans discernement, les bons et les méchants. L'Ecclésiaste le dit formellement : « Mais les morts ne savent rien et il n'y a plus pour eux de salaire. » C'est que l'idée d'une récompense morale était étrangère au milieu juif primitif. On ne saurait défendre ces textes par conséquent et leur extorquer, au moyen d'une torture par l'allégorie, l'aveu d'une inspiration divine.

À qui se serait étonné de l'insouciance de Dieu qui, apparemment, laisse ainsi trahir sa pensée, M. Pouget aurait reparti qu'il pouvait bien s'agir plutôt d'un plan concerté. Dieu a proportionné ses révélations à la capacité de la créature. L'illumination divine est trop vive pour des yeux humains et la révélation doit être graduée. « Dieu est éducateur », disait M. Pouget.

Il a fallu arriver au xxe siècle pour croire qu'on pouvait philosopher sans savoir son orthographe. Cette idée aurait scandalisé M. Pouget. La pédagogie divine, comme toutes les pédagogies raisonnables, procède au contraire par étapes. Elle ne vaticine pas, elle enseigne. Elle temporise avec l'esprit humain et le laisse respirer. Dieu s'est fait ainsi politique et réaliste. M. Pouget parlait volontiers d'un nouvel attribut divin, la condescendance (qu'il faudrait, je suppose, prendre au sens précis : descendre au niveau de...) La maxime divine serait ainsi, selon notre auteur : « Ni trop, ni trop tôt, ni trop à la fois. » Le résultat, c'est que Dieu a fait coïncider son enseignement avec l'histoire. L'histoire, c'est la série des manœuvres divines pour faire pénétrer les lumières de la vérité au cœur aveugle de la créature. Il faut prendre par conséquent la révélation dans son développement, dans son effort obstiné pour se dégager des écorces successives de préjugés séculaires. La science historique est sacrée. Et M. Guitton peut objecter avec quelque force aux critiques : « Ce qui est remarquable, ce n'est pas que le judéo-christianisme se revête de mentalités, c'est qu'il s'en évade. » Notons enfin que l'Église appuie cet effort par son propre travail de définitions dont M. Pouget remarque qu'il est presque toujours négatif. L'Église laisse toute liberté aux théologiens. Elle repousse seulement les théories qui menacent l'existence de la foi à leur époque. La Révélation enseigne ce qui est, l'Église repousse ce qui n'est pas. Cette dernière aurait ainsi à faire respecter la marche de la vérité, à empêcher qu'on la précipite et qu'on l'égare. Les hérétiques, en somme, seraient ceux qui veulent aller plus vite que Dieu. Pour l'impatience, point de salut.

Ces principes de minimum, de mentalité et de développement fondent la méthode de M. Pouget. Elle ne prend pas le problème à sa racine, il est vrai. La racine, c'est le problème de l'être et M. Pouget semblait se méfier de la métaphysique. En tout cas l'estime intellectuelle qu'inspire son entreprise fait une obligation au commentateur de rester sur le plan choisi par l'auteur. Sur ce plan cependant, cette méthode offre le flanc à une grosse objection. Elle risque, en effet, de faire de la mentalité le vide-poche de l'exégèse. Tout ce qui contredit la foi revient à la mentalité : la discussion est évitée. M. Guitton, sur ce point, fait une réponse qui n'est qu'à demi rassurante : « La méthode vaut ce que vaut l'esprit qui la manie. » Il est vrai. Mais cela risque de supprimer le problème des méthodes. Il n'y aurait pas de bonnes ou de mauvaises méthodes, mais de bons et de mauvais esprits. Avec quelques nuances, cela ne me paraît pas extraordinaire à admettre. Mais cela semble au contraire surprenant pour un esprit qui se place dans la Tradition.

On est plus à l'aise, en revanche, pour signaler ce qui paraît sans prix dans la réflexion de M. Pouget. C'est qu'elle laisse le problème de la foi intact. Entendons-nous. Est-il besoin de le dire, pour M. Pouget lui-même, la question ne se posait pas. Mais toute exégèse suppose ses incroyants. Comme les *Pensées* de Pascal, la pensée de M. Pouget a une direction sous-entendue : elle est apologétique. Mais sa méthode ne cherche pas à emporter directement la conviction. Cela, c'est l'œuvre de la grâce. La critique de M. Pouget était négative et préparatoire. Elle visait à montrer que l'Écriture inspirée n'offre rien qui heurte vraiment le bon sens. Les textes divins ne peuvent pas être des obstacles sur le chemin de la foi. Ce sont des guides sûrs au contraire. « De tout cela, disait M. Pouget, on ne tire pas la foi, *ce qui est impossible*, mais des motifs suffisants de croire. » Ainsi, à l'égard de l'intelligence, une telle méthode, si généreuse et si modeste, laisse la question intacte.

Le choix reste entier. Il est ramené dans son vrai climat.

On a beaucoup trop mélangé en effet, depuis cent ans, les affaires de la foi et de la science*. Un examen plus souple, au contraire, rend toute liberté aux chrétiens et aux incroyants. Les premiers ne tentent plus de « démontrer » la révélation et les seconds ne tirent plus argument des généalogies fabuleuses de la Bible. Le problème de la foi ne gît pas dans des arguties. C'est par le bon sens que M. Pouget rend ses prestiges à la grâce. Il remet ici toute chose à sa place, seule façon de faire avancer l'esprit. Ce sont les vrais mérites d'une telle méthode. Et ces mérites, pour être discrets, sont à ce point inappréciables qu'ils font oublier la surprenante attitude qui, pendant trois siècles, mit à l'index Copernic et Galilée, ou qui érige en signe de la divinité la plus petite virgule de la Bible.

M. Pouget tient-il tout entier dans cette méthode? On s'attend peut-être à ce qu'à tout cela s'ajoute un parfum d'existence, une résonance plus humaine. Cette méthode même cependant devrait mettre les chercheurs dans le secret d'une grande âme. Quand M. Guitton écrit que le principe de M. Pouget dans sa recherche était « une indifférence courageuse vis-à-vis de ses désirs », il semble qu'on soit devant l'homme et pour une seconde au moins qu'on le saisisse à plein. On se sent tout à fait renseigné encore sur l'étendue de ce registre humain lorsque M. Pouget nous confie lui-même : « Il y a des moments, maintenant que j'approche de ma fin, où j'ai des questions qui tendraient à l'incrédulité. » Il serait puéril de grossir le sens de ces aveux. Ce sont les ombres significatives du portrait, ce pli de la lèvre que Piero della Francesca a donné au duc d'Urbin. Il ne serait rien sans le reste, les yeux durs, le nez impérieux et même le paysage du fond. Mais sans lui, ce visage perdrait son secret et son humanité.

Je peux ici, pour finir, répéter ma question du début : mais qui était M. Pouget? Aujourd'hui où l'Inde est à

---

* En fait, l'incrédulité contemporaine ne s'appuie plus sur la science comme à la fin du siècle dernier. Elle nie à la fois science et religion. Ce n'est plus le scepticisme de la raison en face du miracle. C'est une incroyance passionnée.

la mode, on est assuré de se faire entendre si l'on parle de gourou. C'est bien en effet à l'un de ces maîtres spirituels que ce prêtre fait penser. Seulement, cela ne peut se dire que de son influence. Son enseignement en effet ne vise pas à l'illumination, ni au dieu intérieur; ce gourou singulier a fait de la critique historique un instrument d'ascèse. Il s'adresse au bon sens pour appuyer la révélation de ce qui passe le sens. Je ne suis pas à même de juger s'il en a été récompensé dans ce qui lui tenait à cœur*. On peut au contraire facilement éprouver qu'un livre comme celui qui vient de lui être consacré n'est pas seulement un hommage, mais aussi une preuve de l'efficacité d'un tel enseignement. Car j'ai à peine parlé du livre lui-même, fidèle en cela, je le suppose, aux intentions de son auteur. Dans un autre livre de M. Guitton on lit que « l'élu est un être qui réalise son type idéal ». Dans ce sens, on peut dire que nous avons aujourd'hui « un portrait d'élu » qui me paraît une réussite exceptionnelle dans notre littérature. Il n'y fallait pas seulement du talent, mais ces puissants mobiles que sont l'admiration et la tendresse. M. Guitton en effet apporte de la clarté aux idées les plus délicates, et c'est un effet du grand style. Mais il met de la chaleur dans les abstractions et de la passion à l'objectivité. C'est un effet de l'âme. Une piété virile fait le reste et donne le ton de ce beau livre.

Il y aurait mauvaise grâce enfin à insister sur les réserves que peut inspirer à un esprit extérieur au catholicisme l'*a priori* moral que l'on sent à l'œuvre dans certaines pages du livre (130 et suivantes, 157). Il suffit de les noter. L'essentiel est que ce livre de bonne foi soit mis à sa vraie place : bien au-dessus des vains propos qui, de toutes parts aujourd'hui, résonnent comme la cymbale retentissante dont parle saint Paul**.

Albert Camus.

Cahiers du Sud, avril 1943.

* On remarquera cependant que la belle thèse de M. Guitton, sur le Temps et l'Éternité chez Plotin et saint Augustin, commence par une distinction méthodique entre l'esprit et la mentalité.

** *Le Portrait de M. Pouget* a été écrit avant la guerre. Depuis l'armistice, au contraire, M. Guitton a publié des écrits et des articles auxquels je n'apporterais pas la même approbation.

VIII

PRÉFACE À « L'ESPAGNE LIBRE »

Voici neuf ans que les hommes de ma génération ont l'Espagne sur le cœur. Neuf ans qu'ils la portent avec eux comme une mauvaise blessure. C'est par elle qu'ils ont connu pour la première fois le goût de la défaite, qu'ils ont découvert, avec une surprise dont ils sont à peine revenus, qu'on pouvait avoir raison et être vaincu, que la force pouvait se soumettre l'esprit et qu'il était des cas où le courage n'avait pas sa récompense.

C'est cela sans doute qui explique que tant d'hommes dans le monde aient ressenti le drame espagnol comme une tragédie personnelle. Quelques-uns apercevaient bien que cette bataille était la première d'une guerre pour laquelle ni nos qualités ni nos défauts ne nous préparaient. Mais ceux mêmes que n'habitait pas le don de prophétie éprouvaient cependant avec angoisse que cette guerre était la leur, dans la mesure où elle était celle de la liberté. Car c'était une guerre de liberté, en effet. Nous l'apprenions dans le journal, même lorsque ce journal était de mauvaise volonté. Il y a ainsi des choses dont on ne parle plus aujourd'hui, mais qui étaient alors de l'histoire fraîche et sanglante. Et nous, du moins, n'avons pas oublié que la guerre civile espagnole a d'abord été la rébellion d'un général contre les institutions démocratiques qu'un peuple venait de se donner librement. Nous n'avons pas oublié que ce général a jeté contre le peuple de son pays les troupes maures au nom du Christ et les légions italo-allemandes sous l'invocation de la sainte Espagne.

Dans l'indignation qui, en 1936, prenait nos cœurs pourtant non prévenus, il y avait le sentiment qu'une injustice venait de se commettre qui devait disparaître au plus vite si l'on ne voulait pas qu'elle reste au flanc de l'Europe, comme une plaie dont la pourriture irait s'élargissant. Mais l'injustice devait pourtant recevoir la récompense qui lui est toujours réservée sur cette terre. Les agences publiaient en même temps les communiqués victorieux des escadrilles italiennes et ceux du comité de non-intervention. La république espagnole, ferme dans son droit, chancelait dans sa force et, avec la colère puis la douleur qui nous emplissaient, commençait de naître cet étonnement angoissé qui ne nous a pas quittés depuis tant d'années, devant le spectacle d'une injustice qui prenait peu à peu l'échelle démesurée de l'histoire et qui se trouvait sanctionnée à la fois par la défaite d'un peuple et la lâcheté du monde. Ce monde, au demeurant, persévère. Il continue d'appeler légal ce qui est établi, pendant que nous continuons, nous, mais en vain, d'appeler légal ce qui est consenti.

Parmi toutes les raisons que la guerre d'Espagne a eues de nous poursuivre, beaucoup sans doute ont disparu aujourd'hui. La cruauté de cette lutte nous paraît presque naturelle après cinq ans de violences indicibles. Mais il reste, on le voit, la passion d'un peuple et le spectacle d'une injustice jamais réparée. Les hostilités sont suspendues, les ténèbres de la dictature sont dissipées et nous continuons ainsi de porter l'Espagne sur le cœur. Au bout du continent, un carré de nuit nous rappelle encore les raisons de cette guerre et que nous nous sommes trompés en la croyant finie, comme nous avons eu tort, il y a neuf ans, de ne pas la croire commencée.

Mais le courage vaincu, l'injustice consacrée dans l'histoire sont des lieux communs de ce monde. Et peut-être, en ce qui concerne l'Espagne, notre indignation serait moins forte si notre conscience était meilleure. Comment le serait-elle quand nous ne pouvons pas oublier que Franco n'est pas seul à répondre de quelques-uns des assassinats qui ont bouleversé ce qui restait de la conscience européenne ? La mort de Federico Garcia Lorca nous paraît ainsi moins insupportable à imaginer que d'autres. Nous sommes entrés à ce moment dans un temps où chaque homme libre pouvait raisonnablement penser qu'il se trouverait un jour devant les fusils de l'exécution. Nous sommes toujours dans ce temps, et il est naturel que chaque homme libre justement s'y prépare ou du moins tienne compte de cette éventualité dans le calcul de ses chances et de ses convictions. La mort de Lorca était dans l'ordre, dans le sale ordre où nous vivons depuis. Et l'exécution de Grenade annonçait aux hommes qu'ils entraient dans des temps sérieux, c'est-à-dire des temps où les poètes peuvent être fusillés par ceux que leur existence contredit. Du moins, nous avons été quelques-uns à le prendre ainsi et à nous préparer au lieu de nous plaindre. Mais il faut croire que nous n'étions pas encore assez préparés. Car il nous a fallu aller plus loin encore, prendre notre part des assassinats et voir mourir Antonio Machado, sur la terre française, au sortir d'un camp de concentration (car nous avions aussi nos camps). De Machado du moins, et l'Europe mesurera un jour la grandeur de ce nom, nous étions responsables, comme de tous les siens qu'une partie de notre presse insultait pendant que notre gouvernement républicain les parquait au milieu de gendarmes haineux. Quelques années encore, un pas de plus dans la honte, et nous livrions Companys à Franco, pour être exécuté à loisir. (Bien sûr, c'était Vichy, ce n'était donc pas nous. Mais on ne nous enlèvera pas de l'idée qu'une nation est solidaire de ses traîtres autant que de ses héros, ou alors elle n'est solidaire de rien du tout.) Comment pourrions-nous oublier ? Tout cela a coloré de rouge et de noir un visage, celui de l'Espagne, que nous portions déjà en nous, mais dont nous ne pouvons plus guérir.

C'est pourquoi, depuis la prise de Barcelone, il y a quelque part en nous une absence, un vide, une attente. Dans ce monde que l'on dit libéré, il est un pays dont nous détournons les yeux obstinément, car il nous parle d'injustice et de remords. Nous voudrions la paix, mais lui nous la refuse. Notre cœur serait-il cependant si inquiet si cette terre asservie n'était pas en même temps celle de toute passion et de toute grandeur ? Sans doute, j'ai ici des raisons personnelles de choisir. Par le sang, l'Espagne est ma seconde patrie. Et dans cette Europe avare, dans ce Paris où l'on se fait de la passion une idée si dérisoire, c'est la moitié de mon sang qui rumine son exil depuis sept ans, qui aspire à retrouver la seule terre où je sente mon accord, le seul pays du monde où l'on sache unir une exigence supérieure à l'amour de vivre et le désespoir de vivre. Mais ce n'est pas seulement une réaction personnelle qui commande cet espoir d'une Espagne libre. Toute l'intelligence européenne se tourne, elle aussi, vers l'Espagne, comme si elle sentait que cette terre misérable détient quelques-uns des secrets royaux que l'Europe cherche désespérément à formuler, à travers tout un luxe de guerres, de révolutions, d'épopées mécaniques et d'aventures spirituelles. Que serait la prestigieuse Europe, en effet, sans la pauvre Espagne ? Qu'a-t-elle inventé de plus bouleversant que cette lumière puissante et magnifique de l'été espagnol, où les extrêmes se marient, où la passion peut être jouissance autant qu'ascèse, où la mort est une raison de vivre, où l'on apporte du sérieux à la danse, de l'insouciance au sacrifice, où personne ne peut dire les frontières de la vie et du songe, de la comédie et de la vérité. Les synthèses, les formules que l'Occident se déchire à découvrir, l'Espagne les produit à son aise. Mais elle ne peut les fournir que dans l'effort des insurrections, la terrible respiration de sa liberté. Patrie des révoltés*, ses plus grandes œuvres sont des cris vers l'impossible. En chacune d'elles, le monde est mis en accusation dans le temps même qu'il est glorifié.

L'Europe, le monde, dans ce qu'il leur faut maintenant inventer, ne peuvent pas en vérité se passer plus longtemps de l'Espagne. Mais l'Europe et le monde s'en passent cependant, et de façon si naturelle qu'on a du mal à s'en étonner. C'est ainsi. Et rien apparemment ne sert de rien, que le témoignage de l'homme libre. L'indignation sera de tous les temps. Nous le savons maintenant. Depuis douze ans, beaucoup de pères Ubu se sont levés dont nous avons commencé par rire, mais qui ont mis au service de leurs médiocres folies d'irrésistibles mécaniques. Et ces pères Ubu ont été maîtres assez longtemps pour qu'à leur défaite les hommes se trouvent encore aveugles. Il faut le croire du moins, puisque nous laissons le dernier d'entre eux continuer sa parade dans ce qui fut le pays de Cervantes. Depuis sept ans, le grotesque est le seul produit espagnol qui puisse se manifester là-bas. Et nous qui savons pourtant ce que vaut le grotesque

---

* Le seul pays où l'anarchie ait pu se constituer en parti puissant et organisé.

quand il a une police, nous supportons qu'il continue de bâillonner le peuple de la révolte et de faire tourner au-dessus d'une Espagne silencieuse les moulins à vent de la bêtise et de la cruauté. Et non seulement nous supportons les grotesques, mais encore nous signons des traités commerciaux avec eux. C'est que les Français ont faim, et l'honneur est peu de chose quand on peut avoir quelques oranges. L'incessante odeur de ces oranges s'ajoutera au souvenir de Machado et de Companys. Tant pis si elle finit par nous tourner le cœur.

Pourquoi se fâcher ? Les réalistes nous disent que cela ne nous regarde pas, qu'il faut laisser les gens à leurs affaires et qu'enfin nous ne nous sommes pas battus pour l'Espagne, mais contre l'Allemagne. La démocratie, à ce qu'il paraît, c'est ne pas s'occuper des autres. Mais nous avons appris que la démocratie n'a pas de frontières. Méprisée en un lieu, elle est menacée tout entière. Et nous savons mieux que les réalistes pourquoi nous nous sommes battus. Nous nous sommes battus pour que les hommes libres puissent se regarder sans honte, pour que chaque homme ait la charge de son propre bonheur et se juge enfin lui-même sans porter le poids contraignant de l'humiliation des autres. Quel homme aujourd'hui pourrait se sentir ou se dire libre tant que cette terre de liberté reste livrée à l'arbitraire ? Chaque fois qu'un homme est chargé de chaînes dans le monde, c'est nous qui en même temps sommes liés. La liberté doit être pour tous ou pour personne. C'est la seule formule de la démocratie qui vaille le sacrifice.

Voici du moins dans les pages qui suivent le témoignage de quelques hommes qui sentent encore qu'ils ne sont pas tout à fait libres. C'est l'ouvrage de ceux qui n'ont pas signé de traités commerciaux et qui continueront à se passer d'oranges. Et, sans doute, leur témoignage est symbolique. Il ne peut être que cela. Mais, dans ce monde sans mémoire, il est bon sans doute que quelques-uns s'en tiennent à la fidélité. Ils aideront peut-être un jour à faire pardonner ce que, dans la rage de leur cœur, ils n'ont pu empêcher.

Albert Camus.

Calmann-Lévy, 1946.

L'HOMME RÉVOLTÉ

I

COMMENTAIRES

Camus a toujours eu le goût des bilans, des mises au point : il ne lui suffit pas de vivre, il lui faut encore savoir comment et pourquoi il vit. En ce sens, son œuvre est constamment aux limites de la métaphysique et de la morale sans s'y installer jamais.

L'absurde et la révolte sont chez lui contemporains. Du jour où il s'interroge sur le sens de son existence, le sentiment de l'absurde est né, mais aussi la révolte, qui s'insurge contre le non-sens. Malade, il se découvre mortel, mais de tout son pouvoir de vivre, il proteste contre la menace : il entend guérir. Guérit-on jamais ? Toute sa vie ne sera qu'un long combat entre les forces de vie et les forces de mort, entre la fatigue et la volonté de créer, entre la flamme et la cendre.

Pourquoi vivre ? De *l'Envers et l'Endroit* au *Mythe de Sisyphe*, la même question retentit dans son œuvre. Pourquoi vivre dans le dénuement, l'incompréhension, la solitude ? Mais la réponse est dans la question même. En fait, Camus ne s'est jamais demandé : dois-je continuer à vivre ? faut-il se suicider, dans le monde tel qu'il est ? mais plutôt : pourquoi ai-je continué de vivre ? Le fait est là : il vit et aime vivre, en dépit de tout. C'est ce mystère qu'il lui faut résoudre, se donnant du même coup des raisons de persévérer. D'une certaine façon, le sentiment de l'absurde résume toute la difficulté de vivre et la révolte en conteste la portée : il n'est pas d'envers sans un endroit des choses.

ABSURDE ET RÉVOLTE

À côté de l'absurde, la révolte est partout présente. Révolte, l'adhésion au parti communiste, le théâtre du Travail, la Maison de la Culture ; révolte encore, le refus d'un poste à Sidi-Bel-Abbès ; révolte toujours, les comptes rendus de tribunaux. L'acte d'écrire, de créer, n'est-ce pas déjà une forme de révolte parallèle au combat social ?

Camus dénonce l'injustice dont souffrent Hodent ou le cheikh el Okby, celle qu'on fait aux travailleurs nord-africains en France, à la

Kabylie; il stigmatise les décrets-lois, la censure, l'abandon à la guerre et l'embourgeoisement général. *Caligula* n'est qu'un long cri d'indignation contre la mort, la maladie, la misère et toutes les formes de sagesse ou d'acceptation. Mais la révolte de Caligula, pour s'être embarrassée d'absolu, se perd en convulsions. Il faut alors que Chéréa, l'artiste, saisisse le poignard et en frappe le révolté, devenu tyran. N'est-ce pas là très exactement ce qu'entendait Camus par la révolte qui se retourne contre elle-même?

Pourtant, Camus n'en situe pas moins *Caligula* parmi les œuvres de négation. « Oui, disait-il à Stockholm, j'avais un plan précis quand j'ai commencé mon œuvre : je voulais d'abord exprimer la négation. Sous trois formes. Romanesque : ce fut *l'Étranger*. Dramatique : *Caligula, le Malentendu*. Idéologique : *le Mythe de Sisyphe*. Je n'aurais pu en parler si je ne l'avais vécu; je n'ai aucune imagination. Mais c'était pour moi, si vous voulez bien, le doute méthodique de Descartes. Je savais que l'on ne peut vivre dans la négation et je l'annonçais dans la préface au *Mythe de Sisyphe*; je prévoyais le positif sous les trois formes encore. Romanesque : *la Peste*. Dramatique : *l'État de siège* et *les Justes*. Idéologique : *l'Homme révolté*. J'entrevoyais déjà une troisième couche, autour du thème de l'amour. Ce sont les projets que j'ai en train. »

Pour partiellement exacte qu'elle soit, cette remarque n'en subit pas moins les déformations du temps. En réalité, Camus n'a pris la juste conscience de la signification du cycle absurde qu'au jour où il a éprouvé le besoin de lui apporter un correctif. La presse, le public ont fait à ce premier triptyque une réputation de pessimisme qui l'a lui-même étonné et amené, les événements aidant, à privilégier la révolte comme il avait involontairement privilégié l'absurde. Plus que tout autre livre, *le Mythe de Sisyphe* est responsable de ce glissement; paru en pleine guerre, avidement lu par une jeunesse désemparée et privée des valeurs traditionnelles qu'avait emportées la débâcle de 1940, il fit bientôt figure de manuel du non-sens; on l'isola de son contexte historique; par la force des choses, *Noces* n'avait guère franchi la Méditerranée et *Caligula* demeurait inconnu. Camus devint absurde pour longtemps (cf. *l'Énigme* p. 859).

Le Mythe de Sisyphe, comme le montre Louis Faucon, relève bien d'un ensemble architectural; systématiquement, passionnément, il déblayait le terrain pour les constructions futures. Camus y poussait à bout sa propre fascination du néant, jusqu'à ce point précis où, théoriquement, il ne lui resterait plus qu'à mourir, ou à donner ses raisons de vivre. S'il brûlait ses vaisseaux, c'était pour mieux naviguer en haute mer, au cœur de la bourrasque, dans ce bonheur royal et menacé qu'il a plusieurs fois évoqué. Le raisonnement par lequel Camus justifie le refus du suicide n'est qu'apparemment un raisonnement. C'est en fait la justification *a posteriori* d'une réalité. À la logique mortelle qui l'invite au suicide, il n'a guère à opposer qu'une passion tenace, une curiosité insatiable et, pour tout dire, un incurable goût du risque.

Sur ce point, sa lettre à Pierre Bonnel est parfaitement claire : *le Mythe de Sisyphe* est une « préface », un « point zéro ». Camus sait parfaitement où il va; toute préface enferme implicitement ses conclusions; fixer un point zéro, c'est déjà fonder une échelle de valeurs. Au reste, comme il le reconnaît, l'analyse de l'absurde est un refus de l'absurde : elle donne forme à l'incohérence, jette quelque lumière dans les ténèbres et systématise une expérience sans contours. L'expression — Francis Ponge et Brice Parain confirmeront ce pressentiment — est lutte contre l'absurde puisqu'elle tend à rompre le silence et l'incompréhension. Par leur existence même et la façon dont les problèmes y sont posés, *le Mythe de Sisyphe* comme *l'Étranger* sont des œuvres de révolte puisqu'ils prétendent communiquer à d'autres une certaine vérité.

Camus, dans un brouillon de 1954, définissait *l'Étranger* en ces termes positifs :

« *L'Étranger* n'est ni réalité ni fantastique. J'y verrai plutôt un mythe incarné mais très enraciné dans la chair de la chaleur des jours. On a voulu y voir un type nouveau d'immoraliste. C'est tout à fait faux. Ce qui est attaqué de front ici, ce n'est pas la morale mais le monde du procès qui est aussi bien bourgeois que nazi et que communiste, qui est en un mot le chancre contemporain. Quant à Meursault, il y a en lui quelque chose de positif, et c'est son refus, jusqu'à la mort, de mentir. Mentir, ce n'est pas seulement dire ce qui n'est pas, c'est aussi accepter de dire plus qu'on ne sent, la plupart du temps pour se conformer à la société. Meursault n'est pas du côté des juges, de la loi sociale, des sentiments convenus. Il existe, comme une pierre, ou le vent, ou la mer sous le soleil qui eux ne mentent jamais. Si vous envisagez le livre sous cet aspect, vous y verrez une morale de la sincérité et une exaltation à la fois ironique et tragique de la joie du monde. Ce qui exclut l'ombre, la caricature expressionniste ou la lumière désespérée. »

Cette analyse rejoint la préface à l'édition américaine (cf. tome I). Elle bénéficie elle aussi de quelque dix ans de recul. Elle n'en confirme pas moins l'impression qu'une lecture à tête reposée du *Mythe de Sisyphe* peut laisser : Camus n'y juge pas le monde, il le décrit dans ses rapports immédiats avec l'homme. Il plante son décor, il reste à jouer la pièce. Sans doute l'amertume du cadre nous prépare-t-elle à la tragédie, qui n'est autre chose que l'affrontement de la révolte humaine et de l'absurdité métaphysique, mais la tragédie, telle que la conçoit Camus, si elle achève le destin de l'homme, consacre aussi sa victoire. Pourquoi, féru de théâtre comme il était, n'aurait-il pas tenu à jouer sa partie ?

RÉVOLTE ET PHILOSOPHIE

Camus l'a répété : il n'est pas un philosophe mais plutôt un moraliste (cf. interview à *Servir*, p. 1427). Il s'y était trompé autrefois, rêvant de mettre la philosophie à la portée de tous par le moyen du roman. En fait, il ne pense guère que par images et d'après expérience. La spéculation pure n'est pas son fort. « Je crois que cela m'est égal d'être dans la contradiction, note-t-il en 1946. Je n'ai pas envie d'être un génie philosophique. Je n'ai même pas envie d'être un génie du tout, ayant déjà bien du mal à être un homme. J'ai envie de trouver un accord, sachant que je ne puis me tuer, savoir si je puis tuer ou laisser tuer, en tirer toutes les conséquences même si cela doit me laisser dans la contradiction. » En définitive, il se pose les problèmes de tous, les traitant seulement avec plus de rigueur, de logique et de lucidité.

On comprend dès lors qu'il ait vigoureusement protesté contre l'assimilation à l'existentialisme à laquelle s'obstinait la presse. Henri Troyat peut bien relever, dans *la Nef,* que Camus comme Sartre conçoit un univers sans Dieu où l'homme est sa propre fin; Camus objecte qu'il réagissait ainsi avant d'avoir rien lu de Sartre ou des existentialistes athées. En 1944, il écrivit pour son plaisir une courte comédie, *l'Impromptu des philosophes,* dans le style du XVIIe siècle, où il s'en prend non tant à l'existentialisme qu'aux modes intellectuelles et morales vulgarisées alors par les habitués de Saint-Germain-des-Prés et par la presse à sensation. Il lui semble que *le Mythe de Sisyphe* constitue une critique de l'existentialisme pour autant qu'il est porté à diviniser ou l'absurde ou l'histoire (cf. p. 1427). Il observe encore qu'il ne se soucie d'établir ni métaphysique ni morale, faute qu'il ait dans la raison une confiance suffisante. Il lui paraît enfin que l'angoisse qui naît de la conscience de l'absurde ne saurait constituer une limite ou un sommet (cf. lettres à Guy Dumur, p. 1668), puisque l'homme qui se heurte au mur se jette immanquablement dans la révolte* : le déchirement est alors porté à la hauteur d'une tension permanente et créatrice.

Derrière ces analyses qui empruntent à la philosophie une apparente rigueur, c'est l'histoire de sa propre pensée que nous raconte Camus : *le Mythe de Sisyphe* comme *l'Homme révolté* sont la confidence d'une tentation et d'une expérience qu'il s'efforce de communiquer. Il n'existe à la base de l'un ou l'autre livre aucun postulat métaphysique : *le Mythe de Sisyphe* ne dit pas un mot de la

---

* « Pour nous le sentiment de l'angoisse n'est pas privilégié. C'est un phénomène comme les autres, le bonheur par exemple. Si nous avons conscience du néant et du non-sens, si nous trouvons que le monde est absurde et la condition humaine insupportable, ce n'est pas une fin et nous ne pouvons en rester là. En dehors du suicide la réaction de l'homme est la révolte instinctive... Ainsi, du sentiment de l'absurde, nous voyons surgir quelque chose qui le dépasse. »

Discussion à la « Maison des Lettres », 13 juin 1945. Cf. *Fiches d'Information du Centre Universitaire Catholique.*

nature humaine, qu'il ne postule ni ne conteste. Camus constate que le monde ne le satisfait pas et que pourtant il en vit ; il constate que la solidarité existe, non seulement sur les stades et sur les tréteaux de *l'Équipe,* mais dans la vie quotidienne où lui-même, en dépit de son horreur de la guerre, tente de s'engager pour n'être pas séparé. L'on comprend dès lors pourquoi toute accusation de pessimisme l'irrite : pessimiste, il ne l'est guère plus que l'immense majorité des hommes ; comme tout le monde, il connaît la douleur et la joie, l'amour et la solitude ; il souffre de ne point tout comprendre, de ne pouvoir tout embrasser, tout vivre ; mais ce qu'il saisit, il le saisit bien, le temps de son désir ; et que son désir meure ou se transforme lui est une autre souffrance. Mais quelle joie dans la renaissance ! Il court ainsi, comme nous tous, de son plaisir à sa nostalgie et repart pour de nouveaux combats, de nouvelles victoires, de nouvelles défaites.

La querelle du pessimisme lui semble gratuite : « Je n'ai jamais eu de pessimisme quant à l'homme. J'en ai quant à sa condition. Au reste, ces distinctions entre optimisme et pessimisme n'ont aucun sens... Entre le docteur Tant Pis et le docteur Tant Mieux, il y a place tout de même pour une réflexion attentive. Cela dit, tout créateur sait qu'il y a une part de vérité qu'il ne pourra jamais exprimer*. » (Note manuscrite pour une interview, 1952 probablement.) Ne peuvent le tenir pour pessimiste que ceux qui croient avoir atteint l'absolu, qui estiment détenir les clés du problème. Camus ne conteste pas qu'une part de lui-même aspire à l'absolu dans l'éternité ou dans le néant, « qu'il ne peut se laver du souci métaphysique » ; mais il se méfie de ce jeu de tout ou rien où sa passion l'engagerait volontiers. Ce qu'il appelle nihilisme, n'est-ce pas ce pari sur l'absolu où l'homme consent au néant pour retrouver la pleine unité. Et si l'on soutient que, écartant l'absolu, il consent lui-même au nihilisme, il répond, avec l'aide de Ponge : « Le bon nihilisme est celui qui conduit au relatif et à l'humain. »

Eh quoi, dira-t-on, tant de détours et de passion pour en arriver au relatif ! L'historien des idées s'étonnera sans doute qu'on n'ait pas relevé plus tôt cette direction de pensée. « C'est que l'absurde a plus de rapports qu'on ne croit avec le bon sens », écrit-il à Pierre

---

* De même, interviewé par E. Roblès à *Radio-Alger* (1948) il répond :

« Il est vrai que les hommes de ma génération ont vu trop de choses pour imaginer que le monde d'aujourd'hui puisse garder un air de bibliothèque rose ! Ils savent qu'il existe des prisons et des matins d'exécution ; ils savent que l'innocence est parfois assassinée et qu'il arrive que le mensonge triomphe ! Mais ceci n'est pas le désespoir ! Ceci est la lucidité. Le vrai désespoir, lui, est aveugle ! Le vrai désespoir est celui qui consent à la haine, à la violence et au meurtre. À ce désespoir-là, je n'ai jamais consenti. »

Bonnel. Un bon sens qui ait conscience de ses limites. Du langage, Brice Parain écrivait que « sa destination est de formuler ce que l'homme a de plus strictement impersonnel, de plus intimement pareil aux autres ». Camus commente : « C'est à cette banalité supérieure que peut-être il faut se tenir, là où se rejoignent l'artiste et l'homme des champs, le penseur et l'ouvrier...

» Le miracle consiste à revenir aux mots de tout le monde, mais en y apportant l'honnêteté qu'il faut, afin de diminuer la part du mensonge et de la haine. » Nous donnant à choisir entre le miracle et l'absurde, Camus définit alors indirectement l'absurde comme le quotidien, à hauteur d'homme.

OBSTINATION OU ÉVOLUTION

Nous voici donc condamnés à notre humanité, enfermés dans les limites de ce monde comme sur un terrain de jeu et réduits à en respecter les limites arbitraires. Quiconque place la balle hors du but se plaint-il de son étroitesse ? Camus a souvent répété qu'il devait au sport l'essentiel de sa morale : le fair play, la volonté de lutter jusqu'au bout même dans la défaite, la gratuité, le sens de l'équipe, tout y est, jusqu'à la tristesse des lendemains de victoire.

Pourtant, avec son éthique de la quantité, *le Mythe de Sisyphe* paraissait conclure à l'équivalence des gestes, à l'indifférence des comportements. C'est que Camus, cédant au « vertige de l'absurde », s'en était tenu aux conduites individualistes, à cette part de lui-même qu'il vouait à la comédie ou à la conquête. Un coup de pouce, bien sûr, lui permettait d'éliminer les Alexandre ou de les ramener à leur vanité. Mais n'y a-t-il pas des Rastignac de la pensée ? Et le plus pur des artistes pourrait-il jurer qu'il n'a jamais rêvé de dominer ? Le conquérant, le comédien, le Don Juan vivent des autres, non avec eux. Et toute une part de Camus, l'esprit de solidarité, la fidélité des pensées, la camaraderie, l'étrange amour qu'il portait à sa mère, à son pays, demeuraient inexpliqués, injustifiés. C'est à quoi devait au départ s'attacher *l'Homme révolté*.

Peut-on pour autant parler d'une évolution chez Camus ? Oui et non. On a si souvent espéré ici et dénoncé là une évolution, une conversion, que Camus s'en montrait parfois agacé. « Je ne suis nullement passé de l'œuvre d'imagination à l'ouvrage de morale. Le thème qui m'intéressait avant la guerre, je l'ai traité sous trois formes différentes : l'essai avec *le Mythe de Sisyphe,* le roman avec *l'Étranger,* le théâtre avec *le Malentendu* et *Caligula.* Celui qui m'intéresse depuis la guerre a reçu le même traitement avec *la Peste, les Justes* et *l'Homme révolté.* Loin qu'il y ait évolution dans aucun cas il y a au contraire obstination à présenter dans des genres différents des visages particuliers d'une même œuvre ou d'une même entreprise. » (Note manuscrite.) Pourtant, répondant en 1955 à M. Nicolas, il écrivait : « Je peux en tout cas vous dire que tout écrivain se répète en même temps qu'il progresse, que l'évolution d'une pensée ne se fait pas en ligne droite, qu'elle soit ascendante ou non, mais selon une sorte de spirale où la pensée repasse par d'anciens chemins sans cesser de les surplomber. Il est donc à la fois vrai et faux qu'il n'y a rien de plus dans la notion de révolte que dans la notion d'absurde et votre proposition ne peut se défendre fondamentalement qu'à la condition de tenir pour acquis qu'aucun changement n'est possible dans une pensée en dehors de l'élargissement définitif qui l'ouvre (?) à l'absolu. Je trouve votre critique cohérente. Simplement je diffère de vous sur ce point. En particulier, en raison de mon incapacité à raisonner au-delà d'une expérience vécue, je fais peu de confiance à une pensée qui laisse son avenir dans l'incertitude au risque même de rester un peu en deçà de sa propre intuition. C'est d'autre part la manière que j'ai de me solidariser avec un monde qui est à la recherche de sa vérité et dont c'est peut-être la vertu que d'avancer dans cette ignorance. »

Ces deux textes se contredisent-ils ? Le second paraît plus ouvert ; il laisse plus de place à l'incertitude, appliquée non seulement au monde, mais à ses propres convictions. On observe la même nuance dans sa déclaration au lendemain du Nobel, telle que la rapportait *le Figaro littéraire* du 21 décembre 1957 : « En descendant du train, un journaliste m'a demandé si j'allais me convertir. J'ai répondu : Non. Rien que ce mot : non... J'ai conscience du sacré, du mystère qu'il y a en l'homme, et je ne vois pas pourquoi je n'avouerais pas l'émotion que je ressens devant le Christ et son enseignement. Je crains malheureusement que, dans certains milieux, en Europe particulièrement, l'aveu d'une ignorance ou l'aveu d'une limite à la connaissance de l'homme, le respect du sacré, n'apparaissent comme des faiblesses. Si ce sont des faiblesses, je les assume avec force... (Dans *l'Interview de Stockholm,* il avait précisé : « Je n'ai que respect et vénération devant la personne du Christ et devant son histoire : je ne crois pas à sa résurrection. ») J'ai des préoccupations chrétiennes, mais ma nature est païenne. Le soleil... Je me sens à l'aise chez les Grecs, et pas ceux de Platon : les présocratiques, Héraclite, Empédocle, Parménide... J'ai foi en des valeurs antiques, bien que cela soit mal vu depuis Hegel. » L'absurde et le relatif composent toujours ce cadre de sa réflexion.

Ce qui change, ce n'est pas même la manière de vivre — le sens de la solidarité n'est pas plus fort en 1945 qu'en 1938 et sa fidélité à l'Espagne date de la *Révolte dans les Asturies* (1935) — mais seulement la façon de penser sa vie, à la mesure des événements et de l'expérience. Entre ces deux aspects complémentaires plus que contradictoires de lui-même que nous livrent *le Mythe de Sisyphe* et *l'Homme révolté,* il existe une première différence due à la logique ou à la chronologie, de toute entreprise : déblayer, démystifier avant de bâtir. Il en est une autre qui tient aux événements : en pleine débâcle, *le Mythe de Sisyphe* ne maintenait que les valeurs quasi stoïciennes de lucidité et de mépris, de détachement aussi ;

mais, comme chez Nietzsche, il s'agissait de ces vertus passives qui préparent au combat (cf. la première version des *Amandiers*); *la Remarque sur la révolte* allait tenter de justifier l'engagement instinctif dans la Résistance; la révolte cherchait ses raisons. Elle ne pouvait pas les trouver chez les philosophes de l'angoisse et du désespoir métaphysique, mais chez les philosophes de l'action, de la volonté et de l'histoire. Et quand l'histoire ainsi évoquée aura tout envahi, quand, au nom de la Révolte, l'Europe ne sera plus que convulsions, alors, la retournant contre elle-même, Camus fera appel au sens des limites, et singulièrement à Socrate. « Un esprit un peu rompu à la gymnastique de l'intelligence sait, comme Pascal, que toute erreur vient d'une exclusion. À la limite de l'intelligence, on sait, de science certaine, qu'il y a du vrai dans toute théorie et qu'aucune des grandes expériences de l'humanité, même si apparemment elles sont très opposées, même si elles se nomment Socrate et Empédocle, Pascal et Sade, n'est *a priori* insignifiante. Mais l'occasion force au choix. C'est ainsi qu'il paraît nécessaire à Nietzsche d'attaquer avec des arguments de force Socrate et le christianisme. — Mais c'est ainsi au contraire qu'il est nécessaire que nous défendions aujourd'hui Socrate, ou du moins ce qu'il représente, parce que l'époque menace de les remplacer par des valeurs qui sont la négation de toute culture et que Nietzsche risquerait d'obtenir ici une victoire dont il ne voudrait pas. Cela semble introduire dans la vie des idées un certain opportunisme. Mais cela semble seulement... » (*Carnets II*, p. 78.)

À LA RECHERCHE D'UNE CONDUITE

En décembre 1942 ; Camus note : « Développement de l'absurde :
1) si le souci fondamental est le besoin d'unité ;
2) si le monde (ou Dieu) n'y peuvent satisfaire.

C'est à l'homme de se fabriquer une unité, soit en se détournant du monde, soit à l'intérieur du monde. Ainsi se trouvent restituées une morale et une ascèse, qui restent à préciser. » (*Carnets II*, p. 57.)

Telle est donc la direction dans laquelle il engage sa pensée, à la recherche d'une conduite adaptée à la non-signification du monde. Il développe sa réflexion sur deux plans : esthétique d'abord, et il se consacre à l'étude de Mme de La Fayette (cf. la définition du classicisme comme exercice de style révolté dans *l'Intelligence et l'Échafaud*) ; philosophique ensuite — compte tenu de l'impropriété du mot — avec ce qu'il appelle d'abord « Essai sur la révolte » : « Le thème du relatif — mais *relatif avec passion*. Ex. : déchiré entre le monde qui ne suffit pas et Dieu qu'il n'a pas, l'esprit absurde choisit avec passion le monde. *Id.:* partagé entre le relatif et l'absolu, il saute avec ardeur dans le relatif. » (Décembre 1942.) (*Carnets II*, p. 62.) En janvier 1943, il donne à sa recherche le sens d'une régénération de l'amour : « Nous sommes du monde qui ne dure pas. Et tout ce qui ne dure pas — et rien que ce qui ne dure pas — est nôtre. Il s'agit ainsi de reprendre l'amour à l'éternité ou du moins à ceux qui le travestissent en image d'éternité.» (*Carnets II*, p. 75.) Tout un long paragraphe est résumé par la phrase initiale : « Après avoir fait partir de l'angoisse la philosophie : la faire sortir du bonheur », cette autre face de l'expérience humaine.

Quelques jours plus tard, mêlé à des notes pour *la Peste* et pour *Une anthologie de l'insignifiance,* on découvre un embryon de plan :

« 1) le mouvement de révolte et la révolte extérieure ;

2) l'état de révolte ;

3) la révolte métaphysique. » (*Carnets II*, p. 81.)

Pressentant alors la difficulté de sauter logiquement de l'absurde à la révolte, il est tenté de distinguer « une philosophie qui répugne à l'esprit et au cœur *mais qui s'impose* » ou philosophie d'évidence, d'une « philosophie de préférence : ex. : un juste équilibre entre l'esprit et le monde, harmonie, plénitude, etc. » (*Carnets II*, p. 83.) Sa détermination d'écarter désormais l'absurde comme fondement d'une conduite apparaît en octobre 1943 : « Si l'on se tue, l'absurde est nié. Si l'on ne se tue pas, l'absurde révèle à l'usage un principe de satisfaction qui le nie lui-même. Cela ne veut pas dire que l'absurde n'est pas. Cela veut dire que l'absurde est *réellement* sans logique. C'est pourquoi on ne peut *réellement* pas en vivre. » (*Carnets II*, p. 109.)

La préoccupation d'une conduite, comme il dit, est alors essentielle. Lisant *l'Être et le Néant,* il reproche à l'existentialisme de ne s'en pas soucier et ajoute : « Poser la question du monde absurde, c'est demander : Allons-nous accepter le désespoir sans rien faire ? Je suppose que personne d'honnête ne peut répondre oui. » (*Carnets II*, p. 116.) Pour sa part, Camus a répondu et depuis toujours. Mais engagé désormais dans l'aventure résistante, il aimerait savoir pourquoi il s'avance jusqu'à risquer sa vie. « Il y a toujours quelque chose en nous qui se laisse aller à l'instinct, au mépris de l'intelligence, au culte de l'efficacité. Nos grandes vertus finissent par nous lasser. » Quelques années plus tôt, un tel choix aurait pu s'expliquer par la tentation d'une heureuse barbarie. Mais l'occupation allemande y a mis involontairement bon ordre : « Vous êtes là qui nous montrez ce qu'il en est de l'imagination et nous nous redressons. »

Bientôt jaillit une gerbe de questions, qui touchent aux rapports entre justice et liberté, entre révolte et révolution — déjà considérée comme un achèvement de l'histoire. « *L'homme peut-il à lui seul créer ses propres valeurs ? C'est tout le problème.* » (*Carnets II*, p. 123.) *Le Mythe de Sisyphe* ne l'abordait pas ; du moins paraissait-il tenir pour valables certaines attitudes quasi éternelles : la conquête, la comédie. En est-il d'autres, ou faut-il s'en remettre à l'individu de les faire surgir de l'histoire ? Il répond promptement (*Carnets II*, p. 125) : « La morale existe. Ce qui est immoral, c'est le christianisme. Définition d'une morale contre le rationalisme intellectuel et l'irrationalisme divin », ces deux adversaires déjà pourfendus dans *le Mythe de Sisyphe.*

Camus se découvre coincé entre Dieu et l'histoire : « Il n'y a pas d'autre objection à l'attitude totalitaire que l'objection religieuse ou morale. Si ce monde n'a pas de sens, ils ont raison. Je n'accepte pas qu'ils aient raison. Donc... » *(Carnets II,* p. 127.) Repoussant Dieu et l'histoire, Camus n'a d'autre ressource que la morale — c'est-à-dire le service du bonheur et de la joie. « Sens de mon œuvre : tant d'hommes sont privés de la grâce. Comment vivre sans la grâce ? Il faut bien s'y mettre et faire ce que le christianisme n'a jamais fait : s'occuper des damnés. » *(Carnets II,* p. 129.) (Cf. aussi l'interview aux *Nouvelles littéraires.)*

REMARQUE SUR LA RÉVOLTE

On trouvera en annexe le texte de la *Remarque sur la révolte**, rédigée en 1943 et 1944. Sa publication dans *l'Existence,* aux côtés d'articles de Gandillac et Waelhens, n'aura pas peu fait pour accréditer l'idée d'un Camus existentialiste.

Une brève étude comparative de ce texte et du chapitre I de *l'Homme révolté* nous permettra de saisir le sens de l'évolution de Camus. Dans *l'Homme révolté* en effet, il donne à la notion de révolte une valeur plus générale en substituant à l'exemple du fonctionnaire celui de l'esclave. Il renonce au terme de valeur, mis à la mode avant 1944 par Lavelle et Le Senne; de même, il évite « transcendance ». Il enrichit ses réflexions d'exemples empruntés au terrorisme russe *(les Justes)* ou à la Résistance. Il introduit enfin la notion de nature humaine, sous-jacente, mais non directement évoquée dans la *Remarque.*

Surtout, son attaque contre les philosophies historiques est beaucoup plus vive dans *l'Homme révolté.* Toutefois, dès 1945 *(Combat* le confirme), Camus écartait toute idée de révolution définitive et soulignait les risques de déviation révolutionnaire. « Quand la révolution vise la justice absolue, elle est amenée à l'affirmation d'un rationalisme ou d'un déterminisme total qui contredit la nature même de l'affirmation révoltée. » Il reprochait aussi à la philosophie existentielle « une tendance à mettre en scène une existence sans action et sans réaction, où l'homme angoissé ne dépasse jamais l'angoisse qui est son plus haut sommet... Or il y a un au-delà de l'angoisse hors de l'éternité et c'est la révolte. »

S'il n'est fait encore aucune allusion au syndicalisme révolutionnaire ou au travaillisme scandinave, si la révolte métaphysique se trouve être abordée après la révolte historique, les conclusions n'en

---

* Camus l'évoque dans une lettre à Ponge du 11 janvier 1944. Le 15 février, il en dit : « Il vient sans venir. » En mars, sa note est terminée : il s'est remis à *la Peste,* tard le soir et « sans goût ».

sont pas moins les mêmes : le monde reste absurde, mais l'homme s'y meut. En déplaçant « le raisonnement dans son équivalent en existence qui est la révolte... on trouve à affirmer en même temps une certaine part de l'homme placée au-dessus de tout et une condition humaine qui lui donne à la fois son évidence et sa relativité ». Pour quiconque sait lire, tout *l'Homme révolté* est déjà dans ces quelques lignes ; il n'y manque que l'âpreté du ton commandé par les circonstances.

LA RÉVOLTE DEVANT L'HISTOIRE

Celles-ci vont en effet infléchir sa réflexion, le problème de la révolution et du meurtre passe au premier plan. On ne peut plus séparer *l'Homme révolté* des *Actuelles*, de *la Peste* et des *Justes*. En France, la révolution espérée piétine et l'épuration sombre dans l'arbitraire. Le monde entier est agité de soubresauts qu'on prend d'abord pour les ultimes convulsions du nazisme et qui apparaissent bientôt comme les prémices d'un autre conflit. Justice ou liberté ? L'U.R.S.S. passe pour incarner la première attitude, l'Occident la seconde. « Finalement, je choisis la liberté. Car même si la justice n'est pas réalisée, la liberté préserve le pouvoir de protestation contre l'injustice et sauve la communication. La justice dans un monde silencieux, la justice des muets détruit la complicité, nie la révolte et restitue le consentement, mais cette fois sous sa forme la plus basse. C'est ici qu'on voit la primauté que reçoit peu à peu la valeur de liberté. Mais le difficile est de ne jamais perdre de vue qu'elle doit en même temps exiger la justice comme il a été dit. »

Mais comment ne pas désespérer si l'on ne peut concilier la justice et la liberté ? Camus ne peut se résoudre à n'être qu'un artiste et un témoin, pas plus qu'il ne consent à être un juge, baignant à l'aise dans la violence historique. Ses incertitudes expliquent son retrait momentané de *Combat*. Il parvient mal à sortir des contradictions concrètes où l'histoire l'a placé. Accusé de pessimisme par les chrétiens, les marxistes et les radicaux traditionnels, suspect aux Américains, il réplique à des arguments idéologiques par des arguments idéologiques. C'est du jour où on l'accuse de démoraliser la nation ou le peuple que date, très visiblement, l'importance croissante qu'il accorde aux idées. Si, comme s'accordent à le penser *l'Aube*, *l'Humanité*, M. Herriot et la presse américaine, des propos comme les siens sont à ce point dangereux, pourquoi n'aurait-il pas lui aussi le droit de s'interroger sur les effets délétères des idéologies qu'on lui oppose ? Il reprochera donc au christianisme d'avoir détourné l'homme du monde et au communisme de le réduire à son histoire. Aux Américains qui l'interrogent en 1946 sur la crise mondiale, il répondra : « Il y a crise parce qu'il y a terreur, et il y a terreur parce que les gens croient que rien n'a de sens ou bien que seule la réussite historique en a, parce que les valeurs humaines ont été remplacées par les valeurs du mépris et de l'efficacité, la volonté humaine par la volonté de domination. On n'a plus raison parce qu'on a la justice avec soi, on a raison parce qu'on réussit. Et plus on réussit plus on a raison. À la limite, c'est la justification du meurtre. » Il se prend à penser que la peine de mort est, sinon un déni de justice, du moins une concession au vertige de la violence sociale. Il engage le fer contre ce qu'il appellera désormais l'historisme, où il redoute de voir s'engager Sartre et Merleau-Ponty.

Une importante discussion l'oppose à ce dernier le 22 octobre 1946 (cf. réunion organisée par *Civilisation* avec Jean Walh, Gandillac, Friedman). Camus y condamne l'individualisme libéral et ratifie la critique marxiste de la conscience mystifiée. Mais il s'élève contre l'abstraction et la bureaucratie (cf. *l'État de siège* et *la Peste*) qui nous envahissent; l'homme réel de tous les jours cède le pas à l'homme historique : « Il me paraît incontestable que nous vivons dans le monde de la terreur... dans la mesure où un homme croit au progrès inévitable, dans la mesure où un homme croit à une logique historique inévitable... en se basant sur ce rationalisme absolu, on met les valeurs historiques au-dessus des valeurs que nous sommes habitués par éducation ou par préjugé à considérer comme valables. Si donc nous nous basons sur le rationalisme absolu ou sur l'idée de progrès quel qu'il soit, nous admettons le principe que la fin justifie les moyens... Il n'est pas question de valeurs religieuses traditionnelles à opposer à ces valeurs qui aujourd'hui pèsent sur le monde. Nous n'avons aucune valeur fondée à opposer à ces valeurs et si nous n'avons aucune valeur, nous sommes, je me borne à constater un état de fait, dans le nihilisme... Nous sommes dans la contradiction et nous avons à la dépasser. »

L'HELLÉNISME CONTRE L'HISTORISME

Insensiblement, sa réflexion a changé de sens. Au nom de quoi agira-t-il dans ce monde absurde, disait-il avant 1945 ? Comment faire pour que cette action nécessaire ne devienne pas meurtrière, demande-t-il bientôt. Il voulait fonder la révolte en droit. Mais la révolte est — souvent elle tue, au risque de conflit mondial. Il lui faut donc poser des bornes à la révolte et, pour cela, rappeler les uns et les autres au bon sens, à la relativité des choses. Aussi s'empare-t-il de la formule de Saint-Just : « Je pense que nous devons être exaltés. Cela n'exclut point le sens commun ni la sagesse. » Or la sagesse commande l'approximation. L'extrémisme, voilà l'ennemi; l'obsession de l'absolue pureté, de la totalité jetait Pascal ou Kierkegaard dans le miracle; elle a jeté les inquisiteurs dans la terreur; elle y pousse derechef les tenants, marxistes ou autres, de « l'historisme ».

Qu'on n'oublie pas ici la peur atomique, la guerre froide, le stalinisme. Devant tant de menaces, Camus dresse à la hâte un barrage : une fois de plus, il refuse l'engagement littéraire qui le rangerait dans un camp : « On sert l'homme tout entier ou pas du tout. Et si l'homme a besoin de paix et de justice, il a besoin de beauté pure, qui est le pain de son cœur. » Il réinsère la nature et l'amour dans la révolte ou plutôt il les place en garde-fou. Contre le vertige du mouvement, il fait appel à la fixité grecque : « On ne dépassera la philosophie allemande — et l'on ne sauvera l'homme — qu'en définissant ce qui est fixe et ce qui est mobile (et ce dont on ignore s'il est fixe ou mobile). » (Juin 1947.) Une fois de plus, il interroge : « Être dans l'histoire, en se référant à des valeurs qui dépassent l'histoire, est-ce possible ? » Parce qu'il a cessé de régner dans l'histoire, le christianisme lui paraît moins dangereux. Mais l'hellénisme seul le satisfait : « Si les Grecs ont formé l'idée du désespoir et de la tragédie, c'est toujours à travers la beauté et ce qu'elle a d'oppressant. C'est une tragédie qui culmine. Au lieu que l'esprit moderne a fait son désespoir à partir de la laideur et du médiocre... Je ne suis pas moderne. » On voit ici poindre le thème de la pensée de Midi et se forger cette notion de renaissance qui ponctuera toutes ses déclarations : optimisme volontaire et nostalgique puisqu'il définit l'avenir par un retour à un équilibre rompu.

L'équilibre suppose quelques vertus, comme la passion et le sens des limites, la révolte et le consentement au relatif; mais il n'est pas vertu. Beaucoup s'y sont trompés et s'obstinent encore, par commodité ou malice, à faire de Camus un saint laïque. On pourrait épiloguer sur cet état d'esprit qui fait de la sainteté — même laïque — une manière de vice. Notons simplement que Camus a repoussé cette étiquette polémique comme simpliste et injuste — en ce sens qu'il ne s'en croyait pas digne.

« Il y a là un malentendu qui m'a toujours été très pénible. Je porte le poids d'une réputation d'austérité à la fois immérité et un peu ridicule. Si j'ai mis tant de force et d'intransigeance à lutter contre ceux qui légiféraient ou qui tuaient au nom de l'absolu, c'est que je connaissais mes misères et que j'y trouvais seulement l'autorisation de dire que personne n'est assez juste ou assez pur pour se donner le droit de juger sans appel. Il me semble d'ailleurs que *l'Étranger* et quelques autres livres sont assez inquiétants pour mettre en garde le lecteur. Sans parler de l'humour qu'il me semble avoir assez souvent utilisé. Il n'y a pas eu dans mon œuvre, ni chez moi, conversion à la vertu, mais logique d'une infirmité et effort difficile vers plus de lumière. — C'est tout. » (Note manuscrite.)

La préface à *l'Envers et l'Endroit* rend le même son. En fait, si Camus a incarné dans Tarrou sa tentation de la sainteté, son héros est Rambert, partagé entre l'amour et l'histoire, entre la solidarité et le bonheur ou la solitude : n'acceptant l'une qu'avec l'espoir de retrouver un jour l'autre et de les équilibrer.

LES DIVERS PROJETS

Parti pour définir les modalités de la révolte, les moyens qui la rendraient féconde, Camus en vient bientôt à chercher comment elle pourrait n'être pas meurtrière. Et pour mieux éviter la perversion, il entreprend une sorte de pathologie de la révolte. Le premier propos glisse insensiblement au second plan. Le moraliste s'efface devant le médecin.

On lui a reproché, non sans quelque apparence de raison, de ne chercher le virus que dans la pensée; c'est elle qui faillit et qu'il faut corriger. En fait, tout se passe comme si Camus portait un diagnostic intuitif : l'intolérance moderne, donc la terreur systématique, naît d'une prétention à diviniser l'homme. Objectera-t-on que l'évolution technique, l'inadaptation des structures y sont pour quelque chose? Il n'en disconvient pas. Mais, d'une part, le sujet échappe à sa compétence; de l'autre, il tient que les idéologies consacrent et exaspèrent d'inévitables conflits. C'est à cette volonté de les pousser à bout qu'il s'en prend.

Il juge donc moins les idées que les attitudes. Si l'on peut comparer, par quelque côté, Spartacus et les révolutionnaires modernes, Robespierre et Lénine, Thomas Muntzer et Bela Kun, pourquoi ne pourrait-on aussi valablement analyser sur un siècle et demi les diverses tentations de la révolte et retrouver en elles l'obsession de la totalité? Camus va donc lire ou relire pour vérifier son diagnostic, et surtout pour l'illustrer.

Son premier plan était particulièrement ambitieux, puisqu'il embrassait toute l'histoire de la révolte :

1. *Épicure.*
   Calliclès.
   Renaissance.
   XVIIIe siècle.

2. *La révolte romantique et luciférienne.*
   Milton et Byron.
   Vigny.
   L'idée du bon larron [?]; *Balzac.*

3. *La révolte contre le mal.*
   Ivan Karamazov.

4. *La révolte contre l'humain.*
   Nietzsche.

5. *La révolte inconditionnée.*
   Surréalisme.

Le moment où l'esprit de révolte [?] *rejoint franchement le mouvement révolutionnaire. « Le mouvement irrationnel prend pour arme la raison. »* (Note manuscrite.)

L'HOMME RÉVOLTÉ

Peu après il rectifie :
3. *La nation révolutionnaire.*
   L'idée de nation.

4. *Le nihilisme.*
   La totalité intensive.
   Les décidés.

5. *Lénine et les bolcheviks.*
   La totalité extensive et la conquête de l'unité.

Ici, révolte aujourd'hui :
1. *Ce que la révolte est.*
2. *Ce que la révolution ne peut pas.*
3. *Art.*

Sur un autre feuillet, un autre plan :
A. *Le mouvement de révolte.*
B. *La création.*
C. *Révolte et révolution.*
D. *La révolte métaphysique.*

Plan (Dactylographie corrigée par Camus).

INTRODUCTION. Le meurtre et l'absurde.

I. L'HOMME RÉVOLTÉ.

    A. *Le premier mouvement : la révolte spontanée.*
    B. *Le dernier mouvement : la révolte métaphysique.*

II. L'ACTION RÉVOLTÉE.

    A. *Révolte et révolution (unité extérieure).*
    B. *Révolte et création (unité intérieure).*

III. RÉVOLTE ET MEURTRE.

    A. *Le meurtre de passion.*
    B. *Le meurtre métaphysique (ou nihilisme).*
    C. *Le meurtre historique et ses conséquences.*
    (*Révolutions et orgueil. Tout doit être. On ne recule devant rien. L'art.*)
    D. *L'art et le meurtre.*

CONCLUSION. La peine de mort et la valeur de l'ignorance.
    L'honneur révolutionnaire.
    L'amour et le meurtre.

APPENDICE. Y a-t-il un honneur révolutionnaire ?

Après correction, le plan devenait :

INTRODUCTION. id.
  I. LA PREMIÈRE RÉVOLTE SPONTANÉE.
  II. LE DERNIER MOUVEMENT. — LA RÉVOLTE MÉTAPHYSIQUE.
  III. L'ACTION RÉVOLTÉE. — LA RÉVOLTE RÉVOLUTIONNAIRE ?

Révolte et révolution. — *Unité extensive, c'est ici exactement que s'insère le problème du meurtre.*

IV. Révolte et révolution. *L'unité extensive et l'unité intensive.*

V. Révolte et meurtre.

    A. *Le meurtre de passion de Caïn.*

    B. *Le meurtre métaphysique ou nihilisme.*

On n'étudie ici que les formes révoltées du nihilisme mais il y a un nihilisme bas [en marge].

    C. *Le meurtre historique et ses conséquences. Révolution et orgueil. On ne recule devant rien. L'art. La terreur.*

    D. *L'art et le meurtre. Limite extérieure et unité intérieure.*

CONCLUSION. *Philosophie de la Pensée de Midi. Ainsi la révolte perd son contenu romantique.*

LES LECTURES

Désormais, Camus va lire, beaucoup lire, non pour mieux connaître tel ou tel auteur, mais pour y trouver la confirmation de son propos. Pour lui, les livres sont des paysages intellectuels; le Chénoua illustrait *Noces à Tipasa* comme Kierkegaard illustre *le Mythe de Sisyphe*. C'est pourquoi, Louis Faucon l'a bien montré, il y cite souvent de mémoire, sans souci de la parfaite exactitude; il se reporte — et Sartre lui en a fait grief — à des ouvrages de seconde main. Heidegger, Kierkegaard, Jaspers comptent moins en eux-mêmes que pour l'attitude qu'ils préconisent ou qu'on leur prête. Camus inclinerait, si la chose était possible, à ne citer personne : « Les anciens philosophes (et pour cause) réfléchissaient beaucoup plus qu'ils ne lisaient. C'est pourquoi ils tenaient si étroitement au concret. L'imprimerie a changé ça... Nous n'avons pas de philosophies mais seulement des commentaires... Il y a dans cette attitude à la fois de la modestie et de l'impuissance... C'est au point qu'un livre de philosophie qui paraîtrait aujourd'hui en ne s'appuyant sur aucune autorité, citation, commentaire, etc., ne serait pas pris au sérieux. Et pourtant...! »

Camus qui tient à être pris au sérieux va donc lire et vérifier ses citations. Il y mettra cette application d'élève consciencieux qui donne à *l'Homme révolté* une allure massive, lourde parfois : comparé au *Mythe de Sisyphe*, il paraît trop laborieux, insuffisamment nerveux et dessiné. Alors que le talent de Camus est fait de clarté, de fermeté dans les lignes, *l'Homme révolté* souffre d'une hypertrophie du commentaire, comme s'il avait voulu se garder des critiques, assurer ses arrières et prouver son aptitude à la glose.

Toute une partie de son attention (des recherches dans sa bibliothèque me l'ont prouvé) va aux œuvres de base : Kierkegaard, Nietzsche, Platon, dont il possède les œuvres complètes. Sur Kierkegaard, il consulte les ouvrages de Carl Koch, de Chestov, de

Jean Walh ; sur Heidegger, l'étude de Waelhens ; sur Nietzsche, les travaux de Podach, de Lasserre, de Maulnier, Carrouges, Jaspers, Éléade, ainsi que *De Kant à Nietzsche* par Jules de Gaultier, *l'Introduction à la philosophie allemande depuis Nietzsche* de Groethuysen et quatre ouvrages d'Andler. Il se reporte encore à la quasi-totalité des œuvres de Chestov ; *l'Homme du ressentiment* et *le Saint, le Génie, le Héros* de Scheler ; *la Liberté* de Lequier ; *la Culpabilité allemande* de Jaspers ; *Qu'est-ce que la métaphysique ?* d'Heidegger.

Il annote attentivement *la Phénoménologie de l'esprit,* les morceaux choisis de Hegel par Lefebvre et Guterman et s'attarde sur les études d'Hyppolite, de Kojève et les *Cahiers sur la dialectique,* il travaille encore Berdiaeff : *Du sens de l'histoire* (notamment le chapitre II), *le Sens de la création;* Brice Parain : *Essai sur la misère humaine;* Merleau-Ponty : *Sens et Non-sens* et *Humanisme et Terreur;* Jean Walh : *le Malheur et la Conscience;* Evdokimoff : *le Problème du mal;* Klossowsky. Plusieurs pages de notes sont consacrées à *l'Être et le Néant** et aux travaux de Sartre en général ; quelques notes à *l'Expérience intérieure* de Bataille**.

Pour le xixe siècle, il revient à Sénancour, Joseph de Maistre, aux œuvres dites sataniques. Il recourt aux travaux de son ami Georges Blin sur Baudelaire ; de Léon Pierre-Quint sur Lautréamont ; de Thevenez, sur Hölderlin et Barth, et note à ce propos : « La pensée moderne prend son parti de la fragilité humaine. Elle n'y voit plus péché mais situation. Elle nie l'absolu dans la fragilité. » Les réflexions de Gertrude von Le Fort : « Mon fils, la justice n'existe qu'en enfer ; au ciel il y a la grâce ; sur terre il y a la croix », lui inspirent cette réplique : « Alors je choisis l'enfer. »

Une partie de sa réflexion est absorbée par le problème religieux qu'il aborde dans des discussions sur Heidegger avec le Père Bruckberger. Il y critique « le tout ou rien dont on fait la loi de la chrétienté » et note : « Tout humanisme est une mutilation. Aussi l'homme garde ses distances, sa profondeur, ses issues. Mais y a-t-il un seul état sans limitation. — L'expression déjà... » Agacé par les réflexions de Guitton sur Copernic et Galilée, il écrit : « Ni trop, ni trop tôt, ni trop à la fois. Trois siècles d'entêtement, c'est coquet », et reproche au catholicisme d'être « la religion du fait ». Il lit alors *la Connaissance théologique* de Chevallier, *l'Idée incarnée* de Spoeni, *Qu'est-ce que l'homme ?* de Wilhem Keller, *le Drame de l'humanisme athée* de Lubac ; pour finir, *Pascal et la Pensée dialectique* de Goldman.

Sur le mouvement social, il parcourt les ouvrages d'Halévy :

---

* Il en retient, entre autres, cette formule : « C'est en tant que cette nature est une exigence sans être un recours qu'elle est saisie comme angoissante. »

** Il relève la distinction entre l'athée « satisfait d'un monde sans Dieu » et le négateur « dans l'angoisse devant un monde inachevé, inachevable, à jamais inintelligible » (pp. 216 et *sq.*).

Histoire du socialisme européen et *l'Ère des tyrannies* (il annote particulièrement la préface de Bouglé); de Russel : *Histoire des idées au XIXe siècle;* de Maxime Leroy : *Histoire des idées sociales en France de Babœuf à Proudhon;* ainsi que *The open society and its enemies* de Popper (surtout le tome II). Il travaille Marx dans les morceaux choisis de Lefebvre et de Maximilien Rubel (*Pages choisies pour une éthique socialiste*) et s'attarde sur Lénine : *Matérialisme et Empiriocriticisme* et les travaux de Collinet. Sur les Grecs, il consulte les ouvrages de Zeller, les thèses de Koyre et Simone Petrement sur Platon et les recherches historiques de Hatzfeld et Glotz. Il me faut enfin mentionner tout spécialement *l'Essai sur l'esprit d'orthodoxie* et *Du bon usage de la liberté* de Jean Grenier.

Il va de soi que ces indications ne sont nullement exhaustives, de nombreux ouvrages n'ayant pu être dépouillés. Elles témoignent seulement de l'ampleur des recherches faites par Camus, dans l'esprit que j'ai dit. Le fait qu'il ait accepté de livrer en revue quelques textes : Nietzsche, Lautréamont*, prouve cependant qu'il les jugeait isolément recevables. Sur ce point, Sartre et Breton ont exprimé un avis contraire. Avec le recul du temps, on s'accordera sans doute pour estimer pareilles études solidement informées — insuffisamment toutefois pour faire progresser la connaissance des auteurs et trop peut-être pour la simple illustration de la pensée.

Faute de support historique, l'étude des mouvements révolutionnaires prête à la critique. Camus en a pris conscience et s'est efforcé, avec un succès inégal, de surplomber l'histoire plutôt que de la parcourir. Les variantes le prouveront : il a nuancé ses jugements, complété son information; il s'est efforcé d'enchaîner plus rigoureusement paragraphes et chapitres et de les ramener constamment au thème central. Toutes ces précautions ne lui ont pas évité les attaques. L'appareil documentaire dont il a habillé sa pensée en a quelque peu estompé les contours, émoussant sa puissance de choc, et offrant le flanc aux critiques de détail. Entre une histoire de la révolte, l'analyse de ses perversions et le bilan de sa propre expérience révoltée, Camus n'a pas toujours su choisir : c'est la richesse et la faiblesse de *l'Homme révolté* que cette extrême concentration du sujet et cette dispersion des objectifs et des exemples.

MISE AU POINT ET POLÉMIQUE

Camus a entrepris la mise au point de *l'Homme révolté* à son retour d'Amérique du Sud. Le 13 février 1950, il annonce à M. Germain « qu'on a trouvé une fâcheuse image » à son poumon droit.

---

* Je ne reprendrai ni *Nietzsche et le Nihilisme* (Temps Modernes, août 1951) ni *Lautréamont et la Banalité* (Cahiers du Sud, 1951) qui sont de simples bonnes feuilles. Je tiens compte des variantes du *Meurtre et l'Absurde* (Empédocle, avril 1949).

D'où repos jusqu'en avril, accompagné de streptomycine. « À l'heure actuelle, les choses vont aussi bien que possible et j'espère retrouver bientôt une vie normale. » Il évoque *les Justes* « chaleureusement accueilli par les uns..., froidement exécuté par les autres. Match nul par conséquent », et prévoit la sortie prochaine de *l'Homme révolté*. Le 19 septembre, « le travail a avancé aux Vosges où il pleuvait deux jours sur trois. Mais j'ai encore beaucoup à faire. J'ai hâte d'en avoir fini, vous le savez. J'imagine bêtement que la vie recommencera alors. » (Lettre à René Char.)

En octobre, en attendant de s'installer rue Madame, il s'est réfugié dans un hôtel du Palais-Royal. « Je travaille et ceci sauve tout. J'ai aussi l'impression de reprendre le dessus physiquement et moralement... Cette année a été dure, très dure pour moi, sur tous les plans. » (Lettre à Char.)

Le 27 février 1951 : « Depuis un mois, je suis enfoncé dans un travail ininterrompu. La totale solitude et la volonté d'en finir font que je reste à ma table dix heures par jour. J'espère en finir avant le 15 mars. Mais l'accouchement est long, difficile et il me semble que l'enfant est bien laid. Cet effort est exténuant. » Le 11 mars, il annonce à Char qu'il en a terminé plus tôt que prévu; mais le 26 juin : « Je travaille encore à refaire certaines parties de mon livre... Finalement ce n'est pas sans angoisse que je m'en séparerai. J'aurais voulu être à la fois vrai et utile. Mais cela suppose une générosité de tous les instants. Je me suis senti solitaire pendant tout le temps de ce travail. » Le 10 juillet : « Il faut attendre maintenant. »

On sait qu'il n'eut pas longtemps à attendre. Dès la fin de l'année, les attaques fusèrent, lui donnant « la nausée... J'ai parfois le vertige devant l'avenir. » (À Char, le 29 novembre 1951.) Déjà, le 26 octobre, évoquant sa première polémique avec Breton, il dit à René Char avoir répondu « sur un autre ton, et seulement parce que les affirmations gratuites de Breton risquaient de faire passer le livre pour ce qu'il n'était pas ... D'avoir expulsé le livre, me laisse tout vide et dans un certain état de dépression « aérienne »... moi qui ne me suis jamais résigné à voir la vie perdre de son sens et de son sang. À vrai dire, c'est le seul visage que j'aie jamais connu à la souffrance. On parle de douleur de vivre, mais c'est la douleur de ne pas vivre qu'il faut dire. Et comment vivre dans ce monde d'ombres... La pire chose, après tout, serait de mourir seul et plein de mépris. »

Quelques jours plus tard (4 décembre 1951) il écrit à Guy Dumur : « *L'Homme révolté* ne m'intéresse plus qu'à moitié. Et pourtant non, je n'écrirai rien qui ressemble (toutes proportions gardées) à Zarathoustra. Il faudrait pour cela se tenir sur une cime et moi, je suis du côté de tous les jours. » Dans les mois qui suivent, il s'efforce d'expliquer sa position, souvent avec calme, parfois avec humeur. Le 5 avril 1952, il m'écrivait par exemple : « Que la justice soit la forme collective de la liberté... montre assez, il me semble, la duperie qu'il pourrait y avoir à séparer ces deux notions, comme on le fait abusivement... Le socialisme d'aujourd'hui se voue à construire sa société contre la campagne. C'est pourquoi il est terreur. Il vaut mieux alors réfléchir sur le problème paysan comme vous l'avez fait et trouver une synthèse dont l'avenir historique ne suppose pas le déracinement d'une nation. L'économie du sang devrait être le premier impératif d'une doctrine commune, aujourd'hui*. »

À une enquête sur l'*existentialisme*, il projette de répondre (note manuscrite) : « *L'Homme révolté* n'a pas créé de schisme ; il a dénoncé poliment le nihilisme de ces positions qui se réclament de l'histoire et d'elle seule. L'avenir de l'existentialisme y est, je crois, clairement montré et les événements ne m'ont pas donné tort. » À un lecteur de *la Révolution prolétarienne*, il écrit le 17 décembre 1952 : « L'absurde séparation du travail intellectuel et du travail matériel qu'a dénoncée Marx et dont S. Weil ne pouvait s'accommoder est toujours notre infirmité. Ce qui a changé, c'est seulement que les intellectuels, ou du moins ceux qui prennent au sérieux leur vocation, souffrent aujourd'hui de leurs propres privilèges. » Il tente enfin de rendre moins équivoque la notion de pensée méditerranéenne. « Je sens bien à la fois les limites de la position qui est définie dans *l'Homme révolté* et les malentendus que, malgré les précautions, elle peut susciter. C'est l'inconvénient essentiel d'une méthode qui choisit d'avance une cause à l'exception des autres. Il n'est pas entièrement compensé mais seulement est tempéré par l'avantage qu'il y a à cerner de façon un peu voyante des aspects un peu négligés de la question. Ajoutez à ceci que je n'ai nullement l'impression d'avoir fourni un état définitif de la question... J'ai retracé une expérience. D'autres plus grands que moi pourront s'en servir ou non, pour une vraie synthèse. Quant à la pensée méditerranéenne, j'ai seulement réagi contre l'ostracisme dont elle est victime dans l'idéologie européenne des XIXe et XXe siècles. Loin de la mettre au-dessus de tout, je prétends au contraire que l'idéologie allemande et, en général, la pensée historicienne, l'a délibérément ignorée et que, perdant une de ses racines essentielles, la pensée européenne en est devenue monstrueuse. Mais je ne prétends pas que la pensée méditerranéenne contienne la solution. J'ai écrit textuellement que l'Europe n'avait jamais été que dans cette lutte entre « midi et minuit ». C'est dire que les civilisations du Nord me paraissent aussi nécessaires que celles du Midi. Je leur reproche justement l'exclusive que vous semblez me reprocher.

---

* On peut lire sur un brouillon : « Une réflexion autour du problème du meurtre, une petite histoire du nihilisme européen, la confrontation des doctrines révolutionnaires et de l'esprit de révolte, m'ont permis de dégager, du moins pour mon usage personnel, une morale du risque généreux ou de la limite qui pourrait, provisoirement du moins, fonder une action possible. »

La mesure n'est pas le propre de la Méditerranée. La mesure naît (?) bien sûr de l'affrontement. Elle n'est pas le fait de telle ou telle civilisation, elle est le produit de leur plus grande tension. C'est dire d'avance qu'elle est tout sauf un confort. »

Il envisage alors de publier une anthologie des œuvres de Rosa Luxembourg dont il rédigerait la préface. Enfin il tentera de lever les équivoques dans un long texte, encore inédit à ma connaissance, qu'on trouvera en annexe.

Cette polémique l'a épuisé. À René Char, Camus, qui se repose au Panelier, avoue le 16 avril 1952 : « La vérité est que je ne sors pas du trou où je végète depuis des mois et où je haletais particulièrement lors de ces dernières semaines à Paris. J'ai besoin d'une révolution — d'une grande détermination qui me sépare vraiment de tout ce dont je me suis coupé théoriquement. Sinon, je vieillirai. » En septembre 1954 encore, il parle des dernières années comme d'une période où il a été « littéralement vitriolé par le doute ».

Il garde pourtant toute sa tendresse à *l'Homme révolté* : « C'est un livre qui a fait beaucoup de bruit mais qui m'a valu plus d'ennemis que d'amis (du moins les premiers ont crié plus fort que les derniers). Je suis comme tout le monde et je n'aime pas avoir d'ennemis. Cependant, je récrirais encore mon œuvre telle qu'elle est, si j'avais à le faire. Parmi mes livres, c'est celui auquel je tiens le plus. » À un autre correspondant, il dira de même : « On a tort de passer sous silence *l'Homme révolté*, qui, sans que je le trouve admirable, il s'en faut, est à mes yeux mon livre le plus important. »

ENTRE L'INTRANSIGEANCE ET LA MESURE

Le plus important, pourquoi ? Pour Camus, *l'Homme révolté* est une somme où il a rassemblé des années d'expérience et de réflexion. C'est une enquête doublée d'un diagnostic sur le mal de l'époque, dont il voudrait guérir. Et comment en guérir, sinon en guérissant tous ses contemporains ? Camus étouffe dans ses propres contradictions : le goût du sacré, le sens de l'absolu sont des données vivantes de l'absurde et l'on ne saurait les exclure sans mutilation. Mais ils portent en eux, avec un élan de vie, un principe de mort, de fanatisme, d'intolérance. *L'Homme révolté* devient alors un appel à la tolérance, au sens du relatif, à l'acceptation des limites humaines ; d'une certaine façon, il n'est pas faux de dire, pour s'en féliciter ou le déplorer, qu'il fonde le réformisme en théorie. Contre l'absolutisme politique ou idéologique, contre toute prétention à l'absolue vérité, contre toutes les inquisitions et toutes les barbaries qu'elles engendrent, bref, contre le totalitarisme éternel, Camus lance un cri d'alarme : à force d'intransigeance et d'inexpiable haine, le monde est au bord de la destruction totale.

Pour sa part — et je résume ici les notes prises en 1954 après un entretien sur *l'Homme révolté* — Camus est sorti du nihilisme.

Sans doute avait-il d'instinct maintenu une attitude qui équilibrât révolte et consentement : cette fois, il la justifie. L'expérience lui a permis de découvrir le point dramatique au-delà duquel il lui est impossible de céder, où la vie perd son intérêt. Autant que personne, il connaît la nécessité, l'urgence, la noblesse de la révolte. Mais quand la révolte se fige en dogmatisme, la pensée en orthodoxie, elles dégénèrent. Le marxisme ne peut s'immobiliser en tabou et les chefs révolutionnaires en demi-dieux, sans que la révolte perde son sens généreux.

Pour sa part, il a prétendu penser par lui-même, sans souci des gloses traditionnelles. En invoquant, comme en 1937, la Méditerranée, il n'a cédé à aucun patriotisme local : elle est, une fois encore, le symbole de la vie concrète, du soleil ; il sait mieux que personne que le colonialisme est africain et il a fait l'éloge du travaillisme nordique. Ne fallait-il pas le rappeler aux révolutionnaires ? Leur vocation est moins de bâtir des usines, des complexes sidérurgiques et des barrages que d'apporter, par-delà les modernes cathédrales d'acier, le pain de la prospérité et la joie de vivre. L'état, la bureaucratie, les partis ne sont que des moyens transitoires : l'homme demeure la seule fin.

Avec le recul du temps et l'apaisement des passions, on peut mieux mesurer l'importance du livre. Historiquement, il a ébranlé bien des consciences mystifiées et, de Villefosse à Merleau-Ponty, nombreux sont ceux qui ont réagi dans son sens. Mais Camus était trop engagé dans le combat pour mesurer les progrès accomplis ; il n'a pu apprécier à sa portée le XXe congrès du parti communiste russe, la dénonciation du culte de la personnalité, la fin du stalinisme en U.R.S.S. et dans les démocraties populaires. L'équilibre de la terreur débouche enfin sur la coexistence pacifique, les blocs s'effritent, la recherche du bonheur est tenue pour légitime.

Est-ce la renaissance ? L'histoire le dira. Si Camus était encore des nôtres, sans doute pourrait-il méditer, comme le docteur Rieux, sur le reflux de *la Peste* et conclurait-il, avec un sourire un peu las, à la nécessité d'être indéfiniment vigilant. Aux tièdes, aux modérés, aux assis, il faut opposer inlassablement la révolte qui brise les conforts et les privilèges ; à l'intransigeance souvent salutaire, mais parfois mortelle, il convient en retour d'être toujours prêt à opposer la mesure. La vie même est dans cette tension et dans ce balancement.

R. Q.

P.S. L'Université Harvard possède un manuscrit de *L'Homme Révolté* dont l'étude semble n'avoir pas encore été faite dans le détail, sinon au travers de quelques mémoires rédigés à Clermont-Ferrand sous ma direction.

II

NOTES ET VARIANTES

J'ai disposé d'un fragment manuscrit de l'Introduction, appartenant à Mme Camus ;
— d'un texte manuscrit de conférence qui a servi à l'élaboration de *Roman et Révolte* : Ms. Agnely. Camus l'a utilisé également pour les *Discours de Suède ;*
— enfin d'une dactylographie corrigée qu'a bien voulu me communiquer René Char : Ms. Char.

P. 411.

1. L'épigraphe paraît dans les *Carnets II* le 4 mars 1950.

P. 413.

1. Dans un dossier philosophique, en la possession de Mme Camus, j'ai trouvé le manuscrit de l'Introduction. On pourra y étudier le travail de refonte auquel a procédé Camus, une fois émises les idées qui fondent sa réflexion.

INTRODUCTION

En marge : *Les développements de ce livre s'opposent comme ceux du « Mythe de Sisyphe ».*
On a beaucoup tué ces temps derniers et quelques-uns prévoient qu'on tuera encore. Il y a vingt ans, avant de se décider à tuer, on avait beaucoup nié, au point même de se nier soi-même, par le suicide. Tout cela se tient sans doute. Mais tout cela nous tient surtout et de façon si sûre que nous ne pouvons plus choisir nos problèmes. Exactement les problèmes nous choisissent. Nous sommes à la question.
C'est la raison pour laquelle il a paru longtemps impossible au temps de la négation de trouver un problème philosophique plus sérieux que celui du suicide. Pour la même raison il faut dire aujourd'hui, au temps de la tuerie, que, de tous les problèmes moraux, le premier est celui du meurtre. Tout le reste vient après car je ne puis agir que dans le moment qui est le mien et parmi les hommes qui m'entourent. Le moment et les hommes sont tels que je ne peux savoir si j'ai le droit de tuer cet autre devant moi ou de consentir qu'il soit tué. Je ne sais donc rien sur la conduite à tenir aujourd'hui avant de savoir si je puis donner la mort. C'est le commencement.
L'important pour le moment est de trouver mon accord et, sachant trop déjà que je ne dois pas me tuer, apprendre si je puis tuer ou laisser tuer. Si le meurtre a ses raisons, mon époque et nous-mêmes sommes dans la folie et il n'y a d'autre issue que de retrouver la conséquence ou de se détourner. À

partir de là, d'autres, plus réfléchis, pourront décider de ce qu'est le bien ou le mal. Mais ce qui nous revient, est de répondre clairement à la question, dans le sang et les clameurs du siècle.

Or la seule notion dont nous disposions pour régler le problème, et qui est celle de l'absurde, ne nous apporte aucune contradiction. De même en effet qu'au temps de la négation a succédé le temps de la destruction, aux nihilistes les assassins, de même l'absurde si on le considère comme une attitude pratique rend le meurtre indifférent et, par conséquent, possible. Car si l'on ne croit à rien en effet, si rien n'a de sens et si nous ne pouvons affirmer aucune valeur, tout est possible et rien n'a d'importance. Il n'y a ni pour ni contre et l'assassin n'a ni tort ni raison. Malice ou vertu sont hasard ou caprice. Et l'on peut ainsi passer des millions d'innocents au four crématoire comme on peut se dévouer à soigner les lépreux. À partir de ce moment on peut décider de ne point agir ou de remplacer l'action par le jeu, ce qui revient à accepter le meurtre. On peut encore décider d'entreprendre une action qui ne soit point un jeu. Dans ce dernier cas la seule action possible ne s'oriente pas en fonction d'une valeur supérieure mais dans le sens de l'efficacité immédiate. Car si rien n'est vrai ni faux, bon ni mauvais, la règle doit être de se montrer le plus efficace, c'est-à-dire le plus fort. Le monde ne sera plus partagé alors en justes et injustes, mais en maîtres et esclaves. Ainsi de quelque côté qu'on se tourne, au cœur de la négation et du nihilisme le meurtre a sa place privilégiée.

Si donc nous estimons légitime de nous installer dans l'attitude absurde, nous devons nous préparer à tuer, donnant ainsi le pas à la raison sur une conscience que nous jugerons illusoire. Bien entendu, il y faudrait quelques dispositions. Mais en somme, moins qu'on ne croit, si l'on juge par l'expérience, sans compter qu'il est toujours possible de faire tuer, comme cela se voit ordinairement. Tout serait donc réglé au nom de la raison si la raison y trouvait vraiment son compte.

Mais à son tour la raison ne peut trouver son compte dans une attitude qui lui fait apercevoir tour à tour que le meurtre est possible et impossible. Car après avoir rendu indifférent l'acte de tuer, l'analyse absurde dans la plus importante de ses conséquences le condamne formellement. La décision finale du raisonnement absurde est en effet le rejet du suicide et le maintien de cette confrontation désespérée entre la question humaine et le silence du monde. Le suicide signifierait alors la fin de cette confrontation et la négation même de l'absurde. Mais il est clair que c'est reconnaître la vie comme seule valeur de fait, celle qui permet précisément cette confrontation, qui est la confrontation, et sans laquelle le pari absurde n'aurait pas de support. Et dès l'instant où cette valeur de fait est reconnue, elle se généralise à tous les hommes. Il n'est pas plus permis de les tuer qu'il ne l'est de se tuer. Vis-à-vis de la confrontation, meurtre et suicide sont même chose. Et cela est si vrai que, historiquement, le nihilisme absolu, celui qui accepte le suicide, accepte aussi le meurtre. Il n'y a pas de différence entre la folie de meurtre qui saisit une époque et la course au suicide. Si la nôtre accepte si aisément le meurtre ou sa justification, c'est à cause de cette indifférence à la vie qui est la marque du nihilisme. D'une certaine manière, l'homme qui se tue dans la solitude préserve encore une valeur puisque apparemment il ne se reconnaît pas de droits sur la vie des autres. La preuve est qu'il n'utilise jamais, pour refuser et donner la liberté, la terrible force que lui donne sa décision de mourir. Tout suicide solitaire est [illisible] *en quelque endroit. Mais les hommes d'aujourd'hui ont poussé les valeurs de suicide jusqu'à leur conséquence extrême qui est le meurtre légitime, c'est-à-dire le suicide collectif. La démonstration la plus éclatante en a été fournie par l'apocalypse hitlérienne en 1945. Dans tous les cas, le raisonnement absurde ne peut, sous peine d'être purement sentimental et individuel, à la fois préserver la vie de celui qui parle et accepter le sacrifice des autres. Pratiquement un tel raisonnement nous assure en même temps qu'on peut et qu'on ne peut pas tuer, nous abandonne donc dans la contradiction, sans rien qui puisse empêcher le meurtre ou le légitimer, menaçants et menacés, déchirés et consentants, entraînés par toute une époque enfiévrée de nihilisme, mais dans la solitude cependant et dans le déchirement, l'arme à la main et la gorge serrée.*

Absurdité de l'absurde.

Mais cette contradiction essentielle ne peut manquer de se présenter avec une foule d'autres à partir du moment où l'on prétend se maintenir pratiquement dans l'absurde et où l'on néglige son vrai caractère qui est d'être un passage vécu, un point de départ et l'équivalent en existence du doute méthodique de Descartes. Car l'absurde est en lui-même contradictoire.

Il l'est dans son contenu puisqu'il exclut les jugements de valeur en voulant maintenir la vie, alors que vivre est en soi un jugement de valeur, et qu'il n'y a pas un acte de notre vie qui ne contienne un jugement de valeur. Il est peut-être faux de dire que la vie n'est que choix. Mais il est vrai qu'on ne peut imaginer une vie privée de tout choix. De ce simple point de vue la position absurde en acte est inimaginable.

Par ailleurs toute philosophie de la non-signification vit sur une contradiction du fait même qu'elle s'exprime. Car elle donne par là même un minimum de cohérence à l'incohérence, elle introduit de la conséquence dans ce qui, à l'en croire, n'a pas de suite. De ce point de vue, parler répare. Et la seule attitude cohérente fondée sur la non-signification du monde serait le silence absolu si le silence malheureusement ne signifiait. L'absurdité parfaite est muette. Si elle parle c'est qu'elle se complaît et, comme nous le verrons, qu'elle s'estime provisoire.

Cette complaisance, cette considération de soi par soi marque aussi bien l'équivoque profonde de la position absurde. D'une certaine manière l'absurde qui prétend exprimer l'homme dans sa solitude le fait vivre, comme Caligula, devant un miroir. Le déchirement initial risque alors de devenir confortable. Et la plaie qu'on gratte avec tant d'amour finit par donner du plaisir. Même dans le mouvement authentique du raisonnement absurde, cette ambiguïté se découvre. Car il y a dans la constatation du principe d'une liberté satisfaisante et son aridité même est le prélude d'une résurrection au monde. Du « rien n'est intéressant que... » on tire « tout est intéressant sauf... ». On éprouve donc au milieu de la position absurde à la fois la liberté et l'aridité, la résurrection et l'étrangeté. À l'instant même de la protestation absurde le monde reprend donc un sens et ce sens risque de lui donner l'unité à laquelle il ne saurait prétendre suivant le raisonnement absurde. C'est ici que l'ambiguïté propre à cette position se généralise. Car pour éviter qu'une analyse partie de l'hétérogénéité du monde ne finisse par lui restituer une cohérence le souci constant de l'esprit absurde doit être de ne pas oublier l'aspect impossible de la réalité. Mais cela ne se peut que par une lucidité sans cesse maintenue qui elle-même ne s'imagine que dans une unité psychologique imperturbable. Ainsi la dialectique absurde exige d'un côté l'affirmation d'une réalité hétérogène et de l'autre la tension et l'unité psychologique de l'esprit. En admettant que cette unité ne soit pas théorique, remarquons seulement que la position absurde entraîne pratiquement la dispersion et la multiplication des expériences. Comment faire pour maintenir l'unité dans la dispersion et ne pas perdre dans le désordre des expériences le souvenir même de ce désordre et de l'hostilité du réel ? À supposer qu'une telle position puisse être effectivement tentée, il est évident qu'elle finirait par trouver une complaisance dans ce désordre ou, dans le cas le plus probable, qu'elle devrait se renoncer elle-même et refuser la dispersion, la sachant possible, pour déboucher dans un dénuement arbitraire, un parti pris de silence, l'étrange ascèse de la révolte.

L'absurde, considéré comme position vécue, est donc contradictoire. Mais c'est qu'en [illisible] il n'est pas possible de bâtir une attitude sur un sentiment privilégié. Le sentiment de l'absurde est un sentiment parmi d'autres. Qu'il ait donné sa couleur à tant de pensées et d'actions entre les deux guerres prouve seulement sa puissance et sa légitimité en tant que sentiment. L'erreur de toute une époque a été de mesurer sa possible universalité à son intensité et d'énoncer des règles générales d'action à partir d'une émotion dont le mouvement propre en tant qu'émotion était de se dépasser et de se nier elle-même. Les grandes souffrances, comme les grands bonheurs, peuvent être au début des raisonnements. Ce sont des intercesseurs mais on ne saurait les retrouver et les maintenir tout au long de ces raisonnements.

Si donc il a pu paraître nécessaire à un moment donné de tenir compte de cette sensibilité [illisible] de faire le diagnostic en quelque sorte d'un mal assez commun pour exciter la réflexion générale et si même il a semblé bon de le faire de la façon la plus provocante pour éclairer crûment le mal et ses conséquences, tels qu'on les trouve en soi et chez les autres, il est cependant nécessaire de considérer cette position absurde et d'une façon générale le nihilisme qu'elle a entraîné ou freiné, pour ce qu'ils sont réellement, c'est-à-dire un point de départ et une attitude vécue de critique fondamentale qui, sur le plan de vie, fournit l'équivalent du doute systématique. Autrement dit il faut, avec Caligula, briser les jeux fixes du miroir et entrer dans le mouvement vécu où l'absurde se dépasse lui-même.

Le miroir brisé, il reste une évidence qui est la protestation même contenue dans l'absurde, c'est-à-dire la révolte. Je crie que je ne crois à rien, mais je ne puis douter du moins de mon cri et il me faut croire à lui. C'est ce cri et cette révolte qu'il faut donc analyser pour voir s'ils peuvent nous fournir d'abord une première valeur, les quelques règles d'action ensuite que l'absurde ne pouvait nous donner, et pour finir une indication au moins sur le droit ou le devoir que j'ai de tuer. C'est en fait le même raisonnement qui se poursuit mais il s'inquiète aujourd'hui et il est obligé de s'inquiéter d'une certaine innocence.

En dédicace, sur la dactylographie corrigée que possède René Char, avec la date du jeudi 12 juillet (1951) :

> *Mon cher René,*
>
> *Voici l'objet de tant de peines. Je m'aperçois que ce manuscrit est très raturé. J'ai donné le meilleur à l'imprimerie. Mais je sais que vous vous y reconnaîtrez. Puisse-t-il être digne, dans sa forme, de ce qu'ensemble nous pensons. C'est avec une joie profonde, en tout cas,* MALGRÉ MON ANXIÉTÉ BIEN SÛR [rajouté] *que je vous le confie. J'ai retiré beaucoup de notre rencontre d'hier ou plutôt vous m'avez tiré de quelques-uns des doutes où j'étais après ce long travail aveugle. Une pierre blanche de plus sur le beau et droit chemin de notre amitié. Très affectueusement à vous.*

On lit à la page suivante.

Première version.
À vous, cher René, le premier état de ce livre dont je voulais qu'il soit LE NÔTRE [souligné] *et qui, sans vous, n'aurait jamais pu être un livre d'espoir. Fraternellement. 1951.*
2. La fin de ce paragraphe n'existait pas dans *le Meurtre et l'Absurde* (*Empédocle*, avril 1949). Il se poursuivait ainsi : *Il s'agit de savoir si, le meurtre existant, il est légitime de lui donner une cohérence. Nous ne pouvons agir...*

P. 415.

1. Ms. Char : *... le meurtre. De même qu'au temps de la négation a succédé le temps de la destruction, aux nihilistes les bourreaux philosophes de même le sentiment de l'absurde...*
2. Ms. Char : En note : *On remarquera que ces trois attitudes se réclament toutes de l'humanisme bien qu'elles débouchent également sur le meurtre de l'homme. C'est qu'il y a un rapport subtil entre le nihilisme et l'humanisme, pensées courtes.*

P. 416.

1. Ms. Char : *... au suicide. Sade en bonne logique justifie les deux.* Un esprit...
2. Ms. : *... jouissance terrible, sacrifice de soi et de l'autre où crève un trop-plein d'âme.* Ils n'étaient pas...

P. 418.

1. Ms. Char et *le Meurtre et l'Absurde* : *... donner du plaisir.*
Même dans le mouvement authentique du raisonnement absurde, cette équivoque se révèle. Au creux de ce désespoir, on découvre le principe d'une liberté satisfaisante et son aridité est le prélude d'une résurrection du monde. Du « rien n'est intéressant que... » on tire « tout est intéressant sauf... ». On éprouve donc, au milieu de l'expérience absurde, à la fois la liberté et

l'aridité, la résurrection et l'étrangeté. À l'instant même de la protestation, le monde reprend un sens et ce sens risque de lui donner l'unité à laquelle il ne saurait prétendre suivant le raisonnement absurde. C'est ici que l'ambiguïté propre à cette réflexion se généralise. Pour éviter qu'une réflexion sur le désordre du monde ne finisse par lui restituer une cohérence, le souci constant de l'esprit absurde devait être en effet de ne pas oublier l'aspect impossible de la réalité. Mais cela ne s'obtient que par une lucidité obstinément maintenue, elle-même inimaginable sans une certaine fixité psychologique, sans une règle dans le siècle. Ainsi le raisonnement absurde exige, d'un côté, l'affirmation d'une réalité incohérente, et, de l'autre, la tension et l'unité psychologique de l'esprit. Une telle unité ne peut être que théorique, si on la veut constante. Elle suppose un esprit pur et coupé de l'expérience, une sensibilité d'ivoire où le monde extérieur n'inscrirait jamais rien. À supposer même que cette unité ne fût pas théorique, il faut se souvenir au moins que l'éthique absurde entraîne la dispersion volontaire et la multiplicité des émotions. Comment, dans ce cas, maintenir l'unité dans la dispersion et ne pas perdre dans le désordre des expériences le souvenir de ce désordre et de l'hostilité du réel ? Même si cette aventure pouvait être tentée, la complaisance s'installerait dans ce chaos.

Les grands aventuriers...

L'HOMME RÉVOLTÉ

P. 423.

1. Ms. Char : ... son premier mouvement. Un *fonctionnaire, qui a reçu des ordres*...

2. Ms. Char : ... une certaine part de lui-même, *celle qui mérite qu'on se lève pour la défendre*. Il fait donc...

P. 424.

1. Les deux phrases suivantes n'existaient pas au Ms. Char.

P. 425.

1. Formule souvent utilisée par Dolorès Ibarruri, dite la Pasionaria, député communiste espagnol pendant la guerre civile.

2. Ms. Char : ... une raison d'agir *qui échappe à l'arbitraire individuel*. Mais il importe...

P. 427.

1. Ms. Char : ... arrivisme ou aigreur *(Hitler ou Cottard)*... [barré par Camus]. Mais...

2. Ms. Char : ... où Tertullien *contemplant Catilina de haut*, informe ses lecteurs qu'au ciel la plus grande source de félicité,

parmi les bienheureux, sera le spectacle des empereurs romains consumés en enfer. *C'est exactement une certaine sorte de ressentiment se réjouissant de l'humiliation infligée à une certaine forme de révolte.* Cette félicité...

P. 428.

1. Ms. Char : ... les hommes. *Scheler reconnaît d'ailleurs que le ressentiment dans une société se trouve considérablement détendu par les soupapes de sûreté que sont les institutions parlementaires, la justice, la liberté de la presse. Grâce à ces exutoires, on obtient une décongestion du climat social. Ils opèrent une purgation de cette passion inférieure qu'est le ressentiment. Mais qui ne voit que les institutions et les principes cités par Scheler sont précisément les conquêtes historiques de l'esprit de révolte.* Scheler veut...

P. 431.

1. Ms. Char : ... par rapport au sacré. *Le spectacle de la révolte nous est donné à l'échelle historique. Cela nous aidera à montrer que, même sur le plan de l'histoire, le problème est métaphysique. En attendant, l'extrême dénuement qui en est résulté pour la pensée contemporaine force l'individu soit à recréer le monde, soit à repenser toutes choses. La première de ces tentatives est en cours et nous aurons à la juger. De toute manière dans cette incroyable entreprise, c'est un principe d'activité qui est mis au cœur de l'homme. Si elle prend naissance dans un mouvement individuel, la révolte ne cesse de dépasser ce mouvement. Il suffit de dire que l'époque, à force de contestations, met au premier plan l'une des dimensions essentielles de l'homme. Reste à savoir si l'expression qu'elle lui donne est la bonne.*

Du moins voici que le premier progrès...

LA RÉVOLTE MÉTAPHYSIQUE

P. 437.

1. La phrase suivante n'existait pas au Ms. Char.
2. Ms. Char : ... quelques-unes. *Du moins cette prodigieuse aventure devait nous fournir des précisions sur le contenu de la révolte métaphysique et sur le chef d'accusation du procès général qu'elle intente à la création.*

Le chapitre se terminait ici.

Les quelques lignes substituées à cette fin font de la révolte métaphysique, telle qu'elle vient d'être présentée, une infidélité à la révolte. Ce qui n'apparaissait pas nettement.

P. 439.

1. La phrase suivante ne se trouvait pas au Ms. Char.
2. Ms. Char : Antigone, *la janséniste,* si elle se révolte...
3. La phrase qui suit n'existait pas au Ms. Char.

P. 443.

1. La fin de la phrase n'existait pas au Ms. Char.

P. 444.

1. Camus utilise ici son diplôme d'études supérieures.
2. Ms. Char : ... pour *humaniser* le monde chrétien...

P. 445.

1. Les deux phrases suivantes n'existaient pas au Ms. Char.
2. Ms. Char : ... était nécessaire. *La profonde découverte des Évangiles et leur* pessimisme légitime...

P. 447.

1. Ms. Char : La fin de la phrase n'existait pas.
Par contre, on trouvait en note :
Il faudrait parler ici même de Chamfort mais je ne puis répéter ici ce que j'ai dit ailleurs, et longuement, sur sa conquête du silence.

P. 449.

1. Ms. Char : ... nos désirs ! » *Le XVIII*ᵉ *siècle se marque dans ce* « nous » *et le romantisme plus fidèle à Sade que Sade lui-même ne changera rien à son cri sinon la personne de ce pronom.* Les longs raisonnements...

P. 453.

1. Ms. Char : ... et de miradors. *C'est ainsi que la révolte est créatrice.* Chez Sade...

P. 456.

1. Ms. Char : ... les conséquences extrêmes d'une logique révoltée : la totalité close...

P. 457.

1. Ms. Char : ... des cafés littéraires. *La révolte apparemment ne paie que ceux qui ne paient pas pour elle.* Mais ce n'est pas tout.
2. Ms. Char : ... au nom de la liberté *totale*. Avec lui...

P. 458.

1. Ms. Char : sous-titre : *Lucifer et les dandys*.

P. 460.

1. Ms. Char : ... de spleen. *L'amour taciturne et toujours menacé se détache alors sur un fond de mort. Il est une souffrance solitaire et non une communion, moins encore une construction. Le romantique sent trop vivement le dieu qui dort en lui et à qui on n'a pas fait justice pour ne pas souffrir de cette impatience de l'incarnation qu'il a rendue célèbre.* Il est seul...

2. Ms. Char : ... le Créateur. *Il n'est point d'autre morale que de l'instant et de l'instant sans instance. La frénétique ivresse...*

3. Ms. Char : ... du brigand généreux. *Lacenaire se recommande de Valjean et de Vautrin. Le mélodrame.*

4. Ms. Char : ... du temps. *Mais il faut attendre l'échec de la révolte individuelle et le grand mouvement de 1848 pour que soient mises en cause les bases économiques de la société par un transfert que nous retrouverons. Dans ses débuts*, dans sa source...

P. 463.

1. Ce dernier paragraphe n'existait pas au Ms. Char.

On y lisait : *Mais cela est inévitable. Le révolté qui refuse ce qu'il est se condamne provisoirement au paraître dans l'espoir de conquérir un être plus profond. À force de jouer la vie un jour vient où peut-être on la crée. Nous retrouvons cette ambition chez nos révolutionnaires. En attendant, le XIXᵉ siècle habille de somptueuses défroques la nudité insoutenable de la vie. Le meurtrier du ministre Stolypine demandait la grâce d'être pendu en frac. La révolte romantique cultive aussi la mort en frac. Sa manière de lutter contre l'horreur de la destruction et de rendre la mort même spectaculaire, même au prix de la mort des autres, l'apocalypse, la grande vie, la belle fin sont les tentations de la révolte, les absurdes inventions [?] que le désespoir fournit à la créature humaine humiliée pour reconquérir une apparence d'être et de dignité.*

P. 465.

1. Au Ms. Char, ce chapitre suivait le chapitre sur « l'Affirmation absolue » qu'on trouve plus loin et précédait immédiatement l'étude consacrée à Nietzsche.

2. Ms. Char : *... l'existence de Dieu. Alors que Stirner se rebelle contre la règle morale, Ivan réfute Dieu au nom d'une valeur morale. Dieu, en somme, qui était trop moral pour Stirner, ne l'est pas assez pour Ivan.* L'ambition du révolté...

P. 466.

1. Ms. Char : ... *qu'inconditionnelle et absolue et c'est pourquoi il pose lui-même ses conditions. La révolte par essence est janséniste.* La révolte veut tout...

P. 467.

1. Ms. Char : La fin de la phrase ne s'y trouvait pas.

P. 469.

1. Le Ms. Char ne comportait pas la phrase suivante.

2. Ms. Char : Ce naufrage, *tout littéraire d'ailleurs*, n'empêchait pas, du reste, que, le problème posé, la conséquence devait suivre. Ce mouvement est indiqué déjà par Dostoïevski...

P. 472.

1. Le Ms. Char ne comportait pas ce paragraphe ni le début du suivant. Il commençait comme suit : *Dans la révolte romantique telle qu'on peut la saisir à travers les œuvres de l'art, il s'agissait beaucoup plus d'une complaisance au crime et à soi-même que d'une morale du moi et de sa puissance. Il faut attendre 1845, date de parution de « l'Unique et sa propriété », pour trouver l'homme capable de mettre son époque en formules et de pousser à son terme logique le désespoir encore aimable des romantiques.* Stirner commence à faire...

2. Ms. Char : La phrase suivante ne s'y trouvait pas.

P. 475.

1. Ms. Char : ... commence. *Ici naît la grande question d'Ivan Karamazov : peut-on vivre révolté ?*

P. 479.

1. Ms. Char : La fin de la phrase ne s'y trouvait pas.

P. 485.

1. Ms. Char : ... concentrationnaires. *Il arrive sans doute que la théorie du despotisme éclairé tue à l'écart un duc d'Enghien. Mais* la prédication...

2. Rosenberg, théoricien du nazisme.

P. 488.

1. Ms. Char : La différence capitale est que Nietzsche proposait de dire oui à ce qui est et Marx à ce qui devient. Nietzsche du moins a prévu...

P. 490.

1. Le 1er paragraphe n'existait pas au Ms. Char.

On y trouvait le texte suivant : *Il semble que plus irrationnelle est la révolte dans son premier élan et plus pressée elle devient de bâtir le règne de la raison. À mesure qu'on avance dans le temps des révoltes, l'évolution que nous avons évoquée se précipite. Le mouvement en spirale qui est celui de toute idée en marche se resserre. Il a été donné à la poésie révoltée, à la fin du XIXe et au début du XXe d'exprimer dans une convulsion spectaculaire les deux cris simultanés de la révolte humaine : l'irrationnel et la raison. Après quoi la raison triomphante commencera la conquête du monde.*

P. 491.

1. Ms. Char : L'étude sur Lautréamont se trouvait placée plus haut sous le titre *Lucifer et la Banalité*.

P. 494.

1. Ms. Char : On lisait en note : *Un collégien bien né fait crime de tout. S'arranger de nos bassesses est un art adulte.*

P. 498.

1. Ms. Char : Sa *conversion* sans doute est mystérieuse.

P. 499.

1. Ms. Char : ... même si cet ordre est *l'esclavage.* Le silence de...

P. 500.

1. Ms. : ... et le désir *d'asservissement,* le non et le oui...

P. 501.

1. Violette Nozière fut condamnée pour empoisonnement en 1929.

P. 504.

1. Kalandra, poète déporté au temps du stalinisme. Cf. *Actuelles II.*

P. 507.

1. Ms. Char : ... de sagesse confortable. *A. Breton du moins gardera l'honneur d'avoir poussé le cri pathétique qui résume cette longue aventure de l'intelligence révoltée :* « Nous voulons, nous aurons l'au-delà de nos jours. » La nuit splendide où il se complait annonce peut-être...

P. 508.

1. Le titre ne figure pas au Ms. Char.
2. Ms. Char : Cent cinquante ans de révolte et de nihilisme *s'achèvent ici. De Sade à Breton nous avons* vu revenir...
3. Ms. Char : Le paragraphe s'arrêtait ici.

P. 509.

1. Ms. Char : La phrase s'arrêtait ici.

P. 510.

1. Ms. Char : ... et dont les dernières paroles *ne peuvent retentir qu'à la fin de l'histoire.* De ce moment...

P. 511.

1. Ms. Char : ... à la face de Dieu et, par la loi d'un impérialisme spirituel...

2. Ms Char : ... qu'il faut comprendre et bâtir *par tous les moyens.* Aux crimes de l'irrationnel...

3. Ms. Char : Au « Je me révolte, donc nous sommes », *la révolte métaphysique* ajoute, méditant de prodigieux desseins : « Et nous sommes seuls. »

LA RÉVOLTE HISTORIQUE

P. 517.

1. Anacharsis Cloots, conventionnel français, exécuté avec les hébertistes, fut l'un des fondateurs du culte de la raison.

P. 519.

1. Ms. Char : L'armée servile *marche au milieu de folles destructions, de villes rasées et de meurtres incessants. Mieux encore, elle organise* des combats...

Il semble, à lire cette variante et la note de la même page, que Camus ait alors complété son information.

P. 520.

1. Ms. Char : En *1791.*

P. 521.

1. La note n'existait pas au Ms. Char.
2. Ms. Char : ... les puissances temporelles *jusqu'à la persécution des jansénistes,* se mette...
3. Ms. Char : Les deux phrases qui suivent ne s'y trouvaient pas.

P. 522.

1. Ms. Char : La phrase s'arrêtait là.
2. Ms. Char : La phrase s'arrêtait là.
3. Ms. Char : La phrase qui suit ne s'y trouvait pas.

P. 523.

1. Ms. Char : ... *le langage* dogmatique. *Il fonda à sa manière une nouvelle religion...*

P. 526.

1. Ms. Char : ... qui dure encore *quoique près de sa fin. G. Sorel a raison de dire que les principes de 89 ont été longtemps pour les Français une foi de même valeur et aussi peu discutée que la révélation de Jésus pour les catholiques.*
2. Ms. Char : ... deux *religions à vrai dire.* Au reste...

P. 528.

1. Jacques Roux était le chef de la tendance extrémiste, dite des « Enragés ».

P. 535.

1. Ms. Char : ... la personne *discutable mais* grandiose...

P. 537.

1. Ms. Char : ... froide comme la *vertu*. À partir...

P. 538.

1. Ms. Char : ... un peuple *détourné du bien*, il retourne...

P. 539.

1. Ms. Char : ... au souverain roi. *L'Europe des juristes, l'Europe romaine est accomplie.* Alors seulement...

2. Ms. Char : ... de tout. *Le législateur est devenu conquérant. L'individu-dieu hante, depuis Bonaparte, tout le romantisme. L'individualisme abstrait de 89 culmine ainsi dans la série des dictatures de plus en plus féroces qui se succèdent jusqu'à nos jours. La loi règne toujours mais elle se confond toujours avec le fait. Elle n'a plus de bornes fixes.* Saint-Just avait prévu...

P. 540.

1. Ms. Char : Les trois phrases suivantes ne s'y trouvaient pas.
2. Ms. Char : ... sera Dieu. *89 avait créé de toutes pièces un homme coupé en même temps de Dieu et de l'histoire : l'homme-principe. Mais l'homme choisit Dieu alors que l'histoire le choisit. L'histoire va l'entraîner maintenant encore plus loin du ciel maintenant vide. L'homme historique* se vouera...

P. 542.

1. Cf. Hyppolite. Introduction à *la Phénoménologie de l'Esprit*, de Hegel. De cette vision pantragique du monde historique à une vision panlogique, le passage est aisé. Il suffira de découvrir dans le destin tout-puissant et juste qui entraîne les peuples — des individualités historiques — la dialectique de l'idée qui porte en elle le germe de sa mort.

P. 543.

1. Cf. Hyppolite, p. 49.

« La belle âme n'est pas la conscience passive et lâche qui place encore son droit dans les choses du monde et se montre pourtant incapable de le soutenir ; elle reste une conscience vivante et active, mais aussi elle se refuse à apercevoir le droit ailleurs que dans l'intériorité de l'âme : elle fuit donc le monde, pour séparer radicalement le pur de l'impur. »

P. 545.

1. La note 1 n'existait pas au Ms. Char.
2. Ms. Char : Titre : *Maîtrise et Servitude*.
3. Cf. Introduction à *la Phénoménologie de l'Esprit*, de Hegel. (p. 18) « Il lit Rousseau avec passion. »

(p. 22) « Il faut enfin noter une influence qui a sans doute été capitale. C'est celle de Rousseau. Cela peut paraître au premier abord paradoxal. Nous sommes souvent tentés d'interpréter en France *le Contrat social* comme une œuvre individualiste parce que l'État y est considéré comme résultant d'un contrat entre particuliers. Mais, en fait, ce n'est pas le Contrat comme contrat qui a surtout frappé Hegel, mais l'idée de *Volonté générale*. Il y a une certaine transcendance de la volonté générale sur les volontés individuelles, et le fait de considérer l'État comme volonté est pour Hegel la grande découverte de Rousseau.

Idem en note : « On ne saurait trop insister de l'influence de Rousseau sur la conception hégélienne de l'État... »

P. 547.

1. Ms. Char : La phrase suivante ne s'y trouvait pas.
2. Ms. Char : ... ce qui n'existe plus. « *La liberté ou la mort* » *devient donc* « *la liberté et la mort* ». *Si la conscience de soi est essentiellement lutte de prestige, elle doit être dans son essence suicide.*

Aucune réalité...

P. 553.

1. Cf. Hyppolite, *op. cit.* : l'État « est la réalisation du divin sur la terre », p. 94.

P. 554.

1. Ms. Char : La fin du paragraphe ne s'y trouvait pas.

P. 555.

1. Le Ms. Char s'arrêtait là.

P. 560.

1. Ms. Char : Titre : *Les* Possédés.

P. 565.

1. Ms. Char : ... exceptionnelle. « *La vie est une transition incessante de l'individuel à l'abstrait et de l'abstrait à l'individuel. C'est ce deuxième mouvement qui manque à la science. Une fois dans l'abstrait elle ne peut plus en sortir... C'est pourquoi la science a pour mission d'éclairer la vie, non de la gouverner, ce qu'elle crée ressemble toujours à l'Homonculus.* » Contre toute abstraction...

2. Aventurier cosaque qui souleva contre la Moscovie les populations du Sud-Est de la Russie et fut exécuté en 1670.

P. 570.

1. Ms. Char : ... des belles âmes *qui vérifiait Hegel une fois de plus,* devait rejeter...

P. 571.

1. On se reportera pour ce chapitre à l'article paru sous le même titre dans *la Table Ronde* en janvier 1948, et publié dans le tome I, page 1819. On en retrouve le début au paragraphe IV.

P. 572.

1. Ms. Char : ... a trahie. *L'Église s'est fondée sur la parole de Dieu. Faute de Dieu, ils* veulent créer une Église....
2. Ms. Char : ... une contradiction dans les termes. *Pour qu'elle soit un jour il faut qu'elle ait été.* Mais les hommes de 1905...

P. 573.

1. Ms. Char : La phrase suivante ne s'y trouvait pas.

P. 578.

1. Le texte paru dans *la Table Ronde* s'arrêtait ici. Camus l'a notablement condensé.
2. Ms. Char : ... au contraire, que *le monde des hommes en même temps qu'il lui est nécessaire ne lui suffit pas.* Du même coup...

P. 580.

1. Ms. Char : Le *bolchevisme* condamnera...

P. 581.

1. Ms. Char : Le royaume *arrive enfin,* mais il s'agit seulement...
2. Ms. Char : ... le bonheur, *la liberté régnera sur les esclaves,* les maîtres...

P. 583.

1. Ms. Char : ... démesurées, mais qui ont pourtant...

P. 584.

1. Tout ce paragraphe évoque *la Chute.*

P. 594.

1. Ms. Char : ... ses prédictions se sont *révélées fausses* dans le même temps...

P. 598.

1. Ms. Char : La Grèce (*que Marx, étranger à l'art et en général à toute beauté solaire, ne comprenait pas*) dont il disait...
2. Ms. Char : ... et qui *finira par* tuer l'Europe...

P. 600.

1. Ms. Char : ... Feuerbach. *On reconnaîtra la parenté de ces deux livres et leur commune influence sur Marx.*
2. Ms. Char : ... et Marx fut l'un de ses prophètes.

Cette note et la précédente semblent prouver que Camus avait cru d'abord que Marx avait lu Comte.

P. 601.

1. Ms. Char : On trouvait en note : *Voir de Lubac « le Drame de l'humanisme athée ».*

P. 605.

1. Ms. Char : ... par *l'indépendance* économique...

P. 608.

1. Ms. Char : ... et l'autre purement *éthique,* la mission du prolétariat.

P. 609.

1. Ms. Char : ... et non ailleurs *se trouve la vraie faiblesse de sa prophétie.* Il n'a jamais cessé...

P. 614.

1. Ms. Char : ... c'est là sa *culpabilité* qu'il faut examiner, il *inaugure,* au nom de la révolution...

P. 615.

1. Ms. Char : ... purement *morales.* Si la parousie...
2. Ms. Char : ... des problèmes *purement moraux.* Mais dès l'instant...

P. 616.

1. Le mouvement Spartakus, dirigé par Liebknecht et Rosa Luxembourg, fut fondé en 1916, se sépara du parti social-démocrate allemand en 1917, et anima l'insurrection de 1918 écrasée par Noske.

P. 617.

1. C'est un point sur lequel l'actualité agricole européenne dément les propos de Camus.

P. 618.

1. Ms. Char : ... celle des techniciens *et des commerçants*. L'idéal...
2. Ms. Char, en note : *Simone Weil a raison d'observer que ceci constitue la plus grande objection à l'idéal des lumières qui se veulent accessibles à tous.*

P. 620.

1. Ms. Char, en note : *On peut penser l'histoire contre la nature humaine pour la faire.*
2. Ms. Char, en note : *Ce qui alors a été massacré et déporté en France, pendu et décimé en Russie, c'est une grande partie de la conscience et de l'homme révolutionnaires.*
3. Ms. Char : ... il n'y avait pas de marxistes...

P. 621.

1. Ms. Char : ... le prolétariat *s'est effondré sous* la mission historique...
2. Ms. Char : ... et que la bourgeoisie, *aidée en cela par le socialisme autoritaire, a entraîné de force dans sa décadence la classe bourgeoise.*
3. Ms. Char : La classe bourgeoise...
... créer des élites. *Imaginée et bâtie par des maîtres esclaves, l'usine moderne ne pouvait être qu'une machine à faire des esclaves qui eux du moins n'ont pas perdu leur dignité mais la force même d'y penser.* Seul le syndicalisme révolutionnaire...
4. Ms. Char : Mais les nouveaux maîtres étaient déjà là...
5. Ms. Char : ... l'affreuse peine de millions d'hommes. Et pendant cent cinquante ans...

P. 622.

1. Ms. Char : ... ont donc *reçu le démenti le plus complet*. Ce qui reste...

P. 625.

1. Ms. Char : Pour que le marxisme restât *scientifique*, il a donc fallu...

P. 627.

1. Ms. Char : Cette *fin de l'histoire* a-t-elle alors un sens ?...

P. 628.

1. Ms. Char : ... devait réussir. Le mouvement ouvrier...

P. 629.

1. Ms. Char : Le marxisme s'illustre désormais dans le césarisme intellectuel...

2. Ms. Char : Dernier *acte* de la lutte de la justice contre la grâce, il *s'achève,* sans l'avoir voulu, *dans* la lutte de la justice contre la vérité.

3. Ms. Char : À *ce degré de désarroi,* seul le nihilisme *a la parole.* Seul, jusqu'à présent.

4. Ms. Char : ... des mots d'ordre, enfouissant sa solitude...

P. 635.

1. Les soviets libres d'Ukraine et les paysans anarchistes de Makhno furent liquidés en 1920 par les bolcheviks.

2. Ms. Char : ... bien des affirmations de Lénine peuvent encore être opposées...

P. 636.

1. Ms. Char : ... elle devient *une* mystification. Elle fait accepter...

2. Ms. Char : Titre : *La Totalité.*

P. 637.

1. Ms. Char : Les individus en régime *communiste* ne sont pas libres...

2. On retrouve le même thème dans *la Chute,* pp. 1541-1544, Pléiade, *Théâtre, récits, nouvelles.*

3. Ms. Char : ... affirmant qu'il sera fraternité, vérité, liberté. L'intervention cynique...

P. 638.

1. Ms. Char : ... dans une impasse. *La coexistence pacifique que Staline dit parfois possible des deux systèmes capitaliste et communiste* signifie seulement...

2. Ms. Char : ... la guerre atomique après laquelle...

P. 639.

1. Ms. Char : ... se forger de nouveaux principes ou *périr.* En attendant...

P. 641.

1. Ms. Char : L'Empire *a intégré* la mort.

2. On peut asservir un homme *tout au long de sa vie* et le réduire...

P. 643.

1. Ms. Char : La phrase qui suit n'existait pas.

P. 644.

1. Ms. Char : ... et de Hegel. Toute pensée...

P. 648.

1. Ms. Char : ... il veut créer dans le siècle, il bâtit le temple de César. Ceux qui se *lancent* dans l'histoire...
2. Ms. Char : ... en les asservissant tous. Mais il est juste...

P. 649.

1. La phrase suivante n'existait pas au Ms. Char.
2. Ms. Char : ... primitive. *Tout nihiliste, à partir du moment où il ne se suicide pas, fait renaître une valeur et une transcendance, un sacré sans innocence.* La révolution...

P. 651.

1. Allusion au projet, qu'on prêtait couramment à J.-P. Sartre dans les milieux littéraires, d'écrire une morale existentialiste.

P. 652.

1. Ms. Char : Nous n'étions pas mais *nous* devions être. Notre révolution est une tentative pour conquérir *l'être définitif,* par le faire. À ce point précis la limite est dépassée...

P. 653.

1. Les trois phrases suivantes n'existaient pas au Ms. Char.
2. Ms. Char : ... la source créatrice de la révolte. La révolte, en effet, lui dit et lui dira de plus en plus haut qu'il faut essayer de faire, mais en fonction de cet être obscur qui se découvre déjà dans *l'acte de la révolte.* Au « je me révolte...

RÉVOLTE ET ART

P. 657.

1. Pour la compréhension de ce chapitre on se reportera utilement aux *Discours de Suède* (1957) et à l'article sur *Art et Révolution*.

P. 660.

1. Les lignes sur la sculpture et la peinture évoquent *Noces,* « le Désert ».

P. 662.

1. Le Ms. Agnely auquel il est fait maintenant référence semble avoir été, à l'origine, établi pour une conférence.
2. Malraux a développé la même notion dans sa *Psychologie de l'art.*

3. *Comme il est de mode aujourd'hui d'appeler roman n'importe quoi, nous conviendrons d'en rester à Littré qui définit le roman avec sa concision habituelle :* « Histoire feinte, écrite en prose. » *Et si nous en restons là, il faudra convenir qu'écrire un roman, lorsqu'on y réfléchit, est une action aussi insolite que de le lire. Le mouvement qui consiste à inventer une histoire soit de toutes pièces, soit par un arrangement nouveau de faits vrais, s'il est naturel n'est cependant pas raisonnable. Il faut en trouver l'explication. Les bons auteurs vous diront que le roman est écrit pour le plaisir et l'intérêt du lecteur. Mais ils ne font que suspendre le problème. Car il faut alors se demander quelle est la raison qui fait qu'une immense majorité de gens apparemment normaux prennent justement du plaisir et de l'intérêt à des histoires feintes. Si on y réfléchissait suffisamment, on apercevrait peut-être mieux ce qu'est et ce que doit être l'expression romanesque. Réfléchissons-y.*

On dit : « C'est du roman », *ce qui revient à dire que l'histoire entendue n'est ni sérieuse ni vraie. Lorsque tel grand homme s'écrie :* « Quel roman que ma vie », *il sous-entend que c'est à n'y pas croire.* Il y a quelques lustres, *il était convenable de dire que les jeunes filles étaient* romanesques. *Cela voulait dire bien entendu que la psychologie de cette époque avait des progrès à faire. Mais cela voulait faire croire aussi que ces jeunes filles* ne tenaient pas compte des réalités. D'une façon générale, on a toujours considéré que le romanesque se séparait de la vie et qu'il l'embellissait en même temps qu'il la trahissait. La façon la plus simple et la plus commune de *considérer* l'expression romanesque consiste donc à y voir un exercice d'évasion.

Mais *évasion* de quoi ? D'une réalité jugée trop écrasante. *Cela n'explique pas tout.* Les gens heureux aussi lisent des romans. *Et j'ai toujours cru au contraire que l'extrême souffrance* enlevait *le goût de la lecture. De plus, il est bien vrai sans doute que* l'univers romanesque a moins de poids que cet autre univers où des êtres de chair *vous assaillent sans cesse. Mais qu'est-ce qui fait pourtant que Kirilov par exemple me paraît un personnage bien plus sérieux que Mussolini ? Qu'est-ce qui fait que je me réfère plus volontiers en moi-même au* comte Mosca *qu'à tel de nos académiciens ?*

On dit aussi que Balzac termina un jour une longue conversation sur la politique et le sort du monde en disant : « Et maintenant revenons aux choses sérieuses », *pour parler du roman qu'il avait en cours. Ce sérieux,* la gravité indiscutable de ce monde romanesque, l'obstination *de l'humanité à semer des* mythes *le long des* siècles de son histoire, *l'évasion suffit-elle à l'expliquer ?*

*Reconnaissons seulement que l'activité romanesque suppose une désaffection par rapport à la réalité. Et peut-être verrons-nous mieux ce qu'elle est en son essence si nous nous interrogeons sur les raisons de cette désaffection. Est-il possible de dire que ce monde ne nous satisfait pas pour des raisons esthétiques ou morales et que nous sommes amenés par là à rechercher un monde qui soit plus beau ou plus moral. J'ai de la difficulté à le penser. La littérature d'édification obtient surtout des effets humoristiques. Le meil-*leur roman *d'édification qui est certainement* Paul et Virginie *m'a toujours* paru fort immoral. En fait, *nous tenons à ce* monde et *pour la grande majorité d'entre nous, nous ne désirons* pas le quitter. Loin de *le rejeter, j'ai l'impression* au contraire *que nous souffrons* de ne point le posséder assez *et que, par rapport à notre condition, nous nous sentons en posture d'exilés.* Le pathétique profond de notre vie, c'est son inachèvement perpétuel. *Nos actions ne sont jamais finies et nous n'apercevons jamais notre vie dans son entier. Nous ne l'apercevons jamais* comme destin. *Le moment où cela deviendrait possible est* la mort, *c'est celui qui termine tout.* Chacun, *qu'il le pense ou non,* cherche à faire de sa vie une œuvre d'art. Nous désirons que l'amour dure et nous savons qu'il ne dure pas. *Et le désir de durer est même si fort que nous accepterions mieux la souffrance peut-être, si nous la savions éternelle. Il semble que les grandes âmes soient moins épouvantées par la douleur que par le fait qu'elle ne dure pas. Car nous savons que nos pires douleurs cesseront un jour, qu'un matin,* après tant de désespoirs, *nous aurons subitement* envie *de siffler en nous rasant.*

C'est une autre forme encore du désir de durer que le *désir de* possession. *Le grand malheur de toute vie, c'est que nous ne possédons jamais vraiment même l'être le plus aimé et qui nous le rend le mieux. Lui aussi échappe et s'il échappe, c'est que lui non plus n'a pas de contours fermes.* La vie de ce point de vue est sans style. *C'est* un mouvement qui court sans cesse après sa forme sans la trouver jamais. *Et déchirés par notre désir de possession et de durée, nous cherchons* en vain cette forme, *cette finitude qui nous donnerait les limites entre lesquelles nous serions rois. Qu'une chose vivante ait sa forme en ce monde, et nous serions réconciliés. Nous passons notre vie à chercher les formules et les attitudes qui lui donneront l'unité qui lui manque...*

P. 663.

1. L'expression « nos moralistes professionnels » se retrouve dans *la Chute*.

P. 665.

1. Ces lignes évoquent l'avant-dernier chapitre de *la Peste*.

P. 666.

1. Ms. Agnely : Meilleur veut *donc* dire *conséquent et un.* Cette fièvre...

2. Ms. Agnely : ... *Comment satisfaire ce désir si déraisonnable ? Comment donner une forme à notre vie dans le monde ?* Il y a bien sûr la religion. *C'est la forme supérieure. Mais je parle aujourd'hui comme toujours, pour ceux qui vivent en dehors de la grâce. Pour ceux-là il y aura un jour la mort qui changera leur vie en destin. À la rigueur, ils peuvent la prévenir et, comme Kirilov, choisir le suicide conscient. Disons seulement que cette politique est extrême. Ils peuvent aussi entrer dans une grande action. Le crime en est une. Il est un moyen de posséder enfin les êtres et de se posséder soi-même. Il semble que la vie doive s'ordonner tout entière au niveau d'un*

grand acte. Mais il n'est pas sûr que les criminels n'aient aussi leurs distractions et leur envie de siffler. J'aurai dit ici toute ma pensée en concluant que le même mouvement qui peut porter à l'adoration du ciel, à la destruction de l'homme *amène* aussi à *l'univers* romanesque.

Qu'est-ce que le roman...

3. Ms. Char : La note ne comportait pas la dernière phrase.

4. Ms. Agnely : ... la *recréation* de ce monde-ci...

5. Cf. *l'Intelligence et l'Échafaud*. Tome I, p. 1887.

P. 667.

1. Ms. Agnely : ... la courbe *parfaite* d'un langage *supérieur*.

2. On trouve une allusion aux *Pléiades* dans les *Carnets I*.

3. Ms. Agnely : ... la réalité. *Il n'est pas à mon goût d'histoire plus romanesque et plus belle. Mais en vérité si Gobineau...*

P. 668.

1. Ms. Agnely : *C'est Flaubert, un romancier pur, qui a donné la formule de cette attitude en définissant sa philosophie comme une acceptation ironique de la vie (la vie ne nous regarde pas, disait-il) et sa refonte complète par l'art.*

2. Ms. Agnely : ... sensibilité, nostalgique ou révoltée. *Les romans du marquis de Sade figurent à ce point de vue un exemple limité. Ils apportent un univers d'une logique implacable, sans fissures, purement humain et tout entier animé par la haine de la création et le refus de Dieu. Le roman classique français n'est qu'un long effort obstiné pour réduire les passions et la diversité humaine à la ligne pure d'une analyse bien formulée. Mais ces analyses, de même que celle qu'on pourrait faire sur des œuvres aussi différentes que celles de Melville, de Kafka, de Dostoïevski demanderaient trop de temps. À titre d'exemple prenons seulement deux tentatives absolument opposées dans le domaine de l'expérience romanesque, le roman américain et Proust. Par des moyens tout différents, et dans les deux cas, ce qui est visé, c'est l'introduction dans l'homme d'une unité qui lui est refusée dans sa création quotidienne.*

Le roman américain...

Ms. Char : ... sensibilité, nostalgique ou révoltée. *Sade figurait à ce point de vue un exemple limité : le roman du refus total où la révolte est devenue blasphème. Il a édifié un univers d'une logique cruelle, sans fissures, tout entier animé par la haine de la création et le refus de Dieu. L'homme n'y a qu'une dimension psychologique, celle du mal, puisque Sade ne voulait reconnaître qu'une unité malfaisante à ce monde. En cela, d'ailleurs, il s'éloigne de son mouvement primitif de révolte, il se sépare en fait du monde et crée à sa manière un monde édifiant. B. de St-Pierre et le marquis de Sade avec des indices différents sont les créateurs du roman de propagande.*

Cette dernière phrase a été reprise pour la note en bas de la page 669.

L'HOMME RÉVOLTÉ

P. 670.

1. Allusion à l'analyse faite par F. Mauriac dans *Du côté de chez Proust*.

P. 671.

1. Ms. Agnely : ... *ce monde a la perfection du cercle et que cette perfection est l'œuvre d'un humain. À cet égard, les 16 volumes de la « Recherche du Temps perdu » peuvent apparaître* comme l'une des *plus singulières et plus décisives victoires de l'homme sur sa condition mortelle.*

2. Cf. Ms. Agnely : Bien entendu, il faudrait ajouter à cette conception du roman toutes les nuances nécessaires. Mais la place manquant ici, il faut s'en tenir à l'essentiel. Si nous tenons pour vrai que le roman est d'abord un exercice de l'intelligence, et de l'intelligence entrée en concurrence avec la création, il faut en tirer les conséquences qui s'imposent. Autrement dit, il faut aller jusqu'au bout.

Il est bien certain que le romanesque, dans la mesure où il exprime ce refus du monde créé, ne le fait pas avec une conscience toujours égale. Mais il semble en même temps que cette conscience n'ait cessé de croître au cours des âges. D'Amadis de Gaule à Proust ou à Dostoïevski, le progrès est vertigineux. Peut-être faut-il aller encore plus loin et imaginer un univers romanesque qui soit absolument conforme à l'essence du romanesque. Peut-être faut-il imaginer le roman pur. Il s'agit seulement, à l'intérieur du roman, de prendre conscience du refus du monde créé qui l'anime, et pousser le refus à la limite. Nous obtiendrons ainsi le roman de la révolte.

La révolte de l'homme contre sa condition a deux expressions historiques : celle qui vise à (rebâtir [?]) le monde dans l'histoire et celle qui le refond complètement dans l'art. La lutte révolutionnaire est toujours une lutte contre les dieux. On peut imaginer aussi que le roman serve uniquement d'expression à cette protestation ancestrale des hommes et vise, sans modestie, mais sans illusions, à corriger la création.

Comment cela serait-il possible ? Si l'on est bien convaincu des analyses qui ont précédé, on sent bien que ce ne sera pas en mettant en scène des personnages agités [?] qui clameraient à perte de vue que rien ne va et qu'il faut en finir. C'est en créant, à partir de la réalité, l'univers des hommes isolés dans leur condition et créant leurs propres valeurs, amour, courage et bonheur contre un destin ennemi. Cet univers romanesque peut varier dans ses sujets ou son inspiration et ce n'est pas sur cela que je voudrais finir mais sur les problèmes techniques qui sont attachés à une telle entreprise.

Car la technique revêt ici une importance particulière. C'est la forme, et par forme il faut entendre aussi bien la composition que le style qui donnera à l'univers romanesque son unité et ses limites parfaites. À cet égard, l'exemple du roman français ne doit pas être oublié. Autrement dit, le romanesque doit revêtir une expression qui soit conforme au mouvement qui l'anime. Je voudrais, pour terminer, essayer de préciser quelques données techniques de l'expression romanesque pure.

Si nous restons fidèles aux analyses qui ont précédé, nous conviendrons d'abord que le roman pur ne peut faire appel au réalisme. Cela ne veut pas dire qu'il doit s'écarter du réel. Au contraire, je ne crois pas au roman désincarné, d'abord parce qu'il désobéit à la première règle d'art qui est d'être communicable, et ensuite parce que notre analyse du romanesque doit nous rappeler que nous sommes attachés à ce monde. Il ne s'agit pas de le nier, il s'agit de lui donner son unité. Je précise qu'il ne s'agit pas non plus du roman à thèse. Proust a raison de dire de l'œuvre intellectuelle qu'elle est une grave indélicatesse. Un raisonnement n'est pas une création.

Il s'agit au contraire d'utiliser la réalité et de n'utiliser qu'elle avec sa chaleur et son sang, ses passions et ses cris. Mais ce qu'on appelle communément le roman réaliste et qu'on appelait naturaliste il y a quelques années, c'est la « tranche de vie », la reproduction pure et simple dans ce qu'elle a d'informulé. Reproduire tous les éléments du réel sans y rien choisir, c'est proprement la photographie, c'est répéter stérilement la création dans ce qu'elle a de mutilé. À cet égard et si paradoxal que cela puisse paraître, le roman réaliste devrait être l'expression exclusive des artistes qui ont la foi. Au reste, répéter ce monde, c'est peut-être le trahir plus sûrement qu'en le transfigurant. La meilleure photographie est toujours une trahison. On peut ainsi aller encore plus loin et déclarer qu'il n'y a jamais eu d'œuvre vraiment réaliste. La création humaine à partir du monde ne peut jamais s'effectuer avec un minimum de choix. C'est l'intention créatrice qui refait le monde et toujours avec la gauchissure qui est à la fois la marque de l'art et de la protestation. Techniquement, tout est dans cette gauchissure. Elle figure à proprement parler le style d'une œuvre.

C'est cette stylisation qu'il faut pousser à bout parce qu'elle figure justement l'intervention humaine et la volonté de correction que l'artiste apporte dans la réalité. Il convient cependant qu'elle reste invisible pour que ses prestiges extérieurs n'arrêtent pas le lecteur devant l'entrée de ce monde nouveau qui lui est proposé. Mais ceci dit, l'artiste a le champ libre. Que ce soit le grossissement au microscope que Proust apporte dans l'expérience humaine, ou au contraire la témérité [?] absurde que le roman américain donne à ses personnages, la technique humaine doit marquer ici sa prépondérance ? « En art, dit Flaubert, il ne faut jamais craindre d'être exagéré. » Il ajoute simplement, et cela rejoint nos remarques sur l'invisibilité de la stylisation, que l'exagération doit être contenue et proportionnelle à elle-même.

La simple réflexion sur ces problèmes de technique peut amener ainsi à de nouveaux styles et de nouvelles créations. Quand j'aurai fait allusion à la révolution de style accomplie chez Kafka par le simple effet d'une opposition entre les événements extraordinaires qu'il rapporte et la façon naturelle dont il les présente, j'aurai donné l'idée des recherches qui sont aujourd'hui possibles en ce domaine et que je voulais faire seulement pressentir sans les traiter à fond.

Ces courtes réflexions sur le roman nous permettraient en tout cas de mieux comprendre la phrase de Bossuet lorsqu'il s'écrie : « ... les romans et les autres livres corrupteurs de la vie humaine. » Car du point de vue d'un croyant, il faut lui donner raison. Consciemment ou inconsciemment, les grands romanciers de tous les âges ont fait le procès de ce monde et de notre condition. Et leur grandeur est justement d'avoir marqué leur place dans cette revendication de l'unité pour laquelle se sont convulsés tant de siècles et la *vie humaine tout entière. Mais leur vérité profonde est de ne pas avoir attendu cette route [?] du ciel et de l'avoir forgée de leur propre main.*

Non il n'y a pas de milieu entre la littérature apologétique et la littérature de concurrence. Et qui choisit le roman choisit la créature contre le créateur. Et si je pouvais parler en bon juge chrétien, je dirais que le roman est fait pour les damnés. Et s'il y avait à refaire cette psychologie de Satan dont on parlait récemment, je dirais qu'il est sans doute écrivain et plus spécialement romancier.

Dans tous les cas, c'est là seulement ce que je me proposais de vous dire, rapidement ou sans les nuances que j'aurais voulues. L'essentiel après tout serait d'avoir fait sentir quelle place sans mesure on peut donner à l'expression romanesque et le terrible sérieux qui devrait s'attacher au fait d'écrire en prose ces histoires feintes qui se lisent en trois heures, mais qui mettent en balance la création elle-même, telle qu'elle nous est imposée et telle que nous la refusons.

3. Ms. Char : ... même dégradée. Mais il *mutile* aussi *le mouvement premier* de la création artistique. Pour mieux nier, il affirme...

P. 673.

1. Ms. Char : ... et de l'expression. *Autrement dit, le réalisme socialiste ne sera possible que dans les fourmilières.* Il y a donc un arbitraire du réel, comme un arbitraire de l'idéal. Réduire l'unité du monde romanesque à la totalité du réel ne peut se faire qu'à la faveur d'un jugement « a priori ». Le réalisme dit...

P. 675.

1. Ms. Char : Ils nient *la transcendance* qu'ils affirment dans leur mouvement même...

Camus confirme ici les principes d'esthétique qui ont présidé à la rédaction de son œuvre (cf. *Introduction au roman*, tome I).

P. 676.

1. Ms. Char : Entre les deux, se tient l'art. Le monde d'aujourd'hui est un, en effet, mais son unité est celle du nihilisme. *Il n'a qu'un seul mouvement, celui de l'accumulation indéfinie des produits et de la puissance.* La civilisation n'est possible...

P. 677.

1. Avec *Révolte dans les Asturies* et *Caligula*, Camus avait tenté, comme avec *la Peste* et *les Justes,* de mettre en scène des passions collectives.

P. 678.

1. Paraphrase de Jaurès qui fait passer la responsabilité du capitalisme à la révolution industrielle.

2. Ms. Char : Les conquérants modernes peuvent tuer, mais *ne sauraient* créer. Les artistes, *condamnés à la compréhension par leur vocation même,* savent créer mais ne peuvent réellement tuer. On ne trouve *pas* de meurtriers parmi les artistes.

En note : *Une exception, d'ailleurs douteuse : Benvenuto Cellini.*

P. 679.

1. Ms. Char : ... la dignité du travail et de l'être. La beauté, sans doute, ne fait pas les révolutions. Mais un jour vient où les révolutions ont besoin d'elle. En maintenant la beauté...

LA PENSÉE DE MIDI

P. 683.

1. Ms. Char : La première phrase ne s'y trouvait pas.
2. Ms. Char : Le paragraphe se terminait ici.

P. 684.

1. Ms. Char : La révolte oscille à tous les niveaux...
2. Ms. Char : La première phrase ne s'y trouvait pas.

P. 685.

1. Ms. Char : Au niveau de l'absurde, en effet, le meurtre *ne posait qu'un problème de circonstances;* au niveau de la révolte...
2. Ms. Char : Le paragraphe se terminait ici.

P. 686.

1. Ms. Char : On ne trouvait pas la phrase suivante.
2. Ms. Char : ... en effet, *sont contradictoires* au mouvement de révolte.
3. Ms. Char : ... Supprimant *la justification supérieure,* il rejette toute limite...

P. 687.

1. Ms. Char : La note était ainsi rédigée : *Le style des bureaux a quelque chose du style des encycliques.*

P. 688.

1. Ms. Char : ... le pouvoir de révolte de cet être. Le révolté exige sans doute une certaine liberté pour lui-même ; mais en aucun cas, s'il est conséquent, le droit de détruire la liberté de l'autre. La liberté qu'il réclame...

P. 690.

1. Ms. Char : Si je renonce à faire respecter l'identité humaine, je renonce à la révolte...
2. Ms. Char : ... la loi de l'efficacité. *L'unité ne se prêche plus, elle s'impose par la force. Si Dieu n'est pas, rien n'est permis en histoire. Plus exactement, rien de bon n'est permis. La cruauté ni la violence ne sont ni légitimes ni illégitimes en elles-mêmes. Elles sont légitimes si elles sont utiles.* Le matérialisme historique, la négation de toute liberté...

P. 691.

1. Cf. *Carnets II*, page 155.

P. 692.

1. Ms. Char : En attendant, il faut agir, et agir sans *valeur*, pour que *cette valeur* vienne au jour. *Il faut, et nous sommes ici dans la contradiction la plus formelle, créer l'absolu. La position historique pure équivaut donc à l'acceptation inconditionnelle qu'exige le sacré, sans les valeurs supérieures qui transfigurent le sacré.* Le cynisme...
2. Ms. Char : ... entre les deux attitudes. *À partir du moment où les hommes mentent, se taisent ou ne sont plus que l'écho d'un mot d'ordre, dans le silence des prisons et de la mort, la communauté revendiquée par la révolte n'est plus que la communauté des choses, l'entassement. Forcer à la solitude celui qui vient d'apprendre qu'il n'est pas seul, c'est le crime définitif contre l'homme. L'absolutisme historique accomplit dans ses conséquences, le viol du réel.* Dès l'instant...

P. 693.

1. Ms. Char : ... une histoire désormais divinisée. *Prométhée et Zeus à la fin se retrouvent face à face mais Zeus a pris le visage violent et figé de l'histoire. Il vole à son tour à Prométhée le feu de la révolte pour dominer le monde et y faire régner une justice absolue qu'il est seul à concevoir.*
La mystification révolutionnaire reprend...

P. 694.

1. Ms. Char : ... impérissable de l'histoire. *La notion de justice a pu évoluer dans l'histoire, jamais celle de liberté*. Les hommes ne sont jamais...

P. 695.

1. Ms. Char : ... l'insurrection. *L'insurrection est la limite qu'il faut essayer de ne point atteindre. Si l'excès de l'injustice*...

P. 696.

1. À partir d'ici, l'ordre du Ms. Char est profondément différent. L'essentiel des thèmes s'y trouve déjà abordé, dans une forme

proche de la forme définitive. Mais l'enchaînement logique a été bouleversé par Camus. Il m'est toutefois impossible de le restituer dans son détail.

P. 697.

1. Ms. Char : *La promesse de la renaissance est dans cette valeur qui surgit au bout de la longue histoire du nihilisme et de la révolte. Si la limite découverte par la révolte...*
2. Ms. Char : *Le paragraphe s'arrêtait ici.*

P. 700.

1. Ms. Char : « *Nous sommes* » *avant que l'histoire se déroule* et *l'histoire...*
2. Sous le titre *Mesure et Démesure*, on lisait alors au Ms. Char : *Cette pensée de la médiation, n'est-ce pas elle dont la nostalgie court à travers ces cent cinquante siècles de révolte ?* « *Rendez-nous, s'écrie Sade, les dieux du paganisme ?* » *et les jacobins recherchent à travers une parade romaine une jeunesse que le monde a perdue. Nietzsche rêve de ce temps, la Grèce présocratique où l'intelligence était sœur de la dure lumière. Au-delà du nihilisme il ne peut que prophétiser le retour de l'esprit grec. Hegel veut en réalité retrouver les secrets de l'immanence grecque et reconstruire à l'échelle du monde moderne la cité antique. Marx lui-même parle de nostalgie à propos de la beauté grecque. Mais Sade ne s'imagine pas dans le monde ancien, il est fils du christianisme. Hegel, Marx, Nietzsche sont gens du Nord nés sur le continent.* « *Trop de Nord en moi...* », *s'écriait Breton. Celui-là même qui a le mieux compris les Grecs, Nietzsche, a compris en même temps sa propre différence.* « *Il y a un contraste insensé entre notre admiration pour les Grecs et notre inaptitude à reproduire leur style et leur vie.* » *C'est que la réussite grecque n'était pas liée seulement à des conditions naturelles ou historiques. Aussi bien, personne au siècle de Nietzsche ni au nôtre n'a jamais espéré revenir au char et à la chlamyde. Mais la civilisation des Grecs reposait sur une conception du monde et des valeurs. On se condamne à ne pas la comprendre si l'on commence par refuser ces valeurs. La pensée contemporaine, allemande en particulier, n'a pris de la Grèce que la notion de devenir. Nietzsche lui-même, lorsqu'il s'est converti au retour éternel, l'a fait hors de toute mesure. Avide de soleil, il est venu vivre près des rivages antiques. Mais sur ces sommets, il a toujours tourné le dos à la mer. Le conflit profond de ce siècle s'établit non pas entre la pensée chrétienne et l'idéologie allemande qui d'une certaine manière sont complices, mais entre les rêves allemands et la pensée grecque, entre les fureurs de l'éternelle adolescence et la force virile, la nostalgie, exaspérée dans les livres, et le courage, durci et éclairé dans la course à la vie, la violence enfin et la force. Mais l'idéologie allemande est en ceci une héritière. En elle s'achèvent vingt siècles de vaine calomnie contre la Grèce, au nom d'un dieu historique d'abord et de l'histoire divinisée ensuite. Le christianisme n'a pu conquérir sa catholicité qu'en recevant ce qu'il pouvait de la pensée grecque. Mais qu'il perde son héritage grec et il devient protestantisme ; que Dieu à son tour soit expulsé*

du protestantisme et l'idéologie allemande est née. À une certaine époque l'Église a dissipé une part de son héritage méditerranéen. Elle a mis l'accent sur l'histoire au détriment de la nature, fait triompher le gothique sur le roman et, détruisant une limite en elle-même, elle a revendiqué de plus en plus la puissance temporelle et le dynamisme historique. Au XIIIe siècle à peu près, alors que la civilisation chrétienne culminait dans une société achevée, a disparu brutalement pour des raisons politiques l'une des justifications que les Grecs reconnaissaient au monde : la beauté.

La nature qui cesse d'être objet de contemplation ne peut plus être ensuite que la matière d'une action qui vise à la transformer. Ce sont ces tendances et non les notions de médiation qui font la force vraie du christianisme, qui triomphent dans les temps modernes contre le christianisme lui-même par un juste retour des choses. Privés de tout intermédiaire, nous sommes à nouveau dans le monde de l'Ancien Testament, exilés dans la beauté naturelle, coincés entre des Pharaons cruels et un ciel implacable. De son côté l'esprit historique et révolutionnaire, quoi qu'il prétende, n'a eu d'autre efficacité que de ravaler encore le visage grec et d'exalter l'histoire aux dépens de la nature et de la beauté. Qui s'étonnerait que cet esprit soit incarné aujourd'hui en Russie par le peuple le plus étranger qui soit à la Grèce (Weissiger. Cité par Wladimir Weid : « La Russie absente et présente »).

Au reste la pensée grecque n'a jamais démissionné au cours de cette longue histoire. Elle s'est perpétuée dans le christianisme dont elle a détendu la vision apocalyptique. Elle a inspiré en partie l'Italie de la Renaissance mais subi sa plus grande défaite avec la Réforme, plus romaine qu'athénienne. Dans le mouvement révolutionnaire lui-même. L'histoire de la 1re internationale où le socialisme allemand lutte sans arrêt contre la pensée libertaire des Français, des Espagnols et des Italiens (cf. la lettre de Marx à Engels, 20 juillet 1870, souhaitant la victoire de la Prusse : « *La prépondérance du prolétariat allemand sur le prolétariat français serait en même temps la prépondérance de notre théorie sur celle de Proudhon* »), celle de la C.G.T. du congrès d'Amiens à celui de Londres n'est que l'histoire des luttes entre l'idéologie allemande et la pensée méditerranéenne. La commune contre l'État, la société concrète contre la société absolutiste, la liberté réfléchie contre l'autorité rationnelle, l'individualisme altruiste contre la colonisation des masses, sont les antinomies qui traduisent cette longue confrontation entre la mesure et la démesure. L'Europe n'a jamais été que dans cette lutte entre midi et minuit. Elle ne s'est dégradée qu'en désertant cette lutte, et éclipsant le jour par la nuit. La pensée autoritaire à la faveur des trois guerres a submergé la pensée libertaire. Mais cette pauvre victoire est provisoire. Aujourd'hui encore, chaque fois que les doctrines totalitaires abordent la Méditerranée, elles en reçoivent une limite et s'en trouvent transformées. Le fascisme italien a paru aimable auprès du nazisme et le communisme yougoslave cherche une nouvelle issue aux contradictions du marxisme. La liberté qui vient de la mer triomphe alors de la tyrannie qui règne sur les plaines et les [?].

La pensée grecque d'ailleurs n'est plus ici que comme un symbole. Il serait plus juste de dire que l'absolutisme historique malgré ses triomphes...

P. 704.

1. Ms. Char : Ces petits Européens qui nous montrent une face avare, *quelle leçon prétendraient-ils donner à cette race audacieuse et belle qui, après vingt siècles, nourrit encore notre faim essentielle ? Toute culture après tout a une expression corporelle : à l'esclave grec nous avons opposé le député. Devant le fronton d'Olympie, comment n'aurions-nous pas honte à la pensée des foules rêveuses et mornes que la démesure contemporaine asservit au bagne et au désordre industriel ?*

2. Ms. Char : ... les autres. *Les Grecs n'ont pas ignoré les divinités de l'abîme, ils n'ont pas obstinément nié « le sacré », ils ont seulement délimité leur domaine. À l'heure des fêtes, de loin en loin, les dieux noirs se libéraient. Mais, dans la lumière du matin, le corps assouvi retrouvait sa complicité avec le monde des hommes. Les formules qui retentissent encore pour nous aux dessous du monde antique ne sont pas celles de l'optimisme dont nous n'avons que faire dans l'extrémité du malheur mais du courage et de l'intelligence qui, sous le soleil, ne font qu'une seule vertu.* (On retrouve partiellement ces lignes p. 705.) La révolte, la séculaire volonté...

P. 705.

1. Ms. Char : ... une action et une *conduite* possibles...

2. Ms. Char : ... elle est inquisition. *L'absolu ne peut s'identifier au collectif.* Chacun peut-être cherche pour tous cet absolu. Mais la politique a seulement...

P. 707.

1. Ms. Char : La phrase suivante n'existait pas.

2. Tout ce dernier chapitre a été considérablement remanié et de nombreux paragraphes ont été intervertis. En gros, et compte non tenu du détail des variantes, il se présentait dans l'ordre suivant : paragraphe 1, fin du paragraphe 3, paragraphe 3, début du paragraphe 4, paragraphes 5 et 6. Venait alors le paragraphe suivant.

Demeurons pour l'instant sur ce point, ayant appris à dire qu'il y a un bien et un mal, que le bien est unité, le mal déchirement, que nous sommes seulement en marche vers ce bien sans être sûrs de l'atteindre, qu'en attendant sur toutes les limites de l'homme la compassion doit venir témoigner de notre ignorance. Nous n'avons pas les mains nettes, ayant longtemps servi le mal en cherchant l'unité à travers les violences du désespoir ou les fureurs d'une raison abstraite. Toute idée fausse finit dans le sang et c'est la justice de cette terre. Mais il s'agit toujours du sang des autres. Voilà l'injustice dont nous nous sommes rassasiés. Consentons au moins à la reconnaître et à savoir que nous ratifions le meurtre de millions d'hommes dès l'instant où nous nous laissons aller à certaines pensées. C'est ainsi que nous nous trouverons de l'autre côté de la négation. Par-delà le nihilisme, nous tous, parmi les ruines, préparons la renaissance. Mais peu le savent.

Après quoi on trouvait le début du paragraphe 2, jusqu'à : ... se révolter contre elle aussi. On enchaînait alors :

Est-il vrai, comme l'annonçait Nietzsche, que l'esprit grec doive revenir ? Le voici peut-être, en effet, mais sous sa forme la plus déchirée : l'esprit qui flambe sur des volcans de lumière, la folie de la mesure, une terrible intransigeance de la modération. Midi ruisselle alors sur le mouvement même de l'histoire. *Hors* de ce brasier dévorant, des combats d'ombres s'agitent un moment, puis disparaissent, et des aveugles touchant leurs paupières s'écrient que ceci est l'histoire. Les hommes d'Europe *voués* aux ombres se sont détournés du point fixe et rayonnant. Ils oublient le présent pour l'avenir, la proie des êtres pour la fumée de la puissance, la misère des banlieues pour une cité radieuse, la justice quotidienne pour une impossible équité. Ils désespèrent de la liberté des personnes et rêvent d'une étrange liberté de l'espèce; refusent la mort solitaire et appellent immortalité une prodigieuse agonie collective. Ils ne croient plus à ce qui est au monde et à l'homme vivant; le secret de l'Europe est qu'elle n'aime plus *personne*. Ces aveugles ont cru puérilement qu'aimer un seul jour de la vie revenait à justifier *des* siècles *d'oppression*. C'est pourquoi ils ont voulu effacer la joie au tableau du monde et la renvoyer à plus tard. Niant la *vraie* grandeur de la vie, il leur a fallu parier pour leur propre excellence. Faute de mieux ils se sont divinisés *mais ces dieux ont les yeux crevés. L'impatience des limites, le refus de leur être double, le désespoir d'être homme enfin les jette alors dans une démesure inhumaine. Au lieu de chercher l'unité par les chemins de la chair et de la contradiction, ils veulent la construire sans délai par la force abstraite de la raison, tournant le dos à la maîtrise et au vrai style. L'unité sans style s'appelle le chaos. L'esprit qui plane sur ses eaux informes est la terreur.*

Les Grecs au contraire, malgré le préjugé courant, n'ont jamais divinisé l'homme. C'est nous qui après coup, interdits devant son rayonnement, avons divinisé le visage grec. Mais l'homme grec n'a connu cette réussite que parce qu'il refusait la divinité sans pour autant s'enivrer d'une négation désespérée. Le monde n'a jamais cessé d'être son premier amour. Qu'il ne cesse pas d'être le notre malgré l'histoire et cette fidélité vous apprendra que la joie ne se renvoie pas à plus tard. Sur la terre cruelle, elle est l'ivraie inlassable, l'amère nourriture, le vent dur venu des mers, l'ancienne et la nouvelle aurore. Avec elle nous referons l'âme de ce temps. *Il n'y aura pas alors de troisième Rome mais une Athènes sera encore possible, qui elle n'exclura rien. Ni ce fantôme...*

Se plaçaient ici quelques phrases de la dernière page jusqu'à *... ici s'achève le romantisme.*

Si l'homme d'Europe ne peut se priver d'originalité, qu'il choisisse la seule réelle aujourd'hui : apprendre à mourir et refuser la divinité qu'au demeurant, personne que lui-même n'a songé à lui offrir. Ulysse, étouffant dans les limites de son île, quitte sa patrie et prend la mer, « la haute mer sans bornes ». « Ni la tendresse pour mon fils, lui fait dire Dante, ni la compassion pour mon vieux père ne purent triompher de l'ardeur qui me possédait. » *(Divine Comédie, 26, 94, 97.)* Il veut, comme Faust, la science, la renommée, la gloire. Il se révolte et tue Polyphème, fils des dieux. Il est *toujours vainqueur mais au moment de sa plus grande victoire, acquise sur*

Troie par un mensonge, Athèna, sa protectrice, disparaît et il est exilé de la vraie lumière. Il erre alors par le monde. Mensonge et meurtre, il parvient à toutes les limites. Il court enfin aux enfers et voit ce que nul homme vivant n'a jamais vu. Lui qui a tout dominé par la force et l'intelligence, qui a joui de toutes les jouissances humaines, que lui reste-t-il à désirer sinon la divinité ? Au centre de son Odyssée un choix définitif lui est alors accordé. Calypso lui offre l'immortalité et l'amour sans fin. Mais Ulysse regarde au loin de l'autre côté des eaux. Le goût de la terre, les souvenirs de la chère Ithaque remplissent alors sa bouche. Il refuse l'immortalité, renonce au rêve et à l'impossible et prend à nouveau la mer. Il choisit, contre la divinité, la patrie de chair, le lit d'une femme, le regard intimidant d'un fils ; Ulysse revient vers la terre où l'on meurt. La pensée frugale et ironique, la générosité de l'homme qui sait, le soutiendront. Athèna, de nouveau, lui apparaîtra dans Ithaque et le voici devant les prétendants, qui tend l'arc pour refaire ses preuves, conquérir ce qu'il possède déjà, la maigre moisson de ses champs, le bref amour de cette terre. À cette heure où naît enfin un homme, il faut laisser l'époque et ses fureurs adolescentes. L'arc est tendu, le faisceau des muscles se tord à la limite des forces, le bois noir crie d'un bout à l'autre, tandis que vibre la triple corde. Au sommet de la plus haute tension, va jaillir l'élan d'une droite flèche, du trait le plus dur et le plus libre.

III

TEXTES COMPLÉMENTAIRES

LETTRE AU SUJET DU « PARTI PRIS »
DE FRANCIS PONGE

27 janvier 1943.

Cher Ponge,

Avant de vous répondre, j'ai pris le temps de relire attentivement *le Parti pris des choses* ainsi que vos notes* et de lire *le Bois de pins*. Je vous dis tout de suite que je ne l'ai pas fait sans émotion puisque, vous avez raison, je rencontre chez vous, cristallisée sur un point précis et avec une constance que je ne peux pas

---

* Sur *le Mythe de Sisyphe* (F. P.).

revendiquer, la préoccupation qui m'est essentielle. Mais vous lui avez donné une expression qui n'appartient qu'à vous.

Je voudrais vous en parler un peu longuement ici, faute de pouvoir le faire ailleurs et publiquement. Je pense que *le Parti pris* est une œuvre absurde à l'état pur — je veux dire celle qui naît, conclusion autant qu'illustration, à l'extrémité d'une philosophie de la non-signification du monde. Elle décrit parce qu'elle échoue. Mais ce qui me paraît inappréciable chez vous, c'est que, sur le plan que vous avez choisi (ou qui vous a choisi), celui de l'expression, c'est votre maîtrise même qui rend convaincant votre aveu d'échec. Je veux dire ceci : les romantiques ne me persuadent pas — et surtout ils ne m'émeuvent pas — lorsqu'ils me parlent de sentiments ou de situations ineffables, indicibles, infinis. Ces préfixes privatifs sont seulement les signes de leur pauvreté personnelle. Ils m'affirment que tel sentiment est indicible, ils ne me le font pas sentir. C'est en cela qu'ils sont généralement de foutus artistes, l'artiste n'étant pas celui qui dit, mais celui qui fait dire. Au contraire, quand un écrivain fait la preuve d'une admirable maîtrise de l'expression, c'est alors que son aveu d'échec devient enseignant. Ce n'est pas l'impuissance à parler ou le balbutiement qui me convaincront du mutisme auquel nous sommes condamnés, ce sont les réussites relatives du langage dont vous parlez. Quand on a fini *le Parti pris,* on a justement consenti au relatif, mais par des moyens supérieurs. Cela est bien dans la dialectique de l'absurde. Comme Kafka fait consentir au fantastique avec du naturel, Melville* au symbole avec du quotidien, vous faites accepter le mutisme par une science prestigieuse du langage. C'est cette modestie tragique que j'admire dans *le Parti pris*. Elle fait que vous résumez en quatre-vingt-quatre pages non pas plusieurs années de réflexions, ce qui ne serait rien, mais une réflexion de plusieurs années. Elle fait aussi que vous résumez paradoxalement en tableaux fragmentaires cet esprit d'insistance dont vous parlez avec grandeur. Vous avez

---

* Avez-vous lu *Moby Dick*, admirable roman de l'échec? (A. C.)

tiré un beau parti de cette image du flot et de la parole qu'il profère inlassablement sur les grèves. C'est justement cette parole « parfois par temps à peine un peu plus fort clamée » qui soutient votre œuvre et lui donne sa vraie perspective.

Mais, en somme, vous auriez pu, pour les décrire, choisir par exemple le cœur humain ou les passions politiques, qui sont choses aussi réelles que le granit. Votre originalité, au contraire, est d'avoir élu plus particulièrement l'objet, le « monde qui se voit ». Car les sens autres que la vue n'ont qu'une place restreinte dans votre travail de description (vous vous en expliquez d'ailleurs, page 39). J'entends bien que vous ne vous êtes pas détourné des hommes. Les textes sur Hachette et sur le Restaurant sont des réussites, peut-être relatives, mais sûrement étonnantes. Mais ce qui personnellement me frappe le plus dans votre livre, c'est la nature sans hommes, le matériau, la chose comme vous dites. C'est la première fois, je crois, qu'un livre me fait sentir que l'inanimé est une source incomparable d'émotions pour la sensibilité et l'intelligence (nouvelle coïncidence : j'ai écrit des pages — assez lyriques malheureusement — sur les pierres. Elles devaient paraître à Alger). En lisant votre livre, je puis dire déjà : si ce sont là les choses, que les choses sont passionnantes ! Mais vous ne seriez alors qu'un poète (et vous vous y refusez). Ce qui m'intéresse aussi bien, c'est que vous me démontrez que l'illustration, l'imagerie dernière du monde absurde, c'est l'objet. Le sens du monde est comme l'eau (« elle m'échappe, échappe à toute définition »), le végétal est l'esprit d'insistance qui répète son échec (« malgré tous leurs efforts pour s'exprimer, ils ne parviennent jamais qu'à répéter un million de fois la même expression, la même feuille »), la servitude humaine a la figure du cristal (« une volonté de formation et une impossibilité de se former autrement que d'une manière »). Ainsi l'homme, chez vous, cherche par le parti pris sa parenté avec le monde. Et en réalité, quoique vous vous dirigiez vers le relativisme humain (et humaniste) dont vous parlez dans vos notes, il y a dans vos textes poétiques un message plus catégorique et moins conciliant. J'y découvre les signes de ce qui, aujourd'hui me préoccupe et me presse : qu'une des fins de la réflexion absurde est l'indifférence et le renoncement total — celui de la pierre. Je pourrais en plaisanter et vous dire que Sisyphe devient alors rocher lui-même et qu'il faut trouver quelqu'un d'autre pour le pousser, d'où tête des dieux. Mais je le prends au sérieux. Car s'il y a dans vos pages une curieuse nostalgie de ce qu'on appelle stupidement les formes inférieures de la vie, c'est dans la mesure même où Schopenhauer attribue la paix qui tombe des arbres au contraste qui existe entre notre vouloir vivre tumultueux et celui plus ralenti, plus endormi, qui circule dans le végétal. En fait, il y a dans votre pensée, comme dans toute pensée absurde, la nostalgie de l'immobilité (vous en parlez, page 68). Il est significatif à cet égard que votre livre se termine par le texte sur le galet, où j'ai lu, avec un grand sentiment, cette phrase qui (avec son contexte) figure à mon sens la dernière tentation de l'esprit absurde : « Dans un décor qui a renoncé à s'émouvoir et songe seulement à tomber en ruine, la vie s'inquiète et s'agite de ne savoir que ressusciter. » Oui, c'est là un point d'aboutissement attirant, au moins pour moi. Mais je reconnais que c'est une extrémité de la pensée où, si l'on est sincère et « engagé », on ne s'aventure pas sans la crainte et le tremblement dont parle Kierkegaard. C'est pour tout cela, mon cher Ponge, que je me suis permis, au début de cette lettre, de parler d'émotion. J'ai souvent entendu parler ou lu des hommes qui faisaient état de leur pensée. Mais je n'ai que très rarement eu l'impression que, pour eux, cette pensée était vivante : je veux dire qu'ils en souffraient et qu'ils n'aimaient à la fois. Je vous dois cette impression aujourd'hui et je vous en remercie très amicalement. Cela me met en particulier tout à fait à l'aise pour répondre à quelques-unes de vos observations sur *le Mythe*.

Je ne pose pas, en effet, le problème qui nous intéresse sur le plan de l'expression. Je l'ai posé seulement sur le plan qui m'est le plus intime, celui des idées et des passions, ou, si vous voulez, de la connaissance (qui se fait par l'idée autant que par la passion). Mais notez que le problème de l'expression n'est si vital pour vous que parce que vous l'identifiez à celui de la connaissance (page 22 du *Bois de pins :* « Mais mon dessein est autre : c'est la connaissance du Bois de pins »). Pour vous, dans une certaine mesure, trouver le mot juste, c'est pénétrer un peu plus au cœur des choses. Et si votre recherche est absurde, c'est dans la mesure où vous ne pouvez trouver que *des* mots justes et non *le* mot juste; comme la recherche absurde parvient à se saisir de vérités et jamais de la vérité. Il y a ainsi, dans tout être qui s'exprime, la nostalgie de l'unité profonde de l'univers, la nostalgie de la parole qui résumerait tout (quelque chose comme « Aum », la syllabe sacrée des Hindous), du verbe enfin qui illumine. Je crois ainsi qu'en réalité le problème du langage est *d'abord* un problème métaphysique, et que c'est comme tel qu'il est voué à l'échec. Il exige lui aussi un choix total, un « tout ou rien ». Vous avez choisi le vertige du relatif, selon la logique absurde. Mais la nostalgie du maître mot, de la parole absolue, transparaît dans tout ce que vous faites. Ceci n'est pas du tout pour vous mettre dans le même vilain sac que moi, car vous me semblez en même temps heureusement très différent. Vous touchez juste dans vos observations : il est vrai que je reste l'homme « énervé » et que je ne puis me laver du souci métaphysique. Je me garderai d'aller là contre, puisque je ne prétends pas à penser nouvellement, mais à penser honnêtement. C'est pour cela que j'ai multiplié les précautions pour montrer le caractère provisoire de la position définie dans le *Mythe*. C'est que je me méfie de moi-même — et je veux me ménager la possibilité d'être tout à fait personnel, c'est-à-dire de penser en marge de ce nihilisme moderne dont *le Mythe* est très exactement un essai de définition passionnée. Quoiqu'il n'y paraisse pas, cette étude a un aspect historique et, pour bien la juger, il faut *aussi* se placer sur ce plan. Je l'ai dit dans ma prière d'insérer : « Il s'agit de savoir si l'on peut définir un bon nihilisme. » Il me semble que vous du moins avez démontré qu'on le pouvait. Si j'en juge par vos notes, la définition serait celle-ci : « Le bon nihilisme est celui qui conduit au relatif et à l'humain. » C'est là que je vous rejoins, malgré mon goût de l'ontologie, car, sur le point précis de notre destin historique, j'ai assez le goût de l'homme et de son bonheur pour éviter toutes les contradictions. En matière politique du moins, la notion du relatif ne m'est pas étrangère, croyez-le. Je regrette d'avoir laissé en Algérie le seul écrit politique que j'aie commis et qui (coïncidence supplémentaire) faisait état de ce que j'appelais « la révolution pessimiste » ou « la révolution sans métaphysique ». Vous auriez été surpris de voir que j'ai rencontré, vous ignorant, exactement les mêmes formules que vous. Cette communauté de vues me paraît un signe. Si je n'avais pas une peur bleue des magnifiques généralisations à la Nietzsche, je vous dirais : « Le sentiment de l'absurde, c'est le monde qui est en train de mourir. La volonté de l'absurde, c'est le monde nouveau. » Mettons que cette formule contienne trente pour cent de vérité, et ce serait assez pour exalter beaucoup d'esprits. Mais aurons-nous la force qu'il faut ?

Ceci me ramène, avant de terminer cette interminable lettre, à ce dont je vous ai déjà parlé. Je crois que, dans la méditation où le temps nous plonge, la seule chose que nous puissions faire, c'est de prendre conscience. Nous avons pour cela besoin les uns des autres. À cet égard, je crois que votre expérience, cette chasse insistante de l'expression, qui aboutit à un humanisme intolérant (au bon sens) et à un relativisme passionné, est irremplaçable, et que vous devriez lui donner une forme. Je n'invoquerai pas le bénéfice qu'en retirerait votre œuvre. Vous savez aussi bien que moi qu'elle est destinée à un certain nombre de malentendus, et je suppose, sans le savoir, que vous avez entendu jusqu'à satiété et (j'espère) jusqu'à l'indifférence des accusations de préciosité ou de virtuosité. C'est que le lecteur lit vite et toujours d'un œil (je le sais bien : il a fallu que je réapprenne à lire à vingt-cinq ans). Et je vous reconnais le droit de lui refuser des explications. Mais vous ne pouvez pas ignorer que votre méditation sur le problème de l'expression répond aux questions que se posent beaucoup d'esprits contemporains. Et je ne peux pas vous cacher, après avoir lu *le Bois de pins** (qui ne figure pourtant que les travaux pratiques de la théorie à édifier), que je suis encore plus ferme dans ma curiosité. Dites-moi ce que vous en pensez.

---

* Dommage que les circonstances soient ce qu'elles sont; je vous l'aurais demandé pour une collection que je dirige à Alger. (A. C.)

Pour ma part, je rêve d'une Philosophie du Minéral, ou de Prolégomènes à une métaphysique de l'Arbre, ou à un Essai sur les attributs de la Chose. Plaisanterie à part, je pense quelquefois à une immense révision des valeurs, totale et clairvoyante — et je sais bien que je n'aurai ni le talent ni la force de mener cela à bien. Mais cela du moins peut être l'œuvre de plusieurs esprits et c'est une tâche qui doit vous séduire. Vous pouvez évidemment alléguer que Sisyphe est paresseux. Mais quoi, ce sont les paresseux qui remuent le monde. Les autres n'ont pas le temps.

Je vous serre les mains.

Albert Camus.

N.R.F., n° 45, septembre 1956.

EXTRAITS DE LETTRES
à guy dumur*

3 janvier 1944.

Mon cher Dumur,

Votre lettre m'a fait plaisir. Je partage vos ennuis et je sais par expérience personnelle ce que peut signifier ce retranchement qu'on s'impose avec un désir de vie intact. Mais je crois qu'il faut accepter. Pas pour une raison supérieure, mais pour l'idée qu'on a de soi-même. Pour vous, rester quelques mois en montagne, c'est le plus difficile. Et des cœurs comme le vôtre ont tout à gagner à choisir le plus difficile. Soyez patient avec vous-même. J'ai mis douze ans à revenir de ce genre de voyage. Je n'en suis pas tout à fait revenu puisque je ne suis pas guéri. Mais je ne suis pas guéri parce que je n'ai pas été courageux au début et parce que j'ai brûlé tout ce que je

---

* Homme de lettres et critique littéraire.

pouvais brûler. Aujourd'hui, il me faut un bien plus grand effort, et de tous les jours, pour prendre ma distance et pour faire servir un corps qui, autrement, m'asservirait tout à fait.

Ne risquez pas cette servitude. Pour un homme qui a quelque chose à faire, un bon corps est le premier outil. Faites en sorte que vous puissiez avoir le vôtre bien en main. Vous irez plus loin ainsi et vous découvrirez plus de choses. Je dois vous embêter d'ailleurs mais, vous savez, je ne vous dis pas cela avec le ton de l'ancêtre. C'est paternellement, comme quelqu'un qui voudrait vous faire partager une expérience dont je ne parle jamais, mais dont je sens qu'elle peut vous servir.

La vie intérieure n'est qu'un mot, en effet. Mais il est bon qu'on se donne des disciplines et qu'on trouve ainsi l'occasion de s'éprouver — de savoir jusqu'où on peut aller.

Vous avez été attiré par le pessimisme qu'on peut sentir dans ce que j'ai écrit. Mais je voudrais au contraire vous faire partager ce qu'il faut bien que j'appelle mon optimisme. Il faut être pessimiste en ce qui concerne la condition humaine, mais optimiste en ce qui concerne l'homme. On n'a pas fait assez pour lui ou, plus exactement, il n'a pas fait assez pour lui-même. Bien entendu, celui qui espère en la condition humaine est un fou, mais celui qui désespère des événements est un lâche. Ne croyez pas qu'il n'y ait pas de réponse, comme vous le dites. Il y a des jours, il est vrai, où je crois que nous sommes définitivement frustrés. Mais ce sont les jours où je me détourne. Car je crois qu'il y a une réponse qui est dans l'homme (je ne dis pas l'individu), dans sa révolte, dans son effort pour s'affirmer contre sa condition : je ne vous dis pas cela très clairement — mais c'est à cela que je veux donner une forme. Et au fond qu'est-ce que ça veut dire, sinon qu'il n'y a rien de valable là où il n'y a rien à vaincre.

Mercredi 22 mars 1944.

Mon cher Dumur,

Je vous remercie de vos lettres et de votre confiance. Je me garderai bien de voir dans ce que vous dites la manifestation d'un intellectualisme débridé. D'abord parce que l'intelligence est chose aussi existante que la passion ou le désir, et ensuite parce que rien de ce que vous me dites ne me paraît étranger.

Je comprends que le livre de Bataille vous ait touché. Bien que je me sente très « extérieur » au climat de Bataille, je suis d'un autre avis que Gabriel Marcel : son expérience est authentique et elle touche à une vérité profonde. Simplement, j'y décèle les signes d'un amour de l'angoisse pour l'angoisse elle-même que je ne puis accepter. C'est d'ailleurs cela que je reprocherais à certaines formes de philosophie existentielle. Elles font de l'angoisse une limite de l'homme, un sommet qu'il ne peut dépasser. Or l'angoisse n'est ni plus ni moins consciente que le bonheur, ou la patience, ou l'intérêt, ou la satisfaction. L'échelle des valeurs qu'on introduit ainsi me paraît basse. L'amitié que j'ai pour Bataille m'aide à le comprendre cependant et je vous approuve tout à fait d'aimer ce livre.

Pour le reste, si je vous comprends aussi, je ne puis pas vous répondre grand-chose. J'ai cru éprouver aussi ce sentiment de solitude et d'abandon. Mais une des rares choses que je sache aujourd'hui c'est que nous ne sommes pas seuls. Il y a la parole et l'écriture, l'amour, la haine ou la violence, aucun de nous n'est désert ni silence absolu. Et s'il est une époque qui peut bien nous persuader de cela, c'est la nôtre. Quant à ce sentiment de solitude qu'on éprouve authentiquement, il vient peut-être de ce qu'on délaisse les hommes et qu'on s'adresse à ce qui ne peut pas répondre, c'est-à-dire à soi-même ou à quelque puissance inconnue. On est toujours seul quand on déserte l'homme parce qu'il n'y a que l'homme qui puisse être le compagnon de l'homme. Et on déserte l'homme quand on s'égare dans les silences éternels. Je suppose qu'il faut choisir : la solitude avec Dieu ou l'histoire avec les hommes. Ce n'est pas facile et je suis fait pour vous comprendre sur ce point. Mais il me semble que j'ai choisi. Aucune vérité ne me paraît valable si elle n'est pas atteinte à travers les êtres, je ne crois pas à la solitude...

. . . .

Albert Camus.

« SUR UNE PHILOSOPHIE DE L'EXPRESSION »

DE BRICE PARAIN

Camus a évoqué à trois reprises dans les *Carnets II* l'essai de Parain. En août 1942, il écrit : « Si notre langage n'a pas de sens, rien n'a de sens ; si les sophistes ont raison, le monde est insensé... Quelle est l'originalité de la position de Parain ? Il considère le problème du langage comme métaphysique et non pas social et psychologique. » (P. 35.)

En mai 1943, il relève encore : « Tout, dès qu'on creuse, aboutit à un problème métaphysique. Ainsi, de quelque part que l'homme se tourne, il se trouve isolé sur le réel comme sur une île entourée d'une mer fracassante de possibles et d'interrogations. On peut conclure de là que le monde a un sens... » (P. 96.)

Enfin, en novembre 1943, époque à laquelle il a probablement retrouvé Parain aux éditions Gallimard, il note à la suite d'une conversation : « Ils ont tous triché. Ils n'ont jamais dépassé le désespoir où ils se trouvaient. Et cela, à cause de la littérature. Un communiste, pour lui, c'est quelqu'un qui a renoncé au langage et l'a remplacé par la *révolte de fait*. Il a choisi de faire ce que le Christ a dédaigné de faire : sauver les damnés — en se damnant. » (P. 110.)

Bref, Camus prolonge sa réflexion sur l'absurde en partant des travaux de Parain sur le langage, comme il l'avait fait pour Ponge.

R. Q.

Il n'est pas sûr que notre époque ait manqué de dieux. On lui en a proposé beaucoup, et le plus souvent bêtes ou lâches. Il semble bien, au contraire, qu'elle manque d'un dictionnaire. C'est une chose, du moins, qui paraît évidente à ceux qui espèrent pour ce monde, où tous les mots sont prostitués, une justice claire et une liberté sans équivoque. Mais la question que vient de poser Brice Parain est justement de savoir si un tel dictionnaire est possible et, surtout, s'il peut se concevoir en dehors d'un dieu qui lui donne ses significations. Les livres que vient de faire paraître Parain traitent du langage*. Mais c'est déjà l'incertitude du langage qui faisait le sujet de ses premiers essais**. Cette longue et scrupuleuse réflexion suffirait à lui valoir l'attention et l'estime. Mais pour bien d'autres raisons, que je dirai pour finir, ces livres importent pour notre époque dont, malgré l'apparente spécialité de leur sujet, ils ne se séparent pas un instant.

Quelle est l'originalité de Parain ? Il fait du langage une question métaphysique. Pour les philosophes de profession, le langage pose des problèmes historiques et psychologiques. Comment s'est-il formé, quelles sont ses lois, l'ambition du chercheur s'arrête là. Mais il y a une interrogation primordiale qui doit porter sur la valeur même des mots que nous prononçons. Il s'agit de savoir si notre langage est mensonge ou vérité : c'est la question que pose Parain.

Pourtant, parler est apparemment la chose la plus facile du monde. Nous mentons lorsque nous le voulons et disons vrai lorsqu'il le faut. Mais la question n'est pas là. Il s'agit, au contraire, de savoir si notre langage n'est pas mensonge au moment même où nous croyons dire vrai, si les mots ont une chair ou s'ils ne sont que des coques vides, s'ils recouvrent une réalité plus profonde ou s'ils ne sont que poursuite du vent. À vrai dire, nous savions déjà que les mots nous manquent parfois, et au moment même où notre cœur va parler, qu'ils nous trahissent plus souvent encore dans nos plus grandes sincérités et que, d'autres fois, leur seul rôle est de nous duper en faisant mine de tout arranger. Nous n'ignorions pas que, « payer sa dette à la société », « mourir au champ d'honneur », « mettre fin à ses jours », « faire

---

* *Essai sur le logos platonicien* (1941), *Recherches sur la nature et les fonctions du langage* (1943), chez Gallimard.
** *Essai sur la misère humaine* (1934), *Retour à la France* (1936), chez Grasset.

toute la guerre », « s'en aller de la poitrine », « une vie de labeur » étaient des formules toutes faites, destinées à camoufler des expériences désespérantes. Mais l'interrogation de Parain est encore plus impérieuse. Car, en fait, il s'agit de savoir si même nos mots les plus justes et nos cris les plus réussis ne sont pas privés de sens, si le langage n'exprime pas, pour finir, la solitude définitive de l'homme dans un monde muet. Cela revient, pour tout dire, à chercher quel est l'être du langage et à demander aux mots les mêmes raisons que nous demandons à Dieu. Car la pensée profonde de Parain est qu'il suffit que le langage soit privé de sens pour que tout le soit et que le monde devienne absurde. Nous ne connaissons que par les mots. Leur inefficacité démontrée, c'est notre aveuglement définitif.

Mais entrer dans la métaphysique, c'est entrer dans le paradoxe, et la métaphysique du langage ne manque pas à cette règle. Ou bien, en effet, nos mots traduisent seulement nos impressions et ils participent ainsi de leur contingence, hors de toute signification précise, ou bien ils représentent quelque vérité idéale et essentielle et, alors, ils n'ont que faire de la réalité sensible sur laquelle ils sont sans action. Ainsi nous ne pouvons nommer les choses que d'une façon incertaine, et nos mots ne deviennent certains qu'à partir du moment où ils ne désignent plus les choses.

Dans aucun de ces cas, nous ne pouvons compter sur eux pour la conduite de notre vie. Et le tragique commence avec les conséquences. « On ne peut pas, dit Parain, accuser notre langage d'être l'instrument du mensonge et de l'erreur sans accuser en même temps, et du même coup, le monde d'être mauvais, Dieu d'être méchant*. » Et, citant Socrate, dans le *Phédon* : « Une expression vicieuse ne détonne pas uniquement par rapport à cela même qu'elle exprime, mais cause encore du mal dans les âmes. »

La situation devant laquelle se trouvait Socrate n'était pas, en effet, sans analogie avec la nôtre. Il y avait du mal dans les âmes parce qu'il y avait contradiction dans le discours, parce que les mots les plus courants étaient munis de plusieurs significations, contrefaits, détournés

---

* *Recherches*, p. 141.

du simple usage qu'on leur imaginait. De semblables problèmes ne peuvent pas nous laisser indifférents. Nous aussi, nous avons nos sophistes et nous réclamons quelque Socrate, puisque ce fut la tâche de Socrate que de tenter la guérison des âmes par la recherche d'un dictionnaire. Si les mots justice, bonté, beauté, n'ont pas de sens, les hommes peuvent se déchirer. L'effort, et l'échec, de Socrate, c'est de trouver ce sens irréprochable, à défaut duquel il a choisi de mourir. De même, c'est le souci de ces conséquences urgentes qui fait tout le prix des *Recherches* de Parain. Son premier effort est de loyauté. Il est de poser, dans sa plus grande clarté, le paradoxe de l'expression : « S'il opte pour l'hypothèse sensualiste, il y gagnera le monde extérieur, mais y perdra la science ; s'il opte pour l'hypothèse idéaliste, il y gagnera la science, mais ne saura que faire de la réalité sensible et sa science sera vaine. Dans le premier cas, son langage deviendra littérature ; dans le second cas, le système logique, développé à partir de quelques propositions simples, apparaîtra bientôt comme le produit d'un rêve ou l'atroce divertissement dont un prisonnier occuperait sa solitude*. » On comprend alors que pour Parain le langage ne soit pas seulement un problème métaphysique, mais encore la racine de toute métaphysique. Et ce n'est pas sans raison qu'il présente ses recherches à la fois comme une enquête sur notre condition et comme une introduction à l'histoire de la philosophie. Tout système philosophique est, à la fin, une théorie du langage. Toute interrogation sur l'être met en question le pouvoir des mots.

L'histoire de la philosophie, pour Parain, est, au fond, l'histoire des échecs de la pensée devant le problème du langage. L'homme n'est pas arrivé à trouver ses mots. Et peut-être est-il possible d'imaginer l'aventure métaphysique comme une quête, à la fois obstinée et stérile, du maître-mot qui éclairerait tout, le « Sésame » suffisant, l'équivalent de « Aum », la syllabe sacrée des Hindous. À cet égard, les recherches de Parain montrent que des premiers Grecs à la dialectique moderne, la réflexion sur

---

* *Recherches*, p. 56.

le langage a évolué dans le sens d'une démission. Aux tentatives de justification, on a substitué l'étude des règles de l'expression. C'est une évolution parallèle à celle qui a fini par remplacer, dans notre siècle, la métaphysique par le culte de l'action, l'effort de connaissance par la petite sagesse du pragmatisme. « La connaissance et le devenir s'excluent », dit Nietzsche. Il faut donc, si l'on veut vivre dans le devenir, abandonner tout espoir de connaissance.

Les Grecs, grands aventuriers de l'intelligence, ont cependant abordé le problème de front. Et du premier coup, les présocratiques ont défini un univers immobile et transparent, où à chaque objet correspondait une expression. Mais ils n'ont pas reculé non plus devant les conséquences de cette première affirmation. Car, si chaque mot trouve sa garantie dans un objet de ce monde, rien ne peut se nier et Protagoras a le droit de s'écrier que tout est vrai. La science est la sensation et la discussion est impossible. Ce monde est sans objections. Il suffit de parler pour dire vrai*. Mais Gorgias peut dire aussi bien que tout est faux, puisque, en fait, il y a plus d'objets réels que de mots pour les désigner. Aucun mot ne peut rendre un compte complet de ce qu'il désigne, rien ne peut se démontrer puisque rien ne peut s'épuiser.

La pensée grecque a oscillé longtemps entre ces conclusions extrêmes. Et ce n'est pas en vain qu'elle a trouvé sa forme littéraire la plus pure dans le dialogue, comme si, pendant des siècles, dans toute pensée hellène, Protagoras et Gorgias devaient s'opposer inlassablement. L'effort de Socrate, celui de Platon, a été de trouver la loi qui transcende nos actes et nos expressions. Nous ne sommes pas très sûrs des conclusions de Socrate. Nous savons qu'il est mort volontairement et c'est peut-être la preuve qu'il croyait plus à la vertu de l'exemple qu'à la démonstration par les mots. Mais, pour Platon, Parain dit justement que les *Dialogues* ne sont que de longs combats entre le langage et la réalité où, para-

---

* De même, si on conclut qu'on ne peut nommer ce qui n'existe pas, tout ce qui a un nom existe et il n'est pas un des rêves de l'homme (Jésus ou Pan) qui n'ait de réalité. Si, au contraire, on conclut qu'on peut nommer ce qui n'existe pas, nous sommes privés de règle.

doxalement, c'est la réalité qui a le dessous. Car la théorie des Idées marque la victoire des mots plus généraux que les objets et plus près de la patrie idéale dont ce monde n'est qu'une copie délavée. Pour que les mots aient un sens, il faut que ce sens leur vienne d'ailleurs que du monde sensible, si fugace et si changeant. Cet ailleurs, que tant d'esprits grecs ont appelé de toutes leurs forces, c'est l'Être. La solution de Platon n'est plus psychologique, elle est cosmologique*. Il a fait du langage un intermédiaire dans la hiérarchie qui va de la matière à l'Un. Le logos est un genre de l'être, une des sphères de l'harmonie universelle. Auprès de lui, ce monde est sans importance.

Dès le ve siècle avant notre ère, le dilemme définitif est donc posé : le monde ou le langage, le non-sens ou l'éternelle lumière. C'est ce choix abrupt qu'Aristote, soucieux de rester dans la familiarité des choses, repousse. Mais, en face de certains problèmes, la prudence ne paie pas. La théorie de la démonstration aristotélicienne où les mots ne sont justes que par convention, mais où cette convention repose sur une intuition exacte des essences, est un compromis ambigu. C'est ce choix, au contraire, que Pascal restitue dans toute sa cruauté. Incertain du langage, tremblant devant l'énormité du mensonge, incapable de raisonner le paradoxe, Pascal s'assure seulement qu'il existe**. Mais il le dénonce mieux que personne : « Deux erreurs, dit-il, 1° prendre tout littéralement, 2° prendre tout spirituellement. » C'est pour cela que Pascal ne propose pas une solution, mais une soumission. Soumission au langage traditionnel parce qu'il nous vient de Dieu, humiliation devant les mots pour trouver leur véritable inspiration. Il faut choisir entre le miracle et l'absurde, il n'y a pas de moyen terme. On connaît le choix de Pascal.

Avec quelques nuances importantes que j'indiquerai plus loin, il est évident que, pour Parain aussi, ce dilemme fait le fond du débat. Mais il n'en étudie pas moins l'effort considérable accompli par le philosophe moderne

---

* *Essai sur le logos platonicien.*

** Que signifient les mots! Pascal est pour nous un grand philosophe. Mais dans la rue qui l'a vu naître à Clermont-Ferrand, il existe un *Pascal-Bar*.

pour obtenir un compromis moins scandaleux pour la raison. C'est un compromis qui s'amorce déjà avec Descartes et Leibniz et je signale que les chapitres qui leur sont consacrés dans les *Recherches* sont tout à fait neufs. Ce compromis, cependant, trouve dans la philosophie allemande, et surtout chez Hegel, sa meilleure expression. On sait que, sous un de ses aspects les plus caractéristiques, la pensée allemande a inventé de diviniser l'histoire. Exactement, l'histoire, prise dans sa totalité, y est considérée comme l'expression commune du devenir et de l'unité. En fait, il n'est plus question d'unité ou d'absolu, au sens classique. Il n'y a plus d'essences vraiment intemporelles. Les idées, au contraire, se réalisent dans le temps. Un texte de Hegel, cité par Parain*, illustre cette position de façon frappante : « Il faut donc dire de l'Absolu qu'il est essentiellement Résultat et que ce n'est qu'à son terme qu'il parvient à être ce qu'il est en vérité, sa nature consistant précisément à être à la fois le fait, le sujet ou le devenir de soi-même. » On reconnaît ici une philosophie de l'immanence. L'absolu ne s'oppose plus au monde relatif, il se confond avec lui. Il n'y a plus de vérité, mais il y a quelque chose qui est en train de se faire et qui sera vérité. Et, de même, le langage n'est pas autre chose que la totalité de notre vie intérieure. La vérité d'un mot ne lui est pas acquise, mais elle se fait peu à peu dans la phrase, le discours, la littérature et l'histoire des littératures. Le mot « Dieu », par exemple, n'est rien en dehors de ses attributs et de la phrase qui le salue. Il est peu de chose, séparé de l'amas des notions que l'histoire et le cœur humain ont ensemble accumulé et ne cessent d'accumuler à son propos. Tous les mots sont ainsi dans une aventure incessante vers une signification universelle. Là aussi le langage est l'être, mais c'est parce que l'être est toutes choses.

La place manque pour discuter ici cette conception. On se reportera avec intérêt à la discussion que Parain en donne. Mais en bref, elle oppose à Hegel les objections que soulève toute philosophie de l'immanence : on ne peut concevoir de vérité qui ne s'achève ni ne commence, qui participe à la fois du sensible et de l'universel. La métaphysique est la science des commencements et

---

* *Recherches,* p. 149.

l'exigence que soulève le langage est plus catégorique que la réponse qu'on lui fournit ainsi. Le langage est-il mensonge ou vérité ? Répondre qu'il est vérité en train de se faire (et à l'aide du mensonge) n'est possible qu'en introduisant l'abstraction jusque dans le concret et, dans tous les cas, ne peut satisfaire au paradoxe tranchant qui lui est proposé.

L'histoire de la philosophie ramène toujours le penseur au dilemme pascalien. Et le propos des *Recherches,* c'est de marquer avec des arguments nouveaux un paradoxe aussi vieux et aussi cruel que l'homme. Ce serait un contre-sens, en effet, d'imaginer ici une pensée qui conclut simplement à la non-signification du monde. Car l'originalité de Parain, pour le moment du moins, c'est de maintenir le dilemme en suspens. Il affirme sans doute que, si le langage n'a pas de sens, rien ne peut en avoir et que tout est possible. Mais ses livres montrent *en même temps* que les mots ont juste assez de sens pour nous refuser cette ultime certitude que tout est néant. Notre langage n'est ni faux ni vrai. Il est à la fois utile et nuisible, nécessaire et futile. « Mes paroles déforment peut-être ma pensée, mais si je ne raisonne pas, ma pensée s'évanouit. » Ni oui ni non, le langage est seulement une machine à fabriquer du doute. Et comme dans tout problème qui engage l'être, dès que nous avançons un peu loin, là où notre condition se joue, nous rencontrons la nuit. Un « non » brutal serait au moins positif. Mais ce n'est pas cela. Ce langage si incertain semble à Parain livrer, malgré tout, les éléments d'une hiérarchie. Il ne donne pas l'être, mais il le laisse soupçonner. Chaque mot dépasse l'objet qu'il prétend désigner et appartient au genre. Mais s'il indique le genre, il n'est pas le genre tout entier. Et même la réunion de tous les mots désignant tous les individus de ce genre ne ferait pas le genre. Dans le mot, il y a quelque chose de plus, mais ce quelque chose de plus n'est encore pas assez.

L'auteur se défend de conclure et, il le dit lui-même, son livre commence et se termine par une inquiétude. Il laisse cependant deviner où le mènent sa sensibilité et son expérience. Son propos apparent est de maintenir le choix et le paradoxe : « Toute philosophie, dit-il, qui ne réfute pas Pascal, est vaine. » Cela est vrai, même pour des esprits que rien n'incline vers le miracle. En tout cas, l'apparente objectivité de l'auteur pourrait faire croire que ses beaux livres résument une métaphysique du mensonge qui a eu déjà un très grand défenseur. Mais alors que Nietzsche acceptait le mensonge de l'existence et y voyait le principe de toute vie et de tout progrès, Parain le repousse. Ou, du moins, s'il accepte de le reconnaître, il ne lui apporte pas son approbation — préférant, à cet instant précis, se démettre de son jugement dans les mains de quelque puissance supérieure. Cette philosophie de l'expression s'achève en effet sur une théorie du silence. L'idée profonde de Parain est une idée d'honnêteté : la critique du langage ne peut éluder ce fait que nos paroles nous engagent et que nous devons leur être fidèles. Mal nommer un objet, c'est ajouter au malheur de ce monde. Et justement la grande misère humaine qui a longtemps poursuivi Parain et qui lui a inspiré des accents si émouvants, c'est le mensonge. Sans savoir ou sans dire encore comment cela est possible, il sait que la grande tâche de l'homme est de ne pas servir le mensonge. Au terme de ses analyses, il entrevoit seulement qu'il y a dans le langage une puissance qui nous déborde : « On lui demande de formuler ce que l'homme a de plus intimement individuel. Il n'y est pas propre. Sa destination est de formuler ce que l'homme a de plus strictement impersonnel, de plus intimement pareil aux autres*. » C'est à cette banalité supérieure que peut-être il faut se tenir, là où se rejoignent l'artiste et l'homme des champs, le penseur et l'ouvrier. Car le langage passe l'individu et sa terrible inefficacité est le signe de sa transcendance. Pour Parain, il faut une hypothèse à cette transcendance. On sent bien ici que, placé devant le choix pascalien, il incline au miracle, et, par lui, au langage traditionnel. Il voit le signe d'un dieu dans la ressemblance des hommes. Le miracle consiste à revenir aux mots de tout le monde, mais en y apportant l'honnêteté qu'il faut afin de diminuer la part du mensonge et de la haine**. C'est en vérité

---

* *Recherches*, p. 173.

** « Ne pas mentir n'est pas seulement ne pas dissimuler ses actes ou ses intentions, mais les dire et les accomplir avec vérité, ce

un chemin vers le silence, c'est un silence relatif, puisque le silence absolu est impossible. Quoique Parain nous dise que son livre s'arrête au bord de l'ontologie, son effort dernier est de poursuivre avec le plus muet des êtres cette conversation supérieure où les paroles sont inutiles : « Le langage n'est qu'un moyen pour nous attirer vers son contraire qui est le silence et qui est Dieu*. »

C'est ici la limite où le commentateur doit s'arrêter. L'essentiel aussi bien n'est pas encore de savoir ce qu'il faut élire du miracle ou de l'absurde. L'essentiel est de montrer qu'à eux deux ils forment le seul choix possible, et que le reste est sans importance. Mais, je crois bon de l'indiquer pour finir, c'est par là que cette réflexion, d'apparence si spéciale, rejoint l'époque et son destin. À vrai dire, elle ne s'en est jamais séparée et il n'est pas indifférent d'apprendre que les livres de Parain représentent pour leur auteur une seule méditation, étendue sur de longues années, étroitement mêlée à l'histoire de sa vie et à notre histoire.

Ce qui caractérise notre siècle, ce n'est peut-être pas tant d'avoir à reconstruire le monde que d'avoir à le repenser. Cela revient en fait à lui donner son langage. C'est ainsi que quelques-uns des grands mouvements de l'époque, artistiques ou politiques, ont été des remises en question du langage. Il suffira de citer le surréalisme pour qu'on aperçoive comment une philosophie de l'expression peut se mêler étroitement à une critique sociale. Aujourd'hui où les questions que nous pose le monde sont bien plus pressantes, nous cherchons nos mots avec encore plus d'angoisse. Les lexiques qu'on nous propose ne peuvent nous convenir. Et il est naturel que les meilleurs parmi nos esprits forment une sorte d'académie passionnée à la recherche d'un dictionnaire français. C'est pourquoi les œuvres les plus significatives

---

qui n'est pas aisé et rien qu'on obtienne sans souffrir. » *Recherches,* p. 183.

* *Recherches,* p. 179. Mais à partir de ce moment, le nouveau problème qui se pose est la conciliation de l'existence du mensonge et de l'existence divine. Je suppose que c'est le problème qu'abordera Parain dans son prochain livre.

de ces années quarante ne sont peut être pas celles qu'on imagine, mais celles qui remettent en question le langage et l'expression. La critique de Jean Paulhan, le nouveau monde créé par Francis Ponge et la philosophie historique de Parain, me semblent répondre, sur des plans très différents et avec des oppositions très marquées, à cette exigence. Car il ne s'agit pas chez eux d'un exercice byzantin sur des motifs de grammaire, mais d'une interrogation profonde qui ne se sépare pas de la souffrance des hommes. Nos sacrifices y trouvent leur forme.

Une chose est changée seulement depuis les surréalistes. Au lieu de tirer de l'incertitude du monde ou du langage toutes les libertés, une démence calculée, l'inspiration automatique, on s'efforce à la discipline intérieure. Du désespoir on ne tire plus l'anarchie, mais la domination de soi. La tendance n'est plus de nier la raison du langage et de lâcher la bride à ses désordres. Elle est de lui reconnaître des pouvoirs relatifs de revenir, par l'absurde ou le miracle, à sa tradition. Autrement dit, et ce passage de pensée est capital pour l'époque, d'une philosophie du mensonge et de la non-signification, au moins apparente, du monde, on ne tire plus l'apologie de l'instinct, mais un parti pris d'intelligence. Il s'agit seulement d'une intelligence raisonnable revenue au concret et soucieuse d'honnêteté. C'est un nouveau classicisme — et qui témoigne pour les deux valeurs qui sont aujourd'hui le plus attaquées, je veux dire l'intelligence et la France.

Pour bien des raisons, le livre que Parain nous promet sur l'ontologie du langage revêt une grande importance. Mais en attendant, et par-dessus les oppositions, sachons déjà reconnaître nos ressemblances profondes. Le goût de la vérité, une leçon de modestie qui termine une analyse scrupuleuse, servie par l'information la plus étendue, c'est l'enseignement de ces livres. Nous ne pouvons pas nous en détourner. Nous avons encore beaucoup à faire et nous sommes toujours soumis à la plus cruelle des questions. Mais il est sûr que, tournés vers le miracle ou vers l'absurde, nous ne ferons rien en dehors de ces vertus qui font l'honneur de l'homme et qui sont honnêteté et pauvreté. Ce qu'on peut apprendre de l'expérience qui nous est ici proposée, c'est à tourner le dos aux attitudes et aux discours, pour porter avec scrupule le poids de notre vie quotidienne. « Maintiens l'homme dans son application, dit l'*Essai sur la misère humaine,* c'est par elle qu'il devient immense et c'est la seule immensité qu'il transmet. » Oui, nous avons à retrouver notre banalité. La question est seulement de savoir si nous aurons à la fois le génie et le cœur simple qu'il y faut.

Albert Camus.

Poésie 44, 1944.

REMARQUE SUR LA RÉVOLTE

I

Qu'est-ce qu'un homme révolté ? C'est d'abord un homme qui dit *non.* Mais s'il refuse, il ne renonce pas : c'est aussi un homme qui dit *oui.* Entrons dans le détail avec le mouvement de révolte. Un fonctionnaire qui a reçu des ordres toute sa vie juge soudain inacceptable un nouveau commandement. Il se dresse et dit *non.* Que signifie ce non ?

Il signifie par exemple : « Les choses ont assez duré », « il y a des limites qu'on ne peut pas dépasser », « jusque-là oui, au-delà non », ou encore : « vous allez trop loin ». En somme, ce *non* affirme l'existence d'une frontière. Cette idée se retrouve sous une autre forme encore dans ce sentiment du révolté que l'autre « exagère », « qu'il n'y a pas de raisons pour », enfin « qu'il outrepasse son droit », la frontière, pour finir, fondant le droit. La révolte ne va pas sans le sentiment d'avoir soi-même en quelque façon et quelque part raison. C'est en cela que le fonctionnaire révolté dit à la fois *oui* et *non.* Car il affirme, en même temps que la frontière, tout ce qu'il détient et préserve en deçà de la frontière. Il affirme qu'il y a en lui quelque chose qui vaut qu'on y prenne garde. D'une certaine manière, il croit avoir raison contre l'ordre qui l'opprime. En même temps que la répulsion à l'égard de l'intrus, il y a dans toute révolte une adhésion entière et instantanée de l'homme à une certaine part de l'expérience humaine. Mais quelle est cette part ?

On pourrait avancer que le *non* du fonctionnaire révolté représente seulement les actes qu'il se refuse à faire. Mais on remarquera que ce *non* signifie aussi bien « il y a des choses que je ne peux pas faire » que « il y a des choses que vous ne pouvez pas faire ». On voit déjà que l'affirmation de la révolte s'étend à quelque chose qui transcende l'individu*, qui le tire de sa solitude supposée, et qui fonde une valeur. On se bornera, pour le moment, à identifier cette valeur avec ce qui, en l'homme, demeure irréductible.

Précisons au moins qu'il s'agit bien d'une valeur. Si confusément que ce soit, il y a prise de conscience consécutive au mouvement de révolte. Cette prise de conscience réside dans la perception soudaine d'une valeur à laquelle l'homme peut s'identifier totalement. Car cette identification jusqu'ici n'était pas sentie réellement. Tous les ordres et les exactions antérieurs au mouvement d'insurrection, le fonctionnaire les souffrait. Souvent même, il avait reçu sans réagir des ordres plus révoltants que celui qui déclenche son mouvement. Mais il y apportait de la patience, incertain encore de son droit. Avec la perte de la patience, avec l'impatience, commence un mouvement qui peut s'étendre à tout ce qui, auparavant, était accepté. Ce mouvement est presque toujours rétroactif. Le fonctionnaire, à l'instant où il n'admet pas la réflexion humiliante de son supérieur, rejette en même temps l'état de fonctionnaire tout entier. Le mouvement de révolte le porte plus loin qu'il n'était dans le simple refus. Il prend de la distance par rapport à son passé, il transcende sa propre histoire. Installé auparavant dans un compromis, il se jette d'un coup dans le Tout ou Rien; ce qui était d'abord la part irréductible de l'homme devient l'homme tout entier. L'homme prend conscience dans le mouvement de sa révolte d'une valeur où il croit pouvoir se résumer. Mais on voit qu'il prend conscience à la fois d'un « tout » encore assez obscur et d'un « rien » qui signifie exactement la possibilité de sacrifice de l'homme à ce tout. Le révolté

---

* Il s'agit bien entendu, dans toute cette remarque, d'une transcendance qu'on pourrait appeler horizontale par opposition à la transcendance verticale qui est celle de Dieu ou des Essences platoniciennes.

veut être tout, c'est-à-dire cette valeur dont il a soudain pris conscience et dont il veut qu'elle soit dans sa personne reconnue et acceptée — ou rien, c'est-à-dire être déchu par la force qui le domine. À la limite, il acceptera de mourir. Il met en balance la mort et ce qu'il appellera par exemple sa liberté. Il s'agit donc bien d'une valeur et une étude détaillée de la notion de révolte devrait tirer de cette simple remarque l'idée que la révolte, contrairement à une opinion courante, et bien qu'elle naisse dans ce que l'homme a de plus strictement individuel, met en cause la notion même d'individu. Car si l'individu, dans les cas extrêmes, accepte de mourir et meurt dans le mouvement de sa révolte, il montre par là qu'il se sacrifie au bénéfice d'une vérité qui dépasse sa destinée individuelle, qui va plus loin que son existence personnelle. S'il préfère la chance de la mort à la négation de cette part de l'homme qu'il défend, c'est qu'il estime cette dernière plus générale que lui-même. La part que le révolté défend, il a le sentiment qu'elle lui est commune avec tous les hommes. C'est de là qu'elle tire sa soudaine transcendance. C'est pour toutes les existences en même temps que le fonctionnaire se dresse lorsqu'il juge que, par tel ordre, quelque chose en lui est nié qui ne lui appartient pas seulement, mais qui est un lieu commun où tous les hommes, même celui qui l'insulte et l'opprime, ont une solidarité toute prête. Il y a une complicité qui unit à la victime le bourreau.

On trouvera une confirmation de cela dans deux observations élémentaires. On remarquera d'abord que le mouvement de révolte n'est pas dans son essence un mouvement d'égoïsme. Car on se révolte aussi bien contre le bonheur, le poids de la gloire, l'excès des biens, etc., etc. On se révolte aussi contre soi-même et ce mouvement où l'homme se dresse contre l'homme lui-même, et qui demanderait une étude précise et étendue, montre au moins le caractère profondément désintéressé de toute révolte. Remarquons ensuite que la révolte ne naît pas seulement et forcément chez l'opprimé, mais qu'elle peut naître aussi au spectacle de l'oppression. Il y a dans ce cas identification à l'autre individu. Il ne s'agit pas d'identification psychologique, subterfuge par lequel l'individu sentirait en imagination que c'est à lui que l'offense s'adresse (car il arrive au contraire qu'on ne supporte pas de *voir* infligées à d'autres des offenses que nous-mêmes avons subies sans révolte). Il y a seulement identification de destinées et prise de parti. L'individu n'est donc pas à lui seul cette valeur qu'il veut défendre. Il faut tous les hommes pour la composer. C'est dans la révolte que l'homme se dépasse dans autrui, et, de ce point de vue, la solidarité humaine est métaphysique.

Du moins, voici un premier progrès que l'esprit de révolte fait faire à une réflexion d'abord pénétrée de l'absurdité et de l'apparente stérilité du monde. Dans l'expérience absurde, la tragédie est individuelle. À partir du mouvement de révolte, elle a conscience d'être collective. Elle est l'aventure de tous. Le premier progrès d'un esprit saisi d'étrangeté est de reconnaître qu'il partage cette étrangeté avec tous les hommes et que la réalité humaine dans sa totalité souffre de cette distance par rapport à soi et au monde. Le mal qu'éprouvait jusque-là un seul homme devient peste collective. De cette solidarité reconnue, il est possible de tirer ceci : il n'y a que l'homme qui mérite que l'homme lui soit sacrifié. C'est la morale des complices. Une telle affirmation, bien entendu, ne peut être fondée que par la découverte, dans la révolte, de cette valeur qu'il faut encore préciser.

Cette valeur n'est pas négative. On peut éclairer son aspect positif par rapport à une notion comme celle du ressentiment. En effet, et toujours à l'origine, le mouvement de révolte n'est qu'à peine un mouvement de revendication, au sens fort du mot. La révolte n'est pas le ressentiment. Elle vise à « faire respecter » quelque chose, ce qui implique que cela qu'on veut faire respecter est le plus important, a été reconnu d'abord.

C'est pour cela qu'il est impossible de l'identifier au ressentiment comme le fait Scheler dans ses observations. Sa critique du ressentiment dans l'humanitarisme (dont il traite comme de la forme non chrétienne de l'amour des hommes) s'appliquerait peut-être, avec beaucoup de nuances, à certaines formes, bien définies, d'humanitarisme ou de doctrine révolutionnaire. Mais elle tombe à faux dans ce qui concerne la révolte humaine contre sa condition, le mouvement qui dresse l'individu pour la défense d'une dignité commune à tous les hommes. Scheler démontre en effet que l'humanitarisme s'accompagne de la haine du monde. On aime l'humanité pour ne pas avoir à aimer les êtres. Cela est juste dans quelques cas, et on comprend mieux Scheler lorsqu'on voit que l'humanitarisme pour lui est représenté par Bentham et Rousseau. Mais la passion de l'homme pour l'homme peut naître d'autre chose que du calcul arithmétique du plaisir ou d'une confiance théorique dans la nature humaine. En face des utilitaristes ou d'Émile, il y a Nietzsche et Ivan Karamazov. Il y a le choix de l'ordre humain contre l'ordre de Dieu, cette logique en existence qui va du mouvement de révolte à la révolte métaphysique. Scheler, qui le sent aussi, résume cette conception en affirmant qu'elle consiste à dire qu'il n'y a pas au monde assez d'amour pour qu'on le gaspille sur d'autres que sur l'être humain. Mais la révolte amène seulement à dire qu'on ne voit pas qui, en dehors de l'être humain, est digne de l'amour — et de cet amour supérieur qui naît d'une condition partagée. On n'élit pas dans ce cas un idéal abstrait par pauvreté de cœur, dans une idée de revendication stérile, mais on choisit, au contraire, la part la plus concrète de l'expérience pour la défendre contre ce qui l'opprime. On affirme qu'il est une part de l'homme supérieure à la condition qui lui est faite. Lorsque Heathcliff préfère son amour à Dieu et demande l'enfer pour être réuni à celle qu'il aime, ce n'est pas le ressentiment abstrait qui parle, mais l'expérience brûlante de toute une vie. C'est le même mouvement qui fait dire à Maître Eckhart, hors de toute orthodoxie et dans un accès surprenant d'hérésie, qu'il préfère l'enfer avec Jésus au ciel sans lui. C'est le mouvement même de l'amour. On ne saurait donc trop insister sur ce caractère singulier du mouvement de révolte qui dit oui aussi bien que non. En même temps qu'il est apparemment un mouvement négatif puisqu'il ne crée rien, il est profondément positif puisqu'il révèle en l'homme ce qui est à défendre, donc ce qui est pour tous les hommes. Dans l'ordre de l'expérience humaine, la révolte a le même sens que le cogito* dans l'ordre de la

---

* On peut d'ailleurs aller plus loin dans ce sens et dire précisément que le cogito *est* révolte.

pensée. Elle est la première vérité et elle crée la première valeur.

Cette valeur n'est pas relative. On pourrait en douter. Avec les époques et les civilisations, en effet, les raisons pour lesquelles on se révolte changent apparemment. Il est évident qu'un paria hindou, un guerrier inca, un primitif de l'Asie centrale, n'ont pas la même idée de la révolte. On pourrait même établir avec une probabilité extrêmement grande que la notion de révolte n'a pas de sens dans ces cas précis. Cependant, un esclave grec, un serf, un condottiere de la Renaissance, un bourgeois parisien de la Régence, un intellectuel russe des années 1900 ou un ouvrier moderne pourraient différer sur les raisons de la révolte, ils se rencontreraient pour reconnaître sa légitimité. Autrement dit, le problème de la révolte semble ne prendre de sens précis qu'à l'intérieur de la pensée européenne. Sur le plan social, on pourrait être plus explicite encore en remarquant avec Scheler que l'esprit de révolte s'exprime difficilement dans les sociétés où les inégalités sont très grandes (castes hindoues) ou, au contraire, dans celles où l'égalité est absolue (certaines sociétés primitives). Socialement parlant, l'esprit de révolte n'est possible que dans les groupes où une égalité théorique recouvre de grandes inégalités de fait. Cela reviendrait à dire que le problème de la révolte n'a de sens que dans notre société contemporaine. Et l'on serait tenté d'affirmer avec Scheler lui-même qu'il est étroitement lié au développement de la notion d'individu, si les remarques précédentes ne nous avaient déjà mis en garde contre cette conclusion.

Sur le plan de l'évidence, tout ce qu'on peut tirer de la remarque de Scheler, c'est que, par la théorie de la liberté politique, il y a dans la société accroissement dans l'homme de la notion d'homme, et, par la pratique de cette même liberté, insatisfaction correspondante. La liberté de fait ne s'est pas accrue proportionnellement à la conscience que l'homme en a prise. De cette observation, on ne peut tirer que ceci : la révolte est le propre de l'homme informé, qui possède une conscience élargie de ses droits. Mais rien ne nous permet de dire qu'il s'agit seulement des droits de l'individu, puisque, par la solidarité que nous avons signalée plus haut, il semble bien au contraire qu'il s'agisse d'une conscience que l'espèce humaine prend de plus en plus d'elle-même dans son aventure commune. En fait, si l'Inca, le paria hindou, etc., ne se posent pas le problème de la révolte, c'est qu'il a été résolu par eux dans une tradition et avant qu'ils aient pu se le poser, la réponse étant le sacré. Si dans le monde sacré, on ne trouve pas le problème de la révolte, c'est qu'en vérité on n'y trouve aucun problème métaphysique, toutes les réponses étant données en une fois. La métaphysique est remplacée par le mythe. Il n'y a plus d'interrogation, il n'y a que des réponses et d'éternels commentaires. Mais dès que l'homme se place en dehors des catégories du sacré, il est interrogation et révolte. L'homme révolté, c'est l'homme jeté hors du sacré et appliqué à revendiquer un ordre humain où toutes les réponses soient humaines. Dès ce moment, toute interrogation, toute parole est révolte alors que dans le monde du sacré toute parole est action de grâces. Il serait possible de montrer ainsi qu'il ne peut y avoir pour un esprit humain que deux univers possibles, celui du sacré (ou pour parler le langage chrétien, de la grâce) et celui de la révolte. La disparition de l'un équivaut à l'apparition de l'autre, quoique cette apparition puisse se faire sous des formes déconcertantes. Là aussi le Tout ou Rien se pose dans son exigence la plus étroite, le choix dans son intransigeance.

La relativité apparente du problème de la révolte tient ainsi dans le fait qu'aujourd'hui des sociétés entières ont pris leur distance par rapport au sacré et que le spectacle de la révolte nous est donné à l'échelle historique. Cela prouve que, même sur le plan de l'histoire, le problème est métaphysique. L'extrême dénuement qui en résulte pour la pensée contemporaine force l'individu à l'entreprise incroyable qui consiste en même temps à repenser le monde et à recréer l'homme. Ainsi c'est un principe d'activité qui est mis au cœur de toute conscience. Si elle prend sa naissance dans un mouvement individuel, la révolte ne cesse de transcender ce mouvement. Dire que le problème est relatif à l'époque n'est donc nullement dire qu'il n'est pas premier dans l'homme et qu'il n'a de valeur que dans le cadre d'une morale individualiste. C'est dire au contraire que l'époque, à force de contestations, met au premier plan l'une des dimensions essentielles de l'homme. C'est une valeur authentique, c'est-à-dire une raison d'agir, qui nous est donc fournie par la révolte.

II

Quand on veut donner un contenu plus précis encore à l'affirmation du révolté, on peut dire que l'histoire, à ce stade de la description, ne nous apprend pas grand-chose. Pourtant, si la révolution est la satisfaction que se donne le mouvement de révolte commun à beaucoup d'hommes, son histoire devrait nous enseigner. À la limite en effet, la révolution est un parti pris extrême en faveur de cette part de l'homme qui ne veut pas s'incliner et un essai pour lui donner son règne dans le temps. Et, comme dans l'expérience qui est envisagée ici, rien ne peut être considéré en dehors de l'histoire, la révolution, pour un esprit extérieur au sacré, est en principe le seul acte légitime et cohérent.

En théorie, le mot révolution garde le sens qu'il a en astronomie. C'est un mouvement qui boucle la boucle, qui passe d'un gouvernement à l'autre après une translation complète. C'est par là qu'il se distingue déjà du mouvement de révolte. Le mot fameux : « Non, Sire, ce n'est pas une révolte, c'est une révolution » met l'accent sur cette différence essentielle. Il signifie exactement : « C'est la certitude d'un nouveau gouvernement. » Le mouvement de révolte, au contraire, et à son origine, tourne court. Il n'est qu'un témoignage. C'est que la révolution commence à partir de l'idée claire. Exactement, elle est le passage de l'idée dans l'expérience historique, quand la révolte au contraire est le mouvement qui mène de l'expérience individuelle à l'idée. Alors que l'histoire, même collective, d'un mouvement de révolte, est toujours celle d'un engagement sans issue dans les faits, d'une protestation obscure qui n'engage ni système ni raisons, une révolution est une tentative pour modeler l'acte sur une idée, pour façonner le monde dans un cadre théorique. Mais en fait et précisément pour les mêmes raisons, on peut dire qu'il n'y a jamais eu de révolution dans l'histoire, car il ne peut y avoir qu'une révolution et son caractère est d'être définitive. Le mouvement qui semble achever la boucle en entame déjà une nouvelle et l'histoire des hommes n'est que la somme de leurs révoltes successives. S'il y avait *une fois* révolution, il n'y aurait plus d'histoire. Quand on dit que les peuples heureux n'en ont pas, on s'oblige à dire, puisqu'il y a toujours histoire, que les peuples ne sont jamais heureux — ou que, du moins il n'arrive jamais qu'ils le soient toujours. Autrement dit, le mouvement de translation qui peut trouver une expression claire dans l'espace n'est qu'une approximation dans le temps. Ce qu'on appelait sans sourire au xixe siècle l'émancipation progressive du genre humain apparaît seulement comme une suite ininterrompue de révoltes qui se dépassent quelquefois et tentent de trouver leur forme dans l'idée mais qui n'arrivent pas à la révolution unique et définitive, celle qui stabiliserait tout au ciel et sur la terre. Ainsi, plutôt que d'une émancipation, il serait plus vrai de parler d'une affirmation progressive et jamais achevée de l'homme par lui-même. Cet inachèvement perpétuel de toute révolution devrait nous renseigner, de façon négative du moins, sur le caractère propre à la valeur même de la révolte. Si elle avait chance d'être précisée, elle permettrait alors de donner un sens à cette révolution définitive, qui paraît être, toute philosophie étant action, le but idéal de la pensée en lutte.

Si l'on se bornait à dire que le contenu de la valeur affirmée est, à en juger par l'histoire, justice et liberté, on ne dirait pas grand-chose. Car on trouvait déjà dans le mouvement de révolte, en même temps que la notion confuse d'un droit, les idées connexes de justice* et de liberté. Mais l'expérience montre qu'il s'agit d'une justice et d'une liberté sans cesse remises en question. L'histoire des révolutions montre que ces deux notions sont au principe de toutes les revendications et que cependant, pour

---

* C'est en cela qu'une philosophie de la révolte ne s'accommode pas de la pensée chrétienne. Le christianisme est *d'abord* une philosophie de l'injustice. Le poète chrétien Gertrude von Le Fort l'a admirablement vu : « Mais le monde n'a pas été racheté en faveur de ceux qui prennent parti pour l'innocence... Il a été racheté par la douloureuse passion de l'innocence » (et d'autres passages où elle montre que la justice n'existe qu'en enfer).

finir, elles entrent presque toujours en conflit comme si leurs exigences mutuelles se trouvaient inconciliables. Il y a dans toute révolution une étape où elle suscite un mouvement de révolte opposé qui indique ses limites et annonce ses possibilités d'échec. Assez rapidement les forces de la liberté se dressent contre celles de la justice ou inversement. C'est le moment où la révolte humaine entame une nouvelle boucle. De même un examen des grandes tentatives historiques de révolutions définitives telles que le christianisme, les grandes révolutions métaphysiques politiques modernes (même lorsqu'elles semblent nier la métaphysique), la révolution nietzschéenne, devrait montrer en clair cette opposition du mouvement de révolte et des acquisitions de toute révolution.

Il n'est pas question ici de donner à cet échec ses raisons. Il est particulier à la réalité humaine que, *dans une certaine mesure,* il semble caractériser. Mais il est possible de voir en quoi il consiste dans le temps. Il consiste dans la perte de la complicité et la négation de la solidarité humaine découverte dans la révolte. Les révolutions échouent dans la mesure où elles oublient de maintenir cette complicité pour laquelle elles se sont mises en œuvre. Car la complicité peut se perdre ou dans le silence ou dans le mensonge. Dans le premier cas, on pose le problème de la violence (ou silence imposé), dans le second celui du réalisme politique (ou mensonge de principe). Qu'on se taise (et dans ce cas le chrétien aussi se tait, mais c'est Dieu qui lui fait violence) ou qu'on mente, la complicité est perdue et avec elle l'exigence propre à la révolte. La révolte se nie alors elle-même et s'oblige du même coup à prendre un nouvel élan. La valeur que nous cherchons à décrire est donc, sous l'un de ses aspects, complicité active des hommes entre eux. On comprend ainsi que le mouvement de révolte se répète. Car il est possible de vivre sans désespérer dans un monde absurde, il n'est pas possible de le faire dans celui du mensonge. On reconnaîtra cette affirmation en revenant à la solidarité métaphysique. Dans le monde absurde, le révolté garde encore une certitude. C'est la solidarité avec les hommes dans une même aventure, le fait que l'épicier et lui sont tous les deux frustrés. Il y a complicité reconnue. À partir du moment où les hommes se taisent ou ne sont plus que le passage et l'écho d'un verbe divin*, à partir du moment où les hommes mentent (réalisme politique) la complicité est, non pas perdue, cela n'est jamais possible, mais niée, et le désespoir commence avec la négation de la première vérité apportée par la révolte, à savoir que l'homme n'est pas seul.

Il serait possible encore de montrer que la perte de la complicité vient toujours d'une prétention à l'absolu. Quand la révolution vise à la justice absolue ou la liberté absolue, elle est amenée à l'affirmation d'un rationalisme ou d'un déterminisme total qui contredit la nature même de l'affirmation révoltée. Car cette affirmation contenue dans la révolte est une prise de parti en faveur de ce qu'il y a de plus limité et de plus relatif dans l'homme. La part irréductible de l'homme, celle qui sert de base à la complicité, c'est la part opprimée et persécutée qu'il doit toujours et par un effort incessant soutenir devant ce qui l'écrase. La complicité ne peut être maintenue que dans le relatif. Et de ce point de vue toute révolution doit tenir compte du caractère limité de l'expérience humaine, laisser cours à la parole, accepter l'approximation. La révolution définitive ne peut être que pessimiste**. La seule révolution à la mesure de l'homme devrait résider dans une conversion au relatif qui signifierait exactement fidélité à la condition humaine. La révolte contre le pouvoir absolu suppose toujours qu'on peut se passer de pouvoir absolu — c'est-à-dire s'arranger des pouvoirs relatifs qui nous sont concédés. De là que toute attitude de révolte, politique ou métaphysique, implique une action dans le relatif, un service à l'homme. Dans ce sens, tout geste humain qui ne vise pas à l'éternel est révolte. L'action du secrétaire de syndicat qui tient ses fiches à jour est révolte métaphysique au même titre que l'élan spectaculaire qui dresse Byron devant Dieu***.

---

* J'insiste sur ce point qui me paraît expliquer un sentiment personnel puissant : le monde chrétien *avec la foi* me semble désespérant.

** Pessimiste en ce qui concerne la condition de l'homme, bien entendu. Mais optimiste obstinément en ce qui concerne l'action humaine.

*** L'idée qu'il faille des modèles éternels pour faire mouvoir les

On pourrait dire ainsi, avec beaucoup de nuances, et en réservant les développements ultérieurs, que la révolution définitive serait la complicité totale. On voit qu'il s'agit là d'une limite idéale. Mais sur le plan humain, considéré comme donnée de fait, on peut admettre des moyens termes et des approximations. C'est entre l'éternel et le relatif par exemple que le fossé est infranchissable. Hors de l'éternité, il y a perfectionnement. On peut dire que, dans la mesure où l'homme aide à la complicité, il aide à la révolution définitive. La sincérité est ici le principe de sa libération. Elle est un effort appliqué (conscient d'ailleurs des travestissements possibles) pour renforcer la solidarité humaine.

Un examen philosophique des révolutions devrait donc nous amener à préciser le contenu d'une valeur révélée par le mouvement de révolte. Cette valeur nous permet déjà d'affirmer que toute révolution dépasse le politique pour affirmer la révolte de l'homme contre son destin, que la solitude de l'homme n'est jamais que l'œuvre des hommes et que la révolte est avant tout affirmation de la parole et de la complicité, entêtement dans la condition limitée de la créature.

III

Sur le plan de la révolte métaphysique, cet ensemble d'observations peut encore se préciser. Le mouvement de la révolte affirme l'existence d'un droit de l'homme à quelque chose, dépasse l'individu dans cette affirmation et la généralise à toutes les consciences humaines. Mais, en même temps, il est bien évident que le fonctionnaire dressé contre son supérieur affirme expressément l'existence de ce supérieur. Le non du révolté met en évidence la limite qu'il prétend tracer entre ce qu'il veut défendre et ce qui l'opprime. Mais, en deçà et au-delà de cette frontière, il affirme du même mouvement l'existence de deux valeurs qui s'opposent. La solidarité ici se généralise. Et le révolutionnaire sait au moins ceci,

---

hommes est une idée puérile. La créature, toute relative qu'elle est (et parce qu'elle l'est), suffit bien à faire brûler, et au-delà même de ce qu'un homme peut brûler.

que le pouvoir contre lequel il se dresse est dans la même histoire que lui. Dans le cas du fonctionnaire ou du révolutionnaire, les choses sont assez claires. Il s'agit de pouvoirs relatifs qui s'opposent et leur coexistence peut être affirmée.

La difficulté commence avec la révolte métaphysique, où l'homme révolté pose à la fois la condition humaine et cette part de l'homme qui se dresse contre la condition humaine. Le fonctionnaire en effet, en même temps qu'il établit dans son mouvement de révolte l'existence du supérieur contre lequel il se révolte, montre que le pouvoir de l'autre est continuellement dans sa dépendance, que lui-même a continuellement le pouvoir de le remettre en question. À cet égard, l'autre est vraiment dans la même histoire, c'est-à-dire que sa royauté du moment est aussi relative que la soumission relative du fonctionnaire. On voit ainsi que, s'il y a réellement une double affirmation contenue dans un mouvement de révolte, cette affirmation ne pose encore rien en absolu. De là, apparemment, qu'elle soit difficile à maintenir dans la révolte métaphysique. Car, en premier lieu, il n'est pas possible d'étendre le raisonnement ci-dessus à l'affirmation de Dieu. Si l'on vient à penser, en effet, que la révolte métaphysique pose Dieu en même temps que la part révoltée de l'homme, il faut reconnaître que Dieu serait alors dans la même aventure humiliée que l'homme, son vain pouvoir équivalant à notre vaine condition, soumis à notre force de contestation, incliné à son tour devant la part de l'homme qui ne s'incline pas, engagé enfin dans l'histoire, sans espoir d'une stabilité éternelle qu'il ne pourrait trouver que dans le consentement unanime des hommes, intégré lui aussi par rapport à nous dans une condition absurde. À travers la révolte, considérée comme une première vérité, l'expérience de Dieu est contradictoire. Il y a là matière à développements. Mais l'important, au départ, serait de remarquer que c'est moins ce pouvoir de négation de l'homme qui met Dieu en question, que son pouvoir d'affirmation. Ce qui met Dieu en doute dans la révolte métaphysique, ce n'est pas que l'homme puisse le nier, c'est qu'il puisse affirmer autre chose que Dieu. Ce n'est pas que le révolté arrête le pouvoir éternel à la limite qu'il a fixée, c'est qu'il y ait quelque chose en deçà de cette limite. Ce qui, en théologie, devrait rendre contradictoire la notion de Dieu c'est l'idée de l'enfer.

Mais si la généralisation n'est pas possible, il reste qu'on peut s'en tenir aux constatations d'évidence. La seule chance qui reste aux pensées qui refusent l'hypothèse, c'est d'arriver à des tautologies significatives. Ainsi, il est possible de dire que la révolte métaphysique n'affirme rien de plus que ce contre quoi l'homme se révolte et, dans sa racine, c'est la situation humaine. Le révolté à l'origine ne juge insupportable que la situation des hommes (« ça ne peut pas continuer, etc. »). L'idée, plus tardive, que celle-ci a pu lui être « faite » rentre dans un système d'explications et d'hypothèses, de métaphores et d'analogies qui n'est pas envisagé ici et qu'on ne peut confronter à l'expérience. C'est donc la situation humaine qui est mise en question en même temps qu'elle est affirmée par la révolte. Mais dans le même moment où elle s'affirme, la part irréductible de l'homme montre qu'elle aussi, dans la mesure où elle lui est soumise, est mise en doute par la situation où elle se trouve. Rien n'est ainsi posé en absolu et toute la réalité humaine est dans cet aller-retour incessant. On en trouvera l'équivalent sur le plan de la conduite dans ce balancement perpétuel qui mène l'homme révolté de la volonté du sacrifice à l'exigence du bonheur. C'est alors exactement l'aller-retour du oui au non, de l'affirmation à la négation. On affirme d'abord la part irréductible de l'homme et la coïncidence de tous les hommes dans cette dignité commune et l'on accepte alors de mourir ou de s'effacer devant cette première valeur. Mais on repousse en même temps la situation humaine et l'on aspire au bonheur. On voit ainsi que l'affirmation dans ce cas est liée à la possibilité de destruction tandis que le bonheur est fondé sur le principe d'une négation. Tout est ainsi mis en doute à la base, et deux fois. Et l'on peut en tirer que la valeur contenue dans l'affirmation révoltée n'est jamais donnée une fois pour toutes et qu'il faut la soutenir sans cesse.

Pour finir, la révolte ne nous apprendra donc rien de plus quant à la solution dernière que l'analyse absurde. Le monde est toujours fermé. Nous sommes toujours dans le cercle, avec ceci de plus, toutefois, qu'il nous est possible de répondre affirmativement à la seule question qui nous paraisse de quelque importance : l'homme peut-il, à lui seul et sans le secours de l'éternel, créer ses propres valeurs ? Suggérons encore qu'à la limite on pourrait entrevoir un absolu d'*évidence* qui ne serait ni dans l'irréductibilité de l'homme ni dans la situation contre laquelle il est en lutte, mais dans le rapport que l'un et l'autre soutiennent entre eux, et qui est à proprement parler la condition humaine. C'est le relatif absolu. La révolte permet au moins d'affirmer que la condition humaine est, ce qui n'est pas si évident qu'il le paraît. C'est exactement la plus relative des expériences qui est érigée en absolu. On a pu déjà en apercevoir quelques conséquences sur le plan de la conduite humaine. Mais on voit en tout cas par où une réflexion révoltée se sépare de certaines formes de philosophie existentielle. Dans la mesure où elle fait entrer la part individuelle de l'homme dans la communauté en lutte, dans la mesure où elle l'assure d'une condition où l'action demeure possible, la révolte dépasse l'angoisse. Il y a en effet dans la philosophie existentielle une tendance à mettre en scène une existence sans action et sans réaction, où l'homme angoissé ne dépasse jamais l'angoisse qui est son plus haut sommet. L'angoisse est considérée comme la limite de l'homme, celle où il revient à intervalles réguliers, porté par des vagues successives sur une grève toujours la même d'où il attend seulement que le flot le retire. Or il y a un au-delà de l'angoisse hors de l'éternité et c'est la révolte. Au lieu de se replier sur lui-même, l'esprit se met en marche grâce à elle, mais à l'intérieur du cercle étroit de la condition. Dans quel but et avec quelles chances, c'est un problème de liberté qui devra être examiné. Je l'indique seulement, ce problème pourrait être précisé par une étude comparée de la création artistique et de l'action politique considérées comme les deux manifestations essentielles de la révolte humaine*.

Retenons en tout cas ce premier pas que la révolte fait faire à un esprit laissé dans un monde absurde. Ce progrès est inestimable. Car l'absurde est contradictoire en existence. Il exclut en fait les jugements de valeur et les

---

* Le but de l'effort artistique étant une œuvre idéale où la création serait corrigée.

jugements de valeur sont. Ils sont parce qu'ils sont liés au fait même d'exister. Il faut donc déplacer le raisonnement de l'absurde dans son équivalent en existence qui est la révolte. Par elle, on trouve à affirmer en même temps une certaine part de l'homme placée au-dessus de tout et une condition humaine qui lui donne à la fois son évidence et sa relativité. Car le révolté trouve ainsi en lui la valeur qui l'autorise (et qui le force) à parler et agir. Cette part de lui-même qui lui donne désormais ses raisons dénonce seulement son origine absurde dans la mesure où elle est faite à la fois pour tout le monde et pour personne. C'est la valeur en lui qui sera tuée, c'est la part du malentendu, mais c'est aussi cette vérité d'innocence qui nie que les hommes soient coupables et qu'il leur faille un Juge.

Albert Camus.

L'Existence, 1945.

INTERVIEW AU « DIARIO » DE SAO-PAULO*

Il est très difficile pour les Américains, qui sont restés à l'écart du conflit, de comprendre l'empreinte profonde que les diverses formes d'oppression ont laissée dans la psychologie de l'Européen. Le camp de concentration, dont nous gardons encore l'image douloureuse, a été vaincu par le désespoir. Une telle lutte nous a conduits à vérifier les contradictions profondes dans lesquelles se débat la société. Comment l'humanité a-t-elle pu engendrer des camps de torture ? Nous avons, immédiatement, été entraînés à la révolte.

Révolte et Liberté

Je crois que le problème le plus grave actuellement est celui de la liberté. Celui qui en comprend toute la

---

* Les sous-titres sont du journal. Le texte a été traduit par M. Jean Coste.

portée sait bien qu'elle est la condition indispensable à tout progrès humain et à la paix. Et seuls les amis de la dictature, les responsables des camps de concentration peuvent être partisans de la guerre. Il est du devoir des écrivains de donner l'alerte et de lutter contre toute forme d'esclavage. Tel est notre rôle.

Le Problème du crime

Le crime est une révolte. Dans « Monsieur Verdoux », je ne trouve aucune ressemblance avec le thème de *l'Étranger,* bien que les deux œuvres aient un sens identique dans leur partie négative. Il est impossible d'oublier que Chaplin va à la mort escorté par deux policiers...

Il est impossible d'oublier, après le formidable progrès que représente la psychanalyse dans le domaine de la psychologie, que c'est la police politique qui a atteint les formes les plus raffinées de l'exploration psychologique.

Mythes

Entre Garry Davis, le déjà célèbre « citoyen du monde » et l'O.N.U., je préfère l'idéalisme ingénu du premier, malgré l'utopie que suppose l'affirmation suivant laquelle la politique doit être exclusivement de caractère international alors que ce sont des positions nationalistes et régionalistes qui s'affrontent. Lui au moins n'assassine personne.

René Char

René Char est le plus grand événement dans la poésie française depuis Rimbaud. De nos jours c'est le poète qui en France élève le plus haut son chant et qui communique la plus grande richesse humaine. Et quand on parle de poésie, on est près de l'amour, cette grande force que l'on ne peut remplacer par l'argent qui est vil, ni par cette malheureuse chose qu'on appelle la morale.

Contribution de l'Existentialisme

C'est une grave erreur de traiter avec tant de légèreté une recherche philosophique aussi sérieuse que l'existentialisme. Ses origines remontent à saint Augustin et sa principale contribution à la connaissance réside, sans nul doute, dans la richesse impressionnante de sa méthode. L'existentialisme est, avant tout, une méthode. Les ressemblances que l'on relève généralement entre les travaux de Sartre et les miens viennent, naturellement, du bonheur ou du malheur que nous avons de vivre à une même époque et face à des problèmes et des soucis communs.

6 août 1949.

SIMONE WEIL ET CAMUS

Camus a souvent évoqué l'auteur de *la Condition ouvrière*. Il ne la découvrit pourtant qu'au lendemain de la Libération. Il eut alors la charge d'éditer, non sans difficultés, l'essentiel de son œuvre. Il appréciait son indépendance d'esprit, l'intransigeance qui la poussait à l'engagement total. Il admirait l'agrégée de philosophie qui avait directement vécu, et sans réticences comme sans mensonges, la condition de manœuvre; qui avait rejoint les républicains espagnols, sans rien taire de leurs erreurs; qui avait refusé le marché noir en pleine occupation. Elle était l'honnêteté incarnée, se laissant mourir comme Tarrou pour ne point trahir. Devenue chrétienne enfin, elle refusait toute Église dans un esprit d'universalité.

La sympathie qu'il portait à Simone Weil et à son œuvre a sans doute contribué à rapprocher Camus des milieux syndicalistes révolutionnaires où elle avait longtemps évolué et où il retrouvait la même flamme intransigeante.

On trouvera ici la présentation de *l'Enracinement* écrite par Camus pour le Bulletin de la *N.R.F.* (juin 1949) et un texte plus long, retrouvé en manuscrit; il s'agit là, semble-t-il, d'un projet de préface qu'il renonça à rédiger définitivement, à la suite de divergences avec certains proches de Simone Weil.

R. Q.

COLLECTION « ESPOIR »

SIMONE WEIL

« L'ENRACINEMENT »

Pendant l'occupation, Londres avait fait demander à Simone Weil un rapport sur les possibilités de redressement de la France. Simone Weil écrivit le texte publié aujourd'hui sous le titre *l'Enracinement,* qui se trouve être à la fois l'exact rapport demandé et l'un des livres les plus lucides, les plus élevés, les plus beaux qu'on ait écrits depuis fort longtemps sur notre civilisation. Après quelques définitions essentielles des besoins de l'âme (l'homme ne se nourrit pas seulement de pain) : l'ordre, la liberté, l'obéissance, la responsabilité, l'égalité, l'honneur, etc., Simone Weil, sous le titre *le Déracinement,* entreprend la critique la plus fine, la plus serrée et la plus âpre de nos façons de penser, de juger et de nous comporter, puis sous le titre *l'Enracinement,* elle nous livre le secret qui peut redresser la France. Le mot « enracinement » montre quel est ce secret, c'est un retour à la tradition. Non pas la tradition comme on l'entend dans certains milieux politiques et dans nos piteux manuels d'histoire, mais celle qui consiste à penser juste, à voir juste. Ce livre austère, d'une audace parfois terrible, impitoyable et en même temps admirablement mesuré, d'un christianisme authentique et très pur, est une leçon souvent amère, mais d'une rare élévation de pensée.

Non signé.

Bulletin de la *N.R.F.,* juin 1949.

PROJET DE PRÉFACE

Elle n'était prévenue contre rien sinon contre la cruauté ou la bassesse, ce qui revient au même. Elle n'a jamais rien méprisé sinon le mépris lui-même et, à la lire, on se dit que la seule chose dont fût incapable sa surprenante intelligence était la frivolité. On lui demande en 1940 un rapport sur la situation morale de la France et elle écrit le livre publié aujourd'hui sous le titre *l'Enracinement,* véritable traité sur la civilisation. Tel est le personnage qui allait toujours, et comme naturellement, à l'essentiel.

L'Enracinement contient plusieurs des clés qui permettent de comprendre Simone Weil. Mais ce livre, un des plus importants, à mon sens, qui aient paru depuis la guerre, jette aussi une lumière puissante sur l'abandon où se débat l'Europe. Et il fallait peut-être la défaite, l'hébétude qui l'a suivie et la méditation taciturne que tout un peuple a poursuivie dans les années obscures pour que des idées aussi inopportunes, des jugements qui renversent tant d'idées reçues, qui ignorent tant de préjugés, puissent trouver enfin chez nous leur exact retentissement.

L'histoire officielle, dit Simone Weil, consiste à croire les meurtriers sur parole. Et plus loin : « Qui peut admirer Alexandre de toute son âme s'il n'a l'âme basse ? » Dans le temps de la puissance et au siècle de l'efficacité, ces vérités sont provocantes. Mais il s'agit d'une provocation tranquille : ce sont les certitudes de l'amour. Imaginons seulement la solitude d'un pareil esprit dans la France d'entre les deux guerres. Qui s'étonnerait que Simone Weil se soit réfugiée dans les usines, ait voulu partager le sort des plus humbles. Quand une société court irrésistiblement vers le mensonge, la seule consolation d'un cœur pur est d'en refuser les privilèges. On verra dans *l'Enracinement* à quelle profondeur avait atteint ce refus chez Simone Weil. Mais elle portait fièrement sa [*mot illisible*] folie de vérité. Car si c'est un privilège, il est de ceux qu'on paie à longueur de vie sans pouvoir trouver de repos. C'est cette folie qui a permis à Simone Weil au-delà des préjugés les plus naturels de comprendre la maladie de son époque et d'en discerner les remèdes.

Il me paraît impossible en tout cas d'imaginer pour l'Europe une renaissance qui ne tienne pas compte des exigences que Simone Weil a définies dans *l'Enracinement.* C'est dire l'importance de ce livre. Et en vérité cette œuvre tout entière consacrée à la justice, une justice latente la portera peu à peu à ce premier rang que son auteur refusa obstinément durant sa vie. « La conquête, disait-elle, est ersatz de la grandeur. » Et elle n'a rien cherché à conquérir. Mais dans l'instant de ce renoncement la voilà qui persuade : c'est ainsi je suppose que la vraie grandeur s'obtient, sur laquelle Simone Weil a dit tant de choses profondes. Grande par un pouvoir honnête, grande sans désespoir, telle est la vertu de cet écrivain. C'est ainsi qu'elle est encore solitaire. Mais il s'agit cette fois de la solitude des précurseurs chargée d'espoir.

Manuscrit.

Le 22 décembre 1954, après la publication par *Témoins* de la lettre de S. Weil à Bernanos (automne 1954) Camus écrivait à Samson : « Il est naturel que la lettre de S. Weil fasse du bruit. Mais la publier ne signifiait pas que nous approuvions tout ce qu'elle disait. Moi-même j'aurais à dire... Mais il est bon que la violence révolutionnaire, inévitable, se sépare parfois de la hideuse bonne conscience où elle est désormais installée. »

DÉFENSE DE « L'HOMME RÉVOLTÉ »

À LA racine de toute œuvre, on trouve le plus souvent une émotion profonde et simple, longtemps ruminée, qui, sans la justifier, suffit à l'expliquer. Pour ma part, je n'aurais pas écrit *l'Homme révolté* si, dans les années 40, je ne m'étais trouvé en face d'hommes dont je ne pouvais m'expliquer le système et dont je ne comprenais pas les actes. Pour dire les choses brièvement, je ne comprenais pas que des hommes puissent en torturer d'autres sans cesser de les regarder. Certainement, j'avais lu et entendu le récit de crimes semblables. Ils m'apparaissaient, malgré tout, comme des performances un peu exceptionnelles, qui pouvaient s'expliquer par la fureur ou la démence d'une brute. Mais pendant les années 40, ces histoires, là où je vivais, étaient notre pain quotidien, et j'apprenais que le crime, loin de naître et brûler, pour s'éteindre aussitôt, dans une âme criminelle, pouvait se raisonner, faire une puissance de son système, répandre ses cohortes sur le monde, vaincre enfin, et régner. Que faire d'autre alors sinon lutter pour empêcher ce règne.

Mais dans le même temps où je reconnaissais la nécessité de cette lutte, j'apercevais que, s'il était facile d'opposer à la force du crime les arguments de la force elle-même ou de la ruse, ou mieux encore ceux de l'indignation et (si j'ose proférer cette obscénité) de l'honneur, nous étions à peu près démunis en raisons tirées d'une morale vécue. Les raisons de l'honneur, on l'a dit, ne tiennent pas debout : c'est l'honneur qui tient debout à leur place. Et si la justice n'est qu'un instinct, alors l'injustice est justifiée aussi comme instinct. Au crime qui se raisonnait, en tout cas, il fallait au moins opposer les raisons du bien. Mais de quel bien? Et comment nous servir de ce que nous professions, ou de ce qu'on nous avait enseigné pour contester le nihilisme meurtrier qui nous tenait alors subjugués?

Pour moi, je ne disposais que d'une révolte sûre d'elle-même, mais encore inconsciente de ses raisons. Et, exception faite pour le christianisme que tant de chrétiens nous avaient découragés d'aimer*, ou d'une manière générale pour les philosophies de l'éternité qui supposaient une croyance que nous n'avions pas, aucun système autour de nous ne pouvait nous fournir de raisons claires. La morale, toute formelle, dont vivait la société bourgeoise, avait été vidée de sa substance par les longues ponctions que nos élites y opéraient à leur bénéfice. La mystification devint éclatante quand le gouvernement des décrets-lois voulut appeler à mourir pour la démocratie un peuple à qui on défendait d'en vivre. La morale communiste, de son côté, ayant dans le cours de son histoire opté exclusivement pour les valeurs d'efficacité et de puissance, n'avait que la force à opposer à la force. Mais la force est sujette à éclipses et, faute de morale, suppose alors une stratégie. Tant et si bien qu'il fallut collaborer avec l'ennemi avant de combattre, ce qui fit du désarroi!

Étrange époque où les grands principes jacobins

---

* Un peu injustement d'ailleurs. Si l'on devait juger de la démocratie par les démocrates et de la liberté par ses défenseurs... Mais enfin il y avait les évêques de Franco.

tyrannisaient les colonies, où l'on montrait le Christ au guichet des banques, et où le pétrole de la construction socialiste menait au-dessus de nos villes les avions d'alliés provisoires sans doute, mais très efficaces eux aussi. En vérité à une sorte de nihilisme qui nous révoltait, nous n'avions, en sus de notre révolte elle-même, que d'autres sortes de nihilisme à opposer. C'est ce qu'une grande âme, avant de mourir au combat, appela, trop généreusement encore, lutter contre un mensonge pour une demi-vérité. Il serait plus juste de dire que nous savions clairement où était le mensonge, sans encore pouvoir dire où se trouvait la vérité. Il fallut donc aller au plus pressé, fermer les yeux et lutter selon son cœur. Mais je n'étonnerai personne en disant que pendant ces interminables années, malgré nos fortifiants et nos bonnes formules sur les tiers et les quarts de vérité, ou sur la guerre qu'il faut faire sans l'aimer, il arrivait que, pour un instant au moins, ces prodigieuses mêlées nous parussent des batailles de géants ivres et ces entassements de morts ou ces cris de torturés solitaires, la seule et affreuse réalité d'un univers d'ombres. Nous étions dans la contradiction, mais autrement que ne le furent tant de pathétiques philosophes. C'est dans l'Europe en flammes, couverte de hurlements et de prisons, que nous devions sans délai trouver une raison claire et une règle de conduite*.

Pour moi qui avais longtemps vécu sans morale, comme beaucoup d'hommes de ma génération, professé en somme le nihilisme, quoique sans le savoir toujours, je compris alors que les idées n'étaient pas seulement des jeux pathétiques ou harmonieux, et que, dans certaines occasions, accepter certaines pensées revenait à accepter le meurtre sans limites. C'est alors que je commençai à réfléchir sur cette contradiction qui nous brûlait, la seule réalité que je connusse bien et qui me commandait, en tout cas, de la surmonter ou d'abdiquer. Il me parut alors que, faute de savoir plus ou d'être mieux aidé, je devais essayer de tirer une règle de conduite et peut-être une première valeur, de la seule expérience avec laquelle

---

* Les *Lettres à un ami allemand* écrites sur le coup traduisent, à condition qu'on n'en truque pas les citations, l'essentiel de cette expérience.

je fusse d'accord, qui était notre révolte. Puisque rien de ce qu'on nous proposait alors ne pouvait nous enseigner, puisque toute notre société politique, par ses lâchetés ou par ses cruautés, était vouée au meurtre, et d'ailleurs le servait spectaculairement sur la scène européenne, c'était donc au niveau exact de notre négation et de notre révolte la plus nue, la plus démunie, qu'il nous fallait trouver des raisons de survivre et de lutter, en nous-mêmes et chez les autres, contre le meurtre.

L'Homme révolté est le produit de cette expérience qu'il reprend en cherchant à la dépasser. Ce livre, qui part d'une impossibilité, retrace à sa manière une sorte de lutte pour équilibrer l'impossible, la recherche d'une valeur élémentaire, la volonté de vivre et de faire vivre, sans rien refuser de la réalité Peut-on, de la négation elle-même et de la révolte qu'elle suppose, tirer une règle de vie ? Peut-on sans recours aux principes absolus, échapper à une logique de destruction, et retrouver une promesse de fécondité et de fierté, au niveau de l'homme humilié ? Dix ans après la découverte dont j'ai parlé, je me suis senti le droit de répondre *oui* à condition de montrer que ce *oui* ne devait jamais se séparer du refus originel et qu'il supposait une lutte incessante contre les mystifications que nous proposaient nos propres faiblesses et le dogmatisme des autres.

Je ne veux pas ici récrire mon livre. Mais ce que je viens de dire peut sans doute éclairer, aux yeux de ceux qui l'ont lu et aussi de ceux qui en ont entendu parler, certaines de ses démarches. Il est bien clair d'abord que je n'ai fait le procès de personne sans faire en même temps le procès de ce que j'ai cru. J'ai décrit un mal dont je ne m'excluais pas. Loin de rien vouloir innocenter, j'ai voulu comprendre la sorte de culpabilité où nous étions, et je n'ai pas cru possible de la réduire, mais seulement de l'accepter en lui donnant ses limites. Ceci explique que, sans le vouloir, je me sois opposé à tous ceux qui voulaient faire leur choix, accepter certaines de mes appréciations quand elles concernaient les autres et refuser tout ce qui les intéressait — les uns réclamant une innocence perpétuelle, les autres s'installant dans une culpabilité sans limites. On ne peut, en réalité, isoler mes analyses les unes des autres, admettre une critique de la morale formelle propre à la bourgeoisie et ignorer l'analyse de la morale cynique propre aux philosophies purement historiques. On ne peut ni décréter la culpabilité de Marx en même temps que la radieuse innocence de Sade, ni railler au contraire les révoltés absolus pendant qu'on justifie la terreur révolutionnaire. Dans chacun de ces cas, on ne peut lire que le goût du confort ou le désir d'échapper à la contradiction et de s'innocenter en quelque endroit, même et surtout lorsqu'on se livre aux délices moroses de cette culpabilité absolue qui, pour finir, dispense le mieux des responsabilités individuelles. Mais ces tentatives ne changent rien à la position qui est au centre de *l'Homme révolté*: il n'y a, sous des visages différents, qu'un seul nihilisme dont nous sommes tous responsables et dont nous ne pouvons sortir qu'en l'acceptant avec toutes ses contradictions. J'irai même plus loin ici et je dirai que le nihilisme se définit moins par la négation que par l'affirmation d'une négation privilégiée, qui ne tolère aucune autre sorte de négation. Au contraire, c'est à l'endroit de la tension la plus extrême, à la frontière précise où le nihilisme se retourne contre lui-même, et où je l'étudie, que la contradiction devient féconde et rend possible qu'on avance.

Si l'on tient compte de cette méthode, deux ou trois articulations de *l'Homme révolté* apparaîtront malgré toutes les déformations dans une lumière plus précise. Et en premier lieu les rapports entre la révolte et la révolution. On peut certes accepter de parler de ce sujet dans l'irresponsabilité. Tout le monde aujourd'hui voudrait se donner les gants de la révolution sans en payer le prix, ou porter sa révolte à la boutonnière alors que la vraie révolte est nue. J'ai préféré, pour éviter cette tentation, suivre jusque dans leurs conséquences les attitudes révoltée et révolutionnaire. J'ai cru pouvoir dire alors que ces notions n'avaient de réalité qu'en opposition l'une à l'autre et qu'il n'était pas possible de dresser la révolte absolue en face de toute réalité historique dans une attitude de superbe stérilité, ni de supprimer, dans une orthodoxie révolutionnaire, l'esprit de révolte au seul profit de l'efficacité historique. La position que j'ai tenté de définir ne peut donc être sollicitée dans le sens d'une réfutation de la révolte ni d'une condamnation en bloc de l'attitude révolutionnaire.

J'ai dit simplement que la révolte sans la révolution s'achève logiquement dans un délire de destruction et que le révolté, s'il ne s'insurge pas pour tous, finit par atteindre une extrémité de solitude où tout lui paraît permis. Inversement, j'ai tenté de démontrer que la révolution privée du contrôle incessant de l'esprit de révolte finit par se précipiter dans un nihilisme de l'efficacité et débouche dans la terreur. Le nihilisme du solitaire comme celui des religions historiques consacrent un jour le terrorisme, au niveau de l'individu ou à celui de l'État. Cette conjonction est fatale dès l'instant où un mouvement de subversion (qu'il soit solitaire ou collectif) dont le principe est la remise en question générale, refuse de se remettre lui-même en question.

Or la seule question qu'on puisse poser à la révolution, la révolte seule est fondée à la poser, comme la révolution est seule fondée à questionner la révolte. Il est juste que Lénine donne des leçons de réalisme aux terroristes solitaires. Mais il était, et il est, indispensable que les révoltés de 1905 rappellent à l'ordre des révolutionnaires qui marchaient vers le terrorisme d'État. Aujourd'hui où ce terrorisme d'État est installé, l'exemple de 1905 doit être sans cesse offert à la révolution du xxe siècle, non pour la nier, mais pour la rendre à nouveau révolutionnaire.

Cela veut-il dire qu'il faille être aujourd'hui du côté des vaincus ? Si je m'y sentais forcé, je n'aurais pas trop de mal à me résigner à cette extrémité. Après tout, il faut bien faire quelque chose pour les vaincus. L'intelligence contemporaine nous fournit assez d'exemples d'implacables insurgés qui ne volent au secours des révolutions que lorsqu'elles disposent d'un nombre suffisant de divisions blindées. Mais, de toute manière, cela ne peut vouloir dire en aucun cas (ce serait alors faire l'apologie de la révolte solitaire, refusée par mon analyse) qu'il faille souhaiter que ces vaincus ne soient jamais vainqueurs, ni que les prolétaires, pour rester de purs révoltés, doivent renoncer à jamais à leur libération. Seule l'ignorance, ou l'extrême spécialisation, peuvent excuser de si vulgaires sollicitations.

L'un de mes thèmes constants a été au contraire la condamnation d'un certain romantisme de l'échec et de l'inefficacité. S'il est vrai que la défaite est parfois une tentation subtile, la misère et le délaissement ouvrier suffisent chez nous à ce qu'on surmonte cette faiblesse sans trop d'héroïsme. Quand il s'agit de ceux dont l'abandon est la vivante négation de toutes les valeurs dont se pare notre société, on doit au moins écrire avec précaution. À quelque extrémité que je me sois porté, je n'ai jamais oublié cette précaution, ma mémoire a été fidèle. Si l'on réunissait les textes significatifs de *l'Homme révolté* sur ce sujet, au lieu de les falsifier, leur sens ne ferait pas de doute. La classe contre laquelle ont œuvré depuis un siècle tous les grands artistes, qui nous a légué le vaudeville et le style métro, s'est découvert aujourd'hui des vertus qui sont à la hauteur de ces belles inventions et qui la rendent indigne chez nous de son rôle directeur. La cupidité, l'égoïsme infini, l'aveuglement satisfait, les basses jouissances de nos classes dirigeantes, à très peu d'exceptions près, les condamnent au moins autant que la foule de salariés qui, entassés dans des pièces misérables, se survivent aujourd'hui avec des salaires d'infortune. De ces derniers, je souhaite la libération définitive, pour eux d'abord qui sont de mon sang, mais aussi pour l'amour de tout ce que je respecte en ce monde. Mais précisément parce que je souhaite leur libération et non la victoire de quelques docteurs, leur bonheur de tous les jours, le loisir, l'humanisation de leur travail, leur participation à une grande et courageuse entreprise, je ne crois pas que cette libération aura avancé d'un seul pas lorsque nous aurons mis des policiers à la place des directeurs de banque. Il est même facile de voir que ces dirigeants, incapables de diriger, et déjà prêts à toutes les démissions, ne se maintiennent et ne sont supportés qu'en considération des folies et des perversions où s'est jetée la révolution du XXe siècle. Le jour où la libération du travailleur s'accompagne de hideux procès, où une femme présente ses enfants à la barre pour accabler leur père et demander pour lui un châtiment terrible, ce jour-là la cupidité et la lâcheté de la société bourgeoise risquent de pâlir et la société de l'exploitation ne se maintient plus par ses vertus disparues mais par les vices spectaculaires de la société révolutionnaire.

C'est pourquoi il m'a semblé bon et utile de procéder à une critique raisonnée du seul instrument qui prétendît libérer les travailleurs, pour que cette libération soit autre chose qu'une longue et désespérante mystification. Cette critique ne s'achève pas dans une condamnation de la révolution, mais seulement du nihilisme historique qui, en vouant la révolution à nier aussi l'esprit de révolte, est arrivé à contaminer l'espoir de millions d'hommes. L'effort et les succès du syndicalisme libre, comme la permanence des mouvements libertaires et communautaires en Espagne et en France, sont les repères auxquels je me suis référé pour montrer au contraire la fécondité d'une tension entre la révolte et la révolution. J'ai en effet conclu, et c'est seulement cela qu'il faut discuter, que la révolution a besoin, pour refuser la terreur organisée et la police, de garder intact le principe de révolte qui lui a donné naissance, comme la révolte elle-même a besoin d'un prolongement révolutionnaire pour trouver un corps et une vérité. Chacune, pour finir, est la limite de l'autre*.

C'est là en tout cas ce que j'ai voulu dire en parlant de limite — et ces deux notions ne peuvent s'associer à l'idée de confort qu'à la condition de jouer puérilement sur les mots, et surtout de retirer son autorité à l'expérience vivante. L'analyse de la révolte m'a seulement conduit à découvrir l'affirmation d'une limite par le révolté lui-même et, à l'intérieur du mouvement de rébellion, un passage au-delà duquel la révolte se niait elle-même. Cette analyse, et c'est encore elle qu'il faut discuter, conclut que la révolte, loin d'être une négation sans limites, se définit justement par l'affirmation de cette limite. Si la révolte revient à affirmer l'existence et la dignité des autres hommes en même temps que la sienne propre, une révolte qui gagne en fureur ce qu'elle perd en lucidité finit par se tourner contre cette solidarité découverte. Toute entreprise humaine rencontre ainsi une limite au-delà de laquelle elle se change en son contraire, comme le dégoût suit le plaisir prolongé. Dire alors qu'il faut se tenir sur cette limite revient à dire en réalité qu'il faut se maintenir sur la frontière la plus extrême de la lutte, où le déchirement ne se sépare pas de la lucidité ; en deçà et au-delà de cette limite en effet, il n'y a plus

---

* Affirmation qui me paraît d'ailleurs remarquablement fidèle au raisonnement dialectique que tous aujourd'hui revendiquent à grands cris.

lutte mais consentement et, d'une certaine manière, passivité. On doit encore souligner que s'il ne faut pas franchir cette limite — et de ce point de vue on a eu raison de penser que j'assignais un terme aux entreprises de la révolte — le révolté ne peut, non plus, sans se renier, rétrograder vers l'indifférence ou la composition. Cet effort, sans cesse maintenu, ne ressemble pas, à mon avis, au confort ni, pour tout dire, à une sagesse. Ce qui est confortable au contraire, c'est l'ivrognerie de l'âme et du corps, le consentement de l'esprit à une simplification par le pire, l'irresponsabilité enfin. La maîtrise dont j'ai parlé ne va pas sans tremblement : elle suppose un effort de tout l'être. Ce à quoi elle s'oppose, au contraire, c'est d'abord à la servitude, dernier recours du nihilisme contemporain.

J'ai cru alors pouvoir écrire le mot de mesure. J'aurais pu écrire « affrontement » ou « corps à corps » pour satisfaire à la soif d'exploits militaires qu'on trouve dans notre société littéraire. Mais j'ai préféré le mot juste qui était celui de *mesure* dans le sens pourtant classique où l'entendaient les Grecs. Oui, la révolte est la mesure de la révolution, et inversement, Pour un esprit aux prises avec la réalité, la seule règle alors est de se tenir à l'endroit où les contraires s'affrontent, afin de ne rien éluder et de reconnaître le chemin qui mène plus loin. La mesure n'est donc pas la résolution désinvolte des contraires. Elle n'est rien d'autre que l'affirmation de la contradiction, et la décision ferme de s'y tenir pour y survivre. Ce que j'appelle la démesure est ce mouvement de l'âme qui passe aveuglément la frontière où les contraires s'équilibrent pour s'installer enfin dans une ivresse de consentement, dont les lâches et cruels exemples abondent sous nos yeux.

Que cette notion de limite, ainsi comprise, rejoigne une valeur traditionnelle de la pensée grecque et méditerranéenne (elle est au centre d'une civilisation qu'on dit être celle des extrêmes, l'espagnole), qu'on puisse dire que cette notion, de même que les notions mitoyennes de nature et de beauté, est systématiquement ignorée par l'idéologie européenne, cela ne me paraît guère, aujourd'hui encore, contestable. L'idéologie du XIXe siècle, du moins dans celles de ses tendances qui règnent aujourd'hui sur l'intelligence européenne, s'est détournée du rêve de Gœthe unissant, avec Faust et Hélène, le titanisme contemporain et la beauté antique, et leur donnant un fils Euphorion. Le Faust contemporain a voulu ensuite avoir Euphorion sans Hélène, dans une sorte de délectation morose et orgueilleuse. Mais il n'a pu enfanter qu'un monstre de laboratoire au lieu de l'enfant merveilleux. Je n'ai pas dit que Faust avait tort dans ce qu'il était, mais seulement que, pour être et créer, il ne pouvait se passer d'Hélène. Je n'ai pas dressé — vaine entreprise — la Méditerranée contre l'Europe, mais affirmé que celle-ci avait assez prouvé qu'elle ne pouvait se passer de celle-là. Ni Faust sans Hélène ni Hélène sans Faust, voilà ce que je crois. Gœthe qui avait ses moments de prophétie faisait mourir Euphorion, trop beau pour le malheur de ce monde. Je crois seulement pour ma part, et c'est le sens de mon livre, qu'il dépend de nous que vive Euphorion.

L'analyse de ces contradictions culmine en tout cas dans la tension beaucoup plus générale que j'ai essayé de définir et qui oppose l'individu à l'histoire. Là encore, je n'ai pas procédé à une condamnation de l'histoire au nom de l'individu, ni soumis celui-ci à celle-là. J'ai suivi, une fois de plus, le tracé approximatif d'une limite où les deux s'affrontent dans leur tension la plus grande, si grande au demeurant qu'elle finira par projeter en avant à la fois l'individu et l'histoire. On ne peut me faire dire, sans falsification préalable, que tout est bien dans l'individu et mal dans l'histoire, mais seulement que l'individu, pour être, doit à la fois collaborer à l'histoire et s'y opposer. Il est bien vrai que quelque chose se construit, pour un temps au moins, à travers les vicissitudes des siècles. Mais ce quelque chose se bâtit à la fois sur nos refus et sur nos consentements raisonnés. Si nous aliénons notre force de refus, notre consentement devient déraisonnable et ne s'équilibre à rien, l'histoire devient servitude. À partir de cet instant, quelque chose se bâtit encore mais ce n'est plus l'homme et pour finir tous se mettent à genoux devant le veau d'acier. Ce n'est que par le maintien incessant de notre refus, et l'affirmation des valeurs qu'il suppose, que la libération matérielle garde sa chance d'asseoir une libération réelle de l'homme. Sans cette lutte constante, ce « courage de tous les matins » dont parlait Alain, cette vigilance double, ni l'histoire ni l'homme ne sauraient avancer.

Une semblable attitude, également méfiante envers Stirner et ses licences et la gauche hégélienne et ses soumissions, revient donc à rejeter en même temps l'individualisme absolu et les doctrines où l'histoire reste l'unique valeur, l'historisme en un mot. En simplifiant un peu les choses, on résumerait ainsi les deux attitudes : pour la première, seul l'individu peut se juger lui-même; pour la seconde le jugement de l'individu n'appartient qu'à la société des hommes enfin réunie à la fin de l'histoire, et en attendant à ceux qui sont les héros de cette société encore invisible. La première n'affirme que l'homme solitaire, ici et maintenant; la seconde l'homme à venir, intégré dans la société idéale. Il n'est pas difficile de voir, et il s'est avéré plus difficile de ne pas voir, que ces deux attitudes conduisent au nihilisme le plus extrême, sauf à faire appel à des valeurs qui leur seraient contradictoires. L'individualisme pur justifie toutes les entreprises de la solitude et du désespoir, l'historisme justifie tous les abaissements par la considération d'un avenir de grandeur. Dans les deux cas on s'installe dans une attitude de cynisme non compensé, et dont il faut dire encore qu'il est contradictoire. L'individu pur se place au-dessus de l'histoire en niant pourtant toutes les valeurs qui peuvent la transcender.

Refusant de collaborer à la réalité des jours, il consent pour finir à ce que la réalité se fasse sans lui et, le jour venu, le fasse ou le défasse lui-même. L'historisme pur, de son côté, choisit à la fois l'histoire pour valeur et, pour justification de cette histoire, l'avenir, c'est-à-dire ce qui précisément n'est pas encore l'histoire et dont ce n'est pas sûr qu'il le sera jamais. C'est ainsi que deux sortes d'esprit, qui pourtant se veulent révoltés et qui viennent de directions apparemment différentes, se rejoignent un jour ou l'autre, qui est celui de la démission, dans la même irréalité et le même conformisme.

Il m'a semblé au contraire que la révolte n'était ni la revendication d'une liberté totale* ni l'exaltation de la

---

* La révolte veut au contraire que soit reconnu que la liberté a ses limites partout où se trouve un être humain, la limite étant précisément le pouvoir de révolte de cet être humain *(l'Homme révolté)*.

nécessité historique, qu'en elle au contraire l'homme et l'histoire se limitaient et se fécondaient l'un l'autre, que le nihilisme naissait justement d'une tentative (et d'une tentation) désespérée de rompre cette tension en niant l'un des termes, et qu'enfin il n'était pas plus de principes détachés de l'histoire que d'histoire sans principes. Ce qu'ensemble font les hommes ne saurait, sans stérilité, nier ce qu'il y a de plus grand dans l'individu qui ne peut lui-même, sans stérilité, refuser la réalité de l'historique et la communauté des hommes. Ainsi, reprenant à rebours *l'Homme révolté,* il est possible de finir où ce livre commence, au « je me révolte donc nous sommes ». L'individu n'acquiert et n'accroît son sens qu'en marchant vers sa limite qui est le renoncement à lui-même, au bénéfice des autres individus. Les valeurs individuelles ne deviennent concrètes qu'à partir du moment où l'individu sait qu'il est peu de chose, mais quelque chose cependant, et s'oublie pour affirmer dans ses œuvres et dans ses actes tous les autres individus. C'est alors, et alors seulement, qu'il s'affirme lui-même, si dans ce renoncement il sait préserver, à mi-chemin du reniement et de l'orgueil, cette part irréductible de lui-même qui symbolise aussi l'existence et la dignité des autres. En se reportant aux raisonnements intermédiaires que développe *l'Homme révolté,* on comprendra que j'aie pu dire alors que le meurtre ne pouvait se justifier sinon à l'extrême limite, une seule fois et à condition de le payer de sa propre vie. On peut voir en tout cas, dans cette attitude, l'amorce de ce que j'appellerai un « classicisme moral ». Mais provisoirement je n'ai rien voulu d'autre que réfuter le meurtre légitime et assigner à ses démentes entreprises une borne précise.

Je me garderai de dire enfin que les conclusions de cette expérience, dont je veux encore souligner le caractère personnel, ont valeur universelle. *L'Homme révolté* ne propose ni une morale en forme ni une dogmatique. Il affirme seulement qu'une morale est possible et qu'elle coûte cher. Il expose en même temps, aussi franchement que possible, la suite des raisonnements qui justifient cette affirmation. Pour ma part, en tout cas, je n'ai trouvé rien d'autre que je puisse légitimer pour l'opposer au nihilisme et au meurtre. Mais, à mon sens, un pas, même mal assuré, suffit à faire sortir du nihilisme. C'est pourquoi, avant de renoncer à ces raisons et à la fécondité que j'en espère, j'attendrai seulement que ceux, d'où qu'ils viennent, qui sont partis comme moi d'une négation, en soient enfin sortis et nous en fassent sortir sans escamoter nos contradictions. Ils n'en prennent pas le chemin selon moi, les uns se nourrissant des rêves d'une confortable innocence et d'une liberté contradictoires, les autres, au contraire, s'enfonçant selon la logique du nihilisme vers la servitude et la mort, jansénistes sans dieu qui restaurent le péché généralisé sans le compenser par la grâce, et qui, dans l'excès d'une pénitence sans charité, se mortifient dans le consentement à ce qui les nie. Ceux-là crient que l'homme est pur et que cette pureté fait leur inlassable raison, dans un criminel univers. Ceux-ci démontrent que tous les hommes sont responsables de tout et du crime lui-même, et que ce tort universel et incessant fait le meilleur de leur raison : ils veulent sauver l'homme et ne peuvent, pour finir, qu'essayer de l'insulter et de le dégrader au jour le jour, en eux-mêmes et chez les autres. Qui s'étonnerait que de toutes ces contradictions naissent tant de mensonges appliqués ? Mais qui s'étonnerait aussi que nous refusions de renoncer à nos raisons de vivre et de lutter ? Pour revenir aux origines de cette réflexion je ne trouve rien dans ce qu'on nous propose qui aurait pu m'aider au temps de la lutte sans espoir. Au terme des expériences et des réflexions que j'ai consignées dans *l'Homme révolté,* je puis dire au contraire avec fermeté que, s'il fallait aujourd'hui revivre ce que nous avons vécu pendant les années 40, je saurais à la fois contre qui et pourquoi je lutte. Je n'ai apporté rien de plus qu'un témoignage et je ne suis pas tenté de le dire plus grand qu'il n'est. Mais quand le vain bruit qui s'est fait autour de ce témoignage sera éteint, on pourra y revenir et évaluer équitablement sa signification. Si alors il pouvait seulement aider quelques-uns à vivre, ce serait assez pour moi. Car il faut vivre, en effet, maintenant et cesser de désespérer. Malgré les apparences, nous sommes plus riches aujourd'hui, et mieux armés, que nous ne l'étions entre les deux guerres. Nous savons, et nous ne savions pas alors. La renaissance sans doute n'est pas pour demain, mais le nihilisme déjà appartient au passé, même si ses derniers cris retentissent encore trop fort dans nos rues et dans nos journaux. Nous pouvons avancer, pas à pas, mais décidément, vivre et créer enfin, selon nos moyens.

C'est sur cette perspective en tout cas que je voudrais terminer ce dernier retour sur une expérience que j'ai, après tout, dépassée déjà en moi-même. Les contradictions ne se résolvent pas dans une synthèse ou un compromis purement logique, mais dans une création. Quand le travail de l'ouvrier comme celui de l'artiste aura une chance de fécondité, et alors seulement, le nihilisme sera définitivement dépassé, la renaissance aura un sens. Chacun à notre place, par nos œuvres et par nos actes, nous devons servir cette fécondité et cette renaissance. Il n'est pas sûr que nous y réussissions, mais après tout c'est la seule tâche qui vaille qu'on entreprenne et qu'on persévère. Une gigantesque catastrophe bouche en effet l'horizon, pourtant elle n'est pas inévitable. Nous marchons tous ensemble vers une alternative prodigieuse : l'apocalypse finale, ou un monde de valeurs et d'œuvres qui étonnera peut-être ceux qui auront gardé le souvenir de notre abaissement. La première tâche de notre vie publique est de préserver la chance fragile de la paix, et pour cela de ne servir aucune des forces de guerre, de quelque manière que ce soit. Sans la paix, je confesse ne plus rien voir qu'agonie. Avec elle, tout est possible et la contradiction historique où nous vivons sera dépassée, chaque adversaire fécondant l'autre, comme aujourd'hui chacun renforce l'autre. Ce jour-là, nos efforts porteront leurs fruits, si nous avons su nous tenir sur la limite. Et si la guerre arrive, nous aurons maintenu ce qui, un jour, cessera d'être inutile. En attendant, il faut vivre, il faut aussi créer dans l'orage et « ces éclairs messagers de fraîcheur » selon Hölderlin. C'est pourquoi aussi, selon ma vocation, j'ai justifié l'art; au terme de mon livre je me sens aujourd'hui encore le droit de dire que, cessant de commenter notre temps, il faut désormais lui donner une forme.

Cette entreprise sans doute ne va pas sans périls ni sans amertume. Le temps des artistes assis est fini. Mais, si nous ne pouvons empêcher que créer aujourd'hui soit créer dangereusement, nous devons faire en sorte que ce ne soit pas amèrement. L'une des tentations de l'artiste est de se croire solitaire et, en vérité, il arrive qu'on le lui crie avec une assez ignoble joie. Mais il n'en est rien. Et peut-être la tragédie de chaque homme autant que de se sentir seul parfois est de ne pouvoir l'être en réalité. Il est des heures qu'il serait vain de nier, où l'on voudrait, ne fût-ce qu'un instant, être séparé de l'univers des hommes. Mais en vain, et finalement cela est bien; nous avons besoin des autres plus qu'ils n'ont besoin de nous. Que faire sans leur amour après lequel nous aspirons, avant toute chose; le peu que chacun de nous en reçoit, il y trouve sa seule justification. Mais leur hostilité même nous sert. Chaque adversaire, si répugnant soit-il, est une de nos voix intérieures que nous serions tentés de faire taire et qu'il faut que nous écoutions pour corriger, adapter, ou réaffirmer les quelques vérités que nous entrevoyons de la même façon; ce qui s'exprime dans nos propres paroles, les autres ne voulaient pas l'écouter eux-mêmes. Tout se mêle alors et l'agression qui jette celui-ci contre cet autre n'est que la détestation méchante que chacun de nous porte à une part de lui-même. Mais tous, un jour ou l'autre, et nous-mêmes, entendons. Quelque chose se forge alors qui est notre conscience commune sur laquelle s'édifieront, un autre jour, les œuvres de chacun, sur lesquelles chacun sera jugé. Rien n'est inutile.

Albert Camus.

Non daté.

ACTUELLES II

I

COMMENTAIRES

Actuelles II correspond à une étape nouvelle dans l'action politique de Camus. Il ne s'agit plus de peser sur la politique intérieure française, comme au temps de *Combat*, ni d'opposer un barrage à la guerre en s'appuyant sur l'opinion publique, comme au temps de Garry Davis : à Berlin, puis en Corée — la chronologie ci-jointe le rappelle — les blocs se sont affrontés et le monde s'est trouvé une fois de plus au bord de la guerre, la guerre nucléaire cette fois. Il reste donc ou bien à se ranger sous la bannière des croisés en présence, ce à quoi Camus se refuse, ou à tenter, dans cette atmosphère apocalyptique, de sauver quelques principes essentiels.

C'est pourquoi, en un premier temps, Camus rassemble quatre textes d'époque différente : l'un de 1948, inspiré par la lamentable odyssée de l'*Exodus*, où des Israélites, déjà victimes du nazisme, le sont à nouveau du formalisme des autorités britanniques et du pharisaïsme général; un second sur la révolution et les limites de la violence; un troisième qui rappelle brièvement ce que fut la résistance en un temps où le titre de résistant devient suspect; un dernier texte enfin sur la haine qui de Paris à Hanoï, de Moscou à Washington et à Séoul submerge le monde.

Camus espère qu'avec la fin des combats en Corée, une manière d'apaisement va gagner les milieux intellectuels français. C'était compter sans les remous que provoque la parution de *l'Homme révolté*. Coup sur coup, il lui faut répondre à deux critiques d'André Breton, parues dans *Arts*. Fatigué de ces polémiques auxquelles il s'est laissé entraîner non sans vivacité, il note alors dans ses *Carnets :* « Supprimer la critique et la polémique... Ne jamais attaquer personne dans les écrits. » (Décembre 1951.) Mais un article de *France-Observateur,* puis le texte de Francis Jeanson publié dans *les Temps Modernes* suscitent d'autant plus son émotion qu'il comptait d'excellents amis dans l'une et l'autre publication.

On sait en effet quelles relations d'amitié Camus entretint avec Sartre de 1944 à 1952. Les deux hommes ne partageaient pas en tout les mêmes opinions ; leurs actions pouvaient diverger, mais dans le fond, ils avaient le même sens aigu des contradictions de l'existence et se résignaient mal aux positions simplistes et confortables. Toutefois, les divergences s'étaient accrues dans les dernières années : Sartre s'était engagé peu à peu dans ce qu'il appelle le « compagnonnage critique ».

Camus au contraire jugeait toute collaboration impossible avec le stalinisme. *L'Homme révolté* ne pouvait donc recevoir l'accord des *Temps Modernes*. « À partir de novembre, dit Simone de Beauvoir, Sartre réclama un volontaire pour en rendre compte... Il refusait, par amitié, qu'on en dît du mal ; cependant chez nous personne n'en pensait de bien. Nous nous demandions comment sortir de cette impasse. » Après une rencontre en avril, dans un petit café de la place Saint-Sulpice, puis une autre au Pont-Royal où Sartre prévint Camus que « le compte rendu des *Temps Modernes* serait réservé, peut-être même sévère », Jeanson qui avait promis de traiter de *l'Homme révolté* « avec ménagement... se laissa emporter ». La polémique qui s'ensuivit mit fin à une longue amitié.

Deux conceptions du journalisme s'opposaient en fait : Sartre estimait qu'il n'avait pas de censure à exercer sur ses collaborateurs ; Camus, qui se souvenait de *Combat,* tenait le directeur d'une publication pour solidairement responsable du texte publié sous son autorité ; Sartre, ancien professeur, tenait que la critique d'un livre, comme d'une copie, n'engageait pas les sentiments ; Camus estimait qu'un certain ton inquisitorial était incompatible avec l'amitié.

En fait, comme Sartre devait le constater plus tard dans son hommage à Merleau-Ponty, la politique avait tué l'amitié. « Ce ne fut la faute de personne : c'étaient eux, c'était moi : l'événement nous avait faits et rapprochés, il nous a séparés... Voilà comment vivent les hommes, à notre époque ; voilà comme ils s'aiment : mal. » Ces lignes, que Sartre appliquait à Merleau-Ponty, valent aussi bien pour Camus : *l'Homme révolté* eut le même effet que *les Aventures de la dialectique,* livre auquel, d'une certaine façon, il avait ouvert la voie. Entre Sartre et Camus, la rupture fut aussi totale que définitive ; Camus ne put de longtemps pardonner à Sartre ce que Merleau-Ponty appelait son « ultra-bolchevisme ». Sartre accusait Camus de s'être rallié aux valeurs bourgeoises. La brutalité intellectuelle du premier, l'intransigeance passionnée du second devaient faire le reste.

Toutefois, entre les deux hommes, le dialogue devait se poursuivre de façon sourde : *la Chute* répondait aux accusations de pharisaïsme qu'avait lancées Sartre à Camus ; et des *Séquestrés d'Altona* aux *Mots* en passant par *Merleau-Ponty vivant,* il semble que Sartre ait entrepris, selon sa promesse, de se régler son propre compte. La polémique de *l'Homme révolté* fut, pour les deux hommes, l'occasion d'un large examen de conscience ; et dans le très émouvant article qu'il consacrait à Camus au lendemain de sa mort *(France-Observateur),* Sartre a confessé qu'il n'avait jamais cessé de s'interroger sur les réactions de Camus quand bien même elles étaient radicalement différentes des siennes*.

Ceci devait être dit sur une amitié tristement tuée par l'histoire avant de souligner que la lecture du manuscrit met en évidence un durcissement de Camus du premier jet au texte définitif. Au manuscrit, il citait Jeanson, il écrivait « votre collaborateur ». Le texte définitif fait au contraire peser sur Sartre, directeur des *Temps Modernes,* la responsabilité de cet article. Camus savait-il que le texte avait été publié avec l'accord de Sartre, après quelques retouches par lui suggérées ? Y voyait-il, avec les jours, une volonté de rupture délibérée ? Ce dernier coup mettait-il à vif une sensibilité déjà exaspérée ? Toujours est-il que, contrairement à ses habitudes, loin d'amortir la violence des répliques, il l'accrut.

Au lendemain de la réponse de Sartre, le 31 octobre 1952, il m'écrivait : « Le fond du problème reste intact, cela du moins est sûr et je considère qu'on n'a rien opposé de sérieux à mon diagnostic. Je ne dis pas qu'il est sûrement bon. Je dis qu'on ne m'a pas démontré encore qu'il était mauvais. Je me crois donc autorisé à continuer dans ma voie dont je sais au demeurant qu'elle est celle de beaucoup. »

Les cinq derniers textes sont, en un sens, destinés à confirmer ces lignes et à démentir les propos de Sartre et de ses amis sur un ralliement de Camus aux valeurs bourgeoises. Pour protester contre l'entrée de l'Espagne franquiste à l'U.N.E.S.C.O, il donne sa démission et participe à un meeting de protestation. Sollicité de défendre le communiste Henri Martin, il le fait, mais refuse de s'associer aux soutiens du stalinisme. Qu'Alfred Rosmer, un vétéran des luttes révolutionnaires, compagnon de Lénine et de Trotsky, lui demande de préfacer son livre, est pour lui la preuve qu'il n'a rien renié ; c'est aussi l'occasion de dire à mi-voix ses scrupules et ses hésitations : « Nous marchons dans les ténèbres. Il faut marcher sans doute et trouver nos raisons nous-mêmes, chaque fois que nous ne pouvons faire autrement. »

Toute cette période voit Camus se rapprocher des syndicalistes révolutionnaires** qui s'expriment dans *Révolution prolétarienne* (cf. note 1 de la page 740, *infra*) et dans *Témoins*, petite revue fondée

---

* Camus avait dit : « On a beaucoup exagéré en France d'ailleurs... et peut être aussi à l'étranger, le différend qui nous a opposés. C'était un différend surtout idéologique, qui nous a permis à l'un et à l'autre d'affirmer des positions qui sont naturellement, selon moi, respectables n'est-ce pas ? mais parfaitement opposées. » (*Interview de Stockholm,* 9 décembre 1957.)

** Sa sympathie pour les libertaires s'affirme dans cette note manuscrite sur Strindberg : « On ne commente pas en quelques lignes une œuvre de cette démesure. J'admire, chez Strindberg, le libertaire, que les puissances traditionnelles, hier inconscientes, aujourd'hui criminelles, chercheront toujours en vain d'annexer. »

par J.-P. Samson et R. Proix, où il donnera bientôt la plupart de ses textes politiques. J'ai le souvenir qu'à l'époque du lancement de cette revue, il sollicita très simplement mon abonnement. « Une petite revue pas chère, et qui pense juste », me dit-il avec un sourire. Ignazio Silone*, que Nicolas Chiaromonte lui avait fait connaître en 1948, et avec lequel il s'est presque toujours senti en accord politique jusqu'à sa mort, y collaborait également**.

On peut présumer qu'il accepta avec plaisir de se rendre à la Bourse du Travail de Saint-Étienne : l'accueil que lui faisaient les syndicats ouvriers de l'endroit le confirmait dans le sentiment qu'une bonne partie des militants comprenait son langage et partageait ses sentiments. Il pouvait alors conclure qu'il n'avait en rien renié son temps et son propre passé. « Traditionnellement, la gauche a toujours été en lutte contre l'injustice, l'obscurantisme et l'oppression. » En un sens, la tâche du militant et celle de l'artiste ne se séparent pas : « Nous devons servir en même temps la douleur et la beauté. » Comme hier au temps d'*Alger républicain* et comme demain, à Stockholm, il refuse à la fois la tour d'ivoire et l'église sociale. Il entend combattre à sa manière pour le bonheur, pour la paix et pour la vie.

Il pouvait noter (octobre 1953) : « L'inventaire est terminé. Le commentaire et la polémique. Désormais la création. »

C'était compter sans les drames intérieurs et les événements extérieurs.

R. Q.

II

PETITE CHRONOLOGIE DES ÉVÉNEMENTS
(1950-1956)

1950

31 janvier : Le président Truman donne l'ordre de fabriquer la bombe H.

---

* Un jour de 1954 où nous discutions de sa philosophie politique, Camus me tendit le bulletin du Centre européen de la culture (mars-avril 1954) ouvert à la page 10, et me dit : « En gros, je suis pleinement d'accord avec ce que Silone y écrit. » On en trouvera également le texte dans *Quadernos,* n° 6.

** A ce sujet, cf. *Témoins,* printemps 1963, *Albert Camus tel que je l'ai connu,* de Robert Proix, qui évoque la formation d'un groupe d'esprit libertaire avec Samson, Monatte, Leval, Walusinski; puis Morvan, Georges Navel, Jeanne Hersch, Daniel Martinet, etc.

9 mai : Robert Schuman propose la constitution d'un pool européen du charbon et de l'acier.

25 juin : Début de la guerre de Corée.
27 juin : Sanctions décidées par le Conseil de Sécurité et intervention américaine en Corée.

4 juillet : Formation et chute du second ministère Queuille.
12 juillet : Ministère Pleven.
24 juillet : Les Nord-Coréens atteignent le sud de la Corée.

19 août : Institution de l'Union Européenne des Paiements.

15 septembre : Débarquement américain en Corée.
23 septembre : Vote de la loi sur les activités antiaméricaines (maccarthysme).
26 septembre : Le Yalou est atteint par les troupes américaines.

3 novembre : Intervention chinoise en Corée.

1951

3 janvier : Évacuation de Séoul.
15 janvier : Début de la contre-offensive américaine.
30 janvier : L'O.N.U. condamne la Chine comme agresseur.

13 mars : Troisième ministère Queuille.
14 mars : Les Sud-Coréens réoccupent Séoul.
15 mars : Nationalisation du pétrole iranien par le docteur Mossadegh.

11 avril : Le général Mac Arthur est relevé de son commandement par le président Truman.
18 avril : Traité de Paris instituant la C.E.C.A.

Mai : Offensive américaine victorieuse au nord du 38ᵉ parallèle.

Juin : Élections générales en France : recul communiste et M.R.P., progrès R.P.F.

11 août : Gouvernement Pleven.

8 septembre : Traité de paix avec le Japon. Alliance nippo-américaine.
10 septembre : Négociations de Pam Mun Jon.
21 septembre : Loi Barangé de subvention à l'enseignement privé.
25 septembre : Victoire conservatrice aux élections britanniques. Churchill premier ministre.

1er novembre : Émeutes de Casablanca.
27 novembre : Arrestation et exécution de Slansky à Prague.

24 décembre : Indépendance de la Libye.

1952

Janvier : Après les émeutes de Suez, dure répression menée par les troupes britanniques.
7 janvier : Chute du ministère Pleven.
17 janvier : Émeutes à Bizerte.
18 janvier : Grève générale à Tunis.
20 janvier : Ministère Edgar Faure.
22-24 janvier : Émeutes à Sousse et Kairouan.
26 janvier : Émeutes au Caire.
28 janvier : Ratissage du cap Bon, en Tunisie.

28 février : Chute du cabinet Edgar Faure.

11 mars : Ministère Pinay.
28 mars : Arrestation des ministres tunisiens et des chefs du Néo-Destour.

27 mai : Traité de Paris sur la C.E.D.

23 juillet : Le général Neguib s'empare du pouvoir en Égypte.

20 août : Révolte Mau Mau au Kenya.

4 novembre : Eisenhower est élu à la présidence.

5 décembre : Assassinat de Fehrat Hached en Tunisie.
8 décembre : Émeutes à Casablanca.
23 décembre : Démission du ministère Pinay.

1953

9 janvier : Ministère René Mayer.
13 janvier : Complot des « Blouses blanches » en U.R.S.S.
19 janvier : Offensive Vietminh en Annam.

5 mars : Mort de Staline.

4 avril : Réhabilitation des « Blouses blanches » à Moscou.
13 avril : Offensive Vietminh au Laos.

21 mai : Pétition des caïds contre le sultan du Maroc.

1er juin : Troubles à Pilsen et à Ostrova.
19 juin : Exécution des Rosenberg aux U.S.A.
26 juin : Ministère Laniel.

ACTUELLES II

4 juillet : Nagy remplace Rakosi à Budapest.
9 juillet : Destitution de Béria en U.R.S.S.
16-19 juillet : Émeutes de Berlin-Est. Les chars soviétiques entrent en action.
27 juillet : Armistice en Corée.

5 août : L'U.R.S.S. annonce qu'elle possède la bombe H.
11 août : Évacuation de Na Sam en Indochine.
15 août : Révolte du Glaoui contre le sultan du Maroc.
16 août : Émeutes dans les villes marocaines.
20 août : Déposition du sultan du Maroc par le maréchal Juin.

23 décembre : Exécution de Béria.
24 décembre : Grave attentat à Casablanca.

1954

3 février au 7 mai : Bataille de Dien Bien Phu.

18 avril : Nasser devient président en Égypte.

8 mai au 21 juillet : Conférence de Genève sur l'Indochine.

19 juin : Ministère Mendès-France.

27 juillet : Armistice au Tonkin.
31 juillet : L'autonomie interne est accordée à la Tunisie.

30 août : Le Parlement français rejette la C.E.D.

14 novembre : Insurrection dans les Aurès.
30 novembre : Signature du traité de Paris.

1955

Février : Malenkov remplacé par le maréchal Boulganine.
6 février : Chute du ministère Mendès-France.
24 février : Ministère Edgar Faure.

5 avril : Churchill abandonne son poste de premier ministre à Anthony Eden.

1956

Février : XXe congrès du Parti communiste d'Union Soviétique qui condamne « le culte de la personnalité ».

28 juin : Troubles à Poznan.

4 août : Gomulka est réhabilité.

23 octobre : Révolution en Hongrie.

4 novembre : Les troupes soviétiques écrasent la révolution hongroise.

Pour tout ce qui concerne les événements d'Afrique du Nord, on se reportera à la chronologie établie pour *Actuelles III*.

R.Q.

III

NOTES ET VARIANTES

AVANT-PROPOS

J'ai disposé pour l'avant-propos d'un texte manuscrit : Ms. et d'une dactylographie corrigée. Je m'en suis tenu au Ms.

P. 713.

1. Ms. : ... à l'actualité. *Et s'il se peut que l'événement ne concerne pas l'écrivain, il reste qu'en chacun de nous il concerne l'homme. On trouvera ici, ni plus ni moins, les réactions d'un homme devant l'actualité et les idéologies dont elle s'inspire. Même lorsque l'occasion a été polémique, je n'ai pas réagi en artiste qui veut faire louer l'œuvre qu'on critique, mais seulement en homme qui refuse qu'on lui fasse dire ce qu'il n'a pas dit, et qui réclame, en somme, selon son droit, sa véritable identité. La polémique n'a pas grand sens sur le plan de l'art, elle en a un sur celui des idées et des actes qu'elles suscitent. C'est pourquoi j'ai réuni ces textes sous le titre « Actuelles II ». Ils* développent, *à mon sens, sans les démentir...*

2. Camus a fréquemment traité le problème de la signification du travail, et souvent à la lumière des réflexions de Simone Weil.

P. 714.

1. Ms. : ... leurs fruits *pour peu que nous ayons su nous tenir sur la limite.* Si enfin...

2. Ms : ... inutile. *Les valeurs de création, qu'elles s'incarnent dans le travail ou dans l'art, nous devons donc continuer à les préparer et à les exalter face à ce qui les menace ou les trahit. On trouvera ici la volonté du moins de les définir. C'est pourquoi au terme de ce livre, selon ma vocation, j'ai justifié l'art une fois encore contre ses ennemis. Il ne suffit pas en effet de commenter son temps, il faut essayer de lui donner une forme...*

A.C. janvier 1953.

JUSTICE ET HAINE

P. 718.

1. Au printemps 1947, à Sète, 4 500 israélites, victimes du nazisme, s'étaient embarqués clandestinement pour la Palestine sur trois navires. Arraisonnés par les forces britanniques, puis internés à Chypre, ils furent renvoyés en France, notamment sur l'*Exodus*. En juillet, le navire repartit pour Hambourg. Durant ces mois, les passagers vécurent dans des conditions d'hygiène déplorables.

P. 720.

1. Ce texte est paru dans *Caliban* en mai 1950, sous le titre: *La justice elle aussi a ses pharisiens,* en réponse au texte qui accompagnait la présentation d'une scène des *Justes* (n° 37).

Camus a coupé le premier paragraphe, qui était une réponse directe au commentaire de Jean Daniel.

L'accent est mis uniquement sur le caractère négatif du problème. Et après avoir lu vos textes, on croirait que je conseille aux gens de rester chez eux et de se croiser les bras. La vérité est que si j'ai pensé à conseiller quelque chose, ce n'était sûrement pas de se mettre à l'abri. Le problème...

2. *Caliban. Ma seule intervention dans cette pièce consiste à exposer le drame, à montrer comment il se déroule et à dire: « Pensez-y. » Nous sommes loin du décourageant problème de patronage que certains ont voulu voir dans « les Justes », et que vous semblez évoquer à nouveau. Les socialistes révolutionnaires...*

P. 721.

1. *Caliban. « Saluez, saluez du moins et faites silence devant ces hommes et ces femmes dont la terrible mort vous permet de faire carrière aujourd'hui. »*

Car c'est bien au nom d'une justice déshonorée qu'on prétend tout juger à présent. « À quoi destinerons-nous Georges ? » dit la mère. « À la justice », répond le père qui en a vu d'autres. « C'est une carrière sans aléas et le rapport en est sûr. » Mais cette justice-là, nous sommes quelques-uns à la vomir et ce n'est pas sans intention que j'ai choisi de faire parler, malgré le risque d'impudeur, ceux qui ont vécu et qui sont morts d'une tout autre exigence. Il s'agissait de garder à la justice, au cœur même du monde dégradé où nous vivons, un visage qu'on puisse encore aimer. Je n'ignorais pas que, dans le Paris de 1950, les malentendus étaient inévitables. Mais il fallait risquer ces malentendus pour que, dans quelques jeunes cœurs au moins, justice soit enfin rendue à ces justes. C'est du moins ce que j'ai tenté et je sais que ces jeunes cœurs ont répondu et répondent encore. Pour le reste, si ma pièce, dont je connais les défauts, a pu démériter de la grandeur et de l'humanité de mes modèles, la raison en est simple : celui qui écrit ne sera jamais à la hauteur de ceux qui meurent. Du moins peut-il témoigner de son respect en refusant les complaisances de l'écriture. Mais vous comprenez alors pourquoi je ne peux laisser dire, dans Caliban, dans Caliban surtout, que j'ai recommandé la résignation, avec cette pièce. Ce serait trahir ces admirables révoltés que ma seule ambition était d'arracher à l'oubli et, justement, à la trahison.

Aussi bien, parlons franc. Votre explication accuse le côté pessimiste de la pièce. Elle peut donc faire conclure qu'il n'y a pas d'autre solution que ce qui est ou ce que le communisme promet. C'est dire qu'il n'y a pas d'autre espoir que la guerre et le camp de concentration. Une fois de plus, je suis plus optimiste. Si cette pièce est une pièce d'espoir, c'est qu'elle affirme qu'il est une autre race d'hommes que celle de l'enfant de chœur ou du bourreau...

2. Camus a supprimé la dernière phrase de *Caliban*.

La pensée de midi, une fois de plus, surmontera l'esprit de démesure, voilà ma certitude.

P. 722.

1. Dans ce livre, le docteur Jeanne Héon-Canonne raconte la déportation et la mort de son mari, médecin angevin.

2. Sur épreuves : ... parce que *dans le principe, je n'écris pas* de préfaces.

P. 724.

1. Sur épreuves : ... qu'il ne soit pas dit *ni par les vôtres plus tard ni aujourd'hui par nos pharisiens* qu'un de nos frères est mort...

P. 725.

1. Camus comptait au *Progrès de Lyon*, où travailla Leynaud, quelques amis, notamment Jean Senard.

2. Texte du *Progrès de Lyon* : ... la presse mondiale ne connaît pas...

P. 726.

1. Texte du *Progrès de Lyon* : ... les protestations, *je veux continuer d'appeler, comme je l'ai fait,* l'ignoble Europe.

2. Texte du *Progrès de Lyon* : ... mentir. *Voilà pourquoi notre presse dans son immense majorité est une presse d'esclaves. Voilà pourquoi aussi nos libérateurs d'hommes sont des fabricants d'esclaves.* Là où le mensonge...

P. 727.

1. Texte du *Progrès de Lyon* : ... *d'obstination et de générosité*, de lutte...

LETTRES SUR LA RÉVOLTE

P. 731.

1. *Les Cahiers du Sud* (n° 307) avaient publié en 1951 un article intitulé *Lautréamont ou la banalité*, extrait de *l'Homme révolté* à paraître.

P. 733.

1. Fragments du texte paru dans *Arts*, non reproduits par Camus dans *Actuelles II*.

Pour le moment, j'examinerai ses déclarations dans leur ordre.

1° La poésie. On ne saurait qualifier équitablement l'argument qui consiste à me rejeter des élus et à m'administrer un zéro de poésie dès l'instant où je mets des réserves à mon admiration pour les poètes adoptés par M. Breton. J'entends tous les jours, dans la rue, des arguments de cette force : « Si vous n'aimez pas Fautrier, ou Léger (ou n'importe qui) c'est que vous ne connaissez rien à la peinture », ou encore : « Si tu n'aimes pas les rousses, tu ne sais pas ce qu'est l'amour. » De telles platitudes sont décourageantes. L'exemple choisi par MM. Breton et Patri, pour s'autoriser à m'interdire l'entrée des régions fortunées où ils ont personnellement accès me laisse d'ailleurs rêveur. Que Lautréamont ait vu une figue manger un âne ne me consterne nullement. J'en ai vu, et lu d'autres. Mais il est vrai que je ne reçois pas de cette proposition un choc décisif et c'est en cela que j'ai pu dire un jour, dans l'Arche, que je me sentais un peu lépreux en face de la poésie qu'on exaltait aujourd'hui. M. Patri s'est dépêché de prendre au comptant cette boutade, mais c'est moi qui suis censé manquer d'humour. Je dois dire d'ailleurs, après la lecture de ce solennel dialogue, que si l'humour a ce visage, il n'est pas en effet de mes familiers. Au reste, ceux qui liront mon livre s'étonneront de voir qu'au contraire de ce que dit M. Breton, la part est faite et largement, au talent, et quelquefois au génie, de Lautréamont et surtout de Rimbaud. Mais ce n'est pas assez. Il faut les adorer totalement ou être excommunié. Je serai donc excommunié. Après tout il est d'autres poètes qui s'appellent Eschyle, Shakespeare, Racine, Hugo parfois, Baudelaire, Melville, Nietzsche, le vrai Rimbaud, Machado et Char. Ceux-là ont chanté l'homme tout entier. Je continuerai de fréquenter leur temple pour essayer d'oublier la chapelle où je suis interdit de séjour par MM. Breton et Patri.

2° Sade. Il est faux de dire que j'ai passé outre au fait que Sade s'est opposé à la peine de mort. Toute une page (58-59) développe cette attitude et dit expressément que Sade, sur ce point, est plus moral que nos contemporains. Cette justice qui lui est rendue est même nécessaire à ma thèse d'un Sade qui s'est délivré surtout dans des orgies littéraires (le chapitre est intitulé : « Un homme de lettres »), et des assassinats théoriques. Sade n'est nullement traité de bourreau. Mais il est représenté comme ayant exalté les bourreaux, et s'étant littérairement identifié avec eux, ce que je mets au défi M. Breton de nier. Je me suis intéressé justement à l'étroite logique qui a mené Sade de la revendication de la liberté totale à la création des royaumes de la nécessité absolue. Sur ce point, qui est au centre de mon livre, pas un mot de mon jury. En revanche, on me reproche de n'avoir pas vu la grandeur des textes que je citais (pour les citer, n'a-t-il pas fallu au moins les remarquer ?), ni compris que le lyrisme hyperbolique de Sade ne voulait pas dire ce qu'il disait. Allons, je suis plus généreux que M. Breton envers Sade ! Je lui fais l'honneur de croire qu'il a eu le courage et la conscience exacte de tout ce qu'il a dit.

3° Rimbaud. MM. Breton et Patri, isolant une phrase de mon texte sur Rimbaud, la trouvent sommaire. <u>Qu'</u>on me permette, à mon tour, une citation isolée : « Il (Rimbaud) est coupable devant nous d'avoir permis, de ne pas avoir rendu tout à fait impossibles certaines interprétations déshonorantes de sa pensée, genre Claudel. » Ce réquisitoire est de M. Breton dont la justice, on le voit, est au moins aussi sommaire, et plus sourcilleuse que la mienne.

4° Anéantissement. Ici, j'avoue être tombé de mon haut. Avant de rien savoir, M. Breton s'est autorisé à une insulte qui serait grave, s'il n'avait depuis longtemps, par un usage trop prolongé, dévalué la notion même d'insulte. À vrai dire, la seule colère sérieuse que je puisse sentir devant ses déclarations tient justement à ce génie soupçonneux qu'il a de s'obliger et d'obliger les autres à vivre, pour le moindre détail, dans le monde de l'inquisition. Pour l'enseignement du lecteur, je dirai l'histoire de cette correction, sans en rien retrancher ni ajouter.

Le premier état du manuscrit, dont je n'avais pas en mémoire toutes les phrases, cela va de soi, portait, je viens de le vérifier, asservissement. Mais je ne m'en suis nullement servi pour cette correction. J'ai relu le justificatif de l'édition, loin du manuscrit. Il m'a semblé alors que ma phrase n'était pas logique, qu'à l'être s'opposait le néant, en langage clair et non la servitude, comme le dit M. Breton. J'ai pensé à une coquille, et même sans coquille, je me serais corrigé moi-même, comme c'est mon droit le plus strict, en ce qui concerne mes textes, et comme je l'ai fait des milliers de fois au cours de la longue mise au point de ce livre. J'ai donc fait cette correction, elle a été portée immédiatement sur tous les exemplaires du deuxième tirage, le premier ayant été distribué en même temps que le service de presse, et elle le sera dans toute la suite de l'édition. J'ai aussi, puisqu'il s'agissait du chapitre sur le surréalisme, indiqué sans commentaires cette correction à M. Breton, qui, d'urgence, a fait accoucher cette souris d'une montagne de suspicion. On voit pourtant que j'ai choisi cette correction parce qu'elle était plus précise, et non parce qu'elle était plus aimable. Pourquoi donc aurais-je cherché à me faire plus aimable ? Le comble, en effet, et cela fait éclater la fièvre de soupçon qui est à l'origine de ce grand trouble, est que le passage mis en question rend hommage au surréalisme, ce qu'a négligé de dire ou de voir M. Breton. Voici en effet ce qui précède la phrase controversée, et donne ainsi son sens plein au verbe « illustrer » qu'elle contient : « Le surréalisme, justement, ... n'est significatif que parce qu'il a tenté de continuer le seul Rimbaud qui vaille la tendresse. » La phrase qui suit revient donc à dire que le surréalisme n'a cessé de lutter contre le goût d'annihilation qui gît au fond de tout désespoir. La question étant seulement de savoir si j'ai procédé à cette rectification par nécessité ou par complaisance, il est évident alors que ma correction ne vise que la logique et non l'apaisement de M. Breton que je n'avais aucune raison de croire irrité par une observation qui rend justice à son mouvement. Et puis, quand on veut plaire, on n'écrit pas le livre que je viens de publier. Quand donc M. Breton fait mine de croire que j'ai procédé à une rectification sous seul usage, et par crainte de ses foudres, il se fait vraiment trop d'honneur. Pour s'abaisser à une aussi répugnante platitude, il faudrait au moins d'immenses raisons. M. Breton a son importance, mais il n'est pas immense.

5° Les nihilistes de salon. Cette expression, dans le contexte que M. Breton n'a sans doute pas lu, ne concerne que Dada dont M. Breton s'est désolidarisé lui-même parce qu'il trouvait que ce mouvement criait au lieu d'agir. Le dadaïsme n'était, selon M. Breton, « qu'une manière de s'asseoir ». Je n'ai rien dit d'autre. Pour le reste, j'ai toujours parlé des écrivains que j'étudiais avec la courtoisie qui leur était due. Quelle est d'ailleurs la phrase suivante que M. Breton ne cite pas ? « Mais il y a dans le surréalisme quelque chose de plus que ce non-conformisme de parade. »

6° Suicide et meurtre. Breton nie cette évidence que le surréalisme a joué en son temps avec les idées de suicide et de meurtre. Je suis fâché d'avoir à revenir là-dessus. J'ai parlé du surréalisme dans mon livre avec beaucoup de sympathie et de solidarité, au point qu'un critique a pu trouver cette sympathie excessive. Je comprends en effet, et je partage parfois, les raisons profondes qui ont amené les surréalistes à certains excès. Mais avec M. Breton la générosité ne paie pas. Étudiant une contradiction propre à la révolte, j'ai dû rappeler quelques-unes des positions prises au début par son mouvement, dans un esprit de défi : le meurtre gratuit, la trahison, la dictature, le fanatisme politique, le refus de la libre discussion, et la peine de mort pour les ennemis de la révolution. Cela suffit pour que M. Breton oublie l'effort de compréhension que représente mon étude. Il proteste seulement, il est vrai, à propos du meurtre, du suicide et de la trahison.

En ce qui concerne le suicide, personne n'a dit que M. Breton ait jamais écrit : « Tuez-vous. » À vrai dire, j'aurais préféré qu'il l'écrivît. Car personne non plus ne contestera que le surréalisme à ses débuts a beaucoup marivaudé avec cette terrible idée, que l'enquête de la Révolution surréaliste : « le suicide est-il une solution ? » faisait au moins de cette idée un centre d'intérêt et qu'en enregistrant l'opinion de « suicidés », comme Alphonse Rabbe et d'autres, elle inclinait implicitement l'enquête. M. Breton prétend qu'en ce qui le concerne sa citation de Jouffroy signifiait clairement non. La voici : « Le mot suicide est un mot mal fait ; ce qui tue n'est pas identique à ce qui est tué. » Je vois beaucoup de sens à cette énigme, et pas tous favorables à M. Breton, mais la dernière chose qu'on puisse lui reconnaître, c'est la clarté. J'aurais peut-être agi comme M. Breton. Mais même dans ce cas je dirais, et contre moi-même, ce que je crois vrai maintenant : quand on prend la responsabilité de poser clairement une question qui engage les vies les plus précieuses, le courage est de répondre clairement par oui ou par non. Ou sinon on s'expose à rester dans l'ambiguïté pendant que d'autres, comme Crevel, répondent oui, et se tuent. Rigaut, qui s'est tué aussi, savait ce qu'il voulait dire quand il écrivait : « *Vous êtes tous des poètes, et moi, je suis du côté de la mort.* »

Quant à la trahison, je n'ai pas d'estime pour la façon dont M. Breton me répond. Dire qu'on n'a pas « recommandé expressément » la trahison parce qu'on a dit qu'elle était plus conciliable avec la poésie que les opérations commerciales de M. Claudel me paraît relever d'une scolastique bien timide. Je n'ai pas de goût désordonné pour le type d'ambassadeurs que représente M. Claudel. Mais je ne vois aucune raison de leur préférer des traîtres.

Reste le meurtre, et ici je serai bref. À propos de la phrase fameuse : « L'acte surréaliste le plus simple consiste à descendre dans la rue, revolvers aux poings, et à tirer au hasard dans la foule », M. Breton affirme seulement que, « dans son esprit », l'auteur d'un tel acte devait être lynché, et, en même temps, qu'il faut prendre cette phrase dans son sens métaphysique. La défaite est telle que je me refuse à en tirer avantage.

2. *Arts*: Essayons *au contraire, pour la dernière fois,* d'élever...

P. 737.

1. Pierre Berger, ancien déporté, critique et journaliste. Il a consacré à *Caligula* un article dans *Poésie 45*, n° 28 et le 12 juin 1953, dans *Arts*, une étude sur Camus romancier. Cf. aussi dans tome I la lettre à P.B., p. 2050.

2. Cf. *Actuelles I*, p. 399.

P. 739.

1. Journaliste et écrivain, spécialisé dans l'occultisme, qui a depuis collaboré à la presse nationaliste.

P. 740.

1. *La Révolution prolétarienne*, revue mensuelle du syndicalisme révolutionnaire, fondée en 1925 par Pierre Monatte qui la dirigea jusqu'à sa mort. Camus lui a toujours témoigné une grande sympathie. Sur ses rapports avec les animateurs de *la Révolution prolétarienne*, cf. le numéro de février 1960 : on y trouvera, outre *Albert Camus et nous*, de Raymond Guilloré, le texte d'une lettre à Maurice Lime sur la littérature prolétarienne (8 août 1953).

P. 744.

1. J'ai disposé ici d'un manuscrit : Ms.
2. Ms. : ... *d'autres fois vraiment hasardée.* J'aurais...
3. Ms. : Mais *je suis* toujours *un peu gêné dans ces discussions avec des philosophes chrétiens.*

Camus avait étudié la gnose dans son diplôme d'études supérieures.

4. Ms. : ... *dont vous soupçonnez Simone Weil*...

P. 745.

1. Ms. : À *tout cela,* vous opposez l'Église qui se serait toujours définie *par rapport à ces hérésies* comme le corps vivant de la médiation et *pour* qui *il s'agit toujours de compassion plus que* d'épuration.

P. 746.

1. L'article de Lebar est du 24 avril. La lettre de Camus du 19 mai. Elle parut suivie d'une réponse de Roger Stéphane. Pour l'étude du texte, j'ai disposé d'un brouillon manuscrit : Ms.

2. Ms. : ... la curiosité, *malgré mes répugnances habituelles,* de me reporter...

3. Pierre Hervé était à l'époque député communiste. Il écrivait dans de nombreux journaux et revues du parti communiste, qui ne devait pas tarder à l'exclure. *La Nouvelle Critique* s'intitule « Revue du marxisme militant ».

P. 747.

1. Ms. : ... un art *d'approuver* ou de nier, à tort et à travers. *On nie ce qui est et on affirme ce qui n'est pas, ce qui constitue une originale synthèse de l'affirmation et de la négation.* C'est ainsi qu'on...

2. Allusion au pacte Laval-Staline qui devait amener le parti communiste à se montrer discret dans ses revendications en faveur des musulmans. C'est de ce moment que Camus datait — à tort — sa rupture avec le parti communiste. Des désaccords surgirent à nouveau en 1936-1937 lors de la dissolution de l'Étoile Nord-Africaine de Messali Hadj. On peut y voir également une allusion à la réaction communiste, favorable à la répression, lors des événements de Sétif (mai 1945).

3. Le bombardement d'Hiroshima est du 6 août. Mais le décalage horaire et les problèmes d'impression ne permirent pas aux éditorialistes d'en traiter avant le 8.

4. Victor Leduc, ancien directeur du journal communiste *Action*. Il s'est depuis consacré surtout au syndicalisme universitaire où il est un des animateurs de la tendance communiste libérale.

5. Ms. : ... la non-violence absolue, on ne peut imaginer...

P. 748.

1. Ms. : Le paragraphe s'arrêtait ici.

2. Ms. : ... signifié clairement à l'avance, ce sont les motifs...

P. 750.

1. J'ai disposé ici d'un état manuscrit : Ms. et de quelques feuillets dactylographiés.

2. Camus a connu Leval en 1945. Sans doute sa sympathie pour les libertaires espagnols le rapprocha-t-elle du mouvement libertaire français. Après *l'Homme révolté,* il eut avec Leval des contacts plus

fréquents. Tout en formulant des réserves sur le langage, il donna son accord sur le manifeste socialiste libertaire; c'est lui qui proposa le titre de Mouvement socialiste libertaire plutôt que Mouvement de civilisation libertaire.

3. Ms. : ... que possible. *Je voudrais profiter de cette occasion pour me définir un peu mieux par rapport à votre mouvement.* La fin de l'étude...

4. Ms. : ... dire *que je n'ai jamais eu* l'intention...

5. Ms. : ... *il lui a fallu l'équivalent* d'une cinquantaine de pages *à seule fin* d'apporter un petit nombre de précisions sur ce sujet. *Il peut aussi estimer que cet aspect est plus important que celui que j'ai signalé.* Du moins...

P. 751.

1. Ms. : La morale bourgeoise nous *répugne* par son hypocrisie...

P. 752.

1. Ms. : ... de *souligner sans excès de précautions ces rêves* nihilistes
2. Cf. *l'Homme révolté,* p. 563 et sq.
3. Ms. : Ce faisant, *même si l'on me trouve d'abord maladroit, on reconnaîtra* que j'ai rendu service...

P. 753.

1. Ms. : ... du monde *et que ce soit toujours* pour désigner.
2. Ms. : ... *où des portes s'ouvriront.*
3. Camus a bien modifié la phrase litigieuse dans la dernière édition et remplacé « Bakounine a été le seul de son temps à déclarer la guerre à la science, idole de ses contemporains », par « Bakounine a été le seul de son temps à *critiquer le gouvernement des savants* ». Gaston Leval est revenu sur Bakounine et la science dans *Témoins,* été et automne 1954.

P. 754.

J'ai disposé d'un manuscrit de 14 pages, Ms. 1, qui répond assez bien quant au fond à la première partie de la lettre; la seconde n'y était abordée que de façon très cursive.

Par contre, un autre manuscrit, Ms. 2, de 11 pages, couvre la seconde partie.

Une dactylographie corrigée, D., la reprend pour l'essentiel.

Il va de soi que je n'ai pu reproduire toutes les variantes : le texte du manuscrit, en ce qui concerne la forme du moins, est très différent de la lettre telle qu'elle fut publiée. J.-P. Sartre y était moins directement pris à partie, et le nom de F. Jeanson apparaissait régulièrement.

1. Ms. : ... prétexte *du décourageant* article que *M. Jeanson* m'a consacré dans votre revue pour *vous proposer* quelques observations

touchant la méthode dont cet article témoigne et dont, *je suppose, vous ne refusez pas d'être solidaire*. Cette attitude *intellectuelle* m'intéresse plus en effet que l'article lui-même dont *l'extrême* faiblesse m'a *plutôt* surpris. *Il me semble donc plus naturel de considérer cet article pour ce qu'il est, non pas* une étude *mais* un symptôme, *c'est-à-dire* un objet d'étude. *Je m'efforcerai, ce faisant, de laisser de côté les sentiments qu'a pu m'inspirer le ton de cette étude pour n'aborder que les problèmes qui peuvent nous intéresser tous.*

2. Francis Jeanson, collaborateur des *Temps modernes*, écrivain et journaliste, s'est depuis rendu célèbre par ses réseaux d'aide au F.L.N. pendant la guerre d'Algérie. Il avait écrit en mai 1952 : *Albert Camus ou l'Âme révoltée*. Le numéro d'août comprenait, outre la lettre de Camus : *Lettre au Directeur des « Temps Modernes »*, une réponse de Sartre, reprise dans *Situations IV* et un nouvel article de Jeanson : *Pour tout vous dire...*

Sur cette polémique, cf. *la Force des choses* (pp. 271 et 279) de S. de Beauvoir.

3. Ms. 1 : ... lorsqu'il *accumule les contre-vérités,* pratique l'omission...

4. Ms. 1 : ... de droite. *Le fait m'est indifférent.* On ne décide pas...

5. M. Antoine Pinay, qui était alors président du Conseil, symbolisait le conservatisme traditionnel.

P. 755.

1. Ms. 2 : Pour citer une feuille *dont la place n'est ni à l'aile droite ni à l'aile gauche mais plutôt dans le sous-sol,* j'ai *eu droit* à une ration...

Rivarol est un hebdomadaire d'extrême droite, d'esprit nationaliste.

2. Claude Mauriac, fils de François Mauriac, critique et romancier, dirigea un temps la revue des intellectuels gaullistes *Liberté de l'esprit* ; c'est là que parut un article de Roger Nimier (février 1948) qui écrivait : « Nous ne la ferons pas [la guerre] avec les épaules de M. Sartre ni avec les poumons de M. Camus et encore moins avec la belle âme de M. Breton. »

3. M. Villiers, le président du Conseil National du Patronat Français.

4. Ms. 1 : ... où nous vivons tous *avec des scrupules différents, je dois le reconnaître,* et dans l'état actuel...

5. Ms. 1 : ... et je ne *me souviens pas que votre collaborateur* ait alors crié *sa solidarité.*

6. Ms. 1 : ... significative. *Elle est significative d'une attitude implicite chez* votre collaborateur *dans votre revue, à savoir qu'on peut se prononcer sans réserves contre* le marxisme dogmatique, *et le stalinisme sans être de droite.* Selon lui...

P. 756.

1. Ms. 1 : Si *mon* interprétation *à ce sujet* est correcte, elle permet de comprendre *tout le reste* de l'article.

2. Ms. 1 : ... la réaction. *Ce qui s'oppose* à cette démonstration, *naturellement c'est à la fois le livre et son auteur. C'est pourquoi votre collaborateur, et c'est le seul courage que je lui reconnaisse, n'a pas hésité à refaire* mon livre et ma biographie.

La seconde partie commençait après *bouche.*

3. Ms. 1 : Votre *collaborateur* y voit...
4. Ms. 1 : ... ce style *trop « heureux »* et...
5. Ms. 1 : ... d'écrire *comme des porcs.*

Sur le beau style, cf. *la Chute* (Pléiade, *Théâtre, récits, nouvelles*, pp. 1476 et 1478).

6. Ms. 1 : ... consternant, *quelle punition ! Mais n'insistons pas et venons à l'essentiel, je veux dire l'intention réelle de votre collaborateur. Elle est claire. Il se sert...*

P. 757.

1. Ms. 1 : *Je suis heureux bien entendu qu'il y ait au moins cette analyse de pertinente dans mon livre d'autant plus qu'il me serait facile de démontrer, si je voulais en rester à l'essentiel, que la pertinence de cette analyse entraîne celle de la thèse générale du livre que votre collaborateur récuse.*

2. Ms. 1 : Votre *collaborateur* répond...

3. Ms. 1 : *M. Jeanson s'est appliqué ensuite à faire* la même opération sur le livre lui-même. *Bien qu'il ne fasse à peu près aucune allusion au fait que l'H.R. mène de front la critique de l'immoralisme historique et celle de la morale formelle propre à la bourgeoisie, votre collaborateur ne peut faire qu'il n'ait pas lu certains passages (si vous estimez la chose nécessaire, je vous en ferai les citations à part). Aussi va-t-il essayer de faire* de ce livre un manuel...

4. Ms. 1 : ... démonstration *tient à tous les livres qui ont* précédé...

5. Ms. 2 : ... tient à notre histoire *(un peu malgré moi il est vrai) par presque toutes ses lignes.* Votre *collaborateur* démontre...

6. Ms. 1 : ... un chœur inefficace d'anges *révoltés,* cette *fâcheuse tendance à l'élévation. Au prix d'un énorme truquage la chose est aisée. Il suffit en effet à M. Jeanson de dire* qu'alors que l'Étranger...

P. 758.

1. Ms. 1 : ... etc. *C'est une vraie souffrance !*

2. Ms. 1 : ... de la contemplation. *Pour achever le tableau de* cette prodigieuse confusion intellectuelle, *j'ajouterai que M. Jeanson, se servant honnêtement du M. de S. contre l'H.R. sans mentionner le fait que ce dernier livre commence par une critique [?] du premier, présente la morale de « la Peste » comme une morale absurde de la quantité, négligeant cette évidence qu'une pareille morale n'est pas conciliable avec une morale de Croix-Rouge.* On peut trouver...

3. Ms. 2 : ... de la participation, *comme celle qui s'est faite de « la Nausée » à « l'Âge de raison »*. Dire le contraire...

P. 760.

1. Ms. 1 : Votre collaborateur : *qui veut bien trouver cette clause restrictive, n'en estime pas moins que je suis allé plus loin, jusqu'à refuser*

tout rôle à l'historique et à l'économique dans la genèse des révolutions. Je me désintéresserais ainsi...

2. Ms. 2 : Je *remets à plus tard de répondre à tant de pharisienne vertu, heureux de penser en attendant que les affamés, malgré ma carence, pourront se nourrir de l'idée que votre collaborateur souffre pour eux.* Je constate seulement...

3. Ms. 2 : Cette opinion *de bon sens, en vérité,* m'aide à me sentir moins seul. Mais, après tout...

On trouvera le texte de Staline auquel Camus fait référence à travers le compte rendu du *Monde* dans *Remarques sur les questions économiques relatives à la discussion de novembre 1951* (1ᵉʳ février 1952), pp. 34 et 35. Staline y définissait comme suit « la loi fondamentale du socialisme » : « Assurer la satisfaction maxima des besoins matériels et culturels sans cesse croissants de toute la société en développant et en perfectionnant sans cesse la production socialiste sur la base d'une technique supérieure. » Il étudiait ensuite ce qu'il appelait la loi « du développement harmonieux » opposée aux mécanismes aveugles du profit.

P. 761.

1. Ms. 1 : *Et ses raisons sont celles qu'il a de ne pas entendre.* Sa thèse...

2. Ms. 1 : ... qualifié *dans* une des revues...

3. Cette réserve n'existait ni au Ms. 1 ni au Ms. 2. On lisait : ... contre laquelle le livre...

4. Ms. 1 et 2 : ... l'antihistorisme pur est aussi fâcheux...

5. Ms. 1 : Il y est écrit, *en toutes lettres,* que celui qui...

P. 762.

1. Ms. 1 : Mon livre ne nie pas l'histoire *(on insiste au contraire qu'il faut s'y tenir)* mais l'attitude qui vise à faire de l'histoire un absolu. Ce n'est *donc* pas *la réalité* qui est rejetée, mais par exemple M. Jeanson. Ce n'est pas l'histoire mais une vue de l'esprit quant à l'histoire. Un critique *qui aurait été à la fois* sagace et loyal *aurait tenté de se confronter* à ma thèse : celle qui *dit* que le *culte* de l'histoire pour elle-même *aboutit au nihilisme*. Il *aurait* essayé...

2. Ms. 1 : ... valeur. *Peut-être alors eussions-nous progressé. Mais il eût fallu pour cela opposer les faits aux faits, aux analyses les discussions et les arguments.* À vrai dire...

P. 763.

1. Ms. 1 : ... l'idée que je me fais d'un labeur *honnête*... *Pour n'en donner qu'un* exemple, *mais définitif, il me fait écrire que l'existentialisme est prisonnier de l'histoire, et triomphe alors à peu de frais en m'assenant ce lieu commun que nous sommes tous, et moi-même, prisonniers de l'histoire, et qu'il ne me revient pas de prendre de grands airs.*

2. Ms. 1 : ... impénitent. *Ce trait que j'ai gardé pour la fin me suffit en tout cas pour récuser absolument l'article de votre collaborateur.* Après cela il importe peu *qu'il remplace la critique par d'aimables facéties pour tout ce qui touche au régicide, à la notion de démesure et qu'il pousse même* l'inconscience...

3. Ms. 1 : ... efficacité *et il lui est facile d'affirmer* que cette position, que je n'ai jamais tenue, est intenable. Il lui suffira *maintenant*...

P. 764.

1. Ms. 1 : ... j'ai employé les *talents littéraires* dont je dispose...
2. Ms. 1 : ... la Résistance ne m'a jamais paru...
3. Ms. 1 : ... justifier. *Qu'il se rassure cependant. Dès que la chose sera* [?] *je n'écrirai pas l'H.R. mais un livre qui commencera par ces mots :* « *Voici pourquoi je prends congé.* » Cette méthode directe...
4. Ms. 1 : *Il me semble que j'ai assez montré que l'étude parue dans votre numéro de mai n'avait qu'une seule raison : réfuter par les moyens que j'ai dits un livre qui contrarierait une attitude essentielle chez votre collaborateur et dans votre revue. L'effort que je me suis imposé pour démontrer cette mécanique grossière m'autorisera peut-être à prendre à mon tour le rôle de critique devant cette attitude symptomatique. Et pour m'opposer dès maintenant à la manière de M. Jeanson, je ne prendrai pas de chemins détournés et dirai que cette attitude est d'abord politique. M. Jeanson, il me semble l'avoir démontré, ne défend pas l'histoire contre moi mais une certaine idée qu'il se fait de l'histoire et contre laquelle mon livre se déclare, et qui l'oblige à travestir mon livre pour pouvoir mettre l'histoire de son côté et en discuter sans conséquences pour sa thèse...*
5. D. rayé. *Je voudrais maintenant changer de batteries et* prendre à mon tour la position de critique *devant la singulière attitude dont votre article — il me semble à présent pouvoir le dire — fait la preuve. Cette attitude présente à l'observateur tant d'aspects contradictoires qu'il faudrait de longs commentaires pour épuiser son intérêt psychologique et sociologique. Mais je resterai dans les cadres tracés par votre article et je ne vous soumettrai que les contradictions les plus évidentes qu'il me semble pouvoir y lire. Mon propos est simple, reprenant les avantages que votre article prend à si peu de frais, je voudrais seulement montrer que c'est vous qui vous tenez hors de toute histoire, dans la position la plus irréelle qui soit. Pour ne prendre que l'exemple dont vous me donnez l'occasion (mais la démonstration mériterait d'être faite sur d'autres points)* tout se passe dans votre article comme si vous défendiez le marxisme *comme un* dogme implicite sans pouvoir l'affirmer *comme une* politique ouverte. On trouve *en effet* dans *cet* article :

P. 765.

1. Ms. 1 : *L'H.R. choisit la tradition révolutionnaire non marxiste, mais il ne nie pas l'importance de Marx.* Votre *collaborateur écrit comme s'il n'y avait que la tradition marxiste et supprime l'autre tradition. Quel est son critérium ? À n'en pas douter le succès historique.*

En faisant mine de croire qu'il n'y a d'autre issue que la révolution nihiliste du XXᵉ siècle ou le « statu quo », vous justifiez ainsi ce qu'il y a de pire dans notre histoire. Votre article nous donne des leçons de révolution mais sa thèse prône avant tout un socialisme qui s'appuie sur des centaines de milliers de soldats et de policiers.

Le paragraphe suivant (ces trois symptômes ... philosophie marxiste de l'histoire) n'existait pas au Ms. 1, mais le développement nº 1 de la page 766 reprend le point nº 3 du Ms. et le point 2 reprend le point 5.

2. Allusion à l'activité de Sartre au R.D.R. Cf. *supra,* Commentaires.

P. 767.

1. Ms. 2 : ... intouchables. *Et vous vous trouvez alors dans la même contradiction que les marxistes qui en sont venus à parler de leur doctrine comme si elle n'était pas elle aussi une superstructure.* Si l'on croit...

P. 768.

1. Ms. 1 : ... aux *théoriciens* de l'histoire. *« Celui-là, disait récemment un jeune bourgeois d'un militant émigré de l'Est, va encore nous parler des camps de concentration. » Et je crois avoir lu une fois dans* « Esprit » : « ... *le frivole argument des camps de concentration.* » Mais enfin...

2. Ms. 2 : ... au cœur des choses. *De la comparaison de ces différents symptômes, on peut tirer, en tout cas, deux observations.*

La première est que votre article ne défend pas contre mon livre l'existentialisme et l'engagement historique mais d'abord les thèses marxistes sur l'histoire. La deuxième est que le marxisme n'est pas professé explicitement mais de loin avec une sorte de prudence. Il est, si j'ose dire, en suspens dans le raisonnement de M. Jeanson, comme la teinture du tournesol dans un liquide. Une goutte d'acide et l'on risque d'obtenir le virage complet. Laissons de côté cette impression toute personnelle, que je m'en voudrais cependant de ne pas vous dire tout droit, et disons simplement que le complexe idéologique dont cet article témoigne mérite qu'on s'y intéresse de façon détaillée.

Les symptômes dont j'ai parlé traduisent d'abord une contradiction dont cet article n'est pas la seule preuve. Il semble que pour des raisons affectives et en partie estimables votre collaborateur ne puisse s'empêcher d'être marxiste. Il y a d'abord l'idée erronée, selon moi, que le communisme représente le seul espoir du prolétariat, que ce dernier en tout cas semble le croire et qu'on ne peut qu'être avec lui contre le bourgeois. Il y a plusieurs motifs à ce choix et je n'en sous-estimerai pas la qualité ; on peut se tromper pour d'excellentes raisons. Il me serait naturellement facile de vous retourner un argument dont vous usez vraiment trop et de vous dire que c'est avec les bons sentiments qu'on fait de la mauvaise philosophie politique. Mais je vous laisse l'exclusivité de cet argument. Je n'en soulignerai pas moins un autre motif qui me paraît plus psychologique que moral et dont votre collaborateur nous donne la clé quand il nous parle de nos yeux...

3. Ms. 2 : C'est le point de vue du bourgeois repenti. Comment

ne serait-*il* pas en effet *dans la contradiction la plus* essentielle puisque *aussi bien* on ne saurait être *franchement* marxiste à partir de vos propres principes. Pour affirmer *ouvertement* la thèse qu'il *fait pourtant revivre, il* devrait réfuter d'abord les livres de la plupart de vos collaborateurs et démontrer que l'histoire a un sens nécessaire...

P. 769.

1. Ms. 2 : ... liberté définitive. *Ce sont là en tout cas les seuls principes* (avec ceux d'une philosophie de l'éternité) *qui* peuvent autoriser...

2. Ms. 2 : ... votre collaborateur ne dit mot. *Il n'est pourtant pas difficile de voir qu'on ne peut se servir du marxisme comme doctrine d'autorité et prendre par exemple la position que suppose son article sans admettre la fin de l'histoire. Elle explique en partie les railleries adressées à l'idéalisme ; elle seule en tout cas justifie une doctrine révolutionnaire implacable et le remplacement, par les valeurs d'efficacité, des valeurs de simple honnêteté. Mais, sauf erreur de ma part, il me semble* que l'existentialisme *athée* dont il fait profession...

P. 770.

1. Ms. 2 : Mais *en attendant, pour échapper au nihilisme sans se séparer de l'histoire, je continue à ne pas voir d'autre issue que la morale du risque historique et de la fidélité naturelle définie dans l'H.R.*
Au contraire, tant que *votre conciliation* n'aura pas été établie et tant que vous accepterez la contradiction dont témoigne votre article, vous n'échapperez pas *au nihilisme. Les conséquences d'une semblable ambiguïté sont même si cruelles qu'il faut bien vous mettre en garde. Libérer l'homme de toute entrave pour ensuite l'encager dans une nécessité historique* absolue revient...

2. Ms. 2 : ... communistes. *Ce n'est qu'alors que j'aurai droit, à distance il est vrai, à son estime. Même ce qu'il n'aime pas en moi, et jusqu'à mon style, serait alors porté au crédit de la dialectique et de l'histoire. Il est pour la révolte et comment ne le serait-il pas dans la condition que sa philosophie lui décrit ? Mais il est pour la révolte qui prend d'abord la forme de l'enrégimentement et comment ferait-il autrement...*

3. Ms. 2 : ... indépendance. *Ne pouvant être, il lui faut faire, même si faire signifie d'abord détruire ou se détruire. S'il n'est pas capable de faire, il parlera au moins, c'est-à-dire paraîtra, et ce sera votre article. Tant que vous n'aurez pas éclairé cette contradiction...*

P. 771.

1. Ms. 2 : ... y adhérer *ouvertement : ce qui donnerait à ce dogme, au moins en ce qui nous concerne, un début de réalité. Ce n'est pas pour rien...*

2. Ms. 2 : ... le colonialisme, *votre* contradiction *vous* empêche de *vous* prononcer nettement...

P. 772.

1. Ms. 1 : ... *des luttes de leur temps rappelés aux réalités par d'incorrigibles bourgeois qui n'ont jamais...*

Cette formule du « fauteuil dans le sens de l'histoire » est une allusion polémique aux heures de la Libération où Sartre occupait la Comédie-Française (cf. Simone de Beauvoir, *la Force de l'âge*).

2. Ms. 2 : ... *au nom même de cette misère dont il écrit toujours sans jamais la connaître*, de cette justice...

3. Ms. 2 avec dactylographie corrigée :

... un autre langage. *Mais je préfère me souvenir que j'étais votre camarade et vous dire seulement qu'il n'est pas possible de demeurer dans cette dangereuse confusion. Personne ne nous demande de choisir entre stalinisme et colonialisme ou même entre Mac Gee et Kalandra. Dans l'effort de recherche qui est le nôtre notre incertitude peut être encore féconde.*

Ne vous bornez pas à condamner l'un des camps comme si vous aviez, même avec gêne, choisi l'autre. Car on peut au moins vous demander, le jour où vous choisirez, de le dire. Tant que vous ne l'avez pas dit, vous êtes censé être comme nous tous dans le risque et dans la peine de la recherche d'une vérité historique ou non. Mais vous ne pouvez alors attaquer une thèse de bonne foi en partant du principe tacite que le choix est inévitable. Vous ne pourrez utiliser contre elle la méthode d'autorité ni les arguments marxistes qui supposent une philosophie de l'histoire dont vous ne pouvez vous arranger.

Si au contraire vous utilisez cette méthode et ces arguments, cette philosophie devient la vôtre, vous choisissez l'histoire contre Kalandra et vous devriez alors le dire explicitement. C'est là du moins ce que je pense et je ne préjugerai pas la solution que vous pouvez détenir. Mais une chose est certaine : tout ce qui n'aborde pas de face ce dilemme l'aggrave ; tout ce qui travestit la contradiction l'accroît. Si votre article n'avait été que frivole et dédaigneux, vous vous doutez peut-être que je n'en eusse pas fait grand cas. S'il m'avait au contraire critiqué sévèrement mais avec droiture, je l'eusse accepté comme j'en ai accepté d'autres. Mais il essayait aussi de dévaloriser par des moyens inacceptables une position qui le gênait, non parce qu'elle se tenait au-dessus de l'histoire, mais parce qu'elle lui tendait l'image déchirée de l'histoire avec laquelle il nous faut essayer de vivre. Il a préféré alors son confort mais ce qu'il a mis en cause du même coup dépasse de bien loin sa personne et touche à nos raisons de vivre et de lutter. Ce sont elles que j'ai défendues ici aussi clairement que j'ai pu : [en montrant qui] elles ne peuvent se passer de la clarté. Et si ma réaction devait vous permettre d'éclairer à votre tour votre position, la peine que je viens de prendre n'aurait pas été inutile.

CRÉATION ET LIBERTÉ

P. 777.

1. Jeune sous-officier de marine qui fut déféré le 17 octobre 1950 devant le tribunal militaire de Toulon sous l'inculpation d'atteinte au moral de l'armée (il avait distribué des tracts hostiles à la guerre

d'Indochine). Il fut condamné à cinq ans de réclusion. Mais un vice de forme entraîna la cassation et l'affaire revint, le 17 juillet 1951, devant le tribunal maritime de Brest. La condamnation fut encore de cinq ans de réclusion. C'est alors que le parti communiste déclencha en sa faveur une importante campagne de protestation à laquelle s'associèrent Picasso, Éluard, Sartre, la revue *Esprit, les Lettres françaises,* le R.P. Chenu, l'abbé Pierre et Louis de Villefosse. Ce dernier a évoqué son entrevue avec Albert Camus dans *l'Œuf de Wyasma,* p. 107 : « Albert Camus me reçut à la mi-novembre 1952 avec une courtoisie parfaite, mais immédiatement mit en question sa collaboration avec des gens qui feignent de défendre la liberté pour mieux la détruire. Il accepta cependant d'écrire en faveur de Henri Martin, mais dans *Franc-Tireur.* » On sait que *Franc-Tireur,* alors dirigé par Georges Altman, a été acheté depuis par l'éditeur Del Duca et a pris le nom de *Paris-Jour.*

La brochure à laquelle fait allusion Camus parut en octobre 1953 chez Gallimard sous le titre : *l'Affaire Henri Martin* avec un commentaire de Sartre et des textes de Bazin, Begbeider, Pinto, Prévert, Pury, Jean-Henri Roy, Villefosse. Henri Martin avait été libéré par anticipation avant que le livre ne paraisse.

2. Les époux Rosenberg, Ethel et Julius, avaient été dénoncés par leur beau-frère Grenglass comme ayant espionné au profit de l'Union Soviétique. Arrêtés le 16 juillet 1950, ils furent jugés le 7 mars 1951, condamnés à mort malgré leurs dénégations persistantes, et exécutés en janvier 1953. Ils sont restés, à tort ou à raison, comme les victimes symboliques de « la chasse aux sorcières » que la guerre froide et la guerre de Corée déclenchèrent aux U.S.A.

P. 779.

1. Onze ministres et dirigeants communistes tchèques, arrêtés le 27 novembre 1951, avaient été condamnés à la pendaison ou à la réclusion, dont Slansky et Clémentis. Ils ont été réhabilités depuis.

2. Le Mouvement de la Paix, d'obédience communiste, avait organisé un congrès mondial à Vienne du 12 au 18 décembre 1952. J.-P. Sartre en rendit compte dans un meeting au Vélodrome d'Hiver.

P. 781.

1. Au cours d'un meeting de protestation, organisé par les organisations de la gauche non communiste. Le texte du discours a été publié par *Alianza U.G.T.-C.N.T.* (Mexico) puis par *Preuves.*

2. Le philosophe Miguel de Unamuno, recteur de l'université de Salamanque, s'était rendu célèbre par les propos qu'il tint au général franquiste Millan Astray, le 12 octobre 1936, jour de la Fête de la Race; consigné à son domicile par les autorités nationalistes, il mourut le 31 décembre 1936.

3. Gœbbels, journaliste qui devint le ministre de la propagande du IIIe Reich et se suicida en même temps que Hitler.

P. 786.

1. Texte de *Preuves* : ... nos plus hautes leçons *et qui, au lieu de produire des tonnes de circulaires, a élevé dans ses œuvres face à toutes les sociétés de propagande une image de l'Homme qui reste et restera notre exemple.*

P. 787.

1. Alfred Rosmer est né en 1877 d'une famille ouvrière, originaire de la Loire. Correcteur d'imprimerie, il fait partie du groupe syndicaliste révolutionnaire de *la Vie ouvrière*. Mobilisé en 1915, il se situe parmi les opposants au conflit mondial et à l'Union sacrée avec Dumoulin, Martinet. Le groupe de *la Vie ouvrière* l'envoie à Moscou au printemps 1920 où il participe au IIe congrès de l'Internationale communiste. Il est élu membre du comité exécutif de l'Internationale et en juin 1921 il adhère au parti communiste français. Membre de son comité directeur, il rédige la chronique sociale de *l'Humanité*. Ami de Trotsky, il lui restera fidèle. Il collaborera plus tard à *la Révolution prolétarienne*.
2. Liebknecht, chef socialiste allemand, qui réclama en 1915 une paix de compromis et fonda le Spartakus Bund. En janvier 1919, à Berlin, la ligue Spartakus déclencha un soulèvement révolutionnaire qui fut écrasée par Noske. Liebknecht fut assassiné avec Rosa Luxembourg.

P. 789.

1. Fonctionnaire soviétique qui s'était réfugié dans les pays de l'Ouest. Son livre : *J'ai choisi la liberté,* fut à l'origine d'un procès spectaculaire qui l'opposa aux *Lettres françaises* en janvier 1949.
2. En janvier 1952 des émeutes éclatent à Bizerte, à Sousse, à Kairouan. La grève générale est décrétée à Tunis. Les troupes françaises ratissent le cap Bon. Le 28 mars, le ministère Pinay ordonne l'arrestation des ministres tunisiens et des chefs du parti nationaliste Néo-Destour. En décembre, le syndicaliste Ferhat Hached est assassiné.

P. 790.

1. Les élections à l'Assemblée constituante se déroulèrent en octobre 1917. Pour 36 millions d'électeurs, elles avaient donné 58 % des voix aux socialistes révolutionnaires, 4 % aux mencheviks, 13 % aux libéraux et 25 % aux bolcheviks. Le 18 janvier 1918, lors de sa première réunion, l'assemblée fut dissoute par Lénine, avec l'aide des marins armés, dévoués aux bolcheviks.

P. 792.

1. Cette allocution fut prononcée dans le cadre d'un « meeting de Défense des libertés » — organisé par le « Comité de liaison inter-

syndicale » (C.F.T.C. — Force Ouvrière — C.N.T. anarchisante — F.E.N. et Syndicat national des Instituteurs). Étaient invités, outre Camus, Bernardo Pou et Camillo Celli de la C.N.T.E. et de l'U.G.T.E. (organisations syndicales espagnoles en exil) et Nicolas Lazarevitch.

P. 795.

1. Le 19 août 1936 comparurent devant un collège militaire du tribunal suprême 16 bolcheviks dont Kamenev et Zinoviev; en janvier 1937, 17 inculpés dont Piatakov, Sokolnikov et Radek; en juin 1937, eut lieu le procès secret d'un groupe de généraux, dont le maréchal Toukhatchevski; en mars 1938, furent condamnés 21 inculpés dont Rykov, Boukharine, Cagoda. Les procédures étaient sommaires, les exécutions immédiates. La plupart des victimes ont été réhabilitées depuis 1960.

2. Rappelons que la révolution russe se fit en deux temps : soulèvement populaire du 8 mars qui porta au pouvoir les socialistes révolutionnaires, puis révolution bolchevik d'octobre.

P. 796.

1. Zavis Kalandra, journaliste et écrivain tchèque qui avait passé six ans dans les bagnes hitlériens, fut condamné à mort en 1952 par les tribunaux populaires. Paul Éluard, qui le connaissait, refusa d'intervenir en sa faveur. Cf. *la Clé des champs,* d'André Breton.

P. 800.

1. Le manuscrit porte la date de 1953.

P. 801.

1. Ms. rayé : ... révolutionnaire. *Après tout « l'Homme révolté » est dans son entier une critique du romantisme.*

P. 802.

1. Ms. rayé : ... intellectuels de gauche *démissionnent aujourd'hui devant l'idéologie et la pratique staliniennes comme nos intellectuels de droite ont démissionné devant la pratique hitlérienne, et pour la même raison : l'adoration, la fascination de la force et de l'efficacité.* Les premiers...

2. Ms. rayé : *Il peut essayer d'avoir du courage dans sa vie et du talent dans son œuvre.* On ne lui demande *pas...*

IV

POLITIQUE 1953-1957

Il semble qu'après 1952 Camus se soit fixé une ligne de conduite qu'il voulait simple : combattre contre toutes les formes de dictature et d'arbitraire où qu'elles se manifestent et sans considération de leurs objectifs idéologiques : « La répression policière des oppositions politiques doit être considérée comme le déshonneur d'un régime, et l'aveu de sa faiblesse. Ce principe qui ne souffre aucune exception qui vaut et vaudra pour tous les pays, à l'Est comme à l'Ouest, dans les démocraties populaires comme dans les démocraties bourgeoises, nous devons le faire jouer aujourd'hui en faveur de M. Le Léap et de ses coaccusés. » (Note manuscrite*.)

« Ce principe qui ne souffre aucune exception », Camus l'applique aux uns comme aux autres : d'où les attaques régulières contre le franquisme, qu'il voulait faire sonner comme un appel à la conscience internationale assoupie; d'où la vigueur de ses protestations lors des troubles qui secouèrent l'Europe orientale. Camus a renoncé à toute fausse prudence : il entend appeler les choses par leur nom**. « Je suis peut-être trop sensible au monde comme il va. Mais finalement, il n'est sans doute pas mauvais, même pour ceux que vous défendez, que quelques hommes au moins restent en alerte et ne puissent prendre leur parti de ce qui opprime, ni, cette correspondance en est la preuve, de ce qui sépare. » (Relevé sur un brouillon de lettre, 1953.)

Il interviendra de même partout où il est à sauver des vies injustement menacées, quelles que soient les opinions de l'accusé, quel que soit le drapeau dont se couvre le tribunal. Mais il se refuse

---

*Alain Le Léap, alors secrétaire général de la C.G.T. (conjointement avec Benoit Frachon), fut inculpé et arrêté le 7 octobre 1952 pour « atteinte à la sûreté extérieure de l'État ». Cette inculpation — l'instruction avait été ouverte le 8 août de la même année — visait également d'autres dirigeants cégétistes et des dirigeants communistes pour leur action contre la guerre d'Indochine.

Après onze mois de détention préventive à Fresnes, Alain Le Léap fut mis en liberté provisoire le 25 août 1953 par la Chambre des mises en accusation.

Le non-lieu, un non-lieu général, et le classement définitif de l'affaire ne devaient intervenir que le 20 juin 1957.

** On retrouve ce souci dans les lettres où il fait connaître à M. Campagnolo sa démission de la Société européenne de culture (6 mars et 3 avril 1952. *Comprendre* n°s 5-6). « Je ne crois pas à un dialogue qui commencerait par des silences. Pour dialoguer utilement, il faut d'abord que chacun se définisse. »

à le faire aux côtés de ceux dont les protestations sont unilatérales : un crime est un crime, un mensonge un mensonge, là est sa conviction.

On a souligné, souvent avec raison, l'ambiguïté de *la Chute* : règlement de comptes personnel sur le mode ironique, ce petit livre est aussi « la description d'une certaine sorte de prophète qui sévit dans notre société intellectuelle ; et je partage tout à fait l'avis de Lacroix ou de Malebranche sur le remède qui lui convient : un peu d'estime de soi, mélangé à un peu de modestie ». (Note manuscrite non datée.) Autrement dit, Camus s'écarte d'hommes dévorés, selon lui, par une dangereuse mauvaise conscience qui les amènerait à tout absoudre d'un côté et à tout condamner d'un autre.

Dans les années 1953-1957, il lui paraît donc impossible d'envisager, en matière de politique intérieure, un Front populaire « qui serait, selon moi, un suicide pour tous nos espoirs. Il faut maintenir ce que nous croyons et tenter de le faire triompher, sans compromis. Le monde meurt de compromis et de concessions faites sur son nom ». (Note manuscrite non datée.) Son sentiment est que, seule, une opposition de la gauche non communiste à toutes les séquelles du stalinisme pourra contraindre les pays de l'Est et les partis communistes à une évolution profonde.

Mais sa phrase ne vise sans doute pas cette seule forme de compromis. À *Alger républicain* comme à *Combat*, il a si souvent critiqué les mœurs politiques de la IIIe et de la IVe République qu'on peut légitimement supposer qu'il porte condamnation des compromis parlementaires ou diplomatiques. C'est dans cet esprit qu'il apporte sa collaboration à *l'Express*, au cours de l'année 1955 et jusqu'en février 1956.

Il proteste contre les propos incendiaires de Mao Tsé-toung, touchant à une éventuelle guerre atomique (11 novembre 1955) et dénonce l'entrée de l'Espagne à l'O.N.U. (18 novembre). Il s'étonne que, devant la mort d'un couvreur et les ennuis sentimentaux de la princesse Margaret, la presse passe l'une sous silence et étale les autres « à la une » (8 novembre 1955). Il tente de définir les rapports de l'intellectuel et de la politique (8 octobre) et la position de l'artiste dans le monde moderne (29 décembre). Il pose le problème de l'intégration de la classe ouvrière dans la société (25 novembre et 13 décembre) ; s'inquiète du racisme dont sont victimes les travailleurs nord-africains en France (29 novembre). Il s'interroge sur l'indifférence des Français pour la liberté (2 décembre) ; sur le mauvais fonctionnement du système parlementaire (15 novembre), comme sur la sottise gouvernementale qui condamne deux syndicalistes pour avoir refusé de serrer la main d'un préfet (23 décembre*).

---

* La vigueur de ses propos cache pourtant une sorte de désespérance. Le 5 novembre 1955, à propos d'un manifeste soumis à sa signature, il écrivait à René Char :

C'est avec un espoir de rénovation qu'il soutient le Front républicain et Pierre Mendès-France : il en attend un renouveau de justice et de liberté. « Le grand péché de la société bourgeoise a été de faire de ce mot [liberté] une mystification sans contenu. La grande culpabilité de la société révolutionnaire, au XXe siècle, est de s'être fait un alibi de cette mystification et de supprimer radicalement l'exercice même de la liberté sous prétexte de lui donner un jour un contenu. » (3 janvier 1956.) Il faut donc trouver une voie moyenne, qui soit celle de l'Europe. Il faut régler le problème colonial (cf. *Actuelles III*). Il faut que la politique internationale française ait assez d'ouverture, de souplesse et de fermeté pour ne jamais soutenir l'injustice et pour favoriser la renaissance de la liberté là où elle est étouffée. Le 30 décembre, après avoir rappelé sa « défiance instinctive envers les jeux du tréteau parlementaire », il déclare : « Je voterai donc pour le Front républicain et les candidats patronnés par Mendès-France. » Le 6 janvier 1956, il regrette le succès trop étroit du Front républicain, attaque vigoureusement le mouvement Poujade et réclame un gouvernement homogène avec deux objectifs limités : réforme constitutionnelle et solution du conflit algérien. « Pour la France, aujourd'hui ne pas bouger, c'est pourrir... la dernière chance du régime se trouve dans l'intransigeance. »

Après le 6 février, désespérant du gouvernement nouvellement constitué, il renonce à sa collaboration à *l'Express*. Sa dernière expérience journalistique s'achève. Il ne donnera plus guère de textes politiques qu'à *Témoins,* souvent cité, à la revue *Preuves* et à l'hebdomadaire de tendance européenne et socialisante *Demain*, deux publications qu'anime son ami J. Bloch-Michel. Nous reproduisons ci-après une interview accordée à *Tempo Presente* (21 novembre 1956) et parue dans *Demain* le 21 février 1957. On y trouvera résumés les thèmes essentiels de la pensée politique de Camus à cette époque (Algérie exceptée).

Quant à ses réactions au 13 mai 1958, je tente de les préciser ailleurs, dans la présentation d'*Actuelles III* qu'elles rejoignent logiquement.

Je ne voudrais toutefois pas terminer ces remarques sans rappeler ce que l'intransigeance de Camus cachait parfois de doute.

« Le chemin de l'histoire, pour nous, passe entre l'esprit d'injustice et l'esprit de démission. La France a oublié que la justice est une force, avant tout, que l'intelligence est rigoureuse ou n'est rien... Une fois de plus, les gens comme nous sont sur la corde raide, glissent sur la lame de l'épée. J'essaie, je m'épuise à définir les nuances dont j'ai besoin. Hélas, sur ce fond, et quant à la France, je suis aussi désespéré que vous. J'en viens à parler de la génération qui vient, suprême espoir de ceux qui se détournent. Mais il faut se vaincre aussi, sur ce point et continuer jusqu'à ce que le mur devienne une porte, comme dit Emerson. »

Camus s'en est expliqué dans une lettre de juin 1958 à Pietro Lamberti. Interrogé par celui-ci sur ses rapports avec Vercors, il répondait : « Nous avons en effet un certain nombre de points de vue communs. Pas tous, évidemment, et je continue de me séparer de Vercors dans l'approbation ou l'indulgence qu'il a pu apporter au système communiste. Mais je suis fort loin de mépriser son attitude. Dans les polémiques orales ou écrites qui intéressent notre histoire, j'ai toujours dit carrément mon opinion, et on a pu tirer de cette franchise l'idée que j'étais tout à fait sûr d'avoir raison. Il aurait fallu en tirer les conclusions contraires, à savoir que, si je m'avançais à visage découvert, c'est que j'avais confiance dans la loyauté des autres. Cette confiance était excessive, je l'ai appris parfois à mes dépens, jamais avec Vercors d'ailleurs ! Mais on ne se refait pas et je suis maintenant trop vieux pour ne pas savoir qu'on ne peut être aimé par tout le monde, comme on le désire quand on est très jeune. Il faut se résigner à n'être aimé que par ceux qui vous aiment. Pour le reste, il faut vivre à l'écart (et c'est ce que je fais), après avoir dit ce qu'on pensait, en laissant au temps le soin de faire la mise au point nécessaire...*»

C'est à l'histoire, en effet, qu'il revient de juger.

On trouvera ci-après :
Sous le signe de la liberté (*l'Express*, 8 octobre 1955).

R. Q.

SOUS LE SIGNE DE LA LIBERTÉ

L'INTELLECTUEL, ce pelé que notre société, tour à tour, accable de mépris ou menace du revolver, se réveille dans la nuit, retrouve sa fidèle anxiété et se plaint à lui-même : « Que vais-je faire dans cette galère ? »

Pourquoi, en effet, écrire sur l'actualité ? Rien ne l'y oblige, ni parti, ni confession, ni même, ou si peu, le goût bien naturel de la parade. Tout l'en écarte au contraire : ses travaux, la vie brève, ses infirmités, l'expé-

---

* Cf. également ces lignes adressées à René Char, 21 juillet 1956 : « Plus je produis et moins je suis sûr. Sur le chemin où marche un artiste, la nuit tombe de plus en plus épaisse. Finalement, il meurt aveugle. Ma seule foi est que la lumière l'habite, au-dedans, et qu'il ne peut la voir et qu'elle rayonne quand même. Mais comment en être sûr... ? »

rience. Il connaît ses propres insuffisances, il sait que son ignorance, déjà encyclopédique, devient infinie devant l'actuelle complexité du jeu historique. Incapable enfin, par nature et par vocation, d'oublier l'ambiguïté des situations et des êtres, il ne peut se satisfaire des simplifications outrageantes qui rendent si facile aujourd'hui le métier de journaliste.

Celui qui ne consent pas à la mort, ni même au déshonneur de l'adversaire, que va-t-il faire en politique? Celui que la droite et la gauche blessent également dès qu'elles s'expriment sur un problème qu'il connaît un peu; qui sait que rien n'est pur, mais n'en conclut pas que tout est impur, pourquoi s'épuiserait-il à définir des nuances lorsqu'on attend qu'il tranche?

Pour parler plus clairement, celui qui vomit la société policière autant que la société marchande, qui considère d'ailleurs que la fusion des deux, à l'Est et à l'Ouest, est en bonne voie, qui refuse donc d'admettre qu'il y a des bourreaux privilégiés et des victimes suspectes, ni qu'on puisse maudire à l'Ouest ce qu'on applaudit servilement à l'Est, celui enfin qui reste fidèle à la cause ouvrière, mais qui refuse de se rendre complice à son endroit d'aucune mystification, bourgeoise ou pseudo-révolutionnaire, pourquoi irait-il mettre étourdiment le doigt entre l'arbre et l'écorce?

Dans son pays même, qui le rend malade sans qu'il puisse s'empêcher de l'aimer, il voudrait lutter dans l'opposition sans rien écrire qui puisse encourager l'esprit de démission. Comment le faire devant une nation déchirée entre les marchands qui la possèdent et les policiers qui la convoitent, tous parlant au nom d'un peuple qui se tait, ou qui ne crie, dans l'excès de sa misère, que pour les démentir désespérément?

L'intellectuel parlera, d'une voix hésitante, et ce sera en vain. Ce n'est pas une réponse qui viendra vers lui, mais l'imprécation et l'imbécile polémique. Selon ce qu'il dira, et son sujet, et son humeur, il aidera indirectement les marchands, il favorisera sans le vouloir les policiers. Il aura ainsi desservi ceux qu'il aime et il lui faudra, pour tout salaire, supporter, contre sa nature même, d'avoir des ennemis. À tant de malheurs, ne faut-il pas préférer le silence, et cette ironie, qui aide à vivre ? Ainsi le galeux se retourne sur son lit, grattant ses plaies.

Mais le jour revient et, avec lui, un peu de confiance. Sans doute, il est plus facile de se taire. Celui qui se tait, apparemment, ne se trompe pas, ni ne trompe. Le seul ennui est de s'entendre reprocher son silence. Mais on s'entendra aussi bien reprocher ses discours, et quelquefois par les mêmes. Du moins, le silence laisse intact le temps des êtres, et de la création. Qui ne rêverait donc d'un tel confort si justement ce confort n'était si difficile à supporter ? Car il revient à prendre position, à accepter, avec ses plaies, la société telle qu'elle va, à autoriser ce qui, demain, surviendra peut-être. Comment un artiste justifierait-il ses privilèges (s'il en a) autrement qu'en prenant part, au niveau de tous, à la longue lutte pour la libération du travail et de la culture ?

Sa seule excuse sera précisément de le faire au niveau de tous, privé de lumières supérieures, plongé dans l'ignorance commune. Chacun, aujourd'hui, intellectuel ou non, pelé ou chevelu, contribue à l'avenir de sa nation, et de sa culture, sans pouvoir connaître les lois de l'histoire et du monde. Et les plus aveugles ne sont pas au dernier rang, il s'en faut ! À la condition de savoir cela, de se maintenir à sa place, sans mauvaise conscience, de ne jouer enfin ni les vertus ni les durs, un écrivain doit collaborer à la chose publique : il ne peut pas se séparer.

Quand le jour a suffisamment grandi, et pour peu que le soleil daigne se montrer, le galeux découvre enfin que tout ceci suppose une foi, qui le justifie. Mais pourquoi, au fait, ne pas parler directement de cette foi, puisqu'elle est la mienne ? Passion instinctive autant que raisonnée, affermie dans l'histoire de notre temps, fortifiée par les désillusions mêmes des dix dernières années, elle est, cette foi, ancienne et neuve, qui n'a jamais cessé de soulever l'homme contre sa condition et de le faire avancer, courant ou se traînant, mais sans trêve, vers une dignité plus grande et, au-delà du bien-être, vers l'honneur de vivre. Cette foi est la liberté, la liberté folle, comme on dit que l'amour est fou, la grande passion charnelle qui emporte et justifie tout dans l'instant. Mais elle est aussi l'effort épuisant des jours pour éclairer les limites de l'homme, et y maîtriser sans cesse la démesure de l'oppression.

Non pas la licence, rageuse et vide, de tout détruire, ou la dérisoire liberté d'avoir faim tout seul dans le taudis où l'on végète à plusieurs, mais, quelle que soit la société dont on nous parle, la liberté intransigeante de revendiquer toujours, pour l'obtenir quelquefois, la justice. Voilà le signe, et le seul, sous lequel un écrivain, à ses risques et périls, peut agir. À la condition que, sans jamais consentir à ce que la liberté soit nulle part humiliée, il s'efforce, jour après jour, de lui donner son contenu de justice sans lequel elle ne serait qu'un songe cruel et humiliant. La liberté est un cri, suivi d'une longue peine, non un confort, ni un alibi. Mais ainsi définie, elle doit être épousée sans partage.

C'est pourquoi, à l'heure où, loin d'être épousée, elle se trouve au contraire trahie de toutes parts, et jusque dans le camp qui jusqu'ici lui fut fidèle, il n'est peut-être pas mauvais qu'un écrivain, à la fois solitaire et solidaire de sa cité, dise tout droit sa conviction réfléchie et déclare qu'il combattra librement, dans ses articles, pour la liberté d'abord.

ALBERT CAMUS.

L'Express, 8 octobre 1955.

V

CAMUS ET LA « NOUVELLE GAUCHE »

Les événements politiques de 1950 à 1956 ont achevé de diviser la gauche intellectuelle française. D'un côté, Camus mettait au premier plan la lutte contre la dictature stalinienne qu'il entendait traiter comme toute autre dictature, la franquiste par exemple ; après la mort de Staline, quand éclatèrent les émeutes de Berlin-Est, de Poznan, de Budapest, il prétendit répondre à l'appel des insurgés et soutenir leur révolte. Nombre d'intellectuels qui s'écartaient du parti communiste partagèrent alors l'essentiel de ses convictions.

Jean-Paul Sartre et ses amis, de l'autre côté, s'étaient de plus en plus étroitement solidarisés avec l'U.R.S.S. Pour eux, si souhaitable que fût la déstalinisation, l'unité du bloc soviétique leur paraissait une nécessité de la stratégie révolutionnaire. D'où la rupture des *Temps Modernes* et de Merleau-Ponty.

Une revue chrétienne de gauche comme *Esprit,* un hebdomadaire progressiste comme *France-Observateur* entendaient observer l'évolution du bloc communiste avec prudence. Bien qu'ils aient condamné les procès en chaîne, les déportations, la répression des mouvements populaires, ils n'en gardaient pas moins une certaine sympathie pour l'U.R.S.S. et les démocraties populaires.

Au point où en étaient les choses, deux conceptions s'affrontaient : Camus estimait que toute complaisance était complicité et renforçait la tyrannie : ses interlocuteurs, en revanche, ne perdant pas de vue la politique intérieure française, jugeaient que la compréhension favoriserait la libéralisation du mouvement communiste. C'est dans ce climat de défiance, favorable aux procès d'intentions, qu'il convient de replacer la polémique avec Domenach (printemps-été 1955) comme avec *France-Observateur* (26 mai au 7 juin 1955).

POLÉMIQUE AVEC J.-M. DOMENACH

Témoins avait publié au printemps 1955, sous le titre *le Refus de la haine,* la préface de Camus à l'ouvrage de Konrad Bieber : *l'Allemagne vue par les écrivains de la Résistance française.* (Cf. annexes p. 1487.) Dans le compte rendu que donnait *Esprit* de ce livre, il n'était pas question de la préface. *Témoins* s'en étonna. J.-M. Domenach, dans une lettre à *Témoins* (5 avril 1955) reconnut que cette omission était volontaire : il reprochait à Camus de s'approprier, « comme un vulgaire stalinien... les souvenirs communs... » et justifiait ainsi son silence :

« Que Camus poursuive sa dispute avec Sartre dans *les Temps Modernes* ou à la *N.N.R.F.,* cela intéresse, et nous en parlerons. Mais qu'il ait choisi pour cela une espèce de mémorial de la Résistance, qu'il ait fait précéder ces lignes pieuses d'une perfidie contre son ennemi, qu'il ait couvert cette attaque d'une réflexion aussi sublime et d'un titre aussi apaisant, voilà ce qui m'a scandalisé. On ne va pas vider ses querelles devant la porte des cimetières. Camus, préfaçant cet ouvrage, parlait au nom de ce qu'il avait été, au nom du plus grand des écrivains de la Résistance, c'est-à-dire pour nous tous, de choses qui appartiennent à nous tous, — car ces mots, ces idées, ces amis, ces ennemis qu'on ne voulait pas défigurer, sont nôtres, quels qu'aient été plus tard les éloignements.

» Or, j'ai vu ce rayonnant éloge de la Résistance en ce qu'elle eut de plus pur — son refus de la haine raciale et nationale — s'abaisser soudain à une attaque personnelle et ce « refus de la haine » tourner en rancune. La « collaboration », nous l'avons connue et combattue ensemble, et il n'appartient à aucun d'entre nous de se servir des mots communs pour les retourner contre ses anciens camarades. Aucun d'entre nous n'a le droit d'appeler « résistants » ou « collaborateurs » d'aujourd'hui ou de demain ceux qu'il lui plaît d'appeler ainsi. »

C'est à ce texte, communiqué par J.-P. Samson, que Camus répondit par la lettre ci-après (été 1955). Entre-temps, le 13 avril, Domenach avait demandé un entretien à Camus — ce qui explique peut-être cette hésitation à répondre à laquelle il est fait allusion dans le dernier paragraphe.

Sur un brouillon, au reproche que lui faisait Domenach de s'être tu sur le réarmement allemand, Camus objectait : « Domenach fait semblant de croire que j'ai approuvé par mon silence le réarmement allemand. Je n'ai accepté ni celui-ci ni l'autre, celui de l'Allemagne de l'Est. Il faut les refuser tous ou sinon tous seront réalisés... »

R. Q.

RÉPONSE À DOMENACH

Mon cher Samson,

Mais oui, publiez la lettre de Domenach, elle est significative. Quant à moi, je vais essayer de résumer en quelques points ce que j'ai à dire.

1º Je ne crois pas plus que vous au respect dont Domenach proteste à mon égard. D'abord parce que c'est un sentiment que je n'ai jamais réclamé de personne et ensuite parce qu'il s'agit d'un respect que mes contradicteurs progressistes n'ont jamais évoqué que pour mieux m'injurier ensuite. « Sauf votre respect, vous êtes un flic, un faux témoin et un perfide... » Décidément ce respect est tactique et j'aimerais mieux que mes critiques soient moins respectueux et mieux embouchés.

2º Le seul point où j'aurai du mérite à ne pas répondre à Domenach comme il le mérite concerne l'utilisation que j'aurais faite de la Résistance pour vider une querelle personnelle avec Sartre (vous savez que j'ai répondu récemment au même argument qui me venait, coïncidence curieuse, de *l'Observateur*). J'ai dit en effet dans ma préface, quoique sous une autre forme, ce que j'avais déjà dit à Sartre. Mais c'est que je continue de penser que cette contestation entre la gauche libre et la gauche progressiste est le problème essentiel de notre mouvement. Si je ne puis l'aborder sans être accusé de liquider des querelles littéraires, je ne vois pas d'autre solution pour moi que le silence, qu'aussitôt, d'ailleurs, Domenach et ses amis me reprocheraient. Heureusement, ce chantage ne m'impressionne pas. Sartre n'est pas un ennemi, je n'ai pas eu avec lui de querelle littéraire ; il a été seulement mon adversaire sur un point que j'estime capital pour nous tous. J'estime aussi, il est vrai, qu'il n'a pas été un adversaire loyal, mais ceci ne regarde que moi. La contestation qui nous a opposés nous dépasse tous au contraire et je continuerai de la soutenir contre Sartre encore, s'il le faut, et contre nos progressistes en général. Car c'est bien des intellectuels progressistes que j'ai parlé dans ma préface ; si Sartre s'y trouve, Domenach aussi. Celui-ci pense si peu d'ailleurs qu'il s'agit d'une querelle de personne qu'il a reconnu (à des « inflexions », paraît-il !) que mon affirmation le concernait aussi. Elle le concerne, en effet, et le drame qu'elle traduit est celui où nous sommes tous plongés, sans considération de personnes. Après cela la « perfidie » dont il a osé parler (et qui m'a donné, je l'avoue, un véritable haut-le-corps, à la lecture, avant de me faire rire) apparaît pour ce qu'elle est : la calomnie calculée d'un intellectuel qui n'a ni la force ni la volonté de répondre aux questions qu'on lui pose directement.

3º Mais si j'ai le droit de poursuivre cette contestation, est-il vrai que j'ai mal choisi la place où je l'ai fait ? Il me faut d'abord donner un démenti à Domenach. Le livre de Bieber n'est nullement un mémorial (quel vocabulaire !) ni un recueil de textes d'anciens résistants. C'est une thèse universitaire sur la littérature française de la Résistance. Je ne me trouvais donc pas à la porte d'un cimetière, comme dit Domenach avec une éloquence qui m'enchante et nous rajeunit. Je le laisse tout à fait libre, sans doute, de voir dans la Résistance un cimetière où l'on ne saurait parler qu'à voix basse et médaille au sein. Mais elle est pour moi, au contraire, une expérience toujours vivante, un moment privilégié de la longue lutte, toujours en cours, pour la libération des hommes. C'est à cette lutte, et à ses militants assassinés par les tyrannies de droite et de gauche, que je réserve le peu de piété dont je suis capable. Mais je ne suis pas fidèle à n'importe quoi et, justement, je mets trop haut la Résistance pour accepter qu'elle soit le pudique paravent d'obscénités historiques.

Après tout, n'est-ce pas le seul moyen de conserver son sens à notre action d'alors? Si je refuse la politique des intellectuels progressistes, c'est du même mouvement, sinon pour les mêmes raisons, que j'ai refusé celle des intellectuels de la collaboration. Les alibis du réalisme et de l'efficacité risquent, selon moi, de nous mener aujourd'hui à une nouvelle démission qui enlèverait leur valeur à nos arguments contre l'ancienne. Pour continuer d'être contre celle-ci, il nous faut lutter de toutes nos forces contre celle qui se prépare. C'est ce que je voulais dire en écrivant que là était la vraie fidélité à la Résistance. Et ce faisant, contrairement à ce que dit Domenach, c'est au nom d'une expérience déjà vécue que je parlais, et non d'un avenir, sur lequel je reviendrai. Qu'il s'en persuade et qu'il se contente de réfléchir à la valeur de mes arguments.

Je reconnais qu'il était brutal de dire que, comme les intellectuels de droite, par fureur de réalisme et d'efficacité, ont vidé de son contenu leur nationalisme, les intellectuels progressistes risquent aussi, du même mouvement, de trahir leur propre socialisme et que, dans les deux cas, fascinés par la force d'une nation étrangère qui prétend réaliser leur idéal, nos intellectuels sont tentés de montrer à cette nation des complaisances incessantes. Cela était brutal, mais on ne peut jeter l'alarme à voix feutrée.

Mon autre raison pour parler sans égard, mon cher Samson, et je la dirai pour vous, non pour Domenach qui me respecte trop pour me comprendre, est que cette pensée a été pour moi, pendant ces dernières années, un malheur incessant. Car je suis né dans une famille, la gauche, où je mourrai, mais dont il m'est difficile de ne pas voir la déchéance. J'en suis responsable aussi, en même temps que d'autres. Simplement, il y a toujours eu en moi une résistance à l'entraînement général et j'ai toujours voulu que le grand esprit de libération et de justice qui a fait la grandeur et la véritable efficacité du mouvement règne à nouveau parmi nous. C'est pourquoi j'écris dans la passion, et sans fard, ce que j'ai à dire sur ce sujet.

C'était en tout cas ce qu'il fallait discuter. Si Domenach estimait que je me trompais, il lui était possible de contester mon point de vue. Personne, après tout, ne le forçait à parler du livre de Bieber, mais on ne pouvait manquer d'être un peu surpris que, le faisant, il ne signalât même pas la préface, fût-ce, selon l'usage des revues, dans un souci d'exactitude bibliographique. Mais non, on enterre tout sous le respect, la pudeur, les cérémonies commémoratives, on se tait en un mot. Mais vous remarquez cette anomalie, vous la signalez en posant la question, et cela suffit pour que ce grand silence respectueux soit suivi de ce torrent de vulgarités. Vraiment, c'était trop se taire et c'est trop parler.

4° Mais venons-en au grand reproche qu'on me fait d'avoir, en parlant de collaboration et de fidélité, préjugé l'avenir. En fait, c'est ici que le débat a une chance de devenir sérieux. Conseillons d'abord à Domenach de mieux lire : j'ai seulement dit que l'attitude de nos intellectuels progressistes les « acheminait » à cette collaboration, de même que j'ai dit que d'autres, présentement, s'y refusaient d'avance. Qui peut répondre de l'avenir? me répond Domenach. J'ai cru rêver, en vérité. Quoi? on m'accuse, reprenant un argument falsifié des *Temps Modernes,* de refuser les droits que l'histoire aurait sur nous*, on me rejette dans l'univers irréel du rêveur, et l'on s'indigne en même temps que je puisse parler d'une promesse envers l'avenir? Que sont donc ces serviteurs de l'histoire qui s'effarouchent des paris historiques? Si nous devons prendre notre place dans les luttes du temps, contracter un engagement, faut-il donc qu'il se fasse au jour le jour? Et, dans ce cas, en quoi ce bel engagement diffère-t-il de l'opportunisme le plus hypocrite et le plus timoré? Mais non, il est bien évident que l'engagement dans l'histoire consiste aussi à prendre un risque envers l'avenir et si Domenach me refuse ce droit, c'est qu'il refuse le risque, et la logique de ses

---

* Alors que j'ai seulement écrit, répétons-le pour la centième fois, qu'on ne peut ni se soustraire à l'histoire de son temps, ni en faire une valeur absolue, autrement dit qu'entre la démission et l'opportunisme, il y a encore la place d'une action.

actes et de ses écrits. Pour démontrer que je me trompe en supposant que la collaboration actuelle avec le parti communiste peut amener la collaboration avec la Russie elle-même, il ne suffit pas de me dire, avec la sagesse des nations, que l'avenir est imprévisible. Oui ou non, si demain un régime de démocratie populaire s'installait en France sous la protection de l'armée rouge, les intellectuels progressistes, et Domenach en particulier, seraient-ils pour ou seraient-ils contre ? Répondre qu'on ne sait pas, qu'on ne peut pas savoir, que tout peut changer, que sûrement on n'en arrivera pas là, n'est qu'une façon de fuir l'histoire, justement. On se définit en effet dans l'histoire à la fois par rapport au présent et à des événements possibles, dont le germe est contenu dans le présent.

Quand je reproche au communisme du xxe siècle de tout juger en fonction d'un avenir, c'est que ce dernier est représenté comme définitif et que cette fin heureuse de l'histoire autorise alors tous les excès. L'avenir en histoire, quand on le suppute, c'est seulement une réunion de possibles et, pour définir une attitude, il faut considérer un à un ces possibles. L'avenir historique ne justifie donc aucun dogmatisme, mais il exige un risque. Il y a autant d'irréalité à considérer l'avenir comme d'avance défini et borné qu'à ne pas essayer de lui donner par le risque et la promesse une définition vivable. Et lorsque je démontrais, il n'y a pas si longtemps, que la pensée progressiste était purement irréelle, je ne m'attendais pas à ce que Domenach m'en fournît une si bonne preuve.

L'hypothèse que je fais, en tout cas, n'est pas absurde. Elle fait partie, demandez-le à la Tchécoslovaquie, des événements possibles. Sans doute, elle n'est pas la seule et on peut imaginer aussi l'empire américain d'Europe. Rien ne nous empêche de nous définir aussi par rapport à cette autre hypothèse : je l'ai fait dans ma préface. Mais, je le répète, il faut se définir par rapport à tous les possibles, poser en quelque sorte les limites en deçà desquelles on définit son engagement et son choix. Si on ne le fait pas, alors c'est que, sous des dehors de pureté révolutionnaire et de pieuse philanthropie, on a choisi d'avance l'opportunisme et l'irresponsabilité, bien plus gravement encore que ceux qui restent dans leur maison de campagne et ne donnent, eux, de leçons à personne.

Je me suis défini autant que je l'ai pu par rapport à cette limite, et, comme d'autres, j'ai pris mon risque. Personnellement, j'aimerais mieux, à vrai dire, rester tranquille et écrire mes livres dans la paix. Mais je ne vois pas comment un intellectuel, aujourd'hui, pourrait justifier ses privilèges, autrement que dans les risques partagés de la lutte pour la libération du travail et de la culture. J'ai donc répondu à la question dont je parlais plus haut et dit que j'étais contre. Et que je ne serai jamais pour un régime qui tyrannise à la fois le travail, par la suppression des libertés syndicales, et la culture, par l'asservissement de l'esprit.

Là-dessus Domenach me morigène, et sur quel ton, décidément! Qui peut répondre, dit-il, des réactions sous les tortures (tiens, on torturera donc!)? Mais ici personne ne pense aux tortures, je ne suis pas si ambitieux! L'engagement dont je parle est plus modeste : un non pour commencer, et la décision de s'y tenir autant qu'on le pourra. Certes, je sais notre faiblesse commune. Vous avez observé vous-même que je n'ignorais pas qu'aucun de nous ne peut répondre de ce qu'il fera. Faut-il donc pour autant renoncer à toute promesse, donc à toute action? Quand nos intellectuels progressistes visitent officiellement la Pologne ou la Russie, peuvent-ils répondre de ce qu'ils feraient le jour où la police soviétique viendrait frapper leurs amis? Quand *Esprit* publie ce qu'il a publié, et dont nous nous souvenons encore, sur les révoltes ouvrières d'Allemagne et de Tchécoslovaquie, en juin 1953, ses rédacteurs peuvent-ils répondre de maintenir une si confortable position quand ce serait le tour des ouvriers français d'opposer leurs poitrines aux tanks du progrès? Ils ne le peuvent pas, personne ne le peut, et pourtant ils voyagent et écrivent, ils s'engagent autrement dit, même s'ils refusent les conséquences de leurs actes. Mais cet engagement souffreteux nage dans la mauvaise foi à partir du moment où, sans cesser de servir une cause, nos progressistes prétendent nous enlever le droit d'évaluer les conséquences de leur attitude, ou de prendre nos propres engagements. S'ils ont choisi, qu'ils le disent; s'ils n'ont pas choisi, qu'ils n'agissent pas comme s'ils l'avaient fait, et surtout qu'ils ne jugent pas de trop haut ceux qui, non sans peine, essaient de donner un contenu à leur fidélité. Sans ces peines et ces fidélités, l'histoire, leur fameuse histoire, qu'ils définissent modestement le lieu où ils se trouvent, ne serait après tout qu'une aventure de chiens couchants.

5° J'ai eu aussi le tort de parler pour d'autres, paraît-il. Hélas, ce sont les mêmes qui, hier, me reprochaient ma solitude et qui aujourd'hui ne veulent pas que j'écrive *nous*. Je continuerai pourtant de dire *nous* et vous savez bien pourquoi, mon cher Samson. C'est qu'il est aujourd'hui en Europe une communauté d'hommes qui, sans rien concéder à l'idéologie bourgeoise, veulent conserver à l'avenir un sens qui ne soit pas dégradé. Entre les deux pensées provinciales, étriquées et boudeuses, qui s'affrontent aujourd'hui et opposent avec une obstination chagrine leur liberté sans contenu et leur justice sans vérité, cette communauté cherche à formuler, et y réussit de plus en plus, un espoir qui soit digne de l'Europe. Cet espoir est justifié, selon moi, et nous commençons de sortir de la sclérose où la double décadence de la société bourgeoise et de la société révolutionnaire nous avait jetés. Pourtant, ce n'est même pas de cette communauté, quoique pensant à elle, que j'ai parlé ; mais seulement pour ceux de mes amis les plus proches dont je connais la détermination, et qui croient qu'il n'est pas nécessaire de généraliser la servitude pour arriver à la justice. Ils le croient, le disent, et tâcheront d'être fidèles à cette foi que je partage avec eux. Si nous ne sommes pas fidèles, nous tâcherons au moins de nous pardonner à nous-mêmes. Mais nous ne pourrions pas nous pardonner de céder aujourd'hui, en prévision de faiblesses possibles, à l'unique faiblesse impossible à des intellectuels responsables : ne pas lutter, sans restrictions, contre l'abus des mots et du pouvoir.

Voilà en tout cas la réponse que vous me demandez, mon cher Samson. J'ai longtemps hésité à la faire, fatigué d'avoir toujours à redresser les mêmes affirmations abusives, les mêmes attaques personnelles, et le même sophisme interminable, comme si nos progressistes, à eux tous, ne disposaient jamais que du même sabre ébréché qu'ils se repassent dans des batailles sans danger. Et puis j'ai relu la lettre de Domenach. Et, décidément, tant de confusion, et si agressive, un usage si constant de la restriction mentale, méritent qu'on réponde et qu'on essaie au moins de dissiper quelques-uns des nuages dont s'entoure aujourd'hui la pensée qui se croit toujours de gauche.

À vous, fraternellement,

Albert Camus.

Témoins, été 1955, n° 9, IIIᵉ année.

VI

« L'OBSERVATEUR » ET CAMUS

En souvenir de leur commun combat contre l'occupant allemand, Claude Bourdet et Albert Camus avaient maintenu des relations courtoises. Camus avait donné quelques articles à *Combat* après son départ (notamment au moment de l'expérience Garry Davis qu'ils avaient soutenue l'un et l'autre). Quand Bourdet dut, en 1949, abandonner *Combat* et lancer *l'Observateur,* Camus témoigna de sa sympathie au nouvel hebdomadaire. Pourtant, en 1950 déjà, Camus avait tenu à écrire à Bourdet sa solidarité avec Silone après que *l'Observateur* eut vivement critiqué les positions politiques de celui-ci. Bientôt, malgré un article de Bourdet relativement favorable à *l'Homme révolté,* une note ambiguë de Lebar, en juin 1952, souleva la colère de Camus (cf. *Actuelles II*, p. 746). Dès ce moment, les relations ne firent que s'envenimer, et singulièrement entre Camus et Roger Stéphane.

C'est un écho anonyme de mai 1955 qui devait provoquer une rupture définitive. Camus venait d'accorder sa collaboration à *l'Express.* France-Observateur s'en étonna, critiquant indirectement les conceptions journalistiques de Françoise Giroud. Camus répondit par une lettre publiée le 26 mai dans *France-Observateur,* et commentée par deux articles de Bourdet et Martinet, sous le titre : *Camus et le Journalisme.* Le même jour, Maurice Nadeau, dans une lettre à Camus, revendiquait la responsabilité de l'entrefilet et disait ses regrets de l'incident.

Mais l'article de Bourdet revenait sur une récente affaire, l'arrestation de Roger Stéphane, inculpé d'atteinte à la sûreté de l'État pour une série d'articles sur l'Afrique du Nord. Il reprochait à Camus ses réserves lorsqu'on avait sollicité son intervention en faveur de Stéphane. Or Camus estimait — il le précisait dans une lettre à Bourdet du 27 mai — que sa lettre à Gilles Martinet était personnelle, qu'il y donnait au destinataire l'autorisation d'utiliser publiquement son nom pour la libération de Stéphane et ce, sans réserve ; que, néanmoins, ces réserves existaient quant aux positions de *France-Observateur* et de Stéphane sur d'autres problèmes.

Ce sont ces différents points d'histoire que Camus a voulu évoquer en opposant finalement son attitude politique à celle de *France-Observateur*.

R. Q.

LE VRAI DÉBAT

La guerre des gauches continue. Par des coups bas, selon une saine tradition. De quoi s'agit-il ? De peu et de beaucoup. Commençons par le peu, pour en finir plus vite. À l'occasion de ma collaboration à *l'Express*, le journal *France-Observateur* ayant essayé, sans perdre une minute, de m'opposer à Mme Françoise Giroud, je me suis solidarisé avec elle, comme je le devais, dans une lettre où je précisais en même temps pourquoi je ne pouvais au contraire écrire dans *France-Observateur*. On me répond aussitôt que je suis un vilain et un orgueilleux, reproche très à la mode dans les milieux de la gauche communisante, vouée, on le sait, à l'humilité. Cet orgueil, il est vrai, serait particulier aux écrivains (pour qui on a visiblement beaucoup de mépris dans ces milieux), les journalistes de *France-Observateur* et leurs amis composant au contraire, à eux tous, une odorante botte de violettes. Tel est aujourd'hui le niveau des discussions dans notre collège philosophique et social. Nous sommes chez la concierge qui trouve que l'artiste du troisième est décidément bien fier avec son monde et que ça ne lui portera pas bonheur.

Je prends avec moins d'amusement une délicate falsification qui va plus loin. Pour mieux montrer ma noirceur, les signataires de l'article changent tout à fait de sujet et font savoir que j'ai exprimé des réserves quand on m'a demandé de prendre position sur l'affaire Stéphane. Ce serait, après tout, mon droit le plus strict. Mais, à la vérité, je n'en ai même pas usé. Mes réserves qui ne touchaient pas directement au fond de l'affaire, je les ai exprimées, *à titre privé*, à Gilles Martinet en réponse à une demande personnelle qu'il m'adressait. Quant à l'affaire elle-même, je disais ma position publique, à savoir que je m'associais à la demande de libération et sans aucune réserve. Voici d'ailleurs les phrases qui en témoignent : « Comme vous me le demandez, je réclame en même temps que vous la mise en liberté de Roger Stéphane. Vous pourrez faire état, sans réserve, de cette opinion auprès des autorités dont dépend cette libération. » Ces phrases ne sont pas citées, bien entendu, par Bourdet et Martinet. Il semble pourtant, et sans ironie, que j'ai eu dans ces conditions un certain mérite (et plus que beaucoup des autres signataires) à m'associer à leur protestation. Et j'attends avec sérénité le jour où Stéphane et ses amis le comprendront et m'en remercieront. En attendant ce jour probablement lointain (l'humilité est lente si l'orgueil est vif), il me faut au moins dire que l'omission calculée de ces phrases constitue un parfait exemple des méthodes journalistiques qu'on s'indigne si fort de me voir désapprouver. De même que l'utilisation tronquée, dans de pareilles circonstances, et pour le seul plaisir de s'assurer un douteux avantage politique, d'une lettre qu'on a d'ailleurs sollicitée, est, à bien des égards, une mauvaise action.

Car la politique n'est pas loin et c'est ici qu'il faut, franchement, élargir le débat. Ce n'est pas un caractère, après tout assez banal, qui est visé par de pareilles méthodes, mais une position. Les journalistes de *l'Observateur* font mine de croire, avec une belle honnêteté, que je leur reproche seulement leur manque d'objectivité dans le débat qui m'a opposé à Sartre. À vrai dire je n'y pensais pas, ayant d'autres préoccupations. J'ai classé cette affaire, quant à moi, sans jamais faire connaître mon sentiment personnel sur la manière dont avait été menée la polémique. Mais il y a quelque chose de vrai dans les horribles soupçons de mes contradicteurs. C'est que certains des problèmes qui ont agité ce débat, qui dépassent de loin nos personnes et dont le premier est la décadence révolutionnaire, sont toujours actuels et continuent de nous diviser. Ces problèmes entraînent des contestations et un combat auquel je demeure fidèle. C'est dans ce combat que je m'oppose, à ma place et selon mes moyens, aux journalistes de *l'Observateur* et à ceux qui leur ressemblent. Je crois, pour ma part, que l'idée de révolution ne retrouvera sa grandeur et son efficacité qu'à partir du moment où elle renoncera au cynisme et à l'opportunisme dont elle a fait sa loi au xxᵉ siècle, où elle réformera son matériel idéologique usé et abâtardi par un demi-siècle de compromissions et où, pour finir, elle mettra au centre de son élan la passion irréductible de la liberté. Cette réforme suppose, actuellement, le refus de collaboration avec le communisme contemporain en même temps que l'effort constant d'une longue critique, libre de toute compromission avec les idéologies bourgeoises ou totalitaires, et attentive seulement à susciter les chances d'une rénovation créatrice. C'est sur ce point, et par goût du vrai progrès, que quelques hommes dont je suis se séparent des mouvements dits progressistes.

Les attaques personnelles peuvent essayer de maquiller ce divorce mais il existe et il faut le déclarer ouvertement parce qu'il est le problème capital de notre temps. Je ne sais pour ma part s'il existe une, deux ou quatre gauches ou un seul conformisme. À vrai dire, ce problème me paraît posé chez nous en termes dangereusement périmés. Mais je sais que dans le grand mouvement de critique et de création qui est à l'œuvre aujourd'hui, en France et ailleurs, le partage se fait et se fera de plus en plus entre ceux qui acceptent de suivre et d'accélérer la décadence du mouvement révolutionnaire par leur indulgence embarrassée envers les sévices et les mensonges d'une tyrannie désorientée, et ceux qui veulent contribuer, autant qu'ils le peuvent, à la renaissance d'un véritable espoir pour les hommes d'aujourd'hui.

Que viendraient faire ici nos vanités et nos petits débats provinciaux ? Et n'y a-t-il pas plus de vanité, quoique cachée, à imaginer changer de l'intérieur l'énorme machine communiste qu'à lui opposer de l'extérieur, tranquillement et sans haine, l'affirmation de ce qu'on croit vrai. Mais il n'importe. On ne nous demande pas d'être humbles ou superbes. On nous demande de nous prononcer et de prendre nos responsabilités. Par le livre ou l'article, contre l'esprit de réaction, qu'il soit bourgeois ou pseudo-révolutionnaire, je me suis prononcé, non dans un sentiment exagéré de mon importance, comme il est assez bas de le dire, mais parce qu'il est de mon métier et de mon devoir de ne pas me séparer, quoi qu'il arrive, de tous ceux qui, dans la solitude ou sur les lieux du travail, refusent en même temps la liberté de la misère et le pain de l'esclavage.

Quelques-uns d'entre nous se sont beaucoup battus pour cette conviction, et à grand prix parfois, on peut m'en croire. Mais ils continueront, quoi qu'il leur coûte en amitiés ou en repos, jusqu'à ce que ce grand effort de critique, déjà commencé un peu partout et jusque dans la conscience de nos adversaires, rassemble enfin assez d'idées vraies et d'hommes pour donner un sens à notre avenir. Je souhaite, par dégoût des négations et aussi, il faut bien le dire, parce que je supporte mal d'avoir des ennemis, que ces luttes durent le moins possible. Quand ce qu'on appelle la gauche, renonçant à son conformisme, regroupera ses forces, sa volonté de lucidité et son exigence de justice autour de l'idée de liberté, alors peut-être renaîtra la solidarité qui fut la nôtre et que, pour ma part, je n'ai jamais oubliée ni humiliée. Mais pas avant. Et tant que ce regroupement sera impossible, tant que la servitude pourra paraître à certains un chemin excusable vers la justice, ce combat devra continuer, pendant tout le temps qu'il faudra. Souhaitons seulement, sans trop y croire, qu'il se fasse à visage découvert et plus loyalement.

Albert Camus.

L'Express, 4 juin 1956.

ENQUÊTE DU «TEMPO PRESENTE»

— *Pensez-vous qu'on puisse encore associer la cause de la vérité avec celle d'un parti, d'un État, d'une organisation quelle qu'elle soit et leur octroyer une confiance de principe, comme s'ils ne pouvaient pas, par principe, faillir à leur mission? Croyez-vous qu'on puisse encore, en bonne foi, parler a priori d'un « camp de la paix »? Ne croyez-vous pas plutôt qu'une telle attitude représente aujourd'hui la forme la plus grave « d'aliénation » de la conscience?*

— Si la vérité est avec quelqu'un, en ce monde, ce n'est sûrement pas avec celui, homme ou parti, qui prétend la détenir. Quand il s'agit en particulier de la vérité historique, plus on prétend la détenir et plus on ment. Au bout du compte, on devient le boucher de la vérité. L'insurrection hongroise s'est faite d'abord contre un mensonge généralisé. Quant au camp de la paix, il faut poser cette question aux ex-« partisans de la paix » qui se sont mobilisés sur l'appel de Stockholm pour la mise hors la loi de l'arme atomique et qui doivent s'arranger aujourd'hui de l'ultimatum de Boulganine menaçant l'Angleterre, la France et accessoirement Israël de fusées atomiques. La vérité est que personne ne peut avoir le monopole de la paix (non, pas même les neutralistes de l'Inde ou les nations de Bandoeng. Demandez plutôt aux Hongrois ce qu'ils en pensent.) Il faut être plusieurs, et deux au moins, pour faire la paix. Il y a seulement des nations plus ou moins pacifiques. Il n'est pas difficile de décider par exemple qui, aujourd'hui, de l'Amérique ou de la Russie est la plus pacifique. Je n'aurais pas eu l'audace d'en décider de moi-même si je ne lisais depuis peu l'éloge de la politique américaine dans les revues progressistes qui jusqu'ici n'avaient jamais de mots trop forts pour stigmatiser la mauvaise volonté américaine. Mais on n'a pas besoin des progressistes pour constater aujourd'hui que le socialisme peut aussi bien que le capitalisme enfanter les guerres. Il suffit d'un peu de volonté de puissance et je ne connais pas de nation qui en manque (exception faite pour celles qui n'ont pas d'armées, et encore). On ne le savait pas avant parce qu'il n'y avait pas d'État socialiste, voilà tout. Maintenant, on sait. Aliénation est en tout cas un mot trop noble pour qualifier l'attitude de ceux qui s'obstineraient à ne voir de colombes qu'à l'Est et de vautours qu'à l'Ouest. Aveuglement, fureur de servitude ou admiration nihiliste de la force me paraissent des mots plus exacts.

— *Pensez-vous que, malgré la situation, on puisse continuer à attacher plus de poids à des considérations d'opportunité politique qu'à l'impulsion qui nous conduit à reconnaître avant tout la vérité de fait ? Dans ce cas, quel est d'après vous le critère d'une telle opportunité ?*

— On peut examiner les opportunités pour voir la dose de vérité qu'elles recèlent, l'enseignement qu'on peut en tirer pour corriger ce qu'on croit juste. Mais on ne peut les faire prévaloir sur la recherche de la vérité. Surtout, on ne peut faire régner absolument l'opportunité sur le souci de vérité. Exemple : une presse n'est pas vraie parce qu'elle est révolutionnaire, elle n'est révolutionnaire que si elle essaie de dire la vérité.

— *Dans le cas contraire, que peut aujourd'hui faire l'intellectuel ? A-t-il le devoir, dans chaque circonstance, d'exprimer publiquement et à la première personne son sentiment et son opinion ? Ou bien, devant la gravité des événements et faute de forces politiques valables, êtes-vous d'opinion qu'on ne puisse faire autre chose que continuer comme on peut son propre travail ?*

— Il vaut mieux que l'intellectuel ne parle pas tout le temps. Ça le fatiguerait d'abord et surtout ça l'empêcherait de réfléchir. Il doit créer, s'il le peut, et cela d'abord, surtout si sa création ne recule pas devant les problèmes de son temps. Mais dans certaines circonstances exceptionnelles (guerre d'Espagne, persécutions et camps hitlériens, procès et camps staliniens, guerre de Hongrie) il ne doit laisser aucun doute sur le parti qu'il prend, se refuser à émousser l'efficacité de son choix par d'astucieuses nuances ou de prudents équilibres et ne laisser aucun doute sur sa détermination personnelle à défendre la liberté. Les rassemblements d'intellectuels peuvent dans certains cas, et particulièrement quand la liberté du peuple et de l'esprit est mortellement menacée, constituer une force et exercer une action. On doit noter cependant que les signatures incessantes de manifestes ou de protestations sont un des plus sûrs moyens de dégrader l'efficacité et la dignité de la fonction intellectuelle. Il y a là un chantage permanent que nous connaissons tous et auquel il faut avoir le courage, souvent solitaire, de ne pas céder. Quelle que soit l'utilité de ces rassemblements, en tout cas, les intellectuels européens, dans les circonstances présentes, devraient d'abord réfléchir à la lumière des récents événements. Pour les intellectuels de gauche en particulier, ils devraient, avant de songer à refaire des assemblées, faire la critique des raisonnements ou des idéologies auxquels ils ont jusqu'ici souscrit et dont ils peuvent apercevoir les ravages dans l'histoire d'aujourd'hui. Une cure de solitude et, s'il se peut, de modestie nous fera du bien à tous. Tant que ce travail de révision n'aura pas été largement entamé, tout rassemblement sera inutile et même nuisible.

Pour me montrer constructif, je proposerai comme un des préalables à toute réunion future l'acceptation sans réserve du principe suivant : aucun des maux auxquels prétend remédier le totalitarisme (défini d'abord par le parti unique et la suppression de toute opposition) n'est pire que le totalitarisme lui-même.

Pour finir, je crois (comme on dit je crois en Dieu créateur du ciel et de la terre) que la condition indispensable de la création intellectuelle et de la justice historique est la liberté et la libre confrontation des différences. Sans liberté, point d'art (l'art ne vit que des contraintes qu'il se donne à lui-même, il meurt des autres). Sans liberté, point de socialisme.

Reproduite par *Demain*, 21-27 février 1957.

Le texte publié en anglais dans *Encounter* (avril 1957) présente quelques différences, sans grande importance.

VII

DE LA GRÈCE À L'IRAN

Après l'écrasement du soulèvement procommuniste, la Grèce a connu des régimes policiers et étroitement conservateurs, qui ont fait régner la terreur dans les milieux progressistes ou libéraux. L'existence du camp de Makronissos a soulevé les protestations de la gauche française et internationale. Intervenant en mars 1949 en faveur de jeunes intellectuels grecs condamnés à mort, Camus avait obtenu leur grâce. Le 24 novembre 1950, il s'entremet à nouveau auprès du gouvernement hellénique pour obtenir non plus seulement leur grâce mais la révision du procès qui doit faire éclater leur innocence. Entre-temps, il avait sollicité la grâce de Provelenghios.

Dans les années 1950-1951, il se tient informé de la répression en Grèce et s'associe régulièrement aux adresses d'un certain nombre d'intellectuels. Ses dossiers contiennent de nombreuses études qui lui ont été communiquées de Grèce sur le camp d'Ai-Stratis, la nouvelle Makronissos, sur l'état de santé des prisonniers de Youra « l'île de la mort », sur les civils déportés à Agios Evatratios ou à l'île d'Ikarie, en mer Égée, ainsi qu'un appel des femmes prisonnières à la prison Averoff d'Athènes.

En 1955, des troubles éclatent à Nicosie, dans l'île de Chypre, contre les troupes britanniques qui y tiennent garnison. Aux manifestations, celles-ci répliquent par les ratissages et les exécutions. C'est alors que Camus écrit, dans *l'Express*, *l'Enfant grec* (6 décembre 1955) où il s'élève contre la condamnation à mort du jeune Karaolis. Il suscite, le 20 décembre, un mouvement de protestation collective en faveur de jeunes intellectuels détenus pour leur action politique.

Dans le même esprit, nous rangerons la lettre véhémente qu'il adressa au *Monde* pour protester contre les exécutions en masse ordonnées par le gouvernement iranien au lendemain des troubles de Téhéran qui marquèrent la fin de la vie politique du docteur Mossadegh. La plupart des victimes étaient des membres ou des sympathisants du parti procommuniste Toudeh (12 novembre 1954). « Cette boucherie, car c'en est une, n'a qu'un rapport lointain avec la justice et la dignité nationale. »

Notons encore que, de septembre 1957 au 30 juillet 1959, Camus multiplia les démarches auprès de Ngo Dinh-diem, chef du gouvernement sud-vietnamien, pour obtenir la grâce de Ho Huu-tuong, condamné à mort pour rébellion armée. Sa grâce obtenue, il réclama qu'on le libère et qu'on lui laisse rejoindre sa femme en France.

En mars-avril 1959, il intervenait enfin avec succès pour le député communiste grec Manolis Glezos, condamné pour atteinte à la sécurité de l'État.

Cet attachement à la Grèce lui venait de loin, de 1936 environ. En 1939, il espérait la découvrir quand éclata la guerre. Il ne réalisera son rêve qu'en 1955. Après une longue période de désarroi physique et moral, il pouvait écrire à René Char : « J'y ai trouvé ce que je suis venu chercher et plus encore. Je rentre debout. » 11 mai 1955.

R. Q.

L'ENFANT GREC

Depuis quelques semaines, Chypre révoltée a un visage, celui du jeune étudiant cypriote Michel Karaoli condamné par les tribunaux britanniques à la mort par pendaison. On meurt aussi, et affreusement, dans l'île heureuse où Aphrodite est née.

Une fois de plus, l'obscure revendication d'un peuple, longtemps muette, puis bâillonnée dès qu'elle cherche à s'exprimer, a éclaté dans le terrorisme. Une fois de plus, la répression aveugle a précédé la révolte. Une fois de plus, la puissance qui se déclarait soucieuse d'abord de l'ordre est obligée d'installer ses tribunaux et d'intensifier encore une répression qui n'aura d'autre effet que de multiplier les révoltes. Alors vient l'heure des martyrs, aussi inlassables que l'oppression et qui finissent par imposer à un monde indifférent la revendication d'un peuple oublié de tous, sauf de lui-même.

Mais dans le cas qui nous occupe, ce vieux drame est d'autant plus douloureux qu'il s'agit de deux peuples alliés entre eux et amis du nôtre. L'intérêt comme le cœur exige que ces deux nations renouent avec leur vieille amitié. Au lieu de cela le gouvernement de l'une, la plus puissante, il est vrai, mais la plus admirée pour sa tradition libérale, se met dans le cas d'avoir à prendre les fils de l'autre.

Pourtant l'Angleterre ne nie même pas la légitimité de la revendication cypriote, ni que 80% des habitants de l'île soient grecs, ni que des élections libres donneraient une écrasante majorité pour le rattachement. Son seul argument, soutenu d'ailleurs par un écrivain français, est d'ordre stratégique : Chypre est le porte-avions avancé de la puissance britannique et occidentale.

Mais que vaut cet argument dès l'instant où l'île est en révolte ? À moins d'écraser ce mouvement dans le sang, et dès lors la Grèce entière menacerait les arrières du porte-avions, il vaudrait mieux accepter la proposition raisonnable du gouvernement grec qui offre de garantir les bases si le rattachement est voté. Après tout il y a des fidélités qui valent le béton et l'acier. Par son admirable résistance aux envahisseurs italiens et allemands, par son refus obstiné de subir, la Grèce a prouvé, à la face du monde, que son amitié était une base plus solide que bien d'autres.

Je ne cacherai pas pour ma part mon admiration et ma tendresse pour ce peuple grec dont j'ai pu voir qu'avec l'espagnol il était un de ceux dont l'Europe barbare aura besoin demain pour se refaire une civilisation. Mais ce n'est pas le seul sentiment qui me fait penser que l'Angleterre et l'Occident ont tout à gagner à ce que la question de Chypre soit réglée dans le sens du rattachement. Les conservateurs anglais ne s'y opposent en réalité que dans la mesure où, après avoir abandonné l'Égypte, pour garder Suez, ils ne veulent pas perdre la face.

Mais ils perdront bien plus que la face si le maintien, forcément provisoire, de la situation actuelle doit être payé par le meurtre d'un enfant. Puisque des discussions sont en cours, le gouvernement britannique a l'occasion en tout cas de leur donner une chance de fécondité en épargnant le jeune condamné. Le temps des empires s'achève, celui des libres communautés commence, à l'Occident du moins. Sachons le reconnaître et favoriser le grand avenir au lieu de lui briser la nuque. Ce sont les amis de l'Angleterre autant que ceux du peuple grec qui lui demandent de sauver d'abord Michel Karaoli et de lui rendre ensuite une patrie vieille de trois mille ans.

Albert Camus.

L'Express, 6 décembre 1955.

VIII

CAMUS ET LE CAMP SOVIÉTIQUE

La mort de Staline, le 5 mars 1953, devait entraîner quelques remous dans les pays sous influence soviétique. Les premiers gestes de Malenkov et des successeurs de Staline furent pour réhabiliter les médecins soupçonnés de complot. Cette volonté de mettre un terme à la terreur allait se concrétiser spectaculairement par la destitution et la liquidation de Béria, chef de la police soviétique, et le remplacement de Rakosi par Nagy à Budapest.

Les populations en conclurent-elles que l'heure était venue de manifester à des dirigeants plus compréhensifs leur désir de recouvrer la liberté et de vivre plus à l'aise? Toujours est-il que, le 1er juin 1953, des troubles éclataient en Pologne à Pilsen et à Ostrova; les 17 et 18 juin, des ouvriers mécontents des normes qu'on leur imposait, cessèrent le travail à Berlin-Est; ils manifestèrent en abattant la statue de Staline sur la Stalin Allee, et devant la pression des vopos incendièrent certains bâtiments. Débordée, la « police populaire » fit appel aux chars russes qui intervinrent brutalement et consolidèrent le régime d'Ulbricht. Des manifestations eurent lieu non seulement à Berlin-Ouest, mais dans la plupart des capitales de l'Occident, pour protester contre cette intervention.

Dans les années qui suivirent, la déstalinisation ne se poursuivit qu'avec une extrême lenteur, malgré le remplacement de Malenkov par le maréchal Boulganine et Nikita Kroutchev. Le 28 juin 1956, c'est en Pologne encore qu'éclate l'impatience populaire. Des troubles, qui dégénèrent en émeutes, secouent la ville de Poznan. À la suite de ces événements, Gomulka sera réhabilité et bientôt replacé à la direction du parti communiste, avec le soutien de la population ouvrière et des intellectuels libéraux.

Mais c'est en Hongrie que les événements prirent le tour le plus violent. En 1945, les élections avaient donné 245 sièges au parti des petits-propriétaires, 70 aux communistes, 69 aux sociaux-démocrates et 23 aux nationaux-paysans. Les communistes n'en prirent pas moins la direction effective de la coalition des quatre partis, jusqu'à éliminer leurs chefs en 1948 : en 1949, la Hongrie devenait officiellement une démocratie populaire, dirigée par Matyas Rakosi, communiste formé à Moscou. En juin 1949, Lazlo Rajk était arrêté, condamné au cours d'une caricature de procès et pendu — et bien d'autres avec lui.

Lors du XXe Congrès du parti communiste russe, Nikita Krouchev dénonçait vigoureusement le stalinisme. Le texte de son discours était publié en Occident et connu dans les démocraties populaires, où il encourageait les courants favorables à la démocratisation, et, par contrecoup, à l'indépendance nationale. En mars 1956, Rakosi reconnaissait que Rajk avait été condamné sur la base « d'accusations inventées de toutes pièces ». En juillet, Rakosi démissionnait et, au début d'octobre, des funérailles solennelles étaient faites à Rajk en présence d'une foule énorme qui attendait de Gérö, le successeur de Rakosi, un adoucissement du régime. On souhaitait le retour au pouvoir d'Imre Nagy, président du Conseil de 1953 à 1955, expulsé depuis du parti communiste pour déviation. Le cercle Petöfi, créé en été 1956, entretenait la fermentation intellectuelle et l'opposition au stalinisme, bien qu'il fût formé pour l'essentiel de jeunes communistes.

Le 19 octobre, on annonçait l'abolition de l'enseignement obligatoire du russe dans les écoles, revendication chère aux étudiants. Le 22 octobre, commençaient à Budapest les manifestations de masse. Le même jour, le discours de Gérö, dont on attendait des concessions, fut reçu avec déception ; la foule déboulonna la statue de Staline. Le 23 octobre, les policiers ouvraient le feu sur la foule. L'émeute se déchaînait alors, avec le renfort des ouvriers de Coepel et d'Ujpest. Vers 2 heures du matin les premiers tanks soviétiques intervenaient.

Bien qu'Imre Nagy eût été nommé président du Conseil, la bataille n'en dura pas moins cinq jours dans Budapest, jusqu'au cessez-le-feu du 28 octobre. Entre-temps, Janos Kadar avait remplacé Gérö à la tête du parti communiste. Le 29 octobre, la police politique A.V.H. était dissoute. Le 30, le parti unique était supprimé et un nouveau gouvernement entrait en fonction tandis que les forces russes se retiraient de Budapest.

Des conseils révolutionnaires et des conseils ouvriers sont mis en place dans toute la Hongrie. Le cardinal Mindszenty regagne Budapest et prend la parole à la radio. De nombreux prisonniers politiques et de droit commun sont libérés par la foule. Le nouveau ministère s'élargit aux anciens partis de 1945.

Le 1er novembre, à l'annonce d'une nouvelle avance des forces armées soviétiques, M. Nagy fait à la radio une déclaration de neutralité. Le 3 novembre, on estime que plus de 2 000 chars russes sont entrés en Hongrie. C'est alors que Radio-Budapest lance un appel aux écrivains et savants du monde entier (cf. réponse de Camus, p. 1778).

Le même jour, M. Kadar formait un nouveau gouvernement qui, selon lui, demandait l'intervention soviétique pour briser « le danger contre-révolutionnaire ». De durs combats eurent lieu jusqu'au soir du 6 novembre. M. Nagy se réfugia alors à l'ambassade yougoslave. Le 22 novembre, sur la promesse écrite que M. Nagy regagnerait librement son domicile, l'ambassade yougoslave le laissa partir. Il fut pourtant arrêté, puis pendu. De très nombreuses arrestations, déportations et exécutions eurent alors lieu, tandis que des milliers d'émigrés passaient en Autriche, puis dans tous les pays de l'Europe occidentale.

On trouvera ci-après :

Le texte de l'allocution prononcée par Camus au lendemain des émeutes de Berlin-Est.

La protestation qu'il éleva contre la répression à Poznan. Le 2 juillet 1956, avec la revue *Cultura*, il signera un texte en faveur des ouvriers condamnés.

La réponse à l'appel du 1er novembre des écrivains hongrois, renouvelé le 7 novembre par un poste clandestin (interview de Camus à Dominique Aury, *New York Times*, 24 février 1957). Dans le même temps, précisons-le, Camus, avec l'accord de T.S. Eliot, I. Silone et K. Jaspers, intervenait auprès de Janos Kadar par l'intermédiaire du ministre de Hongrie à Paris et du pandit Nehru. Louis de Villefosse assistait à l'entrevue accordée à Camus par un conseiller de la législation hongroise.

Le texte d'un message adressé au meeting des étudiants français du 23 novembre 1956.

Un fragment du discours prononcé le 15 mars 1957 à la salle Wagram, tel qu'il a été reproduit par *Témoins*. (Texte intégral, *Franc-Tireur*, 18 mars 1957, *Kadar a eu son jour de peur*.)

Ajoutons que, le 19 octobre 1957, le comité des écrivains hongrois demanda à Camus sa participation au meeting de Londres. Empêché de s'y rendre, Camus envoya un message (cf. *le Monde*, 4 novembre 1957). Entre-temps, le 29 octobre, avec Roger Martin du Gard et Mauriac, il adressait un appel à Kadar en faveur de Tibor Déry, Jules Hay, Tibor Tardos et Zoltan Zalk.

R. Q.

BERLIN-EST, 17 JUIN 1953

N'APPARTENANT à aucun parti, et fort peu tenté pour le moment d'entrer dans aucun, il me semble que ce serait donner son sens à notre réunion de ce soir si je parvenais à rendre claires en quelques phrases les raisons qui m'ont conduit à cette tribune. Pour bien situer ces raisons, il faut dire avant toute chose que les événements de Berlin ont suscité dans certains milieux une assez ignoble joie qui ne peut être la nôtre. Au moment où après deux ans d'agonie les Rosenberg étaient conduits à la mort, la nouvelle qu'on tirait sur les ouvriers de Berlin-Est, loin de faire oublier le supplice des Rosenberg comme l'a tenté la presse qu'on appelle communément bourgeoise, ajoutait seulement pour nous au malheur obstiné d'un monde où un à un, systématiquement, tous les espoirs sont assassinés. Quand *le Figaro* parle avec éloquence du peuple révolutionnaire de Berlin, il nous donnerait à rire si le même jour *l'Humanité* fustigeant ce qu'elle appelle comme au bon temps « les meneurs » ne nous mettait devant les yeux la tragédie où nous vivons et la double mystification qui prostitue jusqu'à notre langage.

Mais si je crois impossible que les émeutes de Berlin fassent oublier les Rosenberg, il me semble bien plus affreux encore que des hommes qui se disent de gauche puissent essayer de dissimuler dans l'ombre des Rosenberg les fusillés allemands. C'est pourtant ce que nous avons vu et ce que nous voyons tous les jours, et c'est pourquoi justement nous sommes ici. Nous y sommes parce que, si nous n'y étions pas, personne apparemment, parmi ceux dont c'est la vocation proclamée de défendre le travailleur, n'y serait. Nous sommes ici parce que les ouvriers de Berlin risquent d'être trahis après avoir été tués, et d'être trahis par ceux-là mêmes dont ils pouvaient espérer la solidarité.

Quand on se prétend voué à l'émancipation des travailleurs, le soulèvement d'ouvriers qui, en Allemagne et en Tchécoslovaquie, refusent que leurs normes de travail soient augmentées et qui en viennent logiquement à réclamer des élections libres, démontrant ainsi à tous les intellectuels dynamiques qui leur prêchaient le contraire que la justice ne peut se séparer de la liberté, ce soulèvement et la grande leçon qu'il entraîne, et la répression qui l'a suivi, oui, ce soulèvement ne méritait-il pas quelques réflexions ? Ne méritait-il pas, après tant de positions proclamées à tort et à travers, une affirmation ferme et claire de solidarité ? Quand un travailleur, quelque part au monde, dresse ses poings nus devant un tank et crie qu'il n'est pas un esclave, que sommes-nous donc si nous restons indifférents ? Et que signifie alors que nous intervenions pour les Rosenberg si nous nous taisons devant Gœttling ?

C'est pourtant la démission à laquelle nous avons assisté, et c'est pourquoi, autant que l'indignation, c'est le dégoût qui nous fait parler ce soir. En ce qui me concerne en tout cas, il m'a semblé qu'on ne pouvait pas avoir la conscience tranquille à si peu de frais. J'admire et j'envie, bien entendu, l'heureuse facilité avec laquelle certaine presse de gauche et ses collaborateurs ont neutralisé, le mot est juste, la tragédie de Berlin. J'admire que, dès le premier jour, nos organes du progrès aient si spontanément discerné que les manifestations de la Stalin Allee avaient été inspirées par le gouvernement russe. Cette ingénieuse explication s'est trouvée un peu obscurcie à partir du moment où les balles ont fauché les manifestants du Kremlin. Mais elle avait réussi déjà à brouiller quelques idées. Après quoi, il a suffi de quelques maquillages typographiques pour exiler en page trois la nouvelle la plus importante qu'on ait reçue depuis des années. J'admire encore qu'un journaliste ait pu conclure un récit des événements de Berlin, qu'il avait vus surtout par personnes interposées, en nous avertissant que le départ des Russes, abandonnant les Allemands à eux-mêmes, laisserait le champ libre à des atrocités plus sinistres encore que celles qu'a vues notre libération. On peut s'émerveiller en effet que la seule leçon qu'il nous faille tirer des émeutes de Berlin est que nous aurions dû, en somme, pleurer sur le départ d'Hitler. Ce n'est plus enfin de l'admiration, mais une sorte de considération respectueuse que j'éprouve devant ce journaliste d'un hebdomadaire, supposé de gauche, qui, à l'occasion d'une relation des mêmes événements, a pu écrire sans blêmir qu'il fallait admirer la discipline et le sang-froid des troupes russes.

Mais enfin malgré toute cette admiration il y a au moins un argument dont il me semble qu'on ne peut se contenter; celui qui consiste à dire que nous ne sommes pas suffisamment renseignés. Car, après tout, on n'est jamais qu'à moitié renseigné sur ce qui se passe dans les régimes totalitaires, quels qu'ils soient. Et faut-il alors que la dictature seule soit soustraite au jugement de l'opinion publique parce que seule elle se refuse à informer l'opinion publique? Et faut-il se taire sur toutes les Bastilles sous prétexte que leurs prisonniers ne sont pas reliés directement et par un fil spécial aux directeurs de nos journaux? Le fait que les événements qui nous occupent se soient passés à quelques pas du secteur occidental a seul empêché qu'ils ne soient entièrement camouflés. Sans cela nous aurions ignoré cette émeute ou nous ne l'aurions apprise que comme nous avons appris les révoltes en Tchécoslovaquie, peu à peu, à travers les murs épais des polices et des prisons. Mais ces événements se sont déroulés sous les yeux des Berlinois, sous une caméra hollandaise aussi, et nous ne pouvons plus ignorer qu'il s'est agi d'abord, et quelle que soit l'exploitation que des deux côtés on ait voulu en faire, d'une révolte ouvrière contre un gouvernement et une armée qui se voulaient au service des ouvriers. Et si nous n'en étions pas suffisamment persuadés les discours du gouvernement de Berlin-Est nous le confirmeraient. Ceux qui après cela disent publiquement qu'ils ne sont pas suffisamment renseignés, je les mets au défi de se le dire eux-mêmes, dans la solitude, à l'heure de la vérité. Dès lors, l'obscurité qui pèse sur certaines régions de la révolte, l'ignorance où nous sommes du sort de milliers d'hommes, il est indigne de les utiliser au préjudice des seules victimes. Si cette ignorance accuse quelqu'un, ce sont les auteurs de la répression, non les révoltés. Car enfin c'est cela qu'il faut dire, qui pour moi est la condamnation dernière, qu'aujourd'hui même des hommes sont encore tués pour avoir crié la liberté ouvrière, et que pourtant nous ne saurons jamais leurs noms. Mais parce que ces victimes à jamais resteront anonymes, faut-il les liquider une fois de plus, et cette fois dans notre mémoire? Nous savons seulement qu'ils sont des travailleurs dressés pour la défense de leur condition et, parce que nous ne savons même pas leurs noms, vous en tireriez prétexte pour les faire encore plus anonymes, pour leur refuser l'état qui est le leur, leur disputer leur titre de travailleur et même, chaque fois qu'il est possible, les déshonorer en les traitant de canailles et de fascistes ?

Non, c'est cette besogne que nous refusons de servir, c'est pour compenser un peu cette répugnante cuisine que nous sommes tous ici. Et pour éclairer enfin en une phrase les raisons de notre présence à tous, il faut dire que, devant les travailleurs allemands et tchèques réduits maintenant au silence, nous refusons qu'il puisse nous être crié un jour : « Ils les ont assassinés et vous, vous les avez enterrés honteusement. »

J'ai peu de choses à ajouter pour clôturer cette réunion. Bien des choix décisifs ont été faits par chacun d'entre nous depuis la Libération. Mais aujourd'hui, devant l'événement le plus grave qui se soit produit depuis cette Libération, voici, à mon sens, l'heure du choix définitif. Il me paraît impossible que des hommes qui se disent attachés à la dignité et à l'émancipation des travailleurs puissent, par leur silence, accepter l'exécution d'ouvriers dont le seul crime est de s'être dressés contre une condition matérielle insupportable. Ni les uns ni les autres nous n'avons pu empêcher cette tragédie, cela est vrai. Mais la répression n'est pas arrêtée et nous pouvons encore, par la manifestation de notre opinion, peser, si peu que ce soit, sur la suite. Lorsque les premiers signes d'antisémitisme sont apparus à l'Est, c'est l'indignation spontanée de ceux qui, à l'Ouest, n'étaient pas seulement des partisans qui, d'une certaine manière, a démontré aux gouvernements populaires qu'ils ne pouvaient pas laisser s'établir cette perversion. Et c'est pourquoi, avec vous tous, je m'adresse à ceux dont nous n'avons pas oublié qu'ils furent nos camarades pour leur dire : quand même nous ne sauverions qu'une vie de travailleur allemand dans les jours qui viennent, cette vie vaudrait la peine que nous soyons réunis et elle vaut la peine que ceux au moins qui se sont tus parlent maintenant et nous aident à la sauver. Ne préférez pas vos raisonnements et vos rêves à cette misère qui crie vers nous depuis deux semaines, n'excusez pas le sang et la douleur d'aujourd'hui sur la considération d'un avenir historique qui sera privé de sens au moins pour ceux qu'il aura tués. Croyez-nous, pour la dernière fois, quand nous vous disons qu'aucun rêve d'homme, si grand soit-il, ne justifie qu'on tue celui qui travaille et qui est pauvre. Personne ne vous demande de rien renier de ce que vous croyez ou voulez. Mais au nom même de la vérité que vous prétendez servir, réclamez seulement avec nous cette commission d'enquête où seront représentées toutes les centrales syndicales et qui servira du moins de médiateur dans un drame dont l'enjeu n'est pas la société idéale dont vous disputez et dont vous rêvez pour un jour encore invisible, mais la terrible mort dont des humiliés sont menacés aujourd'hui même pour avoir cru, comme le Marx dont on leur parlait tous les jours, que l'égalité ne pouvait et ne devait pas se passer de la liberté.

Albert Camus.

Témoins, printemps 1954, n° 5, IIe année.

POZNAN

Un chef communiste international, et qui se dit à l'occasion syndicaliste, a déclaré que le soulèvement de Poznan était le fait de meneurs inspirés par l'étranger. Jusque-là ce génie politique n'exprimait rien de plus en somme que n'importe quel journaliste bourgeois devant les soulèvements ouvriers ou coloniaux qui le dérangent dans son idée du bonheur. Mais l'argument invoqué par lui mérite au contraire notre pleine adhésion. Dans un pays normal, a-t-il dit, on n'attaque pas les postes de police pour satisfaire les revendications ouvrières. Il faut applaudir à cette remarque pertinente. Car dans un pays normal, en effet, les libertés syndicales autorisent la lutte pacifique pour les revendications ouvrières. Mais là où le droit de grève n'existe plus, où la législation ouvrière annule d'un trait de plume cent ans de conquêtes syndicales, quand des ouvriers qui ne reçoivent que le minimum vital voient rogné par décision gouvernementale le salaire qui ne suffit même pas à leur vie, que leur reste-il donc sinon le cri et la colère ?

Non, ce n'est pas un régime normal que celui où l'ouvrier se voit contraint de choisir entre la misère et la mort. Et ceux qui, de près ou de loin, avec ou sans précautions, calomnient ou critiquent les martyrs de Poznan, ceux-là se retranchent définitivement de la communauté des hommes libres et déshonorent la révolution qu'ils prétendent défendre. M. Cyrankiewicz*, qu'une certaine presse nous présente comme un doux libéral et qui distribue en effet de bonnes paroles pendant que ses services exécutent des ouvriers, a eu, lui aussi, un mot malheureux pour annoncer la répression. Quiconque, a-t-il dit, lève la main contre le peuple peut être sûr qu'elle sera coupée. Si cette sanction est aussi certaine que le dit le président du conseil polonais, alors son pays et quelques autres, soyons-en sûrs, seront bientôt gouvernés par un état-major de manchots. Car ces gouvernants et ces bureaucrates ont fait mieux que lever la main contre le peuple : ils l'ont frappé, ils l'ont renversé dans le sang. Mais le sang ouvrier ne porte pas bonheur ! Ces tyrans effarés qui tirent et parlent à tort et à travers sont unis aujourd'hui dans la même complicité consciente. Ils savent, n'en doutez pas, ils savent qu'ils sont coupables !

C'est pourquoi on ne peut qu'accueillir avec indignation l'attitude, en cette affaire, du gouvernement yougoslave et de sa presse officielle. En insultant et en calomniant les victimes de Poznan, le gouvernement yougoslave vient de rendre un assez superbe hommage à Staline. Il a trompé l'attente de tous ceux qui lui faisaient, quand même, confiance et il s'est condamné pour longtemps aux yeux de la gauche libre. Mais, après tout, ces calomnies, comme les précautions de langage que nous voyons prendre, ici même, à nos hommes du progrès, ne nous apprennent que ce que nous savions déjà. Elles nous apprennent que la réaction, aujourd'hui, est aussi à gauche. Elle y serait du moins si les sacrifices des ouvriers polonais, et la solidarité qu'ils ont éveillée dans le monde, parmi tant d'hommes semblables à ceux qui sont dans cette salle, ne témoignaient encore pour l'honneur et le courage inlassable du mouvement ouvrier. Mais ceux-là se sont exclus du mouvement ouvrier, et de son honneur, qui, au spectacle de travailleurs avançant au coude à coude

---

* Président du gouvernement polonais.

devant les tanks, pour exiger le pain et la liberté, n'ont d'autre réaction que de traiter ces martyrs de fascistes ou de regretter vertueusement qu'ils n'aient pas eu la patience de mourir silencieusement de faim, en attendant que le régime veuille bien, comme on dit, se libéraliser.

Certes je me garderai, quant à moi, d'encourager, si peu que ce soit, à la révolte et à la lutte des hommes dont je ne puis partager le combat. Mais ces hommes s'étant levés, à bout d'humiliations, et ayant été assassinés, je me mépriserais d'oser la moindre réserve et d'exprimer autre chose devant leur sacrifice que mon respect et ma solidarité absolue. Ils n'ont pas besoin, cela est sûr, que nous les félicitions. Ils ont seulement besoin que partout où règne la liberté aux mille voix, leur cri soit répercuté, que leur détresse soit relayée, exposée aux yeux du monde, que soit connue et respectée leur volonté d'en finir avec cette mystification qui prétendait qu'ils avaient consenti librement le sacrifice de leurs libertés afin d'obtenir le pain pour tous. La vérité, ils nous l'ont crié, est qu'ils n'avaient ni pain ni liberté, qu'ils ne veulent ni ne peuvent se passer ni de l'un ni de l'autre, qu'ils savent, comme nous tous, que les deux sont inséparables, et que privé de liberté l'esclave ne reçoit plus son pain que du bon plaisir du maître.

Depuis quelques mois, un mythe s'écroule irrésistiblement devant nos yeux. Nous connaissons aujourd'hui la tristesse d'avoir eu raison en refusant de considérer les régimes de l'Est comme révolutionnaires et prolétariens. Tristesse en effet : qui se réjouirait d'avoir eu raison en annonçant que des millions d'hommes souffraient véritablement de misère et d'oppression ? Aujourd'hui la vérité, la terrible vérité éclate, le mythe vole en éclats. Mais nous savons que ce mythe pendant des années a perverti les consciences et les intelligences européennes. Même devant l'éclat du jour, ces aveugles diront encore qu'il fait nuit. Ils le diront plus malaisément aujourd'hui. Les ouvriers de Poznan viennent de porter le dernier coup à une mystification longtemps triomphante, longtemps cynique. Les feux de l'insurrection polonaise illuminent aux yeux de tous la déchéance et le malheur d'une révolution pervertie. Il ne peut plus y avoir d'aveugles, ou de naïfs, aujourd'hui, autour de cette déchéance. Il ne peut plus y avoir que des complices.

Nous ne serons pas, nous ne serons jamais ces complices! Nous ne serons pas non plus des pharisiens triomphants. Cette victoire de la vérité a été payée de trop de morts et de trop de sang pour que nous puissions l'accueillir autrement qu'avec une résolution douloureuse. Aujourd'hui encore, ces ouvriers désarmés qu'on fusille dans l'ombre, pour sauver ce qui reste de régimes mourants, ne nous font sentir que l'horreur et la peine qui ont accompagné ce long mensonge. Mais ces morts désespérés nous imposent une fidélité qu'il faut jurer une fois de plus. Fidélité au mot qu'ils ont crié devant la répression, au mot qui a converti des soldats jusque dans les rangs de l'armée, au mot qui a survécu à toutes les oppressions dont on l'écrasait, à toutes les mystifications dont on l'habillait, fidélité à la liberté inlassable, à la liberté invincible et sacrée. Oui, nous ne pouvons que répondre de loin à ce cri déchirant des ouvriers de Poznan et lui donner son écho à travers le monde. Mais nous devons le faire sans trêve, pour que le cri plus jamais ne s'éteigne. Liberté ou barbarie, voilà ce que nous avons appris dans les longues années de l'histoire qui vient de passer, voilà ce que nous apprenons dans cette nouvelle tragédie. Le choix alors ne sera pas difficile. Nous choisirons la liberté contre les barbaries anciennes et nouvelles et nous la choisirons une fois pour toutes, jusqu'à la fin, pour ne pas démériter un seul jour du sacrifice des militants ouvriers de la Pologne toujours opprimée.

ALBERT CAMUS.

Juillet 1956.

RÉPONSE À UN APPEL

LA presse, et *Franc-Tireur,* a publié hier le bouleversant appel lancé avant-hier par les écrivains hongrois aux intellectuels occidentaux. Puisque j'y suis nommément désigné, et bien que je n'aie jamais mieux senti qu'en ces jours funèbres notre tragique impuissance, je me sens obligé d'y répondre personnellement.

Nos frères de Hongrie, isolés dans une forteresse de mort, ignorent certainement l'immense élan d'indignation qui a fait l'unanimité des écrivains français. Mais ils ont raison de penser que les paroles ne suffisent pas et qu'il est dérisoire d'élever seulement de vaines lamentations autour de la Hongrie crucifiée. La vérité est que la société internationale tout entière qui, après des années de retard, a trouvé soudain la force d'intervenir dans le Moyen-Orient, laisse au contraire assassiner la Hongrie. Déjà, il y a vingt ans, nous avons laissé écraser la république espagnole par les troupes et les armes d'une dictature étrangère. Ce beau courage a trouvé sa récompense : la deuxième guerre mondiale. La faiblesse des Nations Unies et leurs divisions nous amènent peu à peu à la troisième, qui frappe déjà à nos portes. Elle frappe et elle entrera si, partout dans le monde, la loi internationale ne s'impose pas pour la protection des peuples et des individus.

C'est pourquoi, plutôt que de laisser libre cours aux sentiments de révolte, d'affreuse tristesse et de honte qui nous étreignent devant les appels désespérés de nos frères hongrois, je crois préférable d'inviter tous ceux qui étaient nommés dans l'appel du 7 novembre à une démarche positive auprès des Nations Unies. Voici le texte que je leur propose, qui définira en même temps notre exigence et nos responsabilités :

« Les écrivains européens dont les noms suivent demandent que l'Assemblée générale examine sans désemparer le génocide dont est victime la nation hongroise. Ils demandent que chaque nation prenne à cette ocasion ses responsabilités, qui seront enregistrées, pour voter sur le retrait immédiat des troupes soviétiques, leur remplacement par la force de contrôle internationale désormais à la disposition des Nations Unies, la libération des détenus et des déportés et l'organisation consécutive d'une consultation libre du peuple hongrois. Ces mesures sont les seules qui puissent assurer la paix juste dont sont avides tous les peuples, y compris le peuple russe.

» Dans le cas où les Nations Unies reculeraient devant leur devoir, les signataires s'engagent non seulement à boycotter l'organisation des Nations Unies et ses organismes culturels, mais encore à dénoncer en toutes occasions devant l'opinion publique sa carence et sa démission.

» Les signataires prient M. le Secrétaire général de se

faire leur interprète auprès des Nations Unies pour les assurer que leur appel n'est pas inspiré par un quelconque et, d'ailleurs, assez vain esprit de chantage, mais par la conscience douloureuse de leurs propres responsabilités, et par leur révolte angoissée devant le martyre d'un peuple héroïque et libre. »

Je souhaite que ce texte soit signé par tous les destinataires de l'appel des écrivains hongrois. Mais chaque écrivain d'Europe peut aujourd'hui, partout où il se trouve, grouper les signatures d'autant d'intellectuels qu'il se pourra et télégraphier ce texte au secrétariat des Nations Unies. C'est là, je le dis à notre honte, tout ce que nous pouvons faire pour répondre à nos frères massacrés, pour que cesse enfin cette boucherie, et pour manifester à la face du monde qu'à côté de nos gouvernements faibles ou cruels, par-dessus le rideau des dictatures, malgré la faillite dramatique des mouvements et des idéaux traditionnels de la gauche, la véritable Europe existe, unie dans la justice et la liberté, face à toutes les tyrannies. Les combattants hongrois meurent en masse aujourd'hui pour cette Europe. Pour que leur sacrifice ne soit pas vain, nous, dont les voix pour un temps encore sont libres, devons lui manifester, jour après jour, notre fidélité et notre foi et relayer, aussi loin que nous le pourrons, l'appel de Budapest.

Albert Camus.

Franc-Tireur, 10 novembre 1956.
Reproduit par *Témoins*, automne 1956.

MESSAGE EN FAVEUR DE LA HONGRIE
À UN MEETING
DES ÉTUDIANTS FRANÇAIS

Paris, le 23 novembre 1956.

La seule chose que je puisse aujourd'hui affirmer publiquement, après avoir participé directement ou indirectement à vingt années de notre sanglante histoire, est que la valeur suprême, le bien dernier pour lequel il vaut la peine de vivre et de combattre, reste toujours la liberté. Les hommes de ma génération ont eu vingt ans à l'époque où Hitler prenait le pouvoir et où s'organisaient les premiers procès de Moscou. Il nous a fallu, pendant dix ans, lutter d'abord contre la tyrannie hitlérienne et contre les hommes de droite qui la soutenaient. Et pendant dix autres années, combattre la tyrannie stalinienne et les sophismes de ses défenseurs de gauche. Aujourd'hui malgré les trahisons successives et les calomnies dont les intellectuels de tous les bords l'ont couverte, la liberté, et elle d'abord, reste notre raison de vivre. J'avoue avoir été tenté ces dernières années de désespérer du sort de la liberté. Trahie par ceux dont c'était la vocation de la défendre, piétinée par nos clercs devant les peuples silencieux, j'ai craint sa mort définitive et c'est pourquoi il m'a semblé parfois que le déshonneur de notre temps recouvrait toutes choses. Mais la jeunesse hongroise, celle d'Espagne et de France, celle de tous les pays nous prouvent aujourd'hui qu'il n'en est rien et que rien n'abat, n'abattra jamais, cette force violente et pure qui pousse les hommes et les peuples à revendiquer l'honneur de vivre debout. Vous tous qui entrez maintenant dans notre histoire, n'oubliez pas cela. Ne l'oubliez en aucun lieu, ni en aucun temps ! Et si vous pouvez accepter loyalement de tant discuter, n'acceptez jamais que la liberté de l'esprit, de la personne, de la nation soit jamais mise en cause, même provisoirement, fût-ce une seule seconde. Vous devez savoir maintenant que lorsque l'esprit est enchaîné, le travail est asservi, que l'écrivain est muselé quand l'ouvrier est opprimé et que lorsque la nation n'est pas libre, le socialisme ne libère personne et asservit tout le monde.

Que le sacrifice hongrois, devant lequel nous avons remâché notre honte et notre impuissance, serve au moins à nous rappeler cela. Nous serons moins tentés d'accabler notre propre nation, et elle seule, sous ses péchés historiques. Nous serons plus soucieux, sans cesser d'exiger d'elle toute la justice dont elle est capable, de sa survie et de sa liberté. Vous n'aurez pas alors à nous imiter, nous qui, dans cette longue lutte, nous sommes usés à combattre pour rectifier les mots et dénoncer les mystifications, dans d'interminables et stériles luttes civiles. Vous chercherez ce qui vous réunit plutôt que ce qui vous sépare. Une certaine solitude, dure à vivre, risquera ainsi de vous être épargnée. Alors peut-être vous referez à vous tous ce pays que j'aime aujourd'hui comme la liberté elle-même et qui, malgré ses malheurs, ses faiblesses, ses fautes, continue de mériter en ce monde notre fidélité. Mais de toute manière, partout et toujours, gardez la mémoire de ce que nous venons de vivre afin de rester fidèles à la liberté, à ses droits comme à ses devoirs, et afin de ne jamais accepter, jamais, que quelqu'un, homme, si grand soit-il, ou parti, si fort qu'il soit, pense pour vous et vous dicte votre conduite. Oubliez vos maîtres, ceux qui vous ont tant menti, vous le savez maintenant, et les autres aussi, puisqu'ils n'ont pas su vous persuader. Oubliez tous les maîtres, oubliez les idéologies périmées, les concepts mourants, les slogans vétustes dont on veut encore continuer de vous nourrir. Ne vous laissez intimider par aucun des chantages, de droite ou de gauche. Et pour finir, n'acceptez plus de leçons que des jeunes combattants de Budapest mourant pour la liberté. Ceux-là ne vous ont pas menti en vous criant que l'esprit libre et le travail libre, dans une nation libre, au sein d'une Europe libre, sont les seuls biens de cette terre et de notre histoire qui vaillent qu'on lutte et qu'on meure pour eux.

Albert Camus.

DISCOURS DE LA SALLE WAGRAM

(EXTRAIT)

Ce que fut l'Espagne pour nous il y a vingt ans, la Hongrie le sera aujourd'hui. Les nuances subtiles, les artifices de langage et les considérations savantes dont on essaie encore de maquiller la vérité ne nous intéressent pas. La concurrence dont on nous entretient entre Rakosi et Kadar est sans importance. Les deux sont de la même race. Ils diffèrent seulement par leur tableau de chasse et, si celui de Rakosi est le plus sanglant, ce n'est pas pour longtemps.

Dans tous les cas, que ce soit le tueur chauve ou le persécuté persécuteur qui dirige la Hongrie, ne fait pas de différence quant à la liberté de ce pays. Je regrette à cet égard de devoir encore jouer les Cassandre, et de décevoir les nouveaux espoirs de certains confrères infatigables, mais il n'y a pas d'évolution possible dans une société totalitaire. La terreur n'évolue pas, sinon vers le pire, l'échafaud ne se libéralise pas, la potence n'est pas tolérante. Nulle part au monde on n'a pu voir un parti ou un homme disposant du pouvoir absolu ne pas en user absolument.

Ce qui définit la société totalitaire, de droite ou de gauche, c'est d'abord le parti unique et le parti unique n'a aucune raison de se détruire lui-même. C'est pourquoi la seule société capable d'évolution et de libéralisation, la seule qui doive garder notre sympathie à la fois critique et agissante, est celle où la pluralité des partis est d'institution. Elle seule permet de dénoncer l'injustice et le crime, donc de les corriger. Elle seule aujourd'hui permet de dénoncer la torture, l'ignoble torture, aussi méprisable à Alger qu'à Budapest...

Les tares de l'Occident sont innombrables, ses crimes et ses fautes réels. Mais, finalement, n'oublions pas que nous sommes les seuls à détenir ce pouvoir de perfectionnement et d'émancipation qui réside dans le libre génie. N'oublions pas que lorsque la société totalitaire, par ses principes mêmes, oblige l'ami à livrer l'ami, la société d'Occident, malgré tous ses égarements, produit toujours cette race d'hommes qui maintiennent l'honneur de vivre, je veux dire la race de ceux qui tendent la main à l'ennemi lui-même pour le sauver du malheur ou de la mort.

Lorsque le ministre Chepilov, revenant de Paris, ose écrire que l'« art occidental est destiné à écarteler l'âme humaine et à former des massacreurs de toute espèce », il est temps de lui répondre que nos écrivains et nos artistes, eux du moins, n'ont jamais massacré personne et qu'ils ont cependant assez de générosité pour ne pas accuser la théorie du réalisme socialiste des massacres couverts ou ordonnés par Chepilov et ceux qui lui ressemblent.

La vérité est qu'il y a place pour tout parmi nous, même pour le mal, et même pour les écrivains de Chepilov, mais aussi pour l'honneur, pour la vie libre du désir, pour l'aventure de l'intelligence. Tandis qu'il n'y a place pour rien dans la culture stalinienne, sinon pour les sermons de patronage, la vie grise et le catéchisme de la propagande. À ceux qui pouvaient encore en douter, les écrivains hongrois viennent de le crier, avant de manifester leur choix définitif puisqu'ils préfèrent se taire aujourd'hui plutôt que de mentir sur ordre.

Nous aurons bien du mal à être dignes de tant de sacrifices. Mais nous devons l'essayer, dans une Europe enfin unie, en oubliant nos querelles, en faisant justice de nos propres fautes, en multipliant nos créations et notre solidarité. À ceux enfin qui ont voulu nous abaisser et nous faire croire que l'histoire pouvait justifier la terreur, nous répondrons par notre vraie foi, celle que nous partageons, nous le savons maintenant, avec les écrivains hongrois, polonais et même, oui, avec les écrivains russes, bâillonnés eux aussi.

Notre foi est qu'il y a en marche dans le monde, parallèlement à la force de contrainte et de mort qui obscurcit l'histoire, une force de persuasion et de vie, un immense mouvement d'émancipation qui s'appelle la culture et qui se fait en même temps par la création libre et le travail libre.

Notre tâche quotidienne, notre longue vocation est d'ajouter par nos travaux à cette culture, et non d'y retrancher quoi que ce soit, même provisoirement. Mais notre devoir le plus fier est de défendre personnellement, et jusqu'au bout, contre la force de contrainte et de mort, d'où qu'elle vienne, la liberté de cette culture, c'est-à-dire la liberté du travail et de la création.

Ces ouvriers et ces intellectuels hongrois, auprès desquels nous nous tenons aujourd'hui avec tant de chagrin impuissant, ont compris cela et nous l'ont fait mieux comprendre. C'est pourquoi si leur malheur est le nôtre, leur espoir nous appartient aussi. Malgré leur misère, leur exil, leurs chaînes, ils nous ont laissé un royal héritage que nous avons à mériter : la liberté qu'ils n'ont pas choisie, mais qu'en un seul jour ils nous ont rendue!

ALBERT CAMUS.

Discours prononcé à la salle Wagram, le vendredi 15 mars 1957. Le texte intégral est paru dans *Franc-Tireur* du 18 mars 1957.

PRÉFACE À « L'AFFAIRE NAGY »

« UN acte correct et nécessaire. » Gomulka qualifiait ainsi, au mois de mai dernier, l'intervention des troupes soviétiques en Hongrie. Le Bon Dieu, je veux dire, bien sûr, l'Histoire pardonnera peut-être au dirigeant polonais le mot « nécessaire » en considération justement de la nécessité historique où vit son pays. La dialectique de l'Armée rouge le tient serré. Mais le mot « correct », lui, était moins nécessaire. À un simple constat, il ajoutait un jugement d'estime, donc une complicité, qui risquait de s'étendre encore. Un mois après, en effet, forts de leur bon certificat, les maîtres russes faisaient correctement pendre, avec trois de ses amis, le seul chef légal de la Hongrie. Et des flots de discours qu'un politicien marxiste comme Gomulka est dans la nécessité de prononcer, un seul mot, devenu impossible à digérer, risque, désormais, de survivre, pour le malheur de sa mémoire.

En fait de correction, ce livre prouve qu'il y a eu en Hongrie, autour d'Imre Nagy, parjure, forfaiture, mépris du droit international, violation de l'immunité diplomatique et des personnes parlementaires, rapts et assassinats. Seul, le vol n'apparaît pas dans cette histoire. Je le regrette, pour ma part. Au milieu de ce beau monde, un voleur eût paru bucolique, et rafraîchissant. Mais non ! Nous sommes parmi les austères, qui ne tuent pas par caprice, ni fantaisie, mais par nécessité, historique bien sûr, pour donner des sujets de réflexion à Tito (et par exemple on vire de l'autobus les diplomates yougoslaves chargés de veiller sur le transport de Nagy hors de l'ambassade) ou pour faire une politesse à Mao (vous savez bien, le doux Mao, le poète des cent fleurs, la marguerite chinoise ! Et, à propos, vous verrez qu'il les a demandés avec des fleurs ses pendus mais qu'il les voulait, et qu'il les a eus !). On les a donc nécessairement jugés, Nagy et les autres, à la sauvette, peut-être en Russie, peut-être en Hongrie, ou à Pékin, on ne sait pas, mais qu'est-ce que ça fait, on est internationaliste, rapidement en tout cas, on n'arrête pas le progrès et puis, sans dételer, la corde, on les a tués. On les a couchés ensuite dans le sens de l'histoire et on a préparé la dalle.

C'est-à-dire cinq beaux volumes pour orner ces tombes misérables et donner la raison historique de la chose.

Bien entendu, ce traité d'innocence s'appelle *Livre blanc*, comme le loup. Bref, c'est un réquisitoire. Simplement, pour la commodité, il est prononcé après l'exécution. Dans l'univers historique, on a l'esprit de l'escalier. L'avantage, c'est que le procureur joue gagnant. Avant même qu'il ait commencé, on lui a donné raison et brisé le cou de l'accusé. En tout cas, les circonstances étant ce qu'elles sont, c'est-à-dire les accusés n'ayant pu se défendre (ils avaient le droit d'ailleurs de choisir librement leurs avocats, mais sur une liste de bons sujets nommés par le ministre de la Justice) et le bourreau ayant été convoqué avant que l'acte d'accusation soit publié, il a bien fallu se résigner ici à présenter la défense des accusés après leur exécution.

Pour quoi faire, dira-t-on? En effet, pour quoi? Cette histoire est claire, il n'y a pas d'erreur possible : Nagy a été assassiné, et non pas jugé. Tout le monde le sait, y compris ses juges, il ne reste plus qu'à classer l'affaire. D'ailleurs, ça ne change rien au rapport des forces, ni aux positions. Par exemple, en octobre 56, le monde s'est soulevé d'indignation. Depuis, le monde s'est rassis, visiblement. En octobre 56, l'O.N.U. s'est mise en colère. Elle a même donné plusieurs ordres, très secs, au gouvernement Kadar. Ledit gouvernement lui a renvoyé ses ordres dans la figure. « Parfait », a dit l'O.N.U. Et, depuis, le représentant du gouvernement Kadar siège à New York, où il prend régulièrement la défense des peuples opprimés par l'Occident. Il y a mieux. En octobre 56, à Paris, des hommes, qui avaient toujours eu pour l'entreprise soviétique les yeux attendris qu'on a pour un enfant turbulent et chéri, ont tout de même protesté contre les Mongols à Budapest. Moi, encore naïf à quarante-trois ans, une chaleur et une reconnaissance m'étaient venues, devant l'effort de vérité qu'ils avaient dû faire. Eh bien! trois mois après, à Paris, nous élisions un député, comme ça, par routine, et les mêmes se désistaient pour un communiste qui, naturellement, avait applaudi à l'écrasement de l'insurrection hongroise. Ils se désistaient d'ailleurs d'un cœur navré : « Vous avez été méchants avec la Hongrie, disaient-ils, vous êtes des mal élevés. Aussi, c'est avec une grande tristesse que nous vous apporterons nos voix au deuxième tour. » Depuis, la tristesse a un peu diminué, mais on est toujours pour l'unité de mauvaise action. Alors, franchement, si le monde, si l'O.N.U., si notre intelligence, qui n'ont pas les excuses de Gomulka, sont arrivés à si bien digérer les morts de Budapest, pourquoi les autres, les historiques, se seraient-ils gênés avec Nagy et se gêneraient-ils dans l'avenir ? « La loi, a dit en somme l'O.N.U., n'est impérative que pour ceux qui la respectent. Pour tous les autres, elle est facultative. » « Ça nous va, ont dit les historiques, justement nous ne la respectons pas. » « Correct », a conclu Gomulka. On leur a donc donné le feu vert. Et ils n'ont pas tardé à démarrer de nouveau, en voiture cellulaire, bien entendu.

Dès lors, à quoi bon démontrer l'évidence ? Ceux que les événements d'octobre n'ont pas définitivement éclairés, rien ne les éclairera sinon, un jour, peut-être, et ce n'est pas sûr, le martyre de leur propre pays. Ils savent lire, cela suffit pour voir que le réquisitoire de Budapest ne tient pas debout. C'est même pitié de suivre dans les pages qui suivent les longs efforts des rédacteurs pour réfuter des insanités évidentes. Quand on lit que Nagy est accusé « d'avoir abusé des possibilités légales », on se dit que Jarry ferait mieux l'affaire pour parler de cette féroce et sordide histoire. Et l'indignation est alors dangereusement combattue par le dégoût, un dégoût à cracher devant ces comédies répugnantes, ces médiocres qui se font prendre au sérieux par l'assassinat, cet immense mensonge que nous renforçons nous-mêmes en le discutant et en le combattant, ce système monstrueux qui a fini par ridiculiser le socialisme et déshonorer l'humanisme, qui va nous en éloigner à tout jamais, c'est sûr, comme d'un plat où la sauce a réellement trop le goût du sang. Oui, pour quoi faire, vraiment ? Tout le monde sait, et Kadar le premier — qui fut son ministre et qui jura qu'il serait épargné — que Nagy était innocent. Les auteurs du *Livre blanc* eux-mêmes savent que leur plaidoirie est idiote et que les accusés ont été assassinés pour des raisons chinoises ou yougoslaves, dialectiques en tout cas, puisque la dialectique fait des nœuds. Si ces lucides ont publié leur gros roman, c'est sans vanité d'auteur, seulement par souci des convenances, et parce qu'on ne peut tout de même pas se présenter dans une société, fût-elle internationale, en mettant naïvement « assassin » sur sa carte de visite. En somme, le *Livre blanc* est une sorte de bonne grosse politesse dont personne n'est dupe. À quoi bon le prendre au mot et pourquoi se donner l'immense peine de le réfuter à la face d'un monde préoccupé seulement d'aller dans la lune ou de marier des altesses ?

Eh bien ! d'abord, peut-être, parce qu'on ne peut pas laisser ces gens mentir, comme ça, à longueur d'années. Personne ne les croit, c'est entendu. Mais l'homme est une créature exquise, et qui se fatigue vite. Dans un moment de lassitude, ou de faiblesse, un seul homme, quelque part dans le monde, pourrait dire : « Pourquoi pas ? » Ce jour-là, les pendus seraient suppliciés une seconde fois. Et de proche en proche, à force de fatigue et d'oubli, le mensonge généralisé prendrait figure de vérité, on se convaincrait que la liberté ne peut croître qu'à l'ombre de potences, qu'il n'est d'autre égalité que servile et qu'il faut laisser aux procureurs le soin de définir le bon socialisme. C'est pourquoi il fallait, en face du réquisitoire de Budapest, reconstituer, tranquillement et précisément, la vérité. Ce livre rectifie ainsi toutes les phrases de l'acte d'accusation, avec l'objectivité et la sérénité nécessaires. Il arrêtera sur ce point précis la contagion du mensonge.

Ensuite, il faut bien reconnaître que l'argument : « Franchement, pourquoi se gêneraient-ils ? » est à double tranchant. Si la lâcheté ou la complaisance du monde ont aidé les meurtriers à se sentir les coudées franches, il faut alors faire l'impossible pour que, *la prochaine fois,* ils se sentent un peu plus gênés. Des hommes, aujourd'hui encore, dans les prisons hongroises, attendent le pire et nous avons à les disputer, autant qu'il est possible, aux bourreaux. Ne laissons pas croire, à cet égard, et si fugitivement que ce soit, que la pendaison de Nagy et de ses amis a été correcte. Elle a constitué un crime répugnant dont il faut que les plus oublieux gardent la mémoire.

Le dégoût qui nous emplit tous, sachons alors le mettre au service d'une certaine obstination. Devant la tragédie hongroise, nous avons été, nous sommes encore dans une sorte d'impuissance. Mais cette impuissance n'est pas totale. Le refus du fait accompli, l'alerte du cœur et de l'esprit, la décision d'ôter au mensonge son droit de cité, la volonté de ne pas abandonner l'innocence, même après qu'elle eut été étranglée, ce sont les règles d'une action possible. Insuffisante sans doute, mais nécessaire à son tour, et d'une nécessité qui répond à l'autre, à l'ignoble, à la nécessité dite historique, qui lui répond, oui, et lui répondra toujours, qui lui tient tête, en tout cas, la neutralise parfois, la détruit à la longue et fait alors avancer imperceptiblement la véritable histoire des hommes. Ce livre qui présente loyalement la défense d'innocents, depuis longtemps exécutés, répond à cette nécessité toujours vivante.

Albert Camus.

La Vérité sur l'affaire Nagy, Plon, 1958.

IX

POUR L'ESPAGNE RÉPUBLICAINE

L'Espagne fut une des préoccupations permanentes d'Albert Camus, depuis le jour où le mouvement franquiste a déclenché la rébellion. Toute sa vie, il a suivi avec passion les événements d'outre-Pyrénées, appelant de ses vœux la chute de Franco et de son régime. Ses dossiers regorgent d'informations sur la guerre, la répression, la condition des prisonniers dans les geôles franquistes, la législation espagnole, la mort de Companys, etc. Aussi ne s'étonnera-t-on pas de l'hostilité du régime franquiste à Camus dont l'œuvre fut longtemps interdite en Espagne et, parallèlement, du véritable culte que la plupart des militants républicains espagnols en exil lui ont voué.

Du temps de *Combat,* Camus consacrait à l'Espagne les éditoriaux des 7 septembre, 5 octobre, 21 novembre, 10 décembre 1944 et 7 janvier 1945; très probablement, ceux des 27 mai, 7 juillet, 19 juillet, 7 août 1945. Le 29 décembre 1945, il accordait une interview à *l'Espagne républicaine,* hebdomadaire publié à Toulouse. En 1946, il préfaçait *l'Espagne libre,* collection «Actualité», chez Calmann-Lévy (cf. annexes p. 1604). En décembre 1948, à propos de *l'État de siège,* il répliquait à Gabriel Marcel, dans *Pourquoi l'Espagne ?* (cf. *Actuelles I,* p. 389.) Le 9 février 1949, il intervenait en faveur de Marcos Nadal. En avril 1951, il prenait la parole au meeting des Amis de l'Espagne républicaine, à la salle Saulnier (des fragments en espagnol ont été reproduits dans *Solidaridad Obrera*). Le 22 février

1952, nouveau discours au meeting organisé par la Ligue des Droits de l'Homme. En avril 1952, il donne à *Esprit,* sous le titre collectif *Chroniques,* le texte de cette intervention. Le 12 juin 1952, à l'annonce de l'entrée prochaine à l'U.N.E.S.C.O. des représentants officiels de l'Espagne, Camus adresse sa démission à cet organisme et communique sa lettre au *Monde* (reproduite par *Documents et Nouvelles d'Espagne*). Il s'adresse à un certain nombre d'intellectuels et les invite à s'associer à son geste : les réponses furent rares. Le 30 novembre 1952, il participait au meeting de protestation organisé salle Wagram (publié par *Alianza U.G.T.-C.N.T.,* Mexico, et repris dans *Actuelles II,* p. 781).

En mars 1954, il entre en contact avec le « Spanish Refugee Aid » pour l'obtention d'une aide américaine aux réfugiés espagnols en France. Le 27 janvier 1955, il participe à l'hommage franco-espagnol à Jean Sarrailh ; en septembre, avec Jean Cassou et Paul Rivet, il entre au comité de *Repúblika,* nouveau périodique mensuel. Le 18 novembre 1955, dans *l'Express,* sous le titre : *Démocrates, couchez-vous,* il stigmatise l'entrée de l'Espagne franquiste à l'O.N.U.

Au printemps 1956, il préface un numéro spécial de *Témoins,* intitulé *Fidélité à l'Espagne,* auquel participent René Char et Georges Navel. En octobre 1956, il intervient en faveur de Comerora, condamné par les tribunaux franquistes, et le 30 octobre salue les soixante-dix ans de Salvador de Madariaga. Le 27 février 1957, avec le Mouvement européen, il répond à l'appel d'étudiants qui avaient manifesté contre la dictature et avaient été détenus ou expulsés de l'Université. Enfin, c'est au milieu des exilés espagnols qu'il fête le Nobel (22 janvier 1958, texte reproduit par *Preuves* en mars 1958, sous le titre « *Ce que je dois à l'Espagne* »).

On comprend que les républicains espagnols aient tenu à le décorer de la médaille de la Libération : on trouvera en annexe un fragment de l'allocution de remerciement qu'il prononça à cette occasion.

Je reprends ensuite :
19 juillet 1936 (1951).
Chroniques (*Esprit,* avril 1952).
La préface à un numéro spécial de *Témoins* (1956).
Le parti de la liberté (30 octobre 1956).

Il m'a paru logique de joindre à ces textes le discours prononcé devant *les Amitiés méditerranéennes* en l'honneur de l'ancien président colombien Eduardo Santos, chassé de son pays par la dictature militaire en août 1955 et dépossédé de la direction d'*El Tiempo,* son journal.

Signalons enfin, pour rester dans le cadre hispanisant, que, le 20 mai 1953, Camus intervint vigoureusement auprès de l'ambassadeur d'Argentine contre l'arrestation arbitraire par le régime Peron de Victoria Ocampo, écrivain argentin. Ce geste ne fit que renforcer une amitié déjà ancienne qui valut à *Sur,* la revue bimestrielle de Victoria Ocampo, de publier entre 1946 et 1959 treize textes de Camus.

R. Q.

ESPAGNE

JE remercie le seul gouvernement légal de l'Espagne d'avoir bien voulu m'accueillir dans son ordre de Libération. Je veux le prier de croire qu'à aucun moment je n'ai confondu cet honneur avec les honneurs dont les gouvernements sont généralement si prodiges qu'on se sent porté à les refuser. Je les ai si peu confondus, que je ne reçois pas la distinction d'aujourd'hui sans un certain sentiment d'humilité. Le peu que j'ai pu faire, je l'ai fait autant pour la vérité que pour l'Espagne libre. Et il n'y a pas de mérite à servir ce que l'on croit vrai. Mais je m'encourage moi-même en interprétant cette décision à la lumière de la fraternité, des épreuves partagées et de la fidélité. C'est une fidélité que, pour ma part, je n'aurai aucune peine à maintenir. Elle est fondée sur l'admiration et la gratitude que je garde à l'Espagne de toujours, celle que vous représentez et qui m'a aidé à donner au mot liberté son contenu éternel et à y voir cette force irréductible qui niera toujours les prisons et les camps, l'oppression physique et morale...

Fragment manuscrit non daté.

19 JUILLET 1936

LE 19 juillet 1936 a commencé en Espagne la deuxième guerre mondiale. Nous commémorons aujourd'hui cet événement. Cette guerre est terminée partout aujourd'hui sauf précisément en Espagne. Le prétexte pour ne pas la terminer est l'obligation de se préparer à la troisième guerre mondiale. Ceci résume la tragédie de l'Espagne républicaine qui s'est vu imposer la guerre civile et étrangère par des chefs militaires rebelles et qui se voit aujourd'hui imposer les mêmes chefs au nom de la guerre étrangère. Pendant quinze années l'une des causes les plus justes qu'on puisse rencontrer dans une vie d'homme s'est trouvée constamment déformée et, à l'occasion, trahie pour les intérêts plus vastes d'un monde livré aux luttes de la puissance. La cause de la république s'est trouvée et se trouve toujours identifiée à celle de la paix, et c'est là sans doute sa justification. Par malheur, le monde n'a pas cessé d'être en guerre depuis le 19 juillet 1936 et la république espagnole en conséquence n'a pas cessé d'être trahie ou cyniquement utilisée. C'est pourquoi il est peut-être vain de s'adresser comme nous l'avons fait si souvent à l'esprit de justice et de liberté, à la conscience des gouvernements. Un gouvernement, par définition, n'a pas de conscience. Il a, parfois, une politique, et c'est tout. Et peut-être la plus sûre manière de plaider pour la république espagnole n'est-elle plus de dire qu'il est indigne pour une démocratie de tuer une seconde fois ceux qui se sont battus et qui sont morts pour notre liberté à tous. Ce langage est celui de la vérité, il retentit donc dans le désert. La bonne manière sera de dire plutôt que si le maintien de Franco ne se justifie que par la nécessité d'assurer la défense de l'Occident, il n'est justifié par rien. Cette défense de l'Occident, il faut qu'on le sache, perdra ses justifications et ses combattants les meilleurs si elle autorise le maintien d'un régime d'usurpation et de tyrannie.

Puisque les gouvernements occidentaux ont décidé de ne tenir compte que des réalités, autant leur dire que les convictions de toute une partie de l'Europe font partie aussi de la réalité et qu'il ne sera pas possible de les nier jusqu'au bout. Les gouvernements du xxe siècle ont une tendance regrettable à croire que l'opinion et les consciences peuvent se gouverner comme les forces du monde physique. Et il est vrai que, par les techniques de la propagande ou de la terreur, ils sont arrivés à donner aux opinions et aux consciences une consternante élasticité. Il y a cependant une limite à toutes choses, et particulièrement à la souplesse de l'opinion. On a pu mystifier la conscience révolutionnaire jusqu'à lui faire exalter les misérables exploits de la tyrannie. L'excès même de cette tyrannie rend cependant cette mystification évidente et voici qu'au milieu du siècle la conscience révolutionnaire de nouveau s'éveille et se retourne vers ses origines. D'un autre côté, on a pu mystifier l'idéal de liberté pour lequel des peuples et des individus ont su se battre alors même que leurs gouvernements capitulaient. On a pu faire patienter ces peuples, leur faire admettre des compromis de plus en plus graves. Mais une limite est désormais atteinte qu'il faut annoncer clairement, et passée laquelle il ne sera plus possible d'utiliser les consciences libres : il faudra au contraire les combattre elles aussi. Cette limite, pour nous autres Européens qui avons pris conscience de notre destin et de nos vérités le 19 juillet 1936, c'est l'Espagne et ses libertés.

La pire faute que puissent commettre les gouvernements occidentaux serait d'ignorer la réalité de cette limite. Notre pire lâcheté serait de la leur laisser ignorer. J'ai lu, dans les très curieux articles qu'un journal qui nous a habitués à plus de neutralité, consacre à ce qu'il appelle le problème espagnol, que les chefs républicains espagnols ne croient plus guère à la république. Si cela était vrai, cela justifierait les pires entreprises contre cette république. Mais l'auteur de ces articles, M. Creach*, parlant de ces chefs républicains, ajoute «ceux du moins qui vivent en Espagne». Par malheur pour M. Creach, par bonheur pour la liberté de l'Europe, les chefs républicains ne vivent pas en Espagne. Ou, s'ils y vivent, M. Creach ne peut les rencontrer dans les ministères et les salons de Madrid. Ceux qu'il connaît et qu'il dit être républicains ont cessé de croire à la république en effet. Mais ils ont cessé d'y croire à partir du moment où ils ont accepté de la soumettre une deuxième fois à ses meurtriers. Les vrais, les seuls chefs républicains qui vivent en Espagne ont une opinion si catégorique que je crains qu'elle ne puisse plaire à M. Creach, ni à ceux qui, pour servir Franco, ne cessent de se réclamer du danger de guerre et des nécessités de la défense occidentale. C'est l'opinion de ces combattants clandestins qu'il faut faire connaître parce que, seule, elle peut indiquer la limite sur laquelle nous nous tenons tous et que, en ce qui nous concerne,

---

* Correspondant du *Monde*.

nous ne laisserons pas franchir. C'est pourquoi je voudrais que ma voix fût bien plus forte qu'elle n'est et qu'elle parvînt directement à ceux dont c'est la tâche de définir la politique occidentale en fonction de la réalité, pour leur porter les déclarations sans ambiguïté du responsable du plus puissant mouvement clandestin espagnol. Ces déclarations dont je certifie l'origine et l'authenticité sont courtes. Les voici : « Par les coutumes, la culture, la civilisation, nous appartenons au monde occidental et nous sommes contre le monde oriental. Mais Franco restant au pouvoir, nous ferons ce qu'il faut pour empêcher qu'aucun homme jamais ne prenne chez nous les armes pour l'Occident. Nous sommes organisés pour cela. »

Ceci est une réalité que les réalistes de l'Occident feront bien de méditer. Et non pas seulement en ce qui concerne l'Espagne. Car le combattant qui parle ici, et dont la vie aujourd'hui est un perpétuel danger, est le frère d'armes de centaines de milliers d'Européens qui lui ressemblent, qui sont décidés à lutter pour leurs libertés et certaines valeurs d'Occident, qui savent aussi que toute lutte suppose un minimum de réalisme, mais qui ne confondront jamais réalisme et cynisme et qui ne prendront pas les armes pour défendre l'Occident avec les Maures de Franco et la liberté avec les admirateurs d'Hitler. Il y a là en effet une limite qui ne sera pas dépassée. Pendant près de dix ans, nous avons mangé le pain de la honte et de la défaite. Au jour de la délivrance, au sommet de la plus grande espérance, nous avons appris de surcroît que la victoire aussi était trahie et qu'il nous fallait renoncer à quelques-unes de nos illusions. À quelques-unes ? Sans doute ! Après tout, nous ne sommes pas des enfants. Mais non point à toutes, mais non point à notre fidélité la plus essentielle. Sur cette limite clairement tracée se tient en tout cas l'Espagne qui, une fois de plus, nous aide à voir clair. Nul combat ne sera juste s'il se fait en réalité contre le peuple espagnol. Et s'il se fait contre lui, il se fera sans nous. Nulle Europe, nulle culture ne sera libre si elle se bâtit sur la servitude du peuple espagnol. Et si elle se bâtit sur cette servitude elle se fera contre nous. L'intelligent réalisme des politiques occidentaux aboutira finalement à gagner à leur cause cinq aérodromes et trois mille officiers espagnols et à s'aliéner définitivement des centaines de milliers d'Européens. Après quoi, ces génies politiques se congratuleront au milieu des ruines. À moins que les réalistes n'entendent réellement le langage du réalisme et ne comprennent enfin que le meilleur allié du Kremlin n'est pas aujourd'hui le communisme espagnol, mais le général Franco lui-même et ses soutiens occidentaux.

Ces avertissements peut-être seront inutiles. Mais pour le moment, et malgré tout, il reste une petite place pour l'espérance. Que ces avertissements soient faits, qu'un combattant espagnol ait pu tenir le langage que j'ai dit et cela prouve au moins que nulle défaite ne sera définitive tant que le peuple espagnol, comme il vient de le prouver, garde sa force de combat. Paradoxalement, c'est ce peuple affamé, asservi, exilé de la communauté des nations qui est aujourd'hui le gardien et le témoin de notre espérance. Lui du moins, bien différent en cela des chefs de M. Creach, est vivant, souffre et lutte. Il l'est à ce point qu'il embarrasse les théoriciens du réalisme qui affirmaient que ce peuple songeait d'abord à sa tranquillité. Il y songeait si peu qu'il a fallu que ces théoriciens jettent du lest. Les journaux où s'exprime laborieusement aujourd'hui ce qui prétend être l'élite européenne se sont évertués à expliquer le phénomène des grèves espagnoles d'une manière qui laissait intactes les vraies forces du régime franquiste. Leur dernière trouvaille est que ces grèves ont été favorisées par la bourgeoisie et l'armée. Mais ces grèves ont été faites d'abord par ceux qui travaillaient et souffraient, voilà la vérité. Et si, comme il est possible, des patrons et des évêques espagnols y ont vu une occasion d'exprimer, sans payer de leur personne, leur opposition, alors ils ne sont que plus méprisables d'avoir compté sur la peine et le sang du peuple espagnol pour dire ce qu'ils étaient incapables de crier eux-mêmes. Ces mouvements ont été spontanés et cet élan garantit la réalité des déclarations de notre camarade et fonde le seul espoir que nous puissions nourrir.

Gardons-nous de croire que la cause républicaine vacille! Gardons-nous de croire que l'Europe agonise! Ce qui agonise, de l'Est à l'Ouest, ce sont ses idéologies. Et l'Europe peut-être, dont l'Espagne est solidaire, n'est si misérable que parce qu'elle s'est détournée tout entière, et jusque dans sa pensée révolutionnaire, d'une source de vie généreuse, d'une pensée où la justice et la liberté se rencontraient dans une unité charnelle, également éloignée des philosophies bourgeoises et du socialisme césarien. Les peuples d'Espagne, d'Italie et de France gardent le secret de cette pensée, et le garderont encore pour qu'il serve au moment de la renaissance. Alors le 19 juillet 1936 sera aussi l'une des dates de la deuxième révolution du siècle, celle qui prend sa source dans la commune de Paris, qui chemine toujours sous les apparences de la défaite, mais qui n'a pas encore fini de secouer le monde et qui pour finir portera l'homme plus loin que n'a pu le faire la révolution de 17. Nourrie par l'Espagne et, en général, par le génie libertaire, elle nous rendra un jour une Espagne et une Europe, et avec elles de nouvelles tâches et des combats enfin à ciel ouvert. Ceci du moins fait notre espoir et nos raisons de lutter.

Camarades espagnols, en disant cela je n'oublie pas, croyez-le bien, que, si quinze années sont peu de chose au regard de l'histoire, les quinze années que nous venons de passer ont pesé d'un terrible poids sur beaucoup d'entre vous, dans le silence de l'exil. Il y a quelque chose dont je ne sais plus parler, pour l'avoir trop dit, et c'est le désir passionné qui est le mien de vous voir retrouver la seule terre qui soit à votre mesure. Ce soir encore, je sens l'amertume qu'il peut y avoir à ne vous parler que de luttes et de combats renouvelés au lieu du juste bonheur auquel vous avez droit. Mais tout ce que nous pouvons faire pour justifier tant de souffrances et de morts, c'est de porter en nous leurs espoirs, de ne pas faire que ces souffrances aient été vaines et que ces morts soient solitaires. Ces quinze années implacables qui ont usé tant d'hommes à la tâche en ont forgé quelques autres dont c'est le destin que de justifier les premiers. Si lourd que cela soit, c'est ainsi que les peuples et les civilisations s'élèvent. Et après tout, c'est de vous, c'est de l'Espagne en partie, que quelques-uns d'entre nous ont appris à se tenir debout et à accepter sans défaillance le dur devoir de la liberté. Pour l'Europe et pour nous, souvent sans le savoir, vous avez été et vous êtes des maîtres de liberté. Ce dur devoir qui n'en finit plus, c'est à notre tour maintenant de le partager avec vous, sans défaillance et sans compromission. Là est votre justification. J'ai rencontré dans l'histoire depuis que j'ai l'âge d'homme beaucoup de vainqueurs dont j'ai trouvé la face hideuse. Parce que j'y lisais la haine et la solitude. C'est qu'ils n'étaient rien quand ils n'étaient pas vainqueurs. Pour être seulement, il leur fallait tuer et asservir. Mais il est une autre race d'hommes, qui nous aide à respirer, qui n'a jamais trouvé d'existence et de liberté que dans la liberté et le bonheur de tous et qui puise par conséquent jusque dans les défaites des raisons de vivre et d'aimer. Ceux-là, même vaincus, ne seront jamais solitaires.

ALBERT CAMUS.

Texte anniversaire de 1951, publié par *Témoins,* printemps 1954, n° 5, IIe année.

CHRONIQUES

UN quotidien parisien annonce, aujourd'hui, à ses lecteurs alléchés, une étude sur les grandes directives de la politique franquiste. Ce soir, nous sommes par malheur obligés de nous borner à l'examen d'une seule des directions où cette politique s'est engagée, et cette direction est indiquée par la mire des fusils d'exécution. Cette direction a pour elle, au moins, d'avoir été constante et obstinée.

Voici près de quinze ans, en effet, que le franquisme vise le même but : le visage et la poitrine des Espagnols libres.

Reconnaissons qu'il l'a souvent atteint et, s'il n'a pas encore, malgré tant de balles, défiguré ce visage sans cesse renaissant, il a bon espoir, maintenant, d'en venir à bout grâce à la complicité inattendue d'un monde qui se dit libre.

Eh bien! cette complicité, nous refuserons jusqu'au bout qu'elle soit la nôtre. Une fois de plus, nous voici placés devant l'intolérable scandale de la conscience européenne; une fois de plus, sans nous lasser, nous le dénoncerons. Ces nouvelles victimes nous crient, après tant d'autres, du fond de leurs cellules, que la mystification, au moins sur ce point, ne peut durer plus longtemps.

Il faut choisir, en effet, entre le franquisme et la démocratie. Car, entre ces deux conceptions, il n'y a pas de moyen terme. Le moyen terme est justement cette immonde confusion où nous sommes et où les démocraties s'essaient à être cyniques pendant que le franquisme, par courtoisie, s'essaie à devenir respectueux des lois. Il donne alors quatre avocats à onze inculpés qu'une banquette d'officiers, avant que les avocats aient pu parler, jugent en un tournemain, en vertu d'une loi spéciale. Et de même, Franco se refuse à condamner à mort un enfant de seize ans : c'est pourquoi il le garde en cellule jusqu'à sa majorité pour pouvoir enfin le fusiller dans les règles. Il est temps, il est grand temps, que les représentants des démocraties désavouent cette caricature et renient en public, définitivement, la curieuse théorie qui consiste à dire : « Nous allons donner des armes à un dictateur et il deviendra démocrate. » Non! Si vous lui donnez des armes, il tirera à bout portant, comme c'est son métier, dans le ventre de la liberté.

Il faut choisir entre le Christ et le tueur et il est temps, il est grand temps, que la hiérarchie catholique dénonce en public, définitivement, cet affreux accouplement. On a pu reprocher à Philippe II d'avoir tendance à croire que Dieu était espagnol. Mais Philippe II était un modeste auprès de Franco qui se fait répéter sans trêve, au son des tambours d'exécution, que Dieu est phalangiste. Oui, qu'attend-on pour condamner cette étrange religion qui, depuis quinze ans, s'occupe à bénir de hideuses communions où des hosties de plomb sont distribuées par douze, en feu roulant, pour consacrer le sang des justes?

Si cette dénonciation, en tout cas, ne se fait pas sans tarder, je ne vois pas quelle raison il y aurait de choisir entre l'hypocrisie et la terreur, puisque l'hypocrisie se serait faite pour toujours servante de la terreur. Alors l'unité du monde serait consacrée, en effet, mais dans l'infamie. Pour nous, du moins, au milieu de cette surenchère répugnante, nous resterons fermes, nous saurons voir ce qui reste à sauver ce soir comme demain. Et ce qui reste à sauver, c'est la vie, la fragile, la précieuse vie des hommes libres. Car, si nous laissons tuer ces hommes, ils vont nous manquer, n'en doutez pas, nous ne sommes pas si nombreux. Nous étouffons, au contraire, dans une Europe où la qualité humaine est dégradée de jour en jour au plus vite. À chaque homme libre qui tombe, dix esclaves naissent et l'avenir s'assombrit un peu plus.

C'est cet avenir que nous avons à maintenir ouvert. C'est cette chance de vie, et avec elle la chance de la grandeur, que nous avons à préserver. Et le cri qui nous vient devant ces meurtres multiples est d'abord une protestation révoltée contre la destruction systématique de tous ceux dont la seule existence sauve encore ce monde du déshonneur.

On a pu dire que le peuple espagnol était l'aristocratie de l'Europe. Qui en douterait à voir ce qui nous entoure ? Par malheur, cette aristocratie est aujourd'hui celle du sacrifice. C'est une élite qu'on tue alors que nous avons besoin qu'elle vive et qu'elle nous aide à vivre. C'est pourquoi il faut agir sans tarder là où chaque jour, chaque heure peut être comptée.

Que chacun d'entre nous fasse ce qu'il peut, mais tout ce qu'il peut. Ne nous endormons pas, n'ayons pas la mélancolie et le découragement trop faciles. Ne prenons pas trop facilement notre parti du martyre des autres. Ne cédons pas surtout à la tentation de dire que ce martyre ne sera pas inutile. Car si ce martyre ne peut compter, pour être utile, que sur la mémoire des hommes, il risque un jour d'être vain. Il y a trop de victimes aujourd'hui, et de tous les bords : la mémoire n'y suffit plus. Nous n'avons pas besoin de la mort de ces hommes, nous avons besoin de leur vie d'abord.

Non, ne les laissons pas mourir, le cœur des hommes n'est pas assez sûr. Tandis que leur vie du moins est sûre, la chaleur de leur sang, leur fierté d'hommes libres. C'est tout cela qu'il nous faut encore garder parmi nous. Mais, pour cela, il nous faut arracher ces hommes aux bourreaux, aux messes de sang, aux calculs dérisoires des chancelleries, aux chefs d'État qui saluent les présidents démocrates après avoir décoré les maîtres de la Gestapo : il nous faut les arracher surtout à l'indifférence du monde. À chaque homme libre que nous sauvons, dix futurs esclaves meurent et l'avenir, à nouveau, devient possible.

C'est là le sens de notre action, ce soir. En face des bourreaux d'Espagne, comme en face de toutes les tyrannies, c'est aussi le sens de notre espoir.

Albert Camus.

Esprit, avril 1952, n° 182. Chroniques.

PRÉFACE
À UN NUMÉRO SPÉCIAL ANNIVERSAIRE
DE « TÉMOINS »

Vingt ans après la guerre d'Espagne des hommes ont voulu se réunir pour dire leur fidélité à la république vaincue. Le temps ni l'oubli, qui sont les grands auxiliaires des réactionnaires de droite ou de gauche, n'ont rien pu contre cette image intacte, en nous, de l'Espagne libre et enchaînée. La deuxième guerre mondiale, l'occupation, la résistance, la guerre froide, le drame algérien et le malheur français d'aujourd'hui n'ont rien enlevé à cette sourde souffrance que traînent les hommes de ma génération, à travers leur histoire haletante et monotone, depuis le meurtre de la république espagnole.

Mais justement notre histoire a commencé avec cette guerre perdue, l'Espagne a été notre vraie institutrice. Nous avons appris d'elle, alors, que l'histoire ne choisissait pas entre les causes justes et injustes et qu'elle se confiait à la force quand elle ne s'abandonnait pas au hasard. C'est faute d'avoir assez réfléchi à cela, ou faute peut-être d'en avoir vraiment souffert, que des hommes de gauche ont pu chercher leurs valeurs dans l'histoire elle-même. Le culte de l'histoire ne peut être rien d'autre que le culte du fait accompli. Comme tel, il ne cessera jamais d'être déshonorant. Si ce qui dure a raison, alors Franco depuis vingt ans figure le droit et Hitler a failli avoir raison pour mille ans. Après cela, on peut accueillir la Phalange à l'O.N.U. et disserter des droits de l'homme dans la capitale de la censure.

On ne trouvera ici, au contraire, que des hommes qui n'ont jamais cessé de donner tort à Franco, qui ont refusé de donner raison à Hitler, fût-ce pendant un an, et qui ont déboulonné Staline bien avant que ses complices aient songé à prendre une clé anglaise. Ceux-là ne se prosterneront pas devant l'histoire, n'y verront jamais que le lieu où l'on entre les armes à la main, le temps où la liberté doit à la fois se défendre et s'édifier, le destin qui doit être transformé toujours et jamais subi. Ceux qui, de 1936 à 1939, ont compris cela, n'en finiront pas de rendre à l'Espagne ce qu'ils lui doivent.

Refuser le fait accompli et aborder en même temps de front la réalité historique, une telle leçon ne va pas sans conséquences. Elle nous empêche de nous reposer sur nos fidélités et d'accepter les conforts de la mélancolie. Elle nous interdit de fuir ni d'adorer l'histoire. En même temps qu'à rejeter inlassablement le compromis et l'agenouillement, elle nous invite à lutter sans trêve pour l'ordre que l'esprit et le cœur sont seuls à concevoir en face de l'histoire. Il faut donc dire, malgré tous les ricanements, qu'il s'agit d'une leçon d'honneur. Et que, pour avoir oublié ou méprisé cet honneur, la révolution du xxe siècle s'est condamnée à l'abjection.

Aujourd'hui où, vingt ans après l'effondrement, l'Espagne bouge, la fidélité doit sans doute être réaffirmée. Mais, en même temps, la lutte doit continuer sans laquelle toute fidélité n'est qu'un rêve malheureux. Ces ouvriers de Navarre et de Biscaye, ces étudiants de Madrid, nous ne pouvons leur rester fidèles sans leur être solidaires et secourables. Devant leurs protestations, les étudiants de Paris et nos syndicats sont restés silencieux et ils ont manqué ainsi à leurs devoirs les plus impérieux. Sans doute ils sont démoralisés et là encore l'Espagne illustre de façon privilégiée leur désarroi. Quand Washington et Moscou ne s'accordent que pour recevoir Franco dans le concert des nations dites libres, ceux qui prennent leurs ordres ou placent leur espoir dans ces capitales ne peuvent être que désorientés. Mais ceux qui ne reçoivent d'ordre que de l'esprit de liberté n'ont aucune raison de l'être. Le maintien de Franco au pouvoir marque depuis des années l'impardonnable échec de la politique occidentale et depuis quelque temps l'égarement cynique de la politique orientale. Dans l'histoire de notre temps, rien n'aura été plus clair que cette trahison, plus éclatant que cette injustice. Que cette clarté du moins nous aide à réveiller les dormeurs, à réunir nos rares intellectuels libres et nos syndicalistes indépendants, pour manifester aux étudiants et aux ouvriers d'Espagne qu'ils ne sont pas seuls.

Il semblait que rien jusqu'ici n'ait pu coaguler l'espoir des opprimés d'Espagne. La pauvreté des doctrines que nous avions à leur proposer, la trahison des partis, la politique dégradée des nations, les enfonçaient chaque jour un peu plus dans la solitude et la nuit. Mais la mort d'Ortega y Gasset a rappelé aux étudiants que ce grand philosophe a placé la liberté, ses droits et ses devoirs, au centre de sa pensée. Dans le même temps, l'économie franquiste réduisait les ouvriers du Nord à une misère telle qu'ils ne pouvaient plus trouver de dignité que dans la révolte. Le jour où l'intelligence, selon sa vocation, se voue aux luttes de la liberté, pendant que le travail refuse d'être plus longtemps avili, ce jour-là l'honneur et la révolte commencent de mettre un peuple en marche. Notre fidélité alors ne s'adresse plus au fantôme d'une Espagne vaincue, mais à l'Espagne de l'avenir dont il dépend de nous aussi qu'elle soit celle de la liberté.

ALBERT CAMUS.

Témoins, printemps-été 1956.

LE PARTI DE LA LIBERTÉ
HOMMAGE À SALVADOR DE MADARIAGA[*]

Au seuil de l'hommage que nous rendons aujourd'hui à un homme qu'ensemble nous admirons et nous aimons, je voudrais inscrire une formule qui trouvera sa résonance, je le sais, en beaucoup de ceux qui sont réunis ici et qui résume assez fièrement, en tout cas, le destin et la vocation de notre ami Salvador de Madariaga. Cette formule, Nietzsche, il y a quatre-vingts ans, la proposait déjà à l'esprit libre : « Tu choisiras l'exil pour pouvoir dire

---

[*] Ce discours a été prononcé le 30 octobre 1956, au cours d'une manifestation organisée sur l'initiative du gouvernement républicain espagnol en exil, à l'occasion du soixante-dixième anniversaire de Salvador de Madariaga.

la vérité. » Sans doute, il n'est pas sûr qu'on choisisse toujours d'entrer dans l'exil. Mais, certainement, on choisit d'y rester et d'y vivre et, pour consentir à un si dur parti, il ne faut pas moins, en effet, que l'amour de la vérité et de la liberté.

Rien ne saurait en tout cas mieux définir Salvador de Madariaga que cette double passion, à la seule condition d'ajouter aussitôt qu'il a su la vivre et l'illustrer sans contorsions spectaculaires, avec cette finesse et cet humour que nous aimons aussi en lui, et qui, chez certains êtres de qualité, sont des manifestations de décence. Mais, pour décente qu'elle soit, sa passion de vérité n'en est pas moins indomptable et ce lutteur courtois est aussi, nous le savons, un fier combattant. Ce n'est pas à dire, et Salvador de Madariaga ne me le laisserait pas dire, qu'une vérité toute faite et bien ficelée nous attend dans son œuvre. Mais nous y trouvons l'effort inlassable vers la vérité, la démarche prudente et hardie de l'esprit qui refuse de se payer de mots, qui dénonce tous les conforts intellectuels et ne veut se rendre qu'à la seule évidence. L'auteur de tant de livres percutants et sagaces, lorsqu'il nous propose une idée ou une solution, on peut être sûr qu'il n'est pas allé en demander la recette, préalablement, à un parti ou à une église.

Comme tant de grands esprits espagnols, et contrairement à l'opinion répandue (un imbécile ayant déclaré un jour qu'il n'y avait pas de philosophie espagnole, il s'est immédiatement trouvé cent hommes intelligents pour le répéter) il est un des rares contemporains qui puissent porter légitimement le titre de philosophe. Malgré sa culture encyclopédique, il ne croit pas, comme nos penseurs officiels, que la philosophie consiste à enseigner l'histoire de la philosophie, mais il sait apparemment qu'elle consiste à exercer sa pensée pour chercher en même temps que les secrets du monde les règles d'une conduite, à essayer de vivre, en un mot, ce que l'on pense, en même temps que l'on tâche à penser correctement sa vie et son temps. De là que ce chercheur de vérité soit aussi un de nos rares témoins de vérité. Ce qu'il croit, il est prêt à le défendre et s'il passe la moitié de sa vie, dans une studieuse retraite, à réfléchir sur l'homme de ce temps, il consacre l'autre moitié à le servir. J'aurai donc résumé ma pensée en disant que ce n'est pas un homme de lettres que nous honorons aujourd'hui, mais un gentilhomme de lettres.

Je voudrais pourtant rassurer notre ami et lui dire que mon intention n'est pas de l'accabler sous des éloges académiques. Mon propos, soyez-en sûr, est moins solennel et peut-être un peu plus grave. On a déjà fêté, et même en musique, votre soixante-dixième anniversaire et rendu à votre œuvre l'hommage qu'elle méritait. Vous permettrez seulement à un quadragénaire de dire pourquoi, avec tout le respect et la déférence qu'il vous porte, il vous considère comme son camarade de lutte.

Je suis sûr que cette affirmation ne vous étonnera pas. Si elle vous étonnait pourtant, je vous prierais de considérer l'état de notre société intellectuelle, les maîtres à penser qui paradent un peu partout, la nourriture avariée qu'ils offrent enfin à notre appétit de vérité et de dignité. Vous mesurerez mieux la sorte de solitude où vivraient certains d'entre nous en quête de grandes leçons, si une poignée d'hommes, dont vous êtes, ne maintenaient obstinément, par-dessus les frontières, les droits, les devoirs et l'honneur de l'esprit.

Car, il faut bien le dire, nous n'avons pas été gâtés en grands exemples. Je ne parle même pas de l'affaiblissement général du caractère et de l'intelligence parmi ceux dont la fonction était de nous gouverner ou de nous représenter. Mais, pour rester au seul domaine de la pensée, les hommes de ma génération, nés à la vie historique à la prise du pouvoir par Hitler et les procès de Moscou, ont vu d'abord les philosophes de droite, par haine d'une partie de la nation, justifier l'asservissement de toute cette nation sous une armée et une police étrangères. Il fallut alors que l'intelligence, elle aussi, prenne les armes pour rectifier ce regrettable raisonnement.

À peine avions-nous retrouvé la paix et l'honneur qu'une nouvelle conspiration, encore plus douloureuse pour nous, s'établissait contre l'intelligence et ses libertés. Nous avons vu, nous voyons encore des penseurs de gauche, par haine d'une autre partie de la nation, justifier dans de beaux raisonnements la suppression du droit de grève et des conquêtes ouvrières, le régime concentrationnaire, l'abolition de toutes les libertés de pensée et d'expression, et même l'antisémitisme, à la seule condition qu'il soit professé et exercé sous des éthiques humanistes. Un froid délire d'autopunition a fait ainsi, à dix ans d'intervalle, de nos théoriciens de la nation ou de la liberté, les serviteurs passionnés des pires tyrannies qui se soient étendues sur le monde et, pour tout dire en un mot, les adorateurs du fait accompli. Trop de nos intellectuels et de nos artistes, saisis de ce délire, ont fini par ressembler à ces filles qui, devant l'auberge de Peirebeilhe, chantaient de toute leur gorge pour couvrir les cris des voyageurs égorgés par leurs vertueux parents. Au nom de l'histoire et de son réalisme en tout cas, un prodigieux complot contre l'esprit et contre la liberté s'est développé pendant des années au cours desquelles il fallut encore lutter pied à pied.

Dans cette lutte interminable, et qui n'a pas cessé, sur qui pourrions-nous nous appuyer en pensée et en action, sinon sur des hommes comme vous? Vous nous avez aidés à comprendre par votre exemple, comme par vos écrits, pourquoi les positions cyniques et réalistes ont un prestige décisif. Elles permettent de trancher et de mépriser alors que les autres attitudes, dont la vôtre, s'obligent à comprendre et supposent un effort constant sur soi-même. D'où le prestige des premières sur certains intellectuels, amis du moindre effort. L'intelligence sans caractère est bien pire, à la fin, que la très heureuse imbécillité. Faute de volonté ferme, elle se donne volontiers à une doctrine implacable et c'est ainsi qu'on a vu naître cette espèce si particulière à notre temps : l'intellectuel dur, prêt à justifier toutes les terreurs au nom du seul réalisme.

Devant cette attitude et ces beaux discours, nous avons pu apprendre de vous la patience et la fermeté. Le verre aussi est dur, seul le diamant le raye et au premier choc, pourtant, le voilà qui vole en éclats. Il faut seulement attendre et tenir bon, en souriant s'il se peut, pour demeurer fidèle à votre enseignement. En somme, vous nous avez empêchés de désespérer de l'intelligence de ce temps en nous montrant, par la force de l'exemple, qu'à l'intellectuel dur pouvait s'opposer l'intellectuel ferme.

Quand nous lisons, dans nos revues spécialisées, de belles apologies de la haine, appuyées sur la dénonciation de son contraire qui serait la douceur bêlante, nous ne nous sentons, grâce à vous, ni doux ni bêlants, et nous pouvons répondre que le contraire de la haine n'est pas l'idéalisme timide, mais la justice généreuse. Il suffit ensuite d'attendre, en laissant nos adversaires crier qu'il n'est pas de justice efficace sans un peu de haine. L'histoire, leur fameuse histoire, est là pour leur enseigner à un moment ou à l'autre que la justice se perd dans la haine comme la rivière dans l'océan. Car les mouches du coche historiques, qui pullulent aujourd'hui, ne modifient pas l'allure de l'histoire. Elles bourdonnent, elles mentent, elles crient que le peuple est heureux d'être asservi et un jour, vraiment historique celui-là, une capitale se couvre d'insurgés qui meurent et vainquent sous le seul drapeau de la liberté.

Oui, cher don Salvador, ce sont des hommes comme vous qui nous ont empêchés de désespérer et lorsqu'on m'a demandé de m'adresser à vous, aujourd'hui, j'ai pensé que c'était la première chose que je vous dirai. Ceux qui se sentent faits d'abord pour admirer et pour aimer et qui, dans le désert du monde contemporain, risquaient de périr de faim et de soif, ont une dette de reconnaissance infinie envers tous ceux qui, en des temps déshonorés, leur ont offert une image digne et fière de l'homme et de l'intellectuel. C'est cette reconnaissance que je veux vous exprimer, avec toute mon affection. Grâce à vous, et à quelques rares autres, les francs-tireurs perpétuels que nous sommes ont un parti. Quel parti ? Eh bien, le parti des hommes que les durs et les totalitaires insultent en même temps qu'ils viennent leur demander une signature pour sauver la vie de leurs militants ! À cette définition, vous reconnaîtrez que je parle des libéraux.

Mais vous avez donné, et c'est là votre originalité, un contenu à cette notion de libéralisme qui agonisait à la fois sous les calomnies de ses adversaires et les lâchetés de ses partisans. Vous avez su dire que la liberté n'était pas la liberté de prospérer ou d'affamer, mais la prise en charge du devoir civique. Vous avez refusé de choisir aucun des conformismes du jour et vous avez su tracer les limites en dehors desquelles les notions, dont nous vivons, perdent leur sens. On vous a entendu inlassablement répéter que la liberté n'était rien sans l'autorité, mais que l'autorité sans la liberté n'était qu'un rêve de tyran, que les privilèges d'argent étaient inacceptables, mais qu'il n'y avait pas de société sans hiérarchie et que le nivellement était le contraire de la vraie justice, que le pouvoir n'était légitimé que par l'assentiment populaire, mais que le suffrage populaire direct était un ferment d'anarchie ou de tyrannie, que les nationalismes étaient la plaie du temps, mais que la société internationale ne pouvait se passer des nations, celles-ci, pour se dépasser, ayant besoin d'abord d'exister.

Une pensée si attentive, si vigilante, si soucieuse de véracité, l'illustration aussi que vous lui avez donnée par votre vie, font de vous le digne héritier de cette grande tradition espagnole qui demeure encore, au-delà des Pyrénées, la seule vivante. Vous aussi, vous êtes occupé de l'histoire, mais vous y avez vu, selon la superbe formule d'Ortega, « une guerre illustre contre la mort », et par conséquent le lieu privilégié où l'homme, sans trêve, livre combat contre les forces de la nuit, pour la vie et la liberté.

C'est là le secret de votre jeunesse et de votre force, à vous qui ne vous êtes endormi dans aucun parti pris. Pour ne prendre qu'un exemple, je sais, sans vous en avoir parlé, quelle est aujourd'hui votre émotion devant l'héroïque et bouleversante insurrection des étudiants et des ouvriers de Hongrie. Mais je sais aussi que vous avez dû rire en apprenant que le général Franco protestait, en souvenir sans doute de Guernica, contre l'appel à une armée étrangère pour écraser un peuple en armes. Vous avez ri, comme je l'ai fait, avec le mépris qui convenait. Car nous sommes en effet solidaires, totalement, du peuple hongrois dressé contre ses maîtres étrangers. Mais parce que nous le sommes, totalement, du peuple espagnol, opprimé lui aussi, et dans l'attente d'une libération que les nations désunies lui ont volée.

Vous écriviez récemment, avec un peu d'amertume, sur le déclin de l'indignation. Il est vrai que l'indignation décline. Chose pire, elle s'organise, elle s'exerce à heure fixe et à sens unique. Nos protestataires sont devenus hémiplégiques. Ils choisissent parmi les victimes et décrètent que les unes sont attendrissantes tandis que les autres sont obscènes. Vous dénoncez donc, avec votre coutumière clairvoyance, un des maux dont nous souffrons. Et vous pouviez ajouter alors : « Nous en sommes réduits à chercher notre espoir dans notre désespoir même. L'humanité est tombée si bas qu'elle ne peut que remonter. » Mais, ce faisant, vous avez oublié, dans un de ces instants de découragement que nous connaissons tous, votre propre enseignement; vous avez oublié que la longue lutte que vous et vos pareils avez menée commence à porter ses fruits. Permettez donc, pour finir, à l'un de vos lecteurs de vous le rappeler : il n'y a pas selon vous de trêve au combat de l'homme pour la lumière et la liberté. L'histoire ne se stabilise pas, ni dans le bonheur des peuples ni dans leur malheur. Aujourd'hui, où nous pensions être arrivés à l'extrémité du malheur, l'espoir se réveille, l'humanité remonte en effet, la liberté illumine à nouveau de ses flammes des villes jusqu'ici prisonnières.

L'Europe qui se fait aujourd'hui dans le sang innocent sera payée d'un terrible prix et nous, pour qui chaque vie humaine est irremplaçable, nous ne pourrons saluer de cris de joie sa renaissance. Mais elle renaîtra, et nous la saluerons gravement, elle renaîtra à l'Ouest comme à l'Est, à Madrid comme à Budapest, et elle aura votre visage, et elle reconnaîtra ses vrais maîtres puisqu'elle renie déjà ses faux prophètes. Elle sera cette grande institutrice de liberté et d'ordre dont vous aviez rêvé.

« La terre tourne toujours », a dit le ministre des Affaires étrangères Chepilov après avoir rendu compte de la sauvage intervention des troupes russes. Elle tourne en effet, et avec elle le mensonge longtemps triomphant décline, la vérité longtemps obscurcie commence de nous éclairer. Des mondes artificiels, dont le seul ciment était le sang et la terreur, s'écroulent, dans le désarroi et le silence de ceux qui en chantaient les vertus. La liberté, dont on nous avait annoncé et démontré la vanité et la disparition nécessaire, disperse en un jour les milliers de doctes volumes et les armées sous lesquels on la tenait enterrée. Elle marche, à nouveau, et des millions d'hommes savent, de nouveau, qu'elle est le seul levain de l'histoire, leur seule raison de vivre, et le seul pain dont on ne se rassasie pas.

Si cet espoir aujourd'hui renaît, si l'honneur de vivre nous revient enfin, sachez que nous le devons à des hommes comme vous, comme beaucoup de ceux qui sont ici. Nous le devons à tous ceux qui, simplement, sans peur et sans haine, ont maintenu. C'est pourquoi je ne vous souhaiterai pas, en terminant, ce repos que d'autres estimeraient bien mérité. Car nous avons encore besoin de vous. Nous avons besoin de vous pour continuer ce que nous avons commencé. Et sachant que je répondrai ainsi au vœu de votre jeune cœur, je vous souhaite la lutte perpétuelle et fière pour la vérité et la liberté que vous et nous plaçons au-dessus de tout.

J'ajouterai seulement à ce vœu inconfortable l'expression personnelle d'une gratitude et d'une amitié dont vous savez qu'elles ne seront pas feintes. Comment oublier jamais qu'au milieu de tant de trahisons, vous êtes resté fidèle à nos raisons communes de vivre ? Et comment, dès lors, ne serions-nous pas tentés de vous dire ensemble, ce soir, ce que Tourgueniev mourant écrivait à Tolstoï : « J'ai été heureux d'être votre contemporain. » Mais nous avons été après tout plus que vos contemporains (il y a des contemporains dont nous ne sommes pas fiers!); nous avons participé à vos angoisses et à votre espoir, nos défaites ont été les vôtres, comme la libération que nous tous attendons, nous la devrons à votre exemple et à votre action, qui continue, pour notre honneur commun.

Albert Camus.

HOMMAGE À UN EXILÉ*

C'EST avec fierté que nous accueillons ce soir parmi nous un ambassadeur qui ne ressemble pas aux autres. J'ai lu en effet que le gouvernement qui a eu le triste privilège de suspendre le plus grand journal d'Amérique du Sud avait offert auparavant à son directeur, le président Eduardo Santos, une ambassade à Paris. Vous avez refusé cet honneur, Monsieur le Président, non par dédain pour Paris, nous le savons, mais par amour pour la Colombie, et sans doute parce que vous savez que les gouvernements considèrent parfois les ambassades à l'étranger comme des lieux de relégation

---

* Allocution d'hommage au président Eduardo Santos, chassé de Colombie par la dictature, 7 décembre 1957.

dorée pour les citoyens gênants. Vous êtes resté à Bogota, vous avez donc gêné, selon votre vocation, et avez été censuré, sans égards diplomatiques cette fois et avec le plus parfait cynisme. Mais du même coup on vous a fourni les seuls titres qui vous valent aujourd'hui d'être considéré par nous tous comme l'ambassadeur véritable de la Colombie, non seulement à Paris, mais dans toutes les capitales où le seul mot de liberté fait battre les cœurs.

Ce n'est pas si facile qu'on croit d'être un homme libre. À la vérité, les seuls qui affirment cette facilité sont ceux qui ont décidé de renoncer à la liberté. Car ce n'est pas à cause de ses privilèges, comme on voudrait nous le faire croire, qu'on refuse la liberté, mais à cause de ses tâches exténuantes. Pour ceux dont c'est au contraire le métier et la passion que de donner à la liberté son contenu de droits et de devoirs, ils savent qu'il s'agit d'un effort de tous les jours, d'une vigilance sans défaut, et d'un témoignage quotidien où la fierté et l'humilité ont des parts égales. Si nous sommes tentés aujourd'hui, Monsieur le Président, de vous dire, en même temps qu'à M. Roberto Garcia Penas, notre affection, c'est que vous avez porté ce témoignage entièrement, sans vous épargner vous-même. En refusant le déshonneur qu'on vous offrait et qui consistait à accepter de prendre à votre charge le désaveu et la contrition qu'un gouvernement osait vous dicter, en laissant détruire votre beau journal plutôt que de le mettre au service du mensonge et du despotisme; vous avez été, certes, de ces témoins inflexibles qui, en toute occasion, méritent le respect. Mais cela ne suffirait pas encore à faire de vous un témoin de liberté. Bien des hommes ont tout sacrifié à des erreurs, et j'ai toujours pensé que l'héroïsme et le sacrifice ne suffisaient pas à justifier une cause. L'entêtement à lui seul n'est pas une vertu. Ce qui, au contraire, donne à votre résistance sa vraie signification, ce qui fait de vous le compagnon exemplaire que nous voulons saluer, c'est que dans les mêmes circonstances, alors que vous étiez le président respecté de la Colombie, non seulement vous n'avez pas utilisé votre pouvoir pour censurer vos adversaires, mais vous avez empêché que soit suspendu le journal de vos ennemis politiques.

Cet acte-là suffit pour saluer en vous un véritable homme libre. La liberté a des fils qui ne sont pas tous légitimes ni admirables. Ceux qui ne l'applaudissent que lorsqu'elle couvre leurs privilèges et qui n'ont que la censure à la bouche lorsqu'elle les menace ne sont pas des nôtres. Mais ceux qui, selon le mot de Benjamin Constant, ne veulent ni souffrir ni posséder des moyens d'oppression, qui veulent la liberté à la fois pour eux-mêmes et pour les autres, ceux-là, dans un siècle que la misère ou la terreur vouent aux folies de l'oppression, sont les grains sous la neige dont parlait un des plus grands d'entre nous. La tempête passée, le monde se nourrira d'eux.

De pareils hommes, nous le savons, sont rares. La liberté aujourd'hui n'a pas beaucoup d'alliés. Il m'est arrivé de dire que la vraie passion du XXe siècle était la servitude. C'était là une parole amère et qui faisait injustice à tous ces hommes, dont vous êtes, et dont le sacrifice et l'exemple, tous les jours, nous aident à vivre. Mais je voulais seulement exprimer cette angoisse que je ressens tous les jours, devant l'abaissement des énergies libérales, la prostitution des mots, les victimes calomniées, la justification complaisante de l'oppression, l'admiration maniaque de la force. On semblait aimer la liberté, mais il se trouve qu'on ne faisait que haïr le maître et souhaiter prendre sa place. On voit proliférer ces esprits dont on a pu dire qu'ils semblaient faire du goût de la servitude un ingrédient de la vertu. On voit l'intelligence chercher des justifications à la peur, et les trouver sans peine, puisque chaque lâcheté a sa philosophie. L'indignation se calcule, les silences se concertent, l'histoire n'est plus que le manteau de Noé qu'on étend sur l'obscénité des victimes. Tous fuient enfin la responsabilité vraie, la fatigue d'être fidèle ou d'avoir une opinion à soi, pour se ruer dans les partis où les phalanges qui penseront, s'indigneront et calculeront enfin à leur place. L'intelligence contemporaine ne semble plus mesurer la vérité des doctrines et des causes qu'au nombre de divisions blindées qu'elles peuvent mettre en avant. Dès lors, tout est bon qui justifie l'assassinat de la liberté, que ce soit la nation, le peuple ou la grandeur de l'État. Le bien-être du peuple en particulier a toujours été l'alibi des tyrans, et il offre de plus l'avantage de donner bonne conscience aux domestiques de la tyrannie. Il serait facile pourtant de détruire cette bonne conscience en leur criant : si vous voulez le bonheur du peuple, donnez-lui la parole pour qu'il dise quel est le bonheur qu'il veut et celui dont il ne veut pas. Mais à la vérité, ceux mêmes qui se servent de semblables alibis savent qu'il s'agit de mensonges ; ils laissent à leurs intellectuels de service le soin d'y croire et de démontrer que la religion, le patriotisme ou la justice exigent pour survivre le sacrifice de la liberté. Comme si la liberté, lorsqu'elle s'en va de quelque part, ne disparaissait pas la dernière, après tout ce qui faisait nos raisons de vivre. Non, la liberté ne meurt pas seule. En même temps qu'elle, la justice est à jamais exilée, la patrie agonise, l'innocence tous les jours est recrucifiée.

Certes, la liberté ne suffit pas à tout et elle a des frontières. La liberté de chacun trouve ses limites dans celle des autres ; personne n'a droit à la liberté absolue. La limite où commence et finit la liberté, où s'ajustent ses droits et ses devoirs s'appelle la loi et l'État lui-même doit être soumis à la loi. S'il s'y dérobe, s'il prive les citoyens des bénéfices de cette loi, il y a forfaiture. En août dernier, il y a eu forfaiture en Colombie, comme depuis vingt ans il y a forfaiture en Espagne. Et là comme partout, votre exemple nous aide à nous souvenir qu'on ne compose pas avec la forfaiture. On la refuse et on la combat.

Le terrain de votre combat a été la presse. La liberté de la presse est peut-être celle qui a le plus souffert de la lente dégradation de l'idée de liberté. La presse a ses souteneurs comme elle a ses policiers. Le souteneur l'avilit, le policier l'asservit et chacun prend prétexte de l'autre pour justifier ses empiètements. Parmi ces messieurs c'est à qui voudra protéger l'orpheline et lui donner un abri, que cet abri soit prison ou maison de prostitution. L'orpheline, vraiment, est fondée à décliner tant de services empressés et à décider qu'elle doit lutter seule et, seule, décider de son sort.

Non que la presse soit en elle-même un bien absolu. Victor Hugo disait dans un discours qu'elle était l'intelligence, le progrès et je ne sais quoi encore. Le déjà vieux journaliste que je suis sait qu'elle n'est rien de pareil et que la réalité est moins consolante. Mais dans un autre sens, la presse est mieux que l'intelligence ou le progrès ; elle est la possiblité de tout cela, et d'autres choses encore. La presse libre peut sans doute être bonne ou mauvaise, mais, assurément, sans la liberté elle ne sera jamais autre chose que mauvaise. Quand on sait de quoi l'homme est capable, dans le pire et le meilleur, on sait aussi bien que ce n'est pas la personne humaine en elle-même qu'il faut protéger, mais les possibilités qu'elle enferme, c'est-à-dire finalement sa liberté. J'avoue, pour ma part, que je ne puis aimer l'humanité entière, sinon d'un amour vaste et un peu abstrait. Mais j'aime quelques hommes vivants ou morts avec tant de force et d'admiration que je suis toujours anxieux de préserver chez les autres ce qui, un jour peut-être, les rendra semblables à ceux que j'aime. La liberté n'est rien d'autre que la chance d'être meilleur, tandis que la servitude est l'assurance du pire.

Si donc, malgré tant de compromissions, ou de servilités, il faut continuer de voir dans le journalisme, lorsqu'il est libre, une des plus grandes professions de ce temps, c'est dans la seule mesure où elle permet à des hommes, comme vous et vos collaborateurs, de servir au plus haut niveau leur pays et leur temps. Avec la liberté de la presse, les peuples ne sont pas sûrs d'aller vers la justice et la paix. Mais, sans elle, ils sont sûrs de n'y pas aller. Car il n'est fait justice aux peuples que lorsqu'on reconnaît leurs droits et il n'y a pas de droit sans expression de ce droit. On peut en croire sur ce point Rosa Luxembourg qui disait déjà : « Sans une liberté illimitée de la presse, sans une liberté absolue de réunion et d'association, la domination de larges masses populaires est inconcevable. »

Il faut donc être intransigeant sur le principe de cette liberté. Elle ne fonde pas seulement des privilèges de culture, comme on essaie hypocritement de nous en persuader. Elle fonde aussi les droits du travail. Ceux qui, pour mieux justifier leurs tyrannies, opposent le travail et la culture, ne nous feront pas oublier que tout ce qui asservit l'intelligence enchaîne le travail, et inversement. Quand l'intelligence est bâillonnée, le travailleur ne tarde pas à être asservi, de même que lorsque le prolétaire est enchaîné, l'intellectuel en est vite réduit à se taire ou à mentir. En bref, celui qui attente à la vérité, ou à son expression, mutile finalement la justice, même quand il croit la servir. De ce point de vue, nous nierons jusqu'au bout qu'une presse soit vraie parce qu'elle est révolutionnaire; elle ne sera révolutionnaire que si elle est vraie, et jamais autrement. Tant que nous garderons ces évidences à l'esprit, votre résistance, Monsieur le Président, gardera son sens, et loin d'être solitaire, elle éclairera la longue lutte que vous nous aiderez ainsi à ne pas déserter.

Le gouvernement colombien a accusé *El Tiempo* d'être un super État dans l'État et vous avez eu raison de réfuter cet argument. Mais votre gouvernement avait raison aussi, quoique dans un sens qu'il n'accepterait pas. Car il rendait hommage, disant cela, à la puissance de la parole. La censure et l'oppression fournissent seulement la preuve que la parole suffit à faire trembler le tyran à la seule condition qu'elle soit appuyée par le sacrifice. Car la parole nourrie par le cœur et par le sang peut seule réunir les hommes alors que le silence des tyrannies les sépare. Les tyrans monologuent au-dessus de millions de solitudes. Si nous refusons l'oppression et le mensonge, au contraire, c'est que nous refusons la solitude. Chaque réfractaire, lorsqu'il se dresse devant l'oppression, affirme du même coup la solidarité de tous les hommes. Non, ce n'est pas vous-même ni un lointain journal que vous avez défendu en résistant à l'oppression, mais la communauté entière qui nous unit par-delà les frontières.

N'est-il pas vrai d'ailleurs que notre nom, à travers le monde, a toujours été lié à la cause des libertés ? Et comment ne pas rappeler ici que vous avez été et que vous êtes l'un des plus fidèles amis de notre Espagne, l'Espagne républicaine, aujourd'hui dispersée par le monde, trahie par ses alliés et ses amis, oubliée de tous, l'Espagne humiliée qui ne tient debout justement que par la force de son cri. Le jour où l'autre Espagne, chrétienne et pénitentiaire, rentrera avec ses geôliers et sa censure dans l'organisation des nations dites libres, ce jour-là, je le sais, vous vous tiendrez avec nous tous, silencieusement, mais sans esprit de retour, aux côtés de l'Espagne libre et malheureuse.

De cette fidélité-là, laissez-moi vous remercier au nom de ma seconde patrie et au nom de tous ceux qui, réunis ici, vous disent leur reconnaissance et leur amitié. Soyez remercié d'être parmi les quelques-uns qui, au temps de la servitude et de la peur, se tiennent ferme sur leur droit. On se plaint un peu partout que disparaisse le sens du devoir. Comment en serait-il autrement puisqu'on ne se soucie plus de ses droits ? Qui est intransigeant quant à ses droits garde seul la force du devoir. Les grands citoyens d'un pays ne sont pas ceux qui plient le genou devant l'autorité mais ceux qui, contre l'autorité s'il le faut, ne transigent pas sur l'honneur et la liberté de ce pays. Et votre pays saluera toujours en vous son grand citoyen, comme nous le faisons ici, pour avoir su, au mépris de tout opportunisme, faire face à l'injustice intégrale qu'on vous infligeait. À l'heure où le réalisme le plus court, une conception dégradée du pouvoir, la passion du déshonneur, les ravages de la peur défigurent le monde, à l'heure même où l'on peut penser que tout est perdu, quelque chose au contraire commence puisque nous n'avons plus rien à perdre. Ce qui commence, c'est le temps des irréductibles, voués désormais à la défense inconditionnelle de la liberté. C'est pourquoi votre attitude sert d'exemple et de réconfort à tous ceux qui, comme moi, se séparent aujourd'hui de beaucoup de leurs amis traditionnels en refusant toute complicité, même provisoire, même et surtout tactique, avec les régimes ou les partis, qu'ils soient de droite ou de gauche et qui justifient, si peu que ce soit, la suppression d'une seule de nos libertés!

Pour finir, permettez-moi de vous dire qu'en lisant l'autre jour l'admirable message que vous avez adressé à votre peuple, j'ai mesuré en même temps que votre fermeté et votre fidélité la longue peine qui a dû être la vôtre. Quand l'oppression triomphe, nous le savons tous ici, ceux qui croient pourtant que leur cause est juste souffrent d'une sorte de malheur étonné en découvrant l'impuissance apparente de la justice. Ce sont alors les heures de l'exil et de la solitude, que nous avons tous connues. Je voudrais pourtant vous dire que, selon moi, ce qui peut arriver de pire au monde où nous vivons, c'est qu'un de ces hommes de liberté et de courage dont j'ai parlé chancelle sous le poids de l'isolement et de la longue adversité, doute alors de lui-même et de ce qu'il représente. Et il me semble qu'à ce moment, ceux qui lui ressemblent doivent venir vers lui, oubliant les titres et les précautions de style, avec le seul langage du cœur, pour lui dire qu'il n'est pas seul et que son action n'est pas vaine, qu'un jour vient toujours où les palais de l'oppression s'écroulent, où l'exil s'achève, où la liberté flambe. Cet espoir tranquille justifie votre action. Si les hommes, après tout, ne peuvent pas toujours faire que l'histoire ait un sens, ils peuvent toujours agir pour que leur propre vie en ait un. Croyez-moi si je vous dis qu'à travers des milliers de kilomètres, depuis la lointaine Colombie, vous et vos collaborateurs nous avez montré un peu du dur chemin qu'il faut encore parcourir ensemble, vers la liberté. Et acceptez, au nom des amis fidèles et reconnaissants qui vous accueillent ici, que je salue fraternellement en vous et en vos collaborateurs les grands compagnons de notre commune libération.

Albert Camus.

L'ÉTÉ

I

COMMENTAIRES

Comme l'indique le prière d'insérer, Camus a voulu situer *l'Été* dans la tradition des essais « solaires* ». Ils sont, en un sens, le rappel d'une vocation à l'innocence. Fruits de « la pensée de midi », ils prolongent *l'Homme révolté,* ils l'équilibrent, puisque, au lendemain de pénibles controverses, ils font leur place à l'humour comme à l'ironie. Surtout, ce sont des textes méditerranéens : Oran et Alger figurent les personnages principaux du *Minotaure* et du *Petit guide pour des villes sans passé* ; les *Amandiers* nous ramènent en pleine guerre dans la vallée des Consuls ; *l'Exil d'Hélène* chante la Grèce par prétérition et *Retour à Tipasa* nous ramènerait aux beaux temps de *Noces*, n'étaient les symboliques barbelés qui entourent les ruines. Quant à *la Mer au plus près*, elle nous restitue, dans sa poésie fiévreuse, le cadre où Camus a toujours aimé vivre. Chacun de ces textes enfin reste fidèle à la technique du mythe qui, selon Camus, permet à l'artiste et au moraliste de se rassembler.

La dispersion de ces écrits dans le temps n'en permettait pas une présentation commune. *Le Minotaure*, commencé en 1939, faisait abstraction de l'histoire que les *Amandiers* tente de ramener à ses justes proportions, au lendemain de la défaite. *Prométhée aux enfers* évoque la violence où l'Europe se débat depuis des décennies et préfigure en un sens *l'Homme révolté*. À l'occasion d'un voyage en Algérie, alors même qu'il écrit *les Justes*, Camus a voulu se donner le plaisir d'un divertissement qui le ramène aux plaisirs naturels de *l'Été à Alger* et ce sera le *Petit guide pour des villes sans passé*. *L'Exil d'Hélène* reprend un vieux rêve, celui du voyage en Grèce, accompli bien plus tard, et renoue avec les problèmes évoqués dans le diplôme, notamment les rapports du christianisme et de l'hellénisme. *L'Énigme* répond aux interrogations inlassables et jamais pleinement satisfaites des journalistes en mal de copie : il s'en prend sans grand espoir aux légendes. *Retour à Tipasa* apparaît

---

* En février 1950, on trouve dans les *Carnets II*, p. 311 : « Titre essais solaires : l'Été. Midi. La Fête. » En février 1951, p. 343 : « Réunir livre d'essais : la Fête. »

comme un pèlerinage aux sources, relativement décevant au lendemain d'une aventure épuisante, celle de *l'Homme révolté*. *La Mer au plus près* enfin évoque dans la fièvre les voyages en Amérique du Nord et du Sud (1946 et 1948).

Mes recherches ont connu des succès fort divers pour chacun de ces textes. J'ai pu consulter le manuscrit des *Amandiers,* la dactylographie partiellement manuscrite de *l'Énigme* et de *l'Exil d'Hélène,* la dactylographie corrigée du *Minotaure.* Les autres manuscrits me sont restés inaccessibles.

Il m'a paru normal de rassembler autour de *l'Été* des textes qui s'en rapprochent par la technique, sinon par les sujets :

Pluies de New York, Formes et Couleurs, 1947, n° 6. Écrits au lendemain du voyage en Amérique du Nord en 1946.

La *Préface* à *Contre-Amour* de Daniel Mauroc. Éditions de Minuit 1952.

La Présentation du désert dans *Désert vivant* de Walt Disney. Paris, Société Française du Livre 1954.

On trouvera enfin, avec le prière d'insérer de *l'Été,* des extraits de l'interview accordée à Frank Jotterand à l'occasion de sa parution (1954).

R. Q.

II

LE MINOTAURE

COMMENTAIRES

Albert Camus a daté de 1939 *le Minotaure.* C'est en cette année, assurément, qu'il en écrivit la première formulation, directement influencée par le *Santa-Cruz* de Jean Grenier, 1937. En l'année 1939, les *Carnets I* faisaient allusion à deux voyages à Oran : en avril et en novembre. (Cf. pp. 187-190.) La chemise où se trouvaient les dactylographies porte au crayon, d'une écriture très large, le titre et la date : 1939. Toutefois, nous avons les meilleures raisons de penser que ce texte fut repris deux ans plus tard : la même chemise comporte une autre date, à l'encre : 1941, et, de la même encre : Oran. Par ailleurs, en février 1940, après la disparition de *Soir républicain,* les *Carnets I* nous livrent, aux pages 197-198, des fragments de texte. De janvier à mars 1941, pages 221, 226, 228, nous retrouvons trois paragraphes utilisés dans la dernière partie du *Minotaure.* Déjà il semble que Camus ait songé à utiliser Oran pour *la Peste.*

En tout cas, cette « plaquette sur Oran », prévue dès avril 1941, ne paraîtra pas avant longtemps. Sans doute désirait-il la faire éditer en 1942, à une époque où, comme en témoigne le prière d'insérer rédigé pour *Travail d'homme* de Roblès dans *Fontaine* (novembre-décembre 1942), il s'occupait encore des éditions Charlot; le 20 septembre 1942, dans une lettre à Emmanuel Roblès, il écrivait : « La censure n'a pas visé mon essai sur Oran, je comptais là-dessus pour aller jusqu'au printemps. Peut-être que cela s'arrangera. » Le débarquement allié en Afrique du Nord devait régler momentanément la question.

J'ai utilisé pour les variantes, reproduites dans leur totalité, une dactylographie appartenant à Mme Camus.

Le Minotaure est paru en février 1946 dans *l'Arche* (n° 13) avec l'épigraphe de Gide. Publiée sous le patronage de Gide, cette revue animée par Jean Amrouche comptait Camus dans son comité de lecture, aux côtés de Maurice Blanchot, Lassaigne, Dominique Aury étant secrétaire de rédaction. L'ordre des textes était celui de la dactylographie; il différait sur un point du texte définitif (cf. variantes).

La première édition du *Minotaure* est due aux éditions Charlot, 1950.

R. Q.

NOTES ET VARIANTES

P. 809.

1. Titre rayé : *Oran ou le Minotaure.*

D. : en épigraphe : « *Je l'imagine à la cour du roi Minos, inquiet de savoir quelle sorte d'inavouable monstre peut bien être le Minotaure ; s'il est si affreux que cela, ou s'il n'est pas charmant peut-être.* » Un esprit non prévenu (Gide). On trouve cette citation dans les *Carnets I*, publiés en février 1964.

P. 813.

1. D. : ... percevoir *un* bruit d'ailes...
2. D. : ... qui *le peuple* soudain de drapeaux...
3. D. : ... les *hauts* chevaux de pierre...
4. D. : ... d'isolement, *mais s'ils ont péri, c'est qu'ils n'étaient pas assez forts.* Pour les premiers...

P. 814.

1. D. : ... de poésie. C'est un lieu consacré. Ce que le cœur demande à certains moments, ce sont justement des lieux sans poésie.
2. D. : Ce chapitre se trouvait placé après le chapitre suivant, qui ne portait d'ailleurs aucun titre.

3. D. : ... les seuls milieux *sympathiques* restent...

4. D. : ... là, du moins, *les Oranais sont naturels. Cela est évident. Il existe*...

P. 815.

1. D. : On y trouve, *entassés,* lévriers de marbre, danseuses au cygne, chasseresses en galalithe verte, *joueurs de boules,* lanceurs de disque et moissonneurs, tout ce qui sert aux cadeaux, *concours ou* anniversaires, *tout ce qui prend le chemin des greniers ou des dessus de cheminée* tout le peuple affligeant qu'un génie commercial et farceur ne cesse de susciter.

2. D. : ... pour *préparer* les olives vertes...

3. D. en note : *À Oran, le moindre étalage de camelot a sa direction — si l'on en croit du moins le vendeur, toujours prêt à l'invoquer en cas de contestation.*

4. D. : La naïveté *propre* à ce peuple de *commerçants et de colons* s'étale...

P. 816.

1. D. : ... ici *comme* là-bas...
2. D. : Tout est *fignolé*, travaillé...
3. D. : ... devant le *définitif* éclat.
4. D. : ... la même brosse, *le double*...
5. D. : *Il s'agit ensuite de promener les souliers.* Il convient...
6. D. : ... et se *travestissaient tous les soirs.* Chevelure ondulée...

P. 817.

1. D. : ... d'oiseaux *dont parle* la littérature hindoue.

P. 818.

1. D. : ... fardées, *mais* incapables...
2. D. : ... les hangars, *les ports* et les rampes...
3. D. : ... *ces* villes bruyantes...
4. D. : Cette citation était soulignée.
5. D. : Cette note n'existait pas à la dactylographie. Pas de titre.
6. D. : *Il n'y a pas un lieu que les Oranais n'aient souillé par quelque hideuse construction qui devrait déshonorer n'importe quel paysage.* On s'attend...

P. 819.

1. D. : ... la *dizaine* d'arbres...
2. D. : ... alors *cette ville* attend ses prophètes. *Car* tout autour et au-dessus *des maisons,* la nature brutale est parée...
3. D. : ... de *grandes gifles* de soleil...
4. D. : Le désert a *toujours* quelque chose d'implacable.

L'ÉTÉ

P. 820.

1. D. : ... réduit à rien ? *Pourquoi s'attacher à ce qui n'a rien à offrir ?* Le vide...
2. D. : ... et, *dans le* fond...

P. 821.

1. D. : ... en *bras* de chemise...
2. D. : ... du chanteur corse. *On encastre* quelques nouveaux...
3. D. : ... qui, *dans la journée,* vend...
4. D. : ... une politesse. *On la sent toute au plaisir grave de respirer* l'odeur sacrée de l'embrocation, *devant* ces successions...
5. D. : ... propitiatoires *sur le mur blanc,* des ombres...
6. D. : ... divise *férocement* Alger et Oran.

P. 822.

1. D. : ... les Oranais « *ne savent pas vivre* ».
2. D. : ... son contradicteur. Au milieu des vociférations d'un public déchaîné, l'Oranie pavoise...

P. 823.

1. D. : ... la corrida. *Et, de ce fait,* c'est la corrida.

P. 824.

1. D. : ... les juges *de s'être laissés vendre*. Mais le col bleu...
2. D. : ... la nuit. La force et la violence...

P. 825.

1. D. : ... sont venues *recouvrir* le toit.
2. D. : ... on ne *remarque* rien. Mais...
3. D. : Cette note n'existait pas à la dactylographie.
4. D. : ... beaucoup *par ailleurs* aux deux lions...
5. D. : ... l'escalier *de la mairie*.
6. D. : ... je n'ai *rien appris de* Caïn *sinon* qu'il avait...

P. 826.

1. D. : *Pourquoi* préciser cette idée ?
2. D. : On lui refuse *des* droits à l'éternité...
3. D. : Oran même...
4. D. : ... que pour *donner au chantier sa mesure qui est* inhumaine.

P. 827.

1. D. : ... et les *blocs,* déversés brusquement vers la mer, s'élancent et roulent comme *une volée d'enfants hors de l'école.* À intervalles...

2. D. : Et si l'on *oublie* un instant le dur esclavage qui rend possible ce travail, *on ne peut s'empêcher d'*admirer.
3. Cette note n'existait pas à la dactylographie.
4. D. : *Avant* cette baie *immobile et parfaite*, pendant des années...
5. D. : Mais *pour le moment* ces amoncellements...

P. 828.

1. D. : ... de sable : *ce sont des plages sauvages à une vingtaine de kilomètres de la ville. Avant d'y parvenir,* on *en* rencontre tout près des portes, *mais qui* ne sont solitaires...
2. D. : ... d'asphodèles *devant la mer*, peuplés de...

P. 829.

1. D. : ... en contrebas. *Mais* le soleil...
2. D. : ... le bleu *déjà* cru du ciel...
3. D. : ... une nouvelle *floraison* de filles fleurs.
4. D. : ... toute cette jeune chair déferle sur le sable...
5. D. : *Mais plus loin*...
6. D. : ... en rond) *ce sont des paysages vierges :*
7. D. : ... les taches *rouges* et beiges...
8. D. : ... les derniers, *fins du monde* solennelles...

P. 830.

1. D. : Cela *bien entendu* est vain.
2. On trouvait ici en note : *Je parle ici d'une certaine tentation parce que je crois qu'elle est de celles qu'il faut avoir reçue. On sait mieux ensuite ce que vaut et ce que ne vaut pas l'action.* Cf. note 3, p. 827.
3. D. : ... le rocher. *Ainsi*, consentons...
4. D. : ... s'évanouit *aussi* et nous voilà...
5. D. : ... a soulevé *tout un peuple*. Ses échos...

P. 831.

1. D. : ... savoir, *leur* conseil...
2. D. : ... caps *majeurs* qui...
3. D. : ... pour *toujours* dans la beauté...

III

LES AMANDIERS

COMMENTAIRES

C'est en novembre 1939 que Camus relève la remarque de Napoléon qui ouvre le texte. Elle porte condamnation de la guerre et de la conquête militaire : « Les conquérants, dira-t-il dans *le Mythe de Sisyphe,* savent que l'action est en elle-même inutile. »

D'une certaine façon, *les Amandiers* actualisent la réflexion théorique du *Mythe de Sisyphe* sur la conquête. C'est qu'après la « drôle de guerre » et son attente, la France a connu l'invasion allemande, l'armistice et l'occupation. Les tanks se sont momentanément montrés plus efficaces que le sabre. Et il n'est plus personne, artiste ou intellectuel, qui puisse se croire hors du combat. « Je ne veux faire tenir dans mon compte ni nostalgie ni amertume et je veux seulement y voir clair. Je vous le dis, demain vous serez mobilisé. » *(Mythe de Sisyphe.)*

Le problème que se pose Camus dans l'article qu'il intitule *Pour préparer le fruit* et qu'il devait rédiger en France pour *la Tunisie française* (parution le 25 janvier 1941) est alors de savoir comment, pour l'esprit, se défendre dans un monde livré à la violence des armes. Les appels à la résignation, à la pénitence nationale, chers au régime de Vichy lui paraissent une forme du « mal de l'esprit ». Il leur oppose la lucidité, le refus du désespoir et la conscience que les civilisations, pour mortelles qu'elles soient, n'en sont pas moins irremplaçables.

Trois paragraphes ont été remaniés par Camus : nous ignorons quand. Est-ce à l'occasion de la publication de *l'Été ?* Si cela se vérifiait, serait expliqué le changement de ton, plus proche de *l'Homme révolté* que du *Mythe de Sisyphe :* « Je ne crois pas assez à la raison pour souscrire au progrès, ni à aucune philosophie de l'histoire. » Une telle phrase évoque plutôt 1950 ou 1952 que 1941 ; et cette « époque tragique » dont il est question englobe aussi bien la guerre de 1939 que la guerre froide et le conflit coréen. Ajouterai-je que l'allusion aux « estrades électorales » substituées au théâtre sent son après-guerre ? Bref, Camus semble avoir voulu élargir la portée de ses propos et leur donner plus de clarté, sans en modifier le fond.

Le symbole des amandiers est emprunté à un souvenir personnel (cf. *Carnets I,* p. 196, janvier 1940) : la floraison des amandiers en début d'année du temps qu'il habitait la Vallée des Consuls.

Prométhée aux enfers, Palimugre, Paris 1947.
L'Exil d'Hélène est paru dans *Permanence de la Grèce.*
   Marseille, *Cahiers du Sud,* 1948, n° 8.

R. Q.

NOTES ET VARIANTES

P. 833.

1. Le texte est paru le 25 janvier 1941 dans *la Tunisie française* sous le titre *Pour préparer le fruit,* sous la rubrique *Lettre de France.* Il était en plusieurs points différent de celui qui nous est donné

dans *l'Été*. Comme M. Miquel a bien voulu me communiquer le manuscrit, quasiment analogue au texte de *la Tunisie française*, je m'y suis reporté.

P. 835.

1. On trouve cette citation de Napoléon dans les *Carnets I*, p. 186, novembre 1939.
2. Ms. : Les conquérants *marquent* des points et *l'affreux* silence des lieux sans esprit *grandit de plus en plus en* Europe déchirée.
3. Ms. et *la Tunisie française :* ... lui reconnaître. *Puisque cela est, il faut le prendre d'un cœur égal. Pour ceux qui se sentent le goût de l'esprit et de ses deux joies essentielles, qui sont sentir et créer, la seule question qui se pose est de savoir comment défendre leurs vérités dans une situation si difficile. Il n'y a pas de recettes toutes préparées pour le mal de l'esprit. Mais une chose est certaine, ce n'est pas l'idéalisme bénisseur qui nous sauvera. Il y a toujours du danger à revenir à l'esprit par le chemin de la défaite. Il ne faut pas en faire un pis-aller. Ceux qui croyaient en lui n'ont pas besoin aujourd'hui de l'affirmer avec trop de tapage. Ils ont seulement à le défendre tous les jours de leur vie dans le silence et l'effort. Au temps de notre force, il eût été bon que la générosité et le désintéressement fussent professés officiellement.*

On trouvait ensuite au Ms. :

Notre misère maintenant nous commande plus de discrétion. N'imitons pas un grand peuple de l'histoire que la défaite militaire rejeta hors de tout territoire à la poursuite d'une mission spirituelle peut-être illusoire. Sa défaite aujourd'hui n'a d'égal que son désespoir.

Le texte de *la Tunisie française* reprenait ici :

Supporter dans la clairvoyance un destin contraire n'est pas s'y résigner. Une seule chose peut tuer l'esprit, c'est le désespoir qui mène à toutes les soumissions. L'esprit, je suppose, a mieux à faire qu'à se renier ou s'humilier. Pour un cœur encore libre, il y a ainsi mille raisons de penser que tout n'est pas perdu. Avec beaucoup de dédain et le mépris convenable, ceux d'entre nous qui méritent de surmonter ces malheurs les surmonteront. N'écoutons pas trop ceux qui crient à la fin du monde. Les civilisations ne meurent pas si aisément. Dans tous les cas c'est la règle du jeu que ceux qui assistent à leur mort n'en soient pas conscients. Même si ce monde devait crouler, ce serait après bien d'autres. Pour une âme un peu fière, il y a du réconfort à penser qu'il serait alors nécessaire d'en construire un nouveau.

Peut-être tout ceci sera-t-il mieux entendu dans un pays où le spectacle du soleil et de la mer rachète tous les jours un peu de la bêtise des hommes. Quand j'habitais Alger...

P. 836.

1. Ms. : ... Alger *j'attendais cette époque* parce que...
2. Ms. : ... sérieux. *Mais je veux dire...*
3. Ms. : ... s'équilibrer.

On a compris déjà ce que je voulais dire. Si l'on veut...

4. Ms. : ... exalter *ses forces de conquête*. Ce monde...

P. 837.

1. Ms. : Mais *a-t-il seulement des* vertus conquérantes ? Le même Nietzsche...

2. Ms. : Ce sont, *disait-il*, « la force de caractère, *l'esprit et* le goût, le « monde », le bonheur classique, *la légèreté et le scepticisme distingués,* la dure fierté, *le libertinage excentrique et* la froide frugalité du sage, *le raffinement grec dans l'attitude, la parole et la forme ».* Chacun peut choisir *ce qui* lui revient *dans ces recettes en apparence contradictoires. Mais* devant l'énormité...

3. Ms. : Je ne parle pas de celle qui s'accompagne *au théâtre* de froncements de sourcils et de menaces *ou de poings serrés.*

4. Ms. : C'est elle qui préparera le fruit.

IV

L'EXIL D'HÉLÈNE

COMMENTAIRES ET NOTES

Texte dédicacé : « À René Char, cette Hélène, passion commune, fraternellement. L'Isle-sur-Sorgue, 30 août 1948. »
La dédicace est précédée de ces vers :
Beauté, ma toute droite, par les routes d'étoiles,
À l'étape des lampes et du courage clos,
Dans l'absurde chagrin de vivre sans comprendre
Écroule-moi et sois ma femme de décembre.
Les variantes sont extraites de la dactylographie appartenant à René Char.

P. 853.

1. D. : *Ceux qui ont connu* la Méditerranée *savent qu'il y a un* tragique solaire...

2. D. : On *comprend* en ces lieux...

3. D. : ... d'oppressant. *C'est un* malheur doré, *une* tragédie *qui* culmine.

4. D. : ..., et, *dans le même temps,* d'obscures Érinnyes s'abattent sur elle et la déchirent. Némésis veille, *qui figurait* la mesure...
Le mythe de Némésis devait constituer le 3e volet des essais philosophiques. Cf. *Carnets II,* p. 328.

5. D. : L'équité, pour eux, *suppose* une *mesure* tandis...

P. 854.

1. D. : ... ce qu'il *ne savait pas,* il ne croyait pas le *saisir.* La vie et la pensée *la* plus *exemplaire* de ce siècle...

P. 855.

1. D. : On cherche en vain les paysages dans Dostoïevski, *Malraux ou Sartre, témoins de l'esprit historique, non du corps ou de la terre.* L'histoire...

Dans les *Carnets II*, Camus s'inquiète à plusieurs reprises de voir disparaître la nature de ses propres livres.

2. D. : ... la puissance. *Et pendant* longtemps tout l'effort *de la philosophie allemande, par exemple, jusqu'à notre existentialisme, a été de substituer à* la notion de nature humaine celle de situation...

P. 856.

1. D. : Mais l'artiste connaît *sa limite* que l'esprit historique *ne connaît pas.* C'est pourquoi...
2. D. : ... elle *n'est plus de* ce monde.
3. D. : ... est *bien bas.* Pareils...
4. D. : ... ce monde *hideux* et décharné.
5. D. : ... ses défauts. *Nous pouvons encore relever son courage en rabaissant son orgueil. Il faut lutter. Mais lutter pour qui, pour quoi, pour Patrocle et non pour une idée. Comme Achille,* nous lutterons pour celle de ses vertus qui vient de loin. Les chevaux de Patrocle pleurent leur maître mort dans la bataille. Tout est perdu mais le combat reprend ; parce que l'amitié vient d'être assassinée, la victoire est au bout : l'amitié est une vertu. *L'Amitié ! pour reprendre un mot qui n'est pas de moi :* « *Seules méritent qu'on meure pour elles les causes qui n'exigent pas qu'on tue pour elles.* »

En note : Victor Craste.

P. 857.

1. D. : Il est dans la lutte entre *les artistes et les conquérants,* la création et l'inquisition. Malgré le prix que coûteront aux artistes leurs mains vides, *je n'ai pas de mal à prédire* leur victoire.
2. D. : Ô pensée de midi, la guerre de Troie *aura lieu.*

V

L'ÉNIGME

COMMENTAIRES

René Char possède un texte de *l'Énigme :* six pages dactylographiées et 2 pages manuscrites. Camus lui en fit don, avec une dédicace : « À René Char, son fidèle A.C. », en témoignage d'une amitié que le temps fortifiait.

Les deux pages manuscrites couvrent les quatre premiers paragraphes, et les six pages dactylographiées, numérotées 68 à 74, sont raturées et surchargées à la main.

Camus y prétendait traiter de ce malentendu qu'entretient la gloire sur la véritable nature de l'écrivain. Pour avoir écrit *le Mythe de Sisyphe,* il se voyait condamné à l'absurde. *La Peste* paraissait le vouer à la sainteté laïque. C'est contre la réputation de pessimisme qui lui est faite qu'il porte l'essentiel de sa réflexion. Qu'est-ce que le désespoir ? Un homme se peut-il réduire en formules ?

Ces questions, Camus se les posait depuis longtemps. En 1944 déjà, il notait dans ses *Carnets II,* p. 124 : « J'ai mis dix ans à conquérir ce qui me paraît sans prix : un cœur sans amertume. Et comme il arrive souvent, l'amertume une fois dépassée, je l'ai enfermée dans un ou deux livres. Ainsi je serai toujours jugé sur cette amertume qui ne m'est plus rien. Mais cela est juste. C'est le prix qu'il faut payer. » Camus développe ce thème, six ans plus tard, avec gravité mais humour. On devine quelque irritation, dans ses propos, mais aucune aigreur. Il est vrai que, depuis des années, la presse fait de lui, comme de Sartre, l'homme du pessimisme, le responsable de bien des suicides (cf. dans *la Gazette des Lettres,* l'article de Gilbert Sigaux du 15 mai 1951, *C'est la faute à Voltaire,* qui dénonce ces assimilations abusives).

Camus veut encore en sourire : *l'Homme révolté* n'est pas paru et les polémiques qu'on sait sont encore à venir. Pourtant, comme s'il les redoutait, il lance un appel à la création silencieuse, une invite à la critique de sympathie — et peut-être, pour lui-même, rêve-t-il d'affronter la gloire qui l'attend avec sérénité et modestie. Au lendemain d'un périple en Amérique du Sud où les louanges ne lui ont pas été ménagées mais d'où il est rentré fiévreux et épuisé, Camus écrit cet article comme Alexandre Borgia faisait brûler un feu d'étoupes. Jadis (*la Tunisie française* du 24 avril 1951), le feu d'étoupes symbolisait la gloire historique, celle des conquérants; en 1950, Camus en connaît la griserie et tout à la fois l'amertume. Il aspire au silence de la solitude et de la mort, au seuil d'autres combats, d'autres malentendus.

On trouve une version quelque peu différente de ce texte, surtout en son début, dans *What a writer seeks, Atlantic Monthly,* juin 1953. Faute de disposer de l'original, je n'ai pu établir les variantes.

La Mer au plus près a été publié par la *Nouvelle N.R.F.* en janvier 1954. On se reportera, pour cet essai, au voyage aux U.S.A. — notamment la fin : « En mer »; aux *Carnets II,* fin 1949, p. 290 : « Essai sur la mer » etc. et février 1951, p. 343 : « Travail, etc. 1º Essai sur la mer ».

R. Q.

NOTES ET VARIANTES

P. 861.

1. Ms. : ... qu'on en *parle* sans nuances.

P. 862.

1. En manuscrit sur feuille dactylographiée, en marge : Ainsi Nerval, par une sale nuit, s'est-il *sans le savoir* pendu deux fois, pour lui d'abord et *pour ses commentateurs ensuite. On se pend pour* le malheur et puis pour *la* légende. Personne ne peut écrire sur le vrai malheur et je ne l'essaierai pas ici. Mais *je puis parler au nom de* la légende, *surtout lorsqu'elle en vient comme aujourd'hui à faire taire le malheur lui-même*. (Rayé.)

2. D. : dissipée.] *On m'écrit parfois que je suis un écrivain absurde et on s'étonne d'autres fois que j'aie pu le devenir* avec tant de soleil dans la mémoire. Je pourrais répondre que, justement, le soleil *aurait pu m'y aider. Mais je préfère* m'expliquer sur cette absurdité *qui s'attache à moi comme le crime au meurtrier. Cela, du reste*, nous mènera au soleil.

Auparavant, il faut considérer la société où nous vivons et la situation qu'elle fait à l'écrivain. Un écrivain écrit...

3. D. : ... le contraire, *admirez*-les, ne les *croyez* pas.

P. 863.

1. Cf. en documents page... *Comme un feu d'étoupes.* Paru dans *la Tunisie française*, 1941.

2. D. : ... laissons là *toute* ironie.

3. D. rayé : ... *et qui souvent d'ailleurs me fait honte.*

4. D. rayé : Mais, *lorsque l'occasion se présente d'un tête-à-tête, on peut essayer de rectifier le tir. En ce qui me concerne, il faut bien répéter de temps en temps que je ne suis pas* un peintre de l'absurde et que *je ne crois nullement* à une littérature désespérée. *Il est bien entendu que j'ai écrit* un essai sur *ce que j'appelais* la notion d'absurde...

P. 864.

1. D. : ... autobiographiques... *si je pouvais me permettre d'avoir une opinion sur ce que j'écris, il me semble que je me dirais jusqu'à présent du moins* (rayé) un écrivain objectif.

2. D. rayé : Ainsi *suis-je devenu* prophète d'absurde.

3. D. rayé : ... un sceptique. *Mais plus simplement, il est frivole de m'attribuer* l'idée que rien n'a de sens...

P. 865.

1. D. rayé : ... un soleil inépuisable. *Si loin que je vive maintenant de la terre où j'ai appris cela, elle est restée ma vraie patrie et sa lumière me nourrit jusque dans la ville d'ombres, où le sort me retient.*

Après cela...

P. 866.

1. D. : Chaque *écrivain*, sans doute,...
2. D. rayé : ... un moment, *la beauté* scelle les bouches.

VI

TEXTES COMPLÉMENTAIRES

PRIÈRE D'INSÉRER

COLLECTION « LES ESSAIS »

L'ÉTÉ

Cet ouvrage comprend plusieurs essais dont les dates de composition s'échelonnent de 1939 à 1953. Leur unité d'inspiration est évidente. Ils reprennent tous, quoique avec des perspectives différentes, un thème qu'on pourrait appeler solaire, et qui fut déjà celui d'un des premiers ouvrages de l'auteur, *Noces,* paru en 1938.

Vingt ans après, ces nouvelles *Noces* témoignent donc, à leur manière, d'une longue fidélité.

Non signé.

PLUIES DE NEW YORK

Albert Camus est parti en Amérique le 10 mars 1946. « Je ne suis pas fâché, écrivait-il à M. Germain, son ancien instituteur, de laisser un peu cette vie de Paris qui vous use les nerfs et vous dessèche le cœur. » En août, après son retour, il lui écrivait encore de Vendée où il prenait ses vacances : « Mon voyage en Amérique m'a appris beaucoup de choses qu'il serait trop long de vous détailler ici. C'est un grand pays fort et discipliné dans la liberté, mais qui ignore beaucoup de choses et d'abord l'Europe. »

On se reportera aux *Voyages,* extraits des *Carnets,* tirés à part.

La pluie de New York est une pluie d'exil. Abondante, visqueuse et compacte, elle coule inlassablement entre les hauts cubes de ciment, sur les avenues soudain assombries comme des fonds de puits. Réfugié dans un taxi, arrêté aux feux rouges, relancé aux feux verts, on se sent tout à coup pris au piège, derrière les essuie-glaces monotones et rapides, qui balaient une eau sans cesse renaissante. On s'assure qu'on pourrait ainsi rouler pendant des heures, sans jamais se délivrer de ces prisons carrées, de ces citernes où l'on patauge, sans l'espoir d'une colline ou d'un arbre vrai. Dans la brume grise, les gratte-ciel devenus blanchâtres se dressent comme les gigantesques sépulcres d'une ville de morts, et semblent vaciller un peu sur leurs bases. Ce sont alors les heures de l'abandon. Huit millions d'hommes, l'odeur de fer et de ciment, la folie des constructeurs, et cependant l'extrême pointe de la solitude. « Quand même je serrerais contre moi tous les êtres du monde, je ne serais défendu contre rien. »

C'est peut-être que New York n'est plus rien sans son ciel. Tendu aux quatre coins de l'horizon, nu et démesuré, il donne à la ville sa gloire matinale et la grandeur de ses soirs, à l'heure où un couchant enflammé s'abat sur la VIIIe Avenue et sur le peuple immense qui roule entre ses devantures, illuminées bien avant la nuit. Il y a aussi certains crépuscules sur le Riverside, quand on regarde l'autostrade qui remonte la ville, en contrebas, le long du Hudson, devant les eaux rougies par le couchant ; et la file ininterrompue des autos au roulement doux et bien huilé laisse soudain monter un chant alterné qui rappelle le bruit des vagues. Je pense à d'autres soirs enfin, doux et rapides à vous serrer le cœur, qui empourprent les vastes pelouses de Central Park, à hauteur de Harlem. Des nuées de négrillons s'y renvoient une balle avec une batte de bois, au milieu de cris joyeux, pendant que de vieux Américains, en chemise à carreaux, affalés sur des bancs, sucent avec un reste d'énergie des glaces moulées dans du carton pasteurisé, des écureuils à leurs pieds fouissant la terre à la recherche de friandises inconnues. Dans les arbres du parc, un jazz d'oiseaux salue l'apparition de la première étoile au-dessus de l'Imperial State et des créatures aux longues jambes arpentent les chemins d'herbe dans l'encadrement des grands buildings, offrant au ciel un moment détendu leur visage splendide et leur regard sans amour. Mais que ce ciel se ternisse, ou que le jour s'éteigne, et New York redevient la grande ville, prison le jour, bûcher la nuit.

Prodigieux bûcher en effet, à minuit, avec ses millions de fenêtres éclairées au milieu d'immenses pans de murs noircis qui portent ce fourmillement de lumières à mi-hauteur du ciel comme si tous les soirs sur Manhattan, l'île aux trois rivières, un gigantesque incendie s'achevait qui dresserait sur tous les horizons d'immenses carcasses enfumées, farcies encore par des points de combustion.

J'ai mes idées sur d'autres villes. Mais de celle-ci je ne garde que ces émotions puissantes et fugitives, une nostalgie impatientée, les instants du déchirement. Après tant de mois, je ne sais rien de New York, et si l'on circule ici parmi des fous ou parmi les gens les plus raisonnables du monde; si la vie est aussi facile que toute l'Amérique le dit, ou si elle est aussi vide qu'elle y paraît parfois; s'il est naturel qu'on prenne dix personnes là où une seule suffirait et sans que le service en soit accéléré; si les New-Yorkais sont des libéraux ou des conformistes, des âmes pudiques ou des âmes mortes; s'il est admirable ou indifférent que les ramasseurs d'ordures portent dans leur travail des gants de bonne coupe; s'il est utile que le cirque de Madison Square présente dix attractions simultanées sur quatre pistes différentes, de manière qu'intéressé par toutes on n'en puisse voir aucune; s'il est significatif que les milliers de jeunes gens du skating où j'étais un soir, sorte de Vélodrome d'hiver baignant dans une lumière rougeâtre et poussiéreuse, et qui évoluaient sur leurs patins, dans un infernal vacarme de roues de fer et de grandes orgues, eussent l'air aussi sérieux et absorbés que s'ils résolvaient l'équation du huitième degré; s'il faut en croire enfin ceux qui disent que l'originalité est une solitude ici, ou simplement, ceux qui s'émerveillent qu'on ne vous demande jamais vos papiers d'identité.

Je perds pied, pour tout dire, pensant à New York, je me débats avec les jus de fruits du matin, le *scotch and soda* national et ses rapports avec l'amour, les taxi-girls et les accouplements en sauvette, le luxe démesuré et le mauvais goût débordant jusque sur les ahurissantes cravates, l'antisémitisme et l'amour des animaux, depuis les gorilles du Bronx jusqu'aux protozoaires du Musée d'Histoire naturelle, les salons funéraires où les morts et la mort sont maquillés à toute allure (« Mourez, nous ferons le reste »), et les boutiques de coiffeur où l'on peut se faire raser à 3 heures du matin, la température qui passe du chaud au froid, en deux heures, le métro qui fait penser à la prison de Sing-Sing, les nuées de sourires publicitaires qui proclament sur tous les murs que la vie n'est pas tragique, les cimetières fleuris sous les gazomètres, la beauté des filles et la laideur des vieillards, les dizaines de milliers de généraux et d'amiraux d'opérette qui se tiennent devant la porte des immeubles, les uns pour arrêter les taxis-scarabées, verts, rouges et jaunes, au moyen d'un sifflet, les autres pour vous ouvrir la porte et les derniers, enfin, qui montent et descendent dans toute la ville comme des ludions multicolores, le long de cages hautes de cinquante étages.

Oui, je perds pied. J'apprends qu'il en est des villes comme de certaines femmes, qui vous irritent, vous bousculent et vous écorchent l'âme, et dont on emporte sur tout le corps la chère brûlure, à la fois scandale et délectation. C'est ainsi que, pendant des jours, j'ai promené dans New York des yeux pleins de larmes, simplement parce que l'air de la ville est rempli d'escarbilles, et que la moitié du temps que l'on passe dans les rues est employé à frotter ses paupières où à en extirper le minuscule bout de métal que les milliers d'usines de New Jersey vous envoient, en don de joyeuse bienvenue, par-dessus le Hudson. C'est ainsi, pour finir, que je porte New York en moi, comme on véhicule dans l'œil un corps étranger, insupportable et délicieux, avec des pleurs d'attendrissement et des rages à tout nier.

Peut-être est-ce là ce que l'on appelle la passion. Tout ce que je puis dire, c'est que je sais de quelles images contrastées se nourrit la mienne. Au milieu de la nuit, quelquefois, par-dessus les sky-scrapers, à travers des centaines de hauts murs, un cri de remorqueur venait retrouver mon insomnie, et me rappeler que ce désert de fer et de ciment était aussi une île. Je retrouvais alors la mer, j'étais au bord de ma patrie. D'autres soirs, à l'avant du métro aérien de la IIIe Avenue, qui fonce à hauteur de cinquième étage, avale avec gloutonnerie les petites lumières rouges et bleues, et, de loin en loin, se laisse lentement digérer par des gares à demi obscures, je regardais les gratte-ciel tourner autour de notre course, et, quittant les avenues abstraites du centre, je me laissais couler vers des quartiers de plus en plus misérables, où circulaient de moins en moins d'autos. Je savais ce qui m'attendait, ces nuits dans la Bowery, où à quelques pas de splendides boutiques de robes nuptiales (pas une des mariées en cire ne sourit) qui s'étendent sur plus de cinq cents mètres, vivent les hommes oubliés, ceux qui se sont laissés aller à être pauvres dans la ville des banquiers. C'est le quartier le plus sinistre de la ville, celui où l'on ne rencontre pas une femme, où un homme sur trois est saoul, et où se produisent dans un singulier café, apparemment sorti d'un western, de grosses vieilles actrices, qui chantent les vies ratées et l'amour maternel, trépignant au refrain, et secouant spasmodiquement, parmi les rugissements de la salle, les paquets de chair informe dont l'âge les a couvertes. C'est une vieille femme aussi qui tient la batterie, et elle ressemble à une chouette, et certains soirs on a envie de connaître sa vie, à l'un de ces rares moments où la géographie disparaît, et où la solitude devient une vérité un peu désordonnée.

D'autres fois... mais décidément oui, j'ai aimé les matins et les nuits de New York. J'ai aimé New York, de ce puissant amour qui vous laisse parfois plein d'incertitudes et de détestation : il arrive qu'on ait besoin d'exil. Et l'odeur elle-même des pluies de New York vous poursuit alors au fond des villes les plus harmonieuses et les plus familières, pour vous dire qu'il est au moins un lieu de délivrance au monde, où l'on pourra, avec tout un peuple et pour le temps que l'on voudra, se perdre enfin sans jamais se retrouver.

Albert Camus.

Formes et couleurs, 1947.

PRÉFACE À « CONTRE-AMOUR »
DE DANIEL MAUROC

La violence, le secret, une longue quête d'ombres à la recherche de leurs corps, le cri vers la chair du fond de la nuit où nous attendons, ce sont parmi les prestiges de *Contre-Amour*. Mais je m'intéresse plus encore à ce qui va suivre. Ces signes sombres que vous tracez parlent aussi d'une lumière, et je suis préoccupé de lumière. J'entends les uns dire qu'il faut mourir dans le désert, les autres qu'il faut fuir vers l'oasis. Je me méfie de tous. Il faut vivre dans le désert, voilà tout, et le forcer pour que jaillissent un jour les eaux de la lumière. Vous êtes dans le désert, avec nous, et je vous vois au travail, avec nous. Bonne chance, vraiment, puisque votre chance est la nôtre !

Albert Camus.

Éditions de Minuit, 1952.

PRÉSENTATION DU DÉSERT

Nous sommes cernés par les eaux. Nous nous entassons par milliards sur des terres étroites et les mers qui nous entourent couvrent les deux tiers du globe. Nos continents sont des îles assiégées de tempêtes et d'orages, rongés par les pluies que des vents chargés d'eau précipitent sur les contrées où nous régnons fugitivement. Nous croissons ainsi et nous multiplions sur des territoires qui se réduisent et s'appauvrissent peu à peu. Demain il y aura trop d'hommes dans un monde trop petit et la liberté ne sera plus possible que sur les mers, ou au désert. Pour le moment, cependant, ce qui nous assiège nous rend plus forts encore, l'ennemi nous tient debout. Partout où l'eau s'abat, l'arbre grandit, un blé épais couvre la terre, les hommes enfin s'assemblent et prospèrent. Si l'eau vient à manquer au contraire l'homme fuit ou meurt, et sur la terre gercée soufflent des vents solitaires. Ainsi naissent les déserts, îles arides au cœur même de nos îles surpeuplées, terres inhumaines où l'homme pourtant, en certaines circonstances, veut trouver un refuge.

En quelques endroits du monde s'étendent des contrées silencieuses et sèches que de rares voyageurs de loin en loin parcourent, sans jamais s'y fixer. Mais là ou personne ne peut vivre, certains hommes peut-être pensent apprendre à vivre. Et les grands déserts du monde, le

Sahara, le Kalahari, le Gobi, ceux d'Arabie, de Perse et d'Australie, le grand désert américain enfin, offrent leurs vallées mortelles et leur solitude dangereuse à ceux qui savent que l'esprit n'est rien s'il n'est d'abord aventure et privation. Sur ces terres étranges la vie tire une soudaine noblesse du danger et du dénuement. L'âme sèche, dit Héraclite, est la meilleure. À ce compte l'âme consumée du désert est le dieu suprême du monde. Les grandes montagnes de rocs et de neige qui bordent les déserts arrêtent en effet les vents de la pluie et découpent dans le ciel la frontière visible entre l'hiver et l'éternel été, entre l'eau et la pierre. Privés de pluie, les torrents se figent, le sol du désert se recroqueville, l'eau se réfugie à des profondeurs inaccessibles et ne reparaît plus que sous d'étranges formes, à demi pétrifiée dans des fonds de boue ou vaporisée dans les brèves nuées du matin que le soleil naissant pompe dans les creux du terrain. Le sol ainsi torréfié se couvre à l'infini d'une peau sèche, irritée de loin en loin par des mares de sel et de boue, ou ridée par les vagues pétrifiées de mers anciennes. Au creux de ces vagues la vie n'est visible que par ses souvenirs. Mémoire figée du monde, le désert y offre ses empreintes fossiles, ombres minérales d'espèces disparues, ou ses fantômes pierreux des forêts où commence l'histoire. Partout ailleurs, un silence mortel. Seules les pierres, dont on aperçoit parfois les longs déplacements tracés dans le sable sans qu'on puisse comprendre quelle force invisible, sinon peut-être le vent, seigneur, avec le soleil de ces lieux, les a fait avancer.

Car ici rien n'arrête plus le vent. Mais celui qui souffle à travers les déserts n'est plus chargé de la manne humide qu'il arrache, ailleurs, à des eaux lointaines. C'est un vent de sable, un blizzard sec qui, pendant des journées parfois, couvre l'immensité désertique d'une ombre crissante et tumultueuse. Chargé seulement de particules de sable, ce rude sculpteur corrode alors le relief, le modèle, dresse d'étranges monuments à la gloire d'invisibles Pharaons dans les solitudes du désert. Il ronge sans trêve les pierres et les collines, leur arrache encore du sable dont les grains, emportés dans un mouvement furieux, attaqueront encore d'autres pierres réduites en sable elles-mêmes. Si le vent fouille, le soleil à son tour prend possession de son royaume et travaille aussi à lui donner sa forme. Le feu du ciel tombe alors d'aplomb et porte au rouge les pierres du jour que la nuit glacée gèlera sans transition. Peu à peu, sous ces terribles et rapides pesées la pierre éclate et la voilà encore réduite en sable que demain le vent, revenant à la charge, va jeter contre tout ce qui résiste encore à l'horizon. Au terme de cette interminable et monotone pulvérisation surgit lentement, sous la double meule du vent et du soleil, cette terre rabotée jusqu'à l'os, réduite à son squelette schisteux, écrasée de soleil et de lumière, sur laquelle personne ne pourra se tenir debout.

Et pourtant la vie est là. Mais elle se tient au ras du sol, tapie, respirant à peine. Dans les racines sèches, parmi les végétaux monstrueux et les citernes épineuses des cactus, tous les jours, contre tout espoir, obstinément la vie continue au désert, dans une belle et cruelle innocence.

ALBERT CAMUS.

Désert vivant de Walt Disney.
Paris, *Société française du livre,* 1954.

INTERVIEW

(EXTRAITS)

JE suis excédé de cette réputation d'austérité et de vertu — dont je suis bien indigne — et que l'on m'assène comme le pavé de l'ours. Peut-être la publication de *l'Été* va-t-elle effacer cette image ?...

... Il y a un côté public dans le métier d'écrivain qui vous expose à des mésaventures. La pensée se transforme en slogans pour journaux du soir. Je ne dis même plus, dans la vie courante : « c'est absurde ». D'autres termes encore que l'on répète à tout propos à mon égard : limite, mesure... Il faudra que je renouvelle mes adjectifs...

— *Dans cette suite d'essais que vous venez de publier,* l'Été, *y a-t-il un ordre autre que chronologique ?*

— Non. La seule évolution que l'on puisse y trouver est celle que suit normalement un homme entre vingt-cinq et quarante ans. Ces essais se rattachent naturellement à *Noces*, par une sorte de fil d'or. *Noces* a été publié à Alger en 1938. Le premier essai d'*Été* date de 1939.

— *Vous écrivez, dans l'Été : « Pour mieux servir les hommes, les tenir un moment à distance. »*
— Je veux indiquer par là que toute action réfléchie exige le recueillement, la veillée d'armes.

— *Vous dites : « Les hommes n'ont jamais cessé d'avancer dans la connaissance qu'ils prenaient de leur destin. »*
— L'homme d'aujourd'hui ne se connaît pas mieux, je ne crois pas, mais il prend conscience plus nettement du drame de son aventure. Je pense qu'à beaucoup d'égards, l'homme du moyen âge était plus riche que nous, qui sommes affranchis, déracinés. Mais nous sommes plus *avertis*.

— *Le développement des communications, et des mass-communications, d'une part, la diffusion des journaux, d'autre part, ne permettent-ils pas un enrichissement général ?*
— Ces *mass-communications*, comme vous les appelez, s'accompagnent d'une dégradation des valeurs.

— *Ne pensez-vous pas qu'il existe une plus grande solidarité entre les hommes ? La bombe H, elle-même, ne nous donne-t-elle pas conscience d'un péril et d'un destin communs ?*
— C'est la solidarité de la chaîne. Ne pourrait-on concevoir la solidarité de la prospérité ?

— *Vous parlez du « tragique » de notre vie. La tragédie est-elle particulière à notre époque ?*
— Il y a évidemment des époques très sombres dans l'histoire. Mais tout de même, songez aux 70 millions d'hommes tués, fusillés, déportés. Nous vivons dans l'univers concentrationnaire. La génération dont je suis a grandi au milieu des guerres : je suis né en 1913, à la veille du conflit mondial ; j'ai eu vingt ans à la prise de pouvoir par Hitler, trente à l'âge des camps de concentration...

— *Ces événements n'exigent-ils pas l'engagement de l'artiste ?*
— Certainement, mais pas au sens où l'entendent les tenants de la « littérature engagée ». Il faut prendre conscience d'une limite. Je ne pense pas que les artistes fassent de bons présidents de la République.

— *La jeunesse d'aujourd'hui n'aurait-elle pas besoin d'une morale, d'une marche à suivre ? Entre les grands blocs que sont le communisme et l'Église, elle ne trouve que guérisseurs, charlatans, défroqués, faux partis...*

— L'artiste, l'écrivain ne sont pas mis au monde pour faire plaisir à la jeunesse. Ils sont là pour dire la vérité. Ils agiront sans la jeunesse si elle les repousse; si leurs idées coïncident avec celles de la jeunesse, ils s'en réjouiront. On exige aujourd'hui des techniques, des marches à suivre. Comment un écrivain donnerait-il des ordres de marche alors qu'il apprend tous les jours à marcher?

— *Quelle est pour vous, aujourd'hui, la tâche essentielle ?*
— Il n'y a rien de plus digne que de refuser la raison d'État érigée en absolu. Le respect généralisé est un confort.

Extraits de l'interview donnée à Frank Jotterand de *la Gazette de Lausanne* (15 mars 1954).

ACTUELLES III
CHRONIQUES ALGÉRIENNES

I

COMMENTAIRES

Actuelles III, d'une certaine façon, répond à l'interrogation qui monte en 1958 des milieux intellectuels. Pourquoi, va-t-on répétant, ce silence devant un problème qui concerne Camus au premier chef ? On sait, assez vaguement, qu'il a jadis consacré une bonne partie de son activité à la défense d'Algériens victimes de caïds ou de colons sans scrupules (cf. *Alger républicain* et la politique). On a parfois entendu dire qu'en 1939, ému par la misère kabyle, il a lancé aux autorités un prophétique avertissement. On a gardé le souvenir des articles qu'il écrivit au lendemain des émeutes du Constantinois. L'opinion française était alors assez préoccupée de ravitaillement et de reconstruction pour ignorer la famine qui sévissait dans ses territoires d'outre-Méditerranée ; le général de Gaulle se souciait davantage de ses disputes avec Roosevelt que de l'application des thèses de Brazzaville, et les trois partis au pouvoir combattaient vigoureusement pour les élections cantonales. Camus avait eu le mérite d'expliquer à l'opinion les causes de la révolte, d'en conclure avec pertinence à l'indifférence, voire à l'hostilité de la population arabe pour toute politique d'assimilation, et de faire connaître dans un esprit de sympathie les thèses du Parti du Manifeste (Ferhat Abbas) qui réclamait « la reconnaissance d'une nation algérienne liée à la France par les liens du fédéralisme ». Camus paraissait en conclure qu'il fallait ou bien faire de l'assimilation une réalité — ce qui supposait une volonté de justice rarement rencontrée — ou prendre en considération les propos de Ferhat Abbas.

Cette réflexion lucide avait été précédée des articles des 13 et 28 octobre 1944 ; elle fut suivie de l'article du 15 juin, dont Camus fit sa conclusion provisoire ; *Combat*, sous son impulsion ou celle de ses camarades, n'en devait pas moins poursuivre régulièrement son analyse de la situation algérienne. Malheureusement, le statut de 1947, qui répondait partiellement à son attente, ne fut jamais appliqué dans son intégralité ; de surcroît, une série de truquages électoraux, effectués sous le couvert du gouvernement général, le détourna gravement de son sens.

On connaissait le sentiment de Camus sur toutes ces questions, et l'opinion de gauche le tenait pour un des plus rigoureux adversaires du colonialisme et de ses excès. Ne s'était-il pas dressé contre l'arbitraire et l'usage de la torture à Madagascar? (Cf. *la Contagion, Combat,* 1947, p. 321.) En 1951, 56 militants M.T.L.D. étaient jugés à Blida, pour leurs activités. Camus se déplaça et déposa en leur faveur devant le tribunal; le 14 décembre 1951, le Front algérien pour la défense et le respect de la liberté l'en remerciait chaudement. Le 14 juillet 1953, des manifestants nord-africains étaient molestés ou abattus par la police parisienne; Camus protestait vivement dans *le Monde.* En mars 1954, il refusait de siéger au jury du Prix algérien du roman quand Roblès l'eut informé de l'origine gouvernementale des fonds.

En 1954 encore, sept Tunisiens étaient condamnés à mort pour avoir, le 23 janvier 1952, assassiné trois policiers. Le 12 avril 1954, Camus intervenait auprès du président Coty, soulignant que les aveux leur avaient été arrachés par la torture. Le Cabinet du Président l'informait que ce dernier réservait toute son attention à leurs dossiers : en fait, trois d'entre eux étaient exécutés déjà. Enfin, dans un article intitulé *Terrorisme et Amnistie,* publié en juillet 1954 dans le numéro 1 de *Libérons les condamnés d'outre-mer,* il disait son angoisse devant la montée des violences dans l'Union Française et réclamait des mesures propres à favoriser la détente.

En 1955, il revenait au journalisme à *l'Express.* À Jean Daniel qui l'interrogeait sur le sens de sa décision, il donnait trois raisons : « La première, c'est que je suis solitaire dans mon époque. Je suis aussi comme vous savez solidaire d'elle — et étroitement. La seconde, c'est que le journalisme m'est toujours apparu comme la forme la plus agréable pour moi de l'engagement, à la condition toutefois de tout dire. La troisième enfin, c'est que je veux contribuer à faire revenir Pierre Mendès-France au pouvoir. Nous allons traverser une période très grave. Or j'ai, moi, des critères subjectifs. En 1945, quand je suis allé voir Mendès-France au ministère de l'Économie nationale, il m'a semblé que je rencontrais pour la première fois un véritable homme d'État. Tout récemment, quand il a été renversé à la Chambre et qu'il a répondu à Maurice Schumann en révélant qu'il avait libéré des enfants dans les prisons marocaines, Mendès-France a eu pour parler de cela une qualité d'accent qui ne peut pas tromper. »

De Mendès-France, il attendait une solution au problème algérien. Pour sa part, il allait exprimer son sentiment sur ce drame, qui était en un sens son drame. Outre les articles repris dans *Actuelles III,* il donnait : *Terrorisme et Répression* (9 juillet 1955), *l'Avenir algérien* (23 juillet 1955), *la Charte de janvier* (4 novembre 1955) et *les Bonnes Leçons* (9 décembre 1955). Les deux premiers articles exposent très clairement son analyse du problème et définissent les solutions propres, selon lui, à satisfaire momentanément les parties en présence. Faut-il le rappeler? À cette époque, aucune publication française, aucune formation politique française n'envisageait formellement l'indépendance de l'Algérie et, les articles de Camus en apportent confirmation, pas plus le Front républicain que M. Mendès-France.

En se rendant à Alger, en janvier 1956, sans doute désirait-il leur faciliter la tâche. La plupart de ses amis, Maisonseul, Poncet, Miquel, appartenaient au groupe des « libéraux ». Dans le cadre de *l'Association des amis du théâtre d'expression arabe*, ceux-ci maintenaient des contacts avec les milieux musulmans. C'est là qu'un soir Mohammed Lebjaoui aurait proposé une action politique. On s'adressa donc à Camus, en lui laissant le choix de l'objectif et des modalités. Le comité comprenait Jean de Maisonseul, Charles Poncet, Roland Simounet et Louis Miquel du côté français; Amar Ouzegane, Mohammed Lebjaoui, Boualem Moussaoui, Mouloud Amrane du côté algérien; y collaboraient de plus loin, Maurice Perrin qui fut assassiné par l'O.A.S. et Aziz Kessous, depuis replié en France. Tous convinrent de laisser à E. Roblès* le soin d'animer ce comité et à Camus de le patronner.

Que voulaient les « libéraux » français? Sans être d'accord sur tout, ils réclamaient unanimement la suppression du statut colonial, l'élimination des « gros colons » opposés à toute évolution, et une « table ronde » des divers courants algériens. Déjà, un comité fonctionnait à Oran sous la présidence du docteur Durand. Celui d'Alger fut constitué quasi officiellement les 13 et 16 janvier, rue Charras. Le 16 janvier, on rédigea un premier appel. Le 19 janvier, salle Mahiedine, rue du Lézard, dans la Casbah, se tenait une nouvelle réunion, en présence de Camus cette fois. S'y retrouvaient notamment Amar Ouzegane, un père blanc, un pasteur, un prêtre, des comédiens de la troupe arabe et le lieutenant Prax.

Le vendredi 20, les libéraux français se réunissent rue Drouillet. M. Amrani s'était joint à eux. D'après E. Roblès, Camus, qui découvrait pleinement la gravité de la situation, s'écria : « D'ici peu, tout ceci peut tourner à une effroyable guerre civile, à une guerre ethnique. Les Européens eux-mêmes finiront par se massacrer entre eux. » On fixa au 22 la réunion publique; au dernier moment la municipalité refusa la salle des fêtes : il fallut se rabattre sur le Cercle du Progrès, place du Gouvernement. On savait de bonne source que les « ultras », furieux de voir Camus collaborer à *l'Express,* voulaient lui faire un mauvais parti. Ils entendaient, grâce à de fausses cartes d'invitation, occuper la salle, matraque à la main : à la dernière minute, il fallut donc changer toutes les cartes. Un

---

* C'est Emmanuel Roblès qui a bien voulu me confier toutes les informations ci-après réunies. On pourra lire un récit des mêmes événements dans *le Meilleur Combat* d'Amar Ouzegane, pages 231 à 239. Cf. aussi *Vérités sur la Révolution Algérienne* de Mohamed Lebjaoui (Gallimard, 1970), pages 38 à 56.

camarade, employé aux Renseignements généraux, fit savoir à Camus qu'on tenterait de l'enlever — on parla même d'attentat. Harcelé de coups de téléphone qui, par la menace, cherchaient à infléchir sa décision, il confia à d'anciens camarades de Belcourt le soin de jouer pour lui les gardes du corps.

Dans la journée, Camus salua le Cheik el Okby, qu'il avait soutenu en 1939. Le soir, quand il gagna le Cercle du Progrès, il y trouva une foule nombreuse, composée pour une bonne part d'ouvriers et d'étudiants musulmans : il demanda aux jeunes musulmans et israélites du service d'ordre d'éviter tous heurts inutiles. Des milliers de musulmans attentifs stationnaient sur la place, tandis que des contre-manifestants lançaient des menaces de mort.

Camus lut son texte, en présence notamment de Fehrat Abbas, Ahmed Francis, Tewfik el Madani. Les hurlements poussés à l'extérieur incitèrent les organisateurs à accélérer le débat auquel prirent part quelques personnalités libérales et musulmanes. Après quoi, les assistants se dispersèrent sous les huées et les menaces de mort. Le lendemain, *la Dépêche* et *l'Écho d'Alger* attaquèrent violemment Camus et ses amis. En revanche, Edmond Brua lui consacra un article favorable dans le *Journal d'Alger*.

Le 23, Camus prit quelques contacts avec des personnalités algéroises, notamment avec le gouverneur Soustelle qui jugea imprécise la notion de trêve civile. Pour permettre à Camus de gagner l'aéroport, il fallut multiplier les précautions afin de dépister les « ultras » qui réclamaient vengeance. « Vous avez échappé la dernière fois à un attentat. Tous voulaient vous tuer... », lui écrira plus tard une vieille amie, défavorable à la politique qu'il défendait et qui lui conseillait le silence.

Camus avait beaucoup attendu de cet ultime effort. Quelle naïveté, dira-t-on ! On observera pourtant que parmi les quatre animateurs musulmans du Comité pour la trêve civile figuraient un futur ministre du gouvernement Ben Bella, un futur ambassadeur et un conseiller du président Ben Bella. On peut en inférer — et Ouzegane le confirme — que le F. L. N. n'était pas opposé à cette tentative, ou du moins qu'il laissait faire ; les musulmans présents résumaient leur point de vue par ces mots que nota Roblès : « Les hommes qui se battent ont seuls le droit de se prononcer sur la trêve civile et nous ferons ce qu'ils ordonneront. »

Sans doute ne saurons-nous jamais ce qui fut ordonné. Survint en effet le 6 février qui désespéra Camus. J'eus l'occasion de dîner avec lui quelque temps plus tard et il me dit en substance : Tout est fini ; en cédant aux manifestants, le gouvernement a perdu la confiance des Arabes. C'est la guerre. Il suspendit alors sa collaboration, désormais inutile, à *l'Express*. Quelque temps encore, il soutint les efforts de ses amis, et notamment leur journal, *l'Espoir* qui, le 27 mars 1956, définissait ainsi les objectifs des « libéraux » : « Dialogue avec les responsables des mouvements insurrectionnels et politiques algériens en vue d'un cessez-le-feu ; liberté de la presse et libertés démocratiques ; solution du problème algérien dans une nouvelle définition de l'Union Française, assurant l'égalité des peuples et des individus, la décentralisation administrative et politique dans une organisation fédérale, l'aménagement social et économique du pays. » Mais l'intensification du terrorisme aveugle lui posait un douloureux cas de conscience qu'il exposait en mars à Roblès : « Si un terroriste jette une grenade au marché de Belcourt que fréquente ma mère et s'il la tue, je serais responsable dans le cas où, pour défendre la justice, j'aurais également défendu le terrorisme. J'aime la justice mais j'aime aussi ma mère. » D'après une lettre de M. Mathieu (30 mars 1956) il envisagea de s'installer à Alger ; l'évolution de la situation le convainquit bientôt de l'inutilité de ce geste : le ministre résident, Robert Lacoste, avait clairement fait savoir aux « libéraux » qu'il n'entendait pas lutter sur deux fronts et qu'il ne couvrirait donc pas leurs entreprises. Sans soutien officiel, les « libéraux », déjà peu nombreux, ne pouvaient qu'être réduits très vite au silence.

« L'affaire Maisonseul » devait lui en administrer la confirmation. Par principe autant que par amitié, Camus intervint avec sa vigueur coutumière auprès d'un gouvernement qu'il estimait débordé par les cadres traditionnels de la colonisation. Les formules de Camus et les indications qu'il donne sont assez précises pour qu'il n'y ait pas lieu de s'y attarder ici plus longuement. En tout cas, l'affaire Maisonseul apportait à Camus la preuve que la troisième voie recherchée, entre le terrorisme et la répression coloniale, était pour longtemps bouchée. Dans le fracas des armes, que pouvait-il dire qui fût entendu de sang-froid et ne servît pas la passion des uns et des autres ?

Au lendemain d'un article critique de Jean Sénac dans *Exigences*, il écrivait : « J'ai décidé de me taire en ce qui concerne l'Algérie, afin de n'ajouter ni à son malheur ni aux bêtises qu'on écrit à son propos. » Il ajoutait, évoquant *les Justes :* « Ma position n'a pas varié sur ce point et si je peux comprendre et admirer le combattant d'une libération, je n'ai que dégoût devant le tueur de femmes et d'enfants... Je continue au contraire non pas à renier mais à condamner absolument, aujourd'hui comme hier, l'assassinat des civils innocents. » (Février 1957, note manuscrite.)

Deux mois plus tard il adressait à *Encounter* la lettre qu'on trouvera ci-après ; une fois encore, il justifiait son refus de prendre désormais parti dans une lutte qui lui paraissait confiner à l'absurde. Ailleurs, il réaffirmait sa volonté de ne pas se séparer de son temps, mais ajoutait : « Je crois nécessaire de poser des limites à cette action pour remédier à la stérilisation inséparable d'une certaine ivrognerie politique. Je ne vois pas d'avantage, pour personne, à ce que les écrivains deviennent journalistes... Pour moi, j'ai renoncé au journalisme régulier et d'autant plus que je ne me trouve d'accord avec aucune des équipes actuelles. Cela ne veut pas dire que j'ai renoncé à prendre position et que je me retire dans le couvent théâtral... » Évoquant l'appel pour la trêve civile et la dénonciation des méthodes de torture, « qu'elles s'exercent à Budapest ou à Alger », il précisait : « Je ne cesserai pas de mener cette action. J'ai dénoncé la répression collective avant même qu'elle ne prenne les formes hideuses qu'elle vient de revêtir. J'avais sans doute mal choisi mon moment : mes articles ne brandissaient pas encore assez de cadavres pour attirer l'attention. Je continuerai pourtant cette action, mais pas avec ceux qui se sont toujours tus sur les crimes affreux et les mutilations maniaques du terrorisme qui tue civils, Arabes et femmes, et ajoutent incalculablement au malheur du peuple algérien... Trouvez bon qu'un homme qui pendant vingt ans a plaidé la même cause se taise jusqu'au moment où il pourra parler et attende l'heure où la frivolité parisienne oubliera le malheur algérien comme elle a déjà oublié le malheur hongrois. » (Brouillon de lettre non identifiée, 1957.) Sur le fond, Mouloud Feraoun résumait assez bien la position de Camus, telle que le lui avait exposée Roblès (février 1957) : « Camus se refuse à admettre que l'Algérie soit indépendante et qu'il soit obligé d'y entrer chaque fois avec un passeport, lui qui est algérien et rien d'autre. » Un an plus tard, Feraoun, après une rencontre avec Camus, notera (*Journal*, 11 avril 1958) : « Nous sommes restés deux heures à bavarder en toute simplicité, en toute franchise. Je me suis senti avec lui aussi immédiatement à l'aise qu'avec E. Roblès. Il y a en lui cette même chaleur fraternelle qui se moque éperdument des effets et des formes. Sa position sur les événements est celle que je supposais : rien de plus humain. Sa pitié est immense pour ceux qui souffrent mais il sait hélas ! que la pitié ou l'amour n'ont aucun pouvoir sur le mal qui tue, qui démolit, qui voudrait faire table rase et créer un monde nouveau d'où seraient bannis les timorés, les sceptiques, et tous les lâches ennemis de la vérité nouvelle ou de l'Ancienne Vérité par les mitraillettes, le mépris et la haine. »

Impuissant, incapable, comme *l'Hôte,* d'être totalement solidaire de sa communauté et de se désolidariser d'elle pourtant, se refusant à contester les mobiles de ses anciens amis nationalistes comme à approuver leurs méthodes terroristes, Camus vit dans la contradiction : « Pour moi, écrivait-il à Jean Daniel, il me suffit de comprendre en vous lisant que vous êtes comme moi déchiré. » Malgré son refus de figurer dans la Commission de sauvegarde (cf. lettre p. 1884), il lui reste à sauver des vies, autant qu'il est en son pouvoir. En janvier 1957, Maurice Clavel sollicite son intervention pour Debbache Moktar. En juillet, après l'exécution de Badeche Ben Hamidi, accusé d'avoir assassiné Amédée Froger, Yves Dechezelles et Gisèle Halimi font appel à lui. Le 20, il donne son accord à Gisèle Halimi. Le 20 septembre, nouvelle lettre de Dechezelles qui craint une reprise accrue des exécutions. Le 26, il intervient auprès du président Coty en faveur de Mezzi, Brick Amar, Harfouchi Mohamed, Mohammed Haddadi, Letabi Rabah, Arabi Rabah, Yanes Bachir, Bourenane, Kab Abderrahmane,

Bensaadi Saïd et quelques autres. Après avoir noté que ces combattants n'ont pas eu recours « au terrorisme répugnant qui frappe les populations civiles », il ajoute : « Français d'Algérie, ayant toute ma famille à Alger, conscient des dangers que le terrorisme fait courir aux miens comme à tous les habitants d'Algérie, le drame actuel retentit quotidiennement en moi et assez fort pour que, écrivain et journaliste, j'aie renoncé à toute action publique qui risquerait, avec les meilleures intentions du monde, d'aggraver au contraire la situation... Je suis d'ailleurs persuadé, après longue réflexion, que votre indulgence aidera finalement à préserver un peu de l'avenir algérien que nous espérons tous. »

Le 28 octobre, dans une lettre à Guy Mollet, constatant que les exécutions ont repris, il lui demande d'agir en sorte qu'elles soient suspendues à nouveau. En décembre, Mᵉ Pierre Stibbe l'ayant prié d'intervenir en faveur de Ben Saddok, il adresse une lettre au président de la cour d'assises : le meurtre d'Ali Chekkal n'est pas un acte de terrorisme aveugle et raciste sur une foule innocente : « Il me semble que justement, dans un moment où la France peut espérer restaurer une paix de dignité sur une terre dont le malheur a retenti douloureusement dans l'Algérien que je suis, une exécution ne fera que compromettre les chances de cet avenir que nous espérons tous... » Il souhaitait que cette intervention ne soit pas rendue publique et s'en expliquait auprès de Pierre Stibbe : « Je refuse depuis deux ans, en ce qui concerne l'Algérie, et je continuerai de refuser jusqu'à ce que j'entrevoie la possibilité d'une action efficace, toute manifestation publique susceptible d'être exploitée politiquement et d'ajouter ainsi au malheur de mon pays. En particulier, je ne veux en aucun cas donner bonne conscience, par des déclarations sans risque pour moi, au fanatique stupide qui tirera à Alger sur une foule où se trouveront ma mère et tous les miens. Cette raison qui peut paraître naïve à Paris a pour moi la force d'une passion approuvée par la raison. » Une indiscrétion de *France-Observateur* touchant le contenu de cette lettre l'amène à préciser qu'il refusera désormais son appui à toute démarche « venue de ce bord ».

Les textes, tout comme les conversations évoquées plus haut, permettront de mieux comprendre la polémique qui entoura ses déclarations de Suède (dossier ci-après). Les réactions hâtives, que ces déclarations inexactement rapportées susciteront dans certains milieux, aggraveront les relations déjà tendues avec Roger Stéphane ou les rendront plus difficiles avec Jean Senac.

Camus n'en poursuivra pas moins ses interventions*, j'en relève quelques-unes :

---

* Germaine Tillion m'écrit à ce sujet : « J'avais ses divers numéros de téléphone pour pouvoir le joindre immédiatement. Il m'avait dit qu'il ferait ce que je lui demanderai — et il l'a fait. »

— 8 janvier 1959, témoignage en faveur d'Amar Ouzegane ;
— 11 janvier 1959, recours en grâce auprès du général de Gaulle et d'André Malraux en faveur de trois condamnés à mort ;
— 13 février 1959, demande de mise en liberté pour Kaci Abdallah et Arous Ahmed ;
— 11 mars 1959, pour Messaoui Ahmed et Mimouni Abd el Kader ;
— mars-mai 1959, intervention auprès de M. Patin, président de la Commission de sauvegarde, en faveur de Daniel Liddi interné au camp de Lodi ;
— 21 août 1959, demande de grâce pour Bouayed Radhid, Berkouk Areski, Sahnoun Ahmed.

Pourtant, sollicité sans cesse de formuler son avis, il s'est résolu à publier *Actuelles III*. Il complète l'ensemble des textes déjà connus par un mémoire qu'il intitule *Algérie 58*, et dont la dactylographie est datée de janvier 1958. L'amertume se manifestait plus librement dans le texte original (cf. notes) et Camus y formulait un avertissement qui risquerait d'être mal compris. J'ai pour ma part un souvenir : si la France, m'avait-il dit, était incapable d'apporter à cette tragédie une solution humaine, il préférerait quitter un pays qui ne lui laisserait d'autre avenir qu'un perpétuel exil. C'est au fond ce qu'il entendait par « tirer les conséquences » de ce malheur. Mais, sans doute, faut-il voir aussi dans cette allusion à une double « sécession » le pressentiment de ce que furent les mois qui précédèrent l'indépendance (juillet 1961 à mars 1962).

En février 1958, selon la dactylographie, Camus rédige l'avant-propos. Sakhiet-Sidi-Youssef vient d'être bombardé et l'Assemblée a voté une loi-cadre vidée de toute portée. Camus pressent l'accélération des événements : il sait que sa position ne sera généralement pas comprise. Il justifie deux ans de silence relatif et tente de donner à sa réflexion une portée générale.

La note introductive, enfin, est du 25 mai, soit douze jours après les événements d'Alger, au moment même où, à leur faveur, de Gaulle accède au pouvoir. L'ambiguïté des sentiments de Camus apparaît au manuscrit ; il balance entre l'espoir et la crainte. C'est ce qu'il dit à Roger Ikor quand celui-ci le pria de lancer un appel aux sentiments démocratiques de l'opinion. Il donna son accord par téléphone ; les deux hommes se rencontrèrent plusieurs fois, mais les événements allèrent plus vite qu'eux.

Faut-il ajouter, pour terminer, que les craintes de Camus quant à l'avenir d'*Actuelles III* se sont vérifiées ? Le livre fut froidement accueilli de tous côtés, le plus souvent, on fit le silence, passant par pertes et profits un recueil de deux cents pages. Ainsi entretient-on la légende d'un Camus silencieux devant le malheur de l'Algérie : pour discutables que fussent hier ses positions, pour dépassées qu'elles soient aujourd'hui par l'événement, on ne peut honnêtement faire comme si *Actuelles III* n'avait jamais été écrit. De ses mérites, l'histoire seule jugera. Du moins, peut-on lui souhaiter de rencontrer, avec le temps, une compréhension égale à celle dont fit preuve ce chef important du F.L.N. qui, au lendemain du *Nobel,* adressait à Camus, « du maquis », ses plus vives félicitations.

On trouvera en annexe :

Un message au comité pour l'amnistie aux condamnés d'outremer (mai 1954).
Terrorisme et Amnistie (juillet 1954).
Terrorisme et Répression (9 juillet 1955).
L'Avenir algérien (23 juillet 1955).
Lettre à *Encounter* (1957).
Les déclarations de Stockholm (décembre 1957).
Lettre au président du Conseil sur la Commission de sauvegarde.

R. Q.

II

PETITE CHRONOLOGIE DE LA GUERRE D'ALGÉRIE

1954

Juin : Des incidents localisés sont suscités par de petits groupes se disant pour la première fois « fellaghas ».

Août : À Alger, 22 jeunes responsables du M.T.L.D. décident de passer à l'action armée.

10 au 20 septembre : Le C.R.U.A., Comité Révolutionnaire pour l'Unité et l'Action, est fondé en Suisse au congrès dit des « 9 historiques ».
30 septembre : Les chefs historiques — dont Belkacem Krim, Rabat Bittat, Boudiaf — réunis à Alger, fixent au 1er novembre le début de la rébellion.

1er novembre : L'assassinat de l'instituteur Monnerot et du caïd Saddok, près de Batna, marque le début des hostilités.

1955

Mars : Le gouvernement Mendès-France désigne Jacques Soustelle comme gouverneur général de l'Algérie.

Avril : Conférence de Bandoeng qui consacre l'existence d'un groupe afro-asiatique où prennent place les chefs du soulèvement algérien.

20-21 août : Émeutes et massacres dans le Nord constantinois.

Septembre : L'O.N.U. inscrit la question algérienne à son ordre du jour.

25 septembre : Création des S.A.S. pour remédier à la sous-administration du pays et des Groupes militaires de Protection rurale à encadrement européen. À ce moment, les forces militaires françaises atteignent 180 000 hommes, mais l'emprise F.L.N. sur la population algérienne n'a fait que croître.

1956

6 février : Émeutes à Alger, lors de la venue du président du Conseil, Guy Mollet. Le général Catroux quitte le poste de ministre résident qui est confié à M. Robert Lacoste.

10 mars : L'Assemblée nationale vote la loi sur les pouvoirs spéciaux qui permettent la réorganisation territoriale de l'Algérie, la dissolution de l'Assemblée algérienne et certaines réformes économiques et sociales.

Début avril : La Légion fait à Tebessa des centaines de victimes civiles.
13 avril : Le rappel des disponibles porte les effectifs militaires en Algérie à 400 000 hommes.
22 avril : M. Ferhat Abbas rejoint Le Caire.
Avril : Pourparlers au Caire entre MM. Gorse, Begarra et Khider.

5 juillet : Le F.L.N. lance un ordre de grève, généralement suivi.

2 et 3 septembre : Rencontres à Rome de MM. Commin, Herbaut, Khider, Yazid et Kiouane.

22 octobre : Arrestation de Ben Bella et de plusieurs chefs algériens, après déroutage par l'aviation française d'un avion en partance du Maroc.
Fin octobre : Intervention militaire franco-anglaise à Suez.

Novembre : Grève scolaire en Algérie.

1957

9 janvier : Déclaration de M. Guy Mollet qui développe les thèmes du « triptyque » : — cessez-le-feu — élections libres —

négociations. Le terrorisme urbain atteint son paroxysme. Le commandement y réplique par « la bataille d'Alger » et ses violences.

Mars : Le Conseil national de la résistance algérienne s'installe à Tunis.

Mai : La « ligne Morice », aux frontières de la Tunisie et du Maroc, est renforcée.
29 mai : Massacre de Melouzza.

Octobre : Le projet de loi-cadre est repoussé par l'Assemblée nationale.

1958

8 février : Bombardement par les forces françaises de Sakhiet-Sidi-Youssef.
Février : Vote d'une loi-cadre gravement édulcorée.

13 mai : Soulèvement à Alger.

1er juin : Le général de Gaulle obtient l'investiture de l'Assemblée.
4 juin : Discours sur le Forum : « Je vous ai compris », dit le général de Gaulle à la foule algéroise.
16 juin : À Oran, le général de Gaulle dit de l'Algérie qu'elle est « organiquement terre française aujourd'hui et pour toujours ».

29 août : Le général de Gaulle, à Alger, évoque la nécessaire évolution de l'Algérie, « dans le cadre français de Dunkerque à Tamanrasset ».

14 septembre : Création du Gouvernement provisoire de la République algérienne.

23 octobre : Le général de Gaulle offre « la Paix des braves » aux insurgés algériens.

19 décembre : M. Delouvrier est nommé Délégué général en Algérie. Le général Challe prend le commandement des forces françaises.

1959

16 septembre : Discours du général de Gaulle sur l'autodétermination.

Décembre : M. Jean Morin est nommé Délégué général en Algérie.

1960

Fin janvier : Journées dites « des barricades » à Alger.

III

NOTES ET VARIANTES

AVANT-PROPOS

P. 889.

Note introductive.

Ms. : ... *et que, dans le désordre actuel, la position et les solutions qui sont ici définies devaient l'être plus que jamais. Le climat où se pose le problème algérien peut changer,* non *les faits que nous retrouverons* demain.

Il m'a paru aussi que ce volume gardait plus encore, dans les circonstances présentes, sa valeur de témoignage. *À l'heure où ces lignes sont écrites, la France n'est pas encore sortie de la crise où elle se débat. Mais quel que soit son avenir, il n'est pas mauvais de produire une fois de plus le témoignage de ceux qui refusent à la fois d'exercer et de subir la terreur. Dans cette grande confusion où Vichy acclame de Gaulle et où les hommes de Budapest se posent en défenseurs de la République, une chose au moins doit être claire : acquis à toutes les expériences de redressement dans le maintien de nos libertés, nous n'accepterons pas au contraire de subir une deuxième fois l'oppression totalitaire, qu'elle soit de droite ou de gauche.*

D. : *Dans cette confusion où Vichy acclame la France Libre et où les hommes de Budapest se posent en défenseurs de la République, une chose au moins est claire pour quelques-uns d'entre nous : acquis à toutes les tentations de redressement qui se feraient dans le maintien de nos libertés, nous n'accepterons pas au contraire de subir une deuxième fois dans notre vie l'oppression totalitaire, qu'elle soit de droite ou de gauche. Dans la solitude où nous a laissés avec des millions d'hommes notre société politique, là est notre fil conducteur, sur le chemin d'une vraie renaissance.*

Le manuscrit est du 25 mai 1958.

La dactylographie corrigée du 27 mai 1958.

J'ai disposé, pour l'avant-propos, de deux dactylographies, corrigées à la main, D. 1 et D. 2.

P. 892.

1. D. 1 (barré en manuscrit) : ... nous coûte. *Je suis né à la vie politique au moment où la France pensait « plutôt Hitler que Blum ». Cela nous a conduits au désastre. Une autre partie de la France, pensant aujourd'hui « plutôt Krouchev que la S.F.I.O. ou le M.R.P. »* (on trouve aussi en D. 1, *que Mollet ou Bidault,* ce dernier nom étant successivement remplacé par *Gaillard* et *de Gaulle*), *nous prépare d'autres désastres.*

2. D. 1 : ... il faut *choisir* de ne plus *agir* personnellement.

3. D. 1 : Il me manque d'abord *une assurance que je n'ai plus.*

4. D. 1, rajouté puis barré au profit de la formule antérieure : « les miens »... où se trouvent *hommes et femmes de mon sang*.

5. D. 1 : ... dans une récente déclaration *à propos de laquelle on a écrit quelques bêtises*.

Allusion à la déclaration de Stockholm dont on trouvera ci-joint le texte reproduit par la presse et quelques-uns des commentaires qu'elle a suscités.

P. 893.

1. Les cinq phrases suivantes — de « que ces faits » à « maquis ennemis » — ont été rajoutées à D. 1.

2. Les trois phrases suivantes — de « Et quelle est » à « l'étranger » — n'existaient pas à D. 2. On trouvait alors : *Dans ce sens, ces beaux exploits préparent infailliblement l'abandon de l'Algérie et, à plus longue échéance, l'asservissement de l'Occident par l'Est*. Manquait ensuite toute la fin du paragraphe.

P. 894.

1. D. 2, rajouté puis rayé : ... sans *les précautions de langage qui sont d'usage à gauche*, le terrorisme *férocement* appliqué par le F.L.N.

2. À D. 1, ce paragraphe se terminait ici. Le paragraphe suivant commençait à : Lorsque la violence répond à la violence...

P. 896.

1. D. 2 s'arrêtait à : démission *dont nous sommes quelques-uns à souffrir doublement*.

2. La phrase qui suit n'existait pas à D. 2.

3. Les six phrases suivantes — de « j'ai essayé » à « besoin de paix » — n'existaient pas à D. 2.

P. 897.

1. La phrase qui suit n'existait pas à D. 2.

2. On notera ici l'allusion aux juges-pénitents, reprise de *a Chute*, et rajoutée à la main à D. 2.

P. 898.

1. La fin du paragraphe et tout le paragraphe suivant ont été rajoutés en becquets manuscrits, à l'encre.

En D. 1, on pouvait lire en manuscrit, au crayon après « civilisation » : ... *la justice n'est pas l'exaltation systématique et indéfinie d'une des parties en cause. Elle est l'équité distribuée aux deux parties. Dans le paroxysme qu'a atteint [?] Algérien, il convient plus que jamais de ne pas oublier ces exigences et d'essayer de rendre justice à tous les hommes d'Algérie, qu'ils soient arabes ou français.*

Il n'est pas sûr cependant que cette équité soit autre chose qu'une vue de l'esprit. Les réalités de l'histoire nous le démontrent tous les jours. Le mot de liberté commence à reprendre du sens dans le monde mais le mot de justice y est toujours aussi prostitué puisqu'on le trouve aussi bien dans la bouche du pauvre fellah de mon pays que dans celle des marchands d'esclaves du Yémen. Depuis le temps que ces mystifications règnent sur notre siècle, il est compréhensible que beaucoup d'intellectuels aient conclu que ces valeurs n'avaient aucun sens et que les mots n'avaient d'autre contenu que celui que la force leur donnait et qu'il fallait par conséquent applaudir toujours le parti le plus cruel. Je continue cependant à penser que ce nihilisme est un pur désarroi. S'il est vrai...

P. 900.

1. La phrase suivante a été rajoutée en manuscrit à D. 2 sous la forme : ... retrouvées. Sur ce point, je suis tout prêt à reconnaître mes insuffisances. Mais j'ai cru possible au moins, *dans un dernier effort* et bien qu'il m'en coûte, de réunir *ici*...

P. 901.

1. Le paragraphe se terminait ici à D. 1.
2. Les mots : « et reliée à la France », n'apparaissaient pas à D. 1.
3. D. 2, rayé : ... trop près. *Le lecteur appréciera et j'accepte d'avance en effet d'être jugé en effet sur ce livre.* Mais, devant les événements graves qui *se préparent* et dont...

On trouvait en bas de page, en manuscrit rayé :

Je sais que, au moins provisoirement, la publication de ce livre ne peut que m'isoler un peu plus de notre société intellectuelle d'abord, ce qui m'est indifférent, mais d'hommes que j'aime, Français ou Arabes, et pour lesquels j'ai pourtant conscience de travailler.

MISÈRE DE LA KABYLIE

P. 905.

1. Le Dénuement, 6 juin 1939. Le 5 juin a paru *la Grèce en haillons.*

La misère kabyle avait été évoquée par Jean Grenier dans *Corps et Âme,* dernier chapitre de *Santa Cruz* (1937) et dans *Ils ont faim,* (N.R.F., 1er décembre 1937).

P. 910.

1. 7 juin 1939.

P. 914.

1. Président de la République de 1933 à 1940.

P. 915.

1. 8 juin 1939.

P. 919.

1. 11 juin 1939.

P. 920.

1. M. Le Beau, gouverneur général de l'Algérie en 1939.

P. 924.

1. 13 juin 1939.
2. Les communes mixtes fonctionnaient sous le régime de l'administration directe. Elles furent supprimées le 28 juin 1956. Le caïd cumulait les fonctions de juge, d'officier de police, de percepteur, de sous-préfet, etc., auprès des Algériens.

P. 928.

1. Le statut personnel, qui permettait aux musulmans de vivre selon le droit coranique, a souvent servi d'argument aux partisans du « statu quo » pour s'opposer à toute égalité des droits politiques.

P. 929.

1. 14 juin 1939.

P. 931.

1. Allusion aux emprunts russes et aux investissements faits en Roumanie et en Europe centrale avant la guerre de 1914-1918.
2. L'Office du Niger, compagnie agricole à capitaux français, avait sollicité l'immigration de paysans algériens.

P. 933.

1. Les Sociétés indigènes de prévoyance, financées par un Fonds commun (1933), venaient en aide aux Algériens par des prêts, des assurances contre les sinistres, l'organisation de services pour la transformation, le stockage et la vente des produits.

P. 935.

1. La loi Loucheur avait, au lendemain de la guerre 1914-1918, introduit l'aide de l'État dans la construction.

P. 936.

1. 15 juin 1939.

CRISE EN ALGÉRIE

P. 941.

1. 13-14 mai 1945.
2. Le 1er mai des coups de feu furent échangés à Alger et à Oran entre la police et les manifestants du P.P.A. réclamant la libération de Messali Hadj. Le 8 mai, après qu'un manifestant eut été tué par un policier à Sétif, l'émeute éclata dans la Kabylie des Babors et dans la région de Sétif. La répression fut impitoyablement menée par l'aviation et l'artillerie de marine. Bilan officiel : 102 victimes européennes; 1 500 musulmanes. 15 000 d'après la commission d'enquête parlementaire.
3. Sous-titre. *Des problèmes particuliers.*

P. 942.

1. Sous-titre. *L'Éveil politique des musulmans.*
2. M. Wladimir d'Ormesson, ambassadeur de France et chroniqueur au *Figaro*.

P. 943.

1. Sous-titre. *L'Algérie est à reconquérir deux fois.*

P. 944.

1. 15 mai 1945.
2. Sous-titre : *Sans eau depuis janvier.*

P. 945.

1. Sous-titre : *Des chiffres.*

P. 947.

1. 16 mai 1945.
2. *Les Méfaits du Caïd* en sous-titre.

P. 950.

1. 18 mai 1945. Titre de *Combat* : *Les Indigènes nord-africains se sont éloignés d'une démocratie dont ils se voyaient indéfiniment écartés.*
2. Sous-titre : *Un espoir abandonné.*

P. 951.

1. Sous-titre : *Le Projet Blum-Viollette.*

En 1936, Léon Blum était le président du Conseil socialiste du gouvernement de Front Populaire et M. Viollette, homme politique radical, gouverneur de l'Algérie. Ce projet fut retiré sous la pression des colons et des élus français qui démissionnèrent avec éclat. Camus et ses amis l'avaient soutenu à l'époque (cf. documents annexes, p. 1328).

2. Le Congrès algérien, prolongement du Conseil des Oulémas animé par le Cheik Abdel-Hamid-Ben Badis. En juin 1936, il revendiqua l'égalité politique et le suffrage universel. Ben Badis approuva le projet Blum-Viollette.

3. Les Délégations financières constituaient une sorte d'assemblée budgétaire créée le 23 août 1898. Les Algériens d'origine européenne y détenaient les deux tiers des sièges. Elles furent supprimées en 1946.

4. L'Association des maires d'Algérie a joué constamment un rôle essentiel dans le blocage de toutes réformes en Algérie : en 1919 contre les projets Clemenceau ; en 1936 ; en 1947 contre la loi-cadre ; en 1956.

P. 952.

1. Sous-titre : *L'Histoire marche*.

2. Le débarquement des forces américaines en Afrique du Nord sous le commandement du général Eisenhower eut lieu le 8 novembre 1942.

3. La Fédération panarabe réunissait la plupart des peuples arabes du Moyen-Orient : Égypte, Irak, Syrie, Arabie séoudite, Jordanie.

P. 954.

1. 20-21 mai. Sous-titre : *Les Arabes demandent pour l'Algérie une Constitution et un Parlement*.

2. Aziz Kessous (cf. p. 961), 1903-1965, fut un des dirigeants de l'U.D.M.A. de Ferhat Abbas. Membre du parti socialiste S.F.I.O., il devint en 1948, pour quelques mois, conseiller de la République. Il fonda *Communauté algérienne* et *Fraternité*, deux journaux libéraux.

P. 955.

1. Le général Catroux avait été nommé par le général de Gaulle Délégué général et plénipotentiaire au Levant. Il devint bientôt commissaire d'État chargé des Affaires musulmanes. Il eut à régler l'affaire de Syrie (1945) et sa désignation par M. Guy Mollet au poste de ministre résident fut le prétexte des troubles du 6 février 1956.

P. 956.

1. Le Parti populaire algérien, dirigé par Messali Hadj, était la réincarnation de « l'Étoile Nord-Africaine » dissoute en 1936. À cette époque, Messali Hadj était toujours interné par les autorités françaises. Le P.P.A. interdit deviendra bientôt le M.T.L.D., Mouvement pour le triomphe des libertés démocratiques.

P. 957.

1. Abbas fut arrêté le 8 mai 1945, ainsi que de nombreux militants de l'U.D.M.A. et du P.P.A.

P. 958.

1. 15 juin 1945.

LETTRE À UN MILITANT ALGÉRIEN

P. 961.

1. *Communauté algérienne* avait été conçu en juin 1955 par Aziz Kessous pour provoquer un rapprochement entre Français d'origine et musulmans. Il ne put paraître que peu de temps, faute de lecteurs et par suite de l'hostilité latente du gouvernement général.

P. 963.

1. Les 20 et 21 août 1955 des émeutes se produisirent dans le Nord constantinois, notamment à Philippeville.
2. Le terrorisme s'étend aux régions d'Oran et Tlemcen.

P. 964.

1. Allusion aux circonstances dans lesquelles Camus dut quitter l'Algérie en 1940. La disparition de *Soir républicain* fut en fait due aux difficultés avec la censure. Mais Camus pensait, non sans raisons, que le Gouvernement général avait trouvé là l'occasion de frapper un journal hostile à la politique officielle.

L'ALGÉRIE DÉCHIRÉE

P. 969.

1. 15-16 octobre 1955.
2. Trois ordres du jour contradictoires avaient successivement été écartés, faute de majorité dans un sens ou dans l'autre.

P. 970.

1. Le gouvernement était alors présidé par M. Edgar Faure. M. Soustelle était gouverneur général de l'Algérie. Nommé par M. Mendès-France, il passait alors pour un esprit libéral et novateur.

P. 971.

1. 13 octobre 1955. Camus défendra longtemps l'idée d'une Table ronde, qui fut reprise ensuite par le parti socialiste S.F.I.O. et la Fédération de l'Éducation nationale.

P. 973.

1. 21 octobre 1955.

P. 974.

1. La presse française réagit devant la répression de 1945, ou par une approbation nuancée de *l'Humanité* à *l'Époque,* ou par le silence. Les protestations ne vinrent que plus tard, quand parut le rapport de la commission d'enquête tripartite, présidée par le général Tubert. *Combat* fut un des rares journaux à aborder nettement le problème. Le général de Gaulle le règle en trois lignes dans ses *Mémoires*.

P. 976.

1. 25 octobre 1955.

P. 978.

1. 28 octobre 1955.

P. 979.

1. Allusion à la politique panarabe du président Nasser, exprimée dans *la Philosophie de la Révolution*.
2. M. Bourguiba, chef du mouvement nationaliste Néo-Destour, était à cette époque président du gouvernement tunisien. Salah Ben Youssef, qui s'opposait à lui, apparaissait comme le leader des nationalistes tunisiens les plus véhéments.
3. L'attitude de l'Espagne était ambiguë : elle soutenait discrètement les chefs nationalistes, qui séjournaient de temps à autre à Madrid, avec l'espoir de relayer l'influence française en Afrique du Nord.

P. 983.

1. Mardi 10 janvier 1956.
2. D'après E. Roblès, il s'agissait de Mohammed Haddadi, pour lequel intervint Camus en 1957 (cf. p. 1844).

P. 984.

1. Au lendemain des élections, le président du Conseil n'était pas encore désigné.
2. Pierre Poujade avait lancé en 1954 un mouvement de défense des commerçants et artisans, transformé bientôt en parti politique, qui présenta des candidats aux élections de 1955 et obtint plus de 50 élus. Dépourvu de tout programme, ce mouvement usait volontiers de méthodes et d'un langage violents. Il reprit à son compte la formule de « l'Algérie française ».

P. 986.

1. 17 janvier 1956.

2. Le Congrès socialiste du 16 janvier à Puteaux avait adopté une résolution où il était dit : « Le sort de l'Algérie ne sera déterminé, en aucun cas, unilatéralement. »

P. 987.

1. Le 31 janvier, M. Guy Mollet, dans sa déclaration d'investiture, affirmait son désir d'organiser la discussion « au terme d'une véritable consultation populaire par de libres élections, au collège unique... ».

APPEL POUR UNE TRÊVE CIVILE

P. 989.

1. Pour l'histoire de cet appel, on se reportera à l'introduction. Il a été reproduit en brochure par l'Imprimerie Moderne d'Alger, avec le *copyright* d'Albert Camus. *Demain* l'a publié le 26 janvier.

L'AFFAIRE MAISONSEUL

P. 1001.

1. Jean de Maisonseul est un ami de jeunesse d'Albert Camus. On le trouvait déjà à l'origine de l'appel pour une trêve civile. Le 27 mai, Camus a protesté auprès de M. Guy Mollet, président du Conseil, par lettre, et par télégramme auprès de M. Robert Lacoste. Le premier fit connaître à Camus l'intérêt qu'il prenait à cette affaire et intervint pour faciliter la libération de M. de Maisonseul.

P. 1003.

1. Parue dans *le Monde* du 30 mai.

2. M. Soustelle fut gouverneur général de l'Algérie de 1954 à janvier 1956 ; M. Lacoste, ministre résident en Algérie de février 1956 à mai 1958 ; M. Mollet, président du Conseil du 1er février 1956 à mars 1957.

P. 1004.

1. La Fédération des Français libéraux regroupait un bon nombre d'amis de Camus, dont Miquel, Maisonseul, Poncet, Roblès. On lira plus loin le texte d'une allocution prononcée par Camus devant ses amis libéraux.

P. 1006.

1. C'est effectivement ce qu'il déclarait en privé.
2. La formule du combat sur deux fronts avait été lancée par un Conseil national du parti socialiste, en mars 1956. Mais M. Robert Lacoste en avait mis en question la validité dans une déclaration ultérieure, à son retour à Alger.

P. 1007.

1. M. Dides, ancien commissaire de police, devenu député poujadiste, était un défenseur de ce qu'on appelait les « Ultras ». M. Cot, ancien ministre radical en 1936, était depuis la Libération député progressiste, apparenté au groupe communiste.

P. 1008.

1. Le problème des livraisons d'armes à l'Égypte et à la Syrie a été fréquemment évoqué avant l'affaire de Suez : jusqu'à la nationalisation du canal de Suez, des commandes d'armes égyptiennes avaient en effet été honorées.

Il semble, à plusieurs textes, que Camus ait approuvé l'intervention franco-anglaise à Suez, avec l'espoir qu'Israël en sorte affermi.

« Le problème d'Israël peut se passer des nuances et des faux-fuyants qui ont trop souvent cours dans l'opinion de gauche. Israël est aujourd'hui en péril et il n'est pas possible de jouer les Ponce Pilate dans ce drame... Je suis donc pour la survie et la liberté de l'État d'Israël né du martyre des meilleurs...

» Cette survie et cette liberté peuvent contrarier les vues de Nasser et de quelques esclavagistes romantiques, mais elles servent les véritables intérêts des peuples arabes dès l'instant où un accord reconnaissant Israël et ses droits sera intervenu ! »

(Texte manuscrit non daté.)

Le 21 janvier 1958, à la radio, il faisait l'éloge de « l'exemplaire Israël ».

2. L'aspirant Maillot, militant communiste, passa aux maquis algériens avec armes et bagages. On le retrouva mort plus tard à la suite d'un engagement.

ALGÉRIE 1958

P. 1011.

1. Titres manuscrits : *Encore une chance* (barré); *le Seul Espoir*. J'ai disposé d'un manuscrit partiel et de deux dactylographies, D. 1 et D. 2.
2. Ms. : ... à l'heure actuelle, *indépendante, grâce à l'aide irrésistible* de l'opinion française *et internationale* (ces deux mots rayés).
3. Ms. : ... l'ambiguïté de la *position* française, *les mensonges,* les omissions et les incertitudes dont elle se couvre.

4. D. 1 : en sous-titre *Préalable* (rayé).
5. D. 2 : ... et de refuser *absolument :*
6. En avril 1948, le gouverneur général M. E. Naegelen soutint des candidatures « indépendantes », favorables à l'administration, qui obtinrent, grâce à maints truquages et pressions, 43 sièges sur 60.
7. D. 1 : À partir de cette date, *aucun ne voulait plus* l'être.

P. 1012.

1. D. 1 : ... attitude méprisante *des* Français *d'Algérie, racisme familier,* développement chez les Arabes...
2. D. 1 : ... légitime. *L'oppression* dont le peuple arabe a souffert...
3. D. 1 : ... la dignité et la *liberté, qui vont d'ailleurs ensemble.*
4. D. 1 : Ce qu'il y a *d'excessif* dans la revendication arabe.

P. 1013.

1. La fin du paragraphe n'existait pas à D. 1.
2. Germaine Tillion, ethnologue, ancienne déportée, avait séjourné dans les Aurès de décembre 1954 à mars 1957. Elle avait publié en juin une brochure sous le titre : *l'Algérie en 1957*. Elle prit contact avec le chef terroriste Yacef Saadi. Camus rédigea quelques lignes de présentation pour l'édition américaine de son livre, paru en anglais sous le titre « Algeria ».
3. Allusion à la République Arabe Unie, née de l'union de la Syrie et de l'Égypte, qui devait éclater en 1962 et au livre du président Nasser : *la Philosophie de la Révolution.*
4. Les quatre phrases suivantes — de « la stratégie russe » à « propres desseins » — ont été rajoutées en manuscrit à D. 1.
5. Attaque contre les démocraties populaires, considérées alors par Camus comme colonies soviétiques.
6. Allusion cursive aux déportations de Tchetchènes sous Staline (1943) révélées par N.S. Kroutchev. Les Tatars furent, eux, déportés au Kazakhstan comme les Allemands de la Volga. Staline avait également pratiqué une politique de russification des minorités ethniques, tant baltes que musulmanes.

P. 1014.

1. D. 1 (rayé) : ... français qu'il n'est pas question de *soumettre à la loi du nombre, laquelle dans les circonstances actuelles signifierait pour eux exil et oppression.*
2. D. 1 (rayé) : ... les intérêts *politiques mondiaux de la France et de ses alliances.*
3. D. 1 : ... peuple arabe d'Algérie *et, pour commencer, à lui donner les moyens institutionnels de se rendre justice lui-même.*

P. 1015.

1. D. 1 : ... erreurs passées et présentes, *en les énumérant,* et se déclare...

2. Il n'était pas fait allusion au projet Lauriol aux D. 1 et 2. On trouve en marge de D. 1 la phrase suivante (rayée) : *Il y a une idée dont j'ai horreur : le péché collectif. Trop de Français métropolitains, et particulièrement de la gauche progressiste, ont accepté l'idée que les Français devaient être punis collectivement pour un péché historique* (quatre mots illisibles).

3. D. 1 : *Ceux qui, d'un côté comme de l'autre, se révéleraient irréductibles et manifesteraient une opposition hors des formes légales, doivent être avertis que le gouvernement français sévira également contre eux au nom d'une loi commune applicable à tous.*

P. 1018.

1. Ms. : *Un grand nombre de Français, plutôt que de renoncer à leur niveau de vie, préféreront abandonner les Algériens à leur destin (ce que sera ce destin, le grand livre de G. Tillion l'a bien montré) et se désolidariser de leurs compatriotes d'Algérie. Une France bourgeoise et sceptique se survivra donc, entre ses restaurants gastronomiques et ses antiquaires, dans le bienheureux hexagone, tandis que des milliers d'hommes mourront sur les hauts-plateaux de mon pays et que d'autres, par centaines de milliers, connaîtront la douleur de l'exil. Ce ne sont pas les gouvernements actuels ni les cadres politiques et intellectuels en activité qui risquent de persuader le pays ou de l'entraîner. Cependant si notre système politique n'autorise aucun espoir, la montée en France et en Algérie de considérables forces neuves en hommes et en économie permet une grande espérance. Si ces forces nouvelles parviennent à triompher des principes mortels qu'injecte tous les jours dans le corps de la nation un régime voué à sa perte, une solution comme celle qui vient d'être définie risque de prévaloir. Sinon, faute d'être gouvernés et par le jeu continu de l'esprit d'abandon et des folies criminelles couvertes par un gouvernement désorienté, la France se trouvera forcée de lâcher également les Arabes et les Français d'Algérie ; nous sommes devant cet enjeu. Si ce dernier malheur arrivait, les conséquences seraient nécessairement graves et les Algériens ne seraient pas certainement seuls à entrer en sécession. C'est le dernier avertissement qu'il faille honnêtement formuler.*

Janvier 1958.

Le texte s'arrêtait ici.

IV

TEXTES COMPLÉMENTAIRES

MESSAGE AU « COMITÉ POUR L'AMNISTIE AUX CONDAMNÉS POLITIQUES D'OUTRE-MER »
(MAI 1954)

Quelles que soient ses opinions politiques, chacun des membres de cette assemblée a dû résoudre une question préjudicielle qui est pure logique, et qu'on peut sans doute résumer ainsi. Est-il possible de prétendre au titre d'instituteur de civilisation lorsqu'on se présente avec la Déclaration des droits de l'homme dans la main gauche et, dans la main droite, le gourdin de la répression. Cette singulière pédagogie constitue en effet le paradoxe et l'infirmité profonde du colonialisme français. Mais ce ne sont pas seulement les libéraux qui en ont aperçu la contradiction, ce sont aussi les éléments actifs et militants du colonialisme. C'est ainsi qu'à l'égard de la situation présente on voit s'opposer deux attitudes. La première qui est celle de beaucoup de Français d'outre-mer, propose simplement de ne plus parler des Droits de l'homme et de présenter le gourdin de façon engageante. L'autre qui nous réunit ici se propose au contraire de supprimer la répression.

Je le sais par expérience directe, cette deuxième position est de loin la plus faible en force pure. On ne connaît pas assez la formidable puissance que représentent les milieux actifs du colonialisme. Il a suffi par exemple en 1936 que l'Association des maires d'Algérie veuille faire échouer le projet Blum-Viollette (pourtant bien modeste) pour que ce projet non seulement ne prenne jamais forme de loi, mais encore ne vienne jamais devant la Chambre. Les immenses richesses qui se sont constituées là-bas, la passion aveugle d'un petit nombre d'hommes qui s'estiment assiégés, suffisent et suffiront souvent pour peser victorieusement sur la presse et les milieux qu'on dit autorisés. Ce ne sont pas les derniers événements de Tunisie et du Maroc qui peuvent nous persuader du contraire. Et si le président de la République a livré à l'exécution trois des condamnés de Mokhnine en échange des trois gendarmes assassinés, ce n'est pas seulement en vertu d'une misérable arithmétique, c'est aussi que les forces agissantes du colonialisme local n'auraient jamais accepté que tous les condamnés fussent graciés. Les trois exécutions assorties aux quatre grâces représentent le compromis assez répugnant qu'on a tenté de faire entre l'opinion dirigeante d'outre-mer et l'opinion libérale de la métropole.

Il me semble dès lors que ces observations peuvent nous dicter, en partie du moins, notre conduite. Puisque la répression a tant d'avocats et de si puissants, il faut leur opposer une force au moins égale, si nous voulons d'abord sauver les vies et les libertés des victimes de la répression et préparer ensuite, pour un jour encore incertain, l'accord juste et libre des deux populations. Mais cette force bien sûr ne peut pas être de même nature. L'argent nous fait défaut et quand même nous l'aurions le cynisme nous manquerait. À la puissance matérielle des féodalités coloniales, que pouvons-nous donc opposer sinon l'autorité, et ici l'autorité sans cesse accrue du Comité. Cette autorité, selon moi, pour le moment en tout cas, sera d'autant moins discutable, son efficacité sera d'autant plus grande qu'elle se tiendra plus étroitement à son objet et qu'elle ne donnera à personne le prétexte d'une opération partisane qui se ferait d'ailleurs sur le dos d'une misère que peu de Français peuvent imaginer. On ne saurait trop insister sur ce point. C'est l'objectivité, l'absence de parti pris, la seule et libre adhésion à la cause des peuples colonisés qui feront la force du Comité et qui permettront de balancer les puissances considérables qui sont au service de l'oppression. Chaque diminution du crédit de ce Comité se paiera en vies et libertés dont nous sommes aujourd'hui responsables. Voilà ce qu'il faudrait que nous disions d'abord dans cette assemblée. Si nous veillons au contraire à préserver notre indépendance à l'égard de tout, sauf du malheur des colonisés, alors nous pourrons espérer être d'abord tout et ensuite le levain d'une politique qui leur fera justice.

Oui, il est difficile de penser aujourd'hui à ces trois

fusillés que nous n'avons pu arracher à la mort et qu'on a exécutés en notre nom. Aidons-nous seulement par la pensée des quatre grâces que nous avons obtenues et surtout par la décision d'accroître encore la force singulière qui les a obtenues et qui obtiendra mieux encore pourvu qu'elle reste fidèle à sa propre intransigeance.

Albert Camus.

TERRORISME ET AMNISTIE

Peu après la guerre, en 1946 je crois, reçu à Tlemcen par les dirigeants d'un mouvement nationaliste arabe, voici ce que j'entendis à peu près et qui me fut dit sans fard. « Nos pires ennemis ne sont pas les Français colonialistes. Ce sont au contraire les Français comme vous. Car les colonialistes nous donnent une idée révoltante mais vraie de la France et vous, vous nous en donnez une idée trompeuse parce que conciliante. Vous nous affaiblissez dans notre volonté de lutter. C'est vous qui nous nuisez le plus. »

Je n'avais pas grand-chose à répliquer à ce petit discours. J'avais d'ailleurs (comme mes interlocuteurs, je le savais) dans la mémoire et sur le cœur, les trahisons successives de tous les partis de gauche sans exception à l'égard du mouvement démocratique arabe. Tout au plus aurais-je pu suggérer quelques nuances à mes hôtes, mais la nuance est le luxe de l'intelligence libre. L'intelligence opprimée, elle, va droit à l'évidence. Après tout, me disais-je, quoi de plus évident. Nous autres Français libéraux prêchons la fraternité et pendant que les libéraux arabes nous écoutent avec attendrissement, les voilà matraqués.

Pourquoi raconter cela? Parce que le jour où ce sentiment a surgi dans la conscience politique arabe, de ce jour-là le terrorisme était né. Le terrorisme naît de la solitude, de l'idée qu'il n'y a plus de recours, que les murs sans fenêtres sont trop épais, qu'il faut les faire sauter. C'est ainsi que nous autres, libéraux, nous ne sommes pas seulement responsables de la répression. Par contrecoup, nous sommes responsables aussi de ce qu'il y a de pire dans le terrorisme. Ces enfants français abattus à coups de revolver et ces colons isolés qu'on massacre sans coup férir. (Il faut connaître la solitude du bled pour imaginer l'horreur de ces journées.)

C'est pourquoi selon moi, l'heure n'est plus aux discours sur la fraternité, mais aux actes positifs. L'action pour l'amnistie en est un, à la condition qu'elle ne fasse pas silence sur le terrorisme et qu'elle en explique au contraire les origines tout en en condamnant les conséquences. Sauver des vies et des libertés du côté arabe revient à épargner des vies du côté français, et à arrêter, par le seul moyen qui nous soit offert, la surenchère dégoûtante entre les crimes. C'est ainsi que nous aiderons, non pas à la fraternité, puisque ce mot donne à rire aujourd'hui, mais à la survie de deux peuples et aux chances de leur entente future. Tout autre politique n'amènera pas seulement la mort inutile de Français et d'Arabes; elle accentuera la solitude arabe et la solitude française et le malheur de deux peuples.

ALBERT CAMUS.

Paru dans *Libérons les condamnés d'outre-mer*, juillet 1954.

TERRORISME ET RÉPRESSION

Si l'Algérie doit mourir, elle mourra de résignation généralisée. La métropole indifférente comme la colonie exaspérée semblent admettre que la communauté franco-arabe est impossible et que l'épreuve de force est désormais inévitable. Au nom du progrès ou de la réaction ici, par la terreur ou par la répression là-bas, tous semblent accepter d'avance le pire : la séparation définitive du Français et de l'Arabe sur une terre de sang ou de prisons.

Je suis de ceux qui ne peuvent justement se résigner à voir ce grand pays se casser en deux pour toujours. La communauté franco-arabe, bien qu'une politique aveugle ait longtemps empêché qu'elle entre dans les institutions, existe déjà pour moi, comme pour beaucoup de Français d'Algérie. Si je me sens plus près, par exemple, d'un paysan arabe, d'un berger kabyle, que d'un commerçant de nos villes du Nord, c'est qu'un même ciel, une nature impérieuse, la communauté des destins ont été plus forts, pour beaucoup d'entre nous, que les barrières naturelles ou les fossés artificiels entretenus par la colonisation.

NOUS NE SOMMES PAS RÉSIGNÉS

L'épreuve où l'Algérie d'aujourd'hui est plongée, comment pourrions-nous alors la vivre, sinon dans ce perpétuel déchirement où chaque mort, française ou arabe, est ressentie comme un malheur personnel ? C'est pourquoi la résignation nous est moins facile qu'à d'autres. Nous ne sommes pas résignés au triomphe de ceux qui, recevant chaque acte de justice comme une offense particulière, rêvent de tuer ou de terroriser ces neuf millions d'Arabes avec qui nous voulons, au contraire, construire un avenir fraternel et fécond.

Mais nous ne sommes pas résignés non plus à croire, avec ceux qui définissent le progrès comme le paiement d'une injustice par une autre, que le déracinement d'un million et demi de Français, installés depuis plusieurs générations et passionnément attachés à leur pays, puisse fournir une solution intelligente de notre problème. En politique, tuer ou fuir sont deux démissions, et deux manières de renoncer à l'avenir. Nous ne sommes pas démissionnaires et ce n'est pas sans raison que nous voulons donner un sens à cet avenir. Car il existe, malgré le sang et la terreur, il a encore une chance, nous avons à le définir. Simplement, nous ne pouvons plus le faire avec des précautions de langage et des omissions calculées.

Je parlerai donc ici comme je le puis, m'adressant d'abord aux miens, Français et Arabes, en homme qui, depuis vingt ans, n'a pas cessé de vivre le drame algérien, qui ne désespère pourtant pas de son pays, et qui croit encore possible un dernier appel à la raison, d'une part, à la justice, de l'autre.

LES SOURCES DU TERRORISME

Il faut, avant toute chose, ramener la paix en Algérie. Non par les moyens de la guerre, mais par une politique qui tienne compte des causes profondes de la tragédie actuelle. Le terrorisme, en effet, n'a pas mûri tout seul; il n'est pas le fruit du hasard et de l'ingratitude malignement conjugués. On parle beaucoup à son propos d'influences étrangères et sans doute, elles existent. Mais elles ne seraient rien sans le terrain où elles s'exercent, qui est celui du désespoir. En Algérie, comme ailleurs, le terrorisme s'explique par l'absence d'espoir. Il naît toujours et partout, en effet, de la solitude, de l'idée qu'il n'y a plus de recours ni d'avenir, que les murs sans fenêtres sont trop épais et que, pour respirer seulement, pour avancer un peu, il faut les faire sauter.

Ceux qui parlent au nom des Français d'Algérie refusent de reconnaître que le peuple arabe vivait sans avenir, et dans l'humiliation. Mais c'est qu'ils refusent inconsciemment de considérer ce peuple comme une personne; ils oublient que l'honneur, et ses souffrances, a longtemps été une vertu traditionnelle du monde arabe. Est-il donc trop tard pour leur demander, devant le désastre, de passer par-dessus leur rancœur et leurs fureurs, même légitimes, pour reconnaître enfin, avec réalisme, leur longue erreur ?

Depuis trente ans, en effet, nous avons beaucoup promis au peuple arabe et nous n'avons à peu près rien tenu. À l'époque du projet Blum-Viollette, en 1936, les Ulémas, aujourd'hui nationalistes, avaient comme revendication extrême l'assimilation. Ils demandaient pour leur peuple astreint aux devoirs des citoyens français, et d'abord à l'impôt du sang, quelques-uns des droits de la citoyenneté française. Le projet Blum-Viollette leur répondait timidement (60 000 électeurs environ pour une population de 7 millions) mais leur répondait.

La réaction des Français d'Algérie fut alors si puissante que le projet ne vint même pas devant les Chambres. Ce jour-là, l'Algérie perdit sa meilleure chance. Les chefs des Français d'Algérie ont cru sincèrement, en 1936, comme maintenant, servir, en même temps que leurs intérêts, la présence française : ils lui ont porté, en réalité un coup mortel. Quand, sept ans plus tard, après une deuxième guerre, et un autre impôt sanglant, l'ordonnance du gouvernement provisoire reprit l'essentiel du projet, il était trop tard, personne ne voulait plus de l'assimilation.

Le dernier espoir, avant la flambée, a été le statut de l'Algérie, enfin voté par les Chambres. Mais l'aveuglement obstiné des dirigeants de l'Algérie vint encore à bout de cet espoir : l'application du statut fut sabotée et les élections de 1948 systématiquement truquées. De ces élections falsifiées est sortie, non pas l'Algérie du statut, mais l'Algérie du meurtre et de la répression. À cette date, en effet, le peuple arabe a retiré sa confiance à la France.

Aussitôt, les murs se sont refermés autour d'une masse sans représentants, ni bey ni sultan, qui puissent parler pour elle et la personnifier. Le silence, la misère, l'absence d'avenir et d'espoir, le sentiment aigu d'une humiliation particulière au moment où les autres peuples arabes prenaient la parole, tout a contribué à faire peser sur les masses algériennes une sorte de nuit désespérée d'où fatalement devaient sortir des combattants.

Alors a commencé de fonctionner une dialectique irrésistible dont nous devons comprendre l'origine et le mortel mécanisme si nous voulons lui échapper. L'oppression, même bienveillante, le mensonge d'une occupation qui parlait toujours d'assimilation sans jamais rien faire pour elle, ont suscité d'abord des mouvements nationalistes, pauvres en doctrine, mais riches en audace. Ces mouvements ont été réprimés.

Chaque répression, mesurée ou démente, chaque torture policière comme chaque jugement légal, ont accentué le désespoir et la violence chez les militants frappés. Pour finir, les policiers ont couvé les terroristes qui ont enfanté eux-mêmes une police multipliée. Au terme affreux, mais non dernier, de cette évolution, la révolte, débordant l'Aurès, assiège Philippeville, et aussitôt la responsabilité collective est érigée en principe de répression.

Devant ce mouvement sans cesse accéléré, la tentation est grande de se résigner, en effet, et l'on comprend que, dans la métropole, tant de Pilate se lavent les mains. Mais cette résignation ne peut qu'aggraver encore les problèmes quasi insolubles qui se posent à nous.

Les Français sont peut-être prêts à perdre dans l'indifférence ce qu'ils reçurent autrefois dans la distraction. Mais, hélas! ils ne sont plus seuls! Et ils ne se débarrasseront pas si facilement des dix millions d'hommes dont ils sont maintenant responsables. Pour vivre eux-mêmes, ils doivent assurer l'avenir de cette communauté, en stoppant, pendant qu'il en est temps, le mécanisme que nos fautes ont déclenché. Comment y parvenir sans subir ni exercer la terreur, c'est aujourd'hui le premier problème qui se pose à la France et qu'elle ne pourra plus éluder.

LA TRAGÉDIE DES ASSIÉGÉS

Disons d'abord ce que tout le monde sait, même les colons et les nationalistes : l'action terroriste et la répression sont, en Algérie, deux forces purement négatives, vouées toutes deux à la destruction pure, sans autre avenir qu'un redoublement de fureur et de folie. Ceux qui font mine de l'ignorer ou qui exaltent l'un à l'exclusion de l'autre, ne parviennent qu'à resserrer le nœud où l'Algérie étouffe et nuisent pour finir à l'une ou l'autre cause qu'ils veulent pourtant servir.

Le terrorisme algérien est une erreur sanglante, à la fois en lui-même et dans ses conséquences. *Il l'est en lui-même et dans ses conséquences.* Il l'est en lui-même parce qu'il tend, par la force des choses, à devenir raciste à son tour et, débordant ses inspirateurs mêmes, à cesser d'être l'instrument contrôlé d'une politique pour devenir l'arme folle d'une haine élémentaire.

À cet égard, le silence ou les précautions de l'opinion libérale en France sont graves. Ce n'est pas à Paris qu'on a le droit de prendre à la légère la tragédie des familles assiégées dans leurs villages ou leurs fermes isolées. L'Algérie, on semble parfois l'ignorer, n'est pas peuplée d'un million et demi de colons. Les représentants de la la réaction algérienne sont une poignée, et qui vivent dans les grandes villes, non sur leurs terres. L'immense majorité des Français d'Algérie qui peinent et travaillent, au contraire, dans une angoisse mortelle, ont droit, au moins, que nous ne fassions rien pour encourager ce qui les assiège ou les tue.

Le terrorisme est aussi une erreur quant à ses conséquences. Son premier résultat, en effet, est de fermer la bouche aux Français libéraux d'Algérie et, par conséquent, de renforcer le parti de la réaction et de la répression. Ceux qui, sur les lieux mêmes, pourraient faire entendre la voix de la raison (et le gouverneur général lui-même) se voient imposer silence au nom de l'instituteur assassiné, du médecin blessé, du passant égorgé et des écoles incendiées.

Le terrorisme, dans le cadre algérien, aboutit ainsi à mettre tous les instruments du pouvoir dans les mêmes mains implacables, et à instaurer une épreuve de force généralisée. De cette épreuve, le peuple algérien ne pourra sortir que mutilé. L'Algérie, il faut le rappeler, n'est ni l'Indochine ni la France de la Résistance. À quelques infiltrations près, le terrorisme arabe se trouvera seul, en vase clos, face à un énorme système de répression qui, si on le laisse s'étendre, a les moyens de se maintenir aussi longtemps qu'il le faudra. La grande propriété algérienne n'a pas la mauvaise conscience de la bourgeoisie française. Elle sait, clairement et fortement, ce qu'elle ne veut pas et ne reculera devant rien pour assurer sa victoire. La proclamation de la responsabilité collective en est le premier et sinistre avertissement.

LA RÉPRESSION AVEUGLE ET IMBÉCILE

Mais inversement, et pour les mêmes raisons, nous devons nous prononcer avec plus de force encore contre cette répression aveugle et imbécile qui ne peut qu'accélérer la dialectique dont j'ai parlé.

La responsabilité collective, nous sommes payés pour le savoir, est un principe totalitaire. Il est incroyable qu'il puisse être proclamé par des Français affolés, impensable qu'un gouvernement puisse céder sur ce point et se rallier à l'idée d'une répression indifférenciée qui frapperait des villages entiers sous le prétexte d'une complicité imposée le plus souvent. Nous l'avons fait dans le Constantinois, pour notre honte, en 1945. Nous cueillons aujourd'hui les fruits de cette action d'éclat. Puisque le gouvernement est à la recherche des gestes à faire, il peut, il doit déjà déclarer solennellement que la France ne fera jamais sien le principe de la responsabilité collective et que la justice sera rendue en Algérie en vertu d'une loi commune selon les usages des nations civilisées.

L'abominable violence dont a parlé le Président de la République à Marseille ne sera pas jugulée par l'exercice d'une autre violence non moins abominable, qui la renforcera au contraire et lui donnera, pour s'exercer contre la collectivité des Français d'Algérie, des raisons qui lui manquaient jusqu'ici. Sauver des vies et des libertés du côté arabe revient au contraire à épargner des vies du côté français, et à arrêter, par le seul moyen qui nous soit offert, la surenchère dégoûtante entre les crimes. C'est ainsi que nous aiderons, non pas à la fraternité, puisque ce mot donnerait à rire aujourd'hui, mais à la survie de deux peuples et aux chances de leur entente future.

D'ABORD UNE CONFÉRENCE

Cette politique peut-elle se traduire par une action immédiate et concrète ? Si l'analyse qui précède est correcte, la réponse est oui.

Certes des abcès aussi considérables n'apparaissent que sur des organismes dangereusement débilités ; c'est un traitement général qu'il faut instaurer. Mais quand l'abcès risque de tout infecter et d'empêcher un traitement rationnel, on doit avant tout le débrider. Dans le cas de l'Algérie, il faut d'abord obtenir l'apaisement, en vue de conquérir un jour la paix. Et l'apaisement peut être obtenu tout de suite : par la convocation immédiate, à Paris, d'une conférence réunissant les représentants du gouvernement, ceux de la colonisation, et ceux des mouvements arabes (U.D.M.A., Ulémas, et les deux tendances du M.T.L.D.). Cette conférence, où chacun devra prendre ses responsabilités, aura pour seul et unique objet d'arrêter l'effusion de sang. L'exemple tunisien est là pour montrer qu'une solution est possible et ni les grands colons ni les nationalistes arabes n'ont d'intérêt à ce qu'elle soit retardée.

À partir de là, dans une deuxième session, les participants pourront confronter leurs points de vue sur la réforme générale devenue nécessaire, et dont je parlerai dans un deuxième article.

Mais répétons-le, cette conférence doit être convoquée sans délai, avant toute autre décision. Le feu gagne tous les jours, même quand il semble couver. Bientôt, demain peut-être, il sera trop tard, voilà le cri que doivent pousser sans relâche tous ceux, Arabes ou Français, qui refusent en même temps la solitude et la démission.

ALBERT CAMUS.

L'Express, 9 juillet 1955.

L'AVENIR ALGÉRIEN

Si la conférence dont j'ai parlé pouvait être réunie à Paris, si elle parvenait à ramener une paix provisoire sur l'Algérie, alors ce délai devrait être utilisé sans tarder pour donner un avenir à l'association franco-arabe. Mais quel pourrait être cet avenir ?

Il faut d'abord qu'il y en ait un. Car l'Algérie pourrit dans la stagnation, économique ou politique. La croissance ininterrompue du chiffre de population, en particulier, a rendu insuffisantes toutes les réalisations françaises. À elle seule, elle exige un changement complet de nos perspectives. Ce n'est pas une économie paradoxale, fondée sur la monoculture, qui permettra cette révolution. L'Algérie peut être comparée à un énorme pressoir qui ne produit à peu près rien pour nourrir ses propres serviteurs et trop pour les désaltérer. Elle importe donc, sans pouvoir exporter son vin, sinon dans la métropole, où marché et consommateur sont également sursaturés.

De ce point de vue, la reconversion est une obligation vitale pour l'Algérie, dans le cadre d'une réforme agraire qui devra limiter la grande propriété. Mieux vaut, pour la métropole, financer les indemnités alors nécessaires, que de subventionner sans espoir une machine économique perpétuellement grippée. À titre de compensation, ces indemnités pourront s'investir dans le secteur industriel, dont la création est urgente, et où le capital privé peut et doit jouer, à ce stade de l'évolution algérienne, son rôle historique. Une telle réforme permettrait en même temps l'aide directe au paysan arabe et la réduction progressive du chômage par l'industrie.

DES INTERLOCUTEURS ARABES

Mais il faut aussi créer à l'Algérie un avenir politique, sans lequel d'ailleurs la réforme économique n'ira pas loin.

La stagnation politique, nous l'avons vu, explique une grande partie de la tragédie actuelle. Le peuple arabe, déraciné de son passé, sans perspective d'avenir, immobilisé dans un perpétuel présent, n'a plus d'autre choix que le silence ou la violence. Seule une rénovation décisive peut l'arracher à ce dilemme intolérable. Tout le monde sait et dit, aujourd'hui, que le régime colonial a vécu. Mais le savoir n'est pas suffisant, il faut encore connaître ce qui devra le remplacer.

Quelle que soit la formule en tout cas, elle ne devra pas oublier qu'il n'y a d'association que de personnes. *Si la colonisation pouvait jamais trouver une excuse, ce serait dans la mesure où elle favorise la personnalité du peuple colonisé.* Elle serait alors, non la colonisation, mais l'association, progressive ou non, de deux peuples dont l'un apporte sa technique et l'autre ses richesses humaines. L'association franco-arabe doit faire sa part à la tradition, à la langue, à la culture, en un mot à la personnalité arabe, alors que la colonisation s'est confondue jusqu'ici avec la dépersonnalisation du peuple colonisé. La communauté française et arabe doit donc s'établir sur un dialogue de personnes.

Ici se placent le problème des interlocuteurs et les décisions à prendre immédiatement. *Car il faut, en effet, à la France, des interlocuteurs arabes.* Une personne ne se définit pas seulement par ce qu'elle exprime; elle doit encore se faire écouter. Le peuple arabe s'est exprimé comme il l'a pu : la dizaine de soulèvements qui jalonnent les cent ans de colonisation prouvent qu'il avait quelque chose à dire. Mais on ne l'a pas écouté; on ne lui a même pas parlé. Et aujourd'hui, pour retarder toute réforme, le grand argument consiste à plaider l'absence d'interlocuteurs. S'il n'y en a pas, en vérité, c'est qu'on les a supprimés.

Pour parler avec le peuple arabe, il fallait parler avec ses représentants. Et la meilleure occasion de susciter des interlocuteurs se trouvait dans ces élections de 48 qui furent sabotées. En truquant, ouvertement, ces élections, on a avoué à la face du monde qu'on ne désirait pas d'interlocuteurs, d'abord pour ne rien discuter, et pour faire état ensuite de cette dépersonnalisation arabe.

Si donc l'on veut remplacer la colonisation par l'association, la première chose à faire est de dissoudre l'actuelle assemblée algérienne, issue d'élections préfabriquées, et de procéder à de nouvelles et loyales élections, à la suite desquelles un vrai dialogue, entre interlocuteurs qualifiés, pourra s'établir.

Est-ce une révolution ? Même pas. Il s'agit seulement de l'application honnête du statut de l'Algérie, déjà voté par le Parlement.

Les modalités de ces élections peuvent être d'ailleurs discutées, mais non leur loyauté. Pour le reste, la double représentation des Français et des Arabes à l'Assemblée (et au Conseil de gouvernement qui pourrait en sortir), le gouvernement français se réservant alors le rôle d'arbitre, représente un compromis possible. Cette assemblée aurait à décider en tout cas de l'administration intérieure du pays, et à discuter des réformes économiques, sociales et culturelles qui redonneront une vie et une réalité à la communauté franco-arabe.

Atteindre cette étape constitue, en ce moment, un objectif suffisant pour une nouvelle politique algérienne. Mais il n'est pas interdit d'inscrire cette réforme dans une perspective plus vaste qui pourrait alors soulever toute l'Afrique du Nord au-dessus de ses difficultés régionales. À cet égard, la France — toujours en retard d'une réforme ou d'une guerre — pourrait, en se portant au contraire en avant, échapper au cercle vicieux où elle s'est enfermée. Et la grande idée qui permettrait ce dépassement peut être déjà envisagée. Il s'agirait de faire d'Alger une capitale fédérale.

ALGER, CAPITALE FÉDÉRALE

Le drame algérien n'est, en effet, que le cas particulier d'un drame historique plus vaste et qui marque notre siècle plus encore que le conflit capitalisme-communisme.

Il s'agit du grand mouvement qui pousse les masses orientales à la conquête de leur personnalité.

Des millions d'hommes, jusqu'ici affamés ou asservis, ont pris conscience de ce qu'ils étaient et se tiennent désormais aux portes de notre histoire. Ignorer cet événement, vouloir fermer notre porte pour jouir de nos petits conforts, serait à la fois faire l'ange et la bête, si du moins les anges pouvaient habiter les boutiques. Car le problème est là, des millions de bouches vociférantes nous le posent, et, que nous le voulions ou non, l'avenir de notre monde dépend de sa solution. Si, sur un point du globe, au contraire, nous pouvions trouver une formule qui évite l'étape du despotisme, bourgeois ou totalitaire, nous aurions plus fait pour cet avenir que trente révolutions vouées à se dévorer elles-mêmes.

Nous sommes en état, selon moi, de fournir cette solution dont l'association franco-arabe pourrait être le ferment. La « vocation arabe » de la France a souvent couvert des réalités qui n'avaient rien de spirituel. Mais si l'expression est dévaluée, elle contient pourtant une vérité, à savoir que la culture française et la culture arabe ont été des contributions complémentaires à une civilisation plus vaste, dans le temps et l'espace.

Dans cette patrie commune, dont la Méditerranée est le cœur toujours vivant, la fusion de l'Orient et de l'Occident s'est plusieurs fois réalisée à l'occasion de synthèses créatrices. Comme il y eut une vocation arabe, il y a une vocation française, à la fois historique et culturelle, à rassembler l'Orient et l'Occident, et donc à fédérer les territoires d'outre-mer avec la métropole.

Puisque la modification de la Constitution est envisagée en ce qui concerne l'Union Française, il faut en profiter pour préparer la Fédération française, lui donner ses institutions, prévoir l'installation à Alger du Parlement fédéral où toutes les terres de la Fédération enverraient leurs représentants.

L'Assemblée algérienne, comme les Parlements des autres pays fédéraux, recevrait compétence pour l'administration interne tandis que le Parlement fédéral, où l'Algérie serait encore représentée, aurait à régler tous les problèmes concernant la Fédération.

L'Algérie verrait ainsi consacrer sa différence, en même temps que sa parenté, à l'intérieur d'une communauté en mouvement dont la destinée est de s'accorder un jour avec une Europe enfin unie. Ce jour-là, l'Algérie aurait fait mieux qu'obtenir son autonomie. Elle aurait conquis la dignité entière de la personne, qui s'est toujours définie par l'équilibre d'une autonomie et du libre service à une collectivité.

Ces grands projets dépendent en partie du peuple arabe, en partie du gouvernement français, qui devra être efficace et résolu. Mais ils dépendent également des Français d'Algérie, non seulement parce qu'ils pourraient être un obstacle, mais aussi, mais surtout, parce qu'ils peuvent être un ferment décisif. C'est pourquoi je voudrais m'adresser à eux, pour finir, avec l'espoir qu'ils accepteront de réfléchir, même s'il leur déplaît, au langage d'un homme qui connaît les réalités algériennes et qui a des raisons personnelles de partager toutes leurs angoisses, sans exception.

LES JEUNES FRANÇAIS, LÀ-BAS

Je sais qu'ils ont un sentiment très profond, en partie légitime, en partie injuste, de l'infirmité de la France et de leur jeune force. Mais il ne me semble pas impossible qu'ils appliquent d'abord leur réalisme à examiner leurs propres fautes, sans s'indigner devant ceux qui, maladroitement ou non, essaient de les leur montrer. Il ne me semble pas non plus impossible qu'ils placent ensuite cette force de vie, dont ils ont raison d'être fiers, au service de l'avenir, au lieu de la raidir dans la défense du passé.

Toute une jeunesse généreuse se dresse là-bas, que je connais et qui, avide de bonheur et d'action, peut s'enthousiasmer pour un grand mouvement en faveur d'une Fédération française dont l'Afrique du Nord serait le moteur et l'exemple.

À vrai dire, je n'ai d'espoir ni de confiance que dans cette jeunesse. Elle sait déjà, elle comprendra mieux encore demain, que la pire erreur pour l'Algérie française serait d'oublier ses origines et sa vocation pour se confiner et mourir entre les barrières de la haine et de l'argent, pour devenir elle aussi une nation boutiquière et provinciale, un conservatoire de préventions et d'intérêts.

Au lieu de gémir, de revendiquer, de ruminer en même temps ses mépris et son amertume, plutôt que de suivre stérilement, dans une sorte de sécession morale, quelques hommes, aveuglés par les préjugés d'un autre âge, qu'elle parle au contraire, qu'elle propose, qu'elle montre le chemin à la France. Elle peut encore, si elle sait tendre la main au peuple arabe, par-dessus la terreur et la répression, faire de la communauté franco-arabe l'exemple de ce que la force et la volonté d'un peuple jeune sont capables d'édifier, sur le malheur lui-même.

En Asie, des peuples entiers se libèrent en ce moment d'une servitude en acceptant de passer par une autre, qu'ils espèrent provisoire. L'Afrique française et arabe doit au contraire témoigner demain que la dignité de vivre peut s'atteindre plus directement et sans qu'il soit besoin d'ajouter à l'énormité des souffrances répandues dans l'histoire de ce siècle.

Là est notre libération commune, à nous Français et Arabes, aujourd'hui asservis les uns aux autres par la rancœur et le désespoir, là est aussi notre réconciliation, à nous qui, même dans un combat mortel, ne serons jamais des ennemis et qui, demain, si nous montrons assez de sagesse et d'audace, pourrons enfin construire ensemble le même libre et fraternel avenir.

Albert Camus.

L'Express, 23 juillet 1955.

LETTRE À « ENCOUNTER »

Dans le numéro d'avril 1957, la revue anglaise *Encounter* publiait un texte de M. Caracciolo qui, de façon assez cavalière, sommait Albert Camus de s'expliquer sur le problème algérien, compte tenu de ses positions sur la question hongroise. Albert Camus répondit au directeur, Stephen Spender ; jusqu'ici la réponse n'était connue que dans sa version anglaise. J'en donne ici l'original français, suivi, à titre d'information, de la première formulation qu'il en avait donnée.

Cher Monsieur,

Je reprocherai surtout à la lettre de M. Caracciolo de raisonner « ad hominem » et de me mettre dans la déplorable obligation de parler de moi. Il semble ignorer en effet que j'ai écrit des articles sur la question algérienne pendant vingt ans, et longtemps en pure perte, pour attirer l'attention de l'opinion française sur ce pays. Une série d'articles parus il y a un an dans *l'Express* (où M. Caracciolo pourra se la procurer) précise ma position à ce jour. J'ai enfin proposé dernièrement une série de mesures que je résumerai pour votre correspondant :

— Proclamation de la fin du statut colonial;

— Réunion d'une Table ronde, sans aucun préalable, avec tous les représentants des collectivités et des partis algériens (proposition approuvée par de nombreuses fédérations syndicales et, chose plus importante, par le parti du Mouvement national algérien);

— Discussion d'un statut d'autonomie « helvétique » préservant les libertés des deux peuplements et appelé à s'inscrire dans un cadre fédéral.

J'espère que ces positions, prises par un Français d'Algérie, me vaudront d'être acquitté par votre correspondant.

Dans le cas contraire, je m'excuserais de ne pouvoir faire mieux. Français, je ne puis m'engager dans les maquis arabes. Français d'Algérie, et dont la famille est exposée sur les lieux mêmes, je ne puis approuver le terrorisme civil qui frappe d'ailleurs beaucoup plus les civils arabes que les français. On ne peut pas me demander de protester contre une certaine répression, ce que j'ai fait, et de justifier un certain terrorisme, ce que je ne ferai jamais.

Enfin l'assimilation de l'Algérie à la Hongrie se heurte à un fait historique qu'on peut regretter mais qui demeure. Il n'y avait pas en Hongrie, installés depuis plus d'un siècle, plus d'un million de Russes (dont 80% de petites gens) que l'insurrection hongroise eût menacés dans leur vie et dans leurs droits et pas seulement dans leurs privilèges. Le problème hongrois est simple : il faut redonner la liberté aux Hongrois. Le problème algérien se pose autrement : il faut assurer les libertés des deux peuplements. Il est une autre différence que

M. Caracciolo ne semble pas apercevoir : pas une voix russe ne s'est élevée pour faire rendre justice au peuple hongrois. Beaucoup de voix françaises, et depuis longtemps, se sont élevées en faveur des musulmans d'Algérie. Ce sont les avantages de la liberté.

Croyez, cher Monsieur, à l'assurance de mes sentiments les meilleurs.

ALBERT CAMUS.

Encounter, n° 45, juin 1957.

[La lettre manuscrite débutait ainsi :]

Le Channel est beaucoup plus large qu'on ne le pense généralement. M. Caracciolo, dont la lettre ne respire pas la sympathie à mon égard, ni à celui de mon pays, est donc excusable d'ignorer que depuis vingt ans, à Alger même, dans une solitude totale, et en France, au moment où l'opinion, même celle qui est la plus bruyante aujourd'hui, ignorait systématiquement les réalités algériennes, j'ai défendu les droits du peuple arabe à un traitement de justice. Il est excusable aussi d'ignorer que j'ai été contraint, à cause de cette action, de quitter l'Algérie où l'on m'ôtait le moyen de travailler et de vivre. Il est peut-être moins excusable, dans la mesure où il s'intéresse à ma position pour s'autoriser à un interrogatoire, d'ignorer qu'il y a un an, seul, je regrette d'avoir à le dire, parmi les écrivains français qui ont à Paris des positions si tranchantes, je suis allé à Alger même plaider pour une trêve civile au cours d'une conférence qui s'est déroulée dans les cris de mort des ultras colonialistes. Ce témoignage personnel succédait d'ailleurs à une série d'articles parus dans *l'Express* qui résumait ma position et qui sont à la disposition de votre correspondant dans les bureaux du même journal.

Le 15 mars dernier enfin, à l'occasion de la Fête nationale hongroise, j'ai dit publiquement le dégoût qu'un homme libre doit éprouver devant les méthodes de torture, qu'elles s'exercent à Budapest ou à Alger.

J'espère, mais je n'en suis pas sûr, que ces états de service me vaudront d'être acquitté par M. Caracciolo. Je n'en suis pas sûr, car je sais qu'une certaine catégorie d'esprits ne saurait accorder cet acquittement aux hommes de mon espèce à moins d'un engagement dans les maquis arabes ou d'une approbation sans réserve aux thèses et aux actes du F.L.N. C'est une satisfaction que je ne peux pourtant leur accorder. Si je suis conscient du dérèglement de la politique française, je ne confonds pas les libertés algériennes avec l'intransigeance fanatique d'un nationalisme exaspéré, ni avec les rêves d'un Empire arabe, ni surtout avec le terrorisme lorsqu'il s'attaque à des enfants, des femmes et des civils innocents, qu'ils soient arabes ou français.

Après tout, on ne peut pas me demander de stigmatiser la répression et faire silence sur le terrorisme, qui accroît d'ailleurs le malheur algérien... Je ne crois pas non plus que les libertés algériennes soient incompatibles, au contraire, avec les droits du peuplement français en Algérie (1 200 000 habitants, installés depuis plus d'un siècle et dont 80% sont de petites gens). Les solutions que j'ai toujours défendues (Table ronde puis autonomie appelée à s'inscrire dans un cadre fédéral) s'inspirent de cette réalité historique et peuvent assurer les droits et les libertés des deux peuplements.

Cette réalité, en tout cas, déjà difficilement comparable à aucune autre dans l'histoire, ne peut être rapprochée sans une excessive rhétorique de la réalité hongroise où une vieille et libre nation (défendue, ajoutons-le, par des hommes qui n'ont jamais pratiqué le terrorisme civil à l'égard de Moscou), est opprimée et massacrée par les troupes d'une tyrannie étrangère. Pour que la comparaison fût seulement possible, il faudrait que sur huit habitants de la Hongrie, l'un fût russe et installé depuis un siècle. À cet égard, je maintiens que le lâchage de la Hongrie par les nations asiatiques et africaines, incapables de faire la différence entre les derniers sursauts du colonialisme du XIXe siècle et la montée d'un nouveau et puissant colonialisme qui les presse de façon calculée et ininterrompue, est inexcusable et porte au contraire un coup très rude à leur propre avenir. Un dernier mot en ce qui concerne la France. La lettre de M. Caracciolo ne peut passer pour indulgente à son égard et je sais que son sentiment est partagé par beaucoup. On n'attend pas de moi cependant que j'accable mon pays dans une publication étrangère.

Les erreurs de la politique française en Algérie, je le sais mieux que personne et je l'ai dit ailleurs, sont vastes, tragiques et peut-être irréparables. Depuis quelques mois particulièrement, il n'est peut-être pas facile d'être français. Je voudrais cependant demander à vos lecteurs de se poser pour finir une question : Connaissent-ils un seul pays où, alors qu'il est engagé dans une guerre à la fois civile et étrangère, une importante partie des représentants de l'opinion populaire et intellectuelle trouverait dans des convictions généreuses la force de mettre en accusation publique les méthodes pratiquées dans cette guerre et feraient rendre justice, souvent dans le déchirement à ceux-là même qui combattent implacablement leur propre nation.

LES DÉCLARATIONS DE STOCKHOLM

[On trouvera d'abord des extraits de la dépêche publiée par *le Monde*, 14 décembre 1957 :]

Stockholm, 13 décembre.

Il affirma la « totale et consolante liberté de la presse métropolitaine ».

« Il n'y a pas de pression gouvernementale en France, mais des groupes d'influence, des conformistes de droite et de gauche. Croyez-moi, c'est ma conviction la plus sincère, aucun gouvernement au monde devant traiter le problème algérien ne le ferait avec des fautes aussi relativement minimes que celles du gouvernement français... »

Interrogé sur un ton véhément par un jeune Algérien présent, il aurait alors répondu, d'après le correspondant du *Monde*.

« Je n'ai jamais parlé à un Arabe ou à l'un de vos militants comme vous venez de me parler publiquement... Vous êtes pour la démocratie en Algérie, soyez donc démocrate tout de suite et laissez-moi parler... Laissez-moi finir mes phrases, car souvent les phrases ne prennent tout leur sens qu'avec leur fin... »

Constamment interrompu par le même personnage, il aurait conclu :

« Je me suis tu depuis un an et huit mois, ce qui ne signifie pas que j'aie cessé d'agir. J'ai été et suis toujours partisan d'une Algérie juste, ou les deux populations doivent vivre en paix et dans l'égalité. J'ai dit et répété qu'il fallait faire justice au peuple algérien et lui accorder un régime pleinement démocratique, jusqu'à ce que la haine de part et d'autre soit devenue telle qu'il n'appartenait plus à un intellectuel d'intervenir, ses déclarations risquant d'aggraver la terreur. Il m'a semblé que mieux vaut attendre jusqu'au moment propice d'unir au lieu de diviser. Je puis vous assurer cependant que vous avez des camarades en vie aujourd'hui grâce à des actions que vous ne connaissez pas. C'est avec une certaine répugnance que je donne ainsi mes raisons en public. J'ai toujours condamné la terreur. Je dois condamner aussi un terrorisme qui s'exerce aveuglément, dans les rues d'Alger par exemple, et qui un jour peut frapper ma mère ou ma famille. Je crois à la justice, mais je défendrai ma mère avant la justice. »

Mis au courant du rapport qui avait été fait de ses propos, Camus adressait au directeur du *Monde* la mise au point suivante. J'y ai joint le texte de la lettre adressée à Camus par l'Association des étudiants algériens en Suède, s'excusant de l'incident.

Monsieur le Directeur
Le Monde
5, rue des Italiens
Paris.

Paris, le 17 décembre 1957.

Monsieur le Directeur,

A MON retour de Suède, je trouve dans *le Monde* les articles de votre correspondant de Stockholm. Les déclarations qui m'y sont prêtées sont parfaitement exactes, sauf une que je voudrais vous demander la permission de préciser. Je n'ai pas dit que nos gouvernements n'avaient commis que des fautes mineures dans leur manière de traiter le problème algérien. À la vérité, je pense le contraire. Mais à des questions mettant en cause la liberté d'expression des écrivains français, j'ai dit qu'elle était totale. À une autre question mettant en cause la liberté de notre presse, j'ai dit que les restrictions qui avaient pu être apportées à cette liberté, par des gouvernements empêtrés dans la tragédie algérienne, avaient été jusqu'ici relativement mineures, ce qui ne signifie pas que j'approuve ces restrictions, même partielles. J'ai toujours regretté à ce sujet qu'il n'existe pas un ordre des journalistes qui veillerait à défendre la liberté de la presse contre l'État et à faire respecter, à l'intérieur de la profession, les devoirs que cette liberté comporte nécessairement.

Je voudrais encore ajouter, à propos du jeune Algérien qui m'a interpellé, que je me sens plus près de lui que de beaucoup de Français qui parlent de l'Algérie sans la connaître. Lui savait ce dont il parlait et son visage n'était pas celui de la haine mais du désespoir et du malheur. Je partage ce malheur, son visage est celui de mon pays. C'est pourquoi j'ai voulu donner publiquement à ce jeune Algérien, et à lui seul, les explications personnelles que j'avais tues jusque-là et que votre correspondant a fidèlement reproduites d'autre part.

En vous remerciant d'avance, je vous prie de croire monsieur le Directeur, à mes sentiments bien sincères.

ALBERT CAMUS.
5, rue Sébastien-Bottin
Paris (VIIe)

À Monsieur Albert Camus
Éditions Gallimard
89, bd St.-Germain
Paris.

Stockholm, le 17 décembre 1957.

Cher Monsieur,

Nous avons l'honneur de vous adresser cette lettre pour dissiper un malentendu que nous jugeons très regrettable. Il s'agit de l'incident qui a eu lieu la semaine dernière lors de votre conférence au foyer des étudiants suédois à Stockholm.

Nous avons été très peinés d'apprendre par la presse qu'un Algérien ait été la cause de cet épisode. C'est ainsi que nous aimerions éclaircir certains points qui entourent cette malheureuse affaire :

1º L'Algérien en question n'engageait que sa propre personne;

2º Nous pouvons certifier qu'il n'est membre ni de l'Association des Algériens en Suède, ni d'aucun organisme nationaliste algérien quel qu'il soit et par conséquent nullement représentant comme l'a mentionné le quotidien français *le Monde*.

Veuillez agréer, cher Monsieur, l'expression de nos sentiments très respectueux.

Pour l'*Association des Algériens en Suède*
Le Secrétaire.
signé : illisible

Adresse postale :
Tunnelg, 17
Stockholm

LETTRE AU PRÉSIDENT DU CONSEIL SUR LA « COMMISSION DE SAUVEGARDE »

En 1957, l'opinion se préoccupait vivement des exactions et violences reprochées à l'armée française et aux forces policières. C'est alors que, le 5 avril, le président Guy Mollet décida la création d'une « Commission de sauvegarde » des libertés individuelles. Il fit pressentir un certain nombre de personnalités intellectuelles et juridiques, et notamment Albert Camus. La lettre ci-après nous explique les raisons de son refus.

Monsieur le Président,

Le cabinet de M. le Garde des Sceaux a bien voulu me transmettre de votre part une invitation à figurer parmi les membres de la Commission de sauvegarde des Droits et des Libertés individuelles en Algérie. Je vous suis reconnaissant de cette invitation. Mais les renseignements qui m'ont été communiqués, ainsi que les informations qui ont paru dans la presse, me donnent à penser que les pouvoirs de cette commission n'ont pas été encore définis avec précision. La nomination des commissaires précéderait alors la définition de leurs pouvoirs. Il me paraît impossible, quant à moi, d'accepter sur ce sujet des responsabilités mal définies, ni de répondre à votre invitation sans être assuré que cette commission, une fois nommée par le gouvernement :

1º recevra officiellement ses propres pouvoirs d'enquête dont elle pourra user de façon discrétionnaire ;

2º sera installée officiellement dans une totale indépendance, à l'égard de toutes les opinions, cela va sans dire, mais aussi du ministre résident et du gouvernement lui-même.

Ces précautions ne préjugent en rien les conclusions futures de l'enquête. Mais, en dehors de ces garanties, il sera difficile à la commission, malgré la bonne volonté de ses membres, de rendre jusqu'au bout les services d'honneur qu'on attend d'elle. On s'exposerait, au contraire, devant des obstacles ou des pressions inévitables dans le climat actuel, à voir se former, au sein de la commission, des oppositions qui ne feront qu'ajouter au désarroi général au lieu d'y remédier, comme il est souhaitable. Aucun de ceux qui souffrent aujourd'hui des divisions et des faiblesses de notre pays, ne saurait envisager légèrement les perspectives d'un échec de ce genre. Je ne puis donc, en conscience, répondre à votre proposition sans que, les pouvoirs de la Commission de sauvegarde ayant été d'abord précisés et publiés officiellement, il me soit possible de décider si je peux accepter ou non les responsabilités attachées à cette nomination.

En vous remerciant de la confiance que vous avez bien voulu me témoigner, je vous prie d'agréer, Monsieur le Président, l'assurance de mes sentiments de haute considération.

ALBERT CAMUS.

RÉFLEXIONS SUR LA GUILLOTINE

I

COMMENTAIRES

Depuis le xviiie siècle, c'est une sorte de tradition de la vie intellectuelle française que les écrivains et les artistes ne se contentent plus d'être des témoins de leur temps et s'efforcent de l'humaniser. Ainsi faisait Voltaire défendant les Calas, ainsi Zola se jetant dans la mêlée pour Dreyfus. Par-delà les vies en cause, les uns ou les autres tâchaient de restaurer un principe : la torture comme la raison d'État sont indignes d'un peuple civilisé.

La Libération, en mettant à l'honneur la notion d'engagement, ne pouvait qu'accentuer cette tendance : l'écrivain s'efforçait de refaire le monde par l'œuvre d'art, mais du coup il en contestait le visage et prenait sa place dans la lutte de l'homme pour la conquête de sa dignité. La Résistance avait protesté par les armes contre le totalitarisme ; elle avait opposé la force à la force, mais dans l'espoir de mieux établir la paix et d'instaurer un droit authentique. Les lendemains de la Libération posaient le problème du châtiment à appliquer aux complices des nazis. Fallait-il les soumettre à des juridictions d'exception ou rentrer dans le droit traditionnel ? Camus voulut d'abord une justice rapide, ferme mais équilibrée. C'est le sens de sa polémique avec Mauriac en 1944 (cf. commentaires de *Combat,* p. 1531).

Il apparut bientôt que la justice était inégalement rapide et inégalement ferme : les hauts fonctionnaires, les industriels du « mur de l'Atlantique », les chefs militaires gagnaient un temps précieux qu'on refusait au journaliste ou au « lampiste ». Et Brasillach fit bientôt figure, à cause même de son courage devant ses juges, de victime expiatoire livrée à la vindicte publique. Camus crut devoir joindre son nom à la pétition qui demandait sa grâce en janvier 1945. Quoique les mobiles de l'un et de l'autre fussent différents, la réflexion l'amenait à donner raison à Mauriac.

L'adresse au Garde des Sceaux en faveur de deux journalistes condamnés à mort pour collaboration confirme cette évolution (5 décembre 1946) : « Mon intention n'est pas de diminuer la faute de Rebatet et de son compagnon. Si je puis me permettre une allusion personnelle, vous m'avez rencontré à un moment où nous tenions ces journalistes pour des ennemis mortels qui, sans aucun doute, n'auraient pas ménagé nos propres vies. Vous savez donc que rien, ni dans ces écrivains ni dans ces hommes, n'a jamais fait naître en moi quoi que ce soit qui ressemble à de l'indulgence. Pour tout dire, comme vous et comme la Cour de Justice, je les juge coupables.

» Cependant, ces hommes, aujourd'hui, attendent tous les matins le moment de leur mort, et j'ai assez d'imagination pour savoir qu'ils payent alors, dans l'angoisse et la mauvaise conscience, le prix le plus haut qu'un homme puisse payer pour ses crimes. Et si j'ai combattu ces hommes jusqu'au bout, un mouvement plus fort que toute justice m'oblige maintenant à souhaiter qu'on épargne ces condamnés et qu'on leur rende seulement cette vie que, dans leur folie, ils ont assez méprisée pour en faire bon marché quand il s'agissait des autres.

» J'ai longtemps cru que ce pays ne pouvait pas se passer de justice. Mais je ne vous offenserai pas, ni personne autour de vous, en disant que la justice depuis la Libération s'est révélée assez difficile pour que nous ne sentions pas maintenant que toute justice humaine a ses limites et que ce pays, finalement, peut aussi avoir besoin de pitié.

» Où serait aussi bien la supériorité de ce que nous défendons si nous n'étions pas capables de surmonter notre plus légitime ressentiment ? Beaucoup disent, je le sais, que la mort est un exemple. Je n'en crois rien pour ma part. Mais, de ce point de vue, de grands et de graves exemples ont déjà été donnés. Je sais aussi qu'il y a de l'injustice à exécuter Brasillach et à laisser vivre Rebatet. Mais il n'y en a pas moins à épargner des hommes politiques qui ont couvert Rebatet en même temps que bien d'autres, et, de ce point de vue encore, ne pouvant tout égaliser dans le châtiment suprême, il faut reconnaître que nous ne pouvons pas nous passer de la clémence. »

Mais l'épuration n'était qu'un aspect du problème : un peu partout on fusillait ; en Grèce, en Algérie, en Bulgarie, en U.R.S.S., à Madagascar, etc. La presse aidant, notre époque apparaissait comme vouée aux exécutions politiques. Et le sentiment général fut bientôt que les tribunaux procédaient souvent au hasard, en fonction de contingences discutables : un peu plus tôt, un peu plus tard, le verdict changeait. Bref, la justice politique donnait l'impression de l'arbitraire systématisé, à mesure qu'évoluaient les événements.

C'est à quoi fut d'abord sensible Camus. Dès *Alger républicain*, il s'était refusé à admettre la culpabilité objective : les sentiments du Cheik el Okby ne prouvaient nullement qu'il fût un assassin et un gréviste n'était pas nécessairement un incendiaire. Innocents, ils l'étaient pour la simple raison qu'ils n'avaient pas commis le geste dont on les accusait. Bref, la justice ne saurait être fonction de l'opinion du juge et de l'accusé, et le besoin qu'avait Rakosi de la condamnation de Rajk ou le gouverneur de Madagascar de celle de Raseta ne justifiait ni qu'on les torturât ni qu'on les pendît.

Camus en vint donc à s'interroger sur l'intolérance. Aussi, dès 1947, voulait-il insérer un chapitre sur la peine de mort dans son essai sur la Révolte. Le problème était moins humanitaire en effet que politique et philosophique. Politique, en ce sens qu'il fallait imposer des limites à la marée de haine qui soulevait le monde et briser les courants d'intolérance et de fanatisme. Philosophique, pour autant qu'il convenait de rappeler les activistes de toute espèce au sentiment du relatif. « Qu'il est impossible de *dire* que personne soit absolument coupable et impossible de prononcer par conséquent de châtiment total. » (*Carnets II,* page 200, juin 1947.) En octobre 1947, il note encore : « On me fait dire que je suis opposé à toute violence, quelle qu'elle soit. Ce serait aussi intelligent que de m'opposer à ce que le vent soit toujours du même côté » (page 221).

Mais personne n'est coupable absolument. On ne peut donc condamner personne absolument. Cette position lui paraît d'autant plus logique qu'on refuse le christianisme : s'il n'est pas d'autre vie, l'exécution capitale prend un sens décisif.

Parti d'une constatation de fait, Camus en venait peu à peu à élaborer une philosophie de la peine capitale, étroitement liée à la conception de la vie qu'il expose dans *l'Homme révolté*. La vie, qui fonde tout le reste, est la valeur primordiale. On ne la peut sacrifier que pour combattre ce qui lui ôterait toute signification, l'oppression totalitaire par exemple. Il faut alors tuer ou mourir, en légitime défense. Autrement, nos luttes sont relatives comme nos objectifs : un monde meilleur, mais toujours à reprendre, vaut qu'on lutte pour lui, non qu'on institutionnalise la terreur. Et quel meilleur moyen d'éviter pareille institution que d'abolir la peine de mort, selon le vœu traditionnel, mais rarement respecté, des révolutionnaires !

La position de Camus se fonde sur deux types de réactions ; réactions instinctives : une méfiance incoercible devant tout appareil de justice, un dégoût du sang jusqu'à la nausée, hérité peut-être de son père ; réaction réfléchie : la perfection n'est pas de ce monde où Sisyphe doit indéfiniment rouler son rocher et personne en définitive n'est tout à fait pur. Le refus de la peine de mort est sous-jacent dans *l'Étranger* comme dans *le Mythe de Sisyphe*. Il y a donc quelque inexactitude à reprocher à Camus « une morale de Croix-Rouge ». Il n'entend pas soigner toutes les victimes par esprit humanitaire ; il prétend interdire la peine de mort comme arme de défense sociale ou de combat idéologique. Son souci est moins de charité que de mesure.

Espérait-il voir le meurtre social disparaître des mœurs ? Il n'était pas si naïf : la torture a survécu aux Calas et à Voltaire. Mais du moins, sauf périodes d'exception, on n'a plus guère osé en faire l'apologie. Si la peine de mort était un jour jugée aussi scandaleusement anachronique que la torture, la partie serait alors gagnée.

Chacun jugera sa thèse et ses arguments à son aune. On a souvent ironisé sur le caractère philanthropique et sentimental de telles activités. Mais quel est l'écrivain, quelle est la publication, quel est le mouvement politique qui n'a réclamé quelque grâce, ou animé quelque pétition — chacun pour les siens — sollicitant généralement la signature ou l'intervention de Camus ? Pour sa part, il se refusait à croire qu'il y eût de bons et de mauvais innocents, de bonnes ou de mauvaises erreurs judiciaires. En définitive, certaines retentissantes réhabilitations ont confirmé qu'il existait, au moins négativement, une vérité judiciaire et qu'une erreur y devenait un crime quand on la commettait sciemment.

On trouvera un aperçu des multiples interventions de Camus dans la présentation des textes politiques de 1953 à 1957 et dans la présentation d'*Actuelles III*. Quant aux *Réflexions sur la guillotine*, publiées par la N.R.F. en 1957 (juin, juillet), Camus les a rédigées pour compléter les *Réflexions sur la pendaison* publiées en Angleterre par Koestler. On sait que les deux hommes entretinrent des relations étroites au lendemain de la Libération (cf. *la Force des choses* de Simone de Beauvoir). Leurs rapports se distendirent par la suite, mais ils demeuraient pleinement d'accord sur la nécessité de combattre l'intolérance sociale et sa manifestation la plus brutale, la peine de mort. Camus a demandé à Jean Bloch-Michel d'établir le dossier juridique : collaborateur de *Combat,* puis lecteur chez Gallimard, journaliste, critique et écrivain, Jean Bloch-Michel est demeuré étroitement lié à Camus jusqu'à sa mort. Avocat de formation, il était parfaitement qualifié pour étudier la tradition judiciaire. L'ensemble composait alors un ouvrage collectif : *Réflexions sur la peine capitale,* Albert Camus et Arthur Koestler, *copyright* Calmann-Lévy, éditeur, 1957.

R. Q.

II

NOTES

P. 1021.

1. On trouve dans *la Peste*, un écho indirect de cette anecdote, pp. 1418 à 1422, Pléiade, I.

P. 1022.

1. Cf. article sur *la Nausée, Alger républicain* p. 1417.

P. 1025.

1. Une des premières automobiles produites au début du siècle.

P. 1030.

1. Le philosophe Tarde. Allusion au *Traité théorique et pratique* de Pierre Bouzat, cité par J. Bloch-Michel, p. 213.

P. 1035.

1. Philosophe et criminaliste italien du XVIIIe siècle, auteur d'un *Traité des délits et des peines* (1764). Traduit en français par Morellet, son livre fut commenté par Voltaire et Diderot.

P. 1038.

1. Ibn Séoud était célèbre pour le caractère féodal de ses mœurs et de sa justice.

P. 1040.

1. Cartouche, de son nom Bourguignon, légendaire chef de brigands, exécuté en 1721.

P. 1043.

1. Cf. la dernière page de *l'Étranger,* p. 1210, Bibliothèque de la Pléiade, tome I.

P. 1045.

1. Le problème des bouilleurs de cru a été fréquemment évoqué à l'Assemblée, sans qu'une solution lui soit jamais apportée.
2. Il existe en France une régie des alcools. La tradition française et les soucis budgétaires se sont souvent combinés pour favoriser la consommation d'alcool.

P. 1047.

1. À cette époque, Camus n'avait pas encore reçu le Nobel. Cette allusion prouve qu'à la mi-mars 1957, il ne pensait pas le moins du monde l'obtenir.

P. 1048.

1. Deshays était un bûcheron de la Mayenne qui, faute de savoir s'expliquer, avoua un meurtre dont il n'était pas coupable.

P. 1049.

1. Hayes fut pendu en 1955 pour un crime qu'il n'avait pas commis.
2. Marie Besnard fut accusée, sur le rapport d'experts toxicologues, d'avoir empoisonné sept personnes de son entourage. Mais le procès, sans établir l'innocence de la prévenue, prouva la fragilité des rapports d'experts qui se contredisaient.

P. 1050.

1. En Algérie, d'abord, au temps d'*Alger républicain*, pour *Combat* ensuite. Cf. *la Peste*, Pléiade, *Théâtre, récits, nouvelles* pp. 1419-1420.

P. 1051.

1. Il s'agit d'Yveton, un voisin d'E. Roblès. Camus encouragea son ami Roblès à écrire une pièce évoquant sa mort.
2. Albert Camus vise Robert Lacoste. En fait, celui-ci n'avait pu recevoir les voix communistes dans une circonscription électorale qui n'existait pas alors (on votait à la proportionnelle départementale). Mais Camus avait le vague souvenir que, lors d'une élection sénatoriale partielle, le candidat socialiste de la Dordogne Pugnet, soutenu par Robert Lacoste, avait été élu au second tour de scrutin grâce au désistement communiste.

P. 1055.

1. Cf. *la Chute,* et notamment la scène du cri que pousse la femme qui se noie (Pléiade, *Théâtre, récits, nouvelles*).

P. 1056.

1. La solidarité contre la mort est un des thèmes de *l'Homme révolté*.

P. 1058.

1. Toutes ces pages reprennent de près les thèmes centraux de *l'Homme révolté*, déjà abordés dans *Ni victimes ni bourreaux*.

P. 1060.

1. Militant et député communiste, fusillé en décembre 1941 par les Allemands (cf. *Actuelles I*, Réponse à d'Astier, p. 353).
2. Ancien secrétaire du parti communiste hongrois et ministre, exécuté en 1949 sous Rakosi, puis réhabilité en octobre 1956 (cf. *Actuelles II*, 1769).

P. 1062.

1. Cf. *le Renégat* dans *l'Exil et le Royaume* (Pléiade, *Théâtre, récits, nouvelles*).

P. 1063.

1. La Loi de Moïse : œil pour œil, dent pour dent.

DISCOURS DE SUÈDE

I

COMMENTAIRES

Le prix Nobel trouva Camus en plein désarroi moral. « Plus je vieillis, écrivait-il à René Char, et plus je trouve qu'on ne peut vivre qu'avec les êtres qui vous libèrent, qui vous aiment d'une affection aussi légère à porter que forte à éprouver. La vie d'aujourd'hui est trop dure, trop amère, trop anémiante, pour qu'on subisse encore de nouvelles servitudes, venues de ceux qu'on aime. À la fin, on mourrait de chagrin, littéralement. » (17 septembre 1957.) Était-ce le contrecoup de l'accueil peu chaleureux fait à *l'Exil et le Royaume* ? C'est peu probable. Avant sa parution même, il écrivait déjà à René Char : « Étrange, cette espèce de ravage monotone qui m'éprouve depuis des mois. » (3 mars 1957.) Tout se passe comme si *la Chute* n'avait pu le débarrasser de ses hantises, comme s'il se sentait rongé par le doute, guetté par la stérilité : « Je n'ai rien fait pendant cet été, sur lequel je comptais beaucoup, pourtant. Et cette stérilité, cette insensibilité subite m'affectent beaucoup. »

Loin de lui rendre courage, le prix Nobel fut pour lui une épreuve. Pouvait-il accepter la plus haute récompense littéraire, après avoir refusé toute autre décoration que la Croix de la République espagnole en exil ? Certains de ses amis assurent que, saisi d'une « sorte de panique », selon son propre mot, il songea à refuser. Il voulut voir dans cette distinction, moins la consécration d'une œuvre à son apogée, que l'hommage rendu à la jeune littérature d'Afrique du Nord. « Vous avez voulu distinguer mon pays d'abord et ensuite le Français d'Algérie que je suis*. » En valeur intrinsèque, Malraux lui paraissait plus qualifié. Son œuvre à lui n'en était qu'à son commencement, comme il l'avait écrit dans la préface de *l'Envers et l'Endroit***.

---

* Il disait aussi à *Franc-Tireur :* « Je me trouve un peu jeune. Personnellement, j'aurais voté pour Malraux. Je suis simplement reconnaissant au Comité Nobel d'avoir voulu distinguer un écrivain français d'Algérie. Je n'ai jamais rien écrit qui ne se rattache, de près ou de loin, à la terre où je suis né. C'est à elle, et à son malheur, que vont toutes mes pensées. »

** « Un artiste n'a rien à enseigner mais tout à apprendre, à

Modestie de lauréat, diront les uns, réaction d'autodéfense, diront les autres, en se réjouissant de son embarras. En fait, il est vrai que le jury Nobel avait songé, entre autres, à Malraux, mais aussi bien à Sartre, à Pasternak, à Saint-John Perse, à Beckett. (Déclaration du Dr Kjell-Strömberg, ancien conseiller à l'ambassade de Suède en France.) Quant à Camus, il avait été proposé déjà en 1947, 1949, 1952, 1954 : mais on le considérait comme trop jeune : en 1957 encore, il était le plus jeune lauréat après Kipling.

Camus fut donc choisi « pour son importante œuvre littéraire qui met en lumière, avec un sérieux pénétrant, les problèmes qui se posent de nos jours à la conscience des hommes ». Le 17 octobre, jour de la proclamation, le Dr Osterling ajoutait à la radio suédoise : « Il existe un engagement moral authentique qui le pousse à s'attacher, avec hardiesse et de toute sa personne, aux grandes questions fondamentales de la vie. » Quant à l'ambassadeur de Suède, venu le féliciter dans son bureau aux Éditions Gallimard, il précisait : « Comme le héros cornélien, vous êtes un homme de la Résistance, un homme révolté qui a su donner un sens à l'absurde et soutenir, du fond de l'abîme, la nécessité de l'espoir, même s'il s'agit d'un espoir difficile, en rendant une place à la création, à l'action, à la noblesse humaine dans ce monde insensé. »

Les réactions en France n'eurent pas cette unanimité dans l'éloge. Ce couronnement est un enterrement sous les fleurs, susurrait-on ; le Nobel allait parachever une œuvre essoufflée, désormais académique. Le roi est nu, criait-on sur sa droite ; ce révolté n'est qu'un bourgeois, prédicateur de Croix-Rouge, enchérissait une partie de la gauche ; ailleurs, on s'efforçait de l'annexer qui au modérantisme, qui au spiritualisme.

L'Humanité vit dans l'œuvre de Camus le « cri de détresse d'un monde condamné... Elle traduit avec une parfaite clarté et une grande force — là est son mérite littéraire — l'angoisse de l'intellectuel qui, ayant lié son sort à celui d'une classe condamnée, croit ou feint de croire que l'humanisme, sa propre raison d'être intellectuel, est aussi condamné à mort ». On insinua bientôt, dans d'autres journaux, que la politique n'était pas étrangère au choix du jury suédois : selon certains, l'Algérie française y trouvait son compte. Pour Carrefour, l'Académie suédoise avait « préféré un partisan des solutions dites libérales en Algérie à un partisan de l'Algérie française... quelle étrange et nouvelle forme d'ingérence dans nos affaires intérieures ». Enfin, tandis que certains crurent trouver dans les attendus du scrutin la preuve qu'on saluait moins une morale qu'un moralisme, moins une œuvre d'art qu'un nouveau conformisme, Paris-Presse dénonçait curieusement son utopisme défaitiste : « Citoyen du monde, pacifiste, signataire de pétitions généreuses, adversaire de la peine de mort... Albert Camus ne saurait déplaire

---

chaque instant », répondait-il le 26 octobre 1957 aux félicitations de Roger Ikor.

à Stockholm où, comme on l'a vu quand la Finlande et la Norvège voisine furent envahies, l'amour obstiné de la paix l'emporte toujours sur tout autre sentiment. »

Comme par réflexe, Camus chercha refuge dans son enfance. C'est ainsi que, sans tarder, il écrivit à M. Germain, son instituteur : « J'ai laissé s'éteindre un peu le bruit qui m'a entouré tous ces jours-ci avant de venir vous parler de tout mon cœur. On vient de me faire un bien trop grand honneur que je n'ai ni recherché ni sollicité. Mais, quand j'ai appris la nouvelle, ma première pensée, après ma mère, a été pour vous. Sans vous, sans cette main affectueuse que vous avez tendue au petit enfant pauvre que j'étais, sans votre enseignement et votre exemple, rien de tout cela ne serait arrivé. Je ne me fais pas un monde de cette sorte d'honneur. Mais celui-là est du moins une occasion pour vous dire ce que vous avez été et êtes toujours pour moi, et pour vous assurer que vos efforts, votre travail et le cœur généreux que vous y mettiez sont toujours vivants chez l'un de vos petits écoliers qui, malgré l'âge, n'a pas cessé d'être votre reconnaissant élève. » (19 novembre 1957.)

Le même souci qui le ramenait auprès d'un témoin de son enfance pauvre le pousse sans doute à s'entourer de quelques amis de jeunesse, comme André Belamich, lors de la réception donnée à l'Ambassade de Suède à Paris. Et s'il consentit à célébrer le Nobel, ce fut en compagnie de républicains espagnols en exil ou plus tard des syndicalistes du livre (cf. « À Albert Camus ses amis du Livre », Gallimard).

Dans l'immédiat, il lui fallait affronter les festivités officielles du Nobel. Avec son habituelle simplicité, Roger Martin du Gard lui fit part de sa propre expérience : il lui prodigua des conseils amicaux et l'invita à donner à son discours « un accent grave, confidentiel, très personnel, sous une forme accessible à tous ». Mais là encore Camus ne fut pas épargné : les cérémonies furent prétexte, pour la presse illustrée, à célébrer l'aisance mondaine du lauréat, où d'autres virent la preuve d'une trahison profonde. Camus ne nous révélait-il pas son goût secret pour l'aristocratie, le smoking et les banquets ?

Il eût été inutile de s'attarder sur ces insinuations si elles n'avaient atteint un homme déjà blessé par le drame algérien, fatigué et inquiet sur son propre génie. Tout ce bruit, ce tourbillon de flashes et de soirées mondaines laissa Camus physiquement et moralement épuisé. « Je vais mieux, écrira-t-il à René Char le 1er janvier 1958. Ne soyez pas inquiet... Appuyé sur les médecins que j'ai vus, je vais prendre des mesures pour retrouver détente et gaie science. » Il lui faudra deux ans pour retrouver le pouvoir et la joie de créer — juste au seuil de la mort.

Le Nobel du moins lui permit d'acheter une maison à Lourmarin, où il rêvait d'installer sa mère, qui ne put s'y adapter. Dès lors, ce serait son havre, au sortir de cette vie parisienne qu'il supporte toujours plus mal et où il s'épuise. À l'occasion d'une maladie de sa fille Catherine, ne parlait-il pas à René Char de « cette sorte de malheur que nous buvons à même les jours, et contre lequel il devient si difficile, si épuisant de lutter quand la jeunesse s'éloigne et avec elle la force d'insolence ou d'indifférence. Oui, je suis fatigué en ce moment, je l'avoue » (18 mars 1959). Il est vrai que *les Possédés* ont alors beaucoup exigé de lui, et que sa santé reste défaillante. « Je viens de passer une longue et mauvaise période de dépression, m'écrivait-il le 20 mars 1958, compliquée de troubles respiratoires, et où je n'ai pu rien faire. Depuis peu, je reprends souffle, c'est le cas de le dire. » Longtemps, la même peur de la stérilité l'obsédera : « Voilà une semaine que je suis ici et j'espère en vain me tirer une activité quelconque. » (À René Char, 16 août 1959.) Et le 4 novembre : « Je veux quitter Paris où j'étouffe de plus en plus. » Enfin Lourmarin paraissait devoir lui rendre la paix de l'âme et la confiance en soi. Il l'écrivait à de nombreux amis, à Mme Agnely, à Roblès ; il m'écrivait à moi-même, le 1ᵉʳ décembre 1959 : « Pour moi qui ne supporte plus Paris, je me suis retiré dans le Midi pour quelque temps et j'y travaille. »

Pour les discours de Stockholm et d'Upsal, Camus choisit d'affronter un des soucis majeurs de son œuvre et de son temps : les rapports de l'artiste et de la réalité sociale. Ce thème le hantait depuis sa jeunesse. Au *Théâtre du Travail*, à la *Maison de la Culture* déjà, il s'était efforcé de concilier la solidarité avec son temps et les préoccupations propres à l'artiste. Les articles d'*Alger républicain* tournent fréquemment autour de ce problème : comment sert-on le mieux la justice ? en mettant l'art au service de la politique ou en exprimant la réalité sans souci apologétique ?

Sans aucun doute, les déclarations de Jdanov au Comité central du parti communiste russe, en août 1934*, avaient-elles attiré son attention. « Dans notre pays, les principaux héros des œuvres littéraires, ce sont les bâtisseurs actifs de la vie nouvelle : ouvriers, ouvrières, kolkhosiens et kolkhosiennes, membres du Parti, administrateurs, ingénieurs, jeunes communistes, jeunes pionniers. Les voilà, les types fondamentaux et les héros essentiels de notre littérature soviétique. L'enthousiasme et la passion de l'héroïsme imprègnent notre littérature. Elle est optimiste, mais pas du tout par une sorte d'instinct zoologique foncier. Elle est optimiste dans son essence parce qu'elle est la littérature de la classe ascendante, du prolétariat, la seule classe progressive d'avant-garde. La force de notre littérature soviétique, c'est qu'elle sert la cause nouvelle, la cause de la construction du socialisme. » Et plus loin : « Le camarade Staline a appelé nos écrivains les « ingénieurs des âmes ». Qu'est-ce que cela signifie ? Quelles obligations vous impose ce titre ? Cela veut dire tout d'abord connaître la vie afin de pouvoir la représenter non point de façon scolastique, morte, non pas

---

* Cf. aussi Lukacs : *Théorie du roman*.

seulement comme « la réalité objective », mais la représenter dans son développement révolutionnaire. Et là, la vérité et le caractère historique concret de la représentation artistique doivent s'unir à la tâche de transformation idéologique et d'éducation des travailleurs dans l'esprit de socialisme. Cette méthode de la littérature et de la critique littéraire, c'est ce que nous appelons la méthode du réalisme socialiste. » Bref, comme l'écrit Pierre Daix (lettre à Maurice Nadeau), le réalisme socialiste « implique un comportement nouveau de l'artiste, sa liaison avec le mouvement révolutionnaire, sa responsabilité devant celui-ci », ce qui n'allait évidemment pas sans une propension « à juger des œuvres au nom d'un certain nombre de dogmes : définition politique de l'auteur, confrontation de l'ouvrage avec certaines fins supposées, probables, objectives ou purement extrapolées, après quoi le reste était affaire de coups de pouce opportuns, de citations convenables, sans que jamais la matière réelle, le contenu du livre viennent en discussion » (Pierre Daix).

Au lendemain de la Libération, Sartre lança la thèse de l'engagement littéraire *(Situations II)*. L'opinion associa Sartre et Camus dans une même attitude engagée. En fait, il fallait nuancer : Camus n'accepta jamais que certaines vérités ne fussent pas bonnes à dire, parce qu'elles gênaient tel mouvement ou telle cause politique. Il se refusa à juger d'une œuvre sur sa « situation » historique. *Prométhée aux Enfers (l'Été)* témoigne, en 1946, de la volonté de ne jamais séparer la beauté de la justice. « L'histoire est une terre stérile où la bruyère ne pousse pas. L'homme d'aujourd'hui a choisi l'histoire cependant, et il ne pouvait ni ne devait s'en détourner. »

Deux ans plus tard, la position est la même, mais la lassitude transparaît : « Quelle tentation, pourtant, à certaines heures, de se détourner de ce monde morne et décharné! Mais cette époque est la nôtre et nous ne pouvons vivre en nous haïssant. » (1948, *l'Exil d'Hélène*.) Il est vrai que la guerre froide sévit sur l'Europe que hante la mort atomique. Les derniers chapitres de *l'Homme révolté* préciseront les rapports de l'art et de l'histoire, avec la même angoisse latente, mais davantage de recul.

Peu de temps après, dans *l'Artiste en prison,* publié en préface à *la Ballade de la geôle de Reading,* Camus use de l'exemple d'Oscar Wilde pour définir sa propre position. Ni esthétisme ni dandysme ou pharisaïsme de l'art : « Pourquoi créer si ce n'est pour donner un sens à la souffrance, fût-ce en disant qu'elle est inadmissible... Si l'artiste ne peut refuser la réalité, c'est qu'il a pour charge de lui donner une justification plus haute. Comment la justifier si on décide de l'ignorer? Mais comment la transfigurer si on consent à s'y asservir? »

Camus s'oppose ainsi à l'esthétisme de *la Parisienne*, de Jacques Laurent et de Roger Nimier par exemple, à ce retour à l'art pour l'art que préconise en 1950 la nouvelle vague d'écrivains. Mais il maintient son opposition au réalisme socialiste dont Laurent Casanova s'est fait le mentor (cf. : *le Parti communiste, les Intellectuels et la Nation,* 1950). « Il y a, écrit celui-ci, un art qui patauge aussi dans la réalité quotidienne et même dans celle d'hier. C'est l'art réactionnaire.

» Il y a une politique qui devance son temps parce qu'elle est une politique de principe.

» C'est la politique communiste.

» Il y a un art réactionnaire comme il y a une politique réactionnaire.

» Et les deux se tiennent. Parce qu'ils appliquent tous les deux les règles de l'empirisme bourgeois.

» Il y a un art d'avant-garde, comme il y a une politique d'avant-garde. »

Et le prix Staline Fadéev affirme de « l'écrivain socialiste » qu'il « ne craint pas d'être accusé de faire une politique tendancieuse, car toute littérature est une littérature de classe. La littérature prolétarienne tend vers l'avenir et donc anticipe sur la réalité sociale ».

Passent pour représentatifs de cette tendance *le Premier Choc* d'André Stil, prix Staline 1952, le *Deuil en 24 heures* de Wladimir Pozner et surtout *l'Homme communiste* d'Aragon.

L'opposition de Camus à la littérature d'esthète comme à la littérature de propagande ou de prophétie n'a jamais varié. Elle trouve son expression la plus précise dans les *Discours de Suède.* Commentant Baudelaire, Roger Garaudy, qui fut un des chantres du réalisme socialiste, écrit dans son essai *d'un réalisme sans rivages* : « Les écrivains vertueux s'y prennent-ils bien pour faire aimer la vertu ? La moralité propre à l'art n'est pas dans le précepte mais dans l'éveil... le réel, lorsqu'il inclut l'homme, n'est plus seulement ce qu'il est mais aussi bien tout ce qui lui manque, tout ce qu'il a encore à devenir, et dont les rêves des hommes et les mythes des peuples sont le ferment. » L'avenir dira si ce n'est pas finalement à Camus qu'il donne, au fond, tardivement raison.

Les *Discours de Suède* traitent de l'art et en particulier des rapports de l'artiste et de la vie. Ainsi ai-je cru bon de rassembler ici deux textes qui s'y rapportent : *le Pari de notre génération,* publié par *Demain* le 24 octobre 1957, et l'allocution prononcée devant « les Amitiés méditerranéennes » le 22 janvier 1958, reproduite par *Preuves,* sous le titre *Ce que je dois à l'Espagne,* en mars 1958.

R. Q.

P.S. Signalons que les thèmes des *Discours de Suède* se trouvaient déjà dans une allocution prononcée, en 1954, devant l'Associazione Culturale Italiana, et reproduite par la revue de la société *Quaderni A.C.I.* (Turin, 1955) sous le titre *L'Artiste et son temps.*

II

TEXTES COMPLÉMENTAIRES

LE PARI DE NOTRE GÉNÉRATION
(INTERVIEW)

— *La notion de l'art pour l'art est évidemment étrangère à vos préoccupations. Celle d'« engagement », telle qu'elle a été mise on peut dire « à la mode » ces derniers temps, l'est également. L'engagement compris dans son sens actuel, cela consiste à mettre son art au service d'une politique. Il me semble qu'il existe quelque chose de plus important, et qui est le propre de votre œuvre, qu'on pourrait appeler l'insertion de cette œuvre dans son temps. Est-ce exact? Et, dans ce cas, comment définir cette insertion?*

— Insertion dans le temps, on peut adopter la formule. Mais après tout, elle définit tout l'art littéraire. Chaque écrivain essaie de donner une forme aux passions de son temps. Hier c'était l'amour. Aujourd'hui, les grandes passions de l'unité et de la liberté déchirent le monde. Hier, l'amour se payait de la mort individuelle. Aujourd'hui, les passions collectives nous font courir le risque de la destruction universelle. Aujourd'hui comme hier, l'art veut arracher à la mort une image vivante de nos misères.

Peut-être est-ce plus difficile aujourd'hui. On peut être amoureux de temps en temps. Une seule fois suffit, après tout. Mais on ne peut être militant à temps perdu. Et voilà donc l'artiste du siècle menacé d'être irréel s'il reste dans sa tour d'ivoire ou stérilisé s'il galope éternellement autour de l'arène politique. Entre les deux s'ouvrent pourtant les chemins difficiles de l'art véritable. Il me semble que l'écrivain ne doit rien ignorer des drames de son temps et qu'il doit prendre parti chaque fois qu'il le peut ou qu'il le sait. Mais il doit aussi garder ou reprendre de temps en temps une certaine distance à l'égard de notre histoire. Toute œuvre suppose un contenu de réalité et un créateur qui façonne le contenant. Ainsi l'artiste, s'il doit partager le malheur de son temps, doit s'en arracher aussi pour le considérer et lui donner sa forme. Cet aller-retour perpétuel, cette tension qui devient à vrai dire de plus en plus dangereuse, voilà la tâche de l'artiste d'aujourd'hui. Peut-être cela signifie-t-il qu'à brève échéance il n'y aura plus d'artiste. Mais peut-être non. C'est une question de temps, de force, de maîtrise, et aussi de chance.

Voilà, en tout cas, ce qui devrait être. Reste ce qui est, reste la vérité de nos jours qui est moins superbe. Et la vérité, comme je la sens du moins, est que l'artiste marche aujourd'hui dans la nuit, à tâtons, du même pas que l'homme des rues, incapable de se séparer du malheur du monde et passionnément désireux de solitude et de silence, rêvant de justice et source d'injustice lui-même, traîné, alors qu'il croit le conduire, derrière un char plus grand que lui. Dans cette exténuante aventure, l'artiste ne peut que s'aider des autres, et, comme les autres, il s'aidera du plaisir, de l'oubli, et aussi de l'amitié et de l'admiration. Et comme les autres, il s'aidera de l'espérance. Pour moi, c'est toujours dans le mot, dans l'idée de fécondité que j'ai puisé mon espérance. Comme beaucoup d'hommes aujourd'hui, je suis lassé de la critique, du dénigrement, de la méchanceté, du nihilisme en un mot. Il faut condamner ce qui doit l'être, mais aussi rapidement que fermement. Il faudrait, au contraire, exalter longuement ce qui mérite encore de l'être. Après tout, c'est pour cela que je suis un artiste, parce que même l'œuvre qui nie affirme encore quelque chose et rend hommage à la vie misérable et magnifique qui est la nôtre.

— *Quand on parle comme vous, on ne parle pas seulement pour soi. On parle forcément pour les autres. Et l'on parle pour quelque chose. C'est-à-dire qu'on parle au nom et en faveur des hommes pour qui ces valeurs comptent. Quels sont ces hommes, quelles sont ces valeurs ?*

— Je me sens d'abord solidaire de l'homme de tous les jours. Demain, le monde peut éclater en morceaux. Dans cette menace suspendue sur nos têtes, il y a une leçon de vérité. Face à cet avenir, les hiérarchies, les titres, les honneurs redeviennent ce qu'ils sont : une fumée qui passe. Et la seule certitude qui nous reste est celle de la douleur nue, commune à tous, et qui mêle ses racines à celles d'un espoir entêté.

Dans les luttes du siècle, je me suis toujours senti solidaire des obstinés, de ceux, en particulier, qui n'ont jamais pu désespérer d'un certain honneur. J'ai partagé et je partage beaucoup des délires contemporains. Mais je n'ai jamais pu me résoudre à cracher, comme tant d'autres, sur le mot d'honneur. Sans doute parce que j'avais et j'ai conscience de mes faiblesses d'homme et de mes injustices, parce que je savais et sais instinctivement que l'honneur est comme la pitié, cette vertu déraisonnable qui vient prendre le relais de la justice et de la raison devenues impuissantes. Celui que son sang, ses folies, son cœur infirme livrent aux faiblesses les plus communes, il faut bien qu'il s'aide de quelque chose pour parvenir à s'estimer et donc à estimer les autres. C'est pourquoi je déteste une certaine vertu contente d'elle-même, je déteste l'affreuse morale du monde et je la déteste parce qu'elle aboutit, exactement comme le cynisme absolu, à désespérer les hommes et à les empêcher de prendre en charge leur propre vie avec son poids de fautes et de grandeur.

Le but de l'art, le but d'une vie ne peut être que d'accroître la somme de liberté et de responsabilité qui est dans chaque homme et dans le monde. Ce ne peut être, en aucune circonstance, de diminuer ou de supprimer, même provisoirement, cette liberté. Il y a des œuvres qui veulent plier les hommes et les convertir à quelque règle extérieure. D'autres qui veulent l'asservir à ce qu'il y a de pire en lui, à la terreur ou à la haine. Ces œuvres sont pour moi sans valeur. Aucune grande œuvre n'a jamais été fondée sur la haine ou le mépris. Au contraire, il n'est pas une seule œuvre d'art véritable qui n'ait finalement augmenté la liberté intérieure de chacun de ceux qui l'ont connue et aimée. Oui, je parle pour cette liberté et c'est elle qui m'aide à vivre. Un artiste peut réussir ou manquer son œuvre. Il peut réussir ou manquer sa vie. Mais s'il peut se dire que, finalement, au bout de son long effort, il a allégé ou diminué la somme de servitudes qui pèse sur les hommes, alors il est, dans une certaine mesure, justifié, il peut, dans une certaine mesure, se pardonner à lui-même.

— À l'origine de toute œuvre, il y a une expérience. Il peut s'agir d'une expérience brutale et brève, d'un choc. Il peut s'agir aussi d'une expérience longue, généralement celle de l'enfance et de l'adolescence. Pour vous, il y a d'abord eu la Méditerranée et la pauvreté. Mais d'autres expériences viennent, dans la maturité, infléchir et colorer les impressions premières. Pour vous, cela a été la guerre, la Résistance. Est-ce que ces dernières années n'ont pas

été aussi la source d'une nouvelle expérience ? Dans quelle mesure et que vous ont-elles apporté ?

— Oui, il y a eu le soleil et la pauvreté. Puis le sport, où j'ai pris mes seules et vraies leçons de morale. Ensuite la guerre et la Résistance. À ce propos, il faut ajouter la tentation de la haine. Voir tuer ceux qu'on aime n'est pas une école de générosité. Cette tentation, il a fallu la vaincre. Je l'ai fait. C'est une expérience qui compte.

Les années depuis la Libération ont ensuite été marquées pour moi, en grande partie, par l'expérience d'une lutte solitaire. J'ai eu des amis, bien sûr, de bons, généreux et loyaux amis dont la seule pensée aujourd'hui encore me réchauffe le cœur. Mais les décisions que j'ai dû prendre et qui, pour moi, comptaient le plus — celle d'écrire *l'Homme révolté* par exemple — ont été des décisions solitaires et difficiles. Ce qui a suivi aussi. Mais en même temps, l'histoire a marché. Berlin-Est, Poznan, Budapest... Un mythe gigantesque s'est effondré. Une certaine vérité, longtemps camouflée, a éclaté aux yeux du monde. Et si le présent est encore sanglant, l'avenir toujours obscur, du moins nous savons que l'ère des idéologies est finie et que la vertu de résistance comme la valeur de liberté nous donnent à nouveau une raison de vivre.

Voilà. Et il faut ajouter, bien sûr, les expériences purement personnelles.

— *Nous avons parlé de l'insertion d'une œuvre dans le temps. Mais elle appartient aussi à un courant de pensée, en quelque sorte géographique. Il me semble que de votre œuvre, comme de celle de quelques écrivains contemporains — je pense notamment à Silone et à Ortega y Gasset — on peut dire qu'elle appartient à l'Europe. En avez-vous conscience et cette Europe de l'esprit vous apparaît-elle comme une réalité ?*

— Oui, j'ai conscience de cette Europe et je crois qu'elle préfigure notre avenir politique. Je le crois d'autant plus que je me sens mieux français. Personne plus que moi n'est attaché à sa province algérienne et je n'ai pas de peine cependant à me sentir inscrit dans la tradition française. J'ai donc appris, aussi naturellement qu'on apprend à respirer, que l'amour de la terre natale pouvait s'élargir sans mourir. Et finalement, c'est parce que j'aime mon pays que je me sens européen. Voyez, par exemple, Ortega y Gasset que vous avez eu raison de citer. Il est peut-être, après Nietzsche, le plus grand des écrivains européens et pourtant, il est difficile d'être plus espagnol. Silone, qui parle à toute l'Europe, si je me sens si attaché à lui, c'est qu'il est en même temps incroyablement enraciné dans sa tradition nationale et même provinciale.

Unité et diversité, et jamais l'une sans l'autre, n'est-ce pas la formule même de notre Europe ? Elle a vécu de ses contradictions, s'est enrichie de ses différences et, par le dépassement continuel qu'elle en a fait, elle a créé une civilisation dont le monde entier dépend même quand il la rejette. C'est pourquoi je ne crois pas à une Europe unifiée sous le poids d'une idéologie ou d'une religion technique qui oublieraient ses différences. Pas plus que je ne crois à une Europe livrée à ses seules différences, c'est-à-dire livrée à une anarchie de nationalismes ennemis.

Si l'Europe n'est pas détruite par le feu, elle se fera. Et la Russie s'y joindra à son tour, avec sa particularité. Ce n'est pas M. Kroutchev qui me fera oublier ce qui nous unit à Tolstoï, à Dostoïevski et à leur peuple. Mais cet avenir est menacé par la guerre. Encore une fois, nous sommes ici dans le pari. Simplement c'est un des rares qui valent d'être tenus.

— Vous êtes un écrivain français d'Algérie. C'est même ce que vous avez tenu à souligner en recevant le prix Nobel. Mais lorsque vous vous sentez Français d'Algérie, certainement, vous ne vous définissez pas par opposition avec les Algériens autres que d'origine française. Albert Camus, Français d'Algérie, cela ne veut-il pas dire que vous êtes solidaire de tous les Algériens ? Comment cela est-il possible, et comment cette Algérie fait-elle partie de cette Europe de l'esprit à laquelle vous avez conscience d'appartenir aussi ?

— Mon rôle en Algérie n'a jamais été et ne sera jamais de diviser, mais de réunir selon mes moyens. Je me sens solidaire de tous ceux, Français ou Arabes, qui souffrent aujourd'hui dans le malheur de mon pays. Mais je ne puis à moi seul refaire ce que tant d'hommes s'acharnent à détruire. J'ai fait ce que j'ai pu. Je recommencerai quand il y aura de nouveau une chance d'aider à la reconstitution d'une Algérie délivrée de toutes les haines et de tous les racismes. Mais pour rester sur le terrain où nous nous plaçons, je veux seulement rappeler que nous avons construit, par la seule vertu d'un échange généreux et d'une vraie solidarité, une communauté d'écrivains algériens, français et arabes. Cette communauté est coupée en deux, provisoirement. Mais des hommes comme Feraoun, Mammeri, Chraïbi, Dib, et tant d'autres, ont pris place parmi les écrivains européens. Quel que soit l'avenir, et si désespérant qu'il m'apparaisse, je suis sûr que cela ne pourra être oublié.

— *À plusieurs reprises, parlant de la pensée française, vous avez prononcé le mot de renaissance. Non seulement vous la souhaitez, mais il semble que vous en aperceviez parfois les premières promesses. Quelle peut être la forme de cette renaissance ? Quels en sont les signes ?*

— Le changement de génération qui s'opère à tous les échelons est un premier signe. La qualité de la nouvelle génération en est un autre, en même temps que le refus croissant du mot d'ordre et de l'idéologie, le retour à des valeurs moins prétentieuses et plus incarnées.

L'Europe (et la France) n'est pas encore sortie de cinquante ans de nihilisme. Mais dès l'instant que se développe le refus des mystifications qui ont fondé ce nihilisme, alors l'espoir est permis. Toute la question est de savoir si nous irons plus vite que la fusée à tête nucléaire. Et, malheureusement, les maturations de l'esprit sont plus lentes que les engins intercontinentaux. Mais après tout, puisque la guerre atomique enlèverait son sens à tout avenir, elle nous rend une liberté d'action. Nous n'avons rien à perdre, sinon tout. Alors, allons de l'avant. Voilà le pari de notre génération. Si nous devons échouer, il vaut mieux de toute façon s'être placé du côté de ceux qui veulent vivre que du côté de ceux qui détruisent.

— *Dans toute votre œuvre coexistent le pessimisme philosophique et, malgré tout, non pas l'optimisme, mais une sorte de confiance. Confiance dans l'esprit plutôt que dans l'homme, dans la nature plutôt que dans l'univers, dans l'action plutôt que dans ses résultats. Pensez-vous que cette attitude — qui est celle de l'homme révolté, la valeur de la révolte compensant l'absurdité du monde — puisse être celle du plus grand nombre, ou est-elle condamnée à rester le privilège de certains sages.*

Est-elle vraiment si particulière, cette position ? Et les hommes d'aujourd'hui, menacés et obstinés, ne vivent-ils pas ainsi ? On étouffe et on survit, on croit mourir de chagrin et la vie triomphe. Le visage des hommes du siècle, ceux qu'on croise dans les rues, est un visage renseigné. Sur certains, luit plus fort le courage, voilà tout. D'ailleurs, nous n'avons pas le choix. C'est cela ou le nihilisme. Si nos sociétés doivent se ruer dans le nihilisme, totalitaire ou bourgeois, alors ceux qui ne veulent pas céder seront séparés et ils doivent l'accepter. Mais à leur place et selon leurs moyens, ils doivent faire ce qu'il faut afin que la vie pour tous redevienne possible avec tous.

Personnellement, je n'ai jamais souhaité être séparé. Il y a pour l'homme d'aujourd'hui une sorte de solitude qui est certainement ce que l'époque nous apporte de plus dur. J'en sens le poids, croyez-le. Mais, cela dit, je ne voudrais pas changer d'époque, car je connais aussi et je respecte sa grandeur. Et puis, j'ai toujours pensé que le plus grand péril coïncidait avec le plus grand espoir.

— On ne peut éviter d'aborder aujourd'hui certains sujets. Le plus grave est celui qui se pose à tous les hommes : faut-il vraiment, dans les luttes qui divisent aujourd'hui le monde, accepter d'oublier tout ce qu'il y a de mauvais chez les uns pour combattre le pire chez les autres ?

— Richard Hilary a trouvé, avant de mourir au combat dans la dernière guerre, la formule qui résume et exprime ce dilemme : « Nous combattions un mensonge au nom d'une demi-vérité. » Il pensait exprimer là une idée très pessimiste. Mais il peut même arriver qu'on doive combattre un mensonge au nom d'un quart de vérité. C'est actuellement notre situation. Simplement, le quart de vérité que contient la société occidentale s'appelle liberté. Et la liberté est le chemin, et le seul chemin, de la perfectibilité. Sans liberté on peut perfectionner l'industrie lourde, mais non la justice ou la vérité. L'histoire la plus récente, de Berlin à Budapest, devrait nous en convaincre. C'est là, en tout cas, les raisons de mon choix. J'ai dit ici même qu'aucun des maux auxquels prétend remédier le totalitarisme n'est pire que le totalitarisme lui-même. Je n'ai pas changé d'avis. Au contraire, après vingt années de notre dure histoire, où j'ai essayé de ne rien refuser de ses expériences, la liberté m'apparaît finalement, pour les sociétés comme pour les individus, pour le travail comme pour la culture, le bien suprême qui commande les autres.

Interview donnée à *Demain*, 24-30 octobre 1957.

CE QUE JE DOIS À L'ESPAGNE

Mesdames, Messieurs,

Les dernières fois où je me suis trouvé parmi vous, sur l'invitation des Amitiés méditerranéennes et des organisations espagnoles, je me sentais nettement plus à l'aise. Il s'agissait de rendre hommage à des hommes que nous aimions et respections ; j'étais chargé de leur dire une partie de notre sentiment commun. J'ai pu parler alors selon mon cœur, et sans l'embarras que j'éprouve ce soir.

À vrai dire, c'est un peu le même embarras que j'ai commencé de connaître au mois d'octobre. Je n'ai jamais recherché les honneurs, je les ai refusés chaque fois que j'ai pu, non par vertu d'ailleurs, mais à cause de mes défauts mêmes. Et puis, sur ce point, mon indifférence touche à la conviction. Je sais pourquoi, en vérité. Simplement, mes raisons sont sans intérêt pour ce soir. Et je voulais seulement avouer d'abord mon embarras pour me faire pardonner mes réticences occasionnelles et pour excuser d'avance ma maladresse à vous remercier.

Bien que j'aie décidé de faire maintenant une assez longue retraite, j'ai tenu en tout cas à accepter votre invitation. D'abord parce qu'il y a parmi vous des hommes de mon sang à qui je n'ai jamais rien pu refuser, ensuite parce que je savais de quel cœur ces hommes m'accueillaient, et enfin parce que ces hommes, et c'est ce que je voulais vous dire ce soir, sont ceux qui m'ont soutenu dans les moments découragés d'un métier souvent difficile.

Oui, ce métier est difficile. Je voudrais vous en parler librement, et ce me sera facile. À l'étape où je suis de mon expérience, je n'ai rien à épargner, ni parti, ni église, ni aucun des conformismes dont notre société meurt, rien que la vérité, dans la mesure où je la connais. J'ai lu ces temps-ci que j'étais un solitaire. Oui, si l'on veut dire que je ne dépends de personne. Non, puisque je le suis en même temps que des millions d'hommes qui sont nos frères et dont j'ai pris le pas. Solitaire ou non, j'essaie en tout cas de faire mon métier et je le trouve parfois dur, principalement dans l'assez affreuse société intellectuelle qui est la nôtre, où le réflexe a remplacé la réflexion, où des sectes entières se font un point d'honneur de la déloyauté, et où la méchanceté essaie trop souvent de se faire passer pour l'intelligence.

Si l'écrivain tient à lire et à écouter ce qui se dit, il ne sait plus alors à quel saint se vouer. Une certaine droite lui reprochera de signer trop de manifestes, la gauche (la nouvelle du moins, et moi je suis de l'ancienne) de n'en pas signer assez. La même droite lui reprochera d'être un humanitaire, la gauche un aristocrate. La droite l'accusera d'écrire trop mal, la gauche trop bien. Restez un artiste ou ayez honte de l'être, parlez ou taisez-vous, et, de toute manière, vous serez condamné. Que faire d'autre alors, sinon se fier à son étoile et continuer avec entêtement la marche aveugle, hésitante, qui est celle de tout artiste, et qui le justifie quand même à la seule condition qu'il se fasse une idée juste à la fois de la grandeur de son métier et de son infirmité personnelle.

Cela revient souvent à mécontenter tout le monde et il faut s'y résigner. Pourtant, bien que je sente cruellement la déchéance de cette société, je ne m'en sépare pas et je me comprends aussi dans l'accusation. Mais, du moins, je refuse d'ajouter à ses faiblesses. Je ne suis pas de ces chrétiens qui courent mettre le feu à l'église pour la seule satisfaction d'avoir fait ce beau travail avant les matérialistes. Je ne suis pas de ces amants de la liberté qui veulent la parer de chaînes redoublées, ni de ces serviteurs de la justice qui pensent qu'on ne la sert bien qu'en vouant plusieurs générations à l'injustice. Je vis comme je peux, dans un pays malheureux, riche de son peuple et de sa jeunesse, pauvre (provisoirement) dans ses élites, lancé à la recherche d'un ordre et d'une renaissance à laquelle je crois. Mais si je vis dans ce pays que j'aime malgré ses malheurs, et dans cette société que je n'aime pas malgré ses prestiges, si je crois à la fois inévitable et juste de souffrir du mal commun, ce n'est pas que je n'imagine pas une autre vie, ce n'est pas que je me suffise de ce fantôme de liberté qui survit parmi nous, entouré de maîtres de servitude. Sans liberté vraie et sans un certain honneur, je ne puis vivre. Et l'ayant reconnu une fois, ayant jugé que ces biens sont au-dessus de tout, il m'a semblé qu'ils devaient être assurés à tous et qu'en attendant que leur règne arrive, il fallait lutter sans trêve pour témoigner en leur faveur, dans la mesure de nos forces.

Voilà l'idée que je me fais de mon métier. Je ne sais pas si j'ai donné trop ou pas assez de signatures, si je suis grand seigneur ou démocrate. Mais je sais que j'ai essayé de respecter mon métier, à défaut de pouvoir naïvement m'estimer moi-même. J'ai essayé particulièrement de respecter les mots que j'écrivais, puisque à travers eux je respectais ceux qui pouvaient les lire et que je ne voulais pas tromper. Il a fallu le faire dans des luttes souvent épuisantes et qui, à franchement parler, m'ont coûté et me coûtent encore. Ces luttes pourtant sont inévitables ; je les ai acceptées et les accepterai. Mais je sais qu'elles risquaient de me dessécher, de me faire connaître des amertumes pour lesquelles je ne suis pas fait. Elles risquaient, en un mot, de me rendre avare et de m'ôter cette grande force de joie et de vie sans laquelle un artiste n'est rien.

Si j'ai échappé finalement à ce danger, et c'est là que je voulais en venir, c'est à l'amitié, c'est à certains d'entre vous que je le dois. Partant, je leur dois presque tout. Ces hommes sont de tous les partis et de toutes les patries. Ce sont mes amis de France qui savent que je ne peux parler d'eux publiquement. Ce sont, comme ce soir, mes amis d'Israël, de l'exemplaire Israël, qu'on veut détruire sous l'alibi de l'anticolonialisme, mais dont nous devons défendre le droit de vivre, nous qui avons été témoins du massacre de millions de juifs et qui trouvons juste et bon que les survivants créent la patrie que nous n'avons pas su leur donner ou leur garder. Ce sont aussi mes amis d'Amérique du Sud, et particulièrement ceux de la Colombie, enfin libre grâce à l'inlassable action de quelques hommes qui sont parmi nous, ce soir, et à qui nous portons tous le même respect et la même affection.

Mais vous me permettrez, j'en suis sûr, de symboliser cette amitié, pour un soir, dans l'Espagne de l'exil. Amis espagnols, nous sommes en partie du même sang et j'ai envers votre patrie, sa littérature et son peuple, sa tradition, une dette qui ne s'éteindra pas. Mais j'ai envers vous, dont le malheur ni la misère pourtant n'ont pas cessé, une autre dette que vous ne connaissez pas et ne pouvez pas connaître. Dans la vie d'un écrivain de combat, il faut des sources chaleureuses pour venir combattre l'assombrissement dont j'ai parlé et le dessèchement qu'on trouve dans la lutte. Vous avez été, vous êtes pour moi une de ces sources et j'ai toujours trouvé sur mon chemin votre amitié active, généreuse. L'Espagne de l'exil m'a souvent montré une gratitude disproportionnée. Les exilés espagnols se sont battus pendant des années et puis ont accepté fièrement la douleur interminable de l'exil. Moi, j'ai seulement écrit qu'ils avaient raison. Et pour cela seulement, j'ai reçu depuis des années, et ce soir encore dans les regards que je rencontre, la fidèle, la loyale amitié espagnole, qui m'a aidé à vivre. Cette amitié-là, bien qu'elle soit imméritée, est la fierté de ma vie. Elle est, à vrai dire, la seule récompense que je puisse désirer. Et je voudrais vous remercier, vous et beaucoup d'autres en même temps, d'avoir si longtemps nourri en moi une faim que les hommes n'avouent pas facilement et que je n'ai pas besoin de nommer ce soir.

Je veux seulement vous dire à tous que j'essaierai de ne pas démériter de cette amitié. Je ne vous quitte pas, je vous reste fidèle. La sorte de réputation qui vient d'être attachée à mon nom, par l'académie libre d'un pays libre, il me sera plus facile de l'accepter, sachant que je peux la mettre à votre service. Je n'ai pas l'habitude, vous le savez, d'annoncer les victoires prochaines et les jours de fête. Vous et moi savons que nos luttes sont interminables. Mais elles sont la trame même de notre vie, notre vie elle-même. L'essentiel, n'est-ce pas, est que nous les vivions ensemble, loyalement, chaleureusement, du cœur que je me sens aujourd'hui, en vous remerciant une dernière fois, et en vous disant la gratitude de votre fidèle ami!

Albert Camus.

Allocution prononcée le 22 janvier 1958, reproduite en mars 1958 par *Preuves* sous le titre : *Ce que je dois à l'Espagne.*

ESSAIS CRITIQUES

I

COMMENTAIRES

Dans les premiers jours de 1949, Albert Camus envisageait de terminer promptement *les Justes* et *l'Homme révolté,* de rassembler ses essais littéraires en un recueil, ses essais politiques en un autre et, en un troisième, ses essais critiques. Tout ce programme fut appliqué, sauf sur le dernier point.

De quoi se fût composé ce dernier volume ? Il nous le dit : « Chamfort, *l'Intelligence et l'Échafaud,* Agrippa d'Aubigné, Préface aux *Chroniques italiennes,* Commentaires sur le *Don Juan,* Jean Grenier. » Sur Agrippa d'Aubigné, les *Chroniques italiennes* ou *Don Juan,* nous disposons au mieux de notes qui ne sauraient être publiées ici. *L'Intelligence et l'Échafaud* est parue au tome I où elle éclaire les conceptions romanesques de Camus. Restent à notre disposition Chamfort et Jean Grenier, pour parler comme Camus.

Mais depuis 1949, Camus a publié d'autres textes où transparaissent ses conceptions et ses goûts littéraires. C'est le cas d'un article sur Gide, de *l'Artiste en prison,* de la préface aux œuvres complètes de Roger Martin du Gard, et, « last but not least », de la préface à l'édition allemande des œuvres de René Char. Compte tenu de l'amitié qui liait Camus à Louis Guilloux et de l'intérêt manifesté pour le thème de la pauvreté qu'il développa lui-même dans *l'Envers et l'Endroit,* il nous a paru logique de joindre à cet ensemble l'article qu'il lui consacra.

En revanche, nous n'avons pas cru devoir ranger ici l'article consacré aux études de Brice Parain sur le langage ni la lettre à Francis Ponge que Camus ne citait pas dans son projet : ces deux textes sont d'importance tout comme les œuvres qu'ils abordent ; mais leur objet est plus proprement philosophique que littéraire. On les trouvera donc joints au dossier de *l'Homme révolté.*

On nous excusera de nous être en quelque sorte substitués à l'auteur en regroupant des textes qu'il tenait à publier en essais critiques. Nous n'avons fait, je crois l'avoir montré en exorde, que respecter ses intentions.

On trouvera ci-après :

La Littérature et le Travail (15 juin 1954).
Il aidait à vivre (30 août 1958).
Notre ami Roblès (1959).
Réponses à J.-C. Brisville (1959).
Interview à *Venture* (20 décembre 1959).
Une analyse inédite de *Pierrot mon ami*, de Raymond Queneau.

R. Q.

II

ANDRÉ GIDE ET CAMUS

Albert Camus a lu Gide très tôt; avec le temps, il a appris à l'apprécier. En 1938-1939 encore, il est réticent devant la subtilité d'esprit, l'esthétisme et le lyrisme calculé de l'auteur des *Nourritures* (cf. commentaires de *Noces* et les remarques éparses dans les articles d'*Alger républicain*). En revanche, il était attiré déjà par ce classicisme fait de révolte et de mesure que définissent *Incidences* et les *Interviews imaginaires*.

Plus tard, en 1944, à l'époque où il lui fallait changer d'appartement tous les trois mois, comme il l'écrivait à Mme Zogler, il occupa le studio de Marc Allégret qui faisait suite à l'appartement de Gide. En fin d'année 1944, *les Lettres françaises* déclenchèrent une série de violentes attaques contre Gide. Camus protesta vigoureusement.

Il se trouvait à Alger quand Gide obtint le prix Nobel. Interviewé par E. Roblès, il lui répondit. « Oui, je suis content! Content de savoir que ce prix est allé à un grand écrivain français et qu'un des esprits qui fut le plus discuté dans son pays reçoit aujourd'hui la consécration mondiale qu'il mérite. Car il le mérite et il faut le dire. Les problèmes soulevés par l'œuvre de Gide peuvent aujourd'hui paraître à certains un peu dépassés. Mais si les grandes œuvres s'imposent parfois à leur temps par les idées qu'elles véhiculent, c'est par leur art qu'elles survivent. Les plus grandes philosophies peuvent vieillir; mais le style demeure. Et dans un temps où ces vérités s'estompent, où il arrive que l'artiste ait quelquefois honte de son art, c'est une bonne, une excellente chose qu'un grand artiste soit aujourd'hui honoré pour ce qu'il est. »

R. Q.

III

LA LITTÉRATURE ET LE TRAVAIL
(LETTRE AU RÉDACTEUR EN
CHEF D'UNE REVUE OUVRIÈRE)

Si vous pensez que ma phrase* mérite quelques développements, je vais les tenter ici. Mais il faut d'abord que je répète ce que je vous ai déjà dit : je ne suis pas sûr d'avoir raison et, de plus, je me sens en infériorité devant votre entreprise. Quand des hommes qui passent leurs journées dans un atelier ou une usine prennent sur leurs loisirs pour tenter de s'exprimer dans une revue, ce n'est pas à celui qui jouit d'une large liberté, pour écrire et travailler, à venir faire la petite bouche et à donner des avis. Même s'il peut avoir par hasard raison, il ne paye pas de sa personne sur ce point et cela suffit pour rendre suspects ses propos. Pour consentir à un rôle si ridicule, et si aisément odieux, il faudrait être entre vieux camarades et dans l'abandon total. Sans vous offenser, ce n'est pas le cas. Mais, en même temps, il me semble qu'il y aurait un peu de vilaine lâcheté, un manque de camaraderie aussi, à ne pas dire tout simplement ce que je pense, étant bien entendu que je suis prêt à tout moment à reconnaître que j'ai tort.

Il faut dire d'abord que je ne crois pas qu'il y ait une littérature ouvrière spécifique. Il peut y avoir de la littérature écrite par des ouvriers, mais elle ne se distingue pas, quand elle est bonne, de la grande littérature. Je crois en revanche que les travailleurs peuvent rendre à la littérature d'aujourd'hui quelque chose qu'elle semble, dans sa plus grande partie, avoir perdu. Je m'explique. On peut tenir Gorki par exemple pour un des plus beaux représentants de la littérature ouvrière. Mais pour moi il n'y a pas de différence d'espèce entre ses livres et ceux du grand seigneur terrien Tolstoï. Au contraire, je les aime tous deux en partie pour les mêmes raisons : ils disent dans un langage à la fois simple et beau ce

---

* « Ce n'est pas ainsi que j'imagine la littérature ouvrière. »

qu'il y a de plus grand, joie ou douleur, dans le cœur d'un homme. Il y a au contraire une énorme différence entre Tolstoï et un grand écrivain comme Gide, par exemple, qui est lui d'origine bourgeoise. Des deux, c'est le grand seigneur qui, à sa manière, écrit pour et avec le peuple.

Tolstoï et Gorki, à eux deux, définissent assez bien ce que j'entends par littérature et que vous pouvez appeler ouvrière à l'occasion et que j'appellerai, faute d'un mot moins ridicule, vraie. Dans cet art peuvent se rejoindre le cœur le plus simple et le goût le plus élaboré. À vrai dire, si l'un manque, l'équilibre se rompt. En fait, la littérature de notre temps qui est en réalité une littérature pour classes marchandes (du moins dans la majeure partie de ses œuvres) a détruit l'équilibre. Et elle ne l'a pas rompu seulement au profit du raffinement et de la préciosité, ce qui l'a détachée d'un seul coup du public ouvrier. Elle l'a rompu aussi, comme il est naturel quand on veut plaire à des marchands, dans le sens de la vulgarité et de la dérision, ce qui exclut qu'un Tolstoï puisse s'y intéresser (Tolstoï disait que le journalisme est un bordel intellectuel et la littérature d'aujourd'hui est le plus souvent du journalisme coupé en tranches).

Eh bien, de la même manière qu'il faut qu'une revue ouvrière réagisse contre la préciosité et les chinoiseries d'une certaine littérature afin de la ramener dans la cité de ceux qui, de toutes les manières, travaillent, il me semble aussi indispensable qu'elle réagisse aussi, et violemment, contre la vulgarisation bourgeoise. Pour répéter mon exemple, Tolstoï ne me paraît grand que dans la mesure où il sait émouvoir le lecteur le moins préparé. Mais, inversement, la littérature ouvrière n'a de sens et de grandeur que si, partant de la vérité du travail, de la peine, de la joie, elle rejoint dans le langage le plus droit cette même vérité que Tolstoï a poursuivie avec tous les moyens de l'art et de la réflexion. Si au contraire cette littérature se borne à répéter ce que nous lisons dans les journaux elle sera intéressante bien sûr, mais à cause des circonstances où elle est née, non à cause d'elle-même.

Ce qui me gêne parfois dans votre revue (pas toujours, cela est sûr) c'est une certaine complaisance qui finit par rejoindre ce qui me gêne dans la littérature d'aujourd'hui. Quand un producteur bourgeois bâcle un navet cinématographique qui lui rapportera des millions grâce aux rondeurs d'une vedette fabriquée en six mois, pourquoi lui donner raison en écrivant que ces rondeurs font passer le film. J'ai comme tout le monde mon idée et mes goûts sur les rondeurs. Mais les rondeurs sont une chose, la culture de classe une autre et l'entreprise dégradante du cinéma bourgeois doit être jugée autrement. De même (ce sont des détails, mais je les choisis pour me faire comprendre et pour cela seulement) il est vrai que la belote au bistrot du coin vaut bien le cocktail mondain. Mais précisément le cocktail mondain ne vaut rien. Pourquoi donc comparer? La belote a du bon (pour éclairer le sujet, j'ajoute que c'est le seul jeu de cartes que j'aie pratiqué) mais elle n'a pas besoin d'une revue pour être célébrée. Elle se défend toute seule.

Bien entendu, je sais qu'il faut que la revue soit vivante et je ne plaide pas pour le genre rasoir. Il y a assez de revues aujourd'hui qui, se proposant surtout de plaire, n'arrivent même pas à déplaire : elles ennuient seulement. Je ne suis pas non plus si à fait dénué d'humour et pour moi une revue ouvrière doit rire, aussi. Il y a un ton à trouver voilà tout, et je sais que ce n'est pas facile surtout en deux numéros. Je sais aussi qu'il s'en faut que toute votre revue tienne dans les deux exemples que je vous ai donnés (le texte du mineur belge est bien beau). Mais justement si ce que je vous dis a une utilité, c'est pour vous permettre de distinguer les différences de ton qui apparaissent à un lecteur de bonne foi, et de choisir, ou non.

Je veux seulement me répéter encore au risque d'être à mon tour ennuyeux. Je ne plaide pas pour une revue somnifère, ni pour que vos collaborateurs écrivent avec le petit doigt levé. Les exemples que j'invoquerai ne sont pas Gide, ou Claudel, ou Jouhandeau. Mais je parle d'une littérature dont les nouvelles de Tolstoï marquent le sommet et qui est le lieu commun où artistes et travailleurs peuvent se rejoindre — Vallès, Dabit, Poulaille, Guilloux (avez-vous lu *Compagnons,* ce chef-d'œuvre?). Istrati, Gorki, Roger Martin du Gard, et tant d'autres, n'écrivent pas avec le doigt levé, et ils parlent pour tous, d'une vérité que la littérature bourgeoise presque entièrement a perdue et que le monde des travailleurs garde presque intacte à mon sens.

Que vous dire d'autre ? Il faudrait, et peut-être le ferai-je un jour, insister sur cette vérité qu'il y a entre le travailleur et l'artiste une solidarité essentielle et que pourtant ils sont aujourd'hui désespérément séparés. Les tyrannies comme les démocraties d'argent savent que, pour régner, il faut séparer le travail et la culture. Pour le travail, l'oppression économique y suffit à peu près, conjuguée à la fabrication d'ersatz de culture (dont le cinéma, en général). Pour la culture, la corruption et la dérision font leur œuvre. La société marchande couvre d'or et de privilèges des amuseurs décorés du nom d'artistes et les pousse à toutes les concessions. Dès qu'ils acceptent ces concessions, les voilà liés à leurs privilèges, indifférents ou hostiles à la justice, et séparés des travailleurs*. C'est donc contre cette entreprise de séparation que vous et nous, artistes de métier, devrions lutter. D'abord par le refus des concessions — et puis, nous, en nous efforçant de plus en plus d'écrire pour tous si loin que nous soyons de ce sommet de l'art, et vous, qui souffrez du plus dur de la bataille en pensant à tout ce qui manque à la littérature d'aujourd'hui et à ce que vous pouvez lui apporter d'irremplaçable. Ce n'est pas facile, je le sais, mais le jour où, par ce double mouvement, nous approcherons de la limite, il n'y aura plus des artistes d'un côté et des ouvriers de l'autre, mais une seule classe de créateurs dans tous les sens du mot.

Voilà à peu près, trop longuement parce que je vous écris au courant de la plume, et bien confusément, ce que je pense. Si je me trompe, pardonnez-moi. Je vous répète que je ne me sens, devant votre entreprise, aucune certitude.

Cordialement à vous,

ALBERT CAMUS.

L'École et la Démocratie, 15 juin 1954.

Sur le même sujet, on se reportera à la lettre à Maurice Lime (8 août 1953) publiée par *la Révolution prolétarienne* (février 1960).

---

* Même opération dans les sociétés du type stalinien. L'artiste de service y reçoit même cent fois plus de privilèges et d'argent que dans la société bourgeoise.

IV

ROGER MARTIN DU GARD ET CAMUS

Sans doute Camus l'avait-il connu par l'entremise de Gide et rencontré aux éditions Gallimard. Leurs relations semblent être devenues plus étroites en 1948. À cette époque, Roger Martin du Gard tenait Camus pour « l'écrivain qui, par sa valeur d'homme, sa tenue morale, l'élévation et la logique d'une pensée qui ne cesse de croître comme un bel arbre, est celui de sa génération qui donne le plus grand espoir. Celui qu'on peut ensemble admirer et aimer ».

Il semble ressortir de leur correspondance que Martin du Gard a souhaité que Camus écrivît la préface de ses œuvres complètes. C'était en 1955. Camus, sollicité par la rédaction de *la Chute* comme par ses activités théâtrales, tarda quelque peu à la rédiger. Toutefois, il s'y consacra en avril-mai et la soumit à Martin du Gard qui lui fit part de ses remarques stylistiques — une trentaine environ — dont Camus tint compte de fort bonne grâce.

En 1957, Martin du Gard soutint Camus de ses conseils dans l'épreuve officielle du Nobel. Il lui avait confié le soin de superviser la publication éventuelle de certains textes inédits, quand en serait venu le moment.

R. Q.

IL AIDAIT À VIVRE

Roger Martin du Gard était d'avis qu'un écrivain doit au public son œuvre, et non sa personne. Il pratiquait donc, et recommandait à ses amis, la plus extrême discrétion quant à sa vie privée. La dernière conversation que j'ai eue avec lui, à Nice, au mois de mai, et où il me parla beaucoup de la mort, contenait encore plusieurs allusions à la nécessité, pour un artiste, de la réserve et du secret. C'est pourquoi aussi il a voulu, expressément, que sa mort soit considérée comme une affaire privée.

Il faut lui obéir, par gratitude et par tendresse; se taire sur lui, sans l'oublier, et ne parler que de son œuvre.

Pour moi, je suis heureux d'avoir pu le faire du temps qu'il était vivant. J'aimerais recommencer, j'aimerais qu'il soit encore là! Mais aujourd'hui, il n'y a rien à dire. Sinon que la seule existence de cet homme incomparable aidait à vivre, et que depuis samedi le monde est devenu un peu plus lourd à porter.

Albert Camus.

Le Figaro littéraire, 30 août 1958.

V

RENÉ CHAR ET CAMUS

Leur amitié, née dans les lendemains de la Libération, doit beaucoup, encore qu'indirectement, à la Résistance. René Char avait commandé un maquis du Sud-Est où il vécut des moments tragiques : il y fut grièvement blessé. La sympathie de Camus allait au combattant rentré dans l'ombre au lendemain du combat; au bon géant, cœur généreux et de toute franchise, qui s'était à nouveau donné à la beauté, sans concession au public comme à la publicité. Il admira les *Feuillets d'Hypnos* et les retint pour sa collection : « Espoir ». C'est alors que René Char le rencontra chez Gallimard. En automne 1946, ils se retrouvèrent à Avignon et Camus découvrit à l'Isle-sur-Sorgue le Lubéron et le Ventoux.

De 1947 à la mort de Camus, cette amitié ne fit que croître et se fortifier. Les deux hommes s'écrivaient régulièrement et se rencontraient fréquemment, soit à Paris, soit à l'Isle-sur-Sorgue, retraite de Char, où Camus loua la maison Palerme, soit à Lourmarin. René Char a évoqué leurs relations dans *Naissance et Jour levant d'une amitié :* janvier 1965, préface à *la Postérité du Soleil,* photographies d'Henriette Grindat, texte d'Albert Camus daté de 1952. Cf. aussi *Recherche de la base et du sommet,* pages 84-85.

Ce n'est pas un hasard si Camus a dédié à René Char la dactylographie corrigée de *l'Homme révolté :* ils en avaient discuté longuement et jusqu'à sa mise au point. Toutes les œuvres qui suivirent, Camus les lui soumit, tenant le meilleur compte de ses observations. En retour, il suivait attentivement l'œuvre de René Char. Camus n'avait jamais été féru de poésie; ou, plus exactement, la poésie ne l'atteignait que si elle prétendait répondre aux grandes questions que lui-même se posait. Le *Parti pris* de Ponge par exemple, prolongeait en langage elliptique sa méditation sur l'absurde : pouvait-on atteindre les choses, les dire, bref, sortir de la solitude et communiquer ? Char, lui, enseigne à vivre : son expression fulgurante est révolte comme tout ce qui sort de Rimbaud et du surréalisme, mais une révolte qui trouve sa limite et s'y tient. Derrière le poète, Camus recherche le moraliste.

« Je viens de lire *la Bibliothèque est en feu*. Vous n'avez jamais mieux ajusté l'un à l'autre une certaine liberté et un certain malheur. Ceux qui sont, jour après jour, affrontés à « la bouillie de fer » s'appuient sur vous, écoutent votre voix comme la leur. C'est vrai : avant de vous connaître, je me passais de la poésie. Rien de ce qui paraissait ne me concernait. Depuis deux ans, au contraire, j'ai en moi une place vide, un creux que je ne remplis qu'en vous lisant, mais alors jusqu'au bord. » (16 mai 1956.) En pleine guerre d'Algérie, ces poèmes lui apportaient le réconfort, tout comme, en guerre froide, *Fureur et Mystère* qu'il tenait pour « le plus beau livre de notre malheureuse époque. Avec vous, le poème devient courage et fierté. On peut enfin s'en aider pour vivre » (21 septembre 1948).

De *Pyramide,* il disait aussi : « Vos mots en même temps qu'ils débrident, et avec quelle brûlure d'acier, cautérisent, tonifient. C'est écrit avec le cœur gros, et c'est pourquoi l'émotion est constante, mais aussi à l'aventure, sans avarice. Quel bon vent. Quelle amère et royale santé. » (4 septembre 1954.) Une fois faite la part de l'amitié, il reste que Camus retrouvait dans les poèmes de Char l'homme qu'il aimait dans la vie — fort et véhément dans la révolte, généreux et discret dans la victoire, rude et bourru dans le malheur, prenant la vie à pleines brassées et capable de s'en détacher pourtant — qu'il aimait et qu'il admirait. Depuis l'école de M. Germain et le lycée de Jean Grenier, Camus n'a cessé de rêver d'un maître à vivre ou à penser, mais il lui fallait marcher seul et d'un pas incertain. En Char, il trouvait un frère aîné qui lui paraissait plus assuré de ses raisons et de ses coups que lui-même, mieux taillé pour des temps tourmentés : « La question est seulement de savoir ce que la vie, au moins ce qu'il y a en elle d'adorable, va devenir. Cela seul suffit à faire souffrir. Mais si nous sommes malheureux, du moins nous ne sommes pas privés de vérité. Cela, je ne le saurais pas tout seul. Simplement, je le sais avec vous. » (18 mai 1956.) « Admirer a été l'une de mes grandes joies, devenu homme, je n'espérais plus jusqu'à votre rencontre. »

Et mieux que tout commentaire, ces dernières lignes du 19 décembre 1959, dédiées à René Char, nous diront ce qu'il était pour Camus : « Dans le jour bref qui lui est donné, il réchauffe et illumine sans dévier de sa course mortelle. Semé par le vent, moissonné par le vent, graine éphémère et cependant soleil créateur, tel est l'homme, à travers les siècles, fier de vivre un seul instant. »

Tel il voyait Char, tel sans doute il rêvait de vivre et de mourir, éphémère et créateur.

R. Q.

VI

TEXTES COMPLÉMENTAIRES

Les rapports d'Albert Camus avec Emmanuel Roblès ont été assez souvent évoqués dans ce volume pour que je n'y revienne pas ici.

NOTRE AMI ROBLÈS

L'AFRIQUE commence aux Pyrénées. Voilà pourquoi Roblès est deux fois algérien, unissant en lui, comme beaucoup d'entre nous, le sang espagnol et l'énergie berbère. On sait assez que cela donne une race d'hommes qui se sent mal à l'aise en métropole, mais devant qui, aussi bien, les métropolitains se sentent dans l'inconfort. De même manière, cela donne des œuvres particulières qui s'inscrivent, bien sûr, dans la tradition française (Roblès, de ce point de vue, devrait reconnaître pour pères Maupassant et Flaubert) mais qui se distinguent aussi par un air de barbarie, parfois subtile, parfois sans apprêts. Il y a ainsi, dans les œuvres de Roblès, une brutalité, une virilité ostensible, et surtout une générosité qui expliquent leur succès direct et devant lesquelles ne pèsent pas lourd les centaines de romans qui se publient chaque année à Paris. Qui ne préférerait au robinet d'eau tiède d'une certaine littérature l'oued, tantôt sec et pierreux, tantôt déchaîné ? Roblès, du moins, sait ce qu'il a à dire. Il le sait et il le sent aveuglément, dans l'obscurité du sang. L'homme aux prises avec la femme, l'honneur des humbles, la tragédie du devoir, la passion jusqu'au sang, et tout cela plongé dans une grande et bonne chaleur populaire, ce sont les thèmes d'une œuvre que j'ai vu naître et qui a grandi comme une plante vigoureuse sous les pluies et le soleil africains. Cette œuvre, aujourd'hui, s'est imposée à la France où elle nous représente, Algériens de toutes races (car la fameuse communauté algérienne, il y a vingt ans que nous autres écrivains algériens, arabes et français, l'avons créée, jour après jour, entre nous) avec la fidélité que nous aimons. Et au-delà des frontières aussi elle témoigne pour nous tous, qui nous réunissons aujourd'hui autour d'elle, comme des frères de soleil.

Albert Camus.

Simoun, n° 30, 1959.

RÉPONSES A JEAN-CLAUDE BRISVILLE*

— *À quelle époque de votre vie avez-vous nettement pris conscience de votre vocation d'écrivain ?*
— Vocation n'est peut-être pas le bon mot. J'ai eu envie d'être écrivain vers dix-sept ans, et, en même temps, j'ai su, obscurément, que je le serais.

— *Pensiez-vous alors à un second métier ?*
— L'enseignement. Par nécessité. Mais j'ai toujours voulu avoir un second métier pour assurer la liberté de mon travail.

— *Au temps de* l'Envers et l'Endroit, *vous faisiez-vous une idée de votre avenir littéraire ?*
— Après *l'Envers et l'Endroit*, j'ai douté. J'ai voulu renoncer. Et puis une force de vie, éclatante, a voulu s'exprimer en moi : j'ai écrit *Noces*.

— *Éprouvez-vous de la difficulté à concilier votre travail de créateur et le rôle social que vous vous voyez obligé d'assumer ? Est-ce là un problème important pour vous ?*
— Bien sûr. Mais l'époque a fini par donner un visage si dérisoire ou si odieux à la « préoccupation sociale » qu'elle nous aide à nous libérer un peu sur ce point. Il n'empêche qu'écrire quand d'autres sont bâillonnés ou

---

* Lecteur aux éditions Julliard, critique et romancier, J.-C. Brisville a consacré à Camus, qui l'estimait, un ouvrage dans la collection « La Bibliothèque idéale », Gallimard, 1959.

emprisonnés est un exercice délicat. Pour ne pas déchoir, ni dans un sens ni dans l'autre, il faut se souvenir que l'écrivain vit pour son œuvre et se bat pour les libertés.

— *Vous sentez-vous à l'aise dans votre personnalité d'écrivain ?*
— Très à l'aise dans mes rapports privés. Mais l'aspect public de mon métier, que je n'ai jamais aimé, me devient insupportable.

— *Si pour quelque raison vous deviez cesser d'écrire, pensez-vous que vous puissiez tout de même être heureux ? Le simple « accord de la terre et du pied » dont vous parlez dans* Caligula *suffirait-il à compenser le bonheur de l'expression ?*
— Plus jeune, j'aurais pu être heureux sans écrire. Même aujourd'hui j'ai encore de grands dons pour le bonheur muet. Cependant je dois reconnaître maintenant que, probablement, je ne saurais plus vivre sans mon art.

— *Pensez-vous que votre réussite précoce* — *le fait pour vous d'avoir été considéré bon gré mal gré dès le* Mythe de Sisyphe *comme un « maître à penser »* — *ait donné à votre œuvre une direction particulière ? En somme, pensez-vous que vous auriez écrit les mêmes livres si vous les aviez composés dans une relative obscurité ?*
— Bien sûr, la réputation a changé beaucoup de choses. Mais, sur ce point, je n'ai pas beaucoup de complexes. Ma règle a toujours été fort simple : refuser tout ce qu'il est possible de refuser sans bruit; en tout cas ne rien briguer, ni la réputation ni l'obscurité. Accepter en silence l'une ou l'autre, si elles viennent et peut-être aussi l'une *et* l'autre. Quant au « maître à penser », il me fait bien rire. Pour enseigner, il faut savoir. Pour diriger, il faut se diriger.

Ceci dit, il est vrai que j'ai connu les servitudes de la réputation avant d'avoir écrit tous mes livres. Le résultat le plus clair est que j'ai dû et dois encore disputer à la société le temps de mon œuvre. J'y arrive, mais cela me coûte beaucoup.

— *Estimez-vous votre œuvre terminée pour l'essentiel ?*
— J'ai quarante-cinq ans et une assez consternante **vitalité**.

— *Le développement de votre œuvre obéit-il à un plan général établi longuement à l'avance — ou le découvrez-vous, ce plan, à mesure que vous écrivez ?*

— Les deux. Il y a un plan que les circonstances, d'une part, l'exécution, d'autre part, modifient.

— *Quelle est votre méthode de travail ?*

— Des notes, des bouts de papier, la rêverie vague, et tout cela des années durant. Un jour, vient l'idée, la conception, qui coagule ces particules éparses. Alors commence un long et pénible travail de mise en ordre. Et d'autant plus long que mon anarchie profonde est démesurée.

— *Éprouvez-vous le besoin de parler de l'ouvrage en cours d'élaboration ?*

— Non. Et quand il m'arrive exceptionnellement de le faire, je ne suis pas content de moi.

— *Quand il est terminé, demandez-vous l'avis d'un ami — ou vous contentez-vous de votre propre opinion ?*

— J'ai deux ou trois amis qui lisent mes manuscrits et notent ce qui leur déplaît. Neuf fois sur dix, ils ont raison et je corrige.

— *Quel est, dans votre travail d'écrivain, le moment que vous préférez ? (Conception, premier jet, travail du travail ?)*

— La conception.

— *Voyez-vous un rapport quelconque chez l'artiste entre la vie du corps et l'inspiration (ou la nature de son travail) ? Si oui, quel serait, chez vous, ce rapport ?*

— La vie du corps en plein air et au soleil, le sport, l'équilibre physique sont pour moi les conditions du meilleur travail intellectuel. Avec (ce qui va ensemble) un bon emploi du temps. Je me trouve rarement, à vrai dire, dans ces conditions. Mais je sais en tout cas que la création est une discipline intellectuelle et corporelle, une école d'énergie. Je n'ai jamais rien fait dans l'anarchie ou l'avachissement physique.

— *Travaillez-vous régulièrement ?*

— Je m'y efforce. Quand tout va bien : quatre ou cinq heures au début de chaque journée. Quand tout va mal !...

— *Vous sentez-vous en faute à l'égard de vous-même quand vous remettez le travail au lendemain ?*
— Oui. Je me sens coupable. Comment dire ? Je ne m'aime pas.

— *Y a-t-il dans votre œuvre un personnage qui vous soit particulièrement cher ?*
— Marie, Dora, Céleste.

— *Il semble qu'il y ait dans votre œuvre deux familles de personnages : la première, illustrée par Caligula, paraît répondre à un goût de l'individualité puissante ; la seconde, que peut représenter Meursault, à la tentation d'effacement. Pouvez-vous reconnaître en vous cette double direction ?*
— Oui. J'ai le goût de l'énergie et de la conquête. Mais je me lasse vite de ce que j'obtiens. C'est ma grande infirmité. J'ai aussi le goût de l'obscurité, de l'effacement. Mais la passion de vivre me relance en avant. Bref, je n'en sors pas.

— *Du récit, de l'essai ou du théâtre, quelle est celle de ces techniques, en tant que créateur, qui vous donne le plus de satisfaction ?*
— L'alliance de toutes ces techniques au service d'une même œuvre.

— *Il semble d'après certains de vos écrits que vous voyiez un art de vivre dans le théâtre. Êtes-vous d'accord sur ce point ?*
— Ce serait beaucoup dire. Mais il me semble parfois que j'aurais pu être acteur et me suffire de ce métier.

— *Dans l'œuvre d'art — et notamment dans l'œuvre littéraire — à quelle valeur êtes-vous le plus sensible ?*
— La vérité. Et les valeurs d'art qui la reflètent.

— *Y a-t-il dans votre œuvre un thème, selon vous important, que vous estimez négligé par vos commentateurs ?*
— L'humour.

— *De quel regard voyez-vous la partie de votre œuvre déjà faite ?*
— Je ne la relis pas. Tout ça est mort pour moi. Je voudrais, je veux faire autre chose.

— *Qu'est-ce qui distingue, selon vous, le créateur ?*
— La force de renouvellement. Il dit toujours la même

chose sans doute, mais il renouvelle les formes, inlassablement. Il a horreur de la rime.

— *Quels écrivains vous ont formé — ou du moins vous ont aidé à prendre conscience de ce que vous aviez à dire ?*
— Parmi les modernes : Grenier, Malraux, Montherlant. Pour les anciens : Pascal, Molière. La littérature russe du XIXe siècle. Les Espagnols.

— *Quelle importance accordez-vous aux arts plastiques ?*
— J'aurais voulu être sculpteur. La sculpture est pour moi le plus grand des arts.

— *Et la musique ?*
— Jeune, je m'en suis littéralement soûlé. Aujourd'hui, très peu de musiciens me touchent. Mais, toujours, Mozart.

— *Que pensez-vous du cinéma ?*
— Et vous ?

— *Un artiste est souvent admiré par malentendu. Quel est le compliment qui vous irrite le plus ?*
— L'honnêteté, la conscience, l'humain, enfin, vous savez, le gargarisme moderne.

— *Quel est, selon vous, le trait le plus marqué de votre caractère ?*
— Ça dépend des jours. Mais, souvent, une sorte d'obstination pesante et aveugle...

— *Quel est, selon vous, le trait, chez l'homme, que vous mettez le plus haut ?*
— Il y a un mélange d'intelligence et de courage, assez rare en somme, et que j'aime bien.

— *Votre dernier héros, celui de* la Chute, *semble découragé. Exprime-t-il ce que vous pensez actuellement ?*
— Mon héros est découragé en effet, et c'est pourquoi il exalte, en bon nihiliste moderne, la servitude. Ai-je choisi, moi, d'exalter la servitude ?

— *Vous avez écrit, un jour :* « Secret de mon univers : imaginer Dieu sans l'immortalité de l'âme. » *Pouvez-vous préciser votre pensée ?*
— Oui. J'ai le sens du sacré et je ne crois pas à la vie future, voilà tout.

— *Le simple plaisir d'être vivant — et la dispersion qu'il implique — n'a-t-il rien à craindre, selon vous, d'une vocation — artistique, par exemple, et de la discipline qu'elle exige ?*
— Hélas, oui. J'aime les jours éclatants, la vie libre... Et c'est pourquoi la discipline est dure, et nécessaire. Et c'est pourquoi il est bon de l'enfreindre parfois.

— *Avez-vous une règle de vie — ou improvisez-vous, selon les circonstances et vos réactions du moment ?*
— Je me fais des règles strictes, pour corriger ma nature. Et c'est à ma nature que, finalement, j'obéis. Le résultat n'est pas brillant.

— *Par exemple, devant les attaques personnelles dont vous avez été l'objet dans la presse, après le prix Nobel, quelle a été votre première réaction ?*
— Oh! de la peine, d'abord. Celui qui de sa vie n'a rien sollicité, la louange démesurée et l'insulte démesurée, subitement reçues, lui sont également pénibles. Et puis, rapidement, j'ai retrouvé le sentiment sur lequel je m'appuie dans toutes les circonstances contraires : que cela était dans l'ordre. Connaissez-vous le mot d'un homme qui fut un grand solitaire malgré lui ? « Ils ne m'aiment pas. Est-ce une raison pour ne pas les bénir ? » Non, tout ce qui m'arrive est bien, dans un sens. Du reste, ces événements bruyants sont des événements secondaires.

— *Quel souhait formuleriez-vous, à cette étape de votre vie ?*
— « En une surabondance de forces vivifiantes et réparatrices, les malheurs même ont un éclat solaire et engendrent leur propre consolation », dit Nietzsche. C'est vrai, je le sais, je l'ai éprouvé. Et je demande seulement que cette force et cette surabondance me soient de nouveau données, de loin en loin, au moins...

« La Bibliothèque idéale », *Éd. Gallimard*, 1959.

DERNIÈRE INTERVIEW D'ALBERT CAMUS*
(20 décembre 1959)

— *... Êtes-vous guidé dans votre travail d'écrivain par le souci d'être un « guide » pour votre génération ?*

— Pardonnez-moi, mais ce genre de jugement me paraît comique. Je ne parle pour personne : j'ai trop à faire pour trouver mon propre langage. Je ne guide personne : je ne sais pas, ou je sais mal, où je vais. Je ne vis pas sur un trépied : je marche du même pas que tous dans les rues du temps.

Je me pose les mêmes questions que se posent les hommes de ma génération, voilà tout, et il est bien naturel qu'ils les retrouvent dans mes livres, s'ils les lisent. Mais un miroir renseigne, il n'enseigne pas.

— *Quelles sont les leçons morales que vous a fournies le sport ?*

— L'obéissance loyale à une règle de jeu définie en commun et acceptée librement.

— *Une question sur les leçons morales à tirer de la Résistance.*

— Je n'aime pas le genre ancien combattant. Si je devais utiliser l'expérience de ces années, je l'utiliserais sous une forme d'art.

— *Que croyez-vous que les critiques français aient négligé dans votre œuvre ?*

— La part obscure, ce qu'il y a d'aveugle et d'instinctif en moi. La critique française s'intéresse d'abord aux idées. Mais, toutes proportions gardées, pourrait-on étudier Faulkner sans faire la part du Sud dans son œuvre ?

— *Est-ce que votre origine algérienne et votre vision personnelle de la souffrance universelle ne vous placent pas dans la position de « l'étranger » ?*

— Par nature, je suis certainement cela. Mais, par volonté et réflexion, j'ai essayé de ne pas me séparer de mon temps.

---

* J'ai résumé, ou abrégé, les longues questions rédigées en anglais.

— *Pensez-vous maintenant que les événements politiques sont sans importance pour un écrivain ?*

— C'est drôle, mais je ne me sens pas isolé politiquement. À mon avis, les solitaires sont aujourd'hui dans les partis totalitaires. Mais on peut refuser d'être un fanatique sans cesser d'être un militant.

— *Quel est, selon vous, le rapport d'œuvres comme* le Mythe de Sisyphe *et* l'Homme révolté *avec vos œuvres d'imagination ?*

— J'écris sur des plans différents pour éviter justement le mélange des genres. J'ai composé ainsi des pièces dans le langage de l'action, des essais à forme rationnelle, des romans sur l'obscurité du cœur. Ces livres différents disent, il est vrai, la même chose. Mais, après tout, ils ont le même auteur et à eux tous ils forment une seule œuvre — qui me décourage souvent, et que j'abandonne très sincèrement au jugement de la critique.

— *Vous avez écrit : « ... le théâtre n'est pas un jeu... » Ne pourrait-on dire la même chose de vos œuvres d'imagination ? Est-ce que cette conception esthétique limite le genre d'expérience sur lequel vous voulez écrire ?*

— Je ne comprends pas bien la question. J'ai utilisé des esthétiques et des styles très différents dans mes livres successifs. En tant qu'artiste je me sens cruellement limité par mes dons et mes défauts, mais jamais par une esthétique quelle qu'elle soit. Les styles ne sont pour moi que des moyens mis au service d'une fin unique, que je connais à peine.

Une longue question sur l'existentialisme, à propos de l'essai de Mailer : The White Negro.

— Mailer a raison. L'existentialisme chez nous aboutit à une théologie sans dieu et à une scolastique dont il était inévitable qu'elles finissent par justifier des régimes d'inquisition.

— *Êtes-vous d'accord avec les prémisses de l'existentialisme ? Que jugez-vous faux dans ses conclusions ?*

— Si les prémisses de l'existentialisme se trouvent, comme je le crois, chez Pascal, Nietzsche, Kierkegaard ou Chestov, alors je suis d'accord avec elles. Si ses conclusions sont celles de nos existentialistes, je ne suis pas d'accord, car elles sont contradictoires aux prémisses.

Une question sur une remarque de Waldo Frank : « Camus pose clairement le problème : l'homme a besoin de la connaissance de la révélation et l'homme moderne ne peut plus l'avoir. »

— Oui, pour ce que j'appelle l'homme moderne. Mais je ne suis pas sûr d'être moderne.

Une série de questions sur le roman américain.

— a) Non, le roman américain me semble évoluer vers la complexité. Ça se comprend, l'innocent est fatigant;

b) Toute protestation a sa fécondité. Ce qui est stérile, c'est de réduire l'homme à sa protestation;

c) Faulkner reste pour moi notre grand créateur vivant. Je viens de lire *A fable*. Depuis Melville, personne chez vous n'a parlé comme Faulkner de la souffrance.

Deux questions sur le « nouveau roman », Sarraute, Simon, Grillet et le rapport de leurs recherches avec la Chute.

— Le goût des histoires ne mourra qu'avec l'homme lui-même — Ça n'empêche pas de chercher toujours de nouvelles manières de raconter, et les romanciers dont vous parlez ont raison de défricher de nouveaux chemins. Personnellement, toutes les techniques m'intéressent et aucune ne m'intéresse en elle-même. Si, par exemple, l'œuvre que je veux écrire l'exigeait, je n'hésiterais pas à utiliser l'une ou l'autre des techniques dont vous parlez, *ou les deux ensemble*. L'erreur de l'art moderne est presque toujours de faire passer le moyen avant la fin, la forme avant le fond, la technique avant le sujet. Si les techniques d'art me passionnent et si je cherche à les posséder toutes c'est que je veux pouvoir m'en servir librement, les réduire au rang d'outils. Je ne crois pas en tout cas que *la Chute* puisse rejoindre les recherches dont vous parlez. C'est beaucoup plus simple. J'y ai utilisé une technique de théâtre (le monologue dramatique et le dialogue implicite) pour décrire un comédien tragique. J'ai adapté la forme au sujet, voilà tout.

— *Quelle est celle de vos œuvres que vous relisez avec le plus de plaisir ?*

— Je ne relis pas mes livres. Je veux faire autre chose, je veux le faire...

Une question sur les raisons qui ont amené Camus à travailler comme lecteur chez Gallimard.

— Je n'ai jamais voulu que ma vie matérielle dépende de mes livres afin que mes livres ne dépendent pas d'elle. C'est pourquoi j'ai toujours eu un second métier et depuis seize ans celui de lecteur chez Gallimard où d'ailleurs je jouis de toute la liberté dont j'ai besoin.

Publié par *Venture*, printemps-été 1960.

On trouvera ci-après quelques extraits d'une présentation de *Pierrot mon ami,* texte établi d'après un brouillon manuscrit.

« PIERROT MON AMI »

DE RAYMOND QUENEAU

Les livres de Raymond Queneau sont des féeries ambiguës où les spectacles de la vie quotidienne se mêlent à une mélancolie sans âge. Quoique l'amertume ne leur fasse pas défaut, il semble que leur auteur se refuse toujours aux conclusions et qu'il obéisse à une sorte d'horreur du sérieux. « L'ineptie, disait Flaubert, consiste à vouloir conclure. » On imagine volontiers cette phrase en épigraphe au dernier roman de Queneau : *Pierrot mon ami.*

On y retrouve en effet cette apparente gratuité et ces jeux funambulesques qui faisaient déjà le prix d'*Odile.* Le livre se présente modestement comme une charge du roman policier. Une charge et non un pastiche. Mais l'auteur nous en avertit lui-même : ce qui l'irrite dans le roman-détective, c'est le dernier chapitre où tout est expliqué. On pouvait alors prévoir que *Pierrot mon ami* serait un roman policier où rien n'est expliqué. Il en est ainsi en effet. Dès qu'un événement prend corps, il y est décapité.

Mais, si le lecteur altéré de logique reste sur sa soif, la poésie n'y perd rien. Sur un si mince prétexte, ce sont les variations infinies du démon baroque. À regarder d'un peu plus près, on peut cependant discerner deux thèmes fondamentaux dans cette symphonie absurde : le fakir, les attractions mécaniques, les animaux exotiques, les masques de cire, les princes poldèves, les clowns et les illuministes, toutes les créatures de la foire et du rêve donnent à ce roman un visage fantastique. Mais les personnages se répandent dans un Paris dont la présence et le poids sont partout sensibles dans le livre. Les fakirs et les montreurs se rencontrent dans les bistrots de la capitale au milieu des odeurs de sciure et de percolateurs ; Pierrot, malchanceux partout, n'a pas de rival aux appareils à billes ; la Seine, Chaillot et Argenteuil surgissent comme des personnages de premier plan. Cette ambiguïté se retrouve dans l'opposition des faits...

Le récit de ces miracles perpétuels abonde en effets, en dialogues étincelants, en raccourcis cocasses : « Pour finir, dit un personnage racontant l'incendie du parc, on a eu les pompiers qui ont mis de l'humidité partout. » Et le symbole même de ce mariage entre la féerie et le quotidien est le héros du livre, créature lunaire à qui rien ne réussit, qui traverse le livre avec distraction, muni de lorgnons, d'une centaine de mots d'argot et d'un amour inconscient pour les promenades solitaires. La meilleure scène du livre est ainsi celle où Pierrot déjeune avec le singe Mésange et le sanglier Pistolet dans une auberge de province. L'insolite se renforce ici du naturel dont on le pare, la personnalité (si j'ose dire) des animaux ne nous étant révélée que bien après, comme si elle allait de soi. Précisément ce mélange étroit de la réalité la plus immédiate et de l'imagination la plus débridée fait du roman de Queneau un exemple remarquable de ce fantastique naturel, si familier à certains peintres, si difficile au contraire à évoquer pour un conteur.

Ce « fantastique dans la cité » se rapproche en effet de celui de l'école flamande et, plus près de nous, fait penser au grand peintre belge James Ensor. En même temps, et c'est le dernier éloge qu'on peut apporter à ce livre, cette parenté fait souhaiter parfois à Queneau plus d'ambition. On imagine la grande composition d'Ensor, l'*Entrée du Christ à Bruxelles,* où des masques, des tra vestis, les figures épouvantables ou grotesques de l'inconscient accompagnent un Christ qui n'en peut mais dans les rues de la cité moderne...

Mais je voudrais être sûr que ce souhait ne concède pas quelque chose à l'ineptie dont parle Flaubert.

Inédit et non daté.

BIBLIOGRAPHIE

J'AI tenté de rassembler ci-après les différents titres d'ouvrages et d'articles dus à la plume d'Albert Camus et publiés en librairie, en revues, ou dans la presse. Je dois à M. Roeming, professeur à l'Université de Milwaukee, Wisconsin, mes plus sincères remerciements pour l'aide qu'il a bien voulu m'apporter dans cette recherche. On possède de lui une bibliographie monumentale qui rend les plus grands services aux chercheurs.

En revanche, il n'était pas question d'établir ici une bibliographie de la critique consacrée à Camus. Deux exemples suffiront à montrer l'étendue de ces recherches : en Allemagne, en 1963, plus de 20 titres d'ouvrages et 120 articles ; au Japon, en 1962, plus de 150 titres. Depuis, le rythme ne s'est guère ralenti, tant en France que dans les pays étrangers, notamment aux U.S.A. M. Brian Ficht a, pour sa part, publié une importante bibliographie de la critique en langue française et poursuit sa recension dans la Revue des Lettres Modernes (*numéro annuel* Albert Camus).

ŒUVRES PARUES EN LIBRAIRIE

1936

RÉVOLTE DANS LES ASTURIES : Essai de Création collective. — *Alger, Charlot.*

1937

L'ENVERS ET L'ENDROIT. — *Alger, Charlot.*

Traductions : *Argentine :* Buenos Aires, 1958.
            Italie : (avec *Noces, l'Été*) Milan, 1958, 1959.
            Japon : Tokyo, 1958.
            Corée : Séoul, 1958.
            Portugal : Lisbonne, 1959.
            Hollande : Amsterdam, 1960.

1939

NOCES. — Édition originale. *Alger, Charlot.*

Traductions : *Japon :* (avec *le Mythe de Sisyphe*) 1952, 1958.
            Suisse : Zurich, 1954, 1955.
            Allemagne : Londres, 1954.

1941

NOCES. — *Alger, Charlot*, réédition.

1942

L'ÉTRANGER. — Roman. Édition originale. *Paris, Gallimard.*

Traductions : *États-Unis :* New York, 1946, 1954, 1955 (édition universitaire avec préface de l'auteur).
Angleterre : Londres, 1946, 1961.
Suède : Stockholm, 1946, 1957.
Italie : Milan, 1947, 1955.
Argentine : Buenos Aires, 1949, 1951, 1960.
Hollande : Amsterdam, 1949, 1952, 1958, 1961.
Suisse : Zurich, 1951.
Yougoslavie : Zagreb, 1951, 1959.
Japon : Tokyo, 1951, 1952 (avec *la Peste*), 1955, 1958 et 1962 (avec *la Chute*), 1960.
Turquie : Istanbul, 1953, 1958, 1959.
Israël : Tel-Aviv, 1956, 1962.
Grèce : Athènes, 1956, 1962.
Hongrie : Budapest, 1957.
Danemark : Copenhague, 1957, 1962.
Formose : Taipei, 1958.
Inde : Cuttak, 1958 (avec *la Chute*), Delhi, 1961.
Espagne : Madrid, 1958.
Pologne : 1958.
Allemagne : Dusseldorf, 1958, Boppard, 1948.
Portugal : Lisbonne (sans date; 1954, probablement).
Corée : Séoul, 1960, avec *la Peste*.
Finlande : 1960 (avec *l'Exil et le Royaume*).

LE MYTHE DE SISYPHE. — Essai sur l'absurde. Édition originale. *Paris, Gallimard* (2 éditions).

Traductions : *Italie :* Milan, 1947.
Suède : Stockholm, 1947, 1957.
Allemagne : Dusseldorf, 1950, 1958.
Japon : Tokyo, 1951, 1954.
Norvège : Oslo, 1953.
États-Unis : New York, 1955, 1956, 1959.
Angleterre : Londres, 1955.
Argentine : Buenos Aires, 1959.
Allemagne : Hambourg, 1959, 1960.
Danemark : Copenhague, 1960.
Portugal : Lisbonne, sans date (1961?).

1943

PREMIÈRE LETTRE À UN AMI ALLEMAND. — *Revue Libre*, n° 2.

1944

CALIGULA. — *Paris, Gallimard*.

Traductions : *États-Unis :* New York, Schiffrin, 1946, 1947.
Caligula and three other plays, Knopf, 1958.
Angleterre : Londres, 1947.
Danemark : Copenhague, 1947.
Argentine : Buenos Aires, 1949, 1960.
Suède : Stockholm, 1949, 1957.
Portugal : Lisbonne (1959 ?).
Italie : 1960.
Hollande : 1961.

LE MALENTENDU. — Pièce en 3 actes suivie de *Caligula*, pièce en 4 actes. *N.R.F. et Prassinos*.

Traductions : *Italie :* Milan, 1947.
Angleterre : 1947 (avec *Caligula*).
Suède : 1949, 1958 (avec *Caligula*).
Argentine : 1949, 1957 (avec l'*État de Siège* et les *Justes*), 1960.
Japon : 1951.
Portugal : (1959 ?).
Turquie : 1960.
Corée : 1962.

L'ÉTRANGER. — Roman. *Édition Prassinos*.

SECONDE LETTRE À UN AMI ALLEMAND. — Signé Louis Neuville. *Cahiers de la Libération*, n° 3.

1945

LETTRES À UN AMI ALLEMAND. — Édition originale. *Paris, Gallimard*.

Traductions : *Argentine :* Buenos Aires, 1946.
Japon : Kyoto, 1953.
Corée : Séoul, 1959.
Allemagne : Francfort, 1961.

1936

Le mythe de Sisyphe. — Essai sur l'absurde. *Paris, Gallimard,* nouvelle édition (Les Essais).

Noces. — *Alger, Charlot,* nouvelle édition.

1946

Caligula. — Pièce en 4 actes. *Paris, Gallimard,* nouvelle édition.

Lettres à un ami allemand. — *Lausanne, Marguerat.*

Noces. — *Alger, Charlot,* nouvelle édition.

Le minotaure ou la halte d'Oran. — *L'Arche,* n° 13 (février, 3ᵉ année).

1947

Prométhée aux enfers. — *Paris, Palinugre.*

Les archives de la peste. — *Cahiers de la Pléiade : Avril.*

Le malentendu, suivi de Caligula. — *Édition Prassinos* et *N.R.F., Paris,*

Noces. — Nouvelle édition *les Essais* et *Édition Prassinos, Paris, Gallimard.*

La peste. — Édition originale et *Édition Prassinos, Paris, Gallimard.*

Traductions : *Argentine :* Buenos Aires, 1948.
          Danemark : Copenhague, 1948, 1957, 1961.
          Finlande : Helsinki, 1948, 1957.
          Autriche : Innsbruck, 1948.
          Angleterre : Londres, 1948.
          Italie : Milan, 1948.
              Lugano, 1948.

Hollande : Amsterdam, 1948.
Suède : Stockholm, 1948, 1957, 1962.
États-Unis : New York, 1948.
Suisse : Zurich, 1949.
Allemagne : Bad Saljig, 1949.
　　　　　　Hambourg, 1950.
　　　　　　Dusseldorf, 1958.
Norvège : Oslo, 1949.
Japon : Tokyo, 1950, 1952, 1958.
Yougoslavie : Zagreb, 1952.
　　　　　　Belgrade, 1956.
　　　　　　Skoplje, 1956.
Israël : Tel-Aviv, 1953, 1962.
Turquie : Istanbul, 1955.
Portugal : Lisbonne (1955 ?).
Espagne : Madrid, 1957, 1958, 1960.
Pologne : 1957.
Corée : Séoul, 1958, 1959, 1960 (avec *l'Étranger*).
Inde : Delhi, 1961.
R.A.U. : Le Caire, 1962.

1948

L'ÉTAT DE SIÈGE. — Spectacle en 3 parties. *Édition Prassinos* et *N.R.F. Paris.*

Traductions : *Japon :* Tokyo, 1952.
　　　　　　Argentine : Buenos Aires, 1949, 1960, 1961 (avec 3 pièces et *les Possédés*).
　　　　　　Autriche : Vienne, 1955.
　　　　　　Allemagne : Munich, 1959.
　　　　　　Italie : Milan (les 4 pièces), 1960.
　　　　　　Canada : Toronto, 1962.
　　　　　　Iran : Téhéran, 1962.

LETTRES À UN AMI ALLEMAND. — Nouvelle édition avec une préface inédite, *Paris, Gallimard,* 1948.

LE MYTHE DE SISYPHE. — Nouvelle édition augmentée d'une étude sur Franz Kafka, *Paris, Gallimard.*

L'EXIL D'HÉLÈNE. — Permanence de la Grèce. Essais généraux *Marseille, Cahiers du Sud.*

1949

Noces. — *Les Essais. Gallimard.*

La peste. — *Paris, Gallimard,* nouvelle édition (collection Pourpre).

1950

Actuelles I. — Chroniques 1944-1948. *Édition Prassinos et N.R.F.*

Traduction : *Japon :* Tokyo, 1952.

Les justes. — Pièce en 5 actes. *Édition Prassinos, Paris, N.R.F.* L'acte I est paru dans *Empédocle* en février. L'acte II dans *Caliban* en mars.

Traductions : *Argentine :* (Théâtre), Buenos Aires, 1949, 1957, 1960.
  Japon : Tokyo, 1952.
  Allemagne : (Théâtre), Hambourg, 1955, 1959.
  Suède : Stockholm (avec *Caligula*), 1957.
  U.S.A. : New York : 1958.
  Allemagne : (avec des pièces d'autres auteurs français).
    Francfort, 1959.
    Stuttgart, 1960.
  Angleterre : Londres, 1960.
  Italie : Milan, 1960.
  Portugal : Lisbonne (1960 ?).
  Turquie : Istanbul, 1960.
  Danemark : Copenhague, 1961.
  Canada : Toronto, 1962.
  Corée : Séoul, 1962.

Le minotaure ou la halte d'Oran. — Édition originale, *Paris, Charlot.*

Noces. — *Paris, Gallimard.*

La peste. — Avec 12 aquarelles par Edy Legrand, *Paris, Gallimard.*

1951

L'homme révolté. — *Édition Prassinos, Éditions Gallimard.*

Traductions : *En allemand :* Londres, 1952.
     Hollande : Amsterdam, 1952.
     Angleterre : Londres, 1953, 1962.
     Allemagne : Hambourg, 1953, 1958.
     Suède : Stockholm, 1953.
     États-Unis : New York, 1954, 1956.
     Canada : Toronto, 1954, 1956.
     Argentine : (avec *le Mythe de Sisyphe*), Buenos Aires, 1955.
     Italie : Milan, 1957, 1960.
     Japon : Tokyo, 1956, 1958.
     Pologne : 1958.
     Corée : Séoul, 1959.

LA PESTE. — Édition annotée, *Bussum, Brand.*

1952

L'HOMME RÉVOLTÉ (avec pointe sèche de Troyen). — *Paris, Édition de la Rue.*

NOCES (avec des bois de P.-E. Clairin). — *Paris, Cent femmes amies des Livres.*

1953

ACTUELLES II. — Chroniques 1948-1953. *Édition Prassinos, N.R.F.*

Traductions : *Japon :* 1955.
     Italie : Milan, 1961.

LE MYTHE DE SISYPHE. — Nouvelle édition augmentée d'une étude sur Franz Kafka, *Édition Prassinos.*

NOCES (avec des bois de P.-E. Clairin). — *Paris, Cent femmes amies des Livres.*

1954

LA MER AU PLUS PRÈS. — *N.R.F.*, janvier, n° 13.

L'ÉTÉ. — Essais. *Paris, Gallimard, N.R.F., Édition Prassinos.*

Traductions : *Japon :* Tokyo, 1956.
　　　　　　 Argentine : Buenos Aires, 1957.
　　　　　　 Yougoslavie : Belgrade, 1957.
　　　　　　 Suisse : Zurich, 1957.
　　　　　　 Danemark : Copenhague, 1961.

LA FEMME ADULTÈRE. — Nouvelle. 12 lithographies de P.-E. Clairin. *Alger, Éditions de l'Empire.*

LE MALENTENDU suivi de CALIGULA. — Édition augmentée, *Paris, Gallimard.*

LE MYTHE DE SISYPHE. — Nouvelle édition augmentée d'une étude sur Franz Kafka, *Paris, Gallimard* (Les Essais).

1955

LA PESTE. — *Paris, Livre de Poche.*

LA PESTE. — Suivi d'un texte inédit : *Exhortations aux médecins de la Peste. Paris, le Club du Meilleur Livre.*

1956

LA CHUTE. — Récit. *Édition Prassinos* et *Paris, N.R.F.*

Traductions : *Angleterre :* Londres, 1956.
　　　　　　 Allemagne : Hambourg, 1957, 1958, Darmstadt, 1959.
　　　　　　 États-Unis : New York, 1957, 1963.
　　　　　　 Suède : Stockholm, 1957, 1958.
　　　　　　 Portugal : Lisbonne (1957 ?).
　　　　　　 Hollande : Amsterdam, 1957.
　　　　　　 Finlande : Helsinki, 1957, 1962.
　　　　　　 Norvège : Oslo, 1957.
　　　　　　 Pologne : 1957.
　　　　　　 Danemark : Copenhague, 1958.

Italie : Milan, 1958.
Yougoslavie : Zagreb, 1958.
Allemagne : Berlin, 1959.
Israël : 1959 (avec *l'Exil et le Royaume*).
Inde : Delhi, 1960.
Argentine : Buenos Aires, 1960.
Islande : 1961.
Canada : Toronto, 1963.

L'ESPRIT CONFUS. — *Paris, Nouvelle Revue Française,* juin, n° 42.

LA PESTE. — *Paris, Gallimard,* nouvelle édition.

1957

L'EXIL ET LE ROYAUME. — *Édition Prassinos* et *N.R.F.,* Paris.

L'HÔTE. — Extraits dans *Réalités,* IV, n° 136.

Traductions : *Argentine :* Buenos Aires, 1957, 1960.
Suède : Stockholm, 1957, 1958.
Japon : Tokyo, 1957.
États-Unis : New York, 1958.
Danemark : Copenhague, 1958.
Allemagne : Hambourg, 1958.
Angleterre : Londres, 1958.
Hollande : Amsterdam, 1958, 1962.
Pologne : Varsovie, 1958.
Portugal : Lisbonne (1958 ?).
Yougoslavie : Belgrade, 1959.
Suisse : (La Femme adultère), 1959.
Allemagne : (Les Muets), 1959.
(La Pierre qui pousse), Munich, 1959.
(Jonas), Wiesbaden, 1959.
Turquie : Istanbul, 1960.
Suisse : (Extraits), Zurich, 1961.
Hollande : (La Pierre qui pousse), Amsterdam, 1961.
Hilversum, 1961.
Finlande : Helsinki (avec *l'Étranger*), 1960.

Philosophie et roman (Extrait du *Mythe de Sisyphe*). *Livres de France,* vol. 8, n° 10.

RÉFLEXIONS SUR LA GUILLOTINE. — *Nouvelle Revue Française,* vol. 5, n°⁸ 54 et 55. Repris dans « Réflexions sur la peine capitale » de Camus et Koestler. Préface de Jean-Bloch Michel.

Traductions : *Italie :* Milan, 1958.
              Argentine : Buenos Aires, 1960.
              États-Unis : Michigan City, 1959, 1960.
              Japon : Tokyo, 1958.

1958

ACTUELLES III. — *Chroniques algériennes, 1939-1958. Édition Prassinos* et *Gallimard*, N.R.F.

Traductions : *Argentine :* Buenos Aires, 1960.
              Italie : Milan, 1961.

CALIGULA. — Pièce en 4 actes. Nouvelle édition, *Paris, Théâtre.*

LA CHUTE. — Récit. *Paris, Le Club du Meilleur Livre.*

DISCOURS DE SUÈDE. — *Paris, N.R.F.*

Traductions : *Allemagne :* Hambourg, 1957.
              Suède : Stockholm, 1958.
              États-Unis : New York, 1958.
              Angleterre : Londres, 1958.
              Italie : Milan, 1961.

L'ENVERS ET L'ENDROIT. — Préface de l'auteur, *Paris, Gallimard, Nouvelle Revue Française,* n° 61.

L'HOMME RÉVOLTÉ. — *Paris, Gallimard.*

LE MALENTENDU suivi de CALIGULA. — Nouvelles versions, *Paris.* Repris en 1961.

LA PESTE. — *Paris, Gallimard.*

LA PESTE. — Édition annotée, *Hilversum, Brand.*

Récits et théatre. — (Avec illustrations de MM. Trémois, Tailleux, Csernus, Andreu, Caillard, Clairin, Legrand, Masson, Tamayo, Pelayo. 728 pages.) *Paris, Gallimard.*

1959

Noces. — (Illustrations de Jacques Houplain.) *Lubineau.*

Noces suivi de l'Été. — *Paris, Gallimard.*

TRADUCTIONS ET ADAPTATIONS

Maragall : Poèmes. — Chant Spirituel. Coupe de Soleil. Traduit par Albert Camus et Pierre Pages. *Cheval de Troie*, n°s 2-3, 1947.

Thurber James : La Dernière Fleur. — Traduction : Albert Camus. *Paris, Gallimard*, 1952.

Calderon de la Barca : La Dévotion à la Croix. — Pièce en 3 journées, adaptée par Albert Camus. *Paris, Gallimard*, 1953 et 1957, *et Club des Libraires de France*, 1958.

Larrivey : Les Esprits. — Comédie. Adaptation en 3 actes par Albert Camus. *Paris, Gallimard*, 1953.

Buzzati Dino : Un Cas intéressant. — Adaptation d'Albert Camus. *Avant-scène*, vol. 333, n° 105, 1955.

Faulkner William : Requiem pour une nonne. — Pièce en 2 parties et 7 tableaux, adaptée par Albert Camus d'après le roman. *Paris, Gallimard*, 1956 et 1957.

Lope de Vega : Le Chevalier d'Olmedo. — Comédie en 3 journées. Texte français d'Albert Camus. *Paris, Gallimard*, 1957.

Dostoïevski : Les Possédés. — Pièce en 3 parties adaptée du roman par Albert Camus. *Paris, Gallimard*, 1959.

Traductions : *États-Unis :* New York, 1960.
              Portugal : Lisbonne, 1961.

PRÉFACES, ARTICLES DE REVUES OU DE JOURNAUX

1932

Un nouveau Verlaine. — Mars, *Sud*.
Jehan Rictus. — Mai, *Sud*.
Essai sur la musique. — Juin, *Sud*.
La philosophie du siècle. — Juin, *Sud*.

1937

La nouvelle culture méditerranéenne. — *Jeune Méditerranée*, nº 1.

1938

Alger républicain. On trouvera ici les seuls articles signés.
9 octobre : « Marina Di Vezza », le nouveau roman d'Aldous Huxley.
10 octobre : « Les Camarades », de Remarque.
11 octobre : « La Sève des Jours » de Blanche Balain.
12 octobre : La spéculation contre les lois sociales.
20 octobre : « La Nausée » de Jean-Paul Sartre.
23 octobre : « André Gide » de Jean Hytier.
24 octobre : Le point de vue de ceux qui n'ont pas voté.

2 novembre : « Les Salopards » de René Janon.
10 novembre : L'affaire Zittel. — Réunis à la Bourse du Travail les municipaux ont vigoureusement répliqué à la décision arbitraire de M. Rozis.
11 novembre. — « La Conspiration » de Paul Nizan.
19 novembre : Au pays du Mufle. (Défense des brigades internationales en réponse à la *Dépêche algérienne*.)
22 novembre : « Les Fables bônoises », d'Edmond Brua.
26 novembre : Quand la France abandonne la Méditerranée aux pirates...
27 novembre : Les Travailleurs contre les décrets-lois. Les Meetings à Alger. — À la Bourse du Travail.
28 novembre : Les Revues — « Poésie ». Numéro spécial de la revue *Aguedal* ; la Revue Algérienne ; *Vendredi* disparaît.

1ᵉʳ décembre : Ces hommes qu'on raye de l'humanité...

3 décembre : Dialogue entre un président du Conseil et un employé à 1 200 F par mois.
7 décembre : Poursuivant de sa haine les employés syndiqués, M. Rozis suspend et veut révoquer 7 municipaux.
21 décembre : 156 municipaux seront mis à pied pendant huit jours.
24 décembre : Un Conseil municipal pittoresque. Le budget d'Alger est voté dans la confusion par 24 voix contre 13.
29 décembre : L'Enquête sur la catastrophe de la rue Blanchart amène l'arrestation d'Aït Sidoua pour trafic d'armes.
30 décembre : Une cassure dans une conduite de gaz est mise au jour rue Blanchart. Est-elle la conséquence de l'explosion ?
31 décembre : L'Enquête sur l'explosion de la rue Blanchart continue dans le secret. Présentation de la revue *Rivages*. (Vraisemblablement, les articles des 26, 27 et 28 sur le même thème.)

1939

CHRONIQUE DU JEUNE ALGER. — *Revue algérienne, n° 4,* février.
L'ÉTÉ À ALGER (extraits). — *Rivages, n° 2.*
LE VENT À DJEMILA (fragments). — *Mithra,* janvier-février.
LE PROGRÈS DU NATIONALISME ALGÉRIEN. — *Revue Méditerranée, Afrique du Nord* (juin 1939).

ALGER RÉPUBLICAIN.
3 janvier : « Commune mesure », par Renaud de Jouvenel. Lettre aux paysans sur la pauvreté et la paix, par Jean Giono.
10 janvier : Lettre ouverte à M. le Gouverneur général (affaire Hodent).
14 janvier : Le couscous du nouvel an a été offert par Mme Chapouton aux meskines d'Alger.
15 janvier : L'auteur et ses personnages. Conférence de M. Jules Romains.
16 janvier : « Caroline ou le Départ pour les îles », par Félix de Chazournes.
21 janvier : Manifeste du Théâtre de l'Équipe. Littérature nord-africaine. (Audisio, Berthaut, Robert.)
24 janvier : Revues nord-africaines. Revue algérienne. Aguedal. L'Association Guillaume Budé inaugure son exposition.
28 janvier : Neige et montagne. Exposition photographique de Fourastier.
28 janvier : « Le Quartier Mortisson » de Marie Mauron. De la modernité des anciens : conférence de M. Louis Gernet.

4 février : L'Affaire Hodent ou les Caprices de la justice.
5 février : « L'Équinoxe de septembre » d'Henry de Montherlant.

7 février : M. Rozis révoque cinq employés municipaux quoique le Conseil de discipline n'eût trouvé aucune faute à leur reprocher.
9 février : La XVIIe session des Chambres d'agriculture d'Algérie s'est ouverte hier sous la présidence de M. le Gouverneur général.
10 février : Les travaux de la XVIIe session des Chambres d'agriculture d'Algérie ont pris fin hier.
13 février : M. Gaston Bergery expose la doctrine du parti frontiste.
18 février : Livres de Femmes : Pour la victoire, articles et discours de la « Pasionaria «. « Dernier vol » d'Amelia Erhart; « Femmes soviétiques » d'Hélène Isvolski.
19 février : Japon-Chine. Une conférence de M. Claude Farrère.
22 février : Un magistrat contre la justice. L'Affaire Hodent ou la multiplication des abus de pouvoir.

1er mars : L'Affaire Hodent prend de l'extension.
5 mars : Michel Hodent comparaîtra le 20 mars devant le tribunal correctionnel de Tiaret.
« Périples des îles tunisiennes », par Armand Guibert. « Introduction à l'étude de l'Islam », par Abder-Ahman Ben El Hoffaf. « Du bled à la côte », par Aimé Dupuy.
7 mars : L'Affaire Hodent. Depuis quand poursuit-on la conscience professionnelle ?
9 mars : L'Affaire Hodent. Comment on circonvient et on éloigne un témoin gênant.
12 mars : « Le Mur » de Jean-Paul Sartre. « La Vie du Chameau » de Finbert.
13 mars : L'Affaire Hodent. Un homme juste plaide pour un innocent.
16 mars : Les « complices » de Michel Hodent et les fantaisies de l'instruction.
18 mars : L'Affaire Hodent. Pour s'effondrer dans le ridicule l'instruction n'en est que plus odieuse.
19 mars : L'Affaire Hodent. C'est demain matin au tribunal correctionnel de Tiaret que l'innocence des inculpés sera reconnue.
21 mars : L'Affaire Hodent devant le tribunal correctionnel de Tiaret.
22 mars : Le jugement de l'Affaire Hodent sera rendu ce matin...
23 mars : L'innocence de Hodent et du magasinier Mas a fini par triompher...
28 mars : « Forêt vierge » de Ferreiro de Castro. « L'Exploration du Sahara » de Henri-Paul Eydoux.

4 avril : Comment les assurances sociales défavorisent les ouvriers nord-africains de Paris.
9 avril : « Bahia de tous les Saints » de Jorge Amado.

13 avril : Peut-on réparer l'injustice faite aux assurés sociaux nord-africains résidant en France ? (Non signé.)
16 avril : Le roman d'aventures : « Aranga » de Gabriel de Saint-Georges.
20 avril : Notre enquête sur les assurances sociales : la situation des Nord-Africains travaillant en France.
23 avril : Même titre III.
« Le Pot aux roses », d'O.-H. Michel. « L'Amour de soi-même », de Guy Mazeline. « Les Navires truqués », de Jacques Baïf.
24 avril : Notre enquête sur les assurances sociales (IV).
25 avril : Contre l'impérialisme. Une conférence de M. R.-E. Charlier.
30 avril : N° 200. Notre enquête sur les assurances sociales (V). Le point de vue de l'Administration. Conclusions. A.C.

2 mai : Les travailleurs algériens ont célébré le 1er mai en assistant aux meetings organisés par la C.G.T. à la Bourse du Travail.
10 mai : Anatole France, théoricien du bien-vivre, conférence de M. Gaffiot.
23 mai : « La Machine infernale » de Jean Cocteau au groupe Théâtral Universitaire.
« Le Pain et le Vin » d'Ignazio Silone. « La Galère », d'André Chamson.
24 mai : Pas de guerre. Une conférence de M. R.-E. Charlier.
27 mai : Fragment de lettre annonçant le reportage sur la Kabylie.

5 juin : Misère de la Kabylie I.
6 juin : Misère de la Kabylie II.
7 juin : Misère de la Kabylie III.
8 juin : Misère de la Kabylie IV.
9 juin : Misère de la Kabylie V.
10 juin : Misère de la Kabylie VI.
11 juin : Misère de la Kabylie VII.
12 juin : Misère de la Kabylie VIII.
13 juin : Misère de la Kabylie IX.
14 juin : Misère de la Kabylie X.
15 juin : Misère de la Kabylie. Conclusion.
22, 23, 24 juin : L'assassinat du Muphti. Le film des débats.
25 juin : En trois ans, l'inspecteur Chennouf n'a pas appris grand-chose sur l'assassinat du Muphti, mais en revanche il a beaucoup oublié.
Les écrivains et leurs critiques : « Constantin Léontieff » de Nicolas Berdiaieff; « Henri Heine » d'E. Vermeil; Introduction à « Swift », d'A.-M. Petit-Jean.
27 juin : L'avocat général renonce à soutenir l'invraisemblable accusation portée contre le Cheik el Okbi et Abbas Turqui.

28 juin : Les défenseurs d'Akacha, Mohara et Boukheir ont réclamé l'acquittement de ces trois accusés.
29 juin : La cour criminelle, reconnaissant l'innocence du Cheik el Okbi et d'Abbas Turqui, les a acquittés.

4 juillet : La Pensée engagée : « Scandale de la vérité » de Georges Bernanos; « La Commune », d'Albert Ollivier; Les Nouveaux Cahiers.
15 juillet : « Oiseau privé » d'Armand Guibert.
24 juillet : L'édition algérienne : « Coplas populares » andalouses; « Keboul » d'A.-E. Breugnot. « Quinta Pugneta » par J. Lavergne.
25 juillet : L'Affaire des incendiaires d'Auribeau en cassation.
26 juillet : L'Affaire des incendiaires d'Auribeau II.
28 juillet : L'Affaire des incendiaires d'Auribeau III.
31 juillet : L'Affaire des incendiaires d'Auribeau IV.

17 août : « La politique d'apaisement » de M. Rozis. Le maire d'Alger refuse au personnel auxiliaire de la ville le statut qu'il attend depuis des années.
18 août : De malencontreuses poursuites.

La chronique « Gazette de Renaudot » et les articles signés « Demos » ou « Vincent Capable » peuvent être attribués à Camus.

Le Soir républicain.

De très nombreux articles sont sans doute de la plume d'Albert Camus. Nous n'avons retenu ici que les plus certains :
15 septembre : À nos lecteurs.
17 septembre : La guerre. Albert Camus.
9 octobre : À nos lecteurs.
6 novembre : Notre position.
7 novembre : Mise au point.
27 novembre : La censure avec nous.
6 décembre : À nos lecteurs.
13 décembre : Pas de croisade. Jean Mersault.
14 décembre : Le temps du mépris.
15 décembre : La société des peuples. Jean Mersault.
19 décembre : La folie continue.
23 décembre : Lettre à un jeune Anglais. Jean Mersault.

Il semble qu'on puisse lui attribuer aussi des billets signés de divers pseudonymes, mais sans certitude.

1940

Le Soir républicain.
1er janvier 1940 (non signé).

La lumière.
  5 avril : Barrès ou la querelle des « héritiers ».

  10 mai : Giraudoux ou Byzance au théâtre.

1941

Pour préparer le fruit. — 25 janvier, *la Tunisie française*.
Comme un feu d'étoupes. — 24 mai, *la Tunisie française*.

1943

L'intelligence et l'échafaud. — *Confluences*, nos 21-24.
Portrait d'un élu. — *Cahiers du Sud*, avril, n° 243.
Les exilés dans la peste. — *Domaine Français. Genève, Édition des Trois Collines.*

1944

Seuls, deux articles de *Combat clandestin* peuvent être identifiés de façon certaine :
À guerre totale, résistance totale, mars.
Pendant trois heures ils ont fusillé des Français, mai.
Tout ne s'arrange pas. — (Procès Pucheu.) *les Lettres françaises*, n° 16, mai.
Sur une philosophie de l'expression (Brice Parain). — *Poésie 44*, n° 17.
Préface à Chamfort. — Maximes et Anecdotes. *Monaco, Dac. Collection Incidences.* Traduit en anglais en 1948.

Les exilés dans la peste. — *La Nef*, septembre.
Au service de l'homme. — Résistance ouvrière, 14 décembre.

Combat.
  21 août : « Le combat continue ».
De la résistance à la révolution.
  22 août : Le temps de la justice.
  23 août : « Ils ne passeront pas ».
  24 août : Le sang de la liberté.
  25 août : La nuit de la vérité.
  29 août : L'intelligence et le caractère (sur Bergery).
  30 août : Le temps du mépris.
  31 août : Critique de la nouvelle presse.

1er septembre : La résistance et la politique. La réforme de la presse.
2 septembre : La démocratie à faire.
4 septembre : Morale et politique (contre Chautemps).
6 septembre : La fin d'un monde.
7 septembre : Nos frères d'Espagne.
8 septembre : Justice et liberté. Le journalisme critique.
10 septembre : « Le nouveau gouvernement est constitué. »
12 septembre : « Camarades qui nous écrivez... » (sur les prisonniers) (probable).
15 septembre : « En 1933, un avide et frénétique personnage... » (sur Hitler) (probable).
16 septembre : « Une information d'agence... » (contre le cardinal Suhard).
17 septembre : « Que fait le peuple allemand ? »
19 septembre : « Le Mouvement National de Libération » (sur révolution et révolte).
20 septembre : « Nous avons parlé l'autre jour... » (sur l'Allemagne).
22 septembre : « Tout le monde sait que les journaux... » (probable).
23 septembre : « Il y a quatre ans, le 15 septembre exactement... »
26 septembre : « Avec l'arrestation de Louis Renault... »
27 septembre : « On nous excusera de revenir sur le cas Renault. »
28 septembre : « On lira, par ailleurs, le communiqué du Conseil des ministres. »
29 septembre : « Nous sortons de l'euphorie. »
30 septembre : « M. Churchill vient de prononcer un discours. »

1er octobre : « On nous dit : « En somme, qu'est-ce que vous voulez ? »
3 octobre : « Sous la signature d'Allan Forbes... »
4 octobre : « On verra par ailleurs... »
5 octobre : « À cette même place... » (sur les Espagnols).
6 octobre : « Il y a eu beaucoup de bruit... »
7 octobre : « Le 26 mars 1944, à Alger, le congrès de *Combat*... »
8 octobre : « Le Conseil National de la Résistance... »
11 octobre : « La situation de la presse pose des problèmes. »
12 octobre : « On parle beaucoup d'ordre... »
13 octobre : « On ne saurait trop souligner... » (sur les colonies).
14 octobre : « Dans son dernier discours, M. Churchill... »
15 octobre : « On nous excusera de revenir à la reconnaissance du gouvernement français. »
17 octobre : « Il faut bien revenir à la reconnaissance du gouvernement français. »
18 octobre : « Parlons un peu de l'épuration. »
19 octobre : « La participation de la France au gouvernement militaire allié « (probable).
20 octobre : « Nous ne sommes pas d'accord avec M. François Mauriac » (sur le rôle de la Résistance).

21 octobre : « Oui, le drame de la France... »
22 octobre : « Le *Daily Express* vient de publier... »
24 octobre : « Nous nous élevons ici contre les procédés de la censure. »
25 octobre : « Nous hésitons à répondre à l'invitation que nous a courtoisement faite M. Mauriac dans *le Figaro* de dimanche. »
26 octobre : « On lira par ailleurs les déclarations du général de Gaulle » (probable).
27 octobre : « Il nous a été difficile... » (sur Leynaud).
28 octobre : « Le général Catroux... » (sur l'Algérie).
29 octobre : « Le ministre de l'Information... »

2 novembre : « Le Conseil des ministres vient d'instaurer une Haute Cour de Justice... »
3 novembre : Le pessimisme et le courage.
4 novembre : « Il y a deux jours, Jean Guéhenno... »
5 novembre : « L'*Officiel* publie le texte d'un arrêté. »
7 novembre : « Depuis plusieurs semaines... »
8 novembre : « L'Assemblée consultative... »
9 novembre : « L'élection de M. Roosevelt est une bonne chose » (probable).
10 novembre : « Le parti socialiste a tenu hier la première séance de son Congrès. »
11 novembre : « Nos amis de « Défense de la France »...
14 novembre : « On remarquera que la première question... »
15 novembre : « Il y a quelque chose d'autant... »
19 novembre : « Il faudrait essayer de voir clair dans l'affaire belge. »
21 novembre : « Une fois de plus faisons le point de la situation espagnole. »
22 novembre : Autocritique.
23 novembre : « À lire attentivement la presse française » (sur le socialisme).
24 novembre : « Plus on y réfléchit... »
25 novembre : « Oui, nos armes sont sur le Rhin. »
26 novembre : « Nous y sommes, le sang a coulé dans Bruxelles libérée. »
28 novembre : « De tous les côtés, nous revient le malaise... » (sur les militaires algériens) (probable).
29 novembre : « À peine libre, l'Europe remue. »
30 novembre : « Le ministre de l'Information... » (probable).

1er décembre : « Le problème de la presse... »
3 décembre : « Le général de Gaulle s'est entretenu avec le maréchal Staline » (probable).
5 décembre : « Il y a entre M. Mauriac et nous une sorte de contrat tacite. »
9 décembre : « Hier devant les Communes... »
10 décembre : « De nombreux journaux... » (sur Franco).

13 décembre : « On lit un peu partout. » A.C.
14 décembre : « On a commencé de discuter... » A.C.
15 décembre : « La Consultative a abordé hier le problème des transports. » A.C.
16 décembre : « On peut dans quelques milieux » (presse). A.C.
17 décembre : « Que faut-il faire quand une révolution a éclaté, pour la ruiner ? » A.C.
18 décembre : « On connaît maintenant le texte du pacte franco-soviétique. » A.C.
20 décembre : « Au moment même où l'offensive de von Rundstedt... » A.C.
22 décembre : « La France a vécu beaucoup de tragédies... » A.C.
23 décembre : Renaissance française. Signé Suétone.
24 décembre : Le poète et le général de Gaulle. Signé Suétone (sur Paul Claudel).
26 décembre : « Le pape vient d'adresser au monde... » A.C.
29 décembre : « La politique générale a soulevé de grands débats... » A.C.
30 décembre : « Ne jugez pas. » Albert Camus.

1945

COMBAT.

2 janvier : « Nous avons lu avec respect... » A.C.
2 janvier : Panem et Circenses. Suétone.
3 janvier : « L'agence française de presse... » A.C.
5 janvier : « La presse, ces jours-ci, se préoccupe de l'injustice. » A.C.
5 janvier : Tibère, Ministre. Suétone.
6 janvier : La machine à sous. Suétone.
7-8 janvier : « L'Espagne s'éloigne. » A.C.
11 janvier : Justice et charité. Albert Camus.
11 janvier : La justice des autres. Albert Camus.
13 janvier : Le monde où l'on s'ennuie. Suétone.
16 janvier : Droit à la vie... Suétone.
17 janvier : Rêverie à l'aube. Suétone.

Le 18 janvier, Combat *publie une lettre de Camus disant que de « sérieuses raisons de santé » le tiennent éloigné du journal.*

9 février : « Il paraît que *Combat* a changé d'orientation. » Albert Camus.

9 mars : « Depuis deux jours, M. Teitgen... »
11-12 mars : « Nous avons donné hier... »
16 mars : « Dans *Témoignage chrétien*... » (sur la presse).
18 mars : « Pour une fois, on nous permettra... »

19 mars : « Le dernier Conseil des ministres... »
27 mars : « Il est très fâcheux... » (sur la laïcité).
29 mars : « Il n'y a pas de repos dans la vérité. »

3 avril : « Que fêtait-on hier ? » (probable).
10 avril : « Les victoires du front de l'Est... »
14 avril : « Il avait le visage du bonheur. » (sur Roosevelt).
15-16 avril : « Truman n'a pas dissimulé... »
17 avril : « Chaque pas qui nous rapproche de la victoire... »

9 mai : « Qui pourrait songer... »
Du 9 mars au 9 mai, les articles ne peuvent être considérés que comme probables.
12 mai : « On attend le remaniement ministériel. »
13 mai : Crise en Algérie. Albert Camus.
15 mai : La famine en Algérie. Albert Camus.
16 mai : L'Algérie demande des bateaux et de la justice. Albert Camus.
17 mai : « Nous avons pour nourriture... » A.C.
18 mai : « Les indigènes d'Afrique du Nord se sont éloignés d'une démocratie dont ils se voyaient écartés. » Albert Camus.
19 mai : « Nous avons protesté... »
20-21 mai : « Les Arabes demandent pour l'Algérie une Constitution et un Parlement. » Albert Camus.
23 mai : « C'est la justice qui sauvera l'Algérie de la haine. » Albert Camus.
25 mai : Article de réponse aux attaques contre Camus. Signé Combat (probable).
26 mai : « En attendant le remaniement... » (probable).
27-28 mai : « La commission des Affaires étrangères... » (probable).

1er juin : « L'ultimatum de M. Churchill... » (probable).
4 juin : « Henri Frenay est un de nos camarades. »
15 juin : « Un moment secouée, l'opinion... » (sur l'Algérie).
16 juin : « La scission qui menace le M. L. N... » (probable).
27 juin : « M. Herriot vient de prononcer... »

8 août : « Le monde est ce qu'il est... »
30 août : « On nous excusera... »

Après cette date, il est impossible de déterminer avec exactitude ce qui revient à Camus.

Remarques sur la politique internationale. — *Renaissances, n° 10.*
Préface du « Combat silencieux ». Roman de Salvet. *Paris, Édition France-Empire.*
Remarque sur la révolte. — *L'Existence. Paris, Gallimard.*

PESSIMISME ET ACTION. — (Notes prises au cours d'une conférence.) Fiches d'information du Centre universitaire catholique, 13 juin.
LA CRISE ALGÉRIENNE ET L'AVENIR FRANÇAIS EN AFRIQUE DU NORD. — Conférence faite au Centre d'études de politique étrangère. 5 juin.
L'ESPRIT DE LOURDEUR. — (Fragment des *Amandiers*) dans le Courrier de l'Étudiant. 1er novembre.

1946

LETTRE AU DIRECTEUR DE LA NEF. — (À propos de *Caligula*.) *la Nef*, n° 14, janvier.
L'ESPAGNE LIBRE. — Préface. Calmann-Lévy, repris par *Twice a year*, n°s 14-15.
CLAIRIN. — 10 Estampes originales présentées par Albert Camus. *Paris, Rombaldi*.
THE HUMAN CRISIS. — *Twice a year*, n°s 14-15. Conférence donnée aux U.S.A.
Notes prises au cours d'une réunion de *Civilisation*, 22 octobre. *Chemins du Monde*, novembre.
NOUS SOMMES TOUS DES MEURTRIERS. — *Franchise*, n° 3, novembre-décembre.
NI VICTIMES NI BOURREAUX. — *Combat*, du 19 au 30 novembre.

1947

PLUIES DE NEW YORK. — *Formes et couleurs*, n° 6, vol. 9.
Note de lecture sur « LA VALLÉE HEUREUSE » de Jules Roy. — Février, *l'Arche*, n° 24.
RENÉ LEYNAUD : POÉSIES POSTHUMES. — Préface, *Paris, Gallimard*.
PRÉFACE de « LAISSEZ PASSER MON PEUPLE », de Jacques Méry. (La Tragédie de l'Exodus.) — *Paris, Éditions du Seuil*.
LES ARCHIVES DE LA PESTE. — Cahiers de la Pléiade, avril.

COMBAT.
  17 mars : La République sourde et muette.
  21 mars : Radio 47.
  22 mars : Rien n'excuse cela.
  22 avril : Le choix.
  30 avril : Démocratie et modestie.
  7 mai : Anniversaire.
  10 mai : La contagion.
  3 juin : À nos lecteurs.

NI VICTIMES NI BOURREAUX. — Novembre, *Caliban*, n° 11, traduction : Hollande De Vlam, n°s 19 à 26.

1948

À propos de la Maison du Peuple, de Louis Guilloux. — Janvier, *Caliban*, repris en 1953 en préface (Grasset).
Les meurtriers délicats. — Janvier, *Table Ronde*, n° 1.
Où est la mystification ? — Réponse à d'Astier de la Vigerie. Juin, *Caliban*.
Deuxième réponse à d'Astier. — Octobre, *la Gauche*.
La démocratie exercice de la modestie. — Septembre, *Caliban*, n° 20.
Le témoin de la liberté. (*Actuelles I.*) — 20 décembre. Allocution à Pleyel au meeting du R.D.R.
L'embarras du choix. — 7 décembre, *Franc-Tireur*.
Je réponds. — Décembre, *la Patrie Mondiale*.
Réponse à l'incrédule. — Décembre, *Combat*.
Pourquoi l'Espagne ? — Décembre, *Combat*.

1949

Exhortations aux médecins de la peste. — *Médecine de France*, n° 2.
L'artiste est le témoin de la liberté. — Avril, *Empédocle*, n° 1.
Le meurtre et l'absurde. — Avril, *Empédocle*, n° 1.
Madeleine Renaud. — *Caliban*, n° 24, février.
Lettre à « Caliban ». — Juin, n° 28.
Dialogue pour le dialogue. — Juillet, *Défense de l'homme*.

1950

La justice elle aussi a ses pharisiens. — Mai, *Caliban*, n° 39.

1951

Lautréamont et la banalité. — *Cahiers du Sud*, n° 307.
Lettre au *Monde*. — 7 mai.
Letter dated may 30. — Nov. *Harvard Advocate*, vol. 135. Sur Faulkner.
Discours anniversaire de la guerre d'Espagne. — Juillet, repris dans *Témoins*. Été 1954. (Meeting des amis de l'Espagne républicaine).
Nietzsche et le nihilisme. — *Temps Modernes*, août, vol. 7, n° 70. Traduit en allemand dans *Monat*, n° 39.

Lettre d'Albert Camus en réponse à « Arts ». — 19 octobre, n° 329.

Lettre au journal « Arts ». — 23 novembre, *Arts*, n° 334.

Une macumba au Brésil. — Extrait inédit d'un Journal de voyages. *Livres de France*, vol. 2, n° 9.

Une des plus belles professions que je connaisse. — Août, *Caliban*, n° 54.

Rencontres avec André Gide. — *Nouvelle Revue Française*.

Préface à « Devant la Mort » du Dr Jeanne Héon-Canone. — *Angers, Siraudeau*. Repris en 1953 par Amiot-Dumont.

1952

Art and revolt. — *Partisan Review*, vol. 19, n° 3.

« Chroniques ». — *Esprit*, n° 182. Avril.

Lettres du 6 mars et du 3 avril 1952 à *Comprendre*, revue de la Société européenne de culture, n°s 5 et 6.

L'artiste en prison. — *Arts*, n° 390. Traduction suédoise : Bonniers.

Lettre à « France-Observateur ». — 5 juin.

Herman Melville. — Les Écrivains célèbres. Tome III, *Éditions Mazenod*.

Lettre au directeur de l'U.N.E.S.C.O. — 12 juin, reprise par *Documents et Nouvelles d'Espagne*.

Lettre au directeur des « Temps Modernes ». — *Temps Modernes*, n° 82. Traduction : Japon 1953.

Ein Literat, über den Marquis de Sade. — *Merkur*, vol. 51, n° 9.

Appel pour des condamnés à mort. (Espagne démocratique.) — *Esprit*, vol. 20, n° 1. (Allocution de la Salle Wagram. 22 février.)

Lettre à l'U.N.E.S.C.O. — *Simoun*, septembre 1952.

Préface à « Contre-Amour », de Daniel Mauroc. — *Paris, Éditions de minuit*.

L'artiste en prison. — Étude inédite sur Oscar Wilde par A. Camus. En préface à la *Ballade de la geôle de Reading. Falaize*. Repris par *Encounter* en 1954.

L'Espagne et la culture. — 30 novembre, Discours de la Salle Wagram.

1953

Le pain et la liberté. — Conférence à la Bourse du Travail de Saint-Étienne. Publié dans *Actuelles II*.

What a writer seeks. — *Atlantic Monthly*. Vol. 191, n° 6. (Variante anglaise de *l'Énigme*.)

Lettre au *Monde*. — Sur la tuerie du 14 juillet. 19 juillet.

Rosmer. Moscou sous Lénine. — Les Origines du communisme. Préface d'Albert Camus. *Paris, Éditions de Flore*.

Traduction : *Italie :* Florence, 1953.

Discours à la Mutualité après les événements de Berlin-Est. — 17 juin, repris dans *Témoins*, printemps 1954.

Calendrier. — Démenti. *Revue Mensuelle Politique et Littéraire*, 15 octobre.

La vie d'artiste. — Mimodrame. *Simoun*, n° 8, avril.

La littérature prolétarienne. — Lettre à Maurice Lime du 8 août 1953, publiée dans *la Révolution prolétarienne*, février 1960.

1954

Désert vivant. — (Textes de MM. Aymé, L. Bromfield, A. Camus, etc.) *Paris, Société du Livre*. Camus : *Le désert. Pluies et Floraisons*.

Traduction : *Allemagne :* Munich, 1954.
            Italie : Florence, 1954.

Préface à l'Allemagne vue par les écrivains de la Résistance française, de Konrad Bieber. *Genève, Librairie E. Droz. Lille, Librairie Giard*.

L'enchantement de Cordes. — Dans une brochure sur Cordes-en-Albigeois. *Privat, Toulouse*.

Lettre au *Monde*. — Sur les événements de Téhéran. 17 novembre.

1955

L'art. — *Collect. Métamorphoses, Bruxelles-Paris*. Texte original illustré.

Lettre à Roland Barthes sur la peste. — Février, *Club*.

Le métier d'homme. — 14 mai, *l'Express*.

Lettre à France-Observateur. — 26 mai.

Le vrai débat. — 4 juin, *l'Express*.

Réponse à Domenach. — Juin, *Témoins*.

Terrorisme et répression. — 9 juillet, *l'Express*.

L'avenir algérien. — 23 juillet, *l'Express*.

Roger Martin du Gard. — Novembre 1934, octobre 1954, *N.R.F.* Préface aux œuvres complètes dans la Pléiade.

Sous le signe de la liberté. — 8 octobre, *l'Express*.

L'absente. — 16 octobre, *l'Express*.

La table ronde. — 18 octobre, *l'Express*.

La bonne conscience. — 21 octobre, *l'Express*.

La vraie démission. — 25 octobre, *l'Express*.

Les raisons de l'adversaire. — 28 octobre, *l'Express*.
Premier novembre. — 1er novembre, *l'Express*.
La charte de janvier. — 4 novembre, *l'Express*.
La princesse et le couvreur. — 8 novembre, *l'Express*.
Le rideau de feu. — 11 novembre, *l'Express*.
Les élus et les appelés. — 15 novembre, *l'Express*.
Démocrates, couchez-vous. — 18 novembre, *l'Express*.
La chaussette et le rouet. — 15 novembre, *l'Express*.
Les déracinés. — 25 novembre, *l'Express*.
La loi du mépris. — 29 novembre, *l'Express*.
Le procès de la liberté. — 2 décembre, *l'Express*.
L'enfant grec. — 6 décembre, *l'Express*.
Les bonnes leçons. — 8 décembre, *l'Express*.
Discours pour Eduardo Santos. — 7 décembre, reproduit dans « les Cahiers des Droits de l'Homme ». — Janvier-février 1956. Reproduit également, avec un *post-scriptum* original, dans *la Révolution prolétarienne*, novembre 1957.
La condition ouvrière. — 13 décembre, *l'Express*.
La trêve du sang. — 16 décembre, *l'Express*.
La vie d'artiste. — 20 décembre, *l'Express*.
La main tendue. — 23 décembre, *l'Express*.
La grande entreprise. — 27 décembre, *l'Express*.
Explication de vote. — 30 décembre, *l'Express*.
L'avenir de la tragédie. — Conférence. Pléiade I, p. 1699.

1956

La preuve à faire. — 3 janvier, *l'Express*.
Le seul espoir. — 6 janvier, *l'Express*.
Trêve pour les civils. — 10 janvier, *l'Express*.
Le parti de la trêve. — 17 janvier, *l'Express*.
Un pas en avant. — 26 janvier, *l'Express*.
Remerciement à Mozart. — 2 février, *l'Express*.
Trêve pour les civils innocents. — 26 janvier-1er février, *Demain*.
Fidélité à l'Espagne. — Printemps, *Témoins*.
Fidélité à l'Espagne. — 24 août, *l'Express*.
Lettre au sujet du parti pris de Ponge. — Septembre, *Nouvelle Revue Française*, n° 45. Lettre du 27 janvier 1943.
Le désert vivant. — En collaboration avec Walt Disney. Lausanne, Payot.
Le parti de la liberté. — Avril 1957. Allocution pour l'anniversaire de Madariaga, 30 octobre, publiée dans *Monde Nouveau*, n°s 110-111.
Pour une démarche commune à l'O.N.U. des intellectuels européens. — 10-11 novembre. (Hongrie.) *Franc-Tireur*.
Message à un meeting des étudiants français. — 23 novembre. (Hongrie.)

1957

LE SOCIALISME DES POTENCES. — 21-27 février, *Demain*, n° 63.
KADAR A EU SON JOUR DE PEUR. — Texte du discours prononcé le 15 mars à la Salle Wagram. Extraits repris par *Témoins*. 18 mars, *Franc-Tireur*.
LE PARTI DE LA LIBERTÉ. — *Monde nouveau*, Paris, n°s 110-111. Avril-mai.
LETTERS. M. CAMUS AND ALGERIA, M. CAMUS REPLIES. — *Encounter*, n° 45. Juin.
LE PARI DE NOTRE GÉNÉRATION. — (Interview.) 24-30 octobre, *Demain*, n° 98.
APPEAL FOR HUNGARIAN WRITERS. — 31 octobre, *Times* (Londres).
POUR DOSTOÏEVSKI. — *Automne-Hiver*, n°s 18-19.
Introduction à l'édition anglaise d'« Algérie 57 » de G. Tillion.
Avant-propos au *Requiem pour une nonne*, de Faulkner.
HOMMAGE À UN JOURNALISTE EXILÉ. — *La Revue prolétarienne*, n° 442. Novembre.

1958

ALBERT CAMUS NOUS PARLE DE SON ADAPTATION DES « POSSÉDÉS ». — *Spectacles*, n° 1, mars.
L'ARTISTE ET SON TEMPS. — Albert Camus, lauréat du prix Nobel, répond aux questions de Jean Bloch-Michel. *Occidente*, vol. 54, n° 237.
CE QUE JE DOIS À L'ESPAGNE. — *Preuves*, n° 85, mars.
DOSTOÏEVSKI PROPHÈTE DU XXᵉ SIÈCLE. — *Spectacles*, n° 1.
IL AIDAIT À VIVRE. — (À propos de R. Martin du Gard.) *le Figaro littéraire*, vol. 13, n° 645, 16 mai 1959.
LETTRE À UN AMI ALGÉRIEN. — *Moderna Språk*, vol. 52.
LA VÉRITÉ SUR L'AFFAIRE NAGY. — Les Faits, les Documents, les Témoignages internationaux. Préface d'Albert Camus. *Paris, Plon.*
Traductions : Londres, 1959. New York, 1959.

1959

DE L'INSIGNIFIANCE. — *Cahiers des Saisons*, n° 15.
NOTRE AMI ROBLÈS. — *Simoun*, vol. 8, n° 30.
SUR « LES ILES » DE JEAN GRENIER. — *Preuves*, n° 95. Repris en préface dans la *N. R. F.* Traduction dans la revue *Sur*, n° 258.
PRÉFACE À L'ÉDITION ALLEMANDE DE RENÉ CHAR. —
CAMUS NOUS PARLE. — Texte sténographié du Gros Plan télévisé. *le Figaro littéraire*, 16 mai 1959.

1960

A FINAL INTERVIEW. — *Venture, New York,* nos 3-4. Texte du 20 décembre 1959.

LES VRAIES TÂCHES. — *Cahiers de saisons,* n° 20.

LETTRES À JEAN GILLIBERT. — *Revue d'histoire du théâtre,* octobre, n° 4.

1965

LA POSTÉRITÉ DU SOLEIL. — Texte inédit, daté de 1952, en regard des photographies d'Henriette Grindat. Edwin Engelberts, éditeur, Genève, 1965.

TABLE DES MATIÈRES

TABLE DES MATIÈRES

INTRODUCTION CRITIQUE, par R. Quilliot IX

L'ENVERS ET L'ENDROIT

Préface	5
L'IRONIE	15
ENTRE OUI ET NON	23
LA MORT DANS L'ÂME	31
AMOUR DE VIVRE	41
L'ENVERS ET L'ENDROIT	47

NOCES

Note de l'éditeur	52
NOCES À TIPASA	55
LE VENT À DJÉMILA	61
L'ÉTÉ À ALGER	67
LE DÉSERT	79

LE MYTHE DE SISYPHE

UN RAISONNEMENT ABSURDE
    L'ABSURDE ET LE SUICIDE 99
    LES MURS ABSURDES 105
    LE SUICIDE PHILOSOPHIQUE 119
    LA LIBERTÉ ABSURDE 136

L'HOMME ABSURDE
    LE DON JUANISME 152
    LA COMÉDIE 158
    LA CONQUÊTE 164

LA CRÉATION ABSURDE
    PHILOSOPHIE ET ROMAN 173
    KIRILOV 182

La création sans lendemain	189
Le mythe de Sisyphe	193

Appendice :

L'espoir et l'absurde dans l'œuvre de Franz Kafka	199

LETTRES À UN AMI ALLEMAND

Préface à l'édition italienne	219
Première lettre (juillet 1943)	221
Deuxième lettre (décembre 1943)	227
Troisième lettre (avril 1944)	233
Quatrième lettre (juillet 1944)	239

ACTUELLES I
(CHRONIQUES 1944-1948)

Avant-propos	251

LA LIBÉRATION DE PARIS

Le sang de la liberté (*Combat*, 24 août 1944)	255
La nuit de la vérité (*Combat*, 25 août 1944)	256
Le temps du mépris (*Combat*, 30 août 1944)	258

LE JOURNALISME CRITIQUE

Critique de la nouvelle presse (*Combat*, 31 août 1944)	263
Le journalisme critique (*Combat*, 8 septembre 1944)	265
Autocritique (*Combat*, 22 novembre 1944)	267

MORALE ET POLITIQUE

I. — *Combat*, 8 septembre 1944	271
II. — *Combat*, 7 octobre 1944	272
III. — *Combat*, 12 octobre 1944	275
IV. — *Combat*, 29 octobre 1944	277
V. — *Combat*, 4 novembre 1944	279
VI. — *Combat*, 24 novembre 1944	281
VII. — *Combat*, 26 décembre 1944	283
VIII. — *Combat*, 11 janvier 1945	285
IX. — *Combat*, 27 juin 1945	287
X. — *Combat*, 30 août 1945	289
XI. — *Combat*, 8 août 1945	291

LA CHAIR

I. — *Combat*, 28 octobre 1944	297
II. — *Combat*, 22 décembre 1944	299
III. — *Combat*, 2 janvier 1945	301
IV. — *Combat*, 17 mai 1945	303
V. — *Combat*, 19 mai 1945	305

TABLE DES MATIÈRES 1965

PESSIMISME ET TYRANNIE
Le pessimisme et le courage (*Combat*, septembre 1945)   311
Défense de l'intelligence (*Allocution*, 15 mars 1945) .   313

DEUX ANS APRÈS
Démocratie et modestie (*Combat*, février 1947) . . .   319
La contagion (*Combat*, 10 mai 1947)   321
Anniversaire (*Combat*, 7 mai 1947)   323
Rien n'excuse cela (*Combat*, 22 mars 1947)   325

NI VICTIMES NI BOURREAUX
Le siècle de la peur (*Combat*, novembre 1946) . . .   331
Sauver les corps   333
Le socialisme mystifié   336
La révolution travestie   338
Démocratie et dictature internationales   341
Le monde va vite   344
Un nouveau contrat social   346
Vers le dialogue   349

DEUX RÉPONSES À EMMANUEL D'ASTIER DE LA VIGERIE
Première réponse (*Caliban*, n° 16)   355
Deuxième réponse (*la Gauche*, octobre 1948) . . .   364

L'INCROYANT ET LES CHRÉTIENS (exposé, 1946) .   371

TROIS INTERVIEWS
I. — *La Revue du Caire*, 1948   379
II. — Dialogue pour le dialogue (*Défense de l'homme*, juillet 1949)   383
III. — Interview non publiée   386

POURQUOI L'ESPAGNE? (*Combat*, décembre 1948) . .   389

LE TÉMOIN DE LA LIBERTÉ (*la Gauche*, 20 décembre 1948)   397

L'HOMME RÉVOLTÉ

Introduction   413
I. — L'HOMME RÉVOLTÉ   421
II. — LA RÉVOLTE MÉTAPHYSIQUE   433
Les fils de Caïn   438
La négation absolue   447
   Un homme de lettres   448
   La révolte des dandys   458
Le refus du salut   465
L'affirmation absolue   472
   L'unique   472
   Nietzsche et le nihilisme   475

TABLE DES MATIÈRES

La Poésie révoltée. 490
   Lautréamont et la banalité 491
   Surréalisme et révolution 497
Nihilisme et histoire 508

III. — LA RÉVOLTE HISTORIQUE 513
Les régicides 521
   Le nouvel évangile 523
   La mise à mort du roi 526
   La religion de la vertu 530
   La terreur 533
Les déicides 541
Le terrorisme individuel 556
   L'abandon de la vertu 557
   Trois possédés 560
   Les meurtriers délicats 571
   Le chigalevisme 579
Le terrorisme d'état et la terreur irrationnelle . . 583
Le terrorisme d'état et la terreur rationnelle . . 593
   La prophétie bourgeoise 594
   La prophétie révolutionnaire 602
   L'échec de la prophétie 614
   Le royaume des fins 630
   La totalité et le procès 636
Révolte et révolution 648

IV. — RÉVOLTE ET ART 655
Roman et révolte 662
Révolte et style 671
Création et révolution 675

V. — LA PENSÉE DE MIDI
Révolte et meurtre 683
   Le meurtre nihiliste 686
   Le meurtre historique 689
Mesure et démesure 697
   La pensée de midi 700
Au-delà du nihilisme 705

ACTUELLES II
(CHRONIQUES 1948-1953)

Avant-propos 713

JUSTICE ET HAINE
Persécutés-persécuteurs (1948) 717
Les pharisiens de la justice (1950) 720
Le parti de la résistance (juin 1951) 722
Servitudes de la haine (Noël 1951) 725

LETTRES SUR LA RÉVOLTE
- RÉVOLTE ET CONFORMISME (19 octobre 1951) 731
- RÉVOLTE ET CONFORMISME (suite) (18 novembre 1951) . 733
- ENTRETIEN SUR LA RÉVOLTE (15 février 1952) 737
- ÉPURATION DES PURS (28 mai 1952) 744
- RÉVOLTE ET POLICE (juin 1952) 746
- RÉVOLTE ET ROMANTISME (mai 1952) 750
- RÉVOLTE ET SERVITUDE (30 juin 1952) 754

CRÉATION ET LIBERTÉ
- DÉFENSE DE LA LIBERTÉ (décembre 1952) 777
- L'ESPAGNE ET LA CULTURE (30 novembre 1952) 781
- LE TEMPS DE L'ESPOIR (1953) 787
- LE PAIN ET LA LIBERTÉ (10 mai 1953) 792
- L'ARTISTE ET SON TEMPS 800

L'ÉTÉ

- LE MINOTAURE OU LA HALTE D'ORAN 809
- LES AMANDIERS 833
- PROMÉTHÉE AUX ENFERS 839
- PETIT GUIDE POUR DES VILLES SANS PASSÉ 845
- L'EXIL D'HÉLÈNE 851
- L'ÉNIGME 859
- RETOUR À TIPASA 867
- LA MER AU PLUS PRÈS (Journal de bord) 877

ACTUELLES III
CHRONIQUES ALGÉRIENNES
(1939-1958)

Avant-propos 891

MISÈRE DE LA KABYLIE
- LE DÉNUEMENT 905
- LE DÉNUEMENT (suite) 910
- LES SALAIRES 915
- L'ENSEIGNEMENT 919
- L'AVENIR POLITIQUE 924
- L'AVENIR ÉCONOMIQUE ET SOCIAL 929
- CONCLUSION 936

CRISE EN ALGÉRIE
- CRISE EN ALGÉRIE 941
- LA FAMINE EN ALGÉRIE 944

TABLE DES MATIÈRES

DES BATEAUX ET DE LA JUSTICE	947
LE MALAISE POLITIQUE	950
LE PARTI DU MANIFESTE	954
CONCLUSION	958

LETTRE À UN MILITANT ALGÉRIEN 961

L'ALGÉRIE DÉCHIRÉE

L'ABSENTE	969
LA TABLE RONDE	971
LA BONNE CONSCIENCE	973
LA VRAIE DÉMISSION	976
LES RAISONS DE L'ADVERSAIRE	978
PREMIER NOVEMBRE	981
TRÊVE POUR LES CIVILS	983
LE PARTI DE LA TRÊVE	986

APPEL POUR UNE TRÊVE CIVILE EN ALGÉRIE

POUR UNE TRÊVE CIVILE EN ALGÉRIE 991

L'AFFAIRE MAISONSEUL

LETTRE AU *Monde*	1003
GOUVERNEZ!	1006

ALGÉRIE 1958

ALGÉRIE 1958	1011
L'ALGÉRIE NOUVELLE	1015

RÉFLEXIONS SUR LA GUILLOTINE

RÉFLEXIONS SUR LA GUILLOTINE 1019

DISCOURS DE SUÈDE

DISCOURS DU 10 DÉCEMBRE 1957 1069
CONFÉRENCE DU 14 DÉCEMBRE 1957 1077

ESSAIS CRITIQUES

INTRODUCTION AUX « MAXIMES » DE CHAMFORT 1099
AVANT-PROPOS À « LA MAISON DU PEUPLE », DE LOUIS GUILLOUX 1111
RENCONTRES AVEC ANDRÉ GIDE 1117
L'ARTISTE EN PRISON 1123

TABLE DES MATIÈRES

Roger Martin du Gard 1131
Sur « les îles », de Jean Grenier 1157
René Char 1163

TEXTES COMPLÉMENTAIRES D'ALBERT CAMUS
COMMENTAIRES, NOTES ET VARIANTES
par Roger *Quilliot* et Louis *Faucon*.

L'ENVERS ET L'ENDROIT

I. — Commentaires, *par* R. *Quilliot* 1169
II. — Notes et variantes, *par* R. *Quilliot* 1181
III. — Textes complémentaires d'Albert Camus :
    Jehan Rictus (*Sud*, mai 1932) 1194
    Essai sur la musique : extraits (*Sud*, juin 1932) . 1200
    La philosophie du siècle (*Sud*, juin 1932) . . . 1203
    Note à Max-Pol Fouchet sur Bériha : *inédit* . . 1206
    Poème sur la Méditerranée (1933) : *inédit* . . . 1207
    Deux fragments des « Voix du quartier pauvre » : *inédit* . 1209
    Fragment manuscrit pour « Entre oui et non » : *inédit* . 1213
    L'hôpital du quartier pauvre : *inédit* 1216
    Lettre à Jean de Maisonseul (8 juillet 1937) : *inédit* . 1218

ENTRE PLOTIN ET SAINT AUGUSTIN

I. — Commentaires, *par* R. *Quilliot* 1220
II. — Métaphysique chrétienne et néoplatonisme (diplôme d'études supérieures) 1224
III. — Bibliographie 1310

POLITIQUE ET CULTURE MÉDITERRANÉENNES

I. — Politique et culture méditerranéennes, *par* R. *Quilliot* 1314
II. — Textes complémentaires d'Albert Camus :
    La culture indigène. La nouvelle culture méditerranéenne (*Jeune Méditerranée*, avril 1937) . . . 1321
    Manifeste des intellectuels d'Algérie en faveur du projet Viollette (*Jeune Méditerranée*, mai 1937) . 1328
    La Maison devant le monde : *inédit* 1329
    Présentation de la revue « Rivages » (décembre 1938) . 1329

TABLE DES MATIÈRES

NOCES

I. — COMMENTAIRES, *par Louis Faucon* 1332

II. — TEXTES COMPLÉMENTAIRES D'ALBERT CAMUS :
« Oiseau privé », d'Armand Guibert (*Alger républicain*, 15 juillet 1939) 1335
Rencontre avec Albert Camus (*Les Nouvelles littéraires*, 20 mai 1951) 1337

III. — NOTES ET VARIANTES, *par Louis Faucon* 1344

DOSSIER « ALGER RÉPUBLICAIN » ET « LE SOIR RÉPUBLICAIN »

I. — VIE ET MORT D'« ALGER RÉPUBLICAIN » ET DU « SOIR RÉPUBLICAIN », *par R. Quilliot* 1366

II. — LA POLITIQUE D'« ALGER RÉPUBLICAIN », *par R. Quilliot* 1367

III. — « LE SOIR RÉPUBLICAIN » ET LA GUERRE, *par R. Quilliot* 1373

IV. — TEXTES COMPLÉMENTAIRES D'ALBERT CAMUS :
Petit portrait dans le goût du temps. La Gazette de Renaudot (*Alger républicain*, 18 décembre 1938) . . 1375
La guerre (*le Soir républicain*, 17 septembre 1939) . . . 1376
Notre position (*le Soir républicain*, 6 novembre 1939) . 1377
Lettre à un jeune Anglais sur l'état d'esprit de la nation française (*le Soir républicain*, 23 décembre 1939) . . 1381
1940 (*le Soir républicain*, 1er janvier 1940) 1383
Profession de foi (texte censuré, non publié, signé Pascal Pia et Albert Camus) 1384
Alger républicain et M. Camus : inédit 1387
Texte du blâme infligé par les autorités militaires . . . 1389
Texte du procès-verbal de suspension 1390

V. — CAMUS CRITIQUE LITTÉRAIRE, *par R. Quilliot* 1391
« La Conspiration », de Paul Nizan (*Alger républicain*, 11 novembre 1938) 1394
« Le Pain et le Vin », d'Ignazio Silone (*Alger républicain*, 23 mai 1939) 1397
« La Galère », d'André Chamson (*Alger républicain*, 23 mai 1939) 1399
Maurice Barrès et la querelle des « Héritiers » (*la Lumière*, 5 avril 1940) 1401
Jean Giraudoux ou Byzance au théâtre (*la Lumière*, 10 mai 1940) 1404

LE MYTHE DE SISYPHE

I. — COMMENTAIRES, *par Louis Faucon* 1410

TABLE DES MATIÈRES

II. — Textes complémentaires d'Albert Camus :
« La Nausée », de Jean-Paul Sartre (*Alger républicain*, 20 octobre 1938) 1417
« Le Mur », de Jean-Paul Sartre (*Alger républicain*, 12 mars 1939) 1419
Lettre à Pierre Bonnel (18 mars [1943]) : *inédit* . . . 1422
Extraits d'interviews :
« Non, je ne suis pas existentialiste » (*les Nouvelles littéraires*, 15 novembre 1945) 1424
Interview à « Servir » (*Servir*, 20 décembre 1945) . . . 1427

III. — Notes et variantes, par Louis Faucon 1430

LETTRES À UN AMI ALLEMAND

I. — De la résistance morale à la résistance active, par R. *Quilliot* 1456

II. — « Combat » clandestin, par R. *Quilliot* 1463
Comme un feu d'étoupe (*la Tunisie française*, 24 mai 1941) 1465

III. — Notes et variantes, par R. *Quilliot* 1467

IV. — Textes complémentaires d'Albert Camus :
Tout ne s'arrange pas (*les Lettres françaises*, mai 1944) . 1468
Préface au « Combat silencieux », d'André Salvet (*Éditions France-Empire*, 1945) 1470
Introduction aux « Poésies posthumes », de René Leynaud, 1947 (commentaires et notes et variantes par R. *Quilliot*). 1471
« La Vallée heureuse », de Jules Roy (*L'Arche*, février 1947) 1482
Les silences de Paris (émission radiophonique, 30 avril 1949) 1486
Préface à « L'Allemagne vue par les écrivains de la Résistance française », de Konrad Bieber (*Droz*, 1954) . 1487

ACTUELLES I

I. — Commentaires, par R. *Quilliot* 1492

II. — Petite chronologie des événements 1944-1949, par R. *Quilliot* 1493

III. — Camus et « Combat », par R. *Quilliot* 1500

IV. — Notes et variantes, par R. *Quilliot* 1505

V. — Textes complémentaires d'Albert Camus, extraits de « Combat » ou touchant aux problèmes de la presse :
Le combat continue... (*Combat*, 21 août 1944) . . . 1520
Ils ne passeront pas (*Combat*, 23 août 1944) 1521
La Résistance et la politique (*Combat*, 1er septembre 1944) 1522
La démocratie à faire (*Combat*, 2 septembre 1944) . . 1524

« Le Mouvement national de Libération... » (*Combat*, 19 septembre 1944) 1526
« On nous dit : « En somme, qu'est-ce que vous voulez ? » (*Combat*, 1ᵉʳ octobre 1944) 1527
« On ne saurait trop souligner l'importance... » (*Combat*, 13 octobre 1944) 1529
« Nous ne sommes pas d'accord avec M. François Mauriac... » (*Combat*, 20 octobre 1944) 1531
« Oui, le drame de la France... » (*Combat*, 21 octobre 1944) 1533
« Nous hésitions à répondre à l'invitation... » (*Combat*, 25 octobre 1944) 1535
« Le parti socialiste a tenu hier la première séance de son Congrès... » (*Combat*, 10 novembre 1944) . . . 1537
« À lire attentivement la presse parisienne... » (*Combat*, 23 novembre 1944) 1540
« Le problème de la presse... » (*Combat*, 1ᵉʳ décembre 1944) 1542
Au service de l'homme (*Résistance ouvrière*, 14 décembre 1944) 1544
« Que faut-il faire quand une révolution a éclaté... » (*Combat*, 17 décembre 1944) 1547
« La presse, ces jours-ci, se préoccupe de l'injustice... » (*Combat*, 5 janvier 1945) 1548
« Il paraît que « Combat » a changé d'orientation... » (*Combat*, 9 février 1945) 1550
« Dans « Témoignage Chrétien » le R. P. Chaillet... » (*Combat*, 16 mars 1945) 1552
« Que fêtait-on hier dans les rues de la ville ?... » (*Combat*, 3 avril 1945) 1554
« Le général de Gaulle a prononcé hier un discours... » (*Combat*, 25 mai 1945) 1556
« La scission qui menace le M.L.N... » (*Combat*, 16 juin 1945) 1557
Le choix (*Combat*, 22 avril 1947) 1559
À nos lecteurs (*Combat*, 3 juin 1947) 1561
Lettre à « Caliban » (*Caliban*, juin 1949) 1563
Une des plus belles professions que je connaisse (*Caliban*, août 1951) 1564

VI. — NI VICTIMES NI BOURREAUX, par R. *Quilliot* . . 1566
Remarques sur la politique internationale (*Renaissance*, nº 10, 1945) 1572
« Nous disons tranquillement que ce discours... » (Inédit, 5 septembre 1947) 1577
Lettre à Roger Quilliot (30 juin 1948) : *inédit* 1579
La démocratie exercice de la modestie (*Caliban*, novembre 1948) 1580
L'embarras du choix (*Franc-Tireur*, 7 décembre 1948) . 1583
Je réponds (*la Patrie mondiale*, décembre 1948) . . . 1586
Réponse à l'incrédule (*Combat*, décembre 1948) . . . 1589

TABLE DES MATIÈRES 1973

Lettre aux écrivains japonais (9 octobre 1950)	1595
VII. — L'INCROYANT ET LES CHRÉTIENS, par R. *Quilliot* .	1596
Portrait d'un élu (*Cahiers du Sud*, avril 1943)	1597
VIII. — PRÉFACE À « L'ESPAGNE LIBRE » (*Calmann-Lévy*, 1946)	1604

L'HOMME RÉVOLTÉ

I. — COMMENTAIRES, par R. *Quilliot*	1609
II. — NOTES ET VARIANTES, par R. *Quilliot*	1631
III. — TEXTES COMPLÉMENTAIRES D'ALBERT CAMUS :	
Lettre au sujet du « Parti pris » de F. Ponge (*N.R.F.*, n° 45, septembre 1956)	1662
Extraits de lettres à Guy Dumur : *inédit*	1668
« Sur une philosophie de l'expression », de Brice Parain (*Poésie 44*, 1944)	1671
Remarque sur la révolte (*l'Existence*, 1945)	1682
Interview au « Diario » de São Paulo (6 août 1949) .	1697
Simone Weil et Camus (commentaires par R. *Quilliot*) .	1699
Présentation de « l'Enracinement » — Projet de Préface : **inédit**	1700
Défense de « l'Homme révolté » (non daté) : *inédit* .	1702

ACTUELLES II

I. — COMMENTAIRES, par R. *Quilliot*	1717
II. — PETITE CHRONOLOGIE DES ÉVÉNEMENTS 1950-1956, par R. *Quilliot*	1720
III. — NOTES ET VARIANTES, par R. *Quilliot*	1724
IV. — POLITIQUE 1953-1957, par R. *Quilliot*	1743
Sous le signe de la liberté (*l'Express*, 8 octobre 1955) .	1746
V. — CAMUS ET LA « NOUVELLE GAUCHE », par R. *Quilliot*	1749
Réponse à Domenach (*Témoins*, été 1955)	1751
VI. — « L'OBSERVATEUR » ET CAMUS, par R. *Quilliot* . .	1758
Le vrai débat (*l'Express*, 4 juin 1956)	1759
Enquête de « Tempo Presente » (*Demain*, 21 février 1957)	1762
VII. — DE LA GRÈCE À L'IRAN, par R. *Quilliot* . . .	1765
L'Enfant grec (*l'Express*, 6 décembre 1955)	1766
VIII. — CAMUS ET LE CAMP SOVIÉTIQUE, par R. *Quilliot* .	1768
Berlin-Est, 17 juin 1953 (*Témoins*, printemps 1954) . .	1771
Poznan (juillet 1956)	1775
Réponse à un appel (*Franc-Tireur*, 10 novembre 1956) .	1778
Message à un meeting des étudiants français en faveur de la Hongrie (23 novembre 1956)	1780
Discours de la Salle Wagram : extrait (15 mars 1957) .	1782
Préface à « l'affaire Nagy » (*Plon*, 1958)	1785

TABLE DES MATIÈRES

IX. — Pour l'Espagne républicaine, par R. *Quilliot* . . . 1789
  Espagne (fragment manuscrit non daté) : *inédit* 1791
  19 juillet 1936 (*Témoins*, printemps 1954) 1791
  Chroniques (*Esprit*, avril 1952) 1797
  Préface à un numéro spécial anniversaire de *Témoins* (printemps-été 1956) 1800
  Le parti de la liberté (discours, 30 octobre 1956) . . . 1807
  Hommage à un exilé (allocution, 7 décembre 1957) . . 1809

L'ÉTÉ

I. — Commentaires, par R. *Quilliot* 1817

II. — Le minotaure :
  Commentaires, par R. *Quilliot* 1818
  Notes et variantes, par R. *Quilliot* 1819

III. — Les amandiers :
  Commentaires, par R. *Quilliot* 1822
  Notes et variantes, par R. *Quilliot* 1823

IV. — L'exil d'Hélène :
  Commentaires et notes, par R. *Quilliot* 1825

V. — L'énigme :
  Commentaires, par R. *Quilliot* 1826
  Notes et variantes, par R. *Quilliot* 1828

VI. — Textes complémentaires d'Albert Camus :
  Prière d'insérer 1829
  Pluies de New York (*Formes et couleurs*, 1947) 1829
  Préface à « Contre-Amour » de Daniel Mauroc. (*Éditions de Minuit*, 1952) 1833
  Présentation du Désert (*Désert vivant*, de Walt Disney, Société française du livre, 1954) 1834
  Interview : extraits (*la Gazette de Lausanne*, 15 mars 1954) 1836

CHRONIQUES ALGÉRIENNES (Actuelles III)

I. — Commentaires, par R. *Quilliot* 1839

II. — Petite chronologie de la guerre d'Algérie, par R. *Quilliot* 1847

III. — Notes et variantes, par R. *Quilliot* 1850

IV. — Textes complémentaires d'Albert Camus :
  Message au « Comité pour l'amnistie aux condamnés politiques d'outre-mer » (mai 1954) 1862
  Terrorisme et amnistie (*Libérons les condamnés d'outre-mer*, juillet 1954) 1864
  Terrorisme et répression (*l'Express*, 9 juillet 1955) . . . 1865
  L'avenir algérien (*l'Express*, 23 juillet 1955) 1872
  Lettre à « Encounter » (*Encounter*, juin 1957) 1877

TABLE DES MATIÈRES 1975

Les déclarations de Stockholm :
  Extraits de la dépêche publiée par *le Monde* (14 décembre
  1957) 1881
  Lettre au Directeur du *Monde* (17 décembre 1957) . . . 1882
  Lettre de l'« Association des Algériens en Suède »
  (17 décembre 1957) 1883
  Lettre au Président du Conseil sur la « Commission de
  sauvegarde (avril 1957) 1884

RÉFLEXIONS SUR LA GUILLOTINE
  I. — Commentaires, par *R. Quilliot* 1886
  II. — Notes, par *R. Quilliot* 1889

DISCOURS DE SUÈDE
  I. — Commentaires, par *R. Quilliot* 1892
  II. — Textes complémentaires d'Albert Camus :
  Le pari de notre génération (interview donnée à *Demain*,
  24-30 octobre 1957) 1898
  Ce que je dois à l'Espagne (allocution prononcée le
  22 janvier 1958) 1905

ESSAIS CRITIQUES
  I. — Commentaires, par *R. Quilliot* 1909
  II. — André Gide et Camus, par *R. Quilliot* 1910
  III. — La littérature et le travail (*l'École et la
  Démocratie*, 15 juin 1954) 1911
  IV. — Roger Martin du Gard et Camus, par *R. Quilliot* 1915
  Il aidait à vivre (*le Figaro littéraire*, 30 août 1958) . . 1915
  V. — René Char et Camus, par *R. Quilliot* 1916
  VI. — Textes complémentaires d'Albert Camus :
  Notre ami Roblès (*Simoun*, n° 30, 1959) 1918
  Réponses à Jean-Claude Brisville (« La Bibliothèque
  idéale », *Éditions Gallimard*, 1959) 1919
  Dernière interview d'Albert Camus (*Venture*, 20 décembre 1959) 1925
  « Pierrot mon ami », de Raymond Queneau (inédit) . . 1928

BIBLIOGRAPHIE

Œuvres parues en librairie 1933
Préfaces, articles de revues ou de journaux 1944

*Ce volume, portant le numéro cent quatre-vingt-trois
de la « Bibliothèque de la Pléiade »
publiée aux Éditions Gallimard,
a été achevé d'imprimer
sur bible des Papeteries Jeand'heurs
le 8 janvier 1981,
sur les presses
de l'Imprimerie Darantiere
à Dijon.
La reliure a été exécutée
par Babouot à Lagny.*

N° d'édition : 27751. Dépôt légal : 1ᵉʳ trimestre 1981.
Imprimé en France.